S0-AGY-500

NOUVEAU
DICTIONNAIRE
ÉTYMOLOGIQUE
ET
HISTORIQUE

NOUVEAU
DICTIONNAIRE
ÉTYMOLOGIQUE
ET
HISTORIQUE

par

† ALBERT DAUZAT
directeur d'études à l'École pratique des Hautes Études

JEAN DUBOIS
professeur à l'Université de Paris (Nanterre)

HENRI MITTERAND
professeur à l'Université de Paris (Vincennes)

quatrième édition revue et corrigée

JUL 25 1980

LIBRAIRIE LAROUSSE • PARIS·VI

Le présent volume appartient à la dernière édition (revue et corrigée) de cet ouvrage.
La date du copyright mentionnée ci-dessous ne concerne que le dépôt à Washington
de la *première* édition.

© 1964. — Librairie Larousse, Paris.

Librairie Larousse (Canada) limitée, propriétaire pour le Canada des droits d'auteur et des
marques de commerce Larousse. — Distributeur exclusif au Canada : les Editions Françaises Inc.,
licencié quant aux droits d'auteur et usager inscrit des marques pour le Canada.

ISBN 2-03-020210-X

Introduction

Le *Nouveau Dictionnaire étymologique et historique* est destiné au grand public, aux étudiants, aux élèves des classes supérieures des lycées et collèges. Il a pour objet de mettre à leur disposition les résultats que l'étymologie et l'histoire du vocabulaire ont accumulés depuis le milieu du XIXᵉ siècle, avec les travaux de Diez, Littré, Bréal, Antoine Thomas, Ferdinand Brunot, Godefroy, Tobler-Lommatsch, Huguet, jusqu'aux grands dictionnaires étymologiques de W. Meyer-Lübke, Gamillscheg, Oscar Bloch, W. von Wartburg, et aux dépouillements lexicographiques de Delboulle, Vaganay, O. Bloch, B. Quemada, P. Robert, G. Esnault, etc.

Cet ouvrage, dont les ambitions sont plus modestes, se distingue de ses prédécesseurs par plusieurs aspects. D'abord par la perspective synchronique et encyclopédique qui a inspiré le choix des termes étudiés. Si nous avons réduit la place impartie aux termes d'usage régional et aux termes archaïques, nous avons enregistré la totalité du vocabulaire général employé de nos jours aux divers niveaux de l'idiome, du français académique au français populaire, ainsi que l'essentiel des lexiques techniques et scientifiques contemporains, répertoriés jusque dans leurs termes les plus récents. Nous nous sommes fixé pour règle d'omettre le moins possible de mots relevés dans la dernière édition du *Petit Larousse,* et même d'y ajouter un nombre important de termes qui n'apparaissent que dans le *Grand Larousse encyclopédique,* en 10 volumes.

D'autre part, dans les limites réduites qui sont celles d'un dictionnaire d'usage, une place importante a été laissée aux évolutions caractéristiques du sens des mots. Car l'étymologie n'a pas pour seul souci d'identifier et de dater la forme la plus ancienne d'un mot, ainsi que d'en expliquer l'origine, mais aussi de suivre les principales étapes de son histoire.

Le *Nouveau Dictionnaire étymologique et historique* est donc, de surcroît, un dictionnaire historique. Chaque fois qu'il a été possible, nous avons indiqué la plus ancienne attestation, littéraire ou lexicographique, de la variation de sens relevée. Tout en recourant, pour cela, aux grands dictionnaires historiques du français, au *Französisches Etymologisches Wörterbuch* de W. von Wartburg, et aux glossaires et dépouillements de tous ordres publiés dans un passé récent, nous avons nous-mêmes dépouillé des sources jusque-là partiellement exploitées : notamment les divers Suppléments au *Dictionnaire de l'Académie,* publiés dans la première moitié du XIXᵉ siècle, les diverses éditions des dictionnaires de

Laveaux, Landais, Bescherelle, Poitevin, toute la série des Dictionnaires Larousse et de leurs Suppléments, depuis *le Grand Dictionnaire universel* de Pierre Larousse, le *Larousse Mensuel,* les dictionnaires techniques et scientifiques des XIXe et XXe siècles, et de nombreux textes de littérature, de chronique et de presse.

Cette révision systématique a permis d'enrichir le *Nouveau Dictionnaire étymologique et historique* de plusieurs milliers de datations nouvelles, avec les sources correspondantes, tant pour la première apparition des mots que pour leur évolution sémantique et pour la constitution de leur famille morphologique (dérivés et composés). Cet inventaire historique pourra se poursuivre aisément, grâce à la disposition nouvelle qui a été adoptée pour la rédaction de·chaque article : tout mot, qu'il soit répertorié en tête ou à l'intérieur d'un article, est généralement suivi, dans l'ordre, de sa première datation, de la source de cette datation, de son orthographe et de son sens primitifs lorsqu'ils diffèrent de l'état actuel, des sens successifs avec leurs dates et leurs sources d'apparition, enfin de son étymologie.

Outre qu'elle présente l'avantage de la précision et de la clarté dans la consultation mot par mot, cette disposition permettra une exploitation historique et thématique de l'ouvrage, soit par un dépouillement complet, soit par des sondages, manuels ou mécanographiques, de manière à étudier, sous divers angles, les apports qui ont enrichi le vocabulaire français : par exemple, les emprunts à telle langue étrangère moderne dans la première moitié du XIXe siècle, ou l'histoire et le rendement des radicaux d'origine grecque selon les époques et selon les champs lexicaux, etc.

Sans prétendre empiéter sur le domaine de la phonétique historique et de l'histoire de la langue, il nous a semblé nécessaire de faciliter l'utilisation du *Nouveau Dictionnaire étymologique et historique,* en présentant ci-après les notions élémentaires de lexicologie, de phonétique et de méthode étymologique, qui permettront de comprendre comment s'est constitué le lexique français et en vertu de quelles lois et de quels mécanismes les mots français ont vu leur forme et leur sens changer au cours de leur histoire. On trouvera, à la suite, le tableau des principaux éléments de dérivation et de composition du français (préfixes et suffixes), la liste des abréviations utilisées, enfin une notice pratique pour la consultation du dictionnaire.

I. LE VOCABULAIRE

A. *Fonds primitif et emprunts.*

Le fonds primitif de la langue française, antérieur aux premiers témoignages écrits, est issu, par une évolution ininterrompue de la prononciation, du latin populaire parlé en Gaule à la fin de l'Empire romain.

Le fonds *gaulois* est certes plus ancien, mais il est très pauvre et se réduit à quelques dizaines de termes ruraux (*charrue, chêne, glaner, sillon,* etc.).

La pénétration *germanique,* commencée au IIIe s. par l'immigration des mercenaires militaires et des travailleurs ruraux, s'accélère avec les Invasions et s'intensifie avec l'installation des Francs, qui, avant d'adopter la langue des vaincus (la fusion définitive ne date que du Xᵉ s.), ont donné aux divers parlers romans de l'ancienne Gaule de nombreux termes relatifs à la guerre et aux institutions (*franc, guerre, honte, riche,* etc.). L'apport des invasions *normandes* (Xᵉ - XIᵉ s.) s'est limité aux parlers régionaux de la Normandie.

A ces éléments de base du vocabulaire sont venus s'ajouter, au cours des siècles, des apports dont l'origine géographique et la richesse varient selon les circonstances historiques : le plus important est l'apport des *emprunts au latin,* qui n'a pas cessé d'être productif, depuis l'époque (IXᵉ s.) où la langue vulgaire a commencé à s'enrichir de termes directement puisés à la langue des clercs, et notamment au latin ecclésiastique, puis au latin scolastique et scientifique du Moyen Age. Ainsi se sont formés les lexiques abstraits, indispensables aux sciences et aux techniques modernes, peu abondants dans le fonds primitif, qui ne constituait à l'origine qu'un langage de paysans et d'artisans. Dans de nombreux cas, le mot d'emprunt, qui reproduit la forme latine, double un mot primitif de même origine, mais dont l'évolution phonétique masque l'étymologie. Ces *doublets* étymologiques ne sont pas des doublets sémantiques : ex. *hôtel/hôpital; écouter/ ausculter; parole / parabole; raide / rigide; frêle / fragile; entier / intègre,* etc.

Ce mouvement d'emprunts au latin s'accrut, dans la première moitié du XVIᵉ s., d'un mouvement parallèle d'emprunts au *grec.* Déjà, au XIVᵉ s., la source grecque s'était fait jour à travers les traductions latines d'Aristote, chez Oresme, évêque de Lisieux et l'un des plus importants traducteurs du Moyen Age. A partir du XVIᵉ s., sous l'influence des progrès scientifiques et du développement de l'humanisme érudit, le grec, langue de médecins aussi bien que de philosophes et de poètes, a fourni un grand nombre de mots nouveaux (*phrase, thèse, mythe, économe, politique,* etc.), souvent dérivés ou composés, qui se sont d'autant mieux intégrés à la langue qu'ils avaient souvent subi une transposition latine avant d'être francisés.

Dès avant le XIIᵉ s., les relations commerciales instaurées entre les ports de la Provence et du Languedoc, d'une part, l'Afrique du Nord et le Proche-Orient, d'autre part, avaient fait pénétrer dans les parlers d'oc, puis, partiellement, dans les parlers d'oïl, des mots orientaux, *arabes* ou *byzantins.* Le phénomène s'est accru au temps des Croisades. L'italien a pu jouer également un rôle d'intermédiaire; de même le latin scientifique, en raison de l'avancement des mathématiques et de la médecine dans le monde arabe. Ainsi nous sont parvenus des mots d'usage constant, tels que *chiffre, zéro* (issus de deux transcriptions différentes de *sifr,* « zéro », proprement « vide »), *amiral, alchimie, algèbre,* etc.

Le vocabulaire français compte également une grande quantité de termes issus des langues étrangères modernes, au gré des influences économiques et culturelles qui se sont exercées de manière prépondérante sur la communauté française. L'*italien,* dont les apports principaux se situent au moment des guerres d'Italie et de l'entrée des princesses italiennes dans la famille royale (XVIe - début du XVIIe s.), et lors du succès de la musique italienne (XVIIIe s.), a fourni de nombreux mots aux lexiques de la guerre (*attaquer, brigade, canon, citadelle,* etc.), de la vie mondaine (*cortège, courtisan, page*), du commerce (*banque, crédit, faillite*) et de l'art (*fresque, pittoresque, concerto, ténor,* etc.).

L'*espagnol,* dont l'influence se manifeste au début du XVIIe siècle, est apporté tant par les mercenaires espagnols que par les engouements de la mode. Il a laissé lui aussi des termes militaires et littéraires (*adjudant, camarade, romance,* etc.). Il a servi, comme le *portugais,* d'intermédiaire entre les langues indigènes d'Amérique et d'Afrique et le français, quand les produits exotiques importés ont fait leur apparition en Europe (*abricot, chocolat, banane,* etc.).

L'apport *néerlandais,* notable pour la constitution du vocabulaire maritime où il complétait celui des Normands, diminue au XVIIe s., remplacé dans ce rôle par l'*anglais.* Celui-ci a eu une influence plus tardive; mais, dans le courant du XVIIIe s., le prestige que lui conférait son régime politique auprès des philosophes, et son hégémonie commerciale sur les mers ont développé un courant accentué par les traductions, et dont l'ampleur ne cessera pas. Il atteindra de larges secteurs du vocabulaire politique (*budget, parlementaire, comité,* etc.), technique (*car, rail, tunnel,* etc.), sportif (*record, football,* etc.), alimentaire (*bifteck, rosbif, grog,* etc.), mondain (*bar, raout,* etc.). L'influence *américaine* est venue amplifier ce mouvement à la fin de la Seconde Guerre mondiale, et certaines techniques et sciences nouvelles ou renouvelées (cinéma, pétrole, cybernétique, linguistique, etc.) comportent un nombre croissant d'anglicismes.

Les mots d'origine *allemande* sont moins nombreux et sont plus souvent limités à des vocabulaires spéciaux comme celui de l'art militaire (*képi, obus, bivouac,* etc.); ils ont été apportés par les mercenaires allemands et suisses des XVIe et XVIIe s., ou, dans une faible proportion, par l'occupation allemande de 1870 et de 1940 (*ersatz*).

Dans le dernier tiers du XIXe s., le succès des romans *russes,* traduits en français, introduisit aussi des termes nouveaux (*cosaque, moujik, steppe,* etc.). La révolution russe et le développement du socialisme devaient, à leur tour, apporter un grand nombre de termes et d'expressions traduits ou calqués sur le russe (*kolkhoze, tractoriste,* etc.).

Il ne faut pas oublier enfin les influences et les apports des *parlers régionaux* dans le français commun (*rescapé,* emprunté au parler du Hainaut) ni les emprunts aux langues comme le *breton* (*biniou, dolmen,* etc.) ou le *provençal* (*cigale, cabas,* etc.), et aux divers *argots* (*boniment, grivois, coquille, pion,* etc.).

Tous ces ·mots· d'emprunt· ont adapté leur phonétique, leur structure morphologique et même leur sens au système du français; cette intégration se manifeste parfois dans la graphie (*riding-coat* devient *redingote*), et ils sont souvent interprétés par rapport à des termes français déjà existants (*choucroute,* de l'alsacien *sûrkrût,* est relié à *chou* par une fausse étymologie).

B. Dérivation, composition, abréviation, transformation analogique.

La langue a aussi ses ressources propres : la *dérivation*, la *composition*, l'*abréviation*, la *transformation analogique*.

1. Les dérivés sont formés soit à l'aide de *préfixes*, dont beaucoup peuvent fonctionner ailleurs, comme préposition (*à, en, par*) ou comme adverbes (*bien, en*), soit à l'aide de *suffixes*, qui n'ont aucune existence isolée. On peut distinguer des suffixes primitifs, remontant au latin populaire (*-eau, -aison, -âtre*), et des suffixes d'emprunt, tirés du latin (*-teur, -tion*), du grec (*-isme, -ose*), ou d'autres fonds : *-ade* vient du provençal et de l'italien, *-esque* de l'italien, etc. ; *-ard* et *-aud* remontent à des éléments de composés germaniques (*hard-*, dur ; *waldan*, maintenir), qui, fréquents à la finale des noms propres (*Renard, Raynaud...*), ont été pris pour des suffixes. La vitalité de la dérivation, qui n'a jamais cessé de se manifester, a pris un aspect nouveau avec le développement des vocabulaires techniques et scientifiques : les suffixes *-isme, -iste, -iser, -isation*, etc., connaissent une expansion considérable.

A côté de la dérivation préfixale et suffixale, le français connaît la *dérivation sans suffixe* ou *suffixation zéro* (*bord, border*), et surtout les *déverbaux* (*port* d'une lettre, de *porter ; boire, manger*, subst. ; part. prés. ou passé devenant adjectif ou substantif : *chute, voyant*, etc.). Enfin, la *dérivation régressive* présente le phénomène inverse : on recrée un mot simple d'après un mot à suffixe (sur le modèle d'un autre groupe) : ainsi, d'*évolution* (emprunté au latin *evolutio*) on a tiré le verbe *évoluer*.

PRINCIPAUX SUFFIXES USUELS

1. Servant à former des substantifs.

SUFFIXES FRANÇAIS	ORIGINE GRÉCO-LATINE	VALEUR	EXEMPLES
-age, -issage	-atĭcum	action ; résultat de l'action	*codage, doublage, assemblage, atterrissage.*
-ement, -issement	-amentum	action ; résultat de l'action	*grelottement, rougeoiement, assagissement.*
-tion, -sion, -ition, -ation, -isation, -son	-tionem —	action et résultat	*décontraction ; corrosion ; indexation ; finition ; africanisation ; salaison ; livraison.*
-ure, -ature	-aturam	résultat de l'action	*aluminure ; ossature.*
-is	-aticium	résultat de l'action	*fouillis ; abattis.*
-isme	-ismum	système	*dirigisme ; fauvisme ; attentisme.*
-ité. -eté, -té	-itatem	qualité	*musicalité ; saleté ; bonté.*
-itude	-itudinem	qualité ou état	*rectitude ; négritude.*
-at	-atum	état ou structure ; fonction	*agglomérat ; professorat.*
-ie	-iam	état ou qualité	*agnosie, allergie.*

SUFFIXES FRANÇAIS	ORIGINE GRÉCO-LATINE	VALEUR	EXEMPLES
-erie	-eriam	état ou qualité (souvent péjor.); métier; local	chamaillerie; politicaillerie; boucherie; laiterie.
-ance, -ence, -escence	-antiam	qualité	rutilance; déficience; alcalescence.
-eur	-orem	qualité	blancheur; froideur.
-esse	-itiam	qualité	mollesse; faiblesse.
-ise	-itiam	qualité	vantardise; franchise.
-eur, -isseur, -ateur	-ōrem	agent	soudeur; bâtisseur; démutisateur.
-ier	-arium	agent	ouvrier; laitier.
-aire	-arium	agent (métier)	disquaire; commissionnaire.
-ien	-anum	agent (métier)	chirurgien; généticien.
-iste	-istam	agent; partisan	affichiste; fixiste.
-oir (e)	-orium	instrument; appareil	semoir; baignoire.
-et, -ette	-ĭttum, -ĭttam	diminutif	articulet; fourgonnette.
-aille	-acŭlum	collectif	ferraille; mangeaille.
-aie	-ētum, -ētam	collectif	aulnaie; roseraie.
-ée	-atam	contenu	assiettée; cuillerée.

2. Servant à former des adjectifs et des substantifs.

-ain	-anum	originaire	romain; africain.
-ais	-iscum	—	japonais; maltais; français.
-ois	-ensis	—	chinois; danois.
-aud	-aldum (germanique)	péjoratif	lourdaud; noiraud.
-eux	-ōsus	qui a la qualité de	pesteux; envieux.

3. Suffixes servant à former des adjectifs.

-aire	-arium	qui a la qualité de; qui appartient à	nucléaire; tarifaire.
-al	-alem		racial; colonial.
-el	-alem		émotionnel; résiduel.
-ier	-arium		hospitalier; finassier.
-if	-īvum		duratif; récessif.
-ique	-icum		ironique; phobique.
-âtre	-astrum	qui atténue; péjoratif	bleuâtre; douceâtre.
-able	-abĭlem	capable de; qui peut être	froissable; équitable.
-u	-utum	qui a la qualité de; pourvu de	barbu; charnu.

X

4. Suffixes servant à former des verbes.

-(i)fier -iser	-(i)ficare -izare	factitif —	vitrifier ; panifier. angliciser ; atomiser.

5. Suffixes servant à former des adverbes.

-ment	-mente	d'une manière	mondialement ; agréablement.

2. La composition offre deux types : la composition proprement dite, par réunion de mots français, avec ou sans préposition (*café-concert, porte-serviettes, pot-au-feu*), et la recomposition, qui unit des radicaux savants d'origine grecque ou latine, dont l'un au moins n'existe pas à l'état isolé (*thermogène, électro-encéphalo-gramme, ignifugé*), ou des radicaux français dont la syllabe finale a été « latinisée » ou « hellénisée » pour les besoins de la composition (*socio-professionnel, publi-rédactionnel*, etc.). La composition, malgré son importance en français, joue un rôle plus restreint que dans les langues germaniques. (V. pp. XXVIII - XLI.)

3. Alors que la composition et la dérivation servent à former des mots souvent très longs, la langue, par un mouvement inverse d'économie, forme des mots abrégés. L'*abréviation* jouait un rôle important en ancien germanique (en particulier pour les noms de personnes et de lieux). On la retrouve pour les noms de baptême dès la fin du Moyen Age (*Marguerite → Margot*). Dans les noms communs, on la constate à la fin du XVIIIe s. en argot (*dauphin → dauphe*, nom d'une pince de cambrioleur), où elle se rattache à la dérivation régressive ; puis dans des mots étrangers (*piano-forte → piano*), où elle est une forme de l'ellipse. Elle s'est développée par suite de la diffusion de nombreux termes savants trop longs pour la langue courante (*automobile, auto ; cinématographe, cinéma* ou *ciné*). En français populaire contemporain, l'abréviation comporte souvent une altération de la finale (*fortifications, fortifs ; propriétaire, proprio ; métallurgiste, métallo*, etc.). Pour les noms de firmes, d'administrations, de syndicats, de partis, etc., s'est généralisée, dans toutes les langues européennes, l'abréviation par initiales, le sigle (*P. L. M.*, Paris-Lyon-Méditerranée ; *T. C. F.*, Touring-Club de France ; *C. G. T.*, Confédération générale du travail ; etc.).

4. L'existence des dérivés et composés, motivés par rapport à un mot de base, auxquels sémantiquement et morphologiquement ils restent longtemps apparentés avant d'être lexicalisés dans des emplois différenciés, entraîne l'existence de champs lexicaux dans lesquels s'intègrent parfois, par *analogie*, d'autres termes qui en étaient primitivement distincts. L'étymologie populaire (*attraction paronymique*) a eu, ainsi, un rôle important dans l'évolution de la langue. Les mots isolés, les archaïsmes, les mots étrangers, les

mots savants tombent dans l'attraction de mots plus forts, plus usités, faisant partie d'un champ lexical étendu, et voisins des premiers par leur structure phonique : quand le sujet cherche à se rappeler le mot rare, c'est l'image auditive du mot courant qui revient à sa mémoire. Il en résulte une altération, soit de la forme et du sens du mot original, soit de son sens seul. Ainsi *guipillon* (de l'anc. fr. *guiper*) est devenu *goupillon*, d'après *goupil*, renard ; *iguenot* (de l'all. *Eidgenossen*, « confédérés ») est devenu *huguenot*, d'après *Hugues; souffreteux* (dér. de l'anc. *souffraite*, du lat. *suffracta*, participe passé passif de *suffrangere*) a été rapproché de *souffrir* (du lat. pop. *sufferire*); *saligaud* (d'un très ancien surnom nordique *Saligot*, du francique *salik,* sale) est rapproché directement de *sale*. Des croisements de ce genre ont été très fréquents en latin populaire et en roman : *chêne* (ancien *chaisne* devenu *chesne*) postule soit un type latin populaire **caxinus,* représentant le gaulois *cassanus* influencé par le latin *fraxinus,* frêne, soit un croisement plus tardif de deux formes de l'ancien français, *chasne* (attesté dans les patois), issu de *cassanus,* et *fresne,* issu de *fraxinus.*

Quelques mots pour origine une onomatopée : leur prononciation rappelle, un bruit naturel (*coucou, brouhaha, ronron*). Cette onomatopée peut remonter jusqu'aux sources les plus anciennes du lexique, et même, selon les évolutions phonétiques, avoir changé de sens : *murmure* est issu d'un *murmur* latin, où la répétition des [u], associée au roulement des [r], pouvait évoquer un grondement puissant.

II. LA PHONÉTIQUE

On donnera ici les grandes lignes de l'évolution phonétique qui a mené du latin au français. Pour le détail de celle-ci, on pourra se référer aux ouvrages suivants :

E. BOURCIEZ, *Précis de phonétique française,* Klincksieck, 1927. — P. FOUCHÉ, *Phonétique historique du français,* Klincksieck, 1952 - 1961, 3 vol. — G. GOUGENHEIM, *Éléments de phonologie française, étude descriptive des sons du français au point de vue fonctionnel,* Strasbourg, 1935. — M. GRAMMONT, *Traité de phonétique,* Paris, Delagrave, 1933. — A.-G. HAUDRICOURT et A.-G. JUILLAND, *Essai pour une histoire structurale du phonétisme français,* Klincksieck, 1949. — B. MALMBERG, *la Phonétique,* P. U. F. (« Que sais-je ? »), 1962. — A. MARTINET, *la Prononciation du français contemporain,* Droz, 1945 ; *la Description phonologique,* Droz, 1956 ; *l'Économie des changements phonétiques,* Berne, Franck, 1955.

Le latin.

Les caractéristiques principales de la structure phonétique du latin classique, dont les langues romanes, et en particulier le français, sont issues, sont les suivantes :

1. Système vocalique :

Il est fondé sur une opposition distinctive entre des voyelles longues et des voyelles brèves de 5 apertures différentes :

$$\breve{o} \quad \bar{o} \quad \breve{u} \quad \bar{u}$$
$$\breve{e} \quad \bar{e} \quad \breve{\imath} \quad \bar{\imath}$$
$$\breve{a} \quad \bar{a}$$

Ainsi s'opposent *măre* (mer) et *cărum* (cher), *mĕl* (miel) et *mē* (moi), *pĭlum* (poil) et *fīlum* (fil), *mŏles* (meule) et *flōrem* (fleur), *gŭlam* (gueule) et *mūrum* (mur).

Cette opposition entre des brèves et des longues est distinctive, c'est-à-dire qu'elle permet de distinguer entre deux mots qui ont des voyelles de timbre identique :

pŏpŭlum (peuple) et *pōpŭlum* (peuplier) ;

jacēre (être étendu) et *jacĕre* (jeter) ;

mălum (mal) et *mālum* (pommier).

Cette opposition de quantité, fondamentale en latin, est indépendante de la qualité ouverte ou fermée (terminée par une consonne) de la syllabe :

tēctum (toit) et *lĕctum* (lit).

Le système du latin classique ne connaissait plus qu'une diphtongue : *au* (*aurum* : or), réduite souvent déjà à *ō ;* les deux autres diphtongues, encore transcrites, sont réduites à des voyelles simples : *ae* est devenu soit *ĕ* (*caelum* : ciel), soit *ē* (*praeda* : proie) ; *oe* est devenu *ē* (*poena* : peine).

On notera l'absence de voyelles nasales : on constate seulement l'existence de variantes combinatoires des voyelles orales (*a, e, i, o, u*) devant les consonnes nasales ; les différences de prononciation n'entraînent pas des différences de signification.

2. Système accentuel :

Le système du latin repose sur l'existence d'un accent de hauteur, distinctif, à place variable. Cet accent, qui se place toujours sur l'avant-dernière (pénultième) ou sur l'antépénultième des mots polysyllabiques, varie selon la quantité de la syllabe pénultième ; si cette dernière est brève l'accent recule sur la syllabe qui précède ; si elle est longue, elle est accentuée. Il est évident que, pour les mots dissyllabiques, l'accent est toujours sur la pénultième. Les monosyllabes sont toujours accentués, sauf un petit nombre de termes, dits « enclitiques », qui restent inaccentués (conjonctions) :

jácĕre (accent sur *a*) s'oppose à *jacĕ́re* (accent sur *e*).

Cet accent principal, qui joue un rôle capital dans l'évolution du latin vers les langues romanes, n'est pas le seul ; il existe un accent secondaire, de valeur démarcative, sur la première syllabe, du mot ; cet accent permet, par la mise en valeur de la première syllabe, de distinguer l'initiale d'un mot ; le traitement des voyelles initiales sera donc différent de celui des voyelles situées après l'accent distinctif (post-toniques).

Ces accents supposent l'existence de deux types de syllabes ; un premier type (syllabe ouverte) est formé de la suite *consonne + voyelle* ou d'une *voyelle seule* (*ja-ce-re; a-ra-re*) ; un second type est formé de la suite : *consonne + voyelle + consonne; voyelle + consonne* (*pon-tem; ar-ma*). L'évolution des voyelles (libres ou entravées) de chaque type de syllabe a subi une marche différente.

3. Système consonantique :

Le système consonantique est formé en latin :

a) d'une série de consonnes *occlusives* comportant une opposition de sonorité :

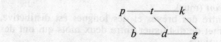

b) d'une série de consonnes *fricatives* ou *continues* comportant aussi une corrélation de sonorité :

$$f\text{—}v \text{ et } s\text{—}z$$

(le son [z] existe surtout à l'initiale dans les emprunts).

Il existe aussi une aspiration [h] qui a disparu à l'époque classique, mais peut apparaître dans des mots d'emprunt.

c) d'une série de consonnes nasales :

$$m\text{—}n.$$

d) d'un couple *latérale / vibrante-dentale* :

$$l\text{—}r.$$

Le système consonantique connaît aussi une opposition entre consonnes simples et consonnes géminées :

carum (cher) et *carrum* (char) ;
causare (causer) et *lassare* (lasser).

Le système consonantique se caractérise aussi par l'existence de deux semi-consonnes : [j] et [w].

Il existe des variantes combinatoires (différences de prononciation dues à l'entourage vocalique) pour les consonnes occlusives devant voyelles palatales et devant [j] (occlusives palatalisées, [t'] et [k'], par exemple) et pour les occlusives devant voyelles vélaires (occlusives vélarisées, ainsi [kʷ] et gʷ]).

L'évolution du latin classique vers le roman (IIIᵉ-Vᵉ s.) est caractérisée par le passage d'une structure vocalique fondée sur des oppositions de quantité à une structure vocalique fondée sur des oppositions de timbre sous l'accent :

[ɔ] [o] [u]
[ɛ] [e] [i]
[a]

Le *e bref* est devenu un *e ouvert* [ɛ], l'*o bref* un *o ouvert* [ɔ] ; l'*e long* et l'*i bref* sont devenus des *e fermés* [e] ; l'*o long* et l'*u bref* sont devenus des *o fermés* [o].

L'accent de hauteur est devenu un accent d'intensité.

Évolution vers le français (1)

C'est à partir de cette transformation structurale du latin que peuvent s'expliquer des évolutions dont nous donnerons les grandes lignes dans les tableaux qui suivent.

(1) Cette partie phonétique et les tableaux d'évolution des consonnes et des voyelles sont dus à M. Michel ROUSSE, assistant de philologie romane à la faculté des lettres et sciences humaines de Rennes, que nous remercions de sa collaboration. Les transcriptions sont faites dans l'alphabet phonétique international ; les seconds éléments de diphtongues sont notés (*i*), (*u*), par ex. *me*(*i*), *mo*(*i*), étapes intermédiaires entre *mē* et les formes [mwe] (moyen français) et [mwa]. Le *l* mouillé est transcrit [ʎ].

1. Évolution des voyelles accentuées.

Au vᵉ s., les voyelles libres devinrent longues et les voyelles entravées devinrent brèves, quelle qu'ait été leur quantité en latin classique. Ce bouleversement quantitatif explique que les voyelles libres furent assez longues pour se diphtonguer, tandis que les voyelles entravées ne connurent pas de diphtongaison.

L'évolution des voyelles toniques a parfois été modifiée par l'action des phonèmes voisins. Les trois principaux cas d'évolution conditionnée sont les suivants.

Le [l] placé devant une autre consonne *(l vélaire)* se vocalise en [u] vers le xiᵉ s. et cette voyelle s'est combinée avec la voyelle précédente pour former avec elle une diphtongue dont on peut voir l'évolution dans les tableaux qui suivent.

Devant une nasale, les voyelles se sont nasalisées, ce qui a entraîné certaines particularités dans leur évolution. A partir du xvᵉ et du xviᵉ s., la consonne nasale s'est effacée dans les mots où elle se trouvait placée devant une autre consonne. Lorsque la consonne nasale se trouvait intervocalique, la voyelle a perdu son caractère nasal.

L'évolution des voyelles a pu subir enfin l'influence d'un phonème palatal. Le [j], primitif ou issu des phénomènes de palatalisation vus plus loin, a exercé une action différente selon les voyelles : [ɛ] et [ɔ] se sont diphtongués au contact de [j] qui, passant lui-même a *(i)*, second élément de diphtongue, faisait apparaître ainsi une triphtongue ; [a], [e], [o], [i], [u] ne se sont pas diphtongués, mais ils ont formé une diphtongue en se soudant avec le [j].

2. Évolution des voyelles atones.

Dans les syllabes atones, la voyelle se réduisit à un son très faible et s'effaça le plus souvent avant le ixᵉ s. Mais, en syllabe finale ou en syllabe prétonique, le [a] latin est devenu [ə] :

arista > arête ; *tabula* > table ; *ornamentum* > ornement.

Dans les mots accentués sur l'antépénultième, toutes les voyelles finales subsistent à l'état de [ə], devenu *e* muet :

asinum > âne.

Derrière un groupe de consonnes qui réclame une voyelle d'appui, une voyelle atone est conservée à l'état de [ə] :

duplum > double ; *febrem* > fièvre.

3. Évolution des voyelles en syllabe initiale.

Les syllabes initiales étaient articulées avec une intensité particulière, ce qui entraîna leur maintien. Les modifications qu'elles subirent furent moins profondes que celles des voyelles accentuées ; elles ne se diphtonguent pas.

Le traitement des voyelles initiales suivies d'une consonne nasale est semblable à celui des voyelles accentuées devant une consonne nasale suivie d'une autre consonne. L'évolution de *ĭ*, de *ē* et *ĕ*, de *ŭ*, de *ō* et *ŏ* est identique.

A accentué

LATIN	BAS LATIN Ier - Ve siècle	GALLO-ROMAN VIe - IXe siècle	Xe	XIe	XIIe	XIIIe
A entravé	a	●	●	●	●	●
libre	a	ae > e (VIIe s.)	●	●	●	●
+ 1 vélaire	a + 1 vélaire	●	●	a(u)	●	●
après consonne palatale k, g + a	k, g + a	e > je	●	●	●	●
+ [j]	aj	a(i)	●	●	ε(i)	●
+ n, m, intervocalique	an, am,	aen > a(i)n / aɛm > a(i)m	a(ĩ)n, a(ĩ)m	●	ɛ̃(ĩ)n, ɛ̃(ĩ)m	ɛ̃n, ɛ̃m
+ n, m, devant consonne	an, am	●	ãn, ãm	●	●	●
+ [nj]	anj	a(i)n	a(ĩ)n	●	ɛ̃(ĩ)n	ɛ̃n

(1) mais e derrière ʃ, ʒ, l mouillé, ɲ (n mouillé).

E bref accentué ; E long et I bref accentués

LATIN	BAS LATIN Ier - Ve siècle	GALLO-ROMAN VIe - IXe siècle	Xe	XIe	XIIe	XIIIe
E bref entravé	ɛ̆	ɛ	●	●	●	●
libre	ɛ̆	ie (VIe s.)	●	●	●	●
+ 1 vélaire	ɛ̆ (+ 1 vélaire)	●	●	ε(u)	ε(a)(u)	●
+ [j]	ɛ + j	ie(i) > i (VIe s.) (IXe s.)	●	●	●	●
+ n, m intervocalique	ɛ + n, m	ien, (VIe s.) iem	iɛ̃n, iɛ̃m	●	●	●
+ n, m devant consonne	ɛ + n, m	●	ɛ̃n	ãn	●	●
+ [nj]	ɛ + nj	ie > iei > i (VIe s.)(IXe s.)	●	●	●	ín > ɛ̃n
E long I bref entravé	ĕ	e	●	ε	o(i)	oe > we
libre	ē	e(i) (VIIe s.)	●	●	ø(i)	ø
+ 1 vélaire	e + 1 vélaire	●	●	e(u)	ø(u)	oe > we
+ [j]	e + j	e(i)	●	●	o(i)	ø
+ n, m intervocalique	e + n, m	e(i)n, e(i)m	e(ĩ)n, e(ĩ)m	●	ɛ̃(ĩ)n, ɛ̃(ĩ)m	ɛ̃n, ɛ̃m
+ n, m devant consonne	e + n, m	●	ɛ̃n, ɛ̃m	ãn, ãm	●	●
+ [nj]	e + nj	e(i)n	e(ĩ)n	●	ɛ̃(ĩ)n	ɛ̃n

MOYEN FRANÇAIS XIVe - XVIe siècle			FRANÇAIS MODERNE	LATIN	XIIe SIÈCLE	FRANÇAIS MODERNE	
XIVe	XVe	XVIe	XVIIe			prononciation	orthographe
●	●	●	a	*parte*	part	par	*part*
			e	*gratu*	gre	gre	*gré*
●	●	●	(et ε devant r prononcé)	*(mare)*	mer	mɛr	*mer*
o	●	●	o	*alba*	a(u)bə	ȯb	*aube*
●	●(1)	●	ε	*caru*	tʃjer	ʃɛr	*cher*
●	●	●	ε	*maju*	ma(i)	mɛ	*mai*
●	εn, εm	ε̃(n ou m)	ε̃	*manu*	mε̃(ĩ)n	mɛ̃	*main*
		●	εn	*vana*	vε̃(ĩ)n	vɛn	*vaine*
●	●	●	ã(n ou m)	*annu*	ãn	ã	*an*
●	●	ε̃n,	ε̃	*ba(l)neu*	bε̃(ĩ)n	bε̃	*bain*

MOYEN FRANÇAIS XIVe - XVIe siècle			FRANÇAIS MODERNE	LATIN	XIIe SIÈCLE	FRANÇAIS MODERNE	
XIVe	XVe	XVIe	XVIIe		prononciation	prononciation	orthographe
●	●	●	ε	*perděre*	pɛrdrə	pɛrdr	*perdre*
je	●	●	je	*pede*	pie	pje	*pied*
œo	●	●	o	*bellus*	be(a)(u)s	bo	*beau*
●	●	●	i	*lectu*	lit	li	*lit*
●	●	ε̃(n ou m)	jε̃	*bene*	biε̃n	bjε̃	*bien*
	●	jεn (ou m)	jεn	**tenunt*	tĩε̃nənt	tjεn	*tiennent*
●	●	ã(n)	ã	*pendere*	pãndrə	pãdr	*pendre*
●	●	ε̃(n)	ε̃	*ingeniu*	ãndʒin	ãʒε̃	*engin*
			ε	*mittere*	mɛtrə	mɛtr	*mettre*
wε	●	●	wa	*mē*	mo(i)	mwa	*moi*
●	●	●	ø	*illos*	ø(u)s	ø	*eux*
wε	●	●	wa	*tectu*	to(i)t	twa	*toit*
●	●	ε̃	ε̃	*plenu*	plε̃(ĩ)n	plε̃	*plein*
●	ε̃n (ou m)	ε̃(n ou m)	εn (ou m)	*vena*	vε̃(ĩ)nə	vɛn	*veine*
●	●	ã(n) ã(m)	ã	*vendere*	vãndrə	vãdr	*vendre*
●	●	ε̃(n)	ε̃	*finge*	fε̃(ĩ)n	fε̃	*feins*

I long accentué ; U long accentué

LATIN	BAS LATIN Iᵉʳ - Vᵉ siècle	GALLO-ROMAN VIᵉ - IXᵉ siècle	ANCIEN FRANÇAIS Xᵉ - XIIIᵉ siècle			
			Xᵉ	XIᵉ	XIIᵉ	XIIIᵉ
I long entravé	i	•	•	•	•	•
libre	i	•	•	•	•	•
+ n, m intervocalique	in, im,	•	•	•	•	in > ẽn / im > ẽm
+ n, m devant consonne	in, im	•	•	•	•	in > ẽn / im > ẽm
U long entravé	u	y (VIIIᵉ s.)	•	•	•	•
libre	u	y (VIIIᵉ s.)	•	•	•	ɥi
+ [j]	uj	y(i)	•	•	•	
+ n, m finals	un, um	yn, ym	•	•	•	ỹn > œ̃n / ỹm > œ̃n
+ n, m devant consonne	un, um	yn, ym	•	•	•	ỹn > œ̃n / ỹm > œ̃n
+ [nj]	unj	y(i)n	y(ĩ)n	yẽn	•	yẽn

O bref accentué ; O long et U bref accentués

LATIN	BAS LATIN Iᵉʳ - Vᵉ siècle	GALLO-ROMAIN VIᵉ - IXᵉ siècle	ANCIEN FRANÇAIS Xᵉ - XIIIᵉ siècle			
			Xᵉ	XIᵉ	XIIᵉ	XIIIᵉ
O bref entravé	ɔ	ɔ	•	•	•	•
libre	ɔ	uɔ (VIᵉ s.)	•	•	ue	uø > ø
+ l vélaire	ɔ + l vélaire	•	•	ɔ(u)	•	u
+ [j]	ɔj	uɔj > y(i) (VIᵉ s.) (VIIIᵉ s.)	•	•	•	•
+ n, m devant consonne	ɔ + n, m	•	•	•	ɔ̃n, ɔ̃m	•
+ [nj]	ɔnj	ɔ(i)n	ɔ(ĩ)n	•	•	ɔẽn
O long U bref entravé	ŏ	o	•	u	•	•
libre	ō	o(u) [VIIᵉ s.]	•	•	ø	•
+ l vélaire	o + l vélaire	•	•	o(u)	•	u
+ [j]	oj	o(i)	•	•	•	we
+ n, m finals	o + n, m	•	•	•	õn, õm	•
+ [nj]	onj	o(i)n	o(ĩ)n	•	•	oẽn

MOYEN FRANÇAIS XIVe - XVIe siècle			FRANÇAIS MODERNE	LATIN	XIIe SIÈCLE	FRANÇAIS MODERNE	
XIVe	XVe	XVIe	XVIIe		prononciation	prononciation	orthographe
●	●	●	i	*villa*	vilə	vil	*ville*
●	●	●	i	*vita*	viə	vi	*vie*
●	●	ɛ̃(n), ɛ̃(m)	ɛ̃	*fine*	fin	fɛ̃	*fin*
●	●	ɛ̃(n), ɛ̃(m)	ɛ̃	**vinti*	vint	vɛ̃	*vingt*
●	●	●	y	*nullu*	nyl	nyl	*nul*
●	●	●	y	*nudu*	ny	ny	*nu*
●	●	ɥi	ɥi	*fructu*	fryit	frɥi	*fruit*
●	yn (ou m)	œ̃(n), œ̃(m)	œ̃	*unu*	yn	œ̃	*un*
●	●	œ̃(n), œ̃(m)	œ̃	*lunis-die*	lyndi	lœ̃di	*lundi*
●	●	yɛ̃(n)	yɛ̃	*juniu*	dʒyɛ̃n	ʒɥɛ̃	*juin*

MOYEN FRANÇAIS XIVe - XVIe siècle			FRANÇAIS MODERNE	LATIN	XIIe SIÈCLE	FRANÇAIS MODERNE	
XIVe	XVe	XVIe	XVIIe		prononciation	prononciation	orthographe
●	●	●	ɔ	*morte*	mɔrt	mɔr	*mort*
●	●	●	ø	*mola*	muelə	møl	*meule*
●	●	●	u	*follis*	fɔ(u)s	fu	*fou*
ɥi	●	●	ɥi	*nocte*	ny(i)t	nɥi	*nuit*
●	●	ɔ̃(n), ɔ̃(m)	ɔ̃	*comite*	kɔ̃ntə	kɔ̃t	*comte*
●	●	wɛ̃(n)	wɛ̃	*cognitu*	kɔɛ̃ntə	kwɛ̃t	*cointe*
●	●	●	u	*bucca*	butʃə	buʃ	*bouche*
●	●	●	ø (et œ devant r prononcé)	*votu*	vø	vø	*vœu*
●	●	●		*pavore*	paør	pœr	*peur*
wɛ	●	●	u	*ultra*	o(u)trə	utr	*outre*
●	●	●	wa	*voce*	vo(i)ts	vwa	*voix*
●	●	ɔ̃n (ou m)	ɔ̃	*donu*	dɔ̃n	dɔ̃	*don*
●	●		ɔ̃	*umbra*	ɔ̃mbrə	ɔ̃bɾ	*ombre*
●	●	wɛ̃(n)	wɛ̃	*cuneu*	koɛ̃nt	kwɛ̃	*coin*

LATIN	BAS LATIN Iᵉʳ - Vᵉ siècle	GALLO-ROMAIN VIᵉ - IXᵉ siècle	Xᵉ	XIᵉ	XIIᵉ	XIIIᵉ
A libre / + 1 vélaire / libre	a / a + 1 vélaire	•	•	a(u)	•	•
après une consonne palatale	a > ə	•	•	•	•	•
+ j	aj	a(i)	•	•	ε	•
en hiatus devant u	au > əu	əy	•	•	•	•
en hiatus devant une autre voyelle	a + voy.	•	•	•	•	•
I bref, E long E ouvert entravé	e	•	•	•	ε	•
libre / + j	e > ə / e(i)	•	•	•	o(i)	we
en hiatus	e > ə	•	•	•	•	•
O bref ou long libre	o	•	•	u	•	•
+ j	o(i)	•	•	•	•	we
I long	i	•	•	•	•	•
U long	u	y	•	•	•	•

4. Évolution des consonnes.

L'évolution des consonnes dépend de leur position dans le mot :

1. Les consonnes initiales sont conservées sans changement :

duru > dur; *barba* > barbe.

2. Les consonnes finales latines se sont amuïes en gallo-roman :

amat > aime.

Elles s'étaient parfois même effacées dès l'époque latine; c'est le cas du *m* final (Iᵉʳ siècle); aussi l'étymon latin qui est présenté à l'accusatif est-il noté dans les tableaux qui précèdent sans le *m* final :

asinu(m), qui a donné *âne*.

3. La première consonne d'un groupe consonantique s'efface généralement, tandis que la seconde se conserve sans changement :

rupta > route; *adpressum* > après.

Lorsque la seconde consonne est un *r* ou un *l*, les groupes évoluent de la façon suivante :

p, b + r → vr : *labra* → lèvre   *lépore* → lièvre
p, b + l → bl : *tabŭla* → table   *duplu* → double

Dans certains groupes consonantiques, il se produit parfois l'épenthèse (l'addition) d'une nouvelle consonne :

mr → mbr : *cam(ĕ)ra* → chambre
sr → str : *ess(ĕ)re* → estre, être
nr → ndr : *cin(ĕ)re* → cendre
ml → mbl : *sim(ŭ)lat* → semble

MOYEN FRANÇAIS XIVe - XVIe siècle			FRANÇAIS MODERNE	LATIN	XIIe SIÈCLE	FRANÇAIS MODERNE	
XIVe	XVe	XVIe	XVIIe		prononciation	prononciation	orthographe
o	•	•	a	valere	valwar	valwar	valoir
•	•	•	o	falcone	fa(u)kɔ̃	fokɔ̃	faucon
•	•	•	ə	caballu	tʃəval	ʃəval	cheval
•	•	•	ɛ	placere	plɛdzir	plɛzir	plaisir
•	y	•	y	maturu	məyr	myr	mûr
chute du ə	•	•		pavore	paør	pœr	peur
•	•	•	ɛ	mercede	mɛrtsi	mɛrsi	merci
•	•	•		virtute	vɛrty	vɛrty	vertu
wɛ	•	•	ə	debere	dəvwoir	dəvwar	devoir
•	•	•	wa	pectorine	po(i)trinə	pwatrin	poitrine
•	•	•		licere	lo(i)dzir	lwazir	loisir
•	chute du ə	•		videre	vəo(i)r	vwar	voir
•	•	•	u	corona	kurɔ̃nə	kurɔn	couronne
wɛ	•	•	wa	potione	po(i)dzɔ̃	pwazɔ̃	poison
•	•	•	i	filare	filer	file	filer
•	•	•	y	durare	dyrer	dyre	durer

4. Les consonnes intervocaliques *l, m, n, r* se conservent sans changement :

$$amara \rightarrow amère.$$

Les occlusives *t, d, p, b, k, g* évoluent ainsi :

LATIN CLASSIQUE	BAS LATIN Ier - Ve S.	GALLO-ROMAN VIe - IXe S.	ANCIEN FRANÇAIS Xe - XIIIe S.	LATIN	FRANÇAIS
t	t	d (VIe) → δ (VIIIe)	0 (XIe)	mutare	muer
d	d	δ (VIIIe)	0 (XIe)	nuda	nue
p	p	b (VIe) → β (VIIIe)	v	ripa	rive
b + e, i	b	β (VIIIe) → v	v	habere	avoir
b + o, u	β (IIe)	0		tabone	taon
k + o, u	g (IVe)	γ → 0		lucore	lueur
o, u + k + a	g (IVe)	γ → 0		jocare	jouer
g + o, u		γ → 0		a(u)gustu	août
o, u + g + a		γ → 0		ruga	rue

Le siècle entre parenthèses indique le moment où s'est effectué probablement le changement. Le signe 0 (zéro) indique l'effacement complet du phonème.

5. La palatalisation, très importante dans l'évolution du latin en français, comporte trois séries de faits :

a) K et *g* devant une consonne dentale se sont complètement palatalisés : sous l'influence de cette consonne, k et g ont déplacé leur point d'articulation vers l'avant, vers la région palatale, là où s'articule le [j], et se sont confondus avec cette semi-consonne. Ce [j] s'est combiné avec la voyelle précédente pour former une diphtongue dont l'évolution est donnée au tableau des voyelles :

factu → anc. fr. *fait* > [fɛ] écrit *fait* en fr. mod.
flagrare → anc. fr. *flairier* > [flɛre] *flairer* en fr. mod.

b) K et *g* devant une voyelle palatale ont subi une évolution indiquée dans le tableau ci-après :

LATIN CLASSIQUE	BAS LATIN	GALLO-ROMAN	ANCIEN FRANÇAIS	LATIN	XIIᵉ S.	FRANÇAIS
k + e, i initial	kj > tj > tsj	ts	s (XIIIᵉ)	*centu*	tsɛ̃nt	sɑ̃ *(cent)*
après consonne				*mercede*	mɛrtsi	mɛrsi *(merci)*
intervocalique	*id.*	dzj > jdz	z (XIIIᵉ)	*placere*	plaidzir	plɛzir *(plaisir)*
k + a initial	kj (vᵉ)	tj > tʃ	ʃ (XIIIᵉ)	*carru*	tʃar	ʃar *(char)*
après consonne				*arca*	artʃə	arʃ *(arche)*
a, e + k + a	g (IVᵉ)	j > i		*baca*	bajə	bɛ *(baie)*
g + e, i initial	gj > dj > dzj	dʒ	ʒ (XIIIᵉ)	*gente*	dʒɛ̃nt	ʒɑ̃ *(gent)*
après consonne intervocalique	gj > dj > jj	effacement		*regina*	reĩnə	rɛn *(reine)*
g + a initial	gj	dj > dʒ	ʒ (XIIIᵉ)	*gamba*	dʒɑ̃mb	ʒɑ̃b *(jambe)*
après consonne				*larga*	lardʒə	larʒ *(large)*
a, e, i + g + a	gj	dj > j		*plaga*	plajə	plɛ *(plaie)*

c) Evolution des consonnes suivies d'un [j] résultant de la fermeture d'un [e] ou d'un [i] en hiatus avec une autre voyelle, cette fermeture s'étant produite vers le Iᵉʳ siècle après J.-C. :

LATIN CLASSIQUE	BAS LATIN	GALLO-ROMAN	ANCIEN FRANÇAIS	FR.	LATIN	XIIᵉ S.	FRANÇAIS
p[j]		ptʃ > tʃ		ʃ (XIIIᵉ)	*sapia*	satʃə	saʃ *(sache)*
b[j]		dʒ		ʒ (XIIIᵉ)	*tibia*	tidʒə	tiʒ *(tige)*
v[j]		*id.*			*cavea*	kadʒə	kaʒ *(cage)*
m[j]		*id.*			*somniu*	sondʒə	sɔ̃ʒ *(songe)*

LATIN CLASSIQUE	BAS LATIN	GALLO-ROMAN	ANCIEN FRANÇAIS	FR.	LATIN	XIIᵉ S.	FRANÇAIS
k[j] après consonne intervocalique		tj > ts	s (XIIIᵉ)		*arcione*	artsɔ̃n	arsɔ̃ *(arçon)*
g[j] intervocalique		dj > jj > (j)			*exagiu*	esa(j)	esɛ *(essai)*
t[j] après consonne intervocalique	tsj	ts	s (XIIIᵉ)		*fortia*	fortsə	fɔrs *(force)*
		dzj > jdz	jz (XIIIᵉ)		*ratione*	rajdzɔ̃n	rɛzɔ̃ *(raison)*
d[j] initial après consonne		dʒ	ʒ (XIIIᵉ)		*diurnu*	dʒɔrn	ʒur *(jour)*
					hordeu	ɔrdʒə	ɔrʒ *(orge)*
r[j]		jr			*area*	ajrə	ɛr *(aire)*
s[j]		js			*messione*	mojsɔ̃n	mwasɔ̃ *(moisson)*
n[j] intervocalique		ɲ			*linea*	liɲə	liɲ *(ligne)*
n[j] final		ɲ > jn			*balneu*	ba(ɲ)n	bɛ̃ *(bain)*
l[j]		ł		j	*filia*	fiłə	fij *(fille)*

III. LA MÉTHODE ÉTYMOLOGIQUE

Les progrès de la grammaire comparée, une meilleure connaissance des phénomènes d'emprunt, les recherches modernes de P. Fouché, Jud, Battisti, Bertoli, Rohlfs, sur le domaine prélatin, l'inventaire des dialectes, des parlers régionaux, des argots (G. Esnault), des lexiques techniques, l'exploration des champs morpho-sémantiques (P. Guiraud), les études toujours plus nombreuses sur les lexiques des époques passées ont diminué très sensiblement le nombre des étymologies obscures ou contestées, ainsi que les incertitudes soulevées par les évolutions sémantiques. Ils ne les ont pas toutes supprimées.

Pour connaître l'étymologie d'un mot, on reconstitue d'abord sa filiation dans la langue, au double point de vue de la forme et du sens, et l'on remonte jusqu'à l'époque où il a été attesté pour la première fois.

Les données externes

On recherche l'aire géographique du mot : dans quelles régions de France a-t-il été d'abord employé ? Dans quels parlers locaux, dans quels noms de lieux le retrouve-t-on ? Quels sont ses correspondants dans d'autres langues romanes ? La géographie linguistique, la dialectologie, la linguistique comparée joignent ainsi leurs données à celles de l'histoire. Elles fournissent des indications précieuses pour les mots prélatins conservés dans les régions archaïsantes (notamment pour les mots gaulois, dont on retrouve des survivants partout, mais surtout dans le Centre et dans l'Ouest), pour les mots germaniques, venus du Nord et de l'Est (les mots norrois ont leur foyer en Normandie), enfin pour les emprunts aux langues voisines.

L'histoire politique et sociale indique quelles ont été les relations de la France avec les autres peuples. Elle s'associe à l'histoire des sciences et des techniques pour rappeler de quels « arts » — au sens ancien du terme — notre pays est redevable (avec le vocabulaire correspondant) à tel peuple et à telle époque. La géographie économique révèle par quelles voies se sont introduits et diffusés les mots nouveaux : on relève, par exemple, que la plupart des mots méditerranéens furent introduits par l'italien ou le provençal ; ils ont gagné Paris et la moitié nord de la France en remontant la grande voie commerciale du Rhône et de la Saône. Ainsi, plusieurs sciences annexes contribuent à fournir à l'étymologie la matière de ses observations et de ses raisonnements sur l'histoire des mots.

Les données internes

Il faut cependant identifier l'origine première du mot. S'il apparaît dans les plus anciens textes, il a chance d'appartenir au fonds primitif. On cherche s'il existait en latin, ou s'il peut correspondre à une création ou à une altération du latin populaire, ou s'il présente les caractères d'un mot prélatin. Un mot présumé gaulois doit offrir une aire primitive d'un certain type ; il doit se retrouver, pour la plupart des cas, dans d'autres langues celtiques. De même, pour les origines présumées germaniques ; les documents relatifs au francique (langue des Francs) sont peu abondants, mais l'étude du néerlandais, descendant du francique, et celle des langues ou dialectes germaniques voisins permettent d'étayer, plus ou moins solidement, les formes conjecturées. Quant aux emprunts aux langues modernes, il faut établir que le mot est plus ancien dans la langue envisagée qu'en français, et retrouver sa voie de pénétration, tant sociale que géographique.

Il va de soi que la conjecture doit reposer sur une analyse de phonétique et de morphologie historiques. Tout mot a obéi, dans une grande mesure, aux mécanismes généraux qui ont provoqué les changements de la prononciation et des structures morphologiques, successivement dans sa langue d'origine, puis dans notre langue. Ces mécanismes ont été fréquemment troublés par des altérations analogiques, des rapprochements morpho-sémantiques, des contacts entre dialectes de structures linguistiques différentes. Lorsqu'un mot et son prototype supposé s'accordent par une racine commune, par le sens, ainsi qu'aux points de vue de la géographie et de l'histoire, si, dans la forme, on est arrêté par un obstacle d'ordre phonétique, l'étymologie n'est pas à rejeter *ipso facto*. Il y a lieu d'examiner si une altération n'a pas été possible. Cette altération doit avoir sa raison d'être, appartenir à un type connu : elle ne saurait être imaginée pour les besoins d'une hypothèse.

Inversement, même une identité de forme entre un mot et son prototype supposé ne suffit pas pour permettre des hardiesses sémantiques injustifiées : car on peut être en présence de deux racines différentes, que les hasards de l'évolution ou des voyages ont rendues homonymes. Faute d'avoir opéré une distinction de cet ordre, Littré et le *Dictionnaire général* ont proposé des conjectures aussi ingénieuses qu'erronées pour rattacher la *douve* (ver) du mouton à la *douve* (fossé) du château : or, le premier mot représente un bas latin *dolva* (attesté au vᵉ s.), et le second un bas latin *doga*. La linguistique moderne peut préserver les étymologistes actuels des fantaisies qui ont discrédité tant de recherches anciennes.

IV. NOTICE

Certaines dispositions nouvelles ont été rendues nécessaires par le fait que le *Nouveau Dictionnaire étymologique et historique* renferme un nombre de mots accru par rapport à la dernière édition du *Dictionnaire étymologique,* et supérieur à ceux que contiennent les ouvrages de même ordre.

Indications générales. L'ordre général de l'ouvrage est alphabétique. Mais les dérivés et composés issus d'un même mot français ou d'une même base, latine, germanique, etc. (l'*étymon*), ont été groupés dans le même article, à la suite du mot simple. On cherchera donc *mangeoire* à *manger, refaire* à *faire,* etc. Les articles spéciaux consacrés dans l'introduction aux préfixes et les tableaux introductifs, regroupant les préfixes, les suffixes et les éléments de composition grecs et latins, compléteront aisément les informations indispensables.

Il a paru utile de réunir, dans toute la mesure du possible, les formations populaires et les formations savantes, lorsque les aires sémantiques des termes offraient encore des points de contact. Chaque fois qu'il peut y avoir hésitation, le dérivé ou composé est enregistré à sa place alphabétique, avec renvoi au mot simple. Un article spécial est le plus souvent consacré aux dérivés ou composés qui ont eu un développement sémantique indépendant (ex. *patrouille,* par rapport à *patte*), ou qui se sont séparés anciennement du mot de base par l'évolution de leur forme (ex. *métayer, mitoyen,* de *moitié*).

L'ordre intérieur de chaque article est celui de la dérivation, puis de la composition. Pour les mots composés sur un même radical initial (*aéro-, allo-*), on a suivi l'ordre alphabétique : ex. *aérodynamique, aéroglisseur, aéronaute,* etc.

Les mots savants, en particulier ceux d'origine grecque, ont été introduits en grand nombre, car leur date de formation présente pour l'histoire de la langue un intérêt qui s'ajoute à celui de leur étymologie. Nous nous sommes limités toutefois aux mots les plus communs de chaque science et de chaque technique. L'étymologie des autres sera aisément retrouvée, à l'aide des tableaux synthétiques.

L'ancien français (jusqu'au xiiiᵉ s. inclus) est distingué du moyen français (xivᵉ - xviᵉ s.), et du français moderne (à partir du xviiᵉ s.).

L'étymologie. Les mots de base d'origine populaire, directement issus du latin par évolution continue, sont précédés d'un astérisque. Ce sont ceux qui forment la plus grande partie du fonds primitif. Leur étymologie est indiquée par une formule du type : « du lat. ». Exemple : **ache,* du lat. *apium.*

L'étymologie des autres mots de base (mots d'origine germanique, emprunts aux langues anciennes ou modernes) est indiquée également par une formule du type : « du francique », « de l'ar. », « de l'esp. », etc. Quand le terme emprunté est lui-même issu d'une autre langue, la formule initiale est suivie de l'indication : « empr. à ». Exemple : *alambic*, de l'esp. *alambico*, empr. à l'ar. *al'inbīq*.

Les étymons latins sont donnés sous la forme du nominatif, suivi du génitif lorsque celui-ci se révèle nécessaire pour la compréhension de son évolution phonétique. C'est une convention pratique, car on sait que le mot français est issu, dans la quasi-totalité des cas, de l'accusatif. Lorsque deux formes différentes sont issues du nominatif et de l'accusatif latins (cas sujet et cas régime de l'ancien français, cristallisés ultérieurement en deux mots distincts, type *chantre-chanteur*), les précisions indispensables ont été apportées.

L'indication *lat.*, sans épithète, fait référence au *latin classique*. Nous en avons distingué le *latin impérial* (mots latins qui apparaissent dans les textes à partir du IIᵉ s. environ), le *bas latin* (à partir du IIIᵉ - IVᵉ s.), le *latin populaire* (de la même époque que le bas latin, mais dont la plupart des formes, non attestées dans les textes, sont reconstituées par conjecture), le *latin médiéval* (mots latins qui apparaissent dans les textes à partir du VIIᵉ s. environ), le *latin chrétien* (textes s'étageant du IIIᵉ au VIᵉ s.) opposé au *latin païen* et comprenant des termes relatifs au christianisme, le *latin ecclésiastique* (Moyen Age), enfin le *latin scolastique* (Moyen Age) et le *latin moderne* (textes scientifiques des XVIᵉ, XVIIᵉ, XVIIIᵉ s.). Les emprunts les plus anciens au latin sont ceux qui ont été faits aux alentours de l'époque carolingienne. Ils ont, en principe, conservé l'accentuation latine. Ces emprunts, et même ceux qui les ont suivis, ont été plus ou moins assimilés au point de vue phonétique ; cela est indiqué dans les dictionnaires par « adaptation », ou « francisation ».

Les indications *grec, germanique, provençal, scandinave* s'appliquent au grec, au germanique, au provençal et au scandinave *anciens*. Pour l'état moderne de ces langues, on ajoute l'épithète *moderne* (abrév. *mod.*). On indique *bas grec* et *byzantin* pour les étapes intermédiaires du grec. Le néerlandais englobe le flamand, lorsqu'on ne peut préciser entre flamand et hollandais.

Les étymons conjecturaux (assez nombreux pour le latin populaire et le germanique) sont précédés de l'astérisque.

Le grec est transcrit en lettres latines : l'*upsilon* (υ) est transcrit par *u*; êta (η) et ômêga (ω) par *ê* et *ô*; les aspirées (χ, φ, θ) par *kh, ph, th*; la graphie *g* (γ) est conservée, même pour *g* nasal (*aggelos*, ange).

La datation. La première attestation du mot est indiquée soit sous la forme d'une date, suivie de la référence à l'ouvrage où l'on a retrouvé le premier emploi, soit sous la forme d'une indication chronologique approximative lorsqu'elle ne se réfère pas de manière précise à un texte (cela à trente années près : ex. début XIVᵉ s., milieu XVIIᵉ s., fin XVIIIᵉ s.). Pour de nombreux auteurs du Moyen Age, la date est un simple point de repère, étant donné l'imprécision de la chronologie de leurs œuvres. Les informations chronologiques sont suivies de la forme du mot à l'époque considérée, lorsque cette forme offre un intérêt (avec ses variantes, s'il y a lieu).

Il en va de même pour la première attestation des changements importants de l'emploi sémantique du mot.

L'histoire des sens. La signification actuelle des mots répertoriés n'est donnée que pour les mots-racines peu connus. L'objet d'un dictionnaire étymologique n'est pas de décrire l'aire sémantique actuelle des mots : elle est supposée connue des lecteurs, et ceux-ci peuvent en trouver le détail dans un dictionnaire d'usage comme le *Petit Larousse*. Mais, lorsque le sens d'un mot s'est modifié depuis son apparition dans la langue, nous avons indiqué son sens originel et ses principaux emplois ultérieurs avec leur date. Nous nous sommes limités, lorsque cela nous paraissait suffisant, à indiquer le domaine lexical auquel appartenait l'emploi relevé : ex. « technique », « argotique », « médical », « militaire », etc.

Le sens de l'étymon n'est donné que lorsqu'il présente une différence notable avec le sens du mot français*.

* Nous tenons à remercier les nombreux collègues qui nous ont aidés par leurs remarques et leurs corrections à mettre au point cette quatrième édition, et en particulier MM. A. Minard, A. Arveiller, J. André, A. Pruvot, A. Lerond, P. Gilbert, A. Goosse, A. Hardy, J. K. Hollyman, B. Quemada, M. Tournier, P. Zolli, A. Rey.

ÉLÉMENTS LATINS ET GRECS

Préfixes savants d'origine latine
entrant dans la composition de mots français.

ÉLÉMENTS	SENS	EXEMPLES
ab-, abs-	loin de	abduction, abstention.
ad-	vers	adhérence, adventice.
ambi-	les deux	ambidextre, ambivalent.
anté-	avant	antédiluvien, antépénultième.
bi-, bis-	deux	bipède, biplace, biscornu.
centi-	centième	centilitre, centimètre.
circon-	autour	circonlocution.
circum-	—	circumnavigation.
cis-	en deçà	cisalpin, cispadan.
co-, col-,	avec	coadjuteur, collaborateur, copropriété.
com-, con-,	—	communion, concitoyen.
cor-	—	correspondance.
contra-	contre	contradictoire, contravention.
dé-	séparé de,	déboulonner, débrancher, débrider,
	qui a cessé de,	déchausser, démonétiser, dépolitiser,
	intensif	dessécher
déci-	dixième	décilitre, décimètre.
dis-	séparé de, différent	disconvenir, discordance, disproportion, dissemblance.
ex-	1° hors de ;	expatrier, exporter ;
	2° qui a cessé	ex-ministre, ex-député.
extra-	1° extrêmement ;	extra-fin, extra-dry ;
	2° hors de	extrados, extraordinaire, extraterritorialité.
il-, im-, in-, ir-	1° dans ;	immerger, infiltrer, irriguer.
	2° privé de	illettré, impeccable, inexpérimenté, insalubre, irrégulier.
infra-	au-dessous	infrastructure, infrarouge.
inter-	entre	interligne, international.
intra-, intro-	au-dedans	intramusculaire, intraveineux, introversion.
juxta-	auprès de	juxtalinéaire, juxtaposer.
ob-	au-devant	obnubiler, obvier.
pén(é)-	presque	pénéplaine, pénultième.
per-	de part en part	percolateur, perforer.
post-	après	postdater, postscolaire.
pré-	devant, avant,	préhellénique, préhistoire,
	en tête de	préfigurer.
prim(o)-	premier	primogéniture, primordial.
pro-	en avant	projeter, prolonger.
quadr(i)-,	quatre	quadrijumeaux, quadripartite.
quadre-,	—	quadrette.
quadru-	—	quadrumane, quadrupède.
quasi-	presque	quasi-contrat, quasi-délit.
quinqu-	cinq	quinquennal.
quint-	cinquième	quintessence, quintuple.
r-, ré-	de nouveau, en revenant	ramener, réassortir, réexaminer, revenir.
rétro-	en arrière	rétroactif, rétrocession, rétrograder.

semi-	à demi	*semi-rigide, semi-voyelle.*
simili-	semblable	*similigravure, similimarbre.*
sub-	1° sous ;	*subalterne, subdélégué ;*
	2° presque	*subaigu.*
super-, supra-	au-dessus	*supercarburant, superstructure, supranational.*
trans-	1° au-delà de	*transférer, transhumant ;*
	2° au travers	*transpercer.*
tri-	trois	*tripartite, trisaïeul.*
ultra-	au-delà de	*ultra-royaliste, ultra-son, ultraviolet.*
un(i)-	un	*unilingue, univoque.*
vice-	à la place de	*vice-consul, vice amiral.*

Préfixes d'origine grecque
entrant dans la composition de mots français.

PRÉFIXES	SENS	EXEMPLES
a-, an- (*a privatif*)	négation, privation	*acarpe, analgésie, analphabète, anesthésie, anodonte, anonyme, anorexie, anormal, anosmie, anoure, anoxémie, aphone.*
amphi-	double, de deux côtés, de part et d'autre	*amphibie, amphibologie, amphigastre, amphigène, amphipode ; amphithéâtre.*
ana-	1° de nouveau ; 2° en arrière, à l'inverse de	*anabaptiste, anaphore, anatocisme ; anachronisme, anagogie, anagramme, anaplasie, anastrophe.*
anté-, anti-	qui est contre, opposition	*antéchrist, antialcoolique, antibiotique, antichar, anticonstitutionnel, antidote, antigel, antihalo, antirouille.*
apo-	à partir de, éloignement	*apogée, apophyse, apostasie, apostolat, apostrophe, apothème.*
arch-, archi-	1° qui vient avant ; 2° qui est au plus haut degré	*archevêque, archidiacre, archiduc, archiprêtre ; archibondé, archifou, archimillionnaire.*
cata-	sur, contre, vers le bas	*cataclysme, catalepsie, cataplasme, cataplexie, catapulte, catastrophe, catatonie.*
di(a)-	1° séparation, distinction ; 2° à travers	*diacritique, diaphragme, diaphyse, diastase, diastole ; diaphane, diagonal, diagraphe, dialyse, diapason, dioptrie.*
di-	double	*dioïque, diphasé, diploé, diptère, diptyque, dissyllabe.*
dys-	difficulté, mauvais état	*dyschromie, dysenterie, dyspepsie, dyspnée, dysurie.*
ec-	hors de	*ecchymose, eccopé, ecthyma, ectropion.*
ecto-	au-dehors	*ectocardie, ectoderme, ectoplasme.*
en-	dans	*encéphale, enchondrome, endémie.*
endo-	à l'intérieur de	*endocarde, endocarpe, endocrine, endoscope, endosmose, endosperme.*
ép-, épi-	position supérieure (sur)	*éphélides, épicentre, épiderme, épigastre, épigenèse, épiglotte, épizootie, éponyme.*
eu-	bien	*euphémisme, euphorie, eurythmie, eutexie, euthanasie.*
ex(o)-	à l'extérieur, en dehors	*exocardie, exogène, exomphale, exophorie, exosmose, exostose.*
hémi-	moitié, demi	*hémicycle, hémiédrie, hémiplégie, hémiptère, hémisphère, hémitropie.*
hyper-	1° au-delà-de ; 2° excès	*hyperborée, hyperdulie, hyperfocal, hypermétropie ; hypersécrétion, hypercritique, hypersensible.*

hypo-	1° au-dessous de ; 2° insuffisance	*hypoderme, hypogastre, hypogée ;* *hypopepsie, hypotension, hypoto-* *nie, hypotrophie.*
méta-	1° succession ;	*métacarpe, métagramme, métaphy-* *sique ;*
	2° changement	*métabolisme, métachromatisme,* *métastase, métathèse.*
par-, para-	1° contre ;	*parachronisme, paradoxe, paralo-* *gisme ;*
	2° voisin de, le long de	*paracoxalgie, paralique, parallèle,* *paraphrase, parasélène, paraty-* *phoïde.*
péri-	autour de	*péricoste, périhélie, périmètre,* *périphérie, périphrase, périscope.*
pro-	devant, en avant, avant	*procordés, prognathe, programme,* *prolégomènes, prolepse, propathie,* *prostyle.*
syl-, sym-, **syn-, sy-**	avec, ensemble	*syllabe, syllepse, syllogisme, sym-* *biose, symétrie, sympathie, sym-* *phonie, symphyse, synalèphe, sy-* *narchie, synchrone, synonyme,* *synoptique, synthèse, systyle.*

Principaux éléments grecs
entrant dans la construction de mots français.

COMPOSANT	MOT GREC ET SENS	EXEMPLES
acanth(o)-	*akantha,* épine	*acanthacées, acanthocéphales, acan-* *those.*
-acanthe	—	*monacanthe.*
acro-	*akros,* à l'extrémité	*acrobate, acrocéphalie, acrocyanose,* *acrodynie, acromégalie, acrostiche.*
actin(o)-	*aktis, -inos,* rayon	*actinique, actinomètre, actinotactisme.*
-adelphe	*adelphos,* frère	*hétéradelphe, monadelphe.*
adén(o)-	*adên, adenos,* glande	*adénite, adénome, adénopathie.*
æg(o)-	*aiks, aigos,* chèvre	*ægagre, ægagrophile, ægoceras.*
aéro-	*aêr, aeros,* air	*aérodrome, aéronaute, aéronef, aéro-* *phagie, aéroplane, aérostat.*
-agogue,	*agôgos,* qui conduit	*cholagogue, pédagogue ;*
-agogie	—	*pédagogie.*
agro-	*agros,* champ	*agrochimie, agrologie, agronome.*
aleur(o)-	*aleuron,* farine	*aleurite, aleurone.*
alg(o)-, algési-	*algos,* douleur	*algidité, algophobie ; algésimètre ;*
-algie	—	*névralgie, ostéalgie.*
all(o)-	*allos,* autre	*allergie, allotropie, allopathie ;*
allotri(o)-	—	*allotriosmie.*
ambly(o)-	*amblus,* émoussé	*amblyopie, amblyopodes, amblystome.*
amyl(o)-	*amulon,* amidon	*amylacé, amylobacter.*
andr(o)-	*anêr, andros,* homme	*androgène, androgenèse, androgyne, an-* *droïde, androstérone.*
-andrie	—	*polyandrie.*
anémo-	*anemos,* vent	*anémographe, anémomètre, anémophile.*
angi(o)-	*aggeion,* capsule, vaisseau	*angiectasie, angiocardiographie, angio-* *cholite, angiographie, angiome.*
anis(o)-	*anisos,* inégal	*anisochromie, anisogamie.*
anth(o)-	*anthos,* fleur	*anthologie, anthonome.*
-anthe	—	*hélianthe, périanthe.*
anthrac(o)-	*anthrax, -cos,* char- bon	*anthracite, anthracoïde, anthracose,* *anthracotherium.*
anthropo-	*anthrôpos,* homme	*anthropologie, anthropométrie, anthro-* *pomorphisme, anthropophage.*
-anthrope	—	*misanthrope.*
-anthropie	—	*lycanthropie.*
aphro-	*aphros,* mousse, écume	*aphromètre, aphrophore.*
arachn(o)-	*arakhnê,* araignée	*arachnéen, arachnide, arachnothère.*
archéo-	*arkhaios,* ancien	*archéologie, archéoptéryx.*

-archie, -arque	*arkhein*, commander	*monarchie ; monarque, triérarque.*
aréo-	*araios*, léger, peu dense	*aréomètre, aréométrique.*
-arge	*argos*, brillant	*litharge.*
argyr(o)-	*arguros*, argent	*argyrides, argyrodite.*
arithm(o)-	*arithmos*, nombre	*arithmétique, arithmographe, arithmologie, arithmomanie.*
-arithme	—	*logarithme.*
arrhén(o)-	*arrhên*, mâle	*arrhénogénie, arrhénotoque.*
artéri(o)-	*artêria*, artère	*artériectomie, artériographie, artériosclérose.*
arthr(o)-	*arthron*, articulation	*arthrectomie, arthrite, arthritisme, arthrocentèse, arthrodynie.*
astér(o)-,	*astêr, asteros*, étoile	*astérisque, astéroïde ;*
astro-	—	*astrologie, astronaute, astronomie.*
-asthénie	*astheneia*, faiblesse	*neurasthénie, psychasthénie.*
atél(o)-	*atêlês*, incomplet	*atélectasie, atélie.*
aut(o)-	*autos*, de soi-même	*autarcie, autobiographie, autocritique, autodéfense, autogène.*
bactéri(o)-	*baktêria*, bâton	*bactériacées, bactéricide, bactériologie, bactériophage, bactériostatique.*
balan(o)-	*balanos*, gland	*balanite, balano-posthite.*
bar(o)-	*baros*, pesanteur	*baranesthésie, baresthésie, baromètre.*
bary-	*barus*, lourd	*barymétrie, barysphère, baryton.*
-bare	*baros*, pression	*isobare.*
bathy-	*bathus*, profond	*bathycrinus, bathyscaphe.*
-bathe	*bathos*, profondeur	*eurybathe.*
biblio-	*biblion*, livre	*bibliographie, bibliothèque.*
bi(o)-	*bios*, vie	*biochimie, biogenèse, biographie, biologie, biométrie, biopsie.*
-bie	—	*aérobie, amphibie.*
blast(o)-	*blastos*, germe	*blastoderme, blastomère, blastopore.*
-blaste	—	*chondroblaste, nématoblaste.*
bléphar(o)-	*blepharon*, paupière	*blépharite, blépharoplastie, blépharospasme.*
-bole, -bolie	*bolê*, action de jeter	*discobole, hyperbole, parabole ; élaphébolies, embolie.*
bothri(o)-	*bothrion*, petit trou	*bothridère, bothriocéphale.*
botryo-	*botrus*, grappe	*botryomycose, botryoptéridées.*
brachy-	*brakhus*, court	*brachycéphale, brachydactylie.*
brady-	*bradus*, lent	*bradyarthrie, bradycardie, bradypnée.*
brom(o)-	*brômos*, puanteur	*bromoforme, bromure.*
bronch(o)-	*bronkhia*, bronches	*bronchique, bronchophonie, bronchoscopie.*
bront(o)-	*brontê*, tonnerre	*brontosaure, brontotherium.*
bryo-	*bruos*, mousse	*bryophile, bryophytes, bryozoaires, embryologie.*
butyr(o)-	*bouturon*, beurre	*butyreux, butyrine, butyrique, butyromètre.*
cach-, caco-	*kakos*, mauvais	*cachexie ; cacochyme, cacographie, cacologie, cacophonie.*
calam(o)-	*kalamos*, paille	*calamite, calamodendron.*
calli-	*kalos*, beau ; *kallos*, beauté	*calligraphie, callipyge.*
-calle	—	*hémérocalle.*
calyc(o)-	*kalux, -cos*, coupe	*calycanthe, calycotome.*
calypt(o)-	*kaluptos*, caché	*calyptoblastides, calyptolite.*
cardi(o)-	*kardia*, cœur	*cardiaque, cardiogramme, cardiographie, cardiolyse.*
-carde, -cardie	—	*endocarde, myocarde, péricarde ; myocardie.*
carp(o)-	*karpos*, fruit	*carpelle, carpocapse, carpogone.*
-carpe	—	*cléistocarpe, péricarpe.*
caryo-	*karuon*, noix, noyau	*caryocinèse, caryoclasique, caryolyse, caryorrhexis.*
cén(o), cœn-	*koinos*, commun	*cénesthésie, cénestopathie, cénobite ; cœnocyte, cœnure.*
-cèle	*kêlê*, tumeur, hernie	*cystocèle, hydrocèle.*
-cène	*kainos*, récent	*éocène, oligocène, pliocène.*
céphal(o)-	*kephalê*, tête	*céphalalgie, céphalique, céphalométrie, céphalopodes.*

-céphale,	kephalê, tête	acéphale, bicéphale ;
-céphalie	—	acéphalie.
cérat(o)-	keras, -atos, corne	cératine, cératophyllus, cératosaure.
-cère	—	acère, chélicère.
cerco-	kerkos, queue	cercocèbe, cercopidés, cercopithèque.
chæto-, chéto-	khaitê, crinière	chætognathes ; chétopodes.
chalco-	khalkos, cuivre	chalcographie, chalcopyrite.
chamæ-	khamai, à terre, rampant	chamærops, chamæsiphonales.
cheil(o)-,	kheilos, lèvre	chéilite, chéiloplastie ;
chilo-	—	chilopodes.
chéli-	khêlê, pince	chélicérates, chélicère.
cheiro-,	kheir, -ros, main	chéirogale ; chiromancie, chiromégalie,
chir(o)-	—	chiroptère, chirurgie.
chélidon-	khelidôn, hirondelle	chélidonopsis.
chélon-	khelônê, tortue	chéloniens, chélonobie, chélyde.
chlor(o)-	khloros, jaune ver- dâtre	chlorate, chloration, chlorhydrique, chlo- rose.
chol(é)-	kholê, bile	cholagogue, cholangiographie, cholécys- tite, cholémie.
chondr(o)-	khondros, cartilage	chondrine, chondrogenèse, chondrome.
choré-	khoros, chœur	chorée, chorégraphie, choriste.
chresto-	khrêstos, utile	chrestomathie.
chromat-,	khrôma, couleur	chromatique ; chromolithographie, chro-
chrom(o)-	—	mosome, chromosphère.
chron(o)-	khronos, temps	chronaxie, chronographie, chronologie, chronomètre.
-chrone,	—	synchrone ;
-chronie,	—	diachronie ;
-chronisme	—	anachronisme, isochronisme.
chrys(o)-	khrusos, or	chrysocale, chrysolite, Chrysostome.
chyl(i)-	khulos, suc	chylifère, chyliforme, chylurie.
cinémat(o)-	kinêma, -atos, mou- vement	cinématique, cinématographe, cinémato- graphie.
-cinèse	kinêsis, mouvement	caryocinèse.
cinét-	kinêtos, mobile	cinétique, cinétogenèse.
clado-	klados, rameau	cladocères, cladode, cladonema.
clast(o)-	klastos, brisé	clastique, clastomanie.
-clasie, -claste	—	cranioclasie ; iconoclaste.
cléisto-	kleistos, fermé	cléistocarpe, cléistogame.
clima-,	klima, région	climalyse ;
climat(o)-	—	climatisation, climatisme, climatologie.
clin(o)-	klinê, lit ; klinein, incliner	clinandre, clinique, clinode, clinomanie, clinostatisme.
cœli-	koilos, creux ; cholia, ventre	cœlialgie, cœliaque, cœlioscopie.
colo-	kôlon, côlon	colonalgie, colopathie, colostomie.
-colite	—	entérocolite.
colp(o)-	kolpos, vagin	colpectomie, colpocèle.
conch(o)-	konkhê, coquille	conchoïde, conchostracés.
conchyli(o)-	konkhulion, coquil- lage	conchyliologie, conchyliophore.
copro-	kopros, excrément	coprolalie, coprophage.
-coque	kokkos, graine	streptocoque, staphylocoque.
cosm(o)-	kosmos, monde, parure de femme	cosmogénie, cosmogonie, cosmographie, cosmopolite ; cosmétique.
-cosme	—	microcosme.
crani(o)-	kranion, crâne	crâniectomie, cranioclasie, craniologie.
-crate, -cratie	kratos, force	autocrate ; bureaucratie, ploutocratie.
cric(o)-	krikos, anneau	cricoïde, crico-thyroïdien.
crio-	krios, bélier	criocéphale, crioceras, criocère.
cristall(o)-	krustallos, verre	cristallifère, cristallographie, cristallo- phyllien.
cry(o)-	kruos, froid glacial	cryométrie, cryoscopie, cryoturbation.
crypt(o)-	kruptos, caché	crypte, cryptogame, cryptogramme, cryptographie.
ctén(o)-	kteis, ktenos, peigne	cténaires, cténoïde, cténophore.
cyan(o)-	kuanos, bleu	cyanines, cyanophycés, cyanose, cyanure.
cycl(o)-	kuklos, cercle	cyclone, cyclothymie.
-cycle	kuklos, roue	bicycle, tricycle.
cyn(o)-	kuôn, kunos, chien	cynocéphale, cynodrome, cynoglosse.

cypho-	*kuphos*, convexe	cyphoscoliose, cyphose.
cypri(d)-	*Kupris, -idos*, de Chypre	cypriaque, cypridine.
cyst(o)-	*kustis*, vessie	cystite, cystocèle, cystométrie.
cyt(o)-	*kutos*, cellule	cytologie, cytoplasma, cytotrope.
-cyte	—	leucocyte.
dacry(o)-	*dakru*, larme	dacryde, dacryocystite.
dactyl(o)-	*daktulos*, doigt	dactylographie, dactyloscopie.
-dactyle,	—	isodactyle, ptérodactyle ;
-dactylie	—	brachydactylie.
déca-	*deka*, dix	décagone, décamètre, décasyllabe.
dém(o)-	*dêmos*, peuple	démagogie, démocratie, démographie.
dendr(o)-	*dendron*, arbre	dendrite, dendromètre.
-dendron	—	rhododendron.
derm(o)-,	*derma, -atos*, peau	dermite, dermographie ;
dermato-	—	dermatologie, dermatose.
-derme	—	épiderme, hypoderme, pachyderme.
deutér(o)-,	*deuteros*, second	deutérologie, deutéronome ;
deut(o)-	—	deutoneurone, deutoplasma.
dictyo-	*diktuon*, filet	dictyoptère, dictyotales.
dino-	*deinos*, terrible	dinocéras, dinosaures.
diphy(o)-	*diphuês*, double	diphyodontes.
dipl(o)-	*diploos*, double	diplodocus, diploïde.
dips(o)-	*dipsôs*, soif	dipsomanie.
dodéca-	*dôdeka*, douze	dodécagone, dodécaphonie.
dolich(o)-	*dolikhos*, allongé	dolichocéphale, dolichopode.
dory-	*doru*, lance	dorylinés, doryphore.
doxo-	*doxa*, opinion	doxologie, doxométrie.
-doxe	—	hétérodoxe, orthodoxe, paradoxe.
drama(t)-	*drama*, pièce de théâtre	dramatique, dramaturgie.
-drame	—	mélodrame, psychodrame.
drom(o)-	*dromas*, qui court	dromadaire.
-drome	*dromos*, course	autodrome, hippodrome.
dry(o)-	*drus, druos*, chêne	dryophante, dryophile.
dynam(o)-	*dunamis*, force	dynamique, dynamite, dynamomètre.
-dyne	—	hétérodyne.
échin(o)-	*ekhinos*, hérisson	échinocoque, échinoderme.
-ectasie	*ektasis*, dilatation	bronchiectasie, atélectasie.
ect(o)-	*ektos*, à l'extérieur	ectoderme, ectoparasite.
-ectomie	*ektomê*, ablation	adénectomie, gastrectomie.
ectro-	*ektrôsis*, avortement	ectrodactylie, ectromélie.
-èdre	*edra*, face, base	polyèdre, tétraèdre.
élasmo-	*elasmos*, feuillet, lame	élasmobranches, élasmodonte.
élatér(o)-	*elatêr*, qui dirige	élatéridés, élatéromètre.
électr(o)-	*elektron*, ambre jaune (électrique)	électricité, électrocardiogramme, électro-choc, électron, électronique.
embry(o)-	*embruon*, fœtus	embryogenèse, embryologie, embryome.
-émie		
[V. HÉMAT(O)-]		
encéphal(o)-	*enkephalon*, cerveau	encéphalite, encéphalographie, encéphalopathie.
ennéa-	*ennea*, neuf	ennéagone, ennéasyllabe.
entér(o)-	*entera*, entrailles	entérite, entérocolite, entérocoque.
entomo-	*entomon*, insecte	entomologie, entomophage, entomostracés.
éo-	*êôs*, aurore	éocène, éolithe.
-ergie, -urgie	*ergon*, travail, force	cryergie, énergie ; métallurgie, chirurgie.
érythr(o)-	*eruthros*, rouge	érythrémie, érythrisme, érythrite, érythrose.
esthési-	*aisthêsis*, sensation	esthésiologie, esthésiomètre.
-esthésie	—	anesthésie, hyperesthésie.
galact(o)-	*gala, -aktos*, lait	galactites, galactogène, galactose.
galéo-	*galê*, belette	galéopithèque, galéopsis.
-game, -gamie	*gamos*, mariage	phanérogame, polygame ; bigamie, endogamie.
gastér(o)-,	*gastêr, -tros*, ventre	gastérostéidés ; gastralgie, gastrique, gastronomie, gastropodes.
gastr(o)-	—	épigastre, hypogastre.
-gastre	—	
-genèse, -génie	*genêsis*, formation	cinétogenèse, parthénogenèse ; nosogénie.

génio-	geneion, menton	génioglosse, génioplastie.
géno-	genos, race	génocide, génodystrophie.
-gène	gennan, engendrer	hydrogène, pathogène.
géo-	gê, terre	géocentrique, géodésie, géographie, géologie, géomorphologie, géophysique, géopolitique.
géront(o)-	gerôn, -ontos, vieillard	gérontocratie, gérontologie.
gloss(o)-	glotta (glossa), langue	glossaire, glossite, glossolalie.
-glosse,	—	génioglosse, isoglosse ;
-glotte	—	épiglotte, polyglotte.
gluc(o)-,	glukus, -keros, doux	glucométrie, glucoserie,
glycér(o)-,	—	glycérine,
glyc(o)-	glukus, sucré	glycémie, glycine, glycogène.
glypt(o)-	gluptos, gravé	glyptographie, glyptologie, glyptothèque.
-gnathe	gnathos, mâchoire	agnathes, prognathe.
gonio-	gônia, angle	goniomètre, gonioscopie.
-gone	—	hexagone, octogone, polygone.
gono-	gonos, semence	gonocoque, gonophore.
-gonie	—	cosmogonie.
-gramme	gramma, lettre	cardiogramme, encéphalogramme.
graph(o)-	graphein, écrire	graphite, graphologie, graphomanie, graphomètre.
-graphe,	—	dactylographe, stylographe ;
-graphie	—	sténographie.
gymn(o)-	gumnos, nu	gymnastique, gymnoblastes.
gyn(o)-,	gunê, -aikos, femme	gynandromorphisme ; gynécée, gynécologie.
gynéc(o)-	—	
-gyne	—	androgyne, misogyne.
gyr(o)-	guros, cercle	gyrocompas, gyroscope.
-gire, -gyre	—	autogire ; lévogyre, dextrogyre.
habro-	habros, tendre, joli	habronémose, habrosyne.
hal(o)-	hals, halos, sel	halite, halogène.
haplo-	haplous, simple	haplographie, haploïde.
hapt(o)-	haptein, s'attacher	haptoglobine, haptotropisme.
hecto-	hekaton, cent	hectolitre, hectomètre.
héli(o)-	hêlios, soleil	héliothérapie, héliotropisme.
helminth(o)-	helmins, -thos, ver	helminthiase, helminthosporiose.
hémat(o)-,	haima, -atos, sang	hématite, hématome, hématophage ;
hémo-	—	hémophilie, hémoptysie.
-émie	—	anémie, hyperémie.
-hémère	hêmera, jour	éphémère, nycthémère.
hendéca-	hendeka, onze	hendécagone, hendécasyllabe.
hépat(o)-	hêpar, -atos, foie	hépatique, hépatocèle.
hepta-	hepta, sept	heptagone, heptasyllabe.
herm(o)-	Hermês	hermaphrodisme, hermétique.
hétér(o)-	heteros, autre	hétéradelphe, hétérodyne, hétérogène.
hexa-	hexa, six	hexagone, hexamètre.
hidr(o)-	hidros, sueur	hidradénome, hidrosadénite.
hiér(o)-	hieros, sacré	hiératique, hiéroglyphe.
hipp(o)-	hippos, cheval	hippodrome, hippologie, hippophagique.
hist(io)-	histos, tissu	histiocytome, histogenèse, histologie.
holo-, olo-	holos, entier	holoédrie, holoprotéide, holoside ; olographie.
homéo-, homo-	homoios, semblable	homéopathie ; homogénéisation, homologue, homologuer, homonyme.
hopl(o)-	hoplon, arme	hoplocampe, hoploptère.
hor(o)-	hôra, heure	horodateur, horoscope.
hor(o)-	horos, borne	horoptère.
hyal(o)-	hualos, verre	hyalin, hyaloïde, hyaloplasme.
hydr(o)-, hyd-	hudôr, -atos, eau	hydraulique, hydrogène, hydrophile ; hydarthrose.
-hydre	—	anhydre.
hygr(o)-	hugros, humidité	hygroma, hygromètre, hygrophile.
hyl(o)-	hulê, matière	hylarchique, hylémorphisme, hylophile.
hymén(o)-	humên, humenos, membrane	hyménomycètes, hyménoptères.
hyph(o)-	huphos, tissu	hyphéma, hypholome.
hypn(o)-	hupnos, sommeil	hypnagogique, hypnose, hypnotisme.
hypso-	hupsos, hauteur	hypsogramme, hypsométrique.

hystér(o)-	*hustera*, utérus	*hystérographie, hystéropexie.*
	husteros, qui vient derrière	*hystérésimètre, hystérésis.*
-iatre,	*iatros*, médecin	*pédiatre, phoniatre, psychiatre ;*
-iatrie		*pédiatrie, psychiatrie.*
ichty(o)-	*ikhthus*, poisson	*ichtyosaure, ichtyologie, ichtyose.*
icon(o)-	*eikôn, -onos*, image	*iconoclaste, iconographie, iconostase.*
-ide	*eidos*, apparence	*hyalide, lipide, protéide.*
idé(o)-	*idea*, idée	*idéation, idéogramme, idéologie.*
idi(o)-	*idios*, particulier	*idiome, idiosyncrasie, idiotisme.*
is(o)-	*isos*, égal	*isomorphe, isotherme, isotope.*
-kène	*kainein*, ouvrir	*akène.*
kil(o)-	*khilioi*, mille	*kilogramme, kilomètre, kilovolt.*
-lâtre, -lâtrie	*latreuein*, adorer	*idolâtre ; lâtrie, zoolâtre.*
léio-	*leios*, mince	*léiomyome, leiothrix.*
laryng(o)-	*larunks, -gos*, gorge	*laryngite, laryngologie.*
lepto-	*leptos*, mince	*leptocéphale, leptospire.*
leuc(o)-	*leukos*, blanc	*leucémie, leucocyte, leucose.*
lip(o)-	*lipos*, graisse	*lipide, lipogenèse, lipolyse, lipurie.*
lith(o)-	*lithos*, pierre	*lithiase, lithographie, lithodome, lithosphère.*
-lite ou -lithe	—	*aérolithe, laccolite, microlite, monolithe.*
log(o)-	*logos*, science, discours	*logarithme, logographe, logogriphe.*
-logie,	—	*anthropologie, sociologie ;*
-logue,	—	*ethnologue, géologue ;*
-logiste	—	*ophtalmologiste, radiologiste.*
loxo-	*loxos*, oblique	*loxodromie, loxolophodon.*
lyc(o)-	*lukos*, loup	*lycanthropie, lycopode.*
-lyse	*lusis*, dissolution	*analyse, électrolyse, lipolyse, phagolyse.*
macr(o)-	*makros*, grand	*macrocéphale, macromélie, macromolécule.*
	—	
malac(o)-	*malakos*, mou	*maiacia, malacologie.*
-mancie	*manteia*, divination	*cartomancie, chiromancie, oniromancie.*
-manie, -mane	*mania*, folie	*mégalomanie ; mythomane.*
mast(o)-	*mastos*, mamelle	*mastite, mastodonte.*
méga-,	*megas, -alos*, grand	*mégaceros, mégalithe ;*
mégalo-	—	*mégalocyte, mégalomane.*
-mégalie	—	*acromégalie.*
mélan(o)-	*melas, -anos*, noir	*mélanésien, mélanome, mélanose.*
mél(o)-	*melos*, chant, membre	*mélodique, mélodrame, mélocactus.*
méning(o)-	*mêningx, mêningos*, membrane	*méningiome, méningite, méningocoque.*
mén(o)-	*mên*, lunaison	*ménopause, ménorragie.*
mér(o)-	*meros*, partie	*mérosperme, mérostomes.*
-mère	—	*isomère, polymère.*
méso-	*mesos*, milieu	*mésoderme, mésopotamien.*
météor(o)-	*meteôros*, élevé dans les airs	*météore, météorologie.*
métr(o)-	*metron*, mesure	*métrique, métronome.*
-mètre,	—	*décimètre, kilomètre, galvanomètre ;*
-métrie,	—	*audiométrie, économétrie ;*
-métrique	—	*géométrique.*
métr(o)-	*mêtra*, matrice	*métrorragie, métrite.*
micr(o)-	*mikros*, petit	*microbe, microcosme, microscope.*
mis(o)-	*misein*, haïr	*misanthrope, misogyne.*
mném(o)-	*mnêmê*, mémoire	*mnémotechnique.*
-mnésie,	*mnêsia*, mémoire	*amnésie, paramnésie ;*
-mnésique	—	*amnésique.*
mon(o)-	*monos*, seul	*monandre, monocorde, monolithique.*
morph(o)-	*morphê*, forme	*morphogenèse, morphologie.*
-morphe,	—	*amorphe, dimorphe ;*
-morphisme	—	*anthropomorphisme, dimorphisme.*
myc(o)-	*mukês*, champignon	*mycétozoaires, mycoderme, mycologie.*
-mycose	—	*actinomycose.*
myél(o)-	*muelos*, moelle	*myéline, myélome.*
-myélite	—	*ostéomyélite.*
my(o)-	*mus, muos*, muscle	*myocardie, myographie.*
-myome	—	*léiomyome.*
myri-	*muria*, dix mille	*myriade, myriapodes.*
mytho-	*muthos*, légende	*mythologie, mythomane.*

-mythie	*muthos*, légende	*stichomythie.*
nécr(o)-	*nekros*, mort	*nécrologie, nécropole.*
némato-	*nêma, nêmatos*, fil	*nématodes.*
néo-	*neos*, nouveau	*néologisme, néophyte.*
néphr(o)-	*nephros*, rein	*néphralgie, néphrite.*
-nésie	*nêsos*, île	*Mélanésie, Polynésie.*
neur(o)-,	*neuron*, nerf	*neurasthénie, neurologie ;*
névr(o)-	—	*névralgie, névrite, névrose.*
-nome, -nomie	*nomos*, loi	*agronome, astronome ; gastronomie.*
nos(o)-	*nosos*, maladie	*nosémose, nosologie.*
nyct-, nyctal-	*nuks, nuktos*, nuit	*nyctaginacées, nycthémère ; nyctalopie.*
oct(o), octa-	*oktô*, huit	*octogone ; octaèdre.*
odo-	*hodos*, chemin	*odographe, odomètre.*
-ode	route	*anode, cathode.*
odont-	*odous, odontos,*	*odontalgie, odontologie.*
-odonte	dent	*mastodonte.*
œn(o)-	*oinos*, vin	*œnilisme, œnologie.*
-oïde	*eidos*, apparence	*ellipsoïde, hyaloïde, ovoïde.*
olig(o)-	*oligoi*, peu nombreux	*oligarchie, oligocène, oligo-élément.*
olo- (V. HOLO-)		
omphal(o)-	*omphalos*, nombril	*omphalea, omphalotropis.*
onir(o)-	*oneiros*, songe	*onirisme, oniromancie.*
onomat(o)-,	*onoma, -atos*, nom	*onomatopée ;*
onom-	—	*onomastique.*
-onyme	—	*anonyme ;*
-onymie	—	*homonymie, toponymie.*
ont(o)-	*ôn, ontos*, étant, être	*ontogenèse, ontologie.*
onych(o)-	*onuks, onukhos,* ongle	*onychophores, onychose.*
-onyx	—	*trionyx.*
-ope, -opie	*ôps, ôpos*, œil	*myope, oryctérope ; deutéranopie.*
ophi(o)-	*ophis*, serpent	*ophicléide, ophiologie, ophiure.*
ophtalm(o)-	*ophtalmos*, œil	*ophtalmie, ophtalmologiste.*
-ophtalmie	—	*xérophtalmie.*
opistho-	*opisthen*, en arrière	*opisthobranches, opisthodome.*
opo-	*opos*, suc	*opopanax, opothérapie.*
opt-	*ôps, ôpos*, œil	*optique.*
-optrie,	—	*dioptrie ;*
-optrique,	—	*catadioptrique ;*
-opsie	—	*achromatopsie, galéopsie.*
ornitho-	*ornis, ornithos,* oiseau	*ornithologiste, ornithorynque.*
-ornis	—	*amblyornis.*
or(o)-	*oros*, montagne	*orogénique, orographie.*
orth(o)-	*orthos*, droit	*orthodoxe, orthographe, orthopédie.*
oryct(o)-	*oruktos*, creusé, déterré	*orycte, oryctérope.*
osm-	*osmê*, odeur	*anosmie, osmanthus, osmium.*
osm(o)-	*ôsmos*, impulsion	*osmomètre, osmose.*
osté(o)-	*osteon*, os	*ostéite, ostéomyélite.*
ostrac(o)-	*ostrakon*, coquille	*ostracisme, ostracodes.*
ot(o)-	*ous, ôtos*, oreille	*otalgie, otite, oto-rhino-laryngologie.*
oxy-, oxyd-	*oxus*, aigu, acide	*oxyacétylénique, oxygène ; oxydase, oxyde.*
-oure	*oura*, queue	*anoure, brachyoure.*
pachy-	*pakhus*, épais, gros	*pachyderme, pachypleurite.*
paléo-	*palaios*, ancien	*paléographie, paléolithique.*
pali(n)-,	*palin*, de nouveau	*palilalie, palindrome, palingénésie ;*
pali(m)-		*palimpseste.*
pan-, pant(o)-	*pas, pantos*, tout	*pancardite, pangermanisme ; panthéisme, pantographe.*
path(o)-	*pathos*, souffrance	*pathogène, pathologie.*
-pathe	—	*névropathe, psychopathe.*
péd(o)-	*pais, paidos*, enfant	*pédiatrie, pédagogie.*
-pédie	*paideia*, éducation	*encyclopédie.*
péd(o)-	*pedon*, sol	*pédogenèse, pédologie.*
penta-	*penta*, cinq	*pentagone, pentamètre, pentapole.*
pétr(o)-	*petra*, pierre	*pétrochimie, pétrographie, pétrole.*
phag(o)-	*phagein*, manger	*phagocyte, phagocytose.*
-phage, -phagie	—	*anthropophage ; aérophagie.*

-phane,	*phainein,* briller	*diaphane, lithophane ;*
-phanie	*phaneia,* apparition	*Epiphanie.*
phanér(o)-	*phaneros,* clair, visible	*phanère, phanérogames.*
pharmac(o)-	*pharmakon,* médicament	*pharmaceutique, pharmacologie, pharmacopée.*
pharyng(o)-	*pharunx, -ungos,* gosier	*pharyngiome, pharyngite, pharyngotomie.*
phén(o)-	*phainein,* briller	*phénomène, phénotype.*
phil(o)-	*philos,* ami	*philanthrope, philatélie, philhellène.*
-phile, -philie	—	*anglophile ; cyanophilie.*
phleb(o)-	*phleps, -bos,* veine	*phlébectomie, phlébite, phlébotome.*
phob(o)-	*phobos,* peur	*phobie.*
-phobe,	—	*hydrophobe ;*
-phobie	—	*agoraphobie.*
phlog(o)-	*phlox, phlogos,* flamme	*phlogistique.*
phon(o)-	*phonê,* voix	*phoniatrie, phonographe.*
-phone,	—	*aphone, téléphone, xylophone ;*
-phonie		*cacophonie, euphonie.*
-phore	*phoros,* qui porte	*doryphore, sémaphore.*
phot(o)-	*phôs, photos,* lumière	*photographie, photogravure, phototropisme, phototype.*
-phote	—	*Cataphote.*
phrén(o)-	*phrên, phrenos,* intelligence	*phrénite, phrénologie.*
-phrène	—	*schizophrène.*
phylact(o)-	*phulax, -aktos,* garde	*phylactère.*
phyll(o)-	*phullon,* feuille	*phyllode, phylloxéra.*
-phylle	—	*chlorophylle.*
physi(o)-	*phusis,* nature, expansion	*physiocrate, physiologie, physionomie.*
-physe,	—	*apophyse, hypophyse ;*
-physisme	—	*monophysisme.*
phyt(o)-	*phuton,* plante	*phytopathologie, phytophage.*
-phyte	—	*thallophyte.*
picr(o)-	*pikros,* amer	*picrate, picride.*
pithéc(o)-	*pithêkos,* singe	*pithécanthrope, pithécie.*
-pithèque	—	*anthropopithèque.*
plagi(o)-	*plagios,* oblique	*plagiocéphalie, plagioclases.*
plasm(o)-	*plasma,* façonnage, application	*plasmodium, plasmolyse.*
-plasme	—	*ectoplasme, protoplasme.*
plast-	*plassein,* façonner	*plasticité, plastique.*
-plastie	—	*génioplastie, méloplastie.*
platy-	*platus,* large	*platycéphalie, platyrhinien.*
plési(o)-	*plêsios,* proche	*plésianthrope, plésiosaure.*
-plégie	*plêssein,* frapper	*hémiplégie, paraplégie.*
pleur(o)-	*pleuron,* flanc, côté	*pleural, pleurite, pleuroscope.*
pléio-, pléo-,	*pleiôn,* plus	*pléiotropie ; pléomorphisme ;*
pli(o)-		*pliocène.*
plout(o)-	*ploutos,* riche	*ploutocratie, ploutocratique.*
pneum(o)-	*pneumôn,* poumon	*pneumarthrose, pneumonie, pneumothorax.*
-pnée	*pnein,* respirer	*apnée, dyspnée.*
pod(o)-	*pous, podos,* pied	*podologie, podomètre.*
-pode	—	*myriapode, pseudopode.*
pœcil-,	*poikilos,* varié	*pœcilandrie ;*
poïkil(o)-	—	*poïkilotherme.*
-pole	*polis,* ville	*métropole, nécropole, pentapole.*
poly-	*polus,* nombreux	*polygone, polyphonie, polype, polytechnique.*
porphyr(o)-	*porphuros,* pourpre	*porphyre, porphyrogénète, porphyroïde.*
proct(o)-	*proktos,* anus	*proctalgie, proctite, proctologie.*
prot(o)-	*prôtos,* premier	*protagoniste, protoplasma, protozoaire.*
pseud(o)-	*pseudos,* faux	*pseudonyme, pseudopode.*
psych(o)-	*psukhê,* âme	*psychodrame, psychologie, psychopathe.*
psyll-	*psulla,* puce	*psylliode.*
ptér(o)-	*pteron,* aile	*ptérodactyle, ptéropodes.*
-ptère	—	*diptère, hélicoptère.*
ptérid-	*pteris, -idos,* fougère	*ptéridophytes.*

-ptérygien	*pterugion*, nageoire	*acanthoptérygien.*
-ptysie	*ptuein*, cracher	*hémoptysie.*
pyél(o)-	*puelos*, cavité	*pyélite, pyélographie, pyélotomie.*
-pyge	*pugê*, fesse	*amblypyges, pygargue.*
py(o)-	*puon*, pus	*pyogène, pyorrhée.*
pyr(o)-	*pur*, feu	*pyrite, pyromètre, pyrotechnie.*
pyxid-	*puxis, -idos*, boîte	*pyxide.*
rhabd(o)-	*rhabdos*, baguette	*rhabditis, rhabdomancie.*
rhé(o)-	*rhein*, couler	*rhéobase, rhéomètre, rhéostat.*
-rrhée, -réique	—	*aménorrhée ; endoréique.*
rhin(o)-	*rhis, inos*, nez	*rhinite, rhinocéros.*
-rhinien	—	*platyrhiniens.*
rhiz(o)-	*rhiza*, racine	*rhizome, rhizopodes.*
rhod(o)-	*rhodon*, rose	*rhododendron, rhodophycées.*
rhomb(o)-	*rhombos*, losange	*rhomboèdre, rhomboïde.*
-rhynque	*rhynkhos*, bec	*amblyrhynque, ornithorynque.*
salping(o)-	*salpinx, -ingos*, trompe	*salpingite, salpingographie.*
sarc(o)-	*sarx, sarkos*, chair	*sarcoïde, sarcomateux, sarcophage.*
-sarque	—	*anasarque.*
saur(o)-	*saura*, lézard	*sauriens, sauropodes.*
-saure	—	*dinosaure, plésiosaure.*
scaph-	*skaphê*, barque	*scaphite, scaphoïde.*
-scaphe	—	*bathyscaphe.*
schiz(o)-	*skhizein*, fendre	*schizoïde, schizophrène.*
sclér(o)-	*sklêros*, dur	*scléreux, scléroprotéine, sclérose.*
sélén(o)-	*selenê*, lune	*sélénique, sélénographie.*
-scope, -scopie	*skopein*, regarder	*microscope, télescope ; radioscopie.*
séma-	*sêma*, signe	*sémantique, sémaphore.*
séméi(o)-,	*sêmeion*, signal	*séméiologie ;*
sémi(o)-	—	*sémiotique.*
sial(o)-	*sialon*, salive	*sialagogue, sialorrhée.*
sidér(o)-	*sidêros*, fer	*sidérolithique, sidérose, sidérurgie.*
solén(o)-	*sôlên*, canal, tuyau	*solénoïdal, solénoïde.*
somat(o)-	*sôma, -atos*, corps	*somatique, somatotrope.*
-some	—	*chromosome.*
spélé(o)-	*spêlaion*, caverne	*spéléologie, spéléotomie.*
sphén(o)-	*sphên, -nos*, coin	*sphénoïdal, sphénoïde.*
sphér(o)-	*sphaira*, sphère	*sphérique, sphéroïde.*
-sphère	—	*atmosphère, troposphère.*
sphygm(o)-	*sphugmos*, pouls	*sphygmique, sphygmographe.*
splanchn(o)-	*splankhnon*, entrailles	*splanchnique, splanchnologie.*
splén(o)-	*splên*, rate	*splénectomie, splénique, splénocyte.*
spondyl(o)-	*spondulos*, vertèbre	*spondylarthrite, spondyle.*
staphyl(o)-	*staphulê*, grain de raisin	*staphylin, staphylocoque.*
-stase, -stasie	*stasis*, base, arrêt	*hémostase, iconostase ; hémostasie.*
stat(o)-	—	*statique, statistique, statoréacteur.*
-stat	*statos*, stable	*aérostat, gyrostat, thermostat.*
stég(o)-	*stegê*, toit	*stégocéphales, stégomye.*
stén(o)-	*stenos*, étroit, serré	*sténographie, sténoglosses, sténose.*
stéré(o)-	*stereos*, solide	*stéréochimie, stéréoscopique, stéréotype.*
stern(o)-	*sternon*, poitrine	*sternal, sterno-cléido-mastoïdien.*
-stiche, -stique	*stikhos*, vers, ligne	*acrostiche ; distique.*
stomat(o)-	*stoma, -atos*, bouche	*stomatite, stomatologie.*
-stome	—	*amblystome.*
strept(o)-	*streptos*, tourné	*streptocoque, streptomycine.*
strob(o)-	*strobos*, tourbillon	*strobile, stroboscopie.*
styl(o)-	*stulos*, colonne, poinçon	*stylite, stylobate.*
-style	—	*péristyle.*
syc(o)-	*sukê*, figue	*sycophante, sycosis.*
tachy-	*takhus*, rapide	*tachycardie, tachymètre.*
-taphe	*taphos*, tombeau	*cénotaphe.*
taut(o)-	*tauto*, le même	*tautologie.*
tax(o)-	*taxis*, ordre, arrangement	*taxologie.*
-taxe, -taxie	—	*syntaxe ; ataxie, phyllotaxie.*
techn(o)-	*tekhnê*, art	*technocrate, technologie.*
-technie,	—	*mnémotechnie, pyrotechnie ;*

-technique	*tekhnê*, art	*polytechnique.*
télé-	*têle*, au loin	*télécommande, téléphone, télévision.*
-télie	—	*atélie.*
térat(o)-	*teras, -atos*, monstre	*tératologie.*
tétr(a)-	*tettara*, quatre (au neutre)	*tétralogie, tétrarchie.*
thalam(o)-	*thalamos*, mariage, couche ou lit	*thalamiflore.*
-thalame	—	*épithalame.*
thalass(o)-	*thalassa*, mer	*thalassocratie, thalassothérapie.*
thall(o)-	*thallos*, rameau	*thalle, thallophyte.*
-thallite	—	*uranothallite.*
théo-	*theos*, dieu	*théocratie, théologie.*
-thée, -théisme	—	*athée ; polythéisme.*
-thèque	*thêkê*, armoire	*bibliothèque, discothèque.*
thér-	*thêr, thêrion*, bête sauvage	*thériaque, théridion.*
thérapeut-	*therapeuein*, soigner	*thérapeutique.*
-thérapie	—	*actinothérapie, héliothérapie.*
therm(o)-	*thermos*, chaleur	*thermalisme, thermomètre, thermo-nucléaire.*
-therme, thermie	—	*isotherme ;* *hypothermie.*
thorac(o)-	*thorax, -acos*, poitrine.	*thoracoplastie.*
-thèse	*thêsis*, action de poser	*hypothèse, métathèse, parenthèse, prothèse, synthèse.*
thromb(o)-	*thrombos*, caillot	*thrombine, thrombose.*
-tome, -tomie	*tomê*, section, coupe	*atome ; anatomie, mélotomie, trachéotomie.*
top(o)-	*topos*, lieu	*topographie, toponymie.*
-tope	—	*isotope.*
trich(o)-	*thrix, trikhos*, cheveu	*trichine, trichocéphale.*
-triche, -thrix	—	*holotriches ; leiothrix.*
troch(o)-	*trokhos*, roue	*trochisque, trochocéphalie.*
troph(o)-	*trophê*, nourriture, croissance	*trophique, trophonévrose.*
-trophie	—	*atrophie, hypertrophie.*
typ(o)-	*tupos*, caractère	*typographie, typologie.*
-type, -typie	—	*daguerréotype, monotype, sténotype ; phototypie.*
uran(o)-	*ouranos*, ciel	*uranographie, uranoscope.*
ur(o)-	*ouron*, urine	*urémie, urographie, urologie.*
-urie	—	*albuminurie, hématurie.*
xanth(o)-	*xanthos*, jaune	*xanthie, xanthoderme, xanthome.*
xén(o)-	*xenos*, étranger	*xénoparasitisme, xénophobe, xénophobie.*
xér(o)-	*xêros*, sec, dur	*xérodermie, xérophtalmie.*
-xéra	—	*phylloxéra.*
xyl(o)-	*xulon*, bois	*xylographie, xylophone.*
zo(o)-	*zôon*, animal	*zoolâtrie, zoologie, zootechnie.*
-zoïsme,	—	*hylozoïsme ;*
-zoaire,	—	*protozoaires ;*
-zoïte	—	*mérozoïte.*

Principaux éléments latins entrant en construction de mots français.

acét(o)-	*acetum*, vinaigre	*acétique, acétate.*
agri-, agr(o)-	*ager, agri*, champ	*agricole, agriculture ; agronome.*
apici-, apic(o)-	*apex, apicis*, sommet	*apiciforme ; apicodental.*
aqu(i)-	*aqua*, eau	*aquatique.*
arbor(i)-	*arbor*, arbre	*arborescent, arboriculture.*
aren(a)-	*arena*, sable	*arénicole, arénisation.*
auri-, auricul-	*auris*, oreille	*auriculaire.*
avi-	*avis*, oiseau	*aviculture, avion.*
brach(i)-	*brachium*, bras	*brachial, brachialgie.*
calc(o)-	*calx, calcis*, chaux	*calcaire, calciner.*
calic(i)-	*calix, -icis*, coupe	*calicicole, caliciflore, calicule.*
calor(i)-	*calor, -oris*, chaleur	*calorifère, calorimètre.*
campho(r)-	*camphora*, camphre	*campholide, camphorosma.*

cannab-	*cannabis,* chanvre	*cannabinacée, cannabisme.*
capill-	*capillus,* cheveu	*capillaire, capillicule.*
capit-	*caput, -itis,* tête	*capitaliser, capitation.*
carbo(n)-	*carbo, -onis,* charbon	*carbonisation, carbonyle.*
carn(i)-	*caro, carnis,* chair	*carnifier, carnivore.*
casé(i)-	*caseus,* fromage	*caséification, caséine.*
caud-	*cauda,* queue	*caudataire, caudiculé*
caul(i)-	*caulis,* tige	*cauliforme, caulinicole.*
-caule	—	*acaule.*
cér(i)-	*cera,* cire	*cérifère, cérigène.*
-cide	*caedere,* tuer	*infanticide, régicide.*
cirri-, cirro-	*cirrus,* mèche, touffe	*cirripèdes; cirroteuthis.*
clathr-	*clathri,* barreaux, treillis	*clathre, clathrus.*
clav(i)-	*clavis,* clef	*clavicorde, clavicule.*
clype(i)-	*clipeus,* bouclier	*clypeaster, clypeola.*
-cole	*colere,* cultiver, fréquenter ou habiter	*agricole, bambusicole.*
cordi-	*cor, cordis,* cœur	*cordial, cordiforme.*
cox(o)-	*coxa,* hanche, cuisse	*coxalgie, coxarthrie.*
cruci-	*crux, crucis,* croix	*crucifère, crucifier.*
culic-	*culex, -icis,* moustique	*culicidés, culicivore.*
cunicul-	*cuniculus,* lapin	*cuniculiculteur, cuniculiculture.*
cupri-, cupro-	*cuprum,* cuivre	*cuprifère; cuprochrome.*
-culteur	*cultor,* qui cultive	*apiculteur, viticulteur.*
-colore	*color,* couleur	*bicolore, multicolore.*
-culture	*cultura,* culture	*agriculture, arboriculture.*
denti-	*dens, dentis,* dent	*denticètes, dentirostres.*
digit(o)-	*digitus,* doigt	*digitigrade, digitoplastie.*
équi-	*aequus,* égal	*équipollent, équivalent.*
falci-	*falx, falcis,* faux	*falcifolié, falciforme.*
-fère	*ferre,* porter	*carbonifère, mammifère.*
ferro-	*ferrum,* fer	*ferrocyanure, ferrotypie.*
fibr(o)-	*fibra,* filament	*fibrinogène, fibroïde.*
-fique, -fier,	*facere,* faire	*maléfique; solidifier;*
-fication	—	*solidification.*
fissi-	*fissus,* fendu	*fissidactyle, fissifolié.*
fulv(i)-	*fulvus,* fauve	*fulvènes, fulverin.*
-folié	*folium,* feuille	*falcifolié, fissifolié.*
-forme	*forma,* forme	*uniforme, filiforme.*
-fuge	*fugere,* fuir *fugare,* faire fuir	*lucifuge, vermifuge.*
génit(o)-	*genitus,* engendré	*génitalité, génito-spinal.*
-grade	*gradi,* marcher	*antérograde, rétrograde, onguligrade.*
grani(t)-	*granum,* grain	*granitoïde, granivore.*
homin-	*homo, -inis,* homme	*hominiens, hominisation.*
igni-	*ignis,* feu	*ignifugé, ignivore.*
iléo-, ili(o)-	*ilia,* flanc.	*iléon; iliaque.*
lact(o)-	*lac, lactis,* lait	*lactescent, lactifère.*
latér(o)-	*latus, -eris,* côté	*latéral, bilatéral.*
longi-	*longus,* long	*longiligne, longirostre.*
médic(o)-	*medicus,* médecin	*médicinal, médico-légal.*
métall(o)-	*metallum,* métal	*métalloïde, métallurgie.*
-mobile	*mobilis,* qui se meut	*automobile, hippomobile.*
moto-	*motor,* qui se meut	*motoculteur.*
-moteur	—	*quadrimoteur.*
multi-	*multi,* nombreux	*multicolore, multiforme.*
nitr(o)-	*nitrum,* nitre	*nitrique, nitroglycérine.*
olé(o)-	*oleum,* huile, olivier	*oléacées, oléine.*
omni-	*omnis,* tout	*omniscient, omnivore.*
ostréi-	*ostreum,* huître	*ostréiculture.*
ov(o)-	*ovum,* œuf	*ovipare, ovoïde.*
palat(o)-	*palatum,* palais	*palatal, palatogramme.*
-pare	*parere,* enfanter	*primipare, vivipare.*
péd-	*pes, pedis,* pied	*pédicure.*
-pède	—	*quadrupède.*
pisci-	*piscis,* poisson	*pisciculture, piscine.*
prim(o)-	*primus,* premier	*primipare, primo-infection.*
radic(i)-	*radex, -icis,* racine	*radical, radicelle.*
radi(o)-	*radius,* rayon	*radial, radiographie.*

rect(i)-	rectum, droit	rectifier, rectiligne.
sanguin-	sanguis, -inis, sang	sanguinaire, sanguinolent.
sal(i)-	sal, salis, sel	salicole, salifier.
sér(o)-	serum, petit-lait	sérosité.
sérici-	sericum, soie	séricicole, sériciculture.
sidér(o)-	sidus, sideris, astre	sidéral.
spina-	spina, épine	spinal.
vermi-	vermis, ver	vermiforme, vermifuge.
vir-	vir, homme	viril.
-vir	—	triumvir.
-vore	vorare, dévorer	carnivore, frugivore.

BIBLIOGRAPHIE

BIBLIOGRAPHIE

(Nous avons indiqué ici les principaux ouvrages de référence et les abréviations de noms d'auteurs ou d'œuvres; nous n'avons pas donné d'indications sur les écrivains et les ouvrages connus.)

Acad. : *Dictionnaire de l'Académie française*, 1re éd., 1694 ; 2e éd., 1718 ; 3e éd., 1740 ; 4e éd., 1762 ; 5e éd., 1798 ; 6e éd., 1835 ; 7e éd., 1878 ; 8e éd., 1932. Supplément, 1827. Compléments, 1836, 1838, 1842.
Aiol : chanson de geste (fin XIIe s.).
Alexandre : *Roman d'Alexandre* (fin XIIe s.).
Alexis : *Poème de saint Alexis* (fin XIe s.).
Aliscans : les *Aliscans,* chanson de geste (fin XIIe s.).
Anc. Poés. fr. : *Anciennes Poésies françaises* (XVe - XVIe s.), publiées par A. de Montaiglon, 1855 - 1878, 13 vol.
Année littéraire (*l'*), Amsterdam et Paris, 1754 - 1790.
Apocalypse : *l'Apocalypse en français du XIIIe s.*
App. Probi : *Appendix Probi* (Ve s.).
Arcadie : Sannazar (Iacopo), *l'Arcadie,* trad. Martin, 1544.
Arveiller (R.), *Contribution à l'étude des termes de voyage en français,* Paris, d'Artrey, 1963.
Aucassin : *Aucassin et Nicolette* (fin XIIe s.).
Aymeri : *Aymeri de Narbonne,* chanson de geste (fin XIIe s.).
Bailleul (Jacques), *Dictionnaire critique du langage politique,* Paris, 1842.
Barbier (Paul), *Miscellanea lexicographica. Proceedings of the Leeds Philosophical and Literary Society,* 1927-1950.
Bartzsch : Bartzsch (W.), *Der Wortschatz des öffentlichen Lebens in Frankreich Ludwigs XI,* Leipzig, 1937.
Bayle (P.), *Dictionnaire historique et critique,* 1696 - 1697.
Beaumanoir : *Œuvres poétiques de Philippe de Remi, sire de Beaumanoir* (v. 1283).
Beauzée (N.) et Marmontel, *Dictionnaire de grammaire et de littérature,* Liège, s. d. (fin XVIIIe s.).
Béguin (Jean), *Éléments de chimie,* Paris, 1620.
Behrens (D.), *Beiträge zur französischen Wortgeschichte und Grammatik,* Halle, 1910.
Belleau : Rémi Belleau (XVIe s.).
Belon (P.), *l'Histoire de la nature des oiseaux,* Paris, 1555 ; les *Observations de plusieurs singularités et choses mémorables trouvées en Grèce,* etc., Paris, 1553.
Benoît : Benoît de Sainte-Maure, *Roman de Troie* (v. 1160).
Bersuire : Bersuire (Pierre), traduction de Tite-Live (1352 - 1358).
Besch. : Bescherelle (Louis-Nicolas), *Dictionnaire national ou Grand Dictionnaire critique de la langue française,* Paris, 1843 ; *Dictionnaire national ou Dictionnaire universel de la langue française,* Paris, 1845, et rééditions successives.
B. W. : Bloch (Oscar) et Wartburg (Walter von), *Dictionnaire étymologique de la langue française,* Paris, P. U. F., 1960, 3e éd.
Block : Block (M.), *Dictionnaire général de la politique,* Paris, 1863 - 1864.
Bodel : Jean Bodel, *le Jeu de saint Nicolas* (v. 1190).
E. Boileau : Boileau (Etienne), *Livre des métiers,* 1268.
Boiste (Claude), *Dictionnaire universel de la langue française,* Paris, 1800, et rééditions successives au cours du XIXe s.
Bonnafé (Édouard), *l'Anglicisme et l'anglo-américanisme dans la langue*

française. Dictionnaire étymologique et historique des anglicismes, Paris, Delagrave, 1920.

Bonnefons (de), *le Jardinier françois,* Paris, 1651.

Bouchet : *les Soirées de Guillaume Bouchet, sieur de Brocourt* (1584).

Br. Latini : Latini (Brunetto), *Livre du Trésor,* 1265.

Brunot (Ferdinand), *Histoire de la langue française des origines à 1900,* Paris, Colin (depuis 1905).

Carloix : *Mémoires de la vie de François de Scepeaux, sire de Vieilleville, par V. Carloix, son secrétaire* (v. 1570).

Cent Nouvelles : les Cent Nouvelles nouvelles (v. 1462).

C. E. V. : *Datations et documents lexicographiques,* sous la direction de B. Quemada. Annales littéraires de l'université de Besançon, Paris, Les Belles Lettres (depuis 1959, deux volumes parus : A et B).

Chapelain : V. Fabre (A.).

Charroi : le Charroi de Nîmes, chanson de geste (v. 1160).

Chastellain : Chastellain (Georges), poète et chroniqueur (1405-1475).

Chauliac : Chauliac (G. de), *la Grande Chirurgie de Guy de Chauliac* ou *Guidon en françois,* éd. de 1478, 1490 et 1503.

Chr. de Pisan : Christine de Pisan, œuvres en prose et œuvres poétiques écrites entre 1390 et 1410.

Chr. de Troyes : Chrétien de Troyes, *Œuvres poétiques,* entre 1170 et 1180.

Clédat (Léon), *Dictionnaire étymologique de la langue française,* Paris, Hachette, 1926.

Coincy : Miracles de Gautier de Coincy (v. 1220).

Coquelin (Ch.) et Guillaumin (U.), *Dictionnaire de l'économie politique,* Paris, 1852 - 1853.

Coquillards : Jargon des Coquillards (1455).

Coquillart : Guillaume Coquillart, *Poésies* (v. 1493).

Corbichon (J.), *De la propriété des choses* (v. 1372).

Corn. (Th.) : Corneille (Thomas), *le Dictionnaire des arts et des sciences,* Paris, Coignard, 1694.

Corr. litt., philos. : Correspondance littéraire, philosophique et critique, par Grimm, Diderot, etc., Paris, Garnier, 1877 - 1882.

Couci : *Chansons attribuées au chastelain de Couci,* v. 1190, éd. A. Lerond, Paris, 1964.

Couci : *Roman du châtelain de Couci* (XIVe s.), éd. Delbouille, Paris, 1936.

Couronn. Loïs : le Couronnement de Louis (milieu XIIe s.).

Courrier de l'Europe, gazette anglo-française, Londres et Boulogne, 1776 - 1792.

Crespin (J.), *le Trésor de trois langues, espagnole, française et italienne,* éd. en 1606, 1617 et 1627.

Dagneaud (Robert), *les Eléments populaires dans le lexique de la Comédie humaine,* Quimper, 1954.

Dauzat (A.), *les Argots,* Paris, 1919 ; *l'Argot de la guerre,* Paris, 1919 ; *Études de linguistique française,* Paris, 1943.

Delb. : Delboulle, *Notes lexicographiques inédites* (manuscrit déposé à la Sorbonne).

Delesalle (G.), *Dictionnaire argot-français et français-argot,* Paris, 1896.

Delvau (A.), *Dictionnaire de la langue verte,* Paris, 1866, 2e éd., 1867.

Desfontaines (P.-F.-G.), *Dictionnaire néologique,* s. l., 1726.

Desgranges (J.-C.-L.-P.), *Petit Dictionnaire du peuple à l'usage des quatre cinquièmes de la France,* Paris, 1821.

Desroches, *Dictionnaire des termes propres de marine,* 1687.

D. G. : Hatzfeld (Adolphe), Darmesteter (Arsène), *Dictionnaire général de la langue française,* avec le concours d'Antoine Thomas, Paris, Delagrave, 1890-1900.

Dict. agr. : Dictionnaire universel d'agriculture, 1751.

Dictionnaire de la construction, Paris, 1791.

Dict. hist. nat. : Nouveau Dictionnaire d'histoire naturelle, Paris, 1819.

Dictionnaire des métiers, Paris, 1955.

Dictionnaire néologique, par le cousin Jacques, Paris, Moutardier, 1796.

Dict. sc. nat. : Dictionnaire des sciences naturelles, Paris, Levrault et Chœll, 1804.

Dodart (Denis), *Mémoire pour servir à l'histoire des plantes,* 1676.

Domergue, *Journal de la langue française,* Lyon, 1784 - 1788 et 1791 - 1792.

Douet d'Arcq, *Choix de pièces inédites relatives au règne de Charles VI,* Paris, 1863.

Dubois (Jean), *le Vocabulaire politique et social en France de 1869 à 1872,* Paris, Larousse, 1963 ; *Étude sur la dérivation suffixale en français moderne et contemporain,* Paris, Larousse, 1963.

Dubois (Jean) et Lagane (René), *Dictionnaire de la langue française classique,* Paris, Belin, 1963.

Du Cange, *Glossarium mediae et infimae latinitatis (1678),* Paris, Didot, 1840.

Duclerc (Eugène) et Pagnerre (Laurent), *Dictionnaire politique*, Paris, 1839.

Du Pinet : Du Pinet (Antoine), *les Secrets miracles de la nature*, Lyon, 1562 et 1566, *Histoire naturelle de Pline*, Lyon, 1542.

Du Puys, *Dictionnaire français-latin*, Paris, 1573.

Encycl. : *Encyclopédie ou Dictionnaire raisonné des sciences, des arts et des métiers* (1751 - 1771).

Encycl. méth. : Panckoucke, *Encyclopédie méthodique* (1781 - 1832).

Eneas : *le Roman d'Eneas* (v. 1130).

Est. (Ch., H., R.) : Estienne (Charles), *Œuvres médicales* (1545 - 1561) ; Estienne (Henri), *Deux Dialogues du nouveau langage françois italianisé et autrement déguisé*, 1578 ; Estienne (Robert), *Dictionnarium latino-gallicum*, 1538, et *Dictionnaire français-latin*, 1593.

Eulalie : *Cantilène de sainte Eulalie* (xᵉ s.).

Fabre (A.), *Lexique de la langue de Chapelain*, Paris, 1889.

Fabri (P.), *le Grand et Vrai Art de la pleine rhétorique*, 1521.

Félibien (A.), *Des principes de l'architecture, de la sculpture, de la peinture et des autres arts qui en dépendent, avec un dictionnaire des termes propres à chacun des arts*, Paris, 1676.

Féraud (J.-F.), *Dictionnaire critique de la langue française*, Marseille, 1787 - 1788.

Fernel (J.), *la Physiologie*, 1654 ; *la Pathologie*, 1660.

Fet des Romains : trad. de Tite-Live (v. 1213).

Fr. mod. : *le Français moderne*, revue consacrée à l'étude de la langue française du xv1ᵉ s. à nos jours, Paris, d'Artrey (depuis 1933).

Les Français peints par eux-mêmes, Paris, Curmer, 1841.

Frey (Max), *les Transformations du vocabulaire français à l'époque de la Révolution (1789-1800)*, Paris, P. U. F., 1925.

Fuchs (Max), *Lexique du Journal des Goncourt*, Paris, Cornély, 1912.

Fumée (A.), *les Histoires depuis la constitution du monde*, Paris, 1574.

Furetière (A.), *Dictionnaire universel*, 1690 (2ᵉ éd., 1701, et éd. successives, reprises par les jésuites de Trévoux).

Galliot (Marcel), *Essai sur la langue de la réclame contemporaine*, Toulouse, Privat, 1955.

Gamillscheg (E.), *Etymologisches Wörterbuch der französischen Sprache*, Heidelberg, 1928.

Garbin (Loys), *Vocabulaire latin-français*, Genève, 1487.

Garn. : Guernes ou Garnier de Pont Sainte-Maxence, *la Vie de saint Thomas le martyr* (v. 1190).

Gattel (Cl. M.), *Nouveau Dictionnaire portatif de la langue française*, Lyon, 1797.

Gautier d'Arras (milieu xııᵉ s.).

Gautier (J.-M.), *le Style des « Mémoires d'outre-tombe » de Chateaubriand*, Genève, Droz, 1959.

Gay (V.), *Glossaire archéologique du Moyen Age et de la Renaissance*, Paris, 1882.

Gelée, *l'Anatomie française*, 1635.

Gilles li Muisis, *Poésies* (v. 1350).

Giraud (Jean), *le Lexique français du cinéma, des origines à 1930*, Paris, C. N. R. S., 1958.

G. : Godefroy (F.), *Dictionnaire de l'ancienne langue française et de tous ses dialectes du IXᵉ s. au XVᵉ s.*, Paris, Bouillon, 1881 - 1902, 10 vol.

Gohin : Gohin (Ferdinand), *les Transformations de la langue française pendant la deuxième moitié du XVIIIᵉ s. (1740-1789)*, Paris, Belin, 1903.

Goncourt (Edmond et Jules de), *Journal, Mémoires de la vie littéraire (1851-1896)*, Paris, 1956.

Grégoire : *Dialogue de saint Grégoire* (fin xııᵉ s.).

Guérin (Paul), *Dictionnaire des dictionnaires*, Paris, May et Motteroy, 1892.

Guidon en françois, ou la *Grande Chirurgie de Guy de Chauliac*, 1490 et 1503. V. Chauliac.

Guillet, *les Arts de l'homme d'épée ou le Dictionnaire du gentilhomme*, Paris, 1670.

Hasselrot (Bengt), *Etudes sur la formation diminutive dans les langues romanes*, Uppsala, 1957.

Hautel (d'), *Dictionnaire du bas langage*, Paris, 1808.

Haüy (R.-J.), *Traité de minéralogie*, Paris, 1801.

Havard (H.). *Dictionnaire de l'ameublement et de la décoration depuis le XIIᵉ s. jusqu'à nos jours*, Paris, 1887.

Hecart (Joseph), *Dictionnaire rouchi-français*, 2ᵉ éd. 1826 ; 3ᵉ éd. 1834.

Herbillon (J.), *Eléments espagnols en wallon et dans le français des anciens Pays-Bas*, Liège, 1961.

Hollyman (K. J.), *le Développement du vocabulaire en France pendant le haut Moyen Age. Etude sémantique*, Genève, Droz, 1957.

Huguet (Edmond), *Dictionnaire de la langue française du XVI⁰ s.*, Paris, Champion et Didier, 1925-1967.

Hulsius : Hulsius (L.), *Dictionnaire français-allemand et allemand-français*, 1596, et éditions en 1607 et 1614.

Huon de Bordeaux : chanson de geste (fin XII⁰ s. ou début XIII⁰ s.).

Jal : Jal (A.), *Glossaire nautique*, Paris, 1848.

Joinville (Jean sire de), *Vie de Saint Louis* (1272 - 1309).

Journal des dames et des modes, par Lamésangère, juin 1797 - 1838, 3 600 numéros.

Klesczewski (R.), *Die französischen Übersetzungen des « Cortegiano » von Castiglione*, Kiel, 1962.

L. : Littré (E.), *Dictionnaire de la langue française*, Paris, Hachette, 1863-1872; 1ᵉʳ supplément, 1876; 2ᵉ supplément, 1877.

Lachâtre : Lachâtre (Maurice), *le Dictionnaire français illustré*, Paris, 1856, et rééditions successives à la fin du XIX⁰ s.

Lacombe (Jacques), *Dictionnaire portatif des beaux-arts*, Paris, 1752.

La Curne : La Curne de Sainte-Palaye, *Dictionnaire historique de l'ancien langage français*, Paris, Champion, 1875-1881, 10 vol.

Lalande (André), *Vocabulaire technique et critique de la philosophie*, Paris, P. U. F., 1960.

Landais (N.), *Dictionnaire général et grammatical des dictionnaires français*, Paris, 1834, et rééditions successives, 1836, 1839, etc.

La Noue : La Noue (François de), *Discours politiques et militaires*, 1587.

Lar. : abrév. de Larousse; la date qui suit renvoie aux dictionnaires suivants : P. Larousse, *Grand Dictionnaire universel du XIX⁰ siècle*, Paris, 1865-1876; 1ᵉʳ supplément, 1878 ; 2ᵉ supplément, 1888.

Nouveau Larousse illustré. Dictionnaire encyclopédique en sept volumes, Paris, 1896-1904; supplément, 1906.

Larousse universel. Dictionnaire encyclopédique, 2 vol., Paris, 1920 - 1922; éditions successives.

Larousse du XX⁰ siècle (6 vol.), Paris, 1928-1933 ; supplément, 1953.

Petit Larousse illustré, Paris, 1906, et rééditions successives.

Nouveau Petit Larousse illustré, Paris, 1924, et rééditions successives.

Petit Larousse, Paris, 1960, éditions successives.

Grand Larousse encyclopédique, Paris, 1958 - 1964, 10 vol.

Larchey (L.), *les Excentricités de la langue française*, Paris, 1859 (publié ensuite sous le nom de *Dictionnaire d'argot* ; supplément 1880).

Laveaux (J.-C. de), *Dictionnaire de l'Académie française, éd. augmentée de plus de vingt mille articles*, Paris, 1802, et rééditions successives.

Lavoisien : Lavoisien (J.-F.), *Dictionnaire de médecine*, 1764.

Le Fèvre : Le Fèvre de Saint-Rémy (Jean), *Chronique (1408-1436)*.

Legoarant (B.), *Nouveau Dictionnaire critique de la langue française*, Paris, 1841.

J. Lemaire : Jean Lemaire de Belges (1473 - 1520).

Lémery (N.), *Traité des drogues*, 1698.

Lerond (A.), *l'Habitation en Wallonie malmédienne*, Paris, 1963.

Lévy (Paul), *la Pénétration de la langue allemande en France*, Paris, 1950.

Lévy (R.), *Chronologie de la littérature française du Moyen Age*, Tübingen, M. Niemeyer, 1957.

Liébault (T.), *la Maison rustique*, 1554 ; *Secrets de médecine*, 1573.

Linguet (S.-N.-H.), *Annales politiques, civiles et littéraires du XVIII⁰ s.*, Londres, 1777 - 1785; Bruxelles, 1788.

Littré (E.), *Dictionnaire de la langue française*, 1863-1872; supplément, 1877.

Livet (Ch.-L.), *Lexique de la langue de Molière comparée à celle des écrivains de son temps*, Paris 1895.

Livre disc. : le Livre de la discipline d'amour divine, 1470.

L. M. : Larousse mensuel illustré, revue encyclopédique mensuelle, Paris 1907-1956.

Loherains : la Geste des Loherains (fin XI⁰ s.).

Lois de Guill. : Lois de Guillaume le Conquérant (fin XI⁰ s.).

Lundquist (Eva R.), *la Mode et son vocabulaire : quelques termes de la mode féminine au Moyen Age*, Göteborg, 1950.

Mackenzie (Fraser), *les Relations de l'Angleterre et de la France d'après son vocabulaire*, Paris, Droz, 1939, 2 vol.

Magasin encyclopédique, ou Journal des sciences, des lettres et des arts, par A.-C. Millin, 1792 - 1816, 122 vol.

Malherbe. V. Régnier (A.).

Marbode : *Lapidaire de Marbode* (XII⁰ s.).

Marco Polo : le Livre de Marco Polo (milieu XIII⁰ s.).

Marie de France : *Lais* (fin XII⁰ s.).

Martial d'Auv. : Martial d'Auvergne, *les Vigiles de Charles VII* (1493).

Marty-Laveaux, *Lexique de Corneille*, Paris, Hachette, 1868, 2 vol.
Matoré (G.), *le Vocabulaire et la société sous Louis-Philippe*, Paris, Droz, 1951.
Mélanges Delbouille, Gembloux, Duculot, 1964, 2 vol.
Ménage (G.), *Dictionnaire étymologique ou Origines de la langue française*, Paris, Anisson, 1694.
Ménagier : le Ménagier de Paris, 1398.
Ménippée : Satire Ménippée, 1594.
Mer des hist. : la Mer des histoires, 1488.
Mercier (L.-S.), *Néologie*, Paris, 1801, 2 vol.
Mercure : le Mercure de France.
Meyer-Lübke (W.), *Romanisches etymologisches Wörterbuch*, 3e éd., Heidelberg, 1930 - 1935.
Michel (J.-F.), *Dictionnaire des expressions vicieuses*, Nancy, 1807.
Miege (G.), *The Great French Dictionary*, Londres, 1688 ; *A New Dictionary French and English, with another English and French*, Londres, 1677.
Mir. hist., Mir. historial : Miroir historial de Jean de Vignay, 1495 (l'édition de 1327 est au nom de l'auteur).
Modus : les Livres du roi Modus, 1354 - 1377.
Molard (E.), *le Mauvais Langage corrigé*, Lyon, 1810. *Lyonnaisismes*, Lyon, 1791.
Mondeville : la Chirurgie d'Henri de Mondeville, 1314.
Monet (Ph.), *Inventaire des deux langues françoise et latine*, Lyon, 1620.
Mozin (abbé), *Dictionnaire complet des langues française et allemande*, 1811 - 1812 ; 3e éd., Stuttgart, 1842 ; supplément, 1859 (avec Peschier).
Murray (James), *A New English Dictionary on Historical Principles*, Oxford, 1898 - 1933.
Néol. fr. : Néologiste françois (le) ou Vocabulaire portatif des mots les plus nouveaux de la langue française, 1796.
Nicot (J.), *Thresor de la langue françoise tant ancienne que moderne*, Paris, 1606.
Nodier (Charles), *Dictionnaire universel de la langue française*, Paris, 1821.
Notes tir. : Notes tironiennes (bas latin).
Nouveau Dictionnaire français à l'usage de toutes les municipalités, Paris, 1790.
Ott (Auguste), *Dictionnaire des sciences politiques et sociales*, Paris, 1855 - 1866.
Oudin (A.), *Recherches italiennes et françoises*, Paris, 1640-1642 ; *Dictionnaire italien et françois*, Paris, 1662.
Ozanam : *Dictionnaire mathématique*, Paris, 1691.
Palsgrave (J.), *l'Éclaircissement de la langue françoise*, 1530.
Paré (Ambroise), *Œuvres complètes* (v. 1560), Paris, Baillière, 1840.
Pathelin : la Farce de Maître Pathelin, 1464.
Ph. de Thaun : *le Bestiaire de Philippe de Thaun* (v. 1119).
Piéron (Henri), *Vocabulaire de la psychologie*, Paris, P. U. F., 1957.
Poitevin (P.), *Dictionnaire de la langue française*, Paris, 1851.
Potter (Louis de), *Dictionnaire rationnel des mots les plus usités en sciences, en philosophie, en morale et en religion*, Bruxelles, 1859.
Prévost (abbé), *Manuel lexique*, Paris, 1755.
Proschwitz (G. von), *Introduction à l'étude du vocabulaire de Beaumarchais*, Stockholm, 1956.
Ps. : Liber psalmorum (XIIIe s.).
Ps. de Cambridge, d'Oxford : Psautier de Cambridge, 1120, *d'Oxford* (début XIIe s.).
Quatroux, *Traité de la peste*, 1671.
Quemada (B.), *Introduction à l'étude du vocabulaire médical, 1600-1710*, Paris, Les Belles Lettres, 1955. Voir C. E. V.
Rab. : Rabelais (à partir de 1532).
Rangt (Th.), *Der Einfluss der Französischen Revolution auf den Wortschatz der französischen Sprache*, Giessen, 1908.
Raymond (Fr.), *Dictionnaire général de la langue française*, Paris, Levrault, 1832.
R. de Cambrai : Raoul de Cambrai (fin XIIe s.).
R. de Moiliens : *le Reclus de Moiliens* (fin XIIe s.).
Régnier (A.), *Lexique de Malherbe*, Paris, Hachette, 1869.
Reichenau : Gloses de Reichenau (VIIIe s.).
Renart : le Roman de Renart (fin XIIe s. - XIIIe s.).
Revue de linguistique romane, Strasbourg (depuis 1925).
Rheims (Maurice), *Dictionnaire des mots sauvages*, Paris, Larousse, 1969.
Richard de Radonvilliers (J.-B.), *Enrichissement de la langue française. Dictionnaire des mots nouveaux*, Paris, 1845.
Richelet (P.), *Dictionnaire françois contenant les mots et les choses*, Genève, 1680, et réédd. 1706, 1732, 1740, 1759.
Riederer (V.), *Der lexicalische Einfluss des Deutschen im Spiegel der französischen Presse zur Zeit des zweiten Weltkrieges*, Berne, 1956.

Ritter (E.), *les Quatre Dictionnaires français*, Genève, 1905.

Robert (P.), *Dictionnaire alphabétique et analogique de la langue française*, Paris, Société du Nouveau Littré (depuis 1951).

Rois : le Livre des Rois (fin XIIe s., v. 1190).

Roland : Chanson de Roland (v. 1080).

Romania, revue trimestrielle consacrée à l'étude des langues et littératures romanes (depuis 1872).

Romeuf (Jean), *Dictionnaire des sciences économiques*, Paris, P. U. F., 1956 - 1958, 2 vol.

Romme (Ch.), *Dictionnaire de la marine française*, 1792 - 1813.

Roncevaux : Chanson de Roland (versions du XIIe et du XIIIe s.).

Ruelle (P.), *le Vocabulaire professionnel du houilleur borain*, Bruxelles, 1953.

Sainéan (L.), *les Sources de l'argot ancien*, Paris, 1912 ; *le Langage parisien au XIXe siècle*, Paris, de Boccard, 1920.

Saint Bernard : Li sermon saint Bernard (v. 1190).

Saint Christophe : Mystère de saint Christophe, 1527.

Saint Gilles : Vie de saint Gilles, 1138.

Saint Léger : Vie de saint Léger (Xe s.).

Savary des Bruslons (J.), *Dictionnaire du commerce*, Paris, 1675 (2e éd., 1723).

Saxons : la Geste des Saxons (XIIe s.).

Schmidlin (J.-J.), *Catholicon ou Dictionnaire universel de la langue française*, Hambourg, 1771.

Serments : les Serments de Strasbourg, 842.

Sid. Apoll. : Sidoine Apollinaire (ve s.).

Simples Méd. : Simples Médecines (XIIIe s.).

Snetlage, *Nouveau Dictionnaire français*, Göttingue, 1795.

Tardif : Tardif (G.), *Facéties de Page*, Paris, 1878.

Thèbes : Roman de Thèbes (début XIIe s.).

Thierry (J.), *Dictionnaire françois-latin*, Paris, 1564.

Thomas (A.), *Essais de philologie française*, Paris, 1897 ; *Nouveaux Essais...*, 1904 ; *Mélanges d'étymologie française*, Paris, 1902.

Tissot (S.-A.), *De la santé des gens de lettres*, Lausanne, 1769.

Tobler-Lommatzsch, *Alt-französisches Wörterbuch*, Berlin (depuis 1915).

Trévoux : Dictionnaire universel françois et latin ; Trévoux, 1704 (3 vol.) ; 1721 (5 vol.) ; 1732 ; 1734 ; 1743 (6 vol.) ; 1752 (7 vol.) ; 1771 (8 vol.).

Vaganay (H.) [dépouillements lexicologiques], *Romanische Forschungen*, 1913 ; *Revue de philologie française*, 1931-1933 ; *le Français moderne*, 1937-1938.

Valenciennes : Fragment de Valenciennes (Xe s.).

Valkhoff (M.), *Etude sur les mots français d'origine néerlandaise*, Amersfoort, 1931.

Valmont de Bomare, *Dictionnaire raisonné universel d'histoire naturelle*, Paris, 1764 - 1768.

Vidocq : Vidocq, *les Voleurs, physiologie de leurs mœurs et de leur langage*, Paris, 1837.

Vigenère : Vigenère (Bl. de), *Traité du feu et du sel*, Paris, 1618.

Vignay (J. de) : *le Miroir historial*, trad. du *Speculum majus* de Vincent de Beauvais, 1495.

Villers (Augustin), *Dictionnaire wallon-françois*, 1793.

Voy. de Charl. : Voyage de Charlemagne (début XIIe s.).

Wailly (Fr. de), *Nouveau Vocabulaire français*, Paris, 1801 (éd. successives).

W. : Wartburg (W. von), *Französisches Etymologisches Wörterbuch*, Bâle (depuis 1928).

Wexler (P.-J.), *la Formation du vocabulaire des chemins de fer en France (1778-1842)*, Genève, Droz, 1950.

Wey (F.), *Remarques sur la langue française*, Paris, Didot, 1845.

Widerhold (J.-H.), *Nouveau Dictionnaire françois-allemand et allemand-françois*, 1669 ; réédd., 1675.

Wind (B.), *les Mots italiens introduits en France au XVIe s.*, Deventer, 1928.

ABRÉVIATIONS

*, indique les formes conjecturales.
*, indique les mots d'origine latine et de formation populaire.

abrév.,	abréviation.	dial.,	dialectal.
Acad.,	Académie.	dict.,	dictionnaire.
acc.,	accusatif.	dimin.,	diminutif.
adapt.,	adaptation.		
adj.,	adjectif.	E.,	Est (point cardinal).
admin.,	administratif.	eccl.,	ecclésiastique.
adv.,	adverbe, adverbial.	éd.,	édition.
aéron.,	aéronautique.	électr.,	électricité.
agr.,	agricole, -culture.	empr.,	emprunté.
allem., all.,	allemand.	encycl.,	encyclopédie.
alp.,	alpinisme.	entom.,	entomologie.
altér.,	altération.	équit.,	équitation.
anat.,	anatomie.	esp.,	espagnol.
anc.,	ancien.	étym.,	étymologie.
angl.,	anglais.	évol.,	évolution.
ann.,	annales.	ex.,	exemple,
apr., d'apr.,	après, d'après.	express.,	expression.
ar.,	arabe.	ext.,	extension.
archéol.	archéologie.		
Arch.,	Archives.	fam.,	familier.
arch.,	archaïque.	fém., f.,	féminin.
archit.,	architecture.	fig.,	figuré.
arg.,	argot.	flam.,	flamand.
art.,	artistique.	fr.,	français.
astron.,	astronomie.	fut.,	futur.
auj.,	aujourd'hui.		
autom.,	automobilisme.	géogr.,	géographie.
av.,	avant.	germ.,	germanique.
		gr.,	grec.
blas.,	blason.	gramm.,	grammaire, grammatical.
bot.,	botanique.		
		hist.,	histoire.
c.-à-d.,	c'est-à-dire.	hortic.,	horticulture.
cart.,	cartulaire.		
cf.,	conférez.	impér.,	impérial (latin).
ch.,	chanson.	impér.,	impératif.
chim.,	chimie.	ind.,	industrie, -iel.
chr.,	chrétien.	indic.,	indicatif.
chron.,	chronique, chronologie.	industr.,	industriel.
comm.,	commercial.	inf.,	infinitif.
comp.,	composé.	infl.,	influence.
cond.,	conditionnel.	intr.,	intransitif.
conj.,	conjonction.	inv.,	inventaire.
corr.,	correspondance.	iron.,	ironique.
Cout.,	Coutumier.	ital.,	italien.
crit.,	critique.		
		journ.,	journaux.
dér.,	dérivé.	jurid.,	juridique.

XLVIII

Lar.,	Larousse.	*polit.,*	politique.
lat.,	latin.	*pop.,*	populaire.
linguist.,	linguistique.	*port.,*	portugais.
litt.,	littérature, littéraire.	*prép.,*	préposition.
loc.,	locution.	*prés.,*	présent.
		pron.,	prononciation ; pronom.
mar.,	marine.	*prov.,*	provençal (ancien).
masc.,	masculin.	*ps.,*	psautier.
math.,	mathématiques.		
méd.,	médical.	*rac.,*	racine.
médiév.,	médiéval.	*rad.,*	radical.
mél.,	mélanges.	*rég.,*	régional.
mém.,	mémoires.	*rev.,*	revue.
métaph.,	métaphore.	*rhét.,*	rhétorique.
milit.,	militaire.		
minér.,	minéralogie.	*S.,*	sud.
Mir.,	Miracle.	*s.,*	siècle, substantif.
mod.,	moderne.	*sav.,*	savant.
ms.,	manuscrit.	*scand.,*	scandinave.
mus.,	musique, -cal.	*sc.,*	science, scientifique.
Myst.,	Mystère.	*scolast.,*	scolastique.
myth.,	mythologie.	*s.-e.,*	sous-entendu.
		signif.,	signifiant.
n.,	nom.	*sing.,*	singulier.
N.,	Nord.	*subj.,*	subjonctif.
néerl.,	néerlandais.	*subst.,*	substantivé.
néol.,	néologie, néologiste.	*suiv.,*	suivant.
		suppl.,	supplément.
O.,	Ouest.	*sylvic.,*	sylviculture.
onomat.,	onomatopée.	*syn.,*	synonyme.
oppos.,	opposition.		
ordonn.,	ordonnance.	*techn.,*	technique.
orig.,	origine.	*théol.,*	théologie.
orth.,	orthographe.	*tr.,*	transitif.
		trad.,	traduit, traduction.
par ext.,	par extension.	*typogr.,*	typographie.
part.,	participe.		
pêch.,	pêche.	*v.,*	verbe, vers.
peint.,	peinture.	*V., v.,*	voir (renvoi).
péjor.,	péjoratif.	*var.,*	variante.
pharm.,	pharmacie.	*vén.,*	vénerie.
philos.,	philosophie.	*voy.,*	voyage.
phys.,	physique.	*vx,*	vieux.
physiol.,	physiologie.		
plur., pl.,	pluriel.	*zool.*	zoologie.

A

1. a- préfixe issu du lat. *ad*, qui indique la destination, la direction vers, l'objet, et qui se présente avec les var. *ad-*, *ac-*, *af-*, *al-*, *am-*, *ar-*, *as-*, *at-*. Les mots construits avec ce préfixe, pour la plupart issus directement du latin, sont indiqués à la place alphabétique du mot simple, lorsque celui-ci existe; dans le cas contraire, ils sont enregistrés à leur ordre alphabétique. Bien que peu productif, *a(d)-* entre encore dans quelques nouvelles formations analogiques (*alunissage*).

2. a- préfixe privatif issu du grec et qui se présente aussi sous la forme *an-* devant voyelle. Les mots construits avec ce préfixe sont indiqués à la place alphabétique du mot simple, lorsque celui-ci existe; dans le cas contraire, ils sont enregistrés à leur ordre alphabétique. Le préfixe *a-*, d'abord limité aux mots scientifiques au XVIIIᵉ s. et au XIXᵉ s., s'est étendu au vocabulaire philosophique et à la langue commune au XXᵉ s. (*apolitique*, *asocial*, etc.).

*à Xᵉ s., *Eulalie*, du lat. *ad*, indiquant la destination (v. A- préfixe). Cette préposition avait servi, en bas latin, à indiquer l'objet sur lequel porte l'action, dans un certain nombre de verbes (auj. transitifs indirects construits avec *à*), et la destination de l'action (objet secondaire ou complément d'attribution). L'idée de mouvement s'est effacée devant celle de point dans l'espace et le temps. L'accent grave sert à distinguer depuis le XVIᵉ s., en typographie, *à* (prép.) et *a* (verbe).

abaca 1664, Thévenot, de l'esp. *abacá*, empr. au tagal, langue indigène des Philippines.

abaisser V. BAISSER.
abajoue V. JOUE.
abalourdir V. BALOURD.

abandon XIIᵉ s., *Loherains*, de l'express. *être à bandon*, être à merci de, formé de *à* et de **ban*, juridiction, mot d'origine germ.; XIIᵉ s., Marie de France (*abandon* en un mot). ‖ **abandonner** 1080, *Roland*, « laisser au pouvoir de »; XIIᵉ s., « laisser, quitter ». ‖ **abandonnement** 1265, J. de Meung; d'un emploi plus large qu'*abandon* au XVIIᵉ s., il est restreint ensuite au domaine jurid. ‖ **abandonneur** 1842, *Acad.*

abaque début XIIᵉ s., *Roman de Thèbes*, du lat. *abacus*, empr. au gr. *abax*, table à calcul.

abasourdir 1632, Chéreau, « tuer »; 1721, Danet, au sens actuel; de l'argot *basourdir* (1628), tuer, issu de *basir*, même sens (1455, *Coquillards*); le mot a subi l'influence de *assourdir*. Le terme d'argot paraît être d'origine germ. ‖ **abasourdissant** 1845, J.-B. Richard. ‖ **abasourdissement** *id.*

abâtardir V. BÂTARD.

abattre V. BATTRE.

*abbé XIᵉ s., G. (*abed*), du lat. *abbās*, *-atis*, empr. au gr. eccl., lui-même issu de l'araméen *abba*, père. ‖ **abbesse** début XIIᵉ s., D. G., du lat. eccl. *abbātissa*, fém. fait sur *abbas*. ‖ **abbaye** XIᵉ s., G. (*abadie*); 1125, *Gormont* (*abeie*), du lat. *abbātia*. ‖ **abbatial** 1404, *Cart.* ‖ **abbatiat** 1876, L.

abcès 1538, Canappe, du lat. *ab(s)cessus* (Celse), corruption. ‖ **abcéder** *id.* La spécialisation dans le vocabulaire médical s'était faite dès le latin.

abdiquer 1402, *Ordonn.*, du lat. *abdicare*, renoncer, sens qu'il conservait au XVIIᵉ s., à côté de l'emploi spécialisé « renoncer à de hautes fonctions, la couronne », qu'il acquiert alors. ‖ **abdication** début XVᵉ s., « renoncement »; fin XVᵉ s., « renoncement à une dignité »;

1

du lat. *abdicatio;* 1790, Brunot, « renoncement au pouvoir souverain, en parlant du peuple ». ‖ **abdicable** 1922, Lar. ‖ **abdicataire** début XIXᵉ s., Chateaubriand.

abdomen 1538, Canappe, du lat. *abdomen, -inis.* ‖ **abdominal** 1611, J. Duval.

abduction 1541, Canappe, méd., du lat. *abductio,* de *abducere,* écarter. ‖ **abducteur** 1565, Paré, anat., du lat. *abductor,* qui écarte.

abécé 1119, Ph. de Thaun, mot formé des trois premières lettres de l'alphabet. ‖ **abécédaire** 1529, G. Tory, du bas lat. *abecedarium,* livre où l'on apprend l'alphabet, issu des quatre premières lettres de l'alphabet.

abecquer, abée V. BEC, BAYER.

abeille fin XIIIᵉ s., *Etablissements de Saint Louis* (*abueille*) ; 1500, O. de Saint-Gelais (*abeille*), du prov. *abelha,* du lat. *apicula,* dim. de *apis,* qui a donné les formes disparues *é, eps. Avette,* employé par Ronsard et par la poésie du XVIᵉ s., appartient aux dialectes du nord de la Loire (lat. pop. **apitta,* dim. de *apis.*). ‖ **abeillage** 1319, G.

aberrer 1532, Michel d'Amboise, du lat. *aberrare,* s'écarter. ‖ **aberrant** 1842, *Acad.* ‖ **aberrance** XXᵉ s. (1959, Lar.), en statistique. ‖ **aberration** 1624, Ph. Daquin, « éloignement » ; 1733, Voltaire, *Mém. Acad. des sc.,* optique (par l'intermédiaire de l'angl.) ; fin XVIIIᵉ s., « égarement d'esprit » ; du lat. *aberratio,* erreur, éloignement.

abêtir V. BÊTE.

abhorrer 1495, J. de Vignay, du lat. *abhorrère,* avoir en aversion. Il existait aussi une forme *ab(h)or(r)ir* (1492, *les Sept Sages*), qui a donné *abhorrition* (1551, L. Hébrieu). D'abord d'un emploi surtout religieux, il est passé dans le vocabulaire général avec une valeur très forte.

*abîme XIIᵉ s., G., eccl., fém. jusqu'au XVIIᵉ s. ; du lat. chrét. *abyssus,* empr. au gr. *abussos,* sans fond, que la langue des clercs altéra, en Gaule et en Espagne, en *abismus,* par analogie avec les mots en *-ismus.* ‖ **abîmer** XIVᵉ s., G., « jeter dans un abîme » (sens qui subsiste au XVIIᵉ s. et se maintient auj. dans le pronominal) ; 1567, Amyot, « endom-

mager ». ‖ **abîmement** 1610, François de Sales, repris au XIXᵉ s. (Goncourt). ‖ **abyssal** 1597, Ph. Bosquier, théol., du lat. *abyssus;* XXᵉ s., géogr. et océanographie. ‖ **abysse** 1898, Lar.

abiotique 1874, Reclus, du préf. *a* privatif et du gr. *bios,* vie.

abject 1470, *Livre de la discipline d'amour divine,* du lat. *abjectus,* rejeté. L'emploi social (*condition abjecte*) s'est maintenu jusqu'au XVIIᵉ s. ; la valeur morale s'est seule auj. conservée. ‖ **abjectement** *id.* ‖ **abjection** 1372, Corbichon, « humiliation » (jusqu'au XVIIᵉ s.).

abjurer 1495, J. de Vignay, « renoncer par serment », du lat. *abjurare,* refuser par serment, restreint ensuite à un emploi religieux. ‖ **abjuration** 1492, *D. G.,* du lat. eccl. *abjuratio.* ‖ **abjurement** 1611, Cotgrave, qui disparaît au XVIIᵉ s. Il est remplacé par le précédent.

ablatif fin XIVᵉ s., J. Le Fèvre, du lat. des gramm. *ablativus,* qui marque le point de départ, de *ablatus,* enlevé.

ablation XIIIᵉ s., Brun de Long Borc ; 1538, Canappe, méd. ; du lat. *ablatio,* enlèvement.

ablette 1317, G., dimin. de *able,* même sens, du lat. *albulum,* blanchâtre, de *albus,* blanc.

ablution XIIIᵉ s., *Barlaam et Josaphat* (*-cion*), du lat. chrét. *ablutio,* action de se laver les mains pour se purifier, de *abluere,* laver ; 1866, Lar., *faire ses ablutions.* ‖ **ablutionner** 1866, Lar.

abnégation 1361, Oresme, « abjuration » ; XVᵉ s., « renoncement » ; XVIIᵉ s., « sacrifice » ; du lat. *abnegatio,* refus de *negare,* nier, refuser.

aboi V. ABOYER.

abolir 1417, Douet d'Arcq, « détruire », « dévaster » (sens qui subsiste jusqu'au XVIIᵉ s.), ensuite seulem. jurid. ; du lat. *abolère,* avec changement de conjugaison. ‖ **abolition** 1413, *Ordonn.;* XVIIIᵉ s., *abolition de l'esclavage; XIXᵉ s., abolition du prolétariat;* du lat. *abolitio,* destruction. ‖ **abolisseur** v. 1856, Baudelaire. ‖ **abolitionnisme** 1856, *Rev. des Deux Mondes,* « doctrine anti-esclavagiste » ; fin XIXᵉ s., sens jurid. ; empr. à l'angl. ‖ **abolitionniste** 1835, Beaumont, « partisan de l'abolition de l'esclavage » ; fin XIXᵉ s., sens jurid. ; empr. à l'angl.

abominable 1120, *Ps. d'Oxford*, du lat. eccl. *abominabilis*, qui doit être repoussé comme un mauvais présage (lat. *omen, ominis*); XVIIe s., sens actuel. ‖ **abominablement** début XIVe s., *Chron. des Quatre Valois*. ‖ **abomination** 1120, *Ps. d'Oxford*, « horreur inspirée par ce qui est impie »; XVIIe s., sens actuel; du lat. eccl. *abominatio*. ‖ **abominer** 1120, *Ps. d'Oxford*, du lat. eccl. *abominari*; le sens mod. est récent.

abondance 1119, Ph. de Thaun, du lat. *abundantia*, de *unda*, flot. ‖ **abonder** 1120, *Ps. d'Oxford*, du lat. *abundare*, déborder, regorger. ‖ **abondant** 1190, saint Bernard, du lat. *abundans, -antis*. Il a pu, jusqu'au XVIIe s., être employé avec un nom de personne comme complément. ‖ **abondamment** 1190, saint Bernard. ‖ **surabondance** 1350, *Ars d'amour*. ‖ **surabondant** XIIe s., G. ‖ **surabondamment** 1350, *Ars d'amour*. ‖ **surabonder** 1190, saint Bernard.

abonner 1306, G., « borner », « fixer une redevance régulière par laquelle on se rachetait d'un droit variable »; 1750, abbé Prévost, spécialisation au pronominal; de *bonne*, anc. forme de *borne*. ‖ **abonné** adj. et s., 1798. ‖ **abonnement** 1275, G. ‖ **abonneur** 1902, d'Avenel. ‖ **désabonner** 1840, Balzac. ‖ **désabonnement** 1834, *Constitutionnel*. ‖ **réabonner** 1870, Lar. ‖ **réabonnement** fin XIXe s.

abonnir, aborder V. BON. BORD.

aborigène 1488, *Mer des hist.* (*aborigenes*, jusqu'à 1694, Th. Corneille), du lat. *aborigenes*, habitant originaire d'un pays; de *origo, originis*, origine; la forme maternelle a été refaite avec la finale *-gène* (de *indigène*), suffixe issu du gr. *genos*, race.

abortif V. AVORTER.

abot 1819, Boiste, forme dial. de l'anc. fr. *bouter*, mettre.

aboucher V. BOUCHE.

abouler V. BOULE.

aboulie 1883, Th. Ribot, du gr. *aboulia*, irréflexion, dont le sens a été modifié par influence du gr. *boulesthai*, vouloir. ‖ **aboulique** 1907, Lar.

abouter, aboutir V. BOUT.

*aboyer XIIe s., G. (*abaier*, graphie qui subsiste jusqu'au XVIIe s.), du lat. pop.

*abbaiare ou ***abbaudiare** (lat. *baudari*), qui a éliminé le lat. class. *latrare*; orig. onomatop. ‖ **aboi** XIIe s., Fierabras; le sens fig. est issu de la vénerie (*rendre les abois, rendre aux abois*); il ne subsiste plus guère que dans *être* ou *mettre aux abois*. ‖ **aboiement** XIIIe s. (*abaement*), a remplacé *aboi* au sens propre. ‖ **aboyeur** 1387, G. Phébus (*abayeur*), « chien qui aboie »; 1495, J. de Vignay, « protestataire »; XVIIIe s., « journaliste », « crieur de journal ».

abracadabrant 1834, Gautier, du lat. cabalistique *abracadabra* (1560, Paré) qui avait été regardé comme un talisman au Moyen Age, d'où son usage dans le vocab. méd. Le mot fut forgé en grec par les gnostiques de Basilide (IIe s. apr. J.-C.), d'après *abrasax* ou *abraxas*, autre nom mystique que l'on trouve gravé sur des gemmes avec divers symboles magiques.

abrasion 1611, A. Du Chesne, du lat. *abrasio*, de *abradere*, enlever en grattant. Il est restreint au vocab. technique. ‖ **abrasif** 1907, Lar. ‖ **abraser** 1928, Lar.

*abréger XIIe s., G., du bas lat. *abbreviare*, de *brevis*, bref; *abrevier* a été employé jusqu'au XVIe s. ‖ **abrégé** s. m. 1305, J. Richard. ‖ **abréviation** 1375, R. de Presles, du bas lat. *abbreviatio*. ‖ **abréviateur** 1375, R. de Presles, « qui rédige des brefs apostoliques »; 1670, Huet, « qui abrège ». ‖ **abréviature** 1529, G. Tory. ‖ **abréviatif** XVe s., Fergot. ‖ **abrègement** 1278, Langlois.

*abreuver XIIe s., G. (*abevrer*); XIIIe s., G. (*abrever*); du lat. pop. **abbiběrare*, de *biběre*, boire, et *biber*, boisson; XVIe s., sens fig. ‖ **abreuvage** 1262, G. ‖ **abreuvement** fin XIIIe s., *Assises de Jérusalem*. ‖ **abreuvoir** fin XIIIe s., *Saint Graal*.

abréviation V. ABRÉGER.

abri fin XIIe s., *Rois*, déverbal du verbe *abrier*, usité jusqu'au début du XVIIe s. (Saint-Amant) et conservé jusqu'au XIXe s. comme terme de marine et dans certains parlers de l'Ouest. Le verbe représente le lat. *apricare*, devenu *apricare*, se mettre au soleil, puis se mettre à l'abri (de *apricus*, exposé au soleil); l'évolution sémantique est confirmée par l'esp. *abrigar*. ‖ **abriter** 1489, R. Gaguin. ‖ **abrivent** 1771, *Trévoux*.

abricot 1512, Thenaud (*aubercotz*), du catalan *abercoc*, empr. à l'ar. *al-barqūq* qui venait (article *al* à part), par l'intermédiaire du gr., du lat. *praecox* ou *praecoquus*, précoce (pour désigner une pêche précoce). || **abricot-pêche** 1805, *Almanach des gourmands*. || **abricoté** 1690, Furetière, « tranche d'abricot ». || **abricotier** 1526, Versoris. || **abricotine** adj. 1651, *Jardinier français*, « marbre » ; subst. fém. 1843, Balzac.

abroger 1398, *Ordonn.* (*abroguer*), du lat. *abrogare*, annuler. || **abrogatif** 1845, J.-B. Richard. || **abrogation** 1510, C. E. V., du lat. *abrogatio.* || **abrogeable** 1858, Legoarant. Famille de mots restreinte au vocabulaire du droit.

abrupt 1512, J. Lemaire, adj., du lat. *abruptus*, à pic ; s. m. (ravin) 1925, J.-R. Bloch. || **abruptement** 1495, J. de Vignay. || **ex abrupto** fin XVIIe s., Regnard, « brusquement ».

abrutir V. BRUTE.

abcisse 1694, Th. Corn., du lat. *abscissa* (*linea*), ligne coupée.

abscons 1509, J. Lemaire, du lat. *absconsus*, caché ; le mot a été repris au XIXe s. avec une valeur ironique. || **absconse** 1717, Le Brun-Desmarets de Moléon, « lanterne ». || **absconser** v. 1500, Lemaire, subsiste encore au XVIIe s.

absence XIIIe s., *les Sept Sages*, du lat. *absentia* ; le sens de « exil » est usuel jusqu'au XVIIe s. || **absent** 1160, *Enéas*, du lat. *absens, absentis* ; il a pu, jusqu'au XVIIe s., être suivi d'un complément nom de personne introduit par *de*. || **absenter** 1332, Giry ; le pronominal est seul usuel dès le XIVe s. || **absentéisme** 1828, J.-B. Say ; *absentisme*, en 1829, *Rev. des Deux Mondes* : « forme de propriété où le propriétaire absent s'en remettait de la gestion à un fermier » ; 1847, Gautier, polit. ; XXe s., sens général ; angl. *absenteeism*, de *absentee*, absent. || **absentéiste** 1853, Lachâtre.

abside XVIe s., du bas lat. *absida* (Paulin de Nole), empr. au gr. *hapsis*, voûte, et, en particulier, voûte du ciel (il existe un terme astronomique *apside*, Voltaire, 1738). || **absidiole** 1863, L.

absinthe 1190, saint Bernard, masc. ou fém. jusqu'au XVIIe s., du lat. *absintium*, empr. au gr. *apsinthion* ; le sens d' « amertume » existe dès le latin. || **absinthisme** 1871, *Année scient.* || **absinthomanie** 1909, *L. M.*

absolu 1080, *Roland* (*asolu*), du lat. *absolutus*, achevé, parfait, de *absolvere*, absoudre ; XVIIIe s., philos. et politique. || **absolument** 1225, C. E. V. || **absolutisme** 1796, Brunot, formé sur le sens politique de *absolu.* || **absolutiste** 1823, Boiste. || **absoluteur** 1788, Mercier. || **absolutiser** 1909, *L. M.*

absolution V. ABSOUDRE.

absorber 1175, G. (*absorbir, assorbir*), puis changement de conjugaison ; XIVe s., fig. ; du lat *absorbēre*, avaler, engloutir. || **absorbement** 1845, J.-B. Richard. || **absorption** 1586, H. Suso, du lat. *absorptio.*

absoudre Xe s., *Saint Léger* (*absols*) ; jusqu'au XVIe s., on rencontre les formes *assoldre, assoudre* ; du lat. eccl. *absolvere* ; le verbe a été refait sur la formé lat. || **absolution** fin XIIe s., *Grégoire.* || **absoute** 1340, *Vie de saint Magloire*, part. passé féminin.

abstenir (s') fin XIe s., *Alexis* (*astenir*), du lat. *abstinere*, tenir éloigné, refait sous l'influence de *tenir*. || **abstention** milieu XVIe s., du lat. *abstentio* ; v. 1840, Lar., sens politique ; au XIIe s. (Wace), *astention* avait le sens d' « abstinence ». || **abstentionnisme** 1870, Molinari. || **abstentionniste** 1853, Lachâtre ; concurrencé par *abstenant* (1863, Lar.). || **abstinence** 1050, *Alexis*, lat. *abstinentia*, abstention (ce sens général subsiste jusqu'au XVIIe s., à côté de l'emploi religieux). || **abstinent** 1160, Benoît, du lat. *abstinens*, qui s'abstient ; le sens général subsiste jusqu'au XVIIe s., à côté de l'emploi religieux.

abstraction V. ABSTRAIRE.

abstraire 1361, Oresme (*s'*), « faire abstraction de soi », lat. *abstrahere*, tirer, enlever, dont le sens s'est développé en bas lat. : *s'abstraire*, 1495, J. de Vignay, « se retirer du monde ». Le verbe existe au sens propre au XVIe s. (J. Lemaire). || **abstrait** 1372, Corbichon (*abstract*), part. passé lat. *abstractus*, dont le sens fig., « isolé par la pensée », qui se rencontre en bas lat. (Cassiodore), subsiste au XVIIe s. ; *art abstrait*, début XXe s. || **abstraitement** 1579, P. de Lostal. ||

abstraction 1361, Oresme, du lat. *abstractio* (Boèce). ‖ **abstracteur** 1532, Rab., du lat. scol. *abstractor*. ‖ **abstractif** 1510, J. Lemaire, philos. (*nom abstractif*); 1747, Girard, linguistique. ‖ **abstractivement** 1504, J. Lemaire. ‖ **abstractionnisme** 1953, Lar., philos. (de William James). ‖ **abstractionniste** *id.*, philos.

abstrus 1495, J. de Vignay, du lat. *abstrusus*, caché, obscur, de *abstrudere*, repousser.

absurde XII⁰ s., *Règle de saint Benoît* (*absorde*); 1495, J. de Vignay (*absurde*); lat. *absurdus*, discordant, de *surdus*, sourd. ‖ **absurdement** 1549, R. Est. ‖ **absurdité** 1375, R. de Presles.

abus 1361, Oresme, du lat. *abusus*, mauvais usage, de *abuti*, faire mauvais usage. Le sens du lat. se maintient dans la langue du droit; le sens de « erreur, illusion » subsiste jusqu'au XVII⁰ s., tandis que se développe celui de « injustice ». ‖ **abuser** 1312, *Cart. de Saint-Pierre de Lille*; le sens de « tromper » se maintient encore au XVII⁰ s., tandis qu'est plus usuel auj. celui d' « user avec excès ». ‖ **abuseur** 1392, *Ordonn.*, d'abord au sens de « trompeur ». ‖ **abusif** 1361, Oresme, du bas lat. *abusivus*. ‖ **abusivement** 1495, J. de Vignay. ‖ **désabuser** XVI⁰ s., qui a conservé le premier sens de « abuser » (tirer de son erreur).

abysse, abyssal V. ABÎME.

acabit XV⁰ s., *Dialog. de Baillevent et Malepaie*, « accident »; la graphie *acabie* se maintient jusqu'au XVII⁰ s.; sans doute du prov. *acabir*, se procurer, obtenir, dont le part. passé aurait été substantivé. Il a gardé le sens de « débit, achat » jusqu'au XVII⁰ s.; l'expression *de bon acabit* (de bonne qualité), qui se rencontre à cette époque, sert de point de départ au sens pop.

acacia XIV⁰ s., Brun de Long Borc (*acacie*); 1503, G. de Chauliac (*acassia*); la forme actuelle, calquée sur le lat. *acacia* (du gr. *akakia*), a triomphé au XVII⁰ s., avec un changement de genre.

académie 1508, Baïf, de l'ital. *accademia* (l'Italie possédait des sociétés littéraires comme l'Accademia Fiorentina et l'Accademia della Crusca), du lat.

academia, lui-même issu du gr. *akadêmia*, jardin d'Akadêmos à Athènes où Platon enseignait sa philosophie. La renommée des académies italiennes a fait adopter le mot dans le sens général de « école supérieure » (C. Marot, XVI⁰ s.); appliqué en particulier aux écoles d'équitation pour les jeunes nobles et aux écoles de peinture; au XVII⁰ s., aussi un « tripot » (maison de jeux ou maison académique). Le sens de « circonscription universitaire » date du décret du 17 mars 1808. ‖ **académicien** 1555, Ramus, « philosophe platonicien », du lat. *academicus*; 1635, sens actuel, avec le fém., car l'Académie de peinture, fondée en 1648, admettait quinze académiciennes. ‖ **académique** 1361, Oresme, titre d'ouvrage, puis XVI⁰ s., adj. et n., du lat. *academicus*. ‖ **académiquement** 1570, *Cité de Dieu*. ‖ **académiser** 1770, Diderot, « donner la manière académique ». ‖ **académisme** 1845, J.-B. Richard. ‖ **académiste** 1613, *Épître du chien Lyco-Phagos*, celui qui a étudié dans une académie, en particulier d'équitation; 1634, Chapelain, « académicien ».

acagnarder V. CAGNARD.

acajou 1557, Thevet (*acaïou*), du port, *acaju*, fruit du *cajueiro*, arbre du Brésil, mot empr. au tupi, langue indigène du Brésil (*agapu*). Le mot désigne le fruit en portugais et le bois en français; utilisé en ébénisterie depuis le XVIII⁰ s.

acanthe 1450, O. de Saint-Gelais, bot., du lat. *acanthus*, empr. au gr. *akantha*; archit., XVI⁰ s. ‖ **acanthocarpe** 1842, *Acad.* ‖ **acanthocéras** 1888, Lar. ‖ **acanthoglosse** 1888, Lar. ‖ **acantholimon** 1888, Lar. ‖ **acanthosis** 1907, Lar. ‖ **acanthostaurus** 1888, Lar.

acapnie 1907, Lar., méd. : *a* priv. et *kapnos* vapeur.

acariâtre fin XV⁰ s., J. Meschinot (*mal aquariastre*, folie), « possédé du démon, fou »; XVI⁰ s., « qui est de mauvais caractère »; au XVII⁰ s., il pouvait s'appliquer encore à des choses au sens d' « opiniâtre » (*combat acariâtre*); de *Acharius*, nom latin d'un évêque de Noyon du VII⁰ s., qui passait pour guérir la folie (*mal Saint-Acaire*); le passage du nom propre au nom commun paraît dû à une étymologie populaire, par rapprochement

avec le lat. *acer*, aigre; les saints guéris-
seurs doivent souvent leur action à un
jeu de mots (*saint Cloud/clou*). ‖
-treté 1611, Cotgrave.

acarus 1752, *Trévoux* (*acare*), du lat.
des naturalistes *acarus*, empr. au gr.
akari, ciron, mite. ‖ **acariens** 1842,
Acad. ‖ **acariose** 1909, *L. M.*

accabler 1329, *Actes normands*
(*aachablé*), « abattre ». Le sens d'« écraser sous une masse » se rencontre encore
au XVIIᵉ s., au moment où se dévelop-
pèrent les sens fig.; forme normanno-
picarde de *chabler*, de *chable*, ou *caable*,
du lat. pop. *catabola*, empr. au gr.
katabolé, action de lancer. ‖ **accablant**
fin XVIIᵉ s., La Bruyère, fig. ‖ **accable-
ment** 1556, Noguier; XVIIᵉ s., fig.

accalmie V. CALME.

accaparer 1562, C. E. V., de l'ital.
accaparrare, acheter ou retenir une marchandise en donnant des arrhes, de *ca-
parra*, arrhes. D'abord employé au sens
jurid., il a pris son sens économique,
avec une valeur péjor. (« retenir tout ce
qui se trouve sur le marché »), au XVIIIᵉ s.
(1715, Ch. de Rior), et devient très usuel
pendant la Révolution. ‖ **accaparement**
1751, *Encycl.* ‖ **accapareur** 1762, *Acad.*

accastiller 1678, Guillet, de l'esp.
accastillar, de *castillo*, château. ‖ **accas-
tillage** *id.*, mar.

accéder XIIIᵉ s., *Intr. d'astronomie*,
« avoir accès », du lat. *accedere*, s'approcher : le sens fig. « acquiescer »
se rencontre au XVIIIᵉ s. (Voltaire,
Charles XII). ‖ **accès** 1280, *Clef
d'amors* (*donner accès*); *accès de fièvre*,
1372, Corbichon; ces deux sens sont
empruntés au lat. *accessus*, part. passé
de *accedere*. ‖ **accessible** 1355, Bersuire. ‖ **accession** XIIᵉ s., Everat, du lat.
accessio, action d'approcher; l'évolution
sémantique a été influencée par celle
d'*accéder*; XVIIIᵉ s., « accession au
trône », empr. à l'angl. ‖ **inaccessible**
XIVᵉ s., du bas lat. *inaccessibilis*.

accélérer 1495, J. de Vignay, sens tr.
et intr., du lat. *accelerare*, de *celer*,
rapide. ‖ **accéléré** s. m. 1837, Sainte-
Beuve. ‖ **accélération** 1495, J. de Vignay, du lat. *acceleratio*, action de se
hâter; phys., 1680, Richelet; techn.,
1888, Lar. ‖ **accélérateur** 1611, Cotgrave,
méd. (muscle accélérateur); phys., 1752,

Trévoux; 1890, Lar., techn.; 1953, Lar.,
« accélérateur de particules ». ‖ **accélé-
ratif** 1778, Villeneuve. ‖ **accélèrement**
1963, journ. ‖ **accéléromètre** 1888,
Lar. ‖ **décélérer, décélération** XXᵉ s.,
faits sur le modèle *accroître/décroître*.

accent 1265, Br. Latini, du lat. *accentus*, « élévation de la voix sur une syllabe », puis « son d'un instrument ». Ces
deux sens se rencontrent seuls jusqu'au
XVIIᵉ s., puis les sens étendus et fig. apparaissent; emploi gramm., fin XVIᵉ s. ‖
accentuer XIVᵉ s., *Lexique Abavus*,
dire un poème, lat. *accentuare* (XIIᵉ s.);
XVIIᵉ s., sens actuel. ‖ **accentuation**
1521, P. Fabri, du lat. *accentuatio*. ‖
inaccentué 1829, Hugo. ‖ **accentuel**
XXᵉ s. ‖ **-tuable** 1845, J. B. Richard.

accepter 1317, J. Richard, du lat.
acceptare, avoir l'habitude d'accueillir,
de *accipere*, recevoir. ‖ **acceptable** 1468,
Chastellain, « agréable ». ‖ **acceptant**
1464, *Cout. d'Anjou*, jur. et relig. ‖
acceptation 1262, C. E. V., du lat.
acceptatio, de même sens. ‖ **accepteur**
1509, J. Lemaire, adj., relig., du lat.
acceptor; au sens commercial 1740, *Trévoux*. ‖ **acception** début XIIIᵉ s., *Sept
Sages de Rome*, du lat. *acceptio*; le sens
d' « action d'accepter » s'est maintenu
jusqu'au XVIIᵉ s., dans la langue religieuse; l'express. *acception de personne*
est directement empr. au lat.; le sens
gramm. (*acception d'un mot*) est attesté
au XVIIᵉ s. ‖ **inacceptable** 1779, Beaumarchais. ‖ **inacceptation** 1878, Lar.

accès, accession V. ACCÉDER.

accessit 1764, Bachaumont, mot lat.
sign. « il s'est approché », de *accedere*,
s'approcher, survivance des distributions
de prix proclamées en latin.

accessoire 1296, *D. G.*, jurid.; XVᵉ s.,
« moins important », du lat. médiév.
accessorium, de *accedere*, joindre;
comme subst. le sens de « danger »
subsiste jusqu'au XVIIᵉ s. ‖ **accessoi-
riste** 1908, *L. M.*, théâtral, puis cinéma.
‖ **-rement** 1798, *Acad.*

accident 1175, Chr. de Troyes, « événement fortuit », du lat. *accidens, -tis*,
qui arrive, de *accedere*, survenir. La scolastique a créé le sens philosophique
(l' « accident » opposé à la « substance »); la valeur péjor. apparaît à la
fin du XVᵉ s. (Olivier de La Marche);

le sens de « événement provoquant des dommages matériels » est du XVIIIe s. (J.-J. Rousseau). ǁ **accidenter** 1837, *Journ. de la langue française.* ǁ **accidenté** adj. 1662, C.E.V., repris au XIXe s. (1827, Gattel) : subst. 1909, *L.M.* ǁ **accidentel** XIIIe s., G., concurrencé par *accidental* (XVIe s.), du lat. *accidentalis.* ǁ **accidentellement** XVe s., *D.G.*; il existe conjointement avec *accidentalement.* ǁ **accidence** 1801, Ch. de Villers.

accise XVIe s., *Cout. de Bruxelles*, du lat. jurid. médiév. *accisia*, impôt féodal, de *accidere*, couper (cf., pour le sens, la *taille*) ; le mot *accise* s'est, en anc. français, confondu avec *assise* (de *asseoir*) désignant une taxe. Le latin *accisia* est pris au néerlandais *accijns* (Richelet, 1732) pour désigner un impôt des Pays-Bas. En 1748, Montesquieu le reprend pour désigner l'impôt anglais *excise*.

acclamer V. CLAMER.

acclimater V. CLIMAT.

accointance 1175, *Chr. de Troyes*, de l'anc. fr. *accointer*, « faire connaissance de », du lat. pop. **accognĭtare*, de *cognĭtus*, connu, qui s'était substitué à *accognoscĕre*, reconnaître. Le sens de « fréquentation familière » s'est maintenu jusqu'au XVIIe s.; d'emploi aujourd'hui ironique.

accolade, accoler V. COU.

accommoder V. COMMODE.

accompagner V. COMPAGNON.

accomplir 1119, Ph. de Thaun, de l'anc. fr. *complir* (v. COMPLIES), achever, du lat. *complēre*, remplir, qui avait changé de conjugaison en latin populaire. ǁ **accomplissement** XIIIe s., *Merlin.*

accordéon 1833, Chateaubriand, de l'allem. *Akkordion*, nom donné par son inventeur Damian (1829) ; la finale a été faite sur le modèle de *orphéon* (àu sens de *vielle*). ǁ **-iste** 1866, Lar.

accorder fin XIIe s., *Aiol*, au sens musical, du lat. *accordare*, qui s'est substitué à *concordare*, mettre d'accord, et qui a subi l'influence de *chorda*, qui avait le sens de *corde* de musique. Le sens de « concilier » apparaît dès l'anc. fr. ǁ **accordant** 1250, Beaumanoir. ǁ **accord** XIIe s., J. Fantosme (*acort*), déverbal de *accorder;* le sens général et le sens mu-

sical coexistent dès l'apparition du mot. ǁ **accordeur** 1325, G., « qui met d'accord »; 1803, Boiste, sens musical. ǁ **accordailles** 1539, R. Est., fiançailles. ǁ **désaccord** 1160, Benoît. ǁ **désaccorder** XIVe s., G. ǁ **raccord** fin XIIe s., Alex. de Bernay; *raccord de peinture*, XVIe s. ǁ **raccorder** v. 1160, Benoît; 1690, Furetière, mus. ǁ **raccordement** 1190, saint Bernard; 1740, *Acad.*, techn.

accore 1382, *Comptes du Clos des Galées* (*escore*) ; 1671, Seignelay (*accore*); moyen néerl. *schore*, écueil; adj. 1773, Bourdé, néerl. *schor*, escarpé.

accort 1444, *D.G.*, avisé, de l'ital. *accorto*, de même sens; XVIIe s., « engageant ». ǁ **accortement** 1550, Vernassal. ǁ **accortise** 1539, H. Est.

accoster 1441, trad. de Piloti (*s'accoster de, sur*), mar.; av. 1555, Tahureau (*accoster qqn*), ital. *accostare*, approcher; *s'accoster de qqn* 1558, Du Bellay (réfléchi jusqu'au XVIIe s.) ; remplace l'anc. verbe *accôter* (accoster), XIIe s., de *côte* (Furetière, en 1690, écrit *accoster*, mais dit que *s* ne se prononce pas). ǁ **accostable** 1554, Thevet. ǁ **accostage** fin XIXe s., mar.

accoter confusion de deux verbes : *accoster*, de *coste* (côte), 1190, Garnier, et *accoter*, 1155, Wace, du bas lat. *accubitare*, de *cubitus*, coude; le franco-prov. *cote* a le sens de « appui, étai ». ǁ **accotement** 1573, J. Baret. ǁ **accotoir** 1560, Palissy. ǁ **accot** 1850.

accoucher V. COUCHE.

accoupler V. COUPLE.

accourcir V. COURT.

accourir V. COURIR.

accoutrer fin XIIIe s., *Renart* (*acoutrer*), souvent *acostrer*, arranger, du lat. pop. **acconsuturare*, de **cosutura*, couture, rapprocher en cousant. Le mot, spécialisé dans l'habillement au XVIe s., est devenu péjor. au XVIIe s. ǁ **accoutrement** 1498, Commynes. ǁ **raccoutrer** 1538, R. Est., « raccommoder ».

accoutumer V. COUTUME.

accréditer V. CRÉDIT.

accrocher V. CROC.

accroire V. CROIRE.

accroître V. CROÎTRE.

accroupir V. CROUPE.

accueillir V. CUEILLIR.

acculer V. CUL.

accumuler V. CUMULER.

accuser xᵉ s., *Passion*, lat. jurid., *accusare*; le sens de « signaler » est du xIIIᵉ s.; *accuser réception*, début xvIIᵉ s.; « accentuer », au xvIIᵉ s. ‖ **accusé** n. m. xIIIᵉ s., G. ‖ **accusateur** adj. et n., 1495, J. de Vignay, du lat. *accusator*. ‖ **accusatrice** xvᵉ s., G. ‖ **accuseresse** xIVᵉ s. ‖ **accusation** 1265, J. de Meung, du lat. *accusatio*. ‖ **accusable** 1545, J. Bouchet. ‖ **accusatoire** 1355, G. ‖ **-oirement** 1425, A. Chartier. ‖ **accusatif** xIIᵉ s., *Vie d'Edouard le Confesseur*, du lat. gramm. *accusativus*, qui marque l'aboutissement de l'action.

acéphale 1375, R. de Presles, du lat. *acephalus*, usité surtout en prosodie et au fig. en lat. chrét., empr. au gr. *akephalos*, sans tête; xvIIIᵉ s., zool. ‖ **acéphalie** 1836, Landais.

acerbe fin xIIᵉ s., du lat. *acerbus*, aigre, pénible. Le sens fig. se développe à partir du xvIᵉ s. (1508, *le Procès des deux amans*). ‖ **acerbité** 1495, J. de Vignay, du lat. *acerbitas*. ‖ **exacerber** 1611, Cotgrave, du lat. *exacerbare*, irriter. ‖ **exacerbation** 1503, G. de Chauliac, méd., du lat. *exacerbatio*, irritation.

acéré V. ACIER.

acétate 1787, Guyton de Morveau, du lat. *acetum*, vinaigre. ‖ **acétique** *id.* ‖ **acétone** 1853, Lachâtre. ‖ **-némie** fin xIXᵉ s. ‖ **acétylène** 1836, E. Davy, l'inventeur; suffixe de *éthylène*.

achalander V. CHALAND.

acharner V. CHAIR.

achat V. ACHETER.

***ache** xIIᵉ s., G., du lat. *apium*, au plur. *apia*, pris pour un fém.; il désignait en latin un groupe de plantes assez étendu et s'est spécialisé, en français, dans un emploi où il a été éliminé par *céleri*; seule, la langue de la botanique l'a conservé.

acheminer V. CHEMIN.

acheter xᵉ s., *Jonas* (*acheder*); la forme francienne est d'abord *achater* (xIIᵉ s.), du lat. pop. **accaptare*, de *captare*, chercher à prendre, capter. ‖ **achat** 1170, Prarond (*acat*), déverbal de l'anc. forme *achater*. ‖ **acheteur** xIIᵉ s., G.

(*achateor*). ‖ **racheter** 1120, *Ps. d'Oxford* (*rachater*). ‖ **rachat** fin xIIᵉ s., R. de Moiliens. ‖ **rachetable** début xIVᵉ s. ‖ **irrachetable** 1850, Tocqueville.

achever V. CHEF.

achillée 1572, J. Des Moulins, du lat. bot. *achillea*, empr. au gr. *akhilleios*, plante d'Achille, qui, dit-on, s'en était servi pour guérir les blessures de son ennemi Télèphe.

achopper V. CHOPPER.

acide 1545, G. Guéroult, du lat. *acidus* au sens propre. Le sens fig. est récent. ‖ **acidité** 1545, G. Guéroult, du lat. *aciditas*. ‖ **acidifier** 1786, *Encycl.* ‖ **acidification** *id.* ‖ **acidifiable** *id.* ‖ **acidimétrie** 1841, Gattel. ‖ **acidose** xxᵉ s. ‖ **aciduler** 1721, *Trévoux*, de *acidule*, légèrement acide (mot disparu), du lat. *acidulus*. ‖ **antiacide** 1750, *Dict. des aliments*. ‖ **biacide** xxᵉ s. (1960, Lar.).

***acier** 1080, *Roland* (*acer*); début xIIᵉ s., *Voy. de Charlemagne* (*acier*), du bas lat. **aciarium*, de *acies*, tranchant (*acieris* [glossaire latin], outil tranchant). ‖ **acéré** xIIᵉ s., *Roncevaux*; 1562 Rab., fig., dér. ancien de *acer*. ‖ **acérer** 1348, *Actes normands de la Chambre des comptes* (*acherer*). ‖ **aciérer** 1470, *Dépenses pour le clocher de Saint-Nicolas*. ‖ **aciérie** 1751, *Encycl.* ‖ **aciérage** 1753, Diderot. ‖ **aciération** 1793, *Encycl. méthod.* ‖ **aciériste** 1932, *L. M.*

acné début xIXᵉ s., par l'intermédiaire de l'angl., issu du gr. *akmê*, pointe, transcrit *aknê* par une faute de copiste (Aetius, vIᵉ s.), et appliqué aux « points noirs » et granules divers de la peau.

acolyte 1175, Chr. de Troyes (*acolite*), « clerc remplissant les bas offices »; xvIIᵉ s., extension de sens; du lat. chrétien *acolytus*, *acolutus* (Isidore de Séville), clerc servant le prêtre à l'autel, repris au gr. *akolouthos*, serviteur.

aconit 1130, *Eneas* (*aconita*); 1213 *Fet des Romains* (*aconite*), du lat. *aconitum*, empr. au gr. *akoniton*.

acoquiner (s') V. COQUIN.

acoustique 1701, *Mém. Acad. des sc.*, repris par le physicien Sauveur au gr. *akoustikos*, adj., « qui sert à entendre, qui concerne l'ouïe » (de *akouein*, entendre). ‖ **acousticien** xxᵉ s. (1951, *Figaro*).

acquérir 1285, Langlois, remplaçant par changement de conjugaison *acquerre*, du lat. pop. **acquaerère*, lat. class. *acquirère*. De même *quérir* a remplacé *querre*. ‖ **acquêt** fin XIIᵉ s., *Drame d'Adam*; « acquisition » jusqu'au XVIIᵉ s., part. passé du verbe *acquerre*, spécialisé dans la langue du droit. ‖ **acquis** s. m. 1595, Charron, part. passé d'*acquérir*. ‖ **acquéreur** 1385, *Cout. d'Anjou et du Maine*. ‖ **acquisition** 1283, Beaumanoir, du lat. jur. *acquisitio*. ‖ **acquisitif** av. 1480, René d'Anjou, du lat. *acquisitivus*. ‖ **acquisivité** 1839, Wey, en phrénologie.

acquiescer 1495, J. de Vignay, du lat. *acquiescere*, se reposer, et, au fig., être satisfait, approuver. ‖ **acquiescement** 1527, Versoris.

acquisition V. ACQUÉRIR.

acquitter V. QUITTE.

acre 1059, *Cart. Rouen*, anc. mesure agraire du Nord-Ouest, de l'angl. *acre*, champ labouré en un jour, empr. au moment de la conquête de l'Angleterre.

âcre XIVᵉ s., *Girart de Roussillon*, du lat. *acer* (acc. *acrem*) qui a donné aussi la forme pop. *aigre*. ‖ **-ment** XIXᵉ s. ‖ **âcreté** 1560, Palissy.

acrimonie 1538, J. Canappe, « âcreté du sang, de la bile »; 1801, Mercier, fig.; lat. *acrimonia*. ‖ **acrimonieux** 1605, Le Loyer, méd. ‖ **-ieusement** XIXᵉ s.

acro- du gr. *akros*, extrémité. ‖ **acrocéphalie** 1888, Lar. ‖ **acrocyanose** 1907, Lar. ‖ **acrodonte** 1878, Lar. (gr. *odous, odontis*, dent). ‖ **acromélalgie** 1907, Lar., du gr. *melos*, membre, et *algos*, douleur. ‖ **acropète** 1888, Lar., bot. ‖ **acrospore** 1888, Lar., bot.

acrobate milieu XVIIIᵉ s., « danseur de corde chez les Anciens », du gr. *akrobatos*, qui marche sur la pointe des pieds. ‖ **acrobatie** 1853, Lachâtre ‖ **acrobatique** 1803, Boiste, « machine élévatrice »; 1837, G. Sand, sens actuel. ‖ **acrobatisme** 1830, Balzac.

acrostiche 1585, *D. G.*, gr. *akrostikhos*, de *akros*, extrémité, et *stikhos*, vers, c'est-à-dire le vers qui est à l'extrémité des autres.

acrotère 1547, J. Martin, du gr. *akrotêrion*, extrémité; piédestal destiné à supporter les ornements placés aux angles inférieurs et au sommet des frontons.

acte 1338, *Cart. de Saint-Pierre de Lille*, terme juridique, du lat. jurid. *actum*, plur. *acta. Actes d'une assemblée*, début XVIIᵉ s., empr. à l'angl. pour désigner une institution anglaise. Comme équivalent d' « action », du lat. *actum*, le fait, part. passé substantivé de *agere*, agir; comme terme de théâtre, du lat. *actus*, représentation théâtrale. ‖ **acteur** 1240, G. de Lorris, « auteur », du lat. *actor*, qui agit, par confusion avec *auctor*; XVIIᵉ s., Molière, « comédien »; les autres sens se sont développés à partir du latin. ‖ **actographe** XXᵉ s. (1948, Lar.). ‖ **entracte** début XVIIᵉ s.

actif 1160, Benoît, philos., du lat. *activus*, de *agere*, agir (par opposition à *passif* ou à *contemplatif*); il est passé de la logique à la grammaire au XVᵉ s. Ce sens domine jusqu'au XVIᵉ s., où le terme passe dans la langue financière (*dettes actives*). Le sens général se développe au XVIIᵉ s.; le substantif apparaît au XVIIIᵉ s. (*actif*, en finance, 1762). ‖ **activement** 1495, J. de Vignay, « rapidement ». ‖ **activer** début XVᵉ s., Gerson, « faire agir »; 1808, Boiste, « mettre en activité »; 1800, Boiste, « accélérer ». ‖ **activateur** 1910, *L. M.* ‖ **activation** 1910, *L.M.*, techn. ‖ **activisme** 1907, Lar., géol.; 1953, Lar., philos.; 1960, Lar., polit. ‖ **activeur** 1953, Lar., chim. ‖ **activité** 1425, O. de La Haye, d'abord au sens philos. et grammatical, du lat. *activitas* (Priscien, Vᵉ s.). ‖ **inactif** 1771, *Trévoux*. ‖ **inactivité** 1773, *Trévoux*; le sens administratif se développe au XIXᵉ s. ‖ **réactif** début XVIIIᵉ s., refait sur « réaction »; terme de chimie au XIXᵉ s. ‖ **réactiver** 1870, Lar. ‖ **réactivation** début XXᵉ s.

actinie 1792, *Encycl. méth.*, du gr. *aktis, aktinos*, rayon.

actinium 1881, *Année sc. et industr.*, du gr. *aktis, aktinos*, rayon. ‖ **actinique** 1866, Lar. ‖ **actinote** 1801, Haüy. ‖ **actinides** 1953, Lar. ‖ **actinothérapie** XXᵉ s. (1960, *P. L.*).

action début XIIᵉ s., *Ps. de Cambridge* (*acciun de grâce*), du lat. *actio*, de *agere*, agir; sens jurid. au XIIIᵉ s. (Beaumanoir); comme le sens général (1220, Coinci); sens financier, action d'une société, 1669

(Colbert), peut-être calque du néerl. *aktie*, vulgarisé au XVIIIe s., avec le développement du crédit. ‖ **actionner** début XIVe s., jurid.; 1580, Palissy, « rendre actif ». ‖ **actionner (s')** 1819, Boiste, « avoir de l'activité ». ‖ **actionnaire** fin XVIIe s. ‖ **inaction** 1647, Vaugelas. ‖ **interaction** XXe s. ‖ **réaction** XVIe s., techn.; XVIIe s., phys.; 1793, Brunot, polit. ‖ **réacteur** 1790, Brunot, qui a subsisté jusque dans la seconde moitié du XIXe s.; XXe s., techn. ‖ **biréacteur** XXe s., techn. ‖ **réactionnaire** 1790, Brunot. ‖ **réactionnel** 1870.

actuaire 1495, J. de Vignay, adj., du lat. *actuarius*, qui concerne les actes; subst. 1749, J. de Calencas, « scribe romain »; 1872, *Journ. des actuaires fr.*, « chargé des calculs financiers d'assurance », de l'angl. *actuary*, même origine. ‖ **actuariat** 1949, Lar. ‖ **actuariel** 1908, *L. M.*

actuel XIIIe s., Brun de Long-Borc, philos., du lat. scolast. *actualis*; le sens d' « effectif » se maintient au XVIIe s.; 1750, abbé Prévost, « qui appartient au moment présent ». ‖ **actuellement** 1495, J. de Vignay, « effectivement » (sens qui se maintient au XVIIe s.); 1372, Corbichon, « présentement ». ‖ **actualité** XIVe s., Blaquerne, philos., du lat. *actualitas*; 1823, Boiste, sens actuel; 1896, *la Nature*, cinéma. ‖ **actualiser** début XVIIe s., chim.; 1836, Landais, « rendre actuel ». ‖ **actualisation** 1836, Landais. ‖ **actualisateur** XXe s., linguist.

acuité, acupuncture V. AIGU.

ad- V. A 1.

adage 1529, Loys Laserre, du lat. *adagium*, proverbe, maxime.

adagio 1750, Voltaire, de l'ital. *adagio*, lentement, de *ad agio*, à l'aise.

adamantin 1509, J. Lemaire, du lat. *adamantinus*, dur comme fer, empr. au gr. *adamantinos*; le sens « de la nature du diamant » vient du sens fig. du lat. *adamas*, diamant.

adapter XIVe s., Macé de La Charité, du lat. *adaptare*, de *aptus*, apte; littér., 1888, Lar. ‖ **adaptable** fin XVIIIe s. ‖ **adaptateur** 1951, Lar., cinéma. ‖ **adaptatif** 1911, *L. M.* ‖ **adaptat** 1951, Lar. ‖ **adaptation** 1539, Gracien du

Pont. ‖ **inadaptation, inadapté** XXe s. ‖ **réadapter** 1932, Lar. ‖ **réadaptation** fin XIXe s.

addenda 1701, Bayle, plur. neutre du part. futur passif du lat. *addere*, ajouter (choses qui doivent être ajoutées).

additif. V. ADDITION.

addition 1265, J. de Meung, « augmentation », du lat. *additio*, de *addere*, ajouter; XVe s., math. ‖ **additionner** av. 1549, Marg. de Navarre, « augmenter »; 1680, Richelet, math., il remplace *ajouter*. ‖ **additionnel** apr. 1750, Buffon. ‖ **additif** 1843, Landais. ‖ **additivité** 1953, Lar., math.

adduction 1538, J. Canappe, méd., du lat. *adductio*, conduite. L'express. *adduction d'eau* et l'emploi techn. sont de la fin du XIXe s. (1888, P. Lar.). ‖ **adducteur** 1690, Furetière, anat., du lat. *adductor*.

adénite 1842, *Acad.*, du gr. *adên, adenos*, glande. ‖ **adénoïde** 1541, Loys Vassée. ‖ **adénoïdisme** 1953, Lar. ‖ **adénologie** 1741, Villars. ‖ **adénome** 1888, Lar. ‖ **adénosarcome** 1907, Lar.

adepte 1630, Van Helmont, *Lettre au P. Mersenne*, lat. *adeptus*, qui a obtenu; en alchimie et jusqu'au XVIIIe s., « initié au grand œuvre »; il a pris le sens d' « initié » à une secte ou à une doctrine dans la franc-maçonnerie du XVIIIe s., et dans les sociétés républicaines apr. 1789; l'emploi élargi apparaît au XVIIIe s. (1775, d'Alembert et les Physiocrates).

adéquat XIVe s., B. de Gordon; repris au XVIIIe s. (1736, Ch. Wolff); du lat. *adaequatus*, égalé, de *aequus*, égal. ‖ **adéquation** 1866, Lar. ‖ **adéquatement** XXe s. ‖ **inadéquat** 1842, *Acad.* ‖ **inadéquation** 1907, *L. M.*

adhérer fin XIVe s., *Chron. de Saint-Denis*; id., sens fig., du lat. *adhaerere*, qui avait donné la forme pop. *aherdre*; le sens de « adhérer à un parti » date de la fin du XVIIe s. (Saint-Simon). ‖ **adhérence** XIVe s., Brun de Long-Borc, sens actuel; il eut aussi le sens de « fidélité » du XVe au XVIIe s.; du bas lat. *adhaerentia*. ‖ **adhérent** adj., 1331, Delb.; subst., 1474, J. Molinet, du lat. *adhaerens*. ‖ **adhériser** 1934, *Publicité*, « rendre adhérent ». ‖ **adhésif** 1478, Panis. ‖ **adhésion** 1419, *Ordonn.*, du lat. *adhaesio*.

adiante 1546, Rab., du lat. *adiantum*, empr. au gr. *adianton*, qui ne se mouille pas, parce que la feuille ne retient pas l'humidité.

adieu V. DIEU.

adipeux 1503, G. de Chauliac, du lat. *adeps, adipis*, graisse. ‖ **adipolyse** 1960, *G. L. E.* ‖ **adipopexie** 1933, Lar. ‖ **adipose** 1907, Lar. ‖ **adiposité** 1907, *L. M.*

adjacent 1314, Mondeville, du lat. *adjacens*, part. prés. de *adjacere*, être situé auprès.

adjectif 1365, *Psautier lorrain*, du bas lat. *adjectivum nomen*, nom qui s'ajoute, calque du gr. *epithêton*. ‖ **adjectival** 1911, *L. M.* ‖ **-vation** XXᵉ s.

*adjoindre** VIIIᵉ s., *Gloses de Reichenau* (*adjungeat*) ; XIIᵉ s., G. (*adjoindre*), du lat. *adjungere*, ajouter (le *d* ne s'est prononcé qu'à la fin du XVIᵉ s.). ‖ **adjoint** subst. 1546, Ch. Est., méd., apophyse d'un os ; XVIIᵉ s., sens large. ‖ **adjonction** XIVᵉ s., Du Cange (*ajonction*), du lat. *adjunctio*, action d'ajouter, qui a remplacé l'anc. fr. *ajoignement*.

adjudant 1671, Arnoul, « officier en second », comme en esp. ; XVIIIᵉ s., « sous-officier », de l'esp. *ayudante* (part. présent substantivé de *ayudar*, aider), refait sur le lat. *adjuvare*, aider.

adjudication V. ADJUGER.

adjuger XIIᵉ s. G. (*ajugier*) ; le *d* apparaît au XIIIᵉ s., d'apr. le lat., mais ne se prononce définitivement qu'au XVIIIᵉ s. ; du lat. *adjudicare*, donner par jugement ; au Moyen Age, confondu avec *juger* ; sens précis actuel repris au lat. au XVᵉ s. ‖ **adjudication** début XIVᵉ s., « jugement », du lat. jurid. *adjudicatio*, acte par lequel le juge attribuait la propriété à l'une des parties dans les actions en partage ou en bornage. Le double sens « vente ou marché de fournitures aux enchères » s'est développé en droit fr. ‖ **adjudicataire** début XVᵉ s. ‖ **adjudicateur** 1823, Boiste. ‖ **adjudicatif** début XVIᵉ s.

adjurer XIIIᵉ s., saint Thomas (*ajurer*) ; le *d* se prononce à partir du XVIIᵉ s. (Maupas, 1607) ; du lat. chrét. *adjurare* (Lactance, etc.), adjurer au nom de Dieu,

exorciser ; sens affaibli actuel à partir du XVIIᵉ s. ; les sens « faire jurer » et « invoquer », repris au lat. class., se retrouvent, le premier jusqu'au XVIᵉ s., le second au XVIIᵉ s. ‖ **adjuration** 1488, *Mer des hist.*, du lat. chrét. *adjuratio*.

adjuvant 1560, Paré, du lat. *adjuvans*, participe prés. de *adjuvare*, aider.

admettre XIIIᵉ s., G. (*amettre*) « mettre sur », et, au fig., « imputer », du lat. *admittere*. Repris au XVᵉ s., avec le sens de « donner accès », « approuver ». ‖ **admission** 1568, Ph. Buguyon, sens jurid., du lat. *admissio*, action d'admettre ; XVIIᵉ s., « admission à une charge ». ‖ **admissible** 1453, *Cout. de Touraine.* ‖ **admissibilité** 1789, *Courrier d'Europe*, sens jurid. ; XIXᵉ s., au sens scolaire. ‖ **admissif** av. 1738, d'Argenson. ‖ **inadmissible** 1475, *D. G.* ‖ **inadmissibilité** 1827, *Acad.*

administrer XIIᵉ s., G. (*aministrer*), du lat. *administrare*, aider, fournir, diriger, de *minister* ; le sens administratif spécialisé a prévalu à partir du XVIIIᵉ s. ; la langue religieuse a gardé « administrer les sacrements ». ‖ **administrateur** XIIᵉ s., *Saint-Evroult* ; spécialisé dès le XVIIᵉ s. (1680, Richelet). ‖ **administratif** 1789, Brunot. ‖ **administrativement** 1802, *Néologie* de Mercier. ‖ **administration** 1120, *Job* (*amminis-*), du lat. *administratio* ; 1783, Mercier, sens mod. ‖ **administré** subst. 1796, *Néol. fr.*

admirer 1360, Froissart (*amirer*), « s'étonner » ; le *d* se prononce au XVIIᵉ s. ; du lat. *admirari*. Le sens de « considérer avec stupeur » se maintient encore au XVIIᵉ s., à côté de celui de « contempler avec émerveillement », qui l'emporte. ‖ **admiration** fin XIIᵉ s., Grégoire, « étonnement ». Cette valeur se maintient à côté d' « émerveillement » jusqu'au XVIIᵉ s., d'après le lat. *admiratio*. ‖ **admirable** 1160, Benoît, du lat. *admirabilis*, qui a subi la même évolution. ‖ **admirablement** 1468, Chastellain. ‖ **admirateur** 1542, E. Dolet, du lat. *admirator*.

admission V. ADMETTRE.

admonester 1160, Benoît (*amonester*) ; la forme *admonester* a été refaite au XVIᵉ s., et le *d* se prononce au XVIIᵉ s. (Vaugelas, 1647) ; la forme *amonéter* sans prononciation de *s* est encore indiquée dans *Acad.*, 1835; du lat. pop. *admonestare*, dont le rapport avec *monere* (*monitus*) n'a pas été éclairci. Le sens ancien d' « avertir, encourager » se maintient jusqu'au XVI⁰ s., pour être remplacé au XVII⁰ s., par l'emploi jurid. de « faire une remontrance », qui était celui du verbe simple *monester* et qui apparaissait dans les dérivés. ‖ **admonestation** XIII⁰ s., *Livre de jostice*; repris au XIX⁰ s. (1849, G. Sand). ‖ **admonition** fin XII⁰ s., *Grégoire* (*amonicion*), du lat. *admonitio* avertissement.

adolescent XIII⁰ s., *Bible parisienne*, du lat. *adolescens*, part. prés. substantivé de *adolescere*, croître. ‖ **adolescente** XV⁰ s., G. Tardif. ‖ **adolescence** XIII⁰ s., *Mir. de saint Eloi*, du lat. *adulescentia*.

adonis 1615, Daléchamp, bot.; 1646, Scarron, fig.; du lat. *Adonis*, empr. au gr. *Adônis*, dieu du Printemps (d'origine phénicienne), symbole de la beauté, déjà employé en gr. comme nom symbolique. ‖ **adoniser** 1560, Ronsard.

adonner V. DONNER.

adopter XIV⁰ s., Ph. de Vitry, « choisir » et « prendre légalement pour fils ou fille », du lat. *adoptare*. Dans l'ignorance où l'ancien droit était de l'adoption, le mot fut employé avec sa seule valeur historique jusqu'à la Révolution. Promise le 18 janvier 1792 par la Législative, l'adoption fut introduite par le Code civil. ‖ **adoptant** s. m. 1728, Richelet. ‖ **adoption** XIII⁰ s., *Digeste*, du lat. *adoptio*, choix. ‖ **adoptif** XII⁰ s., *Naissance du Chevalier au Cygne*, du lat. jurid. *adoptivus*.

adorer XII⁰ s., *Saint-Evroult*, mot de la langue relig.; XVII⁰ s., « aimer beaucoup », du lat. *adorare*, de *orare*, prier, parler. ‖ **adorable** XIV⁰ s., *Ovide moralisé*, du lat. *adorabilis*. ‖ **adorablement** 1865, Goncourt. ‖ **adoration** 1495, J. de Vignay, du lat. *adoratio*. ‖ **adorateur** 1420, A. Chartier, du lat. *adorator*.

adosser V. DOS.

adouber 1080, *Roland*, « équiper » (un chevalier); 1512, J. Lemaire, «arranger» (jusqu'au XVII⁰ s.), de *à* et du francique *dubban*, frapper, parce qu'on frappait le chevalier du plat de l'épée en l'armant. ‖ **radouber** 1268, E. Boileau, mar., qui

s'est substitué au précédent dans ce sens. ‖ **radoub** début XVI⁰ s., déverbal.

adoucir V. DOUX.

adragante 1560, Paré, réfection de *tragacante* (XVI⁰ s.), du lat. *tragacantha*, *-thum*, désignant la plante et sa gomme, empr. au gr. *tragos*, bouc, et *akantha*, épine.

adrénaline 1901, Dr. Jokichi Takamine, qui découvrit la substance en Amérique; du lat. *ad*, auprès de, et *ren*, le rein, avec les suffixes *-al* et *-ine*; ce remède est extrait des glandes surrénales du bœuf et du cheval.

adresser, adresse V. DRESSER.

adret, -droit V. DROIT.

adstrat V. SUBSTRAT.

aduler 1395, Chr. de Pisan; usité surtout à partir du XVIII⁰ s.; du lat. *adulari*. ‖ **adulateur** 1361, Oresme, du lat. *adulator*. ‖ **adulation** fin XII⁰ s., *Grégoire*, du lat. *adulatio*.

adulte fin XIV⁰ s., adj.; s. m. 1570, *Cité de Dieu*, « parvenu au terme de sa croissance », du lat. *adultus*, de *adolescere*, croître. (V. ADOLESCENT.)

adultère 1190, saint Bernard, adj. et subst., du lat. *adulter* (homme, femme), adultère, et *adulterium* (le fait d'adultère); sens originaire : « altéré » ou « qui altère » et « altération »; le sens « qui viole la foi jurée » a été repris au lat. chrét., au XVII⁰ s. ‖ **adultérer** 1350, Gilles li Muisis, « commettre un adultère », jusqu'au XVI⁰ s.; XVI⁰ s., Rab., sens actuel; lat. *adulterare*, falsifier. ‖ **adultérateur** 1552, Rab., du lat. *adulterator*, qui altère. ‖ **adultération** 1551, *les Vies des saints Pères*, du lat. *adulteratio*, altération. ‖ **adultérin** 1495, J. de Vignay, formé sur *adultère*.

advenir X⁰ s., *Valenciennes* (*avenir*); 1380, Gace de la Buigne (*advenir*, d'après le lat., le *d* prononcé plus tard); l'anc. forme est restée dans le subst. *avenir*; du lat. *advenire*, arriver. ‖ **adventice** fin XVIII⁰ s., du lat. *adventicius*, qui s'ajoute. ‖ **adventif** 1120, *Ps. d'Oxford* (*aventif*), « étranger », du lat. *adventicius*, « qui arrive du dehors »; la var. *-if* est due à une substitution de suffixe; le *d* a été rétabli au XVI⁰ s. (1569, Papon), à l'époque où le mot s'est spécialisé dans la langue du droit.

adverbe xiii⁰ s., G. (*av-*) ; xv⁰ s. (*adverbe*) ; le *d* se prononce depuis le xvii⁰ s. (1606, Masset) ; lat. *adverbium* (de *ad*, auprès de, et *verbum*, verbe). ‖ **adverbial** 1550, Meigret. ‖ **-ement** xv⁰ s., G.

adverse 1080, *Roland* (*averse*) « contraire, ennemi » ; xvii⁰ s., sens restreint, refait d'apr. le lat. *adversus*. ‖ **adversaire** 1155, Wace (*av-*), du lat. *adversarius*, dont la forme pop. était l'anc. fr. *aversier*. ‖ **adversatif** 1550, Meigret. ‖ **adversité** 1145, Evrart de Kirkham (*av-*), du lat. *adversitas*, au sens chrét. ; le sens d' « opposition » se rencontre aux xvi⁰-xvii⁰ s.

aède 1853, Leconte de Lisle, du gr. *aoidos*, poète.

ægagre 1842, *Acad.*, du gr. *aigagros*, de *aix*, chèvre, et *agrios*, sauvage.

aérer 1398, *Ordonn.*, du lat. *aer*, empr. au gr. *aêr*, air ; il a remplacé l'anc. fr. *airier*. ‖ **aérage** 1758, de Tilly. ‖ **aérateur** 1866. ‖ **aération** 1863, Tellur. ‖ **aérianiste** 1953, Lar., spécialiste de droit aérien. ‖ **aérien** fin xii⁰ s., *Rois*. ‖ **aérifère** 1808, C. E. V. ‖ **aérification** 1803, Boiste. ‖ **aériforme** 1780, Guyton de Morveau. ‖ **aérique** 1546, Ch. Est. ‖ **aérium** xx⁰ s. (1953, Lar.), sur le modèle de *sanatorium*.

aéro- du gr. *aêr*, air, et comme abrév. de *aéroplane*. ‖ **aérobie** adj., 1875, *Année sc. et industrielle*. ‖ **aérobiose** 1960, *P. L.* ‖ **aérobus** 1908, Michel Provins. ‖ **aérocèle** 1907, Lar. ‖ **aérochimique** 1960, *P. L.* ‖ **aéroclasseur** 1951, Lar. ‖ **aéroclub** 1903, *le Sourire*. ‖ **aérodrome** machine volante, 1868, La Landelle ; sens actuel, 1906. ‖ **aérodynamique** s., 1842, *Acad.* ; adj., 1891, Langley. ‖ **aérodynamicien** 1961, journ. ‖ **aérogare** 1938, *L. M.* ‖ **aéroglisseur** 1963, journ. ‖ **aérogramme** 1951, Lar. ‖ **aérographie** 1752, *Trévoux*. ‖ **aérolithe** 1828, Vidocq. ‖ **aérolithique** 1960, *P. L.* ‖ **aérologie** 1696, Cally. ‖ **aéromancie** 1335, Digulleville. ‖ **aérométrie** 1712, *Journ. de Trévoux*. ‖ **aéromodélisme** 1952, *L. M.* ‖ **aéronat** 1889, Labrousse. ‖ **aéronaute** 1784, J.-L. Carra ; du gr. *nautês*, matelot. ‖ **aéronautique** 1784, J.-L. Carra. ‖ **aéronaval** 1861, Landais. ‖ **aéronef** fém. 1844, *Magasin* ; masc. ensuite ; du français *nef*. ‖ **aérophagie** 1906, Lar.

‖ **aérophobie** 1960, *P. L.* ‖ **aérophysicien** 1952, *L. M.* ‖ **aéroplane** 1855, J. Pline, de (*surface*) *plane*. ‖ **aéroport** 1928, Lar. ‖ **aéroporté** 1928, Lar. ‖ **aéroscaphe** 1859, Hugo. ‖ **aérosol** 1950, *L. M.* ‖ **aérosondage** 1960, *P. L.* ‖ **aérospatial** 1962, journ. ‖ **aérostat** 1783, Meusnier. ‖ **aérostateur** 1784, *Corr. secrète polit. et litt.* ‖ **aérostation** 1784, *Journ. de Paris*; 1798, *Acad.* ‖ **aérostatique** 1783, A. Deparcieux, adj. ; 1784, s.f. ‖ **aérostatisme** 1784, Linguet. ‖ **aérostier** 1794, *décret de la Convention*. ‖ **aérotherme** 1935, *L. M.* ‖ **aérothermique** 1962, journ. ‖ **aérotransporté** 1960, *P. L.*

affable 1350, Gilles li Muisis (*afable*), du lat. *affabilis*, d'un abord facile, de *fari*, parler ; il prend ensuite le sens de « poli ». ‖ **affabilité** xiii⁰ s., G. ; 1587, La Noue (*affabileté*), du lat. *affabilitas*.

affabulation, affadir, affaiblir, affaire, affaisser V. FABLE, FADE, FAIBLE, FAIRE, FAIX.

affaler 1610, Flor. Rémond, « faire glisser le long du cordage », du néerl. *afhalen*, tirer en bas le cordage. ‖ **affaler (s')** xix⁰ s., « se laisser tomber ». ‖ **affalement** xix⁰ s.

affamer V. FAIM.

affecter xiv⁰ s., « feindre avec ostentation » ; xv⁰ s., « rechercher, aimer » (jusqu'au xvii⁰ s.) ; xviii⁰ s., « impressionner, toucher » ; du lat. *affectare*, avec infl. de *affectus*, sentiment ; 1551, A. de Bourbon, « disposer, attribuer », réfection, d'apr. le lat., de l'anc. fr. *afaitier* (lat. *affectare*), façonner, préparer. ‖ **affection** 1190, saint Bernard, « disposition physique ou morale » ; 1539, Canappe, méd. ; 1609, Fr. de Sales, « amitié ». ‖ **affectionner** xiv⁰ s., *Chron. de Flandre*, « aimer » ; 1607, d'Urfé, « désirer ». ‖ **affectionnément** 1541, Rab. ‖ **affectif** av. 1450, Gréban, du bas lat. *affectivus* (Priscien, en gramm.). ‖ **affectivité** xix⁰ s. (1866, Larousse). ‖ **affectueux** début xiv⁰ s., du bas lat. *affectuosus*, de *affectus*, sentiment. ‖ **affectuosité** xiv⁰ s., D. G. ‖ **affectation** 1413, *Ordonn.*, au sens de « disposer », du lat. *affectatio*. ‖ **désaffecter** 1876, L., sur le sens d' « attribuer ». ‖ **désaffection** 1787,

Féraud. || **désaffectionner** début XVIIIᵉ s.

afférent 1230, *Tristan*, part. présent d'*aférir*, appartenir, concerner, restreint à ce seul emploi ; refait sur le lat. *afferens*, part. présent d'*afferre*, apporter.

affermer, affermir V. FERME 1 et 2.

affété XVᵉ s., *Sotties* ; de l'ital. *affettato*, ou réfection de l'anc. fr. *affaité*, façonné. || **afféterie** 1512, Seyssel.

affiche, afficher V. FICHE.

affidavit 1773, Lauragais, issu, par l'intermédiaire de l'angl., de la 3ᵉ pers. sing. du parfait du lat. médiév. *affidare*, confier.

affidé 1567, J. Papon, « digne de foi » ; XVIIIᵉ s., Montesquieu, péjor. ; de l'ital. *affidato*, part. passé de *affidare*, se fier. L'anc. français *affier* s'est conservé jusqu'au XVIIᵉ s.

affilée V. FILE.

affiler V. FIL.

affilier V. FILS.

affiner V. FIN.

affinité 1160, Benoît, « voisinage » ; 1283, Beaumanoir, « parenté par alliance » ; XVIIᵉ s., sens actuel ; du lat. *affinitas*, de *finis*, limite.

affiquet XIIIᵉ s., G., « agrafe, boucle » ; XVIᵉ s., « bijou », mot normanno-picard, diminutif d'*afique*, qui correspond au fr. *affiche*.

affirmer 1276, *Registre criminel de Saint-Germain-des-Prés*, du lat. *affirmare*, rendre ferme, assurer. || **affirmatif** XIIIᵉ s., *D. G.*, bas lat. *affirmativus* (gramm., Diomède). || **affirmation** fin XIIᵉ s., Grégoire (*afermation*), du lat. *affirmatio*. || **-tivement** XIVᵉ s., G.

affixe 1546, Ch. Est., adj., méd. ; 1584, Thevet, linguist. ; lat. *affixus*, attaché. || **affixé** XXᵉ s. || **-xal** 1876, L.

affleurer V. FLEUR.

affliger début XIIᵉ s., *Ps. de Cambridge*, « blesser, ruiner » (jusqu'au XVIIᵉ s.) ; XVIIᵉ s., « causer de la peine » ; du lat. *affligere*, frapper violemment. || **affligeant** 1578, d'Aubigné. || **afflictif** 1667, *Code pénal*, « qui atteint le corps lui-même », du lat. *afflictus*, de *affligere*. || **affliction** fin XIᵉ s., *Alexis*, du lat. *afflictio*.

affluer 1495, J. de Vignay, au sens propre (jusqu'au XVIIᵉ s.) et au fig. ; du lat. *affluere*, couler en abondance. || **affluent** av. 1524, J. Lemaire, adj., « abondant en quelque chose » ; 1539, Canappe, méd. ; 1690, Furetière, géogr., adj., *rivières affluentes*, puis s. m. || **affluence** 1495, J. de Vignay, « arrivée de liquides », « abondance » (jusqu'au XVIIᵉ s.) et « foule qui arrive » ; du lat. *affluentia*. || **afflux** 1611, Cotgrave, du lat. *affluxus*, qui coule. || **diffluent** XVIᵉ s., Amyot, du lat. *diffluens*, part. prés. de *diffluere*, s'écouler en sens divers.

affoler V. FOU.

affouage milieu XIIIᵉ s., de l'anc. verbe *affouer*, chauffer (disparu au XVIᵉ s.), du lat. pop. *affocare*, de *focus*, feu.

affouiller, affranchir V. FOUILLER, FRANC.

affre fin XVᵉ s., *Cent Nouvelles*, « effroi », d'un radical germ. *aifr-*, « terrible » ; sorti de l'usage au XVIIᵉ s. et n'a survécu que dans *les affres de la mort*. || **affreux** 1539, R. Est. || **-sement** *id.*

affréter, affriander V. FRET, FRIRE.

affrioler 1530, Palsgrave, de l'anc. verbe *frioler* (XIVᵉ s.), « frire », par ext. « être friand » (cf. « brûler d'envie »), de *frire*, avec un suffixe méridional.

affriquer fin XIXᵉ s., du lat. *affricare*, frotter contre : les consonnes fricatives sont caractérisées par un bruit de frottement de l'air expiré contre les parois du canal vocal resserré à la hauteur d'une région du palais ou des dents.

affront, affronter V. FRONT.

affubler 1080, *Roland*, « agrafer » ; péjor. XVII s., « vêtir » ; du lat. pop. *affibulare*, de *fibula*, agrafe ; l'*ī* est devenu [*ü*] par labialisation. || **affublement** XIIIᵉ s., G.

affûter V. FÛT.

aficionado 1840, mot esp.

afin V. FIN.

africain XVIᵉ s., du lat. *africanus*, d'Afrique ; mot dont l'apparition est bien antérieure à son enregistrement. || **africanisme** 1836, Landais. || **africaniste** 1951, Lar. || **africanisation** 1960, *le Monde*. || **africaniser** XXᵉ s. (1961, Lar.). || **africanité** 1963, journ. || **afro-asiatique** adj., v. 1955.

aga, agha 1535, *Lettre à du Bellay*, du turc *aga*, frère aîné; désigne un dignitaire oriental musulman.

agace XIIIe s.; XVIe s. (*agasse*); mot dial., de l'anc. prov. *agassa*, du germ. *agaza*.

agacer XIIIe s., G., « crier », en parlant de la pie (*agace*); 1530, Palsgrave, sens actuel, dû à l'anc. verbe *aacier*, agacer (les dents), disparu au XVe s., sauf dans le Nord; du lat. pop. *adaciare*, de *acies*, tranchant (des dents). ‖ **agacement** 1539, R. Est. ‖ **agacerie** fin XVIIe s., Sévigné.

agami 1664, Biet, mot d'une langue indigène de Guyane; désigne un oiseau à plumage noir d'Amérique du Sud.

agape 1574, Tijeou, « repas fraternel entre les premiers chrétiens »; XIXe s., « repas »; du lat. chrét. *agape* (Tertullien), du gr. *agapê*, amour.

agaric 1256, Ald. de Sienne, du lat. *agaricum*, empr. au gr. *agarikon*, champignon comestible.

agate XIIe s., *Marbode* (*acate*); XIIIe s. (*agathe*); du lat. *achates*, empr. au gr. *akhatês*, du nom de la rivière près de laquelle fut trouvée cette pierre (Pline l'Ancien). ‖ **agatifier, agatification** 1778, Gensanne. ‖ **agatiser** 1827, *Acad.*

agave 1778, *Encycl. méth.*, formé d'après l'adj. fém. gr. *agauê*, admirable.

***âge** 1080, *Roland* (*eage, aage*), du lat. *aetaticum*, de *aetas, -atis*, âge, en anc. fr. sous la forme *éé, aé*, mot court éliminé par le terme suffixé; il a des emplois plus étendus en anc. fr. et jusqu'au XVIIe s. (durée de la vie, époque, etc.). ‖ **âgé** 1283, Beaumanoir, « majeur ».

agence V. AGENT.

***agencer** XIIe s. (*agencier*), « orner » (jusqu'au XVIIe s.) et « arranger », du lat. pop. *adgentiare*, de *gentus*, contraction de *genitus*, (bien) né, passé au sens « beau » (V. GENTIL). ‖ **agencement** XIIe s., « ordonnance ». ‖ **ragencer** 1175, Chr. de Troyes.

agenda fin XIVe s. (*agende*), employé pour les registres d'église; 1640, Chapelain (*agenda*); av. 1720, *Huetiana*, « carnet »; du lat. *agenda*, ce qui doit être fait, de *agere*, faire.

agenouiller V. GENOU.

agent 1337, *Registre criminel de Saint-Martin-des-Champs*, « qui agit », du lat. *agens*, part. présent substantivé d'*agere*, agir; repris au XVIe s. (H. Est., 1578), à l'ital. *agente*, dans le sens « chargé de mission »; *agent de police*, 1919. ‖ **agence** 1653, Colbert, de l'ital. *agenzia*.

agglomérer 1795, Snetlage, du lat. *agglomerare*, mettre en pelote, amasser, de *glomus, glomeris*, pelote. ‖ **agglomération** 1771, *Trévoux*, « accumulation »; XIXe s., « ville ». ‖ **agglomérat** 1836, Landais. ‖ **aggloméré** s. m. 1866, Lar.

agglutiner XIVe s., *Mir. de N.-D.* (*aglutiné*), « réunir »; XVIe s. (*agglutinner*), « recoller », du lat. *glutinare*, coller, attacher, de *glūten*, colle. ‖ **agglutinatif** 1560, Paré, méd. ‖ **agglutinantes** (langues) 1863, L. ‖ **agglutination** 1538, Canappe, méd.; 1863, L., gramm., du bas lat. *agglutinatio*.

aggraver fin XIe s., *Alexis*, « alourdir » (jusqu'au XVIIe s., où le sens fig. s'impose); du lat. *aggravare*, devenu *aggrevare*, de *gravis*, lourd. ‖ **aggravation** 1375, R. de Presles.

agile 1495, J. de Vignay, du lat. *agilis*, qui se meut facilement, de *agere*, mener. ‖ **agilement** XVe s., G. Tardif. ‖ **agilité** 1495, J. de Vignay, du lat. *agilitas*.

agio 1679, Savary, de l'ital. *aggio*; de l'anc. prov. *aize*, aise (1700, Saint-Simon). ‖ **agioter** début XVIIIe s. ‖ **agiotage** début XVIIIe s. ‖ **agioteur** début XVIIIe s.

agir milieu XVe s., du lat. *agere*, passé à la conjugaison en *-ir*; les sens « faire » et « poursuivre » (au propre et au sens jurid.), repris au XVIIe s., ont disparu au XVIIe s., époque où *il s'agit de* a été calqué sur la loc. passive *agitur de*. ‖ **agissant** 1584, S. Goulart, « qui agit »; av. 1622, Pascal, sens actuel. ‖ **agissable** 1908, *L. M.* ‖ **agissements** 1794, Billaud. ‖ **agisseur** 1871, Catulle Mendès. ‖ **réagir** fin XVIIIe s., Voltaire.

agiter XIIIe s., *Nature à alchimiste*; polit. 1866, Lar.; du lat. *agitare*, fréquentatif d'*agere*, faire. ‖ **agitateur** 1520, G. Michel, du lat. *agitator*; le sens politique (1651, Mackenzie) est empr. à l'angl. ‖ **agitation** 1355, Bersuire, du lat. *agitatio*.

agnat 1697, *Traité de Ryswick*, du lat. *agnatus*. ‖ **-tion** 1539, R. Est.

*agneau XIIe s. (*agnel*), du lat. *agnellus*, dimin. qui remplaça *agnus* en lat. pop.; la forme *agnel* a été conservée pour désigner des monnaies en or médiévales à effigie d'agneau. ‖ **agneler** fin XIIe s., Marie de France. ‖ **agnelet** *id.* ‖ **agnelin** 1268, E. Boileau. ‖ **agnelle** XIIe s.

agnosie XIXe s., du gr. *agnôsia*, ignorance; désigne l'incapacité d'identifier les sensations reçues.

agnostique 1884, Claretie, de l'angl. *agnostic*, tiré lui-même par le philosophe Huxley du gr. *agnôstos*, ignorant. ‖ **agnosticisme** 1884, Claretie.

agnus-castus 1456, G. de Villiers *Traité d'hippiatrie*, du lat. *agnus* (Pline), empr. au gr. *agnos*, nom de l'arbuste. *Castus* (chaste) est la traduction du gr. *hagnos*, confondu avec *agnos* : le nom grec se trouve ainsi deux fois dans le mot français. Les prétendues propriétés anaphrodisiaques attribuées à cette plante sont la conséquence de cette appellation.

agnus-dei premiers mots (« agneau de Dieu ») d'une prière liturgique : désigne, dès le XIVe s., des médailles où figurent l'agneau, puis des objets de piété.

agonie 1361, Oresme, « angoisse », du lat. chrét. *agonia* (*Vulgate*), « angoisse », empr. au gr. *agônia*, lutte; le sens d'« anxiété » subsiste encore au XVIe s.; le sens moderne n'apparaît qu'au XVIe s. (1580, Montaigne). ‖ **agonir**, XVe s., « être en agonie », a été confondu ultérieurement avec *ahonnir*, insulter (de *honnir*), qui a vécu jusqu'au XVIIe s., d'où le sens pop. « accabler » (d'injures), Vadé, 1756. ‖ **agoniser** 1361, Oresme « combattre »; fin XVIe s., sens moderne; repris au lat. chrét. *agonizare*, combattre, qui, dans la langue pop., est employé aussi (par similitude de radical) dans le sens du précédent (Vadé, 1756). ‖ **agonisant** 1587, Taillepied.

agoraphobie 1873, *Annales médicopsychologiques*; le mot a été créé en allem. par Wetsphal, en 1871, du gr. *agora*, place publique, et *phobos*, peur; vertige pathologique éprouvé au contact de la foule.

agouti 1556, Le Testu (*agoutin*); 1578, J. de Léry (*acouti*); du tupi-guarani (langue du Brésil) *acouti*; rongeur d'Amérique du Sud.

agrafer 1546, *Palmerin d'Olive*, « saisir, accrocher », de *grafe*, crochet (l'anc. fr. avait aussi *grafer*), du germ. *krap*, crochet, emprunté après la mutation consonantique (VIIe s. env.) sous la forme *krapf*; le mot a pénétré sous une forme plus ancienne (*grappe*) à une époque antérieure. Le sens de « apparier » date du XIXe s. (1843, Balzac). ‖ **agrafe** 1421, Gay. ‖ **agrafeuse** 1912, Lar., « crochet », est un déverbal. ‖ **dégrafer** 1564, J. Thierry, signifiait aussi « lever l'ancre »; d'après le verbe *grafer*; il est remplacé par *désagrafer*. ‖ **ragrafer** 1680, Richelet. ‖ **agrafage** 1866, Lar.

agraire 1355, Bersuire, du lat. *agrarius*, de *ager*, champ; *loi agraire*, emprunté aux Romains, usuel pendant la Révolution. ‖ **agrairien** 1790, Babeuf. ‖ **agrarien** 1796, Brunot, « qui concerne la loi agraire »; *parti agrarien*, XXe s.

agrandir V. GRAND.

1. agréer, agréable, agrément V. GRÉ.

2. agréer fin XIIe s., *Aiol* (*agreier*), « garnir d'agrès », « équiper », éliminé au XVIIIe s. par *gréer*; d'un rad. emprunté au scand. *greidi*, attirail. ‖ **agrès** début XIIe s. (*agrei*, *agroi*), « équipement, armement », déverbal; XVe s., marine (*aggrais*); XIXe s., langue des sports.

agréger 1495, J. de Vignay, du lat. *aggregare*, de *grex*, *gregis*, troupeau, « réunir en troupe ». ‖ **agrégat** 1556, R. Leblanc (*aggregat*), repris au part. passé *aggregatum* du même verbe. ‖ **agrégation** 1375, R. de Presles, du bas lat. *aggregatio*; au fig., XVIIe s., Bossuet, « agrégation à une communauté »; 1808, création du concours d'agrégation dans l'Université. ‖ **agrégé** 1808. ‖ **agrégatif** 1320, B. de Gordon, méd.; XXe s., enseignement, « qui prépare l'agrégation ». ‖ **désagréger** 1798, Guyton de Morveau. ‖ **désagrégation** *id.*

agrès V. AGRÉER 2.

agresseur 1495, J. de Vignay, du bas lat. *agressor*, de *agredi*, attaquer. ‖ **agression** 1468, Chastellain, du bas lat. *agressio*, attaque. ‖ **agresser** XVIe s., R. de Collerye, refait au XIXe s. (1851, Barbey d'Aur.). ‖ **agressif** 1793, Barnave. ‖ **agressivité** 1875, *le Temps*.

agreste XIII° s., *D. G.*, du lat. ˛grestis, champêtre; la valeur péjor. apparaît au XVII° s. ‖ **agrestement** 1510, C. E. V.

agricole 1361, Oresme, « laboureur », du lat. *agricola*, cultivateur; encore subst. au XVIII° s.; adj. fin XVIII° s. ‖ **agriculteur** 1495, J. de Vignay; du lat. *agricultor*; refait au XVIII° s. et considéré alors comme un néologisme; adj. 1765, Beaurieu. ‖ **agriculture** 1495, J. de Vignay, du lat. *agricultura*. ‖ **agricultural** XIX° s., E. de La Bédollière.

agripper V. GRIPPER.

agro- du gr. *agros*, champ. ‖ **agronome** 1361, Oresme, du gr. *agronomos*, magistrat chargé de l'administration rurale, par l'intermédiaire du lat. médiév.; sens actuel vers le XVIII° s. ‖ **agronomie** 1361, Oresme. ‖ **agronomique** XVIII° s., Delille. ‖ **agroville** 1951, *L. M.*

agrume 1739, De Brosses (*agrumi*), de l'ital. *agrume*, collectif désignant les oranges, mandarines et citrons, issu du lat. pop. *acrumen*, de *acer*, aigre; il a eu d'abord le sens de « prune d'Agen »; repris au XX° s. (1922), au sens actuel ‖ **agrumiculture** XX° s. (1956, *L. M.*)

aguerrir V. GUERRE.

aguet 1155, Wace (*agait*), « guet, embuscade », déverbal de l'anc. verbe *agaitier*, dérivé de *gaitier*, forme anc. de *guetter*, usuel jusqu'au XVII° s.; il se réduit auj. à la loc. *aux aguets*.

agueusie 1911, *L. M.*, de *a* priv. et du gr. *geusis*, goût.

aguicher V. GUICHE.

ah fin XI° s., *Alexis* (*a*), onomatop. : le *h*, tardif, est purement graphique.

ahanner XII° s., dérivé de *ahan, aan* (X° s., *Saint Léger*), lui-même déverbal du lat. pop. *afannare* (d'orig. inconnue), refait : onomatop. *han!*, marquant l'effort.

ahurir V. HURE.

1. **aï** XIX° s., méd., « inflammation aiguë des tendons », d'apr. le cri de douleur *aïe!*, mais avec un changement de prononciation (*aï* et non *a-ye*), dû sans doute à la graphie.

2. **aï** 1558, Thevet (*haiit*); 1560, A. Paré (*haiit*); « mammifère d'Amérique du Sud »; empr. au tupi-guarani du Brésil.

aider 1080, *Roland* (*aidier*), du lat.

adjutare, dont les formes toniques (déverbal *aiudha*, 842, *Serments*; ind. prés. *aïu[e]* ..., *aidons*) ont longtemps été conservées. ‖ **aide** 1268, E. Boileau, fém. jusqu'au XVI° s., a été refait à la fin du Moyen Age. ‖ **entraider** 1160, Benoît. ‖ **entraide** fin XIX° s.

aïe 1473, *Documents hist.*, onomatop. exprimant la douleur. Une autre interj. dissyllabe, exprimant la douleur morale, *ahi* (1080, *Roland*), se rencontre jusqu'au XVII° s., où l'orth. la confond avec la précédente.

aïeul XII° s. Hues de la Ferté (*aiuel*), du lat. pop. *aviolus*, dimin. euphémique d'*avus*, fém. *avia*. A partir du XVI° s., *aïeul* est remplacé par *grand-père, grand-mère*; jusqu'au XVII° s. on ne fait pas la différence entre *aïeuls* et *aïeux*. ‖ **bisaïeul** 1283, Beaumanoir (*besaiol*), du lat. *bis*, deux fois. ‖ **trisaïeul** XVI° s., du lat. *tri*, le *s* ayant été ajouté d'après *bis*.

aigle XII° s., *Roncevaux*, du lat. *aquila*, fém.; orig. dialectale (sans doute du S.-E.), l'oiseau n'habitant que les montagnes; l'anc. fr. avait aussi la forme normale *aille* (mot de l'Est). Le mot est des deux genres en anc. fr.; il est fém. (d'après le lat.), aux XVI°-XVII° s., dans la langue litt., qui l'a conservé au sens d'emblème; puis le masc. l'a emporté (pour l'aigle mâle) d'après la langue parlée. ‖ **aiglon** 1546, J. de Caigny.

aiglefin V. AIGREFIN 2.

aigre 1120, *Job*, du lat. pop. *acrus* (lat. *acer, acris*, âcre, acide) postulé par toutes les langues romanes, et qui a pris le sens d'*acidus*, disparu dans la langue pop. Il a eu jusqu'au XVII° s. le sens de « violent ». ‖ **aigrir** fin XII° s., *Alexandre*. ‖ **aigret** XIII° s., *Guill. de Dole*; aussi subst. « verjus », remplacé par **aigrelet** 1554, Tahureau. ‖ **aigreur** 1539, R. Est., au sens propre; fig., XVII° s. ‖ **aigre-doux** fin XVI° s., formé par L. de Baïf, d'après du Bellay. (V. VINAIGRE.)

1. **aigrefin** 1698, Dancourt (*aigre-fin*), « chevalier d'industrie », peut-être comp. de *aigre* et *fin* (cf. AIGRE-DOUX ci-dessus), ou réfection de *agrifin*, dérivé conjectural de l'anc. *agrifer*, prendre avec les griffes.

2. aigrefin 1398, *Ménagier*, « poisson », réfection d'*esclevis* (XIVe s.), devenu *esclefin*, *aiglefin*, *èglefin*; attraction de *aigre*; empr. au moyen néerl. *schelvisch* (prononcé *skhèlvis*), désignant le même poisson.

aigremoine XIIIe s., *Médicinaire liégeois* (var. *agremonie, agrimoine*), du lat. *agrimonia*, altér. du gr. *argemonê*, pavot, avec infl. de *aigre*; plante herbacée à fruits crochus.

aigrette 1360, *Modus* (*egreste*), « oiseau », empr. à une forme dialectale du Sud et de l'Ouest *aigron*, héron, avec substitution de suffixe, l'aigrette étant une espèce du genre héron (héron blanc), qui porte un plumet sur la tête; le sens de « plumet » date du XVIe s. (1553, Belon).

*aigu 1080, *Roland* (*agud*); XIIIe s. (*agu*); du lat. *acūtus*; à partir du XVIe s., on rencontre la forme *aigu*, refaite par analogie avec *aigre* sur le latin ou reprise au prov. *agut*, de même orig. ‖ **aiguëment** 1350-1400, *Aalma*. ‖ **suraigu** 1727, Furetière. ‖ **besaiguë** 1190, Garn. (*besaguë*), du lat. pop. **bisacuta*, deux fois aiguë (féminin). ‖ ***aiguiser** fin XIIe s., *·Rois* (*aguisier*), du lat. pop. **acutiare*, lat. class. *acutare*, sans doute par influence des formes provençales. ‖ **aiguisage** 1833, C. E. V. ‖ **aiguisement** 1190, Garn.; fig., 1849, Proudhon. **aiguiseur** XIVe s., G. ‖ **aiguisoir** 1468, Chastellain. ‖ **acuité** 1398, *Somme Gautier* (*accuyté*), sur *aigu*, qui a remplacé l'anc. fr. *agueté*. ‖ **acupuncture** 1787, *Encycl. méth.* ‖ **acupuncteur** 1829, Boiste.

aiguade 1552, Rab., du prov. *aigada*, de *aiga*, eau, dont le sens passé en fr. n'est pas attesté anciennement.

aiguail 1540, Rab., mot de l'Ouest (sud de la Loire), de *aigailler*, faire de la rosée, dér. de « eau » sous la forme méridionale *aiga*; rosée sur les feuilles. (V. ÉGAILLER.)

aiguayer 1600, O. de Serres, mot dialectal dér. du prov. *aiga*, eau, qui avait passé en fr. écrit sous la forme *aigue* à la fin du Moyen Age.

aigue-marine 1578, Vigenère, du prov. *aigue*, eau, et de l'adj. *marin*, pour désigner une émeraude couleur de mer.

aiguière XVIe s., du prov. *aiguiera*, de *aiga*, eau (« vase à eau »).

aiguillade 1400, Du Cange, du prov. *agulhada*; l'anc. fr. avait la forme correspondante, éliminée plus tard par *aiguillon*. (V. AIGUILLE.)

aiguillat 1558, Rondelet, du prov. *agulhat*, chien de mer.

*aiguille XIIe s. (*aguille*, que l'on trouve jusqu'au XVIe s.); XVe s. (*aiguille*, refait d'après *aigu*); du lat. pop. *acucula*, de *acus*, aiguille, attesté d'abord au sens de « aiguille de pin »; chemins de fer, 1834, Lemoine, Delchet et Surville. ‖ **aiguiller** XIIIe s., G.; XIXe s., « diriger ». ‖ **aiguillage** 1877, L. ‖ **aiguillée** 1265, J. de Meung. ‖ **aiguilleur** 1863, L, ‖ **aiguillette** 1352, *Comptes de l'argenterie*, « cordon ferré »; XVIe s., D. G., terme de cuisine. ‖ **aiguilletage** 1752, *Trévoux*. ‖ **aiguilletier** 1339, Fagniez. ‖ **aiguillier** 1240, G. de Loris.

*aiguillon 1120, *Job* (*aguillon*, jusqu'au XVIe s.); XIIIe s. (*aiguillon*); refait sur *aigu*, du lat. pop. *aculeo, -onis* (*aculionis* dans les gloses de Reichenau), de *acus*, aiguille (lat. class. *aculeus*); le développement de *aiguillon* est influencé par celui de *aiguille*. Le sens fig. apparaît au XVIe s. (1601, Charron). ‖ **aiguillonner** 1160, Benoît.

aiguiser V. AIGU.

*ail XIIe s., L., du lat. *allium* (collectif *aille* du pluriel *allia*). ‖ **ailloli** 1744, Gillart ou **aïoli** 1842, *Acad.*; du prov. mod. *aioli*, de *ai*, ail et *oli*, huile. ‖ **aillade** v. 1540, Rab., du prov. *alhada*, de *alh*, ail. ‖ **alliacé** 1811, Wailly, fait sur le mot latin. ‖ **chandail** fin XIXe s., abrév. pop. de *marchand d'ail*, nom donné au tricot porté par les vendeurs de légumes aux Halles, puis adopté par le fabricant Gamart, d'Amiens; XXe s., tricot de sport.

*aile XIIe s. (*ele*); *aile*, d'apr. le lat., depuis le XVe s.; du lat. *ala*; emploi fig. à partir du XVIe s. (*alé*), du lat. *alatus*, puis refait sur *ailes*. ‖ **aileron** XIIe s. ‖ **ailette** v. 1175, Chr. de Troyes (*elette*), diminutif. ‖ **ailier** XXe s., sports.

aillade. V. AIL.

*ailleurs fin XIe s., *Alexis* (*ailurs*), du lat. pop. **alior*, **alioris*, comparatif pop. d'*alius*, dans l'abrév. de la locution *in aliore loco* (dans un autre lieu) ; on a ajouté un *s* adverbial au mot.

ailloli V. AIL.

***aimant** XII⁰ s. (*aiemant*) ; puis XVI⁰ s., *aïmant, aimant* ; du lat. *adamas, adamantis*, métal dur, et « diamant », du gr. *adamas*, qui a eu en lat. pop. les var. *adimas* et *adiamas, -antis*, qui sont à l'origine du fr. ; le mot a pris le sens « aimant » en Gaule, d'apr. la propriété d'attraction de la pierre d'aimant. (V. DIAMANT.) ‖ **aimanter** 1386, Dehaisnes. ‖ **aimantation** 1750, Buffon.

***aimer** 1080, *Roland* (*amer*) ; puis *aimer*, qui l'emporte au XVI⁰ s., d'apr. les formes toniques *aim*[*e*], *aimes*...; du lat. *amare*. ‖ **aimant** adj., 1778, Rousseau. ‖ **amant** part., substantivé dès le XII⁰ s. ; au XVII⁰ s., chez les auteurs dramatiques, signifie « celui qui aime et est aimé » ; le sens actuel apparaît chez La Rochefoucauld. ‖ **bien-aimé** 1417, *Chronique* (*bien amé*). ‖ **désaimer** 1621, François de Sales. ‖ **aimable** XII⁰ s. (*amable*) ; XIV⁰ s. (*aimable*), d'apr. *aimer* ; du lat. *amabilis*. ‖ **amabilité** 1676, Bossuet, sur le lat. *amabilitas*. ‖ **amateur** 1495, J. de Vignay, du lat. *amator*, de *amare, aimer* ; il a remplacé la forme pop. *amaor* de l'anc. fr. et a gardé, jusqu'au XVII⁰ s., le sens large de « celui qui aime ». Le sens « qui cultive un art ou une science pour son plaisir » date du XVIII⁰ s. (Rousseau) ; le fém. *amatrice*, qui n'a pas eu de succès, est du XVIII⁰ s. ; 1841, *Français peints par eux-mêmes*, terme sportif. ‖ **amateurisme** 1892, *le Figaro*.

1. ***aine** 1120, *Job*, « partie du corps », du lat. *inguen* à l'acc. pop. ***inguinem* ; il s'est appliqué, par comparaison, à la bande de peau intérieure du soufflet d'orgue.

2. **aine** XVIII⁰ s., « baguette servant à enfiler les harengs » ; orig. obscure. ‖ **ainette** 1795, Saint-Léger.

***aîné** 1155, Wace (*ainz né*), puis *aisné, aîné*, de l'anc. adv. *ainz*, avant (représentant un comparatif pop. ***antius*, du lat. *ante*, avant), et de *né*. ‖ **aînesse** XIII⁰ s., *Livre de jostice* (*ainzneesse*).

ainsi 1080, *Roland* (*einsi*), composé de *si* affirmatif et d'un premier élément obscur qui pourrait être *ainz*. (V. AÎNÉ.)

***air** 1160, Benoît, du lat. *aer, aeris*. Le sens « apparence extérieure » (XVI⁰ s.) a pu être influencé par *aire* dont le sens de « caractère » disparaît à cette époque ; la même évolution s'observe dans l'ital. *aria* (du pl. neutre lat. *aera* → *area*, devenu fém.), qui est passé en fr. au XVII⁰ s. (1608, Régnier), avec le sens « air de musique ».

***airain** XII⁰ s., *Roncevaux* (*arain*) ; puis *airain*, d'apr. le lat. ; du bas lat. *aeramen* (*Code Théodosien*), issu du lat. *aes, aeris*, même sens. Eliminé au sens propre par *bronze* à partir du XVII⁰ s., il est resté comme mot littér. chez les classiques (la métaphore *airain* = cloche se trouve encore chez Lamartine) et dans quelques locutions figées comme *loi d'airain*, etc.

***aire** 1080, *Roland*, du lat. *area*, emplacement, avec spécialisations diverses, dont « aire à battre le grain », « aire géométrique » et « aire d'oiseau » (Plaute). L'anc. fr. avait des sens dérivés disparus. (V. DÉBONNAIRE.)

airelle 1592, Hulsius, du prov. mod. *aire*, mot des régions montagneuses, sous une forme dérivée (cévenole) *airelo* ; de l'adj. fém. lat. *atra*, noire. Les botanistes ont fait de *airelle* un nom de genre, et de *myrtille* un nom d'espèce ; dans l'usage, *airelle* est le terme du Midi, *myrtille* celui du Nord.

***ais** XII⁰ s., du lat. *axis*, planche, qui paraît être une fausse régression d'*assis*, confondu ainsi avec *axis*, essieu ; éliminé (mot trop court, réduit à un son *è*) par *planche*, à partir du XVII⁰ s. ‖ **aisseau** XIV⁰ s. ; *Glossaire*. ‖ **aisselette** 1308, Delb. ‖ **aisselier** fin XV⁰ s., *Rois*.

***aise** XI⁰ s., *Gloses de Raschi*, « espace vide au côté de quelqu'un » ; « commodité », « absence de gêne » dès le XII⁰ s. ; du lat. *adjacens*, au nominatif, part. présent substantivé de *adjacere*, être situé auprès. Le Moyen Age a connu le sens de « bonnes dispositions, bonne santé ». Le mot a pu être du masculin jusqu'au XVII⁰ s. ‖ **aise** adj. XII⁰ s. ‖ ***aisance** XIII⁰ s., trad. Guill. de Tyr., « dépendance de la maison », puis, au plur., « commodités » (1611, Cotgrave), du lat. *adjacentia*, plur. neutre de *adjacens* (au sens « environs » chez Pline), pris comme un fém. en lat. pop. L'anc. fr. a créé deux

19

verbes : *aaisier* et *aisier*, qui a absorbé le premier et a laissé *aisé*, part. passé substantivé. ‖ **aisements** début XIII⁰ s., a disparu très tôt. ‖ **malaise** XII⁰ s. ‖ **malaisé** XIV⁰ s. part. passé ; 1530, Palsgrave, adj.

1. **aisseau** planchette. V. AIS.

2. **aisseau** 1562, du Pinet (*aisceau*), hachette, dér. de l'anc. fr. *aisse*, hachette, du lat. *ascia*. ‖ **aissette** 1389, G., marteau de couvreur.

*aisselle 1130, *Eneas*, du lat. pop. *axella pour *axilla*, par substitution du suffixe.

aître 1080, *Roland*, du lat. *atrium* emprunté à l'époque carolingienne par la langue des clercs.

ajiste 1953, Lar., dér. de *A. J.*, abrév. de *auberges de la jeunesse*.

ajonc XIII⁰ s., Du Cange (*ajo, ajou*) ; XVII⁰ s. (*ajonc* par attraction homonymique de *jonc*) ; d'un mot prélatin (de l'Ouest, comme l'arbrisseau) *jauga ; le *a* du fr. paraît dû à une agglutination (*la-jonc*).

ajoupa 1615, Yves d'Evreux (*ajoupane*), hutte de Peaux-Rouges, du mot tupi (langue indigène du Brésil) *tejupaba*.

ajourer, ajourner. V. JOUR.

*ajouter 1080, *Roland*, mettre auprès, « réunir » ; XIII⁰ s. (*ajoster*) au sens mod., de l'anc. mot *joste*, auprès ; il remonte peut-être à un lat. pop. *adjuxtare ; 1400, Charles VI, *ajouter foi*. ‖ **ajout** 1895, Gide. ‖ **ajouté** s. m. 1842, Balzac. ‖ **rajouter** 1560, A. Paré. ‖ **surajouter** 1314, Mondeville.

ajuster V. JUSTE.

alacrité V. ALLÈGRE.

alambic 1265, J. de Meung, de l'esp. *alambico*, empr. à l'ar. *al 'anbīq*, vase à distiller, lui-même emprunté au gr. *ambix*, même sens. ‖ **alambiquer** fig. 1546, Rabelais. ‖ **alambiquage** 1852, Delacroix. ‖ **alambiqueur** fin XVI⁰ s., Vauquelin de La Fresnaye.

alanguir V. LANGUIR.

alarme début XIV⁰ s., Guiart, de l'ital. *all' arme*, « aux armes ! » (cf. ALERTE, emprunt analogue). D'abord interj., puis subst. masc. 1511, J. Lemaire, fém. aussi dès le XVI⁰ s. ‖ **alarmer** 1578,

d'Aubigné, « donner l'alarme » ; XVII⁰ s., Molière, sens moderne. ‖ **alarmant** 1775, *Journal de Bruxelles*. ‖ **alarmiste**, 1792, aurait été créé par Barère.

albâtre 1160, Benoît (*alabastre, alabastre, labastre*), du lat. *alabastrum*, empr. au gr. *alabastron*. ‖ **albâtréen** 1836, Barbey d'Aurevilly.

albatros 1588, *Voy. de Cortez* (*alcatras*), du port. *alcatraz*, qui désigne le pélican, puis l'albatros, empr. lui-même à une langue indigène d'Amérique ; 1666, Thevenot (*albatrosses*), de l'angl. *albatross*, altér. du mot portugais.

alberge 1546, Rab., de l'esp. *alberchiga*, mot mozarabe, de *al*, le, la, et du lat. *persica*, pêche.

albinos 1665, J. de Crécy, « qui voit la nuit » ; 1763, Voltaire, Buffon, « nègres blancs de la côte d'Afrique, puis d'Amérique » ; du port. et de l'esp. *albinos*, plur. de *albino*, blanchâtre, dans *negros albinos* (lat. *albus*, blanc). ‖ **albinisme** 1842, *Acad*.

albugo 1492, G. de Salicet, du lat. *albugo, -ginis*, tache blanche. ‖ **albugine** XIV⁰ s., *D. G*.

album 1700, Saint-Evremond, « agenda où l'on porte les noms de ses amis » ; de l'allem. *Album*, livre blanc, tiré du lat. *albus*, blanc, dont le neutre signifiait « liste, tableau ».

albumine 1792, *Encycl. méthod*., du bas lat. *albumen, albuminis*, blanc d'œuf, issu de *albus*, blanc. Le mot *albumen*, repris en bot. et zool., a donné *aubin*, blanc d'œuf (1544, d'Aurigny). ‖ **albumineux** 1666, *Journ. des savants*. ‖ **albuminoïde** milieu XIX⁰ s. ‖ **albuminurie** 1838, Dʳ Martin Solon. ‖ **albuminurique** 1888, Lar. ‖ **albumose** XX⁰ s. (1959, *P. L.*).

alcade 1459, en français des anciens Pays-Bas, de l'esp. *alcalde*, empr. à l'ar. *al-qādī*, le juge. ‖ **cadi** 1351, Le Long, même orig. arabe.

alcali 1509 (*alkalli*), de l'ar. *al-qilyi*, la soude. ‖ **alcalin** 1691, Chastelain. ‖ **alcaliniser** 1888, Lar. ‖ **alcaliser** 1610, J. Duval. ‖ **alcalisation** 1735, Quesnay. ‖ **alcaloïde** 1827. ‖ **alcaloïfère** 1954, *L. M.* ‖ **alcalose** XX⁰ s. (1959, *P. L.*).

alcarazas 1805, Lunier, *Dict. des sc.* (*alcarrazas*), de l'esp. *alcarraza*, empr. à l'ar. *al-karaz*, la cruche; désigne une carafe de terre poreuse.

alchimie 1265, J. de Meung (*alquemie*), du lat. médiév. *alchemia*, empr. à l'ar. *al-kimiya*, empr. au gr. *khêmia*, magie noire, lui-même de l'égyptien *kêm*, noir. Le lat. médiév. connaissait aussi *chimia*, tiré de *alchemia*, qui a donné **chimie** 1356, Dehaisnes. ‖ **alchimique** 1547, Ant. Du Moulin (*alkimique*). ‖ **alchimiste** 1532, Rab. (*alchymiste*); *archemiste* au XVᵉ s. ‖ **chimique** 1558, Pontus de Tyard. ‖ **-quement** 1610, J. Duval. ‖ **chimiste** 1547, N. du Fail.

alcool XVIᵉ s., Le Loyer (*alcohol*), du lat. des alchimistes *alkohol, alkol,* empr. à l'ar. *al-kuhl,* antimoine pulvérisé; substance pulvérisée, puis liquide distillé (Paracelse, début XVIᵉ s.). ‖ **alcooliser** 1620, J. Béguin (*alcolizé*), « ajouter ou produire de l'alcool »; 1680, Richelet, « réduire en poudre »; XIXᵉ s., « rendre alcoolique ». ‖ **alcoolisation** 1706, Lepelletier. ‖ **alcoolique** fin XVIIIᵉ s. ‖ **-isme** 1861, *Année scient. et ind.* ‖ **antialcoolique, -isme** 1925, Lar. ‖ **alcoolat** 1826, Debraine-Helfenberger. ‖ **alcoomètre** 1809, *Arch. des découvertes.* ‖ **alcoolémie, -test** XXᵉ s.

alcôve 1646, Boisrobert, de l'esp. *alcoba,* empr. à l'ar. *al-qubba,* petite chambre; d'abord « lieu de réception séparé du reste de la chambre », puis « petit réduit » au XVIIIᵉ s., enfin « enfonçure dans le mur pour recevoir un lit » (Restauration). Masc. ou fém. au XVIIᵉ s. ‖ **alcoviste** 1660, Somaize.

alcyon 1265, Br. Latini (*alcion*), oiseau fabuleux; lat. *alcyon,* empr. au gr. *alkuôn.* ‖ **alcyonien** 1566, du Pinet.

aldéhyde milieu XIXᵉ s., fém. puis masc., abrév. de « *alcool dehydrogenatum* » (d'abord en angl. ou en allem.). ‖ **métaldéhyde** 1874, Lar.

ale 1280, *Histoire de Saint-Omer* (*alle*), du néerl. *ale,* bière; le terme mod. est repris à l'angl. *ale* (Cotgrave 1611).

aléa 1866, Lar., du lat. *alea,* jeu de dés, chance. ‖ **aléatoire** fin XVIᵉ s., « soumis au hasard »; 1804, *Code civil,* « dont le gain est hasardeux »; du lat. *aleatorius,* relatif au jeu.

alêne fin XIIᵉ s., R. de Moiliens (*alesne*), du germ. *alisna,* de même

rad. que l'allem. *Ahle,* alêne; emprunt du latin avant l'invasion franque. ‖ **alênier** début XVIᵉ s. (*allesnier*).

alénois 1546, Rab. (*cresson alenois*), altér. de *cresson orlenois* (d'Orléans) XIIIᵉ s.

alentour V. TOUR.

alérion fin XIIᵉ s., *Couronn. de Loïs,* oiseau de proie, aigle; seulement terme de blason après le XVIᵉ s.; du francique **adalaro,* de même rad. que l'allem. *Adler,* aigle.

aléron V. AILE.

alerte 1540, Rab. (*à l'herte*), *à l'erte* encore chez La Fontaine; de l'ital. *all'erta,* sur la hauteur!, de *erto,* escarpé (cri d'appel des gardes); d'abord adv., « sur ses gardes » (encore au XVIIᵉ s.); adj. « vigilant », XVIᵉ s., Arion (et jusqu'au XVIIᵉ s.), puis « vif, agile »; subst. fém. apr. 1750, Buffon. ‖ **alertement** fin XIXᵉ s., A. Daudet. ‖ **alerter** fin XIXᵉ s. (*L. M.,* 1918).

*aléser fin XVIIᵉ s., terme d'artillerie, de l'anc. fr. *alaisier,* issu du lat. pop. **allatiare,* agrandir, de *latus,* large, confondu avec *alisé,* raccourci, de *alis,* poli, d'origine germ. Le sens de « façonner une surface » est passé de la fabrication des canons à celle des automobiles. ‖ **alésage** 1827, *Acad.* ‖ **aléseuse** fin XIXᵉ s. ‖ **alésoir** 1671, Seignelay.

*alevin XIIᵉ s. (*alevain*), du lat. pop. **allevamen,* de *allevare,* lever, et, au fig., « élever des animaux » ou « des enfants », spécialisé dans l'élevage des poissons, avec changement du suffixe *-ain* en *-in.* ‖ **aleviner** 1308, *D. G.* ‖ **alevinage** 1690, Furetière. ‖ **alevinier** 1721, Liger.

alexandrin 1080, *Roland,* au sens « d'Alexandrie »; l'emploi comme « vers de douze syllabes » date d'un poème du XIIᵉ s., *li Romans d'Alexandre,* où il était employé; adj., *rime alexandrine, vers alexandrins,* XVᵉ s., *Règles de la seconde rhét.*; subst. fém. XVIᵉ s. ‖ **alexandrinisme** 1842, *Acad.,* philos.; 1866, Lar., goût du style orné.

alezan 1534, Rab.; de l'esp. *alazán,* empr. à l'ar. *al-hiṣān,* cheval ou mulet dont la robe est rougeâtre.

alfa 1848, Daumas, ar. *halfā;* anciennem. *aufe* (XVIIᵉ s.), du prov. *aufo.* ‖ **alfatier** 1911, *L. M.*

alfange 1636, Corneille, de l'esp. *alfanje*, empr. à l'ar. *al-khandjar*, le sabre. ‖ **kandjar** 1617, Mocquet (*cangeare*), au sens de poignard oriental, est issu directement de l'arabe; cette forme sera reprise au XIXᵉ s.

alfénide fin XIXᵉ s., alliage inventé par le chimiste *Halfen* en 1850.

algarade 1549, G. du Bellay, « attaque violente et inopinée », de l'esp. *algarada*, « cris poussés par les combattants », empr. à l'ar. *al-ghāra*, l'attaque à main armée; il a pris le sens de « discussion vive » au XVIᵉ s. (1555, E. Pasquier; av. 1568, B. Des Périers) ; le premier sens existe encore au début du XVIIᵉ s. (Sorel).

algazelle V. GAZELLE.

algèbre fin XIVᵉ s., J. Le Fèvre, lat. médiév. *algebra*, de l'ar. *al-djabr*, la contrainte, au sens de « réduction, réparation », c'est-à-dire « rétablissement d'un des membres de l'équation qu'on supprime dans l'autre, en changeant le signe de cette quantité ». ‖ **algébrique** 1585, Stevin. ‖ **-ment** 1843, Landais. ‖ **algébriste** fin XVIᵉ s., Scaliger.

algorithme XIIIᵉ s. (*-risme*), procédé de calculs mathématiques de Muhammad ibn Mūsā *al-Khārezmi*, mathématicien arabe du IXᵉ s. dont le nom a été déformé d'apr. le gr. *arithmos*, nombre.

alguazil 1555, en fr. des anc. Pays-Bas (*alguacil*) ; esp. *alguacil*, de l'ar. *al-wazīr*, conseiller, vizir, avec le sens de « agent de police, attaché aux tribunaux en Espagne ».

algue 1551, Cottereau, du lat. *alga* (Pline).

alias XVᵉ s., Martial d'Auvergne, avec le sens de « autrement », du lat. jurid. *alias*, ailleurs.

alibi 1394, Douet d'Arcq ; de l'adv. lat. *alibi*, ailleurs, qui a pris le sens juridique actuel en lat. médiév.; il a signifié aussi « diversion, subterfuge » aux XVᵉ-XVIᵉ s.

aliboron 1440, *Procès de Gilles de Rais* (*maistre Aliborum*), du nom hypothétique du philosophe arabe *Al-Biruni*, connu sous le nom de *maistre Aliboron*, au Moyen Age. Le mot désigna le diable, celui qui veut tout savoir (XVIᵉ s.), l'âne chez La Fontaine, enfin l'homme ignorant qui se croit propre à tout. Une autre hypothèse fait venir le mot d'*ellébore*.

alidade fém., 1544, Apian, règle utilisée chez les marins, du lat. médiév. *alidada*, empr. à l'ar. *al-idāda*, la règle.

aliéner XIIIᵉ s., *Livre de jostice*, sens jurid. du lat. *alienare*, rendre autre, de *alienus*, autre; le mot lat. avait les valeurs de « vendre », de « détacher, rendre hostile », et, dans l'expression *mentem alienare*, de « ôter la raison ». Ces trois significations se sont développées en français, la dernière au XIVᵉ s. ‖ **aliénation** XIIIᵉ s., *Livre de jostice*, du lat. *alienatio*; XIXᵉ s., Marx, sens philos. et écon.; 1361, Oresme, méd., *aliénation d'esprit*, trad. du latin; *aliénation mentale*, 1811, Hanin. ‖ **aliénable** XVIᵉ s. ‖ **aliénateur** 1596, J. de Basmaison. ‖ **aliénisme** 1878, Lar. ‖ **aliéniste** 1847, Balzac (auj. le mot est abandonné pour *psychiatre*). ‖ **inaliénable** fin XVIᵉ s., Rolland. ‖ **inaliénation** XXᵉ s. (1960, Lar.).

aligner V. LIGNE.

aligoté 1898, Lar., de l'anc. fr. *harigoter*, déchirer, du germ. *hariôn*, même sens.

aliment 1120, *Ps. d'Oxford*, du lat. *alimentum*, de *alere*, nourrir. ‖ **alimentaire** XIVᵉ s., *D. G.* ‖ **alimenteux** 1564, Paré. ‖ **alimentation** 1412, Félibien. ‖ **sous-alimenter** XXᵉ s. ‖ **sous-alimentation** 1918, Rolland. ‖ **suralimentation** XIXᵉ s. ‖ **suralimenter** 1920, Boigey.

alinéa début XVIIᵉ s., Guez de Balzac, du lat. médiév. *a linea*, formule employée en dictant, pour indiquer d'aller « à la ligne » ; le mot est variable dès 1817 (Jouy).

aliocentrique 1950, *L. M.*, du lat. *alius*, autre, et de *centre*. ‖ **aliocentrisme** 1953, Lar.

alise 1118, J. Fantosme (*alis*), masc., bot.; XIIIᵉ s. (*alise*); du germ. *aliza*, de même radical que l'allem. *Elsbeere*. ‖ **alisier** XIIIᵉ s., Huon de Méry.

aliter V. LIT.

alizari 1827, *Acad.*, de l'ar. *al-'usāra*, le jus. ‖ **alizarine** 1842, *Acad.*

alizé 1643, Jannequin (*alizée*) ; 1678, Guillet (*alizés*) ; de l'esp. [*vientos*]*ali-*

sios, d'orig. incertaine, peut-être empr. au franç. *au lis du vent*, dans la direction où le vent souffle, ou à l'anc. franç. *alis*, uni.

alkékenge xvᵉ s., *Grand Herbier* (*alcacange*) ; 1556, B. Dessen (*alkenge*) ; 1620, J. Béguin (*alkekengi*) ; de l'ar. *al-kākandj*, empr. lui-même au persan *kākunadj*.

alkermès 1546, Rab., de l'esp. *alkermes*, empr. à l'ar. *al-qirmiz*, d'origine persane. ‖ **kermès** 1600, O. de Serres, même orig.

allaiter V. LAIT.

*****allécher** xiiᵉ s. (*allechier*), du lat. pop. *allecticare* (de *allectare*, fréquentatif de *allicere*, attirer, séduire) ; il a subi de bonne heure en fr. l'influence de *lécher*. ‖ **alléchant** 1495, J. de Vignay. ‖ **allèchement** 1295, dans Boèce.

allée V. ALLER.

allégation V. ALLÉGUER.

allège V. ALLÉGER.

allégeance 1688, Chamberlayne, de l'angl. *allegiance*, issu d'un dér. de l'anc. fr. *lige*, avec influence de *alléger* (v. aussi ce mot).

*****alléger** fin xiᵉ s., *Lois de Guill.*, du bas lat. *alleviare*, soulager, soulever, de *levis*, léger. ‖ **allège** 1162, Du Cange (*alegium*), déverbal ; petite embarcation servant à décharger les navires. ‖ **allègement** 1190, Couci, qui a éliminé *allégeance* (xiiᵉ-xviiᵉ s.), soulagement.

allégorie 1119, Ph. de Thaun, du lat. *allegoria*, empr. au gr. *allêgoria*, de *agoreuein*, parler, et *allos*, autre, c.-à-d. parler autrement [que par des mots propres]. ‖ **allégorique** 1495, J. de Vignay, du bas lat. *allegoricus*. ‖ **allégoriquement** 1488, *Mer des hist.* ‖ **allégoriser** xivᵉ s., Chr. de Pisan. ‖ **-riseur** 1563, Th. de Bèze. ‖ **allégoriste** xviᵉ s., H. Est.

*****allègre** milieu xiiᵉ s., *Couronn. de Loïs* (*alíègre*, *halìègre*), lat. class. *alacer*, vif, devenu en lat. pop. *alicer*, *alecris*, puis *alecrus* ; le *h* de l'anc. fr. est dû à une influence germanique (*heil*, sain) ; la réduction de la diphtongue *-ié-* est due à l'influence des emprunts italiens (*allegro*). Le mot a le sens de « vif,

leste » jusqu'au xviiᵉ s. (*allaigre*), puis sa valeur se restreint (« qui est d'un entrain joyeux »). ‖ **allégrement** xiiiᵉ s., *D. G.* ‖ **allégresse** xiiiᵉ s., *Itinéraire à Jérusalem* (*alegrece*). ‖ **allegro** 1750, abbé Prévost, musical, mot ital. ‖ **allegretto** 1751, *Encycl.* ‖ **alacrité** 1495, J. de Vignay, directement fait sur le lat. *alacritas*.

alléguer 1278, Langlois, du lat. jur. *allegare*, envoyer, notifier ; au sens de « invoquer comme justification », 1393, *Ménagier*. ‖ **allégation** xiiiᵉ s., *D. G.*, du lat. *allegatio*, a suivi l'évol. du verbe.

alléluia 1119, Ph. de Thaun, du lat. eccl. *alleluia*, transcrit de l'hébreu *hallelouyah*, louez l'éternel ; 1549, R. Est., bot., « plante qui fleurit au temps pascal » (où l'on chante des *alléluias*).

allemand xiiᵉ s., L. (*aleman*) ; xiiiᵉ s. (*-and*) par substitution de suffixe ; du germ. *Alamann-*, latinisé en *Alamannus*, nom du peuple germanique le plus voisin de la France, appliqué par extension à tous les peuples de Germanie ; *querelle d'Allemand* (d'abord : *d'Allemagne*), xviᵉ s. ‖ **allemande**, danse xviᵉ s. ‖ **allemanderie** 1836, Barbey d'Aur.

*****aller** viiiᵉ s., *Reichenau* (*alare*) ; xiᵉ s. (*aler*) ; pour certaines de ses formes, du lat. *ire*, aller (futur, conditionnel) et du lat. *vadere* (ind. prés. *vais*, *vas*, *va*, *vont*, impér. *va*) ; un troisième verbe, qui a suppléé à la défaillance d'*ire*, est issu du lat. *ambūlāre* (ind. prés. *allons*, *allez*), au sens de « aller » comme *vadere*. Celui-ci, devenu *ambīnāre*, a subi une dissimilation dans *nos nos en anons* devenu *nos nos en alons*. ‖ **allure** 1138, *Saint Gilles* (*aleüre*). ‖ **allée** 1160, Benoît, action d'aller ; v. 1272, Joinville, sens mod., part. passé substantivé de *aller*, restreint au sens de « voie » (où l'on va). ‖ **contre-allée** 1700, Liger. ‖ **allant** s. masc., 1928, Lar.

allergique 1906, von Pirquet, du gr. *allos*, et *ergon*, réaction. ‖ **allergie** 1920, *L. M.*, de l'anglais (se substitue à *anaphylaxie*). ‖ **allergine** 1953, Lar. (vaccin contre la tuberculose). ‖ **anallergique** 1962, journ.

alleu xiiᵉ s., *Saxons* (*alue*), du francique *al-ôd*, propriété complète (*al*, tout, et *ôd*, bien), transcrit *alodis* (*Loi*

23

salique) et *allodium* (*Loi des Longobards*). ‖ **allodial** 1463, du lat. médiév. *allodialis*. ‖ **allodialité** 1596, J. de Basmaison.

alliacé V. AIL.

1. *__allier__ 1080, *Roland*, du lat. *alligare*, lier, de *ligare*, même sens, au propre et au fig. : dès le XIIᵉ s., sens de « allier par traité » et « allier des métaux ». ‖ **alliable** 1560, A. Paré. ‖ **alliage** 1515, Lortie. ‖ **alliance** 1155, Wace, « liaison »; 1660, Oudin, « accord »; *alliance de mots*, 1770, Voltaire. ‖ **allié** 1356, J. Le Bel. ‖ **aloyer** XVIIIᵉ s., var. de *allier* au sens de « réunir ». ‖ **aloyage** 1723, Savary; encore auj. pour l'étain (v. ALOI). ‖ **mésallier** 1651, Scarron. ‖ **mésalliance** XVIIᵉ s. ‖ **rallier** 1080, *Roland*, « rassembler ». ‖ **ralliement** 1160, Benoît; *point de ralliement*, 1770, Gohin.

2. *__allier__ subst., fin XIIIᵉ s., Baudouin de Condé, filet à prendre les oiseaux, du lat. pop. *alarium*, de *ala*, aile; mot du Nord-Ouest.

alligator 1663, Herbert, de l'angl. *alligator*, interprétation savante de l'esp. *el lagarto*, le lézard (*aligarto* au XVIᵉ s.), désignant le crocodile d'Amérique, sous l'influence du lat. *alligare*, lier.

allitération 1751, *Encycl.*, du lat. *ad* et *littera* lettre. ‖ **allitératif** 1908, *L. M.* Qualifie ce qui répète les mêmes sonorités.

allo- du gr. *allos*, autre. ‖ **allocentrisme** 1953, Lar. ‖ **allochtone**, **allochtonie** 1913, *L. M.* ‖ **allogène** 1887, E. Reclus (français -*gène*). ‖ **allomorphe** 1913, *L.M.* (gr. *morphê*, forme). ‖ **allopathie** 1800, mot créé par le médecin Hahnemann d'après *homéopathie* (gr. *pathos*, souffrance).

allô 1879-1880, *Bull. Assoc. des abonnés*; peut-être déformation volontaire de *allons!* (témoignage de Ch. Bivort, un des premiers usagers); ou d'une interj. proche de l'anglais *halloo, helloo*.

allocation V. ALLOUER.

allocution 1160, Benoît, du lat. *allocutio*, de *adloqui*, parler; il a désigné au XVIIᵉ et au XVIIIᵉ s. la harangue d'un général romain; début XIXᵉ s., sens mod. de « discours ».

allodial V. ALLEU.

allonge, allonger V. LONG.

*__allouer__ fin XIᵉ s., *Alexis* (*aloer*), du lat. pop. *allocare*, placer, prendre en location, dépenser; ces sens sont encore usuels au XVIᵉ s.; celui de « approuver » se prolonge jusqu'au XVIIᵉ s. (Furetière). Le mot s'est restreint à la valeur de « accorder une somme d'argent ». ‖ **allocation** 1478, fait sur le modèle de *louer*, *location*. ‖ **allocataire** 1917, *L. M.*, avec suffixe -*aire*.

all right 1888, Lar., mot angl. signif. « tout va bien ».

*__alluchon__ début XVᵉ s. (*alleuchon*), « dent ajoutée à une roue », du lat. pop. *alapionem*, de *alapa*, aile, d'orig. inconnue.

*__allumer__ 1080, *Roland*, du lat. pop. *alluminare*, de *lumen*, lumière, au sens d'éclairer (anc. fr. et dialectal); XIIᵉ s., « mettre le feu », remplaçant *esprendre*; XVIIᵉ s., « séduire ». ‖ **allumage** 1845, Besch. ‖ **allumé** « enivré », 1859, Monselet. ‖ **allumette** 1213, *Fet des Romains*, sens général; 1739, terme de cuisine. ‖ **allumettier** 1532, Rab. ‖ **allumeur** 1540, G. Michel, au sens fig.; début XVIIᵉ s., *allumeur de chandelles* dans un théâtre; XIXᵉ s., « qui séduit ». ‖ **allume** 1789, *Encycl. méth.* ‖ **allume-feu** XIXᵉ s. ‖ **allumoir** XIVᵉ s., J. des Preis, « éclair »; 1876, L., appareil. ‖ **allume-gaz** XXᵉ s. ‖ **rallumer** fin XIᵉ s., *Alexis*.

allure V. ALLER.

allusion 1558, Des Périers, « badinage », du lat. impér. *allusio*, de *alludere*, badiner, éveiller une idée; la valeur mod. de « évocation non explicite » date du XVIIᵉ s. (1690, Furetière). ‖ **allusif** 1770, Collé.

alluvion 1527, Seyssel, « inondation », du lat. *alluvio*, de *luere*, laver; fin XVIIᵉ s. (Fontenelle, 1690), sens mod. empr. à un deuxième sens du mot latin. ‖ **alluvial** début XIXᵉ s. ‖ **alluvionnaire** 1844, J. Itier. ‖ **alluvionner** 1955, *P. L..* ‖ **alluvionnement** 1878, Lar.

almanach début XIVᵉ s. (*anemallat*), fin XIVᵉ s. (*almana*), du lat. médiév. *almanachus*, empr. à l'ar. *al-manâkh*, lui-même transcrit du gr. tardif *salmeskhoiniaka*, désignant peut-être le livre des naissances ou le livre de la Grande Ourse. Il a gardé jusqu'au XVIIᵉ s. le sens de « prédiction ».

almée 1785, Savary (*almé*), de l'ar. *'alūma*, savante, ces danseuses égyptiennes apprenant la poésie, le chant, etc.

aloès 1175, Chr. de Troyes (*aloé*), du lat. *aloe*, devenu *aloes* au nominatif, d'après le génitif, à partir du VIᵉ s. ; empr. au gr. *aloê*. || -**étique** 1751, *Encycl.*

aloi 1268, E. Boileau, déverbal d'*aloier*, une des formes d'*allier*, en anc. fr. ; d'abord « alliage » puis « titre d'alliage » et, par ext., « valeur » ; ne s'emploie plus guère que dans la loc. *de bon aloi.*

alopécie 1377, Lanfranc (*alopicie*) ; 1538, Canappe (*alopécie*) ; du lat. *alopecia*, transcrit du gr. *alôpekia* (*alôpêx*, renard) ; la chute des cheveux est comparée à la chute annuelle des poils du renard.

alors, alourdir V. LORS, LOURD.

*****alose** XIIᵉ s., du lat. impér. *alausa* (Ausone), empr. au gaulois.

alouette XIIᵉ s., *Mort de Garin* (*aloete*), de l'anc. fr. *aloe* (usité jusqu'au XVᵉ s.), du lat. *alauda*, empr. au gaulois.

aloyau 1398, *Ménagier* (*allouyaux*) ; paraît représenter (avec une finale pop. *-iau* pour *-eau*) l'anc. fr. *aloel*, alouette, autre dér. d'*aloe* (v. ALOUETTE) ; il aurait désigné d'abord des morceaux préparés au lard comme les alouettes.

aloyer, -yage V. ALLIER.

alpaga 1579, Benzoni (*paces*, pl.) ; 1716, Frézier (*alpaque*) ; 1739, Giraudeau (*alpaca, alpague*) ; de l'esp. d'Amérique *alpaca*, empr. au quechua, langue indigène du Pérou (*allpaca*), désignant l'animal.

alpax v. 1920, de *al*uminium et du lat. *pax*, paix, en raison de la date de l'invention de cet alliage.

alpenstock V. ALPES.

Alpes du lat. *Alpes*. || **alpe** 1405, Chr. de Pisan, montagne ; Balzac, 1832, fig. || **alpestre** 1555, Vasquin Philieul, trad. Pétrarque, ital. *alpestre*. || **alpage** début XIXᵉ s. || **alpin** XIIIᵉ s., *Vie de saint Auban*, du lat. *alpinus*, recréé par les botanistes genevois à la fin du XVIIIᵉ s. || **alpinisme** 1888, Lar. || **alpiniste** *id.* ||

alpenstock 1866, Wey, de l'allem. *Alpen*, Alpes, et *Stock*, bâton.

alphabet 1395, J. d'Outremeuse, du lat. impér. *alphabetum*, de *alpha* et *bêta*, les noms des deux premières lettres de l'alphabet grec. || **alphabétique** XVᵉ s., G. Tardif. || **alphabétiquement** 1655, Lancelot. || **alphabétisation** 1913, Valéry. || **alphabétisme** 1878, Lar. || **alphabétiseur** 1963, journ. || **analphabète** 1580, Joubert, de l'ital. *analfabeto*, illettré. || **analphabétisme** 1907, Lar., de l'ital. *analfabetismo*.

alphanumérique V. NUMÉRATION.

alpiste 1617, Hierosme Victor, de l'esp. *alpista*, blé des Canaries.

altercation fin XIIIᵉ s., du lat. *altercatio*, de *altercari*, quereller, sous la forme *alterquer*, d'où *altercas*, *-at* (encore chez La Fontaine). || **altercas** 1523, *Parthenice Mariane*, usité jusqu'au XVIIᵉ s., de la forme *alterquer*, issue du lat. *altercari*.

alter ego 1845, Besch., loc. lat. (Cicéron) signif. « un autre moi-même ».

altérer 1361, Oresme, du lat. *alterare*, changer (de *alter*, autre), devenu péjor. Le verbe a eu, aux XVIᵉ s.-XVIIᵉ s., le sens de « émouvoir, exciter », d'où « exciter la soif ». || **altérable, inaltérable** 1361, Oresme. || **altération** XIIIᵉ s., « changement », repris au lat. impér. *alteratio* (Boèce) ; 1532, Rabelais, « soif ». || **désaltérer** 1549, R. Est.

altérité XIIIᵉ s., « changement » ; philos. XVIIᵉ s., du lat. *alter*, autre.

alterner XIIIᵉ s., *Secret des secrets*, du lat. *alternare*, de *alter*, autre. || **alterne** 1600, O. de Saint-Gelays, repris au lat. *alternus*, alternatif ; il est resté technique (bot., géom.). || **alternatif** fin XIIIᵉ s., R. de Presles. || **alternative** début XVᵉ s., en droit ; sens actuel au XVIIᵉ s. || **alternativement** 1355, Bersuire. || **alternance** 1845, Besch. || **alternation** fin XIVᵉ s., J. Le Fèvre. || **alternat** 1797, Gattel. || **-ateur** 1922, Lar.

altesse 1560, Ronsard, de l'ital. *altezza* ou de l'esp. *alteza* (cf. « Sa Grandeur »), de *alto*, haut ; il a signifié aussi « hauteur » au XVIᵉ s., sous l'infl. de l'anc. fr. *hautesse* (de *haut*).

25

altier 1578, d'Aubigné, de l'ital. *altiero*, orgueilleux, dér. de *alto*, haut; qui manifeste des sentiments de hauteur. ‖ **altièrement** 1620, *Chron. bordelaise.*

altimètre 1562, M. Scève, du lat. *altus*, haut, et de *mètre*. ‖ **altimétrie** 1734, *Trévoux.*

altitude 1485, *Myst. du Vieil Test.*, fig., mot rare; repris par les géographes au XIXe s.; du lat. *altitudo*, hauteur (rad. *altus*, haut).

alto fin XVIIIe s., de l'ital. *alto*, haut, pour désigner la partie haute du chant et la voix qui chante cette partie; le nom de l'instrument est l'abrév. de *violon alto*, adaptation de l'ital. *viola alta.* ‖ **altiste** XXe s. (1959, *P. L.*). ‖ **contralto** 1767, J.-J. Rousseau, mot ital. signif. « près de l'*alto* », traduit précédemment par *haute-contre.*

altruisme 1830, création d'Aug. Comte, ou d'Andrieux, d'après *autrui*, sur lat. *alter*, autre. ‖ **-iste** 1863, L.

alude 1723, Veneroni, terme de reliure, du prov. *aluda*, empr. au lat. *aluta*, cuir préparé avec de l'alun.

alumelle 1175, Chr. de Troyes (*alemelle*), « lame »; XIVe s. (*alumelle*); de *lamelle*, avec agglutination du *a* de l'article. (V. LAME.)

alumine 1782, Guyton de Morveau, terme de chimie formé d'apr. lat. *alumen, -inis*, alun. ‖ **alumineux** 1490, G. de Chauliac.

aluminium 1813, Davy, mot créé d'après le précédent, en anglais, d'où il est passé en fr. ‖ **aluminage** 1938, *L. M.* ‖ **aluminure** 1957, *L. M.* ‖ **aluminisé** 1962, journ.

alun XIIe s., du lat. *alumen, aluminis*. ‖ **aluner** 1534, Rab. ‖ **aluneux** XVe s., *Grand Herbier.* ‖ **alunage** 1827, *Acad.* ‖ **alunation** XIXe s. ‖ **alunière** 1794, *Actes du gouvern.* ‖ **alunite** 1824, Beudant.

alvéole 1519, G. Michel; fém. jusqu'à la fin du XVIIIe s.; fém. et masc. ensuite; du lat. *alveolus*, diminutif d'*alveus*, cavité; 1541, Canappe, méd. ‖ **alvéolaire** 1751, *Encycl.* ‖ **alvéolite**, 1953, Lar.

amabilité V. AIMER.

amadou 1628, *Jargon* (*amadoue*), « onguent pour rendre jaune »; 1723, Savary (*amadou*), sens actuel, du prov. mod. *amadou* (anc. prov. *amador*), « amoureux », appliqué à l'agaric amadouvier à cause de sa facilité à s'enflammer. ‖ **amadouer** 1552, Rab., « frotter avec l'amadou », et, par métaphore, « caresser » (1408, Régnier); « gagner par des façons insinuantes » (XVIe s., Calvin), sens qui a prévalu. ‖ **amadoueur** v. 1560, Ronsard, « flatteur », n'a vécu qu'au sens propre « ouvrier en amadou ». Les sens fig. viennent du langage des gueux, qui se frottaient avec l'amadou pour apitoyer. ‖ **amadouvier** 1775, Bomare, avec un *v* épenthétique développé entre *ou-* et *-ier.*

amaigrir V. MAIGRE.

amalgame XVe s., *D. G.*, du lat. des alchimistes *amalgama*, métathèse de l'ar. *al-madjma'a*, la fusion; le sens fig. est attesté au XVIIIe s. (1785, Domergue). ‖ **amalgamer** XIVe s., *Alchimie à Nature*; 1764, Bachaumont, fig. ‖ **amalgamation** 1578, Chauvelot; XXe s. (1960, Combret), fig.

aman XVIIIe s., Voltaire, *Charles XII* (*amman*); 1848, Daumas (*aman*); de l'ar. dialectal d'Afrique du Nord *amân*, sauvegarde, protection.

***amande** XIIIe s., *Assises de Jérusalem* (on trouve *alemande* au XIIe s.); du lat. pop. *amandula*, altér. du lat. *amygdala*, repris au gr. *amugdalê*. ‖ **amandier** 1372, Corbichon. ‖ **amygdale** 1503, G. de Chauliac (*amigdalle*), du même mot *amygdala*, pris au sens fig. ‖ **amygdalite** 1775, Bomare.

amant V. AIMER.

amarante 1544, *l'Arcadie*; du lat. *amarantus*, empr. au gr. *amarantos*, plante dont les fleurs sont pourpres.

amarrer XIIIe s., *Rôles d'Oléron*, de l'anc. fr. *marer* (et *marrer*, sous l'influence de *marre*, houe), issu du néerl. *maren*, attacher. ‖ **amarre** XIIIe s., *Rôles d'Oléron*, déverbal. ‖ **amarrage** fin XVIe s. ‖ **démarrer** 1340, Pardessus. ‖ **démarrage** milieu XVIIIe s. ‖ **démarreur** 1908, *L. M.*

amasser V. MASSE.

amateur V. AIMER.

amatir V. MAT 2.

amaurose fin XVIe s., Du Bartas (*amaphrose*, d'apr. la pron. -*vr*- du gr. moderne) ; XVIIe s. (*amaurose*) ; du gr. *amaurôsis*, affaiblissement de la vue, de *amauros*, obscur. ‖ -**rotique** 1863, L.

amazone XIIIe s., *Images du Monde*, nom propre ; 1564, C. E. V., « cavalière » ; 1608, Marg. de Valois, « femme guerrière » ; valeur politique pendant la Révolution ; 1765, Diderot, « femme qui monte à cheval » ; du lat. *amazon*, empr. au gr. *Amazôn*, femme appartenant à une tribu de guerrières de la mythologie grecque ; 1824, *l'Hermite rôdeur*, jupe, vêtement de femme.

ambages 1355, Bersuire, du lat. fém. plur. *ambages*, détours, au propre et au fig. (de *amb*-, autour, et *agere* au sens de « mouvoir ») ; l'emploi au sing. (Saint-Simon) n'a pas prévalu.

ambassade 1387, J. d'Arras, de l'ital. *ambasciata*, empr. au prov. *ambaissada*, du lat. médiév. *ambactia*, d'orig. germ. (gotique *andbahti*, service, fonction) ; le mot germ. est lui-même emprunté au celtique (le gaul. **ambactos* est transcrit *ambactus* par César). ‖ **ambassadeur** XIIIe s., Aimé du Mont-Cassin, de l'ital. *ambasciatore*, prov. *ambassador*, dont l'origine est identique à celle d'*ambassade*. ‖ **ambassadrice** XVIe s., La Huguerye (*embasciatrice*).

ambe 1762, *Arrêt du Conseil sur la loterie*, terme de loterie empr. à l'ital. *ambo*, tous les deux, repris au lat. *ambo*.

ambesas 1190, Garn. (*ambes as*), coup de dés qui ramène deux as, de l'anc. fr. *ambes*, deux, et *as*. Abrégé parfois en *besas* (1560, Pasquier).

ambiant 1538, Canappe (*ambient*), méd., du lat. *ambiens*, part. prés. de *ambire*, entourer ; 1800, Boiste, sens général. ‖ **ambiance** 1885, Villiers de L'Isle-Adam ; fig. 1912, *Ciné-Journal*.

ambidextre V. DEXTRE.

ambigu 1495, J. de Vignay, du lat. *ambiguus*, de *ambigere*, tourner autour ; subst. masc., repas froid, XVIIe s. (*Acad.*, 1694). ‖ **ambigument** 1538, R. Est. ‖ **ambiguïté** XIIIe s., G., du lat. *ambiguitas*. (V. AMBAGES.)

ambition XIIIe s., frère Laurent, du lat. *ambitio*, de *ambire*, entourer, briguer les suffrages. ‖ **ambitieux** XIIIe s.,

Miroir des dames, du lat. *ambitiosus*. ‖ **ambitionner** 1578, d'Aubigné.

*ambler fin XIIe s., *Loherains*, du lat. *ambulare*, marcher, qui s'est spécialisé en Gaule pour désigner une allure du cheval (sens de *ambulatura* chez Végèce). ‖ **amble** fin XIIIe s., déverbal.

ambon 1751, *Encycl.*, du gr. *ambôn*, bord relevé, puis « chaire ».

ambre 1268, E. Boileau, de l'ar. *'anbar*, ambre gris, latinisé en *ambar*. ‖ **ambrer** 1651, de La Varenne. ‖ **ambrette** XIIIe s., L., arbrisseau dont la graine exhale une odeur de musc.

ambroisie 1480, *Baratre infernal* (*ambroise*, forme employée encore par La Fontaine) ; 1600, O. de Saint-Gelays (*ambrosie*), calqué sur le lat. ; le croisement des deux formes, *ambroisie*, l'a emporté au XVIIe s. ; du lat. *ambrosia*, repris au gr., proprem. « nourriture des dieux » (gr. *ambrotos*, immortel). Le sens « plante aromatique » existait aussi en grec et en latin. ‖ **ambrosien** 1503, J. Lemaire.

ambulance V. AMBULANT.

ambulant 1558, Rab., adj., du lat. *ambulans*, part. prés. de *ambulare*, marcher ; *postier ambulant* et, par abrév., subst. *ambulant*, 1892, Guérin. ‖ **ambulance** 1752, *Trévoux*, « fonction de receveur ambulant » ; 1795, Snetlage, remplaçant « hôpital ambulant » (1762), au sens actuel. ‖ **ambulancier** fin XIXe s. ‖ **ambulacraire** 1863, L., sciences naturelles. ‖ **ambulatoire** 1497, *Ordonn.*, du lat. *ambulatorius*, qui marche, mobile.

âme Xe s., *Eulalie* (*anima*) ; fin XIe s., *Alexis* (*aneme*) ; 1080, *Roland* (*anme*) ; 1160, *Charroi* (*ame*) ; repris au lat. *anima* aux VIIIe-IXe s., dans la langue des clercs.

*amélanche 1733, *Trévoux*, du lat. pop. **(a)malinca*, qui paraît être un croisement entre un dérivé gaulois de *aballos*, pomme, et le lat. *malum*, pomme. ‖ **amélanchier** 1733, Lémery, néflier sauvage.

améliorer V. MEILLEUR.

amen 1138, Gaimar, du lat. chrét. *amen*, empr. à l'hébreu *amen*, qui indique l'approbation, l'adhésion parfois nuancée d'un souhait.

aménager V. MÉNAGE.

amende V. AMENDER.

*amender fin XIe s., *Lois de Guill.*, « corriger une faute », du lat. *emendare*, enlever la faute (*menda*), avec changement de préfixe ; le sens de « améliorer une terre » existait déjà en latin ; 1784, *Courrier de l'Europe*, emploi parlementaire. ‖ **amendable** 1460, C. E. V. ‖ **amendement** 1230, *Tristan*, « amélioration » (qui subsiste jusqu'au XVIIIe s.), « engrais » dès l'anc. fr. ; 1778, *Courrier de l'Europe*, sens parlementaire ; empr. à l'angl., il entre dans les règlements des assemblées pendant la Révolution. ‖ **amende** XIIe s., *D. G.* (*emmende*), « réparation pour racheter une faute » (sens qui s'est conservé dans *amende honorable*, attesté fin XIVe s.) ; XIVe s., « sanction pécuniaire », déverbal. ‖ **sous-amendement** 1835, *Acad.*, terme parlementaire.

amène XIIIe s., *Légendes en prose*, du lat. *amoenus*, agréable ; il a pris une valeur ironique au XIXe s. ‖ **aménité** XIVe s., G., « beauté, charme » (jusqu'au XVIIe s.) ; le sens ironique date du XIXe s. ; il est sans doute dû à la présence fréquente, avant le nom, de la prép. *sans* ; du lat. *amoenitas*, douceur, agrément.

amener V. MENER.

amenuiser V. MENU.

*amer XIIe s., L., du lat. *amarus*. ‖ **amèrement** 980, *Passion* (*amara-ment*). ‖ **amertume** XIIe s., d'apr. L., du lat. *amaritudo, -dinis*, avec substitution de suffixe (*-ume*) et infl. sur le rad. de l'adj. *amer*. A remplacé *amerté*, du bas lat. *amaritas*. ‖ **amertumement** av. 1328, *Renart le Contrefait*. ‖ **douce-amère** 1752, *Trévoux*, bot.

américain 1576, J. de Léry, de *Amérique* ; *faire l'œil américain*, 1834, Balzac ; *avoir l'œil américain*, 1857, Flaubert. ‖ **américaine**, voiture, 1902, R. Bel. ‖ **américaniser** 1851, Baudelaire. ‖ **américanisation** 1902, C. E. V. ‖ **américanisme** 1883, Renan. ‖ **américium** 1945, découvert par Seaborg (1953, Lar.) ‖ **américomanie** 1786, *Corr. littér. secrète*. ‖ **amérindien** 1950, *L. M.*, de *Amér*(ique) et *Indien*. ‖ **anti-américain** 1776, *Aff. de l'Angleterre*.

amerrir V. MER.

amers ou **amer** 1683, Le Cordier, du normand *merc*, borne de séparation, empr. au néerl. *merk*, limite. Désigne un objet fixe et visible sur la côte servant de point de repère aux navires.

amertume V. AMER.

améthyste 1080, *Roland* (*matiste*) ; XIIe s., *Marbode* (*ametiste*) ; du lat. *amethystus*, empr. au gr. *amethustos*, de *methuein*, s'enivrer, cette pierre ayant la réputation de préserver de l'ivresse.

ameublement, ameublir, ameuter V. MEUBLE, MEUTE.

*ami Xe s., *Saint Léger* (*-ic*), du lat. *amicus* ; l'emploi, comme substitut euphémique d'*amant*, est moderne et d'orig. pop. Au fém., emploi avec l'adj. possessif apocopé, *m'amie*, forme fam. et app. jusqu'au XVIIIe s., et sous une forme déglutinée *ma mie* (Molière, *le Malade imaginaire*), à côté de *m'amour*. ‖ **amical** fin XVIIIe s., Marivaux, du lat. imper. *amicalis* (Apulée), au XIIe s. (Garn.), *amial*. ‖ **amicale** 1906, Lar. ‖ **amicalement** 1752, *Trévoux*. ‖ **inamical** 1846, Bescherelle. ‖ ***amitié** 1080, *Roland* (*amistié*), du lat. pop. **amicitas, -atis*, qui avait remplacé *amicitia* (de *amicus*, ami) ; il a gardé jusqu'au XVIIe s. le sens de « amour ».

*amiable 1190, saint Bernard, du bas lat. *amicabilis*, « aimable » et « amiable » (de *amicus*, ami) ; le sens « aimable » a vécu jusqu'au XVIIe s. ; le sens jurid. (1402, *Chron. du règne de Charles VI*) a seul persisté. ‖ **amiablement** fin XIIe s., *Rois*.

amiante XIVe s., du gr. *amiantos* [*lithos*], « (pierre) incorruptible », du gr. *miainein*, corrompre.

amibe 1845, Besch., lat. zool. *amiba* (gr. *amibein*, alterner). ‖ **amibiase** 1922.

amict XIIe s., G. de Saint-Pair (*emit*), du lat. *amictus*, manteau, spécialisé par le lat. chrét.

amidon 1302, Richard, *Comtesse Mahaut*, avec prononciation de l'époque (cf. *dictum* > *dicton*), du lat. médiév. *amidum*, altér. du lat. *amylum*, empr. au gr. *amylon*, non moulu (de *mulê*, meule), qui désignait la fleur de farine. ‖ **amidonner** 1581, G. ‖ **amidonnage**

début XIXᵉ s. ‖ **amidonnerie** 1789, Parmentier. ‖ **amidonnier** 1680, Richelet.

amincir V. MINCE.

amine 1874, Wurtz, rad. de *ammoniac*.

amiral 1080, *Roland* (*amiralt*), « émir des Sarrasins », de l'ar. *'amīr al-bahr*, prince de la mer; 1306, C. E. V. (*admiral*) ; av. 1212, Villehardouin, « chef de la flotte » en général. Le premier amiral français fut Jean de Vienne, créateur de la marine de Charles V. ‖ **amirauté** XIVᵉ s., *Chron. de Londres*, « fonction d'amiral » ; 1761, Voltaire, « administration de la marine d'Etat », sur la forme *amiraut*. ‖ **contre-amiral** XVIIᵉ s. ‖ **vice-amiral** début XIVᵉ s.

ammoniac 1256, Ald. de Sienne (*armoniac*) ; 1575, Thevet (*ammoniacque*), du lat. *ammoniacum*, empr. au gr. *ammôniakon*, gomme ou sel ammoniac, recueilli près du temple de Jupiter *Ammon* en Libye; d'abord adj., il est aussi substantif (1787, Guyton de Morveau). ‖ **ammoniacal** 1748, d'Hérouville. ‖ **ammonisation** 1933, Lar.

ammonite 1752, *Trévoux*, du gr. *Ammôn*, d'apr. la volute des cornes de Jupiter Ammon.

amnésie 1803, Boiste, du gr. *amnêsia*, absence de mémoire (*a* priv. et *mnêsis*, mémoire). ‖ **amnésique** début XIXᵉ s. ‖ **paramnésie** 1843, Lordat.

amnistie av. 1550, du Fail (*amnestie*) ; 1584 Benedicti (*amnistie*) ; du gr. *amnêstia*, pardon, de *a* priv. et de *memnêsthai*, se souvenir ; par un phénomène général (iotacisme), le *ê* s'est prononcé *i* dès l'époque byzantine. ‖ **amnistier** 1795, *Messager du soir*. ‖ **amnistié** subst. XXᵉ s. (1960, *P. L.*).

amocher V. MOCHE.

amodier 1283, Beaumanoir, du lat. médiév. *admodiare* (rac. *modius*, boisseau), « donner à ferme moyennant une redevance en nature ». ‖ **amodiation** 1419, G. ‖ **-ataire** 1863, L.

amoindrir V. MOINDRE.

amok 1832, Balzac (*amoc*), mot malais. Il désigne une folie meurtrière chez les Malais.

amollir V. MOU.

amome 1213, *Fet des Romains*, du lat. *amomum*, empr. au gr. *amômon*, désignant un arbrisseau indien.

amonceler, amont, amoral V. MONCEAU, MONT, MORAL.

amorce XIIIᵉ s., B. de Condé (*amorse*), « appât » ; XVIᵉ s., « amorce d'arme à feu » ; fém. substantivé du part. passé de l'anc. fr. *amordre*, « mordre », « faire mordre », « amorcer », qui disparaît après le XVIᵉ s. ‖ **amorcer** XIVᵉ s., W. de Couvin (*amorser*). ‖ **amorçoir** 1680, Richelet. ‖ **amorçage** 1838, Boiste. ‖ **désamorcer, désamorçage** 1864, L.

amoroso 1819, Boiste, mot ital. signif. « amoureux » et spécialisé dans le vocabulaire musical.

amorphe 1801, Haüy, terme scient., du gr. *amorphos*, sans forme, de *a* priv. et *morphê*, forme ; 1928, Lar., fig.

*****amortir** fin XIIᵉ s., *Rois*, du lat. pop. *admortire* (de *mors, mortis*, mort), d'abord « tuer » (et « mourir »), puis « rendre comme mort », « éteindre » (la chaux) ; au fig. (jusqu'au XVIIᵉ s.), « diminuer l'ardeur ». ‖ **amortissable** 1465, G. (*rente amortissable*). ‖ **amortisseur** 1896, *Cosmos*. ‖ **amortissement** 1263, *Cart. de N.-D. de Voisins*.

*****amour** 842, *Serments* (*amur*), du lat. *amor, -oris*. Le *ou* qui n'est pas phonétique (au lieu de *eu*) paraît dû à une infl. littér. du prov. D'abord fém.; le masc. est dû à l'infl. du lat. ‖ **amourette** XIIᵉ s., *D. G.* ‖ **amour-propre** 1608, Sales. ‖ **mamour** 1608, Régnier, de *m'amour* (v. *m'amie* à AMI). ‖ **amouracher** 1530, Palsgrave (*amourescher*) ; P. Mathieu (*amouracher*), « rendre amoureux » ; il ne s'emploie plus que comme réfléchi depuis le XVIIᵉ s.; de l'ital. *amoracciare*, dér. péjor. de *amore*, amour. ‖ **amouracherie** 1414, trad. de Boccace. ‖ **amourachement** 1545, *Le Maçon*. ‖ *****amoureux** 1190, Gace Brulé, du lat. pop. *amorosus*, influencé par *amour*. Il désigne dans la tragédie classique celui qui aime sans être aimé. ‖ **amoureusement** XIIIᵉ s., Adenet. ‖ **énamourer** XIIᵉ s.

1. **amourette** V. AMOUR.

2. **amourette** plante, 1531, *Fleurs et secret de la médecine*, altér. de l'anc. fr. *amarouste* (fin XVᵉ s., *Heures d'Anne de Bret.*) ; du lat. *amalusta* (Apulée) altéré en *****amarusta* (lat. médiév. *amarusca*)

sous l'infl. d'*amarus*, amer; anciennement influencé par *amour* (*amouroiste*, *-oite*, XIIIe s., *Abavus*, et XIVe s., Passerat [de Troyes]), ce qui a contribué à faire passer le nom (désignant l'*anthemis cotula*) à d'autres plantes (muguet, graminées) et, finalement (début XXe s.), à un apéritif à base d'absinthe ou d'anis.

amoureux V. AMOUR.

amovible 1681, Patru, du lat. *amovere*, éloigner; d'abord spécialisé comme terme de droit, il a pris un emploi techn. au XIXe s. ‖ **amovibilité** 1748, Montesquieu. ‖ **inamovible** 1750, d'Argenson. ‖ **inamovibilité** 1774, *Archives du Parlement*.

ampère 1881, *Congrès des électriciens*, du nom du physicien Ampère († 1836), adopté avec *coulomb*, *farad*, *joule*, *ohm* et *volt*. ‖ **ampèremètre** 1883, *Ann. sc. et industr.*

amphi- du gr. *amphi*, des deux côtés, autour; le préfixe a pris un développement important en biologie et en médecine. ‖ **amphiarthrose** 1690, Fur. ‖ **amphibie** XVIe s., sur *-bie*, du gr. *bios*, vie.

amphibole 1787, Haüy, du gr. *amphibolos*, ambigu, parce que la composition de ce minerai était indéterminée.

amphibologie XIIIe s. (*amphibolie*); 1521, P. Fabri (*amphibologia*); 1546 Rab. (*amphibologie*); du lat. gramm. *amphibologia* (Ve s., Diomède), empr. au gr. *amphibolia*, avec le suffixe *-logia* (*-logie*). *Amphibolie*, calqué sur le grec, est encore enregistré en 1611 (Cotgrave). ‖ **amphibologique** 1361, Oresme. ‖ **amphibologiquement** 1551, des Autels.

amphigouri 1738, Panard, genre dramatique; d'orig. obscure; on a rapproché de *amphi-* et de *allégorie*. ‖ **amphigourique** 1748, Moncrif. ‖ **amphigouriste** 1762, Bachaumont. ‖ **amphigouristique** 1731, Collé.

amphithéâtre 1213, *Fet des Romains*, du lat. *amphitheatron* (autour du théâtre); d'abord vaste enceinte ronde, avec des gradins, pour les fêtes publiques.

amphitryon 1752, *Trévoux*, nom d'un personnage mythologique, pris comme nom commun d'après les vers de la comédie de Molière, *Amphitryon* (1668) : *Le véritable Amphitryon* | *Est l'Amphitryon où l'on dîne.* ‖ **amphitryonner** 1837, Barbey d'Aurevilly.

amphore 1518, trad. de Plotin, du lat. *amphora*, empr. au gr. *amphoreus* (de *amphi*, des deux côtés, et *pherein*, porter); vase à deux anses que l'on peut prendre des deux côtés.

ample VIIIe s., *Gloses de Reichenau* (*ampla* au fém.); 1160, Benoît (*ample*); du lat. *amplus*, grand, large. ‖ **amplement** fin XIIe s., Grégoire. ‖ **ampleur** 1718, *Acad.*, qui a remplacé *ampleté*. ‖ **ampliatif** XVe s. *Chron.*, du lat. *ampliare*, agrandir. ‖ **ampliation** 1339, *Cartul. de Guise*, du lat. impér. *ampliatio*, agrandissement. Ce sens se maintient jusqu'au XVIIe s. (Chapelain); le sens administratif (duplicata) est une spécialisation d'un ancien sens jurid. (action de compléter). ‖ **amplifier** XVe s., *Myst. du Vieil Testam.*, du lat. *amplificare*, « agrandir » (sens conservé jusqu'au XVIIe s.); l'emploi fig. apparaît au XVIe s. (Amyot); le verbe a remplacé *amplier* de l'ancien français (1213, *Fet des Romains*). ‖ **amplificateur** 1532, *Mer des chron.*, « celui qui amplifie »; désigne à partir du XIXe s. divers appareils techniques, du lat. *amplificator*. ‖ **amplification** XIVe s., *Miracle de N.-D.*, du lat. *amplificatio*, « agrandissement ». ‖ **amplitude** 1495, J. de Vignay, du lat. *amplitudo*.

***ampoule** 1190, Garn., du lat. *ampulla*, « fiole renflée », dimin. d'*amphora*, d'abord « fiole » (la « sainte ampoule »); XIIIe s., « vésicule »; XIXe s., sens pharm. et industriel. ‖ **ampoulé** v. 1550, Ronsard, appliqué spécialement au style à partir du XVIIe s. (Boileau, etc.), « qui est enflé comme une ampoule ».

amputer 1480, Meschinot, du lat. *amputare*, tailler, couper. Le sens chirurgical se développe à partir du XVIe s. (Paré). ‖ **amputation** 1503, G. de Chauliac, méd.; 1521, *Violier des hist. romaines*, sens général.

***amuïr (s')** fin XIXe s., repris par les romanistes (G. Paris) à l'anc. fr. *amuir*, « rendre muet » (au sens propre), du lat. pop. **admutire*, « rendre muet » (lat. *mutescere*; rad. *mutus*, muet). ‖ **amuïssement** (*id.*, *ibid.*) repris aussi à l'anc. fr.

amulette 1558, Pontus de Tyard, du lat. *amuletum*; le mot, d'abord masc. (Tabourot), est devenu fém. (d'Aubigné), comme les mots terminés par le suffixe diminutif *-ette*.

amure 1552, Rab., du prov. *amura*, cordage, déverbal d'*amurar*, fixer au mur. ‖ **amurer** 1540, Rab.

amuser V. MUSER.

amygdale V. AMANDE.

amyle 1855, Littré-Nysten, lat. *amylum*, amidon. ‖ **amylène**, **amylique** *id.*

an- V. A 2.

*****an** fin XIᵉ s., *Lois de Guill.*, lat. *annus*; *jour de l'an*, 1435, P. de Cagny; *nouvel an*, *premier de l'an*, XIXᵉ s.; *bon an mal an*, *l'an dernier*, dès l'anc. fr. ‖ *****année** 1170, *Perceval*, du lat. pop. *annata*, de *annus*. ‖ **annal** XVᵉ s., du lat. jurid. *annalis*, qui dure un an, puis annuel. ‖ **annales** 1447, *Girart de Roussillon*, récit historique. ‖ **annaliste** 1560, Pasquier. ‖ **annate** 1540, Martin du Bellay, « redevance », du bas lat. *annata*. ‖ **anniversaire** XIIᵉ s., G., de l'adj. *anniversarius*, annuel (*versus*, où [l'année] tourne). ‖ **annuaire** fin XVIIIᵉ s., du lat. *annuus*, annuel, remplace *calendrier* (1798, *Acad.*). ‖ **annuel** XIIᵉ s., ouvrage historique, XVIIᵉ s. (*anvel*), du lat. impérial *annualis*. ‖ **bisannuel** 1694, *Acad.* ‖ **annuité** fin XIVᵉ s. ‖ **annone** 1119, Ph. de Thaun (*annune*); 1863, L., « récolte d'un an », du lat. *annona*. ‖ **suranné** XIIIᵉ s., « qui a plus d'un an »; XVIᵉ s. jurid.; 1661, Molière, sens actuel. ‖ **biennal** milieu XVIᵉ s., du lat. *biennalis*, de *bis*, deux fois et *annus*, an; subst. fém., XXᵉ s.

ana fin XVIIᵉ s., Huet, mot tiré du suffixe lat. *-ana* (pl. neutre), ajouté au XVIIᵉ s. et au XVIIIᵉ s. à un nom d'auteur pour désigner un recueil d'anecdotes le concernant (*Scaligeriana*, etc.).

anabaptisme 1564, J. Crespin, gr. chrét. *anabaptismos*, second baptême. Les anabaptistes rejettent le baptême des enfants comme inefficace et soumettent leurs adeptes à un second baptême. ‖ **anabaptiste** 1525, C. Marot.

anabolisme 1907, Lar., méd., du gr. *ana*, en haut, et *bolos*, jet. Forgé sur *métabolisme*, il s'oppose à *catabolisme*,

comme réaction de synthèse à réaction de dégradation.

anachorète 1190, saint Bernard (*anacorite*), d'après *cénobite, ermite...*; 1598, Fr. Feuardent (*anachorète*); du lat. chrét. *anachoreta*, empr. au gr. *anakhôrêtês*, de *anakhôrein*, se mettre à l'écart. ‖ **anachorétique** 1853, Lachâtre.

anachronisme fin XVIᵉ s., Scaliger (en. latin); 1625, Naudé (en français); du gr. *ana*, en haut, et *khronos*, temps. Il indique une erreur dans la date des événements passés, dans la chronologie. ‖ **anachronique** 1866, Lar. ‖ **anachroniquement** 1852, Gautier.

anacoluthe 1751, *Encycl.*, du bas lat. gramm. *anacoluthon* (Servius), empr. au gr. *anakolouthon*, sans liaison, sans suite, de *a[n]* privatif et *akolouthos*, qui suit, issu de *keleuthos*, chemin. Il signifie en gramm. un changement brusque de construction.

anacréontique 1555, Ronsard, du poète grec *Anacréon*.

anacrotisme 1907, Lar., méd., du gr. *ana*, en haut, et *krotos*, battement. ‖ **anacrotique** 1907, Lar.

anagramme 1571, R. Belleau, qui remplace *anagrammatisme* de l'éd. de 1560; du gr. *anagramma*, de *ana*, indiquant le renversement, et *gramma*, lettre. ‖ **anagrammer** 1778, Villeneuve. ‖ **anagrammatiser** 1550, Ronsard. ‖ **anagrammatiste** 1584, Simon Goulart.

anal V. ANUS.

analgésie 1836, Landais, préf. priv. *an* et gr. *algos*, douleur. ‖ **analgésique** 1878, Lar. ‖ **analgésier** 1909, *L. M.*

analogie 1213, *Fet des Romains*, du lat. *analogia*, empr. au gr. *analogia*. ‖ **analogue** 1503, G. de Chauliac, du lat. *analogus*, empr. au gr. *analogos*, proportionnel. ‖ **analogique** 1547, Budé, du lat. *analogicus*. ‖ **analogisme** milieu XVIIIᵉ s.

analphabète V. ALPHABET.

analyse 1578, d'Aubigné, du lat. scolast. *analysis*, empr. au gr. *analusis*, de *analuein*, résoudre. ‖ **analyser** 1698, Tournefort. ‖ **analysable** 1868, Lar. ‖ **analytique** XVIᵉ s., La Borderie, du lat. impér. *analyticus*, du gr. *analutikos*. ‖ **analytiquement** 1668, *Journ. des* *savants*. ‖ **analyste** 1638, Descartes. ‖ **analyseur** fin XVIIIe s.

ananas 1544, Musset (*ainanas*) ; 1554, Thevet (*nana*) ; 1578, J. de Léry (*ananas*) ; 1690, Furetière (*anana*) ; de l'esp. *ananas*, *anana*, empr. au tupi-guarani (langue du Brésil) *nana*.

anaphase 1896, Prenant, du gr. *ana*, en remontant, et de *phase*.

anaphore 1521, P. Fabri (*anaphora*) ; 1557, A. Fouquelin (*anaphore*) ; mot lat., empr. au gr. *anaphora*, reprise ; en stylistique, répétition du même mot au début de phrases successives. ‖ **anaphorique** 1827, *Acad.* ‖ **anaphorisme** 1922, Lar.

anaphylaxie 1902, Ch. Richet, du gr. *ana*, en retour, et *phulaxis*, protection. Il indique une réaction de l'organisme en face d'une substance déterminée. ‖ **anaphylactique** 1907, Lar.

anarchie 1361, Oresme, du gr. *anarkhia*, de *a*[*n*] privatif et *arkhê*, commandement, latinisé dans les traductions latines d'Aristote ; usuel seulement au XVIIIe s. ‖ **anarchique** 1594, *Ménippée*. ‖ **anarchisme** 1839, Boiste. ‖ **anarchiste** 1791. ‖ **anarchiser** fin XVIIIe s., Mirabeau. ‖ **anarchisant** XXe s. (R. Martin du Gard). ‖ **anarcho-syndicalisme** fin XIXe s.

anastomose 1560, Paré, du gr. *anastomôsis*, ouverture. Il indique en chirurgie un abouchement de deux conduits naturels. ‖ **anastomoser** 1798, *Acad.* ; *s'anastomoser*, 1835, *Acad.*

anastrophe 1718, Gédoyn, rhét., du gr. *anastrophê*, renversement.

anathème 1190, Garn., du lat. chrét. *anathema* (saint Augustin), empr. au gr. *anathêma*, « offrande votive », devenu péjor. en gr. chrét. au sens de « objet maudit », puis de « malédiction ». ‖ **anathématiser** fin XIVe s., *Somme rurale*, du lat. chrét. *anathematizare* (saint Augustin), empr. au gr. *anathêmatizein*. ‖ **-isation** 1866, Lar.

anatidés 1842, *Acad.* (*anatides*), zool., du lat. *anas*, *anatis*, canard.

anatife début XVIIe s., Peiresc (*conque anatifère*), du lat. *ferre*, porter, et *anas*, *-atis*, canard, d'apr. une légende écossaise qui faisait naître les canards dans ces crustacés ; *anatife* est une abréviation d'*anatifère*.

anatomie 1495, J. de Vignay (*anathomie*), du lat. *anatomia*, empr. au gr. *anatomia*, de *anatemnein*, couper ; 1546, Ch. Est. « dissection » ; 1558, Des Périers, fig. ‖ **anatomique** 1546, Ch. Est., du lat. *anatomicus*, empr. au gr. *anatomikos*. ‖ **anatomiquement** 1651, La Mothe Le Vayer. ‖ **anatomiser** 1503, G. de Chauliac, « disséquer » ; 1665, A. Graindorge, emploi fig. ‖ **anatomisme** 1863, L. ‖ **anatomiste** 1503, G. de Chauliac.

*****ancêtre** fin XIe s., *Alexis* (*anceisur*), anc. cas sujet, du lat. *antecessor*, prédécesseur (de *antecedere*, marcher devant) ; le cas régime *ancessor*, *-eur* (acc. latin *antecessorem*) a vécu jusqu'au XVe s. ‖ **-estral** 1853, Lachâtre.

anche apr. 1550, Ronsard, « tuyau » et « embouchure d'instrument à vent », du germ. **ankja* (anc. haut all. *ancha*), « jambe » et « tuyau » (cf. *tibia*, devenu « flûte » en lat.) ; le mot paraît venir en fr. des dialectes de l'Ouest, où *anche* signifie encore conduit.

anchois 1546, R. Est., de l'esp. *anchoa*, empr. au gr. *aphuê*, par l'intermédiaire du bas lat. **apiuva* ; mot méditerranéen. ‖ **anchoité** 1810, *Almanach des gourmands*, en cuisine.

*****ancien** fin XIe s., *Alexis*, trisyllabique, du lat. des clercs *anteanus*, formé d'après *ante*, avant, au VIIIe s. ‖ **anciennement** 1155, Wace. ‖ **ancienneté** 1190, Garn.

ancillaire début XIXe s., du lat. *ancilla*, servante ; 1842, Mozin, en chirurgie, pour désigner les opérations faites par les préparateurs avant ou après la leçon principale.

ancolie 1325, *Archives* (var. *anquelie*, *angorie*), du lat. médiéval *aquilegia* (lat. *aquilegus*, *-a*), « qui recueille l'eau », la fleur offrant de petites cavités en forme d'urnes ; le rapprochement avec *aquila*, aigle, a été fait après coup. La forme qui a prévalu semble due à l'attraction de *mélancolie*.

*****ancre** 1155, Wace, du lat. *ancora*, empr. au gr. *agkura*. ‖ **ancrer** XIIe s. ; au fig. 1470, *le Livre de la discipline d'amour divine*. ‖ **ancrage** 1468, Chastellain. ‖ **ancrure**, 1751, *Encycl.* ‖ **désancrer** fin XIIe s., *Blancheflore*.

andain XIII⁰ s., *Renaud de Montauban*, « enjambée »; orig. obscure; même racine que le savoyard et anc. vaudois *andâ*, marcher, l'ital. *andare*, aller, et le prov. *anar*, aller, venir; les formes latinisées *andainus*, *andena*, du *Cartulaire de Chartres* (844), montrent l'ancienneté du radical *and-*.

andante 1750, abbé Prévost, mot ital., de *andare*, aller. ‖ **andantino** 1751, *Encycl.*

*****andouille** XII⁰ s., du lat. pop. *inductile* (« andouille » en lat. médiév.), « ce qu'on introduit » (dans le boyau), de *inducere*, introduire. ‖ **andouillette** milieu XV⁰ s.

*****andouiller** milieu XIV⁰ s. (*antoiller*); 1360, *Modus* (*andouiller*), sous l'influence d'*andouille*; sans doute du lat. pop. **antoculare* (*ante*, devant, *oculus*, œil), c'est-à-dire corne qui pousse devant les yeux.

andrinople 1825, *Journ. des dames*, du nom de la ville d'*Andrinople*, pour désigner d'abord le « rouge turc », puis une étoffe rouge.

andro- du gr. *anêr*, *andros*, homme mâle. ‖ **androgène** 1951, *L. M.* ‖ **-gyne** XIV⁰ s. ‖ **androstérone** 1953, Lar.

*****âne** fin XII⁰ s., *Rois* (*asne*), du lat. *asinus*. ‖ **ânesse** XII⁰ s. ‖ **ânon** fin XII⁰ s., *Alexandre*, dimin. ‖ **ânonner** 1606, Nicot, « lire mal »; il a eu aussi le sens de « mettre bas » en parlant de l'ânesse (Richelet, 1680). ‖ **-ement** XVII⁰ s., Sévigné. ‖ **ânerie** XIV⁰ s., fig. ‖ **ânier** fin XII⁰ s., du lat. *asinarius*.

anéantir V. NÉANT.

anecdote av. 1654, G. de Balzac, parfois adj., du gr. *anekdota*, chose inédite (chez Procope, au VII⁰ s., comme titre d'ouvrage), devenu substantif. ‖ **anecdoter** 1801, Mercier. ‖ **anecdotier** 1736, Voltaire. ‖ **anecdotique** 1781, Linguet.

anémie 1722, *Journ. des savants*, du gr. *a(n)* priv. et *haima*, le sang; le sens fig. date du XIX⁰ s. ‖ **anémier** 1878, Lar. ‖ **anémié** 1888, Lar. ‖ **anémique** milieu XIX⁰ s.

anémo- du gr. *anemos*, vent. ‖ **anémographie** 1813, Gattel. ‖ **anémomètre** av. 1720, Huet (inventeur). ‖ **anémométrie** 1752, *Trévoux*. ‖ **ané-**mophile 1898, Lar. ‖ **anémoscope** 1683, *Mercure galant*. ‖ **anémotrope** 1863, L. ‖ **anémotropisme** 1906, Lar.

anémone XIV⁰ s., *Recettes méd.* (*anemoine*), du lat. *anemone*, empr. au gr. *anemonê*, de *anemos*, vent, parce que la fleur s'ouvre au vent.

anéroïde (baromètre) 1844, Vidie, de *anaéroïde*, c'est-à-dire sans air (où l'on fait le vide), *an-* priv., *et aêr*, air.

anesthésie 1771, mot angl. tiré du gr. *anaisthêsia*, insensibilité; méd. 1827, *Acad.* ‖ **anesthésiant** part., 1866; s. m., 1894, *Année scient.* ‖ **anesthésier** 1850. ‖ **anesthésiable** 1912, *L. M.* ‖ **anesthésique** milieu XIX⁰ s. ‖ **anesthésiologie** 1950, *L. M.* ‖ **anesthésiologiste** 1955, *Dict. des métiers.* ‖ **anesthésiste** XX⁰ s. (1959, *P. L.*).

aneth XII⁰ s., *Antidotaire Nicolas* (*anet*), du lat. *anethum*, empr. au gr. *anethon*.

aneurine V. NEURO-.

anévrisme 1538, Canappe (*aneuvrysme*), du gr. *aneurisma*, dilatation (avec prononciation du grec byzantin). ‖ **anévrismal** 1503, S. Champier. ‖ **anévrismatique** 1863, L.

anfractueux 1503, G. de Chauliac, méd., du lat. impér. *anfractuosus*, tortueux. ‖ **anfractueusement** 1546, Ch. Est., méd. ‖ **anfractuosité** 1503, G. de Chauliac, méd.; le sens général apparaît au XVI⁰ s.

1. ange fin XI⁰ s., *Alexis* (*angele*), du lat. eccl. *angelus*, empr. au gr. *aggelos*, messager, spécialisé en « messager de Dieu ». Le sens fig. se développe très tôt. ‖ **angélique** 1265, Br. Latini, du lat. *angelicus*, a subi la même évolution; 1600, O. de Serres, subst. fém., « plante ainsi nommée à cause de ses vertus contre les venins ». ‖ **angéliquement** 1468, Chastellain. ‖ **angéliser** *id.* ‖ **angélus** 1690, Furetière, prière catholique du XIV⁰ s. commençant par le mot lat. *angelus*. ‖ **angelot** v. 1265, J. de Meung. ‖ **angélical** 1922, Lar. ‖ **archange** 1155, Wace, du lat. chrét. *archangelus*, empr. au gr. eccl. *arkhaggelos*, de *arkhein*, commander.

2. ange (de mer) 1552, Rab., calque du néerl. *zeeëgel*, hérisson de mer, où l'on aurait vu *jeeëngel*, ange de mer (les nageoires de ce squale ont pu être comparées à des ailes).

angine 1538, Canappe, du lat. *angina*, de *angere*, serrer à la gorge. ‖ **angineux** 1615, L. Guyon.

angio- du gr. *aggeion*, vaisseau. ‖ **angiocardiographie** 1953, Lar. ‖ **angiocarpe** 1842, *Acad.*, bot. ‖ **angiocholécystite** 1953, Lar. ‖ **angiographie** 1743, *Trévoux.* ‖ **angioleucologie** 1888, Lar. ‖ **angiologie** 1576, Paré, « incision »; 1692, C. de La Duquerie, « étude des vaisseaux ». ‖ **angiosperme** 1762, *Acad.*, bot. ‖ **angiospermie** 1827, *Acad.* ‖ **angiome** 1885, Berthelot.

anglais 1138, *Saint Gilles* (*engleis*), puis *anglois*, de *Angle*, nom d'un peuple germanique qui s'établit au VIᵉ s. en Angleterre; XVIᵉ s., « créancier »; fin XVIIᵉ s., cheval; 1734, *Trévoux*, bot., narcisse; 1830, *Journ. des dames*, format de papier. ‖ **anglaise** XVIIIᵉ s., danse; 1788, *Journ. de Paris*, écriture; 1734, *Trévoux*, tulipe; 1829, *Journ. des dames*, boucle de cheveux; *filer à l'anglaise*, XIXᵉ s. ‖ **anglaiser** 1803, Boiste, « couper la queue à un cheval »; 1847, Ch. de Boigne, « imiter les Anglais ». ‖ **anglaiserie** 1794, Constant, imitation des Anglais. ‖ **angleterre** 1773, *Almanach parisien*, dentelle. ‖ **anglican** 1554, *Papiers de Granvelle*, de l'angl. *anglican.* ‖ **anglicanisme** 1801, Saladin. ‖ **angliciser** 1853, Lachâtre. ‖ **anglicisant** XXᵉ s., qui étudie la civilisation anglaise. ‖ **anglicisation** 1902, *l'Angleterre en Afrique australe.* ‖ **anglicisme** 1687, Miege, du lat. médiév. *anglicus*, anglais. ‖ **anglomane** 1764, Palinot. ‖ **anglomanie** 1754, Grimm. ‖ **anglophile** 1823, Boiste. ‖ **anglophilie** 1866, Lar. ‖ **anglophobe** 1823, Boiste. ‖ **anglophobie** *id.* ‖ **-normand** 1866, Lar. ‖ **-saxon** XVIIIᵉ s. ‖ **antianglais** 1740, d'Argenson.

*angle fin XIIᵉ s., *Rois*, du lat. *angŭlus*, qui paraît tardivement, repris par les langues romanes de l'Ouest. ‖ **angulaire** milieu XIVᵉ s., du lat. *angularis*. ‖ **angulairement** XXᵉ s. (1960, Lar.). ‖ **anguleux** 1538, Canappe, méd.; 1558, Meignan, sens étendu, du lat. *angulosus*.

angledozer 1952, *L. M.*, de l'angl. *angle*, oblique, et (*to*) *dozer*, mater.

anglophile, -phobe V. ANGLAIS.

*angoisse XIIᵉ s., *Roncevaux*, du lat. *angustia*, lieu resserré (aussi en fr., jusqu'au XVIᵉ s.), au fig. « gêne ». ‖ **angoisser** 1080, *Roland*, peut-être directement du lat. *angustiare*. ‖ **angoissant** 1897, Larousse. ‖ **angoisseux** fin XIᵉ s., *Alexis* (*angussus*); se rencontre encore au XVIIᵉ s.

angora 1761, Diderot (*chat d'angora*); du nom de la ville d'*Angora* (auj. Ankara), d'où une race de chats et de chèvres est originaire.

angström v. 1920, du nom d'un physicien suédois.

*anguille XIIᵉ s. (*anguile*), puis *-ille*; le *l* s'est mouillé aux XVIᵉ-XVIIᵉ s.; du lat. *anguilla*, de *anguis*, serpent.

angulaire V. ANGLE.

anhydre 1838, Balzac; *a*[*n*] priv. et gr. *hûdor*, eau. ‖ **-dride** 1866, Lar.

anicroche, ânier V. CROCHE, ÂNE.

aniline 1826, découverte par Unverdorben; de *anil* (1582, Belleforest), nom de plante et de couleur, du port. *anil*, issu du persan *nil*, « indigo », par l'arabe.

*anille XIIIᵉ s., G., techn., du lat. *anaticŭla*, petit canard, employé de manière métaphorique.

animadversion fin XIIᵉ s., *Grégoire*, du lat. *animadversio*, observation, de *animadvertere : vertere*, tourner, *anima*, l'esprit, *ad*, vers; péjor. au XVIIIᵉ s.

anion 1846, Besch.; de *ana*, en remontant, et de *ion*.

1. **animal** subst., 1190, saint Bernard; du lat. *animal, animalis*, être vivant, animal; le sens injurieux apparaît au XVIIᵉ s. ‖ **animalité** 1190, saint Bernard; reformé au XVIIᵉ s., Gherardi. ‖ **animalcule** 1564, Marcouville, dimin. savant. ‖ **animalier** fin XVIIIᵉ s., J.-J. Rousseau, peinture. ‖ **animaliser** 1742, *Essais et observ. de médecine.* ‖ **animalisation** milieu XVIIIᵉ s. ‖ **animalisme** 1826, Nuñez de Taboada.

2. **animal** adj., 1265, Br. Latini, du lat. *animalis*, animé (de *anima*, âme) devenu l'adj. du précédent.

animation V. ANIMER.

animer 1361, Oresme, du lat. *animare* (de *anima*), donner la vie, d'où, en fr., « donner du mouvement », « rendre plus vif »; *dessins animés*, v. 1923. ‖ **animation** 1375, R. de Presles, du lat. *animatio*, action d'animer, passé en fr. à « agitation, emportement » (1468, Chastellain), puis au sens actuel d'après le suivant. ‖ **animateur** 1801, Mercier. ‖ **inanimé** 1529, G. Tory. ‖ **ranimer** 1549, R. Est. ‖ **ranimation** 1933, Lar. ‖ **réanimer** milieu XVIᵉ s., du Bellay.

animisme 1781, Thouvenel, du lat. *anima*, âme. ‖ **animiste** 1765, *Encycl.*

animosité 1495, J. de Vignay, du lat. *animositas* (de *anima*), « courage », plus tard « violence » (Macrobe), sens qui prévaut en fr. à partir du XVIᵉ s.

anis 1265, J. de Meung, du lat. *anisum*, empr. au gr. *anison*, Cotgrave. ‖ **anisette** 1771, *Trévoux.*

ankylose 1576, Paré (*ancylosis*); 1721, *Trévoux* (*ankylose*); du gr. *ankulôsis*, courbure, l'ankylose produisant une impression de courbure, de courbature. ‖ **ankylosé** 1749, abbé Nollet. ‖ **ankyloser (s')** 1835, Raymond. ‖ **ankylostome** 1888, Lar. ‖ **ankylostomiase** 1888, Lar.

annal, annate V. AN.

*__anneau__ fin XIᵉ s., *Alexis* (*anel*), du lat. *annellus.* ‖ **annelet** 1160, Benoît. ‖ **anneler** 1584, Guevarre. ‖ **annelure** 1690, Furetière. ‖ **annélides** 1816, Lamarck. (V. ANUS.)

année, annélides V. AN, ANNEAU.

annexe 1265, J. de Meung, du lat. *annexus*, part. passé de *annectere*, joindre. ‖ **annexer** fin XIIIᵉ s. ‖ **annexion** début XVᵉ s., *Règles de la seconde rhét.* ‖ **annexionniste** 1771, *Trévoux.*

annihiler 1398, *Ménagier* (*anichiler*); XVᵉ s., dans Tardif (*annihiler*); du lat. scolast. *annichilare*, de *nihil* (écrit *nichil*), rien. ‖ **annihilation** 1361, Oresme (*annichilation*), du lat. scolast. *annichilatio*, anéantissement.

anniversaire V. AN.

*__annoncer__ 1080, *Roland*, du lat. *annuntiare*, de *nuntius*, messager. ‖ **annonce** 1440, *Cart.* ‖ **annonceur** XIVᵉ s.; repris dans la langue commerciale au XXᵉ s. (*Express*, 1961). ‖ **annonciateur** fin XVIᵉ s., La Noue, du lat. *annuntiator*; refait au XIXᵉ s., avec sens techn. ‖ **annonciation** début XIIᵉ s.,

Ps. de Cambridge, du lat. *annunciatio* « action d'annoncer », sens qu'on trouve aussi en fr. jusqu'au XVIIIᵉ s. (Montesquieu); la spécialisation religieuse date du lat. chrét. ‖ **annoncier** 1853, Lachâtre.

annone V. AN.

annoter V. NOTE.

annuaire, annuel, annuité V. AN.

annulaire 1539, Gruget, du lat. *anularius*, de *anulus*, anneau (la graphie *nn* l'emporte déjà en latin sous l'influence de *annus*, année); XVIIᵉ s., subst., par ellipse de *doigt annulaire* (1598, Bouchet). [V. ANNEAU, ANUS.]

annuler V. NUL.

anoblir V. NOBLE.

anode 1838, du gr. *ana*, en haut, et *hodos*, route; « électrode d'arrivée ».

anodin 1503, G. de Chauliac, du lat. méd. *anodynon*, empr. au gr. *anôdunon*, ce qui calme la douleur, de *odunê*, douleur et *a[n]* priv. Le sens fig. se développe surtout après le XVIIᵉ s.

anomal 1190, Garn.; rare jusqu'au XVIIᵉ s., surtout techn.; du bas lat. (Vᵉ s., gramm.) *anomalus*, empr. au gr. *anômalos*, irrégulier (*a[n]* privatif, *omalos*, pareil). ‖ **anomalie** 1570, Gentian Hervet, du gr. *anômalia*; a pénétré au XIXᵉ s. dans la langue courante.

ânon, ânonner V. ÂNE.

anonyme 1557, *Recueil de païs*, du bas lat. *anonymus*, empr. au gr. *anônumos*, sans nom (de *a[n]* priv. et *onoma*, nom). ‖ **anonymement** 1776, *Corr. litt. secrète.* ‖ **anonymat** 1864, *Journ. des débats.* ‖ **anonymie** 1866, Lar. ‖ **anonymographe** 1952, *L. M.*

anorak 1948, *L. M.*, mot esquimau, de *anoré*, le vent, « vêtement qui protège contre le vent ».

anorexie 1584, du Bartas; *a[n]* privatif et gr. *orexis*, appétit.

anormal V. NORMAL.

anse XIIIᵉ s., du lat. *ansa*, anse d'un panier; 1484, Garcie (*ance*), géogr. ‖ **ansé** 1606, Nicot.

ansérine 1540, Rab., *plume ansérine*, plume d'oie, du lat. *anserinus*, adj. dér. de *anser*, oie; auj. seulement, méd. (*peau ansérine*, chair de poule), et bot., subst.

fém., plante dont les feuilles rappellent la patte d'oie.

anspect 1687, Desroches, du néerl. *handspecke*, épieu à main. Il désigne en mar. le levier de pièces d'artillerie.

anspessade XVIᵉ s., *Ordonn.* de François Iᵉʳ (var. *lanspessade*) ; H. Est. (*lancespessade*), de l'ital. *lancia spezzata*, « lance rompue », qui désigna les soldats d'élite (qui avaient eu leur lance brisée) ; en France, aide de caporal sous l'Ancien Régime. La chute du *l* est due à une déglutination.

antagoniste 1560, Paré (*muscles antagonistes*), terme d'anatomie jusque chez Bossuet ; XVIIᵉ s., Malherbe, « adversaire » ; 1847, Marx, économie politique ; du gr. *antagônistês*, adversaire (rac. *agôn*, combat). ‖ **antagonique** av. 1865, Proudhon. ‖ **antagonisme** fin XVIᵉ s., d'abord anat. ; 1826, A. Comte, polit.

***antan** fin XIIᵉ s., du lat. pop. *anteannum*, l'année d'avant ; il n'est plus qu'une survivance litt. d'après *les neiges d'antan* de Villon.

antarctique V. ARCTIQUE.

1. **ante** 1683, Danet, « pilier carré » et « pièce d'un moulin », du lat. *anta* (usité surtout au pl.), pilastre.

2. ***ante** 1125, Gormont (*hanste*) ; XVIIᵉ s., Vaugelas (*hante*) ; du lat. *hasta*, lance, croisé avec le francique *hand*, main. En anc. fr., « bois d'une arme », « hampe » (encore chez Vaugelas), auj. manche du pinceau à laver (peint.).

anté- les mots construits avec le préfixe *anté-*, devant, sont indiqués à la place alphabétique du mot simple. Le suffixe s'est particulièrement développé au cours du XIXᵉ s., dans le vocabulaire géologique.

antécédent 1361, Oresme, du lat. *antecedens*, part. prés. de *antecedere*, précéder (*cedere*, aller, *ante*, devant), sens philos. en lat. scolast. ; « actions antérieures » (d'une personne) début XIXᵉ s. ‖ **-ence** XVIᵉ s., Gentillet.

antenne début XIIIᵉ s., Villehardouin (*antaine*), du lat. *antenna*, vergue ; appliqué, au XVᵉ s., aux appendices tactiles des insectes par Gaza ; sens passé en fr. en 1712 (*Mém. Acad. des sc.*) ; radio début XXᵉ s. ; sens fig. milieu XXᵉ s.

antenois ou **antenais** 1320, J. Richard, du lat. *annotĭnus* (devenu en Gaule *annoēnus*), âgé d'un an.

antérieur 1488, *Mer des hist.*, lat. *anterior*, placé avant (*ante*). ‖ **-ement** 1611, Cotgrave. ‖ **antériorité** 1532, Rab.

anthémis 1615, Daléchamp, trad. Desmoulins, du lat. *anthemis*, empr. au gr. *anthos*, fleur.

anthère 1611, Cotgrave, du gr. *anthêros*, f. *-a*, adj. dérivé de *anthos*, fleur.

anthologie 1574, P. Breslay, du gr. *anthologia*, recueil de fleurs (*anthos*, fleur, et *legein*, choisir). [V. FLORILÈGE.]

anthracite 1752, *Trévoux*, du gr. *anthrax, -akos*, charbon. Le lat. et gr. *anthracitis* (d'où le moyen fr. *anthracite*, XVᵉ-XVIᵉ s.) signifiait « pierre précieuse ». ‖ **anthracine** XXᵉ s. (1954, *L. M.*).

anthrax 1495, J. de Vignay (*antrac*) ; 1371, Coyecque (*entractz*) ; du lat. méd. *anthrax*, tumeur noirâtre (gr. *anthrax*, charbon).

anthropo- du gr. *anthrôpos*, homme. ‖ **anthropocentrisme, anthropocentrique** 1877, L. ‖ **anthropogéographie** 1872, *Année sc. et industr.* ‖ **anthropoïde** 1866, Lar. ‖ **anthropologie** 1516, J. Bouchet (*entropologie*), « étude philosophique de l'homme » ; 1819, Boiste, « étude du corps humain » ; 1835, H. de Balzac, ethnographie. ‖ **anthropologue** 1888, Lar. ‖ **anthropométrie** 1778, Villeneuve. ‖ **anthropomorphe** 1811, Hanin, bot. ; 1819, Boiste, zool. (mandragore). ‖ **anthropomorphie** 1832, Balzac. ‖ **anthropomorphisme** 1770, d'Holbach. ‖ **anthroponymie,** du port. *anthroponimia* (1887, Leite de Vasconcellos, *Rev. Lusitana*, I, 45), science des noms (gr. *onoma*) de personnes. ‖ **anthropopithèque** 1888, Lar. (du gr. *pithêkos*, singe). ‖ **anthropophage** 1265, Br. Latini (*Anthropophagi*) [du gr. *phagein*, manger]. ‖ **anthropophagie** XVIᵉ s., Sales. ‖ **anthropotechnie** 1949, *L. M.* ‖ **anthropotechnicien** 1949, *L. M.* ‖ **anthropothéisme** 1842, *Acad.*

anti- les mots construits avec le préfixe *anti-*, contre, sont indiqués à la place alphabétique du terme simple, lorsque celui-ci existe. Dans le cas contraire, ils sont enregistrés à la suite du préfixe. Employé à partir du XVIᵉ s., le préfixe s'est répandu dès le XVIIIᵉ s.

antibiotique 1949, Lar., du préf. *anti*- et du gr. *bios*, la vie.

antichambre 1529, Lassere, de l'ital. *anticamera*, « chambre de devant »; refait sur *chambre*.

anticiper 1355, Bersuire, du lat. *anticipare*, prendre d'avance, être en avance (de *capere*, prendre, *ante*, avant). Il a gardé le sens trans. de « devancer » jusqu'au XVIIIᵉ s. ‖ **anticipation** 1437, *Coutum. d'Anjou*, du lat. *anticipatio*.

antidater V. DATE.

antidote 1130, *Eneas* (*-dot*), du lat. médiév. *antidotum* (Celse), empr. au gr. *antidoton*, donné contre. ‖ **antidotaire** 1314, Mondeville, recueil de formules.

antienne fin XIIIᵉ s., *Renard* (*antievene*), du lat. eccl. *antiphōna*, altéré en *antĕfona, - făna* (VIᵉ s.), saint Benoît, Grég. de Tours) ; une var. *antoine*, en anc. fr., est la survivance populaire de *antiphona*. Le mot lat., « chant alternatif » (de deux chœurs), vient du gr. *phōnê*, voix, *anti*, contre, en face de.

antilope 1622, trad. Le Maire, angl. *antelope* (sens actuel au XVIIᵉ s.), du lat. méd. *anthalopus*, animal fabuleux (en anc. fr. *antelop*, même sens, 1265, Br. Latini). Le latin vient du gr. byzantin *anthalóps*.

antimoine XIIIᵉ s., *Antidotaire Nicolas*, du lat. méd. *antimonium* (XIᵉ s.), de l'ar. *'ithmid*, sans doute du gr. *stimmi*, oxyde d'antimoine pour peindre les sourcils.

antinomie milieu XVIᵉ s., du lat. *antinomia*, mot gr. ‖ **antinomique** 1850.

antipathie 1562, Du Pinet, du lat. *antipathia*, empr. au gr. *antipatheia* (*anti*, contre et *pathos*, passion). ‖ **antipathique** 1586, Suau.

antiphonaire 1119, Ph. de Thaun (*antefinier*), début XIVᵉ s. (*antiphonar*), du lat. eccl. *antiphonarius*, de *antiphona*, chant alterné, empr. au gr. *anti*, contre, et *phōnê*, voix.

antipode 1372, Corbichon, du lat. *antipodes*, tiré du gr. (*podes*, pieds).

antipyrine 1884, Knorr, de *anti*, contre, et gr. *pur*, le feu (de la tête) ; « médicament contre la fièvre ».

antique XIIᵉ s., *Roncevaux*, du lat. *antiquus*; a éliminé l'anc. fr. *anti(f)*, f. *-ive*, forme pop. ‖ **antiquité** 1080, *Roland*, du lat. *antiquitas*. ‖ **antiquaille** début XVIᵉ s., de l'ital. *anticaglia*, antiquités, dér. de *antico*, péjor. depuis le XVIIᵉ s. (Corneille) ; adj. 1736, Voltaire. ‖ **antiquaire** 1547, G. du Choul, du lat. *antiquarius*, qui aime l'antiquité; en fr., d'abord « archéologue » au XVIIᵉ s. (et « antique », adj., au XVIᵉ s.), puis, au XIXᵉ s., « marchand d'antiquités ». ‖ **antiquariat** 1697, Bayle.

antithèse av. 1550, P. Doré, du gr. *antithêsis*, de *anti*, contre, et *thêsis*, thèse. ‖ **antithétique** av. 1680, Blanchemain, du gr. *antithetos*, que l'on met en face.

antonomase XIVᵉ s., *Grande Chron.*, du lat. *antonomasia*, empr. au gr., de *anti*, à la place de, et *onoma*, nom.

antonyme 1866, Lar., gr. *anti*, contraire, et *onoma*, nom. ‖ **-mie** *id.*

antre 1500, O. de Saint-Gelays, du lat. *antrum*, empr. au gr. *antron*.

anus 1314, Mondeville, du lat. *anus*, anneau, qui avait pris aussi ce sens en français. ‖ **anal** 1842, *Acad.* (V. ANNEAU, ANNULAIRE.)

anxieux 1375, R. de Presles, adj., au sens général du lat. *anxiosus*, de *anxius*, inquiet. Le sens méd. enregistré en 1842, *Acad.*, est issu directement du lat. spécialisé en méd. depuis le XVIᵉ s. ‖ **anxiété** XIIᵉ s. Herman de Valenciennes, au sens général du lat. *anxietas*; 1564, J. Thierry, méd. ‖ **-eusement** 1850.

aoriste 1548, Sebillet, du lat. *aoristus*, empr. au gr. *aoristos*, non défini.

aorte 1546, Ch. Est., du gr. *aortê*, veine.

*****août** XIIᵉ s. (*aost*), du lat. *augustus* (lat. pop. **agustus*), mois consacré à Auguste (auparavant *sextilis*). ‖ **aoûter** XIIᵉ s. (*aoster*) ; se rencontre encore au XVIIᵉ s. ‖ **aoûteron** 1547, Haudent, qui a remplacé *aoûteur* (XVᵉ s.). ‖ **aoûtat** XIXᵉ s., orig. dial. (insecte du mois d'août). ‖ **aoûtien** 1961, journ.

apache 1902, création de journalistes du *Matin* et du *Journal*, d'apr. le peuple indien des Apaches, pour désigner la pègre des boulevards extérieurs. ‖ **apacherie** 1900, *Le Sourire*.

apaiser V. PAIX.

apanage fin XIII⁰ s., de l'anc. fr. *apaner* (anc. comp. de *pain*), à l'origine « donner du pain », par ext. « doter ». Le subst. s'est spécialisé au sens de « apanage royal », usage supprimé en 1792, rétabli par Napoléon I⁰ʳ et Louis XVIII (le dernier apanage fut celui de la maison d'Orléans, qui fit retour à la couronne en 1830). Le mot a survécu au sens fig., usité dès la fin du XVII⁰ s. (Regnard). ‖ **apanager** 1407, *Ordonn.*

aparté 1640, La Ménardière, théâtre; 1866, Lar., sens général, de la loc. lat. *a parte*, à part.

apathie 1375, R. de Presles, du gr. *apatheia*, insensibilité; d'abord terme de philos.; il a pris le sens de « indolence » (fin du XVII⁰ s., Saint-Simon). ‖ **apathique** 1643, Du Bosc, *le Philosophe.*

apatride V. PATRIE.

aperception, apercevoir V. PERCEVOIR.

apéritif 1398, *Somme Gautier,* du lat. médiév. *aperitivus*, de *aperire*, ouvrir, au sens méd. auj. disparu de « qui ouvre les voies d'élimination » (laxatif, diurétique, sudorifique); adj. 1750, *Dict. des aliments,* qui ouvre l'appétit; s. m. XIX⁰ s.

aperture av. 1556, Le Blanc, du lat. *apertura*, de *aperire*, ouvrir, au sens général de « ouverture »; XX⁰ s., en linguistique.

aphasie 1826, Bouillaud, du gr. *aphasia*, mutisme (*a* priv. et *phasis*, parole). ‖ **aphasique** 1643, Du Bosc; 1888, Lar.

aphélie 1690, Furetière, du lat. sc. *aphelium* (1596, Kepler), du gr. *hêlios*, soleil.

aphérèse 1521, P. Fabri (*apheresis*), gramm., du lat. *aphaeresis* (Charisius), empr. au gr. *aphairesis*, action d'enlever; 1605, Le Loyer, philos.

aphonie 1617, Habicot, du gr. *aphonia* (*a* priv. et *phônê*, voix). ‖ **aphone** 1836, *Acad.*

aphorisme 1361, Oresme (*amphorisme*); 1490, *Guidon en fr.* (*aphorisme*); du bas lat. *aphorismus* (Rufin), empr. au gr. *aphorismos*, définition. ‖ **aphoristique** 1549, Tagault.

aphrodisiaque 1763, Adanson, du gr. *aphrodisiakos*, de *Aphroditê*, Vénus (déesse de l'Amour). ‖ **anaphrodi-**

siaque 1863 Lar. ‖ **antiaphrodisiaque, anaphrodisie** 1778, Villeneuve.

aphte 1545, Guéroult, du lat. méd. *aphtae*, empr. au gr. *aphtai*, de *haptein*, brûler. ‖ **aphteux** fin XVIII⁰ s. (*fièvre aphteuse*).

api 1571 (pomme *Apie*); 1611, Cotgrave (*d'Appie*); 1653, Oudin (*d'api*), du nom de Claudius Appius, qui aurait rapporté cette pomme du Péloponnèse à Rome.

apiculteur 1845, Besch., du lat. *apis*, abeille, et *-culteur*. ‖ **apiculture** 1845, Besch., a remplacé *abeillage*. ‖ **apicole** 1845, Besch., sur le modèle de *agricole*.

apitoyer, aplanir, aplatir, aplomb V. PITIÉ, PLAN, PLAT, PLOMB.

apo- préfixe issu du grec *apo-*, indiquant l'éloignement, la séparation, la cessation, et se présentant avec la variante *aph-*. Les mots construits avec ce préfixe, pour la plupart empr. au gr., sont indiqués à leur place alphabétique.

apocalypse XII⁰ s., du lat. chrét. *apocalypsis*, empr. au gr. *apokalupsis*, « révélation ». Il a pris le sens de « catastrophe finale » au XX⁰ s. ‖ **apocalyptique** 1552, Rab., repris au gr. *apokaluptikos.* ‖ **apocalyptiquement** 1832, Balzac.

apocope 1521, P. Fabri, du lat. *apocopa*, empr. au gr. *apokopê*, retranchement; limité au vocabulaire de la grammaire. ‖ **apocoper** 1578, H. Est.

apocryphe 1220, Coinci (*apocrife*), du lat. eccl. *apocryphus*, du gr. *apokruphos*, « tenu secret ». Terme eccl. jusqu'au XVI⁰ s., puis sens général de « non authentique ».

apodictique 1598, Marnix, du gr. *apodeiktikos*, démonstratif, de *apodeiknunai*, démontrer. ‖ **-ment** *id.*

apodose XVII⁰ s., du gr. *apodosis*, restitution.

apogamie 1888, Lar., du gr. *apo*, loin de, et *gamos*, mariage.

apogée 1562, M. Scève, astron., du lat. *apogeus*, empr. au gr. *apogeios*, loin de la terre; sens fig. au XVII⁰ s. (Guez de Balzac).

apologie 1495, J. de Vignay, du lat. eccl. *apologia*, empr. au gr. *apologia*, défense. Le sens élargi apparaît au

XVII⁰ s. ‖ **apologétique** XVᵉ s., du lat. *apologeticus.* ‖ **apologique** 1543, Delb. ‖ **apologiste** 1623, P. Garasse.

apologue XVᵉ s., G. Tardif, du lat. *apologus,* du gr. *apologos,* « récit », spécialisé au sens de « fable ».

aponévrose 1541, Canappe, du gr. *aponeurôsis,* durcissement en forme de nerf, de tendon. ‖ **aponévrotique** 1752, *Trévoux.*

apophonie 1877, L., du gr. *apo,* loin de, et *phônê,* parole.

apophtegme 1529, G. Tory, du gr. *apophtegma,* sentence.

apophyse 1541, Canappe, du gr. *apo phusis.* ‖ **apophysaire** 1863, L.

apoplexie XIIIᵉ s., Guill. de Tyr, du lat. *apoplexia,* empr. au gr. *apoplêxia,* de *apoplêttein,* renverser. ‖ **apoplectique** 1256, A. de Sienne, du lat. *apoplecticus.*

apostasie 1250, *Statuts d'hôtels-Dieu,* du lat. eccl. *apostasia,* empr. au gr. *apostasia,* abandon, défection, de *apo,* loin de, et *stênai,* se tenir. ‖ **apostasier** XVᵉ s., G. Alexis. ‖ **apostat** 1265, G., du lat. *apostata,* gr. *apostatês.*

aposter XIIᵉ s. *(apposter),* « mettre à un poste, placer »; *s* muet à partir du XIIIᵉ s.; de *poste.* Il est repris, au XVᵉ s., à l'ital. *appostare,* guetter.

a posteriori 1626, Descartes, loc. du lat. scolast. signif. « en partant de ce qui est après ». ‖ **apostériorisme, aposté-rioriste** 1878, Lar. ‖ **apostériorité** 1922, Lar. (V. A PRIORI.)

apostiller av. 1450, Gréban, « annoter en marge »; 1762, Voltaire, sens mod., de l'anc. fr. *postille* (XIIIᵉ-XVIᵉ s.), « annotation », tiré du lat. médiév. *postilla (post, illa,* ces choses). ‖ **apostille** 1468, J. Marot; masc. jusqu'au XVIIᵉ s.; « note marginale », puis « note pour recommander » (1802, *Acad.*); déverbal.

apostolat XVᵉ s., Du Cange, du lat. chrét. *apostolatus* (Tertullien, de *apostolus*). ‖ **apostolique** XIIIᵉ s., A. du Mont-Cassin, du lat. *apostolicus (id.),* empr. au gr. *apostolikos.* (V. APÔTRE.)

1. **apostrophe** 1514, G. Michel, mouvement oratoire, du lat. *apostropha,* empr. au gr. *apostrophê,* action de se détourner; le sens de « interpellation » est du XVIIᵉ s. ‖ **apostropher** 1672, Molière,

« interpeller »; XVIIIᵉ s., « donner un soufflet ».

2. **apostrophe** 1529, G. Tory *(apostrophus),* signe orth., du lat. gramm. *apostrophus,* empr. au gr. *apostrophos,* signe d'élision d'une voyelle finale. ‖ **apostropher** 1548, Sebillet, marquer d'une apostrophe.

apostume 1256, Ald. de Sienne, du lat. méd. *apostema,* empr. au gr. *apostêma,* corruption (qui a donné aussi *apostème,* XIIIᵉ s.), avec changement de terminaison par analogie avec *rhume* et *fleugme* (flegme); il était, au XVIIᵉ s., indifféremment du masc. ou du fém.

apothéose 1581, C. Guichard, du lat. *apotheosis,* empr. au gr. *apotheósis,* de *theos,* dieu; sens fig., 1581, Nancel.

apothicaire 1268, E. Boileau *(apotecaire),* du bas lat. *apothecarius (Code Justinien),* boutiquier, de *apotheca,* qui a donné *boutique.*

1. **apôtre** m. 1080, *Roland (apostle);* fin XIIᵉ s., *apostre,* du lat. eccl. *apostolus,* empr. au gr. *apostolos,* envoyé, spécialisé en « envoyé de Dieu » par le gr. eccl. Le sens fig. date du XVIIᵉ s., La Bruyère; *bon apôtre (les Plaideurs;* La Fontaine).

2. **apôtre** f. 1773, Bourdé, mar., spécialisation de l'anc. fr. *aposte,* déverbal de *aposter,* placer; la forme *apostre* (1783, *Encycl. méth.*) est due à l'attraction paronymique du précéd.

*****apparaître** 1080, *Roland (aparoistre),* du lat. pop. **apparescere,* forme inchoative de *appárere,* qui avait donné l'anc. fr. *apparoir* (XIIᵉ-XVIᵉ s.), dont il reste la survivance jurid., *il* **appert.** ‖ **appariteur** 1332, texte de Reims, du lat. *apparitor,* agent subalterne attaché au service d'un officier ou magistrat; de *apparere,* « se montrer aux côtés de », puis « être au service de ». ‖ **apparition** 1190, saint Bernard, « Epiphanie », du lat. eccl. *apparitio,* calque du gr. *epiphaneia,* apparition (le lat. class. signifiait « service » et « escorte »). En fr., le sens s'est étendu, surtout à partir du XVIᵉ s., d'après *apparaître.* ‖ **réapparaître** 1867, Lar. ‖ **réapparition** 1771, *Trévoux.*

apparat XIIIᵉ s., *Clef d'amors,* du lat. *apparatus,* « préparatifs », de *parare,* préparer; puis « ornements », « pompe ».

*__appareil__ XIIᵉ s., *Chanson d'Antioche*, du lat. pop. *appariculum, de *apparare*, préparer, à côté de *apparatus*; en fr., « préparatif, magnificence », jusqu'au XVIIᵉ s., à côté de « instrument »; *appareil photo*, fin XIXᵉ s., Kjellman; l'anc. plur. *apparaux* est resté comme terme de marine. ‖ __appareiller__ 1080, *Roland*, « préparer », jusqu'au XVIIᵉ s., puis terme de marine (1544, J. Cartier), remonte au lat. pop. *appariculare. ‖ __appareillage__ XIVᵉ s., « préparatifs »; mar., fin XVIIIᵉ s. ‖ __appareillement__ 1819, Wailly. ‖ __-lleur__ XIIIᵉ s., *Girart de Roussillon*.

__1. appareiller__ V. PAREIL.

__2. appareiller__ V. APPAREIL.

__apparence__ 1283, Beaumanoir (*aparance*), de *apparoir* (v. APPARAÎTRE), avec infl. du lat. impér. *apparentia* (Tertullien); il a eu aussi jusqu'au XIXᵉ s. le sens de « vraisemblance ». ‖ __apparent__ 1155, Wace (*aparant*), part. présent de *apparoir*, avec infl. du lat. *apparens*, part. présent de *apparere*; « mensonger » et « considérable » jusqu'au XVIIᵉ s. ‖ __apparement__ XIIIᵉ s., Novare, d'abord « manifestement » jusqu'au XVIIᵉ s.

__apparenter__ V. PARENT.

__apparier__ début XIIIᵉ s., « unir », réfection d'après le lat. *par*, « égal », d'un plus ancien *apairier* (cf. PARIER); au fig. jusqu'au XVIIᵉ s. ‖ __appariement__ fin XVIᵉ s. ‖ __apparieur__ 1657-1670, Tall. des Réaux. ‖ __désapparier__ 1611, Cotgrave.

__appariteur, apparoir__ V. APPA-RAÎTRE.

__appartement__ 1559, Du Bellay, de l'ital. *appartamento*, de *appartare*, séparer, de *parte*, partie; ensemble de plusieurs pièces constituant un logis.

*__appartenir__ fin XIᵉ s., *Alexis*, du lat. impér. *adpertinere* (IVᵉ s., Innocentius), « dépendre de », de *pertinere*, se rattacher à, dans lequel l'élément « tenir » a longtemps été senti. ‖ __appartenance__ fin XIIᵉ s., *Rois*, jurid.

__appât__ début XVIᵉ s., J. Marot (*appast*); parfois « aliment » (Du Pinet), croisement de l'anc. fr. *past*, nourriture (« appât », XVᵉ s.), du lat. *pastus* (part. passé substantivé de *pascere*, nourrir), avec *apaistre*, repaître (v. PAÎTRE). ‖ __appas__ plur., spécialisé au sens fig. à partir du XVIIIᵉ s., est l'anc. forme du pluriel. ‖ __appâter__ 1540, Marot; fig. 1552, Baïf.

__appauvrir__ V. PAUVRE.

__appeau__ V. APPELER.

*__appeler__ 1080, *Roland* (*apeler*), du lat. *appellare* « aborder » (de *pellere*, pousser). ‖ __appel__ fin XIᵉ s., *Lois de Guillaume*, déverbal; la finale *-el* a été conservée en corrélation avec le verbe. ‖ __appelant__ subst. 1392, E. Deschamps. ‖ __appeau__ XIIᵉ s., var. morphologique de *appel* (forme du plur. étendue au sing. comme la plupart des anciens noms en *-el* : cf. BEAU, MARTEAU). ‖ __appellation__ 1190, Garn., du lat. *appellatio*, de *appellare*, « action d'appeler » (rare en anc. fr.); sens jurid. d' « appel » (1525, J. Lemaire) jusqu'au XVIIIᵉ s.; le sens de « dénomination » l'a emporté en fr. ‖ __appellatif__ 1495, J. de Vignay, du lat. *appellativus* (Priscien). ‖ __rappeler__ 1080, *Roland*. ‖ __rappel__ milieu XIIIᵉ s.

__appendice__ 1281, *Charte*, « dépendance », du lat. *appendix, -icis*, « objet suspendu », de *pendere*, pendre, qui avait pris le sens « dépendance », et en bas lat. « appendice d'un livre » (*Appendix Probi*, Vᵉ s.); sens anat. (1541, Canappe) repris au lat. méd. médiév.; fém. d'apr. le lat. jusqu'au début du XVIIIᵉ s. ‖ __appendicule__ 1546, Ch. Est. ‖ __appendicectomie__ 1922, Lar. ‖ __appendicectomiser__ 1949, *L. M.* ‖ __appendicite__ 1886, Fitzen.

*__appendre__ 1080, *Roland*, du lat. *appendere*, usuel encore en un sens religieux au XVIIᵉ s. (v. PENDRE). ‖ __appentis__ fin XIIIᵉ s., C. E. V., d'un part. passé archaïque *apent (cf. PENTE).

__appesantir__ V. PESER.

__appétence__ 1554, Pasquier, du lat. *appetentia*, désir, de *petere*, demander. Le mot appartient d'abord à la méd. ‖ __inappétence__ XVIᵉ s. Le verbe __appéter__ existait au XVIIᵉ s.

__appétit__ 1180, *Saint-Evroult* (*apetit*), « désir », du lat. *appetitus*, désir (dér. de *appetere*, convoiter), spécialisé en « appétit de manger » dans le langage courant du XVIIᵉ s.; sens économique, 1868, Hugo. ‖ __appétissant__ 1398, *Ménagier*. ‖ __appétition__ 1550, Fierabras, du lat. *appetitio*, convoitise.

__applaudir__ fin XIVᵉ s., R. de Presles, du lat. *applaudere*. ‖ __applaudissement__ 1539, Le Baud. ‖ __applaudimètre__ 1963, journ. ‖ __-isseur__ 1539, R. Est.

appliquer XIIIe s., *Sept Sages (appliquier)*, du lat. *applicare*. ‖ **applicable** fin XIIIe s. (*-quable*). ‖ **applique** XVe s. ‖ **application** 1361, Oresme, du lat. *applicatio* (seulem. au fig.), a suivi en fr. les sens du verbe. ‖ **applicateur** 1963, *Elle.*

appoggiature début XIXe s. (*-ura*), de l'ital. *appoggiatura*, de *appoggiare*, appuyer. Le mot appartient au vocabulaire musical.

appointer V. POINT et POINTE.

apponter V. PONT.

__apporter__ Xe s., *Saint Léger*, du lat. *apportare*, porter vers. ‖ **apport** fin XIIe s., « action d'apporter »; sens financier XIXe s. ‖ **apporteur** XXe s. (1960, *P. L.*). ‖ **rapporter** 1180. ‖ **rapport** milieu XIIIe s. ‖ **rapporteur** fin XIIIe s.

apposer 1155, Wace, de *poser* (auprès). ‖ **apposition** 1213, *Cart. N.-D. de la Roche*, du lat. *appositio*, action de placer auprès (de *ponere*, placer), pour servir de dér. abstrait au précédent. Le sens gramm. est attesté au XVIIIe s.

apprécier 1391, *Coutum. d'Anjou*, du lat. impér. *appretiare* (Tertullien), de *pretium*, prix. ‖ **appréciable** fin XVe s. ‖ **appréciateur** 1509, C. E. V. ‖ **appréciatif** 1615, R. Gaultier, théol. ‖ **appréciation** 1398, G. ‖ **inappréciable** milieu XVe s.

appréhender XIIIe s., C. E. V., du lat. *apprehendere*, saisir, de *prehendere*, prendre; puis « comprendre » au XVIIe s., comme en lat. impér. (IIIe s., Tertullien). Le sens « considérer comme étant à craindre » se rencontre après le XVIe s. Le sens jurid. (*saisir un débiteur*), attesté au XVIe s., est passé dans le vocabulaire général (*arrêter*). ‖ **appréhensif** 1372, Corbichon, au sens de « qui perçoit »; 1566, trad. Gelli, au sens de « craintif ». ‖ **appréhension** 1265, Br. Latini, du lat. *apprehensio*, « action de saisir », puis « compréhension » : même évolution en fr.

__apprendre__ fin XIe s., *Alexis*, du lat. *apprehendere* (pop. *__apprendĕre__*), passé de « comprendre » à « apprendre » (pour soi, puis : aux autres); l'anc. fr. avait aussi le sens premier « saisir ». ‖ **apprenti** 1175, Chr. de Troyes (*aprantez*); XVIe s., *apprentif*, fém. *-isse*, jusqu'au XVIIe s.; d'un part. passé archaïque *__apprenditītum__*, *__aprent__* (cf. *appentis*, à APPENDRE, et PENTE). ‖ **apprentissage** 1395, Delb. ‖ **malappris** 1835.

apprêter V. PRÊT.

__apprivoiser__ fin XIIe s. (*apriveisier*); 1555, Pasquier (*-privoiser*), « rendre privé », par opposition à « libre, sauvage; du lat. pop. *__apprīvītiare__*, de *privus*, privé, personnel. ‖ **apprivoisement** v. 1558, Amyot. ‖ **apprivoiseur** 1565, Calepin.

approbation V. APPROUVER.

approcher V. PROCHE.

approfondir V. PROFOND.

approprier V. PROPRE.

__approuver__ fin XIIe s., du lat. *approbare* (de *proba*, preuve), qui signifiait aussi « prouver » (de même en fr. jusqu'au XVIe s.) et « faire approuver » (sens repris au XVIe s.). ‖ **approuvable** 1550, Amyot. ‖ **approbation** 1265, Le Grand, du lat. *approbatio*. ‖ **approbateur** 1534, G. Michel, du lat. *approbator*. ‖ **approbatif** début XVe s., du bas lat. *approbativus*. ‖ **désapprouver** 1535, Colin Bucher. ‖ **désapprobateur** 1748, Montesquieu. ‖ **désapprobation** 1783, *Courrier de l'Europe*.

approvisionner V. PROVISION.

approximation 1314, Mondeville, du lat. impér. *approximare*, approcher (Tertullien; de l'adv. *proxime*, superlatif de *prope*, près). ‖ **approximatif** 1795, Snetlage. ‖ **-ivement** 1834, Landais.

__appuyer__ 1080, *Roland*, du lat. pop. *__appodiare__*, de *podium*, soubassement, empr. au gr. *podion*, petit pied. ‖ **appui** XIIe s., déverbal. ‖ **appui-main** 1680, Richelet. ‖ **-tête** 1866, Lar.

__âpre__ 1150, *Couronn. de Loïs* (*aspre*), du lat. *asper* (*asprum*). ‖ *__âpreté__* 1190, saint Bernard (*aspreteit*), du lat. *asperitas*. ‖ **âprement** 1138, *Saint Gilles*. ‖ **aspérité** XIIe s., *D. G.*, mot savant, formé sur le lat. *asperitas*, pris dans son sens propre.

__après__ 1080, *Roland*, du bas lat. *ad pressum*, auprès (*Mulomedicina*), forme renforcée de *pressum* (v. PRÈS), qui a remplacé *post* dans le sens « après », d'abord locatif, puis temporel.

a priori 1626, Mersenne, mot du lat. scolast. signif. « en partant de ce qui est avant », de *prior*, « qui est avant ». ‖ **apriorisme** 1898, Lar. ‖ **aprioriste** *id.* ‖ **aprioristique** 1910, *L. M.* ‖ **apriorité** 1910, *L. M.*

apte XIII⁰ s., G. (*apt*), du lat. *aptus*; spécialisé comme terme jurid. au XVIII⁰ s.; sens élargi au XIX⁰ s. ‖ **aptitude** 1361, Oresme, jurid. jusqu'au XVI⁰ s., du bas lat. *aptitudo*. ‖ **inapte** XV⁰ s. ‖ **inaptitude** XV⁰ s., rare jusqu'au XVIII⁰ s.

aptère 1754, La Chesnaye des Bois, du gr. *apteros*, de *a* priv. et *pteron* aile.

apurer V. PUR.

aquafortiste 1853, Goncourt, de l'ital. *acquafortista*, « graveur en eau-forte » (*acqua forte*), pour servir de nom d'agent à *eau-forte*.

aquarelle 1791, *Encycl. méth.*, de l'ital. *acquarella*, dér. de *acqua*, eau. ‖ **aquarelliste** 1836, Landais.

aquarium 1860, *Année sc. et industr.*, du lat. *aquarium*, réservoir. ‖ **aquariophile, -philie** 1949, *L. M.*

aquatile V. AQUATIQUE.

aqua-tinta 1819, Boiste, de l'ital. *acqua tinta*, eau teinte; francisé en *aquatinte* au XX⁰ s. (1824, Delacroix).

aquatique XIII⁰ s., G., du lat. *aquaticus*, de *aqua*, eau; il a existé aussi, avec un autre suffixe, *aquatile* (1678, *Journ. des savants*).

aqueduc 1518, C. E. V. (*acqueducte*), du lat. *aquaeductus*, qui conduit l'eau. Au XVI⁰ s., var. *aquaeduct, aquadouch*.

aqueux 1503, G. de Chauliac, du lat. *aquosus* (qui a donné une forme pop. disparue, *eveux*), dér. de *aqua*, eau. Il a existé aussi un autre adjectif *aqué* (1546, Ch. Est.). ‖ **aquosité** 1314, Mondeville, comme terme de médecine.

aquilin 1468, Chastellain, du lat. *aquilinus*, de *aquila*, aigle, « qui a la forme d'un bec d'aigle ».

aquilon 1213, *Fet des Romains*, du lat. *aquilo, -onis*, vent qui vient du nord.

aquosité V. AQUEUX.

ara 1558, Thevet, du tupi-guarani *ara*.

arabe 1564, J. Thierry, du lat. *arabus*, empr. au gr. *araps*; il a remplacé *Sarrasin* comme nom de peuple; sens fig. de « dur, âpre au gain » attesté encore

au XVII⁰ s. ‖ **arabesque** 1546, Rab., au sens de *arabe*, de l'ital. *arabesco*. Le sens de « ornement de style arabe », qui vient aussi de l'ital., est attesté en 1611 (Cotgrave). ‖ **arabique** XIII⁰ s., *Assises de Jérusalem*; *gomme arabique* 1213, *Fet des Romains*; du lat. *arabicus*. ‖ **arabisant** 1637, Davity, syn. de *arabe*; 1842, *Acad.*, « spécialiste de la langue et littérature arabe ». ‖ **arabiser** 1735, *Mercure.* ‖ **arabisation** 1960, Lar. ‖ **arabisme** 1827, *Acad.*, « loc. arabe »; 1948, *L. M.*, polit. ‖ **arbi** fin XIX⁰ s.

arable 1155, Wace, du lat. *arabilis*, qui peut être labouré, de *arare*, labourer.

arachide fin XVIII⁰ s., du lat. *arachidna*, empr. au gr. *arakidna* ou *arakos*, gesse; le mot lat. a servi à désigner la plante au début du XVIII⁰ s.

arachnide 1806, Lunier, *Dict. de sciences*, du gr. *araknê*, araignée. ‖ **arachnéen** 1857, Baudelaire. ‖ **arachnitis** méd. 1830, L.-A. Garnier. ‖ **arachnoïde** méd. 1538, *Guidon en fr.* ‖ **arachnoïdite** 1824, H. Féraud.

arack, arak 1519, Delb. (*arach*), ar. *'araq*, d'abord « liqueur extraite du palmier ». (V. RAKI.)

araignée 1120, *Ps. d'Oxford*, « toile d'araignée » (encore au XVII⁰ s.); 1539, R. Est, sens actuel; de l'anc. fr. *aragne* (du lat. *aranea*), qui désigna l'animal jusqu'au XVIII⁰ s. (encore Voltaire); la même substitution de sens (toile d'araignée → araignée) s'était produite en latin (à l'origine, *araneus*, la bête, *aranea*, la toile).

araire début XII⁰ s., *Voy. de Charlemagne*; repris au XIX⁰ s. (1819, Boiste); du prov. *araire*, issu du lat. *aratrum*, de *arare*, labourer.

*arantèle XVI⁰ s., Du Fouilloux, mot poitevin, du lat. *araneae tela* (toile d'araignée).

araser V. RASER.

aratoire 1514, C.E.V., du bas lat. *aratorius* (*Code Théodosien*), de *arare*, labourer.

araucaria 1806, de Wailly (*araucaire*), lat. bot. tiré d'*Arauco*, région du Chili d'où vient l'arbre.

*arbalète 1080, *Roland* (*arbaleste*, var. *-estre*, jusqu'au XVI⁰ s.), du lat. impér. (Végèce) *arcuballista*, « baliste à arc »; terme hist., auj. spécialisé dans des acceptions techn. || **arbalétrier** XIIᵉ s., *Aymeri* (-*estrier*). || **arbalétrière** 1160, Benoît. || **arbalestrille** 1622, Hobier.

arbitre XIIIᵉ s., Ph. Navarre,« volonté », sens qui s'est conservé dans « libre arbitre » (1541, Calvin), du lat. *arbitrium*; « juge entre deux parties » 1213, *Fet des Romains*, du lat. *arbiter*. || **arbitrage** 1283, Beaumanoir; 1771, *Trévoux*, sens financier; xxᵉ s., sport. || **arbitragiste** 1871, Littré. || **arbitraire** 1397, Froissart, du lat. *arbitrarius*, « qui dépend de la décision du juge »; le sens moderne se développe à partir du xvᵉ s., le mot servant d'adj. à « libre arbitre »; la valeur péjor., sensible au xviiᵉ s., s'accentue au xixᵉ s. || **arbitrairement** 1397. || **arbitral** 1270, *D. G.* || **arbitrer** 1274, *D. G.*; 1933, *Auto*, sport.

arborer 1320, *Geste des Chyprois*, de l'anc. ital. *arborare*, « dresser comme un arbre ».

arborescent, arboriculture, arboriser V. ARBRE.

arbouse 1557, Dodoens, du prov. mod. *arbousso*, fruit de l'*arbous*, du lat. *arbuteus*, dér. de *arbutus*, arbousier. || **arbousier** 1539, R. Est (*arbosier*).

*arbre 1080, *Roland*, du lat. *arbor*, fém. devenu masc. à l'époque préromane; sens métaphoriques « mât », « axe » (de pressoir), etc., déjà en latin. || ***arbrisseau** VIIIᵉ s., *Reichenau* (*arbriscellus*); XIIᵉ s. (*arbrissel*); du lat. pop. **arboriscellus*; réfection du dimin. de *arbor*. || **arborescent** 1553, P. Belon, du lat. *arborescens*; part. présent de *arborescere*, devenir arbre. || **arborescence** début XIXᵉ s. || **arboriculture** 1842, *Acad.* || **arborisation** 1806, Lunier, du lat. *arbor*. || **arboriser** *id.*, « cultiver des arbres »; ce dernier est employé parfois au XVIᵉ s. pour *arborer*. || **arbuste** 1495, J. de Vignay, du lat. *arbustum*.

*arc 1080, *Roland*, du lat. *arcus*. || **archer** XIIᵉ s., *Roncevaux*. || **archet** XIIᵉ s. || **arquer** 1560, A. Paré || **arc-boutant** 1387, G., de *bouter*, pousser. || **arc-bouter** 1604, Certon; **s'arc-bouter** 1783, Mercier. || **arc-en-ciel** 1265, J. de Meung. || ***arceau** 1175, Chr. de Troyes (*arcel*), du lat. pop. **arcellus*, dimin. de *arcus*, arc. || **arcure** 1512,

J. Lemaire. || **arcade** 1562, Du Pinet, de l'ital. *arcata*, de *arco*, arc, sous une forme piémontaise-lombarde *arcada*. || **arcature** XIXᵉ s.

arcane fin xvᵉ s., adj., O. de Saint-Gelays, jusqu'au xviiᵉ s., aussi terme d'alchimie, du lat. *arcanus*, adj., secret, et *arcanum*, subst.; auj. restreint à quelques loc. (les *arcanes* de la science).

arcanne XIIIᵉ s. (*alchanne*) f.; 1611, Cotgrave (*arcanne*); du lat. médiév. *alchanna*, plante tinctoriale, empr. à l'ar. *al-hanna*. || **henné** 1553, Belon, mot ar., nom d'un arbrisseau. || **orcanette** 1398, *Ménagier* (*arquenet*); 1562, Du Pinet (*arcanette*); altér. d'un dimin. de *arcanne*.

arcanson 1567, C.E.V. (*arguenson*), altér. de *Arcachon*, région où se fabriquait cette colophane.

arcasse 1491, Trémoille, du prov. mod. *arcasso*, gros coffre (dér. de *arco*, du lat. *arca*, coffre).

archaïsme 1659, Chapelain, du gr. *arkhaismos*, de *arkhaios*, ancien. || **archaïque** 1776, *Encycl., suppl.* || **archaïsant** 1928, Lar. || **archéen** XXᵉ s. (1954, *P. L.*). du gr. *arkhaios*, ancien.

*archal fin XIIᵉ s., *Rois*; seulem. dans *fil d'archal*, depuis le XVIᵉ s.; du lat. *orichalcum*, empr. au gr. *oreikhalkos*, laiton; en fr., le *a* initial (au lieu de *o*) est dû à *aurum*, or.

archange V. ANGE.

1. ***arche** (de Noé, d'alliance) fin XIIᵉ s., *Rois*, du lat. *arca*, coffre, « arche », dans la *Vulgate*.

2. ***arche** arcade XIIᵉ s., *Roncevaux*, et « arc » (du XIIIᵉ au XVIᵉ s.), du lat. pop. de Gaule **arca*, arche, tiré de *arcus*, arc. || **archine** 1863, L.

archéo- du gr. *arkhaios*. || **archéo-civilisation** G. L. E., 1960. || **archéologie** 1599, La Popelinière, du gr. *arkhaiologia*. || **archéologique** 1595, Barbier. || **archéologue** 1813, Boiste. || **archéoptéryx** 1864, F. de Filippi (gr. *pterux*, aile).

archétype 1230 (*architype*), du lat. *archetypum*, gr. *archetypon*.

archevêché V. ÉVÊCHÉ.

archi- préfixe issu du gr. *arkhein*, commander, qui s'est développé depuis le xvıᵉ s. à partir de termes hiérarchiques empr. à l'ital. (*archiprêtre*) et indique une qualité (ou un défaut) portée à un point élevé.

archimandrite 1560, Pasquier, du lat. eccl. *archimandrita*, empr. au gr. eccl. *arkhimandritês*, de *mandra*, « enclos », puis « cloître ».

1. **archine** cintre. (V. ARCHE.)

2. **a r c h i n e,** mesure russe, 1699, A. Brand, du russe *archin.*

archipel XIVe s. *Chron. de Morée* (*archepelague*) ; 1512, J. Lemaire (*archipel*) ; var. *archipelago, -lague* jusqu'à Ménage ; de l'ital. *arcipelago*, formé d'apr. le gr. *pelagos*, mer (propr. « mer principale » : la mer et les îles qui s'y trouvent).

architecte 1361, Oresme (*architecton*) ; 1510, J. Lemaire (*architecte*) ; du lat. *architectus* (var. *architecton*, Varron), empr. au gr. *arkhitektôn* (de *tektôn*, ouvrier travaillant le bois). || **architectonique** 1495, J. de Vignay, du lat. *architectonicus*, empr. au grec. Ces mots se sont vulgarisés au XVIe s. sous l'influence des mots ital. correspondants. || **architecture** 1504, J. Lemaire, du lat. *architectura*. || **architectural** 1819, Boiste. || **architecturer** *id.*

architrave 1528, *Comptes des bâtiments du Roi* (*arquitrave*), de l'ital. *architrave*, maîtresse poutre. || **architravé** 1739, De Brosses.

archives 1416, *Registres consulaires de Lyon*, du bas lat. *archivum*, empr. au gr. *arkheion*, ce qui est ancien. || **archiver** 1877, L. || **archiviste** 1701, Furetière.

archivolte 1694, Th. Corn., de l'ital. *archivolto*, voûte maîtresse.

archonte XIIIe s., *D. G.* (*arconde*), du lat. *archon, -ontis*, du gr. *arkhôn, -ontos*, de *arkhein*, commander. || -tat 1701, Fur.

*arçon** 1080, *Roland*, du lat. pop. *arcio, *arcionis*, dimin. de *arcus*, arc, en anc. fr. « petit arc » et « archet », spécialisé ensuite dans des sens techniques. || **arçonnerie** 1909, *L. M.* || **désarçonner** XIIe s.

arctique 1338, *Roumant de la fleur de lis*, du lat. *arcticus*, empr. au gr. *arktikos*, de *arktos*, ours et Grande Ourse. || **antarctique** *id.*, du lat. *antarcticus*, même origine (*anti*, en face de).

arct (o) - du gr. *arktos*, ours. || **arctornis** 1878, Lar. (gr. *ornis*, oiseau). || **arctostaphyle** 1868, Lar. (gr. *staphulos*, grappe). || **arctotherium** 1928, Lar. (gr. *thérion*, bête).

ardent XIIe s., *Thèbes*, du lat. *ardens*, part. prés. de *ardere*, brûler, et confondu avec l'anc. fr. *ardant*, part. prés. de *ardoir* ou *ardre* (lat. *ardere*), vieilli dès le XVIIe s. || -emment 1190, saint Bernard.

ardeur 1130, *Job*, du lat. *ardor, ardoris*, de *ardere*, brûler.

ardillon fin XIIIe s., *Renart* (*hardillon*) ; XVe s. (*ardillon*), d'abord « petit lien », de l'anc. fr. *hart*, corde, sous la forme primitive *hard*. (V. HART.)

ardoise 1175 Chr. de Troyes, orig. inconnue, mot propre à la France du Nord. On a supposé une racine celtique. || **ardoisé** 1587, J. du Chesne. || **ardoisier** 1506, C. E. V.

ardu XIVe s., *Ps.*, du lat. *arduus*, « escarpé », et « malaisé », sens fig. qui l'a emporté en fr. au XVIIe s.

are 1795, *Décret*, mot créé d'apr. le lat. *area*, aire, comme unité agraire du système métrique. || **centiare** fin XVIIIe s. || **hectare** *id.*

arec 1521, *Pigaphetta* (*areca*) ; 1687, Choisy (*arèque*), du port. *areca*, tiré d'une langue de l'Inde et désignant un « palmier ». || **aréquier** 1687, Choisy.

aréique XXe s. (1953, Lar.), du gr. *rhein*, couler, et de *a* priv. || **aréisme**, XXe s. (1953, Lar.), spécialisé en géogr.

*arène** 1155, Wace (*araine*), « sable », du lat. *arēna*, sable (par ext. « sable de l'amphithéâtre », « arènes ») ; le mot, disparu au XVe s., fut repris au lat. dès le XVIe s. (« sable »), sous la forme *arène* (litt.), puis au XVIIe s. au sens « arènes ». || **aréneux** XIIIe s. (*-noux*).

aréole 1611, A. du Chesne, anat., du lat. *areola*, diminutif de *area*, aire ; 1888, Lar., zool. || **aréolaire** 1838, Balzac.

aréomètre 1675, *Journ. des savants* (*arae-*), formé du gr. *araios*, ténu, et *metron*, mesure.

aréopage 1538, J. de Vega (*areo-*), nom propre ; 1495, J. de Vignay (*ario-*) ; sens fig. 1719, La Motte ; du lat. *areopagus*, empr. au gr. *Areios pagos*, « la colline d'Arès », sur laquelle siégeait l'Aréopage.

***arête** XIIᵉ s. (areste), du lat. pop. *aresta*, du lat. class. *arīsta*, « barbe d'épi », puis « arête » (IVᵉ s., Ausone) ; en fr., le deuxième sens l'a emporté et a entraîné des emplois techniques (arête d'un toit, d'une montagne). ‖ **arêtier** XIVᵉ s. ‖ **arêtière** 1329, G., dans le voc. de l'architecture.

***argent** Xᵉ s., *Eulalie*, du lat. *argentum*, « métal », « monnaie » et « richesses ». ‖ **argenter** 1220, G. de Coincy. ‖ **argenterie** 1286, *Archives*, ensemble de pièces en argent. ‖ **argentin** 1120, *Ps. de Cambridge*. ‖ **argentier** 1272, Delb., « banquier » ; 1417, Fauquembergue, « trésorier royal » ; XXᵉ s., par ironie, *grand argentier*, « ministre des Finances ». ‖ **argentifère** 1596. ‖ **argentine** XIIIᵉ s., 1801, Haüy, voc. de la minéralogie. ‖ **argenture** 1642, Oudin. ‖ **désargenter** 1611, Cotgrave.

***argile** XIIᵉ s. (argille), 1350-1400, *Aalma* (arzille), du lat. *argilla*, empr. au gr. *argillos*, argile de potier. ‖ **argileux** fin XIIᵉ s., *Rois*. ‖ **argilière** XIIIᵉ s., *Renart* (arzilière). ‖ **argilacé** 1846, Besch.

argon 1874, Raleigh et Ramsay en Angleterre ; du gr. *argos*, inactif (le corps n'a aucune activité chimique).

argot 1628, *Jargon*, « corporation des gueux » dans leur jargon (*argotier*, gueux ; *argoter*, mendier) ; le sens « langage (des gueux, des voleurs) » s'est formé en fr. (1690, Furetière) ; orig. obscure : le subst. est peut-être dérivé du verbe, qui paraît de même racine que l'anc. fr. *hargoter*, quereller, var. de *harigoter*, déchirer. ‖ **argoter** XVIIIᵉ s. ‖ **argotique** *id.* ‖ **argotier** 1628, Chéreau. ‖ **argotisme** 1866, Lar.

argousin XVᵉ s. (agosin) ; 1538, Vega (argousin), « surveillant de galères », aussi « sergent de ville » (Brantôme) ; du port. *algoz*, bourreau, empr. à l'ar. *al-ghozz*, forme arabisée du nom de peuple turc *aghuz*, avec infl. de l'esp. *alguacil*, qui a donné *alguazil* et qui a développé le sens « agent de police », devenu péjor., le sens originaire ayant disparu avant la suppression des galères.

arguer 1080, *Roland*, trisyll., du lat. *arguere*, « prouver » et « accuser » ; il s'est confondu avec l'anc. fr. *arguer*, presser (au propre et au fig. ; du lat.

argutari, au sens « fouler »), qu'il a éliminé. ‖ **argument** 1160, Benoît, du lat. *argumentum*. ‖ **argumenter** XIIᵉ s., *Floovant*, du lat. *argumentare*. ‖ **argumentation** XIVᵉ s., Oresme, lat. *argumentatio*. ‖ **argumentateur** 1539, Gruget. ‖ **argutie** 1555, Pasquier, du lat. *argutia*, subtilité ; surtout au pl., comme en lat.

argus 1584, *Somme des péchez*, nom d'un personnage mythologique chargé par Junon de surveiller la nymphe Io. Il a signifié d'abord « surveillant » ; au XXᵉ s., il a servi de titre à un journal spécialisé en automobile.

argyr(o)- du gr. *arguros*, argent. ‖ **argyrie** 1907, Lar. ‖ **argyrisme** 1888, Lar. ‖ **argyrose** 1846, Besch.

1. **aria** m., pop., « embarras », 1493, Coquillart (haria caria), tumulte ; 1530, Palsgrave (haria) ; de l'anc. fr. *harier*, harceler, même rac. que *harasser*.

2. **aria** f., mus., « air », 1752, Lacombe, de l'ital. *aria*. ‖ **ariette** mus., début XVIIIᵉ s., de l'ital. *arietta*, dimin. de *aria*, air.

aride 1360, G. de Machaut, du lat. *aridus* ; il a remplacé la forme pop. *are*. ‖ **aridité** 1120, *Ps. d'Oxford* (-tet), du lat. *ariditas*.

aristarque 1549, Du Bellay, nom d'un critique grec (IIᵉ s. av. J.-C.), Aristarkhos ; sens fig. déjà en latin.

aristocratie 1361, Oresme, du gr. *aristokrateia*, « gouvernement des meilleurs » (*aristos*, le meilleur, *kratein*, commander), latinisé dans les trad. d'Aristote ; usuel à partir de 1750. ‖ **aristocratique** *id.*, du gr. *aristokratikos*. ‖ **aristocratiquement** 1568, Le Roy. ‖ **aristocratiser** 1361, Oresme, inusité pendant quatre siècles ; recréé à la Révolution. ‖ **aristocrate** XVIᵉ s., vulgarisé à la veille de la Révolution (1778, Linguet) ; abrév. pop. *aristo* (1848, *Chanson*).

aristoloche 1248, Delb., du lat. *aristolochia*, tiré du gr. *aristos*, meilleur, *lokhos*, accouchement, plante réputée pour faciliter les accouchements.

aristotélique 1527, Dassy, « d'Aristote ». ‖ **-télicien** 1512, Chapelain.

arithmétique fin XIIᵉ s., *Thèbes* (arimétique) ; 1265, J. de Meung (aritmétique) ; 1529, G. Tory (arithmétique), du lat. *arithmetica*, empr. au gr. *arithmê-tikê*, de *arithmos*, nombre. ‖ **arithméticien** 1395, Chr. de Pisan (*arismetien*); 1539, R. Est. (*arithméticien*). ‖ **arithmétiquement** 1558, Pontus de Tyard.

arlequin 1324, *Arch. Dijon* (*Harlequin*, nom de personne); 1585, comédien italien; réfect. de l'anc. fr. *Hellequin*, nom d'un diable; l'ital. *arlecchino* vient du fr.; au fig. et au pl., rogatons de restaurant, 1829, Vidocq. ‖ **arlequinade** 1726, *Trévoux*. ‖ **-quine** 1845, Besch.

armada 1829, mot esp., « armée navale ».

armadille 1615, Yves d'Evreux, de l'esp. *armadillo*, tatou, dimin. de *armado*, armé, à cause de la carapace. Le mot a désigné ensuite des cloportes.

armateur 1584, *Instructions*, du bas lat. *armator*, de *armare* au sens de « équiper ». ‖ **armature** fin XVe s., « armure »; 1694, Th. Corn., sens actuel, du lat. *armatura*, armure.

*arme 1080, *Roland*, du lat. *arma*, pl. neutre (devenu fém. sing. en lat. pop.). ‖ *armer id., du lat. *armare*, « armer » et « équiper ». ‖ **armée** v. 1360, Machault (qui a éliminé au XVIe s. l'anc. fr. *ost* [lat. *hostis*], à l'origine « étranger », puis « ennemi », en bas lat. « troupe d'ennemis », puis « troupe armée »). ‖ **armement** XIIIe s., *Geste des Chyprois*. ‖ **armistice** 1688, Miege, peu usité jusqu'à la fin du XVIIIe s., du lat. diplomatique mod. *armistitium*, créé sur le modèle de *justitium* (de *arma*, armes, et *sistere*, arrêter). ‖ *armure XIIe s. (*armeüre*), du lat. *armatūra*. ‖ **armurier** 1338, Digulleville, fabricant d'armoiries. ‖ **armurerie** XIVe s. ‖ **désarmer** 1080, *Roland*. ‖ **désarmement** 1594, G. ‖ **réarmer** 1771, *Trévoux*. ‖ **réarmement** 1771, *Trévoux*. ‖ **surarmé** 1955, *Figaro*.

armeline 1611, Cotgrave (*armelin*); 1680, Furetière (*armeline*); de l'ital. *armellina*, hermine.

armet XIVe s., *Girart de Roussillon*, rare à cette époque; très fréquent sous François Ier et Henri II; croisement entre *arme* et l'esp. *almete* ou l'ital. *elmetto*, type de casque (l'un et l'autre repris à l'anc. fr. *helmet*, dimin., v. HEAUME).

armille 1160, Benoît, « bracelet », du lat. *armilla*, bracelet (dér. de *armus*, bras); il n'est resté que dans des sens techn. ‖ **armillaire** 1557, de Mesmes, astron. (*sphère armillaire*).

*armoire fin XIIe s., *Rois* (*almarie*, *armarie*), puis *armaire*; XVIe s. (*armoire*), empr. vers les VIIIe-IXe s. au lat. *armarium*, de *arma* au sens de « ustensiles », c'est-à-dire « meuble où l'on range les ustensiles ».

armoiries XIVe s. (*armoierie*); seulem. au pl. depuis le XVIe s.; de l'anc. fr. *armoier*, « couvrir d'armes héraldiques ». ‖ **armorier** 1680, Richelet, fait d'apr. *historier*. ‖ **armorial** 1611, Cotgrave, d'apr. l'anc. fr. *historial*.

*armoise XIIe s., du lat. *artemisia*, empr. au gr. *Artemis* (plante d'Artémis).

armoisin 1541, *Archives*, de l'ital. *armesino*, à cause des armoiries dont on en ornait les balles qui contenaient ce taffetas.

armon XVe s., texte de Tournai (*aremon*), peut-être du lat. *artemo*, *-onis*, poulie.

armorial, armure V. ARME.

arnica 1697, *Pharmacopée de Schrœder*, du lat. bot. *arnica*, altér. de *ptarmika*, plante sternutatoire, du gr. *ptarmikê*, de *ptarein*, éternuer. On a longtemps écrit *arnique* (1752, *Trévoux*).

arole 1775, Bomare, du valaisan *arola*, d'orig. prélatine. Il désigne le pin cembre.

arôme XIIe s., G., puis repris au XVIIIe s. (1787, Guyton de Morveau) du lat. *aroma*, empr. au gr. *arôma*, de même sens. ‖ **aromate** début XIIIe s., G. Le Clerc (graphie *aromat* jusqu'au XVIIe s. [Furetière 1690]), du bas lat. *aromatum*, de *aroma*. ‖ **aromal** 1844, Gautier. ‖ **aromaticité** 1470, *Guidon en fr.* ‖ **aromatique** XIIIe s., G., du bas lat. *aromaticus*. ‖ **aromatiser** 1160, Benoît, du bas lat. *aromatizare*. ‖ **aromatisant** 1546, J. Martin. ‖ **aromatisation** 1576, A. Thierry.

*aronde fin XIIe s., *R. de Cambrai*, « hirondelle » jusqu'au XVIIe s., du lat. pop. *hirunda* (lat. *hirundo*); le *a* initial (au lieu de *e* muet) doit s'expliquer par une réaction morphologique (le *eronde* était senti *le ronde*); or, le mot était fém.). Il n'a survécu en fr. que dans le terme techn. *queue d'aronde*.

arpège 1751, *Encycl.*, de l'ital. *arpeggio*, « jeu de harpe ». ‖ **-ger** *id.*

***arpent** 1080, *Roland*, du lat. *arepennis* (Columelle), mot gaulois refait en *arependis* dans le lat. pop. ‖ **arpenter** 1384, texte de Reims. ‖ **arpentage** fin XIIIᵉ s. ‖ **arpenteur** milieu XVᵉ s.

arpette av. 1876, Rabasse, mot dial. attesté à Reims (1845) et à Genève (1858) ; de l'anc. fr. *harpe*, griffe.

arpion 1821, Ansiaume, mot d'argot des malfaiteurs (1837, Vidocq), du prov. *arpioun*, griffe, dont le rad. est le même que celui de *harpon*.

arquebuse 1475, Commynes (var. *harquebuche*, *hacquebute*), du moyen haut all. *hâkenbühse*, canon (*bühse*) à crochet (*hâken*), avec infl. de l'ital. *archibugio* (var. *arcobûgio*), tiré lui-même du germ. L'arquebuse a cédé la place au mousquet à la fin du XVIᵉ s. ‖ **arquebusade** 1475, *Chron.*, a survécu plus d'un siècle à l'arquebuse, au sens de « coup de feu ». ‖ **arquebuserie** 1535, *Papiers de Granvelle*. ‖ **arquebusier** 1543, *Amadis* (*haquebuzier*).

arquer V. ARC.

***arracher** fin XIIᵉ s., *Rois* (var. *esrachier*, XIIᵉ-XVIᵉ s.), du lat. pop. *exradicare* (réfection de *eradicare*, de *radix*, *-icis*, racine) ; la substitution de préfixe (*ad* à *ex*) date peut-être du lat. pop. ‖ **arrachage** début XIXᵉ s. ‖ **arrachement** XIIᵉ s., *D. G.* ‖ **arracheur** XIIIᵉ s., *Geste des Chyprois* (*aracheour*). ‖ **arrachis** XIIIᵉ s. (*esracheïs*, *aragis*) ; 1518 (*arrachis*) « défrichement ». ‖ **arrache-pied (d')** 1515, Colin Bucher. ‖ **arraché** s. m., 1820 ; *A l'arraché*, fig., *id.*

arraisonner, -ranger, -rérages, -restation V. RAISON, RANG, ARRIÈRE, ARRÊTER.

***arrêter** XIIᵉ s. (*arester*), du lat. pop. *arrestare*, s'arrêter, de *restare*, rester ; intransitif jusqu'au XVIIᵉ s., il est devenu transitif. ‖ **arrêt** 1175, Chr. de Troyes (*arest*). ‖ **arrêté** subst. 1414, Coyecque. ‖ **arrête-bœuf** 1542, Du Pinet, bugrane (dont les racines arrêtent la charrue). ‖ **arrestation** 1370, G., réfection de l'anc. fr. *arestaison*, avec le suffixe savant ; la prononciation de l's, muet depuis la fin du XIIᵉ s., a été rétablie d'après le lat. *restare*.

arrhénal 1901, Dʳ Armand Gautier, mot savant tiré d'une variante attique *arren-*, de la racine de ARSENIC (v. ce mot).

***arrhes** XIIᵉ s. (*erres*, graphie qui subsiste jusqu'au XVIIᵉ s.), du lat. *arrha*, gage, qui a entraîné une réfection graphique au début du XVIIIᵉ s. Le latin est empr. au gr. *arrhabôn*, d'orig. sémitique. ‖ **arrher** 1576, P. de Brach, utilisé encore au début du XVIIᵉ s. (Chapelain).

***arrière** 1080, *Roland*, du lat. pop. *adretro*, forme renforcée de *retro*, en arrière ; sports, 1906, Lar. ‖ **arriérer** XIIIᵉ s., *Adenet*, « laisser en arrière ». ‖ **arriéré** adj., milieu XVIIIᵉ s., « en retard ». ‖ **arriéré** s. m., 1800, Boiste, paiement ou travail en retard. ‖ **arrérages** 1267, *Cartul. Saint-Pierre de Lille* (*arriérages*) ; XIVᵉ s. ‖ **arriération** 1917, *L. M.* ‖ **arrière-neveu** 1375, R. de Presles. ‖ **arrière-petit-fils** 1559, Amyot ; d'abord *arrière-fils* (XVIᵉ s.), qui signifiait « petit-fils » (Amyot, Pasquier) ou « arrière-petit-fils » (Bodin, Montaigne) et qui a été éliminé à cause de son double emploi. ‖ **arrière-petite-fille** 1637, Le Maître ; 1683, Fontenelle. ‖ **arrière-petit-neveu** 1751, *Encycl.* ‖ **arrière-petit-grand-oncle** (et **-tante**), fin XIXᵉ s., et **arrière-grand-père** (et **-mère**), 1787, Féraud, qui tendent à remplacer *bisaïeul*, *-e* dans l'usage.

arrimer 1398, *Ordonn.*, « mettre en état », rare en moyen fr. ; 1671, Delb. (*arrumer*), « ranger la cargaison » ; paraît empr. au moyen angl. *rime(n)*, débarrasser ; le sens nautique a été repris au prov. *arumar*, esp. *arrumar*. ‖ **arrimage** fin XIVᵉ s. ; 1748, Montesquieu, sens moderne. ‖ **arrimeur** *id.* (*arrumeur*).

***arriver** fin XIᵉ s., *Alexis*, du lat. pop. *arrîpare*, « accéder à la rive » (*ripa*) ; le sens généralisé (comme *aborder*) se rencontre depuis la fin du Moyen Age. ‖ **arrivage** 1268, E. Boileau. ‖ **arrivant** 1789, Louvet. ‖ **arrivée** XVIᵉ s., *Loyal Serviteur*. ‖ **arrivisme** 1906, *l'Illustration*. ‖ **arriviste** 1893, Alcanter de Brahm.

arrobe ou **arobe** 1555, J. Poleur, nom de mesure, de l'esp. *arroba*, empr. à l'arabe *ar-roub'*, « le quart ».

***arroche** XIIᵉ s. (*arace*) ; XVᵉ s. (*aroche*) ; du lat. pop. *atripica*, réfection de *atriplex*, étymologie pop. du gr. *atraphaxus*, même sens; la forme *arroche* est dialectale et désigne une plante des sols salés.

arrogant 1398, *Ménagier*, du lat. *arrogans*, anc. part. présent de *arrogare*, revendiquer. ‖ **arrogamment** 1265, Le Grand. ‖ **arrogance** 1160, Benoît, lat. *arrogantia*. ‖ **arroger (s')** XIVe s., Du Cange, « attribuer »; l'emploi réfléchi date du XVIe s.; du lat. *arrogare*, « attribuer » et « revendiquer ». La valeur péjor. a seule subsisté.

*****arroi** 1230, G. de Lorris, déverbal de l'anc. fr. *aréer*, mettre en ordre, du lat. pop. *arredare*, du germ. *red*, moyen, provision. Le mot, au sens d'équipement, se maintient jusqu'au XVIIe s. ‖ **désarroi** XIIIe s., déverbal de l'anc. fr. *desarroyer* ou *désaréer*, composé négatif de *aréer*.

arrondir V. ROND.

*****arroser** 1155, Wace, du lat. pop. *arrosare*, altér. du bas lat. *arrorare* (Ve s., Marcus Empiricus; rac. *ros, roris*, rosée). ‖ **arrosage** 1611, Cotgrave. ‖ **arrosement** 1190, saint Bernard. ‖ **arroseur** 1559, Boistuau; rare jusqu'au XIXe s. ‖ **arroseuse** (voiture), fin XIXe s. ‖ **arrosoir** XIVe s., *Ps. lorrain* (*arousour*).

arrow-root 1808, Tussac, mot angl. signif. « racine à flèches » (le produit ayant été réputé comme remède contre la blessure des flèches).

arroyo 1888, Lar., mot esp., empr. au lat. pop. *arrugium*, du lat. class. *arrugium*, galerie de mines (mot d'origine ibère). ‖ **arrugie** 1729, David Durand, « canal d'écoulement dans les mines », du même mot lat.

arrugie V. ARROYO.

*****ars** 1213, *Fet des Romains*, du lat. *armus*, épaule d'animal. Il désigne le « pli entre l'épaule et le poitrail du cheval ».

arsenal XIIIe s., *Assises de Jérusalem* (*tarsenal*); 1395, d'Anglure (*archenal*); la graphie *arsenac* se rencontre jusqu'au XVIIe s.; de l'ital. *arsenale*, empr. à l'ar. *dār as sinā'a*, maison où l'on construit; il a désigné en français l'arsenal de Venise jusqu'au XVIe s.

arsenic 1398, *Ménagier* (*arcenic*), du lat. *arsenicum*, empr. au gr. *arsenikon*, de *arsên*, mâle; ainsi appelé à cause de la force de ses propriétés. ‖ **arséniate** 1782, Guyton de Morveau. ‖ **arsenical** 1578, Chauvelot. ‖ **arsénieux** 1787, Guyton. ‖ **arsine** 1846, Laurent. ‖ **arsénicisme** 1878, Lar. ‖ **arsenicoxyde** 1842, *Acad.* ‖ **arsénolite** 1878, Lar. ‖ **arséniosidérite** 1878, Lar. ‖ **arsénolamprite** 1906, Lar.

arsin fin XIIe s., *R. de Cambrai*, de l'anc. fr. *ars*, part. passé de *ardre*, brûler (lat. *ardere*). Terme techn. désignant le bois endommagé par le feu.

arsonvalisation 1907, Lar., du nom du physicien *d'Arsonval*, qui a introduit la haute fréquence dans la thérapeutique.

arsouille 1792, Gorsas, déverbal d'*arsouiller* (procès de Babeuf, an V; encore en usage en 1821); origine obscure.

*****art** 1080, *Roland*, du lat. *ars, artis*, fém.; masc. et fém. jusqu'au XVIe s. Dans l'usage courant, il a gardé le sens de métier, technique, jusqu'au XVIIe s. ‖ **artiste** 1395, Chr. de Pisan, « lettré »; étudiant de la fac. des Arts, 1404, de Baye; du lat. médiév. *artista*, « maître ès arts », puis « lettré »; resté l'équivalent de *artisan* jusqu'à la fin du XVIIIe s.; adj. 1832, Balzac. ‖ **artistement** 1547, trad. de Vitruve; 1830, Duvicquet, sens mod. ‖ **artistique** 1808, Boiste.

artel 1800, Massion (*artelchiki*), mot russe signif. *commune*.

artère 1213, *Fet des Romains* (*artaire*); 1350-1400, *Aalma* (*artère*); du lat. *arteria*, empr. au gr. *artêria*, de même sens; l'emploi du mot au sens de « voie de grande circulation » est du XIXe s. (1863, L.). ‖ **artériel** et **artérial** 1314, Mondeville. ‖ **artérieux** 1546, Ch. Est. ‖ **artériole** 1673, Denis. ‖ **artériographie** 1803, Boiste. ‖ **artériosclérose** 1833, J.-F. Lobstein. ‖ **artérite** 1836, Landais. ‖ **artériectomie** XXe s. (1953, Lar.). ‖ **artériotomie** 1560, Paré. ‖ **artérioscléreux** 1906, Lar. ‖ **artériolaire** milieu XXe s.

artésien (*puits*) 1803, Boiste, de *Artois*, région où ces puits étaient nombreux.

arthrite 1560, Paré (*arthrites*), 1646, Balouard et Alexis (*arthrite*), du lat. *arthritis*, goutte, empr. au gr. *arthritis*, de *arthron*, articulation. ‖ **arthritique** XIIIe s., Beaumanoir (*artétique*, XIIe s.),

Cligès). ‖ **arthritisme** 1878, Lar. ‖ **arthropathie** 1868, Lar. ‖ **arthrolyse** 1907, Lar. ‖ **arthrose** 1836, Landais, « articulation »; 1953, Lar., pathol.

arthropodes 1827, *Acad.* (*arthropodion*); 1866, Lar.; du gr. *arthron*, articulation, et *pous, podos*, pied.

artichaut 1530, Rab., du lombard *articiocco*, déformation de l'ital. *carciofo*, d'origine arabe (*al-harsûfa*).

article 1130, *Job*, du lat. *articulus*, « articulation », de *artus*, même sens; le sens primitif, repris au XVIᵉ s. par les anatomistes (A. Paré), n'est plus usité qu'en entomologie; des sens dér. du lat., le fr. a repris d'abord le sens juridique (« membre de phrase » [XIIIᵉ s.] → « disposition légale »); d'où, au fig., *article de foi*, et, par ext., *article* de journal, *article* commercial (1597, Laffemas), *article de Paris* (1833, Balzac); le sens « division du temps » est passé dans la loc. *à l'article de la mort* (XVIIᵉ s.); le sens grammatical est apparu au XIIIᵉ s. (H. d'Andeli). ‖ **articlier** 1839, Balzac. ‖ **articuler** 1265, Br. Latini, sens fig., du lat. *articulare* (dér. de *articulus*); le sens fig. « articuler des sons » a été emprunté le premier. ‖ **articulation** 1478, G. de Chauliac (lat. *-atio*), a les deux sens du verbe. ‖ **articulaire** 1538, Canappe (du lat. *-aris*), est spécialisé au sens médical. ‖ **désarticuler** fin XVIIIᵉ s. ‖ **désarticulation** début XIXᵉ s., au sens méd. ‖ **inarticulé** fin XVIᵉ s., fig.

artifice 1256, Ald. de Sienne, de l'ital. *artificium* (de *ars*, art, *facere*, faire), « art, métier », et, par ext., « habileté, ruse », au XVIIᵉ s. *Feu d'artifice* (XVᵉ s.; var. *feu artificiel, artifice de feu*) est l'adaptation de l'ital. *fuoco artifiziale*. ‖ **artificiel** 1361, J. Oresme, « fait avec art »; XVIIIᵉ s., sens actuel, du lat. *artificialis*. ‖ **artificiellement** début XIVᵉ s., d'abord « avec art », jusqu'au XVIIᵉ s. ‖ **artificialisme** 1909, *L. M.* ‖ **artificier** 1690, Furetière, celui qui fait le feu d'artifice. ‖ **artificieux** 1265, J. de Meung, du lat. *artificiosus*, fait avec art; spécialisé au sens actuel à la fin du XVIIIᵉ s. (Voltaire, *Dict. philos.*, emploie encore *artificieux* au sens ancien).

artillerie 1272, Joinville, « ensemble des engins de guerre » (jusqu'au XVIᵉ s.), de l'anc. fr. *artillier* (XIIIᵉ-XVIᵉ s.), « garnir d'engins », réfection sur *art* d'un plus ancien *atilier, atillier*, « parer », d'origine germanique. Sens spécialisé aux canons à partir du XIVᵉ s. (les premiers canons, en France, furent employés à Crécy [1346] par les Anglais). ‖ **artilleur** 1334, Delb.

artimon 1246, *Assises de Jérusalem*, du lat. *artemo, -onis*, du gr. *artemôn*.

artisan 1546, Rab., de l'ital. *artigiano*, de *arte*, art; il avait aussi le sens de « artiste » au XVIᵉ et au XVIIᵉ s. ‖ **artisanal** 1923, Lar. ‖ **artisanat** fin XIXᵉ s.

artison XIIIᵉ s., d'une rac. *art-* (anc. prov. *arta, arda*; aussi *artre*, en anc. fr.), qui représente peut-être une forme refaite du lat. *tarmes, -itis*. Il désigne un insecte qui attaque le bois. (V. TERMITE.)

artiste V. ART.

arton 1455, *Coquillards*, « pain », du bas lat. eccl. *artona*, « pain azyme », empr. au gr. *artos*, pain (à l'acc. *arton*); peut-être par l'argot ital.; il a disparu à la fin du XIXᵉ s.

arum XIVᵉ s., G. Phébus (*aron*); 1545, G. Guéroult, lat. *arum*, du gr. *aron*.

aruspice, haruspice 1375, R. de Presles, du lat. *haruspex, haruspicis*, devin. La graphie avec *h* a été refaite sur le lat. après le XVIᵉ s.

aryen 1714, Fénelon, du nom propre *Aryas*, nom d'un peuple de l'Antiquité qui envahit le nord de l'Inde. ‖ **aryanisme** 1907, Lar., au sens hist.

as XIIᵉ s., L., du lat. *as*, unité de monnaie, de poids; en fr., terme de jeu de dés, puis de cartes; au fig., « cavalier du premier peloton », argot milit. (début du XXᵉ s.), puis « soldat de valeur » (sens développé par la guerre) et, par ext., « homme de valeur » (1929, *le Soir*); le sens pop. *as*, « argent », vient de *as*, carte maîtresse.

ascaride 1372, Corbichon; fém. au XVIIᵉ s., du lat. méd. *ascarida*, f., empr. au gr. *askaris*, f., de *skairein*, sauter. Il désigne un ver parasite de l'intestin. ‖ **ascaridiose** XXᵉ s. (*P. L.*, 1960).

ascendant 1372, Corbichon, du lat. *ascendens, -entis*, part. présent de *ascendere*, monter; d'abord terme spécialisé d'astrologie (d'où, au fig., *ascendant*, influence), puis d'astronomie, et adj.

(1503, G. de Chauliac) jusqu'au XVIIe s.; comme terme de parenté, repris au XVIe s. au lat. jurid. (Paulus, IIIe s.) ‖ **ascendance** fin XVIIIe s., astron.: au fig., « supériorité » (fin XVIIIe s., Rousseau); « ligne généalogique », début XIXe s.

ascenseur V. ASCENSION.

ascension fin XIIe s., *Aliscans*, sens religieux, du lat. *ascensio* (dér. de *ascendere*, « action de monter »), au pr. et au fig. La spécialisation du lat. chrét. (Ascension de Jésus-Christ) a passé la première en fr.; puis le sens astronomique, 1620, Béguin, et *ascension de montagne*, par ext. *ascension* d'un ballon (fin XVIIIe s.), d'où, au fig., *ascension* sociale. ‖ **ascensionnel** 1557, de Mesmes (*-nal*); 1698, J. Bouguer (*-nel*), astron. et (force) aéronautique. ‖ **ascensionner** 1922, Lar. ‖ **ascensioniste** 1877, L. ‖ **ascenseur** fin XIIe s. « cavalier »; 1867, *Exposition* (*ascenseur de Edoux*).

ascète 1580, du Préau (*aschète*); XVIIe s., Bossuet (*ascète*), du gr. chrétien *askêtês*, « qui exerce une profession », « qui pratique ». ‖ **ascèse** av. 1890, Renan, gr. *askêsis*, méditation. ‖ **ascétique** 1673, Hermant, du gr. chrét. *askêtikos*. ‖ **ascétisme** début XIXe s.

ascidie fin XVIIIe s., du gr. *askidion*, petite outre. Par analogie de forme, il désigne un animal marin ou un organe constitué par des feuilles de plantes carnivores.

1. **asclépiade** 1545, Guéroult, bot., du lat. *asclepias*, *-adis*, empr. au gr.; « plante d'Asklêpios (Esculape) ».

2. **asclépiade** 1701, Furetière, terme de métrique, du lat. *asclepiadeus*, empr. au gr. (du nom du poète *Asklêpiadês* [Asclépiade]).

asdic 1948, *L. M.*, abrév. de *Allied Submarine Detection Investigation Committee*, Comité allié de recherche pour la détection des sous-marins.

asepsie 1890, Baudouin, de *a* priv. et *septikos*, putréfié. ‖ **aseptique** av. 1892, Guérin. ‖ **aseptiser** 1897, Lar. ‖ **aseptisation** 1907, Lar. (V. SEPTIQUE.)

1. **asile** 1355, Bersuire, du lat. *asylum*, empr. au gr. *asulon*, lieu inviolable (*a* privatif, *sulân*, piller, dépouiller).

2. **asile** 1582, d'Aigneaux (*azyle*), zool., du lat. *asilus*, taon.

asine adj. XVIe s. (*asinin*, *-ine*), réduit en *asine*, XVIIe s., employé seulem. au fém.; du lat. *asininus*, de *asinus*, âne.

aspect 1468, Chastellain, du lat. *aspectus*, de *aspicere*, regarder; le sens « regard » a été aussi repris au XVIe s. et se conserve au XVIIe s.; le sens gramm. est du XXe s. ‖ **aspectuel** milieu XXe s., gramm.

asperge 1256, Ald. de Sienne (*esparge*), du lat. *asparagus*, empr. au gr. *asparagos*; la variante *asparge* est encore usuelle au XVIIe s. ‖ **asparagose** 1909, *L. M.*

asperger XIIe s., *Mainet*, du lat. *aspergere*, arroser (de *spargere*, répandre), terme eccl. jusqu'au XIXe s.; on trouve *asperser* aux XVIe-XVIIIe s. ‖ **aspersion** XIIe s., G. de Saint-Pair, du lat. *aspersio*. ‖ **aspersoir** 1345 (*asperceur*), du lat. eccl. *aspersorium*. ‖ **aspergès** 1386, *Comptes de l'argenterie*, dernier mot d'un psaume en latin: *asperges*, tu asperges.

aspergille 1816, *Dict. hist. nat.*, lat. *aspergillum*, goupillon. ‖ **aspergillaire** 1842, *Acad.* ‖ **aspergillien** 1907, Lar. ‖ **aspergillose** *id.*

aspérité V. ÂPRE.

asphalte XIIe s., du bas lat. *asphaltus*, bitume (VIIe s., Isidore de Séville), empr. au gr. *asphaltos*. ‖ **asphalteur** 1960, *P. L.* ‖ **asphaltier** 1953, Lar.

asphodèle XVe s. (*afrodille*); 1534, Rab. (*asphodèle*); du lat. *asphodelus*, empr. au gr. *asphodelos*.

asphyxie 1741, Col de Villars, du gr. *asphyxia*, arrêt du pouls (*sphuxis*). ‖ **asphyxier** fin XVIIIe s.; 1826, *Journ. des dames et des modes*, sens fig. (étouffer). ‖ **asphyxié** adj. 1791, Fourcroy.

aspic 1119, Ph. de Thaun (*aspi*), du lat. *aspis*, *aspidis*, empr. au gr. *aspis*, naja d'Egypte; la graphie *aspic* peut être due à l'influence de *basilic*; 1742, *Suite des dons de Camus*, cuisine; le sens de gelée (ragoûts, sauces à l'*aspic*) peut venir des moules ayant la forme de serpents roulés; 1492, G. Tardif (*eau d'aspic*), bot., du prov. *espic*, épi; la forme *aspic* est signalée en 1525-1530.

aspirer 1160, Benoît, « inspirer », du lat. *aspirare*, « souffler » (trans. et intrans.), et, au fig., « inspirer ». Le sens propre existe jusqu'au XVI⁰ s., puis il a passé, par « respirer », au sens inverse de « aspirer le souffle » (par ext., l'eau, etc.) ; le sens fig., éliminé par *inspirer*, a fait place à « porter son désir », issu de « porter son souffle » ; sens gramm. (*son aspiré*) repris au latin. ‖ **aspiration** fin XII⁰ s., *Rois*, du lat. *aspiratio*, a suivi l'évolution du verbe ; linguist., 1529, G. Tory ; sens politique, 1863, Lar. ‖ **aspirant** subst., fin XV⁰ s., d'après le sens fig. « qui aspire à un emploi », spécialisé pour un grade inférieur dans la marine ; abrév. en argot *aspi* (1914). ‖ **aspirateur** début XIX⁰ s., spécialisé au sens de *aspirateur de poussière* (1925, *L. M.*). ‖ **aspiratoire** 1825, Brillat-Savarin.

aspirine 1906, *L. M.*, de l'all. *Aspirin* (1899), formé avec *a* privatif et *spiraea* (*ulmaria*), pour indiquer que la préparation n'est pas tirée de cette plante comme une substance congénère.

asple 1751, *Encycl. méth.*, de l'ital. *aspo*, *aspolo*, de l'all. *Haspel*. Une forme avec *h* (*hasple* ; encore *haspe*, 1642, Oudin), tirée de l'anc. all., a existé en anc. fr. pour désigner un dévidoir.

assa-fœtida XIV⁰ s., du lat. médiéval *asa*, mot présumé persan.

assagir V. SAGE.

*****assaillir** 980, *Passion* (*assalir*), du lat. pop. *assalire*, réfection de *assilire*, d'après *salire*, sauter (V. SAILLIR). ‖ **assaillant** XII⁰ s. ‖ *****assaut** 1080, *Roland* (*assalt*), du lat. pop. *assaltus*, du lat. *assultus*, refait d'après *saltus* (V. SAUT).

assainir V. SAIN.

assaisonner V. SAISON.

assassin 1560, R. Belleau, de l'ital. *assassino*, empr. à l'ar. *hachchâchi*, « buveur de hachisch », surnom donné aux fidèles du Vieux de la Montagne (XI⁰ s.); déjà repris à l'ar. en anc. fr. comme nom propre et parfois au fig. (*assasis*, XIII⁰ s.). ‖ **assassiner** 1546, Rab., de l'ital. *assassinare*. ‖ **assassinat** 1563, H. Est., de l'ital. *assassinato*.

assaut V. ASSAILLIR.

asse 1870, L., « marteau à panne tranchante », forme dialectale (Ouest), du lat. *ascia*, hache (V. AISSEAU 2). ‖ **asseau** fin XIII⁰ s. ‖ **assette** 1690, Furetière.

assécher V. SÉCHER.

*****assembler** fin XI⁰ s., *Alexis*, du lat. pop. *assimulare*, mettre ensemble, dér. de *simul*, ensemble. ‖ **assemblée** XII⁰ s., *Roncevaux*, « action d'assembler » et divers sens dér. en anc. fr.; spécialisé dans l'Ouest au sens de « fête patronale ». ‖ **assemblage** 1493, *Archives*, qui a éliminé **assemblement** XI⁰ s. ‖ **assembleur** 1281 (*-bleor*). ‖ **assembleuse** 1960, Lar. ‖ **désassembler** XII⁰ s., *Couci*. ‖ **rassembler** XIV⁰ s., Delb. ‖ **rassemblement** 1426.

assener XII⁰ s., *Roncevaux*, du lat. *assignare*, « signaler, assigner, distribuer », de *signum*, « signe » (V. ASSIGNER) ; le sens premier, en anc. fr., est « viser, atteindre » et aussi « assigner, attribuer » ; XIII⁰ s., « assener un coup ». Le mot a pu être influencé par l'anc. fr. *sen*, qui signifiait, comme son prototype, le francique *sin*, « sens » et « direction ».

assentiment fin XII⁰ s. (*assentement*) ; XIV⁰ s. (*-timent*), rare jusqu'au XVIII⁰ s., de *assentir* (XII⁰ s.- XVIII⁰ s.), « donner son assentiment », du lat. *assentire* (de *sentire*, au sens fig. « émettre une opinion »).

*****asseoir** fin XI⁰ s., *Alexis*, du lat. pop. *assĕdēre*, réfection de *assidēre* (d'après *sedēre*), « être assis auprès », avec des sens dér., en partie conservés en anc. fr. (p. ex. « assister » et « assiéger ») ; *s'asseoir* a éliminé *se seoir* au XVII⁰ s. ‖ **assesseur** XIII⁰ s., *Fabliau*, du lat. *assessor* (de *assidere*, asseoir). ‖ *****assise** XII⁰ s., Du Cange, part. passé substantivé de *asseoir*, sens divers dès le Moyen Age : *assise* d'une construction ; impôt (d'après son *assiette*) ; réunion des juges qui siègent (XIII⁰ s.), d'où *cour d'assises*. ‖ **rasseoir** début XII⁰ s., *Voy. de Charl.*

assermenter V. SERMENT.

assertion 1355, *Ordonn.*, du lat. *assertio*, de *asserere*, « revendiquer », en bas lat. « prétendre ».

asservir V. SERF.

assesseur V. ASSEOIR.

assette V. ASSE.

***assez** fin XIe s., *Alexis*, du lat. pop. *adsatis*, renforcement de *satis*, assez; signifiait surtout « beaucoup » en anc. fr. et jusqu'au XVIIe s., d'après le bas lat. (cf. ital *assai*, beaucoup).

assidu XIIIe s., à côté de *assiduel*, du lat. *assiduus*, de *assidere* (v. ASSEOIR). ‖ **assiduité** *id.*, du lat. *assiduitas*.

assiéger V. SIÈGE.

***assiette** 1283, Beaumanoir, au sens financier, du lat. pop. *assēdĭta*, part. passé substantivé de *assedēre* (v. AS-SEOIR), « manière d'être assis, posé, dis-posé », d'où assiette de l'impôt, de la rente, et « action de mettre les plats sur la table », puis « services d'un repas » (XIVe s.), par ext. « pièce de vaisselle plate » (1609, Régnier). Le sens premier (encore au XVIIe s.) subsiste dans *ne pas être dans son assiette*, etc. ‖ **assiet-tée** 1690, Furetière.

assignat V. ASSIGNER.

assigner 1155, Wace, var. *assiner* jusqu'au XVIIe s., du lat. *assignare*, forme refaite sur le lat., a limité l'emploi de la var. *assener* et s'est spécialisé au sens jurid., après avoir eu, jusqu'au XVIIe s., le sens de « garantir ». ‖ **assignation** milieu XIIIe s., du lat. *assignatio*, a subi la même évolution. ‖ **assignat** 1522, *Archives*, « constitution de rente »; en 1789, « papier-monnaie » garanti par les biens nationaux. ‖ **assignable** XVIIe s., Bossuet. ‖ **réassigner** début XVIe s. ‖ **réassignation** fin XVe s.

assimiler 1495, J. de Vignay, du lat. *assimulare*, rendre semblable, de *similis*, pareil. ‖ **assimilable** début XIXe s. ‖ **assimilation** *id.*, du lat. *assimilatio*; sens méd., 1503, G. de Chauliac; 1842, *Acad.*, linguistique; XXe s. polit. ‖ **assimilatif** méd., 1825, Brillat-Savarin. ‖ **assimilateur** 1788, Mercier. ‖ **dis-similer** XIXe s., linguist., sur *assimiler*, par changement de préfixe. ‖ **dissimila-tion** *id.* ‖ **inassimilable** 1892, Guérin.

assister 1372, Corbichon, du lat. *assistere* (*sistere*, se tenir, *ad*, auprès); extension de sens en fr. (XVIIe s.), d'après « assister [un client] en justice ». ‖ **assistant** 1495, J. de Vignay; *assistante sociale*, 1945. ‖ **assistance** début XVe s.

associer milieu XIIIe s., du lat. *asso-ciare*, de *socius*, compagnon. ‖ **associa-tion** XVe s., *Vieil Testament*; sens social 1841, Fourier. ‖ **associé** début XVIe s. ‖ **associatif** 1907, *L. M.* ‖ **association-nisme** 1954, Lar. ‖ **associationniste** 1876, L. ‖ **coassocié** début du XVIIe s.

assoiffer V. SOIF.

assombrir V. SOMBRE.

assommer fin XIIe s., *Aliscans*, « tuer », de l'anc. fr. *assommer*, assoupir (du lat. *somnus*, somme, masc.); d'abord « étourdir » (encore dans le Jura), puis « étourdir d'un coup à la tête »; au fig., « appesantir », XVIe s., A. Jamyn. ‖ **assommant** XVIe s., G., spécialisé au sens fig. ‖ **assommeur** milieu XVe s. ‖ **assommoir** 1700, Liger; fig. et pop. « cabaret », sens disparu, d'abord sur-nom d'un cabaret de Belleville, 1850, Loynel (1866, Delvau).

assomption XIIe s., *Ps.*, du lat. chrét. *assumptio* (IVe s., saint Ambroise), « ac-tion de prendre » (de *sumere*, prendre).

assonance 1690, Furetière, du lat. *assonare*, « retentir, faire écho » (*ad* et *sonus*, son). ‖ **assonant** début XVIIIe s. ‖ **assoner** fin XIXe s. L'anc. fr. *assoner*, « appeler par le cor », était un comp. fr. de *son* (d'où *assonant*, harmonieux).

assortir V. SORTE.

assoupir XVe s., J. des Ursins, du bas lat. *assopire*, de *sopire*, endormir. Le sens fig. de « calmer » apparaît dès le XVe s. ‖ **assoupissant** 1552. Ch. Est. ‖ **assoupissement** 1531, Du Guez.

assouplir V. SOUPLE.

assourdir V. SOURD.

***assouvir** 1190, Couci (*assevir*), du bas lat. * *assopire* (v. ASSOUPIR); au sens fig., « calmer », d'où « satisfaire »; s'était confondu en anc. fr. avec *assevir*, achever (du lat. pop. *assequire*, lat. *assequi*, atteindre), devenu aussi *asso-vir*, *assouvir*. ‖ **assouvissement** 1568, Paré. ‖ **inassouvi** 1794, Parny.

assujettir V. SUJET.

assumer XVe s., du lat. *assumere*, prendre sur soi (*sumere*, prendre).

assurer V. SÛR.

aster 1549, Meignan, du lat. *aster*, empr. au gr. *astêr*, de même sens; 1906, Lar., biol. ‖ **astérie** 1729, étoile de mer; 1742, Dezallier d'Argenville, minéral. ‖ **astérisque** 1570 G. Hervet (*astérique*), du bas lat. *astericus* (IVᵉ s., saint Jérôme), empr. au gr. *asterikos*, petite étoile. ‖ **astéroïde** 1819, Boiste, gr. *asteroeidês*, semblable à une étoile.

asthénie 1790, *Encycl.*, du gr. *asthenia*, manque de force (*a* priv. et *sthenos*, force). ‖ **asthénique** 1827, *Acad.* (V. NEURASTHÉNIE.)

asthme XIVᵉ s., G. (*asmat*); XVᵉ s., G. Tardif (*asme*); 1611, Cotgrave (*asthme*); du lat. *asthma*; en moy. fr., on trouve le sens de « angoisse ». ‖ **asthmatique** XIVᵉ s. (*asmatic*); 1538, Canappe (*asthmatique*); du lat. *asthmaticus*, empr. au gr. *asthmatikos*.

astic 1751, *Encycl.*, morceau de cuir servant à polir le cuir, peut-être de l'angl. *stick*, bâton. ‖ **astiquer** 1833, Larchey, « frotter », et, au fig., « battre ». ‖ **astiquage** 1906, Lar.

asticot 1828, Vidocq, paraît être le déverbal du suivant.

asticoter 1747, Caylus, réfection sur *estiquer*, *astiquer*, « piquer », mot dialectal du Nord et du Nord-Ouest (néerl. *steeken*), de *dasticoter* (1642, Oudin, « parler allemand », puis « parler un langage inconnu, contredire, importuner »), qui vient d'une imprécation allemande interrompue *dass dich Gott...!* « que Dieu te...! », entendue *d'asticot* chez les lansquenets (d'Aubigné, 1616). ‖ **asticoteur** 1833, Balzac.

astigmatisme 1857, Mackenzie, *a* priv. et gr. *stigma, -atos*, point; désigne d'abord le défaut d'un instrument d'optique ne donnant pas d'un point une image ponctuelle.

astracan, astrakan 1775, E. Lamy, du nom de la ville d'U. R. S. S., *Astrakan*, d'où provenait ce type de fourrure.

astragale 1546, Ch. Est. (*astragal*), anat.; 1606, Nicot, archit.; du lat. *astragalus*, empr. au gr. *astragalos*, osselet.

astre 1372, Corbichon, du lat. *astrum*, empr. au gr. *astron*; le sens fig. est usuel au XVIIᵉ s. ‖ **astral** 1533, F. Dassy, du lat. impér. *astralis* (saint Augustin). ‖ **astrolabe** XIIᵉ s. (*astrelabe*), du gr. *astrolabos*, instrument pour prendre (*lambanein*) la position des astres. ‖ **astrologie** 1495, J. de Vignay, au sens

de « étude des astres », puis divination par les astres dès le XIVᵉ s.; du gr. *astrologia*. ‖ **astrologique** 1546, O. de Saint-Gelais, du gr. *astrologikos*.‖**astrologue** 1372, Corbichon, du gr. *astrologos*, à côté de *astrologien*. ‖ **astronomie** av. 1155, Wace, du gr. *astronomia*, de même sens. ‖ **astronome** XVIᵉ s., du gr. *astronomos*, à côté de *astronomien*. ‖ **astronomique** av. 1407, E. Deschamps, du gr. *astronomikos*. ‖ **astrobiologie** 1953, Lar. (R. Berthelot). ‖ **astrodôme** 1950, *L. M.* ‖ **astronautique** 1927, Lar. (Rosny aîné). ‖ **astronaute** 1928, Lar. ‖ **astronauticien** 1960, *P. L.* ‖ **astronef** 1928, Lar. ‖ **astrophotographie** 1933, Lar. ‖ **astrophysique** v. 1920; 1933, Lar. l'enregistre. ‖ **astrophysicien** 1933, Lar.

astreindre XIIᵉ s., G. (*astraindre*), du lat. *astringere*, serrer, et, au fig., obliger; la conjugaison a subi les influences analogiques des verbes en -*aindre*; le *s* est dû à la graphie latinisante. ‖ **astreignant** av. 1914, Péguy. ‖ **astreinte** 1875, jurid.; sens étendu, 1909, Péguy. ‖ **astringent** 1538, Canappe, méd., du lat. *astringens*, part. prés. ‖ **astriction** 1538, Canappe, méd., du lat. *astrictio*, resserrement.

astriction V. ASTREINDRE.

astuce 1260, Br. Latini, du lat. *astutia*, ruse. ‖ **astucieux** 1495, J. de Vignay.

asymétrie V. SYMÉTRIE.

asymptote début XVIIᵉ s., du gr. *asymptôtos*, qui ne coïncide pas. ‖ **asymptotique** 1678, *Journ. des savants*.

asyndète 1863, L. du gr. *asundetos*, de *a* privatif et *sundein*, lier ensemble.

ataraxie 1580, Montaigne, du gr. *ataraxia*, tranquillité, de *a* priv. et *taraxis*, trouble.

atavique 1808, Boiste, du lat. *atavus*, ancêtre, d'abord terme biologique dont l'emploi s'est élargi dès le XIXᵉ s. ‖ **atavisme** début XIXᵉ s.

ataxie 1741, Col de Villars, du gr. *ataxia*, désordre. ‖ **ataxique** fin XVIIIᵉ s.

atèle sorte de singe, 1839; du gr. *ateles*, incomplet.

atelier début XIVᵉ s. (*astelier*), « tas d'éclats de bois », puis « chantier » (de charpentier, etc.), dér. de l'anc. fr. *astelle*, éclat de bois. (V. ATTELLE.)

atermoyer fin XII⁰ s., R. de Moiliens, de l'anc. fr. *termoyer*, «vendre à terme», et « ajourner », « tarder ». ‖ **atermoiement** 1605, H. de Santiago.

athée 1532, Rab., du gr. *atheos*, sans dieu, de *a* priv. et *theos*, dieu. ‖ **athéisme** 1555, Billon. ‖ **athéiste** 1556, Le Caron. ‖ **athéistique** 1866, Lar.

athérosclérose XX⁰ s., sur le gr. *atheroma*. (V. SCLÉROSE.)

athlète XIV⁰ s., usuel à partir du XVI⁰ s., du lat. *athleta*, empr. au gr. *athlêtês* (de *athlon*, combat). ‖ **athlétique** 1534, Rab., du lat. *athleticus*, empr. au gr. ‖ **athlétisme** 1895, *Sport*.

atlante V. ATLAS.

atlas 1663, Graindorge, nom donné en 1595 par Mercator à un recueil de cartes dont le frontispice figurait Atlas portant le ciel sur ses épaules; anat., première vertèbre du cou, 1654, Th. Gelée, empruntant son sens figuré au gr. ‖ **atlanthrope** 1955, nom donné à un homme fossile par C. Arambourg. ‖ **atlante** 1694, Th. Corn., arch., de l'ital. *atlante*, de *Atlas*. ‖ **atlantique** 1530, Rab., du lat. *Atlanticus*, empr. au gr. *atlantikos*, d'*Atlas*, montagne d'Afrique qui a donné son nom à la mer voisine et que l'on comparait à Atlas portant le ciel; *pacte atlantique*, 1949.

atmosphère 1665, Chapelain, du gr. *atmos*, vapeur, et *sphaira*, sphère. ‖ **atmosphérique** 1781, Thouvenel.

atoll 1611, Pyrard de Laval (*attollon*), du port. (XVII⁰-XVIII⁰ s.); repris au XIX⁰ s. (1848, chez Mackenzie) à l'angl. *atoll*; ces formes sont empr. au maldive *atolu* (Sud-Ouest de l'Inde).

atome 1350-1400, *Aalma* (*athome*), du lat. *atomus*, empr. au gr. *atomos*, de *a* priv. et *temnein*, couper. ‖ **atomique** 1585, J. Des Caurres. ‖ **atomisme** XVIII⁰ s., Diderot, *Encycl.* ‖ **atomiste** v. 1750, Diderot, *Encycl.*, philos.; XX⁰ s., phys. ‖ **atomistique** 1834, Boiste. ‖ **atomiseur** 1936, *L. M.* ‖ **atomiser** 1928, Lar.; 1948, Camus, fig. ‖ **atomisation** 1928, Lar. ‖ **atomicité** 1868, Lar.

atonal V. TON.

atone 1813, Gattel, méd., du gr. *atonos*, relâché (*a* priv. et *teinein*, tendre); le sens grammatical se développe à la fin du XIX⁰ s. ‖ **atonie** 1361, Oresme, rare jusqu'au XVIII⁰ s. (1752, Trévoux). ‖ **atonique** 1766, Raulin, méd.

atour fin XII⁰ s., *Rois* (*aturn*), « préparatifs », puis « ornement » (au sing. jusqu'au XVI⁰ s.); déverbal de l'anc. fr. *atourner* (fin XI⁰ s., *Alexis*; encore chez La Fontaine), « tourner, préparer, orner » (de *tourner*).

atout XV⁰ s., *Journ. de Paris* (jouer *a tout*, encore *Acad.*, 1694), de *à* et de *tout*; sens fig. fin XIX⁰ s.

atrabile 1565, Paré, calque du lat. *bilis atra*, bile noire. ‖ **atrabilaire** 1546, Ch. Est., adj., «relatif à la bile noire»; XVII⁰ s., subst., celui en qui la bile noire a une action dominante.

*âtre fin XII⁰ s., R. de Moiliens (*aistre*), du lat. pop. **astrăcus, -icus*, « carrelage », altér. de *ostrăcum*, empr. au gr. *ostrakon*, « coquille », « écaille », puis « carreau de brique ». L'anc. fr. *aistre* est dû à l'infl. de *aître*.

atrium 1627, Louis Savot, mot lat. signif. cour d'une maison.

atroce fin XIV⁰ s. (*atroxe*), du lat. *atrox, -ocis*. ‖ **atrocité** 1355, Bersuire, du lat. *atrocitas*. ‖ **atrocement** 1533, Dacy.

atrophie 1538, Canappe, du lat. *atrophia*, empr. au gr. *atrophia*, privation de nourriture, de *a* priv. et *trephein*, nourrir. ‖ **atrophié** 1560, Rab. (sous la forme du participe). Les sens fig. se développent au XX⁰ s. ‖ **atrophiement** 1868, Goncourt.

atropine 1818, Nysten, formé d'apr. le lat. bot. mod. *atropa*, belladone, tiré du gr. *Atropos*, l'une des Parques.

attabler V. TABLE.

attacher 1080, *Roland* (*atachier*), de *tache* au sens anc. de « agrafe », avec infl. de l'anc. fr. *estachier*, ficher (du francique **stakôn*). ‖ **attache** 1155, Wace; sens fig. jusqu'au XVII⁰ s. ‖ **attachement** XIII⁰ s., G. de Tyr, spécialisé au fig. ‖ **détacher** 1160, Benoist (*destachier*), par changement de suffixe. ‖ **détachement** 1617, Oudin. ‖ **rattacher** 1175, Chr. de Troyes. ‖ **rattachage** XIX⁰ s. ‖ **rattachement** XIX⁰ s.

attaquer 1549, Rab., de l'ital. *attaccare*, « attacher », puis « commencer », d'où *attaccare battaglia* (Florio, 1598), «commencer la bataille», et, par abrév., *attaccare*, « attaquer »; souvent francisé en *attacher* au XVIe s. || **attaque** 1611, Cotgrave. || **attaquable** XVIe s. || **contre-attaque** 1838, *Acad.* || **contre-attaquer** fin XIXe s. || **inattaquable** début XVIIIe s.

attarder V. TARD.

****atteindre** 1080, *Roland* (*ataindre*), du lat. pop. **attangere* (lat. *attingere*, refait d'apr. *tangere*, toucher). || **atteinte** 1265, J. de Meung.

****atteler** fin XIIe s., *Aliscans*, du lat. pop. **attelare*, formé d'apr. *protelum*, attelage (de bœufs), avec changement de suffixe, de *telum*, javelot, aiguillon. || **attelage** milieu XVIe s. || **dételer** fin XIIe s., *Aiol* (*desteler*), par changement de suffixe.

****attelle** 1125, *Gormont* (*astele*), «éclat de bois », « planchette », auj. spécialisé dans des sens techn., du lat. pop. **astella* du lat. class. *astula*, var. de *assula*, dimin. de *assis*, planche. (V. AIS.)

****attenant** XIVe s., part. présent de l'anc. fr. *atenir*, « tenir » et « tenir à », « dépendre », du lat. pop. **attenire*, réfection, d'après **tenire* (v. TENIR), de *attinere*, « tenir », « concerner, être attenant ».

****attendre** fin XIe s., *Alexis* (*atendre*), du lat. *attendere*, de *tendere*, tendre, c.-à-d. « tendre vers », au fig. « être attentif » jusqu'au XVIe s. || ****attente** *id.*, fém. substantivé d'un anc. part. passé **attenditus*. || **attentif** XIIe s., *Roman de Troie*.||**attentisme** Première Guerre mondiale. || **attentiste** *id.* || **inattentif** 1761, *Acad.* || **inattendu** début XVIIe s. (V. ATTENTION.)

attendrir V. TENDRE.

attenter 1302, *Archives*, du lat. *attentare*, porter la main sur, de *tentare*, tenter. || **attentat** 1326, *Cart. de Saint-Pierre de Lille.* || **attentatoire** 1690, Furetière.

attention 1536, Nic. de Troyes, du lat. *attentio*, de *attendere*, être attentif. || **attentionné** 1819, Boiste. || **attentionneux** 1831, Balzac. || **inattention** 1671, Bouhours.

atténuer V. TÉNU.

atterrer, atterrir V. TERRE.

attester XIIIe s., *Chanson d'Antioche*, du lat. *attestari*, de *testis*, témoin, témoignage. || **attestation** XIIIe s., G., du lat. *attestatio*.

atticisme V. ATTIQUE.

attiédir V. TIÈDE.

attifer XIIIe s., de l'anc. fr. *tifer*, parer (XIIIe-XVIe s.), d'orig. inconnue.

attiger 1596, *Vie des mercelots* (*aquiger*, *attiger* [par croisement avec tige]); 1808, d'Hautel, terme d'argot des malfaiteurs signifiant « blesser », puis « abîmer »; le sens fig. « exagérer » est récent (1922, Montherlant); orig. obscure.

attique XVe s., *Térence en françois*, adj., du lat. *atticus*, gr. *attikos*, relatif à Athènes; subst. XVIIe s., architect. || **atticisme** 1543, Ramus, du lat. *atticismus*, gr. *attikismos*. || **atticiste** XIXe s.

attirer, -rail V. TIRER.

****attiser** fin XIIe s., *R. de Cambrai*, du lat. pop. **attitiare*, de *titio*, tison. || **attise** 1751, *Encycl.*, techn., déverbal. || **attiseur** 1615, R. Gaultier.

attitrer V. TITRE.

attitude 1637, N. Poussin, de l'ital. *attitudine*, empr. au bas lat. *aptitudo*, aptitude. Le mot est d'abord passé en français comme terme de peinture : « posture »; il a un emploi plus général dès le XVIIe s., mais ne prend le sens de « manière d'être à l'égard de quelqu'un » qu'au XIXe s.

attorney 1768, Voltaire, de l'angl. *attorney*, procureur (de l'anc. fr. *atorné*, même sens).

attoucher V. TOUCHER.

attraction 1256, Ald. de Sienne (*atration*), du lat. *attractio*, « contraction », et, gramm., « attraction » (de *trahere*, tirer). En fr., d'abord au pr. et fig., d'après *attraire*; sens gramm. repris anciennement au lat.; le sens « attraction d'un spectacle » a été repris à l'angl. (1835, Balzac). || **attractif** 1546, Ch. Est. || **attracteur** XIIIe s., G., du bas lat. *attractivus*. (V. TRAIRE.)

****attrait** 1175, Chr. de Troyes, part. passé substantivé de l'anc. fr. *attraire*, attirer (XIIe-XVIIe s.); du lat. pop. **attragere*. || **attrayant** 1283, Beaumanoir, part. prés. de *attraire*.

attraper XIIᵉ s., *Chevalerie Ogier*, de *trapper*, « prendre au piège », sens fig. « tromper » dès l'anc. fr.; 1866, Delvau, pop. « gronder ». ‖ **attrapage** 1869, Larchey, « gronderie ». ‖ **attrape** XIVᵉ s., *D. G.*, « piège », puis « tromperie ». ‖ **attrapeur** 1526, C. Marot. ‖ **rattraper** XIIIᵉ s. ‖ **attrape-nigaud** 1650, Scarron. ‖ **-mouches** 1700, Liger. ‖ **-lourdaud** 1798, *Acad.* ‖ **rattrapage** 1887.

attribuer 1313, Delb., du lat. *attribuere*, de *tribuere*, attribuer. ‖ **attribuable** 1512, Marot. ‖ **attribut** XIVᵉ s., *Nature à alchimie*, du lat. scolast. *attributum* (anc. part. passé du précédent), sens formé en lat. médiév. ‖ **attributif** 1516, Delb. ‖ **attribution** 1361, Oresme, du lat. *attributio*.

attrister V. TRISTE.

attrition 1503, G. de Chauliac, du lat. eccl. *attritio*, « action de broyer ». (V. *contrition*, à CONTRIT.)

attrouper V. TROUPE.

aubade XVᵉ s., *D. G.*, du prov. *aubada*, « concert qu'on donne à l'aube » (cf. SÉRÉNADE); en fr. pop., il a pris un sens péjoratif (« charivari », fin XVIIᵉ s., Regnard), auj. « vive gronderie ». ‖ **aubader** 1846, Besch.

aubaine XIIᵉ s., G. (*droit d'aubaine*), fém. de l'adj. *aubain*, étranger (XIIᵉ-XVIIIᵉ s.), du francique **aliban*, « appartenant à un autre ban ». Par le droit d'aubaine, la succession des étrangers revenait au seigneur, puis au roi; d'où fig. « profit inattendu », 1668, La Fontaine.

1. ***aube** 1080, *Roland* (*albe*), du lat. *alba*, fém. substantivé de *albus*, blanc (anc. fr. *aube*, adj.). Le sens eccl. « tunique blanche » (fin XIᵉ s., *Alexis*, *albe*) est une spécialisation du lat. chrétien.

2. ***aube** 1080, *Roland* (*alve*), puis *auve*, *aube*, « planchette », du lat. *alăpa*, « soufflet », dont le sens premier, non attesté, a dû être « main plate », puis « palette »; le *b*, au lieu du *v*, paraît dû à une confusion avec le précédent.

*aubépine XIIᵉ s., *Roncevaux*; XVIᵉ s. (*aubespin*, forme de l'Ouest et du Centre), du lat. pop. **alb-ĭspīna* (lat. *spina alba*, épine blanche).

aubère 1579, F. Grisone, de l'esp.

hobero, auj. *overo* (en fr. *hobere*, 1555, Ronsard), que l'on croit d'origine arabe.

auberge 1606, Nicot, du rhodanien (prov.) *auberjo*, correspondant à l'anc. fr. *herberge* (v. HÉBERGER).

aubergine 1750, Geffroy, du catalan *alberginia*, réfection de l'ar. *al-bādinjān*, empr. au persan *bādindjān*.

auberon 1690, Furetière, orig. obscure. Le terme désigne de petits crampons.

aubert 1455, *Coquillards*, « argent » en argot, emploi ironique de nom propre (*Aubert*) [cf. *david*, crochet; *roland*, scie; *laure*, maison mal famée, etc.].

aubette 1491, *Arch. de Lille* (*hobette*); 1601, S. Goulart (*aubette*); dimin. de l'anc. fr. *hobe*, du francique **huba* (le vocalisme fait difficulté).

aubier XIVᵉ s., *Bible* (*auber*), altér., par changement de suffixe, de l'anc. fr. *aubour*, même sens, du lat. *alburnum*, de *albus*, blanc.

aubifoin 1175, Chr. de Troyes (*aubefain*); 1556, Dessen (*aubifoin*), « foin blanc », parce que le bluet blanchit aussitôt fané ou fauché; du lat. *albus*, blanc.

1. ***aubin** 1390, *Livre des secrets de la nature*, blanc d'œuf, réfection de *aubun* (XIIᵉ s.), encore dans Cotgrave, 1611; du lat. *albūmen*, *-ĭnis*, qui a donné *albumine*, de *albus*, blanc.

2. ***aubin** XVᵉ s., M. d'Escouchy (*hauby*), équit.; fin XVᵉ s., Commines (*hobin*), « cheval »; 1534, Rab., « allure vicieuse »; de l'angl. *hobby*, cheval trapu. ‖ **aubiner** 1751, *Dict. d'agr.*

aubine fin XIXᵉ s., appareil (chemins de fer), dénommé d'après son inventeur, *Aubin*. ‖ **aubiner, -age,** *id.*

aubiner 1751, *Dict. d'agr.*, « mettre en jauge », dér. de l'anc. fr. *aubeine*, nom d'un cépage de vigne (de *aube*, blanc), puis « mode de plantation de la vigne ».

1. ***aubour** XIIIᵉ s. (*aubor*), du lat. *alburnum*, aubier, de *albus*, blanc; a désigné l'aubier jusqu'au XVIᵉ s.; auj., spécialisé comme terme de charpente et de marine pour désigner le bois jeune.

2. ***aubour** fin XIIᵉ s., *Loherains* (*aubor*), cytise, du lat. pop. **alburnum*, réfection de *laburnum*, sur *albus*, blanc, et sur le précédent.

aucuba 1796, *Voy. de Thunberg*, du japonais *aokiba*; l'arbuste vient du Japon.

*aucun XIIᵉ s., *Roncevaux (alcun)*, du lat. pop. **aliquunus*, de *aliquis*, quelqu'un, et *unus*, un; sens « quelque, quelqu'un », jusqu'au XVIIᵉ s.; il a pris le sens négatif par contamination de *ne*. ‖ **aucunement** 1130, *Job*.

audace 1387, J. d'Arras, du lat. *audacia*; comme terme de mode, 1692, Huet. ‖ **audacieux** 1495, J. de Vignay.

audible V. AUDIENCE.

audience 1160, Benoît, du lat. *audientia*, action d'entendre, de *audire*, écouter; sens ancien jusqu'au XVIIᵉ s.; le sens jurid. apparaît dès le bas lat. et au XIIᵉ s. en fr. ‖ **audiencier** XIVᵉ s., J. de Preis. ‖ **audible** 1488, *Mer des hist.*, du bas lat. *audibilis*, qui peut être entendu. ‖ **audibilité** 1951, Lar. ‖ **auditeur** 1230, C. E. V., du lat. *auditor*, au sens de officier de justice. Le sens moderne apparaît avec l'élimination du mot pop. *oieor*. ‖ **auditif** 1361, Oresme. ‖ **audition** 1295, Roisin, lat. *auditio*. ‖ **auditionner** 1793, *Journ. de la Montagne*, jurid.; 1922, Lar., sens actuel. ‖ **auditoire** XIIᵉ s., P. de Fontaines, du lat. *auditorium*. ‖ **auditorium** 1930, transcription du lat. avec le sens de « lieu d'enregistrement, de prise de son ». ‖ **audiomètre** 1879, *Année sc. et industr.* ‖ **audiogramme** 1951, *L. M.* ‖ **audioguidage** 1961, journ. ‖ **audiovisuel** 1955, *L. M.* ‖ **inaudible** 1842, *Acad.*

*auge XIIᵉ s., parfois masc. jusqu'au XVIᵉ s., du lat. *alveus*, masc., « cavité », de *alvus*, ventre. ‖ **augée** 1546, Ch. Est. ‖ **auget** XIIᵉ s., Herman de Valenciennes.

augmenter 1360, G. de Machaut, du lat. impér. *augmentare* (IVᵉ s., Firmus, math.), de *augere*, augmenter. ‖ **augmentation** 1290, G., du bas lat. *augmentatio* (VIᵉ s., Boèce).

1. **augure** présage 1160, Benoît (*augur*), du lat. *augurium* (dont la forme pop. était *eür*, *-heur*, v. HEUR); sens fig. déjà en latin; souvent fém. au XVIᵉ s. ‖ **augurer** 1355, Bersuire, du lat. *augurare*, tirer un présage; en fr., le sens fig. l'emporte au XVIIᵉ s.

2. **augure** homme 1213, *Fet des Romains (-reres)*; 1355, Bersuire, du lat. *augur*. ‖ **augural** 1555, Belon, du lat. *auguralis*, qui a gardé le sens propre.

auguste XIIIᵉ s., Aimé du Mont-Cassin; rare jusqu'au XVIIᵉ s.; du lat. *augustus*, de *augur* (à l'origine, « consacré par les augures »).

aujourd'hui XIIᵉ s., *Saint-Evroult (au jour de hui)*, forme renforcée de *hui* (du lat. *hŏdie*), lequel a disparu au XVIIᵉ s., sauf en wallon et dans le Sud-Est.

aulique 1546, Rab., du lat. *aulicus*, de *aula*, cour.

aulofée V. LOF.

*aumône fin XIᵉ s., *Alexis (almosne)*, du lat. pop. *alemŏsĭna*, déformation du lat. chrét. *eleemosyna*, empr. au grec *eleêmosunê*, « compassion », sens spécialisé en grec chrét. ‖ **aumônerie** 1190, Garn. ‖ **aumônier** fin XIᵉ s., *Alexis (almosnier)*, « qui reçoit l'aumône »; sens actuel, 1080, *Roland*. ‖ **aumônière** XIIᵉ s., Delb.

aumusse XIIᵉ s. (*-uce*), type de coiffure au Moyen Age, lat. médiév. *almutia*, d'orig. inconnue (l'all. *Mütze*, « casquette », vient du fr. ou du lat.).

1. ***aune** arbre XIIᵉ s., du germ. **alira*. ‖ **aunaie** (*aunoie* XIVᵉ s.).

2. **aune** ancienne mesure 1080, *Roland (alne)*, du francique **alina* (all. *Elle*), propr. « avant-bras »; il ne subsiste que dans des loc. métaphoriques. ‖ **auner** 1175, Chr. de Troyes. ‖ **auneur** 1190, saint Bernard.

aunée XIIIᵉ s., *Médecin liégeois*, plante, de l'anc. fr. *eaune* (var. *ialne*), du lat. pop. **ĕlĕna*, réfection (par influence du nom propre [*H*]*elena*) du lat. *helenium*, empr. au grec.

auparavant V. AVANT.

auprès V. PRÈS.

aura fin XVIIIᵉ s., mot lat. signif. « souffle ». Le sens fig. apparaît au XXᵉ s. (1960, *P. L.*).

auréole fin XIIIᵉ s., Rutebeuf (*auriole*); 1350-1400, *Aalma (auréole)*; du lat. eccl. *aureola (corona)*, couronne d'or, de *aureus*, d'or. Le sens fig. date du XIXᵉ s. ‖ **auréolé** milieu XIXᵉ s., Baudelaire.

auri- du lat. *aurum*, or. ‖ **aurifère** 1535, M. d'Amboise, du lat. *aurifer* (*ferre*, porter). ‖ **aurifier** 1863, L. ‖ **aurification** *id.* ‖ **aurine** 1842, Mozin, chim., par analogie de couleur.

auricule 1377, Lanfranc, anat., du lat. *auricula*, petite oreille. Le sens propre est attesté chez Rabelais (1538) ; bot. XVIe s. ‖ **auriculaire** v. 1540, Rab. (*doigt auriculaire*) ; Calvin (*Confession auriculaire*), du lat. *auricularius*.

aurique (voile) fin XVIIIe s., du néerl. *oorig*, voile en forme de trapèze située dans l'axe du navire.

aurochs 1414, G. de Lannoy (*ouroflz*) ; 1611, Cotgrave (*aurox*) ; XVIIIe s., Buffon (*aurochs*), de l'all. *Auerochs*, renforcement expressif (par addition de *Ochs*, bœuf) de l'ancien *Auer* (rac. germ. et celtique *ur-*, passée en lat. : *ūrus*).

*****aurone** 1213, *Fet des Romains* (*abrogne*) ; 1486, *le Livre des profits champêtres* (*aurone*) ; forme dial. (Ouest) du lat. *abrŏtŏnum*, empr. au grec.

aurore XIIIe s., Aimé du Mont-Cassin, du lat. *aurora; aurore boréale* 1646, La Peyrière. ‖ **auroral** 1866, Verlaine.

ausculter 1510-1541, Le Caron, « examiner », du lat. *auscultare*, écouter ; 1819, Laennec, méd. ‖ **auscultation** 1570, Gentian Hervet, « examen », du lat. *auscultatio;* 1819, Laennec, méd.

auspice 1358, Bersuire, « qui tire les présages » ; 1582, Robert et Ant. d'Aigneaux, « présage », du lat. *auspicium*.

*****aussi** fin XIIe s., Grégoire (*alsi*), du lat. pop. **alid* (pour *aliud*, autre chose) et de *sic*, ainsi (v. SI 2) ; cf. l'anc. fr. *al*, *el*, autre chose.

aussitôt V. TÔT.

auster 1120, *Ps. d'Oxford* (*austre*) ; XIVe s., J. de Brie (*auster*) ; du lat. *auster*, vent du midi. ‖ **austral** 1372, Corbichon, du lat. *australis*.

austère 1220, Coincy, du lat. *austerus*, âpre, au fig. « austère » (sens propre, aussi, en fr., au XVIe s.). ‖ **austérité** XIIIe s., *Apocalypse*, du lat. *austeritas*.

autan 1560, Paré, du prov. *autan*, du lat. *altanus*, proprem. « vent de la haute mer », dér. de *altus*, haut. Il est restreint à la langue poétique.

autant V. TANT.

autarcie 1793, Lavoisien, du gr. *autarkeia*, de *autos*, soi-même, et *arkein*, se suffire ; le mot avait d'abord le sens de « euphorie », « frugalité » ; devenu *autarchie* (1896, Réveillère) par attraction des mots en *-archie*. Seule subsiste la forme primitive (1938, *L. M.*).

*****autel** fin XIe s., *Alexis* (*alter*), puis *altel*, *autel*, par substitution de suffixe, du lat. *altare*.

auteur fin XIIe s., Grégoire, var. *autheur*, *auctor*, du lat. *auctor* (var. *autor*, *author*), « celui qui produit ». ‖ **authoresse** 1841, La Bédollière, de l'angl. *authoress*. ‖ **autrice** 1560, Pasquier.

authentique XIIe s. (*autentike*), du lat. *authenticus*, empr. au gr. *authentikos;* il a eu le sens de « célèbre » jusqu'au XVIIe s. ‖ **authentiquement** début XIVe s., *Chron. de Flandres*. ‖ **authentiquer** 1442, *Cout. d'Anjou*. ‖ **authenticité** 1557, Ferry Julyot ; 1688, Montfaucon (*authenticité*). ‖ **authentifier** 1866, Lar.

autisme XXe s., 1927, *Journ. psychol.;* de l'all. *Autismus*, formé sur le gr. *autos*, soi-même. ‖ **autiste** 1957, H. Piéron. ‖ **autistique** 1927, *Journ. psychol.;* empr. à l'all. *autistisch*.

1. **auto-** du gr. *autos*, de lui-même. ‖ **autoallumage** 1904, *France autom.* ‖ **autoamorçage** XXe s. (1956, *P. L.*). ‖ **autobiographie** 1842, *Acad.* ‖ **autobiographique** 1832, H. de Balzac. ‖ **autochtone** 1560, G. Postel, du gr. *autokhtôn*, de *khthôn*, terre. ‖ **autochtonisme** 1960, *G. L. E.* ‖ **autoclave** 1820, *Descr. des brevets*, du lat. *clavis*, clef (qui se ferme de lui-même). ‖ **autocrate** 1768, *Ephém. du citoyen*, du gr. *autokratês*, qui gouverne lui-même, de *kratein*, gouverner ; usuel pendant la Révolution. ‖ **autocratie** av. 1794, C. Desmoulins, du gr. *autokrateia*, pouvoir absolu. ‖ **autocratique** 1768, Brunot. ‖ **autocratiquement** 1866, Lar. ‖ **autocrator** 1798, *Acad.*, du gr. *autokratôr*, monarque absolu, d'où le féminin *autocratrice* (1739), Voltaire, Corr.). ‖ **autocritique** 1950, *L. M.* ‖ **autocuiseur** 1950, *L. M.* ‖ **autodéfense** 1955, *Figaro*. ‖ **autodestruction** 1960, *P. L.* ‖ **autodétermination** 1906,

Lar., biol.; 1955, *l'Express*, polit. ‖ **au-todéterminer** 1961, *P. L.* ‖ **autodidacte** 1580, L. Joubert, du gr. *autodidaktos*, qui s'est instruit lui-même (*didaskein*, instruire). ‖ **autofécondation** 1888, Lar. ‖ **autofinancement** 1953, Lar. ‖ **autofinancer** 1955, *le Monde*. ‖ **autofrettage** XXᵉ s., 1919, *P. L.* ‖ **autogène** (soudure) 1895, *Année sc. et industr.* ‖ **autogestion** XXᵉ s., 1961, Lar. ‖ **autographe** XVIᵉ s., Le Plessis (*aftographe*); 1580, L. Joubert (*autographe*), du gr. *autographos.* ‖ **autographie** 1800, Boiste. ‖ **autographier** 1836, Landais. ‖ **autoguidage** 1960, *P. L.* ‖ **autoimposition** 1956, *P. L.* ‖ **auto-infection** 1906, Lar. ‖ **auto-intoxication** 1888, Lar. ‖ **autolocomotion** 1908, *P. L.* ‖ **autolubrifiant** 1953, Lar. ‖ **autolyse** 1909, *L. M.* ‖ **automate** 1532, Rabelais (adj.), du gr. *automatos*, qui se meut. ‖ **automatique** fin XVIIIᵉ s. ‖ **automatisme** av. 1757, Réaumur. ‖ **automatiser** XVIIIᵉ s. ‖ **automatisation** 1877, L. ‖ **automation** 1956, *P. L.* ‖ **automobilisation** 1933, Lar. ‖ **automoteur** 1834, Biot, au sens de « qui se meut par soi-même »; 1953, *L. M.* ‖ **automotion** 1863, La Landelle. ‖ **autonome** 1762, *Acad.*, du gr. *autonomos*, « qui se gouverne avec ses propres lois » (de *nomos*, loi). ‖ **autonomie** 1596, Hulsius, du gr. *autonomia*; usuel depuis le XVIIIᵉ s. ‖ **autonomiste** 1878, Lar., « partisan des communes », puis de « l'autonomie régionale ». ‖ **autoplane** 1909, *L. M.* ‖ **autoplastie** 1863, L. ‖ **autoportrait** 1956, *L. M.* ‖ **autopropulsé** 1950, *L. M.* ‖ **autopsie** méd. 1573, Desmare, du gr. *autopsia*, vision par soi-même, de *opsis*, vue. ‖ **autopropulseur** 1950, *L. M.* ‖ **autopropulsion** 1953, Lar. ‖ **autopunition** 1960, *P. L.* ‖ **autoradiographie** 1952, *L. M.* ‖ **autoréduction** 1878, Lar. ‖ **autorégulation** 1888, Lar. ‖ **autosatisfaction** 1963, journ. ‖ **autosuggestion** 1888, Lar. ‖ **autotest** 1960, *P. L.* ‖ **autothétique** 1801, Ch. de Villiers, de *thèse*.

2. **auto** abrév. de *automobile* (v. ce mot et les composés avec *auto*, dans le sens de « véhicule »).

autodafé 1714, Lesage, du port. *auto de fé*, acte de foi, puis « arrêt sur des matières de foi ».

automédon 1776, *Journ. de Bruxelles*, du lat. et gr. *Automedon*, nom du conducteur du char d'Achille; sens ironique déjà en latin.

automne XIIIᵉ s., G. de Tyr (*autonne*), du lat. *autumnus*; encore des deux genres au XVIIᵉ s. ‖ **automnal** 1119, Ph. de Thaun, du lat. *autumnalis.*

automobile 1864, *l'Illustr.*, adj.; subst. vers 1890; des deux genres encore au début du XXᵉ s., formé du gr. *auto-* et de *mobile*, sur le modèle de *locomobile*; abrév. *auto* (d'abord masc.), 1896, *France autom.* ‖ **automobilisable** 1927, A. Gide. ‖ **automobilisme** 1895, *Sport universel.* ‖ **automobiliste** 1896, Lar. ‖ Sur *auto* : **autoberge** 1916, journ. ‖ **autobus** 1906, Lar., finale de *omnibus*, véhicule de transport en commun, abrégé en *bus* (v. ce mot). ‖ **autocanon** 1913. ‖ **autocar** 1910. ‖ **autochenille** 1922, Kégresse. ‖ **autocoat** 1960, Lar. ‖ **autodrome** 1896, *France autom.* ‖ **auto-école** v. 1925. ‖ **autogire** 1923, Juan de La Cierva, de l'esp. *autogiro.* ‖ **automitrailleuse** 1909, *L. M.* ‖ **autophobe, -bie** 1900, *France autom.* ‖ **autopompe** 1928, Lar. ‖ **autorail** 1925. ‖ **autoroute** 1928, Lar. ‖ **autoscooter** 1960, Lar. ‖ **auto-stop** 1953, Lar. ‖ **auto-stoppeur** 1955, *Figaro.* ‖ **autostrade** 1925, de l'ital. *autostrada.*

autoriser fin XIIᵉ s., *Loherains* (*actoriser*), du lat. médiév. *auctorizare* (de *auctor*, auteur); d'abord « donner de l'autorité » (encore au XVIIᵉ s.). ‖ **autorisation** début XVᵉ s.

autorité 1119, Ph. de Thaun (*auctorité*), du lat. *auctoritas*; au plur. 1790. ‖ **autoritaire** 1866, Lar. ‖ **autoritairement** 1877, L. ‖ **autoritarisme** 1870, Leverdays.

1. **autour** prép. V. TOUR.

2. ***autour** 1080, *Roland*, subst. (*ostor*, *ostur*); du bas lat. *auceptor* (*Loi Ripuaire*), réfection du lat. *accipiter*, épervier, devenu *acceptor*, puis confondu avec *auceptor*, oiseleur. En fr., le mot, éliminé de bonne heure par des syn. germ. (*épervier*, *faucon*), n'est resté qu'en poésie ou comme terme de naturaliste pour désigner l'*astur palumbarius*; la finale (-*our* au lieu de -*eur*) est irrégulière (infl. de *vautour*).

*autre 1080, *Roland* (*altre*), du lat. *alter*, « l'autre », qui, en lat. pop., a éliminé *alius*, « autre » (v. AUSSI). ‖ **autrement** 1080, *Roland*. ‖ **autrui** *id.* (*altrui*), anc. cas régime de *autre* (formé d'après *lui*).

autrefois V. FOIS.

*autruche 1130, *Job* (*ostruce*, jusqu'au XVIIe s.); XVIe s. (*autruche*, par substitution de suffixe); du lat. pop. *avis*, oiseau, *struthio*, autruche (du gr. *strouthos*), formation tardive.

autrui. V. AUTRE.

*auvent fin XIIe s., *Aymeri* (*auvant*), « galerie de fortification », du lat. pop. **antevannum*, formation obscure, peut-être de **banno*, « corne », en gaulois (totem protecteur).

auvernat 1564, J. Thierry, « vin » (*auvernas*), croisement entre *auvergnat*, dér. dial. d'*Auvergne*, du lat. pop. *Arvernicum*, et l'anc. fr. *auvernois*, « vin », primitiv. « auvergnat », puis « cépage originaire d'Auvergne ».

auverpin 1854, Privat d'Anglemont, réfection de *auvergnat* par substitution de finale en argot.

auxiliaire 1512, J. Lemaire, du lat. *auxiliaris*, de *auxilium*, secours, au sens milit. ‖ **auxiliairement** 1960, Lar.

auxine v. 1920, du lat. *augere*, faire croître (parfait *auxi*), « hormone de croissance ».

avachir 1395, Chr. de Pisan, du francique **vaikjan*, rendre mou; le *v* est dû à l'influence de *vache*. ‖ **avachissement** 1864, Goncourt.

1. aval V. VAL.

2. aval 1675, Savary, de l'ital. *avallo*, empr. à l'ar. *al-walā*, mandat. ‖ **avaliser** 1875; fig. XXe s. (1959, Lar.). ‖ **avaliseur** 1955, Lar.

avalanche XVIe s., J. Peletier (*lavanche*); 1611, Cotgrave (*avalanche*); 1845, Besch., fig.; du savoyard *lavantse* et du suisse-romand *avalantse* (altér. due à l'attraction de *val*, *avaler*), du lat. *labīna*, glissement de terre, dér. de *labi*, glisser.

avaler V. VAL.

avanie 1575, Thevet (*vanie*), de l'ital. *avania*, exaction imposée aux chrétiens par les Turcs, ar. *hawwān*. Le sens de « traitement humiliant » est enregistré au XVIIe s.

*avant 842, *Serments*, du lat. impér. *abante* (IIe s.), forme renforcée de *ante*; subst., sports, XXe s.; *aller de l'avant*, 1831, Ansiaume. ‖ **auparavant** XIVe s., *Chron. de Flandres*, forme renforcée de *avant* qui a été employée comme prép. jusqu'au XVIIe s. ‖ ***avancer** XIIe s., *Roncevaux*, du lat. pop. **abantiare*. ‖ **avance** fin XIVe s.; sens financier, 1766, Turgot. ‖ **avancé** polit. 1845, Wey. ‖ **avancement** XIIe s. ‖ **avançon** 1386, D. Lobin ‖ **avantage** 1190, J. Bodel, de *avant*, d'abord « ce qui est placé en avant » (sens conservé pour désigner une partie de l'avant du navire qui fait saillie); sens fig. dès le XIIe s. ‖ **avantager** XIIIe s. ‖ **avantageux** 1418, Caumont. ‖ **désavantage** 1280, G. ‖ **désavantageux** 1498, Commynes. ‖ **désavantager** 1507, Crétin. ‖ **devant** 1050, *Alexis*, var. *davant*, comp. anc. de *avant*; sens temporel jusqu'au XVIIIe s. ‖ **devancer** 1155, Wace. ‖ **devancier** 1268, E. Boileau. ‖ **devanture** fin XIIIe s., *Renart*, « le devant »; 1611, Cotgrave, sens actuel.

avare 1160, *Charroi* (*aver*); 1527, J. Bouchet (*avare*), du lat. *avarus*; sens lat. « avide » jusqu'au XVIIIe s., à côté de « qui aime entasser l'argent ». ‖ **avarement** 1548, P. Le Febure. ‖ **avarice** 1155, Wace, du lat. *avaritia*. ‖ **avaricieux** 1283, Beaumanoir. ‖ **avarisme** 1801, *le Publiciste*.

avarie av. 1200, *Assises de Jérusalem*, de l'ital. *avaria*, empr. à l'ar. *'awar*, dommage, au plur. *awārīya*. ‖ **avarier** 1752, *Trévoux*. *Avarié*, dans le sens de « syphilitique », se rencontre en 1905 (Brieux) et 1906, dans Lar. ‖ **avariose** 1907, *L. M.*

avatar 1800, Castera, du sanskrit *avatāra*, descente sur terre d'un être divin, puis incarnation de Vishnu; 1844, Gautier, « transformation »; XXe s., « malheur ».

Ave XIVe s. (*ave Maria*), 2e pers. sing. impératif du lat. *avere*, « bien se porter », formule de salutation. Il désigne une prière à la Vierge, d'après les premiers mots de la salutation de l'Ange à Marie.

*avec fin XIe s., *Alexis* (*avoc*, puis *avuec*), du lat. pop. *apŭd-hŏc*, « avec cela », renforcement de *apud*, « auprès de », « avec », en lat. pop., d'où l'anc. fr. *o[d]*, prov. *ab*, avec.

aveindre XIIIe s. (*aveindre à*), puis transitif, variante morphologique de l'anc. fr. *avenir* (v. ADVENIR), refait d'après les verbes en *-eindre*.

aveline 1256, Ald. de Sienne (*avelaine*) ; XVe s., Tardif (*aveline*) ; du prov. *avelana*, noisette, du lat. (*nux*) *abellana*, noisette (Pline : « noix d'Abella » [ville de Campanie]) ; spécialisé par les botanistes. ‖ **avelinier** XIIIe s. (*-anier*) ; XVIIIe s. (*-inier*).

aven 1151, Bruel (*avenc*, prov.), « gouffre » ; repris au XXe s. en géol., 1889, Martel ; mot dial. du Rouergue, semble prélatin.

1. avenir subst., 1468, C. E. V. (*advenir*), abrév. de la loc. le *temps à venir*.

2. avenir verbe. V. ADVENIR.

avenant 1080, *Roland*, adj., ancien part. prés. de l'anc. fr. *avenir* (v. AVENIR), au sens de « convenir » ; le sens « qui s'accorde » est resté dans la loc. *à l'avenant* (XVe s., jurid.) ; subst., jurid., « ce qui revient à » (XIIIe s.), d'où « clause additionnelle » en matière d'assurances (1783). ‖ **non avenu** av. 1741, J.-B. Rousseau.

avènement 1190, saint Bernard, de l'anc. fr. *avenir*, arriver ; « arrivée » jusqu'au XVIIe s., puis spécialisé en « arrivée sur le trône ».

avent XIIe s. (*advent*), du lat. *adventus*, arrivée, de *advenire*, arriver », spécialisé en lat. eccl. pour la venue de Jésus-Christ, puis pour les quatre semaines précédant Noël.

*aventure fin XIe s., *Lois de Guillaume*, du lat. pop. **adventūra*, ce qui doit arriver (part. futur, au pl. neutre, de *advenire*). ‖ **aventurer** XIIe s., *D. G.* ‖ **aventureux** 1160, Benoît. ‖ **aventureusement** v. 1360, Machaut. ‖ **aventurier** XVe s. ‖ **aventurine** 1686, Maintenon : limaille jetée *à l'aventure* sur le verre en fusion. ‖ **aventurisme** 1961, Lar. ‖ **aventuriste** 1918, Rolland. ‖ **mésaventure** XIIe s., de l'anc. v. *mésavenir*.

avenue 1549, Rab., « voie d'accès »

(cf. ALLÉE), du part. pas. substantivé (signifiant « arrivée » en anc. fr.) de *avenir*.

avérer XIIe s., Herman de Valenciennes, de l'anc. fr. *voir*, vrai, issu du lat. *verus* et disparu au XVIe s. (cf. VOIRE) ; n'est plus employé qu'au part. passé à partir du XVIIIe s., et à la forme pronominale.

avers 1842, *Acad.*, du lat. *adversus*, au sens « qui est en face ».

averse 1690, La Quintinie, de la loc. *pleuvoir à la verse* (1642, Oudin), puis *pleuvoir à verse* (fin XVIIe s.) ; déverbal de *verser*.

aversion XIIIe s., « répulsion » ; méd., 1537, Canappe ; sens mod. début du XVIIe s. ; du lat. *aversio*, action de se détourner, de *avertere*, détourner.

avertin 1256, Ald. de Sienne, du lat. *vertīgo, -gīnis* (v. VERTIGE), avec attraction de *avertir*.

*avertir 1160, Benoît, du lat. pop. **advertīre* (lat. class. *advertĕre*). ‖ **avertissement** milieu XIIIe s. ‖ **avertisseur** 1281, G. « celui qui avertit « ; techn., appareil, 1863, Thorel.

avette V. ABEILLE.

aveu V. AVOUER.

*aveugle fin XIe s., *Alexis* (*avogle*), du lat. méd. **ab ŏcŭlis*, privé d'yeux, calque du gr. *ap'ommatôn* ; l'expression a éliminé le lat. *caecus*, repris dans la formation savante *cécité*. ‖ **aveugler** fin XIe s., *Alexis* (*avogler*). ‖ **aveuglant** 1558, M. de Navarre. ‖ **aveuglément** 1555, Pasquier. ‖ **aveuglement** 1130, *Job* ; « privation de la vue », sens qui subsiste jusqu'au XVIIIe s. ; le sens fig. qui existe dès le début se maintient seul. ‖ **aveuglette** XVe s., *l'Amant rendu cordelier;* il a été employé sous cette forme comme adv. jusqu'au XVIIe s. (Furetière) pour laisser la place à l'expression *à l'aveuglette*.

aveulir V. VEULE.

aviation 1863, La Landelle, du lat. *avis*, oiseau. ‖ **aviateur** *id.*, nom de machine; « pilote », *id.* ‖ **avion** 1890, Ader. ‖ **avionnette** 1928. ‖ **hydravion** v. 1912. ‖ **avion-taxi** 1962, journ. ‖ **avionneur** 1890, Ader.

avicule 1803, Boiste, du lat. *avicula*, petit oiseau (la coquille du mollusque rappelle une queue d'oiseau), du lat. *avis*, oiseau.

aviculture XIXᵉ s., du lat. *avis*, oiseau, et de *culture*. ‖ **aviculteur** fin XIXᵉ s.

avide 1470, *Livre de la discipline d'amour divine*, du lat. *avidus*. ‖ **avidement** 1555, de La Bouthière. ‖ **avidité** 1495, J. de Vignay, du lat. *aviditas*.

avilir, aviner V. VIL, VIN.

avion V. AVIATION.

aviron 1155, Wace, de l'anc. fr. *avironner* (XIIᵉ - XIVᵉ s.), tourner, de *viron*, dér. de *virer*.

avis 1175, Chr. de Troyes, de la loc. *ce m'est avis*, lat. pop. *mihi est visum*, il me semble (lat. class. *mihi videtur*). ‖ **aviser**, donner un avis (XIIIᵉ s.); adj. *avisé* (XIIIᵉ s., *D. G.*); avec le sens de « apercevoir », le verbe *aviser* est un composé de *viser*. ‖ **avisément** 1530, Palsgrave. ‖ **malavisé** XIVᵉ s., Baudouin de Sebourc. ‖ **préavis** fin XIVᵉ s.

aviser V. VISER.

aviso 1601, Champlain (*patache d'avis*); 1776, Ossun (*aviso*); de l'esp. *barca de aviso*, barque pour porter des avis.

aviver V. VIF.

avives 1398, *Ménagier* (*vives*); 1530, Palsgrave (*avives*); du lat. médiév. *vivae*, empr. à l'ar. *adhdhiba*.

1. avocat 1160, Benoît (var. *advocat*), du lat. *advocatus* (v. AVOUÉ). ‖ **avocasser** v. 1392, E. Deschamps, d'abord « plaider »; péjor. depuis le XVIIᵉ s. ‖ **avocasserie** 1470, *Pathelin*.

2. avocat 1640, Laet (*aguacate*), bot., « fruit »; 1684, *Rel. de la Jamaïque* (*avocate*); de l'esp. *avocado*, empr. au nahuatl (langue des Aztèques). ‖ **avocatier** 1771, *id.*

avocette 1760, Brisson, de l'ital. *avocetta*, d'orig. inconnue.

*avoine XIIᵉ s. (*aveine* jusqu'au XVIᵉ s.), du lat. *avēna*; *oi* pour *ei* devant *n* (cf. VEINE) est dû à une fausse régression.

*avoir Xᵉ s., *Eulalie* (*aveir*), du lat. *habēre*; subst. dès le XIᵉ s. (*Alexis*). ‖ **ravoir** XIIᵉ s.

avoisiner V. VOISIN.

*avorter XIIᵉ s., du lat. *abortare*, de *aboriri*, mourir en naissant (*ab* priv. et *oriri*, naître). ‖ **avortement** 1190, saint Bernard. ‖ **avorteur** XXᵉ s. ‖ **avorton** 1372, Corbichon. ‖ **abortif** 1455, Fossetier, « avorté » ou « qui fait avorter », du lat. *abortivus*; au XVIᵉ s., *avortif*. ‖ **abortivement** 1544, M. Scève.

*avoué 1080, *Roland*, du lat. *advŏcatus*, « appelé auprès », « défenseur », « avocat »; sous l'Ancien Régime, défenseur des couvents, des villes, etc.; sens actuel, 1790.

*avouer 1155, Wace (*avoer*), du lat. *advŏcare* « appeler », « recourir à »; en anc. fr., « reconnaître comme maître ou serviteur », puis « reconnaître une faute », sens qui l'a emporté au XVIIᵉ s. ‖ **aveu** 1283, Beaumanoir, déverbal d'apr. la forme *j'aveue* (à côté de *nous avouons*). ‖ **avouable** 1302, rare jusqu'en 1849. ‖ **désavouer** milieu XIIIᵉ s. ‖ **désaveu** 1283, Beaumanoir. ‖ **inavouable** début XIXᵉ s.

avoyer V. VOIE.

*avril 1080, *Roland* (*avrill*), du lat. pop. **aprilius*, d'apr. *Martius*, du lat. class. *aprilis*. ‖ **avrillier** XIIᵉ s.

avulsion 1350-1400, *Aalma*, méd.; du lat. *avulsio*, arrachement, de *avellere*, arracher (part. passé *avulsus*).

avunculaire 1801, Mercier, du lat. *avunculus*, oncle.

axe 1372, Corbichon, astron., du lat. *axis*, essieu. ‖ **axer** 1562, M. Scève, « fixer sur un axe »; 1892, Guérin, « orienter, diriger ». ‖ **axial** 1877, techn. ‖ **axile** 1697, Verduc, anat.; 1827, *Acad.*, bot. ‖ **coaxial** 1953, Lar. ‖ **désaxer** XIXᵉ s., sens pr.; XXᵉ s., fig.

axillaire 1541, Canappe, du lat. *axilla*, aisselle, que la zool. a repris sous la forme *axille* (XIXᵉ s.).

axiologie début XXᵉ s., du gr. *axios*, digne, et *logos*, science; « science des valeurs morales ».

axiome 1547, Tagault, du lat. *axioma*, transcrit du gr. *axiôma*, « ce qui mérite », puis « principe évident ». ‖ **axiomatique** 1547, Budé. ‖ **axiomatisation** 1953, Lar. ‖ **axiomatiser** 1960, Lar.

axis 1697, Verduc, mot lat. signif. axe.

axonge XIVᵉ s., *Antidotaire Nicolas* (*amxunge*), du lat. *axungia*, graisse pour les essieux (*axis*, essieu, et *ungere*, oindre).

azalée fin XVIII° s. (*azalea*); 1803, Boiste (*azalée*); du lat. bot. *azalea* (Linné), fém. du gr. *azaleos*, desséché.

azerole 1651, N. de Bonnefons; 1562, Du Pinet (*azarole*); de l'esp. *acerola*, empr. à l'ar. *az-zou 'roûr*. ‖ **azerolier** 1690, Furetière, sorte d'aubépine.

azimut V. ZÉNITH.

azote 1787, Guyton de Morveau, de *a* priv. et gr. *zôê*, la vie. ‖ **azotate** 1836, Landais. ‖ **azoteux** 1838. ‖ **azotémie** 1922, Lar. ‖ **azotique** 1787, Guyton de Morveau. ‖ **-turie** 1866, Lar.

aztèque 1869, Marcellus, *Satires* (*aztec*), pop., « individu chétif », d'après l'exhibition à Paris, en 1855, de deux monstres rachitiques, prétendus Aztèques mexicains.

azur 1080, *Roland*, du lat. médiév. *azzurum*, empr. à l'ar. *lāzaward*, où le *l* a été pris pour l'article; le mot ar. vient du persan *lâdjourd*, lapis-lazuli. ‖ **azuline** 1862, Mallarmé. ‖ **azuré** XIII° s., *Clef d'amors*. ‖ **azurer** 1478, Molinet. ‖ **azurin** 1486, *Livre des profits champêtres et ruraux*. ‖ **azurite** 1842, *Acad*.

azygos 1541, Loys Vassée, de *a* priv. et gr. *zugos*, paire; « veine qui établit la communication entre les deux veines caves ».

azyme XIII° s., du lat. chr. *azymus* (Prudence), empr. au gr. *azumos*, de *zumê*, levain, et *a* priv. (V. ZYMIQUE.)

B

1. baba 1767, Diderot, gâteau, du polonais *baba;* d'apr. la tradition, il aurait
été introduit par l'entourage de Stanislas Leczinski (1677-1766).

2. baba, ébahi. (V. BAYER.)

babélique 1803, Volney; fig. 1850,
Hugo. ‖ **babéliser** 1396, *Mém. Soc.
d'hist.* ‖ **babélisme** 1881, A. Daudet,
« multiplicité exagérée de langues »;
1866, Lar., « confusion »; de *Babel,*
tour gigantesque dont Jéhovah aurait
arrêté la construction par la confusion
des langues.

babeurre V. BEURRE.

babil V. BABILLER.

babilan 1739, de Brosses, *Lettres à
Mᵐᵉ Cortoy;* 1827, Stendhal (*Armance*);
de l'ital. *babilano,* sans doute nom d'un
mari impuissant.

babiller XIIᵉ s., G., « bégayer »; le
sens actuel date du XIIIᵉ s.; d'une rac.
onom. *bab-,* indiquant le mouvement des
lèvres (angl. *babble* et allem. *babbeln*).
‖ **babil** 1460, Villon, déverbal. ‖ **babil-
lage** 1583, trad. d'Horace, rare jusqu'au
XIXᵉ s. ‖ **babillard** fin XVᵉ s., *Anc.
poés.* fr. ‖ **babillarde** 1821, Ansiaume,
arg. ‖ **babillement** 1583, J. Des Caurres,
repris au XIXᵉ s. (1829). ‖ **babine** 1526,
Rab., de la même rac.; *babiner* (1527,
Saint Christophe), en moyen fr. syn. de
babiller.

babiole fin XVIᵉ s., F. Bretin, de l'ital.
babbola; le *i* est peut-être dû à *babiller.*

babiroussa 1764, Buffon, du malais
babi-rusa, porc-cerf, que l'on rencontre
dans un texte lat. en 1658.

bâbord 1484, Garcie (*babort*); on
écrira, au XVIIᵉ s., *bas-bord* par fausse
étymologie; du néerl. *bakboord,* bord du
dos (*bak*), parce que le pilote manœu-
vrait en tournant le dos au côté gauche.
‖ **bâbordais** 1829, Boiste.

babouche 1546, Geoffroy (*papouch*);
1600, *Disc. de la manière des Turcs*
(*babuc*); de l'ar. *bâboûch,* empr. au persan *pâpûch.*

babouin fin XIIIᵉ s., Guiart, de la rac.
onomatop. *bab-* (v. BABILLER). Le mot a
d'abord les sens de « singe » (d'où « garnement » chez La Fontaine) et de « sot »
(jusqu'au XVIᵉ s.), l'un et l'autre d'après
les grosses lèvres. Le premier sens est
resté dans l'expression *avoir un bobo à
la lèvre.* ‖ **embabouiner** v. 1265, J. de
Meung, fig.

babouviste 1796, *Journ. des patriotes,* « partisan de Babeuf » (1760-
1797), puis « communiste ». ‖ **babou-
visme** 1840, Lahautière.

baby V. BÉBÉ.

babylonien 1668, Racine; début
XIXᵉ s., Nerval, « immense »; de *Baby-
lone.* Au XVIᵉ s., *babylonique.*

*bac 1160, Benoît, « bateau », du lat.
pop. *baccus,* récipient (attesté en bas lat.
par les dér. *bac[c]ar, bac[c]arium,* IVᵉ-
VIᵉ s., vase à vin), d'orig. gauloise. Le
sens de « cuve » apparaît au XVIIᵉ s. ‖
bachot 1539, R. Est., dimin. du mot
lyonnais *bache,* forme fém. de *bac.* ‖
bachoteur 1735, *Ordonn.* ‖ **baquet**
1299, Delb. (*baket*), dimin. ‖ **baqueter**
1513, texte de Tournai. ‖ **baqueture**
1701, Furetière.

bac V. BACCARA.

baccalauréat 1680, Richelet (*baca-
loréat*); du lat. médiév. *baccalaureatus,*
de *baccalaureus,* réfection de *baccalarius,*
bachelier, rapproché de *bacca laurea,*
baie de laurier. ‖ **bachot** 1856, Furpille,
arg. scol.; abrév. du mot précédent et
suffixe pop. *-ot.* ‖ **bachoter, bachotage**
fin XIXᵉ s. (1925, Lar.). ‖ **bachoteur**
XXᵉ s.

baccara 1837, *Dict. conversation*, orig. inconnue. ‖ **bac** 1865, Delvau, abrév. des joueurs.

bacchanales 1488, *Mer des hist.*, du lat. *Bacchanalia*, fêtes de Bacchus; XVIIIe s., « orgie bruyante ». ‖ **bacchanal** 1559, Amyot, de l'adj. lat. *bacchanalis*, de Bacchus. ‖ **bacchanales** m. 1155, Wace (*baquenas*), « tapage »; v. 1540, Rab. (*-cchanal*), attesté jusqu'au XIXe s. (Gautier); adj. 1507, G. ‖ **bacchante** masc. v. 1559, Amyot; fém. 1596, Vigenère; 1690, Furetière « femme désordonnée », du lat. *bacchans* (pl. *bacchantes*), « qui célèbre les mystères de Bacchus »; le terme d'arg., « barbe, favoris » (1878, Larchey) [« moustache » XXe s.], est peut-être un autre mot (all. *Backen*, joue). ‖ **bacchu-ber** danse des épées dans le Briançonnais, réfection d'après *Bacchus*, de *ba-cubert*, bal couvert. ‖ **bachique** 1490, O. de Saint-Gelais, du lat. *bacchicus*, de Bacchus.

baccifère 1562, Du Pinet, du lat. *bacca*, baie, et suffixe *-fère*. ‖ **bacciforme** 1819, Boiste, suffixe *forme*.

*bâche 1560, R. Belleau, « filet »; début XVIIIe s., sens actuel; forme abrégée de l'anc. fr. *baschoe*, baquet, du lat. *bascauda*, bac à laver, mot d'orig. gauloise. ‖ **bâcher** fin XVIe s., A. Morin, « vêtir »; 1752, *Trévoux*, sens actuel. ‖ **bâchage** 1922, Lar. ‖ ***bâcholle** 1415, Du Cange, « baquet » en Normandie, « cuveau pour vendange » en Auvergne, de *baschoe*, avec substitution de suffixe. ‖ **débâcher** début XVIIIe s.

bachelette 1460, Villon, réfection de l'anc. fr. *baisselette* (v. 1265, J. de Meung), dim. de *baissele*, issu de *baiasse*, jeune fille, empr. au prov. *bagassa* (v. *bagasse*). ‖ **bagasse** av. 1581, O. de Turnèbe, « prostituée »; le mot subsiste encore au XVIIe s. (Molière, *l'Etourdi*); disparu au XVIIIe s., il est parfois repris au XIXe s. (Balzac); empr. direct au prov.

*bachelier 1080, *Roland* (*bachelor*); le mot, par substitution de suffixe, devient à la fin du XIVe s. *bachelier*; du lat. pop. **baccalaris* ou *baccalarius* (attesté au IXe s.), d'orig. peut-être gauloise; d'abord « possesseur d'un domaine » (IXe s., en Espagne, dans le Midi), puis,

en anc. fr., « jeune gentilhomme » ou « aspirant chevalier », enfin « jeune homme » jusqu'au XVIIe s. (La Fontaine). Il a été appliqué au premier grade universitaire dès la fin du Moyen Age.

bachi-bouzouk 1863, Baudelaire, mot turc signif. « mauvaise tête ».

bachique V. BACCHANALES.

bacholle V. BÂCHE.

bachot V. BAC, BACCALAURÉAT.

bacille 1615, J. Desmoulins, bot.; 1842, *Acad.*, méd., du lat. *bacillus*, bâtonnet.

*bâcler 1292, *Taille de Paris*, « fermer »; 1598, Vigenère, « fermer une porte avec une barre »; encore au XVIIe s.; du lat. pop. **bacculare*, de *baculum*, bâton. Le sens fig. « exécuter sans soin et rapidement » date du XVIIe s. ‖ **bâcle** 1866, Lar., déverbal de *bâcler*. ‖ **bâclage** 1751, *Encycl.* ‖ **bâcleur** 1865, Wey. ‖ **débâcler** 1415, *Ordonn.* ‖ **débâcle** 1690, Furetière, déverbal de *débâcler*. ‖ **débâclage** 1415, *Ordonn.* ‖ **débâclement** 1694, *Acad.* ‖ **débâcleur** 1415, *Ordonn.* ‖ **embâcle** 1640, Oudin, formé sur *débâcle*.

bacon XIIIe s., G., attesté jusqu'au XVIe s., empr. par l'angl. à l'anc. fr.; revenu à la fin du XIXe s. (1895, Rousiers); du francique **bakko*, jambon.

baconien 1866, Lar., de *Bacon* (1561-1626).

bactérie 1838, Ehrenberg (*bacterium*); 1849, sous la forme fém.; du gr. *baktêria*, bâton. ‖ **bactéricide** 1906, Lar. (lat. *caedere*, tuer). ‖ **bactériémie** 1888, Lar. (gr. *haima*, sang). ‖ **bactérien** 1898, Lar. ‖ **bactériologie** fin XIXe s. ‖ **bactériologique** 1922, Lar. ‖ **bactériologiste** 1895, *Année sc. et industr.* ‖ **bactériophage** 1918, Hérelle. ‖ **bactériostatique** 1959, Lar. ‖ **bactériothérapie** 1888, Lar.

bacul V. CUL.

bacula(s) XIXe s., lattis de plafond, du savoyard et suisse romand *baculô*, bâtonnet, empr. par l'arg. scol. suisse au lat. *baculus*, bâton.

badamier 1793, Nemnich, du persan *bādām*, amande, avec le suffixe *-ier* spécifique des noms d'arbre.

badaud 1532, Rab., du prov. *badau*, de *badar*, bayer, « celui qui reste bouche bée ». Le sens de « stupide » se rencontre jusqu'au XVIIᵉ s. ‖ **badauder** 1690, Furetière. ‖ **badaudement** 1792, Hébert. ‖ **badauderie** 1547, N. Du Fail. ‖ **badin** 1478, Coquillart, mot prov. de même rac. Le sens premier de « niais, sot » se rencontre jusqu'au XVIIᵉ s., où l'emporte celui de « enjoué, qui fait rire ». ‖ **badinage** 1541, Calvin, « sottise », sens attesté jusqu'au XVIIᵉ s. (Molière). ‖ **badine** 1743, *Trévoux*, « pincette » ;. 1781, *Corr. litt.*, « canne flexible »; déverbal de *badiner*. ‖ **badiner** 1549, R. Est. ‖ **badinerie** début XVIᵉ s.

badelaire 1300, G., orig. inconnue. Cette épée à lame courbe fut employée au XIVᵉ s.

baderne 1773, Bourdé, « tresse de vieux cordages »; fig. et péjor., vieille baderne, XIXᵉ s.; de l'ital. ou de l'esp. *baderna*, orig. obscure.

badiane 1681, Thévenot, du persan *bâdyân*, anis.

badigeon 1676, Félibien, « couleur de détrempe »; orig. inconnue. ‖ **badigeonner** 1701, Furetière. ‖ **badigeonnage** 1820, Laveaux. ‖ **badigeonneur** *id.*

badigoince 1538, Rab., peut-être issu de *babine*.

badin, badine V. BADAUD.

bad-lands 1951, Lar., mots angl. signif. « mauvaises terres ».

badminton 1928, Lar., mot angl., du nom d'un château. Il désigne un jeu de volant apparenté au tennis.

bafouer 1532, Rab., « attacher avec une corde »; XVIᵉ s., Montaigne, sens actuel; du prov. *bafar*, se moquer (anc. fr. *befe*, moquerie), d'orig. onom.

bafouiller 1867, Lar., du lyonnais *barfouiller*, barboter, parler mal (1810, Molard), réfection d'apr. *barbouiller*, d'un dérivé de *fouiller*. ‖ **bafouillage** 1906, Lar. ‖ **bafouille** 1876, L., « lettre ». ‖ **bafouillement** 1893, Goncourt. ‖ **bafouilleur** 1906, Lar.

bâfrer 1507, Eloy d'Amerval (*bauffrer*); 1740, *Acad.* (*bâfrer*); origine onom. ‖ **bâfre** 1706, Brasey, déverbal de *bâfrer*; 1750, Vadé, « gifle » (sens aussi de *bauffrée*, XVᵉ s.). ‖ **bâfreur** 1580, La Porte (*bauffreur*).

bagage V. BAGUES.

bagarre 1628, Sorel, du prov. mod. *bagarro*, d'orig. basque. ‖ **bagarrer (se)** XXᵉ s. (Montherlant). ‖ **bagarreur** XXᵉ s.

1. **bagasse** 1724, Labat, bot., de l'esp. *bagazo*, marc.

2. **bagasse** prostituée. (V. BACHELETTE).

bagatelle 1547, N. Du Fail, de l'ital. *bagatella*, tour de bateleur, du lat. *baca*, baie. ‖ **bagateller** 1598, Marnix.

bagne 1637, Dan, de l'ital. *bagno*, bain; d'abord lieu où l'on enfermait les esclaves à Livourne, installé dans d'anciens bains. ‖ **bagnard** fin XIXᵉ s. (1925, Lar.), qui a remplacé *bagneux* (1905, Lar.).

bagnole V. BANNE.

bagou XVIᵉ s., G. (*bagos*); fin XVIIIᵉ s., *Nouv. Écosseuses* (*bagou*); déverbal de *bagouler* (1447); encore au XVIIIᵉ s., au sens de « parler inconsidérément »; issu d'une forme dial. de *gueule* (*goule*). ‖ **débagouler** 1547, Calvin, « bavarder »; 1819, Boiste, « vomir ». ‖ **débagoulage** 1869, Flaubert. ‖ **débagouleur** 1636, Monin.

bague 1360, Froissart (*wage*), du moyen néerl. *bagge*, anneau, de même rac. que l'allem. *biegen*, courber. ‖ **baguer** début XVIᵉ s., d'Authon, « attacher » ; sens actuel. ‖ **baguage** 1842, *Acad.* ‖ **bagueur** 1842, *Acad.* ‖ **baguier** 1690, Furetière.

baguenaude 1389, A. Chartier, du languedocien *baganaudo* (région où le baguenaudier est indigène), sans doute du lat. *baca*, baie; le fruit servant à l'amusement des enfants, le mot a pris le sens de « niaiserie » dès l'orig. (d'apr. le lat. *vacare*, être vide, inoccupé). ‖ **baguenauder** XVᵉ s., G., « s'amuser à des riens » (encore au XVIIᵉ s.); XVIIIᵉ s., « flâner ». ‖ **baguenauderie** 1556, trad. Gelli; vieilli dès le XVIIᵉ s. ‖ **baguenaudier** 1547, Calvin, nom de l'arbre; fig. « niais », XVIᵉ s., Des Autels.

bagues 1421, G. de Lannoy, « bagages », de l'angl. *bag* ou du scand. *baggi*, paquet. ‖ **bagage** 1265, Br. Latini, « matériel d'une armée »; fig. début XIXᵉ s. (Chateaubriand), de même origine. ‖ **bagagiste** xxᵉ s. (1922, Lar.).

baguette 1510, Carloix, de l'ital. *bachetta*, dim. de *bacchio*, bâton, du lat. *baculum*, bâton; *commander à la baguette* (dont les officiers étaient munis), xviᵉ s., Du Vair. ‖ **baguettisant** 1928, Lar., « sourcier ».

bah onomat.

bahut xiiᵉ s., G., orig. inconnue; arg. scol. 1858, *les Institutions de Paris*. ‖ **bahutier** 1292, *Livre de la taille* (*-hurier*); 1313, *id.* (*-huier*); 1530, G. (*-hutier*). ‖ **bahuter** début xviiᵉ s., « faire du tapage ». ‖ **bahutage** xxᵉ s. (1955, *Nouv. litt.*).

bai xiiᵉ s., G., du lat. *badius*, brun.

1. **baie** xiiᵉ s., fruit, du lat. *baca*.

2. **baie** 1364, G., golfe, de l'esp. *bahia*, empr. au bas lat. *baia* (viiᵉ s., Isidore de Séville), peut-être d'orig. ibérique.

3. **baie** ouverture d'un mur. (V. bayer).

baigner V. bain.

bail V. bailler.

baile 1606, Nicot, du vénitien *bailo*, ambassadeur de Venise à Constantinople, du lat. *bajulus*, porteur, chargé d'affaires. (V. bailli.)

*****baillard** 1270, G. (*baillar*), du lat. *balearicum*, orge des Baléares.

baille 1325, *Chron. de Morée*, « baquet », de l'ital. *baglia*, du lat. **bajula* (*aquae*), porteur d'eau.

*****bailler** fin xiᵉ s., *Alexis*, « porter, apporter »; le sens de « donner » se rencontre dès l'origine et attesté encore au xviiᵉ s.; emploi actuel restreint à *la bailler bonne* ou *belle*, expression issue du jeu de paume, le mot *balle* étant sousentendu; du lat. *bajŭlare*, porter sur le dos ou à bras. ‖ **bail** 1250, G., déverbal de *bailler*, « pouvoir, tutelle »; spécialisé à partir du xviᵉ s., par abréviation de *bail à loyer*, *à ferme* (*Code civil*, ce qu'on donne à loyer, à ferme). ‖ **bailleur** 1539, R. Est., « qui donne à bail »; le sens de « qui donne » se retrouve dans *bailleur de fonds*.

*****bâiller** fin xiiᵉ s., *R. de Cambrai* (*baa-*), du bas lat. *bataculare* (attesté dans une glose), de **batare*, ouvrir la bouche (v. bayer). ‖ **bâillement** v. 1440, G. de Lannoy (*baha-*). ‖ **entre-**

bâiller 1465, G. ‖ **entrebâillement** 1561. ‖ **bâillon** 1462, G., « instrument de torture introduit dans la bouche pour empêcher de parler », qui faisait donc bâiller. ‖ **bâillonner** 1530, *Débats de Charité et d'Orgueil*; fig. en 1796, *Néol. fr.* ‖ **bâillonnement** 1842, J.-B. Richard. ‖ **bâillonneur** 1871, Blanqui, au fig. ‖ **débâillonner** 1852, Lachâtre.

baillet xivᵉ s., Gace de la Bigne, de l'anc. fr. *baille*, dér. du lat. *badius*, bai. Il se dit d'un cheval qui est d'un roux tirant sur le blanc.

bailli xiiᵉ s., *Roncevaux* (*-if*), de l'anc. fr. *baile*, gouverneur, du lat. *bajulus*, chargé d'affaires (anc. fr. *baillir*, administrer). ‖ **bailliage** 1312, G.

bâillon V. bâiller.

*****bain** 1080, *Roland*, du lat. *balneum* (*l* devant *n* est tombé en lat. pop. et dans les dérivés); 1665, Thévenot, « logement d'esclave », syn. de *bagne*. ‖ *****baigner** xiiᵉ s., G., du bas lat. *balneare*. ‖ **baignade** 1796, *Néol. fr.*; a remplacé *baignoire* dans son premier sens, ou *baignerie*. ‖ **baigneur** 1310, G., du lat. *balneator*; le sens de « tenancier de bains » s'est maintenu jusqu'au xviiiᵉ s., remplacé par « celui qui se baigne ». ‖ **baigneuse** 1768, *Corr. litt.*, « bonnet à plis ». ‖ **baignoire** 1382, *Lettre de rémission*, « récipient et lieu où l'on se baigne » (jusqu'au xviiᵉ s.); xviiᵉ s., sens actuel. ‖ **bain-marie** xivᵉ s., G., d'abord terme d'alchimie, d'après Marie, sœur de Moïse, à qui était attribué un traité d'alchimie. ‖ **balnéaire** 1866, Lar., lat. *balnearius*, relatif au bain. ‖ **balnéation** 1866, Lar., du lat. *balneatio*. ‖ **balnéothérapie** 1878, Lar.

baïonnette 1555, Tahureau (*baïonnette de Bayonne*); précédé de *canivet de Bayonne*; de *Bayonne*, où cette arme fut d'abord fabriquée. Les soldats qui en étaient armés furent appelés *baïonniers* aux xviiᵉ-xviiiᵉ s.

baïoque xviᵉ s., Bonivard, de l'ital. *baiocco*, de *bajo*, bai, à cause de la couleur de la pièce.

bairam 1533, L. de Barthème (*bairami*); 1541, *Lettr. de François Iᵉʳ*; du turc *bairām*.

*****baiser** xᵉ s., G. (*-sar*); xiiᵉ s. (*-sier*); verbe; du lat. *basiare*, qui a remplacé *osculari*; s. m. xiiᵉ s. Le verbe, qui ne s'emploie plus qu'en poésie ou dans quelques loc. (*baiser la main*), est remplacé par *embrasser*; au XIXᵉ s. un sens pop. ‖ **baisement** fin XIIᵉ s., *Floire et Blancheflore*, terme eccl. ‖ **baisure** fin XVᵉ s., *Anth. théâtre fr.* ‖ **baisemain** fin XIIIᵉ s., Guiart. ‖ **baisoter** 1556, Ronsard, fam. ‖ **baisade** 1854, Flaubert, pop. ‖ **biser** forme dial. de *baiser*. ‖ **bise** déverbal. ‖ **entrebaiser (s')** début XIIᵉ s., *Voy. de Charl.*, que l'on rencontre encore chez La Fontaine.

*****baisser** 1080, *Roland* (*-ssier*), du lat. pop. **bassiare*, de *bassus*, bas. ‖ **baisse** av. 1577, Monluc; 1740, Desfontaines, « baisse des prix ». ‖ **baissée** 1155, Wace, part. passé. ‖ **baissier** 1823, terme de Bourse. ‖ **baissière** 1493, Coquillart. ‖ **abaisser** fin XIIᵉ s., Marie de France. ‖ **abaisse** 1390, Taillevent, déverbal de *abaisser*. ‖ **abaissement** 1160, Benoît. ‖ **rabais** 1307, G., « action de rabaisser » (encore chez Saint-Simon). Le sens actuel de « rabais des prix » existait dès l'anc. fr. ‖ **rabaissement** fin XVᵉ s., d'Authon. ‖ **surbaissé** 1611, Cotgrave.

bajocien 1888, Lar., du lat. *Bajocassi*, habitants de Bayeux où l'on a trouvé un type fossilifère.

bajoue, bajoyer V. JOUE.

bakchich 1846, Nerval (*-chis*), mot turc, empr. au persan (rad. *bakchiden*, donner). Il désigne un pourboire, un pot-de-vin.

Bakélite 1907, Lar., du nom du chimiste belge *Baekeland* (1863-1944).

*****bal** fin XIIᵉ s., *Girart de Roussillon*, « danse », déverbal de l'anc. fr. *baller*, danser, que l'on rencontre encore au XVIIᵉ s., chez La Fontaine; du lat. impérial *ballare* (IVᵉ s., saint Augustin), empr. au gr. *ballein*, jeter. ‖ **ballade** 1260, Adam de La Halle (*balade*), du prov. *balada*, danse, poème à danser, de *balar*, danser; « promenade », 1856, *Arts et métiers d'Angers*. ‖ **balade** graphie de *ballade* dans le sens de « promenade ». ‖ **baladeur** 1455, *Coquillards*, « escroc » en arg.; 1849, *Jargon*, « flâneur ». ‖ **baladeuse** 1866, Lar., « qui flâne »; v. 1900, « voiture de tram prise en remorque »; 1850, Nerval, « prostituée »; XXᵉ s., « lampe électrique mobile ». ‖ **baladin** 1545, Marot, du prov. *baladin*, de *balar*, danser, « danseur de ballets », sens que l'on rencontre encore au XVIIᵉ s.; XVIIᵉ s., « bouffon ». ‖ **ballant** 1687, Desroches, en mar., part. prés. de *baler*. ‖ **balle-queue** XVᵉ s., G. (même formation que *hochequeue*). ‖ **ballerine** 1858, Peschier, de l'ital. *ballerina*, de *ballare*, danser. ‖ **ballet** 1578, d'Aubigné, de l'ital. *balletto*, dim. de *ballo*, bal. ‖ **bal musette** 9 mars 1882, *le Gaulois*. (V. MUSER.)

balafon 1688, La Courbe, du malinké de Guinée, où l'instrument est appelé *bala*; *balafo* signifie « jouer du bala » (*fo* = dire, parler).

balafre 1505, Gonneville, « bouton aux lèvres »; sens actuel au XVIᵉ s.; du préfixe *be(s)* [lat. *bis*] et d'un anc. fr. *leffre*, lèvre (*lafru*, lippu, XVIᵉ s.), tiré du germ. (anc. haut allem. *leffur*); le sens s'explique en partant de l'expression : *les lèvres d'une plaie*. ‖ **balafrer** 1480, Molinet (*brelaffrer*); 1546, Rab. (*balafrer*). ‖ **balafré** av. 1550, Doré. Henri de Guise fut surnommé *le Balafré* pour une blessure à la joue en 1575.

balai fin XIIᵉ s., *Rois* (*-lain*), du breton (trégorrois) *balazn, balain*, genêt. Les Bretons vendaient au Moyen Age des balais confectionnés avec du genêt. ‖ **balayer** v. 1280, Beaumanoir (*baloier*); fig. XIXᵉ s., Barbey d'Aurevilly. ‖ **balayage** 1783, Mercier. ‖ **balayeur** XIIIᵉ s., *Digeste* (*balaieor*). ‖ **balayeuse** 1878, Lar., « machine à balayer ». ‖ **balayette** XIIIᵉ s., G. (*baliete*). ‖ **balayure** 1387, G. (*baliure*). Les graphies de l'anc. fr. se sont maintenues jusqu'au XVIIᵉ s.

balais XIIIᵉ s., d'Espinau, rubis, de l'ar. *balakhch*, par l'intermédiaire du lat. médiév. *balascius*, de *Balakhchán*, région voisine de Samarcande d'où venaient ces rubis.

balalaïka 1768, J. d'Auteroche (*-ca*), mot russe désignant un instrument de musique à trois cordes.

*****balance** XIIᵉ s., *Roncevaux*, du lat. pop. **bilancia*, du lat. du IVᵉ s. *bilanx*, balance à deux plateaux (de *lanx*, plat). L'*a* initial est dû à l'influence analogique de *baller*, danser. ‖ **balancer** fin XIIᵉ s., G. d'Arras, « jeter »; fin XIIᵉ s., *Alexandre*, « osciller »; 1821, Ansiaume, « abattre ». ‖ **balancement** 1487, G.; 1841, *Français peints par eux-mêmes*, pop., « renvoi ». ‖ **balancier** v. 1590, Charron, « objet qui balance »; XIIIe s., Delb., « fabricant de balances »; fig. XIXe s. ‖ **balançoire** 1530, Palsgrave. ‖ **contrebalancer** 1549, Du Bellay. ‖ **balancine** 1621, Binet.

balancelle 1823, *Ann. marit. et coloniales*, du napolitain *paranzella*, par l'intermédiaire du génois *balanzella*, influencé par *balancer*. Il désigne une embarcation mince d'un grand mât incliné vers l'avant.

balandran, -as 1597, *Invent. Philippe II*; encore au XVIIe s. (La Fontaine) et parfois au XIXe s.; du languedocien *balandran* (anc. prov. *balandral*), orig. inconnue.

balan(o)- du gr. *balanos*, gland. ‖ **balanoglosse** 1888, Lar. (gr. *glôssa*, langue). ‖ **balanite** 1803, Boiste. ‖ **balane** 1551, Cottereau.

balata 1775, Bomare, orig. inconnue. Il désigne une gomme tirée d'un arbre tropical.

balauste 1314, Mondeville, « fleur de grenadier », du lat. *balaustium*, empr. au gr.

balayer V. BALAI.

balbutier v. 1390, Ph. de Maizières, du lat. *balbutire*, de *balbus*, bègue, avec changement de conjugaison. ‖ **balbutiement** 1570, *Dict. des aliments*; fig. 1826, Mozin.

balbuzard 1770, Buffon; une première fois dans un texte lat. en 1676; de l'angl. *baldbuzzard*, busard chauve (*bald*).

balcon v. 1440, G., de Lannoy (*barcon*); v. 1565, Ph. Delorme (*balcon*); de l'ital. *balcone*, d'orig. germ. (allem. *Balken*). ‖ **balconet** XXe s. (1949, P. Brisson).

baldaquin 1352, Delb.; 1540, Rab. (*-chin*); de l'ital. *baldacchino*, étoffe de soie de Bagdad (en anc. ital. *Baldacco*).

baleine 1080, *Roland*, du lat. *balaena*. ‖ **baleiné** 1364, chez Barbier. ‖ **baleineau** 1575, Thevet (*balenon*); XVIIIe s. (*baleineau*). ‖ **baleinier** 1389, Froissart. ‖ **baleinière** 1831, de Sainson, « bateau ». ‖ **baleinoptère** 1819, Boiste (gr. *pteron*, aile).

balèvre V. LÈVRE.

balèze XXe s. (1959, Lar.), du prov. *bales*, fort.

1. **balise** 1475, J. Lestandart, en mar.; orig. inconnue. ‖ **baliser** *id.* ‖ **balisage** 1467, *Ordonn.* ‖ **baliseur** 1516, G.; l'emploi en aéronautique de tous ces mots date du XXe s. (1959, Lar.).

2. **balise** 1651, Cauche, « fruit du balisier »; orig. inconnue. ‖ **balisier** 1694, Th. Corn.

baliste 1546, Rab., du lat. *ballista*, machine de jet, mot gr. tiré de *ballein*, lancer. ‖ **balistique** 1647, Mersenne. ‖ **balisticien** XXe s. (1907, *l'Illustration*).

baliveau 1274, Villehardouin (*baiviaus*); 1549, R. Est. (*baliveau*); de l'anc. fr. *baïf*, étonné (v. BAYER), le baliveau servant de point de repère (*baer*, regarder). ‖ **balivage** 1669, *Ordonn.*

baliverne 1470, *Pathelin*; orig. obscure, peut-être du prov. mod. *baiuverno*, étincelle, l'évolution sémantique étant semblable à celle de *bluette*. ‖ **baliverner** 1540, N. Du Fail.

ballade V. BAL.

ballant V. BAL.

ballast 1399, *Archives*, « lest pour navires », de l'angl. *ballast*; 1840, Minard, chemins de fer. ‖ **ballastage** 1863, L. ‖ **ballaster** 1925, Lar. ‖ **ballastière** 1863, L.

1. **balle** v. 1268, E. Boileau, « paquet de marchandises »; l'express. fig. *de balle* (sans valeur) est usuelle jusqu'au XVIIe s.; 1842, La Bédollière, « visage »; du francique **balla*. ‖ **ballot** 1406, G. ‖ **balluchon** 1821, Ansiaume. ‖ **déballer** 1480, Alexis. ‖ **déballage** 1670, Huet. ‖ **emballer** v. 1360, Froissart; fig. *s'emballer*, XIXe s., « s'emporter ». ‖ **emballage** début XVIe s., G. ‖ **emballement** 1629, sens propre; 1880, sens actuel. ‖ **emballeur** début XVIe s. ‖ **remballer** 1549, R. Est.

2. **balle** [à jouer] 1534, Rab.; XVIe s., « projectile », qui date des armes à feu portatives (fin XVe s.); de l'ital. dial. *balla* (ital. *palla*), du longobard **ballo*, même mot que le précédent. Confusions entre les deux homonymes en français. ‖ **ballotter** v. 1395, Chr. de Pisan, « renvoyer la balle »; XVIe s., fig., « se jouer de »; XVIe s., « mettre aux voix »;

xixᵉ s., sens électoral actuel; de *ballotte*, petite balle (xviᵉ s.), de l'ital. dial. *ballota*. ‖ **ballottage** 1520, G., « vote », avec des ballottes ou petites boules; xviiiᵉ s., sens actuel; il a remplacé *balotation* (anglicisme) pendant la Révolution. ‖ **ballottement** 1586, Taillepied. ‖ **ballottine** 1739, *Dons de Camus*.

3. **balle** [de céréales] 1549, R. Est., du gaulois **balu*.

ballerine V. BAL.

ballet V. BAL.

1. **ballon** 1549, Rab., de l'ital. dial. *ballone* (ital. *pallone*), grosse balle; 1783, Bachaumont, « aérostat ». ‖ **ballonner** 1584, Monin. ‖ **ballonnement** 1835, *Acad.* ‖ **ballonnet** 1877, L. ‖ **ballonnier** 1747, Le Roy. ‖ **ballon-sonde** 1897, Lar.

2. **ballon** (*d'Alsace*) 1560, Marichal, *Dict. topogr. des Vosges*, type de montagne; de la racine prélatine *bal-* ou *pal-*, montagne escarpée.

ballot V. BALLE 1.

ballotter, ballottine V. BALLE 2.

ball-trap 1888, Lar., de l'angl. *ball*, balle, et *trap*, ressort. Il désigne un appareil à ressort lançant en l'air des disques d'argile qui servent de cibles.

balluchon V. BALLE 1.

balnéaire V. BAIN.

balourd 1550, *Troqueur de maris*, de l'ital. *balordo*, de même rac. que *lourd*. ‖ **balourdise** 1640, Oudin. ‖ **abalourdir** fin xviᵉ s. ‖ **abalourdissement** 1842, *Acad.*

balsa 1752, *Trévoux* (*balse*), de l'esp. *balsa*, désignant un bois d'Amérique centrale.

balsamique 1516, G. Michel, du lat. *balsamum*, baume. ‖ **balsamite** xiiiᵉ s., *Antidotaire Nicolas.* ‖ **balsamier** 1213, *Fet des Romains.* ‖ **balsamine** 1545, Guéroult.

balustre 1529, Parmentier, « fleur de grenadier »; 1633, *Archives*, fig., à cause du renflement de la fleur; de l'ital. *balaustro*, issu du lat. *balaustium*, lui-même empr. au gr. ‖ **balustrade** milieu xviᵉ s., même sens et même évolution que *balustre*; de l'ital. *balaustrata*, même origine.

balzacien 1928, Lar., de *Balzac*.

balzan 1125, *Gormont*; de l'ital. *balzano*, issu du lat. pop. **balteanus*, garni d'une ceinture (*balteus*, bande); il a remplacé l'anc. fr. *baucent*, de même rac. avec suffixe germ. *-enc*. ‖ **balzane** 1533, G.

bambin fin xviᵉ s., rare jusqu'au xviiiᵉ s., d'abord terme de peinture désignant l'Enfant Jésus, de l'ital. *bambino*, petit enfant.

bamboche 1680, Richelet, « marionnette »; xviiiᵉ s., fig., « débauche »; de l'ital. *bamboccio*, pantin, dont le dér. *bambocciata*, surnom du peintre hollandais P. de Laer, à Rome, désigna un type de peinture (scènes d'auberge). ‖ **bambochade** début xviiiᵉ s. ‖ **bamboche** 1805, Stendhal, « petite débauche ». ‖ **bambocher** 1807, G. Michel. ‖ **bambocheur** 1821, Desgranges.

bambou 1598, Lodwijcksz, du port. *bambu*, empr. au malais. Furetière, en 1690, écrit *bambouc*.

bamboula 1722, Labat, « tambour », mot bantou; xixᵉ s. « noce ».

1. **ban** fin xiiᵉ s., *Aymeri*, « proclamation du suzerain », spécialisé souvent pour les levées de troupe et les *bans du mariage* (même date); xiiᵉ s., « bannissement » (jusqu'au xviiᵉ s.); francique **ban* (anc. haut allem. *ban*). ‖ **banneret** xivᵉ s., G. de Charny. ‖ **arrière-ban** xiiᵉ s., de *ban* ou directement du francique **hariban*. ‖ **banal** 1286, G., « appartenant au suzerain », « commun aux habitants du village » (*four banal*); 1778, Gilbert, fig., « commun, sans originalité ». ‖ **banalement** 1280, G.; 1858, Peschier, fig. ‖ **banalité** 1550, « servitude féodale »; 1836, Landais, fig. ‖ **banaliser** 1842, J.-B. Richard; xxᵉ s., techn. ‖ **banalisation** 1906, A. Gide, « action de rendre banal »; 1953, Lar., techn. ‖ **banlieue** début xiiiᵉ s., « espace d'une lieue autour d'une ville où s'exerçait le droit de ban » (lat. *banleuca*, xᵉ s.); xviiᵉ s., « villages et campagne entourant une grande ville ». ‖ **banlieusard** fin xixᵉ s. (1925, Lar.).

2. **ban** 1697, d'Herbelot, « gouverneur de Croatie », mot croate. ‖ **banat** début xixᵉ s.

banane 1602, Colin, du port. *banana*, empr. au soussou de Guinée. Le fruit a d'abord été désigné *pomme de paradis* (XIIIe s.). || **bananier** 1604, Martin. || **bananeraie** 1928, Lar., qui a remplacé **bananerie** (1842, *Acad.*).

banaste 1558, B. Des Périers (*banaston*, porteur de *banaste*), du prov. *banasto* ou *banastra*, corbeille, issu d'un croisement entre le lat. pop. *benna* (mot gaulois) et le gr. *kanastron*, corbeille.

banc 1080, *Roland*, « type de banc fixé autour de la chambre », du germ. **banki*. || **bancal** 1747, Caylus, d'après la divergence des pieds d'un banc; 1819, *le Farceur du régiment*, « sabre ». || **ban-ban** 1866, Delvau, surnom, redoublement expressif. || **bancelle** 1479, Barbier. || **banche** 1694, Th. Corn., mot dial., forme fém. de *banc*. || **banchée** 1785, *Encycl. méth.* || **bancher** XXe s. (1953, Lar.). || **banchage** *id.* || **bancroche** 1730, Caylus, « bossu », de *banc* et de *croche*, crochu.

bancaire V. BANQUE.

banco 1679, Savary, « valeur en banque », puis terme de jeu, de l'ital. *banco*, qui a donné aussi *banque*.

bancroche V. BANC.

1. **bande** début XIIe s., *Voy. de Charl.*, « lien », du francique **binda* (all. *binden*, angl. *bind*, lier); 1892, L.-G. Bouly, « film »; *bande flexible*, 1888, Raynaud; *bande sensible*, 1888, Marey. || **bandeau** XIIe s. (*-del*). || **bandelette** 1377, Delb., fém. et dim. de *bandel*. || **bander** fin XIIe s., *R. de Cambrai*. || **bandage** 1508, G. || **bandagiste** 1704, Furetière. || **bandoir** 1751, *Encycl.* || **débander** fin XIIe s., *Aliscans*, « enlever une bande ». || **plate-bande** début XVIe s. || **rebander** v. 1175, Chr. de Troyes.

2. **bande** v. 1360, Froissart, « troupe »; XVIIIe s., péjor.; de l'ital. *banda*, corps de troupe distingué par son fanion, du germ. **banda* (gotique *bandwa*, étendard; dans Festus, IVe s., *bandum = vexillum*). *Donner de la bande*, 1616, d'Aubigné, en mar., a été aussi repris à l'ital. ou au prov. || **débander** v. 1559, Amyot, « mettre en fuite ». || **débandade** 1585, N. Du Fail, avec infl. de l'ital. *sbandare*, *-ata*. || **surbande** début XVIIe s.

bandera 1928, Lar., mot esp. signif. *bande*.

banderille 1782, J.F. Peyron, de l'esp. *banderilla*, dim. de *bandera*, bannière, spécialisé en tauromachie. || **banderillero** 1845, Gautier, mot esp.

banderole fin XVe s., *Amadis*, de l'ital. *banderuola*, dim. de *bandiera*, bannière.

bandit 1621, N. Bernard (*-di*), de l'ital. *bandito*, banni, hors la loi. Il devient une injure pendant la Révolution. || **banditisme** 1853, Flaubert.

bandoline 1846, Balzac, du fr. *bandeau* et du lat. *linere*, oindre.

bandoulier, -olier 1507, Seyssel, de l'esp. *bandolero*, bandit; le mot se rencontre encore au XVIIe s. (Chapelain).

bandoulière début XVIe s., de l'esp. *bandolera*, de *banda*, écharpe.

banian 1610, d'Aubigné (*-anet*); 1663, Thévenot (*-nyan*); de l'angl. *banian*, mot hindî, signif. « marchand ».

banjo 1859, *Monde illustré*, de l'anglo-américain (Sud des Etats-Unis), empr. à l'esp. *bandurria*.

bank-note 1789, Mackensie, mot angl. traduit à la fin du XVIIIe s. en *note de banque*.

banlieue V. BAN 1.

*banne fin XIIIe s., *Renart*, du lat. impér. *benna* (Festus, IVe s.), mot gaulois désign. un panier d'osier servant de véhicule. || **banner** 1680, Richelet. || **bannette** fin XIIIe s., G. || **banneton** 1284, G. || **bagnole** 1840, Hilpert, mot du Nord et de Normandie; de *banne*, tombereau, avec une finale refaite sur *cariolle*. || **benne** 1611, Cotgrave, var. dial. (Nord) de *banne*.

bannière XIIe s., *Roncevaux*, dér. du germ. **band*, étendard (ital. *bandiera*), refait sous l'infl. de *ban* 1. La forme *bandière*, attestée du XIVe au début du XVIIe s., a été empruntée à l'ital.

bannir 1213, *Fet des Romains*, « donner un signal, proclamer », du francique **bannjan* (gotique *bandwjan*), de même racine que *bande*, troupe, mais confondue avec celle de *ban*, juridiction; XIIIe s., « condamner à l'exil ». || **bannissement** 1283, Beaumanoir, « exil ». || **bannissable** 1661, Molière. || **forban** 1306, G., « bannissement »; 1505, Gonneville, « bandit »; déverbal de *forbannir*, du francique **firbannjan*, avec influence de *fors*.

1. **banque** 1458, *Lettres de Louis XI*, « table de changeur ou de commerçant »; XVIᵉ s., « lieu où se fait le commerce de l'argent », « trafic »; de l'ital. *banca*. Le mot, confondu avec la forme fém. de *banc* (*banque* fin XIVᵉ s.), date de l'installation des banques italiennes à Lyon. *Billet* (*lettres*) *de banque*, 1574, Cheverny. *Banque des yeux, du sang*, 1948, trad. de l'angl. *Bank for Sight Restoration*. ‖ **bancaire** XIXᵉ s. (1925, Lar.). ‖ **bancable** 1877, L. ‖ **bancocrate** 1852, Lachâtre. ‖ **bancocratie** 1848, Proudhon, gr. *kratein*, commander. ‖ **banqueroute** v. 1466, H. Baude, de l'ital. *banca rotta*, banc rompu (on brisait le comptoir des banqueroutiers). ‖ **banqueroutier** 1536, *Ordonn.* ‖ **banquier** 1243, *Jeu parti*, de l'ital. *banchiere*, changeur.

2. **banque** 1680, Richelet, terme de jeu, de l'ital. *banca*, même mot qu'au 1. ‖ **banquier** 1680, Richelet, terme de jeu. ‖ **banquiste** 1803, Boiste, de l'ital. *banco*, tréteau. ‖ **saltimbanque** v. 1560, Pasquier, de l'ital. *saltimbanco*, saute en banc (*salta in banco*).

banquet début XIVᵉ s., *Chron. de Flandre*, de l'ital. *banchetto*, petit banc, d'après les bancs disposés autour des tables. ‖ **banqueter** fin XIVᵉ s., *Chron. des quatre premiers Valois*. ‖ **banqueteur** 1534, Rab.

banquette début XVᵉ s., du languedocien *banqueta*, dim. de *banc*. Certains sens techn. ont été repris à *banc*.

banquise 1773, Bourdé, calque de l'allem. *Eisbank*, banc de glace.

baobab 1751, *Encycl.*, mot arabe que l'Europe aurait connu par l'Égypte et qui se trouve une première fois dans un texte lat. en 1592.

*****baptême** fin XIᵉ s., *Alexis* (*-tesma*), du lat. chrét. *baptisma*, empr. au grec. Le *p* n'a jamais été prononcé en fr., comme dans les mots suivants. ‖ **baptiser** id. (*-tizier*), du lat. chrét. *baptizare*, empr. au gr. *baptizein*, immerger, le baptême se faisant d'abord par immersion; la forme pop. *bapteier, -oier* a disparu au XIVᵉ s.; fig., *baptiser le vin*, 1588, Montaigne. ‖ **baptismal** XIIᵉ s., G., d'apr. le lat. *baptisma*. ‖ **baptistaire** 1560, Rab., adj. ‖ **baptistère** 1080, *Roland* (*-testirie*), du lat. chrét. *baptiste-*

rium, empr. au gr. ‖ **baptistes, anabaptistes** 1841, Reybaud. ‖ **débaptiser** 1564, Rab. ‖ **rebaptiser** XIIIᵉ s., G.

baquet V. BAC.

1. **bar** fin XIIᵉ s., *Aliscans*, « poisson », du néerl. *baers*.

2. **bar** 1861, Simonin, « débit de boissons », de l'angl. *bar*, barre, parce qu'une barre séparait, à l'origine, les consommateurs du comptoir.

3. **bar** XXᵉ s., unité de mesure, du gr. *baros*, pesanteur.

barachois 1662, *Règl. de pêcheurs*, orig. inconnue; petit port peu profond.

baragouin 1391, texte de l'Ouest, « terme d'injure »; XIVᵉ-XVIᵉ s., « celui qui parle une langue incompréhensible »; 1532, Rab., « langage incompréhensible ». Le mot a dû s'appliquer d'abord aux Bretons et représente deux mots de leur langue : *bara*, pain, et *gwin*, vin, qui étaient souvent répétés et n'étaient pas compris des étrangers. ‖ **baragouinage** 1546, Rab. ‖ **baragouiner** 1583, Montaigne. ‖ **baragouineur** 1669, Molière (*-neux*, encore dans *Acad.*, 1718).

baraka XXᵉ s. (1920, Tharaud), mot ar. signif. « bénédiction », hébreu *brk*.

barange V. BARRE.

baraque fin XVᵉ s., d'Authon, de l'ital. *baracca*, empr. à l'esp. *barraca*, hutte en torchis, de *barro*, limon, mot d'origine ibère. ‖ **baraquer** XVIIᵉ s. ‖ **baraquement** 1836, Raymond.

baraterie fin XIIIᵉ s., Guiart, « tromperie »; *baraterie de patron, de capitaine*, 1679, Savary; de l'anc. fr. *barater*, tromper, mot méditerranéen d'origine obscure. ‖ **baratin, -ner, -neur** XXᵉ s. (1928, Lacassagne) ont même origine.

baratte 1549, R. Est., déverbal de *baratter*, agiter (1546, Rab.), issu de l'anc. fr. *barate*, agitation, issu du scandinave *barátta*, combat, tumulte. ‖ **baratter** 1583, Delb. ‖ **barattage** 1863, L.

barbacane fin XIIᵉ s., *Mort d'Aymeri*, de l'ar. *barbakkaneh*, de sens obscur.

barbacole 1668, La Fontaine, de *Barbacola*, nom d'un maître d'école aussi dans le *Carnaval* de Lully (1675).

barbaque 1873, *Gazette des tribunaux*, arg. milit.; du roumain *berbec*, mouton (pendant la guerre de Crimée), ou de l'esp. *barbacoa*, viande d'un animal cuit en entier (expédition du Mexique).

barbare 1308, *Ystoire de li Normant*, du lat. *barbarus*. ‖ **barbarie** 1327, J. de Vignay, du lat. *barbaria*. ‖ **barbarisme** 1265, Br. Latini (*-ime*), du lat. *barbarismus*, empr. au gr. ‖ **barbaresque** 1535, *Chanson*, de l'ital. *barbaresco*, barbare. ‖ **barbariser** 1534, Fabri. ‖ **barbe** (*cheval*) 1534, Rab., de l'ital. *barbero*, barbare.

1. ***barbe** fin XIᵉ s., *Alexis*, du lat. *barba*. ‖ **barbier** 1241, *Cart. N.-D. de Bonport.* ‖ **barbette** 1360, *Modus.* ‖ **barbet** 1540, *Anc. Poés. fr.*, « homme barbu » et « chien barbet » (Rab., sens actuel). ‖ **barbelé** 1120, *Alphabet lapidar*, de l'anc. fr. *barbel*, pointe, du lat. *barbellum*, dim. de *barba*. ‖ **barbeau** 1642, Oudin, « bluet », d'où *bleu barbeau*. ‖ **barbiche** 1694, *Acad.* ‖ **barbichon** 1587, G. Durant. ‖ **barbichette** XXᵉ s. (1948, Kemp). ‖ **barbifier** XVIIᵉ s. ‖ **barber** 1600, O. de Serres, « raser »; fin XIXᵉ s. (1928, Lar.), « ennuyer ». ‖ **barbille** 1398, *Ménagier*, « filament »; XIVᵉ s., « poisson ». ‖ ***barbeau** 1175, Chr. de Troyes, « poisson », du lat. pop. *barbellus, de *barbus*, barbeau, de *barba*. ‖ **barbillon** 1398, *Ménagier*. ‖ **barbon** XVIᵉ s., de l'ital. *barbone*, grande barbe. ‖ **barbouze** 1926, Esnault, « policier ». ‖ ***barbu** 1213, *Fet des Romains*, du lat. *barbutus*, qui a éliminé *barbé* (1080, *Roland*). ‖ **barbue** XIIIᵉ s., *Fabliau*, « poisson ». ‖ **ébarber** fin XIIᵉ s., *Aquin* (*esb-*). ‖ **ébarbeuse** 1876, L. ‖ **ébardoir** 1785, *Encycl.*, altér. de *ébarboir*, auj. disparu. ‖ **imberbe** v. 1490, Saint-Gelais, du lat. *imberbis*, de *barba* et *in* privatif.

2. **barbe** cheval. (V. BARBARE.)

barbiturique 1878, Lar., fait de l'acide malonique extrait de la bette (*barbabietola* en ital.) et d'*urée*. ‖ **barbiturisme** XXᵉ s. (1953, Lar.). ‖ **barbital** 1959, Lar., suffixe *-al*.

barboter fin XIIᵉ s., *Rois*, « marmotter », peut-être dér. de *bourbe* (var. *bourbeter*); 1821, Ansiaume, « chercher », « prendre », en arg. ‖ **barbotage** 1580, Montaigne. ‖ **barboteur** v. 1560, Marconville. ‖ **barboteuse** milieu XIXᵉ s., « appareil pour laver le linge ».

‖ **barbotine** 1532, Rab. ‖ **barbotière** 1853, Lachâtre. ‖ **barbouiller** XIVᵉ s., J. Le Fèvre, de *bourbe*, avec infl. de *bullire*, bouillir. ‖ **barbouilleur** 1480, *Farce morale de Marchebeau et Galop*. ‖ **barbouillage** 1588, Montaigne. ‖ **débarbouiller** 1549, R. Est. ‖ **embarbouiller** 1530, Palsgrave.

barbotin 1863, L., du capitaine de vaisseau *Barbotin*, son inventeur.

***barbu, e** V. BARBE.

barcarolle 1767, Voltaire (*-ole*), du vénitien *barcarola*, chant du *barcarolo*, gondolier, qui a donné en fr. du XVIᵉ s. *barquerol*; de *barca*, barque.

bard début XIIIᵉ s., *Recueil de motets* (*beart*, *baart*), dér. de l'anc. fr. *baer*, *béer*, ouvrir la bouche, pour désigner une civière à claire-voie. ‖ **bardée** 1642, Oudin. ‖ **bardelle** 1842, *Acad.*, « bras du banc du verrier ». ‖ **barder** 1751, *Encycl.*, « charger sur un bard ». ‖ **bardeur** 1680, Richelet. ‖ **débarder, -eur** début XVIᵉ s.

barda 1848, E. Daumas, de l'ar. algérien *barda'a*, bât d'âne.

bardane XVᵉ s., *Grant Herbier*, emploi métaphorique du lyonnais *bardane*, punaise (cf. *teigne*, fruit de la bardane); du lat. pop. *barrum, boue, la punaise ressemblant à une tache.

1. **barde** m. 1512, J. Lemaire, « poète », du lat. *bardus*, mot gaulois. ‖ **bardit** XVIIᵉ s., Harlay, « chant des Germains », du lat. *barditus* (chez Tacite), de *bardus*.

2. **barde** fin XIIIᵉ s., *Assises de Jérusalem*, de l'ar. *barda'a*, bât d'âne; XIXᵉ s., « armure »; 1680, Richelet, « tranche de lard ». ‖ **bardeau** 1358, *Comptes municipaux de Tours*, « bâtardeau »; 1539, R. Est., archit.; de *barde*, armure : la couverture en bardeaux fut comparée à l'armure en lamelles. ‖ **barder** 1495, J. de Vignay; spécialisé en *barder de fer*, *barder de lard* (1680, Richelet). ‖ **bardée** 1836, Raymond, terme culinaire. ‖ **bardelle** 1852, Lachâtre « selle ». ‖ **bardeur** 1625, *Muse normande*. ‖ **bardis** début XVIᵉ s., *Chron. bordelaise*, de *barde*, lamelle.

1. **bardelle** V. BARD.

2. **bardelle** V. BARDE 2.

barder fin XIXᵉ s., fig., « chauffer » (impers.), empr. aux parlers de l'Ouest, d'abord comme terme de navigation (.« drosser »), origine obscure.

bardot 1367, Barbier, de l'ital. *bardotto*, bête de somme. Il désigne un mulet.

barège 1829, Ronteix, de *Barèges* (Hautes-Pyr.), localité où l'étoffe était fabriquée.

barème début XIXᵉ s., du nom de *Fr. Barrême*, auteur des *Comptes faits du grand commerce* (1670).

baresthésie 1959, Lar., gr. *baros*, lourd, et *aisthesis*, sensation.

baréter V. BARRIR.

1. barge 1553, Belon, « oiseau », sans doute du lat. pop. *bardea*, d'origine gauloise (cf. gaulois *bardala*, mauvis).

2. barge V. BARQUE.

barguigner fin XIIᵉ s., Marie de France (-*gaignier*), « marchander » (jusqu'au XVIIᵉ s.) ; auj. seulement dans *sans barguigner* ; du francique *borganjan* (all. *borgen*, emprunter), croisé avec *waidanjan*, gagner. ‖ **barguignage** 1580, Montaigne. ‖ **barguigneur** 1549, R. Est.

barigoule 1837, Balzac, « champignon à large chapeau » ; *artichauts à la barigoule*, 1742, *Suite des Dons de Camus*, parce que l'artichaut évidé rappelle la forme de l'agaric ; du prov. mod. *barigoulo*, agaric. ‖ **barigoulé** 1825, *Journ. des modes*.

baril fin IXᵉ s., *Capitulaire* « *de Villis* » (*barriclos*) ; fin XIIᵉ s., *Rois* (*baril*) ; du lat. pop. *barriculus*, orig. obscure. ‖ **barillet** fin XIIIᵉ s., *Renart*. ‖ **barillon** 1546, G. ‖ **barrot** 1323, *Cart. de Saint-Barth.*, « petit baril ».

barioler 1546, Babeau (*barrolé*) ; 1616, P. Biard (*barricolé*) ; 1617, J. Olivier (*bariolé*) ; de *barre*, croisé avec l'anc. fr. *rioler*, rayer (du lat. *regula*, règle). ‖ **bariolage** XIVᵉ s., trad. d'Arnaud de Villeneuve.

barlong 1265, J. de Meung (*belong*) ; 1546, J. Martin (*ber-*) ; de *bes* (lat. *bis*, deux fois) et de *long*, c'est-à-dire deux fois plus long que large.

barman XXᵉ s. (1929, R. Martin du Gard), mot angl. signif. « serveur dans un bar ».

barn XXᵉ s. (1953, Lar.), de l'angl. *big as a barn*, grand comme une grange, par antiphrase. Il désigne une unité de surface en physique atomique.

barnum 1855, duc d'Aumale, de *Barnum*, imprésario américain (1810-1891).

baromètre 1666, Graindorge, formé par l'Anglais Boyle en 1665, avec le gr. *baros*, pesanteur, et *metron*, mesure. ‖ **barométrique** 1752, *Trévoux*.

1. baron Xᵉ s., *Saint Léger*, du francique *baro*, cas régime *barone* (cas sujet *ber*, en anc. fr.) ; dans la *Loi salique*, on rencontre *sacibarone*, fonctionnaire qui perçoit des amendes. Le premier sens paraît être celui d' « homme libre, guerrier ». ‖ **baronnie** fin XIIᵉ s., *Aymeri*. ‖ **baronnet** 1660, *Relation du voy. en Angl.*, a été repris à l'anglais.

2. baron (d'agneau) av. 1839, terme culinaire ; en angl. dès 1755 (« gros morceau ») ; métaph. probable de *baron*.

baroque 1531, *Inv. de Charles Quint*, « perle baroque » ; fig. fin XVIIᵉ s., Saint-Simon ; du port. *barroco*, p. m., perle irrégulière. Le sens archéol., repris à l'ital. *barocco* (empr. au port.), date du XVIIᵉ s. ‖ **baroquisme** 1927, Cassou.

baroufe, -oufle 1861, à Brest ; de l'ital. *baruffa*, bagarre, d'origine germ. On le rencontre en sabir dès 1830.

barque fin XIIIᵉ s., *Geste des Chyprins*, du prov. *barca*, empr. au lat. impérial *barca* (IVᵉ s., Paulin de Nole). ‖ *barge* 1080, *Roland*, « barque », du lat. pop. *barica, barga* (IXᵉ s.), qui est à l'origine de *barca*, empr. au gr. *baris*, barque égyptienne. ‖ **berge** var. dial. de *barge*. ‖ **barquette** 1238, G. ‖ **débarquer** milieu XVIᵉ s. ‖ **débarquement** fin XVIᵉ s. ‖ **débarcadère** 1687, Desroches (-*dour*), fait sur *embarcadère*. ‖ **embarquer** 1418, Caumont. ‖ **embarquement** 1539, R. Est. ‖ **embarcadère** 1689, Raveneau, mar. ; 1840, « gare de chemin de fer » ; de l'esp. *embarcadero*, de *barca*, barque. ‖ **embarcation** début XVIIᵉ s., Voiture, de l'esp. *embarcación*. ‖ **rembarquer** 1549, R. Est. ‖ **rembarquement** fin XVIᵉ s., Brantôme.

barras 1743, Geffroy, du gascon *barrasc*, de *barre*, incision. Il désigne les dépôts résineux faits sur les incisions du pin.

*barre fin XIIe s., *Aiol*, du lat. pop. *barra, rapproché du gaulois *barro, extrémité, sommet, fréquent dans les noms de lieux. ‖ barrer 1190, Garn.; XXe s., « arrêter ». ‖ barrage *id.* ‖ barrement 1935, *Décret.* ‖ barreau 1285, J. Bretel; *barreau des avocats,* XVIe s., les avocats étant séparés du tribunal par une barre. ‖ barrière XIVe s., G. ‖ barreur fin XVIIe s., en vén.; fin XIXe s., « qui tient la barre ». ‖ barrette 1751, *Encycl.,* « petite barre ». ‖ barrot 1384, *Comptes du Clos des Galées de Rouen,* « poutrelle ». ‖ barange 1721, *Trévoux.* ‖ débarrer XIIe s., Raimbert. ‖ enbarrer 1160, Benoît, « enfoncer ». ‖ embarrure v. 1560, Paré. ‖ rembarrer fin XVe s., J. Molinet, fig.

1. barrette V. BARRE.

2. barrette 1366, Prost, « bonnet »; jusqu'au XVIe s., il désigne aussi une cape à capuchon; de l'ital. *barretta* (auj. *berretta*), de même rac. que *béret.*

barrière V. BARRE.

barrique 1549, R. Est., du gascon *barrico,* de même rac. que *baril.* ‖ barricade 1588, *Journée des Barricades,* du fr. du XVIe s., *barriquer,* les barricades étant d'abord faites avec des barils. ‖ barricader 1588, L'Estoile. ‖ barricadier 1870, L. Halévy. ‖ barricadeur 1588, L'Estoile (*-eux*); 1695, *Gherardi* (*-eur*).

barrir 1546, Rab., du lat. *barrire.* ‖ barrissement XIXe s., qui a remplacé *barrit* (1580, Joubert). Ont existé aussi les formes *barriquer* et, par changement de suffixe, *barréter.*

barrot V. BARRE ou BARIL.

bartavelle 1740, *Acad.,* du prov. mod. *bartavèlo;* le mot, en anc. prov., désignait le loquet, le chant de l'oiseau étant comparé au bruit d'un loquet (cf. CRÉCELLE), du lat. pop. *vertabella, de *vertere,* tourner.

bary- du gr. *barus,* lourd. ‖ barymètre XXe s. (1953, Lar.). ‖ baryte 1787, Guyton de Morvau. ‖ barytine 1842, *Acad.* ‖ baryton 1768, gramm.; 1802, mus.; du gr. *barutonos,* qui a le ton grave. ‖ baryum 1808, Davy, en angl.; 1827, *Acad.,* à cause de la grande densité de ses composés.

*bas début XIIe s., *Ps. de Metz,* du bas lat. *bassus,* bas; adj. et adv. dès l'anc. fr. ‖ bas s. m. vers 1500, *Sotie,* ellipse de *bas-de-chausses.* ‖ bas-fond fig. 1840, Pecqueur. ‖ basse 1484, Garcie, mar. ‖ basse-cour XIIIe s., *Cout. d'Artois,* « cour des écuries » (jusqu'au XVIIe s.). ‖ basse-courier 1863, L. ‖ basse-fosse 1468, Chastellain. ‖ bascôté 1841, Chateaubriand. ‖ bas-ventre 1651, Buldit. ‖ bas-relief 1667, Félibien. ‖ bassesse v. 1120, *Ps. d'Oxford* (*-ssece*), qui a éliminé *basseur.* ‖ basset fin XIIe s., *Loherains,* adj. (emploi qui subsiste jusqu'au XVIIe s.); XVIe s., « chien basset ». ‖ contrebas 1382, J. d'Arras. ‖ soubassement fin XIVe s., de l'anc. fr. *sous-basse,* de même sens.

basalte 1553, Belon (*-ten*); du lat. *basaltes,* mauvaise lecture de *basanites* (Pline). ‖ basaltique fin XVIIIe s.

basane 1160, *Charroi de Nîmes* (*-zenne*); du prov. *bazana,* empr. à l'esp. *badana,* ar. *bitana,* doublure. ‖ basaner 1510, G.; 1836, Deslandes, en parlant de la peau de l'homme. ‖ basanage 1615, Binet.

bas-bleu 1801, chez Mackenzie, calque de l'angl. *blue-stocking,* d'après les bas bleus que portait Stillingfleet, causeur brillant du salon de lady Montague vers 1781. ‖ bas-bleuisme 1866, Barbey d'Aurevilly.

bascule 1549, R. Est (*bassecule*), réfection sur *bas* de l'anc. fr. *bacule* (1466, G.), de *battre* et *cul.* ‖ basculer 1611, Cotgrave, de *baculer* (XIVe s. Du Cange), refait sur *bas;* 1863, L., fig. ‖ basculage 1928, Lar. ‖ basculement 1959, Lar. ‖ basculeur 1928, Lar.

base fin XIIe s., *Rois,* fém. et masc. en anc. fr.; du lat. *basis,* empr. au gr. *basis,* marche, point d'appui. ‖ baser 1504, *Comptes du château de Gaillon.* ‖ basilaire 1314, Mondeville, anat. ‖ basique v. 1540, Rab., math.; 1842, *Acad.,* chim. ‖ basicité 1842, *Acad.,* chim. ‖ baside 1866, Lar. ‖ basidiomycètes 1888, Lar. (gr. *mukês,* champignon). ‖ bibasique 1852, Lachâtre. ‖ base-ball 1889, Saint-Clair, mot anglo-américain signif. « balle à la base ».

baselle 1750, De Combles, d'une langue de l'Inde. Il désigne une plante alimentaire des pays tropicaux.

1. basilic v. 1120, *Ps. d'Oxford,* « reptile »; 1534, Rab., « pièce d'artillerie »;

du lat. *basiliscus*, empr. au gr. *basilis-kos*, petit roi.

2. basilic 1398, *Ménagier*, « plante » ; du bas lat. *basilicum*, empr. au gr. *basilikos*, royal, la plante étant désignée sous le nom de *basilikon*.

1. basilique 1495, J. de Vignay, terme eccl. ; 1549, R. Est., archéol. ; du lat. *basilica*, empr. au gr. *basilikê*, « (portique) royal », édifice civil à portique, devenu « église » en lat. chrét., au IVe s., à la suite de la fondation de la Basilica Constantini sur le tombeau du Christ. (V. BASOCHE.)

2. basilique 1398, *Somme Gautier* (*vaine bazilique*), anat. ; du gr. *basilikos*, royal, cette veine étant considérée comme la plus importante.

basin 1290, *Voy. de Marco Polo* (*bombasin*) ; 1642, Oudin (*basin*) ; de l'ital. *bambagine*, de *bambagia*, coton, issu du lat. *bombyx*, ver à soie. L'initiale a été prise en fr. sous l'infl. de l'adj. *bon*.

basket-ball 1898, *Vie au grand air*, mot anglo-américain signif. *balle au panier* (1891, aux Etats-Unis). ‖ **basketteur** xxe s. (1953, Lar.).

*basoche xve s., Gatineau, forme pop., du lat. *basilica*, église. Le passage de sens à « communauté des clercs de justice », « ensemble des gens de loi », surtout péjor., peut s'expliquer par une survivance du sens de « palais », spécialisé en « palais de justice ». ‖ **basochien** 1480, *Sotie*. (V. BASILIQUE.)

basque 1532, Gay ; réfection, sous l'infl. de *basquine*, de *baste* (fin xive s. ; encore chez Oudin en 1642 et X. de Maistre en 1794), de l'ital. *basta*, « rempli », rattaché à *bastir(e)*, bâtir des pièces d'étoffe.

basquine 1534, Rab. (*vas-*), de l'esp. *basquina* (écrit aussi *vasquino*), jupe basquaise.

basse 1670, Molière, mus., de l'ital. *basso*, bas. ‖ **basse-contre** 1512, G. Crétin. ‖ **basse-taille** 1542, *Arch. Art fr.*, de *tailler*. ‖ **basson** début xviie s., de l'ital. *bassone*, grosse basse. ‖ **contrebasse** 1512, J. Lemaire, ital. *contrabasso*, basse qui est contre le violoncelle. ‖ **contrebassiste** 1834, Fétis. ‖ **contrebasson** 1821, Castil-Blaze. (V. BAS.)

basse-cour V. BAS.

bassette fin xviie s., « jeu », de l'ital. *bassetta*, dimin. de *basso*, bas.

bassin 1175, Chr. de Troyes (-cin*), du lat. pop. **baccinus* (vi[e] s., Gr. de Tours, *bacchinon*), de **baccus* (v. BAC 1) ; 1546, Ch. Est., anat. ‖ **bassine** 1412, Prinet, *Industr. du sel en Franche-Comté* (1900). ‖ **bassiner** fin xive s., P. de Beauvau ; 1844, Labiche, « importuner » ‖ **bassinage** 1819, Boiste, « droit sur le sel ». ‖ **bassinet** 1190, *Huon de Bordeaux*, « armure ». ‖ **bassinoire** 1454, *Comptes de J. Bochetel.*

basson V. BASSE.

bastaing, ing 1888, Lar., « madrier pour bâtir », de *bâtir* sous une forme méridionale.

bastant 1495, J. de Paris, de l'ital. *bastare*, suffire. ‖ **baste** 1534, Rab., interj., de l'ital. *basta*, 3e pers. sing. de l'ind. prés. ‖ **baster** 1548, de La Planche, « convenir », attesté jusqu'au xviie s.

baste s. f. 1752, *Trévoux*, « panier, cuveau », du prov. mod. *basto*, panier des bêtes de somme.

bastide 1355, Bersuire, du prov. *bastida*, bâtie ; d'abord terme de fortification, il désigna les villes neuves du Midi (xiie s. - xive s.) ; xvie s., « maison de campagne dans le Midi ».

bastille 1495, J. de Vignay (*bastetille*) ; 1370, début de la construction de la Bastille de Paris, appelée souvent *Bastide* au xve s. ; altér. de *bastide*, par substitution de suffixe. Le mot est devenu un symbole après 1789. ‖ **bastion** fin xve s., d'Authon (var. plus fréquente, *bastillon*, xve-xvie s.). ‖ **bastionner** 1611, Cotgrave. ‖ **débastillement** 1876, L. ‖ **embastiller** 1429, G., « établir dans une bastille » ; xviiie s., Voltaire, « emprisonner ». ‖ **embastillement** fin xviiie s., Linguet.

bastingue 1636, Cleirac ; du prov. mod. *bastengo*, toile matelassée, qui servait pour cette partie du navire ; de *bastir*, apprêter. ‖ **bastinguer** 1634, Clairac. ‖ **bastingage** 1747, Jal.

bastion V. BASTILLE.

bastonnade V. BÂTON.

bastringue 1802, par métaphore, de *bastringue*, machine à imprimer les toiles, inventée en 1799 par Widmer. neveu d'Oberkampf; orig. inconnue.

bas-ventre V. BAS.

1. bat V. BATTRE.

2. bat fin XIXᵉ s., « bâton de sport », mot angl. empr. au fr. *batte*.

*bât 1268, E. Boileau, du lat. pop. **bastum*, déverbal de **bastare*, qui paraît d'origine gr. || **bâter** v. 1530, Marot. || **bâtier** XIIIᵉ s., Delb. || **bâtière** 1268, E. Boileau, archit.; analogique. || **débâter** 1474, G. || **embâter** fin XVᵉ s., *Quinze Joies de mariage.*

bataclan 1783, *Encycl. méth.*; origine inconnue, sans doute de même rac. que *patte.*

*bataille, bataillon V. BATTRE.

bâtard 1190, saint Bernard; (*baistair*), de *bât* (en anc. fr. aussi *fils, fille de bast*) ou du germ. **bansti*, grange, c.-à-d. « né dans une grange »; *écriture bâtarde*, 1557, Tall. des Réaux. || **bâtardise** v. 1550, Du Bellay. || **abâtardir** XIIᵉ s., *Roncevaux.* || **abâtardissement** 1495, J. de Vignay.

bâtardeau 1446, J. de Bueil, de l'anc. fr. *bastart*, digue, dér. de *baste*, support (1308, *Stat. des émailleurs*), déverbal de *bâtir*, conservé dans *bâte* (techn.). Un emploi métaph. de *bâtard* (*porte bâtarde*) est aussi possible.

batavia 1866, Lar., « salade », du lat. *Batavi*, peuple occupant la Hollande actuelle; la salade a dû être obtenue par des sélectionneurs hollandais.

batavique 1835, de *Batave*, hollandais; le phénomène des *larmes bataviques* a été observé d'abord à Leyde.

bateau fin XIIᵉ s., *R. de Cambrai*, de l'anc. angl. *bât*, pourvu d'un suffixe. || **batelier** XIIIᵉ s., Delb. || **batelée** XIIIᵉ s., Delb. || **batelet** XIIIᵉ s., Delb. || **batelage** 1443, Delb. || **batellerie** 1390, Delb.

bateleur XIIIᵉ s., d'apr. Jubinal, de l'anc. fr. *baastel* (XIIIᵉ s.), tour d'escamoteur.

bath 1804, Stendhal, interj.; 1846, Hugo, « chic »; origine obscure.

bathy- du gr. *bathus*, profond. || **bathyscaphe** 1946, A. Piccard (gr. *skaphos*, barque). || **bathymétrie** 1863, L. || **bathymétrique** 1877, Lar. || **ba-**thymètre 1928, Lar. || **bathypélagique** 1907, Lar. (gr. *pelagos*, mer). || **bathysphère** 1928, Lar.

bâtier, -ière V. BÂT.

batifoler début XVIᵉ s., de l'ital. *battifolle*, boulevard où les jeunes gens allaient s'amuser. || **batifolage** 1532, Rab. || **batifoleur** 1835, *Acad.*

batik 1845, J. Itier, mot malais.

bâtir début XIIᵉ s., *Voy. de Charl.*, « assembler les pièces d'un vêtement », « coudre à grands points »; du francique **bastjan*, de *bast*, écorce, « travailler avec de l'écorce », puis « construire des huttes en clayonnage », enfin « construire ». || **bâti** s. m., av. 1699, du Guet. || **bâtiment** v. 1160, Benoît, « action de bâtir » (jusqu'au XVIIᵉ s.); XVIIIᵉ s., « édifice ». || **bâtisse** 1701, Furetière. || **bâtisseur** 1539, R. Est. || **malbâti** début XVIᵉ s. || **rebâtir** 1160, Benoît, « remettre en état »; XVIᵉ s., « reconstruire ».

batiste 1401 (*batiche*), du nom du fabricant *Baptiste* (Cambrai, XIIIᵉ s.).

bâton 1080, *Roland* (*bastum*), du bas lat. *bastum*, déverbal de **bastare*, porter. || **bâtonner** fin XIIᵉ s., R. de Moliens. || **bâtonnet** 1130, *Couronn. Loïs.* || **bâtonnier** 1332, Delb., « porteur de la bannière d'une confrérie », puis spécialement de la confrérie des avocats. || **bâtonnat** 1842, *Acad.* || **bastonnade** 1482, Flameng, de l'ital. *bastonata*, de *bastone*, bâton.

batoude 1890, Lar., de l'ital. *battuta*, avec une pron. dial. Il désigne un tremplin de cirque.

batracien fin XVIIIᵉ s., du gr. *batrakhos*, grenouille.

battage, battant, battoir V. BATTRE.

battellement 1690, Furetière, de l'anc. fr. *bateiller*, créneler. Il désigne un double rang de tuiles.

battologie 1576, R. de La Planche; 1584, Benedicti (*batologie*), de *Battos*, roi de Cyrène, qui, étant bègue, répétait souvent le même mot.

*battre XIᵉ s., du lat. fam. *battuëre* (chez Plaute), puis *battëre* (IIᵉ s., Fronton), orig. gauloise; *s'en battre l'œil*, 1718, Leroux. || **bat** fin XVᵉ s., G., déverbal de *battre*. || **battant** XIIIᵉ s., Fr.

Laurent. ‖ **batte** 1398, *Ménagier*. ‖ **battage** 1329, G.; 1866, Delvau, « charlatanisme », d'après *battre la grosse caisse*. ‖ **battement** fin XIIe s., R. de Moiliens. ‖ **batterie** fin XIIe s., R. de Moiliens, « action de battre »; 1804, *Almanach des gourmands*, « batterie de cuisine »; 1783 Bertholon, en phys.; XXe s., musiq. **batteur** fin XIIe s., R. de Moiliens. ‖ **batteuse** 1888, Lar., « machine à battre le blé ». ‖ **battillage** 1899, Lar., de *battiller*, fréquentatif de *battre*. ‖ **battitures** 1564, Liébault. ‖ **battoir** 1307, Delb.; 1775, Beaumarchais, « large main ». ‖ **battue** début XVIe s., d'Authon. ‖ **bataille* 1125, *Gormont*; bas lat. *battu(u)alia*, escrime (VIe s., Cassiodore). ‖ **batailler** 1160, Benoît. ‖ **batailleur** 1213, *Fet des Romains*. ‖ **bataillon** 1543, *Amadis*, de l'ital. *battaglione*, augmentatif de *battaglia*, troupe rangée en bataille, sens qui passa au fr. *bataille* au XIVe s. ‖ **abattre* VIIIe s., *Gloses de Reichenau* (*abattas*); 1821, Ansiaume « tuer »; du lat. pop. **abattuëre*. L'Académie a adopté la graphie *-tt-*, au lieu de *-t-*, dans les dérivés de *abattre*, en 1932. ‖ **abattage** 1265, Du Cange. ‖ **abattant** 1680, Richelet. ‖ **abattement** XIIIe s., Horn, « action d'abattre »; XVIIe s., fig. ‖ **abattée** 1687, Desroches (*abatée*), mar.; XXe s. 1959), Lar.), aéron. ‖ **abatteur** XIVe s., Boutillier. ‖ **abattis** fin XIIIe s., *Loherains*; 1839, Balzac, arg., « pieds ». ‖ **abattoir** XVIe s., *Chron. bordelaise*, « ce qui est abattu »; 1806, Wailly, « lieu où l'on abat les animaux ». ‖ **abatture** XIVe s., *Cout. normand*; 1611, Cotgrave, vén. ‖ **abat-jour** 1676, Félibien; 1749, Buffon, sens actuel. ‖ **abatson** 1863, Lar. ‖ **abat** 1432, Baudet Herenc, « ce qui abat »; 1524, *Franc Archer de Cherré*, « ce qui est abattu ». ‖ **combattre* 1080, *Roland*, du lat. pop. **combattere*. ‖ **combat** 1538, R. Est. ‖ **combatif** 1898, Lar. ‖ **combativité** 1839, *Journ. des débats*. ‖ **contrebattre** v. 1200, G. ‖ **contre-batterie** 1580, Montaigne. ‖ **débattre** fin XIe s., *Alexis*, « battre fortement »; XIIIe s., « se débattre »; XIIIe s., « discuter ». ‖ **débat** XIIIe s., G., fig., déverbal de *débattre*. ‖ **ébattre** XIIe s., G., « battre »; 1160, *Eneas*, « divertir, agiter ». ‖ **ébat** début XIIIe s., *Clef d'Amors*, déverbal de *ébattre*. ‖ **ébattement** fin XIIIe s., Rutebeuf. ‖ **embattre** fin XIe s., *Alexis*,

« enfoncer ». ‖ **embattage** 1556, *Compte de Diane de Poitiers*. ‖ **rebattre** 1350, G. li Muisis. ‖ **rabattre** XIIe s., G., « déduire d'une somme »; XVIe s., Jamyn, *rabattre le gibier*. ‖ **rabattage** 1765, *Encycl.* ‖ **rabattement** fin XIIIe s., « rabais ». ‖ **rabatteur** fin XVIe s. ‖ **rabattoir** 1839, Boiste.

bau début XIIIe s., *Conquête de Jérusalem* (*balc*), « poutre », du francique **balk*, même sens. ‖ **bauquière** 1579, Delb. (V. DÉBAUCHER, ÉBAUCHER.)

bauche 1360, G. de Machaut, du gaulois **balcos*, fort (irlandais *balc*, fort), appliqué aux terres argileuses, dures en séchant; ensuite « terre inculte et marécageuse », puis « plante des marais ».

baud XXe s. (1953), Lar.), du nom de *Baudot* (1845-1903).

baudelairien fin XIXe s. (Huysmans), de *Baudelaire*.

baudet 1534, Rab., nom propre, de l'anc. fr. *baut*, hardi, mot germ.

baudrier 1160, *Charroi* (*baudret*); 1190,*Rois*(*baldrei*); 1387, G. (*baudrier*), par substitution de suffixe; germ. de rac. *balt-*, du lat. *balteus*, bande, baudrier.

baudroie 1562, Du Pinet, du prov. *baudroi*, d'une rac. *baudr-*, boue, orig. inconnue; ce poisson se tient sur les fonds vaseux.

baudruche 1690, Furetière; orig. inconnue.

baufe 1787, *Encycl. méth.*, en pêche, du prov. mod. *baufo*.

bauge 1489, R. Gaguin, var. de *bauche*, gîte fangeux du sanglier; 1690, Furetière, « terre boueuse ». ‖ **bauger (se)** XVIe s., Gauchet.

1. **baume* 1190, saint Bernard (*balme*, *basme*), du lat. *balsamum*, empr. au gr. *balsamon*. ‖ **baumier** début XIIIe s., *Ch. d'Antioche* (*basmier*). ‖ **embaumer** XIIe s., *Roncevaux* (*embasmer*), au sens propre; 1841, *Français peints par eux-mêmes*, « répandre un parfum ». ‖ **embaumement** fin XIIe s., G. (*embalsement*). ‖ **embaumeur** 1556, Saliat.

2. **baume** XIIIe s., G. (*balme*), « grotte », d'un emploi surtout toponymique; repris à la fin du XVIIIe s. (1781, Ramond); du gaulois *balma*, grotte d'ermite (VIIIe s.).

bauquière V. BAU.

bauxite 1847, du nom des *Baux* (Bouches-du-Rhône), où le premier gisement fut signalé par P. Berthier.

bavard V. BAVE.

bavaroise 1743, *Trévoux*, boisson mise à la mode au café Procope par les princes de Bavière.

***bave** XIVᵉ s., *Trésor de foi* (*beve*) ; av. 1450, Gréban (*bave*, refait sur *baver*) ; lat. pop. onomat. *baba*, babil des enfants. ‖ **baver** XIVᵉ s., Gaut. des Bibbesworth ; il a aussi jusqu'au XIVᵉ s. le sens de « bavarder ». ‖ **bavette** XIIIᵉ s. ‖ **baveux** XIIᵉ s., *Lapid. de Marbode.* ‖ **bavocher** 1684, R. de Piles, techn. ‖ **bavure** XIVᵉ s., Gaut. de Bibbesworth. ‖ **bavard** XVᵉ s., de *bave*, babil. ‖ **bavarder** 1539, C. Gruget. ‖ **bavardage** 1647, *Muse normande.* ‖ **bavarderie** av. 1570, Amyot. ‖ **bavasser** 1584, Montaigne. ‖ **bavoir** 1866, Lar.

bavolet 1556, R. Leblanc, de *bas* et *volet* (pièce d'étoffe flottante) ; le moyen fr. a connu le verbe *bavoler*, voler en bas.

bayadère 1638, C. E. V. (*valhadera*) ; 1782, *Encycl. méth.* (*bayadère*) ; du port. *bailadeira*, danseuse, appliqué aux danseuses de l'Inde. ‖ **bayadérisme** av. 1880, Flaubert.

***bayer, béer** XIIᵉ s., *Roncevaux* (*baer, je bée*), « être ouvert », « avoir la bouche ouverte », du lat. pop. *batare (VIIᵉ-VIIIᵉ s., *badare, battare*), orig. onom. Le mot a été confondu en fr. mod. avec *bâiller* (surtout au XVIIᵉ s.) ; il est réduit à quelques express. (*bayer aux corneilles*). ‖ **baba** 1808, d'Hautel, « ébahi », redoublement plaisant de *ébahir, bayer.* ‖ **baie, bée, abée** (avec agglutination de l'*a* de l'article) 1119, Ph. de Thaun (*baee*), part. pass. subst. de *baer*. Le sens de « tromperie » a subsisté jusqu'au XVIIᵉ s. ‖ **béant** v. 1544, J. Du Bellay, anc. part. prés. ‖ **bée** (*bouche*), XIIᵉ s. Fierabras. ‖ **ébahir** début XIIᵉ s., *Ps. de Cambridge* (*es-*), de *baer* avec changement de conjugaison ; l'anc. fr. connaît *baïf, ébahi.* ‖ **ébahissement** fin XIIᵉ s., *Grégoire.*

bazar 1432, La Broquière (*bathzar*) ; 1546, G. (*bazar*) ; mot port., empr. au persan *bâzâr*, souk ; 1816, Crapelot, « magasin ». ‖ **bazarder** 1846, *l'Intérieur des prisons*, en argot.

bazooka v. 1935, « trombone », inventé par un comique de music-hall ; v. 1942, « engin de guerre » ; mot américain.

B. C. G. début XXᵉ s. (1928, Lar.), le *vaccin bilié de Calmette et Guérin* (ses inventeurs).

beagle 1650, Ménage (*bigle*), mot anglais désignant une race de chiens.

béal, béant V. BIEF, BAYER.

béat 1265, Br. Latini, eccl. ; XVIᵉ s., « heureux » ; XVIIᵉ s., sens ironique ; du lat. *beatus.* ‖ **béatitude** 1265, Br. Latini, eccl. ; XVIIᵉ s., « bonheur » ; du lat. *beatitudo.* ‖ **béatifier** 1361, Oresme, du lat. *beatificare* (saint Augustin). ‖ **béatification** 1372, Golein. ‖ **béatifique** av. 1450, *Myst. Passion*, du lat. *beatificus.* ‖ **béatilles** 1492, *Trésorerie d'Anne de Bretagne*, dim. de *béat*, « objets de parure ». ‖ **béatement** 1866, Lar.

***beau** IXᵉ s., *Eulalie* (*bel*), du lat. *bellus*, joli, qui a éliminé *pulcher, decorus, formosus.* ‖ **beauté** 1080, *Roland* (*beltet*), du lat. pop. *bellitas (*-atis*). ‖ **bellâtre** 1546, Rab. ‖ **bellement** 1080, *Roland*, « lentement », sens qui subsiste jusqu'au XVIIᵉ s. ‖ **beau-frère** 1386, *Test. Philippe le Hardi*, qui a éliminé *serorge* (lat. pop. *sororius). ‖ **belle-sœur** début XVᵉ s., qui a éliminé *serorge* (du lat. pop. *sororia). ‖ **beau-père** 1457, *Lettres de Louis XI*, qui a éliminé *suire* (du lat. *socer*), et *parâtre*, second mari de la mère. ‖ **belle-mère** début XVᵉ s., qui a éliminé *suire* (du lat. *socera*), et *marâtre*, qui a pris un sens péjor. ‖ **belle-fille** 1468, Chastellain, qui a éliminé *fillâtre* (du lat. *filiastra*). ‖ **beau-fils** 1468, Chastellain, qui a éliminé *filiâtre* (du lat. *filiaster*). ‖ **beaux-parents** XIXᵉ s. ‖ **beaucoup** 1272, Joinville, de *beau* et *coup*, qui a éliminé au XVIᵉ s. *moult* (lat. *multum*). ‖ **embellir** 1130 *Eneas.* ‖ **embellissement** 1270. ‖ **embellie** 1722, Labat.

beaucuit 1842, Mozin, réfection pop. de l'angl. *buckwheat*, sarrasin.

beaupré 1382, *Comptes du Clos des Galées de Rouen* (*bropié*) ; début XVIᵉ s. (*beaupré*) ; du moyen angl. *bousprit*, issu du néerl. *boegspriet*, mât (*spriet*) de proue (*boeg*).

bébé 1793, Sophie Arnould, de l'angl. *baby* (pron. *bébé*). Le surnom du nain

Bébé (1739-1764), de la cour de Lorraine, a la même origine. ‖ **baby** 1841, Balzac, forme anglaise.

be-bop 1959, Lar., onomatopée.

*****bec** 1120, du lat. *beccus*, orig. gauloise; *bec de, à gaz*, 1830, Balzac. ‖ **bécard** 1540, Rab. ‖ **bécot** 1794, Hébert. ‖ **bécoter** 1690, Fur., « donner des b. 'sers ». ‖ **becquer** 1330, *Hugues Capet*, qui a remplacé *bécher*, qui est encore chez Furetière (1690). ‖ **becquée** 1543, *Anc. poés. fr.* ‖ **becqueter** 1451, G., *Alexis*, qui tend à éliminer *becquer*. ‖ **becquetage** début XIXe s., Sue. ‖ **béquet** 1125, *Doon de Mayence*, diminutif. ‖ **bec-de-corbin** 1453, *Archives*, du mot dial. *corbin*, corbeau. ‖ **bec-de-cane** v. 1560, Paré. ‖ **bec-de-lièvre** 1560, Paré. ‖ **bécane** 1841, « vieille machine »; 1870, Poulot, « bicyclette »; dérivé non identifié. ‖ **bécasse** fin XIIe s., *Alexandre*, « oiseau à long bec ». ‖ **bécasseau** 1537, *Discipl. de Pantagruel.* ‖ **bécassine** 1553, *Journ. de Gouberville.* ‖ **becfigue** 1539, R. Est., de l'ital. *beccafico*, becquette (impér.) figue. ‖ **bédane** 1379, *Inv. de Charles V* (*bec d'asne*), de *bec* et de l'anc. fr. *ane*, canard (lat. *anas, -atis*), confondu avec *âne*. ‖ **béjaune** v. 1265, J. de Meung (*bec jaune*), « niais ». ‖ **bicher** fin XIXe s. (1959, Lar.), pop., dér. de *bec*. ‖ **abecquer** XIIe s. ‖ **embecquer** 1611, Cotgrave.

bécane V. BEC.

bécarre 1425, *Serm. des barbes et des braies*, de l'ital. *b quadro*, *b* à panse carrée. ‖ **bémol** XIVe s. (*bemoulz*), de l'ital. *b molle*, *b* à panse ronde. ‖ **bémoliser** 1752, *Trévoux.*

bécasse V. BEC.

béchamel 1735, *Cuis. mod.*, de Louis de Béchamel, gourmet de la fin du XVIIe s.

*****bêche** fin XIe s., *Lois de Guill.*, du lat. pop. *bessica* (lat. médiév. *bessos*; *Statuts du cloître de Corbie*), d'orig. inconnue. ‖ **bêcher** fin XIIe s., *Aiol*; 1836, Vidocq, « critiquer ». ‖ **bêchage** 1878, Lar. ‖ **bêchette** 1820, Lasteyrie. ‖ **bêchoir** 1842, *Acad.*

béchevet XIVe s., G., du préfixe *be(s)*, du lat. *bis*, deux fois, et de *chevet*, c'est-à-dire « tête de l'un aux pieds de l'autre ». ‖ **bécheveter** 1778, Villeneuve.

béchique 1560, Paré, du lat. *bechicus*, empr. au gr. *bêkhikos*, de *bêks*, toux.

bécot, -oter V. BEC.

bedaine 1667, Du Tertre, altér. de l'anc. fr. *boudine*, nombril, gros ventre, même rac. que *boudin*. ‖ **bedon** 1250, *Renart*, « tambour »; XIVe s., G., même rac. avec un autre suffixe. ‖ **bedondaine** 1532, Rab., croisement de *bedon* et de *bedaine*. ‖ **bedonner** 1507, J. Marot, « résonner ».

bédane V. BEC.

bedeau 1155, Wace, « sergent de ville », puis « huissier d'université » (jusqu'au XVIIIe s.); 1680, Richelet, « bedeau d'église »; du francique **bidal*, messager de justice, avec changement de suffixe.

bédegar 1425, O. de La Haye, de l'arabo-persan *bâdaward*.

bedolle 1860, Flaubert, arg.; orig. inconnue.

bedon, bedondaine V. BEDAINE.

bée V. BAYER.

bédouin 1546, Geoffroy (*béduin*), de l'arabe *bedoui*, habitant du désert.

beffroi fin XIIe s., *Loherains* (*berfroi*), du moyen haut allem. *bergvrid, bergfrid*, ouvrage de défense, qui garde (*berg*) la paix (*frid*).

bégayer V. BÈGUE.

bégonia av. 1706, Plumier, botaniste, en l'honneur de Bégon, intendant de Saint-Domingue; vulgarisé au XIXe s. (1823, *Obs. des modes*).

bégu fin XVIe s., Brantôme (*bigu*); orig. inconnue.

bègue 1313, G., déverbal de l'anc. fr. *béguer* (XIVe s.), sans doute du néerl. **beggen*, bavarder. ‖ **bégayer** 1495, J. de Vignay, qui a supplanté *béguer*. ‖ **bégayeur** début XIXe s., Michelet. ‖ **bégaiement** 1539, R. Est. ‖ **bégueter** XVIe s., Saliat. ‖ **béguètement** 1866, Lar.

bégueule 1470, Du Cange (*bée gueule*), de *bée*, impér. de *béer*, ouvrir, et de *gueule*, c'est-à-dire celui qui fait l'étonné à tout propos. ‖ **bégueulerie** 1755, Crébillon fils. ‖ **bégueulisme** 1775, Palissot.

béguine 1227, *Rom. de la Violette*, de même rac. que *bégard* (hérétique du

XIII⁰ s.); du néerl. *beggaert*, moine mendiant; de **beggen*, bavarder. Le fondateur des béguines, Lambert le Bègue ou Begh, paraît n'avoir jamais existé. ‖ **béguin** 1387, Douet d'Arcq, « coiffe de béguine »; 1866, Delvau, « amour passager ». ‖ **béguinage** 1261, Rutebeuf. Il désigne une communauté de béguines. ‖ **embéguiner (s')** 1558, B. Des Périers, « mettre un béguin »; XVII⁰ s., au fig. « être coiffé de quelqu'un ».

bégum 1653, La Boullaye, de l'hindî *beg*, seigneur.

béhaviourisme ou **béhaviorisme** v. 1920, trad. de Watson, de l'angl. *behaviour*, comportement (amér. *behavior*).

beige 1220, Coincy (*bege*); orig. obscure. Le rattachement à l'ital. *bambagia*, coton, fait difficulté; le sens premier est « couleur de laine naturelle ».

beigne 1378, G. (*buyne*), « bosse provoquée par un coup »; 1866, Delvau, « gifle »; orig. inconnue. ‖ **beignet** début XIII⁰ s., *Floire et Blancheflor* (*buignez*), le beignet étant rond et soufflé.

béjaune V. BEC.

bel XX⁰ s. (1928, Lar.), « unité de mesure acoustique », du nom du physicien Graham Bell (1847-1922). ‖ **décibel** XX⁰ s.

bélandre 1646, Fauconnier, du néerl. *bijlander*, de *bij*, près, et *land*, terre, pour désigner les caboteurs.

bélemnite 1562, Du Pinet, du gr. *belemnitês*, pierre en forme de flèche (*belemnon*). Il désigne un mollusque dont la coquille a une forme allongée.

*bêler début XII⁰ s., R. de Moiliens, du lat. *bēlare* ou *balare*, orig. onom. ‖ **bêlement** 1539, R. Est. ‖ **bélier** 1412, G., de *belin* (XIII⁰ s., encore dial.), avec changement de suffixe; sans doute dér. de *bêler*.

belette fin XII⁰ s., *Alexandre*, surnom dimin. de *belle* (c'est-à-dire « la jolie »), peut-être pour conjurer les méfaits de l'animal (angl. *fairy*, même sens). Le mot a remplacé l'anc. fr. *mosteile*, du lat. *mūstēla*.

bélier V. BÊLER.

bélière 1402, G. (*berlière*), « anneau portant le battant d'une cloche »; orig. obscure, sans doute du néerl. *belle*, cloche.

bélinographe 1907, E. Belin (1876-1963), l'inventeur. ‖ **bélinogramme** *id.*

bélître début XV⁰ s. (*bellendre*); 1506, *Placards de Flandre* (*blitre*), « mendiant, gueux », sans doute du néerl. *bedelaer*; fréquent au XVII⁰ s. dans un sens injurieux (allem. *Bettler*).

belladone 1553, Mathée (*-donna*), ital. *belladonna*, réfection d'un mot dialect. *bella donna*, belle dame.

bellâtre V. BEAU.

bellicisme v. 1871, appliqué à Bismarck (1908, *L. M.*), du lat. *bellicus*, belliqueux; formé d'après *pacifisme*. ‖ **belliciste** *id.*, sur *pacifiste*. ‖ **belligérant** 1744, *Trévoux*, du lat. *belligerans*, part. prés. de *belligerare*, faire la guerre (*bellum*). ‖ **-ance** 1877, L. ‖ **belliqueux** 1468, Chastellain, lat. *bellicosus*, guerrier. ‖ **non-belligérant** XX⁰ s.

belluaire 1853, Hugo, du lat. *bellua*, bête fauve.

*béloce 1265, J. de Meung, fruit du prunier sauvage, du lat. pop. **bullucia* (*bulluca* dans *Vie de saint Colomban*), d'une rac. présumée gauloise.

belone début XIX⁰ s. (1827, *Acad.*), du lat. *belone*, empr. au gr. *belonê*, pointe. Il désigne un poisson à bec pointu.

belote début XX⁰ s. (après 1914), jeu d'orig. hollandaise (*jass*), mis au point par le Français *F. Belot.*

béluga 1575, Thevet, « poisson »; 1775, Bomare, « dauphin »; du russe *bieluha*, de *bielyi*, blanc.

belvédère 1512, J. Lemaire, de l'ital. *belvedere*, de *bello*, beau, et *vedere*, voir.

bémol V. BÉCARRE.

bénarde 1442, Du Cange (*serrure bernarde*), de *Bernard*, au XV⁰ s., « pauvre sire », puis « de qualité inférieure ». (V. BENÊT, JACQUES.)

bénédicité fin XII⁰ s., R. de Moiliens, du lat. *benedicite*, bénissez, mot lat. qui commence une prière.

bénédictin XIII⁰ s., rare jusqu'au XVI⁰ s., du lat. eccl. *benedictinus*, de *Benedictus*, nom latin de saint Benoît, qui fonda cet ordre; *travail de bénédictin*, d'après les travaux de la congrégation de Saint-Maur aux XVII⁰ et XVIII⁰ s. ‖ **bénédictine** 1878, Lar., liqueur fabriquée à Fécamp dans un ancien couvent de bénédictins.

bénédiction V. BÉNIR.

bénéfice fin XIIᵉ s., *Rec. des histor. de France*, du lat. *beneficium*, bienfait, de *bene*, bien, et *facere*, faire; ce sens étymologique s'est conservé jusqu'au XVIIᵉ s., parallèlement à celui de « bénéfice féodal, faveur » (d'après l'acception juridique latine); XVIIᵉ s., « gain ». ‖ **benef** 1849, Murger, abrév. pop. ‖ **bénéficier** début XVIᵉ s., Budé, « gratifier, pourvoir d'un bénéfice »; fin XVIIIᵉ s., « profiter ». ‖ **bénéficier** s. m. début XIVᵉ s., du lat. *beneficiarus*. ‖ **bénéficiaire** 1609, G., du lat. eccl. *beneficiarius*. ‖ **bénéficial** 1369, G., du lat. *beneficialis*, terme eccl.

bénéfique 1532, Rab.; rare jusqu'au XXᵉ s.; du lat. *beneficus*, bienfaisant.

benêt V. BÉNIR.

bénévole fin XIIIᵉ s., rare jusqu'au XIXᵉ s., du lat. *benevolus*, bienveillant. Le sens de « favorable » est vieilli et s'est vu substituer à la fin du XIXᵉ s. le sens de « à titre gracieux ». ‖ **bénévolement** 1557, Ph. Bugnon.

bengali 1760, Brisson, « oiseau originaire du Bengale »; mot hindî.

bénin 1160, Benoît (*bénigne*); masc. refait au XVᵉ s., *Chron. de Boucicaut*; du lat. *benignus*, bienveillant, favorable (jusqu'au XVIIᵉ s.); *remède bénin*, XVIᵉ s. ‖ **bénignement** 1190, Garn. ‖ **bénignité** XIIᵉ s., *Drame d'Adam*; usuel jusqu'au XVIIᵉ s.

***bénir** Xᵉ s., G. (*beneïr*), du lat. *bĕnĕdīcere*, dire du bien, de *bene*, bien, et *dicere*, dire; le sens « glorifier Dieu » est chez Apulée (IIᵉ s.); en lat. chrét. « bénir les fidèles ». L'anc. part. passé *benoit* (ou *beneit*, du lat. *bĕnĕdīctus*), a été éliminé au profit de *béni*, refait sur l'infinitif au XVIIᵉ s. La distinction entre *bénit* (*pain bénit*, *eau bénite*) et *béni*, *ie*, d'emploi plus général, date du XIXᵉ s.; *eau bénite de cour*, 1493, Coquillart. ‖ **bénisseur** 1863, H. de Villemessant. ‖ **benoîte** 1545, Guéroult, fém. de *benoît*. ‖ **benoîtement** 1863, L. ‖ **bénitier** 1281, Delb. (*benoitier* ou *eau benoitier*). ‖ **bénédiction** XIIIᵉ s., G. (*-dicion*), rare jusqu'au XVIᵉ s., du lat. chrét. *benedictio*, qui a remplacé la forme pop. *beneïçon*,

ou *benisson*. ‖ **benêt** 1530, Marot (*benest*), pron. pop. de *benoît*, béni; formation ironique d'après le passage de l'Évangile (Matthieu, v, 3) : « Heureux les pauvres d'esprit. » ‖ **rebénir** XIIIᵉ s., Adenet.

benjamin fin XVIIᵉ s., Saint-Simon, de *Benjamin*, fils préféré de Jacob.

benjoin 1515, Du Redouer (*-jin*); altér. du lat. bot. *benzoe*, empr. à l'ar. *lubân-djâwi*, encens de Java, qui a donné aussi *benzine*.

benne V. BANNE.

benoît V. BÉNIR.

bentonite XXᵉ s. (1939, *L. M.*), de *Fort-Benton*, ville du Wyoming.

benthos 1928, Lar., du gr. *benthos*, profondeur, par l'intermédiaire de l'allemand. ‖ **benthographe** XXᵉ s. (1951, Lar.) [gr. *graphein*, décrire].

benzine 1833, Mitscherlich, du lat. bot. *benzoe* (v. BENJOIN). ‖ **benzène** 1878, Lar. ‖ **benzénique** 1878, Lar. ‖ **benzoate** 1787, Guyton de Morveau. ‖ **benzoïque** *id*. ‖ **benzol** 1866, Lar. ‖ **benzyle** *id*. ‖ **benzolisme** XXᵉ s. (1953, Lar.).

béotien 1715, Lesage, nom d'habitants d'une région de l'ancienne Grèce, réputés pour leur lourdeur d'esprit. ‖ **béotisme** 1834, Balzac.

béquée, béquet, béqueter V. BEC.

béquille 1611, Cotgrave, de *béquillon* (XVIᵉ s.), petit bec, peut-être sous l'influence de l'anc. fr. *anille*, béquille (lat. pop. **anaticula*, bec de canard). La traverse supérieure de la béquille a été comparée à un bec à cause de chacun de ses saillants. ‖ **béquiller** milieu XVIIᵉ s. ‖ **béquillard** *id*. ‖ **béquillon** 1580, de La Porte.

***ber, bers** fin XIIᵉ s., *Saint Thomas*, « berceau » (jusqu'au XVIᵉ s.), du lat. pop. **bertium* ou *bercium*, d'origine gauloise, attesté par le dér. *berciolum* (VIIIᵉ s.), qui a donné l'anc. fr. *berçuel*. ‖ **berceau** 1472, *Compte royal*, qui a éliminé *bers* dès le XVIIᵉ s. ‖ **bercer** 1155, Wace. ‖ **bercement** 1852, Lachâtre. ‖ **berceur** 1880, A. Daudet. ‖ **berceuse** 1835, *Acad.*, « chanson ». (V. BERCELONNETTE.)

bercail 1379, J. de Brie (-cal*), mot normanno-picard, du lat. pop. **běrbĭcalis* (avec changement de suffixe), de **berbix, -icis*, brebis. (V. BREBIS.)

berce 1366, dans Barbier, mot de l'Est qui paraît d'origine germanique (allem. *Bartsch*, dialectal *berz*, myrtica, plante des terrains marécageux).

berceau V. BER.

bercelle début XVIIe s., « petite pince », du bas lat. *bersella* (var. : *brucelle*).

bercelonnette 1787, *Mém. secrètes*, de *berceau*. Dans la var. *barcelonnette*, le *a* est une pron. pop. (cf. *dartre*). conservée par l'attraction du nom de la ville de *Barcelone*.

bercer, -eur V. BER.

béret 1819, Boiste (*-rret*), du béarnais *berret*, issu avec restriction de sens de l'anc. prov. *berret*, bonnet; du bas lat. *birrum* (IVe s., saint Augustin), capote à capuchon, peut-être gaulois.

bergamasque 1580, Montaigne, « danse, air de danse », rare jusqu'au XIXe s., de l'ital. *bergamasca*, adj. substantivé de *Bergamo*, Bergame, nom de la ville d'où la danse est originaire.

bergamote 1536, Rab., « variété de poire »; 1694, P. Pomey, « fruit du bergamotier »; XVIIe s., « essence qu'on en tire »; de l'ital. *bergamotta*, empr. au turc *beg-armâdé*, poire du seigneur, ou de *Bergama*, nom turc de la ville de *Pergame*. ‖ **bergamotier** 1836, Landais.

1. *berge 1380, G. (*berche*) « rive », du lat. pop. **barĭca*, d'origine gauloise (cf. gallois *bargod*, bord).

2. berge V. BARQUE.

*berger début XIIe s., G. (*berchier*), du lat. pop. **věrbēcarius* (VIIIe s., *Reichenau*), de *běrběx*, brebis. ‖ **bergère** XIIe s., G.; 1746, La Morlière, « fauteuil »; 1752, *Trévoux*, « coiffure ». ‖ **bergerie** XIIe s. (*-cherie*), XVIe s., « poème ». ‖ **bergeronnette** XIIIe s., « oiseau ».

berginisation 1929, Lar., de l'inventeur *Bergius* (1884-1949), industriel et chimiste allemand.

béribéri 1617, Mocquet (*berber*); 1752, *Trévoux* (*béribérii*); d'une langue du sud de l'Inde par le Hollandais Bontius (dans un livre en latin, 1642).

bergsonien 1951, Lar. ‖ **bergsonisme** 1929, Lar., de *Bergson*.

berkélium 1950, Seaborg, de Berkeley, ville des Etats-Unis où se trouvait le cyclotron qui permit de découvrir ce métal.

*berle 1553, Du Pinet, du bas lat. *berŭla* (Ve s., Marcellus Empiricus), cresson, d'orig. gauloise.

berline début XVIIIe s., Saint-Simon (*breline*); 1721, *Trévoux* (*berline*), de *Berlin*, où cette voiture fut mise à la mode vers 1670. ‖ **berlingot** 1740, *Acad.*, « demi-berline ».

berlingot début XVIIe s., « bonbon », de l'ital. *berlingozzo*, de *berlengo*, table, en argot ital. (ce mot a donné *brelan*), c'est-à-dire bonbon fait sur une table.

berlue XIIIe s., G. (*bellue*); 1611, Cotgrave (*berlue*); déverbal de *belluer*, éblouir (XIIIe s.), d'origine obscure. ‖ **éberluer** XVIe s., G.

berme 1611, Cotgrave (*barme*), du néerl. *berm*, talus. Terme de fortification.

bernache 1532, Du Guez (*barnacle*); 1611, Cotgrave (*bernaque*); de l'irlandais *bairneach*. Il a désigné aussi l'anatife, d'après une croyance pop. (Ecosse) qui fait naître l'oiseau de l'anatife, dont la partie saillante ou manteau rappelle le bec de l'oie. La var. *bernacle* indique un croisement avec bernicle.

bernard-l'ermite 1560, Paré, orig. languedocienne; surnom facétieux (parce que ce crustacé se loge dans une coquille vide).

bernardin 1552, Rab., de *saint Bernard*.

1. berne 1533, Rab., « couverture, brimade » (sens utilisé jusqu'au XVIIe s.); de l'ital. du XVIe s. *bernia*, empr. à l'arabe *burnŭs*; ou dér. de *brener* ou *berner*, vanner le blé. ‖ **berner** début XVIe s., « faire sauter dans une couverture » (sens qui s'est maintenu jusqu'au XVIIe s.). ‖ **bernement** 1661, Molière. ‖ **berneur** 1664, Chevalier.

2. berne milieu XVIIe s., mar., orig. obscure; le néerl. *berm*, rebord, talus, ne paraît pas convenir.

berner V. BERNE.

bernicle 1742, Dezallier d'Argenville, mot de l'Ouest, du breton *bernic*, sorte de coquillage.

bernique 1743, *Trévoux* (*-nicle*); peut-être dér. de *bren* ou *bran*.

berquinade XIXᵉ s. (1865, Baudelaire), de *Berquin* (1747-1791), auteur d'ouvrages moraux pour les enfants. Signalé chez Monselet d'après Guérin. ‖ **berquinisme** 1844, Balzac.

berthe début XIXᵉ s., « pèlerine »; du nom propre *Berthe*.

berthon 1899, Lar., du nom de l'inventeur. Il désigne un petit canot pliant en toile imperméable.

bertillonnage fin XIXᵉ s. (1909, *L. M.*), procédé d'anthropométrie créé par A. Bertillon (1853-1914).

béryl XIIᵉ s., *Marbode*, du lat. *beryllus*, empr. au gr. *bérullos*. ‖ **béryllium** 1892, Guérin.

béryx 1852, Lachâtre, du gr. *bêrus*, nom de poisson d'après Hésychius.

be-, bes- préfixe d'orig. lat. (lat. *bis*, deux fois) entrant dans la composition de quelques mots, à côté de la forme savante *bis*; il a pris souvent une valeur péjorative en anc. fr.

*****besace** XIIIᵉ s., *Règle du Temple*, du bas lat. *bisaccia*, plur. pris comme fém., de *bisaccium*, de *bis* et *saccus*, c'est-à-dire double sac (v. BISSAC). ‖ **besacier** 1524, Farel, que l'on rencontre encore au XVIIᵉ s. (La Fontaine).

*****besaiguë** V. AIGU et BISAIGUË.

*****besant** 1080, *Roland*, du lat. *bysantium*, monnaie de Byzance.

besas V. AMBESAS.

bésau 1863, L., du prov. *bezau*, même mot que *béal* (v. BIEF).

besicles 1328, *Inv. de Clémence de Hongrie* (*béricle*), déformation de *béril* (v. BÉRYL), d'après *escarboucle*; le béryl a servi à faire des loupes; il s'est appliqué aux verres de lunettes, puis aux lunettes elles-mêmes.

bésigue début XIXᵉ s.; orig. inconnue.

*****besoche** 1329, texte poitevin, du lat. pop. *bisŏcca*, « à deux socs ».

besogne V. BESOIN.

besoin fin XIᵉ s., *Alexis*; plur. début XIXᵉ s.; Bastiat, sens social; le sens de « nécessité » se rencontre encore au XVIIᵉ s.; du francique *bisŭnnia* (forme gotique attestée), représentant le rad. de *soin* et le préfixe germ. *bi-*, auprès (allem. *bei*). ‖ **besogne** début XIIᵉ s., *Couronn. Loïs*, « pauvreté, nécessité »; « travail, souci » (sens qui se sont maintenus jusqu'au XVIIᵉ s.); forme fém. de *besoin*. ‖ **besogner** XIIᵉ s., « être dans le besoin ». ‖ **besogneux** fin XIᵉ s., *Alexis*, qui est dans le besoin.

*****besson** XIIIᵉ s., *Livre de jostice*, du lat. pop. *bĭsso, -onis*, de *bis*, deux fois.

bestiaire, bestial, bestiole, bestion V. BÊTE.

bestourné XIIᵉ s., de *bes-*, particule péjor., et de *tourner*.

best-seller 1948, *L. M.*, mot angl. signif. « le mieux vendu », (*the best*, le mieux, (*to*) *sell*, vendre).

bêta XXᵉ s. (1953, Lar.), nom donné à certains rayons; de la lettre grecque β. ‖ **bêtatron** XXᵉ s. (1948, *L. M.*), avec suffixe *-tron*, empr. à *électron*. ‖ **bêta-thérapie** XXᵉ s.

bétail V. BÊTE.

*****bête** 1080, *Roland* (*beste*), s. f.; 1763, Diderot, adj.; du lat. pop. *bĕsta* (lat. *bestia*) attesté chez Fortunat (VIᵉ s.) et par le dér. *bestula*. ‖ **bêta** 1584, Du Monin, mot enfantin avec pron. pop. du suffixe *-ard*. ‖ **bêbête** 1834, Balzac. ‖ **bêtifier** 1777, Beaumarchais. ‖ **bêtification** 1804, Stendhal. ‖ **bêtise** 1512, Seyssel. ‖ **bêtisier** XXᵉ s. (1959, Lar.). ‖ **bétail** 1213, *Fet des Romains* (*bestail*); de *bête* avec suffixe de collectif. ‖ **bestiaux** 1418, Caumont, de l'anc. fr. *bestial*, du lat. *bestia*. ‖ **bestiaire** 1495, J. de Vignay (*bestiare*), « gladiateur », du lat. *bestiarius*. ‖ **bestiaire** v. 1119, Ph. de Thaun, « recueil de récits sur les animaux », de l'adj. lat. *bestiarius*, substantivé (*-arium*), spécialisé en lat. médiéval. ‖ **bestial** fin XIIᵉ s., Marie de France, du lat. impérial *bestialis*. ‖ **bestialité** 1361, Oresme. ‖ **bestiole** fin XIIᵉ s., *Apocalypse*, du lat. *bestiola*, dimin. de *bestia*. ‖ **bestion** 1540, Macé, « petite bête », qui subsiste encore au XVIIᵉ s. ‖ **abêtir** 1420, A. Chartier. ‖ **abêtissement** 1552, Aneau, rare jusqu'au XIXᵉ s. (1842, J.B. Richard. ‖ **em-**

bêter 1794, *le Père Duchesne.* ‖ **embêtement** fin XVIIIᵉ s.

bétel 1515, Du Redouer (*beteille*); 1572, Des Moulins (*betel*), de l'hindî *vettila*, par le port. *betel.*

bétoine XIIᵉ s., G., du lat. *bettonica* ou *vettonica*, de *Vettones*, peuple de Lusitanie. Il désigne une plante utilisée autrefois en médecine.

bétoire 1611, Cotgrave (*beturre*), du lat. pop. **bĭbĭtoria*, abreuvoir, de *bibere*, boire.

béton fin XIIᵉ s., *Aliscans* (*betun*), « boue, gravats »; 1584, G. Bouchet, « mélange de mortier et de cailloux » (*beton*), avec changement de suffixe; du lat. *bitumen*, qui sera repris sous la forme *bitume.* ‖ **bétonner** début XIXᵉ s.; sports, XXᵉ s. (1959, Lar.). ‖ **bétonnage** *id.*; sports, XXᵉ s. (1959, Lar.). ‖ **bétonnière** 1929, Lar.

bette XIIᵉ s. G., du lat. *beta.* ‖ **blette** var. de *bette*, XIVᵉ s., du lat. *blitum*, même sens, ou attraction de *blet.* ‖ **betterave** 1600, O. de Serres. ‖ **betteravier** 1867, Lar., qui a remplacé *betteraviste.*

bétuline 1836, Raymond, du lat. *betulla*, bouleau. ‖ **bétulacées** 1842, *Acad.*

bétuse XVᵉ s., mot normand, altér. de *béture*, du lat. pop. **bĭbĭtoria*, qui a donné aussi *bétoire.* Il désigne un coffre d'écurie, dans lequel on renferme de l'avoine.

bétyle 1586, Le Loyer, du lat. *baetylus*, empr. au gr. *baitlos*, orig. sémitique. Il désigne une pierre sacrée, adorée par les Anciens comme une idole.

beugler XIIᵉ s. (*bugler*); 1611, Cotgrave (*beugler*); altér. onomatopéique de l'anc. fr. *bugle*, bœuf, issu du lat. *buculus*, jeune bœuf. ‖ **beuglement** 1539, R. Est. (*bu-*). ‖ **beuglant** 1860, *les Étudiants*, « cabaret ».

beurre XIIᵉ s. (*burre*); XVIᵉ s. (*beurre*); forme de l'Est, du lat. *butyrum*, empr. au gr. *bouturon*; 1821, Ansiaume, *faire son beurre.* ‖ **beurrer** v. 1220, Coincy (*burrer*). ‖ **beurrage** 1815, *Pâtissier royal parisien.* ‖ **beurrée** 1585, N. Du Fail. ‖ **beurrerie** 1826, Mozin, bot.; 1836, Raymond. ‖ **beurrier** 1270, G. (*burrier*). ‖ **babeurre** 1606, Nicot,

« bâton à battre le beurre », de *bat(tre)* et *beurre*; 1611, Cotgrave, « liquide », de *bas* et *beurre.*

beuverie V. BOIRE.

bévatron 1954, *L. M.*, de *BeV*, unité valant 1 milliard d'électron-volts, et de *-tron*, suffixe tiré de *électron.*

béverage 1928, Lar., du nom d'un ingénieur américain, inventeur du procédé.

bévue 1642, Oudin, de *bé(s)*, particule péjor., et de *vue.*

bey 1432, G. de Lannoy (*bay*); 1532 Baïf (*bey*); du turc *beg* (ou *bey*), seigneur.

beylisme 1912, L. Blum, de *Beyle*, nom de Stendhal.

bezef 1867, Delvau, de l'ar. algérien *bezzef*, en tas, à foison.

bézoard 1314, Mondeville (*bezar*); 1605, H. de Santiago (*bezoard*); du port. *bezuar*, empr. au persan *pâdzehr*, pierre à venin, cette concrétion étant employée comme antidote.

bi-, bis- préfixe issu du lat. *bis*, deux fois, dont la productivité limitée se maintient depuis l'ancien français.

biais XIIIᵉ s., de l'anc. prov. *biais*, sans doute empr. au gr. *epikarsios*, oblique. ‖ **biaiser** 1402, *Chron. de Boucicaut*, « aller de biais » (sens que l'on rencontre encore au XVIIᵉ s.). ‖ **biaisement** 1574, Amyot. ‖ **biaiseur** 1669, Méré.

bibelot 1432, Baudet Hérenc, orig. onomatop. ou redoublement expressif *bel-bel*, avec addition de suffixe (*beubelet*, XIIᵉ s., *saint Thomas*). ‖ **bibelotier** 1481, *Comptes de la Prévôté.* ‖ **bibeloter** 1859, Larchey. ‖ **bibeloteur** 1880, Larchey. ‖ **bimbelot** 1549, R. Est., var. de *bibelot.* ‖ **bimbelotier** 1467, G. ‖ **bimbeloterie** 1468, Chastellain.

biberon 1301, Delb., « goulot » (sens conservé jusqu'au XVIᵉ s.); XVᵉ s., *Sermon joyeux*, « ivrogne »; du lat. *bibere*, boire. ‖ **biberonner** 1958, Lar.

bibi 1832, *Journ. des femmes*, « petit chapeau de femme », redoublement expressif.

bibine début XIXᵉ s., « mauvaise boisson »; 1862, Hugo, « cabaret »; altér. de l'ital. *bibita*, boisson.

bibion 1771, Schmidlin, du lat. *bibio, -onis*, insecte mal déterminé (Afranius, cité par Isidore de Séville).

bible XIIe s., Herman de Valenciennes, du lat. eccl. *biblia*, empr. au gr. *biblia*, les livres (sacrés). || **biblique** début XVIIe s.

biblio- du gr. *biblion*, livre. || **bibliobus** 1930, journaux (1948, *L. M.*), avec suffixe *-bus*. || **bibliographe** milieu XVIIe s., gr. *graphein*, décrire. || **bibliographie** début XVIIe s., Spon. || **bibliographique** 1778. || **bibliomane** 1660, G. Patin, gr. *mania*, folie. || **bibliomanie** 1654, G. Patin. || **bibliophile** 1740, De Brosses. || **bibliophilie** 1858, Peschier. || **bibliophilique** 1835, Balzac. || **bibliopole** 1787, Féraud. || **bibliothèque** 1493, G., lat. *bibliotheca*, empr. au gr. *bibliothêkê*, endroit où l'on place les livres. || **bibliothécaire** 1518, G. || **bibliothéconomie** 1852, Lachâtre. || **bibliotechnie** XXe s.

bibus début XVIIe s., Scarron, altér. plaisante de *bibelot* d'après la finale latine *-bus*.

bicamérisme 1929, Lar., de *bis*, deux fois, et du lat. *camera*, chambre.

bicéphale début XIXe s., Barthélemy, de *bis* deux fois, et du gr. *kephalê*, tête.

biceps 1562, Paré, de l'adj. lat. *biceps*, à deux têtes, le muscle ayant deux attaches supérieures.

bicêtre V. BISSEXTE.

***biche** début XIIe s., *Voy. de Charlemagne* (*bise*); av. 1747, Caylus, « femme entretenue »; forme normanno-picarde; du lat. pop. **bīstia*, du lat. *bestia*, bête. || **bichette** XIIe s., G. (*bissette*).

bicher V. BEC.

bichet V. PICHET.

bichlamar XXe s., du port. *bicho do mar*, bête de la mer (angl. *beach la mar*). pour désigner un sabir du Sud-Est asiatique.

bichof 1828, Vidocq, de l'all. *Bischof*, évêque, d'après la couleur violette de cette boisson.

bichon 1588, Crespet, abrév. de *barbichon*, chien barbet. || **bichonner** 1690, Senecé. || **bichonnage** 1782, Mercier.

bickford 1888, Lar., du nom de l'inventeur de ce cordon fusant utilisé pour mettre le feu à des explosifs.

bicoque 1522, bataille de La Bicoque, « petite forteresse » jusqu'au XVIIe s.; XVIe s., « maison chétive »; de l'ital. *bicocca*, même sens.

bicorne V. COR.

bicot V. BIQUE.

bicycle, -ette V. CYCLE.

bidet 1534, Rab., « âne »; 1550, « pistolet de poche »; 1751, *Dépenses de Mme de Pompadour*, « meuble de toilette»; de l'anc. fr. *bider*, trotter (XIVe s.), d'orig. inconnue. || **bidoche** 1836, Vidocq, arg. milit.; déformation de *bidet*.

bidon XVe s., O. Basselin, du scand. *bida*, vase, ou du gr. médiév. *pithôn*, tonneau. || **bide** fin XIXe s., abrév. || **se bidonner** XXe s., pop., rire. || **bidonville** XXe s. (1956, Lar.), quartier fait de maisons construites avec des matériaux divers et formant des taudis dans la périphérie des centres urbains.

***bief** 1155, Wace (*biez*), du lat. pop. **bĕdŭm*, d'orig. gauloise, signif. «canal, fossé ». || **béal** même rac. avec le suffixe lat. *-ale*.

bielle milieu XVIe s., « manivelle »; 1751, *Encycl.*, sens actuel; de l'esp. *bielda*, fourche servant à vanner le blé, issu du lat. *ventilare*. || **biellette** 1929, Lar.

***bien** Xe s., *Saint Léger*, adv. et s. m., du lat. *bĕne*, adv. || **bien-aise** 1833, S. Gay. || **bien-être** 1555, Pasquier; 1848, Cabet, sens social. || **bien-faire** XIIIe s. (usuel jusqu'au XVIIe s.). || **bienfait** 1138, *Saint Gilles*, part. passé substantivé. || **bienfaiteur** XIIe s., Herm. de Valenciennes, du lat. *benefactum*, bienfait; il a remplacé *bienfacteur*, usuel encore au XVIIe s. || **bienfaisant** XIIe s., Fierabras. || **bienfaisance** XIVe s., rare; 1725, abbé de Saint-Pierre. || **bien-fondé** 1929, Lar. || **bienheureux** 1190, saint Bernard. || **bien pensant** 1848, Agoult. || **bienséant** fin XIIIe s., Rutebeuf. || **bienséance** 1534, Rab. || **bienveillant** XIIe s., de l'anc. part. prés. *vueillant*, de *vouloir*. || **bienveillamment** 1929, Lar. || **bienveillance** fin XIIe s., Marie de France. || **bienvenir** 1583, Gauchet. || **bienvenu** XIIe s., Guill. Le Maréchal, part. passé de *bienvenir*. || **bienvenue** 1271, *Rec. d'actes*.

biennal, bienséance, bienséant, bientôt V. AN, SÉANT, TÔT.

1. **bière** 1080, *Roland*, « cercueil », du francique *bĕra*, civière pour les morts, même rac. que l'all. *Bahre*.

2. **bière** 1429, lettre de rémission, « boisson », du néerl. *bier*. Elle a remplacé la cervoise, faite sans houblon.

***bièvre** XIIᵉ s., « castor », du bas lat. *bĕber, bĕbris* (VIᵉ s., Priscien), mot d'origine gauloise (cf. les noms de rivières *Bièvre, Beuvron*, etc.); la même rac. existait en germ.

biffer 1576, Ménard, de l'anc. fr. *biffe* (XIIIᵉ s.), étoffe rayée; peut-être de la même famille que *rebiffer;* le sens de *biffe* s'est déprécié aux XVᵉ-XVIᵉ s., « chiffon, objet sans valeur ». ‖ **biffin** 1836, Chamon, « chiffonnier », sur la valeur péjor. de *biffe;* en arg. milit., « fantassin », à cause du sac.

bifide 1772, Rousseau, du lat. *bifidus*, fendu en deux, de *findere*, fendre.

bifteck 1735, *Cuis. mod.* (*beff steks*); 1806, Viard (*bifteck*); de l'angl. *beefsteak*, tranche de bœuf.

bifurquer 1560, Paré, resté scientifique jusqu'au XIXᵉ s. ‖ **bifurcation** *id.* Les deux mots ont pris une valeur particulière en ce qui concerne les voies de communication; puis, au XXᵉ s., sens étendu.

bigame 1270, A. de La Halle, du lat. chrét. *bigamus* (VIIᵉ s., Isid. de Séville), empr. par calque au gr. *digamos* (*di-*, deux fois, et *gamos*, mariage). ‖ **bigamie** 1495, J. de Vignay.

bigarade V. BIGARRER.

bigarrer XVᵉ s. (*bigarré*), de l'anc. fr. *garre*, de même sens; orig. obscure, sans doute germ. ‖ **bigarreau** 1530, Palsgrave. ‖ **bigarrure** 1530, Palsgrave. ‖ **bigarade** 1600, O. de Serres (*orenger bigarrat*); 1651, N. de Bonnefous (*bigarrade*); du prov. mod. *bigarrado*, bigarré. ‖ **bigaradier** 1751, *Encycl.*

bige 1721, *Trévoux*, du lat. *biga*, char à deux chevaux. ‖ **quadrige** 1667, Chapelain, du lat. *quadriga* (rac. *jugum*, joug).

bigle 1471, *Lettres de Louis XI*, déverbal de *biscler*, loucher (XVIᵉ s.), orig. obscure, peut-être du lat. pop. *bisŏcŭlare*, de *bis*, deux fois, et *oculus*, œil. ‖ **bigler** fin XVIIIᵉ s. (*bicler*).

bignone 1784, B. de Saint-Pierre (*-nia*), de *Bignon*, bibliothécaire de Louis XV. ‖ **bignoniacées** 1819, Boiste (*-nées*); 1842, *Acad.* (*-acées*).

bigophone 1888, Lar., de *Bigot*, l'inventeur, et du gr. *phônê*, voix.

bigorne 1389, G. (*-gorgne*), du prov. *bigorn* (non attesté au Moyen Age); 1628, *Jargon*, « argot » (ce sens fig. subsiste jusqu'au XIXᵉ s.); du lat. *bicornis*, à deux cornes. ‖ **bigorneau** 1423, G., techn.; 1530, Palsgrave, « coquillage »; dimin. de *bigorne*. ‖ **bigorner** XVIIIᵉ s., techn.; fin XIXᵉ s. argot; peut-être repris au prov.

bigot 1155, Wace, surnom injurieux adressé aux Normands; XVᵉ s., « dévot »; d'un juron anc. angl. *bî god*, par Dieu (*Godon*, Anglais, XIVᵉ s., de *goddam*); *bigot* est aussi un surnom (XIᵉ s.-XIVᵉ s.). ‖ **bigoterie** 1461, *Cent Nouvelles nouvelles*. ‖ **bigotisme** fin XVIIᵉ s., Saint-Simon.

bigotelle 1649, Scarron, de l'esp. *bigotera*, de *bigote*, moustache.

bigoudi 1864, à Fribourg (Suisse), orig. obscure; peut-être altér. de *bigotelle*.

1. **bigre** V. BOUGRE interj.

2. **bigre** 1462, Du Cange, « garde qui entretenait les ruchers », du lat. médiév. *bigrius* (XIIᵉ s.), issu du francique *bîkeri*, gardien d'abeilles.

bigue 1494, G., du prov. *biga*, poutre. Le mot est spécialisé dans le vocabulaire de la marine.

bihoreau 1314, Gace de la Bigne (*buhoreau*); 1555, Belon (*bi-*); orig. obscure, le premier élément paraissant représenter le lat. *buho*, hibou. Il désigne un oiseau vivant dans les marais.

bijou 1460, Lobin, *Hist. de Bretagne*, du breton *bizou*, anneau, de *biz*, doigt. ‖ **bijoutier** 1675, Retz, « qui aime les bijoux »; 1706, « marchand de bijoux ». ‖ **bijouterie** début XVIIᵉ s., Vaugelas.

bilan 1584, Thevet, de l'ital. *bilancio*, balance.

bilboquet V. BILLE.

bile 1538, Canappe, du lat. *bilis*. ‖ **biliaire** 1687, Dunsan, le deuxième *i* d'après *bilieux*. ‖ **bilieux** 1538, Canappe, du lat. *biliosus*. ‖ **bileux** XIXe s., réfect. pop. ‖ **biler** (**se**) XIXe s., de *bile*. ‖ **biligénie** XXe s. (1953, Lar.). ‖ **bilirubine** 1878, Lar. ‖ **biligenèse** 1905, Lar. ‖ **biliverdine** 1878, Lar.

bilharzie 1881, du naturaliste *Bilharz* (1825 - 1862) ; celui-ci étudia cette maladie en 1851.

bilingue V. LANGUE.

bill 1669, Chamberlayn, de l'angl. *bill*, empr. au fr. *bille* ; boule de plomb attachée à certains actes et acte lui-même.

billard V. BILLE.

1. *****bille** [d'arbre] XIIe s. (*billa*, en lat.) ; XIVe s. (*bille*) ; du lat. pop. *****bīlia*, tronc d'arbre, d'orig. gauloise. ‖ **billette** 1160, *Charroi*. ‖ **billot** 1360, *Modus*. ‖ **bilboquet** 1534, Rab. (*bille boquet*), de *bouquer*, verbe de l'Ouest signif. « frapper, écorner », de *bouc*. ‖ **billard** 1399, Douet d'Arcq, « bâton pour pousser les boules » (bâton recourbé en terme de chasse) ; 1561, « bâton à pousser les boules du jeu », « table de jeu » ; par attraction homonymique, il a été senti comme un dér. de *bille*, petite boule. ‖ **billebaude** (**à la**) 1676, Sévigné, « en désordre », de *bille*, boule, et de l'anc. fr. *baud*, joyeux, fier ; d'abord un terme de jeu (« à la bille hardie »). ‖ **billon** 1270, A. de La Halle, « lingot », de *bille* ; XVIIIe s., « crête entre deux sillons ». Le sens de « lingot » est dér. d'un anc. sens de *bille* (XVIe s., *argent en bille*) ; il est devenu « monnaie altérée (par alliage) », puis « monnaie de bronze ». ‖ **billonner** fin XVIe s., J. Bouchet, « mettre au rebut » ; début XVIIIe s., sur le sens agricole. ‖ **billonnage** fin XVIe s., J. Bodin, « altération des monnaies » ; 1716, *Déclaration du 8 févr.*, au sens agricole.

2. **bille** [petite boule] 1164, Chr. de Troyes ; sans doute du francique *****bikkil*, dé.

billet milieu XVe s., forme masc. de *billette* (1389, G.), altér. de l'anc. fr. *bullette*, de *bulle*, par attraction de *bille* ; *billet doux*, XVIIIe s., Voltaire, d'après le sens de « missive ». ‖ **billet de banque** V. BANQUE.

billette V. BILLE ou BILLET.

billevesée XVe s., *Farce de Badin* ; plur., v. 1540, Rab. (*billes vezées*) ; mot de l'Ouest qui paraît représenter *beille*, boyau (lat. *bŏtŭlus*), et *vezée*, soufflée (auj. *veze*, cornemuse).

billion 1484, Chuquet, de *million*, avec substitution de la particule *bi-*, deux fois, à la syllabe initiale. ‖ **trillion** *id.* ‖ **quatrillion** *id.* (*quadr-*).

billon, billot V. BILLE.

biloculaire 1771, *Trévoux*, de *bis*, deux fois, et du lat. *loculus*, loge.

bimane V. BIPÈDE.

bimbelot V. BIBELOT.

bimestriel V. SEMESTRE.

binaire 1554, J. Peletier, du lat. ĭmpér. *binarius* (IIIe s., Lampridius), de l'adj. *bini*, qui s'applique aux objets formant paire.

binard 1690, Furetière ; origine obscure ; peut-être de *biner*. Il désigne un chariot à quatre roues.

biner XVe s. (*rebiner*), du prov. *binar*, issu du lat. pop. *****binare*, refaire deux fois (lat. *bini*), appliqué au travail de la vigne. ‖ **binette** 1651, N. de Bonnefons, « outil ». ‖ **binage** 1611, Cotgrave.

binette début XIXe s., « perruque Louis XIV » ; 1848, *Dict. d'argot*, « figure » ; sans doute du nom de *Binet*, coiffeur de Louis XIV.

biniou 1799, Chambry (*beniou*) ; 1832, Jal (*biniou*) ; mot breton.

binocle 1677, *Journ. des savants*, « jumelles » ; 1827, *Journ. des dames*, « lorgnon » ; du lat. scient. *binoculus* (1645, le père de Rheita) ; de *bini*, deux fois, et *oculus*, œil. ‖ **binoclard** 1885, Vallès. ‖ **binoculaire** fin XVIIe s.

binôme 1554, J. Peletier, *Algèbre*, adapt. du lat. médiév. *binomium* (XIIe s., Gérard de Crémone), du gr. *onoma*, nom. Le circonflexe vient de *monôme*. ‖ **monôme** 1701, Furetière ; fin XIXe s., *monôme d'étudiants* ; du lat. *mononomium*, avec contraction, du gr. *monos*, seul, et *onoma*, nom. ‖ **trinôme** 1690, Furetière. ‖ **quadrinôme** 1554, J. Peletier. ‖ **polynôme** 1697, Lagny, du gr. *polus*, plusieurs.

bio du gr. *bios*, vie. ‖ **biobibliographie** fin XIXe s. ‖ **-chimie** 1853, Lachâtre.

‖ -géographie 1907, *L. M.* ‖ biographe 1721, *Trévoux.* ‖ **biographie** 1721, *Trévoux* (gr. *graphein*, décrire). ‖ **biographier** 1852, Lachâtre. ‖ **biographique** 1762, *Acad.* ‖ **biologie** 1802, Lamarck, *Hydrologie.* ‖ **biologique** 1836, Raymond. ‖ **biologiste** 1836, Raymond. ‖ **biométrie** 1842, *Acad.* ‖ **biopsie** 1879, Garnier (gr. *opsis*, vue). ‖ **biosphère** 1842, *Acad.* ‖ **biosynthèse** 1960, Lar. ‖ **biotechnie** 1853, Lachâtre. ‖ **biothérapie** 1929, Lar. ‖ **biotropisme** 1960, Lar.

biotite 1866, Lar., de *Biot* (1774-1862).

bipartie 1361, Oresme, du lat. *bipartitus*, coupé en deux. ‖ **bipartition** 1751, *Encycl.* ‖ **bipartisme** 1948, *L. M.*

bipède 1598, Marnix, du lat. *bipes, -edis*, qui a deux pieds (lat. *pes, pedis*). ‖ **bimane** v. 1770, Buffon, créé sur *bipède* (lat. *manus*, main).

bipenné 1721, *Trévoux*, de *bis*, deux fois, et du lat. *penna*, plume.

bique 1509, Haton, terme familier qui tend à éliminer *chèvre* dans les régions rurales de la moitié nord de la France; altér. de *biche* par *bouc.* ‖ **biquet** 1339, *Archives.* ‖ **biquette** 1570, R. Belleau. ‖ **bicot** XIXe s., dim. péjor.

birbe 1837, Vidocq, « vieux mendiant »; 1861, Larchey, « vieillard », argot; de l'ital. *birbo*, chenapan.

biribi 1719, Voltaire, « jeu italien »; 1861, Gaboriau, « compagnies de discipline de l'Afrique du Nord, où l'on casse les cailloux », comparés aux coquilles de noix d'un jeu pratiqué en Algérie; de l'ital. *biribisso*, jeu de hasard.

birloir 1694, Ménage; peut-être mot dial., de même rac. que le piémontais et le lombard *birlar*, tournoyer, du lat. *virolare*, tourner. Il désigne un tourniquet.

1. **bis** adj. 1080, *Roland* (*bise*, fém.); orig. inconnue, sans doute prélatine. ‖ biser 1690, Furetière. ‖ **bisaille** 1791, *Encycl. méth.* ‖ **biset** 1555, Belon, « pigeon sauvage de couleur grise ». ‖ **bise** 1558, Rondelet, de *bis*, champignon. ‖ **bisette** 1836, Raymond, « macreuse ».
2. **bis** adv. 1690, Furetière, du lat. *bis*, deux fois. ‖ **bisser** 1820, *Observ. des modes.* ‖ **biseau** XIIIe s. ‖ **biseauter**

1743, *Trévoux.* ‖ **biseautage** 1863, L. ‖ **biser** 1751, *Encycl.*, « reteindre ».

bisaiguë 1751, *Encycl.* (*bizègle*), de l'ital. du nord *bisegolo*, issu du lat. pop. *biseca*, à deux tranchants (de *secare*, couper); confondu avec *besaiguë*. (V. AIGU.)

bisbille 1677, Duillier, « murmure »; 1694, Ménage, « dispute »; de l'ital. *bisbiglio*, murmure.

biscaïen 1689, d'apr. *Trévoux*, 1752, « mousquet à longue portée, balle »; début XIXe s., Stendhal, « petit boulet »; de *Biscaye*, où cette arme fut d'abord employée.

biscotte 1807, *Alman. des gourmands*, masc. d'abord, puis fém. à cause de sa finale, de l'ital. *biscotto*, même sens que biscuit. ‖ **biscotin** 1680, Richelet, de l'ital. *biscottino*, diminutif.

biscuit 1175, Chr. de Troyes (*bescuit*); XIIIe s. (*biscuit*); de *bes-* (lat. *bis*, deux fois) et *cuit.* ‖ **biscuiterie** fin XIXe s. ‖ **biscuiter** 1852, La Châtre.

1. **bise** début XIIe s., *Voy. de Charl.*, « vent du nord-est »; du francique *bisia* (anc. haut allem. *bisa*) ou moins probablement du lat. *aura bisa*, vent noir.

2. **bise** V. BIS 1 et *biser*, à BAISER.

biseau V. BIS 2.

biser V. BAISER et BIS 1.

1. **bisette** V. BIS 1.

2. **bisette** 1332, *Comptes de Robert de Seris*, « passementerie d'or et d'argent, dentelle », de l'anc. franc. *biseter*, sertir, peut-être du moyen bas allem. *bisetten* ou *besetten*, garnir.

bismuth 1597, J. Bodin (*bisse-*), du lat. des alchimistes *bisemutum* (1529), de l'allem. *Wismuth*, mot de l'Erzgebirge (Saxe) où ce métal fut d'abord exploité.

bison fin XVe s., G., du lat. *biso, -ontis* (Pline, Sénèque), d'origine germ.

bisque 1576, J. Le Houx, orig. inconnue, sans doute de *Biscaye.*

bisquer 1706, Brasey, sans doute du prov. *bisca*, de *bico*, bique, c.-à-d. faire enrager.

bissac 1440, Ch. d'Orléans, du préf. *bis* (deux fois) et de *sac.*

bisse 1694, Th. Corn., hérald., de l'ital. *biscia*, serpent.

bissectrice V. SECTEUR.

bissel 1857, essieu de locomotive, du nom de son inventeur, ingénieur américain.

bissextil 1549, J. Peletier (-*estil*), du bas lat. *bisextilis* (VIIᵉ s., Isid. de Séville), de *bisextus*, deux fois sixième jour intercalaire, le sixième avant les calendes de mars, doublé tous les quatre ans dans le calendrier julien. ‖ **bissêtre** ou **bicêtre** 1611, Cotgrave (*bissêtre*), « malheur », c'est-à-dire jour de malheur, de *bisexte* (XIIIᵉ s., *Comput*), anc. forme de *bissextil*.

bistoquet 1691, Regnard, « masse de billard », du lat. *bis*, deux fois, et de *toquer*, heurter.

bistorte 1256, Ald. de Sienne, du lat. bot. *bistorta*, deux fois tordue, à cause de la conformation de la racine.

bistouille fin XIXᵉ s., Bruant, mot du Nord, sans doute de *bis*, deux fois, et *touiller*, remuer.

bistouri 1462, Du Cange (-*orie*), fém., « poignard »; 1564, Paré, chirurgie; sans doute dér. de *Pistoia*, nom de ville italienne (cf. PISTOLET, lancette de chirurgien, chez A. Paré).

bistourner 1175, Chr. de Troyes, réfection de *bestourner*, du préf. *bis*, deux fois, et de *tourner*. ‖ **bistournage** 1836, Landais.

bistre 1503, J. Lemaire; orig. inconnue. ‖ **bistré** début XIXᵉ s. ‖ **bistrer** 1834, Balzac.

bistro, -ot 1884, Moreau (*Souvenirs de la Roquette*), précédé de *bistingo* (1856, Goncourt), mot obscur apparenté à *bistouille*.

bitord 1694, Th. Corn., de *bis*, deux fois, et lat. *tortus*, tordu. Terme de marine désignant un cordage mince.

bitte 1382, texte de Rouen, mar., de l'anc. scand. *biti*, poutre transversale de navire; fin XIXᵉ s., sens pop. ‖ **bitter** 1643, Fournier. ‖ **bitture** 1680, Le Cordier; *prendre une bitture*, 1842, La Bédollière, « s'enivrer », d'abord langue des marins. ‖ **biture** 1867, Delvau, « boisson », « ivresse », réfection, sous l'influence de *bitture*, de l'anc. fr. *boi-*

ture, boisson (de *boite*, lat. *bibita*), que l'on rencontre encore au XVᵉ s.

bitter 1840, Briffault, « liqueur », du néerl. *bitter*, amer. La liqueur vient de Hollande. Le mot avait donné au XVIIIᵉ s. *pitre*.

bitume 1130, *Eneas* (*betumoi*); 1549, Tagault (*bitume*), du lat. *bitumen*, qui a donné aussi *béton*. ‖ **bitumer** av. 1545, Fonteneau. ‖ **bitumier** 1803, Boiste. ‖ **bituminage** fin XIXᵉ s. ‖ **bituminier** id. ‖ **bitumineur** 1844, *Vrais Mystères de Paris*. ‖ **bitumeux** 1543, A. Pierre. ‖ **bitumineux** id., du lat. *bituminosus*.

biture V. BITTE.

biveau 1568, G. (*buveau*), « instrument de tailleur de pierre », de *baïvel*, dér. de l'anc. fr. *baïf*, béant, de *baer*, ouvrir la bouche.

bivouac 1650, Ménage (*bivoie*), de l'allem. de Suisse *Bîwacht*, patrouille supplémentaire de nuit, de *bî*, auprès de (allem. *bei*) et *Wacht*, garde. ‖ **bivouaquer** 1792, Marat (*bivaquer*).

bizarre 1558, Des Périers (*bigearre*, encore au XVIIᵉ s.), de l'ital. *bizzarro*, repris à l'esp. *bizarro*, brave, du basque *bizar*, barbe (symbole de la force). ‖ **bizarrement** 1594, *Ménippée*. ‖ **bizarrerie** 1555, L. Labé.

bizuth fin XIXᵉ s. (1908, Cohen), du français du XVIᵉ s. *bisogne*, jeune recrue d'origine espagnole.

blabla, blablabla 1929, Claudel, de *blaguer*; ou formation onomat. exprimant le bavardage incessant.

blache 1842, *Acad.*, « variété de chêne », « type de plantation », mot dialectal, du gaulois *blacca*, jeune pousse.

black-bottom v. 1920, mot anglo-américain signif. « fond noir ». Il désigna vers 1915 le quartier nègre de certaines grandes villes, puis une danse.

blackbouler 1834, Mérimée (*blackbull*); 1838, Balzac (*blackboller*); de l'angl. (*to*) *blackball*, rejeter avec une boule noire. ‖ **blackboulage** 1866, H. de Villemessant.

black-out 1942, Gide, mot angl. signif. « obscurité totale ».

black-rot 1878, *Journ. d'agriculture*, mot angl. signif. « noire pourriture ».

blafard XIVᵉ s., J. Bruyant, du moyen allem. *bleichvar*, de couleur pâle, avec substitution de finale.

blague début XVIIIᵉ s., « blague à tabac » ; dial., « vessie » (Boulonnais) ; du néerl. *blagen*, se gonfler ; 1809, Cadet de Gassicourt, « mensonge ». ‖ **blaguer** 1808, d'Hautel. ‖ **blagueur** 1808, d'Hautel (même évolution dans « prendre des vessies pour des lanternes »).

blair V. BLAIREAU.

blaireau 1312, G. (*blarel*), de l'anc. fr. *blaire*, *bler*, tacheté (le blaireau a une tache blanche à la tête), du francique **blārī*, confondu sans doute avec un mot gaulois ; a remplacé l'anc fr. *taisson* (v. TANIÈRE) ; 1853, Lachâtre, « pinceau en poil de blaireau ». ‖ **blair** début XIXᵉ s., abrév. de *blaireau*, d'après le museau allongé. ‖ **blairer** début XXᵉ s., « sentir », surtout dans l'expression pop. fig. *ne pas pouvoir blairer quelqu'un*. ‖ **blaireauter** 1867, Delvau.

*blâmer 1080, *Roland* (*blasmer*), du lat. *blastemare* (*blastema*, dans une inscription), du lat. chrét. *blasphemare*, blasphémer, empr. au gr. *blasphêmein* ; le sens s'est affaibli en passant dans la langue courante. ‖ **blâme** 1080, *Roland*, déverbal de *blâmer*. ‖ **blâmable** 1260, Br. Latini.

blanc 1080, *Roland*, du francique **blank*, brillant (allem. *blank*), qui a remplacé le lat. *albus* (v. AUBE) ; Révolution, polit. ; s. m. XVIᵉ s., « point de mire ». ‖ **blanc-bec** fin XVIIIᵉ s., Voltaire. ‖ **blanc-manger** XIIIᵉ s., fabliaux. ‖ **blanc d'œuf** XVᵉ s., qui a remplacé *aubun* (*aubin*), issu du lat. *albumen*. ‖ **blanc-seing** 1573, Barbier, qui a été précédé de *blanc-signé* (1454, Barbier). ‖ **blanchir** v. 1220, Coincy, qui a eu aussi jusqu'au XVIIᵉ s. le sens d'« échouer ». ‖ **blanchissage** 1539, R. Est. ‖ **blanchissement** 1600, O. de Serres. ‖ **blanchisseur** 1339, J. Richard (-*quisseur*) ; 1611, Cotgrave (forme actuelle). ‖ **blanchisserie** 1701, Furetière. ‖ **blanchâtre** 1372, Corbichon. ‖ **blanchaille** 1701, Furetière. ‖ **blancherie** 1636, Monet. ‖ **blanchement** 1554, O. de Magny. ‖ **blanchard** XIIIᵉ s., *Frégus.* ‖ **blanchet** 1265, Br. Latini. ‖ **-eur** XIIᵉ s. ‖ **reblanchir** XIVᵉ s.

blandice 1395, Chr. de Pisan, du lat.

blanditia, de *blandus*, caressant ; employé surtout au plur.

blanque 1532, Rab., de l'ital. *bianca*, adj. f., blanche, d'apr. la couleur du billet perdant.

blanquette 1600, O. de Serres, « vin blanc », du prov. mod. *blanqueto*, adj. f. substantivé, dim. de *blanc*. ‖ **blanquette** (de veau) 1735, *Cuis. mod.*, même orig.

blanquiste 1871, G. Lefrançais, d'*A. Blanqui* (1805-1881). ‖ **blanquisme** 1870, L. Veuillot.

blaps fin XIIIᵉ s., du lat. des naturalistes, empr. au gr. *blaptein*, nuire. Il désigne un insecte noir vivant dans les lieux obscurs.

blaser 1608, Régnier « user » (par les alcools) ; 1743, *Trévoux* « émousser par des impressions fortes » (cf. lillois *blasé*, bouffi par l'alcool) ; du néerl. *blasen*, souffler (en argot, *blasé*, enflé, 1837, Vidocq). ‖ **blasement** 1834, Balzac.

blason fin XIIᵉ s., *R. de Cambrai*, « armoiries sur le bouclier », « bouclier », orig. obscure ; 1505, Gringoire, « éloge, critique ». ‖ **blasonner** fin XIVᵉ s., *Cent Nouvelles nouvelles* ; sens fig. « critiquer », encore au XVIIᵉ s. ‖ **blasonneur** 1511, Gringore.

blasphème 1190, saint Bernard, du lat. chrét. *blasphemia*, empr. au gr. *blasphêmia*. ‖ **blasphémer** 1360, J. Le Fèvre, du lat. chrét. *blasphemare*, empr. au gr. *blasphêmein*. ‖ **blasphémateur** 1390, Ph. de Maizières. ‖ **blasphématoire** 1516, P. Desrey. (V. BLÂMER.)

blasto- du gr. *blastos*, germe. ‖ **blastoderme** 1842, *Acad.* (gr. *derma*, peau). ‖ **blastomère** 1888, Lar. (gr. *mêros*, partie). ‖ **blastomycètes** 1929, Lar. (gr. *mukès*, champignon). ‖ **blastomycose** 1959, Lar.

blastula 1896, Carlet et Perrier, du gr. *blastos*, germe, diminutif.

blatérer milieu XVIIᵉ s., du lat. *blaterare*, pour exprimer le cri du chameau.

blatier V. BLÉ.

blatte 1534, Rab., du lat. *blatta*.

blaude V. BLIAUD.

blazer xxᵉ s., de l'angl. *blazer*, de (*to*) *blaze*, flamboyer, d'apr. les rayures à couleurs vives du vêtement.

blé 1080, *Roland* (*blet*), du francique *blad ou du gaulois *blato (gallois *blawd*), farine, et qui a dû désigner d'abord toute céréale. ‖ **blatier** 1268, E. Boileau, formé sur un dimin. *blaet. ‖ **emblaver** 1242, *Cart. de Metz*, avec un *v* intercalaire. ‖ **emblavure** xiiiᵉ s., *Etablissements de Saint Louis*.

bled fin xixᵉ s., de l'ar. algérien *bled*, terrain, pays. ‖ **-dard** *id.*

bleime f. 1665, Colbert, de *blême*, substantivé avec l'anc. sens de *blessure*. Il désigne une irritation du talon du cheval.

blêmir 1080, *Roland* (*bles-*); « blesser » ou « (se) flétrir »; sans doute du francique *blesmjan, de *bless*, pâle (« rendre pâle ») ou du scand. *blâmi*, bleuâtre; 1546, *Palmerin d'Olive*, « devenir pâle ». ‖ **blême** 1495, J. de Vignay, déverbal. ‖ **blêmissement** 1573, Du Puys.

blende 1751, *Encycl.*, de l'allem. *Blende*, minerai de sulfure de zinc.

blennie 1803, Wailly (*blenne*), du gr. *blenna*, mucus, d'après la peau gluante de ce poisson (celui-ci a d'abord été désigné par le lat. scientifique *blennus*).

blennorragie fin xviiiᵉ s., du gr. *blenna*, mucus, et *rhagê*, éruption.

blépharite début xixᵉ s., du gr. *blepharon*, paupière.

bléser 1265, J. de Meung; en anc. fr. *bloisier*, *bleser*, de l'anc. fr. *blois*, bègue, du lat. *blaesus*. ‖ **blèsement** 1842, *Acad.* ‖ **blésité** 1803, Boiste.

blesser xiᵉ s., *Gloses de Reichenau* (*blecier*), « amollir en frappant », du francique *blettjan, meurtrir (anc. allem. *bleizza*, tache produite par une meurtrissure). ‖ **blessant** 1145, G. ‖ **blessure** 1138, *Saint Gilles* (*bleceüre*).

blet fin xiiiᵉ s. (*blette*), de même rac. que *blesser* (francique *blet, pâle). ‖ **blettir** xvᵉ s. ‖ **blettissement** 1852, Lachâtre. ‖ **blettissure** 1836, Landais.

blette V. BETTE.

bleu 1160, Benoît (*blef*), du francique *blao (allem. *blau*); 1791, « républi-

cain », à cause de la couleur de l'uniforme des soldats; 1866, Delvau, « conscrit »; *maladie bleue*, 1953, Lar.; s. m. 1864, L., « coup ». ‖ **bleuâtre** 1493, Delb. ‖ **bleuet** 1380, *Invent. de Charles V* (*bluet*); 1549, Meignan (*bleuet*). ‖ **bleuir** 1690, Furetière. ‖ **bleuissage** 1852, Lachâtre. ‖ **bleuissement** 1838, Raymond. ‖ **bleuté** 1858, Peschier. **petit bleu** début xixᵉ s., « vin léger de Suresnes »; 1882, *le Gaulois*, « dépêche », à cause de sa couleur.

bliaud 1080, *Roland* (*blialt*), peut-être d'orig. germ. ‖ **blaude** 1566, Du Pinet, var. dial. fém. de *bliaud*.

blin 1687, Desroches, de *belin*, forme première de *bélier*. Il est passé dans le vocabulaire de la marine (analogie de forme).

blinde 1628, *Traité d'artillerie*, de l'allem. *blenden*, aveugler. ‖ **blinder** 1697, Guillet, passé dans la marine (*blinder un navire*); 1953, Lar. en radio. ‖ **blindé** s. m. v. 1938. ‖ **blindage** 1752, *Trévoux*; xxᵉ s., milit.

blizzard 1888, *Journ. officiel*, mot anglo-américain.

bloc xiiiᵉ s., *Chron. de Rains*, bloc d'arbre, du néerl. *bloc*, tronc abattu; 1813, Gattel, bloc de maisons, empr. à l'angl. *block*; 1866, Delvau, « salle de police ». ‖ **bloc-diagramme** 1959, Lar. ‖ **bloc-moteur** 1909, *Omnia*. ‖ **bloc-notes** 1888, Lar., de l'angl. *block-notes*, feuillet formant bloc. ‖ **bloc-cuisine** xxᵉ s. (1960, Lar.). ‖ **bloc-eau** xxᵉ s. (1960, Lar.). ‖ **blochet** xviᵉ s., G. ‖ **bloquer** av. 1450, Gréban, « mettre en bloc »; 1578, d'Aubigné, « investir », repris à *blocus*; 1880, chemin de fer, repris à l'angl. ‖ **blocage** 1547, J. Martin. ‖ **blocaille** 1549, R. Est. ‖ **bloquette** 1867, Lar. ‖ **brocaille** 1852, Lachâtre, altér. de *blocaille*. ‖ **débloquer** xviᵉ s., Vaultier, sens large; 1754, *Encycl.*, imprim. ‖ **déblocage** 1819, Boiste. ‖ **déblocquement** 1842, J.-B. Richard.

block forme allem. ou angl. de *bloc.* ‖ **blockhaus** fin xviiiᵉ s., *Mém. de Bourgogne*, de l'allem. *Blockhaus*, maison (*Haus*) à poutres (*Block*). ‖ **bloc-système** 1874, Malézieux, « système du tronçon de ligne », de l'angl. *block-system*, inventé par Tyer en 1852, introduit en Angleterre vers 1860.

blocus 1376, C. E. V. (*blochus*), « maison à poutres »; 1507, « fortin » (*blocquehuys*), du néerl. *blokhuis*, même mot que *blockhaus*; XVIIe s., « investissement ». ‖ **déblocus** 1835, Stendhal.

blond 1080, *Roland*, et, au fig., « susceptible » jusqu'au XVIIe s., sans doute d'un germ. **blŭnd*. ‖ **blondasse** fin XVIIe s., Saint-Simon. ‖ **blondeur** fin XIIIe s. ‖ **blondin** 1650, Loret, « jeune galant ». ‖ **blondinet** fin XIXe s. ‖ **blondir** fin XIIe s., Alex. de Paris. ‖ **-issant** 1554, Du Bellay.

blondin XXe s. (1957, *Midi libre*), « benne à fond mobile pour le transport du béton », du nom de *Blondin*, qui effectua la traversée du Niagara dans une benne de ce type.

bloom 1774, *Descript. des arts et métiers.*, mot angl. sign. lingot d'acier. ‖ **blooming** 1859, *Soc. ing. civils*, mot angl. désignant un laminoir.

bloquer, bloquette V. BLOC.

blottir (se) 1552, Ch. Est., « se réfugier », peut-être du bas allem. *blotten*, écraser. ‖ **blottissement** 1870, Goncourt.

1. blouse fin XVIe s., Fauchet, « cavité », terme de jeu de paume, origine obscure (empr. douteux au néerl. *bluts*, bosse). ‖ **blouser** 1654, La Martinière, terme de jeu; 1680, Richelet, « tromper ».

2. blouse 1788, *Invent. de Lassicourt*, « vêtement des ouvriers et des paysans » (jusqu'au milieu du XIXe s.); fin XIXe s., « vêtement de femmes » aussi; d'origine sans doute germ.; *blouse blanche*, provocateur de police, 1864, L. ‖ **blousier** 1870, Goncourt. ‖ **blouson** v. 1930.

blousse 1752, *Trévoux*, du prov. mod. (*lano*) *blouso*, laine dépouillée, empr. au germ. *bloz*, nu.

blue mot angl. sign. *bleu*. ‖ **blue-book** XIXe s., « livre bleu », documents officiels du gouvernement. ‖ **blue-jean** v. 1956, mot américain signif. « treillis bleu ». ‖ **blues** XXe s., « danse », abrév. de *bluedevils* (1862, *Journ. des dames*), « diables bleus », c'est-à-dire en fr. « idées noires ».

bluet (bleuet) V. BLEU.

bluette début XVIe s., B. de La Grise (*belluette*); Marot (*bluette*), « étincelle »

jusqu'au XVIIe s.; 1797, Beaumarchais, « ouvrage sans prétention »; dim. probable de l'anc. fr. *bellue*. (V. BERLUE.)

bluff v. 1840, Balzac, terme de jeu; 1895, Bourget, sens actuel, mot angloaméricain. ‖ **bluffer** 1884, Laun, *Traité de poker*. ‖ **bluffeur** 1895, Bourget.

bluter fin XIIe s., *Rois* (*buleter*), du moyen néerl. *biutelen*, bluter. ‖ **blutage** 1546, Rab. ‖ **bluteau** XIIe s. (*buletel*); 1462, *Cent Nouvelles nouvelles* (*bluteau*). ‖ **bluterie** 1325, J.-B. Richard (*buleterie*). ‖ **blutoir** 1325, J.-B. Richard (*buletoir*).

boa 1372, Corbichon, « serpent »; 1827, *Journ. des dames*, « fourrure »; du lat. *boa*, serpent aquatique.

bobard 1908, altér., par substitution de finale, de *bobeau*, mensonge (fin XVIe s., Baïf), de l'onomat. *bob*, croisée, avec une formation ironique *beau-beau* (1536, Calvin).

1. bobèche 1335, Delb., techn.; orig. inconnue.

2. bobèche 1836, Raymond, « pitre », nom d'un joueur de parades sous la Restauration.

bobelin 1379, J. de Brie, « chaussure grossière », orig. obscure, sans doute de la rac. onomatop. *bob* (aspect bouffi et difforme). ‖ **embob(e)liner** 1585, Cholières, envelopper d'un vêtement, puis tromper, même rac. ‖ **embobiner** 1842, Mozin.

bobine 1544, *Arcadie*, de la rac. onomatop. *bob*; 1870, Poulot, « figure », « moue »; 1917, *le Temps*, en cinéma. ‖ **bobiner** 1680, Richelet. ‖ **bobinage** 1809, *Arch. des découvertes*. ‖ **bobinette** fin XVIIe s., Perrault. ‖ **bobinoir** début XIXe s. ‖ **bobineau** *id.*

bobo 1440, Ch. d'Orléans, redoublement expressif d'une onomatopée.

bobsleigh 1889, *Vie au grand air*, mot angl., de *sleigh*, traîneau, et *(to) bob*, se balancer.

bocage 1138, *Saint Gilles* (*boscage*), mot normanno-picard, de **bosc*, forme primitive de *bois*. ‖ **bocager** 1560, Ronsard.

bocal 1532, Rab., de l'ital. *boccale*, du bas lat. *baucalis*, empr. au gr. *baukalis*.

bocard 1741, d'Hérouville, de l'allem. *Pochhammer*, marteau à écraser. ‖ **bocarder** *id.* ‖ **bocardage** 1802, *Journ. des Mines.*

boche 1887, Verlaine, apocope de *Alboche* (avant 1870), issu de *Allemoche*, formation argotique de l'Est faite sur *Allemand*, le *b* étant dû à *caboche* et *tête de boche* (tête de bois).

bochette 1650, Ménage, mot attribué à Mazarin, de l'ital. *boccietta*, dimin. de *boccia*, boule. Le mot a désigné un jeu de boules.

bock 1855, Goncourt, abrév. de l'allem. *Bockbier*, bière très forte, sans doute déformation de *Einbeckbier* (bière d'Einbeck, ville d'origine), prononcé *Ambockbier* par les Munichois et compris *ein Bockbier* (bière au bouc) dans le reste de l'Allemagne.

boëtte, boitte 1672, N. Denis (*bouette*), du breton *boued*, nourriture. Il est restreint au vocabulaire de la pêche.

bœuf 1155, Wace (*buef*), du lat. *bos, bovis*; *bœuf à la mode*, 1651, *Cuis. fr.* ‖ **bouvet** début XIVᵉ s., dim. de *bœuf*; 1600, E. Binet, « rabot », par comparaison du rabot creusant la rainure avec le bœuf creusant le sillon. ‖ **bouverie** fin XIIᵉ s., Neckam (*boverie*). ‖ **bouveteuse** 1929, Lar. ‖ **bouvril** 1878, Lar. ‖ ***bouvier*** fin XIᵉ s., *Lois de Guill.* (*boverz*), du lat. *bovarius*, de *bos*. ‖ **bouvillon** fin XIIᵉ s., Neckam. ‖ **bouvreuil** 1743, *Trévoux*, remplaçant *bouvreur* (1700, Liger), de **bouvereuil*, dimin. anc. de *bouvier*, par métaphore (il n'est pas exact que le bouvreuil suive le laboureur); dans l'O. et le S.-O., on l'appelle *bœuf* ou *petit bœuf*.

bog 1863, L., jeu de cartes où le *bog* représente une case et une combinaison gagnante; orig. obscure.

boghead 1857, *Année sc. et industr.*, du nom d'un village d'Écosse où furent trouvés les gisements de cette houille.

boghei, boguey, buggy 1799, C. E. V. (*bockei*), de l'angl. *buggy*, sorte de cabriolet.

bogie ou **boggie** 1843, *Journ. des chemins de fer* (*bogie*), de l'angl. *bogie*, mot dial. du Nord.

1. bogue 1562, Du Pinet, « poisson », du prov. *boga*, du lat. *boca*.

2. bogue 1863, L., « anneau de fer », de l'ital. du Nord *boga*, issu du longobard **bauga*, anneau.

3. bogue 1555, Belon, « enveloppe de châtaigne »; 1611, Cotgrave, « enveloppe de graines »; mot de l'Ouest, du breton *bolc'h*, capsule de lin.

bohème 1372, Corbichon, « habitant de la Bohême »; 1694, *Acad.*, fig., « vie de bohème ». ‖ **bohémien** 1495, J. de Vignay, « habitant de la Bohême »; 1561, *Édit*, « nomade en roulotte ».

boire Xᵉ s., *Saint Léger* (*bevvre*), devenu *boivre*, du lat. *bĭbĕre*, boire, avec les radicaux *buv-* ou *beuv-* (de *bevons* devenu *buvons*), *breuv-* (anc. infinitif *beivre, brev-*). ‖ **beuverie** XIIᵉ s. (*beverie*), qui semble avoir disparu au XVIIᵉ s., pour être repris au XIXᵉ s. ‖ **buvable** XIIIᵉ s., Legouais (*bevable*). ‖ **buvée** 1220, Coinci (*bevée*). ‖ **buvard** 1828, *la Mode*. ‖ **buvette** 1539, R. Est. ‖ **buvetier** 1586, N. Du Fail. ‖ **buveur** XIIIᵉ s., G. (*beveor*); *buveur de sang*, qualificatif injurieux désignant les Montagnards après la Révolution. ‖ **breuvage** fin XIIᵉ s., *Loherains.* ‖ **imboire** 1507, La Chesnaye des Bois, du lat. *imbibere*, refait sur **imbu** (1460); fig., XVIᵉ s. ‖ **imbuvable** 1600, O. de Serres. ‖ **pourboire** 1740, De Brosses. ‖ ***boisson*** XIIIᵉ s., R. de Blois, du bas lat. *bibitio* (VIIᵉ s.), *bibitionis*, de *bibere*. ‖ **boissonner** 1821, Cuisin. ‖ **déboire** 1468, Chastellain, « arrière-goût d'une boisson », puis « arrière-goût désagréable » (jusqu'au XVIIIᵉ s.); XVIᵉ s., fig.

bois 1080, *Roland*, « groupe d'arbres », d'un rad. *bosc-* (lat. *boscus*, Xᵉ s., v. BOCAGE), d'orig. germanique (allem. *Busch*, buisson, XIᵉ s.); le sens de « matière ligneuse », qui a éliminé l'anc. fr. *leigne* (lat. *lignum*), est ancien, et peut être dû à l'influence d'un radical voisin. ‖ **boiser** 1680, Richelet, « garnir avec du bois »; 1829, « garnir d'arbres ». ‖ **boisage** 1610, ms., « ensemble de boiseries »; 1796, Duhamel, terme de mines. ‖ **boisement** 1823, Boiste. ‖ **boiserie** fin XVIIᵉ s., Saint-Simon. ‖ **boiseur** 1796, *Journ. des Mines.* ‖ **déboiser** 1842, Mozin. ‖ **déboisement** *id.* ‖ **reboiser** 1846, Besch. (V. BOCAGE, BOQUETEAU, BOS-

QUET, BOUQUET, BÛCHERON, BUISSON, HAUTBOIS.)

*boisseau, boisselée, boisselage V. BOÎTE.

boisson V. BOIRE.

boîtard V. BOÎTE.

*boîte XIIᵉ s., *Roncevaux* (*boiste*), du lat. pop. *būxida* (xᵉ s.), ou *buxita*, empr. au gr. *puxis*, boîte de buis (acc. *puxida*), lat. class. *pyxis*. ‖ ***boisseau** v. 1268, E. Boileau (*boissiel*), du lat. pop. **buxitellum* ou *buxitielium*, ou, moins probablement, d'un rad. gaulois. ‖ **boisselée** 1295, *fabliau*. ‖ **boisselage** 1389, G. ‖ **boisselier** 1611, Cotgrave. ‖ **boissellerie** 1751, *Encycl.* ‖ **boîtard** 1320, G. ‖ **boîtier** milieu XIIIᵉ s. ‖ **boîtillon** 1788, *Encycl. méth.* ‖ **déboîter** milieu XVIᵉ s., « enlever de la boîte »; XXᵉ s., « changer de file ». ‖ **déboîtement** 1530, Palsgrave. ‖ **emboîter** 1320, G. ‖ **emboîtage** 1787, Le Gentil. ‖ **emboîtement** 1606, Nicot. ‖ **remboîter** 1300. ‖ **remboîtement** début XVIᵉ s.

boiter 1539, R. Est. (*boister*), de *boîte* (cavité d'un os) ou plus probablement de *bot* (*pied bot*), influencé par *boîte*. ‖ **boitement** 1539, R. Est. ‖ **boiterie** 1803, Boiste. ‖ **boiteux** 1268, E. Boileau (*boisteus*). ‖ **boitillement** 1866, Lar. ‖ **boitiller** *id.*

boitte V. BOETTE.

1. bol fin XIIIᵉ s. (*bole*), « pilule », du lat. méd. *bolus*, empr. au gr. *bôlos*, motte, bouchée. ‖ **bolaire** 1771, *Trévoux.*

2. bol 1653, Mackensie (*bowl*), « récipient »; 1800, Boiste (*bol de ponche*), de l'angl. *bowl*. ‖ **bolée** 1892, Claretie (*bolée de cidre*).

bolchevik 1903, *Congrès du parti*, mot russe signif. « qui adhère à la majorité du parti social-démocrate », opposé à *menchevik*, traduits avant la Première Guerre mondiale par *maximaliste* et *minimaliste*. ‖ **bolcheviser** 1920, J. Maxe. ‖ **bolchevisation** 1960, Lar. ‖ **bolcheviste, -vique** 1917. ‖ **bolchevisme** 1917.

bolduc 1871, *Almanach Didot*, altér. de *Bois-le-Duc*, appelée souvent Bolduc aux XVIIᵉ-XVIIIᵉ s., ville de Hollande où l'on fabriquait ce type de ruban.

boléro 1804, *Journ. des dames*, « chanson espagnole », « danse »; fin XIXᵉ s., « vêtement espagnol », « vêtement féminin »; de l'esp. *bolero*, danseur, puis danse, de *bola*, boule.

bolet 1503, G. de Chauliac, du lat. *boletus*, champignon à pied charnu.

bolide 1552, Rab., « sonde »; XVIᵉ s., « jet, éclair, pierre tombée du ciel »; XIXᵉ s., « engin rapide »; du lat. *bolis, -idis*, f., empr. au gr. *bolis, -idos*, sonde, jet, et en bas grec « éclair ».

bolivar 1819, *Observ. des modes*, du nom de *Bolivar* (1783-1830), libérateur de l'Amérique du Sud; ce chapeau haut de forme à larges bords était à la mode chez les libéraux, vers 1820.

bolomètre 1888, Lar., du gr. *bolê*, trait, et de *mètre*, désigne un appareil électrique inventé par Langley en 1881.

bombagiste V. BOMBE.

bombance fin XIᵉ s., *Lois de Guill.* (*bobance*), encore en 1642, chez Oudin; 1530, Palsgrave (*bombance*), « orgueil, faste », puis « repas fastueux »; du lat. *bombus*, bruit, acclamations. ‖ **bombe** fin XIXᵉ s., abrév. de *bombance*.

bombarde 1495, J. de Vignay, « machine de guerre »; 1342, « instrument de musique »; du lat. *bombus*, bruit sourd. ‖ **bombarder** 1515, Du Redouer, « lancer avec une bombarde »; 1882, Goncourt, « nommer »; XXᵉ s., repris par l'aviation. ‖ **bombardement** 1697, Surirey, même évolution. ‖ **bombardeur** 1853, Lachâtre. ‖ **bombardier** 1428, C. E. V.; XXᵉ s. (1951, Lar.), aviation. ‖ **bombardon** XIXᵉ s., « instrument de musique ».

bombasin V. BASIN.

1. bombe [ripaille] V. BOMBANCE.

2. bombe 1640, Oudin, « projectile »; 1807, *Alm. des gourmands*, « pâtisserie »; du lat. *bombus*, boulet. ‖ **bombé** 1690, Furetière, d'apr. la forme de la bombe. ‖ **bomber** 1701, Furetière. ‖ **bombement** 1694, Th. Corn. ‖ **bombagiste** 1878, Lar., « qui donne une forme courbe. »

bombyx 1564, Marcouville (*bombyce*); 1593, Bauhin (*bombyx*); du lat. *bombyx, -icis*, empr. au gr. *bombux*, ver à soie.

*bon xᵉ s. (*buon*); XIᵉ s. (*buen*); *bon*, forme habituelle en position protonique, l'a emporté; s. m. fin XVII⁰ s., Saint-Simon, finances; du lat. *bŏnus*. ‖ **bonbon** 1604, G. d'Héroard, médecin du dauphin, redoublement expressif de *bon*. ‖ **bonbonnière** fin XVIII⁰ s. ‖ **bonbonnerie** 1804, *Alm. des gourmands*, « commerce des bonbons ». ‖ **bonhenri** 1545, Guéroult, horticulture. ‖ **bonhomme**, milieu XII⁰ s., « nom propre »; XIV⁰ s., « paysan »; XVI⁰ s., « homme de bien » (jusqu'au XVII⁰ s.); fin XIX⁰ s., plur. pop. *bonhommes*. ‖ **bonhomie** 1752, *Trévoux*. ‖ **boni** XVI⁰ s., *Cout. Saint-Omer*, jurid., du lat. *aliquid boni*, quelque chose de bon. ‖ **bonifier** milieu XV⁰ s., du lat. *bonificare*; 1712, Barbier, financier, d'après *boni*. ‖ **bonification** 1584, De Lurbe; 1712, Barbier, financier. ‖ **bonjour** XIII⁰ s., G., s. m.; 1740, *Acad.*, formule de salutation par ellipse de *souhaiter le bon jour*; XIX⁰ s., a pris la place de *bonsoir* et se dit en s'abordant à n'importe quelle heure. ‖ **bonne** 1708, Saint-Simon (*sa petite bonne*); au XVII⁰ s., on disait *ma bonne*, *ma chère bonne*, devenu ensuite un terme d'affection employé par les enfants à l'égard des domestiques. ‖ **bonnement** XIII⁰ s., G. ‖ **bonniche** fin XIX⁰ s., de *bonne* avec un suffixe argotique. ‖ **bon-papa, bonne-maman** 1835, *Acad.*, termes enfantins. ‖ **bonsoir** fin XV⁰ s., O. de La Marche, s. m.; 1524, *Sotie*, « formule de salutation, par ellipse de *souhaiter le bon soir* », s'employait quand on s'abordait après midi, auj. pour prendre congé. ‖ **bonté** XII⁰ s., G., du lat. *bonitas, -itatis*. ‖ **abonnir** fin XII⁰ s., R. de Moiliens. ‖ **rabonnir** XIII⁰ s., G.

bonace fin XII⁰ s., *Mir. de Sardenai*, du prov. *bonassa*, du lat. pop. *bonacia*, réfection du lat. *malacia*, empr. au gr. *malakia*, de *malakos*, mou, senti comme un dér. de *malus*, mauvais.

bonapartiste 1816, Courier, « partisan de l'Empire », de Bonaparte. ‖ **bonapartisme** *id.*

bonard V. BONNET.

bonasse fin XIII⁰ s., « calme » au pr.; « débonnaire » au fig.; XVII⁰ s., ‛seul le second sens; de l'ital. *bonaccio*, (mer) calme. ‖ **bonassement** 1770, Rousseau. ‖ **bonasserie** 1840, Balzac.

bonbon V. BON.

bonbonne 1852, Lachâtre, du prov. mod. *boumbouno*, de même rac. que *bombe*, bouteille.

bon-chrétien 1466, Baude, du lat. *poma panchresta*, calque du gr. *pankhrêston*, utile à tout, refait sur *christianus*, chrétien. Louis XI aurait donné ce nom à cette poire apportée d'Italie par saint François de Paule.

bond V. BONDIR.

bonde 1269, *Cart. Saint-Vincent de Laon*, « borne »; 1373, *trad. de P. Crescens*, « trou d'écoulement »; du gaulois **bunda*, reconstitué d'apr. l'irlandais *bonn*, plante du pied, base. ‖ **bonder** 1483, Joubert; 1835, *Acad.*, « remplir complètement ». ‖ **bondon** fin XIII⁰ s., Macé de la Charité; 1836, Landais, « fromage ». ‖ **bondrée** 1555, Belon, espèce de buse grasse, de **bonderée*, dér. de *bonde*. ‖ **bondieu** 1819, Boiste, « coin en bois », de *bondail* qui l'a précédé au XIII⁰ s. (jusqu'au XVI⁰ s.), dér. de *bonde* refait sur *bon Dieu*. ‖ **débonder** XV⁰ s.

bondieu V. BONDE.

bondieusard 1861, Vallès, de *bon Dieu*. ‖ **bondieuserie** *id.*

*bondir 1080, *Roland*, « retentir » (jusqu'au XVI⁰ s.), et « sauter », du lat. pop. **bombitīre* (IV⁰ s.), var. de *bombitare*, fréquentatif de *bombire*, résonner, de *bombus*, bombe. ‖ **bond** 1390, Chr. de Pisan, déverbal de *bondir*. ‖ **bondissant** 1512, J. Lemaire. ‖ **bondissement** 1379, J. de Brie, « retentissement » (jusqu'au XVI⁰ s.); 1547, Maudent, « action de faire un bond ». ‖ **faux bond** XVI⁰ s., terme de jeu de balle. ‖ **rebondir** XII⁰ s., *Rois*, « retentir »; XIII⁰ s., « sauter de nouveau ». ‖ **rebondissement** 1395, Chr. de Pisan. ‖ **rebond** fin XVII⁰ s., « contrecoup »; XX⁰ s., « rebond d'une balle ».

bondon, bondrée V. BONDE.

bonduc 1705, *Trévoux*, de l'ar. *bonduq*, d'orig. hindî.

bongeau 1751, *Encycl.*, de l'anc. fr. *bonge*, botte (XIII⁰ s.), mot picard et wallon, issu du flamand *bondje*, faisceau, diminutif de *bond*, lien (allem. *Bund*). Il désigne des couples de bottes de lin⁰ liées ensemble.

bonheur V. HEUR.

bonhomme, boni, bonifier V. BON.

boniment 1827, *Cartouche*, argot, de *bonnir*, dire (1828, Vidocq), « en dire de bonnes ». || **bonimenteur** fin XIXᵉ s.

bonite 1525, A. Fabre, du bas lat. *bonito(n)*, espèce de thon; mot du S.-O., peut-être empr. par l'interm. de l'esp. *bonito*.

bonjour, bonne V. BON.

bonnet 1160, *Charroi de Nîmes*, « étoffe à coiffure »; 1401, « coiffure », au moment où l'usage du bonnet prit une grande extension; du lat. médiév. *abonnis* (VIIᵉ s., *Loi salique*), orig. germ.; *gros bonnet* 1846, Reybaud. || **bonard** 1791, *Encycl. méth.*, suffixe *-ard*. || **bonnette** 1382, G., spécialisé par métaph. dans des sens techn. || **bonneter** 1550, Ronsard, « donner des coups de bonnet ». || **bonneterie** XVᵉ s., *Métiers de Blois*. || **bonnetier** 1469, *Archives*. || **bonneteau** 1708, Fr. Michel, « petit bonnet », et arg. || **bonneteur** 1708, Fr. Michel, « filou », par métaphore. || **bonnichon** 1867, Delvau, « petit bonnet », syn. ensuite de « bonard ».

bonniche V. BON.

bonnier 1222, G.; du gaulois *bunna*, var. de *bunda*, bonde.

bonsoir, bonté V. BON.

bonze 1570, Belleforest, du port. *bonzo*, empr. au japonais *bozu*. || **bonzerie** 1852, Lachâtre.

boogie-woogie XXᵉ s. (1953, Lar.), mot anglo-américain, d'orig. obscure, indiquant en 1930, à Chicago, une danse.

bookmaker 1875, *Moniteur*, mot angl. signif. « faiseur de carnets de paris », abrégé en *book* (1928, M. Aymé).

boom 1885, Grancey, mot anglo-américain signif. *détonation*; orig. onomatopéique.

boomerang 1857, *Magasin pittoresque*, mot angl. empr. à une langue indigène de l'Australie (*wo-mur-rang*).

bootlegger 1928, Lar., mot anglo-américain signif. « celui qui cache sa bouteille dans sa botte » (1889).

boqueteau 1360, Froissart (*bosquetel*), de *boquet*, var. normanno-picarde de *bouquet*.

boquillon fin XIIᵉ s., *Aliscans* (*bochillon*), forme picarde dér. de *bosc*-, forme primitive de *bois*.

bora 1830, Stendhal, mot slovène de la même rac. que *bourrasque*. Il désigne un vent d'hiver d'Adriatique.

borasse 1842, *Acad.*, du gr. *borassos*, datte.

borax 1540, Rab. (*bourach*), du lat. médiév. (XIVᵉ s.), empr. à l'ar. *bawraq*, lui-même issu du persan *boûrak*. || **borate** 1787, Guyton de Morveau. || **boraté** 1826, Mozin. || **boracique** 1801, Brochant. || **bore** 1808, date de la découverte; 1821, Wailly. || **borique** 1818, Riffault. || **boriqué** 1898, Lar.

borborygme 1560, Paré, du gr. *borborugmos*.

bord 1112, *Saint Brendan* (*bort*); 1866, Lar., polit.; du francique *bord*, bord de vaisseau. || **bordage** XVᵉ s., G., « bord »; 1669, La Fontaine, « action de border ». || **bordée** milieu XVIᵉ s., en mar.; *tirer une bordée*, 1833, Vidal. || **border** 1170, Fierabras. || **bordereau** 1493 (*bourdrel*); 1539, R. Est. (*bordereau*). Le rapport avec *bord* n'est pas clair : un relevé placé sur le bord, d'où bande de papier ou registre du *bordier*. || **bordier** 1687, Desroches, adj., mar., ou « qui borde un chemin ». || **bordoyer** 1484, Garcie, techn. || **abord** 1468, Chastellain, « action d'aborder »; 1530, C. Bucher, plur.; déverbal; *d'abord* XVIᵉ s. || **abordable** 1542, Du Pinet. || **abordage** 1553, Belon, sens général; 1634, Cleirac, mar. || **aborder** fin XIIIᵉ s., Guiart, mar. || **abordeur** 1798, Kemna, mar. || **débord** 1558, J. Du Bellay, déverbal. || **débordement** XVᵉ s., G. || **déborder** milieu XIVᵉ s. || **inabordable** 1611, Cotgrave. || **plat-bord** 1606, Nicot, mar. || **rebord** 1642, Oudin, déverbal. || **reborder** 1476, Delb. || **rouge-bord** 1665, Boileau. || **transborder** 1812, Mozin. || **transbordement** 1812, Mozin. || **transbordeur** fin XIXᵉ s.; le premier fut construit en 1898. || **bordure** XIIIᵉ s., G.

borde 1138, *Saint Gilles*, du francique *borda*, cabane de planches, rac. *bord*-, planche. || **bordel** XIIᵉ s., « petite maison »; XIVᵉ s. (*bourdeau*); la forme actuelle est reprise au prov. ou à l'ital. *bordello*, remplaçant *bourdeau*; le sens de « maison de prostitution » est attesté depuis le XIIᵉ s. (R. de Moiliens) et s'est imposé au XVIᵉ s. (1609, Régnier). ‖ **bordélique** 1719, Gueudeville. ‖ **bordéliser** XXᵉ s., pop. ‖ **borderie** 1309, G. ‖ **bordier** fin XIᵉ s., *Lois de Guill.*, « métayer ».

bordigue 1613, Nostredame, du prov. *bordiga*, sans doute d'orig. gauloise. Il désigne une enceinte en clayonnage destinée à garder le poisson, au bord de la mer.

bordj 1820, Volney, de l'ar. *burdj*, fortin.

bore V. BORAX.

borée XVᵉ s., du lat. *boreas*, empr. au gr. et désignant le vent du nord. ‖ **boréal** 1495, J. de Vignay, du lat. *borealis* (Vᵉ s., Avienus) ; *aurore boréale*, 1640, Gassendi.

borgne fin XIIᵉ s., Marie de France ; aussi sens de « louche » en anc. fr. ; sans doute d'une rac. prélatine *born-*, trou. ‖ **bornoyer** 1240, G. de Lorris. ‖ **éborgner** XIIᵉ s., Horn. ‖ **éborgnage** début XIXᵉ s. ‖ **éborgnement** 1600, O. de Serres.

borin 1803, Boiste, de *bor(a)in*, du Borinage, mot wallon. ‖ **borinage** 1864, L.

*****borne** 1160, Benoît (*bodne*) ; var. *bosne, bonne,* d'où *abonner* ; 1539, R. Est. (*borne*) ; du lat. pop. *bodǐna, būtina,* arbre frontière (*Loi des Ripuaires* et *Gloses*) ou borne frontière (XIᵉ s.), mot peut-être d'orig. gauloise ; le *r* du fr. peut s'expliquer par une forme du Midi, où le *d* latin serait devenu un *z* passé à *r* devant *n*. ‖ **borner** 1283, Beaumanoir (*bonner*) ; XIVᵉ s. (*borner*). ‖ **bornage** 1283, Beaumanoir (*bonnage*). ‖ **aborner** XVIᵉ s. ‖ **abornement** 1611, Cotgrave. (V. aussi ABONNER.)

bornoyer V. BORGNE.

borraginacée 1775, Bomare (*-ginée*), du lat. *borrago, -ginis,* bourrache.

bort 1899, Lar., de l'angl. *bort,* sorte de diamant.

bosan 1663, C. E. V., « breuvage oriental », du turc *boza*.

boscot V. BOSSE.

bosel fin XVIᵉ s., du Bartas, de l'ital. *bozzello,* de *bozzo, -a,* pierre en saillie, moulure, de même rac. que *bosse*.

bosquet fin XIIᵉ s., *Aiol,* de l'ital. *boscetto,* petit bois (*bosco*).

boss 1869, Dixon, de l'anglo-américain *boss,* patron, chef de parti, du néerl. *baas,* maître, patron.

bosse 1160, *Charroi de Nîmes* (*boce*), peut-être du francique **bôtja,* coup, puis tumeur provoquée par un coup, déverbal de *botan,* frapper (qui a donné *bouter*). ‖ **boscot** 1808, d'Hautel, altér. argotique de *bossu.* ‖ **bosseler** XIIIᵉ s., *Méraugis.* ‖ **bosselage** 1718, *Acad.* ‖ **bosselure** v. 1560, Paré. ‖ **bosser** 1680, Guillet, mar., de *bosse,* « cordage » ; « travailler » 1878, Esnault, de bosser du dos. ‖ **bossette** 1314, Mondeville, diminutif. ‖ **bossoir** 1678, Guillet. ‖ **bossu** 1138, *Saint Gilles,* qui a eu aussi le sens de « monstrueux jusqu'au XVIIᵉ s. ‖ **bossuer** 1564, J. Thierry. ‖ **débosseler** 1856, Robert. ‖ **débosser** 1683, Le Cordier. ‖ **embosser** 1688, Ducasse. ‖ **embossage** 1792, Romme.

boston 1800, Boiste, « jeu » ; 1882, *la Vie élégante,* « danse » ; de la ville de *Boston.* ‖ **-tonner** 1836, Balzac.

bostryche 1803, Boiste, du gr. *bostrukhos,* boucle de cheveux, à cause de son corselet couvert de poils.

bot 1566, Du Pinet (*pied bot*), du germ. **butta,* émoussé, même mot que l'anc. fr. *bot,* crapaud.

botanique 1611, Cotgrave, du gr. *botanikê,* adj. f., de *botanê,* herbe, plante. ‖ **botaniste** 1676, *Journ. des savants.* ‖ **botanologie** 1803, Boiste.

botequin XVᵉ s., du moyen néerl. *bootkijn,* petit bateau.

bothriocéphale 1864, L., du gr. *bothrion,* petite cavité, et *kephalê,* tête.

botrytis 1826, Mozin (*-te*) ; 1828, Laveaux (*-tis*) ; du gr. *botrus,* grappe.

1. **botte** [de paille] 1316, G., du moyen néerl. *bote,* touffe de lin. ‖ **botteler** 1328, Delb., du diminutif *botel* (XIVᵉ-XVIIᵉ s.). ‖ **botteleur** 1391, G. ‖ **bottelage** 1351, G.

2. **botte** fin XIIᵉ s., *Aiol* (*bote*), « chaussure », même mot que le moyen fr. *bot,* sabot (XVᵉ-XVIᵉ s.) ; il a désigné d'abord une chaussure grossière ; orig. obscure, peut-être de même rac. que *bot.* ‖ **bottine** 1367, Delb., « jambière ». ‖ **bottier**

xve s., Delb. ‖ **bottillon** xxe s. (1949, *L. M.*). ‖ **botter** 1539, R. Est.; 1856, Flaubert, « convenir », pop.; xxe s., « donner un coup de pied ». ‖ **débotter** fin xiie s., R. de Moiliens.

3. **botte** [d'escrime] fin xvie s., Brantôme, de l'ital. *botta*, coup, de même rac. que *bouter*.

4. **botte** [tonneau] fin xve s., *Quinze Joies du mariage*, de l'ital. *botte*, même mot que l'anc. fr. *bout*. (V. BOUTEILLE.)

botteler V. BOTTE 1.

botter, bottier, bottine V. BOTTE 2.

botulique xxe s. (1900, Lar.), du gr. *botulos*, boudin (empoisonnement par viandes avariées). ‖ **botulisme** 1896, E. Van Ermengem.

boubou 1866, Lar., nom du singe en malinké (langue de Guinée). Une coutume voulait que les arrière-grands-pères portent comme vêtement extérieur la peau d'un singe; par ext., et sans doute par suite du prestige dont jouissent les anciens dans la société traditionnelle, on a donné le nom de *boubou* au grand vêtement que portent les hommes dans l'habillement actuel.

boubouler 1829, Boiste, onomatop.

bouc fin xiie s., R. de Moiliens, du germ. ou plutôt celtique *bŭcco*, qui a éliminé le lat. *caper*. ‖ **bouquin** 1459, Delb., « de la nature du bouc » (encore au xviie s.). ‖ **boucage** 1701, Furetière, à cause de l'odeur de la plante. ‖ **boucaut** v. 1268, E. Boileau, « outre en peau de bouc », puis « tonneau »

1. **boucan** 1624, *les Ramoneurs*, « lieu de débauche »; 1793, Villers, « bruit »; de l'ital. *baccano*, tapage et lieu de débauche, du lat. *bacchanal*, avec infl. de *bouc* (symbole de la débauche).

2. **boucan** 1578, J. de Léry, « viande fumée », du tupi-guarani *mukem*. ‖ **boucaner** 1546, Rab. ‖ **boucanage** 1852, Lachâtre. ‖ **boucanier** fin xviie s.

boucaut V. BOUC.

boucharde 1600, E. Binet, sans doute forme francisée de *bocard*, sous l'infl. de *bouche*.

***bouche** fin xie s., *Alexis*, du lat. *bŭcca*, joue, bouche (dans la langue fam.), qui a éliminé *os, oris*. ‖ **bouchée** fin xiie s., *Rois*; 1810, *Alm. des gour-*

mands, « pâtisserie »; peut remonter au lat. pop. ‖ **boucheton** (à) xve s., Du Cange. ‖ **aboucher** xive s., *Miracles de N.-D.*, « faire tomber sur la bouche »; xvie s., « adresser la parole, mettre en rapport ». ‖ **arrière-bouche** 1826, Mozin. ‖ **déboucher** 1539, R. Est.; 1640, Oudin, « sortir d'un lieu resserré ». ‖ **débouché** s. m. 1723, Savary. ‖ **débouchoir** 1754, *Encycl.* ‖ **emboucher** 1273, *Cart. de Pontieu*. ‖ **embouchoir** 1558, Des Périers. ‖ **embouchure** début xive s.

1. **boucher** 1272, Joinville, de l'anc. fr. *bousche*, touffe d'herbe, de paille, propr. « fermer avec une touffe »; du lat. pop. **bosca*, même rac. que *bois*. ‖ **bouché** 1690, Fur., fig. ‖ **boucheur** 1578, d'Aubigné. ‖ **bouche-trou** 1765, Diderot, terme de peint.; 1781, Beaumarchais, sens actuel. ‖ **bouchoir** 1553, Delb. ‖ **bouchon** fin xiiie s., Rutebeuf, « buisson »; fin xive s., « bouchon à baril »; 1598, G. Bouchet, « cabaret », de la touffe de feuillage qui servait d'enseigne; 1842, *Français peints par eux-mêmes*, xviie s., fig., caresse, d'après *bouchonner*. ‖ **bouchonnement** 1852, Lachâtre. ‖ **bouchonner** 1551, Cottereau; xviie s., fig., « caresser ». ‖ **bouchonnier** 1763, *Encycl.* ‖ **déboucher** fin xiiie s., « enlever ce qui bouche ». ‖ **reboucher** début xve s.

2. **boucher** s. m. fin xiie s., *Aiol* (fém. *bouchiere*), de *bouc*, c'est-à-dire celui qui vend de la viande de bouc, qui a éliminé l'anc. fr. *maiselier* (du lat. *macellarius*). ‖ **boucherie** 1190, *Huon de Bordeaux*; 1512, J. Lemaire, fig.

bouchon V. BOUCHER 1.

bouchot 1681, *Ordonn.*, « parc pour emprisonner le poisson », mot poitevin, latinisé au xiie s. en *buccaudum*, du lat. pop. **buccale*, de *bucca*, bouche (prov. *boucau*). ‖ **bouchoteur** 1866, Lar.

***boucle** début xiie s., *Couronn. Loïs*, « bosse de bouclier »; xiiie s., « anneau métallique »; xviie s., fig., « boucle de cheveux »; du lat. *bucula*, petite joue. ‖ **bouclage** 1841, Esnault, « mise sous clé »; 1960, *le Monde*, milit. ‖ **bouclette** xiie s., G. de Saint-Pair, « petit anneau ». ‖ **boucler** 1440, G.; 1546, Rab., « enfermer »; 1960, milit. ‖ **bouclement** 1658, Thévenin. ‖ **bouclerie**

1268, E. Boileau. ‖ **déboucler** 1160, Benoît (*desbo-*), « enlever la bosse du bouclier ». ‖ **reboucler** XVIIᵉ s.

bouclier 1080, *Roland* (*bucler*); XIIIᵉ s. (*boclier*), avec changement de suffixe; abrév. de *escu bocler*, bouclier garni d'une bosse, du lat. pop. *bucularis*, de *bucca*.

boucon 1392, E. Deschamps, « bouchée » (jusqu'au XVIᵉ s.), et par euphémisme « poison », jusqu'au XVIIᵉ s. (*Acad.* 1694); de l'ital. *boccone*, bouchée.

bouddhisme 1830, Balzac (*boudhisme*), de *Boudha*. ‖ **bouddhique** 1842, *Acad.* ‖ **bouddhiste** 1842, *Acad.*

bouder XIVᵉ s., *Passion*, sans doute formation expressive. ‖ **bouderie** 1690, Furetière. ‖ **boudeur** 1680, Richelet. ‖ **boudoir** 1740, Crébillon, formation ironique.

boudin 1268, E. Boileau, orig. obscure; le premier sens semble être celui de « enflé » (anc. fr. *boudine*, gros ventre, nombril). ‖ **boudiné** milieu XVIIIᵉ s. ‖ **boudiner** début XIXᵉ s. ‖ **boudinage** 1842, *Acad.* ‖ **boudineuse** 1898, Lar. ‖ **boudinière** 1669, Widerhold.

boue fin XIIᵉ s., *Rois* (*boe*), du gaulois *baua* (gallois *baw*). ‖ **boueux** adj., fin XIIᵉ s., R. de Moiliens. ‖ **boueur** s. m. 1563, Delb.; 1808, d'Hautel, pron. pop. *boueux*. ‖ **ébouer** 1877, L. ‖ **éboueur** 1877, L., qui s'est substitué dans le vocabulaire administratif à *boueur*.

bouée fin XIVᵉ s. (*boue*); 1483, Garcie (*bouée*); de la rac. germ. *bauk-*, signal (anc. haut allem. *bouhhan*; néerl. *baken*, bouée).

bouette V. BOETTE.

bouffe 1791, *Encycl. méth.* (*scène buffe*), musiq.; 1824, Carmouche (*opéra bouffe*); de l'ital. *buffo*, plaisanterie, dans *opera buffa*. ‖ **bouffon** 1530, Marot, de l'ital. *buffone*, de même rac. ‖ **bouffonner** 1549, Rab. ‖ **bouffonneur** 1580, de La Porte. ‖ **bouffonnerie** 1539, Cl. Gruget.

bouffer fin XIIᵉ s., *Tristan*, « souffler en gonflant ses joues » (jusqu'au XVIIᵉ s.); XVᵉ s., « gonfler »; XVIᵉ s., pop., « manger gloutonnement en gonflant ses joues », d'après *bouffeur* (glouton); forme expressive d'orig. onomatop. ‖ **bouffant** fin XVᵉ s., *Anc. Poés. fr.* ‖ **bouffée**

XIIᵉ s., *Conquête de Jérusalem*. ‖ **bouffette** (de soie) 1409, G. ‖ **bouffarde** 1821, Ansiaume. ‖ **bouffir** 1265, J. de Meung. ‖ **bouffi** 1546, Rab. ‖ **bouffissure** 1582, Liébault. ‖ **boustifaille** 1819, L. Balzac, à côté de *boustiffer*, altér. expressive de *bouffaille*, dér. de *bouffer*. ‖ **boustifailler** 1867, Delvau.

bouffon V. BOUFFE.

bougainvillée 1806, Wailly, du nom de *Bougainville*.

****bouge** XIIᵉ s., *Huon de Roteland*, « partie bombée ou concave d'un objet »; XIIIᵉ s., *Merlin*, « local de décharge » (fém. XIVᵉ-XVIIᵉ s.); XIIIᵉ s., *Renart*, « échoppe »; XVIIIᵉ s., Voltaire, « logement misérable »; même mot que *bouge* (fém., « sac de cuir », XVᵉ s.); du lat. *bŭlga*, orig. gauloise selon Festus.

****bouger** 1175, Chr. de Troyes, du lat. pop. *bŭllicare*, bouillonner, de *bullire*, bouillir. ‖ **bougeotte** 1852, Lachâtre, « petit bouge » : nid pour pigeons; fin XIXᵉ s., « envie de se déplacer ».

bougie 1300, Delb. (*chandeles de bougie*), « cire fine pour chandelles », puis « chandelle elle-même », de *Bougie*, d'où venait la cire. ‖ **bougeoir** 1514, *Inv. Charlotte d'Albret*, d'après la pronon. pop. [buȝwe].

bougna, -at 1889, Macé, abrév. de *charbougna* (1850, encore 1890, *le Père Peinard*), formation plaisante d'après les correspondances phonétiques de l'auvergnat mal interprétées.

bougonner 1611, Cotgrave, « faire quelque chose maladroitement »; 1798, *Acad.*, « murmurer », sans doute par l'intermédiaire « rechigner en travaillant »; orig. obscure. ‖ **bougonnement** fin XIXᵉ s. ‖ **bougonneur** XXᵉ s. (1958, Lar.). ‖ **bougonnerie** 1955, *Combat.* ‖ **bougon** 1818, Wailly, déverbal.

bougran fin XIIᵉ s., *R. de Cambrai* (*boguerant*), du prov. *bocaran*, tiré de *Boukhara*, d'où était importée l'étoffe.

****bougre** 1172, G. (*bogre*), Bulgare; péjor. « hérétique, sodomite »; XVᵉ s., « gaillard », et juron; du bas lat. *Bŭlgărus* (VIᵉ s.). ‖ **bougrement** 1858, Larchey. ‖ **bougrerie** 1540, Calvin, « hérésie »; 1791, Hébert. ‖ **bigre** milieu XVIIIᵉ s., interj., transformation euphémique de *bougre*. ‖ **bigrement** fin XIXᵉ s.

boui-boui 1847, Gautier (*bouig-bouig*), redoublement de *bouis*, lieu de débauche (1808, d'Hautel), mot dial. («étable» dans le Jura), du lat. *bovile*, étable à bœufs, de *bos, bovis,* bœuf.

bouillabaisse 1835, Pons de l'Hérault (*bouille baïsse*); 1840, Mérimée (*bouille-abaisse*); du prov. mod. *bouiabaisso* (*bous-abaisse*), impér., formation plaisante pour exprimer la rapidité de la cuisson.

bouillard V. BOULEAU.

1. bouille 1751, *Encycl.* « sceau », de l'esp. *bolla*, bulle. Terme des anc. coutumes.

2. bouille XVᵉ s., texte lorrain (*boille*), «hotte», peut-être du lat. pop. **būttula*, de *buttis*, tonneau. Le sens de «visage» a une origine analogue.

bouiller 1669, *D. G.*, « agiter l'eau », d'un mot rég. *bouille*, bourbier, marais (Nivernais, etc.), sans doute de *boue* (lat. pop. **bau-ūcula*).

*bouillir 1080, *Roland* (*bolir*), du lat. *būllire*, former des bulles; le *l* mouillé vient de l'imparf. du part. prés. et du subj. (*būlliam*, bouille). ‖ **bouillant** 1120, *Job*, part. prés. ‖ **bouillie** XIIᵉ s., *Naissance du Chevalier au cygne* (*boulie*) s. f. ‖ **bouilli** XIVᵉ s., subst. m., du part. passé. ‖ **bouillissage** 1765, *Encycl.* ‖ **bouilleur** 1775, *Arrêt du 19 mai.* ‖ **bouilloire** 1740, *Acad.* ‖ **bouillon** fin XIIᵉ s., R. de Moiliens; 1839, Balzac, «invendu»; le sens fig. «ardeur» reste usuel au XVIIᵉ s.; déverbal de *bouillir.* ‖ **bouillonner** XIVᵉ s., Chr. Legouais; 1901, C. E. V., d'un journal. ‖ **bouillonnement** 1560, Paré. ‖ **bouillotte** 1810, Molard, techn.; 1788, La Bractéole, jeu, à cause de la rapidité du jeu; fin XIXᵉ s., «tête, figure», par métaph. ‖ **ébouillanter** 1836, *Manuel du provençal*, d'après *ébouillir* (XIIᵉ-XIXᵉ s.).

bouillon-blanc 1456, Villiers, nom de plante, du bas lat. *bugillo, -ōnis*, orig. gauloise, avec influence de *bouillir.*

bouine 1540, Rab., « taon, œstre », mot de l'Ouest et du Midi, var. de *bovine*, du lat. *bovina*, de *bos, bovis,* bœuf, c'est-à-dire mouche à bœufs.

boujaron 1792, Romme, du prov. mod. *boujarroun*, métaph. ironique de *boujaroun*, bougre (lat. *Bŭlgarus*, avec

suffixe; forme rhodanienne). Celui-ci représentait la ration quotidienne de tafia donnée aux marins (supprimée en 1907).

boukinkan 1632, H. Roy, altér. du nom de *Buckingham*, qui mit ce bonnet à la mode.

boulaie V. BOULE et BOULEAU.

boulanger 1120, *Cart. Saint-Martin de Pontoise* (*bolengerius*), mot formé dans le Nord, par allongement d'un anc. picard *boulenc* (suffixe *-enc*, germ. *-ing*), « qui fabriquait des boules » (pain en boules); le mot a éliminé en moyen fr. *fournier* (de *four*) et *pesteur* (lat. *pistor, -oris*). ‖ **boulanger** XVᵉ s., verbe. ‖ **boulange** 1830, Benoît, déverbal. ‖ **boulangerie** 1314, G.

boulangisme v. 1887, du général Boulanger. ‖ **boulangiste** v. 1887. ‖ **néo-boulangisme** XXᵉ s.

boulbène 1800, *Mém. Soc. d'agric.* (*-benne*), du gascon et quercinois *boulbenc*, terre d'alluvion; origine inconnue.

*boule XIIIᵉ s., du lat. *bŭlla*, bulle, boule creuse. ‖ **bouler** 1390, E. de Conty. ‖ **boulet** 1347, texte de Reims. ‖ **boulette** XVᵉ s.; 1836, Raymond, *faire une boulette.* ‖ **boulier, boulier-compteur** 1864, L. ‖ **boulin** 1573, Liébault, «trou». ‖ **boulisme** XXᵉ s. ‖ **bouliste** fin XIXᵉ s. ‖ **boulot** 1845, Besch., « petit pain ». ‖ **boulotter** 1840, Halbert d'Angers, « manger ». ‖ **bouleverser** 1557, Belleau, « renverser », de *boule* et de *verser.* ‖ **bouleversement** 1579, Lostal. ‖ **boulon** XIIIᵉ s., G., « petite boule », puis « tige de fer à tête ronde ». ‖ **boulonner** 1425 (*-né*), « orné de bossettes »; 1690, Furetière, « mettre un boulon ». ‖ **boulonnage** 1861, Hugo. ‖ **boulonnerie** 1866, Lar. ‖ **abouler** 1790, *le Rat du Châtelet*, « apporter » et « arriver » (de « apporter la boule »); 1837, Vidocq, « payer » (de « apporter l'argent »). ‖ **débouler** 1793, *le Père Duchesne.* ‖ **déboulonner** 1870, *le Charivari*; XXᵉ s., fig.

*bouleau 1516, Delb., de l'anc. fr. *boul*, du lat. pop. **betŭllus* (lat. *betulla*), orig. gauloise. ‖ **boulaie** 1294, G. ‖ **bouillard** 1782, *Archives*, du lat. pop. *betullia*, de *betulla.*

bouledogue 1745, Fougeret, de l'angl. *bulldog* : chien (*dog*), taureau (*bull*). Le mot angl. a été empr. pour désigner une race anglaise.

boulevard 1495, J. de Vignay (*boulever*), du moyen néerl. *bolwerc*, ouvrage (*werc*) de madriers; « rempart de terre et de madriers », « place forte » (jusqu'au XVIIᵉ s.); puis « promenade plantée d'arbres », d'abord sur l'emplacement des remparts démolis aux XVIIIᵉ-XIXᵉ s. ‖ **boulevardier** 1866, Veuillot. Il désigne celui qui fréquente à Paris les « grands boulevards », où se trouvaient, au XIXᵉ s., les cafés à la mode.

bouleverser V. BOULE.

boulimie 1372, Corbichon, du gr. *boulimia*, faim (*limos*) de bœuf (*bous*). ‖ **boulimique** 1842, *Acad.*

boulin 1486, Joubert, « pièce de bois horizontale d'un échafaudage »; peut-être de l'anc. fr. *boul*, bouleau (v. ce mot).

bouline 1155, Wace (*boes-*), de l'angl. *bowline*, corde (*line*) de proue (*bow*). ‖ **bouliner** 1621, Binet. ‖ **boulinier** 1687, Desroches.

boulingrin 1663, Loret, de l'angl. *bowling-green*, gazon (*green*) pour jeu de boules.

bouloir 1751, *Encycl.*, de *bouler*, forme dial. (Nord-Est) de *bouiller*. Il désigne la perche avec laquelle les ouvriers tanneurs agitent les bains dans lesquels sont traitées les peaux.

boulon, boulot V. BOULE.

boumer 1960, Lar., pop., « prospérer », de l'exclamation *boum*; surtout dans l'express. *ça boume*.

1. bouquet [de fleurs] XVᵉ s., « bosquet » (jusqu'au XVIIᵉ s. et conservé dans *bouquet d'arbres*); XVIᵉ s., « bouquet de fleurs » et fig. « bouquet du vin »; mot normanno-picard, du germ. *bosk*, bois. ‖ **bouquetier, -ière** 1562, Du Pinet.

2. bouquet 1485, G., « dartre du museau des moutons », forme normanno-picarde de *bouchet* (XIVᵉ s., J. de Brie), de *bouche*.

3. bouquet 1119, Ph. de Thaun, « petit bouc », puis par métaph. « crevette à rostre » (*palæmon serratus*).

bouquetin XIIIᵉ s., G. (*buskestein*); XVIᵉ s. (*bouc estain*); mot venu par la Savoie (*boc estaign* au XIIIᵉ s., dans un

texte savoyard), empr. à l'allem. *Steinbock*, bouc de rocher (*Stein*).

1. bouquin 1532, Gay (*cornet à bouquin*), « embouchure », mot normanno-picard, de *bouque*, bouche.

2. bouquin 1459, Milet, « vieux livre, petit livre », d'un diminutif du néerl. *boek*, livre (*boeckijn* ou **boekin*). ‖ **bouquiner** 1611, Cotgrave. ‖ **bouquineur** 1671, Pomey. ‖ **bouquinerie** 1721, *Trévoux*. ‖ **bouquiniste** 1752, *Trévoux*.

bouracan 1593, *Tarif du Comtat Venaissin* (au XVIIᵉ s., *barracan*), de l'ar. *barrakân*.

1. bourache 1530, Rab., « gourde », de l'esp. *borracha*, outre. (V. BOURRICHE.)

2. bourache XIIIᵉ s. (*bouresc*) « nasse », variante de *bourriche*.

bourbe XIIᵉ s., G., du gaulois *bŏrva*, reconstitué d'après la divinité thermale *Borvo* (nom de lieu *Bourbon*) et l'irlandais *berbaim* (je bous). ‖ **bourbeux** 1432, Baudet Herenc. ‖ **bourbier** 1220, Coincy. ‖ **bourbillon** 1690, Furetière. ‖ **bourbelier** fin XIVᵉ s., G. Phébus, « poitrine de sanglier », le sanglier se vautrant dans la boue. ‖ **bourbouille** 1726, Luillier, mot prov. du croisement de *bourbe* et de *bouille* (anc. prov. *borbolhar*, fig. mentir). ‖ **bourbotte** 1700, Liger, « lotte », poisson qui recherche la bourbe. ‖ **embourber** 1220, Coinci.

bourbonien 1829, Béranger, « partisan des Bourbons ». ‖ **bourboniste** 1594, *Ménippée.* ‖ **antibourbonien** 1829, Béranger.

bourcet V. BOURSET.

bourdaine 1200 (*borzaine*); 1467, Delb. (*bourdaine*); orig. obscure; peut-être d'un terme pré-indo-européen hypothétique *burgena*, reconstitué grâce à un mot basque.

bourdalou 1701, Furetière, « tresse, bande de cuir », du nom de *Bourdaloue*, qui portait des chapeaux ornés de tresses; XVIIIᵉ s., « vase de nuit », formation ironique.

1. bourde XIIᵉ s., Fantosme, « plaisanterie trompeuse » (encore au XVIIᵉ s.); XVIIIᵉ s., « sottise »; forme contractée de *behourde*, déverbal de l'anc. fr. *bihurder*, plaisanter, issu du francique *bihurdan*. ‖ **bourdeur** XIIᵉ s., G. ‖

bourdon 1688, Miège, « erreur » en typographie.

2. bourde 1732, Richelet, « mauvais sel de soude », sans doute fém. substantivé du prov. *bourd*, bâtard. (V. BOURDAINE.)

1. bourdon XIII⁰ s., « bâton de pèlerin », du lat. pop. **bŭrdo, -onis*, de *burdus*, mulet (évolution sémantique, v. POUTRE). ‖ **bourdonnier** 1606, Nicot. ‖ **bourdonnière** 1408, Delb.

2. bourdon XIII⁰ s., « insecte » et « instrument de musique », formation onomatopéique. ‖ **bourdonner** XIII⁰ s., Renaud de Montauban, « murmurer » (jusqu'au XVII⁰ s.). ‖ **bourdonnement** 1545, Guéroult. ‖ **bourdonneur** 1495, J. de Vignay. ‖ **faux-bourdon** milieu XV⁰ s.

3. bourdon V. BOURDE.

*bourg 1080, *Roland* (*borc*), du bas lat. *bŭrgus*, château fort (IV⁰ s., Végèce), du germ. **burgs*. ‖ **bourg pourri** 1783, *Courrier de l'Europe*, en parlant de l'Angleterre ; 1839, Balzac, en parlant de la France. ‖ **bourgade** 1418, Caumont, de l'ital. *borgata* ou du prov. *borgada*, de *bourg*. ‖ **bourgeois** 1080, *Roland* (*burgeis*), a désigné de bonne heure les citoyens des villes affranchies ; péjor. dès la Révolution ; 1830, opposé à *artiste*. ‖ **bourgeoisie** 1240, *Assises de Jérusalem* ; pendant la Révolution, mélioratif au sens de *classes moyennes*, péjor. opposé au *peuple*. ‖ **bourgeoisement** 1654, Scarron. ‖ **bourgeoiserie** 1700, Dufresny. ‖ **bourgeoisillon** 1871, Fribourg. ‖ **bourgeoisisme** 1854, Vieil-Castel. ‖ **bourgeoisocratie** 1870, *Almanach*. ‖ **désembourgeoiser** 1955, *le Monde*. ‖ **embourgeoiser** début XIX⁰ s. ‖ **embourgeoisement** XX⁰ s. (1960, Lar.). ‖ **bourgmestre** 1309 (*bourgmaistre*), du moyen allem. *burgmeister*, maître du bourg. ‖ **faubourg** fin XII⁰ s., *Loherains* (*fors borc*), « hors bourg » ; XIV⁰ s. (*faux bourg*), par attraction de *faux*. ‖ **faubourien** 1801, L. J. Breton. ‖ **petits-bourgeois** 1844, Balzac. ‖ **petite-bourgeoisie** 1844, Balzac.

*bourgeon 1160, Benoît, du lat. pop. *bŭrrio, -onis*, de *bŭrra*, bourre, d'après la villosité de certains bourgeons. ‖ **bourgeonner** 1155, Wace. ‖ **bourgeonnement** 1600, O. de Serres. ‖

ébourgeonner XIV⁰ s., trad. de P. de Crescens. ‖ **ébourgeonnement** 1549, R. Est.

bourg-épine XIV⁰ s., G. (*burg-espine*) ; 1690, Furetière (*bouquespine*), peut-être réfection de *broc-espine*, du gaulois *brocco*, pointe, ou de *bouc-espine*, bas lat. *spina cervica*, épine de cerf.

bourgeron 1842, Sue, de l'anc. fr. *bourge*, tissu bourru (XIV⁰ s.), du lat. pop. **burrica*, de *burra*, bourre ; mot picard signalé en 1834 (*bougeron*) au sens de *sarrau* (*Dict. picard* de Hécart).

bourgin milieu XVII⁰ s., **brégin** 1681, *Ordonn.*, filet de pêche, du prov. mod. *bourgin, bregin* (lat. *bruginus*, XIII⁰ s., textes marseillais), orig. obscure.

bourgmestre V. BOURG.

bourgne 1447, texte poitevin, « corbeille », mot du Sud-Ouest, sans doute d'une rac. prélatine *born-*, trou, ou du prov. *bourgno*, cavité. Le mot désigne un panier utilisé pour la pêche.

bourguignotte 1537, M. Du Bellay ; repris, pendant la guerre de 1914-1918 ; de *Bourguignon*, issu de *Bourgogne*, lat. *Burgundia*, mot germ. Le casque sans visière créé au XV⁰ s. a été utilisé jusqu'au XVIII⁰ s.

bourle, burle fin XVI⁰ s., Brantôme, « plaisanterie » (jusqu'au XVII⁰ s.), de l'ital. *burla*. ‖ **burlesque** 1594, *Satire Ménippée* (*bourrelesque*), de l'ital. *burlesco*, de *burla*, plaisanterie.

bourlinguer 1831, Willaumez, être secoué comme une *boulingue* (1512, J. Le Maire), petite voile au haut du mât ; origine obscure, sans doute comme *bouline*. ‖ **bourlingueur** XX⁰ s. (1960, Lar.).

bourrache 1256, Ald. de Sienne, « plante », du lat. médiév. *borrago, -ginis*, de l'ar. *abu rach*, père de la sueur.

bourrade, bourrage V. BOURRE.

bourrasque 1552, Rab., XVI⁰ s. (*bourrache, -asse*) ; de l'ital. *burasca* (auj. *burrasca*), du lat. *boreas*, vent du nord.

*bourre XIII⁰ s., G., du lat. impér. *bŭrra*, bourre, laine grossière. ‖ **bourras** début XIII⁰ s., G. de Lorris. ‖ **bourrelet** 1386, *Compte royal de G. Brunel*, dimin. de l'anc. fr. *bourrel* (XIII⁰ s.), « fait de bourre ». ‖ **bourrellerie** 1268, E. Boileau. ‖ **bourrelier** 1268, E. Boileau, de *bourrel*, collier fait de bourre.

103

‖ **bourrer** XIVe s., fig. « maltraiter », à l'orig. « remplir de bourre », en vén. « enlever la bourre du gibier »; auj. le sens de maltraiter est réduit à « bourrer de coups ». ‖ **bourrée** 1326, Delb. (*bourrée*), part. passé fém. de *bourrer*, « faisceau de branches bourrées »; danse introduite à la Cour, en 1565, par Marguerite de Valois, « farandole autour d'un feu de joie ». ‖ **bourrade** fin XVIe s., L'Estoile, fig. ‖ **bourrage** (de crâne) 1876, Esnault. ‖ **bourrier** 1560, Ronsard, « déchet, fétu », mot de l'Ouest. ‖ **bourroir** 1758, Tilly. ‖ **bourru** 1542, Du Pinet, « grossier comme de la bourre ». Le sens s'est affaibli au cours du XVIIe s. ‖ **débourrer** XIVe s. ‖ **rembourrer** fin XIIe s., R. de Moiliens, d'un anc. fr. *embourrer*. ‖ **rembourrade** fin XIXe s., fig. (V. ÉBOURIFFER.)

bourreau 1302, Bersuire (*bourrel*); peut-être de *bourrer*, frapper, mais le suffixe est insolite. ‖ **bourreler** 1554, O. de Magny, « torturer » (jusqu'au XVIIe s.); XVIIe s., fig., Th. de Viau; réduit auj. à *bourrelé de remords*.

bourrée, bourrelet, bourrelier, bourrer V. BOURRE.

bourriche 1526, Bourdigné, var. dial. de *bourrache*, peut-être de *bourre* (cf. sens originaire de *bourru*). ‖ **bourrichon** 1860, Flaubert, fig. « tête », par analogie.

bourrier V. BOURRE.

bourrique 1603, Th. de Bèze, « ânesse », de l'esp. *borrico, -a*, par suite de l'importation d'Espagne d'une race d'ânes. ‖ **bourriquet** 1534, Rab., dim. éliminé par *bourricot*. ‖ **bourri** var. dial., péjor., abrév. de *bourriquet*, comme *bourrin*, qui a pris le sens de « cheval » dans l'arg. milit. ‖ **bourricot** 1872, A. Daudet, reprise moderne en Algérie du mot esp. senti comme diminutif accentué sur la finale (cf. *mendigot*).

bourroir, bourru V. BOURRE.

boursault 1564, J. Thierry (*boursaul*), « variété de saule », de l'anc. fr. *bourd*, bâtard (v. BOURDAINE), et de *saus*, anc. forme de *saule*.

1. *bourse 1160, *Charroi* (*borse*); fin XIIe s., Colin Muset (*bourse*), « petit sac de cuir », bas lat. *bŭrsa*, du gr.

bursa, cuir apprêté, outre. ‖ **boursette** 1328, Delb., auj. techn. et bot. ‖ **boursier** 1268, E. Boileau, « qui fait des bourses »; 1387, Fagniez, scol. ‖ **bourson** 1611, Cotgrave. ‖ **débourser** XIIIe s., *Dit des avocats*. ‖ **débours** fin XVIe s., déverbal. ‖ **déboursement** 1508, Marot. ‖ **embourser** fin XIIe s., *Renart*. ‖ **rembourser** XVe s. ‖ **remboursable, remboursement** XVe s.

2. bourse 1549, *Edit*, « lieu où s'assemblent les négociants et banquiers », mot venu de Flandre, où la première Bourse, celle de Bruges, doit son nom à l'hôtel de la famille *Van der Burse* (ital. *della Borsa*), logis de marchands vénitiens; mot vulgarisé au XVIIIe s., éliminant *change*; en 1719, Law institua la Bourse de Paris; *bourse du travail*, févr. 1851, projet de loi Ducoux; *bourse d'études*, fin XIXe s. ‖ **boursier** 1512, Gringore, « qui fait des opérations en Bourse ». ‖ **boursicot** 1296, Delb. (*bourseco*), finale inexpliquée. ‖ **boursicoter** 1580, N. Du Fail, « économiser »; 1847, Balzac, « faire de petites opérations en Bourse ». ‖ **boursicotier** 1851, Gautier. ‖ **boursicotage** XXe s. (1953, Lar.), a remplacé *boursicotiérisme* (1881, Larchey). ‖ **boursicoteur** 1867, Delvau.

bourset, bourcet 1336, Delb., réfection de *bourse*, empr. au néerl. *boegzeil*, voile (*zeil*) de la proue (*boeg*). ‖ **bourser** 1611, Cotgrave, « plier la voile en bourse ».

boursoufler XIIIe s., H. de La Ferté (var. *bousouflé*), de *boud-*, rad. de *boudin*, indiquant le gonflement, et de *souffler* (normand *bouduflé*, prov. mod. *boudenfla*). ‖ **boursouflement** v. 1560, Paré. ‖ **boursouflure** 1532, M. d'Amboise. ‖ **boursouflage** XIXe s.

bousculer V. BOUTER.

bouse fin XIIe s., R. de Moiliens, peut-être de même rac. que *boue*. ‖ **bousard** 1655, Salnove. ‖ **bousage** 1842, *Acad.* ‖ **bousier** milieu XVIIIe s. ‖ **bousiller** 1554, Delb., « construire en torchis »; XVIIe s., « travailler avec négligence »; 1867, Delvau, « faire mal ». ‖ **bousillage** 1521, *Comptes de Chenonceaux*; 1720, Huet, fig. ‖ **bousilleur** 1480, Delb. ‖ **bousin** 1611, Cotgrave, « tourbe ».

1. bousin 1794, Mercier, « cabaret », arg. des marins, de l'angl. pop. *bousing*, action de s'enivrer; 1808, d'Hautel, « vacarme ». ‖ **bousingot** v. 1830, appliqué aux jeunes républicains; le sens primitif paraît être « chapeau de matelot » (attesté en 1842 chez Mozin).

2. bousin V. BOUSE.

bousingot V. BOUSIN.

boussole 1527, J. Colin, ital. *bussola*, petite boîte, de même rac. que *boîte*, qui a remplacé *aiguille de mer*.

boustifaille V. BOUFFER.

bout, boutade V. BOUTER.

boutargue, poutargue 1534, Rab., du prov. *boutargo*, empr. à l'ar. *būtarch*. Il désigne des conserves d'œufs de mulet.

boute XIIIᵉ s., Fauchet, du prov. *bota* (auj. *bouto*), outre, tonneau, de même rac. que *bouteille*. Il désigne les tonneaux où l'on mettait l'eau douce pour les navires.

boutefeu V. BOUTER.

*bouteille 1230, *Tristan*, du bas lat. *būtticŭla*, dimin. de *buttis*, tonneau (vıᵉ s.). Le sens de « récipient en verre » s'est formé en France du Nord; le mot a eu le sens de « bulle » au XVIIᵉ s. ‖ **bouteiller** 1138, *Saint Gilles*, s. m., « échanson » (jusqu'au XVᵉ s.). ‖ **bouteiller** 1272, Joinville, verbe. ‖ **bouteillerie** 1155, Wace. ‖ **embouteiller** 1864, L.; XXᵉ s., terme de circulation. ‖ **embouteillage** *id.*

bouteillon v. 1917, « marmite de campagne individuelle »; réfection du nom de l'inventeur *Bouthéon* sur *bouteille*.

bouter 1080, *Roland*, « frapper, pousser »; XVIᵉ-XVIIᵉ s., « mettre », du francique *bôtan*, frapper (moyen néerl. *botten*). ‖ **bousculer** 1798, *Acad.*, altér., sous l'infl. de *basculer*, de *bouteculer* (XIIIᵉ s.), de *bouter* et de *cul*, c'est-à-dire « pousser au derrière ». ‖ **bousculade** 1870, Goncourt, d'apr. Guérin. ‖ **bousculement** 1836, Landais. ‖ **boutis** 1360, Froissart. ‖ **boutisse** 1517 (*-iche*), « pierre qui s'enfonce dans le mur ». ‖ **boutoir** 1361, *Inv. de Hues de Caumont*. ‖ **bouteur** XIIIᵉ s., *Bible*, « qui met », techn. ‖ **boutoux** 1690, Furetière, pêche. ‖ **boutefeu** 1324, C. E. V. ‖ **boutehors** 1387, *Archives*. ‖ **bouteselle** 1549, G. Du Bellay. ‖ **bouterolle** 1202, *Péage de Bapaume*. ‖ **bouteroue**

1636, Monet, « ce qui pousse la roue », ‖ **boute-en-train** 1694, Boursault. ‖ **bout** fin XIIᵉ s., *Aliscans*, « coup », puis « extrémité », déverbal de *bouter*. **boutade** 1588, Montaigne, « pousser une pointe », qui a remplacé *boutée* (encore 1642, Oudin); le sens propre « attaque, sortie brusque » se rencontre au XVIIᵉ s. ‖ **bouture** 1446, Delb., bot., « pousse »; XVIIᵉ s., sens actuel. ‖ **bouturer** 1836, Landais. ‖ **bouturage** 1858, Peschier. ‖ **about** 1213, *Fet des Romains*, déverbal de *abouter*. ‖ **abouter** 1247, G. ‖ **aboutir** 1319, dans Barbier, « arriver par le bout »; 1460, *Mystère de saint Quentin*, « former bout ». ‖ **aboutissant** 1571, Thevet. ‖ **aboutissement** 1488, *Mer des hist.* ‖ **debout** 1190, Garn., « bout à bout »; 1539, R. Est., sens actuel. ‖ **débouter** Xᵉ s., G., « repousser ». ‖ **embouter** 1567, Grévin. ‖ **embout** début XIXᵉ s., déverbal de *embouter*. ‖ **emboutir** XIVᵉ s., G., « façonner en bout, étirer »; XVᵉ s., « heurter violemment ». ‖ **emboutissage** 1856, Lachâtre. ‖ **emboutissoir** 1819, Boiste. ‖ **rabouter, -ir** début XVIIIᵉ s. ‖ **rebouter** fin XIIᵉ s., Marie de France, « remettre ». ‖ **rebouteur** 1468, Chastellain, prononcé rég. *rebouteux*.

boutique 1241, Desmaze (*bouticle*), « atelier »; XIVᵉ s. « boutique »; du bas gr. *apothêkê* (*ê* prononcé *i*), par l'intermédiaire probable du prov. *botica*. ‖ **bouticlard** 1751, *Encycl.* ‖ **boutiquier** XIVᵉ s. (*bouticlier*), remplacé par *boutiquier* au XVIIIᵉ s. ‖ **arrière-boutique** 1508, G.

boutoir V. BOUTER.

bouton fin XIIᵉ s., *Aiol*, « bourgeon », de *bouter*, pousser, croître; *bouton de la peau, d'habit* dès l'anc. fr. ‖ **boutonner** 1155, Wace, « bourgeonner » (encore au XVIIᵉ s.); sur le sens de *bouton d'habit* dès le XIVᵉ s. ‖ **boutonnage** 1866 (1960, Lar.). ‖ **bouton-pression** 1960, Lar. ‖ **boutonnier** 1268, E. Boileau. ‖ **boutonnière** XIVᵉ s.; XVIIIᵉ s., « incision ». ‖ **boutonnerie** 1268, E. Boileau. ‖ **boutonneux** fin XVIᵉ s., L'Escluse. ‖ **déboutonner** XIVᵉ s. ‖ **reboutonner** 1549, R. Est., sur *bouton de la peau*.

boutre 1866, Lar., type de navire de l'océan Indien; orig. inconnue.

bouture V. BOUTER.

bouvier, bouvreuil V. BŒUF.

bovarysme 1865, Barbey d'Aurevilly, du roman de Flaubert, *Madame Bovary*. Utilisé dans un essai (1892) par Jules de Gaultier, qui en fit ensuite le titre d'une de ses œuvres (1902).

bovidé 1836, Raymond, lat. *bos, bovis,* bœuf. ‖ **bovin, -ine** XIIᵉ s., *Voy. de saint Brendan,* lat. *bovinus,* adj. de *bos.*

bowling 1908, *Petit Parisien,* mot angl., part. prés. d'un verbe dér. de *bowl,* boule.

bow-string 1952, *L. M.,* de l'angl. *bow string,* corde d'arc.

bow-window 1871, Taine, mot angl., de *bow,* arc, et *window,* fenêtre.

box 1777, Linguet, « loge de théâtre »; 1839, Gayot, « stalle d'écurie » ; XXᵉ s., « garage »; de l'angl. *box,* boîte, stalle, etc. ‖ **boxon** 1867, Delvau, pop., maison de prostitution.

box-calf 1899, *Moniteur de la cordonnerie,* cuir américain dont la marque représentait un veau (*calf*) dans une boîte (*box*).

boxe fin XVIIᵉ s., de l'angl. *box,* coup. ‖ **boxer** fin XVIIIᵉ s. ‖ **boxeur** 1788, *Courrier de l'Europe,* de l'angl. *boxer.*

boy 1672, Seignelay, « jeune domestique »; 1888, Lar., « jeune garçon anglais » puis « jeune domestique chinois ou annamite ». ‖ **boy-scout** 1910, mot angl. signif. « garçon éclaireur », créé par le général Baden-Powell. ‖ **scout** XXᵉ s., abrév. de l'angl. *boy-scout,* vient du fr. *escoute,* c'est-à-dire celui qui écoute. ‖ **scoutisme** v. 1914.

boyard 1415, G. de Lannoy, du russe *boyard,* seigneur; en vieux russe *boyarine,* lequel a donné *barine.*

boyau 1080, *Roland* (*boel, boiel*), du lat. *botellus,* saucisse. ‖ **boyauderie** début XIXᵉ s. ‖ **boyaudier** 1680, Richelet (*boiotier*); 1691, d'apr. *Trévoux* (*boyaudier*). [V. ÉBOULER.]

boycotter 1880, *le Parlement,* de l'angl. (*to*) *boycott,* du nom du capitaine en retraite *Boycott,* gérant de propriétés en Irlande, mis en interdit en 1880. ‖ **boycottage** 1881, *le Figaro.* ‖ **boycotteur** 1922, Lar.

brabant milieu XIXᵉ s., charrue métallique fabriquée d'abord en Brabant.

bracelet V. BRAS.

brachial 1541, Canappe, du lat. *brachialis,* empr. au gr. *brakhiôn,* bras.

brachi(o)- du gr. *brakhiôn,* bras. ‖ **brachialgie** XXᵉ s. (1960, Lar.), gr. *algos,* douleur. ‖ **brachio-céphalique** 1842, *Acad.* ‖ **brachiopodes** 1819, Boiste, gr. *pous, podos,* pied.

brachy- du gr. *brakhus,* court. ‖ **brachycéphale** 1836, Raymond (gr. *kephalê,* tête). ‖ **brachyoures** 1816, *Dict. hist. nat.* (*-ures*), gr. *oura,* queue. ‖ **brachyptère** 1750, Buffon (gr. *pteron,* aile). ‖ **brachytèle** 1866, Lar. (gr. *telos,* fin). ‖ **brachysome** 1930, Lar., « insecte »; 1960, Lar. en anthropologie (gr. *sôma,* corps).

braconner 1228, G., « chasser avec des braques », du germ. occidental **brakko* (allem. *Bracke*), chien de chasse. ‖ **braconnage** 1228, G.; XVIIᵉ s., sens actuel. ‖ **braconnier** 1155, Wace, « veneur »; XVIIᵉ s., sens actuel.

bractée 1771, *Trévoux* (*-tea*), du lat. *bractea,* feuille de métal. ‖ **bractéal** 1929, Lar. ‖ **bractéole** 1566, Paradin, du dim. lat. *bracteola.* ‖ **bractéate** 1751, Schœpflin.

bradel 1835, d'apr. Lar., de *Bradel,* famille de relieurs du XVIᵉ au XIXᵉ s.

brader fin XVIIIᵉ s., pop., du néerl. *braden,* gaspiller. ‖ **braderie** *id.*

brady- du gr. *bradus,* lent. ‖ **bradycardie** 1917, *L. M.* (gr. *kardia,* cœur). ‖ **bradypepsie** 1584, du Bartas, du gr. *bradupepsia,* digestion lente. ‖ **bradypnée** 1878, Lar. (gr. *pnein,* souffler). ‖ **bradypsychie** XXᵉ s. (1960, Lar.). ‖ **bradype** 1826, Mozin (gr. *pous, podos,* pied). ‖ **bradytrophie** XXᵉ s. (1960, Lar.) [gr. *trophê,* nourriture].

brague, braguette V. BRAIE.

brahmane 1298, C. E. V. (*abraiaman*); XVIᵉ s. (*brahmin*); du port., empr. au sanskrit *brahmana.* ‖ **brahmanique** 1835, *Acad.* ‖ **brahmaniste** 1835, *Acad.* ‖ **brahmanisme** 1801, Fischer.

1. **brai** [orge brassée] V. BRAIS.

2. **brai** [piège d'oiseleur] XIIᵉ s. (*bret, broi*), du germ. *brid,* planchette.

3. **brai** fin XIIᵉ s., *R. de Cambrai,* « boue »; 1309, Fréville, « goudron »; du gaulois **bracu* (prov. *brac,* même rac. en gallois); forme fém. *braye* (terre grasse).

*braie XIIe s., « pantalon ample », du lat. *braca*, mot gaulois désignant un type indigène de pantalon qui subsista, malgré les railleries des Romains, et qui, plus ou moins modifié, gagna les pays voisins; il fut remplacé au XVIIe s. par le *haut-de-chausses*. ‖ **brague** 1308, prov. *brago*, de même sens que braie. ‖ **braguier** XVIe s., Villamont, « caleçon » (encore au XVIIe s.). ‖ **braguet** 1777, Lescallier, mar. ‖ **braguette** 1534, Rab. ‖ **brayer** début XIIe s., *Couronn. Loïs* (*braier*), s. m. ‖ **brayette** 1379, J. de Brie. ‖ **embrayer** 1783, *Encycl. méth.*, d'après les sens fig. de *braie*, traverse de bois mobile du moulin à vent (1694, Th. Corn.), c.-à-d. « serrer la braie ». ‖ **embrayage** 1860, Bragard. ‖ **embrayeur** 1953, Lar. ‖ **désembrayer** milieu XIXe s., remplacé par **débrayer** 1865, Woodbury; 1939, H. Jeanson « cesser le travail ». ‖ **débrayage** *id.*

braille 1751, *Encycl.*, « pelle de bois », du fr. *brailler* (1643, Fournier), issu du francique **brakon*, remuer les harengs avec la pelle (cf. néerl. *braken*, saler le hareng).

*brailler 1265, J. de Meung, « crier », du lat. pop. **bragŭlare*, dim. de *bragĕre*, braire. ‖ **brailleur** 1586, Scaliger. ‖ **braillard** 1528, Gringoire. ‖ **braillerie** fin XVIe s., Brantôme. ‖ **braillement** 1512, J. Lemaire.

brain-trust 1956, Lar., mot angl. de *brain*, cerveau, et *trust*, nom donné en 1933 au groupe de techniciens chargés par F. Roosevelt de l'application du New Deal.

*braire 1080, *Roland*, « crier pour pleurer » (encore au XVIe s.); 1640, Oudin, réservé à l'âne ou à l'animal en général; du lat. pop. **bragĕre* d'origine gauloise (formation expressive). ‖ **braiment** 1160, Benoît, même évolution que le verbe. ‖ **brayard** 1539, R. Est., confondu avec *braillard*, quand *l* mouillé passa à *y*.

brais av. 1185, « orge broyée pour faire de la bière », du lat. *braces*, épeautre, mot gaulois selon Pline. ‖ **brasser** v. 1160, Benoît (*bracer*), sens propre; fig. « tramer » (XVIIe s.); [*des affaires*] 1808, Fourier. ‖ **brasserie** 1268, E. Boileau, sens propre. ‖ **brasseur** 1250, Espinas, sens propre; 1833, d'Arlincourt, fig. ‖ **brassage** 1331, G.

braise fin XIIe s., *Rois*, du germ. occidental **brassa* (suédois *brasa*, bûcher); 1867, Delvau, en argot « argent ». ‖ **braisière** 1706, Richelet. ‖ **braiser** 1767, *Dict. portatif de cuisine.* ‖ **braisette** 1836, Raymond. ‖ **braser, ébraser** 1450, Gréban, embraser; 1611, Cotgrave, techn. ‖ **brasier** début XIIe s., *Couronn. Loïs.* ‖ **brasiller** 1220, Coinci. ‖ **brésil** 1175, Chr. de Troyes, bois de teinture colorant en rouge, sur rad. *bres-*; d'où esp. et port. *brasil* (nom donné au Brésil où ce bois est abondant). ‖ **brésiller** 1346, G., « briller ». ‖ **brésolles** 1705, *Cuis. Roy.* (*bru-*), mot du Sud-Est. ‖ **embraser** 1160, *Eneas.* ‖ **embrasement** *id.*

brame V. BRÈME.

bramer 1528, Rab., « mugir », puis réservé au cerf, du prov. *bramar*, mugir, braire, empr. au germ. **brammôn.* ‖ **bramement** 1787, B. de Saint-Pierre.

*bran XIIe s., Du Cange (*bren*), du lat. pop. **brennus*, son, mot gaulois sans doute; fig. excrément. ‖ **breneux** v. 1392, E. Deschamps. ‖ **embrener** 1532, Rab.

brancard 1534, Rab., « grosse branche, vergue », du normand *branque*, branche (v. ce mot). ‖ **brancardier** début XVIIe s., Scarron.

*branche 1080, *Roland*, du bas lat. *branca*, patte, mot peut-être gaulois. ‖ **branchu** fin XIIe s., Marie de France. ‖ **branchage** milieu XVe s. ‖ **brancher** 1510, Carloix, « pendre à une branche » (jusqu'au XVIIe s.); XVIe s., Marot, « se percher »; XIXe s., « diviser en branches, établir des conduites secondaires ». ‖ **branchement** XVIe s., Guill. Michel, « action de pousser des branches », même évolution que le verbe. ‖ **branchette** 1360, *Modus.* ‖ **débrancher** 1890, Zola, chemins de fer. ‖ **débranchement** *id.* ‖ **ébrancher** fin XIIe s., Hélinand. ‖ **ébranchement** milieu XVIe s. ‖ **ébranchoir** 1823, Boiste. ‖ **ébranchage** 1700, Liger. ‖ **embranchement** 1494, fig. ‖ **embrancher** 1773, *Art du plombier.*

branchies fin XVIIe s., du lat. pl. *branchiae*, empr. au gr. *brankhia.* ‖ **branchial** 1805, Cuvier. ‖ **branchiopode** 1826, Mozin.

brand 1080, *Roland*, du germ. **brand*, tison, puis épée (à cause de l'éclat). ‖

brande 1205, texte breton, du lat. *branda*, bruyère (anc. fr. *brander*, embraser), parce qu'on brûlait les brandes (bruyères, fougères) pour défricher. Cette étym. est appuyée par le sens techn. du mot (fagot imbibé de matières inflammables). ‖ **brandir** 1080, *Roland*, sur le sens d' « épée ». ‖ **brandiller** fin XIIIe s., *Doon de Mayence*, dimin. ‖ **brandillement** 1564, J. Thierry. ‖ **branler** 1080, *Roland*, contraction de l'anc. fr. *brandeler* (XIIe s.). ‖ **branle** XIIe s., E. de Fougères ; 1492, danse, déverbal. ‖ **branlement** 1355, Bersuire. ‖ **branle-bas** 1687, Desroches. ‖ **branloire** 1572, Amyot. ‖ **branle-queue** XVIe s., G. ‖ **ébranler** 1428, Chartier. ‖ **ébranlement** 1530, G. Farel. ‖ **inébranlable** 1600, Fr. de Sales. ‖ **brandon** XIIe s.

brandade 1788, *Encycl. méth.*, du prov. mod. *brandado*, chose remuée, parce qu'on secoue la casserole, de *brandar*, remuer.

brande V. BRAND.

brandebourg 1680, Sévigné, « casaque ornée de galons, portée par les soldats brandebourgeois » ; 1769, Garsault, « pavillon » ; du nom de l'Etat du *Brandebourg*, en Allemagne.

branderie 1811, Boiste, du néerl. *branderij*, brûlerie ; nom ancien des distilleries.

brandestoc V. BRINDESTOC.

brandevin 1641, Richelieu, du néerl. *brandewijn*, vin brûlé. ‖ **brandevinier** 1743, *Trévoux*.

brandir, brandon V. BRAND.

brandy 1688, Miège, mot angl., de (*to*) *brand*, brûler.

branle, branler, branle-bas, branloire V. BRAND.

bransqueter 1507, J. Lemaire, du moyen néerl. *brandschatten*, imposer une contribution de guerre.

braque 1265, Br. Latini, « chien » ; 1736, Marivaux, fig. ; de l'ital. *bracco* ou prov. *brac*. (V. BRACONNER.)

braquemart 1495, J. de Vignay ; altér. de l'ital. *bergamasco*, épée de Bergame, ou du néerl. *breeimes*. ‖ **braquet** 1432, Baudet Herenc, petite épée, clou, abrév. ; XIXe s., sens techn. mod.

braquer 1546, Rab., « tourner » ; 1561, Grevin, sens actuel ; du lat. pop. *brachitare*, de *bracchium*, bras, ou de l'ital. *braccare*, flairer, rechercher (même rac. que *braque*). ‖ **braquage** 1867, Robin. ‖ **braquement** 1690, Furetière.

braquet V. BRAQUEMART.

*bras 1080, *Roland*, du lat. *bracchium*, empr. au gr. *brakhiôn* (en lat. pop. *bracium*). ‖ ***brasse** 1080, *Roland* (*brace*), du plur. *bracchia*, « étendue des deux bras », « mesure » ; 1835, *Acad.*, terme de natation. ‖ **brassée** fin XIIe s., *Aliscans* (*brachie*), avec infl. de *brasse*. ‖ **brassard** 1562, *Statuts des armuriers*, altér. de *brassal* (1540, Rab.), de l'ital. *bracciale*, de *braccio*, bras. ‖ **brassicourt** 1690, Furetière, de *bras* et *court*. ‖ **brassière** fin XIIIe s., « chemise de femme ». ‖ **bracelet** 1175, Chr. de Troyes, « petit bras » ; 1387, Du Cange, sens actuel ; dimin. de *bras*, avec un double suffixe ; même évolution que *corset*. ‖ **avant-bras** 1291. ‖ **embrasser** 1080, *Roland*, « prendre dans ses bras » ; XVIIe s., « donner un baiser ». ‖ **embrassement** 1130, *Eneas*. ‖ **embrassade** 1500, Maximien. ‖ **embrasseur** 1537, Macault. ‖ **embrasse** XIVe s. (*embrace*) ; 1842, *Acad.*, techn.

braser, brasier, -siller V. BRAISE.

brasero 1722, *Arch. des Aff. étr.*, *Corr. d'Espagne* (*bracero*), de l'esp. *brasero*, brasier.

brasque 1751, *Encycl.*, du piémontais et milanais *brasca*, du lat. pop. **brasica*, même rac. que *braise*. Il désigne le revêtement réfractaire de l'intérieur des creusets en métallurgie. ‖ **brasquer** 1835, *Acad.*

brassard, brasse, -ée, -ière V. BRAS.

brasser, -erie, -eur V. BRAIS.

brave 1379, J. de Brie ; XVIe s., « excellent » ; ital. et esp. *bravo*, lat. *barbaras*. ‖ **-ment** 1465, Delb. ‖ **braver** 1515, Colin Bucher, « parader » et « affronter ». ‖ **braverie** 1543, de Selve, « parade ». ‖ **bravo** 1738, Piron, exclamation, puis s. m., repris directement à l'ital. ; fém. *brava* jusque sous le second Empire. ‖ **bravissimo** 1776, *Ann. litt.*, mot ital., superlatif. ‖ **bravi** 1832, trad. de Manzoni, francisé en *braves* au XVIIe s. (1675, chez Barbier). ‖ **bravoure** début XVIIᵉ s., Scarron (*-veure*), repris au dér. ital. *bravura*. ‖ **bravache** 1570, Carloix, de l'ital. *bravaccio*, péjor. de *bravo*, brave. ‖ **bravade** av. 1494, Delb., « bravoure », de l'ital. *bravata*, de *bravare*, faire le brave.

break 1830, *la Mode*, mot angl. signif. « interruption », désignant aussi une sorte de voiture.

breakfast 1865, Simonin, mot angl.

*brebis fin XIᵉ s., *Lois de Guill.* (*berbis*), du lat. pop. **berbix, -icis* (class. *vervex*, bélier), qui a éliminé *ovicula* (*ouaille*), conservé dans le Centre et l'O., en face de *fēta* (femelle qui a enfanté), devenu *fedo* en prov. avec le sens de brebis.

brèche 1119, Ph. de Thaun, de l'anc. haut allem. *brecha*, fracture (allem. *brechen*, briser) ; 1611, Cotgrave, terme alpestre, « espèce de marbre », « roche ». ‖ **brèche-dent** XIIIᵉ s., *Cart. de N.-D. de Paris* (*Brichedent*, n. propre). ‖ **ébrécher** v. 1268, E. Boileau.

bréchet XIVᵉ s., de l'angl. *brisket*, hampe d'un animal (scand. *brjösk*, cartilage).

bredindin 1677, Dassié, « fiacre » ; 1690, Furetière, « palan » ; formation plaisante, de *brédir* et *dindin*, onomatop.

brédir 1404, dans Barbier, de *breda*, cordage à crochet (1783, *Encycl. méth.*), du suisse romand *breda*, bride. ‖ **brédissage** 1842, *Acad.* ‖ **brédissure** 1806, Capuron, « couture faite avec une lanière de cuir ».

bredouiller 1564, J. Thierry, altér. de l'anc. fr. *bredeler* (XIIIᵉ s.), peut-être du lat. *brittus*, breton. ‖ **bredouille** 1534, Rab., « qui est dans l'embarras », déverbal. ‖ **bredouillage** fin XVIIᵉ s., Saint-Simon. ‖ **bredouillement** 1611, Cotgrave. ‖ **bredouilleur** 1642, Oudin.

*bref XIIᵉ s. (*brief*, jusqu'au XVIᵉ s.), restreint dès le Moyen Age pour marquer la durée, du lat. *brĕvis*, bref, substantivé en « sommaire » dès le VIᵉ s., d'où *brief, bref*, rescrit. ‖ **brevet** fin XIIIᵉ s., Rutebeuf (*brievet*), « acte non scellé »; XVIIᵉ s., « titre ». ‖ **breveter** 1751, *Encycl.* ‖ **bréviaire** 1220, Coincy, du lat. eccl. *breviarium*, abrégé. ‖ **brièveté** 1213, *Fet des Romains* (*briété*), sur *brief*, refait au XVᵉ s. ‖ **brièvement** 1138, *Saint Gilles* (*briefment*).

bréhaigne 1119, Ph. de Thaun (*baraine*), « stérile »; XIIIᵉ s. (*brehaigne*); d'un rad. prélatin obscur.

breitschwanz fin XIXᵉ s., mot allem. signif. « large queue ». Il désigne une fourrure d'agneau caracul mort-né.

brelan fin XIIᵉ s., G. d'Arras (var. *brehant, berlan*, jusqu'au XVIIᵉ s.), « table de jeu, maison de jeu »; « tripot » (jusqu'au XVIIᵉ s.), puis « jeu de cartes »; de l'anc. haut allem. *bretling*, petite planche, puis table (en argot). ‖ **brelander** 1481, Delb. ‖ **brelandier** 1386, G., « joueur » (jusqu'au XVIIᵉ s.).

brelau XVIIᵉ s., coiffure franc-comtoise, introduite en Bresse, altération probable de l'esp. *sombrero*, chapeau.

breloque XVIᵉ s., *Farce de frère Guillebert* (*-lique*) ; *battre la breloque*, 1820, Laveaux; orig. onomatop.

brème XIIᵉ s., G. (*braisme*), du francique **brahsima*; 1821, Ansiaume, « carte à jouer ». ‖ **brame** XVIᵉ s., Rondelet, var. de *brème*.

brésil, -iller, brésolles V. BRAISE.

bretailler V. BRETTE.

bressant XIXᵉ s., du nom de l'acteur *Bressant* (1815-1886), qui mit cette coiffure à la mode.

bretailler V. BRETTE.

bretauder XIIIᵉ s., *fabliau* (*bertoder*), de *Bertaud* (germ. *Berth-wald*), nom de personne employé dans des loc. péjor.

*bretèche 1155, Wace, du bas lat. *brĭttisca* (glose de 876), c.-à-d. fortification bretonne (*Brittus*, Breton), importée sans doute de Grande-Bretagne. (V. BRETTE.)

bretelle XIIIᵉ s., *fabliau*, « lanière de cuir passée sur l'épaule »; XVIIIᵉ s., sens actuel; de l'anc. haut allem. *brettil*, rêne.

*brette XVIᵉ s., *Chron. bordelaise*, fém. de *Bret*, Breton, du lat. pop. **brĭttus*, épée de Bretagne (lat. *Britto*). ‖ **bretteur** 1653, Boisrobert, « fanfaron ». ‖ **bretailler** 1752, *Trévoux*, **bretailleur** id. ‖ **bretter** 1611, Cotgrave, « denteler ». ‖ **bretteler** 1690, Furetière, « rayer avec une sorte de truelle ».

bretzel 1867, Delvau (*brechetelles*), de l'allem. *Brezel*, du lat. *bracchium*, bras (pâtisserie ayant la forme de deux bras entrelacés).

*breuil 1080, *Roland* (*bruil*), surtout dans les toponymes au sens de « bois humide, bois clos », du bas lat. *brogilus* (VIIIᵉ s.), mot gaulois, de *broga*, champ.

breuvage V. BOIRE.

brevet, -eter, bréviaire V. BREF.

bribe 1335, Digulleville (*brimbe*), « chose de peu de valeur »; XVIIᵉ s., « morceau de pain »; orig. obscure.

bric, brac, broc formations expressives; *à bric et à brac*, 1633, Monluc; *en bloc et en blic* (auj. *de bric et de broc*), fin XVᵉ s., Gringoire. ‖ **bric-à-brac** 1827, *Acad.* ‖ **de broc en bouche** XVᵉ s., *Myst. Vieil Testament* (*-oque*).

brick 1782, *Courrier de l'Europe*, de l'angl. *brig*, abrév. de *brigantin*.

bricole 1360, Delb. (*-gole*), « machine de guerre »; 1680, Richelet, « courroie de machine »; 1650, Richer, « ricochet »; XVIᵉ s., Monluc, fig., « bagatelles »; XVIIᵉ s., « tromperie »; de l'ital. *briccola*, d'orig. obscure. ‖ **bricoler** 1480, C. E. V., « ricocher, aller en zigzag » (jusqu'au XVIIᵉ s.); 1854, Privat d'Anglemont, « travailler ». ‖ **bricolage** fin XIXᵉ s. ‖ **bricoleur** 1778, de La Conterie, « qui va çà et là ». ‖ **bricolier** 1751, *Encycl.*, de *bricole*, courroie.

bride 1265, J. de Meung, du moyen haut allem. *bridel*, rêne (même rac. que *bretelle*). ‖ **brider** XIIIᵉ s.; *oison bridé* (inintelligent), 1540, Rab. (cf. *Bridoison* chez Beaumarchais). ‖ **bridon** 1611, Cotgrave. ‖ **débrider** 1460, Chastellain. ‖ **débridement** 1604, Pallet.

1. bridge 1893, *le Figaro*, mot angl., adaptation d'un mot levantin (en Angleterre 1875). ‖ **bridger** 1906, *le Gaulois*. ‖ **bridgeur** 1893, *le Figaro*.

2. bridge début XXᵉ s., « appareil dentaire », formant un pont sur deux dents, de l'angl. *bridge*, pont.

1. brie XVᵉ s., C. E. V., fém., vin ou fromage de Brie.

2. brie XIIIᵉ s., G. (*broie*); 1700, Liger (*brie*); déverbal de *brier*, forme normande de *broyer*.

briefing v. 1945, mot angl. désignant la réunion des équipages avant une mission d'aviation.

brièvement, -eté V. BREF.

brifer 1530, Palsgrave; orig. obscure comme *brifaud, -auder* (XIIIᵉ s., *fabliau*); formation expressive, ou de l'anc. fr. *brif*, force, orig. gauloise, influencé par *bâfrer*. ‖ **brifeur** 1611, Cotgrave, « gros mangeur ».

brigade 1360, G. de Machaut, « troupe » (jusqu'au XVIIᵉ s.); XVIᵉ s., « troupe armée »; XVIIᵉ s., Turenne, « groupement de deux régiments »; de l'ital. *brigata*, troupe de personnes, de *briga*, lutte. ‖ **brigadier** 1642, Oudin, « officier général ». ‖ **demi-brigade** 1793, « régiment ». ‖ **embrigader** 1794, *Actes de la Convention*; fin XIXᵉ s., fig. ‖ **embrigadement** 1793, *id.*; 1840, Balzac, fig.

brigand fin XIVᵉ s., Cuvelier, « soldat à pied »; dès le XIVᵉ s., péjor., à cause des ravages causés par les soldats; de l'ital. *brigante*, qui va en troupe (v. BRIGADE); XVIIIᵉ s., terme injurieux. ‖ **brigandage** 1410, *Cartulaire.* ‖ **brigander** début XVIᵉ s.

brigantin 1360, Froissart (*brigandin*), de l'ital. *brigantino*, de *brigante*. ‖ **brigantine** 1480, Fournier, « voile »; 1794, C. E. V., « navire ».

brightisme 1888, Lar., du médecin angl. Richard Bright (1789-1858).

brigue 1314, G., de l'ital. *briga*, lutte, querelle; XVIIᵉ s., manœuvre. ‖ **briguer** 1498, C. E. V., « se quereller »; 1542, Dolet, « solliciter ». ‖ **brigueur** 1560, Pasquier.

briller 1559, Amyot, « s'agiter » et « briller », de l'ital. *brillare*, même sens (même rac. que *béryl*). ‖ **brillant** 1608, Régnier, s. m. ‖ **brillamment** 1787, Féraud. ‖ **brillanter** 1752, *Trévoux.* ‖ **brillantage** 1951, *L. M.* ‖ **brillantine** 1823, *Obs. des modes*, « étoffe de soie »; 1842, Mozin, adj.; 1866, Lar., huile. ‖ **brillance** 1928, Lar. ‖ **brillement** 1564, J. Thierry, qui a disparu.

brimbaler 1532, Rab. (var. *bringuebaler, -quebaler*); 1634 (*-quebaler*), « secouer »; formation expressive, peut-être croisement de *brimbe*, bribe, et *trimbaler*.

brimbelle 1775, Bomare, mot lorrain, altér. du francique *brambasi, mûre (allem. *Brombeere*). Nom usuel de la myrtille. (V. FRAMBOISE.)

brimborion av. 1452, Gréban (*brebo-*), « menues prières marmottées »; XVIIe s., « menu objet »; déformation du lat. eccl. *breviarium*, bréviaire (prononciation *um* en *on*, v. DICTON), croisé avec *bribe* ou *brimbe*, c'est-à-dire « prière faite du bout des lèvres ».

brimer 1853, Lachâtre, arg. milit., puis scolaire, mot de l'Ouest (geler, flétrir), attesté en 1842 (Mozin), de *brime*, brume. ‖ **brimade** 1862, *le Boulevard*. Le mot indique une plaisanterie faite aux nouveaux dans l'armée ou à l'école; il est passé dans le vocabulaire général.

brin 1398, *Ménagier* (*brain*); v. 1540, Rab. (*brin*); peut-être d'orig. gauloise (gallois *brwyn*), jonc. ‖ **brindille** v. 1560, Belleau (*-delle*); le *d* paraît dû à *brande, -don*.

brinde 1552, Rab. (*bringue*); 1680, Richelet (*brinde*), abrév. de la loc. allem. (*ich*) *bringe dir's*, je te porte (une santé); a désigné un toast; puis *être dans les brindes* (être ivre).

brindestoc 1578, d'Aubigné, altér. de l'allem. *Springstock*, bâton (*stock*) à sauter (*springen*).

brindezingue 1756, Vadé, de l'ital. *brindisi*, toast, empr. à l'allem., avec une terminaison argotique.

brindille V. BRIN.

brinell XXe s., du nom d'un métallurgiste anglais J.-A. Brinell (1849-1926).

bringue 1751, *Encycl.*, « cheval malbâti »; 1808, d'Hautel, « femme grande et maigre »; il a eu aussi le sens de « menus morceaux » (*en bringues*, en pièces, XVIIe s.); de *brin*.

brinquebaler V. BRIMBALER.

brio 1812, Stendhal, de l'ital. *brio*, vivacité, animation, orig. gauloise (**brigo*, force).

brioche 1404, G., mot normand d'apr. Cotgrave (1611); 1825, Delescluze, « bévue »; déverbal de *brier*, autre forme de *broyer*.

brique fin XIIe s., R. de Moiliens, « morceau » (jusqu'au XVIe s.), et sens actuel; du néerl. *bricke* (allem. *brechen*, briser). ‖ **briquetage** 1394, G. ‖ **briqueter** 1418, G. ‖ **briqueterie** 1407, Delb. ‖ **briquetier** 1503, Delb. ‖ **briquette** XVIe s., « chose sans valeur »; 1615,

texte de Tournai, « charbon aggloméré ».

1. briquet 1701, Furetière, « pièce de fer »; 1731, *Hist. de Courtebotte*, « briquet à amadou »; il a remplacé *fusil* dans ce sens; 1888, Lar., remis en usage avec les briquets électriques; de *brique*, au sens de « morceau », qui reste dans le nord de la France (morceau de pain); *battre le briquet*, 1756, *le Diable à quatre*.

2. briquet 1734, Delb., « couteau »; 1806, Wailly, « sabre court d'infanterie »; altér. de *braquet*, par attraction du précédent.

3. briquet 1440, Ch. d'Orléans, « petit chien de chasse », altér. probable d'un dimin. de *braque*.

briqueter, bris, brisant, briscard V. BRIQUE, BRISER, BRISQUE.

brise 1540, Rab., « vent » (*brize*), sans doute du frison *brîse*.

***briser** 1080, *Roland* (var. *bruisier*), du lat. pop. **brisare*, mot gaulois. ‖ **brisant** 1529, Parmentier. ‖ **brisement** 1190, saint Bernard. ‖ **brisées** 1360, *Modus*, vén., puis fig. ‖ **bris** 1680, Richelet, déverbal. ‖ **briseur** 1261, G. ‖ **brisoir** 1680, Richelet. ‖ **brisure** 1207, *Assises de Jérusalem*. ‖ **brisauder** XIXe s. ‖ **brise-cou** 1690, Furetière. ‖ **brise-glace** 1694, Th. Corn. ‖ **brisejet** 1906, Lar. ‖ **brise-bise** fin XIXe s. ‖ **brise-lames** 1819, Mackensie. ‖ **brise-tout** fin XIVe s. ‖ **débris** 1549, R. Est., déverbal de *débriser* (XIIe s.).

brisque 1752, *Trévoux*, « carte de jeu »; fig. pop. « chevron de soldat rengagé »; orig. inconnue. ‖ **briscard** 1861, *la Vie parisienne*.

bristol 1836, Bonaffé, du nom de la ville de *Bristol*.

brize 1557, L'Escluze (*briza*), du gr. *bruza*, céréale; désigne une plante poussant dans des lieux arides.

1. broc 1380, *Inv. Charles V*, « cruche », du prov. *broc*, issu du lat. *brocchus*, saillant, c.-à-d. cruche à bec; peut-être croisé avec le gr. *brokhis*, pot.

2. broc V. BRIC.

brocaille V. BLOC.

brocanter 1696, Regnard, peut-être de l'anc. haut allem. *brocko*, morceau, ou de l'angl. *broker*, courtier (allem. de

Suisse *Brockenhaus*, magasin de friperie). ‖ **brocantage** 1808, Fourier. ‖ **brocante** 1782, Mercier, « commerce »; 1806, en peinture, déverbal. ‖ **brocanteur** fin XVIIᵉ s., « marchand de tableaux ». ‖ **brocantiner** 1695, Gherardi.

brocard 1464, *Pathelin*, « maxime juridique » (jusqu'au XVIᵉ s.) ; XVᵉ s., « trait piquant », d'apr. *broque*, broche (en picard) ; du lat. médiév. *brocardus*, altér. de *Burchardus*, évêque de Worms (XIᵉ s.), auteur d'un recueil de droit canonique. ‖ **brocarder** XVᵉ s., Martial d'Auv. ‖ **brocardeur** début XVIᵉ s.

1. **brocart, -ard** 1432, Baudet Herenc, « cerf ou chevreuil d'un an », de *broque*, broche (en picard) : cornes ayant la forme de pointes. (V. DAGUET.)

2. **brocart** 1519, *Voy. d'Ant. Pigaphetta*, altér. de *brocat* (1549, R. Est.; encore en 1690, Furetière) ; de l'ital. *broccato*, tissu broché. ‖ **brocatelle** *id.* (*-adelle*) ; XVIIᵉ s., masc. (*-atel, -adel*) ; de l'ital. *broccatello*, de *broccato*.

***broche** XIIᵉ s., G. (*brouque*), du lat. pop. *brocca*, fém. substantivé de *brocchus*, saillant, pointu. ‖ **brocher** 1080, *Roland*, « éperonner », puis « passer l'aiguille » ; 1732, *Trévoux*, « brocher un livre, une étoffe ». ‖ **brochure** 1377, Delb., « -d'étoffe » ; 1694, *Acad.*, « -de livre ». ‖ **brocheur** 1680, Richelet, « -de bas » ; 1771, *Trévoux*, « -de livre ». ‖ **brochet** 1268, E. Boileau, « poisson », à cause de son museau pointu. ‖ **brochette** 1160, *Tristan*. ‖ **broquette** 1565, *Compte Ecurie du Roi*, forme picarde. ‖ **débrocher** fin XIVᵉ s., « retirer de la broche » ; 1827, *Manuel*, « débrocher un livre ». ‖ **débrochage** 1842, *Acad.* ‖ **embrocher** XIIᵉ s., G. ‖ **rebrocher** XIIIᵉ s., *Adenet*, terme de tissage ; 1835, *Acad.*, « -un livre ».

brochet V. BROCHE.

brocoli 1560, Delb., du pl. ital. *broccoli*, pousses de chou, dimin. de *brocco*. (V. BROCHE.)

brodequin 1468, Commynes, altér. de *brosequin*, empr. au néerl. *broseken*, dimin. de *brosen*, souliers, par infl. de *broder*.

broder 1165, Marie de France (*brosder*), du francique *brozdôn (longobard *brustan). ‖ **brodeur** 1268, E. Boi-

leau. ‖ **broderie** 1398, *Ménagier*. ‖ **rebroder** XVIIᵉ s.

brogue 1826, Mozin, mot angl., du gaélique *brog*. Désigne les gros souliers des montagnards d'Écosse.

broigne 1080, *Roland* (*bronie*), francique *brunnia, justaucorps de cuir.

1. **brome** 1559, Valgelas, « plante », du lat. *bromos*, folle avoine, empr. au gr.

2. **brome** 1826, Balard, qui a isolé ce métalloïde, du gr. *brômos*, puanteur, à cause de sa mauvaise odeur. ‖ **bromalide** 1888, Lar. ‖ **bromal** 1874, Wurz. ‖ **bromaniline** 1888, Lar. ‖ **bromate** 1842, *Acad.* ‖ **bromique** 1842, *Acad.* ‖ **bromure** 1828, Caillot. ‖ **bromhydrique** 1852, Lachâtre.

bronche 1560, Paré (pl. *bronchies*) ; 1687, Duncan (*bronche*) ; du lat. méd. *bronchia*, empr. au gr. *bronkhia* (pl. neutre). ‖ **bronchectasie** 1878, Lar. ‖ **bronchial** 1666, *Journ. des savants*. ‖ **bronchiole** 1905, Lar. ‖ **bronchite** 1825, par l'angl. *bronchitis*. ‖ **bronchique** 1560, Paré. ‖ **bronchopneumonie** 1878, Lar.

broncher 1175, Chr. de Troyes, « pencher » (jusqu'au XVIIᵉ s.) ; XVIIᵉ s., « trébucher » ; du lat. pop. *bruncare, orig. obscure. ‖ **bronchade** début XVIIᵉ s., Scarron.

brontosaure 1888, Lar., du gr. *brontê*, tonnerre, et *saura*, lézard.

bronze 1511, J. Lemaire (fém.), de l'ital. *bronzo*. ‖ **bronzer** 1559, Jodelle; av. 1795, Chamfort, *se bronzer*, fig. ‖ **bronzeur** 1866, Lar. ‖ **bronzier** 1846, Balzac. ‖ **bronzage** XXᵉ s.

brook 1861, *Sports*, terme de courses, de l'angl. *brook*, ruisseau.

broquelin 1826, Mozin (*-ine*) ; 1862, *Instr. sur le service des manuf. de tabac*; du néerl. *brokkeling*, petits morceaux. Il désigne les débris de tabac.

broquette V. BROCHE.

***brosse** XIIᵉ s., « broussaille » (encore dans les noms de lieux) ; 1265, J. de Meung, sens actuel (*broisse*) ; du lat. pop. *brûscia, d'orig. obscure. ‖ **brossée** XIXᵉ s., fam. ‖ **brosser** 1374, Delb. (*bruissier*), sens actuel, et « aller à travers les broussailles » (jusqu'au XVᵉ s.).

‖ **brossage** 1837, Balzac. ‖ **brosserie** 1835, *Acad.* ‖ **brosseur** 1468, G. ‖ **brossier** 1597, G.

brou 1564, J. Thierry, « enveloppe verte de la noix »; 1694, Th. Corn., « liquide fabriqué avec cette substance »; de *brout*, pousse. (V. BROUTER.)

brouée V. BROUILLARD.

brouet 1265, J. de Meung, de l'anc. fr. *breu*, « bouillon », issu de l'anc. haut allem. **brod* (angl. *broth*).

brouette 1270, Ph. Mousket (var. *berouette*), dimin. de **beroue*, du bas lat. *birota* (*Code Théodosien*), véhicule à deux roues; XVIIᵉ s., « chaise à porteurs à deux roues » (inventée par Pascal); la brouette à une roue apparaît dès le XIIIᵉ s. ‖ **brouettée** 1304, G. ‖ **brouetter** id. ‖ **brouetteur** 1250, Delb.

brouhaha XVᵉ s., *Farce* (*brou ha ha*), interj.; 1552, Ch. Est., « bruit d'applaudissements »; XVIIᵉ s., « bruit confus »; d'orig. onomatop.

brouillamini 1378, Prost, « mottes d'argile rouge »; 1566, H. Est., fig., sens actuel; altér., par infl. de *brouiller*, du lat. pharm. *boli Armenii*, bol d'Arménie, petites mottes d'argile qui servaient de médication. ‖ **embrouillamini** 1747, Caylus, d'apr. *embrouiller.*

1. **brouillard** 1220, Coincy (*bruiloz, brouillas*, jusqu'au XVIIᵉ s.), « brume »; 1440, Ch. d'Orléans (*brouillard*), par changement de suffixe; de *broue*, brouillard blanc, de même rac. que *brouet*; le *l* mouillé est dû à *brouiller*. ‖ **brouillasse** 1842, *Acad.* (*brouillas*); 1863, L. ‖ **brouillasser** début XVIIᵉ s. ‖ **brouée** 1314, Mondeville.

2. **brouillard** V. BROUILLER.

brouiller 1219, Guill. le Maréchal (*broillier*), « mélanger », « salir », sans doute de *brou*, bouillon, écume, boue, avec infl. des verbes en *-ouiller.* ‖ **brouille** 1617, Richelieu, fig., déverbal de *brouiller.* ‖ **brouillard** XVᵉ s., J. de Bans (*papier brouillas*); 1610, Beroald de Verville, « registre ». ‖ **brouillage** 1802, C. E. V.; 1953, Lar., en radio. ‖ **brouillerie** 1418, G. ‖ **brouilleur** XXᵉ s. (1953, Lar.). ‖ **brouillon** 1530, Calvin, « désordonné »; 1642, Oudin, « brouillon de lettre », du sens de *brouiller*, griffonner. ‖ **dé-**

brouiller 1549, R. Est. ‖ **débrouille** fin XIXᵉ s., arg. ‖ **débrouillement** 1611, Cotgrave. ‖ **débrouilleur** XVIᵉ s. ‖ **débrouillard** 1872, Larchey. ‖ **débrouillardise** XXᵉ s. ‖ **embrouiller** XIVᵉ s. ‖ **embrouillement** milieu XVIᵉ s.

brouir fin XIIᵉ s., *R. de Cambrai* (*bruir*), « brûler »; 1431, agric.; 1751, *Encycl.*, « passer à la vapeur »; du francique **brojan* (allem. *brühen*), « échauder ». ‖ **brouissure** 1645, Delb.

broussaille 1559, Amyot, de *brosse*, buisson. ‖ **broussailler** 1700, Liger. ‖ **broussailleux** XIXᵉ s. ‖ **débroussailler** 1876, *Journal off.* ‖ **embroussailler** fin XIXᵉ s.

brousse 1871, Garnier, du prov. *brousso*, « broussaille », répandu par les troupes coloniales, avec infl., sans doute en Nouvelle-Calédonie, de l'angl. *bush*, buisson, dans *bushmen*, hommes de la brousse.

broussin 1487, Douet d'Arcq (*brois-*), dimin. de l'anc. fr. *brois*, var. de *bruis* (1160, Benoît), du lat. *brŭscum*, qui fait difficulté pour le passage de *ū* a *o*.

brouter 1160, Benoît, de l'anc. fr. *brost*, pousse, empr. au germ. **brŭstjan*, bourgeonner, puis mordre le bois. ‖ **brout** XIIᵉ s., *Parthenopeus*, déverbal de *brouter.* ‖ **broutille** 1329, G. (*brestille*), « petite pousse », puis fig. ‖ **broutage** 1772, *Encycl.* ‖ **broutement** 1562, Du Pinet.

browning 1906, Lar., du nom de l'inventeur, l'Américain J. M. Browning (1855-1926).

broyer 1283, Beaumanoir, du germ. **brekan*, briser (allem. *brechen*); *broyer du noir*, 1767, Dide. ‖ **broie** 1370, J. Le Fèvre, déverbal. ‖ **broyage** 1842, *Acad.* ‖ **broyeur** 1422, « qui broie »; 1878, Lar., techn.

bru 1190, Garn., du gotique *bruths* (allem. *Braut*, fiancée); le mot a pris la place de *nurus*, dans le nord de la Gaule; auj. éliminé par *belle-fille.*

bruant 1378, J. Le Fèvre, d'apr. *bruire*, de *bréant*, d'orig. obscure. Désigne un petit passereau brun.

brucelles 1498, C. E. V., « petites pinces »; var. anc. de *bercelle*, bas lat. *bersella.* ‖ **brucelle** 1920, Meyer et

Shaw, du médecin anglais sir David *Bruce*. || **brucellose** 1926, Lar.

bruche 1775, Bomare, du lat. *bruchus* (IVᵉ s., Prudence), empr. au gr. *broukhos*, insecte mal déterminé (sauterelle?).

brugnon 1600, O. de Serres (*bri-*); 1680, Richelet (*bru-*); du prov. mod. *brugnoun, brignoun,* dimin. du lat. pop. **prunea,* de *prunus,* prune, par infl. de *brun.*

bruine milieu XIIᵉ s., *Couronn. de Loïs* (*broïne*); de *broue, u* dû à *brume* (v. BROUILLARD). || **bruiner** 1551, Cotereau.

*bruire XIIᵉ s., *Roncevaux,* « répandre un bruit » (jusqu'au XVIIᵉ s.) et « faire du bruit »; du lat. pop. **brūgĕre,* croisement du lat. *rugire,* rugir, et **bragere,* braire; le part. prés. *bruissant,* remplaçant *bruyant,* est dû aux formes en *uiss-* et à *bruissement.* || **bruyant** XIIᵉ s., Ogier, anc. part. prés. || **bruyance** 1867, Goncourt. || **bruit** XIIᵉ s., *Roncevaux,* anc. part. passé, « querelle, renommée » (jusqu'au XVIIᵉ s.), et sens actuel. || **bruitage** XXᵉ s. (1953, Lar.). || **bruiter** XXᵉ s. (1956, Lar.). || **bruiteur** XXᵉ s. (1953, Lar.). || **bruissement** début XIVᵉ s. || **ébruiter** 1583, J. Baudon.

*brûler 1120, *Ps. d'Oxford* (*brusler*), sans doute du lat. *ūstŭlare,* de *ūrere,* brûler, refait sous l'infl. de *bustum* (bûcher) en **būstulare,* puis en **brustulare,* d'apr. le germ. *brenn,* brûler (*brand*); *brûler d'amour,* 1538, R. Est.; *brûler la cervelle, cervelle brûlée,* 1740, *Acad.* || **brûlage** fin XVIᵉ s., Vauquelin de La Fresnaye. || **brûlement** début XVIIᵉ s., Malherbe. || **brûlerie** 1417, G. || **brûle-parfum** 1785, *Encycl. méth.* || **brûle-gueule** début XVIIIᵉ s. || **brûle-pourpoint (à)** 1648, Scarron, « à bout portant ». || **brûleur** XIIIᵉ s.; 1867, Lar., « appareil ». || **brûlis** 1200, Béroul (*bruelletz*). || **brûloir** XIXᵉ s. || **brûlot** début XVIIᵉ s., mar.; 1671, Delb., sens général. || **brûlure** 1220, Coinci.

*brume 1360, Machaut, du prov. *bruma,* issu du lat. *brūma,* de **brevima,* (la journée) la plus courte (superlatif de *brevis*), c.-à-d. solstice d'hiver, d'où hiver, frimas. || **brumal** 1495, J. de Vignay. || **brumaire** 1793, Fabre

d'Eglantine. || **brumasse** fin XVᵉ s., d'Authon (*-as*). || **brumasser** 1837, Jacquemont. || **brumeux** 1787, *Journ. de Genève.* || **embrumer** fin XVᵉ s., J. Marot.

brun 1080, *Roland,* du germ. **brun,* brun, brillant (allem. *braun*). || **brune** 1598, Bouchet, « crépuscule, nuit », de l'ital. *bruna.* || **brunâtre** 1557, L'Escluze. || **brunelle** 1698, Tournefort. || **brunet** XIIᵉ s., G. || **brunette** 1175, Chr. de Troyes. || **brunir** 1080, *Roland,* « rendre brillant », puis « rendre brun ». || **brunissage** 1680, Richelet. || **brunisseur** 1313, Delb. || **brunissoir** XVᵉ s. || **brunissure** 1429, Fauquembergue.

brusque XIVᵉ s. (*vin brusque*), « âpre »; XVIᵉ s., fig.; de l'ital. *brusco,* âpre (propr. « fragon », employé adjectiv.). || **brusquement** 1540, Rab. || **brusquer** 1382, *Comptes du Clos des Galées de Rouen; brusquer fortune,* 1589, *Chron. bordelaise,* réfection de *busquer fortune.*

brusquembille 1718, C. E. V., de *Bruscambille,* surnom du comédien Deslauriers (XVIIᵉ s.).

brussequin 1316, *Comptes de G. de Fleury* (*broissequin*), orig. obscure. Désigne un tissu de laine de qualité médiocre.

brut XIIIᵉ s., Aimé du Mont-Cassin; on rencontre aussi *brute,* masc. jusqu'au XVIIIᵉ s., lat. *brutus,* dépourvu de raison. || **brute** 1559, Amyot (*brut*); la forme fém. *brute* l'emporte au XVIIᵉ s. || **brutal** 1495, J. de Vignay, « bestial » (jusqu'au XVIIᵉ s.), et sens actuel; du bas lat. *brutalis.* || **brutalement** 1425, A. Chartier. || **brutaliser** 1572, Belleforest, « agir ou vivre en brute ». || **brutaliste** 1908, *L. M.* || **brutalité** 1539, R. Est., « bestialité » (jusqu'au XVIIᵉ s.), et sens actuel. || **brutisme** début XIXᵉ s., Saint-Simon. || **brutiste** *id.* || **abrutir** 1541, Calvin. || **abrutissement** 1586, J. Lambert. || **abrutisseur** XVIIIᵉ s. Voltaire.

bruyant V. BRUIRE.

*bruyère 1190, Garn., du lat. pop. **brūcaria,* champ de bruyère, du bas lat. *brucus,* bruyère, mot gaulois.

bryon 1562, Du Pinet, du lat. *bryon,* empr. au gr. *bruon,* mousse des arbres.

bryone 1256, Ald. de Sienne, du lat. *bryonia*, empr. au gr. *bruônia*, vigne blanche.

buanderie V. BUÉE.

bubon 1372, Corbichon, du gr. *boubôn*, tumeur à l'aine; la forme réduite *bube* (1265, J. de Meung) subsiste au XVIIe s. ‖ **bubelette** 1532, Rab., « pustule ». ‖ **bubonique** XIXe s.

buccal 1735, Heister, du lat. *bucca*, bouche.

buccin 1560, Paré (*buxine*); 1733, Lémery (*buccin*), « coquillage »; du lat. *buccinum*, de *buccina*, trompe de bouvier. ‖ **buccine** 1372, Corbichon, « trompette », même origine. ‖ **buccinateur** 1549, Du Bellay, « panégyriste »; 1654, Gelée, « muscle qui gonfle les joues »; du lat. *buccinator*, joueur de trompette.

bûche XIIe s., *Florimont*, du germ. **busk*, baguette, devenu fém. en lat. pop. d'apr. le pl. neutre. ‖ **bûcher** s. m. XIIe s., Delb. ‖ **bûcher** XIIIe s., « frapper avec une bûche, travailler le bois à la hache »; 1853, Lachâtre, « travailler fort ». ‖ **bûchage** 1876, Vallès, fig. ‖ **bûcheur** 1866, Delvau, fig. ‖ **bûchette** XIIe s., texte normand (*busquette*). ‖ **bûcheron** 1611, Cotgrave, réfection. d'apr. *bûche*, de l'anc. fr. *boscheron* (XIIIe s., Merlin), de **bosc*, forme originelle de *bois*. ‖ **débûcher** fin XIIe s., *Couronn. de Loïs*, de *bûche*, bois, forêt. ‖ **débusquer** XVIe s., fait sur *embusquer*. ‖ **embûche** XIIe s., déverbal de *s'embûcher* (v. 1130, *Eneas*), se mettre en embuscade; de *bûche*, forêt. ‖ **embusquer** XVe s., Delb., remplace *embûcher* dans *Acad.*, 1718; le sens pop. s'est développé en 1914. ‖ **embuscade** 1425, A. Chartier, de l'ital. *imboscare*, de *bosco*, bois, *imboscata*.

bucolique 1265, J. de Meung, du lat. *bucolica*, empr. au gr. *boukolikos, -ê,* adj., de *boukolos*, bouvier; d'abord désigne les *Bucoliques* de Virgile, puis adj.

bucrane 1819, Boiste, du gr. *boukranon*, tête de bœuf. (V. BUGRANE.)

budget 1768, *Mém. adm. des finances angl.*; 1801, Mercier, *budget familial*; 1806, terme officiel; de l'angl. *budget*, d'abord sac du trésorier, empr. à l'anc. fr. *bougette*, petit sac. ‖ **budgétaire** 1825, Balzac. ‖ **budgétairement** 1872, L. ‖ **budgéter** 1872, L. ‖ **budgétivore** 1852, Lachâtre. ‖ **budgétiser** XXe s. (1959, Lar.). ‖ **débudgétisation** 1953, *Combat*. ‖ **débudgétiser** XXe s.

buée XIIIe s., « lessive » (jusqu'au XVIIIe s.); XVIe s., « vapeur d'eau »; part. passé substantivé de *buer* (XIIe s., *Sept Sages*), faire la lessive, du francique **bûkon* (allem. *bauchen*). ‖ **buanderie** 1471, Delb. ‖ **buandier** 1408, G., (*bugandier*), forme poitevine de l'anc. fr. *buer*. ‖ **embué** fin XIXe s.

buffet début XIIe s., *Thèbes*, « table »; v. 1268, E. Boileau, meuble actuel; orig. obscure. ‖ **buffeter** 1558, Des Périers, « voler le vin d'un chargement ». ‖ **buffetier** fin XIIIe s., *Rôle de la taille de Paris*.

buffle 1265, Br. Latini, de l'ital. *bufalo*, issu du lat. *bufalus*, forme dial. de *bubalus*. ‖ **buffleterie** 1610, *Lettre de Pecquius*. ‖ **buffletin** 1594, G. (-*ffetin*), « justaucorps ».

buggy V. BOGHEI.

1. bugle début XIXe s., « clairon à clefs », mot angl., issu de l'anc. fr. *bugle*, bœuf (v. BEUGLER), qui désigna au XIIIe s. un instrument en corne de buffle.

2. bugle XIIIe s., « plante », du bas lat. *bugula* (Ve s., Marcus Empiricus).

buglosse 1372, Corbichon, du lat. *buglossa*, empr. au gr. *buglôssa*, langue de bœuf. Désigne une plante à fleurs bleues.

bugrane 1545, Guéroult, du lat. *bucranium*, tête de bœuf, empr. au gr. *boukranion*, de *boukranon* (v. BUCRANE), avec infl. du lat. pop. **boveretina*, arrête-bœuf.

buie V. BUIRE.

building 1895, Bourget, mot anglo-américain, de *(to) build*, construire.

buire 1300, P. de Crescens, altér. de *buie* (XIIe s.), issu du francique **bûk*, ventre (allem. *Bauch*). ‖ **burette** 1305, G. (*buyreite*).

buis XIVe s. (*bois*); 1525, Thenaud (*buis*, refait sur *buisson*); du lat. *buxus*. ‖ **buissaie, buissière** 1507, *Archives*.

buisson 1080, *Roland* (*boissum*); XIIe s. (*buisson*); de **bosc*, forme originelle de *bois*. ‖ **buissonnet** fin XIIe s., Marie de France. ‖ **buissonneux** 1175, Chr. de Troyes. ‖ **buissonner** 1360, *Modus*. ‖ **buissonnier** début XVIe s. ; *école buissonnière*, v. 1540, Marot ; s'est dit d'écoles clandestines tenues en plein air pour se soustraire à la redevance ecclésiastique, puis d'écoles protestantes interdites après l'édit de 1554.

bulbe XVe s., *Grant Herbier*, bot. ; 1836, Landais, anat. ; du lat. *bulbus*, oignon. ‖ **bulbaire** 1888, Lar., spécialisé dans l'acception anat. ‖ **bulbeux** 1545, Guéroult, spécialisé dans le sens botanique.

bulldozer v. 1945 (1948, *L. M.*), mot angl. signif. « qui obtient par la force » ; d'abord membre d'une organisation punitive contre les Noirs (1876) ; puis techn.

bulle XIIe s., G., du lat. médiév. *bulla*, sceau, acte revêtu d'un sceau, d'apr. la boule de plomb attachée au sceau ; XVIe s., *bulle d'air*, repris au lat.

bulletin début XVIe s., de l'ital. *bollettino*, cédule, billet (sens du mot au XVIe s.), de *bolla*, boule (évolution semblable à *bulle*). ‖ **bulletiniste** 1781, Beaumarchais.

bull-finch 1888, Lar., mot angl., talus de terre couronné d'une haie. Terme de courses.

buna XXe s. (1953, Lar.), caoutchouc artificiel fabriqué par les Allemands avec le butadiène et le sodium (symbole *Na*).

bungalow 1829, Jacquemont, mot angl. issu de l'hindî *bangla*, bengalien.

bunias 1550, Guéroult, du lat. *bunias*, empr. au gr. *bounias*, espèce de navet.

buplèvre 1562, Du Pinet (*bupleuron*) ; 1783, *Encycl. méth.* (*buplèvre*) ; du lat. *bupleuron*, bot., oreille-de-lièvre, empr. au grec *boupleuron*, propr. côte de bœuf.

bupreste 1372, Corbichon, du lat. *buprestis*, bot., empr. au gr. *bouprêstis*, enfle-bœuf.

burat 1593, *Argenterie du roi*, de l'ital. *buratto*, de même rac. que *bure*. ‖ **buratin, -ine** 1690, Furetière, variante.

1. *bure 1138, *Saint Gilles* (*burel*) ; XVIe s. (*bure*) ; du lat. pop. **būra*, var. probable de *burra*, bourre. ‖ **bureau** 1392, Froissart, « étoffe » (jusqu'au XVIIe s.) ; XIIIe s., « tapis de table » ;

1552, « meuble à écrire » ; XVIIe s., « pièce où est ce meuble » ; 1675, Huet, commerce. ‖ **burelé** XIIIe s., Huon de Méry, « rayé comme les tapis de bureaux ». ‖ **burelle** 1615, Binet. ‖ **buraliste** fin XVIIe s. ‖ **buralisme** XVIIIe s., d'Argenson. ‖ **bureaucrate** fin XVIIIe s. ‖ **bureaucratie** 1759, Gournay. ‖ **bureaucratique** 1798, *Acad*. ‖ **bureaucratisme** 1842, J.-B. Richard.

2. bure 1751, *Encycl.*, « puits de mine », du wallon *beur* désignant, d'apr. Haust, une hutte élevée sur le puits, de l'anc. haut allem. *būr*, maison (normand, *bure*, maison rurale).

bureau V. BURE 1.

burg début XIXe s., repris à l'allem. au sens de « château fort » par les écrivains romantiques. ‖ **burgrave** 1413, Lannoy (*bour-*) ; 1549, C. E. V. (*bur-*) ; de l'allem. *Burggraf*, comte d'un bourg. ‖ **burgraviat** 1550, G.

burgau 1580, Palissy, du nom de personne *Burgaut*, comme l'anc. fr. *burgaut*, homme violent et stupide (fin XIVe s.). ‖ **burgaudine** 1701, Furetière.

burger 1793, *Encycl. méth.*, même mot que l'anc. fr. *burgier* « frapper », fréquentatif du francique **būrjan*, s'élancer. Terme techn., « produire une ébullition dans le verre en fusion en y plongeant une baguette de bois vert ».

burin 1420, *Inv. de Philippe le Bon*, de l'anc. ital. *burino* (auj. *bulino*), issu du germ. (allem. *bohren*, percer). ‖ **buriner** 1558, Du Bellay. ‖ **burineur** 1787, C. E. V.

burle, burlesque V. BOURLE.

burnous 1556, *Description de l'Afrique* (*barnusse*), « manteau à capuchon » ; 1830, Ch. Piquet, « manteau d'Arabe » (*barnous*) ; 1839, Balzac (*burnou*) ; XXe s., « vêtement d'enfant » ; de l'ar. *bournous*, manteau à capuchon, qui a donné aussi *alburnos*, avec article, manteau à capuce des chevaliers de Malte (1706) ou manteau des Arabes (1826, Chateaubriand).

buron 1175, Chr. de Troyes (*buiron*), de *bure*, hutte, empr. au haut allem. Il désigne en Auvergne un chalet pastoral où l'on fabrique du fromage.

bus 1907, abrév. d'*autobus*.

busaigle, busard V. BUSE 1.

busc 1545, Montaiglon, de l'ital. *busco*, bûchette (rac. *bûche*). ‖ **busquer** XVIe s., garnir d'un busc. ‖ **busqué** 1743, *Trévoux*, corseté. ‖ **busquière** 1690, Furetière.

1. buse apr. 1450, Meschinot, « oiseau », de l'anc. fr. *buison, buson* (jusqu'au XVIe s.), du lat. *būteo, -onis*, avec changement de suffixe. ‖ **busard** XIIe s., Fantosme. ‖ **busaigle** XIXe s.

2. buse XIIIe s., *Médicinaire liégeois*, « conduit », mot du Nord, du moyen néerl. *buse, buyse*, même sens.

3. buse 1160, *Athis* (*buce*) ; 1722, Aubin, « bateau » ; du scand. *búza*, par l'intermédiaire du moyen néerl. *buse*.

business début XIXe s. (pop. *bizness*), mot angl., de *busy*, occupé. ‖ **businessman** 1871, M.-A. Gromier.

busse XIIIe s., G. « tonneau », var. probable de *bosse*, tonneau de sel, du lat. pop. **bŭttia*, de *bŭttis*, même sens.

busserole 1775, Bomare, du prov. mod. *bouisserolo*, de *bouis*, buis.

buste 1356, Fagniez, ital. *busto*, issu du lat. *bustum*, monument funéraire, buste (celui-ci ornant souvent les monuments funéraires).

but début XIIIe s., sans doute du francique **būt*, souche, billot (d'apr. le scand. *butr*), puis but de flèche. ‖ **butée** 1694, Th. Corn. ‖ **buter** fin XIVe s., G., « heurter, viser » (jusqu'au XVIIe s.); 1821, Ansiaume, « tuer ». ‖ **butoir** 1690, Furetière, « couteau » ; 1863, L., « heurtoir ». ‖ **abuter** XIIIe s., P. Gastineau. ‖ **débuter** 1549, R. Est., « jouer un premier coup ». ‖ **début** 1642, Oudin, déverbal. ‖ **rebuter** XVe s., A. de La Salle, « repousser du but ». ‖ **rebut** 1549, R. Est., déverbal. ‖ **rebutant** 1674, Boileau.

butadiène, butane V. BUTYREUX.

butin XIVe s., G. de Charny, du moyen bas allem. *būte*, partage (allem. *Beute*, proie), terme de mar., venu des villes hanséatiques. ‖ **butiner** XIVe s., « piller » (jusqu'au XVIIe s.); XVIIe s., en parlant de l'abeille. ‖ **butineur** 1468, Chastellain.

butoir V. BUT.

butor 1130, *Tristan* ; 1671, Molière, fig.; sans doute d'un composé *butiotaurus*, lat. *butio*, butor, et *taurus*, taureau (surnom du butor à Arles d'apr. Pline) ; *butio* est dér. de *butire*, crier (en parlant de la buse). ‖ **butorderie** fin XVIIIe s., Voltaire.

butte 1360, *Modus*, « tertre portant la cible » (jusqu'au XVIIe s.), forme fém. de *but*. ‖ **butter** 1701, Furetière, « disposer en butte ». ‖ **buttage** 1747, Restaut (*butage*).

butyreux 1560, Paré, du lat. *butyrum*, beurre. ‖ **butyrique** 1842, *Acad.* ‖ **butylène** 1866, Lar. ‖ **butyromètre** 1863, L. ‖ **butane** (*gaz*), fin XIXe s., créé avec la rac. de *butyrique*. ‖ **butène** XXe s. ‖ **butadiène** 1937, de *éthylène*.

buvable, buvard, buvette V. BOIRE.

buzzer XXe s., mot angl., de *(to) buzz*, bourdonner, chuchoter.

byronien 1836, Chateaubriand, de Byron (1788-1824).

byssus fin XIVe s., mot lat., empr. au gr. *bussos*, coton, d'origine sémitique. ‖ **byssinose** XXe s. (1960, Lar.).

byzantin milieu XIXe s., Quinet, fig., du lat. *byzantinus*, empr. au gr. *Buzantion*, de Byzance, à cause des querelles religieuses, mesquines, auxquelles les Byzantins s'adonnaient aux XIVe-XVe s. ‖ **byzantiniser** 1851, Herzen. ‖ **byzantinisme** 1851, Herzen.

C

ça 1665, Molière, altér. de *cela* ou confusion avec l'adv. *çà* : l'opposition *ci/çà* a entraîné *ceci/c(e)ça*, d'où *ça*.

*çà 1080, *Roland* (var. *çai*), du lat. pop. *ecce-hac*, renforcement par *ecce*, voici, de *hac*, par ici (v. CE, CI). ‖ **deçà** fin XIIᵉ s., *Couronn. de Loïs.* ‖ **céans** début XIIᵉ s., *Voy. de Charlem.* (*çaenz*), de *çà* et de l'anc. fr. *enz*, dedans (lat. *intus*) ; il s'opposait à *léans* (*la-enz* ; encore au XVIIᵉ s., La Fontaine) ; restreint à quelques loc. (*maître de céans*).

caama 1930, Lar., mot hottentot désignant une antilope.

cab 1850, *Charivari*, mot angl., abrév. de *cabriolet*.

cabale 1546, Rab., « tradition hébraïque » ; 1586, L'Estoile, « manœuvres » ; de l'hébreu *qabbalah*, tradition. ‖ **cabaler** 1617, *Mercure*. ‖ **cabaleur** début XVIIᵉ s., Tallemant des Réaux. ‖ **cabaliste** 1532, Rab. ‖ **cabalistique** *id.*

caban milieu XIVᵉ s., texte en latin, du sicilien *cabbanu* (la var. *gaban* vient de l'esp. *gaban*), dér. de *cabba*, issu de l'ar. *qabā*, manteau d'homme.

cabane début XIVᵉ s., du prov. *cabana*, du bas lat. *capanna* (VIIᵉ s. Isidore de Séville). ‖ **cabanon** 1752, *Trévoux*, spécialisé en « cellule d'aliéné » ; XIXᵉ s., pied-à-terre de campagne, en Provence. ‖ **encabaner** 1856, Lachâtre.

1. cabaret fin XIIIᵉ s., Baudoin de Sebourc, « buvette » ; XVIIᵉ s., « meuble » ; mot picard, du néerl. *cabret*, issu du picard *cambrette*, petite chambre. ‖ **cabaretier** *id.*

2. cabaret début XVIᵉ s., « plante », altér. d'apr. le précédent ; de *baccaret* (XVIᵉ s.), dér. du lat. *baccaris*, empr. au gr. *bakkaris*, de même sens.

3. cabaret 1751, *Encycl.*, « linotte » ; mot normand ; orig. obscure.

cabas 1495, J. de Vignay, du prov. *cabas*, issu du lat. pop. **capacius*, de *capax, -cis*, « qui contient », de *capere*, contenir ; il a désigné longtemps un panier de jonc servant à expédier les figues et les raisins du Midi.

cabèche début XIXᵉ s., de l'esp. *cabeza*, tête. (V. CABOCHE.)

cabernet fin XIXᵉ s., nom de cépage, mot du Médoc.

cabestan 1387, *Arch. Rouen*, prov. *cabestan*, altér. de *cabestran*, dér. de *cabestre*, corde, poulie. (V. CHEVÊTRE.)

cabiai 1575, Thevet (*capiigouare*), zool., rongeur ; fin XVIIIᵉ s., Buffon (*cabiai*) : empr. au tupi-guarani (v. COBAYE), langue indigène du Brésil.

cabillaud 1278, G. (*-aut*), du néerl. *kabeljau*.

cabillot 1687, Desroches, du prov. *cabilhot*, de *cabilha*, cheville. ‖ **cabillet** 1789, *Encycl. méth.* Termes techn. de marine.

cabine 1364, texte de Lille, « maison de jeu », mot picard, var. de *cabane* (on a dit *cabane d'un navire* du XVIᵉ au XVIIIᵉ s.) ; 1688, Blome, sens actuel, repris sans doute à l'angl.

cabinet 1525, Crétin, « chambre intime » ; 1528, Gay, « meuble » ; 1539, R. Est., polit. ; 1708, Furetière, « ministère » ; de l'ital. *gabinetto*, chambre ou meuble.

câble 1310, *ms.* (*caavle*), du prov. ou normand *cable*, issu du bas lat. *capŭlum* (VIIᵉ s., Isidore de Séville) ; il a remplacé *chable*. ‖ **câbleau** 1415, Jal. ‖ **câblière** 1795, *Encycl. méth.* ‖ **câbler** 1701, Furetière, « façonner un câble » ; 1877, Lar., « télégraphier », sens repris à l'angl. ‖ **câblogramme** 1903, Vogüé, de l'angl. *cablegram* (devenu *cable-gramme* [1896, *la Nature*]), abrégé en *câble* (1897, Bourget). || **encablure** milieu XVIIIe s.

caboche 1160, Benoît (*caboce*), forme normanno-picarde, dér. de *bosse*, vulgarisée comme mot pop. à partir du XIVe s. (nom du boucher *Caboche*). Le mot a été confondu de bonne heure avec des dér. d'orig. méridionale, du lat. *caput*, tête (esp. *cabeza*, v. CABÈCHE) ; 1680, Richelet, « clou à grosse tête », de l'ital. *capocchia*, même origine. || **cabochard** 1579, H. Est. || **cabochon** 1380, Gay, « pierre précieuse convexe » ; XVIIIe s., « clou à grosse tête ».

cabosser XIIe s., « former des bosses », en parlant des souliers ; XVIe s., « déformer par des bosses » ; du préfixe *ca-*, expressif, et de *bosse*.

1. cabot 1821, Ansiaume, « chien à grosse tête », mot méridional ou normand, dér. de *cap*, tête, désignant dans les dialectes divers animaux à grosse tête (têtard, chabot).

2. cabot 1888, Rigaud, « caporal » en argot milit., abrév. de *capo(ral)*.

3. cabot V. CABOTIN et CHABOT.

caboter 1678, Guillet, de l'esp. *cabo*, cap. || **cabotage** 1678, Guillet. || **caboteur** 1542, G.

cabotin 1770, P. Daire, « comédien ambulant », paraît représenter le nom d'un comédien ambulant de l'époque Louis XIII ; il est aussi rapproché d'un mot picard (XVIIIe s.), « petit badin ». || **cabot** 1865, Flaubert, abrév. || **cabotiner** 1774, *Confess. Audinot.* || **cabotinage** 1805, Stendhal.

caboulot 1852, nom d'un cabaret de la rue des Cordiers d'apr. Rigaud ; mot franc-comtois signif. « réduit », croisement de *cabane* avec un mot obscur, peut-être d'origine gauloise.

cabre 1540, Rab., « chèvre » ; 1827, *Acad.*, sens techn. ; du prov. mod. *cabro*, chèvre.

cabrer fin XIIe s., « se dresser sur ses pieds de derrière » ; XIVe s., *se cabrer* ; du prov. (*se*) *cabrar*, se dresser comme une chèvre ; 1608, d'apr. *Trévoux*, fig. || **cabrage** 1930, Lar.

cabri 1392, E. Deschamps, du prov. *cabrit* ; il a remplacé l'anc. fr. *chevri* (lat. pop. *capritus*), *Loi salique* (de *capra* chèvre).

cabriole 1562, Tahureau, écrit souvent *capriole* (XVIe s.-XVIIe s.), de l'ital. *capriola*, de *capriolo*, chevreuil, avec infl. de *cabri*. || **cabrioler** 1584, Du Monin, de l'ital. *capriolare*. || **cabrioleur** 1625, *Rec. comptes argenterie.* || **cabriolet** 1755, *Mercure*, « voiture légère qui cabriole » ; 1757, Duvaux, « jeu » ; 1757, Grimm, « coiffure ».

cabus 1256, Ald. de Sienne, du prov. *cabus*, empr. à l'ital. *capuccio*, chou à grosse tête. Le dér. *cabusser* (1600, O. de Serres) n'a pas vécu. On trouve *cabucher* dans les parlers régionaux.

cabussière 1803, Boiste, « filet pour capturer les macreuses », mot du Midi, du prov. mod. *cabussiero*, de *cabussar*, plonger, de *cap*, tête.

caca 1534, Des Périers, mot enfantin formé sur le modèle des redoublements, du lat. *cacare*, qui a donné *chier*. (V. DADA, PAPA.)

cacaber 1560, Paré, du lat. *cacabare* (poème de *Philomèle*), empr. au gr.

cacade fin XVIe s., Brantôme, de l'ital. *cacata* ; la var. *cagade* (fin XVIe s., d'Aubigné) vient du prov.

cacahuète début XIXe s., fém., de l'esp. *cacahuate*, masc., empr. au nahuatl, langue des Aztèques, *tlacucahuatl*, avec une initiale confondue avec l'article.

cacao 1532, A. Fabre, de l'esp. *cacao*, empr. au nahuatl, langue des Aztèques, *cacauatl*. || **cacaoyer** 1686, Frontignières. || **cacaotier** 1698, De Laet. || **cacaoyère** ou **cacaotière** 1730, Savary. || **cacaoté** XXe s. (1949, *L. M.*).

cacarder 1613, Delb., orig. onomatop.

cacatois 1663, Herbert (var. *kakatoès*), du néerl. *kakatoe*, empr. au malais *kakatûwa*, onomat. d'apr. le cri du perroquet, peut-être aussi infl. du port. *cacatua*. Comme terme de marine, dér. synonymique d'apr. perroquet.

cachalot 1628, Contant (*-lut*) ; esp. *cachalote*, de *cachola*, caboche, c'est-à-dire « poisson à grosse tête »

*cacher XIIIe s., *Saint Graal*, « fouler », et sens actuel, du lat. pop. **coacticare*, serrer, fréquentatif de *coactare*, contraindre ; il a remplacé *escondre* (lat. pop. **excondere*). Pour l'évolution sémantique cf. *resserre*. || **cache** 1561, *Anc.*

Théâtre fr., fém., « cachette »; 1898, *Encycl. pop.*, en photogr., masc., déverbal. ‖ **cachette** 1313, God. de Paris. ‖ **cachot** milieu XVIe s., dimin. ‖ **cachotter** 1550, Delb. ‖ **cachotterie** apr. 1650, Bossuet. ‖ **cachottier** 1670, *Lettre à Huet*. ‖ **cache-cache** 1778, *Courrier de l'Europe*. ‖ **cache-col** 1534, *Gargantua* (*-coul*). ‖ **cache-corset** v. 1880. ‖ **cache-misère** 1866, Delvau. ‖ **cache-museau** 1548, Du Fail. ‖ **cache-nez** 1549, R. Est. ‖ **cache-pot** fin XVIIe s., Huet (*vente à cache-pot*); 1830, *la Mode*, sens mod. ‖ **cache-poussière** fin XIXe s. ‖ **cache-sexe** fin XIXe s. ‖ **cache-tampon** 1863, L. ‖ **écacher** 1160, Benoît, de *cacher*, fouler. ‖ **écachement** XVe s., G. ‖ **écacheur** 1571, *Ordonn.* ‖ **cachet** 1474, Bartzsch, « empreinte sur la cire », de *cacher*, presser; fig. 1774, *Corr. litt. phil. et crit.* ‖ **cacheter** 1464, Bartzsch. ‖ **décacheter** début XVIe s. ‖ **recacheter** *id.*

cachet V. CACHER.

cachexie 1538, Canappe, lat. méd. *cachexia*, empr. au gr. *kakhexia*, mauvaise constitution (*kakos*, mauvais, et *hexis*, état). ‖ **cachexique** *id.*, du lat. méd. *cachecticus*, empr. au gr. *kakhektikos*.

cachiman 1640, Bouton, bot., mot créole. ‖ **cachimentier** 1654, Du Tertre. Nom d'un arbre équatorial.

cacholong 1775, Bomare, mot kalmouk *cach*, signif. « pierre du fleuve ».

cachot V. CACHER.

cachou 1651, Hellot, du port. *cachù*, empr. au malais ou au dravidien *kâchu*.

cachucha 1837, Barbey, mot esp. qui indique une danse andalouse.

cacique 1515, Redouer, « chef des anciens Mexicains »; 1803, Boiste, famille de passereaux d'Amérique, mot esp., empr. à l'arawak, langue indigène d'Amérique centrale; fin XIXe s., argot scol., « premier de promotion ». ‖ **cacical** XIXe s., J. d'Hospital.

caco-, du gr. *kakos*, mauvais. ‖ **cacochyme** 1503, Guy de Chauliac (*-ime*), du gr. méd. *kakokhumos*, de *khumos*, humeur. ‖ **cacodyle** fin XIXe s., du gr. *odmê*, odeur, et *hulê*, matière. ‖ **cacographie** 1579, Joubert. ‖ **cacographe** 1829, Boiste. ‖ **cacologie** 1611, Cot-

grave, du gr. *kakologia*, de *logos*, parole. ‖ **cacophonie** 1587, Ronsard, du gr. *kakophônia*, de *phônê*, son.

cacolet 1819, Boiste, du gascon pyrénéen *cacoulet*, d'orig. basque.

cacouac 1757, Moreau, sobriquet donné aux philosophes; orig. expressive.

cactus fin XVIIIe s. (*cactier*); 1819, *Obs. des modes* (*cactus*); du lat. bot. *cactus*, empr. au gr. *kaktos*, artichaut épineux. ‖ **cactée** 1803, Boiste (*-té*); 1842, *Acad.* (*-tées*). ‖ **cactiforme** 1930, Lar. ‖ **cactin** *id.*

cacuminal fin XIXe s., dér. du lat. *cacumen, -inis*, sommet.

cadastre 1527, Bodin, « cadastre de Toulouse »; étendu, au XVIIIe s., au nord de la France; mot prov., altér. de l'anc. ital. *catastico*, empr. au bas gr. *katastikhon*, liste, registre (*kata*, prép., *stikhos*, ligne). ‖ **cadastral** 1790, Necker. ‖ **cadastrer** 1781, Turgot. ‖ **cadastration** 1875, *Journ. off.*

cadavre XVIe s., *Chron. bordelaise*, du lat. *cadaver*. ‖ **cadavéreux** 1546, Rab. ‖ **cadavérique** 1787, Féraud. ‖ **cadavériquement** v. 1880, Huysmans.

caddie 1907, Lar., mot angl. signif. commissionnaire.

1. cade 1518, G., bot., mot prov., du bas lat. *catănum* (fin VIIe s., glose d'Espagne).

2. cade 1793, *Décret*, mesure de capacité, baril de salines, du gr. *kados*, tonneau.

cadeau fin XIIe s., *Girart de Roussillon*, « lettre capitale » avec enjolivures; 1680, Furetière, « enjolivures », au pr. et au fig.; 1659, Molière, « divertissement offert à une dame »; 1787, Féraud, « présent »; du prov. *capdel*, chef, issu du lat. *capitellum*, dér. de *caput*, tête, confondu pour le sens avec *capdal*, lat. *capitalis*. ‖ **cadeler** av. 1450, René d'Anjou, sur le sens d' « enjoliver ».

cadédiou, cadédis 1636, Corn., jurons gascons, contraction de *cap de Diou*, tête de Dieu; employé dans les comédies des XVIIe-XVIIIe s.

cadenas 1529, G. Tory (var. *cathenat*), du prov. *cadenat*, dér. de *cadena*, chaîne, issu du lat. *catena* : l'arceau du cadenas ayant été comparé à une chaîne. **cadenasser** 1530, trad. de Folengo.

cadence fin XVᵉ s., « chute »; 1559, O. de Magny, « terminaison d'une période, rythme »; de l'ital. *cadenza*, issu du lat. *cadere*, tomber. ‖ **cadencer** 1597, Cyre Foucault (*-cé*).

cadène début XIVᵉ s., de l'ital. *catena*, chaîne (var. *catène*), terme de marine (*cadène de haubans*) ; 1829, chaîne de forçat, du prov. mod. *cadeno*.

cadenette 1653, Loret, mèche de cheveux mise à la mode, sous Louis XIII, par H. d'Albert, sire de *Cadenet* (Provence) ; plus tard, tresse de cheveux.

1. cadet XVᵉ s., J. de Bueil, « puîné », qu'il a remplacé au cours du XVIIIᵉ s., du gascon *capdel*, chef, forme dial. de *capdel* (v. CADEAU) ; les capitaines gascons servant dans l'armée royale, aux XVᵉ-XVIᵉ s., étaient généralement des puînés de familles nobles (sens du XVIIᵉ s., Cotgrave). ‖ **cadette** 1801, Boiste, « petite queue de billard ». ‖ **cadichon** 1670, Sévigné.

2. cadet v. 1904, membre d'un parti de droite de Russie ; des initiales K(onstitutionnel)-D(émocrate).

cadi V. ALCADE.

cadis 1352, Gay, « serge du Midi », mot prov., empr. à l'esp. *cadiz*, sans doute étoffe fabriquée à *Cadix* (esp. *Cadiz*).

cadmie fin XIIIᵉ s. (*camie*) ; 1538, Canappe (*cadmie*) ; du lat. *cadmia*, empr. au gr. *kadmeia*, minerai de zinc, extrait près de Thèbes, cité de *Kadmos*. ‖ **cadmium** 1808, tiré de la cadmie par Pontin. ‖ **cadmiage** v. 1925.

cadogan v. 1780, *Description des arts et métiers* (var. 1768, Piron, *catogan*), coiffure mise à la mode par le général anglais *Cadogan* (1675-1726).

cadran XIIIᵉ s., G. (*quadran*), du lat. *quadrans*, part. prés. de *quadrare*, former un carré, les cadrans solaires étant carrés ou rectangulaires. ‖ **cadrannerie** 1783, *Encycl. méth.*

cadrat XVIIᵉ s., Naudé (*qua*), du lat. *quadratus*, carré. ‖ **cadratin** 1680, Richelet (*qua-*). Termes techn. de l'imprimerie.

cadre 1549, Rab., « carré », et sens actuel; XXᵉ s. (1931, Farbman), pl., « personnel d'encadrement »; de l'ital. *quadro*, carré. ‖ **cadrer** 1529, G. Tory (*qua-*), avec prép. *à*; XVIIᵉ s., avec prép. *avec*;

1912, *le Film*, en cinéma; de *cadre* ou du lat. *quadrare*, s'adapter. ‖ **cadrage** 1866, Lar., « ensemble de cadres »; 1924, Ducom, cinéma. ‖ **encadrer** 1752, *Trévoux*. ‖ **encadrement** 1756, Brunot. ‖ **encadreur** 1870, Lar.

caduc 1392, E. Deschamps, du lat. *caducus*, de *cadere*, tomber; *mal caduc* (épilepsie), XVIᵉ s. Michel de Tours. ‖ **caducité** 1479, Lecoy. ‖ **caducibranches** XXᵉ s. (1960, Lar.), en zool. ‖ **caducifolié** *id.*, en bot.

caducée 1455, Fossetier (*caduce* f.), du lat. *caduceus*, issu du gr. *kêrukeion*, insigne du héraut (*kêrux*).

cæcum 1538, Canappe, du lat. méd. (*intestinum*) *caecum*, intestin aveugle, le cæcum étant en cul-de-sac. ‖ **cæcal** 1654, Gelée.

cæsium, césium corps simple découvert en 1860 par Bunsen et Kirchhoff, du lat. *caesius*, gris-vert, d'apr. la couleur de ce métal.

cafard 1480, Gringore (*-phar*), « bigot » (sens vulgarisé par les huguenots), puis dénonciateur hypocrite (qui se cache) ; XVIIᵉ s., « blatte »; 1882, Ginisty, *avoir le cafard*, fig., arg. milit. d'Afrique; de l'ar. *kâfir*, mécréant, esp. *cafre*, cruel. ‖ **cafarder** milieu XVᵉ s., « dénoncer ». ‖ **cafardage** 1765, Rousseau. ‖ **cafarderie** XVᵉ s., G. ‖ **cafardeux** XXᵉ s. (1959, Lar.). ‖ **cafardise** 1551, A. Désiré.

café 1610, trad. de Paludanus (*chaone*) ; 1651, Lambert (*cafeh*) ; le premier café fut ouvert à Marseille en 1654; de l'ital. *caffè*, empr. à l'ar. *qahwa*, prononcé à la turque *kahvé*; la forme *caoua* a été reprise par l'argot milit. d'Afrique (1888). ‖ **caféier** 1743, Geffroy (*cafier*) ; 1791, *Encycl. méth.* (*-eyer*). ‖ **caféine** isolée par Runge, en 1820. ‖ **caféone** 1867, Lar. ‖ **caféisme** 1878, Lar. ‖ **cafetier** 1680, Richelet, *t* analogique; 1846, Balzac, « débitant ». ‖ **cafetière** 1685, Dufour, « récipient »; 1836, Mᵐᵉ de Girardin, « établissement ». ‖ **décaféiner** 1911, *L. M.* ‖ **décaféination** 1911, *L. M.* ‖ **café-concert** 1865, Vallès.

cafouiller 1740, Cottignies, renforcement de *fouiller* avec le préfixe péjor. *ca-*; formation picarde (« fouiller »). ‖ **cafouillage** 1912, *L. M.* ‖ **cafouilleux** XXᵉ s.

caftan 1537, Saint-Blancard, de l'arabo-persan *qaftān*.

***cage** 1155, Wace, du lat. *cavĕa*, de *cavus*, creux (forme pop. *Chaye*) ; la conservation du *c* est due soit à un emprunt tardif, soit à une forme picarde. || **cageot** 1467, *Ordonn.* || **cagée** 1599, Desparron. || **cagette** 1321, Du Cange. || **cagier** *id.* || **cagerotte** 1551, Cottereau. || **encager** fin XIIIe s., Guiart. || **encagement** 1907, Lar.

cagibi 1891, Coulabin (*cagibiti*), « petit réduit » ; 1915, « abri de tranchées » ; mot de l'Ouest qui paraît être une altér. de *cabane*, à finale obscure, avec infl. de *cage*. || **cachibi** fin XIXe s., « casier », avec infl. de *cacher*.

cagna 1883, au Tonkin, « abri de campagne » ; 1915, « abri de tranchées » ; de l'annamite *kai-nhâ*, la maison, ou du prov. *cagna*, lieu abrité.

cagne fin XVe s., *Cent Nouv. nouvelles*, de l'ital. *cagna*, chienne, avec valeurs péjor. ; 1480, *Comptes de l'hôtel des Rois de France*, « pavillon ». || **cagnard** 1520, J. Marot, « paresseux comme une chienne ». || **cagnardise** 1540, Calvin. || **cagneux** 1607, de Francini, d'apr. la forme des pattes antérieures du chien. || **acagnarder** 1540, Calvin, « accoutumer à la paresse ».

cagnotte 1836, Raymond, « cuveau pour vendange » ; 1855, V. Rozier, « corbeille pour enjeux », « enjeux conservés » ; du gascon mod. *cagnoto*, cuveau, de *cana*, récipient.

cagot début XVe s., « lépreux » ; XVIe s., fig., par infl. de *bigot* ; mot béarnais (lépreux blanc), peut-être péjor., dér. de *cagar*, chier. || **cagoterie** 1598, Ph. de Marnix. || **cagotisme** 1667, Molière. || **cagou** 1436, *Journ. de Paris* ; 1596, *Vie généreuse*, « lépreux simulé, chef des gueux » en argot ; XVIIe s., Scarron, « gueux ».

cagoule XIIIe s., Jean Gastineau (*cogole*) ; 1552, Rab., mot du Sud-Ouest ; du lat. chrét. *cuculla* (IVe s., saint Jérôme), var. de *cucullus*, capuchon, cape à capuchon ; l'*a* est dû à *cagouille* (v. CUCULLE). || **cagoulard** XXe s., polit. (v. 1936).

cague 1702, *Dict. de mar.*, du néerl. *kaag*, bateau plat ou chaland.

***cahier** 1160, Benoît (*quaer*) ; XIIIe s.

(*qŭaier*) ; du bas lat. *quaternus*, lat. *quaterni*, distributif de *quatuor*, quatre, c'est-à-dire feuille pliée en quatre (lat. *quaternio*, cahier de quatre feuilles). || **carnet** 1416, texte de Lyon, de l'anc. forme *quaer(n)*.

cahin-caha 1552, Rab., prononciation médiév. de *qua hinc qua hac*, par-ci par-là (var. XVe s., M. Le Franc, *kahu-kaha*).

cahoter 1564, J. Thierry ; fig. XVIIIe s. ; du préfixe *ca-*, péjor., et du francique ***hottôn*, balancer. || **cahot** 1460, déverbal. || **cahotement** 1769, Tissot. || **cahoteux** 1678, *Archives*. || **cahotique** XXe s. (1950, Queneau), fig.

cahute XIIIe s., E. Caupain (*chaüte*) ; XIVe s. (*quahute*) ; de *hutte* et du préfixe péjor. *ca-*, avec infl. possible d'un mot néerl.

caiche 1666, Colbert (*cache*), « embarcation pontée des mers du Nord », de l'angl. *ketch*.

caïd 1308, *Hist. des Normands* ; 1827, *Acad.*, de l'ar. *qā'id*, chef de tribu ; sens pop. « chef de bande », XXe s.

caïeu 1651, Bonnefons, « bulbe secondaire » ; 1733, Lémery, « moule » ; mot picard signif. « rejeton », métaphore de l'anc. fr. *chael* (picard *cael*), petit chien, du lat. *catellus*.

caillasse V. CAILLOU.

caille VIIIe s., *Reichenau* (*quaccola*) ; fin XIIe s., *Chron. d'Antioche* (*quaille*) ; du francique, d'orig. onom. (néerl. *kakkel*).

caillebotter V. CAILLER.

***cailler** XIIe s., *Ps.* (*coailler*), du lat. *coagŭlare*. || **caillette** 1398, *Ménagier*, « estomac des ruminants », car on fait cailler le lait avec de la présure retirée de l'estomac d'un jeune veau. || **caillement** 1490. || **caille-lait** 1701, Furetière. || **caillot** XVIe s., G. || **caillebotter** XIIIe s., Chr. Legouais, mot de l'Ouest, de *cailler* et *bouter* (dial. *boter*), mettre, c.-à-d. mettre en caillé. || **caillebotis** 1678, Guillet. || **caillebot** 1560, Paré, « caillot de sang » ; 1791, *Encycl.*, « viorne, boule-de-neige », à cause de la couleur de ses fruits. || **caillebote** XVIe s. (V. COAGULER.)

1. **caillette** V. CAILLER, CAILLOU.

2. **caillette** 1530, Marot, « personne frivole », nom d'un bouffon de Louis XII

et de François Ier; d'abord masc. (encore chez Cotgrave 1611), puis fém. sous l'infl. de la syllabe finale. || **cailleter** 1766, Rousseau. || **cailletage** 1758, Sainte-Maure.

caillot V. CAILLER.

caillou XIIe s., *Erec et Enide* (*chaillo*); XIIIe s.(*caillou*); forme normanno-picarde, du gaulois *caliavo, dont le rad. préindoeuropéen *cal, signif. pierre, rocher, est attesté dans les noms de lieux.|| **caillouter** 1757, *Inv. de Mme de Pompadour*. || **caillouteux** 1573, Liébault (*cailloueux*). || **cailloutage** fin XVIe s., Sully. || **cailloutis** 1700, Liger. || **caillasse** 1864, L., avec suffixe augmentatif substitué. || **caillette** 1774, Jarsaillon, « gravier ».

caïman 1584, Fumée (*caymane*); 1588, de La Porte (*caïman*); de l'esp. *caiman*, mot caraïbe; passé en argot scol. en 1895 (*les Normaliens*).

caïque 1575, *Lettre à Villeroy* (*caïq*), de l'ital. *caicco*, empr. au turc *kajik*, petite embarcation non pontée.

caire 1544, Alfonse de Saintonge, « filasse tirée de l'écorce de noix de coco »; orig. obscure.

cairn 1797, Mackenzie, « tumuli celtiques en pierres sèches », de l'irlandais *cairn*, tas de pierres, du celte *car-*, pierre.

cairon 1562, texte bordelais (*queyron*), « petite pierre taillée »; mot prov. et gascon, dimin. de *caire*, pierre de taille, du lat. *quadratus*, carré.

caisse milieu XIVe s. (*quecce*), « coffre », XVIe s., caisse d'un tambour, du prov. *caissa*, du lat. *capsa*, boîte (v. CHÂSSE); 1636, Monet « coffre-fort ». || **caisser** 1701, Furetière. || **caisserie** 1869, L. || **caissette** 1869, L. || **caissier** 1595, Dampmartin. || **caisson** début XVe s. (*caixon*), de l'ital. *cassone*, augmentatif de *cassa*, caisse, avec infl. de *caisse* (le prov. *caisson* est un dimin.). || **décaisser** 1701, Furetière. || **encaisser** début XVIe s. || **encaisse** 1845, Besch. || **encaissement** 1701, Furetière, « action de mettre dans une caisse »; 1832, Raymond, sens financier. || **encaisseur** fin XIXe s. || **rencaisser** début XVIIIe s.

caisson V. CAISSE.

cajeput 1739, *Hist. de l'expédition de la Cie des Indes*, du malais *kayou-pouti*, arbre blanc.

cajoler 1560, Paré, « crier », en parlant du geai; XVIe s., « caqueter » (jusqu'au XVIIe s.); début XVIIe s., « échanger de doux propos », sous l'infl. de « *enjoler* », et «chercher à capter»; adaptation de l'anc. fr. *gaioler*, caqueter ou crier en parlant du *geai*, avec infl. de *cage*. || **cajolerie** fin XVIe s., G. || **cajoleur** *id*.

cake 1795, Behrens, mot angl. signif. « gâteau ».

cake-walk 1895, Bourget, danse vulgarisée en France fin 1902 (*le Petit Bleu*), mot anglo-américain désignant une danse nègre (signif. marche au gâteau).

cal fin XIIIe s., fabliau, du lat. *callus*. || **calleux** 1314, Mondeville (*cailleux*); début XVIe s. (*calleux*), du lat. *callosus*. || **callosité** 1314, Mondeville (*call-*), du lat. *callositas*.

calage V. CALER.

calambour 1540, Balarin, du port. *calambuco*, empr. au malais *kalambaq*. Terme de bot. désignant un bois odorant des Indes.

calame 1540, Rab., du lat. *calamus*, roseau.

calament 1256, Ald. de Sienne, du lat. *calaminthe*, empr. au gr., désignant une plante odorante.

calamine XIIIe s., *D. G.* (*cale-*), du lat. médiév. *calamina*, altér. de *cadmia* (v. CADMIE). || **calaminaire** 1560, Paré.

calamistrer XIVe s., G., du lat. *calamistrum*, fer à friser.

1. **calamite** 1265, Br. Latini (*calemite*), « résine tirée des roseaux »; 1771, « végétal fossile », du lat. *calamus*, roseau.

2. **calamite** 1316, G. (*calmite*), « aiguille aimantée »; XVIe s., « amphibole qui attire la salive dans la bouche »; de l'ital. *calamita*, de *calamo*, roseau, le roseau servant de flotteur à l'aimant de la boussole.

calamité 1355, Bersuire, du lat. *calamitas*. || **calamiteux** XVe s., G. Tardif, du lat. *calamitosus*.

1. **calandre** [rouleau]. V. CALANDRER.

2. **calandre** XIIe s., G., « alouette », du prov. *calandra*, issu du lat. pop. *calandra*, mot gr. || **calandre** 1539, R. Est., « charançon », paraît être un emploi métaph., le rostre de l'insecte rappelant

un bec; les deux valeurs (oiseau et charançon) coexistent aussi en italien.

calandrer 1400, G., « lustrer avec un cylindre », du bas lat. **calendra*, adaptation du gr. *kulindros*, cylindre. || **calandrage** 1771, Schmidlin. || **calandreur** 1313, G. || **calandre** fin XVe s., « cylindre »; 1816, Beaumier, « pompe »; XXe s. (1951, Lar.), automobile.

calanque 1678, Guillet; 1690, Furetière (*-angue*); du prov. mod. *calanco*, crique rocheuse (XIIIe s., « cabanon, ruelle »), de même rac. que *caillou* et *chalet*.

calcaire 1751, *Encycl.*, du lat. *calcarius*, de *calx, calcis*, chaux. || **calcémie** XXe s. (1951, Lar.), gr. *haima*, sang. || **calcique** 1842, *Acad.* || **calcite** 1723, Veneroni. || **calcium** 1808, Boiste. || **décalcifier** 1911, *L. M.* || **décalcification** 1911, *L. M.*

calcanéum 1541, Canappe, mot lat. signif. « talon », de *calcare*, fouler.

calcédoine XIIe s., *Marbode*, du lat. *chalcedonius*, empr. au gr. *Khalkêdôn*, ville près de laquelle on extrayait cette pierre.

calcéolaire av. 1732, Feuillée, du lat. *calceolus*, petit soulier, la fleur rappelant la pointe d'un soulier.

calcet 1622, Hobeir, mar., de l'ital. *calcese*, empr. au lat. *carchesium*, issu du gr. *karkhêsion*; il a remplacé la forme anc. *carcois* (encore chez Oudin).

calcifier V. CALCAIRE.

calcin V. CALCINER.

calciner XIVe s., B. de Gordon, du lat. *calx, calcis*, chaux. || **calcin** 1791, *Encycl. méth.*, « rognures de verre qu'on refond ». || **calcination** v. 1265, J. de Meung. || **calcinable** av. 1750, Buffon.

1. calcul V. CALCULER.

2. calcul 1546, Ch. Est., « concrétion calcaire », du lat. méd. *calculus*, caillou.

calculer 1372, Corbichon, du bas lat. *calculare*, compter (IVe s., Prudence) et, au fig., apprécier (Ve s., Sidoine Apollinaire), du lat. *calculus*, caillou, jeton pour compter, d'où compte. || **calcul** XVe s., Chuquet, « action de calculer »; 1560, Paré, méd. || **calculable** 1741, *Trévoux*. || **calculateur** 1546, Budé, du

lat. impér. *calculator* (Martial). || **calculatrice** XXe s., techn. || **incalculable** 1779, Gérard.

1. cale (d'un navire) V. CALER.

2. cale 1611, Cotgrave, « coin pour caler », de l'allem. *Keil*, coin. || **caler** 1676, Félibien, « mettre une cale »; 1560, Amyot, « céder »; *être calé*, être à son aise, fin XVIIIe s., Hébert.; XIXe s., arg. scol., *être calé*, être instruit; *se caler les joues*, manger. || **cale-pied** 1928, Lar. || **calot** 1732, Th. Corn., dimin. || **calage** 1866, Lar. || **décaler** 1615, Binet. Le sens fig. est du début du XXe s. || **décalage** 1845, Besch. || **recaler** 1832, Raymond.

3. cale 1474, O. de La Marche, « coiffure », peut-être métaphore de *(é)cale*, écorce de noix, c.-à-d. coiffure qui colle à la tête, du francique **skala*. || **calot** milieu XVIIIe s., « fond de calotte »; 1842, *Acad.*, « coiffure de soldat ». || **calotte** 1394, Delb.; péjor. fin XVIIIe s., « les prêtres »; 1808, d'Hautel, « tape sur la tête »; fin XVIIe s., « voûte ». || **calotin** 1717, Brunot, « confrérie des plaisants »; 1780, Brunot, appliqué aux prêtres. || **calot(t)inisme** 1871, E. Vermesch. || **calotter** 1808, d'Hautel, au fig., « donner des gifles ». || **décalotter** 1791, *Encycl. méthod.*, techn.

calebasse 1562, du Pinet (*calabasse*), de l'esp. *calabaza*. || **calebassier** 1637, A. de Saint-Lô.

calèche 1646, Livet (*calège*); 1661, Molière (*calèche*); de l'allemand *Kalesche*, empr. au tchèque *kolesa*, sorte de voiture.

caleçon milieu XVIe s. (*calessons* pl.); 1571, La Boétie (*calçon*); de l'ital. *calzoni* (pl.), augmentatif de *calza*, chausse, bas, du lat. *calceus*. (V. CHAUSSE.)

caléfaction 1398, *Somme Gautier*, du bas lat. *calefaction* (*Digeste*), de *calefacere*, chauffer (*calor*, chaleur; *facere*, faire).

calembour 1768, Diderot; orig. obscure, sans doute en rapport avec *bourde*. || **calembourdier** 1776, *Corr. litt., phil. et crit.* || **calembouresque** XXe s.

calembredaine 1798, *Acad.*, var. de *calembour*, altér. du dial. *calembourdaine*.

calencar 1730, Savary (*-ard*), « toile peinte de Perse », du persan *kalamkar*, ouvrage fait avec le calame.

calendes 1160, Benoît, du lat. *calendae*, premier jour du mois.

calendrier av. 1307, Marco Polo, du lat. *calendarium*, livre d'échéances, en bas lat. calendrier (de *calendae*, calendes).

calendule 1625, Peiresc, du bas lat. *calendula*, souci, la plante étant réputée fleurir tous les mois (de *calendae*, calendes).

calepin 1534, Des Périers, « dictionnaire » (jusqu'au XVIIᵉ s.), ensuite « recueil de notes »; du nom de l'italien A. Calepino († 1510), auteur d'un *Dictionnaire de la langue latine* (1502).

1. caler V. CALE 2.

2. caler 1160, Benoît, « en marine, laisser aller les voiles »; XIXᵉ s., « caler un moteur »; XVIᵉ s., fig., échouer; forme normanno-picarde, du lat. techn. *chalare*, tenir en l'air, suspendre (Vitruve, Végèce), empr. au gr. *khalân*, relâcher, détendre, qui prit un sens nautique en bas lat. ‖ **cale** (de navire) XIIIᵉ s., G. ‖ **calage** (des voiles) 1864, L. ‖ **recaler** fin XVIIᵉ s., « répliquer à quelqu'un »; XIXᵉ s., Flaubert, « refuser à un examen ».

calfat fin XIVᵉ s. (*calefas*), de l'ital. *calfato*, empr. au gr. byzantin *kalaphatês*, issu de l'ar. *jalfaz*. Il désigne l'ouvrier chargé de rendre étanches, avec le *fer à calfat*, les joints d'un pont, d'un navire. ‖ **calfater** XIIIᵉ s. (*calafater*), de l'ital. *calafatare*. ‖ **calfatage** 1527, Delb. ‖ **calfateur** 1373, Du Cange (*-phadeur*). ‖ **calfeutrer** 1382, *Rouen* (*calefestrer*); altér. par *feutre* de *calfater*. ‖ **calfeutrage** 1586, Laudonnière. ‖ **calfeutrement** 1636, Monet.

calibre 1478, Delb., de l'ital. *calibro*, empr. à l'ar. *qâlib*, forme de chaussure, moule à métaux. ‖ **-brer** 1552, Rab. ‖ **calibrage** 1838, *Acad.* ‖ **calibreur** 1888, Lar. ‖ **calibreuse** 1845, Buzonnière.

1. calice fin XIIᵉ s., *Couronn. de Loïs*, « vase sacré », du lat. eccl. *calix, -icis*, coupe; le sens fig. « boire le calice » vient de l'Evangile (Matthieu, XX, 22).

2. calice milieu XVIᵉ s., « calice de la fleur », du lat. *calyx, -ycis*, empr. au gr. *kalux*. ‖ **caliciflore** 1842, *Acad.* ‖ **cali-**

ciforme 1842, *Acad.* ‖ **calicinal** 1827, *Acad.* ‖ **calicicole** 1873, Duval, anat.

caliche 1864, L., minéral, de l'esp. *caliche*.

calicot début XVIIᵉ s. (*callicoos*), rare jusqu'au début du XIXᵉ s., de l'angl.; étoffe fabriquée d'abord à *Calicut*, ville de l'Inde; 1817, Scribe, « commis »; 1823, d'Arrieu, « employé de magasin ».

calife 1080, *Roland* (*algalife*); XIIᵉ s., Delb. (*calife*); de l'ar. *khalîfa*, vicaire, lieutenant. ‖ **califat** 1560, G. Postel.

californium 1950, Seaborg, de *Californie* (université), où cet élément chimique fut obtenu artificiellement.

califourchon (à) 1569, Ronsard (*calfourchon*); v. 1578, d'Aubigné (*cafourchon*); 1611, Cotgrave (*calli-*); altér. de l'anc. fr. *a calefourchies* (XIIIᵉ s., « les jambes écartées »), de *fourcher* et *caler*.

calin 1615, Pyrard, du port. *calaim*, nom de lieu de Malacca. Il désigne un alliage d'étain, de plomb et de cuivre.

câlin 1598, Bouchet, « paresseux, mendiant simulé »; rare jusqu'au XVIIIᵉ s. et pop.; fin XVIIIᵉ s., sens actuel; mot de l'Ouest, empr. au prov. *calina*, chaleur, sans doute déverbal de *câliner*. ‖ **câliner** XVIᵉ s., « paresser », emploi fig. du prov. *calina*, chaleur, au sens « se chauffer au soleil ». ‖ **câlinage** 1657, Tall. des Réaux. ‖ **câlinerie** 1830, Balzac.

calinotade 1863, Delvau, de *Calinot*, puis *Calino*, type créé par les Goncourt (1852), popularisé par un vaudeville de Barrière (1856).

caliorne 1634, Cleirac, de l'ital. *caliorna*, palan.

calisson XVᵉ s., Martin du Canal, « claie »; 1842, *Acad.*; du prov. *calissoun*, forme dissimilée de *canissoun*, clayon de pâtissier, du lat. *canna*, roseau.

callaïte 1842, *Acad.*, du lat. *callais, -idis*, empr. au gr., désignant une pierre précieuse.

calleux V. CAL.

calli- du gr. *kallos*, beauté. ‖ **calligraphe** 1751, *Encycl.*, du gr. *kalligraphos*, de *graphein*, écrire. ‖ **calligraphie** 1569, H. Est., du gr. *kalligraphia*. ‖ **calligraphique** 1828, Boiste. ‖ **callipyge** 1786, *Encycl. méth.*, du gr. *kallipugos* (de *pugê*, fesse), épithète d'Aphrodite.

calmar fin XIIIe s. (*calamar*), « écritoire portative » (jusqu'au XVIIIe s.), de l'ital. *calamaro*, issu du lat. *calămarius*, « qui contient les roseaux à écrire » ; 1552, R. Est., « céphalopode » propre à la Méditerranée, d'apr. le liquide noirâtre qu'il répand.

calme début XVe s., s. fém. (jusqu'au XVIe s.), d'abord mar., de l'ital. *calma*, empr. au gr. *kauma*, chaleur brûlante, et par ext. calme de la mer qui en résulte. ‖ **calmement** 1552, Ronsard. ‖ **calme** adj., XVe s., de l'ital. *calmo*. ‖ **calmer** av. 1450, Gréban, de l'ital. *calmare*. ‖ **accalmie** 1783, *Encycl.*, peut-être part. passé d'un verbe **accalmir*, rendre calme.

calomel 1752, *Encycl.*, du gr. *kalos*, beau, et *melas*, noir : la poudre est noire au début de sa préparation.

calomnie début XIVe s., du lat. *calumnia*. ‖ **calomniateur** XIIIe s., Bible, du lat. *calumniator*. ‖ **calomnieux** 1312, G., du lat. *calumniosus*. ‖ **-sement** 1377, G. ‖ **calomnier** fin XIVe s., du lat. *calumniari*. (V. CHALLENGE.)

calorie début XIXe s., du lat. *calor*, *-oris*, chaleur. ‖ **calorique** 1783, Brunot. ‖ **calorifique** 1550, Fierabras, du lat. *calorificus*. ‖ **calorification** 1827, *Acad.* ‖ **calorifère** 1807, *Acad. des sc.*, subst.; 1816, *Petite Chron. de Paris*, adj. (du lat. *ferre*, porter). ‖ **calorimètre** 1789, Lavoisier. ‖ **calorifuge** 1888, Lar. ‖ **calorifuger** 1922, Lar. ‖ **caloriser** 1923, *L. M.* ‖ **calorescence** XXe s. (1959, Lar.).

1. calot coiffure. V. CALE 3.

2. calot 1690, Furetière, « noix écalée » ; 1837, Vidocq, « coquille de noix », mot de l'Ouest ; de *cale*, forme déglutinée de *écale* ; XIXe s., fig., « grosse bille ».

calotte V. CALE 3.

caloyer 1392, E. Deschamps, du gr. mod. *kalogeros*, beau vieillard (avec pronon. *i* pour *g*), de *kalos*, beau, et *gerôn*, vieillard.

calquer 1642, Oudin; fig., *se calquer sur*, 1845, Besch.; de l'ital. *calcare*, fouler, presser, du lat. *calcare* (anc. fr. *chauchier*). ‖ **calque** 1690, Furetière, de l'ital. *calco*. ‖ **décalquer** 1691, d'Aviler. ‖ **décalque** 1837. ‖ **décalcomanie** 1840, Gay.

calumet 1655, *Muse normande*, forme normanno-picarde de *chalumeau*, avec changement de suffixe, spécialisée pour désigner la pipe des Indiens.

calus 1560, Paré, méd. ; du lat. *callus*, cal ; il désigne l' « excroissance saillante et dure d'une tige » en horticulture. (V. CAL.)

calvaire XIIe s., L., du lat. chrét. *Calvarium* (IIe s., Tertullien), signif. crâne (de *calvus*, chauve), calque de l'hébreu *Golgotha*, lieu du crâne, colline où Jésus fut crucifié.

calville milieu XVIe s. (*calvil*), de *Caleville*, village de l'Eure. Il désigne une variété de pomme.

calviniste XVIIe s. (d'abord *calvinien* au XVIe s., *calvinal*, *calvinesque*, *calvinistique*, *calvinique*), du nom latinisé de Calvin (*Calvinus*). ‖ **calvinisme** 1572, Ronsard.

calvitie XIVe s., du lat. *calvities*, de *calvus*, chauve.

camaïeu XIIIe s., Huon de Méry (*camaheu*), peut-être de l'ar. *qamā'il*, bouton de fleur. ‖ **camée** 1752, Lacombe, même origine.

camail fin XIIIe s., du prov. *capmalh*, coiffure de fer, signif. tête de mailles (sens en anc. fr.) ; 1548, R. Est., pèlerine à capuchon des prêtres (lat. *caput*, tête, et *macula*, maille).

camarade 1570, Carloix, fém., « chambrée », puis « compagnon d'armes », « camarade de chambrée » (cf. évolution sémantique de *garde*) ; 1790, sens polit.; a pris un fém. au début du XIXe s.; de l'esp. *camarada*, chambrée milit., de *camara*, chambre. ‖ **camaro** 1859, Larchey, camarade, abrév. pop. ‖ **camaraderie** fin XVIIe s., Sévigné. ‖ **camarader** 1843, Balzac. ‖ **camerluche** 1842, *l'Intérieur des bagnes*, déformation arg. de la forme anc. *camerade*.

camard V. CAMUS.

camarilla 1831, Balzac, mot esp. dimin. de *camara*, chambre, spécialisé en « cabinet particulier du roi » et désignant le parti absolutiste. ‖ **camarilliste** 1843, Balzac.

camarine 1755, *Encycl.*, « plante » vivant dans les marécages, d'apr. le nom de Camarine, ville de Sicile célèbre dans l'Antiquité par ses marais.

cambiste 1675, Savary, de l'ital. *cambista*, de *cambio*, change. Terme de bourse désignant celui qui fait des opérations de change.

cambium 1560, Paré, « partie de la sève qui se solidifie », du lat. bot. issu du bas lat. *cambium*, change.

cambouis 1398, *Ménagier* (-*bois*); orig. inconnue.

cambrai 1863, L., du nom de la ville où ce tissu se fabrique.

cambrer début XVe s., de *cambre*, forme normanno-picarde de l'anc. fr. *chambre*, adj., courbe, du lat. *camŭrum*, courbé, voûté. || **cambrure** début XVIe s. || **cambreur** 1842, *Acad.*

cambrioleur 1828, Vidocq, argot, « dévaliseur de chambres », popularisé v. 1880-1890; de l'arg. *cambriole*, vol (1790, *le Rat du Châtelet*), du prov. mod. *cambro*, chambre (lat. *camera*). || **cambrioler** 1847, Balzac. || **cambriolage** 1898, Esnault. || **cambriole** 1821, Ansiaume, déverbal.

cambrousse 1723, Grandval, argot, « servante », et « campagne, province », du prov. mod. *cambrous, -ouso* (valet, femme de chambre, et *cambrousso*, bouge, cahute, confondus en argot; d'après le lat. *camera*, chambre. || **cambrousier** 1850, Privat d'Anglemont.

cambuse 1773, Bourdé, mar., du néerl. *kabuis*, cuisine de navire, chaufferie; 1903, Huysmans, « mauvaise maison ». || **cambusier** 1784, Behrens.

came 1751, *Encycl.*, techn., du néerl. *kamm*, peigne.

camée V. CAMAÏEU.

caméléon XIIe s., G., du lat. *camaeleon*, empr. au gr. *khamaileôn*, lion qui se traîne à terre (*khamai*); XIXe s., fig. || **caméléonien** 1831, Balzac. || **-nisme** 1942, Balzac. || **-nesque** 1846, Balzac.

camélia fin XVIIIe s., fleur, du lat. bot. *camellia*, nom donné par Linné, d'après celui du P. Camelli qui apporta l'arbuste de l'Asie tropicale à la fin du XVIIe s.; 1850, Privat d'Anglemont, « lorette ».

cameline 1549, R. Est., altér. de *camamine* (1542), déformation du lat. impér. *chamaemelina* (IVe s., Priscien),

de *chamaemêlon*, empr. au gr. signif. pomme naine. (V. CAMOMILLE.)

1. camelot 1213, *Fet des Romains*, « étoffe », de l'ar. *hamlat*, peluche de laine, mis en rapport avec *chamelot* (XIIIe s.), de *chameau*; l'étoffe qui venait d'Orient était réputée faite en poil de chèvre. || **cameloter** 1530, Palsgrave, « façonner grossièrement » comme le camelot. || **camelote** 1751, *Encycl.* || **came** XXe s., abrév. argotique de *camelote* avec sens spécial.

2. camelot 1821, Ansiaume, « colporteur »; fin XIXe s., « crieur de journaux »; altér., d'apr. le précédent, de l'arg. *coesmelot*, dimin. de *coesme*, mercier (colporteur) [1596, *Vie des mercelots*], de même rac. que l'anc. fr. *caïmand*, mendiant, du prov. *caim*. (V. QUÉMANDER.)

camembert 1866, Lar., nom d'un village de l'Orne, centre où s'est d'abord fabriqué ce fromage.

caméra XVIIIe s., en musique; 1900, *l'Illustration*, cinéma, par l'intermédiaire de l'angl.; de l'ital. *camera*, chambre claire.

camérier milieu XIVe s., de l'ital. *cameriere*, de *camera*, chambre.

camerisier 1806, Wailly, de *merisier* et du préfixe péjor. *ca-* (faux merisier).

caamériste fin XVIIe s., Saint-Simon (*camariste*), de l'esp. *camarista*, de *camara*, chambre : l'é (1741, *Trévoux*) est dû à l'italien.

camerlingue 1418, G. (*camerlin*); 1572, Belleforest (-*lingue*); de l'ital. *camerlingo*, même mot que *chambellan*.

camerluche V. CAMARADE.

camion 1352, Du Cange (*chamion*), « chariot », forme normanno-picarde d'un mot d'orig. inconnue; au sens d'épingle, il paraît être un autre terme (1606, Nicot). || **camionner** 1829, Breghot. || **camionnage** 1820, d'apr. L. || **camionnette** fin XIXe s. || **camionneur** milieu XVIe s.

camisade 1552, Rab., de l'ital. *camiciata*, de *camicia*, chemise (les assaillants de ces attaques nocturnes passant des chemises sur leurs armes comme signe de ralliement).

camisole 1547, Ronsard, de l'ital. *camiciola*, dimin. de *camicia*, chemise.

camomille XIVe s., J. Le Fèvre, du lat. médiév. *camomilla*, altér. du lat. *chamaemelon*, empr. au gr. *khamaimêlon*, pomme (*mêlon*) à terre (*khamai*), l'odeur des fleurs rappelant pour les Grecs celle des pommes.

camoufle V. CAMOUFLET.

camoufler 1821, Esnault, d'abord argot, de l'ital. *camuffare*, déguiser, tromper; l'*l* est dû à l'infl. de *camouflet*. || **camouflage** 1914, milit. || **camouflement** début XIXe s. || **camoufleur** 1923, Lar.

camouflet 1611, Cotgrave, « fumée qu'on souffle au nez dans un cornet de papier allumé »; fin XVIIe s., Saint-Simon, « mortification »; de *moufle*, museau, et du préfixe péjor. *ca-*; la var. *chault mouflet* (XVe s.), bien qu'antérieure, doit être une altér. d'apr. *chaud*. || **camoufle** 1821, Ansiaume, « bougie », dér. régressive de *camouflet*, fumée.

camp fin XVe s., de l'ital. *campo*, champ, dans son sens milit. || **camper** 1539, R. Est. || **campement** 1584, Thevet. || **campeur** XXe s. || **décamper** milieu XVIe s. || **décampement** 1611, Cotgrave. (V. ESCAMPETTE.)

campagne 1535, Marot, « armée en campagne », puis « plaine », avec spécialisation rapide à « campagne » opposée à « ville » (usuel au XVIIe s.); de l'ital. *campagna*, issu du lat. *campania*, plaine. L'anc. fr. avait *champagne* (normanno-picard *campagne*), qui a été spécialisé au sens de « terre de bonne culture en plaine ». || **campagnard** 1611, Cotgrave. || **campagnol** 1758, Buffon, de l'ital. *campagnoli*, campagnard, pris à tort pour le nom du rat des champs.

campane XIVe s., A. de Laborde, « cloche » (jusqu'au XVIe s.), sens techn. ensuite; du bas lat. ou de l'ital. *campana*, cloche. || **campanelle** fin XIIIe s., *Rutebeuf* (*champenelle*); XVIe s. (*camp-*), « clochette », puis « liseron ». || **campanile** 1586, Le Loyer (*-il*), de l'ital. *campanile*, clocher (de *campana*, cloche), mot bas-lat. signif. « vase en airain de Campanie », par ext. « cloche » en lat. chrét. d'Italie. || **campanule** 1733, Lémery, de l'ital. *campanula*, dimin. de

campana, cloche. || **campanulacée** 1819, Boiste.

campêche début XVIIe s., nom d'une ville du Mexique, près de laquelle cet arbre est cultivé.

camper V. CAMP.

camphre 1256, Ald. de Sienne (*canfre*); 1372, Corbichon (*camphore*); du lat. médiév. *camphora*, altér. de l'ar. *kāfūr*. || **camphrer** 1564, J. Thierry. || **camphrier** 1751, *Encycl.*, d'apr. le rad. lat. || **camphène** 1863, L. || **camphol** 1888, Lar. || **camphorate** 1803, Wailly. || **camphrène** 1878, Lar.

camping 1905, *le Tour du Monde*, mot angl. part. prés. de (*to*)*camp*, camper.

campos (*donner*, *avoir*) fin XVe s., écrit souvent *campo*, d'apr. l'anc. pron. du lat.; des loc. du lat. scolaire *ire ad campos*, aller aux champs, *habere campos*, avoir les champs.

camus 1243, Ph. de Novare, rad. de *museau* et du préfixe péjor. *ca-*. || **camuset** 1260, Br. Latini. || **camard** 1534, Rab., avec substitution de suffixe.

canaille fin XVe s., de l'ital. *canaglia*, de *cane*, chien; il a remplacé l'anc. fr. *chiennaille*. || **canaillement** XXe s. (1936, Aragon). || **canaillerie** 1846, Flaubert. || **canaillocratie** début XIXe s., J. de Maistre. || **décanailler (se)** 1858, Peschier. || **encanailler (s')** 1661, Molière. || **encanaillement** 1876, L.

canal fin XIIe s., Grégoire, du lat. *canalis*, de *canna*, roseau, qui a donné aussi *chenal*; anat. 1546, Ch. Est. || **canaliser** 1585, Fr. Feu-Ardent. || **canalisable** 1836, Landais. || **canalisation** 1823, Boiste. || **canalicule** 1820, Laveaux. || **canaliforme** 1836, Landais.

canapé fin XIIe s., *Alexandre* (*conopé*); 1650 (*canapé*), « lit à un dossier à chaque bout », puis « rideau de lit »; du lat. *conopeum*, empr. au gr. *kônôpeion*, de *kônôps*, moustique : lit égyptien entouré d'une moustiquaire. || **canapé-lit** 1866, Lar.

canard, canarder V. CANE.

canari 1576, P. de Brach, de l'esp. *canario*, serin des Canaries. Le mot a été écrit *canarie* (1642, Oudin).

canasson V. CANE.

canasta v. 1945, de l'esp. *canasta*, corbeille, jeu de sept cartes identiques.

1. cancan milieu XVIe s. (*quanquan de collège*), du lat. *quanquam* avec l'anc. prononciation ; il a désigné d'abord les harangues scolaires en latin, où cette conjonction revenait souvent ; 1602, Sully, « commérage », « bruit fait autour d'une nouvelle ». ‖ **cancaner** 1823, Boiste. ‖ **cancanier** 1834, Landais.

2. cancan, danse V. CANE.

cancel fin XIIe s., *Loherains*, « balustrade », du lat. *cancellus*, barreau. Désigne la balustrade d'un chœur d'église.

canceller 1293, G., « annuler », du lat. *cancellare*, barrer. Restreint au vocabulaire de la diplomatie.

cancer 1372, Corbichon, « signe du zodiaque » ; 1503, G. de Chauliac, « maladie » ; mot lat. signif. « crabe » (sens astron. chez Lucrèce, sens méd. chez Celse). ‖ **cancéreux** 1743, Geffroy. ‖ **cancérigène** XXe s. ‖ **cancériser** XXe s. ‖ **cancérisation** 1845, J. B. Richard. ‖ **cancérologie** *id.*, substitué à *carcinologie*.

cancre 1265, Br. Latini, « crabe » (jusqu'au XVIe s.) et « signe du zodiaque » ou « maladie », du lat. *cancer* ; 1651, Loret, sens fig. péjor. de miséreux ; 1808, d'Hautel, sens scolaire.

cancrelat début XVIIIe s. (*cakkerlak*) ; milieu XVIIIe s. (*cancrelat*) ; du néerl. *kakkerlak*, avec infl. de *cancre* ; il désigna d'abord une blatte de l'Amérique du Sud, d'où le mot est originaire, puis toute blatte.

candélabre fin XIe s., *Alexis* (*chandelabre*) ; XIIIe s. (*can-*) ; du lat. *candelabrum*, de *candela*, chandelle.

candelette 1630, Anthiaume, prov. mod. *candeleto*, petite chandelle ; en marine désignant un palan (par métaphore).

candeur 1488, *Mer des hist.*, du lat. *candor*, blancheur. ‖ **candide** fin XVe s., du lat. *candidus*, blanc. ‖ **-ment** 1561, J. de Maumont. ‖ **candidat** XIIIe s., Végèce, du lat. *candidatus*, de *candidus*, car les candidats aux fonctions publiques s'habillaient de blanc à Rome. ‖ **candidature** 1829, Boiste.

candi 1256, Ald. de Sienne (*con-*), mot ital., de l'ar. *qandī*, de *qand*, sucre de canne, d'origine hindî. ‖ **candir** 1600, d'apr. l'ital. ‖ **candiserie** 1908, *L. M.*

candide, candidat V. CANDEUR.

cane 1360, *Modus* (*quenne*), formation expressive avec infl. de l'anc. fr. *ane*, *aine*, issu du lat. *anas*, *-atis*, canard. ‖ **canard** fin XIIe s., surnom ; XIIIe s., G. (*quanard*) ; 1834, Boiste, « fausse note » ; 1842, *Acad.*, « feuille volante », « mauvais journal ». ‖ **canasson** 1866, Delvau, « mauvais cheval », altér. péjor. de *canard*. ‖ **caneton** 1530, Palsgrave, dimin. sur *canette* (XIIIe s.). ‖ **canarder** 1578, d'Aubigné, « tirer un canard ». ‖ **canardière** milieu XVIIe s. ‖ **cancan** 1808, d'Hautel, nom enfantin du canard ; 1836, Larchey, « danse populaire de l'époque de Louis-Philippe » d'apr. le déhanchement du canard. ‖ **canepetière** 1534, Rab., de *petière*, dér. de *pet*, d'apr. le bruit que l'oiseau fait en détalant. ‖ **caner** début XVIe s., « jacasser » ; 1606, Nicot, « foirer » ; 1821, « reculer, se dérober » ; de *cane*, animal poltron (cf. *faire la cane* au XVIe s., se conduire en poltron) ; l'argot *escanner*, s'enfuir, 1800 (*Chauffeurs*), se rattache à l'idée de jouer des *cannes* (des jambes). ‖ **caniche** 1743, *Trévoux*, fém. « femelle du barbet », de *cane*, car le chien va volontiers à l'eau. ‖ **canéfice** 1577, *Contrat* (*-éfiste*), mot créole, issu de l'esp. *cañafistula*, de *caña*, roseau, et *fistula*, tuyau. Désigne la casse en bot. ‖ **-ficier** 1701, Fur.

canepetière V. CANE.

canéphore 1570, G. Hervet, du gr. *kanêphoros*, de *pherein*, porter, et *kanê*, corbeille.

canepin 1310, Gay, « peau d'agneau » et « papier fait avec l'écorce de tilleul », de l'ital. *canapino*, de *canape*, chanvre, qui a désigné une sorte de drap.

caner V. CANE.

1. canette, bouteille V. CANNE.

2. canette début XVe s., « bobine de fil », de l'ital. de Gênes *cannetta*, d'où provenaient les fils d'or et d'argent.

canevas 1281, texte de Saint-Omer (*canevach*), forme picarde (qui a remplacé *chanevas*, de *caneve*, forme anc. de *chanvre* ; « grosse toile de chanvre » (jusqu'au XVIe s.) ; fin XVIe s., du Bartas, « réseau de fils croisés pour broderie, tapisserie ».

canezou fin XVIIIe s., peut-être croisement entre le prov. mod. *camisoun*, petite chemise, et *caneçon*, déformation pop. ancienne de *caleçon*. Il désigne un petit corsage de lingerie à la mode sous l'Empire.

cange 1785, Savary, « barque du Nil », de l'ar. d'Egypte *qandja*.

cangue 1664, Chevreuil, du port. *canga*, sans doute de l'annamite *gong*.

canicule 1500, Molinet, de l'ital. *canicula*, petite chienne, désignant l'Etoile (ou Chien) de Sirius, dont le lever héliaque coïncide avec le solstice d'été, calque du gr. *kuôn*, chien. ‖ **caniculaire** XVe s., *Grant Herbier*, du lat. *canicularis*. (V. CHENILLE.)

canidé 1834, Landais, du lat. *canis*, chien. ‖ **canin** 1390, Conty, du lat. *caninus*, « de chien », qui a remplacé la forme pop. *chenin* (encore 1578, d'Aubigné). ‖ **canine** 1546, Ch. Est.

canif 1441, G. (*quenif*), de l'anc. angl. **knif* (angl. *knife*). Le dérivé *canivet* (XIIe s., *Tristan*) a disparu au XVIIe s.

canin, canine V. CANIDÉ.

canitie XIIIe s., G. (*canecie*), du lat. *canities*, blancheur, de *canus*, blanc. (V. CHENU.)

caniveau 1694, Th. Corn.; orig. obscure.

canna 1816, *Dict. hist. nat.*, « balisier », du lat. *canna*, roseau, terme emprunté par les botanistes.

cannabinée 1842, *Acad.*, du lat. *cannabis*, chanvre. ‖ **cannabine** 1827, *Acad.* ‖ **cannabisme** XXe s.

canne XIIIe s., *Assises de Jérusalem*, « tuyau »; 1555, Poleur, « canne à sucre »; XVIIe s., « bâton de promenade », de l'ital.; du lat. *canna*, roseau, du gr., d'orig. orientale; *canne à sucre* 1578, Léry. ‖ **cannaie** 1600, E. Binet. ‖ **cannelle** (d'un tonneau) XVe s., de *canne*, tuyau. ‖ **canneler** 1342, Douet (*quenelé*). ‖ **cannelure** 1545, Graillot, de l'ital. *cannellatura*. ‖ **canner** 1613, Nostredame, « mesurer à la canne », de *canne*, bâton; 1856, « garnir un siège de joncs tressés ». ‖ **cannage** 1752, *Trévoux*, « mesurage à la canne »; 1856, sens actuel. ‖ **canette** XIIIe s., « petit vase »; 1723, Savary, « bouteille », de *canne*, tuyau, puis « vase cylindrique »: 1856, Furpille, pour les bouteilles de bière, d'apr. la forme. ‖ **cannelier** 1575, Thevet.

1. cannelle V. CANNE.

2. cannelle début XIIe s., *Voy. de Charl.*, « écorce de cannelier » (roulée en petits tuyaux); repris à l'ital., la cannelle venant d'Orient; issu du lat. *canna*, roseau.

cannequin fin XVIe s., « cotonnade », empr. présumé au chinois.

cannetille 1534, Rab., de l'esp. *cañutillo*, de *cañuto*, roseau.

cannibale 1515, Redouer, de l'esp. *canibal*, altér. du nom des *Caraïbes* ou *Caribes*, fig. XVIIIe s., Voltaire. ‖ **cannibalisme** 1795, *Abréviateur universel*. **cannibaliste** 1796, *Journ. des patriotes*.

canoë V. CANOT.

1. canon 1339, Gay, « pièce d'artillerie », de l'ital. *cannone* (moderne *canone*), augmentatif de *canna*, tube (v. CANNE); par ext., « canon de fusil »; 1826, Larchey, « verre cylindrique à boire ». ‖ **canonner** fin XVe s., J. Marot. ‖ **canonnade** 1552, Rab., d'apr. l'ital. ‖ **canonnage** 1752, *Trévoux*. ‖ **canonnier** 1383, *Chron. de Flandre*. ‖ **canonnière** 1415, G.

2. canon XIIIe s., *Livre de jostice*, théol., du lat. *canon*, empr. au gr. *kanôn*, règle, spécialisé en lat. chrét. ‖ **canonique** XIIIe s., *Assises de Jérusalem*, du lat. eccl. *canonicus*. ‖ **canoniste** XIVe s., G. ‖ **canonicat** 1611, Cotgrave, du lat. eccl. *canonicatus* (v. CHANOINE). ‖ **canonicité** fin XVIIe s., Saint-Simon. ‖ **canonial** 1155, Wace, dér. de *chanoine*, refait sur le lat. eccl. *canonicalis*. ‖ **canoniser** XIIIe s., G., du lat. eccl. *canonizare*. ‖ **canonisation** XIIIe s., G.

cañon 1877, L., mot hispano-américain, augmentatif de *caño*, tube, conduit, même mot que *canne*, appliqué d'abord au cañon du Colorado.

canonial, canonicat V. CANON 2.

canot 1519, *Voy. d'Ant. Pigaphetta* (*canoe*, encore au XVIIe s.); XVIe s. (*canot*), de l'esp. *canoa*, empr. à une langue indigène des Caraïbes. ‖ **canoë** 1887, *l'Aviron*, de l'angl. *canoe*, même mot que le précédent. ‖ **canotier** fin

xvi⁰ s.; fin xix⁰ s., chapeau. ‖ **canoter**
milieu xix⁰ s. ‖ **canotage** 1843, *le Canotier.* ‖ **canoéisme** 1950, *L. M.*

cant 1729, Mackensie, mot angl. signif.
« mélopée de mendiant », puis « jargon
des mendiants », enfin « jargon d'un milieu formaliste »; peut-être issu du lat.
cantus, chant.

cantabile 1757, Diderot, de l'ital.,
issu du bas lat. *cantabilis,* digne d'être
chanté, puis « qui a la forme d'un
chant ».

cantal xvii⁰ s., du nom de la région où
se fabrique ce fromage.

cantaloup 1703, Bossard, de *Canta-
lupo,* ville du pape (près de Rome), où
ce melon était cultivé.

cantate début xviii⁰ s., de l'ital. *can-
tata,* part. passé fém. substantivé de
cantare, chanter, issu du lat.

cantatrice 1764, Bachaumont, d'abord
appliqué aux chanteuses ital., de l'ital.
cantatrice, chanteuse, empr. au lat. *can-
tatrix.*

canter 1862, *Sport,* mot angl. signif.
galop d'essai, abrév. de *Canterbury,*
d'apr. l'allure lente des chevaux des pèlerins allant à Saint-Thomas de Canterbury.

canthare fin xvi⁰ s., Du Bartas, du lat.
cantharus, nom de poisson, empr. au gr.
kantharos. Terme de zool. devenu aujourd'hui *canthère.*

cantharide fin xiii⁰ s., du lat. *canthu-
ris, -idis,* empr. au gr., désignant un
insecte.

canthus 1560, Paré, mot lat. méd.
signif. « coin de l'œil ». (V. chant 2.)

cantibay 1743, *Trévoux,* « débit tripartite des troncs dont le cœur est inutilisable », du prov. mod. *cantibais,* pièce
de bois défectueuse, de *cant,* forme
picarde de *chant 2,* et de *baissar,*
baisser.

cantilène 1477, Molinet, de l'ital.
cantilena, mot lat., de *cantare,* chanter.
Il désignait le chant profane, par opposition au chant religieux, le *motet.*

cantilever 1883, *Génie civil,* mot
anglo-américain, de *cant,* rebord, et
lever, levier. Utilisé dans le vocabulaire techn. (aéronautique, construction,
pont, etc.).

cantine 1680, Richelet, de l'ital. *can-
tina,* cave, de *canto,* coin, réserve. ‖ **can-
tinier** 1762, *Acad.*

cantique 1120, *Job,* du lat. chrét. *can-
ticum* (iv⁰ s., saint Jérôme), chant religieux, en lat. class. chant.

canton 1243, Ph. de Novare; « coin
de pays » (jusqu'au xviii⁰ s.); de l'ital.
cantone, augmentatif de *canto,* coin;
xvi⁰ s., cantons de la Suisse; 1775,
division territoriale proposée par Turgot. ‖ **cantonal** 1827, *Acad.* ‖ **can-
tonner** xiii⁰ s. ‖ **cantonnement** fin
xvii⁰ s., Saint-Simon. ‖ **cantonnière**
1562, Du Pinet, « pièce qui garnit les
coins ». ‖ **cantonnier** xviii⁰ s., « qui
s'occupe d'un canton de la route », création du marquis de Carrion de Nisas,
lieutenant du Languedoc, avec infl. du
prov. mod. *cantoun,* coin.

cantonade 1455, *Coquillards,* « coin
de rue »; fin xvii⁰ s., Gherardi, sens
théâtral; de l'ital. *cantonata,* coin de
rue, de *cantone,* canton.

cantre 1751, *Encycl.,* « châssis d'ourdissoir »; orig. obscure.

canule v. 1400, *Cyrurgie,* du lat. *can-
nula,* dimin. de *canna,* tuyau. ‖ **canuler**
1830, Mérimée, pop., « importuner »; la
canule du lavement symbolisant le désagrément. ‖ **canular** 1895, C. E. V.

canut 1836, Landais, « ouvrier en
soierie à Lyon », peut-être dér. de *canne,*
d'apr. *canette,* bobine de soie.

caoua V. café.

caouanne 1643, Jannequin, « tortue
des tropiques », esp. *caouana,* empr. à
une langue indigène d'Amérique du Sud.

caoutchouc début xviii⁰ s., mot d'une
langue indigène de l'Equateur; le premier échantillon fut envoyé de Quito,
par La Condamine, à l'Acad. des sc. ‖
caoutchouter 1844, Dumersan. ‖
caoutchouteux 1908, Martin du Gard.
‖ **caoutchoutier** 1892, B. de Saunier.

1. cap 1387, J. d'Arras; rare jusqu'au
xviii⁰ s.; du prov. *cap,* tête, sens créé sur
les rives de la Méditerranée pour désigner un promontoire.

2. cap xiii⁰ s., Ph. Mousket (*par mon
cap!*), d'abord dans la bouche des Méri-
dionaux; *de pied en cap,* v. 1360, Froissart; du prov. *cap,* tête.

capable XIVe s., « qui peut contenir » (jusqu'au XVIIe s.) et « susceptible de »; XVIIe s., « instruit, en état de bien faire »; du lat. *capabilis*, de *capere*, contenir. ‖ **incapable** milieu XVe s.

capacité 1372, Corbichon, du lat. *capacitas*, de *capax, -cis*, qui peut contenir, de *capere*, tenir, contenir. ‖ **capacitaire** 1834, Dartois, spécialisé ensuite pour désigner l'étudiant de droit de première année ou le titulaire de la capacité en droit. ‖ **incapacité** 1525, Paradin.

caparaçon 1498, G. (*capparasson*), de l'esp. *caparazón*, de *capa*, manteau. ‖ **caparaçonner** XVIe s., La Curne.

cape XIIe s., *Amadis*, de l'ital. *cappa*, en remplacement de la forme *chape*. ‖ **capot** fin XVIe s., « manteau à capuchon »; fin XIXe s., « capot de voiture », issu d'un sens mar. « tambour couvert »; 1642, Oudin, *être capot*, terme de jeu, être aveuglé, sous le manteau. ‖ **capote** 1688, « manteau à capuchon »; XIXe s., « capote de voiture ». ‖ **capotage** 1878, L., « action de mettre la capote ». (V. aussi CAPOT 2.) ‖ **capoter** 1773, Bourdé. ‖ **décaper** 1742, *Mém. Acad. des sc.* ‖ **décapage** 1768, *Encycl.* ‖ **décapement** 1888, Lar. ‖ **décapeuse** XXe s. (1956, Lar.). ‖ **décapoter** début XXe s. ‖ **décapotable** début XXe s.

capelan v. 1540, Marot, du prov. *capelan*, chapelain.

capeler 1687, Desroches, « faire passer sur la tête d'un mât », du prov. *capelar*, coiffer, de *capel*, chapeau. ‖ **capelage** 1771, *Trévoux.*

capelet 1690, Furetière, « tumeur chevaline formant un petit grain »; mot prov. signif. « chapelet ».

capeline milieu XIVe s., « armure de tête » (jusqu'au XVIe s.); 1512, Lemaire, « coiffure retombante »; de l'ital. *cappellina*, de *cappello*, chapeau.

capendu 1423, G., « pomme »; mot normand, d'orig. obscure.

capharnaüm XIIIe s., nom d'une ville de Galilée où Jésus attira la foule devant sa maison; on a rapproché ce mot de *cafourniau*, débarras obscur, de *furnus*, four.

capie 1751, *Encycl.*, « bout de soie qu'on dévide », du prov. *capio*, tête. ‖ **capier** 1751, *Encycl.*

capillaire 1314, Mondeville, adj.; 1560, Paré, nom de plante, du lat. *capillaris*, de *capillus*, cheveu. ‖ **capillarité** 1820, Laveaux. ‖ **capillariose** 1953, Lar.

capilotade 1555, *Livre exc. de cuisine* (var. *cabirotade*, « ragoût »); *mettre en capilotade*, 1610, Béroalde de Verville; de l'esp. *capirotada*, ragoût aux câpres, empr. à l'ital.

capiscol 1650, Ménage, « dignitaire eccl. », du lat. eccl. *capischolus*, chef d'école (*caput scholae*).

capitaine fin XIIIe s., Guiart, du bas lat. *capitaneus*, de *caput, -itis*, tête, passé au Moyen Age au sens de « chef militaire ». ‖ **capitainerie** 1339, Saige.

capital XIIe s., adj.; s. m., *le capital d'un marchand*, 1606, Nicot; 1684, Le Correur, *un capital* à côté de *fonds capital* (1730, Savary); du lat. *capitalis*, de *caput, -itis*, tête. ‖ **capitalat** 1850, A. Blanqui. ‖ **capitale** s. f., 1649, de *ville capitale*; 1615, Binet, de *lettre capitale*. ‖ **capitaliste** 1755, *Encycl.*, adj.; s. m., 1782, « gros possesseur d'argent », « citoyen riche », puis « propriétaire foncier », 1835, *Acad.*, sens actuel. ‖ **capitalisme** 1753, *Encycl.*, « état de celui qui est riche »; 1840, Leroux, sens actuel. ‖ **capitaliser** 1820, Laveaux. ‖ **capitalisation** 1829, Boiste. ‖ **décapitaliser** 1793, Brunot. ‖ **décapitalisation** 1871, Blavet, « acte d'enlever à Paris le statut de capitale ».

capitan 1438, *Comptes Trés.*, « chef militaire »; 1560, Viret, « militaire fanfaron »; de l'ital. *capitano*, capitaine, appliqué à un matamore de comédie.

capitane 1671, Bouhours (*galère-*), calque de l'ital. *galera capitana*, galère montée par un officier général.

capitation 1587, Delb., du lat. impér. *capitatio* (IIIe s., Ulpien), impôt par tête (*caput*).

capiteux XIVe s., « obstiné »; 1740, *Acad.*, sens actuel; de l'ital. *capitoso*, obstiné (évolution sémantique comme *entêté*).

capiton 1564, J. Thierry, « bourre de soie », de l'ital. *capitone*, grosse tête, du lat. *caput, capitis*. ‖ **capitonner** 1546,

Rab. (*se capitonner*), « se couvrir la tête » ; 1842, Mozin, sens actuel. ‖ **capitonnage** 1871, Th. de Langeac.

capitoul 1389, Isambert, « édile toulousain », mot languedocien, abrév. de *senhor de capitoul*, du bas lat. *capitŭlum*, seigneur de chapitre.

capitulaire XIIIᵉ s., G., du lat. médiév. *capitularis*, de *capitulum*, chapitre, « relatif au chapitre des chanoines ».

1. **capitule** 1721, *Trévoux*, liturgie, du lat. *capitulum*, petit chapitre.

2. **capitule** 1732, *Trévoux*, bot., du lat. *capitulum*, petite tête.

capituler 1361, Oresme, du lat. médiév. *capitulare*, faire un pacte, de *capitulum*, chapitre, clause (sens conservé en fr. jusqu'au XVIIᵉ s.) ; XVIᵉ s., sens milit., qui élimine le précédent, « traiter pour la reddition », d'où, au XVIIIᵉ s. (Marmontel), le sens fig. ‖ **capitulation** fin XVᵉ s., d'Authon, « pacte » (sens gardé dans les conventions avec la Turquie, qui stipulaient des privilèges pour les chrétiens) ; puis XVIᵉ s., sens milit. ‖ **capitulard** 1871, G. de Molinari. ‖ **capitulatif** 1871, *la Commune*. ‖ **capitulateur** XVIᵉ s. ; 1871 Vallès, sens actuel. ‖ **capituleur** XVIᵉ s. ; 1869, Blanqui, polit.

1. **capon** 1628, *Jargon*, « gueux » ; 1690, Furetière, « flagorneur », puis « poltron » ; de l'argot ital. *accapone*, gueux à la tête couverte de plaies (1627, Frianoro), de *capo*, tête. ‖ **caponner** 1631, Anthiaume.

2. **capon** 1631, Anthiaume, « palan pour hisser l'ancre », de l'ital. *capone*, augmentatif de *capo*, tête.

caponnière 1671, Pomey, « abri de fortification », de l'ital. *capponiera* (esp. *caponera*), cage à chapons.

caporal 1540, Rab., « chef » ; 1600, « dizenier, gradé de rang inférieur » ; 1840, Flaubert, « tabac » ; de l'ital. *caporale*, de *capo*, tête (v. CAPITAINE). ‖ **caporalisme** 1867, Hugo. ‖ **caporaliser** 1866, Lar. ‖ **caporalisation** XXᵉ s. (V. CABOT 2.)

1. **capot** manteau V. CAPE.

2. **capot** 1642, Oudin, *faire capot*, empêcher l'adversaire de réussir une seule levée au piquet ; 1689, Gabit,

« chavirer » ; d'un mot prov. mod. mal déterminé, dont le premier élément est *cap*, tête (cf. CHAVIRER). ‖ **capoter** 1792, Romme, « chavirer » ; 1905, Lar., appliqué à l'auto ; XXᵉ s., appliqué à l'avion. ‖ **capotage** 1906, Lar.

capote V. CAPE.

capoulière 1795, *Encycl.*, du prov. mod. *capouliero*, filet qui empêche les poissons de sortir d'une bordigue, de *capo*, tête.

capre 1678, Colbert, « corsaire », du néerl. *kaaper*.

câpre fin XVᵉ s., de l'ital. *cappero*, du lat. *capparis*, empr. au gr. ‖ **câprier** 1517, C. E. V. ‖ **câpron** 1642, Oudin, nommé d'apr. sa saveur aigre. ‖ **câpronnier** 1796, *Encycl. méth.*

capricant 1589, P. Mathieu (*caprisant*) ; 1832, Raymond (*-icant*) ; lat. *capra*, chèvre, avec infl. de *capricorne* (cf. *capricoler*, XVIᵉ s., Nic. de Troyes).

caprice 1558, Des Périers, ital. *capriccio*, de *capra*, chèvre. ‖ **capricieux** 1584, Carloix, de l'ital. *capriccioso*.

capricorne 1256, Ald. de Sienne, « signe du zodiaque » ; 1753, *Encycl.*, « coléoptère », du lat. *capricornus*, de *caper*, bouc, et *cornu*, corne.

caprifiguier 1775, Bomare, « figuier sauvage » ; du lat. *caprificus*, figuier à bouc, qui a donné *caprifice* (1540, Rab.), croisé avec *figuier*.

caprifoliacée 1806, Wailly, du lat. *caprifolium*, chèvrefeuille.

caprin 1240, Conty, du lat. *caprinus*, de *capra*, chèvre ; il a remplacé la forme pop. *chevrin* au XVIᵉ s. ‖ **capripèdes** 1743, *Trévoux*, du lat. *pes*, *pedis*, pied.

capsella XIXᵉ s. « bourse-à-pasteur », du lat. *capsella*, coffret, de *capsa*, boîte.

capsule 1532, Rab., *capsule du cœur* ; 1820, Laveaux, « bouchon » ; du lat. *capsella*, coffret, de *capsa*, boîte. ‖ **capsulaire** 1690, Furetière. ‖ **capsuler** 1845, J. B. Richard. ‖ **capsulage** 1878, Lar. ‖ **bicapsulaire** 1864, L. ‖ **décapsuler** XXᵉ s. ‖ **décapsulage** *id.*

capter XVᵉ s., Juv. des Ursins, du lat. *captare*, chercher à prendre. ‖ **capteur** 1610, F. de Rémond, du lat. *captator*. ‖ **captation** 1495, *Mir. hist.*, lat. *captatio*. ‖ **captatoire** 1771, Schmidlin.

‖ **captieux** fin XIVe s., du lat. *captiosus*, de *capere*, prendre. ‖ **captieusement** fin XIVe s., *Chron. de Flandre*.

captif 1495, J. de Vignay, du lat. *captivus* (v. CHÉTIF). ‖ **captivant** 1842, J.-B. Richard. ‖ **captiver** 1495, J. de Vignay; XVe s., fig.; le sens propre subsiste jusqu'au XVIIe s.; du bas lat. *captivare* (IVe s.). ‖ **captivité** XIIe s. ‖ **capture** 1406, Fréville, lat. *captura*. ‖ **capturer** XVIe s., *Chron. bordelaise*.

capuce s. m. 1606, Folengo (*-zze*), ital. *capuccio*, cape (lat. *cappa*, chape), puis, par ext., capuchon, avec prononc. piémontaise. ‖ **capuche** 1618, J. Godard, var. ‖ **capuchon** début XVIe s., du même mot avec prononc. toscane. ‖ **capuchonner** 1571, de La Porte. ‖ **décapuchonner** 1856, Lachâtre. ‖ **encapuchonner** fin XVIe s.

capucin 1546, Rab. (*-ussin*), var. XVIe s. (*-uchin*), d'apr. la prononc. toscane, de l'ital. *cappuccino*, moine porteur de cape. ‖ **capucinade** 1724, Lesage. ‖ **capucinière** 1753, Fougeret. ‖ **capucine** 1694, Tournefort, bot., par métaphore d'apr. la forme de la fleur.

capulet 1826, Gavarni, mot pyrénéen, dimin. de *capo*, cape.

caquer début XIVe s. (*herens cakés*, harengs en caque), du néerl. *kaken*, ôter les ouïes, d'où *caqueharenc* (XIVe s., G.), hareng préparé (calqué sur le néerl. *kakkaring*). ‖ **caque** XIVe s., « baril à harengs », déverbal de *caquer*. ‖ **caquage** 1730, Savary. ‖ **encaquer** v. 1600, Sully. ‖ **encaquement** fin XVIIIe s. ‖ **encaqueur** fin XVIIIe s.

caqueter 1462, *Cent nouvelles*, onom. ‖ **caquet** XVe s., *Repues franches*. ‖ **caquetage** 1556, Delb. ‖ **caqueterie** 1418, G. ‖ **caqueteur** 1507, N. de La Chesnaye. ‖ **caquetoir** 1544, J. Martin (*-oi*). ‖ **caquetoire** 1589, *Invent.*, « siège », et « traverse de charrue sur laquelle on s'appuie pour causer ».

1. *****car** 1080, *Roland*, conj., du lat. *quare*, c'est pourquoi, donc, sens conservé en anc. fr.; le sens actuel causal apparaît dès les premiers textes.

2. **car** 1873, Hubner, d'abord appliqué aux voitures sur rails des Etats-Unis; de l'angl. *car*, char (anc. forme normande de *char*); la spécialisation actuelle de

sens est due à l'abréviation de *autocar*. (V. AUTO.)

carabe 1668, Graindorge, « coléoptère », du lat. *carabus*, crabe, empr. au gr. *karabos*, désignant aussi un insecte. ‖ **carabidés** XXe s.

carabé v. 1600, O. de Serres, « ambre jaune », du port. *carabé*, empr. à l'ar. *kahruba*.

carabin 1575, Brantôme, « soldat de cavalerie légère »; 1650, Richer, *carabin de saint Côme*, garçon de l'Ecole de chirurgie dont saint Côme était le patron; 1803, *Courrier des spectacles*, « étudiant en médecine »; sans doute altér. de *escarrabin*, ensevelisseur de pestiférés (1521, texte de Montélimar), mot méridional, métaphore d'apr. la famille de *escarbot*, désignant divers coléoptères, notamment les nécrophores. ‖ **carabine** XVIe s., Delb. ‖ **carabinier** 1634, *Chron.*; *carabinier à cheval* sous Henri IV; *carabinier à pied* (1788-1792). ‖ **carabiné** 1836, Gautier, fam., « très violent »; d'abord mar. *brise carabinée*, brise violente (1687, Desroches). ‖ **carabiner** 1611, Cotgrave, « se battre en carabin »; 1687, Desroches, « souffler violemment en parlant du vent »; le verbe est resté techn. comme dér. de *carabine* (rayer comme une carabine).

caracal apr. 1750, Buffon, de l'esp. *caracal*, empr. au turc *qara qālāq*, oreille noire.

caraco 1774, *Mercure*, mot de l'Ouest, sans doute du turc *kerake*, manteau large à manches, porté jusqu'au XVIIIe s. Il désigne une blouse droite et flottante à manches longues.

caracoler 1642, Oudin, de *caracol* (fin XVIe s.), de l'esp. *caracol* (de même rac. que *escargot*), limaçon, au sens fig. « hélice, spirale » et, en équit., « mouvement circulaire qu'on fait exécuter à un cheval », d'où le sens du verbe « faire exécuter un mouvement circulaire ».

caractère XIIIe s., *Chron. de Saint-Denis* (*kar-*); signe gravé (sens conservé jusqu'au XVIIe s.) avec valeur générale d'écriture; 1512, J. Lemaire, typogr.; XVIe s., fig.; du lat. *character*, empr. au gr. *kharaktêr*, de *kharattein*, graver. ‖ **caractériel** 1841, *Français peints par eux-mêmes*. ‖ **caractérologie** 1945, Le Senne, reprenant un mot créé par

Wundt. ‖ **caractérologue** id. ‖ **caractériser** 1512, Thénaud. ‖ **caractérisateur** XXe s. (1947, Cressot). ‖ **caractérisation** XXe s. ‖ **caractéristique** adj. 1550, Meigret, du gr. *kharaktêristikos;* s. f. 1690, Furetière.

caracul fin XVIIIe s., Adanson, mouton qui tire sa dénomination de la ville de *Karakoul*, en Uzbékistan.

carafe 1558, Du Bellay (*-affe*), de l'ital. *caraffa*, empr. à l'ar. *gharrāf*, pot à boire, par l'intermédiaire de l'esp. *garrafa*. ‖ **carafon** 1677, Liger, « petite carafe »; 1680, Richelet, « grande carafe » (issu directement de l'ital. *caraffone*).

carafée 1840, Boreau, « giroflée jaune », mot du Centre, altér. du lat. *caryophyllon*, empr. au gr. *karuophullon*, de *karuon*, noix, et *phullon*, feuille. (V. GIROFLE.)

carambole 1602, Colin (*-ola*), « fruit du carambolier »; début du XIXe s., « bille rouge de billard » d'apr. la forme de boule orangée du fruit; de l'esp. *carambola*, qui a les deux sens, empr. au malais *karambil.* ‖ **caramboler** 1790, Lemaire, « heurter »; XIXe s., « faire d'une pierre deux coups ». ‖ **carambolage** 1829, Boiste. ‖ **carambolier** 1783, *Encycl. méth.*

carambouille XXe s., « escroquerie », altér. de l'esp. *carambola*, au fig. « tromperie ». ‖ **carambouillage** début XXe s. ‖ **carambouilleur** début XXe s.

caramel 1680, Richelet, de l'esp. *caramel(o)*, altér. probable du lat. médiév. *cannamella*, canne à sucre. ‖ **caraméliser** 1832, Raymond. ‖ **-sation** id.

carangue 1694, Th. Corn., « poisson des Antilles », de l'esp. *caranga*, empr. à une langue indigène d'Amérique.

carapace 1688, Exmelin, de l'esp. *carapacho*, du rad. préroman *kar*.

carapater (se) 1867, Delvau, de *patte* et d'un élément obscur, ou altér. d'un mot turc signif. « plier bagages ».

caraque 1245, Ph. de Novare, « bateau », de l'ital. *caracca*, empr. à l'ar. *karrāka*, bateau léger.

carassin 1686, Hauteville (*carache*), « sorte de carpe », mot lorrain, de l'allem. dial. *karas* (allem. *Karausch*), empr. au tchèque.

carat 1367, *Recettes Navarre*, ital. *carato*, empr. à l'ar. *qirāt*, poids, issu du gr. *keration*, tiers de l'obole. ‖ **carature** 1751, *Encycl.*, alliage d'or et d'argent.

caravane 1243, Ph. de Novare, du persan *qayrawān*, à l'occasion des Croisades. ‖ **caravanier** XIIIe s. ‖ **caravaning** XXe s. (1950, *L. M.*), mot angl. signif. « roulotte-remorque », de *caravan*, roulotte, dont le sens est passé aussi dans le français *caravane.* ‖ **caravanille** XXe s., dimin. de *caravane* dans ce dernier sens.

caravansérail 1432, La Broquière (*karvansera*); XVIIe s. (*-érail*), d'apr. *sérail;* du turc *karwan-serai*, empr. au persan *ārawān-sarāy*, maison pour les caravanes.

caravelle début XVe s. (*carvelle*), du port. *caravela*, du lat. *carabus*, canot, ou navire arabe de fort tonnage. La première caravelle française fut construite entre 1438 et 1440 pour Philippe le Bon par les Portugais.

carbatine fin XVIe s., F. Bretin, « peau non tannée », du lat. *carbatina*, empr. au gr. *karbatinê.*

carbet 1614, Cl. d'Abbeville, empr. à une langue indigène d'Amérique du Sud. Il désigne une petite habitation rurale aux Antilles.

carbonaro 1820, Stendhal, de l'ital. *carbonaro*, charbonnier, et désignant les membres d'une société secrète introduite en France, en 1818, par Bazard et Dugied (en souvenir des anciens conspirateurs qui se réunissaient dans des huttes de charbonniers). ‖ **carbonarisme** 1827, Stendhal. ‖ **carbonariste** 1876, L.

carbone 1787, Guyton de Morveau, du lat. *carbo, -onis*, charbon. ‖ **carbonnade** 1534, Rab., de l'ital. *carbonata*, de *carbone*, charbon, c'est-à-dire « viande grillée sur les charbons »; la forme francisée *charbonnée* a existé. ‖ **carbonatation** 1954, Lar. ‖ **carboglace** 1949, *L. M.* ‖ **carbonisation** 1789, Lavoisier. ‖ **carboniser** 1803, Boiste. ‖ **carbonate** fin XVIIIe s. ‖ **carbonique** 1787, Guyton de Morveau. ‖ **carbure** 1795, *Encycl. méth.*, sur le rad. *carb-.* ‖ **carburé** 1829, Boiste. ‖ **carburant** 1900, *France autom.* ‖ **carburateur** 1867, Lar. ‖ **car-**

buration 1857, *journ.* ‖ **carburier** fin XIXᵉ s. ‖ **carburéacteur** XXᵉ s. (1959, Lar.). ‖ **bicarbonate** 1842, *Acad.* ‖ **bicarbonaté** XXᵉ s. (1960, Lar.). ‖ **supercarburant** 1951, *L. M.*

carbonnade, carbure V. CARBONE.

carcailler, courcailler 1827, *Acad.*, onom. « crier en parlant de la caille ». ‖ **carcaillat** 1416, Delb., « petit de la caille ».

carcaise 1701, Furetière (*carquese*), « four de verrier », de l'esp. *carcesia*, issu du lat. *carchesium*, du gr. *karkhêsion*, vase.

carcajou 1710, Diéreville, mot canadien, empr. à une langue indigène d'Amérique. Désigne le blaireau d'Amérique.

1. **carcan** 1190, Garn. (*charchan*), du lat. mérovingien *carcannum*, d'orig. inconnue.

2. **carcan** V. CARCASSE.

carcasse XIIIᵉ s. (*charcois*) ; 1550, Ronsard (*carcan*) ; peut-être du lat. *carchesium*, récipient. ‖ **carcan** 1842, Balzac, var. régionale. ‖ **décarcasser (se)** 1821, Desgranges, « s'agiter ».

carcel 1800, lampe à huile à rouages inventée par l'horloger Carcel (1750-1812) ; 1866, Lar., unité lumineuse.

carcinome 1545, Guéroult, du gr. *karkinôma*, de *karkinos*, cancer.

cardamine 1545, Guéroult, lat. *cardamina*, empr. au gr. *kardaminê*, cresson.

cardamome 1175, *D. G.*, du lat. *cardamomum*, empr. au gr. *kardamômon*, plante aromatique.

cardan 1895, autom., Jarry, du nom du savant *Cardan* (1501-1576), qui imagina ce dispositif.

carde XIIIᵉ s., « outil à carder formé de plusieurs têtes de chardon » ; XVIᵉ s., « plante » ; du prov. *carda*, du lat. *carduus*, chardon. ‖ **carder** XIIIᵉ s. ‖ **cardage** 1785, *Encycl. méth.* ‖ **cardeur** 1375, *Ordonn.* ‖ **cardier** 1530, Delb. ‖ **recarder** 1549, R. Est.

cardère 1775, Lamy, bot., d'un mot du Midi *cardero*, de même rac. que *carde*.

cardi(o)- du gr. *kardia*, cœur. ‖ **cardia** 1556, Ch. Est., du gr. *kardia*, cœur, au sens méd. d'orifice supérieur de l'esto-

mac, voisin du cœur. ‖ **cardialgie** XVIᵉ s., Delb. (gr. *algos*, douleur). ‖ **cardiaque** 1372, Corbichon, du lat. *cardiacus*, empr. au gr. *kardiakos*. ‖ **cardioglosse** 1905, Lar. (gr. *glôssa*, langue). ‖ **cardiogramme** 1922, Lar. ‖ **cardiographie** 1803, Boiste. ‖ **cardiographe** 1864, L. ‖ **cardiologie** 1797, Gattel. ‖ **cardite** 1771, Schmidlin, mollusque bivalve en forme de cœur ; 1827, *Acad.*, « maladie du cœur ». ‖ **cardiopathie** XXᵉ s.

cardinal fin XIIIᵉ s., adj., « principal », du lat. *cardinalis*, même sens, de *cardo, -inis*, gond, pivot ; *nombre cardinal*, 1680, Richelet ; s. m., 1190, *Chron. d'Antioche*, du lat. eccl. ‖ **cardinalat** 1568, Chomedey, du lat. eccl. *cardinalatus*. ‖ **cardinalice** 1829, Boiste, de l'ital. *cardinalizio*. ‖ **cardinalesque** 1598, Marnix.

cardite V. CARDI(O)-.

cardon 1566, Du Pinet, du prov. *cardoun*, chardon, du lat. *carduus*. (V. CARDE.)

care (*vol à la*) 1837, Vidocq, de *carer*, cacher, de l'anc. *carre*, coin, de *carré*.

***carême** 1190, saint Bernard (*quaresme*), fém. en anc. fr., du lat *quadragēsima*, le quarantième jour avant Pâques. ‖ **carême-prenant** 1180, Girart de Roussillon, « carême commençant », anc. nom du carnaval. ‖ **mi-carême** milieu XIIIᵉ s.

carence 1452, Gréban, du bas lat. *carentia* (XIᵉ s., Boèce), de *carere*, manquer. ‖ **carentiel** XXᵉ s. (1959, Lar.).

carène 1246, *Doc. hist.* (*-enne*) de l'ital. *carena*, mot génois, du lat. *carina*, coquille de noix. ‖ **caréner** 1642, Fournier. ‖ **-nage** 1678, Guillet.

caresser XVᵉ s., *Geste des ducs de Bourg.* ; — *un projet*, 1736, Voltaire ; de l'ital. *carezzare*, de *caro*, cher. ‖ **caressant** 1642, Oudin. ‖ **caresse** 1538, *le Courtisan*, de l'ital. *carezza*. ‖ **caressement** 1912, Benda.

1. **caret** 1640, Bouton, « tortue exotique », de l'esp. *carey*, empr. au malais *kārah*, tortue.

2. **caret** fin XIVᵉ s., « touret », mot normanno-picard, dimin. de *car*, char.

carex fin XVIIIᵉ s., mot lat. Désigne des plantes très diverses.

cargaison milieu XVIe s. (*carqu-*), du prov. ou de l'esp. *cargazon*, de *cargar*, charger, du lat. *carricare*.

cargo 1906, Lar., abrév. de *cargo-boat* (1887, *J. O.*), mot angl. signif. « bateau à charge ».

carguer 1611, Cotgrave, du prov. ou de l'esp. *cargar* (lat. *carricare*), « charger », au sens fig. de « relever la voile »; le sens de « charger » a existé au XVIe s. || **cargue** 1634, Cleirac, mar.; « charge, attaque » au XVIe s.; déverbal.

cari 1602, Colin, mot indigène du sud de l'Inde, désignant une épice.

cariatide 1547, J. Martin (*cary-*), de l'ital. *cariatidi*, issu du lat. *caryatides*, pl., du gr. *karuatides*, femmes de Carie, emmenées captives et figurées à la place des colonnes.

caribou 1607, Delb., mot canadien empr. à l'algonquin.

caricature 1740, d'Argenson, de l'ital. *caricatura*, de *caricare*, charger (cf. sens fig. de « charge »). || **caricaturer** 1801, Mercier. || **caricaturiste** 1814, Jouy. || **caricatural** 1842, *le Charivari*. || **caricaturier** 1817, *Petite Chron. de Paris*.

carie 1537, Canappe, du lat. *caries*, pourriture. || **carier** 1530, Marot.

*carillon XIIIe s. (*quarregnon*) : XIVe s. (*careillon*); du lat. pop. **quatrinio, -onis*, du lat. *quaternio*, groupe de quatre cloches. || **carillonner** XVe s., *Journ. de Paris*. || **carillonneur** 1601, J. Le Petit.

cariset 1452, *Compt. du port de Dieppe*, de l'angl. *kersey*, qui est aussi à l'orig. de *casimir*.

1. **carlin** 1367, Delb., « monnaie », de l'ital. *carlino*, dér. de *Carlo*, Charles (d'Anjou), qui fit frapper cette monnaie.

2. **carlin** 1803, Boiste, petit chien à museau noir, du nom de l'acteur ital. Carlo Bertinazzi, dit *Carlin* (1713-1783), qui jouait à Paris le rôle d'Arlequin avec un masque noir.

carline 1545, Guéroult, « genre de chardon », mot du Sud-Est (prov. mod. *carlino*), du lat. *carduus*, chardon, par infl. de *Carolus*, Charles; une légende ancienne rattachait ce nom à Charlemagne.

carlingue fin XIVe s. (*callingue*) ; 1573, Dupuis (*carlingue*), mar.; fin XIXe s.,

aéron.; du scand. *kerling* (angl. *carling*).

carliste 1832, A. Blanqui, de don *Carlos* (d'Espagne) [1788-1855]. || **carlisme** 1834, Landais.

carmagnole 1791, nom d'une veste importée à Paris par les fédérés marseillais et portée dans le Midi par les ouvriers piémontais (v. 1660), originaires de *Carmagnola*; par ext. danse révolutionnaire et chant composé après le 10 août 1792.

carme 1220, Coincy, religieux du mont *Carmel*, où se fonda l'ordre; par métaph., « sorte de pigeon ». || **carmélite** 1512, J. Lemaire, lat. eccl. *carmelita*; par ext. couleur de l'habit de carmélite.

carmin XIIe s., *Roman de Troie*, du lat. médiév. *carminium*, croisement de *minium* et de l'ar. *qirmiz* (v. KERMÈS). || **carminé** 1784, Bernardin de Saint-Pierre.

carminatif XVe s., G., méd., du lat. médiév. *carminativus*, de *carminare*, carder, par ext. nettoyer.

carnage 1546, Rab., « chair à manger, chair déchirée », de l'ital. *carnaggio*, de *carne*, chair.

carnassier début XVIe s., mot prov. dér. de *carn*, chair, du lat. *caro, carnis*. || **carnassière** 1743, *Trévoux*, du prov. mod. *carnassiero*, développement du sens de *carnassier*.

carnation XVe s., *Actes des Apôtres*, du lat. *caro, carnis*, chair, sur le modèle d'*incarnation*, avec infl. de sens de l'ital. *carnagione*, couleur de chair.

carnaval 1285, texte liégeois (*quarnivalle*) ; 1578, Ronsard (*carnaval*) ; de l'ital. *carnevale*, mardi gras, altér. de *carneleva* (conservé en génois), enlève-chair (lat. *caro, carnis*). Il a remplacé en fr. *carême-prenant*. || **carnavalesque** 1830, Stendhal, de l'ital. *carnevalesco*. || **carnavalier** XXe s.

1. **carne** XIIe s., *Ps.*, « angle, coin », mot normanno-picard, du lat. *cardo, -inis*, gond. Utilisé encore dans le voc. de la construction.

2. **carne** 1837, Vidocq, arg., « mauvaise viande », de l'ital. *carne*, viande, péjor.

carné 1669, La Fontaine, du lat. *caro, carnis*, chair. || **carner** 1836, Landais.

‖ **carnier** 1762, Rousseau, mot prov., même orig. ‖ **carnification** 1700, *Hist. Acad. sc.*, du lat. médiév. *carnificatio*, de *facere*, faire. ‖ **carnifier** 1752, *Trévoux*, du lat. *carnificare*. ‖ **carnivore** milieu XVIe s., du lat. *carnivorus*, de *vorare*, dévorer. ‖ **carnosité** 1360, *Modus*, du lat. *carnosus*, charnu.

carnet V. CAHIER.

carogne V. CHAROGNE.

carole XIIe s., sans doute du lat. *chorus*, chœur, par un dér. *choraules*, joueur de flûte, gr. *aulos*, flûte.

carolus 1506, *Mer des hist.*, « monnaies frappées à l'effigie d'un roi Charles » (lat. *Carolus*), en particulier de Charles VIII.

caronade 1783, *Encycl. méth.*, de l'angl. *carronade*, de l'arsenal de Carron, en Ecosse, où ces pièces d'artillerie furent d'abord fondues (1778).

caroncule 1560, Paré, bot., du lat. *caruncula*, de *caro*, chair. Le sens anat. est de la même époque.

carotide 1541, Canappe, du gr. *karôtis, -idos*, de *karoûn*, assoupir : la cause du sommeil était attribuée à ces artères. ‖ **carotidien** 1762, *Acad.*

carotte 1398, *Ménagier* (*garroite*) ; fin XIXe s., techn. du pétrole, par l'intermédiaire de l'angl.; du lat. impér. *carota* (IIIe s., Apicius), empr. au gr. *karôton*. ‖ **carotter** 1740, *Acad.*, d'apr. *jouer la carotte*, jouer avec une prudence excessive; 1826, Balzac, « subtiliser de l'argent », d'apr. *tirer une carotte* (1836, Landais). ‖ **carottage** 1843, Balzac, pop. ‖ **carottier** 1740, *Acad.* ‖ **carotteur** 1752, *Trévoux*. ‖ **carotène** XXe s.

caroube 1512, Lemaire, du lat. médiév. *carrubia*, empr. à l'ar. *kharrûba*; la var. *carrouge* est plus ancienne (XIIe s., *Prise d'Orange*). ‖ **caroubier** 1553, Belon.

1. **carpe** 1268, E. Boileau, « poisson », du prov. *carpa*, mot wisigothique. ‖ **carpeau** *id.* ‖ **carpier** 1386, Delb. ‖ **carpillon** 1579, H. Est.

2. **carpe** 1546, Ch. Est., anat., du gr. *karpos*, jointure.

carpelle 1836, Raymond, du gr. *karpos*, fruit. En bot., organe foliaire portant les ovules.

carpette 1335, *Restor dou paon*, « gros drap rayé », dit tapis à emballer, de l'angl. *carpet*, de même rac. que *charpie*.

carquois 1155, Wace (*tarchois*); XIIIe s. (*carquais*); par infl. de *carcan*, *carcois*, carcasse, du gr. byzantin *tarkasion*, empr. au persan *terkech*.

carrare 1755, Prévost, du nom d'une ville italienne aux environs de laquelle se trouvaient des carrières de marbre.

***carré** XIIe s., *Roncevaux* (var. *quarré*), part. passé du lat. *quadrare*, rendre carré, adj.; XIXe s., subst., pop., « palier ». ‖ **carrée** s. f. XIIIe s., *Clef d'amor*; XIXe s., pop., « chambre », puis logis. ‖ **carrément** XIIIe s., G. ‖ ***carrer** XIIe s. (var. *quarrer*), du lat. *quadrare*; *se carrer*, 1606, Nicot, a pris un sens de *carrure*. ‖ **carre** v. 1460, Villon, déverbal. ‖ **carrure** fin XIIe s., *Alexandre* (*quarreüre*), « forme carrée ». ‖ ***carrière** (*de pierre*) fin XIIe s., *Rois*, peut-être du lat. pop. *quadraria, lieu où l'on équarrit les blocs de pierre; *carrier* fin XIIIe s. (*quarrier*). ‖ **bicarré** 1866, Lar. ‖ **contrecarrer** 1535, de l'anc. fr. *contrecarre*, opposition. (V. ÉQUARRIR.)

***carreau** 1080, *Roland* (*quarrel*), « flèche à quatre pans » et « trait de foudre » (jusqu'au XVIIe s.); « petit carré » dès le XIe s.; *carreau des Halles* (où l'on étend les légumes) ; du lat. pop. *quadrellus, de *quadrus*, carré. ‖ **carreler** fin XIIe s., sur *carrel*. ‖ **carrelage** 1611, Cotgrave. ‖ **carrelier** 1312, G. ‖ **carrelure** 1307, Deshaines. ‖ **carreleur** 1463, G. ‖ **carrelet** 1360, G. (*quarlet*), « poisson ». ‖ **recarreler** 1549, R. Est., « raccommoder des chaussures »; 1690, Furetière, sens actuel. ‖ **décarreler** 1642, Oudin.

***carrefour** 1125, *Gormont*, du bas lat. *quadrifurcus*, à quatre fourches, qui a remplacé le lat. *quadruvium*, conservé dans les noms de lieux (*Carrouge[s]*, etc.).

carreler, carrelet V. CARREAU.

carrer V. CARRÉ.

carrick 1805, Stendhal, mot angl. signif. « voiture légère » (en fr. aussi), d'où « manteau de cocher ».

1. **carrière** [de pierre]. V. CARRÉ.

2. **carrière** 1534, Rab., « espace à parcourir », terme d'équitation; fig. XVIIᵉ s., Corneille: de l'ital. *carriera*, chemin de chars, de *carro*, char.

carriole 1220, G. de Coincy, de l'anc. ital. *carriuola*, chaise à roues, de *carro*, char.

carrosse 1574, Du Bartas (souvent fém. d'apr. l'ital.), de l'ital. *carrozza*, de *carro*, char. ‖ **carrossier** 1589, Fr. de Sales. ‖ **carrosserie** 1841, *Français peints par eux-mêmes*. ‖ **carrosser** 1828, Dutens. ‖ **carrossable** 1827, *Acad.* ‖ **carrossée** 1657, Tall. des Réaux.

carrousel 1596, Vigenère (*-elle*), de l'ital. *carosela*, désignant un jeu de cavaliers, de l'ar. *kurradj*, jouet d'enfants fait de chevaux harnachés.

carrure V. CARRÉ.

***cartable** 1636, Monet, « registre »; 1813, Molard, « grand portefeuille »; du lat. pop. **cartabulum*, du lat. *charta*, papier, sous une forme normanno-picarde. (V. CARTE.)

cartahu 1687, Desroches, « cordage volant »; altér. du néerl. *keertouw*, de *keren*, tourner, et *touw*, corde.

cartayer 1740, *Acad.*, « éviter les ornières en parlant d'un char », mot de l'Ouest, de *quart* (se tenir à l'écart).

carte 1398, *Ménagier*, « carte à jouer »; *carte de visite*, 1845, Besch., d'apr. *donner carte blanche* (XVIᵉ s.); 1636, Monet, *carte géographique*; 1803, Boiste, *carte d'un restaurant*; *donner carte blanche*, 1549, R. Est; du lat. *charta*, papier. ‖ **cartographie** 1832, Raymond. ‖ **cartographique** *id.* ‖ **cartographe** 1829, Boiste. ‖ **cartomancie** 1803, Mozin (gr. *manteia*), divination. ‖ **cartomancien, -ienne** 1803, Mozin, qui prend la place de *tireuse de cartes*. ‖ **cartothèque** 1962, Lar. ‖ **écarter** (*une carte à jouer*) 1611, Cotgrave, d'apr. l'ital. *scartare*. ‖ **écart** *id.* ‖ **écarté** (*jeu*) 1810, *Mercure*. ‖ **encarter** 1642, Oudin, « jeu ». ‖ **encartage** 1870, Lar.

cartel 1527, Carloix (*c. de deffi*), de l'ital. *cartello*, affiche, lettre de défi, de *carta*, papier; 1905, Lar., « trust », de l'allem. *Kartell*, défi; 1924, *cartel des gauches*; 1808, Boiste, « horloge », d'apr. la cartouche qui l'entoure (*pen-*

dule à cartel au XVIIIᵉ s.). Le mot ital. est revenu dans « artiste *di primo cartello* », digne d'occuper la vedette (1868, Th. Gautier). ‖ **cartelliser** XXᵉ s. ‖ **cartellisation** XXᵉ s. ‖ **décartelliser** apr. 1945.

carter 1891, *Vélo-Journal*, mot angl., du nom de son inventeur, J. H. Carter († 1903).

cartésien 1665, Graindorge, du lat. *Cartesianus* (Descartes). ‖ **cartésianisme** 1667, *id.*

cartilage 1314, Mondeville, du lat. *cartilago, -inis*. ‖ **cartilagineux** *id.*, du lat. *cartilaginosus*.

cartisane 1642, Oudin, de l'ital. *carteggiana*, carton fin, de *carta*, papier. Désigne une lame de carton fin.

cartographie, cartomancie
V. CARTE.

carton fin XVIᵉ s., de l'ital. *cartone*, augmentatif de *carta*, papier; par ext. « objet en carton ». ‖ **cartonnier** 1680, Richelet, « marchand de cartons »; fin XIXᵉ s., « meuble ». ‖ **cartonner** 1751, *Encycl.* ‖ **cartonnerie** fin XVIIIᵉ s. ‖ **cartonnage** 1785, *Encycl. méth.* ‖ **encartonner** 1827, *Acad.*

cartouche milieu XVIᵉ s., rouleau de carton contenant une charge à mitraille, de l'ital. *cartuccia*, de *carta*, papier; s. m. milieu XVIᵉ s., « ornement d'architecture »; de l'ital. *cartoccio*, même origine. ‖ **cartoucherie** 1840, Mérimée. ‖ **cartouchier** 1752, *Trévoux*. ‖ **cartouchière** 1831, Willaumez.

cartulaire 1340, G., du lat. médiév. *chartularium*, d'abord « archiviste », puis sens actuel. (V. CHARTE.)

carus 1560, Paré (*caros*); 1741, C. de Villars (*carus*); du lat. méd. *carus*, empr. au gr. *karos*, sommeil lourd. Désigne un coma profond.

carvi 1398, *Ménagier*, mot du lat. médiév., empr. à l'ar. *karawiyā'*. Désigne en bot. une plante aromatique (francisé en *chervi*[s] en 1539, R. Est.).

caryophyllée 1573, *Fr. mod.* (*-phyllet*), du lat. *caryophyllon*, giroflier, empr. au gr. *karua*, noyer, et *phullon*, feuille : nom transposé à l'œillet par l'analogie qui existe entre les boutons des deux fleurs.

1. **cas** 1283, Beaumanoir, du lat. *casus*, part. passé substantivé de *cadere*, tomber, au sens fig. « événement ». ‖ **en-cas** fin XVII⁰ s., « collation »; XIX⁰ s., autres sens; ellipse de : objets préparés *en cas* de besoin. La var. *en-tout-cas* (parapluie 1821, Ansiaume) a disparu. ‖ **casuel** fin XIV⁰ s., s. m.,bénéfices attachés aux fonctions ecclésiastiques. ‖ **casuellement** 1468, Chastellain.

2. **cas** XIII⁰ s., du lat. *casus*, cas grammatical, même orig. que le précédent, calque du gr. *ptôsis*, chute, terminaison. ‖ **casuel** fin XIV⁰ s., adj., du lat. *casualis* (Varron, gramm.).

casanier 1315, G. (*caseniers*), « domicilié en France », en parlant de marchands ital.; 1558, Du Bellay (*-anier*), « qui reste à la maison »; sans doute de l'ital. *casaniere*, de *casa*, maison.

casaque 1413, Gay, « tunique d'homme », de l'ital. *casacca*, empr. au persan *kazagand*. ‖ **casaquin** 1546, Gay, de l'ital. *casacchino*, même origine.

casaquin 1546, Gay, de l'ital. *casacchino*.

casbah 1813, Mozin (*casauba*), de l'ar. *qasba*, forteresse.

cascabelle 1866, Lar., esp. *cacabel*, grelot. Désigne les plaques cornées de la queue d'un serpent à sonnettes.

cascade 1640, Oudin, de l'ital. *cascata*, de *cascare*, tomber, dimin. (v. CASQUER). ‖ **cascatelle** 1740, De Brosses, de l'ital. *cascatella*, dimin. ‖ **cascader** fin XVIII⁰ s. ‖ **cascadeur** 1860, *Diogène*. ‖ **cascadeuse** 1867, Delvau.

case 1265, J. de Meung, du lat. *casa*, maison rurale (sens jusqu'au XVII⁰ s.); XVII⁰ s., « case de nègre », repris au port. *casa*, infl. par l'ar. ‖ **caser** 1669, Widerhold, « mettre dans une case »; fig. XVIII⁰ s.; réfection de l'anc. fr. *chaser*, du lat. *casa*. ‖ **casier** 1765, *Encycl*. ‖ **casette** début XVIII⁰ s. ‖ **encaster** 1755, *Encycl*., « placer (les poteries) dans les cassettes », de *encaseter*. ‖ **encasteur** 1807, Oppenheim.

caséeux 1599, Valgelas (*caseux*); rare jusqu'au XVIII⁰ s.; du lat. *caseus*, fromage. ‖ **caséifier** 1905, Lar. ‖ **caséification** *id*. ‖ **caséiforme** 1534, Rab. ‖ **caséine** 1832, Boiste.

casemate 1539, Gruget; 1546, Rab. (*chasmate*, d'apr. le gr. *khasma*, gouffre); de l'ital. *casamatta*, maison folle, d'orig. obscure. ‖ **casemater** 1578, Boyssières.

caseret 1549, R. Est., de *casière*, forme normanno-picarde de l'anc. fr. *chasière*, du lat. *casearia*, de *caseus*, fromage (v. CHASERET). ‖ **caserette** 1771, *Trévoux*, var. fém. Désigne un récipient en terre pour faire égoutter le fromage.

caserne milieu XVI⁰ s., « loge pour quatre soldats dans les remparts »; milieu XVII⁰ s., « chambre pour soldats »; appliqué aux bâtiments construits pour loger des corps de troupe; du prov. *cazerna*, groupe de quatre, du lat. *quaternus*, groupe de quatre. ‖ **caserner** 1718, suivant *Trévoux*. ‖ **casernement** 1800, Boiste.

casernet 1783, *Encycl. méth*., « registre de bord », mar., mot prov., dimin. de *cazern*, cahier (lat. *quaternus*, groupe de quatre).

casier V. CASE.

casilleux V. CASSER.

casimir 1791, *Journ. de Paris*, altér., par infl. de *Casimir*, de l'angl. *kerseymere*, carisel pur. (V. CARISET.)

casino 1740, De Brosses, de l'ital. *casino*, dimin. de *casa*, maison, au sens de « maison de plaisance », puis « maison de jeu ».

casoar 1677, L'Estra (*-suel*; var. *gasuel*); début XVIII⁰ s. (*-soar*); du lat. zool. *casoaris*, *-uaris*, empr. au malais *kasuvari*, grand oiseau coureur; 1855, coiffure des saint-cyriens.

casque fin XVI⁰ s., de l'esp. *casco*, de *cascar*, briser, issu du lat. pop. **quassicare*, casser; d'abord « tesson », puis « crâne » et « casque » par métaph.; *casque à mèche*, 1842, Reybaud. ‖ **casqué** 1734, *Trévoux*. ‖ **casquer** 1867, *Almanach du « Hanneton »*. ‖ **casquette** 1820, Laveaux.

1. **casquer** V. CASQUE.

2. **casquer** 1837, Vidocq, « tomber dans les pièges »; 1844, Esnault, « payer »; de l'ital. *cascare*, tomber, du lat. pop. **casicare*, de *cadere*, tomber.

cassade 1536, Collerye, « bluff, bourde », du vénitien *cazzada* (ital. *cacciata*), action de donner la chasse.

1. **casse** 1341, *Arch. Dijon*, « casserole », du prov. *cassa*, issu du lat. pop. *cattia*, poêle, truelle (Gloses). ‖ **casserole** 1583 Gay, formation méridionale. ‖ **cassole** XIVᵉ s., G., « pot à chauffer la colle ». ‖ **cassolette** début XVᵉ s., de l'anc. esp. *cazoleta*, de *cazo*, casse.

2. **casse** [d'imprimerie] 1539, R. Est., de l'ital. *cassa*, caisse (v. CAISSE). ‖ **casseau** 1751, *Encycl.* ‖ **cassier** 1797, Restif de La Bretonne.

3. **casse** 1256, Ald. de Sienne, « fruit du cassier », du lat. *cassia*, empr. au gr. *kassia*. ‖ **cassier** 1512, Thénaud.

4. **casse** V. CASSER (*action de casser*).

*casser 1080, *Roland* (var. *quasser*), du lat. *quassare*, fréquentatif de *quatere*, secouer, par ext. « endommager », « briser »; *casser un arrêt*, XIIIᵉ s.; *casser aux gages*, XIVᵉ s.; *casser les vitres*, 1787, Féraud. ‖ **casilleux** 1676, Félibien, « cassant », en parlant du verre. ‖ **cassant** 1538, R. Est., fig. ‖ **cassement** XIIIᵉ s. ‖ **casson** 1359, G., « sucre cassé ». ‖ **cassonade** 1578. ‖ **cassure** 1333, Delb. ‖ **casseur** 1547. ‖ **cassis** 1488, *Mir. des hist.*, « rigole de pierres cassées, caniveau ». ‖ **casse** 1642, Oudin, « action de casser un officier ». ‖ **cassage** 1842, *Acad.* ‖ **cassation** 1413, N. de Baye. ‖ **casse-museau** XVᵉ s., Delb. ‖ **casse-cou** 1718, *Acad.*; fig., 1785, Beaumarchais. ‖ **casse-poitrine** 1829, Caillot. ‖ **casse-mottes** 1700, Liger. ‖ **casse-noisettes** 1680, Richelet. ‖ **casse-noix** 1564, J. Thierry. ‖ **casse-pierre** XVIᵉ s., G. ‖ **incassable** 1801. ‖ **casse-tête** 1706, Richelet, fig. ‖ **casse-pipe** v. 1914.

casserole V. CASSE 1.

cassette 1348, de Laborde, de l'ital. *cassetta*, de *cassa*, caisse.

cassie 1575, Thevet, mot du Midi, empr. au prov. *cassio*, altér. de *acacio*, acacia.

cassine 1532, Rab., « petite maison »; puis « masure »; de l'ital. dial. (piémontais) *cassina, cascina*.

1. **cassis,** caniveau V. CASSER.

2. **cassis** milieu XVIᵉ s., « fruit », mot poitevin, de *casse*, fruit du cassier, le cassis étant laxatif comme la casse.

cassitérite 1832, Beudant, du gr. *kassiteros*, étain.

cassolette V. CASSE 1.

casson V. CASSER.

cassoulet fin XIXᵉ s., mot toulousain, de *cassolo*, dim. de *casso*, casserole, au sens de terrine où est préparé le mets.

castagnette fin XVIᵉ s. (*cascagnette*), de l'esp. *castañeta*, dimin. de *castaña*, châtaigne, par comparaison de forme.

castapiane milieu XIXᵉ s., pop., « blennorragie », par antiphrase de l'ital. *casta*, chaste, et *piana*, douce.

caste 1615, Pyrard, du port. *casta*, issu du lat. *castus*, pur, sans mélange, appliqué d'abord aux castes de l'Inde au XVIIIᵉ s.; 1793, « classe fermée », au fig.

castel V. CHÂTEAU.

castille 1462, *Cent nouvelles*, de l'esp. *castilla*, château; d'abord « opération militaire », puis « dispute ».

castine XVIᵉ s., G. Coquille, « pierre calcaire mélangée au minerai », altér. de l'allem. *Kalkstein* (prononcé en bas allem. *stéin*), pierre (*Stein*) à chaux (*Kalk*).

castor début XIIᵉ s., mot lat. empr. au gr.; il a éliminé l'anc. fr. *bièvre* (du lat. *beber*, d'origine gauloise), conservé dans les noms de lieux. ‖ **castoréum** XIIIᵉ s., Delb., du lat. médiév. *castoreum*, de *castor*. ‖ **castorin** 1835, *Acad.* ‖ **castorine** 1802, Catineau. ‖ **castoriser** 1868, Cluseret, mar. ‖ **demi-castor** fin XVIIᵉ s., Racine, « chapeau en tissu milaine, mi-castor »; 1695, Regnard, « demi-mondaine ».

castrat V. CASTRER.

castrer XVIIᵉ s., du lat. *castrare*, châtrer. ‖ **castration** 1495, J. de Vignay, du lat. *castratio*. ‖ **castrat** 1556, R. Le Blanc, mot gascon ou prov. signif. « (animal) châtré »; repris au XVIIIᵉ s. à l'ital. *castrato*, en parlant des chanteurs italiens. (V. CHÂTRER.)

casuarina 1778, trad. de Cook, arbre d'Australie, du lat. bot. *casuarina*, de *casoar*, oiseau d'Australie.

casuel V. CAS.

casuiste 1611, Cotgrave, de l'esp. *casuista*, issu du lat. eccl. *casus*, cas de conscience. ‖ **casuisme** 1837, Balzac. ‖ **casuistique** 1836, Landais. ‖ **casuistiquer** 1823, Boiste.

catachrèse 1557, Fouquetin, du lat. *catachresis*, empr. au gr. *katakhrêsis*, abus d'emploi.

cataclysme v. 1548, Des Autels ; v. 1540, Rab. (*cateclisme*) ; du lat. *cataclysmos*, empr. au gr., signif. inondation, déluge. ‖ **-mique** 1863, L.

catacombe XIIIe s., G., de l'ital. *catacomba*, altér. de *cata-tumba* (inscriptions chrétiennes), du gr. *kata*, en dessous, et de *tumba*, tombe ; ne s'emploie qu'au plur.

catadioptrique milieu XVIIIe s., de *catoptrique* et de *dioptrique*. ‖ **catadioptre** XXe s.

catafalque 1690, Furetière, « échafaud pour criminels » ; XVIIIe s., sens actuel ; de l'ital. *catafalco*. (V. ÉCHAFAUD.)

cataire 1733, Lémery, bot., du bas lat. *cattaria*, de *cattus*, chat ; 1866, Lar., méd., frémissement perçu à la pointe du cœur dans le cas d'un rétrécissement de l'orifice mitral, et comparé au ronronnement du chat.

catalectique 1644, Lancelot, du gr. *katalêktikos*, de *katalegein*, finir, c'est à dire « vers qui se termine brusquement », « inachevé ».

catalepsie début XVIe s. (var. *-lepse*), du lat. méd. *catalepsis* (IIIe s., Coelius Aurelius), empr. au gr. *katalepsis*, action de saisir, attaque (méd.). ‖ **cataleptique** 1742, Réaumur.

catalogue 1260, Br. Latini, du bas lat. *catalogus* (Ve s., Macrobe), empr. au gr. *katalogos*, liste, rôle. ‖ **cataloguer** 1801, Mercier.

catalpa 1771, Schmidlin, mot angl. tiré de la langue des Indiens de Caroline et désignant un arbre utilisé pour la décoration des jardins.

catalyse 1842, *Acad.*, de l'angl. *catalysis*, créé par Berzelius en 1836, du gr. *katalusis*, action de dissoudre. ‖ **catalyseur** 1907, *L. M.* ‖ **catalyser** 1842, *Acad.* ; fig. 1960, Lar. ‖ **catalyseur** 1906, Loucheux. ‖ **catalytique** 1842, *Acad.*

cataphote apr. 1945, du gr. *kata*, contre, et *phôs, photos*, lumière.

cataplasme 1390, G., du lat *cataplasma*, empr. au gr., signif. « emplâtre ».

catapulte 1355, Bersuire, du lat. *catapulta*, empr. au gr. *katapeltês*, de même sens. ‖ **catapulter** début XXe s. ‖ **catapultage** début XXe s.

cataracte 1538, Canappe, « chute d'eau », du lat. *cataracta*, empr. au gr. *kataraktês*, chute, et, par ext., barrage, herse, de *katarassein*, tomber avec force. ‖ **cataracte** *de l'œil* 1503, G. de Chauliac, du lat. méd. *cataracta*, au sens fig. (*cataracte* ou *coulisse*, qui signifie en langue pop. « herse »).

catarrhe XVe s., G. (var. *caterre*), du lat. méd. *catarrhus*, (IIIe s., Aurelius), empr. au gr. *katarrhos*, écoulement, de *rhein*, couler. ‖ **catarrhal** 1360, G. de Machault. ‖ **catarrheux** 1507, N. de La Chesnaye.

catastrophe 1546, Rab., du lat. *catastropha*, empr. au gr. *katastrophê*, bouleversement, de *strephein*, tourner ; le sens théâtral « dénouement » a été repris au XVIe s. ‖ **catastropher** XXe s., d'abord *catastrophé*. ‖ **catastrophique** 1845, J.-B. Richard. ‖ **-ement** *id.*

catau 1582, L'Estoile, de *catot*, abrév. de *Catherine*. (V. CATIN.)

catch XXe s., de l'angl. *catch as catch can*, attrape comme tu peux. ‖ **catcheur** XXe s. (1956, Lar.).

catéchèse 1574, R. Benoist, du lat. *catechesis*, empr. au gr. *katêkhêsis*, enseignement. ‖ **catéchète** 1819, Boiste.

catéchisme 1495, J. de Vignay, du lat. eccl. *catechismus*, empr. au gr. *katêkhismos*, de *katekhein*, faire retentir, instruire de vive voix. ‖ **catéchiser** 1380, G., du lat. *catechizare*, empr. au gr. *katêkhizein*. ‖ **catéchiste** 1578, Despence, du lat. eccl. *catechista*, empr. au gr. *katêkhistês*. ‖ **catéchistique** 1752, *Trévoux*.

catéchumène 1495, J. de Vignay, du lat. eccl. *catechumenus*, empr. au gr. *katêkhoumenos*, part. passif de *katêkhein*, instruire à haute voix.

catégorie 1564, Rab., du bas lat. *categoria* (Ve s., Sid. Apollinaire) ; philos. 1736, J. des Champs ; empr. au gr. *katêgoria*, de *katêgorein*, énoncer. ‖ **catégorique** 1327, J. de Vignay, du bas lat. *categoricus*, empr. au gr. *katêgorikos*. ‖ **catégoriquement** milieu XVIe s. ‖ **ca-**

tégoriser 1842, *Acad.* ‖ **catégorisation** 1867, Lar.

caténaire 1842, *Acad.*, bot.; fin XIXᵉ s., techn.; du lat. *catenarius*, de *catena*, chaîne.

catgut 1877, *Comptes rendus de l'Acad. des sc.*, « corde de boyau »; mot anglais : boyau (*gut*) de chat (*cat*).

cathédral 1180, *Itinéraire à Jérusalem*, adj., du lat. *cathedralis*, de *cathedra*, siège épiscopal; *église cathédrale*, id. ‖ **cathédrale** 1666, *Journ. des savants*, abrév. de *église cathédrale*.

catherinette fin XIXᵉ s., jeune fille qui coiffe sainte Catherine l'année de ses vingt-cinq ans (*coiffer sainte Catherine*, 1867, Delvau).

cathète 1547, J. Martin, math., du bas lat. *cathetus*, empr. au gr. *kathêtos*, mené de haut en bas. Désigne une perpendiculaire de l'œil de la volute.

cathéter 1538, Canappe, du lat. méd. *catheter* (IIIᵉ s., Aurelius), empr. au gr. *kathetêr*, sonde. ‖ **cathétérisme** 1658, Thévenin, du lat. *catheterismus*, empr. au gr.

cathétomètre 1856, Lachâtre, du gr. *kathetos*, vertical, et *metron*, mètre. Désigne un instrument de mesure utilisé en physique.

cathode 1838, *Acad.*, du gr. *kata*, en bas, et *hodos*, chemin. (V. ÉLECTRODE.) ‖ **cathodique** 1897, Delage.

catholicon 1520, J. Cœurot, mot du lat. méd., empr. au gr. *katholicon* (au neutre), universel.

catholique XIIIᵉ s., G. (*chatoliche*), du lat. chrét. *catholicus* (IIIᵉ s., Tertullien), empr. au gr. *katholicos*, universel. ‖ **catholiquement** XIVᵉ s., Ph. de Maizières. ‖ **catholicisme** XVIᵉ s., de Marnix. ‖ **catholicité** 1578, d'Aubigné.

catimini fin XIVᵉ s., Le Fèvre (var. *catamini*), « menstrues » (jusqu'au XVIᵉ s.); *en catimini*, XVIᵉ s.; du gr. byzantin *katamênia*, menstrues (avec prononc. *i* de *ê*) et croisement avec le picard *catte-mini*, chatteminette.

catin 1530, Marot, abrév. de *Catherine*; péjor. lorsqu'il cessa d'être un hypocoristique.

*catir fin XIIᵉ s., *R. de Cambrai* (*quatir*), « presser, cacher »; 1606, Nicot, « donner du lustre »; du lat. pop. **coactire*, de *coactus*, pressé. ‖ **cati** 1694, La Bruyère, « apprêt ». ‖ **catissage** 1842, *Acad.* ‖ **décatir** 1753, *Encycl.*; *se décatir*; 1815, *Encycl.*, pop., « vieillir ».

catoptrique 1690, Furetière, du gr. *katoptrikos*, de *katoptron*, miroir.

cauchemar 1564, J. Thierry (var. *-are*), mot picard, de *cauquer*, anc. fr. *chaucher*, fouler, presser (v. COCHE 2), et du néerl. *mare*, fantôme nocturne (allem. *Mahr*, cauchemar). ‖ **cauchemarder** 1841, *Physiologie du parapluie*. ‖ **cauchemardant** 1867, Delvau. ‖ **cauchemardesque** XXᵉ s.

caucher 1782, *Encycl. méth.*, « cahier où l'on presse les feuilles d'or », infinitif subst. de *caucher*, fouler, presser, du lat. *calcare*, presser aux pieds, sous la forme picarde.

caudal fin XVIIIᵉ s., du lat. *cauda*, queue. ‖ **caudataire** 1542, Rab., du lat. eccl. *caudatarius*, désignant un dignitaire de la cour pontificale (celui qui portait la queue de la soutane du pape).

caudebec fin XVIIᵉ s., Huet, chapeau fabriqué à *Caudebec*.

caudex 1819, Boiste, mot lat. signif. « tronc, tige ».

caudrette 1769, Duhamel, filet de pêche, comparé d'apr. sa forme à une petite chaudière : mot picard (*caude-rette*), de *caudière*, chaudière.

cauri 1615, Pyrard, anc. monnaie d'Afrique; mot tamoul.

cause fin XIIᵉ s., *Rois*, du lat. *causa*, cause et procès; 1549, sens polit. et religieux. ‖ **causal** 1565, Meigret, du lat. *causalis*, au sens gramm. ‖ **causalité** 1488, *Mer des hist.*, sens philos. ‖ **causatif** fin XVᵉ s., G. ‖ **causer** XIIIᵉ s., *Clef d'amor*, « être cause de », « s'entretenir », du lat. *causari*, faire un procès, par ext. alléguer des raisons; *causer à quelqu'un*, XVIIᵉ s. ‖ **causant** XVIIᵉ s. ‖ **causeur** 1534, Rab. ‖ **causerie** milieu XVIᵉ s. ‖ **causette** 1790. ‖ **causeuse** 1819, Boiste. ‖ **recauser** 1876, L.

causse 1791, *Encycl. méth.*, mot rouergat (XVIᵉ s.), signif. « terre calcaire », du lat. *calx, calcis*, chaux, par un dér. **calcīnus* ou *calcēnus* (cf. *Caussenard*, habitant des Causses).

caustique fin XVᵉ s., du lat. *causticus*, empr. au gr. *kaustikos*, brûlant, de *kaiein*, brûler. ‖ **causticité** 1738, Le Franc.

cautèle 1265, J. de Meung, du lat. *cautela*, défiance, de *cavere*, prendre garde. ‖ **cauteleux** XIIIᵉ s., *D. G.*

cautère XIIIᵉ s., G., du lat. impér. *cauterium*, empr. au gr. *kautêrion*, de *kaiein*, brûler. ‖ **cautériser** XIVᵉ s., du lat. impér. *cauterizare* (IVᵉ s., Végèce). ‖ **cautérisation** 1314, Mondeville. ‖ **thermocautère** fin XIXᵉ s. (gr. *thermos*, chaud).

caution 1283, Beaumanoir, du lat. *cautio*, précaution, garantie, de *cavere*, prendre garde. ‖ **cautionnement** début XVIIᵉ s. ‖ **cautionner** 1360, G.

cavagnole 1745, Voltaire, de l'ital. *cavagnuolo*, de *cavagno*, panier. Désigne un ancien jeu.

cavaillon 1473, Barennes, de l'occitan *cabalhon*, melon, de *Cavaillon* (Vaucluse).

cavalcade milieu XIVᵉ s. (*-ate*), de l'ital. *cavalcata*, de *cavalcare*, chevaucher, avec la prononc. piémontaise *-ada*. ‖ **cavalcader** 1824, Balzac. ‖ **cavalcadour** 1539, Gruget, de l'ital. *cavalcatore*, avec la prononc. piémontaise, correspondant au fr. *chevaucheur*.

cavale 1552, La Boétie, de l'ital. *cavalla*, de *cavallo*, cheval; il a remplacé les mots issus du lat. *equa*, dans l'est et le sud de la France (*ive*), mais non *jument;* devenu poétique dès le XVIIᵉ s. ‖ **cavaler** 1610, B. de Verville, « chevaucher »; 1821, Ansiaume, *se cavaler*, se sauver. ‖ **cavaleur, -euse** fin du XIXᵉ s., « coureur de filles », « coureuse », pop.

cavalier 1470, de l'ital. *cavaliere*, qui va à cheval, mot qui avait pris le même sens fig. que *chevalier*, d'où « gentilhomme » en fr. (disparu au XVIIᵉ s.) : il reste le mot *cavalier (de bal)* ; 1540, Rab., terme de fortification. ‖ **cavalerie** 1308, Aymé. ‖ **cavalier, -ère** adj. 1650, G. de Balzac, fig. ‖ **cavalièrement** 1613, Nostredame.

cavatine 1767, Rousseau, de l'ital. *cavatina*, dimin. de *cavata*, art de tirer un son harmonieux, de *cavare*, creuser.

cave XIIIᵉ s., adj., du lat. *cavus*, creux; *veine cave*, 1546, Ch. Est. ‖ **cave** s. f. XIIᵉ s., *Marbode*, du lat. *cava*, fém. substantivé au sens de « fossé » en bas lat. ‖ **caveau** fin XIIIᵉ s., Rutebeuf. ‖ **caver**

1260, « creuser », du lat. *cavare*. ‖ **cavin** XVIᵉ s. ‖ **caviste** 1819, Boiste. ‖ **cavité** XIIIᵉ s. (*-eté*), du bas lat. *cavitas*. ‖ **cavoir** 1791, *Encycl. méth.* ‖ **encaver** 1295, G.

caveçon 1580, Pasquier, de l'ital. *cavezzone*, du lat. pop. **capitia*, ce qu'on met autour de la tête.

1. **caver** V. CAVE.

2. **caver** 1642, Oudin, « mettre devant soi une somme », terme de jeu, de l'ital. *cavare*, tirer de sa poche. ‖ **cave** 1867, Delvau (*cavé*), dupe, en argot. ‖ **décaver** 1819, Boiste, surtout au part. passé et au fig.

caverne 1120, *Job*; 1546, Ch. Est., méd.; du lat. *caverna*, de *cavus*, creux. ‖ **caverneux** XIVᵉ s., G.; méd., 1546, Ch. Est.; fig. 1845, Besch., du lat. *cavernosus.* ‖ **cavernicole** 1877, du lat. *colere*, habiter.

cavet 1545, G., de l'ital. *cavetto*, dimin. de *cavo*, creux. Désigne en archit. une moulure concave.

caviar 1432, La Broquière (*cavyaire*); 1553, Belon (*caviar*); de l'ital. *caviale*, empr. au turc *khâviâr.* ‖ **caviarder** fig., 1907, Lar. ‖ **caviardage** *id.*

cavité V. CAVE.

caye 1638, Beaulieu, banc de coraux, de l'esp. *cayo*, écueil.

1. ***ce** Xᵉ s., *Sainte Eulalie*, démonstratif neutre, en position atone, du lat. pop. *ecce-hoc*, renforcement de *hoc*, ceci, par *ecce*, voici.

2. ***ce, cet** 842, *Serments de Strasbourg* (*cest*), en position atone, du lat. pop. *ecce-iste*, forme renforcée de *iste*, celui-ci, qui désigna la proximité par opposition à *ille* (v. CELUI, IL); là forme tonique de l'anc. fr. *icest* a disparu. Le cas régime *cestui, cettui* (jusqu'au XVIIᵉ s.) est resté longtemps pop. ‖ **ceci** fin XIIᵉ s., *Trois Aveugles de Compiègne.* ‖ **ci** XIXᵉ s., forme contractée de *ceci* (*comme ci, comme ça*). ‖ **cela** XIIIᵉ s. V. ÇA. ‖ **céans** V. ÇÀ.

cécité 1220, Coincy, du lat. *caecitas*, de *caecus*, aveugle; il a remplacé au sens propre *aveuglement* (encore au XVIIIᵉ s.), passé au fig.

céder fin XIVᵉ s., du lat. *cedere*, se retirer. ‖ **cession** XIIIᵉ s., *Cout. d'Artois*, du lat. *cessio*, de *cedere*, jurid. ‖ **cessible**

1605, Loisel, du bas lat. *cessibilis*. ‖ **cessibilité** 1845, Besch. ‖ **cessionnaire** 1531, Delb. ‖ **recéder** fin XVIᵉ s.

cédille début XVIᵉ s. (*cerille*), de l'esp. *cedilla*, petit *c*, d'abord petit *z*, dimin. de *zeda*, *z* (le signe date de la fin du XVᵉ s.).

cédrat 1600, O. de Serres (*cedriac*); 1680, Richelet (*cédrat*); de l'ital. *cedrato*, de l'anc. ital. *cedro*, citron (auj. *limone*), du lat. *citrus*. ‖ **cédratier** 1823, Boiste.

cèdre fin XIIᵉ s., *Rois*, du lat. *cedrus*, empr. au gr. *kedros*. ‖ **cedrela** 1783, *Encycl. méth.*, du lat. bot. *cedrela*. ‖ **cédrène** XXᵉ s., chimie.

cédule 1180 (*se-*), « acte, notification juridique »; XVIIᵉ s., sens élargi; fin XIXᵉ s., spécialisé aux catégories d'impôt sur le revenu; du bas lat. *schedula*, feuillet, page (*Vulgate*), de *scheda*, bande de papyrus. ‖ **cédulaire** 1795, *Néol. fr.*

cégétiste 1908, *L. M.*, membre de la C. G. T. (Confédération générale du travail).

*****ceindre** 1080, *Roland*, du lat. *cingĕre*; éliminé par *entourer*. ‖ **ceinture** XIIᵉ s., *Ps.*, du lat. *cinctūra*, de *cinctus*, ceint; — *de murailles*, XVIᵉ s. ‖ **ceinturier** 1432, Baudet. ‖ **ceinturon** 1579, G., avec valeur dimin. ‖ **ceinturer** XVIᵉ s., de Brach. ‖ **enceindre** XIIIᵉ s., du lat. *incingere*. ‖ **enceinte** XIIIᵉ s., part. passé substantivé.

céladon 1610, nom d'un personnage de *l'Astrée* d'H. d'Urfé, amant sentimental; 1617, d'Aubigné, couleur vert tendre, porcelaine vert tendre; XIXᵉ s., abat-jour de porcelaine.

célèbre 1532, Rab., du lat. *celeber*, fréquenté, illustre; le sens de « somptueux » se maintient au XVIIᵉ s. ‖ **célébrer** milieu XIIᵉ s., *Couronn. de Loïs*, du lat. *celebrare*. ‖ **célébration** 1160, Benoît, du lat. *celebratio*. ‖ **célébrité** XIIIᵉ s., G.; 1842, *Acad.*, « personne célèbre »; du lat. *celebritas*.

celer Xᵉ s., *Saint Léger*, du lat. *celare*, cacher. ‖ **déceler** XIIIᵉ s. ‖ **receler** 1190, saint Bernard. ‖ **recel** fin XIIᵉ s., « secret »; 1842, *Acad.*, sens actuel, déverbal. ‖ **receleur** début XIVᵉ s., « celui qui achète et revend des objets volés ».

céleri 1651, La Varenne, du lombard *seleri* (pluriel), issu du lat. *selinon*, ache, mot gr.

célérifère 1794, Sivrac, ancêtre de la bicyclette, du lat. *celer*, rapide, et du suffixe *-fère*, qui porte.

célerin 1268, Tahureau, mot picard, peut-être d'un composé tautologique formé du scand. *sila*, hareng, et du néerl. *hering*, de même sens.

célérité 1358, texte de Reims, du lat. *celeritas*, de *celer*, rapide.

céleste fin XIᵉ s., *Alexis*, du lat. *caelestis*, de *caelum*, ciel.

célibat 1549, R. Est, du lat. *caelibatus*, de *caelebs*, célibataire. ‖ **célibataire** 1711, Danet.

1. celle V. CELUI.

2. celle XIIIᵉ s., G., « cellule de moine », du lat. *cella*, chambre, repris sous la forme lat. par l'archéologie au XIXᵉ s. (1842, *Acad.*)

cellier 1160, *Charroi*, du lat. *cellarium*, de *cella*, chambre. ‖ **cellerier** fin XIIIᵉ s., *Renart*.

Cellophane 1911, Braunberger, de *cellulose* et de *diaphane*, marque déposée (gr. *phainein*, apparaître).

cellular V. CELLULE.

cellule début XVᵉ s., du lat. *cellula*, dimin. de *cella*, chambre. ‖ **cellulaire** 1740, P. Demours, anat.; *voiture cellulaire*, 1845, Besch. ‖ **cellular** 1904, *Mode pratique*, mot angl. signif. « cellulaire ». ‖ **celluleux** début XVIIIᵉ s. ‖ **cellulose** 1840, Jussieu. ‖ **cellulosité** 1735, Heister. ‖ **Celluloïd** 1877, *Année sc. et industr.*, mot angl. créé par les inventeurs, les frères Hyatt, avec la finale *-oïd*, qui indique la forme d'une chose. ‖ **cellulite** 1878, Lar. méd.

celtique 1495, J. de Vignay, de *Celtes*. ‖ **celtium** 1950, corps découvert par Urbain. ‖ **préceltique** XXᵉ s.

*****celui, celle, ceux** Xᵉ s., *Eulalie* (*celle*), formes atones correspondant aux formes toniques *icelui, icelle, icel* (disparues au XVIᵉ s.); le cas sujet disparu était *cel, cil*; du lat. pop. *ecce-ille, -illa*, forme renforcée de *ille*, démonstratif exprimant l'éloignement; *celui* représente le cas régime *ecce-illui*. Adj. jusqu'au XVIᵉ s., remplacé en cet emploi par *ce, cet.* || **celui-ci** 1372, Corbichon. || **celui-là** XVe s., renforcement compensateur lorsque s'efface l'opposition entre *cet* et *cel.*

cément 1573, Liébault, du lat. *caementum,* moellon, infl. pour le sens par *ciment.* || **cémenter** 1675, Brunot. || **cémentation** 1567, Zecaire. || **cémentite** fin XIXe s. (1913, *L. M.*).

cénacle début XIIIe s., « salle où a eu lieu la Cène »; 1829, cénacle littéraire, appliqué aux romantiques; du lat. *cenaculum,* salle à manger, de *cena,* dîner.

*cendre XIIe s., L., du lat. cĭnis, cineris. || **cendrée** XIIe s., *Chev. Ogier.* || **cendreux** fin XIIe s., R. de Moiliens. || **cendrier** fin XIIe s., « linge où l'on met les cendres »; fin XIXe s., sens mod. || **cendré** XIVe s. || **cendrure** 1751, *Encycl.* || **cendrillon** 1697, du nom d'un personnage des contes de Perrault.

cène 1190, J. Bodel, du lat. *cena,* dîner, au sens particulier de « dîner du Christ et des Apôtres » en lat. chrét.

*cenelle fin XIIe s., *R. de Cambrai,* peut-être du lat. pop. **acinella,* de *acinus,* grain de raisin, pépin. Désigne le fruit de l'aubépine.

cénesthésie 1842, *Acad.,* du gr. *koinos,* commun, et *aisthesis,* sensibilité.

cénobite XIIIe s., du lat. chrét. *coenobita* (IVe s., saint Jérôme), de *coenobium,* monastère, empr. au gr. *koinobion,* vie en commun. || **cénobitique** fin XVIe s. || **cénobitisme** 1835, Lamartine.

cénotaphe 1501, de La Vigne, du lat. impér. *cenotaphium* (IIIe s., Ulpien), empr. au gr. *kenotaphion,* de *kenos,* vide, et *taphos,* tombeau.

cens 1283, Beaumanoir, du lat. *census.* || **censier** XIIe s., *Roman d'Alexandre.* || **censitaire** 1740, *Acad.;* 1842, *Acad.,* polit. || **censive** XIIIe s., *Livre de jostice,* lat. médiév. *censiva,* terre assujettie au cens. || **censuel** 1396, La Curne.

censé XVIe s., Brantôme, part. passé de l'anc. verbe *censer,* du lat. *censere,* estimer, juger. || **censément** 1863, L.

censeur 1213, *Fet des Romains (-or)*; v. 1355, Bersuire *(-eur)*; du lat. *censor,* magistrat romain, et, au fig., celui qui blâme. || **censorial** 1762, Rousseau. || **censure** 1495, J. de Vignay, du lat. *cen-*

sura. || **censurer** 1518, trad. de Pline. || **censurable** 1656, Pascal.

censive, censuel V. CENS.

censure V. CENSEUR.

*cent 1080, *Roland,* du lat. *centum.* || **centime** 1795, système métrique, d'apr. *décime.* || **centiare, centigramme, centilitre, centimètre** 1795, système métrique. || **centigrade** 1820, Laveaux; appliqué au thermomètre inventé par A. Celsius (1744). || ***centaine** fin XIIe s., *Rois (centeine),* du lat. *centena,* f., distributif de *centum.* || **centenaire** 1495, J. de Vignay, du lat. *centenarius.* || **centenier** 1298, *Livre de Marco Polo,* forme plus francisée que *centenaire.* || **centésimal** 1827, *Acad.,* du lat. *centesimus,* centième. || ***centième** 1164, Chr. de Troyes, du lat. *centēsimus* (le développement du suffixe *-ième* est mal éclairci). || **centuple** 1495, J. de Vignay, du bas lat. *centuplus,* du lat. *centuplex.* || **centupler** 1542, P. de Changy, du bas lat. *centuplicare.* || **centurie** XIIe s., du lat. *centuria,* groupe de cent. || **centurion** XIIe s., *Macchab.,* du lat. *centurio.*

centaure fin XIIe s., du lat. *centaurus,* empr. au gr. *Kentauros,* être mythologique; fig. XIXe s. || **centaurée** milieu XIIIe s., du lat. *centaurea,* empr. au gr. *kentauriê,* (plante) du Centaure; le centaure Chiron avait découvert, selon la légende, les propriétés des simples.

centenaire V. CENT.

centon 1570, Hervet, du lat. *cento, -onis,* habit rapiécé, au sens fig. (VIIe s., Isid. de Séville).

centre 1265, J. de Meung, du lat. *centrum,* empr. au gr. *kentron,* aiguillon, pointe (v. POINT pour le sens). || **central** milieu XIVe s., du lat. *centralis;* s. m., bureau télégraphique, 1922, Lar. || **centraliser** 1790, Grégoire. || **centralisation** 1790, *Républicain.* || **centralisateur** 1839, Balzac. || **centralisme** 1842, J.-B. Richard. || **centraliste** 1845, Besch. || **centrer** fin XVIIe s. || **centreur** 1842, *Acad.* || **centrage** 1834, Biot. || **centriste** XXe s. (1953, Lar.). || **centrifuge** 1700, *Mém. Acad. sc.* (lat. *fugere,* fuir). || **centripète** *id.* (lat. *petere,* gagner). || **concentrer** 1611, Cotgrave, fig. || **concentration** 1732, *Trévoux,* par l'intermédiaire de l'angl. || **concentrationnaire** 1946, David Rousset. ||

concentrique 1361, Oresme. ‖ **décentraliser** 1834, Landais. ‖ **décentralisation** 1829, Boiste. ‖ **décentrer** 1841. ‖ **déconcentrer** XXᵉ s. (1959, Lar.). ‖ **déconcentration** id. ‖ **égocentrisme** 1922, Lar. (lat. *ego*, moi). ‖ **égocentriste** id. ‖ **allocentrisme** XXᵉ s. (1953, Lar.). ‖ **épicentre** 1898, Lar. ‖ **excentré** 1870, Lar. ‖ **excentration** 1898, Lar. ‖ **métacentre** milieu XVIIIᵉ s.

centuple, centurie, centurion V. CENT.

*cep XIIᵉ s., du lat. *cippus*, pieu (d'où, en anc. fr., étrave), tronc d'arbre; spécialisé en fr. en « cep de vigne ». ‖ **cépeau** XIIIᵉ s., Mousket, « billot pour frapper la monnaie », sur le sens de *cep*, pièce de bois. ‖ **cépée** fin XIIᵉ s., *Alexandre*, sur le sens de *cep*, tronc. ‖ **cépage** 1573, Baïf.

cèpe 1798, Nemnich, du gascon *cep*, tronc, appliqué aux champignons à gros pédoncule.

cependant V. PENDANT.

céphal(o)- du gr. *kephalê*, tête. ‖ **céphalalgie** 1495, J. de Vignay (*-argie*), du lat. *cephalalgia*, empr. au gr. *kephalalgia*, de *algeîn*, souffrir. ‖ **céphalée** 1570, J. Daléchamps, du lat. *cephalaea*, empr. au gr. *kephalaia*. ‖ **céphalique** XIVᵉ s., du lat. *cephalicus*, empr. au gr. *kephalikos*. ‖ **céphalopode** 1795, du gr. *pous, podos*, pied.

cérambyx 1775, Bomare, mot du lat. entomol., du gr. *kerambux*, pot (*ambux*) à cornes (*keras*). Cet insecte a de longues antennes.

céramique 1806, Lunier, du gr. *keramikos*, de *keramon*, argile. ‖ **céramiste** 1836, Landais.

cérat 1538, Canappe, médicament à base de cire et d'huile, du lat. *ceratum*, de *cera*, cire. ‖ **cératine** 1820, Laveaux, hyménoptère.

cerbère 1576, Marg. de France; 1867, Delvau, concierge; du lat. *Cerberus*, empr. au gr. *Kerberos*, nom du chien qui gardait l'entrée des Enfers.

cerce V. CERCEAU.

*cerceau XIIᵉ s., *Saxons* (*cercel*), du lat. impér. *circellus* (IIIᵉ s., Apicius, « anneau »), dimin. de *circus*, cercle; la valeur dimin. s'est perdue en fr. ‖ **cerce** XIᵉ s., *Gloses de Raschi*, dér. régressif de *cerceau*. Désigne la planchette de bois entrant dans la confection d'un tambour.

*cercle XIIᵉ s., *Ps.*, du lat. *circulus*, cercle (v. CIRQUE), par ext. circonscription de l'Empire germ.; XVIIᵉ s., « cercle de personnes »; *cercle vicieux*, 1740, *Acad.*; XIXᵉ s., « club » (la taxe sur les cercles date du 16 sept. 1871). ‖ **cercler** v. 1530, Marot. ‖ **cerclage** 1819, Boiste. ‖ **cerclier** 1518, Delb. ‖ **cercleux** fin XIXᵉ s., membre d'un club. ‖ **demi-cercle** fin XIVᵉ s. ‖ **encercler** 1160, Benoît, a passé au fig. ‖ **encerclement** 1909, *L. M.* ‖ **recercler** 1832, Raymond.

*cercueil 1080, *Roland* (*sarcou*); XVᵉ s. (*sarcueil*), par modification de suffixe; 1564, J. Thierry (*cercueil*), prononc. *e* ou *a* devant *r;* du bas lat. *sarcophagus*, tombeau, empr. au gr. *sarkophagos*. (V. SARCOPHAGE.)

céréale v. 1550, Peletier, adj.; s. f. 1792, *Encycl. méth.*; du lat. *cerealis*, adj., relatif au blé, de *Cérès*, déesse des moissons. ‖ **céréalier** 1962, Lar.

cérébral 1560, Paré, du lat. *cerebrum*, cerveau. ‖ **cérébrospinal** 1845, *Ann. méd. et psych.* ‖ **cérébelleux** 1820, Laveaux, du lat. *cerebellum*, dimin. de *cerebrum*, cerveau.

cérémonie XIIIᵉ s., *Bible* (*céri-*), du lat. *cœrimonia*, cérémonie religieuse. ‖ **cérémonial** 1372, G., du lat. *caerimonialis*, adj., relatif aux cérémonies religieuses; XVIᵉ s., fig.; s. m. XVIIᵉ s. ‖ **cérémonieux** XVᵉ s., G.

*cerf 1080, *Roland*, du lat. *cervus*. ‖ **cervaison** 1398, *Ménagier*. ‖ **cerf-volant** 1381, Gay, « nom d'insecte », puis jeu d'enfant.

*cerfeuil fin XIIIᵉ s., *Renart* (*-fueil*), du lat. *caerefolium*, adaptation du gr. *khairephullon*, de *khairein*, réjouir, et *phullon*, feuille.

cérine 1826, *Journ. de pharmacie*, du lat. *cera*, cire. Désigne un minéral brun-rouge.

*cerise 1190, Bodel, du lat. pop. **cerèsia*, pl. neutre passé au fém., du lat. class. *cerasus*, cerisier, empr. au gr. *kerasos*. ‖ **cerisier** 1165, G. d'Arras. ‖ **cerisette** XIVᵉ s., G. ‖ **cerisaie** fin XIVᵉ s.

cérite 1757, Adanson, du lat. zool. *cerithium*, transcription adaptée du gr. *kerukion*, buccin (gastéropode d'un genre voisin).

cérium 1803, corps métallique découvert par Berzelius; de Cérès (planète qui venait d'être découverte). ‖ **ferrocérium** XIXe s., alliage de fer et de cérium.

***cerne** XIIe s., « cercle » (jusqu'au XVIIe s.); XVIIe s., cerne des yeux; du lat. *circinus*, compas, cercle, de *circus* (v. CIRQUE). ‖ **cerner** XIIe s.; rare jusqu'au XVIe s.; « entourer d'un cercle »; XVIe s., fig., et *cerner une noix*, détacher par une incision circulaire. ‖ **cerneau** XIIIe s., noix cernée (coupée en deux avec son écorce). ‖ **cernoir** 1391, Du Cange, couteau à cerner les noix. ‖ **cernure** 1863, Goncourt, « cerne de l'œil ».

cerque 1806, Wailly, « coléoptère », du gr. *kerkos*, queue.

***certain** 1130, *Eneas* (*certan*); 1190, Gace Brulé (*certain*); lat. pop. ***certanus*, de *certus*, assuré; il a tous les sens du français actuel dès le XII s. ‖ **certainement** 1138, *Saint Gilles*. ‖ **certes** 1080, *Roland*, du lat. pop. *certas*, du lat. *certo*, assurément. ‖ **certificat** fin XIVe s., du lat. médiév. *certificatum*, de *certificare*, de *certus*, assuré, et *facere*, faire. ‖ **certification** 1310, G., du lat. *certificatio*. ‖ **certificateur** 1578, Aubigné, du lat. *certificator*. ‖ **certifier** XIIe s. (*certefier*); XIIIe s. (*certi-*). ‖ **certitude** XIVe s. (*sertetut*); 1470, *Livre disc.* (*-titude*); du lat. *certitudo*. ‖ **incertain** 1361, Oresme. ‖ **incertitude** 1495, J. de Vignay.

cérulé 1516, M. de Tours, lat. *caeruleus*, bleu ciel (*caelum*, ciel). ‖ **céruléen** 1797, Chateaubriand. ‖ **cérulescent** 1842, Mozin. ‖ **céruléine, céruline** *id.*

cérumen début XVIIe s., « cire de l'oreille », mot du lat. médiév., de *cēra*, cire. ‖ **cérumineux** 1735, Heister.

céruse XIIIe s., du lat. *cerussa*. Produit utilisé dans la peinture. ‖ **cérusite** XIXe s.

***cerveau** 1080, *Roland* (*cervel*), du lat. *cerebellum*, dimin. de *cerebrum*, cerveau, cervelle. ‖ **cervelle** 1080, *Roland* (*-elle*), du pl. *cerebella*, passé au fém.; *sans cervelle*, « étourdi », début XIXe s. ‖ **cervelet** 1611, Cotgrave, dimin. réservé à l'anat. ‖ **cervelas** 1552, Rab. (*-at*); 1623, Sorel (*-as*); de l'ital. *cervellato*, mets milanais fait de viande et de cervelle de porc. ‖ **décerveler** XIIIe s. ‖ **écerveler** XIIe s., « faire jaillir la cervelle », et, comme adj., *écervelé*, « étourdi » (XIIe s., *Aliscans*).

cervelle, cervelas V. CERVEAU.

cervical 1560, Paré, du lat. *cervix, -icis*, nuque.

cervidé 1888, Lar.; lat. *cervus*, cerf. ‖ **cervicornes** 1842, *Acad.* ‖ **cervier** (*loup*), 1260, Br. Latini; 1560, Paré (*-cervier*); du lat. *cervarius lupus* (Pline), loup qui attaque le cerf. ‖ **chat-cervier** apr. 1750, Buffon, lynx d'Asie.

***cervoise** XIIe s., du lat. *cerevisia* ou *cervēsia*, mot gaulois.

ces V. CE.

césar 1488, *Mer des hist.*, « empereur »; XVIIIe s., Voltaire, polit.; de *Jules César* (lat. *Caesar*), dont les empereurs romains prirent le nom. ‖ **césarisme** 1847, Romieu. ‖ **césarien** 1836, Landais, hist.; 1863, Lar., polit.

césarienne [opération] 1560, Paré, du lat. *caesar*, enfant mis au monde par incision, de *caedere*, couper; le surnom *Caesar* a la même origine.

céseron 1842, *Acad.*, du prov. mod. *ceseroun*, de *cese*, pois chiche, du lat. *cicer*.

***cesser** 1080, *Roland*, du lat. *cessare*, tarder, différer, fréquentatif de *cedere* (v. CÉDER). ‖ **cesse** fin XIIe s., *Mort d'Aymeri*. ‖ **cessation** 1361, Oresme. ‖ **incessant** milieu XVIe s. ‖ **incessamment** 1358, Bible.

cessible, cession V. CÉDER.

ceste XVe s., du lat. *caestus*, de *caedere*, frapper, au sens de « courroie, ceinture ». ‖ **cestode** ver plat, XIXe s.

cestreau 1783, *Encycl. méth.*, du lat. *cestrum*, bétoine, empr. au gr. *kestron*. En bot., syn. de *casse-pot*.

césure 1537, Marot, du lat. *caesura*, coupure, de *caedere*, couper.

cétacé 1553, Belon (*-ée*), jusqu'au XVIIIe s.; du lat. scientifique *caetaceus*, du lat. *cetus*, empr. au gr. *kêtos*, baleine, dauphin.

cétérach XVe s., *Grant Herbier*, genre de fougères, mot du lat. médiév., empr. à l'ar. *chetrak*.

cétoine 1790, *Encycl. méth.*, du lat. des naturalistes *cetonia*, insecte qui vit sur les fleurs.

cétone V. ACÉTATE.

cévadille 1771, Schmidlin, de l'esp. *cebadilla*, dimin. de *cebada*, du lat. *cibus*, nourriture. Le mot désigne une plante exotique.

chabanais 1866, Lar., « vacarme »; orig. obscure; peut-être de *chaban* (1836, Landais), prière de minuit chez les musulmans.

chabichou 1877, L., altér. de *chabrichou*, de *chabro*, forme limousine de chèvre.

*__chable__ 1190, Bodel (*cheable*), « grosse corde », infl. par *chaable* (*câble*), du bas lat. *capulum*. ‖ **chabler** 1676, Félibien, « haler un bateau », « hisser avec un câble ». ‖ **chableur** 1415, G.

chabler XIVe s., « abattre des noix », de l'anc. fr. *chaable*, machine à lancer des pierres, du lat. pop. *catabola*, empr. au gr. *katabolê*, action de lancer, de *ballein*, lancer. ‖ **chablis** 1515, *Ordonn.* (*bois chablis*), bois presque abattu par le vent.

chabot 1220, Coincy (*cabot*), « têtard »; 1544, *Anc. poés.*, « poisson à grosse tête»; du prov. *cabotz*, issu du lat. pop. *capoceus*, dér. de *caput*, tête.

chabraque 1803, Boiste, de l'allem. *Schabracke*, empr. au turc *tchaprāk*, couverture d'un cheval de cavalerie, introduite en France en 1692 par les hussards hongrois.

chacal 1646, Busbecq (*ciacales*), du turc *tchaqâl*, issu du persan *chagâl*.

chaconne 1655, Quevedo, de l'esp. *chacona*, nom d'une danse; le sens de ruban vient d'une mode lancée en 1693 par le danseur Pécourt.

*__chacun__ fin XIe s., *Lois de Guill.*, du lat. pop. *casquūnus*, croisement entre *quisque-unus*, de *quisque*, chaque, et *unus*, un, et de *cata-unum*, de la prép. grecque *kata*, employé comme distributif, avec le sens de « un par un », et qui a donné *cadun(a)* [842, *Serments*], puis *chaün*, chacun. ‖ **chaque** XIIe s., rare jusqu'au XVe s., dér. régressif. ‖ **chacunière** 1534, Rab.

chafouin 1611, Cotgrave, « putois »; 1650, fig., adj., mot de l'Ouest, de *chat* et *fouin*, forme masc. de *fouine*.

1. **chagrin** XVIe s., *Fr. mod.* (*sagrin*), « cuir grenu », du turc *çâgri*, avec infl.

de *grain*. ‖ **chagriner** 1692, Tournefort, « travailler le chagrin ».
2. **chagrin** fin XIVe s., adj., « affligé »; 1530, Palsgrave, s. m., « douleur »; sans doute de *chat* et *grigner*, calque de l'allem. *Katzenjammer*, profond malaise. ‖ **chagriner** début XVe s., « rendre chagrin ». ‖ **chagrinant** 1690, Fur.

chah V. SCHAH.

chahuter 1821, Desgranges, « danser »; 1837, Sainéan, « faire du vacarme »; mot du Vendômois qui avait le sens de « crier comme un chathuant », d'où « crier en dansant » ou « en s'agitant ». ‖ **chahut** *id.* (*-hu*), déverbal. ‖ **chahuteur** 1837, Vidocq.

chai 1611, Cotgrave, au pl.; mot de l'Ouest, transmis par Bordeaux, forme régionale de *quai*.

chaille, chail XVe s., mot poitevin, dér. régressif de l'anc. fr. *chaillou*. (V. CAILLOU.)

*__chaîne__ 1080, *Roland* (*chaeine*), du lat. *cătēna*; XVIe s., « servitude »; *chaîne de montagnes*, 1680, Richelet; « les galères », 1690, Furetière. ‖ **chaînette** fin XIIe s., Delb. (*chaanette*). ‖ **chaînetier** 1701, Furetière. ‖ **chaînon** 1260, Barbier. ‖ **chaînée** 1836, Landais. ‖ **chaîner** 1827, *Acad.* ‖ **chaîneur** *id.* ‖ **chaînier** 1795, Saint-Léger. ‖ **déchaîner** XIIe s., *D. G.*, « délivrer des chaînes »; XVIIe s., fig. ‖ **déchaînement** 1671, Sévigné. ‖ **enchaîner** 1080, *Roland*; « coordonner », 1636, Monet. ‖ **enchaînement** 1392, E. Deschamps.

*__chainse__ XIIe s., « toile de lin », puis vêtement de dessous, du lat. pop. *camisa*, var. de *camisia*, chemise.

*__chaintre__ 1562, Du Pinet (*chantre*), du lat. *cancer*, au sens de « grille, treillis », puis « borne », d'où « lisière du champ ».

*__chair__ 1080, *Roland* (*charn*); XVe s. (*chair*); la collision homonymique avec *chère* l'a fait remplacer dans une partie de ses emplois par *viande*; du lat. *caro*, *carnis*, chair. ‖ *__charnel__ fin XIe s., *Alexis*, du bas lat. eccl. *carnalis*. ‖ **charneux** XIIIe s., Ysopet, du lat. *carnosus*. ‖ **charnier** 1080, *Roland*, « endroit où l'on conservait la viande »; « cimetière, dépôt d'ossements » (jusqu'à la Révolution); XIXe s., fig., lieu de massacre. ‖

*charnu 1256, Ald. de Sienne, du lat. pop. *carnūtus. ‖ charnure v. 1380, Chr. de Pisan (-neure). ‖ *charogne 1170, Rois, du lat. pop. *caronia. ‖ charognard début XIXᵉ s. ‖ *carogne fin XIIᵉ s., Aiol (caronge), forme normanno-picarde de charogne. ‖ décharner XIIᵉ s., Antioche, sur le rad. charn. ‖ charcutier 1464, texte de Blois (chaircuitier; encore fin XVIIIᵉ s.), de chair cuite. ‖ charcuter XVIᵉ s., Chron. bordelaise; XIXᵉ s., fig. ‖ charcuterie 1549, R. Est. (chaircuicterie). ‖ acharner 1160, Benoît, terme de chasse; fin XVᵉ s., fig.; sur charn, au sens de « mettre en appétit de chair » les chiens et les faucons. ‖ acharnement 1611, Cotgrave. ‖ écharner fin XIIᵉ s., D. G. (V. INCARNER.)

*chaire fin XIIᵉ s., Rois (chaière, chaère), du lat. cathēdra, siège à dossier, par opposition à sella, sans dossier; spécialisé dès le XVIIᵉ s. au sens de « chaire d'église », puis « chaire de professeur ». ‖ chaise fin XIVᵉ s. (chaeze), forme champenoise ou orléanaise (siège plus léger); chaise longue 1782, Mercier. ‖ chaisier 1781, Arch., « loueur de chaises à porteur ». ‖ chaisière 1842, Acad., « loueuse de chaises ».

chairman 1829, Rev. des Deux Mondes, « président du dîner », mot angl. signif. homme (man) du fauteuil (chair, empr. au fr.); XIXᵉ s., « président d'assemblée »; auj. hors d'usage.

1. chaland 1080, Roland (caland), « bateau plat », du bas gr. khelandion.

2. *chaland 1190, Garn. (chalant), « client », d'abord « ami, connaissance », part. prés. substantivé de chaloir, au sens de « avoir de l'intérêt ». ‖ achalander 1383, Delb., « fournir de la clientèle »; fin XIXᵉ s., achalandé, pourvu de marchandises. ‖ achalandage 1820, Laveaux, même évolution que achalander.

chalaze 1792, Encycl. méth., anat., du gr. khalaza, grêlon, au fig. orgelet. Désigne les filaments d'albumine des jaunes d'œuf. ‖ chalazion 1538, Canappe (-ium). Désigne une tumeur bénigne sous la paupière.

chalcographe début XVIIᵉ s., appellation prise par Jacques de Bié, du gr. khalkos, cuivre, et graphein, écrire. ‖ chalcographie début XVIIᵉ s., « gravure

sur cuivre »; 1868, Goncourt, « dépôt de planches gravées ».

châle milieu XVIIᵉ s. (chal); rare jusqu'au XVIIIᵉ s.; 1793 (gilet shall), de l'hindî shal, empr. au persan et vulgarisé sous l'infl. de l'angl. shawl, de même origine. ‖ châlier 1841, P. Bernard.

chalet 1723, Savary, popularisé par la Nouvelle Héloïse, mot de la Suisse romande désignant les chalets primitifs des bergers sur les alpages, dimin. d'un mot prélatin *cala, abri, que l'on retrouve en toponymie.

*chaleur 1155, Wace (chalour); 1549, R. Est., « ardeur »; du lat. calor, caloris. ‖ chaleureux 1398, Du Cange. ‖ chaleureusement 1360, Du Cange.

*châlit 1190, Garn. (chaelit), « lit de parade pour un mort »; XVIᵉ s., « monture d'un lit »; du lat. pop. catalectus, de lectus, lit, et prép. cata, issu du grec et signifiant « sur ». (V. ÉCHAFAUD.)

challenge 1885, Poirier, terme de sport, de l'angl. challenge, défi, repris à l'anc. fr. chalenge, débat, réclamation, défi, forme pop. du lat. calůmnia, calomnie, par ext. de sens. ‖ challengeur 1912, L. M. (-er). ‖ challenger verbe XXᵉ s.

*chaloir Xᵉ s., Eulalie (chielt, 3ᵉ pers. sing., ind. prés.), du lat. calēre, être chaud, être ardent, enthousiaste, et importer. Le mot a disparu au XVIᵉ s.; il reste d'un usage littér. jusqu'au XVIIᵉ s.; auj., seulement dans quelques loc. vieillies. (V. CHALAND 2.)

chaloupe début XVIᵉ s. (-oppe), du néerl. sloep, embarcation, ou du fr. dial. chalope, coquille de noix, de écale avec une finale empr. à enveloppe. ‖ chalouper 1866, Larchey, pop.

*chalumeau XIIᵉ s., Ignaure (-mel); 1464, Quinze Joies du mariage (-umeau); du lat. impér. calamellus (IIIᵉ s., Arnobe), de calamus, roseau.

chalut 1753, Encycl. mot de l'Ouest, d'un verbe chaler, sortir sa tête, se sauver; orig. inconnue. ‖ chaluter 1863, L. ‖ chalutage fin XIXᵉ s. ‖ chalutier id.

chalypite v. 1880, dér. du gr. khalups, khalubos, acier, fer pour désigner un carbure de fer extrait d'une météorite.

chamade 1570, Carloix (chia-); v. 1570, Monluc (cha-); du piémontais ciamada, appel (ital. *chiamata*), part. passé fém. du verbe *ciamà*, appeler (ital. *chiamare*). Restreint à l'expression *battre la chamade* (faire sonner la reddition).

chamailler v. 1300, « frapper, batailler, se battre »; auj. sens plus faible; renforcement probable de l'anc. fr. *mailler*, frapper, de *mail*, avec un préfixe *cha-*, var. de *ca-*. ‖ **chamaillerie** 1680, Motteville. ‖ **chamailleur** fin XVe s. ‖ **chamaillis** 1540, des Essarts.

chaman 1699, A. Brand, « prêtre sorcier », mot d'une langue ouralo-altaïque. ‖ **chamanisme** 1801, Fischer.

chamarrer début XVIe s., du moyen fr. *chamarre* (XVe s.), var. de *samarre* (XVe s.), empr. à l'esp. *zamarra*, vêtement de berger (v. SIMARRE). ‖ **chamarrage** 1828, Raymond. ‖ **chamarrure** 1595, Charron.

chambarder 1867, Delvau, pop. d'abord; altér. de *chamberter* (1856, Fr. Michel), renverser, briser, d'orig. obscure. ‖ **chambard** fin XIXe s., déverbal. ‖ **chambardement** 1856, Magnard. ‖ **chambardeur** fin XIXe s.

chambellan fin XIe s., *Alexis* (*chamberlenc*), du francique **kamerling* (allem. *Kämmerling*), du lat. *camera*, *chambre*. (V. CAMERLINGUE.)

chambouler 1807, Michel, « chanceler comme un homme ivre », puis « bouleverser, déranger »; peut-être dér. de *cambo*, jambe (d'apr. la var. *camboler* [1866, Delvau], tomber en chancelant), avec un croisement sémantique de *sabouler*; ou du prov. *champourla*, barboter.

chambranle 1313, Gay (*-brande*); XVIe s. (*-branle*, par infl. de *branler*); altér. de l'anc. fr. *chambril*, lattis, lambris, du lat. *camerare*, voûter.

*chambre fin XIe s., *Alexis*, du lat. *caměra*, voûte, empr. au gr. *kamara*; *chambre voûtée* en lat. pop., puis *chambre*; *chambre à air*, 1891, Michelin. ‖ **chambrette** 1190, Garn. ‖ **chambrière** 1190, saint Bernard; le masc. *chambrier* a disparu plus tôt. ‖ **chambrée** XIVe s., « mesure de fourrage »; 1539, R. Est., sens actuel ‖ **chambrer** 1678, Guillet, « tenir en chambre »; fig., « tenir à l'écart ». ‖ **chambrelan** 1676, Félibien, « ouvrier en chambre », puis « locataire d'une chambre », par croisement avec *chambellan*.

chame 1562, Du Pinet, « mollusque acéphale », du lat. *chama*, empr. au gr. *khêmê*, coquillage.

*chameau 1080, Roland (*cameil*); sens pop., 1867, Lar.; du lat. *camēlus*, empr. au gr. *kamêlos*, mot sémitique. ‖ **chamelle** XIIe s., Fierabras (*camoille*); au sens de « ponton » du néerl. *kameel*, formation métaphorique. ‖ **chamelier** 1430, A. Chartier.

chamérops 1615, Daléchamp, du lat. *chamaerops*, empr. au gr. *khamairôps*, buisson (*rôps*) à terre (*khamai*), nom d'arbuste mal déterminé.

*chamois 1170, Chr. de Troyes, du bas lat. *camox, -ōcis* (Ve s., Polemius Silvius), mot prélatin. ‖ **chamoiser** 1393, G. (*camoiser*); rare jusqu'au XVIIIe s. ‖ **chamoiseur** *id.* ‖ **chamoiserie** 1723, Savary. ‖ **chamoisage** 1866, Lar.

*champ 1080, *Roland*, « terrain », du lat. *campus*, plaine, et terrain cultivé (chez Caton), la culture se faisant surtout en plaine; le sens premier est resté dans *champ de bataille*, *champ clos*; 1911, Ducom, en cinéma. ‖ **champi** 1390, Du Cange, « enfant trouvé dans les champs »; mot du Berry repris par G. Sand. ‖ **champlever** 1753, *Encycl.* ‖ **champart** 1283, Beaumanoir, de *champ* et *part*. ‖ **champêtre** fin XIe s., *Lois de Guill.*, du lat. *campestris*, de *campus*. ‖ **échamp** XIIIe s., *D. G.* ‖ **échampir** 1701, Furetière, d'apr. le fond de la gravure. ‖ **réchampir** 1676, Félibien. ‖ **réchampi** 1690, Furetière, techn.

*champagne spécialisé en toponymie au Xe s.; 1360, Froissart, blason; du lat. pop. *campania*, plaine, adj. fém. substantivé dér. de *campus*. ‖ **champagne** 1709, Regnard, vin, par abrév. de *vin de Champagne* (la fabrication en remonte à la fin du XVIIe s., à dom Pérignon † 1715). ‖ **champagniser** 1839, Boiste. ‖ **champagnisation** 1929, Lar. ‖ **fine champagne** XIVe s., terme de blason; puis eau-de-vie de la champagne de Cognac.

champêtre V. CHAMP.

champignon 1398, *Ménagier*, altér., par changement de suffixe, de l'anc. fr. *champegnuel* (XIIe s.), du lat. pop. (*fungus*) **campagniolus*, champignon des champs.

‖ **champignonnière** 1694, *Acad.* ‖ **champignonniste** 1866, Lar.

***champion** 1080, *Roland* (*campium*), « celui qui combat en champ clos »; fin XIXe s., sens sportif; du bas lat. *campio, -ōnis*, de *campus*, au sens de « champ de bataille »; issu du germ. *kamp*, combat (allem. *Kampf*). ‖ **championne** 1558, Des Périers. ‖ **championnat** 1877, L.

champis, champlever V. CHAMP.

champoreau 1866, Lar., « mélange de vin et de café », argot milit., pop. vers 1880-1886; terme de l'armée d'Afrique; de l'esp. pop. *champorro*, de *cha(m)purrar*, mélanger des liquides.

***chance** fin XIIe s., *Aiol*, du lat. pop. *cadentia*, pl. neutre substantivé comme fém., du part. prés. de *cadere*, tomber (v. CHOIR); « chute », puis « chute de dés » (jusqu'au XVIIe s.); dès l'anc. fr., « hasard », puis « heureux hasard ». ‖ **chançard** 1864, Larchey. ‖ **chanceux** 1611, Cotgrave. ‖ **malchance** XIIIe s. (*male-*); 1864, L. (*mal-*).

***chanceler** 1080, *Roland*, du lat. *cancellare*, clore d'un treillis; par évolution sémantique obscure (d'apr. les treillis qui vacillent); le sens fig. du lat. jurid. « barrer, biffer » existait en anc. fr. ‖ **chancelant** 1190, saint Bernard. ‖ **chancellement** XIIIe s., G.

***chancelier** fin XIe s., *Alexis*, du lat. impér. *cancellarius*, huissier de l'empereur (IIIe s., Vopiscus) qui se tenait près des grilles (*cancelli*), puis chef du greffier d'un tribunal (VIe s., Cassiodore). ‖ **chancellerie** 1190, Garn. ‖ **chancelière** 1762, *Acad.* ‖ **vice-chancelier** XIIIe s. (*vichancelier*); 1583, forme mod.

***chancir** 1539, R. Est., altér., par attraction de *rancir*, de l'anc. fr. *chanir*, du lat. pop. *canīre*, de *canus*, blanc. ‖ **chancissure** *id.*

***chancre** 1256, Ald. de Sienne (*cranche*); XVIIe s., Saint-Simon, fig.; du lat. *cancer, -eris*, ulcère. ‖ **chancreux** XIVe s., G. ‖ **échancrer** 1549, R. Est., c'est-à-dire « entamer comme fait un chancre ». ‖ **échancrure** 1560, Paré.

chandail V. AIL.

***chandeleur** 1119, Ph. de Thaun (*-lur*), du lat. pop. (puis eccl.) *candelorum* (génitif pl., abrév. de *festa candelarum*, fête des chandelles).

***chandelle** XIIe s., *Roncevaux* (*-deile*); XIVe s. (*-ele*), refait sur le lat.; du lat. *candēla*; remplacée par la *bougie* au cours du XIXe s. ‖ **chandelier** 1138, *Saint Gilles*, objet; 1268, E. Boileau, « marchand de chandelles », sens disparu.

chanfraindre début XIVe s., « tailler en biseau », de l'anc. fr. *fraindre*, briser (v. ENFREINDRE) et de *chant* (v. CHANT 2), c.-à-d. abattre de chant. ‖ **chanfrein** XVe s., La Curne, « demi-biseau »; par analogie, partie de la tête du cheval entre le front et les naseaux; puis armure protégeant la tête du cheval; déverbal. ‖ **chanfreiner** 1512, Lemaire (*chanfrainer*). ‖ **enchifrener** v. 1265, J. de Meung, au fig. (*d'amours enchifrené*), altér. d'un dér. de *chanfrein*, signif. « pris dans un chanfrein »; XVIIe s., spécialisé pour le rhume de cerveau.

1. chanfrein V. CHANFRAINDRE.

2. chanfrein 1175, Chr. de Troyes, « mors », sans doute différent du précédent, et dér. de *frein*, croisé avec le lat. *camus*, muselière, ou altér. de *caput*, tête.

***changer** fin XIIe s., *Couronn. de Loïs* (*-gier*), du bas lat. *cambiare* (IVe s., Siculus Flaccus), du lat. impér. *cambire* (IIe s., Apulée), mot gaulois. ‖ **change** XIIe s., *Roncevaux*, « changement » (jusqu'au XVIIe s.), seulement dans la loc. *ne pas gagner au change*; XIIIe s., sens fin. d'apr. l'ital. *cambio*, à cause des banquiers lombards; *lettre de change*, 1458, *Lettres de Louis XI*. ‖ **changeur** XIIe s., Delb.; fin XVe s. ‖ **changement** 1120, *Ps. d'Oxford*. ‖ ***échanger** 1155, Wace (*-gier*), du lat. pop. **excambiare*. ‖ **échange** 1080, *Roland* (*escange*). ‖ **échangeable** 1798, *Acad.* ‖ **échangeur** 1953, Lar., appareil. ‖ **inchangé** 1842, *Acad.* ‖ **interchangeable** 1878, Lar. ‖ **rechanger** 1160, Benoît. ‖ **rechange** XIVe s.

chanlatte V. LATTE.

chanoine 1080, *Roland* (*cabunie*), du lat. eccl. *canonicus*, empr. au gr. *kanón*, règle (v. CANON 2); d'abord « clerc » (connaissant les canons), spécialisé aux « chanoines du chapitre », au Moyen Age. ‖ **chanoinesse** milieu XIIIe s. ‖ **chanoinie** 1160, Benoît. (V. CANON 2.)

chanque 1870, L., mot régional signif. « échelle de résinier à un seul montant », du landais *chanco*, d'orig. prélatine.

*chanson 1080, *Roland*, du lat. *cantio, -onis*, de *cantus*, chant. ‖ chansonnette 1175, Chr. de Troyes. ‖ chansonnier XIVᵉ s., Delb., « recueil de chansons »; 1571, de La Porte, « chanteur »; XVIIᵉ s., « auteur de chansons ». ‖ chansonner 1584, de La Porte.

1. *chant XIIᵉ s., *Roncevaux*, du lat. *cantus*, chant. ‖ chanter Xᵉ s., *Saint Léger*, du lat. *cantare*, fréquentatif qui a éliminé *canĕre*; *faire chanter*, 1808, d'Hautel. ‖ chantage 1837, Vidocq, arg. ‖ chantepleure fin XIIᵉ s., *D. G.*, de *chanter* et *pleurer*, d'apr. le bruit du robinet qui coule. ‖ chanterelle 1540, Yver, « corde de violon », par ext. bobine des tireurs d'or, bruyante quand elle tourne. ‖ *chanteur fin XIIᵉ s., *Rois (-ur)*, du lat. *cantorem*, acc. cas régime. ‖ *chantre XIIIᵉ s., « chanteur » (jusqu'au XVIIᵉ s.); XVᵉ s., « chantre d'église », sens qui l'a emporté; du lat. *cantor*, au cas sujet (nominatif). Le type *chanteor, chantere*, issu de *cantator*, s'est confondu avec le type *chantre, chanteur*; le fém. *chanteresse* s'est maintenu jusqu'au XVIᵉ s., remplacé ensuite par *chanteuse*. ‖ déchanter 1220, Coincy, « chanter en déchant, sur un autre ton ».

2. *chant XIIᵉ s., Delb., « face étroite d'un objet » (var. *champ*, par confusion avec *champ*, issu du lat. *campus*), du lat. *canthus*, bande de jante, mot sans doute gaulois ou empr. au gr. *kanthos*, coin de l'œil. ‖ chanteau 1160, Benoît (-*tel*), d'abord quartier d'un bouclier, spécialisé en *chanteau de pain*. ‖ chanterelle 1552, Pontus de Tyard, « fausse équerre des menuisiers ». ‖ chantignole 1690, Furetière, « console », qui a remplacé l'anc. fr. *chantille*. ‖ chantourner 1611, Cotgrave, tourner le chant. (V. CANTON, CHANLATTE à LATTE.)

1. chanterelle V. CHANT 1 et 2.

2. chanterelle 1752, *Trévoux*, « girofle, champignon », du lat. bot. *cantharella*, empr. au gr. *kantharos*, coupe, à cause de la forme.

chanteur V. CHANT 1.

*chantier fin XIIIᵉ s., Rutebeuf, du lat. *canterius*, mauvais cheval; au fig., étai (Iᵉʳ s., Columelle) [cf. CHEVALET, POUTRE] : en fr., spécialisé en « support de tonneau »; 1836, Landais, par ext. « lieu où l'on dépose les matériaux »; *mettre sur le chantier*, fig., 1758, Diderot.

chantourner V. CHANT 2.

chantre V. CHANT 1.

*chanvre 1268, E. Boileau, du lat. *cannabis*, du lat. pop. *canapus* (*canabus*, Notes tiron.) postulé par le prov. *canebe*. Fém. en lat. et en fr. jusqu'au XVIIᵉ s., où le masc. (attesté au XIIIᵉ s.) l'a emporté; le caractère dioïque de la plante explique la longue coexistence des deux genres. (V. CANEVAS, CHENEVIÈRE.)

chaos 1377, Chr. de Pisan, du lat. *chaos*, empr. au gr. *khaos*. Le sens fig. apparaît au XVIIᵉ s. ‖ chaotique 1827, *Acad.* ‖ chaomancie 1827, *Acad.*, « divination faite au moyen d'observations faites sur l'air », du sens de *khaos*, immensité de l'espace.

chaouch 1519, Spandugino (*tausse*), turc *tchaouch*, sergent.

chaparder 1858, Larchey, d'abord arg. milit. algérien, de *chapar*, vol, mot du sabir (début XIXᵉ s.). ‖ chapardage 1871, Goncourt. ‖ chapardeur 1858, Esnault.

*chape 1080, *Roland*, du bas lat. *cappa*, capuchon (VIIᵉ s., Isidore de Séville), par ext. manteau, sens fr. : refoulé par *cape*, s'est spécialisé comme manteau eccl. et dans les sens techn. ‖ chapier 1611, Cotgrave. ‖ chapé 1558, S. Fontaine. ‖ *chapeau fin XIᵉ s., *Voy. de Charl.*, du lat. pop. *cappellus*, dimin. de *cappa* (a signifié aussi « couronne de fleurs » jusqu'au XVIᵉ s.). ‖ chapelier fin XIIᵉ s., R. de Moiliens. ‖ chapelière XIXᵉ s., « malle pour chapeaux ». ‖ chapellerie 1268, E. Boileau. ‖ chapeauter 1892, Guérin (-*oter*). ‖ chape-chute 1190, Bodel (*kape keue*), manteau que quelqu'un a laissé tomber, d'où bonne aubaine. ‖ chapelet fin XIIᵉ s., de *chapel, -eau*, spécialisé au sens de « couronne de fleurs », d'où le sens religieux, d'apr. la couronne de roses de la Vierge. Le mot *rosaire* a subi la même évolution sémantique. ‖ *chapelle 1080, *Roland* (*capelle*), du lat. pop. *cappella*, de *cappa*; paraît avoir désigné d'abord l'endroit où l'on gardait la chape de saint Martin. ‖ chapelain 1190, Garn. ‖ chapellenie av. 1450, R. d'Anjou. ‖

153

archichapelain début XVIᵉ s. ‖ **chaperon** fin XIIᵉ s., *Couronn. de Loïs*, « coiffure », de *chape*, « capuchon ». ‖ **chaperonner** 1190, Garn. ‖ **enchapper** XIVᵉ s., G. ‖ **enchaperonner** 1160, Benoît. ‖ **rechaper** XXᵉ s., techn. ‖ **rechapage** 1905, *Pratique autom.*

chape-chute, chapelain V. CHAPE.

*chapeler 1080, *Roland* (*capler*); 1398, *Ménagier* (*chapeler*, d'apr. *peler*); du bas lat. *capulare*, couper, ou **cappulare*, du germ. *kappôn*, fendre; en anc. fr. frapper, tailler; spécialisé à « enlever la croûte du pain ». ‖ **chapelure** 1398, *Ménagier* (*chappeleure*).

chapelet, chapelle V. CHAPE.

chapelure V. CHAPELER.

chaperon V. CHAPE.

chapiteau 1160, Benoît, du lat. *capitellum*, dimin. de *caput*, tête; « chapiteau » en bas lat. (VIᵉ s., Corippus).

chapitre 1119, Ph. de Thaun (*chapitle*), emprunt, à l'époque carolingienne, du lat. *capitulum*, dimin. de *caput*, tête; au sens fig., chapitre d'un ouvrage, article d'une loi en bas lat. (Tertullien, *Code Justinien*), d'où, en lat. chrét., passage de l'Ecriture, lu au début des assemblées; par ext., assemblée de religieux; sens passés en fr. ‖ **chapitrer** début XVᵉ s., « réprimander un membre du chapitre », puis sens étendu.

*chapon 1190, Garn., du lat. pop. **cappo*, forme, avec gémination emphatique, de *capo*, -*onis*. ‖ **chaponner** 1285, *Lapidaire de Cambridge*. ‖ **chaponnière** 1462, *Cent Nouvelles*. ‖ **chaponneau** 1363, Delb. ‖ **chaponnage** 1701, Liger.

chapoter V. CHAPUIS.

chapska début XIXᵉ s. (*shapka*); 1842, Mozin (*schapska*); du polonais *czapka*. La *chapska*, coiffure des lanciers sous le premier Empire, a été conservée jusqu'en 1871.

chaptalisation 1866, Lar., du chimiste français Chaptal. ‖ **chaptaliser** *id.*

chapuis 1265, J. de Meung, « billot », et « charpentier », puis « ossature de bât, de selle », déverbal de *chapuiser*, menuiser du bois, frapper (XIIIᵉ s., Villehardouin), issu du lat. pop. **cappûtiare*,

de *caput*, tête. ‖ **chapoter** XVIIᵉ s., « dégrossir du bois », de même radical.

chaque V. CHACUN.

*char 1080, *Roland* (*carre*), « voiture »; fig. XVIIᵉ s., auj. restreint à « char de carnaval »; du lat. *carrus* (César), mot gaulois désignant le char à quatre roues. ‖ **charrier** 1080, *Roland*; fig. 1837, Vidocq, « duper », « mener en chariot », puis « se moquer de », « exagérer ». ‖ **charriage** fin XIIIᵉ s.; 1905, Lar., géologie. ‖ **chariot** 1268, E. Boileau. ‖ **charroi** 1155, Wace, déverbal de *charroyer*, var. morphologique de *charrier*. ‖ **charrette** 1080, *Roland*, dimin. ‖ **charretier** 1175, Chr. de Troyes. ‖ **charretée** fin XIᵉ s. ‖ **charton** 1175, Chr. de Troyes (*charreton*). ‖ **charron** 1268, E. Boileau. ‖ **charronnage** 1690, Furetière. ‖ **char à bancs** 1786, J. Mayer (*charabas*), donné comme terme suisse. ‖ **cherrer** fin XIXᵉ s., pop., var. dial. de *charrier*. ‖ **cherrage** 1911, Rozet.

charabia av. 1789, Sade, nom donné aux émigrants auvergnats (*charabiats*) d'apr. Fr. de Murat († 1838); 1821, Desgranges, « mauvais langage des Auvergnats », « jargon »; formation expressive, sans doute de l'esp. *algarabia*, jargon, empr. à l'ar. d'Espagne *al-arabîya*, la langue arabe, c.-à-d. le berbère.

charade milieu XVIIIᵉ s., du languedocien et prov. mod. *charrado*, causerie dans les veillées, de *charrà*, causer, formation expressive.

charançon fin XIVᵉ s.; 1546, Rab. (*charanton*); du gaulois **karantionos*, petit cerf, du nom de l'animal par métaphore.

*charasse 1839, Balzac, « caisse à claire-voie », faite avec des lattes, forme régionale de *échalas*, du lat. pop. *caracium*, empr. au gr. *kharax*, pieu, échalas.

*charbon XIIᵉ s., *Saxons*, du lat. *carbo*, -*ônis*. ‖ **charbonnier** fin XIIᵉ s., *Girart de Roussillon*. ‖ **charbonner** XIIᵉ s., *Aliscans*. ‖ **charbonneux** 1611, Cotgrave. ‖ **charbonnage** XIVᵉ s., texte liégeois, « action de charbonner »; 1842, *Acad.*, « exploitation de charbon ». ‖ **charbonnée** XIᵉ s., *Gloses de Raschi*, « bœuf grillé sur des charbons ». ‖ **charbonnerie** 1596, Hulsius.

charcutier, charcuter V. CHAIR.

154

*chardon 1086 (cardun), bas lat. cardo, -onis (Marcus Empiricus), du lat. class. carduus. ‖ chardonnette 1530, Marot, « artichaut sauvage ». ‖ chardonneret 1398, Ménagier (-ereul, -erel), oiseau qui recherche les chardons (en lat. carduelis).

chardonnet 1790, Encycl. méth., « montant d'une porte du côté des gonds », du lat. cardo, -inis, gond. (V. CHARNIÈRE.)

*charger 1080, Roland (cargier), du lat. pop. carricare, de carrus, char. ‖ charge fin XIIe s., Voy. de Charl., déverbal de charger; 1773, Mercier, « critique ». ‖ chargeure fin XIIIe s., Passion, en blason. ‖ chargeur 1332, G. ‖ chargeoir 1409, G. ‖ chargement 1250. ‖ décharger fin XIIe s., Couronn. de Loïs. ‖ décharge 1315, « paiement d'une dette »; 1677, Miege, « salve ». ‖ déchargement fin XIIIe s. ‖ déchargeur début XIIIe s. ‖ recharger 1125, G.; 1564, Thierry, « mettre une nouvelle charge de poudre ». ‖ recharge début XVe s.,; 1611, Cotgrave, « charge de poudre ». ‖ rechargement XVe s., D. G. ‖ surcharger fin XIIe s. ‖ surcharge v. 1500, Lemaire; sur un timbre, 1933, Lar.

charité Xe s., Saint Léger (caritet), empr., à l'époque carolingienne, au lat. eccl. caritas, amour du prochain, spécialisation au sens class. de « affection », de carus, cher; dame de charité, 1688, Miege. ‖ charitable fin XIIe s., R. de Moiliens. ‖ charitablement XIIIe s., G.

charivari début XIVe s. (chalivali), peut-être du bas lat. caribaria, empr. au gr. karêbaria, mal de tête; ou formation expressive. ‖ charivarique 1841, Français peints par eux-mêmes.

charlatan 1543, Amyot, de l'ital. ciarlatano, de ciarlare, bavarder (v. CHARADE), ou altér. de cerretano, habitant de Cerreto en Italie. ‖ charlataner fin XVIe s. ‖ charlatanerie fin XVIe s. ‖ charlatanisme 1741, J.-B. Rousseau. ‖ charlatanesque fin XVIe s.

charlemagne (faire) 1801, Esnault, « se retirer du jeu après avoir gagné », proprement après avoir tourné le roi de cœur qui représente Charlemagne.

charleston v. 1923, mot anglo-américain, désignant une danse créée par des Noirs du Sud; de Charleston, ville de Caroline du Sud.

charlotte 1804, Kotzebue, « entremets », 1922, Lar., « chapeau de femme », d'un prénom de femme.

1. *charme 1175, Chr. de Troyes, arbre, du lat. carpinus. ‖ charmille 1690, Furetière. ‖ charnier XIIIe s., Livre de jostice, « échalas », d'une forme régionale *charne, var. de charme; les échalas auraient été faits d'abord en charme.

2. *charme fin XIIe s., Rois, « influence magique » (jusqu'au XVIIe s.); XVIIe s., « agrément »; du lat. carmen, -minis, chant sacré, oracle, formule magique; être sous le charme, 1757, Diderot; se porter comme un charme, 1808, d'Hautel. ‖ charmer 1156, Thèbes. ‖ charmant 1550, Ronsard. ‖ charmeur XIIIe s., G. (charmeor).

charmille V. CHARME 1.

charnel, charneux, charnier V. CHAIR.

charnier, échalas V. CHARME 1.

*charnière XIIe s., Delb., du lat. pop. cardinaria, de cardo, -inis, gond. ‖ charnon 1790, Encycl. méth.

charnu, charogne V. CHAIR.

*charpenter 1175, Chr. de Troyes, « tailler le bois »; XIVe s., fig.; du lat. pop. *carpentare, du lat. carpentum, char à deux roues, mot gaulois; bien charpenté, 1836, Landais. ‖ charpente v. 1585, Brantôme, déverbal. ‖ charpentier XIIe s., L., du lat. carpentarius, charron (encore au VIIIe s.). ‖ charpenterie fin XIIe s., Aliscans. ‖ charpentage XXe s. (1954, Lar.).

*charpir XIIIe s., Ps., « carder, déchirer », puis « tailler du bois », d'apr. charpenter, du lat. pop. carpire, issu du lat. class. carpere, cueillir, par ext. carder (v. ÉCHARPER). ‖ charpi 1560, Paré, techn. ‖ charpie 1120, Ps. Cambridge, surtout fig. auj.

*charrée fin XIIIe s., Guiart; orig. obscure, peut-être du bas lat. cathera, eau employée pour nettoyer.

charrette, charrier, charron V. CHAIR.

*charrue XIIe s., Roncevaux, du lat. impér. carrūca, de carrus, char, désignant un char gaulois, puis un « char rural »; spécialisé comme « instrument aratoire muni de roues »; inventé à l'époque de Pline et vulgarisé dans la Gaule du Nord entre le ve s. (*Loi salique*, encore *aratrum*) et le ixe s. (*Capit.* « *de Villis* », *carruca*, charrue) [v. ARAIRE]. ‖ **charruer** début xive s. ‖ **charruage** xiiie s.

***charte** début xiiie s., du lat. *charta*, papier, empr. au gr. *khartês*, feuille de papyrus; terme de clercs; 1814, *Charte constitutionnelle* d'apr. la *Grande Charte* octroyée en Angleterre par Jean sans Terre en 1215 (v. CHARTRE 1). ‖ **chartisme** v. 1838, parti politique angl. ‖ **chartiste** v. 1821, « élève de l'Ecole des chartes »; 1848, J.-B. Richard, polit. ‖ **charte-partie** début xive s., « contrat de louage d'un navire » : l'acte était partagé en deux, chaque contractant gardant une partie.

1. ***chartre** fin xie s., *Alexis*, du lat. *cartula*, dimin. de *charta*, papier. ‖ **chartrier** 1370, G.

2. ***chartre** xe s., *Saint Léger*, « prison »; xvie s., fig.; du lat. *carcer, carceris*, même sens, qui a été éliminé par *geôle*, puis par *prison* (auj. seulement dans *en chartre privée*).

chartreuse fin xiiie s., Rutebeuf, « nom du couvent »; nom du lieu (auj. la *Grande Chartreuse*) où saint Bruno fonda un monastère en 1084; 1863, L., « liqueur ». ‖ **chartreux** xive s.

chartrier V. CHARTRE 1.

charybde 1552, Rab., dans la loc. *de Charybde en Scylla*, reprise au latin et désignant le gouffre et les récifs du détroit de Messine.

***chas** 1220, G. du lat. *capsus*, coffre, case de damier (anc. fr. *chas*, partie d'une maison), avec rétrécissement progressif du sens « cavité »; le fém. *capsa* a donné *châsse*.

chasement début xiie s., *Couronn. Loïs*, « jouissance viagère d'un domaine »; de l'anc. fr. *chaser*, doter d'un domaine, du lat. *casa*, maison.

chaseret 1467, *Ordonn.*, « petit châssis à fromages », dimin. de l'anc. fr. *chasier*, même sens, du lat. *caseus*, fromage.

chasse V. CHASSER.

***châsse** fin xiie s., *Couronn. de Loïs*, du lat. *capsa*, coffre, puis coffre conte-

nant des reliques. ‖ **châssis** 1160, G. ‖ **enchâsser** xiie s., *Saint Brandan*.

chasselas 1680, Richelet (*chacelas*), de *Chasselas* en Saône-et-Loire.

chassepot 1867, Lar. (*fusil chassepot*), du nom de l'inventeur (1833-1905), qui le fabriqua en 1866; son usage dans l'armée se maintint jusqu'en 1874.

***chasser** fin xiie s., *Couronn. de Loïs* (*-cier*), du lat. pop. ***captiare**, du lat. *captare*, fréquentatif de *capere*, au sens de « chercher à prendre », spécialisé en anc. fr. pour la chasse aux animaux. ‖ **chasse** xiie s., *Roncevaux*, déverbal, ou du lat. ***captia*. ‖ **chasseur** fin xie s., *Lois de Guill.*; début xviiie s., *chasseurs à cheval*. ‖ **chassé-croisé** 1835, *Acad.*, part. passés. ‖ **chasse-marée** 1260, Chauny. ‖ **chasse-mouches** 1555, de Rochemore. ‖ **chasse-neige** 1834, Balzac, « vent qui chasse la neige »; 1880, « appareil pour locomotives »; xxe s., sens actuel. ‖ **chasse-pierres** 1845, Besch. ‖ **chasse-roue** 1836, Landais. ‖ **déchasser** début xiie s., Béroul, « chasser de », puis terme techn. ‖ **pourchasser** 1080, *Roland*, « chercher à se procurer »; xvie s., « poursuivre »; avec *pour-*/*pro-*. ‖ **rechasser** 1190, Benoît.

***chassie** xiie s., *ms. Saint-Jean* (*chacie*); peut-être du lat. pop. ***caccita*, chiure, forme redoublée, dér. de *cacare*, chier. ‖ **chassieux** début xiie s. (*chaceuol*).

chaste 1138, *Saint Gilles*, du lat. eccl. *castus*, pur. ‖ **chastement** 1138, *Saint Gilles*. ‖ **chasteté** 1119, Ph. de Thaun (*casteté*), qui a remplacé *chastée* (xiie s.), du lat. *castitas, -atis*.

***chasuble** 1138, *Saint Gilles*, du bas lat. ***casubŭla* (*casubla*, *Notes tir.*, Grég. de Tours), var. de *casula*, manteau à capuchon (Isid. de Séville), signif. « petite maison », de *casa*, case; spécialisé en « vêtement sacerdotal ».

1. ***chat, chatte** fin xiie s., Marie de France, du bas lat. *cattus* (ve s., Palladius), qui a remplacé *feles*, substitution qui paraît correspondre à l'introduction à Rome du chat domestique, d'origine gauloise ou africaine (le chat a été domestiqué d'abord en Egypte). ‖ **chatière** 1265, J. de Meung. ‖ **chaton** *id.*, « jeune chat »; par ext. *chaton de noisetier*, fleur comparée à une queue de chat (angl.

cattail). ‖ **chatterie** 1550, Des Périers, « espièglerie », puis « caresse ». ‖ **chattemite** 1295, Joinville, de *mite*, nom enfantin et pop. de la chatte. ‖ **chatoyer** 1742, Dezallier, d'apr. les reflets de l'œil du chat. ‖ **chatoyant** 1798, *Acad.*, adj. ‖ **chatoiement** fin XVIIIe s. (V. CHAFOUIN.)

2. **chat** XVIe s., « navire à voiles du Nord », francisation du néerl. *kat.*

***châtaigne** XIIe s., *Saxons* (*chastaigne*); 1635, *la Sage Folie*, « coup »; du lat. *castanea.* ‖ **châtaignier** fin XIIe s., Marie de France. ‖ **châtaigneraie** 1538, R. Est. ‖ **châtain** XIIIe s., du lat. *castaneus.*

***château** 1080, *Roland* (*chastel*), du lat. *castellum,* dimin. de *castrum,* camp, poste fortifié d'un camp, par ext. forteresse; en anc. fr. château fort, puis habitation seigneuriale, palais. ‖ **châtelet** 1175, Chr. de Troyes. ‖ **castel** fin XVIIe s., Saint-Simon, forme méridionale de *château.* ‖ **châtelain** 1190, J. Bodel (*chast-*), du lat. *castellanus,* habitant d'une forteresse; en fr. seigneur, puis propriétaire du château. ‖ **châtellenie** 1260, G., seigneurie et juridiction d'un châtelain.

chateaubriand, -ant 1856, La Châtre; inventé par Montmireil, cuisinier de Chateaubriand.

***chat-huant** 1265, J. de Meung, du lat. pop. *cavannus* (ve s. Eucherius), mot gaulois, altér. par infl. de *chat* et de *huer.* (V. CHOUAN, CHOUETTE.)

***châtier** Xe s., *Saint Léger* (*castier*), du lat. *castigare,* corriger, de *castus,* chaste, proprement « rendre pur ». ‖ **châtiment** 1190, Garn. (*chastiement*).

1. **chaton** V. CHAT 1.

2. **chaton** *de bague* fin XIIe s., *D. G.*, « tête de la bague où est enchâssée une pierre précieuse »; du francique **kasto,* caisse (allem. *Kasten*).

1. **chatouille** V. CHATOUILLER.

2. ***chatouille** 1540, Rab., « jeune lamproie », altér. d'apr. *chatouiller,* de *satouille* (XVe s.), issu de *setueille;* du lat. pop. *septŏcŭla,* du lat. *septem,* sept, et *oculi,* yeux; la lamproie est appelée *sept-œil, bête à sept trous,* d'apr. les sept paires d'orifices branchiaux.

chatouiller fin XIIIe s., *Renart le Novel,* peut-être de *chat* ou du néerl. *katelen.* ‖ **chatouilleux** 1361, Oresme. ‖ **chatouillement** XIIIe s., G. ‖ **chatouille** 1787, Féraud. ‖ -ade 1879, Vallès.

chatoyer V. CHAT 1.

***châtrer** 1272, Joinville (*chast-*), du lat. *castrare.* ‖ **châtreur** 1416, G. (V. CASTRER.)

chattemite, chatterie V. CHAT 1.

chauche-branche 1752, *Trévoux,* « levier »; 1782, *Encycl. méth.*, « engoulevent »; de *chaucher,* fouler (jusqu'au XVIIe s.), du lat. *calcare,* même sens, et de *branche.* ‖ **chauche-poule** 1784, *Encycl.*, « milan ».

***chaud** Xe s., *Valenciennes* (*chalt-*); XIIe s., « vif »; du lat. *calidus.* ‖ **chaudeau** fin XIIe s., G. d'Arras. ‖ **chaude** XIIIe s., « chaude attaque »; récent au sens de « feu pour réchauffer ». ‖ **chaudement** 1190, Garn. ‖ **chaude-pisse** v. 1560; *pisse chaude,* 1540, Rab. ‖ **chaud-froid** 1858, Peschier. ‖ ***chaudière** XIIe s., *Aliscans,* du lat. impér. *caldaria,* chaudron (IIe s., Apulée), de *calidus.* ‖ **chaudron** XIIe s., *Fabliau* (*chauderon*), avec suffixe *-on.* ‖ **chaudronnier** 1277, G. ‖ **chaudronnée** XVe s. ‖ **chaudronnerie** 1611, Cotgrave. ‖ **chaudrée** XIIIe s., G. (*-derée*). ‖ ***échauder** 1160, Benoît (*es-*), du lat. pop. **excaldare.* ‖ **échaudis** 1792, Romme, mar. ‖ **échaudé** XIIIe s. ‖ **échaudoir** 1389, G. ‖ **échaudure** XIIe s., Marbode.

chauderet 1723, Savary, « cahier où on place les feuilles d'or provenant du foulage », altér. de *chaucheret,* de *chaucher,* presser. (V. CHAUCHE-BRANCHE.)

***chauffer** XIIe s., *Aliscans,* du lat. pop. **calefare,* du lat. *calefacere,* de *calere,* être chaud, et *facere,* faire. ‖ **chauffage** 1265, Delb. ‖ **chauffe** 1701, Furetière, sens métallurg., déverbal. ‖ **chauffoir** XIIIe s., G. ‖ **chaufferie** 1334, G., « chauffage »; 1723, Savary, « forge ». ‖ **chaufferette** fin XIVe s. ‖ **chauffette** milieu XIVe s., passé ensuite au sens de « bouilloire ». ‖ **chauffeur** 1680, Richelet; 1790, « émeutier »; 1896, *Sport,* « conducteur d'auto ». ‖ **chauffard** XXe s., altér. de *chauffeur.* ‖ **chauffeuse** 1830, Balzac, « meuble ». ‖ **chauffe-assiettes** 1845, Besch. ‖ **chauffe-bain** 1898, Lar. ‖

chauffe-eau XXᵉ s. ‖ **chauffe-linge** 1827, *Acad.* ‖ **chauffe-lit** 1471, Gay. ‖ **chauffe-pieds** 1381, G.; rare jusqu'au XIXᵉ s. (1827, *Acad.*). ‖ ***échauffer** début XIIᵉ s., *Ps. de Cambridge*, du lat. pop. *excalefare*, chauffer. ‖ **échauffement** fin XIIᵉ s., *Grégoire.* ‖ **échauffure** 1265, Br. Latini. ‖ **échauffaison** XIVᵉ s., *D. G.* ‖ **échauffe** 1790, *Encycl. méth.*, déverbal. ‖ **réchauffer** 1190, Garn. ‖ **réchauffement** 1611, Cotgrave. ‖ **réchaud** 1549, R. Est., croisement de *réchauf* et de *chaud*. ‖ **surchauffer** fin XVIIᵉ s., d'après *surchauffure* (1676, Félibien).

chaufour V. CHAUX.

chauler V. CHAUX.

1. ***chaume** XIIᵉ s., du lat. *calămus*, tige de roseau, de blé. ‖ **chaumer** 1355, G. ‖ **chaumage** 1393, G. ‖ **chaumine** XVᵉ s., adj., *maison chaumine*; 1606, Nicot, s. f. ‖ **chaumière** 1666, Furetière. ‖ **déchaumer** 1732, *Trévoux.*

2. ***chaume** XVᵉ s., texte de Bouillon, « haut plateau dénudé », du lat. pop. *calmis*, mot prélatin, conservé surtout en toponymie.

***chausse** 1138, *Saint Gilles* (*chauce*), du lat. pop. *calcea*, forme fém. de *calceus*, soulier; XVᵉ s., « guêtre, culotte », remplaçant *braie*; début XVIᵉ s., *haut-de-chausses*, opposé à *bas-de-chausses* (*bas*, par abrév.). ‖ **chaussette** fin XIIᵉ s., *Dial. Grégoire* (*chalcete*). ‖ **chaussettier** 1337, G., remplacé par *bonnetier*. ‖ **chausson** fin XIIᵉ s., *Alexandre* (*chauçon*).

***chaussée** 1160, *Charroi* (*chauciee*), du lat. pop. *calceata* (*via*), chemin chaussé, c.-à-d. butté (on dit *chausser des pommes de terre*), part. passé de *calceare*, chausser. Il a désigné d'abord les voies romaines, d'apr. leur substructure, puis les digues. (On y a vu aussi un dér. de *calx, calcis*, chaux [employée pour les routes].) [V. REZ-DE-CHAUSSÉE.]

***chausser** 1080, *Roland* (*-cier*), du lat. *calceare*, de *calceus*, soulier. ‖ **chausse-pied** 1540, Rab. ‖ **chaussure** fin XIIᵉ s., *Alexandre* (*-ceure*). ‖ **déchausser** XIIᵉ s., L., du lat. pop. *discalceare.* ‖ **déchaux** fin XIIᵉ s., *Aliscans.* ‖ **enchausser** XVIᵉ s. ‖ **rechausser** XIIᵉ s.

chausse-trape 1220, Coincy (*kauketrape*), « piège », altér. de *chauchetrape*, foule la trappe (v. CHAUCHE-BRANCHE), de *chaucher*, fouler, du lat. *calceare.*

chaussette, chausson V. CHAUSSE.

***chauve** XIIᵉ s., *Roncevaux* (*chauf*); masc. refait sur le fém., fin XIIᵉ s.; du lat. *calvus.* ‖ **calvitie** XIVᵉ s., B. de Gordon, formation savante, du lat. *calvities.*

chauve-souris XIᵉ s., *Gloses de Raschi; calvas sorices* pl., VIIIᵉ s., *Reichenau;* il a remplacé *vespertilio* en lat. pop. du nord de la Gaule; anc. atér. de *cawa sorix*, chouette-souris. (V. CHOUETTE.)

chauvin v. 1830; du nom de Nicolas Chauvin, soldat de l'Empire, patriote naïf, mis en scène dans *la Cocarde tricolore* (1831). ‖ **chauvinisme** 1840, Bayard. ‖ **chauviniste** 1867, Lar.

chauvir *des oreilles* XIIIᵉ s., G., « dresser les oreilles », propr. « faire la chouette ». (V. CHOUETTE.)

***chaux** 1155, Wace (*chaus*), du lat. *calx, calcis; à chaux et à sable*, XVᵉ s. ‖ **chaufour** 1372, Du Cange, de *four* et *chaux*, avec déterminant en tête. ‖ **chaufournier** 1276, G. (*causfournier*). ‖ **chauler** milieu XIVᵉ s. ‖ **chaulage** 1764, Brunot. ‖ **échauler** 1700, Liger.

chavirer 1687, Desroches, adaptation du prov. *cap virar*, tourner (*virar*) la tête (*cap*) en bas.

chébec 1771, *Trévoux*, « trois mâts à rames », de l'ital. *sciabecco*, empr. à l'ar. *chabbâk.*

chéchia 1575, Thevet, de l'ar. algérien *chāchīya*, de *Chach*, ville de Sogdiane, où l'on fabriquait des bonnets au Moyen Age.

cheddite 1908, Lar., du nom de *Chedde*, en Haute-Savoie, où cet explosif fut fabriqué.

***chef** IXᵉ s., *Eulalie* (*chief*), du lat. *caput, -itis*, tête (sens conservé jusqu'au XVIᵉ s.); XVIIᵉ s., restreint à la désignation des reliques (*le chef de saint Jean*); XIIIᵉ s., fig., « qui est à la tête ». ‖ **chef-d'œuvre** v. 1268, E. Boileau, « œuvre pour obtenir la maîtrise ». ‖ **chef-lieu** 1257, « manoir principal du suzerain ». ‖ **chéfesse** 1867, Lar. ‖ **chefferie**

1834, Landais. ‖ **chégros** 1530, Pals-grave, de *chef* et *gros*. ‖ ***achever** 1080, *Roland*, du lat. pop. *accapare, arriver à la fin, arriver à chef (*caput*). ‖ **achèvement** XIIIᵉ s., G. ‖ **acheveur** XIVᵉ s., J. de La Mote. ‖ **achevé** 1538, R. Est., adj. « parfait ». ‖ **couvre-chef** XIIᵉ s. ‖ **derechef** 1130, *Eneas*. ‖ **ina-chevé** fin XVIIIᵉ s., Delisle. ‖ **para-chever** XIVᵉ s. ‖ **parachèvement** *id.* ‖ **sous-chef** 1791, Brunot.

cheftaine v. 1911, de l'angl. *chieftain*, chef de groupe dans le langage scout, de l'anc. fr. *chevetain*. (V. CAPITAINE.)

cheik 1272, Joinville (*seic*) ; 1631, J. Armand, de l'ar. *chaikh*, vieillard.

***cheire** XXᵉ s., mot régional d'Au-vergne repris dans la langue des géo-graphes ; du lat. pop. *carium, *caria, rocher, pierre, mot d'orig. prélatine dési-gnant une coulée de lave.

cheiroptère 1797, Cuvier, du gr. *kheir*, main, et *pteron*, aile. En zool., type de mammifères (*chauve-souris*).

chelem 1773, Mackenzie, altér. de l'angl. *slam*, écrasement, « coup de whist, de bridge qui consiste à faire toutes les levées ».

chélidoine XIIIᵉ s., L., du lat. *cheli-donia herba*, empr. au gr., de *khelidôn*, hirondelle, d'apr. la croyance que l'hiron-delle se servait de cette plante pour rendre la vue à ses petits ; au sens d' « agate » parce que la pierre, appelée encore *pierre d'hirondelle*, passait pour se trouver dans l'estomac des hiron-delles.

chelléen 1883, de Mortillet ; de *Chelles* en Seine-et-Marne, où cet étage quater-naire fut d'abord étudié.

chéloniens 1805, gr. *khelônê*, tortue. Ordre de reptiles comprenant la tortue.

***chemin** 1080, *Roland*; fig. 1490, Commynes ; du lat. pop. *camminus*, mot gaulois. ‖ **cheminer** 1175, Chr. de Troyes. ‖ **cheminement** XIIIᵉ s. ‖ **che-mineau** 1853, Flaubert (-*au*), mot de l'Ouest popularisé par *le Chemineau* de Richepin (1897), « vagabond ». ‖ **chemi-not** 1872, « employé des chemins de fer », var. du précédent avec évolution sé-mantique : « manœuvre allant de chan-tier en chantier » ; puis « manœuvre tra-vaillant aux terrassements des chemins

de fer », 1908, Verrier-Ornillon. ‖ **che-min de fer** 1784, de Givry ; en 1823, première ligne concédée de Saint-Étienne à Andrézieux, calque de l'angl. *railway*, de *way*, route, et *rail*, barre. ‖ **acheminer** 1080, *Roland*. ‖ **achemine-ment** 1551, Du Parc, « action d'ache-miner » ; 1660, Corneille, « degré ».

***cheminée** 1138, *Saint Gilles*; chemi-née *d'un volcan*, XVIIᵉ s. ; du bas lat. *caminata* (VIᵉ s.), de *caminus*, âtre, foyer, empr. au gr. *kaminos*, avec infl. de *chemin*.

***chemise** XIIᵉ s., *Roncevaux*; XVᵉ s., enveloppe d'un livre ; du bas lat. *camīsia* (IVᵉ s.), saint Jérôme ; orig. obscure. ‖ **chemisette** 1220, Coincy. ‖ **chemisier** 1806, Wailly ; 1906, Lar., « corsage ». ‖ **chemiserie** 1845, Besch. ‖ **chemiser** 1866, Lar., sur le sens techn. de *chemise*, revêtement métallique d'une pièce de machine. ‖ **chemisage** 1929, Lar.

chenal 1120, *Job*, var., refaite sur le lat., de l'anc. fr. *chenel*, issu du lat. *ca-nalis*, canal. ‖ **chéneau** 1459, Gay (*chesneau*, d'apr. *chesne*), altér. de *che-nau*, forme dialectale du Centre pour le mot *chenal*.

chenapan milieu XVIᵉ s. (*snaphaine*) ; 1653, *Voy. de La Boullaye* (*snapane*) ; 1694, Ménage (*schenapan*), « paysan ma-raudeur armé d'une arquebuse » ; empr., pendant la Guerre de Trente ans, à l'allem. *Schnapphahn*, arquebuse, de *schnappen*, attraper, et *Hahn*, coq (coq qui happe).

***chêne** fin XIIᵉ s., *Rois*, altér. de *chasne*, d'apr. *fresne*, du lat. pop. *cas-sanus, mot gaulois. ‖ **chênaie** 1211, G. ‖ **chêneau** 1323, Delb., « jeune chêne ». ‖ **chêne-vert** 1600, O. de Serres.

chéneau V. CHENAL.

chenet V. CHIEN.

***chènevière** 1226, G. (*cha*-), du lat. pop. *canaparia, de *canapus, chanvre. ‖ **chènevis** 1268, E. Boileau, du lat. pop. *canaputium. ‖ **chènevotte** 1460, Villon, « partie ligneuse du chanvre ».

chenil V. CHIEN.

***chenille** XIIIᵉ s., G., du lat. pop. *cănīcula, petite chienne, d'apr. la tête, qui a éliminé *eruca* ; fig. 1680, Richelet, « passementerie » ; 1922, Lar., « chaîne sans fin ». ‖ **chenillère** 1642, Oudin. ‖

159

chenillette 1783, *Encycl. méth.* ‖ **écheniller** XIVe s., *Gloss.* ‖ **échenillage** 1783, Rozier.

chenin 1540, Rab. (*raisins chenins*), empl. fig. de l'anc. fr. *chenin*, c.-à-d. raisin de chien. Il désigne un cépage cultivé dans les vignobles du bassin de la Loire.

chénopode 1819, Boiste (*chénopodées*) ; 1842, *Acad.* (*chénopodes*) ; du lat. bot. de Linné *chenopodium*, patte 'd'oie, empr. au gr. *khên, -nos*, oie, et *pous, podos*, pied. Les chénopodes sont des plantes qui poussent dans la rocaille.

*__chenu__ 1050, *Alexis* (*canu*), du bas lat. *cānūtus*, de *canus*, blanc ; 1628, *Jargon*, « bon », d'apr. *vin chenu*, vin réputé bon d'apr. les fleurs. ‖ **chenument** 1725, *Cartouche*, terme d'arg. issu du français régional de l'Ouest et signif. « fort bien ».

*__cheptel__ fin XIe s., *Lois de Guill.* (*chatel, chetel*) ; le *p* a été ajouté au XVIIe s., d'apr. le lat. ; du lat. *capitale*, adj. substantivé au neutre, au sens de « principal » (d'un bien), de *caput, -itis*, tête.

chèque 1788, *Courrier de l'Europe* (*check*), de l'angl. *check*, puis *cheque*, de *(to) check*, faire échec, par ext. contrôler, repris au fr. *échec*. ‖ **chéquard** 1893, pendant l'Affaire de Panama. ‖ **chéquier** 1877, Darmesteter ; d'abord *carnet de chèques*.

*__cher__ 980, *Passion*, « aimé », « précieux » ; XIe s., « coûteux » ; du lat. *carus*, coûteux, précieux. ‖ **chèrement** 1080, *Roland* (*chierement*). ‖ **cherté** Xe s., *Valenciennes*, « affection », du lat. *caritas, -atis*, refait sur *cher*. ‖ **chérir** fin XIIe s., *Couronn. de Loïs*. ‖ **enchérir** 1190, Garn., de *cher*, coûteux, propr. « rendre plus cher ». ‖ **enchère** 1259, G., déverbal. ‖ **enchérissement** 1213, *Fet des Romains*. ‖ **enchérisseur** 1328, G. ‖ **renchérir** 1175, Chr. de Troyes. ‖ **renchérissement** 1283, Beaumanoir. ‖ **surenchérir** fin XVIe s. ‖ **surenchère** milieu XVIe s.

*__chercher__ 1080, *Roland* (*cercier*) ; XVIe s.. (*chercher*), par assimilation ; du bas lat. *cĭrcāre*, aller autour (ve s., Servius), de *circa, circum*, autour ; il a éliminé *quérir* vers le XVIe s. ‖ **cherche**

XIIIe s., G., techn., déverbal. ‖ **chercheur** 1538, R. Est. ‖ **cherche-fiche** 1676, Félibien. ‖ **cherche-pointe** *id.* ‖ **rechercher** 1080, *Roland*. ‖ **recherche** début XVIe s. ‖ **recherché** 1580, Montaigne, « affecté ».

*__chère__ 1080, *Roland* (*chière*), du lat. *cara*, visage, tête (VIe s., Corippus), empr. au gr. *kara*, tête ; sens de « visage » conservé jusqu'au XVIIe s. ; dès le XIIIe s., « manière de traiter les convives » (auj. encore dans *faire bonne chère*).

chérif 1528, Charrière (*sérif*) ; 1552, Rab. (*chériph*) ; de l'ital. *sceriffo*, empr. à l'ar. *charîf*, noble ; fin XIXe s., repris par l'angl. ‖ **chérifat** 1842, *Acad.* ‖ **chérifien** 1866, Lar.

chérir, cherté V. CHER.

cherrer V. CHAR.

chérubin 1080, *Roland*, mot du lat. eccl., de l'hébreu *keroûbim*, pl. de *kerub*, l'un des noms des anges dans l'ancien Testament ; 1610, *Vaux de Vire*, fig.

*__chétif__ 1080, *Roland* (*chaitif*), « prisonnier » (sens éliminé par *captif* au XVe s.) ; le sens de « malheureux » (déjà en lat. impér. du IVe s.) a abouti à « débile » ; du lat. pop. *cactivus*, croisement entre le lat. *captivus*, prisonnier, et le gaulois *cactos* (irlandais *cacht*), de même sens. ‖ **chétivement** 1190, saint Bernard. ‖ **chétiveté** XIIe s., « captivité » ; le mot a disparu dans ce sens ; parfois recréé au sens de « faiblesse physique ». ‖ **chétivisme** fin XIXe s., Bauer, méd., syn. de *infantilisme*.

chevage V. CHEVER.

chevaine 1606, Gesner (*chevesne*), du lat. *capito, -ōnis*, poisson à grosse tête (IVe s., Ausone), de *caput*, tête ; le bas lat. a dû avoir un génitif *capĭtīnis*.

*__cheval__ fin XIe s., *Lois de Guill.*, du lat. *caballus*, cheval, avec valeur péjor. (Varron), mot gaulois pop. ; a éliminé *equus* en lat. pop. ‖ **chevalier** 1080, *Roland*, « cavalier », spécialisé en anc. fr. pour les nobles qui montaient à cheval, supplanté dans son premier sens par *cavalier*. ‖ **chevalerie** 1080, *Roland*. ‖ **chevalière** 1821, *Observ. des modes*, abrév. de *bague à la chevalière*. ‖ **chevalet** XIIIe s., Adenet, « petit cheval », par ext., « cheval de bois, support ». ‖ **chevaler**

v. 1420, A. Chartier, techn. ‖ **chevalement** 1694, Th. Corn., techn. ‖ **chevalin** 1376, G. ‖ **chevau-léger** fin XVᵉ s. ‖ **cheval-vapeur** 1822, Hachette. ‖ **chevaleresque** 1642, Oudin, de l'ital. *cavalleresco*, de *cavalliere*, cavalier. (V. CAVALIER). ‖ **chevaucher** 1080, *Roland* (*chevalchier*), du bas lat. *caballicare* (VIᵉ s.), monter à cheval; puis fig. ‖ **chevauchée** 1190, J. Bodel. ‖ **chevauchement** v. 1360, Froissart; fig. 1820, Laveaux.

chevance V. CHEVIR.

chevêche XIIIᵉ s., G. (*chevoiche*), de la même rac. que *chat-huant* (lat. pop. *cav-*), avec suffixe prélatin *-ĭcca*.

chevecier V. CHEVET.

*****chever** fin XIIIᵉ s., *Renart*, « évider », techn., du lat. *cavare*, creuser (v. CAVE). ‖ **chevage** (*du verre*) 1753, *Encycl.*

*****chevet** 1256, Ald. de Sienne (*chevez*); XIVᵉ s. (*-et*), par confusion de suffixe, du lat. *capitium*, ouverture supérieure de la tunique, capuchon, de *caput, -itis*, tête; en fr. partie du lit où l'on pose la tête; XIIIᵉ s., *chevet* (tête) d'une église, d'un toit. ‖ **chevecier** 1292, G., eccl., « celui qui surveillait le chevet », et, par ext., le trésor.

*****chevêtre** fin XIᵉ s., *Lois de Guill.*, « licou », du lat. *capistrum*, licou. ‖ **enchevêtrer** 1190, Garn., « mettre un licou à un cheval »; fig. XVIᵉ s. ‖ **enchevêtrement** fin XVIᵉ s., Liébault, même évolution que *entraver*.

*****cheveu** 1080, *Roland* (*chevel*), du lat. *capĭllus*, chevelure. ‖ **chevelu** XIIᵉ s., *Roncevaux*. ‖ **chevelure** 1080, *Roland* (*-leüre*). ‖ **écheveler** fin XIᵉ s., *Alexis*; il a existé aussi un verbe *cheveler*, arracher les cheveux (XIIIᵉ s.).

*****cheville** fin XIIᵉ s., Marie de France, dans les sens actuels; 1609, Malherbe, « remplissage »; du lat. pop. *cavĭcŭla*, dissimilation de *clavĭcula*, de *clavīs*, clef. ‖ **cheviller** 1155, Wace. ‖ **chevilier** XIIIᵉ s., Adenet. ‖ **chevillier** XIIᵉ s., G. ‖ **chevillon** fin XIIᵉ s., *Renart*. ‖ **chevillure** 1547, J. Martin, vén. ‖ **chevillard** 1863, L., « boucher en gros », d'apr. *vendre à la cheville*.

cheviotte 1872, *J. O.*, de *cheviot* (1856, *Rev. des Deux Mondes*), mouton

d'Ecosse et laine de ces moutons, d'apr. le nom des monts *Cheviot*, où ils paissent.

*****chevir** XIIᵉ s., L., « être maître de », du lat. pop. *capīre*, issu du lat. class. *capere*, prendre. ‖ **chevance** av. 1250, G. de Lorris., « bien-fonds ».

*****chèvre** XIIᵉ s., L. (*chievre*), du lat. *capra*. ‖ **chevreau** 1265, J. de Meung (*chevrel*). ‖ **chevrette** XIIIᵉ s., Margival. ‖ **chevroter** 1566, G., « mettre bas », de *chevrot*, forme de chevreau au XVIᵉ s.; fig. 1708, « parler en tremblant ». ‖ **chevrotement** 1542, Du Pinet, sens propre. ‖ **chevrotin** 1277, G., « petit du chevreuil ». ‖ **chevrotine** 1697, Surirey de Saint-Rémy, « balle pour tuer le chevrotin ». ‖ **chèvre-pied** v. 1500, Ronsard, sur le lat. *capripes*. ‖ *****chèvrefeuille** fin XIIᵉ s., Marie de France (*chevrefoil*); 1611, Cotgrave (*-feuille*); du lat. pop. *caprifolium*, feuille de bouc, féminisé en fr. mod. d'apr. *feuille*. ‖ **chevreuil** XIIᵉ s., *Voy. de Charl.* (*chevroel*); v. 1540, Rab. (*-euil*), du lat. *capreolus*, de *capra*, chèvre. ‖ **chevrillard** 1740, *Acad.* ‖ **chevrier** 1241, G., du lat. *caprarius*. ‖ *****chevron** 1155, Wace, du lat. pop. *caprio, -onis* ou *capro*, dér. de *capra*, chèvre, avec évolution sémantique comparable à *chevalet*, poutre, etc.; fig. 1771, *Trévoux*, « bande plate » puis « galon ». ‖ **chevronné** XIIᵉ s., blas.; XVIIIᵉ s., milit.; fig. 1867, Delvau, « récidiviste ».

chevron, chevroter, -tine V. CHÈVRE.

chewing-gum 1904, Bonnafé, mot composé anglo-américain, de l'angl. (*to*) *chew*, mâcher, et *gum*, gomme.

*****chez** 1190, J. Bodel (*chies*, var. *en chies, a chies*), forme atone de l'anc. fr. *chiese*, maison, du lat, *casa*, hutte (v. CASE). ‖ **chez-soi** 1690, Fur., s. m.

chialer V. CHIER.

chiaoux 1547, Chesnau (*chaoux*), anc. forme francisée de *chaouch*, empr. au turc.

chiasme 1836, Landais (*chiasmos*); 1842, *Acad.* (*chiasme*); du gr. *khiasma*, croisement; usité en gramm. et en anat.

chiasse V. CHIER.

chibouque 1831, Balzac, du turc *tchoibouq*, tuyau. Désigne une pipe turque.

chic 1803, Wailly (*chique*), n'a rien de commun avec *chic*, abrév. de *chicane* (XVIIᵉ s.), et avec *chic à chic*, petit à petit (XVIᵉ s., Bouchet), de l'esp. *chico*, petit; d'abord terme de peintres (1832, Gautier), qui paraît être pris à l'allem. *Schick*, abrév. de *Geschik*, tenue, maintien (d'abord terme milit.). ‖ **chiqué** 1834, Boiste, « fait avec chic », puis péjor. ‖ **chiquement** 1866, Lar. ‖ **chicocandard** 1842, Marchal, forme emphatique. ‖ **chicard** 1840, *Français peints par eux-mêmes*. ‖ **copurchic** 1886, *Figaro*, de *pur* et *chic*.

chicaner v. 1460, Villon; orig. obscure. ‖ **chicane** 1582, Tabourot, déverbal. ‖ **chicanerie** XVᵉ s., G. ‖ **chicaneur** fin XVᵉ s., *Cent Nouvelles nouvelles*. ‖ **chicanier** 1573, L'Hospital.

1. chiche 1175, Chr. de Troyes, du bas gr. *kikkon*, fig., zeste, un rien, mot emprunté après le XIᵉ s., comme le montre le traitement du *c*; interj., 1866, Delvau. ‖ **chichement** début XIIIᵉ s. ‖ **chicherie** 1866, Delvau.

2. chiche (*pois*) 1244, *Itinéraire à Jérusalem*, forme altérée de *cice* (XIIIᵉ s.); du lat. *cicer*, pois chiche, d'apr. l'ital. *cece* (prononcé *tchétché*), ou infl. du précédent.

chichi 1890, surtout pl., *faire des chichis*; formation expressive. ‖ **chichiteux** 1920, Bauche.

chicon 1651, N. de Bonnefons, « laitue romaine », var. de *chicot* (cette salade offrant un trognon).

chicorée fin XIIIᵉ s., de l'ital. *cicorea*, issu du lat. *cichoreum*, empr. au gr. *kikkorion*. ‖ **chicoracée** 1698, Tournefort.

chicot V. CHIQUE.

chicotin XVᵉ s., Tardif (*cicotin*); 1564, J. Thierry (*chicotin*), « suc de l'aloès »; altér. de *socotrin* (1606, Nicot *çocoterin*); de l'île de Socotora, dans la mer Rouge.

*chien 1080, *Roland*, du lat. *canis*; *chien de mer*, XIIIᵉ s.; *chien d'arme à feu*, XVIᵉ s.; *avoir du chien*, pop., 1866, Delvau. ‖ **chienne** XIIᵉ s. (v. CAGNE). ‖ **chenil** fin XIVᵉ s. ‖ **chenet** fin XIIIᵉ s., dimin. de *chien*, d'apr. les têtes de chien qui ornaient les chenets. ‖ **chiennerie** 1669, Widerhold, fig. ‖ **chiendent** 1340, G., formation anc. existant sous la forme *dent de chien* au N. et N.-O. ‖ **chien-loup** 1775, Bomare, calque de *wolf-dog*, chien de berger (chien pour loup).

*chier fin XIIIᵉ s., *Renart*, du lat. *cacare* (v. CACA). ‖ **chialer** XIXᵉ s., altér., par dissimilation vocalique, de *chiailler (cf. *chier des yeux*, pleurer, 1633, *Comédie des proverbes*). ‖ **chiasse** fin XVIᵉ s. ‖ **chieur** 1520, Fabri. ‖ **chiure** 1642, Oudin. ‖ **chiottes** XIXᵉ s., « fosses d'aisances ». ‖ **chiard** fin XIXᵉ s. ‖ **chienlit** 1534, Rab., de *chie-en-lit*.

chiffe 1611, Cotgrave; 1810, Molard, *chiffe de pain* (morceau), var. de l'anc. fr. *chipe*, empr. au bas allem. (moyen angl. *chip* petit morceau; moyen allem. *kipfe*, petit pain à deux pointes). ‖ **chiffon** 1608. ‖ **chiffonner** milieu XVIIᵉ s., fig. ‖ **chiffonnage** 1740, d'Argenson. ‖ **chiffonnement** 1876, Goncourt. ‖ **chiffonnier** 1640, Oudin.

chiffre 1220, Coincy (*cifre*), « zéro »; 1486, Commynes (*chiffre*), « écriture secrète », refait sur l'ital. *cifra* (prononcé *tchi-*); du lat. médiév. *cifra*, empr. à l'ar. *sifr*, zéro. ‖ **chiffrer** 1515, Lortie. ‖ **chiffreur** début XVIᵉ s. ‖ **déchiffrer** XVᵉ s., G. ‖ **déchiffrement** milieu XVIᵉ s. ‖ **déchiffrable** début XVIIᵉ s. ‖ **indéchiffrable** *id.*

chigner V. RECHIGNER.

*chignole XIIᵉ s. (*ceoignole*), « manivelle »; 1753, *Encycl.* « dévidoir de passementier »; XXᵉ s., « mauvaise voiture qui grince », mot normand, var. de l'anc. fr. *ceognole*, *cignole*, brimbale de puits (*cigognier* dans le Midi); du lat. pop. *ciconiola, petite cigogne. Le mot a été infl. par *chigner*, pleurer.

*chignon 1080, *Roland* (*caeignum*), du lat. pop. *catenio, *-onis*, de *catena*, chaîne; en anc. fr. « carcan », puis « objet entourant le cou », puis « nuque », et, par ext., « masse de cheveux sur la nuque, ou au-dessus ».

chimère 1220, Coincy, adj., « insensé »; 1538, *le Courtisan*, « création imaginaire »; 1803, Boiste, « poisson holocéphale »; du lat. *Chimarea*, empr. au gr. *Khimaira*, monstre mythologique. ‖ **chimérique** 1580, R. Benoist.

chimie V. ALCHIMIE.

chimpanzé 1738, La Brosse (*quimpezé*), empr. à une langue d'Afrique occidentale.

chinchilla 1598, trad. d'Acosta, de l'esp. *chinchilla*, dimin. de *chinche*, moufette du Brésil, d'où *chinche* en fr. (1714, Feuillée), signif. « punaise » (du lat. *cimex, -icis*), appliqué par ext. à des mammifères puants.

1. chiner 1753, *Encycl.*, « donner des couleurs différentes au fil d'un tissu »; de *Chine*, d'apr. l'origine du procédé. ‖ **chinage** 1753, *Encycl.* ‖ **chinure** 1819, Boiste.

2. chiner 1847, Balzac; d'abord « travailler »; puis spécialisé dans la langue des chiffonniers, « chercher des occasions, duper »; 1889, Barrère, « railler, critiquer », par affaiblissement du sens « duper »; altér. de *échiner*. ‖ **chine** (*faire la*) 1873, M. Du Camp. ‖ **chineur** 1847, Balzac.

chinois XVIIe s. (très antérieur à l'enregistrement). ‖ **chinoiserie** 1839, Balzac, « objet de Chine »; 1845, Besch., « formalités compliquées », d'apr. les habitudes des fonctionnaires chinois. ‖ **chinoiser** 1841, Balzac.

chiot 1551, Pontus de Tyard (*chiau*), du lat. *catellus*, petit chien, qui a donné l'anc. fr. *chael*. La forme est régionale.

chiourme début XIVe s., *Geste des Cyprins* (*cheurme*), « équipe des rameurs d'une galère », de l'arg. des galériens; de l'ital. *ciurma*, altér. du lat. *celeusma*, chant des galériens, empr. au gr.

chiper fin XVIIIe s., *Mém. du sergent Bourgogne*; 1723, Savary, « coudre des peaux »; XVIIIe s., « voler »; de l'anc. fr. *chipe* (fin XIIIe s., Guiart), chiffon, var. de *chiffe*, empr. au bas allem. (v. CHIFFE). ‖ **chipage** 1723, Savary. ‖ **chipette** 1867, Delvau, dimin. de *chipe*. ‖ **chipeur** 1829, Vidocq, « voleur », emploi fig. d'origine obscure. ‖ **chipoter** 1546, Rab., « s'arrêter à des bagatelles »; XVIIIe s., « manger sans appétit ». ‖ **chipoteur** 1585, Cholières. ‖ **chipotier** 1701, Fur.

chipie 1821, Desgranges (*chipi*), « femme acariâtre », d'un comp. *chie-pie* (*grippe-pie* en normand, Moisy, 1887) ou du précédent.

chipolata 1742, *Nouveau Traité de cuisine*, ital. *cipollata*, saucisse préparée à l'oignon (*cipolla*). [V. CIBOULE.]

chipolin V. CIPOLIN.

chipoter V. CHIPER.

chips XXe s., « pommes de terre frites, séchées à la vapeur »; mot angl. signif. « éclats, tranches minces ».

chique 1573, Liébault, « boule à jouer »; 1640, Bouton, « puce pénétrante », à cause de la boule que forme la puce sous la peau; mot de l'Est, sans doute de l'allem. *schicken*, envoyer; *chique de tabac*, 1792, Romme. ‖ **chiquer** 1794, « mâcher du tabac »; 1798, « manger », de *chique* de tabac. ‖ **chicot** 1581, Baïf. ‖ **chicoter** 1582, Tabourot, « se quereller sur des vétilles ».

chiqué V. CHIC.

chiquenaude 1530, Palsgrave (*chicquenode*), peut-être du prov. mod. *chicanaudo*, de l'esp. *chico*, petit (cf. PICHENETTE).

chiro- du gr. *kheir*, main. ‖ **chirographe** 1190, Garn. (*cyr-*), du lat. *chirographum*, autographe, empr. au gr. (*graphein*, écrire). ‖ **chirographaire** fin XVIe s., Loysel, du lat. impér. *chirographarius* (Digeste). ‖ **chiromancie** 1495, J. de Vignay. ‖ **chiromancien** 1546, Saint-Gelais (*cheiro-*). ‖ **chiromancienne** XIXe s. ‖ **chiropracteur** XXe s. (1959, Lar.).

chirurgie 1175, Chr. de Troyes (*cir-*), du lat. méd. *chirurgia*, empr. au gr. *kheirourgia*, opération manuelle. ‖ **chirurgien** id. ‖ **chirurgical** 1490, G. de Chauliac, du lat. médiév. *chirurgicalis*. ‖ **chirurgique** 1545, Bouchet, du lat. *chirurgicus*. ‖ **chirurgicat** XXe s.

chistera 1907, Lar., mot esp., du lat. *cistella*, petite corbeille.

chitine 1821, Odier, zool., du gr. *kheitôn*, tunique.

chlamyde 1502, Barbier, du lat. *chlamys, -ydis*, empr. au gr.

chlor(o)- du gr. *khlôros*, vert, d'apr. la couleur du corps ou son effet. ‖ **chloral** 1831. ‖ **chlorate** 1821, Wailly. ‖ **chlore** 1815, Ampère. ‖ **chlorique** id. ‖ **chlorure** 1815, *Journ. de pharm.* ‖ **chloroforme** 1835, Dumas (*forme* abrév. de *formique*). ‖ **chloroformiser** 1858, Peschier; 1865, *Congrès de Genève de l'Internationale*, fig. ‖ **chloroformer** 1856, Lachâtre. ‖ **chlorhydrique** 1834, Jourdan. ‖ **chlorophylle** 1817, *Journ.*

de pharm. (gr. *phullon*, feuille). ‖ **chlor-hydrate** 1863, L. ‖ **chlorose** 1694, Th. Corn, méd.; puis bot. (*-osis*), du lat. méd. *chlorosis*, empr. au gr. ‖ **chloro-tique** 1766, Paulin, du lat. méd. *chloroticus*. ‖ **chlorurémie** 1924, *L.M.* ‖ **achloruré** 1912, *L.M.* ‖ **bichlorure** 1866, Lar.

choc V. CHOQUER.

chocard V. CHOUCAS.

chocolat 1598, Acosta (*-ate*); 1671, *tarif* (*-at*), de l'esp. *chocolate*, empr. au nahuatl du Mexique. ‖ **chocolaté** 1771, *Trévoux*. ‖ **chocolaterie** 1875, *Acad.* ‖ **chocolatier** 1706, Riche-let, « fabricant ». ‖ **chocolatière** 1675, Huet, « vase ».

choéphore 1842, *Acad.*, du gr. *khoê-phoros*, porteur de libations (*khoê*).

chœur début XIIᵉ s., *Ps. de Cambridge* (*cuer*), du lat. eccl. *chorus*, chœur d'église, empr. au gr. *khoros; enfant de chœur,* XIVᵉ s. ‖ **choral** 1836, Landais; s. m., mus., 1845, Besch. ‖ **choriste** 1359, Delb. (*-istre*), du lat. médiév. *chorista*. ‖ **chorus** XVᵉ s., seulement dans *faire chorus,* mot lat.

***choir** Xᵉ s., *Saint Léger* (*cadit*, passé simple); 1080, *Roland* (*cheoir*); du lat. pop. *cadère, lat. class. *cadêre*, qui a été éliminé par *tomber* à partir du XVIᵉ s. (V. CHUTE, DÉCHOIR, ÉCHOIR, MÉCHANT.)

choisir début XIIᵉ s., *Voy. de Charl.*, du germ. *kausjan*, éprouver, goûter (allem. *kiesen*, choisir); en anc. fr. aussi « apercevoir ». ‖ **choix** 1155, Wace, déverbal.

choke-bore 1890, Lar., techn., mot angl., de (*to*) *choke*, étrangler, et (*to*) *bore*, forer.

chol- du gr. *kholê*, bile. ‖ **cholagogue** 1560, Paré (gr. *agein*, conduire). ‖ **cholédoque** 1560, Paré, du lat. méd. *cholédochus*, empr. au gr. *kholêdokhos*, de *dekhesthai*, recevoir. ‖ **cholédologie** 1813, Gattel. ‖ **cholestérine** 1816, Chevreul; isolée au XVIIIᵉ s. (1769); devenu *cholestérol*.

choléra 1546, Ch. Est., du lat. *cholera*, gr. *kholera*, de *kholê*, bile. ‖ **cholérique** 1806, Lunier. ‖ **cholérine** 1836, Lan-dais. (V. COLÈRE.)

***chômer** 1156, *Thèbes*, du lat. pop. *caumare, du bas lat. *cauma*, chaleur

(*Vulgate*), issu du gr. *kauma*; il signifie proprement « se reposer par la chaleur »; jusqu'au XIXᵉ s., il a indiqué une cessation de travail en général; ensuite une cessation d'activité industrielle consécutive à une crise économique. ‖ **chômable** XVᵉ s., G. ‖ **chômage** XIIIᵉ s., *Etabl. de Saint Louis.* ‖ **chômeur** 1876, *Opinion nationale.*

chope 1845, Besch., mot de l'Est et du N.-E., de l'allem. (et bas allem.) *Schoppen*, mesure de liquide. ‖ **chopine** fin XIIᵉ s., *Statuts des léproseries*, dér. anc. de *Schoppen*. ‖ **chopiner** 1482, *Myst. de saint Didier.* ‖ **chopinette** XVᵉ s., *Actes des apôtres.* ‖ **galope-chopine** mot lyonnais, « ivrogne ».

choper 1800, *Chauffeurs d'Orgères*, « voler », var. de *chiper*, par infl. de *chopper;* par ext. « prendre » (un rhume). ‖ **chopin** 1815, *Chanson de Winter*, « aubaine, conquête amoureuse ».

chopper 1175, Chr. de Troyes, « buter »; orig. obscure. ‖ **achopper** fin XIIᵉ s., *Perceval.* ‖ **achoppement** XIVᵉ s., *Saint Graal*, emploi réduit à *pierre d'achoppement.*

choquer 1230, G., du moyen néerl. *schokken* (ou de l'angl. *to shock*), heur-ter (sens conservé en fr. jusqu'au XVIᵉ s.); le sens fig. actuel apparaît au XVIIᵉ s. (1640, Corn.). ‖ **choquant** 1650, Scar-ron. ‖ **choc** 1523, déverbal; *choc en retour*, 1845, Besch.; *choc opératoire*, 1905, Lar. ‖ **entrechoquer (s')** 1540, Yver.

choral V. CHŒUR.

chorée 1644, Lancelot, « trochée »; 1753, *Encycl.*, « maladie nerveuse »; du gr. *khoreia*, danse en chœur.

chorège XVIᵉ s., du gr. *khorêgos*, de *khoros*, chœur et *agein*, mener. ‖ **cho-régie** 1832, Raymond.

chorégraphie 1701, Feuillet, du gr. *khoreia*, danse, et *graphein*, écrire. ‖ **chorégraphier** 1827, *Acad.* ‖ **chorégraphique** 1832, Raymond.

choriste V. CHŒUR.

choroïde 1538, Canappe, du gr. *khoroeidês*, en forme de membrane (*khorion*).

chorus V. CHŒUR.

***chose** 842, *Serments* (*cosa*); XIIᵉ s. (*chose*); du lat. *causa*, qui, en lat. jurid., avait pris le sens de chose et avait éliminé en lat. pop. *res*. ‖ **chosette** fin XIIᵉ s., G. ‖ **chosier** 1560, Viret. ‖ **chosification** 1831, *Caricature*. ‖ **chosisme -iste** XXᵉ s. (1960, Lalande). ‖ **quelque chose** XVIᵉ s., qui a remplacé l'anc. fr. *auques*, du lat. *aliquid*. (V. CAUSE.)

chott 1860, Maury, mot ar. signif. « bord d'un fleuve » et désignant ensuite une dépression salée.

*****chou** XIIᵉ s., L., du lat. *caulis; faire chou blanc*, 1821, Cuisin. ‖ **chou-rave** 1600, O. de Serres. ‖ **chou-fleur** 1611, Cotgrave, var. *-flori, fleuri*, de l'ital. *cavolo-fiore* (*coliflori du Montferrat*, XVIᵉ s., N. Du Fail), mot utilisé par O. de Serres. ‖ **chou-pille** 1700, Liger, vén., formation ironique. ‖ **chou-navet** 1611, Cotgrave (*-naveau*). ‖ **chouchou** 1798, *Acad.*, mot de tendresse pour un enfant; 1788, Guillemin, « favori », redoublement expressif. ‖ **chouchouter** 1842, Balzac.

chouan 1795, *Journ. des patriotes*, nom donné aux insurgés d'Anjou, d'apr. le surnom de leur chef, Jean Cottereau, dit Jean Chouan, qui imitait le cri du *chouan*, forme régionale de *chat-huant*. ‖ **chouannerie** 1794, *Représentants en mission*. ‖ **chouanner** 1795, *Actes du Comité de salut public*. ‖ **contre-chouan** 1871, Moriac.

choucas début XVIᵉ s. (*chucas*), formation onomat. ‖ **choquard** 1803, Boiste. ‖ **chouquette** 1617, d'Arcussia.

choucroute 1739 (*sorcrote*); 1768, Cappe d'Auteroche (*saurcroute*); de l'alsacien *sûrkrût* (allem. *Sauerkraut*), herbe (*krût*) sure (*sûr*), avec étymologie populaire d'apr. *chou*.

chouette 1175, Chr. de Troyes, dimin. de l'anc. fr. *choue*, du francique *kāwa* (v. CHAT-HUANT); *faire la chouette*, 1770, Lecomte; adj. pop., 1830, J. Arago, chez Larchey, emploi ironique.

1. choule 1147, en Languedoc, jeu de balles; du lat. *solea*, pied (puisque la balle pouvait être disputée à coups de pied), ou de l'irlandais *sull*, mêlée, ou du haut allem. *kiulla*, objet arrondi.

2. *choule début XIVᵉ s., boule, du lat. pop. *ciulla*, d'orig. germ. (v. le précédent). Désigne aujourd'hui un mode de pêche.

chouque V. SOUCHE.

choyer av. 1240, G. de Lorris (*chuer*), « cajoler », « tromper »; 1546, Rab. (*choyer*), d'apr. l'ital. *soiare*, lui-même empr. au fr. *chouer*, de *choue, chouette*, oiseau réputé pour choyer ses petits.

chrême 1150, Wace (*cresme*), du lat. chrét. *chrisma* (IIIᵉ s., Tertullien), empr. au gr. *khrisma*, onction.

chrestomathie début XVIIᵉ s.; rare jusqu'au XIXᵉ s.; du gr. *khrêstomatheia*, de *khrêstos*, utile, et *manthanein*, apprendre (aoriste *emathon*), c.-à-d. apprendre des textes utiles.

chrétien V. CHRIST.

christ Xᵉ s., *Eulalie*, du lat. chrét. *christus*, empr. au gr. *khristos*, oint, calque de l'hébreu *māshiāh* (v. MESSIE). La prononc. *crî* (le *s* est tombé phonétiquement, comme dans *chrestien*, au XIIᵉ s.) est restée dans Jésus-Christ. La prononc. *crist* d'apr. le lat. a été mise à la mode par les prédicateurs à partir du XVIIᵉ s. ‖ **christianisme** XIIIᵉ s., *Poésies*, du lat. chrét. *christianismus*. ‖ *****chrétien** 842, *Serments* (*christian*); XIIᵉ s. (*chrestien*); du lat. chrét. *christianus*. ‖ **chrétiennement** milieu XVIᵉ s. ‖ **chrétienté** 1080, *Roland* (*crestientet*), du lat. chrét. *christianitas*. ‖ **christianiser** fin XVIᵉ s. ‖ **déchristianiser** 1792, Brunot. ‖ **déchristianisation** fin XIXᵉ s. ‖ **néo-chrétien** 1846, Reybaud. ‖ **néo-christianisme** 1834, Th. Gautier.

christe-marine 1546, J. Martin, altér. du gr. *krêtmos*, fenouil de mer.

christiania XXᵉ s., « coup d'arrêt, en ski », de *Christiania*, anc. nom d'Oslo, en Norvège (les Norvégiens ayant pratiqué les premiers ce mouvement).

chrom(o)- du gr. *krôma*, couleur. ‖ **chromatique** 1361, Oresme, du lat. *chromaticus*, mot gr. (couleur, ton musical). ‖ **chrome** 1797, Vauquelin, parce qu'il a des composés très colorés. ‖ **chromique** *id*. ‖ **chromolithographie** 1837, *Soc. ind. de Mulhouse*. ‖ **chromo** 1872, Lit. ‖ **chromosome** XXᵉ s. (gr. *sôma*, corps). ‖ **bichromaté** 1951, Lar. ‖ **achromatique** 1764, De La Lande.

chron(o) du gr. *khronos*, temps. ‖ **chronique** début XIIᵉ s., s. f., recueil d'histoires; XIVᵉ s., partie d'un journal; du lat. *chronica*, neutre pl. (f. sing. en bas lat.), empr. au gr.; adj. 1398, *Somme*

Gautier, méd., du lat. *chronicus*. ‖ **chroniqueur** fin XVᵉ s. ‖ **chronicité** 1835, *Acad.* ‖ **chronologie** 1579, Vigenère, du gr. *khronologia* (*logos*, discours). ‖ **chronologique** 1584, Thevet. ‖ **chronologiquement** 1836, Landais. ‖ **chronomètre** 1701, Sauveur. ‖ **chronophotographie** 1882, Marey. ‖ **chronométrer** 1896, *Sport*. ‖ **-trage** 1922, Lar. ‖ **chronométrie** 1842, *Acad.*

chrys(o)- du gr. *khrusos*, or. ‖ **chrysalide** 1593, Bauhin, lat. *chrysalis, -idis*, mot gr. (d'apr. l'aspect doré de quelques chrysalides). ‖ **chrysanthème** 1543, Ant. Pierre (*-emon*) ; 1750, abbé Prévost (*-ème*) ; du lat. *chrysanthemon*, mot gr. (*anthemon*, fleur, *khrusos*, d'or). ‖ **chrysochalque** 1823, Boiste, ou **chrysocale** 1372, Corbichon (*crisocane*) ; 1825, Balzac (*-cale*) ; « alliage pour la fabrication des bijoux faux » (gr. *khalkos*, cuivre). ‖ **chrysolithe** XIIᵉ s., Marbode, du lat. *chrysolithus*, mot gr. (*lithos*, pierre). ‖ **chrysoprase** XIIᵉ s., Marbode, du lat. *chrysoprasus*, mot gr. (*prasos*, poireau), à cause de la couleur.

chuchoter XIVᵉ s., *Mir. de N.-D.* (*-eter*, jusqu'au XVIᵉ s.) ; 1611, Cotgrave (*-oter*) ; formation expressive. ‖ **chuchotage** fin XVIIIᵉ s. ‖ **chuchotement** 1580, Montaigne. ‖ **chuchoterie** 1650, Loret.

chuinter 1776, Court de Gébelin, appliqué à la prononc. du *ch*, puis à toute prononc. défectueuse ; onom. d'apr. le cri de la chouette. ‖ **chuintant** 1819, Boiste, en phonétique. ‖ **chuintement** 1873, de Colleville.

chut 1529, *Anc. Théâtre fr.*; XVIᵉ s. (*cheut*) ; onomat. ‖ **chuter** 1834, Boiste, « faire chut ».

*chute 1360, Froissart (var. *cheute*), réfection, d'apr. le part. passé *chu* (de *choir*), de l'anc. fr. *cheoite* (fin XIIIᵉ s., *Renart*), part. passé fém. substantivé de *choir*, (lat. pop. **cadecta*), sur le modèle de *collectus*. ‖ **chuter** 1828, « échouer ». ‖ **parachute** 1784, appareil inventé par l'aéronaute Blanchard. ‖ **parachuter** XXᵉ s. ‖ **parachutage** *id.* ‖ **parachutiste** 1928, Nyrop. ‖ **parachutisme** *id.*

chyle 1490, G. de Chauliac (*chile*), du lat. méd. *chylus*, empr. au gr. *khulos*, suc. ‖ **chyleux** 1546, Est. ‖ **chylification** *id.* ‖ **chylifère** 1665, Graindorge.

chyme XVᵉ s., G., du lat. méd. *chymus*, humeur, empr. au gr. *khumos*.

ci Xᵉ s., lat. *ecce*, voici, et *hĭc*, ici. ‖ **ci-devant** 1792, *Nouveau Dict. fr.*, de *ci-devant noble*, qui était avant un noble.

cible XIVᵉ s. (var. *cibe*, encore en 1842, Mozin), de l'allem. dial. *Schibe* (allem. *Scheibe*, disque, cible), par la Suisse romande (fin XVᵉ s.).

ciboire 1160, Benoît (*civoire*), du lat. eccl. *ciborium*, spécialisation du lat. signif. « coupe » (du gr. *kibôreon*, fruit du nénuphar d'Égypte, dont on faisait des coupes).

ciboule 1180, *R. d'Alexandre*, prov. *cebola*, du lat. *caepula*, dimin. de *caepa*, oignon (v. CIVE). ‖ **ciboulette** 1373, trad. de P. Crescens.

cicatrice XIVᵉ s., B. de Gordon ; fig. XVIIᵉ s., du lat. *cicatrix, -icis*. ‖ **cicatriser** 1314, Mondeville, du lat. médiév. *cicatrizare*, lat. class. *cicatricare*, « marquer d'une cicatrice », « fermer une plaie ». ‖ **cicatrisation** *id.*

cicéro 1567, Plantin, « caractère d'imprimerie », employé pour l'édit. princeps des œuvres de Cicéron par U. Gallus en 1458.

cicerone 1752, *Trévoux*, mot ital., emploi ironique de *Cicerone*, Cicéron, à cause de la verbosité des guides à Rome.

cicéronien 1495, J. de Vignay, du lat. *ciceronianus*, de *Cicero*.

cicindèle 1548, Philieul, « ver luisant », repris par les entomologistes pour désigner un genre de coléoptère, du lat. *cicindela*, ver luisant, de *candere*, briller.

*cidre 1120, *Ps. de Cambridge* (var. *citre*, XVIᵉ s.), du lat. *sĭcĕra*, boisson enivrante, empr. à l'hébreu *chekar*, par l'intermédiaire du gr.; spécialisé au jus de poire et de pomme fermenté, puis de pomme en Normandie et en Picardie. ‖ **cidrerie** 1877, L. ‖ **cidricole** XXᵉ s.

*ciel Xᵉ s., *Eulalie*, du lat. *caelum*; *ciel de lit*, 1360, Gay.

cierge XIIᵉ s., *Roncevaux*, var. *cerge*; du lat. *cereus* s. m., d'abord adj., de *cera*, cire. ‖ **ciergier** 1480, C. E. V. ‖ **cierger** 1842, *Acad.*

cigale av. 1457, R. d'Anjou (*sigalle*), du prov. *cigala*, issu du lat. *cicada* (*cigade*

1372, Corbichon) : l'insecte est propre au Midi.

cigare 1688, Exmelin (*cigarro*) ; 1775, Wailly (*-are*) ; de l'esp. *cigarro*, d'origine inconnue, vulgarisé après l'expédition d'Espagne en 1823. ‖ **cigarette** 1831, Balzac, usuel v. 1840 : l'emporte sur *cigarito* et *cigaret*. ‖ **cigarière** milieu XIXᵉ s., d'apr. l'esp. *cigarrera*. ‖ **fume-cigarette** 1894, Sachs. ‖ **porte-cigares** V. PORTE- 3. ‖ **porte-cigarettes** *id.*

cigogne 1113, E. de Fougères, du prov. *cigogna*, issu du lat. *cĭcōnia*, qui a donné l'anc. fr. *ceoigne*, *soigne*. L'oiseau séjourne surtout dans l'Est et vient du Midi.

ciguë XIIIᵉ s., *Aubery* (*ceguë*), réfection de l'anc. fr. *ceuë*, d'apr. le lat. *cĭcūta*.

***cil** XIIᵉ s. ; *l* mouillé jusqu'au XIXᵉ s. ; du lat. *cĭlium*. ‖ **ciliaire** 1690, Furetière. ‖ **cilié** 1786, *Encycl. méth.* ‖ **ciller** 1160, Benoît. ‖ **cillement** 1530, Palsgrave. ‖ **déciller, dessiller** 1360, *Modus*, « découdre les paupières » ; XVIᵉ s., fig. ‖ **dessillement** 1636, Monet.

cilice XIIIᵉ s., *Machabées*, du lat. chrét. *cĭlĭcium* (VIᵉ s., Cassiodore), étoffe en poil de chèvre de Cilicie.

cimaise 1160, Benoît (*cimese*), du lat. *cymatium*, empr. au gr. *kuma*, vague, d'apr. la forme ondulée de la moulure.

***cime** fin XIIᵉ s., *Myst. d'Adam* (*cyme*), du lat. *cyma*, pousse de chou, pointe d'arbre, empr. au gr. *kûma*, portée des animaux, par ext. pousse, spécialisé en lat. pop. à l'extrémité d'un objet élevé. ‖ **cimette** 1827, *Acad.*, « pousse de chou ». ‖ **cimier** 1160, Benoît.

***ciment** fin XIIIᵉ s., *Renart*, du lat. *caementum*, pierre brute, les maçons ayant pris l'habitude de mettre de la pierre dans leur mortier (v. CÉMENT) ; l'*i* reste obscur. ‖ **cimenter** XIVᵉ s., G. ‖ **cimentation** 1845, Richard. ‖ **cimenterie** XXᵉ s. ‖ **cimentier** 1680, Richelet.

cimeterre 1420, J. Chartier, de l'ital. *scimitarra*, empr. au persan *chimchîr*, par l'intermédiaire de l'ar.

cimetière 1160, Wace (*cimetire*), du lat. chrét. *coemeterium* (IIIᵉ s., Tertullien), empr. au gr. *koimêtêrion*, lieu où l'on dort, équivalent du lat. *dormitorium*, dortoir.

cimier V. CIME.

cinabre XIIIᵉ s., G. (*cenobre*), du lat. *cinnabari*, empr. au gr., d'origine orientale.

cince fin XIᵉ s., *Alexis*, torchon pour éponger, d'orig. obscure. (V. RINCER.)

cinchonine 1820, alcaloïde extrait du quinquina ; du lat. bot. *cinchona*, du nom du comte *Chinchon*, vice-roi du Pérou qui en 1639 apporta le quinquina.

cinématique 1834, Ampère, du gr. *kinêmatikos*, de *kinêma*, mouvement.

cinématographe 1892, L.-G. Bouly, puis 1895, Lumière ; du gr. *kinêma*, mouvement, et *graphein*, décrire. ‖ **ciné** 1917, *le Temps*, abrév. ‖ **cinéma** 1900, *Programme de l'exposition*, abrév. ‖ **cinématographie** 1898, *la Nature*. ‖ **cinématographier** 1897, *le Progrès de Lyon*. ‖ **cinématographique** 1896, *la Nature* ; *appareil cinématographique*, 1899, brevet d'invention. ‖ **cinéaste** 1922, L. Delluc, sur *ciné* d'apr. l'ital. ‖ **ciné-club** 1920, L. Delluc. ‖ **cinémathèque** 1921, L. Moussinac. ‖ **cinémascope** 1953, *Cah. du cinéma*. ‖ **cinéphile** 1912, *Ciné-Journal*. ‖ **cinérama** 1912, *le Sourire*.

1. cingler 1080, *Roland* (*sigler*), « faire voile » ; XIVᵉ s. (*singler*), par infl. du suivant ; XVIᵉ s. (*cingler*) ; d'apr. le lat. *cingulum*, ceinture, par étymologie populaire ; du scand. *sigla* ou ancien normand *segl*. ‖ **cinglage** milieu XVIᵉ s. ‖ **cinglement** 1611, Cotgrave.

2. cingler 1125, *Doon de Mayence*, « frapper avec un objet flexible » ; XVIᵉ s., en parlant de la pluie ; du prov. *cenglar*, *cinglar*, frapper avec une sangle, issu du lat. *cingŭla* (*cengla* a déjà le sens de « raclée » en anc. prov.). ‖ **cinglé** XXᵉ s., « toqué ». ‖ **cinglage** 1827, *Acad.* ‖ **cinglant** XIXᵉ s., fig.

cinname 1213, *Fet des Romains* (*cename*), du lat. *cinnamum*, empr. au gr. *kinnamon*. ‖ **cinnamome** 1256, Ald. de Sienne, du lat. *cinnamomum*, empr. au gr. *kinnamômon*, laurier dont les feuilles sont utilisées comme condiments.

***cinq** 1080, *Roland* (*cinc*), du lat. pop. *cĭnque* (*Inscriptions*), par dissimilation du lat. *quinque*. ‖ **cinquième** 1175, Chr. de Troyes (*-isme*). ‖ ***cinquante** 1080, *Roland*, du lat. pop. *cinquaginta*, du lat. *quinquaginta*, par dissimilation. ‖ **cinquantième** XIII⁰ s. ‖ **cinquantaine** XIII⁰ s. ‖ **cinquantenaire** 1775, Restif de La Bretonne.

***cintrer** 1349, texte wallon, du lat. pop. *cincturare, de *cinctūra*, ceinture. ‖ **cintre** fin XII⁰ s., « courbure d'une voûte »; XX⁰ s., « armature pour suspendre les habits »; déverbal. ‖ **cintrage** 1593, G. (*cein-*), mar. ‖ **décintrer** 1690, Furetière. ‖ **décintrage** av. 1863, Lar.

cipaye 1750 (*sepay*); 1768, Voltaire (*cipaye*); du port. *sipay*, cipay, du persan *sipāhi*, soldat, qui a donné aussi *spahi*. Nom donné aux soldats indiens engagés au service des Français, puis des Anglais.

cipolin 1694, Th. Corn., « marbre veiné rappelant la coupe de l'oignon », de l'ital. *cipollino*, de *cipolla*, oignon. ‖ **chipolin** 1789, *Encycl. méth.*, var. avec prononc. toscane.

cippe 1718, *Acad.*, du lat. *cippus*, colonne, borne. (V. CEP.)

cirage V. CIRE.

circaète 1820, Laveaux, du gr. *kirkos*, faucon, et *aetos*, aigle; désigne un grand rapace.

circée 1572, Des Moulins, bot., du lat. *circaea*, de *Circé*, la magicienne; la plante est dite « herbe aux sorciers ».

circoncire 1190, saint Bernard, du lat. chrét. *circumcīdĕre*, en lat. class. « couper autour ». ‖ **circoncision** *id.*, du lat. *circumcisio*. ‖ **incirconcis** XIV⁰ s., du lat. *incirconcisus*. ‖ **incirconcision** 1530, Lefèvre d'Etaples, du lat. *incirconcisio*.

circonférence 1265, J. de Meung, du lat. *circumferentia*, de *circumferre*, faire le tour, calque du gr. *peripheria* (v. PÉRIPHÉRIE).

circonflexe début XVI⁰ s. (*-flect*); 1550, Meigret (*-flexe*); du lat. *circonflexus* (*accentus*), calque du gr. signif. « sinueux »; indiquant un ton en gr., il est signe orth. en fr.

circonlocution XIII⁰ s., *Poème sur la confession*, du lat. *circumlocutio*, calque du gr. *periphrasis*; du lat. *circum*, autour, et *loqui*, parler, « détour de parole pour éviter un mot ». (v. PÉRIPHRASE).

circonscrire 1361, Oresme, du lat. *circumscrībĕre*, de *scribere*, écrire. ‖ **circonscription** XII⁰ s., « ce qui limite »; 1495, J. de Vignay, « action de tracer une ligne autour »; 1704, *Trévoux*, « division territoriale »; du lat. *circumscriptio*.

circonspect v. 1395, Chr. de Pisan, du lat. *circumspectus* (rad. *aspicere*, voir, regarder). ‖ **circonspection** XIII⁰ s., G., du lat. *circumspectio*, action de regarder autour.

circonstance 1260, Br. Latini, du lat. *circumstantia*, de *circumstare*, se tenir debout autour. ‖ **circonstanciel** 1747, Girard, gramm. ‖ **circonstancier** 1468, Chastellain, surtout au part. passé, « énoncer avec les circonstances »; XIX⁰ s., « préciser ».

circonvallation 1632, Chapelain, du lat. *circumvallare*, entourer d'un retranchement, de *vallis*, « vallée », par ext. « tranchée ».

circonvenir 1355, Bersuire, du lat. *circumvenire*, venir autour, par ext., « entourer d'artifices ».

circonvoisin XIV⁰ s., G., du lat. médiév. *circumvicinus*, situé tout autour, de *vicinus*, voisin.

circonvolution XIII⁰ s., G., « enroulement »; 1546, Ch. Est., appliqué à l'intestin; du lat. *circumvolutus*, roulé autour.

circuit début XIII⁰ s., du lat. *circuitus*, de *circum*, autour, et *ire*, aller; v. 1900, sens sportif. ‖ **court-circuit** 1907, Lar. ‖ **court-circuiter** XX⁰ s.

circuler 1361, Oresme, « faire le tour »; 1680, Richelet, « se mouvoir »; du lat. *circulari*, de *circŭlus*, cercle. ‖ **circulaire** *id.*, du lat. *circularis*. ‖ **circulation**, *id.*, du lat. *circulatio*. ‖ **circulatoire** 1560, Paré; du lat. *circulatorius*. (V. CERCLE.)

circumnavigation 1788, Pauw, du lat. *circum*, autour, et *navigation*.

circumpolaire 1700, Brunot (*circon-*), du lat. *circum*, autour, et *pôle*.

***cire** 1080, *Roland*, du lat. *cēra*. ‖ **cirer** fin XII⁰ s., *Aliscans*. ‖ **cirier** fin XII⁰ s., *Aymeri*, s. et adj. ‖ **cirage** 1554, Delb., « action de cirer », par ext. « substance pour cirer », spécialisé pour les chaussures. ‖ **cireux** début XVI⁰ s., sens

propre; 1856, Goncourt, sens fig.
‖ **cireur** 1866, Lar.

ciron XIIIe s., L., altér. de *suiron* (1220, Coinci), mot de l'Est, empr. à l'anc. haut allem. **seuro.* Désigne un animal microscopique.

cirque v. 1355, Bersuire, sens latin; 1832, Raymond, sens mod.; du lat. *cĭrcus.*

cirre 1545, Guéroult, bot. et zool., du lat. *cĭrrus,* filament (v. CIRRUS). ‖ **cirripède** début XIXe s. (lat. *pes,* pied).

cirrhose 1805, Laennec, du gr. *kirros,* jaune. Désignait une maladie de foie caractérisée par des granulations rousses.

cirrus 1854, Bessemoulin, mot lat. signif. « filament » : « nuage qui s'effiloche ».

cirsium XVIe s., Meignan (*cirsion*); rare jusqu'au XIXe s.; du lat. *cirsion,* empr. au gr. signif. « chardon ».

cisailles V. CISEAU.

*ciseau 1190, Bodel (*cisel*), du lat. pop. **cīsellus,* altér. d'apr. divers composés d'un dér. **caesellus,* de *caedere,* couper; dès le XIIe s., ciseaux de couturière. Le mot fr. sing. est issu de la forme plur. ‖ ***cisailles** fin XIIIe s., Rutebeuf, du lat. pop. **cīsalia,* du lat. *caesalia,* pl. neutre passé au fém. ‖ **cisailler** 1450, G. ‖ **cisaille** 1324, Du Cange, « rognure de métal ». ‖ **cisaillement** 1636. ‖ **ciseler** XIIIe s., G. ‖ **ciseleur** XVIe s., G. ‖ **ciselet** 1491, G. ‖ **ciselure** 1307, Dehaisnes. ‖ ***cisoir** XIIIe s. (*cisoires*), du lat. *cisorium,* de même rac.

cisse 1838, du lat. bot. *cissus,* empr. au gr. *kissos,* lierre.

1. **ciste** 1555, Aneau (*cisthe*), « arbrisseau », du lat. *cisthos,* empr. au gr.

2. **ciste** 1771, *Trévoux,* « corbeille », du lat. *cista,* empr. au gr. *kistê.*

cistre 1527, Marot (*citre*), « instrument à cordes »; de l'ital. *citara* (v. CITHARE); le *s* est dû à une confusion avec *sistre.*

citadelle fin XVe s., G., de l'ital. *cittadella,* petite cité.

citadin 1305, Aymé, de l'ital. *cittadino,* de *città,* cité (anc. ital. *cittade*).

citation V. CITER.

*cité fin XIe s., *Alexis* (*citet*), du lat. *cīvitas, -atis,* « ensemble des citoyens », « territoire où ils vivent », puis « ville » en bas lat.; au Moyen Age, « partie ancienne de la ville »; XIXe s., *cité ouvrière*; XXe s., *cité-jardin, cité universitaire;* le sens polit. et fig. a été repris au lat. au XVIe s. ‖ **citoyen** XIIe s., texte picard (*citeien*); XVIIe s., sens polit. opposé à *serf;* appellation révolutionnaire, 1789. ‖ **citoyenneté** 1783, *Courrier de l'Europe.* ‖ **concitoyen** 1290, texte de Besançon (*concitien*), refait sur le lat. *concivis.*

citer milieu XIIIe s., du lat. *citare,* mettre en mouvement, puis sens jurid.; XVIIe s., *citer un texte,* signaler une personne. ‖ **citateur** 1696, Bayle. ‖ **citation** 1355, Bersuire, du lat. *citatio,* même évolution. ‖ **précité** fin XVIIIe s.

citérieur XVe s., Le Baud, du lat. *citerior,* qui est en deçà.

*citerne fin XIIe s., *Rois* (*cisterne*), du lat. *cisterna,* de *cista,* coffre. ‖ **citerneau** 1600, O. de Serres.

cithare XIIIe s. (*kitaire*); 1361, Oresme (*cithare*), du lat. *cithara,* empr. au gr. (V. GUITARE.)

citoyen V. CITÉ.

citrin XIIe s., Marbode, du lat. *citrus,* citron. ‖ **citrate** 1782, Guyton de Morveau. ‖ **citrique** *id.* ‖ **citral** fin XIXe s.

citron 1398, *Ménagier,* du lat. *citrus,* citron. ‖ **citronnier** 1373, trad. Crescens. ‖ **citronnade** 1845, Besch., « mélisse »; 1858, Peschier, sens actuel. ‖ **citronnelle** 1601, Champlain.

citrouille 1256, Ald. de Sienne (*citrole*); 1549, R. Est. (*ouille*), par changement de suffixe; de l'ital. *citruolo,* du lat. *citrus,* citron, d'apr. la couleur.

civadière v. 1540, Rab., « voile attachée sous le beaupré », du prov. mod. *civadiero,* sac d'avoine, d'apr. la forme; de *civada,* avoine, qui a donné régionalement *civade.*

*cive v. 1268, E. Boileau, du lat. *caepa,* oignon (v. CIBOULE). ‖ **civet** XIIIe s., *Fabliau* (*civé*); 1636 (*civet,* par confusion de suffixe), proprement « ragoût préparé aux cives ». ‖ **civette** 1549, R. Est., « ciboulette ».

1. **civette** V. CIVE.

2. **civette** 1467, Laborde, « mammifère », de l'ital. *zibetto*, empr. à l'ar. *zabād*, musc. Cet animal sécrète un suc onctueux, employé en parfumerie.

***civière** XIIIe s., *Choses qui faillent en ménage*, « brancard servant à transporter les fardeaux, le fumier, etc. »; spécialisé fin XIXe s., pour les blessés; du lat. pop. *cibaria*, engin pour le transport des provisions (lat. *cibus*); il faut supposer un *ī*.

civil 1290, G., jurid., du lat. *civilis*, dans ses divers sens, de *civis*, citoyen; opposé à « militaire », 1718, *Acad.* ‖ **civiliser** 1568, Le Roy, de *civil*, au sens fig. de « cultivé ». ‖ **civilisation** 1734, Guyau de Pitaval, qui s'est substitué à *police*, apr. 1800, « ensemble des caractères d'une société ». ‖ **civilisable** fin XVIIIe s., Cuvier. ‖ **civilisateur** 1829, *la Mode*. ‖ **civiliste** fin XIXe s., « spécialiste de droit civil ». ‖ **civilité** 1361, Oresme, du lat. *civilitas*, affabilité. ‖ **civique** 1504, Lemaire (*couronnes civiques*), hist., « XVIIIe s., sens mod., du lat. *civicus*. ‖ **civisme** 1770, Restif de La Bretonne, vulgarisé pendant la Révolution. ‖ **incivil** 1361, Oresme, du lat. *incivilis*, sur le sens de *civil*, poli. ‖ **incivilité** 1426, Delb., du lat. *incivilitas*. ‖ **incivisme** 1792, Danton, sur le sens de *citoyen*.

clabaud 1458, *Mystère Vieil Testament*, même rac. que *clapper* (cf. CLABET, crécelle, texte lillois de 1420). ‖ **clabauder** 1564, J. Thierry. ‖ **clabaudage** 1560, Paré. ‖ **clabaudeur** 1554, fig. ‖ **clabauderie** 1611, Cotgrave.

clac onom. enregistrée tardivement, exprimant le bruit d'une gifle, d'un applaudissement, d'un objet gonflé qui se crève, etc. ‖ **claquer** 1508, Lemaire. ‖ **claque** début XIVe s., « gifle, coup »; XVIIIe s., « soulier pourvu de claques »; 1836, Landais, « claque au théâtre »; 1773, *Almanach*, s. m., chapeau claque. ‖ **claquage** 1953, Lar., sports. ‖ **claquet** XVe s., G. ‖ **claquement** milieu XVIe s. ‖ **claquette** 1549, R. Est. ‖ **claquet** 1781, *Corr. litt. secrète*, sens théâtral. ‖ **claquedent** av. 1450, Gréban, nom propre, « gueux ». ‖ **claquemurer** 1644, Scarron, de *claque-mur*, « dans un lieu si étroit que le mur claque ». ‖ **claquebois** 1636, Mersenne.

***claie** XIe s., *Gloses de Raschi* (*cloie*), du lat. pop. *clēta*, mot gaulois. ‖ **clayette** 1863, L., « panier à champignons ». ‖ **clayère** 1856, Lachâtre, « parc à huîtres ». ‖ **clayon** 1328, C. E. V. ‖ **clayonnage** 1694, Th. Corn. ‖ **cloyère** 1771, *Trévoux*, « panier à huîtres ».

***clair** Xe s. (*clar*); 1080, *Roland* (*cler*); XIVe s., *clair*, d'apr. le lat.; du lat. *clarus*. ‖ **clairement** 1190, Garn. ‖ **clairet** 1160, *Charroi* (*claré*), adj.; 1726, s. m., de *vin clairet*. ‖ **clairière** 1660, La Fontaine. ‖ **claircer** 1790, *Encycl. méth.* d'apr. *éclaircir*. ‖ **clairce** id., déverbal. ‖ **clairçage** 1842, *Acad.* ‖ **clairon** XIIIe s., Du Cange, de *clair*, d'apr. la clarté du son. ‖ **claironner** 1559, Buttet. ‖ **clairsemé** 1175, Chr. de Troyes. ‖ **clairvoyant** 1265, J. de Meung. ‖ **clairvoyance** 1580, Montaigne. ‖ **claire-voie** début XIVe s. (cf., pour le sens, VOIE D'EAU). ‖ **clair-obscur** 1596, Vigenère (*chiar-oscuro*); 1668, forme française; de l'ital. *chiaroscuro*. ‖ **clarifier** 1190, saint Bernard, « glorifier » (jusqu'au XVIe s.); puis prend le sens de *clair*; du lat. *clarificare*, glorifier. ‖ **clarification** 1495, J. de Vignay, du lat. *clarificatio*. ‖ **clarine** XVIe s., Fauchet, « sonnaille à bestiaux ». La forme *clarin*, *clarain* est du XIIIe s. ‖ **clarinette** 1753, *Encycl.* ‖ **clarinettiste** 1836, Landais. ‖ **clarté** Xe s., *Saint Léger* (*claritet*), adaptation du lat. *claritas*, *-atis*, de *clarus*. ‖ ***éclaircir** début XIIe s., *Voy. de Charl.* (*esclarcir*); XIIIe s. (*esclair-*); d'apr. *clair*, du lat. pop. *exclaricire*. ‖ **éclaircissement** XIIIe s., *Cout. d'Artois* (*esclar-*), sens fig. ‖ **éclaircie** fin XVe s., d'Authon (*esclarcye*); rare jusqu'au XVIIIe s. ‖ ***éclairer** 1080, *Roland* (*es-*), du lat. pop. *exclariare* (class. *exclarare*). ‖ **éclaireur** 1539, H. Est., « celui qui éclaire les autres »; 1793, milit.; XXe s.; scout. ‖ **éclairage** 1798, *Acad.* ‖ **éclair** XIIe s. (*es-*), déverbal de *éclairer*; XIXe s., sorte de gâteau. ‖ **éclaire** XIIe s., plante.

***clamer** XIIe s., du lat. *clamare*. ‖ ***clameur** fin XIe s., *Lois de Guill.*, du lat. *clamor*, *-oris*. ‖ **acclamer** début XVIe s., Lemaire, du lat. *acclamare*, saluer par des cris. ‖ **acclamation** 1504, Lemaire, du lat. *acclamatio*. ‖ **déclamer** 1542, « crier »; péjor., XVIIIe s., du lat. *declamare*. ‖ **déclamation** XVe s., Tardif, même évolution. ‖ **déclamateur** 1519, du lat. *declamator*. ‖ **déclamatoire** 1549, R. Est., du bas lat. *declamatorius*. ‖ **exclamer (s')** 1495, J. de Vignay, intr.; XVIe s., pronominal; du lat. *exclamare*. ‖ **exclamation** 1311, texte relatif à Abbeville, du lat. *exclamatio*. ‖ **exclamatif** 1747, abbé Girard, gramm. (V. RÉCLAMER.)

clamp 1643, Fournier, « pièce de bois formant applique », du néerl. *klamp*, de sens voisin.

clampin V. CLOPIN-CLOPANT.

clamser 1867, Delvau, « mourir », pop., var. *clapser*, de *claps*, coup, pop., empr. à l'allem. *Klaps*, claque, taloche. (Cf. pop. CLAQUER, « crever ».)

1. **clan** 1637, Beaulieu, « mortaise », de l'allem. *Klamm*, gorge.

2. **clan** 1750, abbé Prévost, « tribu », d'abord celtique; de l'angl. *clan*, empr. au gaélique *clann*, famille. ‖ **clanique** 1952, *L. M.*

clandestin v. 1355, Bersuire, du lat. *clandestinus*, de *clam*, en secret. ‖ **clandestinement** 1354, *Arch. de Reims.* ‖ **clandestinité** fin XVIe s., Fontanon.

clangoreux fin XIXe s., méd., indiquant certain bruit du cœur, du lat. *clangor*, bruit éclatant. ‖ **clangueur** fin XVe s., Auton.

clapet V. CLAPPER.

clapier 1210, *Chartes du Forez*, du prov. *clapier*, pierreux, amas de pierres, d'un rad. préceltique **clapp-*, de *cal. (V. CAILLOU.) ‖ **clapir** 1727, Furetière, « se cacher dans un terrier ».

clapoter V. CLAPPER.

clapper XVIe s., Bouchet, d'une onom. *clapp*, figurant le clappement de la langue et les bruits similaires. ‖ **clapoter** 1611, Cotgrave (*-eter*); XVIIIe s. (*-oter*). ‖ **clapotement** 1654, Du Tertre. ‖ **clapotis** 1792, Romme. ‖ **clappement** début XIXe s. ‖ **clapet** 1517, Delb., peut-être du prov.

claquemurer, claquer V. CLAC.

clarifier, clarine V. CLAIR.

classe 1355, Bersuire, « classe de citoyen »; XVIe s., « classe scolaire »; XVIIe s., Colbert, « classes des gens de mer »; fin XVIIIe s., « classe militaire »; XVIIe s., fig., « catégorie »; 1733, Sauvages de La Croix, « classe zoologique »; du lat. *classis*, classe de citoyens. ‖ **classer** 1756, Th. de Bordeu. ‖ **classement** 1784, *Courrier de l'Europe*, 1790, Mirabeau, sens social. ‖ **classeur** 1811, *Arch. découvertes.* ‖ **classifier** v. 1500, « établir d'après une classification »; 1787, Féraud, « ranger par classes, par catégories ». ‖ **classification** 1787, Féraud. ‖ **classificateur** 1842, *Acad.* ‖ **déclasser** 1813, « retirer de l'inscription maritime »; 1826, Mozin, sens social. ‖ **déclassé** s., 1856, F. Béchard. ‖ **déclassement** 1836, *Acad.* ‖ **inclassable** 1890, Goncourt.

classique 1548, Sébillet, du lat. *classicus*, de la première classe de citoyens; XVIe s., écrivain de premier ordre (en lat., IIe s., Aulu-Gelle); *enseignement classique*, 1798, *Acad.* ‖ **classiquement** 1825, Duvergier de Hauranne. ‖ **classicisme** 1823, Stendhal, fait sur le sens « qui appartient à la littérature classique du XVIIe s. », puis sens général, fin XIXe s.

claudication XIIIe s., *Miroir de saint Eloi*; rare jusqu'au XVIIIe s.; du lat. *claudicatio*, de *claudus*, boiteux. ‖ **claudicant** XIVe s., B. de Gordon, du lat. *claudicare*, boiter. ‖ **claudiquer** v. 1880, Huysmans.

clause 1190, Garn., « vers »; XIIIe s., sens actuel; du lat. médiév. *clausa*, de *claudere*, clore, confondu avec *clausula*. ‖ **clausule** v. 1540, Calvin; « période »; 1638, Chapelain, « fin de vers »; du lat. *clausula*, conclusion, fin de phrase.

claustral 1394, Tuetey, lat. médiév. *claustralis*, de *claustrum*, enceinte, lieu clos (v. CLOÎTRE). ‖ **claustration** 1791, *Journ. de Paris*, méd.; 1842, J.-B. Richard, sens actuel. ‖ **claustrer** 1866, Lar., du lat. *claustrare*, enfermer. ‖ **claustrophobie** 1894, Sachs-Villatte.

clausule V. CLAUSE.

clavaire fin XVIIIe s., « champignon », du lat. *clava*, massue, d'apr. la forme.

1. **claveau** V. CLEF.

2. ***claveau** XIIIe s., C. E. V. (*clavel*), maladie des moutons, du bas lat. *clavellus* (Ve s., Marcus Empiricus), de *clavus*, clou, à cause des pustules. ‖ **clavelée** 1460, *Pathelin*.

clavecin 1611, Cotgrave (*-essin*), du lat. médiév. *clavicymbalum* (d'où *clavycimbale*, 1447, Gay), c.-à-d. cymbale à clavier, de *clavis*, clef.

clavelée V. CLAVEAU 2.

clavette, clavicorne V. CLEF.

clavicule 1541, Canappe, du lat. *clavicula*, dimin. de *clavis*, clef. (V. CHEVILLE.)

clavier V. CLEF.

clayère, -yette, -yon V. CLAIE.

clearing xxᵉ s., mot angl., signif. « compensation ». ‖ **clearing-house** 1833, Chevalier, mot angl. signif. « chambre (maison) de compensation ».

clebs 1832, Lamartine (*kleb*), de l'ar. algérien *klab*, pl. *kilāb*, chien.

*clef 1080, *Roland*, du lat. *clavis*; xivᵉ s., *clef des champs*; xvᵉ s., *clef de voûte*. ‖ **clavier** xiiᵉ s., « porte-clefs »; 1564, Thierry, assemblage de touches dans divers instruments de musique. ‖ **clavette** 1160, Benoît. ‖ **claveau** 1380, G., archit., d'apr. *clef de voûte*. ‖ **clavicorde** 1803, Boiste.

clématite 1559, Mathée (*-ide*), du lat. *clematitis*, empr. au gr., de *klēma*, sarment. Désigne une sorte de liane grimpante.

clémence xᵉ s., *Eulalie* (*clementia*); xiiiᵉ s. (*clemence*); du lat. *clementia*. ‖ **clément** 1213, *Fet des Romains*, du lat. *clemens*. ‖ **inclément** 1564, J. Thierry, du lat. *inclemens*. ‖ **inclémence** 1521, Fabri, du lat. *inclementia*.

clenche xiiiᵉ s., texte picard (*clenque*), du francique **klinka*, levier oscillant autour de l'axe d'un loquet (allem. *klinke*); le mot est du N. et du N.-E. ‖ **déclencher** 1732, *Trévoux*. ‖ **déclenchement** 1863, L.; fig. v. 1914-1918, d'apr. *déclencher une offensive*. ‖ **enclancher** 1870, Lar. ‖ **enclanchement** *id.*

clepsydre xivᵉ s., G. (*-idre*), du lat. *clepsydra*, mot gr. signif. « qui vole (*kleptein*, voler) l'eau (*hudôr*) ».

cleptomane V. KLEPTOMANE.

*clerc xᵉ s., *Saint Léger*, opposé à laïc; puis « lettré »; xvᵉ s., « employé en écritures »; du lat. chrét. *clericus* (iiiᵉ s., Arnobe), de *clerus*, clergé. ‖ **clergie** 1190, Garn. ‖ **clergeon** 1155,

Wace, avec *g* de *clergé*. ‖ **clergé** xᵉ s., L., du lat. chrét. *clericatus* (ivᵉ s., saint Jérôme), de *clerus*. ‖ **clergyman** 1815, de Maistre, mot angl. ‖ **clérical** xiiᵉ s., « relatif aux clercs »; 1815, sens polit.; du lat. *clericalis* (vᵉ s., Sid. Apoll.). ‖ **cléricalisme** 1855, Block. ‖ **cléricaliser** 1873, L. ‖ **cléricalisation** 1876, L. ‖ **cléricature** 1429, G., du lat. eccl. *clericatura*, de *clericatus*. ‖ **anticlérical** 1866, Lar. ‖ **anticléricalisme** fin xixᵉ s.

clic-clac 1836, Landais, onom. avec redoublement et alternance *i-a*, comme *bric-à-brac*, *cric-crac*, *flic-flac*, *micmac*, *tic-tac*, *trictrac*, *zigzag*.

1. clicher fin xviiiᵉ s., en imprimerie, formation expressive d'apr. le bruit de la matrice s'abattant sur le métal en fusion; ou empr. à l'allem. dial. *Klitsch*, petite masse. ‖ **cliché** 1809, Wailly. ‖ **clichage** 1809, Wailly. ‖ **clicheur** 1835, *Acad.* ‖ **clicherie** 1866, Lar.

2. clicher 1836, Landais, exprimant un défaut de prononc. des chuintantes et des sifflantes, onom. ‖ **clichement** 1836, Landais. ‖ **cliche** 1867, Delvau (*clique*); 1889, Barrère (*cliche*), pop., « diarrhée », même orig.

client 1437, *Revue hist. littér.*; du lat. *cliens, -tis*, terme polit., puis jurid.; 1832, Raymond, sens commercial. ‖ **clientèle** 1474, Bartzsch, lat. *clientela*, même évolution; 1838, *le Cabinet de lecture*, sens commercial se substituant à *chaland*, *achalandage*.

clifoire 1552, Rab. (*glyphouoire*); 1611, Cotgrave (*cliquefoire*); de l'onom. *clique* et *foire*.

*cligner 1155, Wace, peut-être de **clīniāre*, baisser les paupières, de *clīnare*, incliner, ou de *clūdiniāre*, de *clūdēre*, fermer. ‖ **clignement** xiiiᵉ s., G. (*cloi-*). ‖ **clin** *d'œil* xvᵉ s., déverbal. ‖ **clignoter** xvᵉ s. (*-eter*). ‖ **clignotement** 1546, R. Est. ‖ **clignotant** s. m., xxᵉ s. (1953, *L. M.*). ‖ **cligne-musette** 1534, Rab. (*cline muzète*), altér. de *cligne-mussette* (xvᵉ s., encore *Acad.* 1798), dimin. de **cligne-musse*, de *cligner* et *musser*, cacher. Anc. nom du jeu de cache-cache.

climat xiiᵉ s., sens actuel; 1314, Mondeville, « région », du lat. *clima, -atis*, empr. au gr. *klima*, inclinaison (du soleil), d'où latitude, climat. ‖ **clima-tique** apr. 1850, E. Reclus. ‖ **climato-logie** 1834, Jourdan. ‖ **climatologique** 1842, *Acad.* ‖ **climogramme** XXe s. (*G. L. E.*, 1961). ‖ **climatisé** milieu XXe s. ‖ **climatiseur** 1961, journ. ‖ **acclimater** 1775, Buffon, d'apr. Féraud. ‖ **acclimatement** 1801, Mercier. ‖ **acclimatation** 1832, Boiste.

climatérique milieu XVIe s., du gr. *klimaktêrikos*, « qui va par échelons », pour désigner les années critiques de l'homme.

1. **clin** *d'œil*. V. CLIGNER.

2. **clin** fin XIIe s., *D. G.*, « inclinaison », puis, en mar., « disposition du bordage »; déverbal de *cliner*, du lat. *clinare*. ‖ **déclinquer** 1842, Mozin. (V. DÉ-CLINGUER.)

clinfoc 1792, Romme, de l'allem. *klein Fock*, petit foc.

clinique s. f., début XVIIe s.; 1696, D. Leclerc, adj.; du lat. *clinicus*, empr. au gr. *klinikos*, « qui visite les malades au lit » (*klinê*). ‖ **clinicien** 1842, *Acad.* ‖ **clinicat** 1866, Lar., fonction de chef de clinique. (V. POLYCLINIQUE.)

clinquant XVe s., O. de La Marche (*clicq-*); XVIe s. (*clin-*); de l'anc. fr. *clinquer*, var. de *cliquer*, faire du bruit (v. CLIQUE), par ext. briller. La nasalisation paraît due au néerl. *klinken*, résonner.

clip XXe s., mot angl. signif. « petit bijou en forme d'agrafe ».

clipper 1845, Itier, « voilier », mot angl. signif. « qui coupe les flots ».

clique XIVe s., G., déjà au fig. de l'anc. fr. *cliquer*, faire du bruit, onom. (XIIIe s.). ‖ **cliqueter** 1230, *Eustache le Moine.* ‖ **cliquette** *id.* ‖ **cliquetis** *id.* ‖ **cliquet** *id.* ‖ **cliquart** 1581, Dusseau, « sorte de marbre ». ‖ **déclic** 1510, Delb., déverbal de l'anc. fr. *décliquer* (XIIIe s.).

clisse 1160, Benoît (*clice*), « osier tressé », croisement probable entre *claie* et *éclisse*, les éclisses servant à faire des treillis. ‖ **clisser** 1546, Rab.

clitoris 1611, Cotgrave, du gr. *kleitoris*.

cliver 1582, F. Bretin, employé pour les diamants, du néerl. *klieven*, fendre, spécialisé par les diamantaires d'Ams-terdam; XXe s., fig. ‖ **clivage** 1753, *Trévoux*, sens propre; 1932, Romains, fig., « séparation ».

cloaque 1355, Bersuire, égout; XVIe s., fig., du lat. *cloaca. La Cloaca maxima* était le grand égout collecteur de la Rome antique.

*****cloche** début XIIe s., *Voy. de Charl.*, du bas lat. *clocca* (VIIe s., *Vie de saint Colomban*), mot celtique importé par les missionnaires anglo-irlandais, qui a remplacé en Gaule le lat. chrét. *signum* (lat. class. « statue, signal »). ‖ **clocher** *id.* ‖ **clocheton** fin XVIIe s., Valincourt. ‖ **clochette** XIIe s., G.

1. **clocher** V. CLOCHE.

2. *****clocher** v. 1120, *Ps. d'Oxford*, du lat. pop. *cloppicare*, de *cloppus*, boiteux, syn. pop. de *claudus*. ‖ **clochard** fin XIXe s., vagabond, proprement « qui boitille ». ‖ **clochepied** (à) 1495, Chr. de Pisan (v. CLOPIN-CLOPANT). ‖ **clochardisation** 1961, G. Tillion. ‖ **dé-clochardisation** 1959, de Gaulle.

*****cloison** 1160, Benoît, du lat. pop. *clausio, -onis*, de *clausus*, clos; en fr., « clôture », jusqu'au XVIe s. ‖ **cloison-nage** 1676, Félibien. ‖ **cloisonné** 1742, *Trévoux*. ‖ **cloisonner** 1803, Boiste. ‖ **cloisonnement** 1845, Richard, au fig.

*****cloître** 1190, Garn. (*clostre*), du lat. impér. *claustrum*, enceinte, en bas lat. « lieu clos », spécialisé à l'époque franque en « monastère (cloîtré) »; le *i* de *cloistre* est dû à l'étymologie pop., qui a rapproché le mot de *cloison* (*cloisture*, *clôture*, Monluc). ‖ **cloîtrer** 1623, *Cout. de Luxembourg*; 1832, Raymond, fig.

clopin-clopant 1668, La Fontaine, de l'anc. adj. *clopin*, boiteux, et du part. prés. de *cloper*, boiter (encore 1611, Cotgrave), du lat. *cloppus* (v. CLOCHER). ‖ **clopiner** 1560, Paré. ‖ **clampin** fin XVIIe s., G., pop., var. de *clopin*. ‖ **clam-piner** 1858, Peschier. ‖ **écloper** début XIIe s., *Huon de Bordeaux.*

cloporte XIIIe s., G.; 1538, R. Est. (*cloporte*); altér. probable de *clo-porte*, de *cloper*, boiter, ou bien de *clore*, fermer, et de *porte*. (V. CLOPIN-CLOPANT.)

cloque 1750, Ch. Bonnet, forme picarde de *cloche* au sens fig. de « bulle ». ‖

cloquer XVIIIe s., Mme de Genlis, hortic.; 1866, Lar., peint.

***clore** XIIe s., *Saxons*, du lat. *claudĕre*; il a été remplacé peu à peu par *fermer* depuis le XVIe s., par suite de l'homonymie de certaines formes avec celles de *clouer*. || ***clos** XIIe s., *Vie de saint Grégoire*, part. passé substantivé (lat. *clausus*), de *clore*. || **closier** 1240, G. de Lorris, « fermier du clos », mot de l'Ouest. || **closerie** 1449, G. || **closoir** 1511, texte de Béthune, techn. (*clau-*), || ***clôture** XIIe s., Herman de Valenç., du lat. pop. *clausĭtūra*, qui remplaça *clausura*, de *claudere*, clore; XVIe s., fig. || **clôturer** 1787, Féraud, finir. || **déclore** 1080, *Roland*. || ***éclore** 1155, Wace, du lat. pop. *exclaudĕre*, issu du lat. class. *exclūdĕre*, faire sortir, restreint à faire éclore des œufs.; intr., sens actuel, 1600, O. de Serres. || **éclosion** 1747, *Journ. de Trévoux*. || ***enclore** fin XIe s., *Alexis*, du lat. pop. *inclaudēre*, réfection de *includere*, d'apr. *claudēre*. || **enclos** 1283, Beaumanoir. || **enclosure** 1804, Bonnaffé, mot angl. signif. « enclos », de même orig. || **forclore** 1120, *Ps. d'Oxford*, jurid. || **forclusion** milieu XVe s., d'apr. *exclusion*. (V. EXCLURE, RECLUS.)

clôture V. CLORE.

***clou** 1080, *Roland*, du lat. *clavus*; XVIe s., furoncle; XIXe s., attraction. || **clouer** 1138, *Saint Gilles*. || **clouter** 1547, Du Fail, surtout au part. passé. || **clouterie** début XIIIe s. (*claueterie*); XVe s. (*clouterie*). || **cloutier** fin XIIIe s., G. (*cloitier*, *clotier*), tous ces mots avec un *t* analogique. || **déclouer** fin XIIe s., *Perceval*. || **désenclouer** 1580, G. || **enclouer** fin XIIe s., *Enfances Vivien*. || **reclouer** fin XIIe s., *Naissance du Chevalier au cygne*.

cloup XXe s., mot du Quercy désignant l'aven et repris en géogr., mot celtique.

clovisse 1611, Cotgrave (*clouïsse*); rare jusqu'au XIXe s.; du prov. mod. *clauvisso*, de *claure*, fermer, du lat. *claudēre*; le coquillage se ferme quand on le touche.

clown 1823, A. D. d'Arcieux, mot angl. signif. « rustre ». || **clownesse** 1884, Huysmans. || **clownerie** 1853, Champfleury. || **clownesque** 1910, *L. M.*

cloyère V. CLAIE.

club 1702, Miege, mot. angl. au sens fig. « réunion, cercle » (XVIIe s.), vulgarisé dans la première moitié du XVIIIe s. (club de l'Entresol, 1724) et pendant la Révolution; 1882, Old Nick, « gros bâton », a été repris en golf. || **clubisme** 1835, Carné. || **clubiste** 1784, *Journ. de Paris*.

***cluse** 1562, Du Pinet; rare jusqu'au XIXe s. (1834); mot jurassien, du lat. *clūsa*, fermée, de *clausa*, part. passé de *claudēre*, clore; jugé burlesque dans Landais, 1836.

clystère 1256, Ald. de Sienne (*clis-*), du lat. *clyster*, empr. au gr. *klustēr*, de *kluzein*, laver; il est remplacé au XIXe s. par *lavement* (1836, Landais).

cnémide 1788, *Encycl. méth.*, du gr. *knêmis*, *-idos*, jambière, de *knêmê*, jambe.

coaction 1252, G., du lat. *coactio*, de *cogĕre*, contraindre. || **coactif** 1361, Oresme, du lat. médiév. *coactivus*.

coadjuteur v. 1265, J. de Meung, du bas lat. *coadjutor*, de *adjuvare*, aider. || **-terie** 1617, *Mercure*.

coaguler XIIIe s., G., du lat. *coagulare*, qui a donné *cailler*. || **coagulation** 1398, *Somme Gautier*. || **coagulable** 1594, Dariot. || **coagulant** 1827, *Acad.*

coalescence 1537, Canappe, du lat. *coalescere*, « croître avec », de *alĕre*, nourrir. || **-cent** 1539, Canappe.

coalition 1544, Mathée, du lat. *coalitus*, part. passé de *coalescere*, s'unir (d'où *coalescer*, 1611, Cotgrave); repris à l'angl. (1718, Mackenzie) au sens polit.; 1836, Landais, sens social. || **coaliser** 1784, *Courrier de l'Europe*; 1847, Marx, sens social. || **coalitionnisme** 1842, J.-B. Richard. || **-niste** 1784, *Courrier de l'Europe*.

coaltar milieu XIXe s., mot angl., de *coal*, charbon, et *tar*, goudron. || **coaltarer** XXe s., qui s'est substitué à *coaltariser* (1872, L.).

coasser 1564, du Chesne (*coaxer*); 1611, Cotgrave (*coasser*); du lat. *coaxare*, empr. au gr. *koax*, onom., cri des grenouilles (Aristophane). || **coassement** 1600, O. de Serres.

coati 1578, Léry, mot indigène du Brésil, désignant un carnassier grimpeur des forêts américaines.

cobalt 1549, Belon, var. *cobolt* jusqu'au XIXe s., de l'allem. *Kobalt*, var. de *Kobold*, lutin (cf., pour le sens, NICKEL), par l'intermédiaire du lat. scientifique.

cobaye 1775, Bomare, du lat. zool. *cobaya* (1775, Bomare), du tupi-guarani *sabuja*, par l'intermédiaire du portugais.

cobéa 1801, *Encycl. méth.*, du lat. bot. : nom donné à la plante en l'honneur du missionnaire *Cobo*.

cobra fin XVIe s., abrév. de *cobra capel*, empr. au port. *cobra capello*, couleuvre-chapeau, la tête de ce serpent indien rappelant un capuchon ; le mot port. est issu du lat. pop. *colŏbra*.

coca 1569, Fumée, mot esp. empr. à une langue de La Plata. ‖ **cocaïne** 1856, Lachâtre. ‖ **cocaïnomane** 1922, Lar. ‖ **Coca-Cola** 1948, mot américain, marque déposée. ‖ **coco** 1912, abrév. de *cocaïne*.

cocagne fin XIIe s., *Aymeri*, souvent nom propre en anc. fr. ; sans doute d'origine méridionale (ital. *cuccagna*, même sens) ; le sens premier est représenté par le prov. *cocanha*, friandise (XVe s., « pastel de pâte »), d'origine obscure.

cocaïne V. COCA.

cocarde début XVIe s. (*bonnet à la cocarde*), de l'anc. fr. *coquard*, vaniteux, dér. de *coq*. ‖ **cocardeau** av. 1450, *Passion*. ‖ **cocardier** 1858, Larchey, « patriote ».

cocasse 1739, *Etrennes de la Saint-Jean*, var. péjor. de *coquard*, vaniteux, de *coq*. ‖ **cocasserie** 1836, Vidocq.

coccinelle 1754, A. de La Chesnaye, du lat. *coccinus*, écarlate, de *coccum*, cochenille, d'après la couleur des élytres.

coccyx 1541, Canappe, du gr. *kokkux*, coucou, l'os ayant été comparé au bec du coucou.

1. coche V. COCHON.

2. *coche 1175, Chr. de Troyes, « entaille », sans doute du lat. pop. *cŏcca*, d'orig. et de sens obscurs. ‖ **cocher** début XIVe s. ‖ **cochoir** 1723, Savary (*-ois*). ‖ **décocher** XIIe s. ‖ **encocher** 1160, *Eneas*. ‖ **encoche** 1542, Du Pinet.

3. coche 1283, Beaumanoir, « bateau pour voyageurs », f. jusqu'au XVIe s., masc. au XVIIe s., d'apr. *coche*, voiture,

dont on le distingue en disant *coche d'eau ;* de l'anc. néerl. *cogge*, lui-même issu du lat. *caudica*, sorte de bateau.

4. coche 1545, Barbier, « voiture », de l'allem. *Kutsche* f., empr. au tchèque *kotchi*, c.-à-d. voiture à niche (*kotec*). ‖ **cocher** 1560, R. Belleau. ‖ **cochère** (*porte*) 1611, Cotgrave, porte pour voiture.

cochenille 1567, Fréville, esp. *cochinilla*, cloporte, de *cochino*, cochon. Désignant d'abord un insecte vivant sur le nopal du Mexique, il a désigné aussi le bois lui-même.

cocher V. COCHE 2.

côcher 1256, Ald. de Sienne, « couvrir (la femelle) », pour *caucher*, de l'anc. fr. *chaucher*, du lat. *calcare*, presser, fouler, croisé avec le picard *cauque*.

cochère (*porte*) V. COCHE 4.

cochet V. COQ 1.

cochevis 1320, Watriquet, « alouette huppée » ; orig. obscure, peut-être de *coq-vis*, visage de coq.

cochlearia 1599, trad. de G. de Vera, mot du lat. bot. signif. « cuiller », d'apr. la forme des feuilles.

cochon 1091, *Cart. de Redon*, « jeune porc », puis « porc » ; sans doute origine expressive (cri pour appeler les porcs) ; d'abord d'emploi grossier. *coche* XIII[e] s., « truie ». ‖ **cochonner** 1403, G., « mettre bas » ; 1808, d'Hautel, « salir ». ‖ **cochonnet** fin XIIIe s., « cochon de lait » ; 1530, Palsgrave, « petit cochon » ; 1534, Rab., au jeu de boules. ‖ **cochonnaille** 1772, *les Porcherons*. ‖ **cochonnerie** 1688, C. E. V., au pr. et au fig.

cocker 1863, Pichot, « épagneul anglais de chasse », mot angl., abrév. de *woodcocker*, bécassier.

cockney 1750, abbé Prévost, mot angl. pop. signif. « badaud », d'origine inconnue.

cockpit 1878, *le Yacht*, mot angl. signif. « habitacle du pilote ».

cocktail 1755, abbé Prévost ; vulgarisé au XXe s. ; mot d'argot anglais signif. « à queue redressée ». Il a d'abord désigné en anglais les chevaux bâtards, puis une boisson bâtarde faite d'eau et d'alcool.

1. coco V. COCA.

2. **coco** début XVIᵉ s., « fruit du cocotier », auj. *noix de coco*; 1735, Leroux, « boisson à la réglisse »; d'apr. le lait de *coco*; mot port. signif. « croquemitaine », d'apr. l'aspect hirsute du fruit. ‖ **cocotier** 1529, J. Parmentier.

3. **coco** 1792, « individu », d'apr. *coco*, œuf, onom. enfantine formée d'apr. le cri de la poule.

cocon 1600, O. de Serres, du prov. *coucoun*, même rac. que *coque*.

cocodès 1845, Osmont, jeune viveur; d'une chanson du Directoire. ‖ **cocodette** 1860, Delvau, pop.

cocorico, coquerico 1547, Haudent (*coquerycoq*), onom. d'apr. le chant du coq.

cocotier V. COCO 2.

1. **cocotte** 1789, *Cahier... des dames de la Halle*, « femme de mœurs légères », d'apr. l'onom. enfantine signif. « poule » (attestée seulement dans d'Hautel, 1808). Désigne aussi certaines maladies (inflammations de la paupière, gonorrhée, fièvre aphteuse). ‖ **cocoter** fin XIXᵉ s., sur ce dernier sens.

2. **cocotte** 1807, Michel, « marmite ronde en fonte »; il a été rapproché de *coquasse* (1552, Rab.) et de l'anc. fr. *coquemar*, bouilloire, peut-être du lat. *cŭcŭma*, chaudron.

coction v. 1560, Paré, du lat. *coctio*, cuisson. (V. CUISSON, à CUIRE.)

cocu 1340, var. anc. de *coucou*, qui a pris le sens fig. parce que la femelle du coucou pond dans le nid d'autres oiseaux; le cri moqueur du coucou a été interprété comme une appellation ironique à l'égard de l'oiseau trompé; du lat. pop. *cŭcŭlus*, forme redoublée de *cuculus*. ‖ **cocuage** 1513 (*coqualaige*); 1546, Rab. (*cocuage*). ‖ **cocufier** 1660, Molière. (V. COUCOU.)

coda 1842, Mozin, mot ital. signif. « queue », en un sens musical.

code 1220, d'Andeli, du lat. jurid. impér. *codex*, tablette, puis registre. ‖ **codex** 1651, Hellot, forme latine, spécialisée pour le recueil officiel de formules pharmaceutiques. ‖ **codifier** 1836, Raymond. ‖ **codification** 1819, Saint-Simon. ‖ **codicille** 1269, G., du lat. *codicillus*, dimin. de *codex*. ‖ **codi-**

cillaire 1562, Papon, du bas lat. *codicillaris*. ‖ **coder** XXᵉ s. ‖ **codage** XXᵉ s. (1960, Lar.). ‖ **décoder** XXᵉ s.

codéine 1832, tiré par Robiquet du gr. *kôdeia*, tête de pavot.

codex, codicille V. CODE.

coefficient V. EFFICIENT.

cœlentérés 1888, Lar., gr. *koilos*, creux, et *enteron*, intestin; « qui ont pour appareil digestif un simple sac ».

cœliaque 1545, Guéroult, du lat. *cœliacus*, du gr. *koiliakos*, de *koilia*, ventre. ‖ **cœlioscopie** 1911, *L. M.*

coercition 1766, Brunot, lat. *coercere*, contraindre. ‖ **coercitif** 1560, Postel, du part. passé *coercitus*. ‖ **coercition** 1586, Le Loyer, lat. *coercitio*. ‖ **coercibilité** 1842, *Acad.* ‖ **incoercible** 1767, Diderot.

*****cœur** 1080, *Roland* (*cuer*), du lat. *cŏr, cŏrdis*; *par cœur*, XIIIᵉ s., le cœur étant considéré comme le siège de l'intelligence (v. COURAGE); XVIIᵉ s., dans les jeux de cartes; début XVᵉ s., *cœur* d'un arbre; *tenir à cœur*, XVIIᵉ s.; *grand cœur*, XVIᵉ s. ‖ **contrecœur (à)** 1398, *Ménagier*; *contrecœur d'une cheminée*, 1797, Gattel. ‖ **écœurer** 1611, Cotgrave, « affaibli »; 1642, Oudin, « dégoûter ». ‖ **écœurement** 1870, Lar. ‖ **sanscœur** V. SANS.

coffin XIIIᵉ s., *Saint Graal*, du bas lat. *cŏphinus*, empr. au gr. *kophinos*, corbeille. ‖ **coffine** 1723, Savary, forme féminine. (V. COUFFE, COUFFIN.)

*****coffre** début XIIᵉ s., *Couronn. Loïs*, « bahut »; XIIIᵉ s., « caisse »; 1690, Furetière, *coffre d'une voiture*; du bas lat. *cŏphinus* (v. COFFIN). ‖ **coffret** v. 1265, J. de Meung. ‖ **coffrer** 1544, Matthée. ‖ **coffrage** 1836, Raymond. ‖ **coffre-fort** 1589, Havard.

cogitation XIIᵉ s., du lat. *cogitatio*, pensée. Emploi ironique aujourd'hui.

cognac 1828, Vidocq, de *Cognac*, ville de Charente.

cognassier V. COING.

cognat XIIIᵉ s., *Griselidis*, du lat. *cognatus*, de *co*-, et *natus*, né. ‖ **cognation** 1160, Benoît, du lat. *cognatio*, lien de parenté entre tous les parents de même sang (terme de droit).

*cognée 1080, *Roland* (*cuignée*), du lat. pop. *cuneāta* (*cuniada*, IXᵉ s., *Capitulaires*), de *cuneus*, coin.

*cogner fin XIIᵉ s., *Couronn. de Loïs*, du lat. *cunĕāre*, enfoncer un coin (*cuneus*). ‖ **cogne** 1800, *Chauffeurs*, arg. et pop., « gendarme », puis « agent de police ».

cognition 1801, Ch. de Villers, du lat. *cognitio*, action de reconnaître. Terme de droit romain.

cohérent 1539, Canappe, du lat. *cohaerens*, de *haerere*, adhérer. ‖ **cohérence** id., du lat. *cohaerentia*. ‖ **incohérent** 1751, Voltaire. ‖ **incohérence** début XVIIIᵉ s.

cohésion fin XVIIᵉ s., du lat. *cohaesio*, de *haerere*, adhérer, c'est-à-dire action de s'attacher à quelque chose.

cohober 1615, Béguin, techn., du lat. des alchimistes *cohobare*, empr. à l'ar. *cohbé*, couleur foncée; le liquide distillé devenant plus foncé. ‖ **cohobation** id.

cohorte 1213, *Fet des Romains*, du lat. *cohors, -ortis*; XVIIᵉ s., « troupe » en général.

cohue 1235, *D. G.*, « marché public »; 1638, Chapelain, « affluence »; d'un verbe **cohuer*, faire du bruit, dér. de *huer*, ou d'un mot breton.

*coi 1080, *Roland* (*quei*), du lat. pop. *quĕtus*, issu du lat. class. *quiētus*; fin XVIIIᵉ s., fém. *coite*.

*coiffe 1080, *Roland*, du bas lat. *cofea* (VIᵉ s., Fortunat), d'orig. germ. ‖ **coiffer** XIIIᵉ s., *D. G.*; 1587, Crespet, fig. ‖ **coiffure** fin XVᵉ s., d'Authon. ‖ **coiffeur** 1669, Widerhold, qui a remplacé *perruquier* et *barbier*. ‖ **coiffeuse** milieu XVIIᵉ s.; XXᵉ s., « toilette ». ‖ **décoiffer** XIIIᵉ s., *D. G.*

*coin XIIᵉ s., « angle » et *coin* de monnaie, du lat. *cŭneus*, coin à fendre. ‖ **coincer** 1773, Bourdé, avec un *c* analogique. ‖ **coincement** 1888, Lar. ‖ **écoinçon** 1334, G. ‖ **coinçage** 1863, L. ‖ **encoignure** 1504, Barbier. ‖ **rencogner** 1638, Chapelain, d'apr. l'anc. fr. *encoignier*. ‖ **recoin** 1549, R. Est., déverbal.

coïncider 1361, Oresme, du lat. médiév. *coincidere*, tomber ensemble, de *cadere*, tomber. ‖ **coïncidence** milieu XVᵉ s. ‖ **coïncident** 1503, *Guidon*.

*coing 1138, *Saint Gilles* (*cooin*); 1606, Nicot (*coing*), avec *g* d'apr. les dér.; du lat. *cotoneum*, ou *cydoneum*, empr. au gr. *kudonia mala*, pommes de Cydonea (ville de Crète ou d'Asie Mineure). ‖ **cognasse** 1534, de La Grise, var. de *coing*, auj. coing sauvage. ‖ **cognassier** 1611, Cotgrave, qui a éliminé l'anc. fr. *coignier* (XIIIᵉ s.).

*coint fin XIᵉ s., *Alexis*, « prudent, habile », puis « joli », du lat. *cŏgnĭtus*, part. passé de *cognoscĕre*, connaître, au sens de « réputé ». ‖ **-tise** XIIᵉ s., Athis.

coït 1380, J. Le Fèvre, du lat. *cŏitus*, de *coire*, aller ensemble. ‖ **coïter** 1859, Flaubert.

coke 1758, Tilly (*coucke*); 1827, Dufrénoy (*coke*); de l'angl. *coke*, même sens. ‖ **cokéfaction** 1923, *L. M.* ‖ **cokéfier** 1911, *L. M.* ‖ **cokerie** 1882, *Génie civil*.

col V. COU.

colback 1657, La Boullaye (*kalepak*); en 1799, coiffure des chasseurs de la garde; du nom de la coiffure des mameluks *kalpak*, empr. au turc *qalpack*, bonnet de fourrure.

colchique 1545, Guéroult, du lat. *colchicon*, empr. au gr.; signif. plante de Colchide, pays de Médée, la plante étant vénéneuse.

colcotar XVᵉ s., G. Tardif, de l'ar. *qolqotar*, oxyde de fer de couleur rouge.

cold-cream 1827, A. Martin, mot angl. signif. « crème froide ».

coléoptère milieu XVIIIᵉ s., du gr. *koleopteros*, aile (*pteron*) en étui (*koleos*). Les élytres de ces insectes ont la forme d'étuis cornés.

colère 1260, Br. Latini, « bile »; fig. 1416, au lat. *cholera*, bile, empr. au gr. *kholê*, bile; le sens fig. « colère » est déjà chez saint Jérôme; il a éliminé l'anc. fr. *ire* (du lat. *ira*). [V. CHOLÉRA.] ‖ **colérique** 1256, Ald. de Sienne, « bilieux ». ‖ **coléreux** 1574, R. Garn. ‖ **décolérer** début XVIᵉ s.; puis 1835, Stendhal; avec la négation *dé-*, d'un anc. fr. *colérer* (1544, *l'Arcadie*).

colibacille 1907, Lar., du gr. *kôlon*, gros intestin, et *bacille*. ‖ **colibacillose** id.

colibri 1640, Bouton, mot d'une langue indigène des Antilles.

colichemarde fin XVIIᵉ s., « rapière à lame triangulaire », altér. de *Kœnigsmark* (1639-1688), qui passe pour l'avoir inventée.

colifichet 1640, Huet, altér. de *coeffichier* (xvᵉ s., G., ornement de lingerie), ce qu'on *fichait* sur la *coiffe*, par infl. d'un autre mot formé sur *coller* et *ficher*, avec le sens de « découpure de papier » collée sur du bois (XVIIᵉ s.).

colimaçon 1390, C. E. V. (*caillemasson*) ; 1529, Parmentier (*coli-*) ; altér. du normanno-picard *calimaçon* (fin XIVᵉ s.), de *limaçon* et du préfixe péjor. *ca-*. Ancien nom de l'escargot, qui ne subsiste plus que dans l'expression *en colimaçon*.

1. colin 1380, *Mélanges Roques*, « poisson », altér., sous l'infl. de *Colin*, abrév. de *Nicolas*, de l'anc. fr. *cole* (1398, E. Deschamps), empr. au néerl. *kool-* (*visch*) ou à l'angl. *coal* (*fish*), poisson-charbon, à cause de la couleur du dos.

2. colin XIIIᵉ s., abrév. fam. de *Nicolas* ; 1530, Palsgrave, « poule d'eau », d'où perdrix d'Amérique. ‖ **colin-maillard** 1532, Rab. (var. *colin-bridé*), avec deux noms de personnes. ‖ **colin-tampon** 1567, Pasquier, surnom plaisant donné à une batterie de tambours des Suisses.

colique fin XIIIᵉ s., du lat. *colica*, fém. substantivé de *colicus*, qui souffre de la colique (du gr. *kôlon*, gros intestin).

colis 1723, Savary (var. *coli*), de l'ital. *colli*, pl. de *collo*, cou, proprement « charges portées sur le cou ».

collaborer 1842, Mozin, du lat. chrét. *collaborare* (IIIᵉ s., Tertullien), travailler ensemble (*laborare*). ‖ **collaborateur** 1755, Mercier ; 1940, « qui travaille avec l'ennemi ». ‖ **collaboration** 1759, Richelet, « travaux communs des époux » ; 1829, Boiste, sens actuel. ‖ **collaborationniste** 1940. ‖ **collabo** 1867, Vallès ; 1940, « qui a travaillé avec l'ennemi ».

collapsus 1795, Bosquillon, mot lat., part. passé subst. de *collabi*, s'affaisser, tomber en défaillance. Désigne une diminution rapide de forces sans syncope. (V. LAPS.)

collatéral V. LATÉRAL.

collation 1276, Delb., jurid., *collation de bénéfice* ; xvᵉ s., action de conférer

avec quelqu'un ; 1287, repas léger fait par les moines après la conférence du soir ; 1361, Oresme, « comparaison » (sens repris au lat.), d'où « comparaison de la copie avec l'original » ; du lat. *collatio*, ce qu'on rapporte ensemble, de *collatus*, part. passé de *conferre*, rapporter, comparer. ‖ **collationner** milieu XIVᵉ s., « comparer » ; 1549, R. Est., « faire le repas léger ». ‖ **collationnement** 1869, Lar. ‖ **collateur** 1468, Villon, « celui qui avait le droit de conférer un bénéfice ecclésiastique ».

*__colle** 1268, E. Boileau ; 1819, Boiste, fig. pop. ; 1840, La Bédollière, arg. scol. (d'apr. *coller*) ; du lat. pop. *colla*, empr. au gr. *kolla*. ‖ **coller** 1320, C. E. V., pop. ; *être collé*, 1840. ‖ **collant** 1572, Amyot. ‖ **collage** 1544, Delb. ‖ **colleur** 1544, Delb. ‖ **décoller** 1382, Barbier ; aviation, 1907, Lar. ‖ **décollement** 1635, Monet. ‖ **encoller** début XIVᵉ s. ‖ **encollage** 1771, Schmidl. ‖ **encolleuse** 1877, L. ‖ **recoller** fin XIVᵉ s. ‖ **recollement** 1845, Besch.

collecte XIIIᵉ s., *Cout. des Chartreux*, sens liturgique ; XVIᵉ s., « levée des impôts » ; XVIIIᵉ s., « quête » ; du lat. *collecta*, quote-part, écot, part. passé substantivé de *colligere*, placer ensemble. ‖ **collecter** 1557, *Dîmes ecclésiastiques*. ‖ **collectage** début XVIᵉ s. ‖ **collecteur** 1331, *Act. normands*, bas lat. *collector*.

collectif 1495, *Mir. historial*, du lat. *collectivus*, ramassé, de *collectus*, part. passé de *colligere*, réunir. ‖ **collectivité** 1836, Matoré. ‖ **collectivisme** 1849, Pecqueur, sur *propriété collective* opposée à *propriété individuelle*. ‖ **collectiviste** 1869. ‖ **collectiver** 1871, dans une réunion électorale. ‖ **collectiviser** fin XIXᵉ s. ‖ **collectivisation** 1871, Lemonnier.

collection 1361, Oresme, « réunion » ; 1680, Richelet, sens actuel, du lat. *collectio*, action de réunir (*colligere*). ‖ **collectionner** 1840, de Viel-Castel. ‖ **collectionneur** 1839, Balzac. ‖ **collectionniste** 1871, J. Rouquette.

collège 1308, *Ystoire de li Normant*, lat. *collegium*, confrérie, groupement ; XVIᵉ s., spécialisation dans le sens scol. ‖ **collégial** début XIVᵉ s., sens eccl. ‖ **collégien** 1743, *Trévoux*, sens scol. ; indiqué comme provincial.

collègue fin XVe s., du lat. *collega,* confrère.

coller V. COLLE.

collerette, collet, collier V. COU.

colliger 1535, E. de Granvelle, du lat. *collĭgĕre,* réunir.

collimation 1646, Huet, astron., du lat. des astronomes du XVIIe s. (Kepler) *collimare,* pour *collineare,* viser, de *linea,* ligne, faute de lecture reproduite dans les éditions de Cicéron. ‖ **collimateur** 1866, Lar.

colline 1555, Belon, du bas lat. *collīna* (Innocentius), de *collis,* colline.

collision XIVe s., *Catholicon françois,* du lat. *collisio,* choc.

collodion 1845, Schönbein, du gr. *kollôdês,* collant, de *kolla,* colle.

colloïde 1845, Besch., adj.; s. m., 1890, Lar., de l'angl. *colloïd,* tiré par Graham du gr. *kolla,* colle, avec suffixe *-oïd.* ‖ **colloïdal** milieu XIXe s., de l'angl. *colloïdal.*

colloque 1495, *Mir. historial,* du lat. *colloquium,* entretien, de *loqui,* parler. Au XXe s., le sens de « entretien » s'est spécialisé comme « réunion scientifique ».

colloquer XIIe s., *Sainte Thaïs,* du lat. *collocare,* placer, de *locus,* lieu. ‖ **collocation** 1375, R. de Presles.

collusion fin XIIIe s., jurid., du lat. *collusio,* de *colludere,* s'entendre au préjudice d'un tiers. ‖ **collusoire** 1596, Lecaron, jurid., d'apr. *illusoire.*

collyre 1120, *Job* (*-ire*), du lat. *collyrium,* empr. au gr. *kollurion,* onguent, spécialisé dans le sens de « médicament pour les yeux ».

colmater 1820, Lasteyrie, de l'ital. *colmata,* terrain comblé, de *colmare,* combler; le colmatage a pris naissance en 1781, en Toscane. ‖ **colmatage** 1845, Besch.

colocasium 1549, Rab., du lat. *colocasia,* empr. au gr., nom de plante.

colombage V. COLOMBE 2.

1. colombe 1120, *Ps. Oxford,* pigeon, du lat. *colŭmba* (v. COULON). ‖ **colombier** 1260, *Récit d'un ménestrel de Reims,* d'apr. le lat. *columbarium.* ‖ **colombin** XIIIe s., *D. G.,* « qui a la couleur de la gorge de pigeon », du lat. *columbinus;* auj. « étron ». ‖ **colombine** 1701, Liger, « fiente de pigeon ». ‖ **colombophile** 1874, L.

2. colombe XIIIe s., La Curne, « solive pour colombage », anc. forme de *colonne,* due à une confusion entre le lat. *columna,* colonne, et *columba,* colombe. ‖ **colombage** 1340, Havard.

colombier 1752, *Trévoux,* « format de papier », d'apr. le nom du fabricant.

colombium 1801, Hatchett, d'un minerai dit *la colombite,* du nom de Christophe Colomb.

côlon 1398, *Somme Gautier,* du lat. *colon,* empr. au gr. *kôlon,* gros intestin.

colonel 1534, Amyot (var. *coulonel.,* de l'ital. *colonello,* qui commande la colonne. Désigne depuis 1803 le commandant d'un régiment.

colonial V. COLONIE.

colonie 1308, *Ystoire de li Normant;* 1556, jurid.; 1842, Balzac, « groupe d'individus en dehors du pays d'origine »; 1879, *Année sc. et ind., colonie d'enfants;* du lat. *colonia.* ‖ **colon** *id.,* même évolution, du lat. *colonus.* ‖ **colonial** 1776, Vergennes. ‖ **coloniser** 1790, Mackensie. ‖ **colonisation** milieu XVIIIe s. ‖ **colonisateur** 1835, *Acad.* ‖ **colonisable** 1838. ‖ **colonialisme** 1910, *L. M.* ‖ **colonialiste** *id.,* qui remplace *coloniste* (1776, *Affaires de l'Angleterre*). ‖ **anticolonialisme** 1903, Péguy. ‖ **anticolonialiste** 1931, Guérin. ‖ **décolonisation** 1845, J.-B. Richard. ‖ **décoloniser** *id.* ‖ **néo-colonialisme** 1955, journ.

*colonne fin XIIe s., *Rois* (*columpne*), du lat. *cŏlŭmna,* avec infl. de l'ital. *colonna.* ‖ **colonnette** 1546, Ch. Est. ‖ **colonnade** 1675, Blondel (*-ate*); 1740, *Acad.* (*-ade*); de l'ital. *colonnato,* s. m. ‖ **entrecolonnement** 1567, Cotgrave.

colophane XIIIe s. (*colofonie*); XVe s., *Grant Herbier* (*-foine*); du lat. *colophonia,* empr. au gr. *kolophônia,* résine de *Colophon,* ville de l'Asie Mineure.

coloquinte fin XIIIe s., *Antidotaire Nicolas,* du lat. *colocynthis,* mot gr., désignant une plante grimpante.

colorer, coloris V. COULEUR.

colosse 1495, *Mir. historial,* hist.; 1668, La Fontaine, « homme énorme »;

du lat. *colossus*, empr. au gr. *kolossos*, statue d'une grandeur extraordinaire. ‖ **colossal** fin XVIᵉ s. ‖ **colossalement** 1845, Gautier.

colostrum 1564, J. Thierry (*-ostre*); 1585, Cholières (*-ostrum*); mot lat. de même sens (sécrétion mammaire de la femme).

colporter 1539, R. Est., réfection, d'apr. *cou-porter* (porter sur le cou), de l'anc. fr. *comporter*, transporter, issu du lat. *comportare*. ‖ **colporteur** 1388 adj.; subst. 1533, Félibien. ‖ **colportage** 1723, Savary.

coltiner 1790, *Rat du Châtelet*, « arrêter »; 1828, *Glossaire* (*colletiner*), proprement « prendre au collet »; 1849, *Jargon*, « porter un fardeau », proprement « porter sur le collet »; de *collet*. ‖ **coltineur** 1824, *Ordonn. de police*.

columbarium 1752, *Trévoux*, « monument funéraire romain » (var. *-baire*), mot lat. signif. « colombier », par ext. « niches pour les cendres » dans un monument funéraire; le premier columbarium français au Père-Lachaise date de 1894.

colure 1361, Oresme, « méridien », du lat. *colurus*, empr. au gr. *kolouros*.

colza 1664, *Tarif* (var. *colzat*), du néerl. *coolzaad*, semence (*zaad*) de chou (*cool*). Désigne une plante oléagineuse.

coma 1658, Thévenin, du gr. méd. *kôma, -atos*, sommeil profond. ‖ **comateux** 1616, J. Duval.

combattre V. BATTRE.

*combe fin XIIᵉ s., *R. de Cambrai*; repris au XVIIIᵉ s.; du gaulois **cumba*, vallée.

combien V. COMME.

combiner XIIIᵉ s., « se tenir à deux »; 1361, Oresme, « assembler »; du bas lat. *combinare*, unir deux choses, réunir. (V. BINAIRE.) ‖ **combinaison** *id.* (*-ation*), du bas lat. *combinatio*; 1680, Lamy (*-aison*); 1895, Bourget, « vêtement de dessous », repris à l'angl. *combination*. ‖ **combine** fin XIXᵉ s., pop. ‖ **combinard** XXᵉ s., pop. ‖ **combinat** XXᵉ s. (1949, *L. M.*), mot russe de même orig. ‖ **combinatoire** 1732, *Trévoux*.

*comble 1175, Chr. de Troyes, « tertre »; XIIIᵉ s., *Chron. de Reims* (*comble*

d'un édifice); du lat. *cŭmŭlus*, monceau, désignant en lat. pop. le sommet d'un édifice, par confusion avec *culmen*; sens fig. repris au lat. au XVᵉ s.

*combler XIIᵉ s., *Guill. d'Orange*, du lat. *cŭmŭlāre*, amonceler, de *cumulus*, monceau (v. CUMULER). ‖ **comble** adj., fin XIIᵉ s. ‖ **comblement** milieu XVIᵉ s.

combrière 1681, Pardessus, « filet de pêche »; 1690, Furetière (*-ier*); du prov. mod. *coumbriero*, même sens.

comburant 1789, Lavoisier, du lat. *combŭrens*, part. prés. de *combŭrere*, brûler. ‖ **comburer** 1529, Michel d'Amboise. ‖ **combustion** 1150, Barbier, du lat. *combustio*, même orig. ‖ **combustible** 1390, Conty. ‖ **combustibilité** XVIᵉ s. ‖ **incombustible** 1361, Oresme; rare jusqu'au XVIIᵉ s.; du lat. médiév. *incombustibilis*.

comédie 1361, Oresme, « pièce de théâtre » (jusqu'au XVIIᵉ s.), puis « pièce comique » (XVIIᵉ s.); du lat. *comoedia*, empr. au gr. *kômôdia*. ‖ **comédien** fin XVᵉ s., d'Authon.

comestible 1390, Conty, du lat. *comestus*, part. passé de *comedere*, manger. ‖ **incomestible** 1878, Lar.

comète 1160, Benoît, du lat. *cometa*, empr. au gr. *kômêtês* (astre), chevelu.

comice 1355, Bersuire, hist., du lat. *comitium*, assemblée du peuple; vulgarisé en 1789; *comices agricoles*, 1760, Brunot.

comique fin XIVᵉ s., du lat. *comicus*, empr. au gr. *kômikos*, qui appartient à une pièce de théâtre. (V. COMÉDIE.) ‖ **comiquement** 1546, R. Est.

comité 1650, du Gard, de l'angl. *committee*, de (*to*) *commit*, confier, issu du lat. *committere*; le mot a connu une grande faveur au XVIIIᵉ s. et pendant la Révolution.

comma 1550, Meigret, mot lat., du gr. *komma*, membre d'une phrase, de *koptein*, couper.

*commander Xᵉ s., *Saint Léger*; milit. 1573; du lat. pop. **commandare* (lat. *commendare*), refait d'apr. *mandare*, prescrire, confier. ‖ **command** 1080, *Roland*, jurid., « commandement ». ‖ **commandement** 1080, *Roland*. ‖ **commande** v. 1240, G. de

Lorris; 1540, sens commercial. ‖ **commandeur** fin XIIe s., G. d'Arras, « commandant » (jusqu'au XVIe s.). ‖ **commanderie** 1387, G. ‖ **commandant** 1671, Pomey. ‖ **décommander** milieu XIVe s. ‖ **décommandement** 1911, *L. M.* ‖ **recommander** Xe s., *Saint Léger.* ‖ **recommandation** 1150, Barbier. ‖ **recommandable** milieu XVe s.

commandite 1673, *Ordonn.*, de l'ital. *accomandita*, dépôt, garde, avec infl. de *commander.* ‖ **commanditaire** 1727, Furetière. ‖ **commanditer** 1809, *Code de commerce.*

commando 1902, *le Petit Parisien*, mot port. introduit une première fois en français pendant la guerre des Boers, puis revenu par l'allem. et l'angl. pendant la Seconde Guerre mondiale.

***comme** 842, *Serments (cum)*; Xe s., *Eulalie (com* jusqu'au XIVe s.); du lat. *quomŏdo*, de quelle *(quo)* façon *(modo)*, devenu en lat. pop. **quomo*; la forme allongée *comme* apparaît au XIIe s. Il a gardé la valeur de *comment* dans les interrogations jusqu'au XVIIIe s. ‖ **comme il faut** adj. 1750, Vadé. ‖ **combien** début XIIe s., *Voy. de Charl.*, de *com* et *bien.* ‖ **comment** 1080, *Roland*, de *com* et de la finale adverbiale *-ment*, qui représente l'ablatif lat. *mente*, de *mens*, esprit, principe, façon *(claramente*, de façon claire).

commémorer 1355, Bersuire, du lat. *commemorare*, de *memoria*, mémoire. ‖ **commémoratif** XVIe s., Ph. de Mornay. ‖ **commémoration** 1262, Delb. ‖ **commémoraison** 1386, G., eccl., du lat. *commemoratio.*

***commencer** Xe s., *Valenciennes (comencier)*, du lat. pop. **cuminitiare*, de *initium*, commencement. ‖ **commencement** 1119, Ph. de Thaun. ‖ **recommencer** 1080, *Roland.* ‖ **recommencement** milieu XVIe s.

commende 1213, *Fet des Romains*, du lat. eccl. *commenda*, de *commendare*, confier. ‖ **commendataire** XVe s., G., du lat. *commendatarius*, pourvu d'un bénéfice ecclésiastique. (V. COMMANDER.)

commensal 1418, J. des Ursins, du lat. médiév. *commensalis*, de *mensa*, table.

commensurable 1361, Oresme, du bas lat. *commensurabilis* (VIe s., Boèce), de *mensura*, mesure. ‖ **commensurabilité** *id.* ‖ **incommensurable** 1361, Oresme, rare jusqu'au XVIIIe s.; 1866, L. « qu'on ne peut mesurer »; du bas lat. *incommensurabilis.*

comment V. COMME.

commenter 1314, Mondeville, du lat. *commentari*, de *mens*, esprit. ‖ **commentateur**, 1361, Oresme. ‖ **commentaire** 1495, J. de Vignay, du lat. *commentarius.*

commerce 1370, Machault (*commerque*), sens actuel; XVIe s., « relations sociales »; du lat. *commercium*, de *merx, -cis*, marchandises. ‖ **commercer** début XVe s. ‖ **commerçant** 1695, Boisguillebert; dès le XVIIIe s., il supplante *marchand.* ‖ **commercial** 1749, Brunot, p.-ê. repris à l'angl. ‖ **commercialisation** 1845, J.-B. Richard. ‖ **commercialiser** *id.* ‖ **commercialité** 1869, Lar.

commère 1283, Beaumanoir, « marraine »; éliminé par ce mot, devient péjor. au XVIe s.; du lat. eccl. *commater*, « mère avec », c.-à-d. seconde mère. ‖ **commérage** 1546, Rab., « baptême »; 1776, Beaumarchais, sens actuel.

***commettre** XIIIe s., *Livre de jostice*, du lat. *committere*, mettre ensemble, mettre aux prises, mettre à exécution, exécuter une action blâmable. Les deux premiers sens subsistent en français jusqu'au XVIIe s. ‖ **commettant** milieu XVIe s. ‖ **commis** début XIVe s., part. passé substantivé de *commettre*, « préposé ». ‖ **commise** 1315, G., jurid. ‖ **commissaire** 1310, Langlois, lat. médiév. *commissarius.* ‖ **commissaire-priseur** 1802. ‖ **commissariat** 1752, *Trévoux.* ‖ **commission** XIIIe s., *Cout. d'Artois*, « mandement »; 1611, Cotgrave, « message quelconque », du lat. *commissio; commission parlementaire*, 1704, Mackenzie. ‖ **commissionner** milieu XVe s. ‖ **commissionnaire** 1506, Grimaldi. ‖ **sous-commission** 1871.

comminatoire 1517, Bouchet, du lat. médiév. *comminatorius*, de *minari*, menacer.

commis V. COMMETTRE.

commisération 1160, Benoît, du lat. *commiseratio*, de *miserari*, avoir pitié, et du préfixe *cum*, avec.

commissaire, commission
V. COMMETTRE.

commissure 1314, Mondeville, du lat. *commissūra*, de *committere*, mettre ensemble, joindre.

committimus 1365, *Cart. Saint-Pierre de Lille*, jurid., forme du verbe *committere*, au sens de « nous commettons à un juge ».

commodat 1585, J. Des Caurres, jurid., du lat. jurid. *commodatum*, prêt à l'usage, de *commodare*, prêter. ‖ **commodataire** 1584, *Somme des pechez*, jurid.

commode 1475, Delb., du lat. *commodus*; s. f., 1705, « meuble ». ‖ **commodément** 1531. ‖ **commodité** v. 1400, *Chron. de Boucicaut*, du lat. *commoditas*; pl. lieux d'aisances, 1677, Miege. ‖ **accommoder** 1336, Fr. de La Chaise de Dombief. ‖ **accommodable** 1568, Loys Le Roy. ‖ **accommodement** 1585, J. Burel. ‖ **incommode** 1534, Rab., du lat. *incommodus*. ‖ **incommoder** 1418, J. des Ursins, « endommager », du lat. *incommodare* XVIᵉ s., gêner. ‖ **incommodité** 1389, Delb., « immondice »; XVIᵉ s., « gêne »; du lat. *incommoditas*.

commodore 1763, Voltaire, mot angl., du néerl. *kommandeur*, empr. au fr.

commotion 1155, Wace, « ébranlement »; 1772, Villeneuve, méd.; lat. *commotio*, mouvement, de *movere*, mouvoir. ‖ **commotionner** 1929, Lar.

commuer 1361, Oresme, du lat. *commutare*, échanger, d'apr. *muer*. ‖ **commutation** début XIIᵉ s., jurid., du lat. *commutatio*. ‖ **commutateur** 1858, *Année sc. et industr.*

*****commun** 842, *Serments*, du lat. *commūnis*.‖ **communal** 1160, Benoît, « commun à un groupe ». ‖ **communauté** 1283, Beaumanoir, « groupe humain »; début XIXᵉ s., chez les babouvistes, polit., « doctrine égalitaire » ‖ **communautaire** 1842, Cabet. ‖ **communautistes** 1841, Reybaud. ‖ **communément** 1080, *Roland*. ‖ **communalisme** 1842, J.-B. Richard. ‖ **communaliste** 1800, Boiste, sens religieux; 1871, Blouet, polit. ‖ **communalisation** 1842, J.-B. Richard. ‖ **communaliser** *id.* ‖ **communionisme** 1842, Cabet. ‖ **communioniste** 1841, L. Reybaud. ‖

communisme 1840, Landais. ‖ **communiste** 1769, Mirabeau, « copropriétaire »; adj., 1834, Lamennais; 1840, s. m. Dezamy. ‖ **communitaire** 1842, Cabet. ‖ **anticommuniste** 1842, Cabet. ‖ **anticommunisme** 1939, Vermeil. ‖ **commune** XIIᵉ s., *Ogier* (*comugne*), « ville affranchie », et « corps des bourgeois d'une ville »; 1789, « circonscription territoriale »; 1793, *commune révolutionnaire*; du lat. *communia*, pl. neutre substantivé de l'adj. *communis*, groupe de gens vivant en commun. ‖ **communard** 1871, d'apr. le mouvement révolutionnaire du 18 mars 1871, qui avait pris pour symbole la « commune révolutionnaire », c.-à-d. l'égalité des droits municipaux pour Paris. ‖ **communeux** février 1871, *l'Opinion nationale*.

communier s. m. XVIᵉ s., « membre d'une commune »; 1842, Fourier, « membre d'un phalanstère ».

communier Xᵉ s., *Saint Léger*, du lat. chrét. *commūnicāre*, s'associer à, participer (d'abord *communicare altari* [saint Augustin], c.-à-d. participer à l'autel); fig. 1849, Sainte-Beuve. ‖ **communiant** 1531. ‖ **communion** 1120, *Ps. d'Oxford*, du lat. chrét. *commūnio*, communauté des fidèles; par ext., en fr., action de communier, par infl. de *communier*. ‖ **excommunier** 1120, *Ps. d'Oxford*, adaptation, d'apr. *communier*, du lat. eccl. *excommunicare*, mettre hors de la communauté; il a éliminé la forme pop. *escomengier*. ‖ **excommunication** 1160, Benoît (*escomination*); XIVᵉ s. (*excommunication*); du lat. eccl. *excommunicatio*.

communiquer 1361, Oresme, « mettre en commun », puis « être en relation avec », du lat. *commūnicare*, de *communis*, commun. ‖ **communication** *id.*, du lat. *communicatio*. ‖ **communicatif** *id.*, « libéral »; 1564, J. Thierry, sens actuel; du bas lat. *communicativus*. ‖ **communicable** XIIᵉ s. ‖ **communiqué** s. m. 1840, Sainte-Beuve. ‖ **incommunicable** 1541, Calvin.

compact 1377, Oresme, du lat. *compactus*, part. passé de *compingere*, amasser, serrer. ‖ **compacité** 1762, *Acad.* ‖ **compactage** 1953, Lar. ‖ **compacteur** *id.*, par l'angl.

*****compagnon** 1080, *Roland*, du lat. pop. **compañio*, *-onis*, « celui qui mange son pain avec », sans doute calque du gotique *gahlaiba*, de *ga*, avec, et *hlaiba*, pain. ‖ **copain** XVIIIe s., du cas sujet *compain* (XIIe s., encore au XVIe s.). ‖ **copine** fin XIXe s., d'apr. le suffixe *-in*. ‖ **compagne** fin XIIe s., *Grégoire*, de *compain*. ‖ **compagnonne** v. 1580, Charron. ‖ ***compagnie** 1080, *Roland*, du lat. pop. *compania, qui a donné aussi *compagne* (XIIe-XIVe s.); 1706, Grimarest, « troupe théâtrale ». ‖ **compagnonnage** 1719, Delb. ‖ **accompagner** XIIe s., *Roncevaux*, de l'anc. fr. *compain*, « être de compagnie avec »; XVe s., sens musical; XVIe s., *s'accompagner avec*. ‖ **accompagnement** 1283, Beaumanoir; 1690, Furetière, musique. ‖ **accompagnateur** v. 1670, Sévigné.

comparaître début XVe s., réfection, d'apr. *paraître*, de *comparoir* (XIIIe s., *Cout. d'Artois*), du lat. jurid. *comparēre* (v. PARAÎTRE). ‖ **comparution** 1453, d'Espinay, d'apr. le part. passé *comparu*.

comparer fin XIIe s., R. de Moiliens, du lat. *comparare*. ‖ **comparaison** *id.*, du lat. *comparatio*. ‖ **comparatif** *id.*; gramm., 1680, Richelet. ‖ **comparable** fin XIIe s., du lat. *comparabilis*. ‖ **comparativement** 1556, *Disc.* ‖ **comparatiste** fin XIXe s., spécialiste de littérature comparée. ‖ **incomparable** fin XIIe s., *Grégoire*, du lat. *incomparabilis*. ‖ **incomparablement** *id.*

comparse 1669, Ménétrier, « figurant de carrousel »; 1798, *Acad.*, « comparse de théâtre »; XIXe s., fig.; de l'ital. *comparsa*, s. f., personnage muet, proprement « apparition » (part. passé de *comparire*, apparaître).

compartiment 1546, Rab., de l'ital. *compartimento*, de *compartire*, partager. ‖ **compartimenter** fin XIXe s., qui a remplacé *compartir* (1842, Mozin). ‖ **compartimentage** XXe s.

comparution V. COMPARAÎTRE.

compas V. COMPASSER.

***compasser** 1155, Wace, « mesurer, ordonner » (jusqu'au XVIIe s.), du lat. pop. *compassare, mesurer avec le pas; fig. péjor. XVIIe s. ‖ **compassement** fin XIIe s., *Alexandre*. ‖ **compas** début XIIe s,. *Voy. de Charl.*, « mesure, règle »; XIIe s., « instrument de mesure », déverbal.

compassion 1155, Wace, du lat. chrét. *compassio* (IIIe s., Tertullien), de *compati*, « souffrir (*pati*) avec ». ‖ **compatir** 1549, R. Est., « se concilier » et « avoir pitié »; issu du verbe lat. ‖ **compatible** 1447, *Ordonn.*, du lat. *compati*, sympathiser. ‖ **compatibilité** 1570, Pasquier. ‖ **compatissant** fin XVIIe s. ‖ **incompatible** fin XIVe s. ‖ **incompatibilité** milieu XVe s.

compatible V. COMPASSION.

compendium 1584, *Somme des pechez*, du lat. *compēndium*, abréviation. ‖ **compendieux** 1395, Chr. de Pisan, du lat. *compendiosus*, abrégé, qui a pris au XIXe s. un sens inverse. ‖ **compendieusement** XIIIe s., G., « brièvement »; il a pris au XIXe s. le sens contraire de « longuement » (1862, Goncourt).

compenser fin XIIIe s., « solder une dette »; XVIe s., « neutraliser »; du lat. *compensare*, de *pensare*, peser. ‖ **compensation** *id.*, du lat. *compensatio*. ‖ **compensateur** 1798, Mirabeau. ‖ **compensatoire** 1836, Landais.

compère 1175, Chr. de Troyes, du lat. eccl. *compater*, parrain, et, au fig., camarade; 1594, *Ménippée*, « qui est d'intelligence avec quelqu'un ». ‖ **compérage** fin XIIIe s., *Renart*. ‖ **compère-loriot** (v. LORIOT).

compétent 1240, *Statuts des léproseries*, du lat. jurid. *competens*, de *competere*, revenir à. ‖ **compéter** 1361, Oresme, directement issu du verbe. ‖ **compétence** 1468, Chastellain. ‖ **incompétent** début XVIe s., du bas lat. *incompetens*. ‖ **incompétence** 1537, Canappe.

compétiteur 1402, N. de Baye, du lat. *competitor*, de *competere*, rechercher, briguer. ‖ **compétition** 1759, suivant Féraud, repris à l'angl. *competition*, issu du lat. *competitio*. ‖ **compétitif** 1907, Lar.

compiler 1190, saint Bernard, du lat. *compilare*, de *pilare*, piller. ‖ **compilation** XIIIe s., *Image du Monde*, du lat. *compilatio*. ‖ **compilateur** 1425, G., du lat. *compilator*.

complainte 1175, Chr. de Troyes, « plainte en justice »; 1590, L'Estoile, « chanson populaire »; de l'anc. fr. *complaindre*. (V. PLAINDRE.)

complaire 1392, E. Deschamps, du lat. *complacēre*, d'apr. *plaire*. ‖ **complaisance** 1361, Oresme. ‖ **complaisant** adj., 1556, Pasquier. ‖ **complaisamment** 1680, Richelet.

complément 1347, *Ordonn.*, « ce qui complète entièrement », sans doute de *complir*, du lat. *complēre*, remplir; 1690, Furetière, « ce qui s'ajoute »; gramm., *Acad.*, 1798; du lat. *complementum*, de *complere*, compléter. ‖ **complémentaire** 1794, *Journ. de la Montagne.* ‖ **complémentarité** 1907, *L. M.*

complet adj., 1300; XVIIᵉ s., subst., « habit »; du lat. *completus*, part. passé de *complere*, achever. ‖ **complètement** adv., XIIIᵉ s. ‖ **compléter** 1733, *Trévoux.* ‖ **complètement** s. m., 1750. ‖ **complétif** 1503, G. de Chauliac, repris au lat. gramm. (vᵉ s., Priscien). ‖ **décompléter** 1779. ‖ **incomplet** 1372, Corbichon; rare jusqu'au XVIIIᵉ s.; du bas lat. *incompletus.* ‖ **incomplétude** 1931, Lar.

complexe XIVᵉ s., philos.; s. m. 1925, Lar.; du lat. *complexus*, part. passé de *complecti*, embrasser, contenir. ‖ **complexité** 1755, Morelly. ‖ **complexion** XIIIᵉ s., du lat. *complexio*, « assemblage », en bas lat. « tempérament » (IVᵉ s., Firmicus Maternus). ‖ **incomplexe** 1503, G. de Chauliac, du bas lat. *incomplexus.*

complice 1320, *Girart de Roussillon*, du lat. médiév. *complex, -icis*, « impliqué dans », de *complecti*, embrasser, contenir. ‖ **complicité** 1420, Delb.

complies 1190, Garn., sing. eccl.; 1175, Chr. de Troyes, pl.; part. passé fém. substantivé de l'anc. fr. *complir*, achever, du lat. eccl. *completa (hora)*; le pl. est dû à *vêpres, heures.*

compliment 1604, Du Perron, esp. *complimiento* (auj. *eum-*), accomplissement (des vœux et souhaits). ‖ **complimenter** 1634, *les Advis de... Gournay*, mot de courtisan. ‖ **complimenteur** 1622, Sorel.

compliquer 1503, G. de Chauliac, du lat. *complicare*, lier ensemble, au sens fig. du bas lat. ‖ **complication** 1361, Oresme, du bas lat. *complicatio.*

complot XIIᵉ s., « foule, rassemblement », et sens fig. qui l'a emporté; orig. obscure. ‖ **comploter** XVᵉ s. ‖ **comploteur** 1580, Th. Bèze.

componction XIIᵉ s., *Ps.*, du lat. chrét. *compunctio* (vᵉ s., Salvien), piqûre, de *pungere*, poindre.

componé XIVᵉ s., *D. G.*, de *compon*, en blason, division de forme carrée, déverbal de l'anc. fr. *compondre* (XIVᵉ s.), disposer, régler, issu du lat. *componere.*

***comporter** XIIᵉ s., « porter »; XVᵉ s., sens actuel; du lat. *comportare*, transporter. ‖ **comportement** 1475, Delb., repris en psychol. par Piéron (1908) pour traduire l'américain *behavior.*

composer XIIᵉ s., *Ps.*, adapt., d'apr. *poser*, du lat. *componere.* ‖ **composite** 1361, Oresme, du lat. *compositus.* ‖ **compositeur** 1274, « qui arrange une querelle »; 1406, « qui compose un ouvrage littéraire »; du lat. *compositor.* ‖ **composition** 1155, Wace, du lat. *compositio.* ‖ **décomposer** 1541, Calvin, « analyser »; 1734, Montesquieu. ‖ **décomposable** début XVIIIᵉ s. ‖ **décomposition** 1694, *Acad.* d'apr. *composition.* ‖ **indécomposable** début XVIIIᵉ s. ‖ **recomposer** 1549, R. Est. ‖ **surcomposé** milieu XVIIIᵉ s., gramm. ‖ **recomposition** milieu XVIIIᵉ s.

compost 1732, *Trévoux*, mot angl. issu de l'anc. fr. *compost*, composé. Terme d'agriculture désignant des résidus organiques mêlés à de la terre.

composteur 1673, Richelet, en imprimerie, de l'ital. *compositore*, compositeur. ‖ **composter** 1732, *Trévoux.*

compôt 1320, *Cout. de Picardie* (*compost*), du lat. *compositus*, part. passé substantivé de *componere*, mettre ensemble.

***compote** fin XIIᵉ s., *Aiol* (*composte*), du lat. *compŏsita*, part. passé substantivé au fém. de *componere*, mettre ensemble. ‖ **compotier** 1746, Havard.

compound 1874, Mackensie, techn., mot angl. signif. « composé ». ‖ **compounder** 1960, Lar.

***comprendre** XIIᵉ s., *Ps.*, du lat. *comprehendere*, saisir, sens fig., repris au lat. au XIVᵉ s. ‖ **compréhension** 1372, Corbichon, du lat. au sens fig. *comprehensio.* ‖ **compréhensible** 1375, R. de Presles. ‖ **compréhensif** 1503, G. de Chauliac, rare jusqu'au XIXᵉ s., du bas lat. *comprehensivus.* ‖ **incompréhensible** XIVᵉ s., Lanfranc, du lat.

incomprehensibilis. ‖ **incompréhensibilité** XVIᵉ s. ‖ **comprenette** 1807, Michel, fam. ‖ **incompris** 1468, Chastellain. ‖ **comprenoire** 1904, Mouëzy-Eon.

compresse 1265, J. de Meung, « compression »; 1539, R. Est., sens méd.; de l'anc. fr. *compresser* « presser sur », d'apr. le part. passé *compressus*, de *comprimere*, presser. ‖ **compresser** XIIIᵉ s.; reformé au XIXᵉ s. ‖ **compressible** milieu XVIIᵉ s. ‖ **compressibilité** 1680, Richelet. ‖ **compression** 1361, Oresme; XVIIIᵉ s., fig. du lat. *compressio*. ‖ **compressif** 1503, G. de Chauliac, du lat. médiév. *compressivus*, de *comprimere*. ‖ **comprimer** v. 1314, Mondeville; 1832, Fontaney, « réprimer », du lat. *comprimere*, de *premere*, presser. ‖ **comprimé** s. m. fin XIXᵉ s., méd. ‖ **incompressible** 1690, Furetière. ‖ **incompressibilité** 1755, *D. G.*

compromettre 1283, G., du lat. jurid. *compromittere*, s'en remettre à un arbitre (*Code civil*); fig. 1690, Furetière, « mettre en mauvaise posture ». ‖ **compromettant** 1842, J.-B. Richard. ‖ **compromis** XIIIᵉ s., *Cout. d'Artois*, part. passé substantivé du lat. jurid. *compromissus.* ‖ **compromission** fin XIIIᵉ s., « compromis »; 1842, J.-B. Richard, sens mod.

compter 1080, *Roland* (*cunter*); XIIIᵉ s. (*compter*); cette graphie l'emporte afin de distinguer le sens de « calculer » de la variante sémantique *conter*; du lat. *compūtare*, calculer. ‖ **compte** 1080, *Roland* (*conte*), du lat. pop. *computus.* ‖ **comptant** milieu XIIIᵉ s. ‖ **comptable** XIIIᵉ s., *Digeste*, adj., « qui peut être compté »; s. m., XIVᵉ s. ‖ **comptage** début XVᵉ s. ‖ **comptabilité** fin XVIᵉ s. ‖ **compteur** 1268, E. Boileau, « celui qui compte »; 1771, *Trévoux*, « appareil à compter ». ‖ **comptabiliser** 1922, Lar. ‖ **comptoir** 1345, Gay. ‖ **compte-fils** 1836, Landais. ‖ **compte-gouttes** 1866, Lar. ‖ **compte-tours** *id.* ‖ **compte courant** 1675, Savary, calque de l'ital. *conto corrente.* ‖ **compte rendu** fin XVᵉ s. ‖ **décompter** XIIᵉ s. ‖ **décompte** XIIᵉ s., déverbal. ‖ **acompte** XIIᵉ s., « compte »; XVIIIᵉ s., sens actuel, déverbal de *acompter.* ‖ **recompter** début XVᵉ s. ‖ **mécompte** fin XIIᵉ s., R. de Moiliens, déver-

bal de l'anc. fr. *mécompter.* ‖ **comptine** 1922, Lar., chanson.

compulser XVᵉ s., G., « exiger »; XVIᵉ s., sens actuel, d'apr. le sens jurid. « exiger la production d'une pièce »; du lat. *compulsare*, pousser, au fig. contraindre. ‖ **compulsion** 1298, G., jurid. ‖ **compulsoire** 1446, selon l'*Encycl.*

comput 1584, Thevet, eccl., du bas lat. *computus*, compte. ‖ **computiste** 1611, Cotgrave. ‖ **computation** 1375, R. de Presles, du lat. *computatio.*

comte 1080, *Roland* (cas sujet *cuens* en anc. fr.), du lat. *comes, -itis*, compagnon, attaché à la suite de l'empereur et haut dignitaire en lat. du Vᵉ s. (*Code Théodosien*); « chef militaire commandant une province » à partir du VIᵉ s.; « province devenue fief héréditaire » au IXᵉ s. ‖ **comtesse** 1080, *Roland.* ‖ **comté** fin XIᵉ s., *Lois de Guill.*, du lat. *comitatus* s. m. (VIIᵉ s.), d'apr. le type *bonté*; XIXᵉ s., « fromage », par abrév. de *Franche-Comté*, le mot étant resté au fém. jusqu'au XVIᵉ s. ‖ **comtal** XIIIᵉ s.

con XIIIᵉ s., du lat. *cŭnnus*, s. m., de *cŭneus*, coin; adj., 1831, Mérimée. ‖ **conard** XIIIᵉ s. ‖ **déconner** 1866, Delvau.

concasser XIIIᵉ s., Merlin, du lat. *conquassare*, casser. ‖ **concasseur** 1856, Lachâtre.

concaténation 1504, Lemaire, du lat. *concatenatio*, enchaînement, de *catena*, chaîne.

concave 1314, Mondeville, du lat. *concăvus*, de *cum*, avec, et *căvus*, creux. ‖ **concavité** *id.*, du bas lat. *concavitas.* ‖ **biconcave** 1842, *Acad.*

concéder XIIIᵉ s., du lat. *concedere*, céder la place, au fig. céder, accorder (v. CÉDER). ‖ **concession** 1260, G.; 1885, gramm., du lat. *concessio.* ‖ **concessif** 1842, J.-B. Richard. ‖ **concessionnaire** 1664, Savary.

concentrer V. CENTRE.

concept V. CONCEVOIR.

concerner fin XIVᵉ s., « être relatif à », du lat. *concernere*, de *cernere*, considérer.

concert 1560, Pasquier, « conférence »; 1608, Régnier, sens musical; de l'ital. *concerto*, accord; du lat. *concertus*, concerté. ‖ **concerter** XVᵉ s.,

« projeter en commun »; début XVIIe s., mus.; de l'ital. *concertare*, au sens propre. ‖ **concerto** 1739, de Brosses, mot ital. ‖ **concertiste** 1864, L. ‖ **déconcerter** fin XVIe s., Delb.

concession, concessif V. CONCÉDER.

concetti 1720, Huet, d'abord pl., qui a remplacé *concet* (XVIe s., R. Est.), mot ital., pl. de *concetto*, concept, et, par ext., pensée originale, mot d'esprit.

*__concevoir__ 1130, *Job*, du lat. *concĭpĕre*, avec changement de *ĕ* en *ē*, recevoir, par ext. « devenir enceinte »; le sens fig. « former une conception » a été repris au lat. ‖ **concevable** 1547, Budé. ‖ **concevabilité** 1866, Lar. ‖ **inconcevable** fin XVIe s. ‖ **préconçu** milieu XVIIe s. ‖ **concept** XVe s., Delb., du lat. *conceptus*, part. passé de *concipere*, au fig. concevoir. ‖ **conceptuel** 1864, L., du lat. scolastique *conceptualis*. ‖ **conceptualisme** 1832, Raymond. ‖ **conception** 1190, saint Bernard, « action de devenir enceinte »; 1315, « formation d'une idée », du lat. *conceptio*, dans les deux sens. ‖ **anticonceptionnel** XXe s.

1. *__conche__ 1484, Garcie, « baie, plage, bassin de marais salant », du lat. *concha*, coquillage, coupe. ‖ **conchite** 1702, *Trévoux*, en minéralogie.

2. **conche** v. 1350, Gilles li Muisis, « ajustement », de l'ital. *concia*.

conchylien 1834, Jourdan, du lat. *conchylium*, empr. au gr. *konkhulion*, coquillage. ‖ **conchyliologie** 1742, Dezallier d'Argenville.

*__concierge__ 1195, G. (*cumcerge*), « gardien », sans doute du lat. pop. *__conservius__, de *cum*, avec, et *sĕrvus*, esclave. ‖ **conciergerie** 1318 (-*singerie*); 1328, G. (-*ciergerie*); resté comme nom de prison au Palais de justice de Paris.

concile 1138, G., du lat. *concilium*, assemblée, au sens eccl., d'évêques et de docteurs.

conciliabule 1549, Calvin, du lat. eccl. *conciliabulum*, concile irrégulier (sens du XVIe s.), en lat. lieu de réunion; fin XVIe s., *Ménippée*, sens mod.

concilier 1549, R. Est., du lat. *conciliare*, assembler au sens fig. ‖ **conci-** liable 1776, Raynal. ‖ **conciliant** fin XVIIe s., Sévigné. ‖ **conciliatoire** 1583, Papon. ‖ **conciliateur** 1314, Conty, du lat. *conciliator*, médiateur. ‖ **conciliation** XIVe s., J. Le Fèvre, du lat. *conciliatio*. ‖ **inconciliable** 1752, *Trévoux*. ‖ **réconcilier** 1190, Garn., du lat. *reconciliare*. ‖ **réconciliateur** 1355, Bersuire. ‖ **réconciliation** XIIIe s. ‖ **irréconciliable** 1559, Amyot; 1868, journ., polit., « radical ».

*__concis__ 1553, M. Heret, du lat. *concīsus*, coupé, au fig. bref, part. passé de *concidere*, de *caedere*. ‖ **concision** 1488, *Mer des hist.*, « action de retrancher »; 1706, Grimarest, « brièveté ».

concitoyen V. CITÉ.

conclave v. 1360, Froissart, du lat. médiév. *conclave*, chambre fermée à clef (*clavis*). ‖ **conclavaire** XXe s.

conclure 1120, *Ps. d'Oxford*, « enfermer »; v. 1360, Froissart, « terminer »; du lat. *concludere*, de *claudere*, clore. ‖ **conclusion** 1265, J. de Meung, du lat. *conclusio*. ‖ **conclusif** milieu XVe s.

concombre 1256, Ald. de Sienne (*cocombre*); 1432, Baudet Herenc. (*concombre*); du prov. *cocombre*, issu du lat. *cŭcŭmis, -meris*.

concomitant 1503, G. de Chauliac, du lat. *concomitans*, part. prés. de *concomitari*, accompagner, de *comes, -itis*, compagnon (v. COMTE). ‖ **concomitamment** 1874. ‖ **concomitance** XIVe s., B. de Gordon.

concordat 1482, Bartzsch « accord », puis sens eccl., du lat. *concordatum*, part. passé de *concordare*, mettre d'accord. ‖ **concordataire** 1842, *Acad.* ‖ **concorde** 1155, Wace, du lat. *concordia*. ‖ **concorder** 1130, *Eneas*, « accorder » (jusqu'au XVe s.); 1777, Linguet, sens actuel, du lat. *concordare*. ‖ **concordance** 1160, Benoît, « accord »; XVIe s., sens actuel. ‖ **concordant** XIIIe s., A. de La Halle.

concourir fin XVe s., « se produire en même temps», «accourir», du lat. *concurrere*, d'apr. *courir*; il a été influencé pour le sens par *concurrent*. ‖ **concours** début XIVe s., « recours »; 1572, Amyot, « réunion »; 1660, Oudin, « compétition »; du lat. *concursus*, affluence.

concrescence 1888, Lar., bot., du lat. *concrescere*, « croître ensemble ».

concret 1538, Canappe, « solide », opposé à « fluide »; XVII⁰ s., fig.; du lat. *concretus*, part. passé de *concrescere*, se solidifier. ‖ **concréter** 1789. ‖ **concrétiser** 1922, Lar. ‖ **concrétisation** XX⁰ s. ‖ **concrétion** 1538, Canappe, « solidification », du lat. *concretio*, spécialisé en géologie. ‖ **concrétionner** 1842, *Acad.*

concubine 1213, *Fet des Romains*, du lat. *concŭbina*, « qui couche avec ». ‖ **concubinage** 1407, Du Cange. ‖ **concubinaire** fin XIV⁰ s.

concupiscence 1265, Br. Latini, du lat. *concupiscentia*, désir ardent, au sens chrétien. ‖ **concupiscent** 1558, Des Périers, lat. *concupiscens*, part. prés. de *concupiscere*, désirer ardemment, de *cupere*, désirer.

concurrent 1119, Ph. de Thaun, « (jour) intercalaire »; XVI⁰ s., « accourant ensemble » et sens mod.; du lat. *concurrens*, part. prés. de *concurrere*, accourir, et en lat. jurid. « venir en concurrence ». ‖ **concurremment** fin XVI⁰ s. ‖ **concurrence** 1398, E. Deschamps, « rencontre »; XVIII⁰ s., sens mod. ‖ **concurrentiel** 1872, L. ‖ **concurrencer** 1868, *Moniteur*.

concussion 1440, P. de Lannoy, « secousse »; 1558, Des Périers, « malversation »; lat. jurid. *concussio*, extorsion d'argent, de *concutere*, frapper, émouvoir. ‖ **concussionnaire** 1559, Amyot. ‖ **concuteur** 1908, Alvin, syn. de *percuteur*.

condamner XII⁰ s., Herman de Valenciennes (-*emner*, jusqu'au XVI⁰ s.), du lat. *condemnare*; le *a* du fr. est dû à *damner*. ‖ **condamnable** 1404, *Ordonn.* ‖ **condamnation** XIII⁰ s., *Cout. d'Artois.* ‖ **recondamner** 1611, Cotgrave.

condenser 1314, Conty, du lat. *condensare*, rendre épais, de *densus*, dense; *lait condensé*, 1873. ‖ **condensateur** 1753, *Encycl.* ‖ **condensation** 1361, Oresme, du lat. impér. *condensatio* (III⁰ s., Aurelius).

condenseur 1796, Prony, de l'angl. *condenser*, issu du verbe *(to) condense* par Watt (1769), inventeur de l'appareil.

condescendre XIII⁰ s., du bas lat. *condescendere* (VI⁰ s., Cassiodore), de *descendere*, descendre. ‖ **condescendant** XIV⁰ s., G. ‖ **condescendance** 1609, Fr. de Sales, « action de s'abaisser,

de descendre à exécuter les désirs d'autrui ».

condiment XIII⁰ s., G., fig. (jusqu'au XVI⁰ s.), du lat. *condimentum*, assaisonnement (pr. et fig.), de *condire*, assaisonner, confire. ‖ **condit** XV⁰ s., *D. G.* ‖ **condimenter** 1889, Huysmans.

condisciple 1470, *Livre disc.*, du lat. *condiscipulus*. (V. DISCIPLE.)

condition fin XII⁰ s., *Grégoire*, sens actuel; XIII⁰ s., « rang, ordre social »; du lat. *condicio*, devenu *conditio* en bas lat. ‖ **conditionner** 1265, J. de Meung, « soumettre à des conditions »; 1694, *Acad.*, « pourvoir de qualités ». ‖ **conditionnement** 1845, Besch., commerce; 1857, *Année sc. et industr.*, techn. ‖ **conditionneur** 1929, Lar. ‖ **conditionné** début XIV⁰ s.; *air conditionné*, apr. 1945. ‖ **inconditionné** début XIX⁰ s. ‖ **conditionnel** 1361, Oresme, du lat. *condictionalis*, soumis à des conditions; gramm., XVI⁰ s., pour désigner un mode inconnu du lat. ‖ **inconditionnel** 1777, Vergennes.

condoléance 1495, *Mir. historial*, de *condouloir* (XIII⁰ s., jusqu'au XVII⁰ s.), issu du lat. *dolere*, souffrir, d'apr. *doléance*.

condominium milieu XIX⁰ s., mot du lat. diplomatique, issu de l'angl., tiré du lat. *domĭnĭum*, souveraineté, avec le préfixe *con-*.

condor 1598, Acosta (var. *cuntur*, au XVII⁰ s.), mot esp. empr. au quichua du Pérou.

condottiere 1770, *Hist. philos. des deux Indes*, mot ital. signif. « chef des soldats mercenaires », issu du lat. *conducere*, au sens de « louer »; le sens péjor. appartient au fr.

conducteur V. CONDUIRE.

*conduire X⁰ s., *Passion (conducent)*, du lat. *condūcĕre*, mener, conduire, de *ducere*. ‖ **conduiseur** XII⁰ s., *Fierabras*, techn., du lat. *conductor*. ‖ **conduit** 1175, Chr. de Troyes, « action de conduire »; XIII⁰ s., « escorte »; 1539, Canappe, « conduit de l'oreille »; fin XVI⁰ s., nom d'objet. ‖ **conduite** XV⁰ s., « action de conduire »; XV⁰ s., « guide »; 1498, Coyecque, « manière de se conduire »; part. passé fém., substantivé. ‖ **conducteur** début XIII⁰ s., de *conduire*, d'apr. le lat. *conductor;* il a remplacé *conduiseur.* ‖ **conductible** 1832, Raymond, du lat. *conductus,* conduit. ‖ **conductibilité** 1811, *Arch.* ‖ **conduction** XIIIᵉ s., P. de Fontaines, du lat. *conductio,* louage, de *conducere,* louer. ‖ **conductance** 1893, *Congrès de Chicago.* ‖ **inconduite** 1693, Bouhours. ‖ **reconduire** XIIᵉ s. ‖ **reconduction** XVIᵉ s., Charondas. ‖ **sauf-conduit** XIIᵉ s.

condyle 1538, R. Est., du lat. *condylus,* empr. au gr. *kondulos,* articulation. ‖ **condylome** 1560, Paré, du lat. *condyloma, -atis,* empr. au gr.

cône 1552, Rab., du lat. *conus,* empr. au gr. *kônos.* ‖ **conique** début XVIIᵉ s., du gr. *kônikos.* ‖ **conicité** 1863, L. ‖ **conoïde** 1556, Leblanc, du gr. *kônoeidês.* ‖ **conirostre** 1809, Wailly (lat. *rostrum,* bec). ‖ **conifère** 1523, J. de Mortières, du lat. *conifer,* c'est-à-dire « végétal qui porte des cônes ».

confabulation V. FABLE.

confarréation XVIᵉ s., R. Magister, du lat. jurid. *confarreatio,* anc. forme du mariage où l'épouse offrait le pain de froment *(far).*

confection 1155, Wace, « action de faire »; XIIIᵉ s., « préparation pharmaceutique »; XIXᵉ s., vêtement de confection; du lat. *confectio,* achèvement, de *conficere,* mener à sa fin. ‖ **confectionner** 1598, Marnix, « faire des drogues »; 1794, *Journ. de la Montagne,* en parlant de vêtements. ‖ **confectionnement** 1922, Lar. ‖ **confectionneur** 1830, *la Mode.*

confédérer 1355, Bersuire, du lat. *confœderare,* de *fœdus, -eris,* traité. ‖ **confédération** 1495, J. de Vignay, du bas lat. *confœderatio* (IVᵉ s., saint Jérôme), action de réunir en une ligue.

conférence 1346, *Chartes,* « discussion »; XVIIᵉ s., « exposé »; 1836, Landais, *maître de conférences;* du lat. *conferentia,* de *conferre,* rapporter. ‖ **conférencier** 1752, *Trévoux,* théologie; 1827, *Acad.,* « orateur ».

conférer 1361, Oresme, « attribuer », puis « comparer »; 1498, Chastellain, « s'entretenir »; du lat. *conferre,* « porter avec, réunir ».

conferve 1615, J. Deschamps (*conserva*), de *confervere,* fig. se consolider : la conferve était censée souder les corps.

*****confesser** 1175, Chr. de Troyes, du lat. pop. **confessare,* de *confessus,* part. passé de *confiteri,* avouer, spécialisé en lat. chrét. ‖ **confessable** 1842, J.-B. Richard. ‖ **confesse** XIIᵉ s., *D. G.* ‖ **confesseur** fin XIIᵉ s., *Grégoire* (*confesseur de la foi*) ; 1265, J. de Meung, « prêtre qui confesse »; du lat. eccl. *confessor* (IVᵉ s., Lactance, au sens de « chrétien qui a confessé sa foi »). ‖ **confession** 1120, *Ps. d'Oxford,* du lat. *confessio,* aveu. ‖ **confessionnal** 1605, H. de Santiago, de l'ital. *confessionnale.*

confetti 1852, *l'Illustration,* mot niçois que vulgarise le carnaval de Nice à partir de 1873, d'abord « boulettes de plâtre », puis « petites rondelles de papier » (confetti parisiens, à Nice), vers 1892; du pl. ital. de *confetto,* dragée (propr. « confit »).

confidence 1361, Oresme, « confiance » (jusqu'au XVIIᵉ s.); sens mod. d'apr. *confident;* du lat. *confidentia,* de *confidere,* confier. ‖ **confidentiel** 1775, Vergennes. ‖ **confidentiellement** *id.* ‖ **confident** XVᵉ s., « qui a confiance »; XVIᵉ s., « qui accompagne le chevalier »; 1587, d'Aubigné, sens actuel, de l'ital. *confidente,* confiant. (V. CONFIER.)

confier XIVᵉ s., du lat. *confidere,* d'apr. *fier.* ‖ **confiance** XIIIᵉ s. (*-ience*), du lat. *confidentia,* d'apr. *fiance.* ‖ **confiant** XIVᵉ s., G.

configurer 1190, saint Bernard, du lat. *configurare,* de *figura* (v. FIGURE). ‖ **configuration** *id.,* du lat. *configuratio,* action de donner une forme, une figure.

confins XIVᵉ s. (*-ines*); 1498, Commynes (*ins*), du lat. médiév. *confinia,* issu du lat. *confine,* de *finis,* limite. ‖ **confiner** 1225, « enfermer »; *air confiné,* 1907, Lar. ‖ **confinement** 1481, Bartzsch.

*****confire** 1175, Chr. de Troyes, « préparer, façonner »; fin XVIᵉ s., sens restreint; du lat. *conficĕre,* achever, puis préparer (des mets), de *facere,* faire. ‖ **confiseur** 1600, O. de Serres. ‖ **confiserie** 1753, *Encycl.* ‖ **confit** 1268, E. Boileau, « préparation »; auj. seulement *confit d'oie* comme s. m. ‖ **confiture** XIIIᵉ s., *D. G.;* fam. *en confiture,* 1922, Lar. ‖ **confiturier** 1584, de Barrand. || **confiturerie** 1823, Boiste. || **déconfire** 1080, *Roland*, « défaire un ennemi », de *confire*, achever. || **déconfiture** fin XIIe s., *R. de Cambrai*.

confirmer 1213, *Fet des Romains* (*-ermer*, jusqu'au XVIe s.), du lat. *confirmare*, de *firmus*, ferme. || **confirmation** XIIIe s., *Livre de jostice*, du lat. *confirmatio*. Le sens relig. apparaît dès le lat. eccl. || **confirmatif** milieu XVe s., du bas lat. *confirmativus* (Ve s., Priscien, gramm.).

confisquer début XIVe s., du lat. *confiscare*, de *fiscus*, fisc. || **confiscation** fin XIVe s., du lat. *confiscatio*, action de saisir au nom du fisc.

confiteor 1265, J. de Meung, mot lat. signif. « je confesse », et qui commence cette prière.

confiture V. CONFIRE.

conflagration XIVe s., « incendie », du lat. *conflagratio*, de *flagrare*, brûler; 1802, Mercier, fig., « bouleversement ».

conflit fin XIIe s., *Rois*, « combat »; 1685, Fléchier, fig.; du lat. *conflictus*, choc, de *confligere*, heurter. || **conflictuel** 1961, journ.

confluer 1330, G.; rare jusqu'au XIXe s.; du lat. *confluere*, « couler ensemble ». || **confluent** s. m. 1510. Lemaire, géogr.; XVIIIe s., méd. et bot., adj., du part. prés. *confluens* (déjà géogr. en lat., d'où les noms de lieux, Conflans. Confolens).

*****confondre** 1080, *Roland*, « détruire »; 1170, « bouleverser »; du lat. *confundere*, mêler, et sens fig. surtout en lat. pop. (lat. eccl. « couvrir de confusion »). || *****confus** début XIIe s., *Ps.*, du lat. *confusus*, part. passé. || **confusément** 1213, *Fet des Romains*. || **confusion** 1080, *Roland*, du lat. *confusio*. || **confusionnisme** 1920, J. Maxe. || **confusionniste** *id.* || **confusionnel** XXe s.

conformer XIIe s., du lat. *conformare*, de *forma* (v. FORME). || **conformateur** 1611, Cotgrave. || **conforme** 1372, Corbichon, du lat. *conformis*. || **conformité** 1361, Oresme, du bas lat. *conformitas*. || **conformatrice** 1654, Gelée. || **conformation** 1560, Paré, du bas lat. *conformatio*. || **conformiste** 1666, Sorbière, eccl.; 1794, Révolution, sens mod.;

mot angl., de *conform*, conforme. || **conformisme** 1907, Lar. || **anticonformiste** XXe s. (1955, *le Figaro*). || **anticonformisme** 1948, Saint-Aulaire. || **non-conformiste** 1672, Mackenzie, eccl.; 1791, Marat, polit., désignant le prêtre réfractaire. || **non-conformité** 1704, *Trévoux*.

confort 1080, *Roland*, « courage », déverbal du verbe *conforter* (XIIe s.), du lat. *confortari*, soutenir le courage, de *fortis*, courageux; 1815, Chateaubriand, « bien-être matériel »; repris à l'angl. *comfort*, lui-même repris à l'anc. fr.; souvent écrit au XIXe s. comme l'angl. || **confortable** 1828, Jacquemont, de l'angl. *comfortable*. || **confortablement** av. 1750. || **inconfort** 1893, J. Verne. || **inconfortable** 1850, Sainte-Beuve. || **réconforter** fin XIe s., *Alexis*. || **réconfort** v. 1230, G. de Lorris, déverbal.

confrère V. FRÈRE.

confronter milieu XIVe s., du lat. jurid. médiév. *confrontare*, de *frons*, front. || **confrontation** 1346, *Bible*, du lat. *confrontatio*, action de mettre en présence.

confus, confusion V. CONFONDRE.

congaï fin XIXe s., « femme annamite », de l'annamite *con gai*, la fille.

conge 1545, Guéroult, « récipient », du lat. *congius*. Désigne un récipient en cuivre pour la préparation des liqueurs.

*****congé** Xe s., *Saint Léger* (*cumgiet*), du lat. *commeatus*, action de s'en aller, de *meare*, circuler; il a pris au XVe s. le sens de congé militaire. || **congédier** fin XIVe s., *Chron. de Boucicaut*, de l'ital. *congedare*, de *congedo*, repris au fr. *congé*; il a remplacé *congier*. || **congédiement** 1842, *Acad.*

congeler V. GELER.

congénère 1562, Paré, du lat. *congener*, de *genus, -eris*, genre, c'est-à-dire « qui est du même genre ».

congénital V. GÉNITAL.

*****congère** fin XIXe s., « amas de neige », mot dial. (Wallonie, Massif central, Dauphiné), repris en géogr., issu du lat. pop. *congeria* (lat. *congeries*), amas, de *congerere*, amonceler.

congestion début XVe s., du lat. *congestio*, au sens méd., de *congerere*, accumuler. ‖ **congestionner** 1853, Landais. ‖ **congestif** 1842, *Acad.*, « ramassé ». ‖ **congestionnement** 1864, Goncourt. ‖ **décongestionner** 1874, Flaubert.

conglomérer 1682, *Journ. savants*, lat. *conglomerare*, de *glomus, -eris*, pelote. ‖ **conglomérat** 1834, Jourdan. ‖ **congloméré** 1672, M. Charas. ‖ **conglomération** 1836, Landais.

conglutiner 1314, Mondeville, du lat. *conglutinare*, de *glutinare*, coller. ‖ **conglutination** *id.*, du lat. *conglutinatio*. (V. AGGLUTINER.)

congratuler 1355, Bersuire, du lat. *congratulari*, de *gratus*, gré. ‖ **congratulation** 1468, Chastellain, du lat. *congratulatio*.

congre XIIIe s., *Bataille de Caresme*, mot prov., issu du lat. *congrus*.

congréer 1773, Bourdé, « garnir un cordage d'étoupe », croisement probable entre l'anc. fr. *conréer*, disposer, apprêter (v. CORROYER) et *gréer*.

congréganiste V. CONGRÉGATION.

congrégation début XIIe s., *Ps.*, du lat. *congregatio*, réunion, assemblée (sens de l'anc. fr.), de *grex, gregis*, troupeau ; XVIe s., spécialisé aux religieux. ‖ **congréganiste** 1680, Richelet, formation régressive d'apr. *organiste, ornemaniste*, etc.

congrès XVIe s., « union sexuelle » ; 1611, Cotgrave, « entretien », « réunion » ; du lat. *congrèssus*, de *congredi*, se rencontrer ; 1774, *Journ. de Bruxelles*, corps législatif des Etats-Unis, repris à l'anglo-américain, qui est lui-même issu de l'anc. français. ‖ **congressiste** 1897, Lar.

congru fin XIIIe s., *Clef d'amour*, du lat. *congruus*, convenable, de *congrüère*, « s'adapter à » ; *portion congrue*, eccl., 1694, *Acad.* ‖ **congruisme** milieu XVIIIe s. ‖ **congruité** XIVe s., Delb. ‖ **incongru** 1495, J. de Vignay, du lat. *incongruus* (gramm.). ‖ **incongrument** 1361, Oresme. ‖ **incongruité** début XVIe s., du lat. *incongruitas*.

conifère V. CÔNE.

conjecture 1265, J. de Meung, du lat. *conjectura*, de *jacere*, jeter. ‖ **conjecturer** *id.*, du lat. *conjecturare* (VIe s., Boèce). ‖ **conjectural** fin XIIIe s. ‖

conjecturalement 1488, *Mer des hist.* ‖ **conjectureur** 1752, *Journ. de Trévoux.*

*****conjoindre** 1130, *Job*, du lat. *conjungere*, unir (v. JOINDRE). ‖ *****conjoint** 1160, Benoît, du lat. *conjunctus*, jurid., époux. ‖ **conjonctif** 1372, Corbichon, anat. et gramm., du lat. *conjunctivus*, qui sert à lier. ‖ **conjonctive** anat. fin XVe s. ‖ **conjonctivite** 1832, Raymond. ‖ **conjonction** 1160, Benoît, « action de joindre » ; XIVe s., gramm. (repris au lat.) ; v. 1392, E. Deschamps, astron. ; du lat. *conjonctio*. ‖ **conjoncture** XIVe s., réfection de l'anc. fr. *conjointure*, d'apr. le lat. *conjunctus*. ‖ **conjoncturiste** apr. 1945. ‖ **conjoncturel** 1961, journ.

conjugal fin XIIIe s., Gauchi, du lat. *conjugalis*, de *conjugare*, unir. ‖ **conjugalement** fin XVIIe s., Bossuet.

conjuguer 1572, Ramus, du lat. gramm. *conjugare*, unir, de *jugum*, joug ; XVIe s., fig. ‖ **conjugaison** XIIe s., *le Bal des sept arts*, gramm., du lat. *conjugatio*.

conjungo 1670, Th. Corneille, ironique, mot lat. signif. « j'unis », tiré de la formule du mariage religieux.

conjurer fin XIIe s., *Rois*, « adjurer » et « exorciser » ; XIIIe s., « conspirer », sens repris au lat. ; du lat. *conjurare*, « jurer ensemble ». ‖ **conjuré** 1213, *Fet des Romains*, du lat. *conjuratus*, « qui a prêté serment » (en anc. fr.). ‖ **conjuration** 1160, Benoît ; fin XVe s., « complot » ; du lat. *conjuratio*.

*****connaître** fin XIe s., *Lois de Guill.*, du lat. *cognŏscĕre*. ‖ **connaissance** 1080, *Roland*, « acte de connaître » ; XVIIe s., Balzac, « liaison ». ‖ **connaissement** XIIe s., G. ‖ **connaisseur** 1160, Benoît. ‖ **connaissable** 1361, Oresme. ‖ **inconnaissable** milieu XVe s. ‖ **inconnu** 1392, E. Deschamps, du lat. *incognitus*. ‖ **méconnaître** fin XIIe s., *Aliscans*. ‖ **méconnaissable** fin XIIIe s. ‖ **méconnaissance** 1175, Chr. de Troyes. ‖ **reconnaître** 1080, *Roland*, « identifier » ; XIVe s., « reconnaître pour vrai » ; du lat. *recognoscere*, qui suit l'évolution de *connaître*. ‖ **reconnaissance** *id.* (*-nuisance*), « action de reconnaître ». ‖ **reconnaissant** v. 1350. ‖ **reconnaissable** 1080, *Roland*.

conné 1786, *Encycl. méth.*, du lat. *connatus*, « né avec ». Se dit en hist.

nat. de deux organes soudés par leur base.

connecter 1780, Frédéric II, du lat. *connectere*, « lier ensemble ». ‖ **connectif** 1799, Richard. ‖ **connecteur** 1799, Richard. ‖ **connexe** 1290, Drouart, du lat. *connexus*, de *connectere*. ‖ **connexité** 1410, Juvénal des Ursins. ‖ **connexion** 1361, Oresme, du lat. *connexio*. ‖ **interconnexion** xxᵉ s. (1954, Lar.).

connétable fin xiiᵉ s., *Rois* (*cunestable*), du bas lat. *cŏmes stabuli*, comte de l'étable, grand écuyer (*Code Théodosien*). Le *n* pour *m* n'est pas expliqué.

*con(n)il 1256, Ald. de Sienne, « lapin », encore dans le blason; du lat. *cŭniculus*, mot d'origine ibérique d'apr. Pline.

connivence milieu xviᵉ s., « complicité », du bas lat. *conniventia* (vᵉ s., *Code théodosien*), issu du lat. *connivere*, cligner, fermer les yeux, d'où *conniver* au fig. (xviᵉ s., jusqu'au xviiiᵉ s.).

conque 1375, du lat. *concha*, empr. au gr. *konkhê*, coquille. (V. CONCHE 1.)

*conquérir 1080, *Roland* (*conquerre*); xivᵉ s. (*-quérir*, qui s'imposera au xviᵉ s.), du lat. pop. **conquaerere*, chercher à prendre, du lat. *conquīrĕre*, refait sur *quaerere*, chercher (v. QUÉRIR). ‖ **conquête** fin xiiᵉ s., anc. part. passé fém., du lat. pop. **conquaesita*. ‖ **conquête** jurid. 1283, Beaumanoir, du lat. pop. **conquaesitus*. ‖ **conquérant** 1160, Benoît. ‖ **reconquérir** 1175, Chr. de Troyes. ‖ **reconquête** xivᵉ s. (*-quest*).

consacrer 1119, Ph. de Thaun, lat. *consecrare*, refait sur *sacré*. ‖ **consécration** 1160, Benoît, du lat. chrét. *consecratio*. ‖ **consécrateur** 1568, Despence, du lat. chrét. *consecrator*.

consanguin V. SANGUIN.

conscience fin xiiᵉ s., *Rois*, du lat. *conscientia*, connaissance. ‖ **consciencieux** 1500. ‖ **consciencieusement** 1570. ‖ **conscient** milieu xviiiᵉ s., du lat. *consciens*, part. prés. de *conscire*, avoir conscience, de *scire*, savoir. ‖ **inconscience** 1838, Raymond. ‖ **inconscient** 1847, Besch. ‖ **subconscience** 1907, Lar. ‖ **subconscient** 1907, Lar.

conscrit 1355, Bersuire, hist. (*pères conscrits*), trad. du lat. *patres conscripti*, titre des sénateurs romains; 1789, sens mod. d'apr. *conscription*; du lat. *conscriptus*, part. passé de *conscribere*, enrôler, de *scribere*, écrire. ‖ **conscription** 1789, Lacuée, du bas lat. *conscriptio*; appliqué d'abord à la conscription maritime (décret mai 1790), puis à l'armée de terre (19 fructidor an VI).

consécration V. CONSACRER.

consécutif V. CONSÉQUENT.

conseil xᵉ s., *Saint Léger*, du lat. *consĭlium*, délibération, avis; les sens « assemblée » et « conseilleur » paraissent repris au lat. écrit. ‖ **conseiller** s. m., xᵉ s., *Eulalie* (*-ier*), du lat. *consĭliarius*. ‖ **conseiller** v. 1080, *Roland*, du lat. pop. **consĭliare* (lat. *-ari*). ‖ **conseilleur** 1190, Bodel (*-eor*). ‖ **déconseiller** 1138, *Saint Gilles*.

consensuel xviiiᵉ s., du lat. *consensus*, sur le modèle de *sensuel*. Se dit en droit d'un contrat formé par le seul consentement des parties.

*consentir xᵉ s., *Saint Léger*, du lat. *consentīre*, être d'accord. ‖ **consentement** 1160, Benoît.

conséquent 1361, Oresme, du lat. *consequens*, part. prés. de *consequi*, suivre. ‖ **conséquence** xiiiᵉ s., de Fontaines, du lat. *consequentia*. ‖ **consécutif** fin xvᵉ s., du lat. *consecutus*, part. passé de *consequi*. ‖ **consécutivement** 1373, G. ‖ **consécution** 1265, J. de Meung, du lat. *consecutio*, terme d'astronomie. ‖ **inconséquent** 1552, R. Est., du lat. *inconsequens*. ‖ **inconséquence** 1538, R. Est., du bas lat. *inconsequentia*.

*conserver 842, *Serments*, du lat. *conservāre*, garder. ‖ **conserve** 1398, *Ménagier*, sens actuel; xviᵉ s., mar., repris à l'ital., déverbal. ‖ **conserverie** xxᵉ s. (1953, Lar.). ‖ **conservation** 1290, *Roisin*. ‖ **conservateur** 1361, Oresme, « qui conserve »; sens polit. xviiiᵉ s., repris à l'angl.; du lat. *conservator*. ‖ **conservatisme** 1851, A. Herzen. ‖ **conservatiste** 1851, A. Blanqui. ‖ **conservatoire** 1495, J. de Vignay, rare; puis, jurid., adj.; 1778, *Conservatoire de musique*, d'apr. l'ital.; 1794, *Conservatoire des arts et métiers*; d'apr. le lat. *servatorium*.

considérer 1130, *Job.*, du lat. *considerare*, qui a donné la forme pop. *consirer*, réfléchir, s'abstenir. ‖ **considérable**

1564, J. Thierry. ‖ **considérablement** début XVIIᵉ s., Maucroix. ‖ **considération** fin XIIᵉ s., *Rois*, du lat. *consideratio; prendre en considération*, 1775, *Journ. de Bruxelles.* ‖ **considérant** 1798, *Acad.* ‖ **déconsidérer** 1790, Brunot. ‖ **déconsidération** 1798, Bignon. ‖ **inconsidéré** fin XVᵉ s., Lemaire, du lat. *inconsideratus.* ‖ **inconsidération** fin XVᵉ s., du lat. *inconsideratio.* ‖ **inconsidérément** 1504, Lemaire. ‖ **reconsidérer** 1549, R. Est. ‖ **reconsidération** 1779, Gérard.

consigner milieu XIVᵉ s., « délimiter »; XVᵉ s., « déposer en garantie »; 1690, Furetière, « mentionner »; 1723, Savary, « consigner des marchandises »; du lat. *consignare*, sceller, puis souscrire, consigner par écrit. ‖ **consigne** fin XVᵉ s., Robertet, « marque »; 1740, *Acad.*, « instruction »; 1803, Boiste, « punition »; 1877, L. « local de gare pour déposer les bagages »; déverbal. ‖ **consignation** 1396, *Cout. de Dieppe.* ‖ **consignataire** 1690, Furetière.

consister XIVᵉ s., *Nature à Alchimie*, « avoir de la consistance »; XVᵉ s., sens fig. actuel; du lat. *consistere*, « se tenir ensemble » et sens fig. ‖ **consistance** début XVᵉ s. ‖ **consistant** 1560, Paré. ‖ **inconsistant** début XVIᵉ s.; rare jusqu'au XVIIIᵉ s. ‖ **inconsistance** milieu XVIIIᵉ s. ‖ **consistoire** 1190, Garn., du bas lat. *consistorium*, endroit où l'on se tient; assemblée, dans son sens eccl. spécialisé. ‖ **consistorial** 1472, *Ordonn.*

consistoire V. CONSISTER.

consœur V. SŒUR.

console milieu XVIᵉ s., de *sole*, poutre (v. SOLE); par étymol. pop., fait sur *consoler*, avec infl. de *consolider*; on trouve *consolateur* (1564, J. Thierry), dans le même sens.

consoler fin XIVᵉ s., du lat. *consōlāri.* ‖ **consolation** fin XIᵉ s., *Alexis*, du lat. *consolatio.* ‖ **consolateur** 1265, J. de Meung, du lat. *consolator.* ‖ **consolable** fin XVᵉ s., d'Authon, du lat. *consolabilis.* ‖ **inconsolable** début XVIᵉ s., du lat. *inconsolabilis.* ‖ **inconsolé** 1500.

consolider 1314, Mondeville, du lat. *consolidare* (v. SOLIDE); le sens fin. (*annuités consolidées*, 1768) a été repris à l'angl. (*consolidated annuities*, 1751). ‖

consolidation *id.* ‖ **consolidable** 1842, J.-B. Richard. ‖ **reconsolider** 1468, Chastellain.

consommer 1155, Wace, « achever », du lat. *consŭmmare*, « faire la somme », d'où « compléter ». Souvent confondu jusqu'au XVIIᵉ s. avec *consumer*, d'apr. la graphie commune *consummer* et la parenté de sens en lat.; *consommer le mariage, consommer une denrée*, XVIᵉ s. ‖ **consommable** 1580, Montaigne. ‖ **consommateur** 1525, Le Fèvre, eccl.; 1756, Mirabeau, sens actuel. ‖ **consommation** XIIᵉ s., *Ps.* ‖ **consommé** 1361, Oresme, adj.; 1560, Paré, s. m., « bouillon ».

consomption V. CONSUMER.

consonance 1155, Wace, du lat. *consonantia*, de *sonus*, son. ‖ **consonant** 1175, Chr. de Troyes, du lat. *consonans.* ‖ **consonne** 1529, Tory, du lat. gramm. *consona* (IIᵉ s., Ter. Maurus); var. *consonans*, Quintilien), « qui sonne avec (la voyelle) ». ‖ **consonantique** 1907, Lar. ‖ **consonantisme** *id.* ‖ **semi-consonne** 1901, Lar.

consort 1392, *Songe du Vergier*, « complice », du lat. *consors, -ortis*, qui partage le sort; *prince consort* (d'abord au sujet des reines, 1669, Chamberlayne), angl. *queen-consort*, 1634.

consortium 1888, Lar., mot lat. signif. « association », repris à l'angl. commercial. (V. CONSORT.)

***consoude** 1200, G. (*oulde*), du lat. *consolida* (v. CONSOLIDER), à cause des propriétés astringentes de la plante.

conspirer XIIᵉ s., du lat. *conspirare*, « souffler ensemble ». ‖ **conspirateur** 1302, G. « qui machine »; XVIᵉ s., « qui conspire contre le pouvoir ». ‖ **conspiration** 1160, Benoît, du lat. *conspiratio.*

conspuer 1530, *Postilles*, rare jusqu'au XVIIIᵉ s. (1743); auj. terme d'étudiants; du lat. *conspuere*, « cracher sur ».

constable 1777, Linguet, mot angl. empr. à l'anc. fr. *conestable* (connétable), et désignant un officier de police.

constant XIIIᵉ s. (*costan*); 1355, Bersuire, « ferme »; XVIIᵉ s. « invariable »; du lat. *constans*, de *constare*, se tenir ferme, de *stare*, se tenir debout (anc. fr. *conster*, XIVᵉ s., *Traité d'alchimie*). ‖

constance 1220, Coincy, lat. *constantia*. ‖ **constamment** 1355, Bersuire. ‖ **inconstant** 1265, J. de Meung, du lat. *inconstans*. ‖ **inconstance** 1220, Coincy, du lat. *inconstantia*.

constater 1726, *Mém.*, du lat. *constat*, « il est certain », 3ᵉ pers. sing. ind. prés., de *constare*, se tenir ferme. ‖ **constat** s. m., fin XIXᵉ s. ‖ **constatation** 1586, Scaliger; rare jusqu'au XIXᵉ s. (1845, Besch.).

constellation 1265, J. de Meung, du lat. *constellatio*, de *stella*, étoile, d'abord, au sens astrologique, « groupement des étoiles déterminant un horoscope ». ‖ **constellé** 1519, G. Michel, d'abord sens astrologique; 1694, Nodot, « parsemé d'étoiles ». ‖ **consteller** 1838, Lamartine.

conster V. CONSTANT.

consterner 1355, Bersuire, du lat. *consternare* et *consternere*, abattre, jeter à terre (sens conservé jusqu'au XVIIᵉ s.), de *sternere*, abattre. ‖ **consternation** 1512, J. Lemaire, lat. *consternatio*.

constiper 1398, *Somme Gautier*, du lat. *constipare*, resserrer; il a eu le sens de « condenser » jusqu'au XVIᵉ s. ‖ **constipation** *id.*

constituer XIIIᵉ s., *Cout. d'Artois*, du lat. *constituere*, de *statuere*, établir (v. STATUER). ‖ **constituant** fin XVᵉ s., adj.; polit. s. m., 1750, *Encycl.*, d'où la *Constituante* de 1790; s. m. chimie, anat., etc., fin XVIIIᵉ s. ‖ **constitutif** 1488, *Mer des hist.*; polit., fin XVIIIᵉ s. ‖ **reconstituer** début XVIᵉ s., « rétablir dans son état premier »; rare jusqu'au XVIIIᵉ s. (1790, Brunot). ‖ **reconstitutif** 1869, méd. ‖ **reconstituant** 1869, méd. ‖ **reconstitution** 1734, suivant Féraud.

constitution 1160, Benoît, du lat. *constitutio*, établissement; d'abord « institution », puis (1683, Burnet) spécialisé en « ensemble des lois organiques »; 1546, Ch. Est., *constitution du corps*, repris au lat. ‖ **constitutionnalisme** 1828, Saint-Simon. ‖ **constitutionnaliser** 1830, Balzac. ‖ **constitutionnaliste** 1845, Cabet. ‖ **constitutionnellement** 1776, *Aff. de l'Angleterre*. ‖ **constitutionnel** 1775, *Journ. de Bruxelles*, sous l'infl. de *constitutional* (en fr. 1776, *Courrier de l'Europe*). ‖ **anticonstitutionnel** 1774, *Journ. de Bruxelles*. ‖ **inconstitutionnel** 1775, *Journ. de Bruxelles*. ‖ **inconstitutionnellement** 1783, Linguet. ‖ **inconstitutionnalité** 1797, *Rapp. du bureau central*.

constricteur fin XVIIᵉ s., méd., du lat. *constrictor*, de *constringere*, serrer (v. ASTREINDRE); *boa constrictor*, 1754, A. de La Chesnaye. ‖ **constriction** début XIVᵉ s., du lat. *constrictio*. ‖ **constringent** 1743, *Trévoux*, du lat. *constringens*. ‖ **constrictif** 1490, G. de Chauliac, méd. « propre à resserrer ».

construire 1466, Michault, du lat. *construere*, de *struere*, élever. ‖ **constructeur** XIVᵉ s., G., du bas lat. *constructor*. ‖ **construction** 1130, *Job*, du lat. *constructio*. ‖ **reconstruire** 1549, R. Est. ‖ **reconstruction** début XVIIIᵉ s.

consubstantiel V. SUBSTANCE.

consul XIIIᵉ s., hist., du lat. *consul*, qui a désigné aussi des magistrats municipaux du Midi, les juges-consuls, le chef du pouvoir exécutif (1799-1804), enfin les agents diplomatiques. ‖ **consulat** fin XIIIᵉ s., hist.; polit., 1799, du lat. *consulatus*. ‖ **consulaire** *id.*, du lat. *consularis*. ‖ **vice-consul** 1700, Le Bruyn.

consulter XVᵉ s., « délibérer » (jusqu'au XVIIᵉ s.); XVᵉ s., « demander conseil »; du lat. *consultare*, dans les deux sens. ‖ **consultant** 1584, Duret. ‖ **consultatif** 1608, du Sin. ‖ **consultation** 1355, Bersuire, « conférence »; XVIᵉ s., « délibération »; 1636, Monet, méd., du lat. *consultatio*.

consumer XIIᵉ s., *D. G.*, du lat. *consumere*, détruire peu à peu (et aussi *consommer*, du XVIᵉ au XVIIᵉ s.). ‖ **consumable** 1842, J.-B. Richard. ‖ **consumptible** 1585, Papon (-*omptible*), du bas lat. *consumptibilis* (VIᵉ s., Cassiodore). ‖ **consumption** 1314, Mondeville, du lat. *consumptio*. (V. CONSOMMER.)

contact 1586, Suau, du lat. *contactus*, de *tangere*, toucher (v. TACT). ‖ **contacteur** 1929, Lar., électr. ‖ **contacter** 1842, J.-B. Richard.

contagion début XIVᵉ s., du lat. *contagio*, de *tangere*, toucher. ‖ **contagionner** 1845, J.-B. Richard. ‖ **contagieux** v. 1300, du lat. *contagiosus*.

container 1932, *L. M.*, mot angl. signif. « récipient ».

contaminer 1213, *Fet des Romains*, du lat. *contaminare*, souiller. ‖ **contamination** 1495, J. de Vignay; 1906, gramm.; du lat. *contaminatio*. ‖ **décontaminer** 1952, Lar. ‖ **décontamination** *id*.

conte V. CONTER.

contempler 1265, J. de Meung, du lat. *contemplāri*. ‖ **contemplation** 1190, Gar., du lat. *contemplatio*. ‖ **contemplatif** 1160, Benoît, du lat. *contemplativus*. ‖ **contemplateur** 1355, Bersuire, du lat. *contemplator*.

contemporain V. TEMPS.

contempteur 1449, G., du lat. *contemptor*, de *contemnere*, mépriser.

*****contenir** 1080, *Roland*, du lat. *continere*, refait en *****contenere** (v. TENIR). ‖ **contenance** 1080, *Roland*, « maintien ». ‖ **décontenancer** 1549, R. Est. ‖ **décontenancement** 1671, Sévigné. (V. CONTINENT.)

*****content** fin XIII⁰ s., *Clef d'amour*, du lat. *contentus*, « qui se contente de », de *continere*, contenir. ‖ **contenter** 1314, *Charte*. ‖ **contentement** 1468, Chastellain. ‖ **mécontent** 1501, Joubert, qui a remplacé *malcontent* (XIII⁰ s.). ‖ **mécontenter** XIV⁰ s., Delb. ‖ **mécontentement** début XVI⁰ s.

contentieux 1257, G., « qui donne lieu à une querelle », du lat. jurid. *contentiosus*; s. m. 1797, Brunot.

contention début XIII⁰ s., réfection de l'anc. fr. *contençon*, lutte, débat, du lat. *contentio*, de *contendere*, « tendre vers », lutter; XVI⁰ s. tension intellectuelle; 1771, *Trévoux*, chir.

*****conter** 1080, *Roland*, même mot que *compter*, qui s'en est séparé par une divergence graphique pour distinguer les sens. ‖ **conte** 1190, J. Bodel, déverbal; *conte bleu*, 1664, Molière, sans doute d'apr. *Bibliothèque bleue*, recueil de contes. ‖ **conteur** 1155, Wace (*-eor*). ‖ **raconter** 1175, Chr. de Troyes. ‖ **racontar** 1867, Delvau, fam. (*-ard*). ‖ **racontable** fin XII⁰ s., Grégoire.

contester XII⁰ s. (*-testar*); XIV⁰ s. (*-tester*); du lat. jurid. *contestari*, plaider en produisant des témoins (*testes*). ‖ **conteste** 1585, Cholières; auj. seulement dans *sans conteste*. ‖ **contestable** 1611, Cotgrave. ‖ **contestation** fin

XIV⁰ s., du lat. *contestatio*. ‖ **contestateur** 1842, J.-B. Richard. ‖ **incontesté** 1650, Mézeray. ‖ **incontestable** 1611, Cotgrave. ‖ **incontestablement** milieu XVII⁰ s.

contexte, contexture V. TEXTE, TEXTURE.

contignation 1803, Wailly, du lat. *contignatio*, de *tignum*, poutre. Terme d'architecture désignant un assemblage de poutres.

contigu milieu XIV⁰ s., du lat. *contiguus*, de *tangere*, toucher. ‖ **contiguïté** XV⁰ s., G.

1. continent 1160, Benoît, adj., « chaste », du lat. *continens*, part. prés. de *continēre*, contenir, au sens fig. « maîtriser ». ‖ **continence** fin XII⁰ s., R. de Moiliens. ‖ **incontinent** 1361, Oresme, du lat. *incontinens*; adv., début XIV⁰ s., « tout de suite ». ‖ **incontinence** XII⁰ s., *D. G.*

2. continent s. m., début XVI⁰ s., du lat. (*terra*) *continens*, « terre qui tient ensemble », de *continere*. ‖ **continental** 1773, Favier.

contingent adj., 1361, Oresme; s. m., XVI⁰ s.; du lat. *contingens*, part. prés. de *contingēre*, toucher, au sens fig. « arriver par hasard ». ‖ **contingence** début XIV⁰ s. ‖ **contingenter** 1922, Lar., du substantif. ‖ **contingentement** *id*. ‖ **contingence** v. 1300, du bas lat. *contingentia* (VI⁰ s.), Boèce).

continu 1272, Joinville, du lat. *continuus*. ‖ **continuer** 1160, Benoît, du lat. *continuare*. ‖ **continuateur** 1579. ‖ **continuation** 1283, Beaumanoir, du lat. *continuatio*. ‖ **continuel** 1155, Wace. ‖ **continuité** 1390, Conty. ‖ **discontinu** 1361, Oresme; rare jusqu'au XIX⁰ s. ‖ **discontinuer** 1314, Mondeville, du lat. médiév. *discontinuare*. ‖ **discontinuation** 1355, Bersuire, du lat. médiév. *discontinuatio*. ‖ **discontinuité** 1775, Grignon.

contondant 1503, G. de Chauliac, de *contondre* (XVI⁰ s. - XVIII⁰ s.), issu du lat. *contundere*, blesser; se dit de ce qui blesse sans couper ni percer. (V. CONTUS.)

contorniate 1754, *Encycl.*, mot ital., de *contorno*, contour. Nom donné à des médaillons romains, à cause de la bordure, ou contour en creux qui les caractérise.

contorsion 1380, E. de Conty, du bas lat. *contorsio*, de *torquere*, tordre. ‖ **contorsionner (se)** 1845, Baudelaire.

contour XIVe s., Froissart, ital. *contorno*, de *contornare*, infl. par *tour*. ‖ **contourner** 1311, G., ital. *contornare*.

contraceptif XXe s., adj. et s., de l'angl. *contraceptive*, de *contra* et *conceptive*, « de la conception ». ‖ **contraception** XXe s.

contracter 1361, Oresme, « faire un contrat »; 1740, *Acad.*, recréation, au sens propre, par les physiciens; du lat. jurid. *contractus*, de *contrahere*, resserrer. ‖ **contrat** 1361, Oresme (var. *contract*), du lat. jurid. *contractus*. ‖ **contractuel** 1596, Basmaison. ‖ **contractile** 1755, *Encycl.* ‖ **contractilité** fin XVIIIe s. ‖ **contracture** 1620, Béguin; terme d'architecture, 1611, Cotgrave, repris au lat.; 1819, Boiste, méd.; du lat. *contractura*. ‖ **contracturer** XXe s., en architecture et en méd. ‖ **contraction** 1256, Ald. de Sienne, du lat. *contractio*. ‖ **décontraction** XXe s. (1956, Lar.). ‖ **décontracter** *id.*

contradiction V. CONTREDIRE.

*__contraindre__ 1190, Garn. (*constreindre*), du lat. *constringĕre*, serrer (v. CONSTRICTEUR). ‖ **contrainte** 1263, G., part. passé fém.

contraire 1080, *Roland*, du lat. *contrarius*. ‖ **contrairement** 1558, S. Fontaine. ‖ **contrarier** 1080, *Roland* « se quereller » (le sens s'est affaibli), du bas lat. *contrariare*. ‖ **contrariant** 1361, Oresme. ‖ **contrariété** 1160, Benoît, du lat. *contrarietas*.

contralto V. ALTO.

contrapuntiste V. POINT.

contraste 1580, Montaigne, « lutte, contestation » (jusqu'au XVIIe s.); 1699, Dupuy du Grez, sens pictural; de l'ital. *contrasto*, de *contrastare*, « s'opposer à », du lat. *contra*, contre, et *stare*, se tenir debout. ‖ **contraster** fin XVIe s., réfection de l'anc. fr. *contrester*, d'apr. l'ital. *contrastare*.

contrat V. CONTRACTER.

contravention V. CONTREVENIR.

*__contre__ 842, *Serments* (*contra*), du lat. *contra*. ‖ **contrer** 1842, *Acad.* ‖ **en-**

contre Xe s., *Saint Léger*, prép. ‖ **rencontrer** XIVe s., Cuvelier, de l'anc. fr. *encontrer*. ‖ **rencontre** XIIIe s., Huon de Méry, déverbal, masc. jusqu'au XVIe s. ‖ **malencontreux** 1400, de *malencontre*, malheur (mauvais hasard).

contrebande 1512, Thenaud, vénitien *contrabbando*, contre le ban. ‖ **contrebandier** 1715, Guyot de Pitaval.

contrebasse V. BASSE.

contredanse 1626, Bassompierre, de l'angl. *country-dance*, danse de campagne, rapproché par étymologie pop. de *contre*.

*__contredire__ Xe s., *Eulalie*, du lat. *contradīcere*, dire contre. ‖ **contradiction** XIIe s. *Ps.*, du lat. *contradictio*. ‖ **contradicteur** début XIIIe s., du lat. *contradictor*. ‖ **contradictoire** 1361, Oresme, du lat. *contradictorius*. ‖ **non-contradiction** XXe s.

*__contrée__ 1080, *Roland*, du lat. pop. *contracta (regio)*, de *contra*, contre, c.-à-d. « pays en face ».

*__contrefaire__ 1155, Wace, du bas lat. *contrafacere*, au sens de « imiter », de *contra*, contre, en face, et *facere*, faire. ‖ **contrefaçon** 1268, E. Boileau, d'apr. *façon*. ‖ **contrefacteur** 1754, *Encycl.*, d'apr. le lat. *factor* (v. FACTEUR). ‖ **contrefaction** *id.* ‖ **contrefait** adj. XIIIe s., « difforme », croisement de l'anc. fr. *contrait*, issu du lat. *contractus*, contracté, au fig. perclus, avec le part. passé de *contrefaire*.

contrepèterie 1582, Tabourot, « modification volontaire des mots », puis « inversion de sons ou de mots par lapsus »; de l'anc. fr. *contrepéter*, contrefaire, « altérer un son » au fig.

contrepoint V. POINT.

contrevallation 1680, Richelet, de *contre* et du bas lat. *vallatio*, retranchement, de *vallum*, même sens.

contrevenir début XIVe s., du lat. jurid. médiév. *contravenire*. ‖ **contrevenant** 1611, Cotgrave. ‖ **contravention** XIVe s., *Traité d'alchimie*.

contribuer début XIVe s., du lat. *contribuere*, fournir sa part. ‖ **contribuable** 1401, *Ordonn.*, au sens fiscal, d'apr. *contribution*. ‖ **contribution** début XIVe s., du lat. *contributio* qui avait le sens général (« action de fournir ») et le sens fiscal (« tribut ») du français.

contrister V. TRISTE.

contrit 1190, Garn., du lat. *contritus*, broyé, au sens chrét. de « broyé de douleur ». ‖ **contrition** XIIe s., *Ps.* du lat. *contritio*.

contrôle 1611, Cotgrave, contraction de *contre-rôle* (XIVe s.), registre tenu en double. ‖ **contrôler** 1210, Barbier (*controller*). ‖ **contrôleur** 1292, Barbier (*controrolleur*). ‖ **incontrôlable** 1784, Brissot. ‖ **incontrôlé** XXe s. (1959, Lar.).

****controuver** Xe s., *Saint Léger*, « imaginer », d'où « inventer mensongèrement », du lat. pop. *contropare*, comparer (VIe s., *Lois des Wisigoths*), de même rac. que *trouver*.

controverse 1247, G. (*-versie*); XIVe s. (*-verse*); du lat. *controversia*, choc, d'où « choc des idées », de *vertere*, tourner. ‖ **controverser** 1611, Cotgrave (*-é*); 1640 (*-er*). ‖ **controversiste** 1630, Monet. ‖ **controversable** 1832, Raymond.

contumace, -ax XIIIe s., *Bible* (*-al*), « opiniâtre »; XIVe s. (*-ace*), par changement de suffixe; du lat. *contumax, -acis*, orgueilleux, obstiné, de *tumēre*, se gonfler. ‖ **contumace** XIIIe s., *Miracles de saint Eloi*, du lat. *contumacia*, orgueil; *par contumace*, 1549, R. Est.; le français a aussi les sens propres jusqu'aux XVIe-XVIIe s.

contus 1503, G. de Chauliac, du lat. méd. *contusus*, part. passé de *contundere*, frapper, meurtrir. ‖ **contusion** 1314, Mondeville, du lat. méd. *contusio*. ‖ **contusionner** 1819, Boiste, qui a remplacé *contuser* (1314, Mondeville). ‖ **contusif** 1845, Besch.

conurbation 1922, E. Richard, du préfixe *con-*, avec, autour, et du lat. *urbs, -is*, ville. Désigne un centre urbain avec sa banlieue.

convaincre 1190, Garn., du lat. *convincere*, au sens fig., refait sur *vaincre*. ‖ **conviction** 1579, Bodin, « preuve de culpabilité »; 1636, Monet « certitude »; du lat. impér. *convictio* (IVe s., saint Augustin).

convalescent XIVe s., du lat. *convalescens*, part. prés. de *convalescere*, reprendre des forces, de *valere*, bien se porter. ‖ **convalescence** 1495, J. de Vignay, du lat. *convalescentia* (IVe s., Symmaque).

****convenir** 1080, *Roland* (*covenir*), puis *convenir*, d'apr. le lat. *convēnire*, venir ensemble, et au fig. « être d'accord », d'où « être convenable, falloir », etc. ‖ **convenable** 1160, Benoît. ‖ **convenance** XIIe s., *Chev. Ogier*. ‖ **déconvenue** XIIe s., Raimbert de Paris, du préfixe *des-* et du part. passé de *convenir*, « événement qui ne convient pas ». ‖ **disconvenir** 1521, Fabri, du lat. *disconvenire*. ‖ **disconvenance** 1488, *Mer des hist.* ‖ **inconvenance** fin XVIe s. ‖ **inconvenant** 1799, *Clef du cabinet*.

convent, conventuel, conventicule V. COUVENT.

convention milieu XIIIe s., du lat. *conventio*, de *venire*, venir (avec), au sens fig.; le sens propre « assemblée » (1776, *Aff. d'Angleterre*) est empr. à l'angl. ‖ **conventionnel** adj. 1453, *Cout. de Touraine*; s. m. polit., 1792, Mercier, sur *convention*, assemblée. ‖ **conventionné** 1550, Seyssel; v. 1958, méd. (*médecin conventionné*). ‖ **conventionnement** v. 1958, méd. ‖ **reconvention** 1283, Beaumanoir. ‖ **reconventionnel** 1421, jurid.

converger 1720, Coste, tendre vers le même point; XIXe s., avoir le même but; du lat. médiév. *convergere*, de *vergere*, tourner, incliner, c'est-à-dire « tendre vers un même point ». ‖ **convergent** début XVIIe s., du lat. *convergens*, même évol. que le verbe. ‖ **convergence** 1671, le P. Chérubin.

convers V. CONVERTIR.

conversation V. CONVERSER 1.

1. converser fin XIe s., *Alexis*, du lat. *conversari*, fréquenter, sens fr. jusqu'au XVIIe s.; XVIe s. « s'entretenir ». ‖ **conversation** 1160, Benoît, du lat. *conversatio*, fréquentation; XVIIe s.; entretien.

2. converser 1835, *Acad.*, milit., exécuter une conversion, du lat. *conversus*, pour servir de verbe à *conversion* au sens propre.

convertir Xe s., *Valenciennes*, du lat. *convertēre*, « se tourner vers », au propre (alchimie et religion); XIIIe s., « dépenser »; 1866, L., polit. ‖ **conversion** 1190, saint Bernard, du lat. *conversio*,

« action de se tourner vers », d'abord au sens religieux (se tourner vers Dieu) ; sens propre repris dans les langues techn. || **convers** 1050, *Alexis*, du lat. *conversus*, « tourné », au sens religieux. || **convertissement** XIIIᵉ s., *Psautier*. || **convertisseur** 1530, Palsgrave ; XIXᵉ s., appareil. || **convertible** 1265, J. de Meung ; XIXᵉ s., finances. || **convertibilité** 1265, J. de Meung. || **inconvertible** 1546, eccl. ; 1866, L., finances. || **reconversion** 1874, L., « seconde conversion » ; 1877, finances ; xxᵉ s., *reconversion industrielle*. || **reconvertir** 1611, Cotgrave, même évolution sémantique que *reconversion*.

convexe 1361, Oresme, du lat. *convexus*, voûté. || **convexité** 1450, *Livre des Eschez amoureux*, du lat. *convexitas*. || **biconvexe** 1842, *Acad.*

convict 1796, Mackensie, mot angl., du lat. *convictus*, convaincu d'une faute. Désigne un forçat dans les pays anglo-saxons.

conviction V. CONVAINCRE.

convier 1160, Benoît, du lat. pop. **convītare*, d'apr. *invitare*. (V. ENVI, INVITER.)

convive 1213, *Fet des Romains*, « festin » ; xvᵉ s., sens actuel ; du lat. *conviva*, de *vivere*, se nourrir.

convocation V. CONVOQUER.

convoi V. CONVOYER.

convoiter 1155, Wace (*coveitier*) ; refait en *con-*, d'apr. le préfixe, du lat. pop. **cŭpĭdietare*, altér. de *cupīditas*, de *cŭpĭdus*, avide. || **convoiteux** 1190, Garn. || **convoitable** XIIᵉ s., Delb. || **convoitise** début XIIᵉ s., *Couronn. Loïs* (*coveitise*).

convoler fin xvᵉ s., du lat. *convolare*, se remarier, qui signifiait au propre « voler vers, accourir ».

convoquer 1355, Bersuire, du lat. *convocare*, de *vox, vocis*, voix. || **convocation** début XIVᵉ s., du lat. *convocatio*. || **convocateur** 1817, *Petite Chron. de Paris*.

convoyer fin XIIᵉ s., *Rois*, du lat. pop. **conviare*, « faire route avec » (v. VOIE). || **convoi** 1160, Benoît, « cortège » ; XVIᵉ s., — des véhicules ; v. 1847, sens ferroviaire. || **convoyeur** XIIᵉ s., G.

convulser XVIᵉ s., G., du lat. *convulsus*, au sens méd., part. passé de *convellere*, arracher. || **convulsif** 1546, Rab. ; méd. 1803, *Voc. fr.* || **convulsion** 1538, Canappe, du lat. *convulsio*. || **convulsionnaire** 1735, Hecquet.

coolie 1575, Postel (*culi*) ; XVIIᵉ s. (*coly*) ; mot angl., empr. à l'hindî, nom d'une peuplade misérable du Goudjerate.

coopérer V. OPÉRER.

coordonner V. ORDONNER.

copahu 1578, Lévy, du tupi-guarani *copaü* (var. anc. *capaïba*, 1610, Du Jarric, d'un comp. de *copaü* [var. *copay*] avec *ba*, arbre). || **copaïer, copayer** 1786, *Encycl.*, arbre à suc résineux et balsamique d'Amérique et d'Afrique.

copain V. COMPAGNON.

copal 1588, *Voy. de Cortez*, mot esp., empr. à l'aztèque *copalle*, résine extraite de certains arbres.

copayer V. COPAHU.

copeau 1213, *Fet des Romains* (*cou-, -cospel, cois*) ; 1611, Cotgrave (*co-*) ; de l'anc. fr. *coispel*, pointe, qui paraît représenter un lat. pop. **cŭspellus*, du lat. *cŭspis*, pointe.

copeck V. KOPECK.

copie XIIᵉ s., Du Cange, « abondance, ressources » (jusqu'au XVIᵉ s.), du lat. *copia* (v. COPIEUX) ; XIIIᵉ s., « reproduction d'un écrit », d'abord jurid., avec évolution : « faculté de transcrire », « droit de reproduction », « reproduction » ; *copie d'élève*, 1835, *Acad.* || **copier** 1339, Delb. || **copiable** 1859, Mérimée. || **copiage** 1863. || **copieur** *id.* || **copiste** xvᵉ s. || **recopier** milieu XIVᵉ s.

copieux milieu XIVᵉ s., du lat. *copiosus*, de *copia*, abondance. (V. COPIE.)

copine V. COMPAGNON.

coprah 1602, Colin (*copra*), mot angl. empr. au malabar *kopparah*.

coprophage fin XVIIIᵉ s., Latreille, du gr. *kopros*, excrément, et *phagein*, manger.

copte 1665, Thévenot (*cofte*) ; désigna d'abord les chrétiens d'Égypte, puis l'anc. langue démotique ; du gr. *aiguptios*, égyptien : chute de la syllabe initiale après la première période arabe.

copulation XIIIᵉ s., G., du lat. *cŏpŭlatio*, assemblage, liaison. ‖ **copule** XVᵉ s., G., « lien charnel »; 1752, *Trévoux*, gramm. ‖ **copuler** 1361, Oresme, du lat. *copulare*, lier. ‖ **copulatif** fin XIVᵉ s.

copurchic V. CHIC.

copyright 1830, *Rev. brit.*, mot angl., signif. « droit (*right*) de copie ».

1. **coq** 1138, *Saint Gilles* (*coc*), onom. d'apr. le cri du coq; il a éliminé l'anc. fr. *jal, jau*, du lat. *gallus*; *coq du village*, 1549, R. Est.; *coq en pâte*, 1694, *Acad.*, d'abord « coq à l'engrais », puis fig. ‖ **cochet** fin XIIIᵉ s., Renart. ‖ **coquâtre** 1507, G., « demi-chapon ». ‖ **coq-à-l'âne** 1532, Marot, discours où l'on passe du coq à l'âne (*saillir du coq en l'asne*, XIVᵉ s.).

2. **coq** 1671, Arnoul, cuisinier de la mar., du néerl. *kok* ou de l'ital. *cuoco*, issu du lat. *cŏquus*, cuisinier. (V. CUIRE, QUEUX 1.)

coquard, coquart V. COQUE.

coque 1265, J. de Meung, « coquille d'œuf » (déjà *coco* en bas lat., VIIᵉ s.), anc. mot enfantin, d'apr. le cri de la poule qui pond. ‖ **coquetier** 1307, Fagniez, « marchand d'œufs »; XVIᵉ s., « ustensile ». ‖ **coquard** ou **coquart** 1863, Delvau, « œil poché ».

coquebin fin XVIᵉ s., Béroalde de Verville, peut-être du turc *kakavan*, sot, hurluberlu, ou dér. de *coq*.

coquecigrue 1534, Rab., « animal chimérique »; croisement probable entre *coq-grue* (XVIᵉ s.) et *ciguë*, élément de nom de plante (*coqsigrue*, « bugrane », Berry, etc.).

coquelicot 1545, Guéroult (-*coq*), altér. de *cocorico*; il a désigné d'abord le coq (XIVᵉ s.); la fleur, rappelant la crête du coq, porte le nom du coq dans divers patois.

coquelourde 1539, R. Est., nom de diverses fleurs; sans doute de l'anc. fr. *coquelourde*, gobelet (*coque lourde*), avec infl. de *coq* (dial. *coqueton*, « narcisse », c.-à-d. petit coq).

coqueluche 1414, Du Cange, « capuchon »; XVᵉ s., grippe, puis sens actuel (maladie dans laquelle on se couvrait la tête d'un capuchon); XVIIᵉ s., « passion » (cf. *béguin, avoir le béguin, être coiffé*

de); d'un mot ital. ou esp., issu du lat. *cucullus*, capuchon, avec infl. de *coq*, pour la maladie, dont la toux a été appelée *chant du coq*.

coquemar 1281, Gay, néerl. *kookmoor*, de *kooken*, bouillir, et *moor*, maure, noir, par ext. « chaudron » (noirci par le feu; *moor* signifie « bouilloire » en flamand); ou du lat. *cŭcŭma*, chaudron.

coqueret fin XIIIᵉ s. (*cokelet*), « alkékenge », dér. de *coq*; c'est l'enveloppe du fruit (et non le fruit qu'on ne voit pas), qui a été comparée à une crête du coq; *coque* a pu jouer un rôle.

coquet XIIIᵉ s., « petit coq »; s. et adj.; XVᵉ s., sens fig. actuel. ‖ **coqueter** 1611, Cotgrave, « se pavaner comme un coq » (*caqueter* au XVIᵉ s., d'où *coquette*, femme qui caquette). ‖ **coquetterie** 1651, Scarron.

coquetier V. COQUE.

*coquille** 1265, Br. Latini, lat. *conchylia*, pl. neutre passé au fém. en lat. pop., empr. au gr. *kogkhulion*; par croisement avec *coque*. ‖ **coquillé** 1350, *Ordonn.* ‖ **coquillon** 1399, G. ‖ **coquillard** 1611, Cotgrave, « coquetier ». ‖ **coquillage** 1573, de Billy. ‖ **coquillier** XVIᵉ s., La Porte.

coquin fin XIIᵉ s., *Loherains*, « gueux, mendiant » (jusqu'au XVIᵉ s.); peut-être de *coque*, coquille, au sens fig. « pèlerin, faux pèlerin » (sur le modèle des *Coquillards* dijonnais du XVᵉ s.); ou dér. de *coq*. ‖ **coquinerie** XIIIᵉ s., Du Cange. ‖ **acoquiner (s')** 1530, Palsgrave, « se mêler à des coquins ». ‖ **acoquinant** 1743, *Trévoux*. ‖ **acoquinement** 1845, J.-B. Richard.

*cor** 1080, *Roland* (*corn*), « olifant », du lat. *cŏrnu*, au sens propre de « corne » (anc. fr. *cerf à dix cors*), resté dans *cor au pied* (XVIᵉ s.), comparé par sa dureté à la corne; le sens d' « instrument de musique » (Iᵉʳ s., Ovide), issu directement du lat., vient du fait qu'il était d'abord fait dans une corne évidée. ‖ **corner** 1080, *Roland*, sur le radical *corn*, par ext. « râler » en parlant du cheval. ‖ *corne** (*d'animal*) XIIᵉ s., *Ps.*, forme anc. du lat. *cornu*, dont le pl. *cornua* est passé au fém. (lat. pop. *corna*); XVᵉ s., pl. symbole des maris trompés, à cause des coqs châtrés à qui on avait implanté dans la crête leurs ergots; XVIᵉ s., *corne* d'abondance. ‖ **cornier, -ière** fin XIIe s., *Rois.* ‖ **cornerote** 1784, *Encycl.*, « hibou ». ‖ **cornard** 1265, J. de Meung, « mari trompé ». ‖ **cornette** XIIIe s., « coiffe de femme », auj. coiffe de religieuse ; XVe s., « étendard de cavalerie, officier qui le porte » ; XIXe s., pop., fém. de *cornard* (1821, Desgranges). ‖ **cornet** 1276, Adam. ‖ **cornichon** 1530, Marot, « petite corne » ; 1651, N. de Bonnefous, sens actuel. ‖ **cornillon** de bœuf 1842, *Acad.* ‖ **corné** 1752, *Trévoux*, refait sur le lat. *corneus.* ‖ **cornée** 1314, Mondeville, du lat. méd. *cornea,* abrév. de *tunica cornea.* ‖ **corniste** 1836, Landais, sur le sens de *cor,* instrument de musique. ‖ **bicorne** 1302, Delb., du lat. *bicornis.* ‖ **écorner** fin XIIe s., *Aliscans.* ‖ **écornifler** XVe s., croisement avec *nifler* (v. RENIFLER). ‖ **écornifleur** 1537, Molin. ‖ **écorniflerie** fin XVIe s., Baïf. ‖ **encorner** 1125, *Doon de Mayence.* ‖ **racornir** 1335, Digulleville, « devenir de la corne ». ‖ **racornissement** 1748, *Acad.*

corail XIIe s., *Marbode* (coral) ; XIVe s. (courail) ; XVe s. (corail) ; du lat. *corallium* (var. *allus*), empr. au gr. *korallion.* ‖ **corailleur** 1679, Savary. ‖ **corallin** 1500, Lemaire, du bas lat. *corallinus.*

coran XIVe s., Delb. (*alcoran*) ; 1657, La Boullaye (*koran*) ; de l'ar. *al-Qur'ān,* la Lecture (cf. *l'Ecriture*) ; *s'en moquer comme de l'an quarante* paraît une altér. de *l'alcoran.* ‖ **-ique** 1877, *Débats.*

corbeau fin XIIe s., Marie de France, dér. gallo-roman tardif du lat. *cŏrvus* (anc. fr. *corp,* v. CORMORAN) ; il a éliminé le simple ; XVIIe s., croc d'abordage. ‖ **corbin** XIIe s., Herman de Valenciennes, « corbeau » (v. BEC-DE-CORBIN), du lat. *corvinus.* ‖ **corbillat** XVIe s., Laval, d'apr. *cornillat* (id.). ‖ **encorbellement** 1394, G., de *corbel,* anc. forme de *corbeau,* fig. de « poutre » ou « pierre en saillie ».

***corbeille** fin XIIe s., *Aliscans,* du lat. *cŏrbĭcŭla,* dimin. de *corbis.* ‖ **corbillon** XIIe s., G. (*-ellon*).

corbillard début XVIe s., *les Triolets du temps,* « coche d'eau faisant le service de *Corbeil* à Paris » (il y avait le *Melunois,* le *Montrelois,* de Montereau) ; 1690, Hamilton, « grand carrosse » ; 1798, *Acad.,* « char mortuaire ».

corbillat, corbin V. CORBEAU.

corbillon, corbleu V. CORBEILLE, DIEU.

***corde** XIIe s., L., du lat. *chŏrda,* empr. au gr. *khordê,* d'où « corde de boyau pour instruments de musique ». ‖ **cordon** fin XIIe s., *Aiol* ; 1612, Régnier, *cordon bleu,* homme distingué d'apr. la couleur du ruban de l'ordre du Saint-Esprit, d'où, iron., « cuisinière » ; 1814, chez Brunot. ‖ **cordonner** id. ‖ **cordée** 1580, Montaigne ; fin XIXe s., alpinisme. ‖ **cordelle** fin XIIe s., *Alexandre.* ‖ **cordelier** XIIIe s., G. (*-olier*), puis nom de religieux seulement ; polit. en 1796, *Néol. fr.* ‖ **cordelette** 1213, *Fet des Romains.* ‖ **corder** XIIe s. ‖ **cordier** 1240, Delb. ‖ **corderie** XIIIe s., *Fabliau.* ‖ **cordage** 1367, Delb. ‖ **décorder** XIIe s. ‖ **encorder** 1160, Benoît, « munir de cordage » ; fin XIXe s., alpinisme. ‖ **cordeau** 1160, *Tristan.*

cordial 1314, Mondeville, méd. ; XVe s., « qui part du cœur » ; s. m. fin XVIIe s., du lat. *cordialis,* de *cor, cordis,* cœur. ‖ **cordialité** XVe s., Delb. ‖ **cordialement** 1398, *Ménagier.* (V. CŒUR.)

cordon V. CORDE.

cordonnier XIIIe s., *D. G.* (*cordoanier*) ; 1307, Fagniez (*-donnier*), infl. de *cordon* ; de l'anc. fr. *cordoan,* cuir de *Cordoue* ; il a éliminé, par ext. de sens, l'anc. fr. *sueur,* du lat. *sutor.* ‖ **cordonnerie** 1236, G. (*-ouannerie*) ; début XVIe s. (*-donnerie*).

coriace XVe s., Perceforest (*corias*) ; 1549, R. Est. (*-ace*) ; du lat. *coriaceus* (IVe s.), de *corium,* cuir, c'est-à-dire « dur comme le cuir ».

coriandre XIIIe s., du lat. *coriandrum,* empr. au gr. *koriandron,* nom d'une plante utilisée comme condiment.

corindon fin XVIIe s., J. Thévenot (*corind*) ; 1795 (*-indon*) ; du télougou, langue de l'Inde ; désigne l'alumine à l'état naturel.

***corme** 1265, J. de Meung, du lat. pop. **corma,* postulé par *curmus,* boisson fermentée, mot gaulois (V[e] s., Marcus Empiricus) : l'*o* est dû à l'attraction de *cornum,* cornouille, dont *corme* a pris le sens dans l'Ouest. ‖ **cormier** 1130, *Eneas.*

cormoran XII[e] s. (*cormare[n]g*) ; fin XIV[e] s. (*cormoran*) ; de l'anc. fr. *corp,* corbeau, et de l'adj. **marenc,* marin, dér. de mer, avec le suffixe germ. *-ing.*

cornac 1637, Davity (*-aca*), du port. *cornaca*, altér. d'un mot hindî signif. « dompteur d'éléphants ».

cornaline XIIᵉ s., *Marbode* (*-eline*), de *corne*, cornouille, la couleur rappelant celle du fruit, dont il a le sens chez Cottereau au XVIᵉ s.

1. ***corne** V. COR.

2. ***corne** XIIᵉ s., Guill. d'Angleterre, « fruit »; du lat. *corna*, pl. neutre féminisé de *cornum*, cornouille. ‖ **cornouille** 1175, Chr. de Troyes (*-olle*), du lat. pop. *cornŭcŭla (var. *-icula*); le mot a éliminé *corne*. ‖ **cornouiller** 1175, Chr. de Troyes (*-ellier*). [V. CORME.]

corned-beef 1806, Stendhal, mot angl., de *corned*, salé, et *beef*, bœuf.

cornée V. COR.

***corneille** 1175, Chr. de Troyes, lat. pop. *cornĭcŭla*, de *cornix, -icis*, de même sens.

cornélien 1657, Tall. des Réaux (*-neillien*); 1764, Voltaire (*-nélien*); du nom de Pierre *Corneille*.

cornemuse XIIIᵉ s., *Dame à la licorne*, déverbal de l'anc. fr. *cornemuser*, de *corner* (v. CORNE) et *muser* (v. MUSETTE).

cornet, -ette V. COR.

corniche 1528, Huguet, « bordure »; 1850, Balzac, « passage étroit »; de l'ital. *cornice*, fait sur le lat. *cornu*, corne.

cornichon, cornier V. COR.

cornouille V. CORNE 2.

***cornu** fin XIIᵉ s., *Aliscans*, du lat. *cornūtus*, de *cornu*, corne. ‖ **cornue** 1405, G. ‖ **bicornu** fin XIVᵉ s. (*bicornu*); XVIᵉ s. (*biscornu*), réfection sur le préfixe.

cornue V. CORNU.

corollaire V. COROLLE.

corolle 1749, *Trévoux*, du lat. *cŏrōlla*, dimin. de *cŏrōna*, couronne. ‖ **corollé** 1836, Landais. ‖ **corollin** 1842, *Acad.* ‖ **corollaire** 1361, Oresme, lat. *corollarium*, petite couronne au sens philos. (VIᵉ s.), Boèce); spécialisé en math. au XVIIᵉ s.

coron 1220, Coincy, « bout, extrémité », mot du Nord et de l'Est, dér. de *cor*, au sens fig. « angle » en anc. fr.; en Wallonie, il a pris par ext., comme le simple (devenu *cwè*), le sens de « groupe de maisons de mineurs », popularisé par Zola (*Germinal*) en 1885.

coronaire 1560, Paré, du lat. *coronarius*, de *corona*, couronne. En anat., se dit de certains organes, à cause de leur disposition en couronne. ‖ **coronal** 1314, Mondeville, du lat. *coronalis*, en astron. ‖ **coronule** 1823, Boiste.

coroner 1685, Burnet, mot angl. empr. à l'anc. normand *coroneor*, de couronne.

coronille 1700, Liger (*-illa*), de l'esp. *coronilla*, petite couronne (lat. *corona*). Désigne une plante, à cause de sa forme.

coronoïde 1654, Gelée, du gr. *koronê*, corneille, et *eidos*, forme, c.-à-d. « en bec de corneille »; se dit de certaines apophyses, à cause de leur forme.

corossol 1599, Champlain, du créole des Antilles, altér. possible de *Curaçao*. ‖ **corossolier** 1709, Gautier de Tronchoy, arbre tropical à fruits comestibles.

corozo 1842, Mozin, mot esp. de l'Equateur signif. « fruits dont les grains sont utilisés pour fabriquer cet ivoire végétal ».

corporation, corporel, corporal V. CORPS.

***corps** Xᵉ s., *Eulalie* (*cors*); XIVᵉ s. (*corps*, d'apr. le lat); du lat. *cŏrpus, -oris*; *corps législatif, politique*, XVIIIᵉ s., Montesquieu; *corps industriel*, *social*, 1817, Saint-Simon. ‖ **corporal** 1264, Delb, du lat. eccl. *corporale*, l'hostie du corps de Jésus étant posée sur ce linge. ‖ **corporation** 1530, Palsgrave, mot angl., tiré du lat. médiév. *corporari*, se réunir en corps. ‖ **corporatif** 1842, *Acad.* ‖ **corporatisme** 1913, *L. M.* ‖ **corporativement** 1877, L. ‖ **corporel** 1130, *Eneas*, du lat. *corporalis*. ‖ **corporellement** 1190, saint Bernard. ‖ **corpulent** XIVᵉ s., *Ystoire sages*, lat. *corpulens*. ‖ **corpulence** 1495, J. de Vignay, du lat. *corpulentia*. ‖ **corpus** 1642, Oudin, « hostie » (*corpus Dei*); 1863, L., fig., « recueil de droit, d'inscriptions, etc. », mot lat. lui-même. ‖ **corpuscule** 1495, J. de Vignay, du lat. *corpusculum*, dimin. de *corpus*. ‖ **corpusculaire** 1721, *Trévoux*. ‖ **corsage** 1175, Chr. de Troyes, « corps », puis « buste » (jusqu'au XVIIᵉ s.), auj. « partie de la robe qui recouvre le buste ». ‖ **corselet** fin XIIᵉ s., *Grégoire*, « petit corps » et « cuirasse » (jusqu'au XVIᵉ s.) ; « corsage », 1546, Ch. Est., spécialisé aux insectes. ‖ **corser** fin XVIᵉ s., Baïf, « saisir corps à corps, donner du corps » ; 1828, Stendhal. ‖ **corset** v. 1272, Joinville, « vêtement de dessus » (jusqu'au XVIᵉ s.), remplacé par *corsage* en ce sens et spécialisé au sens actuel. ‖ **corsetier** 1863, L. ‖ **arrière-corps** 1690, Furetière. ‖ **avant-corps** 1658. ‖ **incorporel** 1160, Benoît, du lat. *incorporalis*. ‖ **incorporer** 1190, saint Bernard (*en-*) ; XVᵉ s., milit. ; du lat. *incorporare*, faire entrer dans un corps. ‖ **incorporation** 1468, Chastellain, du lat. *incorporatio* ; milit., 1835, *Acad.*

corpuscule V. CORPS.

correct, correction V. CORRIGER.

corregidor 1579, *Registre de Bayonne*, mot esp. dér. de *corregir*, corriger.

corrélatif milieu XIVᵉ s., du lat. scolast. *correlativus*, de *relatio*, relation. ‖ **corrélation** 1412, *Règles de seconde rhétorique*, du lat. *correlatio*, état de ce qui a des relations, des rapports avec d'autres choses.

correspondre 1355, Bersuire, du lat. scolastique *correspondere*, de *respondere*, répondre, au sens de « être en rapport de conformité » ; XVIIᵉ s., correspondre par lettre. ‖ **correspondant** 1361, Oresme ; XVIIᵉ s., sens actuel. ‖ **correspondance** XIVᵉ s., *Nature à Alchimie*, « conformité » ; sens actuel XVIIᵉ s.

corridor fin XVIᵉ s. (*couridor*), terme de fortification ; 1636, Monet, sens actuel ; de l'ital. *corridore*, « (galerie) où l'on court ».

corriger 1268, E. Boileau, du lat. *cŏrrĭgĕre*, redresser, de *regere*, dresser. ‖ **corrigible** fin XIIIᵉ s., G. ‖ **incorrigible** 1334, G., du bas lat. *incorrigibilis*. ‖ **correct** 1512, Lemaire, lat. *correctus*, part. passé de *corrigere*. ‖ **incorrect** 1421, de Lannoy. ‖ **correcteur** fin XIIIᵉ s., du lat. *corrector* ; typogr. 1539, L. Morin. ‖ **correctif** 1361, Oresme, du lat. médiév. *correctivus*, adj. ‖ **correction** XIIIᵉ s., *Isopet de Lyon*, du lat. *correctio* ; *maison de correction*, 1771, *Trévoux.* ‖ **correctionnel** av. 1450, R. d'Anjou, « qui corrige » ; XVIIIᵉ s., jurid. ‖ **correctionnaliser** 1823, Boiste. ‖ **correctionnalité** 1842, *Acad.*

corroborer début XIVᵉ s., du lat. *corroborare*, de *robur*, force. ‖ **corroboration** 1296, G., du bas lat. *corroboratio*, action de renforcer, d'abord jurid.

corroder 1314, Mondeville, du lat. *cŏrrōdĕre*, ronger. ‖ **corrosif** XIIIᵉ s., L., du bas lat. *corrosivus*. ‖ **corrosion** 1314, Mondeville, du lat. *cŏrrōsio*. (V. RODER.)

corrompre 1190, Garn. (*-umpre*), du lat. *corrŭmpĕre* (v. ROMPRE). ‖ **corrupteur** 1495, J. de Vignay, du lat. *corruptor.* ‖ **corruptible** 1265, J. de Meung, du lat. chrét. *corruptibilis.* ‖ **corruptibilité** XVᵉ s., Farget, du lat. chrét. *corruptibilitas.* ‖ **corruption** 1119, Ph. de Thaun, du lat. *corruptio.* ‖ **incorruptible** 1361, Oresme, du bas lat. *incorruptibilis.* ‖ **incorruptibilité** 1495, J. de Vignay.

corrosif, -osion V. CORRODER.

***corroyer** fin XIᵉ s., *Alexis* (*conreer*) ; « préparer, équiper » (jusqu'au XVIᵉ s.) ; XVIᵉ s. (*conroyer* d'apr. les formes toniques et *corroyer* par assimilation) ; à partir du XIIIᵉ s., sens techn. ; du lat. pop. *conredare*, empr. au germ. *garêdan*, réfléchir à quelque chose (même rac. que l'allem. *raten*, conseiller). ‖ **corroi** 1155, Wace (*conrei*), « ordre, soin », puis « façon donnée au cuir ». ‖ **corroyage** 1838, *Acad.* ‖ **corroyeur** 1268, E. Boileau (*conreeur*). ‖ **corroierie** 1207, G. (*couroierie*).

corrupteur, -tible, -tion V. CORROMPRE.

corsage V. CORPS.

corsaire fin XIIᵉ s. (*corsari*), *Estoire de Eracles* ; de l'ital. *corsaro* « (pirate) qui fait la course (sur mer) ».

corselet, corser, corset V. CORPS.

corso 1839, Stendhal, « réjouissance carnavalesque à Nice » (qui a lieu sur le cours) ; ital. *corso*, cours, avenue.

cortège 1622, G. de Balzac, de l'ital. *corteggio*, suite de personnes, de *corteggiare*, faire la cour (*corte*).

cortès 1659, *Voy. d'Espagne*, de l'esp. désignant une assemblée nationale ; pl. de *corte*, cour.

cortical 1545, *Jard. de santé*, lat. *cortex, -icis*, écorce, dans les sens d'écorce cérébrale et d'écorce végétale. ‖ **corti-cine** 1842, *Acad.* ‖ **corticoïde** XXᵉ s., méd. ‖ **cortisone** 1950, *L. M.*

cortine 1762, *Acad.*, du lat. *cortina*, vase. Utilisé en bot. pour désigner les filaments qui réunissent le bord d'un champignon à son pied. (V. COURTINE.)

coruscation 1360, Oresme, du lat. *coruscatio*, de *coruscare*, étinceler. ‖ **co-ruscant** fin XVᵉ s., Lemaire, du part. prés. *coruscans*.

***corvée** 1160, Benoît, du lat. pop. *corrŏgāta* (*opera*), travail en participation, d'abord sollicité (du lat. *corrogare*, inviter ensemble), puis imposé à l'époque féodale; « tâche pénible » depuis l'abolition de la corvée féodale (4 août 1789); 1835, milit., « travail de courte durée ».

corvette 1476, G., texte picard, du moyen néerl. *korver*, bateau chasseur, comme les var. *corbe*, *corvot* (XVᵉ-XVIᵉ s.), *corbette* (XVIIᵉ s., Ménage).

corymbe 1545, Guéroult, bot., du lat. *corymbus*, empr. au gr. *korumbos*.

coryphée milieu XVIᵉ s., du lat. *coryphaeus*, empr. au gr. *koruphaios*, de *koruphê*, tête, c'est-à-dire « chef du chœur ».

coryza 1398, *Somme Gautier* (*coryze*); 1655, Fernel (*-ysa*); du lat. méd. (IIIᵉ s., C. Aurelius), empr. au gr. *koruza*, écoulement nasal.

cosaque 1578, *Négoc. du Levant*, du russe *kozak*.

cosmétique 1555, Aneau, du gr. *kosmetikos*, relatif à la parure, de *kosmos*, ordre, au sens fig. « ornement »; s. m. 1676. ‖ **cosmétiqué** 1876, A. Daudet.

cosmique 1578, d'Aubigné, du gr. *kosmikos*, de *kosmos*, ordre de l'univers, puis univers. ‖ **cosmogonie** 1585, J. Des Caurres, du gr. *kosmogonia.* ‖ **cosmographe** 1361, Oresme. ‖ **cosmographie** 1512, Lemaire, du gr. *kosmographia.* ‖ **cosmopolite** adj. 1560, Postel; subst., 1665, *Comédie du Cosmopolite*, gr. *kosmopolitês*. ‖ **cosmopolitisme** 1823, Boiste, a remplacé *cosmopolisme* 1739, Argenson. ‖ **cosmotron** 1953, *L. M.* ‖ **cosmonaute** 1934, Sternfeld.

cossard fin XIXᵉ s., « paresseux », mot de l'Ouest signif. « buse, canard sau-

vage », oiseaux indolents; origine obscure. ‖ **cosse** fin XIXᵉ s., dér.

1. ***cosse** (*de légume*) fin XIIᵉ s., *Aliscans*, du lat. pop. **coccia*, du même type que *coque*. ‖ **écosser** *id.* ‖ **écosseur** 1560, Viret. ‖ **cossu** XIVᵉ s., *Miracles de Nostre-Dame*, déjà, au fig., « bien fourni de cosses », puis « aisé ».

2. **cosse,** paresse V. COSSARD.

3. **cosse** 1552, Rab., anneau, dû néerl. *kous*, issu de l'anc. picard *calce*, chausse.

cosson XIᵉ s., *Raschi*, « charançon », du lat. *cossus*, ver de bois, par ext. « larve et insecte rongeant les grains ».

cossu V. COSSE 1.

costaud 1846, *Glossaire argotique* (*costel*), « souteneur »; 1881, abbé Moreau (*costaud*), « gaillard »; du romani *cochto*, bon, solide.

costume 1676, Félibien, « manière d'être extérieure », « couleur locale »; 1641, Poussin, « naturel extérieur »; 1747, Rémond, sens actuel; ital. *costume*, coutume. ‖ **costumer** 1787, Féraud (*-é*). ‖ **costumier** 1801, Mercier.

cosy-corner ou **cosy** 1906, Bonnafé, mot angl. signif. « petit canapé à deux places » (lit de coin).

cote fin XIVᵉ s. (*quote*, encore au XVIᵉ s.), « indication de la somme à payer »; 1784, Brunot, « indication de la valeur en bourse d'une action »; du lat. médiév. *quŏta*, fém. substantivé de l'interrogatif lat. *quŏtus*, combien, d'apr. *quota pars*, « part qui revient à chacun ». ‖ **coter** XVᵉ s., La Curne, « imposer »; 1834, Landais, « indiquer le taux ». ‖ **cotation** 1530, Marot. ‖ **cotiser** début XIVᵉ s., « taxer ». ‖ **cotisation** XVIᵉ s. ‖ **cotisant** XXᵉ s. (1959, Lar.) s. m. ‖ **décote** XXᵉ s. (1952, *L. M.*). ‖ **quote-part** fin XVᵉ s., « part qui revient à chacun ». ‖ **quotité** début XVᵉ, refait sur le lat. *quŏtus*.

***côte** XIIᵉ s., *Roncevaux* (*coste*), du lat. *cŏsta*, côte, côté; *fausse côte*, 1546, Ch. Est.; le sens de « rivage » s'est développé en roman. ‖ **côtelé** fin XIIᵉ s., *Aliscans*. ‖ **coteau** 1130, *Eneas*, qui a remplacé en ce sens *côté*. ‖ **côteline** 1796, *Not. Cavussin*, « étoffe ». ‖ **côtelette** 1398, Ménagier. ‖ **côtoyer** v. 1150, *Couronn. de Loïs* (*costeier*). ‖ **côtière** 1175, Chr. de Troyes. ‖ **côtier** 1539,

Gruget, adj. || **entrecôte** 1746, Menon. || **intercostal** 1536, Christian. (V. AC-COSTER.)

*__côté__ 1080, *Roland* (*costet*), du lat. pop. *__cŏstātum__, partie du corps où sont les côtes; il a éliminé *lez*, du lat. *latus*, au XVe s.; *côté droit, gauche*, polit., 1792, *Journ. de Paris*. || **écôter** XIVe s. (*-té*), enlever les côtes des feuilles de tabac. || **écôteur** 1761, Duhamel du Monceau. || **écôtage** *id*.

coter V. COTE.

coterie 1376, G., « bien roturier », « association de paysans tenant une terre seigneuriale », « société »; 1688, La Bruyère, sens actuel, péjor.; 1829, Boiste, « clientèle de parti politique »; de l'anc. fr. *cotier* (fin XIVe s.), au sens féodal, d'un germ. *kote*, cabane (angl. *cottage*).

cothurne XVe s., du lat. *cothurnus*, empr. au gr. *kothornos*.

côtier V. CÔTE.

cotignac 1398, *Ménagier* (*coudoignac*); 1530, Goeurot (*cotignac*), d'apr. le lat. *cotoneum*; du prov. *codonat*, *coudounhat* de *codouh*, coing. Désigne une pâte de coings.

cotillon V. COTTE.

*__cotir__ 1265, J. de Meung, « heurter », puis « meurtrir un fruit », du lat. pop. *__cottire__, empr. au gr. *kotté*, tête, comme *cosser*, heurter (XVIe s.), de l'ital. *cozzare*, du lat. pop. *__cottiare__. || **cotissure** 1701, Furetière.

cotisation, cotiser V. COTE.

coton fin XIIe s., *Alexandre*, de l'ital. de Gênes *cottone*, empr. à l'ar. *koton*. || **cotonner** début XIIIe s. || **cotonneux** 1552, Ch. Est. || **cotonnier** s. m. 1562, Du Pinet; adj. 1837. || **cotonnade** 1615, Loys Guyon.

cotre 1777, Lescallier, « petit croiseur » (var. *cutter*), de l'angl. *cutter*, « qui coupe (l'eau) ».

cottage 1754, *Encycl.*, mot angl. signif. « maison de paysans »; fin XVIII[e] s., « maison de campagne ». (V. COTERIE.)

cotte 1138, *Saint Gilles*, « tunique d'homme » (*cotte d'armes, de mailles*); 1549, R. Est., « robe », puis « jupe »; XVIIe s., « jupe de paysanne »; XIXe s., pantalon de travail d'ouvrier; du fran-

cique *__kotta__ (anc. haut allem. *chozza*, manteau de laine grossière). || **cotillon** 1461, Villon, « jupon »; auj. seulement, au fig., *courir le cotillon* (Wailly, 1809); fin XVIIe s., Regnard, « danse avec accessoires, avec cotillon »; XVIIIe s., « danse avec figures »; de *cotte*, robe.

cotyle 1503, Chauliac, du gr. *kotulê*, cavité. || **cotylédon** 1314, Mondeville, du gr. *kotulêdon*, cavité. || **dicotylédone** milieu XVIIIe s. || **monocotylédone** *id*.

*__cou__ 1080, *Roland* (*col*), du lat. *collum*. || **cou-de-pied** XIIe s.; compris *coude-pied*, il désigne auj. la cambrure du pied. || *__col__ XIIe s., var. de *cou*, refait d'apr. le lat. au sens fig. (*col* d'une bouteille, d'un habit, passage étroit); 1546, Ch. Est., anat. || **collet** XIIIe s., *Clef d'amour*, dimin. de *col*; d'abord « petit cou » (d'où, au fig., divers sens techn.); par ext., « vêtement qui entoure le cou ». || **colleter** 1611, Cotgrave, « saisir au collet ». || *__collier__ XIIIe s., *Parthenopeus* (*coler*), puis *collier* par changement de suffixe, du lat. *collarium*. || **collerette** 1309, Gay. || **colleret** 1553, Gouberville. || **accoler** fin XIe s., *Alexis*. || **accolade** début XVIe s., « embrassade »; 1659, Loret, en cuisine. || **accolement** 1213, *Fet des Romains*. || **accolure** 1743, *Trévoux*. || **décoller** Xe s., *Saint Léger*, du lat. *decollare*, de *collum*, cou. || **décollation** 1268, Delb., eccl. et chirurgie. || **décolleter** 1265, J. de Meung, « découvrir en laissant voir le cou »; 1700, Regnard, « échancrer de manière à laisser voir le cou » (*robe décolletée*). || **encolure** v. 1559, Amyot, de *col* et suffixe *-ure*. || **faux-col** 1827, *Journ. des femmes*. || **racoler** XIIe s., *Floire*, « embrasser de nouveau »; XVIIIe s., « recruter ». || **racolage** 1747, *les Bals de bois*. || **racoleur** *id*.

couac 1530, Marot, onomatopée.

couard V. QUEUE.

*__coucher__ 1080, *Roland* (*colchier*), « étendre », et *se coucher* (en parlant des astres); XIIIe s., « rédiger »; v. 1440, Ch. d'Orléans, « insérer dans un compte »; du lat. *collŏcare*, placer dans le lit, de *locare*, placer, issu de *locus*, lieu. || **coucher** s. m., XIIe s.; *coucher du roi*, 1635, Monin. || **couche** fin XIIe s., *Rois*, déverbal, « lit », puis « lit primitif » (XIVe s.), auj. archaïque; 1505,

203

« linge d'enfant » ; 1600, O. de Serres, agric. ; XVIIe s., « couche de peinture » ; 1867, Lar., « couches de la population ». || **fausse couche** 1652, Sévigné. || **couchage** 1657, Tall. des Réaux. || **coucherie** 1760, Voltaire. || **couchette** XIVe s., G. ; fin XIXe s., dans les trains ; *mignon de couchette*, 1611, Cotgrave. || **coucheur** 1534, Des Périers ; *mauvais coucheur*, 1690, Fur. || **couchis** 1694, Th. Corn. || **couchoir** *id*. || **couchure** 1754, *Encycl*. || **accoucher** fin XIIe s., *Rois*, « coucher » ; XIIIe s., « mettre au monde » (seul sens à partir du XVIe s., éliminant *gésiner* et *agésir*). || **accouchée** 1321, Richard. || **accoucheur** 1677, D. Fournier. || **accouchement** fin XIIe s. || **découcher** 1196, J. Bodel, « faire lever » ; 1579, « coucher hors de la maison ». || **recoucher** 1160, *Eneas*.

couci-couça 1648, Scarron (*coussi-coussi*), d'apr. *comme ci comme ça*, de l'ital. *così-così*, ainsi.

coucou fin XIIe s., Marie de France, du lat. *cŭcūlus*, altéré par l'imitation du cri de l'oiseau ; le mot a aussi donné *cocu* ; 1813, Jouy « voiture ». (V. cocu.)

coucoumelle 1836, Landais, « oronge blanche », du prov. mod. *coucoumèlo*.

*****coude** XIIe s., *Roncevaux* (*keute*), partie du corps ; 1690, Furetière, « angle d'un chemin, d'une chose » ; 1869, Lar., fig., *jouer des coudes* ; du lat. *cŭbitus*. || **coudée** 1155, Wace (*coltée*) ; 1611, Cotgrave, *avoir les coudées franches*. || **couder** 1493, Aubrion. || **coudoyer** 1588, Montaigne. || **coudoiement** 1845, Besch. || **accouder** XIIe s., *D. G.* || **accoudoir** XIVe s., G. || **-dement** 1611, Cotgrave.

1. *****coudre** s. m. XIIe s., *Roncevaux*, du lat. *corylus*, *corŭlus*, noisetier, devenu *colurus* en lat. pop., sous l'infl. celtique. || **coudraie** XIIe s., *Pastourelle*. || **coudrette** XIIe s., G. || **coudrier** 1503, Lemaire, éliminé par *noisetier*.

2. *****coudre** XIIe s., L., du lat. pop. *cōsĕre*, issu du lat. class. *consŭĕre*, de *sŭĕre*, coudre. || **couseuse** 1803, Boiste ; le masc. *couseur* est attesté au XIIIe s. || **cousoir** 1680, Richelet. || **cousette** 1865, Barbey. || *****couture** 1157, G. d'Arras (*custure*), du lat. pop. *cosutura*. || **couturer** XVe s., G., « coudre » ; fin XVIIe s., « balafrer »

(au part. passé). || **couturier, -ière** XIIe s. ; le masc., éliminé par *tailleur* au XVIe s., a été repris au XIXe s. et spécialisé pour les costumes féminins. || **découdre** fin XIIe s., *Aliscans* ; *en découdre*, XVIIe s. ; *machine à coudre* 1829, B. Thimonnier. || **recoudre** XIIe s., Delb.

*****coudrer** 1571, Delb., « tremper le cuir dans la jusée », d'une forme pop. du lat. *colorare*, colorer (comme le prov. *colrar*). || **coudrement** 1375, Delb.

*****couenne** 1265, J. de Meung, du lat. pop. *cŭtina*, dér. du lat. *cutis*, peau, avec un suffixe sans doute gaulois. || **couenneux** 1611, Cotgrave.

couet 1382, *Comptes du Clos des Galées*, autre forme de écoute 2.

*****couette** XIIe s., L. (var. *cuilte*), du lat. *cŭlcĭta*, matelas, lit de plume. (V. courtepointe, coutil.)

couffe 1666, Thévenot, **couffin** 1841, *Français peints par eux-mêmes*, du prov. mod. *coufo*, *coufin*, panier, issu du bas lat. *cophinus*, empr. au gr. (V. coffin.)

couguar 1761, Buffon, empr. au port. *cucuarana*, mauvaise graphie du tupi-guarani *susuarana*, refait avec *jaguar*. Ancien nom du puma.

*****couille** XIIe s. (*coil*), pop. ; 1256, Ald. de Sienne (*coille*) ; du lat. pop. *cōlea*, issu du lat. *cōleus*, sac de cuir. || **couillard** XVe s., *Franc Archer de Bagnolet*. || *****couillon** XIIIe s., *Fabliau*, du lat. pop. *coleo, -onis* ; XVIe s., « poltron » ; sans doute de l'ital. (var. *coïon*). || **couillonnerie** XVIe s. (*coïonnerie*). || **couillonnade** 1611, Cotgrave (*couïonnade*). || **couillonner** 1656, Oudin (-é).

couiner fin XIXe s., « crier en parlant du lapin », onom. || **couinement** 1866, Lar.

coulage, coule V. couler.

*****coule** XIIe s., Du Cange, « capuchon », du lat. *cuculla*. (V. cagoule.)

*****couler** XIIe s., *Roncevaux*, « filtrer » ; XIIe s., « se répandre », en parlant des liquides ; 1680, Richelet, « jeter dans un moule » ; 1806, Lelievc, métallurgie ; 1690, Furetière, *couler la lessive* ; 1690, Furetière, *nœud coulant* ; du lat. *cōlare*, filtrer. || **coule** fin XIIIe s., *Renart*, *être à la coule*. || **coulée** 1500. || **coulé** 1736, Montéclair. || **coulure** début XIVe s. || **coulage** fin XVIe s., *Guidon de la mer*.

204

‖ **couleur, -se** fin XIXᵉ s. ‖ **coulis** XIIᵉ s., Fierabras (*couleis*) adj. et s., de *couler*, surtout au fig. ‖ **coulisse** XIVᵉ s., d'apr. *porte coleice* (fin XIIIᵉ s., *Renart*) ; 1841, *Français peints par eux-mêmes*, terme de Bourse. ‖ **coulisseau** fin XVᵉ s., G. de Villeneuve. ‖ **coulisser** 1690, Furetière, spécialisé pour les coulisses de tissus. ‖ **coulissier** 1815, Jouy, courtier de la coulisse en Bourse. ‖ **couloir** XIᵉ s., « ce qui sert à couler » ; 1376, G., « passage ». ‖ **couloire** 1293, G., « passoire ». ‖ **découler** fin XIIᵉ s. ‖ **découlement** 1519, G. Michel. ‖ **découloir** 1744, Dalibard. ‖ **écouler** 1130, *Eneas* (*escoler*). ‖ **écoulement** 1539, R. Est. ‖ **recouler** début XIXᵉ s.

*****couleur** 1080, *Roland* ; 1820, Matoré, en polit. ; du lat. *color, -oris.* ‖ **colorer** 1050, *Alexis*, sur *couleur*, refait d'apr. le lat. *colorare.* ‖ **coloration** 1460, Bartzsch. ‖ **colorant** 1690. ‖ **coloris** adj. pl. XVIᵉ s., Papon ; s. m. 1615, Binet ; de l'ital. *colorito*, part. passé de *colorire*, avec confusion de finale. ‖ **colorier** 1550, B. W. ‖ **coloriage** 1839, Balzac. ‖ **colorisation** 1690, Furetière. ‖ **coloriste** 1660, Brunot. ‖ **bicolore** fin XVᵉ s., *Anc. poés. fr.* (*bicoloré*) ; 1842, *Acad.* (*-colore*). ‖ **décolorer** 1080, *Roland*, du lat. *decolorare.* ‖ **décolorant** s. m. 1792, *Ann. chimie.* ‖ **décoloration** 1478, Panis, du lat. *decoloratio.* ‖ **incolore** 1829, Boiste, du bas lat. *incolor.* ‖ **multicolore** 1510, J. Lemaire. ‖ **tricolore** 1695, Regnard.

*****couleuvre** fin XIIᵉ s., Marie de France, du lat. pop. *cŏlŏbra, issu du lat. class. *cŏlŭbra* ; *faire avaler des couleuvres*, 1667, Sévigné. ‖ **couleuvreau** fin XVIᵉ s. R. Belleau. ‖ **couleuvrine** v. 1360, Froissart (*coulouvrine*).

coulis, couloir V. COULER.

coulomb 1881, du nom du physicien Coulomb (1736-1806). (V. AMPÈRE.)

*****coulon** Xᵉ s., *Eulalie*, « pigeon », du lat. *columbus.* (V. COLOMBE.)

*****coulpe** Xᵉ s., *Eulalie* (*colpe*) ; XIIᵉ s. (*coupe*), « faute », en usage dans ce sens jusqu'au XVIᵉ s. ; du lat. *cŭlpa*, faute, péché (eccl.). ‖ ***coupable** 1130, *Job*, du lat. *cŭlpăbĭlis.* ‖ **culpabilité** 1791, Condorcet, formation savante. ‖ **coupablement** 1590, Baïf. (V. INCULPER.)

coumarouna 1614, Claude d'Abbe-ville (*-rou*), arbre, d'une langue indi-gène de Guyane. ‖ **coumarine** 1836, Landais (*coumarin*) ; 1842, *Acad.* (*coumarine*). ‖ **coumarique** fin XIXᵉ s.

*****coup** 1080, *Roland* (*colp*), du lat. impér. *cŏlăphus* (IIᵉ s.), coup de poing, soufflet, empr. au gr. *kolaphos* ; *être sous le coup de*, 1845, Besch. ; *coup de cha-peau*, 1690, Furetière ; *coup de filet*, 1635, Monin ; *coup de soleil*, 1582, Montaigne, « insolation ». ‖ **à-coup** 1260, adv. ; s. m. fin XIXᵉ s. ‖ **contrecoup** 1560, Paré. ‖ **tout à coup** XVIᵉ s. ‖ **couper** fin XIᵉ s., *Lois de Guill.* (*colper*), de « diviser d'un coup » ; *couper les cartes*, 1640, Oudin. ‖ **coupe** 1283, Beauma-noir, « abattage » ; *être sous la coupe de*, 1690, Furetière ; *coupe réglée, sombre*, 1863. ‖ **couperet** 1328, *Arch.* ‖ **cou-peur** 1283, Beaumanoir. ‖ **coupé** 1718, *Acad.*, voiture. ‖ **coupée** 1733, Bourdé, mar. ‖ **coupage** XIVᵉ s. ; 1836, Landais, techn. ‖ **coupon** fin XII s., *Alexandre*, « mor-ceau ». ‖ **coupure** 1398, *Ménagier.* ‖ **coupe-choux** 1344, *D. G.*, surnom ; XIXᵉ s., ironique, « baïonnette ». ‖ **coupe-jarret** 1578, d'Aubigné. ‖ **coupe-file** 1883, Delvau. ‖ **coupe-circuit** 1888, Lar. ‖ **coupe-papier** 1866, Lar. ‖ **coupe-tête** 1360, Froissart. ‖ **coupe-racines** 1832, Raymond. ‖ **coupe-gorge** XIIIᵉ s., La Curne, « coutelas » ; XVIᵉ s., sens actuel. ‖ **découper** 1155, Wace ; 1917, *le Film*, en cinéma. ‖ **découpage** 1497, G. ; 1917, *le Temps*, en cinéma. ‖ **découpeur** XIIᵉ s. ‖ **découpure** XIIIᵉ s., G. ‖ **entrecouper** 1160, Benoît. ‖ **entre-coupé** adj. XVIᵉ s., « saccadé ». ‖ **entre-coupe** fin XIIIᵉ s. ‖ **entrecoupement** v. 1560, Ronsard. ‖ **recouper** 1190, Garn. ‖ **recoupement** 1190, saint Bernard, « retranchement » ; 1923, Lar., « rapprochement de témoignages ». ‖ **recoupage** fin XIXᵉ s. ‖ **surcouper** 1730, texte anonyme, jeu de cartes. ‖ **surcoupe** milieu XIXᵉ s., déverbal.

coupable V. COULPE.

1. coupe V. COUP.

2. *coupe fin XIIᵉ s., *Rois*, du lat. *cŭppa*, vase (var. spécialisée de *cŭppa*) ; 1851, C. E. V., « récompense dans les compétitions ». ‖ **coupelle** 1431, Delb. ‖ **soucoupe** 1615, Fougasses (*soute-coupe*) ; 1640, Oudin (*soucoupe*, calque de l'ital. *sotto coppa*).

couper V. COUP.

couperose XIII⁰ s., *Clef d'amour*, « sulfate », du lat. médiév. *cupri rosa*, rose de cuivre; 1530, Goeurot, « affection de la peau », croisement de *goutte rose* (ancien nom de cette affection) [encore 1793, Lavoisien] avec le précédent; ou du moyen néerl. *copperose*, vitriol. ‖ **couperosé** fin XV⁰ s.

*couple 1190, Garn. (*cople*), « mariés » et « liens »; XIII⁰ s., « paire »; du lat. *cōpŭla*, lien, liaison. ‖ **coupler** *id.*, du lat. *copulare*. ‖ **couplage** 1827, *Acad.* ‖ **accoupler** XII⁰ s., *Roncevaux*. ‖ **accouplement** XIII⁰ s., G. ‖ **accouplage** 1580, Montaigne. ‖ **couplet** 1364, G., « réunion de deux pièces jointes par charnières »; *couplet de chanson*, XVI⁰ s., repris au prov. *cobla*, couple de vers. ‖ **découpler** 1138, *Saint Gilles*, vénerie; fig. XVII⁰ s., « dégagé ».

couplet V. COUPLE.

coupole 1666, Thévenot, de l'ital. *cupola*, issu du lat. *cūpŭla*, petite cuve.

coupon, -ure V. COUP.

couque 1836, Landais, « gâteau », du néerl. *koek* (prononcé *kouk*) [allem. *Kuchen*].

*cour 1080, *Roland* (*cort*); XV⁰ s. (*cour*), d'apr. le lat. *curia*, par fausse étymologie; du lat. pop. *cōrtis* (*curtis*, à l'époque franque), du lat. *cohors, -ortis*, cour de ferme, par ext. « ferme, domaine rural », puis « domaine seigneurial et royal, entourage du roi, cour de justice »; *faire sa cour*, 1549, R. Est.; *eau bénite de cour*, v. 1500. ‖ **avant-cour** milieu XVI⁰ s. ‖ **arrière-cour** fin XVI⁰ s. ‖ **basse-cour** XIII⁰ s., au pr. et au fig. ‖ **haute-cour** 1791. (V. COURTIL, COURTISAN, COURTOIS.)

courage 1080, *Roland*, dér. anc. de *cœur*, au sens fig.; il avait aussi le sens de « disposition du cœur », et « cœur » jusqu'au XVII⁰ s. ‖ **courageux** 1160, Benoît. ‖ **décourager** 1283, Beaumanoir. ‖ **découragement** XII⁰ s., *D. G.* ‖ **encourager** 1160, Benoît. ‖ **encouragement** fin XII⁰ s., G. ‖ **encourageant** 1707, H. de La Motte.

courant V. COURIR.

courbache 1842, *Acad.*, du turc *qĭrbātch*, long fouet à lanière de cuir. (V. CRAVACHE.)

courbature XVI⁰ s., Loysel, altér. du prov. *courbaduro*, courbature, par attraction de *court* et de *battu*. ‖ **courbatu**

XV⁰ s., La Curne. ‖ **courbaturer** 1836, Landais.

*courbe 1265, J. de Meung, du lat. *cŭrvus*; le masc. a été refait sur le féminin; s. f. fin XVII⁰ s. ‖ ***courber** fin XII⁰ s., *Rois*, du lat. *cŭrvare*. ‖ **courbure** XVI⁰ s. ‖ **courbement** 1539, R. Est. ‖ **courbette** 1351, G., « selle »; XVI⁰ s., « saut de cheval »; fig. 1578, Ronsard, « salut bas ». ‖ **recourber** 1130, *Eneas*. ‖ **recourbure** 1600, O. de Serres.

courge 1390, Conty (*cohourge*), forme de l'Ouest, altér. mal expliquée de l'anc. fr. *cohourde* (v. GOURDE), du lat. *cŭcŭrbita*. ‖ **courgette** 1929, Lar. ‖ **cucurbitacée** 1721, *Trévoux*.

*courir fin XI⁰ s., *Alexis* (*courre*); XIV⁰ s., J. Le Fèvre (*courir*, réfection sur les verbes en *ir*); la forme *courre* est conservée dans *chasse à courre*; du lat. *cŭrrĕre*. ‖ **courant** d'eau, début XIII⁰ s., Villehardouin; XVII⁰ s., fig.; 1806, Lunier, courant électrique. ‖ **courante** XIV⁰ s., *Chron. de Morée*, « diarrhée »; 1578, nom d'une danse. ‖ **coureur** fin XII⁰ s., *Loherains*. ‖ **courrier** XIII⁰ s., *Geste des Chyprois*, repris à l'ital. *corriere*. ‖ ***cours** 1080, *Roland*, du lat. *cursus*; XIII⁰ s., « conférence »; XVII⁰ s., « avenue », repris en ce sens à l'ital. où il existe fin XIII⁰ s. (Villani). ‖ **course** XIII⁰ s. (*corse*), part. passé fém. de *courir*; fin XIV⁰ s. (*course*); sans doute infl. par l'ital. *corsa*, de *correre*, courir. ‖ **coursier** XII⁰ s., *Roncevaux*, « course », dér. de *cours*; fin XIX⁰ s., de *course*. ‖ **accourir** fin XI⁰ s., *Alexis* (*acorent*), du lat. *accurrere*. ‖ **contre-courant** 1783. ‖ **avant-coureur** XIV⁰ s.; fig.; XVI⁰ s. ‖ **encourir** 1190, Garn. (*encourre*), « commettre une faute », du lat. *incurrere*, « courir sur » (jusqu'au XVII⁰ s.), puis, au fig., « s'exposer à ». ‖ **parcourir** XIII⁰ s. (*percorre*); v. 1500 (*-rir*); du lat. *percurrere*, refait avec le préfixe *par-*. ‖ **parcours** 1268, Du Cange, déverbal. ‖ **recourir** 1175, Chr. de Troyes (*recourre*), « courir de nouveau », refait sur le modèle de *courir*; v. 1559, Amyot, *recourir à*. ‖ **recours** fin XIII⁰ s., Rutebeuf, du lat. jurid. *recursus*. ‖ **secourir** 1080, *Roland* (*secorre*), du lat. *succurrere*, refait sur *courir*. ‖ **secours** *id.*, du lat. *succursus*. ‖ **secourable** début XIII⁰ s., *Floire*. ‖ **secouriste** XVIII⁰ s. ‖ **secourisme** XX⁰ s.

courlis XIIIe s., *Bible* (*courlieus*); XVIe s. (*-lis*); onomatopée d'apr. le cri de l'oiseau.

*****couronne** fin XIe s., *Lois de Guill.*, du lat. *cŏrōna*, empr. au gr.; XVIIe s., Bossuet, « royauté ». ‖ **couronner** Xe s., *Saint Léger*, du lat. *coronare*. ‖ **couronnement** 1190, Garn. ‖ **découronner** 1160, Benoît.

courrier V. COURIR.

*****courroie** 1080, *Roland* (*correie*), du lat. *cŏrrĭgia*.

*****courroucer** fin XIe s., *Alexis* (*corocier*), du lat. pop. *corruptiare*, de *corrŭptus*, corrompu, aigri, ou de *cor ruptum*, cœur brisé. ‖ **courroux** Xe s., *Saint Léger*, « chagrin », déverbal.

cours, course, coursier V. COURIR.

coursive 1495, G. de Villeneuve (*coursie*); 1687, Desroches (*-cive*); de l'ital. *corsiva* (dial. *corsia*), passage où l'on peut courir.

1.*court 1080, *Roland*, du lat. *cŭrtus*; *prendre de court*, 1660, Oudin; *couper court*, 1560, Pasquier; *avoir la vue courte*, 1540, Rab. ‖ **courtaud** 1439, *Journ. de Paris*. ‖ **courtaille** 1789, *Encycl. méth.* ‖ **court-bouillon** 1651, La Varenne. ‖ **court-circuit** 1903. ‖ **court-circuiter** XXe s. ‖ **court-jointé** 1661, Molière. ‖ **accourcir** 1175, Chr. de Troyes, de *court*, avec infl. de *accorcier*, du lat. *accurtiare*. ‖ **accourcissement** 1503, G. de Chauliac. ‖ **écourter** 1190, Garn. (*escurter*). ‖ **raccourcir** XIIIe s. ‖ **raccourci** 1400. ‖ **raccourcissement** 1564, J. Thierry.

2. court [*de tennis*] 1900, de Vaux; dans Giffard (1641), *a tennis-court, un jeu de paulme*; mot angl. issu de l'anc. fr. *court*, cour.

courtepointe fin XIIe s., *Alexandre*; XVe s. (*contre-pointe*); altér. de *coutepointe* (XIIe s.), couvre-pied piqué (v. COUETTE), par attraction de *courte*; usité surtout du XIVe s. au XVIIIe s.

courtier 1268, E. Boileau (*courratier*, encore au XVIIe s.), du prov. *courratier*, coureur, intermédiaire dans des opérations commerciales. ‖ **courtage** 1248, G. (*courratage*).

*****courtil** 1155, Wace, du bas lat. *cohortile*, jardin attenant à la ferme (v. COUR), du lat. *cohors, -ortis*. ‖ **cour-**

tilière XIIe s., « jardinier »; 1547, J. Martin, désigne l'insecte. (Cf. JARDINIÈRE, nom rural du carabe doré.)

*****courtine** début XIIe s., *Voy. de Charlemagne*, « rideau de lit », du bas lat. *cortina*, tenture (VIIe s., Isidore de Séville); fin XIXe s., « tenture de porte », repris directement à l'ital. *cortina*, même orig.

courtisan fin XVe s., de l'ital. *cortigiano*, de *corte*, cour. ‖ **courtisane** début XVIe s. (*courtisienne*); a pris un sens péjor. dès le XVIe s. (Du Bellay). ‖ **courtisanerie** XVIe s., La Curne. ‖ **courtisanesque** 1578, H. Est. ‖ **courtiser** 1557, de Magny, réfection de l'anc. fr. *courteier, -oyer*, de *court*, cour.

courtois 1080, *Roland* (*corteis*), de l'anc. fr. *court*, cour au sens fig. ‖ **courtoisement** 1080, *Roland*. ‖ **courtoisie** fin XIIe s., Conon de Béthune. ‖ **discourtois** 1416, Delb. (*des-*); XVIe s. (*dis-*), de l'ital. *discortese*. ‖ **discourtoisie** XVe s. (*des-*); 1580, Montaigne (*dis-*); de l'ital. *discortesia*.

couscous 1505, Gonneville, de l'ar. *kouskous*; importé aux Antilles, a pris le sens de graine de maïs, d'où en fr. *couchcou* (1505, Gonneville), puis *couscous* (1649, Dan), *cuzcuz* (Rousseau).

cousette, couseur V. COUDRE 2.

1. cousin (terme de parenté), 1080, *Roland*, se rattache à une forme abrégée mal expliquée (peut-être enfantine) du lat. *consobrinus*. ‖ **cousinage** XIIe s., *Fantosme*. ‖ **cousiner** 1560, Pasquier.

2. *cousin (diptère) XIIe s. (*cussin*); XVIe s. (*cusin*); du lat. pop. *cūlicinus*, de *cūlex, -icis*, moustique.

*****coussin** début XIIe s., *Voy. de Charlemagne*, lat. pop. *coxinum*, de *coxa*, cuisse, proprement « coussin de hanche ». ‖ **coussinet** XIIIe s., J. de Garlande.

*****couteau** XIIe s., *Roncevaux* (*coltel*), du lat. *cŭltellus*, dimin. de *culter* (v. COUTRE); *être à couteaux tirés*, 1680, Richelet. ‖ **couteler** XIIIe s., *D. G.* ‖ **coutelier** 1160, Benoît. ‖ **coutellerie** 1268, E. Boileau. ‖ **coutelet** 1265, J. de Meung. ‖ **coutelure** 1572, Lespinasse. ‖ **coutelas** 1410, G. (*-asse*); XVIe s., Monluc (*-as*); de l'ital. *coltellaccio*.

*****coûter** 1190, Couci (*coster*), du lat. *constare*, être certain, être fixé, spécialisé en lat. pop. pour indiquer le prix. ‖ **coût**

1155, Wace (*cost*). ‖ **coûteux** 1213, *Fet des Romains*. ‖ **coûteusement** 1863, L.

coutil XIIIe s., *D. G.* (*keutil*), dér. de *coute*, anc. forme de *couette*. (V. ce mot).

coutille 1351, Du Cange, « grand couteau » et « fétuque dorée » (plante méridionale), de l'esp. *cuchillo*, couteau, et *cuchilla*, fétuque.

couton 1827, *Acad.* (*couston*), « petite plume qui reste sur les volailles plumées », du prov. *coustoun*, de *costa*, côte (plume de côté).

****coutre** 1160, Benoît, « grand couteau qui précédait le soc de la charrue », du lat. *culter*, *cultri*, grand couteau, dont la spécialisation de sens est ancienne.

****coutume** fin XIe s., *Lois de Guill.* (*custume*), du lat. *consuētūdo*, *-dinis*, devenu en lat. pop. **cosetudine*, avec changement de suffixe. ‖ **coutumier** adj., 1167, G. d'Arras ; s. m. XIVe s. ‖ **accoutumer** fin XIIe s., *Rois* (*acustumer*). ‖ **accoutumance** 1160, Benoît. ‖ **désaccoutumer** fin XIIe s., *Grégoire*. ‖ **désaccoutumance** XIIIe s., *Livre de justice*. ‖ **inaccoutumé** 1390, Conty. ‖ **raccoutumer** début XVIe s.

couture V. COUDRE 2.

****couvent** XIIe s. (*covent*), du lat. *convĕntum*, assemblée, au sens eccl. ‖ **convent** anc. forme de *couvent* (jusqu'au XVIIe s.) ; 1877, L., terme de franc-maçonnerie, mot angl., spécialisé pour les loges écossaises. ‖ **conventicule** 1384, Delb., du lat. *conventiculum*, petite réunion. ‖ **conventuel** 1249, G., du lat. eccl. *conventualis*. ‖ **conventuellement** 1462, G. ‖ **conventualité** 1690, Furetière.

****couver** XIIe s., *Ps.* ; XIIIe s., fig. ; du lat. *cŭbare*, être couché, spécialisé pour les volatiles en lat. pop. (cf. PONDRE, SAILLIR, TRAIRE). ‖ **couvade** 1538, R. Est., mot prov. ‖ **couvage** 1842, *Acad.* ‖ **couvée** XIe s., *Gloses de Raschi*. ‖ **couvain** XIVe s. (*-in*). ‖ **couveuse** XVIe s. ‖ **couvaison** milieu XVIe s. ‖ **couvi** XIIIe s., G. (*couveïs*). ‖ **couvoir** 1564, R. Est. ‖ **couvet** 1680, Richelet, d'apr. la prononciation pop. de *couvoir* (*-ouè*).

couverceau, couvercle, couverture V. COUVRIR.

****couvrir** 1080, *Roland*, du lat. *coopĕrīre*, couvrir entièrement, qui a pris dès le début le sens de « protéger » ; *allée couverte*, 1835, *Acad.* ; *à mots couverts*, 1798, *Acad.* ‖ **couvert** 1283, Beaumanoir, « ce qui couvre » ; par ext. « ce dont on couvre la table », part. passé substantivé. ‖ **couverte** XIIe s., *Florimond.* ‖ **couvreur** 1268, E. Boileau. ‖ **couvre-chef** XIIe s. ‖ **couvre-feu** XIIIe s. ‖ **couvre-pied** 1740, *Acad.* ‖ **couvre-lit** 1863, L. ‖ **couvre-plat** 1688, Miege. ‖ **couverture** 1155, Wace, du bas lat. *coopertura*. ‖ **découvrir** XIIe s., *Ps.*, « révéler », du bas lat. *discooperire* ; XIVe s., « trouver en parcourant ». ‖ **découverte** fin XIIe s., R. de Moiliens. ‖ **découvert** s. m., 1387, J. d'Arras ; XVIIIe s., sens commercial. ‖ **découvreur** XIIIe s., Ernoul, « éclaireur » ; XVIe s., « qui trouve ». ‖ **recouvrir** 1160, *Eneas.* ‖ **recouvrement** milieu XVe s. ‖ **couvercle** XIIe s., du lat. *coperculum*, qui recouvre. ‖ **couverceau** XIIe s., *Ps.* (*covercel*), du lat. pop. **copercelum*, var. de *coperculum*. ‖ **redécouvrir** 1862, Sainte-Beuve.

coxal XIXe s. (1827, *Acad.*), du lat. *coxa*, hanche, cuisse. ‖ **coxalgie** début XIXe s. (gr. *algos*, souffrance).

cow-boy 1906, Adam, mot angl. signif. « garçon chargé de garder les vaches ».

coyer 1398, *Ménagier*, « croupe, pièce de charpente » ; dér. de *coe*, *coue*, anc. forme de *queue*.

coyote 1866, Lar., mot esp., empr. à l'aztèque *coyotl*, chacal.

crabe début XIIe s., fém. jusqu'au XVIIIe s., de l'anc. norm. *krabbi*, masc., et du moyen néerl. *krabbe*, fém. ‖ **crabot** XXe s., dérivé d'un manchon d'embrayage, dimin. fig. de *crabe*. ‖ **crabotage** 1836, Landais, « première foncée d'une ardoisière », peut-être d'une rac. différente.

crabron début XVIe s., du lat. *crabro*, frelon ; 1638, Chapelain, fig., « critique ».

crac fin XVe s., onom., *krakk*. ‖ **craquer** XVIe s., sens propre ; 1718, Destouches, fig. ‖ **craqueter** 1538, R. Est. ‖ **craquement** 1553, Martin. ‖ **craqueler** milieu XVIIIe s. (*-é*). ‖ **craquelure** 1863, L. ‖ **craquerie** fin XVIIe s. ‖ **craque** 1826, Wailly, « mensonge ». ‖ **craqueur** 1640, D. Ferrand.

*cracher XIIe s., *Marbode*, du lat. pop. ***craccare**, onom. qui paraît d'origine germ. ‖ **crachat** 1265, Br. Latini. Le suffixe ancien paraît être *-as*. ‖ **crachement** XIIIe s., G. ‖ **cracheur** 1538, R. Est. ‖ **-oir** XVIe s. ‖ **crachoter** 1578, d'Aubigné (*-eter*) ; XVIIe s. (*-oter*). ‖ **crachotement** 1694, *Acad.* ‖ **crachottis** 1657, Tall. des Réaux. ‖ **crachin** fin XIXe s., mot régional de Bretagne. ‖ **recracher** 1468, Chastellain.

crack 1854, Dillon, mot angl. signif. « fameux », du verbe [*to*] *crack*, se vanter. D'abord comme terme du turf.

*craie XIe s., *Raschi* (*crete*), du lat. *crêta*, craie. ‖ **crayère** 1379, G. ‖ **crayeux** XIIIe s., *D. G.* ‖ **crayon** 1309, G. (*croion*), « sorte de craie » ; XVIe s., sens actuel ; la craie fut la matière des premiers crayons ; puis vint la plombagine sous Louis XIII. ‖ **crayonner** 1584, du Bartas. ‖ **crayonnage** 1790, Brunot. ‖ **crayonneur** milieu XVIIIe s. ‖ **crayonneux** 1735, Pluche. ‖ **porte-crayon** 1676, Félibien.

*craindre 1080, *Roland* (*criembre*), refait en *criendre*, *craindre* d'apr. les verbes en *-aindre* ; du lat. pop. **crêmere*, spécial en Gaule, altér. du lat. *trêmere*, trembler, craindre, par le gallois **cremo-* ou **crito-*, tremblement. ‖ **crainte** XIIIe s., *Clef d'amour*, qui a remplacé *crieme*, déverbal de *criembre*. ‖ **craintif** 1398, *Ménagier*. ‖ **craintivement** XIVe s., Beauveau.

craminer 1790, *Encycl. méth.*, « étirer les peaux », du néerl. *krammen*, attacher.

cramoisi 1298, Marco Polo (*cremoisi*), de l'ar. *qirm'zī*, rouge de kermès.

crampe XIe s. ; adj. en anc. fr. (*goutte crampe* en méd.) et s. f. ; du francique **kramp* (allem. *Krampf*, moyen néerl. *crampe*), courbé.

crampon 1268, E. Boileau, du francique **krampo*, courbé ; fig., « personne tenace », 1867, Delvau. ‖ **cramponner** XVe s., de La Salle. ‖ **cramponnement** 1873, Goncourt. ‖ **décramponner** fin XVIe s., « enlever un crampon » ; 1867, Lar., « lâcher prise ».

cran 1360, Froissart (*cren*), déverbal de *créner* ; v. 1900, *avoir du cran*, dans la langue militaire d'abord. ‖ **créner** 1539, R. Est., du lat. impér. *crena*, entaille, restreint à des emplois techn. ‖ **créneau**

1190, Bodel (*crenel*), dér. pop. du lat. *crena*, cran. ‖ **créneler** XIIe s., *Roncevaux.* ‖ **crénelage** 1723, Savary. ‖ **crénelure** XIVe s. ‖ **crénure** fin XIIe s., *Alexandre* (*eüre*). ‖ **crénon** 1754, *Encycl*, techn.

crâne 1314, Mondeville, du lat. médiév. *cranium*, empr. au gr. *kranion* ; fig. 1787, Féraud, « téméraire » ; 1833, Balzac, « homme décidé ». ‖ **crânement** 1845, Besch. ‖ **crâner** 1845, J.-B. Richard, être orgueilleux. ‖ **crâneur** 1862, Vallès. ‖ **crânien** début XIVe s. ‖ **crânerie** 1784, *Courrier de l'Europe.*

crapaud XIIe s., *Moniage Guill.* (*crapot*), de *crape* (1398, *Ménagier*), « ordure », déverbal de *escraper*, nettoyer en raclant, issu du francique **krappan.* ‖ **crapaudière** 1394, G. ‖ **crapaudine** XIIIe s., de *Méry.* ‖ **crapouillot** 1880, d'apr. *L. M.*, 1916 ; canon trapu comme le *crapaudeau* (XVe-XVIe s.). ‖ **crapoussin** 1752, *Trévoux.*

crapouillot V. CRAPAUD.

crapule 1318, Gace de la Bigne, du lat. *crapula*, ivresse (sens conservé au XVIIe s.). ‖ **crapuleux** 1495, J. de Vignay. ‖ **crapulerie** 1868, Goncourt.

craqueler V. CRAC.

craquelin 1265, G. Espinas, « gâteau », du moyen néerl. *crakelinc.*

craquer V. CRAC.

crase 1613, Duret, du gr. *krasis*, mélange en phys. et en gramm.

crasse 1130, *Job*, adj. resté dans *ignorance crasse* ; s. f. XIVe s. ; du lat. *crassus*, épais, gras, au fig. grossier (v. GRAS). ‖ **crasser** 1836, Landais. ‖ **crasseux** XIIIe s. ‖ **crassier** 1754, *Encycl.* ‖ **encrasser** XIVe s. ‖ **décrasser** fin XIVe s. ‖ **décrassement** fin XVIIe s.

crassula 1390, Conty, « plante grasse », du lat. *crassus*, gras. ‖ **crassulacée** fin XVIIIe s.

cratère XVe s., « vase antique » ; 1570, Hervet, cratère de l'Etna, donné comme expression sicilienne ; du lat. *crater*, empr. au gr. *kratêr*, qui avait les deux sens.

cravache 1790, *Encycl. méth.*, de l'allem. *Karbatsche*, empr. au turc par l'intermédiaire du polonais. ‖ **cravacher** 1842, Balzac. (V. COURBACHE.)

cravant 1555, Belon, « oie sauvage, anatife », mot de l'Ouest ; sans doute du gaulois *crago, avec un suffixe obscur. ‖ **crave** 1827, *Acad.*, « choucas ».

cravate 1651, Loret, masc., puis fém. ; forme francisée de *Croate* (cf. le régiment de *Royal-Croate* sous Louis XIV) ; il désigna d'abord la cravate des cavaliers croates ; l'usage en est généralisé en 1636 (Ménage). ‖ **cravater** 1823, *Cravatina*.

crayon, créance, créateur Voir CRAIE, CROIRE, CRÉER.

créatine 1823, Chevreul, gr. *kreas, kreatos*, chair. En chimie, substance rencontrée dans la chair de certains animaux.

créature V. CRÉER.

crécelle 1175, Chr. de Troyes (*cresselle*), d'une onom. *crec* ou du lat. pop. *crepicella*, du lat. class. *crepitacillum*, sorte de hochet, de *crepitare*, craquer. ‖ **crécerelle** 1220, Coincy (*cresserelle*) ; les deux mots ont été souvent confondus, ainsi qu'avec *sarcelle*.

crèche 1150, *Ps.*, du francique *krippia* ; 1789, Brunot, « asile ».

crécy 1845, du nom de Crécy (Somme), d'où vient la carotte ainsi nommée.

crédence v. 1360, Froissart, « croyance » ; XVIᵉ s., « meuble » ; de l'ital. *credenza*, croyance, confiance, d'où *fare la credenza*, faire l'essai (des mets) sur un meuble qui en a pris le nom. ‖ **crédencier** v. 1540, Rab., « valet qui goûtait les mets avant de s'en servir ».

crédibilité V. CROIRE.

crédit 1498, Commynes, « confiance », du lat. *creditum*, part. passé de *credere*, croire ; le sens financier a été repris à l'ital. au début du XVIᵉ s. ‖ **créditer** 1671, Delb. ‖ **créditeur** 1342, *Cart.* ‖ **accréditer** 1553, *Papiers de Granvelle* ; *s'accréditer*, fig., XXᵉ s. (1955, *le Monde*). ‖ **accréditif** XXᵉ s. (1946). **accréditement** 1948, *Témoignage chrétien*. ‖ **accréditation** 1866, Lar. ‖ **discrédit** 1719, *Arrêt du Conseil d'Etat*, de l'ital. *discredito*. ‖ **discréditer** 1572, Barbier, « faire perdre son crédit » ; fig. 1671, Pomey.

credo V. CROIRE.

crédule 1398, *Ménagier*, du lat. *credulus*, de *credere*, croire. ‖ **crédulité** fin XIIᵉ s., *Rois*, du lat. *credulitas*. ‖ **incrédule** 1495, J. de Vignay, du lat. *incredulus*. ‖ **incrédulité** Xᵉ s., *Valenciennes*, du lat. *incredulitas*.

créer XIIᵉ s., *Ps.*, du lat. *creare*. ‖ **créateur** 1119, Ph. de Thaun, du lat. *creator*, au sens chrét. ‖ **création** 1265, J. de Meung, du lat. *creatio*. ‖ **créature** fin XIᵉ s., *Alexis*, du lat. *creatura*, au sens eccl. ; le sens de « favori » (XVIᵉ s.) est repris à l'ital. ; XVIIᵉ s., « femme méprisable ». ‖ **incréé** fin XVᵉ s., du lat. *increatus*. ‖ **recréer** milieu XIVᵉ s.

crémaillère XIIIᵉ s., du lat. pop. *cramaculus*, du gr. *kremastêr*, qui suspend.

crémaster 1540, Rab., « muscle suspenseur du testicule », du gr. *kremastêr*, suspenseur.

crémation XIIIᵉ s., G. ; rare jusqu'au XIXᵉ s. (1829, Boiste) ; du lat. *crematio*, de *cremare*, brûler. ‖ **crématoire** 1882, *Année sc. et industr.* (*crematorium*) ; *four crématoire*, 1879, *Année sc. et industr.*

crème 1155, Wace (*cresme*), du gaulois *crama* (VIᵉ s., Fortunat), croisé avec le lat. chrét. *chrisma*, chrême. ‖ **crémer** v. 1580, Palissy ; **écrémer** XIVᵉ s., G. (*escramer*). ‖ **écrémage** 1791, *Encycl. méth.*, fig., XXᵉ s. ‖ **crémeux** 1572, Peletier. ‖ **crémier** 1762, *Acad.* ; adj., XVIᵉ s. ‖ **crémerie** milieu XIXᵉ s. ‖ **écrémeuse** 1893, Lar.

crément 1743, *Trévoux*, gramm., du lat. *crementum*, accroissement, de *crescere*, croître.

crémone 1724, Brunot, « collerette », peut-être de *crémaillère*, ou de la ville de *Crémone*.

créneau, créner V. CRAN.

créole 1598, Acosta (*crollo*) ; 1676, Beaulieu (*criole*) ; de l'esp. *criollo*, mot port., de *criar*, nourrir, du lat. *creare*, spécialisé au Brésil.

créosote début XIXᵉ s., fabriqué par Reichenbach ; du gr. *kreas*, chair, et *sôzein*, conserver. ‖ **créosol** fin XIXᵉ s. ‖ **créosal** 1914, *L. M.*

***crêpe** XIIᵉ s. (*cresp*), masc. ; adj. jusqu'au XVIᵉ s., frisé ; du lat. *crispus*, frisé ; substantivé fém. (pâtisserie XIIIᵉ s.) et masc. (tissu XVIᵉ s.). ‖ **crépon** 1635, Suisse rom. ‖ **crépage** 1723, Savary. ‖

crépu 1175, Chr. de Troyes. ‖ **crêper** 1523, R. Belleau, du lat. *crispare*, friser; le sens de « préparer le crêpe » a été repris de *crêpe* masc. ‖ **crêpure** XIVᵉ s., B. de Gordon (*crespeüre*). ‖ **crêpelu** 1560, Paré. ‖ **crépine** 1265, J. de Meung (*cresp-*), « petite bourse » et « parure de crêpe »; XIVᵉ s., « membrane d'animaux de boucherie »; 1740, sens culinaire. ‖ **crépinette** 1265, J. de Meung. ‖ **crépinière** 1820, Laveaux, épine-vinette, croisement entre *crépinette* et le lat. médiév. *Christi-spina*, épine du Christ. ‖ **crépir** fin XIIᵉ s., *Alexandre*, « friser »; XIIIᵉ s., « rendre le cuir grenu »; XIVᵉ s., *crépir un mur*. ‖ **crépi** s. m. 1528, *Comptes des bâtiments du roi*. ‖ **crépissage** 1810, Molard. ‖ **décrépir** milieu XIXᵉ s. ‖ **recrépir** 1549, R. Est.

crépiter XVᵉ s.; rare jusqu'au XVIIIᵉ s.; du lat. *crepitare*, fréquentatif de *crepare*, craquer. ‖ **crépitement** 1869, Daudet. ‖ **crépitation** 1560, Paré, du bas lat. *crepitatio*. (V. CREVER.)

crépon, crépu, crêpure V. CRÊPE.

crépuscule XIIIᵉ s., G., aube; XVIᵉ s., sens actuel; XVIIIᵉ s., fig.; du lat. *crepusculum*. ‖ **crépusculaire** 1754, *Encycl.*

crescendo 1775, Beaumarchais, de l'ital. *crescendo*, gérondif de *crescere*, croître. ‖ **decrescendo** XVIIIᵉ s., Bauni, mot ital. signif. « en décroissant », gérondif de *decrescere*, décroître.

cresson 1130, *Saint Gilles*, du francique **kresso* (allem. *Kresse*). ‖ **cressonnière** 1286, G.

crésus 1540, Marot, nom d'un roi de Lydie (lat. *Croesus*, gr. *Kroisos*), célèbre par ses richesses; déjà nom symbolique en gr. et en lat.

crétacé 1735, Quesnay, du lat. *cretaceus*, de *creta*, craie. Comme adj., « qui contient de la craie ».

*crête XIIᵉ s. (*creste*), du lat. *crista*; XIIIᵉ s., « sommet d'une montagne ». ‖ **crêter** 1175, Chr. de Troyes. ‖ **crête-de-coq** 1539, R. Est., « plante ». ‖ **écrêter** 1611, Cotgrave.

crétin 1750, Maugiron, désigna d'abord les crétins des Alpes : mot bas-valaisan et savoyard, équivalent du fr. *chrétien*

(cf. BENÊT). ‖ **crétinisme** 1784, Razoumowsky. ‖ **crétiniser** 1834, Balzac.

cretonne 1723, Savary, de *Creton*, village de l'Eure où l'on fabriquait des toiles (XVIᵉ-XVIIᵉ s.).

creuser V. CREUX.

creuset 1515, *Arch.*, altér. par *creux*, avec changement de suffixe, de l'anc. fr. *croisuel, cruisel* (1220, Coincy), lampe; peut-être du lat. pop. *cruciolum*, de *crux, -cis*, croix (la lampe devait avoir deux mèches en croix); le sens de « creuset » apparaît au XIIIᵉ s. (*croiseus*, Tailliar).

*creux 1265, J. de Meung, du lat. pop. *crŏssus*, sans doute gaulois. ‖ **creuser** 1190, Bodel (*croser*). ‖ **creusement** 1295, G. ‖ **creusage** début XVIIIᵉ s. ‖ **recreuser** 1549, R. Est.

*crevasse XIIᵉ s., *Ps.*, du lat. pop. **crepacia*, de *crepare*, craquer. ‖ **crevasser** fin XIVᵉ s., G.

*crever Xᵉ s., *Saint Léger*, du lat. *crepare*, craquer, d'où en roman « crever », trans., d'apr. le bruit et intrans. au fig. « mourir » (XIIIᵉ s.). ‖ **crevaille** v. 1540, Rab. ‖ **crevant** 1857, Monrose, « ennuyeux »; 1889, Larchey, « qui fait rire ». ‖ **crevaison** 1847, Balzac. ‖ **crève-cœur** XIIᵉ s., *Parthenopeus*. ‖ **increvable** XXᵉ s. (1956, Lar.). ‖ **crevé** 1867, Delvau, pop., épuisé.

crevette début XVIᵉ s., forme normande de *chevrette*, usité en ce sens dans l'Ouest à partir de Granville.

cri, criard V. CRIER.

*crible fin XIIIᵉ s., Rutebeuf, du lat. pop. *crĭblum*, lat. *crĭbrum*. ‖ **cribler** XIIIᵉ s., du lat. pop. *crĭblare* (lat. class. *cribrare*). ‖ **criblure** XIVᵉ s., *Traité d'alchimie*. ‖ **cribleur** 1556, Delb. ‖ **criblage** fin XVIᵉ s. ‖ **cribleuse** 1877, Lar. ‖ **cribleux** 1836, Landais.

cric 1445, Suisse rom.; orig. obscure, peut-être du haut allem. *kriec*.

cric-crac 1552, Ch. Est., onomatopée.

cricket 1728, C. de Saussure, mot angl. signif. « bâton ».

*crier 1080, *Roland*, du lat. pop. *crītare*, contraction du lat. *quĭrītare*, appeler les citoyens (*quirites*) au secours. ‖ **cri** Xᵉ s., *Passion*, déverbal. ‖ **criée** 1130, *Saint Gilles*. ‖ **criard** 1495, J. de Vignay.

‖ **criailler** 1564, Ronsard. ‖ **criaillerie** fin XVI⁰ s. ‖ **crierie** XIII⁰ s., G. ‖ **crieur** 1190, Bodel. ‖ **décrier** XIII⁰ s., sens propre; fig. *décrier une monnaie*, XIII⁰ s. (la proclamer hors d'usage). ‖ **écrier (s')** 1080 *Roland*. ‖ **récrier (se)** 1080, *Roland*.

crime 1160, Benoît (*crimne*), du lat. *crimen, -inis*, accusation, grief. ‖ **criminel** 1080, *Roland*, du lat. *criminalis*. ‖ **criminaliser** fin XVI⁰ s. ‖ **criminalisation** 1922, Lar. ‖ **criminologie** 1890, Lar. ‖ **criminologiste** XX⁰ s. (1959, Lar.). ‖ **criminalisme** 1842, J.-B. Richard. ‖ **criminaliste** 1660, Cioranescu. ‖ **criminalité** milieu XVI⁰ s.

crin XII⁰ s., *Saxons*, du lat. *crinis*, cheveu, au sens de « crin » en lat. pop. ‖ **crinière** 1556, Saliat.

crincrin 1661, Molière, onomatopée.

crinoline 1829, *Journ. des dames*, « tissu »; 1856, « jupe cloche faite avec ce tissu »; de l'ital. *crinolino*, tissu à trame de crin (*crino*) et chaîne de lin (*lino*). ‖ **crinoliné** v. 1830.

crique 1336, texte normand, du scand. *kriki*.

criquet fin XII⁰ s., Marie de France, nom donné à divers insectes, spécialisé par l'entomologie; 1656, Ménage, « petit cheval », puis « homme malingre »; 1855, Gautier, « jeu »; de l'anc. fr. *criquer*, craquer, onom. (1539, R. Est). ‖ **criquetis** v. 1583, Gauchet, de l'anc. verbe *criqueter*, onomatop., de *cric*.

crise fin XIV⁰ s. (*crisin*), du lat. méd. *crisis*, empr. au gr. *krisis*, décision; d'abord méd., il a pris un sens fig. au XVII⁰ s., un sens polit. au XVIII⁰ s.

crisper fin XVIII⁰ s., du lat. *crispare*, friser (v. CRÊPE), au sens fig. « contracter en ridant ». ‖ **crispant** 1845, J.-B. Richard, fig. ‖ **crispation** 1743, Geoffroy.

crispin 1825, type de valet de comédie (1654, Scarron), de l'ital. *Crispino*; puis *gants à la Crispin*, d'où *crispin*, manchette de gant; le lat. *Crispinus* a donné le fr. *crépin* (dans *saint-crépin*, 1660, Oudin, « outils du cordonnier »).

criss 1529, Parmentier, du malais *kris*.

crisser milieu XVI⁰ s., en parlant du fer chaud jeté dans l'eau, et *crisser des dents* (XVI⁰ s., Joubert); du francique **krîsan*, craquer, qui a donné aussi *croissir* (XVI⁰ s.) et *crisner* (XIII⁰ s.). ‖ **crisse-**

ment 1567, Junius. ‖ **crissure** 1789, *Encycl. méth.*

cristal 1080, *Roland*, « quartz »; XIV⁰ s., « verre spécial plus lourd »; du lat. *crystallus*, empr. au gr. *krustallos*, glace. ‖ **cristallerie** 1745, Dupin. ‖ **cristallin** XIII⁰ s., G.; anat., 1546, Ch. Est.; du lat. *crystallinus*. ‖ **cristalliser** 1260, *Us*; fig. 1845, Besch. ‖ **cristallisation** 1651, Hellot; fig. 1822, Stendhal. ‖ **cristallisable** 1825, Brillat. ‖ **cristallographie** 1772, Romé de Lisle. ‖ **cristallomancie** 1721, *Trévoux*.

critérium 1653, Du Bosc, du lat. scolastique *criterium*, empr. au gr. *kritêrion*, de *krinein*, discerner; 1878, Lar., « épreuve sportive ». ‖ **critère** fin XVIII⁰ s., forme francisée.

critique adj., 1495, J. de Vignay, méd.; XVIII⁰ s., « difficile, décisif »; s. m. et f. 1580, Scaliger; adj. en littérature, 1667, Boileau; du lat. *criticus*, empr. au gr. *kritikos*, de *krinein*, discerner, aux sens méd. et litt. ‖ **critiquer** 1552, Rab., intr., « diminuer »; 1611, Cotgrave, « relever un défaut ». ‖ **critiquable** 1737, *le Mercure*. ‖ **critiqueur** fin XVI⁰ s. ‖ **criticisme** 1828, Laurent. ‖ **hypercritique** 1638, Ménage.

croasser XV⁰ s., G. (*croescer*), onom., du cri du corbeau. ‖ **croassement** 1549, du Bellay.

1. **croc** début XVII⁰ s., Saint-Amant, interj., onom., var. de *crac, cric*. ‖ **croquer** XV⁰ s., « craquer » et faire un bruit sec; fig. XVII⁰ s., en peinture (cf. POCHER). ‖ **croquet** 1642, Oudin, « biscuit ». ‖ **croquette** 1835, *Acad.*, boulette. ‖ **croqueur** 1548, Rab. ‖ **croquis** XVIII⁰ s. ‖ **croquade** 1814, Jouy. ‖ **croque-noisette** 1564, J. Thierry, loir. ‖ **croque-note** 1767, Rousseau. ‖ **croque-mitaine** 1820, Hugo, certainement plus ancien dans le langage enfantin; terme obscur. ‖ **croque-mort** 1788, Mercier.

2. **croc** s. m., 1160, *Charroi*, du scand. *krôkr*. ‖ **crocher** fin XII⁰ s., Marie de France. ‖ **croche** s.f., XIII⁰ s., « crochet »; adj. 1540, Ronsard (v. BANCROCHE); mus. s. f. 1611, Cotgrave (*crochuë*). ‖ **crochet** fin XII⁰ s., *Aliscans*. ‖ **crocheter** 1457, G. ‖ **crocheteur** 1440, Ch. d'Orléans « qui ouvre avec un crochet »; 1539, R. Est., « qui porte des fardeaux avec un crochet ». ‖ **crochetage**

1819, Boiste. || **crochetable** 1845, Besch. || **crochu** fin XII⁰ s., R. de Moiliens. || **croc-en-jambe** 1554, Amyot. || **accrocher** début XII⁰ s., *Thèbes*. || **accroc** 1530, *Grans décades de Titus Livius*, « harpon »; sens actuel, XVI⁰ s., déverbal. || **accroche-cœur** 1837. || **accrocheur** 1636, Monet; 1808, *Archives*, techn.; adj., milit. et sport, XX⁰ s. || **accrochement** 1480, G., Alexis. || **accrochage** 1583, Gauchet, syn. d'accroc; fig. 1784, Saint-Léger; milit. 1954, *le Monde*. || **anicroche** 1546, Rab. (*hani-*), « arme »; 1584, Delb., sens actuel. || **décrocher** v. 1220, *Aymeri*; fig. XIV⁰ s. || **décrochez-moi-ça** 1867, Delvau. || **raccrocher** début XIV⁰ s. || **raccroc** 1374, Du Cange. || **raccrocheur** fin XVIII⁰ s.

crocher, crochet, crochu V. CROC 2.

crocodile XII⁰ s., *Bestiaire* (*cocodrille*, encore au début du XVII⁰ s.), du lat. *crocodilus*, empr. au gr. *krokodeilos*; fig. XIX⁰ s., « appareil de sécurité sur les chemins de fer ».

crocus 1372, Corbichon, mot lat., empr. au gr. *krokos*, safran.

*croire X⁰ s., *Saint Léger* (*credre*); 1080, *Roland* (*creire*), du lat. *crēdĕre*. || **croyance** 1361, Oresme, réfection de *créance*. || **croyable** XII⁰ s., *Ps.*, réfection de *creable*. || **croyant** 1190, Bodel. || **incroyable** 1498, Commynes. || **incroyablement** fin XV⁰ s., A. de La Vigne. || **incroyant** fin XIX⁰ s. || **créance** fin XI⁰ s., *Alexis*, dér. ancien de *croire* (*creire*, *creons*); il a signifié *croyance* jusqu'au XVII⁰ s.; *lettre de créance*, v. 1360, Froissart. || **créancier** fin XII⁰ s., *Rois*, qui a le sens fin. || **crédibilité** 1651, G. de Balzac, du lat. scolastique *credibilitas*, de *credere*, croire. || **incrédibilité** début XVI⁰ s., du lat. *incredibilitas*. || ***accroire** 1120, *Ps. Oxford*, « prêter », du lat. *accredere*; XVI⁰ s., « croire »; XVII⁰ s., *faire accroire*. || **credo** XIII⁰ s., G., mot lat. signif. « je crois », qui commence le symbole des Apôtres; fig. 1771, Linguet.

croisade, croisée, croiser, croiseur, croisillon V. CROIX.

croissance, croissant V. CROÎTRE.

*croître 1080, *Roland* (*creistre*), du lat. *crēscĕre*. || **croît** XII⁰ s., *Partheno-*

peus, « accroissement », spécialisé pour le croît du bétail. || **cru** début XV⁰ s., « ce qui croît dans un terrain », part. passé. || **crue** v. 1272, Joinville (*creue*), part. passé fém. || **croissance** 1190, saint Bernard. || **croissant** XII⁰ s., *Parthenopeus*, « temps pendant lequel la lune croît », par ext. *croissant de lune*; part. prés.; *croissant* de boulanger, calque de l'allem. *Hornchen*, d'apr. le croissant turc symbolique (les premiers furent fabriqués en 1689 à Vienne après la levée du siège par les Turcs). || ***accroître** fin XII⁰ s., *Rois* (*-creistre*), du lat. *accrēscĕre*. || **accroît** 1552, Aneau. || **accroissement** 1190, G. d'Arras. || **décroître** 1130, *Eneas*, du lat. pop. **discrescere*. || **décroissement** fin XI⁰ s., Villehardouin. || **décroît** 1190, Garn. || **décroissance** 1260, Br. Latini. || **décrue** 1542, Du Pinet. || **excroissance** 1314, Mondeville (*excrissance*), du bas lat. *excrescentia*. || **recroître** fin XII⁰ s., Villehardouin, « ce qui vient compléter un régiment », part. passé fém. substantivé. (V. RECRU, RECRUE.)

*croix X⁰ s., *Saint Léger*; 1802, décoration; *faire le signe de croix*, XVI⁰ s.; *croix du sud*, 1704, *Trévoux*; *chemin de croix*, 1845, Besch., du lat. *crŭx*, *-crŭcis*. || **croiser** 1080, *Roland*; *croiser la baïonnette*, 1835, *Acad.*; *croiser les desseins de quelqu'un*, 1578, d'Aubigné; *feu croisé*, 1752, *Trévoux*; *mots croisés*, 1929, Lar. || **croisée** 1379, « objet en croix, croisement, croisade »; puis fenêtre *à croisée*, à (croix) de pierre; par ext. *fenêtre*. || **croisement** 1539, Amyot; au XIII⁰ s., « croisade ». || **croisade** XV⁰ s., réfection de l'anc. fr. *croisée*, var. *croisement*, sous l'infl. des langues du Midi, pour la distinguer des autres sens. || **croisille** 1175, Chr. de Troyes, « petite croix ». || **croisillon** 1375, *D. G.*, « petit bras de la croix ». || **croisière** 1678, Guillet. || **croisette** 1175, Chr. de Troyes. || **croiseur** 1690, Furetière, bateau qui navigue en sens divers. || **crucial** 1560, Paré, méd.; XX⁰ s., « décisif », repris à l'anglais, qui l'avait empr. au fr. || **crucifère** 1701, Furetière, « qui porte une croix »; 1762, *Acad.*, bot., du lat. chrét. *crucifer*, « qui porte la croix » (IV⁰ s., Prudence). || **cruciforme** fin XVII⁰ s. || **crucifier** 1119, Ph. de Thaun, du lat. *cruci figere*, fixer sur la croix, avec infl. des verbes en -*fier*, spécialisé par le christianisme. ‖ **crucifiement** 1175, Chr. de Troyes. ‖ **crucifix** 1138, *R. de Cambrai*, du lat. chrét. *crucifixus*, part. passé, substantivé au Moyen Age, de *crucifigere*. ‖ **crucifixion** v. 1500, Fr. de Sales, du lat. *crucifixio* (ve s., saint Avit). ‖ **cruciverbiste** xxe s. (1959, Lar.), de *verbum*, mot, c.-à-d. « qui fait des mots croisés » ‖ **décroiser** milieu xvie s. ‖ **décroisement** 1836, Landais. ‖ **entrecroiser** 1320, Delb. ‖ **entrecroisement** 1600, O. de Serres. ‖ **recroiser** milieu xve s.

cromorne 1636, Mersenne, de l'allem. *Krummhorn*, de *Krumm*, courbe, et *Horn*, corne.

crône 1694, Th. Corn., « grue », du néerl. *kraan*.

croquant 1594, Monluc, nom donné aux paysans révoltés du S.-O.; origine obscure; les contemporains donnent des interprétations diverses, dont le rapport avec *croquer* ou *croc* est incertain.

croquenot 1867, Delvau, « soulier », onom.; var. de *craquer* avec la même finale que *goguenot*.

croquer V. CROC 1.

croquet 1877, L., jeu; mot angl. qui doit se rattacher à *croc*, sans doute d'apr. la crosse du golf.

croquignole fin xve s., « chiquenaude »; milieu xvie s., « pâtisserie croquante ». Le deuxième sens vient de *croquer*, auquel le premier se rattache plus difficilement. ‖ **croquignolet** xxe s., adj.

crosne 1882, du nom de *Crosnes* (Seine-et-Oise), où la plante, originaire du Japon, fut d'abord cultivée par Pailleux.

cross-country 1885, Pharaon, mot angl. issu de *across the country*, à travers la campagne.

crosse 1080, *Roland*, croisement entre le francique *krukkja*, béquille (sens conservé dans divers dialectes) et *croc*. ‖ **crosser** xiie s., Delb., « chasser avec une crosse » et « jouer à la crosse »; pop. « battre ». ‖ **crosseur** 1680, Richelet, « joueur de crosse ». ‖ **crossette** 1260, Br. Latini.

crotale 1596, Tabourot, « castagnette »; 1806, Wailly, « serpent à sonnettes », du lat. *crotalum*, empr. au gr. *krotalon*, castagnette.

crotte fin xiie s., du francique *krotta*, boue qui reste sur les vêtements. ‖ **crotter** fin xiiie s., *Renart*. ‖ **crottin** xive s. ‖ **décrotter** fin xiie s., R. de Moiliens. ‖ **décrottoir, -e** 1483, La Curne. ‖ **indécrottable** 1611, Cotgrave.

crouler 980, *Passion* (*crollet*), « secouer », par ext. intrans. trembler, branler; xviie s., « tomber »; du lat. pop. *crotalare*, agiter les crotales, ou de *corrōtŭlare*, faire rouler. ‖ **écrouler (s')** fin xiie s. ‖ **écroulement** milieu xvie s.

croup 1777, Mahon, mot angl. dialectal, onom. d'apr. le bruit rauque de la toux.

croupe 1080, *Roland*, du francique *krŭppa*. ‖ **croupier** 1651, Scarron, « celui qui est en croupe »; 1690, Furetière, « celui qui s'associe à un autre joueur », d'où le sens actuel. ‖ **croupière** 1155, Wace; au fig. *tailler des croupières*, d'abord milit., d'apr. la poursuite de la cavalerie avec l'épée. ‖ **croupion** v. 1460, Villon. ‖ **croupon** 1723, Savary, techn., cuir de vache. ‖ **croupir** fin xiie s., *Loherains*, « être accroupi » (encore au xvie s.), puis par ext. rester au même endroit en parlant de l'eau, xvie s. ‖ **croupissement** xviie s. ‖ **accroupir** fin xiiie s., *Renart*. ‖ **accroupissement** 1555, Belon.

croupier, croupir V. CROUPE.

croustade, croustille V. CROÛTE.

croûte fin xiie s., *R. de Cambrai*, du lat. *crŭsta*; *casser la croûte*, 1798, *Acad.*, ‖ **croûteux** 1377, de Gordon. ‖ **croûton** 1596, Vigenère. ‖ **croustade** 1712, Massiallot, du prov. mod. *croustado*, de *crousto*, croûte. ‖ **croustille** 1680, Sévigné, « collation », du prov. mod. *croustilho*, petite croûte. ‖ **croustiller** début xvie s., « manger la croûte », puis « être croquant ». ‖ **croustilleux** 1680, Richelet, « plaisant », « graveleux ». ‖ **croustillant** xviiie s., « amusant ». ‖ **encroûter** 1539, R. Est. ‖ **encroûtement** 1546, du Bartas.

croyable, croyance V. CROIRE.

cru xiiie s., *Berthe*, du lat. *crūdus*, saignant, puis cru, dér. de *cruor*, sang. ‖ **crudité** 1398, *Somme Gautier*, du lat. *cruditas*. ‖ **décruer** 1669, *Règlement*.

‖ **décruser** 1690, Furetière, « lessiver les cocons », du prov. mod. *decruza*, même mot que *décruer*.

cruauté V. CRUEL.

cruche XIIᵉ s. (*cruie*); XIIIᵉ s. (*cruche*); de l'anc. haut allem. *krūka* (allem. dialectal *Krauche*, allem. *Krug*); 1633, Gassendi. ‖ **cruchon** XIIIᵉ s., G.

crucial, crucifier, cruciverbiste V. CROIX.

crudité, crue V. CRU, CROÎTRE.

*****cruel** Xᵉ s., *Saint Léger*, du lat. *crudelis*, dér. de *crudus*, saignant, avec changement de suffixe. ‖ *****cruauté** début XIIᵉ s., *Couronn. Loïs*, lat. *crudelitas, -atis*.

cruiser 1879, *Yacht*, « bateau de plaisance », mot angl., issu du fr. *croiseur* par l'intermédiaire du néerl.

cruor 1819, Boiste, mot lat. signif. « sang » et désignant en physiologie la partie du sang qui se coagule.

crural 1560, Paré, du lat. *cruralis*, de *crus, cruris*, jambe. En anat., « qui appartient à la cuisse ».

crustacé 1713, A. de Boisregard, lat. sc. *crustaceus* (1476, Gaza), trad. du gr. *malakostrakos* par le lat. *crusta*, croûte.

cry(o)- du gr. *kruos*, froid. ‖ **cryergie** 1952, *L. M.* ‖ **cryoscopie** 1954, Lar. ‖ **cryothérapie** 1924, *L.M.* ‖ **cryoturbation** 1952, *L. M.*

crypt(o)- du gr. *kruptos*, caché. ‖ **crypte** XIVᵉ s. (*cripte*), du lat. *crypta*, galerie couverte, souterrain (v. GROTTE). ‖ **cryptogame** 1783, Bulliard (gr. *gamos*, mariage). ‖ **cryptographie** 1625, Naudé. ‖ **décrypter** XXᵉ s.

cube adj., XIIIᵉ s., *Comput*; s. m. 1361, Oresme; du lat. *cubus*, empr. au gr. *kubos*, dé à jouer; argot scolaire, 1867, Delvau. ‖ **cuber** 1549, J. Peletier. ‖ **cubage** 1783, *Encycl. méth.* ‖ **cubisme** 1908, *Documents*. ‖ **cubiste** 1894, Jarry (*demi-*). ‖ **cubique** 1361, Oresme, du lat. *cubicus*, empr. au gr. *kubikos*.

cubèbe XIIIᵉ s., G., « poivrier », du lat. médiév. *cubaba*.

cubitus 1541, *Anatomie*, mot lat. qui a donné *coude*. ‖ **cubital** 1503, Champier, du lat. *cubitalis*, haut d'une coudée, devenu le dér. du mot français.

cuculle 1308, trad. Aimé, du lat. eccl. *cuculla*, capuchon. (V. CAGOULE.)

cucurbitacée V. COURGE.

*****cueillir** 1080, *Roland*, « accueillir, recueillir », et sens actuel, du lat. *cōllīgěre*, de *legere*, cueillir, avec changement ancien de conjugaison. ‖ **cueillette** début XIIIᵉ s., R. de Clary, du lat. *collecta*, part. passé substantivé, au fém., de *colligere*, avec finale assimilée à *-ette*. ‖ **cueilleur** 1270, G. ‖ **cueillage** 1343, G. ‖ **cueillie** XVᵉ s., *Journ. de Paris*. ‖ **cueille** 1563, *Bible*. ‖ *****accueillir** 1080, *Roland*, du lat. pop. *****accolligere*. ‖ **accueil** XIIᵉ s., *Parthenopeus*, déverbal. ‖ *****recueillir** 1080, *Roland*, sens actuel, et « accueillir », du lat. *recolligere*. ‖ **recueil** v. 1360, Froissart, « accueil »; XVᵉ s., « action d'accueillir »; XVIᵉ s., « réunion de choses recueillies ». ‖ **recueillement** 1429, Delb., « action de recueillir »; fig. XVIIᵉ s.

cufat 1855, Audibaud, « tonneau d'extraction dans les mines »; du liégeois anc. *coufade*, de *coûfe*, cuve.

*****cuider** 1080, *Roland* (*cuidier*); du lat. *cōgǐtāre*, penser, encore parfois au XVIIᵉ s. (Saint-Simon). [V. OUTRECUIDANT.]

*****cuillère** fin XIIᵉ s., *Aliscans* (*cuillier*), masc., puis fém., du lat. *cōchlearium*, petite cuillère pour les œufs et les escargots (*cochlea*), d'apr. Martial. ‖ **cuillerée** XIVᵉ s. ‖ **cuilleron** milieu XIVᵉ s.

*****cuir** 1080, *Roland* (*quir*), du lat. *cōrium*. ‖ **cuirer** 1190, Garn. ‖ **cuiret** XIIIᵉ s., *Fabliau*. ‖ **cuirier** fin XIXᵉ s. ‖ **cuirasse** milieu XIIIᵉ s. (*curasse*); 1418, Douet d'Arcq (*cuir-*); de l'anc. aragonais *cuyraza*, du lat. *coriaceus* au fém., dér. de *corium*, cuir. ‖ **cuirassier** milieu XVIᵉ s., adj.; XVIIᵉ s., « soldat porteur de cuirasse »; XVIIᵉ s., « corps de cavalerie » ‖ **cuirasser** 1611, Cotgrave (*-é*). ‖ **cuirassé** s. m. fin XIXᵉ s.; le premier a été lancé en 1859. ‖ **cuirassement** 1876, de Parville. ‖ **excorier** 1532, Rab., du bas lat. *excoriare*, de *corium*. ‖ **excoriation** 1398, *Somme Gautier*. ‖ **curée** v. 1360, *Modus* (*cuirée*); XVᵉ s. (*curée*), de *cuir* d'apr. l'explication de *Modus* (*et puis doit on laissier aler les chiens à la cuirée sur le cuir*); fig., XVIᵉ s.

*****cuire** Xᵉ s., *Eulalie*, au passé simple, du lat. pop. *****cōcěre*, forme dissimilée de *cŏquĕre*. ‖ **cuite** 1268, E. Boileau, « cuisson »; 1867, Delvau, « ivresse ». ‖ **cuisant** 1160, Benoît. ‖ **cuiseur** 1270, *Ordonn.* ‖ **cuisage** 1350, G. ‖ ***cuisine** fin XIIe s., *Rois*, du lat. *cŏcīna*, var. dissimilée de *cŏquīna*, de *cŏquĕre*, cuire. ‖ **cuisiner** XIIIe s., *Chron. d'Antioche.* ‖ **cuisinier** 1200; *-ière* fourneau, fin XIXe s. ‖ ***cuisson** XIIIe s., Guiart, du lat. *cŏctio*, *-onis*, avec infl. de *cuire*. ‖ **cuistance** fin XIXe s., avec double suffixe (*et-ance*). ‖ **cuistot** *id.* (avec suffixes *et-ot*) [v. BISCUIT]. ‖ **recuire** 1130, *Eneas.* ‖ **recuit** 1505, Delb.

***cuisse** 1080, *Roland*, du lat. *cŏxa*, hanche. ‖ **cuissière** milieu XIIe s. ‖ **cuissot** fin XIIe s. ‖ **cuisseau** milieu XVIIe s., var. graphique du précédent. ‖ **cuissard** 1571, Drot. ‖ **entrecuisses** m., milieu XVIe s.

***cuistre** XVIe s., d'apr. Oudin, « surveillant subalterne »; XVIIe s., « pédant »; argot scolaire représentant l'anc. fr. *quistre* (cas régime *coistron*), marmiton, du bas lat. *coquistro*, officier chargé de goûter les mets, de *coquere*, cuire. ‖ **cuistrerie** 1869, Lar.

***cuivre** 1190, G. d'Arras, du lat. *cŭpreum*, var. pop. de *cyprium*, abrév. de *aes cyprium*, bronze de Chypre; l'anc. fr. *cuevre* repose sur la var. *cŭprum*. ‖ **cuivreux** fin XVIe s. ‖ **cuivrer** 1723, Savary. ‖ **cuivré** adj., fin XVIe s. ‖ **cuivrage** 1858, Peschier. ‖ **cuivrique** 1842, *Acad.* ‖ **cuprique** fin XIXe s. ‖ **cuprifère** 1836, Landais. ‖ **cuprite** fin XIXe s.

***cul** XIIIe s., *Fabliaux*, du lat. *cŭlus.* ‖ **culasse** 1598, Barbier. ‖ **culée** 1355, G., au fig. en maçonnerie. ‖ **culer** 1482, Flamang, « reculer », en mar. ‖ **culière** 1268, E. Boileau, « relatif à l'anus ». ‖ **cul-de-jatte** 1640, Scarron. ‖ **cul-de-sac** début XIIIe s. ‖ **cul-de-lampe** XVe s. ‖ **culot** 1319, G., « partie inférieure d'un objet »; au fig., « dernier-né d'une couvée »; XVIIe s., « résidu au fond d'une pipe »; fin XIXe s., fig., « toupet »; du sens premier (base solide) avec même évolution que *aplomb*. ‖ **culotte** 1515, *Chron. bordelaise* (*hauts de chausses à la culotte*) ; 1842, *Acad.*, « perte au jeu ». ‖ **culottier** 1790, *Encycl. méth.* ‖ **culotter** fin XVIIIe s., « mettre une culotte ». ‖ **culotté** 1792, Aulard, « qui a du toupet ». ‖ **déculotter** 1739, De Brosses. ‖ **sans-culotte** 1792 (les hommes du peuple portant le pantalon et non la culotte aristocratique). ‖ **culbuter** 1480, J. Marot (*culebuter*), de *cul* et *buter*. ‖ **culbute** 1493, Coquillart. ‖ **culbuteur** 1599, Hornkens. ‖ **acculer** fin XIIIe s., *Renart*, « poser sur le derrière » (jusqu'au XVIe s.) ; XVIe s., « buter contre ». ‖ **accul** v. 1561, Du Fouilloux, déverbal. ‖ **acculement** 1687, Desroches, mar. ‖ **bacul** XVe s., Coquillart, de *battre* et *cul* (v. BASCULE). ‖ **déculasser** 1842, *Acad.* ‖ **éculer** 1564, J. Thierry, « déformer en affaissant le derrière ». ‖ **reculer** 1160, *Eneas.* ‖ **recul** XIIIe s. ‖ **reculade** 1611, Cotgrave. ‖ **reculement** milieu XIVe s. ‖ **reculons (à)** XIIIe s. ‖ **torche-cul** début XVIe s.

culinaire 1546, Rab., du lat. *culinarius*, de *culina*, cuisine.

culminer 1751, Voltaire, d'abord astron., du lat. médiév. *culminare*, de *culmen*, *-inis*, comble; repris par les géogr. fin XIXe s. ‖ **culminant** 1708, Furetière, astron.; 1823, Boiste, sens élargi. ‖ **culmination** 1593, B. de Verville.

culot, culotte V. CUL.

culpabilité V. COULPE.

culte début XVIe s. (var. *cult*), du lat. *cŭltus*, part. passé de *colere*, adorer. ‖ **cultisme** 1823, Boiste. ‖ **cultuel** fin XIXe s.

cultellation 1701, Furetière, du lat. *cŭltĕllus*, petit couteau. Terme techn. de topographie.

cultiver fin XIIe s., *Grégoire*, « cultiver la terre »; 1538, R. Est., fig., *-l'esprit*; XVIIe s., *-ses relations*; du lat. médiév. *cultivare*, de *cŭltŭs*, cultivé. ‖ **cultivable** 1284, G. (*cout-*). ‖ **cultivateur** XVe s., J. des Ursins, fig.; 1361, Oresme, « qui cultive la terre », équivalent de *laboureur* chez les physiocrates, réfection de l'anc. fr. *cultiveor.* ‖ **culture** XIVe s., *Gloss. de Conches*; XVe s., fig.; du lat. *cultura*, de *colere*, cultiver; *culture microbienne*, 1878, *Année sc. et industr.* ‖ **cultural** 1863, L. ‖ **culturel** 1929, relatif à la civilisation, d'apr. l'allem. *Kulturel*. ‖ **inculte** 1475, Chastellain, du lat. *incultus.* ‖ **inculture** 1789, Brunot. ‖ **acculturation** 1911, Lar.

cumin 1260, Br. Latini (*comin*), du lat. *cuminum*, empr. au gr. *kuminon*, mot oriental.

cumuler 1355, Bersuire, du lat. *cŭmŭlare*, mettre en tas, qui a donné aussi *combler*; spécialisé en fr. mod. ‖ **cumulatif** 1690, Furetière. ‖ **cumul** fin XVIIᵉ s. ‖ **cumulard** 1821, *Almanach des cumulards*. ‖ **accumuler** 1495, J. de Vignay, du lat. *accumulare*; il a remplacé l'anc. fr. *acombler*. ‖ **accumulation** 1336, G. ‖ **accumulateur** 1564, J. Thierry, « celui qui accumule »; 1881, *la Nature*, « appareil ». ‖ **accu** 1898, *Vie autom.*, abrév. ‖ **accumulatif** 1955, *Figaro*. ‖ **cumulus** fin XIXᵉ s., mot lat. signif. « amas, monceau », d'apr. le type de nuages mamelonnés, souvent amoncelés. (V. COMBLE.)

cunéiforme 1560, Paré, méd.; refait au XIXᵉ s. (1829, Boiste), pour désigner l'écriture assyrienne; du lat. *cuneus*, coin. Cette écriture est caractérisée par des éléments en forme de coins.

cunette 1642, Oudin, fossé de fortification, de l'ital. *cunetta*, de *lacunetta*, dimin. de *lacuna*, mare, fossé plein d'eau, issu du lat. *lacus*, lac; la syllabe initiale a été prise pour l'article; ou dimin. du lat. *cūna*, berceau.

cupide 1371, *Concile de Trente*, lat. *cŭpĭdus*, avide. ‖ **cupidement** 1582, Bretin. ‖ **cupidité** 1398, E. Deschamps, du lat. *cupiditas*. (V. CONVOITER.)

cupidon 1265, J. de Meung, n. propre; 1827, *Acad.*, n. commun, du lat. *Cupido*, dieu de l'amour.

cuprifère, cuprique V. CUIVRE.

cupule 1611, Cotgrave, du lat. *cŭpŭla*, petit tonneau, confondu avec *cuppa*, coupe. (V. COUPOLE.)

curable V. CURER.

curaçao 1801, *Confiseur*, nom d'une île des Antilles productrice des oranges dont l'écorce sert à faire le curaçao.

curare 1758, trad. de Gumilla, mot d'une langue indigène des Caraïbes. ‖ **curarisation** 1949, *L. M.*

curatelle, curateur, curatif V. CURER.

curcuma 1559, Mathée, mot esp., de l'ar. *kŭrkŭm*, safran, mot hindî.

cure, curé V. CURER.

curée V. CUIR.

*****curer** XIIᵉ s., « nettoyer », et sens méd., du lat. *cūrāre*, prendre soin, spécialisé dès l'anc. fr. ‖ **curage** 1328, G. ‖ **curable** XIIIᵉ s., G., du lat. méd. *curabilis*. ‖ **incurable** 1314, Mondeville, du bas lat. *incurabilis*, sur le sens méd. de *curare*, soigner. ‖ **curatelle** XIVᵉ s., du lat. médiév. *curatela*, réfection de *curatio*, sur *tutela*, avec changement de suffixe, sens jurid. ‖ **curateur** 1227, G., du lat. jurid. *curator*, « qui prend soin ». ‖ **curation** XIIᵉ s., *Ysopet*, du lat. *curatio*, action de prendre soin. ‖ **curatif** 1314, Mondeville. ‖ *****cure** 1080, *Roland*, « soin » (jusqu'au XVIᵉ s.), du lat. *cūra*, resté dans la loc. *n'en avoir cure*; spécialisé au sens méd.; au sens eccl., passé de « fonction de curé » à « presbytère » 1836, Landais, d'apr. *curé*. ‖ **curiste** 1899, Sachs. ‖ **curé** fin XIIIᵉ s., Rutebeuf, du lat. *curatus*, de *curare*, au sens de « prendre soin »; spécialisé, en lat. eccl., dans le sens « qui a la charge d'une paroisse ». ‖ **curette** 1451, Du Cange, outil à curer, spécialisé en chirurgie. ‖ **curetage** fin XIXᵉ s. ‖ **cureter** *id.* ‖ **curedent** 1416. ‖ **cure-oreille** *id.* ‖ **écurer** XIIᵉ s., *Thèbes*. ‖ **écurette** XIIIᵉ s., G. ‖ **récurer** XIIIᵉ s., *Fabliau*. ‖ **récurage**, 1509, G.

curie 1611, Cotgrave, hist., du lat. *curia*; 1863, L., repris à l'ital. pour la curie papale. ‖ **curial** XIIIᵉ s., nom; 1546, Rab., adj.; du lat. *curialis*, pour servir de dér. à *cure*, fonction eccl.

curieux XIIᵉ s., *Rois*, du lat. *cūriosus*, « qui a soin de » (sens dominant en fr. jusqu'au XVIᵉ s.). ‖ **curiosité** fin XIIᵉ s., Marie de France (-*eté*), du lat. *curiositas*, désir de savoir. ‖ **incuriosité** 1495, J. de Vignay, du bas lat. *incuriositas*.

curium 1945, Seaborg, du nom des *Curie*, physiciens français. ‖ **curiethérapie** 1922, *L. M.*

curling 1792, Chantreau, mot angl., de *to curl*, enrouler, faire boucler.

curseur 1372, Corbichon (*courseur*), « coureur »; XVIᵉ s., techn.; du lat. *cursor*, coureur.

cursif 1532, Rab.; rare jusqu'au XIXᵉ s.; du lat. médiév. *cursivus*, de *currere*, courir; s. f. 1797. ‖ **cursivement** 1836, Landais.

cursus 1868, Thurot, prose rythmique médiévale; mot lat. signif. course.

curvi- du lat. *curvus*, recourbé. ‖ **curviligne** 1690, Furetière, qui remplace *courbeline* (XVIe s., Chauvet). ‖ **curvigraphe** 1836, Landais. ‖ **curvimètre** 1874, *Journ. off.*

cuscute XIVe s., *Qualités des simples médecines*, du lat. médiév. *cuscuta*, empr. à l'ar. *kuchūt.*

custode 1361, Oresme, techn., du lat. *custodia*, garde (*cūstos, -dis*, gardien).

cuti- du lat. *cutis*, peau. ‖ **cutané** 1546, Ch. Est. ‖ **cuti-réaction** XXe s. ‖ **cutine** 1878, Lar. ‖ **cuticule** 1534, Rab., du lat. *cuticula*, petite peau. ‖ **sous-cutané** 1765, *Encycl.*

cuve XIIe s., *Guill. d'Orange*, du lat. *cūpa*, coupe. ‖ **cuver** milieu XIVe s.; *cuver sa colère*, 1787, Féraud. ‖ **cuveau** XIIe s., Barbier. ‖ **cuvée** 1220, *Coinci.* ‖ **cuvage** XIIe s., *Cart. de Lagny* (*-aige*). ‖ **cuvette** 1175, Chr. de Troyes. ‖ **cuveler** 1758, de Tilly. ‖ **cuvelage** 1756, Grar. ‖ **cuvier** XIIe s.

cyan(o)- du gr. *kuanos*, bleu (vocabulaire de la chimie). ‖ **cyanure** 1815, Gay-Lussac. ‖ **cyanique** 1836, N. Landais. ‖ **cyanine** 1878, Lar. ‖ **cyanamide** 1869, Lar. ‖ **cyanogène** 1815, Gay-Lussac. ‖ **cyanose** 1831, *Acad.* ‖ **cyanhydrique** 1854, Bouillet.

cybernétique 1834, Ampère, d'apr. L., au sens polit.; spécialisé au XXe s. en technologie; du gr. *kubernan*, gouverner. ‖ **cybernéticien** XXe s.

cyclade V. CYCLO-.

cyclamen XIVe s., mot lat., empr. au gr. *kuklaminos*, de *kuklos*, cercle.

cyclo- du gr. *kuklos*, cercle, par lat. *cyclus*. ‖ **cycle** XVIe s. « cercle »; 1889, « vélocipède », repris à l'angl. ‖ **cyclique** fin XVIe s. ‖ **cycler** XXe s., « tourner ». ‖ **cycliste** 1888, Lar., abrév. de *bicycliste*. ‖ **cyclisme** 1891, Baudry. ‖ **bicycle** 1877, Lar. ‖ **bicyclette** 1880 (1892, Guérin). ‖ **tricycle** 1834, Landais. ‖ **cyclecar** 1920, de l'angl. ‖ **cyclomoteur** v. 1945. ‖ **cyclomotoriste** 1953, Lar. ‖ **cyclotouriste** 1910, Lar. ‖ **cycloïde** 1640, Mersenne. ‖ **cyclométrie** 1813, Gattel. ‖ **cyclostome** 1819, Boiste. ‖ **cyclone** 1863, L., d'abord fém., mot angl. formé par Piddington (1848). ‖ **cyclonique** 1878, Lar. ‖ **cyclotron** 1930. ‖ **cyclade** 1819, Boiste, zool. ‖ **anticyclone** 1874, *Ann. scient.*

cyclone V. CYCLO-.

*cygne fin XIIe s., *R. de Cambrai* (*cine*); XIIIe s. (*cygne*), d'apr. le lat.; du lat. pop. *cicīnus* (*Loi salique*), réfection du lat. *cycnus*, empr. au gr. *kuknos.*

cylindre début XIVe s., Conty, du lat. *cylindrus*, empr. au gr. *kulindros.* ‖ **cylindrique** 1596, Delb. ‖ **cylindrer** 1765, *Encycl.* ‖ **cylindrage** id. ‖ **cylindroïde** 1721, *Trévoux.* ‖ **cylindrée** 1886, *Génie civil.*

cymbale fin XIIe s., du lat. *cymbalum*, empr. au gr. *kumbalon.* ‖ **cymbalier** 1671, Pomey.

cyn(o)- du gr. *kuôn, kunos*, chien. ‖ **cynégétique** 1750, Prévost, adj., du gr. *kunêgetikos*, « qui conduit les chiens ». ‖ **cynique** XIVe s., sens propre; fig. 1674, Boileau; du lat. *cynicus*, empr. au gr. *kunikos*, appliqué à une école de philosophes grecs, qui défiaient les conventions sociales et se réunissaient dans le faubourg athénien de Cynosargue. ‖ **cynisme** 1750, d'Argenson, sens propre, du bas lat. *cynismus*, empr. au gr. *kunismos.* ‖ **cynocéphale** 1372, Corbichon, du lat. *cynocephalus*, empr. au gr. *kunokephalos*, « à tête de chien ».

cypéracée fin XVIIIe s., du lat. *cyperus*, empr. au gr. *kupeiros*, souchet.

cyprès XIIe s., *Chev. au Cygne*, du bas lat. *cypressus*, lat. *cupressus*, empr. au gr. *kuparissos.*

cyprin 1783, *Encycl. méth.*, du lat. *cyprinus*, empr. au gr. *kuprinos*, carpe.

cyrillique 1842, *Acad.*, de saint *Cyrille* (827 - 869), qui fit l'aphabet slave.

cyst(o)- du gr. *kustis*, vessie, vésicule (méd. et zool.). ‖ **cystalgie** 1819, Boiste. ‖ **cysticerque** 1819, Boiste. ‖ **cystinurie** 1878, Lar. ‖ **cystique** 1560, Paré. ‖ **cystite** fin XVIIIe s. (*-titis*); 1803, Morin (*-te*). ‖ **cystotomie** 1617, Habicot. ‖ **cystolithe** 1878, Lar. ‖ **cystoscope** 1842, *Acad.* ‖ **cystopexie** 1906, Lar. ‖ **cysticotomie** id. ‖ **cystectomie** id.

cytise début XVIe s. (*cythison*); 1582, d'Aigneaux (*-ise*); du lat. *cytisus*, empr. au gr. *kutisos.*

cyt(o)-, du gr. *kutos*, cellule. ‖ **cytologie** 1888, Lar. ‖ **cytoplasme** 1878, Lar.

D

dabe 1160, *Charroi de Nîmes* (*diva*) ; xvᵉ s. (*dea*) ; xvıᵉ s. (*da*), dans *oui-da* ; du double impératif *dis va* ; *nenni-da* (xvııᵉ s., Molière).

dabe fin xvıᵉ s., Larivey (*dabo*), « celui qui paie » (jusqu'au xvııᵉ s. [Oudin 1642]) ; 1628, *Jargon* (*dasbuche*), « roi » ; m. et f. 1827, *Monsieur comme il faut* (*dabe*), argot, « père » et « mère » ; du futur lat. *dabo*, « je donnerai », terme de jeu empr. par l'ital. et accentué sur *a* (d'où *dabe*).

da capo début xvıııᵉ s., loc. ital. signif. « depuis le commencement ».

dactylo-, du gr. *daktulos*, doigt. ‖ **dactyle** fin xıvᵉ s., Le Fèvre, sens métrique, du lat. *dactylus*, empr. au gr. ; xvıᵉ s., « datte, coquillage, graminée ». ‖ **dactylique** fin xvıᵉ s., Baïf, sens métrique. ‖ **dactylo** xxᵉ s., abrév. de *dactylographe*. ‖ **dactylographe** 1842, *Acad.*, « clavier pour sourds-muets et aveugles pour transmettre les signes de la parole » ; 1873, « machine à écrire » ; fin xıxᵉ s., « personne qui écrit à la machine ». ‖ **dactylographie** 1833, Gattel. ‖ **dactylographier** 1907, *L. M.* ‖ **dactylologie** 1797, Gattel. ‖ **dactylonomie** 1732, *Trévoux* (gr. *nomos*, loi). ‖ **dactyloscopie** 1907, Lar.

dada xvıᵉ s., « cheval », peut-être redoublement de *da*, var. de *dia*, cri pour exciter les chevaux ; 1776, Frenais, trad. de *Tristram Shandy*, « manie », calque de l'angl. *hobby horse* ; v. 1916, nom d'un mouvement artistique, par suite d'un choix purement arbitraire. ‖ **dadaïsme** v. 1916.

dadais 1585, Cholières (*dadée*) ; 1642, Oudin (*dadais*) ; onomatopée.

dague début xıııᵉ s., « poignard », puis « corne de cerf », du prov. *daga* (aussi ital. et esp.), orig. obscure, peut-être du lat. *daca ensis*, épée dace. ‖ **daguer**

1572, Des Moulins. ‖ **daguet** fin xvıᵉ s., L'Estoile.

daguerréotype 1839, Dʳ Donné, de *Daguerre* (1787-1851), nom de l'inventeur, et du gr. *tupos*, caractère. ‖ **daguerréotypie** *id.* ‖ **daguerréotypé** 1842, *le Charivari*, fig.

dahlia 1804, *Annales*, lat. bot., créé en l'honneur du botaniste suédois Dahl ; les premières graines furent envoyées de Mexico en 1788 par V. Cervantes.

*daigner xᵉ s., *Eulalie* (*degnet*, subj. prés.), du lat. *dĭgnari*, juger digne. ‖ **dédaigner** début xııᵉ s., *Ps. de Cambridge.* ‖ **dédain** 1155, Wace, déverbal. ‖ **dédaigneux** 1175, Chr. de Troyes. ‖ **dédaigneusement** 1220, Coincy.

*dail m., **daille** f. xvᵉ s., « faux », mot du Midi (prov. *dalh*), du lat. pop. *daculum* (*Gloses*), de *daca*, dague, ou d'orig. ligure.

*daim xııᵉ s., du bas lat. *damus*, lat. *dama*, sans doute d'orig. celtique.

*daintier xıᵉ s., « morceau d'honneur », puis « testicules de cerf » ; du lat. *dignitas, -atis*, dignité.

*dais 1160, Benoît, « table, estrade » ; xvıᵉ s., « tente dressée au-dessus » ; du lat. *dĭscus*, plateau où l'on disposait les mets.

dalaï-lama 1699, Adam Brand, trad. mongole du tibétain *gyamtso*, océan.

dalle début xıvᵉ s., fig., mot normanno-picard, du néerl. *dal*, planche, d'où pierre plate légèrement creusée pour l'écoulement des eaux. ‖ **daller** 1319, G. ‖ **dallage** 1831, Hugo. ‖ **dalot** 1690, Furetière.

dalmatique xııᵉ s., G., du lat. chrét. *dalmatica*, blouse faite en laine de Dalmatie.

daltonisme 1841, P. Prevost, du physicien *Dalton* (1766-1844). ‖ **daltonien** 1827, P. Prevost.

***dam** 842, *Serments*, du lat. *damnum*; remplacé par *dommage*, il ne subsiste plus que dans *à son dam*.

damas XIVᵉ s., G., « étoffe »; 1820, Hugo, « épée », nom de la ville de Damas, appliqué à divers produits de cette région. ‖ **damasser** 1386, Delb. ‖ **damassure** 1611, Cotgrave. ‖ **damasquin** 1546, Rab., habitant de Damas. ‖ **damasquiner** 1553, Palissy. ‖ **damasquineur** 1558, Gay. ‖ **damasquinage** 1611, Cotgrave. ‖ **damasquinerie** fin XVII s. ‖ **damasquinure** 1611, Cotgrave.

1. ***dame** 1080, *Roland*, « femme noble »; XVIIᵉ s., « femme mariée d'une certaine condition »; du lat. *dŏmina*, maîtresse (v. DOM); interj., ellipse d'un anc. juron *par Nostre Dame!* ou *Damedieu! (Domine Deus!)*. ‖ **dameret** 1505, Gringore. ‖ **damier** milieu XVIᵉ s., au sens fig. « jeu de dames ». ‖ **damer** *id.* ‖ **madame** 1175, Chr. de Troyes, « femme noble »; XVIIᵉ s., appellation de politesse.

2. **dame** XVᵉ s., G. (*dam*), « digue », du néerl. *dam*, digue, avec infl. de *dame*.

dame-jeanne 1586, Laudonnière (*-jane*), « grosse bouteille ventrue », du prov. mod. *damajano*, peut-être de *demeg*, demi (angl. *demi-john*), par étym. pop.

damelopre 1702, Aubin, « bateau hollandais », du néerl. *damloper*, bateau qu'on peut tirer par-dessus les digues. (V. DAME 2.)

dameret, damier V. DAME 1.

damnar 1827, *Acad.* (*dammar*); 1865, L. (*damnar*); mot malais désignant l'arbre d'où est extraite la résine.

damner Xᵉ s., *Épître de saint Etienne*, du lat. eccl. *damnare*, condamner (en lat. class.) ‖ **damnable** fin XIIᵉ s., *Grégoire.* ‖ **damnation** 1190, saint Bernard, du lat. eccl. *damnatio.*

***damoiseau** fin XIIᵉ s., *Couronn. de Louis* (*dameisel*), « jeune seigneur »; XVIIᵉ s., péjor.; du lat. pop. *dŏm(i)nicellus*, dimin. de *dominus*, maître, puis seigneur. ‖ **damoiselle.** V. DEMOISELLE.

dancing v. 1919, abrév. de l'angl.

dancing-house, maison de danse (*dancing*, part. prés.)

dandiner 1512, Gringore; 1701, Furetière, au pronominal; de l'anc. fr. *dandin*, cloche, onom. d'apr. le son. ‖ **dandin** déverbal de *dandiner*, 1526, Bourdigné, « niais »; d'où les personnages de *Perrin Dandin, Georges Dandin.* ‖ **dandinement** 1725, *Mercure.*

1. **dandy** 1813, Mᵐᵉ de Staël, « élégant », mot angl. ‖ **dandysme** 1830, *Débats.*

2. **d a n d y** 1877, *J. O.*, « bateau à voiles », mot angl. d'origine écossaise, qui est probablement le prototype du précédent. ‖ **dundee** 1904, *le Monde moderne*, altér. de *dandy*, d'apr. le nom d'un port écossais.

***danger** XIIᵉ s. (*dangier*), « domination, pouvoir », « fait d'être au pouvoir, à la merci de quelqu'un », d'où « péril », du lat. *dŏm(i)niarium*, pouvoir, de *dŏminus*, maître. ‖ **dangereux** fin XIIᵉ s., R. de Moiliens, « difficile, sévère ».

***dans** début XIIIᵉ s., *Aucassin*, (*denz*); adv., puis prép., qui a remplacé peu à peu *en*; du lat. pop. *de-intus*, renforcement de *intus*, dedans (anc. fr. *enz*). ‖ **dedans** fin XIᵉ s., *Alexis* (*dedenz*); prép. et adv. en anc. fr., puis seulem. adv. au XVIIᵉ s.; forme renforcée.

danser fin XIIᵉ s., *Loherains* (*dencier*), du francique **dintjan*, se mouvoir de-ci de-là (néerl. *deinzen*); les danses romaines ayant été proscrites par le christianisme, la danse, sous d'autres formes, dut être réintroduite par les Germains. ‖ **danse** XIIᵉ s., Delb.; *danse de Saint-Gui*, 1819, Boiste. ‖ **danseur** 1440, Ch. d'Orléans.

dantesque 1832, Nerval, de *Dante*, « grandiose ».

daphné 1552, Rab., du gr. *daphné*, laurier.

1. **dard** 1080, *Roland*, « aiguillon », du lat. *dardus*, empr. au francique **darod* (anglo-saxon *darodh*, anc. allem. *tart*). ‖ **darder** XVᵉ s., *Perceforest.* ‖ **dardillon** 1501, Delb.

2. ***dard** 1200, Hélinand (*dars*), « vandoise », du bas lat. *darsus*, mot gaulois.

dare-dare 1642, Oudin, orig. obscure.

dariole 1385, Du Cange, mot picard, altér. de *doriole*, c.-à-d. dorée.

darling 1842, Balzac, mot angl. signif. « chéri », de *dear*, cher.

darne 1528, Desdier, « tranche de gros poisson », du breton *darn*, morceau.

daron 1726, Cartouche, « maître », puis « père »; mot de l'Ouest signif. « radoteur », orig. obscure. Le mot appartient à un argot vieilli.

darse XVᵉ s., *Chron. de Boucicaut* (à propos du port de Gênes), du génois *darsena*, empr. à l'ar. *dār sinā'a*, atelier, maison de travail.

*****dartre** XIIIᵉ s., *Livre des simples médecines*, bas lat. *derbīta*, mot gaulois. || **dartreux** XVᵉ s., *Glossaire*.

darwinisme 1868, Quatrefages, du naturaliste anglais Darwin (1809-1882).

dash-pot 1889, Lar., mot angl., de *(to) dash*, jeter, et *pot*, récipient. Désigne un appareil utilisé pour la régulation des turbines.

dasyure fin XVIIIᵉ s., du gr. *dasus*, velu, et *oura*, queue. Désigne un petit mammifère marsupial.

date 1283, Beaumanoir, du lat. médiév. *data littera*, lettre donnée, premier mot de la formule indiquant la date. || **dataire** 1611, Cotgrave. || **dater** milieu XIVᵉ s. || **daterie** 1666, *Vie de Maldachini*, de l'ital. *dataria*, du lat. eccl. *datarius*. || **datation** fin XIXᵉ s. || **datable** début XIXᵉ s. || **antidater** 1462, Fierville. || **antidate** 1462, Fierville. || **postdater** 1549, R. Est. (*posti-*) ; 1752, *Trévoux* (*post-*).

datif 1440, Ch. d'Orléans, du lat. gramm. *dativus* (*casus*), cas attributif, de *dare*, donner.

dation 1272, G., jurid., du lat. *datio*, action de donner.

datte fin XIIᵉ s., *Alexandre* (*dade*) ; XIIIᵉ s. (*date*) ; du prov. *datil*, m., du lat. *dactylus*, datte, empr. au gr. *daktulos*, doigt. || **dattier** v. 1230, G. de Lorris.

datura 1597, Palma Cayet, du port., empr. à l'hindî *dhatura*.

daube début XVIIᵉ s., de l'ital. *addobbo*, assaisonnement, de *addobare*, cuisiner (v. ADOUBER), avec infl. du suivant. || **dauber** 1743, *Trévoux*. || **daubière** 1829, Boiste.

*****dauber** (sur quelqu'un) 1265, Br. Latini, « enduire », « garnir » ; 1552, Rab., « maltraiter en paroles »; du lat. *dealbare*, crépir, blanchir, de *albus*, blanc. || **daubeur** apr. 1650, Montfleury.

daumont (*attelage à la*) 1837, Gautier, du nom du duc d'Aumont, sous la Restauration.

1. *****dauphin** XIIᵉ s. (*-fin*), « cétacé », du bas lat. *dalfinus* (VIIIᵉ s.), altér. du lat. *delphinus*, empr. au gr. *delphis*.

2. **dauphin** début XIVᵉ s., « fils aîné du roi de France » à l'acquisition du Dauphiné ; c'était le nom des comtes d'Albon (du lat. *Delphinus*), issu d'un surnom, qui devint héréditaire; nom de dignité, au XIIIᵉ s., en Dauphiné et en Auvergne.

dauphinelle 1786, *Encycl. méth.*, du gr. *delphinion*, sous l'infl. de *dauphin*. Désigne une plante ornementale.

daurade V. DORADE.

davantage 1360, Froissart, de *d'avantage* (encore au XVIᵉ s.).

davier 1540, Rab., dimin. de *david* (prononcé *davi*), outil de menuisier (XIVᵉ s.), du nom propre *David* (cf. ROBINET). || **davidet** XIXᵉ s., réfection de *daviet*, outil de tonnelier.

*****de** 842, *Serments*, du lat. *de*, prép. exprimant la séparation, la provenance et, en lat. pop., le complément du nom.

dé- préfixe issu du lat. *de*, qui représente soit un mouvement de haut en bas (*décliner, déchoir*), soit le renforcement ou le commencement de l'action (*définir, démarcation*) ; ou issu du lat. *dis-* indiquant l'éloignement, la séparation ou la négation (*dégénérer, débander, dépolitiser, dénucléariser*, etc.). Les termes composés avec le préfixe *dé-* sont placés à l'ordre alphabétique du radical.

1. *****dé** à jouer 1190, Garn., du lat. *datum*, part. passé de *dare*, donner, substantivé en « pion de jeu » (Iᵉʳ s., Quintilien).

2. *****dé** (à coudre) 1348, Du C. (*deel*), d'où *dé* sous l'infl. de *dé à jouer*, du lat. pop. *dītale*, lat. class. *digitale* de *digitus*, doigt. || **délot** 1530, Palsgrave, doigtier de cuir de la dentellière.

dead-heat 1841, Mackenzie, mots angl. signif. « course (*heat*) morte (*dead*) » : quand deux chevaux arrivent au poteau en même temps.

déambuler fin XVᵉ s., du lat. *deambulare*, se promener. || **déambulation** *id.*

débâcle, débagouler, déballer, débander, débarbouiller, débarcadère, débardeur V. BÂCLER, BAGOU, BALLE 1, BANDE 2, BARBOTER, BARQUE, BARD.

debater 1830, *Rev. brit.*, mot angl. signif. « qui débat », « qui discute », spécialisé dans le langage parlementaire.

débattre V. BATTRE.

débaucher fin XIIIe s., Guiart, « provoquer la défection »; XVe s., « détourner de ses devoirs, entraîner à l'« inconduite »; peut-être de *bau* (v. ce mot); évolution sémantique obscure. ‖ **débauche** 1499, Gringore, déverbal. ‖ **débauchage** 1900, Lar. ‖ **débaucheur** 1534, Des Périers.

débet 1441, Delb., du lat. *debet*, « il doit », d'apr. les formules juridiques.

débile 1265, Le Grand, du lat. *debilis*, faible. ‖ **débilité** XIIIe s., *Yst. de li Normant*, du lat. *debilitas*. ‖ **débiliter** XIIIe s., Aimé, du lat. *debilitare*.

débiner fin XVIIIe s., « calomnier »; 1808, d'Hautel, « tomber dans la misère »; *se débiner*, 1852, Paillet, « se sauver »; de *biner*, au sens fig., et pop. (cf. BÊCHE.) ‖ **débine** 1808, d'Hautel, « misère », déverbal. ‖ **débinage** 1837, Vidocq.

débit 1723, Savary, « ce qui est dû », du lat. *debitum*, dette. ‖ **débiter** *id.*, « inscrire au débit ».

débiter *du bois* 1387, G.; XVe s., « vendre au détail »; XVIIe s., « réciter »; de « enlever les matériaux »; de *blé*. ‖ **débit** XVIe s., « vente au détail »; XVIIe s., « façon de réciter »; début XIXe s., « boutique où l'on débite »; déverbal. ‖ **débitant** 1731. ‖ **débiteur** (*de discours*) 1611, Cotgrave; 1793, *Décret*, « celui qui débite des marchandises ».

débiteur début XIIIe s., « celui qui doit », du lat. *debitor*; il a remplacé la forme pop. *detteur* (encore au XVIIe s.).

déblatérer 1798, *Acad.*, du lat. *deblaterare*, parler à tort et à travers. (V. BLATÉRER.)

déblayer XIIIe s., G. (-*desbleer*), « enlever la moisson »; fin XIVe s. (-*bloyer*), « enlever les matériaux »; de *blé*. ‖ **déblai** 1641, Patin, déverbal de *déblayer*. ‖ **déblaiement** 1775, Grignon.

déboire V. BOIRE.

débonnaire 1080, *Roland*; de *de bonne aire*, de bonne race, de *aire* (d'aigle).

déborder, déboucler, débouler, debout, débraillé, débrayer, débris, débûcher, débuter V. BORD, BOUCLE, BOULE, BOUTER, BRAIE, BRISER, BÛCHE, BUT.

décade 1352, Bersuire, du lat. *decas, -adis*, groupe de dix, empr. au gr. *deka*, dix. Indique un groupe de dix jours, de dix ans.

décadence 1413, G., du lat. médiév. *decadentia*, de *cadere*, tomber (v. aussi DÉCHOIR). ‖ **décadent** 1516, G. Michel; 1885, appliqué à une école littér. ‖ **décadentiste** 1917, *L. M.*

décadi 1793, Fabre d'Eglantine, « dixième jour de la décade révolutionnaire », du gr. *deka*, dix, et du lat. *dies*, jour (d'apr. *lundi*).

décalogue 1455, Fossetier, du lat. chrét. *decalogus*, empr. au gr. *dekalogos*, du gr. *deka*, dix, et *logos*, parole.

décanat 1650, Patin, du lat. eccl. *canatus*, de *decanus*, doyen. ‖ **décanal** 1476, *Inv. Surreau*.

décaniller 1792, Marat, « décamper », du lyonnais *canille*, jambe, dimin. métaphorique de *canne*.

décanter 1701, Furetière, du lat. des alchim. *decanthare*, de *canthus*, bec de cruche (v. CHANT 2). ‖ **décantage** 1842, *Acad.* ‖ **décantation** 1690, Furetière, du lat. des alchim. *decanthatio*.

décaper V. CAPE.

décapiter 1320, *Ovide*, du lat. médiév. *decapitare*, de *caput, -itis*, tête. ‖ **décapitation** 1392, E. Deschamps.

décapodes 1804, Latreille, du gr. *deka*, dix, et *pous, podos*, pied. Se dit d'animaux qui ont cinq paires de pattes marcheuses.

décatir V. CATIR.

decauville fin XIXe s., du nom de son inventeur; le premier chemin de fer à voie étroite relia les Invalides au Champ-de-Mars, lors de l'Exposition de 1889 à Paris, et fut transféré à Royan.

décaver, décélérer V. CAVER 2, ACCÉLÉRER.

décéder fin xvᵉ s., Villon, du lat. *decedere*, sortir de la vie. ‖ **décès** fin xiᵉ s., *Alexis*, du lat. *decessus*, part. passé de *decedere*.

décembre milieu xiiᵉ s., du lat. *decembris*, de *decem*, dix (à l'origine le dixième mois.) ‖ **décembriseur** 1849, nom donné aux membres de la Société du Dix-Décembre, puis aux fauteurs du coup d'Etat du 2 décembre 1851. ‖ **décembriste** id.

décence xiiiᵉ s., de Gauchi, du lat. *decentia*, de *decere*, convenir. ‖ **décent** xvᵉ s., Wavrin, du lat. *decens*. ‖ **indécence** 1568, Loys Le Roy. ‖ **indécent** xivᵉ s., du lat. *indecens*.

décennal 1540, Rab., du lat. *decennalis*, de *decem*, dix, et *annus*, année. ‖ **décennie** 1888, Lar.

déception V. DÉCEVOIR.

décerner 1318, G., « décréter » (jusqu'au xviiiᵉ s.) ; xviᵉ s., « attribuer »; du lat. *decernare*, décider, décréter.

décès V. DÉCÉDER.

*_**décevoir** xiiᵉ s., « tromper », du lat. *decipēre* (lat. pop. *-ēre*), de *capere*, prendre. ‖ **déception** xiiᵉ s., « action de tromper » (jusqu'au xviᵉ s.), du lat. impér. *deceptio* (ivᵉ s., saint Augustin).

décharner V. CHAIR.

*_**déchausser** V. CHAUSSER.

dèche 1835, Raspail, argot, de *déchoir* ou de *déchéance*.

*_**déchéance** V. DÉCHOIR.

déchiqueter 1338, *Actes normands*, de l'anc. fr. *eschiqueté* (début xiiiᵉ s.), « découpé en cases comme un échiquier ». ‖ **déchiquetage** fin xivᵉ s. ‖ **déchiqueteuse** 1953, Lar.

déchirer 1120, *Ps. d'Oxford*; fig., xviᵉ s.; du francique *skerjan*, gratter (anglo-saxon *scīran*, nettoyer). ‖ **déchirement** 1120, *Job*. ‖ **déchirure** 1250, *Aubery le Bourg*. ‖ **s'entre-déchirer** 1544, d'Aurigny.

*_**déchoir** 1080, *Roland*, du lat. pop. *decadēre*, réfection de *decidere*, de *cadere*, tomber. ‖ **déchéance** 1190, Garn. ‖ **déchet** 1283, Beaumanoir (*déchié*), devenu *dechiet*, par confusion avec *il déchet*.

déci- du lat. *decem*, dix. ‖ **déci-gramme** 1798, *Acad.* ‖ **décilitre** 1795, *Bull. des lois*.

décider 1403, N. de Baye, du lat. *decidere*, trancher, de *caedere*, couper. ‖ **décision** 1314, G., du lat. jurid. *decisio*. ‖ **décisif** 1413, G., du lat. jurid. *decisivus*. ‖ **décisoire** xivᵉ s. ‖ **indécis** 1521, Fabri, du bas lat. *indecisus*, non tranché. ‖ **indécision** 1611, Cotgrave.

déciller V. CIL.

décime 1486, G. Alexis, « taxe du dixième »; 1795, « terme du système métrique »; du lat. *decimus*, dixième. ‖ **décimal** 1746, Petit Vandon.

décimer xvᵉ s., « punir de mort un soldat sur dix »; 1820, Lamartine, fig.; du lat. *decimare*, de *decem*, dix.

décision V. DÉCIDER.

déclamer V. CLAMER.

déclarer milieu xiiiᵉ s., du lat. *declarare*. ‖ **déclaration** début xiiiᵉ s., du lat. *declaratio*.

déclencher V. CLENCHE.

déclic V. CLIQUE.

décliner 1080, *Roland*, « détourner »; fig., gramm.; xivᵉ s., jurid.; du lat. *declinare*, redescendre. ‖ **déclin** id., déverbal. ‖ **déclinaison** 1220, d'Andeli, gramm. ‖ **déclinable** xivᵉ s., J. Le Fèvre. ‖ **déclinatoire** début xivᵉ s., jurid. ‖ **indéclinable** xivᵉ s., « qui ne dévie pas »; xviiᵉ s., gramm., du lat. *indeclinabilis*.

décliquer V. CLIQUE.

déclive 1560, Paré, du lat. *declivis*, qui va en pente, qui est le plus bas. ‖ **déclivité** 1487, Garbin, du lat. *declivitas*.

décoction xiii s., *Antidotaire Nicolas*, du lat. impér. *decoctio* (iiᵉ s., Apulée), de *coquere*, cuire.

décoller, décolleter, décolorer V. COU, COULEUR.

décombres 1404, G., « action de désencombrer »; 1611, Cotgrave, pl. « ruines »; de l'anc. fr. *décombrer* (1175, Chr. de Troyes), remplacé par *désencombrer*; anc. fr. *combre*, barrage de rivière (ixᵉ s., *combrus*, abattis d'arbres), du gaulois *comboros*, rencontre, confluent composant de nombreux noms de lieux.

déconfire, déconvenue V. CONFIRE, CONVENIR.

décorer 1361, Oresme, du lat. *decorare*, de *decus, -oris*, ornement. ‖ **décoratif** 1478, Panis. ‖ **décorateur** fin XVIe s., Gautier-Garguille ; 1560, Amyot, fig., « qui illustre ». ‖ **décor** 1530, Marot (*-ore*), rare jusqu'au XVIIIe s. ‖ **décoration** 1393, G., « action de décorer » ; 1740, *Acad.*, « signe de distinction » ; du bas lat. *decoratio*. ‖ **décorum** 1594, *Ménippée*, du lat. *decorum*, convenance.

décortiquer 1826, Mozin, du lat. *decorticare*, de *cortex, -icis*, écorce. ‖ **décortication** 1747, James, du lat. *decorticatio*.

décours 1190, Garn., du lat. *decursus*, course sur une pente, d'où, en fr., déclin. Période décroissante du cours de la lune.

découvrir V. COUVRIR.

décrépit fin XIVe s. (*-ite*), masc. au XVIIe s., du lat. *decrepitus*, parfois confondu avec *décrépi* (v. CRÉPIR). ‖ **décrépitude** fin XIVe s., G. Phébus.

decrescendo V. CRESCENDO.

décret 1190, Garn., « décision d'une autorité, droit canon, jugement » ; 1789, « acte du pouvoir exécutif » (par opposition à *loi*) ; du lat. *decretum*, décision, sentence, part. passé de *decernere* (v. DÉCERNER). ‖ **décréter** fin XIVe s. ‖ **décréteur** 1796, *Néolog. fr.* ‖ **décrétale** 1260, Br. Latini, lat. eccl. *decretalis*, ordonné par décret.

décrire 1130, *Eneas* (*des-*), du lat. *describere*, d'apr. *écrire*. ‖ **descriptif** XVe s., G., puis 1787, Féraud, du lat. *descriptus*, part. passé. ‖ **description** 1160, Benoît, du lat. *descriptio*. ‖ **indescriptible** 1842, Mozin.

décrue, décruer, décruser V. CROÎTRE, CRU.

de cujus XVIIIe s., abrév. du lat. jurid. *de cujus successione agitur*, « de la succession de qui il est question ».

décuple milieu XIVe s., du lat. *decuplus*, de *decem*, dix. ‖ **décupler** 1584, Thevet.

dédaigner V. DAIGNER.

dédale 1555, Pasquier, du nom du constructeur légendaire du labyrinthe de Crète (lat. *Daedalus*, gr. *Daidalos*). ‖ **dédaléen** 1862, Hugo. ‖ **dédalien** 1835, Gautier.

dedans V. DANS.

dédicace fin XIIe s., *Grégoire* (*dicaze*) ; XIVe s. (*dédicace*), « fête patronale, dédicace d'une église » (var. *ducasse*) ; 1613, Pasquier, — *d'un livre* ; du lat. *dedicatio*, de *dedicare*, dédier. ‖ **dédicatoire** 1542, Du Perron. ‖ **dédicacer** 1836, Landais.

dédier fin XIIe s., *Couronn. de Loïs*, du lat. *dedicare*, consacrer, dédier.

dédire V. DIRE.

déduire fin XIe s., *Alexis*, adapt., d'apr. *conduire*, du lat. *deducere*, faire descendre, mener, sens passé en anc. fr., où le verbe a aussi l'emploi fig. « divertir ». ‖ **déduit** 1160, *Eneas*, « divertissement ». ‖ **déduction** 1361, Oresme, du lat. *deductio*.

défaire, défaite V. FAIRE.

défalquer 1384, *Archives de Reims*, du lat. médiév. *defalcare*, trancher avec la faux (*falx, -cis*). ‖ **défalcation** 1307, G.

***défaut** V. FAILLIR.

défectif 1341, G., « défectueux » ; début XVIIe s., gramm. ; du lat. *defectivus*, de *deficere*, faire défaut. ‖ **défection** XIIIe s., *Alexandre*, « éclipse » ; 1772, Raynal, « défaillance » ; du lat. *defectio*. ‖ **défectueux** 1336, R. de Louens, du lat. *defectuosus*. ‖ **défectuosité** XVe s., *Procès-verbal du conseil de régence de Charles VIII*, du lat. *defectuositas*.

***défendre** fin XIe s., *Lois de Guill.*, du lat. *defendere*, protéger, écarter, par ext. « interdire » dès l'anc. fr. ‖ **défendable** 1265, J. de Meung. ‖ **défendeur** 1120, *Ps. d'Oxford*, « défenseur » ; 1283, Beaumanoir, jurid. ‖ ***défens** 1119, Ph. de Thaun, « défense », du lat. *defensus*, part. passé substantivé en bas lat. ‖ **défense** fin XIe s., *Lois de Guill.*, part. fém. ‖ **défenseur** 1213, *Fet des Romains* (*-eor*), remplace *défendeur* au XVIe s. ‖ **défensif** XIVe s., G. ‖ **indéfendable** 1663, Molière.

déféquer 1573, Liébault, du lat. *defaecare*, débarrasser des impuretés, de *faex*, lie. ‖ **défécation** 1660, N. Le Febvre, du lat. *defaecatio*.

déférer 1355, Bersuire, du lat. *deferre*, porter (d'où le sens jurid. repris en fr.), en bas lat. « faire honneur ». ‖ **déférence** 1392, E. Deschamps. ‖ **déférent** 1560, Paré, tech., du part. prés. *deferens* ; 1690, Furetière, « respectueux ».

déferler V. FERLER.

défet XIVᵉ s., *Alchimie à Nature*, « défaut », du lat. *defectus*, manque, part. passé de *deficere*, manquer.

défi, défiance V. FIER 1.

déficient 1587, Crespet, du lat. *deficiens*, part. prés. de *deficere*, manquer. ‖ **déficience** 1907, Lar. ‖ **indéfectible** 1501, Le Roy, du lat. *defectus*, qui manque.

déficit 1589, L'Estoile, du lat. *deficit*, « il manque », mot qui figurait aux inventaires, en regard des articles manquants; fin XVIIIᵉ s., sens financier. ‖ **déficitaire** 1909, Lar.

défiler V. FIL.

définir 1425, A. Chartier, du lat. *definire*, de *finis*, fin, limite. ‖ **définissable** fin XVIIᵉ s., Saint-Simon. ‖ **définition** 1160, Benoît, du lat. *definitio*. ‖ **définitif** fin XIIᵉ s., *Ysopet de Lyon*, du lat. *definitivus*. ‖ **indéfini** XIVᵉ s., du lat. *indefinitus*. ‖ **indéfiniment** milieu XVIᵉ s. ‖ **indéfinissable** 1731, Voltaire.

déflagration 1691, Chastellain, du lat. *deflagratio*, de *flagrare*, brûler. (V. FLAGRANT.)

déflation V. INFLATION.

déflecteur 1888, Lar., du lat. *deflectere*, fléchir. Désigne un appareil qui modifie la direction de l'air, de l'eau.

déflorer, défrayer, défroquer V. FLEUR, FRAIS 2, FROC.

défunt XIIIᵉ s., du lat. *defunctus*, part. passé de *defungi*, accomplir sa vie.

dégaine, dégainer, dégât V. GAINE, GÂTER.

dégénérer 1361, Oresme, du lat. *degenerare*, de *genus*, *-eris*, race. ‖ **dégénération** 1455, Fossetier, rare jusqu'au XVIIᵉ s., du lat. *degeneratio*. ‖ **dégénérescence** 1799, Vauquelin. ‖ **dégénérescent** 1842, *Acad.*

dégingandé 1546, Rab. (*deshin-*), « disloqué »; fin XVIᵉ s., Vigenère, altér. en *desgin-*; XVIIᵉ s., sens actuel; de l'anc. fr. *hinguer*, se diriger, orig. germ., croisé avec *guinguer*.

déglinguer 1889, Barrère, « disloquer », altér. de *déclinquer* (1792, Romme). [V. CLIGNER.]

dégluttiner milieu XIXᵉ s., du lat. *deglutinare*, décoller, détacher. ‖ **dégluttination** XXᵉ s. (1950, *L. M.*)

déglutir 1839, Boiste, du bas lat. *deglutire*, avaler. ‖ **déglutition** 1560, Paré.

dégobiller 1611, Cotgrave, de *gober* (cf. *dégober*, vomir, en Anjou, et *gobille*, gorge, en Lyonnais), avec une finale que l'on trouve dans *égosiller*.

dégoiser, dégorger V. GOSIER, GORGE.

dégoter début XVIIᵉ s., Ménage, indiqué comme mot de l'Ouest, « déplacer la balle ou la pierre appelée *go* » (*gal* en Normandie); 1740, Desfontaines, « déplacer », XVIIIᵉ s., d'Argenson, « chasser d'un poste »; 1808, d'Hautel, « l'emporter » et « trouver »; de la même rac. que *galet*.

dégouliner, dégourdir, dégoût, dégoutter, dégrader V. GUEULE, GOURD, GOÛT, GOUTTE, GRADE.

dégrader (*les tons*) milieu XVIIᵉ s., de l'ital. *digradare*, de *grado*, degré. ‖ **dégradation** 1669, Molière, de l'ital. *digradazione*. Pour les autres sens, v. GRADE.

dégrafer, degras V. AGRAFER, GRAS.

dégrat XIIIᵉ s., « bateau de pêche en dégrat », c.-à-d. « qui va quitter le port » (*degrater*, fin XIIIᵉ s., Guiart), du prov. *degrat*, degré, échelon (cf. les *Echelles* du Levant).

degré fin XIᵉ s., *Alexis* (*degret*), comp. anc. par renforcement du lat. *gradus*, échelon; d'abord au sens de « marche », puis au sens fig.

dégressif 1906, Lar., du lat. *degressus*, de *degredi*, descendre.

dégrever V. GREVER.

dégringoler fin XVIᵉ s. (*desgringueler*), de *gringoler* (1583, Gauchet, même sens), du moyen néerl. *crinc*, courbure, c.-à-d. tomber de la *gringole* (colline). ‖ **dégringolade** 1825, C. Ritter.

déguerpir début XIIᵉ s., *Ps. de Cambridge*, « abandonner »; jurid. « abandonner un bien »; début XVIIᵉ s., Scarron, « vider les lieux »; de l'anc. fr. *guerpir*, abandonner, issu du francique **werpan* (allem. *werfen*, jeter; angl. *to warp*, détourner).

déguiser, déguster V. GUISE, GOÛT.

déhiscent 1798, Richard, du lat. *dehiscere*, s'ouvrir. ‖ **déhiscence** *id.*, en bot. « action par laquelle un organe clos s'ouvre naturellement ».

dehors, déicide, déifier, déiste, déité, déjà V. HORS, DIEU, JÀ.

déjection 1538, Canappe, du lat. méd. *dejectio*, « action de jeter hors ».

déjeter, déjeuner V. JETER, JEÛNE.

délabrer 1561, Maumont, au part. passé, appliqué d'abord aux vêtements, du prov. mod. *deslabrar*, déchirer, délabrer. ‖ **délabrement** 1718, *Acad.*

délai 1172, *Chanson*, déverbal de *deslaier* (1175, Chr. de Troyes), de l'anc. fr. *laier*, laisser, orig. obscure. (V. RELAYER.)

délaisser V. LAISSER.

délateur 1539, R. Est., du lat. *delator*, de *deferre*, rapporter, dénoncer (part. passé *delatus*). ‖ **délation** début XVIᵉ s., du lat. *delatio*.

***délayer** XIIIᵉ s., *Lapid. fr.*, du lat. *deliquare*, transvaser, décanter; 1775, Beaumarchais, fig., altér. en Gaule en *délicare*, par infl. de *delicatus*, délicat. ‖ **délaiement** 1549, R. Est. ‖ **délayage** 1836, Landais.

deleatur 1827, *Acad.*, mot lat. signif. « qu'il soit détruit », en typographie.

délébile 1823, Boiste, du lat. *delebilis*, de *delere*, détruire. ‖ **indélébile** 1541, Calvin, du lat. *indelebilis*, indestructible; *encre indélébile*, 1611, Cotgrave.

délecter début XIVᵉ s., du lat. *delectare*; il a remplacé la forme pop. *delitier*. ‖ **délectable** 1361, Oresme, du lat. *delectabilis*. ‖ **délectation** *id.*, du lat. *delectatio*.

déléguer 1496, *Mir. historial*, du lat. *delegare*, envoyer; *délégué du peuple*, 1789. ‖ **délégation** XIIIᵉ s., Delb., « procuration »; XIXᵉ s., « ensemble de personnes déléguées »; du lat. *delegatio*. ‖ **subdéléguer** XIVᵉ s. ‖ **subdélégation** XIVᵉ s.

délétère XVIᵉ s., Joubert, du gr. *dêlêtêrios*, nuisible. Se dit plus particulièrement d'un gaz toxique.

délibérer XIIIᵉ s., du lat. *deliberare*. ‖ **délibération** XIIIᵉ s., G., du lat. *deliberatio*. ‖ **délibératif** 1372, Corbichon, du lat. *deliberativus*. ‖ **délibérément** XIVᵉ s., G.

délicat 1492, Tardif; rare jusqu'au XVIᵉ s.; du lat. *delicatus*; il a éliminé la forme pop. *delgié, dougié*, délicat, mince (v. DÉLIÉ). ‖ **délicatesse** 1539, R. Est., peut-être d'apr. l'ital. *delicatezza*. ‖ **indélicat** 1787, Féraud, repris à l'angl. ‖ **indélicatesse** 1808, Mᵐᵉ de Staël.

délice (s) 1120, *Ps. d'Oxford*, du lat. *delicium*, neutre sing. et *deliciae*, fém. pl., formes qui expliquent les deux genres en fr. ‖ **délicieux** 1190, saint Bernard, du lat. *deliciosus*. ‖ **délicieusement** XIIIᵉ s.

délicoter, délictueux V. LICOU, DÉLIT 1.

délié 1181, Chr. de Troyes, adaptation du lat. *delicatus*, mince, délicat; infl. par *délié*, de *délier*. (V. LIER.)

délinéer 1856, Lachâtre, du lat. *delineare*, esquisser, de *linea*, ligne. ‖ **délinéament** 1878, Lar., « contour ». ‖ **délinéation** 1549, R. Est., du bas lat. *delineatio*.

délinquer 1429, G., du lat. *delinquere*, manquer (à son devoir), de *linquere*, laisser. ‖ **délinquant** XIVᵉ s., du part. prés. *delinquens*. ‖ **délinquance** XXᵉ s.

déliquescent milieu XVIIIᵉ s., du lat. *deliquescens*, part. prés. de *deliquescere*, se liquéfier. ‖ **déliquescence** 1757, Macquer et Baumé.

délirer début XVIᵉ s., du lat. *delirare*, au sens propre « sortir du sillon ». ‖ **délire** 1538, Canappe, du lat. *delirium*. ‖ **delirium tremens** 1819, *Dict. sc. nat.*, express. créée en 1813 par l'Anglais Sutton et signif. « délire tremblant ».

1. délit début XIVᵉ s. (*delict*), « infraction », du lat. *delictum*, part. passé substantivé de *delinquere*, manquer. ‖ **délictueux** 1865, L., formation savante.

2. délit [d'une pierre], **déliter** V. LIT.

***délivrer** fin XIᵉ s., *Lois de Guill.*, « libérer »; XIIIᵉ s., « remettre quelque chose »; d'apr. *livrer*, du bas lat. *deliberare*, renforcement de *līberāre*, mettre en liberté, de *liber*, libre. ‖ **délivrance** XIIᵉ s., *Marbode*, « accouchement ». ‖ **délivre** adj., début XIIᵉ s., *Thèbes*; « dégagé » 1611, Cotgrave, « ce qui délivre », « arrière-faix », déverbal.

délot V. DÉ 2.

delphax 1819, *Dict. des sc. nat.*, du lat. des entomol. (1783, Fabricius), du gr. *delphax*, cochon de lait. Désigne un insecte sauteur.

delphine 1552, Rab. (*-nium*), du lat. bot. *delphinium*, empr. au gr. *delphinion*, dauphinelle, pied-d'alouette.

delta (du Nil) XIIIᵉ s.; s. m. 1818, Cuvier, mot gr. désignant la lettre *d*, dont la majuscule en gr. [Δ] évoque, lorsqu'elle est renversée, la forme de l'embouchure du Nil. ‖ **deltoïde** v. 1560, Paré, du gr. *deltoeidès*, en forme de *delta*. Mot usité en bot. et en anat.

déluge 1175, Chr. de Troyes (var. *diluvie* en anc. fr.), du lat. chrét. *diluvium*, en lat. class. « inondation ».

déluré v. 1790, mot berrichon d'apr. Raynal (1844), forme dial. de *déleurré*, « qui ne se laisse plus prendre au leurre » (*déleurrer*, détromper, 1787, Féraud).

démagogue 1361, Oresme, puis au XVIIᵉ s.; péjor. 1790, du gr. *dêmagôgos*, qui conduit le peuple (*dêmos*). ‖ **démagogie** 1791, Brissot, du gr. *dêmagôgia*. ‖ **démagogique** 1791, du gr. *dêmagôgikos*. ‖ **démagogisme** 1796, *Néol. fr.*

demain 1080, *Roland*, du lat. pop. *demane*, renforcement de *mane* (le passage de *matin* à *demain* est le même dans l'allem. *morgen*, l'esp. *mañana*); le mot a éliminé le lat. *cras*. ‖ **lendemain** 1160, *Eneas* (*l'endemain*). ‖ **après-demain** 1690, Furetière. ‖ **surlendemain** début XVIIIᵉ s., Lesage.

*demander 1080, *Roland*, du lat. *demandare*, remettre, confier, de *mandare*, mander, passé au sens « attendre quelque chose de quelqu'un », « solliciter » en lat. pop. d'Occident. ‖ **demande** 1190, saint Bernard, déverbal. ‖ **demandeur** 1253, Langlois, spécialisé au sens jurid. ‖ **redemander** 1175, Chr. de Troyes.

démanger, démanteler, démantibuler, démarcation, démarrer, V. MANGER, MANTEAU, MANDIBULE, MARQUER, AMARRER.

démêler, déménager V. MÊLER, MÉNAGE.

dément XVᵉ s., Tardif; rare jusqu'au XIXᵉ s.; du lat. *demens*, privé de raison (*mens, -tis*). ‖ **démence** fin XIVᵉ s., du lat. *dementia*. ‖ **démentiel** 1883, Huysmans.

*demeurer 1080, *Roland* (*-ourer*), du lat. *demorari*, tarder (aussi en anc. fr.), rester, d'où séjourner, habiter, en lat. pop. ‖ **demeure** 1190, Couci, « retard, séjour »; XVIᵉ s., « habitation », déverbal. Le sens de « retard » subsiste dans : *il n'y a pas péril en la demeure*; *mettre en demeure* (rendre responsable du retard, à l'origine).

*demi fin XIᵉ s., *Lois de Guill.*, du lat. pop. *dimĕdius*, réfection de *dimĭdius*, d'apr. *mĕdius*, au milieu. Demi- a été utilisé comme préfixe dès l'anc. fr.; son aire d'emploi a été, au XVIIᵉ s., limitée par celle de *semi-* dont la valeur s'est ensuite différenciée.

démission 1338, G., du lat. *demissio*, abaissement, pour servir de dér. à *démettre*. ‖ **démissionnaire** XVIIIᵉ s, *Journ. du Palais*. ‖ **démissionner** 1793, Babeuf.

démiurge 1546, Rab. (*demiourgon*); 1823, Boiste (*-iurge*); du lat. phil. *demiurgus*, empr. au gr. *dêmiourgos*, créateur de l'univers.

démocratie 1361, Oresme, du gr. *dêmokratia*, de *dêmos*, peuple, et *kratein*, commander. ‖ **démocrate** milieu XVIᵉ s., fait d'apr. *aristocrate*, usuel à partir du XVIIIᵉ s. (1790, Linguet). ‖ **démocratique** 1361, Oresme, du gr. *dêmokratikos*. ‖ **démocratisation** 1797. ‖ **démocratiser** 1792, Vergniaud. ‖ **démocratisme** 1794, Babeuf. ‖ **antidémocratique** 1794, *Journ. de la Montagne*. ‖ **démographie** 1850, Guillard.

*demoiselle Xᵉ s., *Eulalie* (*domnizelle*); XIIᵉ-XIIIᵉ s. (*damoiselle*), « fille noble » (jusqu'au XVIIᵉ s.) et « femme mariée de la petite noblesse »; XIXᵉ s., « jeune fille d'honnête famille » (*demoiselle d'honneur, demoiselle de compagnie*, etc.); auj. fam. surtout; 1738, Lémery, « fourmi lion »; 1802, Chateaubriand, « libellule »; du lat. pop. **domĭnicella*, dimin. de *domina*, maîtresse (v. DAME 1, DONZELLE). *Damoiselle*, forme archaïque, reprise comme péjor. ‖ **Mademoiselle** figé en un mot au XVIᵉ s.; auj. terme de politesse. ‖ **mam'zelle** 1680, Richelet (*mameselle*), abrév. fam.

démolir 1383, L., du lat. *demoliri*, de *moles*, masse. ‖ **démolissement** 1377, G.

‖ **démolisseur** 1547, J. Martin; fig. XVIII° s., Voltaire. ‖ **démolition** XIV° s., La Curne, du lat. *demolitio*.

démon XIII° s., *Psautier* (*demoygne*), du lat. *daemonium*; XVI° s. (*démon*); du lat. impér. *daemon* (II° s., Apulée, « esprit, génie », sens repris au XVI° s. du gr.), avec spécialisation chrétienne; 1653, Molière, fig. ‖ **démoniaque** XIII° s., G., du lat. chrét. *daemoniacus* (III° s. Tertullien), empr. au gr.

démonétiser, démonstration V. MONÉTAIRE, DÉMONTRER.

démontrer X° s., *Saint Léger* (*-monstrer*, forme latinisée, var. *-mostrer*), du lat. *demonstrare*, montrer (jusqu'au XVII° s.), puis sens actuel repris au lat. ‖ **démontrable** 1265, J. de Meung. ‖ **démonstration** 1361, Oresme, qui a remplacé *demostraison*, du lat. *demonstratio*. ‖ **démonstrateur** 1495, J. de Vignay; rare jusqu'au XVIII° s. ‖ **démonstratif** 1327, *Mir. hist.*, du lat. *demonstrativus*. ‖ **indémontrable** début XVIII° s.

démotique 1373, « démocratique »; 1835, sens mod.; du gr. *démotikos*, de *dêmos*, « peuple ».

*denché V. DENT.

dendrite 1732, *Trévoux*, du gr. *dendron*, arbre. Désigne le dessin ramifié d'une pierre. ‖ **dendrophage** 1823. Boiste (gr. *phagein*, manger).

dénégation V. DÉNIER.

dengue 1855, mot esp. signif. « manières affectées », ironiq. cette maladie.

déni, dénicher V. DÉNIER, NICHER.

*denier fin XI° s., *Lois de Guill.*, du lat. *denarius*, monnaie dont la valeur a varié (au XVIII° s., douzième partie du sou) et, par ext., somme d'argent (d'où *denier à Dieu*, XV° s., taxe du marché affectée aux œuvres pies); *denier de saint Pierre*, 1739, Barbeyrac, *Hist. des anc. traités*; *denier du culte*, 1906, Lar. ‖ **denrée** v. 1160, *Charroi de Nîmes* (*denerée*); XIII° s. (*denrée*), « marchandise de la valeur d'un denier ».

*dénier fin XII° s., *Grégoire*, du lat. *denegare*, de *negare*, nier. ‖ **déni** XIII° s., *Aubery*, déverbal. ‖ **dénégation** XIV° s., *Registre du Châtelet*, d'abord jurid., du lat. *denegatio*.

dénigrer 1358, G., du lat. *denigrare*, noircir, de *niger*, noir. ‖ **dénigrement** 1527, Dassy. ‖ **dénigreur** fin XVIII° s.

dénombrer, dénommer V. NOMBRE, NOMMER.

dénoncer 1190, Garn. (*-nuntier*), adaptation du lat. *denuntiare*, faire savoir (l'anc. fr. a eu *noncier*, lat. *nuntiare*); le sens s'est restreint. ‖ **dénonciation** 1283, Beaumanoir, du lat. *denuntiatio*. ‖ **dénonciateur** début XIV° s., du lat. *denuntiator*.

dénoter, denrée V. NOTE, DENIER.

dense XIII° s., G., « épais »; XVII° s., phys.; du lat. *densus*. ‖ **densité** XIII° s., G., « épaisseur »; XVII° s., phys.; du lat. *densitas*. ‖ **densimètre** 1870, Lar.

*dent 1080, *Roland*; masc. jusqu'au XIV° s.; du lat. *dens, dentis*, masc. ‖ ***denché** 1611, Cotgrave, « dentelé »; du lat. pop. **denticātus*, lat. class. *denticulatus*. ‖ **dentaire** 1572, J. Des Moulins, du lat. *dentaria*, jusquiame (employée contre le mal de dents); adj. 1700, Andry, du lat. *dentarius*. ‖ **dental** 1503, G. de Chauliac. ‖ **denté** XV° s., G. ‖ **denticule** 1545, Delb., du lat. *denticulus*. ‖ **dentelle** XIV° s., « petite dent », spécialisé au fig., XV° s. (Gay); dimin. de *dent*. ‖ **denteler** 1554, Thevet, « déchirer avec des dents »; 1549, chez Gay, « ajourner un tissu »; 1555, Belon, sens actuel. ‖ **dentelure** 1547, J. Martin. ‖ **dentier** fin XVI° s., Baïf, « mâchoire »; 1611, Cotgrave, « partie du heaume qui couvre les dents »; XVII° s., « rangs de dents »; 1836, Landais, « rangs de dents artificielles ». ‖ **dentifrice** 1560, Paré, du lat. *dentifricium*, de *fricare*, frotter. ‖ **dentiste** début XVIII° s. ‖ **dentition** début XVIII° s., Duchemin, du lat. *dentitio*. ‖ **dentirostres** 1827, *Acad.* (lat. *rostrum*, bec). ‖ **adenter** fin XIII° s., Guiart. ‖ **denture** v. 1398, E. Deschamps. ‖ **bident** 1827, *Acad.* ‖ **bidenté** 1827, *Acad.* ‖ **édenter** XIII° s., Trubert. ‖ **endenter** 1119, Ph. de Thaun. ‖ **redent** 1677, Colbert. ‖ **surdent** 1160, Benoît.

denteler, dentelle, denture V. DENT.

dénuder, dénuer, dénutrition, départir V. NU, NUTRITIF, PARTIR 1.

déontologie 1839, Boiste, du gr. *deon, -ontos*, devoir, et *logos*, discours. Ensemble des règles qui régissent une activité. ‖ **-gique** 1834, Laroche.

dépecer, dépêcher, dépeindre, dépenaillé V. PIÈCE, EMPÊCHER, PEINDRE, PENAILLE.

1. dépendre (*de*) 1130, *Eneas*, « se rattacher à »; XVIᵉ s., « être sous la puissance »; du lat. *dependere*, pendre de. ‖ **dépendant** 1355, Bersuire. ‖ **dépendance** 1339, Fagniez. ‖ **indépendant** 1584, saint François de Sales; politique, 1796, *Néolog. fr.* ‖ **indépendance** début XVIIᵉ s. ‖ **indépendantisme** v. 1700. ‖ **interdépendance** 1909, Lachelier.

2. dépendre, détacher V. PENDRE.

***dépens** 1175, Chr. de Troyes (*despans*), « dépense »; XIIIᵉ s., jurid. seulement et dans la loc. *aux dépens de*; du lat. *dispensum*, part. passé substantivé au neutre de *dispendere*, peser, qui a donné en anc. fr. *despendre* (XIIᵉ s.), dépenser. ‖ **dépense** 1175, Chr. de Troyes (*despanse*) « endroit où l'on garde les provisions », part. passé fém. refait sur le lat. (XIVᵉ s.). ‖ **dépenser,** milieu XIVᵉ s. ‖ **dépensier** v. 1150, *Couronn. de Loïs,* « celui qui garde la dépense »; XVIᵉ s., adj., « prodigue ». ‖ **dispendieux** 1737, *Mém. de Trévoux,* du lat. *dispendiosus,* de *dispendium,* dépense.

déperdition V. PERDRE.

dépiauter, dépioter V. PEAU.

dépiler V. POIL.

dépister V. PISTE.

***dépit** XIIᵉ s. (*despit*), « mépris » (d'où *en dépit de*); XIIIᵉ s., « irritation », du lat. *despectus,* regard jeté de haut. ‖ **dépiter** v. 1272, Joinville, du lat. *despectare,* regarder de haut.

***déplaire** V. PLAIRE.

déplorer fin XIIᵉ s., *Grégoire,* « pleurer » (jusqu'au XVIIᵉ s.); XVᵉ s., « regretter »; du lat. *deplorare,* pleurer. ‖ **déplorable** fin XVᵉ s. ‖ **déplorablement** 1690, Furetière.

déponent 1521, Fabri, du lat. *deponens,* quittant; le verbe a « déposé » le sens passif.

dépopulation V. POPULATION.

déport, terme de Bourse. V. PORTER.

***déporter** 1130, *Eneas,* « (se) conduire », « s'amuser »; fin XVᵉ s., « exiler » (sens repris au lat.); du lat. *deportare,* emporter. ‖ **déport** 1130, *Eneas,* « amusement ». ‖ **déportation** 1455, Fossetier, « exil », du lat. *deportatio.* ‖ **déporté** s. m. 1828, Vidocq. ‖ **déportement** XIIIᵉ s., G., « amusement ».

déposer, dépôt V. POSER.

***dépouiller** XIIᵉ s., *Roncevaux* (*despoiller*), du lat. *despoliare,* de *spolia,* dépouilles. ‖ **dépouille** 1190, saint Bernard, déverbal. ‖ **dépouillement** id. ‖ **empouiller** XIVᵉ s., texte de Reims, sur le rad. de *dépouiller.* ‖ **empouille** 1752, *Trévoux,* déverbal.

dépourvu (au) XIIᵉ s., Du Cange, part. passé de l'anc. fr. *dépourvoir,* de *pourvoir.*

dépraver début XIIIᵉ s., du lat. *depravare,* de *pravus,* perverti. ‖ **dépravateur** 1551, Aneau, du lat. *depravator.* ‖ **dépravation** 1559, Amyot, du lat. *depravatio.*

déprécation 1120, *Ps. d'Oxford,* du lat. *deprecatio,* prière pour conjurer, de *precari,* prier. ‖ **déprécatoire** XVᵉ s., *Myst. du Vieil Testament,* du bas lat. *deprecatorius.*

déprécier V. PRIX.

déprédation 1417, *Pièces relatives à Charles VI*; rare jusqu'au XVIIᵉ s.; du bas lat. *depraedatio,* de *praeda,* proie. ‖ **déprédateur** fin XIIIᵉ s., du bas lat. *depraedator.*

déprimer 1170 *Rois,* du lat. *deprimere,* peser de haut en bas. ‖ **dépressif** 1856, Lachâtre. ‖ **dépression** début XIVᵉ s., « enfoncement »; XIXᵉ s., fig., « dépression morale »; du lat. *depressio,* enfoncement.

de profundis XVIᵉ s., premiers mots lat. du psaume CXXX (« du fond de l'abîme »), chanté à l'Office des morts.

dépuceler, depuis, dépurer V. PUCELLE, PUIS, PUR.

député début XIVᵉ s., « représentant de l'autorité » (déjà en bas lat.); 1789, « représentant du peuple »; du lat. *deputatus,* envoyé, délégué (*deputare,* tailler, et par ext. estimer, assigner). ‖ **députation** début XVᵉ s.,; 1789, « mandat de député »; du bas lat. *deputatio,* délégation. ‖ **députer** 1265, Le Grand, du lat. *deputare.*

déranger V. RANG.

déraper début XVIIᵉ s., Peiresc; « arracher »; 1687, Desroches, se dit de l'ancre qui se détache; 1896, *France autom.*, pour la bicyclette, l'auto; prov. mod. *derapar*, de *rapar*, saisir, germ. **rapôn*. ‖ **dérapage** fin XIXᵉ s.

dératé V. RATE.

derby 1829, *Journ. des haras*, mot angl. du nom de *lord Derby*, qui créa cette course en 1780; depuis 1860, désigne la course de Chantilly.

derechef, dérision V. CHEF, RIRE.

1. **dériver** 1120, *Job*, « détourner l'eau »; XIVᵉ s., fig., gramm.; du lat. *derivare*, de *rivus*, ruisseau. ‖ **dérivation** 1377, L., du lat. *derivatio*. ‖ **dérivatif** XVᵉ s., *Donat fr.*, du lat. *derivativus*.

2. **dériver** fin XVIᵉ s., « aller à la dérive », croisement entre l'angl. *to drive*, pousser, et *rive*, rivage. ‖ **dérive** 1628, Figuier, déverbal de *dériver*. ‖ **dérivation** 1690, Furetière.

derme 1611, Cotgrave, du gr. *derma*, peau. ‖ **dermatose** 1856, Lachâtre. ‖ **dermatologie** 1836, Raymond. ‖ **dermologie** 1793, Lavoisier. ‖ **dermatite** 1836, Landais. ‖ **dermeste** 1769, Eidous, gr. *derma*, peau, et *esthein*, manger. ‖ **épiderme** 1552, Rab., du lat. *epidermis*, empr. au gr. *epi*, sur, et *derma*, peau.

***dernier** fin XIIᵉ s., *Couci* (*derrenier*); XVᵉ s. (*dernier*); de l'anc fr. *derrain*, dernier; du lat. pop. **deretranus*, de *deretro* (v. DERRIÈRE). ‖ **avant-dernier** 1759, Restaut.

dérober fin XIIᵉ s., *Aiol*, « dépouiller », de l'anc. fr. *rober*, même sens, issu du francique **raubon* (allem. *rauben*).

dérocher V. ROCHE.

déroger 1361, Oresme, du lat. *derogare*, de *rogare*, demander, d'abord jurid. ‖ **dérogation** 1408, G., du lat. *derogatio*. ‖ **dérogatoire** 1341, G., du lat. *derogatorius*.

déroute V. ROUTIER 2.

derrick 1888, Lar., mot angl. issu d'un nom propre.

***derrière** 1080, *Roland* (*deriere*), refait sur *derrain* (v. DERNIER); du lat. pop. *de-retro*, renforcement de *retro*, « en arrière », qui a éliminé *post*.

derviche 1546, Geoffroy (*-viz*); du persan *dervich*, pauvre.

des V. LE.

1. **dès** 1080, *Roland*, adv., du lat. pop. *de-ex*, renforcement de *ex*, hors de.

2. **dès-**, préfixe. V. DE-.

désappointé 1761, Voltaire, repris à l'angl. *disappointed*; de l'anc. fr. *desappointer* (XIVᵉ s.), destituer, dér. de *appointer*. ‖ **désappointement** 1783, *Courrier de l'Europe* (en anc. fr., XIVᵉ s., « destitution »).

désarroi V. ARROI.

désastre 1544, Scève, de l'ital. *disastro*, de *astro*, astre; d'apr. l'infl. supposée de la mauvaise étoile. ‖ **désastreux** fin XVIᵉ s., Garnier, de l'ital. *disastroso*. ‖ **désastreusement** 1787, Féraud.

***descendre** 1080, *Roland*, du lat. *descendère*. ‖ **descendance** 1283, Beaumanoir. ‖ **descendant** XIIIᵉ s., *Livre de jostice*, au sens fig. jurid. ‖ **descente** 1304, G., jurid., part. passé fém., qui a remplacé *descendement*. ‖ **descenderie** 1842, *Acad.* ‖ **descendeur** sports, 1913, Esnault. ‖ **descenseur** 1878, Lar., d'apr. *ascenseur*. ‖ **descension** 1620, Béguin, du lat. *descensio*. ‖ **descensionnel** 1827, *Acad.*, d'apr. *ascensionnel*. ‖ **redescendre** 1220, Coincy.

descriptif, description V. DÉCRIRE.

désemparer V. EMPARER.

***désert** 1080, *Roland*, adj.; du lat. *desertus*, abandonné (sens conservé en anc. fr.), par ext. désert. ‖ **désert** s. m., fin XIIᵉ s., *Rois*, du lat. chrét. *desertum* (IVᵉ s., saint Jérôme), issu de l'adj. ‖ **déserter** fin XIIᵉ s., *Couronn. de Loïs*, « abandonner »; XVIIᵉ s., milit., repris à l'ital. ‖ **déserteur** XIIIᵉ s., Delb. ‖ **désertique** fin XIXᵉ s. ‖ **désertion** 1361, Oresme, « abandon », jurid.; milit. XVIIᵉ s.; du lat. *desertio*.

déshérence V. HOIR.

desideratum 1783, *Courrier de l'Europe* (pl. *-ata*), mot lat., part. passé neutre substantivé, de *desiderare*, désirer. ‖ **désidératif** 1842, *Acad.*, gramm.

désigner 1265, Le Grand; rare jusqu'au XVIᵉ s.; du lat. *designare*, de *signum*, signe. ‖ **désignation** XIVᵉ s., G.;

rare jusqu'au XVIIᵉ s.; du lat. *designatio*.
‖ **désignatif** 1611, Cotgrave, du bas lat. *designativus*. (**V.** DESSINER.)

désinence XIVᵉ s., du lat. médiév. *desinentia*, de *desinere*, se terminer. ‖ **désinentiel** XXᵉ s.

désinvolte fin XVIIᵉ s., Saint-Simon, de l'ital. *desinvolto*, développé, dégagé. ‖ **désinvolture** 1761, Rousseau (-*ura*); 1813, Staël (-*ure*); de l'ital. *desinvoltura*.

*****désirer** fin XIᵉ s., *Alexis*, du lat. *desiderare*, chercher, désirer. ‖ **désir** fin XIIᵉ s., Conon de Béthune, déverbal. ‖ **désirable** 1120, *Ps. d'Oxford*. ‖ **désirabilité** 1911, *L. M.* ‖ **désireux** fin 1050, *Alexis* (*desidros*). ‖ **indésirable** 1801, Mercier; vulgarisé, en 1911, par l'aventure d'Abbadie d'Arrast déclaré indésirable au Canada; adapté de l'angl. *undesirable*.

désister (se) 1358, Et. Marcel, « renoncer à », puis, jurid., du lat. *desistere*, de *sistere*, être placé. ‖ **désistement** 1564, J. Thierry.

désœuvré V. ŒUVRE.

désoler 1330, *Baudouin de Sebourc*, du lat. *desolare*, laisser seul (*solus*), d'où « dépeupler, ravager ». ‖ **désolation** fin XIIᵉ s., *Grégoire*, du bas lat. *desolatio*; le sens fig. date du bas lat. d'apr. *consolari*, consoler. ‖ **désolateur** 1516, Lemaire.

désopiler 1546, Rab., méd., vulgarisé dans *désopiler la rate*, dégorger la rate, qui, engorgée, cause des humeurs noires, de l'anc. fr. *opiler*, obstruer (XIVᵉ s.), issu du lat. *oppilare*; fig. XIXᵉ s. ‖ **désopilation** 1694, *Acad.* ‖ **désopilant** début XIXᵉ s. (1842, *Acad.*).

désormais V. MAIS.

désosser V. OS.

despote fin XIIᵉ s., *Alexandre*, du gr. *despotês*, par le lat. de trad. d'Aristote. ‖ **despotiser** 1776, d'Holbach. ‖ **despotique** 1361, Oresme, du gr. *despotikos*. ‖ **despotisme** 1678, Fénelon.

desquamer 1836, Landais, du lat. *desquamare*, de *squama*, écaille. ‖ **desquamation** 1732.

dessein, dessert, desservir V. DESSINER, SERVIR.

dessiccatif XIVᵉ s., G., du bas lat. *dessiccativus*, de *siccus*, sec. ‖ **dessicca-**

tion XIVᵉ s., Brun de Long Borc, du lat. *dessiccatio*.

dessiller V. CIL.

dessiner 1559, Amyot (*desseigner*, -*signer*), de l'ital. *disegnare*, du lat. *disignare*, de *signum*, signe; milieu XVIIᵉ s. (-*siner*). ‖ **dessein** et **dessin** 1265, Le Grand, var. orth. du déverbal de *dessiner*, spécialisés au XVIIIᵉ s. sous l'infl. de l'ital. *disegno*; *dessin animé*, 1916, *le Temps*. ‖ **dessinateur** 1664, Pomey, d'apr. l'ital. ‖ **redessiner** 1762, Rousseau.

dessous, dessus V. SOUS, SUS.

destiner 1130, *Eneas*, du lat. *destinare*, fixer par le destin (jusqu'au XVIIᵉ s.), puis sens restreint. ‖ **destin** 1160, Benoît, « destination », « projet » (jusqu'au XVIIᵉ s.), déverbal de *destiner*. ‖ **destinée** 1131, *Couronn. de Loïs*. ‖ **destinataire** 1829, Boiste. ‖ **destination** fin XIIᵉ s., *Grégoire*, du lat. *destinatio*.

destituer 1322, *Ordonn.*, « écarter, priver de »; XVᵉ s., « déposséder d'une place »; du lat. *destituere*, priver de. ‖ **destitution** 1316, G., « privation »; XVᵉ s., « dépossession d'une place »; du lat. *destitutio*.

destrier V. DEXTRE.

destroyer 1893, *Rev. générale des sc.*, mot angl., de *to destroy*, détruire; 1941, avion.

destruction V. DÉTRUIRE.

désuétude 1596, Lecaron; rare jusqu'au XVIIIᵉ s.; du lat. *desuetudo*, de *suesco*, avoir l'habitude. ‖ **désuet** fin XIXᵉ s., du lat. *desuetus*.

détacher, détailler, détaler V. ATTACHER, TAILLER, ÉTAL.

détective 1872, J. Verne, mot angl., de *to detect*, découvrir, du part. passé du lat. *detergere*, découvrir.

déteindre, dételer V. TEINDRE, ATTELER.

détenir 1138, *Saint Gilles*, du lat. *detinere*, refait sur *tenir*. ‖ **détention** 1287, G., rare avant le XVIᵉ s., du lat. *detentio*. ‖ **détenteur** 1320, G. ‖ **codétenteur** XVIᵉ s. ‖ **codétenu** milieu XIXᵉ s.

détente V. TENDRE.

déterger 1538, Canappe, méd.; XXᵉ s., industr.; du lat. *detergere*, nettoyer. ‖

détergent 1611, Cotgrave, méd.; xxᵉ s., industr., part. prés. ‖ **détersif** 1538, Canappe, méd., xxᵉ s., industr.; du lat. *detersus*, part. passé de *detergere*. ‖ **détersion** 1560, Paré, méd., du lat. méd. *detersio*.

détériorer 1411, Delb., du bas lat. *deteriorare*, de *deterior*, pire. ‖ **détérioration** xvᵉ s., G.; rare jusqu'au xviiiᵉ s.; du lat. *deterioratio*.

déterminer 1119, Ph. de Thaun, du lat. *determinare*, de *terminus*, borne. ‖ **déterminable** fin xiiᵉ s., « déterminé »; xviiiᵉ s., sens actuel. ‖ **détermination** 1361, Oresme, du lat. *determinatio*. ‖ **déterminatif** 1460, Chastellain. ‖ **déterminant** 1752, *Trévoux*. ‖ **indétermination** 1651, Delb. ‖ **indéterminé** 1361, Oresme. ‖ **indéterminable** 1470, *Livre de disc.*; rare jusqu'au xviiiᵉ s. ‖ **prédéterminer** 1530, Palsgrave. ‖ **prédétermination** 1636, Monet. ‖ **déterminisme** début xixᵉ s., de l'allem. *Determinismus*, de même origine. ‖ **déterministe** début xixᵉ s.

détersif V. DÉTERGER.

détester fin xiiiᵉ s., Raymond Lulle, « avoir en horreur »; du lat. *detestari*, prendre les dieux à témoin (*testis*). ‖ **détestable** 1361, Oresme. ‖ **détestation** xivᵉ s., G., du lat. *detestatio*.

détoner 1680, Richelet, du lat. *detonare*, tonner fortement. ‖ **détonation** fin xviiᵉ s. ‖ **détonateur** fin xixᵉ s.

détonner, détour, détourner V. TON, TOURNER.

détracteur xivᵉ s., *Chron. de Flandre*, du lat. *detractor*, de *detrahere*, tirer en bas. ‖ **détracter** fin xivᵉ s.

détraquer, *détremper V. TRAQUER, TREMPER.

***détresse** fin xiiᵉ s., *Alexandre*, « étroitesse »; xiiiᵉ s., *Couci*, fig., « angoisse »; du lat. pop. *districtia*, étroitesse, de *distringere*, serrer; même évolution sémantique que pour *angoisse*. (V. DÉTROIT.)

détriment 1236, G., du lat. *detrimentum*, de *deterere*, user en frottant.

détritus milieu xviiiᵉ s.; du lat. *detritus*, usé, broyé, part. passé de *deterere*, user en frottant.

***détroit** 1080, *Roland* (*-treit*), « défilé »; xvᵉ s. « bras de mer »; en anc. fr., fig., « tourment »; anc. adj. substantivé, du lat. *districtus*, resserré. (V. DÉTRESSE.)

détrousser V. TROUSSER.

***détruire** 1080, *Roland*, du lat. pop. *destrugere*, réfection de *destruere* (v. TRAIRE). ‖ **destruction** 1119, Ph. de Thaun, du lat. *destructio*. ‖ **destructeur** 1420, Delb.; il a éliminé *détruiseur* (encore au xviiᵉ s.), du lat. *destructor*. ‖ **destructif** 1372, G., rare jusqu'au xviiᵉ s., du lat. *destructivus*. ‖ **destructible** milieu xviiᵉ s., du lat. sc. *destructibilis*. ‖ **s'entre-détruire** 1559, Amyot. ‖ **indestructible** fin xviiᵉ s., Leibniz. ‖ **-bilité** xxᵉ s.

dette V. DEVOIR.

***deuil** xᵉ s., *Saint Léger* (dol), « douleur »; xiiᵉ s. (duel); xvᵉ s. (dueil), « douleur causée par une mort » (encore au xviiᵉ s.), puis « marques extérieures de la douleur »; du bas lat. *dolus* (iiiᵉ s.), de *dolēre*, souffrir (v. DOULOIR). ‖ **demi-deuil** milieu xviiiᵉ s. ‖ **endeuiller** fin xixᵉ s.

deutéro-, du gr. *deuteros*, deuxième. ‖ **deutérium** xxᵉ s. ‖ **deutéronome** xiiiᵉ s., *Bible*, du gr. *nomos*, loi.

***deux** 1080, *Roland* (deus), du lat. *duos*, acc. de *duo*. ‖ **deuxième** xivᵉ s., Cuvelier (deusime). ‖ **dualité** 1585, Stevin, du lat. *dualis*, composé de deux. ‖ **dualisme** 1755, *Encycl.* ‖ **dualiste** 1702, Bayle. ‖ **entre-deux** 1130, *Eneas*, terme d'escrime.

dévaler, dévaluer, devant, devancer V. VAL, VALOIR, AVANT.

dévaster xᵉ s., *Saint Léger*, rare jusqu'au xviiiᵉ s., du lat. *devastare*. ‖ **dévastation** fin xivᵉ s., rare jusqu'au xviiiᵉ s., du lat. *devastatio*. ‖ **dévastateur** 1502, J. d'Authon, du bas lat. *devastator*.

développer V. ENVELOPPER.

***devenir** 1080, *Roland*, du lat. *devenire*, arriver, devenir (en lat. pop.). ‖ **redevenir** fin xiiᵉ s., Delb.

dévergondé, devers, déverser, dévider V. VERGOGNE, VERS, VERSER, VIDE.

dévier 1361, Oresme, du bas lat. *deviare*, sortir de la voie (*via*). ‖ **déviation** 1461, *Remontrances*, du bas lat.

deviatio. ‖ **déviationnisme** XXᵉ s. (1956, Lar.). ‖ **déviationniste** XXᵉ s.

*devin 1119, Ph. de Thaun, du lat. *divinus*, divin, puis devin. ‖ *deviner 1130, *Eneas*, du lat. *divinare*, prédire, conjecturer. ‖ **devineur** fin XIIᵉ s., *Rois*, ‖ **devineresse** 1130, *Eneas*. ‖ **devinette** 1864, *la Vie parisienne*, mot de petite fille.

*deviser XIIᵉ s., *Roncevaux*, « diviser, partager », puis « disposer, ordonner », et, au fig., « discourir »; du lat. pop. *divisare*, fréquentatif de *dividere*, partager. ‖ **devis** fin XIIᵉ s., *Couronn. de Loïs*, « propos » (jusqu'au XVIIᵉ s.), puis sens actuel. ‖ **devise** fin XIᵉ s., *Lois de Guill.*, « action de diviser »; en anc. fr., spécialisé dans le sens de « blason »; XVᵉ s., H. Baude, « pièce de vers »; XVIIᵉ s., « sentence caractéristique »; 1842, Mozin, lettre de change.

*devoir 842, *Serments* (*dift*, il doit); XIᵉ s. (*deveir*), du lat. *debēre*. ‖ **devoir** s. m. XIIIᵉ s., *Ysopet de Lyon*, infinitif substantivé. ‖ **doit** XVIIIᵉ s., commerce, présent indicatif substantivé. ‖ **dû** XIVᵉ s., *Livre du bon roy Jehan*, part. passé substantivé. ‖ **dûment** début XIVᵉ s. ‖ **indû** *id.* ‖ **indûment** *id.* ‖ **redevoir** 1160, *Eneas*. ‖ **redevable** v. 1200. ‖ **redevance** 1265, J. de Meung. ‖ *dette 1160, Benoît, du pl. neutre *debita*, passé au fém., part. passé de *debere;* parfois masc. en anc. fr. d'apr. *det* (*debitum*), var. ‖ **endetter** fin XIIᵉ s., Colin Muset. ‖ **endettement** 1611, Cotgrave.

dévolu adj. 1354, Bersuire; s. m. 1549, R. Est., d'abord jurid., lettres de provision sur un bénéfice vacant; par ext. prétention juridique (*jeter son dévolu*), d'où le sens fig.; du lat. *devolutus*, part. passé de *devolvere*, rouler; au sens médiév. fig., « faire passer à ». ‖ **dévolution** fin XIVᵉ s., du lat. médiév. *devolutio*.

devon XXᵉ s., « poisson artificiel servant d'appât »; mot angl., abrév. de *Devonshire*, comté où se pratiquait cette pêche dite « au roulant ». ‖ **devonien** XIXᵉ s., géolog., comté angl. où l'on commença à étudier ces terrains.

dévorer 1120, *Ps. d'Oxford*, du lat. *devorare*. ‖ **dévoreur** fin XIIᵉ s., G. ‖ **dévorateur** 1308, Aimé. ‖ **s'entre-dévorer** fin XVᵉ s.

dévot 1190, saint Bernard, « pieux », du lat. *devotus*, dévoué, en lat. eccl. « dévoué à Dieu ». ‖ **dévotieux** 1470, G. ‖ **dévotion** 1160, Benoît, du lat. *devotio*, sens eccl. « dévouement à Dieu »; 1540, R. Est., *être à la dévotion*, loc. reprise à l'ital.

dévouer, dévoyer V. VOUER, VOIE.

dextre 1080, *Roland*, s. f. (*destre*), du lat. *dextera*, fém. de *dexter*, droit, opposé à *gauche;* le fr. a eu la forme *destre* jusqu'au XVIᵉ s.; la forme refaite adj. est du XIVᵉ s. ‖ **dextérité** début XVIᵉ s., Lemaire, du lat. *dexteritas*. ‖ **destrier** 1080, *Roland*, mot d'anc. fr. repris au XVIIIᵉ s., comme terme hist.; de l'anc. fr. *destre*, main droite : à l'origine cheval de joute qui galopait sur le pied droit, ou, selon d'autres, cheval conduit de la main droite par l'écuyer. ‖ **dextrine** 1833, Biot; fait tourner le plan de polarisation à droite. ‖ **ambidextre** 1547, Budé, du lat. *ambo*, deux, « qui se sert des deux mains ». ‖ **dextrogyre** 1864. ‖ **dextrose** 1898, Lar.

dey 1628, de Brèves (*day*), du turc *dai*, oncle maternel.

dia 1548, N. Du Fail (*diai*), interj. pour faire aller les chevaux à gauche, anc. forme de *da*.

diabète XVᵉ s. (*dya-*), du lat. méd. *diabetes*, empr. au gr. signif. siphon, à cause de l'écoulement continu d'urine. ‖ **diabétique** XIVᵉ s., *Chir. de Gordon;* rare jusqu'au XVIIIᵉ s.

diable IXᵉ s., *Eulalie* (*diavle*), du lat. chrét. *diabolus* (IIIᵉ s., Tertullien), empr. au gr. *diabolos*, calomniateur. ‖ **diablement** fig., fin XVIᵉ s. ‖ **diablerie** 1265, J. de Meung. ‖ **diablotin** 1534, Des Périers. ‖ **endiablé** XVᵉ s., G., « possédé du diable », déjà au fig. ‖ **endiabler** 1611, Cotgrave. ‖ **diabolique** 1180, *Enfances de Vivien*, du lat. chrét. *diabolicus*, empr. au gr. *diabolikos*. ‖ **diabolo** 1906, *l'Illustration*, de diable (nom de ce jeu en 1825), d'apr. le lat. ou le gr., avec infl. de l'ital. *diavolo*.

diachronie XXᵉ s., gr. *dia*, à travers, et *khronos*, temps. ‖ **diachronique** XXᵉ s. Termes de linguistique.

diachylon XIVᵉ s., G., du lat. méd. *diachylum*, empr. au gr. *dia khulôn*, au moyen de sucs.

diacode XVIe s. (*-codion*) ; 1747, Baron (*-code*) ; du lat. méd. *diacodion*, empr. au gr. *dia kôdeiôn*, « au moyen de têtes de pavot ». Désigne un sirop à base d'opium. (V. CODÉINE.)

diacre 1190, Garnier (*diacne*), du lat. chrét. *diaconus* (IIIe s., Tertullien), empr. au gr. *diakonos*, serviteur. ‖ **diaconal** 1495, J. de Vignay, du lat. *diaconalis.* ‖ **diaconat** *id.*, du lat. eccl. *diaconatus.* ‖ **diaconesse** 1495, J. de Vignay, du lat. *diaconatus.* ‖ **diaconesse** 1495, J. de Vignay. ‖ **archidiacre** 1534, Rabelais. ‖ **sous-diacre** fin XIIe s., Marie de France.

diacritique 1842, *Acad.*, du gr. *diakritikos*, de *diakrinein*, distinguer.

diadème fin XIIe s., du lat. *diadema*, empr. au gr. signif. « bandeau ».

diagnostic adj., fin XVIe s. ; s. m., milieu XVIIIe s., du gr. *diagnôstikos*, apte à reconnaître. ‖ **diagnostiquer** 1836, Raymond. ‖ **-eur** 1870, Lar.

diagonal XIIIe s., *Comput*, du bas lat. *diagonalis*, empr. au gr. *diagônios*, ligne reliant deux angles ; s. f. 1561, Delorme.

diagramme 1584, Du Monin, techn. ; 1767, Rousseau, mus. ; de gr. *diagramma*, dessin. ‖ **diagraphe** 1836, Landais (gr. *graphein*, écrire).

dialecte 1550, Ronsard ; parfois fém. ; du lat. *dialectus*, fém. empr. au gr. *dialektos*. ‖ **dialectal** 1864, M. Müller. ‖ **dialectologie** 1881, enseignement créé à l'Ecole pratique des hautes études. ‖ **dialectalisme** 1933, *Français mod.*

dialectique 1130, *Eneas* adj., du lat. phil. *dialectica*, du gr. *dialektikê*, discussion ; sens actuel, XIIe s., repris au XIXe s. chez Hegel et Marx. ‖ **dialecticien** fin XIIe s., G. ‖ **dialectiquement** 1549, R. Est.

diallèle 1762, Rousseau, du gr. *diallêlos tropos*, figure de style réciproque (chiasme).

dialogue XIe s. (*-oge*) ; 1580, Montaigne (*-ogue*) ; du lat. *dialogus*, entretien philosophique, empr. au gr. *dialogos*, de *logos*, discours ; spécialisé en fr. « entretien entre deux personnes ». ‖ **dialoguer** 1717, *Mercure de Fr.* ; scène *dialoguée*, 1930, Moris, cinéma. ‖ **dialoguiste** XXe s.

dialyse 1842, *Acad.*, du gr. *dialusis*, séparation. Terme de chimie.

diamant 1170, *Floire et Blanche-flor*, du bas lat. *diamas*, croisé avec *adamas*, *-antis*, empr. au gr. (V. AIMANT). ‖ **diamantaire** 1680, Richelet. ‖ **diamanter** 1823, Boiste. ‖ **diamanté** fin XVIIIe s. ‖ **diamantin** 1540, Yver. ‖ **diamantifère** 1856, Lachâtre.

diamètre XIIIe s., *Comput*, du lat. *diametrus*, empr. au gr. *diametros*, de *dia*, à travers, et *metron*, mesure. ‖ **diamétral** XIIIe s., de Gauchy, du bas lat. *diametralis.* ‖ **diamétralement** 1380, Conty ; 1588, Montaigne, fig.

diandre 1798, Richard, du lat. bot. *diandria* (Linné), du gr. *dis*, deux fois, et *anêr*, *andros*, homme, mâle. ‖ **diandrie** *id.* ‖ **diandrique** *id.*

diane 1555, Ronsard, mot esp., dér. de *dia*, jour et indiquant une sonnerie au lever du jour.

diantre 1524, Des Périers, « diable » ; juron, depuis le XVIIe s. ; altér. euphémique de *diable*.

diapason début XIIe s., *Thèbes* ; rare jusqu'au XVIIe s. ; « partie de l'échelle musicale » ; XVIIe s., « instrument » ; 1691, Regnard, fig., mot lat. ; de la loc. grecque *dia pasôn khordôn*, « par toutes les cordes (de l'octave) ».

diapédèse 1560, Paré, du gr. *diapedêsis*, de *dia*, à travers, et *pedân*, jaillir, épanchement de sang à travers les tissus.

diaphane 1361, Oresme, du gr. *diaphanês*, par les trad. latines d'Aristote. ‖ **diaphanéité** 1335, Digulleville.

diaphorèse 1741, Col de Villars, du gr. *diaphorêsis*, transpiration, de *dia*, à travers, et *pherein*, porter.

diaphragme 1314, Mondeville, du lat. méd. *diaphragma*, empr. au gr. signif. « cloison ». ‖ **diaphragmatique** 1560, Paré.

diaprer 1160, Benoist, de l'anc. fr. *diaspre*, drap à fleurs, du lat. médiév. *diasprum*, altér. de *jaspis*, jaspe. ‖ **diaprure** 1360, G.

diarrhée 1372, Corbichon (*-rrie*) ; 1560, Paré (*-rrhée*) ; du lat. méd. *diarrhoea* (IIIe s., Aurélien), empr. au gr. *diarrhoia*, de *rhein*, couler. ‖ **diarrhéique** 1827, *Acad.* (*-oïque*).

diarthrose 1560, Paré, du gr. *diarthrosis*, de *dia*, au moyen de, et *arthron*, articulation. Désigne une articulation mobile.

diaspore 1801, Haüy, du gr. *diaspora*, dispersion, parce que ce corps (l'hydrate d'alumine), exposé au feu, se disperse en parcelles.

diastase 1752, *Trévoux*, du gr. *diastasis*, séparation. ‖ **diastasique** 1877, L.

diastole 1340, Le Fèvre, gramm.; début XVI⁰ s., anat. (v. SYSTOLE); du gr. *diastolê*, dilatation.

diathermane 1838, *Acad.*, du gr. *dia*, à travers, et *thermos*, chaleur, c'est-à-dire « qui laisse passer la chaleur ». ‖ **diathermie** XX⁰ s.

diathèse 1560, Paré, du gr. *diathesis*, disposition.

diatonique 1361, Oresme, du lat. *diatonicus*, empr. au *dia*, par, et *tonos*, ton.

diatribe 1558, S. Fontaine, « discussion d'école »; 1734, Voltaire, « critique virulente »; du lat. *diatriba*, empr. au gr. *diatribê*, exercice d'école.

dichotome 1752, *Trévoux*, du gr. *dikhotomos*, coupé en deux, de *temnein*, couper. ‖ **dichotomie** 1754, *Encycl.*, du gr. *dikhotomia*. ‖ **-ique** 1838, *Acad.*

dichroïsme 1842, *Acad.*, du gr. *dikhroos*, de deux couleurs. Indique la propriété de certaines substances de paraître sous plusieurs couleurs.

dicline 1798, du gr. *dis*, deux fois, et *klinê*, lit. Se dit de plantes à fleurs unisexuées.

dictame 1130, *Eneas* (*ditan*); 1552, Rab. (*dictame*); du lat. *dictamnum*, empr. au gr. *diktamon*, plante aromatique.

dicter 1190, Garnier (*ditier*); XV⁰ s. (*dicter*, forme refaite), « composer » surtout; du lat. *dictare*, de *dicere*, dire. ‖ **Dictaphone** 1935, marque déposée. ‖ **dictée** XII⁰ s., *Livre de la loi au Sarrasin*, part. passé fém. ‖ **dictateur** 1213, *Fet des Romains*, du lat. *dictator*, même orig. ‖ **dictatorial** 1777, *Courrier d'Europe*, d'apr. *sénatorial*. ‖ **dictature** 1422, A. Chartier, du lat. *dictatura*.

diction 1165, Gautier d'Arras, « expression » (jusqu'au XVII⁰ s.), puis « manière de dire », du lat. *dictio*, action de dire, sentence. ‖ **dictionnaire** 1539, R. Est., du lat. médiév. *dictionarium*.

dicton 1488, *Mer des hist.*, du lat. *dictum*, sentence, écrit d'apr. l'anc. pron. du latin.

didactique 1554, de Maumont, du gr. *didaktikos*, de *didaskein*, enseigner.

didelphes 1775, Bomare, du gr. *dis*, deux fois, et *delphos*, matrice.

didyme 1783, Bulliard, bot., du gr. *didumos*, jumeau, c'est-à-dire « formé de deux parties accouplées ».

dièdre 1783, Romé de l'Isle, du gr. *dis*, deux fois, et *edra*, plan.

diérèse 1529, *Traicté de l'art d'orth.*, du lat. gramm. *diaeresis*, empr. au gr. *diairesis*, division.

dièse 1551, Le Roy, fém. jusqu'au XVII⁰ s., puis masc. d'apr. *bémol*, *bécarre*; du lat. *diesis*, empr. au gr. signif. « intervalle ». ‖ **diéser** 1704, Montéclair (-é).

diesel 1929, du nom de l'inventeur de ce moteur à combustion interne (1858-1913). ‖ **diéséliser** 1957, *L. M.*

1. **diète** 1256, Ald. de Sienne, « régime de nourriture »; 1512, Cl. de Seyssel, « régime d'abstinence »; du lat. méd. *diaeta*, empr. au gr. *diaita*, genre de vie. ‖ **diététique** 1560, Paré, du lat. *diaeteticus*, empr. au gr. *diaitêtikos*.

2. **diète** début XVI⁰ s. « assemblée politique », du lat. médiév. *dieta*, jour d'assemblée, de *dies*, jour, pour traduire l'allem. *Tag* (jour) en ce sens (par ext. session, assemblée elle-même).

*****dieu** 842, *Serments* (*deo*); XI⁰ s. (*deu*); du lat. *děus*, dieu. ‖ **adieu** XII⁰ s., *Mort de Garin*, interj.; on recommandait son interlocuteur à Dieu en prenant congé; s. m. 1588, Montaigne. ‖ **corbleu** XII⁰ s., Renaud (*carbieu*), juron par le *corps de Dieu*. ‖ **jarnidieu (bleu)** 1611, Cotgrave, juron qu'aurait affectionné Henri IV, *je renie Dieu*. ‖ **demi-dieu** XIII⁰ s., calque du lat. *semideus* et du gr. *hemitheos*. ‖ **morbleu** 1612, D. G., juron par la *mort de Dieu*, altér. en *mordienne*, *mordieu* (1540, Rab.). ‖ **palsambleu** 1540, Rab., juron *par le sang de Dieu*. ‖ **parbleu** 1540, Rab., juron *par Dieu*. ‖ **sacrebleu** 1808, Wailly, par le *sacre de Dieu* (XIV⁰ s.). ‖ **têtebleu** 1657, Loret, par la *tête de Dieu*. ‖ **tudieu** 1537, Des Périers, par la *vertu de Dieu*. ‖ **ventrebleu** XV⁰ s.,

Franc Archet de Bagnolet, par le *ventre de Dieu.* ‖ **déesse** 1160, *Eneas,* du lat. *dea.* ‖ **déicide** 1585, Fr. Feuardent, « meurtre de Dieu »; xviiᵉ s., Bourdaloue; du lat. chrét. *deicida* (deuxième sens), fait d'apr. *homicida.* ‖ **déifier** 1265, J. de Meung, du lat. *deificare.* ‖ **déification** 1375, R. de Presles, lat. *deificatio.* ‖ **déisme** début xviiᵉ s., Pascal. ‖ **déiste** 1564, Viret. ‖ **déité** 1119, Ph. de Thaun, du lat. chr. *deitas* (ivᵉ s., saint Augustin).

diffamer V. FAMÉ.

différer 1314, Mondeville, « être dissemblable, éloigner dans l'accomplissement », du lat. *differre,* qui avait les deux sens. ‖ **différence** 1160, Benoît, du lat. *differentia.* ‖ **différent** 1360, Froissart, du lat. *differens.* ‖ **différend** 1360, Froissart (écrit d'abord *différent*), var. orth. ‖ **différemment** 1361, Oresme. ‖ **différencier** 1395, Chr. de Pisan. ‖ **différenciation** 1827, *Acad.* ‖ **différentiel** xviᵉ s., du bas lat. *differentialis.*

difficile début xivᵉ s., du lat. *difficilis.* ‖ **difficilement** 1539, R. Est. ‖ **difficulté** xiiiᵉ s., du lat. *difficultas.* ‖ **difficultueux** 1584, Guevaere, d'apr. *majestueux.*

diffluent, difforme V. AFFLUER, FORME.

diffraction 1666, *Journ. des savants,* du lat. scientifique *diffractio,* d'après *diffractus,* de *diffringere,* briser en sens divers. ‖ **diffringent** 1738, *Mém. Acad.,* du part. prés. *diffringens.* ‖ **diffracter** 1842, *Acad.*

diffus 1361, Oresme, du lat. *diffusus,* de *diffundere,* répandre. ‖ **diffuser** xvᵉ s., J. Castel, « répandre »; rare jusqu'au xixᵉ s. ‖ **diffusion** 1586, Crespet, du lat. *diffusio.* ‖ **diffuseur** 1899, Lar.

digérer 1361, Oresme, « calmer la colère », « mettre en ordre » (jusqu'au xviiᵉ s.); xviᵉ s., « faire la digestion »; du lat. *digerere,* distribuer, par ext. digérer. ‖ **digestion** 1265, J. de Meung, du lat. *digestio.* ‖ **digestif** xiiiᵉ s., du part. passé *digestus.* ‖ **digestible** 1314, G., rare jusqu'au xviiiᵉ s. ‖ **indigeste** 1398, *Somme Gautier,* « qui n'est pas digéré »; xviᵉ s., « qui digère mal »; xviᵉ s., « difficile à comprendre »; du

lat. *indigestus,* de *digerere.* ‖ **indigestion** xiiiᵉ s., *Simples Médecines,* même évolution, du lat. *indigestio.*

digital V. DOIGT.

digne fin xiᵉ s., *Alexis,* du lat. *dignus.* ‖ **dignité** fin xiᵉ s., du lat. *dignitas.* ‖ **dignitaire** 1752, *Trévoux.* ‖ **indigne** fin xiiᵉ s., *Grégoire* (en-), du lat. *indignus.* ‖ **indigner** 1355, Bersuire; a remplacé l'anc. fr. *endeignier,* du lat. *indignari.* ‖ **indignation** 1120, *Ps. d'Oxford,* du lat. *indignatio.* ‖ **indignité** 1495, J. de Vignay, du lat. *indignitas.* (V. aussi DAINTIER.)

digression 1190, Garn., du lat. *digressio,* de *digredi,* s'éloigner.

digue 1303, Du Cange; 1360, Froissart *(digue)*; du moyen néerl. *dijc,* terme d'hydraulique. ‖ **contre-digue** fin xviᵉ s. ‖ **endiguer** 1827, *Acad.* ‖ **endiguement** id.

diktat xxᵉ s., mot allem. signif. « ce qui est ordonné ».

dilapider 1220, Coinci, du lat. *dilapidare.* ‖ **dilapidateur** début xvᵉ s. ‖ **dilapidation** milieu xvᵉ s., du bas lat. *dilapidatio.*

dilater 1361, Oresme, du lat. *dilatare,* de *latus,* large. ‖ **dilatation** 1314, Mondeville, du lat. *dilatatio.*

dilatoire 1283, Beaumanoir, du lat. *dilatorius,* de *differre,* différer. ‖ **dilation** 1294, G., du lat. *dilatio.*

dilection 1160, Benoît, du lat. *dilectio,* de *diligere,* chérir. ‖ **prédilection** xvᵉ s., d'un emploi plus étendu.

dilemme 1578, d'Aubigné, du lat. *dilêmma,* empr. au gr. *dis,* deux fois, *lêmma,* argument.

dilettante 1740, de Brosses, « amateur de musique italienne », mot ital. signif. « amateur d'art », part. prés. de *dilettare,* délecter. ‖ **dilettantisme** 1821, Castil-Blaze.

diligent fin xiiᵉ s., du lat. *diligens,* de *diligere,* aimer. ‖ **diligence** id., « soins empressés » (jusqu'au xviiᵉ s.); xiiiᵉ s., « hâte »; du lat. *diligentia;* 1680, Richelet, « voiture publique » de *voiture de diligence*. ‖ **-emment** 1218, Novare.

diluer xvᵉ s., G.; rare jusqu'au xixᵉ s.; du lat. *diluere,* détremper. ‖ **dilution** 1836, Landais.

diluvien 1764, *D. G.*, du lat. *diluvium*, déluge. ‖ **antédiluvien** 1768, Bailly, de l'angl. *antediluvian* (1646, Th. Browne).

***dimanche** 1119, Ph. de Thaun (*die-*), du lat. chrét. *dies dŏminica*, jour du seigneur, avec dissimilation entraînant la chute du second *d*; l'anc. fr. *diemenche* s'explique par une variante *dia* pour *dies*. ‖ **endimancher** XVIᵉ s., J. de La Taille.

***dîme** XIIᵉ s., G. (*disme*), du fém. lat. *dĕcima* (déjà impôt du dixième, à Rome), du lat. *decimus*, dixième. ‖ **dîmer** 1155, Wace.

dimension 1495, J. de Vignay, du lat. *dimensio*, de *metiri*, mesurer.

diminuer 1308, G., du lat. *diminuere*, de *minus*, moins. ‖ **diminution** XIIIᵉ s., du lat. *diminutio*. ‖ **diminutif** XIVᵉ s., Conty, gramm., du lat. *diminutivus*.

dinandier fin XIIIᵉ s., La Curne, de *Dinant*, ville célèbre par ses cuivres. ‖ **dinanderie** 1387, G.

dinde 1600, O. de Serres, abrév. de *coq d'Inde* (1548, Rab.), la *poule d'Inde* désignant la pintade (XIVᵉ s.) ou poule d'Abyssinie. Le mot *Inde* (occidentale) désigne ici le Mexique, où le dindon fut découvert par les Espagnols. ‖ **dindonneau** 1680, Richelet. ‖ **dindonnière** 1650, Scarron. ‖ **dindonner** 1828, Vidocq, au fig.

***dîner** fin XIᵉ s., *Voy. de Charl.* (*disner*); s. m., XIᵉ s., du lat. pop. *disjunare, rompre le jeûne; à l'origine, le repas du matin, puis, par glissement progressif d'horaire, le déjeuner, enfin le dîner. ‖ **dînette** XVIᵉ s. ‖ **dîneur** 1609, Régnier. ‖ **dînatoire** XVIᵉ s., Béroalde de Verville, auj. seulement dans *déjeuner dînatoire*. ‖ **après-dîner** 1360, Froissart. (V. JEÛNE.)

dinguer 1833, Vidal-Delmart, rac. onom. *dan-*, *din-*, exprimant un balancement. ‖ **dingo** fin XIXᵉ s., même orig.; il a pu subir l'infl. de *dingo*, chien d'Australie (mot indigène d'Australie).

dinosaure 1845, Besch., du gr. *dinos*, toupie, et *saura*, lézard, parce qu'il a la tête en forme de toupie.

diocèse fin XIIᵉ s., fém. en anc. fr., du lat. *diœcesis* (Cicéron), au sens eccl.,

empr. au gr. *dioikêsis*, administration. ‖ **diocésain** milieu XIIIᵉ s.

diogot 1796, *Encycl. méth.*, du russe *djogot'*, sorte de poix ou de goudron.

dioïque 1768, Bomare, du lat. bot. *diœcia*, créé par Linné, du gr. *dis*, deux fois, et *oikia*, maison, parce que les fleurs mâles et femelles de cette classe de végétaux étaient sur des pieds distincts.

dionée 1786, *Encycl. méth.*, du lat. bot. *dionaea*, plante de Dioné, mère de Vénus.

dionysiaque 1762, *Acad.*, du gr. *dionusiakos*, de *Dionusos* (Bacchus).

dioptre 1547, J. Martin, du gr. *dioptron*, « ce qui sert à voir au travers ». ‖ **dioptrique** 1637, Descartes. ‖ **dioptrie** 1888, Lar.

diorama 1822, *D. G.*, installé par Daguerre à Paris, formé d'apr. *panorama*, avec le préfixe *dia*, à travers.

diorite 1817, Haüy, du gr. *diorizein*, distinguer, cette roche étant formée de parties distinctes.

diphtérie 1821, Bretonneau (*-ite*); 1855, Trousseau (*-ie*); du gr. *diphtera*, membrane. ‖ **diphtérique** 1864, L.

diphtongue 1220, Coincy (*dit-*), du lat. gramm. *diphtongus*, masc., gr. *diphtongos*, double son. ‖ **diphtonguer** 1550, Meigret. ‖ **diphtongaison** 1864, L.

diplodocus 1888, Lar., du gr. *diplos*, double, et *dokos*, poutre, à cause de sa forme.

diploé 1539, Canappe, du gr. *diploê*, chose double. Terme d'anat. désignant un tissu spongieux compris entre les deux lames de tissu compact.

diplôme XVIIᵉ s. (*-mat*), « décret »; 1732, *Trévoux*, « charte »; 1829, Boiste, « ce qui confère un titre »; lat. *diploma*, empr. au gr. signif. « plié en deux ». ‖ **diplomatique** s. f., 1681, Mabillon; adj., 1708, Lallement, « relatif aux chartes »; 1726, Dumont, *corps diplomatique*, du lat. sc. *diplomaticus*. ‖ **diplomate** 1789. ‖ **diplomatie** 1791, d'apr. les mots du type *aristocratie*, *-ate*. ‖ **diplômé** 1841, *Français peints par eux-mêmes*. ‖ **diplômer** 1878, Lar. ‖ **diplomatiquement** 1788, *Courrier de l'Europe*.

dipsacées 1722, *Mém. Acad. (acacées)*, du lat. *dipsacus*, cardère.

dipsomanie 1864, L., du gr. *dipsa*, soif, et *mania*, folie.

diptère 1694, Th. Corn., du lat. *dipterus*, empr. au gr. *dipteros*, « qui a deux ailes » (*pteron*).

diptyque fin XVII⁰ s., Ellies Du Pin, « tablette double »; XIX⁰ s., « tableau à deux volets »; du lat. *diptycha*, pl. neutre, mot gr. signif. « tablettes pliées en deux ».

*dire X⁰ s., *Valenciennes*, du lat. *dĭcĕre*. ‖ **dire** s. m., XIII⁰ s. ‖ **diseur** 1233, G. ‖ **dédire** fin XII⁰ s., *Aliscans (des-)*. ‖ **dédit** fin XII⁰ s., A. de Coutances, part. passé. ‖ **indiction** 1119, Ph. de Thaun, du bas lat. *indictio*, de *indicere*, publier. ‖ **indicule** fin XVII⁰ s., Du Pin, du lat. *indiculus*, petit index. ‖ **indicible** XIV⁰ s. (*indisible*); 1470, *Livre disc.*, du lat. *indicibilis*, « qui ne peut être dit ». ‖ **médire** 1130, *Eneas*, avec préfixe *mes-*. ‖ **médisance** 1559, Amyot. ‖ **médisant** fin XII⁰ s., Marie de France. ‖ **on-dit** fin XVII⁰ s. ‖ **qu'en dira-t-on** 1650, Loret. ‖ **redire** 1130, *Eneas*. ‖ **redite** 1440, Ch. d'Orléans. ‖ **soi-disant** XV⁰ s. ‖ **susdit** 1318, G.; *sus* a ici le sens de *ci-dessus*. (V. aussi CONTREDIRE, MAUDIRE, PRÉDIRE.)

direct XIII⁰ s., G., rare jusqu'au XVI⁰ s., du lat. *directus*, de *dirigere*, diriger. ‖ **directeur** fin XV⁰ s., du lat. *director*. ‖ **direction** 1372, Oresme, lat. *directio*. ‖ **directif** fin XIII⁰ s., Gauchy. ‖ **directionnel** 1953, Lar. ‖ **directive** s. f., 1890, Lar. ‖ **directoire** XV⁰ s., G.; 1798, *Acad.*, polit. ‖ **directorial** XVII⁰ s.; 1796, polit.; 1841, *Français peints par eux-mêmes*, sens actuel. ‖ **directorat** début XVII⁰ s., Ménage. ‖ **codirecteur** 1842, *Acad.* ‖ **indirect** 1531, L. ‖ **directement** XIV⁰ s. ‖ **indirectement** 1507, Delb.

diriger 1495, J. de Vignay, du lat. *dirigere*. ‖ **dirigeable** adj. et s., 1787, abrév. de *ballon dirigeable*. ‖ **dirigiste** 1930, Lar. ‖ **dirigisme** 1948, *L. M.*

dirimant 1701, Furetière, du lat. *dirimere*, annuler.

discerner XIII⁰ s., *Cout. d'Artois*, « séparer » (jusqu'au XVII⁰ s.); XIV⁰ s., « distinguer », du lat. *discernere*, séparer. ‖

discernement début XVI⁰ s., « distinction, séparation » (jusqu'au XVII⁰ s.). ‖ **discernable** XVI⁰ s., Tagault. ‖ **indiscernable** 1582, d'Aigneaux. ‖

disciple 1175, Chr. de Troyes (*deciple*), du lat. *discipulus*, disciple du Christ (lat. eccl.).

discipline 1080, *Roland*, sens divers en anc. fr., du lat. *disciplina*. ‖ **discipliner** 1190, Garnier, « châtier »; XIV⁰ s., sens actuel. ‖ **disciplinaire** 1611, Cotgrave, rare jusqu'au XIX⁰ s. ‖ **disciplinable** XIV⁰ s. ‖ **indiscipline** 1501, Le Roy. ‖ **indiscipliné** 1361, Oresme. ‖ **indisciplinable** 1580, Daigue.

discobole V. DISQUE.

discontinu, disconvenir V. CONTINU, CONVENIR.

discorde 1130, *Eneas*, du lat. *discordia*. ‖ **discordant** 1130, *Job*, part. prés. de l'anc. fr. *descorder*, du lat. *discordare*, être en désaccord. (V. ACCORDER.)

discourir fin XII⁰ s., *Grégoire* (*discurre*); 1539, R. Est. (*-courir*), d'apr. *courir*; du lat. *discurrere*, aller de côté et d'autre, au fig. « discourir » en bas lat. ‖ **discoureur** 1542, Marg. de Valois. ‖ **discursif** 1551, Du Parc, lat. scolast. *discursivus*. ‖ **discours** 1534, Des Périers, du lat. *discursus* au sens bas lat. Mot refait sur *cours*.

discourtois V. COURTOIS.

discrédit V. CRÉDIT.

discret 1160, Benoît, « capable de discerner »; XVI⁰ s., « réservé »; du lat. *discretus*, séparé, au sens médiév. « capable de discerner ». ‖ **discrètement** 1160, Benoît. ‖ **discrétion** 1160, Benoît, du lat. *discretio*; XVI⁰ s., « réserve ». ‖ **discrétionnaire** fin XVIII⁰ s. ‖ **discrétionnel** 1780, *Courrier de l'Europe*. ‖ **indiscrétion** fin XII⁰ s., *Grégoire*, du lat. *indiscretio*. ‖ **indiscret** 1327, J. de Vignay, du lat. *indiscretus*.

discriminant 1877, L., du lat. *discriminare*, de *crimen*, point de séparation. ‖ **discrimination** 1877, L. ‖ **discriminer** XX⁰ s. (1953, Lar.).

disculper début XVII⁰ s., réfection, d'apr. le lat. *culpa*, faute, de l'anc. fr. *descoulper* (XIII⁰ s.), de *coulpe*, faute, péché.

discursif V. DISCOURIR.

discuter XIIIᵉ s., du lat. *discutere*, agiter. ‖ **discutable** fin XVIIIᵉ s. ‖ **discuteur** av. 1450, Gréban; rare jusqu'au XIXᵉ s. ‖ **discussion** 1120, *Job*, du lat. *discussio* (sens fig. en bas lat.). ‖ **indiscutable** 1836, Raymond.

disert 1321, de Picquigny, du lat. *disertus*, « qui parle avec facilité ». ‖ **disertement** fin XIIIᵉ s., Gauchy.

disette XIIIᵉ s., *Chans. d'Antioche* (*disiete*), peut-être du gr. *disekhtos*, année bissextile, année malheureuse. ‖ **disetteux** fin XIIᵉ s., Villehardouin.

diseur, disgrâce, disjoindre V. DIRE, GRÂCE, JOINDRE.

disloquer milieu XVIᵉ s., « déboîter »; v. 1560, Paré, « séparer » au fig.; du lat. médiév. *dislocare*, du lat. *delocare*, de *locus*, lieu (enlever du lieu), qui a remplacé la forme pop. *deslouer*. ‖ **dislocation**, 1314, Mondeville, méd.; XVIᵉ s., fig.

disparaître, disparition V. PARAÎTRE.

disparate adj., début XVIIᵉ s.; s. f., fin XVIIᵉ s.; de l'esp. *disparate*, s. m., du lat. *disparatus*, inégal.

dispatching 1948, *L. M.*, mot angl. signif. « expédition, mise en route ».

dispendieux V. DÉPENS.

dispenser 1283, Beaumanoir, « accorder une dispense »; XVIᵉ s., « autoriser à ne pas faire »; du lat. *dispensare*, distribuer, en lat. eccl. « faire une faveur ». ‖ **dispense** 1488, *Mer des hist.*, déverbal de *dispenser*. ‖ **dispensateur** 1190, Garnier, du lat. *dispensator*. ‖ **dispensation** 1190, saint Bernard, du lat. *dispensatio*. ‖ **indispensable** 1654. ‖ **dispensaire** 1573, Liébault, « recueil de formules de pharmacie »; 1775, *Journ. anglais*, « établissement hospitalier anglais »; 1827, *Acad.*, en parlant de la France (repris à l'angl. *dispensary*).

disperser 1496, *Mir. historial*, du lat. *dispersus*, part. passé de *dispergere*, répandre çà et là. ‖ **dispersion** XIIIᵉ s., G.; rare jusqu'au XVIIᵉ s.

dispos 1465, Delb., de l'ital. *disposto*, en bonne disposition.

disposer 1180, *Enfances Vivien*, adaptation, d'apr. *poser*, du lat. *disponere*. ‖ **disposition** 1130, *Job*, du lat. *dispositio*. ‖ **dispositif** 1314, Mondeville, méd., du lat. *dispositus*, part. passé de *disponere*. ‖ **disponible** XIVᵉ s., *Traité d'alchim.*, du lat. médiév. *disponibilis*. ‖ **disponibilité** 1492, G., rare jusqu'au XIXᵉ s. ‖ **indisposer** début XVᵉ s., Gerson. ‖ **indisposition** XVᵉ s. ‖ **indisponible** 1752, *Trévoux*. ‖ **indisponibilité** 1827, *Acad.* ‖ **prédisposer** XVᵉ s., Delb. ‖ **prédisposition** 1798, *Acad.*

disputer 1190, Garnier, « discuter »; XVIIᵉ s., « quereller »; du lat. *disputare*, discuter. ‖ **dispute** fin XVᵉ s., « discussion »; XVIIᵉ s., « querelle », déverbal. ‖ **disputailler** 1596, Vigenère. ‖ **disputeur** XIIIᵉ s., G.; rare jusqu'au XVIIᵉ s.

disqualifier V. QUALIFIER.

disque 1556, Du Choul, du lat. *discus*, palet circulaire; sens techn. au XIXᵉ s. ‖ **discobole** 1556, Du Choul, « lanceur de disque »; 1817, Cuvier, nom de poisson; du gr. *diskobolos*, lanceur de disque. ‖ **discothèque** 1932, *L. M.*, collection de disques de phonographe, d'apr. *bibliothèque*. ‖ **discophile** 1932, *L. M.* ‖ **disquaire** 1949, *L. M.*

dissection V. DISSÉQUER.

disséminer 1503, G. de Chauliac; rare jusqu'au XVIIIᵉ s.; du lat. *disseminare*, de *semen, -inis*, semence. ‖ **disséminateur** 1675, Le Gallois. ‖ **dissémination** 1674, Le Gallois, du lat. *disseminatio*.

dissentir V. SENTIR.

disséquer 1578, R. Le Baillif, lat. *dissecare*, de *secare*, couper. ‖ **dissection** 1538, Canappe, du lat. *dissectio*. ‖ **disséqueur** 1655, Fernel.

disserter 1722, Marivaux, du lat. *dissertare*. ‖ **dissertation** 1645, Patin, « discussion », développement, du lat. *dissertatio*. ‖ **dissertateur** 1724, Marivaux, du lat. *dissertator*.

dissident 1538, Canappe; rare jusqu'au XVIIIᵉ s., où de religieux le mot devient polit.; du lat. *dissidens*, part. prés. de *dissidere*, de *sedere*, s'asseoir. ‖ **dissidence** XVIᵉ s., Tagault, du lat. *dissidentia*, même évolution.

dissimiler, dissimuler V. ASSIMILER, SIMULER.

dissiper XIIIᵉ s., *Bible*, « anéantir en dispersant »; XVIIᵉ s., fig., laisser aller son esprit, du lat. *dissipare*, disperser. ‖

dissipation 1495, J. de Vignay, « dispersion », sens propre ; xvii⁵ s., « distraction », du lat. *dissipatio*. ‖ **dissipateur** 1392, E. Deschamps.

dissocier 1495, *Mir. historial*, du lat. *dissociare*, de *socius*, allié (v. ASSOCIER). ‖ **dissociation** xv⁵ s., La Curne.

dissoner V. SONNER.

dissoudre 1190, saint Bernard, adaptation du lat. *dissolvere*, d'apr. *absoudre*. ‖ **dissolu** 1190, saint Bernard, du lat. *dissolutus*, au fig., part. passé. ‖ **dissolution** xii⁵ s., *D. G.*, au fig. ; 1314, Mondeville, au propre ; du lat. *dissolutio*. ‖ **indissoluble** 1495, J. de Vignay, du lat. *indissolubilis*. ‖ **indissolubilité** 1609, Brunot.

dissuader 1355, Bersuire, du lat. *dissuadere*, de *suadere*, persuader. ‖ **dissuasion** *id.*, du lat. *dissuasio*.

dissyllabe V. SYLLABE.

distant 1361, Oresme, du lat. *distans*, part. prés. de *distare*, de *stare*, être debout, se tenir ; 1829, Stendhal, « qui observe les distances », repris de l'angl. ‖ **distance** 1265, J. de Meung, du lat. *distantia*. ‖ **distancer** 1361, Oresme, « être éloigné de » ; xix⁵ s., commé terme de course repris à l'angl. ‖ **distanciation** xx⁵ s. (1961, *Nouvelle Critique*).

distendre V. TENDRE.

distiller xiii⁵ s., *Psautier*, du lat. *distillare*, dégoutter, de *stilla*, goutte. ‖ **distillateur** milieu xvi⁵ s., Liébault. ‖ **distillatoire** 1560, Paré. ‖ **distillerie** fin xviii⁵ s. ‖ **distillation** fin xiv⁵ s., du lat. *distillatio*.

distinguer milieu xiv⁵ s., du lat. *distinguere*. ‖ **distinguo** 1578, H. Est., du lat. scolast., 1ʳᵉ pers. sing. ind. prés. ‖ **distinct** 1308, Aimé, du lat. *distinctus*. ‖ **distinctif** *id.* ‖ **distinction** fin xii⁵ s., *Rois*, « action de distinguer » ; xvii⁵ s., « marque honorifique » ; du lat. *distinctio*. ‖ **indistinct** 1495, J. de Vignay, du lat. *indistinctus*.

distique 1510, Delb. (*-ichon*) ; xvi⁵ s. (*-ique*), terme de prosodie ; du gr. *distikhon*, neutre de *distikhos*, à deux rangées (sens repris par la bot.).

distome fin xix⁵ s., du gr. *dis*, deux fois, et *stoma*, bouche ; le *distome* a deux suçoirs.

distors 1842, Mozin, du lat. *distorsus*, de *torquere*, tordre. ‖ **distorsion** 1538, Canappe, du lat. *distorsio*.

distraire 1361, Oresme, « tirer en sens divers » ; xvii⁵ s., « amuser » ; adaptation du lat. *distrahere*, de *trahere*, tirer. ‖ **distraction** 1335, G., « action d'écarter » ; xvii⁵ s., « amusement » ; du lat. *distractio*.

distribuer 1248, *Charte de Namur* (*des-*), du lat. *distribuere*. ‖ **distributeur** 1361, Oresme, du bas lat. *distributor*. ‖ **distributif** *id.*, du bas lat. *distributivus*. ‖ **distribution** fin xiii⁵ s., Guiart, du lat. *distributio*. ‖ **redistribuer** fin xviii⁵ s., Turgot.

district début xv⁵ s., « circonscription administrative » ; 1789, « subdivision de département » ; du lat. *districtus*, fortement attaché, part. passé substantivé de *distringere* ; il a éliminé l'anc. fr. *détroit*.

dithyrambe 1540, Rab., du lat. *dithyrambus*, empr. au gr. *dithurambos*, poème lyrique à la louange de Dionysos. ‖ **dithyrambique** 1568, Le Roy, du lat. *dithyrambicus*, empr. au gr. *dithurambikos*.

dito 1723, Savary, de l'ital. *ditto*, ce qui vient d'être dit (anc. var. toscane de *detto*, part. passé de *dire*).

diurèse 1750, Prévost, du lat. méd. *diuresis*, empr. au gr. *diourêsis*, de *ouron*, urine. ‖ **diurétique** xiv⁵ s., G., du lat. méd. *diureticus*, empr. au gr. *diourêtikos*.

diurne 1425, de La Haye ; rare jusqu'au xviii⁵ s. ; du lat. *diurnus*, de *dies*, jour. ‖ **diurnal** fin xvii⁵ s., Huet, du lat. *diurnalis*. Désigne un livre de prières contenant l'office du jour.

diva 1833, mot ital. signif. « déesse », hyperbole appliquée aux cantatrices. ‖ **divette** fin xix⁵ s.

divaguer début xvi⁵ s., « errer çà et là » ; xvii⁵ s., « déraisonner » ; du bas lat. *divagari*, de *vagari*, errer. ‖ **divagation** fin xvi⁵ s., Fr. de Sales, fig. ‖ **divagateur** 1842, Mozin.

divan 1558, G. Postel, « conseil des Turcs » ; 1653, La Boullaye, « estrade à coussins » ; du turc *dīwān*, mot persan signif. « registre de comptabilité », puis bureau administratif, département ministériel; 1742, Havard, « sofa », repris à l'ar. d'Egypte.

dive 1546, Rab. (*dive bouteille*), express. plaisante, du lat. *diva*, fém. de *divus*, divin.

diverger début XVIIIe s., sens scientifique (opposé à *converger*); XVIIIe s., fig.; du lat. *divergere*, incliner. ‖ **divergent** début XVIIe s., du lat. *divergens*, même évolution. ‖ **divergence** *id.*, du lat. *divergentia*.

divers 1119, Ph. de Thaun, du lat. *diversus*, opposé, part. passé de *divertere*; en bas lat. a signifié « varié ». ‖ **diversité** 1160, Benoît, du lat. *diversitas*. ‖ **diversifier** XIIIe s., G. de Metz, du bas lat. *diversificare*. ‖ **diversion** 1314, Mondeville, du bas lat. *diversio*. ‖ **diversement** 1119, Ph. de Thaun.

divertir 1495, J. de Vignay, « détourner » (jusqu'au XVIe s.); XVIIe s., « détourner de ses occupations »; du lat. *divertere*, de *vertere*, se tourner. ‖ **divertissement** 1494, G., même évolution; 1649, Scarron, sens mod.

divette, dividende V. DIVA, DIVISER.

divin 1119, Ph. de Thaun (*devin*); XIVe s. (*divin*); du lat. *divinus*. ‖ **diviniser** fin XVIe s., Fr. de Sales. ‖ **divinement** 1327, *Mir. hist.* ‖ **divinité** 1119, Ph. de Thaun, lat. *divinitas*. ‖ **divination** XIIIe s., Delb., lat. *divinatio*. ‖ **divinateur** XVe s., du bas lat. *divinator*. ‖ **divinatoire** 1390, Conty.

divis V. DIVISER.

diviser 1190, saint Bernard; rare jusqu'au XVIe s.; du lat. *dividere*, diviser, refait d'apr. *deviser*. ‖ **division** 1120, *Ps. d'Oxford*; fin XVIIIe s., milit.; du lat. *divisio*. ‖ **divisible** 1361, Oresme. ‖ **divisibilité** XVe s., *Catholicon*, du lat. *divisibilis*. ‖ **divisionnaire** 1793, milit. ‖ **diviseur** 1213, *Fet des Romains*, du lat. *divisor*. Le sens math. date du lat. ‖ **dividende** début XVIe s., J. Peletier, math.; XVIIIe s., sens financier, souvent fém.; du lat. *dividendus*, qui doit être divisé. ‖ **divis** 1374, G., du lat. *divisus*, part. passé de *dividere*. ‖ **indivis** 1349, G., du lat. *indivisus*. ‖ **indivision** XVIe s., Delb.; rare jusqu'en 1801 (Mercier); d'apr. *division*. ‖ **indivisible** 1314, Mondeville, du bas lat. *indivisibilis*. ‖ **indivisibilité** début XVIe s.; 1790, polit. ‖ **indivisiblement** 1585, Feuardent.

divorce XIVe s., G., sens hist. et « séparation » (jusqu'au XVIIIe s.); 1792-1816, établissement légal du divorce; 1884, rétablissement; du lat. *divortium*, séparation, de *dis*, en sens contraire, et *vertere*, tourner. ‖ **divorcer** XIVe s., Boutillier.

divulguer XIVe s., G., du lat. *divulgare*, de *vulgus*, peuple. ‖ **divulgation** 1510, Marg. de Valois, du lat. *divulgatio*.

divulsion 1580, Montaigne, du lat. *divulsio*, de *divellere*, arracher. ‖ **divulseur** fin XIXe s., du part. *divulsus*.

*dix 1080, *Roland* (*dis*), du lat. *děcem*. ‖ **dixième** 1190, J. Bodel (*diseme*). ‖ **dix-sept, dix-huit, dix-neuf** fin XIIe s., *Rois* (*dis e set, e uit, e nuef*). ‖ **dix-septième** fin XIIe s., *Rois* (*dis e setime*). ‖ **dix-huitième** XIIIe s., Alard de Cambrai (*disuitime*). ‖ **dix-neuvième** fin XIIe s., *Rois* (*dis e noime*); 1539, R. Est. (*dix-neufième*). ‖ **dizain** XVe s., Delb. ‖ **dizaine** 1515, Lortie. ‖ **dizenier** XVe s.

djinn 1671, Bernier (*djen*); 1674, Thévenot (*djinn*); mot arabe signif. « démon ».

do 1767, Rousseau, de l'ital. *do*, syllabe arbitrairement choisie, comme plus sonore pour remplacer *ut*.

docile 1495, J. de Vignay, du lat. *docilis*, de *docere*, enseigner. ‖ **docilité** 1493, Meschinot, du lat. *docilitas*. ‖ **indocile** 1490, Saint-Gelais, lat. *indocilis*. ‖ **indocilité** XVIe s., Montlyard, du bas lat. *indocilitas*.

docimasie 1754, *Encycl.*, du gr. *dokimasia*, épreuve, enquête.

dock 1671, Seignelay, pour l'Angleterre; 1679, *id.* (*dogue qui doit être construit à Brest*); mot angl. d'origine néerl. ‖ **docker** 1899, Bourdeau.

docte 1534, Rab., du lat. *doctus*, part. passé de *docere*, instruire. ‖ **doctissime** 1558, Blondel, superl. lat. *doctissimus*. ‖ **docteur** 1160, Benoît, « docteur de la loi »; grade universitaire, pour remplacer *maître* (*magister*) devenu trop commun (première réception de docteur en 1140, à Bologne; puis à Paris, d'abord pour le droit, ensuite pour la théologie); le sens de « médecin » a prévalu au XIXe s. || **doctoral** fin XIVe s., Le Fèvre. || **doctorat** 1575, Leforest, du lat. médiév. *doctoratus.* || **doctoresse** XVe s., Delb., terme plaisant jusqu'au XIXe s.; 1871, L., femme médecin.

doctrine 1160, Benoît, du lat. *doctrina,* « enseignement », sens conservé jusqu'au XVIIe s., à côté du sens actuel; du lat. *docere,* instruire. || **doctrinaire** XIVe s., L., « qui enseigne »; 1787, polit. || **doctrinarisme** 1834, Boiste. || **doctrinal** fin XIIe s., R. de Moiliens, du lat. *doctrinalis.* || **endoctriner** fin XIIe s., R. de Moiliens. || **endoctrineur** 1770, Mercier.

document XIIe s., Fr. Anger, « ce qui sert à instruire » (jusqu'au XVIIe s.), spécialem. au sens jurid., du lat. *documentum,* de *docere,* enseigner. || **documenter** 1769, Dixmérie. || **documentation** fin XIXe s. || **documentaire** 1877, L.; *film documentaire,* 1924, *la Science et la Vie;* s. m. 1929, Gance. || **documentaliste** XXe s. (1953, Lar.). || **documentariste** XXe s. (1949, *L. M.*), auteur de films documentaires.

dodéca-, du gr. *dôdeka,* douze. || **dodécaèdre** milieu XVIe s., du gr. *dôdekaedron,* de *edra,* face. || **dodécagone** 1690, Furetière, du gr. *gônia,* angle. || **dodécaphonisme** XXe s. (1948, *L. M.*). || **dodécaphoniste** XXe s. || **dodécaphonie** XXe s. (1955, Combat).

dodeliner 1532, Rab., de l'onom. *dod-* exprimant le balancement. || **dodiner** XIVe s., de La Tour-Landry. || **dodelinement** 1611, Cotgrave. || **dodinement** milieu XVIe s.

dodo 1440, Ch. d'Orléans, formation expressive, redoublement de l'initiale de *dormir,* avec infl. de *dodiner.*

dodu fin XVIe s., orig. sans doute onomatopéique. (V. DODELINER.)

dog-cart 1858, mot angl. signif. « charrette à chiens », d'apr. l'emploi primitif.

doge 1487, Lengherand, ital. de Venise *doge,* issu du lat. *dux, ducis,* chef. || **dogaresse** 1691, Misson, remplaçant *dogesse* (fin XVIIe s., Saint-Évremond, de l'ital. *dogaressa*).

dogme 1570, Montaigne, du lat. eccl. *dogma,* empr. au gr. *dogma,* opinion. || **dogmatique** 1537, Canappe, du bas lat.

dogmaticus, du gr. *dogmatikos.* || **dogmatiser** XIIIe s., *Miracle de saint Eloi,* du bas lat. eccl. *dogmatizare,* du gr. *dogmatizein,* du bas lat. *dogmatista,* du gr. *dogmatistês.* || **-tisme** 1570, Montaigne.

dogre 1678, Seignelay, du néerl. *dogger,* bateau de pêche.

dogue 1398, E. Deschamps, de l'angl. *dog,* chien (v. BOULEDOGUE). || **doguin** 1611, Cotgrave.

*****doigt** fin XIe s., *Lois de Guill.* (*dei*), du lat. pop. **ditus,* contraction de *digitus.* L'orth. actuelle a été refaite sur le latin au XVIe s. || **doigtier** XIVe s., *Registre du Châtelet.* || **doigté** 1798, *Acad.,* du verbe *doigter* (1726), disparu. || **digital** 1732, Winslow, adj., du lat. *digitalis,* de *digitus,* doigt. || **digitale** 1545, Guéroult, plante en forme de doigt. || **digitaline** 1831, Balzac. || **digitiforme** 1842, *Acad.* || **digitigrade** 1817, Cuvier (du lat. *gradi,* marcher).

dol milieu XIIIe s., du lat. *dolus,* ruse. || **dolosif** 1864, L., du lat. *dolosus.* || **dolosivement** 1626, Delb.

dolabelle, dolage, doleau V. DOLER.

dolce v. 1770, Rousseau, mot ital. signif. « doux ». Utilisé dans le vocabulaire musical.

doléance fin XIIe s., *Grégoire* (*douliance*); XVe s. (*doléance*), forme régressive comme *Orléans* (de *Orliens*); dér. ancien de *douloir.* || **dolent** fin XIe s., *Alexis,* du lat. pop. **dolentus*), de *dolere,* souffrir. || **indolent** 1590, Sully, « insensible »; XVIIe s., « apathique »; du bas lat. *indolens,* « qui ne souffre pas ». || **indolence** XIVe s.

doler fin XIIe s., *Rois,* du lat. *dŏlare,* façonner. || **dolage** 1364, G. || **doleau** 1755, *Encycl.* || **dolabelle** début XIXe s., Lamarck, du lat. *dolabella,* dimin. de *dolobra,* hache. || *****doloire** v. 1160, *Ch. de roi,* du lat. **dŏlatŏria,* pl. neutre devenu fém. en lat. pop.

dolichocéphale 1842, Betzius, du gr. *dolikhos,* long, et *kephalê,* tête.

dolique XVIe s. (*-che*); fin XVIIIe s. (*-que*); du gr. *dolikos,* haricot.

doline 1906, Lar., du slave *dole,* bas, creux.

dollar 1776, *Courrier de l'Europe*, mot. anglo-américain, du bas allem. *daler*, allem. *Thaler*.

dolman 1537, Saint-Blancard (*doloman*) ; 1755, abbé Prévost (*doliman*), « manteau militaire » ; de l'all. *Dolman*, empr. au turc *dolāmān*, par le hongrois.

dolmen 1809, Chateaubriand, du breton *taol, tol*, table, et *men*, pierre.

doloire V. DOLER.

dolomite 1792, Saussure, du nom de *Dolomieu* (1750-1801), qui a découvert cette roche.

*dom** 1080, *Roland* (*dam*), « sire » ; XVIe s., titre de religieux refait d'apr. le lat. ; du lat. *dominus*, seigneur, qui précéda, antérieurement à *sanctus*, les noms de saints à l'époque carolingienne (cf. noms de lieux : *Dampierre*, etc.). ‖ **domaine** fin XIe s., *Lois de Guill.* (*demaine*), du lat. *dominium*, propriété. ‖ **domanial** XVIe s., G., du lat. *domanialis*.

domestique 1398, *Ménagier* ; XVIe s., du lat. *domesticus*, de la maison (*domus*). ‖ **domestiquer** XVe s., Tardif. ‖ **domestication** 1836, Raymond. ‖ **domesticité** 1690, Fur., bas lat. *domesticitas*.

1. **dôme** XVe s., Desrey, « cathédrale italienne », de l'ital. *duomo*, du lat. *domus*, maison, au sens eccl. « maison de Dieu » ; mot passé en allemand (*Dom*).
2. **dôme** 1600, O. de Serres (*dosme*), « coupole », du prov. *doma*, empr. au gr. *dôma*, maison, qui a désigné un type de toiture venu d'Orient.

domicile 1360, Froissart, du lat. *domicilium*, de *domus*, maison. ‖ **domicilier** début XVIe s. ‖ **domiciliaire** 1540, *D. G.* ‖ **domiciliation** XXe s.

dominer Xe s., *Saint Léger*, du lat. *dominare*, de *dominus*, maître. ‖ **domination** 1120, *Ps. d'Oxford*, du lat. *dominatio*. ‖ **dominateur** XIIIe s., Gauchy, du lat. *dominator*. ‖ **prédominer** 1580, Montaigne. ‖ **prédominance** XVIe s., rare jusqu'au XIXe s.

dominicain 1546, Saint-Gelais, du nom de saint *Dominique*, fondateur de l'ordre (propr. *Frères prêcheurs*).

dominical 1495, J. de Vignay ; du bas lat. *dominicalis*. (V. DIMANCHE.)

dominion 1872, L., mot angl. signif. « puissance, domination » ; appliqué au Canada en 1867.

domino début XVIe s., « camail de prêtre à capuchon » ; début XVIIIe s., « robe à capuchon et loup pour bal masqué », puis le loup lui-même ; 1771, *Trévoux*, « jeu de dominos », d'apr. l'envers noir comparé au loup ; mot lat. sans doute, abrév. de *benedicamus domino*, « bénissons le seigneur », qui a pu être une appellation eccl. plaisante d'un manteau ; il a pris aussi le sens de « papier peint ou imprimé », sans doute du costume. ‖ **dominotier** 1540, Rab. ‖ **dominoterie** 1690, Furetière.

dommage 1080, *Roland* (*domage*), avec un passage de *am-* à *om-*, resté obscur ; dér. ancien de *dam*, qu'il a remplacé. ‖ **dommageable** 1314, Mondeville (*dam-*). ‖ **dédommager** 1283, Beaumanoir. ‖ **dédommagement** XIVe s. ‖ **endommager** 1160, Benoît. ‖ **endommagement** XIIIe s.

*dompter** 1155, Wace (*donter*) ; la graphie -*pt*- date du Moyen Age ; du lat. *domitare*. ‖ **dompteur** 1213, *Fet des Romains*. ‖ **indompté** fin XVe s., J. Le Maire. ‖ **indomptable** 1420, Delb.

1. *don** V. DONNER.
2. **don** XVe s. (*doint*) ; 1594, *Satire Ménippée* (*dom*), mot esp. ; du lat. *dominus*, maître. ‖ **doña** 1650, Corn., mot esp., francisé parfois en *donne*, d'apr. l'ital. *donna* ; du lat. *domina*.

donation V. DONNER.

*donc** Xe s., *Jonas* (*dunc*), du lat. impér. *dunc*, croisement entre *dumque*, forme allongée de *dum*, allons! (dans *agedum*), et *tunc*, alors.

dondon 1579, H. Est. (*domdom*), onom. exprimant un balancement (v. DODELINER).

*donjon** 1130, *Eneas*, du lat. pop. *dŏm(i)nio, -onis*, tour du seigneur, de *dominus*, seigneur. ‖ **donjonné** 1669, Vulson.

don Juan 1814, Jouy, héros d'une pièce de Molière, devenu le type du séducteur. ‖ **donjuanesque** 1851, Nerval. ‖ **donjuanisme** 1870, Lar.

*donner** 842, *Serments*, du lat. *donare*, gratifier, qui a éliminé *dare* en bas lat. de Gaule. ‖ *don** 1080, *Roland*, du lat. *donum*. ‖ **donation** début XVIe s., du lat. *donatio* ; il a éliminé la forme pop. *donaison* (encore en 1642, Oudin). ‖

donataire XIVe s., *Songe du vergier*, du lat. *donatorius*. ‖ **donateur** 1320, G., du lat. *donator*. ‖ **donne** 1732, *Trévoux*, terme de jeu. ‖ **donneur** 1120, *Ps. d'Oxford*. ‖ **adonner (s')** fin XIIe s., Gautier d'Arras, du lat. pop. **addonare*. ‖ **maldonne** 1842, Mozin. ‖ **redonner** début XIIe s., *Ps. de Cambridge*.

*dont Xe s., *Eulalie*, du lat. pop. *de-unde*, renforcement de *unde*; d'où extension d'emploi en fr., où il a été aussi interrogatif.

donzelle 1130, *Eneas*, « demoiselle », de l'anc. prov. *donzela*, même mot que *demoiselle*; le sens péjor. (1659, *Précieuses ridicules*) est repris à l'ital. *donzella*, d'origine provençale.

doper début XXe s., de l'angl. *to dope*, faire prendre un excitant. ‖ **doping** 1903, *Sport univ.*, part. prés. angl. signif. « drogue, stupéfiant ».

dorade 1525, A. Fabre; 1611, Cotgrave (*daurade*); du prov. *daurada*, dorée.

dorême 1786, *Encycl. méth.* (*-ène*), du lat. bot. de Linné *dorema*, empr. au gr. *dôrêma*, présent, à cause des propriétés bienfaisantes de la plante.

dorénavant fin XIIe s., *Tristan* (*d'or en avant*), de l'anc. fr. *ore*, *or*, maintenant, et de *avant*.

*dorer XIIe s., *Roncevaux*, du lat. impér. *deaurare* (IIIe s., Tertullien), renforcement de *aurare* (v. OR). ‖ **dorure** fin XIIe s., Gautier d'Arras (*-eure*). ‖ **doreur** fin XIIIe s., *Livre de la taille de Paris*. ‖ **doroir** 1680, Richelet. ‖ **dorage** 1752, *Trévoux*. ‖ **dédorer** fin XIIIe s. ‖ **mordoré** 1669, L. (*more doré*). ‖ **redorer** 1328, Delb. ‖ **surdorer** 1361, *D. G.*

dorine 1786, *Encycl. méth.*, de *Dorine*, nom de femme.

doris 1836, Landais, « mollusque »; 1874, L. (*dori*), « barque »; mot américain.

dorloter 1495, *Mir. historial* (*dorel*), « friser » (jusqu'au XVIe s.); XVe s., fig., « entourer de soins »; de l'anc. fr. *dorelot*, boucle de cheveux, origine onom.

*dormir 1080, *Roland*, du lat. *dormīre*. ‖ **dormeur** XIVe s. ‖ **dormitif** 1545, Guéroult. ‖ **dormition** av. 1450, Gréban, du lat. *dormitio*. ‖ **endormir** 1080, *Roland*. ‖ **endormeur** 1791, Marat. ‖ **rendormir** XIIIe s., *Chans. d'Antioche*.

doronic 1425, O. de La Haye (*der-*), du lat. médiév. *doronicum*, empr. à l'ar. *durûnag'*.

dorsal 1314, Mondeville, du lat. médiév. *dorsalis* (lat. *dorsualis*). [V. DOS.]

*dortoir fin XIIe s., R. de Cambrai, « dortoir de couvent », du lat. *dormitorium*, chambre à coucher.

doryphore 1752, *Trévoux*, « porte-lance »; 1827, *Académie*, « coléoptère d'Amérique », d'apr. les bandes noires des élytres; du gr. *doruphoros*, de *pherein*, porter, et *doru*, lance.

*dos 1080, *Roland*, du lat. pop. *dossum*, issu du lat. class. *dorsum*, avec assimilation *rs*, qui s'appliquait surtout aux animaux et qui s'est substitué à *tergum*. ‖ **dossard** 1909, *L. M.* ‖ **dosse** 1400, Du Cange. ‖ **dossier** XIIIe s.; 1680, Richelet, « liasse de pièces » qui porte une étiquette au dos. ‖ **dossière** 1268, E. Boileau. ‖ **dosseret** 1360, Froissart. ‖ **adosser** 1155, Wace, « renverser sur le dos », « appuyer sur le dos ». ‖ **ados** 1160, Benoît, « soutien »; XVIIe s., La Quintinie, « plate-bande »; déverbal. ‖ **adossement** début XVe s. ‖ **endos** début XIIe s., *Voy. de Charl.*; 1600, *Edit*, sens commercial. ‖ **endos** 1599, Delb. ‖ **endosse** XVe s., G. ‖ **endossage** fin XIIIe s., Rutebeuf. ‖ **endossement** XIVe s.; 1596, Poiton, sens commercial. ‖ **endosseur** 1664, *Déclaration de janvier*, sens commercial. ‖ **extrados** fin XVIIe s. ‖ **extradosser** *id.* ‖ **intrados** 1704, *Acad. des sc.* ‖ **surdos** 1680, Richelet.

dose fin XVe s., Delb., du lat. médiév. *dosis*, empr. au gr. signif. « action de donner ». ‖ **doser** 1558, Des Périers. ‖ **dosage** 1812, *Encycl. méth.* ‖ **dosable** fin XIXe s.

dot fin XIIe s., G.; rare jusqu'au XVIe s.; du lat. jurid. *dos, -tis*, don, de *dare*, donner; usité d'abord dans le Midi et le Lyonnais, pays de droit écrit où s'était conservé le régime dotal. ‖ **doter** XIIIe s., Adenet; rare jusqu'au XVIe s.; du lat. *dotare* (v. DOUER). ‖ **dotation** 1325, Delb., du lat. *dotatio*. ‖ **dotal** milieu XVe s., du lat. *dotalis*.

douaire V. DOUER.

douane 1372, Corbichon, de l'anc. ital. *doana* (ital. *dogana*), empr. à l'ar.

diouān, bureau de douane, venu du persan (v. DIVAN). ‖ **douanier** s. m., milieu XVIᵉ s.; 1836, Landais. ‖ **douaner** 1675, Savary. ‖ **dédouaner** fin XIXᵉ s.; XXᵉ s., fig.

douar 1628, de Brèves (*-art*); rare jusqu'au XIXᵉ s.; de l'ar. maghrébin *dwār*.

***double** fin XIᵉ s., *Lois de Guill.* (*duble*), adj., du lat. *dŭplus*; 1130, *Job*, s. m. (*double*); 1912, *Ciné-Journal*, en cinéma; du lat. impér. *duplare* (IIIᵉ s., Ulpien). ‖ **doublet** XIIᵉ s., *Athis*, «étoffe». ‖ **doubleau** 1268, E. Boileau, archit. ‖ **doublement** adv., fin XIIᵉ s., Gautier d'Arras. ‖ **doublement** s. m., 1298, G. ‖ **doublon** XIIIᵉ s., G. ‖ **doublure** 1376, *Mandement*. ‖ **doublage** début XVᵉ s.; 1919, *la Cinématographie fr.* ‖ **doublé** 1755, Encycl. ‖ **doublis** 1789, *Encycl. méth.* ‖ **dédoubler** 1429, Delb.; rare jusqu'au XVIIIᵉ s. ‖ **dédoublement** fin XVIIᵉ s., Saint-Simon. ‖ **redoubler** début XIIIᵉ s. ‖ **redoublement** XIVᵉ s. ‖ **redoublant** s. m., 1875.

1. **doublon** V. DOUBLE.

2. **doublon** 1594, *Ménippée*, monnaie esp., de l'esp. *doblon*, de *doble*, double d'un écu.

douceâtre, douceur V. DOUX.

douche 1588, Montaigne, sous la forme ital.; XVIIᵉ s. (*douge*), de l'ital. *doccia*. ‖ **doucher** 1642, Oudin. ‖ **doucheur** 1687, Huet.

doucine V. DOUX.

douelle V. DOUVE 1.

***douer** fin XIIᵉ s., *R. de Cambrai*, «doter» (jusqu'au XVIIᵉ s.) et «faire don»; XVIIᵉ s., «pourvoir de qualités»; du lat. *dotare*, doter (v. DOT). ‖ **douaire** 1130, *Eneas*, adaptation, d'apr. *douer*, du lat. médiév. *dotarium*, de *dos, dotis*, dot. ‖ **douairière** milieu XIVᵉ s., fém. de *douairier*, «qui a un douaire».

douille 1398, *Ménagier*, du francique **dulja* (moyen haut allem. *tülle*).

douillet 1361, Oresme, dimin. de l'anc. fr. *doille, douille*, du lat. *ductilis*, malléable. ‖ **douillette** (de prêtre) 1803, Boiste, fém. (V. DUCTILE, ANDOUILLE.)

***douleur** fin XIᵉ s., *Lois de Guill.*, du lat. *dŏlŏr, -ŏris*. ‖ ***douloir** Xᵉ s., *Valenciennes*, du lat. *dŏlēre*, souffrir (v. DO-

LÉANCE). ‖ **dolorisme** 1919, Souday. ‖ ***douloureux** 1080, *Roland* (*dulurus*), du bas lat. *dolorōsus*, refait sur *douleur*. ‖ **douloureuse** 1889, Barrère, note à payer, pop.

***douter** 1080, *Roland*, «craindre» (jusqu'au XVIIᵉ s.) et «hésiter», du lat. *dŭbĭtāre*, douter. ‖ **doute** fin XIᵉ s., *Alexis*. ‖ **douteux** 1120, *Ps. d'Oxford*. ‖ **douteusement** 1160, Benoît. ‖ **dubitation** 1220, Coincy, du lat. *dubitatio*. ‖ **dubitatif** 1314, Mondeville, du bas lat. *dubitativus*. ‖ **indubitable** XVᵉ s., du lat. *indubitabilis*. ‖ **indubitablement** XVᵉ s., Tardif. ‖ **redouter** fin XIᵉ s., *Alexis*, craindre. ‖ **redoutable** fin XIIᵉ s., Grégoire. ‖ **douteur** 1760, Voltaire.

1. ***douve** 1160, Benoît, «fossé, planche d'un tonneau», du lat. impér. *dŏga*, récipient (IIIᵉ s., Vopiscus), au sens de «fossé», puis de «planches entourant le récipient». ‖ **douvain** 1491, Delb. ‖ **douelle** 1296, G.

2. ***douve** XIVᵉ s. (*dauve*), «ver trématode»; milieu XVIᵉ s., «renoncule des marais qui passait pour engendrer ce ver»; du bas lat. *dolva* (Vᵉ s., Eucherius).

***doux** 1080, *Roland* (*dulz*), du lat. *dŭlcis*. ‖ **douceur** 1119, Ph. de Thaun. ‖ **doucereux** 1265, J. de Meung, «plein de douceur»; XVIIᵉ s., péjor., réfection du lat. *dulcor*. ‖ **doucet** 1190, Couci. ‖ **douceâtre** 1539, R. Est. ‖ **doucine** 1520, Sagredo. ‖ **doucir** 1694, Th. Corn. ‖ **dulcifier** 1620, Béguin, du lat. *dulcificare*. ‖ **dulcification** 1651, Hellot. ‖ **dulcinée** 1755, abbé Prévost, héroïne de Don Quichotte. ‖ **adoucir** 1160, Benoît. ‖ **adoucissement** début XVᵉ s., Gerson. ‖ **adoucissage** 1723, Savary. ‖ **adoucissant** adj., 1698, Alliot; s. m., 1721, *Journ. des savants*. ‖ **édulcorer** 1625, du lat. médiév. *edulcorare*, de *dulcis*. ‖ **édulcoration** 1620, Béguin, du lat. *edulcoratio*. ‖ **radoucir** 1175, Chr. de Troyes. ‖ **radoucissement** milieu XVIIᵉ s.

***douze** 1080, *Roland*, du lat. pop. *dōdecim*, du lat. class. *duodecim*. ‖ **douzième** fin XIᵉ s., *Lois de Guill.* (*dudzime*). ‖ **douzaine** fin XIIᵉ s. ‖ **in-douze** 1666, Furetière.

doxologie début XVIIᵉ s., du gr. eccl. *doxologia*, de *doxa*, opinion, et *logos*, parole, c'est-à-dire « formule de louange ».

***doyen** fin XIIᵉ s., L. (*deien*), du lat. chrét. *decānus* (sens du lat. class « dizenier »), chanoine ayant au moins dix moines sous ses ordres. ‖ **doyenné** 1260, G. (V. DÉCANAT.)

dracena 1629, Citoys, myth. et bot., du lat. bot. mod. *dracaena*, en lat. « dragon femelle », du gr. *drakaina*.

drachme XIIIᵉ s. (*dragme*), du lat. *drachma*, lat. médiév. *dragma*, empr. au gr. *drakhmê*.

draconcule 1495, J. de Vignay, « ulcère »; puis zool., bot.; du lat. *dracunculus*, dimin. de *draco, -onis*, dragon.

draconien 1796, *Néologie fr.*; de *Dracon*, législateur athénien réputé pour sa sévérité (VIIᵉ s., av. J.-C.).

drag 1859, *le Sport*, « chasse à courre simulée », mot angl., de *to drag*, traîner.

1. **dragée** XIVᵉ s., « bonbon »; altér. du lat. *tragemata*, mot gr. (friandises). ‖ **drageoir** XIIᵉ s., G. (*drajouer*), coupe à dragées.

2. ***dragée** 1268, E. Boileau, « fourrage »; du lat. pop. ***dravocata**, dér. de *dravoca*, ivraie, mot gaulois.

drageon 1553, Belon, du francique ***draibjo**, pousse (allem. *Treib*). ‖ **drageonner** 1700, Liger.

dragon 1080, *Roland*, « serpent fabuleux »; XVIᵉ s., « soldat de cavalerie », d'apr. le nom de l'étendard (*dragon*, au sens d'étendard, date du XIIᵉ s. : un dragon devait y figurer); du lat. *draco, -onis*. ‖ **dragonneau** XIIIᵉ s., Otinel (*-nel*). ‖ **dragonnier** XIIIᵉ s., « porte-étendard »; XVᵉ s., « arbre exotique », dont la résine rouge était dite *sang-dragon*. ‖ **dragonne** 1673, Molière, « batterie de tambour ». ‖ **dragonnade** début XVIIIᵉ s.

drague milieu XVIᵉ s., « filet »; 1505, Gonneville, « racloir adapté au filet »; angl. *drag*, crochet, filet, de *to drag*, tirer. ‖ **draguer** XVIIᵉ s.; XXᵉ s., fig., « racoler une fille ». ‖ **dragueur** XVIIIᵉ s., Delb. ‖ **dragage** milieu XVIIIᵉ s.

drain 1850, St. Faivre, agric.; 1859, méd., mot angl., de *to drain*, dessécher. ‖ **drainer** *id.* ‖ **drainage** milieu XIXᵉ s.

draine XVIᵉ s., *Menus de Tonnerre*, « grive »; origine sans doute gauloise ou germ.

draisienne 1842, *Acad.*, du nom du baron *Drais von Sauerbronn*, l'inventeur (1785-1851).

drakkar 1906, Lar., mot scand. signif. « dragon ». Le nom de ces bateaux scandinaves vient du dragon qui ornait leur proue.

drame 1707, Lesage; 1787, *Correspondance littér.*, fig.; du bas lat. *drama* (IVᵉ s., Ausone), mot gr. ‖ **dramatique** XIVᵉ s., Lefèvre; rare jusqu'au XVIIᵉ s.; du bas lat. *dramaticus*, empr. au gr. *dramatikos*. ‖ **dramatiquement** 1777, Cubières-Palmézeaux. ‖ **dramatiser** 1801, Mercier. ‖ **dramaturge** 1773, Clément, du gr. *dramatourgos* (*ergein*, faire). ‖ **dramaturgie** 1775, *Année littér.*

dranet 1691, Ozanam, de l'angl. *dragnet*, filet (*net*) à draguer.

***drap** 1160, *Charroi*, du bas lat. *drappus* (Vᵉ s., trad. d'Oribase), mot gaulois. ‖ **draper** 1268, E. Boileau, « fabriquer le drap »; 1636, R. François, « disposer une étoffe ». ‖ **drapier** 1244, Fagniez. ‖ **draperie** fin XIIᵉ s., *Tristan*, « étoffe de drap ». ‖ **drapeau** fin XIIᵉ s., *Rois*, « morceau de drap, lange, vêtement »; XVIᵉ s., « étoffe attachée à une hampe », avec infl. de l'ital. *drappello*, et par ext. étendard. ‖ **porte-drapeau** V. PORTE- 3.

drastique 1741, Col de Villars, du gr. *drastikos*, « qui opère ».

drave XVᵉ s., bot., plante, de l'esp. *draba*.

dravidiennes (*langues*) 1856, Lachâtre (*-ique*); 1866, Lar.; du sanskrit *Dravida*, nom d'une province du sud de l'Inde.

drawback 1755, Forbonnais, mot angl. signif. « remise »; de *to draw*, tirer, et *back*, en arrière.

dreadnought 1906, lancement d'un cuirassé angl., mot angl. signif. « qui ne craint rien » (*which dreads nought*), et qui servit à désigner un type de navire.

drèche fin XVIIᵉ s., altér. de l'anc. fr. *drasche*, cosse; sans doute d'un gaulois ou d'un prélatin ***drasca**.

drège 1584, Pardessus, de l'allem. *Dresche*, machine à égrener, de *dreschen*, battre au fléau.

drelin 1652, Loret, onomatopée.

***dresser** fin XIᵉ s., *Alexis* (-*cier*), du lat. **dīrectiare*, de *directus*, droit. ‖ **dressage** 1791, Pajot. ‖ **dressement** 1120, *Ps. d'Oxford.* ‖ **dresse** 1680, Richelet. ‖ **dressée** 1755, *Encycl.* ‖ **dressoir** 1285, G. : on dressait les assiettes debout contre la paroi. ‖ **adresser** début XIIᵉ s., *Voy. de Charl.*, « dresser, diriger ». ‖ **adresse** 1656, du Gard, « habileté » et « adresse d'une lettre »; 1687, Miege, sens parlementaire par l'angl. ‖ **adressier** 1911, *L. M.* ‖ **maladresse** 1740, d'apr. *adresse*, pour servir de dér. à *adroit*. ‖ **redresser** déb. XIIᵉ s., *Voy. de Charl.* ‖ **redressement** 1155, Wace. ‖ **redresseur** 1566, Delb.

dribbler 1895, *Sports athlét.*, de l'angl. *to dribble*. ‖ **dribbleur** XXᵉ s. ‖ **dribbling** *id.*

1. drille 1628, *Jargon*, « soldat vagabond », « pauvre diable », dér. de *driller*, courir çà et là; issu du néerl. *drillen*.

2. drille 1371, « chiffon », peut-être de l'anc. breton *druila*, déchirer.

3. drille 1690, Furetière, « chêne », du lat. pop. **druilia*, apparenté au gaulois *dervo*, chêne.

4. drille 1752, *Trévoux*, « porte-foret », du néerl. *drillen*, percer en tournant.

drisse 1639, Cleirac, de l'ital. *drizza*, de *drizzare*, dresser, c'est-à-dire « cordage servant à hisser ».

drogman XIVᵉ s., *Chron. de Morée* (*droguement*), de l'ital. *drogomanno*, empr. à l'ar. *turdjumān*. (V. TRUCHEMENT.)

drogue XIVᵉ s., *Nature à Alch.*, du néerl. *drog*, chose sèche, ou de l'ital. *droga*, issu du lat. *drogia*, altér. de *tragemata* (v. DRAGÉE 1.) ‖ **droguerie** milieu XVᵉ s. ‖ **droguer** milieu XVIᵉ s. ‖ **drogueur** milieu XVᵉ s. ‖ **droguiste** 1549, Meignan. ‖ **droguet** 1555, Gouberville, « étoffe de laine de bas prix », d'apr. le sens fig. de *drogue*, « chose sans valeur ».

droguerie milieu XVᵉ s., « sécherie de harengs », du néerl. *drogerij*, sécherie, de *droog*, sec. ‖ **drogueur** 1755, *Encycl.*, du néerl. *drogen*, sécher, « pêcheur de harengs ».

***droit** adj. et s., 1080, *Roland* (*dreit*), du lat. *dīrectus* (déjà subst. au VIᵉ s., Grég. de Tours); il a pris au XVIᵉ s. le sens de l'anc. fr. *destre*, « qui est à droite » (v. DEXTRE, DIRECT). ‖ **droite** fin XVIIᵉ s., polit., calque de l'angl. ‖ **droitier** XVIᵉ s., G. ‖ **droiture** 1190, Couci, « justice, devoir » (aller droit); XIIᵉ s., *Vie de saint Thomas Becket*, fig. ‖ **adroit** 1175, Chr. de Troyes (v. DRESSER). ‖ **endroit** fin XIᵉ s., *Alexis*, prép., « vers » (jusqu'au XVIᵉ s.); s. m.; adv. *à l'endroit*. ‖ **maladroit** début XVIᵉ s., avec l'adv. *mal*, pour *maladresse* (v. DRESSER). ‖ **adret** début XXᵉ s., mot prov. *adreit*, droit (vers le soleil). ‖ **ayant droit** 1835.

drôle 1584, Bouchet (*drolle*), « plaisant coquin »; adj., XVIIᵉ s.; XVIIIᵉ s., « garçon » dans le Midi; du néerl. *drolle*, lutin, petit bonhomme. ‖ **drolatique** 1611, Cotgrave. ‖ **drôlerie** fin XVIᵉ s. ‖ **drôlesse** fin XVIᵉ s. ‖ **drôlet** 1797, Grandval. ‖ **drôlichon** 1827, Ricard (n. pr. dans *les Plaideurs*, 1668).

dromadaire début XIIᵉ s., *Thèbes*, du bas lat. *dromedarius* (IVᵉ s., saint Jérôme), empr. au gr. *dromas*, coureur. ‖ **dromas** 1836, Landais, empr. direct au gr. Désigne un échassier de l'Inde.

drome 1755, *Encycl.*, mar., du bas allem. *drōm* ou du néerl. *drommer*, poutre.

drongo 1760, Brisson, mot malgache. Désigne une sorte de passereau.

dronte 1663, Thévenot, mot d'une langue indigène de l'île Maurice. Désigne une espèce d'oiseaux actuellement éteinte.

drosera 1804, *Encycl. méth.*, mot du lat. bot. empr. au gr. *droseros*, humide de rosée.

drosse 1643, Fournier, altér. de l'ital. *trozza*. ‖ **drosser** début XVIIᵉ s.

dru 1080, Roland, « vigoureux » (jusqu'au XVIIᵉ s.), et « dense »; du gaulois **druto*, fort.

druide XIVᵉ s., du lat. *druida*, mot gaulois, de **dervo*, chêne (fém. au XVIIᵉ s.). ‖ **druidesse** 1727, dom Martin. ‖ **druidisme** 1727, *id.* ‖ **druidique** 1773, Voltaire.

drupe 1796, *Encycl. méth.*, du lat. *drupa*, pulpe. ‖ **drupacé** 1798, Richard.

247

‖ **drupéole** 1827, *Acad.* (*drupole*) ; 1842, *Acad.* (*drupéole*).

druse 1801, Brochant, de l'allem. *Druse*, gourme.

dryade 1265, J. de Meung, myth. ; 1786, *Encycl. méth.*, « arbuste » ; du lat. *dryas, -adis*, empr. au gr. *druas, -ados*, nymphe du chêne (*drus*).

dualité, dubitation V. DEUX, DOUTER.

duc 1080, *Roland*, du lat. *dux, ducis*, chef. ‖ **ducal** fin XIIᵉ s. ‖ **ducat** 1395, Delb., de l'ital. *ducato*, monnaie à l'effigie d'un duc (*duca*). ‖ **ducaton** 1602, Peiresc. ‖ **duce** 1922, mot ital. repris au lat. *dux, ducis*, remis en honneur par Mussolini. ‖ **duché** XIIᵉ s., *Huon de Bordeaux*, fém. (jusqu'au XVIIᵉ s.). ‖ **duchesse** XIIᵉ s., Roncevaux ; fin XIIIᵉ s., « hibou », à cause des aigrettes qui ornent la tête. ‖ **archiduc** fin XVᵉ s. ‖ **archiduché** début XVIᵉ s. ‖ **archiducal** v. 1500. ‖ **archiduchesse** début XVIᵉ s. ‖ **grand-duc** 1690, Fur.

ducasse XVᵉ s., forme dialectale de l'anc. fr. *dicasse* (*dicaze*, fin XIIᵉ s., *Grégoire*), abrév. de *dédicace* : fête de la Dédicace dans le nord de la France.

ducat, duce, duché V. DUC.

ducroire 1723, Savary, de *du* et de *croire* au sens de « vendre à crédit ».

ductile 1578, d'Aubigné, du lat. *ductilis*, de *ducere*, conduire (v. DOUILLE). ‖ **ductilité** 1671, Rohault.

duègne 1655, Quevedo (*douegna*) ; 1663, La Fontaine (*douegne*) ; de l'esp. *dueña*, du lat. *domina*. (V. DAME 1.)

1. **duel** 1539, R. Est., « combat singulier », du lat. *duellum*, forme archaïque de *bellum*, guerre ; rattaché à *duo*, deux, par étymol. pop. ‖ **duelliste** fin XVIᵉ s., Brantôme, de l'ital. *duellista*.

2. **duel** fin XVIᵉ s., du lat. gramm. *dualis*, de *duo*, deux. (V. DEUX.)

dugazon 1845, Besch., nom d'une cantatrice (1755-1821).

dugon(g) 1756, Brisson (*dujung*), du malais *doûyoung*.

1. **duire** Xᵉ s., *Jonas*, « dresser », forme refaite sur le lat. *docēre*, instruire.

2. *duire Xᵉ s., *Saint Léger*, « conduire », « attirer », du lat. *dūcēre*, conduire. ‖ **duit** XIIIᵉ s., *Pyrame et Thisbé*, « conduit », anc. part. passé. ‖ **duite** 1755, *Encycl.* ‖ **duitage** fin XIXᵉ s.

dulcifier, dulcinée V. DOUX.

dulie 1372, Golein, du lat. eccl. *dulia*, empr. au gr. *douleia*, servitude.

dumping 1904, Fleury, mot anglo-américain signif. « vente au rabais », de *to dump*, décharger, jeter en tas.

dundee V. DANDY 2.

dune XIIIᵉ s., trad. de Guill. de Tyr, du moyen néerl. (auj. *duin*), orig. gauloise (*duno-*, hauteur, conservé dans *Augustodunum*, Autun, et de nombreux noms de lieux). ‖ **dunette** 1550, Jal, « petite dune » ; au fig. dunette du navire.

duo 1548, N. Du Fail, mot ital. signif. « deux » (anc. forme de *due*). [V. DEUX.]

duodécimal 1801, Haüy, du lat. *duodecimus*, douzième, d'apr. *décimal*.

duodénum 1478, Panis, abrév. du lat. méd. *duodenum digitorum*, de douze doigts, d'apr. la longueur de cette portion de l'intestin (appelée aussi *douzedoigtier* au XVIᵉ s.).

dupe 1426, Du Cange, d'abord argot ; emploi fig. de *duppe*, huppe (forme de l'Ouest avec agglutination du *d* de la prép. *de*) [pour l'évolution v. PIGEON]. ‖ **duper** 1460, Villon. ‖ **duperie** 1690, Furetière. ‖ **dupeur** 1669, Widerhold.

duplex XXᵉ s., mot lat. signif. « double ». ‖ **duplexer, duplexeur** XXᵉ s.

duplicité 1265, J. de Meung, « caractère de ce qui est double » (jusqu'au XVIIᵉ s.) ; du lat. *duplicitas*, de *duplex, -cis*, double.

dupliquer XIIIᵉ s., G., jurid., du lat. *duplicare*, doubler. ‖ **duplicata** milieu XVIᵉ s., abrév. de *duplicata littera*, lettre redoublée, d'abord en lat. médiév. ‖ **plique** s. f., 1512. J. Lemaire ; adj., 1732, *Trévoux*. ‖ **duplication** XIIIᵉ s., G., du lat. *duplicatio*. ‖ **duplicateur** 1842, *Acad.*, phys. ; XXᵉ s., techn.

*dur Xᵉ s., *Saint Léger*, du lat. *dūrus*. ‖ **durement** 1080, *Roland*. ‖ **durcir** fin XIIᵉ s., *Alexandre*. ‖ **durcissement** milieu XVIIIᵉ s. ‖ **duret** XIIᵉ s., *Ignaure*. ‖ **dureté** XIIIᵉ s., *Saint Graal*. ‖ **durillon** XIIIᵉ s., *Livre des simples médecines*. ‖

dure-mère XIIIᵉ s., *ms*, du lat. médiév. *dura mater*, comme *pie-mère*. ‖ **endurcir** fin XIIᵉ s., *Rois*, spécialisé au fig. ‖ **endurcissement** 1495, J. de Vignay.

Duralumin 1909, formé avec le rad. de *Düren*, ville de Westphalie où l'alliage fut créé, et celui d'*aluminium*.

duramen 1839, Boiste, « cœur de tronc d'arbre », mot lat. signif. « bois dur », de *durus*, dur.

durcir V. DUR.

****durer** fin XIᵉ s., *Alexis*, du lat. *dūrāre*. ‖ **durable** *id.* ‖ **durée** fin XIIᵉ s., *Couronn. de Loïs*. ‖ **duratif** 1910, *L. M.*, gramm. ‖ **durant** 1283, Beaumanoir, en finale (*le mariage durant*) ; XVIᵉ s., inversion de la construction ; XVIIᵉ s., part. prés. de *durer*.

durio(n) 1588, La Porte, du malais *dourian* ; grand arbre d'Asie.

duumvir 1587, Crespet, mot lat. ; de *duo*, deux, et *vir*, homme.

duvet début XIVᵉ s., var. inexpliquée de *dumet* (XVᵉ s.), dimin. de l'anc. fr. *dum* (l'*m* paraît dû à *plume*) ou *dun* (XIIIᵉ s.), empr. au scand. *dūnn* ; les duvets venaient de Scandinavie (v. ÉDREDON). ‖ **duveté** 1534, Rab. (*dumeté*) ; 1611, Cotgrave (*-veté*). ‖ **duveteux** fin XVIᵉ s., R. Garnier.

dyade 1540, Rab. (*dyas*), du lat. *dyas*, empr. au gr. *duas*, *-ados*, dualité.

dyke 1768, Morand, mot angl. signif. « digue ».

dynam(o)-, du gr. *dunamis*, force.

dynamique 1692, Leibniz ; XXᵉ s., fig. ; du gr. *dunamikos*. ‖ **dynamisme** 1835, *Acad.* ‖ **dynamie** 1836, Landais. ‖ **dynamite** 1866, Nobel. ‖ **dynamiter** fin XIXᵉ s. ‖ **dynamiterie** 1877, L. ‖ **dynamitero** 1892, *Figaro*, mot esp. ‖ **dynamiteur** 1877, L. ‖ **dynamo** 1886, Benz, de machine *dynamo-électrique*. ‖ **dynamomètre** 1802, *Acad.* ‖ **dynamographe** 1878, Lar.

dynaste v. 1500, du gr. *dunastês*, souverain (sens restreint en fr.). ‖ **dynastie** 1455, Fossetier ; rare jusqu'au XVIIIᵉ s. ‖ **dynastique** 1830, Landais, du gr. *dunasteia*, puissance. ‖ **dynastisme** 1870, *Centre gauche*.

dyne 1881, *Congrès des physiciens* (Paris), du gr. *dunamis*, force.

dys- du gr. *dus*, préfixe péjor. signif. « mauvais ». ‖ **dysménorrhée** 1827, *Acad.*, du gr. *mên*, mois, et *rhein*, couler. ‖ **dysenterie** XIIIᵉ s., trad. de Guill. de Tyr (*dissintere*), du lat. méd. *dysenteria*, empr. au gr. *dusenteria* (*entera*, entrailles). ‖ **dysentérique** fin XIVᵉ s., G., du lat. méd. *dysentericus*, empr. au gr. *dusenterikos*. ‖ **dyspepsie** milieu XVIᵉ s., du lat. méd. *dyspepsia*, empr. au gr. *duspepsia* (*peptein*, cuire, digérer). ‖ **dyspepsique** fin XIXᵉ s. ‖ **dyspnée** 1363, Martin de Saint Gille, lat. méd. *dyspnœa*, du gr. *duspnoia*, de *pnein*, respirer. ‖ **-prosium** 1886, Lecoq de Boisbaudran, gr. *dusprositos*, difficile à atteindre. ‖ **dysurie** 1505, Christol.

dytique fin XVIIIᵉ s., du lat. bot. *dytiscus*, empr. au gr. *dutikos*, plongeur.

E

*eau 1080, *Roland* (*ewe*); XIVᵉ s. (*eaue*); du lat. *aqua*. ‖ **eau-de-vie** XIVᵉ s., trad. du lat. des alchimistes *aqua vitae*. ‖ **eau-forte** 1560, Paré, acide azotique; XIXᵉ s., « gravure à l'eau-forte ». ‖ **morte-eau** XVIIIᵉ s.

ébahir, ébardoir, ébattre V. BAYER, BARBE 1, BATTRE.

ébaubi XIIIᵉ s., Adenet (*es-*), var. avec un autre préfixe de l'anc. fr. *abaubi*, part. passé de *abaubir*, rendre bègue, du lat. *balbus*, bègue. ‖ **ébaubir (s')** fin XIXᵉ s.

ébaucher 1380, Delb. (*esbochier*), dér. de l'anc. fr. *esbaucheïs* (XIIᵉ s.), de l'anc. fr. *balc*, *bauc*, poutre (v. BAU). ‖ **ébauchage** XVIᵉ s., G. ‖ **ébauchement** 1548, Delb. ‖ **ébauche** 1643, Rotrou. ‖ **ébauchoir** 1680, Richelet.

ébaudir (s') 1080, *Roland* (*es-*), de l'anc. fr. *bald*, *baud*, joyeux (v. BAUDET). ‖ **ébaudissement** XIIIᵉ s., *Anseïs de Carthage*.

ébène fin XIIᵉ s., *Alexandre* (*ébaine*); 1130, *Eneas* (*ebenus*); du lat. *ebenus*, empr. au gr. *ebenos*, mot égyptien. ‖ **ébénier** 1680, Richelet. ‖ **ébéniste** *id.*, « qui travaille l'ébène », par ext. « fabricant de meubles de choix ». ‖ **ébénisterie** 1732, *Trévoux*.

éberluer V. BERLUE.

*éblouir fin XIIᵉ s., *Alexandre* (*es-*), du lat. pop. **exblaudire*, du francique **blaudi*, faible (allem. *blöde*, faible des yeux), avec l'infl. ancienne de *bleu*. ‖ **éblouissement** 1495, J. de Vignay. ‖ **éblouissant** 1564, J. Thierry.

ébonite 1868, Turgan, du mot angl. *ebony*, ébène.

ébouler 1175, Chr. de Troyes (*esboeler*), « éventrer »; 1283, Beaumanoir, « faire tomber »; de l'anc. fr. *boel*, forme anc. de *boyau*. ‖ **éboulement** 1547, J. Martin. ‖ **éboulis** fin XVIIᵉ s.

ébouriffer 1680, Sévigné (*-fé*), du prov. mod. *esbourifat*, « aux cheveux retroussés comme de la bourre », avec une finale obscure. ‖ **ébouriffant** début XIXᵉ s. (1842, *Acad.*).

ébraser V. EMBRASURE.

ébriété début XIVᵉ s.; rare jusqu'au XIXᵉ s.; du lat. *ebrietas*, de *ebrius*, ivrogne.

ébrouer 1401, G., « plonger dans l'eau »; 1564, J. Thierry, *ébrouer des narines*, d'apr. l'écume que projette le cheval; même rac. que *brouet*; auj. restreint au pronominal. ‖ **ébrouement** 1611, Cotgrave.

ébuard 1752, *Trévoux*, « coin pour fendre les bûches »; altér. probable de *ébuoir*, de *bu*, trou, mot dial. d'origine obscure.

ébullition XIIᵉ s., du bas lat. *ebullitio*, de *bullire*, bouillir.

écacher V. CACHER.

écaffer 1680, *Richelet*, « fendre une tige », forme picarde de l'anc. fr. *eschefler*, déchirer, sans doute issu du bas allem. *skafen*, racler.

écaille 1190, Garn. (*escale*), mot normanno-picard issu du francique **skal(j)a*, tuile. ‖ **écailler** verbe, fin XIIᵉ s., R. de Moiliens; 1496, La Curne, (*s'écailler*); s. m., 1690, Furetière. ‖ **écailleux** milieu XVIᵉ s. ‖ **écaillement** 1611, Cotgrave. ‖ **écailleur** *id.*

écale 1190, Garn. (*esc-*), mot normanno-picard issu du francique, du haut allem. *skala*, de même rac. que *écaille*. ‖ **écaler** 1549, R. Est.

écarlate v. 1160, *Charroi* (*esc-*), du lat. médiév. *scarlatum*, altér. du persan *saqīrlat*, nom d'étoffe, primitivement bleue, puis rouge, mot lui-même empr. à l'ar. (V. SCARLATINE.)

écarquiller, écarteler V. QUART.

1. *****écarter** XIIIe s., Sarrazin (*es-*), du lat. pop. *****exquartare**, partager en quatre (ital. *squartare*, écarteler), par ext. séparer, éloigner. ‖ **écart** 1160, Benoît, déverbal. ‖ **écartement** 1557, de Mesmes. ‖ **écarteur** fin XIXe s.

2. **écarter** [*une carte*] V. CARTE.

ecce homo 1690, Furetière, « christ couronné d'épines »; mots lat. signif. « voici l'homme », prononcés par Ponce Pilate d'apr. l'évangile de saint Jean, en présentant aux Juifs le Christ couronné d'épines.

eccéité 1951, Lalande, du lat. scolastique (Scott) *ecceitas*, de *ecce*, voici.

ecchymose 1540, *Chirurgie*, gr. *egkhumôsis*, masc., de *egkhein*, s'écouler, c'est-à-dire tache produite par le sang extravasé. ‖ **ecchymosé** fin XIXe s.

ecclésiastique adj., fin XIIIe s., du lat. chrét. *ecclesiasticus* (IIIe s., Tertullien), empr. au gr. (v. ÉGLISE). ‖ **ecclésiastiquement** XVIe s., Béroalde de Verville.

écervelé V. CERVEAU.

échafaud 1160, Benoît, « charpente soutenant une plate-forme », puis plate-forme elle-même; forme renforcée d'apr. *échelle* de l'anc. fr. *chafaud* (1160, Benoît), échafaudage; issu du lat. pop. *catafalĭcum*, de *fala*, tour, et *cata*, prép. grecque employée comme préfixe; n'a pris ce sens actuel qu'au XVIe s. ‖ **échafauder** début XIIIe s. ‖ **échafaudage** début XVIe s.

échalas fin XIIe s., *Loherains* (*esca-*); altér., par croisement avec échelle, de *****charas* (*jarasse*), caisse faite avec des lattes, issu du lat. pop. *caracium*, empr. au gr. *kharax*, pieu.

échalote début XIIe s., *Voy. de Charl.* (*escaluigne*); 1514, Houssemaine (*-ote*); altér. du lat. *ascalonia* (*caepa*), oignon d'Ascalon, ville d'Israël.

échamp, échancrer V. CHAMP, CHANCRE.

échandole 1552, Ch. Est., « bardeau », du dauphinois, lui-même issu du lat. *scindula*, d'où l'anc. fr. *essende*.

*****échanger** V. CHANGER.

échanson fin XIIe s., *Loherains* (*es-*); du francique *****skankjo* (*scantio*, en lat. mérovingien, *Loi salique*, etc.); même rac. que l'allem. *schenken*, donner à boire.

échantillon 1268, E. Boileau (*es-*), altér. de *eschandillon* (XIIIe s.), de *eschandiller*, vérifier les mesures des marchands, mot surtout lyonnais, du lat. *scandere*, monter; du sens de « échelle pour mesurer », d'abord « étalon de mesures et de poids », puis par ext. « épreuve »; essai (XVe s.), puis « morceau coupé d'étoffe » (XVIe s.). ‖ **échantillonner** 1452, G. ‖ **échantillonnage** id.

*****échapper** 1080, *Roland* (*escaper*), du lat. pop. *****excappare*, sortir de la chape, en la laissant aux mains du poursuivant. ‖ **échappement** XIIe s., Herman de Valenciennes. ‖ **échappatoire** XVe s., d'Escouchy. ‖ **échappade** 1755, *Encycl.* ‖ **échappée** XVe s., Delb., part. passé. ‖ **réchapper** fin XIIe s. (V. RESCAPÉ.)

écharde 1119, Ph. de Thaun (*escherde*), du francique *skarda*, entaille (allem. *Scharte*).

écharner V. CHAIR.

écharpe début XIIe s., *Voy. de Charl.* (*escrepe*); XIIe s. (*escherpe*); du francique *****skerpa*, sacoche en bandoulière (scand. *skreppa*), sens premier en anc. fr.; issu du lat. *scirpus*, jonc; par ext., au XIIIe s., « bande d'étoffe passée autour du corps ».

écharper XVIe s. (*escharpir*), « mettre en pièces »; 1690, Furetière (*-per*); de *charpir*, déchirer, issu du lat. pop. *carpire*, cueillir, carder. (V. CHARPIR.)

*****échars** 1160, *Eneas* (*eschars*), « avare »; auj. *monnaie écharse :* au-dessous de sa valeur; du lat. pop. *****excarpsus*, réfection de *excerptus*, extrait, d'où « resserré » (v. ESCARCELLE). ‖ **écharser** 1678, Guillet.

échasse fin XIIe s., *Aliscans* (*escache*), du francique *****skakkja* (cf. angl. *skate*, patin), jambe de bois et long bâton en anc. fr.; 1676, Félibien, sens techn. actuel. ‖ **échassier** début XIIe s., *Thèbes*, « qui porte une jambe de bois »; 1799, zool.

échauboulure 1549, R. Est. (*échaubouillure*); 1611, Cotgrave (*-boulure*); de *chaud* et *bouillir*.

échauder V. CHAUD.

échauffer V. CHAUFFER.

échauffourée XIIIe s., Guillot (es-), croisement entre *échauffer* et *fourrer*, au part. passé substantivé.

échauguette 1080, *Roland* (*escalguaite*), « action de veiller », « troupe de guet », puis « guérite de guet »; XVe s., « petite tour »; du francique *skarwahta*, de *skara*, troupe, et *wahta*, guet.

***èche aiche** XIIe s. (*esche*), du lat. *esca*, nourriture.

échéance V. ÉCHOIR.

échec 1080, *Roland* (*eschec*); du persan *chāh*, roi (par l'intermédiaire de l'ar.), dans la loc. *chāh mat*, « le roi est mort » (v. MAT 1, SCHAH); sens développé aux XVIe-XVIIe s. ‖ **échiquier** 1130, *Eneas* (*eschaquier*); XVIIIe s., au sens de « trésor public », calque de l'angl. *exchequer*.

***échelle** XIIe s., L. (*eschiele*), du lat. *scala*; le sens mar. « escale », proprement « lieu où l'on mettait une échelle pour débarquer », est resté dans *Echelles du Levant* (fin XVIIe s.); fig. *échelle sociale*, XVIIIe s.; *échelle d'un baromètre*, XIXe s. ‖ **échelon** fin XIIe s., *Aiol* (es-). ‖ **échelonner** XVe s., *Glossaire*; rare jusqu'au XIXe s. ‖ **écheler** 1359, Du Cange. ‖ **échelette** 1316, J. Maillard. ‖ **échelage** 1509, *Cout. de Meaux*. ‖ **échelier** 1690, Furetière, techn.

***écheveau** 1281, Delb. (*eschevel*), du lat. *scabellum*, petit banc, par ext. dévidoir, puis écheveau à dévider. (V. ESCABEAU.)

échevelé V. CHEVEU.

échevin 1175, Chr. de Troyes (es-), mot du Nord; du francique *skapin*, juge (en bas lat. *scabinos*, à l'accusatif pl., *Loi des Longobards*). ‖ **échevinage** 1211, D. G.

échidné 1800, du gr. *ekhidna*, vipère, d'apr. les piquants des oursins comparés aux crochets de la vipère.

échiffe, -ffre début XIIe s., *Thèbes* (*eschive*), de l'anc. verbe *eschiver*, var. de *esquiver* : « guérite de bois élevée au Moyen Age sur les murs d'une ville ».

échine 1080, *Roland* (*eschine*), du francique *skina*, « os de la jambe » (allem. *Schienbein*) et « aiguille » (même évolution que *épine dorsale*). ‖ **échinée** fin XIIe s., *Couronn. de Loïs*. ‖ **échiner**

XIIe s., « rompre l'échine »; fin XVIIIe s., *s'échiner*, se fatiguer.

échinoderme 1792, Bruguière, du gr. *ekhinos*, hérisson, et *derma*, peau.

échiquier V. ÉCHEC.

écho XIIIe s., Frère Laurent, mot lat., du gr. *êkhô*; XIXe s., fig., *écho* d'un journal. ‖ **échotier** 1866, Barbey d'Aurevilly.

***échoir** fin XIIe s., *Couronn. de Loïs* (*escheoir*), du lat. *excadēre*, réfection de *excidēre*, sur *cadēre*, tomber; au fig., dès l'anc. fr. (v. CHOIR). ‖ **échéance** XIIIe s., G., « ce qui échoit »; 1630, *Arrêt de septembre*, sens commercial; part. prés., au neutre pl. pris comme fém.

1. échoppe XIIe s., Ernoul (*escope*), « boutique », de l'anc. néerl. *schoppe* (prononcé *skoppe*), avec infl. de l'angl. *shop*.

2. *échoppe 1493, Coquillart (*eschaupre*), « burin »; 1642, Oudin (*eschople*); 1762, *Acad.* (-*oppe*); du lat. *scalprum*, burin, ciseau (v. SCALPEL). ‖ **échopper** début XVIIe s.

***échouer** 1559, Amyot (*eschouer*); peut-être du lat. pop. *excautare*, de *cautes*, rocher. ‖ **échouage** 1687, abbé de Choisy. ‖ **échouement** milieu XVIIe s.

éclabousser 1564, J. Thierry (*esclabocher*, forme picarde), altér. de l'anc. fr. *esclaboter* (XIIIe s., *Fabliau*), formation expressive comme *clapoter*. ‖ **éclaboussement** 1835, *Acad.* ‖ **éclaboussure** XVe s., Perceforest (*esclabousseüre*).

éclair, *éclaircir, *éclairer V. CLAIR.

éclampsie 1783, *Encycl. méth.*, du gr. *eklampsis*, manifestation subite, d'où convulsion.

***éclater** XIIe s., Marbode (es-), formation expressive, peut-être sur un bas lat. *ex-clappitare* (v. CLAPPER). ‖ **éclat** 1160, Benoît, déverbal. ‖ **éclatement** 1553, G. ‖ **éclateur** fin XIXe s.

éclectique milieu XVIIe s., du gr. *eklektikos*, de *eklegein*, choisir, c'est-à-dire « formé d'éléments empruntés à d'autres systèmes ». ‖ **éclectisme** 1755, *Encycl.*

éclipse XIIe s., Marbode, du lat. *eclipsis*, empr. au gr. *ekleipsis*, orbite du soleil, sur laquelle se produisent les éclipses. ‖ **éclipser** 1265, J. de Meung. ‖ **écliptique** XIII⁰ s., G. ; rare jusqu'au XVIII⁰ s. ; du lat. *eclipticus*, empr. au gr. *ekleiptikos*.

éclisse 1080, *Roland* (*esclice*), du francique *sliti (allem. *Schlitz*, entaille), latinisé en *slitia. ‖ **éclisser** 1080, *Roland* (*esclicer*).

écloper V. CLOPIN-CLOPANT.

***éclore** V. CLORE.

***écluse** XIII⁰ s., *Chron. de Reims* (*es-*), du bas lat. *exclūsa* (VI⁰ s.), part. passé de *excludere*, faire sortir, abrév. d' « eau *séparée* du courant », loc. liée à l'invention du moulin à eau. ‖ **écluser** fin XII⁰ s., R. de Moiliens. ‖ **éclusier** fin XIV⁰ s., G. ; rare jusqu'en 1798, *Acad.* ‖ **éclusée** 1627, Delb.

écobuer 1539, *Cout. de Bretagne* (*ego-*), « défricher » ; 1721, Réaumur (*eco-*) ; mot de l'Ouest, sans doute du dial. *gobuis*, terre pelée, de *gobe*, motte de terre, d'orig. obscure. ‖ **écobue** 1753, Duhamel du Monceau. ‖ **écobuage** 1797, *Ann. de l'agriculture.*

écœurer, écoinçon V. CŒUR, COIN.

***école** fin XI⁰ s., *Alexis* (*escole*), du lat. *schola*, empr. au gr. *skholê*. ‖ **écolage** 1424, G. ‖ ***écolier** XII⁰ s., *Roncevaux* (*escoler*), puis *-lier* par changement de suffixe, du bas lat. *scholaris* (IV⁰ s., Prudence). ‖ **écolâtre** XIII⁰ s., G., du lat. *scholasticus*, « qui appartient à l'école » ; le suffixe a pris une valeur péjor.

éconduire XV⁰ s., Perceforest (*es-*), altér., par l'infl. de *conduire*, de l'anc. fr. *escondire*, refuser (*s'escondire*, s'excuser, fin XI⁰ s., *Alexis*) ; du bas lat. *excondicĕre* (IX⁰ s.), du lat. *condicere*, « convenir de », de *dicere*, dire.

économe 1337, G. (*a-*), du lat. jurid. *œconomus*, administrateur, empr. au gr. *oikonomos*, de *oikos*, maison, *nomos*, administration ; en fr. d'abord subst., « administrateur » ; 1615, Montchrestien, adj., « qui épargne », fig. ‖ **économat** milieu XVI⁰ s. ‖ **économie** 1361, Oresme, « administration » ; XVII⁰ s., « épargne » ; du lat. *economia*, empr. au gr. *oikonomia* ; *économie politique*, XVII⁰ s., rare jusqu'au XVIII⁰ s. ‖ **économique** milieu XIII⁰ s., du lat. *economicus*, du gr. *oikonomikos*, même évol. de sens. ‖ **économiser** 1718, *Acad.* ‖ **économisme** 1774,

Linguet. ‖ **économiste** 1767, Baudeau, sur *économie politique.*

écope milieu XIV⁰ s., « pelle de bois », du moyen néerl. *schope* (prononcé *skope*), pelle, bêche. ‖ **écoper** 1867, Delvau, fig. pop., recevoir un coup ; du sens propre « vider ou frapper avec l'écope » (enregistré seulement en 1870).

écoperche 1470, G. (*es-*), « perche », sans doute de *écot*, rameau, issu du francique *skot, pousse, et de *perche.*

écorce 1175, Chr. de Troyes (*es-*), sans doute du croisement entre le lat. *cortex, -icis*, écorce, et *scortea*, vêtement de peau, de *scortum*, peau. ‖ **écorcer** XII⁰ s., G. (*escorcier*).

***écorcher** 1160, Benoît (*escorcier*), du bas lat. *excorticare* (IV⁰ s., saint Augustin), écorcer, de *cortex, -icis*, écorce ; par ext. enlever la peau. ‖ **écorcheur** XIII⁰ s., G. ‖ **écorchure** XIII⁰ s., L. ‖ **écorchement** XIII⁰ s., G. ‖ **écorcherie** 1587, Crespet.

écorner, -nifler, écosse, -sser V. COR, COSSE 1.

écot fin XII⁰ s., *Huon de Bordeaux* (*escot*), « part de dépense », du francique *skot, au sens fig. « contribution » (angl. *scot*, écot).

écoufle début XII⁰ s., *Ps. de Cambridge* (*escufle*), « milan », de l'anc. breton *skofla* (auj. *skoul*).

écouler V. COULER.

1. **écoute** V. ÉCOUTER.

2. **écoute** XII⁰ s. (*es-*), « câble », du gotique *skaut, angle inférieur de la voile, par ext. câble fixé à cet angle. (V. ÉCOUTILLE.)

***écouter** X⁰ s., *Eulalie* (*escolter*), du bas lat. *ascŭltare*, issu du lat. *auscŭltare*, écouter (v. AUSCULTER), avec changement de préfixe. ‖ **écoute** début XII⁰ s., *Voy. de Charl.*, « action d'écouter » ; radio, fin XIX⁰ s. ‖ **écouteur** fin XII⁰ s., *Alexandre.* ‖ **écoutoir** fin XVIII⁰ s., Delille.

écoutille 1538, Jal, mar., de l'esp. *escotilla*, d'apr. le gotique *skaut (v. ÉCOUTE 2). ‖ **écoutillon** 1552, Jal.

écouvillon XII⁰ s., Audiguier (*escoveillon*), de l'anc. fr. *escouve*, balai, issu du lat. *scōpa*. ‖ **écouvillonner** 1625, G. ‖ **écouvette** XIV⁰ s., G. (*es-*).

écrabouiller fin XV s. (*es-*), croisement entre *écraser* et l'anc. fr. *esboilier*, éventrer, de *bueille*, ventraille, du lat. *botulus*, boyau (v. ce mot). ‖ **écrabouillage** 1953, Lar.

écran 1318, Delb., « paravent contre le feu »; sans doute du moyen haut allem. *schrank*, grille, clôture (allem. mod. signif. « armoire »); ou du néerl. *scherm*, paravent; 1820, Gaucheret, « tableau sur lequel on projette une image »; 1895, Lumière, cinéma; *passer à l'écran*, 1921, *Cinémagazine*; *mettre à l'écran*, 1917, *le Temps*.

écraser début XVIe s., Monluc; 1578, d'Aubigné (var. *acraser*); peut-être du scand. *krasa*, briser. ‖ **écraseur** fin XVIe s. ‖ **écrasant** 1771, Garnier. ‖ **écrasement** 1611, Cotgrave.

écrémer, écrêter V. CRÈME, CRÊTE.

écrevisse 1213, *Fet des Romains* (*crevice*); XIIIe s. (*escrevice*); de l'anc. haut allem. *krebiz* (allem. mod. *Krebs*); le *é* est dû à l'agglutination de l'article (cf. ÉMOUCHET).

****écrin** v. 1160, *Charroi* (*es-*), du lat. *scrinium*, boîte.

****écrire** 1080, *Roland* (*escrivre*); XIIIe s. (*-ire*), d'apr. lire; du lat. *scribere*. ‖ **écrit** 1119, Ph. de Thaun, part. passé. ‖ **écriteau** v. 1360, *Modus* (*escriptel*). ‖ **écrivailler** 1611, Cotgrave. ‖ **écrivailleur** 1580, Montaigne. ‖ **écrivassier** 1774, abbé de Fontenay. ‖ **écrivasser** fin XVIIIe s. ‖ **récrire** XIIIe s., *Livre de jostice*. ‖ **écritoire** 1190, Garn. (*escriptoire*), « cabinet de lecture », puis « meuble à écrire »; XVIIe s., « encrier »; du lat. *scriptorium*, au sens médiév., « cabinet de travail ». ‖ **écriture** 1130, *Job*, du lat. *scriptura*; le sens de *écriture sainte* est repris au lat. chrét., calque du gr. *biblos*, livre. ‖ **écrivain** XIIe s., *Ps.* (*es-*), « écrivain public »; XVIe s., « auteur »; du lat. pop. **scribanus*, de *scriba*. ‖ **récrire** XIIIe s., *Livre de jostice*.

1. ****écrou** 1392, G.(*escroue*), « pièce où l'on introduit une vis », métaphore du lat. *scrofa*, truie (« écrou », IXe s., *Polyptyque d'Irminon*), proprement « partie femelle de l'écrou ».

2. **écrou** (*d'une prison*) XIIe s., G. (*escroue*), « morceau d'étoffe », puis « morceau de parchemin »; XVIIe s.,

« registre de prison »; du francique **skrôda*, morceau coupé (moyen néerl. *schroode, id.*). ‖ **écrouer** 1642, Oudin, inscrire sur le registre d'écrou, puis arrêter.

****écrouelles** 1265, J. de Meung (*escroelles*), du lat. pop. *scrofellæ* (lat. *scrofulae*) [v. SCROFULES], de *scrofa*, truie, le porc étant reconnu comme particulièrement sale.

écrouir 1564, J. Thierry (*es-*), « rendre un métal plus dense en le battant »; origine obscure, peut-être du prov. *croi*, mauvais, dur, issu du gaulois **crodio*. ‖ **écrouissage** 1802, Cadet. ‖ **écrouissement** 1680, Richelet.

écrouler V. CROULER.

écru 1268, E. Boileau (*escru*), renforcement de *cru*.

écrues 1291, G. (*escreues*), « broussailles récemment poussées », en anc. fr. « crue de rivière » aussi; de l'anc. fr. *escroistre*, du lat. *crescere*, croître.

ectoplasme fin XIXe s., du gr. *ektos*, dehors, et *plasma*, ouvrage façonné.

****écu** 1080, *Roland* (*escut*), « bouclier »; XIIIe s., à partir de Saint Louis, « monnaie d'or ornée à l'écu de France »; fin XIVe s., « pièce d'or fin »; XVIe-XVIIe s., « pièce d'argent », d'abord *écu blanc*; du lat. *scutum*, bouclier. ‖ **écuage** 1215, G., terme féodal. ‖ **écurie** XIIIe s., G. (*escuerie*), « fonction d'écuyer », puis « local pour les écuyers et leurs chevaux »; XVIIe s., spécialisation dans le sens actuel. ‖ **écusson** 1302, Delb. (*escuçon*), de *écu*, bouclier; au fig., greffe. ‖ **écussonner** 1600, O. de Serres. ‖ **écussonnoir** 1721, *Trévoux*. ****écuyer** 1080, *Roland* (*escuier*), « celui qui portait l'écu du chevalier »; l'écuyer fut ensuite spécialisé pour soigner les chevaux; par ext. écuyer de manège, de cirque; du bas lat. *scutarius*, « celui qui porte le bouclier ».

écubier XIVe s. (*esquembien*), « trou pour câble »; 1606, Nicot; altér. de l'esp. *escoben*.

écueil XIVe s., G. (*es-*), du lat. *scopulus*, sans doute par l'intermédiaire de l'ital. *scoglio*.

****écuelle** début XIIe s., *Voy. de Charl.* (*escuele*), du lat. pop. *scutella*, lat.

scŭtella, sous l'infl. de *scŭtum*, écu. || **écuellée** XIIIe s., G. (*es-*).

écume 1130, *Eneas* (*es-*), du francique *skŭm-* (allem. *Schaume*). || **écumer** fin XIIe s., *Couronn. de Loïs*. || **écumeux** XIIIe s. || **écumoire** 1333, Delb. (*escumoir*). || **écumeur** milieu XIVe s.

écurer V. CURER.

*écureuil** 1175, Chr. de Troyes (*escuriuel, -riau*), du lat. pop. *scuriolus*, (class. *sciurus*, devenu par métathèse *scurius*).

écurie, écusson, écuyer V. ÉCU.

eczéma début XIXe s., mot du lat. méd. (XVIIIe s.), issu du gr. *ekzema*, ébullition. La graphie *eczème* est enregistrée dans Landais, 1836.

edelweiss 1885, mot allem., de *edel*, noble, et *weiss*, blanc. La plante est remarquable par le duvet blanc et laineux qui recouvre toutes ses parties.

éden 1762, *Acad.*, mot hébreu signif. « paradis terrestre » (*Bible*), au propre « volupté ». || **édénien** 1842, Mozin. || **édénique** début XIXe s., Gautier.

édicter V. ÉDIT.

édicule 1863, Flaubert, du lat. *aedicula*, petite maison.

édifice 1120, *Ps. d'Oxford*, du lat. *aedificium*. || **édifier** début XIIe s., *Ps. de Cambridge*, du lat. *aedificare*, construire; le sens fig. est repris au lat. chrét. || **édification** fin XIIe s., *Grégoire*, du lat. *aedificatio*; sens fig. dès l'anc. fr. || **réédifier** XIIIe s., *D. G.* || **réédification** fin XIIIe s.

édile 1213, *Fet des Romains*, hist.; 1754, *Année littér.*, magistrats municipaux actuels; du lat. *aedilis*. || **édilité** XIVe s., G., du lat. *aedilitas*. || **édilitaire** 1875, *le Temps*.

édit XIIIe s., G., du lat. *edictum*, de *dicere*, dire. || **édicter** 1399, *Ordonn.*; rare jusqu'au XIXe s. (1842, *Acad.*); réfection (d'apr. le lat. *edictum*), du moyen fr. *éditer* (XIVe s., dér. de *édit*), pour le distinguer d'*éditer*, publier.

éditer 1784, Restif, « publier », du lat. *editus*, part. passé de *edere*, publier. || **édition** fin XIIIe s., Guiart, du lat. *editio*. || **éditeur** 1732, *Trévoux*, du lat. *editor*. || **éditorial** adj. 1856, Montégut; s. m.,

1895, Bourget; mot angl. de même rac. || **éditorialiste** 1945, J. Lacroix. ||

inédit 1801, Mercier, du lat. *ineditus*, « qui n'a pas été publié ». || **rééditer** 1845, Besch. || **rééditeur** début XVIIIe s. || **réédition** *id.*

édredon 1700, Liger (var. *éderdon*), « duvet d'eider », puis « couvre-pied », de l'allem. *Eiderdun*, mot islandais.

éducation, édulcorer V. ÉDUQUER, DOUX.

éduquer 1385, *Charte*; rare jusqu'au XVIIIe s. (1761, Voltaire); du lat. *educare*, de *ducere*, conduire. || **éducable** 1845, Besch. || **éducation** 1495, J. de Vignay, du lat. *educatio*. || **éducateur** 1527, Dassy, du lat. *educator*. || **rééduquer** fin XIXe s. || **rééducation** *id.*

efendi 1624, Des Hayes, du turc *efendi*, altér. du gr. mod. *afentis*, maître, gr. ancien *authentês*, maître.

effacer V. FACE.

effarer début XIVe s., *Girart de Roussillon* (*esfarer*), « irriter », du lat. *efferare*, rendre sauvage, comme le prov. *esferar*, effaroucher, avec infl. de *farouche*. || **effarement** 1803, Guibert.

effectif, efféminer V. EFFET, FEMME.

efférent 1813, *Encycl. méth.*, du lat. *efferens*, part. prés. de *efferre*, « porter hors ».

effervescence milieu XVIIe s., sens propre; XVIIIe s., fig.; du lat. *effervescens*, part. prés. de *effervescere*, bouillonner (v. FERVEUR). || **effervescent** 1778, Macquer; fin XVIIIe s., sens fig.

effet XIIIe s., G., du lat. *effectus*, résultat, effet, de *facere*, faire; XIVe s., *effet de change*, fin.; XVIIe s., pl., « linge, habits ». || **en effet** XVIIe s., « en réalité », puis confirmation de ce qui précède. || **effectif** adj. XIVe s., du lat. médiév. *effectivus*; 1836, Landais, s. m., milit. || **effectivement** 1495, J. de Vignay. || **effectuer** 1420, A. Chartier, du lat. médiév. *effectuare*.

efficace s. f., 1155, Wace; adj. début XIIIe s.; du lat. *efficax*, « qui produit de l'effet ». || **efficacité** 1495, J. de Vignay; rare jusqu'au XVIIe s., où il remplaça *efficace*, subst. issu du lat. *efficacia*; du lat. *efficacitas*.

efficient fin XIIIe s., du lat. philos. *efficiens*, part. prés. de *efficere*, produire.

‖ **coefficient** début XVIIe s., préfixe *co-*, avec, spécialisé en math. ‖ **efficience** XXe s., de l'angl *efficiency*.

effigie 1468, Chastellain, du lat. *effigies*, figure.

effiler, effilocher, efflanquer V. FIL, FLANC.

effleurer, efflorescence V. FLEUR.

effluve 1755, *Encycl.*, du lat. *effluvium*, écoulement, de *fluere*, couler.

effondrer, efforcer (s'), V. FOND, FORCE.

effraction 1559, Amyot, du lat. *effractus*, part. passé de *effringere*, briser, de *frangere*.

effraie 1555, Belon, altér. de *orfraie*, sous l'infl. de *effrayer*; mot de l'Ouest et du Centre.

*effrayer 1080, *Roland* (*esfrer*), du lat. pop. *exfridare*, faire sortir de la paix, du francique *frida*, paix (allem. *Friede*). ‖ **effroi** 1130, *Eneas* (*esfrei*), déverbal. ‖ **effroyable** XIVe s., *Traité d'alchimie*.

effréné fin XIIe s., du lat. *effrenatus*, « qui n'a plus de frein ».

effriter 1611, Cotgrave, « rendre le sol incapable de porter des fruits »; altér. de l'anc. fr. *effruiter*, dépouiller de ses fruits; début XIXe s., « réduire en poussière », dû à l'infl. de *friable*. ‖ **effritement** milieu XIXe s.

effroi, effronté V. EFFRAYER, FRONT.

effusion fin XIIIe s., G.; XVIIe s., fig.; du lat. *effusio*, qui a les deux sens, de *fundere*, répandre.

égailler fin XVIe s., Baïf, « disperser, s'étendre »; XVIIe s., Colbert, « répartir »; mot de l'Ouest, vulgarisé par *les Chouans* de Balzac, sens venu du Midi; du lat. pop. **aequāliare*, de *aequalis*, égal, peut-être croisé avec *aiguail*, rosée.

égal 1155, Wace; 1130, *Eneas* (*igal*); adapt. du lat. *aequalis*, qui a donné l'anc. fr. *evel, ivel*. ‖ **égaler** XIIIe s., G.; rare jusqu'au XVIe s. ‖ **également** 1130, *Eneas.* ‖ **égaliser** XVe s. (*equa-*); 1539, R. Est. (*éga-*). ‖ **égalisation** XVIe s., Joubert. ‖ **égalisoir** 1812, *Encycl. méth.* ‖ **égaliseur** 1793, *Amis de la vérité.* ‖ **égalité** 1265, J. de Meung (adaptation du lat. *aequalitas*). ‖ **égalitaire** 1840, Dezamy. ‖ **égalitarisme** 1870, A. Richard. ‖ **inégal** 1361, Oresme (*inequal*);

XVIe s. (*inégal*); du lat. *inaequalis.* ‖ **inégalement** 1520, E. de La Roche. ‖ **inégalité** XIVe s., G. (*inéqua-*); XVIe s. (*inéga-*); du lat. *inaequalitas.* ‖ **inégaliser** 1839, Lahautière. ‖ **inégalitaire** 1876, Janet.

égard V. GARDER.

égarer V. GARER.

égérie 1853, Musset, « inspiratrice »; 1827, *Acad.*, « genre de crustacé »; nom d'une nymphe qui aurait inspiré Numa Pompilius, deuxième roi légendaire de Rome.

égide 1512, Lemaire, hist.; 1774, Voltaire, fig., « protection »; du lat. *aegis, -idis*, empr. au gr. *aigis, -idos*, peau de chèvre, de *aix*, chèvre. Le bouclier merveilleux de Zeus et d'Athéna était couvert de la peau de la chèvre Amalthée.

*églantier 1080, *Roland* (*-entier*), de l'anc. fr. *aiglent*, même sens, issu du lat. pop. **aquilentum*, pour **aculentum*, de *acus*, pointe. ‖ **églantine** 1600, O. de Serres, fém. substantivé de l'anc. fr. *aiglantin*, adj. (1572, R. Belleau), de *aiglent*.

églefin V. AIGREFIN 2.

église fin XIe s., *Alexis*, repris au VIe s. (selon le traitement de *cl* en *gl*, cf. AVEUGLE) au lat. eccl. *eclesia*, var. de *ecclesia*, empr. au gr. *ekklesia*, assemblée, au sens « assemblée des fidèles » en gr. chrét., qui a pris vers le VIe s. le sens de « maison du culte », rendu auparavant par *basilica*. (V. BASILIQUE 1.)

églogue 1495, *Mir. historial*, masc., du lat. *ecloga*, empr. au gr. *eklogê*, pièce choisie; la var. *eclogue* se trouve encore au XVIIe s. (Sorel).

*égoïne 1344, G. (*escohine*); 1690, Furetière (*egohine*); du lat. *scobīna*, lime, râpe.

égoïsme 1755, *Encycl.*, du lat. *ego*, moi. ‖ **égoïste** *id.* ‖ **égotisme** 1726, Mackenzie, de l'angl. *egotism*, même origine.

égosiller V. GOSIER.

égoutter V. GOUTTE.

égratigner V. GRATTER.

égrener V. GRAIN.

égrillard XVIe s., Delb. (*esgrillard*), « malfaiteur »; 1640, Scarron, sens actuel; d'abord subst.; origine obscure.

eider fin XII⁰ s. (*edre*) ; 1764, *Trévoux* (*eider*) ; de l'islandais *aedhar*, par l'intermédiaire du lat. scientifique.

éjaculer fin XVI⁰ s., G., du lat. *ejaculari*, lancer ; d'abord emploi eccl., puis seulement physiol. ‖ **éjaculation** 1552, Rab., appliqué à l'atmosphère ; auj. physiol. ‖ **éjaculateur** 1580, Montaigne.

éjection XIII⁰ s., *Bible*, du lat. *ejectio*, action de lancer, de *jacĕre*, jeter. ‖ **éjecter** fin XIX⁰ s., du lat. *ejectare*, lancer. ‖ **éjecteur** *id.* ‖ **éjectable** 1956, Lar.

élaborer 1534, Rab. (*élabouré*), du lat. *elaborare*, « obtenir par le travail » (*labor*). ‖ **élaboration** 1503, G. de Chauliac, du lat. *elaboratio*.

élaguer 1425, Du Cange (*eslaver*) ; 1535, G. (*eslaguer*) ; peut-être du haut allem. *laga*, incision des arbres. ‖ **élagueur** 1200, *Charte normande* (*allaigneur*) ; 1756, Mirabeau (*élagueur*). ‖ **élagage** milieu XVIII⁰ s.

1. élan, élancer V. LANCER.

2. élan 1414, de Lannoy (*hellent*) ; XVI⁰ s. (*ellend*) ; XVII⁰ s. (*élan*) ; du moyen haut allem. *elend* (auj. *Elentier*), empr. au balto-slave *elnis*.

élastique 1674, Le Gallois, du lat. *elasticus*, empr. au gr. *elastos*, ductile. ‖ **élasticité** 1687, Dubois, du lat. *elasticitas*.

elbeuf milieu XVIII⁰ s., du nom de la ville, renommée pour ses draps.

eldorado 1579, Benzoni (*Dorado*) ; 1640, Laet (*el-*) ; de l'esp. *el dorado*, le doré, c'est-à-dire le pays de l'or ; popularisé après 1759 par *Candide* de Voltaire.

électeur V. ÉLIRE.

électrique 1600, Gilbert, du lat. scient. *electricus*, de *electrum*, empr. au gr. *êlektron*, ambre jaune, d'apr. sa propriété d'attirer les corps légers quand on l'a frotté. ‖ **électricité** 1722, Newton, trad. Coste, du lat. *electricitas*. ‖ **électricien** 1764, Nollet. ‖ **électrifier** 1877, L. ‖ **électrification** *id.* ‖ **électriser** 1733, *Hist. Acad. des sc.* ‖ **électrisable** 1746, Nollet. ‖ **électrochimie** 1829, Boiste. ‖ **électrocuter** 1899, *Année sc.*, de l'anglo-américain *to electrocute*, croisement entre *électro-* et *to execute*, exécuter ; la première électrocution eut lieu

aux Etats-Unis, le 6 août 1890. ‖ **électrocution** 1890, *le Temps*. ‖ **électrocardiographe** 1919, L. M. ‖ **électrochoc** 1949, L. M. ‖ **électrode** 1839, *Technologiste*, mot créé en Angleterre par Faraday en 1834 (gr. *hodos*, chemin). ‖ **électro-encéphalogramme** 1929, Berger. ‖ **électrolyte** 1842, Mozin (gr. *lutos*, soluble). ‖ **électrolyse** 1842, *Acad.* ‖ **-lyser** 1842, *Acad.* ‖ **-lytique** 1836, Landais. ‖ **-magnétique** 1823, Boiste. ‖ **-ménager** XX⁰ s. ‖ **électrométallurgie** 1866, Lar. ‖ **électron** 1829, Boiste, créé en Angleterre par Stoney. ‖ **électronique** XX⁰ s. (1948, *L. M.*). ‖ **électronicien** 1955, *Dict. des métiers*. ‖ **électrophone** 1870, Ader.

électuaire fin XII⁰ s., Marie de France (*lettuaire*) ; XIV⁰ s. (*élect-*) ; du bas lat. *electuarium* (VII⁰ s., Isid. de Séville), altér. du gr. méd. *ekleikton*, sous l'infl. de *electus*, choisi.

élégant milieu XII⁰ s. ; rare jusqu'au XV⁰ s. ; du lat. *elegans*. ‖ **élégance** 1495, *Mir. historial*, du lat. *elegantia*. ‖ **inélégant** 1500, Seyssel. ‖ **inélégance** 1525, Lefèvre d'Etaples.

élégie 1500, D'Authon, du lat. *elegia*, empr. au gr. *elegeia*, chant de deuil. ‖ **élégiaque** 1480, Delb., du bas lat. *elegiacus*.

élément X⁰ s., *Eulalie*, du lat. *elementum* ; *élément d'une population*, début du XIX⁰ s., Lamartine. ‖ **élémentaire** 1390, Conty, du lat. *elementarius*.

élémi 1573, Liébault, de l'esp. *elemi*, empr. à l'ar. *al-lami*, nom de l'arbuste.

éléphant 1119, Ph. de Thaun (*elefant*) ; on trouve surtout *olifant* jusqu'au XV⁰ s. ; du lat. *elephantus*, empr. au gr. *elephas, antos*. ‖ **éléphantin** 1256, Ald. de Sienne. ‖ **éléphanteau** 1562, du Pinet. ‖ **éléphantidé** 1842, Mozin. ‖ **éléphantique** *id.* ‖ **éléphantiasis** 1538, Canappe, du lat. *elephantiasis*, lèpre tuberculeuse, empr. au gr. ; la maladie rend la peau rugueuse comme celle d'un éléphant.

élever fin XI⁰ s., *Lois de Guill.* (*es-*), dér. ancien de *lever*. ‖ **élève** masc., 1653, Oudin (*élève d'artisan*), d'apr. l'ital. *allievo*. ‖ **élève** fém., milieu XVIII⁰ s., action d'élever. ‖ **élèvement** 1120, *Ps. d'Oxford*. ‖ **élévation** XIII⁰ s. (*elevacion* du *corpus Domini*), Delb., du lat. *eleva-tio*, au sens eccl.; il a pris un sens étendu en remplaçant *élèvement*. ‖ **élévateur** fin XVIᵉ s., Brantôme, du bas lat. *elevator*, « qui élève »; techn., 1801, *Ann. des arts et manuf.*; 1873, Malézieux, « magasin où le grain est monté mécaniquement ». ‖ **éleveur** début XIIᵉ s., *Ps. de Cambridge*. ‖ **élevage** 1842, *Acad.* ‖ **surélever** début XVᵉ s., Gerson. ‖ **surélévation** milieu XIXᵉ s.

elfe fin XVIᵉ s., « fée d'Ecosse »; rare jusqu'au XIXᵉ s.; de l'angl. *elf* et repris peut-être à l'allem. *Elf* (mot angl.) au XIXᵉ s.

élider 1549, R. Est., du lat. gramm. *elidere*, arracher, enlever. ‖ **élision** fin XVIᵉ s., du lat. *elisio*.

éligible, élimer V. ÉLIRE, LIME.

éliminer 1495, *Mir. historial*, du lat. *eliminare*, faire sortir du seuil (*limen, inis*). ‖ **élimination** 1765, Bezout. ‖ **éliminateur** 1864, L. ‖ **éliminatoire** 1875, *Journ. off.*, adj.; v. 1900 s. f., par abrév. de *épreuve éliminatoire*. ‖ **éliminable** 1908, *L.M.*

élingue début XIVᵉ s., « cordage, filin », de l'angl. *sling*, dont le sens fig. a été repris en anc. fr. (*eslingue*, fin XIIIᵉ s., Guiart). ‖ **élinguet** 1694, Th. Corn., mar. ‖ **élinguer** 1771, *Trévoux*.

*élire 1080, *Roland* (*esl-*), du lat. pop. **exlĕgĕre*, réfection de *eligĕre*, choisir, d'apr. *legere*. ‖ **électeur** 1361, Oresme, du lat. *elector*, « qui choisit ». ‖ **électoral** 1571, Barbier. ‖ **électorat** 1593, Holyband. ‖ **élection** 1190, Garn., du lat. *electio*, choix. ‖ **électif** 1361, Oresme, du bas lat. *electivus*. ‖ **éligible** fin XIIIᵉ s., Gauchy, du lat. *eligibilis*, « qui peut être choisi ». ‖ **éligibilité** 1732, *Trévoux*. ‖ ***élite** fin XIIᵉ s., *Alexandre* (*eslite*), part. passé fém. substantivé; d'abord « action de choisir » et « ce qui est choisi », d'où le sens actuel. ‖ **inéligible** 1752, *Trévoux*. ‖ **inéligibilité** 1791. ‖ **réélire** XIIIᵉ s., « choisir »; rare jusqu'au XVIIIᵉ s. ‖ **rééligible** 1791. ‖ **irrééligible** 1871, Blanqui. ‖ **réélection** 1784, *Courrier de l'Europe*.

élision V. ÉLIDER.

élixir 1265, J. de Meung (*eslissir*); XIVᵉ s. (*elixir*); de l'ar. *al iksir*, la pierre philosophale, et médicament, empr. au gr. *ksêron*, médicament.

*elle xᵉ s., *Eulalie* (*ele*), forme tonique du lat. *illa*, celle, celle-là, correspondant à la forme atone *la*.

ellébore milieu XIIIᵉ s., du lat. *helleborum*, empr. au gr. *helleboros*.

1. ellipse fin XVIᵉ s., gramm., du lat. gramm. *ellipsis*, empr. au gr. *elleipsis*, manque. ‖ **elliptique** 1762, *Acad.*, du gr. gramm. *elleiptikos*.

2. ellipse début XVIIᵉ s., géom., du lat. astronom. *ellipsis*, mot créé par Kepler, d'apr. le gr. *elleipsis*, manque, l'ellipse étant un cercle imparfait. ‖ **ellipsoïde** début XVIIIᵉ s. ‖ **elliptique** début XVIIᵉ s., du lat. de Kepler *ellipticus*. ‖ **ellipticité** 1758, d'Arcy.

Elme (feu Saint-) XVIᵉ s., de l'ital. (*fuoco*) *sant'Elmo*, déformation de *sanctus Erasmus*.

élocution 1520, Fabri, du lat. *elocutio*, de *loqui*, parler. (V. ÉLOQUENCE.)

éloge 1560, Pasquier (*euloge*); XVIIᵉ s. (*éloge*), d'abord « panégyrique »; du bas lat. *eulogium*, empr. au gr. *eulogia*, louange, qui a été confondu avec le lat. *elogium*, inscription tumulaire (v. EULOGIE). ‖ **élogieux** 1836, Raymond.

éloigner, élongation V. LOIN, LONG.

éloquence 1155, Wace, du lat. *eloquentia*, de *loqui*, parler. ‖ **éloquent** 1213, *Fet des Romains*, du lat. *eloquens*. ‖ **éloquemment** 1548, P. Le Febvre.

élucider V. LUCIDE.

élucubration 1594, *Sat. Ménippée*; péjor. XIXᵉ s.; du bas lat. *elucubratio*, travail pendant la veille (*lucubrum*, « flambeau »). ‖ **élucubrer** 1879, Daudet, repris tardivement au lat. *elucubrare*.

éluder XVIᵉ s., « jouer », « se soustraire »; 1611, Cotgrave, « tromper »; du lat. *eludere*, se jouer de, de *ludus*, jeu. ‖ **élusif** 1963, Cl. Roy, angl. *elusive*.

élution 1865, Scheibler, « procédé pour extraire le sucre », du lat. *elutio*, action de laver, de *luere*, laver.

élymus 1778, Lamarck (*élyme*), plante herbacée, du gr. *elumos*.

élysées (*champs*) 1372, Foulechat (*champs elisies*), du bas lat. *elysei* (lat. *elysii*) *campi*, calque du gr. *êlusia pedia*, lieu où se rendent les âmes, de *elthein*,

venir; au sing. du bas lat. *elyseum.* ‖
élyséen 1512, Lemaire (*-ien*); polit.
(« présidentiel »), 1962, D. Mayer.

élytre 1762, Geoffroy, du gr. *elutron,*
étui.

elzévir fin XVIIᵉ s., de *Elzevier,* nom
d'une famille d'imprimeurs hollandais.
‖ **elzévirien** 1829, Nodier.

émacié 1569, Rab.; rare jusqu'au
XVIIIᵉ s.; du lat. *emaciatus,* de *macies,*
maigreur.

émail début XIIᵉ s., *Voy. de Charl.*
(*esmal*), puis *-ail,* par substitution de
finale; du francique **smalt* (allem.
Schmelz, de *schmelzen,* fondre). ‖ **émail-
ler** XIIᵉ s. ‖ **émailleur** 1309, Gay.
‖ **émaillure** début XIVᵉ s.

émanciper 1361, Oresme, du lat.
jurid. *emancipare,* affranchir du droit de
vente; l'acquisition se faisait en prenant
avec la main : *manu capere,* d'où *man-
cipare.* ‖ **émancipation** 1317, G. ‖
émancipateur début XIXᵉ s., Chateaubriand.

émaner 1495, *Mir. historial*; rare jusqu'au XVIIᵉ s.; du lat. *emanare,* « couler
de ». ‖ **émanation** fin XVIᵉ s., du bas
lat. *emanatio.*

émasculer V. MÂLE.

embâcle, emballer V. BÂCLER,
BALLE 1.

embarcadère, embarcation
V. BARQUE.

embarder 1687, Desroches, mar., du
prov. mod. *embardar,* embourber, de
bart, boue, par ext. « tournoyer ». ‖
embardée *id.*; fin XIXᵉ s., ext. de sens.

embargo 1626, Richelieu, de l'esp.
embargo, déverbal de *embargar,* mettre
l'embargo, propr. embarrasser, issu du
lat. pop. **imbarricare,* de *barra,* barre.

embarquer V. BARQUE.

embarrasser 1580, Montaigne, de
l'esp. *embarazar* ou de l'ital. *imbarazzare,*
de *barra,* barre. ‖ **embarras** milieu
XVIᵉ s., déverbal. ‖ **débarrasser** fin
XVIᵉ s., fait sous l'infl. de l'ital. *sbaraz-
zare.* ‖ **débarras** 1798, *Acad.*

embase 1752, *Trévoux,* techn., déverbal de l'anc. fr. *embaser,* de *base.* ‖ **em-
basement** 1694, Th. Corn, avec infl. de
l'ital. *imbasamento,* qui a remplacé *em-
bassement.*

embaucher 1564, Thierry, formé
d'apr. *ébaucher* au sens de dégrossir (un
ouvrage), de *bau* (v. ce mot). ‖ **embau-
cheur** 1680, Richelet. ‖ **embauchage**
1752, *Trévoux.* ‖ **embauche** fin XIXᵉ s.,
déverbal.

embaumer V. BAUME 1.

embellir V. BEAU.

emberlificoter milieu XVIIIᵉ s.,
(*embar-*), mot champenois, déformation
de *embirelicoquier* (XIVᵉ s., Fauvel),
d'orig. obscure et à multiples variantes.

embêter V. BÊTE.

emblaver V. BLÉ.

*emblée (d') 1490, Saint-Gelais,
« en enlevant du premier coup »; 1450,
Gréban (*à l'emblée*); de l'anc. fr. *embler*
(fin XIᵉ s., *Lois de Guill.*), issu du lat.
involare, « voler vers », par ext. « se
jeter sur », dérober.

emblème 1560, Montaigne, souvent
fém. aux XVIᵉ-XVIIᵉ s.; du lat. *emblema,
-atis,* ornement rapporté, empr. au gr. ‖
emblématique 1564, Rab., du bas lat.
emblematicus, surajouté.

embobeliner V. BOBELIN.

emboîter V. BOÎTE.

embolie milieu XIXᵉ s., du gr. *embolê,*
« action de jeter dans », « obstruction »,
de *ballein,* jeter.

embolisme 1119, Ph. de Thaun, intercalation d'un mois lunaire; du bas lat.
embolismus, empr. au gr. *embolimos,
-ismos,* de *ballein,* jeter.

**embonpoint, emboucher,
-chure, emboutir** V. POINT,
BOUCHE, BOUTER.

embraser V. BRAISE.

embrasser, embrayer V. BRAS,
BRAIE.

embrasure 1522, J. Bouchet, « ouverture où l'on pointait le canon », de
embraser (1568, Delorme), élargir une
fenêtre; peut-être issu de *embraser,* enflammer, l'embrasure étant l'endroit où
s'embrasait le canon. ‖ **embrasement**
1611, Cotgrave, archit., remplacé par
ébrasement. ‖ **ébraser** 1694, Th. Corn.,
var. par changement de préfixe. ‖ **ébrasement** 1611, Cotgrave (*em-*).

embreler 1309, G. (*embraeler*), « fixer
un chargement avec des cordes »; de

l'anc. fr. *brael*, *braeil*, cordage, issu du bas lat. *brogilus*, d'origine gauloise.

embrener V. BRAN.

*embrever XIIe s., G. (*enbevrer*), « abreuver, imbiber », auj. sens techn. « assembler des pièces de bois à rainure », du lat. pop. **imbiberare*. (V. ABREUVER.) ‖ **embrèvement** 1676. Félibien.

embrocation XIVe s., Gordon, du lat. médiév. *embrocatio*, empr. au gr. *embrokhê*, action d'arroser.

embrouillamini V. BROUILLAMINI.

embrun début XVIe s. (*anbrun*) ; rare jusqu'au XIXe s. (1828, Laveaux) ; mot du prov. mod., de *brumo*, brume.

embryon 1361, Oresme, du lat. des trad. d'Aristote, du gr. *embruon*, de *bruein*, croître. ‖ **embryonnaire** 1842, *Acad.* ‖ **embryotomie** 1707, Dionis (*embruo*-). ‖ **embryologie** 1762, *Acad.* ‖ **embryogénie** 1836, Raymond.

embûcher, embusquer V. BÛCHE.

embut 1532, Rab., « entonnoir, puisard », mot méridional, issu du lat. pop. **imbutum*, entonnoir, de *imbuere*, imbiber, remplir.

émender 1549, R. Est., du lat. *emendare*, qui a donné aussi *amender*.

émeraude XIIe s., Marbode (*esmaragde*) ; 1130, *Eneas* (*-eralde*) ; du lat. *smaragdus*, empr. au gr. *smaragdos*, mot oriental. (V. SMARAGDITE.)

émerger 1495, *Mir. historial* ; rare jusqu'au XIXe s. ; du lat. *emergere*, sortir de l'eau. ‖ **émergent** 1471, G., du part. prés. *emergens*. ‖ **émergence** 1498, *Ordonn.* ‖ **émersion** 1694, Th. Corn., du part. passé *emersus*.

émeri 1486, *D. G.* (*emmery*) ; on trouve la forme *emeril* au XIIIe s. ; de l'ital. *smeriglio*, issu du gr. byzantin *smeri*.

émerillon 1175, Chr. de Troyes (*esm-*) ; de l'anc. fr. *esmeril*, issu du francique **smeril* (allem. *Schmerl*). ‖ **émerillonné** 1493, Coquillart.

émérite 1355, Bersuire ; rare jusqu'au XVIIIe s. ; du lat. *emeritus*, « qui a accompli son service militaire », de *mereri*, mériter, par ext. « servir dans l'armée ».

émersion V. ÉMERGER.

émétique 1560, Paré, du lat. *emeticus*, empr. au gr. *emetikos*, de *emein*, vomir. Se dit de médicaments qui font vomir.

émettre 1476, G., jurid., repris au XVIIIe s. avec divers sens ; adaptation, d'apr. *mettre*, du lat. *emittere*. ‖ **émissaire** début XVIe s., du lat. *emissarius* ; *bouc émissaire*, 1690, Furetière ; calque du lat. eccl. *caper emissarius* ; fig. fin XVIIe s., Saint-Simon. ‖ **émission** 1390, Conty, « action d'émettre » ; 1721, phys., Mackenzie, d'apr. l'angl. ; XIXe s., finances ; du lat. *emissio*, action d'émettre. ‖ **émetteur** 1866, L.

émeut 1360, *Modus*, déverbal de l'anc. fr. *émeutir*, fienter (XIIIe s., *Fabliau*), issu du francique **smeltjan*, fondre (allem. *schmelzen*).

émeute V. ÉMOUVOIR.

émeutir 1726, Vertot, « briguer une dignité » (dans l'ordre de Malte), peut-être dér. de *émeute*, au sens de « brigue ».

émietter V. MIE 1.

émigrer 1797, Féraud, du lat. *migrare*, changer de demeure, se déplacer. (V. MIGRATION.) ‖ **émigrant** 1770, du Deffand. ‖ **émigré** 1791. ‖ **émigration** milieu XVIIIe s., du lat. *emigratio*. (V. IMMIGRER.)

éminent XIIIe s., Delb., du lat. *eminens*, part. prés. de *eminere*, s'élever. ‖ **éminence** 1314, Mondeville, du lat. *eminentia* ; début XVIIe s., titre des cardinaux d'apr. un titre honorifique du Bas Empire. ‖ **éminemment** 1841, *Français peints par eux-mêmes*.

émir XIIIe s., G. de Tyr ; rare jusqu'au XVIe s. ; de l'ar. *amīr*, « celui qui ordonne ». (V. AMIRAL.)

émissaire, émission V. ÉMETTRE.

emménagogue 1720, Vaux, du gr. *emmêna*, menstrues, et *agôgos*, « qui amène ». Se dit de médicaments qui provoquent l'apparition des règles.

emmitonné, emmitoufler V. MITAINE.

émoi 1160, Benoît (*esmai*), déverbal de l'anc. fr. *esmaier*, *-ayer*, se troubler, issu du germ. **magan*, pouvoir (allem. *mögen*), avec *ex* privatif ; le lat. pop. est sans doute **exmagare*.

émollient 1560, Paré, du lat. *emolliens*, part. prés. de *emollire*, amollir, de *mollis*, mou.

émolument 1265, J. de Meung, du lat. *emolumentum*, profit.

émonctoire 1314, Mondeville, du lat. *emunctus*, part. passé de *emungere*, moucher. Se dit de l'ensemble des organes qui servent à l'évacuation (excréments, urine, etc.).

*émonder fin XIIᵉ s., G. d'Arras (*esm-*); du lat. pop. *exmundare*, réfection de *emundare*, nettoyer; spécialisé au nettoyage des arbres en fr. mod. ‖ **émondation** 1587, Crespet. ‖ **émondage** 1573, Liébault. ‖ **émondeur** 1549, R. Est.

émotif, émotion V. ÉMOUVOIR.

émoucher XIIIᵉ s., *Renart*, « débarrasser des mouches »; par extens., techn., « débarrasser le grain de l'enveloppe ». ‖ **émouchoir** id. ‖ **émouchette** 1549, R. Est. « filet dont on couvre les chevaux pour les protéger des mouches ». ‖ **émouchet** 1752, *Trévoux*, queue d'animal tannée.

*émoulu XIIᵉ s., *Marbode* (*esmoilt*), part. passé de l'anc. fr. *esmoudre*, issu du lat. pop. *exmŏlĕre*, réfection de *emŏlĕre*, moudre entièrement; il a pris en fr. le sens de « passer sur la meule, affiler »; au fig., *frais émoulu* (du collège), 1673, Molière.

émousser V. MOUSSE.

émoustiller 1718, Leroux, var. avec sens fig. de *amoustiller* (1540, Rab.), « gorger de vin mousseux »; dér. de *mousse* (**émoussetiller*). ‖ **moustille** 1827, *Acad.*

*émouvoir 1080, *Roland* (*esm-*), du lat. pop. *exmŏvēre*, réfection de *emŏvēre*, mettre en mouvement; le sens fig. du mot doit dater du lat. pop. a éliminé au XVIIᵉ s. le sens propre, réservé à *mouvoir*. ‖ **émotif** fin XIXᵉ s., du part. lat. *emotus*. ‖ **émotion** 1534, Saint-Gelais, d'apr. le lat. *motio*. ‖ **émotionner** 1829, Boiste. ‖ ***émeute** 1155, Wace (*esmote*), anc. part. passé de *émouvoir*, substantivé au fém. (lat. pop. **exmovĭta*); il a d'abord le sens de *émoi*, puis, au XVIIIᵉ s., le sens actuel. ‖ **émeutier** 1836, Landais. ‖ **émeuter** id.

empaler V. PAL.

empalmer fin XIXᵉ s., terme de prestidigitation, du lat. *palma*, paume de la main. ‖ **empalmage** id.

empan 1532, Rab., anc. mesure, altér., par changement d'initiale, de *espan*, var. de *espanne* (XIIᵉ s.), issu du francique **spanna*, de *spannjan*, étendre, tirer (allem. *spannen*). [V. ÉPANOUIR.]

emparer (s') 1559, Amyot, emploi réfléchi et fig. de l'anc. fr. *emparer*, munir, fortifier (XIVᵉ-XVIᵉ s.), du prov. *amparar* (*emparar*, par substitution de préfixe), protéger; du lat. pop. **anteparare*, se protéger devant. ‖ **désemparer** 1364, Du Cange, « démanteler »; 1694, Th. Corn., mar.; dér. de *emparer*, au sens anc. de « fortifier »; il a pris au XVᵉ s. le sens de « cesser d'occuper », d'où l'expression *sans désemparer*. ‖ **remparer** 1498, Commynes. ‖ **rempart** fin XIVᵉ s.; *t* dû à l'anc. *boulevart*.

*empêcher 1120, *Ps. d'Oxford* (*empedechier*), « entraver, embarrasser »; du bas lat. *impedicare*, prendre au piège (V. PIÈCE). ‖ **empêchement** 1190, Garn. (*empee-*). ‖ **empêcheur** XIIIᵉ s.; disparu au XVIIᵉ s.; refait au XIXᵉ s. (*empêcheur de danser en rond*), d'apr. un pamphlet de P.-L. Courier. ‖ **dépêcher** 1225, G., fait avec le rad. de *empêcher*; le sens de « débarrasser » a disparu au XVIIᵉ s. ‖ **dépêche** 1464, Bartzsch, « action de dépêcher »; 1690, Fur. « communication expédiée rapidement »; auj. seulem. *dépêche télégraphique*.

empeigne XIIIᵉ s., de Garlande (*empeine*), origine obscure, peut-être de *peigne* ou du lat. pop. **impĕdĭna*, de *pes, pedis*, pied.

empennage V. PENNE.

*empereur 1080, *Roland* (*empereor*), mot qui avait été repris après le couronnement de Charlemagne; du lat. *imperator, -oris*; le cas sujet (*emperedre*, fin XIᵉ s., *Alexis*, puis *emperere*) a disparu au XIVᵉ s. ‖ **impératrice** fin XVᵉ s., du lat. *imperatrix*, qui a remplacé *empereris*, l'anc. fém. de *empereur*.

empeser, empester V. POIX, PESTE.

*empêtrer 1160, Benoît (*enpaistrier*), « mettre une entrave », du lat. pop. **impastoriare* de *pastoria*, entrave (*Loi des Longobards*), de *pastus*, pâturage. ‖ **dépêtrer** fin XIIIᵉ s., G. (V. PATURON.)

emphase 1546, Discret, du lat. *emphasis*, empr. au gr., « exagération pompeuse ». ‖ **emphatique** 1579, H. Est., du lat. *emphaticus*, empr. au gr. *emphatikos*.

emphysème 1628, Planis, du gr. méd. *emphusêma*, gonflement, de *phusân*, souffler. ‖ **emphysémateux** 1766, Morand.

emphytéose fin XIIIe s., du lat. médiév. *emphyteosis*, altér. du lat. jurid. *emphyteusis*, empr. au gr. *emphuteusis*, de *emphuteuein*, planter ; ce bail à long terme donnait le droit de faire des plantations. ‖ **emphytéotique** XIVe s. ‖ **emphytéote** fin XVe s.

empiéter V. PIED.

empiffrer (s') XVIe s., Le Clercq ; de *pifre*, var. de *fifre* (XVIe s.) ; au fig., personne ventrue ; de l'ital. *piffero*, fifre ; la gorge a été comparée plaisamment à un fifre. ‖ **piffrer** 1747, Rousseau ; sans doute par troncation du précédent.

empire 1080, *Roland* (*empirie*), du lat. *imperium*, par emprunt ancien.

empirer V. PIRE.

empirique 1314, Mondeville, du lat. *empiricus*, emprunté au gr. *empeirokos*, de *empeiros*, expérimenté ; d'abord méd., péjoratif depuis le XVIIIe s. ; philos. XVIe s. ‖ **empirisme** 1732, Ph. Hecquet, méd. ‖ **empiriquement** 1593, Vigenère.

emplastique 1538, Canappe, du gr. *emplastikos* ; il a servi de dér. à *emplâtre*.

*emplâtre fin XIIe s., *Rois* ; parfois fém. jusqu'au XVIIIe s. ; du lat. *emplastrum*, empr. au gr. *emplastron*, de *emplattein*, façonner, appliquer sur. (V. PLÂTRE.)

*emplette fin XIIe s., R. de Moiliens (*emploite*) ; *-ette* par attraction du suffixe ; du lat. pop. *implicita*, part. passé substantivé au fém. de *implicare* (v. EMPLOYER) : emploi de l'argent en achats (*faire emplette*), d'où « achat » en fr. mod.

*emplir début XIIe s., *Voy. de Charl.*, du lat. pop. *implire* (lat. *implēre*). ‖ **désemplir** XIIe s., *Roncevaux*. ‖ **remplir** 1130, *Eneas*, qui a remplacé *emplir* ; *remplir un objet*, 1756, Beaumarchais ; *remplir un but*, 1761, *Année littér.* ‖ **remplissage** 1508.

*employer 1080, *Roland* (*empleier*), du lat. *'implicare*, enlacer, par ext. et au fig., « engager, impliquer ». ‖ **emploi** 1539, R. Est. ‖ **employeur** fin XVIIIe s., de l'angl. *employer*. ‖ **remployer** 1360, Froissart. ‖ **remploi** fin XVIe s.

empoigner, empois, empouiller V. POING, POIS, DÉPOUILLER.

*empouter 1789, Paulet, « ajuster », du lat. pop. **impeltare*, de *pelta*, bouclier, écusson, d'où d'abord « enter ».

*empreindre XIIIe s., *Fabliau* (*emprient*, 3e pers. sing.), du lat. pop. **imprēmēre*, réfection de *imprimere*, d'apr. *premere*, avec changement de radical d'apr. les verbes en *-eindre*. ‖ **empreinte** 1265, J. de Meung, part. passé fém. (V. IMPRIMER.)

*emprise 1160, Benoît, « entreprise, prouesse », restreint au sens jurid. ; fin XIXe s., fig., sens actuel ; part. passé substantivé de l'anc. fr. *emprendre*, entreprendre, de *prendre*.

*emprunter début XIIe s., *Voy. de Charl.*, du lat. pop. **imprumuntare*, par altér. du lat. jurid. *promutari*, de *mutuum*, réciprocité, et par ext. emprunt. ‖ **emprunt** fin XIIe s. ‖ **emprunteur** milieu XIIIe s. ‖ **remprunter** 1549, R. Est.

empuantir V. PUER.

empyème 1560, Paré, « amas purulent », méd., du gr. *empuêma*, de *puon*, pus.

empyrée XIIIe s., G. (*les cieux empirées*), du lat. eccl. *empyrius*, adj. épithète de « ciel », empr. au gr. *empurios*, de *pûr*, feu ; 1578, d'Aubigné, sens fig. ; XIXe s., astron. et hist.

empyreume 1560, Paré, chimie, du gr. *empureuma*, de *pûr*, feu ; indique la saveur et l'odeur âcre et forte que contracte une matière organique soumise au feu. ‖ **empyreumatique** 1728, Geoffroy.

émule XIIIe s., péjor., rival ; 1534, Rab., terme de collège (jusqu'au XVIIIe s.) ; du lat. *aemulus*, rival. ‖ **émulation** XIIIe s., *Règle de saint Benoît*, « rivalité » ; XVIe s., terme scolaire ; du lat. *aemulatio*.

émulsion 1560, Paré, du lat. *emulsus*, part. passé de *emulgere*, traire. ‖ **émulsionner** 1690, Furetière. ‖ **émulsif**

1756, *Encycl.* ‖ **émulsine** 1837, Vallet, diastase.

1. *en prép. 842, *Serments* (*in-*), du lat. *in*, dont l'emploi s'est trouvé progressivement limité par *dans;* la forme contractée *ou* (*en le*) a disparu au XVIᵉ s.; *ès* (*en les*) est resté dans les loc. *bachelier, licencié, docteur ès lettres.*

2. *en adv. 842, *Serments* (*int*); Xᵉ s., *Eulalie* (*ent*); du lat. *inde*, de là, et, par ext., adv. pronominal (de cela...) en bas lat.

énallage fin XVIᵉ s., Du Perron, du gr. gramm. *enallagê*, changement. Désigne l'emploi exceptionnel d'un temps, d'un genre, etc., pour celui que l'on attend.

énaser, énaucher V. NEZ, HOCHE.

encan fin XIVᵉ s., Nic. de Baye (*inquant*); puis *enquant, encant* (encore chez Oudin, 1642); du lat. médiév. *inquantum,* pour combien.

en-cas V. CAS 1.

encasteler (s') fin XVIᵉ s., Régnier, en parlant du cheval, dont le sabot se rétrécit; de l'ital. *incastellare*, fermé dans son château fort (*castello*), c.-à-d. « cheval qui a le pied serré ». ‖ **encastelure** 1611, Cotgrave.

encaster V. CASE.

encastrer 1560, Paré (*incastré*), de l'ital. *incastrare*, emboîte, et refait d'apr. l'anc. fr. *enchâtrer*, tailler pour introduire, de même rac. que *châtrer*. ‖ **encastrement** 1694, Th. Corn.

encaustique 1593, Vigenère; rare jusqu'au XVIIIᵉ s.; du gr. *egkaustikê* (*teknê*), art de peindre à la cire fondue, de *egkaiein*, brûler (v. ENCRE). ‖ **encaustiquer** 1864, L.

enceindre, enceinte V. CEINDRE.

*enceinte (*femme*) XIIᵉ s., *Grégoire le Grand*, du bas lat. *incincta* (VIIᵉ s.), Isid. de Séville), « entourée d'une ceinture », qui a remplacé par étymologie pop. le lat. *inciens, -entis.*

encens fin XIIᵉ s., *Couronn. de Loïs*, du lat. chrét. *incensum*, ce qui est brûlé, part. passé de *incendere*, incendier. ‖ **encenser** 1080, *Roland*, « brûler de l'encens »; XVIIᵉ s., fig. ‖ **encensement** fin XIIᵉ s.; XVIIᵉ s., fig. ‖ **encenseur** 1372, Golein; rare jusqu'au XVIIᵉ s.

encensoir début XIIᵉ s., *Couronn. Loïs*, resté au sens propre.

encéphale 1700, Andry, *vers encéphales;* 1755, *Encycl.*, anat.; du gr. *egkephalos*, cerveau, de *kephalê*, tête. ‖ **encéphalite** 1752, *Trévoux*, pierre graveleuse; 1806, Lunier, méd. ‖ **encéphalographie, -gramme** XXᵉ s. ‖ **diencéphale** XXᵉ s.

*enchanter XIIᵉ s., *Chev. au lion*, « faire une incantation »; XVIᵉ s., fig., sens atténué; du lat. *incantare*, prononcer des formules magiques, de *cantare*, chanter. ‖ **enchantement** 1130, *Eneas*, même évolution. ‖ **enchanteur** 1080, *Roland*. ‖ **désenchanter** 1260, Rutebeuf. ‖ **désenchantement** XVIᵉ s.

enchérir V. CHER.

enchevêtrer V. CHEVÊTRE.

enchifrener V. CHANFRAINDRE.

enchondrome fin XIXᵉ s., méd., du gr. *egkhondros*, cartilage, et du suffixe *-ome* qui marque le gonflement, c.-à-d. « tumeur cartilagineuse ».

*enclaver 1283, Beaumanoir, du lat. pop. **inclavare*, fermer avec une clef (*clavis*); XIIIᵉ s., sens étendu « encastrer, enclaver une terre ». ‖ **enclave** 1312, Du Cange. ‖ **enclavement** XIVᵉ s., Monstrelet.

*enclin 1080, *Roland*, « baissé » (jusqu'au XVIᵉ s.); XIIIᵉ s., fig., « disposé », sens qui a prévalu; du lat. *inclinis*, incliné. (V. INCLINER.)

enclitique 1613, Duret (*-ice*), du lat. *encliticus*, empr. au gr. *egklitikos*, penché. ‖ **enclise** XXᵉ s., gramm., « fusion d'une particule avec le mot précédent vers lequel elle incline », du gr. *enklisis*, inclinaison.

*enclore, enclosure V. CLORE.

*enclume 1130, *Eneas*, du lat. pop. **inclūdo, -inis*, du lat. *incus, -udis*, avec substitution de suffixe (cf. *amertume, coutume*); le *l* est obscur; peut-être infl. de *clou*. ‖ **enclumeau** 1392, E. Deschamps.

encoigner, encolure V. COIN, COU.

encombrer fin XIᵉ s., *Alexis*, de l'anc. fr. *combre*, barrage de rivière, mot gaulois (en lat. du IXᵉ s., *combrus*). ‖ **encombre** 1160, Benoît. ‖ **encombrement** 1190, Garn. ‖ **désencombrer** fin XIIᵉ s., G.

encontre, encorbellement
V. CONTRE, CORBEAU.

encore V. OR.

***encourir** V. COURIR.

***encre** fin XIᵉ s., *Alexis* (*enque*) ; 1160, *Eneas* (*encre*) ; du bas lat. *encautum* (*Code Théodosien*), var. de *encaustum*, empr. au gr. *egkauston*, qui a gardé son accent en gallo-romain sur la première syllabe (v. ENCAUSTIQUE) ; en lat., d'abord « encaustique pour peinture », puis « encre rouge des empereurs ». ∥ **encrier** 1380, de Laborde. ∥ **encrer** 1530, Palsgrave. ∥ **encrage** 1842, *Acad.*

***encroué** 1155, Wace, « fixer, attacher », du lat. pop. **incrocare*, même rac. que *croc*.

encyclique 1798, *Encycl.*, du gr. *egkuklos*, circulaire (v. CYCLO-) ; subst., abrév. de *lettre encyclique*, s'appliquant aux bulles du pape.

encyclopédie 1532, Rab., adaptation de l'express. grecque *egkuklios paideia* (Plutarque), instruction circulaire, c.-à-d. embrassant le cercle des connaissances. (V. ENCYCLIQUE.) ∥ **encyclopédique** 1751, *Encycl.* ∥ **encyclopédiste** 1683, Lamy ; 1757, Collé, auteur de l'*Encyclopédie* de Diderot (1751-1771). ∥ **encyclopédisme** XXᵉ s.

endémie 1495, Le Forestier, « maladie fixée dans une région », du gr. *endêmon nosêma*, de *dêmos*, peuple, et *nosêma*, maladie (v. ÉPIDÉMIE). ∥ **endémique** 1586, Dariot. ∥ **endémicité** 1877, Lar. ∥ **endémisme** XXᵉ s.

endêver fin XIIᵉ s., *Loherains*, « enrager », renforcement de l'anc. fr. *desver*, *derver*, de même rac. que *rêver*.

endive XIIIᵉ s., G., du lat. médiév. *endivia*, du byzantin *endivi*, gr. ancien *entubon*, qui a donné le lat. *intubus*.

endo- du gr *endon*, dedans. ∥ **endocarde** 1841, Bouillaud (gr. *kardia*, cœur). ∥ **endocardite** id. ∥ **endocarpe** 1808, Cl. Richard (gr. *karpos*, fruit). ∥ **endosmose** 1826, Dutrochet (gr. *ôsmos*, poussée). ∥ **endoréisme** 1956, Lar. (gr. *rhein*, couler). ∥ **endosperme** 1808, Richard (gr. *sperma*, graine). ∥ **endogamie** XXᵉ s. ∥ **endocrine** XXᵉ s., du gr. *krinein*, sécréter. ∥ **endocrinologie** 1915, *L. M.* ∥ **endoscope** XXᵉ s. (gr. *skopein*, examiner).

endolorir, endosser, endroit
V. DOULEUR, DOS, DROIT.

***enduire** XIIIᵉ s., *l'Escoufle*, du lat. *indŭcĕre*, « mettre dans, sur » ; l'anc. fr. avait aussi le sens de « absorber, digérer » (v. INDUIRE). ∥ **enduit** début XVIᵉ s., « produit que l'on répand sur quelque chose ».

endurcir V. DUR.

***endurer** fin XIᵉ s., *Alexis*, du lat. *indurare*, endurcir, au sens chrét. « s'endurcir le cœur » (saint Jérôme), d'où en fr. « supporter ». ∥ **endurance** XIVᵉ s., G. ∥ **endurant** fin XIIᵉ s., *Alexandre*.

énergie XVᵉ s., *Jardin de santé*, du bas lat. *energia* (saint Jérôme), empr. au gr. *energeia*, force en action. ∥ **énergique** fin XVIᵉ s. ∥ **énergétique** 1765, *Encycl.*, « qui paraît avoir une énergie innée » ; sens actuel, fin XIXᵉ s. (1909, *L. M.*) ; du gr. *energetikos*.

énergumène 1579, Bodin, du lat. chrét. *energumenus* (vᵉ s.), Sulpice Sévère), possédé (du démon), empr. au gr. *energoumenos*, part. prés. passif de *energein*, agir, opérer (au sens fig. inspirer, posséder) ; XVIIIᵉ s., sens étendu, « personne emportée ».

énerver début XIIIᵉ s., du lat. *enervare*, couper les nerfs (en ce sens « les Enervés de Jumièges », fils de Clovis II, VIIᵉ s.) ; en fr. « priver de nerf, d'énergie » ; fin XVIIIᵉ s., Chénier, « irriter les nerfs ». ∥ **énervement** 1413, *Ordonn.* ; rare jusqu'au XVIIIᵉ s. ∥ **énervant** 1587, Crespet.

enfance, enfançon V. ENFANT.

***enfant** fin XIᵉ s., *Alexis*, du lat. pop. *infans*, *infantis* (le cas sujet *enfes* de l'anc. fr. a disparu), désignant d'abord l'enfant qui ne parle pas (*in* priv. et *fari*, parler), puis l'enfant jusqu'à sept ans ; en lat. impér., remplace *puer* (Celse, Columelle), qui désignait l'enfant de sept à quinze ans ; enfin il a désigné l'enfant par rapport aux parents. ∥ **enfanter** fin XIIᵉ s., *Rois*. ∥ **enfantement** 1160, Benoît. ∥ **enfantin** fin XIIᵉ s., *Grégoire*. ∥ **enfantillage** début XIIIᵉ s., de l'adj. *enfantil* (XIIᵉ s.). ∥ **enfance** XIIᵉ s., Roncevaux, du lat. *infantia*. ∥ ***enfançon** XIIᵉ s., du lat. pop. **infantio, ionis* ; il est attesté jusqu'au XVIIᵉ s. ∥ **fanfan** début

XVIe s., fam., enfant ; *Fanfan la Tulipe* début XIXe s.

*enfer 1080, *Roland* (*enfern*), du lat. chrét. *infernum*, lieu d'en bas (déjà employé au Ier s. au pl., chez Properce, à côté de *inferi* pour les Enfers païens ; proprement « les dieux d'en bas »). ‖ infernal 1160, *Eneas*, du bas lat. *infernalis*, de *infernus*, « qui est relatif aux Enfers ».

enfeu V. FOUIR.

enfiler V. FIL.

enfin, enflammer V. FIN 1, FLAMME 1.

*enfler 1130, *Job*, du lat. *inflare*, « souffler (*flare*) dans ». ‖ enflure XIIe s., Marbode (*enfleüre*). ‖ désenfler 1138, *Saint Gilles*. ‖ renfler 1160, Benoît. ‖ renflement 1600, O. de Serres.

enfoncer, enfouir, enforcir, enfourner V. FOND, FOUIR, FORT, FOUR.

*enfreindre fin XIe s., *Lois de Guill.* (-*fraindre*) ; du lat. pop. *infrangere*, réfection de *infringere*, d'apr. *frangere*, briser ; surtout jurid. (V. INFRACTION.)

engager V. GAGE.

engeance 1539, R. Est., « race d'animaux, d'hommes » ; XVIIe s., devient péjor. ; de l'anc. fr. *aengier*, *enger* (disparu au XVIIe s.), pourvoir, puis « pourvoir d'animaux, de plantes » ; d'origine obscure.

engeler, engelure V. GEL.

*engendrer XIIe s., *Roncevaux*, « mettre au monde », du lat. *ingenerare*, de *genus*, *generis*, race.

*engin v. 1160, *Charroi* (*enging*) ; XIIe s., *Roncevaux* (*engien*), « talent, adresse » (jusqu'au XVIIe s.) ; le sens d' « instrument, machine », formé peut-être dès le bas lat., l'a emporté ; du lat. *ingenium*, caractère, talent. ‖ engeigner 1080, *Roland*, encore au XVIIe s., péjor.

englanter, englober V. GLAND, GLOBE.

*engloutir fin XIe s., *Alexis*, déjà au fig., du bas lat. *ingluttire*, avaler (v. GLOUTON). ‖ engloutissement début XVe s. ; rare jusqu'au XIXe s. (1842, *Acad.*).

engoncer V. GOND.

engouer 1360, Froissart, « obstruer le gosier » ; transitif encore en 1793 (La-

voisien) ; mot dial. de même rac. que *gaver*. ‖ engouement 1694, *Acad.* (V. GOUAILLER, GOUALER.)

engoulevent, engourdir, engrain, engraisser, engraver, engrener, engrois V. GUEULE, GOURD, GRAIN, GRAS, GRAVER et GRAVIER, GRAIN, GROS.

enhendé 1644, Vulson, croix ornée d'un fer de lance ; altér. de *enhanter*, munir d'une lance (1642, Oudin) ; de l'anc. fr. *hanste* (v. HANTE), du lat. *hasta*, lance.

enhydre XIIe s., Marbode (*enidros*), « serpent d'eau » ; 1827, *Acad.*, scient. ; du gr. *enudros* (d'abord dans les trad. lat. d'Aristote), de *en*, dans, et *hudôr*, eau.

énigme fin XIVe s., Le Fèvre (*enigmat*) ; XVe s., *Alector* (*ainigme*) ; du lat. *aenigma*, empr. au gr. *ainigma*. ‖ énigmatique XIIIe s., G. ; rare jusqu'au XVIe s. ; du lat. *aenigmaticus*, empr. au gr. *ainigmatikos*. ‖ énigmatiquement 1488, *Mer des hist.*

enjeu, enjoué, enjoindre, enjôler V. JEU, JOINDRE, GEÔLE.

enlarme 1771, *Trévoux*, techn. ; altér. de l'anc. fr. *enarme* (encore 1611, Cotgrave), « courroie pour passer le bouclier au bras », déverbal de *enarmer*, « garnir de courroies », d'où le sens de « garnir de mailles un filet », issu du lat. pop. *inarmare*, de *in*, dans, et *armus*, bras. ‖ enlarmer 1688, Fortin.

enliser XVe s., Gruel ; rare jusqu'au XIXe s. ; mot normand, de *lise*, sable mouvant (XIIe s.), var. probable de *glise*, glaise ; 1842, *Acad.* (-*zer*). ‖ enlisement 1862, Hugo.

enluminer 1080, *Roland*, du lat. *illuminare*, avec changement de préfixe ; d'abord « rendre lumineux » (jusqu'au XVIe s.) ; appliqué aux enluminures dès le XIIIe s. ‖ enluminure XIIIe s. ‖ enlumineur 1268, E. Boileau.

ennemi Xe s., *Eulalie* (*inimi*) ; XIe s. (*enemi*) ; du lat. *inimicus*, par emprunt ancien. (V. INIMITIÉ.)

*ennuyer 1080, *Roland* (-*uier*), « chagriner, nuire » ; le sens s'atténue à partir du XVIIe s. ; du bas lat. *inodiare*, avoir de la haine (*odium*). ‖ ennui 1120, *Ps. d'Oxford*, déverbal ; d'abord peine vive, puis, dès le XVIIe s., malaise d'un esprit inoccupé. ‖ **ennuyeux** 1160, Benoît (*enoios*), du bas lat. *ĭnŏdĭŏsus*.

énoncer fin XIVe s.; rare avant le XVIIe s.; du lat. *enuntiare*, de *nuntiare*, annoncer (v. ANNONCER). ‖ **énonciation** 1361, Oresme, du lat. *enuntiatio*. ‖ **énonciatif** fin XIVe s., du lat. *enuntiativus*.

énorme 1355, Bersuire, du lat. *enormis*, « qui sort de la règle » (*norma*). ‖ **énormité** 1220, Coinci, du lat. *enormitas*. ‖ **énormément** fin XIVe s., Le Fèvre (*-mement*); 1549, R. Est. (*-méement*).

****enquérir** 1080, *Roland* (*enquerre*); XIVe s. (*enquérir*); du lat. *inquirĕre*, s'enquérir; devenu pronominal et jurid. (v. QUÉRIR). ‖ ****enquête** fin XIIe s., R. de Moiliens, part. passé fém. substantivé, du lat. **inquaesīta* (v. QUÊTE), « recherche », puis jurid. ‖ **enquêter** fin XIIe s., G. ‖ **enquêteur** 1283, Beaumanoir.

enrayer V. RAI.

enrouer XIIe s., *Marbode* (*-oer*), de l'anc. fr. **rou* (fém. *roue*), du lat. *raucus*, rauque. ‖ **enrouement** XVe s., G. ‖ **désenrouer** 1580, Chapuis.

ensacher V. SAC.

****enseigne** 980, *Passion*, « signe distinctif »; XVIe s., « étendard », « porte-drapeau »; XVIIe s., *enseigne de vaisseau*; XVIe s., *enseigne de boutique*; du pl. neutre lat. *insignia*, passé au fém., de *insignis*, remarquable (V. INSIGNE.)

****enseigner** fin XIe s., *Alexis*, du lat. pop. **insĭgnare*, renforcement du lat. *signare*, indiquer, de *signum*, signe, d'où, par ext., en fr. « instruire ». ‖ **enseignement** fin XIIe s., *Alexandre*, « avis, exemple » et « instruction ». ‖ **renseigner** 1358, *D. G.*, « mentionner, assigner » (jusqu'au XVIe s.); puis indiquer de nouveau; 1762, *Acad.*, « donner un renseignement », de *enseigner* au sens de « indiquer ». ‖ **renseignement** 1762, *Acad.*

****ensemble** fin XIe s., *Alexis*, du lat. pop. *insĭmul*, renforcement de *simul*, ensemble. ‖ **ensemblier** v. 1920, artiste décorateur qui fait des ensembles.

ensevelir 1130, *Eneas*, adaptation du lat. *insepĕlīre*. ‖ **ensevelissement** 1155, Wace.

ensiler V. SILO.

ensimer XIIe s., *Ps.*, « graisser » (*enssaïmer*), de l'anc. fr. *saïm*, graisse, issu du lat. pop. **sagīmen*, du lat. *sagīna*, engraissement; terme techn., « incorporer aux matières textiles un certain pourcentage de corps gras ». (V. SAINDOUX.)

ensorceler V. SORCIER.

ensouple XIIIe s., *Bible* (*essouble*); XVIe s. (*ensouple*), sous l'infl. de *souple*; du bas lat. *insubulum* (VIIe s., Isid. de Séville). ‖ **ensoupleau** 1611, Cotgrave. Terme techn. désignant un gros cylindre de métier à tisser.

ensuite, entacher V. SUITE, TACHE.

****entamer** début XIIe s., *Voy. de Charl.*; du bas lat. *intaminare*, souiller, qui a dû avoir aussi le sens de « toucher », de *tangere*, toucher. ‖ **entame** v. 1360, Froissart; rare jusqu'au XIXe s. (1868, Goncourt). ‖ **entamure** XIVe s., Jean de La Mothe. ‖ **rentamer** début XIVe s.

entasser, ente V. TAS, ENTER.

entéléchie fin XIVe s., Le Fèvre (*ende-*), du lat. *entelechia*, empr. au gr. *entelekheia*, ce qui a de la perfection. Désigne en philosophie la réalité parvenue à un état de perfection.

****entendre** fin XIe s., *Alexis*, du lat. *intendĕre*, « tendre vers », au fig. « être attentif à » (sens conservés en anc. fr.), d'où « comprendre » (sens dominant au XVIIe s.); puis seulement « percevoir un son » remplaçant *ouïr*, disparu. ‖ **entente** 1130, *Eneas*, anc. part. passé, du lat. pop. *intendĭtus*, compris; *entente cordiale* 1840, d'apr. L. ‖ **entendeur** XIIIe s., A. Contredit. ‖ **entendement** 1120, *Ps. d'Oxford*, de *entendre*, comprendre. ‖ **mésentente** 1848, L. ‖ **malentendu** milieu XVIe s. ‖ **sous-entendu** début XVIIe s. ‖ **sous-entendre** XVIe s., Fossetier.

****enter** 1155, Wace, du lat. pop. **impŭtāre*, de *pŭtāre*, tailler, émonder, spécialisé au sens de « greffer », par croisement avec le gr. *emphuton*, greffe. ‖ **ente** début XIIe s., *Voy. de Charl.* ‖ **enture** XIVe s., *Gloss. de Salins*.

entériner V. ENTIER.

entérite 1801, du gr. *enteron*, intestin. ‖ **entérique** 1878, *Acad.* ‖ **entérotomie** 1755, *Encycl.* ‖ **entérozoaires** milieu XIXe s.

enthousiasme 1546, Rab., du gr. *enthousiasmos*, transport divin, de *theos*, dieu. ‖ **enthousiasmer** fin XVIᵉ s., Charles IX. ‖ **enthousiaste** 1544, Mathée, du gr. *enthousiastês*.

enthymème 1440, Ch. d'Orléans (*emptimeme*), philos., du gr. *enthumêma*, ce qu'on a dans la pensée; syllogisme dans lequel une des prémisses est sous-entendue.

enticher XIIᵉ s., *Guill. d'Angleterre* (*entekier*), « tacher, gâter »; 1664, Molière, fig., sens actuel, var. de l'anc. fr. *entechier*, de *teche*, var. de *tache*. ‖ **entichement** XIIIᵉ s. (*entechement*); XIXᵉ s., Sainte-Beuve (*enti-*).

*__**entier**__ fin XIIᵉ s., *Couronn. de Loïs*, du lat. *integer*, non touché, de *in* négatif et *tangere*, toucher; il a aussi le sens d'« intègre » en anc. fr.; la finale a subi l'infl. du suffixe *-ier*. ‖ **entièrement** fin XIIᵉ s., Coucy. ‖ **entériner** 1268, E. Boileau, « parfaire un acte en le ratifiant », de l'anc. fr. *enterin*, complet, achevé, de *entier*. ‖ **entérinement** 1316, G.

entité 1502, O. de Saint-Gelais, du lat. scolast. *entitas*, de *ens*, *entis*, part. prés. de *esse*, être. (V. NÉANT.)

entomologie 1747, Bonnet, du gr. *entomon*, insecte, et *logos*, science, traité. ‖ **entomologique** 1789, G.-A. Olivier. ‖ **entomologiste** *id.*

entonner, entonnoir V. TON, TONNE.

entorse, entortiller, entour, entourer V. TORDRE, TOUR.

entozoaire V. PROTOZOAIRE.

entrailles 1130, *Eneas*, au sing., du bas lat. *intralia* (VIIIᵉ s., *Reichenau*), ce qui est à l'intérieur (*intra*).

entrain, entraîner, entrait V. TRAIN, TRAÎNER, TRAIRE.

1. **entraver** 1493, Coquillart, « retenir par une entrave »; XVIᵉ s., fig., empêcher; de l'anc. fr. *tref*, poutre, du lat. *trabs, trabis*. ‖ **entrave** 1530, Palsgrave. ‖ **entravon** 1694, Th. Corn.

2. **entraver** 1460, Villon, « comprendre », arg.; altér., par infl. du précédent, d'*enterver* (XVᵉ s., *id.*); sens argotique de *enterver*, interroger, chercher, mot de l'E. et du N.-E., issu du lat. *interrogare*. (V. INTERROGER.)

*__**entre**__ 1080, *Roland*, du lat. *inter*; il a formé en anc. et en moyen fr. de nombreux composés indiquant la réciprocité ou l'atténuation (*entrevoir*). [V. au mot simple.]

entrechat 1609, Régnier; 1611, Cotgrave (*entrechasse*); de l'ital. *intrecciata*, abrév. de *capriola intrecciata*, saut entrelacé, d'apr. Ménage, avec infl. du fr. *chasser*. (V. CHASSER.)

entrefaites, entregent, entreposer, entreprendre V. FAIRE, GENS, POSER, PRENDRE.

*__**entrer**__ Xᵉ s., *Saint Léger* (*intrer*), du lat. *intrare*, de *inter*, entre. ‖ **entrée** 1130, *Eneas*. ‖ **rentrer** début XIIᵉ s., *Voy. de Charl.* ‖ **rentrée** XVIᵉ s.

entresol V. SOLE 2.

entre-temps 1155, Wace (*entretant*); XVᵉ s. (*entretemps*), par étymologie populaire avec infl. de *temps*; composé de *entre* et de *tant*.

entretenir, entretoise V. TENIR, TOISE.

entropie XXᵉ s. (1956, Lar.), du gr. *entropê*, retour. Terme de thermodynamique.

énucléation 1493, Coquillart, fig., « éclaircissement »; bot., 1793, Lavoisien; chir., 1836, Raymond; du lat. *enucleare*, extraire d'un noyau (*nucleus*). ‖ **énucléer** chir. 1836, Raymond.

énumérer début XVIᵉ s.; rare jusqu'au XVIIIᵉ s.; du lat. *enumerare*, de *numerus*, nombre. ‖ **énumérateur** 1688, La Bruyère. ‖ **énumératif** 1794, d'Arçon. ‖ **énumération** 1488, *Mer des hist.*, du lat. *enumeratio*, action de compter complètement.

*__**envahir**__ 1080, *Roland* (*-aïr*), « attaquer » et « occuper brusquement » (sens qui s'est imposé); du lat. *invadĕre*, « pénétrer dans », de *vadere*, aller, avec chang. de conjugaison. ‖ **envahissement** 1080, *Roland*. ‖ **envahisseur** v. 1420, A. Chartier; rare au XVIIᵉ s. (V. INVASION.)

envelopper 980, *Passion* (*envolopet*, 3ᵉ pers. sing. prétérit), de l'anc. fr. *voloper* (XIIᵉ s.), d'orig. obscure. ‖ **enveloppe** 1292, Delb. ‖ **enveloppement** XIIIᵉ s., G.; rare jusqu'au XVIIIᵉ s. ‖ **développer** fin XIIᵉ s., *Aiol*, fait sur la même rac. ‖ **développement** XVᵉ s., G.

envenimer, envergure V. VENIN, VERGUE.

*envers 980, *Passion* (*enver*), du bas lat. *inversus*, part. passé de *invertere*, retourner; d'abord adj. (jusqu'au XVIe s.), substantivé (XIIe s.) et comme adv. (*id.*), puis prép. ‖ **renverser** fin XIIIe s., de *envercier* (XIIe s.). ‖ **renverse** 1495, J. de Vignay; *à la renverse*, XVIe s. ‖ **renversement** 1538, R. Est.

envi (à l') v. 1559, Amyot, de l'anc. fr. *envi*, défi, gageure, réduit à cette seule loc. auj.; déverbal de l'anc. fr. *envier*, issu du lat. *invītare*, inviter; par ext. provoquer au jeu. ‖ **renvier** fin XIIe s., R. de Houdenc, renchérir au jeu. ‖ **renvi** 1468, Chastellain, déverbal.

*envie Xe s., *Saint Léger* (*enveia*), du lat. *invidia*, jalousie, passé en fr. au sens de « désir »; 1691, Huet, « lambeau de peau ». ‖ **envier** 1165, *Bible*. ‖ **enviable** 1398, E. Deschamps; rare jusqu'au début XIXe s. (B. Constant). ‖ **envieux** 1119, Ph. de Thaun (*invidius*); XIIIe s. (*envieux*), d'apr. le lat. *invidiosus*.

environ, envisager V. VIRER, VISAGE.

envoûter XIIIe s., Delb., de l'anc. fr. *volt*, *vout*, visage, et, par ext., image de cire servant à l'envoûtement, issu du lat. *vultus*, visage. ‖ **envoûtement** XIVe s., *Registre du Châtelet*.

*envoyer 1080, *Roland* (*enveier*), du bas lat. *inviāre*, parcourir (IIIe s., Solinus); de *via*, route, voie; d'où par ext. faire parcourir, envoyer. ‖ **envoi** 1130, *Saint Gilles* (*envei*), déverbal. ‖ **envoyeur** XIIIe s. ‖ **renvoyer** 1130, *Eneas*. ‖ **renvoi** fin XIVe s.

enzyme V. ZYMIQUE.

eocène 1843, Lyell, trad. Tullia, tiré par Lyell en 1833 du gr. *êôs*, aurore, et *kainos*, récent. ‖ **miocène** *id.*, gr. *meiôn*, plus petit. ‖ **pliocène** *id.*, gr. *pleiôn*, plus grand.

éolien début XVIIe s. (*harpe éolienne*), du lat. *Aiolus* (gr. *Aiolos*), Éole, dieu des vents; géogr., nom d'une région de Grèce.

éon 1732, *Trévoux*, philos., du gr. *aiôn*, temps, éternité, puis sens scientifiques.

épacte 1119, Ph. de Thaun, cosmographie, du bas lat. *epactae*, empr. au gr.

epaktai (*hêmêrai*), [jours] intercalaires. ‖ **épactal** 1771, *Trévoux*.

*épagneul 1398, *Ménagier* (*espaignol*), var. de *espagnol* (repris à l'esp. *español*), issu du lat. pop. **hispaniolus*, de *Hispania*, Espagne, spécialisé à la fin du Moyen Âge pour désigner un chien de chasse originaire d'Espagne.

épagogique 1842, Mozin, de *épagogue* (1697, Verduc), issu du gr. *epagôgê*, action d'amener, d'attirer. Terme de logique indiquant un argument par induction.

épagomène 1752, *Trévoux*, jour intercalaire, du gr. *epagomenos*, ajouté.

épais 1080, *Roland* (*espes*), var. *espeis*, *espois*, d'apr. l'anc. fr. *espoissier*, issu du lat. **spissiare*, de *spissus*, épais. ‖ **épaisseur** fin XIVe s. ‖ **épaissir** 1155, Wace (*espeissir*); début XVIe s. (*épaissir*). ‖ **épaississement** 1539, R. Est.

épaler 1262, G. (*espaeler*), du bas lat. *pagella*, mesure de liquides; c.-à-d. « jauger un récipient en mesurant directement le liquide qu'il contient ».

*épancher 1312, G. (*esp-*), du lat. pop. **expandicare*; de *expandere*, répandre; il a d'abord eu le sens de « verser » (jusqu'au XVIIe s.); au XVIIIe s., fig. et emploi pronominal. ‖ **épanchement** 1606, Fr. de Sales, même évolution. ‖ **épanchoir** 1716, H. Gautier, techn., « ouvrage d'art par lequel peut se déverser le trop-plein d'un étang, d'un canal ».

*épandre 1080, *Roland*, du lat. *expandere*, qui a éliminé *pandere*. ‖ **épandage** milieu XVIIIe s., limité au sens techn. ‖ **répandre** fin XIIe s., *Floire*; il a perdu le sens itératif.

épanouir fin XIIe s., *Floire* (*espanir*); 1539, R. Est. (*-nouir*, d'apr. *évanouir*); du francique **spannjan*, étendre. ‖ **épanouissement** XVe s. (*-nissement*); 1559, Amyot (*-nouis-*).

épar 1175, Chr. de Troyes (*esparre*), pièce de charpente, du germ. *sparro*, *-a*, poutre (allem. *Sparren*).

épargner 1080, *Roland* (*esp-*), du germ. **sparanjan*, de *sparan*, épargner (allem. *sparen*). ‖ **épargne** 1160, Benoît (*esp-*), déverbal.

*éparpiller 1120, *Ps. d'Oxford* (*esparpeillier*), du lat. pop. **sparpiliare*, croisement probable entre *spargere*, répandre, et *papilio*, papillon, d'où « disperser comme un vol de papillons ». ‖ **éparpillement** 1290, Priorat (*esp-*).

***épars** fin XIIe s., *Aiol* (*espars*), part. passé de l'anc. fr. *espardre*, du lat. *spargëre*, répandre (*sparsus*, répandu), qui a disparu devant *répandre* et *disperser*.

éparvin fin XIIe s., *Assises de Jérusalem* (*esp-*), « tumeur au jarret du cheval »; origine obscure, peut-être de même rac. que *épervier*, par métaphore.

épater 1495, J. de Vignay, de *patte*; « priver d'une patte » (sens fig. et techn.), puis « aplatir en élargissant la base » (*nez épaté*), puis « tomber sur les pattes » (1808, d'Hautel); pronominal, 1838, Hugo; fam., étonner, bluffer, 1835, Raspail. ‖ **épate** 1835, Raspail. ‖ **épatement** fin XVIe s., techn.; début XIXe s. fig. ‖ **épateur** début XIXe s. ‖ **épatant** milieu XIXe s. ‖ **épatamment** XXe s. (1959, Lar.).

épaufrer fin XVIIIe s., altér. de l'anc. fr. *épautrer* (encore 1611, Cotgrave), d'orig. obscure, probablement germ. ‖ **épaufrure** 1752, *Trévoux*.

***épaule** 1080, *Roland* (*espalle*), du lat. impér. *spathüla*, dimin. de *spatha*, spatule, omoplate (Apicius), par ext. épaule (v. ÉPÉE). ‖ **épaulée** XIVe s., Cuvelier. ‖ **épaulard** 1566, Du Pinet, dauphin allongé. ‖ **épaulement** 1564, Thierry. ‖ **épauler** 1268, E. Boileau. ‖ **épaulette** 1560, Paré, anat.; 1549, G. du Bellay, armure; 1694, *Acad.*, — d'un vêtement; XVIIIe s., insigne milit. ‖ **épaulière** XIIe s., *Perceval*.

épave adj., 1283, Beaumanoir (*espave*), « égaré »; subst., XVIe s., sens actuel; du lat. *expavidus*, « épouvanté », appliqué aux animaux égarés.

***épeautre** 1256, Ald. de Sienne (*espiaute*); les formes sans *r* se rencontrent encore au XVIIIe s. (1771, *Trévoux*); du lat. impér. *spelta* (Ier s., Rhemnius), mot germ.

***épée** Xe s., *Eulalie* (*spede*); XIIe s. (*espee*); du lat. impér. *spatha* (IIe s., Tacite), large épée à deux tranchants qui remplaça l'épée romaine, *ensis* (v. ÉPAULE, SPATULE). ‖ **épéiste** fin XIXe s., « qui pratique l'escrime à l'épée ».

épeiche 1611, Cotgrave, de l'allem. *Specht*; un emprunt antérieur au haut allem. avait donné *espoit* (1155, Wace).

épeler fin XIe s., *Alexis* (*espelt*); XIIIe s. (*espelir*); XVe s. (*espeler*), d'apr. *appeler*; du francique *spellôn*, raconter; en anc. fr. « expliquer », spécialisé à la lecture des lettres. ‖ **épellation** début XVIIIe s.

épenthèse 1675, *Rem. sur l'orthographe*, du lat. gramm. *epenthesis*; empr. au gr. signif. « action de surajouter » (*epi*, sur, *en*, dans *thesis*, action de placer).

éperdu 1160, *Eneas* (*esp-*), part. passé de l'anc. fr. *esperdre*, perdre complètement, au sens fig., et pronominal « se troubler ». ‖ **-dument** 1594, *Ménippée*.

éperlan XIIIe s., Delb. (*espellens*); 1560, Paré (*esperlan*); du moyen néerl. *spierlinc* (allem. *Spierling*).

éperon 1080, *Roland* (*esp-*), du francique *sporo (*sporonus*, *Gloses* du VIIIe s.). ‖ **éperonner** *id.* ‖ **éperonnerie** XVIe s., G. ‖ **éperonnier** 1292, *Taille de Paris.* ‖ **éperonnière** *id.* ‖ **éperonnelle** 1617, Delb., bot., plante à éperon.

épervier 1080, *Roland* (*esprevier*), du francique *sparwâri* (allem. *Sperber*). ‖ **éperrière** 1786, *Encycl. méth.*, ou *herbe d'épervier*, plante qui passait pour fortifier la vue de l'épervier.

épeuler V. POIL.

éphèbe fin XVe s., du lat. *ephebus*, empr. au gr. *ephêbos*, de *epi*, sur, et *hêbê*, jeunesse; d'abord, hist., « jeune homme »; péjor. fin XIXe s. ‖ **éphébie** fin XIXe s., seulement hist. ‖ **éphébisme** 1868, Goncourt.

ephedra 1752, *Trévoux*, genre de prèle, du gr. *ephedra*.

éphémère 1256, Ald. de Sienne; 1314, Mondeville (*fièvre effimère*); du gr. méd. *ephêmeros*, qui dure un jour (*hêmera*, jour); le sens général a été repris au gr. au XVIIe s. ‖ **éphémérine** 1786, *Encycl. méth.*, « plante des tropiques ». ‖ **éphémérides** 1537, *Anc. poés. fr.*, du lat. *ephemeris*, *-idis*, récit de faits quotidiens, calendrier chez Ovide, empr. au gr.

éphialte XVIIIe s., D. Calmet, « démon, cauchemar », du gr. *ephialtês*, « qui saute sur », par métaphore genre d'hyménoptères.

éphod 1495, *Mir. historial*, vêtement hébreu, de l'hébreu *efod*, par les trad. lat. de la Bible.

*épi 1160, Benoît (*espi*), du lat. *spīcum*, ‖ **épier** fin XIIIᵉ s., *Renart* (*espier*), monter en épi. ‖ **épiet** 1786, *Encycl. méth.* ‖ **épillet** *id.*

épice début XIIᵉ s., *Voy. de Charl.* (*espice*), adaptation anc. du lat. *species*, espèce (v. ce mot), par ext. « denrée », puis spécialisé aux aromates. ‖ **épicer** XIIIᵉ s., *D. G.*, « vendre des épices ». ‖ **épicier** XIIIᵉ s., Huon de Méry, « vendeur d'épices et de denrées exotiques » (jusqu'au XVIIIᵉ s.); XVIᵉ s., « benêt ». ‖ **épicerie** milieu XIIIᵉ s.

épicéa milieu XVIIIᵉ s. (*-éa*); 1796, *Encycl. méth.* (*-cia*); altér. de *picéa* (*arbre de picea*, 1553, Belon); du lat. *picea*, sapin, proprement « arbre à résine », de *pix*, poix.

épicurien fin XIIIᵉ s., hist.; fig. 1512, J. Lemaire; du lat. *epicurius*, disciple d'Epicure, aussi fig. en lat. ‖ **épicurisme** 1585, Feuardent.

épidémie fin XIIᵉ s., *Alexandre* (*espydymie*), du lat. méd. *epidemia*, empr. au gr. *epidêmos*, « qui circule dans le peuple » (v. ENDÉMIE). ‖ **épidémique** milieu XVIᵉ s.

épiderme V. DERME.

1. épier 1080, *Roland* (*espier*), « observer secrètement », du francique **spehôn*, (allem. *spähen*). ‖ **épie** début XIIᵉ s., *Voy. de Charl.*, « espion » (jusqu'au XVIIᵉ s.).

2. épier V. ÉPI.

épieu 1080, *Roland* (*espiet*), puis *espieu*, par infl. de *pieu*; du francique **speut* (allem. *Spiess*).

épigastre 1538, Canappe, du gr. *epi*, sur, et *gastêr*, ventre, estomac; partie de l'abdomen située au-dessus de l'ombilic.

épiglotte V. GLOTTE.

épigramme fin XIVᵉ s., Le Fèvre; rare jusqu'au XVIᵉ s.; du lat. *epigramma*, empr. au gr. signif. « inscription », de *epi*, sur, et *graphein*, écrire; le sens du fr. existe en lat. : « petit poème satirique ». ‖ **épigrammatique** 1455, Fossetier; rare jusqu'au XVIIIᵉ s.; du lat. *epigrammaticus*. empr. au gr. *epigrammatikos*.

épigraphe 1694, Th. Corn., du gr. *epigraphê*, inscription, de *graphein*, écrire. ‖ **épigraphique** 1845, Besch. ‖ **épigraphie** 1838, *Acad.*

épilepsie 1503, G. de Chauliac, du lat. méd. *epilepsia*, empr. au gr. *epilêpsia*, attaque; il a remplacé peu à peu *haut mal* (XIVᵉ s.) et *mal caduc* (XVᵉ s.). ‖ **épileptique** XIIIᵉ s., *Edouard le Confesseur*, du lat. *epilepticus*, empr. au gr. *epilêptikos*. ‖ **épileptogène** XXᵉ s., qui produit l'épilepsie.

épiler V. POIL.

épilobe 1786, *Encycl. méth.*, du gr. *epi*, sur, et *lobos*, lobe, d'apr. la position de l'ovaire de cette plante.

épilogue XIIᵉ s., *Ysopet*, du lat. *epilogus*, empr. au gr. *epilogos*, « après le discours ». ‖ **épiloguer** 1493, Coquillart, « récapituler »; puis « faire des commentaires malveillants ». ‖ **épilogueur** 1690, Furetière.

épinard 1256, Ald. de Sienne (*espinarde*); var. *épinach*; adaptation de l'esp. *espinaca*, altér., d'apr. *espina*, épine, de l'ar. d'Espagne *isbinâkh*.

*épine XIIᵉ s., *Roncevaux*, du lat. *spīna*. ‖ **épinoche** XIIIᵉ s., *Fabliau*. ‖ **épinette** v. 1360, Machault, « arbrisseau »; 1564, Thierry, « instrument de musique »; de l'ital. *spinetta* (on pinçait les cordes avec des pointes de plumes). ‖ **épinier** fin XVIᵉ s., Brantôme. ‖ **épinière** (*moelle*) XVIIᵉ s. ‖ ***épineux** fin XIIᵉ s., *Rois* (*espinus*), du lat. *spinosus*. ‖ **épine-vinette** XVᵉ s., *Grant Herbier* (*espinete vinete*); 1536, Ch. Est., forme actuelle; de *épine*, arbrisseau, et *vinette*, dér. de *vin*, d'apr. l'analogie des grappes.

*épingle 1268, E. Boileau (*esp-*), du lat. *spīnūla*, petite épine; l'épine servant à attacher existait chez les Germains. ‖ **épinglier** 1395, Chr. de Pisan. ‖ **épingler** fin XVIᵉ s. ‖ **épinglette** 1398, E. Deschamps.

épinoche V. ÉPINE.

épiphanie 1190, saint Bernard, du lat. chrét. *epiphania*, empr. au gr. signif. « manifestation », de *epi*, sur, et *phainein*, apparaître.

épiploon 1541, Canappe, du gr. méd. *epiploon*, flottant, de *epiploos*, qui navigue; en anat. « replis péritonéaux ».

épique 1578, d'Aubigné, du lat. *epicus*, empr. au gr. *epikos*, de *epos*, épopée, proprement « parole ».

épiscopal V. ÉVÊQUE.

épisode xv⁰ s., *Evangile des Quenouilles* (-*die*); 1660, Corn. (*episode*); du gr. *episodion*, accessoire. ‖ **épisodique** *id*.

épisser 1631, Anthiaume, altér. du néerl. *splissen*, attacher deux cordes en entrelaçant les torons. ‖ **épissoir** 1678, Dassié. ‖ **épissure** *id*., réunion de deux bouts de cordage.

épistémologie 1906, Lar., gr. *epistêmê*, science, et *logos*; étude philosophique de la science.

épistolaire 1542, Dolet, du lat. *epistolaris*, de *epistola*, épître. ‖ **épistolier** 1539, Ch. Fontaine.

épitaphe 1130, *Eneas* (-*afe*), du bas lat. *epitaphium*, empr. au gr. *epitaphion*, de *epi*, sur, et *taphos*, tombeau.

épithalame début xvi⁰ s., du lat. *epithalamium*, empr. au gr. *epithalamion*, chant nuptial, de *thalamos*, lit nuptial.

épithélium 1836, Landais, du gr. *epi*, sur, et *thêlê*, mamelon, pour désigner la membrane qui recouvre le mamelon du sein. ‖ **épithélial** fin xix⁰ s.

épithème 1314, Mondeville (*epitime*), du lat. méd. *epithema*, empr. au gr. signif. « ce qui se place sur »; passé du voc. de la pharmacie à celui de la bot.

épithète 1517, Bouchet, au propre et au fig.; masc. jusqu'au xvii⁰ s.; du lat. gramm. *epitheton*, empr. au gr. signif. « ce qui est ajouté ».

épitoge 1484, G., masc., puis fém., d'apr. *toge*, du lat. *epitogium*. (V. TOGE.)

épitomé fin xiv⁰ s., du lat. *epitome*, mot gr. signif. « abrégé », de *temnein*, couper.

épître 1190, Garn. (*epistre*), du lat. *epistola*, empr. au gr. *epistolê*; d'abord sens liturgique, et celui de « missive »; xvii⁰ s., sens littér.

épizootie 1775, *Arrêt du Conseil*, du gr. *zôotês*, nature animale, d'apr. *épidémie*. ‖ **épizootique** milieu xviii⁰ s.

éploré V. PLEURER.

éployer V. PLOYER.

***éplucher** fin xii⁰ s., Marie de France (*espelucha*, passé simple); de l'anc. fr. *peluchier*, issu d'un lat. *pilŭccare*, de *pilus*, poil. ‖ **éplucheur** 1566, Du Pinet. ‖ **épluchure** 1611, Cotgrave. ‖ **épluchoir** 1680, Richelet. ‖ **épluchage** 1780, R. de La Platière.

épode 1546, Rab., du lat. *epodos*, empr. au gr., de *epi*, sur, et *ôdê*, ode; couplet lyrique composé de deux vers inégaux.

époindre, épointer V. POINDRE, POINTE.

1. *éponge fin xv⁰ s., zool., du lat. *spongia* (var. pop. *sponga*), empr. au gr. ‖ **éponger** 1220, Coincy; fig. xx⁰ s. ‖ **épongeage** 1948, *L. M.*

2. éponge, « bord », début xii⁰ s., *Voy. de Charl.* (*esponde*); xv⁰ s. (*éponge*); du lat. *sponda*, bord, rive, sous l'infl. du précédent; il désigne chacune des branches du fer à cheval. ‖ **éponte** 1774, Jars, « partie d'un filon », var. picarde.

épontille 1678, Guillet, « étai », de *pontille* (1642, Oudin), de l'ital. *pontile*, ponton, par ext. étai, avec chang. de suffixe. ‖ **épontiller** 1773, Bourdé. ‖ **épontillage** 1787, Vial du Clairbois.

éponyme 1755, *Encycl.*, du gr. *eponumos*, de *epi*, sur, et *onuma*, nom; désigne celui qui donne son nom à quelque chose.

épopée 1623, Chapelain, du gr. *epopoiia*, de *epos*, épopée, et *poieîn*, faire.

époque 1636, Davity, du gr. *epokhê*, temps d'arrêt, puis état du ciel; le sens de « état remarquable » reste dans l'expression *faire époque*.

époule xiii⁰ s., Garlande (*espole*), « tuyau », du francique *spôla* (allem. *Spule*). ‖ **époulin** 1723, Savary (*espoullin*), navette utilisée dans le tissage.

***épouser** fin xi⁰ s. (*esposer*); il a eu aussi le sens de « marier » en anc. fr.; xvi⁰ s., fig.; du lat. *sponsare*, par le lat. pop. *sposare*. ‖ **épouseur** xiv⁰ s., G. (*espouseor*). ‖ ***époux** fin xi⁰ s., *Lois de Guill.* (*espos*, -*se*), du lat. *sponsus*; le *ou* au lieu de *eu* est dû à *épouser*. ‖ ***épousailles** xii⁰ s. (*esp*-), du lat. *sponsalia*.

épousseter, époux, -se V. POUS-
SIÈRE, ÉPOUSER.

épouti 1415, G., corps étranger contenu
dans une étoffe de laine; de l'anc. fr.
poutie, ordure, issu du lat. *pultis*, boue.
‖ **époutir** 1723, Savary (*tier*).

***épouvanter** 1080, *Roland* (*espaen-
ter*), puis *espoventer*; du lat. pop. *ex-
paventare*, issu du lat. class. *expavere*,
de *pavere*, avoir peur. ‖ **épouvantable**
début XIIe s., *Ps. de Cambridge*. ‖ **épou-
vantement** *id*. ‖ **épouvantail** XIIIe s.,
Fabliau. ‖ **épouvante** 1611, Cotgrave
(*espovente*).

***épreinte** 1360, *Modus*, part. passé
de l'anc. fr. *espreindre* (fin XIIe s.),
du lat. *exprĭmĕre*; désigne de fausses
envies d'aller à la selle.

éprouver, épuiser V. PROUVER,
PUITS.

épulide 1560, Paré, « tumeur des gen-
cives »; du gr. *époulis, -idos*, de *epi*, sur,
et *oûlon*, gencive.

épure, épurer, épurge V. PUR,
PURGER.

***équarrir** XIIIe s., *D. G.* (*esq-*), var.
de l'anc. fr. *équarrer*, issu du lat.
pop. *exquadrare*, rendre carré (sens
conservé en techn.); 1835, « dépecer
en quartiers » (un animal). ‖ **équarris-
sement** 1328, G. ‖ **équarrissage**
1364, G. ‖ **équarrisseur** 1552, Ch. Est.
‖ **équarrissoir** 1671, le P. Chérubin.

équateur fin XIVe s., Le Fèvre, du lat.
aequator (de *aequus*, égal), au sens médiév., calque du gr. *isêmerinos kuklos*
(*circulus aequinoctialis*), « qui rend
égaux les jours et les nuits ». ‖ **équatorial** 1778, Buffon.

équation XIIIe s., Th. de Kent, « égalité »; 1637, Descartes, sens math.; du
lat. *aequatio*, égalité, qui prit le sens
math. au Moyen Age.

***équerre** fin XIIe s., *Rois* (*esq-*); du
lat. *exquadra*, déverbal de *exquadrare*,
tailler en forme de carré; l'équerre servait à tracer les angles des carrés.

équestre 1355, Bersuire, du lat. *eques-
tris*, de *equus*, cheval.

équi- du lat. *aequus*, égal. ‖ **équiangle**
1556, Le Blanc. ‖ **équidistant** 1361,
Oresme, du lat. *aequidistans*. ‖ **équilatéral** début XVIe s., du lat. *aequilatera-
lis*, de *latus, -eris*, côté.

équilibre v. 1540, M. Scève, du lat.
aequilibrium, de *aequus*, égal, et *libra*,
balance. ‖ **équilibrer** début XVIe s. ‖
équilibriste 1780. ‖ **équilibrage** 1906,
l'Illustration. ‖ **équilibration** 1870,
Lar. ‖ **déséquilibrer** 1877, L.

équille XVIe s., Marc Lescarbot, « lançon », mot normand, d'origine obscure;
peut-être même mot que *esquille*.

équin v. 1502, O. de Saint-Gelais, du
lat. *equinus*, de *equus*, cheval; désigne
une déformation du pied qui ne peut
s'appuyer que sur sa pointe.

équinoxe 1119, Ph. de Thaun, du
lat. *aequinoctium*, de *aequus*, égal, et
nox, noctis, nuit. ‖ **équinoxial** *id*., du
lat. *aequinoxialis*.

équiper 1130, *Eneas* (*eschiper*), « embarquer », puis « pourvoir une embarcation du nécessaire », par ext. sens
actuel; du germ. *skip-*, bateau (allem.
Schiff, angl. *ship*), sous une forme normanno-picarde. ‖ **équipage** XVe s., *Débat des hérauts*, d'abord équipage d'un
bateau. ‖ **équipe** 1456, Jal., mar. ‖
équipée v. 1500, « expédition »; 1611,
Cotgrave, XVIIe s., fig. ‖ **équipement**
1671. ‖ **suréquiper** XXe s. ‖ **suréqui-
pement** XXe s. (1955, *le Monde*).

équipoller 1349, G., « équivaloir »,
terme scolastique; XIXe s., Laisant,
math.; du lat. *aequipollere*, de *aequus*,
égal, et *pollere*, être fort, puissant. ‖
équipollent 1265, J. de Meung, du lat.
aequipollens. ‖ **équipollence** *id*.,
« équivalence », du lat. *aequipollentia*.

équitable V. ÉQUITÉ.

équitation 1503, G. de Chauliac, du
lat. *equitatio*, de *equitare*, aller à cheval.

équité 1262, Fagniez, du lat. *aequitas*,
égalité. ‖ **équitable** début XVIe s. ‖
équitablement 1564, Thierry.

équivaloir 1453, *Débat des Hérauts*,
du lat. *aequivalere*, d'apr. *valoir*. ‖ **équivalence** 1361, Oresme, du lat. *aequiva-
lens*. ‖ **équivalent** *id*.

équivoque 1220, Coincy, adj.; XVIe s.,
subst.; du bas lat. *aequivocus* (Ve s., Capella), à double sens, de *aequus*, égal,
et *vox, vocis*, voix. ‖ **équivoquer**
1521, Fabri, user volontairement d'équi-
voques.

***érable** 1240, G. de Lorris, du bas lat.
acerabulus (VIIe-VIIIe s., *Gloses*), issu de

acer, érable; le second élément paraît être un nom d'arbre gaulois, *abolo, sorbier.

éradication 1585, Cholières, du lat. *eradicatio*, action de déraciner. (V. RACINE.)

érafler V. RAFLER.

érailler XIIᵉ s., Herman de Valenciennes (*esroeilier*), « rouler les yeux »; 1560, Paré, « retourner le blanc de l'œil »; XVIIᵉ s., « détériorer en écartant »; de l'anc. fr. *roeillier*, rouler des yeux, issu du lat. pop. *roticŭlāre, de *rota*, roue. ‖ **éraillement** 1560, Paré, en parlant des yeux. ‖ **éraillure** 1690, Furetière.

erbine 1843, d'après les expériences de Mosander en Suède, à *Ytterby*, dont *erbine* représente la seconde partie du mot.

ère 1539, Gruget (*here*), du lat. *aera*, nombre, chiffre, au sens bas lat. « point de départ », en chronologie (VIIᵉ s., Isid. de Séville).

érection 1485, G., du lat. *erectio*, action de dresser, de *erigere*, dresser (v. ÉRIGER). ‖ **érectile** 1813, *Encycl. méth.*, du part. passé *erectus*. ‖ **érecteur** 1701, Furetière.

éreinter V. REIN.

éréthisme 1743, Geoffroy, du gr. *erethismos*, irritation.

erg 1857, Fromentin (*areg* pl.), mot arabe désignant une dune.

ergastule 1495, J. de Vignay; rare jusqu'au XIXᵉ s.; du lat. *ergastulum*, empr. au gr. *ergastêrion*, atelier.

ergo 1220, Coincy, mot lat. signif. « donc », et vulgarisé par la scolastique. ‖ **ergoter** *id.* (*argoter*), par croisement avec une autre rac. (v. ARGOT). ‖ **ergoteur** XVᵉ s. (*hargoteur*). ‖ **ergotage** 1578, d'Aubigné. ‖ **ergoterie** 1567, Pasquier.

ergot 1160, Benoît (*argoz*, pl.); origine obscure; au fig. ergot des céréales. ‖ **ergoté** 1594, *Satire Ménippée*, au propre; *blé ergoté*, 1755, *Encycl.* ‖ **ergotine** 1836, Raymond. ‖ **ergotisme** début XIXᵉ s., intoxication provoquée par du blé ergoté.

ériger 1466, G., du lat. *erigere*, dresser.

érigne, -ine 1536, Chrestiau (*ireigne*), instrument de chirurgie, var. dial. de *araigne*; issu du lat. *aranea*, araignée, nom de l'érigne chez Paré.

éristique 1765, *Encycl.*, du gr. *eristikos*, relatif à la controverse.

ermite 1138, *Saint Gilles*, du lat. chrét. *eremita* (vᵉ s., Sulpice Sévère), empr. au gr. *erêmitês*, « qui vit dans la solitude », de *erêmos*, désert. ‖ **ermitage** *id.*

éroder 1560, Paré; rare jusqu'au XIXᵉ s.; du lat. *erodere*. ‖ **érosion** 1541, Canappe, du lat. *erosio*.

érotique 1566, Du Choul, du gr. *erôtikos*, de *erôs*, amour. ‖ **érotomanie** 1741, Villars, du gr. *erôtomania*, de *mania*, folie. ‖ **érotomane** 1836, Landais. ‖ **érotisme** 1861, Goncourt.

*errant 1155, Wace (*errer*, marcher); le part. prés. est attesté au XVIᵉ s. dans *le Juif errant*; issu du bas lat. *iterare*, de *iter*, voyage. ‖ **erre** début XIIᵉ s., *Ps. de Cambridge*, déverbal de *errer*, « voyage », puis « manière de marcher »; subsiste dans divers sens techn. ‖ **errements** 1167, G. d'Arras, déjà fig. en anc. fr.

errata 1560, Boaistuau, pl., et **erratum** 1798, *Acad.*, sing.; du lat. *erratum*, pl. *errata*, part. passé au neutre de *errare*, errer.

erratique 1265, J. de Meung (*estoiles erratiques*); rare jusqu'au XIXᵉ s.; du lat. *erraticus*, errant. (V. ERRER.)

erre, errement V. ERRANT.

errer début XIIᵉ s., *Couronn. Loïs*, lat. *errare*, au propre et au fig. ‖ **erreur** 1130, *Eneas*, du lat. *error*, au fig. ‖ **erroné** 1495, J. de Vignay, du lat. *erroneus*.

ers 1538, R. Est., lentille, mot prov., issu du lat. *ervum*.

ersatz v. 1914; vulgarisé depuis 1939; mot allem. signif. « remplacement ».

érubescence 1361, Oresme, sens moral, du lat. *erubescere*, devenir rouge, de *ruber*, rouge. ‖ **érubescent** 1784, Bernardin de Saint-Pierre.

eruca XIVᵉ s., *Livre secret de la nature*, mot lat., roquette croissant dans les blés.

éructation XIIIᵉ s., du lat. *eructatio*, vomir, d'apr. le sens de *ructus*, rot. ‖ **éructer** 1827, *Acad.* (V. ROT.)

érudit 1495, *Mir. historial*; rare jusqu'au XVIIIᵉ s.; du lat. *eruditus*, part.

passé de *erudire*, instruire. ‖ **érudition**
id., « enseignement » (jusqu'au XVIᵉ s.) ;
XVIIᵉ s. « savoir approfondi » ; du lat.
eruditio, enseignement, instruction.

érugineux 1256, Ald. de Sienne, du
lat. *aeruginosus*, de *aerugo*, rouille,
c.-à-d. « de couleur analogue à celle de
la rouille ».

éruption 1355, Bersuire, du lat.
eruptio, de *eruptus*, part. passé de *erum-
pere*, sortir avec impétuosité. ‖ **éruptif**
milieu XVIIIᵉ s.

eryngium XIIIᵉ s., *Antidotaire* (*yringe*),
du lat. *erynge*, empr. au gr. *êruggê*, panicaut, plante voisine du chardon.

érysipèle 1314, Mondeville (*herisi-
pille*), du lat. méd. *erysipelas*, empr. au
gr. *erusipelas*. ‖ **érésipélateux** 1545.

érythème 1803, Wailly, du gr. méd.
eruthêma, rougeur.

érythrine 1786, *Encycl. bot.*, du gr.
eruthros, rouge. ‖ **érythrosine** 1878,
Lar.

ès V. EN 1.

esbigner (s') v. 1810, Désaugiers,
du prov. mod. *s'esbignar*, décamper,
empr. à l'argot ital. *sbignare* (1642,
Oudin), *svignare* (1619, *Il nuovo
modo*...), s'enfuir de la vigne.

esbroufe 1815, *Chanson* (*esbrouf*),
du prov. mod. *esbroufo, -fa*, s'ébrouer,
de l'ital. *sbruffare*, asperger (par le nez),
altér. du longobard *sprôwan*, ébrouer. ‖
esbroufer 1835, Raspail. ‖ **esbrou-
feur** 1837, Vidocq.

escabeau 1471, Havard, du lat.
scabellum ; il a remplacé l'anc. fr.
eschame, -amel, du lat. *scamnum, -nel-
lum.* ‖ **escabelle** 1328, Varin, var.
fém. ‖ **escabelon** 1665, Havard, de
l'ital. *scabellone*, petit piédestal.

escadre XVᵉ s., *le Jouvencel*, donné
comme mot ital., de l'ital. *squadra* et de
l'esp. *escuadra*, équerre, et au fig. bataillon (rangé en carré) ; XVIIᵉ s., spécialisé
aux escadres navales. ‖ **escadrille**
XVIᵉ s., « troupe » ; 1803, Boiste, mar.,
puis aviation ; de l'esp. *escuadrilla*.

escadron fin XVᵉ s., Molinet (*escua-
dron*), de l'ital. *squadrone*, augmentatif
de *squadra*.

escalade début XVᵉ s., de l'ital. *sca-
lata*, assaut à l'aide d'échelles ; il a rem-

placé l'anc. fr. *eschelement*. ‖ **escala-
der** début XVIIᵉ s.

escale XIIIᵉ s., texte italianisant ; rare
jusqu'au XVIᵉ s. (1540, Rab.) ; de l'ital.
scala ou du prov. *escalo*, échelle.
(V. ÉCHELLE.)

escalier milieu XVIᵉ s. ; repris au lat.
scalaria, pl. (Vitruve), d'apr. le prov.
escalier (lat. *scala*, prov. *escala*, échelle) ;
il a remplacé le fr. *degré*.

escalin XIIIᵉ s., *Ménestrel de Reims*,
du néerl. *schellinc* (angl. *shilling*), ancienne monnaie d'argent des Pays-Bas.

escalope 1691, Massialot (*veau à
l'escalope*), tranche de veau et assaisonnement ; d'un patois du N.-E. (anc. fr.
eschalope, coquille de noix, de même
rac. que *écale*).

escamoter 1560, Boaistuau ; de l'esp.
pop. *escamotar*, de *escamar*, écailler, du
lat. *squama*, écaille. ‖ **escamoteur**
1609, Delb. ‖ **escamotage** 1757,
Encycl.

escampette 1688, Miège, auj.
seulement dans la loc. *prendre la poudre
d'escampette* ; du moyen fr. *escamper*,
1546, Rab., issu de l'ital. *scampare*, s'enfuir, proprement « prendre du champ »
(*campo*).

escapade 1570, Montaigne, de l'ital.
scappata ou de l'esp. *escapada*, échappée.

1. escape 1567, Delorme, « fût de
colonne », du lat. *scapus*, tige.

2. escape 1827, *Acad.*, vénerie, déverbal de *escaper* (*id.*), mettre le gibier en
liberté, forme méridionale de *échapper*.

escarbille milieu XVIIᵉ s. (*escabille*) ;
1780, *Ann. de l'agric.* ; mot wallon du
flamand *Schrabhoelie*, de *schrabben*,
gratter.

escarbot 1460, Villon, réfection de
l'anc. fr. *écharbot* (lat. *scarabaeus*),
d'apr. le prov. *escaravach*, et sous l'infl.
de *escargot* ; le scarabée étant un insecte
méditerranéen, le mot a pris des sens
divers dans les patois (bousier, hanneton, cétoine, etc.).

escarboucle 1080, *Roland* (*-buncle*) ;
XIIᵉ s. (*-boucle*) ; altér. de *carbuncle*
(attesté au XIIᵉ s.) ; issu du lat. *carbún-
culus*, petit charbon, le rubis étant comparé à un charbon brûlant ; l'initiale est
issue du préf. *ex* (*es*) à valeur intensive.

escarcelle XIIIe s.; rare jusqu'au XVIe s.; de l'ital. *scarsella*, de *scarso*, avare; proprement « petite avare », formation ironique.

escargot 1398, *Ménagier* (*escargole*); du prov. mod. *escaragol* (lat. *conchylium*, coquillage, devenu en lat. pop. **coculiu(m)*, *-lia*, d'où l'anc. prov. *cogolha*, et croisement avec *scarabaeus*) [v. ESCARBOT]. ‖ **escargotière** 1806, *Journ. des gourmands*.

escarmouche 1367, J. Le Bel (*escharmuche*), de l'ital. *scaramuccia*. ‖ **escarmoucher** *id.* ‖ **escarmoucheur** *id.*

escarole XIVe s., *Antidotaire Nicolas* (*scarole*); de l'ital. *scariola*, où le sens de « chicorée » a dû se former du bas lat. *escariola*, endive, dér. de *esca*, nourriture. L'italien a fourni de nombreux noms de légumes et salades (*artichaut*, *céleri*, *chou-fleur*, *romaine*, etc.).

1. escarpe fortif., 1553, Le Plessis, de l'ital. *scarpa*, empr. au germ. **skarpô*, talus (allem. *schroff*, escarpé). ‖ **escarper** 1536, M. Du Bellay. ‖ **escarpe** XVIe s. en pente raide. ‖ **escarpement** 1701, Furetière. ‖ **contrescarpe** 1550, Rab., fortif.

2. escarpe malfaiteur, 1800, *Chauffeurs*, argot, déverbal de l'anc. terme argotique *escarper*, assassiner pour voler (1800, *id.*); forme méridionale de *écharper*, sans doute d'origine germanique.

escarpin 1512, Lemaire (*escalpin*); XVIe s. (*escarpin*); de l'ital. *scarpino*, dimin. de *scarpa*, soulier, d'où le fr. *escarpe*, soulier (XVIe s.).

escarpolette 1605, Le Loyer (*-aulette*); d'apr. Ménage, de l'ital. *scarpoletta*, petite écharpe, attesté nulle part ailleurs (*écharpe* est *sciarpola* en ital.), ou du germ. **skarpô*, talus.

escarre 1314, Mondeville, méd., du lat. méd. *eschara*, empr. au gr. signif. « croûte ». ‖ **escarrifier** 1842, *Acad.* ‖ **escarrification** 1836, Landais.

eschatologie 1864, L., du gr. *eskhatos*, dernier, et *logos*, discours; « qui traite des fins de l'homme ». ‖ **eschatologique** *id.*

escient 1080, *Roland* (*mien escient*); du lat. médiév. *meo*, *tuo sciente*, altér. de l'express. lat. *me*, *te sciente*, moi, toi le sachant, avec le part. prés. de *scire*, savoir. (V. SCIEMMENT.)

esclaffer (s') 1540, Rab. (var. *s'éclaffer*); du prov. mod. *s'esclafi*, *-fa*, de *clafa*, frapper bruyamment, formation expressive.

esclame XVIe s., Du Fouilloux, de l'allem. *schlanke*, élancé, ou déverbal de *esclamer*, appeler, au sens « dont on a à se plaindre ».

esclandre 1160, Benoît, adapt. anc. du lat. *scandalum*, scandale; sens spécialisé au XVIIe s.

esclave XIIIe s., *Macchabées*, du lat. médiév. *sclavus*, var. de *slavus*, slave, de nombreux Slaves ayant été réduits en esclavage; le sens paraît s'être formé à Venise. ‖ **esclavage** 1577, Vigenère; très répandu pendant la Révolution pour désigner le régime féodal; au début du XIXe s., il caractérise les rapports du patron et de l'ouvrier. ‖ **esclavagisme** 1904, Fournière. ‖ **esclavagiste** 1864, L. ‖ **antiesclavagiste** 1930, E. Lucas.

escobar XVIIe s., Pascal, nom propre et au fig., du nom du jésuite *Escobar*, pris à partie dans *les Provinciales*. ‖ **escobarder** fin XVIIe s., Saint-Simon. ‖ **escobarderie** XVIIIe s., d'Alembert.

escofier 1725, Cartouche (*coffier*), de l'esp. *escofiar* ou de l'ital. *scuffiare*, enlever la coiffe (par ext. décapiter); il a été aussi un terme militaire. (En 1821, Desgranges le dit originaire d'Espagne.)

escogriffe 1611, Cotgrave; mot orléanais signif. aussi « voleur »; orig. obscure, peut-être de *escroc à griffe*.

escompter 1675, Savary; XIXe s. fig.; de l'ital. *scontare*, décompter. ‖ **escompte** 1597, de Savonne, de l'ital. *sconto*, décompte. ‖ **escomptable** 1867, Lar. ‖ **réescompter** fin XIXe s.

escopette 1519, *Voy. d'A. Pigaphetta* (*esch-*); de l'ital. *schioppetto*, dimin. de *schippo*, arme à feu, issu du lat. *stloppus*, formation expressive, bruit fait en frappant sur les joues gonflées. Il a existé une forme *chopette* (1529, Delb.).

escorte v. 1500, milit., de l'ital. *scorta*, action de guider, de *scorgere*, guider, issu du lat. *corrigere*, corriger. ‖ **escorter** début XVIe s. ‖ **escorteur** 1935, Sachs.

escot 1568, texte de Toulouse; 1723, Savary (*anascote*); pour *ascot*, altér. de Hondschoote, ville de Flandre française où se fabriquait cette étoffe.

escouade 1553, poésie (*esquade*); 1586, Laudonnière (*escouade*); autre forme de *escadre*.

escourgée 1175, Chr. de Troyes (*escorgiée*), « fouet à lanières »; de l'anc. fr. *corgiée*, lanière, courroie, issu du lat. pop. *corrigiata*, de *corrigia*, courroie.

escourgeon 1268, texte picard (*secourjon*); mot du Nord d'orig. inconnue.

escrime 1495, J. de Vignay, de l'ital. *scrima*, qui a éliminé l'anc. fr. *escremie*, de même rac., du germ. *skirmjan*, protéger (allem. *schirmen*). ‖ **escrimer** début XVIᵉ s.; fig. et réfléchi, XVIᵉ s. ‖ **escrimeur** XVᵉ s.

escroquer 1594, La Rocque, de l'ital. *scroccare*, de *crocco*, croc, au sens de « décrocher ». ‖ **escroc** 1642, Oudin, de l'ital. *scrocco*. ‖ **escroqueur** av. 1550, J. du Bellay. ‖ **escroquerie** 1694, Furetière.

esculape 1771, *Trévoux*, du lat. *Aesculapius*, empr. au gr. *Asklêpios*, dieu de la médecine.

esgourde 1896, arg., « oreille »; altér. d'apr. *gourde*, *dégourdi*, de *escoute*, même sens en argot (1725, Cartouche); empr. au prov. mod. *escouto*, déverbal de *escouta*, écouter.

ésotérique 1755, *Encycl.*, du gr. *esotêrikos*, réservé aux adeptes, proprement « intérieur », de *esô*, dedans. (V. EXOTÉRIQUE.) ‖ **ésotérisme** 1856, Lachâtre.

espace début XIIᵉ s., *Grégoire*, du lat. *spatium*. ‖ **espacer** 1417, Delb. ‖ **espacement** 1680, Richelet.

espade 1747, Duhamel, « batte pour le chanvre »; du prov. mod. *espado*, épée; en 1606 (Gesner), sens de « espadon ».

espadon 1611, Cotgrave, « grande épée »; 1694, Th. Corn., « poisson dit épée de mer »; de l'ital. *spadone*, augmentatif de *spada*, épée.

espadrille 1752, *Trévoux* (*espardille*); 1793 (*-adrille*); du roussillonnais *espardillo*, de *spart*, plante servant à faire des nattes (v. SPARTE).

espagnol 1080; *Roland* (*espan*); du lat. *Spanus*, de *Hispanus*. ‖ **espagnolisme** 1835, Stendhal. ‖ **espagnolette** 1731, Mᵐᵉ de Simiane, dimin. de *espagnol*, d'apr. l'origine (dite aussi *targette à l'espagnole*). [V. ÉPAGNEUL.]

espale 1622, Hobier, « dernier banc des rameurs », de l'ital. *spalla*, épaule. ‖ **espalet** 1812, *Encycl. méth.*, « pièce de fusil à percussion », dér. du même mot au sens fig. de « appui ».

espalier milieu XVIᵉ s., archit.; 1600, O. de Serres, hortic.; de l'ital. *spalliera*, de *spalla*, épaule, au sens fig. de « appui ».

espalmer XVIᵉ s., Farcadel, « enduire d'espalme »; de l'ital. *spalmare*, enduire avec la paume. ‖ **espalme** 1773, Jaubert, « enduit pour les carènes ».

esparcette 1600, O. de Serres (*esparcet*); du prov. mod. *esparceto*, peut-être de même rac. que *épars*, d'apr. le mode de semailles de ce sainfoin.

espèce 1265, J. de Meung, du lat. *species*, aspect, apparence, sens conservé en philos.; théol., au fig. nature, catégorie, sens courant en fr.; le sens financier, au pl., est déjà attesté en bas latin (VIᵉ s., Grégoire de Tours). [V. ÉPICE, SPÉCIAL.]

espéranto fin XIXᵉ s., part. prés. du verbe *esperi*, espérer, c.-à-d. « celui qui espère », pseudonyme employé par le créateur de cette langue, L. Zamenhof.

espérer fin XIᵉ s., *Alexis*; du lat. *spêrâre* (s prononcé en fr. d'apr. le lat.); le sens de « attendre » (XVIᵉ s.) subsiste dans l'Ouest et le Midi. ‖ **espoir** 1130, *Eneas* (*espeir*), déverbal d'apr. les formes toniques du verbe. ‖ **espérance** 1120, *Ps. d'Oxford*. ‖ **désespérer** fin XIIᵉ s., *Rois* (var. *despérer*). ‖ **désespoir** XIIᵉ s., Couci. ‖ **désespérance** 1160, Benoît, enregistré de nouveau au XIXᵉ s. (1801, Mercier). ‖ **inespéré** XVᵉ s.

espiègle XVIᵉ s., G., francisation de l'allem. *Eulenspiegel*, personnage d'un roman traduit en fr. en 1559 (*Ulespiegle*, dans la trad.). ‖ **espièglerie** 1694, *Acad.*

espingole XVIᵉ s., d'apr. Guérin, altér. de *espringale* (1258, texte de Reims), « machine qui lançait des carreaux », puis « petit canon »; issu de l'anc. fr.

espringuer, sauter, du francique *springan* (allem. *springen*). ‖ **espingard** 1701, Furetière.

espion fin XIIIe s., de l'ital. *spione*, de *spiare*, épier ; il a éliminé *épie* (de *épier*). ‖ **espionner** fin XVe s. ‖ **espionnage** fin XVIe s. ‖ **contre-espionnage** fin XIXe s.

esplanade XVe s., Martial d'Auvergne, de l'ital. *spianata*, de *spianare*, aplanir. Désigne d'abord l'espace libre et découvert ménagé devant le glacis d'une fortification, puis une vaste place découverte.

espolette 1773, Bourdé (*-oulette*), « fusée de projectile » ; de l'ital. *spoletta* (même rac. que *époule*, tuyau), du francique **spôla*.

esponton fin XVIe s., Brantôme (*sponton*), « demi-pique » ; de l'ital. *spuntone*, pique, de *punta*, pointe.

esprit début XIIe s., *Ps. de Cambridge* (*espirit*) ; XIVe s. (*esperit* et *esprit*) ; du lat. *spiritus*, souffle, sens conservé dans quelques emplois ; le sens fig. l'a emporté ; *esprit-de-vin*, *esprit-de-sel*, d'apr. l'alchimie.

esquicher 1789, *Encycl. méth.*, « jouer sa carte la plus faible au reversi » et sens fig. ; du prov. mod. *esquicha*, presser, comprimer, de *quicha*, presser.

esquif 1497, G. de Villeneuve, de l'ital. *schifo*, issu du longobard **skif*, de même rac. que *équiper*.

esquille 1503, G. de Chauliac, du lat. *schidia*, copeau, empr. au gr. (cf. *Aegidius*, Gilles). ‖ **esquilleux** 1560, Paré.

esquimau 1922, friandise glacée ; 1930, vêtement d'enfant d'apr. la ressemblance avec le costume des *Esquimaux*.

esquinancie 1175, Chr. de Troyes (*quinancie*) ; XIIIe s., forme agglutinée ; du lat. méd. *cynanche*, empr. au gr. *kunagkhê*, collier de chien, de *kuôn*, *kunos*, chien, à cause de la sensation d'étranglement.

esquinter 1800, *Chauffeurs*, argot, puis pop., du prov. mod. *esquinta*, « déchirer en tirant », issu du lat. pop. **exquintare*, couper en cinq (cf. *se mettre en quatre*, écarteler).

esquisse milieu XVIe s. (*-iche*), de l'ital. *schizzo*. ‖ **esquisser** *id.* ; fig., fin XIXe s., « ébaucher ».

esquiver 1080, *Roland* (*eschiver*), du germ. *skiuh*, farouche. ‖ **esquive** XXe s., déverbal.

*essaim 1160, Benoît, du lat. *exämen*, au sens propre (*exigere*, pousser, rac. *agere*, mener), proprement « groupe d'abeilles mené au-dehors » (v. EXAMEN). ‖ **essaimer** XIIIe s., de Fournival (*-amer*). ‖ **essaimage** 1823, Boiste.

essanger 1398, *Ménagier*, du lat. pop. **exsaniare*, de *sanies*, sanie. ‖ **essangeage** 1870, Lar., savonnage du linge sale avant de le laver.

essarder 1395, Chr. de Pisan, mar., de l'anc. fr. *essardre*, avec changement de conj., issu du lat. pop. **exardere* (class. *exardescere*, dessécher). Il signifie « éponger au moyen du faubert ».

*essart XIIe s., *Roncevaux* ; du bas lat. *exartum* (*Loi des Burgondes*), part. passé du lat. pop. **exsarire*, défricher (lat. *sarire*, sarcler). ‖ **essarter** 1138, *Saint Gilles*. ‖ **essartis** XVIIe s., *D. G.* ‖ **essartement** 1611, Cotgrave. ‖ **essartage** 1783, Rozier.

*essayer 1080, *Roland*, du lat. pop. **exagiare*, peser, du bas lat. *exagium*, pesée, par ext. essai (rac. *agere*, pousser) [v. EXIGER]. ‖ **essai** début XIIe s., *Voy. de Charl.*, déverbal. ‖ **essayerie** (*de monnaie*) 1611, Cotgrave. ‖ **essayage** 1828, Mme Burtel. ‖ **essayiste** 1821, *l'Album*, repris de l'angl. *essayist*, tiré du fr. *essai*, traité (*les Essais* de Montaigne). ‖ **essayisme** XXe s.

1. esse 1304, G., objet en forme d'*s*. ‖ **esseret** 1755, *Encycl.*

2. esse XIIIe s. (*heuce*), « cheville fixée à l'essieu », puis *esse* ; issu du francique **hiltja* ou anc. haut allem. *helza*, poignée d'épée.

essence 1130, *Job*, du lat. philos. *essentia* ; le sens concret « extrait » s'est formé chez les alchimistes. ‖ **essentiel** fin XIIe s., *Grégoire*, du bas lat. *essentialis*. ‖ **essentiellement** *id.* ‖ **essentialisme** 1864, L. ‖ **essentialiste** *id.*

*essieu début XIIe s., *Voy. de Charl.* (*aissuel*) ; 1265, Br. Latini (*essiaus*) ; fin XIIe s., *Rois* (*aissel*) ; XVIe s. (*essieu*), avec changement de suffixe, forme picarde ; du lat. pop. *axilis*, de *axis*, axe, ais.

essimer 1265, J. de Meung (*essaïmer*), « dégraisser, faire maigrir », de l'anc. fr. *saïm*, graisse. (V. SAINDOUX.)

essor 1175, Chr. de Troyes, « exposition à l'air », par ext. « élan dans l'air » (d'un oiseau, etc.), au fig. élan de l'esprit, développement; déverbal de *essorer*. ‖ *essorer* *id.*, « exposer à l'air libre »; XIX° s., sens techn., « exprimer l'eau »; du lat. pop. *exaurare*, de *aura*, vent air. ‖ **essorage** XII° s., vén., action de lâcher un oiseau; XIX° s., sens actuel. ‖ **essoreuse** 1870, Lar.

essoriller V. OREILLE.

*****essuyer** fin XII° s. (*essuer, -uier*), du bas lat. *exsūcare*, exprimer le suc (*sūcus*), par ext. sécher; fig., XVI° s. ‖ **essui** 1604, Gauchet. ‖ **essuyeur** 1472, G. ‖ **essuyage** 1864, L. ‖ **essuie-main** 1611, Cotgrave. ‖ **essuie-glace** 1914, *Vie autom.* ‖ **essuie-plume** 1870, Lar. ‖ **ressuyer** fin XII° s., *Loherains.* ‖ **ressui** 1561, Du Fouilloux, vén.

est fin XII° s., *Rois* (*le hest*), de l'anc. angl. *east.*

estacade milieu XVI° s.; 1578, d'Aubigné (*stecade*); de l'ital. *steccata*, de *stecca*, pieu, issu du longobard **stikka* (allem. *Stecken*, bâton; angl. *stick*).

estafette 1619, *l'Espadon*; de l'ital. *staffetta*, dimin. de *staffa*, étrier, par ext. de sens « courrier » (cf. *à franc étrier*).

estafier début XVI° s., de l'ital. *staffiere*, valet d'armes qui tenait l'étrier (v. ESTAFETTE); sens conservé en fr. jusqu'au XVIII° s.; devenu péjor., ces valets étant des gens à tout faire.

estafilade début XVI° s., Huguet; de l'ital. *staffilata*, coup d'étrivière (*staffile*), de *staffa*, étrier; le sens propre est constant au XVI° s. ‖ **estafilader** 1642, Oudin, qui a remplacé *estafiler* (XVI° s.).

estagnon 1864, L., récipient, du prov. mod. *estagnoun* (anc. prov. *estanh*, étain).

estamet 1469, Gay (*-de Lombardye*), étoffe de laine, de l'anc. fr. *estame* (XIII° s., G.), fil de laine; forme méridionale de l'anc. fr. *étaim*, du lat. *stamen*, fil de quenouille.

estaminet XVII° s., Delb., du wallon *staminê*, salle de réunion, de *stamon*, poteau (allem. *Stamm*, tronc), d'abord « salle à poteaux ». L'emprunt s'est fait par le picard.

estamper XIII° s., G. de Montreuil (*est-*), « piler »; XIV° s., « imprimer en relief »; fin XIX° s., fig., « soutirer de l'argent »; de l'ital. *stampare*, pour les deux derniers sens; issu du francique **stampôn*, broyer (allem. *stampfen*), qui a donné directement le premier emploi en fr. La var. *étamper* a été réservée à ce premier sens. ‖ **estampe** XIV° s., La Borde « impression en relief »; XVI° s., « image », de l'ital. *stampa.* ‖ **estampage** début XVII° s. ‖ **estampeur** *id.* ‖ **estampille** fin XVII° s., Saint-Simon, de l'esp. *estampilla* (même rac.). ‖ **estampiller** 1783, Linguet. ‖ **estampillage** *id.*

1. ester n. m. 1850, créé en allem. par Gmelin (fin XVIII° s.), d'apr. l'allem. *Essigäther*, éther acétique.

2. ester v. 1080, *Roland*, « se tenir debout », spécialisé au XVI° s. au sens jurid., avec la graphie anc.; du lat. *stare*, se tenir debout.

esterlin 1174, *Vie de Th. Becket*, francisation anc. de *sterling*, ancien poids monétaire d'Ecosse.

esthétique 1753, Beausobre, du lat. philos. *aesthetica*, tiré par Baumgarten (1735), du gr. *aisthêtikos*, de *aisthanesthai*, sentir. ‖ **esthéticien** XIX° s., Gautier. ‖ **esthète** 1881, Claretie, d'apr. le gr. *aisthêtês*. ‖ **esthétisme** fin XIX° s. ‖ **esthéticisme** 1908, *L. M.*

estimer fin XIII° s., *Chron. de Saint-Denis*, qui a éliminé l'anc. fr. *esmer*, confondu avec *aimer*, du lat. *aestimare*, ‖ **estimation** 1283, Beaumanoir, du lat. *aestimatio.* ‖ **estimateur** 1389, Delb., qui a remplacé *estimeur*, du lat. *aestimator.* ‖ **estimatif** 1314, Mondeville, au sens propre seulement. ‖ **estime** 1498, Commynes. ‖ **estimable** XIV° s., Bouthillier. ‖ **inestimable** 1438, *la Belle Maguelonne.* ‖ **mésestimer** 1556, Granvelle. ‖ **mésestime** 1753, d'Argenson. ‖ **surestimer** v. 1600, François de Sales. ‖ **sous-estimer** fin XIX° s.

estival 1119, Ph. de Thaun, du bas lat. *aestivalis*, relatif à l'*été* (v. ce mot). ‖ **estiver** XVI° s., « faire passer l'été aux troupeaux ». ‖ **estivage** 1856, Lachâtre. ‖ **estivant** début XX° s., repris au prov. mod. ‖ **estivation** 1827, *Acad.*, bot.; 1856, Lachâtre, zool.

estive 1539, Fournier, « chargement d'un navire », empr. à l'ital. *stiva*, issu du lat. *stipare*, comprimer. (V. CONSTIPER.)

estoc 1190, Garn., « souche, bâton, épée » (*frapper d'estoc et de taille*), déverbal de *estochier*, frapper, du francique **stok*, bâton, pieu. ‖ **étau** début XIVe s., pl. figé de *estoc*, sous la forme pop. *étoc* (*étocs* prononcé *etô*), confondu plus tard avec le pl. de *étal*. ‖ **estocade** milieu XVIe s. (*estoquade*), empr. à l'ital. *stoccata*, de *stocco*. (V. ÉTOQUEAU.)

estomac XIIIe s., G., du lat. *stomachus*, empr. au gr. *stomakhos*. ‖ **estomaquer** 1480, Delb., fig., du lat. *stomachari*, s'irriter, proprement « exhaler sa bile ».

estompe fin XVIIe s., *Mém. Acad. des sc.*, du néerl. *stomp*, chicot, bout (allem. *stumpf*, émoussé). ‖ **estomper** *id.*, var. *-omber*; fig., XIXe s. ‖ **estompage** XXe s.

estouffade 1752, *Trévoux*, de l'ital. *stufata*, étuvée. (V. ÉTOUFFER, ÉTUVER.)

estourbir 1835, Raspail, argot, tiré de l'allem. dial. (Alsace, Suisse) *storb*, mort (allem. *gestorben*).

1. estrade XVe s., Monstrelet, « route »; resté seulement dans la loc. *battre l'estrade, batteur d'estrade*; de l'ital. *strada*, route, qui formait des loc. analogues; issu du lat. *strata*, de *sternere*, étendre, couvrir, abrév. de *via strata lapide*, voie couverte en dalles.

2. estrade 1674, Thévenot, « plancher élevé », de l'esp. *estrado*, issu du lat. *stratum*, ce qui est étendu, de *sternere*, étendre.

estragon milieu XVIe s. altér. de *targon* (1540, Rab.), issu du lat. bot. *tarchon*, empr. à l'ar. *tarkhūn*.

estramaçon milieu XVIe s., épée longue et lourde, de l'ital *stramazzone*, de *stramazzare*, renverser violemment, de *mazza*, masse d'armes.

estran 1687, Desroches, délaissé sableux de la mer, mot dial. (Normandie), issu de l'angl. *strand*, rivage.

estrapade fin XVe s. (var. *strapade*), de l'ital. *strappata*, de *strappare*, arra-

cher. Désigne un supplice consistant à hisser la victime à une certaine hauteur, puis à le laisser tomber en le retenant par un câble à une certaine distance du sol.

estrapasser 1611, Cotgrave, rendre fourbu, de l'ital. *strapazzare*, malmener, surmener, augmentatif de *strappare*, arracher; spécialisé comme terme d'équitation.

estrope 1382, Delb. (*estrop*), mar., « corde », de l'anc. angl. *stropp*, issu du lat. *strophus* (gr. *strophos*, corde). ‖ **estroper** 1683, de Cordier, mar.

estropier XVe s., de l'ital. *stroppiare*; peut-être du lat. *turpis*, laid.

estuaire XVe s.; rare jusqu'au XIXe s. (1842, *Acad.*); du lat. *aestuarium*, de *aestus*, mouvement des flots.

estudiantin V. ÉTUDE.

esturgeon fin XIIe s. (*-jon*); 1536, Possot; du francique **sturjo* (allem. *Stor*); repris au gascon, ce qui explique la prononc. de *s*.

*et 842, *Serments* (*et*); XIe s. (*e*); le *t* a été rétabli au XIIe s., d'apr. l'origine latine : *et*. ‖ **et cetera** fin XIVe s., lat. « et les autres choses », qui avait pris le sens actuel en lat. médiév.

*étable v. 1160, *Charroi*, du lat. *stabula*, pl. neutre pris pour fém.; de *stabulum*, demeure, spécialisé pour les animaux, de *stare*, se tenir.

*établir 1080, *Roland* (*est-*), du lat. *stabilire*, de *stabilis*, stable. ‖ **établi** XIIIe s. (f. *établie*), « table de travail », « ce qui est établi » au sens propre; 1460, Villon, au masc. ‖ **établissement** 1190, Garn. (*est-*). ‖ **rétablir** 1120, *Ps. d'Oxford* (*rest-*). ‖ **rétablissement** 1283, Beaumanoir (*rest-*). ‖ **préétablir** début XVIIe s.

*étage 1080, *Roland* (*estage*), « demeure »; XIIe s., *Saxons*, étage d'une maison, sens qui a prévalu; au fig., rang, resté dans la loc. *de bas étage*; du bas lat. **staticum*, de *stare*, se tenir. ‖ **étagère** 1502, E. de Médicis; rare jusqu'au XIXe s. ‖ **étager** fin XVIIe s., Dacier; l'anc. fr. avait *estager*, établir. ‖ **étagement** 1864, L. (V. STAGE.)

1. étai 1130, *Saint Gilles*, cordage pour maintenir les mâts; de l'anc. angl. *staeg* (auj. *stag*), avec infl. du suivant.

2. étai 1304, G. (*estaie*), pièce de bois de soutien; du moyen néerl. *staeye* (allem. *stehen*, se tenir debout). ‖ **étayer** 1213, *Fet des Romains* (*estaier*). ‖ **étaiement** 1459, G. ‖ **étayage** 1864, L.

1. *étain fin XIIe s., métal, du lat. *stagnum*, plomb argentifère, var. de *stannum*, mot gaulois; l'étamage était d'apr. Pline une invention gauloise. ‖ **étamer** 1283, Beaumanoir (*est-*), sur la var. *estaim*. ‖ **étameur** XIVe s., *Registre du Châtelet*. ‖ **étamure** 1508, G. ‖ **étamage** 1743, *Arrêt du Cons. d'Etat*. ‖ **rétamer** 1834, Hecart. ‖ **rétameur** 1870, L. ‖ **rétamage** *id*.

2. étain 1687, Desroches, de l'anglais *stemm*, même rac. que *étambot*. Il désigne en mar., dans les anciennes constructions en bois, une pièce de la poupe. (On écrit aussi ESTAIN.)

étal 1080, *Roland* (*estal*), « position », du francique *stall, position, par ext. demeure, spécialisé ensuite aux animaux (allem. *Stall*, écurie); en fr., restreint peu à peu à « étalage », puis « étalage de boucher ». ‖ **étaler** fin XIIe s., *Aliscans* (*est-*), « être posé », puis trans. « étendre ». ‖ **étaleur** XVIe s., *Cout. de Saint-Pol*, remplacé par *étalagiste*. ‖ **étale** 1687, adj., mar. ‖ **étalage** 1268, E. Boileau (*est-*), qui a remplacé *étal* en ce sens. ‖ **étalagiste** 1801, Mercier. ‖ **étalement** 1864, L. ‖ **étalier** 1268, E. Boileau, qui a suivi l'évolution d'*étal*. ‖ **ételle** 1864, L., vague qui suit le mascaret, altér. de *étale*. ‖ **étalon** cheval reproducteur, XIIIe s., G. (*est-*); anc. dér. de *estal*, au sens de « écurie » (l'étalon était gardé à l'écurie), peut-être par le bas lat. *stalto*, *onis*. ‖ **détaler** fin XIIIe s., « rètirer de l'étalage »; XVIe s., « étaler »; XVIIe s., fam., se sauver, courir. ‖ **détalage** 1752, *Trévoux*, dans le premier sens.

étalinguer V. TALINGUER.

1. étalon, cheval V. ÉTAL.

2. étalon (*de mesure*) fin XIIe s., *Alexandre* (*estelon*), « pieu », avec passage de *e* à *a* dans certaines prononc. dial.; de l'anc. fr. *estel*, pieu, peut-être d'origine germanique. De « pieu » on est passé d'une part à « cheville », de l'autre à « bâton garni de marques pour jauger » (XIVe s.). ‖ **étalonner** 1390, G. ‖ **étalonnage** milieu XVe s. ‖ **étalonnement** début XVIe s. ‖ **étalonneur** 1680, Richelet.

étamage, -mer V. ÉTAIN 1.

étambot 1573, Dupuis (*estambor*), pièce de la poupe; du scand. *stafnbord, planche de l'étrave. (V. ÉTRAVE.)

étambrai 1382, Delb. (*tambroiz*); 1690, Furetière (*-braye*); de l'angl. *timber*, bois de charpente, varangue.

1. *étamine 1155, Wace (*est-*), étoffe, du lat. *staminea*, adj. substantivé au fém. (*stamen*, fil de la quenouille); *-ine* pour *-igne* est un chang. de suffixe.

2. étamine 1690, Furetière, bot., adaptation, d'apr. le précédent, du lat. *stamina* (pl. de *stamen*, *staminis*, fil) employé en ce sens par Pline.

étamper V. ESTAMPER.

étancher début XIIe s., *Thèbes* (*estanchier*), qui a eu aussi le sens de « fatiguer » en anc. fr.; origine obscure. ‖ **étanche** *id*. (*estanc*). ‖ **étanchement** 1539, R. Est.

étançon fin XIIe s., de l'anc. fr. *étance*, *estance*, issu du lat. pop. *stantia, pl. neutre, passé au fém., du part. prés. de *stare*, se tenir debout. ‖ **étançonner** 1130, *Job*.

étanfiche 1321, Delb. (*estanfique*), « lit de pierres »; de l'anc. fr. *estant*, part. prés. de *ester*, se tenir debout, issu du lat. *stare* (même sens) et de *ficher*.

*étang fin XIIe s., *Alexandre* (*estanc*), du lat. *stagnum*, avec infl. anc. de *étancher*.

étape 1280, Delb. (*estople*), « comptoir, entrepôt »; 1540, Rab., magasin pour les troupes de passage; XVIIe s., par ext. « endroit où s'arrêtent les troupes »; du moyen néerl. *stapel*, entrepôt.

état XIIIe s., *Vie d'Edouard* (*estat*); du lat. *status*, de *stare*, se tenir debout, au sens fig. de « position », et « Etat » en bas lat.; *état civil*, fin XVIIIe s. ‖ **étatisme** fin XIXe s. ‖ **étatifier** 1916, *L. M.* ‖ **étatiser** XXe s. ‖ **état-major** 1678, Guillet. ‖ **étatisation** début XXe s. ‖ **étatiste** 1907, Lar.

étau V. ESTOC.

et cetera V. ET.

*été 1080, *Roland* (*estet*), du lat. *aestas*, *-atis*. (V. ESTIVAL.)

*éteindre 1160, Benoît, du lat. pop. *extĭngĕre, altér. de extinguere, par infl. de tingere, teindre. ‖ éteigneur 1272, Joinville. ‖ éteignoir 1552, R. Est. (V. EXTINCTION.)

ételle V. ÉTAL.

étendard V. ÉTENDRE.

*étendre 1120, Ps. Oxford, lat. extendĕre. ‖ étendue XVᵉ s., Pastoralet, qui a éliminé étente (XIIᵉ s.), anc. part. passé du lat. pop. extendĭta. ‖ étendoir fin XVIIᵉ s. ‖ étendage 1765, Encycl. ‖ étendard 1080, Roland (estendart), sens spécialisé dès le XIIᵉ s. ‖ porte-étendard V. PORTE- 3.

éternité 1160, Benoît, du lat. aeternitas. ‖ éternel, id., du lat. chrét. aeternalis (IIIᵉ s., Tertullien). ‖ éternellement 1265, Br. Latini. ‖ éterniser 1552, Ronsard; rare jusqu'au XVIIIᵉ s.

*éternuer fin XIIIᵉ s., Renart (est-), du lat. sternūtare (Pétrone), fréquentatif de sternuere. ‖ éternuement début XIIIᵉ s.

étésiens (vents) 1531, de Laigue (-ésies); 1542 (-iens); du lat. etesiae, empr. au gr. etēsiai anemoi, vents annuels; de etos, année.

éteuf fin XIIᵉ s., Alexandre (stui), « balle de paume »; v. 1440, Ch. d'Orléans (éteuf), par fausse régression (v. SOIF); origine sans doute germ.

*éteule début XIIᵉ s., Ps. de Cambridge (estuble), « chaume »; 1690, Furetière (estouble); 1751, Dict. d'agric. (éteule); du bas lat. stŭpŭla, tige des céréales (lat. class. stĭpŭla). La forme actuelle sans b paraît picarde.

éthane V. ÉTHER.

éther début XIIᵉ s., Ps. de Cambridge (-ere), espace céleste; 1730, Frobenius, chim.; 1735, Heister, phys.; du lat. aether, empr. au gr. aithêr. ‖ éthéré XVᵉ s., du lat. aethereus, empr. au gr. aithêrios. ‖ éthane 1897, Lar., rad. et suffixe -ane. ‖ éthyle 1864, L. (gr. hulê, bois). ‖ éthylamine 1870, Lar. ‖ éthériser 1842, Acad. ‖ éthérifier 1836, Landais. ‖ éthéromanie 1888, Lar. ‖ éthéromane id. ‖ éthylique 1870, Lar. ‖ éthylisme 1888, Lar. ‖ éthylène 1870, Lar.

éthiopien 1512, J. Lemaire (gr. aithiops, éthiopien).

éthique subst., 1265, Br. Latini; adj., 1580, Montaigne; du lat. ethicus, -ca, empr. au gr. êthikos, êthikê, de êthos, mœurs. Désigne la science de la morale.

ethnique 1530, Marot, du lat. ethnicus, empr. au gr. ethnikos, de ethnos, peuple; le sens « païen » est repris au lat. eccl. ‖ ethnie 1930, Lar. ‖ ethnographie XVIIIᵉ s., Gohin. ‖ ethnologie 1834, Landais. ‖ ethnographe 1827, Acad. ‖ ethnologue 1870, Lar.

éthyle, éthylène V. ÉTHER.

*étier XIVᵉ s. (estier); enregistré dans Acad., 1762; mot de la côte Atlantique désignant un chenal reliant un marais à la mer; du lat. aestuarium, lagune maritime (v. ESTUAIRE). ‖ étiage 1783, Perronet.

*étincelle 1130, Énéas (estencele), du lat. scintilla, devenu par métathèse *stincilla. ‖ étinceler 1155, Wace (estanceler). ‖ étincelant 1265, J. de Meung. ‖ étincellement 1119, Ph. de Thaun.

étioler 1690, La Quintinie; var. de éteule. ‖ étiolement 1756, Encycl.

étiologie 1611, Cotgrave, du gr. aitiologia, de aition, cause, et logos, science. Désigne en méd. la recherche et l'étude des causes des maladies.

étique 1256, Ald. de Sienne, abrév. de fièvre hectique, fièvre qui amaigrit; XVᵉ s., maigre (v. HECTIQUE). ‖ étisie 1719, Maintenon (ethisie). Le mot a disparu, remplacé par consomption.

étiquette 1387, Du Cange (est-), « marque fixée à un pieu »; puis écriteau fixé sur chaque sac de procès, encore au XVIIIᵉ s.; XVIIIᵉ s., fig., cérémonial, d'apr. l'ordre des étiquettes. ‖ étiqueter 1549, R. Est. ‖ étiquetage 1877, L.

étirer V. TIRER.

étisie V. ÉTIQUE.

étoffe 1241, G. (estophe); sens plus étendu en anc. fr.; déverbal de étoffer. ‖ étoffer fin XIIᵉ s., de l'anc. haut allem. *stopfôn, rembourrer, calfater.

*étoile 1080, Roland (esteile), du lat. pop. *stēla; vedette, 1912, le Cinéma. ‖ étoilé 1112, Voy. saint Brendan (estelé).

étole 1130, Énéas (estole), du lat. stola, empr. au gr. stolê, longue robe, au sens spécialisé du lat. eccl.

*étonner 1080, *Roland* (*est-*), « frapper d'une commotion », sens atténué depuis le XVIIᵉ s.; du lat. pop. *extonare*, de *tonus*, tonnerre. ‖ étonnement début XIIIᵉ s. ‖ étonnant XVIᵉ s., *Anc. Poés. fr.* ‖ étonnamment 1752, *Trévoux*.

étoqueau 1462, G., pièce de serrure; dér. de *estoc*.

étouffée V. ÉTOUFFER.

*étouffer XIIIᵉ s., G., du lat. pop. *stuffare*, d'orig. obscure, sans doute de formation expressive ‖ étouffement XIVᵉ s., G. ‖ étouffoir milieu XVIIᵉ s. ‖ étouffeur 1776, Bomare. ‖ étouffée fin XIVᵉ s., réfection de *estouffade*. (V. ESTOUFFADE.)

*étoupe XIIᵉ s., G. (*est-*), du lat. *stuppa*. ‖ étouper début XIIᵉ s., *Ps. de Cambridge*, du lat. *stuppare*. ‖ étoupille début XVIIᵉ s., de l'esp. *estopilla*, mèche inflammable.

*étourdi 1086, G. (*estordit*, surnom); du lat. pop. *exturditus*, de *turdus*, grive (cf. ÉTOURNEAU dans le même sens). ‖ étourdir *id.* ‖ étourdissement 1213, *Fet des Romains*. ‖ étourderie 1675, Bouhours. ‖ étourdissant 1690, Furetière; fig. XIXᵉ s.

*étourneau 1119, Ph. de Thaun (*esturnel*), du lat. pop. *sturnellus*, de *sturnus*. (V. ÉTOURDI.)

étouteau 1734, D. Alexandre, pièce formant butoir, de la forme dialectale *étouquiau*, var. de *étoqueau*.

*étrange fin XIᵉ s., *Alexis* (*estr-*), repris anc. au lat. *extraneus*, étranger, sens en fr. jusqu'au XVIIᵉ s.; dès le XIᵉ s., « bizarre ». ‖ étrangeté 1398, E. Deschamps; rare aux XVIIᵉ-XVIIIᵉ s. ‖ étranger adj., v. 1360, Machaut; début XIIᵉ s., *Ps. de Cambridge*, comme verbe disparu; *étranger* a remplacé *étrange* dans son premier sens. ‖ étrangement fin XIIᵉ s., *Aliscans*.

*étrangler XIIᵉ s., L. (*est-*), du lat. *strangulare*, même sens. ‖ étranglement début XIIIᵉ s. ‖ étrangleur XIIIᵉ, s., *Gloss. de Conches*.

étrave 1573, Du Puys, du scand. *stafn*, proue. (V. ÉTAMBOT.)

*être 1080, *Roland* (*estre*), du lat. pop. *essere*, issu du lat. *esse*; plusieurs formes ont été empr. au lat. *stare*, se tenir debout (anc. fr. *ester*). ‖ être subst., 1130, *Eneas*. ‖ bien-être V. BIEN. ‖ non-être XVIIᵉ s., Bossuet. ‖ mieux-être XVIIIᵉ s.

étrécir V. ÉTROIT.

*étreindre XIIᵉ s., *Saxons*, du lat. *stringere*. ‖ étreinte XIIᵉ s., *Audefroi le Bâtard*, part. passé substantivé.

étrenne XIIᵉ s., *Roncevaux* (*estreine*), du lat. *strena*, bon présage, par ext. cadeau à titre d'heureux présage. ‖ étrenner 1160, Benoît.

*êtres 980, *Passion* (*estras*, pl.) ; 1130, *Eneas* (*estres*); du lat. *exterus*, ce qui est à l'extérieur, substantivé au pl. neutre; sens plus étendu en anc. fr. (emplacement, jardin, etc.).

étrésillon 1333, G. (*estesillon*) ; XVᵉ s. (*étré-*); forme agglutinée de *tésillon* (avec article), de *teseillier*, ouvrir la bouche, d'apr. *teser*, tendre, issu du lat. pop. *te(n)sare* (v. TOISE). Le sens premier est « bâton pour maintenir la gueule ouverte », par ext., au XVIIᵉ s., « pièce de charpente pour empêcher l'éboulement d'une tranchée »; 1762, *Acad.*, mar. ‖ étrésillonner 1694, Th. Corn.

étresse V. ÉTROIT.

étrier 1080, *Roland* (*estreu*); puis *estrif*, *estrier* (avec changement de suffixe); du francique *streup-*, courroie (qui formait l'étrier des Germains), attesté sous la forme lat. *strepus*, *strepa* au XIᵉ s. ‖ étrivière 1175, Chr. de Troyes (*est-*). ‖ étrière 1600, *Ordonn.* (V. ÉTRIVE.)

*étrille XIIIᵉ s., *Fabliau* (*estrille*) ; au fig. crabe, mot normand; du lat. pop. *strigila*, issu du lat. *strigilis*. ‖ étriller 1175, Chr. de Troyes (*est-*), frotter avec l'étrille.

étriquer XIIIᵉ s., « amincir une pièce de bois »; 1760, Voltaire, fig., « rendre étroit »; mot du Nord, issu du néerl. *strijken*, frotter, lisser.

étrive 1773, Bourdé, mar., « angle que fait une manœuvre », var. fém. de *étrier*.

étrivière V. ÉTRIER.

*étroit 1080, *Roland* (*estreit*), du lat. *strictus*. ‖ étroitesse XIIIᵉ s. (*estreitece*); inusité aux XVIIᵉ-XVIIIᵉ s. ‖ étresse 1763, *Encycl.*, papier gris très mince, collé au dos des cartes à jouer; paraît représenter l'anc. fr. *estrece*, étroitesse, issu du lat. pop. *strictius. ‖ ***étrécir** 1366, G. (*estroicir*), var. tardive de *estrecier* (XIIᵉ-XVIᵉ s.) ; issu du lat. pop. *strictiare, de *strictus*. ‖ **rétrécir** XIVᵉ s., *Traité d'alch.* ‖ **rétrécissement** 1560, Paré.

étron XIIIᵉ s., Jubinal (*estrons* pl.), du francique *strunt (néerl. *stront*).

étude 1175, Chr. de Troyes (*estude*), parfois masc. en anc. fr.; adaptation du lat. *studium*, soin, application, par ext. étude. ‖ **étudier** 1160, Benoît (*est-*), d'apr. le lat. ‖ **étudiant** 1361, Oresme (*est-*), qui n'a remplacé *écolier* en son sens actuel qu'à la fin du XVIIᵉ s. ‖ **estudiantin** 1899, Sachs-Villate, de l'esp. *estudiantino*, de *estudiante*, étudiant.

étui 1190, Garn. (*estui*), « prison », puis « boîte où l'on enferme », déverbal de l'anc. fr. *estuier*, *estoier*, enfermer, ménager, qui représente peut-être le lat. pop. *studiare, de *studium*, soin.

***étuver** 1265, J. de Meung (*est-*), « baigner dans l'eau chaude »; du lat. pop. *extufare, empr. au gr. *tuphos*, fumée, vapeur, qui devait s'appliquer aux bains de vapeur. ‖ **étuve** 1175, Chr. de Troyes (*estuve*). ‖ **étuvée** 1390, Taillevent. ‖ **étuveur** milieu XIIIᵉ s.

étymologie XIVᵉ s., *Girart de Roussillon*, du lat. *etymologia*, empr. au gr. *etumos*, vrai, et *logos*, traité, « qui fait connaître le vrai sens des mots ». ‖ **étymologiste** fin XVIᵉ s. ‖ **étymologique** XVIᵉ s., Bonivard, du lat. *etymologicus*, empr. au gr. *etumologikos*. ‖ **étymon** XXᵉ s., mot donné comme étymologie d'un terme.

eucalyptus 1796, *Encycl. méth.* (*-ypte*), mot du lat. bot. (1788, Lhéritier) ; du gr. *eu*, bien, et *kaluptos*, couvert, le limbe du calice restant clos jusqu'à la floraison.

eucharistie milieu XIIᵉ s., du lat. chrét. *eucharistia* (IIIᵉ s., saint Cyprien), empr. au gr. *eukharistia*, action de grâces; encore au lat. au IIIᵉ s., chez Tertullien; de *kharizesthai*, faire plaisir. ‖ **eucharistique** fin XVIᵉ s., du lat. *eucharisticus*, empr. au gr. *eukharistikos*.

eudémonisme 1876, L., gr. *eudaimonismos*, action de regarder comme heu-

reux, de *daimôn*, heureux. Théorie du bonheur considéré comme bien suprême.

eudiomètre v. 1775, Brunot, du gr. *eudia*, beau temps, et *metron*, mesure. Désigne un instrument de mesure du volume des mélanges gazeux.

eugénique 1883, Galton, du gr. *eu*, bien, et *genos*, race. ‖ **eugénisme** *id.*, étude scientifique des moyens capables de sauvegarder les qualités génétiques de l'espèce humaine. ‖ **eugénète** XXᵉ s.

euh, heu 1668, Racine, onomatopée.

eulogie fin XVIᵉ s., « pain bénit »; 1611, Cotgrave (*oge*) ; du lat. eccl. *eulogia*, empr. au gr. chrét. *eulogia*, bénédiction.

eumolpe 1839, Boiste, du gr. *eumolpos*, harmonieux; coléoptère d'un vif éclat métallique.

eunecte 1842, *Acad.*, du gr. *eu*, bien, et *nêktos*, nageur. Désigne un boa aquatique.

eunuque XIIIᵉ s. (*-nique*) ; rare jusqu'au XVIIIᵉ s.; du lat. *eunuchus*, empr. au gr. *eunoûkhos*, « qui garde (*ekhein*, avoir, tenir) le lit, *eunê* (des femmes) ».

eupatoire, eupatorium XVᵉ s., *Grant Herbier*, du lat. *eupatoria herba*, empr. au gr.; du nom du roi Eupator, qui fit connaître les vertus médicinales de cette plante.

euphémisme 1730, Dumarsais, du gr. *euphêmismos*, parole de bon augure, de *eu*, bien, et *phêmê*, parole. ‖ **euphémique** 1839, Boiste.

euphonie 1561, Du Verdier, du lat. *euphonia*, empr. au gr. *eu*, bien, et *phônê*, son. ‖ **euphonique** 1756, *Encycl.*

euphorbe XIIIᵉ s., du lat. *euphorbia herba*, du nom de *Euphorbus*, médecin de Juba, roi de Numidie (Iᵉʳ siècle), qui révéla la valeur curative de cette plante. ‖ **euphorbiacées** 1819, Boiste.

euphorie 1775, abbé Prévost, « sentiment de bien-être en fin de maladie »; du gr. *euphoria*, force de supporter, de *eu*, bien, et *pherein*, porter. ‖ **euphorique** XXᵉ s.

euphraise 1600, O. de Serres, du lat. bot. *euphrasia*, empr. au gr., signif. « gaieté, plaisir », d'apr. la propriété curative de la plante.

euphuisme 1820, Mackenzie, de l'angl. *euphuism*, dér. de *Euphues*, empr. au gr., « qui a d'heureuses dispositions »; titre d'un ouvrage de J. Lyly (1579), écrit en style précieux.

eurasien 1864, L., de *Europe* et de *Asie*. ‖ **eurasiatique** XX⁰ s.

européen XVIIIᵉ s., qui a remplacé *européan, -pain*, de *Europe*. ‖ **européaniser** 1830, *la Mode*. ‖ **europium** 1901, Demarçay. ‖ **Eurovision** 1954, abrév. de *Union européenne de radiodiffusion et de télévision*.

eustache 1779, Dorvigny, du nom de *Eustache Dubois*, coutelier à Saint-Etienne, couteau à virole.

eutexie 1922, Lar., du gr. *eutexia*, fonte aisée. ‖ **eutectique** 1906, Lar., du gr. *eutekos*, « qui fond facilement »; se dit d'un phénomène physique consistant dans la fusion à température constante de mélanges solides.

euthanasie 1771, *Trévoux*, du gr. *eu*, bien, et *thanatos*, mort.

eux V. IL.

évacuer XIIIᵉ s., du lat. *evacuare*, vider, de *vacuus*, vide; d'abord milit.; XVIIIᵉ s., faire sortir d'un lieu; XIXᵉ s., faire sortir de l'endroit où l'on demeure. ‖ **évacuation** 1314, Mondeville, méd., jusqu'au XVIᵉ s.; du bas lat. *evacuatio*. ‖ **évacuateur** XXᵉ s. (1959, Lar.)

évader (s') 1360, *Modus*, intrans., puis pronominal; du lat. *evadere*, « sortir de », de *vadere*, aller. ‖ **évasion** XIIIᵉ s., G., du bas lat. *evasio* (*Vulgate*). ‖ **évasif** 1547, Budé. ‖ **évasivement** 1787, Féraud.

évaltonner (s') XVIᵉ s., J. Grévin, « s'émanciper », de l'anc. fr. *valeton*, dimin. de *valet*.

évaluer V. VALOIR.

évanescent V. ÉVANOUIR.

évangile XIIᵉ s., E. de Fougères, du lat. chrét. *evangelium* (IIIᵉ s., Tertullien), empr. au gr. *euaggelion*, bonne nouvelle. ‖ **évangéliste** 1190, saint Bernard (*euv-*), du lat. chrét. *evangelista*, empr. au gr. chrét. *euaggelista*. ‖ **évangélique** XIVᵉ s., Ph. de Maizières, du lat. chrét. *evangelicus*, empr. au gr. *euaggelikos*. ‖ **évangéliser** XIIIᵉ s., L., du lat. chrét. *evangelizare*, empr. au gr. *euagge-*

lizein. ‖ **évangéliaire** 1721, *Trévoux*, du lat. eccl. *evangeliarium*. ‖ **évangélisateur** 1870, L.

évanouir (s') 1130, *Eneas* (*esvanoïr*), « disparaître », et au fig. « se trouver mal », altér. de l'anc. fr. *esvanir*, issu du lat. pop. **exvanīre*, réfection de *evanescere*, se dissiper, disparaître, d'apr., semble-t-il, le parfait lat. (*evanuit*); d'abord mot de clerc. ‖ **évanouissement** 1175, Chr. de Troyes (*esv.*). ‖ **évanescent** 1859, Lachâtre.

évaporer, évaser, évasion V. VAPEUR, VASE, ÉVADER.

évection 1361, Oresme, astron., du lat. *evectio*, action de s'élever, de *vehere*, transporter. Désigne l'inégalité périodique dans le mouvement de la lune.

*éveiller 1080, *Roland* (*esv-*), du lat. pop. **exvĭgilare*, « veiller sur », et, par ext., « s'éveiller », de *vigilium*, veille. ‖ **éveil** 1175, Chr. de Troyes (*esv-*). ‖ **réveiller** XIIIᵉ s., *Robin et Marion*, qui élimine *éveiller*. ‖ **réveil** fin XIIIᵉ s., Rutebuef, déverbal. ‖ **réveillon** début XVIᵉ s. ‖ **réveillonner** 1862, *l'Univers illustré*. ‖ **réveille-matin** av. 1450, *Myst. Passion*. (V. VEILLE.)

événement début XVIᵉ s., d'apr. le lat. *evenire*, arriver, et *eventus*, événement, sur le modèle de *avènement*. Il a remplacé *event*. ‖ **événementiel** XXᵉ s. (1959, Lar.).

event 1866, L. Blanc (*great event*), épreuve sportive, en parlant du derby; 1901, *Vie au grand air* (*grands events*); mot angl. emprunté à l'anc. fr. *event*, événement.

évent, éventail, éventer V. VENT.

éventuel 1718, *Acad.*, du lat. *eventus*, événement. ‖ **éventuellement** début XVIIIᵉ s. ‖ **éventualité** fin XVIIIᵉ s., Beaumarchais.

*évêque Xᵉ s., *Saint Léger* (*ebisque*, *evesque*), du lat. chrét. *episcŏpus*, empr. au gr. *episkopos*, surveillant. ‖ **évêché** Xᵉ s., *Saint Léger* (*evesquet*), du lat. eccl. *episcopatus*. ‖ **épiscopal** fin XIIᵉ s., du lat. *episcopalis*. ‖ **épiscopat** début XVIIᵉ s., du lat. *episcopatus*. ‖ **archevêque** 1080, *Roland*. ‖ **archevêché** milieu XIIᵉ s. ‖ **archiépiscopal** 1389, Delb.

éverdumer 1549, R. Est., enlever la couleur verte aux légumes; d'apr. l'ital. *verdume*, verdure.

évertuer (s') V. VERTU.

évhémérisme 1842, *Acad.*, du philosophe gr. *Evhémère*.

éviction V. ÉVINCER.

évident 1265, J. de Meung, du lat. *evidens*, de *videre*, voir. ‖ **évidence** 1314, Mondeville, du lat. *evidentia*.

évider V. VIDE.

évier XIIIe s., Tailliar (*euwier*), du lat. *aquarium*, adj. substantivé, de *aqua*, eau; en bas lat., il a signifié « égout ». (V. AQUARIUM.)

évincer début XVe s.; XIXe s., fig.; du lat. *evincere*, au sens jurid., de *vincere*, vaincre. ‖ **éviction** 1283, *D. G.*, du lat. jurid. *evictio*, de *evincere*; « dépossession d'un bien acquis de bonne foi ».

éviré 1546, Rab., « châtré », du lat. *vir*, homme.

éviter 1324, Lespinasse, lat. *evitare*, se soustraire à quelque malheur; intr. jusqu'au XVIe s. ‖ **évitable** fin XIIe s., Marie de France. ‖ **évitage** 1772, Bourdé. ‖ **évitement** 1539, R. Est. ‖ **inévitable** 1495, J. de Vignay, d'apr. le lat. *inevitabilis*. ‖ **inévitablement** fin XVe s.

évocation, évocatoire V. ÉVOQUER.

évolution 1647, de Lostelneau, milit.; XVIIIe s., changement; XIXe s., théorie biologique; du lat. *evolutio*, action de dérouler, de *volvere*, rouler. ‖ **évoluer** fin XVIIIe s. ‖ **évolutif** début XIXe s., Ballanche. ‖ **évolutionnisme** fin XIXe s. ‖ **évolutionniste** 1876, L.

évoquer 1398, E. Deschamps, jurid.; du lat. *evocare*, de *vocare*, appeler (v. VOIX). ‖ **évocable** 1718, *Acad.* ‖ **évocateur** XIXe s., Gautier. ‖ **évocation** 1348, Varin, du lat. jurid. *evocatio*; d'abord jurid., puis, début XVIIIe s., « évocation des démons », et, XIXe s., « souvenir ». ‖ **évocatoire** début XIVe s., jurid., du lat. *evocatorius*.

évulsion 1540, *Chirurgie de Paulus Aegineta*, lat. *evulsio*, arrachement, de *vellere*, arracher. Terme de chirurgie désignant une extraction.

ex- prép. lat. signif. « hors de »; devenu préfixe dans les composés en bas lat. dont le deuxième terme était à l'ablatif : *ex consule*, au sortir de la charge de consul; puis *expatricius*, ancien patrice (*Code Justinien*). Prenant le sens de « qui a rempli cette fonction, qui a été, mais n'est plus », et séparé du deuxième élément par un trait d'union, il a connu un grand développement à partir du XVIIe s. Le préfixe *ex* entre aussi en composition d'un certain nombre de mots (sans trait d'union) : *expatrier, exporter*, etc.

ex abrupto, exacerber V. ABRUPT, ACERBE.

exact 1541, Canappe, var. *exacte* masc., du lat. *exactus*, achevé, part. passé de *exigere*, achever. ‖ **exactement** 1539, Canappe. ‖ **exactitude** 1644, Vaugelas, qui a été en concurrence avec *exacteté* et *exactesse* (début XVIIe s.). Il a d'abord eu le sens « soin scrupuleux »; les valeurs « conformité avec la vérité » ou « conformité avec la grandeur mesurée » se développent à partir du XVIIIe s. ‖ **inexact** 1689, Andry de Boisregard. ‖ **inexactitude** *id.*

exaction V. EXIGER.

ex aequo XIXe s., loc. lat., signif. « également », de *ex*, de, et *aequus*, égal; vient de la langue scolaire.

exagérer 1535, G. de Selve, du lat. *exaggerare*, entasser, de *agger*, chose entassée, au fig. grossir, amplifier. ‖ **exagération** 1549, R. Est., du lat. *exaggeratio*. ‖ **exagérateur** début XVIIe s. Balzac, du lat. *exaggerator*. ‖ **exagéré** s. polit., 1794, Brunot, pour désigner les Montagnards. ‖ **exagérément** 1830, Armand Carrel.

exalter Xe s., *Saint Léger*, du lat. *exaltare*, de *altus*, haut, au sens du lat. eccl.; le sens de « provoquer l'enthousiasme » date du XVIIIe s. ‖ **exaltation** XIIIe s., *Règle du Temple* (*-de sainte croiz*), du lat. *exaltatio* au sens du lat. chrét.

examen 1372, Corbichon, mot lat. empr. au sens fig. et signif. « pesée », d'apr. le lat. *exigere*, peser. ‖ **examiner** XIIIe s., *Règle de saint Benoît*; jurid. en anc. fr., du lat. *examinare*. ‖ **examinateur** 1307, G., du bas lat. *examinator*, au sens fig. de *examinare*, apprécier.

exanthème 1545, Guéroult (*-emate*), du lat. méd. *exanthema, -atis*, efflorescence, de *anthos*, fleur; désigne une éruption cutanée. ‖ **exanthémateux** 1756, *Encycl.*

exaspérer 1308, Aimé, sorti de l'usage au XVIe s., repris à la fin du XVIIIe s., du lat. *exasperare*, de *asper*, rude. ‖ **exaspération** 1588, Montaigne, du lat. *exasperatio.* ‖ **exaspérant** XIIIe s., repris au XIXe s.

exaucer XVIIe s., var. graphique de *exhausser*, spécialisée au sens fig. de « écouter les prières », proprement « exalter en réalisant le vœu », avec infl. du lat. eccl. *exaudire.*

ex cathedra v. 1680, Sévigné, loc. du lat. eccl. signif. « du haut de la chaire ».

excaver XIIIe s., G., rare jusqu'au XVIIIe s., du lat. *excavare*, de *cavus*, creux. ‖ **excavation** 1566, du Pinet, du lat. *excavatio.* ‖ **excavateur** 1843, Bonnaffé, de l'angl. *excavator.*

excéder fin XIIIe s., du lat. *excedere*, « sortir de », au sens trans. « dépasser ». ‖ **excédent** 1392, Deschamps, du part. prés. *excedens*; la graphie a longtemps varié (*ant* ou *ent*). ‖ **excédentaire** 1935, Sachs.

exceller 1544, Scève, du lat. *excellere.* ‖ **excellent** 1160, Benoît; sens restreint en fr., du lat. *excellens.* ‖ **excellemment** XIVe s., J. de La Mote (*-tement*); 1539, R. Est. (*-emment*). ‖ **excellence** 1160, Benoît; fin XIIIe s., Rutebeuf, titre honorifique, d'apr. l'ital. (surtout aux XVe - XVIe s.); du lat. *excellentia.* ‖ **excellentissime** XIIIe s., *Ystoire de li Normant* (œuvre d'un Italien) ; du superlatif ital. *eccellentissimo*, titre honorifique.

excentrique 1361, Oresme, du lat. scient. médiév. *excentricus*, « qui est hors du centre »; au fig., 1611, Cotgrave; XXe s., terme de music-hall, par l'angl. *eccentric.* ‖ **excentricité** 1690, Furetière; 1842, *Acad.*, fig.; du lat. *excentricitas.*

excepter fin XIIe s., Marie de France, du lat. *exceptare*, recevoir (sens en anc. fr.), qui a subi l'infl. sémantique de *exception.* ‖ **excepté** prép., v. 1360, Froissart. ‖ **exception** XIIIe s., *Livre de jostice*, jurid., du lat. *exceptio*, de *excipere*, retirer, excepter (v. EXCIPER). ‖ **exceptionnel** 1739, d'Argenson. ‖ **exceptionnellement** 1842, *Acad.*

excès fin XIIIe s., du lat. *excessus*, de *excedere*, dépasser au sens du bas lat. ‖

excessif 1265, J. de Meung. ‖ **excessivement** 1359, Varin.

exciper 1279, G.; rare jusqu'au XVIIIe s.; du lat. *excipere*, retirer, excepter, au sens jurid. (v. EXCEPTER). ‖ **excipient** 1747, James, du lat. *excipiens*, recevant, spécialisé en pharm.

excise V. ACCISE.

excision 1340, G., du lat. *excisio*, de *excidere*, couper. ‖ **exciser** XVIe s., G., « enlever », en chirurgie.

exciter XIIe s., G. de Saint-Pair (*esciter*), du lat. *excitare*, mettre en mouvement au fig. ‖ **excitable** 1265, J. de Meung; rare jusqu'au XIXe s.; du bas lat. *excitabilis.* ‖ **excitation** fin XIIIe s., Gauchy, du lat. *excitatio.* ‖ **excitateur** 1335, Digulleville, du bas lat. *excitator.* ‖ **excitatif** XIVe s., Delb. ‖ **surexciter** 1842, Mozin. ‖ **surexcitation** 1835, *Acad.*

exclamer V. CLAMER.

exclure 1355, Bersuire, du lat. *excludere*, de *claudere*, fermer (v. ÉCLORE). ‖ **exclusion** 1220, Coincy, du lat. *exclusio.* ‖ **exclusif** milieu XVe s., du lat. scolast. *exclusivus.* ‖ **exclusive** fin XIXe s., s. f. ‖ **exclusivisme** 1835, Fourier. ‖ **exclusivité** 1818, Balzac; cinéma, 1911, *Ciné-Journal.* On trouve *exclusiveté* en 1827, *Acad.*

excommunier, excorier V. COMMUNIER, CUIR.

excrément 1540, Rab., du lat. méd. *excrementum*, *excrétion*, de *excernere*, au sens méd., évacuer. ‖ **excrémenteux** 1560, Paré. ‖ **excrémentiel** *id.*

excrétion 1538, Canappe, du bas lat. *excretio*, criblure, de *excernere*, évacuer. Terme méd., « rejet de sécrétions glandulaires ». ‖ **excréteur** 1560, Paré. ‖ **excrétoire** 1538, Canappe. ‖ **excréter** 1836, Raymond.

excroissance V. CROÎTRE.

excursion 1530, Delb., « attaque d'un territoire ennemi », rare jusqu'au XVIIIe s.; 1849, Besch., voyage; du lat. *excursio*, voyage, de *currere*, courir. ‖ **excursionniste** 1852, Gautier. ‖ **excursionner** fin XIXe s.

excuser 1190, saint Bernard (*esc-*), du lat. *excusare*, mettre hors de cause (*causa*). ‖ **excuse** fin XIVe s., déverbal.

‖ **excusable** fin XIII⁰ s., G. ‖ **inexcusable** 1474, Delb., du lat. *inexcusabilis.*

exeat 1622, Sorel, terme scolaire, mot lat. signif. « qu'il sorte », subj. de *exire;* empr. au lat. eccl. (pour autoriser un prêtre à exercer hors de son diocèse).

exécrer 1495, *Mir. historial,* du lat. *exsecrari,* charger d'imprécations, de *sacer,* sacré. ‖ **exécration** XIII⁰ s., *Bible,* du lat. *execratio.* ‖ **exécrable** 1355, Bersuire, du lat. *execrabilis.*

exécuter fin XIII⁰ s., Gauchy, fait sur le rad. de *exécution.* ‖ **exécutable** 1507, *Lettres de Louis XII.* ‖ **exécuteur** fin XII⁰ s., *Grégoire,* du lat. *executor,* de *exsequi,* poursuivre. ‖ **exécution** 1265, J. de Meung, du lat. *executio.* ‖ **exécutoire** 1337, G., jurid., du bas lat. *executorius.* ‖ **exécutif** 1361, Oresme, « qui exécute »; rare jusqu'au XVIII⁰ s. (1764, Rousseau); ‖ **inexécutable** 1579, *Chron. bordelaise;* rare jusqu'au XVII⁰ s. (1695, Desfontaines). ‖ **inexécution** 1578, d'Aubigné.

exégèse XVII⁰ s., Chastelain, du gr. *exégésis,* de *exègeisthai,* expliquer. ‖ **exégète** 1732, *Trévoux,* du gr. *exègêtês.* ‖ **exégétique** 1694, Th. Corn., du gr. *exègêtikê.*

exemple 1080, *Roland* (var. *essample*), du lat. *exemplum;* XVIII⁰ s., *par exemple!* ‖ **exemplaire** s. m., 1119, Ph. de Thaun (*essemplarie*), « modèle à conserver » (jusqu'au XVIII⁰ s.); 1580, Montaigne, « copie d'un ouvrage »; du lat. *exemplarium.* ‖ **exemplaire** adj., 1361, Oresme, du lat. *exemplaris.* ‖ **exemplarité** XVI⁰ s., « caractère de ce qui peut servir d'exemple ». ‖ **-plifier** 1810, Stendhal.

exempt adj., XIII⁰ s., *Livre de jostice;* subst., 1578, d'Aubigné, « sous-officier exempt du service ordinaire », puis (XVII⁰-XVIII⁰ s.) « sous-officier de police »; du lat. *exemptus,* part. passé de *eximere,* affranchir. ‖ **exempter** 1320, J. de La Mote. ‖ **exemption** 1411, Delb., du lat. *exemptio,* action d'enlever; spécialisé ensuite en matière fiscale.

exequatur 1752, *Trévoux,* mot lat. signif. « qu'il exerce », subj. de *exsequi,* poursuivre; d'abord jurid., puis diplom. (1836, Landais).

exercer 1119, Ph. de Thaun, du lat. *exercere,* mettre en mouvement. ‖ **exer-**cice 1265, J. de Meung, du lat. *exercitium.* ‖ **exerciseur** 1901, *Monde illustré,* sports, de l'angl. *exerciser,* issu du fr. ‖ **inexercé** 1798, *Acad.*

exérèse 1607, Habicot, du gr. *exairêsis,* de *exairein,* retirer; ablation chirurgicale.

exergue 1636, de Bie, en numismatique, du lat. mod. *exergum,* espace hors d'œuvre, du lat. *ex,* « hors de », et du gr. *ergon,* travail; puis « inscription placée en tête d'un ouvrage ».

exfolier 1560, Ambroise Paré, du lat. impér. *exfoliare* (III⁰ s., Apicius), de *folium,* feuille. ‖ **exfoliation** 1478, Panis.

exhaler 1390, Conty, du lat. *exhalare,* de *halare,* souffler. ‖ **exhalaison** XIV⁰ s., *Traité d'alchimie,* du lat. *exhalatio.* ‖ **exhalation** 1361, Oresme, même origine.

exhausser V. HAUT.

exhaustion 1740, Buffon, mot angl., issu du bas lat. *exhaustio,* de *exhaurire,* épuiser. ‖ **exhaustif** 1818, Dumont, fig., d'apr. l'angl. *exhaustive.*

exhéréder 1468, Chastellain, du lat. *exheredare,* de *heres, -edis,* héritier. ‖ **exhérédation** début XV⁰ s., du lat. *exheredatio,* action de déshériter; spécialisé en droit.

exhiber 1335, G. (var. *-ir*), du lat. *exhibere,* montrer. ‖ **exhibition** fin XII⁰ s., *Grégoire,* du lat. *exhibitio.* ‖ **exhibitionnisme** 1866, Lar. ‖ **exhibitionniste** 1877, Lasègue.

exhorter milieu XII⁰ s., du lat. *exhortari,* de *hortari,* exhorter. ‖ **exhortation** 1130, *Job,* du lat. *exhortatio.*

exhumer milieu XVII⁰ s., du lat. médiév. *exhumare,* formé pour servir de contraire à *inhumer.* ‖ **exhumation** *id.*

exiger milieu XIV⁰ s., du lat. *exigere,* pousser dehors, de *agere,* conduire, d'où faire payer, au fig. ‖ **exigible** 1603, Delb. ‖ **exigibilité** 1783, *Encycl. méth.* ‖ **inexigible** fin XVIII⁰ s. ‖ **exigeant** 1762, *Acad.* ‖ **exigence** 1361, Oresme, du lat. *exigentia.* ‖ **exaction** XIII⁰ s., *D. G.,* du lat. jurid. *exactio,* réclamation d'une dette, levée d'impôt, de *exigere;* dès l'anc. fr. sens péjor. qui l'a emporté au XVII⁰ s. ‖ **exacteur** 1304, G., du lat. *exactor.*

exigu 1495, *Mir. historial*, du lat. *exiguus*, exactement pesé, de *exigere*, au sens de « peser ». ‖ **exiguïté** *id.*; rare jusqu'au début du XIXᵉ s.; du lat. *exiguitas*. Les deux mots avaient longtemps été considérés comme du style dogmatique ou plaisant.

exil 1080, *Roland* (*exill*), « misère », et sens actuel; du lat. *exsilium*, qui avait les deux sens; *exil* a éliminé la forme pop. *essil, eissil*. ‖ **exiler** fin XIᵉ s., *Lois de Guillaume* (*ess-*).

exister XIVᵉ s.; rare jusqu'au XVIIᵉ s.; du lat. *existere*, de *sistere*, être placé. ‖ **existence** XIVᵉ s., Delb., du bas lat. *existentia*. ‖ **existentialisme** 1948, *L. M.* ‖ **existentialiste** *id.* ‖ **existentiel** 1908, *L. M.* ‖ **coexister** 1771, *Trévoux*. ‖ **coexistence** 1560, Viret. ‖ **inexistant** 1784, Guigoud-Pigalle. ‖ **inexistence** début XVIIᵉ s.

ex-libris V. LIVRE.

exo- du gr. *exô*, dehors, et *ex*, hors de. ‖ **exogamie** XXᵉ s. (gr. *gamos*, mariage). ‖ **exogène** 1813, Candolle. ‖ **exomphale** 1707, Dionis, du gr. *exomphalos*, de *omphalos*, nombril. ‖ **exosmose** 1826, Dutrochet (gr. *ôsmos*, poussée). ‖ **exostose** 1560, Paré, du gr. *exostôsis*, excroissance, de *ostoûn*, os. ‖ **exothermique** 1870, Lar. ‖ **exophtalmie** 1752, *Trévoux*.

exocet 1558, Rondelet, poisson volant, du lat. *exocoetus*, empr. au gr. *exôkoitos*, qui sort de sa demeure (*koitê*).

1. **exode** XIIIᵉ s., Guiart des Moulins, « émigration des Hébreux »; rare jusqu'au XVIIᵉ s.; XIXᵉ s., sens actuel; du lat. chrét. *exodus*, empr. au gr. *exodos*, départ (*ex*, hors de, et *hodos*, route); le mot a été spécialisé en juin 1940 (fuite des populations).

2. **exode** 1596, Vigenère, dernière partie de la tragédie grecque après la sortie du chœur, du lat. *exodium*, empr. au gr. *exodion*. (V. EXODE 1.)

exogène, exomphale V. EXO-.

exonérer fin XVIIᵉ s., du lat. jurid. *exonerare*, décharger, de *onus, oneris*, charge. ‖ **exonération** 1552, Guéroult; rare jusqu'au XIXᵉ s. (1842, *Acad.*); du lat. jurid. *exoneratio*.

exorable 1540, Calvin, du lat. *exorabilis*, de *orare*, prier. ‖ **inexorable** 1500, Cl. de Seyssel, du lat. *inexorabilis*. ‖ **inexorablement** 1680, Brunot.

exorbitant milieu XVᵉ s., « qui blesse les convenances »; XVIIᵉ s., « excessif »; du part. prés. du bas lat. *exorbitare*, dévier, déjà au fig., Vᵉ s., Sid. Apoll., de *orbita*, ornière.

exorbité V. ORBITE.

exorciser 1372, Golein, du lat. chrét. *exorcizare*, empr. au gr. *exorkizein*, faire prêter serment (*orkos*). ‖ **exorcisme** 1495, J. de Vignay, du lat. chrét. *exorcismus*, empr. au gr. *exorkismos*. ‖ **exorciste** 1549, R. Est.

exorde 1488, *Mer des hist.*, du lat. *exordium*, de *ordiri*, commencer.

exosmose, exosmotique V. OSMOSE.

exotérique 1568, Leroy, « qui se fait en public »; du lat. *exotericus*, empr. au gr. *exôterikos*, de *exô*, en dehors.

exotique 1548, Rab., du lat. *exoticus*, empr. au gr. *exôtikos*, étranger, de *exô*, dehors. ‖ **exotisme** 1845, Besch.

expansion XVIᵉ s., phys., physiol.; XIXᵉ s., fig., diffusion; du lat. méd. *expansio* (IIIᵉ s., C. Aurelius), de *pandere*, ouvrir. ‖ **expansif** 1732, *Trévoux*, phys.; 1770, Rousseau, fig. ‖ **expansible** 1756, *Encycl.* ‖ **expansibilité** *id.* ‖ **expansivité** 1875, L. ‖ **expansionnisme** 1922, Lar. ‖ **expansionniste** *id.*

expatrier V. PATRIE.

expectant 1468, Chastellain, du lat. *exspectans*, part. prés. de *exspectare*, attendre. ‖ **expectation** 1355, Bersuire, seulement méd., du lat. *exspectatio*. ‖ **expectatif** 1512, Lemaire, jurid. ‖ **expectative** 1552, Paradin.

expectorer 1664, Chapelain, fig., « exprimer franchement »; 1752, *Trévoux*, méd.; fin XVIIᵉ s., Saint-Simon, eccl., « rendre publique une nomination secrète »; du lat. *expectorare*, chasser de son cœur (*pectus*, poitrine). ‖ **expectoration** 1611, Cotgrave, méd.

expédient adj., 1361, Oresme; subst., XIVᵉ s.; du lat. *expediens*, part. prés. de *expedire*, dégager, préparer; d'abord au sens d'« avantage », puis péjor. ‖ **expédier** 1360, G., de *expédient*, au sens de « dégager ce qui retient »; il a d'abord eu le sens de « terminer rapidement »;

puis, 1676, « faire partir un messager pour une destination » ; 1723, Savary, « faire partir des marchandises ». ‖ **expéditeur** 1468, Chastellain. ‖ **expéditif** 1544, Peletier. ‖ **expéditivement** XIXᵉ s. ‖ **expédition** XIIIᵉ s., Frère Anger, « préparatifs », du lat. *expeditio*, expédition militaire (de *expedire*), avec des sens repris à *expédier*. ‖ **expéditionnaire** 1553, *Edit de Henri II*. ‖ **réexpédier** fin XVIIIᵉ s., Mirabeau. ‖ **réexpédition** *id.*

expérience 1265, J. de Meung, du lat. *experientia*, de *experiri*, faire l'essai de. ‖ **inexpérience** 1460, Delb., rare avant le XVIIIᵉ s.

expérimenter 1372, Corbichon, du bas lat. *experimentare*, de *experimentum*, essai ; il a éliminé la forme pop. *espermenter* (1160, *Eneas*). ‖ **expérimenté** adj. 1453, *Cout. d'Anjou*. ‖ **expérimental** 1503, G. de Chauliac, du bas lat. *experimentalis*. ‖ **expérimentalement** XVIIIᵉ s., Brunot. ‖ **expérimentateur** 1372, Corbichon ; repris au XIXᵉ s. (1836, Landais). ‖ **expérimentation** 1824, Boiste. ‖ **inexpérimenté** 1495, J. de Vignay.

*expert adj., XIIIᵉ s., Le Marchand (*espert*) ; subst., XVIᵉ s., avec *x* rétabli d'apr. le lat. ; du lat. *expertus*, part. passé de *experiri*, faire l'essai de. ‖ **expertise** 1580, Montaigne (*-ice*), « habileté » ; spécialisé jurid. 1792, d'apr. *expert*. ‖ **expertiser** 1807, Michel. ‖ **inexpert** 1778, Beaumarchais, « ignorant » ; 1455, Chastellain, « qui manque d'expérience ». ‖ **contre-expertise** fin XIXᵉ s.

expier 1355, Bersuire, du lat. *expiare*, apaiser par des expiations, de *pius*, pieux. ‖ **expiation** 1160, Benoît, du lat. *expiatio*. ‖ **expiatoire** 1564, Rab., du lat. chrét. *expiatorius*. ‖ **expiateur** XVIᵉ s., La Borderie, du lat. *expiator*. ‖ **expiatrice** XVIIIᵉ s., Diderot, du lat. *expiatrix, -icis*. ‖ **inexpiable** 1455, Fossetier, du lat. *inexpiabilis*.

expirer 1175, Chr. de Troyes (*es-*), remplacé par *expirer* à cause de l'homonymie avec *espirer*, souffler (du lat. *spirare*) ; du lat. *expirare*, expirer l'air et, au fig., rendre le dernier soupir. ‖ **expiration** 1390, Conty, du lat. *expiratio*, exhalaison. ‖ **expirateur** 1265, Br. Latini ; XVIIIᵉ s., anat. ‖ **expirant** XVIIᵉ s.

explétif 1420, A. Chartier, du lat. gramm. *expletivus*, « qui remplit (inutilement la phrase) », de *explere*, remplir.

expliquer XIVᵉ s., Delb., « déployer » ; XVIᵉ s., fig., « développer, faire comprendre », sens qui a prévalu ; du lat. *explicare*, de *plicare*, plier. ‖ **explication** début XIVᵉ s., du lat *explicatio*. ‖ **explicable** 1554, de Maumont, du bas lat. *explicabilis*. ‖ **explicatif** fin XVIᵉ s., du bas lat. *explicativus*. ‖ **explicateur** 1642, Oudin, du bas lat. *explicator*. ‖ **explicite** 1495, J. de Vignay, terme de scolastique, du lat. *explicitus*, part. passé de *explicare*. ‖ **explicitement** v. 1550, Doré. ‖ **expliciter** 1870, Lar. ‖ **inexplicable** 1486, G.

*exploit 1080, *Roland* (*espleit*) ; XIVᵉ s., *x* d'apr. le lat. *explicitum*, part. passé substantivé de *explicare*, au sens de « accomplir », d'où action menée à bien, par ext. action d'éclat ; XVIᵉ s., jurid., le sens d'accomplissement, d'exécution aboutissant à celui de saisie, acte pour saisir. ‖ *exploiter 1080, *Roland* (*espleitier*), « accomplir, travailler », du lat. pop. *explicitare ; XIXᵉ s., péjor., Proudhon. ‖ **exploitable** XIIIᵉ s., *Etabl. de Saint Louis* (*es-*). ‖ **exploitation** 1340, G., « saisie » en anc. fr. ; XVIIIᵉ s., « mise en valeur » ; 1834, Blanqui, *exploitation de l'homme par l'homme*. ‖ **exploitant** fin XVIIIᵉ s. ; cinéma, 1912, *Ciné-Journal*. ‖ **exploiteur** 1340, G. (*-eresse*) ; XVIᵉ s. (*eur*), huissier ; 1840, Pillot, sens social. ‖ **inexploité** 1842, Balzac.

explorer 1546, Rab., « examiner » ; rare jusqu'au XIXᵉ s. (1827, *Acad.*) ; du lat. *explorare*, parcourir en étudiant. ‖ **explorateur** 1265, Br. Latini, « espion », du lat. *explorator* ; XVIIIᵉ s., sens mod. ‖ **exploration** 1455, Fossetier, rare jusqu'au XIXᵉ s., du lat. *exploratio*. ‖ **inexploré** 1878, *Acad.*

explosion 1581, Rousset, du lat. *explosio*, action bruyante pour huer, de *plaudere*, applaudir ; il a pris en fr. le sens de « action d'éclater ». ‖ **exploser** 1801, Mercier. ‖ **explosif** 1691, Chastellain. ‖ **explosible** 1849, Chateaubriand. ‖ **exploseur** 1867, Lar. ‖ **inexplosible** début XIXᵉ s.

exponentiel 1711, Bernoulli, du lat. *exponens, -entis*, de *exponere*, exposer.

Terme de math. indiquant une fonction à exposant variable.

exporter, exposer V. PORTER, POSER.

exprès adj., 1265, J. de Meung; XIVᵉ s., *par exprès;* du lat. *expressus,* part. passé de *exprimere,* exprimer, presser. ‖ **expressément** 1190, saint Bernard.

express 1849, Lorenz, mot angl. issu du fr. *exprès.*

exprimer XIIᵉ s., G., du lat. *exprimere,* de *premere,* presser, au propre et au fig.; il a éliminé la forme pop. *epreindre.* ‖ **exprimable** 1599, Bertaud. ‖ **inexprimable** XVᵉ s. ‖ **expression** v. 1360, Froissart, spécialisé au fig.; du lat. *expressio,* du part. passé *expressus.* ‖ **expressionnisme** 1921, *Je sais tout,* cinéma. ‖ **expressionniste** 1921, I. Goll. ‖ **expressif** 1488, *Mer des hist.* ‖ **expressivité** XXᵉ s. ‖ **expressivement** début XIXᵉ s., Courier. ‖ **inexpressif** 1860, Goncourt.

exproprier V. PROPRIÉTÉ.

expulser 1495, *Mir. historial,* du lat. *expulsare,* de *pellere,* pousser. ‖ **expulsion** 1309, G., du lat. *expulsio.* ‖ **expulseur** XIVᵉ s., du lat. *expulsor.* ‖ **expulsif** 1265, Br. Latini, méd., du bas lat. *expulsivus.*

expurger V. PURGER.

exquis fin XIVᵉ s., du lat. *exquisitus,* part. passé de *exquirere,* au sens de « recherché » (sens en anc. fr.); XVIIIᵉ s., sens actuel; la forme pop. est *esquis,* qui a été refaite sur le lat. ‖ **exquisité** XIXᵉ s., Sand.

exsangue, exsuder, exsudation V. SANG, SUER.

extase 1495, *Mir. historial;* 1669, La Fontaine, au fig.; du lat. eccl. *extasis,* empr. au gr., signif. « action d'être hors de soi ». ‖ **extasier** 1600, saint François de Sales, d'apr. la var. *extasie* (1361, Oresme); XVIIᵉ s., Boileau, au fig. ‖ **extatique** 1546, Rab., du gr. eccl. *extatikos.* ‖ **extatisme** 1868, Goncourt.

extension 1361, Oresme, du bas lat. *extensio,* de *tendere,* tendre. ‖ **extensible** 1390, Conty; rare jusqu'au XVIIIᵉ s. ‖ **extensif** XVIIᵉ s., Tollet. ‖ **extensibilité** 1732, *Trévoux.* ‖ **in extenso** 1842, Mozin, mots lat. signif. « dans toute son

étendue ». ‖ **extenseur** 1654, Gelée. ‖ **inextensible** fin XVIIIᵉ s., Buffon. ‖ **inextensibilité** XXᵉ s.

exténuer 1495, J. de Vignay, du lat. *extenuare,* au sens fig. « atténuer », repris en fr. au XVIIᵉ s. ‖ **exténuation** 1398, *Somme Gautier,* du lat. *extenuatio,* de *tenuis,* ténu.

extérieur 1468, Chastellain, du lat. *exterior,* comparatif de *exter* (v. ÊTRES); plur., cinéma, 1914, *la Science et la vie.* ‖ **extérioriser** 1869, Janet. ‖ **extériorisation** 1843, Proudhon. ‖ **extériorité** XVIᵉ s. ‖ **extérieurement** 1532, Rab.

exterminer 1120, *Ps. d'Oxford,* du lat. *exterminare,* exiler, de *terminus,* frontière, avec le sens du lat. chrét. (IVᵉ s., saint Jérôme). ‖ **exterminateur** XIIIᵉ s., du lat. chrét. *exterminator.* ‖ **extermination** 1160, Benoît, rare avant le XVIᵉ s.

externe 1600, O. de Saint-Gelais; s. m., 1690, Furetière; du lat. *externus,* de *exter,* extérieur (v. ÊTRES). ‖ **externat** 1829, Boiste, spécialisé au sens scolaire.

extinction 1488, *Mer des hist.,* du lat. *exstinctio,* de *extinguere,* éteindre. ‖ **extincteur** fin XVIIᵉ s., Dufrény; au fig., « destructeur »; 1872, appareil; du lat. *extinctor.* ‖ **inextinguible** 1495, J. de Vignay, du bas lat. *inextinguibilis,* qui ne peut être éteint.

extirper 1361, Oresme, du lat. *exstirpare,* de *stirps, -ipis,* souche. ‖ **extirpateur** 1495, J. de Vignay, du bas lat. *exstirpator.* ‖ **extirpation** XVᵉ s., Monstrelet, du lat. *exstirpatio.* ‖ **extirpable** 1870, Lar. ‖ **inextirpable** début XVIᵉ s.

extorquer début XIVᵉ s., du lat. *extorquere,* de *torquere,* tordre, au sens fig.; l'anc. fr. avait une forme pop. *estordre* au sens propre et fig. ‖ **extorsion** 1290, Drouart, du bas lat. *extorsio.*

extra subst., 1732, *Trévoux,* « jour extraordinaire où se tient une audience »; adj. invar., 1825, Brillat, abrév. de *extraordinaire;* d'abord préfixe au sens de « hors de » (*extrabudgétaire*), il a pris au XIXᵉ s. le sens superlatif (*extra-fin*); du lat. *extra,* hors de.

extraction V. EXTRAIRE.

extradition 1763, Voltaire, du lat. *ex,* hors de, et *traditio,* action de livrer. ‖

extrader 1777, *Traité franco-suisse*, d'apr. le lat. *tradere*, livrer.

extrados V. DOS.

*****extraire** 1080, *Roland* (*estraire*); XVᵉ s., refait en *ex* d'apr. le lat.; du lat. pop. **extragere*, issu du lat. *extrahere* (v. TRAIRE). ‖ **extrait** 1312, Delb. ‖ **extraction** XIIᵉ s., Delb. (*-ation*), du lat. *extractus*, part. passé de *extrahere*. ‖ **extractif** 1555, Aneau; rare jusqu'au XVIIIᵉ s. ‖ **extractible** 1877, L. ‖ **extracteur** 1560, Paré, abstracteur de quintessence; techn. 1826.

extraordinaire, extrapoler V. ORDINAIRE, INTERPOLER.

extravaguer 1539, R. Est., du lat. *extra*, au-dehors, et *vagari*, errer. ‖ **extravagant** 1380, G., dr. canonique; XVIᵉ s., sens actuel; du part. prés. *vagans*. ‖ **extravagance** fin XVᵉ s., *Alector*. ‖ **extravagamment** XVIIᵉ s.

extravaser V. VASE.

extrême XIIIᵉ s., *Guinglain* (*est-*), du lat. *extremus*, superlatif de *exter*, extérieur. ‖ **extrêmement** 1549, R. Est. ‖

extrême-onction V. ONCTION. ‖ **extrémisme** 1911, *L. M.* ‖ **extrémiste** *id.* ‖ **extrémité** 1265, J. de Meung.

extrinsèque 1314, Mondeville, de l'adv. lat. *extrinsecus*, au-dehors, de *secus*, loin; se dit de ce qui ne dépend pas du fond intime d'une chose.

exubérant XVᵉ s., Robertet, du lat. *exuberans*, part. prés. de *exuberare*, regorger, de *uber*, fertile. ‖**exubérance** 1560, Paré, du lat. *exuberantia*; d'un emploi limité au droit et à la stylistique jusqu'au XIXᵉ s.; 1836, Landais, extens. de sens.

exulcérer V. ULCÈRE.

exulter XVᵉ s., du lat. *exsultare*, sauter, de *saltus*, saut. ‖ **exultation** XIIᵉ s., *Bible*, du lat. *exsultatio*.

exutoire 1806, Alibert, méd.; 1825, Brillat-Savarin, fig.; du lat. *exutus*, part. passé de *exuere*, enlever.

ex-voto 1643, Saint-Amant, abrév. de *ex voto suscepto*, « suivant le vœu fait », formule lat. de dédicace dans les inscriptions.

F

fa V. UT.

*****fable** 1190, saint Bernard, du lat. *fabula*, propos, récit, de *fari*, parler (v. ENFANT), sens spécialisé en fr. || **fabliau** XIIᵉ s., forme picarde reprise par Fauchet (XVIᵉ s.). || **fablier** XVIIᵉ s., d'Olivet, faiseur de fables. || **fabulation** 1830, Balzac, du lat. *fabulatio*, récit. || **fabulateur** XVIᵉ s., relatif à la fable, auj. à la fabulation. || **fabuliste** 1588, Guterry, de l'esp. *fabulista*, recréé par La Fontaine (1668) d'apr. *fabula*. || **fabuleux** XIVᵉ s., du lat. *fabulosus*, mensonger. || **affabulation** fin XVIIIᵉ s., Laharpe, du lat. *affabulatio*, moralité d'une fable (Priscien). || **affabuler** XXᵉ s. || **confabuler** 1521, Delb., du lat. *confabulari*. || **confabulation** XVᵉ s., Tardif, du lat. *confabulatio*.

fabrique XIIIᵉ s., *Traité de Salomon*, « construction religieuse », déverbal de *fabriquer*; XIVᵉ s., « fabrication »; XVIIᵉ s., établissement où l'on fabrique. || **fabricien** milieu XVIᵉ s. (var. *fabricier*, 1611, Cotgrave), d'apr. le sens de *fabrique*, « revenus affectés à l'entretien d'une église » (*fabrice, -isse*, fin XIVᵉ s.). || **fabriquer** fin XIIᵉ s., G., du lat. *fabricare*; rare avant le XVIᵉ s. || **fabricant** XVᵉ s., celui qui fabrique quelque chose; XVIIIᵉ s. sens mod. || **fabricateur** 1468, Chastellain, du lat. *fabricator*. || **fabrication** 1455, Fossetier, du lat. *fabricatio*. || **préfabriqué** XXᵉ s. (V. FORGE.)

fabulation, fabuliste V. FABLE.

façade XVIᵉ s., Ph. Delorme; 1611, Cotgrave (var. *facciate*); de l'ital. *facciata*, de *faccia*, face.

*****face** XIIᵉ s., *Roncevaux*, du lat. pop. *facia*, du lat. *facies*; les sens fig. l'ont emporté. || **facette** XIIᵉ s., *Athis*, « petit visage », sens techn. dès l'anc. fr. || **facetter** 1454, Delb. || **face-à-main** fin XIXᵉ s. || **facial** 1551, A. Désiré; rare jusqu'au XIXᵉ s. || **faciès** 1836, Landais, mot lat. signif. « face ». || **effacer** 1120, *Ps. d'Oxford* (*esfacier*), « faire disparaître une face (figure) ». || **effacement** XIIIᵉ s., Delb. || **ineffaçable** début XVIᵉ s. || **surface** *id.* (*superface*); 1611, Cotgrave (*surface*), d'apr. le lat. *superficies*.

facétie XVᵉ s., Tardif (*-cie*), du lat. *facetia*, de *facetus*, plaisant, proprement « bien fait », de *facere*, faire. || **facétieux** *id.*

*****fâcher** milieu XVᵉ s. (*fascher*), « dégoûter », puis, au XVIIᵉ s., « causer de la douleur, de l'irritation »; mot de l'Ouest; du lat. pop. *fasticare*, altér. probable de *fastidiare*, de *fastidium*, ennui (v. FASTIDIEUX). || **fâcherie** XVᵉ s. || **fâcheux** XVᵉ s., « qui fâche »; XVIIᵉ s., s. m., « importun »; auj. adj. en parlant d'événements.

facial V. FACE.

faciende 1540, Rab., « occupation »; 1642, Oudin (var. *facende*); XVIIᵉ s., Saint-Simon, « intrigue »; de l'ital. *faccenda*, besogne, d'apr. le lat. *facienda*, « choses devant être faites », part. futur passif de *facere* (v. HACIENDA). || **faciendaire** 1580, *Sat. Ménippée*.

faciès V. FACE.

facile milieu XVᵉ s., du lat. *facilis*, « qui se fait aisément », de *facere*, faire. || **facilité** XIVᵉ s., du lat. *facilitas*. || **facilement** 1475, Delb. || **faciliter** XVᵉ s., de l'ital. *facilitare*.

*****façon** 1190, saint Bernard, du lat. *factio, -ionis*, action de faire (v. FACTION). || **façonner** 1175, Chr. de Troyes. || **façonnier** 1564, Thierry. || **façonnement** 1611, Cotgrave. || **façonnage** XVIIIᵉ s., Restif de La Bretonne. || **contre-façon** 1268, E. Boileau. || **malfaçon** 1268, E. Boileau (*male-*). || **sans-façon** V. SANS.

faconde 1160, Benoît, du lat. *facundia*, éloquence.

fac-similé 1820, V. Hugo, mot lat. signif. « fais une chose semblable ».

factage V. FACTEUR.

facteur 1339, G. Saige, « celui qui fait »; il a remplacé la forme *faiteur* en moyen fr.; 1699, Carré, facteur d'orgues, et math.; XIVᵉ s., agent commercial; 1704, facteur de lettres (depuis la « petite poste », 1758); 1836, Landais, facteur de pianos. ‖ **factage** 1845, Besch., de facteur de messageries. ‖ **factorerie** 1428, Delb. (*factorie*); XVIᵉ s. (*-rerie*); de *facteur*, agent commercial. ‖ **facture** XIIIᵉ s., « fabrication »; XVIᵉ s., « travail, œuvre »; 1798, *Acad.* sens mod., du lat. *factura*, fabrication; 1583, pièce comptable, de *facteur* agent commercial. ‖ **factoriel** 1959, Lar. ‖ **facturer** 1827, *Acad.*, fabriquer; 1836, Landais, sens mod. ‖ **facturation** 1935, Sachs-Villatte.

factice 1534, Rab., du lat. *facticius*, artificiel, de *facere*, faire (v. FÉTICHE); XVIIIᵉ s., péjor. ‖ **facticité** XXᵉ s.

faction 1355, Bersuire, « groupe », du lat. *factio*, parti politique; XVIᵉ s., garde, guet, repris à l'ital. *fazione*. ‖ **factionnaire** XVIᵉ s., « agent, factieux » (encore 1642, Oudin); XVIIᵉ s., spécialisé au sens milit. ‖ **factieux** 1488, *Mer des hist.*, du lat. *factiosus*, agissant, actif, au sens d'intrigant; il a remplacé *factionnaire* dans cet emploi au XVIIIᵉ s.

factitif 1897, Lar., gramm., du lat. *factitare*, faire souvent, fréquentatif de *facere*, faire; forme verbale signif. « faire faire quelque chose ».

factotum XVIᵉ s., Jodelle (*-toton*); 1642, Oudin (*-totum*); de la loc. lat. *fac totum*, « fais tout », avec l'anc. prononc. du latin. (V. DICTON.)

factum 1532, Rab., « mémoire d'un procès » (jusqu'au XVIIIᵉ s.); 1601, L'Estoile, libelle; XIXᵉ s., « pamphlet »; mot lat. signif. « fait ».

facture V. FACTEUR.

faculté fin XIIᵉ s., « capacité »; XIIIᵉ s., « collège universitaire », sens qui s'est développé au Moyen Age; du lat. *facultas, -atis*, capacité, moyen; de *facere*, faire. ‖ **facultatif** 1694, *Acad.*, « qui donne une faculté »; 1836, Landais, sens mod.

fada 1578, d'Aubigné (*fadasse*), repris auj.; du prov. mod. *fadas*, de *fado*, fée, c.-à-d. « servi par les fées » (iron.).

fadaise 1541, Calvin, du prov. *fadeza*, sottise, de *fat*, sot. (V. FAT.)

***fade** XIIᵉ s., du lat. pop. **fapidus* ou **fatidus*, croisement de *vapidus*, éventé, de *vapor*, vapeur, et *fatuus*, fade (v. FAT). ‖ **fadement** 1769, Voltaire. ‖ **fadeur** XIIIᵉ s., mais rare jusqu'au XVIIᵉ s. (1611, Cotgrave). ‖ **affadir** XIIIᵉ s. ‖ **affadissement** XVIᵉ s., La Borderie.

fader 1725, Granval, argot, « partager les objets volés », du prov. mod. *fada*, douer, par ext. avantager; de *fado*, fée.

fading 1930, Lar., mot angl. signif. « action de disparaître, de s'effacer ».

fafiot 1627, Savot, « jeton »; 1837, Vidocq, « papier blanc », puis « billet de banque »; sans doute onom. (bruit du papier froissé). La finale *-iau* (*-iot*) est la forme régionale du suffixe *-eau*. ‖ **faffes** 1878, *le Gaulois*, pop., billets de banque.

fagara 1598, Lodewijcksz, de l'ar. *fagar*, nom d'arbre. ‖ **fagarier** 1786, *Encycl. méth.*

fagne V. FANGE.

fagot 1268, E. Boileau, du prov. *fagot*, sans doute issu du gr. *phakelos*, faisceau, fagot. ‖ **fagoter** *id.*, « mettre en fagots »; XVIᵉ s., fig., accoutrer. ‖ **fagoteur** 1215, G. ‖ **fagotage** 1580, Montaigne, au fig. ‖ **fagotin** 1584, *Somme des pechez*, « petit fagot »; XVIIᵉ s., « singe » d'apr. un surnom donné à un singe.

***faible** 1080, *Roland* (*foible, fieble*), du lat. *flebilis*, déplorable (de *flere*, pleurer), par ext. faible; le premier *l* est tombé par dissimilation. ‖ **faiblesse** fin XIIᵉ s., *Saint Alexis*. ‖ **faiblir** XIIᵉ s., G. (var. *flebir*); rare jusqu'au XVIIIᵉ s. ‖ **faiblement** 1080, *Roland*. ‖ **affaiblir** 1120, *Ps. de Cambridge*. ‖ **affaiblissement** fin XIIIᵉ s.

faïence fin XVIᵉ s., L'Estoile (*faenze*); XVIᵉ s. (*fayence*), de *Faenza*, ville d'Italie qui fabriquait la faïence. ‖ **faïencerie** 1743, *Trévoux*. ‖ **faïencier** fin XVIIᵉ s.

1. **faille** fin XIIIe s., *Renart*, « voile de femme », mot du Nord-Est, d'où *taffetas à failles* et, par ellipse, *faille*, étoffe; correspond au néerl. *falie*, vêtement de femme, d'origine obscure.

2. **faille** (*d'une roche*) milieu XVIIIe s., mot wallon, terme de mineurs, signif. « manque », dér. de *faillir*.

failli 1606, Nicot, adaptation, d'apr. *faillir*, de l'ital. *fallito*, de *fallire*, manquer d'argent pour payer. ‖ **faillite** XVIe s., Loysel, de l'ital. *fallita*.

*****faillir** fin XIe s., *Alexis* (au futur, 3e pers. sing., *faldra*), du lat. *fallěre*, tromper, « manquer à », avec changement anc. de conjugaison; « commettre une faute »; au XVIe s., « être sur le point de ». Le *l* mouillé vient des temps et des pers. du lat. qui avaient un *i* en hiatus (*falliunt* devient *faillent*, mais *faillit* donne *faut*, usuel en anc. fr.). ‖ **faillible** 1265, J. de Meung; rare jusqu'au XVIIIe s.; du lat. médiév. *faillibilis*. ‖ **faillibilité** fin XIIIe s., G., du lat. médiév. *faillibilitas*. ‖ **infaillible** XIVe s. ‖ **infaillibilité** milieu XVIe s., d'apr. le lat. médiév. *infaillibilitas*. ‖ **défaillir** 1080, *Roland*, « manquer, faire défaut » (jusqu'au XVIIe s.); XVIe s., « se trouver mal ». ‖ **défaillance** 1190, saint Bernard. ‖ **défaut** XIIIe s., « manque » (encore dans *faire défaut*); XVIIe s., « imperfection », fait sur la 3e pers. *il faut*; anc. part. passé de *défaillir*. ‖ **faille** (*sans*) début XIIe s., *Couronn. Loïs*.

faillite V. FAILLI.

*****faim** XIe s., du lat. *fames*. ‖ **famine** 1190, Garn. ‖ **famélique** XVe s., G., du lat. *famelicus*. ‖ **familleux** 1130, *Eneas*, « affamé », de l'anc. fr. *fameiller*, « avoir faim », issu du bas lat. *famecular̄e*. ‖ **faim-valle** début XIIe s., *Thèbes* (au fig.), « boulimie des chevaux », du breton *gwal*, mauvais, correspond à l'anc. fr. *male faim*. ‖ **affamer** XIIe s., du lat. pop. *affamare*, de *fames*. ‖ **affameur** 1791, Marat. ‖ **-mement** 1876, Daudet. ‖

*****faine** XIIe s., *Parthenopeus* (*faïne*, var. *favine*), abrév. du lat. *fagīna* (*glans*), gland de hêtre, de *fagus*, hêtre.

fainéant début XIVe s., var. *fainoient*; XVIe s., prononcé *féniant* d'apr. Baïf, d'où la graphie *feignant* (XIIIe s.), sous l'infl. de *feindre*, de *fais* et de *néant*. ‖

fainéantise 1539, R. Est. ‖ **fainéanter** 1690, Furetière.

*****faire** 842, *Serments* (*facet*, 3e pers. subj.); Xe s., *Eulalie* (*faire*); du lat. *facěre*, altéré à l'inf. en *****fagěre*, d'apr. *agere*; le futur et le conditionnel reposent sur la forme abrégée *****farehabeo*, d'où *je ferai*. ‖ **faisable** 1361, Oresme. ‖ **infaisable** début XVIIe s. ‖ **faisance** 1160, *Tristan*. ‖ **faiseur** 1155, Wace (*facerre*, cas sujet); XIVe s. (*faiseur*). ‖ **fait** s. m. XIIe s., *Roncevaux*. ‖ **affaire** XIIe s., *Marbode*, masc.; XVIe s., fém. ‖ **affaires** pl., début XIXe s. sens actuel; *gens d'affaires*, 1808, Fourier. ‖ **affairiste** XXe s. ‖ **affairé** 1584, Guevarre, « besogneux ». ‖ **affairisme** 1928. ‖ **affairer** (**s'**) 1876. ‖ **affairement** XIIIe s.; 1865, sens mod. ‖ **défaire** 1080, *Roland* (*des-*). ‖ **défaite** 1273, G., « faute de faire »; 1475, Delb., « déroute », part. passé substantivé au fém. ‖ **défaitiste** 1916, Alexinsky, appliqué aux Russes. ‖ **défaitisme** *id.* ‖ **entrefaites** XIIIe s., *Merlin*, resté dans *sur ces entrefaites*, part. passé substantivé de *entrefaire*. ‖ **forfaire** 1080, *Roland*, « agir en dehors (*fors*) du devoir ». ‖ **forfait** fin XIe s., *Lois de Guill.* ‖ **forfaiture** *id.* ‖ **malfaire** 1160, *Eneas.* ‖ **malfaisant** fin du XIIe s., Marie de France. ‖ **malfaisance** 1798, *Acad.* ‖ **méfait** XIIe s., *Eneas*, avec le préfixe *mes-*. ‖ **malfaiteur** XVe s., réfection de *maufaiteur* (XIIe s.), du lat. *malefactor*, « qui agit mal ». ‖ **parfaire** fin XIIe s., R. de Moiliens. ‖ **surfaire** XIIe s., Herman de Valenciennes. ‖ **fait-tout**, **faitout** XIXe s., marmite qui fait tout. ‖ **fairepart** V. PART. ‖ **faire-valoir** 1877, L. (V. BIEN, PARFAIT.)

fair play 1856, Montalembert, loc. angl. signif. « beau jeu », « jeu loyal ».

faisan fin XIIe s. (*fesant*); du lat. *phasianus*, empr. au gr. *phasianos* (*ornis*), oiseau du Phase en Colchide; au fig. 1896, Delesalle, « tricheur, trompeur, escroc », d'apr. « faiseur ». ‖ **faisandeau** 1398, *Ménagier*. ‖ **faisander** *id.* ‖ **faisanderie** milieu XVIIe s.

*****faisceau** XIIe s., Delb., du lat. pop. *****fascellus*, dér. de *fascis*. (V. FAIX.)

faiseur V. FAIRE.

faisselle fin XIIe s. (*feiscelle*, *fois-*

selle), mot dial., du lat. *fiscella*, dimin. de *fiscus*, corbeille.

fait V. FAIRE.

faîte 1160, Benoît (*fest*) ; 1175, Chr. de Troyes (*feste*), fém. ; XVIᵉ s., masc., d'apr. le lat. *fastigium* ; du francique *first* (allem. *First*) ; les Germains n'avaient que le toit à faîtage. ‖ **faîtage** 1213, *Fet des Romains*, « droit seigneurial sur les constructions » (*festage*) ; XVIIᵉ s., techn. ‖ **faîteau** 1521, G. (*festel*). ‖ **faîtière** 1335, G. (*feestière*). ‖ **enfaîter** 1400, G. ‖ **enfaîteau** 1402, G. ‖ **enfaîtement** 1690, Furetière.

fait-tout V. FAIRE.

****faix** 1080, *Roland* (*fais*), « charge », du lat. *fascis*, au sens de « fardeau » ; le sens propre est pris par le dér. *faisceau*. ‖ **affaisser** XIIIᵉ s., « supprimer » ; 1529, G. Tory, sens actuel. ‖ **affaissement** 1538, R. Est., sédiment. ‖ **portefaix** 1334, *D. G.*

fakir 1653, de La Boullaye, de l'ar. *faqır*, pauvre. ‖ **fakirisme** 1894, Sachs.

falaise 1130, *Eneas* (-*eise*), mot normanno-picard, du francique **falisa*, avec déplacement d'accent (anc. haut allem. *feliso*, allem. *Fels*, rocher).

falbala 1692, Caillières, « volant de robe », puis « de rideaux » ; auj. surtout péjor. ; sans doute du prov. mod. *farbello* (lyonnais *farbella*, ital. *faldella*, pli de vêtement).

faldistoire 1938, A. Billy, du lat. eccl. *faldistorium*, forme lat. du germ. *faldistôl*, fauteuil ; désigne le siège liturgique des évêques ; précédemment toujours employé en latin. (V. FAUTEUIL.)

fale, falle XVᵉ s., O. Basselin, « panse », puis « jabot de pigeon » ; du nordique *falr*, estomac.

fallace XIIIᵉ s., G., « tromperie », du lat. *fallacia*, de *fallere*, tromper. ‖ **fallacieux** 1495, *Mir. historial*, du lat. *fallaciosus*, qui cherche à tromper.

****falloir** 1130, *Eneas* (*falt*, ind. prés.), du lat. pop. **fallère*, issu du lat. class. *fallère*, qui a donné aussi « faillir », par un dédoublement sémantique ; le sens lat. « manquer à » s'est développé en « manquer » (*petit s'en faut*, puis *peu s'en faut*), d'où au XVᵉ s. *il faut*, « il fait besoin », « il est nécessaire ».

1. **falot** XIVᵉ s., Cuvelier (pl. *falos*), « grande lanterne » ; XVIᵉ s., fanal ; du toscan *falô* (XIVᵉ s., feu pour signal), altér. du bas gr. *pharos* (v. PHARE).

2. **falot** subst., 1466, Baude, « plaisant compagnon » ; adj., 1589, L'Estoile ; XXᵉ s., sens mod., « terne, effacé » (avec infl. de *pâlot*) ; de l'angl. *fellow*, compagnon (Rab., 1560, *goud fallot*, pour *good fellow*).

falourde 1311, G. (*vallourde*), « fagot de bûches » ; 1564, Thierry, par infl. de l'anc. fr. *falourde*, tromperie, qui se rattache au lat. *fallere*, tromper ; orig. obscure.

falquer 1690, Furetière, « exécuter des courbettes » en équitation ; de l'ital. *falcare*, « se courber comme une faux », qui avait pris un sens spécialisé en équitation.

falquet XVIᵉ s., d'Arcussia, « faucon hobereau », de l'ital. *falchetto*, dimin. de *falco*, faucon.

falsifier début XIVᵉ s., du bas lat. *falsificare* (IVᵉ s., Prudence), de *falsus*, faux. ‖ **falsificateur** 1510, Delb. ‖ **falsification** 1369, G.

faluche 1930, Lar. ; orig. obscure.

falun 1720, Réaumur, géolog., mot provençal moderne désignant une sorte de marne. ‖ **faluner** *id.* ‖ **falunière** *id.*

falzar 1878, Rigaud, « pantalon » ; orig. obscure.

famé XIIᵉ s., de Davrin, de l'anc. fr. *fame* (XIIᵉ s.-XVIᵉ s.), issu du lat. *fama*, renommée. ‖ **fameux** XVᵉ s., du lat. *famosus*, célèbre ; sens affaibli en fr. mod. ‖ **famosité** 1829, Boiste. ‖ **diffamer** 1268, E. Boileau, du lat. *diffamare*. ‖ **diffamateur** 1495, J. de Vignay. ‖ **diffamatoire** 1400, N. de Baye. ‖ **diffamation** XIIIᵉ s., du lat. *diffamatio*. ‖ **fameusement** 1642, Oudin. (V. INFAMIE.)

famélique V. FAIM.

famille fin XIIᵉ s., *Loherains*, du lat. *familia*. ‖ **familier** 1155, Wace, du lat. *familiaris*. ‖ **familial** 1830, Fourier. ‖ **familiariser** 1585, Cholières. ‖ **familiarité** début XIIᵉ s., *Grégoire*, du lat. *familiaritas*. ‖ **familistère** 1859, Godin, coopérative de production.

famine V. FAIM.

fan V. FANATIQUE.

fanal 1372, Saige (*fanars*), de l'ital. *fanale*, issu du gr. *phanos*, lanterne.

fanatique 1532, Rab., « d'inspiration divine »; XVIᵉ s., sens mod.; du lat. *fanaticus*, inspiré, proprement « relatif au temple » (*fanum*). ‖ **fan** 1923, *Mon Ciné*, abrév. ‖ **fanatiser** 1752, *Trévoux*. ‖ **fanatiquement** fin XVIIIᵉ s., Mᵐᵉ Roland. ‖ **fanatisme** 1688, Bossuet.

fanchon 1828, *Journ. des dames*, de *Fanchon*, anc. forme hypocoristique de *Françoise*, devenue nom de paysanne.

fandango 1764, Beaumarchais, mot esp. d'orig. inconnue.

*faner XIIᵉ s., Delb. (*fener*); 1360, Froissart (*faner*); XVIᵉ s. (*fanir*); du lat. pop. *fenare*, de *fenum*, foin. ‖ **fane** 1385, G. ‖ **faneur** 1275, G. (*feneor*). ‖ **fenaison** 1287, Delb. (*-oison*); 1762, *Acad.* (*fanaison*).

fanfan V. ENFANT.

fanfare 1546, Rab., titre de livre, formation expressive; *reliure à la fanfare*, XVIᵉ s.; orig. obscure, peut-être onomatop.

fanfaron fin XVIᵉ s., Régnier, de l'esp. *fanfarron*, empr. à l'ar. *farfâr*, bavard, léger. ‖ **fanfaronnade** fin XVIᵉ s. ‖ **fanfaronner** 1642, Oudin. ‖ **fanfaronnerie** fin XVIᵉ s.

fanfreluche 1534, Rab., altér. de l'anc. fr. *fanfelue*, bagatelle (XIIᵉ s., *Parthenopeus*); *-luce*, 1395, Chr. de Pisan; du bas lat. *famfaluca* (VIIIᵉ s.), déformation du gr. *pompholux*, bulle d'air.

fange 1160, *Tristan*, du lat. pop. **fania*, empr. au germ. *fani*, boue, ou empr. directement au germ. (prov. *fanga*). ‖ **fangeux** 1130, *Eneas*. ‖ **fagne** XIIIᵉ s., texte belge, mot wallon désignant un marais bourbeux, même origine.

fanion 1673, La Chesnaye-Desbois, forme pop. de **fanillon*, dimin. de *fanon*.

fanon fin XIIᵉ s., R. de Moiliens, « manipule de prêtre » et « fanion » en anc. fr.; XVIᵉ s. *fanon de bœuf*; du francique **fano*, morceau d'étoffe (allem. *Fahne*, drapeau).

fantaisie XIIᵉ s. (*fantasie*, encore au XVIᵉ s.), « vision »; 1361, Oresme, « imagination »; XVIᵉ s., « caprice »; du lat. *phantasia*, empr. au gr. signif. « apparition » et par ext. « imagination ». ‖ **fantaisiste** 1845, Besch.

fantasia 1842, titre d'un tableau de Delacroix, de l'esp. *fantasia*, fantaisie, interprété d'une manière erronée par le spectateur européen ou lié à l'ar. *fantazia*, ostentation, lui-même empr. à l'esp.

fantasmagorie fin XVIIIᵉ s., « appliqué à la lanterne magique »; du gr. *phantasma*, fantôme, et de *agoreuein*, parler en public, avec infl. de *allégorie*. ‖ **fantasmagorique** 1798, Potez.

fantasque début XVᵉ s., Gerson, de l'ital. *fantastico*, fantastique. ‖ **fantastique** 1380, *Traité d'alchimie*, a eu aussi le sens de *fantasque* (jusqu'au XVIIᵉ s.); du bas lat. *phantasticus*, gr. *phantastikos*, de *phantasia*, imagination.

fantassin 1578, H. Est. (*-achin*), d'apr. la prononc. toscane; 1611, Cotgrave (*-assin*); de l'ital. *fantaccino*, de *fante*, forme raccourcie de *infante*, spécialisée en « valet », puis « fantassin ». (V. INFANTERIE.)

fantoche XIXᵉ s., Gautier, de l'ital. *fantoccio*, marionnette, de *fante*, enfant; appliqué d'abord à un jeu de pantins, comme le dimin. ital. (au pl.). ‖ **fantoccini** 1815, Jouy.

fantôme 1160, *Eneas*, du lat. *phantasma*, empr. au gr., de même rac. que *fantaisie*; le mot a dû s'altérer en **fantagma*, puis **fantauma* (prov. *fantauma*). ‖ **fantomatique** 1877, L.

fanum 1756, *Encycl.*, mot lat. signif. « temple ».

*faon fin XIIᵉ s., *Couronn. de Loïs*, « petit d'animal » (jusqu'au XVIIᵉ s.); spécialisé pour le jeune cerf en fr. mod.; du lat. pop. **feto, -onis*, de *fetus*, enfant. (V. FŒTUS.)

faquin 1534, Rab., « portefaix » (jusqu'au XVIIᵉ s.), sans doute de l'ital. *facchino*, porteur, d'apr. tous les témoignages. ‖ **faquinerie** 1575, J. Des Caurres.

farad 1881, unité de capacité électrique, du nom du physicien Faraday (1791-1867). ‖ **faradisation** 1865, L.

faramineux XVIIIe s., mot de l'Ouest, dér. de (*bête*) *faramine*, animal fantastique (XVIe s., « bête nuisible » dans *Cout. de Bretagne*); empr. au Midi (*feram*, bête sauvage, en prov.), du lat. *ferus*, sauvage.

farandole milieu XVIIIe s., du prov. mod. *farandoulo*; rare avant 1827, *Acad.*

faraud 1628, *Jargon*, « gouverneur de ville »; 1725, *Cartouche*, « monsieur »; 1743, Vadé, « fanfaron », sens péjor.; de l'anc. prov. *faraut*, héraut, qui représente une altér. de l'anc. fr. *héraut*.

farce V. FARCIR.

farcin 1190, Garn., inflammation des chevaux, du lat. *farcimen*, farce, andouille; « farcin » en lat. pop. (le lat. class. dit *farciminum*). ‖ **farcineux** XIIIe s.

*farcir XIIe s., sens propre; XVIe s., fig., du lat. *farcīre*. ‖ **farcissure** 1580, Montaigne, au fig. ‖ **farce** XIIIe s., *D. G.*, hachis; XIVe s., fig., comédie (introduite dans un mystère, comme la farce dans une volaille), d'où, par ext., bouffonnerie, plaisanterie. ‖ **farceur** XVe s., *Cent Nouv. nouvelles*, « auteur ou joueur de farces », et le sens actuel de « blagueur », qui seul a subsisté.

fard 1213, *Fet des Romains*, déverbal de *farder*. ‖ **farder** 1175, Chr. de Troyes, d'un dér. francique **farwidhon*, de *farwjan*, teindre (allem. *Farbe*, couleur).

farde XIVe s.; repris au XVIIIe s. (1787, Volney), ar. *farda*, charge d'un chameau, par ext. ballot (balle de café). ‖ **fardeau** fin XIIe s., R. de Moiliens, « ballot », puis « charge »; XVIIe s., sens fig. ‖ **farder** XIVe s., G. li Muisis. ‖ **fardier** 1771, *Trévoux*.

farfadet 1532, Rab., mot prov. mod., forme renforcée de *fadet*, dér. de *fado*, fée.

farfelu 1546, Rab. « dodu »; Mme de Sévigné (*fafelu*); repris au XXe s. avec le sens de « bizarre, fou »; du lat. pop. *famfaluca*, empr. au gr. *pompholux*, bulle d'air (évolution sémantique comme *fou*, v. FOU 1). [V. FANFRELUCHE.]

farfouiller V. FOUIR.

faribole 1532, Rab.; var. *faribourde*, XVIe s.; orig. obscure; apparenté à des formes prov. diverses (*falabourdo...*), qui paraissent de même rac. que l'anc. fr. *falourde*, tromperie.

faridondaine XVIe s., Marnix, refrain de chanson, composé expressif, formé de l'onomatopée *dondaine* (v. DONDON) et d'une particule obscure que l'on retrouve dans *farfouiller.*

*farine fin XIIe s., *Rois*, du lat. *farīna*, de *far*, blé. ‖ **farinacé** 1798, Richard, bot. ‖ **fariner** 1468, Chastellain. ‖ **farinier** XIIIe s., G. ‖ **farineux** 1539, R. Est., d'apr. le lat. *farinosus*. ‖ **farinet** 1701, Furetière, dé à jouer. ‖ **enfariner** 1398, *Ménagier.*

farlouse 1555, Belon, petit passereau; orig. inconnue.

farniente 1676, Mme de Sévigné, mot ital., de *far(e)*, faire, et *niente*, rien. (V. FAINÉANT.)

farouch(e) 1795, *Encycl. méth.*, trèfle incarnat, mot languedocien et gascon signif. « foin rouge » (*fe routch*).

farouche fin XIIIe s., *Renart* (*faroche*), métathèse de l'anc. fr. *forasche*, forme restée dans le berrichon *fourâche*, mal apprivoisé; du bas lat. *forasticus*, étranger, par ext. sauvage, puis farouche (cf. BARBARE), du lat. *foras*, dehors. ‖ **effaroucher** 1495, *Mir. historial.* ‖ **effarouchement** 1697, Fénelon. ‖ **farouchement** XVIe s.

farrago 1600, O. de Serres (*farrage*); XVIIIe s. (*-rago*), mot prov.; du lat. *farrago*, mélange de grains, de *far*, blé.

fart 1907, Lar., mot norvégien. ‖ **farter** XXe s. ‖ **fartage** id.

Far West 1918, Nozière, mot anglo-américain signif. « Ouest lointain ».

fasce XIIe s., *Alexandre*, blas., du lat. *fascia*, bandelette. ‖ **fascé** 1667, Pomey. ‖ **fascie** 1314, Mondeville, « bande », rare jusqu'au XVIIIe s., du lat. *fascia.* ‖ **fascia** 1806, Lunier, mot lat. ‖ **fascié** 1737, Gersaint.

fascicule XVe s., Farget, « petit paquet »; 1690, Furetière, « petit paquet de plantes »; 1829, Nodier, terme de librairie; du lat. *fasciculus*, dimin. de *fascis*, faix, charge. ‖ **fasciculé** 1786, *Encycl. méth.*, bot., du sens de « petit faisceau ».

fascie, -é V. FASCE.

fascine XVIe s., réfection, d'apr. le lat.
ou l'ital. *fascina*, de l'anc. fr. *faissine*,
fessine (XIIe-XVIe s.), fagot, fardeau, issu
du lat. *fascina*, de *fascis*, faix, charge. ‖
fasciner XVe s. (*fessiner*), garnir de
fascines.

fasciner XIVe s., B. de Gordon, « captiver », du lat. *fascinare*, de *fascinum*,
enchantement, sortilège; il a remplacé
la forme pop. *faisnier*. ‖ **fascinateur**
1578, d'Aubigné; rare jusqu'au XIXe s.
‖ **fascination** XIVe s. du lat. *fascinatio*.

fascisme 1922, Hazard, ital. *fas-
cismo*, de *fascio*, faisceau, puis groupement : le faisceau des licteurs était l'emblème du parti. ‖ **fasciste** *id.* ‖ **fasci-
ser, -sation** XXe s. ‖ **anti-**, 1924, Eaton.

faséole 1500, Lemaire; XVe s. (*fai-
sol*); du lat. *phaseolus*, fève. (V. FLA-
GEOLET 2.)

faséyer 1687, Desroches, mar., battre
au vent, du néerl. *faselen*, agiter.

fashion 1698, *Observ. par un voy.*, de
l'angl. *fashion*, mode, ton, issu du fr.
façon. ‖ **fashionable** 1804, Saint-Constant, en parlant des Anglais; 1810, *Mercure*, appliqué aux Français.

fasin 1789, *Encycl. méth.*, cendre de
charbon, du lat. pop. *facīlis*, de *fax*,
facis, tison. (V. FRAISIL.)

faste milieu XVIe s., avec aussi var.
fast, du lat. *fastus*, subst., orgueil; le
sens de « affectation », usuel au XVIIe s.
a laissé la place à celui de « luxe ». ‖
fastueux *id.*, du bas lat. *fastuosus*
(lat. *fastosus*). ‖ **fastueusement** 1558,
S. Fontaine.

fastes (*jours*) 1548, Rab., confondu
avec *fauste*, 1355, Bersuire, du lat.
fastus, adj., de *fari*, parler. ‖ **fastes**
s. m. 1488, *Mer des hist.* : les *Fastes*
d'Ovide, d'apr. le lat. *fasti* (*dies*), calendrier des jours fastes; début XVIIe s.,
Malherbe, les fastes de la monarchie.
(V. NÉFASTE.)

fastidieux 1390, Conty, du lat. *fasti-
diosus*, de *fastidium*, dégoût.

fastigié 1796, *Encycl. méth.*, bot., du
bas lat. *fastigiatus*, dressé, de *fastigium*,
faîte; se dit des tiges, des rameaux qui
sont dressés et serrés, formant une pyramide étroite et élancée.

fat 1534, Rab., noté comme languedocien; XVIe s., « sot » (encore au XVIIe s.);

XVIIe s., « vaniteux »; mot prov. signif.
« sot », issu du lat. *fatuus*, fade, au sens
fig. sot. ‖ **fatuité** 1355, Bersuire, « sottise », du lat. *fatuitas*. ‖ **infatuer** fin
XIVe s., « rendre stupide »; XVIe s., sens
mod.; *infatué de*, « amoureux de »,
XVIe s.; du lat. *infatuare*. ‖ **infatuation**
début XVIIe s.

fatal 1355, Bersuire, du lat. *fatalis*, de
fatum, destin. ‖ **fatalisme** 1724, le P.
Castel. ‖ **fataliste** fin XVIe s.; rare jusqu'au XVIIIe s. ‖ **fatalement** 1549,
R. Est. ‖ **fatalité** XVe s., P. de Lannoy,
du bas lat. *fatalitas*. ‖ **fatidique** 1600,
O. de Saint-Gelais, du lat. *fatidicus*, de
fatum, destin, et *dicere*, dire.

fatiguer 1308, Aimé, lat. *fatigare*. ‖
fatigue 1308, Aimé. ‖ **fatigant** 1666,
Molière. ‖ **infatigable** 1495, J. de Vignay, lat. *infatigabilis*.

***fatras** 1327, Watriquet (*fastras*),
peut-être du lat. pop. conjectural *far-
suraceus*, dér. du bas lat. *farsura*, farce
de volailles (même rac. que *farcir*).
‖ **fatrassier** XVIe s. ‖ **fatrasie** XIIIe s.

faube(t) 1678, Guillet, balai de fil
de caret, sans doute du néerl. *zwabber*,
même sens.

faubourg V. BOURG.

faucard V. FAUCHER.

***faucher** XIIe s., Saxons, du lat. pop.
falcare, de *falx, -cis*, faux, qui avait
remplacé *secare*, scier. ‖ **faucard** XIVe s.,
de la forme picarde *fauquer*. ‖ **fau-
carder** 1842, *Acad.* ‖ **fauchaison**
XIIe s. ‖ **fauchage** 1374, G. ‖ **fauchée**
1231, G. ‖ **fauchet** 1268, E. Boileau,
râteau. ‖ **fauchette** 1811, *Encycl. méth.*
‖ **faucheur** fin XIIe s., Girard de Vienne.
‖ **faucheuse** milieu XIXe s., machine. ‖
faucheux 1775, Bomare, prononc. pop.
« araignée des champs ». ‖ **fauchon**
XIIIe s., Adenet. ‖ ***faucille** XIIe s., Delb.,
du bas lat. *falcicula* (Ve s.; *Palladius*),
dimin. de *falx, -cis*. ‖ **faucillon** XIIIe s.,
Fabliau. ‖ ***faux** XIIe s., *la Charrette*
(*fauz*), du lat. *falx, -cis*.

fauchère 1796, *Encycl. méth.*, « croupière de mulet », du prov. mod. *fau-
quièro*, de *falco*, croupe, en Rouergue;
même rac. que *falx, falcis*, faux.

faucille V. FAUCHER.

***faucon** 1080, *Roland* (*falcun*), du bas
lat. *falco,-onis* (IVe s., Firmius Maternus),

dér. du lat. *falx, -cis*, faux, d'apr. la courbure des ailes ou la forme du bec; le cas sujet (*falc, fauz*) est resté dans *fauperdrieux, gerfaut*. ‖ **fauconnier** 1160, Benoît. ‖ **fauconnière** XIIIe s., G. ‖ **fauconnerie** 1360, *Modus*. ‖ **fauconneau** fin XVe s., qui a remplacé *fauconnel* ; 1516, *Inventaire*, petit canon (emploi fig.).

fauder XIIIe s., *Fabliau*, « plier le drap », de l'anc. haut allem. *faldan*, plier. (V. FAUTEUIL.)

faufiler V. FIL.

faune s. m., mythol., 1372, Corbichon; s. f., 1802, Walckenaer, zool., d'apr. *flore*; du lat. *faunus*, dieu champêtre. ‖ **faunesse** fin XIXe s. ‖ **faunique** 1907, *L. M.*

fauperdrieux 1398, Ménagier (*faulx perdriel*), de *fauc*, cas sujet de *faucon*, en anc. fr., et de *perdrieur*, chasseur de perdrix, pour désigner le busard.

fausset V. FAUX 1.

*****faute** XIIe s., E. de Fougères, du lat. pop. *fallīta*, action de faillir, part. passé de *fallere* (v. FAILLIR), substantivé au fém. ‖ **fautif** XVe s. ‖ **fauter** 1808, de Hautel. ‖ **fautivement** 1856, La Chatre.

fauteuil 1080, *Roland* (*faldestoel*) ; XIIIe s. (*-teuil*) ; 1611, Cotgrave (*faudeteuil*) ; 1642, Oudin (*fauteuil*), en anc. fr. siège pliant pour les grands personnages; du francique **faldistôl*, siège pliant (*stôl*, siège, allem. *Stuhl*; *faldan*, plier). [V. FALDISTOIRE.]

fauteur 1355, Bersuire, du lat. *fautor*, qui favorise, de *favere*, favoriser.

fauve adj., 1080, *Roland* (*falve*) ; s. m., 1578, d'Aubigné, abrév. de *gibier fauve*; du francique **falw* (allem. *falb*), latinisé en *falvus* (IXe s.). ‖ **fauvette** XIIIe s., *Bataille de Caresme et Charnage*. ‖ **fauvisme** 1905, exposition des peintres de l'Ecole moderne, d'apr. *les Fauves*, nom donné à ces peintres v. 1900.

1. *****faux** 1080, *Roland* (*fals*) ; le *x* est dû à *faux*, subst., du lat. *falsus*. ‖ **fausser** 1080, *Roland* (*falser*), qui a eu aussi le sens de « falsifier » et de « accuser de fausseté », en anc. fr.; du bas lat. *falsare* (*Digeste* : altérer, falsifier). ‖ **faussement** 1190, saint Bernard. ‖ **fausseté** 1138, *Saint Gilles*, d'apr. le bas lat. *fal-*

sitas. ‖ **fausset** fin XIIIe s., *Renart*, voix de tête, celle-ci donnant l'impression d'une voix fausse; 1322, *Archives de Reims*, s. m., fausset d'un tonneau, de *fausser* au sens de « percer » (attesté en prov. et d'apr. « fausser une armure ») ; peut-être y a-t-il une infl. de *foncer*, creuser. ‖ **faussure** XIIIe s., G. ‖ **défausser (se)** 1792, *Encycl. méth.*, se débarrasser d'une fausse carte.

2. *****faux** V. FAUCHER.

faux-du-corps 1549, R. Est., de *faut*, manque, 3e pers. sing. devenue déverbal de *faillir*; employé en ce sens par E. Deschamps (1468). Il a été remplacé par *taille*.

faux-fuyant 1550, Charles IX, vén. (fém. *-antes*), sentiers par où s'échappe le gibier; masc., 1664, Molière, fig.; altér. de *fors-fuyant* (fuyant au-dehors), par infl. de *faux*.

faverolle V. FÈVE.

*****faveur** 1120, *Job* (*-or*), du lat. *favor, -oris* ; 1564, J. Thierry, « ruban », parce qu'il était donné par faveur au chevalier par sa dame. ‖ **favorable** milieu XIIe s., du lat. *favorabilis*. ‖ **favoriser** début XIVe s. ‖ **favori** début XVIe s., de l'ital. *favorito*, favorisé, part. passé de *favorire*. ‖ **favorite** 1564, J. Thierry, qui a remplacé l'anc. fém. *favorie*. ‖ **favoritisme** 1820, Hugo. ‖ **défaveur** XVe s., Delb. ‖ **défavorable** 1468, Chastellain. ‖ **défavoriser** *id.*

favus 1836, Landais, du lat. *favus*, gâteau de miel, à cause des croûtes formées par cette maladie.

fayard XVIe s. (*fayan*), dér. anc. de l'adj. lat. *fageus*, de *fagus*, hêtre; mot lyonnais (var. rég. *foyard*).

fayot 1784, *Mém. Soc. royale de médecine*, arg. milit. et scol., du prov. mod. *faïou*, haricot, issu du lat. pop. **fabeolus*, lat. class. *phaseolus*. (V. FLAGEOLET 2.)

féage V. FIEF.

féal V. FOI.

fébricitant début XIVe s., du lat. *febricitans*, part. prés. de *febricitare*, avoir la fièvre (*febris*). ‖ **fébrile** 1503, G. de Chauliac, du lat. *febrilis*. ‖ **fébrilement** 1877, A. Daudet. ‖ **fébrilité** 1906, Lar. ‖ **fébrifuge** 1666, Monnier, du bas lat. *febrifugia*, de *fugare*, mettre en fuite.

fèces 1560, Paré, méd., du lat. pl. *faeces*, excréments. ‖ **fécal** 1503, G. de Chauliac, du lat. *faex, -cis*.

fécond XIIIe s., Th. de Kent, du lat. *fecundus*. ‖ **fécondation** 1488, *Mer des hist.*; rare jusqu'au XVIIIe s. ‖ **fécondant** 1771, *Trévoux*. ‖ **féconder** XIIIe s., Th. de Kent, du lat. *fecundare*. ‖ **fécondateur** XVIIIe s. ‖ **fécondité** fin XIe s., *Alexis*, du lat. *fecunditas*. ‖ **infécond** XVe s., O. de Saint-Gelais, du lat. *infecundus*. ‖ **infécondité** fin XIVe s., Le Fèvre, du lat. *infecunditas*.

fécule 1660, Le Febvre, lat. *faecula*, dimin. de *faex, faecis*, lie, excrément, spécialisé au sens de « sédiment amylacé ». ‖ **féculerie** 1836, Mozin. ‖ **féculent** 1560, Paré, « qui laisse un dépôt », du lat. *faeculentus*. ‖ **féculence** XIVe s., Brun de Long Borc, du lat. *faeculentia*.

fédéral 1783, *Courrier de l'Europe*; devenu usuel pendant la Révolution; du lat. *foedus, -eris*, alliance. ‖ **fédéralisme** 1792, Robespierre. ‖ **fédéraliste** 1793, *Journal de la Montagne*. ‖ **fédéré** XVIe s., puis repris en 1790. ‖ **fédérer** 1792, du lat. *foederatus*. ‖ **fédératif** 1748, Montesquieu. ‖ **fédération** XIVe s., Delb., « alliance, union », repris au XVIIIe s.; du lat. *foederatio*. ‖ **fédéraliser** 1793, Danton. ‖ **fédéralisation** 1796, *Néologie fr.*

***fée** début XIIe s., *Voy. de Charl.*; XVIIIe s., sens fig.; du lat. pop. *Fata*, déesse des destinées dans les inscriptions, de *fatum*, destin. ‖ **féer** 1130, *Eneas* (*faer*). ‖ **féerie** XIIe s., *Parthenopeus* (*faerie*); 1823, Boiste, théâtre. ‖ **féerique** 1836, Landais.

feeder 1907, *L. M.*, mot angl. signif. « conduit, canal ».

feignant V. FAINÉANT.

***feindre** 1080, *Roland*, « imaginer » (jusqu'au XVIIIe s.) et « simuler »; du lat. *fingĕre*, façonner, et au fig. imaginer. ‖ **feinte** 1220, Coincy, part. passé substantivé au fém. ‖ **feintise** 1190, Garn.

feldspath 1773, Saussure, mot allem. signif. « spath des champs ».

***fêle** 1827, *Acad.*, « sarbacane de verrier », du lat. *fistula*, tube. (V. FISTULE.)

***fêler** XIIIe s. (*faieler*, d'apr. le dér., encore en wallon, XIXe s.); XVe s., au part. passé *fellée*; sans doute forme dissimilée du lat. *flagellare*. frapper (v. FLÉAU), la cause devenant l'effet. ‖ **fêlure** XIIIe s., *Lapidaire* (*faielure*).

félibre 1876, L., mot prov. mod. empr. par Mistral (1854) dans un récit pop. (*les Sept Félibres de la loi*) pour désigner les sept fondateurs du félibrige; peut-être du bas lat. *fellibris*, nourrisson. ‖ **félibrige** id.

félicité XIIIe s., du lat. *felicitas, -atis*, de *felix, -icis*, heureux, restreint à un emploi religieux ou littéraire. ‖ **féliciter** 1468, Chastellain, « rendre heureux »; par ext. XVIIe s., complimenter sur ce qui arrive d'heureux; du bas lat. *felicitare*, rendre heureux (IVe s. Donat). ‖ **félicitation** 1623, d'Aubigné, mot genevois.

félidés 1842, *Acad.* (*félides*), du lat. *felis, -idis*, chat. ‖ **félin** fin XVIIIe s., de l'adj. *felinus*. ‖ **félinité** milieu XXe s.

fellâh 1665, Thévenot, de l'ar. *fallâh*, laboureur.

***félon** Xe s., *Saint Léger* (cas sujet *fel* en anc. fr.), du bas lat. *fello, -ōnis* (IXe s.), *Capitulaire de Charles le Chauve*), issu du francique **fillo*, de **filljo*, celui qui fouette un esclave. ‖ **félonie** fin XIe s., *Alexis*.

felouque fin XVIe s. (*pel-*); 1606, Nicot (*fal-*); 1611, Cotgrave (*fel-*); de l'esp. *faluca*, empr. à l'anc. ar. *fulk*, navire.

fêlure V. FÊLER.

femelle V. FEMME.

***femme** 1080, *Roland*; nasalisé en *fĕ-me*, puis *fã-me*, d'où la prononc. *fame* après la dénasalisation au XVIIe s.; du lat. *femina*, femme et femelle; le fr. n'a gardé que le premier sens, le second étant passé au dimin. ‖ **femmelette** XIVe s., G. de Machaut (*fam-*). ‖ **femelle** début XIIe s., *Couronn. Loïs*, du lat. *femella*, jeune femme. ‖ **féminin** XIe s., *Macchabées*, du lat. *femininus*, de *femina*. ‖ **féminiser** 1520, Fabri. ‖ **féminisme** 1837, Fourier. **féministe** 1872, A. Dumas fils. ‖ **efféminer** 1160, Benoît, du lat. *effeminare*. ‖ **féminité** 1265, Br. Latini.

fémur 1586, Guillemeau, du lat. *femur*, cuisse, spécialisé en fr. en « os de la cuisse ». ‖ **fémoral** fin XVIIIe s., du dér. bas lat. *femoralis*.

fenaison V. FANER.

*fendre xᵉ s., *Valenciennes* (part. *fendut*), du lat. *findĕre*. ‖ ***fente** 1361, Oresme, anc. part. passé substantivé du lat. pop. *finditus*. ‖ **fendant** fin xvıᵉ s., L'Estoile, « batailleur » ; 1738, *Journ. helvétique*, nom d'un chasselas (qui se fend sous la dent) et d'un vin vaudois et valaisan. ‖ **fenderie** 1604, G. ‖ **fendeur** début xvᵉ s. ‖ **fendiller** 1580, Palissy. ‖ **fendoir** 1700, Liger. ‖ **fendis** 1723, Savary. ‖ **pourfendre** 1125, Gormont. ‖ **pourfendeur** 1798, Acad. ‖ **refendre** 1320, G. ‖ **refend** 1423, Delb.

fenêtre xııᵉ s. (-estre*), du lat. *fenestra*. ‖ **fenêtrer** xııᵉ s., *Parthenopeus* (*-estrer*). ‖ **fenêtrage** 1320, G., var. *fenestrage*. ‖ **fenestrelle** 1827, Acad., bot., du lat. *fenestrella*, dimin. de *fenestra*, d'apr. *fenêtre*. ‖ **contre-fenêtre** début xıvᵉ s.

*fenil xııᵉ s., du lat. *fenīle*, de *fenum*, foin. ‖ **fenouil** xıııᵉ s., G., du lat. pop. **fenŭculus*, du lat. *feniculus*, petit foin. ‖ **fenouillet** 1628, La Quintinie. ‖ **fenouillette** xvııᵉ s., Delb., eau-de-vie distillée avec de la graine de fenouil.

fente V. FENDRE.

fenugrec xıııᵉ s., *Antidotaire* (*fenegrec*), du lat. *fenugraecum*, foin (*fenum*) grec.

féodal V. FIEF.

*fer xᵉ s., du lat. *ferrum*. ‖ **ferraille** 1390, G. ‖ **ferrailler** 1665, Quinault. ‖ **ferrailleur** début xvııᵉ s. ‖ **ferrasse** 1765, *Encycl.*, techn. ‖ ***ferre** 1412, G., du lat. *ferra*, pl. neutre de *ferrum*, fém. en lat. pop. ‖ **ferrement** fin xııᵉ s., *Rois*, « pièce en outil de fer », du lat. *ferramentum*, instrument de fer. ‖ ***ferrer** début xııᵉ s., *Voy. de Charl.*, du lat. pop. **ferrare*. ‖ **ferreur** 1155, Wace (*-eor*). ‖ **ferrure** 1268, E. Boileau (*-eüre*). ‖ **ferrage** xıvᵉ s., Bouthillier. ‖ **ferrique** 1842, Acad. ‖ **ferreux** xvıııᵉ s. ‖ **ferronnerie** 1297, Du Cange, de *ferron, marchand de fer* (xııᵉ s.). ‖ **ferronnier** 1560, Amyot. ‖ **fer-blanc** fin xıvᵉ s. ‖ **ferblantier** 1723, Savary. ‖ **ferblanterie** 1836, Landais. ‖ **déferrer** début xııᵉ s., *Couronn. de Loïs* (*desf-*). ‖ **enferrer** début xııᵉ s., *Aiol.*

féra xvᵉ s., *Comptes du château de Neuchâtel* (*ferra*), « corégone, poisson

des lacs suisses », en lat. *ferrata* (xııᵉ s.) ; origine inconnue (allem. *Felchen*, bernois *färig*).

ferblantier V. FER.

férie 1119, Ph. de Thaun (au pl. *féries*), du lat. *feriae*, jour de repos ; il a pris en liturgie catholique le sens de « jour de la semaine ». ‖ **férié** 1120, *Tristan*, rare jusqu'au xvııᵉ s., du lat. *feriatus*, au sens ancien. ‖ **férial** xıııᵉ s., G., repris au lat. eccl. *ferialis*.

*férir 1080, *Roland* (*ferir*), restreint auj. à *sans coup férir*, du lat. *ferire*, frapper, éliminé au xvıᵉ s. par *frapper*. ‖ **féru** id., part. passé, « blessé » ; fig., xvᵉ s., *Cent Nouv. nouvelles.*

ferler 1553, Grouchy, « relever la voile le long de la vergue » ; peut-être de l'angl. *to furl*, même sens. ‖ **déferler** 1578, d'Aubigné (part. *défrelée*), « déployer les voiles ferlées » ; 1773, Bourdé, au fig. ‖ **déferlement** xxᵉ s., qui a remplacé *déferlage* (xvıııᵉ s.) par substitution de suffixe.

1. *ferme adj., 1190, Couci (*ferm*) ; puis *ferme*, d'apr. le fém., du lat. *firmus*. ‖ **affermir** 1372, Corbichon. ‖ **affermissement** 1552, Ch. Est. ‖ **raffermir** 1394, Delb. ‖ **raffermissement** xvııᵉ s. ‖ **fermement** 1130, *Eneas*. ‖ **fermeté** id., « forteresse » ; 1361, Oresme, fig., du lat. *firmitas*, au sens propre et fig. ; il a remplacé la forme pop. *ferté*, limitée aux noms de ville.

2. ferme s. f. xıııᵉ s., Guill. de Dole (*rente à ferme*), convention moyennant un arrérage ferme, c.-à-d. fixe, d'où *bail à ferme*, spécialisé pour les domaines ruraux, et par ext. *ferme*, domaine rural. ‖ **fermier** début xıııᵉ s., « locataire ». ‖ **fermage** 1367, G. ‖ **fermette** 1949, H. Bazin. ‖ **affermer** 1160, Benoît, mettre à ferme. ‖ **-age** 1489, *Ordonn.*

ferment 1372, Golein, du lat. *fermentum*, de *fervere*, bouillir. ‖ **fermenter** 1270, d'Abernum, du lat. *fermentare*. ‖ **fermentation** 1539, Canappe, du lat. *fermentatio*.

*fermer 1080, *Roland*, du lat. *firmare*, de *firmus*, ferme, au sens de « rendre ferme », d'où en anc. fr. « fortifier, fixer par une clôture », d'où « clore » (dès le xııᵉ s.), sens qui a prévalu, le verbe éliminant *clore*. ‖ **fermeture** xııᵉ s.,

Alexandre (*fermeüre*) ; XIVe s., Delb. (-*eture*), d'apr. *fermeté*, dont il a eu le sens de « forteresse » ; XVIIe s., *fermeture des portes de la ville*. ‖ **fermoir** 1268, E. Boileau (*frem-*). ‖ **enfermer** XIIe s., *Roncevaux*. ‖ **refermer** 1160, *Eneas*.

fermeté V. FERME 1.

1. fermoir V. FERMER.

2. fermoir ciseau de sculpteur, XVe s., altér., d'apr. *fermer*, de *formoir*, dér. de *former*.

féroce 1468, Chastellain, « orgueilleux » (jusqu'au XVIIe s.) ; du lat. *ferox, -cis*, orgueilleux, féroce (en bas lat.), de *ferus*, bête fauve (v. FIER 2). ‖ **férocité** XIIIe s., rare jusqu'au XVIIe s., où il a le sens mod. ; du lat. *ferocitas*.

féronie 1821, Wailly, genre de carabidés, du lat. entom. *feronia*, en lat. « déesse des fleurs ».

ferrade 1836, Mozin, du prov. mod. *ferrado*, de *ferra*, ferrer. On marque au fer le taureau ou le cheval.

ferraille, -er V. FER.

ferrandine XVIIe s., Colletet, tissu de soie ; du nom de l'inventeur Ferrand, industriel lyonnais.

ferre, ferrement, ferrer, ferronnerie, ferronnier V. FER.

ferronnière 1832, *Journal des femmes*, chaîne d'or placée sur le front, du nom de la Belle Ferronnière, qui porte cet ornement dans son portrait par L. de Vinci.

ferroviaire 1911, *L. M.*, de l'ital. *ferroviario*, de *ferrovia*, chemin de fer, pour servir d'adj. à chemin de fer.

ferrugineux 1608, Dariot, du lat. *ferrugo, -inis*, rouille de fer, couleur de fer.

ferrure V. FER.

ferry-boat 1786, Brunot, de l'angl. *to ferry*, transporter, et *boat*, bateau.

fertile XVe s., *Gloss.*, du lat. *fertilis*. ‖ **fertiliser** 1564, Ronsard. ‖ **fertilisation** 1764, Voltaire. ‖ **fertilisable** 1865, L. ‖ **fertilité** 1361, Oresme, du lat. *fertilitas*. ‖ **infertile** 1488, *Ordonn.*, du lat. *infertilis*. ‖ **infertilité** 1455, Fossetier, du lat. *fertilitas*.

féru V. FÉRIR.

férule 1372, Corbichon, nom de plante ; 1385, baguette pour frapper les écoliers ; XVIIe s., La Fontaine, au fig. ; du lat. *ferula*, dans les deux sens.

ferveur 1190, saint Bernard, du lat. *fervor*, au sens fig. « ardeur », de *fervere*, bouillonner. ‖ **fervent** fin XIIe s., Marie de France, du lat. *fervens*, bouillonnant.

*fesse 1360, *Modus*, du lat. pop. *fissa*, fente, part. passé de *findere*, fendre, substantivé au fém. ; il a remplacé *nache*, du lat. pop. **natica*, de *nates*, fesses. ‖ **fessu** XIIIe s., Gaydon. ‖ **fesser** fin XVe s. ‖ **fessée** 1526, Bourdigné. ‖ **fessier** s. m., 1540, Marot ; adj., 1560, Paré. ‖ **fesseur** 1549, R. Est. ‖ **fessemathieu** 1570, Du Fail, avare, qui bat saint Mathieu, patron des changeurs, pour lui tirer de l'argent.

festin fin XIVe s. ; rare avant le XVIe s. (1549, R. Est.) ; de l'ital. *festino*, petite fête, de *festa*, fête. ‖ **festiner** XIIe s., *Guill. de Palerme*.

festival 1830, Mackenzie, mot angl. signif. « fête », de l'anc. fr. *festival*, issu du lat. *festivus*, de *festa*, fête. ‖ **festivalier** XXe s.

festivité V. FÊTE.

feston 1533, Rab., de l'ital. *festone*, ornement de fête, de *festa*, fête. ‖ **festonner** fin XVe s., E. de Médicis, de guirlandes de fleurs, de fruits.

festoyer V. FÊTE.

*fête 1080, *Roland* (*feste*), du lat. pop. *festa*, abrév. de *festa* (*dies*), jour de fête. ‖ **festivité** XIIe s., « fête », repris au XIXe s., « célébration d'un jour de fête », du lat. *festivitas*, gaieté. ‖ **festoyer** fin XIIe s., *Rois* (*festeer*) ; disparu de l'usage et repris à l'anc. fr., d'où la prononciation de *s* (var. *fétoyer* chez Voltaire). ‖ **fêtard** 1265, J. de Meung, recréé au XIXe s. (1859) d'apr. l'expression *faire la fête*. ‖ **fête-Dieu** créée en 1264 sous le nom de *Corpus Domini* ; attesté seulement en 1564 (Thierry) ; mais le type de composition atteste une formation du XIIIe-XIVe s.

fétiche 1605, Marées (*fétisso*) ; 1669, Villault ; du portugais *feitiço*, « artificiel », par ext. « sortilège », issu du lat. *facticius*, qui a donné le fr. *factice*. ‖

fétichisme 1757, Diderot. ‖ **fétichiste** 1824, Constant.

fétide 1495, *Mir. historial*, du lat. *foetidus*, de *foetere*, puer. ‖ **fétidité** milieu XVIIIᵉ s.

*****fétu** début XIIᵉ s., *Voy. de Charl.* (pl. *festus*) ; du lat. pop. **festucum*, var. de *festuca*, brin d'herbe, paille. ‖ **fétuque** 1786, *Encycl. méth.*, formation savante en bot., herbe à touffes serrées et à tige presque nue.

1. *****feu** s. m., Xᵉ s., *Eulalie* (*fou*) ; XIIᵉ s., *Roncevaux* (*feu*) ; du lat. *fŏcus*, foyer, qui a remplacé *ignis* sous l'Empire ; a signifié « famille » et figure dans les dénombrements de la population au XVIIᵉ s. ‖ **contre-feu** 1531, Delb. (V. AFFOUAGE, FOU, FOUAGE.)

2. *****feu** adj. fin XIᵉ s., *Alexis* (*fatude* fém.) ; puis *faü, feü* ; issu du lat. pop. **fatudus*, de *fatum*, destin, c.-à-d. « qui a accompli son destin » (création euphémique).

feudataire V. FIEF.

feuillant ordre religieux fondé en 1108 à N.-D. de Feuillants, aux environs de Toulouse ; membre d'un parti politique (1791-1792) installé dans un ancien couvent de feuillants. ‖ **feuillantine** religieuse dont le couvent fut installé à Paris en 1622 ; au fig. gâteau feuilleté (1646, d'apr. Tall. des Réaux), par jeu de mots avec *feuilleter*.

*****feuille** 1130, *Eneas* (*foille* et *fueille*) ; au fig., feuille de papier dès l'anc. fr. ; du lat. *fŏlia*, pl. neutre devenu collectif et subst. fém., du sing. *folium*, qui a donné l'anc. fr. *fueil*. ‖ **feuiller** XIIᵉ s., G. ‖ **feuillée** début XIIᵉ s., *Ps. de Cambridge.* ‖ **feuillette** 1265, J. de Meung. ‖ **feuillage** 1324, Delb. ‖ **feuillagiste** fin XIXᵉ s. ‖ **feuillaison** 1763, de *feuiller*, se couvrir de feuilles. ‖ **feuillard** XIVᵉ s., *D. G.* ‖ **feuillu** XIIᵉ s., *Roncevaux.* ‖ **feuillure** 1334, G., de *feuiller*, entailler en feuillure. ‖ **défeuiller** fin XIIIᵉ s., Rutebeuf. ‖ **effeuiller** 1300, *Viandier.* ‖ **feuillet** 1130, *Eneas* (*foillet*), « petite feuille » ; spécialisé de bonne heure en divers sens techn. ‖ **feuilleter** XIIIᵉ s. ‖ **feuilletage** XVIᵉ s. ‖ **feuilletis** 1771, *Trévoux.* ‖ **feuilleton** 1790, *Encycl. méth.*, « petit cahier » ; 1811, Courier, feuilleton d'un journal. ‖ **feuilletoniste** 1820, Cuisin. ‖ **feuil-liste** 1761, Diderot, folliculaire. ‖ **refeuilleter** 1560, Ronsard.

feuillette XVᵉ s., *Comptes de Jacques Cœur* ; var. *fillette*, XIVᵉ s., « demi-barrique » ; a signifié aussi « petite mesure de liquide » : environ 0,466 l ; orig. obscure, peut-être dér. de *feuille* au sens de « feuillure », ou d'orig. germ.

feuler 1892, Guérin, « crier », en parlant du tigre. ‖ **feulement** fin XIXᵉ s.

feurre, fouarre XIIᵉ s., *Alexandre* (*fuerre*), paille ; à Paris, rue du *Fouarre* ; du francique **fôdr-* (allem. *Futter*, angl. *fodder*). [V. FOURRAGE.]

feutre début XIIᵉ s., *Voy. de Charl.*, du francique **filtir* (allem. *Filz*, angl. *felt*). ‖ **feutrer** 1190, Bodel (*fautrer*) ; XVIᵉ s. (*feu-*) ; croisement avec la rac. germ. *falt*, réunir. ‖ **feutrier** 1292, Delb. ‖ **feutrage** 1723, Savary.

*****fève** 1265, J. de Meung, du lat. *faba*. ‖ **faverolle, féverolle** v. 1250, *ms*, paraît repris à un des divers noms de lieux *Faverolles*, représentant un dimin. de l'anc. fr. *favière*, champ de fèves. ‖ **févier** 1786, *Encycl. méth.*

*****février** XIIᵉ s., du bas lat. *fĕbrŭārius*, mois de purification (*februus*).

fez 1677, Vansleb (*fes*), de Fez, capitale du Maroc, où cette coiffure était fabriquée.

fi XIIIᵉ s., interj., onomatopée.

fiacre 1650, Ménage, du nom de saint *Fiacre*, dont l'image était pendue au buƒreau où l'on louait ces voitures ; d'apr. *Trévoux*, le nom vient d'un loueur de voitures.

fiancer XIIᵉ s., Raimbert de Paris, « prendre un engagement » (jusqu'au XVᵉ s.) ; 1283, Beaumanoir, « faire une promesse de mariage » (sens qui a prévalu) ; de l'anc. fr. *fiance*, engagement, de *fier*. ‖ **fiancé** XVIIᵉ s. ‖ **fiançailles** XIIᵉ s., *Perceval.* (V. FIER 1.)

fiasco 1818, Stendhal, « bouteille » ; 1822, Stendhal, *faire fiasco*, de l'ital. *fare fiasco*, échouer ; loc. d'argot théâtral en ital., où s'est développé ce sens métaphorique de *fiasco*, bouteille, mot toscan, de même rac. que *flacon*.

fibre 1372, Corbichon, du lat. *fibra*. ‖ **fibreux** milieu XVIᵉ s. ‖ **fibrille** 1675, Le Gallois. ‖ **fibrine** fin XVIIIᵉ s. ‖

fibranne v. 1941. ‖ **fibrome** milieu XIXᵉ s. (suffixe *-ome*). ‖ **fibrillation** 1907, *L. M.* ‖ **fibrinogène** 1954, Lar. ‖ **Fibrociment** XXᵉ s., nom déposé.

*__fic__ XIIIᵉ s., La Curne (*fi*) ; 1492, G. de Salicète (*fic*), « verrue » ; lat. *fĭcus*, figue (v. FIGUE). ‖ **ficaire** 1786, *Encycl. méth.*, du lat. bot. *ficaria*, de *ficus*, verrue, c.-à-d. l'herbe aux verrues, qu'elle est censée guérir.

*__ficelle__ 1350, G. de Machaut (*fincelle*), du lat. pop. *__filicella__, de *filum*, fil ; 1808, d'Hautel, fig., « rusé », expression du théâtre des marionnettes ; s. f., procédé, truc, 1841, *Les Français peints par eux-mêmes*. ‖ **ficeler** 1694, *Acad.* ‖ **ficeler** 1723, Savary. ‖ **déficeler** milieu XVIIIᵉ s.

*__ficher__ 1120, *Ps. d'Oxford*, du lat. pop. *__figĭcare__, de *figĕre*, fixer ; au fig., arg., « donner » (1628, *Jargon*) ; XVIIIᵉ s., Vadé, *ficher le camp*, pop. ; XVIIᵉ s., pop., euphémisme de *foutre* ; 1695, Gherardi, *se ficher*, se moquer de ; paraît influencé par ital. *infischiarsi*, même sens, de *fischiare*, siffler. ‖ **fichu** 1695, Gherardi, part. passé, « mis à la hâte ». ‖ **fiche** 1413, Du Cange, « pieu, clou, qu'on fiche » ; XVIIᵉ s., marque de jeu, carte de bibliothèque, déverbal de *ficher*. ‖ **fichaise** 1756, *Remède à la mode*. ‖ **fichoir** 1680, Richelet. ‖ **afficher** 1080, *Roland*, « fixer, attacher ». ‖ **affichage** 1792, *Législative*. ‖ **affiche** av. 1204, L'Escouffle, « agrafe » ; fin XVIᵉ s., « avis imprimé », déverbal. ‖ **affichette** 1867, Veuillot. ‖ **afficheur** 1680, Richelet. ‖ **affichiste** 1785, Beaumarchais, « publiciste » ; XIXᵉ s., « dessinateur d'affiches ». ‖ **contre-ficher** 1839, Boiste, pop.

fichtre XIXᵉ s., croisement entre *ficher* et *foutre*.

fichu V. FICHER.

ficoïde 1734, Seba, par le lat. scient. (Herman 1687), genre de plantes grasses, du lat. *ficus*, figue, et du gr. *eidos*, forme.

fictif XVᵉ s., Tardif ; rare jusqu'au XVIIIᵉ s. ; du lat. *fictus*, part. passé de *fingere*, feindre, imaginer. ‖ **fiction** XIIIᵉ s., *Queue de Renart*, du lat. *fictio*.

fidéicommis XIIIᵉ s., trad. du *Digeste* ; rare en anc. fr. ; du lat. jurid. *fideicommissum*, confié à la bonne foi. ‖ **fidéi-commissaire** *id.*, du lat. jurid. *fideicommissarium*. ‖ **fidéjusseur** 1308, Aimé, du lat. jurid. *fidejussor*. ‖ **fidéjussion** fin XVIᵉ s., Cayet. ‖ **fidéjussoire** XVIᵉ s., La Curne, du lat. *fides*, foi, et *jubere*, ordonner.

fidéisme 1838, d'apr. L. Febvre, du lat. *fides*, *fidei*, foi. ‖ **fidéiste** 1842, Mozin, pour qualifier ceux pour qui la foi religieuse dépend du sentiment et non de la raison.

fidèle subst., Xᵉ s., *Passion* (*fidel*) ; rare jusqu'au XVIᵉ s. ; du lat. *fidelis*, de *fides*, foi, qui a remplacé la forme pop. *feoil* ; moins usité que *féal*. ‖ **fidélité** XVᵉ s., O. de La Marche, du lat. *fidelitas*, qui a remplacé *féeuté*, moins usuel que *féauté* (v. FOI). ‖ **infidèle** XIIIᵉ s., du lat. *infidelis*. ‖ **infidélité** 1160, Benoît.

fiducie XVIᵉ s., « confiance » ; 1752, *Trévoux*, sens jurid. ; du lat. *fiducia*, confiance, de *fides*, foi. ‖ **fiduciel** 1517, J. Bouchet (*-ial*) ; 1741, Thiout (*-iel*). ‖ **fiduciaire** fin XVIᵉ s., du lat. *fiduciarius*.

*__fief__ 1080, *Roland* (*feu, fiet*), var. *fieu* ; XIIIᵉ s., *fief* avec un *f*, analogique (cf. *bief, juif, soif*) ; du bas lat. *feudum*, *feodum* (881, *Chartes de Cluny*), qui représente un mot francique mal déterminé, sans doute *fëhu*, bétail (allem. *Vieh*), *__fehôd*, ce dont on jouit. ‖ **fieffé** v. 1540, Rab., fig., issu du verbe disparu *fieffer* (1155, Wace), péjor. augmentatif (*filou fieffé*). ‖ **féage** 1313, G. ‖ **féodal** début XIVᵉ s., du lat. médiév. *feodalis*. ‖ **féodalisme** 1823, Boiste, polit. ‖ **féodalité** début XVIᵉ s. ; *féodalité industrielle*, début XIXᵉ s., Saint-Simon. ‖ **féodaliser** fin XIXᵉ s. ‖ **féodalisation** 1876, L. ‖ **feudataire** 1282, *Archives* ; rare jusqu'au XVIIIᵉ s. ; du lat. médiév. *feudatarius*, de *feudum*, fief. ‖ **feudiste** 1586, Charondas, du lat. médiév. *feudista*. ‖ **inféoder** 1411, Delb., du lat. *infeodare* ; au fig. XIXᵉ s. ‖ **inféodation** 1393, Douet d'Arcq.

*__fiel__ 1160, Benoît, du lat. *fĕl*. ‖ **fielleux** 1560, Ronsard. ‖ **enfieller** 1220, Coinci.

*__fiente__ fin XIIᵉ s., *Rois*, du lat. pop. *__fēmita*, de *femus* ou *fimus*, fumier. ‖ **fienter** 1495, J. de Vignay. (V. FUMER 2.)

1. *__fier__ verbe 1080, *Roland;* XVIIe s., restreint à l'emploi réfléchi; du lat. pop. *fīdare*, confier, de *fīdus*, fidèle (v. FIANCER). ‖ __défier__ *id.*, « enlever la foi ou renoncer à la foi jurée », par ext. provoquer; XVIe s., *se défier de*, sur le lat. *diffidere*. ‖ __défiance__ 1160, *Eneas*, « défi ». ‖ __défi__ 1526, Bourdigné. ‖ __méfier__ fin XVe s., O. de Saint-Gelais. ‖ __méfiant__ 1642, Oudin. ‖ __méfiance__ XVe s. ‖ __fiable__ XIIe s., repris au XXe s. ‖ __fiabilité__ 1962, *Acad. des sc.*, techn.

2. *__fier__ adj. 1080, *Roland*, du lat. *fĕrus*, farouche, sauvage, sens conservé en fr. jusqu'au XVIIe s.; XIIIe s., « orgueilleux » (v. FÉROCE). ‖ __fièrement__ *id.* ‖ __fierté__ *id.*, d'apr. le lat. *feritas.* ‖ __fiérot__ XVIe s., rare jusqu'à d'Hautel 1808, devenu pop. ‖ __fier-à-bras__ XIVe s., nom d'un géant sarrasin des chansons de geste, de *fier*, au sens de « redoutable, sauvage ».

*__fierte__ début XIIe s., *Voy. de Charl.*, (*fertere*) « châsse », du lat. *fĕretrum*, brancard sur lequel on porte la châsse.

__fierté__ V. FIER.

__fieux__ V. FILS.

*__fièvre__ XIIe s., L., du lat. *fĕbris*. ‖ __fiévreux__ 1190, Garn. (*fevrus*). ‖ __fiévrotte__ 1673, Molière. ‖ __fiévreusement__ XIXe s. ‖ __enfiévrer__ 1588, Montaigne; fig., 1775, Beaumarchais.

__fifre__ 1494, J. de Paris, du suisse allem. *pfifer* (allem. *Pfeifer*), joueur de fifre (*pfife*); lat. *pipare.* (V. PIPEAU.)

__fifrelin__ 1838, *Chanson*, « chose sans valeur », de l'allem. *Pfifferling*, au sens fig. « petit champignon ».

__figaro__ 1836, Landais, d'un personnage du *Barbier de Séville*, de Beaumarchais (1775).

*__figer__ XIIe s., *Tyolet*, du lat. pop. *__fidĭcare__, de *fidicus*, foie, c.-à-d. « prendre l'aspect du foie ». ‖ __figement__ 1549, R. Est.

__fignoler__ V. FIN 2.

__figue__ XIIIe s., *Fabliau*, du prov. *figo*, issu du lat. pop. *fīca*, du lat. class. *fīcus* (v. FIC); il a remplacé la forme pop. *fie* (1160, Benoît) et la forme dial. *fige* (fin XIIe s., *Rois*). ‖ __figuerie__ XIIIe s., *D. G.* ‖ __figuier__ XVIe s., O. de Serres; il a remplacé *fier*, *figier* (XIIe s.).

__figure__ Xe s., *Eulalie*, du lat. *figura*, forme, figure. ‖ ‖ __figurer__ XIIe s., *Aliscans*, du lat. *figurare*. ‖ __figurant__ 1740, *Encycl.*, au théâtre. ‖ __figuratif__ XIIIe s., G.; peint., *art figuratif*, XXe s.; du lat. *figurativus.* ‖ __figuration__ XIIIe s., du lat. *figuratio*; XVIIIe s., ensemble des figurants. ‖ __figuriste__ 1604, Feu-Ardent, théolog.; 1827, *Acad.*, techn. ‖ __figurisme__ 1752, *Trévoux*, théolog. ‖ __défigurer__ 1119, Ph. de Thaun (*des-*).

__figurine__ 1589, Vigenère, « petite figure », de l'ital. *figurina*, dimin. de *figura*, figure.

*__fil__ XIIe s., *Parthenopeus*, du lat. *filum*. ‖ __filière__ 1296, G. ‖ __filet__ fin XIIe s., Marie de France, dimin., et par ext. fibre; XIVe s., morceau de viande, peut-être parce qu'il était livré roulé et entouré de fil (l'angl. *fillet* signifie « bandelette » et « viande roulée »); XVIe s., filet de pêche, forme altér. de *filé* (1392, Deschamps), encore au XVIIe s., « fait de fils » ou « objet filé ». ‖ __fileter__ XIIIe s., G. ‖ __filetage__ 1865, L. ‖ __filer__ XIIe s., du bas lat. *filare*; divers sens fig. en fr., notamment dérouler, se dérouler, d'où, au XVIe s., *filer* en parlant d'un navire, puis d'une troupe, par ext. se sauver, fam.; et tr., filer quelqu'un. ‖ __filage__ XIIIe s., G. ‖ __filerie__ 1376, G. ‖ __filature__ 1724, *Ordonn.*, usine; 1829, *Mém. d'un forban*, action de filer quelqu'un. ‖ __filateur__ 1823, Boiste. ‖ __fileur__ 1268, E. Boileau. ‖ __fileux__ 1678, Guillet, var. pop. spécialisée dans la mar. ‖ __filure__ 1398, G. ‖ __file__ XVe s., J. Chartier, déverbal de *filer*, spécialisé au fig. ‖ __affiler__ XIIe s., *D. G.*, « affûter » d'apr. le *fil* d'un couteau, du lat. pop. *__affilare__, de *filum*, tranchant. ‖ __affilée (d')__ v. 1850, du part. passé de *affiler*, ranger (XIVe s.), dér. de *file.* ‖ __défiler__ 1268, E. Boileau, enlever fil à fil; XIVe s., Delb., désenfiler. ‖ __défilage__ 1784, *Encycl. méth.* ‖ __défilement__ 1785, *Encycl. méth.* ‖ __défiler__ 1648, d'Ablanc, « aller à la file ». ‖ __défilé__ 1643, Rotrou, où l'on ne peut passer qu'à la file; XVIIIe s., défilé de troupes d'apr. *défiler.* ‖ __défilade__ XIXe s. ‖ __défilement__ XXe s.; cinéma 1921, J. Brizon. ‖ __enfiler__ XIIe s., *Rois.* ‖ __désenfiler__ 1694, Th. Corn. ‖ __contre-fil__ 1540, Rab. ‖ __effiler__ 1510. ‖ __entre-filet__ 1839, Balzac, typogr., « article entre deux filets métalliques », abrégé en *filet.* ‖ __faufiler__ XIVe s. (*farfiler, fourfiler*), de *fors*, hors, et de *fil*; altér. par *faux*, d'où *faufiler* (XVIIe s.). ‖ **faufil** XIXe s. ‖ **fau-filage** XIXe s. ‖ **bifilaire** 1888, Lar. (v. aussi FILAMENT, FILANDIER, FILASSE, MORFIL).

filadière 1527, *Archives de la Gironde* (*fell-*), mot du S.-O., de *filat*, filet. Il désigne un bateau plat et allongé.

filage V. FIL.

filaire 1811, Mozin, « ver intestinal », du lat. zool. *filaria*, tiré par K.-O. Müller du lat. *filum*, fil. ‖ **filariose** XIXe s.

filament 1539, R. Est., du bas lat. *filamentum*, de *filum*, fil. ‖ **filamenteux** 1611, Cotgrave.

filandier, -ière XIIIe s. (*-drier*), de *filer*, par l'intermédiaire de **filande*; altéré avec spécialisation de sens en *filandre* (1360, *Modus*). ‖ **filandreux** début XVIIe s., d'abord désignant le marbre veiné.

filanzane fin XIXe s., mot d'un parler malgache, « chaise légère à deux barres, soutenue par quatre porteurs ».

filardeau 1392, Du Cange, « jeune brochet », dér. de *fil*, les alevins étant comparés à des fils.

filaret 1622, Hobier, « balustrade d'une galère », de l'ital. *filareto*, de *filo*, fil.

filasse 1130, *Eneas* (*-ace*), du lat. pop. **filacea*, de *filum*, fil. ‖ **filassier** 1390, *Ordonn.*

filateur, filature, file, filer, filet V. FIL.

filial V. FILS.

filicine 1842, *Acad.*, du lat. *filix, -icis*, fougère; extrait acide des fougères mâles. ‖ **filicule** 1752, *Trévoux*.

filière V. FIL.

filigrane 1673, Galland, de l'ital. *filigrana*, fil à grains. ‖ **filigraner** 1845, Besch., travailler l'or, l'argent ou le verre en filets déliés et soudés.

filin V. FIL.

fillâtre, fille, filleul V. FILS.

film 1889, Balagny, mot angl. signif. « pellicule » en photographie, puis en cinéma, d'où par ext. le sens actuel. ‖ **filmer** 1908, *Ciné-Journal*. ‖ **filmage** XXe s. ‖ **filmologie** 1948, *L. M.* ‖ **filmographie** XXe s. ‖ **filmothèque** *id.* ‖ **filmique** 1936, *Ciné-amateur*.

filon 1566, Du Pinet, de l'ital. *filone*, augmentatif de *filo*, fil.

filoselle 1369, *Mandement de Charles V* (*filoisel*); 1564, Delb., bourre de soie, par ext. tissu; de l'ital. dial. *filosello*, cocon, issu du lat. **follicellus*, petit sac, avec attraction de *filo*, fil.

filou 1564, *Chron. bordelaise*, pop., forme de l'Ouest, de *fileur* (cf. *fileur de laine*, filou, Ph. Le Roux). [V. VOYOU.] ‖ **filouter** 1656, Pascal. ‖ **filouterie** 1644, d'Ouville.

*fils Xe s., du lat. *filius* (prononcé *fi* jusqu'au XVIIIe s., puis *fis*, d'apr. la graphie qui avait gardé le *s* du cas sujet pour éviter une confusion avec *fil*). ‖ **fieu** forme picarde de *fils*, employée parfois hors de ce domaine dial. ‖ **filial** début XIVe s., du lat. *filialis*. ‖ **filiation** XIIIe s., *Cout. d'Artois*, du lat. *filiatio*. ‖ **fille** fin XIe s., *Alexis*, du lat. *filia*, fém. de *filius*. ‖ **fille-mère** 1870, Lar. ‖ **fillette** fin XIIe s., *Loherains*. ‖ ***filleul** XIIe s. (*filluel*), du lat. *filiolus*, dimin. de *filius*, spécialisé par le christianisme. ‖ **fiston** 1570, Du Fail. ‖ **affilier** XIVe s., G., du lat. jurid. *affiliare*, prendre pour fils, pour adepte. ‖ **affiliation** 1560, Pasquier, du lat. *affiliatio*. ‖ **affilié** s., XIVe s., Bonnet.

filtre (*à liquide*) 1560, Paré, du lat. médiév. *filtrum*, même orig. francique que *feutre*. ‖ **filtrer** *id.* ‖ **filtration** 1578, Chauvelot. ‖ **filtrage** 1843, *le Charivari.* ‖ **filtrée** s. f., 1868, Goncourt. ‖ **infiltrer** (s') 1503, G. de Chauliac. ‖ **infiltration** *id.* (V. aussi PHILTRE.)

filure V. FIL.

1. ***fin** s. m., Xe s., du lat. *finis*, terme. ‖ **final** XIIe s., du bas lat. *finalis*. ‖ **finalisme** XXe s., sports; 1922, Valéry, phil. ‖ **finaliste** 1802, Cabanis. ‖ **finalité** 1865, L. ‖ **finale** s. m., 1779, ital. *finale*, de *fine*, fin. ‖ ***finir** 1080, *Roland* (*fenir* par dissimilation vocalique); puis *finir* refait sur *fin*, du lat. *finire*. ‖ **finisseur** XIIIe s., G., 1771, *Trévoux*, techn. ‖ **finissage** 1786, Berthoud. ‖ **finition** XVIe s.; puis 1828, Vidocq. ‖ **finer** 1080, *Roland*, var. de *finir*, puis spécialisé au sens de « mener à fin un paiement ». ‖ **finance** 1283, Beaumanoir, de *finer*, payer; d'abord « ressources pécuniaires »; XVIe s., par ext. « affaires d'argent ». ‖ **financier** 1420, A. Chartier. ‖ **financer** XVe s. ‖ **autofinancement**

xxᵉ s. (1955, Lar.). ‖ **autofinancer** *id.* ‖ **afin de, que** 1320 (*à fin*). ‖ **enfin** 1160, *Eneas*, « à la fin ».

2. ***fin** adj., 1080, *Roland*, emploi adj. du lat. *finis*, terme, au sens de « qui est au point extrême », d'où « accompli », par ext. « délicat ». ‖ **fine** s. f., xixᵉ s., eau-de-vie. ‖ **-ment** 1190, Couci. ‖ **finesse** début xivᵉ s. ‖ **finasser** 1680, Richelet, a remplacé *finesser*, de *finesse* (*Acad.* 1694). ‖ **finasserie** 1718, *Acad.* ‖ **finassier** *id.* ‖ **finasseur** 1740. ‖ **finaud** 1762, *Acad.* ‖ **finet** xvᵉ s., G. ‖ **finette** 1519, G. ‖ **fignoler** 1743, *Mém. de Langallouy*; 1752, *Trévoux* (*finioler*); formation méridionale. ‖ **fignolage** 1874, L. ‖ **fignoleur** 1743, Vade. ‖ **affiner** fin xiiiᵉ s., Rutebeuf. ‖ **affinement** 1547, Budé. ‖ **affinage** 1390, *Ordonn.* ‖ **affinerie** 1552, *D. G.* ‖ **affineur** xivᵉ s., *Traité d'alchimie.* ‖ **raffiner** xviᵉ s. ‖ **raffinage** 1611, Cotgrave; xixᵉ s., spécialisé en techn. ‖ **raffinement** *id.* ‖ **raffineur** *id.* ‖ **raffinerie** 1666, La Barre. ‖ **superfin** 1688. ‖ **surfin** début xixᵉ s.

finance, -cier V. FIN 1.

finasser V. FIN 2.

fincelle 1796, *Encycl. méth.*, ralingue qui porte la tête d'un filet de pêche, mot de l'Est, altér. de *ficelle.*

finir V. FIN 1.

finish 1904, *Sport Univ.*, mot angl. signif. « fini », du verbe *to finish*, finir.

fiole xiiᵉ s., *Alexandre*, du lat. médiév. *phiola* (lat. *phiala*, empr. au gr. *phialē*). ‖ **fioler** 1827, *Acad.*, « griser ».

fion 1744, Vadé (*donner le fion, coup de fion*), « dernière façon », formation expressive d'origine obscure.

fiord, fjord, 1834, Balzac, du norvégien *fjord.*

fioriture v. 1825, Stendhal, de l'ital. *fioritura*, de *fiorito*, fleur; d'abord mus., « ornements ajoutés à la mélodie ».

firmament début xiiᵉ s., *Ps. de Cambridge*, du lat. *firmamentum*, appui, de *firmare*, rendre solide, au sens métaphorique de la Vulgate.

firman 1663, Thévenot, du turc *fermān*, ordre, empr. au persan.

firme 1877, L., donné comme belge; popularisé au début du xxᵉ s.; de l'angl.

firm, issu du lat. médiév. *firma*, convention, avec infl. de l'ital. *firma*, même origine.

fisc 1278, *Archives* (*fisque*) jusqu'au xviiᵉ s.; xvᵉ s. (*fisc*); du lat. *fiscus*, au sens fig. « trésor public », au sens propre « panier, caissette »; même évolution sémantique que *caisse*. ‖ **fiscal** 1495, J. de Vignay, du lat. *fiscalis.* ‖ **fiscalité** 1749, d'Argenson. ‖ **fiscaliser** xxᵉ s. (1956, Lar.).

fissi-, du lat. *fissus*, fendu. ‖ **fissipare** xixᵉ s. (lat. *parere*, enfanter). ‖ **fissipède** 1743, *Trévoux.*

fissile xviᵉ s., Huguet; repris au xixᵉ s. (1842, Mozin); du lat. *fissilis*, de *fissus*, part. passé de *findere*, fendre. ‖ **fission** 1948, *L. M.*, phys., par l'angl. ‖ **fissible** xxᵉ s., sur *fission.* ‖ **fissure** 1314, Mondeville; rare avant le xviiiᵉ s.; du lat. *fissura*, fente. ‖ **fissurer** xviᵉ s.; attesté au xviiᵉ s.; repris au xxᵉ s. ‖ **fissuration** 1842, *Acad.*

fiston V. FILS.

fistule 1314, Mondeville, du lat. *fistula*, au sens méd., proprement « tuyau, tube ». ‖ **fistulaire** xivᵉ s., Brun de Long Borc. ‖ **fistuleux** fin xvᵉ s., du lat. *fistulosus.* ‖ **fistuline** 1827, *Acad.*, champignon en forme de langue de bœuf.

five o'clock 1885, *Figaro*, loc. angl., abrév. de *five o'clock tea*, thé de cinq heures.

fixe 1265, J. de Meung (*fix*), du lat. *fixus*, part. passé de *figere*, attacher. ‖ **fixer** début xivᵉ s., fixation xvᵉ s., G. ‖ **fixage** milieu xixᵉ s. ‖ **fixatif** 1827, *Acad.* ‖ **fixateur** 1824, Boiste. ‖ **fixisme** fin xixᵉ s. ‖ **fixité** début xviiᵉ s.

fla 1845, Besch., coup de baguette de tambour, onomatopée.

flabellé 1611, Cotgrave, du lat. *flabellum*, éventail, de *flare*, souffler. ‖ **flabelliforme** 1813, Lamarck.

flac xviᵉ s., onom., var. de *flic*. ‖ **flanquer** fam., 1634, *Cabinet satyrique*; altér. de *flaquer* (1583, Gauchet), frapper, mot régional.

flaccidité 1611, Cotgrave, du lat. *flaccidus*, flasque, pour servir de subst. dér. à *flasque.*

1. ***flache** adj., XIIIe s. (*flac, flache*, au fém.) ; comme s. f. partie molle, affaissée, par ext. fente ; puis adj. « mou » ; du lat *flaccus, flacca*, flasque. ‖ **flacher** 1497, G. ‖ **flacheux** 1690, Furetière, techn.

2. **flache** s. f., XIVe s., G., forme francienne de *flaque*, signif. « mare dans les endroits argileux ».

*flacon 1314, Mondeville, du bas lat. *flasco* (VIe s.), Grégoire de Tours), *-onis* ; dér. du germ. *flaska* (angl. *flask*, allem. *Flasche*, ital. *fiasco*).

fla-fla XIXe s., fig., ostentation, d'abord terme d'atelier ; de l'onom. *fla* (1845, Besch.), coup de baguette ; enregistré dans Delvau, 1867.

,flageller XIVe s., du lat. *flagellare*, de *flagellum*, fouet (v. FLÉAU). ‖ **flagellation** XIVe s., de Maizières, rare jusqu'au XVIIe s. ; du lat. chrét. *flagellatio* (IIIe s., Tertullien).

1. **flageolet** flûte, 1395, Chr. de Pisan, dimin. de l'anc. fr. *flageol*, issu du lat. pop. *flabeolum*, de *flabrum*, souffle (rac. *flare*, souffler). ‖ **flageoler** milieu XVIIIe s., formation ironique d'apr. la métaphore « jambe grêle » (cf. FLÛTE 1, fam. en ce sens).

2. **flageolet** haricot, début XIXe s., altér.,par infl.de *flageolet* 1 (les haricots, flatueux, sont appelés aussi, pop., *musiciens*), d'un dimin. du picard *fageole*, issu de l'ital. *fagiuolo*, haricot, lui-même issu du lat. pop. **fabeolus*, croisement entre *faba*, fève, et *phaseolus*, mot gr. (v. FASÉOLE, FAYOT).

flagorner 1470, Pathelin, « parler à l'oreille » ; orig. obscure, peut-être de *flatter* et de *corner*. ‖ **flagornerie** 1583, Bretin. ‖ **flagorneur** XVe s., M. Le Franc.

flagrant 1413, La Fontaine, du lat. *flagrans*, brûlant, au sens fig. jurid. (*flagranti crimine*, en flagrant délit, *Code Justiniani*) ; *flagrant délit*, 1695, Gherardi.

*flairer 1265, J. de Meung, « exhaler » et « sentir une odeur » ; du lat. *fragrare*, sentir bon. ‖ **flair** 1175, Chr. de Troyes. ‖ **flaireur** 1539, R. Est.

flamant 1534, Rab., du prov. *flamenc*, de *flamma*, flamme, d'apr. la couleur du plumage de l'oiseau.

*flambe 1080, *Roland*, « flamme », auj. techn. ou dial. (Ouest), forme dissimilée de l'anc. fr. *flamble*, issu du lat. *flammula*, dimin. de *flamma*, flamme. ‖ **flamber** XIIe s., rare avant le XVIe s. (Ronsard), qui a remplacé l'anc. fr. *flammer*, du lat. *flammare*. ‖ **flambant** 1841, *Les Français peints par eux-mêmes*, adj., fig. ‖ **flambard** 1285, G., « charbon à demi consumé » ; fig. 1867, Delvau, *faire le flambard*. ‖ **flambeau** 1398, *Ménagier*. ‖ **flambée** début XIVe s. ‖ **flamboyer** 1080, *Roland* (*-eier*). ‖ **flamboiement** XIXe s. ‖ **flambage** 1842, *Acad.*

flamberge 1517, Bouchet, nom de l'épée de Renaud de Montauban, héros de chansons de geste (d'abord *Froberge, Floberge*, nom de personne germ.), altér. par infl. de *flamme*.

flamboyer V. FLAMBE.

flamenco XIXe s., mot esp. signif. « flamand ».

flamiche fin XIIIe s.,Rutebeuf, « tarte », mot du Nord signif. « gâteau *flamand* », ou (selon Wartburg), mot de même rac. que *flamme* (*galette à la flamme*).

flamine 1372, Golein, du lat. *flamen, -inis* (v. sanskrit *brahma*, prêtre).

1. ***flamme** Xe s., *Saint Léger* (*-a*), du lat. *flamma*. ‖ **flammette** 1372, Corbichon, « petite flamme », auj. techn. ‖ **enflammer** XIIe s., *Ps.*, du lat. *inflammare*. ‖ **inflammable** fin XIVe s., formation savante. ‖ **ininflammable** 1600, Fr. de Sales. ‖ **inflammation** 1355, Bersuire. ‖ **inflammatoire** 1560, Paré.

2. ***flamme** fin XIIe s., *Grégoire* (*flieme*), « lancette de vétérinaire », altéré ensuite sous l'infl. de *flamme* ; du lat. pop. *flětomus*, issu de *phlebotomus*, empr. au gr. *temnein*, couper, et *phleps*, veine (v. PHLÉBITE). ‖ **flammette** 1314, Mondeville, « petite lancette ».

flammèche 1120, *Job* (*-masche*), croisement entre le francique **falawiska*, cendre, et le lat. *flamma*, flamme.

flan XIIe s., Raimbert de Paris (*flaon*) ; XIVe s. (*flan*), « gâteau » ; XIIIe s., terme de monnayage ; du francique **flado* (allem. *Fladen*). ‖ **flanier** 1788, *Encycl. méth.*

flanc 1080, *Roland*, du francique **hlanka*, hanche (anc. haut allem. *flan-*

cha). ‖ **flanchet** 1376, boucherie. ‖ **flanchis** blas., 1732, *Trévoux*. ‖ **bat-flanc** fin XIXᵉ s. ‖ **flanc-garde** *id*. ‖ **flanquer** 1555, Ronsard, « garnir sur le flanc »; XVIᵉ s., « protéger »; XVIIᵉ s., « appliquer »; de l'ital. *fiancare*, d'apr. *flanc*. ‖ **flanquis** 1672, Menestrier, réfection de *flanchis*. ‖ **flanqueur** 1770, Hassenfratz, milit. ‖ **flanquement** 1705, d'Arçon, fortif. ‖ **efflanqué** 1611, Cotgrave, réfection d'apr. flanquer, de *efflanché* (1380, G. Phébus). ‖ **tire-au-flanc** fin XIXᵉ s.

flancher 1835, Raspail, altér., sous l'infl. de *flanc*, de *flacher*, mollir, céder, mot régional (Centre, Ouest : 1855, Jaubert); de *flache*, du lat. *flaccus*, flasque, ou de l'anc. fr. *flanchir*, détourner, du francique *hlankjan, ployer. (V. FLANC.)

flandrin XVᵉ s., Robertet, mot signif. « flamand », de *Flandre*, parce que les Flamands seraient grands et mous.

flanelle 1650, Ménage, de l'angl. *flannel*, empr. au gallois *gwlanen*, de *gwlân*, laine.

flâner milieu XVIIᵉ s. (*flanner*), mot normand sans doute plus ancien, vulgarisé au XIXᵉ s. (1808, d'Hautel); du scand. *flana*, aller çà et là. ‖ **flânerie** XVIᵉ s., rare jusqu'au XIXᵉ s. ‖ **flâneur** XVIᵉ s., texte normand. ‖ **flânocher** 1856, Furpille.

flanquer V. FLAC, FLANC.

flapi fin XIXᵉ s., fam., « abattu, déprimé », mot lyonnais; de *flapir*, amollir, abattre (XVᵉ s.), de *flap*, mou, sans doute croisement entre le lat. *flaccus*, flasque, et l'allem. dial. *schlapp*, mou.

flaque XIVᵉ s., Boutillier (*flasque*); 1564, Thierry (*flaque*); mot du Nord empr. au moyen néerl. *vlacke*, étang maritime; ou du picard *flache*, mou, creux, d'où « creux dans un chemin » et « mare ».

flash 1918, *le Film*, mot angl. signif. « éclair ».

1. flasque adj., début XVᵉ s., « mou »; altér. de *flaque* (encore 1611, Cotgrave), forme picarde de *flache* (v. ce mot); le *s* peut être dû à l'infl. du suivant.

2. flasque 1535, G., flacon, poire à poudre, puis bouteille à mercure; de l'ital. *fiasca*, bonbonne, ou *fiasco*, bouteille. (V. FLACON.)

3. flasque s. m. et f., 1445, G., « montant d'affût »; du néerl. *vlacke*, plat, plan (allem. *flach*).

flatter 1190, Couci, « caresser avec la main », sens fig. dès l'anc. fr.; du francique *flat*, plat, c.-à-d. passer le plat de la main (pop. *faire du plat*). ‖ **flatterie** 1265, J. de Meung. ‖ **flatteur** fin XIIIᵉ s., Rutebeuf. (V. FLÉTRIR 2.)

flatueux 1538, Canappe, du lat. *flatus*, vent, de *flare*, souffler. ‖ **flatuosité** 1552, Massé. ‖ **flatulent** 1560, Paré. ‖ **flatulence** 1747, James.

flave 1538, Canappe, « blond », du lat. *flavus*, jaune, blond. ‖ **flavescent** 1530, Rab., du lat. *flavescens*, part. prés. de *flavescere*, devenir jaune.

*fléau Xᵉ s., *Saint Léger* (*flaiel*); XIIᵉ s. (*flael*); du lat. *flagellum*, fouet, spécialisé pour le fléau articulé (IXᵉ s., saint Jérôme); au fig. d'apr. la métaphore du lat. eccl. *flagellum Domini*, châtiment envoyé par Dieu (trad. de la Bible).

1. flèche arme, 1130, *Eneas*, du francique *fliugika (moyen néerl. *vliecke*), signif. « celle qui vole », de même rac. que l'allem. *fliegen*, voler. ‖ **flécher** XVIᵉ s., devenu techn. ‖ **fléchette** XXᵉ s. ‖ **biflèche** XXᵉ s. (1959, Lar.).

2. flèche fin XIIᵉ s. (*fliche*); 1549, R. Est. (*flèche*), « pièce de lard »; altér., sous l'infl. du précédent, du scand. *flikki* ou de l'angl. *flitch*.

*fléchir 1160, Benoît, var. probable de l'anc. fr. *flechier*, de même sens, issu du lat. pop. *flecticare, fréquentatif de *flectere*, ployer, fléchir. ‖ **fléchissement** 1314, Mondeville. ‖ **fléchisseur** 1586, Guillemeau. ‖ **infléchir** 1738, de Mairan. ‖ **inflexion** 1890, E. de Conty, du lat. *inflexio*. ‖ **inflexible** 1314, Mondeville, du lat. *inflexibilis*. ‖ **inflexibilité** 1611, Delb.

flegme 1265, Br. Latini (*fleugme*); XVᵉ s. (*flemme*); 1560, Paré (*flegme*); du lat. méd. *phlegma*, humeur, pituite, empr. au gr. signif. « inflammation » (v. PHLEGMON); au fig. XVIIᵉ s. ‖ **flegmatique** fin XIIᵉ s., Guiot de Provins, du lat. *phlegmaticus*, empr. au gr. *phlegmatikos*; d'abord terme méd.; au XVIIᵉ s., prend le sens de « calme et froid ». ‖ **flemme** 1821, Desgranges, pop., de l'ital. *flemma*, f. au sens de « paresse »; du lat. *phlegma*.

‖ **flemmard** fin XIXe s. ‖ **flemmarder** 1894, Sachs-Villatte.

flemme V. FLEGME.

fléole 1786, *Encycl.*, graminée, du gr. *phleôs*, roseau.

flet XIIIe s., G., sorte de plie, du moyen néerl. *vlete*, espèce de raie. ‖ **flétan** 1558, Rondelet, poisson plat, d'un dér. néerl. *vleting*.

1. **flétrir** (en parlant d'une plante) début XIIe s., *Ps. de Cambridge* (*fleis-*), de l'anc. fr. *flaistre, flestre,* flasque, flétri, issu du lat. *flaccidus,* flasque, de *flaccus* (v. FLACHE 1, FLASQUE 1). ‖ **flétrissure** XVe s.

2. **flétrir** 1175, Chr. de Troyes (*flatir*), « marquer au fer rouge »; XIIIe s., *Assises de Jérusalem* (*flétrir*), « marquer d'ignominie »; altération, d'apr. le précédent, du francique **flatjan,* lancer, pousser, de *flat,* plat (v. FLATTER). ‖ **flétrissure** 1611, Cotgrave.

flette 1311, G., de l'anc. angl. *flete,* bateau (angl. *fleet,* flotte).

*fleur 1080, *Roland* (*flor, flour*), du lat. *flos, floris* (masc.); XIVe s., fig., *à fleur de.* ‖**fleur-** radical réservé aux sens propres. ‖ **fleurée** 1408, G., qualité d'indigo. ‖ **fleurage** XVIe s., Delb., « ensemble de fleurs »; XVIIIe s., sens techn. ‖ **fleurette** 1119, Ph. de Thaun, « petite fleur », 1643, Saint-Amant, « propos galant ». ‖ ‖ **fleureter** XIIIe s., *Doon de Mayence,* « conter fleurette ». ‖ **fleuriste** 1680, Richelet, « amateur de fleurs », ensuite divers sens techn. ‖ **fleurdeliser** 1542, Delb., de *fleur de lis.* ‖ **fleuret** 1563, G., dimin. de *fleur,* spécialisé en divers sens techn. (proprement « fleur de laine »); 1580, Montaigne (*floret*), épée terminée par un bouton comparé à un bouton de fleur, adaptation de l'ital. *fioretto.* ‖ **fleurir** 1080, *Roland* (*florir*), du lat. *florire,* d'apr. *fleur.* ‖ **fleuron** 1302, Delb. (*floron*) peut-être d'apr. l'ital. *fiorone.* ‖ **fleuronner** 1468, Chastellain. ‖ **affleurer** 1397, Delb., « être, mettre à fleur ». ‖ **affleurement** 1593, de Lurbe. ‖ **affleurage** 1762, *Encycl.* ‖ **effleurer** 1220, Coincy (*esflorer*), « ôter les fleurs »; par ext. « enlever la fleur, le dessus »; 1595, Montaigne, « toucher à la surface ». ‖ **défleurir** XIVe s., Jubinal. ‖ **refleurir** 1120, *Ps. d'Oxford.* ‖ **flor-**

radical réservé aux sens figurés ou techniques. ‖ **flore** 1771, Lamarck, *Flore française,* du lat. *Flora,* déesse des fleurs, de *flos, floris.* ‖ **floral** 1550, du Bellay (jeux Floraux de Toulouse, fondés en 1323), d'apr. le prov.; fin XVIIIe s., bot., lat. *floralis.* ‖ **floralies** 1819, Cornelissen, fête horticole. ‖ **floraison** 1731, de Brémond, réfection de *fleuraison* (1600, Malherbe). ‖ **florès** 1638, Richelieu; *faire florès,* « faire une manifestation éclatante », puis « obtenir des succès »; du pl. lat. *flores,* fleurs, ou du héros de roman *Florès de Grèce* (XVIe s.). ‖ **floricole** 1842, *Acad.* ‖ **floriculture** fin XIXe s. ‖ **floridés** 1827, *Acad.* (*-ridées*). ‖ **florifère** 1783, Bergeret. ‖ **florilège** 1697, A. Galand, lat. mod. *florilegium,* fait sur le modèle *spicilegium* (v. SPICILÈGE). ‖ **floréal** 1793, huitième mois du calendrier révolutionnaire créé par Fabre d'Eglantine, du lat. *florus,* fleuri. ‖ **florule** 1842, *Acad.* ‖ **déflorer** 1437, Ch. d'Orléans, du lat. *deflorare,* ôter la fleur. ‖ **défloration** 1355, Bersuire, du lat. *defloratio.* ‖ **efflorescence** 1560, Paré, du lat. *efflorescens,* part. prés. de *efflorescere,* fleurir. ‖ **efflorescent** XVIIIe s. ‖ **inflorescence** 1792, Lamarck, du bas lat. *inflorescere,* commencer à fleurir.

fleurer XIVe s., *Gloss.,* « flairer » (jusqu'au XVIIe s.); altér. de *flairer* (dans les deux sens) d'apr. *fleur;* l'anc. fr. *flaor,* odeur (lat. pop. **flator* de *flare,* souffler), a pu jouer un rôle.

fleuret, -eter, -iste, -on V. FLEUR.

fleurs (*blanches*) 1314, Mondeville, « menstrues », altér. de *flueur,* par infl. du précédent.

fleuve 1130, *Eneas* (*flueve*), empr. anc. au lat. *fluvius,* ruisseau, fleuve. ‖ **fluvial** 1265, Br. Latini (*fluviel*); 1512, Lemaire (*-ial*), du lat. *fluvialis.* ‖ **fluviatile** 1559, Valgelas, du lat. *fluviatilis.*

flexible 1314, Mondeville, du lat. *flexibilis,* de *flexus,* part. passé de *flectere,* fléchir. ‖ **flexibilité** fin XIVe s. ‖ **flexion** XVe s., « fléchissement », spécialisé aussi en gramm., du lat. *flexio.* ‖ **flexionnel** XIVe s. ‖ **flexueux** XVIe s., Tagault, du lat. *flexuosus.* ‖ **flexuosité** 1540, Rab.

flibot 1587, Parfouru (*felibot*), bateau plat, adaptation de l'angl. *flyboat,* bateau-mouche. (V. PAQUEBOT.)

flibustier 1667, Dutertre (*fri-*) ; 1680, d'Estrées (*fli-*) ; de l'angl. *flibutor, frebetter* (auj. *freebooter*), altér. du néerl. *vrijbuiter*, pirate (proprement « librebutineur »). ‖ **flibuster** 1701, Furetière. ‖ **flibuste** 1647, Le Hirbec. ‖ **flibusterie** XIXᵉ s.; fig. 1841, *les Français peints par eux-mêmes.*

flic s., 1837, Vidocq, argot, « agent de police » (*figue*) ; origine obscure, peutêtre d'apr. le claquement du fouet ou de la cravache (cf. l'adjudant *Flick* de Courteline).

flic-flac XVIᵉ s., Béroald de Verville, onomatopée.

flin 1564, Thierry, néerl. *flint*, silex.

flingot av. 1867, à Saint-Cyr arg. milit., puis pop.; adaptation de l'allem. dial. (bavarois) *flinke, flingge* (allem. *Flinte*), avec un suffixe argotique. ‖ **flingue** 1889, Barrère. ‖ **flinguer** XXᵉ s., pop.

flinquer 1756, *Encycl. méth.*, techn., de l'allem. *flinken*, de *flink*, vif.

flint-glass 1774, Gomicourt, verre de cristal, de *flint*, silex et *glass*, verre.

flion 1558, G. Morel, palourde, mot normand, du scand. *fi*, gland ; le mot *flie*, qui a précédé *flion*, a pris régionalement le sens de « copeau ».

flipot 1732, Th. Corn., tringle de bois, du surnom pop. *Phelipot*, dér. de *Philippe*, prononcé *Phelipe* (cf. *Flipote* dans *le Tartuffe*).

flirt 1879, *Parlement*, de l'angl. *flirt*, de *to flirt*, « jeter, remuer vivement », puis, au XVIIIᵉ s., « faire la cour » ; d'origine obscure ; la prononc. anglicisante a provoqué une homonymie avec *fleur* (*fleureter, conter fleurette*). ‖ **flirter** 1855, J. Janin. ‖ **flirteur** fin XIXᵉ s.

*floc 1130, *Eneas* (pl. *flos*), « petite houppe », du lat. *floccus*, flocon de laine. ‖ **flocon** fin XIIIᵉ s., *Renart.* ‖ **floconneux** 1792. ‖ **floche** XVIᵉ s. (*soie floche*), « mou », subst. en anc. fr., forme fém. de *floc*. ‖ **floculation** 1911, Lar., du lat. *flocculus*, petit flocon. ‖ **floculer** 1911, Lar. ‖ **floconné** 1847, Flaubert.

flonflon fin XVIIᵉ s., Gherardi, onomatop.

flopée 1849, *Jargon*, « volée de coups »; 1867, Delvau, « grande quantité », mot dial. issu du bas lat. *faluppa*, copeau.

floraison, flore, floral, floréal V. FLEUR.

florence 1732, *Trévoux*, « toile de soie », de *Florence*, lieu originaire de fabrication. ‖ **florentine** 1723, Savary, « crin », dit aussi *crin de Florence.*

florès, florilège V. FLEUR.

florin 1278, *Archives*, ital. *fiorino*, de *fiore*, fleur, monnaie d'or frappée d'abord à Florence avec des fleurs de lis, armes de la ville ; il a désigné ensuite les pièces françaises (XIVᵉ s.), autrichiennes, hollandaises, etc.

florule V. FLEUR.

flosculeux 1792, Desfontaines, du lat. *flosculus*, dimin. de *flos*, fleur.

flot début XIIᵉ s., *Ps. de Cambridge* (*fluet*) ; 1190, Garn. (*flot*) ; du francique **flôd* (allem. *Flut*). [V. RENFLOUER.]

flotte fin XIIᵉ s., *Loherains* (*flote*), « troupe, groupe d'objets » ; XVIᵉ s., ensemble des vaisseaux, sens développé sous l'infl. de l'esp. *flota* (v. FLOTTILLE) ; sans doute de l'anglo-saxon *flôta*, flotte, avec infl. de *flotte*, déverbal de *flotter*, objet flottant ; mais l'origine est contestée ; fig., fin XIXᵉ s., « eau, pluie », par infl. sémantique de *flot.* ‖ **flotter** fin XIXᵉ s., pleuvoir.

flotter 1080, *Roland* (*floter*) ; XIIIᵉ s., fig.; peut-être altér. du lat. *fluctuare*, flotter, de *fluctus*, flot, d'apr. le francique **flôd*, flot. ‖ **flottage** 1446, G. ‖ **flottaison** *id.* ‖ **flottement** début XVᵉ s. ‖ **flottable** 1572, G. ‖ **flotteur** début XVᵉ s., « homme employé au flottage »; puis sens moderne.

flottille XVIIᵉ s., Dangeau, de l'esp. *flotilla*, dimin. de *flota*, flotte.

flou XIIᵉ s., *Alexandre* (*flo*), « faible, fluet » (jusqu'au XVᵉ s.) et aussi « flasque, fané », puis « peu net »; origine obscure, sans doute du francique **hlâo*, tiède (allem. *lau*), puis languissant.

flouer XVIᵉ s., Huguet; repris au XIXᵉ s. (1827, *Cartouche*), « tricher », var. de *frouer*, tricher au jeu (1460, Villon), « casser, briser » (v. 1160, *Charroi*), du lat. *fraudare*. V. FRAUDE. ‖ **flouerie** 1840, Larchey. ‖ **floueur** 1841, *les Français peints par euxmêmes.*

flouve 1786, *Encycl. méth.*, graminée; orig. obsc., peut-être forme fém. de *flou*.

fluctuation 1120, *Ps. d'Oxford*, du lat. *fluctuatio*, de *fluctus*, flot. ‖ **fluctueux** XIII⁰ s., G.; du lat. *fluctuosus*. ‖ **fluctuer** 1517, J. Bouchet.

fluer 1288, Gelée, méd., du lat. *fluĕre*, couler. ‖ **fluent** 1756, *Encycl.*, math., du part. prés. *fluens, -tis*, sens spécialisé en lat. scient. par Newton (XVII⁰ s.); 1845, Wey, fig. ‖ **fluide** 1495, J. de Vignay, du lat. *fluidus*. ‖ **fluidité** 1565, Tahureau. ‖ **flueurs** 1554, Belon, du lat. *fluor*, écoulement; syn. de « menstrues ». (V. FLEURS.)

fluet 1493, Coquillart (*flouet*, encore chez Furetière); 1694, *Acad.* (*fluet*), dimin. de *flou*.

fluide V. FLUER.

fluor 1723, Savary; *flueur* en anc. chimie; d'abord adj. (acide) fluide, (minéral) fusible (*spath fluor*), puis s. m., corps simple gazeux; lat. *fluor*, écoulement, c.-à-d. corps liquide. ‖ **fluorescent** 1858, Nysten. ‖ **fluorescence** 1852, Stokes. ‖ **fluorine** 1844, d'Orbigny. ‖ **fluorure** 1848, d'Orbigny.

1. **flûte** XII⁰ s., G. (*flehute, flaüte*), « instrument de musique »; du prov. *flaüto*, croisement entre *flaujol*, flageolet, et *laüt*, luth; XIX⁰ s., « petit pain »; 1867, Delvau, interj. ‖ **flûter** 1160, Benoît (*flaüter*). ‖ **flûteau** XII⁰ s., Colin Musset (*flaütel*). ‖ **flûteur** 1265, J. de Meung (*fleusteor*). ‖ **flûtiste** 1828, Nodier, qui a remplacé *flûteur*.

2. **flûte** 1559, Amyot, bateau, du néerl. *fluit*.

fluvial V. FLEUVE.

flux 1272, Joinville (*flux dou ventre*), « écoulement »; 1362, Fréville, sens géogr.; du lat. *fluxus*, écoulement; de *fluere*, couler. ‖ **fluxion** XIV⁰ s., Delb., du lat. *fluxio*, écoulement, et par ext. fluxion; même origine.

foc 1602, *texte anonyme*, du néerl. *fok*, voile triangulaire du beaupré.

focal XV⁰ s., repris comme terme de sc. au XIX⁰ s. (1823, Boiste), du lat. *focus*, foyer. ‖ **bifocal** XX⁰ s. (1951, Lar.).

fœhn 1859, Hugo, mot allem. dial., du lat. *favonius*, vent du S.-O.

foène V. FOUINE 2.

fœtus 1470, Panis, graphie bas lat. de *fetus*, au sens d'enfant (v. FAON), spécialisé en langue méd. ‖ **fœtal** 1813, *Encycl. méth.*

*__*foi** fin XI⁰ s., *Alexis*, du lat. *fĭdes*, croyance, confiance, spécialisé en lat. chrét. ‖ **féal** fin XII⁰ s., G., dér. anc. de *fei* (foi); le subst. *féalté, féauté* a disparu.

*__*foie** VIII⁰ s., *Reichenau* (*figido*); 1080, *Roland* (*firie*); XII⁰ s. (*fedie, feie*); du lat. pop. *ficatum, altér. du lat. impér. *ficatum* (III⁰ s., Apicius : foie d'oie farci de figues), adaptation du gr. *sukôton*; ce terme culinaire a remplacé le lat. *jecur*. ‖ **foissier** 1772, Duhamel, tonneau où l'on met les foies de morue.

1. *__*foin** XII⁰ s. (*fein*); XV⁰ s. (*foin*) par fausse régression (cf. AVOINE); du lat. *fēnum*. ‖ **sainfoin** 1600, O. de Serres, « luzerne »; 1549, R. Est. (*sainct foin*), avec fausse étym. : *sain* doit être compris « sain pour le bétail ». (V. FANER, FENIL.)

2. **foin** interj., XVI⁰ s., Larivey, orig. obscure; soit altér. de *fi* d'apr. *foin*, soit emploi ironique de *foin*.

1. *__*foire** 1130, *Eneas*, « marché » (*feire*), du bas lat. *fēria*, jour de fête (III⁰ s., Tertullien), du lat. pl. *feriae* (v. FÉRIE), les foires étant placées jadis les jours de fête. ‖ **foirail** 1874, *Gazette des trib.*, à propos d'un foirail du Puy-de-Dôme, mot du Centre et du Sud.

2. *__*foire** fin XIII⁰ s., *Renart*, « diarrhée », du lat. *foria*. ‖ **foireux** fin XII⁰ s., R. de Clary. ‖ **foirer** fin XVI⁰ s. ‖ **foirole** 1539, R. Est.

*__*fois** fin XI⁰ s., *Alexis* (*feiz*), du lat. *vĭces* (pl.), vicissitudes, changements; le *f* s'explique mal (encore *vice* dans les *Gloses de Reichenau*). ‖ **autrefois** 1160, Benoît (*-feiz*). ‖ **parfois** fin XV⁰ s. ‖ **quelquefois** fin XV⁰ s., Lemaire de Belges. ‖ **toutefois** milieu XV⁰ s. (*toutes foies*), qui a remplacé l'anc. fr. *toutes voies*.

*__*foison** XI⁰ s., Raschi, du lat. *fūsio, -ionis*, action de répandre, refait en *fūsio*, d'apr. le verbe *fŭndere*; il avait pris des sens fig. en bas lat. (versement d'argent, *Digeste*, etc.). ‖ **foisonner** 1155, Wace. ‖ **foisonnement** XVI⁰ s., Thevet.

foissier V. FOIE.

fol, folâtre, folie V. FOU 1.

foliaire 1778, Lamarck, du lat. *folium*, feuille. ‖ **foliation** 1757, *Encycl. méth.* ‖ **foliacé** 1751, *Encycl.*, du lat. *foliaceus*. ‖ **folié** 1713, Geoffroy, du lat. *foliatus*. ‖ **foliole** 1757, *Encycl.*, du lat. *foliolum*, petite feuille.

folio 1609, L'Estoile, de *in-folio*. ‖ **in-folio** 1602, Peiresc, mots lat. signif. « en feuille », du lat. *folium*. ‖ **folioter** 1832, Boiste. ‖ **foliotage** 1865, L. ‖ **inter-folier** 1812, Mozin.

foliot 1360, Froissart, « levier de serrure », de l'anc. fr. *folier*, « faire le fou » (de *fol*, fou) et par ext. « aller de côté et d'autre ». Il a désigné le balancier des premières horloges.

folklore 1877, *Rev. crit.*, de l'angl. *folk-lore*, science du peuple, créé en 1846 par Thoms. ‖ **folklorique** 1894, Sachs-Villatte. ‖ **folkloriste** *id.*

follet V. FOU 1.

folliculaire 1759, Voltaire, du lat. *folliculum*, petit sac, pris à tort pour un dér. de *folium*, feuille; dimin. de *follis*, sac.

follicule début XVIᵉ s., capsule, en bot. et anat., du lat. *folliculus*, petit sac; de *follis*, poche. ‖ **folliculine** 1827, *Acad.*, zool. ‖ **folliculite** 1836, Landais.

fomenter 1220, Coincy, méd., appliquer une compresse chaude; XVIᵉ s., exciter; du lat. méd. *fomentare*, de *fomentum*, cataplasme, de *fovere*, chauffer. ‖ **fomentation** XIIIᵉ s., du lat. *fomentatio*. ‖ **fomentateur** 1613, Huguet.

foncer 1389, G., dér. de *fons*, anc. forme de *fond*, proprement « garnir d'un fond »; au fig., *foncer sur* (1829, Hugo), d'apr. *fondre sur*. ‖ **fonçage** 1867, Simonin, technique. ‖ **fonçailles** fin XVIᵉ s. ‖ **foncé** 1690, Furetière, couleur sombre (qui paraît *enfoncée*). ‖ **défoncer** XIVᵉ s., Cuvelier (*-onsser*). ‖ **défoncement** 1653, Oudin. ‖ **défonceuse** fin XIXᵉ s. ‖ **enfoncer** 1278, Sarrazin. ‖ **enfoncement** 1468, Chastellain. ‖ **enfonçure** 1363, G.

foncier V. FOND.

fonction 1539, R. Est., du lat. *functio*, accomplissement, de *fungi*, « s'acquitter de », au sens jurid. de « service public ». ‖ **fonctionner** 1637, *Chron. bordelaise*;

rare jusqu'au XVIIIᵉ s. ‖ **fonctionnement** 1842, *Acad.* ‖ **fonctionnaire** 1770, Turgot. ‖ **fonctionnariser** XXᵉ s. ‖ **fonctionnarisme** 1864, Proudhon. ‖ **fonctionnariste** 1871, *le Vengeur.* ‖ **fonctionnel** 1845, Besch., relatif aux fonctions organiques; XXᵉ s., dont la forme convient parfaitement à la destination. ‖ **fonctionnellement** 1865, L.

*fond 1080, *Roland* (*funz*), puis *fons* (d'apr. le nominatif lat.), du lat. *fundus*, au double sens de « fond d'un objet » et « fonds de terre », pour lequel a été spécialisée la graphie *fonds*. ‖ **fonceau** 1559, Amyot. ‖ **foncet** 1367, Le Bel. ‖ **foncier** 1370, G. (cens *fonsier*, d'apr. la graphie *fons*, au sens de fonds de terre); XVᵉ s., sens fig. ‖ **foncièrement** XVᵉ s. ‖ **effondrer** fin XIIᵉ s., *Rois* (*esf-*), du lat. pop. **exfunderare*, de *fundus*. ‖ **effondrement** XVIᵉ s. ‖ **tréfonds** XIIIᵉ s., G., de *trans* (*tres*), « au-delà de », c.-à-d. le sous-sol. ‖ **tréfoncier** 1262, G. (V. PLAFOND.)

fondamental V. FONDEMENT.

*fondement fin XIIᵉ s., *Rois*, du lat. *fundamentum*, de *fundare*, fonder; le sens de « anus » (XIIIᵉ s.) est repris au lat. méd. ‖ **fondamental** 1468, Chastellain, du bas lat. *fundamentalis*.

*fonder XIIᵉ s., L., du lat. *fundare*, de *fundus*, fond. ‖ **fondateur** début XIVᵉ s., qui a remplacé la forme *fondeor*, du lat. *fundator*. ‖ **fondation** XIIIᵉ s., G., du bas lat. *fundatio*.

fonderie, fondeur V. FONDRE.

fondouk XVIᵉ s. (*-dique*), de l'ar. *funduk*, magasin, empr. au gr. *pandokeion*, hôtellerie, entrepôt.

*fondre XIIᵉ s., *Roncevaux*, du lat. *fundere*, verser, au sens de « couler »; en anc. fr., par infl. de *effondre*, le verbe a pris le sens de « s'écrouler, s'affaisser » (jusqu'au XVIIIᵉ s.; resté dans *cheval fondu*, jeu d'enfants) et « faire écrouler »; d'où *fondre sur* (XVIᵉ s.), d'abord terme de fauconnerie (XIVᵉ s.). ‖ **fonderie** 1373, G. (*fondrie*). ‖ **fondeur** 1268, E. Boileau. ‖ **fondoir** XIIIᵉ s., G., creuset. ‖ **fondue** 1432, G., « fonte »; 1768, Rousseau, fromage fondu. ‖ **fondu** s. m., 1908, *l'Illustration*, en cinéma. ‖ ***fonte** XVᵉ s., Martial d'Auvergne, action de fondre, et par ext. fer non affiné sortant de la fonte, du lat. pop.

*fŭndĭta, part. passé de *fŭndĕre*, substantivé au fém.

fondrière 1488, *Mer des hist.*, de l'anc. fr. *fondrer*, de même rac. que *effondrer*. Désigne un lieu bas et marécageux.

fondrilles 1398, *Ménagier*, « dépôt de liquide », dér. de *fond*, avec infl. de *fondre*. ‖ **effondrilles** 1573, Liébault, réfection sur *effondrer*.

fonds V. FOND.

fongible 1752, *Trévoux* (bien *fongible*), jurid., du lat. *fungibilis*, « qui se consomme », de *fungi*, s'acquitter de. Se dit des choses qui se consument par l'usage (denrées, argent).

fongus 1560, Paré, méd., du lat. *fungus*, champignon, en méd. tumeur. ‖ **fongicide** 1912, *L. M.* ‖ **fongicole** 1839, Boiste. ‖ **fongueux** 1560, Paré. ‖ **fongosité** *id.*

*fontaine fin XIIᵉ s., *Rois*, du lat. pop. *fontana*, adj. substantivé au fém., dér. de *fons, fontis*, source, resté dans le Midi. ‖ **fontainier** 1292, *Rôle de la taille de Paris.* ‖ **fontanelle** 1560, Paré, méd., « exutoire »; 1611, Cotgrave, « déhiscence crânienne »; réfection, d'apr. le lat. méd. *fontanella*, de l'anc. fr. *fontenelle*, petite fontaine, par ext. ulcère, exutoire. ‖ **fontinal** 1746, James, du lat. *fontinalis*. ‖ **fonts** (*baptismaux*) 1080, *Roland* (*funz*), du lat. *fontes*, pl. de *fons, -tis*, avec spécialisation en un sens eccl.

fontange 1680, Mᵐᵉ de Sévigné, du nom de Mˡˡᵉ de Fontanges, maîtresse de Louis XIV.

1. fonte V. FONDRE.

2. fonte 1752, *Trévoux*, « poche de cuir fixée à la selle », altér. par le précédent de l'ital. *fonda*, bourse, issu du lat. *funda*, fronde, au sens bas lat. de « petite bourse ».

fonts V. FONTAINE.

football 1698, *Voy. en Angleterre*; vulgarisé v. 1890; mots angl. signif. « balle au pied ». ‖ **footballeur** fin XIXᵉ s.

footing 1895, A. Hermant, faux anglicisme tiré de l'angl. *foot*, pied, sur le modèle de *rowing*, sport nautique, etc. (en angl. *footing* signifie « pied, point d'appui pour le pied, fondement »).

for XVᵉ s., « coutume » (régions pyrénéennes); *for intérieur*, 1694, *Acad.*; du lat. eccl. *forum*, juridiction ecclésiastique; au fig. « tribunal de la conscience », d'apr. le sens de « tribunal » du lat. (V. FORFAIT, FUR.)

*forain adj., XIIᵉ s., *Saxons*, « étranger »; XVIIIᵉ s., *marchand forain* et subst. forain; il a existé une var. *foirain* d'apr. *foire*, qui a infl. le sens du mot; du bas lat. *foranus*, étranger, de *foris*, dehors. (V. FORS.)

foraminé 1842, *Acad.*, du lat. *foramen, -inis*, trou, de *forare*. ‖ **foraminifère** *id.*, sous classe de protozoaires. ‖ **foramen** XXᵉ s., anat., trou de petite dimension.

forban V. BANNIR.

forçat 1531, Gosselin, de l'ital. *forzato*, forcé (cf. *travaux forcés*).

*force 1080, *Roland*, du bas lat. *fortia*, pl. neutre subst. de *fortis*, courageux, puis fort. ‖ *forcer XIIIᵉ s., *Chr. d'Antioche*, du lat. pop. *fortiare, de *fortia*. ‖ **forçage** XIIᵉ s., E. de Fougères, rare jusqu'au XVIIIᵉ s. ‖ **forcement** 1341, G. ‖ **forcément** XIVᵉ s., G. (*forciéement*); du part. passé au fém. ‖ **forcerie** XIVᵉ s., « violence »; 1865, L., hortic. ‖ **forcet** 1827, *Acad.*, techn. ‖ **forceur** XVIᵉ s. ‖ **forcir** 1865, L., « devenir fort ». ‖ **efforcer (s')** fin XIᵉ s., *Alexis* (*esf-*). ‖ **effort** 1080, *Roland* (*esfort*). ‖ **enforcir** fin XIIᵉ s., *Loherains*, de l'anc. fr. *enforcier*, de *force*. ‖ **renforcer** 1160, Benoît. ‖ **renfort** 1340, G., déverbal. ‖ **renforcement** 1388, Delb.

forcené fin XIᵉ s., *Alexis* (*forsené*) « fou »; XVIIᵉ s., « violent »; pris à tort pour un dér. de *force*, d'où le *c* au XVIᵉ s.; part. passé de l'anc. fr. *forsener*, « être hors de son bon sens » et par ext. « être furieux », de *fors*, hors de, et de *sen*, sens. (V. ASSENER.)

forceps 1692, Col de La Duquerie, mot lat. signif. « pinces », repris au sens chirurgical, de *formus*, chaud, et *capere*, saisir. ‖ **forcipressure** 1877, L., de *presser*.

*forces fin XIIᵉ s., *Loherains*, « ciseaux »; aussi au sing. en anc. fr., du lat. *forfices*, cisailles (pl. de *forfex*). ‖ **forcettes** 1380, G., ciseaux d'une seule pièce à branches unies par un demi-cercle d'acier formant ressort.

forcière 1326, G. (*foursière*), « étang pour l'élevage des poissons » ; de l'anc. fr. *fourser*, frayer, d'origine inconnue.

forcine 1758, Duhamel, renflement d'un arbre à la naissance d'une branche ; peut-être dér. de *force* ou de *fourche*.

forcing XXᵉ s. (1959, Lar.), mot angl. signif. au propre « un effort violent ». Terme de sport (boxe) passé dans le vocabulaire général.

forclos part. passé du verbe *forclore*, 1120, *Ps. d'Oxford*, exclure, de *fors*, hors de, et de *clore*, spécialisé en terme de droit. ‖ **forclusion** milieu XVᵉ s.

forer fin XIIᵉ s., R. de Moiliens, du prov. *forar* ou de l'ital. *forare*, issu du lat. *forare*, percer. ‖ **forage** 1335, Digulleville. ‖ **forerie** (*de canons*) XVIIᵉ s., Colbert. ‖ **foret** XIIIᵉ s. ‖ **foreur** fin XIXᵉ s. ‖ **foreuse** 1894, Sachs-Villatte. ‖ **forure** 1680, Richelet.

*forêt début XIIᵉ s., *Voy. de Charl.* (*forest*), du bas lat. *forestis*, abrév. de *forestis silva*, forêt (*silva*) en dehors (*foris*) de l'enclos, loc. désignant la « forêt royale » au VIIIᵉ s. (*Capitulaires de Charlemagne*). ‖ **forestier** 1150, Wace, disparu au XVIᵉ s., repris à l'anc. fr. avec la prononc. de *s*.

1. **forfait**, crime V. FAIRE.

2. **forfait**, contrat, 1580, *Edit* (*fayfort*), altér., d'apr. le précédent, de **forfait*, composé de *fur* (v. ce mot), dans l'anc. sens de « taux », et de *fait*.

3. **forfait**, terme de courses, puis de sports, 1829, *Journ. des haras*, de l'angl. *forfeit*, de l'anc. fr. *forfait*, part. passé de *forfaire*.

forfanterie 1560, Paré, « coquinerie », puis fanfaronnade, de l'ital. *furfanteria*, de *furfante* (anc. fr. *forfante*), part. prés. de *furfare*. (V. FAIRE, *forfaire*.)

forficule 1791, *Encycl. méth.*, perceoreille, du lat. *forficula*, petites pinces.

*forge XIIᵉ s., du lat. *fabrica*, atelier (de *faber*, qui a donné l'anc. fr. *fèvre*) ; spécialisé comme « lieu où l'on travaille le fer » (*fabrica ferrea*) et comme « grand fourneau où l'on fond le fer ». ‖ ***forger** XIIᵉ s., *Ps.*, du lat. *fabrĭcāre*, fabriquer, façonner. ‖ **forgeable** 1627, Savot. ‖ **forgeage** 1775, Grignon. ‖ **forgerie** 1842, *Acad.*, industrie de forges ;

« falsification de documents » ; repris à l'angl. *forgery*. ‖ **forgeron** 1539, R. Est., d'apr. *forgeur*. ‖ **forgeur** XIIIᵉ s., *Artur* ; fig., XVIᵉ s. ‖ **reforger** XIVᵉ s. (V. FABRIQUE.)

forlane 1732, *Trévoux*, de l'ital. *furlana* (danse) « frioulane », importée du Frioul à Venise.

format V. FORME.

forme fin XIIᵉ s., *Rois*, du lat. *forma* dans les divers sens. ‖ **former** début XIIᵉ s., *Voy. de Charl.*, du lat. *formare*. ‖ **formel** XIIIᵉ s., G., du lat. *formalis*, « relatif à la forme », au sens scolastique. ‖ **formellement** fin XIIIᵉ s., G. ‖ **formaliser (se)** 1539, R. Est., « prendre fait et cause », puis « se froisser d'un manquement aux formes » (XVIᵉ s.). ‖ **formalisme** 1842, Mozin, philos. ‖ **formaliste** 1570, Du Fail. ‖ **formalité** début XVᵉ s. ‖ **format** 1723, Savary, de l'ital. *formato*, part. passé subst. de *formare*, former, plutôt que dér. de *forme*, avec le suffixe *-at*. ‖ **formateur** début XVᵉ s., qui a remplacé *formeor*, du lat. *formator*. ‖ **formation** 1160, Benoît, du lat. *formatio*. ‖ **formatif** 1842, *Acad.* ‖ **formeret** 1406, *D. G.* ‖ **formule** 1372, Fagniez, lat. *formula*, de *forma*. ‖ **formuler** XIVᵉ s., Bouthillier ; 1740, Demours, pharmacie. ‖ **formulaire** 1426, *D.G.* ‖ **déformer** 1265, J. de Meung, du lat. *deformare*. ‖ **déformation** XIVᵉ s. G., du lat. *deformatio*. ‖ **difforme** XIIIᵉ s., du lat. médiév. *difformis*, altér. de *deformis*. ‖ **difformité** XIVᵉ s., du lat. médiév. *difformitas*, altér. de *deformitas*. ‖ **informe** 1455, Fossetier, du lat. *informis*, sans forme. (V. CONFORMER, FROMAGE.)

formidable 1475, Delb., du lat. *formidabilis*, de *formidare*, craindre.

formique 1805, *Encycl. méth.*, du lat. *formica*, fourmi (acide existant à l'état naturel chez les fourmis). ‖ **formol** fin XIXᵉ s. ‖ **formoler** 1912, *L. M.* ‖ **formolage** XXᵉ s.

forniquer XIVᵉ s., du lat. chrét. *fornicari* (IIIᵉ s., Tertullien), de *fornix, -icis*, voûte, par ext. prostituée (demeurant dans un réduit voûté). ‖ **fornication** début XIIᵉ s., *Ps. de Cambridge*, du lat. chrét. *fornicatio*. ‖ **fornicateur** fin XIIᵉ s., *Grégoire* ; du lat. chrét. *fornicator*.

*fors xe s., *Valenciennes* (*foers*),
« dehors », adv., puis « hors », prép.;
remplacé au XVIIe s. par *hors*; du lat. *fŏ-
ris*, dehors; la forme accentuée a disparu avec l'emploi adv. (anc. fr. *foers*,
fuers). En composition, *fors* s'est confondu avec le préf. germ. *fĭr* (allem. *ver*)
[ainsi *forban*, *forclos*, etc.].

*fort 1080, *Roland*, du lat. *fortis*; le
fém. a été *fort* jusqu'au XIVe s.; 1491,
Archives, « forteresse » d'apr. l'ital. ∥
forteresse 1130, *Eneas* (*-ece*), peut-être
déjà **fortaricea* en lat. pop. ∥ **contre-
fort** XIIIe s., *Gauvain*, au sens propre
« étai fort », placé contre un mur. ∥
forte v. 1760, Rousseau, de l'ital. *forte*,
fort au sens mus. ∥ **fortifier** 1308,
Aymé, du bas lat. *fortificare*. ∥ **fortification** 1360, G., du bas lat. *fortificatio*;
abrév. arg. *fortifs*, milieu XIXe s. ∥ **fortin** 1642, Oudin, de l'ital. *fortino*, dimin.
de *forte*, forteresse. ∥ **fortiori (a)**
1836, Landais, loc. du lat. scolast. signif.
« en partant de plus fort ». ∥ **fortissimo**
1842, *Acad.*, mus., superlatif ital. de
forte. ∥ **fortitude** 1308, Aymé, du lat.
fortitudo, force, courage; repris au
XIXe s. par Chateaubriand.

fortraire V. TRAIRE.

fortuit XIVe s., du lat. *fortuitus*, de *fors*,
hasard. ∥ **fortuitement** XVIe s., J. Grévin.

fortune 1130, *Eneas*, d'abord « sort »,
puis « heureux sort »; XVe s., richesse, du
lat. *fortuna*, sort, au pl. richesses, de
fors, hasard. ∥ **fortuné** 1360, Froissart,
« heureux »; XVIIe s., « riche »; du lat.
fortunatus. ∥ **infortune** 1361, Oresme,
du lat. *infortunium*. ∥ **infortuné** *id.*, du
lat. *infortunatus*, malheureux.

forum 1265, Br. Latini, mot lat. au sens
de « place publique (où se tiennent des
réunions politiques) ». (V. FOR.)

*fosse 1080, *Roland*, du lat. *fossa*, de
fodere, creuser. ∥ ***fossé** *id.* (*fosset*), du
bas lat. *fossatum* (IVe s., Végèce). ∥ **fos-
sette** 1119, Ph. de Thaun. ∥ **fossile**
1556, R. Le Blanc, du lat. *fossilis*, tiré de
la terre. ∥ **fossoyeur** 1265, Br. Latini,
de l'anc. fr. *fossoyer* (1361, G., « creuser
une fosse »). ∥ **fossoir** XIIe s., « charrue
vigneronne ». ∥ **basse-fosse** XVe s.,
cachot obscur et humide.

1. ***fou** 1080, *Roland* (*fol*), du lat. *follis*, sac (v. FOLLICULAIRE), ballon, et par
métaph. ironique « fou » (comparé au

ballon qui va de côté et d'autre); pour le
sens, cf. DIVAGUER; fin XVIe s., Régnier,
terme d'échecs, qui a remplacé l'anc. fr.
aufin, empr. à l'ar.; 1686, Choisy, ornith.
∥ **folichon** début XVIIe s. ∥ **folichon-
ner** 1786, Leroux. ∥ **folichonnerie**
1867, Delvau. ∥ **folâtre** 1394, Du Cange
(*-astre*). ∥ **folâtrer** XVe s. ∥ **folâtrerie**
v. 1540, Rab. ∥ **folie** 1080, *Roland*. ∥
follet 1160, Benoît; *feu follet*, 1611,
Cotgrave. ∥ **affoler** début XIIe s., *Couronn. Loïs*. ∥ **affolement** XIIIe s., G. ∥
raffoler fin XIVe s., Le Fèvre, « devenir
fou »; XVIIe s., « être follement épris ».

2. ***fou** XIIe s., nom du hêtre en anc. fr.
et dial.; du lat. *fagus*. (V. FOUAILLER,
FOUET, HÊTRE.)

*fouace fin XIIe s., *Aliscans*, du lat.
pop. *focacia* (*focacius panis*, VIIe s.
Isid. de Séville, pain cuit sous la cendre
du foyer [*focus*]). ∥ **fouacier** 1307, G.

fouage XIIIe s., trad. de Guill. de Tyr,
impôt féodal réparti par feux, dér. du
lat. *focus*, foyer.

fouaille 1360, *Modus* (*fouail*); 1611,
Cotgrave (*-aille*); dér. anc. de *feu*; du
lat. *focus*, foyer; proprement « part,
donnée aux chiens, des entrailles cuites
au feu ».

fouailler XIVe s., *Borson de Sebourc*
(*foueillier*), « fouetter », dér. de l'anc. fr.
fou (v. FOU 2), issu du lat. *fagus*, hêtre
(pour le sens, v. FOUET).

foucade V. FOUGUE 1.

fouchtra 1847, Balzac, *le Cousin Pons*,
interj. attribuée à tort aux Auvergnats,
déformation plaisante de *foutre!* par
addition de *ch*, puis de *a* (*fouchetre*,
1829, *Mém. de Sanson* par Lhéritier,
créateur probable du mot qu'il attribue
au plieur de journaux de Marat).

1. ***foudre** fém., 1080, *Roland*
(*fuildre*), du lat. pop. **fulgerem*, issu
du lat. class. *fulgur, -uris*, éclair. ∥ **fou-
droyer** milieu XIIe s. ∥ **foudroiement**
XIIIe s., G. ∥ **foudroyant** adj., 1552,
Ch. Est.; XVIIe s., fig.

2. **foudre** m., 1690, Furetière, tonneau
dont on se sert en Allemagne, de l'allem.
Fuder.

fouée fin XIIe s., *Loherains*, « flambée », et par ext. « fagot pour le feu »;
dér. anc. de *feu*, issu du lat. *focus*.

fouet XIIIe s., *Fabliau*, de l'anc. fr. *fou,* hêtre, issu du lat. *fagus :* le sens a dû être d'abord « petit hêtre », puis « baguette de hêtre » (pour fustiger) et, par ext., fouet ; il a éliminé l'anc. fr. *écourgée,* resté comme terme techn. || **fouetter** 1534, Rab. ; fin XIXe s., fig., « puer », pop., abrév. de *fouetter le nez.* || **fouettard** (*père*) fin XIXe s., nom donné au Père Noël dans l'Est. || **fouettage** fin XIXe s. || **fouettement** XVIe s. || **fouetteur** 1534, Rab.

fougasse milieu XIVe s., puis, au XVIIe s., altér. de *fougade* au même sens de « mine » (XVIe s., Brantôme) ; de l'anc. ital. *fugata,* de même rac. que fougue.

*fouger XIVe s., vén., creuser en parlant du sanglier, du lat. *fodicare,* fréquentatif de *fodere,* creuser. || **fouge** 1561, Du Fouilloux, vén., végétaux que le sanglier extrait en creusant.

*fougère 1175, Chr. de Troyes (var. *feuchière, fouchière*), du lat. pop. **filicaria,* de *filix, -icis,* fougère. || **fougeraie** 1611, Cotgrave.

1. **fougue** 1580, Montaigne, de l'ital. *foga,* impétuosité, d'abord « fuite précipitée », issu du lat. *fuga,* fuite (v. FUGUE). || **fougueux** XVIe s., de Montlyard. || **fougade** fin XVIe s., élan capricieux. || **foucade** XVIIIe s., J. Auffray, altér. de *fougade.* || **fougueusement** 1870, Lar.

2. **fougue** 1677, Dassié (*mât de fougue*), « qui supporte l'effort du vent », altér. de (*mât de*) *foule* (1643, Fournier), déverbal de *fouler.*

fouiller V. FOUIR.

1. ***fouine** 1160, Benoît (*foïne*), mammifère rongeur, abrév. de **fagina,* lat. *fagina meles,* martre du hêtre (la fouine recherche les faines) ; le *o* est dû à l'anc. fr. *fou,* hêtre, issu du lat. *fagus.* || **fouiner** 1808, d'Hautel, fig. || **fouinard** 1867, Delvau. || **fouineur** *id.*

2. ***fouine** XIIe s. (*foisne*), var. *foène,* fourche en fer, du lat. *fuscina,* trident, avec infl. de FOUINE 1. || **fouinette** 1428, Du Cange.

*fouir début XIIe s., *Ps. de Cambridge* (*foïr*), du lat. pop. **fodire,* du lat. *fodere.* || **fouisseur** 1361, Oresme. || **fouissage** XXe s. || ***enfouir** fin XIe s., *Alexis* (*enfodir*), du lat. pop. **infodire.* || **enfouissement** 1539, R. Est. || **en-**fouisseur 1642, Oudin. || **enfeu** 1482, texte breton, déverbal de *enfouir.* || **fouiller** 1283, Beaumanoir (*fooillier*), du lat. pop. **fodiculare,* du lat. *fodicare,* qui a donné *fouger,* de même rac. que *fodire.* || **fouille** fin XVIe s., action de chercher. || **fouilleur** XVe s., Gringore. || **fouille-au-pot** fin XVIIe s., Saint-Simon. || **fouille-merde** 1542, Du Pinet. || **fouillis** 1398, E. Deschamps, action de fouiller ; XVIIIe s., entassement désordonné. || **fouillage** 1773, Guilbert. || **affouiller** 1835, Raymond. || **affouillement** 1835, Raymond. || **farfouiller** 1546, Rab., forme renforcée, avec une particule expressive. || **trifouiller** 1808, d'Hautel, croisement de *tripoter* et de *fouiller.* (V. CAFOUILLER, FOUGER.)

foulard milieu XVIIIe s., altér. probable, par changement de suffixe, du prov. *foulat,* foulé (cf. le *foulé,* drap léger d'été).

foule V. FOULER.

*fouler fin XIIe s., *Couronn. de Loïs,* du lat. pop. **fullare,* fouler une étoffe, d'apr. *fullo,* foulon ; 1867, *se fouler,* pop., se fatiguer. || **foule** XIIe s., *Fabliau,* dér. de *fouler,* presser, proprement « endroit où on est pressé ». || **foultitude** 1848, Arnould, croisement de *foule* et de *multitude.* || **foulage** 1284, G. || **foulerie** 1268, E. Boileau. || **fouleur** XIVe s., G. || **foulée** XIIIe s., piste, puis enjambée. || **fouloir** 1274, G. || **foulure** XIIe s., A. de Bernay. || **défouler** fig., XXe s., en psychologie. || **défoulement** XVe s., de « reflux » ; XXe s. (1959, Lar.). || **refouler** 1268, E. Boileau, fouler de nouveau ; XVIe s., repousser. || **refoulement** 1539, R. Est.

*foulon 1268, E. Boileau, du lat. *fullo, -onis,* ouvrier qui conduit une machine à fouler. || **foulonnage** XIXe s. || **foulonner** *id.* || **foulonnier** 1723, Savary.

foulque 1265, Br. Latini (*fulica*), oiseau des marais, du prov. *folca,* issu du lat. *fulica.*

fouquet 1776, Sonnerat, « hirondelle de mer », anc. surnom de l'écureuil, dimin. du nom d'homme *Fouque, Foulque,* issu du francique *Fulko.*

*four 1080, *Roland* (*forn*), du lat. *furnus* ; 1659, La Grange, *faire un four,* terme de théâtre, renvoyer les spectateurs quand la salle était presque vide (on éteignait les lumières en rendant la salle noire comme un four). Les dér. sont formés sur le rad. *forn*. ‖ **fournage** 1231, G., droit féodal sur la cuisson du pain. ‖ **fourneau** XIIe s., *Fierabras* (*-nel*). ‖ **fournée** début XIIIe s. ‖ **fournette** 1700, Liger, petit fourneau. ‖ **fournil** XIIIe s., *Cout. d'Artois*. ‖ **fournier** 1153, G., « boulanger », et « passereau dont le nid est en forme de four », seul sens qui a subsisté. ‖ **enfourner** XIIIe s., La Curne. (V. CHAUX.)

fourbe 1455, *Coquillards*, comme s. masc. et n. f., « voleur » et « tromperie »; d'abord terme d'argot, issu de l'argot ital. *furbo* (l'argot ital. s'appelait *furbesco*, langage des *furbi*); le rapport avec *forbire*, fourbir, est incertain. ‖ **fourber** début XVIIe s., Nicole. ‖ **fourberie** 1640, Oudin.

fourbir 1080, *Roland* (*furbir*), du francique **fŭrbjan* (moyen haut allem. *fürben*, nettoyer). ‖ **fourbissage** 1444, G. ‖ **fourbisseur** XIIe s., *Perceval* (*forbisseur*), qui a remplacé *forbeor*. ‖ **fourbi** 1867, Delvau, s. m., pop.

fourbu 1563, J. Massé, en parlant du cheval; v. 1540, Rab., au fig (*forbeü*); part. passé de l'anc. fr. *forboire*, boire hors de saison, à l'excès, et par ext. fatiguer par suite d'excès de boisson. ‖ **fourbure** 1611, Cotgrave, art vétérinaire, congestion de la membrane tégumentaire du pied du cheval.

fourc, fourcat V. FOURCHE.

*fourche v. 1160, *Charroi*, du lat. *fŭrca*. ‖ **fourc** 1130, *Eneas* (*forc*), forme masc. *furcus*, spécialisé en sylviculture. ‖ **fourcat** 1691, Jal, mot prov. mod. signif. « fourchu ». ‖ **fourche fière** 1160, Benoît (*furche fire*); le deuxième mot paraît représenter le fém. lat. *ferrea*, de fer. ‖ **fourcher** XIIe s., *D. G.* ‖ **fourchet** 1690, Furetière. ‖ **fourchette** XIVe s., de Laborde. ‖ **fourchon** 1539, R. Est., « dent de fourche ». ‖ **fourchu** fin XIIe s., *Loherains*. ‖ **fourchure** 1080, *Roland* (*furcheüre*). ‖ **enfourcher** 1553, Belon, percer d'une fourche. ‖ **enfourchement** XIIIe s., *D. G.* ‖ **enfourchure** 1160, Benoît.

1. *fourgon 1265, J. de Meung, tisonnier, du lat. pop. *furico, -onis*, de *fur*, voleur, au sens de « qui furète » (v. FURET). ‖ **fourgonner** XIIIe s., *Choses qui*

faillent en ménage, remuer avec le fourgon; XIXe s., fig. et fam.

2. fourgon début XVIIe s., Voiture, « voiture à bagages »; origine obscure. ‖ **fourgonnette** 1949, *L. M.*

fourguer 1821, Ansiaume, du prov. mod. *fourza*, fouiller, issu du lat. **foricare*. Terme d'argot.

fouriériste 1842, Pecqueur, du socialiste *Ch. Fourier* (1772-1837). ‖ **fouriérisme** 1842, *Acad.*

*fourmi fin XIIe s., Marie de France (*fromiz*), souvent masc. (jusqu'au XVIe s.), du lat. pop. **formīx, -icis*, du lat. *formīca*, représenté dans les langues méridionales. ‖ **fourmilière** 1564, Thierry, qui a été refait sur l'anc. fr. *formiere* (fin XIIe s., Marie de France). ‖ **fourmilier** apr. 1750, Buffon. ‖ **fourmilion** 1372, Corbichon (*fourlilleau*); 1745, Bonnet, calque du lat. *formica-leo*, en bas lat. *formicoleon* (VIIe s., Isid. de Séville). ‖ **fourmillement** 1545, Paré (*-iement*); XVIIe s. (*-illement*). ‖ **fourmiller** 1552, Paré, forme refaite sur *formïer* (XIIe s.).

fournaise 1130, *Eneas* (*for-*), forme féminisée de l'anc. fr. *fornaiz* (XIIe s.), issu du lat. *fornax, -acis*, augmentatif de *furnus*, four.

fournage, -neau, -née, -nier, -nil V. FOUR.

fournir 1130, *Eneas* (*forniz*), du francique **frumjan*, exécuter (anc. saxon *frummian*), qui présente quelques difficultés phonétiques. ‖ **forniment** XIIIe s., d'abord milit., repris à l'ital. *fornimento*. ‖ **fournisseur** début XVe s.; rare jusqu'au XVIIIe s. ‖ **fourniture** fin XIVe s., réfection de *forneture* (fin XIIIe s., *Renart*).

fourrage fin XIIe s., *Loherains*, dér. anc. de *feurre*, paille (XIIe s.), issu du francique **fôdr-* (allem. *Futter*). ‖ **fourrager** verbe, 1367, J. Le Bel, « faire du fourrage », puis « piller ». ‖ **fourrager** adj. 1835, *Acad.* ‖ **fourragère** 1815, Xavier de Maistre, « bonnet d'écurie », calque d'un mot russe; 1872, *Journ. off.*, ornement de l'uniforme. ‖ **fourrageur** 1367, J. Le Bel. ‖ **fourrier** milieu XIIe s., *Couronn. de Loïs*, « fourrageur », puis sens milit. ‖ **fourrière** 1268, E. Boileau, local où l'on mettait le fourrage, puis les animaux saisis pour dettes, puis les animaux errants (1836, Landais) ; la fourrière de Paris date de 1850. (V. FOURREAU.)

fourreau 1080, *Roland* (*furrel*), dér. anc. de l'anc. fr. *fuerre*, issu du francique **fôdr-* (allem. *Futter*, fourreau, gotique *fôdr*), homonyme de **fôdr*, fourrage. (V. FOURRAGE.)

fourrer XIIᵉ s., de l'anc. fr. *fuerre* (v. FOURREAU). ‖ **fourré** 1761, Rousseau, abrév. de *bois fourré* (1694, *Acad.*). ‖ **fourrée** 1757, *Encycl.*, pêche. ‖ **fourreur** 1268, E. Boileau. ‖ **fourrure** 1160, *Eneas* (*forreüre*).

fourrier, fourrière V. FOURRAGE.

fourvoyer V. VOIE.

fouteau 1540, Marot, mot de l'Ouest, dér. de *fou*, hêtre, issu du lat. *fagus*. ‖ **foutelaie** 1424, Delb.

*foutre XIIIᵉ s., du lat. *futuere*, avoir des rapports avec une femme ; XVIIIᵉ s., fig. ‖ **foutu** XVIIᵉ s., interj. ; *foutre le camp*, déguerpir, 1867, Delvau. ‖ **foutaise** 1775, Restif. ‖ **foutriquet** fin XVIIIᵉ s. ‖ **je-m'en-foutisme, je-m'en-foutiste** V. ces mots. ‖ **jean-foutre** 1661, *Archives*.

fox fin XIXᵉ s., abrév. de *fox-hound*, 1828, *Journ. des haras*, mot anglais, chien (*hound*) pour chasser le renard (*fox*). ‖ **fox-terrier** 1886, *l'Eleveur*, mot angl. (1823, lord Byron), issu du fr. *terrier*.

fox-trot 1912, mot angl. ; le « trot » (*trot*) du renard (*fox*), danse imitative d'origine américaine.

*foyer début XIIᵉ s., *Couronn. Loïs* (*fuier*), du lat. *focarium*, adj. substantivé, dér. de *focus*, qui a donné *feu*.

frac 1767, Beaumarchais ; altér. probable de l'angl. *frock* (1719, habit de soirée), issu du fr. *froc*.

fracasser 1580, Montaigne, de l'ital. *fracassare*, briser. ‖ **fracas** fin XVIᵉ s., Brantôme, déverbal de *fracasser* ; ou directement de l'ital. *fracasso*.

fraction 1187, Delb., eccl., action de rompre l'hostie ; 1549, J. Peletier, arithm., du bas lat. *fractio* (IVᵉ s., saint Augustin), de *frangere*, briser. ‖ **fractionnaire** 1725, Nicole. ‖ **fractionner** fin XVIIIᵉ s. ‖ **fractionnement** 1842, Mozin. ‖ **fractionnel** XXᵉ s. ‖ **fraction-**

nisme *id.* (1959, Lar.). ‖ **fractionniste** *id.* ‖ **fractionnateur** *id.*, techn.

fracture XIIIᵉ s., du lat. *fractura*, de *frangere*, briser. ‖ **fracturer** 1560, Paré (*-é*) ; début XIXᵉ s. (*-er*).

fragile 1361, Oresme, du lat. *fragilis*, de *frangere*, briser, qui a donné le fr. *frêle*. ‖ **fragilité** 1119, Ph. de Thaun, du bas lat. *fragilitas*, qui a remplacé la forme pop. *fraileté*. (V. FRÊLE.)

fragment 1500, J. Lemaire, du lat. *fragmentum*, de *frangere*, briser. ‖ **fragmenter** 1811, Mozin. ‖ **fragmentaire** 1841, *les Français peints par eux-mêmes*. ‖ **fragmentation** 1865, L.

fragon XIIᵉ s., Delb. (*fregon*), sans doute du bas lat. *frisco*, houx (*Gloses*), d'origine gauloise. Désigne une plante des régions arides.

fragrance XIIIᵉ s., G., du lat. *fragrantia*, de *fragrare*, sentir bon (v. FLAIRER). ‖ **fragrant** 1555, G., du lat. *fragrans*.

frai V. FRAYER.

frairie XIIᵉ s., *Troie* (*frarie*), « confrérie », auj. fête patronale dans l'Ouest ; anc. dér. de *frère*.

1. frais, fraîche adj. 1080, *Roland* (*freis, fresche*), du francique **frisk* (allem. *frisch*), (temps) frais, et par ext. « qui n'est pas flétri ». ‖ **fraîchement** début XIIᵉ s., *Thèbes*. ‖ **fraîcheur** XIIIᵉ s., G. ; rare jusqu'au XVIᵉ s. ‖ **fraîchir** 1120, *Ps. d'Oxford* (*frescir*) ; rare jusqu'au XVIIIᵉ s. ‖ **fraîche** fam., fin XVIIᵉ s., Regnard. ‖ **défraîchir** 1856, Lachâtre. ‖ **rafraîchir** fin XIIᵉ s., G. d'Arras (*rafraiscir*). ‖ **rafraîchissement** XIIIᵉ s., trad. Guill. de Tyr.

2. frais s. m. 1288, Beaumanoir (*fres*, pl.) ; le *s* vient du plur. (var. *fret*, *frait* au XIIIᵉ s.) ; croisement entre le francique **frîdu*, paix (allem. *Friede*), et par ext. amende pour obtenir ou pour avoir rompu la paix (sens de *fredus, -um*, dans les lois franques), et le lat. *fractum*, ce qui est brisé, par ext. amende pour infraction, dépense, en lat. médiév. : le premier est postulé par le dér. ; le second par la var. *frait*. ‖ **défrayer** 1373, *Mandement de Charles V* (*deffroyer*), sur l'anc. fr. *frayer*, faire les frais (XIIIᵉ s.).

1. fraise fruit, XIIᵉ s., E. de Fougères (*freise*) ; du lat. pop. *fraga*, qui a donné l'anc. fr. *fraie* (forme rare), pl. neutre de *fragum*, devenu fém.; le mot a été infl. par l'anc. fr. *frambeise* (v. FRAMBOISE). ‖ **fraisière** 1836, Landais. ‖ **fraisier** fin XIII° s., *D. G.*, (*frasier*).

2. fraise (*de veau*) 1300, *Archives*; 1398, *Ménagier* (*frase*); dér., au sens de « enveloppé », de l'anc. fr. *fraiser*, « dépouiller de son enveloppe », qui représente le lat. pop. **frēsare*, de (*faba*) *frēsa* (fève) moulue : *frēsa* est le part. passé fém. de *frendere*, broyer.

3. fraise collerette V. FRAISER.

fraiser XII° s. (*fresé, frasé*), « galonné, plissé »; v. 1560, R. Belleau (*-er*), « plisser »; du francique **frisi*, bord, frisure (allem. *Fries*), avec infl. de FRAISE 1 et 2; par ext. évaser un trou. ‖ **fraise** XVI° s., collerette; XVII° s., outil. ‖ **fraisage** 1890, Lar., sur le sens techn. ‖ **fraiseur** fin XIX° s. ‖ **fraiseuse** 1877, L. ‖ **fraisure** fin XVIII° s. ‖ **fraisoir** 1534, G.

fraisil 1268, E. Boileau (*fesil*), résidu de charbon brûlé; 1680, Richelet (*fraisi*), sous l'infl. de *fraiser*; du lat. pop. **facīlis* (dér. de *fax, facis*, tison), par abrév. de *scoria facilis*, scorie de tison.

framboise 1160, Benoît, du germ. **brambasia*, mûre, avec infl. de FRAISE 1 à l'initiale. ‖ **framboisier** 1306, Delb. ‖ **framboiser** 1680, Richelet.

framée XVI° s., Rod. Magister, du lat. *framea*, mot germ. d'apr. Tacite.

1. franc, franche adj. 1080, *Roland*, de l'ethnique *Franc* (X° s., *Saint Léger*), issu du francique *frank*, latinisé en *Francus* (241, bataille de Mayence); en anc. fr. « libre »; XVI° s., par ext. « qui dit ce qu'il pense »; on a refait un fém. *franque* pour l'ethnique. ‖ **franchise** début XII° s., *Lois de Guill.*, « liberté », « condition libre » et « droits d'une commune »; XV° s., sincérité; le sens de « immunité, exemption » s'est conservé à côté du sens moral. ‖ **franchement** 1130, *Saint Gilles*. ‖ **franquette (à la)** début XVII° s., *Mazarinade*, fam. ‖ **franc-maçon** 1737, Mackenzie, calque de l'angl. *free mason* (1646), maçon libre : les premiers adeptes, idéologues alchimistes, s'abritaient derrière les franchises des corporations. ‖ **franc-maçonnerie** milieu XVIII° s. (*franche-*), empr. à l'angl. ‖ **maçonnique** 1788, Féraud. ‖ **franc-parler** 1827, *Acad.* ‖ **franc-tireur** 1842, *Acad.*, à l'origine

« soldat qui faisait partie de certains corps légers pendant les guerres de la Révolution ». ‖ **franchir** 1130, *Tristan*, « affranchir » (jusqu'au XV° s.), par ext. XIV° s., se libérer, passer au-delà (d'un obstacle). ‖ **franchissement** XIII° s., « libération »; XIV° s., dépassement. ‖ **infranchissable** 1798, *Acad.* ‖ **affranchir** XIII° s., Couci, « libérer ». ‖ **affranchi** s. m., 1640, Corn., hist.; 1821, Ansiaume, argot. ‖ **affranchissement** 1322, G.; sens polit. étendu, 1827, *Acad.*

2. franc s. m. 1360, *Ordonn.*, denier d'or frappé par le roi Jean avec la devise *Francorum rex*, roi des Francs.

français 1080, *Roland* (*franceis, -eise*), dér. de *France*, issu du bas lat. *Francia*, pays occupé par les Francs, qui désigna d'abord une petite région au nord de Paris, puis le domaine des premiers Capétiens, et par ext. le territoire sur lequel ils exerçaient leur suzeraineté. ‖ **francien** fin XIX° s., G. Paris, pour désigner le dialecte de l'Ile-de-France. ‖ **francique** XVII° s., Mézeray, de *franc*. ‖ **franciser** 1558, B. Des Périers. ‖ **francisation** 1801, Mercier. ‖ **francisque** 1606, Nicot, du bas lat. *francisca* (VII° s., Isid. de Séville), abrév. de *securis francisca*, hache des Francs. ‖ **francophone** 1949, *L. M.* ‖ **franciste** v. 1960, spécialiste de langue française. ‖ **francophile** 1836, Landais.

franchir V. FRANC.

franchise V. FRANC.

francique, franciser V. FRANÇAIS.

franco 1771, *Trévoux*, abrév. de *porto franco*, port franc, anc. loc. ital.

francolin 1307, Marco Polo, de l'ital. *francolino*, oiseau galliforme.

*frange 1190, saint Bernard, du lat. *fimbria*, devenu **frimbia*, par métathèse. ‖ **franger** 1213, *Fet des Romains*. ‖ **frangeon** 1615, S. Certon. ‖ **frangeuse** fin XIX° s. ‖ **effranger** 1870, Cl. de Ris.

frangin, -ine 1829, *le Forban*, frère, sœur, du canut lyonnais, le *frangin*, le camarade (XVIII° s.); dér. probable de *frange* (ouvrier qui fait les franges).

frangipane 1588, G., « parfum pour gants », du nom du marquis ital. *Frangipani*, inventeur de ce parfum; XVIII° s., par ext. crème pour la pâtisserie. ‖

frangipanier 1700, Tournefort, à cause de l'arôme de cet arbuste.

franglais v. 1960, Etiemble, croisem. de *français* et d'*anglais*.

franguline 1842, Mozin, dér. de *frangule* (1572, Du Pinet), lat. bot. *frangula*, bourdaine, lat. *frangere*, briser.

franquette, frappe V. FRANC, FRAPPER, FRIPER.

frapper fin XIIᵉ s., *Aliscans* (en anc. fr. *se fraper*, s'élancer), sans doute du francique **hrappan* (cf. islandais *hrappr*, violent; bas allem. *rappeln;* angl. *to rap*, frapper à la porte). ‖ **frappe** 1567, Plantin, action de frapper, techn., déverbal. ‖ **frappant** adj., fig., fin XVIIᵉ s., Massillon. ‖ **frappement** XIIIᵉ s., Delb. ‖ **frappeur** XVᵉ s., *D. G.* ‖ **refrapper** XIIᵉ s., E. de Fougères.

frasque XVᵉ s., M. Le Franc, de l'ital. *frasche*, balivernes, pl. de *frasca*, rameau, brindille.

fraternel, fratricide V. FRÈRE.

fraude 1255, chez A. Thierry, du lat. *fraus, -dis*, au sens plus général (tromperie, erreur). ‖ **frauder** 1355, Bersuire. ‖ **fraudeur** adj., 1340, L.; s., 1549, R. Est. ‖ **frauduleux** 1361, Oresme, du bas lat. *fraudulosus* (*Digeste*). ‖ **frauduleusement** 1398, *Ménagier*.

fraxinelle 1561, *Recueil*, bot., du lat. *fraxinus*, frêne; nom usuel du dictame.

*frayer XIIᵉ s. (*freier, froier*), « frotter » (sens conservé comme terme monétaire), et en vén. « frôler »; par ext. frayer, en parlant du poisson, au XVIᵉ s. (la femelle frotte son ventre contre les bas-fonds); fin XVIIᵉ s., Saint-Simon, frayer avec quelqu'un; XVᵉ s., *frayer une voie*, représente une autre évolution de « frotter » (par les pas); du lat. *fricare*, frotter. ‖ **frai** 1388, *Ordonn.*, dans les divers sens « usure des monnaies, ponte des poissons, etc. ». ‖ **fraie** XVIIIᵉ s. ‖ **frayère** 1827, *Acad.*, lieu où les poissons fraient. ‖ **frayoir** 1380, G. Phébus.

frayeur XIIᵉ s., *Roncevaux* (*freor*), « bruit », puis « peur » dès le XIIᵉ s., par confusion avec *esfreer* (v. EFFRAYER); du lat. *fragor, -ōris*, bruit, vacarme.

fredaine 1420, Du Cange, fém. de l'anc. fr. *fredain*, mauvais; sans doute du germ. **fra-aidi*, « qui a renié son serment » (anc. haut allem. *freidi*).

fredon 1546, Palmerin, sans doute d'origine méridionale, peut-être du lat. *fritinnire*, gazouiller. ‖ **fredonner** 1547, Du Fail. ‖ **fredonnement** 1540, Rab.

freezer 1953, Lar., mot angl. signif. « glacière ».

frégate XVᵉ s., *Invent. de Marseille*, de l'ital. *fregata*; zool., oiseau, av. 1638, Beaulieu, par extension de sens.

*frein 1080, *Roland*, du lat. *frēnum*, morceau de la bride qui entre dans la bouche du cheval. ‖ **freiner** fin XIXᵉ s. ‖ **freinage** id. ‖ **refréner** 1120, *Ps. de Cambridge*, du lat. *refrenare*.

freinte 1372, G., « déchet », var. *frainte*, déverbal de l'anc. fr. *fraindre*, briser, issu du lat. *frangere*.

frelampier 1633, A. de Monluc, refait en *frère lampier* (1642, Oudin); du picard *ferlamper*, boire avec excès, de *lamper* et du préfixe intensif d'orig. néerl. *ver*.

frelater 1525, G. Crétin, du néerl. *verlaten*, transvaser (du vin), sens en fr. au XVIᵉ s.; XVIIᵉ s., par ext. couper (le vin), d'où altérer par mélange; sens fig., XVIIIᵉ s. ‖ **frelatage** 1655, Bonnefons, qui a remplacé *frelaterie* (1609, Delb.).

*frêle fin XIᵉ s., *Alexis* (*fraile*), du lat. *fragilis*, « qui peut être brisé » (v. FRAGILE); les emplois étaient plus étendus en anc. fr.

1. ***frelon** XVIᵉ s., guêpe, du bas lat. *furlone* (VIIᵉ s., Isid. de Séville; *furslones, fursleones*, au pl., *Gloses* du VIIIᵉ s.), issu du francique **hurslo* (néerl. *horzel*); le *f* s'explique mal, peut-être par infl. de *fur*, voleur.

2. **frelon** XIVᵉ s., de La Tour-Landry (*fraillon*), « fragon », altér. ensuite sous l'infl. de précédent; sans doute issu de *fragon* (v. ce mot).

3. **frelon** 1752, *Trévoux*, poil de narine chez les oiseaux, altér. de l'anc. fr. *fellon* (XIIIᵉ s.), boulet du cheval, qui paraît se rattacher au moyen haut allem. *vizzeloch*, articulation du paturon.

freluche 1493, Coquillart (*freluque*); 1643 (-*uche*), fil de la Vierge; origine obscure, peut-être rapport avec *fanfreluche*. ‖ **freloche** 1399, Du Cange (-*oque*), var. de la même rac., filet très léger fait de gaze.

freluquet XVIᵉ s., Delb., « menue monnaie » ; v. 1670, Mᵐᵉ de Sévigné, fig., « homme frivole » ; dimin. de *freluque*, menue monnaie ; altér., par chang. de finale, de l'anc. fr. *frelin, ferlin* (XIIᵉ-XVIᵉ s.), monnaie valant le quart d'un denier ; issu du néerl. *vierlinc*.

*****frémir** début XIIᵉ s., *Voy. de Charl.*, du lat. *fremĕre*, retentir, faire du bruit, avec chang. de conjugaison. ‖ **frémissement** début XIIᵉ s., *Ps. de Cambridge.*

*****frêne** 1080, *Roland (fraisne)* ; XIIᵉ s. *(fresne)* ; du lat. *fraxĭnus*. ‖ **frênaie** 1280, G. *(fragnée)* ; refait d'apr. *frêne* ; du bas lat. **fraxinēta*.*

frénésie 1283, Beaumanoir (*-isie*), du lat. médiév. *phrenesia, -isia*, du lat. *phrenesis*, empr. au gr. *phrenitis*, de *phrên*, intelligence, cœur, âme ; d'abord méd., « fureur voisine de la folie, délire » (jusqu'au XVIIIᵉ s.) ; 1544, M. Scève, fig. ‖ **frénétique** fin XIIᵉ s., *Grégoire*, du lat. méd. *phreneticus*, empr. au gr. *phrenetikos*, même évolution. ‖ **frénétiquement** XIXᵉ s.

fréquent 1398, E. Deschamps, « fréquenté » ; 1552, Rab., « répété », du lat. *frequens*, dans les deux sens. ‖ **fréquemment** fin XIVᵉ s., J. Le Fèvre (*-amment*). ‖ **fréquence** 1190, saint Bernard, « fréquentation, réunion », « affluence » (jusqu'au XVIIIᵉ s.) ; XVIᵉ s., répétition ; fin XIXᵉ s., physique ; du lat. *frequentia*, réunion, puis infl. de l'adj. ‖ **fréquenter** 1190, saint Bernard, « célébrer » ; XIVᵉ s., aller habituellement chez quelqu'un ; du lat. *frequentare*, rassembler, et sens actuel. ‖ **fréquentation** 1350, Gilles li Muisis, « fréquence » ; puis sens mod. sous l'infl. du verbe ; du lat. *frequentatio*, fréquence. ‖ **fréquentatif** 1550, Meigret. ‖ **fréquence-mètre** XXᵉ s.

frequin 1723, Savary, tonneau pour le sucre, de l'angl. *firkin*, contraction de *ferdekyn* (XVᵉ s.), qui paraît venir du néerl. et signif. proprement « tonneau d'un quart *(vierde)* ».

*****frère** 842, *Serments (fradre)* ; 1080, *Roland (frere)* ; du lat. *frater, -tris* ; en lat. eccl., le mot avait pris le sens de « moine » qu'il a aussi gardé ; *frères et amis*, 1764, dans la langue de la franc-maçonnerie. ‖ **frérot** 1558, B. Des Périers. ‖ **frater** v. 1540, Rab., moine et par ext. barbier. ‖ **fraternel** 1190, saint Bernard, du lat. *fraternus*, fraternel. ‖ **fraterniser** 1548, Sibilet. ‖ **fraternisation** 1792, *Procès-verbal du Comité de l'Instr.* ‖ **fraternité** 1155, Wace, du lat. *fraternitas* ; rôle important dans la langue de la franc-maçonnerie, puis pendant la Révolution. ‖ **fraternitaire** 1841, Reybaud. ‖ **fratricide** s. m., 1130, *Job*, « meurtre », rare jusqu'au XVIIIᵉ s. ; XVᵉ s., *Vieil Test.*, « meurtrier » (très contesté au XVIIᵉ s.) ; du lat. *fratricida*, « qui a tué son frère », *fratricidium*, « meurtre d'un frère » (de *frater* et de *caedere*, tuer). ‖ **confrère** fin XIIIᵉ s., *Renart*, du lat. médiév. *confrater*. ‖ **confrérie** *id.* ‖ **confraternité** 1283, Delb. ‖ **confraternel** 1836, Landais.

fresaie 1120, *Ps. d'Oxford*, altér., d'apr. *effraie, orfraie*, de *presaie* (XVIIᵉ s., poitevin d'apr. Ménage), issu du lat. *praesaga (avis)*, [oiseau] prophétique, c.-à-d. de mauvais augure.

fresque adj., XVIᵉ s., « frais » ; s. f., 1660, Molière ; en beaux-arts ; de l'ital. *fresco*, frais, avec abrév. de la loc. *dipingere a fresco*, peindre à frais, c.-à-d. sur un enduit frais ; le mot, masc. en ital., est devenu fém. en fr. à cause de la finale. ‖ **fresquiste** 1865, L.

*****fressure** 1220, Coincy (*froissure*), « ensemble des viscères » ; « mets » chez Rab. et encore en Anjou ; du lat. pop. **frixura* (bas lat. *frixare*, frire) ; proprement « friture » : cet organe était mangé frit (cf. *fricassée*, foie en Saintonge, XVIIᵉ s., Ménage) ; le ĭ est dû à une analogie avec les parfaits latins en *-ĭxi, -ĭnxi*.

fret XIIIᵉ s., G., du néerl. *vrecht, vracht*, prix du transport (allem. *Fracht*, angl. *fraught*). ‖ **fréter** XIIIᵉ s., *Digeste*. ‖ **fréteur** fin XVIᵉ s. ‖ **affréter** 1322, G., « fréter » ; **affrètement** 1366, Delb. ‖ **affréteur** XVIIᵉ s., Guillet.

frétiller XIVᵉ s., G., prononcé d'abord *fret-* avec un *e* ; orig. obscure, peut-être onom. ‖ **frétillement** 1361, Oresme. ‖ **frétillon** 1493, Coquillart, fam., surtout sobriquet. ‖ **frétilleur** 1611, Cotgrave.

fretin XIIIᵉ s., J. de Thuin, « menu débris » (jusqu'au XVIIᵉ s.), et par ext. chose sans valeur ; 1606, Nicot, menu poisson ; de l'anc. fr. *frait, fret*, part. passé de *fraindre*, briser, avec suffixe *-ĭn*.

1. **frette** virole de fer, XIIIe s., *Fabliau*, sans doute déverbal de *freter* (XIIe s., *Parthenopeus*); du lat. pop. **firmitare*, assujettir, de *firmus*, ferme. ‖ **frettage** 1723, Savary.

2. **frette** 1360, G., archit. et blas., bande, baguette, dér. régressif de *fretter* (seulement part. passé *fretté*, 1130, *Tristan*), même mot que le précédent.

freudien 1928, Aragon, du nom de *Freud* (1856-1939), psychiatre autrichien. ‖ **freudisme** *id.*

freux 1493, *Calendrier* (*freu*), « corneille », du francique **hrôk* (anc. haut allem. *hruoh*).

friable 1539, Canappe, du lat. *friabilis*, de *friare*, broyer. ‖ **friabilité** 1641, de Clane.

friand V. FRIRE.

fric 1900, Nouguier, argent, peut-être abrév. de *fricot* (cité en ce sens par Rossignol, 1900) ou onom. (cf. *ne trouver ni fric ni frac*, ne rien trouver à manger, 1842, *Acad.*).

fricandeau 1552, Rab., orig. obscure, peut-être de même rac. que *fricasser.*

fricasser XVe s., *Repues franches*, peut-être du lat. pop. **frigicare*, de *frigere*, frire, ou un croisement entre *frire* et *casser*. ‖ **fricassée** 1490, Taillevent. ‖ **fricasseur** fin XVe s., Gringore.

fricatif 1873, L., du lat. *fricare*, frotter, se dit de consonnes qui se prononcent avec l'air passant par un conduit étroit.

fric-frac 1669, Widerhold, onom. avec alternance vocalique (v. FLIC-FLAC); 1867, Delvau, argot, vol avec effraction.

friche 1265, J. de Meung; orig. obscure, peut-être germ.

frichti 1855, Maynard, repas, en argot milit., de l'allem. *Frühstück*, avec la prononciation alsacienne *frichtik* (mot de caserne introduit par les sous-officiers alsaciens).

fricot 1767, Le Lué, dér. pop. du rad. de *fricasser*. ‖ **fricoter** 1807, Michel, « fricasser », et, fig., tripoter. ‖ **fricotage** 1898, Lar., tripatouillage. ‖ **fricoteur** 1812, *Mém. de Caulaincourt*, en parlant de soldats qui dépeçaient les chevaux et voyageaient le poêlon à la main; 1823, général Hugo, soldat pillard; 1867, Delvau, agent d'affaires véreuses.

friction 1538, Canappe, du lat. méd. *frictio*, de *fricare*, frotter; XXe s., sens techn. ‖ **frictionner** 1782, Chevillard. ‖ **frictionnel** XXe s., sur le sens techn.

fridolin 1918 (*frigolin*), d'apr. un prénom allem. (saint Fridolin, moine irlandais, évangélisa la Germanie au VIIe s.)

frigide 1706, Brasey, « froid »; début XIXe s., Chateaubriand, au sens moderne; du lat. *frigidus*, froid. ‖ **frigidité** 1330, G., du lat. méd. *frigiditas* (IIIe s., Aurelius). ‖ **frigidaire** XVIe s., terme hist.; repris en 1932 comme nom de marque d'un réfrigérateur; du lat. *frigidarium*, chambre froide. ‖ **frigorifique** adj., 1701, Furetière, du lat. *frigorificus*, « qui fait le froid », de *frigus, -oris*; s. m., fin XIXe s. ‖ **frigo** XXe s., abrév. de *frigorifique*. ‖ **frigorie** XXe s., unité. ‖ **frigorifère** 1836, Landais. ‖ **frigorigène** XXe s. ‖ **frigoriste** *id.* ‖ **frigorifier** 1894, Sachs. (V. FROID.)

*frileux fin XIIe s., *Alexandre* (*friuleus*), du bas lat. *frigorosus*, de *frigus*, froid, avec dissimilation du deuxième *r* en *l*. ‖ **frileusement** fin XIXe s.

frimaire 1793, nom de mois tiré de *frimas* par Fabre d'Eglantine.

frimas 1460, Villon, du francique **hrîm* (scand. *hrim*), qui a donné aussi *frime* (XIIe s.).

frime XIIe s., *Richeut* (*frume*), mine; XVe s. (*frime*), sens actuel d'apr. *faire frime de*, faire mine de (semblant de); origine obscure.

frimousse 1577, Truppault; origine obscure, peut-être dér. de *frime*, mine.

fringale 1774, Beaumarchais (*fringalle*), altér., sous l'infl. de *fringant*, de *faim-valle*. (V. FAIM.)

fringant 1493, Coquillart, part. prés. de l'anc. fr. *fringuer*, gambader, sautiller, et, au XVIIe s., rincer un verre; d'origine obscure; l'adj. a pris le sens de « sémillant, élégant ». ‖ **fringuer** 1749, Vadé, pop., « faire l'élégant », puis *être bien fringué*, bien habillé. ‖ **fringues** fin XIXe s. pl., « habits », souvent péjoratif.

fringille 1800, Boiste, du lat. *fringilla*, pinson, petit passereau.

fringuer, fringues V. FRINGANT.

frinson XVe s., zool., verdier, peut-être d'un croisement entre le lat. *frisio* et le mot fr. *pinson*.

frio 1883, Macé, pop., froid, mot esp., lui-même issu du lat. *frigidus*.

friper 1534, Rab., «chiffonnier», altér., d'apr. *friper*, manger (v. FRIPON), de l'anc. fr. *freper*, dér. de *frepe*, frange, guenille; sans doute du lat. *falappa*, copeau. ‖ **fripier** 1268, E. Boileau. ‖ **friperie** fin XIIIe s., *Renart*. ‖ **défriper** 1771, *Trévoux*. ‖ **fripouille** 1837, Vidocq, pop., altér. de *frapouille*, «haillon» et «gueux» (1807, Michel), dér. de *frape*. ‖ **frappe** XXe s., abrév. de *fripouille*.

fripon début XVIe s., *Anc. théâtre fr.*, «gourmand»; de *friper*, avaler goulûment, par ext. dérober (1265, J. de Meung); d'origine obscure. ‖ **friponner** fin XIVe s., Le Fèvre, «bien manger»; 1595, Montaigne, «dérober». ‖ **friponnerie** 1530, *D. G.* ‖ **friponneau** XVIIe s., La Fontaine.

fripouille V. FRIPER.

friquet 1555, Belon, «moineau», dér. de l'anc. fr. *frique* (var *friche*), vif, éveillé; origine obscure; peut-être du germ. **frik-*, avide, entreprenant (allem. *frech*, hardi); il existait une var. *frisque* (XIIIe s., A. de La Halle) jusqu'au XVIIe s.

*frire fin XIIe s., *Aliscans*, du lat. *frīgĕre;* devenu défectif en fr. mod. ‖ **frite** 1861, Larchey, sur le part. passé *frit*. ‖ **friterie** fin XIXe s. ‖ **fritte** 1690, Furetière, techn., vitrification. ‖ **fritter** 1765, *Encycl.* ‖ **frittage** XIXe s. ‖ **friture** début XIIe s., *Ps. de Cambridge*, du bas lat. **frictura*, dér. de *frigere*. ‖ **friteau** fin XIIe s., R. de Moiliens (*fritel*). ‖ **friand** XIIIe s., *Fabliau*, anc. part. prés. de *frire* au fig., «qui grille d'impatience» et aussi «appétissant» en anc. fr. ‖ **friandise** XIVe s., var. *-tise* au XVe s., d'abord «gourmandise», puis «sucrerie». ‖ **affriander** 1495, J. de Vignay.

1. frise début XVIe s. (*frize*), archit., de l'ital. dial. *fregio*, ornement, issu du bas lat. *phrygium*, broderie, d'apr. les étoffes brochées d'or originaires de Phrygie.

2. frise (*cheval de*) milieu XVIe s., calque du néerl. *friese ruiter*, cavalier de Frise; ce système de défense aurait été inventé en Frise.

friser début XVe s.; orig. obscure : attesté au XVIe s., au moment où la mode de friser les cheveux des femmes apparaît dans la noblesse; sans doute d'origine germ. ‖ **friselis** 1864, Goncourt. ‖ **frisage** 1827, *Acad.*, techn. ‖ **frisette** *id.* ‖ **frisoir** 1640, Oudin. ‖ **frison** 1560, Belleau. ‖ **frisotter** 1552, Ronsard. ‖ **frisottement** XXe s. ‖ **frisure** 1539, Corrozet. ‖ **défriser** 1670, Mme de Sévigné; au fig. 1842, Mozin. ‖ **défrisement** 1836, Landais.

frison V. FRISER.

frisquet 1827, *Gloss. argot.*, fam., qui a remplacé *frisque* (1573, Dupuis), de l'ital. *freschetto*, dimin. de *fresco*, frais, ou du prov. mod. *frésquet*; le *i* est une adaptation de l'é fermé entravé, inconnu au fr. actuel. On a donné aussi une étymologie néerl.

*frisson fin XIIe s., *Couronn. de Loïs* (*friçon*), fém. en anc. fr. (jusqu'au XVIe s.), du bas lat. *frīctio, -onis* (VIe s., Grégoire de Tours), dér. de *frīctus*, part. passé de *frigere*, frire, pris au sens fig. de «trembler» et rattaché à *frīgēre*, avoir froid. ‖ **frissonner** 1460, Villon. ‖ **frissonnement** milieu XVIe s.

friteau, fritte V. FRIRE.

fritillaire 1669, P. Morin; du lat. *fritillus*, cornet, d'apr. la forme des fleurs.

fritz 1915, abrév. allem. de *Friedrich*, Frédéric.

frivole XIIe s., *Ysopet de Lyon*, du lat. *frivolus*. ‖ **frivolité** fin XVIIe s., Saint-Simon.

froc 1155, Wace, du francique **hrokk* (bas lat. *hroccus*, allem. *Rock*, habit); fin XIXe s., pop., «pantalon». ‖ **frocard** fin XVIIe s., Marsollier. ‖ **froquer** fin XVIe s., L'Estoile, fam. ‖ **défroquer** XVe s., Perceforest. ‖ **défroque** 1540, C. Marot (*défroc*), déverbal.

*froid 1080, *Roland* (*freit*), du lat. pop. *frĭgidus* (lat. *frīgidus*); premier *ĭ* d'apr. *rĭgidus* ou d'apr. le francique *frisk*, frais. ‖ **froideur** XIIe s.; spécialisé au fig. au XVIIe s. (Malherbe). ‖ **froidement** XIIe s. ‖ **froidure** début XIIe s., *Ps. de Cambridge* (*-freid-*); 1450, Ch. d'Orléans (*froidure*). ‖ **froidir** fin XIIe s., A. de

Bernay. ‖ **refroidir** 1160, *Eneas*, qui a remplacé *froidir*. ‖ **refroidissement** 1314, Mondeville. ‖ **réfrigérer** XIIIe s., G., « rafraîchir »; 1870, phys. ‖ **réfrigérant** 1560, Paré. ‖ **réfrigération** 1520, Marot. ‖ **réfrigérateur** 1611, Cotgrave, adj.; 1933, Lar., techn.

***froisser** 1080, *Roland* (*froissier*), « briser »; fin XVe s., « chiffonner », par affaiblissement progressif du sens de « meurtrir »; fin XVIe s., fig., « offenser »; du lat. pop. *frŭstiare, de *frŭstum*, fragment (v. FRUSTE). ‖ **froissement** XIIIe s., Adenet, au propre et au fig. ‖ **froissis** 1155, Wace. ‖ **froissure** fin XIIe s., *Loherains*, au sens propre. ‖ **infroissable** 1914, Gide. ‖ **défroisser** XXe s.

frôler av. 1450, Gréban (*fraulée* part.), « rosser »; 1670, Molière, sens actuel; origine obscure. ‖ **frôlement** 1700, Dodart. ‖ **frôleur, -euse** 1876, A. Daudet.

***fromage** s. m., XIIe s.; adj. fin XIIe s., Marie de France, du lat. pop. *formaticum, dér. de *fôrma*, spécialisé en « forme à fromage » (cf. *fourme*, fromage du Cantal). ‖ **fromager** arbre, 1755, *Encycl.*, à cause de son revêtement cotonneux; XIXe s., adj. ‖ **fromagerie** XIVe s., Delb. ‖ **fromegi** 1878, Rigaud, argot milit., puis pop.; du lorrain *fromegie*, fém., fromage caillé, devenu masc. d'apr. *fromage*. ‖ **frometon** 1895, *Ecole des arts et métiers de Châlons*, altér. de *fromegi*.

***froment** XIIe s., du lat. pop. *frŭmentum (lat. *frūmentum*); le *ŭ* bref est attesté par l'ital. et l'esp. et reste inexpliqué). ‖ **fromentacée** 1732, *Trévoux*. ‖ **fromental** 1781, *Catalogue du Jardin de Caen*, avoine. ‖ **fromenteau** 1775, Béguillet, mot du N.-E.

froncer XIe s., var. de l'anc. fr. *froncir*, du francique *hrunkjan*. ‖ **fronce** début XIIe s., *Ignaure*, « ride », déverbal. ‖ **froncement** 1530, Palsgrave. ‖ **froncis** 1580, Palissy. ‖ **défroncer** XIIIe s., G.

1. **fronde** bot., feuille, XVe s., *Pastoralet*, du lat. *frons, frondis*, feuillage. ‖ **frondaison** 1836, Landais.

2. ***fronde** lance-pierres, fin XIIe s., *Rois*; altér. de *fonde* (XIIe-XVIIe s.); issu du lat. *funda*. ‖ **fronder** XIIIe s. (*fon-*); 1611, Cotgrave (*fron-*), « lancer avec la fronde »; au fig. « faire le mécontent », 1649, d'apr. une comparaison ironique

du conseiller Bachaumont, d'où le parti de la Fronde. ‖ **frondeur** 1290, G., même évolution.

***front** 1080, *Roland*, du lat. *frons, frontis*, fém.; masc. en fr. d'apr. *mont, pont; avoir le front de*, XVe s. ‖ **frontal** s. m. XIIIe s.; adj. XVIe s. ‖ **frontail** 1573, Liébault, étoffe. ‖ **fronteau** XIIe s., *Thèbes* (*frontel*). ‖ **frontalier** 1730, Savary; repris au XIXe s. (1827, *Acad.*); du catalan *frontaler*, limitrophe (gascon *frountalié*), pour servir de dér. à *frontière*. ‖ **frontière** XIIIe s., G., sens actuel et aussi « front d'une armée » et « place forte » en anc. fr.; forme substantivée de l'anc. fr. *frontier, -ère*, adj., « qui fait face à, voisin ». ‖ **frontispice** milieu XVIe s., du bas lat. *frontispicium*, de *frons*, et de *spicere*, regarder. ‖ **fronton** 1653, Oudin, de l'ital. *frontone*, augmentatif de *fronte*, front au sens architectural. ‖ **affronter** 1155, Wace; 1521, Nostradamus, « tromper ». ‖ **affronterie** 1521, *id.*, « tromperie ». ‖ **affronteur** 1526, Delb., « qui trompe ». ‖ **affrontement** 1547, Budé. ‖ **affront** fin XVIe s., Brantôme, de l'ital. *affronto*, injure. ‖ **effronté** 1265, J. de Meung, c.-à-d. « sans front pour rougir ». ‖ **effrontément** 1422, A. Chartier. ‖ **effronterie** 1605, H. de Santiago.

frotter 1160, Benoît, a remplacé par substitution de suffixe l'anc. fr. *freter*, issu du lat. pop. *frictare, fréquentatif de *fricare*, frotter. ‖ **frottement** XIVe s. ‖ **frottée** 1611, Cotgrave, tartine frottée d'ail; 1752, *Trévoux*, « coups reçus ». ‖ **frottage** 1690, Furetière. ‖ **frotteur** 1372, Corbichon, « qui frotte »; XVIIIe s., sens spécialisé. ‖ **frottis** 1588, L'Estoile. ‖ **frottoir** début XVe s. ‖ **frotton** 1701, Furetière, boule de crin et de cuir servant à l'impression des gravures sur bois.

frou-frou 1787, *Ah! Ah!*, onom. ‖ **froufrouter** 1876, *le Figaro*.

frousse 1858, Larchey; orig. inconnue. ‖ **froussard** fin XIXe s.

fructi- du lat. *fructus*, fruit. ‖ **fructidor** 1793, tiré par Fabre d'Eglantine du gr. *dôron*, présent, c.-à-d. « mois des fruits ». ‖ **fructifier** XVIe s. ‖ **fructifier** 1190, Garn., du lat. impér. *fructificare* (IIe s., Calpurnius). ‖ **fructification** XIVe s., du lat. impér. *fructificatio*. ‖

fructueux fin XII⁰ s., *Grégoire*, du lat. *fructuosus*, « qui donne des fruits »; le sens propre est rare en fr. ‖ **fructose** XX⁰ s. ‖ **infructueux** 1372, Golein, du lat. *infructuosus*.

frugal XVI⁰ s., du lat. *frugalis*. ‖ **frugalement** v. 1540, Rab. ‖ **frugalité** 1355, Bersuire, du lat. *frugalitas*.

frugivore 1762, *Acad.*, du lat. *frux*, *frugis*, fruit, et *vorare*, dévorer.

*****fruit** X⁰ s., du lat. *fructus*, revenu, production, qui élimina *frux* en lat. pop. et prit le sens de *pomum*; les sens fig. ont été repris au lat. jurid. et eccl.; *fruit de mer*, 1798, Casanova. ‖ **fruité** 1690, Furetière. ‖ **fruiterie** 1261, G., « fruits », en anc. fr. ‖ **fruitier** 1277, *Archives*, « personne qui prenait soin des fruits ».

frusquin 1628, *Jargon*, « habit » en argot; puis *saint-frusquin* (XVIII⁰ s., Sénecé), par formation plaisante; origine inconnue. ‖ **frusques** 1790, *Rat du Châtelet*; masc. sing., puis fém. pl. d'apr. la finale.

fruste XV⁰ s. (*frustre*); rare jusqu'au XVII⁰ s.; empr. par le langage des arts à l'ital. *frusto*, usé, de *frustare*, broyer, même rac. que le fr. *froisser*; XIX⁰ s., prend le sens de « rude » d'apr. *rustre*.

frustrer début XIV⁰ s., du lat. *frustrari*, voler. ‖ **frustration** XVI⁰ s. ‖ **frustratoire** 1367, G.

frutescent 1811, Mozin, du lat. *frutex, -icis*, arbrisseau, sur le modèle de *arborescent*. ‖ **fruticicola** 1844, Ch. d'Orbigny, escargot mangeur de fruits.

fuchsia fin XVII⁰ s., mot du lat. bot. créé par Plumier (1645-1706), en souvenir du botaniste bavarois *Fuchs* (XVI⁰ s.).

fuchsine 1859, tiré par le chimiste Verguin, au service de l'industriel lyonnais Renard, de l'allem. *Fuchs*, nom allem. du renard.

fucus 1562, Du Pinet, mot lat. désignant une plante marine, empr. au gr. *phukos*.

fuel-oil XX⁰ s., mot angl. désignant l'huile combustible.

fugace 1550, Ronsard, du lat. *fugax, -acis*, de *fugere*, fuir. ‖ **fugitif** v. 1300, qui a remplacé *fuitif*; de *fuir*; du lat. *fŭgĭtĭvus*. ‖ **fugacité** 1827, *Acad.*

fugue 1598, de Marnix, mus.; 1775, Voltaire, repris au sens de « fuite » et surtout de « escapade »; de l'ital. *fuga*, fuite, appliqué à un motif musical dont les parties semblent fuir dans les différentes voix; issu du lat. *fŭga*, fuite. ‖ **fugué** XIX⁰ s. ‖ **fugueur** XX⁰ s., en psychiatrie. ‖ **contre-fugue** fin XVII⁰ s.

führer v. 1930, mot allem., calque de l'ital. *duce*, chef; appliqué à Hitler.

*****fuie** XII⁰ s., *Couronn. Loïs*, « fuite », puis « refuge », auj. « volière pour pigeon »; lat. pop. **fŭga* (lat. class. *fŭga*).

*****fuir** X⁰ s., *Eulalie*, du lat. pop. *fŭgire* (lat. *fŭgĕre*), le *ŭ* d'apr. le parfait *fŭgī*, ‖ *****fuite** XII⁰ s., anc. part. passé du lat. pop. **fŭgitus* (lat. *fŭgĭtus*), substantivé au fém. ‖ **fuyant** adj., 1539, R. Est.; s., 1213, *Fet des Romains*. ‖ **fuyard** 1540, Herberay des Essars. ‖ **s'enfuir** 1080, *Roland*.

fulgore 1791, *Encycl. méth.*, insecte lumineux, du lat. zool. *fulgora*, en lat. déesse des éclairs (*fulgur, -oris*).

fulgurant 1488, *Mer des hist.*, rare avant le XIX⁰ s., du lat. *fulgurans*, part. prés. de *fulgurare*, faire des éclairs. ‖ **fulguration** 1532, G., du lat. *fulguratio*. ‖ **fulgural** 1842, Mozin, du lat. *fulguralis*. ‖ **fulgurer** 1862, Flaubert, du lat. *fulgur*, foudre. ‖ **fulgurite** 1827, *Acad.*, minér.

fuligineux 1560, Paré, du lat. *fuliginosus*, de *fuligo, -inis*, suie. ‖ **fuliginosité** XVI⁰ s.

fulmi-, du lat. *fulmen, -inis*, foudre. ‖ **fulmicoton** 1865, L. ‖ **fulminer** 1335, Digulleville au propre et au fig., du lat. *fulminare*, lancer la foudre. ‖ **fulminant** XV⁰ s., O. de Saint-Gelais, du part. prés. *fulminans*. ‖ **fulmination** 1406, G. ‖ **fulminatoire** 1521, Marot, du lat. eccl. *fulminatorius*. ‖ **fulminate** 1823, Boiste. ‖ **fulminique** 1824, Liebig.

fulverin 1827, *Acad.*, du lat. *fulvus*, fauve, couleur pour glacer les bruns.

fumagine 1865, L., bot., du lat. *fūmus*, fumée, sur les dér. en *-ago, -aginis*; croûte noire se formant à la surface de végétaux atteints de cette maladie.

1. *****fumer** dégager de la fumée, XII⁰ s., *Ps.*; XVII⁰ s., *fumer du tabac*, du lat.

fūmāre, de *fūmus*, fumée. ‖ **fumée** fin XIIe s., *Rois*; XIVe s., vén., fiente du cerf, d'apr. la fumée qu'elle dégage. ‖ **fumet** XVIe s., Thevet, spécialisé en « émanation odorante ». ‖ **fumerolle** 1827, *Acad.*, de l'ital. *fumaruolo*, masc., orifice de cheminée, spécialisé en fr. pour les fumerolles volcaniques; fém. en fr. d'apr. la finale. ‖ **fumage** 1752, *Trévoux*, action d'exposer à la fumée. ‖ **fumeux** XIIe s. (*fumos*), du lat. *fumosus*. ‖ **fumerie** 1786, Le Lué. ‖ **fumeron** 1611, Cotgrave. ‖ **fumeterre** 1372, Corbichon, du lat. médiév. *fumus terrae*, fumée de la terre, parce que, selon O. de Serres, son jus fait pleurer les yeux comme la fumée. ‖ **fumeur** (*de tabac*) 1690, Furetière. ‖ **fumigène** fin XIXe s. **fumiger** XIVe s., G., méd., du lat. *fumigare*, faire de la fumée. ‖ **fumigation** 1314, Mondeville, du bas lat. *fumigatio*. ‖ **fumigatoire** 1503, G., de Chauliac. ‖ **fumigateur** 1803, Wailly. ‖ **fumivore** 1799, *Ann. des arts et manuf.* ‖ **fumiste** 1757, *Encycl.*; 1840, *la Famille du fumiste*, « farceur ». ‖ **fumisterie** 1840, Varner, sens propre; 1852, Goncourt, farce. ‖ **fumoir** 1823, Lasteyrie, bâtiment où l'on fume les viandes, le poisson; pièce où l'on fume, 1865, L. ‖ **fume-cigarette** V. CIGARE.

2. *fumer** amender avec du fumier, fin XIIe s., *Escoufle* (*femer*); XIVe s. (*fumer*); du lat. pop. *femare*, dér. de *femus*. ‖ **fumage** 1356, G. (*fe-*), action de fumer une terre. ‖ **fumier** 1175, Chr. de Troyes (*fe-*); XIVe s. (*fu-*), var. labialisée; du lat. pop. *femarium*, tas de fumier, de *fĕmus*, fumier; d'où l'anc. fr. *fiens*, fumier, du lat. *fĭmus*. (V. FIENTE.)

fumerolle, fumeterre, fumeux fumigation, fumigène, fumiste V. FUMER 1.

fumier V. FUMER 2.

funambule début XVIe s., du lat. *funambulus*, de *funis*, corde, et *ambulare*, marcher. ‖ **funambulesque** 1856, Banville.

funding 1900, Bonnaffé, fin., abrév. de l'angl. *funding loan*, emprunt de consolidation, part. prés. de *to fund*, consolider.

fune 1464, Lagadeuc, forme féminisée (ou reprise du lat.) de l'anc. fr. *fun*,

corde, du lat. *fūnis*. ‖ **funin** 1160, *Eneas* (*funain*), cordage, du lat. pop. *funamen*, de *funis*.

funèbre XIVe s., du lat. *funebris*, de *funus, funeris*, funérailles. ‖ **funérailles** XIVe s., du lat. *funeralia*, pl. neutre de *funeralis*, relatif aux funérailles. ‖ **funéraire** 1565, Huguet, du lat. *funerarius*.

funeste 1355, Bersuire, du lat. *funestus*, funèbre, de *funus, -eris*, funérailles.

funiculaire adj., 1725, Varignon; s. m., abrév. de *chemin de fer funiculaire*, milieu du XIXe s., du lat. *funiculus*, dimin. de *funis*, corde.

funin V. FUNE.

*fur** 1130, *Eneas* (*feur*), « taux », du lat. *fŏrum*, marché, et, par ext. de sens, « opérations faites au marché », d'où, en lat. pop., « convention »; renforcement de la loc. *au fur* (XVIe s.), à proportion, par *à mesure*, d'où auj. *au fur et à mesure* et *au fur à mesure.*

*furet** 1265, J. de Meung, du lat. pop. *furitus*, dér. de *fur*, voleur. ‖ **fureter** XIVe s., Aug. Thierry. ‖ **furetage** 1811, *Encycl. méth.* ‖ **fureteur** 1514, Delb.

fureur début XIIe s., *Ps. de Cambridge*, adapt. du lat. *furor*; *faire fureur*, être à la mode, *Acad.*, 1835. ‖ **furibond** 1265, Br. Latini, lat. *furibundus*, de *furere*, être en colère. ‖ **furie** 1355, Bersuire, qui remplace *fuire* (XIIe s.), du lat. *furia*. ‖ **furieux** fin XIIIe s., du lat. *furiosus*. ‖ **furieusement** 1360, Froissart. ‖ **furibard** fin XIXe s. ‖ **furioso** XIXe s., mot ital. signif. « furieusement ».

furfur (e) XIVe s., méd., squame de la peau, du lat. *furfur*, son (de céréale). ‖ **furfuracé** 1806, Alibert, lésion recouverte de petites squames.

furibond, furie V. FUREUR.

furolle 1549, R. Est. (*fuirole*); dér. de *feu* *(feuerole)* avec infl. de *fuir*. Désigne le feu follet en certaines régions.

furon 1615, Binet, petit du furet, réfection, d'apr. *furet*, de l'anc. fr. *fuiron*, autre nom du furet, issu du lat. pop. *furio, -ionis*, de même rac.

furoncle 1538, Canappe, qui a remplacé la forme pop. *feroncle*, altérée en *ferongle* (1376, Du Cange) d'apr. *ongle*;

on trouve encore *froncle* en 1690 (Furetière) ; du lat. *furunculus*, petit voleur, de *fur*, et désignant la bosse de vigne à l'endroit du bouton, parce qu'il dérobe la sève de la plante ; par analogie de forme, sens actuel. ‖ **furonculeux** 1842, *Acad.* ‖ **furonculose** 1890, Lar.

furtif milieu XIVᵉ s., du lat. *furtivus*, de *furtum*, vol ; rac. *fur*, voleur. ‖ **furtivement** début XIIIᵉ s.

***fusain** fin XIIᵉ s., Alexandre, du lat. pop. *fŭsago, -aginis*, dér. de *fŭsus*, fuseau (dont on faisait des fusains).

fusarolle 1676, Félibien (*-erole*), archit., de l'ital. *fusaruola*, de *fuso*, fuseau.

***fuseau** fin XIIᵉ s., *Aliscans* (*fusel*), du lat. pop. *fŭsellus*, de *fŭsus*, fuseau. ‖ **fuselé** 1398, *Ménagier*, spécialisé au fig. « en forme de fuseau ». ‖ **fuselage** XXᵉ s., à cause de la forme des avions. ‖ **fuseler** 1842, *Acad.*

***fusée** XIIIᵉ s., *Fabliau* (*fusée de chanvre*), du lat. pop. *fŭsata*, quantité de fil enroulée autour d'un fuseau ; il a pris divers sens techn. par métaphore ; spécialisé en pyrotechnie (XVIᵉ s.), la fusée ayant été comparée à un fuseau ; au XXᵉ s., *fusée spatiale*.

fuselé, fuselage V. FUSEAU.

fuser 1566, Du Pinet, se répandre en fondant, du lat. *fŭsus*, part. passé de *fundere*, couler ; fin XIXᵉ s., jaillir en fusée. ‖ **fusible** XIVᵉ s., du bas lat. *fusibilis*, de *fusilis*, « qui peut fondre ». ‖ **fusibilité** XVIᵉ s. ‖ **fusion** milieu XVIᵉ s., du lat. *fŭsio*, « liquéfaction » ; puis au fig. ; v. 1848, polit. ‖ **fusionner** début XIXᵉ s. ; économ., 1865, L. ‖ **fusionnement** 1865, L. ‖ **fusionnisme** XIXᵉ s., Ph. Chasles. ‖ **fusionniste** 1842, *Acad.*

fuserolle 1752, *Trévoux*, broche de fer du tisserand, de l'ital. *fusaruola*.

fusible V. FUSER.

fusiforme 1784, Bergeret, du lat. *fusus*, fuseau.

***fusil** XIIᵉ s., *Parthenopeus* (*foisil, fuisil*) ; XIIIᵉ s., du lat. pop. *fŏcilis*, de *fŏcus*, feu, abrév. probable de *focilis petra*, pierre à feu ; d'où en anc. fr. pièce d'acier recouvrant le bassinet des armes à feu, sur lequel frappait la pierre de la batterie (XVᵉ-XVIᵉ s.) ; le fusil des bouchers et cuisiniers vient d'un sens annexe « baguette à aiguiser » (XIIIᵉ s.) ; le fusil comme arme est de 1630. ‖ **fusil mitrailleur** début XXᵉ s. ‖ **fusilier** fin XVIᵉ s. (*-elier*). ‖ **fusillade** 1771, Brunot. ‖ **fusiller** 1732, *Trévoux*. ‖ **fusilleur** fin XVIIIᵉ s.

fusion V. FUSER.

fustanelle 1854, About, jupon des Grecs, du lat. médiév. *fustanella*. (V. FUTAINE.)

fustet 1340, G. (*feustel*) ; XIVᵉ s. (*feustet*) ; mot prov. altér., de l'ar. *fustuq*, pistachier.

fustiger XIVᵉ s. ; rare jusqu'au XVIIIᵉ s. ; adaptation du lat. *fustigare*, bâtonner, de *fustis*, bâton. ‖ **fustigation** 1411, *Cout. d'Anjou.*

***fût** 1080, *Roland*, « bâton, bois de lance, fût d'arbre » ; XIIIᵉ s., « tonneau », repris du dér. *futaille* ; du lat. *fustis*, bâton, pieu. ‖ **futaie** 1360, *Modus*, d'apr. le sens de « tronc ». ‖ **futaille** 1268, E. Boileau (*just-*), « tonneau de bois ». ‖ **affûter** 1155, Wace, « poster derrière un tronc d'arbre » ; puis « aiguiser ». ‖ **affût** 1468, Gay, « action de disposer » ; XVIIᵉ s., affût de canon ; *être à l'affût de*, 1690, Furetière. ‖ **affûtage** 1468, Gay. ‖ **affûtiau** 1676, Bayle.

futaie, futaille V. FÛT.

futaine 1234, *Rec. des monuments de l'histoire du Tiers État*, adaptation du lat. médiév. *fustaneum*, calque du bas gr. (*Septante*) *xulina lina*, c.-à-d. tissu de bois (« qui vient d'un arbre », pour désigner le coton, *Baumwolle* en allem.).

futé XIVᵉ s., *Girart de Roussillon* (*fustet*), part. passé de l'anc. fr. *fuster*, dér. de *fût*, « bâton », c.-à-d. « bâtonné », au fig. « excédé, rebattu » (XVIᵉ s., Régnier), d'où « madré, rusé » (1690, Furetière), même évol. que *roué* ; aussi « qui sent le fût » (1546, Rab.).

futile XIVᵉ s., du lat. *futilis*, « qui laisse échapper ce qu'il contient, qui fuit ». ‖ **futilement** 1877, L. ‖ **futilité** 1672, Molière, qui a remplacé *futileté*, XVIᵉ s. (fait sur l'adj.), du lat. *futilitas.*

futur XIIIᵉ s., *Livre de jostice*, du lat. *futurus*, « qui doit être », part. futur de *esse*. ‖ **futurition** XVIIᵉ s., Fénelon. ‖ **futurisme** 1909, *le Figaro*, manifeste de Marinetti, de l'ital. *futurismo*. ‖ **futuriste** *id.*, de l'ital. *futurista.*

fuyard, fuyant V. FUIR.

G

gab V. GABER.

gabardine fin XVe s. (*gaverdine*);
XVIe s. (*galvardine*), « vêtement »; fin
XIXe s., sorte de serge; de l'esp. *gabar-
dina*, d'orig. obscure. La forme du XIXe s.
est due sans doute à un nouvel emprunt
à l'esp.

gabare 1338, texte gascon, du gascon
ou du prov. *gabarra*, issu du gr. byzantin, d'apr. le gr. ancien *karabos*, écrevisse, au fig. bateau. (V. CARAVELLE.) ‖
gabarot 1562, G.

gabarit 1643, Fournier, « modèle d'un
bateau », du prov. mod. *gabarrit*, altér.,
sous l'infl. de *gabare*, de *garbi*, issu du
gotique **garwi*, préparation, d'où « modèle », peut-être par l'intermédiaire de
l'ital. *garbo* (v. GALBE); 1842, *Acad.*,
modèle en général. ‖ **gabarier** 1478,
Du Cange, subst.; 1764, Duhamel, verbe.

gabegie 1790, Hébert, mot lorrain
d'apr. Michel (1807), d'abord au sens de
« fraude », de même rac. que l'anc. fr.
gabuser, tromper. (V. GABER.)

gabelle 1330, Ch. de Liège, impôt sur
le sel; administration chargée de le
percevoir, de l'ital. *gabella*, empr. à
l'ar. *kabala*, impôt, mot transmis de
Sicile par les Normands. ‖ **gabelou**
1585, N. Du Fail (*gabeloux du Croisil*
[Le Croisic]), « employé de la gabelle »,
puis par ext. « employé d'octroi »; la
finale indique une forme de l'Ouest.

gaber 1080, *Roland*, du scand. *gabba*,
railler, qui a donné le subst. *gab*, raillerie (1190, Garn.).

gabet 1552, Rab., « girouette », mot
normand, qui paraît être de la même
rac. que *gable*.

gabie XVe s., *Anc. Chron. de Savoie*
(*gabia*) « demi-hune », du prov. mod.
gabio, cage, devenu terme de marine. ‖
gabier milieu XVIIe s.

gabion début XVIe s., de l'ital. *gab-
bione*, grande cage, devenu terme de
mar. ‖ **gabionnade** XVIe s., La Noue.
‖ **gabionner** 1540, Rab.

gable ou **gâble** 1338, *Actes norm. de
la Ch. des comptes*, mot normand signif.
« pignon monumental », du norrois
gafl, pignon (allem. *Gabel*, fourchette).
[V. GABET.]

gabord 1538, Jal, « bordage extérieur
voisin de la quille », du néerl. *gaarboord*.

gaburon 1642, Oudin (-*urron*), « enveloppe en bois au bas d'un mât », du
prov. mod. *gabarioun*, qui est peut-être
une forme atténuée de *cabrioun*, *cabi-
roun*, chevron. ‖ **gaburonner** 1771,
Trévoux.

gâche 1294, G. (*gaiche de serrure*), du
francique **gaspia*, boucle. ‖ **gâchette**
1478, Delb. (*gla-*).

gâcher 1160, Benoît (*gaschier*), du
francique **waskan*, laver, détremper
(allem. *waschen*), d'où *gâcher* le mortier; 1723, Savary, « faire bon marché »;
XVIIIe s., « abîmer ». ‖ **gâche** 1376, Du
Cange, « outil de maçon ». ‖ **gâcheur**
1292, *Rôle de la taille* (*gascheeur*),
techn.; XVIIIe s., fig. ‖ **gâcheux** 1573,
Liébault. ‖ **gâchis** 1564, Thierry (*gas-*),
sorte de mortier; XVIIIe s., fig. ‖ **gâchoir**
1842, *Acad.*

gade 1788, *Encycl. méth.*, poisson, du
gr. *gados*, morue.

gadolinium 1880, Marignac, du nom
de *Gadolin*, chimiste finnois qui découvrit les terres rares, dites yttriques; on
trouve *gadolinite* en 1800, Delamétherie.

gadoue XVIe s., Rivaudeau, mot dial.
de l'Ouest et du Centre, d'orig. obscure.

gaffe fin XIVe s., sens propre; XIXe s.,
fig., maladresse, de la langue des bate-
liers; 1829, Vidocq, « sentinelle » en

argot, d'où pop. *faire gaffe; du prov. gaf,* empr. au gotique **gaffôn,* saisir. ‖ **gaffer** 1687, Desroches, « ramer à la gaffe »; 1837, fig., faire attention. ‖ **gaffeur** 1837, « veilleur »; 1872, Lar., « qui commet une maladresse ».

gag 1922, *Ciné-Magazine,* mot angl. ‖ **gagman** *id.*

gaga V. GÂTER.

gage fin XIᵉ s., *Lois de Guill. (wage),* du francique **waddi* (gotique *wadi),* latinisé en **wadium; d'abord jurid.* ‖ **gager** fin XIIᵉ s., *Aiol.* ‖ **gagerie** fin XIIIᵉ s., *Assises de Jérusalem.* ‖ **gageure** XIIIᵉ s., *Fabliau.* ‖ **gagiste** 1680, Richelet. ‖ **dégager** 1190, Garn. ‖ **dégagement** début XVᵉ s. ‖ **engager** fin XIIᵉ s., *Loherains.* ‖ **engagement** fin XIIᵉ s., charte d'Abbeville. ‖ **engageant** XVIIᵉ s. ‖ **désengagé** 1622, Fr. de Sales. ‖ **mort-gage** 1283, Beaumanoir. ‖ **rengager** milieu XVᵉ s. ‖ **rengagement** 1718, *Acad.*

gagner 1130, *Eneas (guaaignier),* du francique **waidanjan,* chercher de la nourriture, d'où, en anc. fr., « paître » (sens conservé en vénerie) et « faire du butin, du profit », sens qui s'est développé et l'a emporté en fr. ‖ **gagnage** 1160, Benoît, sur le sens agric. ‖ **gain** XIIᵉ s., Delb. *(gaain),* déverbal. ‖ **gagneur** 1160, Benoît *(gaaigneor).* ‖ **gagnable** 1237, *Cart. de Lyon.* ‖ **gagnepain** XIIIᵉ s., J. Bretel, spécialisé en anc. fr. en « gantelet de tournois ». ‖ **gagne-denier** 1522, Versoris. ‖ **gagne-petit** édit de 1597 *(petit = peu).* ‖ **regagner** fin XIIᵉ s., *Aliscans (aaignier).* ‖ **regain** XIIᵉ s., E. de Fougères, nouvelle pousse, sur le francique **waida,* prairie.

gai 1175, Chr. de Troyes, « vif » et « joyeux » en anc. fr., sans doute du francique **wâhi,* bouillant, impétueux. ‖ **gaiement** XIVᵉ s. ‖ **gaieté** 1160, Benoît. ‖ **égayer** fin XIIIᵉ s., *Renart.* ‖ **égaiement** 1160, Benoît, « plaisir ».

gaïac 1520, J. Cheradame, esp. *guayaco,* empr. à l'arawak de Saint-Domingue *guayacan.* Désigne un arbre d'Amérique à feuilles persistantes. ‖ **gaïacine** 1827, *Acad.* ‖ **gaïacène** 1865, L. ‖ **gaïacol** fin XIXᵉ s.

gaillard 1080, *Roland,* « vigoureux »; XVIIᵉ s., « trop libre »; sans doute de

même rac. que *galant,* ou d'un galloroman **galia,* force, d'origine gauloise. ‖ **gaillardement** *id.* ‖ **gaillardise** 1510, Lemaire. ‖ **ragaillardir** XVᵉ s. ‖ **regaillardir** 1549, R. Est.

gaillet 1786, *Encycl. méth.,* « caille-lait », du lat. *galium,* empr. au gr. *galion,* avec infl. de *caille-lait.*

gaillette milieu XVIIIᵉ s., « morceau de houille », mot du Hainaut dimin. de *gaille,* grosse noix, abrév. anc. du lat. *nux gallica,* noix de galle (anc. fr. *noix gauge).* ‖ **gailleteux** 1820, Miché. ‖ **gailletin** 1878, Lar. ‖ **gailleterie** 1870, Lar.

gain V. GAGNER.

*gaine XIIᵉ s. *(gaïne; waïne* en picard), « fourreau », du lat. pop. **wagina,* lat. *vagina,* avec infl. germ. sur *v.* (V. GUÊPE.) ‖ **gainer** 1907, Lar. ‖ **gainage** 1961, journ. ‖ **gainier** fin XIIIᵉ s., *Renart,* « fabricant de gaines »; arbre de Judée dont la gousse rappelle une gaine. ‖ **gainerie** 1412, Du Cange. ‖ **dégainer** XIIIᵉ s. *(desw-).* ‖ **dégaine** XVIᵉ s., A. de Monluc, spécialisé au fig. d'apr. la loc. *tu t'y prends d'une belle dégaine.* ‖ **dégainement** 1611, Cotgrave. ‖ **engainer** 1340, G. ‖ **rengainer** début XVIᵉ s., « empocher »; 1610, B. de Verville, « reprendre ce qu'on allait dire ». ‖ **rengaine** 1680, Richelet, « refus », puis « banalité qu'on répète » (Molière, *je rengaine ma nouvelle),* déverbal de *rengainer.*

gala 1736, *Relation du cérémonial (galla),* mot ital. issu de l'anc. fr. *gale,* réjouissance, de *galer,* s'amuser. (V. GALANT.)

gala(ct)- du gr. *gala, galaktos,* lait. ‖ **galactite** 1372, Corbichon *(-ide),* du lat. *galactitis,* nom d'une pierre précieuse couleur de lait. ‖ **galactose** 1741, C. de Villars. ‖ **galactomètre** 1796, *Encycl. méth.* ‖ **galalithe** 1948, L. M. (cf. gr. *lithos,* pierre, v. LITHO).

galandage 1785, *Encycl. méth.,* altér. de *garlandage* (conservé dans la mar.); de l'anc. fr. *garlande,* var. fr. de *guirlande,* sans doute du moyen haut allem. *wieren,* garnir (francique **weron).*

galanga 1298, Marco Polo, mot du lat. pharm., empr. à l'ar. *halangân,* rhizome de l'alpinia.

galant 1318, Gace de la Bigne, « vif »; part. prés. de *galer*, s'amuser, empr. au haut allem. *wallan*, bouillonner; le sens « empressé auprès des femmes » a été repris au XVI⁰ s. de l'ital. *galante*, lui-même empr. au fr. ‖ **galanterie** 1537, trad. du *Courtisan*; aussi au XVI⁰ s., sens de « acte de bravoure ». ‖ **galantin** 1555, de La Bouthière. ‖ **galantiser** 1631, Corn., d'apr. l'ital. *galanteggiare*.

galantine fin XII⁰ s., Guill. le Maréchal (*galatine*), du lat. médiév. *galatina*, var. dial. de *gelatina*. (V. GELER.)

galapiat 1793, Hébert; altér. du prov. mod. *galapian*, empr. déformé de *galopin*.

galaxie 1557, Pontus de Tyard, du lat. *galaxias*, empr. au gr., de *gala*, lait; d'abord astron., « Voie lactée », puis loc.

galbanum 1130, *Job* (*galban*), gomme résineuse; mot lat. d'origine orientale.

galbe 1550, Ronsard (*garbe*) « bonne grâce »; XVII⁰ s. (*galbe*) en archit.; de l'ital. *garbo*, belle forme, du gotique *garwon*, arranger. ‖ **galbé** 1611, Cotgrave. (V. GABARIT.)

galbule 1801, Boiste, fruit du cyprès; du lat. *galbulus*, de même rac. que *jaune*.

1. **gale** début XIII⁰ s., rare jusqu'au XVI⁰ s., var. orth. de *galle*, qui de « excroissance » a passé au sens « gale des végétaux », puis « des animaux » (XVI⁰ s.). ‖ **galeux** 1495, *Mir. historial*.

2. **gale** 1762, *Acad.*, « myrte des marais », de l'angl. *gale*, introduit par Bauhin (1541-1613) dans le lat. bot.

galéasse 1420, A. Chartier, de l'ital. *galeazza*, augmentatif de *galea*. (V. GALÈRE.)

galée V. GALÈRE.

galefretier 1540, Rab., va-nu-pieds; déformation probable de *calefeutrier*. (V. GALFÂTRE.)

galéga 1615, Daléchamp, mot ital. et esp., sans doute issu du lat. *gallica* (*herba*), herbe de Gaule.

galéjade fin XIX⁰ s., du prov. mod. *galejado*, plaisanterie, de *galeja*, plaisanter, de *gala*, s'amuser (v. GALANT). ‖ **galéjer** XX⁰ s.

galène 1553, Belon, du lat *galena*, empr. au gr. *galêné*, plomb. Désigne le sulfure naturel de plomb.

galénique 1581, Nancel, méd., de *Galenus*, nom lat. de Galien (III⁰ s.).

galer V. GALANT.

galère 1402, J. de Béthencourt, du catalan *galera*, altér. d'un anc. ital. *galea* (XI⁰-XII⁰ s.), mot byzantin (IX⁰-X⁰ s.), empr. à l'ar. *xalija*. ‖ **galée** 1080, *Roland*, empr. direct. à l'anc. ital. ‖ **galion** 1272, Joinville, de l'esp. *galeon*, dér. de *galie*, var. de *galée*. ‖ **galiote** XIV⁰ s., « petite galère ». ‖ **galérien** 1611, Cotgrave, adj. et s. (V. GALÉASSE.)

galerie début XIV⁰ s., de l'ital. *galleria*, peut-être altér. du nom propre lat. *Galilaea*, Galilée, qui aurait désigné un porche d'église où les gens allaient et venaient.

galerne début XII⁰ s., *Voy. de Charl.*, vent du Nord-Ouest, mot de l'Ouest d'orig. obscure (lat. pop. *galerna*, sans doute celtique).

galet XII⁰ s., *Parthenopeus*, dimin. de l'anc. fr. *gal*, caillou, var. du radical *cal*, pierre d'origine préindo-européenne (v. CAILLOU); la forme est normanno-picarde. ‖ **jalet** 1478, Gay, var. francienne de *galet*, spécialisé pour les cailloux et balles des arcs et arbalètes. ‖ **galette** XIII⁰ s., *Fabliau*, à cause de sa forme ronde; pop., fin XIX⁰ s., « argent ». ‖ **galetage** fin XIX⁰ s.

galetas XIV⁰ s. (*chambre à galathas*); 1398, E. Deschamps, du nom de la tour *Galata* à Constantinople; désigna d'abord les logements dans la partie haute d'un édifice.

galfâtre 1808, d'Hautel, « mauvais ouvrier », mot de l'Est, sans doute empr. à l'allem. pop. *Kalfakter* (1499, Kluge), issu du bas lat. *calefactor*, ouvrier chargé du chauffage.

galhauban V. HAUBAN.

galibot 1871, Reybaud, jeune manœuvre dans les mines, mot de l'Artois signif. « gamin »; orig. obscure.

galimafrée 1398, *Ménagier* (*cali-*), orig. obscure; sans doute du picard *mafrer*, manger beaucoup, var. de *bâfrer*, et de *galer*, s'amuser.

galimatias 1580, Montaigne; orig. obscure, sans doute du bas lat. *ballimathia* (Isidore de Séville glose : « *inhonestae cantationes* »).

331

galion, galiote V. GALÈRE.

galipette 1865, à Nantes (*calipette*); 1883, Larchey (*galipette*); orig. obscure.

galipot milieu XVIIe s., « gros encens »; 1701, Furetière, « résine »; orig. obsc.

galipote 1922, H. Pourrat, « loup-garou »; orig. obscure.

galis 1627, de Maricourt, trace du chevreuil, de *galer*, gratter, dér. de *gale*.

galle XIIIe s., *Clef d'amour*, du lat. *galla*, excroissance. ‖ **gallate** 1805, *Encycl. méth.* ‖ **gallique** id.

gallican 1355, Bersuire, du lat. eccl. *gallicanus* (« gaulois », adj. en lat., « français » au XIVe s., dans Oresme); spécialisé pour l'Eglise de France.‖**gallicanisme** 1810, Brunot.

gallicisme 1578, H. Est., du lat. *gallicus*, gaulois au sens médiév. de « français ». ‖ **gallophobie** 1852 (gr. *phobos*, peur). ‖ **gallophobe** fin XIXe s.

gallinacé 1770, Buffon, du lat. *gallinaceus*, adj., « de poule », « de coq »; de *gallina*, poule. ‖ **galline** XIXe s., adj.

gallium 1836, Landais, formé par Lecoq de Boisbaudran, qui lui donna son nom latinisé (*gallus*, coq).

gallon 1687, *Nouv. Voy. d'Italie*, mesure de capacité, mot angl., de l'anc. normand *galon* (anc. fr. *jalon*), d'origine obscure. ‖ **jale** XIIe s., E. de Fougères, forme francienne de *gale*, *-on*.

****galoche** 1292, *D. G.*; sans doute du lat. pop. **galopia*, adaptation du gr. *kalopous*, pied de bois (lat. *calopodes soleae*, semelles de bois, chez un scoliaste d'Horace), peut-être par l'intermédiaire du prov. *galocha*; ou dér. de la rac. *gal*, caillou. ‖ **galochier** 1292, *Rôle de la taille de Paris*.

galonner 1130, *Eneas*, « orner les cheveux de rubans »; orig. obscure. ‖ **galon** fin XVIe s., déverbal.

galoper fin XIIe s., *R. de Cambrai* (var. picarde *waloper*), du francique **walahlaupan*, bien courir (allem. *wohl*, *laufen*). ‖ **galop** 1080, *Roland*, déverbal. ‖ **galopade** 1611, Cotgrave. ‖ **galopant** 1836, Landais; *phtisie galopante*, calque de l'angl. ‖ **galope** fin XIXe s., techn. ‖ **galopin** 1398, E. Deschamps, nom propre de messager dès le XIIIe s.; 1697, Perrault, « petit garçon de courses à la Cour »; XIXe s., péjor.

galoubet 1768, Rousseau, mot du prov. mod., de la même rac. que l'anc. prov. *galaubia*, magnificence, du gotique *galaubei*, qui a de la valeur.

galuchat 1762, Havard, techn., du nom de l'inventeur († 1774).

galvanisme 1797„ *Ann. chimie*, magnétisme animal, de *Galvani*, physicien qui découvrit l'électricité animale en 1780. ‖ **galvanique** 1798. ‖ **galvaniser** 1790, Humboldt; 1831, Barthélémy, fig. ‖ **galvanisation** 1802, Sue. ‖ **galvanomètre** id. ‖ **galvanoplastie** 1840 (gr. *plassein*, former). ‖ **galvanotype** début XXe s.

galvauder 1690, Furetière, « humilier », sans doute de *galer*, s'amuser, et de *vauder*, poursuivre et maltraiter. ‖ **galvaudage** 1861, Larchey. ‖ **galvaudeur** 1841, *les Français peints par eux-mêmes*. ‖ **galvaudeux** 1865, Larchey, avec prononc. pop. de *-eur*. (V. BOUE, GÂTER, etc.)

gamache XVIe s., Huguet, guêtre; du prov. mod. *gamacho*, anc. *galamacha*, altér. de l'esp. *guadamaci*, cuir de Ghadamès; pop. 1836, Landais.

gambade 1493, Coquillart, de l'ital. *gambata*, croc-en-jambe, de *gamba*, jambe. ‖ **gambader** début XVe s. ‖ **gambe** 1677, Dassié, de l'ital. *gamba*, jambe. ‖ **gambette** 1842, Mozin, zool., chevalier à pieds rouges; 1871, Brissac, petite jambe, du dimin. ital. *gambetta*. ‖ **gambier** 1827, *Acad.*, « outil allongé, poutre ».

gambe, gambette V. GAMBADE.

gambeyer 1865, L., de l'ital. *cambiare*, changer.

1. **gambier** V. GAMBADE.

2. **gambier** XIXe s., arbuste exotique, du malais *gambir*.

gambiller 1609, Oudin, altér., par changement de finale, de *gambeyer* (1540, Rab. *gambayer*), adaptation de *gambaggiare*, de *gamba*, jambe.

gambit milieu XVIIIe s., de l'ital. *gambetto*, croc-en-jambe.

gamelle 1584, Pardessus, milit., ital. *gamella*, issu du lat. *camella*, coupe.

gamète fin XIXe s., du gr. *gamêtês*, époux, de *gamos*, mariage.

gamin 1765, *Encycl.*, « aide verrier »; 1805, Stendhal, sens actuel; *gamin de Paris*, 1830, H. Monnier, Balzac; mot dial., sans doute franc-comtois, d'origine obscure. ‖ **gaminer** 1836, Landais. ‖ **gaminerie** 1836, *le Gamin de Paris*.

gamme début XIIᵉ s., *Thèbes* (*game*), du nom de la lettre grecque *gamma*, employée par Gui d'Arezzo (XIᵉ s.) pour désigner la première note de la gamme, puis la gamme entière, appelée aussi *gamma-ut*.

gammée (*croix*) 1872, L., de la lettre majuscule grecque *gamma*, à cause de la forme.

ganache 1642, Oudin, « mâchoire de cheval »; début XIXᵉ s., fam., péjor.; de l'ital. *ganascia*, mâchoire, issu du gr. *gnathos*.

gandin 1710, Charbot, sans doute du boulevard de *Gand* où se promenaient les élégants de Paris; un personnage (R. *Gandin*) de la pièce de Barrière, *les Parisiens* (1855), le mit à la mode.

gandoura 1852, Gautier, mot de l'ar. marocain, du berbère *qandūr.*

ganelonnerie XVIIᵉ s., Mᵐᵉ de Sévigné; du nom de *Ganelon* (de la *Chanson de Roland*).

gang XXᵉ s., mot anglo-américain signif. « bande ». ‖ **gangster** v. 1925. ‖ **gangstérisme** XXᵉ s.

ganglion 1560, Paré, « tumeur »; 1757, *Encycl.*, « organe »; mot du lat. méd. (IVᵉ s., Végèce), du gr. *gagglion*, glande. ‖ **ganglionnaire** 1827, *Acad.* ‖ **gangliectomie** début XXᵉ s.

gangrène 1495 (*can-*); 1503, G. de Chauliac (*gan-*); fig. XVIIᵉ s.; du lat. méd. *gangraena*, empr. au gr. *gaggraina*, pourriture. ‖ **gangrener** fin XVᵉ s. ‖ **gangreneux** 1539, Canappe.

gangster, gangstérisme V. GANG.

gangue 1552, Barbier, de l'allem. *Gang*, chemin, au sens fig. de « filon ».

gano 1679, *Relation d'un voy. d'Esp.*, terme du jeu d'hombre : mot esp. signif. « je gagne ».

ganoïde 1872, Lar., du gr. *ganos*, éclat, et suffixe *-oïde;* se dit de l'écaille de certains poissons.

ganse fin XVIᵉ s., du prov. mod. *ganso*, boucle d'un lacet, empr. au gr. *gampsôs*, courbé. ‖ **ganser** 1765, *Encycl.* ‖ **gansette** 1754, *Encycl.*

gant 1080, *Roland*, du francique **want*, d'abord milit. ‖ **gantelet** 1268, E. Boileau. ‖ **gantelée** XIIIᵉ s. ‖ **ganteline** 1820, *Dict. des sc. nat.*; par métaph., nom de campanules. ‖ **ganterie** 1337, *Miracle de N.-D.* ‖ **gantier** 1292, *Rôle de la taille.* ‖ **déganter** 1335, Digulleville.

garage V. GARER.

garance fin XIIᵉ s., *Alexandre*, du bas lat. *warantia*, *-entia* (*Gloses, Capitulaires*), issu du francique **wratja* (anc. haut allem. *rezza*). ‖ **garancer** 1388, Du Cange. ‖ **garançage** 1750, Hellot.

garant 1080, *Roland*, jurid., du part. prés. germ. *wërento*, de *wëren*, fournir une garantie; le premier *a* est dû à l'attraction de *garer*, *garir*, anc. forme de *guérir*. ‖ **garantir** id. ‖ **garantie** 1160, *Eneas.* ‖ **garantisme** début XIXᵉ s., Fourier.

garbe V. GALBE.

garbure 1655, Molière, gascon *garburo*, d'orig. obscure, peut-être de l'esp. *garbias*, ragoût; désigne une soupe aux choux.

garce V. GARÇON.

1. **garcette,** petite corde V. GARÇON.

2. **garcette** 1578, d'Aubigné, coiffure de femme, de l'esp. *garceta*, aigrette (héron).

3. **garcette** 1636, Cleirac, pince de foulon, de l'ital. *garzetta*, de *garza*, chardon, carde.

garçon 1080, *Roland*, « valet »; XIIIᵉ s., enfant mâle; 1539, R. Est., célibataire, cas régime de *gars.* ‖ **gars** XIIᵉ s., cas sujet, du francique **wrakjo* (IXᵉ s., *Wracchio*, nom propre), « soldat, mercenaire »; XIIIᵉ s., « enfant mâle », « valet »; XVIIIᵉ s., « employé subalterne ». ‖ **garce** XIIᵉ s., *Guill. d'Angl.*, « fille »; XVIᵉ s., « fille de mauvaise vie », mot d'injure. ‖ **garcette** milieu XVIIᵉ s., petite corde, par métaph. du sens péjor. ‖ **garçonne** XXᵉ s., popularisé, en 1922, par le roman *la Garçonne*, de V. Margueritte. ‖ **garçonnière** fin XIIᵉ s., *R. de Cambrai*, adj., « qui aime à jouer avec les garçons »; 1835, Balzac, subst. ‖ **garçonnet** fin XII⁰ s.

garde V. GARDER.

gardénia 1777, *Encycl.*, mot du lat. bot., du nom du bot. *Garden* (XVIII⁰ s.).

garden-party 1882, *Gil Blas*, mot angl., de *garden*, jardin, issu du normand *gardin*, et de *party*, partie de plaisir.

garder fin XI⁰ s., *Alexis* (*guarder*), du francique *wardôn*, veiller, être sur ses gardes (allem. *warten*, attendre; angl. *to ward*, protéger). ‖ **garde** fin XI⁰ s., *Alexis*, déverbal. ‖ **garde-barrière** 1865, L. ‖ **garde-boue** 1869, *Brevet.* ‖ **garde-chasse** 1690, Furetière. ‖ **garde-chiourme** 1828, Vidocq. ‖ **garde-corps** 1360, Froissart. ‖ **garde-côte** fin XVI⁰ s. ‖ **garde-feu** début XVII⁰ s. ‖ **garde-fou** fin XIII⁰ s. ‖ **garde-frein** 1872, Lar. ‖ **garde-magasin** 1622, Colbert. ‖ **garde-malade** milieu XVIII⁰ s. ‖ **garde-manger** début XIV⁰ s. ‖ **garde-meuble** 1680, Richelet. ‖ **garde-pêche** 1669. ‖ **garde-robe** XIII⁰ s., « armoire »; 1314, Mondeville, « chaise percée ». ‖ **garde-voie** 1872, Lar. ‖ **garde-vue** milieu XVIII⁰ s. ‖ **gardien** 1130, *Eneas* (*gardenc*); XIII⁰ s. (*-ien*), par changement de suffixe; 1870, *gardien de la paix.* ‖ **gardiennage** 1823, Boiste. ‖ **gardeur** 1160, Benoît. ‖ **garderie** 1596, Vigenère. ‖ **avant-garde** XII⁰ s., G.; XIX⁰ s., fig. ‖ **arrière-garde** XII⁰ s., *Garin le Loher.* ‖ **égard** 1130, *Eneas* (*esguart*), déverbal de l'anc. *esgarder*, « veiller sur », de *garder.* ‖ **regarder** VIII⁰ s., *Glose* (*rewardant*), faire attention, puis « considérer ». ‖ **regard** 1080, *Roland* (*reguart*).

gardon 1220, Coincy, orig. obscure, peut-être germ.

gare V. GARER.

***garenne** fin XIII⁰ s., *Renart*, du bas lat. *warenna*, altér. de *varenna*, d'un prélatin *vara*, eau, par croisement avec le germ. *wardôn*, garder, *warôn*, garer (endroit où l'on garde le gibier); XVII⁰ s., Fénelon, bois où abonde le lapin. ‖ **garennier** fin XII⁰ s., G.

garer 1265, Br. Latini, à cause des composés attestés; du francique *warôn* (allem. *wahren*, avoir soin). ‖ **gare** milieu XV⁰ s., interj., anc. impératif; 1690,

Furetière, s. f., *gare d'eau*; 1840, *gare de chemin de fer*, qui a éliminé *embarcadère.* ‖ **garage** 1802, *Ordonn.*, endroit où l'on gare; 1899, Lar., garage d'auto. ‖ **garagiste** début XX⁰ s. ‖ **égarer** fin XI⁰ s., *Alexis* (*esguarer*, au part. passé), placer une chose hors de l'endroit où elle est à l'abri. ‖ **égarement** XIII⁰ s., G.

gargamelle 1468, Du Cange, du prov. *gargamela* (XIII⁰ s.), croisement entre la rac. *garg-*, gorge, et *calamela*, chalumeau, tuyau; en langue pop. « gorge ». (V. GARGOTER.)

gargarisme XIII⁰ s., G., du lat. méd. *gargarisma*, empr. au gr., de *gargairein*, grouiller. ‖ **gargariser** 1398, *Somme Gautier*; fig., 1865; du lat. méd. *gargarizare*, empr. au gr. *gargarizein*.

gargoter 1380, G. Phébus (*gargueter*); 1642, Oudin (*-oter*), « faire du bruit en bouillonnant »; de l'anc. fr. dial. *gargate*, gorge, d'origine expressive, avec finale obscure, puis par ext. manger gloutonnement, malproprement. ‖ **gargote** 1680, Richelet, déverbal; restaurant médiocre où l'on mange à bas prix. ‖ **gargotier** 1642, Oudin.

gargouille 1295, Du Cange (*-oule*), croisement du rad. *garg*, gorge (V. GARGOTER) et de *goule*, forme dial. de *gueule.* ‖ **gargouiller** 1390, Conty, « parler confusément ». ‖ **gargouillement** XVI⁰ s. ‖ **gargouillis** 1581, G. ‖ **gargoulette** début XIV⁰ s., de l'anc. forme *gargoule.*

gargousse 1505, Gonneville, altér. du prov. mod. *cargoùsso*, de *carga*, charger; charge de poudre prête au tir et placée dans de petits sachets.

garnement 1080, *Roland*, « ce qui garnit, ce qui protège »; XIV⁰ s., « protecteur de femmes, souteneur », puis « voyou, vaurien », sens qui l'a emporté; de *garnir.*

garnir fin XI⁰ s., *Alexis*, du francique *warnjan* (allem. *warnen*, prendre garde), proprement « se refuser à », d'où « prendre garde, se protéger »; en fr. d'abord « protéger ». ‖ **garni** s. m. 1841, *Les Français peints par eux-mêmes.* ‖ **garnissage** 1785, *Encycl. méth.* ‖ **garnisseur** 1268, E. Boileau. ‖ **garniture** XIV⁰ s. ‖ **garnison** 1213, *Fet des Romains*, « action de garnir », puis « ce qui garnit, protège »; XVIIᵉ s., spécialisé aux troupes qui défendent une place, et, par ext., qui y sont casernées. ‖ **dégarnir** 1080, *Roland*. ‖ **regarnir** XIIIᵉ s., Ph. Mousket. (V. GARNEMENT.)

garnison V. GARNIR.

1. **garou** fin XIIᵉ s., Marie de France (*garwalf*); XIIIᵉ s., *Guill. de Palerme* (*leu-garoul*), renforcement; du francique **wari-wulf*, homme-loup (allem. *Werwolf*). [V. LYC(O)-.]

2. **garou** 1700, Liger, daphné, mot du prov. mod., anc. forme *garoupe* (XVIᵉ s.); origine germ.; peut-être croisement avec *caroubier*.

garrigue 1546, Rab., mot du Midi (prov. mod. *garriga*), de *garric*, nom prélatin du chêne, qui paraît ibère.

garron 1615, Binet, mâle de la perdrix, du prov. mod. *garroun*, de même rac. que *jars*.

1. **garrot** fin XIIIᵉ s., Guiart, « trait d'arbalète, bâton », déverbal de *garrotter*, tordre, d'origine francique, ou emploi métaph. de *garrot* 2.

2. **garrot** XIIIᵉ s., G. partie saillante du dos d'un quadrupède, du prov. *garrot*, de même rac. que *garra*, jarret; les noms des parties du corps éprouvent souvent de ces changements de sens (v. BOUCHE, HANCHE, QUENOTTE). ‖ **garrotter** XIIIᵉ s., G. ‖ **garrotte** début XVIIᵉ s., Vaugelas, de l'esp. *garrote*, empr. au fr.; désigne le supplice par strangulation.

gars V. GARÇON.

garum 1545, Guéroult, mot lat. empr. au gr. *garon*, sauce relevée faite avec certaines parties de poissons (*garus*).

*gascon début XVIIᵉ s., Ch. Sorel, fig., « hâbleur », du lat. pop. *Wasco* (lat. *Vasco*), altéré par l'infl. germ., même mot que Basque. ‖ **gasconnade** fin XVIᵉ s., P. de L'Estoile, hâblerie. ‖ **gasconnisme** 1584, Scaliger. ‖ **gasconner** fin XVIᵉ s.

gas-oil v. 1925, mot anglo-américain, de *gas*, gaz, et *oil*, huile, pétrole.

gaspiller 1549, R. Est. (*gap-*), du prov. mod. *gaspilha*, gaspiller, grappiller; sans doute d'un gaulois **waspa*, dont l'initiale aurait pu subir une infl. germ. ‖ **gaspilleur** 1538, R. Est. ‖ **gaspillage** 1740, *Acad.*

gastéro-, gastr(o)- du gr. *gastêr*, *gastros*, estomac, ventre. ‖ **gastéromycètes** 1839, Boiste (-*myces*), du gr. *mukês*, champignon. ‖ **gastéropodes** 1795, Cuvier, du gr. *pous*, *podos*, pied. ‖ **gastralgie** 1825, Barras. ‖ **gastrique** 1560, Paré. ‖ **gastrite** 1803, Boiste. ‖ **gastro-entérite** 1823, Boiste. ‖ **gastro-intestinal** début XIXᵉ s. ‖ **gastrolâtre** 1540, Rab. ‖ **gastrologie** 1836, Landais. ‖ **gastronomie** 1622, titre d'un ouvrage; 1800, Berchoux, du gr. *gastronomia*. ‖ **gastronome** 1803, Croze-Magnan. ‖ **gastronomique** 1807, *Journ. des gourmands*. ‖ **gastrotomie** 1611, Cotgrave.

gastrula fin XIXᵉ s., lat. mod., dimin. de *gastra*, vase, de *gaster*, ventre.

gâteau fin XIIᵉ s. (*gastel, wastel*), du francique **wastil*, nourriture, latinisé en **wastellum* (ancien saxon *wist*; anc. haut allem. *wastel*).

*gâter 1080, *Roland* (*guaster*), du lat. *vastare*, devenu **wastare*, sous l'infl. du germ. *wast-*, ravager (allem. *wüsten*); d'où le sens de « ravager » en fr. jusqu'au XVIIᵉ s.; 1265, J. de Meung, « endommager »; au fig., 1530, Palsgrave, « entretenir les faiblesses par trop de douceur »; *enfant gâté*, 1549, R. Est. ‖ **gâtine** début XIIᵉ s., *Ps. de Cambridge*, « terrain inculte », du sens de « ravager ». ‖ **gâteur** 1213, *Fet des Romains*. ‖ **gâtebois** 1397, G. ‖ **gâte-métier** 1596, Hulsius. ‖ **gâte-papier** XIIIᵉ s., G. ‖ **gâte-sauce** 1808, d'Hautel. ‖ **gâterie** 1609, « altération d'un texte »; fig., 1837, Balzac. ‖ **gâteux** 1836, Balzac, prononc. pop. de *gâteur*, « qui gâte ses effets par incontinence d'urine ». ‖ **gaga** XIXᵉ s., pop. ‖ **gâtisme** 1868, Goncourt. ‖ **gâtis** XIVᵉ s., « clairière »; 1786, *Encycl. méth.*, arch. ‖ **dégât** 1360, Froissart, déverbal de l'anc. fr. *degaster*, dévaster, refait sur le lat. *devastage*.

gatte 1540, Rab., mar., « hune », du prov. *gata*, jatte (à cause de la forme).

gattilier 1755, Duhamel, bot., de l'esp. *gatillo*, altér. de (*agno*) *castil*, conservé en port., avec croisement de *gatto*, chat. (V. AGNUS-CASTUS.)

gauche 1471, Du Cange, adj. verbal de *gauchir*; il a signifié d'abord « de travers », au fig. « maladroit », d'où le sens de « gauche » opposé à « droit », qui a éliminé l'anc. fr. *senestre* au XVIᵉ s.;

parallèlement *droit* s'est substitué à *destre*; en polit., 1672, empr. à l'angl. ‖ **gauchisant** XXᵉ s. (1959, Lar.). ‖ **gauchir** 1160, *Eneas* (*guenchir*), « faire des détours »; fin XIVᵉ s. (*gauchir*), « perdre sa forme »; du francique **wankjan* (allem. *wanken*, vaciller), sous l'infl. de l'anc. fr. *gauchier*, fouler, issu du francique **walkan* (allem. *walken*, fouler le drap). ‖ **gauchissement** 1547, J. Martin. ‖ **gauchisme** XXᵉ s. ‖ **gauchiste** 1842, *journ.* ‖ **dégauchir** XVIᵉ s., Tabourot. ‖ **dégauchissement** 1513, Delb.

gaucho 1842, Gautier, mot de l'esp. d'Argentine, empr. à l'arawak ou au quetchua *cachu*, camarade.

gaude 1268, E. Boileau, réséda tinctorial; du germ. *walda* (angl. *weld*).

gaudéamus 1493, Coquillart, mot lat. *gaudeamus*, réjouissons-nous, impér. et 1ʳᵉ pers. pl. subj. de *gaudere*, se réjouir; empr. à des prières liturgiques.

gaudir (se) XIIIᵉ s., Mousket, du lat. *gaudere*, se réjouir; ne s'emploie plus que par ironie.

gaudriole milieu XVIIIᵉ s., formé du croisement de *gaudir* et de *cabriole*.

gaufre XIIᵉ s., Huon de Rotelande (*walfre*), « gâteau », du néerl. *wafel*, rayon de miel, et gaufre, d'apr. la forme. ‖ **gaufrier** 1377, G. ‖ **gaufrette** 1536, G. ‖ **gaufrer** début XVᵉ s. ‖ **gaufrage** 1806, Desmarest. ‖ **gaufreur** milieu XVIIᵉ s. ‖ **gaufroir** 1788, *Encycl. méth.* ‖ **gaufrure** XVᵉ s., O. de La Marche.

gaule 1278, G. (*waulle*), du germ. *walu-* (gotique *walus*, pieu), par l'intermédiaire d'un lat. pop. **walua*. ‖ **gaulée** 1611, Cotgrave. ‖ **gauler** 1360, G. ‖ **gaulis** 1392, G. ‖ **gaulette** 1451, G.

gaulois XVᵉ s.; fig. XVIIᵉ s.; de *Gaule*, peut-être issu du francique **Walha*, pays des *Walh*, Romains (allem. *Welsch*); il y a eu métathèse en **Wahla*, puis vocalisation de *h* vélaire en *u* (cf. SAULE). ‖ **gauloiserie** 1875, L. ‖ **gauloisement** 1877, L. ‖ **gauloise** 25 avr. 1910, cigarette.

gault 1840, Parandier, mot angl. dial. signif. « argile »; introduit en géologie par W. Smith.

gaupe 1401, Du Cange, de l'allem. du Sud (bavarois, etc.) *Walpe*, femme sotte; emploi pop. jusqu'au XVIIᵉ s.

gauss fin XIXᵉ s., du physicien allemand K. F. *Gauss* (1777-1855).

gausser (se) 1560, Ronsard; orig. obscure; sans doute mot de l'Ouest. ‖ **gausseur** 1539, N. Du Fail. ‖ **gausserie** *id.*

gavache 1546, Rab., « lâche », du gascon *gavach(o)*, sobriquet ethnique, qui désigne les Pyrénéens en esp., dér. prélatin de *gaba*, gorge (v. GAVER), du type **gabactum*. Il a dû désigner d'abord les goitreux, jadis nombreux dans les montagnes.

gave fin XVIIᵉ s., du béarnais *gabe*, du lat. pop. *gabarus* (VIIIᵉ-IXᵉ s., Théodulfe), formé avec la rac. *gab-*, comme *gaver*, et le suffixe hydronymique atone prélatin *-arus*.

gaver 1642, Oudin, du prov. mod. *gavar*, d'une rac. *gav-*, gorge, attestée dans divers dialectes; cf. anc. fr. *gave*, gorge (1288, G.), forme déjà empr. au Midi. ‖ **gavage** fin XIXᵉ s. ‖ **gaveur** 1870. (V. ENGOUER, JATTE, JOUE.)

gavette 1757, *Encycl.*, barre d'or, de l'ital. *gavetta*.

gavial 1789, Lacepède, de l'hindî *gharviyal*, crocodile.

gaviteau 1681, Pardessus, « bouée », du prov. mod. *gavitèu*.

gavotte fin XVIᵉ s., du prov. mod. *gavoto*, danse des Gavots, sobriquet des montagnards des Alpes en Provence, des montagnards en Auvergne. (V. GAVACHE.)

gavroche 1862, Hugo, *les Misérables*, nom propre, vulgarisé comme symbolisant le gamin de Paris.

gaz 1670, trad. de Van Helmont (1577-1644), qui créa le mot d'apr. le lat. *chaos*, au sens de « substance subtile », empr. au gr. *khaos*; fin XVIIIᵉ s., Lavoisier, sens physique; 1836, Landais, spécialisé au gaz d'éclairage dans la langue commune. ‖ **gazeux** 1775, Grignon. ‖ **gazéifier** début XIXᵉ s. ‖ **gazéiforme** 1811, Mozin. ‖ **gazer** 1829, Boiste, passer à la flamme; v. 1915, intoxiquer par le gaz; XXᵉ s., aller vite, marcher bien. ‖ **gazier** début XIXᵉ s. ‖ **gazogène** 1829, *Rec. industr.* ‖ **gazomètre** 1789, Lavoisier. ‖ **gazoline** fin XIXᵉ s. ‖ **gazéification** 1842, *Acad.* ‖ **gazéifiable** 1827, *Acad.* ‖ **gazoduc** 1960, *Information.*

gaze 1554, Ronsard, voile; paraît issu de la ville de *Gaza*. ‖ **gazer** 1762, *Acad.*, couvrir de gaze; 1786, Faublas, voiler.

gazelle 1272, Joinville (*gazel*), de l'ar. *al-ghazal*, qui a donné aussi *algazelle*.

gazer V. GAZ, GAZE.

gazette 1578, d'Aubigné, remplacé à la fin du XVIII° s. par *journal*; de l'ital. *gazzetta*, issu du vénitien *gazeta*, menue monnaie (prix de feuilles périodiques au XVI° s., par ext., la feuille elle-même); même racine que *geai*. ‖ **gazetier** 1633, Peiresc. ‖ **gazetin** 1725, *Mercure de France*, du dimin. ital. *gazzettino*.

gazon 1213, *Fet des Romains* (*wason*); 1258, *Mahomet* (*ga-*); du francique *wazo*, motte de terre garnie d'herbes (allem. *Wasen*). ‖ **gazonner** 1295, G. (*was-*). ‖ **gazonnement** 1762, *Acad.*

gazouiller 1316, J. Maillard, forme normanno-picarde, même rad. que *jaser*. ‖ **gazouillement** 1361, Oresme. ‖ **gazouillis** 1555, Vauquelin de La Fresnaye.

*__geai__ fin XII° s., *R. de Cambrai* (*gai*), du bas lat. *gaius*, (v° s., Polemius Silvius), qui représente le nom propre *Gaius*, par sobriquet pop. (V. MARTINET, PIERROT, SANSONNET.)

*__géant__ 1080, *Roland* (*jaiant*); XII° s. (*jéant*, puis *g* d'apr. le lat.); du lat. pop. *gagantem*, de *gagas*, altér. de *gigas*, empr. au gr. (personnage myth.) [V. GIGANTESQUE.]

gecko 1768, de Pauw, mot néerl., par lat. sc., du malais *gêkoq*, saurien.

géhenne 1265, Br. Latini, du lat. eccl. *gehenna* (III° s., Tertullien); issu de l'hébreu *ge-hinnom*, vallée de l'Hinnom (lieu maudit, par ext. enfer). [V. GÊNE.]

*__geindre__ fin XII° s. (*giembre*), puis *geindre* d'apr. les verbes en -*eindre*, du lat. *gemĕre* (V. GÉMIR), devenu péjor. au XVI° s. ‖ **geignard** 1867, Goncourt. ‖ **geignement** milieu XIX° s.

*__geler__ XII° s., Herman de Valenc., du lat. *gĕlāre*. ‖ *__gel__ 1080, *Roland* (*giel*), du lat. *gĕlu*. ‖ **antigel** v. 1930. ‖ **gelation** 1953, Lar. ‖ **gelée** VIII° s., *Gloses de Reichenau* (*gelata*); 1080, *Roland* (*gelée*). ‖ **gélif** 1519, G. ‖ **gélivure** 1737, Buffon. ‖ **gélissure** 1771, *Trévoux*. ‖ **gelure** 1807. ‖ **gélatine** 1611, Cotgrave, du lat. *gelatus*, gelé. ‖ **géla-**tineux 1743, Quesnay. ‖ **gélatiné** 1874. ‖ **congeler** 1265, Br. Latini, du lat. *congelare*. ‖ **congelable** XVI° s., Béroalde. ‖ **congélateur** 1845, Besch. ‖ **congélation** XIV° s., *Traité d'alchimie*, du lat. *congelatio*. ‖ **dégeler** 1265, J. de Meung. ‖ **dégel** *id.* ‖ **décongeler** 1906, Lar. ‖ **engelure** XIII° s., G., de l'anc. fr. *engeler* (fin XII° s., *Alexandre*). ‖ **regeler** milieu XV° s.

*__geline__ 1190, Garn., poule, du lat. *gallina*. ‖ **gelinotte** 1540, Cl. Marot.

gémeau fin XII° s., Marie de France, « jumeau »; 1546, Rab., sens actuel désignant une constellation formée de deux étoiles; réfection savante de *jumeau*, d'apr. le lat. *gemellus*; auj. seulement, surtout au pl., pour le signe du zodiaque. ‖ **gémellaire** 1842, *Acad.*, ‖ **gémellipare** *id.* ‖ **géminé** début XVI° s., du lat. *geminatus*, doublé, même rac. que *gemellus*, jumeau. ‖ **géminer** 1561, Molinet. ‖ **gémination** XVI° s., du lat. *geminatio*.

gémir milieu XII° s., du lat. *gemere*, avec changement de conjugaison, formation savante en face de la forme pop. *geindre*. ‖ **gémissement** début XII° s., *Ps. de Cambridge*.

gemme 1080, *Roland* (var. *jamme*, 1190, saint Bernard), du lat. *gĕmma*, bourgeon, au fig. pierre précieuse; le sens de « suc de résine » (dont les gouttes ont été comparées à des perles) s'est développé dans l'Ouest et le Sud-Ouest. ‖ **gemmer** 1842, *Acad.*, sylviculture, fin XVIII° s. ‖ **gemmation** 1827, *Acad.* ‖ **gemmage** milieu XIX° s. ‖ **gemmeur** 1877, L. ‖ **gemmiste** XX° s. ‖ **gemmule** 1808, Richard, bot., dimin., lat. *gemmula*, petit bourgeon.

gémonies 1548, E. de La Planche, du lat. *gemoniae* (*scalae*), même rac. que *gémir*; escalier où l'on exposait à Rome les corps des suppliciés (escalier des gémissements); 1820, Lamartine, *traîner aux gémonies*.

*__gencive__ XII° s., du lat. *gĭngīva*; le 2° *g* est devenu *c* par dissimilation. ‖ **gingivite** début XIX° s., formation savante. ‖ **gingival** 1866, L.

gendarme V. GENS.

*__gendre__ fin XI° s., *Lois de Guill.*, du lat. *gĕnĕr*, *gĕnĕris*. ‖ **engendrer** prendre pour gendre, XIII° s., *Glossaire hébreu-fr.* (jusqu'au XVII° s.).

gène 1911, Johannsen, du gr. *genos,* génération.

gêne début XVI° s., altér., par croisement avec *gehenne,* de l'anc. fr. *gehine* (XIII° s.), torture, dér. de *gehir* (XII° s.), faire avouer par la torture, du germ. **jëhan* (anc. haut allem. *jehän,* avouer); XVII° s., fig., « tourment »; XVIII° s., sens affaibli; 1819, Boiste, « pauvreté ». ‖ **gêner** 1381, G. *(gehiné),* même évolution. ‖ **gêneur** 1866, Delvau. ‖ **sans-gêne** V. SANS.

généalogie XII° s., *Bible,* du bas lat. *genealogia (Vulgate),* empr. au gr. *genos,* race, et *logos,* traité. ‖ **généalogique** 1480, Delb. ‖ **généalogiste** milieu XVII° s.

génépi 1733, Lémery, mot savoyard d'origine inconnue et désignant une armoise des sommets élevés.

général adj., 1190, saint Bernard; du lat. *generalis,* adj., « qui appartient à un genre » *(genus),* au sens philos. (Cicéron); XV° s., subst., abrév. de *capitaine général;* XIV° s., *en général,* loc. adv. ‖ **générale** s. f., XVII° s., supérieure d'un couvent; 1802, femme d'un général. ‖ **généralement** 1190, saint Bernard. ‖ **généraliser** 1578, d'Aubigné. ‖ **généralisation** 1779, Deluc. ‖ **généralisateur** fin XVIII° s. ‖ **généralat** milieu XVI° s., dér. du subst., qui a remplacé *générauté.* ‖ **généralissime** 1558, S. Fontaine, de l'ital. *generalissimo,* superlatif de *generale,* général. ‖ **généralité** 1265, J. de Meung (var. francisée *générauté,* XIII°-XVII° s.), du lat. philos. *generalitas* (IV° s., Symmaque); XV° s., circonscription administrative (jusqu'au XVIII° s.).

génération 1190, saint Bernard, du lat. *generatio,* action d'engendrer (générations d'hommes, au pl. et au sing. en lat. chrét., IV° s., saint Augustin). ‖ **générateur** 1519, G. Michel, du lat. *generator;* XVIII° s., en géométrie; XIX° s., chaudière, abrév. de *appareil générateur.* ‖ **génératif** 1314, Mondeville, méd., du lat. *generare,* engendrer.

généreux fin XIV° s., Le Fèvre, du lat. *generosus,* de bonne race, fig., noble (Pline); au XVII° s., « brave, courageux »; il a pris dès le XVII° s. le sens de

« libéral ». ‖ **généreusement** XVI° s., Huguet. ‖ **générosité** fin XIV° s., du lat. *generositas,* même évolution.

générique fin XVI° s., du lat. *genus, generis,* genre; cinéma, s. m., début XX° s.

genèse 1611, Cotgrave *(génésie);* 1660 *(genèse),* théol.; XIX° s., fig., « formation »; du gr. *genesis,* naissance. ‖ **génésique** 1825, Brillat-Savarin. ‖ **génétique** 1846, Besch., du gr. *genetikos,* propre à la génération *(genos).* ‖ **généticien** XX° s. (1953, Lar.). ‖ **génétisme** fin XIX° s., par l'intermédiaire de l'angl.

genestrole fin XV° s., *Journ. de bot.,* du prov. mod. *genestrolo,* dimin. de *genestro,* genêt; désigne le genêt des teinturiers.

genet XIV° s., Cuvelier, petit cheval de race espagnole, du esp. *jinete,* cavalier armé à la légère (par ext. le cheval), empr. à l'ar. *zenâta,* nom d'une tribu berbère renommée pour ses cavaliers. ‖ **genette** 1468, Chastellain, désigna d'abord les étriers *à la genette,* calque de l'esp. *a la jineta,* de *jinete,* puis une sorte de mors.

*genêt XII° s. *(geneste,* encore dans l'Est *genête);* XVI° s. *(genêt);* du lat. *genësta,* var. *genista.*

genéthliaque 1546, Rab., du lat. *genethliacus* (gr. *-akos),* « relatif à la naissance » *(genethlê).*

génétique V. GENÈSE.

1. genette V. GENET.

2. genette 1268, E. Boileau, mammifère à fourrure, de l'esp. *jineta,* empr. à l'ar. *djerneit.*

génie 1532, Rab., du lat. *genius,* « divinité tutélaire », au fig. « inclination, talent »; XVII° s., caractère, esprit; fin XVII° s., aptitude supérieure; *génie militaire,* 1759 (création du corps de troupes). ‖ **génial** 1509, Lemaire de Belges, du lat. *genialis,* « qui a un caractère de fête »; fin XIX° s., « qui a du génie ». ‖ **génialement** fin XIX° s. ‖ **congénial** 1820, Laveaux, « qui s'accorde avec la nature, le caractère distinctif de quelqu'un ».

genièvre fin XII° s., *Rois (geneivre);* 1584, Ronsard *(-ièvre);* francisation du poitevin *genèvre,* issu du lat. *jŭnĭpĕrus.* ‖ **genévrier** 1372, Corbichon.

*génisse fin XIII⁰ s., *Renart* (*genice*), du lat. pop. **jūnīcia* (lat. *junix, -icis*).

génital 1308, Aimé, du lat. *genitalis*, « qui engendre », de *genitus*, part. passé de *gignere*, engendrer. ‖ génitoire 1119, Ph. de Thaun (*-taire*), adaptation anc., par changement de suff., du pl. neutre *genitalia*. ‖ géniture XV⁰ s., G., du lat. *genitura*. ‖ congénital 1820, Laveaux, du lat. *congenitus*, « né avec ».

génitif fin XIV⁰ s., Le Fèvre, du lat. *genitivus* (*casus*), « cas qui engendre », parce qu'il marque l'origine, la propriété ; de *genitus*, engendré (cf. GÉNITAL).

génocide 1944, R. Lemkin, Duke Univ. (U. S. A.), du gr. *genos*, race, et suffixe *-cide* (lat. *caedere*, tuer).

*genou 1080, *Roland* (*genoil*) ; la forme *-ou* vient du pl. (*genouilz, genous*) ; du lat. pop. **genuculum* (lat. *geniculum*), dimin. de *genu*, genou (cf. OREILLE, SOLEIL). ‖ genouillère 1130, *Eneas*, sur *genouil*. ‖ agenouiller (s') 1175, Chr. de Troyes. ‖ agenouillement 1495, J. de Vignay. ‖ agenouilloir XVI⁰ s., Delb. ‖ génuflexion 1372, Golein, du bas lat. *genuflectere*, fléchir le genou (*Vulgate*), d'apr. *flexion*.

genre fin XII⁰ s., G., « race » (*genre humain*) ; XIV⁰ s., philos. ; XV⁰ s., « sorte, manière », et sens gramm. ; XVII⁰ s., « mode, goût » ; du lat. *genus, generis*, origine, naissance, puis « manière ».

*gens fin XI⁰ s., *Alexis*, pl. collectif masc. de l'anc. *gent*, du lat. *gens, gentis*, race, peuple, repris par les historiens avec la prononc. lat. et le genre féminin que le mot avait en anc. fr. ; le sens de « hommes », pris par le pl. (parallèle au développement de l'allem. *Leute*), a appelé le masc. ‖ gens de lettres XVIII⁰ s. ‖ gendelettre 1843, Balzac, formation plaisante par agglutination. ‖ gendelettrerie fin XIX⁰ s. ‖ gendarme 1355, Bersuire (*gent d'armes*), « soldat à cheval » ; XVI⁰ s. (*gendarme*), spécialisé pour un corps de police ; *gendarmerie de la maréchaussée* (sous Louis XIII), remplacée par la gendarmerie nationale en 1790 ; XV⁰ s., fig., pop., « hareng saur » d'apr. sa raideur. ‖ gendarmerie fin XV⁰ s., « cavalerie » ; 1791, Brunot, sens actuel. ‖ gendarmer (se) fig., 1547, Du Fail, « gouverner autoritairement ». ‖ entregent XV⁰ s., de La Salle, « art de se conduire entre gens ».

*gent adj. (fém. *gente*), 1080, *Roland*, du lat. *genitus*, né, par ext. « bien né » en bas lat., puis « noble, beau ». ‖ *gentil fin XI⁰ s., *Alexis*, « noble » ; début XVII⁰ s., « joli, gracieux », sens affaibli ; du lat. *gentilis*, « de famille, de race », par ext. en bas lat. « de bonne race ». ‖ gentillesse 1175, Chr. de Troyes, « noblesse » ; XIX⁰ s., amabilité. ‖ gentillâtre 1310, Fauvel, devenu le péjoratif de *gentilhomme*. ‖ gentillet 1845, Besch. ‖ gentilhomme 1080, *Roland*. ‖ gentilhommerie 1668, Molière. ‖ gentilhommière XVI⁰ s., Vauquelin de La Fresnaye. ‖ gentilhommesque 1845, Besch.

gentiane XIII⁰ s., *Antidotaire*, du lat. *gĕntiana*, du nom de *Gentius*, roi d'Illyrie, qui aurait découvert les propriétés de la plante.

1. gentil, gentilhomme, etc. V. GENT.

2. gentil 1488, *Mir. hist.*, subst., eccl., du lat. chrét. *gentiles*, païens, calque de l'hébreu *gôim*, peuples, d'où « nonjuifs », par l'intermédiaire du gr. chrét. *ethnê*. ‖ gentilité 1495, J. de Vignay.

gentleman 1698, *Voy. en Angleterre* ; adapté en *gentilleman*, 1558, Perlin ; mot angl., calque de *gentilhomme* ; jusqu'au XIX⁰ s., appliqué seulement aux Anglais.

gentry 1688, Chamberlayne, mot angl. de même rac. que l'anc. fr. *gentelise*, noblesse.

génuflexion V. GENOU.

géo- du gr. *gê*, terre. ‖ géocentrique début XVIII⁰ s. ‖ géode milieu XVI⁰ s., minér., du gr. *geôdês*, terreux. ‖ géodésie 1647, Bobynet, du gr. *geôdaisia*, de *daiein*, diviser. ‖ géodynamique fin XIX⁰ s. ‖ géographie 1500, J. Lemaire, du lat. *geographia*, empr. au gr. *geôgraphia*. ‖ géographique milieu XVI⁰ s., du bas lat. *geographicus* (IV⁰ s., Amm. Marcellin), empr. au gr. *geôgraphikos*. ‖ géographe 1542, G., du bas lat. *geographus*, empr. au gr. *geôgraphos*. ‖ géologie 1751, Diderot, créé en ital. par Aldrovandi en 1603. ‖ géologue fin XVIII⁰ s. ‖ géologique *id.* ‖ géomancie 1495, J. de Vignay. ‖ géomètre fin

XIIIe s., Boèce, qui existe à côté de l'anc. fr. plus usuel *géométrien*; du lat. *geometres* (*-a* en bas lat.), empr. au gr. *geômetrês*, de *metron*, mesure. ‖ **géométrie** 1175, Chr. de Troyes, du lat. *geometria*, empr. au gr. ‖ **géométrique** 1360, Oresme, du lat. *geometricus*, empr. au gr. *geômetrikos*. ‖ **géophage** 1827, *Acad.* ‖ **géophysique** fin XIXe s. ‖ **géosynclinal** *id.* ‖ **géothermie** 1866, L. ‖ **géotropisme** 1868, Franck. ‖ **géotrupe** 1827, *Acad.*, du gr. *trupân*, percer.

***géôle** 1155, Wace (*jaiole*); XIIIe s. (*jeole*); du bas lat. *caveola*, dimin. de *cavea*, cage; il a signifié aussi « cage » en anc. fr., comme *cave*. ‖ **geôlier** 1294, Delb. (*jeolier*). ‖ **enjôler** 1220, Coincy, « emprisonner »; 1564, Y. Thierry, fig. (*engeoler*); le sens a évolué comme *captiver*. ‖ **enjôleur** XVIe s., Dampmartin, fig.

georget XVe s., pourpoint; XVIIe s., teinture; du nom propre *Georges*. ‖ **georgette** XVIIIe s., « tabatière »; XXe s., *crêpe georgette*, nom d'étoffe du nom propre *Georgette*.

géphyriens 1890, Lar., du gr. *gephura*, pont, à cause de leur apparence intermédiaire entre vers et échinodermes.

géranium 1545, Guéroult, du lat. bot. *geranium* (lat. *geranion*, empr. au gr.), de *geranos*, grue; le fruit de la plante rappelait le bec de la grue. ‖ **géraniacées** 1827, *Acad.*

gérant V. GÉRER.

gerbe XIIe s. (*jarbe*); XIVe s. (*gerbe* par fausse régression); du francique **garba* (allem. *Garbe*). ‖ **gerber** XIIIe s., G., « mettre en gerbe »; 1751, *Dict. d'agric.*, « mettre en tas des fûts ». ‖ **gerbée** XVe s. ‖ **gerbier** XIIIe s. ‖ **engerber** début XIIIe s., « remplir de gerbes la grange »; XIVe s., « mettre en gerbes ».

gerboise 1700, C. de Bruyn (*gerbo*); apr. 1750, Buffon (*-boise*), mammifère rongeur et sauteur de l'Ancien Monde; du lat. zool. *gerboa*, empr. à l'ar. maghrébin *yerbo*.

***gercer** fin XIIe s., R. de Moiliens (*jarser*), puis *gercer*, par fausse régression; il a signifié aussi « scarifier » en anc. fr., sans doute du lat. pop. **charissare*, var.

de *charassare*, empr. au gr. *kharassein*, faire une entaille, scarifier. ‖ **gerçure** XIVe s. ‖ **gerce** XVIe s., Delb., « teigne qui ronge les étoffes »; milieu XVIIIe s., « fente dans le bois ».

gérer XVIe s., Huguet, du lat. *gerere*, porter, au sens fig. jurid. « administrer ». ‖ **gérant** 1787, Féraud. ‖ **gérance** 1843, Balzac.

gerfaut 1130, *Saint Gilles* (*gerfalc, gir-*), du comp. germ. **gerfalko*, de *gêr*, vautour, et *falko*, faucon, au cas sujet (cf. FAUCON).

1. **germain** adj., 1243, Ph. de Novare, « né des mêmes père et mère » (jusqu'au XVIIe s.), comme l'esp. *hermano, -a*, frère, sœur; par ext. *cousin germain*; du lat. *germānus*, de frère, fraternel.

2. **germain** XVIIe s., allemand, repris au lat. *Germānus*, « de Germanie », qui paraît être d'origine celtique. ‖ **germanisme** 1736, Voltaire, d'apr. J.-B. Rousseau. ‖ **germanique** 1532, Rab., du lat. *germanicus*, « de Germanie »; 1771, d'Alembert, « d'Allemagne ». ‖ **germaniser** XVIe s., Huguet; 1755, abbé Prévost, « rendre allemand ». ‖ **germanisation** 1876, L. ‖ **germaniste** 1866, L. ‖ **germanophile** 1894, Sachs. ‖ **germanophobe** *id.* ‖ **germanophone** XXe s. ‖ **germanium** 1886, Winkler, par opposition à *gallium*, qu'il avait cru formé de *Gallia*, la Gaule, sur *Germania*, l'Allemagne; désigne un métal rare.

germandrée fin XIIe s., *Gloss.* (*gem-*), altér. mal expliquée du lat. médiév. *calamendria*, déformation obscure du lat. *chamaedrys*, empr. au gr. *khamaidrus*, de *drûs*, chêne, et *khamai*, à terre, c'est-à-dire chêne nain. Le mot désigne une plante des régions méditerranéennes.

germe XIIe s., *Ps.*, du lat. *germen, -inis*. ‖ **germer** 1130, *Job*, du lat. *germinare*. ‖ **germen** XIXe s., mot lat. ‖ **germinal** 1793, Fabre d'Eglantine, mois du calendrier révolutionnaire (où les plantes germent). ‖ **germinatif** 1551, Du Parc. ‖ **germination** 1455, Fossetier, du lat. *germinatio*. ‖ **germoir** 1700, Liger. ‖ **germure** XVe s., Vauquelin de La Fresnaye. ‖ **germicide** 1950, *L. M.*

germinal V. GERME.

germon milieu XVIIIe s., thon, mot poitevin d'orig. inconnue.

gérondif 1520, Fabri, du lat. *gerundivus (modus)*, de *gerere*, faire, diriger.

géronte 1636, nom propre de personnage de comédie; 1829, Boiste, sens fig. ‖ **gérontologie** XXᵉ s. ‖ **gérontocratie** 1825, Béranger, du gr. *gerôn*, vieillard, d'apr. *aristocratie*.

gerseau 1678, Guillet, corde de poulie, en mar., altér. de *herseau*, dimin. de *herse*.

***gésier** fin XIIᵉ s., *Gloss.* (*giser*), du bas lat. *gigerium* (lat. class. pl. *gigeria*, entrailles); le *s* du fr. est dû à une dissimilation. (V. GENCIVE.)

gésine V. GÉSIR.

***gésir** 1080, *Roland*, auj. restreint à quelques formes comme *ci-gît*; du lat. *jăcēre*, être étendu; il a été remplacé par *être couché*, et dans les inscr. par *ici repose*. ‖ **gisant** adj., 1260, G.; archit. 1930, Lar. ‖ ***gésine** 1160, Benoît, « couches d'une femme », du lat. *jăcīna*. ‖ **gisement** v. 1200, *Renaud de Montauban*, « action de se coucher »; XVIIᵉ s., mar.; XVIIIᵉ s., « position des couches de minerai »; du rad. de *gesir* (nous *gisons*, ils *gisent*). ‖ ***gîte** 1175, Chr. de Troyes (*giste*), anc. part. passé du verbe *gésir*, substantivé au féminin (lat. pop. *jacītam*); XIVᵉ s., partie de la cuisse de bœuf. ‖ **gîter** 1265, J. de Meung.

gesse milieu XIVᵉ s. (*jaisse*), du prov. *geissa*, d'orig. inconnue; herbe assez voisine des vesces.

gestapo 1942, abrév. allem. de *Ge[heime] Sta[ats] Po[lizei]*, police secrète d'Etat.

gestation 1538, Canappe, « exercice consistant à se faire porter »; XVIIIᵉ s., sens actuel; du lat. *gestatio*, action de porter, de *gestare*, fréquentatif de *gerere*; au fig., 1866, Lar.

1. **geste** s. m., 1213, *Fet des Romains*, du lat. *gestus*, de *gerere*, agir. ‖ **gesticuler** 1578, H. Est., du lat. *gesticulari*. ‖ **gesticulation** 1495, J. de Vignay, du lat. *gesticulatio*. ‖ **gesticulateur** 1583, Bretin, du lat. *gesticulator*.

2. **geste** s. f. (*chanson de*), 1080, *Roland*, mot repris au XIXᵉ s.; du lat. *gesta*, pl. neutre du part. passé de *gerere*, faire (*Gesta Francorum*, en lat. médiév., a désigné l'histoire des Francs); auj. seulement dans *faits et gestes* (début XVIIᵉ s.).

gesticuler V. GESTE.

gestion 1455, Fossetier, du lat. *gestio*, de *gerere*, faire. ‖ **gestionnaire** fin XIXᵉ s. (V. GÉRER.)

geyser fin XVIIIᵉ s., de l'angl. *geyser*, empr. à l'islandais *geysir*, d'abord nom propre d'un *geyser*.

ghetto 1690, *Nouv. Voy. d'Italie*, seul exemple relevé jusqu'au XIXᵉ s. (1842, Mozin); mot ital. attesté à Venise en 1516; il paraît avoir désigné d'abord des fonderies dans le quartier où les Juifs se seraient établis, puis a désigné un quartier réservé.

ghilde V. GUILDE.

giaour 1771, *Trévoux*, du turc *giaour*, incroyant.

gibbeux XVᵉ s., Delb., du lat. *gibbosus*, de *gibbus*, bosse. ‖ **gibbosité** 1314, Mondeville, terme de pathologie.

gibbon apr. 1750, Buffon, mot apporté de l'Inde par Dupleix; désigne un singe anthropoïde d'Insulinde.

gibecière, gibelotte V. GIBIER.

gibelet 1549, R. Est. (*giblet*), foret; altér. de *guimbelet* (1412, Du Cange) ou *guibelet* (XVᵉ s.), formes citées par Ménage; de l'angl. *wimble*, foret (*vimblet* en Normandie).

giberne 1748, Puységur, de l'ital. *giberna*, issu du bas lat. *zaberna* (IVᵉ s., édit de Dioclétien); désigne l'anc. boîte à cartouches des soldats.

gibet 1155, Wace, « casse-tête »; XIIIᵉ s., « potence »; il a eu aussi le sens de « bâton à poignée recourbée »; sans doute du francique *gibb* (bavarois *gippel*), branche fourchue.

gibier 1190, *Huon de Bordeaux*, « chasse »; XVIᵉ s., sens actuel, d'apr. *aller au gibier*; sans doute du francique *gabaiti*, chasse au faucon (moyen haut allem. *gebeize*); *gibier de potence*, 1668, Molière. ‖ **gibelotte** début XVIIᵉ s. ‖ **gibecière** fin XIIIᵉ s., de l'anc. fr. *gibecier*, aller à la chasse. ‖ **giboyer** XIIᵉ s., *Amis*. ‖ **giboyeur** 1583, Sauvage: ‖ **giboyeux** 1700, Liger, abondant en gibier.

giboulée 1548, Mizauld; orig. inconnue.

giboyer V. GIBIER.

gibus 1834, Boiste, du nom de l'inventeur; chapeau haut de forme monté sur ressorts.

gicler milieu XVIe s.; puis 1810, Molard; mot franco-provençal (prov. *giscla*); d'origine inconnue, peut-être onom.

gifle 1220, Coinci (*gife*), « joue » (jusqu'au XVIIe s.); XIXe s., coup sur la joue; mot du Nord-Est, empr. au moyen haut allem. ou francique *kifel*, mâchoire. ‖ **gifler** 1808, d'Hautel, d'abord pop.

gig 1872, Lar., mot angl. désignant une petite embarcation très légère.

gigantesque fin XVIe s., de l'ital. *gigantesco*, de *gigante*, géant. ‖ **gigantesquement** milieu XIXe s. ‖ **gigantisme** apr. 1750, Buffon. ‖ **gigantomachie** XVIe s., Huguet (gr. *makhê*, combat).

gigogne 1659, d'Assouci, en parlant de la *Mère Gigogne,* personnage de théâtre, des jupes de qui sortaient une foule d'enfants; altér. probable de *cigogne,* par infl. de *gigue* 1.

gigolo V. GIGUE 1.

gigot, gigoter V. GIGUE 1.

1. **gigue** XIIe s., « violon », du germ. *gîgua* (allem. *Geige*); 1655, Borel, « cuisse, jambe » par analogie; 1680, Richelet, « fille qui gambade ». ‖ **gigot** XVe s., Taillevent, terme de boucherie, par analogie avec l'instrument. ‖ **gigoter** 1655, fréquentatif de *giguer,* gambader (XVe s., de Beauvau). ‖ **gigolette** 1850, *Dict. arg. de Reims,* « fille qui gambade ». ‖ **gigolo** 1850, *Chanson pop.,* « amant de cœur ».

2. **gigue** 1650, Ménage, air de danse, de l'angl. *jig* (*jigge,* 1599, Shakespeare), peut-être lui-même issu du fr. *gigue* 1.

gilet 1557, Gay; rare jusqu'au XVIIIe s., de l'esp. *jileco* (var. *jaleco*), empr. à l'ar. algérien *jaleco,* casaque (XVIe s.), du turc *yelek*. ‖ **giletier** 1828, *Gazette des tribunaux.* ‖ **giletière** *id.*

1. **gille** milieu XVIIe s., nom d'un bouffon de foire, du nom de baptême *Gilles,* du lat. *Aegidius; faire gille,* XVIe s., s'enfuir; croisement avec l'anc. fr. *giler,* se hâter, et duper, d'origine germ. Désignait un naïf.

2. **gille,** filet de pêche, 1669, *Ordonn.*; altér. probable de *gielle* (1360, *Modus*), partie d'un rets, d'origine inconnue.

gimblette 1680, Richelet, gâteau croustillant, du prov. mod. *gimbleto,* d'orig. obscure.

gin fin XVIIIe s., de l'angl. *gin,* adaptation du néerl. *genever,* genièvre (cf. GENIÈVRE.)

***gindre** 1268, E. Boileau (*joindre*), ouvrier boulanger; XVIIe s. (*gindre*); du lat. pop. *jŭnior,* avec *ŭ* de *jŭvenis,* lat. *jūnior,* comparatif de *juvenis,* jeune, au cas sujet; il a d'abord désigné le plus jeune ouvrier.

gingembre 1256, Ald. de Sienne (*gimgibre*); XIVe s. (*-gembre*); du lat. *zingiberi,* gr. *ziggiberis,* mot oriental; plante servant de condiment.

gingivite V. GENCIVE.

ginguet milieu XVIe s., « vin vert », du moyen fr. *ginguer* (XVe s., Martial d'Auvergne), forme nasalisée de *giguer,* danser, parce que le vin vert fait sursauter.

ginseng 1663, Thévenot, plante aromatique, du chinois *jen-chen,* plante-homme.

giorno (a) 1842, *Acad.,* loc. ital. signif. « par la lumière du jour ».

gipsy 1796, Staël, nom angl. des tziganes, altér. de *Egyptian,* Egyptien.

girafe 1298, Marco Polo (*-affa*); XVe s. (*-affle*); de l'ital. *giraffa,* empr. à l'ar. *zurâfa;* les formes d'anc. fr. *giras* (XIIIe s., *Prise de Jérusalem*), *orafle* (1272, Joinville) sont des empr. directs à l'arabe, avec altération.

girandole 1571, Gohory, du dimin. ital. *girandola,* de *giranda,* gerbe de feu (qui a donné *girande,* 1694, Th. Corn.), du bas lat. *gyrare,* tourner (v. GIRATION); les autres sens se sont développés en fr.

girasol 1566, Du Pinet, « pierre précieuse »; XVIe s., Binet, bot.; de l'ital. *girasole,* de *girare,* tourner, et *sole,* soleil.

giration fin XIVe s., « rotation »; repris au XIXe s.; du bas lat. *gyrare,* tourner, faire tourner en rond (IVe s., Vegèce), terme de manège), empr. au gr. *guros,* mouvement circulaire. ‖ **giratoire** 1773, Bourdé. ‖ **girie** av. 1792, *Poissardiana,* manière affectée, pop., d'apr. les gestes prétentieux.

giraumont 1734, *Trévoux*, d'orig. tupi.

girie V. GIRATION.

girl début XXᵉ s., de l'angl. *girl*, fille, jeune fille.

*****girofle** 1190, Garn. (*ofre*), du lat. *caryophyllon*, giroflée, accentué à la grecque sur l'antépénultième, empr. au gr. *karuophullon*; le passage de *c* à *g* en lat. pop. est obscur; spécialisé en fr. à l'épice (auj. *clou de girofle*). ‖ **giroflier** 1372, Corbichon. ‖ **giroflée** XVᵉ s., *Grant Herbier*.

girolle 1513, G., dér. probable de l'anc. fr. *girer*, tourner, à cause de la forme évasée du chapeau de ce champignon (cf. GIRATION).

giron début XIIᵉ s., *Voy. de Charl.*, « pan de vêtement en pointe », puis « partie du vêtement allant de la taille au genou », et « partie du corps entre taille et genoux d'une personne assise »; 1676, Félibien, « largeur de marche d'escalier »; du francique *gêro*, pièce d'étoffe en pointe. ‖ **gironné** XIIᵉ s.; 1537, Huguet (*-er*).

girond début XIXᵉ s., du prov. *giroundo*, hirondelle, altér. de *ironda*, par croisement avec *girar*, tourner; pop. beau, mignon, surtout au féminin.

girondin 1793, *Journ. de la Montagne*, du département de la *Gironde*, où avaient été élus certains des membres de ce groupe politique révolutionnaire. ‖ **girondisme** *id.*

girouette début XVIᵉ s., altér., par croisement avec *girer*, tourner, de l'anc. normand *wirewite*, empr. au scand. *vedrviti*.

gisant V. GÉSIR.

gisement V. GÉSIR.

gitan 1823, Boiste, parfois au XIXᵉ s. sous la forme esp., de l'esp. *gitano, -a*, nom des tziganes en Espagne, altér. de *Egiptano*, Egyptien (v. GIPSY). ‖ **gitane** s. f., XXᵉ s., cigarette française.

*****gîte** V. GÉSIR.

givre XVᵉ s., G. (*joivre*); 1611, Cotgrave (*gi-*); du prélatin *gêvr-*. ‖ **givrage** XXᵉ s. ‖ **givrer** 1845, Besch. (*-é*). ‖ **givreux** 1829, Boiste. ‖ **givrure** XVIIIᵉ s. ‖ **antigivrant** XXᵉ s. (1959, Lar.).

glabelle V. GLABRE.

glabre 1548, Fayard, du lat. *glaber*, attesté dans le nom du chroniqueur Raoul Glaber (v. 1000-1050). ‖ **glabelle** 1806, Lunier, espace compris entre les sourcils, du dimin. lat. *glabella*, espace glabre.

*****glace** 1130, *Eneas*, du lat. pop. *glacia* (lat. *glacies*); XIIᵉ s., « miroir »; 1669, Widerhold, entremets glacé (les premières glaces furent fabriquées par l'Italien Procope). ‖ *****glacer** 1155, Wace, du lat. *glaciare*. ‖ **glacière** 1640, Oudin, « glacier »; XXᵉ s., réfrigérateur. ‖ **glaciaire** 1866, L. ‖ **glacerie** 1765, *Encycl.* ‖ **glacial** 1390, Conty. ‖ **glacier** début XIVᵉ s., lieu froid; 1572, Peletier du Mans, « mets en gelée »; 1765, *Encycl.*, miroitier; 1802, *Acad.*, 1757, *Encycl.*, fabricant d'entremets; géol., distingué par Saussure de *glacière* et empr. à un parler alpin. ‖ **glaceux** 1400. ‖ **glaçon** 1160, Benoît. ‖ **glaçage** XXᵉ s. ‖ **glaciation** 1560, Paré, méd.; 1930, Lar., géogr. ‖ **glacis** début XVᵉ s., « pente, talus de protection », d'après le sens « glisser » de *glacer* en anc. fr.; 1757, mince couche de couleur. ‖ **glacée** 1762, *Acad.*, bot. ‖ **déglacer** début XVᵉ s.

glacier, glaçon, glacis V. GLACE.

glaçure 1771, de Milly, de l'allem. *Glasur*, de *Glass*, verre. (V. GLASS.)

gladiateur XIIIᵉ s., G., du lat. *gladiator*, homme armé de glaive (*gladius*).

*****glaïeul** XIIIᵉ s. (*glaiuel*), var. *glagel*, du lat. *gladiŏlus*, dimin. de *gladius*, glaive, au sens fig. de « glaïeul ». Le lat. *gladius* avait donné l'anc. fr. *glai*, de même sens.

*****glaire** XIIᵉ s., Marbode, « blanc d'œuf cru »; XVIIᵉ s., « humeur »; du lat. pop. *clarea*, de *clarus*, clair; le *g* est dû à l'attraction de *glarea*, gravier. ‖ **glaireux** 1256, Ald. de Sienne, « visqueux ». ‖ **glairer** 1680, Richelet, en reliure. ‖ **glairure** début XIXᵉ s.

glaise 1160, Benoît (*gleise*), puis *gloise*, gaul. *glisa*, attesté dans le comp. *glisomarga*, marne argileuse (Pline). ‖ **glaiseux** XIIᵉ s. ‖ **glaiser** 1690, Furetière. ‖ **glaisière** 1759, d'Holbach.

glaive Xᵉ s., *Saint Léger* (*gladie*); 1130, *Eneas* (*glaive*); du lat. *gladius*; le *v* s'est développé entre voyelles après la chute du *d* (cf. EMBLAVER).

*__gland__ XIᵉ s., du lat. *glans, glandis;* XIVᵉ s., ouvrage en forme de gland; XVIᵉ s., extrémité de la verge. ‖ __glandage__ XVIᵉ s., Baïf. ‖ __glandée__ fin XVᵉ s., *Cout. d'Anjou.* ‖ __englanté__ XVIᵉ s., Goumin.

__glande__ XIIIᵉ s., *Vie d'Edouard (glandre),* adaptation anc. du lat. méd. *glandŭla,* dimin. de *glans, glandis,* gland. ‖ __glandé__ 1690, Furetière. ‖ __glandule__ fin XVᵉ s. ‖ __glandulaire__ 1611, Cotgrave. ‖ __glanduleux__ 1314, Mondeville, du lat. *glandulosus.* ‖ __glandiforme__ 1689, Lange.

*__glaner__ XIIIᵉ s., Tailliar *(glener);* XVIᵉ s. *(glaner);* du bas lat. *glenare* (VIᵉ s., *Loi salique),* mot d'origine gauloise. ‖ __glane__ fin XIIIᵉ s., *Renart,* déverbal. ‖ __glaneur__ XIIIᵉ s., G. *(-eor).* ‖ __glanure__ 1540, Calvin. ‖ __glanage__ fin XVIᵉ s.

__glapir__ XIIᵉ s., *Perceval,* altér. de *glatir,* par infl. de *japper.* ‖ __glapissement__ 1538, R. Est.

__glaréole__ 1827, *Acad.,* lat. scient. *glareola,* de *glarea,* gravier; désigne un oiseau appelé aussi *hirondelle des marais.*

*__glas__ début XIIᵉ s., *Voy. de Charl.;* 1175, Chr. de Troyes *(glais);* XIVᵉ s. *(clas),* « sonnerie de cloches »; 1564, Thierry, « sonnerie mortuaire »; du lat. *classĭcum,* « sonnerie de trompettes »; le développement phonétique est irrégulier (le *g* est peut-être dû à *glatir).*

__glass__ 1628, *Jargon (glasse),* pop., verre à boire, de l'allem. *Glass.* (V. GLAÇURE.)

__glatir__ 1080, *Roland,* du lat. *glattīre,* onom., appliqué aux jeunes chiens.

__glaucière__ XIXᵉ s., genre de papavéracée; du lat. *glaucium,* empr. au gr. *glaukion,* sorte de pavot. D'abord *glaucienne,* 1827, *Acad.*

__glaucome__ 1649, Brunot, du gr. *glaucoma,* empr. au gr. *glaukôma,* de *glaukos,* glauque; maladie des yeux.

__glauque__ 1503, G. de Chauliac, du lat. *glaucus,* empr. au gr. *glaukos,* vert tirant sur le bleu.

__glaviot__ 1867, Delvau, pop., « crachat »; altér., d'apr. *glaire,* de *claviot* (1808, d'Hautel), var. de *claveau,* appliqué au pus. ‖ __glaviotter__ *id.*

__glèbe__ XVᵉ s., G., du lat. *gleba,* motte de terre.

1. __glène__ 1560, Paré, « cavité d'un os », du gr. *glênê,* cavité. ‖ __glénoïde__ 1611, Cotgrave. ‖ __glénoïdal__ 1754, Bertin. ‖ __glénoïdien__ 1813, *Encycl. méth.*

2. __glène__ 1786, *Encycl. méth.,* « rond d'un cordage enroulé », du prov. mod. *gleno,* de même rac. que *glaner.*

__glisser__ 1265, J. de Meung *(-cier);* XVIᵉ s. fig.; altér., d'apr. *glacer,* de l'anc. fr. *glier,* issu du francique **glīdan* (allem. *gleiten).* ‖ __glissade__ 1556, R. Belleau. ‖ __glissant__ XIVᵉ s. ‖ __glissement__ 1360, Froissart. ‖ __glissage__ 1866, L. ‖ __glisseur__ 1636, Monet. ‖ __glissière__ 1866, L. ‖ __glissette__ fin XIXᵉ s. ‖ __glissoir__ 1636, Monet. ‖ __glissoire__ 1308, G., « tuyau d'écoulement ». ‖ __glissance__ 1948, Lar.

__globe__ XIVᵉ s., Brun de Long Borc, du lat. *globus,* dans tous les sens. ‖ __global__ 1864, Darmesteter. ‖ __globalement__ 1842, Mozin. ‖ __globe-trotter__ 1906, Lar., de *trotter,* coureur, mot angl. ‖ __globule__ début XVIIᵉ s., Pascal, du lat. *globulus,* dimin. de *globus.* ‖ __globuleux__ 1611, Cotgrave. ‖ __globulaire__ adj., fin XVIIᵉ s. ‖ __globulin__ 1846, Besch. ‖ __globuline__ début XIXᵉ s. ‖ __globigérine__ 1872, Lar. ‖ __englober__ 1611, Cotgrave, mettre dans un tout.

__globe-trotter__ V. GLOBE.

__globule__ V. GLOBE.

__gloire__ fin XIᵉ s., *Alexis (glorie);* XIIᵉ s. *(gloire),* par métathèse; empr. anc. au lat. *gloria,* gloire; le sens de « considération, réputation » est usuel jusqu'au XVIIᵉ s.; XVIIIᵉ s., « auréole ». ‖ __gloria__ 1680, Richelet, hymne religieux; 1816, Jouy, « café avec eau-de-vie », emploi iron. du lat. *gloria,* fréquent dans les psaumes. ‖ __gloriette__ 1190, *Aliscans,* « palais », puis, par infl. du suffixe dimin., « petite chambre ». ‖ __glorieux__ 1080, *Roland (glorius),* du lat. *gloriosus.* ‖ __glorifier__ début XIIᵉ s., *Ps. de Cambridge,* du lat. *glorificare,* rendre glorieux. ‖ __glorification__ 1361, Oresme, du lat. *glorificatio.* ‖ __gloriole__ 1753, abbé de Saint-Pierre, du dimin. lat. *gloriola,* petite gloire. ‖ __glorieusement__ XIIᵉ s., *Ps.* ‖ __inglorieux__ XIVᵉ s., *D. G.,* du lat. *ingloriosus.*

__gloria__ V. GLOIRE.

__glorieux, glorifier__ V. GLOIRE.

glose XIIᵉ s., *Bible*, du bas lat. *glosa*, « mot rare qui a besoin d'être expliqué », var. de *glôssa*, empr. au gr. *glôssa*, langue, et, par ext., « idiotisme ». ‖ **gloser** *id*. ‖ **gloseur** *id*. ‖ **glossaire** XVIᵉ s. (*glosaire*) ; XVIIᵉ s. (*glossaire*), du lat. *glossarium*. ‖ **glossateur** 1426, *Cout. d'Anjou* (*glosa-*). ‖ **glossotomie** milieu XVIIIᵉ s.

glossaire, glossateur V. GLOSE.

glotte début XVIIᵉ s., du gr. *glôtta*, forme attique de *glôssa*, langue, pour un sens nouveau. ‖ **épiglotte** 1314, Mondeville, du lat. méd. *epiglottis*, empr. au gr. *epiglôttis*, « qui est sur la langue » ; désigne l'opercule placé à la partie supérieure du larynx.

glottorer 1836, Landais, du lat. *glottorare*, craqueter (cri de la cigogne).

glouglou début XVIIᵉ s., onom. ‖ **glouglouter** 1560, Ronsard.

glousser XIIᵉ s. (*clocir*) ; XIVᵉ s., Delb. (*clouser*) ; réfection du lat. *glocire*, onom. ‖ **gloussement** XVᵉ s.

*****glouton** 1080, *Roland*, du lat. *glŭtto, -onis* (Iᵉʳ s., Perse), de *glŭttus*, gosier, pop. ‖ **gloutonnerie** 1119, Ph. de Thaun (*glutunie*) ; XIIᵉ s. (*glotonnerie*).

*****glu** 1190, saint Bernard, du bas lat. *glus, glutis*, var. du lat. *glŭten*, colle. ‖ **gluer** *id*. ‖ **gluant** 1265, Br. Latini. ‖ **dégluer** 1213, *Fet des Romains*. ‖ **engluer** début XIIᵉ s., *Ps. de Cambridge*. ‖ **engluement** XIVᵉ s.

gluc(o)-, glyc- du gr. *glukus*, doux, d'apr. la saveur sucrée des composés. ‖ **glucide** 1923, Lar. ‖ **glucine** 1798, Vauquelin. ‖ **glucose** milieu XIXᵉ s. ‖ **glucoside** 1872, Lar. ‖ **glycémie** *id*. ‖ **glycocolle** 1866, Lar. ‖ **glycogène** 1853, Cl. Bernard. ‖ **glycol** milieu XIXᵉ s. ‖ **glycosurie** 1858, Nysten. ‖ **glycosurique** 1878, Lar. ‖ **glycine** 1786, *Encycl. méth.*, d'apr. le suc visqueux de l'arbuste.

*****glui** 1175, Chr. de Troyes, paille de seigle, du lat. pop. *glŏdium* ou *clŏdium*, d'orig. sans doute gauloise.

glume fin XVIᵉ s. ; rare jusqu'au XIXᵉ s. ; du lat. *gluma*, balle de graine. ‖ **glumelle** 1821, Arveiller.

gluten 1560, Paré, du lat. *glŭten*, glu, colle, spécialisé au sens techn.

glycér(o)-, du gr. *glukeros*, doux,

sucré. ‖ **glycérie** 1827, *Acad.* ‖ **glycérine** 1823, Chevreul.

glycine V. GLUC(O)-.

glyc(o)- V. GLUC(O).

glypt(o)- du gr. *gluptos*, gravé. ‖ **glyptique** 1796, *Magasin encycl.*, du gr. *gluptikos*, « relatif à la gravure ». ‖ **glyptothèque** 1829, Boiste. ‖ **glyptographie** 1756, *Encycl.*, science des pierres gravées.

gnaf 1808, d'Hautel (*gnafe*), forme à finale effritée de *gnafre*, mot lyonnais ; de *Gnafron*, cordonnier du Guignol lyonnais ; syn. pop. de cordonnier.

gnangnan 1784, Beaumarchais, « indolent » ; 1825, Talma (*gnian-gnian*) ; onomatopée.

gneiss 1759, d'Holbach, de l'allem. *Gneiss*.

gnocchi 1864, G. Sand, mot ital., « quenelles de pâte à choux », de *gnocco*, boulette de pâte.

gnognotte 1846, Balzac, « niaiserie » ; 1867, Delvau, « chose sans importance » ; d'une forme régionale de *niais*.

gnôle 1882, à Lyon, mot lyonnais, sans doute métaph. ; de *gniole*, coup (1701, Furetière), forme apocopée de *torgniole*. Désigne une eau-de-vie très forte.

gnome 1583, Vigenère, du lat. des alchimistes *gnomus*, créé par Paracelse (XVIᵉ s.), d'apr. le gr. *gnômê*, intelligence. Désigne un être imaginaire.

gnomique 1616, Coton, du gr. *gnomikos*, sentencieux, de *gnômê*, intelligence.

gnomon 1547, J. Martin, du lat. *gnomon*, empr. au gr. *gnômôn*, genre de cadran solaire.

gnon 1651, *Mazarinades*, pop., enflure par ecchymose, puis coup qui la produit, forme apocopée de *oignon*.

gnose XVIIᵉ s., Bossuet, du gr. eccl. *gnôsis*, connaissance. ‖ **gnostique** fin XVIᵉ s., Arth. Thomas, du gr. eccl. *gnôstikos*. ‖ **gnosticisme** 1838, Raymond.

gnou 1778, *Voy. de Cook* (*gnoo*), mot hottentot, désignant une antilope.

go (tout de) V. GOBER.

goal 1922, Lar., mot angl., abrév. de *goal-keeper*, gardien de but.

gobelet V. GOBER.

gobelin 1558, Des Périers, de l'anc. allem. *Kobel*, lutin. (V. KOBOLD.)

gober 1549, R. Est., déjà au fig. *se gober* (XIII° s.), ainsi que *gobet*, bouchée, morceau (1220, Coincy, sens fig.) ; d'un rad. **gobbo*, bouche, présumé gaulois (irlandais *gob*, bec). ‖ **go** (*tout de*), 1579 (*avaler tout de go*), déverbal de *gober*. ‖ **gobelet** XIII° s., *ms. de Saint-Jean*, dimin. de l'anc. fr. *gobel*, sans doute de même rac. (verre où l'on gobe, c.-à-d. où l'on avale). ‖ **gobeloter** 1680, Richelet, avec changement de suffixe. ‖ **gobeur** 1554, Delb. ‖ **gobe-mouches** milieu XVI° s. (V. DÉGOBILLER.)

goberge 1680, Richelet, sorte d'ais ; altér. probable de *écoperche*.

goberger (se) XV° s., L., du moyen fr. *gobert*, facétieux, de *gober*, au sens de « se vanter ». ‖ **gobichonner** 1847, Balzac. ‖ **gobeter** 1220, Coincy, crépir en faisant rentrer l'enduit par morceaux dans les joints. ‖ **gobetis** id.

gobie 1803, Boiste, du lat. *gobio*, goujon. ‖ **gobiidés** fin XIX° s.

gobille 1809, Wailly, bille à jouer, croisement probable de *gober* et de *bille*.

godailler 1750, Vadé, de l'anc. fr. *godale*, bière, mot du Nord ; proprement « boire de la bière ». ‖ **godailleur** début XIX° s.

godan fin XVII° s., Saint-Simon, « tromperie » ; altér. probable de *godon*, terme péjoratif du moyen fr., issu du juron angl. *goddamn*, « Dieu me damne! ».

godasse V. GODILLOT.

godelureau v. 1500 ; 1606, Nicot (var. *goguelureau*) ; de l'anc. fr. *galureau*, forme de *galant* et de *lureau* ; croisé avec l'anc. fr. *godon*, terme péjoratif.

godenot 1644, *Nouv. Compliments de la place Maubert*, sans doute du moyen fr. *godon*, surnom injurieux donné aux Anglais, ou de *godet*.

goder 1762, *Acad.*, faire de faux plis, sans doute de *godron*.

godet XIII° s., *Choses qui faillent en ménage* ; sans doute du moyen néerl. *kodde*, cylindre de bois, ou du prov. *got*, verre, issu du lat. *guttus*, vase à col étroit.

godiche 1752, *Trévoux*, mot argotique, issu sans doute de *Godon*, forme fam. de *Claude* ; le mot est peut-être à mettre en relation avec *godiz*, riche (1455, *Coquillards*), issu de l'esp. *godizo*, riche, de *Godo*, Goth, puis noble. ‖ **godichon** id.

godille 1792, Romme (*gou-*), mot du Nord et du Nord-Ouest, orig. obscure ; aviron placé à l'arrière d'une embarcation. ‖ **godiller** id.

godillot 1876, *Tam Tam*, arg. milit. d'abord, du nom d'*Alexis Godillot*, fournisseur de l'armée en 1870 (mort en 1893). ‖ **godasse** début XX° s., altér. de *godillot*.

godiveau 1546, Rab., andouillette, var. *gaudebillaux* ; altér. probable de *gogue* (boudin) et de *veau*, mot de l'Ouest.

godron fin XIV° s. (*goderon*), « ciselure » ; XVI° s., « pli des fraises en broderie » ; du rad. de *godet* avec suffixe *-ron*. ‖ **godronner** id. (*gouder-*). ‖ **godronnage** 1842, *Acad.*

goéland fin XV° s., *Grand Routier* (*gaellans*), du breton *gwelan*, correspondant à *mouette*, terme normand. ‖ **goélette** 1752, *Trévoux* (*goualette*), « goéland », puis, fig., 1806, navire léger.

goémon XIV° s., Du Cange (*goamon*), du breton *gwemon* correspondant à *varech*, terme normand (cf. gallois *gwymon*).

gogaille V. GOGUE.

1. gogo (à) 1440, Ch. d'Orléans, redoublement plaisant de la rac. de *gogue*.

2. gogo 1834, *Robert Macaire*, comme personnage de comédie, crédule que l'on exploite ; formé par redoublement plaisant de l'initiale de *gober* ; il a pris sa valeur actuelle avec Daumier (1838 et suiv.).

gogue XIII° s., *Ysopet*, « réjouissance, liesse », peut-être dér. de *gogue*, boudin, mot dial. ou formation expressive. ‖ **gogaille** 1564, Junius, « ripaille ». ‖ **goguenard** début XVII° s.. ‖ **goguenarder** fin XVI° s., G. ‖ **goguenarderie** fin XVI° s. (*goguenardie*) ; 1659 (*-derie*). ‖ **goguenardise** 1872, Lar. ‖ **goguette** XIII° s., « propos joyeux » ; XV° s., « ripaille » (*être en goguette*).

goguenard V. GOGUE.

goguenot 1823, *Voy. à Sainte-Pélagie* (*-neau*), « baquet d'aisances », pot de chambre; mot normand signif. « pot de cidre »; d'orig. obscure; sans doute de la même rac. que *gogue*.

goguette V. GOGUE.

goinfre 1578, d'Aubigné, peut-être croisement entre *gouin* et le terme dial. *goulafre* (mot du Centre, de l'Ouest); de *goule*, gueule, avec infl. de *bâfrer* ou *galifre* (chevalier musulman). ‖ **goinfrer** début XVIIᵉ s. ‖ **goinfrerie** 1653, Maynard.

***goitre** 1492, G. de Salicète, mot lyonnais, dér. régressif de *goitron* (gorge en anc. fr.), qui a pris le sens de goitre dans le Sud-Est au Moyen Age; issu du lat. pop. **gŭttŭrio, -ionis*, de *gŭttŭr*, gorge. ‖ **goitreux** 1411, Du Cange, texte du Forez, mot de la même région.

golf 1792, Chantreau, *Voy. en Ecosse* (*goff*); vulgarisé en France v. 1889; mot angl. issu du néerl. *kolf*, crosse.

golfe fin XIIᵉ s., *Lôherains* (*gloufe*); vulgarisé au XVIIᵉ s.; de l'ital. *golfo*, empr. au gr. *kolpos*, pli. (V. GOUFFRE.)

goménol 1896, la Calédonie, du district *Gomen*, où abondent les arbres qui fournissent l'essence, et de l'angl. *gum*, gomme, création arbitraire.

gomme 1160, Benoît (*gome*), du bas lat. *gumma* (lat. *gummi* ou *gummis*), empr. au gr. *kommi*, d'origine orientale. ‖ **gommer** XIVᵉ s., Delb., « coller »; XXᵉ s., effacer. ‖ **gommage** 1836, Landais. ‖ **gommeux** 1314, Mondeville, « qui produit la gomme »; 1842, Stendhal, jeune élégant, prétentieux. ‖ **gommier** 1645, Coppier. ‖ **gomme-gutte** 1654, Boyer. ‖ **dégommer** 1653, Oudin; fig., pop., 1833, Balzac, « destituer ». ‖ **engommer** 1581, Guichard.

gomphose 1560, Paré, du gr. *gomphos*, clou, cheville; articulation immobile.

gonade fin XIXᵉ s., du gr. *gonê*, semence.

***gond** début XIIᵉ s., *Guill. d'Angl.*, du lat. *gŏmphus*, empr. au gr. *gomphos*, cheville. ‖ **engoncer** 1611, Cotgrave, de l'anc. pl. *gons*; par comparaison avec la porte aux pivots enfoncés dans les gonds. ‖ **engoncement** 1803, Boiste.

gondole début XIIIᵉ s. (*gondele*); 1549, Rab. (*-dole*); du vénitien *gondola*, issu du gr. *kondu*, vase. ‖ **gondolier** 1534, Rab., du vénitien *gondoliere*. ‖ **gondolé** 1687, Desroches, mar., « dont la forme rappelle la gondole »; XVIIIᵉ s., *se gondoler*, se bosseler (tôle, bois); fig., 1881, *le Figaro*, rire aux éclats (*se tordre*, même sens). ‖ **gondolage** 1866, L. ‖ **gondolant** 1898, Lar., pop.

gondoler V. GONDOLE.

gonfanon fin XIᵉ s., *Alexis* (*-fanon*); XIIIᵉ s. (*-lon* par dissimilation); du francique *gundfano, étendard (allem. *Fahne*) de combat. ‖ **gonfalonier** 1080, *Roland* (*-nonier*).

gonfler 1560, Paré, de l'ital. *gonflare*, issu du lat. *conflare*, de *flare*, souffler. ‖ **gonfle** 1757, *Encycl.*, techn. ‖ **gonflement** 1566, Du Pinet. ‖ **gonflage** 1893. ‖ **gonfleur** XXᵉ s. ‖ **dégonfler** 1558, L. Joubert, rare jusqu'au XIXᵉ s.; XXᵉ s., fam., *se dégonfler*, reculer. ‖ **dégonflement** 1790. ‖ **regonfler** 1530, Palsgrave. ‖ **regonflement** 1566, Du Pinet.

gong 1691, La Loubère, mot. angl. empr. au malais.

gongorisme 1842, *Acad.*, de *Gongora*, poète espagnol (1561-1627); affectation et recherche dans le style.

gonio- du gr. *gônia*, angle. ‖ **goniomètre** fin XVIIIᵉ s. ‖ **goniométrie** 1724, Lagny, mathématicien.

***gonne** XIIᵉ s., « grande tunique »; 1635, L., « baril », par métaph.; du bas lat. *gŭnna*, mot gaulois. ‖ **gonnelle** *id.*

gonocoque 1890, Lar. (*-coccus*), du gr. *gonos*, semence génitale, et *kokkos*, grain. ‖ **gonorrhée** XIVᵉ s. (*-rrhoea*); du lat. méd. *gonorrhoea*, empr. au gr. *gonorrhoia*, écoulement séminal.

gonse XVIIᵉ s., *Ragotin* (*gonze*), pop., « gaillard, individu », empr., par l'argot, de l'ital. *gonzo*, lourdaud. ‖ **gonzesse** 1821, Ansiaume.

gord 1265, J. de Meung (*gort*), pêcherie avec des pieux; du scand. *gardr*, clôture; souvent nom de lieu.

goret 1297, G., dimin. de l'anc. fr. *gore*, truie, onom., d'apr. un cri d'appel.

gorfou 1827, *Acad.*, du danois *goirfugl*, pingouin.

***gorge** 1130, *Eneas*, du lat. pop. *gŏrga, var. du bas lat. *gŭrga*, tourbillon, du lat. *gŭrges*, onom.; appliqué à la gorge, d'apr. les bruits de déglutition, d'expectoration, etc. ‖ **gorgée** 1175, Chrét. de Troyes. ‖ **gorger** 1220, Coincy. ‖ **gorgère** 1278, Sarrazin (*gargière*). ‖ **gorgerette** 1268, E. Boileau. ‖ **gorgeret** 1732, *Trévoux*, chirurgie. ‖ **gorgerin** 1447, G. ‖ **gorget** 1757, *Encycl.* ‖ **dégorger** 1299, G. ‖ **dégor** 1789, *Encycl. méth.*, techn. ‖ **dégorgement** 1548, Mizauld. ‖ **dégorgeoir** 1505, Gonnéville. ‖ **égorger** 1539, R. Est. ‖ **égorgement** *id.* ‖ **égorgeur** XVIe s., Delb. ‖ **engorger** fin XIIe s., R. de Moiliens. ‖ **engorgement** XVe s., G. ‖ **regorger** 1360, Froissart. ‖ **rengorger (se)** fin XVe s. ‖ **rouge-gorge** V. ROUGE.

gorgonzola 1894, Sachs, du nom de la ville italienne de *Gorgonzola*.

gorille milieu XIXe s., du lat. zool. *gorilla*, créé en 1847 par Savages, d'apr. les *gorillai* du *Périple* d'Hannon (texte grec du ve s. av. J.-C.), désignant des hommes velus, qu'on a identifiés avec les gorilles ; fig. v. 1958, « garde du corps ».

gosier XIIIe s., *D. G.*, d'un rad. gaulois *gos-*, de même rac. que le bas lat. *geusiae*, joues (ve s., Marcus Empiricus), qui a donné l'anc. fr. *geuse*, gorge. ‖ **gosiller** XIIIe s., *Fabliau*, « vomir ». ‖ **dégoiser** XIIIe s. (*se dégoiser*) ; « chanter » ; XVIe s., péjor. ‖ **égosiller (s')** 1671, Molière, de l'anc. fr. *égosiller* (XVe s.), égorger, puis vomir (XVIIe s.).

gosiller V. GOSIER.

1. **gosse** fin XVIIIe s., fam., enfant ; orig. obscure ; peut-être forme altér. de *gonse*.

2. **gosse** 1755, abbé Prévost, « anneau de fer », var. de *cosse* ; issu du néerl. *kous*, empr. lui-même au fr. *calce*, chausse.

gothique, gotique 1440, Lorenzo Valla, pour désigner l'écriture manuscrite ; fin XVe s., « relatif aux Goths » ; XVIIe s., péjor., « relatif au Moyen Age » ; 1615, Binet, architecture ; repris à l'ital. *gotico*, d'apr. Raphaël, péjor. alors ; du bas lat. *gothicus*, « relatif aux Goths ». La graphie *gotique* est auj. réservée à la langue des Goths.

goton 1809, *Médit. d'un hussard*, « fille de la campagne », puis « femme de mauvaise vie » ; de *Goton*, abrév. de *Margo-*

ton, dimin. de *Margot* (*Marguerite*) ; ces hypocoristiques n'étaient en usage au XIXe s. qu'à la campagne.

gouache 1752, *Trévoux*, de l'ital. *guazzo*, détrempe, issu du lat. *aquatio*, action d'arroser, de *aqua*, eau.

gouailler 1747, Vadé, pop., de même rac. que *engouer*, d'apr. un sens fig. de gorge (cf. *se faire une gorge chaude*). ‖ **goualer** 1837, Vidocq, var. de *gouailler*, peut-être par croisement avec *goéland* (prononcé *goualan*) ; le mot paraît venir de l'Ouest. ‖ **gouaille** 1749, Vadé. ‖ **gouailleur** 1755, Vadé. ‖ **gouaillerie** 1823, Boiste. ‖ **goualeuse** 1842, *le Charivari*, sobriquet, « chanteuse ». ‖ **goualante** XIXe s., chanson.

goualeuse V. GOUAILLER.

gouape début XIXe s., d'abord arg. ; du prov. mod. *gouapo*, gueux, de l'argot esp. *guapo*, coupe-jarret. ‖ **gouapeur** 1827, Granval, *Cartouche*, pop., fainéant qui fréquente les cabarets.

goudron XIIIe s. (*catram*) ; 1381, G. (*gotren*) ; *goudran* (encore chez Ménage) ; XVIe s. (*goudron*) ; de l'ar. d'Égypte *qatrān*. ‖ **goudronner** milieu XVe s. (*goutrenner*). ‖ **goudronneur** 1532, Rab. (*guoildronneur*). ‖ **goudronnage** 1769, *Encycl.*

gouet 1376, G. (*gouy*), serpe de vigneron, var. de *goi* (prononcé *goué*, cf. noms de famille *Legouis*, *Goy*, etc.) ; du lat. pop. *gubius*, var. masc. de *gŭbia*, gouge ; 1764, Duchesne, fig., bot., arum.

gouffre fin XIIe s., R. de Moiliens ; XIIe s., *Loherains* (var. *gloufe*) ; confondu jusqu'au XVIIe s., avec *golfe* ; de l'ital. *golfo*, issu du bas lat. *colpus*, empr. au gr. *kolpos*, pli. ‖ **engouffrer** fin XIIe s., Marie de France (*engoufler*) ; fin XVe s., J. Lemaire de Belges (*-frer*).

1. *gouge XIVe s., outil pour évider, du bas lat. *gŭbia*, gouge (v. GOUET). ‖ **goujon** fin XIIe s., *D. G.*, petite gouge. ‖ **goujonner** 1467, G. ‖ **goujure** 1694, Th. Corn., terme de marine.

2. **gouge** 1493, Coquillart, femme de mauvaise vie ; du languedocien *goujo*, fille, d'une rac. peut-être hébraïque *gôia*. (V. GOUIN, GOUJAT.)

gouin, gouine av. 1480, R. d'Anjou (*goin*), homme, femme de mauvaise vie, de même rac. que *gouge* 2, avec suffixe

-in, -ine. ‖ **Jean le Gouin** 1892, Guérin, surnom donné aux matelots, du breton *gwen*, blanc, d'apr. la tenue de service; a peut-être subi la contamination de *gouin.*

goujat fin XVᵉ s., O. de La Marche (*gougeas*, pl.), mot languedocien signif. « garçon », de même rac. que *gouge* 2; en fr., valet d'armée, apprenti maçon; XVIIIᵉ s., sens fig. ‖ **goujaterie** 1611, Cotgrave, fonction de goujat; 1853, Flaubert, impolitesse.

1. *****goujon** 1392, *Ménagier*, poisson, du lat. *gŏbio, -onis.*

2. **goujon, goujure** V. GOUGE 1.

goulée, goulet, goulot, goulu V. GUEULE.

goum milieu XIXᵉ s., de l'ar. algérien *goum*, troupe (ar. *qaum*). ‖ **goumier** *id.*

*****goupil** début XIIᵉ s., *Voy. de Charl.*, du lat. pop. **vŭlpīculus*, dér. de *vŭlpes*, renard, avec infl. germ. à l'initiale. ‖ **goupille** 1439, Delb., cheville; sans doute du bas lat. *vŭlpīculus* (lat. class. *vulpēcula*). ‖ **goupiller** 1671, le P. Chérubin, fixer avec des goupilles; par ext., pop., arranger, XXᵉ s.

goupillon XIIᵉ s., Delb. (*guipellon*); XIIIᵉ s. (*guipillon*); 1539, R. Est. (*goupillon*); du moyen néerl. *wisp*, bouchon de paille, ou dér. de *guiper*, issu du néerl. *wipen*, se remuer en tous sens.

goupiner 1799, *Procès d'Orgères*, « voler », var. probable de *goupiller*, avec changement de suffixe.

goura 1776, Sonnerat, mot indigène d'Océanie; pigeon de Nouvelle-Guinée.

gourami 1827, *Acad.*, mot indigène des îles de la Sonde; poisson de l'océan Indien.

gourbi v. 1840, milit. d'abord, empr. à l'ar. algérien, désignant une habitation élémentaire.

*****gourd** XIIᵉ s. (*gort, gorte*), du lat. impér. *gŭrdus*, grossier; au sens fig., 1691, Hauteroche, « imbécile ». ‖ **dégourdir** XIIᵉ s., G. ‖ **dégourdissement** 1642, Oudin. ‖ **engourdir** XIIIᵉ s., *Vie d'Edouard.* ‖ **engourdissement** 1539, R. Est.

1. *****gourde** XIIIᵉ s., *Antidotaire* (*gorde*), courge; XIVᵉ s., imbécile; altér. de *cohourde, courde* (XIIIᵉ s.); même mot que *courge*, issu du lat. *cucŭrbĭta.*

2. **gourde** 1827, *Acad.*, monnaie de Haïti, de l'esp. *gorda*, grosse; même mot que *gourd.*

gourdin début XVIᵉ s., *Stolonomie*, corde de galère servant à frapper les forçats, puis gros bâton; altér., d'apr. *gourd*, de l'ital. *cordino*, dimin. de *corda*, corde.

gourer XIIIᵉ s. (*goré*); 1460, Villon (*-rer*); orig. obscure; peut-être de l'ar. *gurŭr*, tromperie, ou de la rac. *gorr-*, péjoratif. (V. GORET.)

gourgandine 1642, Oudin, mot pop. du Centre (Morvan, Bourbonnais); orig. obscure, peut-être de *gourer*, ou de la rac. péjor. *gor-* (dans *goret*).

gourgouran 1723, Savary, étoffe; de l'angl. *grogoran*, altér. de *grograyn* (XVIᵉ s.), empr. au fr. *gros grain*.

gourmade V. GOURME.

gourmand 1354, Isambert, de même rac. que *gourmet*. ‖ **gourmandise** 1495, J. de Vignay. ‖ **gourmander** XIVᵉ s., G. de La Tour Landry, « se livrer à la gourmandise »; XVIᵉ s., consommer ses biens; 1392, E. Deschamps, « tyranniser, réprimander »; sens dû à l'infl. de *gourmer.*

gourme XIIIᵉ s., G., du francique **worm* (anc. angl. *worm*, pus). ‖ **gourmer** 1320, G. li Muisis, mettre la gourmette à un cheval, puis frapper. ‖ **gourmade** 1599, Montlyard. ‖ **gourmette** milieu XVᵉ s., chaînette fixant le mors du cheval (la gourme ayant souvent son siège dans la bouche).

gourmet 1352, Du Cange (*gromme*); XVᵉ s. (*gourmet*); l'anc. fr. *gromet* avait le sens de « valet », « valet de marchand de vins »; XVIIIᵉ s., raffiné dans le boire et le manger; XIXᵉ s., fig.; de l'anc. angl. *grom.*

gourmette V. GOURME.

gousse début XVIᵉ s., orig. obscure.

goussaut 1615, Binet, cheval court et épais; orig. inconnue.

gousset 1278, Sarrazin, de *gousse*, d'abord creux de l'aisselle, pièce d'armure en croissant sous l'aisselle, avec certains développements techniques.

*****goût** XIIᵉ s. (*gost*), du lat. *gŭstus.* ‖ *****goûter** XIIᵉ s., *Saxons*, du lat. *gŭstare.* ‖ **goûter** s. m. 1538, R. Est. ‖ **gustatif**

1503, G. de Chauliac. ‖ **gustation**
1530, Delb. ‖ **arrière-goût** 1798, Acad.
‖ **avant-goût** 1610, de Rémond. ‖ **dégoûter** 1360, Froissart. ‖ **dégoût** 1560,
Paré. ‖ **dégoûtant** 1642, Oudin. ‖ **dé-
goûtation** 1856, Balzac. ‖ **déguster**
1802, Laveaux, lat. *degustare*. ‖ **dégus-
tateur** 1793, *Journ. de la Montagne*. ‖
dégustation 1519, *Livre disc.*, du lat.
degustatio. ‖ **ragoûter** 1360, Froissart,
flatter ou réveiller le goût. ‖ **ragoût**
XVIe s., « mets qui plaît »; XVIIe s., sens
actuel. ‖ **ragoûtant** 1676, Sévigné.

goûter V. GOÛT.

*****goutte** Xe s. (*gote*), du lat. *gŭtta*; fig.,
XIIIe s., rhumatisme articulaire, d'apr. la
croyance à des gouttes d'humeur viciée;
XIIe s., *ne ... goutte*, négation. ‖ **goutte-
lette** XIIIe s., L. ‖ **goutteux** 1190, Garn.
‖ **gouttière** 1120, *Ps. d'Oxford*. ‖
*****goutter** XIIe s. (*goter*), du lat. *guttare*.
‖ **dégoutter** début XIIe s., *Ps. de Cambridge*. ‖ **égoutter** XIIIe s. ‖ **égout**
XIIIe s.; *égout de ville*, XVIe s. ‖ **égoutier**
1842, Mozin, vidangeur. ‖ **égoutte-
ment** 1330, Drouart. ‖ **égouttoir** 1573,
Liébault.

gouttière V. GOUTTE.

gouvernail V. GOUVERNER.

*****gouverner** fin XIe s., *Alexis* (*gu-*), du
lat. *gŭbĕrnare*. ‖ **gouverneur** 1190,
Garn., « qui a le gouvernement milit.
d'une province »; XVe s., précepteur. ‖
gouverne fin XIIIe s., déverbal, « conduite »; XIXe s., mar. ‖ **gouvernement**
1190, saint Bernard. ‖ **gouvernemental**
1801, Mercier, de l'angl. ‖ **gouverne-
mentalisme** 1842, *Acad.* ‖ **gouver-
nementaliste** 1845, Besch. ‖ **gouver-
nant** 1437, adj.; s. m. XVe s., gouverneur.
‖ **gouvernante** 1540, Rab., gouvernante
d'enfants. ‖ **gouvernocratie** 1845,
Wey. ‖ **antigouvernemental** XXe s.. ‖
ingouvernable XVIIe s., répandu pendant la Révolution. ‖ *****gouvernail** 1160,
Eneas, du lat. *gŭbĕrnācŭlum*.

goyave 1525, Fabre (*guau*); 1647,
Rel. île de la Guadeloupe (*goyave*); esp.
guyaba, mot indigène des Caraïbes. ‖
goyavier 1647, *id.*

goye, goï XVIe s., « chrétien chez
les Juifs »; d'un mot hébreu signif.
« peuple ».

grabat fin XIe s., *Alexis* (*grabatum*);
d'abord petit lit sans rideau; 1560, Paré

(*-at*), péjor.; du lat. *grabatus*, empr. au
gr. *krabbatos*. ‖ **grabataire** 1721, *Trévoux*, qui garde le lit.

graben fin XIXe s., géolog., bande de
terrain affaissé; mot allem. signif.
« fosse, fossé ».

grabuge XVe s. (*grabouil*); XVIe s.
(*gra-, gar-*); de l'ital. *garbuglio*, sous la
forme génoise *garbüdjo*.

grâce 1130, *Eneas*, « aide de Dieu »;
XIIIe s., « charme »; adaptation du lat.
gratia; les sens du lat., « faveur, pardon,
remerciement », ont disparu aux XVIe-
XVIIe s.; le sens théolog. vient du lat.
chrét. ‖ **gracier** XIe s., « rendre grâces,
remercier »; XIVe s., « remettre une
amende »; 1835, *Acad.*, sens actuel
d'apr. « pardon ». ‖ **graciable** début
XIVe s., « reconnaissant »; 1690, Furetière, sens mod. ‖ **gracieux** 1160, Benoît (*-cios*), du lat. *gratiosus*, au sens
bas-lat. de « aimable ». ‖ **gracieuse-
ment** début XIVe s. ‖ **gracieuseté** milieu XVe s. ‖ **disgrâce** 1539, R. Est., de
l'ital. *disgrazia*. ‖ **disgracié** 1546, Rab.,
de l'ital. *disgraziato*. ‖ **disgracieux**
1578, Boyssières; rare jusqu'au XVIIIe s.,
de l'ital. *disgrazioso*. ‖ **malgracieux**
1382, Cuvelier.

gracile 1545, J. Bouchet; rare jusqu'à
la fin du XIXe s.; du lat. *gracilis*, grêle,
mince. ‖ **gracilité** 1488, *Mer des hist.*,
du lat. *gracilitas*. (V. GRÊLE 1.)

gradation V. GRADE.

grade 1578, H. Est, « degré de dignité », de l'ital. *grado*, issu du lat.
gradus, au sens fig. de « marche, degré ».
‖ **gradé** 1796, *le Néolog. fr.* ‖ **gradation** milieu XVe s., du lat. *gradatio*. ‖
gradin milieu XVIIe s., de l'ital. *gradino*,
dimin. de *grado*, marche d'escalier. ‖
graduel XIVe s., Ph. de Maizières, du
lat. *gradualis*, adj.; subst. eccl., désigna
d'abord la partie de l'office entre l'épître
et la prose; elle se disait sur les degrés
de l'ambon ou du jubé. ‖ **graduer** 1404,
N. de Baye, du lat. médiév. *graduare*, de
gradus, degré. ‖ **graduation** XIVe s.,
D. G. ‖ **grader** 1190, Garn., du bas
lat. *degradare*. ‖ **dégradation** 1495,
Mir. historial, du bas lat. *degradatio*,
action de faire perdre sa dignité à un
homme.

gradin, graduel V. GRADE.

graffigner milieu XIIIe s., « égratigner », de l'anc. scand. *krafla*, poinçon. (V. aussi GRIFFE.)

graffiti 1863, *la Corresp. littér.* (*-té*) ; 1866, L. (*-to*, sing.) ; ital. *graffito*, du lat. *graphium*, poinçon, d'où inscription.

*****graille** milieu XVIe s., « corneille », du lat. *grācŭla*. ‖ **grailler** XIIIe s., « crier en parlant de la poule » ; XVe s., croasser. ‖ **graillement** 1360, Froissart, « croassement » ; 1701, Furetière, son rauque.

1. grailler V. GRAILLE.

2. grailler 1606, Nicot, vén., sonner du cor, de l'anc. fr. *graile*, trompette (avec *l* mouillé par infl. de *graille*) ; même mot que *grêle*, adj., c.-à-d. clairon au son grêle ; peut-être repris au prov. *graile*, qui avait les deux sens de « grêle » et de « trompette ».

1. graillon 1808, d'Hautel, mucosité expectorée ; de *grailler*, dér. de *graille*. ‖ **graillonner** 1827, *Acad.*, « expectorer ».

2. graillon 1642, Oudin, restes d'un repas ; XVIIIe s., « odeur de graisse brûlée », mot normand, dér. de *grailler*, griller. ‖ **graillonner** 1866, L., « prendre une odeur de graillon ».

*****grain** v. 1160, *Charroi*, du lat. *granum* ; fig., 1552, Rab., bourrasque (grains de grêle). ‖ *****graine** XIIe s., *Saxons*, du pl. lat. *grana*, pris pour fém. ‖ **granivore** 1751, Buffon (lat. *vorare*, dévorer). ‖ **grener** 1190, Gace Brulé. ‖ **grenaille** 1354, Du Cange. ‖ **greneté** 1380, Laborde. ‖ **grènetier** 1458, text. de Tournai, « fonctionnaire qui surveille les grains » ; XVIe s., « marchand de grains », devenu *grainetier*. ‖ **graineterie** 1660, Oudin (*grène-*). ‖ **greneler** 1611, Arth. Thomas. ‖ **grènetis** 1690, Furetière. ‖ **grenage** 1730. ‖ **grenette** XVIe s. ‖ **grenure** XVIIIe s. ‖ **grenu** fin XIIIe s., *Renart*. ‖ **égrener** fin XIIe s., *R. de Cambrai*. ‖ **engrain** XVe s. ‖ **engrener** 1195, Evrat, « garnir de grain » (spécialement la trémie d'un moulin) ; XVIIIe s., engrener les dents d'une roue, avec une infl. de *cran*. ‖ **engrenage** 1709, *Acad. des sc.*, a pris un sens dér. ‖ **engrènement** 1730, Réaumur.

graine V. GRAIN.

*****graisse** V. GRAS.

gramen 1372, Corbichon, mot lat. signif. « herbe, gazon ». ‖ **graminée** 1732, *Trévoux*, du dér. lat. *gramineus*, remplacé en bot. par *graminacée*.

grammaire 1119, Ph. de Thaun, empr. anc. au lat. *grammatica*, issu du gr. *grammatikê*, art d'écrire et de lire les lettres (*grammata*) ; 1867, ensemble des règles d'un art. ‖ **grammairien** XIIIe s., d'Andeli. ‖ **grammatical** XVe s., du lat. *grammaticalis*. ‖ **grammaticalement** 1529, G. Tory. ‖ **grammatiste** 1575, *Despence*, du dér. lat. *grammatista*, empr. au gr. ‖ **agrammatisme** 1957, Piéron, par l'allemand. ‖ **agrammatique** milieu XXe s. ‖ **grimoire** XIIe s. (*gra-*) ; XIIIe s., *Fabliau* (*gri-*) ; var. labialisée de *grammaire*, spécialisée dans un sens péjoratif.

gramme 1790, *Encycl. méth.*, sens lat. ; sens fr., loi du 3 avr. 1793 ; du lat. *gramma*, petit poids (vingt-quatrième partie de l'once), empr. au gr. (le sens premier est « lettre », de *graphein*, écrire) ; les composés *milligramme, centigramme, décigramme, décagramme, hectogramme, kilogramme, myriagramme* sont de 1795 (abrév. XIXe s., *hecto, kilo*).

gramophone fin XIXe s. (*grammophone*), nom d'une marque angl., de *gramma*, écrit, et *phônê*, voix.

*****grand** Xe s., *Eulalie*, du lat. *grandis*, qui a éliminé *magnus*. ‖ **grandelet** 1398, *Ménagier*. ‖ **grandement** 1160, Benoît (*granment*) ; XIVe s. (*grande-*). ‖ **grandesse** 1537, trad. du *Courtisan*, de l'ital. *grandezza*. ‖ **grandeur** 1160, Benoît. ‖ **grandiloquence** début XVIe s., Budé, du lat. *grandiloquus*, qui a le style pompeux. ‖ **grandiloquent** 1891, Lar. ‖ **grandiose** 1798, *Encycl. méth.*, de l'ital. *grandioso*. ‖ **grandir** XIIIe s., Adenet. ‖ **grandissime** 1530, Daigne, du superl. ital. *grandissimo*. ‖ **grand-mère, grand-père** XVIe s., qui ont remplacé *aïeul, -e*, par euphémisme. ‖ **grand-oncle, grand-tante** XIIIe s. ‖ **grand-maman** 1674, *Suite du Virgile travesti*. ‖ **agrandir** 1265, J. de Meung. ‖ **agrandissement** 1502, Delb.

grandiloquence V. GRAND.

grandiose, grandissime V. GRAND.

grange 1160, Benoît, du lat. pop. *granǐca*, de *granum*, grain. ‖ **engranger** 1307, G.

granit(e) 1611, Cotgrave, « sorte de jaspe », de l'ital. *granito*, grenu ; 1690, Furetière, sens mod. ‖ **granitaire** 1878, Lar. ‖ **granité** 1842, *Acad.* ‖ **graniteux** apr. 1750, Buffon. ‖ **granitique** *id.* ‖ **granitoïde** *id.*

granivore V. GRAIN.

granule 1842, Mozin, en bot. ; 1866, L., petite pilule ; du dimin. lat. *granulum*, de *granum*, grain. ‖ **granulation** 1651, Hellot. ‖ **granuler** 1611, Cotgrave. ‖ **granuleux** 1560, Paré. ‖ **granulage** 1842, *Acad.* ‖ **granulométrie** xxᵉ s. (1953, Lar.).

grape-fruit xxᵉ s., mot anglo-américain désignant un pamplemousse.

graphie 1762, *Acad.*, du gr. *graphein*, écrire. ‖ **graphique** 1757, *Encycl.*, du gr. *graphikos*. ‖ **graphisme** 1875, L. ‖ **graphite** fin xviiiᵉ s. ‖ **graphologie** 1868, abbé Michon. ‖ **graphologique** 1907, Lar. ‖ **graphologue** 1877, L. ‖ **graphomètre** 1597, Danfrie. ‖ **agraphie** 1877, L., *Suppl.*

graphite V. GRAPHIE.

grappe 1119, Ph. de Thaun, du francique *krappo*, crochet (allem. *Krapfen*), d'apr. la forme de la grappe de raisin. ‖ **grappiller** 1549, R. Est., « cueillir » ; 1683, Boursault, « faire de petits gains ». ‖ **grappillage** 1537, de La Grise. ‖ **grappilleur** 1611, Cotgrave. ‖ **grappillon** 1584, Monin. ‖ **égrapper** 1732, *Trévoux.*

grappin fin xivᵉ s., du prov. *grapin*, ancre de chaloupe, issu du francique *krappo*, crochet ; *jeter le grappin sur*, 1836, Landais. ‖ **grappiner** 1722, de Bacqueville.

*gras xiiᵉ s., L., du lat. *crassus*, épais, avec infl. de *grossus*, gros. ‖ **grassement** 1355, Bersuire. ‖ **grasseyer** 1530, Palsgrave (*grassier*) ; xviiᵉ s. (*-eyer*), parler gras. ‖ **grasseyement** 1694, *Acad.* ‖ **grasseyeur** milieu xviiiᵉ s. ‖ **grassouillet** 1680, Richelet. ‖ **grasdouble** 1611, Cotgrave, sur *double*, subst. au sens de « panse ». ‖ **grasfondu** 1615, Binet. ‖ **gras-fondure** 1664, Solleysel. ‖ ***graisse** début xiiᵉ s., *Ps. de Cambridge* (*craisse*), du lat. pop. **crassia*, de *crassus*. ‖ **graissage** 1460. ‖ **graisser** xvᵉ s. ‖ **graisseux** 1532, Rab. ‖ **graisseur** *id.* ‖ **graissin** 1611,

Cotgrave, pêch. ‖ **dégras** 1723, Savary, « préparation pour dégraisser ». ‖ **dégraisser** xiiiᵉ s., Mousket. ‖ **dégraisseur** 1552, Rab. ‖ **dégraissage** milieu xviiiᵉ s. ‖ **dégraissement** 1752, *Trévoux.* ‖ ***engraisser** fin xiᵉ s., *Alexis* (*-sier*), du lat. pop. **incrassiare*, devenu **ingrassiare*. ‖ **engrais** 1510, G., déverbal. ‖ **rengraisser** 1160, Benoît.

grasseyer V. GRAS.

graticuler fin xviiᵉ s., de l'ital. *graticolare*, griller, de *graticola*, petit gril, issu du lat. *craticula*, petite grille. Terme de peinture ; « partager un dessin en petits carrés pour une reproduction ». ‖ **graticule** 1701, Furetière, de l'ital. *graticola*.

gratifier milieu xivᵉ s., du lat. *gratificari*, complaire, faire une faveur ; spécialisé pour les libéralités en argent. ‖ **gratification** 1362, Delb., du lat. *gratificatio*, faveur.

gratin V. GRATTER.

gratiole 1572, Delb., du bas lat. *gratiola* (vᵉ s., Diomède), dér. de *gratia*, grâce, d'apr. ses propriétés méd. ; appelée *grâce Dieu* en anc. fr.

gratis 1495, *Mir. historial*, adv. lat. contraction de *gratiis*, ablatif pl. de *gratia*, proprement « par complaisance ».

gratitude 1445, G., du bas lat. *gratitudo*, de *gratus*, reconnaissant. (V. GRÉ.)

gratter 1155, Wace, du francique **krattôn* (allem. *kratzen*). ‖ **gratte** milieu xviᵉ s., « galle » ; 1723, *Dict. breton-fr.*, techn. ; xviiiᵉ s., « coup » ; 1861, Larchey, « profit » ; déverbal. ‖ **grattelle** 1495, J. de Vignay. ‖ **gratteller** 1827, *Acad.* ‖ **grattoir** 1611, Cotgrave. ‖ **gratte-ciel** fin xixᵉ s., calque de l'anglo-américain *sky scraper*. ‖ **gratte-cul** début xviᵉ s. ‖ **grattement** 1570, Du Fail. ‖ **gratte-papier** fin xviᵉ s. ‖ **gratin** milieu xviᵉ s. ; le gratin attaché aux parois doit être gratté pour se détacher ; fig. xixᵉ s. ‖ **gratiner** 1825, Brillat-Savarin. ‖ **gratouiller** 1895, A. Daudet. ‖ **égratigner** 1175, Chr. de Troyes (*-tiner*) ; xiiiᵉ s. (*-gner*) ; de l'anc. fr. *gratiner* (xiiᵉ s.), gratter, égratigner. ‖ **égratignure** xiiiᵉ s., trad. de Guill. de Tyr. ‖ **égratigneur** xviᵉ s., Vauquelin de La Fresnaye. ‖ **égratignoir** 1755, *Encycl.* ‖ **regratter** 1538, R. Est. ‖ **regrattage** 1680, Richelet.

gratteron 1314, Mondeville, mot de l'Ouest; altér., d'apr. *gratter*, de l'anc. fr. *gleteron*, dér. de *gleton*, issu du francique **kletto* (allem. *Klette*, bardane). Nom de plusieurs plantes accrochantes.

gratuit 1495, *Mir. historial*, du lat. *gratuitus*, de *gratis*. ‖ **gratuité** *id.*, du lat. *gratuitas*. ‖ **gratuitement** 1400, Delb.

gravats XIIᵉ s., *Melion (gravoi)*, avec suffixe *-oi*, issu du lat. *-ētum*; pl. 1694, *Acad. (-vois)*; 1718, *Acad. (-vas)*, avec réduction de *wa* à *a*; 1798, *Acad. (-ats)*; dér. anc. de *grève*. ‖ **gravatier** 1762, *Acad.*

grave XVᵉ s., Delb., du lat. *gravis*, qui a donné la forme pop. *grief*. ‖ **gravité** XIIᵉ s., *Grégoire*, fig.; XVIᵉ s., phys.; du lat. *gravitas*, pesanteur; la forme pop. *grièveté* a été éliminée. ‖ **gravement** 1539, R. Est. (V. GRIEF.)

graveleux V. GRAVELLE.

gravelle 1120, *Ps. d'Oxford*, « gravier »; XVIᵉ s., « calcul de la vessie »; dér. anc. de *grève*. ‖ **graveleux** XIIIᵉ s., « qui contient du gravier »; XVIᵉ s., « qui renferme de la gravelle »; fin XVIIᵉ s., « licencieux », c.-à-d. pénible pour la conscience comme la gravelle pour le corps. ‖ **gravelure** 1707, Lesage.

graver XIIᵉ s., G., « faire une raie dans les cheveux »; XIVᵉ s., sens actuel, du francique **graban* (allem. *graben*, creuser, graver). ‖ **graveur** 1335, Digulleville. ‖ **gravure** début XIIIᵉ s., Girbert de Metz, « rainure d'arbalète »; 1538, R. Est, sens actuel. ‖ **engraver** 1438, G., entailler.

gravide 1866, L., du lat. *gravidus*, de *gravis*, pesant; se dit d'une femme enceinte.

gravier 1130, *Eneas*, dér. anc. de *grève*. ‖ **gravière** 1842, *Acad.* ‖ **gravillon** 1571. ‖ **engraver** XVIᵉ s., « s'engager dans le gravier ». ‖ **gravillonnage** 1953, Lar.

gravillon V. GRAVIER.

gravir 1213, *Fet des Romains*, soit d'un lat. pop. **gradire*, du lat. *gradi*, s'avancer, avec infl. de *gradus*, degré, soit du francique **krawjan*, s'aider de ses griffes, de **krawa*, griffe.

gravité V. GRAVE.

graviter 1734, Voltaire, du lat. mod. *gravitare* (fin XVIIᵉ s., Newton), créé d'apr. *gravitas*. ‖ **gravitation** 1722, *Journ. des savants*, créé dans les mêmes conditions, du lat. mod. *gravitatio*. (V. GRAVE.)

gravois V. GRAVATS.

*gré Xᵉ s., *Saint Léger*, du lat. *grātum*, neutre de *grātus*, agréable. ‖ **agréer** 1138, *Aiol*, être au gré de, trouver à son gré. ‖ **agréé** s. m., 1829, Boiste, jurid. ‖ **agrément** 1465, Chastellain. ‖ **agrémenter** 1801, Mercier. ‖ **agréable** 1160, Benoît *(agraable)*, « qui peut être agréé » (jusqu'au XVIIᵉ s.). ‖ **désagrément** 1642, Oudin. ‖ **désagréable** 1265, J. de Meung. ‖ **malgré** 1175, Chr. de Troyes *(maugré)*; XVᵉ s. *(malgré)*, avec l'adj. *mal*. ‖ **maugréer** 1279, Frère Laurent, ne pas trouver à son gré.

grèbe 1557, Belon, mot savoyard, d'apr. Belon; oiseau aquatique.

grec 1578, H. Est., « rusé », du lat. *graecus*; il a éliminé la forme pop. *grieu*; 1752, *Trévoux*, « tricheur ». ‖ **grecque** 1701, Fur., techn. ‖ **gréciser** XVIᵉ s. ‖ **grécisme** 1547, N. Du Fail. ‖ **grécité** début XIXᵉ s.

gredin 1640, Oudin, « gueux », mot pop. du N.-E. et de l'E., du moyen néerl. *gredich*. ‖ **gredinerie** 1690, Furetière.

gréer 1636, Le Grand, de l'anc. fr. *agréer* (XIIᵉ s., *-eier*), du scand. *greida*, équiper. ‖ **gréement** 1670, Colbert.

1. **greffe** [d'arbre], fin XIIᵉ s., *Floire (grafe, greife)*, « poinçon »; XIIIᵉ s., pousse; fig.; 1538, R. Est. *(greffe)*; adaptation du lat. *graphium*, poinçon, empr. au gr. *grapheion*, de *graphein*, écrire. ‖ **greffer** 1530, G. *(graf-)*. ‖ **greffage** 1872, Lar. ‖ **greffoir** 1700, Liger. ‖ **greffe** 1669, action de greffer, déverbal. ‖ **greffon** XVIᵉ s., Huguet *(gra-)*, rare jusqu'au XIXᵉ s. ‖ **greffeur** fin XVᵉ s., G.

2. **greffe** [de justice] V. GREFFIER.

greffier 1378, *Arch. Reims*, du lat. médiév. *graphiarius* (lat. *graphium*, poinçon, empr. au gr.). ‖ **greffe** [de justice] 1320, N. de Baye.

grégaire subst., XVIᵉ s., Huguet, simple soldat; adj., 1829, Boiste, du lat. *gregarius*, relatif au troupeau *(grex, gregis)*; le sens lat. vient de *gregarius* *miles.* ‖ **grégarisme** 1876, L. ‖ **gréga-rine** 1872, Lar., protozoaire parasite.

grège (*soie*) 1679, Savary, de l'ital. (*seta*) *greggia*, (soie) brute.

grégeois (*feu*) fin XIIᵉ s., *Loherains*, var. altérée de l'anc. fr. *grezeis*, *-zois*, grec, issu du lat. pop. **graeciscus* (suffixe germ. *-isk*), de *graecus*. (V. GRIÈCHE.)

grègue XVᵉ s., G., « haut-de-chausses gascon et esp. »; sans doute de l'esp. *gregüesco*, de *griego*, grec, d'apr. le fém. prov. et gascon *grega*, grecque.

1. ****grêle** 1080, *Roland* (*graisle*), du lat. *gracilis*, qui a donné aussi *gracile*.

2. **grêle** s. f., 1119, Ph. de Thaun (*gresle*), du francique **grisilôn* (moyen néerl. *grîselen*). ‖ **grêler** 1175, Chr. de Troyes. ‖ **grêlon** XVIᵉ s., G. ‖ **grêlier** XIIIᵉ s., *Conq. de Bretagne*.

grelin 1634, Delb. (*guerlin*); 1694, Th. Corn.; du néerl. *greling*, cordage. Terme de marine.

grelot 1392, G. (pl. *griloz*); XVIIᵉ s. (*grelot*); altér. de *grillot*, var. bourguignonne de *grillon*, ou du moyen haut allem. *grell*, aigu. ‖ **grelotter** 1566, Du Pinet (*grillotter*); 1578, d'Aubigné (*grel-*), d'apr. la loc. *trembler le grelot* (XVIᵉ s.). ‖ **grelottement** fin XIXᵉ s.

greluchon 1750, *Paquet de mouchoirs*, sans doute du bourguignon *grelu*, pauvre, misérable, de *grêle* 1.

grémial 1542, Delb., du lat. *gremiale*, de *gremium*, giron; morceau d'étoffe mis sur les genoux de l'évêque officiant quand il est assis.

grémil XIIIᵉ s., *Antidotaire* (*gromil*), de *mil*, millet, et d'un élément obscur (*grès* ou *grá*, forme languedocienne, etc., de *grain*); plante herbacée.

grenache 1398, *Ménagier*, de l'ital. *vernaccia*, de la ville de *Vernazza*.

grenade 1175, Chr. de Troyes (*pume grenate*), du lat. (*malum*) *granatum*, pomme grenue; 1520, fig., « projectile ». ‖ **grenadier** 1425, de La Haye, arbre; XVIIᵉ s., soldat qui lance la grenade. ‖ **grenader** XXᵉ s. ‖ **grenadage** v. 1914. ‖ **grenadière** 1680, Richelet. ‖ **grenadin** apr. 1750, Buffon, oiseau d'Afrique; 1866, *sirop grenadin*, fait avec du jus de grenade. ‖ **grenadine** 1827, *Acad.*, soie grenue; 1866, L., sirop. ‖ **grenadille**

1598, Regnault, de l'esp. *granadilla*, de même rac.

grenaille, grener V. GRAIN.

grenat 1130, *Eneas*, « pierre précieuse »; adj., XVIᵉ s., couleur grenat; du lat. *granatum*, comme *grenade*.

****grenier** XIIIᵉ s., *Livre des métiers*, « endroit où l'on met le grain », du lat. *grānārium*, de *granum*, grain. ‖ **grenetier** XIIIᵉ s., *D. G.*, officier du grenier à sel.

grenouille fin XIIᵉ s., Marie de France (*renoille, reinouille*); XIIIᵉ s. (*gre-*); du lat. pop. **ranucula*, dimin. de *rana*, grenouille; l'addition du *g* peut être due à une infl. onom., d'apr. le cri. ‖ **grenouillère** 1534, Rab.

grenu V. GRAIN.

grès 1175, Chr. de Troyes, du francique **griot*, gravier (allem. *Gries*), spécialisé en fr. à une roche formée de grains agglomérés; XIVᵉ s., terre glaise. ‖ **grésage** 1872. ‖ **gréseux** 1827, *Acad.* ‖ **grésillon** 1788, *Misère des garçons boulangers*, « petit charbon »; 1811, Mozin, « farine grossière ».

grésil 1080, *Roland*, du francique **grisilôn*, qui a donné aussi *grêle*, ou dér. de *grès*. ‖ **grésiller** 1120, *Tristan*, faire du grésil.

grésiller 1398, *Ménagier*, « faire crépiter »; altér., d'apr. *grésil*, de *grediller* (XIVᵉ s.), var. dial. de *griller*; ou du moyen angl. *gredel*, rôti grillé.

grésillon V. GRÈS.

grève 1190, Garn., du lat. pop. **grava*, « sable, gravier », mot d'origine gauloise, par ext. « plage de sable », d'où, à Paris, la place de Grève, au bord de la Seine, où se réunissaient les ouvriers sans travail (sur l'emplacement actuel de l'Hôtel de Ville); 1805, cessation du travail. ‖ **gréviste** 1821, Chateaubriand. ‖ **gréviculteur** 1907, *L. M.*, formation plaisante, d'apr. le suffixe *-culteur*. ‖ **antigrève** 1955, *Combat*.

****grever** 1130, *Eneas*, « causer du dommage, affliger »; XVIIᵉ s., « frapper de charges »; du lat. *gravare*, charger, de *gravis*, lourd. ‖ **dégrever** 1319, G., décharger; 1792, financier. ‖ **dégrèvement** 1793, Duveyrier. ‖ *****grief** XIIIᵉ s., *D. G.*, déverbal de *grever* (aux formes personnelles accentuées).

gribouiller 1611, Cotgrave, « gargouiller »; var. probable de *grabouiller*, de même rac. que *grabuge*; ou issu du germ. *kriebelen*; le sens actuel est enregistré à la fin du XVII⁰ s. ‖ **gribouille** 1548, *Sermon des fous*. ‖ **gribouillage** 1752, *Trévoux*. ‖ **gribouilleur** 1808, d'Hautel. ‖ **gribouillis** 1540, Rab., nom propre; 1611, Cotgrave, « borborygme »; 1826, Mme Celnart, sens actuel.

grièche (*pie-*) XIII⁰ s., sans doute de l'anc. fr. *griesche*, grec, qui a pris un sens péjor., du lat. *graecus*.

***grief** V. GREVER.

grièvement XIV⁰ s., qui a remplacé l'anc. fr. *griefment*, et a vu ses emplois restreints par *gravement*; dér. de l'anc. fr. adj. *grief*, issu du lat. pop. *grĕvis*, du lat. *gravis*, lourd, pénible. ‖ **grièveté** 1361, Oresme.

griffe 1386, Du Cange, croisement entre *gripper* et la famille de *greffe*, poinçon (v. GRAFFIGNER); ou d'un haut allem. *grîpan*, saisir (allem. *greifen*). ‖ **griffe** fin XV⁰ s., J. Marot, qui a remplacé *grif* masc. (XIII⁰ s.); XVIII⁰ s., empreinte. ‖ **griffonner** 1555, Belon. ‖ **griffonneur** XVI⁰ s., Thevet. ‖ **griffonnage** 1621, Gombaud. ‖ **griffade** 1564, Thierry. ‖ **griffu** XVI⁰ s. ‖ **griffure** 1867, Lar.

1. **griffon** 1080, *Roland*, animal fabuleux; 1595, *Lettr. Henri IV*, oiseau de proie; 1660, Oudin, chien anglais, de l'anc. fr. *grif*, empr. au lat. *gryphus*, issu du gr. *grups, grupos*.

2. **griffon** de source minérale, fin XIX⁰ s., du prov. mod. *grifoun*, qui représente peut-être *griffon* 1, d'apr. l'ornementation des anciens robinets.

griffonner V. GRIFFE.

grigner XII⁰ s., Fierabras, « plisser les lèvres »; XIX⁰ s., techn.; du francique *grînan* (allem. *greinen*). ‖ **grigne** fin XII⁰ s., « mécontentement »; XVII⁰ s., « grignon de pain »; déverbal. ‖ **grignon** 1564, Thierry, « entame du pain ». ‖ **grignoter** 1532, Rab. ‖ **grignotement** fin XIX⁰ s. ‖ **grignotage** XX⁰ s.

grignoter V. GRIGNER.

grigou 1658, Molière, mot pop.; du languedocien *grigou*, gredin, sans doute

dér. du lat. *graecus*, grec, en un sens péjor.

gri-gri 1557, Thévet, « esprit malfaisant », puis « fétiche »; orig. inconnue.

***gril** fin XII⁰ s., Marie de France (*grail*), forme masc. de *grille*. ‖ **grille** 1265, J. de Meung (*greille*), du lat. *craticula*, gril, spécialisé et distingué de *gril* au XVII⁰ s. ‖ **griller** fin XII⁰ s., R. de Cambrai, « faire cuire sur le gril » (*graailler*); XV⁰ s., « fermer avec une grille »; XVI⁰ s., fig., *griller de*. ‖ **grillade** début XVII⁰ s. ‖ **grillage** milieu XIV⁰ s., « treillis »; puis, au milieu du XVIII⁰ s., « action de faire griller ». ‖ **grillager** 1845, Besch., munir d'un grillage. ‖ **grilloir** 1827, *Acad.* ‖ **bigrille** 1929, Lar. ‖ **égrilloir** 1690, Furetière (*es-*), clôture de pierre, déversoir d'un étang.

grillage V. GRIL.

grillon 1372, Corbichon, var. de l'anc. fr. *grillet, grelet*, dér. anc. du lat. *grillus*, grillon; avec infl. de *grésillon* pour expliquer le *l* mouillé.

grill-room fin XIX⁰ s., mot angl. signif. « restaurant où l'on consomme des grillades ».

grimace XIV⁰ s., *Geste de Liège* (*-ache*), de l'anc. esp. *grimazo*, figure grimaçante, d'un francique *grîma*, masque, spectre (restitué d'apr. l'angl. et le scand.). ‖ **grimacer** début XV⁰ s. ‖ **grimacier** 1580, Trippault, « sculpteur en grimaces »; 1650, sens mod.

grimaud fin XV⁰ s. (*-mault*), emploi fig. du nom propre *Grimaud*, d'orig. germ. (v. GRIME), avec infl. possible de *grimace*.

grime 1694, Ménage (*faire la grime*, la moue); 1778, mot de théâtre; de l'ital. *grimo*, ridé, empr. au germ. *grîma*, masque. ‖ **grimer (se)** 1827, *Acad.*, se rider la figure. ‖ **grimage** 1858, Baudelaire.

grimoire V. GRAMMAIRE.

grimper 1495, *Mir. historial*, forme nasalisée de *gripper*. ‖ **grimpereau** 1555, Belon, oiseau. ‖ **grimpée** 1865, L. ‖ **grimpette** 1922, Lar. ‖ **grimpeur** 1596, Hulsius. ‖ **regrimper** milieu XVI⁰ s.

grincer début XIV⁰ s., forme nasalisée de *grisser* (attesté v. 1300); altér. de *crisser*, peut-être d'apr. *grigner*. ‖ **grincement** fin XV⁰ s. (*grice-*), « — des dents »; XVIᵉ s. (*grince-*); XVIIᵉ s., « bruit ». ‖ **grincheux** 1844, Baudelaire, forme picarde de *grinceur* (1611, Cotgrave), « qui grince facilement des dents ». (On trouve *grinche*, 1842, *Acad.*, au sens de « grincheux ».)

grincheux V. GRINCER.

gringalet 1175, Chr. de Troyes (*guingalet*), « sorte de cheval »; XIIIᵉ s. (*gringalet*); XVIIᵉ s., « bouffon »; XVIIIᵉ s., « homme chétif »; du gallois *Keinkaled*, nom du cheval de Gauvain, cheval chétif, ou du suisse *grånggeli*, homme chétif.

gringole XVIIᵉ s., Ménage, « gargouille », puis blas.; même rac. que *dégringoler*.

griot 1637, A. de Saint-Lô (*guiriot*), sorcier d'Afrique; orig. inconnue.

griotte 1539, R. Est.; 1600, O. de Serres (*agriotte*); du prov. *agriota*, (cerise) aigre, avec agglutination, puis déglutination de l'article.

grippe V. GRIPPER.

gripper fin XVᵉ s., du francique **grîpan*, saisir (allem. *greifen*); XVIIIᵉ s., « s'arrêter par excès de frottement ». ‖ **grippage** 1869, L. ‖ **grippe** fin XIIIᵉ s., Guiart, déverbal, « griffe », au fig. « querelle, rapine »; 1743, *Journal de Barbier*, maladie qui saisit brusquement; fin XVIIᵉ s., « caprice »; 1788, Féraud, *prendre en grippe*, par antiphrase; le sens de « maladie » vient peut-être par l'angl. *gripp*. ‖ **grippal** 1894, Sachs. ‖ **grippé** 1782, Gohin. ‖ **grippement** 1606, Crespet. ‖ **grippe-sou** 1680, Richelet, commissionnaire chargé de percevoir les rentes d'un sou par livre. ‖ **agripper** XVᵉ s., G.

gris 1130, *Eneas*; XVᵉ s., *faire grise mine*; s. m., XVᵉ s.; 1690, Furetière, « ivre », du francique *grîs* (allem. *greis*). ‖ **grisaille** 1625, Peiresc. ‖ **grisailler** 1649, Scarron. ‖ **grisant** fin XIXᵉ s. ‖ **grisard** adj., 1351, G.; auj. genre de peuplier. ‖ **grisâtre** 1500, J. Lemaire. ‖ **griser** 1539, R., devenir ou rendre de couleur grise; 1718, fig., enivrer. ‖ **griserie** 1838, Barbey, enivrement. ‖ **griset** XIIᵉ s., *Perceval*, « un peu gris »; 1721, « passereau »; 1791, « requin ». ‖ **grisette** *id.*, un peu gris; 1651, Scarron, « étoffe commune »; 1665, Fléchier,

« jeune bourgeoise de galanterie hardie ». ‖ **grison** XIVᵉ s. ‖ **grisonnant** 1546, Rab. ‖ **grisonner** XVᵉ s. ‖ **dégriser** 1775, Beaumarchais. ‖ **dégrisement** 1829, Boiste.

griser V. GRIS.

gris-gris V. GRI-GRI.

grisou 1754, Tilly; 1769, Morand (*feu brisou*, d'apr. *briser*); forme picarde de *grégeois*. ‖ **grisoumètre** 1877, L. ‖ **grisouteux** 1876, L.

grive fin XIIIᵉ s., fém., de l'anc. fr. *griu*, grec, c.-à-d. oiseau de Grèce, la grive étant un oiseau migrateur, du lat. *graecus*. ‖ **griveler** 1620, Delb., par allusion aux menus larcins des pies. ‖ **grivèlerie** XVIᵉ s. ‖ **grivelé** XIIIᵉ s., tacheté. ‖ **grivois** 1690, Dominique, de *grive* au sens argotique de guerre (1628, *Jargon*), l'oiseau étant maraudeur; 1690, Furetière, bon drôle; 1707, *Trévoux*, égrillard. ‖ **grivoiserie** 1872, Lar. ‖ **griveton** arg., 1896, Lar., soldat (*grivier*, 1867, Delvau).

griveler V. GRIVE.

grivois V. GRIVE.

grivoise 1701, Furetière, tabatière; altér., d'apr. *grivois*, de l'allem. *Reibeisen*, fer (*Eisen*) à râper (*reiben*); importée de Strasbourg v. 1690.

grizzly 1866, Blanchère, ours gris, mot anglo-américain signif. « grisâtre », de *grizzle*, gris; de l'anc. fr. *grisel*, gris, dér. de *gris*.

grog 1776, *Courrier de l'Europe*, mot angl. (1770), tiré du sobriquet *Old Grog*, d'apr. son vêtement de *grogram* (v. GOURGOURAN), de l'amiral angl. Vernon, qui, en 1740, obligea ses marins à étendre d'eau leur ration de rhum, breuvage qu'ils appelèrent *grog*.

*grogner 1190, Garn. (*grunir*), puis *groignir*, d'apr. *groin*; XIIIᵉ s. (*grognier*), par changement de conjugaison; du lat. *grunnire*, var. de *grundire* (v. GRONDER). ‖ **grognard** XIIIᵉ s., Delb., « qui a l'habitude de grogner »; appliqué aux soldats de la garde sous Napoléon Iᵉʳ ‖ **grognement** XVᵉ s., G. ‖ **grogneur** 1680, Richelet. ‖ **grognon** 1752, *Trévoux*, comme nom propre. ‖ **grognonner** déb. XVIIᵉ s. ‖ **grognasse** 1883, Fustier.

groin 1190, Garn. (*gruing*), du lat. pop. **grünium*, de *grunnire*, gronder.

grole XIII⁰ s., G., dial. (Lyon et Est), « vieux soulier », repris par l'argot au XIX⁰ s.; origine obscure.

grommeler XII⁰ s. (*gromer*); XIII⁰ s., *Ysopet* (*grumeler*); XIV⁰ s. (*grommeler*); formation expressive d'origine germ. (allem. *grummeln*).

*****gronder** début XIII⁰ s., var. *grondir*, *grondre*; XVII⁰ s., réprimander; du lat. *grŭndīre*, var. de *grŭnnīre*, grogner. ‖ **grondement** XIII⁰ s., G. ‖ **gronderie** 1578, d'Aubigné. ‖ **grondeur** fin XVI⁰ s. ‖ **grondin** 1398, *Ménagier* (*grimondin*); 1598, J. Bouchet (*grondin*), « poisson »; ce poisson gronde quand il est pris.

groom 1669, Chamberlayne; vulgarisé au XIX⁰ s.; mot angl. signif. « jeune laquais », qui a pu jouer un rôle dans la formation de *gourmet*.

*****gros** 1080, *Roland*, du lat. impér. *grŏssus*, mot pop.; *gros mots*, XIII⁰ s. ‖ **grosse** commerc., XV⁰ s.; droit, XV⁰ s. ‖ **gros-bec** 1555, Belon. ‖ **gros-guillaume** 1642, Oudin. ‖ **gros-grain** XVI⁰ s., étoffe. ‖ **grossement** 1315, G. ‖ **grosserie** XVI⁰ s., « grossièreté »; techn., 1611, Cotgrave. ‖ **grossesse** 1283, Beaumanoir, « état d'une femme grosse » et « grosseur ». ‖ **grosset** XII⁰ s., *Parthenopeus*. ‖ **grosseur** XII⁰ s., Marbode. ‖ **grossier** 1268, E. Boileau, marchand en gros et de basse qualité. ‖ **grossièrement** 1361, Oresme. ‖ **grossièreté** 1610, Béroalde. ‖ **grossir** XII⁰ s., *Fierabras*. ‖ **grossissement** 1560, *Alector*. ‖ **grossiste** fin XIX⁰ s., peut-être par l'allem. ‖ **grosso modo** milieu XVI⁰ s., G., loc. du lat. scolastique signif. « d'une manière grosse ». ‖ **grossoyer** 1335, G., faire la grosse d'un acte. ‖ **dégrossir** 1611, Cotgrave. ‖ **engrosser** 1283, Beaumanoir. ‖ **engrois** milieu XVIII⁰ s., de l'anc. fr. *engroissier*, rendre gros, du lat. pop. **ingrŏssiare*, de *grossus*.

groseille fin XII⁰ s., *Loherains* (*grozelle*), du francique *krūsil*, premier élément du composé haut-allemand *kruselbere*, baie frisée (allem. *Krauselbeere*, groseille à maquereau); il a pu se croiser dans le dial. avec un dér. du lat. *acris*, aigre. ‖ **groseillier** début XII⁰ s., *Ps. de Cambridge*.

grossesse, grosseur, grosso modo, grossoyer V. GROS.

grotesque 1532, Gay, ornements découverts dans les ruines romaines; début XVII⁰ s., « burlesque »; de l'ital. *grottesco*, de *grotta*, terme de peinture : « aux dessins capricieux ». ‖ **-ement** 1632, Sagard Theodat.

grotte 1537, trad. du *Courtisan*, de l'ital. *grotta*, issu du lat. pop. *crypta*, empr. au gr. *kruptê*, souterrain; le mot a remplacé l'anc. fr. *croute*, resté dans les noms de lieux.

grouiller 1460, *Cent Nouvelles nouvelles*, « grogner »; XVIII⁰ s., « produire un bruit »; peut-être du néerl. *grollen*, grommeler, ou *grillen*, grelot. ‖ **grouillement** apr. 1750, Buffon. ‖ **grouillot** XX⁰ s., petit garçon de Bourse, d'apr. le sens pop. *se grouiller*, se dépêcher (fin XVIII⁰ s.).

ground 1886, E. Rod, mot angl. signif. « sol, terrain » et désignant le terrain de tennis.

group 1723, Savary, sac d'argent, de l'ital. *gruppo*, nœud (dans un sens spécial), issu du germ.

groupe 1668, R. de Piles, de l'ital. *gruppo*, var. *groppo*, nœud, assemblage, empr. au germ. *kruppa*. ‖ **groupement** 1801. ‖ **grouper** 1680, Richelet. ‖ **groupage** 1866, Lar. ‖ **regrouper** 1949, Lar. ‖ **regroupement** *id.* ‖ **groupeur** 1797, Brunot, polit.; XIX⁰ s., sens mod.

grouse 1771, Buffon (*grou*), mot écossais désignant un lagopède.

gruau fin XII⁰ s., *Rois* (*gruel*); dér. de l'anc. fr. *gru* (1220, Coincy, *gruis*), de l'anc. haut allem. *gruzzi*. ‖ **gruauter** 1867, Lar.

*****grue** début XII⁰ s., *Voy. de Charl.* zool.; XV⁰ s., femme de mœurs légères; XIII⁰ s., L., machine de bois; puis appareil de levage (1467), infl. par le néerl. *crane*; du lat. pop. **grua*, du lat. *grūs*. ‖ **gruau** 1547, Haudent, petit de la grue. ‖ **grutier** fin XIX⁰ s., ouvrier qui manœuvre les grues.

gruger 1482, G. (*-gier*); « écraser, égruger »; puis, XVII⁰ s., « briser avec les dents »; XVII⁰ s., « tromper »; du moyen néerl. *gruizen*, écraser, de *gruis*, grain. ‖ **égruger** 1556, Saliat. ‖ **égrugeoir** 1611, Cotgrave; var. mod. *grugeoir*.

grume 1552, Massé, « grain de raisin »; 1690, Furetière, « écorce laissée sur le bois », puis pièce de bois; origine obscure, sans doute du bas lat. *gruma*, écorce (lat. class. *gluma*, peau).

*grumeau 1256, Ald. de Sienne (*grumel*), du lat. pop. **grŭmellus*, lat. class. *grŭmulus*, dimin. de *grŭmus*, tertre. ‖ **grumeler** XIIIe s., *Conq. de Jérusalem.* ‖ **grumeleux** 1360, *Modus.* ‖ **grumelure** 1769, *Encycl.* ‖ **grumillon** 1545, Guéroult. ‖ **engrumeler** 1549, Guéroult.

grutier V. GRUE.

gruyer XIIIe s., Baude Fastoul, officier s'occupant des forêts; mot féodal, du gallo-romain **grodiarius*, maître forestier, du francique *gruoli*, ce qui est vert (allem. *grün*, vert).

gruyère 1680, Richelet (*grier*); XVIIIe s. (*gruyère*); nom d'une région de Suisse, pays d'origine de ce fromage (canton de Fribourg).

gryphée 1827, *Acad.*, du bas lat. *gryphus*, empr. au gr. *grupos*, recourbé; huître à coquille allongée et irrégulière.

guanaco 1766, Buffon, du quechua *huanaco*, lama sauvage.

guano 1598, Acosta; 1785, Frézier (var. *guana*); mot esp., du quechua *huano*, matière résultant de l'accumulation d'excréments d'oiseaux.

*gué début XIIe s., *Voy. de Charl.* (*guet*); du lat. *vadum*, croisé avec le germ. *wad*. ‖ ***guéer** *id.*, du bas lat. *vadare*. ‖ **guéable** 1160, Benoît.

guèbre 1657, La Boullaye (*quebre*), adorateur du feu, du persan *gabr*, même sens.

guède 1268, E. Boileau, « plante tinctoriale », du francique **waizd* (allem. *Waid*).

*guéer V. GUÉ.

guelfe 1339, Du Cange, de *Welf*, nom d'une puissante famille allemande.

guelte 1866, Delvau, du flamand ou de l'allem. *Geld*, argent.

guenille début XVIIe s. (*guille*), mot de l'Ouest, d'orig. obscure; peut-être var. de *guenipe* (v. 1500, J. Marot), femme de mauvaise vie, d'orig. germ. ou gauloise. ‖ **guenillon** 1660, Oudin. ‖ **guenilleux** 1766, Diderot. ‖ **déguenillé** 1694, *Acad.*

guenon 1505, Gonneville; peut-être du gaulois **wadana*, eau, mare. ‖ **guenuche** 1608, Régnier.

guépard début XVIIIe s. (*gapard*); apr. 1750, Buffon (*gué-*); de l'ital. *gattopardo*, chat-léopard, avec infl. de *guépe*.

*guêpe fin XIIe s., Marie de France (*guespe*); du lat. *vĕspa*, devenu **wespa*, par croisement avec l'anc. haut allem. *wefsa*; *taille de guêpe*, 1740, *Acad.* ‖ **guêpier** 1360, *Modus*, oiseau mangeur de guêpes; 1762, *Acad.*, nid de guêpes, qui a remplacé *guêpière* (XVIe s.); 1907, Lar., « piège ».

guerdon 1080, *Roland* (*guerredon*); du francique **widarlôn*, croisé avec le lat. *donum*, don. ‖ **guerdonner** fin XIe s., *Alexis* (*gueredonner*).

guère 1080, *Roland* (*guaire*); du francique *waigaro*, beaucoup; *ne ... guère* (surtout à partir du XVIIe s.). ‖ **naguère** XIIe s., *Journ. de Blaives* (*n'a gaire*), de *n'a guère*, il n'y a guère de temps.

*guéret 1080, *Roland* (*guaret*), du lat. *vervactum*, jachère, avec infl. germ. sur l'initiale; la chute du second *v* est inexpliquée.

guéridon 1615, *Harangue ... Mistanguet*, « meuble, souvent en forme de Maure »; 1626, sonnet de Courval, « chanson »; altér. de *Guéridon*, personnage de farce (1614), qui tenait les chandeliers pendant que les autres dansaient.

guérilla 1820, Stendhal, mot esp. dimin. de *guerra*, guerre. ‖ **guérillero** 1842, *Acad.*, mot esp. signif. soldat d'une guérilla.

guérir fin XIe s., *Alexis* (*guarir*), « défendre, préserver »; la forme *garir* se maintient jusqu'au XVIIe s.; XIIe s., sens actuel; du francique **warjan* (allem. *wehren*, protéger). ‖ **guérison** 1080, *Roland* (*guarisun*). ‖ **guérissable** 1361, Oresme. ‖ **guérisseur** XVe s., G. (*gariseor*), « garant »; 1526, J. Marot, « celui qui guérit »; péjor., 1715, Lesage. ‖ **inguérissable** 1468, Chastellain.

guérite 1220, Coinci (*garite*), du prov. *garida*, de *garir*, protéger, défendre. (V. GUÉRIR.)

guerre 1080, *Roland*, du francique **werra*, qui a éliminé le lat. *bellum*, confondu avec *bellus*, beau. ‖ **guerrier** *id.* ‖ **guerroyer** *id.* ‖ **guerroyeur**

XIII e s., *D. G.* ‖ **aguerrir** 1535, de Selve; fig., 1665, Graindorge. ‖ **après-guerre,** s. m., 1919, M. Tinayre.

guet, guet-apens V. GUETTER.

guêtre XV e s., *Journal d'un bourgeois de Paris* (*guietre*); peut-être de l'anc. angl. *wrist,* cou-de-pied, d'où par ext. ce qui couvre la jambe, mot qui a dû exister en francique. ‖ **guêtrier** milieu XVI e s.

1. **guette** V. GUETTER.

2. **guette** 1690, Furetière, pièce de charpente; prononc. pop. de *guêtre.*

guetter 1080, *Roland* (*guaitier*), du francique **wahtôn* (allem. *wachen,* veiller à). ‖ **guette** 1130, *Eneas* (*guaite*), « action de guetter », déverbal; XIII e s., Rutebeuf, guet. ‖ **guetteur** XIII e s., G. ‖ **guet-apens** fin XV e s., dans loc. *de guet apens;* XVI e s. *guet-apens;* altér. d'un plus ancien *de guet apensé, d'aguet pensé,* de *apenser,* former un projet. (V. AGUET, ÉCHAUGUETTE.)

*gueule X e s. (*goule*), du lat. *gŭla,* gosier, sens de l'anc. fr.; puis « bouche des animaux »; XIII e s., fig., gueules du blason, d'abord morceaux découpés dans la peau du gosier de la martre, avec infl. possible du persan *gul,* rose. ‖ **goulée** 1175, Chr. de Troyes, sur l'anc. forme *goule.* ‖ **goulet** 1358, *Ordonn.,* terme de chasse; 1555, couloir étroit; XVIII e s., entrée d'un port. ‖ **goulot** 1611, Cotgrave. ‖ **gueulard** 1395, G., techn., subst.; XVI e s., adj. pop. ‖ **gueulardise** XVII e s. (*gou-*); 1867, Delvau (*gueu-*). ‖ **gueulée** XII e s., *Alexandre.* ‖ **gueuler** milieu XVII e s. ‖ **gueuleton** 1743, Vadé. ‖ **gueuletonner** 1858, Lachâtre. ‖ **amuse-gueule** XX e s. ‖ **gueule-de-loup** 1809. ‖ **bégueule** 1690, Furetière, de *bée gueule,* gueule béante (XV e s.). ‖ **dégueuler** 1493, Coquillart. ‖ **dégueulasse** 1867, Delvau. ‖ **dégouliner** 1737, Vadé, pop., de la forme *goule.* ‖ **engueuler** 1580, *Anc. théâtre* (*mal engueulé*), mal embouché; 1754, *Madame engueule,* pièce de Boudin, sens actuel. ‖ **engueulade** 1846, Flaubert. ‖ **engoulevent** XVI e s., « qui boit beaucoup », mot de l'Ouest, de *engouler* et de *vent,* c.-à-d. « qui avale le vent »; 1818, Wailly, zool. : l'engoulevent vole la bouche ouverte; peut-être aussi du breton *galvan,* moineau. ‖ **goulu** XV e s., de l'anc. fr. *goule.*

gueuse 1543, Barbier, « fonte », var. *guise,* de l'allem. *Guss,* fonte, de *giessen,* couler, fondre, ou *Gans,* pl. *Göse,* morceaux informes de fer fondu.

gueux fin XIV e s. (*prendre à compagnon et à gueux*); 1452, Villon (*gueux*); de l'anc. fr. *gueuse,* gorge, de même rac. que *gosier,* ou du moyen néerl. *guit,* coquin. ‖ **gueuser** début XVI e s. ‖ **gueuserie** 1606, Nicot. ‖ **gueusaille** 1608, L'Estoile.

1. **gui** 1360, *Modus* (*vist*), plante, du lat. *viscum,* sous l'infl. du francique **wîhsila.* (V. GUIMAUVE.)

2. **gui** 1687, Desroches, vergue, du néerl. *giek,* var. *gijk.*

guibole 1840, altér. probable de *guibonne* (*guibon, gibon* en normand, XVII e s.), apparenté à *regimber.*

guibre 1836, Landais, même mot que *guivre.* Terme de marine désignant la forme recourbée de l'étrave.

guiche début XII e s., *Thèbes* (var. *guige, guinche*), courroie, croisement entre le lat. *vîtica,* vrille de la vigne, et le germ. *windan,* tourner; pl. et fig., accroche-cœur. ‖ **aguicher** 1842, E. Sue, « exciter »; 1904, *le Temps,* « agacer ». ‖ **aguichant** av. 1860, G al de Rumigny. ‖ **aguicherie** 1935, V. Margueritte. ‖ **aguicheur** 1900, Willy. ‖ **enguiché** blas., 1313, G. ‖ **enguichure** XV e s., *D. G.,* vénerie.

guichet 1130, *Eneas,* peut-être de l'anc. scand. *vîk,* cachette. ‖ **guichetier** 1611, Cotgrave.

guide 1370, Delb., de l'ital. ou du prov. *guida;* il a remplacé l'anc. fr. *guis, guion;* masc. ou fém. jusqu'au XVII e s., comme nom d'agent.

guider 1367, Delb., réfection, d'apr. *guide,* de l'anc. fr. *guier* (1080, *Roland*), issu du francique **wîtan,* montrer une direction. ‖ **guideau** 1322, G., mar. ‖ **guidage** 1611, Cotgrave. ‖ **guide-âne** 1732, *Trévoux.*

guiderope 1856, E. Poe, aéron., mot angl. composé de *guide* et de *rope,* corde.

guidon XIV e s., de l'ital. *guidone,* étendard (qui guide); 1757, *Encycl.,* guidon d'une arme; fin XIX e s., guidon d'une bicyclette.

1. **guigne** 1398, *Ménagier* (*guine*), cerise; sans doute altér. du germ. *wihsila* (allem. *Weichsel*, griotte). ‖ **guignier** 1544, d'Aurigny. ‖ **guignolet** 1827, *Acad.*, mot angevin, liqueur.

2. **guigne**, malchance V. GUIGNER.

guigner XIIe s., *Parthenopeus*, « faire signe », puis « faire signe de l'œil, loucher »; du francique **winkan* ou **winkjan* (allem. *winken*, faire signe). ‖ **guignon** XIIe s., Béroul, de *guigner*, regarder de travers, d'où « d'une manière défavorable », d'où « le mauvais œil ». ‖ **guigne** 1866, Delvau, déverbal; 1864, Grangier, *avoir la guigne*, loucher. ‖ **déguignonner** 1731, *Trévoux*. ‖ **enguignonner** 1866, Delvau.

guignol 1848, G. Sand, du nom d'un personnage de marionnettes lyonnaises *Guignol* (fin XVIIIe s.), sans doute nom d'un canut lyonnais. ‖ **grandguignolesque** 1900, Jarry, par l'intermédiaire du théâtre *le Grand Guignol* fondé en 1897.

guignon V. GUIGNER.

guilde var. **ghilde**, 1788, *Journal de Paris*; du lat. médiév. *gilda*, issu du moyen néerl. *gilde*, troupe, et par ext. corporation, mot adapté en *gueude* en anc. picard. L'anc. fr. *gelde*, bande de soldats, est de même rac.

guildive 1698, Froger, « tafia »; orig. inconnue.

guillaume 1605, *Journal de Héroard*, « rabot », issu du nom propre *Guillaume*, par métaphore.

guilledou V. GUILLER.

guillemet 1677, Miege, d'un nom propre dimin. de *Guillaume*, imprimeur qui inventa ce signe, d'apr. Ménage. ‖ **guillemeter** 1800, Boiste.

guillemot 1555, Belon, zool., dimin. de *Guillaume*, donné comme surnom à cet oiseau. (V. GEAI, MARTINET, SANSONNET.)

guiller 1220, Coincy (*guiler*), « tromper », avec infl. de *Guillaume* (cf. *Tel croit guiller Guillot*); issu du francique *wigila*, astuce. ‖ **guilledou** (*courir le*) 1578, d'Aubigné (*guildrou*), mot de l'Ouest et du Nord-Ouest, de *guiller* et de *doux*.

guilleret V. GUILLERI.

guilleri milieu XVIe s., chant du moineau, formation expressive. ‖ **guilleret** milieu XVe s., probablement de la même famille avec infl. de *guiller*.

guillocher milieu XVIe s.; de *Guilloche*, dimin. de *Guillaume*; ou dér. de *goutte* (ciseler sous forme de lignes onduleuses). ‖ **guillochis** 1560, Ronsard. ‖ **guillocheur** 1756, *Encycl.* ‖ **guillochure** fin XIXe s.

guillot 1622, Cyrano, ver du fromage, d'un nom propre; abrév. de *Guillaume*, avec suffixe *-ot*.

guillotine 1790, Peltier, de *Guillotin*, médecin qui préconisa cette machine. ‖ **guillotiner** 1790, Peltier. ‖ **guillotineur** 1796, *Courrier républicain*.

guimauve XIIe s., G., texte du Nord (*widmalve*), var. *ymalve, vimauve*, en anc. fr.; de *mauve* et d'un mot issu du lat. *hibiscus*, mauve, empr. au gr. *hibiskos*, croisé avec *gui*.

guimbarde 1625, *Muse normande*, « danse », puis « instrument de musique »; 1723, à Lyon, voiture, sans doute à cause de son grincement; du prov. mod. *guimbardo*, danse, de *guimba*, sauter, de la même rac. que *guibole*.

guimpe 1160, *Eneas* (*guimple*), du francique **wimpil* (allem. *Wimpel*, banderole); au Moyen Age, pièce de toile blanche encadrant le visage.

1. **guinche** 1767, Garsault, outil de bois; origine inconnue, peut-être germ.

2. **guinche** 1821, Desgranges, guinguette, bal public; arg. des chiffonniers; origine inconnue. ‖ **guincher** *id.*

guinder XIIe s. (*windé*), mar., « soulever un fardeau avec une machine »; XVIe s., fig., raidir; du scand. *vinda*, hausser, par le normand. ‖ **guindant** mar. 1643, Fournier. ‖ **guindage** début XVIe s. ‖ **guindeau** 1155, Wace (*vindas*), cabestan, du norrois *vind-âss*, treuil. ‖ **guinderesse** 1606, Nicot, mar. ‖ **guindre** 1600, O. de Serres, peut-être du prov. *guindre*, de même rac. techn. ‖ **guinde** milieu XVIIe s., grue à bras pour élever des fardeaux.

guinée 1669, Chamberlayne, monnaie anglaise frappée en 1663 avec l'or de la Guinée; 1666, Thévenot, toile bleue servant de troc en Guinée.

guingan 1723, Savary, toile de coton qui venait de l'Inde; orig. inconnue.

guingois (de) 1442, Delb. (*gingois*), origine obscure; de même rac. que *dégingandé*, ou que *gigue*.

guinguette 1697, *Gongam*; les *Guinguettes* désignaient un quartier de Paris, près des Tuileries; 1750, *Trévoux* (*maison guinguette*); peut-être de l'anc. adj. *guinguet*, étroit, var. de *guiguet*, trop court, et de *giguer*, gambader, sauter, à cause de la danse; d'origine obscure.

guiper 1350, G., du gotique *weipan*, entourer de soie, travailler une étoffe utilisée surtout pour les rideaux. ‖ **guipoir** 1723, Savary. ‖ **guipon** 1342, G. ‖ **guipure** 1393, G.

guirlande 1395, Chr. de Pisan (*guerlande*); XVI⁰ s. (*guir*-); de l'ital. *ghirlanda*, de la même famille que *galandage* (v. ce mot). ‖ **enguirlander** 1555, Vauquelin de La Fresnaye.

guise fin XI⁰ s., *Alexis*, du francique *wisa* (allem. *Weise*, manière). ‖ **déguiser** fin XII⁰ s., *Rois*, sortir de sa guise, de sa manière d'être; spécialisé pour les mascarades; XVI⁰ s., Montaigne, fig. ‖ **déguisement** fin XII⁰ s., *Ysopet de Lyon*.

guitare milieu XIV⁰ s., de l'esp. *guitarra*, issu du lat. *cithara*, gr. *kithara*; il a remplacé l'anc. fr. *guiterne* (1265, J. de Meung). ‖ **guitariste** 1835, *Acad.*

guiterne 1265, J. de Meung, instrument de musique, altér. du lat. *cithara*. (V. GUITARE.)

guit-guit 1760, Brisson, passereau d'Amérique, onom. d'apr. le cri.

guitoune fin XIX⁰ s., de l'ar. *gītūn*, petite tente; tente de campement, puis par ext. abri de tranchée (1915-1918).

guivre, givre 1080, *Roland*, « serpent » (jusqu'au XV⁰ s.); puis terme de blason; du lat. pop. *wīpěra*, par infl. germ. (lat. *vipera*).

gulaire 1842, *Acad.*, du lat. *gula*, gueule.

gumène 1530, Rab., « câble d'une ancre », de l'anc. ital. *gumena* (auj. *gomena*), empr. à l'ar. *gommal*.

gustatif V. GOÛT.

gutta-percha 1845, *Technologiste*, mot angl., adaptation du malais *getah*, gomme, et *percha*, arbre qui donne la gomme (v. GOMME-GUTTE). ‖ **guttifère** 1811, *Encycl. méth.*

guttural 1578, J. de Léry, du lat. *guttur*, gosier.

gymkhana début XX⁰ s., de l'hindî *gend khāna*, salle de jeu de balle; apparu en angl. en 1861 pour désigner une garden-party, puis une épreuve spéciale pour automobilistes sur un circuit compliqué de chicanes.

gymnase fin XII⁰ s. (*gymnasy*); fin XIV⁰ s., Le Fèvre; du lat. *gymnasium*, empr. au gr. *gumnasion*, d'abord terme d'antiquité; XVIII⁰ s., établissement pour les exercices physiques. ‖ **gymnaste** 1534, Rab., du lat. *gymnasticus*, empr. au gr. *gumnastês*; XIX⁰ s., professeur de gymnastique; XX⁰ s., professionnel de la gymnastique. ‖ **gymnastique** 1361, Oresme, même évolution à partir du lat. *gymasticus*. ‖ **gymnique** 1542, E. Dolet, du lat. *gymnicus*, gr. *gumnikos*; les athlètes étaient nus pour leurs exercices.

gymno- du gr. *gumnos*, nu. ‖ **gymnocarpe** 1821, Boiste. ‖ **gymnosperme** XVIII⁰ s., Rousseau, ‖ **gymnote** 1771, Schmidlein, du lat. zool. mod. *gymnotus*, empr. au gr. *gumnos*, nu, et *nôtos*, dos, à cause de l'absence de la nageoire dorsale de ces poissons.

gynéc(o)- du gr. *gunê*, *gunaikos*, femme. ‖ **gynécée** 1568, N. de Nicolay, du lat. *gynaeceum*, empr. au gr. *gunaikeion*. ‖ **gynécologie** 1836, Landais. ‖ **gynécologique** *id.* ‖ **gynécologue** *id.*

gypaète 1800, Daudin, du gr. *gups*, vautour, et *aetos*, aigle; rapace diurne.

gypse 1464, *Catholicon* (*gips*), du lat. *gypsum*, empr. au gr. *gupsos*, plâtre, gypse. ‖ **gypseux** 1741, C. de Villars.

gyrin 1803, Boiste, du gr. *gûros*, cercle, insecte décrivant des cercles sur l'eau.

gyr(o)- du gr. *gûros*, cercle. ‖ **gyromancie** fin XIV⁰ s. (*-ce*); 1546, Rab. (*-antie*); du gr. *manteia*, divination. ‖ **gyroscope** 1852, créé par L. Foucault; du gr. *skopein*, examiner. ‖ **gyrostat** 1917, *L. M.* ‖ **gyrovague** XV⁰ s. « moine errant »; 1732, *Trévoux*, « vagabond »; du lat. *gyrovagus*, de *gyrare*, tourner, et *vagus*, errant.

H

habanera 1878, Loti, de *Habana*, nom esp. de l'île de La Havane; danse populaire au XIXᵉ s.

habile 1361, Oresme, « propre à », auj. jurid.; XVᵉ s., « adroit »; du lat. *habilis* (qui avait donné *able*), maniable, « apte à », de *habere*, avoir, tenir. ‖ **habilement** 1372, Golein. ‖ **habileté** fin XIIIᵉ s. (*-ité*, orth. latine conservée dans le sens jurid.); 1539, R. Est. (*-eté*); du lat. *habilitas*. ‖ **habiliter** fin XIIIᵉ s., Macé de La Charité, du lat. médiév. *habilitare*, sens jurid. ‖ **habilitation** 1373, G., du lat. *habilitatio*. ‖ **inhabile** 1361, Oresme, du lat. *inhabilis*. ‖ **inhabileté** XIVᵉ s. ‖ **inhabilité** 1361, Oresme. ‖ **malhabile** fin XVᵉ s. ‖ **réhabiliter** 1234, chez A. Thierry, redonner sa capacité juridique à quelqu'un, puis par extens. sens actuel. ‖ **réhabilitation** 1401, N. de Baye.

habiller fin XIIIᵉ s., Guiard (*abillier*); XIVᵉ s., « vêtir »; de *bille* : d'abord « préparer une bille de bois », puis infl. de *habit*. ‖ **habillage** milieu XVᵉ s. ‖ **habillement** 1374, G., même évolution que *habiller*. ‖ **habilleur** milieu XVIᵉ s. ‖ **habillure** 1769, Roubo. ‖ **déshabiller** fin XIVᵉ s. ‖ **déshabillé** s. m., 1627, Brunot. ‖ **rhabiller** 1464, G. ‖ **rhabillement** début XVIᵉ s. ‖ **rhabilleur** *id.* ‖ **rhabillage** *id.*

habit 1155, Wace, du lat. *habitus*, manière d'être, par ext. « costume », de *habere*, avoir; en anc. fr. surtout eccl.; *habit vert* 1907, Lar.

habitacle V. HABITER.

habiter début XIIᵉ s., *Ps. de Cambridge*, du lat. *habitare*, même sens, de *habere*, tenir. ‖ **habitable** v. 1160, Benoît. ‖ **habitabilité** 1845, Besch. ‖ **habitacle** début XIIᵉ s., *Ps. de Cambridge*, eccl., du lat. *habitaculum*, petite maison. ‖ **habitant** début XIIᵉ s. ‖ **habi-** **tat** 1812, Mozin, « milieu géographique »; XXᵉ s., « logement ». ‖ **habitation** 1120, *Ps. d'Oxford*, du lat. *habitatio*. ‖ **cohabiter** fin XIVᵉ s., du bas lat. *cohabitare*. ‖ **cohabitation** XIVᵉ s., du lat. *cohabitatio*. ‖ **inhabitable** 1495, J. de Vignay. ‖ **inhabité** 1495, J. de Vignay.

habitude V. HABITUER.

habituer début XIVᵉ s., « revêtir »; 1361, Oresme, « accoutumer »; du lat. médiév. *habituare*, de *habitus*, manière d'être. ‖ **habitude** 1361, Oresme, « complexion »; XVᵉ s., « manière d'être ordinaire »; du lat. *habitudo*, même origine. ‖ **habituel** XIVᵉ s., du lat. médiév. *habitualis*. ‖ **habituellement** fin XIVᵉ s. ‖ **déshabituer** 1460, Chastellain. ‖ **inhabituel** 1829, Boiste. ‖ **réhabituer** 1549, R. Est. (*ra-*).

hâbler 1542, de Changy, de l'esp. *hablar*, parler, du lat. *fabulari*; sens péjor. dès le XVIIᵉ s. ‖ **hâbleur** milieu XVIᵉ s. ‖ **hâblerie** 1628, Sorel.

hache 1175, Chr. de Troyes, du francique **hapja*. ‖ **hacher** fin XIIᵉ s. ‖ **hachement** 1606, Nicot. ‖ **hachage** 1868, Lar. ‖ **hache-légumes** 1866, L. ‖ **hache-paille** 1765, Brunot. ‖ **hache-viande** 1908, Lar. ‖ **hachette** v. 1300, *le Dit du mercier*. ‖ **hachereau** XVᵉ s. ‖ **hachis** 1539, R. Est. ‖ **hachotte** 1789, *Encycl. méth.* ‖ **hachure** début XVᵉ s. ‖ **hachurer** 1893, Courteline.

hachisch 1556, Saliat (*aschy*), de l'ar. *hachîch*, herbe, chanvre.

hachure V. HACHE.

hacienda XXᵉ s., mot esp., de *hacer*, faire. La var. *facende*, du port. *fazenda*, se rencontre au XVIᵉ s. (Tahureau).

haddock fin XIIIᵉ s., G. (*hadot*), de l'angl. *haddock*, chair fumée de l'aiglefin.

hadjdj 1568, Nicolaï, de l'ar. *hădjdjĭ*, pèlerinage.

hafnium 1923, Hevesy (chimiste suédois), du second élément du mot danois (*Kjoeben*) *havn*, Copenhague.

hagard 1398, *Ménagier*; appliqué d'abord au faucon sauvage; xvie s., fig., du moyen angl. *hagger*, sauvage.

hagiographe 1455, Fossetier, du gr. *hagiographos*, de *hagios*, saint, et *graphein*, écrire. ‖ **hagiographie** 1826, Mozin. ‖ **hagiographique** 1842, *Acad.* ‖ **hagiologie** 1842, Mozin (gr. *logos*, discours); ouvrage qui traite des saints. ‖ **hagiologique** 1694, Chartellain.

haie 1053, *Cart. Saint-Germain des Prés* (hayas), francique *hagja* (allem. *Hag*, néerl. *haag*). ‖ **hayer** xiie s., *D. G.* ‖ **hayette** 1230, G. de Lorris. ‖ **hayon** 1280, Delb., « étal à jour ».

haïk 1840, Gautier, de l'ar. *hā'ik*, pièce d'étoffe sans couture.

haillon 1404, *Journ. d'un bourgeois de Paris*, du moyen haut allem. *hadel*, lambeau. ‖ **haillonneux** 1560, Ronsard.

haine V. HAÏR.

haïr 1080, *Roland*, du francique *hatjan* (angl. *to hate*, allem. *hassen*). ‖ **haine** début xiie s., *Thèbes* (*haïne*), déverbal. ‖ **haineux** 1155, Wace. ‖ **haïssable** 1569, Montaigne. ‖ **haïsseur** xvie s., Bouchet.

haire xe s., *Valenciennes*; du francique *harja*, vêtement de poil (allem. *Haar*, cheveu, angl. *hair*).

haje 1827, *Acad.*, même orig. que *naja*; désigne une sorte de cobra.

halbi 1771, *Trévoux*, du néerl. *haalbier*, bière légère.

halbran 1398, *Ménagier* (*halebran*), du moyen haut allem. *halberant*, demicanard (à cause de sa petitesse). ‖ **halbrener** 1540, Rab; se dit d'un faucon dont les pennes sont rompues.

halde 1769, Morand, de l'allem. *Halde*, colline.

hâle V. HÂLER.

halecret 1489, Gay, du moyen néerl. *halskleedt* (allem. *Halskragen*, tour de cou); désigne un corps d'armure articulé.

haleine 1080, *Roland* (*aleine*); xve s., avec *h*, sur le lat. *halare*, souffler; déverbal de l'anc. fr. *alener*, du lat. *anhelare*, par métathèse de *n* à *l*.

haler 1138, *Saint Gilles*, de l'anc. néerl. *halen*, tirer. ‖ **halage** 1488, *Mer des hist.* ‖ **haleur** 1680, Richelet. ‖ **déhaler** début xve s.

hâler xiie s., Fierabras, « dessécher » et « brûler », sans doute du francique *hallôn*, dessécher. ‖ **hâle** 1175, Chr. de Troyes (*hasle*), déverbal. ‖ **déhâler** 1690, Furetière.

haleter 1175, Chr. de Troyes, de *aile*, c.-à-d. « battre des ailes », avec *h* de valeur expressive. ‖ **haletant** 1539, R. Est. ‖ **halètement** fin xve s.

halieutique 1732, *Trévoux*, du gr. *halieutikos*, de *halieus*, pêcheur; qui a rapport à la pêche.

haliotide 1827, *Acad.*, du gr. *hals*, *halos*, mer, et *ous*, *otos*, oreille; désigne un mollusque.

haliple 1803, Morin, du gr. *hals*, *halos*, mer, et *plein*, naviguer; insecte vivant dans les eaux douces et saumâtres.

hall 1672, Chamberlayn; rare avant le xixe s.; mot angl., de même origine que *halle*.

hallali 1751, *Dict. agr.*, de *hale*, autre forme de *hare*, cri pour exciter les chiens, et de *à lui* (*li*).

halle 1213, *Fet des Romains*, du francique *halla*; *fort de la halle*, 1802, Flick. ‖ **hallage** 1268, E. Boileau.

hallebarde 1333, G. (*alabarde*); xve s. (*halle-*); de l'ital. *alabarda*, empr. au moyen haut allem. *helmbarte*, hache à poignée. ‖ **hallebardier** 1483, de La Vigne.

hallier xve s., G., « fourré de buissons » (*hai-*); du germ. *hasal*, rameau (*Loi ripuaire*; allem. *Hasel*, noisetier).

halluciné 1611, J. Duval (*-xine*), du lat. *hallucinatus*. ‖ **hallucination** 1660, Fernel, du lat. *hallucinatio*, divagation. ‖ **halluciner** 1862, Hugo.

halo milieu xive s., « auréole »; 1891, *Rev. encycl.*, en photogr.; du lat. *halos*, empr. au gr. *halôs*.

hal (o) - du gr. *hals*, *halos*, sel. ‖ **halogène** 1866, L. ‖ **halographie** 1819, Boiste. ‖ **halophile** 1866, L.

halte 1180 (*halt*), de l'allem. *Halt*, arrêt, de *halten*, s'arrêter. ‖ **halter** fin XVIIᵉ s.

haltère 1534, Rab. (*alteres*) ; rare jusqu'au XIXᵉ s. ; du lat. *haltēr*, empr. au gr. *haltēr*, balancier pour la danse. ‖ **haltérophile** 1927, Drigny. ‖ **haltérophilie** XXᵉ s. (1959, Lar.), sport des haltères.

hamac 1519, *Voy. d'Ant. Pigaphetta* ; 1640, Bouton (*hamat*), de l'esp. *hamacu*, mot caraïbe.

hamada 1898, Lar., de l'ar. *hāmada*, plateau rocheux au Sahara.

hamadryade 1442, Martin Le Franc, du lat. *hamadryas*, empr. au gr. *hamadruas*, de *hama*, avec, et *drūs*, arbre ; papillon.

hamamélis 1615, Daléchamp, du gr. *hamamêlis*, néflier, de *mêlon*, pomme ; petit arbre ornemental.

hameau 1265, J. de Meung, de l'anc. fr. *ham*, village (conservé dans les noms de lieu), empr. au francique *haim*, même sens.

hameçon début XIIᵉ s., de l'anc. fr. *haim* (XIIIᵉ s.), issu du lat. *hamus*, même sens.

hamélia 1827, *Acad.* (*hamel*) ; 1839, Boiste (*hamelia*), du nom de *Duhamel du Monceau* (1700 - 1782) ; arbrisseau d'Amérique.

hammam 1655, Olearius, de l'ar. et du turc *hammām*, bain chaud.

hammerless 1878, Lar., mot angl., de *hammer*, marteau, et *less*, sans ; fusil de chasse sans chien apparent.

1. **hampe** v. 1559, Amyot, « manche de lance », altér. de *hante*, lance, du lat. *hasta*, avec infl. du germ. *hand*, main.
2. **hampe** fin XIIIᵉ s., « poitrine de cerf », altér. de *wampe* (XIIIᵉ s., de Garlande), de l'anc. haut allem. *wampa*, sein (allem. *Wambe*, fanon).

hamster apr. 1750, Buffon, mot allem. Désigne un mammifère rongeur d'Europe orientale.

han 1540, Rab., onomatopée.

hanap v. 1100, G., du francique **hnapp* (allem. *Napf*), latinisé en *hanappus* (IXᵉ s., *Glose*), vase à boire.

hanche 1155, Wace, du francique **hanka* (allem. *hinken*, boiter). ‖

hancher 1835, Gautier. ‖ **déhancher** 1564, J. Thierry. ‖ **déhanchement** 1771, Schmidlein.

hand-ball XXᵉ s., mot allem. signif. « balle à la main » (par opposition à l'angl. *football*).

handicap 1827, Th. Bryon ; XXᵉ s., fig., mot angl. : de *hand in cap*, main dans le chapeau, d'abord jeu de hasard ; XXᵉ s., « désavantage supporté par un concurrent ». ‖ **handicaper** milieu XIXᵉ s. ; 1889, fig. ‖ **handicapeur** 1870, Lar.

hangar 1135, *texte picard* (*Hangart*), du francique **haimgard*, enclos voisin de la maison ; du germ. *hangen*, « être attaché à », ou de **haimgard*, clôture entourant une maison.

hanneton XIᵉ s., Raschi, dér. du germ. *hano*, coq (allem. *Hahn*, qui signifie « hanneton » en allem. dialect. ; en Limousin, *poule d'arbre*, hanneton). ‖ **hannetonnage** 1866, L. ‖ **hannetonner** 1767, Brunot.

hanse 1240, texte de Saint-Omer, mot de l'anc. haut allem. *Hanse*, troupe, corporation. ‖ **hanséatique** 1650, Ménage, de l'allem. *hanseatisch*.

hanter v. 1138, G., « habiter » ; début XIXᵉ s., *maison hantée* (anglicisme) ; de l'anc. scand. *heimta*, retrouver. ‖ **hantise** XIIIᵉ s., « compagnie » ; XIXᵉ s., « obsession ».

happelourde V. HAPPER.

happer fin XIIᵉ s., *Aiol*, onom. d'origine germ. (néerl. *happen*, mordre). ‖ **happe** v. 1268, E. Boileau. ‖ **happement** début XIVᵉ s. ‖ **happelourde** 1532, Rab., de *lourde*, sotte, c.-à-d. « qui attrape une sotte ». ‖ **happe-chair** 1578, texte de Lille.

haquenée 1360, J. Le Bel, du moyen angl. *haquenei* ; orig. obscure ; peut-être du nom d'un village des environs de Londres, *Hackney* (chevaux renommés).

haquet 1495, J. de Vignay, peut-être de l'anc. fr. *haquet*, cheval, de même orig. que *haquenée*, c.-à-d. « charrette traînée par un haquet ».

hara-kiri 1870, Lar., mot japonais signif. « ouverture du ventre ».

harangue 1395, Chr. de Pisan, du lat. médiév. *harenga*, empr. au francique *hari-hring*, réunion de l'armée. ‖ **haranguer** début XVᵉ s. ‖ **harangueur** début XVIᵉ s.

haras 1130, *Eneas*, peut-être de l'anc. normand *hârr*, qui a le poil gris. A désigné d'abord l'ensemble des étalons et juments réunis pour la production de jeunes, avant de définir le lieu lui-même.

harasse fin XIIIᵉ s., *Assises de Jérusalem*, « cage en osier »; var. de *charasse*, du lat. pop. *caracium*, empr. au gr. *kharax*, pieu, échalas, sous l'infl. de *harasser*.

harasser début XVIᵉ s., de l'anc. fr. *harer*, vén., exciter les chiens, de *hare*, cri pour exciter, empr. au germ. ‖ **harassant** 1876, L. ‖ **harassement** 1559, Amyot.

harceler 1493, Coquillart, pron. pop. de *herceler, -seler*, de *herser*; le sens fig. « tourmenter » se rencontre en anc. fr. (v. HERSE). ‖ **harcèlement** fin XVIᵉ s.

1. **harde** v. 1138, G. (*herde*), « troupe de bêtes »; du francique **herda* (allem. *Herde*, troupeau).

2. **harde,** corde V. HART.

hardes 1539, R. Est., altér. de l'anc. fr. *fardes*, de même rac. que *fardeau*; peut-être var. gasconne d'origine aragonaise. ‖ **harder** 1596, *Vie généreuse des mercelots*, « troquer ».

hardi 1080, *Roland*, part. passé de l'anc. fr. *hardir*, « devenir courageux », issu du francique **hardjan*, devenir ou rendre dur (allem. *hart*, angl. *hard*, dur). ‖ **hardiment** 1155, Wace. ‖ **hardiesse** XIIᵉ s., *Ysopet de Lyon*. ‖ **enhardir** 1155, Wace.

hard labour 1866, L. Blanc, mot angl. signif. « dur travail » et désignant les travaux forcés.

harem 1632, Sagard Théodat, de l'ar. *harim*, sacré, ce qui est défendu, appliqué aux femmes que les étrangers ne doivent pas voir.

hareng XIIᵉ s., G., du germ. *hâring* (allem. *Hering*); latinisé en *aringus* dès le IIIᵉ s. ‖ **harengère** début XIIIᵉ s. ‖ **harenguière** 1727, *Ordonn.*

harfang 1760, Brisson, mot suédois, désignant une grande chouette à plumage blanc.

hargne XIIIᵉ s., déverbal de l'anc. fr. *hargner*, gronder, empr. au francique **harmjan*, tourmenter. ‖ **hargneux** 1160, Benoît (*hergnos*). ‖ **hargner** 1426, Du Cange. ‖ **hargnerie** v. 1770, Rousseau.

1. **haricot** 1393, Taillevent (*hericoq de mouton*), de l'anc. fr. *harigoter*, couper en morceaux, du germ. **hariôn*, la viande étant coupée en morceaux.

2. **haricot** 1628, Figuier (*fève de haricot*); de l'aztèque *ayacotl*, avec infl. de *harigoter* (le haricot est originaire d'Amérique) ; ou même mot que le précédent, ce légume entrant souvent dans les ragoûts.

haridelle 1558, *Anc. Poés. fr.*, sans doute de même orig. que *haras* et désignant un mauvais cheval maigre.

harloup 1583, Gauchet, altér. de *hareloup*, terme de vénerie dont on se servait dans la chasse au loup.

harmale 1694, Th. Corn., du lat. bot. *harmala* (*Gessner*), de l'ar. *harmal*; plante des régions tropicales.

harmonica 1733, Mackenzie, « instrument de musique fait avec des lames de verre »; de l'angl. *harmonica*, fém. du lat. *harmonicus*, harmonieux; instrument actuel, 1829, Damian, de l'allem. *Harmonika*, même orig.

harmonie fin XIIᵉ s., G. d'Arras, du lat. *harmonia*, empr. au gr.; *harmonie poétique, politique*, etc., XVIIIᵉ s. ‖ **harmonieux** 1360, Froissart. ‖ **harmoniser** XVᵉ s., Joret (var. *harmonier*, jusqu'au XIXᵉ s.). ‖ **harmonisateur** 1866, L. ‖ **harmonisation** 1870, Lar. ‖ **harmoniste** fin XVIIIᵉ s., Rousseau. ‖ **harmonique** 1361, Oresme, du lat. *harmonicus*, empr. au gr. *harmonikos*. ‖ **inharmonieux** fin XVIIIᵉ s., La Harpe. ‖ **philharmonique** 1739, *Académie de Vérone*; début XIXᵉ s., sens mod.

harmonium 1840, brevet de Debain, facteur d'orgues, qui a créé le mot d'apr. *harmonie*.

harnacher V. HARNAIS.

harnais 1155, Wace (*herneis*), « équipement d'homme d'armes »; 1268, E. Boileau, « harnais de cheval »; du scand. **hernest*, provision d'armée. ‖ **harnacher** fin XIIᵉ s. (*-neschier*). ‖ **harnachement** 1494, J. de Paris. ‖ **harnacheur** début XVᵉ s. ‖ **enharnacher** XIIIᵉ s. ‖ **enharnachement** fin XVIᵉ s.

haro fin XII° s., Marie de France (*harou*), du francique **hara*, comme *hare* (v. HARASSER); *crier haro sur*, 1529, Marot.

harouelle 1769, Duhamel, « ligne de pêche garnie d'avançons », altér. du wallon *haveroule*, même rac. que *havet*.

harpagon 1719, Gueudeville, nom du personnage de *l'Avare* de Molière (1668).

harpe début XII° s., *Ps. de Cambridge*, du germ. **harpa*, (allem. *Harfe*, angl. *harp*), même rac. que *harpon* (la harpe devait être en forme de crochet). || **harper** 1119, Ph. de Thaun. || **harpiste** fin XVII° s.

1. harper V. HARPE.

2. harper 1580, Montaigne, « empoigner », du germ. *harpan*, tirer, même rac. que *harpe*. || **harpe** 1485, *Ordonn.*, « griffe ». || **harpon** fin XV° s. || **harponner** 1613, Champlain. || **harponneur** *id.* || **harponnage** fin XVIII° s.

harpie XIV° s. (*arpe*), mythol., du lat. *harpya*, empr. au gr.; 1578, d'Aubigné, sens courant.

harpon V. HARPER 2.

hart fin XII° s., *Rois*, « corde », du francique **hard*, filasse (moyen néerl. *herde*). || **harde** 1391, Du Cange, « corde », forme fém. de *hart*. || **hardeau** fin XII° s., *Loherains*. || **harder** 1655, Salnove, « attacher à la harde ». || **hardillier** 1732, *Trévoux* (v. aussi ARDILLON).

haruspice V. ARUSPICE.

hasard XII° s., E. de Kirkam, de l'ar. *az-zahr*, jeu de dés, par ext. jeu de hasard (esp. *azar*). || **hasarder** 1407, Du Cange. || **hasardeux** 1544, d'Aurigny.

hase 1556, Saliat, de l'allem. *Hase*, lièvre; spécialisé pour désigner la femelle du lièvre.

haste milieu XVI° s. (*hast*), « bois de lance »; du lat. *hasta*, lance. || **hasté** fin XVIII° s.. || **hastaire** 1549, G. du Bellay, du lat. *hastarius*.

1. hâte milieu XII° s., *Couronn. Loïs* (*haste*), « vivacité », du francique **haist*, vivacité (gotique *haifst*, lutte). || **hâter** 1080, *Roland*. || **hâtif** 1080, *Roland*. **hâtiveau** XIII° s., *Crierie de Paris* (*hastivel*).

2. hâte fin XII° s., *Aiol* (*haste*), « broche à rôtir »; croisement entre le lat. *hasta*, lance (v. HASTE) et le germ. *harsta*, gril. || **hâtier** fin XII° s., *Loherains*. || **hâtereau** v. 1540, Rab. || **hâtelet** 1751, *Dict. agr.*

hâtiveau V. HÂTE 1.

hauban 1138, *Saint Gilles* (*hobent*), du scand. *höfud-benda*, lien (*benda*) du sommet [du mât] (*höfud* est le même mot que l'allem. *Haupt*). || **galhauban** début XVII° s., avec un premier élément obscur.

haubert début XII° s., *Voy. de Charl.* (*halberc*); du francique *halsberg*, ce qui protège (*berg*) le cou (*hals*). || **haubergeon** 1155, Wace.

hausse-col 1480, O. de La Marche (*houscot*, *hauscolz*, *hochecol*), « pièce de fer qui garnit le cou »; du germ. **halskot*, « cotte du cou »; altér. par attraction de *hausse*.

hausser V. HAUT.

*haussière 1382, Delb., du lat. pop. **helciaria*, de *helcium*, corde de halage (origine grecque), avec attraction de *hausser*.

*haut fin XI° s., *Alexis* (*halt*), du lat. *altus*, avec infl. du francique **hoh*, haut (allem. *hoch*); *la haute*, pop., v. 1830, P. Borel. || **hautain** XII° s., « haut », puis sens fig. || **haute-contre** début XVI° s. || **haut-de-forme**, **haute-forme** 1888, A. Daudet. || **haut-de-chausses** 1546, Rab. || **hautement** 1080, *Roland* (*halt-*). || **hautesse** début XII° s., *Ps. de Cambridge*, « hauteur », puis fig. || **hauteur** XII° s., *Adam.* || **haute fidélité** 1955, *Combat*. || **haut-le-cœur** 1857, Baudelaire. || **haut-le-corps** début XVII° s. || **haut-le-pied** 1611, Cotgrave, appliqué d'abord aux chevaux de halage. || **hautin** 1566, Du Pinet, agr. || **haut-parleur** 1923, *L. M.*, calque de l'angl. *loud speaker.* || **haut-relief** 1669, La Fontaine. || ***hausser** v. 1160, *Eneas* (*halcer*), du lat. pop. *altiare*, de *altus*. || **hausse** XIII° s., *Chace dou cerf*, déverbal. || **haussement** 1495, J. de Vignay. || **hausset** 1836, Landais. || **haussier** 1823, Boiste, en Bourse. || **haussoire** 1572, *Trévoux*. || **haussepied** 1296, Gay. || **contre-haut** 1701, Furetière. || **exhausser** 1119, Ph. de Thaun (*eshalcier*), préfixe refait d'apr.

le lat. (v. EXAUCER). ‖ **exhaussement** fin XIIᵉ s., *Loherains.* ‖ **rehausser** XIIIᵉ s. ‖ **rehaussement** 1600, O. de Serres.

hautbois 1547, Du Fail, de *haut* et *bois,* c.-à-d. bois (flûte) dont le son est haut. ‖ **hautboïste** 1836, Raymond, d'apr. l'allem. *Hoboist,* de *Hoboe,* adapté du fr. *hautbois.*

hauturier 1632, Champlain, du prov. mod. *auturié,* de *aut,* haut; relatif à la navigation hors de vue des côtes, les marins n'ayant pour mesures que les *hauteurs* des astres.

hâve v. 1175, Chr. de Troyes, « sombre »; XVIIᵉ s., « pâle », du francique **haswa* (moyen haut allem. *heswe,* blême). ‖ **havir** fin XIIIᵉ s., Guiart.

haveneau début XVIIIᵉ s., var. de *havenet,* empr. au scand. *hâfr,* filet de pêche.

havet 1213, *Fet des Romains,* dimin. de l'anc. fr. *haf* (*havos,* plur., VIIIᵉ s., Reichenau); du francique **haf* (gotique *hafjan,* allem. *heben,* soulever), crochet.

havir V. HAVE.

havre XIIᵉ s., *Mélion,* du moyen néerl. *havene,* port (allem. *Hafen*).

havresac 1672, Ménage, de l'allem. *Habersack,* sac d'avoine, introduit au cours de la guerre de Trente Ans, pour désigner le sac en toile des soldats.

hayer, hayette V. HAIE.

hé XIᵉ s., onom.

heaume VIIIᵉ s., *Reichenau* (*helmus*); 1080, *Roland* (*helme*); du francique **helm* (allem. *Helm,* casque). ‖ **heaumier** 1268, E. Boileau. ‖ **heaumerie** XIIIᵉ s.

hebdomadaire 1596, Hulsius, eccl., du lat. chrét. *hebdomadarius* (religieux), semainier, empr. au gr. *hebdomas,* semaine.

héberge fin XIᵉ s., *Alexis* (*herberge*), du francique **heriberga,* protection (*berga*) de l'armée (*heri,* après l'*Umlaut a > e*), par ext. abri. ‖ **héberger** fin XIᵉ s., *Alexis.* ‖ **hébergement** 1160, Benoît (V. AUBERGE).

1. **hébertisme** 1794, *Journal de la liberté et de la presse,* du révolutionnaire *Hébert* (1757-1794). ‖ **hébertiste** 1796, *Néol. fr.*

2. **hébertisme** XXᵉ s., méthode d'éducation physique de *G. Hébert* (1875-1957).

hébéter 1355, Bersuire, du lat. *hebetare,* au fig., de *hebes,* émoussé, peut-être rapproché de *bête.* ‖ **hébétude** début XVIᵉ s., du lat. *hebetudo.* ‖ **hébétement** 1583, Du Perron.

hébreu v. 1119, Ph. de Thaun, du lat. *hebraeus,* empr. au gr. *hebraios.* ‖ **hébraïque** 1495, J. de Vignay, du lat. *hebraicus,* empr. au gr. *hebraikos.* ‖ **hébraïsme** XVIᵉ s. ‖ **hébraïsant** XVIᵉ s.

hécatombe fin XVᵉ s., Le Maire; XVIIᵉ s., « massacre »; du lat. *hecatombe,* empr. au gr., de *hekaton,* cent, et *boûs,* bœuf.

hectique XVᵉ s., du lat. méd. *hecticus,* empr. au gr. *hektikos,* habituel, de *ekhein,* avoir; se dit d'une fièvre continue.

hect(o)- du gr. *hekaton,* cent. ‖ **hectare, hectogramme, hectomètre, hectolitre** 1793.

hédonisme 1878, L., du gr. *hedonê,* plaisir; doctrine qui fait du plaisir le but de la vie.

hégélianisme fin XIXᵉ s., de *Hegel* (1770-1831). ‖ **hégélien** 1848, Proudhon.

hégémonie 1838, Raymond, du gr. *hêgemonia,* de *hêgemôn,* chef.

hégire 1556, Temporal, de l'ital. *hegira,* empr. à l'ar. *hedjra,* fuite (de Mahomet à Médine).

heiduque 1605, Cayet, de l'allem. *Heiduck,* du hongrois *hajduk,* fantassin.

heimatlos XXᵉ s., de l'allem. *Heimatlos,* sans patrie; a été remplacé par *apatride.*

hein 1765, Sedaine, onomatopée.

hélas XIIᵉ s., de *hé,* onom., et de *las,* malheureux.

héler 1527, Parmentier, de l'angl. *to hail,* même sens.

hélianthe 1615, Daléchamp, du lat. bot. *helianthus,* du gr. *hêlios,* soleil, et *anthos,* fleur. ‖ **hélianthème** *id.,* du gr. *anthemon,* fleur.

héliaque 1582, Bodin, du gr. *hêliakos,* de *hêlios,* soleil; se dit du lever d'un astre.

hélice 1560, R. Belleau, du lat. *helix,* spirale, empr. au gr. ‖ **hélicoïde** 1704, *Mém. Acad. des sc.,* du gr. *helikoeidês.* ‖ **hélicoïdal** 1862, Landur. ‖ **hélicoptère** 1862, Ponton d'Amécourt. ‖ **héliport** 1954, *Ann. géogr.,* de *héli*coptère et de *port.* ‖ **héliporté** 1955, *Combat.* ‖ **héliportage** 1962, Lar.

hélicoptère V. HÉLICE.

hélio- du gr. *hêlios,* soleil. ‖ **héliographie** début XIX⁰ s. (gr. *graphein,* écrire). ‖ **héliogravure** 1873, L. ‖ **héliothérapie** 1907, Lar. ‖ **héliotrope** 1372, Corbichon, du lat. *heliotropium,* empr. au gr.; de *trepein,* tourner, « qui se tourne vers le soleil ». ‖ **héliotropisme** 1828, Mozin. ‖ **hélium** 1868, Jansen et Lockyer, « corps simple découvert dans l'atmosphère du soleil et dans celle de la terre » (Ramsay, 1895). ‖ **hélion** XX⁰ s. (1948, *L. M.*). ‖ **héliomètre** 1829, Boiste.

héliporté V. HÉLICE.

hélix 1714, Vieussens, mot gr. signif. « spirale »; désigne la saillie la plus excentrique du pavillon de l'oreille.

hellénisme 1580, titre de livre, du gr. *hellenismos,* de *Hellên,* Grec. ‖ **helléniste** 1651, le P. Labbe, du gr. *hellenistês.* ‖ **helléniser** 1842, *Acad.* ‖ **hellénisation** 1876, L. ‖ **hellénique** début XVIII⁰ s., du gr. *hellênikos.* ‖ **hellénistique** 1743, *Trévoux.*

helminthe 1538, Canappe (*elmynthe*), du gr. *helmis, -inthos,* ver. ‖ **helminthique** 1793, Lavoisien.

helvétique début XVIII⁰ s., Saint-Simon, de *Helvetia,* nom latin de la Suisse.

hem XIII⁰ s. (*ahen*); 1530, Cl. Marot (*hen*); onomatopée.

héma-, hémat-, hémo- du gr. *haima, haimatos,* sang. ‖ **hématémèse** 1803, Morin (gr. *emesis,* vomissement). ‖ **hématidrose** 1866, L. (gr. *hidrôs,* sueur). ‖ **hématie** 1859, Lachâtre. ‖ **hématine** 1823, Chevreul. ‖ **hématique** 1866, L., du gr. *haimatikos,* sanguin. ‖ **hématite** XII⁰ s. (*em-*), du lat. *haematites,* empr. au gr. *haimatitês,* à cause de la couleur. ‖ **hématoblaste** 1877, Hayem (gr. *blastos,* germe). ‖ **hématocèle** début XVIII⁰ s. (gr. *kelê,* tumeur). ‖ **hématode** 1836, Landais,

du gr. *haimatodês,* de sang. ‖ **hématologie** 1803, Morin. ‖ **hématose** 1690, Furetière. ‖ **hématoxyline** 1842, *Acad.* (gr. *xulon,* bois). ‖ **hématozoaire** 1866, L. ‖ **hématurie** fin XVIII⁰ s. (gr. *ouron,* urine). ‖ **hémoglobine** 1873, Lar. ‖ **hémolyse** 1906, Lar. (gr. *lusis,* rupture). ‖ **hémopathie** 1873, Lar. ‖ **hémophilie** 1866, L. ‖ **hémoptysie** 1694, Th. Corn. (gr. *ptuein,* cracher). ‖ **hémoptysique** 1743, *Trévoux.* ‖ **hémorragie** 1538, Canappe (gr. *rhêgnunai,* rompre). ‖ **hémorragique** 1836, Landais. ‖ **hémorroïde** XIII⁰ s., de Garlande (*emo-*), lat. *haemorrhois,* empr. au gr. *rhein,* couler. ‖ **hémostase** 1748, James, gr. *stasis,* arrêt. ‖ **hémostasie** début XVIII⁰ s. ‖ **hémostatique** 1829, Boiste.

hémér(o)- du gr. *hêmera,* jour. ‖ **héméralopie** 1756, *Encycl.* (gr. *ops,* œil). ‖ **hémérocalle** v. 1600, Malherbe, du lat. *hêmerocalles,* mot gr. signif. « belle (*kalê*) de jour (*hêmera*) »; désigne une plante aux fleurs orangées.

hémi du gr. *hêmi,* à moitié. ‖ **hémianesthésie** fin XIX⁰ s. ‖ **hémicycle** 1547, trad. de Vitruve, du lat. *hemicyclium,* empr. au gr. *hemikukleion.* ‖ **hémicylindrique** 1842, *Acad.* ‖ **hémiédrie** 1842, *Acad.,* gr. *edra,* face. ‖ **hémine** 1671, Pomey, du gr. *hêmina,* moitié. ‖ **hémione** 1838, Raymond, du lat. zool. *hemionus,* empr. au gr. *hêmionos,* mulet, demi-âne. ‖ **hémiplégie** 1707, Helvétius, du gr. méd. *hêmiplêgia,* « qui frappe la moitié »; var. *hémiplexie* (1573, Liébault); du gr. *hêmiplêxia.* ‖ **hémiplégique** 1836, Landais. ‖ **hémiptère** 1775, Bomare (gr. *pteron,* aile), insecte dont les ailes forment élytre sur la moitié. ‖ **hémisphère** XIII⁰ s., G. (*em-*), du lat. *hemispherium,* empr. au gr. *hêmisphairion,* demi-sphère. ‖ **hémisphérique** milieu XVI⁰ s. ‖ **hémisphéroïde** début XVIII⁰ s. ‖ **hémistiche** 1548, Du Bellay, du lat. *hemistichium,* empr. au gr. *hêmistikhion,* de *stikhos,* vers. Désigne la moitié d'un alexandrin. ‖ **hémitropie** 1827, *Acad.,* gr. *tropos,* tour; groupement régulier de cristaux identiques.

hendéca- du gr. *hendeka,* onze. ‖ **hendécagone** milieu XVII⁰ s. ‖ **hendécasyllabe** 1549, Du Bellay.

henné V. ARCANNE.

hennin 1428, Gay, peut-être du néerl. *henninck*, coq, à cause de la forme de la coiffure (haut bonnet de femme du XVᵉ s.).

*hennir 1080, *Roland*, du lat. *hĭnnīre*, avec un *h* d'origine expressive en fr. ‖ **hennissement** début XIIIᵉ s.

henry fin XIXᵉ s., de *J. Henry* (1797-1878).

hep 1735, Leroux, onomatopée (sans doute très antérieure).

hépat(o)- du gr. *hêpar, hêpatos*, foie. ‖ **hépatique** XIIIᵉ s., Lanfranc (*ep-*), du lat. *hepaticus*, empr. au gr. *hêpatikos*. ‖ **hépatite** 1566, Du Pinet, « pierre précieuse », pierre couleur de foie; 1655, Chauvelet, maladie de foie.

hept(a) du gr. *hepta*, sept. ‖ **heptacorde** XVIᵉ s., du lat. *heptacorduṣ*, empr. au gr. *heptakhordos*, à sept cordes. ‖ **heptaèdre** fin XVIIIᵉ s., gr. *edra*, face. ‖ **heptagone** 1542, Bovelle, du gr. *heptagônos*, à sept angles. ‖ **heptamètre** 1827, *Acad.* ‖ **heptandrie** 1765, Linné, gr. *anêr, andros*, homme.

héraldique XVᵉ s., G.; du lat. médiév. *heraldicus*, de *heraldus*, héraut. ‖ **héraldiste** 1868, Lar.

héraut 1175, Chr. de Troyes, du francique **heriwald*, « qui dirige (*wald*) l'armée (*hari*) ».

herbage V. HERBE.

*herbe 1080, *Roland* (*erbe*), du lat. *hĕrba*. ‖ **herbacé** 1566, Du Pinet, du lat. *herbacaeus*. ‖ **herbage** fin XIIᵉ s., *Couronn. de Loïs*. ‖ **herbager** XVᵉ s., verbe; XVIIIᵉ s., s. m. ‖ **herbagement** 1878, Lar. ‖ **herbageux** 1611, Cotgrave. ‖ **herbeux** 1080, *Roland*. ‖ **herbicide** XXᵉ s. ‖ **herbier** fin XIIᵉ s., *R. de Cambrai*, terrain herbeux; 1674, Thévenot, « collection de plantes »; d'apr. le lat. *herbarium*. ‖ **herberie** fin XIIIᵉ s. Rutebeuf. ‖ **herbette** v. 1398, E. Deschamps. ‖ **herbivore** 1748, James, du lat. *vorare*, dévorer. ‖ **herboriste** fin XVᵉ s. (*arboliste*); 1545, Guéroult (*-oriste*), avec assimilation de *l* à *r*; dér. méridional du lat. *herbula*, petite herbe, avec attraction de *arbor*; d'abord botaniste, puis droguiste, 1690, Furetière. ‖ **herboristerie** 1841, *Les Français peints par eux-mêmes*. ‖ **herboriser** 1534, Rab. (*arb-*); 1611, Cotgrave (*herb-*). ‖ **herborisa-**tion début XVIIIᵉ s. ‖ **herbu** 1160, Benoît. ‖ **désherber** 1874, L. ‖ **désherbage** XXᵉ s. (1956, Lar.).

herboriste V. HERBE.

hercher 1769, Morand (*hier-*), forme wallonne de *herser*, traîner, du lat. *hirpicare*. ‖ **hercheur** 1769, Morand; ouvrier qui pousse les berlines dans les mines. ‖ **herchage** *id.*

hercule 1668, La Fontaine, du nom latin *Hercules*, demi-dieu, empr. au gr. *Hêraklês*. ‖ **herculéen** 1520, La Borderie.

hercynien 1842, *Acad.*, de *Hercynia sylva*, nom latin de la Forêt-Noire.

herd-book 1866, L., de l'angl. *herd*, troupeau, et *book*, livre; livre généalogique des races bovines.

1. **hère** 1558, Des Périers, « pauvre diable », par antiphrase de l'allem. *Herr*, maître, seigneur (en fr. *here*, 1324, poèmes de Metz).

2. **hère** apr. 1750, Buffon, « jeune cerf », du néerl. *hert*, cerf.

héréditaire, hérédité V. HÉRITER.

hérésie 1119, Ph. de Thaun, du lat. chrét. *haeresis*, empr. au gr. *hairesis*, choix, opinion particulière. ‖ **hérésiarque** début XVIᵉ s., du lat. chrét. *haeresiarches*, empr. au gr. ‖ **hérétique** 1495, J. de Vignay, du lat. *haerētĭcus*, empr. au gr. ‖ **héréticité** 1706, Fénelon.

*hérisser 1175, Chr. de Troyes, du lat. pop. **ericiare*, de *ericius*, hérisson, avec *h* expressif. ‖ **hérissement** v. 1420, A. Chartier. ‖ ***hérisson** début XIIᵉ s., *Ps. de Cambridge* (*heriçun*), du lat. pop. **ericio, -ionis*, de *ericius*. ‖ **hérissonner** 1160, Benoît.

hérisson V. HÉRISSER.

*hériter début XIIᵉ s., *Ps. de Cambridge*, du bas lat. *hērēdĭtare*, de *hērēs, -ēdis*, héritier. ‖ **héritage** fin XIIᵉ s., *Couronn. de Loïs* (*er-*). ‖ ***héritier** milieu XIIᵉ s., *Couronn. Loïs*, du lat. *hērēdĭtarius*, substitué à *heres*. ‖ **héréditaire** 1495, J. de Vignay, du lat. *hereditarius*. ‖ **hérédité** fin XIᵉ s., *Alexis*, « héritage »; 1842, Mozin, sens actuel; du lat. *hereditas*. ‖ **hérédo-ataxie** 1893, P. Marie, avec l'élément *hérédo-*, qui indique le caractère héréditaire d'un état. ‖ **hérédosyphilis** fin XIXe s.; abrév. *hérédo* (1916, L. Daudet). ‖ **cohéritier** 1411, *Cout. d'Anjou.* ‖ **déshériter** v. 1130, *Eneas.* (V. aussi HOIR.)

hermaphrodite XIIIe s., *Digeste* (*hermefrodis*) ; du lat. *hermaphroditus*, empr. au gr. (d'abord n. pr. myth., fils bissexué d'Hermès et d'Aphrodite). ‖ **hermaphrodisme** XVe s.

herméneutique fin XVIIIe s., du gr. *hermeneutikos*, de *hermeneuein*, expliquer; qui interprète les livres sacrés.

hermétique 1620, Béguin, mot des alchimistes, de *Hermès* Trismégiste, dieu Toth des Egyptiens qui passait pour le fondateur de l'alchimie; *science hermétique*, 1690, Furetière; fig., XVIIe s. ‖ **herméticité** 1866, L. ‖ **hermétiquement** début XVIIe s. ‖ **hermétisme** 1907, Lar. ‖ **hermétiste** 1901, Huysmans.

hermine début XIIe s., *Voy. de Charl.*, fém. de l'anc. adj. *(h)ermin* du lat. *armenius*, c.-à-d. (rat) arménien, l'hermine étant abondante en Asie Mineure. ‖ **herminé** XIIe s., blas. ‖ **herminette** XVIe s., Gauchet, hachette au tranchant recourbé comme le museau de l'hermine.

hernie fin XVe s., du lat. *hernia*; il a éliminé la forme pop. *hergne*. ‖ **herniaire** 1611, Cotgrave, « plante employée contre les hernies »; 1762, *Acad.*, adj. ‖ **hernieux** 1549, Guéroult. ‖ **hernié** 1836, Landais.

héroïde, héroïne, héroïque, héroïsme V. HÉROS.

héron début XIIe s., *Thèbes* (*hairon*), du francique *haigiro (anc. haut allem. *heigir*). [V. AIGRETTE.]

héros 1361, Oresme, « demi-dieu gréco-latin »; 1550, Baïf. fig.; XVIIe s., héros d'une pièce; du lat. *heros*, empr. au gr. *hêrôs*. ‖ **héroïde** XVIe s., du lat. *herois, -idis*, héroïne; épître composée sous le nom d'un héros ou héroïne. ‖ **héroïne** début XVIe s.; du lat. *heroine*, empr. au gr. *hêrôinê*; médicament, 1905, Lar., de *heros*, à cause de l'exubérance provoquée par cette drogue (suffixe *-ine*). ‖ **héroïque** 1361, Oresme, du lat. *heroicus*, empr. au gr. *hêrôikos*. ‖ **héroïsme** 1658, Brunot. ‖ **héroïcité** 1716, suivant *Trévoux*, 1721. ‖ **héroïquement** milieu

XVIe s. ‖ **héroïsation** 1955, Barthes. ‖ **héroï-comique** 1660, Saint-Amant.

herpe 1671, Delb., déverbal de *harper*, empoigner; terme de marine ou d'agriculture.

herpès XVe s., *Grant Herbier*, du lat. *herpes, -etis*, dartre, empr. au gr. ‖ **herpétique** fin XVIIIe s. ‖ **herpétisme** milieu XIXe s.

herpétologie 1789, Bonnaterre, du gr. *herpeton*, reptile, et *logos*, science.

***herse** fin XIIe s., *Rois*, du lat. pop. **herpex, -icis* (lat. class. *hĭrpex*); le *h* est peut-être dû à *houe*. ‖ **herser** XIIe s., *Aliscans.* ‖ **hersage** XIVe s. ‖ **herseur** 1175, Chr. de Troyes. ‖ **hersillon** 1701, Furetière.

hésiter début XVe s., du lat. *haesitare*, de *haerere*, être attaché. ‖ **hésitation** 1220, Coincy, du lat. *haesitatio*. ‖ **hésitant** 1765, *Encycl.*

hétaïre 1799, *Magasin encycl.*, du gr. *hetaira*, courtisane.

hétairie 1836, Landais, du gr. *hetairia*, association d'amis.

hétéro- du gr. *heteros*, l'autre. ‖ **hétérocarpe** 1842, *Acad.* ‖ **hétérocère** 1827, *Acad.* (gr. *keras*, corne). ‖ **hétérocerque** 1866, Lar. (gr. *kerkos*, queue). ‖ **hétéroclite** XVe s., du lat. gramm. *heteroclitus*, empr. au gr. *klinein*, fléchir. ‖ **hétérodoxe** 1667, Huet; fin XIXe s., fig., du gr. chrét. *heterodoxos*, de *doxa*, opinion. ‖ **hétérodoxie** 1690, Bossuet, du gr. chrét. *heterodoxia*. ‖ **hétérodyne** v. 1925. ‖ **hétérogamie** 1842, *Acad.* ‖ **hétérogène** 1578, d'Aubigné (*-génée*) ; 1616, Coton; du lat. scolast. *heterogeneus*, empr. au gr. *heterogenês*. ‖ **hétérogénéité** 1586, Suau, du lat. scolast. *heterogeneitas*. ‖ **hétéronomie** 1866, Lar., gr. *nomos*, loi.

hetman 1725, J. B. Müller, de l'allem. *Hauptmann*, chef, par l'intermédiaire du tchèque *heftman*. Le mot ukrainien est *ataman*.

hêtre 1210, G. (*hestrum*, dans un texte latin), du francique *hêster, jeune arbre, hêtre en Hainaut et Picardie, qui a éliminé l'anc. fr. *fou* (lat. *fagus*).

heu fin XVe s., *Pathelin*, onomatopée.

*heur v. 1130, *Eneas* (*eür*) ; du lat. pop. **agurium*, dissimilation du lat. *augurium*, présage. ‖ **heureux** 1188, C. de Béthune. ‖ **heureusement** XVIᵉ s. ‖ **bienheureux** V. BIEN. ‖ **bonheur** XIIᵉ s., *D. G.* ‖ **malheur** début XIIᵉ s., *Thèbes.* ‖ **malheureux** fin XIᵉ s.

*heure 1080, *Roland* (*ore*), du lat. *hōra*. ‖ **désheurer** début XVIIᵉ s., Retz. ‖ **horaire** 1532, Rab., adj. ; 1868, L., s. m. ; du lat. *horarius*.

heureux V. HEUR.

heuristique milieu XIXᵉ s., du gr. *heuristikê tekhnê*, art de découvrir, de *heuriskein*, trouver.

heurtequin 1597, Davelourt, du moyen néerl. *ortkijn*, dimin. de *ort*, extrémité, pointe, avec infl. de *heurter*. Désigne la saillie de l'essieu contre laquelle vient buter le moyeu de la roue.

heurter 1130, *Eneas* (*hurter*) ; du francique **hûrt*, bélier, d'apr. le scand. *hrûtr*. c.-à-d. « heurter comme un bélier ». ‖ **heurt** début XIIᵉ s., *Ps. de Cambridge*, déverbal. ‖ **heurtement** XIIIᵉ s., *D. G.* ‖ **heurtoir** 1302, G.

heuse XIIᵉ s., G., « botte » ; XIVᵉ s., « piston de pompe » ; du francique *hosa*. (V. HOUSEAU.)

hévéa 1751, *Encycl.* (*hévée*), du lat. bot., empr. au quitchua, langue indigène du Brésil.

hexa- du gr. *heks*, six. ‖ **hexacorde** 1690, Furetière. ‖ **hexaèdre** début XVIIIᵉ s. (gr. *edra*, face). ‖ **hexagone** 1377, Oresme (gr. *gonia*, angle), du lat. *hexagonus*. ‖ **hexagonal** 1633, Le Normant. ‖ **hexamètre** milieu XVᵉ s., du lat. *hexametrus*, empr. au gr. (*metron*, mesure du vers). ‖ **hexapode** fin XVIIIᵉ s. (gr. *pous*, *podos*, pied).

hiatus 1521, Fabri, « élision » ; XVIIᵉ s., sens actuel ; du lat. *hiatus*, ouverture, de *hiare*, être béant.

hibernal, -ner V. HIVER.

hibiscus 1829, Boiste, mot lat., empr. au gr. *hibiskos*, guimauve.

hibou Xᵉ s., *Glose*, onomatopée, comme *houhou*.

hic 1690, Regnard, du lat. *hic est questio*, c'est là qu'est la question.

hickory 1866, L., mot angl., abrév. de l'algonkin *pohickory* ; arbre d'Amérique du Nord.

hidalgo 1534, Rab. (*indalgo*) ; 1762, *Acad.* (*hidalgue*), mot esp., « gentilhomme », contraction de *hijo de algo*, fils de quelque chose.

hideux début XIIᵉ s., *Voy. de Charl.*, de l'anc. fr. *hisde*, peur, frayeur, d'origine germ. inconnue. ‖ **hideur** début XIIᵉ s., *Ps. de Cambridge.* ‖ **hideusement** XIIᵉ s., G.

hie V. HIER 2.

hièble XIIᵉ s., du lat. *ebulum*, avec un *h* pour éviter la confusion avec [*jè*] ; herbe voisine du sureau.

hiémal fin XVᵉ s. (*hy-*), du lat. *hiemalis*, de *hiems*, hiver.

1. hier 1080, *Roland* (*ier*, *er*) adv., du lat. *hěri*, hier. ‖ **avant-hier** XIIᵉ s.

2. hier 1125, *Doon de Mayence*, « enfoncer avec la hie », du moyen néerl. *heien*, enfoncer. ‖ **hie** 1190, déverbal. ‖ **hiement** 1549, R. Est.

hiérarchie 1332, J. Corbichon, eccl., du lat. eccl. *hierarchia*, du gr. *hieros*, sacré, et *arkhia*, commandement. ‖ **hiérarchique** XIVᵉ s., du lat. *hierarchicus* ; passé dans le voc. administratif au XVIIIᵉ s. ‖ **hiérarchiser** 1866, L. ‖ **hiérarchisation** 1840, Pecqueur. ‖ **hiérarchisme** 1870, L. Halévy.

hiératique 1566, Du Pinet, du lat. *hieraticus*, empr. au gr. *hieros*, sacré. ‖ **hiératiquement** milieu XIXᵉ s. ‖ **hiératisme** 1868, Goncourt.

hiéro- du gr. *hieros*, sacré. ‖ **hiéroglyphique** 1529, Tory, du lat. *hieroglyphicus*, empr. au gr. (*gluphein*, graver). ‖ **hiéroglyphe** fin XVIᵉ s. ‖ **hiérophante** 1535, de Selve, du lat. *hierophantes*, empr. au gr. *phainein*, révéler.

highlander 1708, Miege, mot angl. signif. « haut pays » (*High Lands*).

high life 1815, d'apr. Matoré, mot angl. sign. « haute vie, grand monde ».

hilare XIIIᵉ s. (*-laire*) ; repris au XIXᵉ s. ; du lat. *hilaris*, empr. au gr. *hilaros*, gai, joyeux. ‖ **hilarant** 1805, Fourcroy (*gaz hilarant*), à cause des propriétés de ce gaz qui produit une ivresse douce. ‖ **hilarité** XIIIᵉ s., du lat. *hilaritas*, de *hilarare*, rendre gai.

hile 1600, A. Colin, du lat. *hilum*, point noir en haut de la fève.

hiloire 1643, Morisot, de l'esp. *esloria*, empr. au néerl. *sloerie*. Terme de marins.

hindou XVIIe s. (*indou*) de Hindoustan, partie de l'Inde. ‖ **hindouisme** 1876, L. ‖ **hindouiste** XXe s. ‖ **hindoustani** 1653, de la Boullaye (*Indistanni*).

hinterland 1894, Sachs-Villatte, allem. *hinter*, derrière, et *Land*, pays.

hipp(o) du gr. *hippos*, cheval. ‖ **hipparion** 1873, L., gr. *hipparion*, petit cheval. ‖ **hippique** 1842, *Acad.*, du gr. *hippikos*. ‖ **hippisme** 1907, *L. M.* ‖ **hippocampe** 1566, Du Pinet, du lat. *hippocampus*, empr. au gr. (*kampê*, sinuosité). ‖ **hippodrome** 1190, Guill. de Tyr (*yp-*), « cirque romain »; XIXe s., champ de courses; du lat. *hippodromus*, empr. au gr. (*dromos*, course). ‖ **hippogriffe** 1560, Ronsard, de l'ital. *ippogriffo*, comp. par l'Arioste avec l'ital. *grifo*, griffon. ‖ **hippologie** 1866, L. ‖ **hippomobile** 1930, Lar. ‖ **hippophage** 1827, *Acad.* ‖ **hippophagique** 1836, Landais. ‖ **hippopotame** 1265, Br. Latini, du lat. *hippopotamus*, empr. au gr., « cheval (*hippos*) du fleuve (*potamos*) ».

hircin 1611, Cotgrave, du lat. *hircinus*, de *hirx, -icis*, bouc.

hirondelle début XVIe s., réfection méridionale de *arondelle* (encore chez Cl. Marot et Montaigne, dér. de *aronde*, du lat. *hĭrŭndo, -inis*. ‖ **hirondeau** 1660, Oudin, qui a remplacé *arondeau*, dimin. masc.

hirsute 1802, *Acad.*, du lat. *hirsutus*, hérissé. ‖ **hirsuteux** 1829, Boiste. ‖ **hirsutisme** XXe s. (1959, Lar.).

hispan(o) lat. *hispanus*, espagnol. ‖ **hispanique** 1836, Landais. ‖ **hispanisant** 1919, Esnault. ‖ **hispanisme** fin XVIIIe s. ‖ **hispano-américain** fin XIXe s.

hispide 1495, J. de Vignay, du lat. *hispidus*, hérissé; se dit en bot. de ce qui est couvert de poils rudes et épais.

hisser 1552, Rab. (*inse*, impér.), du néerl. *hijsen*, ou du bas allem. *hissen*.

hist(o) du gr. *histos*, tissu. ‖ **histamine** XXe s. (rad. *amine*). ‖ **histogénèse** 1899, Lar. ‖ **histologie** 1836, Raymond. ‖ **histolyse** 1890, Lar.

histoire 1155, Wace (*est-*); *histoire naturelle*, 1551, Belon; du lat. *historia*, empr. au gr. ‖ **historien** 1213, *Fet des Romains.* ‖ **historier** v. 1360, Froissart. ‖ **historiette** 1651, Retz. ‖ **historique** XVe s. ‖ **historicité** 1872, L. ‖ **historiquement** 1617, Crespet. ‖ **historiographe** 1213, *Fet des Romains.* ‖ **historisant** XXe s. (1959, Lar.). ‖ **historisme** XIXe s. ‖ **historicisme** XXe s. ‖ **préhistoire** 1872. ‖ **préhistorique** 1869. ‖ **préhistorien** 1875, Lar. ‖ **protohistoire** 1922, Lar.

histrion 1544, Peletier, du lat. *histrio, -onis*, acteur bouffon.

hitlérien v. 1925, de *Hitler*. ‖ **hitlérisme** XXe s. (1959, Lar.).

***hiver** 1160, *Eneas*, du lat. *hībĕrnum* (*tempus*), temps hivernal. ‖ **hiverner** fin XIIe s., R. de Moiliens. ‖ **hivernage** *id.* ‖ **hivernal** v. 1119, Ph. de Thaun. ‖ **hivernant** 1836, Landais, « qui hiberne »; 1894, sens actuel. ‖ **hibernal** 1567, *Chresme philos.*; rare jusqu'au XIXe s. (1842, *Acad.*); du bas lat. *hibernalis*. ‖ **hiberner** 1763, du lat. *hibernare*. ‖ **hibernant** 1829, Boiste. ‖ **hibernation** 1842, *Acad.*

hobereau fin XIIe s., « petit faucon »; 1539, R. Est., « petit seigneur »; de l'anc. fr. *hobe*, faucon, sans doute même mot que *hober*, remuer, sauter, du germ. *hobben*.

hoc 1642, Oudin, « jeu de cartes »; mot lat. signif. *ceci*.

hoca 1658, *Traité police*, « jeu de hasard »; de l'ital. (*giuco dell'*) *oca*, jeu de l'oie; le *h* est dû à l'infl. de l'*hoc*.

hoche XIIe s. (*osche*), avec *h* d'apr. *hocher*; origine inconnue. ‖ **hocher** 1160, Benoît, « cocher ».

1. hocher fin XIIe s., *Aliscans*, du francique **hottisôn*, secouer. ‖ **hochet** 1331, Du Cange; XVIIIe s., Diderot, fig. ‖ **hochement** 1552, Amyot. ‖ **hochepot** fin XIIIe s. ‖ **hochequeue** 1549, R. Est. ‖ **hocheur** 1799, Audebert. ‖ **enôcher** XIIe s., techn.; var. mod. *énaucher*, creuser dans l'enclume une rainure.

2. hocher V. HOCHE.

hockey 1889, Saint-Clair, mot angl., de l'anc. fr. *hocquet*, bâton. ‖ **hockeyeur** 1928, Lévaque.

***hoir** 1080, *Roland* (*heir*), du lat. *heres, -edis*, héritier. ‖ **hoirie** début XVIe s. ‖ **déshérence** 1285, G.

holà v. 1140, Ch. d'Orléans, de l'onom. *ho*; *mettre le holà*, 1640, Scarron.

holding XXe s. (1956, *Dict. sc. écon.*); mot angl. abrév. de *holding company*, trust financier.

hold up 1925, Mandelstamm, de l'angl. *hold up*, arrêter, et *to hold up one's hands*, tenir les mains en l'air.

hollande 1845, Besch., « fromage » fabriqué en *Hollande*.

holmium 1878, créé par l'Anglais Ramsay et le Suédois Cleve; du second élément latinisé de [*Stock*]*holm*.

holo- du gr. *holos*, entier. ‖ **holocauste** XIIe s., du lat. *holocaustum*, brûlé tout entier, empr. au gr. ‖ **holomètre** début XVIIe s. ‖ **holothurie** 1572, J. Des Moulins, du gr. *holothourion*. ‖ **holotriches** 1890, Lar. (gr. *thriks*, cheveu), orchidées à fleurs en épis.

homard début XVIe s. (*hou-*), du danois *hummer* (allem. *Hummer*).

hombre 1657, Fougère, de l'esp. *hombre*, homme, celui qui mène la partie.

home 1807, Mme de Staël, mot angl. signif. « maison ».

homélie XIIe s., Evrat, du lat. eccl. *homilia*, réunion, entretien familier, empr. au gr.

homéo, homo du gr. *homoios* ou *homos*, semblable. ‖ **homéopathie** 1827, Bigel. ‖ **homéopathe** *id.* ‖ **homocentre** 1827, *Acad.* ‖ **homocerque** 1866, L. (gr. *kerkos*, queue). ‖ **homogène** 1503, Huguet, lat. *homogeneus*, empr. au gr. *homogenês* (*genos*, genre). ‖ **homogénéisation** 1907, *L. M.* ‖ **homogénéité** 1503, G. de Chauliac, du lat. *homogeneitas*, empr. au gr. ‖ **homographie** 1837, Chasles. ‖ **homologue** 1585, Stevin, du gr. *homologos*. ‖ **homologuer** début XVe s., du lat. *homologare*, empr. au gr. ‖ **homologation** début XVIe s. ‖ **homonyme** début XVIe s., du lat. *homonymus*, empr. au gr. (*onoma*, nom). ‖ **homonymie** 1534, Rab., « calembour »; 1836, gramm. ‖ **homophone** 1827, *Revue britannique* (gr. *phônê*, voix). ‖ **homophonie** 1752, Trévoux. ‖ **homosexuel** 1907, Lar. ‖ **homosexualité** 1907, *L. M.*

homérique 1546, Rab.; *rire homérique*, 1836, Balzac, de *Homère*, d'apr. le rire des dieux (*Iliade*, I).

homicide, hommage V. HOMME.

*****homme** Xe s., *Saint Léger* (*omne*); 842, *Serments* (*om*, cas sujet); du lat. *hŏmo, -ĭnis*. V. aussi ON. ‖ **homicide** XIIe s., *Saint Grégoire*, « action de tuer »; XIIe s., *Rois*, « celui qui tue »; du lat. *homicidium* et *homicida*, de *caedere*, tuer. ‖ **hommage** 1130, *Couronn. Loïs*, terme de féodalité. ‖ **hommasse** XIVe s. ‖ **homme-grenouille** XXe s. (1955, *le Monde*). ‖ **homme-sandwich** 1881. ‖ **hominisation, -ser** 1944, Teilhard de Chardin. ‖ **homuncule** 1611, *Recueil des révélations*; lat. *homunculus*, petit homme. ‖ **surhomme** 1895, Izoulet, Lar., calque de l'allem. *Uebermensch* (chez Nietzsche).

hongre XVe s., Le Jouvencel, ellipse de *cheval hongre*, c.-à-d. *hongrois*, l'usage de châtrer les chevaux venant de Hongrie. ‖ **hongrer** XVIe s., dans Huguet. ‖ **hongreur** fin XIXe s.

hongroyer XVIIIe s., de *Hongrie*, « méthode de tannage » (comme pour les cuirs de Hongrie). ‖ **hongroierie** fin XVIIe s. ‖ **hongroyage** fin XIXe s.

honnête 1125, *Gormont*, du lat. *hŏnĕstus*, honorable; *honnête homme*, 1580, Montaigne; *honnêtes gens*, polit., 1793. ‖ **honnêteté** 1260, Br. Latini, a remplacé *honesté* (Xe s., *Eulalie*); lat. *honestas*. ‖ **honnêtement** 1190, Garn. ‖ **déshonnête** 1283, Beaumanoir. ‖ **malhonnête** 1406, N. de Baye. ‖ **-té** 1676, Bonhours. ‖ **malhonnêtement** 1650.

honneur Xe s., *Saint Léger* (*honor*); du lat. *hŏnōs, -ōris*, réfection de la forme pop. *enour* (XIIe s.) d'apr. le lat. ‖ **honorable** 1120, *Ps. d'Oxford*; 1790, qualification des députés, empr. à l'angl.; du lat. *honorabilis*. ‖ **honorabilité** 1265, Br. Latini, rare jusqu'au XIXe s.; pour *honorableté*, lat. *honorabilitas*. ‖ **honorablement** fin XIIe s. ‖ **honoraire** adj., 1496, Delb.; s. m. sing., 1611, Cotgrave; plur., 1797, Voltaire; du lat. *honorarius*, au neutre, « donné à titre d'honneur », d'où profit. ‖ **honorariat** 1836, Raymond. ‖ **honorer** Xe s., *Saint Léger*, du lat. *hŏnōrāre*, réfection de *enorer*

(XIIe s.). ‖ **honorifique** fin XVe s., du lat. *honorificus.* ‖ **déshonneur** 1080, *Roland.* ‖ **déshonorer** 1190, Garn. ‖ **déshonorant** 1748, Thomas.

honnir début XIIe s., *Voy. de Charl.*, du francique **haunjan* (allem. *höhnen*). ‖ **honte** fin XIe s., « déshonneur »; XVIe s., « retenue »; du francique **haunita* (même rac. que *honnir*). ‖ **honteux** XIIe s., *Parthenopeus.* ‖ **éhonté** 1361, Oresme.

honte V. HONNIR.

hop 1828, Vidocq, onomatopée.

hôpital 1181, Le Grand, « établissement charitable », puis « recevant les malades », du lat. *hŏspĭtalis domus*, maison pour accueillir des hôtes, de *hospes, -itis*, hôte. ‖ **hospice** fin XIIIe s., *Mir. de saint Eloi*, « hospitalité »; XVIIe s., « couvent »; XIXe s., établissement pour vieillards; du lat. *hospitium*, hospitalité. ‖ **hospitalier** XIIe s., G. de Provins, « religieux qui accueille »; 1488, *Mer des hist.*, « accueillant »; du lat. *hospitalarius.* ‖ **hospitaliser** fin XVIIIe s., du lat. *hospitalis.* ‖ **hospitalisation** 1866, L. ‖ **hospitalité** fin XIIe s., G. de Provins, « charité »; XVIIIe s., « accueil »; du lat. *hospitalitas.* ‖ ***hôte** XIIe s., *Saxons* (*oste*), du lat. *hospes, -itis.* ‖ **hôtesse** XIIIe s. ‖ ***hôtel** fin XIe s., *Alexis*, « demeure »; XVIIe s., « hôtel particulier »; XIXe s., « hôtellerie »; du lat. *hospitale cubiculum*, chambre pour les hôtes. ‖ **hôtelier** 1130, *Saint Gilles.* ‖ **hôtellerie** 1130, *Saint Gilles* ‖ **hostellerie** XXe s., reprise de l'anc. orth. avec un sens particulier. ‖ **hôtel-Dieu** 1260, J. de Meung. ‖ **inhospitalité** XIVe s., du lat. *inhospitalitas.* ‖ **inhospitalier** 1649, Scarron.

hoquet 1314, Fauvel, « heurt »; XVe s., sens actuel; onomatopée. ‖ **hoqueter** XIIe s., « secouer »; 1538, R. Est., sens actuel.

hoqueton XIIe s., *Roncevaux* (*auque-*), refait sur *huque*, cape; de l'ar. *al-qutun*, le coton, blouse en coton.

horaire V. HEURE.

horde 1559, Postel; XVIIIe s., péjor.; du tartare *horda*, empr. au turc *ordu*, camp.

hordéine 1819, *Dict. sc. méd.*, du lat. *hordeum*, orge. ‖ **hordiacé** 1877, L.

horion XIIIe s., *Sept Sages*; peut-être de l'anc. fr. *oreillon*, coup sur l'oreille.

horizon XIIIe s., G. (*or-*), lat. *horizōn*, empr. au gr. *horizein*, borner. ‖ **horizontal** 1545, J. Martin; au fém., 1883, *l'Illustration*, « fille publique ». ‖ **horizontalement** 1596, Bér. de Verville.

horloge fin XIIe s., *Rois* (*oriloge*), masc. en anc. fr.; du lat. *horolŏgium*, empr. au gr. *hôrologion*, « qui dit (*legein*) l'heure (*hôra*) ». ‖ **horloger** s. m., v. 1360, Froissart (*orl-*); var. *horlogeur* jusqu'au XVIIe s.; adj., 1874, L. ‖ **horlogerie** 1660, Oudin, « fabrication »; 1762, *Acad.*, « pendule »; 1803, Boiste, « magasin ».

horminium 1600, O. de Serres, du lat. *horminium*, empr. au gr. *horminon*, plante à fleurs violettes.

hormis V. HORS.

hormone 1905, Starling (1911, *L. M.*); du gr. *hormân*, exciter. ‖ **hormonal** 1950, *L. M.* ‖ **hormonique** 1738, Lémery (*pilules hormoniques*).

hornblende 1827, *Acad.*, mot allem., de *Horn*, corne, et *blenden*, éblouir (ce métal a un éclat de corne).

horo- du gr. *hôra*, heure. ‖ **horographie** début XVIIe s. ‖ **horokilométrique** 1894, Sachs. ‖ **horoscope** XIVe s., lat. *horoscopus*, empr. au gr. *hôroscopos*, qui examine (*skopein*) l'heure de la naissance.

horreur 1160, Benoît, du lat. *horror.* ‖ **horrible** v. 1160, *Charroi*, du lat. *horribilis.* ‖ **horriblement** 1138, *Saint Gilles.* ‖ **horrifique** 1500, Crespet, du lat. *horrificus.* ‖ **horrifier** 1907, Lar.

horripiler 1843, Gautier, fig., du lat. *horripilare*, de *horrere*, se hérisser, et *pilus*, poil. ‖ **horripilation** 1495, J. de Vignay, « hérissement des poils »; XIXe s., fig.

hors fin XIe s., *Alexis*, var. de *fors*, avec un *h* sans doute pour mieux marquer l'hiatus dans *de hors.* ‖ **horsain** XIIIe s., « étranger ». ‖ **hormis** v. 1268, E. Boileau (*hors mise la clameur*); de *hors* et *mis*; c.-à-d. « étant mis hors ». ‖ **horsbord** v. 1930, calque de l'angl. *out board*, à l'extérieur de la coque (moteur). ‖ **hors-d'œuvre** fin XVIe s. ‖ **hors-jeu** XXe s., sports. ‖ **hors-la-loi** fin XIXe s., calque de l'angl. *out law*, hors de la loi. ‖ **hors-ligne** 1869, L. ‖ **hors-texte** fin XIX⁰ s. ‖ **dehors** Xᵉ s., *Saint Léger (defors)* ; XIIᵉ s. *(dehors)*.

horsain V. HORS.

hortensia av. 1773, Commerson, en l'honneur de la femme *(Hortense)* de l'horloger Lepaute (1801, *Courrier des spectacles)*.

horticole 1829, Boiste, du lat. *hŏrtus*, jardin, sur *agricole.* ‖ **horticulteur** 1829, Boiste. ‖ **horticulture** 1826, *Ann. soc. d'hort.* ‖ **hortillonnage** 1870, L., du picard *ortillon*, petit jardinier.

hosanna 1276, G. *(osanne)*, du lat. eccl. *hosanna*, empr. à l'hébreu *hoschî a-na*, sauvez, je vous prie.

hospice, hospitalier, hospitaliser, hospitalité, hostellerie V. HÔPITAL.

hostie XIIIᵉ s., « victime sacrifiée aux dieux » ; puis spécialisé comme terme chrét. ; du lat. *hostia.*

hostile 1450, Crétin, du lat. *hostilis*, de *hostis*, ennemi. ‖ **hostilité** milieu XIVᵉ s., du lat. *hostilitas.*

hôte, hôtel V. HÔPITAL.

hotte XIIIᵉ s., *Merlin (hote)* ; du francique *hotta (allem. dial. *hotze*, berceau). ‖ **hottée** fin XVᵉ s.

hottentot fin XIXᵉ s., mot hollandais signif. « bégayeur », et désignant un peuple qui parle une langue à sons claqués.

houari fin XVIIIᵉ s., de l'angl. *wherry*, même sens.

houblon 1413, *ms. de Dijon (oubelon)* ; en lat. médiév. *umblone* (IXᵉ s.), du moyen néerl. *hoppe* ou du francique **hummol.* ‖ **houblonnière** début XVIᵉ s. ‖ **houblonnier** 1868, L. ‖ **houblonner** 1694, *Acad.*

houe fin XIIᵉ s., *Rois*, du francique *hauwa (allem. *Haue).* ‖ **houer** fin XIIᵉ s., *Loherains.* ‖ **hoyau** 1312, G. *(hewel).*

houille 1502, texte du Creusot *(oille de charbon)* ; 1611, Cotgrave *(houille)* ; du wallon *hoye*, mot liégeois « fragment » *(hulhes*, 1278) ; la houille fut exploitée d'abord sur les rives de la Sambre et de la Meuse ; du francique *hukila, de *hukk*, bosse, monceau. ‖

houille blanche 1906, *l'Illustration*, créé par Cavour. ‖ **houiller** adj., 1793. ‖ **houillère** 1541, Guy Coquille. ‖ **houilleur** 1827, *Acad.* ‖ **houilleux** 1835, *Acad.*

houle 1484, Garcie, du germ. *hol* (allem. *hohl)*, creux, à cause du creux des vagues ; fig., XIXᵉ s. ‖ **houleux** 1716, Frézier ; fig., fin XIXᵉ s. ‖ **antihoule** XXᵉ s. (1955, *Combat).*

houlette 1278, A. de La Halle, de l'anc. fr. *houler*, lancer, empr. au francique.

houlque 1789, *Encycl. méth.*, du lat. *holcus*, orge sauvage, empr. au gr. *holkos.*

houp 1652, Richer, onom.

houppe début XIVᵉ s., Gillon, du francique *huppo, touffe. ‖ **houppier** 1343, G. ‖ **houppette** fin XIVᵉ s.

houppelande 1281, Froissart, de l'anc. angl. *hop, vêtement, et une deuxième partie d'orig. obscure.

hourd XIIIᵉ s., *Fabliau*, « palissade » ; du francique *hurd (allem. *Hûrde*, claie). ‖ **hourder** XIIᵉ s., *Chev. Ogier.* ‖ **hourdis** fin XIIᵉ s., *Loherains (hordeïs).*

houret 1661, Molière, peut-être de même rac. que l'anc. fr. *hourier*, débauché ; empr. au germ. *hora*, fille publique, ou dér. de *hure* ; désigne un mauvais chien de chasse.

houri 1654, Duloir, du persan *hoûrî*, empr. à l'ar. *hawrā*, plur. *hûr*, « qui a le blanc et le noir des yeux très prononcés ».

hourque 1326, G. *(hulke)*, du moyen néerl. *hulke*, croisé avec *hoeker*, autre type de bateau ; ancien navire de charge hollandais.

hourra 1722, Labat *(huzza)* ; 1830, Mérimée *(hurra)* ; de l'angl. *hurra*, onom. Le cri de guerre vient du russe *ura.*

hourvari 1561, Budé ; croisement entre *houre*, cri pour exciter les chiens, et *charivari.*

housard V. HUSSARD.

houseau XIIᵉ s., de l'anc. fr. *huese*, botte, empr. au francique *hosa (allem. *Hose*, culotte).

houspiller v. 1450, altér. de *houssepignier* (XIIIᵉ s., *Renart)*, peigner (c.-à-d.

battre) la housse, ou de *houx* (frapper avec du houx). ‖ **houspilleur** 1868, Lar. ‖ **houspillement** 1606, Nicot.

housse fin XIIe s., « mantelet », peut-être du francique **hulftia* (moyen néerl. *hulfte*, fourreau pour flèches). ‖ **housser** 1268, E. Boileau. ‖ **houssage** 1690, Furetière. ‖ **houssette** XVe s.

houssine V. HOUX.

houx fin XIIIe s., *Renart*, du francique **hulis* (allem. *Hulst*). ‖ **houssaie** fin XIIe s., G. ‖ **housser** fin XIIIe s., *Renart*, nettoyer. ‖ **houssière** 1341, G. ‖ **houssine** XVe s., Perceval, « verge de houx »; 1904, Loti, « petit houx ». ‖ **houssoir** XVe s., *Grant Herbier.*

hoyau V. HOUE.

hublot 1382, *Comptes de l'arsenal de Rouen* (*huvelot*); 1687, Desroches (*hulot*); XVIIIe s. (*hublot*); de l'anc. fr. *huve*, bonnet, d'origine francique.

huche fin XIIe s., G. Le Clerc (*huge*), mot de l'Ouest (lat. du XIe s. *hūtica*), d'origine germ. (*hutte* ou *hüten*, garder). ‖ **huchier** 1226, G.

hucher 1130, *Eneas*, peut-être du lat. *huc*, ici, ou du francique **hukôn*; appeler en criant.

hue 1653, Hémard, onomatopée.

huer 1130, *Eneas*, formation expressive, onom. ‖ **huée** XIIe s., *Roncevaux*. ‖ **huard** 1361, Oresme. ‖ **huette** 1555, Belon. ‖ **huage** 1732, *Trévoux*. (V. CHAT-HUANT.)

hugolien XXe s. ‖ **hugolique** av. 1880, Flaubert, de *V. Hugo.*

huguenot 1526, *Journal du syndic Jean Balard* (*ayguenot*); altér., sous l'infl. de *Hugues*, de l'allem. *Eidgenossen*, confédérés; employé d'abord à Genève v. 1520-1524, pour les patriotes hostiles au duc de Savoie (et dont le chef était *Hugues Besançon*), puis v. 1532, pour les Réformés.

*huile début XIIe s. (*olie, oile*); XIIIe s. (*uile*); le *h* évite la lecture *vile*; du lat. *oleum*, huile d'olive, de *olea*, olive. ‖ **huiler** 1488, *Mer des hist.* ‖ **huilerie** 1547, « moulin à huile »; XXe s., « usine ». ‖ **huileux** 1474. ‖ **huilage** début XIXe s. ‖ **huilier** v. 1268, E. Boileau, « fabricant »; XVIIe s., « ustensile ». ‖ **déshuiler** 1863, L. ‖ **déshuileur** 1911, *L. M.*

*huis XIIe s., *Roncevaux*, avec un *h* pour éviter *vis*; du bas lat. *ūstium* (ve s., M. Empiricus) [lat. *ŏstium*, porte]. Ne reste que dans *huis clos.* ‖ **huissier** 1138, *Saint Gilles*, « portier »; XVIe s., « officier de justice ». ‖ **huisserie** 1332, Gay.

*huit fin XIe s., *Lois de Guill.*, avec un *h* pour éviter *vit*; du lat. *octo.* ‖ **huitième** 1213, *Fet des Romains* (*uitisme*). ‖ **huitain** fin XVe s., « huitième »; 1555, Fossetier, *vers huitain.* ‖ **huitante** début XIIe s., *Voy. de Charl.*, anc. fr. *oitante.* ‖ **huitaine** début XVe s. ‖ **huitièmement** milieu XVIe s.

*huître 1265, Br. Latini (*oistre*); 1538 (*huître*), avec *h* qui évite la confusion avec *vitre*; du lat. *ostrea.* ‖ **huîtrier** début XVIIIe s. ‖ **huîtrière** début XVIe s.

hulotte 1530, Lefèvre d'Etaples; de l'anc. fr. *uler*, hurler, du lat. *ululare.*

humain 1130, *Eneas*, du lat. *humanus*, de *homo*, homme. ‖ **humainement** 1130, *Saint Gilles.* ‖ **humaniser** 1559, Amyot. ‖ **humanisation** XVIe s. ‖ **humanisme** 1765. ‖ **humaniste** 1539, Gruget. ‖ **humanité** 1120, *Ps. d'Oxford*, « caractère humain »; av. 1528, Bouchet, « études classiques »; abrév. de *studia humanitatis* (Cicéron : études littéraires); XVIIe s., « ensemble des humains ». ‖ **humanitaire** 1833, Michel Raymond. ‖ **humanitairerie** 1865, Zola. ‖ **humanitarisme** 1837, Balzac. ‖ **humanitariste** 1837, Balzac. ‖ **déshumaniser** 1647, Vaugelas. ‖ **déshumanisation** 1870, Lar. ‖ **inhumain** 1373, *Cart. Montreuil*, lat. *inhumanus.* ‖ **inhumanité** 1312, *Songe du Vergier.* ‖ **surhumain** 1578, Ronsard.

humble 1080, *Roland* (*humele*), du lat. *hŭmilis*; « humble », en lat. chrét. ‖ **humilité** Xe s., *Saint Léger*, du lat. chrét. *humilitas*; modestie (lat. class. « ce qui est bas physiquement »). ‖ **humilier** 1119, Ph. de Thaun, du lat. chrét. *humiliare.* ‖ **humiliation** 1495, J. de Vignay, du lat. *humiliatio* (IIIe s., Tertullien). ‖ **humiliant** 1160, Benoît.

humecter 1503, G. de Chauliac, du lat. *humectare*, mouiller. ‖ **humectation** 1314, Mondeville.

humer fin XIe s., formation expressive, onom. ‖ **humage** 1530, Palsgrave.

humérus v. 1560, Paré, du lat. *hŭmĕrus*, épaule. ‖ **huméral** 1541, Canappe, du bas lat. *humeralis*.

humeur 1119, Ph. de Thaun, « liquide »; 1314, Mondeville, méd.; XVe s., fig., d'après l'influence attribuée dans l'anc. méd. aux *humeurs cardinales* sur le caractère; du lat. *hŭmor*, liquide. ‖ **humoral** 1490, *Guidon en fr.*, du lat. médiév. *humoralis*. ‖ **humour** 1725, *Lettre sur les Anglais*, fém.; 1693, W. Temple, même sens, avec la graphie *humeur*; de l'angl. *humour*, empr. au fr. *humeur* au XVIIe s. ‖ **humoriste** 1578, Est., « maussade »; XVIIIe s., sens actuel; de l'ital. *humorista*, dans le premier sens; de l'angl. *humorist* dans le second. ‖ **humoristique** 1801, Mercier, de l'angl. *humoristic*.

humide 1495, J. de Vignay, du lat. *hŭmidus*. ‖ **humidité** 1361, Oresme, du lat. *humiditas*. ‖ **humidifier** 1649, Scarron. ‖ **humidification** fin XIXe s.

humilier, humilité V. HUMBLE.

hummock 1866, Blanchère, mot angl. signif. « monticule de glace sur la banquise ».

humoral, humour V. HUMEUR.

humus 1765, *Encycl.*, mot lat. signif. « terre, sol ».

hune 1138, *Saint Gilles*, de l'islandais *hûn*, tête de mât. ‖ **hunier** 1557, *Hist.*

hunter 1873, Lar., mot angl., de *to hunt*, chasser; cheval de chasse exercé à franchir les obstacles.

****huppe** 1119, Ph. de Thaun, « oiseau »; XVIe s., « touffe de plumes »; du lat. pop. *ŭpupa* (lat. class. *ŭpŭpa*), avec un *h* expressif, ou même rac. que *houppe*. ‖ **huppé** début XVe s.

hure 1190, Garn., « tête hérissée », origine sans doute germ. ‖ **huron** milieu XIVe s., « qui a la tête hérissée »; fig., « grossier »; XVIIe s., appliqué à une peuplade du Canada. ‖ **ahurir** 1270, G., s'applique d'abord à la tête hérissée du faucon; XVe s., sens actuel. ‖ **ahurissement** 1862, V. Hugo.

****hurler** 1160, Benoît (*usler*); XVe s. (*hurler*), avec *h* expressif; du lat. pop. **urulare* avec dissimilation des deux *l* (lat. class. *ululare*). ‖ **hurlement** v. 1160, Benoît (*usl-*). ‖ **hurleur** apr. 1750, Buffon.

hurluberlu 1562, Rab. (var. *-brelu, -burlu*, etc.); peut-être empr. à l'angl. *hurly burly* (v. 1540), de *hure* et de *berlue*; ou de *hurel*, « aux cheveux dressés ».

huron V. HURE.

hurricane fin XIXe s., mot angl. empr. à une langue des Caraïbes et désignant un cyclone tropical.

hussard 1532, *lettre* (*houssari*); fin XVIIe s. (*hussard*); var. *housard*; de l'allem. *Husar*, empr. au hongrois *huszar*, le vingtième (cavalier de l'armée hongroise).

hutte milieu XIVe s.; du moyen haut allem. *hütte* ou du francique *hutta*.

hyacinthe V. JACINTHE.

hyal(o)- du gr. *hulos*, pierre transparente. ‖ **hyalin** XVe s., Milet, du bas lat. *hyalinus*, empr. au gr. *hualinos*. ‖ **hyalite** 1827, *Acad.* ‖ **hyalographe** 1836, Landais. ‖ **hyaloïde** 1690, Furetière.

hybride 1596, Hulsius, du lat. *hibrida*, « de sang mêlé », altéré en *hybrida*, sous l'infl. du gr. *hubris*, violence. ‖ **hybridation** 1836, Landais. ‖ **hybrider** 1870, Lar. ‖ **hybridité** 1839, *Acad.*

hydr(o)- du gr. *udôr, udatos*, eau. ‖ **hydracide** 1831, *Acad.* ‖ **hydrargyre** XVIe s., du gr. *hudrarguros*, de *arguros*, argent. ‖ **hydrargyrose** 1765, *Encycl.* ‖ **hydrargirisme** 1856, Lachâtre. ‖ **hydrate** 1802, *Annales Museum.* ‖ **hydrater** 1836, Landais. ‖ **hydraulique** fin XVe s., Bouchard; du lat. *hydraulicus* (gr. *aulos*, flûte); désigne l'*orgue hydraulique*. ‖ **hydraulicien** 1803, Boiste. ‖ **hydravion** XXe s. ‖ **hydrazine** 1890, Lar. ‖ **hydre** v. 1160, *Charroi*, du lat. *hydrus, -a*, empr. au gr. ‖ **hydrémie** 1859, Lachâtre (gr. *haima*, sang). ‖ **hydrobase** 1949, *L. M.* ‖ **hydrocarbonate** 1842, *Acad.* ‖ **hydrocarbure** 1827, *Acad.* ‖ **hydrocèle** 1560, Paré (gr. *kêlê*, tumeur). ‖ **hydrocéphale** s., 1560, Paré; adj., 1798; du gr. *hudrokephalon* (*kephalê*, tête). ‖ **hydrocharidées** 1827, *Acad.* ‖ **hydrocution** 1954, *L. M.* (lat. *cutire*, frapper). ‖ **hydro-électrique** 1842, *Acad.* ‖ **hydrogène** 1787, Guyton de Morveau, « qui engendre l'eau ». ‖ **hydrogéné** 1802, *Annales Museum.* ‖ **hydrogénation** 1836, Landais. ‖ **hydroglisseur** XXe s. ‖

hydrographe 1548, Mizauld. ‖ **hydrographie** 1548, Rab. ‖ **hydrolat** 1842, *Acad.*, sur alco*ol* et suffixe *-at*. ‖ **hydrolithe** 1827, *Acad.* ‖ **hydrologie** milieu XVIIᵉ s. ‖ **hydrologue** 1827, *Acad.* ‖ **hydrolyse** fin XIXᵉ s. ‖ **hydromel** XVᵉ s., du lat. *hydromeli* (gr. *meli*, miel). ‖ **hydromètre** 1751, Desaguliers. ‖ **hydrométrie** 1740, *Trévoux*. ‖ **hydropathe** 1848; fin XIXᵉ s., club des *hydropathes*. ‖ **hydropathie** 1825, Preissnitz, « hydrothérapie ». ‖ **hydrophile** 1827, *Acad.*; 1762, Geoffroy, « coléoptère ». ‖ **hydrophobe** 1640, Oudin, du lat. *hydrophobus* (gr. *phobos*, peur). ‖ **hydrophobie** 1314, Mondeville. ‖ **hydropique** 1190, saint Bernard, du lat. *hydropicus* (gr. *hudrôps*, hydropisie). ‖ **hydropisie** 1190, Garn. ‖ **hydropneumatique** 1803, Morin. ‖ **hydroquinone** 1866, L. ‖ **hydrosilicate** 1842, *Acad.* ‖ **hydrosphère** fin XIXᵉ s. ‖ **hydrostaticien** 1911, *L. M.* ‖ **hydrostatique** 1691, Ozanam. ‖ **hydrothérapie** 1845, Besch. ‖ **hydrothérapique** 1873, Lar. ‖ **hydrotimètre** 1859, Lachâtre, du gr. *hudrôtes*, qualité d'un liquide. ‖ **hydroxyde** 1842, *Acad.* ‖ **hydrure** 1827, *Acad.*

hyène XIIᵉ s., G., du lat. *hyaena*, empr. du gr. *huaina*.

hygiène 1560, Paré (*-aine*), du gr. *hugieinon*, santé. ‖ **hygiénique** fin XVIIIᵉ s. ‖ **hygiéniste** 1830, Balzac. ‖ **antihygiénique** 1866, Lar.

hygro- du gr. *hugros*, humide. ‖ **hygroma** 1827, *Acad.* ‖ **hygromètre** 1666, *Mém. Acad. des sc.* ‖ **hygrométrie** 1783, Saussure. ‖ **hygrométrique** *id.* ‖ **hygrométricité** 1866, L. ‖ **hygroscope** 1690, Furetière (gr. *skopein*, examiner).

hylozoïsme 1765, *Encycl.*, du gr. *hulê*, matière, et *zôê*, vie; doctrine philosophique opposée au mécanisme cartésien.

hymen 1520, Falcon, « dieu du mariage », puis « mariage », du gr. *humenaios*. ‖ **hyménée** 1550, même orig. ‖ **hymen** v. 1560, Paré, « membrane », du bas lat. *hymen*, d'orig. gr. ‖ **hyménium** 1836, Landais, du gr. *humên*, membrane. ‖ **hyménomycètes** fin XIXᵉ s. (gr. *mukês*, champignon). ‖ **hyménoptères** 1765, *Encycl.* (gr. *pteron*, aile).

hymne début XIIᵉ s., *Ps. de Cambridge*, du lat. *hymnus*, empr. au gr. *humnos*.

hyoïde v. 1560, Paré, du gr. *huoeidês ostoûn*, os à l'aspect d'un *u*. ‖ **hyoïdien** 1654, Gelée.

hypallage 1596, Vigenère, du lat. *hypallage*, mot grec signif. « interversion ».

hyper- préfixe, du gr. *huper*, au-delà, au-dessus, employé dès le XVIᵉ s. dans les calques du grec; développé à la fin du XVIIIᵉ s. et surtout au XIXᵉ s., dans le vocabulaire médical, puis dans celui de la psychologie, il s'est répandu au XXᵉ s., dans les lexiques techniques et même dans la langue commune, comme préfixe intensif. Les mots composés avec le préfixe *hyper* sont au mot simple, quand celui-ci existe.

hyperbate 1594, *Ménippée*, du lat. *huperbaton*, mot grec signif. « traversé »; inversion de l'ordre habituel des mots.

hyperbole XIIIᵉ s., Delb., en rhétorique; 1646, Huygens, math.; du lat. *hyperbole*, du gr. *ballein*, lancer, *hyper*, au-dessus. ‖ **hyperbolique** 1546, Rab., du lat. *hyperbolicus*, d'orig. gr. ‖ **hyperboloïde** XVIIIᵉ s.

hyperborée 1372, Corbichon, du lat. *hyperboreus*, du gr. *boreas*, vent du Nord. ‖ **hyperboréen** apr. 1750, Diderot, qui habite l'extrême Nord.

hyperesthésie 1827, *Acad.*, du gr. *aisthêsis*, sensibilité.

hypermétrope 1870, Lar., du gr. *metron*, mesure, et *ops*, vue. ‖ **hypermétropie** 1870, Lar., anomalie de la vision où l'image de l'objet se forme en arrière de la rétine.

hypertrophie 1836, Landais, du gr. *trophê*, nourriture. ‖ **hypertrophier** 1842, *Acad.*; fig. XXᵉ s. ‖ **hypertrophique** 1842, *Acad.*

hypne 1771, *Trévoux*, du gr. *hupnon*, mousse sur les arbres.

hypn(o)- du gr. *hupnos*, sommeil. ‖ **hypnagogique** 1861, du gr. *agein*, conduire. ‖ **hypnose** 1878, Lar. ‖ **hypnotique** v. 1549, du lat. *hypnoticus*, mot gr., d'abord « relatif au sommeil »; XIXᵉ s., « relatif à l'hypnose ». ‖ **hypnotiser** XIXᵉ s. ‖ **hypnotiseur** XIXᵉ s. ‖

hypnotisme 1845, Besch., par l'angl. *hypnotism* (1843, Braid).

hyp(o)- du gr. *hupo*, sous, dessous, commun dès le XVIᵉ s., dans les mots empruntés au grec; il fait couple avec *hyper* dans le langage scientifique, à partir de la fin du XVIIIᵉ s., et ne cesse de se développer au cours du XIXᵉ s.

hypocauste milieu XVIᵉ s., du gr. *hupokauston*, de *kaiein*, brûler; fourneau souterrain pour chauffer les salles de bains.

hypocondre 1398, *Somme Gautier*, du lat. *hypochondrion*, de *khondros*, cartilage des côtes, et *hupo*, dessous. ‖ **hypocondriaque** v. 1560, Paré, du gr. *hupokhondriakos* (le trouble mental étant attribué au trouble des hypochondres du bas-ventre). ‖ **hypocondre** 1609, Régnier, « atteint d'hypocondrie ». ‖ **hypocondrie** 1490, *Guidon en fr.*

hypocoristique fin XIXᵉ s., du gr. *hupokoristikos*, caressant, de *korizesthai*, caresser; se dit d'un mot traduisant un sentiment affectueux.

hypocras v. 1415, Gréban, altér., d'après le préf. *hupo*, sous, de *Hippocrate* (Hippocras au Moyen Age), auquel on attribuait l'invention de ce breuvage.

hypocrite 1175, Chrét. de Troyes, du lat. *hypocrita*, empr. au gr. *hupokritês*, acteur. ‖ **hypocrisie** v. 1175, Chrét. de Troyes, du lat. *hypocrisia*, empr. au gr. *hupocrisia*, jeu de l'acteur.

hypogastre 1536, Guill. Chrestian, du gr. *hupogastrion* (*hupo*, sous, et *gastêr*, ventre, estomac). ‖ **hypogastrique** 1654, Gelée.

hypogée 1552, Rab., du lat. *hypogeum*, empr. au gr. *hupogeion* (*gê*, terre), tombeau souterrain.

hypoglosse 1752, *Trévoux*, du gr. *hupoglôssios*, de *hupo*, sous et *glôssa*, langue; nerf du cou.

hypophyse 1836, Landais, du gr. *phusis*, production (glande située sous l'encéphale et qui produit une hormone de croissance).

hypostase 1398, *Somme Gautier*, du lat. eccl. *hypostasis*, « ce qui est placé en dessous », c.-à-d. substance; empr. au gr. *hupostasis*, support.

hypostyle 1824, Champollion, gr. *hupostulos*, de *hupo*, sous, et *stulos*, colonne; se dit de la grande salle d'un temple égyptien dont le plafond est supporté par des colonnes.

hypoténuse 1520, E. de La Roche, du lat. *hypotenusa*, empr. au gr. *hupoteinousa*, « se tendant sous (les angles) », de *hupo*, sous et *teinein*, tendre.

hypothèque XIVᵉ s., Bouthillier, du lat. jurid. *hypotheca*, empr. au gr. *hupothêkê*, « ce qu'on met dessous », gage. ‖ **hypothéquer** milieu XIVᵉ s. ‖ **hypothécaire** 1305, G., du lat. *hypothecarius*.

hypothèse 1538, Canappe, du lat. impér. *hypothesis*, empr. au gr. *hupothesis*, ce qui est mis dessous. ‖ **hypothétique** 1290, Drouart, du lat. *hypotheticus*, empr. au gr. ‖ **hypothétiquement** XVIᵉ s.

hypotypose 1555, Peletier, du lat. *hypotyposis*, empr. au gr., signif. « ce qui frappe en dessous » (*tuptein*, frapper); description vivante, imagée, mettant sous les yeux la scène.

hypsomètre 1859, Lachâtre, du gr. *hupsos*, hauteur. ‖ **hypsométrie** 1829, Boiste. ‖ **hypsométrique** 1839, *Acad.*

hysope 1120, *Ps. d'Oxford*, du lat. *hyssôpus*, empr. au gr. *hussôpos*, mot sémitique, vulgarisé par les trad. de la Bible; plante aromatique.

hystér(o)- du gr. *hustera*, matrice, utérus. ‖ **hystérotomie** 1721, *Trévoux*. ‖ **hystérique** 1568, Grévin, du lat. *hystericus*, empr. au gr. *husterikos*, de même rac.; l'attitude des malades est considérée alors comme un accès d'érotisme. ‖ **hystérie** début XVIIIᵉ s. ‖ **hystériforme** 1878, Lar.

I

ïambe 1532, Rab. (*-bus*), mètre gréco-latin; fin XVIe s., Baïf, « pièce satirique », du lat. *iambus*, empr. au gr. *iambos*. ‖ **ïambique** 1466, Michault, du lat. *iambicus*, empr. au gr. *iambikos*.

ibéride 1615, Daléchamp (*iberis*), du lat. *iberis, -idis*, empr. au gr., signif. « cresson ».

ibérique 1767, *Encycl.*, de *Ibérie*, anc. nom de la péninsule hispanique.

ibidem fin XVIIe s., mot lat. signif. « ici même ».

ibis 1265, Br. Latini, mot lat., empr. au gr. *ibis*; oiseau de grande taille.

icaque 1555, Poleur, de l'esp. *icaco*, mot de la langue des Caraïbes; arbuste de Guyane.

iceberg 1715, *Descript. de l'île de J. Mayen*, mot angl., du norvégien *ijsberg*, montagne (*berg*) de glace (*ijs*).

icefield 1922, Lar., de l'angl. *ice*, glace, et *field*, champ.

ichneumon 1547, Rab., mot lat. empr. au gr., signif. « fureteur »; insecte parasite des chenilles.

ichnographie 1547, J. Martin, du lat. *ichnographia*, empr. au gr. *ikhnos*, trace, et *graphein*, décrire; terme d'architecture.

ichor 1538, Canappe, du gr. *ikhôr*, sang des dieux.

ichtyo- du gr. *ikhthus*, poisson. ‖ ‖ **ichtyol** 1890, Lar. ‖ **ichtyocolle** 1694, Pomet. ‖ **ichtyologie** 1649, suiv. *Trévoux*, du lat. zool. *ichtyologia*, fait sur le gr. ‖ **ichtyologiste** 1765, *Encycl.* ‖ **ichtyoïde** 1842, *Acad.* ‖ **ichtyodonte** 1765, *Encycl.* ‖ **ichtyophage** 1265, Br. Latini. ‖ **ichtyosaure** 1824, *Ann. de chimie.* ‖ **ichtys** 1765, *Encycl.*

*ici Xe s., *Passion*, du lat. pop. *ecce-hic*, forme renforcée (*ecce*, voilà) de *hic*, ici,

qui a donné *ci* (1080, *Roland*), resté dans *celui-ci, ce ... ci, ci-dessus*, etc. Le *i* initial vient de *illuec* (lat. **illôc*) ou de *hîc*, ici.

icoglan 1624, Deshayes (*ich-*), du turc *itchoghlân*, page (*oghlân*), de l'intérieur (*îtch*); officier du sultan.

icône 1838, *Acad.*, du russe *ikona*, empr. au gr. byzantin *eikona*, image sainte. ‖ **iconoclasme** 1836, Landais. ‖ **iconoclaste** 1610, Coton, du gr. *eikonoklastês*, de *klaein*, briser. ‖ **iconogène** fin XIXe s. ‖ **iconographie** 1701, Furetière. ‖ **iconographe** 1803, Morin. ‖ **iconographique** 1762, *Acad.* ‖ **iconolâtre** début XVIIIe s. ‖ **iconologie** 1690, Furetière. ‖ **iconoscope** 1877, L. ‖ **iconostase** 1786, Coxe (*-sus*); 1842, Marmier (*-se*), gr. *stasis*, action de poser; écran à trois portes couvert d'images dans les églises des rites orientaux.

icosaèdre 1542, Bovelles (*icosedron*); 1551, Loys Le Roy; du lat. *icosaedrum*, empr. au gr. *eikosaedron* (*eikosi*, vingt, et *edra*, face); corps solide de vingt faces planes.

ictère fin XVIe s., du gr. *ikteros*, jaunisse. ‖ **ictérique** 1560, Paré.

ictus 1867, L., « coup, mesure », musique; 1878, Lar., méd., du lat. *ictus*, coup.

idéal V. IDÉE.

idée 1119, Ph. de Thaun, « forme des choses, image »; 1265, J. de Meung, représentation dans la pensée; XVIIe s., « projet »; du lat. philos. *idea*, empr. au gr. signif. « apparence, forme », de *idein*, voir; *se faire une idée*, XVIe s., Ronsard; *donner une idée*, 1758, Helvétius; *avoir dans l'idée*, 1666; *idée fixe*, 1836, Landais; *idées innées*, av. 1647, Descartes; *idée noire*, 1790. ‖ **idéal** adj., 1551, Du Parc; s. m., 1765, Diderot; du bas lat. *idealis* (ve s., Capella);

subst. repris à l'allem. ‖ **idéalisation** 1831, Balzac. ‖ **idéaliser** 1794, Villeterque. ‖ **idéalement** milieu XVIe s. ‖ **idéalisme** 1752, *Trévoux*, philos.; 1869, J. Buzon, polit. ‖ **idéaliste** 1749, Diderot. ‖ **idéalité** 1841, *Fr. peints par euxmêmes*. ‖ **idéation** 1870. ‖ **idéologie** 1796, Destutt de Tracy; péjor., 1800. ‖ **idéologiste** 1796. ‖ **idéologique** début XIXe s. ‖ **idéologue** XVIIe s.; 1800, esprit chimérique. ‖ **idéographie** 1829, Nodier. ‖ **idéogramme** 1873, Lar.

idem 1501, *Jardin de plaisance*, mot lat. signif. « la même chose ». ‖ **identifier** 1610, Coton. ‖ **identification** *id.*, du lat. médiév. *identificare*. ‖ **identique** *id.* ‖ **identité** 1361, Oresme, du bas lat. *identitas*. ‖ **identifiable** 1908, *L. M.*

identifier, identique, idéologie V. IDEM, IDÉE.

idiome 1527, Dassy (*ydiomat*); 1544, Des Périers (*idiome*); du lat. *idioma*, empr. au gr. signif. « particularité propre à une langue ». Aux XVIe-XVIIe s., le sens a été aussi celui de « idiotisme ». ‖ **idiomatique** 1845, Besch.

idiopathie 1586, Suau, du gr. *idiopatheia*, de *idios*, propre, et *pathos*, maladie. ‖ **idiopathique** 1602, Taxil.

idiosyncrasie 1581, Nancel, du gr. *idiosugkrasia*, de *sugkrasis*, mélange, tempérament; syn. de *anaphyllaxie*.

idiot 1180, *Roman d'Edouard* (*idiote*), « illettré »; XVIIe s., sens actuel; du lat. *idiota, -tes*, sot, empr. au gr. signif. « particulier », puis « homme du commun, ignorant ». ‖ **idiocratie** 1871, E. Blanc. ‖ **idiotie** 1838, *Acad.*; créé par Esquirol pour remplacer *idiotisme* (1611, Cotgrave) devenu équivoque.

idiotisme 1558, Des Périers; du lat. *idiotismus*, empr. au gr. *idiotismos*, usage particulier; expression particulière à une langue.

idoine XIIIe s., *Richars li Biaus*, du lat. *idoneus*, « propre à »; auj. seulement ironique.

idole 1080, *Roland* (*idele*); 1265, J. de Meung (*idole*); du lat. chrét. *idolum*, empr. au gr. *eidôlon*, image. ‖ **idolâtre** 1265, J. de Meung, du lat. chrét. *idololatres* (IIIe s.), Tertullien, empr. au gr. *eidololatres*, de *eidolon*, image, et *latreuein*, adorer, avec confusion de suf-

fixe (*-astre*, de *douceâtre*, *verdâtre*, etc.). ‖ **idolâtrer** 1398, E. Deschamps. ‖ **idolâtrie** fin XIIe s., *Rois*, du lat. chrét. *idolatria*, empr. au gr. *eidolatria*. ‖ **idolâtrique** 1560, Bonivard.

idylle 1555, Vauquelin de La Fresnaye (*idillie*); XIXe s., fig.; de l'ital. *idillio*, issu du lat. *idyllium*, empr. au gr. *eidullion*, petit poème lyrique (appliqué tardivement aux églogues de Théocrite). ‖ **idyllique** 1845, Besch.

if 1080, *Roland*, du gaulois *ivos*. ‖ **ive** XVe s., *Grant Herbier*, forme fém. ‖ **ivette** milieu XVIIIe s. ‖ **iveteau** 1690, Furetière.

igame v. 1950, sigle de Inspecteur Général de l'Administration en Mission Extraordinaire. ‖ **igamie** *id.*

igloo 1880, Hall, mot esquimau.

igname 1515, Redouer, de l'esp. *(i)ñame*, mot africain.

ignare 1361, Oresme, du lat. *ignarus*.

igné XVe s., Robertet, du lat. *igneus*, de *ignis*, feu. ‖ **ignicole** 1732. ‖ **ignifère** 1827, *Acad.* ‖ **ignifuge** 1890, Lar. (lat. *fugare*, mettre en fuite). ‖ **ignifuger** fin XIXe s. ‖ **ignifugation** 1906, Lar. ‖ **ignition** 1596, Vigenère.

ignoble 1398, E. Deschamps, « non noble » (jusqu'au XVIIe s.); le sens fig. « vil » l'a emporté au XVIIe s., du lat. *ignobilis*, de *in* priv. et *nobilis*, noble.

ignominie 1468, Chastellain, du lat. *ignominia* (*in* priv. et *nomen*, nom), réputation. ‖ **ignominieux** 1327, J. de Vignay, du lat *ignominiosus*.

ignorer 1330, *Girart de Roussillon*, du lat. *ignorare* (*in* priv. et *noscere*, connaître). ‖ **ignorance** 1120, *Ps. d'Oxford*, du lat. *ignorantia*. ‖ **ignorant** 1253, Rob. Grossetête, du lat. *ignorans*. ‖ **ignorantin** 1752, *Trévoux*, de l'ital. *frati ignoranti* (1604), nom des frères de Saint-Jean-de-Dieu; puis frères des écoles chrétiennes (péjor.). ‖ **ignorantissime** 1594, *Sat. Ménippée*, superlatif repris à l'ital. ‖ **ignorantisme** 1829, Boiste.

iguane 1533, Martyr (*iguana*); 1579, Benzoni (*iguanné*); de l'esp. *iguano*, mot caraïbe; gros lézard.

igue 1906, Lar., « aven », mot du Quercy, d'orig. obscure.

*il 842, *Serments*, du lat. pop. **illī*, lat. *ille*, nominatif du démonstratif (celui-là), devenu pronom en lat. pop. ‖ **ils** XIVᵉ s., a remplacé au cas sujet l'anc. fr. *il*, du lat. *illī*. ‖ **lui** cas régime du datif lat. pop. **illui*, d'apr. *cui*. ‖ **eux** (anc. fr. *els*), de l'acusatif lat. *illos*. ‖ **leur** (anc. fr. *lor*), du génitif pl. *illorum*, devenu adj. possessif et pronom datif atone. (V. OUI.)

ilang-ilang 1890, Lar., nom d'une langue indigène des Moluques; plante.

*île XIIᵉ s., *Saxons* (*isle*), du lat. pop. **isula* (lat. *insula*). ‖ **îlot** 1484, Garcie (*islot*), a éliminé *islet*. ‖ **insulaire** 1516, Delb., du lat. impér. *insularis*. ‖ **presqu'île** 1544, Apian, sur le lat. *paeninsula* (*paene*, presque), calque du gr. *khersonēsos*. ‖ **insularité** 1838, *Acad.*

iléon 1392, *Ménagier*, du lat. méd. *ileum*, du gr. *eilein*, enrouler, tordre. Désigne le gros intestin, à cause des circonvolutions nombreuses de cet organe. ‖ **ileus** XIVᵉ s., du gr. *ileon*, même rac.; occlusion intestinale aiguë.

iliaque 1560, Paré (*veine iliaque*), du lat. *iliacus*, de *ilia*, flancs; *os iliaque* 1611, Cotgrave.

ilicacées fin XIXᵉ s., du lat. *ilex, -icis*, houx.

il-, im-, in-, ir- formes diverses du préfixe négatif *in*. Les mots ainsi construits sont indiqués pour la plupart aux mots simples.

illégal V. LÉGAL.

illégitime V. LÉGITIME.

illettré V. LETTRE.

illicite V. LICITE.

illico 1507, Thierry, du lat. jurid. médiév. signif. « en cet endroit » (*in loco*).

illimité V. LIMITE.

illuminer fin XIIᵉ s., *Grégoire*, « rendre la vue »; 1361, Oresme, « éclairer »; du lat. *illuminare*, de *lumen*, lumière. ‖ **illuminé** 1653, Brunot, « qui a des visions », sens fig. ‖ **illumination** 1361, Oresme; v. 1559, Amyot, « action d'éclairer »; du lat. *illuminatio*. ‖ **illuminisme** 1809, Cadet de Gassicourt. ‖ **illuministe** 1838, *Acad.*

illusion 1120, *Ps. d'Oxford*, « moquerie »; XIIIᵉ s., « fausse apparence »; du lat. *illusio*, ironie, de *ludere*, moquer. ‖ **illusionner** 1801, Mercier. ‖ **illusion-** nisme 1907, Lar. ‖ **illusionniste** 1926, *Merc. de France*; 1930, Lar., « prestidigitateur ». ‖ **illusoire** XIVᵉ s., du lat. *illusorius*. ‖ **désillusion** 1834, M. Masson. ‖ **désillusionner** 1828, H. Raisson; retirer ses illusions à quelqu'un.

illustre 1468, Chastellain, du lat. *illustris*, lumineux, de *lustrare*, éclairer. ‖ **illustrer** 1495, J. de Vignay, « rendre illustre »; 1611, Cotgrave, « éclaircir »; 1842, *Acad.*, « orner de gravures »; du lat. *illustrare*. ‖ **illustration** XIIIᵉ s., G., « apparition »; 1611, Cotgrave, « explication »; 1829, *Rev. brit.*, « gravure »; du lat. *illustratio*. ‖ **illustré** s. m., v. 1930. ‖ **illustrateur** 1240, *Bible*, « qui rend illustre »; 1873, Lar., « graveur », du lat. *illustrator*. ‖ **illustrissime** 1481, G.

ilote 1568, Amyot, du lat. *ilota*, empr. au gr. *heilôtês*; 1823, Boiste, « celui qui est au dernier rang ». ‖ **ilotisme** 1827, *Acad.*

im- forme du préfixe *in-* devant *m* et *p*. V. les composés aux mots simples.

image fin XIᵉ s., *Alexis* (*imagene*); « statue »; 1175, Chr. de Troyes, « portrait dessiné »; 1550, « symbole »; du lat. *imago, -ginis*. ‖ **imagerie** XIIIᵉ s., G., « art de l'imagier »; 1829, Boiste, « commerce d'images ». ‖ **imagette** 1918, *L. M.* ‖ **imager** XIIIᵉ s., de Longuyon; 1795, Snetlage, fig., surtout au part. passé. ‖ **imagier** v. 1268, E. Boileau, « sculpteur » et « peintre ». ‖ **imaginer** 1297, G., « peindre »; v. 1360, Froissart, sens actuel; du bas lat. *imaginari*. ‖ **imagination** v. 1160, Benoît, « hallucination »; XVᵉ s., « vision »; 1580, Montaigne, sens actuel; du bas lat. *imaginatio*. ‖ **imaginable** 1377, Oresme. ‖ **imaginaire** fin XVᵉ s. ‖ **imaginatif** 1495, J. de Vignay, du bas lat. *imaginativus*.

imaginer V. IMAGE.

iman 1559, Postel, de l'arabe et du turc *imâm*. ‖ **imanat** 1827, *Acad.*

imbécile 1495, J. de Vignay, « faible »; XVIIᵉ s., « stupide »; du lat. *imbecillus*. ‖ **imbécillité** 1355, Bersuire, du lat. *imbecillitas*.

imberbe V. BARBE 1.

imbiber 1503, G. de Chauliac, du lat. *imbĭbĕre*, qui a donné *imboire*. ‖ **imbibition** milieu XIVᵉ s., du lat. *imbibitio*.

imboire V. BOIRE.

imbriqué 1575, Thevet, du lat. *imbricatus*, disposé comme des tuiles, de *imbrex*, tuile. ‖ **imbriquer** 1836, Landais, « chevaucher ». ‖ **imbrication** 1836, Landais.

imbroglio fin XVII⁰ s., Bossuet, mot ital., de *imbrogliare*, embrouiller; d'abord au théâtre, « situation confuse ».

imbu V. BOIRE.

imiter XIV⁰ s., du lat. *imitari*. ‖ **imitateur** XIV⁰ s., du lat. *imitator*. ‖ **imitation** 1220, Coincy, du lat. *imitatio*. ‖ **imitatif** 1466, Michault, du bas lat. *imitativus*. ‖ **inimitable** début XVI⁰ s., du lat. *inimitabilis*.

immaculé V. MACULER.

immanent 1370, Oresme; 1873, Lar., *justice immanente*; du lat. scolastique *immanens*, part. prés. de *immanere*, de *manere*, demeurer. ‖ **immanence** 1859, Mozin. ‖ **immanentisme** 1907, *L. M.*

immarcescible 1482, Landry, du lat. chrét. *immarcescibilis* (III⁰ s., Tertullien), de *marcescere*, se flétrir; terme eccl., « qui ne peut se flétrir ».

immatériel V. MATÉRIEL.

immatriculer V. MATRICULE.

immédiat 1382, Delb., du bas lat. *immediatus* (VI⁰ s., Boèce), qui se fait sans intermédiaire. ‖ **immédiatement** début XVI⁰ s.

immémorial V. MÉMOIRE.

immense 1360, G., « complet »; 1452, A. Gréban, « très grand »; du lat. *immensus*, « qui ne peut être mesuré ». ‖ **immensité** 1495, J. de Vignay, du lat. *immensitas*. ‖ **immensément** fin XVII⁰ s., Saint-Simon.

immerger 1501, F. Le Roy, « enfoncer dans la terre »; 1653, Pascal, « plonger dans l'eau »; du lat. *immergere*, de *mergere*, plonger. ‖ **immersion** 1372, Golein, du lat. *immersio*.

immeuble V. MEUBLE.

immigrer 1769, *Ephém. du citoyen* (*-é*); 1838, *Acad.* (*-er*); du lat. *immigrare*, de *in*, dans, et *migrare*, changer de résidence. ‖ **immigrant** 1787, Clavière. ‖ **immigration** 1768, *Ephém. du citoyen*, du lat. *immigratio*. (V. ÉMIGRER; MIGRATION.)

imminent XIV⁰ s., *Chron. de Flandres*, du lat. *imminens*, part. prés. de *imminere*, menacer. ‖ **imminence** 1787, Féraud, du bas lat. *imminentia*.

immiscer (s') 1482, G., du lat. *immiscere*, de *miscere*, mêler. ‖ **immixtion** 1701, Furetière, du bas lat. *immixtio*, mélange.

immobile, immodéré, immodeste V. MOBILE, MODÉRER, MODESTE.

immoler 1495, J. de Vignay, sens propre; fin XVI⁰ s., d'Aubigné, fig.; du lat. *immolare*. ‖ **immolateur** début XVI⁰ s. ‖ **immolation** XIII⁰ s. G., du lat. *immolatio*.

immonde 1220, Coincy, du lat. *immŭndus*, de *mŭndus*, propre. ‖ **immondices** id., du lat. *immŭnditiae* (préf. *in* privatif).

immortel, immuable V. MORT, MUER.

immunité fin XIII⁰ s., « sûreté »; fin XV⁰ s., « exemption de charge »; *-diplomatique*, 1890, Lar.; méd., 1866, L. (contre la variole); du lat. *immunitas*, dispense, exemption, de *munus*, charge. ‖ **immuniser** 1907, Lar., donner l'immunité, en biologie. ‖ **immunisation** id. ‖ **immunologie** milieu XX⁰ s.

immutabilité V. MUTER.

impact 1827, *Acad.*, du lat. *impactus*, part. passé de *impingere*, heurter. ‖ **impacter** 1620, J. Béguin. ‖ **impaction** 1821, Wailly, du lat. *impactio*.

impair, impalpable, imparfait V. PAIR, PALPER, PARFAIT.

impartir 1374, G., du lat. jurid. *impartiri*, donner une part, accorder comme don; surtout au part. pass. *imparti*.

impasse, impassible V. PASSER, PASSION.

impastation 1690, Furetière, du lat. *pasta*, pâte; composition faite de substances broyées et mises en pâte.

impeccable V. PECCABLE.

impécunieux V. PÉCUNE.

impédance XX⁰ s., mot angl., du lat. *impedire*, empêcher; pour les courants alternatifs, équivalent de résistance.

impedimenta 1877, Lar., mot lat. signif. « bagages ».

impénétrable V. PÉNÉTRER.

impénitent V. PÉNITENT.

impenses XVᵉ s., Martial d'Auvergne, du lat. *impensa*, dépenses; spécialisé en vocabulaire juridique.

impératif 1220, d'Andeli; XVIᵉ s., « impérieux »; du lat. impér. *imperativus*, de *imperare*, commander.

impératrice V. EMPEREUR.

imperceptible V. PERCEVOIR.

impérial 1130, *Eneas*, empr. du bas lat. *imperialis*, de *imperium*, empire. ‖ **impériale** début XVIᵉ s. (de voiture), parce qu'elle est placée au-dessus; 1817, A. J. S., *Histoire des moustaches* (barbiche mise à la mode ensuite par Napoléon III). ‖ **impérialisme** 1836, *Acad.*, « pouvoir impérial »; 1880, *le Figaro*, « expansion dominatrice »; repris à l'angl. *imperialism*. ‖ **impérialiste** milieu XVIᵉ s., « partisan de l'empire d'Allemagne »; début XIXᵉ s., « partisan du régime napoléonien »; 1893, *le Temps*, « expansionniste »; repris à l'angl. *imperialist*. ‖ **anti - impérialiste** 1896, Ch. de Ricault.

impérieux 1420, A. Chartier, du lat. *imperiosus*, de *imperium*, empire. ‖ **impérieusement** 1500, J. Lemaire.

impéritie XIVᵉ s., du lat. *imperitia*, de *peritus*, expérimenté; manque d'expérience, d'habileté.

imperméable, -personnel, -pertinent, -perturbable V. PERMÉABLE, PERSONNE, PERTINENT, PERTURBER.

impétigo 1480, Lanfranc (*impetige*), mot du lat. méd., de *impetere*, attaquer. Même image que dans *éruption*.

impétrer 1283, Beaumanoir, du lat. *impetrare*, obtenir. ‖ **impétrant** 1347, Isambert, part. prés.; celui qui obtient de l'autorité compétente un titre, un *diplôme*.

impétueux 1220, Coincy, du bas lat. *impetuosus*, de *impetus*, élan. ‖ **impétuosité** XIIIᵉ s., G., du bas lat. *impetuositas*.

impie V. PIEUX.

implacable 1455, Fossetier, du lat. *implacabilis*, de *placare*, apaiser; qu'on ne peut apaiser, adoucir. ‖ **implacabilité** 1868, Goncourt.

implanter V. PLANTER.

implexe 1660, Corneille, du lat. *implexus*, entremêlé, de *plectere*, tresser; se dit d'un ouvrage dont l'intrigue est compliquée.

implicite V. IMPLIQUER.

impliquer XIVᵉ s., Delb., du lat. *implicare*, envelopper, embarrasser, de *plicare*, plier. ‖ **implication** 1836, Landais, du lat. *implicatio*. ‖ **implicite** XIVᵉ s., du lat. *implicitus*, « enveloppé dans le sens », d'où « sous-entendu ».

implorer fin XIIIᵉ s., du lat. *implorare*, de *plorare*, pleurer; supplier en attirant la pitié.

1. importer milieu XIVᵉ s., « se rapporter à »; 1536, Rab., « être de conséquence »; réfection de l'anc. fr. *emporter*, d'apr. le lat. *importare*, « porter dans », et par ext. « causer, susciter ». ‖ **importance** 1361, Oresme. ‖ **important** fin XVᵉ s.

2. importer 1396, texte de Dieppe, « faire entrer des marchandises », de l'angl. *to import*, du lat. *importare*, « porter dans ». ‖ **importateur** 1756, marquis de Mirabeau. ‖ **importation** 1734, Brunot, de l'angl. *importation*. ‖ **réimporter** 1792, Frey. ‖ **réimportation** 1838, *Acad.*

importun 1495, J. de Vignay, « pressant »; XVᵉ s., sens actuel; du lat. *importunus*, difficile à aborder, de *portus*, port. ‖ **importuner** 1508, G. ‖ **importunité** fin XIIᵉ s., du lat. *importunitas*.

imposer XIIᵉ s., G. de Saint-Pair; XVIᵉ s., *en imposer* (par le respect); adaptation, d'apr. *poser*, du lat. *imponere*, « placer dans », par ext. « charger, se tromper ». ‖ **imposant** 1715, Lesage. ‖ **imposable** 1454, G. ‖ **imposition** fin XIIIᵉ s., « impôt », du lat. *impositio*; sens premier dans *imposition des mains*. repris au lat. eccl. ‖ **impôt** fin XIVᵉ s. (*impost*), adaptation, d'apr. *dépôt*, du lat. *impositum*, part. passé de *imponere*. ‖ **réimposer** 1549, R. Est. ‖ **surimposer** fin XVIIᵉ s. ‖ **surimposition** 1611, Cotgrave.

imposte 1545, Van Aelst, de l'ital. *imposta*, « placée sur », du lat. *imponere*. (V. IMPOSER.)

imposteur 1532, Rab., du bas lat. *impostor*, de *imponere*, tromper. ‖ **impos-**

ture 1190, Garn. (*emp-*), du bas lat. *ĭmpostura*.

impôt V. IMPOSER.

impotent 1308, G., du lat. *impotens*, impuissant, de *posse*, pouvoir. ‖ **impotence** v. 1265, J. de Meung, du lat. *impotentia*; spécialisé en méd.

imprécation v. 1355, Bersuire, du lat. *imprecatio*, de *imprecari*, souhaiter du mal à quelqu'un, de *precari*, prier.

imprégner 1125, *Ps.* (*emp-*), « féconder »; 1620, « pénétrer »; fig., fin XVIIᵉ s.; repris à *empreindre*, par confusion homonymique; réfection, d'apr. le lat., de l'anc. fr. *empregnier*, du bas lat. *impraegnari*, de *praegnans*, enceinte. ‖ **imprégnation** fin XIVᵉ s., action de féconder; 1690, Furetière, au sens actuel de « pénétration ».

imprésario 1762, Chevrier, mot ital., de *impresa*, entreprise.

impression V. IMPRIMER.

imprimer fin XIIIᵉ s., « presser »; 1530, Palsgrave, *-un livre*; du lat. *imprĭmĕre*, « presser sur ». ‖ **imprimerie** fin XVᵉ s., Delb. ‖ **imprimeur** 1441, G. ‖ **imprimatur** 1873, Lar., mot lat. signif. « qu'il soit imprimé ». ‖ **impression** 1259, G., « empreinte »; XVᵉ s., en imprimerie; XVIᵉ s., fig.; du lat. *impressio*, de *imprimere* (part. *impressus*). ‖ **impressionner** 1741, Gauchet; XIXᵉ s., en photo. ‖ **impressionnable** 1780, Thouvenel. ‖ **impressionnabilité** 1841, *Fr. peints par eux-mêmes.* ‖ **impressionnisme** 1876, L. ‖ **impressionniste** 1874, Leroy, d'apr. l'*Impression* de Monet. ‖ **impressif** 1827, *Acad.* ‖ **réimprimer** 1538, Marot. ‖ **réimpression** 1690, Furetière. ‖ **surimpression** 1908, Babin.

improbation V. IMPROUVER.

improbe V. PROBE.

impromptu 1653, Scarron, du lat. *in promptu*, en évidence, d'où, en fr., sur-le-champ, puis pièce improvisée.

impropre V. PROPRE.

improuver 1361, Oresme, adaptation, d'apr. *approuver*, du lat. *improbare*, désapprouver. ‖ **improbateur** début XVIIᵉ s., Balzac, du lat. *improbator*. ‖ **improbation** v. 1450, Gréban, du lat. *improbatio*.

improviser 1642, Oudin, de l'ital.

improvvisare, de *improvviso*, imprévu, issu du lat. *improvisus*. ‖ **improvisateur** 1765, *Encycl.* ‖ **improvisation** 1807, Staël. ‖ **improviste (à l')** 1528, Du Bellay, de l'ital. *improvvisto*, syn. de *improvviso*; il a remplacé l'anc. fr. *à l'impourvu*.

imprudent V. PRUDENT.

impubère V. PUBÈRE.

impudent, impudique V. PUDEUR.

impulsion 1315, G., du lat. *impulsio*, de *pellere* (*pulsus*), pousser. ‖ **impulsif** 1390, Conty, du lat. médiév. *impulsivus*. ‖ **impulsivité** 1907, Lar.

imputer fin XIIIᵉ s., Rutebeuf (*emp-*), 1361, Oresme; du lat. *impŭtare*, « porter en compte », de *putare*, compter. ‖ **imputable** 1361, Oresme. ‖ **imputation** 1468, Chastellain, du bas lat. *imputatio*.

in- préfixe privatif issu du latin qui a connu un développement continu jusqu'au XVIIIᵉ s., où le préfixe *non* a limité son aire d'emploi, comme au XXᵉ s. le préfixe d'origine grecque *a(n)-*; préfixe lat. signif. « dans » et que l'on trouve en composition de nombreux mots d'orig. latine.

inaccessible V. ACCÉDER.

inadvertance milieu XIVᵉ s., du lat. scolastique *inadvertentia*, de *advertere*, faire attention, se tourner vers; faute de celui qui ne prend pas garde.

inanité 1495, *Mir. hist.*, du lat. *inanitas*, de *inanis*, vide, vain. ‖ **inanition** 1240, *Épître Jérôme*, du bas lat. *inanitio*, action de vider; spécialisé dans le sens de « privation des aliments ».

inaugurer 1355, Bersuire, « consacrer »; 1835, *Acad.*, sens actuel; du lat. *inaugurare*, prendre les augures, consacrer. ‖ **inauguration** *id.*, du lat. *inauguratio*. ‖ **inaugural** 1670, Chapelain.

incamérer 1666, Leti, de l'ital. *incamerare*, incorporer à la chambre (ital. *camera*), symbole des trésors de l'Eglise romaine.

incandescent 1771, *Trévoux*, du lat. *incandescens*, de *incandescere*, être en feu. ‖ **incandescence** 1771, Schmidlin.

incantation XIIIᵉ s., G., du bas lat. *incantātio*, de *incantare* (v. ENCHANTER). ‖ **incantatoire** 1884, Mallarmé.

incarcérer 1392, Du Cange (*en-*); rare jusqu'au XVIII° s.; du lat. médiév. *incarcerare*, de *carcer*, *-ris*, prison (v. CHARTRE 2). ‖ **incarcération** 1314, Mondeville, « étranglement de hernie »; XV° s., « mise en prison ».

incarnadin 1600, O. de Serres, de l'ital. dial. *incarnadino*, couleur de chair, de *carne*. ‖ **incarnat** 1532, Rab., de l'ital. *incarnato*.

incarner 1495, *Mir. historial*, du lat. eccl. *incarnare*, de *caro*, *-carnis*, chair. Le sens méd. (*ongle incarné*) est refait sur le lat. (anc. fr. *encharné*). ‖ **incarnation** 1119, Ph. de Thaun, du lat. eccl. *incarnatio*. ‖ **désincarné** 1891, Huysmans. ‖ **réincarner** XX° s. ‖ **-nation** 1875, Lar.

incartade début XVII° s., de l'ital. *inquartata*, terme d'escrime pris au fig., parade rapide portée à un coup droit en se jetant rapidement de côté.

incendie milieu XII° s. (*encendi*); début XVII° s. (*incendie*); du lat. *incendium*. ‖ **incendier** fin XVI° s.; XX° s., fig., « injurier ». ‖ **incendiaire** XIII° s., G., du lat. *incendiarius*.

inceste 1130, *Job*, « commerce charnel entre parents », du lat. *incestus*, non chaste; 1495, J. de Vignay, « personne qui commet l'inceste », du lat. *incestum*. ‖ **incestueux** XIII° s., G., du lat. *incestuosus*.

inchoatif 1380, *Aalma*, « qui est au commencement »; XVI° s., gramm.; lat. *inchoativus*, de *inchoare*, commencer.

incident 1265, J. de Meung, du lat. scolast. *incidens*, part. prés. de *incidere*, survenir, « tomber sur »; adj., XIII° s., gramm., phys. ‖ **incidence** 1360, Froissart, « ce qui survient »; XVII° s., *Huetiana*, phys. ‖ **incidenter** 1649, Retz, faire naître des incidents au cours d'un procès.

incinérer 1488, *Mer des hist.*, rare jusqu'au XIX° s. (1836, Landais), du lat. *incinerare*, de *cinis*, *cineris*, cendre. ‖ **incinération** 1390, E. de Conty, du lat. médiév. *incineratio*.

incise V. INCISER.

inciser 1418, G., réfection de l'anc. fr. *enciser*, couper; du lat. pop. **incisare*, de *incidere*, couper. ‖ **incise** 1770, Rousseau, du lat. *incisa*, coupée. ‖ **incisif**

1314, Mondeville, méd.; 1831, Stendhal, « mordant »; du lat. méd. *incisivus*. ‖ **incisive** (*dent*) 1560, Paré. ‖ **incision** 1314, Mondeville, du lat. *incisio*.

inciter 1190, saint Bernard, du lat. *incitare*, de *ciere*, mettre en mouvement. ‖ **incitation** 1360, Froissart, du lat. *incitatio*.

incivil V. CIVIL.

inclément V. CLÉMENT.

incliner 1213, *Fet des Romains*, « saluer », tr.; XVI° s., intr.; fin XIX° s., *s'incliner* (*au combat*); réfection, d'apr. le lat., de l'anc. fr. *encliner* (1080, *Roland*), issu du lat. *inclinare*. ‖ **inclinaison** 1611, Huet, sens propre. ‖ **inclination** 1220, Coincy, du lat. *inclinatio*, sens fig. ‖ **inclinable** 1622, Vigenère.

inclure fin XIV° s., du lat. *includere*, enfermer; usité surtout au part. passé *inclus* (lat. *inclusus*); de *claudere*, fermer. ‖ **ci-inclus** 1690, Furetière. ‖ **inclusif** 1688, Miege, du lat. médiév. *inclusivus*. ‖ **inclusivement** fin XIV° s. ‖ **inclusion** fin XVI° s., du lat. *inclusio*.

incognito fin XVI° s. (*incognit*), mot ital. signif. « inconnu », du lat. *incognitus*.

incomber 1468, Chastellain, du lat. *incumbere*, peser sur.

incombustible, incommensurable, incompatible, incompétent, incongru, inconséquent, inconsidéré, inconstant V. COMBUSTIBLE, MESURE, COMPATIBLE, COMPÉTENT, CONGRU, CONSÉQUENT, CONSIDÉRER, CONSTANT.

incontinent adv. XIII° s., du lat. jurid. *in continenti* (*tempore*), dans un temps continu, sur-le-champ.

incontinence, incontinent adj. V. CONTINENT 1.

inconvénient 1220, Coincy, du lat. *inconveniens*, qui ne convient pas.

incorporer, incorruptible, incrédule V. CORPS, CORROMPRE, CRÉDULE.

incriminer milieu XVI° s.; rare jusqu'à la Révolution, du lat. *incriminare*, de *crimen*, *-inis*, accusation. ‖ **incriminable** 1842, *Acad.*

incruster fin XVI° s.; fig., 1931, Lar.; du lat. *incrustare*, de *crusta*, croûte. ‖

incrustation milieu XVIᵉ s., du lat. *incrustatio*.

incubation 1694, Th. Corn., « action de couver les œufs » ; 1834, Landais, fig. ; du lat. *incubatio*, action de couver les œufs ; le sens propre se rencontre d'abord. || **incuber** 1771, *Trévoux*. || **incubateur** 1877, L.

incube 1256, Ald. de Sienne, du lat. *incubus*, cauchemar, de *incubare*, « coucher sur » ; démon qui abuse des femmes pendant leur sommeil.

inculper début XVIᵉ s., qui a remplacé l'anc. fr. *encoulper* ; du lat. *inculpare*, de *culpa*, faute. || **inculpation** XVIᵉ s., rare jusqu'au XVIIIᵉ s., du lat. *inculpatio*. (V. COULPE.)

inculquer 1512, Lemaire, du lat. *inculcare*, fouler, de *calx, -cis*, talon ; graver, faire entrer dans l'esprit.

inculte V. CULTIVER.

incunable 1802, Peignot, du lat. *incunabula*, pl. neutre, berceau, au fig., « commencement » ; spécialisé pour les toutes premières productions de l'imprimerie, Beughem, 1688, Amsterdam.

incurie milieu XVIᵉ s., du lat. *incūria*, manque de soin, de *cūra*, soin.

incuriosité V. CURIEUX.

incursion 1355, Bersuire ; fig., 1836, Landais, du lat. *incursio*, invasion, de *currere*, courir.

incurver 1551, Finé (-*é*) ; 1838, *Acad.* (-*er*) ; du lat. *incurvare*, courber. || **incurvation** 1803, Boiste.

incuse 1692, Jobert, en numismatique ; du lat. *incusa*, frappée.

inde 1265, J. de Meung, « bleu », du lat. *indicus*, de l'Inde. (V. INDIGO.)

indécis, -ision V. DÉCIDER.

indéclinable V. DÉCLINER.

indéfectible V. DÉFICIENT.

indéfini V. DÉFINIR.

indélébile 1541, Calvin, du lat. *indelebilis*, indestructible, de *delere*, détruire.

indemne 1384, G. (*indamne*), du lat. *indemnis* de *in* priv. et *damnum*, dommage. || **indemniser** 1398, Delb. || **indemnisation** 1754, Formey. || **indemnité** 1278, texte de Limoux, du lat. *indemnitas*.

indescriptible V. DÉCRIRE.

index 1503, G. de Chauliac, « doigt » ; XVIᵉ s., « table des matières », « catalogue des livres interdits par le pape », d'où *mettre à l'index*, 1835, *Acad.* ; mot lat. signif. « indicateur », par abrév. de doigt indicateur, table indicatrice. || **indexer** 1954, *L. M.* || **indexation** 1954, *L. M.*

indican 1873, Lar., du lat. *indicum*, indigo ; terme de chimie.

indicateur, indication V. INDIQUER.

indice 1488, *Mer des hist.*, du lat. *indicium*, signe révélateur ; du XVIᵉ s. au XVIIIᵉ s. (1532, Rab.) le sens de *index*. || **indiciaire** s. m., 1500, « chroniqueur » ; adj., XVIᵉ s., « qui révèle ». || **indiciel** 1953, *le Monde*.

indicible V. DIRE.

indienne 1632, Peiresc, du nom de l'*Inde*, où se fabriquait cette étoffe.

indifférent 1314, Mondeville, « sans préférence » ; 1669, Racine, « insensible » ; 1704, *Trévoux*, en religion ; du lat. *indifferens*, ni bon ni mauvais, *de in* priv. et *differre*, être différent. || **indifféremment** 1314, Mondeville. || **indifférence** 1377, Oresme, même évolution, du lat. *indifferentia*. || **indifférentisme** 1750, Ritter, en religion ; 1869, J. Amigues, en polit. || **indifférer** 1888, Villatte. || **indifférencié** 1908, *L. M.*

indigène 1532, Rab. ; repris au XVIIIᵉ s. (1743, Geffroy) ; du lat. *indigena*, « qui est né dans le pays ». || **indigénat** 1699, d'Alhérac.

indigent 1265, J. de Meung ; pendant la Révolution, « ouvrier » ; du lat. *indigens*, « qui manque de », de *egere*, manquer. || **indigence** *id.*, du lat. *indigentia*.

indigeste, -tion V. DIGÉRER.

indigne V. DIGNE.

indigo 1544, Fonteneau, mot esp., du lat. *indicum*, « de l'Inde ». || **indigoterie** 1657, Du Tertre. || **indigotier** 1718, Reneaume. || **indium** 1863, Reich et Richter, d'apr. les deux raies bleu indigo de son spectre.

indiquer début XVIᵉ s., du lat. *indĭcare*, de *index, -icis*, « qui montre ». || **indicateur** 1498, Tardif, « celui qui indique un objet, une personne »; XVIᵉ s., « objet indiqué »; *-de police*, XIXᵉ s. || **indication** 1495, J. de Vignay, du lat. *indicatio*. || **indicatif** 1361, Oresme, « qui indique »; XIVᵉ s., s. m., gramm., du lat. *indicativus*. || **contre-indiquer** 1835, *Acad*. || **contre-indication** 1741, *Trévoux*.

indiscret, indissoluble, indistinct V. DISCRET, DISSOUDRE, DISTINGUER.

indium V. INDIGO.

individu 1242, Lanfranc, adj., « particulier à une espèce »; s. m. XVIIᵉ s., « personne déterminée »; du lat. *individuum*, indivisible. || **individuel** 1551, Du Parc, qui a remplacé *individual* (XVᵉ s.). || **individuellement** 1551, Rab. || **individualité** 1760, Bonnet. || **individualisation** 1803, Boiste. || **individualiser** 1767, d'Olivet. || **individualisme** 1826, *le Globe*, terme polit. opposé à *socialisme*; 1854, About, sens actuel. || **individualiste** 1836, Raymond. || **individualitaire** 1845, Cabet. || **individuelliste** 1871, Tolain.

indivis, indolent V. DIVISER, DOLÉANCE.

indri 1780, Sonnerat, exclamation malgache, prise pour le nom du singe.

indu V. DEVOIR.

indubitable V. DOUTER.

induire XIIIᵉ s., « amener »; 1361, Oresme, « conclure »; XIXᵉ s., phys.; du lat. *inducere*, de *ducere*, conduire. || **induction** 1290, Drouart, « tentation »; 1361, Oresme, « raisonnement »; 1842, *Acad*., phys.; du lat. *inductio*. || **inductance** fin XIXᵉ s., par l'angl. || **inducteur** 1624, Nostradamus; 1866, L., en phys. || **inductif** 1495, J. de Vignay, « qui pousse », du lat. scolastique *inductivus*; XIXᵉ s., phys.

indulgent 1540, Marot, relig., et sens actuel, du lat. *indulgens*, « qui remet une peine ». || **indulgence** 1190, saint Bernard, « rémission des péchés »; XVIᵉ s., sens actuel; du lat. *indulgentia*. || **indult** 1498, G., du lat. eccl. *indultum*, accordé, de *indulgere*, concéder.

indurer XVᵉ s., P. Michault, « endurcir », rare jusqu'au XIXᵉ s., où il entre dans le voc. méd.; du lat. *indurare*, qui a donné aussi *endurer*. || **induration** 1350, Digulleville, « obstination »; 1827, *Acad*., méd.; du lat. *induratio*.

indusie 1827, *Acad*., du lat. *indusium*, chemise; fourreau fossile de larve de phrygane.

industrie XIIᵉ s., « activité »; v. 1355, Bersuire, « habileté » (jusqu'au XVIIIᵉ s.); XVᵉ s., « métier »; XVIIIᵉ s., sens actuel; du lat. *industria*, activité; *chevalier d'-*, 1633, d'apr. le nom d'une association de malfaiteurs (trad. de *El Buscón*, roman esp. de Quevedo). || **industriel** adj. 1770, Galiani; s. m., 1821, Saint-Simon. || **industrieux** 1495, J. de Vignay, confondu au XVIIIᵉ s. avec *industriel*; du lat. *industriosus*, actif. || **industrialisation** 1894, Sachs. || **industrialiser** 1836, Balzac. || **industrialisme** 1823, Saint-Simon.

industrieux V. INDUSTRIE.

indut 1732, *Trévoux*, du lat. eccl. *indutus*, habillé.

induvie 1827, *Acad*., du lat. *induvium*, écorce; cupule membraneuse qui enveloppe un ou plusieurs fruits.

inédit V. ÉDITER.

ineffable 1495, *Mir. historial*, « qui ne peut être dit »; XVIIᵉ s., « inexprimable »; du lat. *ineffabilis*, de *fari*, parler.

inégal V. ÉGAL.

inéluctable 1509, O. de Saint-Gelais, du lat. *ineluctabilis*, de *luctari*, lutter; rare jusqu'à la fin du XVIIIᵉ s. (C. Desmoulins). || **inéluctablement** 1876, L.

inénarrable V. NARRER.

inepte 1495, J. de Vignay, « incapable » (jusqu'au XVIIᵉ s.); XVᵉ s. « stupide »; du lat. *ineptus* (in priv. et *aptus*, apte). || **ineptie** 1546, Palmerin; XVIᵉ s., « sottise »; du lat. *ineptia*. || **ineptement** 1380, G.

inerme XVIᵉ s., A. Du Moulin, du lat. *inermis*, sans arme; spécialisé en bot. « qui n'a ni épines, ni aiguillon ».

inerte 1534, Rab. (*inert*), « ignorant »; 1752, *Trévoux* (*-erte*), phys.; du lat. *iners*, incapable, de *ars*, habileté. || **inertie** 1361, Oresme, « maladresse »; 1732, Richelet, phys.

inexorable V. EXORABLE.

inexpiable V. EXPIER.

inexpugnable 1355, Bersuire ; XVIe s., fig.; du lat. *expugnabilis*, de *expugnare*, enlever d'assaut (préf. *in* privatif).

in extenso V. EXTENSION.

inextinguible V. EXTINCTION.

in extremis V. EXTRÊME.

inextricable 1361, Oresme, du lat. *inextricabilis*, de *extricare*, débarrasser. ‖ **inextricablement** 1827, *Acad.*

infâme 1356, *Complainte sur la bataille de Poitiers*, « déshonoré » (jusqu'au XVIIe s.) ; XVIIe s., « déshonorant » ; du lat. *infamis* (*in* priv. et *fama*, renommée). ‖ **infamie** XIIIe s., « déshonneur » (jusqu'au XVIIe s.) ; du lat. *infamia*. ‖ **infamant** 1557, Lespinasse, de *infamer* (XIIIe s., *Sept Sages*), disparu.

infant 1407, Lannoy, de l'esp. *infante*, du lat. *infans*, enfant.

infanterie fin XVe s. (*en-*), de l'anc. ital. *infanteria* (auj. *fanteria*), du lat. *infans*, enfant, valet.

infanticide 1564, Rab., « celui qui tue un enfant » ; 1611, Cotgrave, « meurtre d'un enfant » ; du bas lat. *infanticidium*. ‖ **infantile** 1563, Bonivard, qui a remplacé *enfantile* (XIIe s.) ; XIXe s., méd.; du lat. *infantilis*, de *infans, -tis*, enfant. ‖ **infantilisme** 1907, Lar.

infantile V. INFANTICIDE.

infarctus 1867, L., du lat. *in*, dans, et *farcire*, farcir ; lésion localisée qui revêt l'aspect de la farce.

infatigable V. FATIGUER.

infatuer V. FAT.

infect 1495, J. de Vignay, « corrompu » (jusqu'au XVIIIe s.) ; XVIIIe s., sens actuel; du lat. *infectus*, de *inficere*, souiller. ‖ **infecter** 1488, *Mer des hist.*, « souiller » (jusqu'au XVIIe s., confondu avec *infester*) ; XVIIIe s., sens actuel. ‖ **infection** 1130, *Job*, « pensée impure » ; 1314, Mondeville, « souillure » (jusqu'au XVIIe s.) ; XVIIe s., sens actuel. ‖ **infectieux** 1838, *Acad.*, qui remplace *infectueux* (XIVe s.). ‖ **désinfecter** 1558, Noguier. ‖ **désinfectant** 1812, Capuron. ‖ **désinfection** 1630, Tamisier. ‖ **réinfecter** 1549, R. Est.

inféodation, -inféoder V. FIEF.

inférer fin XIVe s., « être la cause de » ; 1452, Gréban, « être la cause de » ; du lat. *inferre*, porter dans, puis « alléguer ».

inférieur 1495, *Mir. historial*, du lat. *inferior*, comparatif de *inferus*, « placé dessous ». ‖ **inférioriser** 1894, Sachs. ‖ **infériorité** début XVIe s.

infernal V. ENFER.

infester 1390, Du Cange, « attaquer » ; 1690, Furetière, « ravager » ; du lat. *infestare*, de *infestus*, ennemi.

infime XIVe s., *Nature à Alchimiste*, « situé au plus bas » ; av. 1877, L., « tout petit » ; du lat. *infimus*, superlatif de *inferus*, « placé dessous ». ‖ **infimité** fin XVIIe s., Saint-Simon.

infini 1214, *Bible*, « sans bornes » ; XVIIe s., « très grand nombre » ; du lat. *infinitus*, non limité. ‖ **infiniment** fin XIVe s. (*-nitment*). ‖ **infinité** 1214, *Bible*, du lat. *infinitas*. ‖ **infinitésime** 1752, *Trévoux*. ‖ **infinitésimal** début XVIIIe s. ‖ **infinitif** 1398, E. Deschamps, du lat. gramm. *modus infinitivus*, mode qui est indéfini (il n'indique ni la personne ni le nombre).

infirme milieu XIIIe s., « malade » (jusqu'au XVIIe s.) ; XVIIIe s., sens actuel; a remplacé l'anc. fr. *enfermé*, du lat. *infirmus*. ‖ **infirmité** 1265, Le Grand, « faiblesse physique et morale » (jusqu'au XVIIe s.), qui a remplacé *enfermeté*, du lat. *infirmitas*. ‖ **infirmer** 1361, Oresme, « affaiblir » ; XIVe s., « annuler » ; du lat. jurid. *infirmare*, de *firmus*, fort. ‖ **infirmation** fin XVe s., du lat. *infirmatio*. ‖ **infirmerie** 1606, Nicot, sur le sens de *infirme*, malade, qui a remplacé *enfermerie* (1300). ‖ **infirmier** fin XIVe s., qui a remplacé *enfermier* (1298, Delb.).

inflammable, inflammation Voir FLAMME 1.

inflation XVe s., *Régime de santé*, méd., « gonflement » ; 1922, Lar., sens monétaire, empr. à l'angl.; du lat. *inflatio*, enflure, de *flare*, souffler. ‖ **inflationniste** 1894, Sachs, de l'angl. *inflationist*. ‖ **déflation** 1922, Lar., sur *inflation*. ‖ **déflationniste** 1959, Lar. ‖ **anti-inflationniste** 1959, Lar.

infléchir, inflexible, inflexion V. FLÉCHIR.

infliger 1495, *Mir. historial*; rare jusqu'au XVIIe s.; du lat. *infligere*, frapper. || **inflictif** 1611, Cotgrave.

inflorescence V. FLEUR.

influenza 1782, Mme d'Epinay; mot ital. signif. « influence, épidémie » (grippe venue d'Italie en 1743).

influer 1398, E. Deschamps, en astrologie, « faire pénétrer » (jusqu'au XVIIe s.); XVIe s., intr., « avoir une action sur »; XVIIIe s., fig., « agir sur »; du lat. *influere*, couler. || **influence** 1365, J. de Meung, même évolution; du lat. *influentia*. || **influencer** 1771, Delolme. || **influençable** 1837, Balzac. || **influx** 1547, G., « influence », 1835, *Acad.*, *influx nerveux*; du lat. *influxus*, « action de couler dans ».

influx, in-folio, informe V. INFLUER, FOLIO, FORME.

informer 1190, Garnier (*en-*), « donner une forme »; 1286, Delb., « interroger » (jusqu'au XVIIe s.); 1450, « mettre au courant »; du lat. *informare*, instruire. || **informateur** 1360, Froissart. || **information** 1274, Delb., jurid.; XXe s., renseignement donné au public; *id.*, cybernétique.

infortune V. FORTUNE.

1. **infra** XIXe s., « ci-dessous », adv. lat.

2. **infra-** préf., du lat. *infra*, au-dessous.

infraction 1250, Delb., du bas lat. *infractio*, de *frangere*, briser (V. ENFREINDRE). || **infracteur** XVIe s.

infrangible 1555, Belon, du lat. *in* priv. et *frangere*, briser.

infructueux V. FRUIT.

infus XIIIe s., *Simples Médicines*, méd.; XVIe s., Calvin, fig. (jusqu'au XVIIe s.); auj. seulement *science infuse* (d'abord théolog., science infusée par Dieu à Adam); du lat. *infusus* (*in*, dans, et *fundere*, répandre). || **infuser** fin XIVe s., *Nature à Alchimie*, méd.; 1752, *Trévoux*, théolog. || **infusion** XIIIe s., *Simples Médicines*, pharm.; XIIIe s., théol.; du lat. *infusio*, action de répandre dans. || **infusoire** fin XVIIIe s., du lat. sc. *infusorius*, créé par Wrisberg en 1765.

ingambe 1575, Monluc (*en gambe*), de l'ital. *in gamba*, « en jambe », alerte.

ingénier (s') 1395, Chr. de Pisan, du lat. *ingenium*, esprit. || **ingénieur** 1559, Amyot, « constructeur d'*engins*, de machines »; XVIIe s., « celui en qui en donne le plan »; XIXe s., « titre »; réfection de l'anc. fr. *engeignor*, de *engin*, d'apr. le lat *ingenium*. || **ingénieux** fin XIVe s., « doué » (jusqu'au XVIIe s.), de l'anc. fr. *engeignous*. || **ingénieusement** 1380, *Aalma*. || **ingéniosité** début XIVe s.

ingénu XIIIe s., G., « homme libre », « naturel » (jusqu'au XVIIe s.); 1611, Cotgrave, « naïf »; 1829, Boiste, « rôle de théâtre »; du lat. *ingenuus*, né libre. || **ingénument** milieu XVIe s., « franchement » (jusqu'au XVIIe s.). || **ingénuité** 1541, Calvin, « état d'homme libre »; 1611, Cotgrave, « naïveté »; du lat. *ingenuitas*.

ingérer (s') 1361, Oresme, du lat. *ingenere*, « porter dans »; ingérer, tr. 1835, *Acad.* || **ingérence** 1866, L. || **ingestion** 1825, Brillat-Savarin, du lat. *ingestio*, même rac. (V. DIGÉRER.)

ingrat 1361, Oresme, du lat. *ingratus* (*in* priv. et *gratus*, reconnaissant). || **ingratitude** 1265, J. de Meung, du lat. *ingratitudo, -inis*.

ingrédient 1508, Delb., du lat. *ingrediens*, part. prés. de *ingredi*, « entrer dans ».

inguinal 1560, Paré, du lat. *inguen, -inis*, aine; terme du vocabulaire anatomique.

ingurgiter 1488, *Mer des hist.*, méd.; rare jusqu'au XIXe s.; du lat. *ingurgitare*, engouffrer, de *gurges, -itis*, gouffre. || **ingurgitation** *id.*, du lat. *ingurgitatio*.

inhabile V. HABILE.

inhaler 1825, Brillat-Savarin, du lat. *inhalare*, « souffler sur ». || **inhalation** 1760, d'Holbach, du lat. *inhalatio*. || **inhalateur** 1873, Lar.

inhérent 1503, G. de Chauliac, du lat. *inhaerens*, « attaché à », durable. || **inhérence** 1377, G., rare jusqu'au XVIIIe s.

inhiber 1495, J. de Vignay, « interdire », du lat. *inhibere*, retenir. || **inhibition** XIIIe s., Macé de La Charité, jurid.; XXe s., méd., du lat. *inhibitio*. || **inhibitif** 1604, Goulart.

inhumain V. HUMAIN.

inhumer 1495, J. de Vignay, du lat. *inhumare*, mettre en terre, de *humus*. ||

inhumation 1417, *Testament de Besançon*.

inimitable V. IMITER.

inimitié v. 1300, G., réfection de l'anc. fr. *enemistié* (1145, G.), d'apr. le lat. *inimicus*, ennemi.

inique 1308, Aimé, « défavorable »; XVIᵉ s., « injuste »; du lat. *ĭnīquus* (*in* priv. et *aequus*, égal, juste). ‖ **iniquité** 1120, *Ps. d'Oxford*.

initial 1130, *Job*; rare jusqu'au XVIIIᵉ s.; du lat. *ĭnĭtialis*, de *initium*, commencement. ‖ **initialement** 1867, L. ‖ **initiation** 1488, *Mir. hist.*, du lat. *initiatio*. ‖ **initiateur** 1586, *Le Loyer*, du lat. *initiator*. ‖ **initiative** 1567, Delb.; 1787, Féraud. ‖ **initier** 1355, Bersuire, alchimie; XVIIᵉ s., « enseigner »; du lat. *ĭnĭtĭare*, commencer, initier aux mystères.

injection XIIIᵉ s., Lanfranc de Milan, méd., du lat. *injectio*, de *jacere*, lancer. ‖ **injecter** 1555, Belon (*injetter*), méd.; XVIIIᵉ s., « introduire un liquide » et *yeux injectés*; du lat. *injectare*. ‖ **injecteur** 1838, *Acad.*, « qui injecte »; 1867, L., techn.

injonction V. JOINDRE.

injure fin XIIᵉ s., « dommage » et « injustice » (jusqu'au XVIIᵉ s.); XVIIᵉ s., *injures de l'âge*; XIIIᵉ s., « insulte »; du lat. *injūria*, injustice. ‖ **injurier** 1266, G., « endommager »; XIVᵉ s., « offenser »; du lat. *injuriari*. ‖ **injurieux** 1300, Du Cange, « qui cause du tort », « injuste » (jusqu'au XVIIᵉ s.); fin XIIᵉ s., « offensant ». ‖ **injurieusement** 1333, Delb.

inné V. NAÎTRE.

innervation V. NERF.

innocent 1080, *Roland*, « non nuisible »; XIIIᵉ s., « non coupable »; XVIᵉ s., « simple d'esprit »; du lat. *innocens*, de *nocere*. ‖ **innocemment** 1372, Golein (*centement*). ‖ **innocence** v. 1120, *Ps. d'Oxford*, jurid.; 1611, Cotgrave, « naïveté »; du lat. *innocentia*. ‖ **innocenter** 1530, Marot, « dire innocent »; début XVIIIᵉ s., « rendre innocent ».

innocuité fin XVIIIᵉ s., du lat. *innocuus*, inoffensif, de *nocere*, nuire.

innombrable V. NOMBRE.

innover V. NEUF 2.

in-octavo milieu XVIᵉ s., mots lat. signif. « en huitième ».

inoculer 1722, *Encycl.*, de l'angl. *to inoculate* (1714-1722); vaccine introduite de Constantinople en Angleterre; mot repris au lat. *inoculare*, greffer en écusson, de *oculus*, œil; 1859, Renan, fig. ‖ **inoculable** 1770, Voltaire. ‖ **inoculateur** 1752, *Trévoux*. ‖ **inoculation** 1722, *Encycl.*, de l'angl. *inoculation*; a signifié « greffe » (1580) et « transfusion » (1667, Huet).

inodore V. ODEUR.

inonder 1120, *P. d'Oxford* (*enunder*), « déborder »; 1265, Br. Latini (*inon-*); XVIIᵉ s., Corn., fig.; du lat. *inundare*, de *unda*, onde. ‖ **inondation** 1265, J. de Meung; XVIIᵉ s., Retz, fig., du lat. *inundatio*.

inopiné XIVᵉ s., du lat. *inopinatus*, non pensé, imprévu. ‖ **inopinément** fin XVᵉ s. (V. OPINER.)

inopportun V. OPPORTUN.

inouï V. OUÏR.

in-pace s. m., milieu XVIᵉ s., mots lat. signif. « en paix », d'apr. la loc. *vade in pace*, prononcés quand on enfermait une personne dans les cachots des couvents.

in partibus 1703, Fénelon, de la loc. lat. eccl. *in partibus infidelium*, dans les contrées des infidèles (en parlant des diocèses); fin XIXᵉ s., sens étendu.

in petto milieu XVIIᵉ s., loc. ital. signif. « dans sa poitrine » (appliquée d'abord aux nominations de cardinaux non proclamées).

in-plano 1835, *Acad.*, mots lat. signif. « en plan », c.-à-d. sans pliage.

in-quarto milieu XVIᵉ s., mots· lat. signif. « en quart ».

inquiet V. QUIET.

inquisition 1160, Benoît, « recherche »; XIIIᵉ s., relig.; XVIᵉ s., tribunal; XVIIᵉ s., fig.; du lat. jurid. *inquisitio*, de *quaerere*, chercher. ‖ **inquisiteur** XVᵉ s., Molinet, relig.; 1873, Lar., fig.; du lat. *inquisitor*. ‖ **inquisitorial** début XVIᵉ s., du lat. eccl. *inquisitorius*.

insalubre V. SALUBRE.

insane début XVᵉ s. (*insané*); 1784, *Courrier de l'Europe* (*insane*); du lat.

insanus (*in* priv. et *sanus*, sain). ‖ **insa-nité** 1784, *Courrier de l'Europe*, du lat. *insanitas*.

insatiable V. SATIÉTÉ.

inscrire début XIII⁰ s. (*en-*), « tracer », du lat. *inscribere*, refait d'apr. *écrire*; *s'inscrire en faux*, 1611, Cotgrave. ‖ **inscription** milieu XV⁰ s., « action d'inscrire »; 1510, Lemaire de Belges, « texte gravé »; 1721, *Trévoux*, « sur un registre »; 1835, *Acad., inscription maritime*, du lat. *inscriptio*. ‖ **inscripteur** av. 1841, Jouy. ‖ **réinscrire** 1878, Lar. ‖ **réinscription** *id.*

insécable V. SÉCABLE.

insecte début XVI⁰ s., adj. (*bête insecte*), du lat. *insecta*, pl. neutre de *insectus*, coupé, calque du gr. *entomos*, même sens, à cause des étranglements des corps des insectes. ‖ **insecticide** 1859, Mozin. ‖ **insectivore** milieu XVIII⁰ s.

insensé V. SENSÉ.

insensible V. SENSIBLE.

inséparable V. SÉPARER.

insérer 1319, Delb., du lat. *īnsĕrĕre*, introduire. ‖ **insertion** 1560, Paré, du bas lat. *insertio*.

insidieux 1420, Delb.; repris au XVIII⁰ s. (1777, Beaumarchais); du lat. *insidiosus*, de *insidiae*, embûches. ‖ **insidieusement** fin XV⁰ s., Lemaire de Belges.

insigne adj., XIV⁰ s.; du lat. *insignis*, remarquable, de *signum*, signe; s. m., fin XV⁰ s.; rare jusqu'au XIX⁰ s.; du neutre substantivé *insigne*, pl. *insignia*.

insinuer 1336, G., jurid., « notifier »; XVI⁰ s., fig.; du lat. *insinuare*, faire pénétrer, de *sinus*, pli, sinuosité. ‖ **insinuation** 1319, G.; XVII⁰ s., fig.; du lat. *insinuatio*.

insipide 1503, G. de Chauliac, du lat. *insipidus* (*in* priv. et *sapidus*, qui a du goût). ‖ **insipidité** 1572, Delb.

insister 1336, G., du lat. *insistere*, « s'appuyer sur ». ‖ **insistance** 1556, refait par Mercier (1801). ‖ **insistant** 1553, Granville.

insolation 1560, Paré, du lat. *insolare*, exposer au soleil, de *sol, solis*, soleil.

insolent 1495, *Mir. historial*, du lat. *insolens*, « qui n'a pas l'habitude », de *solere*, avoir coutume. ‖ **insolemment** 1355, Bersuire. ‖ **insolence** début XV⁰ s., du lat. *insolentia*.

insolite 1495, *Mir. historial*, du lat. *insolitus*, de *solere*, avoir coutume.

insoluble V. SOLUBLE.

insomnie 1555, Belon, du lat. *insomnia*, de *somnus*, sommeil.

inspecter 1781, Bohan, « examiner ce dont on a la surveillance »; XIX⁰ s., « examiner avec attention »; du lat. *inspectare*, de *spectare*, regarder. ‖ **inspecteur** début XV⁰ s., du lat. *inspector*. ‖ **inspection** 1290, G., du lat. *inspectio*. ‖ **inspectorat** 1870, Lar.

inspirer 1190, Garn., du lat. *inspirare*, souffler (v. RESPIRER). ‖ **inspiration** 1120, *Job*, du bas lat. *inspiratio*. ‖ **inspirateur** 1372, Golein, rare jusqu'au XVIII⁰ s., du lat. *inspirator*.

instable V. STABLE.

installer milieu XIV⁰ s., « mettre dans une stalle »; XVI⁰ s., « mettre en un endroit »; XIX⁰ s., installer une maison; du lat. médiév. *installare*, mettre un dignitaire dans une stalle d'Eglise. ‖ **installation** 1340, G.; rare jusqu'au XVII⁰ s. ‖ **installateur** 1875, L. ‖ **réinstaller** 1581, Guichard. ‖ **réinstallation** milieu XVIII⁰ s. (V. STALLE.)

instance 1355, Bersuire, « application », sollicitation (jusqu'au XVII⁰ s.); XV⁰ s., « poursuite judiciaire »; 1890, Lar., « juridiction »; du lat. *instantia*, de *stare*, se tenir, et *in*, dans.

instant adj., 1296, *Limoux*, « proche »; s. m., XIV⁰ s.; du lat. *instans*, « qui tient dans ». ‖ **instamment** 1378, *Mandement*. ‖ **instantané** 1604, Brunot. ‖ **instantanément** 1787, Féraud. ‖ **instantanéité** 1737, de Mairan.

instar (à l') 1564, Thierry; adaptation de la loc. lat. *ad instar*, à la ressemblance.

instaurer 1532, Rab.; rare jusqu'au XIX⁰ s. (1823, Boiste); du lat. *instaurare*. ‖ **instaurateur** XIV⁰ s., repris au XIX⁰ s. (1836, Landais). ‖ **instauration** XIV⁰ s., du lat. *instauratio*.

instigation 1332, Delb., du lat. *instigatio*, de *instigare*, exciter, qui a donné *instiguer* (1355, Bersuire), disparu.

|| **instigateur** 1363, *Ordonn.*, du lat. *instigator*.

instiller v. 1500, du lat. *instillare*, de *stilla*, goutte. || **instillation** 1496, *Mir. historial*, phys.; XVIᵉ s., sens moral, du lat. *instillatio*.

instinct 1495, *Mir. historial*, « impulsion » (jusqu'au XVIIᵉ s.); XVIIᵉ s., sens mod.; du lat. *instinctus*, excitation, de *instinguere*, pousser; *d'instinct*, XIXᵉ s., Chateaubriand. || **instinctif** 1803, Maine de Biran. || **instinctivement** 1802, Catineau.

instituer début XIIIᵉ s., « établir » et « instruire » (jusqu'au XVIIᵉ s.); du lat. *instituere*, mêmes sens, de *statuere*, établir, décider. || **institut** fin XVᵉ s., « chose établie »; XVIIᵉ s., « règle d'un ordre religieux »; 1749, « institut savant »; du lat. *institutum*, « ce qui est établi ». || **instituteur** 1495, *Mir. historial*, « celui qui établit »; 1734, d'Argenson, « celui qui instruit »; fin XVIIIᵉ s., terme officiel des maîtres d'école; du lat. *institutor*, qui établit, enseigne. || **institution** 1190, saint Bernard, « chose établie »; XVIᵉ s., « instruction »; 1680, « maison d'éducation », du lat. *institutio*. || **institutionnaliser** 1961. || **institutionnel** 1944, A. Philip.

instruire 1120, *Ps. d'Oxford* (en-); v. 1398, E. Deschamps (-in-); XVIIᵉ s., jurid.; du lat. *instruere*, adapté d'apr. *détruire* (*struere*, construire, élever); || **instruction** début XIVᵉ s., du lat. *instructio*. || **instructeur** 1372, Golein, du lat. *instructor*. || **instructif** *id.*

instrument fin XIIᵉ s., du lat. *instrumentum*, de *instruere*, équiper; *instruments de production* 1870, Wolowski. || **instrumental** 1361, Oresme. || **instrumenter** début XVᵉ s., jurid.; XVIᵉ s., musiq. || **instrumentiste** 1823, Boiste. || **instrumentation** 1824, Stendhal.

insu V. SAVOIR.

insuffler XIVᵉ s., Du Cange; rare jusqu'au XIXᵉ s., du bas lat. *insufflare*, de *sufflare*, souffler. || **insufflation** 1793, Lavoisien, techn., du bas lat. *insufflatio*.

insulaire V. ÎLE.

insuline 1916, Schäfer, chimiste qui appela ainsi cette sécrétion des *îlots* du pancréas, du lat. *insula*, île. || **insulino-thérapie** 1933, Sakel.

insulter 1355, Bersuire, « faire assaut » (jusqu'au XVIIᵉ s.) et « proférer des insultes »; du lat. *insultare*, « sauter sur », de *saltare*, sauter. || **insulte** fin XIVᵉ s., « attaque », m. (-*sult.*); XVIᵉ s., « outrage », fém.; du bas lat. *insultus*. || **insulteur** fin XVIIIᵉ s.

insurger (s') fin XVᵉ s., tr. *insurger*; XVIᵉ s., pronom.; repris fin XVIIIᵉ s., d'apr. l'angl. *insurgent*, appliqué aux insurgés des Etats-Unis (1775, *Journ. de Bruxelles*); du lat. *insurgere*, « se lever contre ». || **insurgé** 1794, *Journ. de la Montagne*. || **insurgence** 1777, Diderot, un moment en concurrence avec *insurrection*, de l'angl. || **insurrection** 1361, Oresme; rare jusqu'au XVIIIᵉ s.; du bas lat. *insurrectio*, de *insurgere*. || **insurrectionnel** 1793. || **insurrectionner (s')** 1871, Goncourt.

intact 1498, Chastellain, du lat. *intactus*, non touché, de *tangere*, toucher.

intaille 1808, Brard, de l'ital. *intagliare*, graver; même mot qu'*entaille*, désignant une pierre dure, gravée en creux.

intégral 1361, Oresme (*parties intégrales*); 1680, « entier »; 1696, Fontenelle, math.; s. f., 1753; du lat. math. *integralis*, créé par Bernoulli, du lat. *integer*, entier. || **intégralité** 1611, Cotgrave. || **intégrer** début XIVᵉ s., « exécuter »; 1700, *Mém. Acad. sc.*, math., du lat. *integrare*. || **intégration** début XIVᵉ s., « exécution »; math., 1700, Varignon; du lat. *integratio*. || **intégrant** 1503, G. de Chauliac, du lat. *integrans*, « qui rend complet ». || **intègre** milieu XVIᵉ s., du lat. *integer*, complet. || **intégrité** 1495, J. de Vignay, « virginité »; XVᵉ s., « probité »; du lat. *integritas*. || **intégrisme**, -**iste** 1894, Sachs. || **réintégrer** 1836, Landais. || **réintégration** *id.* || **désintégrer** 1878, Lar. || **désintégration** 1871, *Journ. officiel*.

intègre, intégrer V. INTÉGRAL.

intellect 1265, Br. Latini, du lat. *intellectus*, part. passé substantivé de *intelligere*, comprendre. || **intellectuel** adj., 1265, Br. Latini; s. m. fin XIXᵉ s., par oppos. à *manuel*; du bas lat. *intellectualis*. || **intellectualiser** 1801, Villers. **intellectualisme** 1853, Amiel. || **intellectualité** 1784, Gohin. || **intellectuellement** 1537, *Livre d'amour*.

intelligent 1488, *Mer des hist.*, du lat. *intelligens*, part. prés. de *intelligere*, comprendre. ‖ **intelligemment** début XVIIe s. ‖ **intelligence** 1160, Benoît, du lat. *intelligentia*. ‖ **intelligible** 1265, Br. Latini, du lat. *intelligibilis*. ‖ **intelligiblement** 1521, Fabri. ‖ **intelligibilité** 1712, Fénelon. ‖ **inintelligent** fin XVIIIe s. ‖ **inintelligence** 1791. ‖ **inintelligible** 1640, Chapelain. ‖ **inintelligibilité** début XVIIIe s. ‖ **mésintelligence** 1772, Villeneuve. ‖ **intelligentsia** fin XIXe s., mot russe, de même orig.

intempérant V. TEMPÉRANT.

intempérie 1534, Rab., du lat. *intemperies*, de *tempus*, temps, au sens de « inclémence du temps ».

intempestif 1495, *Mir. historial*; rare aux XVIIe-XVIIIe s.; du lat. *intempestivus*, de *tempus*, temps, circonstance, « qui arrive mal à propos ».

intendant milieu XVIe s., du lat. *intendens*, part. prés. de *intendere*, « être attentif à », d'où, en lat. médiév., le sens de « surveillant ». ‖ **intendance** début XVIe s. ‖ **sous-intendant** 1842, Mozin. ‖ **sous-intendance** 1842, Mozin. ‖ **surintendant** 1569, qui a remplacé *superintendant* (début XVIe s.), d'apr. *superintendens*. ‖ **surintendance** milieu XVIe s.

intense 1265. J. de Meung, du lat. *intensus*, tendu, part. passé de *intendere*. ‖ **intensif** fin XIVe s., Gordon. ‖ **intensifier** 1868, *Opinion nationale*. ‖ **intensification** 1931, Lar. ‖ **intensément** fin XIVe s. ‖ **intensité** milieu XVIIIe s.

intenter XIVe s., *Chev. au cygne*, du lat. jurid. *intentare*, diriger, fréquentatif de *intendere*, tendre; diriger une action judiciaire contre quelqu'un.

intention 1190, saint Bernard (*en-*), du lat. *intentio*, de *intendere*, diriger. ‖ **intentionné** 1567, Granvelle. ‖ **intentionnel** XVe s., « fait à dessein »; 1798, *Acad.*, sens mod.

inter- préfixe issu du lat. *inter*, entre, parmi, et indiquant la notion de réciprocité. V. les mots suivants.

intercaler début XVIe s., du lat *intercalare*. ‖ **intercalaire** 1355, Bersuire, du lat. *intercalarius*. ‖ **intercalation** XVe s., G., du lat. *intercalatio*, action de placer une chose entre deux autres.

intercéder 1495, J. de Vignay, du lat. *intercedere*, de *cedere* (v. CÉDER). ‖ **intercesseur** milieu XIIIe s. (*entrecessor*), du lat. *intercessor*, refait sur le lat. ‖ **intercession** v. 1220, Coincy, du lat. *intercessio*.

interception XVe s., G., du lat. *interceptio*, de *capere*, prendre. ‖ **intercepter** 1528, Granvelle, « s'emparer de »; 1606, Nicot, « arrêter »; sur le modèle *excepter*, *exception*. ‖ **intercepteur** 1757, Genet.

intercostal V. CÔTE.

intercurrent 1741, Col de Villars, du lat. *intercurrens*, « qui survient entre », de *currere*, courir; se dit d'une maladie qui survient au milieu d'une autre.

interdire milieu XIIIe s., qui a remplacé *entredire* (XIIe s.), du lat. *interdicere*. ‖ **interdit** 1213, *Fet des Romains*, relig., du lat. *interdictum*; XIXe s., « exclusive ». ‖ **interdiction** 1410, Isambert, du lat. *interdictio*.

intérêt 1290, G., « dommage » (jusqu'au XVIIe s.); XVe s., « ce qui convient »; XVIe s., « intérêt de l'argent »; du lat. *interest*, il importe. ‖ **intéresser** XIVe s., du lat. *interesse*, importer, « être de l'intérêt de » (au propre « être entre »), d'apr. *intérêt*. ‖ **intéressant** début XVIIIe s., « qui intéresse »; 1913, « ce qui rapporte de l'argent ». ‖ **intéressement** 1956, Lar. ‖ **désintérêt** 1831, Stendhal. ‖ **désintéresser** 1552, Rab. ‖ **désintéressé** XVIe s. ‖ **désintéressement** 1657, Pascal; XXe s. (1956, Lar.), sens financier.

interférer 1842, Mozin, du lat. *inter*, entre, et *ferre*, porter. ‖ **interférent** début XIXe s., part. prés. ‖ **interférence** fin XVIIIe s.

interfolier V. FOLIO.

intérieur début XVe s.; pl. s. m., 1914, Verhylle; XXe s., sports; du lat. *interior*, anc. comparatif pr., « qui est au dedans ». ‖ **intériorité** 1606, Nicot.

intérim début XVe s.; adv. lat. signif. « pendant ce temps », de *inter*, entre. ‖ **intérimaire** 1796, *Néolog. fr.*

interjection fin XIIIe s., Macé de La Charité; du lat. gramm. *interjectio*, intercalation, de *jacere*, lancer, jeter. ‖ **interjectif** XVIIIe s.

interjeter V. JETER.

interlocution milieu XVIe s., du lat. *interlocutio*, de *interloqui*, « parler entre ». ‖ **interlocuteur** 1530, Marot. ‖ **interlocutoire** 1283, Beaumanoir, jurid. ‖ **interloquer** 1450, G., interrompre une procédure par une sentence interlocutoire; 1787, Féraud, fig., du lat. jurid. *interloqui*.

interlope 1685, de Lacourbe, s. m.; de l'angl. *interloper* (bateau), contrebandier; 1772, Voltaire, fig. et adj.

interloquer V. INTERLOCUTION.

interlude 1836, Landais, du lat. *ludus*, jeu, et *inter*, entre.

intermède 1559, Saint-Gelais (*medie*); XVIIe s. (*-mède*); de l'ital. *intermedio*, du lat. *intermèdius*, de *inter*, entre, et *medium*, milieu. ‖ **intermédiaire** 1678, Bornier, du lat. *intermedius*.

interminable V. TERMINER.

intermission fin XIVe s., du lat. *intermissio*, de *intermittere*, « laisser un intervalle, mettre entre ». ‖ **intermittent** fin XVIe s., du lat. *intermittens*. ‖ **intermittence** 1660, Oudin.

international V. NATION.

interne adj., XIVe s., L.; s. m., XVIIIe s.; du lat. *internus*, intérieur. ‖ **interner** 1704, *Trévoux*, « assigner à résidence »; fin XIXe s., « enfermer ». ‖ **internement** 1838, suivant Lar. ‖ **internat** 1836, Landais, sens scolaire.

interpeller 1355, Bersuire; 1790, sens parlementaire; du lat. *interpellare*, interrompre; même rac. qu'*appeler*. ‖ **interpellation** 1355, Bersuire, « interruption »; 1789, polit.; du lat. *interpellatio*. ‖ **interpellateur** 1549, R. Est.; 1790, polit.; du lat. *interpellator*.

interpoler XIVe s., « falsifier »; XVIIIe s., sens actuel; du lat. *interpolare*, réparer, falsifier. ‖ **interpolation** XIVe s., « falsification »; 1706, sens mod.; du lat. *interpolatio*. ‖ **interpolateur** 1578, *Despence*, « falsificateur »; 1611, Cotgrave, « brocanteur »; XVIIIe s., sens actuel; du lat. *interpolator*. ‖ **extrapoler** 1876, L., avec préfixe *extra*, hors de. ‖ **extrapolation** 1876, L.

interposer 1355, Bersuire (*-é*); XVIe s., (*-er*); du lat. *interponere*, « placer entre », refait sur *poser*. ‖ **interposition** 1160, Benoît.

interprète 1321, Lespinasse, du lat. *interpres*, *-etis*; 1870, « acteur ». ‖ **interpréter** 1155, Wace, « expliquer »; XVe s., « traduire »; XIXe s., « jouer »; du lat. *interpretare*. ‖ **interprétatif** fin XIVe s. ‖ **interprétation** 1160, Benoît, du lat. *interpretatio*. ‖ **interprétariat** XXe s. (1959, Lar.).

interrègne V. RÈGNE.

interroger 1389, *Registres du Châtelet* (*-guer*); 1547, Du Fail (*-ger*); lat. *interrogare*, de *rogare*, demander. ‖ **interrogation** XIIIe s., G., du lat. *interrogatio*. ‖ **interrogatoire** 1495, J. de Vignay, du lat. *interrogatorius*. ‖ **interrogatif** 1507, G., du lat. *interrogativus*. ‖ **interrogateur** 1530, Bouchet, du lat. *interrogator*. ‖ **interrogativement** 1823, Boiste.

interrompre 1120, *Ps. d'Oxford* (*entre-*); 1501, Le Roy (*inter-*); du lat. *interrumpere*, rompre par le milieu. ‖ **interruption** XIV[e] s., du lat. *interruptio*. ‖ **interrupteur** fin XVI[e] s.; 1867, L., appareil, du lat. *interruptor*.

intersection V. SECTION.

interstice 1495, *Mir. historial*, du bas lat. *interstitium*, de *interstare*, « se tenir entre ». ‖ **interstitiel** 1836, Landais.

intervalle XIIe s. (*entre-*); XIIIe s. (*inter-*); du lat. *intervallum*, « entre deux palissades ».

intervenir 1155, Wace (*entre-*); 1363, *Arch. de Reims* (*inter-*); du lat. *intervenire*, « venir entre ». ‖ **intervention** déb. XIVe s., lat. *interventio*. ‖ **interventionnisme** XXe s. (1930, Lar.). ‖ **interventionniste** 1894, Sachs-Villatte.

intervertir début XVIe s., du lat *intervertere*, de *vertere*, tourner. ‖ **interversion** *id.*, du lat. *interversio*.

interview 1883, Daryl, mot angl. signif. « entrevue », issu de l'anc. fr. *entrevue*. ‖ **interviewer** *id.*

intestat XIIIe s., G., du lat. jurid. *intestatus* (*in* priv. et *testari*, attester, tester). ‖ **ab intestat** début XVe s., du lat. jurid. *ab intestato*.

intestin adj. 1355, Bersuire, auj. surtout fém.; s. m., XIVᵉ s., anat.; du lat. *intestinus*, intérieur, et du subst. neutre *intestinum*, viscères. ‖ **intestinal** fin XVᵉ s.

intime 1390, J. Le Fèvre, du lat. *intimus*. ‖ **intimité** 1684, Mᵐᵉ de Sévigné. ‖ **intimiste** 1883, Huysmans.

intimer début XIVᵉ s., du lat. jurid. *intimare*, introduire, d'où faire connaître. ‖ **intimation** *id.*, du lat. jurid. *intimatio*.

intituler 1265, J. de Meung (*en-*), du lat. *intitulare*. (V. TITRE.) ‖ **intitulé** 1694, *Acad.*

intonation 1372, Golein, du lat. *intonare*, tonner, faire retentir, rattaché par fausse étymologie à *tonus*, ton.

intra- préfixe issu du lat. *intra*, « à l'intérieur ».

intrados V. DOS.

intransigeant 1875, L., de l'esp. *intransigente*, de même rac. que *transiger*, qui désignait les fédéralistes. ‖ **intransigeance** 1874, Lar.

intrépide 1495, *Mir. historial*, du lat. *intrepidus*, non effrayé, de *trepidus*, agité, tremblant. ‖ **intrépidement** 1691, suivant *Trévoux*. ‖ **intrépidité** 1665, La Rochefoucauld.

intrigue 1578, d'Aubigné; XVIIᵉ s., théâtre; de l'ital. *intrigo*, du lat. *intricare*, embrouiller. ‖ **intriguer** 1450 (*-quer*), « tourmenter »; XVIIᵉ s., « mener une intrigue »; de l'ital. *intrigare*. ‖ **intrigant** fin XVIᵉ s., de l'ital. *intrigante*.

intrinsèque 1314, Mondeville, du lat. scolast. *intrinsecus*, au-dedans. (V. EXTRINSÈQUE.)

introduire début XIIᵉ s. (*entre-*), « conduire dans »; fin XIIIᵉ s. (*in-*); du lat. *introducere*, de *ducere*, mener, adapté d'apr. *conduire*. ‖ **introduction** XIIIᵉ s., « enseignement »; XVIᵉ s., « action de faire entrer »; du lat. *introductio*. ‖ **introducteur** XIIIᵉ s. (*-dui-*), du lat. *introductor*. ‖ **réintroduire** début XIXᵉ s. ‖ **réintroduction** 1873, L.

introït 1495, J. de Vignay, du lat. *introitus*, entrée, au sens liturgique.

intromission 1560, Paré, du lat. *intromissus*, de *intromittere*, « mettre dedans ».

introniser 1220, Coincy, du lat. eccl. *inthronizare*, empr. au gr., de même rac. que *trône*, au sens de trône épiscopal. ‖ **intronisation** 1372, Golein.

introspection début XIXᵉ s., du lat. *introspicere*, regarder à l'intérieur. ‖ **introspectif** 1842, *Acad.*

introversion XXᵉ s. (1921, Jung, en allem.), du lat. *introversio*, action de se tourner vers l'intérieur.

intrus fin XIVᵉ s., jurid., « introduit sans droit », part. passé de l'anc. fr. *intrure*, du lat. *intrudere*. ‖ **intrusion** 1304, G., du lat. *intrusus*, part. passé du verbe *intrudere*.

intuition XIVᵉ s., « contemplation », du bas lat. *intuitio*, regard, de *intueri*, regarder. ‖ **intuitif** 1480, Delb., « qui est l'objet d'une intuition »; fin XIXᵉ s., « apte à agir par intuition »; du part. passé *intuitus*.

intumescence V. TUMEUR.

inule 1789, *Encycl. méth.*, du lat. *inula*, plante vivace à fleurs jaunes. ‖ **inuline** 1815, *Ann. de chimie*.

inusité, inutile, invalide V. USITÉ, UTILE, VALIDE.

invasion 1160, Benoît, du bas lat. *invasio*, de *invadere*, envahir. (V. ENVAHIR.)

invective 1404, Chr. de Pisan; du bas lat. *invectivae* (*orationes*), discours agressifs, de *invehi*, s'emporter. ‖ **invectiver** milieu XVIᵉ s.

inventaire 1313, Isambert, *-de meubles*; 1636, Monet, *-de magasin*; 1668, La Fontaine, *sous bénéfice d'-*; du lat. jurid. *inventarium*, de *invenire*, trouver. ‖ **inventorier** milieu XIVᵉ s. ‖ **inventeur** 1495, J. de Vignay, du lat. *inventor*. ‖ **invention** 1431, Isambert, « action de trouver » (1270, *invention de la Sainte Croix*); du lat. *inventio*. ‖ **inventer** fin XVᵉ s. ‖ **inventif** milieu XVᵉ s. ‖ **réinventer** 1850, Sainte-Beuve.

invertir 1265, J. de Meung; 1907, Lar., *inverti* sexuel; du lat. *invertere*, retourner, intervertir, de *vertere*, tourner. ‖ **inverse** 1611, Cotgrave, du lat. *inversus*. ‖ **-ser** 1873, Robert. ‖ **inversion** début XVIᵉ s., « retournement »; 1907, Lar., sexuelle; du lat. *inversio*.

investigation 1407, Chr. de Pisan; rare jusqu'au XVIIIe s. (1750, Rousseau); du lat. *investigatio*, de *vestigium*, trace. ‖ **investigateur** v. 1500; 1867, *-de police*; du lat. *investigator*.

investir fin XIIIe s. (*enviestir*), « revêtir, entourer »; XIVe s. (*en-*), « attaquer »; XVIe s., « mettre en possession de »; XVe s., « entourer »; XXe s., *investir des capitaux*; du lat. médiév. *investire*, revêtir, entourer; le sens milit. est repris à l'ital. *investire*. ‖ **investiture** 1495, *Mir. historial*; jusqu'au XVIIe s., syn. du suivant. ‖ **investissement** début XVIIIe s. ‖ **réinvestir** 1845, Besch.

invétérer 1495, *Mir. historial*; du lat. *inveterare*, vieillir, de *vetus, -eris*, vieux; fortifié par le temps.

invincible V. VAINCRE.

invisible V. VOIR.

inviter 1495, J. de Vignay, du lat. *invitare*. ‖ **invite** 1767, Diderot, déverbal. ‖ **invitation** XIVe s., rare en moyen fr., du lat. *invitatio*. ‖ **réinviter** 1549, R. Est. ‖ **désinviter** 1688, Miège.

involucre 1545, Guéroult, du lat. *involucrum*, enveloppe, de *volvere*, rouler; terme de bot.

involution 1314, Mondeville; du lat. *involutio*, développement, de *involvere*, envelopper. ‖ **involutif** 1798, Richard, du lat. *involutus* (part. passé).

invoquer fin XIVe s., du lat. *invocare*, de *vox*, voix. ‖ **invocation** fin XIIe s., Marie de France, du lat. *invocatio*.

iode 1812, Gay-Lussac, du gr. *iôdes*, violet, de *ion*, violette, d'apr. la couleur violette de sa vapeur. ‖ **iodé** 1836, Landais. ‖ **iodique** *id.* ‖ **iodisme** milieu XIXe s. ‖ **iodure** 1812, Gay-Lussac. ‖ **ioduré** *id.* ‖ **iodoforme** 1842, *Acad.*

ion 1842, *Acad.*, mot angl. tiré par Faraday (1834) du gr. *iôn*, part. prés. de *ienai*, aller. ‖ **ionisation** 1911, H. Poincaré. ‖ **ionosphère** 1935, *L. M.*

iota fin XIIIe s., Macé de La Charité, du gr. *iôta*, nom de la lettre *i*.

ipécacuana 1640, Laet (*igpecaya*); 1802 (*ipéca*); du port., empr. au tupi-guarani, langue indigène du Brésil.

ipomée 1827, *Acad.*, du lat. de Linné *ipomœa*, empr. au gr. *ips, ipos*, ver, et *omaios*, semblable.

*ire 1080, *Roland*, du lat. *ira*, colère. ‖ **irascible** 1160, Benoît, du lat. *irascibilis*. ‖ **irascibilité** milieu XVe s.

iridium V. IRIS.

iris XIIIe s., G. « fleur »; v. 1560, Paré, anat.; 1615, Binet, « arc-en-ciel »; du lat. *iris*, mêmes sens, empr. au gr. ‖ **iridectomie** 1836, Landais. ‖ **iridacées** début XIXe s. ‖ **iridescent** 1842, Mozin. ‖ **iridescence** 1948, Lar. ‖ **iriser** apr. 1750, Buffon. ‖ **irisation** 1845, Besch. ‖ **iridium** 1805, *Ann. de chimie*, mot tiré en 1803 par le chimiste anglais Tennant du lat. *iris*, d'apr. les couleurs variées des combinaisons de ce métal. ‖ **iridié** 1872, Lar. ‖ **iritis** 1836, Landais.

ironie 1361, Oresme, du lat. *ironia*, empr. au gr. *eironeia*, interrogation; le sens fig. vient de la méthode socratique. ‖ **ironique** XVe s., du lat. *ironicus*, empr. au gr. *eironikos*. ‖ **ironiquement** XVe s., G. ‖ **ironiser** 1647, Boisrobert. ‖ **ironiste** fin XVIIIe s.

iroquois fin XVIIe s., Senecé, fig.; 1735, Leroux, « langage incompréhensible »; peuplade de l'Amérique du Nord.

ir (r) - les composés formés avec le préfixe *ir-* (*in-* devant r) font suite ou sont à l'ordre alphabétique du mot simple.

irradier 1468, Chastellain, « illuminer »; XIXe s., « se propager par rayonnement »; du lat. *irradiare*, de *radius*, rayon. ‖ **irradiant** XVe s. ‖ **irradiation** 1390, Conty, « émission de rayons »; 1694, *Acad.*, fig.

irrédentisme 1890, Lar., de l'ital. *irredentismo*, de *irredento*, non racheté, en parlant des territoires autrichiens de langue italienne. ‖ **irrédentiste** *id.*, de l'ital. *irredentista*.

irréfragable 1470, du bas lat. *irrefragabilis*, de *refragari*, s'opposer, voter contre.

irrégulier, irrémédiable, irrémissible, irrévérent, irrévocable V. RÉGULIER, REMÈDE, REMETTRE, RÉVÉRENCE, RÉVOQUER.

irriguer début XIXe s., du lat. *irrigare*, de *rigare*, arroser. ‖ **irrigable** 1839, Genty de Bussy. ‖ **irrigation** XVe s., G., méd.; 1764, Bertrand, agr.; du lat. *irrigatio*. ‖ **irrigateur** 1827, Dupin.

irriter 1355, Bersuire, « mettre en colère »; XVIe s., *-un organe*, « exciter »; du lat. *irritare*. ‖ **irritable** début XVIᵉ s. ‖ **irritant** milieu XVIᵉ s. ‖ **irritation** fin XIVᵉ s., G., « colère »; 1694, *Acad.*, « excitation d'un organe »; du lat. *irritatio*. ‖ **irritabilité** 1756, Haller.

irrorer début XVIᵉ s., « arroser »; du lat. *irrorare*, couvrir de rosée (*ros, roris*). ‖ **irroration** 1694, Th. Corn., du lat. *irroratio*.

irruption 1495, *Mir. historial*; du lat. *irruptio*, de *rumpere*, rompre, lancer.

isabelle 1595, *Archives*, du nom espagnol *Isabel*, altér. de *Elisabeth* (Isabelle la Catholique aurait fait le vœu, au siège de Grenade en 1491, de ne pas changer de chemise avant la fin du siège); ou de l'ar. *hizah*, lion (couleur du lion).

isard 1387, G. Phébus (*bouc izar*); repris au XVIIIᵉ s. (Ramond, 1789); mot pyrénéen prélatin.

isatis 1771, *Trévoux*, du gr. *isatis*, pastel.

isba 1669, Miege (*wisbis*, pl. où la prép. est notée à l'initiale); 1815, de Maistre (*isba*); mot russe.

ischion 1560, Paré, du gr. *iskhion*, hanche.

ischurie 1560, Paré, méd., du lat. *ischuria*, empr. au gr. *iskhouria* (*iskhein*, retenir, *ouron*, urine); rétention d'urine.

islam 1765, *Encycl.*, mot ar. signif. « soumission ». ‖ **islamisation, -ser** XXᵉ s. ‖ **islamisme** 1765, *Encycl.*

iso- du gr. *isos*, égal. ‖ **isobare** 1877, Lar. ‖ **isocèle** 1542, Bovelles, du lat. *isoceles*, empr. au gr. *skelos*, jambe. ‖ ‖ **isochrone** 1675, *Journal des savants*, du gr. *isokhronos* (*khronos*, temps). ‖ **isochronisme** 1700. ‖ **isomère** 1839, Boiste. ‖ **isomérie** 1691, Ozanam. ‖ **isomorphe** 1821, *Ann. chimie*. ‖ **isopode** 1827, *Acad.* ‖ **isostasie** XXᵉ s. ‖ **isotope** 1922, Lar.

isolé fin XVIᵉ s., de l'ital. *isolato*, séparé comme une île (*isola*, lat. *insula*). ‖ **isolation** 1774, Beaumarchais. ‖ **isolationnisme** XXᵉ s., de l'anglo-américain. ‖ **isolationniste** début XXᵉ s., de l'anglo-américain. ‖ **isolement** 1701, Furetière. ‖ **isolateur** 1836, *Acad.* ‖ **isoler** 1653, Saint-Amant. ‖ **isoloir** 1789, journaux, appareil; 1914, « lieu où l'électeur formule son vote ».

*****issue** fin XIIᵉ s., Marie de France (*eissue*); part. passé fém. de l'anc. fr. *isir* (XIᵉ s.); du lat. *exire*, sortir; éliminé par *sortir*.

isthme début XVIᵉ s., géogr.; 1552, Rab., méd.; du lat. *isthmus*, empr. au gr. *isthmos*. ‖ **isthmique** 1636, Monet.

italianisme 1578, H. Est., de *italien* (ital. *italiano*). ‖ **italianiser** 1578. ‖ **italianisant** début XXᵉ s. ‖ **italique** fin XVᵉ s., J. Lemaire de Belges (*lettres ytalliques*); du lat. *italicus*, italique, ces caractères ayant été inventés par l'Italien Alde Manuce († 1515).

item fin XIIIᵉ s., adv. lat. signif. « de même ».

itératif 1403, G., du bas lat. gramm. *iterativus*, de *iterare*, recommencer. ‖ **itérativement** début XVIᵉ s.

ithos 1672, Molière, rhét., du gr. *êthos*, mœurs, avec la pron. du gr. byzantin *i* pour *ê*.

itinéraire XIVᵉ s., G., du lat. impér. *itinerarium*, de *iter, itineris*, chemin. ‖ **itinérant** 1874, Lar., « qui change d'endroit ».

itou début XVIIᵉ s., Héroard, altér. du moyen fr. *et tout*, aussi (XVIᵉ s.); infl. de l'anc. fr. *itel*, pareillement (de *tel*).

iule 1611, Cotgrave, du lat. bot. *iulus*, empl. au gr. *ioulos*, poil follet, duvet.

ive, iveteau V. IF.

ivoire début XIIᵉ s., *Voy. de Charl.*; du lat. *eboreus*, ivoirin, substantivé au neutre, *ebur, eboris*, ivoire. ‖ **ivoirin** 1544, Délie. ‖ **ivoirier** début XIVᵉ s. ‖ **ivoirerie** XVIIᵉ s.

*****ivraie** début XIIIᵉ s., du bas lat. *ebriăca*, fém., ivre, de *ebrius*, même sens; *parce que l'ivraie cause une sorte d'ivresse* (infl. morphologique de *ivre*).

*****ivre** début XIIᵉ s., *Voy. de Charl.*, du lat. *ebrius*, avec infl. de [j] de la syllabe finale. ‖ **ivresse** 1130, *Eneas*. ‖ **enivrer** XIIᵉ s. ‖ **enivrement** XIIᵉ s.

*****ivrogne** 1190, saint Bernard (*yvroigne*), lat. pop. *****ebrionia*, ivresse. ‖ **ivrognesse** 1584, Henri IV. ‖ **ivrogner** début XVIᵉ s. ‖ **ivrognerie** XIVᵉ s.

ixia 1762, *Acad.*, mot lat. désignant une plante africaine.

ixode 1806, Latreille, du gr. *ixôdês*, gluant; insecte parasite du chien.

J

*jà 1080, *Roland*, du lat. *jam*, remplacé par *déjà* au XVIᵉ s. ‖ jaçoit que xᵉ s., disparu au XVIIᵉ s., de *jà soit* (subj. de *être*). ‖ jadis 1175 Chr. de Troyes, de *ja a dis* (lat. *dies*, jour), il y a déjà des jours. ‖ jamais v. MAIS. ‖ déjà 1265, J. de Meung, de *jà* renforcé par *dès*.

jabiru 1765, *Encycl.*, mot angl., empr. au tupi-guarani; grand oiseau voisin des cigognes; xxᵉ s., jeu.

jable 1397, G., « chanlatte »; 1564, J. Thierry, en tonnellerie; du gaulois latinisé *gabulum*. ‖ jablière 1583, Gauchet. ‖ jabler 1606, Nicot.

jabot 1546, Rab., « estomac de l'homme »; 1549, Belon, en parlant d'un oiseau; 1680, Richelet, « ornement de dentelle »; du lat. *gaba*, joue (v. aussi GAVER). ‖ jaboter 1691, Gherardi. ‖ jaboteur 1772, Mᵐᵉ du Deffand.

jacamar 1760, Brisson, empr. au tupi-guarani; oiseau d'Amérique.

jacasser V. JACTER.

jacée 1611, Cotgrave, du lat. médiév. *jacea*, d'orig. inconnue; sorte de centaurée.

jacent début XVIᵉ s., du lat. *jacens*, gisant, de *jacere*, être étendu. (V. GÉSIR.) ‖ sous-jacent 1872, L.

*jachère XIIᵉ s., *la Charrette*, du bas lat. *gascaria*, d'origine gauloise (*gansko*, branche). ‖ jachérer XIIIᵉ s., Du Cange.

jacinthe XIIᵉ s., « topaze »; XIVᵉ s., « plante »; du lat. *hyacinthus*, aux deux sens, empr. au gr. *Huakinthos*, personnage mythologique changé en fleur par Apollon. ‖ hyacinthe XVIᵉ s., forme refaite.

jack 1870, Lar., « appareil de filature »; début xxᵉ s., « commutateur téléphonique »; mot angl.

jacobée 1615, Daléchamp (*jacobaea*),

du lat. *Jacobus*, Jacques, « herbe de Saint-Jacques ».

jacobin fin XIIIᵉ s., Rutebeuf, « dominicain » (premier couvent de l'ordre, rue Saint-Jacques); 1790, polit., d'après le club des Jacobins installé dans l'anc. couvent; du lat. *Jacobus*, Jacques. ‖ jacobinisme 1788, Barruel, polit.

jacobus 1640, *Anc. Théâtre*, monnaie d'or frappée sous Jacques Iᵉʳ (lat. *Jacobus*) d'Angleterre.

jaconas 1761, Savary (*-at*), altér. de *Jaganath*, ville de l'Inde où ce tissu était fabriqué.

jacquard v. 1800, de Joseph Jacquard (1752-1834), auteur de ce métier à tisser.

*jacques 1357, *Chron. normande*, « paysan » (Jacques Bonhomme), du lat. *Jacobus*. ‖ jacquerie 1821, Courier, « soulèvement paysan ». ‖ jacquet 1827, Lebrun, *Manuel des jeux*, dimin. de *Jacques* (*jaquet*, laquais, v. 1559, Amyot). ‖ jacquot 1778, Buffon, « perroquet », dimin. de *Jacques*.

1. jactance V. JACTER.

2. jactance fin XIIᵉ s., *Théophile*, « vanterie », du lat. *jactancia*, de *jactare*, lancer, proférer, fig. vanter.

jacter 1821, Ansiaume, « bavarder », contraction de *jacqueter* (*jaqueter*, 1562, Du Pinet), de *Jacques*. ‖ jactance *id.*, « bavardage ». ‖ jacasser 1808, d'Hautel, altér. de *jaqueter*, d'apr. *coasser*, *agacer*, etc. ‖ jacasse 1867, « bavarde », Delvau. ‖ jacasserie 1842, Mozin. ‖ jacassement 1857, Baudelaire.

jaculatoire 1578, d'Aubigné, terme religieux, du lat. *jaculatorius*, de *jaculari*, lancer; se dit d'une prière courte et ardente.

jade 1612, *Anc. Théâtre*; de *ejade* (e a été pris pour une partie de l'article);

de l'esp. *piedra de la ijada*, pierre du flanc (lat. *ilia*), le jade passant pour guérir les coliques néphrétiques.

jadis V. JÀ.

jaguar 1578, de Léry (*janouare*); 1761, Buffon (*jaguar*); du port. *jaguarete*, empr. au tupi-guarani.

*__jaillir__ XIIᵉ s., Raimbert de Paris (*jalir*), sans doute d'un lat. pop. *galire*, d'origine gauloise, « lancer impétueusement »; v. 1559, Amyot, « s'élancer ». ‖ **jaillissement** 1611, Cotgrave. ‖ **rejaillir** 1539, R. Est. ‖ **rejaillissement** 1557, de Mesmes.

jaïna 1870, Lar.; mot hindî. ‖ **jaïnisme**, fin XIXᵉ s.; religion de l'Inde fondée par le *Jina*, le victorieux.

*__jais__ 1260, G. (*gest*), de *jaïet* (XIIᵉ s., Marbode), du lat. *gagātes*, pierre de Gages en Lycie, empr. au gr.

jalap 1640, Lael (*xalapa*); 1654, Boyer (*jalap*); de l'esp. *jalapa*, nom d'une ville du Mexique. ‖ **jalapine** 1836, Landais.

jale V. GALLON.

jalet V. GALET.

jalon début XVIIᵉ s., « perche »; 1829, Boiste, « point de repère »; même origine que *jaillir*. ‖ **jalonner** 1690, La Quintinie. ‖ **jalonnement** 1842, *Acad.* ‖ **jalonneur** 1835, *Acad.* ‖ **jalonnage** 1931, Lar.

*__jaloux__ 1130, *Eneas*, du lat. pop. *zelosus*, adaptation de *Deus zelotes*, le Dieu jaloux (Vulgate). Le mot fr. a été repris aux troubadours. ‖ **jalousie** début XIIIᵉ s., *Floire et Blancheflor*; XVIIᵉ s., « volet mobile en treillis »; repris à l'ital. *gelosia* ou dér. ‖ **jalouser** XIIIᵉ s., *Sainte Thaïs*.

jamais V. JÀ.

*__jambe__ 1080, *Roland*, du bas lat. *gamba* (IVᵉ s., Végèce), jarret, patte de cheval, empr. au gr. *kampê*, courbure, articulation. ‖ **jambière** 1203, Gay. ‖ **jambier** v. 1560, Paré. ‖ **jambon** fin XIIIᵉ s., G. ‖ **jambonneau** début XVIIᵉ s. ‖ **jambage** milieu XIVᵉ s. ‖ **jambette** 1383, Du Cange. ‖ **jambé** fin XVIᵉ s. ‖ **jamber** fin XIXᵉ s., « importuner », d'apr. l'exclamation iron. *la jambe!* ‖ **enjamber** XVᵉ s. ‖ **enjambement** 1566, Du Pinet; XVIIᵉ s., prosodie. ‖ **enjambé** fin XIIᵉ s., R. de Moiliens,

« pourvu de jambes ». ‖ **enjambée** XIIᵉ s. ‖ **entre-jambes** XXᵉ s.

*__jamble__ milieu XVᵉ s., « patelle », du lat. pop. *gemmula*, petite perle (*gemma*).

jamboree 1910, déjà en 1864 en anglo-américain, « grande fête joyeuse », d'origine inconnue.

jambosier 1602, Colin, du malais *djambou;* arbre fruitier des Indes.

janissaire 1457, La Broquière (*jehanicere*), de l'ital. *giannizero*, empr. au turc anc. *geni çeri*, nouvelle troupe.

jansénisme début XVIIᵉ s., de *Jansenius*, nom lat. de *Jansen*, évêque d'Ypres (1585-1638). ‖ **janséniste** début XVIIᵉ s.

*__jante__ fin XIIᵉ s., *Rois*, du lat. pop. *cambĭta*, issu du gaulois *cambo-*, courbe.

*__janvier__ XIᵉ s., du lat. *jenuarius*, mois de Janus.

japon 1730, Savary, « porcelaine du Japon ». ‖ **japonner** 1730, Savary. ‖ **japonisé** 1829, *Journ. des dames.* ‖ **japonisme** 1876, Goncourt. ‖ **japonaiserie** 1850, Goncourt.

japper fin XIIᵉ s., *Ysopet de Lyon*, onom. ‖ **jappement** fin XVᵉ s., O. Saint-Gelais. ‖ **jappeur** milieu XVIᵉ s.

jaque 1553, trad. de Castanheda (*jaca*), « fruit du jaquier », empr. au malayalam (langue du Malabar) *tsjaka*. ‖ **jaquier** 1687, Choisy.

jaquemart 1534, Rab., mot méridional; nom propre, dér. de *Jaqueme*, forme anc. de *Jacques;* figure allégorique frappant les heures sur une cloche.

jaquette 1495, J. de Vignay, de *jaque*, anc. vêtement (XIVᵉ s.); mot catalan signif. « cotte de mailles », empr. à l'ar. *schakk*, mailles de la cotte, ou dér. de *Jacques;* 1951, *L. M.*, « couverture publicitaire d'un livre », de l'angl. *jacket*.

jard, jarre v. 1268, E. Boileau, « poil de loutre », sans doute du francique *gard* (anc. haut allem. *gart*, baguette; scand. *gaddr*, piquant). ‖ **jarreux** v. 1268, E. Boileau. ‖ **éjarrer** 1753, *Encycl.* ‖ **éjarreuse** *id.*

jarde fin XVIIᵉ s., « tumeur », de l'ital. *giarda*, empr. à l'ar. *djarad*. ‖ **jardon** *id.*, de l'ital. *giardone*, exostose du jarret.

jardin début XIIᵉ s., *Thèbes*, de l'anc. fr. *jart*, issu du francique *gard* (allem.

Garten). ‖ **jardinier** XII° s., *Adam*. ‖ **jardinière** fin XVIII° s., meuble; 1810, La Reynière, cuisine; xx° s., *jardinière d'enfants*. ‖ **jardinet** XIII° s., *Adenet*. ‖ **jardinage** 1281, G., « terrain en jardins »; 1564, Thierry, « culture des jardins ». ‖ **jardiner** 1398, E. Deschamps.

1. jargon fin XII° s., Marie de France, « langage d'oiseaux »; xv° s., « argot des malfaiteurs »; de même rac. que *gazouiller*. ‖ **jargonner** fin XII° s., *Loherains*. ‖ **jargonnesque** milieu XVI° s.

2. jargon milieu XVII° s., « diamant jaune », de l'ital. *giargone* apparenté à l'anc. fr. *jagonce* (*jar-*), issu du lat. *hyacinthus*, pierre précieuse.

jarnidieu V. DIEU.

jarosse 1326, Du Cange, gesse; mot de l'Ouest, d'orig. gauloise.

jarre milieu XV° s., « vase de terre », du prov. *jarra*, empr. à l'ar. *djarra*. (V. JARD.)

jarret fin XII° s., *Rois*, du gaulois *garrā*, jambe (v. GARROT 2). ‖ **jarretelle** 1898, Daudet. ‖ **jarreter** fin XVI° s. ‖ **jarretière** milieu XIV° s.

jars XII° s. (*gars*); fin XIII° s., *Renart* (*jars*); le *s* du pl. est passé au sing.; du francique *gard*.

jas V. JOUG.

jaser XII° s., *Adam*, onom. (v. GAZOUILLER). ‖ **jaseur** 1538, R. Est. ‖ **jaserie** id. ‖ **jaspiner** 1725, *Cartouche*, « parler »; croisement de *jaser* et de *japper*.

jaseran 1080, *Roland* (*jaserenc*), « cotte de mailles », « chaînette »; du nom ar. d'Alger, *al-Djazā'ir*, où étaient fabriquées ces cottes.

jasione 1827, *Acad.* (*jasion*); du gr. *iasiônê*, liseron, de *iasis*, guérison.

jasmin fin XV° s. (*jassemin*), de l'ar. *yasemin*, d'orig. persane.

jaspe 1119, Ph. de Thaun, du lat. *jaspis*, empr. au gr. ‖ **jaspé** milieu XVI° s. ‖ **jaspure** 1617, Crespin.

jaspiner V. JASER.

*jatte fin XII° s., Marie de France (*gate*); du lat. *găbăta*, assiette creuse. ‖ **jattée** XVI° s.

jauge 1268, E. Boileau, du francique *galga* (anc. haut allem. *galgo*, treuil). ‖ **jauger** 1268, E. Boileau; 1787, Fé-

raud, « estimer ». ‖ **jaugeur** *id.* ‖ **jaugeage** milieu XIII° s.

jaumière 1667, Fournier, « trou pour la tête du gouvernail »; du moyen fr. *jaume*, var. de *heaume*, du scand. *hjalm*.

*jaune 1080, *Roland* (*jalne*), du lat. *gălbīnus*; *fièvre jaune*, 1834, Landais; s. m., 1899, au Creusot, « ouvrier briseur de grève »; *jaune d'œuf*, XVI° s. ‖ **jaunâtre** 1530, Palsgrave. ‖ **jaunet** adj., 1125, *Doon de Mayence;* s. m., pièce d'or, 1642, Oudin. ‖ **jaunir** 1213, *Fet des Romains*. ‖ **jaunisse** XII° s., Marbode. ‖ **jaunissage** 1907, Lar. ‖ **jaunissement** 1636, Monet. ‖ **jaunissant** milieu XVI° s.

java xx° s., danse d'origine exotique, du nom de l'île de *Java*.

javart 1398, *Ménagier*, de la même rac. que *gaver* (**gaba*, gorge) : il a dû désigner d'abord l'aphte, l'ulcère dans la gorge, comme le prov. *gabard*, avant d'avoir une valeur particulière en art vétérinaire.

Javel (eau de) 1830, Vidocq (*javelle*), d'un anc. village, devenu quartier de Paris (XV° arr.), où l'on fabriquait cette eau. ‖ **javelliser** v. 1919 (1931, Lar.). ‖ **javellisation** (1923, Lar.).

javeline V. JAVELLE et JAVELOT.

*javelle fin XII° s., *Moniage Guill.*, « monceau »; XIII° s., « poignée de blé »; du lat. pop. **gabělla*, d'origine gauloise (d'apr. l'irlandais *gabhail*, poignée). ‖ **javeau** XII° s., *Chev. Ogier*, forme masc. ‖ **javelage** 1793, *Encycl. méth.* ‖ **javeler** 1125, *Doon de Mayence*. ‖ **javeleur** 1611, Cotgrave. ‖ **javeline** 1867, Lar., petite javelle. ‖ **enjaveler** 1352, *Glossaire*.

javelot 1130, *Eneas*, du gaulois **gabalaccos*, reconstitué d'apr. le kymrique *gaflach*, avec substitution de finale. ‖ **javeline** 1495, J. de Vignay, « petit javelot ».

javotte 1842, *Acad.*, mot d'orig. gauloise, de même rac. que *javelle*.

jazz 1918, *le Matin*, de l'anglo-américain *jazz-band*, orchestre, d'origine obscure.

*je 842, *Serments* (*eo*); *jo* devenu *je* par suite de l'emploi proclitique; il existait aussi en anc. fr. une forme tonique *gié*, remplacée par *moi*; du lat. *ego*.

jean-foutre V. FOUTRE.

jeannette 1478, J. Molinet, « plante »; 1782, Bachaumont, « croix attachée au cou », de *croix à la Jeannette*. (*Jeannette* symbolisait les paysannes.)

j e a n n o t milieu XVI⁰ s. (*janot*), « niais »; du dimin. de *Jean* (d'apr. le surnom donné aux farceurs faisant la parade dans les foires). ‖ **janotisme** 1836, Landais.

Jeep 1942, mot anglo-américain, tiré des initiales G. P. (*dji pi* dans la pron. anglaise); le type, fabriqué chez Ford, était dénommé G. P. W. (G. P., initiales de *general purpose*, c.-à-d. [auto à] usage général); nom déposé.

jéjunum 1541, Canappe, du lat. méd. *jejunum* (*intestinum*), intestin à jeun, parce qu'il contient ordinairement très peu de matières.

je-m'en-fichisme, je-m'en-fi-chiste 1891, *le Figaro*, de la phrase *je m'en fiche*. ‖ **je-m'en-foutisme, je-m'en-foutiste,** pop., 1884, *Lutèce*, même sens.

jenny 1762, Brunot, machine à filer; du nom propre anglais *Jenny*, équivalent de *Jeannette*, symbolisant les fileuses.

jérémiade fin XVII⁰ s., abbé de Choisy; du nom du prophète *Jérémie*, d'apr. ses lamentations.

jerrycan v. 1942, de l'angl. pop. *Jerry*, qui désignait les Allemands, et de *can*, récipient.

jersey 1666, Thévenot, « laine »; 1881, *Mode illustrée*, « tricot »; du nom de l'île de *Jersey*, où l'on préparait cette laine depuis la fin du XVI⁰ s.

jésuite 1548, Delb.; XVII⁰ s., fig., de la Congrégation de *Jésus* (fondée en 1534). ‖ **jésuitique** fin XVI⁰ s. ‖ **jésuitisme** 1555, Pasquier. ‖ **jésuitiser** 1877, Lar.

***jeter** X⁰ s. *Eulalie*, du lat. pop. *jĕctāre* (lat. *jăctāre*, fréquentatif de *jăcio*, d'apr. les composés : *injectare*, etc.). ‖ **jet** fin XII⁰ s., *Alexandre*, déverbal de *jeter*. ‖ **jetée** XIII⁰ s., R. de Clari, « action de jeter »; XIV⁰ s., « môle ». ‖ **jeté** 1704, *Trévoux*, « pas de danse »; 1883, Daudet, « étoffe ». ‖ **jetage** 1788, Salmon. ‖ **jeteur** (*de sorts*) 1895, Daudet. ‖ **jeton** début XIV⁰ s., d'apr. *jeter*,

calculer (1280). ‖ **déjeter** XII⁰ s., « expulser »; 1530, Palsgrave, « déranger »; 1660, Oudin, « déformer ». ‖ **interjeter** 1425, A. Chartier. ‖ **projeter** XII⁰ s. (*por-*); XV⁰ s. (*pro-*), sens actuel; d'apr. *pourjeter une ville*, se faire une idée précise de la manière de la prendre; de l'anc. fr. *puer*, en avant, et *jeter*. ‖ **projet** milieu XV⁰ s. (*pourjet*), déverbal. ‖ **avant-projet** milieu XIX⁰ s. ‖ **rejeter** v. 1200, *D. G.*, « jeter en sens inverse »; 1530, Palsgrave, « refuser »; *rejeter sur*, 1538, R. Est.; du bas lat. *rejectare*. ‖ **rejet** milieu XIII⁰ s., déverbal. ‖ **rejeton** 1539, R. Est., qui a remplacé l'anc. fr. *jeton* (XIII⁰ s.), de *jeter* au sens de produire des scions. ‖ **surjeter** XIII⁰ s., *D. G.* ‖ **surjet** 1398, *Ménagier*.

jeton V. JETER.

jettature 1841, *le Charivari*, de l'ital. *jettatura*, action de jeter un sort.

***jeu** 1080, *Roland* (*giu*); XII⁰ s., « pièce »; *jeu de mots*, 1660, Boileau; *faire le jeu de*, 1220, Coincy; *entrer en jeu*, 1578, d'Aubigné; *avoir beau jeu*, 1580, Montaigne; du lat. *jŏcus*, jeu. ‖ ***jouer** 1080, *Roland*, badiner; XV⁰ s., « jouer une pièce »; XVI⁰ s., « avoir un mouvement libre, avoir du jeu »; du lat. *jocari*. ‖ **jouet** début XVI⁰ s. ‖ **joueur** 1175, Chr. de Troyes. ‖ **jouable** 1741, Voltaire. ‖ **joujou** XVII⁰ s., redoublement expressif. ‖ **déjouer** 1119, Ph. de Thaun, « cesser de jouer »; XIII⁰ s., « déconcerter ». ‖ **enjoué** XIII⁰ s., G. ‖ **enjouement** v. 1640, Scarron. ‖ **enjeu** milieu XIV⁰ s. ‖ **injouable** 1767, Voltaire. ‖ **rejouer** 1175, Chr. de Troyes.

***jeudi** XII⁰ s., L. (*juesdi*), du lat. *Jovis dies*, jour de Jupiter; l'indépendance du premier élément a été sentie jusqu'après la diphtongaison.

***jeun** V. JEÛNER.

***jeune** XI⁰ s. (*jovene*); *jeune homme*, XVI⁰ s.; du lat. pop. *jŏvenis* (lat. class. *jŭvĕnis*). ‖ **jeunesse** v. 1160, Benoît. ‖ **jeunet** 1155, Wace. ‖ **jeunot** 1949, Aragon. ‖ **rajeunir** fin XII⁰ s. ‖ **rajeunissement** fin XII⁰ s., *Aliscans*.

***jeûner** v. 1160, *Charroi*, du lat. chrét. *jējūnāre* (III⁰ s., Tertullien). ‖ ***jeun** 1130, *Job*, adj.; XIII⁰ s., *à jeun*, du lat. *jējūnus*, adj., « à jeun ». ‖ **jeûne** XII⁰ s., G. ‖ **jeûneur** 1549, R. Est.

‖ **déjeuner** fin XIIe s., G. d'Arras, « rompre le jeûne »; réfection romane de *dîner*; l'heure du déjeuner (d'abord « petit repas pris en se levant ») se déplaça à Paris parallèlement à l'heure du dîner, et le déjeuner devint un repas copieux. ‖ **petit déjeuner** XIXe s., repas léger pris au lever. (V. DÎNER.)

jeunesse, jeunet V. JEUNE.

jeûneur V. JEÛNER.

jigger 1887, Le Fèvre, « cuve pour teinture »; 1907, H. Poincaré, « transformateur électrique »; mot angl. signif. « cribleur ».

jiu-jitsu 1907, Lar., mot angl.; empr. au japonais *jŭ-jitsu*, de *ju*, doux, et *jitsu*, science, art de la souplesse.

joaillier V. JOYAU.

job 1876, Vallès; mot angl.

jobard 1832, Duvert, de *jobe*, niais (1547, N. Du Fail), sans doute de *Job*, personnage biblique, d'apr. l'aventure de Job sur son fumier. ‖ **jobelin** 1460, Villon, « argot ». ‖ **jobarderie** 1836, Souvestre.

jociste v. 1930, dér. de J. O. C., *Jeunesse ouvrière chrétienne* (de même *jeciste* [*Jeunesse étudiante chrétienne*]).

jockey 1776, Laus de Boissy (-*ckei*), mot angl. dimin. de *Jock*, forme écossaise de *Jack*.

jocko apr. 1750, Buffon, mot congolais; orang-outang.

jocrisse 1585, Cholières, nom d'un personnage du théâtre comique; peut-être apparenté à l'anc. fr. *joquer*, jucher (*juche-toi là-dessus*).

jodler 1867 (*iouler*), de l'allem. dial. *jodeln*, vocaliser, d'orig. onomat.

joie 1080, *Roland*, du lat. *gaudia*, pl. de *gaudium*, passé au fém. ‖ **joyeusement** XIIe s. ‖ **joyeux** début XIIe s., *Voy. de Charl.* ‖ **joyeuseté** fin XIIIe s.

joindre 1080, *Roland*, du lat. *jŭngĕre*. ‖ **joint** 1397, Du Cange, part. passé subst. ‖ **jointoyer** 1226. ‖ **jointif** XVe s., G. ‖ **jointure** 1080, *Roland*, du lat. *jŭnctura*. ‖ **jonction** XIVe s., du lat. *jŭnctio*. ‖ **joignant** 1283, Beaumanoir, adv.; XVIIe s., d'Urfé, prép. ‖ **ajointer** 1842, Mozin. ‖ **disjoindre**

1361, Oresme, réfection, d'apr. le lat., de *déjoindre* (début XIIe s., *Voy. de Charl.*) ; du lat. *disjŭngĕre*. ‖ **disjonction** XIIIe s., G., du lat. *disjŭnctio*. ‖ **disjonctif** v. 1540, Rab., du lat. *disjunctivus*. ‖ **rejoindre** XIIIe s., Adenet. ‖ **enjoindre** 1138, *Job*, du lat. *injungere*, d'apr. *joindre*. ‖ **injonction** fin XIIIe s., du bas lat. *injunctio*.

joker 1917, *le Matin*, mot angl. signif. « farceur ».

joli 1175, Ch. de Troyes (*jolif*), « gai »; XIIIe s., « beau »; peut-être du scand. *jôl*, nom d'une fête païenne. ‖ **joliet** XIIe s. ‖ **joliesse** 1843, Balzac. ‖ **enjoliver** début XIVe s., « égayer »; XVIIe s., « orner ». ‖ **enjolivement** 1611, Cotgrave. ‖ **enjolivure** 1611, Cotgrave. ‖ **enjoliveur** début XVIIe s., « qui enjolive »; XXe s., autom.

jonc 1160, Benoît (*junc*), du lat. *juncus*. ‖ **joncher** 1080, *Roland*, fig. ‖ **jonchée** XIIe s., G. ‖ **jonchet** fin XVe s.

jonction V. JOINDRE.

jongler v. 1160, Benoît, « se jouer de »; XVIe s., « faire des tours »; du lat. *joculari*, d'apr. l'anc. fr. *jongler*, bavarder, issu du francique **jangalôn*. ‖ **jongleur** XIIe s., *Saxons* (*jogleor*); XIVe s. (*jongleur*), « ménestrel, bateleur »; du lat. *joculator*, homme qui plaisante. ‖ **jonglerie** v. 1119, Ph. de Thaun, « métier de jongleur »; 1596, Hulsius, « tour de passe-passe ».

jonque 1521, *Voy. d'Ant. Pigaphetta*, du malais (*a*) *jong*.

jonquille 1596, Hulsius, de l'esp. *junquillo*, dimin. de *junco*, jonc.

joseph 1723, Savary, papier pour filtrer; orig. inconnue.

jote début XIIe s., *Ps. de Cambridge* (*joute*); du lat. pop. **jutta*, moutarde sauvage; peut-être d'origine gauloise.

jouail V. JOUG.

joubarbe fin XIIe s., G., du lat. *Jovis barba*, barbe de Jupiter.

joue 1080, *Roland* (*joe*); *en joue*, 1578, d'Aubigné; du lat. **gauta*, sans doute de **gabita* ou d'une rac. prélatine. ‖ **jouée** XIIe s., « coup sur la joue »; XVIe s., techn. ‖ **joufflu** v. 1530, croisement de l'anc. fr. *giflu* (de *gifle*, joue) avec *joue*. ‖ **bajoue** 1390,

Conty, (*bajoe*); 1766, Buffon (*abajoue*), par agglutination de l'*a* de *la*; de *joue* et de *bas* (« joue en bas », joue pendante). ‖ **bajoyer** 1751, *Encycl.* ‖ **bajoire** 1690, Furetière, monnaie à têtes affrontées ou accolées.

jouelle V. JOUG.

jouer V. JEU.

joufflu V. JOUE.

*****joug** XIIe s., Ps. (*jou*); XIIIe s., avec *g* repris au lat.; du lat. *jŭgum*. ‖ **jouail** 1771, *Trévoux.* ‖ **jas** 1643, Fournier, altér. de *joal* ou *jouail*, pièce de bois. ‖ **jouelle** 1555, Cotereau.

*****jouir** début XIIe s., *Voy. de Charl.* (*joïr*); 1660, fig.; du lat. pop. *gaudīre*, (lat. *gaudēre*). ‖ **jouissance** milieu XVe s., qui a remplacé *joiance* (lat. *gaudentia*). ‖ **jouisseur** 1529, G., « qui jouit de ». ‖ **réjouir** fin XIIe s., *D. G.* itératif de *esjouir* disparu au XVIIe s. ‖ **réjouissance** 1495, J. de Vignay, terme de boucherie, d'après une ordonnance d'Henri IV défendant d'ajouter des os aux bas morceaux, et qui aurait provoqué des réjouissances.

joujou V. JEU.

joule 1881, du nom du physicien angl. *Joule* (1818-1889).

*****jour** fin XIe s., *Alexis* (*jorn*); XIVe s. « ouverture »; du lat. *diurnum*, adj., « de jour », substantivé au neutre en lat. pop., où il a éliminé *dies* (resté dans *midi* et les jours de la semaine). ‖ **journée** v. 1130, *Eneas.* ‖ **journellement** 1473, G., de l'anc. fr. *journel*, journalier. ‖ **journal** XIIe s., *Roncevaux*, adj., journalier; 1631, *Gazette de France*, sens actuel par abrév. de *papier journal* (1553, Belon); mesure agraire (ce qu'on peut travailler en un jour). ‖ **journalier** 1550, La Boétie. ‖ **journaliste** 1704, *Trévoux.* ‖ **journalisme** 1788, Mercier. ‖ **ajourer** 1644, Vulson, de *jour*, ouverture. ‖ **ajour** XXe s., déverbal. ‖ **ajourner** 1080, *Roland*, remettre; XIIIe s., Villehardouin, « faire jour »; XIIIe s., Ménestrel de Reims, « assigner à jour fixe »; 1775, *Journ. de Bruxelles*, sens parlementaire. ‖ **ajournement** 1190, *Horn*, « lever du jour »; 1776, *Courrier de l'Europe*, sens parlementaire. ‖ **contre-jour** 1615, Binet. (V. AUJOURD'HUI, BONJOUR, TOUJOURS.)

journal V. JOUR.

*****jouter** 1080, *Roland* (*joster*), « combattre de près, à cheval, avec des lances »; du lat. pop. *jŭxtare*, toucher, être attenant, de *juxta*, « près de ». ‖ **joute** 1130, Wace. ‖ **jouteur** 1155, Wace. (V. AJOUTER.)

jouvence fin XIIe s., Grégoire, altér. de l'anc. fr. *jouvente*, jeunesse, sous l'infl. de *jouvenceau*; du lat. pop. *jŭventa* (lat. class. *juventus*). ‖ **jouvenceau, -elle** début XIIe s., *Ps. de Cambridge*; du lat. pop. *juvencellus, -cella* (lat. chrét. *juvenculus, -cula*, IIIe s., Tertullien).

jouxte XIIIe s., réfection de l'anc. fr. *joste, jouste* (XIe s.); du lat. *jŭxta*, « auprès de ». (V. JOUTER.)

jovial 1532, Rab., du lat. *jovialis*, peut-être par l'ital. *giovale*, « né sous l'influence de Jupiter » (qui annonçait une destinée heureuse). ‖ **jovialité** 1624, *Caquets de l'accouchée.* ‖ **jovialement** 1834, Landais.

*****joyau** 1175, Chr. de Troyes, (*joiel*), forme du pl., refaite d'apr. *joie*; de l'anc. fr. *joel*, du lat. *jocalis*, « qui réjouit », de *jocus*, jeu. ‖ **joaillier** 1438, G. ‖ **joaillerie** 1434, G.

joyeux V. JOIE.

jubé 1386, Gay, mot de la prière *Jube, Domine...*, prononcée au jubé avant l'évangile.

jubilé début XIIIe s., « année de rémissions »; 1398, E. Deschamps, « 50e anniversaire »; du lat. eccl. *jubilaeus*, empr. à l'hébreu *yôbel*, jubilé; 1625, « qui a passé cinquante ans ». ‖ **jubilaire** XVIe s.

jubiler 1190, saint Bernard (*jubler*), « pousser des cris de joie »; 1803, Boiste, « se réjouir »; du lat. *jŭbilare*. ‖ **jubilant** 1845, Besch. ‖ **jubilation** 1120, *Ps. d'Oxford*, du lat. *jubilatio*. ‖ **jubilatoire** 1841, *les Français peints par eux-mêmes.*

jucher 1155, Wace (*joschier*), de l'anc. fr. *juc, joc*, issu du francique *jok*, joug (allem. *Joch*). ‖ **juchoir** 1539, R. Est. **déjucher** fin XIIIe s., *Renart.*

judaïque 1414, Delb., du lat. *jŭdaicus*, « de Juda ». ‖ **judaïsme** 1220, Coincy.

judas 1220, Coincy (*juda*), « traître »; 1788, *les Nuits de Paris*, « ouverture dissimulée par laquelle on voit celui qui frappe à la porte »; du nom de *Judas*, disciple qui trahit le Christ.

judicature, -cieux, -ciaire Voir JUGE.

judo 1931, Lar., mot japonais signif. « principes de l'art ». ‖ **judoka** *id.*

juge fin XIIᵉ s., *Rois*, du lat. *jūdex, -ĭcis*; 1687, Miege, *juge de paix* (à propos de l'Angleterre), adopté en 1790. ‖ ***juger*** XIIᵉ s., du lat. *jūdĭcare.* ‖ **jugeur** fin XIᵉ s., *Alexis.* ‖ **jugement** 1080, *Roland.* ‖ **jugeote** 1845, Besch. ‖ **judicature** 1426, G., du lat. *judicare.* ‖ **judiciaire** v. 1398, E. Deschamps, du lat. *judicarius.* ‖ **judicieux** 1580, Montaigne, du lat. *judicium*, jugement, discernement. ‖ **judicieusement** 1611, Cotgrave. ‖ **déjuger** v. 1120, *Ps. d'Oxford,* « condamner »; *se déjuger,* 1845, Besch. ‖ **extrajudiciaire** 1582, Bodin. ‖ **préjuger** 1468, Chastellain, du lat. *praejudicare,* juger par avance. ‖ **préjugé** s. m., 1584, La Noue.

juger V. JUGE.

jugulaire 1532, Rab., adj. (*veine jugulaire*); 1836, Landais, « mentonnière militaire »; du lat. *jŭgŭlum,* gorge.

juguler 1213, *Fet des Romains*; fig. XXᵉ s., du lat. *jugulare,* égorger.

juif Xᵉ s., *Passion* (*judeu*); XIIIᵉ s., *juif,* d'apr. le fém. *juive*; 1268, E. Boileau « avare »; du lat. *jūdaeus,* empr. au gr. *ioudaios,* de *Juda,* nom de tribu étendu au peuple juif. ‖ **juiverie** fin XIIᵉ s., Villehardouin (*juerie*); XVIᵉ s. (*juiverie*). ‖ **enjuiver** 1920, Benda.

juillet 1213, *Fet des Romains,* réfection de l'anc. fr. *juignet,* dér. de *juin,* d'apr. une forme disparue *juil,* du lat. *julius,* mois de *Jules* (César).

juin XIIᵉ s., du lat. *junius,* mois de *Junius* Brutus, premier consul de Rome.

jujube 1256, Ald. de Sienne, altér. du lat. *zizyphun,* empr. au gr. *zizuphon,* jujubier. ‖ **jujubier** milieu XVIᵉ s.

julep fin XIIIᵉ s., mot prov., empr. à l'esp. *julepe,* issu de l'ar. *djulab,* du persan *gul-āb,* eau de rose.

jules 1866, Delvau, « vase de nuit »,

arg. milit.; du prénom *Jules,* désignation ironique. (V. THOMAS.)

julienne milieu XVIIᵉ s., « plante »; 1691, Massialot, *Cuis. royal;* de *Julien* ou *Julienne;* évolution sémantique obscure.

jumbo XXᵉ s., mot de l'argot anglo-américain signif. «petit éléphant» et désignant une grosse perforatrice.

jumeau 1175, Chr. de Troyes, du lat. *gemellus,* avec *e* labialisé devant *m;* a remplacé *gémeau.* ‖ **jumelle** début XIVᵉ s., « pièces semblables »; 1825, *Journal des dames,* « lorgnettes ». ‖ **jumeler** 1690, Furetière, « fortifier »; XVIIIᵉ s., « mettre ensemble ». ‖ **jumelage** 1873, Lar. ‖ **trijumeau** milieu XVIIIᵉ s. « muscle ».

jument XIIIᵉ s., saint Thomas, « bête de somme »; 1271, G., « femelle du cheval », d'abord dans le Nord où il a remplacé *ive* (lat. *equa*); du lat. *jūmĕntum,* bête de somme. ‖ **jumenteux** 1837, *Dict. de la conversation.*

jumping 1931, Lar., mot angl. signif. « saut »; terme de compétition hippique.

jungle 1796, Mackenzie, mot angl. empr. à l'hindî *jangal,* steppe.

junior 1867, Lar., mot lat. comparatif de *juvenis,* jeune.

junker 1882, *le Gaulois;* mot allem.

junte fin XVIᵉ s., de l'esp. *junta,* part. passé lat. *junctus,* joint, réuni, substantivé au fém. au sens de « réunion ».

jupe XIIᵉ s., *Aspremont,* de l'ar. *djubba,* long vêtement de laine de dessous. ‖ **jupon** début XIVᵉ s. ‖ **jupette** 1894, Sachs. ‖ **jupe-culotte** début XXᵉ s. ‖ **juponné** 1824, *Journ. des dames.* ‖ **enjuponner** 1534, Rab.

jurande V. JURER.

jurassien 1842, *Acad.,* de *Jura.* ‖ **jurassique** 1829, Brongniart; ce terrain est particulièrement représenté dans le Jura.

jurer 842, *Serments* (*jurat,* 3ᵉ pers. ind. prés.), du lat. *jūrāre.* ‖ **jurande** XVIᵉ s:. ‖ **jurat** XVᵉ s., du lat. *juratus,* « qui a fait serment ». ‖ **juré** 1190, Garn., du lat. *juratus;* 1704, *Trévoux,* sens actuel. ‖ **jurement** XIIIᵉ s., *Chr. d'Antioche.* ‖ **jureur** 1190, Garn. ‖ **juratoire** fin XIIIᵉ s., du lat. *juratorius.*

‖ **juron** 1599, de Montlyard. (V. ABJU-RER, PARJURER.)

juridique début XVᵉ s., du lat *juridicus*, de *jūs*, *jŭris*, droit. ‖ **juridiction** début XIIIᵉ s., du lat. *jurisdictio*, action de dire la justice. ‖ **juridictionnel** 1537, Th. de Bèze. ‖ **jurisconsulte** 1462, J. de Bueil, du lat. *jurisconsultus*, expert en droit. ‖ **jurisprudence** milieu XVIᵉ s., du lat. *jurisprudentia*, science du droit. ‖ **juriste** 1361, Oresme, du lat. médiév. *jurista*.

juridiction, jurisprudence, juriste V. JURIDIQUE.

juron V. JURER.

jury 1688, Chamberlayne, en parlant de l'Angleterre; 1790, en France (Constituante); mot angl., de l'anc. fr. *juree*, serment.

*****jus** 1175, Chr. de Troyes, du lat. *jūs*. ‖ **jusée** 1765, *Encycl.* ‖ **juter** milieu XIXᵉ s. ‖ **juteux** XIVᵉ s.; XIXᵉ s., arg. mil., « adjudant ». ‖ **verjus** 1283, Beaumanoir, de *vert*, aigre et de *jus*.

jusant 1484, Garcie, de l'anc. fr. *jus*, du bas lat. *deorsum*, avec infl. du fr. *sus*; mot maritime de l'Ouest.

*****jusque** fin XIᵉ s., *Alexis* (var. *josque*), sans doute renforcement du lat. *usque*, jusque (soit *deusque*, soit *indeusque*). Le *s* intérieur, amuï au XIIIᵉ s., a été prononcé de nouveau au XVIᵉ s., d'apr. le lat. et la série *lorsque*, *puisque*. (V. PRESQUE.) Souvent un *s* adverbial en anc. fr. et dans le style soutenu.

jusquiame XIIIᵉ s., *Simples Medicines*, du lat. *jusquiamus*, empr. au gr. *huos*, *kuamos*, fève de porc.

jussion 1559, Amyot, du lat. *jussio*, ordre, de *jubere*, ordonner.

justaucorps V. JUSTE.

*****juste** 1120, *Ps. d'Oxford*, du lat. *jūstus*, juste. ‖ **justaucorps** 1642, Oudin (*juste au corps*). ‖ **juste milieu** 1832, Blanqui, polit. ‖ **justement** XIIᵉ s. ‖ **justesse** 1611, Cotgrave. ‖ **justice** fin XIᵉ s., *Alexis* (*-ise*), du lat. *jūstĭtĭa*. ‖ **justiciable** XIIᵉ s., de l'anc. fr. *justicier*, punir. ‖ **justicier** s. m. XIIᵉ s. ‖ **justifier** début XIIᵉ s., *Ps. de Cambridge* du lat. impér. *jūstĭfĭcare*, faire juste. ‖ **justifiable** fin XIIIᵉ s., G. ‖ **justification** 1120, *Ps. d'Oxford*, du lat. *jūstĭfĭcatio*. ‖ **justificatif** 1558, S. Fontaine. ‖ **justificateur** 1516, Lemaire; XVIIIᵉ s., typogr. ‖ **ajuster** 1480, Chastellain, de *juste*, au sens propre (pron. *ajuté* jusqu'au XVIIIᵉ s.). ‖ **ajustage** 1350, Du Cange. ‖ **ajustement** 1331, Du Cange. ‖ **ajusteur** XVIᵉ s., Du Cange; 1845, Besch., « ouvrier ». ‖ **ajustoir** 1690, Furetière. ‖ **rajuster** 1170. ‖ **réajuster** 1932, Lar. ‖ **réajustement** 1932, Lar. ‖ **rajustement** 1690, Furetière. ‖ **injuste** fin XIIIᵉ s., du lat. *injustus*. ‖ **injustice** XIIᵉ s., G., du lat. *injustitia*. ‖ **injustifié** 1842, Mozin. ‖ **injustifiable** 1791. ‖ **injustement** XIIIᵉ s., G.

justesse, justice, justifier V. JUSTE.

jute 1849, *Ann. du comm. ext.*, mot angl., du bengali *jhuto*.

juter, juteux V. JUS.

juvénile 1468, Chastellain, du lat. *jŭvĕnilis*, de *juvenis*, jeune homme. ‖ **juvénilement** 1544, *l'Arcadie*. ‖ **juvénilité** 1495, *Mir. histor.*, du lat. *juvenilitas*. (V. JEUNE.)

juxta, du lat. *juxta*, « auprès de ». Les composés de *juxta-* figurent à l'ordre alphabétique du second élément du composé.

K

kabyle 1761, *Encycl.*, de l'ar. *Qabā'il*, proprem. « (pays des) tribus ».

kaiser 1870, mot allem. signif. « empereur ». ‖ **kaiserlick** 1792, nom donné aux Impériaux, de l'allem. *kaiserlich*, impérial.

kakémono 1891, Goncourt, mot japonais signif. « chose suspendue »; peinture japonaise suspendue verticalement dans les appartements.

1. kaki 1873, Lar., « plante », mot japonais.

2. kaki 1898, Deiss (*khaki*), de l'angl. *khakee*, empr. à l'hindî *khâki*, couleur de poussière, du persan *khâh*, poussière; les premiers uniformes kaki furent adoptés dans l'Inde, en 1857, par l'armée anglaise.

kaléidoscope 1818, Wailly, créé en angl. par Brewster (1817); du gr. *kalos*, beau, *eîdos*, aspect, et *skopeîn*, regarder. ‖ **kaléidoscopique** 1835, Balzac.

kali 1557, L'Escluse, de l'ar. *qali*, soude. (V. ALCALI.)

kalmie 1777, *Encycl.*, du lat. bot. *kalmia*, tiré par Linné du nom de son élève, P. *Kalm* (1716-1779).

kalmouk 1771, *Trévoux*, mot mongol désignant un peuple mongol; tissu velu en laine.

kamichi 1741, Barrère, d'une langue indigène du Brésil; oiseau d'Amazonie.

kandjar V. ALFANGE.

kangourou 1774, trad. de Hawkesworth, d'une langue indigène d'Australie.

kantisme début XIXᵉ s., de *Kant*, philosophe allemand (1724-1804). ‖ **kantien** 1836, Landais. ‖ **kantiste** 1836, Landais.

kaolin 1712, d'Entrecolles, du chinois *kao-ling*, « colline, *ling*, élevée, *kao* »,

du lieu où l'on extrayait le kaolin (près de *King-tö-tchen*).

kapok 1680, trad. de Montanus (*capok*), mot angl., du malais *kapog*. ‖ **-kier** 1691, Loubère.

karité fin XIXᵉ s., mot ouolof désignant un arbre d'Afrique tropicale.

karstique 1931, Lar., de *Karst*, nom d'une région calcaire de Yougoslavie.

kayak 1841, Duponchel, mot esquimau.

keepsake 1829, *Rev. de Paris*, mot angl.; de *keep*, garder, et *sake* (*for my sake*, pour l'amour de moi); album-souvenir.

kéfir 1888, Lar. (*képhir*), d'orig. caucasienne; sorte de boisson.

kénotron 1926, *L. M.*, du gr. *kenos*, vide, et suffixe *-tron*.

képi 1809, *Invent. du général Lasalle*, de l'allem. de Suisse *Käppi*, dimin. de *Kappe*, bonnet. ‖ **képisme** 1870, manière de porter le képi de la Garde nationale.

kérat(o) du gr. *keras*, *-atos*, corne. ‖ **kératine** 1867, Lar. ‖ **kératite** 1827, *Acad.* ‖ **kératocèle** 1839, Boiste. ‖ **kératoplastie** 1867, Lar. ‖ **kératose** XXᵉ s. (1960, Lar.)

kermès V. ALKERMÈS.

kermesse 1391, G., mot du Nord, empr. au flamand *kerkmisse*, messe d'église, fête patronale; fin XIXᵉ s., « fête de bienfaisance ».

kérosène 1877, L., du gr. *kêros*, cire, et suffixe *-ène*; liquide pétrolier.

kerrie 1842, *Acad.*, du botaniste angl. *Ker*; arbuste du Japon.

ketch milieu XVIIᵉ s. (*cache*), mot angl. désignant un navire à voiles.

ketmie 1747, James (*ketmia*, lat. bot.), empr. à l'ar. *khatmi*; arbre d'Afrique.

khamsin XVIIIe s., *Lettres édifiantes* (*khamséen*), mot ar. signif. « cinquantaine », parce que ce vent souffle entre Pâques et la Pentecôte.

khan 1298, *Voy. de Marco Polo* (*kaan*), « seigneur », du turc *han*, prince; 1457, La Broquière (*kan*); de l'arabo-persan *khân*, caravansérail. ‖ **khanat** fin XVIIe s.

khédive 1869, Mazade, du persan *khediv*, prince.

kidnapper v. 1930, de l'angl. *to kidnap*, de *kid*, enfant, et *to nap*, enlever, voler. ‖ **kidnapping** XXe s. (1959, Lar.)

kieselguhr 1888, Lar., mot allem. signifiant « gravier »; variété de silice.

kieserite 1867, Lar. du savant allem. *Kieser*; minerai de magnésium.

kif-kif 1867, Delvau, de l'ar. algérien *kīf-kīf*, proprem. « comme-comme ».

kilo, du gr. *khilioi*, mille. ‖ **kilocalorie** XXe s. ‖ **kilocycle** 1931, Lar. ‖ **kilogramme, kilolitre, kilomètre** 1790. ‖ **kilowatt** fin XIXe s. ‖ **kilowattheure** 1906, Lar. ‖ **kilométrer, -age, -ique** fin XIXe s.

kilt 1792, mot angl. de *to kilt*, retrousser.

kimono 1603, La Borie (*kimona*), mot japonais signifiant « vêtement, robe ».

Kinescope 1948, du gr. *kinêsis*, mouvement, et suffixe *-scope* (gr. *skopeîn*, voir); nom déposé.

kinésie 1842, *Acad.*, du gr. *kinêsis*, mouvement. ‖ **akinésie** XXe s. ‖ **kinesthésie** fin XIXe s., du gr. *aisthêsis*, sensation, d'abord angl. (1880).

king-charles 1845, mot angl. signif. « roi Charles »; épagneul d'agrément.

kinkajou 1672, N. Denis, d'une langue indigène d'Amérique; mammifère à queue prenante.

kino 1812, Mozin, d'une langue de l'Inde; suc desséché de légumineuse.

kiosque 1608, Cayet, pl. (*chioschi*), mis à la mode au XVIIIe s. par le roi Stanislas; XIXe s., sens étendu; du turc *kiösk*, pavillon de jardin.

kirsch 1843, Balzac, abrév. de *kirschwasser*, mot allem. (1775, Bomare); propr. « eau (*Wasser*), de cerise (*Kirsche*) ».

Klaxon 1914, nom déposé de la firme américaine qui, la première, a fabriqué cet avertisseur. ‖ **klaxonner** 1920.

klephte 1824, Fauriel, du gr. mod. *klephthês*, voleur; montagnard du Pinde.

kleptomane 1872, Maxime du Camp, du gr. *kleptês*, voleur, et *mania*, folie. ‖ **kleptomanie** *id.*

knickerbockers 1863, nom d'un héros de roman de Washington Irving; culottes amples et flottantes.

knock-out 1904, *Auto*, loc. angl. de *knock*, coup, et *out*, dehors. ‖ **knock-outer** 1908.

knout 1681, Struys, *Vie en Moscovie*, mot russe.

koala 1827, *Acad.*, mot d'une langue indigène d'Australie; mammifère marsupial.

kobold fin XVIIe s., de l'allem. *Kobold*, d'orig. inconnue; génie familier.

Kodak v. 1889, mot créé arbitrairement par l'inventeur américain *Eastman*; nom déposé.

kohl, kohol début XVIIIe s. (*kool*), de l'ar. *kohl*, collyre d'antimoine pour noircir les paupières. (V. ALCOOL.)

kola 1610, du Jarric (*cola*), d'une langue du Soudan.

kolkhoze 1931, Lar.; mot russe, abrév. de *kollektivnoïe khoziaïstvo*, économie collective. ‖ **kolkhozien** 1936, Gide.

konzern v. 1920, mot allem.; groupe d'entreprises liées financièrement.

kopeck 1607, Margeret (*copek*), mot russe; monnaie de l'U. R. S. S.

korrigan 1873, Lar.; mot breton, désignant dans les légendes un nain.

kouglof v. 1900, Lar., mot alsacien; de l'allem. *Kugel*, boule; sorte de gâteau alsacien.

koulak 1931, Lar., mot russe, d'orig. tartare; paysan, riche propriétaire foncier.

koumis 1634, Bergeron (*cosmos*), mot tartare; boisson acide.

krach 1882, krach de l'Union générale, de l'allem. *Krach*, craquement, employé au fig. à Vienne pour le krach financier du 9 mai 1873.

kraft 1931, Lar., suédois *kraft*, force; papier d'emballage.

krak XIIe s., de l'ar. *kârat*, château fort.

kraken ou **craken** 1827, *Acad.*, mot norvégien; sorte de poulpe fantastique.

kreuzer 1757, *Encycl.*, mot allem., de *Kreuz*, croix; désigne une monnaie autrichienne.

kronprinz 1890, Lar., mot allem., de *Krone*, couronne, et *Prinz*, prince.

krypton 1898, date de la découverte par Ramsay et Travers; du gr. *kruptos*, caché (gaz rare).

ksar 1857, Fromentin, mot berbère; village fortifié.

kummel 1879, Daudet, mot allem. signif. « cumin ».

kwas 1836, Landais, mot russe; boisson alcoolisée.

kymrique 1854, Renan, du gallois *cymraeg*, langue du pays de Galles. On enregistre *kimraeg* en 1842, *Acad.*

kyrielle v. 1155, Wace, « litanie »; mots grecs *Kurie*, seigneur, et *eleison*, aie pitié; invocation liturgique, devenue péjor.

kyste v. 1560, Paré, du gr. *kustis*, vessie, poche. ‖ **kystique** 1721, *Trévoux*. ‖ **enkysté** 1703; XXe s., fig. (V. CYST[O].) ‖ **enkystement** 1842, *Acad.*

L

la V. LE (art. et pron.), UT (musique).

*là 1080, *Roland*, var. *lai*, du lat. [*il*]*lac*, par là (v. çà); *être là*, fam., « être solide », 1813, *Tabac du Petit Charonne*; *par ci par là*, 1538, R. Est. ‖ **delà** 1175, Chr. de Troyes. ‖ **au-delà** n. m. 1883, Elwall. ‖ **là-bas** XVe s.

labadens 1857, Labiche, *Affaire de la rue de Lourcine*, d'apr. le nom d'un maître de pension dans ce vaudeville.

labarum 1556, Duchoul, mot lat.; étendard des empereurs romains depuis Constantin.

label fin XIXe s., mot angl. signif « étiquette » (apposée sur les travaux exécutés par les adhérents); empr. à l'anc. fr. *label*, ruban, d'origine germ. (V. LAMBEAU.)

labelle 1827, *Acad.*, du lat. *labellum*, petite lèvre; pétale supérieur de la corolle des orchidées.

labeur 1120, *Ps. d'Oxford*; XVIIIe s., typogr.; du lat. *labor*, travail, peine. ‖ **laborieux** fin XIIe s., G.; *classe laborieuse*, 1845, Besch.; du lat. *laboriosus*, pénible. ‖ **laborieusement** XIVe s. (*labou-*).

labial 1605, Delommeau, « fait de vive voix »; gramm., 1632, Sagard; du lat. *labium*, lèvre. ‖ **labialiser** 1847, Besch. ‖ **labialisation** 1922, Lar. ‖ **bilabiale** 1908, *L. M.*, ‖ **bilabié** 1842, *Acad.* (lat. *bis*, deux fois).

labile XIVe s., Bouthillier; du bas lat. *labilis*, de *labi*, tomber; terme de chimie « peu stable ».

laborantine v. 1917; vulgarisé en 1934 (roman de P. Bourget); a remplacé aide-chimiste; de l'allem. *Laborantin*, fém. de *Laborant*, issu du lat. *laborans*, *-tis*, qui travaille.

laboratoire 1620, J. Béguin, « lieu où l'on prépare les remèdes »; 1671, Pomey, sens actuel; du lat. *laborare*, travailler.

laborieux V. LABEUR.

labourer Xe s., *Valenciennes*, « travailler » (jusqu'au début du XVIIe s.); XIIe s., « cultiver »; du lat. *laborare*, travailler, spécialisé pour le travail aratoire. ‖ **laboureur** 1160, Benoît, « travailleur », et « cultivateur ». ‖ **labourage** fin XIIe s., « travail », jusqu'au XVIe s.; « culture » dès l'anc. fr. ‖ **labour** 1180, Barbier, déverbal. ‖ **labourable** début XIVe s.

labradorite 1842, Mozin, de *Labrador*, région où ce minéral abonde.

labre 1797, Gattel, du lat. *labrum*, lèvre, « poisson à lèvres épaisses »; 1827, *Acad.*, zool., pièce de la bouche des insectes.

labyrinthe 1418, Caumont (*lebarinthe*); 1690, Furetière, « partie de l'oreille interne »; XVIe s., fig., du lat. *labyrinthus*, empr. au gr. *laburinthos*, palais des haches (*labrys* en carien).

lac 1175, Chr. de Troyes, du lat. *lacus*; il a remplacé la forme pop. *lai*; *être, tomber dans le lac*, fin XIXe s., Courteline. ‖ **lacustre** 1573, Liébault; rare jusqu'au XIXe s. (1842, *Acad.*); lat. *lacustris*, de *lacus*, lac. ‖ **lagon** 1721, *Trévoux*, esp. *lagon*, même origine. ‖ **lagune** 1574, Belleforest, du vénitien *laguna* (lat. *lacuna*), mare, de *lacus*.

*lacer 1080, *Roland*, du lat. *laqueare*, serrer au lacet. ‖ **lacis** 1160, *Eneas* (*laceïs*). ‖ **laçage** 1320, Delb. ‖ **lacerie** 1791, *Encycl. méth.* (*lasserie*). ‖ *lacs 1080, *Roland* (*laz*); le *c* de *lacs* (XVe s.) est dû à *lacer*; du lat. *laqueus*, cordon. ‖ **lacet** 1315, Delb. (*laccès*, pl.). ‖ **lacier** v. 1360, *Modus* (*lachiere*). ‖ **délacer** 1080, *Roland*. ‖ **enlacer** 1120. ‖ **enlacement** 1190. ‖ **entrelacer** fin

XIIᵉ s., saint Bernard. ‖ **entrelacement** fin XIIᵉ s., saint Bernard. ‖ **entrelacs** XIIᵉ s., G.

lacérer 1355, Bersuire, du lat. *lacerare*, déchirer. ‖ **lacération** *id.*, du lat. *laceratio.* ‖ **dilacérer** 1155, Wace (préfixe *dis*, de tous côtés). ‖ **dilacération** début XVᵉ s.

lacet V. LACER.

*__lâche__ milieu XIIᵉ s., *Couronn. Loïs*, « non tendu »; XVIIᵉ s., « sans courage »; refait sur le fém., du lat. pop. *lascus, *lasca, de *laxus*, relâché. ‖ **lâchement** XIIᵉ s., G. ‖ **lâcheté** XIIᵉ s. ‖ *__lâcher__ 1080, *Roland*, du lat. *laxicare*; *lâcher le pied*, XVIᵉ s., d'Aubigné; *lâcher un mot*, XVIᵉ s., Montaigne. ‖ **lâcheur** 1858, A. Scholl. ‖ **lâchage** 1867, L. ‖ **relâcher** XIIIᵉ s., « pardonner une faute »; XVIᵉ s., « rendre moins tendu »; d'apr. le lat. *relaxare*. ‖ **relâche** 1538, R. Est., « détente »; 1798, *Acad.*, sens théâtral, déverbal. ‖ **relâchement** 1160, Benoît. (V. LAISSER.)

lacinié 1676, Dodart, du lat. *laciniatus*, découplé, de *lacinia*, morceau d'étoffe; en bot., « divisé en lambeaux ».

lacis V. LACER.

laconique début XVIᵉ s., du lat. *laconicus*, empr. au gr. *lakonikos*, « à la manière des Laconiens (Lacédémoniens) », c.-à-d. concis. ‖ **laconisme** 1556, Thevet, du gr. *lakonismos*, façon de parler des Laconiens. ‖ **laconiquement** 1558, Des Périers.

lacrima-christi ou **lacryma-christi** 1534, Rab., mots lat. signif. « larme du Christ ».

lacrymal s. m., 1314, Delb (*-mel*); adj., 1539, Canappe; du lat. *lacryma*, larme. ‖ **lacrymatoire** 1690, Furetière, du lat. *lacrymare*, pleurer. ‖ **lacrymogène** 1915, L. M., « qui fait naître les larmes ».

lacs V. LACER.

lactation, lactate, lacté etc. V. LAIT.

lacune 1541, Canappe, « cavité »; 1680, Richelet, « omission »; du lat. *lacuna*, mare (v. LAGUNE). ‖ **lacuneux** 1842, Mozin. ‖ **lacunaire** 1723, Veneroni.

lacustre V. LAC.

lad 1854, *Sport*, mot angl., abrév. de *stable lad*, garçon d'écurie.

*__ladre__ 1230, *Tristan*, du lat. *Lazarus*, nom du pauvre couvert d'ulcères dans la parabole de saint Luc (XVI, 19); d'où « lépreux » en anc. fr. (sens conservé encore pour les animaux); 1656, Oudin, « avare ». ‖ **ladrerie** 1530, Palsgrave, « lèpre » (*laderye*). ‖ **maladrerie** 1160, Benoît, altér. de *maladerie*; dér. de *malade*, par attraction de *ladre*.

lady 1669, Chamberlayne, mot angl. signif. « madame ».

lago- du gr. *lagôs*, lièvre. ‖ **lagopède** 1770, Buffon (lat. *pes, pedis*, pied). ‖ **lagophtalmie** 1570, J. Daléchamps; gr. *lagôphtalmon*, propr. « œil de lièvre ». ‖ **lagostome** 1836, Landais, du gr. *stoma*, bouche; mammifère de Patagonie.

lagon V. LAC.

laguis 1827, *Acad.*, du lat. *laqueus*, lacs; cordage terminé par un nœud spécial.

lagune V. LAC.

1. *__lai, laïc__ V. LAÏQUE.

2. **lai** fin XIIᵉ s., Marie de France, « poème des jongleurs bretons »; d'une langue celtique (irlandais *laid*, chant).

laîche XIᵉ s. (*eske*), texte picard, du germ. *lĭska* (allem. dial. *Liesch*), sans doute prélatin.

laid 1080, *Roland*, du francique *laid*, anc. haut allem. *leid*, désagréable. ‖ **laidement** 1080, *Roland*. ‖ **laideron** 1530, Marot. ‖ **laideur** 1265, J. de Meung. ‖ **enlaidir** XIIᵉ s. ‖ **enlaidissement** 1495, *Mir. historial*.

1. **laie** 1130, *Saint Gilles* (*lehe*), « femelle du sanglier »; du francique *lêka* (moyen haut allem. *liehe*).

2. **laie** fin XIIᵉ s., « sentier », du francique *laida* (anc. angl. *lâd*). ‖ **layer** 1307, G., « traverser un sentier ». ‖ **layeur** 1669, *Ordonn.* ‖ **layon** 1865, Parent, « sentier ».

3. **laie** 1357, G., « boîte, auge », mot du Nord-Est, du moyen néerl. *laeye*, coffre (allem. *Lade*). [V. LAYETTE.]

4. **laie** 1675, Félibien, « marteau »; origine obscure. ‖ **layer** 1680, Richelet, « dresser avec un marteau ».

*__laine__ début XIIᵉ s., *Ps.*, du lat. *lana.* ‖ __lainage__ fin XIIIᵉ s. ‖ __lainerie__ 1295, G., rare jusqu'au XVIIIᵉ s. ‖ __lainer__ 1334, G. ‖ __laineur__ 1765, *Encycl.* ‖ __laineux__ fin XVᵉ s. ‖ s. m., fin XIIIᵉ s.; adj., 1723 Savary. ‖ __lanice__ 1268, E. Boileau. ‖ __lanier__ 1265, Br. Latini, « faucon » ‖ __laneret__ 1318, Gace de La Bigne. ‖ __lanifère__ 1747, James (suffixe *-fère*). ‖ __lanigère__ XVᵉ s., G. (suffixe *-gère*). ‖ __lanoline__ 1890, Lar.

__laïque, laïc__ XIIIᵉ s.; rare jusqu'au XVIᵉ s.; du lat. eccl. *laicus*, empr. au gr. *laikos*, du peuple (*laos*), opposé à *klêrikos*, clerc. ‖ *__lai__ 1190, Garn., même origine; a été remplacé par *laïque*. ‖ __laïcité__ 1871, L. ‖ __laïcisme__ 1842, Mozin. ‖ __laïciser__ v. 1870. ‖ __laïcisation__ *id.*

__lais, laisse__ V. LAISSER.

*__laisser__ Xᵉ s., *Eulalie* (*lazier*), du lat. *laxare*, relâcher, puis laisser aller. ‖ __lais__ 1250, G., dont __legs__ (XVIᵉ s.) est une variante d'après le lat. *legatum*; déverbal de *laisser*. ‖ __laisse__ v. 1120, « lien pour mener un animal »; XIIIᵉ s., « tirade de vers ». ‖ __laisser-aller__ 1786, Mirabeau. ‖ __laissez-passer__ 1675, Savary. ‖ __délaisser__ début XIIᵉ s., *Ps. de Cambridge.* ‖ __délaissement__ 1274, G. ‖ __relaisser__ v. 1175, Chr. de Troyes.

*__lait__ début XIIᵉ s., du lat. *lac, lactis*, qui a servi ensuite de rad. à des mots savants (v. LACTÉ, etc.); *petit-lait*, 1552, H. Est. ‖ __laité__ 1398, *Ménagier.* ‖ __laitage__ 1376, G. ‖ __laitance__ v. 1300, *Traité de cuisine.* ‖ __laiterie__ 1315, Delb. ‖ __laiteron__ 1545, Guéroult. ‖ __laitier__ fin XIIᵉ s., R. de Moiliens; 1676, sens métallurgique. ‖ __lactation__ 1623, Bury, du lat. *lactatio.* ‖ __lactase__ fin XIXᵉ s. ‖ __lactaire__ fin XVIIᵉ s., Fl. de Rémond. ‖ __lactate__ 1802, Gâtineau. ‖ __lacté__ 1398, *Somme Gautier*, du lat. *lacteus*, laiteux. ‖ __lactescent__ 1802, Genard, du lat. *lactescens*, de *lactescere*, « se convertir en lait ». ‖ __lactifère__ 1665, Graindorge. ‖ __lactique__ 1827, *Acad.* ‖ __lactose__ 1867, Lar. ‖ *__allaiter__ XIIᵉ s. (*alaitier*), du bas lat. *allactare* (vᵉ s., Marcus Empiricus); il a signifié « téter » jusqu'au XVIᵉ s. ‖ __allaitement__ 1375, R. de Presles. ‖ __délaiter__ XVIᵉ s., « sevrer »; XIXᵉ s., « ôter le lait ».

__laiton__ fin XIIIᵉ s., *Renart* (var. *laton*); de l'ar. *lātūn*, cuivre. ‖ __laitonner__ 1867, L. (*-é*).

*__laitue__ XIᵉ s., du lat. *lactūca*, de *lac*, lait, la laitue étant lactescente.

__laïus__ 1804, mot d'argot scolaire, d'apr. le premier sujet de composition française donné à Polytechnique (discours de *Laïus*, père d'Œdipe). ‖ __laïusser__ XXᵉ s.

*__laize, laise__ fin XIIᵉ s., *Rois*, du lat. pop. *latia*, de *latus*, large. (V. ALÉSER, LÉ).

__lakiste__ 1836, Landais, de l'angl. *lakist*, de *lake*, lac. Les lakistes, poètes anglais du XIXᵉ s., habitaient le *Lake* District au N.-O. de l'Angleterre.

1. __lama__ 1629, *Lettres du Tibet*, « prêtre du Tibet », mot tibétain. ‖ __lamaïsme__ 1829, May (*lamisme*). ‖ __lamaserie__ 1867, L.

2. __lama__ 1598, Acosta, « mammifère des Andes »; de l'esp. *llama*, empr. au quichua, langue indigène du Pérou.

__lamaneur__ 1584, *Ordonn.*, « pilote »; de l'anc. fr. *laman*, empr. au néerl. *lootsman*, homme à la sonde. ‖ __lamanage__ 1355, G.

__lamantin__ 1533, Martyr (*manati*); 1640, Bouton (*lamentin*); altér. de l'esp. *manati*, mot caraïbe, par croisement avec *lamenter*, d'apr. le cri de l'animal.

__lambeau__ fin XIIIᵉ s. (*lambel*, forme conservée comme terme de blason); du francique *__labba__, morceau d'étoffe (anc. haut allem. *lappa*, allem. *Lappen*, lambeau, chiffon). [V. LABEL.]

__lambin__ 1584, Bouchet, du francique *__labba__, « morceau d'étoffe qui pend », donc « mou » (allem. *lappig*, flasque); ou du nom propre *Lambin*, var. de *Lambert*. ‖ __lambiner__ 1642, Oudin.

__lambourde__ fin XIIIᵉ s., de l'anc. fr. *laon*, planche (anc. haut allem. *lado*) et de *bourde* (poutre), c.-à-d. « poutre soutenant les planches du parquet ».

__lambrequin__ 1458, A. de La Salle, du moyen néerl. *lamperkijn*, dimin. de *lamper*, voile, crêpe; ornement formé d'une bande d'étoffe pendante.

*__lambris__ fin XIIᵉ s., *Alexandre* (*lambrus*), du lat. pop. *__lambrūscus__, de *__la(m)brūsca__, vigne sauvage, d'apr. l'ornementation. (V. VIGNETTE.) ‖ __lambrisser__ 1220, Coinci (*-broisier*); réfection de *lambruschier* (XIIᵉ s.). ‖ __lambrissage__ 1454, G.

*lambruche xve s., *Grant Herbier*; du lat. pop. **lambrusca*, autre forme de *labrusca*, vigne sauvage. ‖ **lambrusque** 1512, J. Lemaire, forme méridionale.

*lame début xiie s., « bande mince »; xve s., « vague »; du lat. *lamina*. ‖ **lamé** 1723, Savary. ‖ **lamelle** xiie s. (*lemelle*); rare jusqu'au xviiie s.; du lat. *lamella*, dimin. de *lamina*. (V. OMELETTE.) ‖ **lamellé** 1783. ‖ **lamelleux** 1777. ‖ **lamellaire** fin xviiie s. ‖ **lamellibranches** 1842, *Acad.* ‖ **lamellicornes** 1827, *Acad.* ‖ **lamelliforme** 1827, *Acad.* ‖ **lamellirostres** 1842, *Acad.* ‖ **bilame** xxe s. (1951, Lar.). ‖ **laminer** 1596, Delb. ‖ **laminoir** 1643, L. ‖ **laminage** 1731, suivant Richelet. ‖ **lamineur** 1823, Boiste. ‖ **lamineux** 1798, Richard.

lamelle, laminer V. LAME.

*lamenter (se) début xiiie s., v. intrans.; xviie s., pron.; du bas lat. *lamentare* (lat. *-ari*). ‖ **lamentable** xive s., Conty. ‖ **lamentation** xiie s., du lat. *lamentatio*.

lamie début xvie s. (*amie*), « squale », du lat. *lamia*.

lamier 1765, *Encycl.*, dér. savant du lat. *lamium*, espèce d'ortie.

lampadaire V. LAMPE.

lampant 1593, Brouzon, du prov. mod. part. prés. de *lampa*, briller (mot appliqué d'abord à l'huile d'olive).

1. lampas 1723, Savary (*-passe*), « étoffe orientale »; origine obscure; sans doute du germ. **labba*, lambeau.

2. lampas V. LAMPER.

*lampe 1130, *Eneas*, du lat. *lampas*, *-adis*. ‖ **lampadaire** début xvie s., « support »; du bas lat. *lampadarium*, « qui porte la lampe ». ‖ **lampion** 1550, Jal, de l'ital. *lampione*, de *lampa*, lampe (les fêtes de nuit furent organisées par des Italiens). ‖ **lampiste** 1797, *Feuilleton*. ‖ **lampisterie** 1845, Besch.

lamper 1665, Colletet, autre forme de *laper*. ‖ **lampas** fin xiie s., R. de Moliens, « gosier ». ‖ **lampée** fin xviie s.

lampion V. LAMPE.

*lamproie fin xiie s., *R. de Cambrai*, du bas lat. *lampreda* (viie s., glose), d'origine obscure.

lampyre 1554, Rab. (*-yde*); 1806, Wailly (*-yre*); du lat. *lampyris*, empr. au gr. (*lampein*, briller); ver luisant.

*lance 1080, *Roland*, du lat. *lancea*; *lance d'incendie*, 1873; *rompre une lance*, 1718, *Acad.* ‖ **lancette** 1256, Ald. de Sienne, « petite lance »; 1314, Mondeville, « instrument de chirurgie ». ‖ **lançon** xiiie s., *Bible.* ‖ **lanceron** 1462, G. ‖ **lancier** 1467, Fagniez, « fabricant de lances »; 1580, Montaigne, « cavalier armé d'une lance ». ‖ **lancéole** 1557, G., « plante », du lat. *lanceola*, petite lance. ‖ **lancéolé** 1783, Bergeret, du lat. *lanceolatus.* ‖ ***lancer** début xiie s., *Voy. de Charl.*, « jeter »; 1820, *lancer un artiste*; 1878, *lancer une affaire*; du bas lat. *lanceare*, manier la lance. ‖ **lancis** 1160, Benoît. ‖ **lancer** s. m., début xviiie s. ‖ **lançage** fin xviie s. ‖ **lancement** 1300; commerce, 1907, Lar. ‖ **lançoir** début xive s. ‖ **lanceur** (*d'affaires*) 1865, L. ‖ **lance-bombes** 1914; **-flammes** 1917; **-fusées** 1931, Lar.; **-grenades** 1922, Lar.; **-mines** 1914, calque de l'allem. *Minenwerfer*; **-pierres** 1894, Sachs-Villatte; **-torpilles** 1890, Ledieu; **-roquettes** xxe s. (1960, Lar.). ‖ **relancer** v. 1283, Beaumanoir. ‖ **relance** xxe s., déverbal.

lancinant 1546, Rab.; fig., ennuyeux, 1931, Lar.; du lat. *lancinans*, part. prés. de *lancinare*, déchirer. ‖ **lanciner** 1616, Du Val. ‖ **lancinement** 1842, *Acad.*

lançon V. LANCE.

landau 1814, Jouy, nom de ville du Palatinat où cette voiture fut d'abord fabriquée. ‖ **landaulet** 1836, Landais.

lande 1125, Gormont, du gaulois **landa* (cf. breton *lann*).

landgrave 1265, Br. Latini, du moyen haut allem., signif. « comte (*graf*) du pays (*land*) ».

landier v. 1160, *Charroi* (*andier*); sans doute du gaulois *andero*, taureau, d'apr. l'ornement des anciens landiers (chenets de fer).

landwehr 1827, *Acad.*, mot allem. signif. « défense, *Wehr*, du pays, *Land* ».

laneret V. LAINE.

langage V. LANGUE.

*lange xiie s., « étoffe »; 1538, R. Est., sens actuel; du lat. *laneus, lanea*, « de laine ». ‖ **langer** 1907, Lar.

413

langouste fin XIIIe s., *Renart*, « sauterelle » ; XIVe s., sens actuel ; de l'anc. prov. *langosta*, du lat. *locusta*, sauterelle. ‖ **langoustine** 1827, *Acad.*, repris aussi à un dialecte du Midi.

*****langue** XIe s., *Saint Léger*, « organe de la bouche » ; Xe s., « langage parlé ou écrit » ; remplacé en anc. fr. par *langage*, *langue* reparaît au XVIe s. ; du lat. *lingua*, langue. ‖ **langage** Xe s., *Passion* (*linguaige*). ‖ **languette** 1314, Mondeville, sur le sens propre. ‖ **langueter** XIXe s. ‖ **languier** 1353, G. ‖ **langueyer** 1378, G. ‖ **langueyeur** *id.* ‖ **langué** av. 1480, R. d'Anjou. ‖ **langue-de-bœuf** XVIIe s. ‖ **langue-de-chat** milieu XIXe s., « gâteau ». ‖ **abaisse-langue** fin XIXe s. ‖ **lingual** 1735, Heister, du bas lat. *lingualis*, de *lingua*. ‖ **linguiste** 1660, Chapelain. ‖ **linguistique** 1826, Balbi, empr. à l'allem. ‖ **linguistiquement** 1878, Lar. ‖ **bilingue** XIIIe s., « menteur » ; 1618, Turrettini ; du lat. *bilinguis*, « qui a deux langues ». ‖ **bilinguisme** 1920, *Société de linguistique*.

*****langueur** début XIIe s., du lat. *languor, -oris*. ‖ **langoureux** fin XIe s., *Alexis* (*languerous*), « malade » ; 1704, *Trévoux*, sens actuel. ‖ **langoureusement** fin XIVe s. ‖ **languide** 1523, *Parthénice*, du lat. *languidus*. ‖ *****languir** XIe s., du lat. pop. *languire* (lat. *languēre*). ‖ **languissant** fin XIIIe s. ‖ **alanguir** 1539, Cl. Gruget ; *s'alanguir*, 1775, Beaumarchais. ‖ **alanguissement** 1552, François de Sales.

lanice, lanier V. LAINE.

lanière XIIe s., *Parthenopeus*, de l'anc. fr. *lasne*, d'orig. obscure ; peut-être altér. du francique **nastila* (allem. *Nestel*, lacet).

lanifère, -gère, lanoline V. LAINE.

lansquenet 1480, O. de La Marche, de l'allem. *Landsknecht*, « serviteur (*Knecht*) du pays (*Land*) ». Le *lansquenet* était d'abord un serf attaché à un reître.

lantanier 1611, Cotgrave (*lantana*) ; du lat. scient. *lantana*, altér. de *lentana*, viorne (Gessner), de *lentus*, souple.

*****lanterne** 1080, Roland ; XVIe s., « réverbère » ; du lat. *lanterna*. ‖ **lanterner** XIVe s., « envoyer à la lanterne » ; 1546, Rab., « perdre son temps » ; d'apr. *conter des lanternes* (balivernes). ‖

lanternier 1268, E. Boileau, « fabricant de lanternes ». ‖ **lanternerie** milieu XVIe s., « action de faire attendre ». ‖ **lanterneau** 1827, *Acad.* ‖ **lanternon** 1803, Boiste.

lanthane 1839, Mosander, du gr. *lanthanein*, être caché ; métal rare, difficile à isoler.

lantiponner 1666, Molière, de *lent*, croisé avec *lanterner*. ‖ **lantiponnage** *id.*

lanturlu début XVIIe s., refrain d'une chanson du temps de Richelieu.

lanugo fin XIXe s., du lat. *lanugo, inis*, duvet, de *lana*, laine. ‖ **lanugineux** 1553, Belon, du lat. *lanuginosus*, couvert de duvet.

lapalissade 1872, Goncourt, de M. de La Palice, à qui sont attribués des truismes de ce type.

laparotomie fin XVIIIe s., du gr. *lapara*, flanc, et *-tomie* ; incision de la paroi abdominale.

laper fin XIIe s., Marie de France, du lat. **lappare*, onom. d'orig. germ. (angl. *to lap*), ibère ou méditerranéenne. ‖ **lapement** 1611, Cotgrave.

lapereau V. LAPIN.

lapidaire XIIe s., « traité sur les pierres précieuses » ; fin XIIIe s., *Renart*, « tailleur de pierres » ; 1718, *Acad.*, fig., adj., du lat. *lapidarius*, « qui a le style des inscriptions sur pierre », de *lapis, -idis*, pierre.

lapider fin Xe s., *Passion*, du lat. *lapidare*, de *lapis*, pierre. ‖ **lapidation** début XIIe s. *Thèbes* ; rare jusqu'au XVIIe s. ; du lat. *lapidatio*. ‖ **lapidifier** 1560, Paré, du lat. *lapidificare*. ‖ **lapidification** 1690, Furetière.

lapié ou **lapiaz** 1922, Lar., mot rég., du lat. *lapis, -idis*, pierre ; forme karstique.

lapilli 1829, Boiste, mot ital. pl., de *lapillo* (1827, *Acad.*), du lat. *lapillus*, petite pierre ; fragments de projections volcaniques.

lapin XVe s., qui a remplacé l'anc. fr. *connil, connin*, du lat. *cuniculus* ; de *laper* (eau), attesté antérieurement, d'orig. ibère, méditerranéenne ou germ. (lat. *lepus, leporis*, lièvre ; gr. *lebēris*, lapin ; port. *laparo*, lièvre, *lapão*, lapin) ; *pattes* *de lapin*, 1896, Delesalle; *poser un lapin*, id. ‖ **lapereau** 1320, texte wallon (*lapriel*). ‖ **lapiner** début XVIIIe s. ‖ **lapinière** fin XVIIIe s. ‖ **lapinisme** XXe s.

lapis-lazuli XIIIe s., *Simples Medicines*, du lat. médiév. *lapis* et *azurum*, du persan *lâzawar*. (V. AZUR.) ‖ **lazulite** 1801, Haüy.

laps *de temps* fin XIIIe s., du lat. *lapsus*, « écoulé », de *labi*, s'écouler, glisser. ‖ **laps** 1314, Mondeville, méd.; XVe s., sens relig.; du lat. *lapsus*, tombé. ‖ **lapsus** 1833, Nodier, fig., faute, même mot.

laptot 1765, *Encycl.*, orig. obscure; matelot africain.

laquais 1470, Du Cange (var. *alacays*); du catalan *alacay*, esp. (*a*) *lacayo*, valet d'armes.

laque XVe s., *Grant Herbier* (*lacce*), du lat. médiév. *lacca*, empr. à l'arabo-persan *lakk*, mot hindî. ‖ **laquer** 1830, *la Mode.* ‖ **laqueur** 1875, L. ‖ **laqueux** milieu XVIIIe s. .

larbin 1827, *Cartouche*, arg., « mendiant, domestique »; altér. de *habin*, chien (argot, 1596, *Vie généreuse*) de *happer*, avec agglutination de l'article.

larcin fin XIe s., *Lois de Guill.* (var. *larrecin*); du lat. *latrocinium*, par emprunt ancien. (V. LARRON.)

*****lard** XIIe s., du lat. *larīdum* (*lardum*, Ier s.). ‖ **larder** 1175, Chr. de Troyes. ‖ **lardoire** 1398, E. Deschamps. ‖ **lardon** fin XIIe s., R. de Moiliens; 1878, A. Daudet, « enfant ». ‖ **lardure** 1785, *Encycl. méth.* ‖ **délarder** 1690, Furetière. ‖ **entrelarder** 1175, Chr. de Troyes.

lare 1488, *Mer des hist.*, du lat. *lar*, pl. *lares*.

*****large** 1080, *Roland*, du lat. *largus*, avec un masc. refait sur le féminin. ‖ **largement** fin XIIe s., R. de Moiliens. ‖ **largesse** XIIe s., Marbode, « largeur »; puis fig., « générosité ». ‖ **largeur** XIIIe s. ‖ **élargir** 1160, *Eneas*; 1383, G., jurid. ‖ **élargissement** XIIe s. ‖ **rélargir** 1272, Joinville.

largo 1750, Prévost, mot ital. signif. « large ». ‖ **larghetto** 1765, *Encycl.*, spécialisé en musique.

largue 1559, Du Bellay, du prov. mod. *largo*, large (rendre large la voile). ‖ **larguer** début XVIIe s., du prov. mod. *larga*, élargir. ‖ **largable** 1931, Lar.

larigot 1403, Chr. de Pisan (dans un refrain); 1534, Rab., « flûte », et *à tire-larigot*, d'un trait; orig. obscure.

larix 1213, *Fet des Romains* (*larice*), mot lat. d'orig. rhétique; mélèze.

*****larme** fin XIe s., *Alexis* (*lairme*); *larme* est refait sur le lat.; du lat. *lacrima*. (V. aussi LACRYMAL.) ‖ **larmier** 1321, Fagniez, arch.; 1834, « angle de l'œil ». ‖ **larmière** 1694, Th. Corn. ‖ **larmille** 1789, *Encycl. méth.* ‖ **larmoyer** XIIe s., Raimbert de Paris; *comédie larmoyante*, 1759, Richelet. ‖ **larmoiement** 1538, R. Est. ‖ **larmoyeur** fin XVIIe s.

*****larron** Xe s. (*ladron*), du lat. *latro*, *-onis* (cas sujet *lerre* en anc. fr.). ‖ **larronner** 1534, Rab. ‖ **larronneau** 1487, A. Chartier.

larve 1495, *Mir. historial* « masque », du lat. *larva*, même sens; 1762, Geffroy, entomol., la larve étant le masque de l'insecte parfait. ‖ **larvaire** 1876, L. ‖ **larvé** 1836, Raymond, méd.; fig., fin XIXe s. « masqué ».

larynx 1532, Rab. (*-ingue*); 1538, Canappe (*-ynx*); du gr. *larugx*, *-ggos*, gosier. ‖ **laryngal** 1909, *L. M.*. ‖ **laryngé** 1743, Lalouette. ‖ **laryngien** 1793, Lavoisien. ‖ **laryngite** début XIXe s. ‖ **laryngotomie** 1620, Habicot. ‖ **laryngologie** 1793, Lavoisien. ‖ **laryngoscope, -scopie** 1867, L.

*****las** Xe s., *Valenciennes*, « malheureux »; 1080, *Roland*, « fatigué »; du lat. *lassus*, fatigué. (V. HÉLAS.). ‖ *****lasser** 1080, *Roland*, du lat. *lassare*. ‖ **lassitude** XIVe s., E. de Conty, du lat. *lassitudo*. ‖ **délasser** XIVe s. ‖ **délassement** 1475, Delb. ‖ **inlassable** 1907, Lar.

lascar 1610, Pyrard de Laval, « matelot des Indes »; 1834, *Rev. de Paris*, « gaillard »; du persan *lachkar*, soldat, empr. à l'arabe. *'askar*.

lascif 1488, *Mer des hist.*, du lat. *lascivus*, même sens. ‖ **lascivité** 1512, Lemaire, forme refaite de *lasciveté* (XVe s.); du lat. *lascivitas*.

laser 1567, Grévin, mot lat.; plante.

lasser, lassitude V. LAS.

lasso 1829, *Rev. des Deux Mondes*, de l'esp. d'Amérique *lazo*, lacs, en un emploi spécialisé.

lasting 1830, *Nouveauté* (*lastaing*), mot angl. signif. « durable », de *to last*, durer.

latanier 1645, Coppier, « palmier »; orig. inconnue.

latent 1361, Oresme, du lat. *lātens*, *-entis*, de *lātēre*, être caché. ‖ **latence** fin XIXᵉ s.

latéral 1315, G., du lat. *lateralis*, de *latus*, *lateris*, côté. ‖ **latéralement** XVIᵉ s. ‖ **bilatéral** 1812, Mozin. ‖ **bilatéralement** 1829, Boiste. ‖ **collatéral** XIIIᵉ s., *Chron. de Saint-Denis*, du lat. médiév. *collateralis*. ‖ **équilatéral** 1529. ‖ **trilatéral** 1721, *Trévoux*. ‖ **unilatéral** 1778, Vergennes.

latérite 1867, L., du lat. *later*, brique. ‖ **latéritique** 1908, *L. M.* ‖ **latérisation** *id.*

latex 1706, Le Peletier, mot lat. signif. « liqueur »; suc spécifique de certains végétaux.

lathyrus 1608, Cl. Dariot (*-tuis*), du gr. *lathyrus*, mollusque. ‖ **lathyrisme** fin XIXᵉ s., intoxication par ingestion de gesse.

laticlave 1595, Fl. Rémond, du lat. *laticlava*, (*tunica*), large bande.

latin 1160, *Eneas*, du lat. *latīnus*; XVIᵉ s. *y perdre son latin.* ‖ **latiniser** 1558, Des Périers, du bas lat. *latinizare*. ‖ **latinisation** XVIIᵉ s., *Huetiana*. ‖ **latinisme** 1583, trad. d'Horace. ‖ **latiniste** 1468, Chastellain. ‖ **latinité** 1355, Bersuire, « caractère latin »; 1835, *Acad.*, « civilisation latine »; du bas lat. *latinitas*.

latitude 1314, Mondeville, « largeur »; 1361, Oresme, géogr.; du lat. *latitudo*, *-inis*, largeur, de *latus*, large. ‖ **latitudinaire** 1704, *Trévoux*, fig.; 1696, Jurieu, théolog.

latomie 1600, Seyssel, du lat. *latomia*, empr. au gr. *las*, pierre et *temnein*, couper; carrière de pierre ou de marbre.

latrie 1376, Golein, du lat. chrét. *latria*, empr. au gr. *latreia*. (V. IDOLÂTRE.)

latrines 1495, *Mir. historial*, du lat. *latrina*, de *lavatrina*, lavabo.

***latte** fin XIIᵉ s., *Loherains*, du bas lat. *latta* (VIIIᵉ s.), empr. au francique. ‖ **latter** 1288, G. ‖ **lattage** début XVIᵉ s. ‖ **lattis** s. m. 1449, Guérin (*lacteys*). ‖ **chanlatte** fin XIIIᵉ s., Rutebeuf, de *chant* 2.

laudanum 1572, Prébonneaux, réfection de *lādanum* (repris au XIXᵉ s. avec sens lat.), mot lat. signif. résine du ciste, empr. au gr. *ladanon*. ‖ **laudanisé** milieu XIXᵉ s.

laudatif 1787, Féraud, du lat. *laudativus*, de *laudare*, louer. ‖ **laudateur** XVᵉ s.

laudes v. 1200, Delb., du pl. lat. de *laus*, *laudis*, louange (partie de l'office où l'on chante des psaumes à la louange de Dieu).

laure 1670, Ritter, « cellule », du gr. *laura*; grand monastère.

lauré V. LAURIER.

laurier début XIIᵉ s., *Voy. de Charl.* (*lorier*), de l'anc. fr. *lor*, du lat. *laurus*. ‖ **lauré** 1574, Bouchet, rare jusqu'au XIXᵉ s. ‖ **lauréat** 1530, Palsgrave, du lat. *laureatus*, couronné de laurier (on couronnait de laurier, arbre d'Apollon, les vainqueurs des jeux, des concours). ‖ **lauréole** XIVᵉ s., *Antidotaire Nicolas*.

lavabo V. LAVER.

lavallière 1874, L., « reliure brun clair »; 1875, à Angers, d'abord « cravate de femme »; du nom de *La Vallière* (1644-1710), favorite de Louis XIV.

lavande fin XIIIᵉ s., *Ms*, de l'ital. *lavanda*, « qui sert à laver » (parce qu'elle parfume l'eau de toilette). ‖ **lavandier** 1664, Fermanel.

lavandière V. LAVER.

lavaret 1552, Rab., « poisson », du savoyard *lavarè*, issu du bas lat. *levarīcīnus* (Vᵉ s., Pol. Silvius), d'origine sans doute gauloise.

lavatory 1890, « boutique de coiffeur »; 1907, Lar., cabinet de toilette; mot angl., du lat. *lavare*, laver.

lave 1587, Cholières (*laive*), « sorte de pierre »; 1739, de Brosses, valeur actuelle; de l'ital. de Naples *lava*, peut-être d'orig. prélatine. ‖ **lavique** 1842, *Acad.*

*laver 980, *Passion*, du lat. *lavare*. ‖
lavable 1867. ‖ **lavage** début XVᵉ s. ‖
lavandière XIIᵉ s. ‖ **lavasse** milieu
XVᵉ s., « pluie »; 1803, Boiste, « mauvais
liquide ». ‖ **lavement** XIIᵉ s., « action de
se laver »; XVIᵉ s., « clystère ». ‖ **lavabo**
1560, Vizet, « linge avec lequel le prêtre
s'essuie les mains après l'offertoire »;
1801; *Journal des dames*, « meuble de
toilette »; mot lat. signif. « je laverai »
(premier mot d'un psaume prononcé par
le prêtre qaund il se lave les mains). ‖
laverie XVIᵉ s., « lavage ». ‖ **lavette**
1636, Monet, « torchon »; fig., XIXᵉ s. ‖
laveur XIIIᵉ s., *D. G.* ‖ **lavis** 1676, Félibien. ‖ **lavoir** fin XIIᵉ s., *Rois*, « vase »;
XIIIᵉ s., « évier »; peut-être issu directement du lat. *lavatorium*. ‖ **lavure** fin
XIᵉ s., *Alexis* (*lavadure*). ‖ **lave-mains**
1471, G. ‖ **délaver** 1398, E. Deschamps,
« purifier »; XVIᵉ s., « détremper ». ‖
relaver 1175, Chr. de Troyes.

lawn-tennis V. TENNIS.

laxatif XIIIᵉ s., *Simples Médecines*, du
lat. *laxativus*, de *laxare*, lâcher; purgatif.

laxisme 1912, *L. M.*, du lat. *laxus*,
relâché. ‖ **laxiste** XXᵉ s.

layer V. LAIE 4.

layette 1360, G. de Machaut, « tiroir »; XVIIᵉ s., « trousseau mis dans le
tiroir »; de *laie*, boîte, du moyen néerl.
laeye. ‖ **layetier** fin XVIᵉ s. ‖ **layetterie**
1765, *Encycl.*

layon V. LAIE 2.

lazaret fin XVIᵉ s., du vénitien *laza-
reto*, plus anc. *nazareto* (XVᵉ s.), d'apr.
l'hôpital Santa Maria de Nazareth (l'*l*
est dû à l'infl. de *lazaro*, mendiant).

lazariste 1721, de Saint-*Lazare*, nom
d'un prieuré.

lazulite V. LAPIS-LAZULI.

lazzarone 1781, Mercier (*lazzaron*);
du napolitain *lazzarone*, augmentatif
d'un plus anc. *lazzaro* (1647); de l'anc.
esp. *lazaro*, mendiant. ‖ **lazzaronisme**
1841, *les Français peints par eux-
mêmes*.

lazzi 1690, Gherardi, mot ital., pl. de
lazzo, jeu de scène bouffon, puis « plaisanterie piquante ».

*le, la, les art. et pr. pers., Xᵉ s. (*lo,
la, les*; le cas sujet masc. *li* avait disparu

au XVᵉ s.); formes proclitiques, atones,
du démonstratif lat. (*il*)*lum*, (*il*)*lam*,
(*il*)*los*, devenu aussi article; par
contraction avec prép., on a : *ès* (en les),
des (de les), *au*[*x*] (à le, à les), *du*
(de le).

*lé adj., 1080, *Roland* (*lét*); s. m.,
« largeur »; du lat. *latus*, large.

leader 1829, d'Herbelot, « article de
journal »; 1863, Block, « chef de
parti »; mot angl. signif. « celui qui
conduit », de *to lead*, conduire (sens du
fr. déjà en angl.).

*léans XIIᵉ s., *Saxons* (*laiens*); du lat.
pop. *illac-intus*, « là, à l'intérieur ».
(V. LÀ et CÉANS.)

lebel 1866, du nom de l'officier qui fit
adopter ce fusil.

lécanore 1836, Landais, du gr. *lekanê*,
bassin; lichen des régions arides.

1. lèche XIIIᵉ s., *Miracles de saint Éloi*
(*leske*), « tranche mince »; origine
obscure, peut-être de *lécher*. ‖ **lichette**
1821, Desgranges, avec *i* dû à l'infl. de
licher.

2. lèche V. LÉCHER.

lécher début XIIᵉ s., *Ps. de Cambridge*,
du francique **lekkon* (allem. *lecken*);
1680, Richelet « finir, parfaire ». ‖ **licher** fin XIᵉ s., *Alexis*, var. de *lécher*. ‖
lèche XVᵉ s., « action de lécher »; 1922,
Lar., « basse flatterie ». ‖ **lécheur** 1138,
G., « qui lèche »; 1845, Besch., « flatteur ». ‖ **lèche-cul** 1867, Delvau. ‖
lèche-doigts (*à*) 1549, R. Est (*-liche*). ‖
lèchefrite fin XIIᵉ s., altér. de *lèche-
froie* (XIIIᵉ s., G.), des impér. *lèche* et
froie, « frotte » (même mot que *frayer*).
‖ **pourlécher** (*se*) 1767, Diderot.

lécithine 1867, L., du gr. *lekithos*,
jaune d'œuf.

*leçon XIᵉ s., « partie de l'office »;
XIIᵉ s., *Saxons*, « lecture », et sens actuel; du lat. *lĕctio*, action de lire, « ce
qui est lu », de *legere*, lire. ‖ **lecteur**
XIIᵉ s., *Saint Brandas* (*litoir*), du lat. *lĕc-
tor*; *lecteur d'Université*, 1836, Landais,
de l'allem. *Lektor*. ‖ **lecture** 1352, J.
de Preis; du lat. médiév. *lectura*;
1856, Baudelaire, « conférence », sens
repris à l'angl. ‖ **relecture** 1611,
Cotgrave.

lécythe 1771, *Trévoux*, du gr.
lekuthos, vase destiné à contenir l'huile.

lède 1611, Cotgrave, « plante », du lat. *leda*, empr. au gr.

légal 1361, Oresme, du lat. *legalis*, « relatif ou conforme aux lois » (V. LOYAL). ‖ **légalement** début XIVe s. ‖ **légaliser** 1681, Richesource. ‖ **légalisation** 1690, Furetière. ‖ **légalisme** fin XIXe s. ‖ **légaliste** fin XIXe s. ‖ **légalité** XVe s., « loyauté » (jusqu'au XVIIIe s.). ‖ **illégal** 1361, Oresme. ‖ **illégalement** 1789. ‖ **illégalité** 1361, Oresme.

légat XIIe s., *Saint Grégoire*, « envoyé », puis *légat du pape*; du lat. *lēgātus*, de *lēgāre*, envoyer en ambassade. ‖ **légation** début XIIe s., « mission », du lat. *legatio*, ambassade; 1160, Benoît, « mission diplomatique ».

légataire V. LÉGUER.

lège fin XVIIe s., chez Isambert, du néerl. *leeg*, vide, sans charge; navire qui n'a pas sa charge.

légende XIIe s., *Prise d'Orange*, du lat. médiév. *legenda*, adj. verbal de *legere*, lire, propr. « ce qui doit être lu »; 1594, Bouchet, explication d'un dessin. ‖ **légendaire** 1582, d'Argentré.

***léger** 1080, *Roland*, « de peu de poids, souple »; XIIe s., « frivole »; du lat. pop. **lēviarius* (lat. *levis*, léger). ‖ **légèrement** XIIe s. ‖ **légèreté** XIIe s. (V. ALLÉGER.)

legging 1860, G. Aimard, mot angl. signif. « jambières, molletières »; de *leg*, jambe.

leghorn 1888, *Journ. off.*, nom angl. de *Livourne*, d'où cette race de poules fut importée en 1835 dans les pays anglo-saxons, où elle fut transformée.

légiférer V. LÉGISLATEUR.

légion 1155, Wace, milit., puis, au fig., eccl., du lat. *legio*; *Légion d'honneur*, 1802, *Décret*; *légion étrangère*, 1831. ‖ **légionnaire** 1265, J. de Meung; 1798, membre de la légion; du lat. *legionarius*.

législateur 1361, Oresme, du lat. *legislator*, de *lex*, *legis*, loi, et *lator*, rac. *latus*, part. passé de *ferre*, porter, proposer. ‖ **législation** 1361, Oresme, du lat. *legislatio*. ‖ **législatif** 1361, Oresme, rare jusqu'au XVIIIe s. ‖ **législature** 1745, abbé Leblanc, repris à l'angl. ‖ **légiférer** 1796, *Néologiste fr.*, du lat.

legifer, législateur. ‖ **légiste** XIIIe s., G., du lat. médiév. *legista*. (V. LOI.)

légiste V. LÉGISLATEUR.

légitime fin XIIIe s., du lat. *lēgĭtĭmus*, de *lex*, *legis*, loi; XVIIIe s., Diderot, subst., pop., « femme légitime »; *légitime défense*, 1850. ‖ **légitimement** fin XIIIe s. ‖ **légitimaire** 1602, Charondas. ‖ **légitimer** fin XIIIe s. ‖ **légitimation** 1340, *Songe du Vergier*. ‖ **légitimisme** 1839, Baudelaire. ‖ **légitimiste** v. 1830. ‖ **légitimité** 1694, *Acad.* ‖ **illégitime** XIVe s., du lat. jurid. *illegitimus* (IIe s., *Gaius*). ‖ **illégitimité** 1752, *Trévoux*.

legs V. LAISSER.

léguer fin XVe s., du lat *lēgāre*, laisser en testament. ‖ **légataire** 1368, *Comptes de Macé Darne*; du lat. jurid. *lēgātarius*.

légume XIVe s., *Cart.*, s. m., « grain, graine »; XVIIe s., « plante potagère »; fém. au XVIIe s.; du lat. *lĕgūmen*, *-minis*; il a remplacé la forme pop. *leün*; fém. fam., au fig. *grosse légume*, personnage important, fin XIXe s. ‖ **légumier** 1715, La Quintinie. ‖ **légumineux** 1611, Cotgrave; s. f., 1860, Montrouzier.

leishmanie 1922, Lar., de *Leishman*, qui découvrit ces parasites en 1903. ‖ **leishmaniose** XXe s.

leitmotiv 1850, mot allem. signif. « motif dominant ».

lemme 1629, A. Girard, du lat. *lemma*, majeure d'un syllogisme, empr. au gr.

lemming 1771, *Trévoux* (*-mer*), mot norvégien; sorte de rongeur.

lemnacées 1867, L., du gr. *lemna*, lentille d'eau.

lemnisque 1539, A. Le Pois (*-ique*), du lat. *lemniscus*, empr. au gr. *lêmniskos*, bandelette. ‖ **lemniscate** 1755, *Encycl.*, du lat. *lemniscatus*; math.

lémure XIVe s., du lat. *lemures*, spectres. ‖ **lémuriens** 1804, Desmarest, ainsi nommés parce qu'ils sont nocturnes. ‖ **lémuridés** XIXe s.

lendemain V. DEMAIN.

lendit début XIIe s., *Ps. de Cambridge*, anc. foire de la plaine Saint-Denis; forme, avec article agglutiné, de *l'endit*, du lat. *indictum*, ce qui est fixé.

lendore 1534, Rab., « personne lente, endormie »; du germ. *landel.*

lénitif 1314, Mondeville, du lat. *lēnitivus*, de *lēnis*, doux. ǁ **lénifier** XIVᵉ s., du lat. médiév. *lenificare.*

*****lent** adj., 1080, *Roland*, du lat. *lĕntus*, souple au fig. ǁ **lentement** fin XIIᵉ s., *Rois.* ǁ **lenteur** 1355, Bersuire. ǁ **ralentir** 1588, Montaigne, *d'alentir* (début XIIᵉ s., R. de Moiliens). ǁ **ralentissement** fin XVIᵉ s. ǁ **ralenti** n. m.; 1907, *Locomotion autom.*; 1933, Lar., cin.

*****lente** s., 1265, J. de Meung, du lat. pop. *lendis, -itis* (lat. *lens, lendis*), œuf de pou.

*****lentille** fin XIIᵉ s., *Rois*; 1690, Furetière, en optique, du lat. *lentĭcula*, dimin. de *lens, lentis*, lentille. ǁ **lentillon** 1835. ǁ **lenticelle** 1842, *Acad.* ǁ **lenticulé** 1538, Canappe, du lat. *lenticulatus.* ǁ **lenticulaire** 1314, Mondeville; subst., 1560, Paré, du lat. *lenticularis.* ǁ **lentigineux** 1583, Bretonnayau, du lat. *lentiginosus*, couvert de taches de rousseur, de *lentigo, -ginis*, même racine.

lentisque XIIIᵉ s., *Simples Médecines*, mot d'anc. prov., du lat. *lĕntĭscus.*

1. léonin V. LION.

2. léonin 1175, Chr. de Troyes, terme de prosodie; du nom d'un chanoine *Léon* (de Saint-Victor de Paris), qui aurait mis à la mode ces vers latins.

léopard 1080, *Roland* (*leupart*); XVIᵉ s., réfection sur le lat.; du lat. *leopardus* (de *leo*, lion, et *pardus*, panthère mâle), empr. au gr.

lepas 1606, Gesner (*lepada*); mot lat. empr. au gr.; anatife.

lépidier 1615, Daléchamp (*-ion*), du lat. *lepidium*, empr. au gr. *lepidion*, sorte de crucifère.

lépido-, du gr. *lepis, -idos*, écaille. ǁ **lépidodendron** 1873, Lar. (gr. *dendron*, arbre). ǁ **lépidolithe** 1827, *Acad.* (gr. *lithos*, pierre). ǁ **lépidoptère** 1765, *Encycl.* (gr. *pteron*, aile).

lépiste 1827, *Acad.*, du gr. *lepion*, petite écaille. ǁ **lépisme** 1842, *Acad.*

léporide 1842, *Acad.*, du lat. *lĕpus, -ŏris*, lièvre. ǁ **léporin** 1827, *Acad.*

lèpre 1155, Wace (*liepre*), du lat. *lĕpra*, empr. au gr. ǁ **lépreux** fin XIᵉ s.,

Alexis, du bas lat. *leprosus.* ǁ **léproserie** 1568, Pardoux du Prat.

lepte 1827, *Acad.*, du gr. *leptos*, mince; larve du trombidion. ǁ **leptocéphale** 1802, Linné. ǁ **lepture** 1827, *Acad.*

lequel V. QUEL.

lérot V. LOIR.

lesbien 1660, d'Ablancourt, « mignon »; de *Lesbos*, île de la mer Egée; s. f., 1787, *Corresp. litt.* secrète, par allusion aux mœurs attribuées à Sapho, poétesse du VIᵉ s. av. J.-C.

léser 1539, R. Est., du lat. *laesus*, part. passé de *laedere*, léser, blesser. ǁ **lèse-** élément issu de *crime de lèse-majesté* (1344, *Actes*), calque du lat. jurid. *crimen laesae majestatis*, crime de majesté lésée, et qui a pris au XVIIᵉ s. le sens actif « qui blesse »; *lèse-humanité* XVIIIᵉ s., d'Alembert; *lèse-nation*, 1791, Robespierre; *lèse-patrie*, 1794, *Néologiste fr.*

lésine 1618, *la Fameuse Compagnie de la lésine*, titre traduit de l'ital. : la compagnie avait pour emblème une alêne (ital. *lestna*); d'où le sens fig. d'apr. l'avarice des personnages. ǁ **lésiner** *id.* ǁ **lésinerie** 1604, éd. antérieure du même ouvrage; d'apr. l'ital. *lesineria.* ǁ **-neur** 1650, Tallemant.

lésion 1160, Benoît, « dommage »; 1314, Mondeville, méd.; du lat. *laesio*, blessure au pr. et au fig. ǁ **lésionnel** XXᵉ s. (1960, Lar.).

*****lessive** 1270, « dissolution de soude »; XVᵉ s., « action de laver » et « linge lavé »; 1850, Balzac, fig.; lat. pop. *lixiva*, adj. subst. fém., de *lix, -icis*, cendre, lessive. ǁ **lessivage** 1794, *Journ. des Minimes.* ǁ **lessiver** 1300, Th. de Cantimpré; argot, 1867, Delvau, « ruiner ». ǁ **lessiveur** 1845, Besch. ǁ **lessiveuse** fin XIXᵉ s.

lessonia 1842, *Acad.*, du naturaliste *Lesson* (1794-1849).

lest 1208, *Liège* (*last*), « poids »; 1611, Cotgrave, « charge d'un navire »; du néerl. *last.* ǁ **lester** 1366, Finot. ǁ **lesteur** 1681, Isambert. ǁ **délestage** milieu XVIIᵉ s. ǁ **délestement** *id.* ǁ **délester** fin XVIᵉ s. (*-laster*). ǁ **lestage** milieu XIVᵉ s., « droit payé pour le poids »; XVIIᵉ s., « action de lester ».

419

leste XVe s., « bien équipé, bien habillé »; XVIIIe s., « dégagé »; de l'ital. *lesto*, même sens. ‖ **lestement** 1605, H. de Santiago.

létal 1495, J. de Vignay, du lat. *letalis*, mortel. ‖ **létalité** début XIXe s.

léthargie XIIIe s. (*li-*); rare jusqu'au XVIIIe s.; fig., XIXe s., Balzac; du lat. *lethargia*, empr. au gr. *lêthê*, oubli, et *argia*, paresse. ‖ **léthargique** 1325, Delb., du lat. *lethargicus*, empr. au gr.

léthifère 1584, de Barraud, du lat. *letifer*, « qui donne (*fert*) la mort (*letum*) »; l'*h* est dû à une confusion avec la rac. du mot précédent; 1836, Landais, « serpent ».

***lettre** Xe s., du lat. *littĕra*, même sens; *à la lettre*, v. 1265, J. de Meung; *homme de lettres*, XVIIe s., *Huetiana*; *belles-lettres*, 1671. ‖ **lettré** 1125, Gormont, d'apr. lat. *litteratus*. ‖ **lettrer** milieu XVIe s.; 1830, Hugo, « éduquer ». ‖ **lettrique** 1873, Lar. ‖ **lettrisme** 1945, théorie littéraire. ‖ **lettrine** 1625, Stoer, adaptation de l'ital. *letterina*, petite lettre. ‖ **littéraire** 1527, Dassy, du lat. *litterarius*, « relatif aux lettres ». ‖ **littérairement** 1835, *Acad.* ‖ **littéral** XIIIe s., *Règle de saint Benoît*, du bas lat. *litteralis*, « relatif aux lettres de l'alphabet » (ve s., Diomède); xve s., « conforme à la lettre ». ‖ **littéralement** 1465, Godefroy. ‖ **littéralité** milieu XVIIIe s. ‖ **littéralisme** 1866. ‖ **littérature** 1120, *Ps. d'Oxford*, « écriture »; 1468, Chastellain, « connaissance scientifique », du lat. *litteratura*, écriture. ‖ **littérateur** 1468, Chastellain, du bas lat. *litterator*. ‖ **contre-lettre** XIIIe s., Delb. ‖ **illettré** 1560, Pasquier, du lat. *illiteratus*.

lettrine V. LETTRE.

leuco- du gr. *leukos*, blanc. ‖ **leucanie** 1842, *Acad.* ‖ **leucémie** 1858, Nysten. ‖ **leucémique** XXe s. ‖ **leucite** 1827, *Acad.* ‖ **leucocyte** 1867, L. ‖ **leucocytose** fin XIXe s. ‖ **leucorrhée** 1803, Boiste, du gr. méd. *leukorrheia*, écoulement (*rheia*) blanc.

leude XIVe s. (*leudien*); 1621, Pasquier; du bas lat. *leudes*, empr. au francique *leudi*, pl., gens (allem. *Leute*), spécialisé en « gens du chef » sous les Mérovingiens.

leur V. IL.

leurre fin XIIe s., R. de Moiliens (*loire*), « appât pour le faucon »; XVIe s. (*leurre*); du francique **lôder*, appât (moyen haut allem. *luoder*). ‖ **leurrer** v. 1220, Coincy (*loirier*), « faire revenir le faucon »; XIXe s., *se leurrer*.

levain V. LEVER.

***lever** 980, *Passion*, du lat. *lĕvāre*; *au pied levé*, 1549, R. Est. ‖ **lever** s. m., XIVe s. ‖ **levage** 1289, « droit sur les bestiaux »; 1660, « action de lever »; début XXe s., *engin de levage*. ‖ ***levain** 1130, *Job*, du lat. pop. **lĕvāmen*, levure. ‖ **levant** adj., 1080, *Roland*, s. m., 1265. ‖ **levantin** 1575, Thevet. ‖ **levé** 1534, Rab. ‖ **levée** fin XIIe s., R. de Moiliens. ‖ **leveur** 1268, E. Boileau. ‖ **levier** 1130, *Eneas*. ‖ **levis** XIIe s., « qui se lève », resté dans *pont-levis*. ‖ **levure** fin XIIIe s., G. (*leveüre*). ‖ **enlevage** 1842, *Acad.* ‖ **enlever** fin XIIe s., *Couronn. de Loïs*. ‖ **enlèvement** 1551, G. ‖ **soulever** fin XIe s., *Alexis*. ‖ **soulèvement** fin XIIe s., G. ‖ **relever** 1080, *Roland*, « remettre debout »; *relever de*, 1573; du lat. *relevare*. ‖ **releveur** 1560, Paré, méd. ‖ **relève** 1872, L. ‖ **relèvement** 1190, « action de soulager »; — *des prix*, 1922, Lar. ‖ **relevé** 1752, *Trévoux*. (V. aussi ÉLEVER.)

léviger 1680, Richelet, du lat. *levigare*, rendre lisse, de *levis*, léger. ‖ **lévigation** 1741, C. de Villars.

lévitation fin XIXe s., du lat. *levitas*, légèreté; action de s'élever dans l'espace en échappant aux lois de la pesanteur.

lévite fin XIIe s., *Rois*; du lat. chrét. *levita*, mot hébreu signif. « membre de la tribu de Lévi » (destiné au culte); 1782, Mme de Genlis, fém., vêtement, d'apr. la robe des lévites au théâtre.

lévogyre 1867, L., du lat. *laevus*, gauche, et *gyrare*, tourner. ‖ **lévulose** 1870, Lar.

levraut V. LIÈVRE.

***lèvre** Xe s., du pl. lat. *labra* (de *labrum*), passé au fém. sing. ‖ **balèvre** XIIe s., *Chevalier Vivien* (*baulèvre*), « les deux lèvres » (*ba-* est une altér. de *bis*, deux fois).

lévrier V. LIÈVRE.

lévulose V. LÉVOGYRE.

levure V. LEVER.

lexique 1560, Ronsard (*lexicon*) ; 1721 (*lexique*) ; du gr. *lexicon*, de *lexis*, mot. || **lexical** fin XIX° s. || **lexicographe** 1578, H. Est., du gr. *lexicographos*. || **lexicographie** 1765, *Encycl.* || **lexicographique** 1827, *Acad.* || **lexicologie** 1765, *Encycl.* || **lexicologique** 1827, *Acad.* || **lexicologue** 1842, Mozin. || **lexicaliser, -tion** 1927, Rarcevski.

*****lez** fin XI° s., *Alexis*, « à côté de », emploi prép. de l'anc. *lez*, côté, du lat. *latus*, flanc. Usité seulement dans les noms de lieux : *Plessis-lez-Tours*, etc.

*****lézard** XII° s., L. (fém. *leisarde*) ; XV° s. (*-zard*) ; du lat. *lacĕrtus, -a*, avec substitution de finale. || **lézarde** 1676, Félibien, « fente de muraille ». || **lézardé** milieu XVIII° s., « qui a des fentes ». || **lézarder** 1829, Boiste, « couvrir de lézardes » ; début XIX° s., Sue, « faire le lézard », paresser.

liais 1125, *Thèbes* (*liois*), « calcaire », d'orig. gauloise, comme *lias*.

liaison V. LIER.

liane 1640, P. Bouton, fr. des Antilles ; de *lier* ou *liener*, rég., lier des gerbes ; du lat. *ligare*.

liard XV° s., G., de Guigues *Liard*, qui aurait créé cette monnaie en Dauphiné en 1430 (d'apr. Ménage) ; une ordonn. de Louis XI parle des liards de Dauphiné. || **liarder** 1611, Cotgrave. || **liardeur** 1800, Boiste.

lias 1822, Cuvier, mot angl. empr. au fr. *liais*.

liasse V. LIER.

libage 1676, Félibien, de l'anc. fr. *libe*, bloc de pierre, d'origine gauloise.

libation 1495, *Mir. histor.*, sens hist. ; 1823, Boiste, « action de boire largement » ; du lat. *libatio*.

libelle 1265, Br. Latini, « petit livre » ; XIV° s., *libelle diffamatoire* ; du lat. *libellus*, petit livre ou écrit, dimin. de *liber*, livre. || **libellé** 1451, *Cout. de Touraine*, d'apr. le sens jurid. || **libeller** *id.* || **libelliste** 1640, Chapelain, « auteur de pamphlets ».

libellule 1803, Boiste, du lat. entom. mod. *libellula*, issu de *libella*, niveau, d'apr. le vol plané de la libellule.

liber 1758, Duhamel ; mot lat. signif. « écorce d'arbre ».

libera 1648, Scarron, « prière », impér. du lat. *liberare*, délivrer, premier mot du psaume *Libera me, Domine*.

libéral, libérer, liberté, libertin V. LIBRE.

libido v. 1920, mot employé en allem. par Freud (lat. *libido*, désir). || **libidineux** XIII° s., Delb., rare jusqu'au XVIII° s., du lat. *libidinosus*.

libitum (ad) 1771, *Corr. litt.*, formule de lat. mod. signif. « à volonté » (le lat. n'a que le plur. *libita*, de *libet*, il plaît).

libouret 1690, Furetière ; orig. obscure ; ligne à main pour pêcher en mer.

libraire 1220, Coincy, « copiste, auteur » ; XVI° s., « marchand de livres » ; du lat. *librarius*, qui a les trois sens. || **librairie** 1119, Berger, « bibliothèque » ; 1540, Dolet, « commerce des livres ».

libration 1547, J. Martin, du lat. *libratio*, de *librare*, équilibrer ; balancement apparent de la lune.

libre 1339, G., « opposé à esclave », du lat. *liber* ; *union libre*, 1907, Lar. ; *vers libres*, 1569, du Bellay. || **librement** 1339, G. || **libre-échange** 1840, Proudhon, calque de l'angl. *free trade*. || **libre-échangisme** v. 1845. || **libre-échangiste** 1846, Besch. || **libre pensée** 1870, journaux. || **libre penseur** milieu XVII° s., calque de l'angl. *free thinker*. || **libéral** v. 1160, Benoît, « généreux » ; 1750, polit. ; *arts libéraux*, XIII° s. || **libéralement** XIII° s. || **libéraliser** 1584, Thevet, « rendre libéral » ; 1785, polit. || **libéralisation** 1842, Richard. || **libéralisme** 1819, Anon. || **libéralité** 1213, *Fet des Romains*, « générosité », lat. *liberalitas*. || **antilibéral** 1824, Saint-Simon. || **antilibéralisme** 1842, J.-B. Richard. || **illibéral** XIV° s. || **illibéralisme** 1841, Fourier. || **ultralibéral** 1842, Mozin. || **ultra-libéralisme** 1842, Mozin. || **libérer** 1495, *Mir. hist.*, « exempter » ; 1541, J. Balard, « mettre en liberté » ; XVII° s., fig. ; fin XIX° s., milit. ; du lat. *liberare*. || **libérable** 1842, Mozin. || **libérateur** 1500, Molinet ; polit., 1870 ; du lat. *liberator*. || **libération** XIV° s. ; polit., 1870 ; du lat. *liberatio*. || **libératoire** 1873, Lar. || **liberté** fin XII° s., « libre arbitre » ; 1266, G., pl., « les franchises » ; du lat. *libertas*; *liberté des cultes*, 1834, Landais ;

- *individuelle*, 1787; - *de pensée*, 1787; - *politique*, 1748, Montesquieu. ‖ **libertaire** 1858, Proudhon, anarchiste. ‖ **liberticide** 1791, Babeuf. ‖ **libertin** début XVIᵉ s., « affranchi »; fin XVIᵉ s., « qui fuit la contrainte »; *id.*, « irréligieux »; début XVIIᵉ s., « déréglé »; du lat. class. *libertinus*, (esclave) affranchi; d'apr. un passage mal interprété des *Actes des Apôtres*, VI, 9, où il est question d'une secte juive de ce nom. ‖ **libertinage** début XVIIᵉ s., « indépendance »; fin XVIIᵉ s., « débauche ». ‖ **libertiner** 1734, La Chaussée.

libretto début XIXᵉ s., mot ital. signif. « petit livre ». ‖ **librettiste** 1846, Besch.

1. **lice** 1155, Wace, « barrière », croisement du francique **listja*, barrière, et du francique **lista*, bord; *entrer en lice contre quelqu'un*, 1657, Pascal, « discuter, lutter ».

2. **lice de tissage*, XIIᵉ s., *Parthenopeus*, du lat. *licia*, pl. de *licium*, fil de trame, passé au fém. ‖ **basse lice** 1690, Furetière. ‖ **haute lice** 1398, *Ménagier*.

3. **lice* fin XIIᵉ s., Marie de France, « femelle du chien de chasse »; sans doute du bas lat. *lyciscus*, chien-loup, empr. au gr. *lukos*, loup.

licence 1190, Garn., « liberté »; XVᵉ s., « excès de liberté »; XVIᵉ s., « licence d'enseigner » (*licentia docendi*), titre universitaire; *licence poétique*, 1521, Fabri; 1780, « autorisation fiscale »; du lat. *licentia*, de *licet*, « il est permis ». ‖ **licencié** 1495, J. de Vignay, « qui a licence d'enseigner », d'apr. le lat. *licenciatus*. ‖ **licenciement** milieu XVIᵉ s. ‖ **licencier** 1360, Froissart, du lat. médiév. *licentiare*. ‖ **licencieux** 1537, trad. du *Courtisan*, du lat. *licentiosus*.

lichen 1545, Guéroult, mot lat. empr. au gr. *leikhên*, « qui lèche », parce qu'il semble lécher les écorces.

licher V. LÉCHER.

lichette V. LÈCHE 1.

licite v. 1300, du lat. *lĭcĭtus*, permis. ‖ **illicite** 1359, Barbier, du lat. *illicitus*. ‖ **licitement** fin XIIIᵉ s. ‖ **liciter** 1582, J. Duret, du lat. jurid. *licitari*, mettre une enchère, fréquentatif de *liceri*. ‖

licitation 1564, Le Paulmier, du lat. jurid. *licitatio*.

licorne 1388, G. (*lincorne*); XVᵉ s. (*licorne*); de l'anc. ital. *alicorno*, var. de *unicorne* (1265, Br. Latini), du lat. *unicornis, -nus*, animal fabuleux.

licou 1333, G. (*liecol*); 1677 (*licou*); de *lier* et de *col, cou*. ‖ **délicoter** 1690, Furetière.

licteur v. 1355, Bersuire, du lat. *lictor*.

1. **lie** *du vin* début XIIᵉ s., *Ps. de Cambridge* (déjà *lias*, VIIIᵉ s., *Gloses de Reichenau*); sans doute du gaulois **liga*.

2. **lie fin XIᵉ s., *Alexis* (*lier*), adj. fém., « joyeuse »; seulem. dans *chère lie*; de l'anc. adj. *lié* (lat. *laetus*, heureux). (V. LIESSE.)

lied 1841, *les Français peints par eux-mêmes*, mot allem. signif. « chant », réservé d'abord à la musique allem.

****liège** 1180, *Girart de Roussillon*, du lat. pop. **lĕvius*, de *lĕvis*, léger, spécialisé pour l'écorce du chêne-liège. ‖ **liéger** début XVIᵉ s. ‖ **chêne-liège** 1600, O. de Serres.

****lien** 1130, *Job* (*loien*), du lat. *ligamen*, de *ligare*. (V. LIER.)

lienterie XIVᵉ s., Gordon, du lat. méd. *lienteria*, empr. au gr. *leienteria*, flux de ventre.

****lier** Xᵉ s., *Saint-Léger* (*leier, loier*), du lat. *ligare*. ‖ **liage** XIIIᵉ s. ‖ **liant** 1393. ‖ **liaison** 1190, Bertrand de Born, « façon de s'habiller »; 1538, R. Est., « action de lier ». ‖ **liasse** XIIᵉ s., *Rois.* ‖ **liement** XIIᵉ s. ‖ **lierne** 1561, Ph. Delorme, var. de *lienne*, fil (1752, *Trévoux*). ‖ **délier** XIᵉ s.; *avoir la langue déliée*, 1688, Miege; *sans bourse délier*, 1690, Furetière. ‖ **déligation** 1821, Wailly, du bas lat. *deligatio*, de *ligare*, lier. ‖ **relier** fin XIIᵉ s., « assembler »; 1835, Balzac, « mettre en rapport »; XIXᵉ s., « mettre en communication ». ‖ **reliement** 1606, Crespin. ‖ **relieur** fin XIIᵉ s. ‖ **reliure** 1549, R. Est.

****lierre** Xᵉ s., *Valenciennes* (*edre*); XVᵉ s. (*lierre*), avec agglutination de l'article; du lat. *hĕdera*.

****liesse** fin XIᵉ s., *Alexis* (*ledece*), du lat. *laetitia*, avec infl. de l'adj. *lié* (lat. *laetus*). (V. LIE 2.)

*1. **lieu** x⁵ s., *Valenciennes*, du lat. *lŏcus*; XVI⁵ s., *lieu commun*, calque du lat. *locus communis*; XVII⁵ s., *au lieu de*, qui a remplacé *en lieu de* (XII⁵ s.). ∥ **non-lieu** XIX⁵ s. (V. LIEUTENANT, MI-LIEU.)

2. **lieu** 1827, *Acad.*, « espèce de merlan », du breton *leouek*.

*lieue** 1080, *Roland*, du lat. *leuca* (var. *leuga*), d'origine gauloise (V. BANLIEUE.)

lieutenant fin XIII⁵ s., de *lieu* et *tenant*, c.-à-d. « tenant lieu de »; d'abord terme admin., « puis grade milit. 1539, R. Est. ∥ **lieutenance** XV⁵ s. ∥ **lieutenant-colonel** XVII⁵ s. ∥ **sous-lieutenant** 1625, Peiresc.

*lièvre** 1080, *Roland*, du lat. *lĕpus*, *-ŏris*. ∥ **levraut** 1306, Guiart (*-oz*). ∥ **levretter** XIV⁵ s., G. Phébus. ∥ **lévrier** 1160, *Eneas*, chien qui chasse le lièvre. **levrette** XV⁵ s., dimin. ∥ **levretté** 1611, Cotgrave. ∥ **levron** 1361, Oresme.

lift 1904, *le Matin*, mot angl., de *to lift*, élever; ascenseur. ∥ **liftier** v. 1920, gardien d'ascenseur.

ligament 1503, G. de Chauliac, du lat. méd. *ligamentum*, de *ligare*, lier; a remplacé en ce sens *liement*. (V. LIER.) ∥ **ligamenteux** *id.*

ligature 1308, Aimé, du bas lat. *ligatura*; il a remplacé *liure*. (V. LIER.) ∥ **ligaturer** 1842, Mozin.

*lige** 1080, *Roland* (var. *liege*), peut-être du bas lat. *laeticus* ou *liticus*, de même rac. que *lète*, colon; du germ. *let*, libre.

*ligne** XII⁵ s., du lat. *līnea*, fil de lin; *ligne à plomb*, 1606, Nicot; *vaisseau de ligne*, 1694, *Acad.*; *avoir de la ligne*, 1896, Delesalle; *ligne politique*, 1869, J. Buzon; *troupe de ligne*, 1835, *Acad.* ∥ **lignage** fin XI⁵ s., *Alexis*; XX⁵ s., terme de journalisme. ∥ **lignard** 1863, Huysmans. ∥ **lignée** début XII⁵ s., *Ps. de Cambridge*. ∥ **ligner** fin XII⁵ s., Guiot de Provins. ∥ **lignerolle** 1786, *Encycl. méth.*, repris au prov. ∥ **aligner** 1155, Wace; *s'aligner*, 1841, Balzac. ∥ **alignement** 1387, Langlois. ∥ **linéaire** XIV⁵ s., G.; fait sur le lat. *linea*. ∥ **linéal** XIV⁵ s., *D. G.* ∥ **linéament** 1532, Rab., du bas lat. *lineamentum*. ∥ **délinéation** 1549, R. Est., du bas lat. *declineatio*, de *linea*. ∥ **forligner** 1160, Benoît. ∥ **interligne**

fin XIV⁵ s. (*entre-*). ∥ **interlignage** 1873 Lar. ∥ **interligner** 1800, Boiste. ∥ **souligner** 1704, *Trévoux*. ∥ **soulignement** 1834, Landais. ∥ **tire-ligne** 1680, Richelet. ∥ **juxtalinéaire** 1867, L. (lat. *juxta*, auprès de).

*ligneul** XIII⁵ s., G., du lat. pop. *lineolum*, de *linea*, fil de lin; assemblage de fils tordus.

ligneux 1528, Desdier, du lat. *lignum*, bois. ∥ **lignicole** 1842, *Acad.* ∥ **lignifier** XVII⁵ s. ∥ **lignification** 1842, Mozin. ∥ **lignite** 1765, *Encycl.* ∥ **lignine** 1842, *Acad.*

ligoter 1600, O. de Serres (*ligoter la vigne*); 1837, Vidocq, « garrotter »; de *ligote* (corde, 1180), empr. au prov. *ligot*, lien, de *ligà*, lier (*ligots*, 1596, *Vie généreuse*, pl. jarretières). ∥ **ligotage** 1883.

ligue XIII⁵ s., « union »; polit., 1863 (la Ligue de l'enseignement fut fondée en 1866); de l'anc. ital. *liga*, de *legare*, lier, avec réfection sur le lat. ∥ **liguer** 1564, Thierry. ∥ **ligueur** 1579, P. de L'Estoile; polit., 1931, Lar.

ligule 1562, Du Pinet, du lat. *ligula*, languette. ∥ **ligulé** 1803, Boiste. ∥ **liguliflore** 1842, *Acad.*

lilas 1600, O. de Serres (*lilac*), de l'ar. *lilâk*, empr. au persan *lilag*.

lilliputien 1727, trad. de Gulliver; 1801, Mercier, fig., de l'angl. *lilliputian*, de *Lilliput*, pays imaginaire du roman de Swift (1726).

*limace** 1175, Chr. de Troyes, du lat. pop. *līmacia*, de *līmax*, *-acis*, limace, colimaçon. ∥ **limaçon** XII⁵ s. (V. COLIMAÇON.)

limaille V. LIME.

limande XIII⁵ s., G., de l'anc. fr. *lime*, de même sens; peut-être métaphore de *lime*, outil, c.-à-d. « poisson râpeux ».

limbe XIV⁵ s., G., théolog.; 1679, Dodart, astron.; du lat. *limbus*, bord, spécialisé au pl. en lat. eccl. : « séjour au bord du paradis »; *rester dans les limbes*, fig., 1835, *Acad.*

1. *lime** 1175, Chr. de Troyes, « outil », du lat. *lima*. ∥ *limer** XIII⁵ s., du lat. *limare*. ∥ **limage** XVI⁵ s. ∥ **limaille** XIII⁵ s., Delb. ∥ **limeur** 1350, Digulleville. ∥ **limure** XIII⁵ s. ∥ **relimer** apr.

1550, Ronsard, « ronger ». ‖ **élimer**
1220, Coincy (*eslimer*), « user ses
vêtements ».

2. **lime** 1555, Poleur, « citron », du
prov. mod. *limo*. (V. LIMON 3.) ‖ **limette**
XIVe s.

limier 1130, *Eneas*, « chien tenu en
laisse » (*liemier*) ; XVIIIe s., Lesage, limier de la police ; de *liem*, anc. forme
de *lien*.

liminaire 1548, *Rev. phil.*, du bas lat.
līmĭnaris, de *līmen*, -*ĭnis*, seuil. ‖ **pré-
liminaire(s)** 1671, Pomey, adj. et s.
‖ **préliminairement** 1757, *D. G.*

limite 1495, J. de Vignay, du lat. *līmes*, -*ĭtis*, masc. ‖ **limiter** 1310, Delb.,
du lat. *limitare*. ‖ **limitatif** début XVIe s.
‖ **limitation** 1322, G., du lat. *limitatio*.
‖ **limitativement** 1819, Boiste. ‖ **délimiter** 1773, D. Clément, du lat. *delimi-
tare*. ‖ **délimitation** *id.*, du lat. *deli-
mitatio*. ‖ **illimité** 1611, Cotgrave. ‖
limitrophe 1467, Delb., du lat. jurid.
limitrophus, adj. (var. *limitotrophus*),
« de frontière » ; de *limes*, limite, et
du gr. *trepheîn*, nourrir (à l'origine,
territoire assigné aux soldats des fron-
tières pour leur subsistance).

limnée 1798, Lamarck, du lat. zool.
limnaea (lat. impér. *limne*, empr. au gr.
limnê, marais).

limnologie fin XIXe s., du gr. *limnê*,
marais, et *logos*, science.

limoger 1914, d'apr. les généraux qui
avaient été destitués et envoyés à
Limoges.

1. *****limon** début XIIe s., *Ps. de Cambridge*, « terre d'alluvion », du lat. pop.
līmo, -*onis* (lat. *limus*, même sens). ‖
limoneux 1320, Digulleville. ‖ **limo-
nite** 1842, Mozin. ‖ **limonage** 1868, L.

2. **limon** 1130, *Eneas*, « brancard » ;
orig. gauloise. ‖ **limonier** v. 1160,
Charroi. ‖ **limonière** 1798, *Acad.*

3. **limon** 1351, J. Le Long, « citron »,
de l'ital. *limone*, empr. à l'arabo-persan
leimoûn, *līmoûn*. ‖ **limonier** 1555, Poleur, « citronnier ». ‖ **limonade** milieu
XVIIe s. ‖ **limonadier** 1680, Richelet.
‖ **limonène** 1922, Lar.

limoselle 1778, Linné, du lat. *limo-
sus*, limoneux ; plante de rivages limoneux.

limousin XVe s. (*limosin*) ; 1690, Furetière (*limousin*), « maçon faisant le gros
travail », du nom de la province d'où
venaient beaucoup de maçons à Paris. ‖
limousine XVIIIe s.., « voiture » ; XIXe s.,
« manteau ». ‖ **limousinage** 1694,
Acad. (*limo-*). ‖ **limousiner** 1801,
Mercier.

limpide 1500, O. de Saint-Gelais, du
lat. *līmpĭdus*. ‖ **limpidité** 1690, Furetière, du lat. *limpiditas*.

limule 1801, Lamarck, lat. *limulus*, créé
par Fabricius.

*****lin** fin XIIe s., R. de Moiliens, du lat.
linum. ‖ **linacé** 1836, Landais. ‖ **linaire**
XVe s., *Grant Herbier*, du lat. médiév.
linaria. ‖ **linière** fin XIIe s., *Ysopet*. ‖
linier v. 1268, E. Boileau. ‖ **linette** v.
1360, G. de Machaut. ‖ **linon** fin XVIe s.,
d'Aubigné, altér. de *linomple* (XVe s.) ;
le deuxième élément, obscur, signifie
« uni ». ‖ **linaigrette** 1789, *Encycl.
méth.*, à cause de son aigrette plumeuse.

*****linceul** XIe s. (*linçuel*), « drap de
lit » (jusqu'au XVIIe s.), et sens actuel,
avec pronon. pop. *euil*, d'apr. les finales
en -*euil* ; du lat. *linteŏlum*, linge, de
linum, lin. (V. LINGE.)

lindor 1842, *Acad.*, nom d'un amoureux de la comédie espagnole.

linéaire, linéament V. LIGNE.

*****linge** adj., XIIe s., « de lin » ; s. m.,
XIIIe s., « toile de lin » ; du lat. *lineus*,
de lin. ‖ **lingère** 1292, *Rôles de la
taille.* ‖ **lingerie** 1485, *Ordonn.*

lingot 1495, J. de Vignay, de *l'ingot*,
empr. à l'angl. *ingot*, mot obscur ; fin
XIXe s., « haricot blanc ». ‖ **lingotière**
1611, Cotgrave.

linguet 1636, Cleirac, mar., du moyen
néerl. *hengel*, crochet.

linguiste, linguistique V. LANGUE.

liniment 1538, Canappe, du lat. *lini-
mentum*, enduit, de *linire*, oindre.

links 1897, *Tous les sports*, mot angl.,
forme écossaise de *linch*, bord.

linoléum 1874, *Nature*, mot angl. créé
par l'inventeur Walton, en 1863 ; de *linum*, lin, et *oleum*, huile.

linon V. LIN.

linot, -otte fin XIIIe s., Rutebeuf ; de
lin, l'oiseau étant friand des graines de
lin ; *tête de linotte*, 1611, Cotgrave.

Linotype 1889, *Gutenberg-Journal*, mot anglo-américain, nom de marque formé de *line of types*, ligne de caractères typographiques. ‖ **linotypiste** 1872.

*****linteau** fin XIIe s., *Grégoire* (*lintel*), « seuil », puis « traverse supérieure d'une porte »; var. de l'anc. fr. *lintier*; du lat. pop. *līmĭtaris*, croisement de *līmĭnaris* (v. LIMINAIRE) et de *līmes, -ĭtis*, avec changement de suffixe.

linter 1936, mot anglo-américain, de *lint*, lin; fibre restant fixée sur les graines de certains cotonniers après l'égrenage.

lion 1080, *Roland* (*leon*), du lat. *leo, -onis*.; (fém. *lionesse*, jusqu'au XVIIe s.; *lionne*, 1539, R. Est.); fig., 1835, « dandy »; fém., fig. 1830, Musset, repris à l'angl. ‖ **lionceau** 1160, Benoît. ‖ **léonin** 1130, *Eneas*; fig., d'apr. les fables; du lat. *leoninus*, « de lion ».

lioube 1694, Th. Corn., mot poitevin, du germ. *globa*, perche fourchue.

lip(o) du gr. *lipos*, graisse. ‖ **lipasse** 1890. ‖ **lipide** 1923. ‖ **lipoïde** 1867, L. ‖ **lipome** 1751, Col de Villars, du lat. sc. *lipoma*. ‖ **lipovaccin** 1931.

lipothymie v. 1540, Rab., du gr. *lipothumia*, de *leipein*, laisser, et *thumos*, esprit; premier degré de la perte de connaissance.

lippe fin XIIIe s., *Renart*, du moyen néerl. *lippe*, lèvre. ‖ **lippée** 1316, G. ‖ **lippu** 1539, R. Est.

liquation 1576, A. Thierry, « action de fondre »; 1757, *Encycl.*, sens industr.; du lat. *līquatio*, de *līquāre*, rendre liquide.

liquéfier 1398, *Somme Gautier*, du lat. *līquĕfacĕre*, d'apr. les verbes en -*fier*. ‖ **liquéfiable** 1580, Palissy. ‖ **liquéfaction** 1314, Mondeville (*facion*); du bas lat. *līquĕfactio*, de *līquĕre*, être liquide.

liquette fin XIXe s., altér. de *limace* (1725, *Cartouche*), même sens; de *lime* (XVe s.), d'orig. obscure; argot, « chemise ».

liqueur XIIe s., « liquide »; 1750, Geffroy, « boisson spiritueuse »; du lat. *liquor*, liquide. ‖ **liquoreux** début XVIe s., « liquide »; 1719, *Acad.*, sucré et alcoolisé. ‖ **liquoriste** 1735, Déjean (-*euriste*).

liquidambar 1602, Colin, mot esp. signif. « ambre liquide ».

liquide XIIIe s., du lat. *liquidus*; fig., XVIe s., libre de dettes. ‖ **liquider** 1520, « acquitter les dettes »; 1931, Lar., « éliminer ». ‖ **liquidation** 1416, Delb.; 1869, Molinari, *liquidation sociale*; fin XIXe s., vente au rabais. ‖ **liquidable** XVIIIe s. ‖ **liquidateur** 1777, Beaumarchais. ‖ **liquidité** fin XVe s., Lemaire de Belges; fig., XXe s., finances, du lat. *liquiditas*.

1. *****lire** fin XIe s., *Alexis*, du lat. *lĕgĕre*. ‖ **lisage** fin XVIIIe s. ‖ **liseur** 1130, *Job* (*leisor*). ‖ **liseuse** 1867, L., « couteau de papier », « meuble ». ‖ **lisible** milieu XVe s. ‖ **lisibilité** 1829, Nodier. ‖ **lisiblement** 1543, Cuirs-Lacroix. ‖ **illisible** fin XVIIe s. ‖ **relire** 1160, Benoît.

2. **lire** 1842, *Acad.*, « monnaie ital. », de l'ital. *lira*, même mot que *livre* (poids).

liron 1606, Nicot, du lat. pop. *liro, -onis*. (V. LOIR.)

lis, lys 1175, Chr. de Troyes, pl., du lat. *lilium*, même sens. ‖ **liseron** 1539, R. Est. ‖ **liset** 1538, R. Est. (V. FLEURDE-LISER.) ‖ **liliacé** 1694, Tournefort, du bas lat. *liliaceus*. ‖ **lilial** 1490, G., rare jusqu'au XIXe s.

lise V. ENLISER.

liser V. LISIÈRE.

liset V. LIS.

lisette 1873, Lar., soubrette de comédie, d'apr. un nom propre de servante.

lisière 1244, Fagniez, « bord d'étoffe »; 1606, Nicot, « bord de terrain »; de l'ancien français *lis*, forme masc. (assez rare); de *lice*, fil de trame. ‖ **lisérer** 1615, Binet. ‖ **liséré** milieu XVIIIe s. ‖ **liser** 1765, Duhamel, « tirer par la lisière ». ‖ **lisage** 1785, *Encycl.* méth.

lisser début XIIe s. (*licier*), « repasser »; XVIe s., « rendre lisse »; du lat. *līxare*, extraire par lavage. ‖ **lisse** XIIIe s., déverbal. ‖ **lissage** milieu XVIIIe s. ‖ **lisseur** milieu XVe s. ‖ **lissoir** début XVIIe s.

liste début XIIe s., *Thèbes* « bord »; XVIe s., « suite de mots »; XVIIe s., *liste civile*; du germ. *lista*. ‖ **liston** fin XVIe s.,

« bordure »; XIXᵉ s., en mar. ‖ **colistier** 1922, Lar.

listel 1615, Binet (*listeau*); de l'ital. *listello*, petite bande, de même rac. que *liste*; moulure plate d'un chapiteau.

*****lit** fin XIᵉ s., *Alexis* « meuble » et « endroit où couchent les bêtes »; XIIIᵉ s., « creux du sol »; du lat. *lĕctus*; *lit de justice*, XIVᵉ s. ‖ **litière** 1155, Wace. ‖ **litée** XIIᵉ s., G. ‖ **literie** 1614, Yves d'Evreux; rare jusqu'au XIXᵉ s. (1834, N. Landais). ‖ **liter** 1723, Savary. ‖ **aliter** fin XIIᵉ s. ‖ **alitement** 1549, R. Est. ‖ **déliter** XIVᵉ s., « s'écailler »; XVIᵉ s., Ph. Delorme. ‖ **délitation** 1863. ‖ **délitement** 1907, Lar.

litanie 1155, Wace (*letanie*, jusqu'au XVIᵉ s.); du lat. chrét. *litania*, prière publique, empr. au gr.

litchi 1588, La Porte (*lechias*), du chinois *li-chi*; arbre des régions chaudes de l'Ancien Continent.

liteau 1247, G. (*listel*), « tringle », de *liste*, bord.

liter V. LIT.

lith(o) du gr. *lithos*, pierre. ‖ **litharge** 1314, Mondeville; du lat. *lithargyrus*, empr. au gr. signif. « pierre d'argent » (gr. *arguros*). ‖ **lithargé** milieu XVIIIᵉ s. ‖ **lithiase** 1611, Cotgrave, du gr. *lithiasis*. ‖ **lithine** 1827, *Acad.* ‖ **lithiné** 1922, Lar. ‖ **lithium** début XIXᵉ s. ‖ **lithodome** 1817, Cuvier (gr. *domos*, demeure). ‖ **lithologie** milieu XVIIIᵉ s. ‖ **lithophage** 1694. ‖ **lithosphère** 1922, Lar. ‖ **lithographie** 1752, *Trévoux.* ‖ **lithographe** 1752, *Trévoux.* ‖ **lithographier** 1819, Gattel. ‖ **lithographique** 1819, Gattel. ‖ **lithotome** début XVIIᵉ s. ‖ **lithotriteur** 1836, Landais (lat. *tritor*, broyeur).

litière V. LIT.

litige XIVᵉ s., Bouthillier, du lat. jurid. *lītĭgium*, de *lis, -itis*, procès. ‖ **litigieux** 1331, G., du lat. *lītĭgiosus*. ‖ **litispendance** XVIᵉ s., Mart. du Bellay; du bas lat. *litispendentia* (*pendens*, pendant); état d'un procès pendant.

litorne 1555, Belon, var. du picard *lutorne*; du moyen néerl. *loteren*, hésiter, tarder.

litote 1521, Fabri (*liptote*); du bas lat. *litotes*, empr. au gr. *litotês*, simplicité.

1. litre 1793, loi du 7 avr., de *litron* (1606, Nicot); du lat. médiév. *litra*, mesure de capacité, empr. au gr. *litra*, poids de onze onces.

2. litre début XIIᵉ s., *Thèbes*, « bande noire sur les églises »; var. de l'anc. fr. *liste, lite*. (V. LISTE.)

littéral, littérature V. LETTRE.

littoral adj., milieu XVIIIᵉ s.; 1828, Mozin; du lat. *littoralis*, de *litus, -oris*, rivage. ‖ **littorine** milieu XIXᵉ s., petit mollusque des rivages.

liturgie 1579, Bodin, du lat. eccl. *liturgia*, empr au gr. *leitourgia*, service public. ‖ **liturgique** 1718, de Moléon, empr. au gr. *leitourgikos*. ‖ **liturgiste** 1752, *Trévoux.*

livarot 1845, Besch., du nom d'une commune du Calvados.

livèche 1552, Rab. (*-esche*); du lat. *levistica*, pl. neutre, passé au fém., de *levisticum*; altér. de *ligusticus*, originaire de Ligurie; plante.

livide 1314, Mondeville, du lat. *līvĭdus*, bleuâtre, plombé. ‖ **lividité** XIVᵉ s., G.

living-room XXᵉ s., mot angl., pièce de séjour (*to live*, vivre).

1. *livre 1080, *Roland*, du lat. *liber, libri*, aubier (sur lequel on écrivait avant la découverte du papyrus), puis livre; *livre de comptes*, XVIIᵉ s.; *livre d'or*, 1740, *Acad.*; *parler comme un livre*, XVIIᵉ s. ‖ **livret** XIIᵉ s., *Règle de saint Benoît*. ‖ **livresque** 1580, Montaigne; repris au XIXᵉ s. ‖ **ex-libris** 1870, Lar., mots latins signif. « tiré des livres ».

2. *livre Xᵉ s., du lat. *libra*, mesure de poids.

*livrer 980, *Passion*, « délivrer »; 1080, *Roland* « remettre à quelqu'un »; du lat. *līberare*, laisser partir, puis remettre, livrer. ‖ **livrable** XIVᵉ s.; rare jusqu'au XVIIIᵉ s. ‖ **livraison** v. 1175, Chr. de Troyes. ‖ **livrée** fin XIIIᵉ s., « vêtement fourni par les seigneurs aux gens de leur suite »; 1573, Dupuis, *livrée de valet*. ‖ **livreur** XIVᵉ s.

lixiviation 1699, Hauberg, du lat. *līxīvium*, lessive; terme de chimie.

lob 1906, Lar., mot angl. ‖ **lober** XXᵉ s.

lobby XXᵉ s., mot anglo-américain désignant les couloirs du Congrès.

lobe 1503, G. de Chauliac, « lobe de poumon » ; 1611, Cotgrave, « lobe de l'oreille » ; du gr. *lobos*, lobe du foie. ‖ **lobé** fin XVIIIe s. ‖ **lobule** 1690, Dionis. ‖ **lobulaire** 1803, Besch. ‖ **lobulé** 1836, Landais. ‖ **lobaire** 1827, *Acad.* ‖ **trilobé** 1783, Bulliard.

lobélie 1806, Wailly, du lat. bot. *lobelia*, créé par Linné sur le nom du botaniste flamand *Lobel* (1538-1616).

local adj., 1314, Mondeville, « situé en un lieu » ; s. m., XVIIIe s., « lieu » ; XIXe s., « pièce » ; du bas lat. *localis*, de *locus*, lieu ; XVIIe s., *couleur locale*. ‖ **localité** 1590, « lieu » ; 1799, *Procès d'Orgères*, « partie d'une région » ; 1900, Rosier, « ville ». ‖ **localement** XVe s. ‖ **localiser** 1798, Schwan, « adapter » ; 1842, Mozin, « circonscrire ». ‖ **localisable** 1873, Lar. ‖ **localisation** 1803, Boiste.

locanda, locataire, location, locatis V. LOUER 2.

locatif 1836, Landais, du lat. *locus*, lieu, d'apr. *accusatif*, etc.

loch 1683, Le Cordier, du néerl. *log*, poutre, bûche ; pièce de bois dont on se sert pour mesurer la vitesse d'un navire.

loche fin XIIIe s., *Renart*, du gaulois *leuka*, blancheur, à cause de la couleur de ce poisson.

locher fin XIIe s., *R. de Cambrai*, « secouer », de l'anc. haut allem. *luggi*, « qui branle ».

lochies 1694, Th. Corn., du gr. *lokheia*, accouchement ; terme d'obstétrique.

lock-out 1865, *Journ. des chemins de fer*, mot angl., de *to lock out*, mettre à la porte. ‖ **lock-outer** 1908, Mackenzie.

loco- du lat. *locus*, lieu, avec la voyelle *o* de composition. ‖ **locomobile** 1808, Boiste. ‖ **locomotif** 1583, du Bartas (*faculté locomotive*). ‖ **locomotive** 1834, *Journ. des femmes*. ‖ **locomoteur** 1690, Furetière. ‖ **locomotrice** XXe s. ‖ **locomotion** 1772, La Fosse. ‖ **locotracteur** 1922, Lar.

locule 1611, Cotgrave, « petite bourse » ; 1765, *Encycl.*, sc. nat. ; du lat. *loculus*, compartiment. ‖ **loculaire** 1799, Richard. ‖ **biloculaire** 1771, *Trévoux*, sur lat. *bis*, deux fois. ‖ **triloculaire** fin XVIIIe s.

locuste 1120, *Ps. d'Oxford*, du lat. *lŏcŭsta*, sauterelle. (V. LANGOUSTE.)

locution 1392, E. Deschamps, « façon de parler » ; du lat. *locutio*, de *loqui*, parler ; XVIIe s., linguistique.

loden 1922, Lar., mot allem. ; lainage épais et feutré.

lods v. 1130, *Eneas*, droit de mutation dû au seigneur (approbation donnée par le seigneur) ; var. de l'anc. fr. *los*, louange, du lat. *laus, laudis*, avec un *d* graphique.

lœss 1846, Besch., de l'allem. *Löss*, limon fin.

lof 1155, Wace, du néerl. *loef*, mar., « côté frappé par le vent ». ‖ **lofer** 1771, *Trévoux*. ‖ **auloffée** 1777, Lescalier, d'*aller au lof*. ‖ **louvoyer** 1524, Crignon (*louvier*) ; XVIIIe s., fig. ‖ **louvoiement** 1922, Lar., fig.

logarithme 1627, *Traité de logarithmes*, du lat. sc. *logarithmus*, créé par l'Ecossais Neper (1614) ; du gr. *logos*, rapport, et *arithmos*, nombre. ‖ **logarithmique** 1690, Huygens.

loge 1138, *Saint Gilles*, « abri » ; XIIIe s., « tribune » ; XVIe s., au théâtre ; XVIIIe s., « pièce » ; *loge maçonnique*, 1740, d'Argenson (la première fut créée à Paris en 1725 ; repris à l'angl.) ; 1845, Besch., « atelier » ; du francique *laubja* (allem. *Laube*, tonnelle). ‖ **loger** id. ‖ **logette** fin XIIe s., Marie de France. ‖ **logeable** v. 1470, Ronsard. ‖ **logement** fin XIIIe s. ‖ **logeur** 1495, *Mir. historial*. ‖ **logis** XIVe et XVe s., *maréchal des logis*. ‖ **déloger** fin XIIe s., *R. de Cambrai*. ‖ **délogement** XIVe s., Duquesne. ‖ **reloger** XIIIe s. ‖ **relogement** XXe s.

loggia 1890, Lar. mot ital. signif. « loge ».

logique s. f., 1265, J. de Meung ; adj., XVIe s., du lat. *logica, -cus*, empr. au gr. *logikê, -kos*, « relatif à la raison » (*logos*). ‖ **logicien** XIIIe s., d'Andeli. ‖ **logiquement** 1798, *Acad.* ‖ **logistique** av. 1590, « qui pense logique » ; 1611, Cotgrave, « partie des math. » ; 1904, philos. ; du lat. *logisticus*, empr. au gr. *logistikos* ; 1842, *Acad.*, milit. ‖ **logisticien** 1908, *L. M.* ‖ **alogique** 1611, Cotgrave. ‖ **illogique** 1829, Boiste. ‖ **illogisme** 1873, Lar. ‖ **métalogique** XXe s. (1953, Lar.). ‖ **prélogique** 1910, Lévy-Bruhl.

logo- du gr. *logos*, discours, parole. ‖
logographe 1580, Montlyard, du gr.
logographos. ‖ **logogriphe** 1623, Naudé
(gr. *griphos*, filet, énigme). ‖ **logoma-
chie** XVIe s., Delb.; du gr. *logomakheia*,
de *makhê*, combat. ‖ **logorrhée** 1823,
Boiste.

****loi** 1080, *Roland* (*lei*); XVIIe s., *loi de
nature*; du lat. *lex, legis.* (V. LÉGAL.)

****loin** fin XIe s., *Alexis*, du lat. *lŏngē.* ‖
lointain début XIIe s., *Voy. de Charl.*;
du lat. pop. **longitanus*; s. m., 1640,
Oudin. ‖ **lointainement** XIIe s. ‖ **éloigner** fin XIe s., *Alexis.* ‖ **éloignement**
milieu XIIe s. (V. SOUDAIN.)

****loir** fin XIIe s., Gui de Cambrai, du lat.
pop. **lĭs, -ris* (class. *glĭs, gliris*). ‖ **lérot**
XVIe s., Delb., dimin.

****loisir** début XIIe s., *Voy. de Charl.*,
« liberté, oisiveté »; 1740, pl., « distrac-
tions »; anc. inf. substantivé du lat.
lĭcēre, être permis. ‖ **loisible** XIVe s.,
Foulechat.

lollards XIVe s., G., membres d'une
congrégation du Nord, dér. de l'allem.
lullen, chantonner à voix basse, à cause
de leurs psalmodies.

lolo 1511, Gringore, redoublement
expressif qui paraît reposer sur une
confusion entre *lait* et *l'eau.*

lombard XIIe s., L.; de *Lombard*, 1190,
Garn., « usurier », les Italiens étant
nombreux parmi les prêteurs à gages.

lombes v. 1120, *Ps. d'Oxford*; rare
jusqu'au XVIe s., du lat. *lŭmbus*, rein, bas
du dos. ‖ **lombaire** 1488, *Mer des hist.*

lombric fin XIIIe s., *Mépris du siècle*,
du lat. *lŭmbrĭcus.* ‖ **lombricoïde**
1836, Landais.

londrès 1849, *Arrêté*, de l'esp. *londres*,
d'après la ville de *Londres*; cigares
fabriqués d'abord à Cuba pour l'Angleterre.

londrin 1510, *Archives*, drap fabriqué
à *Londres.*

****long** Xe s. (*lonc*), du lat. *longus* (le
fém. a été refait sur le masc.); *scieur de
long*, XIVe s. ‖ **longe** 1175, Chr. de
Troyes, anc. fém. de *long*, du lat. *longa.*
‖ **long-courrier** 1867, L. ‖ **longer** 1655,
Salnove, vénerie; XVIIIe s., « aller le
long ». ‖ **longeron** fin XIIIe s.,
« poutre »; XIXe s., « pièce de char-

pente ». ‖ **longévité** 1777, *Courrier de
l'Europe*, bas lat. *longaevitas* (ve s.),
de *aevum*, âge. ‖ **longicorne** 1827, *Acad.*
‖ **longiligne** XXe s. ‖ **longimétrie**
début XVIIe s. ‖ **longitude** 1361, Oresme,
« longueur »; 1543, Finé, géogr.; du lat.
longitudo, -inis, longueur. ‖ **longitu-
dinal** 1314, Mondeville; XVIe s., « en
long ». ‖ **longitudinalement** début
XVIIIe s. ‖ **long-jointé** 1660. ‖ **longotte**
1873, Lar., drap. ‖ **longrine** 1716,
H. Gautier (*longueraine*), de l'ital. *lun-
garina*, terme de charpente, de *lungo*,
long. ‖ **longtemps** XIIe s. ‖ **longuement**
1080, *Roland.* ‖ **longue-vue** 1667. ‖
longuet adj., XIIe s., Renaud; s. m.,
1314, Mondeville. ‖ **longueur** 1120, *Ps.
d'Oxford.* ‖ **allonger** XIIe s.; XXe s.,
« tuer », argot. ‖ **allongé** s. m., XXe s.,
argot. ‖ **allonge** XIIIe s., déverbal. ‖
allongeable 1580, Montaigne. ‖ **allongement** début XIIIe s., d'Herbonnez. ‖
balonge début XIVe s. (*baslongue*),
« cuveau allongé pour les vendanges »,
avec préf. *bes.* ‖ **élonger** fin XIIe s., *Couronn. de Loïs.* ‖ **élongation** 1538,
Canappe, du lat. *elongatio.* ‖ **rallonger** 1354, G. ‖ **rallonge** début XVe s.
‖ **rallongement** fin XVe s. (V. BARLONG.)

longanimité XIIe s., du bas lat. *longa-
nimitas* (*Vulgate*); de *longus*, patient,
et *anima*, âme.

****longe** (de veau) 1175, Chr. de
Troyes, du lat. pop. *lumbea*, de *lumbus*,
lombe, rein.

**longeron, longévité, longitude,
longtemps** V. LONG.

looch 1520, Delb. (*lohot*), de l'ar.
la'ūq, de *la'aq*, lécher; potion à base de
gomme.

looping 1911, *Echo de Paris*, ellipse
de *looping the loop* (1903, *Nature*, d'apr.
un spectacle d'acrobate faisant à bicyclette un tour vertical); loc. angl. signif.
« action de boucler la boucle ».

lophophore 1813, Temminck, gr. *lo-
phos*, aigrette, et suffixe *-phore*; faisan
à queue courte.

lopin 1314, *Hugues Capet*, de l'anc. fr.
lope. (V. LOUPE.)

loquace 1764, Voltaire, du lat. *loquax,
-acis*, bavard, de *loqui*, parler. ‖ **loquacité** 1466, G.; rare jusqu'au XVIIIe s.

loque 1468, Chastellain, « chiffon »; sans doute du moyen néerl. *locke*, boucle de cheveux. ‖ **loqueteux** fin XVᵉ s.

loquet XIIᵉ s., de l'anc. fr. *loc*, serrure, du germ. *loc*, même sens.

loran XXᵉ s., sigle de « *LO*ng *R*ange *A*id to *N*avigation », mots angl. signif. « aide à la navigation à grande distance ».

lord 1558, Perlin, mot angl. signif. « seigneur ».

lordose 1765, *Encycl.*, du gr. *lordôsis*, courbure; cambrure anormale de la colonne vertébrale.

lorette 1839, Balzac, du nom de N.-D. de *Lorette*, dans un quartier où habitaient beaucoup de femmes légères.

lorgner 1450, « loucher », de l'anc. fr. *lorgne*, louche (XIIIᵉ s.); du francique *lurni*, guetter. ‖ **lorgnette** XVIIᵉ s., d'apr. *lunette*. ‖ **lorgneur** fin XVIᵉ s. ‖ **lorgnon** 1820, Hugo.

lori 1525, A. Fabre (*nori*), orig. onomatopéique; perroquet d'Océanie.

loricaire 1803, Linné, du lat. *lorica*, cuirasse.

loriot v. 1398, E. Deschamps, de l'anc. prov. *auriol*, du lat. *aureolus*, adj., couleur d'or, par agglutination de l'article et changement de suffixe. ‖ **compère-loriot** 1606, Nicot, mot picard, dû, selon Gilliéron, à la confusion de *merle loriot*, pris pour *mère loriot*, d'où *père loriot*. Mais cette étym. est douteuse. Le sens de « orgelet » vient d'une confusion entre l'anc. fr. *oriol, -eul*, et *orjol, -eul*. (V. ORGELET.)

loris 1765, Buffon, de l'anc. néerl. *loeris*, clown; lémuridé.

lorry 1877, L., mot angl. d'origine inconnue; chariot à quatre roues.

*lors fin XIIᵉ s., *Couronn. de Loïs*, du lat. *illā horā* (ablatif), « à cette heure ». (V. OR 2.) ‖ **alors** fin XVᵉ s. ‖ **lorsque** XIIᵉ s.; écrit longtemps en deux mots, le *s* se prononçant tardivement.

losange fém., fin XIIIᵉ s., blason; XIVᵉ s., géométrie; masc., XVIIIᵉ s.; du gaulois *lausinc*, de *lausa*, pierre plate, ou de l'arabe *lawzinag*, empr. au pehlevi *lawzenak*, de *lawz*, amande. ‖ **losangé** XIIIᵉ s.

lot 1190, J. Bodel, du francique **hlot* (gotique *hlauts*), héritage, sort; 1680, Richelet, « ce qu'on gagne à la loterie ». ‖ **lotir** v. 1300, « tirer au sort »; 1907, Lar., diviser par des lotissements; *bien loti*, 1666, La Fontaine. ‖ **lotissement** v. 1300, tirage au sort; 1931, Lar., sens actuel. ‖ **lotisseur** XIIIᵉ s. ‖ **allotir** 1611, Cotgrave.

loterie 1538, G., de l'ital. *lotteria* ou du néerl. *loterije*; du germ. **hlot*.

lotier milieu XVIᵉ s., du lat. *lotus*, mélilot. (V. LOTUS.)

lotion 1372, Golein, du lat. impér. *lotio*, action de laver; de *lavare*, laver, part. *lautus*, lavé. ‖ **lotionner** 1842, Mozin.

lotir V. LOT.

loto 1732, *Trévoux*, de l'ital. *loto*, lot, sort. (V. LOTERIE.)

lotte 1553, Belon (en lat. du Xᵉ s., *lota*); d'un gaulois **lotta*, sorte de poisson.

lotus 1512, Lemaire de Belges (*lote*); 1538, Canappe (*lotus*), du lat. *lotus*, empr. au gr. *lôtos*.

1. *louche adj., 1180, G., adj. (*lois*); le masc. a été refait sur le fém. *losche*; du lat. *lŭscus*, borgne. ‖ **loucher** 1608, Régnier. ‖ **louchement** 1611, Cotgrave. ‖ **loucherie** fin XVIIᵉ s. ‖ **louchir** 1867, L. ‖ **louchon** 1866, Delvau. ‖ **loucheur** 1829, Boiste.

2. louche XIIIᵉ s., G., (*louce*), « cuiller à long manche », du francique **lôtja*. ‖ **louchet** milieu XIVᵉ s., « bêche ».

1. *louer Xᵉ s. *Saint-Léger* (*lauer*); XIIᵉ s. (*loer*); du lat. *laudare*, faire l'éloge. ‖ **louable** XIIᵉ s. ‖ **louange** 1120, *Ps. d'Oxford.* ‖ **louanger** XIIᵉ s. ‖ **louangeur** 1570, Thevet. ‖ **loueur** XIIᵉ s.

2. *louer 1080, *Roland* (*loer*), « avoir, prendre en location »; du lat. *locare*, de *locus*, lieu. ‖ **louage** 1283, Beaumanoir, « action de prendre en location »; XVIᵉ s., *contrat de louage*. ‖ **loueur** 1283, Beaumanoir. ‖ **locanda** 1834, Musset, « maison garnie en Italie »; mot ital. signif. « maison à louer ». ‖ **locataire** 1580, Montaigne. ‖ **locatif** XIVᵉ s., jurid. ‖ **location** début XIIIᵉ s.; rare jusqu'au XVIIIᵉ s.; du lat. *locatio*. ‖ **locatis** 1752, *Trévoux*, du bas lat. *locaticius*, « donné

429

à louer ». || *loyer 1080, *Roland*, du lat. *locarium*, loyer d'un emplacement. || relouer fin XIIIe s. || sous-louer milieu XVIe s. || sous-location 1804, *Code Napoléon.* || sous-locataire XVIe s.

loufoque 1873, *Gazette des tribunaux*, forme emphatique de *louf* (XIXe s.), var. de *lof*, nigaud (1790, *Rat du Châtelet*); de l'ital. dial. *loffa*, var. de *loffia*, vesse (var. *louf, louftingue*). || loufoquerie 1879, *Petite Lune.*

lougre 1781, Mackenzie, de l'angl. *lugger*, petit bateau de la Manche.

louis 1640, abrév. de *louis d'or*, du nom de Louis XIII, qui à cette date fit frapper cette monnaie.

louise-bonne 1690, La Quintinie, d'apr. Ménage (témoignage de Merlet); le mot viendrait d'une dame *Louise*, de la terre des Essarts (Poitou).

*loup 1080, *Roland* (*leu*, forme conservée dans *à la queue leu leu*, *Saint-Leu*, etc.); du lat. *lŭpus*; loup est refait sur le fém. *louve*, où le *v* a empêché le passage de *ou* à *eu* (cf. *Louvre*, du lat. pop. *lŭpăra*). || loulou fin XVIIIe s. (*loup-loup*), redoublement expressif. || loup-cervier début XIIe s., d'apr. le lat. *lupus cervarius*, loup qui chasse le cerf. || loup-garou V. GAROU 1. || louvet milieu XVIIe s., de la couleur du loup. || louveteau début XIVe s. || louveter XVIe s. || louveterie début XVIe s. || louvetier *id.* || louper début XIXe s., « faire un loup », ne pas réussir, avec infl. de *loupe*. || loupiot 1878, Rigaud, dimin. de *loup*.

loupe début XIVe s., « pierre précieuse d'une transparence imparfaite »; XVIe s., méd.; XVIIe s., optique; sans doute du francique *luppa*, masse informe d'un liquide caillé.

louper, loupiot V. LOUP.

*lourd 1160, Benoît (*lort*), « niais, stupide »; XVIe s., « pesant »; du lat. pop. *lurdus* (VIIe s.), altér. du lat. *luridus*, jaunâtre, blême. || lourdaud XIVe s. || lourdement XIIe s. || lourdeur 1769, Delille. || alourdir 1219; rare jusqu'au XVIIe s.; a remplacé *alourder*. || alourdissement début XIVe s., G.

loure XVe s., « musette, danse », mot de l'Ouest; du lat. *lura*, sacoche, ou du scand. *ludr*, instrument de musique.

loustic 1762, Voltaire (*loustig*), de l'allem. *lustig*, gai; il a dû être introduit par les régiments suisses, où le *lustig* était le bouffon.

loutre début XIIe s., du lat. *lutra*; il a éliminé la forme pop. *lorre, leurre.*

louvoyer V. LOF.

lovelace fin XVIIIe s., nom d'un personnage (sens en angl. : « lacs d'amour »), de Clarisse Harlowe, roman de Richardson (1749).

lover, louver 1678, Guillet, mar., « mettre un câble en cerceau »; du bas allem. *lofen*, tourner.

loxodromie 1678, Guillet, du gr. *loxodromos*, de *loxos*, oblique, et *dromos*, course; terme de géodésie.

*loyal 1080, *Roland* (*leial*), du lat. *lēgālis*, « conforme à la loi » (v. LOI), sens conservé jusqu'au XVIIe s. || loyauté fin XIe s., *Lois de Guill.* || loyalement XIIe s. || loyalisme début XIXe s., de l'angl. *loyalism.* || loyaliste 1717, de Cize, de l'angl. *loyalist.* || déloyal fin XIIe s., *Aiol.* || déloyauté fin XIe s., *Lois de Guill.* || déloyalement fin XIIIe s., Gace Brulé.

loyer V. LOUER 2.

lubie début XVIIe s.; orig. obscure.

lubrifier v. 1560, Paré, du lat. *lubricus*, glissant. || lubrification 1877, L.

lubrique 1327, *Mir. hist.*, du lat. *lubricus*, glissant. || lubricité 1361, Oresme.

lucane 1763, Scopoli, du lat. *lucanus*, cerf-volant.

lucarne début XIVe s. (*luquarne*); XVe s. (*lucarne*); du prov. *lucana*, lucarne, issu du francique *lūkinna*, même sens, avec infl. de l'anc. fr. *luiserne*, lumière, du lat. *lucerna*, lampe.

lucide 1495, *Mir. historial*, du lat. *lūcidus*, lumineux, de *lux, lucis*, lumière. || lucidement fin XVe s. || lucidité *id.* || élucider *id.*; rare jusqu'au XVIIIe s.; du bas lat. *elucidare*, rendre clair. || élucidation 1512, J. Lemaire.

luciole début XVIIIe s.; de l'ital. *lucciola*, de *luce*, lumière.

lucre XVe s., du lat. *lucrum*, profit; XIXe s., péjor. || lucratif 1265, J. de Meung, du lat. *lucrativus.*

ludion 1787, Sigaud de Lafond, du lat. *ludio*, baladin, histrion; appareil de physique.

ludique 1949, *L. M.*, du lat. *ludus*, jeu.

*****luette** fin XIIIe s., *Antidotaire*, de *l'uette*, du lat. pop. **ŭvitta*, dimin. du lat. *ūva*, grappe de raisin. (V. UVAL.)

*****lueur** XIIe s., Marbode, du lat. pop. **lūcor, -oris*, de *lucere*, luire. ‖ *****luire** 1080, *Roland*, du lat. *lūcĕre*, briller. ‖ **reluire** 1080, *Roland*.

luge fin XIXe s., mot savoyard; du bas lat. (IXe s., *Gloss.*) *sludia*, mot prélatin de même rac. que l'angl. *slide*, glisser, et l'allem. *Schlitten*, traîneau; *luge* est une forme apocopée de **éluge*.

lugubre fin XIIIe s., du lat. *lugubris*, de *lugēre*, être en deuil.

lumachelle apr. 1750, Buffon; de l'ital. *lumachella*, dimin. de *lumaca*, limace (ce marbre contient des coquilles fossiles).

lumbago milieu XVIIIe s.; mot bas-lat. (IVe s., Festus), de *lumbus*, rein.

*****lumière** XIIe s., *Roncevaux*, du lat. *lūmĭnaria* (de *lūmen, -inis*, lumière), pl. de *luminar*, astre, flambeau, passé au fém. en lat. pop., où il a éliminé *lux* et *lumen*. ‖ *****lumignon** XIIIe s., G. (*limegnon*), refait en *lum-* sur *lumière*; du lat. pop. **luminio, -onis*, de *lumen*. ‖ **luminaire** 1175, Chr. de Troyes, du lat. chrét. *luminare*. ‖ **luminescent** 1907, Lar. ‖ **luminescence** 1922, Lar. ‖ **lumineux** 1265, J. de Meung, du lat. *luminosus*. ‖ **lumineusement** 1470, *Livre disc.*

lunatique V. LUNE.

lunch 1820, Jouy, mot angl. signif. « morceau, grosse tranche », abrév. de *luncheon* (en fr. 1823, d'Arcieu). ‖ **luncher** 1867, Delvau.

lundi, lunette V. LUNE.

*****lune** 1080, *Roland*, du lat. *lūna*; *lune de miel*, XIXe s., calque de l'angl. ‖ **lunaison** 1119, Ph. de Thaun, d'apr. le bas lat. *lunatio*. ‖ **lunaire** 1495, J. de Vignay, du lat. *lunaris*. ‖ **lunatique** fin XIIIe s., du bas lat. *lunaticus* (IVe s., saint Jérôme), « soumis à l'influence de la lune »; 1611, Cotgrave, « bizarre ». ‖ **luné** fin XVIe s., en forme de lune; 1867, fig. ‖ *****lundi** 1119, Ph. de Thaun, du lat.

pop. **lunis -dies* (lat. *lunae-*), jour de la lune. ‖ **lunette** fin XIIe s., *Escoufle*, « objet rond »; fin XIIIe s., pl., lunettes faites avec des verres ronds (à Florence); XVIIe s., *lunette* d'approche. ‖ **lunetier** début XVIe s. ‖ **lunetterie** 1870, Lar. ‖ **lunetière** 1789, *Encycl.* ‖ **lunule** 1694, suivant Lar., du lat. *lunula*, petite lune. ‖ **lunure** 1842, Mozin. ‖ **demi-lune** 1550. ‖ **alunir** 1921, Nordmann. ‖ **alunissage** v. 1960.

lupanar 1532, Rab., mot lat. dér. de *lupa*, louve, au sens fig. de « prostituée ».

lupin XIIIe s., *Simples Médecines*, du lat. *lupinus*, (pois) de loup; plante cultivée comme fourrage.

lupuline 1789, *Encycl. méth.* (luzerne *lupuline*), du lat. bot. mod. *lupulus*, houblon (petit loup).

lupus début XIXe s., mot lat. du méd., où *lupus*, loup, avait pris le sens de « ulcère » dès le Xe s.

lurette fin XIXe s., dans *il y a belle lurette*, altér. de *il y a belle heurette*, dimin. de *heure*.

luron XVe s., Martial de Paris, var. de *lureau*, bélier, mot du Centre, origine obscure.

lustral 1355, Bersuire; rare jusqu'au XVIIIe s., du lat. *lustralis*, de *lustrare*, purifier. ‖ **lustration** *id.*

1. lustre 1355, Bersuire, « période de cinq ans »; du lat. *lustrum*, sacrifice expiatoire qui avait lieu tous les cinq ans.

2. lustre fin XVe s., « éclat »; XVIIe s., La Fontaine, « lampadaire »; de l'ital. *lustro*, de *lustrare*, éclairer, d'une autre rac. que *lustrare*, purifier. ‖ **lustrage** 1670, Depping. ‖ **lustrer** fin XVe s.; sens plus étendu au XVIe s. ‖ **lustreur** 1701, Furetière. ‖ **lustrier** 1802, *Acad.* ‖ **lustroir** début XVIIIe s. ‖ **lustrine** 1730, Savary, de l'ital. *lustrina*, de *lustro*. ‖ **délustrer** XVIIe s.

lustrine V. LUSTRE 2.

lut XIVe s., du lat. *lutum*, limon. ‖ **luter** 1560, Paré, du lat. *lutare*, enduire de terre. ‖ **déluter** milieu XVIIe s.

luth XIIIe s. (*leüt*), de l'ar. *al-'ūd*, peut-être par l'intermédiaire du prov. ‖ **lutherie** 1767, *Encycl.* ‖ **luthier** 1649, Delb.

luthérien 1594, *Ménippée*, du nom de Luther.

lutin 1175, Chr. de Troyes, sans doute altér. de *netun* (fin XII° s.), du lat. *Neptunus*, dieu de la mer, rangé ensuite parmi les démons; devenu *nuiton* (XII° s.), d'apr. *nuit*, et *luiton*, d'apr. *luitier*, lutter, puis *luton*, *lutin* par changement de suffixe. ‖ **lutiner** 1585, N. Du Fail. ‖ **-nerie** 1772, Dorat.

lutrin milieu XII° s., *Couronn. de Louis*, (*letrin;* encore au XVII° s.); du lat. eccl. *lĕctrinum*, dimin. de *lĕctrum*, pupitre (pour lire), d'après Isid. de Séville, VII° s.; de *legere*, lire.

*lutter 1080, *Roland* (*loitier, luitier*), du lat. *lŭctare*. ‖ **lutte** 1160, Benoît (*luite*), déverbal. ‖ **lutteur** 1120, *Job.*

luxe 1581, L'Estoile, du lat. *luxus*. ‖ **luxueux** 1771, *Année litt.* ‖ **luxueusement** 1870, Lar. ‖ **luxure** 1119, Ph. de Thaun, du lat. *luxuria*, surabondance, débauche, de *luxus*, luxe. ‖ **luxurieux** 1119, Ph. de Thaun, du lat. *luxuriosus*. ‖ **luxuriant** 1540, Doré, du lat. *luxurians*, de *luxuriari*, surabonder. ‖ **luxuriance** fin XVIII° s., Delille.

luxer début XVI° s., du lat. *luxare*. ‖ **luxation** 1538, Canappe, du bas lat. *luxatio.*

luxure V. LUXE.

luxuriant V. LUXE.

luzerne 1566, Du Pinet (*lauserne*); 1600, O. de Serres (*luzerne*); du prov. mod. *luzerno*, ver luisant, du lat. *lucerna*, lampe, parce que les graines de luzerne sont brillantes.

luzule 1827, *Acad.*, de l'ital. *luzuola.*

lycanthrope. V. LYC(O).

lycée milieu XVI° s., sens hist.; début XIX° « établissement scolaire »; remplacé en 1815 par *collège royal*, rétabli en 1848; du lat. *lyceum*, empr. au gr. *Lukeion*, gymnase où Aristote tenait son école. ‖ **lycéen** 1819, Béranger.

lychnis 1562, Du Pinet, du lat. *lychnis*, empr. au gr. *lukhnis*, de *lukhnos*, flambeau. ‖ **lychnide** fin XVIII° s.

lyciet milieu XVIII° s. (*lycium*), du lat. bot. *lycium*, empr. au gr. *lukion*, nerprun.

lyc(o) du gr. *lukos*, loup. ‖ **lycanthrope** milieu XVI° s., du gr. *lukanthrôpos* (*anthrôpos*, homme). ‖ **lycanthropie** *id.*, du gr. *lukanthrôpia.* ‖ **lycoperdon** 1827, *Acad.* (gr. *perdeĭn*, péter), champignon dit « vesse-deloup ». ‖ **lycopode** 1750, Geffroy, lat. bot. *lycopodium*, empr. au gr. *pous*, *podos*, pied, plante velue comme une patte de loup. ‖ **lycope** 1762, *Acad.* (*lycopus*); du lat. bot. *lycopus* (gr. *pous*, pied).

lycoperdon, lycopode V. LYC(O).

lymphe fin XV° s., sens lat.; 1673, Barles, anat.; du lat. *lympha*, eau claire. ‖ **lymphangite** début XIX° s. (gr. *aggeion*, vaisseau). ‖ **lymphatique** 1552, Rab. ‖ **lymphatisme** 1867, L. ‖ **lymphocytose** 1959, Lar. (gr. *kutos*, cellule).

lynch 1859, Aymard (*loi de Lynch*), calque de l'angl. *lynch-law*, du nom d'un fermier de Virginie (1736-1796), qui avait institué un tribunal privé. ‖ **lynchage** 1883, d'Haussonville. ‖ **lyncher** 1861, *le Charivari.* ‖ **lyncheur** 1892, *Rev. brit.*

lynx XII° s., Marbode, mot lat., empr. au gr. *lunx.*

lyre fin XII° s., *Rois*, du lat. *lyra*, empr. au gr. *lura.* ‖ **lyrique** 1495, J. de Vignay, litt.; XVIII° s., mus.; 1810, fig.; du lat. *lyricus*, empr. au gr. *lurikos.* ‖ **lyriser** 1862, Mallarmé. ‖ **lyrisme** 1834, Boiste.

lyrique V. LYRE.

lysimachie 1545, Guéroult. ‖ **lysimaque** début XIX° s., « plante »; du lat. *lysimachia*, empr. au gr. *lusimakhia*, dér. du nom d'un médecin grec, *Lusimakhos.*

M

maboul début XIXe s., de l'ar. algérien *mahboûl*, mot de la « langue franque » d'Algérie; passé dans l'argot militaire, puis dans le lexique populaire.

macabre 1842, Mozin, « qui évoque la mort »; de *danse macabre* (1832), altér. de *danse macabré* (XVe s.), la danse des morts (déjà J. Le Fèvre, 1376 : « Je fis de Macabré la danse »), avec une forme *macabré*, var. de *macabé*, du nom des *Macchabées*, héros bibliques dont le culte était rattaché à celui des morts; à rapprocher peut-être de la racine arabo-hébraïque *qbr*, enseveli. ‖ **macabrement** 1887, Goncourt.

macach(e) 1861, Lecomte (*makach*); de l'ar. d'Algérie *mâ-kânch*, « il n'y a pas ». Passé dans l'argot militaire, puis dans le lexique populaire.

macadam 1830, Coste-Perdonnet (*route à la Mac Adam*), du nom de l'Ecossais *Mac Adam* (1756-1836), son inventeur. ‖ **macadamiser** 1828, *Journ. des haras.* ‖ **macadamisage** 1827, Tollenare. ‖ **-sation** 1830, Tissot.

macaque 1665, Breton (*mecou*); 1680, Richelet (*macaque*); du port. *macaco*, mot africain importé au Brésil; singe d'Afrique.

macaron 1552, Rabelais, sorte de gâteau; de l'ital. du Nord *macarone*, quenelles. ‖ **macaroni** 1650, Ménage; vulgarisé au XVIIIe s.; plur. de l'ital. *macarone*, devenu un nom collectif.

macaronique 1546, Rabelais, de l'ital. *macaronico*, de *macaronea*, pièce de vers en style macaronique, dér. de *macarone*. (V. MACARON.)

macchabée 1856, F. Michel, « cadavre », arg. médic., puis pop.; du patronyme *Macchabée* (v. MACABRE). ‖ **macabe** fin XIXe s., altération commune de *Macchabée* et de *macabre*, qui a peut-être facilité un croisement de leurs sens.

macédoine 1771, Bachaumont (*Macédoine littéraire*); du nom de l'empire d'Alexandre, composé de pays très divers.

macérer 1495, J. de Vignay, mortifier la chair; XIIIe s., « faire tremper »; du lat. *macerare*, faire tremper, d'où en lat. eccl. « consumer moralement ». ‖ **macération** *id.*, du lat. *maceratio*. ‖ **macérateur** 1873, Lar., techn.

maceron 1549, R. Est., bot., de l'ital. *macerone*, probablem. altér. du lat. *macedonicum*, (persil) de Macédoine.

macfarlane 1859, *Monde illustré*, du nom de *Mac Farlane*, l'inventeur présumé de cette sorte de manteau.

machaon 1842, *Acad.*, zool., de *Machaon*, nom mythol.; papillon d'une grande beauté.

mâche 1611, Cotgrave, variété de salade, probablem. altér., par attraction de *mâcher*, de *pomache*, XVIe s., peut-être d'un dér. en *-asca* du lat. *pomum*.

mâchefer début XIIIe s., peut-être comp. du v. *mâcher*, « écraser », et de *fer* (à cause de sa dureté).

mâchelier 1120, *Ps. de Cambridge* (*mascheleres*, fém.); 1611, Cotgrave (*mâchelier*); altér., d'après *mâcher*, de l'anc. fr. *maisseler*; du lat. *maxillaris*, de *maxilla*, mâchoire. (V. MAXILLAIRE.)

*mâcher 1190, G. (*maschier*), du lat. impér. *masticare* (IIe s., *Apulée*). ‖ **mâcheur** 1560, Paré. ‖ **mâchoire** fin XIIe s., P. de Saint-Cloud (*machouere*). ‖ **mâchonner** XVe s., Gringore. ‖ **mâchonnement** 1832, Raymond. ‖ **mâchonneur** 1842, *Acad.* ‖ **mâchiller** XIIIe s. ‖ **mâchouiller** 1894, Sachs-Villatte. ‖ **remâcher** 1538, R. Est.

‖ **remâchement** *ibid*. (V. MÂCHEFER, MÂCHURE.)

machiavélique 1578, Marnix, du nom de *Machiavel*, écrivain et homme d'Etat florentin (1469-1527). ‖ **machiavélisme** 1611, Cotgrave.

mâchicoulis 1402, G. (*machecolis*), peut-être altér. de **machis coulis*, de l'anc. fr. *macher*, écraser, et *couler*. Certains supposent une déformation, par attraction de *mâcher* et de *coulis*, du turc *mazgal*, de l'arménien *srmadzag* [Deny]. L'anc. verbe *machicouler* (XIVᵉ s.), « garnir de mâchicoulis », est un dér. du substantif.

machine 1361, Oresme, « assemblage de l'univers »; 1559, Amyot, sens mod.; du lat. *machina*, du gr. dorien *makhana*. ‖ **machiner** XIIIᵉ s., *les Sept Sages*. ‖ **machination** XIIIᵉ s., Th. de Kent. ‖ **machinateur** 1440, Chastellain. ‖ **machinal** fin XVIIᵉ s., Fontenelle, « relatif aux machines »; 1731, Voltaire, sens mod. ‖ **machinalement** 1718, *Acad.* ‖ **machineur** 1884, Zola, remplacé par *mécanicien*. ‖ **machinerie** 1805, Struve. ‖ **machin** 1808, d'Hautel, pop. ‖ **machinisme** 1823, Boiste. ‖ **machiniste** 1643, Delb., « constructeur de machines »; 1678, La Fontaine, théâtre.

mâchoire, mâchonner, mâchouiller V. MÂCHER.

mâchure 1472, Du Cange (*macheüre*), de l'anc. fr. *macher*, « écraser », d'orig. obsc., écrit *-â-*, d'après *mâcher*. ‖ **mâchurer** 1842, Mozin, fouler, techn.

1. mâchurer V. MÂCHURE.

2. mâchurer XIIᵉ s., *Aliscans* (*mascurer*), barbouiller; en anc. fr., var. *mascherer*; du lat. pop. **mascarare*, postulé par le catalan *mascarar*, du rad. **mask*, d'orig. obscure (v. MASQUE 1, MASCARADE, etc.). ‖ **mâchurat** 1690, Furetière.

macis 1256, Ald. de Sienne (*macie*); 1358, G. (*macis*), bot.; mot bas-lat., var. du lat. class. *macir*, écorce aromatique de l'Inde.

mackintosh 1842, E. Sue, mot angl., du nom de l'inventeur, *Mac Intosh* (1766-1843) ; auj. vieilli.

macle fin XIIIᵉ s., maille de filet; 1298, blas.; 1690, Furetière, minér.; du germ. **maskila*, dimin. de **maska*, même sens.

‖ **maclé** 1795, Delambre. ‖ **macler(se)** 1827, *Acad.*

maçon 1155, Wace, du lat. médiév. *machio* (VIIᵉ s., Isid. de Séville; pl. *mationes*, VIIIᵉ s., *Reichenau*); du germ. **makjo*, de **makôn*, faire, proprem. « préparer l'argile pour la construction » (cf. all. *machen*). ‖ **maçonner** XIIᵉ s., *Huon de Bordeaux*. ‖ **maçonnage** 1240, Delb. ‖ **maçonnerie** 1280, Villard de Honnecourt. ‖ **maçonnique** v. FRANC-MAÇON.

macre 1554, Belon (*macle*), bot., orig. inconnue.

macreuse 1642, Oudin, ornith.; fin XIXᵉ s., viande maigre de l'épaule; adapt. du norm. *macroule*, var. *macrolle* v. 1300; probabl. du frison *markol* ou du néerl. *meerkol*, lui-même issu du néerl. *meerkot* (cf. angl. *coot*).

macro- du gr. *macros*, grand. ‖ **macrocéphale** 1556, Delb., du gr. *makrokephalos*, de *kephalê*, tête. ‖ **macrocéphalie** 1842, *Acad.* ‖ **macrocosme** 1314, Fauvel, d'après *microcosme*. ‖ **macromolécule** XXᵉ s. ‖ **-laire** *id*. ‖ **macropode** 1827, *Acad.*, sur *-pode*. ‖ **macroscopique** 1874, L., d'après *microscopique*. ‖ **macrospore** 1842, *Acad.*

macroure 1802, Latreille, sur le gr. *oura*, queue.

maculer 1120, *Ps. de Cambridge*, du lat. *maculare*, de *macula*, tache. ‖ **macule** XIIIᵉ s., du lat. *macula*. ‖ **maculature** fin XVIᵉ s. ‖ **maculage** début XIXᵉ s. ‖ **maculation** *id*. ‖ **immaculé** 1495, J. de Vignay, eccl., du lat. *immaculatus*.

madame V. DAME 1.

madapolam 1823, Boiste, du nom d'une ville de l'Inde où cette étoffe était fabriquée.

madeleine 1845, Besch., sorte de gâteau, peut-être du nom de *Madeleine* Paulmier, cuisinière de Mᵐᵉ de Barmond. ‖ **pêche-madeleine** 1721, *Trévoux*, nom donné à diverses variétés précoces de fruits qui mûrissent vers la Sainte-Madeleine (22 juillet). ‖ **madelonnettes** 1690, Furetière.

mademoiselle V. DEMOISELLE.

madone 1643, Oudin, de l'ital. *madonna*, dénomination de la Vierge.

madrague 1679, Colbert, pêche, du prov. *madrago*, altér. de l'arabe *mazraba*, enceinte.

madras fin XVIIIe s., du nom de *Madras*, ville de l'Inde, où l'on fabriquait cette étoffe.

madré XIVe s., Cuvelier, « veiné, moucheté » ; de l'anc. fr. *masdre, madre*, XIIIe s., « bois veiné », d'après l'anc. haut all. *masar* ; 1591, *L'Estoile*, fig., par comparaison avec l'aspect varié du bois madré. ‖ **madrure** 1555, Belon.

madrépore fin XVIIe s., de l'ital. *madrepora*, comp. de *madre*, mère, et *poro, pore* (a désigné d'abord les canaux de cet agrégat de polypes). ‖ **madréporique** 1812, Mozin.

madrier 1382, Delb. (*madretz*) ; 1578, d'Aubigné (*madrier*) ; altér. du prov. *madier*, « couverture de pétrin », du lat. **materium*, de *materia*, bois de construction. (V. MATÉRIAUX, MATIÈRE, MERRAIN.)

madrigal début XVIe s. (*madrigale*), de l'ital. *madrigale*, d'orig. obscure. Jusqu'au XVIIe s., a désigné un morceau de musique vocale.

maestro début XIXe s., mot ital., « maître ». ‖ **maestria** 1844, Gautier, beaux-arts ; 1873, Lar., fig. ; mot ital.

maffia 1875, L. (*mafia*), mot sicilien, d'orig. obscure, désignant une association secrète de malfaiteurs.

mafflu 1666, Furetière (*mafflé*) ; 1668, La Fontaine (*mafflu*) ; issu des parlers du Nord ; même rad. que le moy. fr. *mafler*, manger beaucoup ; du néerl. *maffelen*, « mâchonner ».

magasin XIVe s., *Chron. de Boucicaut* ; de l'ital. *magazzino*, empr. à l'ar. *makhâzin*, « dépôts, bureaux ». A remplacé *boutique* vers 1800 (1806, Millin, *Dict.*). ‖ **magasinage** 1675, Savary. ‖ **magasinier** fin XVIIe s. ‖ **emmagasiner** 1762, *Acad.*

magazine 1776, *Journal anglais* (au fém.) ; mot angl., issu lui-même du fr. *magasin*, avec changem. de sens.

mage déb. XIIe s., *Couronn. Loïs* ; 1487, Pans, roi mage ; du lat. *magus* (gr. *magos*), d'orig. iranienne ; 1611, Cotgrave, sorcier. ‖ **magie** 1535, de Selve, du lat. *magia*, empr. au gr. *mageia*. ‖ **magicien** XIVe s. ‖ **magique** 1265, J. de Meung, du lat. *magicus* (gr. *magikos*). ‖ **magisme** 1697, d'Herbelot.

maghrébin 1873, Lar. (*maugrabin, magrabin*), « habitant de la Barbarie », donné comme vieux ; 1955, journaux (*maghrebin, maghrebien*). ‖ **Maghreb** 1842, *Acad.*, nom arabe de l'Afrique du Nord, proprem., « le Couchant ».

maghzen 1866, L. ; de l'ar. *makhzan*, dépôt, bureau, puis « trésor ».

magicien, magique V. MAGE.

magister XVe s., du lat. *magister*. ‖ **magistère** XIIe s., du lat. *magisterium*, de *magister*, maître. ‖ **magistral** 1265, Br. Latini, du lat. *magistralis*, de *magister*, maître. ‖ **magistralement** 1395, Chr. de Pisan. ‖ **magistrat** 1355, Bersuire, « fonction publique » ; XIVe s., « officier civil » ; 1549, R. Est., sens actuel, du lat. *magistratus* aux deux sens de *magister*, maître. ‖ **magistrature** milieu XVe s., « fonction administrative » ; 1636, Monet, « fonction judiciaire ».

magistral, magistrat V. MAGISTER.

magma 1694, Th. Corn., pharm., du lat. *magma* (gr. *magma*, sur la rac. de *mattein*, pétrir) ; 1879, géol. ; 1931, Lar., « mélange informe ». ‖ **magmatique** 1931, Lar.

magnanerie 1841, *les Français peints par eux-mêmes* ; du prov. mod. *magnanarié*, de *magnan*, ver à soie ; élevage de vers à soie.

magnanime 1265, Br. Latini, du lat. *magnanimus*, « qui a une grande âme », de *magnus*, grand et *animus*, esprit. ‖ **magnanimement** fin XVe s., J. Lemaire de Belges. ‖ **magnanimité** 1265, Br. Lat., du lat. *magnanimitas*, grandeur d'âme.

magnat 1547, Du Fail, « grand de Pologne ou de Hongrie » ; empr. au polonais ; du lat. de la Vulgate *magnates*, les grands ; 1895, P. Bourget, « financier important », repris en ce sens de l'angl. *magnate*, lui-même issu du premier emploi français.

magnésie milieu XVIe s., magnésie noire ou peroxyde de manganèse ; 1762, *Acad.*, magnésie blanche ou oxyde de magnésium ; du lat. médiév. *magnesia*, issu du lat. *magnes* (*lapis*), pierre d'aimant, gr. *magnes* (*lithos*), « pierre de Magnésie », région d'Asie Mineure riche en aimants naturels, auxquels ressemble, par sa forme et sa couleur, la

435

magnésie noire. ‖ **magnésien** 1620, Lamperière. ‖ **magnésite** 1797, Delambre. ‖ **magnésium** 1818, Thomson.

magnétique 1617, de La Noue, du lat. *magneticus*, de *magnes*, aimant (v. le préc.) ; 1839, Balzac, fig. ‖ **magnétisme** milieu XVIIᵉ s. ; *magnétisme animal*, 1775, Beaumarchais, « pouvoir d'endormir quelqu'un » ; d'où, au fig., 1873, Lar., « influence mystérieuse ». ‖ **magnétiser** 1781, Beaumarchais, « endormir par magnétisme » ; av. 1865, Proudhon, fig. ‖ **magnétiseur**, **magnétisation** 1784, Thouret. ‖ **magnétite** 1878, Lar. ‖ **anti-magnétisme** 1818. ‖ **anti-magnétique** 1866, Lar. ‖ **magnéto-** premier élém. de composé depuis 1784. ‖ **magnéto** s. f., 1891, Laboulaye, abrév. de (*machine*) *magnéto-électrique*, 1867, journ. ‖ **magnétomètre** 1842, *Acad.* ‖ **magnétophone** 1888, Lar. ‖ **magnétostriction** 1929, Lar. ‖ **magnétoscope** v. 1950.

magnificat début XIVᵉ s., du lat. *magnificat*, 3ᵉ pers. sing., indic. prés. de *magnificare*, magnifier ; cantique de la Vierge chanté aux Vêpres.

magnifier 1120, *Ps. de Cambridge* ; du lat. *magnificare*, de *magnus*, grand. ‖ **magnificence** 1265, Br. Latini ; du lat. *magnificentia*, de *magnus*, grand. ‖ **magnifique** 1265, Br. Latini, « généreux » ; 1421, Pans, « splendide » ; du lat. *magnificus*. ‖ **magnifiquement** début XVᵉ s. ‖ **magnitude** 1372, Corbichon, désuet après le XVIᵉ s. ; 1915, *L. M.*, repris en astr. ; du lat. *magnitudo*, de *magnus*, grand.

magnolia 1703, Ch. Plumier ; mot du lat. bot., du nom du botaniste *Magnol* (1638-1715) ; ‖ **magnolier** fin XVIIIᵉ s. ‖ **magnoliées**, **magnoliacées** 1816, Gérardin.

magnum 1907, Lar., « bouteille de deux litres », du lat. *magnum*, grand, au neutre.

1. **magot** 1549, R. Est., (*magault*), « argent en réserve » ; croisement de l'anc. fr. *mugot* (var. *musgot*, fin XIᵉ s., *Alexis*), « lieu où l'on conserve les fruits », d'orig. germ. (à rapprocher de *mijoter*), avec l'anc. fr. *magaut*, bourse, d'orig. obsc.

2. **magot** 1476, Molinet (plur. *magos*), « singe » ; 1517, fig. ; de *Magog*, nom propre hébr., associé à *Gog*, pour désigner dans l'Apocalypse, xx, 8, puis au Moyen Age, des peuples orientaux hostiles aux chrétiens.

mahaleb 1530, Rab. (*maguelet*) ; 1611, Cotgrave (*macaleb*) ; de l'ar. *mahleb*, espèce de cerisier.

mah-jong début XXᵉ s., mots chinois signif. « je gagne » ; jeu chinois.

mahonne 1553, Belon, bateau turc ; XIXᵉ s., chaland ; de l'esp. *mahona*, empr. à l'ar. *ma'on*, vase.

mahute XIIIᵉ s. (*-hustre*), gros des ailes des oiseaux de proie ; orig. inconnue.

***mai** 1080, *Roland*, du lat. *maius* (*mensis*) ; XVIᵉ s., « arbre de mai ».

***maie** XIᵉ s. (var. *mait*, *mai*, *mée*, *met*), « huche, pétrin » ; de l'acc. lat. *magidem*, de *magis*, empr. au grec.

maïeutique 1873, Lar. du gr. *maieutikê*, au sens socratique de « art d'accoucher l'esprit ».

***maigre** 1160, Benoît, du lat. *macer*, acc. *macrum*. ‖ **maigrelet** XVIᵉ s. ‖ **maigrement** XIIIᵉ s. ‖ **maigreur** 1372, Corbichon. ‖ **maigriot** 1876, Daudet. ‖ **maigrichon** 1875, Lar. ‖ **maigrir** XVIᵉ s. ‖ **amaigrir** XIIᵉ s. ‖ **amaigrissement** début XIVᵉ s.

***mail** 1080, *Roland*, masse, marteau ; 1680, Richelet, « promenade publique » ; du lat. *malleus*, marteau. ‖ **mailloche** 1409, Du Cange. ‖ **maillotin** 1380, G. ‖ **mailler** XIIᵉ s., techn. ‖ **maillet** fin XIIIᵉ s., *Renart*. ‖ **mailloir** 1751, *Encycl.* (V. CHAMAILLER.)

mail-coach 1802, *Moniteur*, mot angl., « coche transportant le courrier ».

1. ***maille** 1080, *Roland*, « boucle de fil ou de métal » ; du lat. *macula*, « maille » (et aussi « tache » ; v. MACULER, MAILLURE, MAQUILLER). ‖ **mailler** XIIᵉ s., *Parthenopeus.* ‖ **maillon** milieu XVIᵉ s. ‖ **démailler** XIᵉ s. ‖ **démaillage** 1907, Lar. ‖ **remailler** ou **remmailler** XIIIᵉ s. (*remailler*). ‖ **remaillage** ou **remmaillage** 1836, Landais. ‖ **remailleur, euse** 1932, Lar. ‖ **maillot** XIIᵉ s. (*maillol*, *mailloel*) ; XVIᵉ s. (*maillot*). ‖ **démailloter**, **emmailloter** début XVIIᵉ s. ‖ **emmaillotement** 1570, Montaigne.

2. ***maille** XIIe s., *Parthenopeus* (*meaille*), « demi-denier », employé auj. dans les loc. *ni sou ni maille, avoir maille à partir* (à partager) ; peut-être du lat. pop. *medalia*, altér. de *medialia*, plur. neut., pris comme fém. sing., de *medialis*, dér. de *medius*, demi.

maillechort 1829, Boiste (*maille-chorl*), du nom des inventeurs, *Maillot* et *Chorier*, ouvriers lyonnais.

mailler, maillet, mailloche, maillon, maillot V. MAIL, MAILLE.

maillure milieu XVIIe s., du lat. *macula*, tache.

*main 980, *Passion*, du lat. *manus*. ‖ **manette** XIIIe s. ; 1803, Boiste, techn. ‖ **maneton** fin XIXe s. ‖ **menotte** milieu XVe s., « entraves » ; XVIe s., dimin. de *main*. ‖ **main-forte** XVe s., O. de La Marche. ‖ **mainlevée** fin XIVe s. ‖ **mainmise** milieu XIVe s., d'abord jurid. ; 1904, Lar., « prise de possession ». ‖ **mainmorte** 1283, Beaumanoir, d'après l'empl. jurid. de *main* au sens de « possession ». ‖ **mainmortable** 1372, Corbichon. ‖ **main-d'œuvre** 1706, Boislisle. ‖ **sous-main** (1872), L. (V. MANIER.)

maint début XIIe s., *Voy. de Charl.* ; soit du gaulois *mantî* (cf. gallois *maint*, irl. *meit*) ; soit croisement du lat. *magnus* et du lat. *tantus* ; soit du germ. *manigipô-*, « grande quantité ».

maintenant V. MAINTENIR.

*maintenir 1130, *Eneas*, du lat. pop. **manutenēre*, « tenir avec la main », de *manu*, abl. de *manus*, main, et de *tenere* (v. TENIR). ‖ **maintenant** adv., 1160, *Eneas*, « aussitôt » ; XIIIe s., « à présent ». ‖ **maintien** XIIIe s., A. de La Halle. ‖ **mainteneur** 1175, Chr. de Troyes ; début XVe s., dignitaire des jeux Floraux. ‖ **maintenue** XVe s.

maintien V. MAINTENIR.

*maire XIIe s., comme comparatif de *grand* ; 1283, Beaumanoir, « magistrat municipal » ; du lat. *major*, comparatif de *magnus*. ‖ **mairesse** XIIIe s., *Romans et pastourelles.* ‖ **mairie** XIIIe s. (on a eu *mairerie* au XIVe s.).

*mais 980, *Passion*, « plus » (cf. auj. *n'en pouvoir mais*), et « mais » ; du lat.

magis, davantage, qui a remplacé *sed* dans le parler pop. ‖ **désormais** 1175, Chr. de Troyes. ‖ **jamais** fin XIe s., *Alexis*.

maïs 1519, Pigaphetta (*maiz*), de l'esp. *mais*, empr. à une langue d'Haïti ; a remplacé *blé de Turquie, d'Espagne, d'Italie, mil* et ses dérivés. ‖ **maïserie** 1961, Lar. ‖ **maïzena** milieu XIXe s., de l'angl. *maizena*, de *maize*, « maïs ».

*maison XIe s., du lat. *mansio, -onis* de *mansus*, part. passé de *manere*, rester ; a remplacé en France le gallo-romain *casa*, qui subsiste dans divers toponymes et anthroponymes : *La Chaise-Dieu, Lacaze, Sacaze.* ‖ **maisonnette** 1160, Benoît. ‖ **maisonnée** 1611, Cotgrave.

*maître 1080, *Roland* (*maiestre*), du lat. *magister*. ‖ **maîtresse** XIIe s. (*maistresse*). ‖ **maîtrise** fin XIIe s. ‖ **maîtriser** 1265, J. de Meung, « dominer » ; av. 1832, Cuvier, « dompter ». ‖ **maîtrisable** 1867, L. ‖ **maistrance** 1559, Amyot. ‖ **contremaître** début XVe s. ‖ **contremaîtresse** 1866, Lar. ‖ **maître queux** 1538, R. Est., « cuisinier », composé sur *queux* ; **petit-maître** milieu XVIIe s.

majesté début XIIe s., *Voy. de Charl.*, du lat. *majestas*. ‖ **majestueux** 1576, P. de Brach (*magesteux*), de l'it. *maestoso* ; 1605, H. de Santiago (*-jestueux*) ; réfection, d'après les adj., du type *somptueux*. ‖ **majestueusement** 1609, P. Camus.

*majeur 1080, *Roland*, « plus grand » ; XIIe s., droit ; s. f. XIVe s., logique ; du lat. *major, -oris*, comp. de *magnus*, grand ; s. m., doigt du milieu (enregistré seulement au XXe s.). ‖ **majorer** 1869, L., « déclarer majeur » ; 1870, L., sens mod. ‖ **majoration** 1867, L. ‖ **majoral** XIIIe s. ‖ **majorité** XIVe s., « supériorité » ; XVIe s., âge ; du lat. méd. *majoritas*, dér. de *major* ; 1751, Levis-Mirepoix, pol., de l'angl. *majority*. ‖ **majoritaire** fin XIXe s., pol.

majolique milieu XVIe s. (*maiolique*) ; de l'ital. *majorica, majolica*, de l'île Majorque ; faïence commune italienne.

major 1453, *Débat des hérauts*, « plus grand » ; lat. *major*, comparatif de *magnus*, grand ; 1660, Oudin, milit., empr. à l'esp. ; XVIIIe s., sens médical.

majorat milieu XVIIe s.; var. *majorasque* au XVIIe s., 1679, Boulan; de l'esp. *mayorazgo*, du lat. *major*.

majordome 1512, A. de Conflans, de l'ital. *maggiordomo* ou de l'esp. *mayordomo*; du lat. *major domus*, chef de la maison.

majorer, majoritaire, majorité V. MAJEUR.

majuscule XVe s., d'apr. Guérin; typogr., 1718, *Acad.*, s. f.; du lat. *majusculus*, un peu plus grand.

***mal** IXe s., *Eulalie*, adj.; Xe s., *Passion*, subst.; XIe s., adv. (var. *mel* en anc. fr.); du lat. *malus* (adj.), *malum* (subst.), *male* (adv.). L'adj. n'existe plus qu'en locution figée (*bon gré mal gré*), ou dans des mots construits; *mal du siècle*, 1820, P.-L. Courier. ‖ **malement** XIIe s. Le subst. a donné naissance à diverses expressions, dans la médecine ancienne : *mal des ardents*, XIVe s., « sorte de charbon pestilentiel »; *haut mal*, 1372, Corbichon, « épilepsie »; *mal caduc, id.*; *mal de Naples*, XVIe s., « syphilis », etc. L'adv. est un préfixe, *mal* ou *mau* (vocalisation de *l* en *u* à une époque ancienne : *malaise, maugré*, etc.). [V. MALGRÉ, MALHEUR, MALEMORT.]

malabare XXe s., pop., « grand, fort », du nom géogr. *Malabar*.

malachite XIIe s., Marbode (*melochite*); du lat. *malachites*, var. *molochites* (gr. *molokhê*, mauve); minerai de cuivre.

malacologie 1845, Besch.; du lat. *malacus*, mou, empr. au gr. *malakos*; partie de la zool. traitant des mollusques.

***malade** Xe s., *Passion*, du lat. *male habitus*, « qui se trouve en mauvais état »; a remplacé le lat. *aeger*. ‖ **maladie** fin XIIe s. ‖ **maladif** 1256, Ald. de Sienne. ‖ **maladivement** 1842, Mozin.

maladrerie V. LADRE.

malandre 1398, *Ménagier*, vétér.; du bas lat. *malandria* (Ve s., M. Empiricus); pourriture. ‖ **malandreux** 1732, *Trévoux*.

malandrin fin XIVe s., Froissart, de l'ital. *malandrino*, « voleur de grands chemins ».

malard XIIe s., *Chev. Ogier*, « canard sauvage mâle »; du fr. *mâle*.

malaria 1833, *Magasin pittoresque*, de l'ital. *malaria*, « mauvais air (*aria*) ».

malaxer XIVe s., G., pharm.; du lat. *malaxare*, amollir, de l'aoriste gr. *malaxai* (infin. *malassein*). ‖ **malaxage** 1873, Lar. ‖ **malaxation** début XVIIe s. ‖ **malaxeur** 1907, Lar., techn.

***mâle** début XIIe s., *Voy. de Charlemagne*; lat. *masculus*, dimin. de *mas* (V. MASCULIN.)

malédiction V. MAUDIRE.

maléfice 1213, *Fet des Romains*; du lat. *maleficium*, méfait. ‖ **maléfique** 1488, *Mer des hist.*, du lat. *maleficus*.

malement V. MAL.

malemort 1220, G. de Coincy; de l'anc. adj. *mal*, au fém., et de *mort*.

malencontreux XVe s., Gerson, de l'anc. fr. *malencontre* (adj. *mal* et subst. *encontre*), « rencontre » (XIIIe s.), inus. depuis le XVIIIe s. ‖ **malencontreusement** 1690, Furetière.

malentendu V. ENTENDRE.

malfaçon, malfaire, malfaisant V. FAÇON, FAIRE.

malfaiteur XVe s., réfection de *maufaitour, -eur*, adaptation du lat. *malefactor*, « qui agit mal ».

malgré V. GRÉ.

malheur, malheureux V. HEUR.

***malice** milieu XIIe s., *Couronn. Loïs*, sens étym. jusqu'au XVIIe s., du lat. *malitia*, méchanceté. ‖ **malicieux** fin XIIe s., *Rois*, du lat. *malitiosus*, méchant. ‖ **malicieusement** 1190, G.

malignité début XIIe s., « méchanceté », du lat. *malignitas*; 1650, Pascal, sens mod. ‖ **malin** adj., 1440, Chastellain, « porté à nuire »; réfection de *maligne* (1120, *Ps. de Cambridge*); du lat. *malignus*, méchant; 1690, Furetière, « malicieux »; s. m., 1530, Lefèvre d'Étaples, le diable.

malin V. MALIGNITÉ.

malines 1752, *Trévoux*, dentelle, du nom de *Malines*, ville de Belgique.

malingre début XIIIe s. (*malingros*), « chétif » (encore *malingreux*, 1831, Hugo); XIIIe s., forme mod. comme nom propre; adj., XVIᵉ s.; du croisement de l'adj. *mal*, et de l'anc. adj. *haingre*, « décharné », d'orig. obscure.

malique (*acide*) 1787, Fourcroy, du lat. *malum*, pomme; découvert par Scheele en 1785.

malle début XIIᵉ s., *Voy. de Charl.*, du francique *malha, sacoche. ‖ **mallette** XIIIᵉ s., *Mir. saint Éloi.* ‖ **malletier** 1379, Fragniez. ‖ **malle-poste** 1793, *Décret.*

malléable XIVᵉ s., du lat. *malleus*, marteau : « qui peut être battu au marteau ». ‖ **malléabilité** 1676, Glaser. ‖ **malléabiliser** 1842, *Acad.* ‖ **malléolaire** 1827, *Acad.*

malléole 1546, Ch. Est., anat., du lat. *malleolus*, dimin. de *malleus*, marteau.

***malotru** 1160, Benoît (*malostruz*, pl.), « chétif, malheureux »; altér. de *malastru, du lat. pop. *male astrŭcus, « né sous un mauvais astre », de *astrum*, astre; fin XVIᵉ s., sens mod.

malpighie 1752, *Trévoux* (*malpighia*); 1765, *Encycl.* (*malpighie*), bot.; du nom de l'anatomiste ital. Marcello *Malpighi* (1628 - 1694).

malséant V. SÉANT.

malstrom, maelström v. 1860, Hugo, mot norvégien, de *malen*, broyer, et *ström*, courant.

malt fév. 1495, *Ordonn.*, mot angl., orig. germ. (cf. l'all. *Malz*). ‖ **maltage** 1834, Boiste. ‖ **malter** 1838, *Acad.* ‖ **malteur** 1838, *Acad.* ‖ **maltose** 1872, Lar. ‖ **malterie** 1877, L. ‖ **maltase** XXᵉ s.

malthe 1556, Leblanc, du lat. *maltha*, goudron, mot gr.; bitume glutineux.

malthusien 1848, du nom de l'économiste anglais *Malthus* (1766-1834), qui recommanda la limitation des naissances. ‖ **malthusianisme** 1869, Goncourt.

maltôte milieu XIIIᵉ s. (*mautoste*); XIVᵉ s. (*malletote*); v. 1350 (*maltôte*); de l'anc. adj. *mal* et de l'anc. s. *tolte*, imposition, part. passé, substantivé au fém., de l'anc. v. *toldre*, enlever, du lat. *tollĕre* (part. passé pop. *tollita, au fém.). ‖ **maltôtier** 1606, Nicot.

malvacée V. MAUVE.

malveillant fin XIIᵉ s., *R. de Cambrai* (*malvuellant*), de l'adv. *mal* et de *vueillant*, anc. part. prés. de *vouloir*. ‖ **malveillance** 1160, Benoît.

malversation début XVIᵉ s., de l'anc. verbe *malverser* (XVIᵉ s.), du lat. *male versari*, se comporter mal (*versari*, se comporter).

malvoisie 1398, *Ménagier* (*malvesy*), de *Mal*(e)*vesie*, nom d'un îlot grec (sud-est de la Morée), d'où vient ce cépage (par l'intermédiaire de l'ital. *malvasia*, d'abord vénitien).

mamamouchi 1670, Molière, d'après l'ar. *ma menou schi*, « propre à rien ».

***maman** 1256, Ald. de Sienne, du lat. *mamma*, même empl., formation enfantine par redoublement; 1584, P. de Brach (*mamma*); formes voisines dans de nombreuses langues (gr., ital., esp., etc.). ‖ **bonne-maman** 1835, *Acad.* ‖ **belle-maman** 1673, Molière.

***mamelle** 1119, Ph. de Thaun (*mamele*), du lat. *mamilla*, dimin. de *mamma*, mamelle, même mot que *mamma*, maman. ‖ **mamelon** XVᵉ s. (*memellon*), anat.; fin XVIIIᵉ s., B. de Saint-Pierre, géogr. ‖ **mamelonné** 1753, *Dict. anat.*; 1850, géogr. ‖ **mamelu** 1549, R. Est. ‖ **mamillaire** 1503, G. de Chauliac, du bas lat. *mamillaris*.

mameluk ou **mamelouk** 1192, *Récit de croisade* (*mamelos*); XVᵉ s. (*mameluz*); 1549, R. Est. (*mammeluch*); de l'ar. d'Égypte *mamlūk*, désignant un esclave blanc (part. passé de *malak*, « posséder »).

mammaire 1654, Gelée, du lat. *mamma*, mamelle. ‖ **mammite** 1836, *Acad.* ‖ **mammalogie** 1803, *Nouv. Dict. d'hist. nat.* ‖ **mammifère** 1791, *Bull. Soc. philom.*

mammea 1533, Martyr (*mameis*), bot., de l'esp. *mamei*, empr. à l'arawak, langue indigène d'Amérique du Sud.

mammifère V. MAMMAIRE.

mammouth 1727, Isbrands, du russe *mamout*, mot ostiaque (Sibérie de l'Ouest); var. *mamant, mammont*, 1727, G.-F. Muller, d'après une var. russe.

mamour V. AMOUR.

manade fin XIXᵉ s., de l'esp. *manada*, troupeau.

manager 1868, *Événement illustré*, mot angl. (de *to manage*, manier, diriger), empr. à l'ital. *maneggiare*.

*__manant__ 1160, Benoît, « habitant », part. prés. substantivé de l'anc. v. *maneir*, demeurer, du lat. *manēre*; v. 1610, dans Huguet, « paysan »; 1694, *Acad.*, péjor. (V. MANOIR, MÉNAGE, etc.)

*__mancelle__ fin XIVᵉ s. (*manselles*); 1680, Richelet (*mancelle*), techn.; du lat. pop. *manĭcĕlla* (bas lat. *manicŭla*, dimin. de *manus*, main).

mancenille 1611, Cotgrave, de l'esp. *manzanilla*, dimin. de *manzana*, pomme; du lat. *Mattiānum mālum*, « pomme de Mattius » (du nom de Caius Mattius, agronome romain du Iᵉʳ s. av. J.-C.). ‖ **mancenillier** 1658, Rochefort; arbre des Antilles.

1. *__manche__ fém., milieu XIIᵉ s., du lat. *manĭca*, de *manus*, main; 1617, d'Aubigné, tour de cartes; *manche à air*, 1845, Besch. ‖ **manchette** XIIIᵉ s., manche d'habit; 1606, Crespin, parement d'étoffe fixé au bout de la manche; 1907, Lar., journalisme. ‖ **manchon** XIIᵉ s., *Conq. de Jérusalem.* ‖ **mancheron** XIIIᵉ s., G., garniture de manche. ‖ **emmancher** 1578, d'Aubigné. ‖ **emmanchure** fin XVᵉ s.

2. *__manche__ masc., fin XIIᵉ s., Marie de France, du lat. pop. *manicus*, « ce qu'on tient avec la main », de *manus*, main. ‖ **mancheron** (*de charrue*) 1265, J. de Meung. ‖ **démancher** v. 1200. ‖ **emmancher** 1155, Wace. ‖ **emmanchement** 1636, Monet. ‖ **remmancher** 1549, R. Est.

manchot XVᵉ s., O. de La Marche, de l'anc. adj. fr. *manc, manche*, estropié, manchot, du lat. *mancus*. (V. MANQUER.)

mancipation 1546, Delb. jurid., du lat. jurid. *mancipatio*. (V. ÉMANCIPER.)

mandarin 1581, Goulart, mot portugais, altération (d'après *mandar*, mander) du malais *mantarî*, du sanscrit *mantrin*, « conseiller d'État ». ‖ **mandarinat** 1732, *Trévoux.* ‖ **mandarinisme** 1838, *Acad.*

mandarine 1773, Bernardin de Saint-Pierre, de l'esp. (*naranja*) *mandarina*, orange mandarine (soit qu'elle fût appréciée des mandarins, soit par comparaison facétieuse avec leur visage). ‖ **mandarinier** 1867, L.

mandat 1488, *Mer des hist.*, « message »; XVIIIᵉ s., pouvoir donné; fin XIXᵉ s., postes; du lat. jurid. *mandatum*, part. passé substantivé de *mandare*, mander. ‖ **mandataire** 1537, *Anciennes Poésies*; 1793, polit., *Décl. des droits.* ‖ **mandater** 1823, Boiste. ‖ **mandatement** 1873, Lar.

mander Xᵉ s., *Saint Léger*, « convoquer », du lat. *mandare*; 1080, *Roland*, faire savoir. ‖ **mandement** 1120, G. ‖ **mandant** s. m., 1789. ‖ **contremander** 1175, Chr. de Troyes.

mandibule 1314, Mondeville, du bas lat. *mandibula*, mâchoire (vᵉ s., Macrobe), de *mandere*, mâcher. ‖ **mandibulaire** 1812, Mozin. ‖ **démantibuler** 1552, Rab. (*démandibulé*), proprem. « rompre la mâchoire »; 1611, Cotgrave (*démantibuler*), d'après *démanteler*; fig., XIXᵉ s.

mandille 1577, Trippault (*mandie*); 1611, Cotgrave (*mandille*), manteau de laquais; de l'esp. *mandil* (lat. *mantīle*, avec infl. arabe).

mandoline 1759, Lacombe, de l'ital. *mandolino*, dimin. de *mandola*. même mot que le fr. *mandore*. ‖ **mandoliniste** 1882, Goncourt.

mandore fin XIIIᵉ s. (*mandoire*); XVIᵉ s. (*mandore*); altér. mal expliquée du lat. *pandura*, du gr. *pandoûra*; instrument de mus. de la famille des luths.

mandorle XXᵉ s., de l'ital. *mandorla*, amande; gloire en forme d'amande enveloppant le corps du Christ.

mandragore fin XIIᵉ s. (*mandeglore*); XIIIᵉ s. (*mandeglore*); 1265, Br. Latini (*mandragore*); du lat. *mandragoras*, s. m., mot gr. L'altér. anc. *en main de gloire*, *mandegloire*, est due à une étym. populaire.

mandrill 1751, Smith, d'une langue de la Guinée; singe d'Afrique.

mandrin 1676, Félibien, techn.; de l'occitan *mandrin*, du prov. mod. *mandre*, « manivelle », issu du lat. *mamphur*, partie du tour du tourneur, sous l'infl. du germ. *manduls*, (cf. l'anc. normand *mondull*, « manivelle de moulin à main »).

manducation 1495, J. de Vignay, du bas lat. *manducatio* (IVe s., saint Augustin), de *manducare*. (V. MANGER.)

manécanterie 1836, Landais, de l'adv. lat. *mane*, « le matin », et de *cantare*, chanter; école de chant de la paroisse. Le mot a été choisi en 1907 par P. Martin et P. Berthier pour nommer une maîtrise populaire et ambulante.

manège XVIe s., *Chron. bordelaise*, équit. de l'ital. *maneggio*, de *maneggiare*, manier; XVIIe s., ext. d'empl.; XIXe s., autres empl. techn. ‖ **manéger** XVIe s., de Montlyard, équit.

mânes XIVe s., du lat. *manes*, ombres des morts.

maneton, manette V. MAIN.

manganèse 1578, Vigenère, magnésie noire; 1774, corps simple découvert par Scheele; de l'ital. *manganese*, altération mal expliquée du lat. *magnesia*. (v. MAGNÉSIE). ‖ **manganésifère** 1840, *Acad.* ‖ **manganeux** 1831, Berzélius. ‖ **manganique** 1840, *Acad.* ‖ **manganite** 1873, Lar. ‖ **manganine** 1922, Lar. ‖ **manganate** 1840, *Acad.* ‖ **permanganate** 1874, Lar. ‖ **permanganique** 1874, Lar.

***manger** v. 1080, *Roland* (*mangier*); s. m. v. 980, *Passion;* du lat. pop. *manducare*, « mâcher », puis à basse époque « manger », de *mandere*, mâcher. ‖ **mangeable** fin XIIe s., *Sept Dormants.* ‖ **immangeable** 1600, O. de Serres. ‖ **mangeaille** 1264, G. (*mangeille*); 1398, *Ménagier* (*mengeaille*). ‖ **mangeoire** 1175, Chr. de Troyes. ‖ **mangerie** XIIe s., *Macchabées.* ‖ **mangeur** fin XIIe s., Rutebeuf (*mengeor*); début XIIIe s. (*mangiere*); — *de peuples*, XVIIe s., Guy Patin; — *de curé*, 1790. ‖ **mangeure** 1360, *Modus*, vén. ‖ **mangeotter** 1787, Féraud. ‖ **mangetout** adj., 1550, Ronsard; 1835, *Maison rustique*, bot.; 1836, Landais, fig. ‖ **démanger** v. 1300. ‖ **démangeaison** 1549, R. Est.

mangle 1555, Poleur, bot.; mot esp., tiré du malais *mangghi-mangghi*. ‖ **manglier** 1716, Frézier.

mangoustan 1598, *Premier Livre de l'hist.*, bot., du port. *mangustão*, empr. au malais. ‖ **mangouste** 1733, Lémery,

fruit du mangoustan. ‖ **mangoustanier** XXe s.

1. **mangouste** V. MANGOUSTAN.

2. **mangouste** 1697, Comte (*mangouze*), zool.; 1703, Biron (*mangouste*); de l'esp. *mangosta*, de *mungus*, mot d'une langue de l'Inde (cf. marathe *mangus*).

mangue 1540, Balarin (*manga*); XVIIe s. (*mengue*); du portugais *manga*, mot de la langue de Malabar. ‖ **manguier** 1600, Delb.

manichéen XVIIe s., de *Manikhaios*, nom gr. du Persan *Mani* ou *Manès*. ‖ **manichéisme** XVIIe s.

manicle ou **manique** 1160, Benoît, du lat. *manicula*, dimin. de *manus*, main, manchon de cuir des bourreliers.

manicorde ou **manichordion** 1155, Wace (*monacorde*), du gr. *monochordon*, « instrument à une corde », par attraction du lat. *manus*, main.

manie 1398, *Somme Gautier*, « folie », méd.; XVIe s., extension et atténuation de sens; du lat. méd. *mania*, folie, mot grec. ‖ **maniaque** XIIIe s., *Cart. de Dijon;* du lat. médiéval *maniacus;* même évol. de sens; *-manie* et *-mane* sont des suffixes depuis le XVIIIe s.

manier 1160, Benoît (*maneier*); 1190, Garn. (*manier*), « caresser »; puis « faire fonctionner avec la main », et « se servir de »; dér. de *main.* ‖ **maniable** 1155, Wace. ‖ **maniabilité** 1876, de Parville. ‖ **maniement** 1237, Du Cange. ‖ **manieur** 1392, E. Deschamps. ‖ **maniotte** 1873, Lar., agric. ‖ **remanier** v. 1300. ‖ **remaniement** 1690, Furetière, typogr.; 1706, Richelet, ext. d'empl. ‖ **remanieur** 1870, L. ‖ **remaniable** 1870, L.

manière 1119, Ph. de Thaun, fém. substantivé de l'anc. adj. *manier*, « fait avec la main », d'où « souple, habile »; de *main.* ‖ **maniéré** 1679, Testelin. ‖ **maniérisme** 1823, Boiste. ‖ **maniériste** XVIIIe s., F. Brunot.

1. **manifeste** adj., 1190, Delb., du lat. *manifestus*, de *manus*, main, « que l'on peut saisir par la main ». ‖ **manifester** 1120, *Ps. d'Oxford*, faire connaître publiquement, du lat. *manifestare;* 1868, Vallès, polit. ‖ **manifestant** s.

1849, Proudhon, polit. ‖ **manifesta-tion** fin XII° s., *Grégoire*, du bas lat. *manifestatio*; 1848, polit. ‖ **contre-manifester** v. 1870. ‖ **contre-manifestant** *id.* ‖ **contre-manifestation** 1863, Proudhon.

2. **manifeste** s. m., milieu XVI° s., écrit public, de l'ital. *manifesto*; issu du lat. *manifestus* (v. le préc.).

manigance 1541, Calvin, orig. obscure : peut-être en rapport avec le prov. mod. *manego*, manche, au sens de « tour de bateleur » (v. MANCHE). ‖ **manigancer** 1691, Dancourt.

maniguette 1555, Poleur, graine poivrée, altération de l'esp. *malagueta*.

1. **manille** milieu XVII° s. (*menille*, *malille*); 1696, Boisfranc (*manille*), jeu de cartes; de l'esp. *malilla* (avec dissimil. de *l*), dimin. de *mala*, même sens, fém. de *malo*, méchant. ‖ **manillon** 1893, Courteline. ‖ **manilleur** XX° s.

2. **manille** 1611, Cotgrave « manche »; fin XVII° s., anneau du rameur de galère; 1827, *Acad.*, bracelet indien; de l'ital. *maniglia*, poignée, du lat. *manicŭla*, dimin. de *manus*, main. (V. MANICLE.)

manioc 1555, Barré (*maniel*); 1556, Le Testre (*manioc*); du tupi *manioch* (Brésil).

manipule 1380, Arch. de Reims, liturg.; début XVI° s., poignée de blé, de fleurs, etc.; 1660, Oudin, hist. milit.; du lat. *manĭpŭlus*, « poignée », de *manus*, main. ‖ **manipuler** 1765, *Encycl.* (du sens « poignée »). ‖ **manipulation** 1716, Frézier. ‖ **manipulateur** 1762, Guyton.

manipuler V. MANIPULE.

manitou 1627, Champlain, mot algonquin (Canada occidental), « le Grand Esprit »; fin XIX° s., ext. de sens, favorisée dans l'usage populaire par l'homonymie *manie-tout*.

***manivelle** début XII° s. (*manevelle*); XIV° s. (*menivelle*); 1560, Paré (*manivelle*); cinéma, *tour de manivelle*, 1896, M. Corday; du lat. pop. *manabella, altér. de *manĭbŭla*, var. de *manĭcŭla*, dimin. de *manus*, main.

1. **manne** [*du ciel*] 1120, *Ps. de Cambridge*, du lat. eccl. *manna* (*Vulgate*), de l'hébreu *man*; XIV° s., fig.; XV° s., *Mir.*

de Notre-Dame, « victuailles »; 1694, Th. Corn., chim.

2. **manne** XIII° s., Taillar, panier en osier, du moy. néerl. *manne*, var. de *mande* (d'où l'anc. fr. *mande* 1202), mot du Nord et du Nord-Est. ‖ **mannette** *id.* ‖ **mannequin** *id.*, panier en forme de hotte (var. *mandequin*, XV° s.); du moy. néerl. *mannekijn*, dimin. de *manne*.

1. **mannequin** V. MANNE 2.

2. **mannequin** 1467, Gay, figurine, du néerl. *mannekijn*, dimin. de *man*, homme; couturier, 1830, *la Mode*. ‖ **mannequiner** 1762, *Acad.*

***manœuvre** s. f., 1248, texte picard; du lat. pop. *manuopera* (VIII° s., *Capit. de Charlemagne*), de *opera*, travail, et *manu*, « avec la main », abl. de *manus*; s. m., 1449, texte de Blois. ‖ ***manœuvrer** 1080, *Roland* (*manuvrer*), « placer avec la main »; 1160, Benoît (*manovrer*), « travailler »; du lat. pop. *manuoperare*, de *operare*, travailler; 1690, Furetière, mar.; 1732, Richelet, milit.; 1873, Lar., faire fonctionner (un appareil). ‖ **manouvrier** s. m., 1180, *Loherains.* ‖ **manœuvrier** s. m., 1678, Guillet; adj., 1765, *Encycl.* ‖ **manœuvrable** 1902, Lar. ‖ **manœuvrabilité** 1934, *Auto.*

***manoir** 1155, Wace, anc. infin. substantivé de *maneir*, habiter, du lat. *manēre*, demeurer; auj. litt. (V. MANANT.)

manomètre 1705, *Hist. de l'Acad. des sc.*; tiré par Varignon (1654-1722) du gr. *manos*, rare (c.-à-d. peu dense), et *metron*, mesure. ‖ **manométrique** 1836, *Acad.* ‖ **manométrie** *id.*

manoque XVII° s., Liger, mot du Nord (Hainaut, etc.), proprem. « poignée », dér. de *main*.

manquer 1398, E. Deschamps, de l'ital. *mancare*, être insuffisant, de *manco*, défectueux, du lat. *mancus*, *id.* (v. MANCHOT). ‖ **manqué** adj., 1560, Paré; s. m., XX° s., culin. ‖ **manquant** 1609, Daléchamps, adj. ‖ **manque** s. m., 1594, Henri IV, « offense »; 1606, Crespin, privation; *à la manque*, 1837, Vidocq, arg. ‖ **manquement** XIV° s., Aimé. ‖ **immanquable** milieu XVII° s.

mansarde 1676, Félibien (d'abord *comble à la mansarde*); du nom de

l'architecte *Mansard* (1598-1666). ‖
mansardé 1844, Balzac.

manse 1732, *Maison rustique*, hist. féod.; du lat. *mansa*, part. passé, subst. au fém., de *manēre*, demeurer. (V. MANOIR, MAS.)

mansion 1155, Wace, « demeure », inus. en fr. mod., du lat. *mansio*; 1855, hist. du théâtre. (V. MAISON.)

mansuétude fin XIIᵉ s. (*mansuetume*, avec le suff. de *amertume*); 1265, Br. Latini (*-tude*); du lat. *mansuetudo*, de *mansuetus*, apprivoisé, doux.

1. **mante** 1404, Du Cange, manteau, du prov. *manta*, du lat. pop. **manta*, du bas lat. *mantum*. (V. MANTEAU.)

2. **mante** 1756, Geoffroy, lat. des naturalistes *mantis*, du gr. *mantis*, devineresse, d'après la position de l'insecte, les pattes antérieures repliées et jointes.

*manteau 980, *Passion* (*mantel*); XVIᵉ s. (*manteau*); du lat. *mantellum*, dimin. de *mantum* (VIIᵉ s., Isid. de Séville). ‖ **mantelet** 1138, *Saint Gilles*. ‖ **mantelure** 1655, Salnove, vén. ‖ **démanteler** 1563, *Mém. de Condé*, de l'anc. fr. *manteler*, XIIᵉ s., *Ysopet*, « abriter », d'où « fortifier ». ‖ **démantèlement** 1576, La Noue.

mantille XVIᵉ s., Michel de L'Hospital, de l'esp. *mantilla*, du lat. *mantellum* (fém. d'après *capa*, cape). (V. MANTEAU.)

manucure 1877, L., du lat. *manus*, main, et *curare*, soigner.

manuel adj., fin XIIᵉ s., « qui se fait avec la main », du lat. *manualis*, de *manus*, main; s. m., 1539, R. Est., « livre », repris à l'adj. neutre *manuale*, substantivé en bas lat. pour traduire le gr. *egkheiridion* (de *kheir*, main), désignant d'abord le manuel d'Epictète.

manufacture début XVIᵉ s., « travail manuel », du lat. médiéval *manufactura*, « travail fait à la main », de *manu*, « à la main », abl. de *manus*, et de *factura*, de *facere*, faire; milieu XVIᵉ s., fabrication; début XVIIᵉ s., fabrique. ‖ **manufacturer** début XVIIᵉ s. ‖ **manufacturier** 1664, Colbert.

manumission 1324, G., jurid.; du lat. jurid. *manumissio*, de *manu*, « avec la main », et *mittere*, envoyer.

manuscrit adj. et subst., 1594, Fl. Rémond; du lat. *manuscriptus*, adj., « écrit à la main », de *manu*, abl. de *manus*, main, et *scribere*, écrire.

manutention 1478, G., conservation; 1578, d'Aubigné, gestion; 1820, préparation pour l'emmagasinage; du lat. médiév. *manutentio*, de *manu tenere*, tenir avec la main (*manu*, abl. de *manus*). ‖ **manutentionner** début XIXᵉ s. ‖ **manutentionnaire** fin XVIIIᵉ s.

manuterge 1847, d'Ayzac, Zola, du lat. *manutergium*, de *manutergere*, essuyer avec la main; linge avec lequel le prêtre s'essuie les doigts pendant le *Lavabo* de la messe.

maous début XIXᵉ s., arg., gros, etc., de l'angevin *ma(h)ou*, lourd, var. de *mahaud*, du nom de femme *Mahaut*, forme pop. de *Mathilde* (*Maheut* en francien).

mappemonde début XIIᵉ s., *Thèbes* (*mapamonde*); XIIIᵉ s. (*mappemonde*); du lat. médiév. *mappa mundi*, « la nappe du monde ». (V. NAPPE.)

1. **maquereau** 1265, J. de Meung (*maquerelle*, s. f.), entremetteur; fin XIIIᵉ s., Rutebeuf (*maquereau*); du moy. néerl. *makelaer*, courtier, de *makeln*; trafiquer, de *maken*, faire. ‖ **mac** 1837, Vidocq, abrév. ‖ **maquereller** 1549, R. Est. ‖ **maquereauter** 1867, Delvau. ‖ **maquerellage** XIIIᵉ s.

2. **maquereau** début XIIᵉ s. (*makerel*); 1268, E. Boileau (*maquereau*), sorte de poisson; probablem. même mot que le préc. ‖ **maqueraison** 1873, Lar. ‖ **maquereautier** 1940.

maquette 1752, *Trévoux*, de l'ital. *macchietta*, proprem. « petite tache », par ext. ébauche; dimin. de *macchia* (lat. *macula*, tache). ‖ **maquettiste** XXᵉ s.

maquignon 1279, G. (*maquignon de chevaus*); 1538, R. Est. (*maquignon*); 1540, Calvin, ext. de sens; déform. probable de *maquereau* 1, avec substitution de suffixe. ‖ **maquignonner** 1511, *Recueil Trepperel*. ‖ **maquignonnage** début XVIᵉ s.

maquiller 1450, Villon, « travailler », de l'anc. picard *makier*, « faire », du moy. néerl. *maken*, id.; 1628, *Jargon*, arg., « voler »; 1840, théâtre, « farder »;

1880, Huysmans, « travestir, altérer ». ||
maquis 1827, « fard ». || **maquillage**
21 juillet 1860, *Diogène*. || **maquilleur,**
-euse 1873, Lar. || **démaquiller** 1837,
Vidocq, « défaire »; fin XIXᵉ s., théâtre.

1. **maquis** V. MAQUILLER.

2. **maquis** milieu XVIIIᵉ s. (*makis*);
1791, Barère (*machie*); du corse *mac-*
chia (« tache » en ital. [v. MAQUETTE] et,
par ext., « fourré »). || **maquisard**
v. 1944.

marabout milieu XVIᵉ s. (*moabite*);
fin XVIᵉ s. (*morabuth*); 1617, Mocquet
(*marabou*); du port. *marabuto*, de l'ar.
murābit, « attaché à la garde d'un poste-
frontière », par ext. « ermite »; 1820,
Laveaux, métaph., oiseau (au port majestueux). [V. MARAVÉDIS.]

marais 1086, G. (*maresc*); 1138, Gaimar (*mareis*); en lat., *mariscus* (textes
mérovingiens et carolingiens), du francique *marisk* (germ. *mari-*, « mer,
lac »); *marais salant*, 1550, B. Palissy.
|| **maraîcher** 1497, texte d'Abbeville
(*mareschier*), forme picarde; 1660, Oudin (*mareschier*), adj., « qui vit dans les
marais »; 1690, Furetière, sens mod. ||
maraîchin 1840, *Acad.* || **marécage**
1213, *Fet des Romains*, adj., dér. de
l'anc. s. *maresc*; s. m., 1380, Froissart.
|| **marécageux** 1398, E. Deschamps
(*marcageus*); 1532, R. Est. (*maresqua-*
geux).

marante 1693, Plumier, du nom de
B. *Maranta*, botaniste ital. du XVIᵉ s.

marasme 1538, Canappe, méd., « maigreur extrême »; du gr. *marasmos*,
consomption; XVIIIᵉ s., Mirabeau, fig.

marasquin 1739, De Brosses, de l'ital.
maraschino, mot de Zara, de *(a)marasca*,
(cerise) aigre, de *amaro*, amer.

marathon fin XIXᵉ s., sports, du nom
de la ville grecque de *Marathon*.

*marâtre 1138, Gaimar (*marastre*),
« seconde femme du père » du lat. pop.
*matrastra (même sens), qui a éliminé le
lat. class. *noverca*; XIIIᵉ s., péjor, « mère
dénaturée »; rempl. par *belle-mère* au
sens propre.

maraud XVᵉ s., *Repues franches*, probablem. métaph., d'abord au sens de
« vagabond », de *maraud*, nom du
matou dans le Centre et l'Ouest, d'orig.
onomatop., « imitant le ronron, ou le
miaulement des chats en rut » (v. MAR-
LOU, MARMOTTE). || **marauder** 1549,
R. Est. || **maraude** milieu XVIIᵉ s. || **ma-**
raudeur *id.* || **maraudage** 1788, De-
meunier.

maravédis fin XVᵉ s. (*malavedis*);
début XVIᵉ s. (*marobedis* ou *maravedis*);
de l'esp. *maravedi*, de l'ar. *murābitī*,
monnaie d'or frappée sous la dynastie
des Almoravides (*almorábitīn*); de l'ar.
morábit, « attaché à la garde d'un
poste-frontière ». (V. MARABOUT.)

*marbre fin XIᵉ s., *Alexis*, du lat. *mar-*
mor; début XVIIᵉ s., imprim. || **marbré**
fin XIIᵉ s.|| **marbrer** 1640, Oudin, peint. ||
marbrerie 1765, *Encycl.* || **marbreur**
début XVIIᵉ s., « marbrier »; 1680, Richelet, « ouvrier qui marbre du papier ».
|| **marbrier** début XIVᵉ s. || **marbrière**
1566, Du Pinet, « carrière de marbre ».
|| **marbrure** 1680, Richelet.

1. **marc** 1138, Gaimar, ancien poids;
du francique **marka* (haut all. *mark*),
demi-livre d'or ou d'argent (all. *Mark*).

2. **marc** (*de raisin*) XVᵉ s. (*march*);
1538, R. Est. (*marc*); déverbal de *mar-*
cher, dans l'anc. sens « écraser ».

marcassin 1496, texte de Lille (*mar-*
quesin); 1549, R. Est. (*marcassin*); dér.
de *marquer* (les marcassins portant des
rayures le long du corps pendant leurs
cinq premiers mois), peut-être d'après
bécassin, agassin.

marcassite fin XVᵉ s. (*marcasite*), du
lat. médiév. *marchasita*, ou de l'ital. *mar-*
cassita, ou de l'esp. *marcasita*, eux-
mêmes empr. à l'arabe *marqachītā*, mot
persan.

marcescible XIVᵉ s. (*marcezible*);
1519, G. Michel (*marcessible*); du lat.
marcescibilis, de *marcescere*, se flétrir.
|| **marcescent** 1798, Ventenat, du lat.
marcescens, part. prés. de *marcescere*.
|| **marcescence** 1812, Boiste.

*marchand v. 1160, *Charroi* (*mar-*
cheant); fin XIIᵉ s. (*marchand*); du lat.
pop. **mercātantem*, acc. du part. prés.
de **mercātāre* (lat. class. *mercāri*), commercer, de *mercatus*, marché, ou *merx*,
mercis, marchandise. || **marchandise**
1130, *Eneas*; « commerce » jusqu'au
XVIᵉ s. || **marchander** début XIIIᵉ s.,
« faire le marchand »; XIVᵉ s., sens mod.

|| **marchandage** 1848, *Décret.* || **marchandeur** 1836, *Acad.*

1. **marche** 1080, *Roland*, pays frontière; du francique *marka, frontière.

2. **marche** V. MARCHER.

***marché** 980, *Passion* (*marched*); 1080, *Roland* (*marchiet*); du lat. *mercatus*, de *merx, mercis*, marchandise. || **supermarché** v. 1960, journaux.

marcher 1155, Wace (*marchier*), « fouler aux pieds »; XIIIe s., « parcourir à pied »; XVe s. (*marcher*), sens mod.; du francique *markôn*, marquer, « imprimer le pas » (v. MARC 2, MARQUER). || **marche** 1360, *Modus*, trace d'un animal, ou d'un homme; début XVIe s., action de marcher; 1528, Laborde, marche d'escalier. || **contremarche** 1626, milit. || **marchage** 1530, Palsgrave. techn. || **marcheur** 1669, Widerhold. || **marchepied** 1289, *Ordonnance*, engin de pêche; début XIVe s., tapis de pied; XIVe s., sens mod. || **démarche** milieu XVe s., déverbal de l'anc. *démarcher* (v. 1120, *Ps. de Cambridge*), « fouler aux pieds » et, au XVe s., « commencer à marcher, marcher »; 1671, Pomey, « efforts en vue d'une affaire ». || **démarcheur** 1922, Lar.

marcotte fin XIVe s. (*marquos*, pl.); 1538, R. Est. (*marquotte*); XVIe s. (var. *margotte*); de *marcus* (Ier s., Columelle), nom d'un cep de la Gaule. || **marcotter** milieu XVIe s. || **marcottage** 1835, *Acad.*

***mardi** 1119, Ph. de Thaun (*marsdi*); XIIe s. (*mardi*); du lat. pop. *martis dies*, « jour de Mars ». || **mardi gras** 1552, Rab.

mare fin XIIe s., Marie de France, surtout norm. et angl.-norm. jusqu'au XVIe s.; de l'anc. norrois *marr*, mer.

marécage, -eux V. MARAIS.

maréchal fin XIe s. (*marescal*), « maréchal-ferrant »; 1155, Wace (*mareschal*), « officier chargé du soin des chevaux »; 1213, *Fet des Romains*, « grand officier commandant une armée »; du franc *marhskalk (cf. le lat. *mariscalcus*, *Loi salique*); *maréchal des logis*, 1549, R. Est. : abrév. pop. *margis*, fin XIXe s.; *maréchal de France*, fin XVIe s., d'Aubigné. || **maréchal-ferrant** 1611, Cotgrave. || **maréchale** début XVIIe s., s. f. (a éliminé *maréchaude*, 1250). || **maré-**

chalerie début XVIe s. || **maréchalat** 1840, *Acad.* || **maréchaussée** fin XIe s. (*marechaussie*), « écurie »; fin XIIIe s., office de maréchal; 1718, *Acad.*, gendarmerie à cheval.

marée 1268, E. Boileau, dér. anc. de *mer*; 1398, E. Deschamps, ext. de sens, « poisson de mer frais ». || **mareyeur** début XVIIe s. || **mareyage** fin XIXe s. || **maréographe** 1845, Besch., rempl. par **marégraphe** 1867, L. || **maréomètre** 1867, L. || **marémoteur** 1923, Lar.

marelle XIe s. (*merele*); 1190, Bodel (*marrele*); la var. *mérelle* est la forme la plus usitée du Moyen Age au XVIIIe s.; anc. fém. de *merel, mereau*, XIIe s., « jeton, palet, petit caillou », inus. depuis le XVIe s.; probabl. d'un rad. préroman **marr-*, « pierre » (cf. *merelle*, mauvais charbon, déchets de charbon, 1885, Zola, *Germinal*).

maremme 1842, *Acad.*, de l'ital. *maremma*. || **maremmatique** 1867, L.

marengo 1840, *Acad.*, sorte de drap, du nom de Marengo, localité ital. où Bonaparte remporta une victoire en 1800; *à la marengo*, 1836, *Acad.*, culin.

maréyeur V. MARÉE.

margarine V. le suivant.

margarique 1816, *Ann. chim.*, du gr. *margaron*, perle, à cause de la couleur de l'acide margarique (v. MARGUERITE). || **margarine** 1813, nom créé par Chevreul (1786-1889), sur le rad. du préc. et le suff. de *glycérine*. || **margarinerie** XXe s.

margay 1575, Thevet, chat-tigre, d'une langue de l'Amérique centrale.

***marge** début XIIIe s. (*marce*), « bord, bordure », en gén.; XIIIe s., « marge »; 1538, R. Est. (*marge*), *id.*; du lat. *margo, marginis*, bord. || **margé** 1390, Froissart (*margiet*). || **marger** 1549, R. Est. || **margeur** 1730, Savary. || **marginé** 1738, Voltaire. || **marginal** XVe s., au pr.; XXe s., fig. || **marginalisme** XXe s., écon. || **émargé** 1611, Cotgrave, noté en marge. || **émarger** 1721, Trévoux, sens mod. || **émargement** *id.*

***margelle** 1160, Benoît (*marzelle*); fin XIIe s., *Alexandre* (*margelle*); du lat. pop. *margella, dimin. de *margo*. (V. le précédent.)

445

marginal, marginé V. MARGE.

margot, margoter, margotin
V. MARGUERITE.

margouillis début XVIIe s., du verbe
margouiller, XIIe s. (var. *mergouillier*),
« salir », auj. dial.; du lat. *mergulus*,
plongeon (oiseau); ou bien d'un composé de *mare* et de l'anc. fr. *goille*,
« mare », issu du francique *gullja*.

margoulette 1756, Vadé, pop., de
gueule (*goule* dans l'Ouest), avec infl.
probable du précédent.

margoulin 1840, R. Perrin, pop., marchand forain, d'où sens péjor.; à l'orig.
mot de l'Ouest, de *margouliner*, « aller
vendre de bourg en bourg » (se disant
pour les femmes), proprem. « aller en
margouline », de *margouline*, bonnet de
femme, var. de *margoulette* (v. le précéd.), d'après *gouline*, sorte de bonnet,
de *goule*, var. de *gueule* dans l'Ouest.

margrave 1495, Molinet (*marck-
grave*); 1732, Richelet (*margrave*); de
l'all. *Markgraf*, comte d'une Marche.
(V. MARCHE 1.) ‖ **margraviat** 1752,
Trévoux.

marguerite début XIIIe s. (*margarite*),
« perle », sens inus. depuis le début du
XVIIe s.; XIIIe s., *Aucassin* (*margerite*),
variété de fleur, par analogie de couleur;
du lat. *margarita*, perle, empr. au gr.
margaritês, d'orig. sémitique. ‖ **reine-
marguerite** 1762, *Acad.* ‖ **margot**
1350, *Gilles li Muisis*, « pie »; 1550,
Anc. Théâtre, « fille de mauvaise vie »;
1803, Boiste, femme bavarde; au nom
de femme *Margot*, dimin. de *Marguerite*.
‖ **margoter** 1680, Richelet, pousser un
cri (de la caille). ‖ **margotin** 1803,
Boiste, « fagot », de *Margot* au sens de
« poupée ».

*marguillier milieu XIIe s. (*marru-
gler*); XIIe s., *Couronn. Loïs* (*marre-
glier*); XVe s. (*marglier*); 1510, *Coutumier gén.* (*marguillier*); du bas lat.
mātrīculārius (*Digeste*), proprem. « qui
tient les registres » (v. MATRICULE). ‖
marguillerie XIIIe s. (*marreglerie*);
XIVe s. (*marguillerie*).

*mari 1155, Wace, du lat. *marītus* (de
mas, maris, mâle), qui a éliminé *vir*. ‖
marital début XVIe s., du lat. *maritalis*.
‖ ***marier** 1155, Wace, « trouver
un mari (pour une fille) », du lat. *marī-*

tāre (nom contracté, sous l'infl. de *mari*);
XIIIe s., « unir en mariage »; *se marier*,
id. ‖ **marié** s. m., fin XIIe s. ‖ **mariée**
s. f., fin XIIIe s., *Apollonius*. ‖ **mariable**
fin XIIe s., *Grégoire*. ‖ **immariable** 1611,
Cotgrave. ‖ **mariage** 1155, Wace. ‖
marieur 1220, G. de Coincy (*mariere*);
XVIe s. (*marieur*). ‖ **remarier** 1160, Benoît; *se remarier*, v. 1280, Adenet.
‖ **remariage** fin XIIIe s.

marial 1578, d'Aubigné, s. m., eccl.;
1923, Lar., repris comme adj., eccl.;
dér. de *Marie*. ‖ **marianisme** 1878,
Lar., eccl., dér. de *Marie*. ‖ **marianiste**
1935, *Acad.* ‖ **mariste** 1907, Lar.

marigot 1655, Du Tertre; orig. inconnue.

*marin adj., 1155, Wace; s. m., 1718,
Acad.; de l'adj. lat. *marinus*, de *mare*,
mer. ‖ **marine** 1138, Gaimar, « plage »;
fin XVIe s., flotte de guerre; XVIIe s.,
peint.; *marine marchande*, 1760, *Encycl.*
‖ **marinier** s. m., 1138, Gaimar; 1524,
spéc. pour la navig. d'eau douce; *à la
marinière*, 1836, *Acad.*, culin. ‖ **marinière** s. f., 1923, Lar., vêtement fém. ‖
mariné 1546, Rab., « trempé dans la
saumure », de *marine*, au sens ancien de
« eau de mer ». ‖ **mariner** 1636, Monet.
‖ **marinade** 1651, Guégan. ‖ **sous-marin** adj., 1555, Delb.; s. m., 1907, Lar.
‖ **sous-marinier** 1949, Lar.

maringouin 1566, Le Challeux (*ma-
ringon*); 1614, Yves d'Evreux (*maringouin*); d'un mot tupi-guarani *mbari-
gui* (Brésil).

mariol ou **mariolle** 1827, Granval,
arg., « roublard, rusé »; probablem. de
l'anc. fr. *mariole* (XIIIe s.), dimin. de
Marie, « petite image de Marie » et, par
ext., « figurine sainte » d'où « poupée,
marionnette »; *faire le mariol*, 1888,
Villatte, pop.

marionnette 1489, Molinet, « ducat
portant l'image de la Vierge »; 1517,
Sotie (*maryonete*), sens mod.; en ce
sens, empl. fig. d'un dimin. de *Marion*,
prénom de femme, lui-même dimin. de
Marie.

marital V. MARI.

maritime début XIVe s., du lat. *mari-
timus*, de *mare*, mer.

maritorne 1642, Oudin (*malitorne*);
1798, *Acad.* (*maritorne*); du nom de

Maritorne, fille d'auberge laide, dans Don Quichotte (en esp. *Maritornes*).

marivauder, -dage 1760, Diderot, du nom de *Marivaux* (1688-1763), en raison du raffinement de ses dialogues.

marjolaine 1398, *Ménagier* (*mariolaine*); XVIᵉ s. (*marjolaine*, par faute de lecture); de **marionaine*, altér. de l'anc. *maiorane*, XIIIᵉ s., par croisem. avec *Marion*, dimin. de *Marie*; du lat. médiév. *maiorana*, d'orig. obscure.

marli 1765, *Encycl.* (*marlie*), techn.; orig. obsc. : altération possible de *merlis*, de même rac. que l'anc. fr. (*drap*) *merlé*, var. de *meslé*, mêlé.

marlou 1821, Ansiaume, pop., « souteneur », emploi fig. de *marlou*, rég. du Nord, « matou », d'orig. onomatop. (V. MARAUD.)

marmaille V. MARMOTTER.

marmelade 1573, Paradin (*mermelade*); 1642, Oudin (*marmellade*); du portug. *marmelada*, cotignac, de *marmelo*, coing (lat. *melimelum*, sorte de pomme douce, du gr. *melimêlon*).

marmenteau début XVIᵉ s. (*marmentau*), techn., de l'anc. adj. *marmental*, dér. de *merrement* (1308, Archiv. de Montbéliard); du lat. pop. **materiãmentum*, bois de construction, de **materiãmen*. (V. MERRAIN.)

marmite adj., fin XIIᵉ s., « hypocrite »; amalgame du rad. de *marmouser*, « murmurer » (v. MARMOTTER) avec *mite*, nom de la chatte dans *le Rom. de Renart*, d'orig. onomatop. (v. CḤATTE-MITE); 1313, de Laborde, substantivé au fém. (parce que la marmite cache son contenu), a remplacé l'anc. fr. *oule*, *eule*, du lat. *olla*; 1758, La Chesnaye, bombe d'artillerie, vulgarisé en 1914. ‖ **marmiton** 1523, Delb. ‖ **marmitée** 1590, de L'Estoile. ‖ **marmiter** 1894, Sachs, milit., de *marmite*, fig. de « bombe ». ‖ **marmiteux** XIIᵉ s., *Garin le Loherins*, « hypocrite »; auj. « misérable, chétif »; de l'anc. adj. *marmite*.

marmonner V. MARMOTTER.

marmoréen 1832, Balzac, du lat. *marmoreus*, adj., de *marmor*, marbre.

marmot, -otte V. MARMOTTER.

marmotter fin XVᵉ s., d'un rad. *mar-*, *marm-*, d'orig. onomatop., exprimant le murmure (avec de nombreux correspondants dans les langues indo-europ.). ‖ **marmotterie** fin XVIᵉ s. ‖ **marmotteur, -euse** fin XVIᵉ s., Le Loyer. ‖ **marmottage** fin XVIIᵉ s., Saint-Simon. ‖ **marmot** 1432, Daudet Herenc., « singe »; XVIᵉ s., « figure grotesque servant d'ornement archit. »; v. 1640, Voiture, « petit enfant »; probabl. dér. de *marmotter*; *croquer le marmot*, 1690, Furetière, d'orig. obsc. ‖ **marmotte** v. 1200, *Mort d'Aymeri*, zool., sans doute de même orig.; 1829, Boiste, « coiffure de femme », à cause des deux coins semblables aux oreilles des marmottes. ‖ **marmaille** 1560, Viret, « petit garçon »; 1611, Cotgrave, « troupe d'enfants »; de *marmot*, avec changem. de suff. ‖ **marmouset** XIIIᵉ s., *rue des Marmousets*, « figure grotesque servant d'ornement d'archit. »; 1450, Villon, « petit garçon »; var. de *marmot*, d'après *marmouser*, XVᵉ s., lui-même var. de *marmotter*. ‖ **marmonner** 1534, Rab., « dire à voix peu distincte », var. de *marmotter*, avec changem. de suff. ‖ **marmonnement** fin XVIᵉ s. (V. MARAUD, MARLOU, MARMITE, MAROUFLE 1, MARONNER.)

marmouset V. MARMOTTER.

marne 1266, Du Cange (*marna*); XIIIᵉ s. (*marne*); altér. mal expliquée de l'anc. *marle* (auj. dial.), du lat. pop. **margïla*, mot gaulois. ‖ **marnière** fin XIIᵉ s., Gace Brulé. ‖ **marneux** 1570, Est. ‖ **marner** début XIIIᵉ s., texte normand (*marler*); 1564, Thierry (*marner*), mettre de la marne. ‖ **marnage** 1641, chez Barbier. ‖ **marneur** 1845, Besch. (a remplacé l'anc. *margneux*, v. 1520).

1. marner V. MARNE.

2. marner 1716, Frézier, mar., dér. de **marne*, var. non attestée de *marge*, issu du lat. *margo, marginis*; monter au-dessus du niveau ordinaire, en parlant de la mer.

maronner 1743, *Trévoux* (*marronner*); 1808, d'Hautel (*maronner*), « maugréer »; mot du Nord-Ouest, signif. « miauler », dér. d'un nom du chat, d'un rad. onomatop. *mar-* (V. MARAUD, MARMITE, MARMOTTER). ‖ **maronnant** adj., 1922, Lar., « contrariant ».

maroquin 1530, Rab., dér. de *Maroc* (où se fabriquait ce cuir). ‖ **maroqui-**

ner 1701, Furetière. ‖ **maroquinier** début XVIIIᵉ s. ‖ **maroquinerie** *id.* ‖ **maroquinage** 1842, *Acad.*

marotique 1585, *Feuardent*, dér. du nom du poète Cl. *Marot* (1496-1544). ‖ **marotisme** fin XVIIIᵉ s. ‖ **marotiser, marotiste** 1840, *Acad.*

marotte 1468, J. Castel, « poupée »; XVᵉ s., attribut de la folie; XVIIᵉ s., idée folle; dimin. de *Marie.* (V. MARIOLE, MARIONNETTE.)

1. **maroufle** s. m., 1534, Rab., « fripon »; autre forme de *maraud*; encore au sens de « matou » dans certains parlers régionaux.

2. **maroufle** fin XVIIᵉ s. (*marouf*, s. m.), « colle forte »; 1762, *Acad.* (*maroufle,* s. f.); probabl. forme fém. du préc., par plaisanterie. ‖ **maroufler** 1746 (dans *Trévoux*, 1752). ‖ **marouflage** 1787, F. Brunot.

marquer 1190, Garn. (*merquier*), à l'orig. forme normanno-picarde, issu de l'anc. scand. *merki,* marque; le *a* est dû à l'infl. de *marcher,* au sens « fouler, presser » (v. MARCHER), et peut-être de l'ital. *marcare,* « marquer », du germ. *marka,* « signe ». ‖ **marquant** adj., 1762, *Acad.* ‖ **marque** s. f., fin XVᵉ s., droit d'entrée; 1530, Palsgrave, signe pour marquer la propriété, et aussi trace laissée sur le corps; 1538, R. Est., flétrissure. ‖ **contremarque** 1463, Villon. ‖ **marquage** 1669, Widerhold. ‖ **marqueur** 1575. ‖ **marquoir** 1771, *Encycl.* ‖ **marqueté** 1380, G. ‖ **marqueterie** 1416, Delb. ‖ **marqueteur** milieu XVIᵉ s. ‖ **démarquer** 1550, Ronsard, « ôter la marque de »; 1878, Larchey, imiter. ‖ **démarcation** 1700 (dans *Trévoux*, 1721), peut-être de l'esp. *demarcacion.* ‖ **démarqueur** 1867, Delvau. ‖ **démarcatif** 1863, L. ‖ **remarquer** 1549, R. Est. ‖ **remarque** XVIᵉ s.; Du Vair. ‖ **remarquable** milieu XVIᵉ s.

marquette 1714, *Trévoux*, de l'esp. *marqueta,* de même rac. que le précédent; pain de cire.

marquis 1080, *Roland* (*marchis*), de *marche* 1; début XIIIᵉ s. (*marquis*), réfection, d'après l'ital. *marchese.* ‖ **marquise** fin XVᵉ s., femme d'un marquis; 1718, *Acad.*, mar., toile de tente; 1867, L., auvent vitré. ‖ **marquisat** *id*, adapt. de l'ital. *marchesato.*

*marraine** 1080, *Roland* (*marrene*); XIIIᵉ s., Galeran (*marraine*); var. de l'anc. fr. *marrine* (v. 1200), du lat. pop. *mātrīna,* de *mater,* mère (cf. *parrain* et *commère* pour le sens).

marre 1896, Delesalle, dans *en avoir marre,* « en avoir assez », déverbal de l'anc. fr. *se marrir,* « s'ennuyer » (v. MARRI). ‖ **se marrer** 1889, Barrère, « s'ennuyer »; « se tordre de rire », par antiphrase. ‖ **marrant** *id.*

marri 1155, Wace, part. passé de l'anc. v. *marrir* (XIIᵉ s.), « affliger », du francique *marrjan,* fâcher.

1. **marron** s. m., 1532, Rab., « châtaigne »; 1537, Gruget, sens mod.; terme lyonnais, du rad. préroman *marr-,* « caillou » (v. MARELLE); 1881, Rigaud, pop., coup de poing.; *marrons glacés,* 1690, Furetière.; *marron d'Inde,* 1718, *Acad.*; *tirer les marrons du feu,* 1640, Oudin. ‖ **marron** adj. de couleur, 1765, *Encycl.* ‖ **marronnier** 1560, Gouberville. ‖ **-niste** 1845, Balzac.

2. **marron** 1640, Bouton, « esclave nègre fugitif »; altér. de l'esp. d'Amér. *cimarron* (on trouve *cimaroni,* 1579, Benzoni), « réfugié dans un fourré »; de l'anc. esp. *cimarra,* fourré; 1832, Barthélemy, péjor., en parlant d'une personne qui exerce un métier sans titre.

marrube fin XIVᵉ s. (*marrubre*), bot., du lat. *marrubium* (forme pop. *marouge* en anc. fr.).

*mars** début XIIIᵉ s., du lat. *martius* (*mensis*), mois du dieu Mars.

*marsault** XIIIᵉ s., saule mâle, du lat. *marem salicem.* (V. SAULE.)

marsouin début XIᵉ s., du scand. *marsvin,* « porc (*svin*) de mer »; 1888, Villatte, fig., soldat de l'infanterie coloniale.

marsupial, -aux 1736, Petit, zool., du lat. *marsupium,* bourse, du gr. *marsipion.*

martagon 1456, G. de Villiers, bot., de l'esp. *martagon;* lis de montagne.

*marteau** début XIIᵉ s., *Voy. de Charl.* (*martel*); XIVᵉ s. (*marteau,* refait d'après le pl. *-eaus*); l'anc. forme est restée dans *martel en tête* (1578, d'Aubigné); du lat. pop. *martellus* (lat. impér. *martulus,* altér. dè *marcúlus,* sur le modèle de *vetulus*, v. VIEUX); 1882, adj., pop., « fou ». ‖ **marteau-pilon** 1873, Lar. ‖ **marteau-piqueur** XXᵉ s. ‖ **marteler** 1175, Chr. de Troyes. ‖ **martèlement** fin XVIᵉ s. ‖ **martelage** début XVIᵉ s. ‖ **marteleur** XIVᵉ s. (*martellour*); 1743, *Trévoux* (*marteleur*).

martial début XVIᵉ s., « valeureux »; 1694, Th. Corn., pharm., ferrugineux; 1740, *Acad.*, sens mod.; du lat. *martialis*, de *Mars*, *Martis*, nom du dieu de la guerre.; *cour martiale*, 1765, *Encycl.*; *loi martiale*, fin XVIIIᵉ s. ‖ **martialement** 1887, Huysmans.

martien 1530, Marot, du nom de la planète *Mars* (1380).

martin-chasseur 1750, Buffon, zool., du nom propre *Martin*, d'empl. obscur, et de *chasseur*. ‖ **martin-pêcheur** milieu XVIᵉ s. (*martinet-pêcheur*); 1680, Richelet (*martin-pêcheur*).

1. **martinet** 1530, Palsgrave, oiseau, du nom propre *Martin*, d'empl. obscur.
2. **martinet** 1315, Du Cange, marteau à bascule; 1369, Gay, machine de guerre, pour lancer des pierres; 1687, des Roches, mar., cordage; 1743, *Trévoux*, fouet à lanières; dér. du nom propre *Martin*, d'empl. obscur, avec diverses filiations de sens métaphoriques. ‖ **martin-bâton** 1536, *Sotie*.

martingale 1534, Rab. (*chausses à la martingale*, « dont le fond s'attachait par-derrière »); XVIIIᵉ s., sens dér. moderne; de l'esp. *almartaga*, « bride », orig. ar.

martre 1080 (*Roland*); var. *marte*, depuis le XVIᵉ s.; du germ. **marthor* (all. *Marder*).

martyr fin XIᵉ s., *Alexis* (*martir*); XIIIᵉ s. (*martyr*); du lat. eccl. *martyr* (gr. *martur*, plus fréquemment *martus*, « témoin », d'où « témoin de Dieu »). On trouve en anc. fr. *martre*, d'où *Montmartre*, de *mons Martyrum* (IXᵉ s., Hilduin), en souvenir de saint Denis et de ses compagnons. ‖ **martyre** 1080, *Roland* (*martyrie*); 1119, Ph. de Thaun (*martire*); du lat. eccl. *martyrium* (gr. *martyrion*). ‖ **martyriser** 1138, Gaimar, du lat. médiév. *martyrizare*. ‖ **martyrologe** début XIVᵉ s. (*marteloge*); milieu XIVᵉ s. (*martyrologe*); du lat. médiév. *martyrologium* (sur le modèle de *eulogium*, v. ÉLOGE).

marumia 1762, *Acad.*, mot lat., du gr. *maron;* arbrisseau d'Asie tropicale.

marxisme, marxiste v. 1880, journaux, du nom de Karl *Marx*, philosophe et économiste allemand (1818-1883).

maryland 1762, Mackenzie, du nom d'un État des U. S. A. qui produisait ce tabac.

mas XIIIᵉ s.; repris du prov. et popularisé après 1860 par Mistral et Daudet; du lat. *ma(n)sum*, part. passé substantivé au neutre, de *manēre*, demeurer. (V. MAISON, MANOIR, etc.)

mascarade 1554, O. de Saint-Gelais, de l'ital. *mascarata*, var. de *mascherata*. (V. MASQUE 1.)

mascaret XVIᵉ s., B. Palissy, géogr.; mot gascon, proprem. « (bœuf) tacheté », d'empl. métaph. pour désigner le soulèvement et l'ondulation des flots; de *mascara*, « mâchurer », sur le rad. *mask-*, « noir », d'orig. obsc. (V. MASQUE 1.)

mascaron 1633, Peiresc, de l'ital. *mascherone*, augmentatif de *maschera*, masque. (V. MASQUE 1.)

mascotte 1867, Zola; popularisé en 1880 par *la Mascotte*, opérette d'Audran; du prov. mod. *mascoto*, « sortilège, porte-bonheur », de *masco*, sorcière.

masculin fin XIIᵉ s., Gui de Cambrai, du lat. *masculinus*, de *masculus* (v. MÂLE). ‖ **masculinité** 1265, Br. Latini; rare jusqu'au XVIIIᵉ s. ‖ **masculiniser** début XVIᵉ s. (*se masculiniser*), gramm.; 1774, *Année littér.* (*masculiniser*), fig. ‖ **masculinisation** 1918, de Roux. ‖ **émasculer** XIVᵉ s.; rare jusqu'au 1707, P. Dionis. ‖ **émasculation** 1755, *Encycl.*

masochisme fin XIXᵉ s., du nom du romancier autrichien Sacher *Masoch* (XIXᵉ s.), d'après l'érotisme pathologique de ses personnages.

1. **masque** s. m., fin XVᵉ s., « mascarade »; 1511, Wind, sens mod.; de l'ital. *maschera*, du rad. *mask-*, « noir », d'orig. obsc.; *demi-masque*, 1826, Mozin; *masque à gaz*, début XXᵉ s. ‖ **masqué** 1538, R. Est.; *bal masqué*, 1746, La Morlière. ‖ **masquer** 1550, Ronsard. ‖ **démasquer** milieu XVIᵉ s., au pr.; 1680, Richelet, fig.

2. **masque** 1642, Oudin, s. f., « fille, femme effrontée », du prov. mod. *masco*, sorcière. (V. MASCOTTE.)

massacre XIIe s. (*maçacre*), même mot que l'anc. fr. *macecle*, *macecre*, « boucherie »; orig. obsc., altér. de l'ar. *maslakh*, abattoir. ‖ **massacrer** XIIIe s., rare jusqu'au XVIe s. ‖ **massacreur** 1573, J. de La Taille. ‖ **massacrant**, adj. XVIIIe s.

1. ***masse** fin XIe s., *Alexis*, « amas », du lat. *massa*, « masse de pâté »; *en masse*, 1781, *Année littér.*; fin XVIIIe s., polit.; 1826, plur., polit. ‖ **masser** XIIIe s., *Garin de Monglane*, « ramasser, entasser ». ‖ **massif** adj. fin XIIe s. (*massis*); fin XVe s. (*massif*); subst., XIVe s. (*massis*); 1570, Montaigne (*massif*). ‖ **massiveté** 1538, R. Est. ‖ **massier** fin XVIIIe s., mar.; 1907, Lar., scol. ‖ **amasser** 1175, Chr. de Troyes. ‖ **amas** 1360, Froissart. ‖ **ramasser** 1539, R. Est., « resserrer »; 1750, Buffon, « prendre à terre ». ‖ **ramas** 1549, R. Est. ‖ **ramassis** XVIIe s., Mme de Sévigné. ‖ **ramasseur** 1547, Mizauld.

2. ***masse** XIIe s., *Couroun. Loïs* (*mace*), « marteau »; du lat. pop. *mattea, de *mateola*, outil agricole (Caton). ‖ **masser** 1867, L., billard. ‖ **massette** 1778, Linné, bot. ‖ **massier** v. 1350, texte picard (*machier*).

masselotte 1704, *Trévoux*, techn., de *masse* 1.

massepain milieu XVe s., « boîte de confiserie »; XVIe s., contenu de la boîte; altér., d'après *masse*, de *marcepain*, de l'ital. *marzapane*, de l'ar. *mautaban*, « roi assis », nom d'une monnaie représentant le Christ assis (pendant les croisades); puis, passé en italien, « boîte contenant un dixième de muid ».

1. **masser** V. MASSE 1 et 2.

2. **masser** 1779, Le Gentil, *Voy. dans l'Inde*, « soumettre au massage », de l'ar. *mass*, « toucher, palper » (la pratique du massage venant d'Orient). ‖ **masseur** *id.* ‖ **massage** 1812, Mozin.

massette V. MASSE 2.

1. **massicot** 1480, texte creusois, oxyde de plomb; de l'ital. *marzacotto*, vernis de potier, issu de l'esp. *mazacoet*, « soude », puis « mortier », empr. à l'ar. *schabb-qubtî*, « alun d'Egypte ».

2. **massicot** 1877, L., machine à rogner le papier, du nom de l'inventeur, *G. Massicot* (1797-1870). ‖ **massicoter** XXe s.

massier, massif V. MASSE 1.

***massue** 1155, Wace (*maçue*); XIVe s. (*massue*); du lat. pop. *matteuca, dér. de *mattea. (V. MASSE 2.)

mastic 1256, Ald. de Sienne (*mastich*); du bas lat. *mastichum*, var. de *mastiche* (gr. *mastikhê*, « gomme du lentisque »); 1867, Delvau, arg. typogr. ‖ **mastiquer** 1560, Paré. ‖ **masticage** 1830, Grouvelle. ‖ **démastiquer** 1699, de La Hire.

mastiff 1611, Cotgrave (*mestif*), sorte de chien anglais; rare jusqu'en 1835; mot angl., lui-même issu de l'anc. fr. *mastin*. (V. MÂTIN.)

1. **mastiquer** V. MASTIC.

2. **mastiquer** 1425, O. de La Haye, fig.; 1560, Paré, « mâcher »; rare jusqu'en 1838, *Acad.*; du lat. méd. *masticare*. ‖ **mastication** XIIIe s., *Simples Méd.*, du lat. méd. *masticatio*. ‖ **masticatoire** 1549, R. Est. ‖ **masticateur** 1873, Lar.

mastite 1814, Nysten, méd., du gr. *mastos*, mamelle.

mastoc 1834, Balzac (*mastok*), de l'all. *Mastochs*, « bœuf (*Ochs*) à l'engrais (*Mast*) ».

mastodonte 1812, Cuvier, du gr. *mastos*, mamelle, et *odous*, *odontos*, dent, à cause des molaires mamelonnées de ce fossile.

mastoïde 1560, Paré, du gr. *mastoeidês*, « à l'apparence (*eides*) de mamelle (*mastos*) ». ‖ **mastoïdien** 1654, Gelée. ‖ **mastoïdite** 1855, Nysten.

mastroquet milieu XIXe s., marchand de vins, pop.; orig. obscure. ‖ **troquet** XXe s., abrév.

masturber 1800, Boiste, du lat. *masturbare*, de *manus*, main, et *stuprare*, souiller. ‖ **masturbation** 1570, Montaigne, du lat. *masturbatio*.

***masure** fin XIIe s., *Alexandre*, du lat. pop. *mansûra, « demeure », sens de l'anc. fr.; XVe s., péjor. (V. MAISON, MAS.)

1. **mat** 1130, *Eneas*, échecs, du persan *mât*, « mort », dans la loc. *châh mat*,

francisée en *échec et mat*. (V. ÉCHEC.) ‖ **mater** fin XIᵉ s., vaincre, dompter.

2. mat XIᵉ s., « abattu, affligé », jusqu'au XVIᵉ s.; début XVᵉ s., « sans éclat, sombre », en parlant du temps; 1615, Binet, « terne »; du lat. *mattus* (Pétrone), de **maditus*, part. passé de *madēre*, être humide. ‖ **mater** 1765, *Encycl.*, rendre mat, techn. ‖ **matir** XIIᵉ s., se flétrir, se faner. ‖ **matité** 1842, Mozin. ‖ **matoir** 1676, Félibien, techn.

mât 1080, *Roland* (*maz*, pl.), du franc. **mast* (cf. all. *Mast*). ‖ **mâter** 1382, Delb. ‖ **mâtereau** 1529, Crignon (*masterel*). ‖ **mâture** 1638, Bréard. ‖ **démâter** fin XVIᵉ s. ‖ **trois-mâts** 1698, Froger.

matador 1660, Oudin, terme du jeu d'hombre; 1782, Peyron, sens mod.; mot esp., proprem. « tueur », de *matar*, tuer. (V. MAT 2.)

matamore 1578, d'Aubigné, de l'esp. *Matamoros*, faux brave de la comédie esp., proprem. « tueur de Maures », de *matar*, tuer. (V. MATADOR.)

matassin 1542, Rab. (*matachin*), de l'esp. *matachin*, de même rac. que les précédents.

match 1828, *Journ. des haras*; vulgarisé à la fin du XIXᵉ s.; mot angl., de *to match*, « rivaliser avec ». ‖ **matcher** XXᵉ s.

matchiche v. 1904, du portugais du Brésil *maxixe*, nom indigène de cette danse.

maté 1633, Baudoin (*mati*); 1700 (*maté*); mot esp., du quichua, langue du Pérou, proprem. « vase pour la boisson », par ext. infusion de maté, puis l'arbre lui-même.

matelas 1272, Joinville (*materas*); XVᵉ s. (*matelas*); de l'ital. *materasso*, de l'ar. *matrash*, « chose jetée », de *tarash*, jeter, d'après l'usage oriental du coussin étendu sur le sol, en guise de couche. ‖ **matelasser** 1690, Furetière. ‖ **matelassier** début XVIIᵉ s. (*materassier*).

matelot XIIIᵉ s., *Hist. des Trois Maries*, var. *matenot* en anc. fr.; du moy. néerl. *mattenoot*, proprem. « compagnon de couche ». ‖ **matelote** 1660, Oudin (*à la matelote*, à la manière des matelots); 1674, Guégan, s. f., culin.

mater V. MAT 2.

mâter V. MÂT.

matérialiser, -lité V. MATÉRIEL.

matériaux 1510, J. Lemaire de Belges, cristallisation, comme s. pl., de l'anc. fr. *material*, adj., du bas lat. *materialis*, éliminé par *matériel*. ‖ **matériau** fin XIXᵉ s., s. sing., techn.

matériel adj. 1350, *Li Ars d'Amour*; s. m., 1624, Brunot; du bas lat. *materialis* (IVᵉ s.), Macrobe), de *materia*, matière. ‖ **matérialité** 1470, *Livre disc.*; rare jusqu'à 1690, Furetière. ‖ **matérialiser** 1754, Rousseau. ‖ **matérialisation** début XIXᵉ s. ‖ **dématérialiser** 1803, Boiste. ‖ **matérialisme** 1702, Leibniz. ‖ **matérialiste** 1698, *ms*; une première fois en 1553, pour désigner les marchands de drogues. ‖ **immatériel** début XIVᵉ s., du lat. *immaterialis*. ‖ **immatérialiser** 1803, Boiste. ‖ **immatérialité** 1647, Pascal.

maternel 1361, Oresme, du lat. *maternus*, de *mater*, mère. ‖ **maternelle** s. f., 1904, L. Frapié. ‖ **maternité** 1440, Chastellain, du lat. *maternus*, sur le modèle de *paternité*, *fraternité*; 1834, Boiste, établissement d'hospitalisation pour les femmes en couches.

mathématique adj. et subst., 1265, Br. Latini; sing. ou pl. jusqu'au XVIIIᵉ s.; du lat. *mathematicus*, du gr. *mathêmaticos*, de *mathêma*, science, sur la rac. de *manthanein*, apprendre; *maths*, 1880, Larchey, abrév.; *mathématiques élémentaires*, 1867, L., scol.; *mathélem*, XXᵉ s., abrév.; *mathématiques spéciales*, 1867, L., scol. ‖ **mathématicien** 1361, Oresme. ‖ **matheux** XXᵉ s., scol.

matière 1119, Ph. de Thaun (*matire*); 1190. Garn. (*matere*); 1175, Chr. de Troyes (*matière*); du bas lat. *matēria*, en lat. class. *materies*, pris au fig., proprem. « bois de construction ». (V. MATÉRIAUX, MATÉRIEL, MERRAIN, etc.)

*matin 980, *Passion*, du lat. impér. *matutinum*, « matinée », adj. neutre substantivé (de *mātūtīnum tempus*), qui a éliminé *mane* (v. DEMAIN). ‖ **matinal** 1120, *Ps. d'Oxford* (*matinel*); début XIVᵉ s. (*matinal*). ‖ **matinée** milieu XIIᵉ s. ‖ **matineux** milieu XIVᵉ s., *Gilles li Muisis*. ‖ **matinier** v. 1400. ‖ **matines** 1080, *Roland*, eccl. (V. MATUTINAL.)

*mâtin 1155, Wace (*mastin*), du lat. pop. **mansuētinus*, devenu **masetinus* (class. *mansuētus*), apprivoisé, de *mansus*, part. passé de *manēre*, rester. ‖ **mâtiner** XIIᵉ s., « traiter de chien, maltraiter » ; XVIᵉ s., « couvrir une chienne de race ». ‖ **mâtiné** 1930, Lar., « mêlé, mélangé », d'après le dernier sens de *mâtiner*.

matir, matité, matoir V. MAT 2.

matois 1578, *Néphélococc.*, « voleur », proprem. « enfant de la *mate* » (« place des exécutions », et par ext. « ville », empl. au XVᵉ s., dans Villon), de l'all. dial. *Matte*, prairie. ‖ **matoiserie** fin XVIᵉ s.

maton XIIᵉ s., *Chev. Ogier*, même rac. que l'allem. dial. *Matte*, lait caillé, d'orig. obscure.

matou XIIIᵉ s. (*matoue*) ; XVIᵉ s. (*matou*), orig. obsc.

matraque 1863, Camus, de l'ar. d'Algérie *matraq*, gourdin. ‖ **matraquer** XXᵉ s. ‖ **matraqueur** *id.* ‖ **matraquage** *id.*

matras début XVIᵉ s. (*matheras*), « vase à long cou », pharm. ; soit de l'ar. *matara*, « outre, vase », soit empl. métaph. de l'anc. fr. *materas*, fin XIIIᵉ s. (var. *mattras*, XVᵉ s.), « long dard lancé par une arbalète », du lat. pop. **mattara*, de *matara*, « sorte de javeline », mot gaulois.

matriarcal fin XIXᵉ s., S. Reinach, lat. *mater*, mère, d'après *patriarcal*. ‖ **matriarcat** 1894, Sachs, d'apr. *patriarcat*.

matricaire début XVIᵉ s., bot., du lat. *matrix, -icis* matrice (v. MATRICE), parce que cette plante était employée comme emménagogue.

matrice 1265, Br. Latini, anat., du lat. *mātrīx*, de *mater*, mère, d'après *nutrix, genetrix* ; a éliminé la forme pop. anc. *marriz* ; XIVᵉ s., admin. ; XVIᵉ s., typog. ‖ **matrissage** 1840, *Acad.*, techn. ‖ **matriçage** 1907, Lar., *id.* ‖ **matricer** 1930, Lar. ‖ **matriciel** milieu XIXᵉ s.

matricule 1460, *Des droits de la couronne*, du bas lat. *matricula*, de *mātrīx* au sens de « registre ». (V. MATRICE et MARGUILLIER.) ‖ **matriculer** XVIᵉ s. ‖ **matriculaire** s. m., 1674 ; adj., 1743, *Trévoux*. ‖ **immatriculer** fin XVᵉ s. ‖ **immatriculation** 1636, Monet.

matrimonial XIVᵉ s., du bas lat. *matrimonialis*, de *matrimonium*, mariage, de *mater*, mère.

matrone XIIᵉ s., *Vie d'Edouard le Conf.* ; XVᵉ s., *Mir. de N.-Dame*, « sage-femme », pop. ; 1718, *Dict. comique*, « entremetteuse » ; du lat. *matrona*, « mère de famille, dame », augmentatif de *mater*, mère.

matte 1627, Savot, métall., orig. obsc. ; métal résultant d'une première fonte de minerai.

maturation v. 1300, G., du lat. *maturatio*, de *maturare*, mûrir, de *maturus* (v. MÛR). ‖ **maturité** 1485, Molinet, du lat. *maturitas* ; a éliminé la forme pop. de l'anc. fr. *meüreté*.

matutinal XIIᵉ s., du lat. *matutinus*, matinal. (V. MATIN.)

maudire 1080, *Roland* (*maldire*) ; 1175, Chr. de Troyes (*maudire*) ; du lat. *maledicere*, au sens chrét. (IVᵉ s., saint Jérôme), proprem. « dire du mal, injurier ». ‖ **malédiction** 1375, R. de Presles, du lat. *maledictio* ; a éliminé l'anc. forme pop. *maudisson*. ‖ **maudit** adj. 1080, *Roland* (*maldit*).

maugréer V. GRÉ.

mausolée début XVIᵉ s., J. Lemaire de Belges (*mauseole*) ; 1544, M. Scève (*mausolée*) ; du lat. *mausoleum* (gr. *Mausôleion*, tombeau de Mausole, roi de Carie).

maussade 1361, Oresme (*malsade*), comp. de *mal* et de l'anc. adj. *sade*, « agréable », du lat. *sapidus*, « savoureux », de *sapere*, avoir de la saveur. (V. SAPIDE, SAVEUR, SAVOIR.) ‖ **maussaderie** 1740, *Acad.* ; a éliminé *maussadeté* XVIᵉ s.

*mauvais 1080, *Roland* (*malvais*), « nuisible, méchant » ; fin XIᵉ s., *Alexis*, « défectueux » ; du bas lat. pop. *malifātius*, proprem. « qui a un mauvais sort », de *malum*, mal, et *fatum*, sort (cf. le nom propre *Boniface*, de *Bonifatius*, et l'évol. sémant. de *méchant*). ‖ **mauvaiseté** début XIIᵉ s. (*malvaistié*).

mauve 1265, J. de Meung, bot., du lat. *malva* ; fin XIXᵉ s., adj. de couleur. ‖ **mauvette** 1789, *Enc. méth.*, bot. ‖ **mauvéine** 1878, Lar., chim. ‖ **malvacée** 1747, Guett.

mauvis 1250, Gautier d'Epinal, zool., dér. de l'anc. *mauve* (v. MOUETTE). ‖ **mauviette** 1694, *Acad.*, zool.; début XIXe s., péj., pop.

maxillaire fin XIVe s. (*maxillere*); 1488, *Mer des hist.* (*maxillaire*), adj., du lat. *maxillaris*, de *maxilla*, mâchoire; 1845, Besch., s. m. ‖ **sous-maxillaire** 1745, Gunz.

maxime 1330, J. Lefèvre, « expression d'une idée »; 1538, R. Est., « règle morale, jugement général »; v. 1660, La Rochefoucauld, genre litt.; du lat. médiév. *maxima*, ellipse de *sententia maxima*, « sentence la plus grande », d'où « de portée générale ».

maximum 1718, *Mém. Ac. sc.*, s. m., neutre substantivé du lat. *maximus*, superlatif de *magnus*, grand; 1840, *Acad.*, s. pl. *maxima;* fin XIXe s., adj. ‖ **maximal** 1877, L. ‖ **maximaliste** début XXe s., pol. ‖ **-miser** 1834, Laroche.

maxwell 1900, Congrès d'électr. de Paris, du nom du physicien *Maxwell* (1831-1879).

mayonnaise 1807, Viard, paraît tiré du nom de *Port-Mahon*, capitale de Minorque, peut-être en souvenir de la prise de la ville par le duc de Richelieu en 1756.

mazagran 1866, Delvau, café mêlé d'eau-de-vie, de *Mazagran*, nom d'un village d'Oranie; souvenir, croit-on, du siège soutenu par le capitaine Lelièvre en 1840; fin XIXe s., gobelet de faïence servant à boire le « mazagran ».

mazer 1842, *Acad.*, techn.; orig. obsc. ‖ **mazéage** 1846, Besch.

mazette 1626, de Courval, « mauvais cheval »; 1640, Oudin, « joueur inhabile »; probablem. empl. métaph. de *mazette*, « mésange », en normand et en franc-comtois.

mazout 1907, Lar. du russe *mazout*, probabl. de l'ar. *makhzulat*, « déchets ». ‖ **mazouter** XXe s., mar.

mazurka 1829, *Rev. de Paris* (*mazourka*), du polonais *mazurkha*, nom d'une danse nationale de Pologne.

*me 842, *Serments*, forme atone, de l'acc. *me* du pron. pers. lat. (cf. JE, dont MOI, XIe s. [*mei*], est la forme tonique).

mé- préfixe (anc. fr. *mes-*), représentant la particule francique **missi*, négative et péjorative (all. *miss-*). V. au mot simple correspondant les mots commençant par *mé-*.

mea-culpa milieu XVIe s., loc. lat., « par ma faute », empr. au *confiteor* catholique.

méandre 1552, Paradin, du lat. *Maeander*, du gr. *Maiandros*, nom d'un fleuve sinueux d'Asie Mineure.

méat début XVIe s. (*meate*), « passage »; 1560, Paré (*méat*), méd.; du lat. *meatus*, passage, canal, de *meare*, passer.

mec 1821, Ansiaume, arg., « maître, roi »; puis, pop., « souteneur » et, par ext., « individu »; orig. ital. ou abrév. de *maquereau*, par l'intermédiaire de *mac*.

mécanique adj., 1265, Br. Latini, « comportant l'action de la main »; XIVe s., « qui fait un travail manuel »; 1680, Richelet, « relatif aux lois du mouvement »; 1786, Havard, « mû par un agencement artificiel »; s. m., XVe s., « travailleur manuel »; s. f., XVIe s., théorie mathém. du mouvement; 1690, Furetière, système des pièces et des mouvements d'une machine; du lat. impér. *mechanicus*, adj., et *mechanica* (s. -ent. *ars*), subst., du gr. *mêkhanikos*, *mêkhanikê* (s. -ent. *tekhnê*), de *mêkhanê*, machine. ‖ **mécanicien** 1696, *Furetieriana*, au sens scientif.; d'après *mathématicien;* évol. sémant. parallèle à celle de *mécanique;* XIXe s., conducteur de locomotives. ‖ **mécano** XXe s., abrév. pop. de *mécanicien.* ‖ **mécanisme** 1701, *Trévoux.* ‖ **mécaniste** 1687, Duncan. ‖ **mécaniser** 1580, B. Palissy, « ravaler, avilir »; début XIXe s., « tourmenter », pop.; 1823, Boiste, doter d'un fonctionnement mécanique. ‖ **mécanisation** 1870, Goncourt.

mécano- du gr. *mêkhanê*, machine. ‖ **mécanographe** 1911, *L. M.*, sur l'élém. *-graphe.* ‖ **mécanographie** *id.* ‖ **mécanographique** *id.* ‖ **mécanothérapie** 1906, Lar.

mécène 1526, Marot (*mécénas*); 1680, Richelet (*mécène*); du lat. *Mecenas*, nom du ministre d'Auguste protecteur des arts (déjà pris comme nom commun en lat.). ‖ **mécénat** 1867, L.

méchant XIIᵉ s., G. (*mescheant*), « malchanceux », puis « misérable »; XIVᵉ s., « porté à faire du mal »; anc. part. prés. du verbe *méchoir*, 1160, *Eneas* (*meschoir*), comp. du préf. *mes-* (v. MÉ-), et de *choir*. ‖ **méchanceté** XIVᵉ s., Cuvelier, de l'anc. fr. *mescheance*, dér. de l'adj. (V. CHANCE.)

1. *mèche (*de lampe*, etc.) 1393, *Ménagier*, du lat. pop. **micca*, altér., d'après *muccus*, « mucus nasal » (v. MOUCHER), du lat. class. *myxa*, « mèche de lampe » (gr. *muxa, id.*); cf. CHANDELLE, dans son empl. pop., au sens de « morve ». ‖ **mécher** 1752, *Trévoux*. ‖ **méchage** 1873, Lar. ‖ **mécheux** 1846, Besch. ‖ **éméché** 1859, Monselet, proprem. « qui a les cheveux en mèche sous l'effet de l'ivresse ».

2. mèche début XIXᵉ s., Cadot (*il n'y a pas mèche*, pop., il n'y a pas moyen); 1820, Mézières, « moitié »; *être de mèche*, 1837, Vidocq, pop., « être de moitié »; de l'ital. *mezzo*, aux deux sens de « moyen » et de « demi », du lat. *medius*. (V. MI 1.)

meconium 1549, Maignan, « suc de pavot », mot lat., du gr. *mêkôn*, pavot.

mécréant XIIᵉ s., *Roncevaux* (*mescréant*), anc. part. prés. du verbe *mescroire* (encore au XVIIIᵉ s., Voltaire), du préf. *mes* (v. MÉ-), et de *croire*.

médaille 1498, Commynes, de l'ital. *medaglia*, de même orig. que MAILLE 2. ‖ **médaillon** milieu XVIᵉ s., de l'ital. *medaglione*, augmentatif de *medaglia*. ‖ **médaillé** milieu XIXᵉ s. ‖ **médaillier** adj., fin XVIᵉ s.; s. m., 1718, *Acad.* ‖ **médailliste** 1609, L'Estoile. ‖ **médailleur** 1836, Landais.

médecine 1135, G., « remède »; XIVᵉ s., « art de guérir »; a éliminé la forme pop. *mecine*, fin XIᵉ s., *Alexis*; du lat. *medicina*, « art de soigner », et, par ext. « remède », de *medicus*, médecin. ‖ **médecin** début XIVᵉ s. (*medechin*); 1392, E. Deschamps (*médecin*); a éliminé l'anc. fr. *mire* (du lat. *medicus*).

médersa fin XIXᵉ s., mot de l'ar. algérien et marocain signif. « collège ».

médian 1425, Delb. (*mediaine*), techn., du bas lat. *medianus*. ‖ **médiane** s. f., XVIIIᵉ s., géom. (V. MEZZANINE, MISAINE, MOYEN.)

médianoche XVIIᵉ s., Mᵐᵉ de Sévigné, de l'esp. *media noche*, proprem. « minuit ».

médiante 1556, Le Blanc, mus., du lat. *medians, -antis*, part. prés. de *mediare*, « être au milieu ».

médiastin 1532, Rab. (*mediastine*); 1546, Ch. Est. (*mediastin*); du lat. médiév. *mediastinum*, de l'adj. lat. *mediastinus*, « qui se tient au milieu », sur le rad. de *stare*, se tenir.

médiat fin XVᵉ s.; tiré de *immédiat*. ‖ **médiatiser** 1827, *Acad.*

médiateur 1265, J. de Meung, du bas lat. *mediator*, de *mediare*, s'interpose, de *medius*, « qui est au milieu ». ‖ **médiatrice** 1611, Cotgrave, fém. de *médiateur* au gén.; 1923, Lar., géom. ‖ **médiation** XVᵉ s., *Vieil Test.*, du bas lat. *mediatio*.

médical 1534, Rab., du lat. *medicus*, médecin. ‖ **médicament** 1314, Mondeville, du lat. *medicamentum*. ‖ **médicamenter** 1518, trad. de Platina. ‖ **médicamentaire** milieu XVIᵉ s., du lat. *medicamentarius*. ‖ **médicamenteux** 1549, Maignan, du lat. *medicamentosus*. ‖ **médication** 1314, Mondeville (*medication*); 1503, G. de Chauliac (*médication*); du lat. *medicatio*. ‖ **médicinal** fin XIᵉ s., R. de Moiliens, du lat. *medicinalis*; a éliminé l'anc. fr. *mecinnel*, *mecinal*.

médicastre milieu XVIᵉ s. (*médicastrie*); 1812, Mozin (*médicastre*); de l'ital. *medicastro*, péjor., de *medico*, médecin.

médico- du lat. *medicus*, médecin. ‖ **médico-chirurgical** XXᵉ s. ‖ **médico-légal** 1877, L. ‖ **médico-psychologique** 1867, L. ‖ **médico-social** XXᵉ s. ‖ **médico-vétérinaire** 1845, Besch.

médiéval 1874, Delaunay, dér. du lat. *medium aevum*, Moyen Age, proprem. « âge du milieu ». ‖ **médiéviste** 1867, L., de même orig.

médiocre 1495, *Mir. historial*, du lat. *mediocris*, « modéré », de *medius*, « qui est au milieu »; XVIᵉ s., péjor. ‖ **médiocrité** 1314, Mondeville, du lat. *mediocritas*. ‖ **médiocratie** 1845, Balzac, d'après *aristocratie*.

méditer 1495, *Mir. historial*, du lat. *meditari*, proprem. « s'exercer », par ext.

« réfléchir ». ‖ **méditation** 1120, *Ps. d'Oxford*, du lat. *meditatio*. ‖ **méditatif** XIV⁰ s., du bas lat. *meditativus*.

méditerranéen milieu XVI⁰ s., rare jusqu'au XIX⁰ s., dér. de *Méditerranée*, du lat. *mediterraneum* (*mare*), « (mer) qui est au milieu des terres ».

1. **médium** XVI⁰ s., « moyen »; XVIII⁰ s., mus.; du lat. *medium*, « milieu », neutr. substantivé de l'adj. *medius*.

2. **médium** 1854, *Comment l'esprit vient aux tables*, mot anglo-amér., de même origine que le précéd.; empl. en ce sens par Swedenborg (1688-1772). ‖ **médiumnique** XX⁰ s. ‖ **médiumnité** XX⁰ s.

médius 1560, Paré, anat., du lat. *medius*, ellipse de *medius digitus*, « doigt du milieu ».

médullaire 1503, G. de Chauliac, du lat. *medullaris*, de *medulla* (v. MOELLE). ‖ **médulleux** 1842, *Acad.*

méduse 1754, La Chesnaye-Dubois, zool., du nom propre *Méduse* (v. MÉDUSER), par comparaison des tentacules avec les serpents de la chevelure de Méduse.

méduser 1607, Montlyard, rare jusqu'à 1838, *Acad.*; de *Méduse*, du lat. *Medusa* (gr. *Medousa*, myth.), une des trois Gorgones, qui changeait en pierre celui qui la regardait.

meeting 1738, Voltaire (*mitine*), mot angl., de *to meet*, « se rencontrer, se réunir ».

méfait 1130, *Eneas* (*mesfait*), part. passé substantivé du verbe *méfaire*, du préf. *mé-* et de *faire*.

méfiance, méfiant, méfier Voir FIER 1.

még-, méga- prem. élém. de noms comp. désignant des unités de mesure (multiplication par un million), du gr. *megas*, proprem. « grand ». ‖ **mégacycle** XX⁰ s. ‖ **mégadyne** 1905, Lar. ‖ **mégajoule** 1922, Lar. ‖ **mégohm** v. 1925, Lar. ‖ **mégatonne** XX⁰ s.

méga-, mégalo du gr. *megas, megalos*, grand. ‖ **mégalithe** 1867, L. ‖ **mégalithique** 1867, L. ‖ **mégaphone** 1892, Guérin. ‖ **mégaptère** 1905, Lar. ‖ **mégathérium** 1797, Cuvier, paléont. ‖ **mégalocéphale** 1878, Lar. ‖ **mégalo-**

manie fin XIX⁰ s. ‖ **mégalomane** 1905, Lar. ‖ **mégalosaure** 1842, *Acad.*

mégarde (par) XIII⁰ s., G. (*mesgarde*), de l'anc. v. *mesgarder*, « se mal garder », du préf. péjor. *mé-*, et de *garder*. (V. GARDER.)

mégathérium V. MÉGA.

mégère fin XV⁰ s. au propre, du lat. *Megaera*, du gr. *Megaira*, myth., une des Furies; fin XVII⁰ s., Saint-Simon, fig.

mégis 1260, G. (*megeis*); XIV⁰ s. (*megis*); de l'anc. fr. *megier*, soigner (du lat. *medicāre*, de *medicus*, médecin), spécialisé pour la préparation des peaux. ‖ **mégissier** 1205, Ilvonen (*megucier*); 1268, E. Boileau (*mégissier*). ‖ **mégisserie** v. 1300. ‖ **mégie** v. 1630, Roy. ‖ **mégir** 1720, Huet.

mégot 1872, Larchey, du verbe tourangeau *mégauder*, par métaph., proprem. « sucer le lait d'une femme enceinte », en parlant d'un nourrisson, de *mégaud*, « jus qui sort du moule à fromage », de *megue*, « petit-lait », du gaulois *mesigu-*.

méhari 1822, *Voy. dans l'Afrique* (*méherry*); 1853, Flaubert (*mahari*); de l'ar. d'Algérie *mehri*, proprem. « de la tribu de Mahara (Arabie) ». ‖ **méhariste** fin XIX⁰ s.

***meilleur** 1080, *Roland* (*meillor*), du lat. *meliōrem*, acc. de *melior* (d'où est issu le cas sujet *meldre*, en anc. fr.), comparatif de *bonus*, Bon. ‖ **améliorer** 1160, Benoît (*ameillorer*); XVI⁰ s. (*ameilleurer*); 1677, *Dict. fr.-it.* (*améliorer*). ‖ **amélioration** début XV⁰ s.; rare jusqu'au XVII⁰ s. ‖ **amélioratif** 1877, L.

méïose 1842, *Acad.*, du gr. *meiosis*, décroissance; première division cellulaire.

mélampyre 1615, Daléchamp (*melanopyron*); 1795 *Encycl. méthod.* (*mélampyre*), bot.; du gr. *melampuron*, de *melas*, noir, et *puros*, grain.

mélan(o) du gr. *melas, melanos*, « noir ». ‖ **mélanémie** 1867, L., sur l'élém. *-émie*. ‖ **mélanine** 1867, L. ‖ **mélanique** 1842, *Acad.*, méd. ‖ **mélanisme** *id.*, méd. ‖ **mélanose** 1836, Landais, méd. (V. MÉLAMPYRE, MÉLANCOLIE, MÉLANÉSIEN, MÉLASTOME.)

mélancolie XIII⁰ s., Adenet, méd., « humeur noire »; XVII⁰ s., « tristesse »;

du lat. *melancholia* (IIIe s., C. Aurelius, méd.), du gr. *melagkholia*, de *kholê*, bile, et *melas*, noire, une des quatre humeurs cardinales (avec la bile jaune, le sang et la pituite), qui passait pour la cause de l'hypocondrie. ‖ **mélancolique** 1265, Br. Latini, du lat. *melancholicus*, du gr. *melagkholikos*.

mélanésien XIXe s., de *Mélanésie*, nom d'un archipel d'Océanie; du gr. *melas*, noir, et *nêsos*, île.

mélange 1420, A. Chartier, dér. de *mêler*. ‖ **mélanger** 1549, R. Est. ‖ **mélangeur** 1867, L. (*mélangeuse*), techn. ‖ **mélangeoir** 1842, *Acad.*

mélasse 1508, Delb. (*meslache*); XVIIe s. (*mélasse*); de l'esp. *melaza*, de *mel*, miel. (V. MIEL.)

mélastome 1827, *Acad.* (*melastoma*); 1836, Landais (*mélastome*), bot.; du gr. *melas*, noir, et *stoma*, bouche.

*****mêler** 1080, *Roland* (*mesler*); du lat. pop. *misculăre* (IXe s.), du lat. class. *miscĕre*. ‖ **mêlée** 1080, *Roland*. ‖ **mêlé-cassis**, **mêlé-casse** milieu XVIIIe s. (*mêlé*); 1876, Richepin, *Ch. Gueux* (*mêlé-cas*). ‖ **méli-mélo** 1841, *les Français peints par eux-mêmes* (*méli-méla*). ‖ **démêler** XIIe s., *Aiol.* ‖ **démêlé** s. m., milieu XVIIe s., fig. ‖ **démêloir** 1802, *Acad.* ‖ **emmêler** XIIe s. ‖ **entremêler** XIIe s. ‖ **remêler** 1549, R. Est. (V. MÉLANGE, PÊLE-MÊLE.)

mélèze 1552, Ch. Est.; de l'anc. dauphinois *meleze*, de **melatio*, dér. du préroman **melicem* (d'où est issue la var. *melze*, XVIe s., Rab.), proprem. « arbre à miel », du lat. *mel*, miel. (V. MÉLASSE, MIEL.)

mélilot 1322, Delb., du lat. *melilotum*, du gr. *melilôtos*, de *meli*, miel, et *lôtos*, lotus.

méli-mélo V. MÊLER.

mélinite 1884, créé par l'inventeur de cette poudre, Turpin, d'après l'adj. lat. *melinus*, « couleur de coing », du gr. *mêlinos*, de *mêlon*, pomme.

mélisse XIIIe s., *Simples Méd.*, du lat. médiév. *melissa*, abrév. du lat. *melissophyllon*, mot gr., de *melissa*, abeille, et *phullon*, feuille (les abeilles aiment cette plante).

melli- du lat. *mel*, *mellis*, miel. ‖ **mellifère** début XVIe s., rare jusqu'au

XIXe s.; du lat. *mellifer*, de *ferre*, porter. ‖ **mellifique** XVIe s., du lat. *mellificus*. ‖ **mellification** 1827, *Acad.* ‖ **melliflu** 1495, J. de Vignay, du bas lat. *mellifluus*, de *fluere*, couler.

mélodie XIIe s., *Lib. psalm.*, du bas lat. *melodia*, du gr. *melôidia*, de *melôidos*, « qui chante mélodieusement » (*melos*, « membre », d'où « cadence », et *odê*, chant). ‖ **mélodieux** XIIIe s. ‖ **mélodique** 1607, de Montlyard. ‖ **mélodiste** 1842, *Acad.* ‖ **mélodium** XIXe s., premier nom de l'harmonium.

mélodrame 1771, *Année littér.*, du rad. *mélo-* (gr. *melos*, « chant cadencé ») , et de *drame*. ‖ **mélo** 1872, *Paris-Journal*, abrév. du préc. ‖ **mélodramatique** 1833, Th. Gautier. ‖ **mélodramatiser** 1876, A. Daudet.

mélomane 1781, Mme Roland, du gr. *melos*, cadence, et de l'élém. *-mane*.

melon XIIIe s., *Simples Méd.*, du lat. *melo, -onis*, même sens. ‖ **melonnière** début XVIe s. ‖ **melonné** 1827, *Acad.*

mélongène ou **mélongine** 1615, Des Moulins (*melongena*); 1667 (*melongène*); du lat. bot. *melongena*, altér. du rad. de *aubergine*. (V. AUBERGINE.)

mélopée 1578, Vigenère, du bas lat. *melopoeia*, mot gr. (*melos*, mélodie, et *poiein*, faire).

membrane 1555, Belon, du lat. *membrana*, « peau qui recouvre les membres », de *membrum*, membre. ‖ **membraneux** 1538, Canappe. ‖ **membraniforme** 1836, Landais. ‖ **membranule** 1532, *Anat. de maître Mundin.*

*****membre** 1080, *Roland*, lat. *membrum*. ‖ **membru** début XIIe s., *Couronn. Loïs.* ‖ **membrure** XIIe s., *Athis.* ‖ **membré** XIVe s., J. d'Arras. ‖ **membron** 1752, *Trévoux*, techn. ‖ **démembrer** 1080, *Roland* (*desmembrer*). ‖ **démembrement** XIIIe s. ‖ **remembrement** 1909, *L. M.*, écon. agraire.

*****même** fin XIe s., *Alexis* (*medisme*); XIIe s. (*meisme*, puis *mesme*); du lat. pop. **metĭpsĭmus*, forme à suff. de superlatif, dér. de **metipse*, tiré de la loc. class. *egomet ipse*, « moi-même », de *egomet*, « moi » (*ego*, je, avec la particule de renforcement *met*) et *ipse*, « même, en personne ».

mémento 1495, J. de Vignay, liturg., du lat. *memento*, « souviens-toi », impér. de *meminisse*, se souvenir ; 1798, *Acad.*, sens mod.

mémère 1881, Huysmans, redoublement enfantin de *mère*, devenu péjor. (V. PÉPÈRE.)

mémoire s. f., fin XIe s., *Alexis* (*memorie*), du lat. *memoria* ; s. m., 1300, « écrit, pour que mémoire en soit gardée ». ‖ **mémorable** XVe s. (dér. *mémorablement*), du lat. *memorabilis*. ‖ **mémorandum** 1777, *Courrier de l'Europe*, neutre substantivé de l'adj. lat. *memorandus*, « qui doit être rappelé », de *memorare*, rappeler. ‖ **mémoration** XXe s., sur le rad. de l'anc. *mémorer*, XVe-XVIIe s. ‖ **mémorial** XIIIe s., Fr. Laurent, du bas lat. *memoriale*, neutr. substantivé de l'adj. *memorialis* (*liber memorialis*, livre de notes). ‖ **mémorialiste** 1726, Desfontaines. ‖ **immémorial** 1547, Du Fail, du lat. médiév. *immemorialis*. ‖ **mémoriser** fin XIXe s., dér. du lat. *memoria*, mémoire. ‖ **mémorisation** 1847, Töpffer. ‖ **remémorer** fin XIVe s., du bas lat. *rememorari*, se souvenir.

*menace Xe s., *Eulalie* (*manatce*), du lat. pop. *minacia* (Plaute), qui élimina le lat. class. *minae*. ‖ ***menacer** début XIIe s., *Voy. de Charl.* (*menacier*), du lat. pop. *minaciare*, de *minacia*, qui a éliminé le lat. class. *minari* (v. MENER). ‖ **menaçant** 1530, Marot.

ménade XVIe s., du lat. *menas, -adis*, mot gr., myth.

*ménage début XIIe s. (*manage*) ; XIIIe s. (*mesnage, menage*, sous l'infl. de l'anc. fr. *maisnie*, famille), dér. de l'anc. fr. *maneir, manoir*, du lat. *manēre*, rester. ‖ **ménager** adj., 1281, G. ; v., 1309, texte breton, « habiter » ; XVIe s., « administrer » ; par ext. « épargner ». ‖ **ménagement** XVIe s., évol. parallèle. ‖ **ménagère** s. f., fin XVe s. ‖ **ménagerie** 1546, Rab., administration des biens domestiques, puis lieu où l'on soigne les animaux ; 1662, sens mod., avec la création de la ménagerie royale de Versailles. ‖ **aménager** XIIIe s. (*amanagier*), de *ménager* au sens de « administrer ». ‖ **aménagement** 1495, J. de Vignay. ‖ **déménager** fin XIIIe s., Rutebeuf (*desmanagier*), rare jusqu'en 1611,

Cotgrave ; 1798, Rœderer, *déménager la tête*, perdre la raison, fam. ‖ **déménagement** 1611, Cotgrave. ‖ **déménageur** 1863, L. ‖ **emménager** début XVe s. ‖ **emménagement** 1495, Jal. (V. MAISON.)

*mendier 1080, *Roland* (*mendeier*), du lat. *mendicāre*. ‖ **mendiant** fin XIIe s., *Floire*, part. prés. substantivé ; a éliminé l'anc. fr. *mendi*, du lat. *mendicus*. ‖ **mendicité** 1265, J. de Meung, du lat. *mendicitas*. ‖ **mendigot** 1876, J. Richepin, de l'esp. *mendigo*, mendiant, du lat. *mendicus*. ‖ **mendigoter** fin XIXe s.

meneau 1398, de La Borde (*mayneaulx*, pl.), archit., probabl. contraction de *meienel*, de l'anc. fr. *meien*, « qui est au milieu », du bas lat. *medianus*, de *medius*. (V. MÉDIAN.)

*mener Xe s., du lat. pop. *mināre* (IIe s., Apulée), « pousser des animaux devant soi en criant, en les menaçant », et par ext. « mener » ; du lat. class. *mināri*, menacer. ‖ **menée** s. f., 1080, *Roland*, « son de trompe » ; en anc. fr., sens divers ; XVIe s., sens mod. ‖ **meneur** XIIIe s., R. de Clari (*meneeur*) ; XVIIIe s., spécialisé en « meneur de cabale, celui qui excite les autres ». ‖ **amener** 1080, *Roland*. ‖ **démener** 1080, *Roland*, « mener, agiter » (jusqu'au XVIe s.) ; XIIIe s., *se démener*. ‖ **emmener** 1080, *Roland*. ‖ **malmener** 1130, *Eneas*. ‖ **malmenage** v. 1960. ‖ **ramener** début XIIe s., *Ps. de Cambridge*. ‖ **remener** fin XIIe s., Marie de France. ‖ **remmener** XIVe s. ‖ **surmener** v. 1160, Benoît. ‖ **surmenage** 1872, L. (V. PROMENER.)

*ménestrel 1827, *Acad.*, repris à l'anc. fr. ; du bas lat. *ministerialis*, « chargé d'un service (*ministerium*) » ; en anc. fr. « artisan », etc., et spécial. « poète, musicien récitant ». ‖ **ménétrier, ménestrier** 1272, Joinville, musicien ; XVIIIe s., « musicien de village » ; même mot que le précédent, avec substitution de suffixe.

menhir 1834, Boiste, mot bas-breton, signif. « pierre (*men*) longue (*hir*) ».

menin, -e 1606, Fr. de Sales, hist., de l'esp. *menino, -a* (même rac. que *mignon*).

méninge 1532, Rab. ; du lat. méd. *meninga* (gr. *mêninga*, acc. de *mêninx*). ‖ **méningite** 1829, Boiste. ‖ **méningé**

1827, *Acad.* ‖ **méningitique** 1897, Lar. ‖ **méningocoque** 1907, Lar.

ménisque 1671, P. Chérubin, du gr. *mêniskos*, « petite lune ».

ménologe XVIIᵉ s., Peiresc, du lat. *menologium* (gr. *menologion*, « tableau des mois ») ; recueil de vies de saints de l'Eglise grecque.

menon 1723, Savary ; d'un mot prov. signif. « bouc châtré » ; soit de même racine que *mener*, soit du lat. *minus*, moins (« amoindri », d'où « châtré »).

ménopause 1823, Boiste ; du gr. *mên*, mois, d'où menstrues, et *pausis*, cessation. ‖ **ménorrhagie** 1803, Boiste, sur l'élém. *rhagie*. ‖ **ménostase** 1827, *Acad.*, de *stase*.

menotte V. MAIN.

*mensonge 1080, *Roland* (*mençonge*) ; fém. jusqu'au XVIIᵉ s. ; du lat. pop. **mentionica*, de *mentio*, attesté dans les gloses, forme contractée de *mentitio*, sur *mentitus*, part. passé de *mentiri*, mentir. ‖ **mensonger** début XIIᵉ s., *Ps. de Cambridge.*

menstrues 1560, Paré ; du lat. *menstrua*, pl. neut. de *menstruus*, mensuel. ‖ **menstruation** 1761, Astruc. ‖ **menstruel** 1265, Br. Latini, du lat. *menstrualis.*

mensuel fin XVIIIᵉ s., du bas lat. *mensualis*, de *mensis*, mois. ‖ **mensuellement** 1870, L. ‖ **mensualité** 1874, journaux. ‖ **bimensuel** 1866, Lar.

mensuration 1502, Nicholay ; rare jusqu'à 1802, Chateaubriand ; du lat. *mensuratio*, mesure. ‖ **mensurer** fin XIXᵉ s., du lat. *mensurare*, mesurer. ‖ **mensurateur** 1870, Taine, *l'Intelligence.*

mental 1495, J. de Vignay ; du lat. *mentalis*, de *mens*, *mentis*, esprit. ‖ **mentalement** 1650, Pascal. ‖ **mentalité** 1842, Radonvilliers, de l'angl. *mentality.* ‖ **mentalisme, mentaliste** 1951, Lalande. ‖ **mentalisation** 1928, Claparède.

menterie, menteur, -euse V. MENTIR.

menthe 1275, *Berte* (*mente*) ; du lat. *mentha* (gr. *minthê*). ‖ **menthol** 1873, Lar. ‖ **mentholé** 1930, Lar.

mention fin XIIᵉ s., Gautier d'Arras ; du lat. *mentio*, de *mens*, *mentis*, esprit. ‖ **mentionner** début XVᵉ s. ‖ **susmentionné** XVᵉ s. (avec adv. arch. *sus*, *sur*).

*mentir 1080, *Roland* ; du lat. pop. *mentīre*, en lat. class. *mentīri.* ‖ **menteur** XIIᵉ s., E. de Fougères (*menteor*). ‖ **menterie** XIIIᵉ s., auj. pop. ou enf. ‖ **démentir** 1080, *Roland.* ‖ **démenti** s. m., XVᵉ s.

*menton 1080, *Roland* ; du lat. pop. **mento*, *-onis*, en lat. class. *mentum*, menton. ‖ **mentonnet** 1604, G. ‖ **mentonnière** 1373, *Mandement.*

mentor début XVIIIᵉ s., Saint-Simon ; du nom de *Mentor*, guide de Télémaque, dans l'œuvre de Fénelon (1699).

*menu adj., 1080, *Roland* (*menut*), du lat. *minūtus*, part. passé de *minuere*, diminuer ; s. m., XVIIIᵉ s., liste de mets. ‖ **menuet** adj., XIIᵉ s. ; s. m., XVIIᵉ s., sorte de danse. ‖ **menuaille** fin XIIIᵉ s., Guiart ; du lat. *minūtalia*, « menus objets », pl. neut. de *minūtalis*, dér. de *minutus.* ‖ ***menuise** XIIᵉ s., *Stances sur la mort*, du lat. *minutia*, petite parcelle. (V. le suivant).

*menuiser 1120, *Ps. d'Oxford*, « rendre menu », du lat. pop. **minutiare*, de *minūtus* (v. le préc.) ; XVIIIᵉ s., « faire de la menuiserie ». ‖ **menuisier** début XIIIᵉ s., « ouvrier employé à des ouvrages délicats » ; XVIᵉ s., sens mod. (par oppos. à *charpentier*). ‖ **menuiserie** milieu XVᵉ s. ‖ **amenuiser** 1120, *Ps. d'Oxford.* ‖ **amenuisement** XIIIᵉ s., Guiot de Provins.

méphistophélique 1833, Th. Gautier ; de *Méphistophélès*, nom du diable dans la légende de Faust, popularisé par le *Faust* de Gœthe. ‖ **méphistophélisme** v. 1860, G. Sand.

méphitique 1550, Rab. ; du bas lat. *mephiticus*, de *mephitis*, exhalaison pestilentielle. ‖ **méphitisme** fin XVIIIᵉ s. ‖ **méphitiser** 1827, *Acad.*

méplat V. PLAT.

méprendre, méprise V. PRENDRE.

mépriser V. PRISER 1.

*mer XIᵉ s., *Alexis*, du lat. *mare* (neutre, devenu fém. en gallo-roman, peut-être d'après *terre*). ‖ **amerrir** v. 1910, d'apr. *atterrir.* ‖ **amerrissage** *id.*

mercanti début XIXe s. (var. *mercantiste*, 1842, Mozin) ; du sabir d'Algérie, empr. au pl. ital. de *mercante*, marchand, avec sens péjor. ‖ **mercantile** 1611, Cotgrave (*mercantil*), de l'ital. *mercantile*, dér. de *mercante* ; XVIIIe s., var. péjor. ‖ **mercantilisme** 1833, *Europe litt.*, qui remplace *mercantisme* (1790).

mercenaire XIIIe s., du lat. *mercenarius*, de *merces*, salaire.

mercerie V. MERCIER.

mercerisage, -ser, -euse fin XIXe s., Lar. ; de *Mercer* (1791-1866), nom de l'inventeur de cette opération chimique appliquée aux textiles.

*****merci** Xe s., *Eulalie* (*mercit*), fém. ; du lat. *mercedem*, acc. de *merces*, « salaire », d'où en lat. pop. « prix » ; en gallo-rom., « faveur » ; en anc. fr. « grâce » (cf. *être à la merci de*, *se rendre à merci*) ; XIVe s., terme de politesse ; début XVIe s., masc. ‖ **remercier** 1360, Froissart, de l'anc. fr. *mercier* (disparu fin XVIIe s.). ‖ **remerciement** XVe s., Delb.

mercier XIIe s., « marchand », de l'anc. fr. *merz*, « marchandise », du lat. *merx*, même sens ; XVIe s., « colporteur » ; puis sens mod. ‖ **mercerie** fin XIIe s., même évol. de sens.

*****mercredi** 1119, Ph. de Thaun (*mercresdi*) ; du lat. pop. *Mercoris dies*, jour de Mercure (class. *Mercurii dies*).

mercure XVe s., *Alchimie* ; du lat. *Mercurius*, nom du messager de Jupiter, en même temps dieu du commerce (à cause de la mobilité du mercure, dont le nom vulgaire est VIF-ARGENT (v. ce mot). ‖ **mercureux** 1842, *Acad.* ‖ **mercurique**, *id.* ‖ **mercuriel** 1546, Rab. (*mercurial*) ; XVIIe s. (*mercuriel*) ; du lat. *mercurialis*. ‖ **mercuriale** XIIIe s., plante ; du lat. *mercurialis* (*herba*) ; XVIe s., assemblée des parlements (siégeant le *mercredi*) ; de là, au XVIIe s., le sens de « remontrance » ; 1800, Duvergier, « tableau des prix d'un marché ». ‖ **mercurochrome** 1930, Lar., pharm.

*****merde** XIIIe s., *Renart*, pop. ; du lat. *merda*. ‖ **merdaille** XIVe s. ‖ **merdeux** 1392, E. Deschamps. ‖ **emmerder** XIVe s. ‖ **emmerdeur, -euse** 1873, Lar. ‖ **emmerdement** 1867, Delvau. ‖ **démerder (se)** 1897, Lar. ‖ **démerdard**

fin XIXe s. ‖ **merdoyer** 1897, Lar. ‖ **merdier** XXe s.

*****mère** XIe s., *Alexis* (*medre*) ; du lat. *mater, matris*. ‖ **dure-mère** 1314, Mondeville. ‖ **pie-mère** XIIIe s. (*pieve mere*).

méridien XIIe s., « méridional » ; 1377, Oresme, terme d'astron. ; du lat. *meridianus*, de *meridies*, midi. ‖ **méridienne** XVIIe s., « sieste vers midi » ; début XIXe s., Balzac, sorte de canapé ; du lat. *meridiana* (*hora*) ; a remplacé le pop. *mérienne* (Ouest et Centre) et la forme sav. *méridiane* XIIIe - XVIIe s.

méridional 1314, Mondeville ; du lat. *meridionalis*, de *meridies*, midi. ‖ **méridionalisme** XXe s.

meringue 1737, Menon ; du polonais *marzynka*, meringue au chocolat. ‖ **meringuer** *id.*

mérinos av. 1781, Turgot ; mot esp., plur. (cristallisé en fr.) de *merino*, mouton à laine fine importé par Colbert (en Roussillon), puis par Daubenton (à Montbard, 1776).

merise 1265, J. de Meung ; forme déglutinée de *amerise, croisem. entre *amer* et *cerise*. ‖ **merisier** XIIIe s., G.

mérite 1175, Chr. de Troyes, récompense ; surtout fém. en anc. fr. ; du lat. *meritum*, chose méritée, mérite ; de *merēre*, mériter. ‖ **mériter** 1395, Chr. de Pisan. ‖ **immérité** 1455, Fossetier. ‖ **méritoire** 1265, J. de Meung ; du lat. *meritorius*, « qui rapporte un gain ». ‖ **méritant** 1787, Féraud. ‖ **démériter** XIIIe s.

merlan V. MERLE.

merlan 1268, E. Boileau ; dér. de *merle* avec le suff. *-enc, -anc* du germ. *-ing* ; XVIIIe s., pop., « coiffeur ». ‖ **merlu, merlus** 1285, Fagniez ; du prov. *merlus* (var. *merlusso*), dér. de *merle* ; ou croisement de *merle* et de l'anc. fr. *lus*, « brochet », du lat. *lucius*. ‖ **merluche** début XVIIe s., de l'ital. *merluccio*, même étymologie.

*****merle** XIIe s., parfois fém. en anc. fr. ; du bas lat. *merulus*, en lat. class. *mĕrŭla* (qui désignait aussi un poisson de mer, d'où les dér. *merlan*, *merluche*). ‖ **merleau, merlette** 1360, Froissart.

merlin 1624, *Nouv. Coutumier* ; empr. aux parlers de l'Est ; dér. anc. du lat. *marculus*, marteau.

merlon 1642, Oudin, archit.; de l'ital. *merlone*, partie de la muraille comprise entre deux créneaux.

merluche, merlus V. MERLE.

***merrain, mairain** 1150, *Thèbes* (*mairien, merrien*, jusqu'au XVIᵉ s.); du lat. pop. *materiamen*, bois de construction, de *materia*, matière. ‖ **maronage** 1276, G., (*marenage*), techn. (V. MATÉRIAUX, MATIÈRE.)

***merveille** XIᵉ s., *Alexis*; du lat. pop. *mirïbilia* (class. *mīrābilia*), pl. neut., pris comme fém., de *mirabilis*, admirable. ‖ **merveilleux** début XIIᵉ s., *Voy. de Charl.* (*merveillos*). ‖ **émerveiller (s')** XIIᵉ s., G. ‖ **émerveillement** fin XIIᵉ s., G.

mérycisme 1827, *Acad.*; du gr. *mêrukismos*, rumination.

més- préfixe, **mésair** V. MÉ-, MÉZAIR.

mésange fin XIIᵉ s., Marie de France (*masenge*); du francique *mēsinga*, en lat. médiév. *misinga* (all. *Meise*). ‖ **mésangette** 1812, Mozin. ‖ **mésangère** 1767, Salerne.

mésaventure V. AVENTURE.

mésentère 1538, Canappe; du gr. *mesenterion* (de *mesos*, médian, et *enteron*, intestin). ‖ **mésentérique** id.

mesmérisme 1782, Mercier, *Tableau*; de *Mesmer*, nom d'un méd. all. (1734-1815). ‖ **mesmérien** 1827, *Acad.*

méso- du gr. *mesos*, « médian, au milieu ». ‖ **mésocarpe** 1842, *Acad.*, du gr. *carpos*, jointure. ‖ **mésocéphale** 1827, *Acad.* ‖ **mésoderme** 1866, L. ‖ **mésodermique** 1907, Lar. ‖ **mésolithique** 1909, P. Robert. ‖ **mésophyte** 1842, *Acad.* ‖ **mésothorax** 1842, *Acad.* ‖ **mésozoïque** 1866, L.

méson v. 1935; du gr. *mesos*, médian, avec le suff. *-on*, d'emploi répandu dans le lexique de la physique contemporaine.

mesquin 1611, Cotgrave; de l'ital. *meschino*, « pauvre, chétif », (ar. *meskin*, pauvre); représenté une première fois en anc. fr., XIIᵉ s., par les formes *meschin, meschine*, « jeune homme, jeune fille ». ‖ **mesquinerie** 1636, Monet.

mess 1838, Stendhal; mot angl., issu de l'anc. fr. *mes*, mets; salle où les officiers et sous-officiers prennent leurs repas.

message fin XIᵉ s., *Alexis*; de l'anc. fr. *mes*, « envoyé », du lat. *missus*, part. passé de *mittere*, envoyer; 1704, Clarendon, polit., en ce sens empr. à l'angl.; XXᵉ s., en critique littéraire. ‖ **messager,** 1130, *Eneas* (*messagier*). ‖ **messagerie** XIIIᵉ s., G., « mission »; fin XVIIᵉ s., « transport de bagages ».

***messe** Xᵉ s.; du lat. chrét. *missa* (IVᵉ s., saint Ambroise), part. passé fém. substantivé de *mittere*, envoyer, d'après la formule qui termine la messe : *ite, missa est*, « allez [la prière] a été envoyée [à Dieu] ».

messidor 1793, Fabre d'Églantine, mois d'été; du lat. *messis*, moisson, et du gr. *dôron*, offrande.

messie fin XVᵉ s.; du lat. chrét. *messias* (*Vulgate*), issu, par le gr., de l'araméen *meschîkhâ*, « oint (du Seigneur) », traduit en gr. par *khristos*. ‖ **messianisme** 1831, Wronski; fin XIXᵉ s., fig. ‖ **messianique** 1846, Besch.

messire V. SIRE.

***mesure** 1080, *Roland*; du lat. *mensūra*, de *metīri*, mesurer. ‖ **mesurer** id., du bas lat. *mensurare* (IVᵉ s., Végèce), qui a éliminé *metiri*. ‖ **mesureur** XIIᵉ s. ‖ **mesurable** XIIᵉ s. ‖ **mesurage** milieu XIIIᵉ s. ‖ **contre-mesure** 1897, Lar. ‖ **démesure** XIIᵉ s.; repris au XIXᵉ s., 1842, *Acad.* ‖ **démesuré** 1080, *Roland.* ‖ **demi-mesure** 1897, Lar.

mét(a)- préfixe exprimant la participation, la succession, le changement; du gr. *meta*, préposition et préfixe, mêmes sens.

métabolisme 1866, L.; du gr. *metabolê*, changement. ‖ **métabolite** 1959, Lar.; produit de transformation d'un corps chimique.

métacarpe 1546, Ch. Est., du gr. *metakarpion* (*meta*, avec, *karpos*, carpe 2). ‖ **métacarpien** 1752, *Trévoux.*

métairie V. MÉTAYER.

métal début XIIᵉ s., *Voy. de Charl.*; du lat. *metallum*, mine, par ext. « minerai, métal » (gr. *metallon*). Divers comp. sav. en *métallo-*, d'après le gr. *metallon*, dont les suivants. ‖ **métallographie** 1548, Mizauld. ‖ **métallographique**

1827, *Acad.* ‖ **métalloïde** 1828, Berzélius, adj. et s. ‖ **métallique** v. 1500, du lat. *metallicus*. ‖ **métallin** XIVᵉ s. ‖ **métalliser** XIVᵉ s. ‖ **métallisation** milieu XVIIIᵉ s. ‖ **métallifère** 1827, *Acad.* ‖ **bimétallique** 1875, H. Cernuschi. ‖ **métallurgie** 1611, Cotgrave, du gr. *metallourgein*, exploiter une mine. ‖ **métallurgique** 1752, *Trévoux*. ‖ **métallurgiste** début XVIIIᵉ s. ‖ **métallo** XXᵉ s., fam., abrév. de *métallurgiste*.

métamère 1874, Lar.; du gr. *meta*, et *meros*, partie. ‖ **métamérie** 1874, Lar.; division primitive du mésoderme.

métamorphisme 1825, Humboldt; du gr. *meta*, et *morphê*, forme. ‖ **métamorphique** *id.* ‖ **métamorphiser** 1930, Lar.

métamorphose 1488, *Mer des hist.*, nom de l'ouvrage d'Ovide; XVIᵉ s., nom commun; du lat. *metamorphôsis*, empr. au gr., proprem. « changement de forme ». ‖ **métamorphoser** milieu XVIᵉ s., spécialisé en géologie.

métaphore 1265, J. de Meung, du lat. *metaphora*, proprem. « transport », d'où « transposition »; du gr. *pherein*, porter. ‖ **métaphorique** 1361, Oresme. ‖ **métaphoriser** milieu XVIᵉ s.

métaphysique subst., 1495, J. de Vignay, partie de la philosophie qui traite des premiers principes de la connaissance; adj., XVIᵉ s.; subst., 1647, Descartes, partie de la philosophie qui a pour objet la connaissance de Dieu et de l'âme; du lat. scolast. *metaphysica*, sur le gr. *meta ta phusika* (« après la physique »), titre d'un traité d'Aristote. ‖ **métaphysicien** 1361, Oresme.

métastase 1586, Suau; du gr. *metastasis*, « changement de place ». ‖ **métastatique** 1827, *Acad.*

métayer début XIIᵉ s., *Thèbes (meitier)*; de *meitié*, anc. forme de *moitié* (v. ce mot). ‖ **métairie** XIIᵉ s., *Mort d'Aymeri (moitoierie)*. ‖ **métayage** 1838, *Acad.*

métazoaire 1888, Lar.; du gr. *meta*, avec, et *zôon*, animal; animal pluricellulaire.

***méteil** XIIIᵉ s.; du lat. pop. *mĭstilium, mélange (de *mixtus*, part. passé de *miscêre*, mélanger).

métempsycose 1530, Rab. *(-osis)*; 1564, J. Thierry; du bas lat. *metempsychosis*, mot gr., de *meta*, après, et *empsukhoun*, faire vivre, de *psukhê*, âme.

météore milieu XIIIᵉ s.; du lat. médiév. *meteora*, mot gr., pl. neut. de *meteôros*, élevé dans les airs. ‖ **météorique** fin XVIᵉ s. ‖ **météoriser** début XVIIᵉ s., méd. vétér., gonfler l'abdomen; du gr. *meteôrizein*, gonfler (proprem. « élever »). ‖ **météorisme** 1560, Paré, du gr. *meteôrismos*. ‖ **météorisation** début XIXᵉ s. ‖ **météorite** 1842, *Acad.* ‖ **météorologie** 1547, Mizauld; abrév. *météo*, 1931, Saint-Exupéry. ‖ **météorologique** 1550, Roussat. ‖ **météorologue** 1775, *Journ. pol. litt.* ‖ **météorologiste** 1821, J. de Maistre. ‖ **météoromancie** 1765, *Encycl.* ‖ **météoronomie** 1942, *Acad.* ‖ **météorographe** 1827, *Acad.*

métèque 1842, *Acad.*, hist.; a remplacé *métœcien*, 1827, *Acad.*; 1894, Ch. Maurras, péjor.; du gr. *metoikos*, « qui change de résidence », de *oîkos*, maison.

méthane V. MÉTHYLÈNE.

méthode 1538, Canappe; du lat. *methodus* (Vitruve, Celse), du gr. *methodos*, « poursuite », d'où « recherche », de *hodos*, chemin. ‖ **méthodique** 1488, *Mer des hist.*, du lat. *methodicus*. ‖ **méthodologie** 1842, *Acad.* ‖ **méthodisme, -iste** 1760, J. Des Champs; de l'angl. *methodism, -ist*.

méthylène début XIXᵉ s.; du gr. *methu*, boisson fermentée, et *hulê*, bois, dit « esprit de bois ». ‖ **méthyle** 1840, Regnault, sur *éthyle* (v. ÉTHER). ‖ **méthane** 1882, *Bull. Soc. chim.*, par substit. de suff. ‖ **méthylique** 1866, L. ‖ Nombreux comp. sav. en *méthyl-* et *méthylo-*, depuis la fin du XIXᵉ s.

méticuleux fin XVIᵉ s., jurid.; du lat. *meticulosus*, craintif, de *metus*, crainte, sur *periculosus*, dangereux. ‖ **méticulosité** 1828, Villemain.

***métier** Xᵉ s., *Saint Léger (mistier)*; XIᵉ s. *(mestier)*; du lat. pop. *misterium (class. *ministerium*), « besoin », puis « service, fonction »; croisement possible avec *mysterium*. (V. MYSTÈRE.)

***métis** fin XIIᵉ s., *Girart de Roussillon (mestis)*; *s* prononcé d'après le fém. MÉTISSE (var. *mestif, -ive*, XVIIᵉ-XVIIIᵉ s., par changem. de suff.) ; du bas lat. *mixticius* (IVe s., saint Jérôme), de *mixtus*, mélangé. Sens spéc. empr. à l'esp. ‖ **métissage** 1834, Boiste (*métisage* 1842, *Acad.*). ‖ **métisser** 1873, Lar. (*métiser* 1869).

métonomasie 1690, Baillet, syn. ancien de *calque* en gramm. ; du gr. *metonomasia*, changement de nom, de *onoma*, nom.

métonymie 1521, Fabri ; du bas lat. *metonymia* (IVe s., Festus), du gr. *metônumia*, « changement de nom », de *meta*, et *onoma*, nom. ‖ **métonymique** av. 1844, Nodier.

métope 1520, Sagredo, archit. ; du lat. *metopa*, du gr. *metopê*, de *meta*, après, et *opê*, ouverture.

1. **mètre** 1360, G. de Machaut, versif. ; du lat. *metrum* (gr. *metron*), mesure. ‖ **métrique** 1495, J. de Vignay ; du lat. *metricus*, subst. *metrica* (gr. *metrikos, -ê*). ‖ **métromanie** 1723, Piron. ‖ **métromane** 1771, *Trévoux*. ‖ **métricien** 1842, *Acad.*

2. **mètre** 1791, unité de mesure ; du gr. *metron* mesure ; composés en -*mètre*, pour les multiples et sous-multiples du mètre, 1791. ‖ **métrique** 1795, *Lois*. ‖ **métrage** 1834, Landais ; 1907, Pathé, cinéma ; *long métrage*, 1911, *Ciné-Journal* ; *court métrage*, 1924, *Lyon-Républicain*. ‖ **métrer** 1834, Boiste. ‖ **métreur** 1846, Besch. ‖ Nombreux composés en -*mètre*, désignant les instruments de mesure.

métrite 1803, Boiste (*metritis*) ; 1807, Salviat (*métrite*) ; du lat. méd. *metritis*, du gr. *mêtra*, matrice, de *mêtêr*, mère ; inflammation de la matrice.

1. **métro-** du gr. *metron*, mesure. ‖ **métrologie** fin XVIIIe s. ‖ **métrologique** 1842, *Acad.* ‖ **métrologiste** 1842, *Acad.* ‖ **métronome** 1829, Boiste (a remplacé *métromètre*, XVIIIe s.).

2. **métro-** du gr. *mêtra*, matrice. ‖ **métropathie** milieu XIXe s. ‖ **métrorrhagie** 1829, Boiste, du gr. *rhagê*, rupture. ‖ **métrotomie** 1842, *Acad.*

3. **métro** V. MÉTROPOLE.

métropole XIVe s., *Chron. de Saint-Denis*, eccl. ; XVIIIe s., ext. de sens ; du bas lat. jurid. *metropolis* (gr. *polis*, ville, et *mêtêr*, mère). ‖ **métropolitain** adj.,

1495, J. de Vignay ; du lat. *metropolitanus* ; subst., 1873, *Année ind.*, par ellipse de « chemin de fer ». ‖ **métro** abrév., fin XIXe s. ‖ **métropolite** 1842, *Acad.*

***mets** 1130, *Eneas* (*mes*) ; XVe s., orth. *mets*, d'après *mettre* ; du lat. pop. *missum*, « ce qui est mis sur la table », part. passé de *mittere* (v. METTRE). ‖ **entremets** XIIe s., divertissement ; XVIe s., mod.

***mettre** Xe s., *Valenciennes* ; du lat. *mittĕre*, « envoyer », en bas lat. « mettre », empl. à la place de *ponere* (Ve s., M. Empiricus, Palladius). [V. PONDRE.] ‖ **mettable** 1160, Benoît. ‖ **immettable** XXe s. ‖ **metteur** 1305, G., rare jusqu'en 1694, Th. Corn. Toujours en composition : *metteur en œuvre*, 1694, Th. Corn. ; *metteur en pages*, 1819, Boiste ; *metteur en scène*, 1873, Lar. ; 1908, cinéma ; *metteur au point*, 1873, Lar., sculpt. ; 1930, Lar., mécanique ; *metteur en ondes*, XXe s. ‖ **démettre** XIIIe s., déplacer, et fig. ‖ **entremettre** 1160, *Eneas*. ‖ **entremise** *id.* ‖ **entremetteur** 1387, G. ; péjor. en fr. mod. ‖ **remisage** 1867, L. ‖ **remise** début XIVe s., jur. ; 1611, Cotgrave, ext. de sens.

***meuble** adj., XIIe s. (*mueble*) ; subst., XIIIe s., « biens meubles » ; XVIe s., sens mod. ; du lat. pop. *mŏbilis*, en lat. class. *mŏbilis* (ŏ d'après *mŏvere*, mouvoir). ‖ **meubler** XIIIe s., garnir ; XIVe s., sens mod. ‖ **meublant** XIIIe s., adj. ‖ **meublé** 1930, Lar., subst. ‖ **ameublement** 1598, Delb., de *ameubler* (XVIe s.), jurid. ; 1845, Besch., agric. ‖ **ameublir** XVe s., de *meuble*, adj., jurid. ; 1578, Liébault, agric. ‖ **ameublissement** av. 1573, M. de l'Hospital, jurid. ; 1827, *Acad.*, agric. ‖ **démeubler** XIIIe s., G. (*desmobler*), priver de ses biens ; XVIIe s., sens mod. ‖ **démeublement** XVIIe s. ‖ **immeuble** 1275, G. (-*oble*), lat. *immobilis* d'apr. *meuble*. ‖ **remeubler** XIIIe s.

meugler 1539, R. Est. ; onom., var. de *beugler*. ‖ **meuglement** 1539, R. Est.

1. ***meule** (*à moudre*) 1170, *Rois* ; du lat. *mŏla*. ‖ **meuler, meulage** fin XIXe s., Lar. ‖ **meulière** milieu XVIe s. (*pierre meulière*). ‖ **molette** début XIVe s. ‖ **moleter** 1382, Delb. ‖ **moletoire** 1765, *Encycl.* (V. MOLAIRE 1.)

2. **meule** (*de foin*, etc.) XIIIe s., *Lib. psalm.* (*moule*), d'orig. obsc. ; peut-être empl. métaph. de *meule* 1. ‖ **meulon**

XVII⁰ s., croisem. de *meule* et de *mulon*, XIII⁰ s., R. de Houdenc, lui-même croisem. de l'anc. fr. *muele* et de l'anc. fr. *muillon*, du lat. pop. *mutulio, -ōnis*, dér. de *mutulus*, pierre en saillie, d'où tas de pierres. (V. MOREAU, MUTULE.)

meunier 1268, E. Boileau, réfection, d'après *meule* 1, de l'anc. fr. *mounier*, du lat. *molinarius*, de *mola*, meule (v. MOULIN). Var. anc. fr. *minier*. ‖ **meunerie** 1767, Malouin.

meurtre V. MEURTRIR.

meurtrir 1155, Wace (*murdrir, murtrir*), « tuer »; du franc. **murthrjan*, assassiner; XVI⁰ s., sens mod. ‖ **meurtre** XII⁰ s., *Lois de Guill.* (*murtre*). ‖ **meurtrier** XII⁰ s. (*murtrier*). ‖ **meurtrière** 1573, Dupuis, archit. (a remplacé *archière*). ‖ **meurtrissure** 1560, Paré.

*meute 1155, Wace (*muete*), « soulèvement », jusqu'au XVI⁰ s. (V. ÉMEUTE); XIII⁰ s., vén., sens mod.; du lat. pop. *mŏvĭta*, part. passé refait (class. *mŏtus, -a*) de *mŏvēre*, « mouvoir », et substantivé au fém. (v. MUTIN). L'anc. orth. *muete* a été conservée en fr. mod., avec le sens spécial de « logis pour les chiens de chasse », figé en toponymie : 1740, *Acad.* (*muette*), et le quartier de *la Muette*, à Paris. ‖ **ameuter** XVI⁰ s., Du Fouilloux, « réunir les chiens en meute »; 1578, d'Aubigné, « réunir »; XVIII⁰ s., « attrouper ». ‖ **-ement** 1650.

mézair, mésair 1677, Solleysel, équit., de l'ital. *mezzaria*, « demi-air ».

mezza, mezzo mot ital. « moyenne, moyen », prem. élém. de comp. d'orig. ital. ‖ **mezza voce** milieu XVIII⁰ s., mus. ‖ **mezzo-soprano** 1839, Boiste, mus., a éliminé l'anc. *bas-dessus*. ‖ **mezzotinto** milieu XVIII⁰ s., gravure, propr. « moyenne teinte ».

mezzanine 1676, Félibien, archit.; de l'ital. *mezzanino*, « entresol », de *mezzo*, « qui est au milieu ».

1. ***mi** 1080, *Roland*, « demi, milieu »; du lat. *mĕdius*, « qui est au milieu »; éliminé par *demi* et *milieu*; conservé seulem. comme premier élément de composé : *mi-carême, mi-clos, à mi-chemin*, etc. ‖ **mi-** apparaît égalem. dans la construction de mots aujourd'hui sentis comme mots simples, dont les suivants. ‖ **midi** 1080, *Roland*, sur le rad. *di*, du

lat. *dies* (v. LUNDI). ‖ **après-midi** début XVI⁰ s., s. m.; 1836, Landais, s. m. et s. f.; souvent s. f. au XIX⁰ s. ‖ **milieu** début XII⁰ s., *Voy. de Charl.*, de *lieu*; 1871, Zola, sens social. ‖ **minuit**, 1130, *Eneas* (*mie nuit*, avec le fém. de *mi*, maintenu jusqu'au XVII⁰ s.). ‖ **mitan** XIV⁰ s. (*mitant*); concurrence encore *milieu* dans les parlers régionaux; d'orig. obsc., probablem. comp. de *mi* et *tant*. (V. *parmi*, à PAR.)

2. **mi** V. UT.

miaou début XVII⁰ s., onomatopée.

miasme 1695, Raynaud, du gr. *miasma*, souillure, de *miainein*, souiller. ‖ **miasmatique** 1827, *Acad.*

miauler XIII⁰ s., *Renart le Nouvel*, d'orig. onom. (cf. l'ital. *miagolare*, l'all. *miauen*). ‖ **miaulement** 1557, J. Du Bellay (*mijaudement*). ‖ **miauleur** XVI⁰ s., chez Le Roux de Lincy.

mica début XVIII⁰ s., du lat. *mica*, « parcelle » (v. MIE 1). ‖ **micacé** 1755, abbé Prévost. ‖ **micaschiste** 1817, Gérardin.

micelle fin XIX⁰ s., Lar., dimin., créé par Naegeli, du lat. *mica*, « parcelle » (v. MIE 1). ‖ **micellaire** 1922, Lar.

miche milieu XII⁰ s., « miette »; XIII⁰ s., sorte de pain; du lat. **micca*, forme renforcée de *mīca*, « parcelle » (v. MIE 1). Au XIX⁰ s., au pl., arg. et pop., « seins ».

miché début XVIII⁰ s., « celui qui entretient une femme », pop.; de l'anc. prononc. de *Michel*.

micheline v. 1930, ch. de fer, du nom de *Michelin*, l'inventeur de cette automotrice.

micmac 1640, d'après *le Littéraire*, 10 août 1946 (*miquemaque*, s. f.); 1691, Huet (*micmac*, s. m.); altér. du moy. fr. *mutemaque*; XV⁰ s., « rébellion », et XVI⁰ s., « confusion, désordre »; du moy. néerl. *muetmaken*, « faire une rébellion », de *maken*, faire, et *muit* issu du fr. *meute*.

micocoulier 1552, Ch. Est. (*micacoulier*); 1600, O. de Serres (*mycacoulier*); mot prov., du gr. mod. *mikrokoukouli*.

micro- du gr. *mikros*, petit; pour indiquer la millionième partie d'une unité : **microhm** fin XIX⁰ s. ‖ **micromillimètre** 1890, Lar. ‖ **microseconde**

1931, Lar. — Pour indiquer des quantités très petites ou pour signifier « très petit » : **micro-analyse** XXᵉ s. (v. ANALYSE). ‖ **microbalance** 1930, Lar. ‖ **microcéphale** 1827, *Acad.*, du gr. *microkephalos*, petite tête. ‖ **microcéphalie** 1858, Nysten. ‖ **microchimie** *id.* ‖ **microcoque** 1890, Lar., sur l'élém. *-coque.* ‖ **microcosme** 1314, Fauvel; du bas lat. *microcosmus*, du gr. *mikrokosmos*, de *kosmos*, monde. ‖ **microcosmique** 1842, *Acad.* ‖ **microdissection** XXᵉ s. (V. DISSÉQUER). ‖ **microfilm** 1931, Lar. (V. FILM). ‖ **microfilmer** *id.* ‖ **micrographie** 1665, sur l'élém. *-graphie.* ‖ **micrographe** 1771, *Trévoux.* ‖ **micrographique** 1834, Landais. ‖ **micromélie** 1842, *Acad.*, du gr. *mêlos*, membre. ‖ **micromètre** milieu XVIᵉ s., « compas »; 1640, Gascoigne, instrum. d'astron. ‖ **micrométrie** 1842, *Acad.* ‖ **micron** 1890, Lar. ‖ **micro-onde** 1931, Lar. ‖ **micro-organisme** 1876, L. ‖ **microphone** 1732, *Trévoux.* — Abrév. **micro**, XXᵉ s. ‖ **microcravate** mars 1963, journaux, de *micro(phone).* ‖ **microphonique** 1949, Lar. ‖ **microphotographie** 1890, Lar. ‖ **microphysique** 1931, Lar. ‖ **micropyle** 1824, bot., du gr. *pulê*, porte. ‖ **microscope** 1665, Monconys. ‖ **microscopique** v. 1700. ‖ **microscopie** 1846, Besch. ‖ **microsillon** v. 1950. ‖ **microspore** 1846, Besch. ‖ **microsporange** 1890, Lar. ‖ **microthermie** 1923, Lar. ‖ **microtome** 1827, *Acad.* ‖ **microzoaire** 1842, *Acad.*, du gr. *zôarion*, animalcule. — *Micro* tend à devenir en français contemporain un préfixe de substitution à l'adjectif *petit, très petit.* D'où les formations récentes : **microcircuit** 1961, journaux. ‖ **microclimat** XXᵉ s., géogr. ‖ **micro-Etats** mai 1963, journaux. ‖ **micrométéorite** septembre 1962, journaux. ‖ **microminiaturisation** 1961, journaux. ‖ **micromodule** 1961, journaux. ‖ **micropinces** mai 1963, journaux. ‖ **microprix** mai 1963, journaux.

microbe 1878, Sédillot, du gr. *microbios*, de *micros*, petit, et *bios*, vie. ‖ **microbien** 1894, Sachs. ‖ **microbicide** fin XIXᵉ s.

miction début XVIIᵉ s., du bas lat. *mictio*, var. de *minctio*, de *mingere*, uriner.

midi V. MI 1.

midinette fin XIXᵉ s., G. Charpentier, de *midi*, et *dinette* (« qui fait la dînette à midi »).

midship 1883, Loti, mar., abrév. de *midshipman*, 1785, trad. de Cook; mot angl., de *midship*, milieu du bateau, et *man*, homme.

1. *****mie** (*de pain*) XIIᵉ s., *Aliscans*, miette de pain; XVIIᵉ s., sens mod.; du lat. *mīca*, « parcelle »; a servi, jusqu'au XVIIᵉ s., de renforcement de la particule négative *ne*, concurremment à *pas, point.* ‖ **miette** XIIᵉ s., « miette », et « mie » (intérieur du pain); à partir du XVIᵉ s., ne conserve que le sens actuel et, au XVIIᵉ s., élimine *mie* dans cet emploi. ‖ **émietter** milieu XVIᵉ s. ‖ **émiettement** 1611, Cotgrave. ‖ **émier** 1190, *Rois.* (V. MIOCHE, MITONNER.)

2. **mie** V. AMI.

*****miel** Xᵉ s., du lat. *měl.* ‖ **miellé** XIIᵉ s., G. ‖ **miellée** 1827, *Acad.* ‖ **mielleux** 1265, J. de Meung. ‖ **emmieller** XIIIᵉ s. (V. MÉLASSE, MÉLÈZE, MELLI-.)

mien V. MON.

miette V. MIE 1.

*****mieux** Xᵉ s., *Eulalie* (*melz*), du lat. *mělius*, neutre, pris adverbialement, de *mělior*, meilleur, comparatif de *bonus.* ‖ **mieux-être** XVIIIᵉ s. (V. ÊTRE.)

mièvre début XIIIᵉ s., « malicieux, vif » (var. *esmièvre* au XIIIᵉ s.); XVIIᵉ s., sens mod.; probablem. même mot que le norm. *nièvre*, « vif », du scand. *snœfr*, même sens. ‖ **mièvrerie** 1718, *Acad.*, a remplacé *mièvreté*, 1440, Chastellain.

mignard V. le suivant.

mignon fin XIIᵉ s., Béroul, « mendiant »; XVᵉ s., *Soties*, sens usuel; mot de même rac. que *minet.* ‖ **mignoter** début XVᵉ s., A. de La Sale; de la var. *mignot*, XIIᵉ s., « mignon », d'où en anc. fr. *mignotise* XIIIᵉ s., A. de la Halle. ‖ **amignoter** v. 1220, C. de Coincy. ‖ **mignonnette** v. 1500, de l'anc. dimin. *mignonnet*, arch. ‖ **mignonnerie** XXᵉ s. ‖ **mignard** 1418, G. (attesté par *mignarder*), par substitution de suff. ‖ **mignardise** 1539, R. Est.

migraine XIIIᵉ s., *Erberie* (*migraigne*); du lat. méd. *hemicrania* (IIIᵉ s., C. Aurelius), du gr. *hêmikrania*, « douleur dans la moitié (*hêmi*) du crâne (*kranion*) ».

‖ **migraineux** 1890, Lar. ‖ **antimigraineux** 1907, Lar.

migration 1495, *Mir. historial*, du lat. *migratio*, de *migrare*, changer de séjour. ‖ **migrateur** 1867, L., du bas lat. *migrator*. ‖ **migratoire** 1838, *Acad.* ‖ **migrant** 1962, journaux, adj.

mijaurée 1640, Oudin ; XVIIe s., var. *migeorée* ; mot rég. (Ouest), d'orig. obsc., de *mijolée*, du v. *mijoler*, « cuire à petit feu », puis « cajoler » ; peut-être altéré par *mijot* (v. le suivant).

mijoter 1583, *Maison rustique*, « faire mûrir (les fruits) » ; XVIIIe s., cuire doucement ; mot de l'Ouest, de *mijot*, lieu où l'on conserve les fruits, var. probable de l'anc. fr. *musgode*, fin XIe s., *Alexis*, var. *migoe, mujoe*, provision de vivres, du germ. **musgauda* (v. MAGOT 1). ‖ **mijotage** 1961, journaux.

mikado 1827, *Acad.* (*mikaddo*), « souverain pontife de la religion au Japon » ; 1873, L. (*mikado*), empereur du Japon ; mot japonais.

1. **mil** V. MILLE.

2. ***mil** 1265, Br. Latini, millet, lat. *mĭlium* ; remplacé auj. par le dér. **millet** 1256, Ald. de Sienne. ‖ **grémil** XIIIe s. (*gromil*) ; de *grès* (v. ce mot) et *mil*, à cause de la dureté des graines de cette plante ; var. *grenil*, XVIe s., d'après *grain*.

milady 1727, Brunot, de l'angl. *my lady*, madame.

milan début XVIe s., mot prov., du lat. pop. **milānus* (class. *miluus*, milan) ; a remplacé l'anc. fr. *escoufle* (1120, *Ps. de Cambridge*), du bas breton **skouvl*.

mildiou 1874, Lar., de l'angl. *mildew*, proprem. « rouille (des plantes) ». ‖ **mildiousé** fin XIXe s.

miliaire 1560, Paré, méd., du lat. *miliarius*, de *milium*, millet.

milice 1308, Aimé (*milicie*) ; fin XVIe s., Brantôme (*milice*) ; du lat. *militia*, service militaire, et, par ext., corps de troupe, de *miles*, soldat ; jusqu'au XVIIe s., surtout dans l'expression *les milices célestes* ; fin XVIIe s., troupes locales formées de bourgeois et de paysans ; XIXe s., police supplétive. ‖ **milicien** 1725, de Guignard. ‖ **milicienne** 1937, journaux.

milieu V. MI 1.

militaire 1355, Bersuire, du lat. *militaris*, de *miles, militis* soldat. ‖ **militarisme** 1790. ‖ **militariste** 1892, Guérin. ‖ **militariser** 1843, *le Charivari*. ‖ **militarisation** 1876, L. ‖ **antimilitariste** fin XIXe s. ‖ **démilitariser** 1871, journaux. ‖ **démilitarisation** fin XIXe s. **para-militaire** v. 1935, avec le préf. *para*, « à côté ». ‖ **prémilitaire** 1935, Sachs-Villatte, avec le préf. *pré-*, avant.

militer XIIIe s., H. de Méry, « combattre », d'où empl. théol. ; 1669, Widerhold, sens mod., surtout relig. ‖ **militant** début XVe s. (*église militante*) ; subst., XIXe s., polit.

milk-bar XXe s., de *bar*, et de l'angl. *milk*, lait.

mille début XIIe s., *Voy. de Charl.* (*milie*), du lat. *milia*, pl. de *mille*, mille ; var. *mil*, du lat. *mille*. ‖ **milliard** 1544, Peletier, de *million*, par changem. de suff. ‖ **milliardaire** fin XIXe s. ‖ **milliardième** début XXe s. ‖ **milliasse** fin XVe s., de *million*, par changem. de suff. ‖ **millier** 1080, *Roland*, d'après le lat. *milliarius*. ‖ **millième** XIIIe s. (*milisme*) ; 1361, Oresme (*millième*) ; du lat. *millesimus*. ‖ **million** XIIIe s., de l'ital. *milione*, « un grand mille ». ‖ **millionième** milieu XVIe s. ‖ **millionnaire** 1740, Lesage. ‖ **millépore** 1752, *Trévoux*, zool. ‖ **mille-feuille** 1456, Villiers, bot. ; fin XIXe s., gâteau. ‖ **millefleurs** XVIIe s., pharm. (*eau de millefleurs*), parfum à la mode. ‖ **mille-pattes** 1562, Du Pinet (*mille-pieds*) ; XVIe s. (*mille-pattes*), zool. ‖ **mille-pertuis** 1539, R. Est., bot. (V. BILLION, MILLÉNAIRE, MILLÉSIME, MILLIAIRE, MILLI-, TRILLION, etc.)

millénaire 1495, *Mir. historial*, du bas lat. *millenarius*, de *mille*, « mille ». ‖ **bimillénaire** XXe s. (1951, Lar.).

millésime 1515, Lortie, du lat. *millesimus*, millième.

millet V. MIL 2.

milli- élém. de comp. indiquant la millième partie d'une unité, du lat. *mille*, « mille ». ‖ **milliampère** 1881. ‖ **millibar** XXe s. ‖ **milligramme, millilitre, millimètre** 1795, loi du 18 germinal an III. ‖ **millimicron** XXe s. ‖ **millithermie** XXe s. ‖ **millivolt** XXe s.

milliaire fin XVe s., « distance de mille pas »; 1636, Monet, hist. rom.; du lat. *miliarius*, de *milia*. (V. MILLE.)

millier V. MILLE.

milord XIVe s., *Mir. de N.-D.* (*millour*); XVIIe s. (*milord*); de l'angl. *mylord*, « mon seigneur ».

milouin milieu XVIIIe s., zool., du lat. *miluus*, milan; canard sauvage.

mime début XVIe s., hist., du lat. *mimus* (gr. *mimos*); 1783, S. Mercier, sens mod. || **mimique** adj., 1570, Hervet, hist., du lat. *mimicus* (gr. *mimikos*); s. f., 1842, *Acad.*, sens mod. || **mimer** 1838, *Acad.* || **mimodrame** 1820, V. Hugo. || **mimologie** 1765, *Encycl.*, art, science des mimes.

mimétisme 1874, Lar., du gr. *mimeisthai*, imiter. || **mimétique** fin XIXe s.

mimi XVIIe s., coiffure de dame; 1837, Balzac, « chat », terme enfantin; redoublement enfantin de la prem. syll. de *minet* (v. ce mot).

mimosa 1602, A. Colin, fém. jusqu'en 1878, *Acad.*; du lat. bot. *mimosa*, de *mimus*, c.-à-d. « qui se contracte comme un mime ». || **mimosées** 1842, *Acad.*

minable V. MINE 2.

minaret 1606, Palerne, du turc *mĕnarĕ*, pop. *mīnarĕ*, de l'ar. *manâra*, proprem. « phare ».

minauder V. MINE 3.

mince 1398, *Ménagier*, de l'anc. fr. *mincier*, XIIIe s., « couper en menus morceaux » (encore d'empl. rég., sous la forme *mincer*), var. anc. de *menuiser*, du lat. pop. **minutiare*, « rendre menu », de *minūtus*, part. passé de *minuere*, diminuer. (V. MENU, MENUISER). || **minceur** 1782, *Encycl. méth.* || **amincir** XIIIe s., rare jusqu'à 1752, *Trévoux.* || **amincissement** XVIIIe s., Buffon. || **émincer** 1701, Furetière.

1 mine XIIe s., *Th. le Martyr*; altér. de *émine*, du lat. *hemīna*, mesure de capacité (28 centilitres), du gr. *hêmîna*, *id.* (*hémine*, 1718, *Acad.*). || **minot** 1268, É. Boileau, mesure d'une demi-mine, puis baril; XVIIe s., farine fine, mise en barils (pour traverser les mers). || **minotier** fin XVIIIe s., propr. « qui prépare la farine fine ». || **minoterie** 1834, Landais.

2 mine (*de houille*) 1314, Mondeville, du gallo-roman **mīna*, probablem. d'orig. celt. (cf. irl. *mein*, minerai); XVIe s., excavation pratiquée pour faire sauter un bloc de rochers; XXe s., milit., engin explosif enterré ou immergé; XXe s., « mine de crayon ». || **miner** 1190, Bodel. || **minable** XVe s., J. des Ursins, « qui peut être miné »; 1823, Boiste, fig., misérable. || **mineur** 1210, Villehardouin. || **minière** s. f., 1265, J. de Meung, vx. || **minier** adj., 1867, L. || **minerai** 1314, G., (*minerois*, avec le suff. *-ois*). || **contre-mine** XIVe s., milit. || **contre-miner** XVe s., milit. || **déminer, déminage, démineur** XXe s., milit. || **porte-mines** XXe s.

3 mine XVe s., *Repues franches*, aspect du visage; du breton *min*, bec, museau. || **minois** 1498, *Vengeance de J.-C.* || **minauder** 1645, *Muse normande.* || **minauderie** XVIe s. || **minaudier** 1694, *Acad.*

4. mine 1562, Du Pinet, poids et monnaie antiques; du lat. *mina*, du gr. *mnâ*.

minerai V. MINE 2.

minéral fin XVe s., du lat. médiév. *mineralis*, de *minera*, « minière », de même rac. que MINE 2. || **minéraliser** 1751, *Journ. écon.* || **minéralisation** *id.* || **minéralisateur** fin XVIIIe s. || **minéralogie** milieu XVIIe s., « étude des sels minéraux »; XVIIIe s., sens mod. || **minéralogique** 1751, *Journ. écon.* || **minéralogiste** 1753, d'Holbach. || **déminéraliser** fin XIXe s.

minerve 1626, d'Aubigné, « intelligence », arch.; 1842, *Acad.*, chir.; fin XIXe s., typogr.; du lat. *Minerva*, déesse de la sagesse. || **minerval** XVIe s., myth. || **minerviste** fin XIXe s., typogr.

minestrone XXe s., culin., mot italien; soupe épaisse.

minet XVIe s. (*minette*, fém.), de *mine*, nom pop. du chat dans divers parlers gallo-romans; d'orig. onomatop. || **minou** 1398, E. Deschamps, bot., avec changem. de suff.; 1560, Pasquier, petit chat. (V. CHATON 1.)

1 mineur s. m. V. MINE 2.

2. *mineur adj., 1265, Br. Latini; du lat. *minor, minoris*, comparatif de *parvus*, petit. || **minoratif** 1503, G. de

Chauliac, du lat. scolast. *minorativus*, « qui diminue », du lat. *minorare*, diminuer. ‖ **minoration** 1806, Lunier. ‖ **minorité** 1437, *Cout. d'Anjou*, jurid., du lat. médiév. *minoritas*, de *minor*; 1727, chez Mackenzie, polit., en ce sens empr. à l'angl. *minority* (v. MAJORITÉ). ‖ **minoritaire** fin XIXe s. (V. MINIME, MOINDRE, MAJEUR, etc.).

miniature 1644, Corneille, de l'ital. *miniatura*, de *minio*, minium. ‖ **miniaturiste** 1748, Caylus. ‖ **miniaturer** 1840, Gautier. ‖ **miniaturiser, miniaturisation** v. 1960, journaux.

minier, minière V. MINE 2.

minime 1361, Oresme, du lat. *minimus*, superlatif de *parvus*, petit. ‖ **minimiser** 1842, Radonvilliers. ‖ **minimum** début XVIIIe s., neutre du lat. *minimus*. ‖ **a minima** 1765, *Encycl.*, jur., du lat. jurid. *a minima poena*, « à partir de la plus petite peine ». ‖ **minimal** XXe s. ‖ **mini-** prem. élém. de composé : **minimachine, minimodèle** 1963, journaux.

ministre 1190, Garn., « ministre de Dieu »; XVIIe s., polit.; du lat. *minister*, serviteur. ‖ **ministère** milieu XVe s., eccl.; XVIIe s., polit.; du lat. *ministerium*, service, fonction (v. MÉTIER). ‖ **ministériel** XVIe s., même évol., du lat. *ministerialis* (ve s., *Code Théodosien*). ‖ **ministrable** 1894, Sachs-Villatte. ‖ **antiministériel** 1740, d'Argenson, polit.

minium 1560, Paré (*minion*), mot lat., qui a éliminé l'anc. forme francisée *mine*.

minois V. MINE 3.

minoratif, minorité V. MINEUR 2.

1 **minot, minotier, minoterie** V. MINE 1.

2. **minot** 1673, Guillet, mar., du breton *min*, pointe. V. MINE 3.

minou V. MINET.

minuit V. MI 1.

minuscule 1634, Delb., adj., écriture, du lat. *minusculus*, « assez petit », dimin. de *minor*; XIXe s., ext. de sens. (V. MAJUSCULE, MINEUR 2.)

minus habens 1836, Stendhal, loc. lat., propr. « ayant moins ». ‖ **minus** s. m., XXe s., abrév.

1. **minute** XIIIe s., *Comput*, division du temps, du lat. médiév. *minuta*, de l'adj.

lat. class. *minutus*, menu. ‖ **minuterie** 1786, Berthoud. ‖ **minuter** XXe s. ‖ **minutage** v. 1930, Aragon. ‖ **minuteur** 1842, *Acad.*, procéd.; 1963, journaux, techn.

2. **minute** fin XIVe s., « écrit original », acte notarié, du lat. médiév. *minuta*, au sens de « écriture menue » (v. le précédent). ‖ **minuter** fin XIVe s., jusqu'au XIXe s., « rédiger » (une minute). ‖ **minutaire** XIXe s. ‖ **minutier** fin XIXe s.

minutie 1627, P. Dupuy, du lat. *minutia*, parcelle, de *minutus*, menu. ‖ **minutieux** 1752, *Trévoux*.

miocène milieu XIXe s., géol., de l'angl. *miocene* (1833, Lyell), du gr. *meion*, moins, et *kainos*, récent. (Voir ÉOCÈNE, PLIOCÈNE.)

mioche milieu XVIe s., « miette »; encore 1611, Cotgrave; fin XVIIIe s., « enfant »; de *mie* 1, avec le suff. arg. *-oche*. ‖ **mion** 1649, Oudin, « miette », et « enfant », avec un autre suff.

mir 1890, Lar., hist., mot russe, communauté villageoise.

mirabelle XVIIe s., Liger, du lat. *myrobalanus*, propr. « myrobolan », sorte de fruit des Indes, du gr. *myrobalanos*, de *myron*, sorte de parfum, et *balanos*, gland (v. MIROBOLANT, MYROBOLAN). ‖ **mirabellier** XIXe s.

miracle fin XIe s., *Alexis*, du lat. *miraculum* « prodige », au sens eccl., de *mirari*, s'étonner. ‖ **miraculeux** 1314, Mondeville.

mirador v. 1830 (*miradore*), de l'esp. *mirador*, sorte de belvédère, de *mirar*, regarder.

miraillé 1644, Vulson, de l'anc. fr. *mirail*, miroir, du lat. pop. *miraculum*, objet où l'on se mire; terme d'héraldique. (V. MIRER.)

*mirer XIIe s., *Saxons*, du lat. pop. *mirare*, « regarder attentivement », class. *mirari*, s'étonner (v. ADMIRER); sens ancien dans *mirer des œufs*; XVIe s., milit.; depuis le Moyen Age, surtout *se mirer*. ‖ **mire** XVe s.; XVIIe s., milit.; XVIIe s., *point de mire*. ‖ **mirette** XIXe s., techn.; 1849, pop., au pl. « yeux ». ‖ **mireur** 1842, *Acad.*, milit.; 1874, Lar., *mireur d'œufs*. ‖ **mirage** 1753, *Hist. de l'Acad. des sciences*. ‖ **miroir** XIIe s.

(*mireor*). ‖ **miroiter** XVIe s. ‖ **miroitement** 1622, Delb. ‖ **miroitier** 1564, J. Thierry. ‖ **miroiterie** 1701, Furetière.

mirifique 1495, *Mir. historial*, du lat. *mirificus*, admirable, de *mirari*, admirer. (V. ADMIRER, MIRER.)

mirlicoton v. 1600, O. de Serres (*mirécouton*) ; 1611, Cotgrave (*mirelicoton*); altér. de l'esp. *melocoton*, pêche, propr. « pomme-coing ».

mirliflore XVIIIe s., Collé (*mirliflor*) ; var. *mirlifleur*, Faublas; altér., par croisem. avec *mirlifique* XVe s. (déformation de MIRIFIQUE), de *millefleurs* (v. ce mot à *mille*) ; ou du lat. *mille flores*, fin XVIIe s., N. Lémery, *Traité de pharmacie*.

mirliton 1752, *Trévoux*, paraît être un anc. refrain (cf. l'anc. *mirely*, XVe s., « mélodie »). ‖ **mirlitonner** 1833, P. Borel. ‖ **mirlitonnade** XXe s., G. Duhamel.

mirmillon 1732, *Trévoux*, hist., du lat. *mirmillo*, gladiateur armé d'un bouclier gaulois.

mirobolant 1838, de Launay, empl. plaisant de *myrobolan*, XIIIe s., qui désignait diverses espèces de fruits desséchés, utilisés en pharmacie. (V. MIRABELLE, MYROBOLAN.)

miroir, miroiter, etc. V. MIRER.

miroton fin XVIIe s., Liger, culin., d'orig. inconnue.

misaine 1382, *Inv. de l'arsenal de Rouen* (*migenne*) ; fin XVe s. (*mizenne*) ; 1573, J. du Puys (*misaine*, d'après l'ital. *mezzana*); du catalan *mitjana*, fém. substantivé de l'adj. *mitjan*, propr. « (voile) moyenne », « artimon »; du lat. *medianus; mât de misaine*, 1636, Monet.

misanthrope 1552, Rab., du gr. *misanthrôpos*, de *misein*, haïr, et *anthrôpos*, homme. ‖ **misanthropie** 1550, Pontus de Thyard.

miscellanées 1570, *Cité de Dieu*, du pl. neutre lat. *miscellanea*, propr. « choses mêlées », de *miscere*, mêler.

miscible 1762, *Acad.*, du lat. *miscere*, mêler. ‖ **miscibilité** 1780, Thouvenel.

mise 1233, G., part. passé de *mettre*, substantivé au fém. ‖ **miser** fin XVIIIe s.

misère 1120, *Ps. de Cambridge* (*miserie*) ; du lat. *miseria*, de *miser*, malheureux. ‖ **miséreux** fin XIVe s., Chr. de Pisan. ‖ **misérable** début XIVe s., du lat. *miserabilis*. ‖ **misérabilisme** 1961, journaux.

miséréré 1546, Ch. Est., « colique » (pour laquelle il faut dire son *miserere*); du lat. *miserere*, « aie pitié », impér. de *misereri*, et premier mot du Psaume 51, empl. pour désigner ce psaume.

miséricorde 1120, *Ps. de Cambridge*, au sens relig., du lat. *misericordia*, de *misericors*, de *cor*, cœur, et *miseria*, détresse, de *miser*, malheureux. ‖ **miséricordieux** 1160, Benoît.

misogyne 1559, Amyot; rare jusqu'en 1757, *Journ. étranger*; gr. *misogunês*, de *misein*, haïr, et *gunê*, femme. ‖ **misogynie** 1827, *Acad.*

misonéisme, misonéiste 1894, Sachs, du gr. *misein*, haïr, et *neos*, nouveau.

miss 1713, Hamilton (*misse*), comme terme angl.; XIXe s., institutrice angl.; mot angl., « mademoiselle », abrév. de *mistress*, madame, de l'anc. fr. *mestresse*, maîtresse. (V. MAÎTRE.)

missel 1180, *R. d'Alexandre*, réfection, d'après le lat., de l'anc. fr. *messel*, XIIe s., du lat. *missalis* (*liber*), livre de messe. (V. MESSE.)

missile XIVe s., milit., du lat. *missile*, « arme de jet », de *missus*, part. passé de *mittere*, envoyer; repris v. 1960, « fusée de combat ». ‖ **antimissile** v. 1960, s. et adj.

mission XIVe s., relig., réfection de l'anc. fr. *mession*, XIIe s., *Florimont*, du lat. *missio*, action d'envoyer, de *mittere*, envoyer. ‖ **missionnaire** 1662, Racine. ‖ **missionnariat** fin XIXe s.

missive adj., milieu XVe s. (*lettre missive*) ; s. f., milieu XVIe s.; du lat. *missus*, part. passé de *mittere*, envoyer.

mistelle fin XIXe s., Lar., de l'esp. *mistela*, de *misto*, mélangé; mot venu par l'Algérie; moût de raisin muté à l'alcool.

mistenflûte 1642, Oudin, « jeune garçon trop délicat », altér. facétieuse du prov. mod. *mistouflet*, « poupin », de *misto*, « mioche », de même rac. que l'anc. fr. *miste*, « joli », et que *mite*, nom pop. du chat. (V. MISTON, MISTOUFLE, MISTIGRI.)

mistigri 1827, Lebrun, *Manuel des jeux*, valet de trèfle; XIXe s., nom pop. du chat; comp. de l'adj. *gris* et de **miste*, var. de *mite*, dénomin. pop. du chat, d'orig. onomatop. (V. CHATTEMITE, MARMITE, le préc. et les suivants.)

miston 1795, Coissin, arg., « jeune homme », de l'anc. et moy. fr. *miste*. (V. MISTENFLÛTE, MISTIGRI, MISTOUFLE.)

mistoufle 1867, Delvau, pop., « misère, avanie », de *emmistoufler* (début XIXe s.), « envelopper de fourrures », altér. de *emmitoufler* d'après l'anc. *miste*, « élégant », attesté encore aux XVIe - XVIIe s. (v. les préc. et MITAINE.)

mistral 1519, Pigaphetta; rare avant 1798, *Acad.* (*maèstral*, prononcé *mystral*); mot prov. mod., de l'anc. prov. *maestral*, « vent maître », de *maistre*, *maestre*. (V. MAÎTRE.)

mistress V. MISS.

mitaine 1180, *Parthenopeus*, de l'anc. fr. *mite*, empl. métaph. de l'anc. *mite*, chatte (à cause de la fourrure), d'orig. onom. (v. CHATTEMITE, MARMITE). ‖ **miton** 1660, Oudin, même sens, également dér. de *mite*. ‖ **mitoufle** XVIe s., autre dér., sous l'infl. de *moufle*. ‖ **emmitonné** 1580, Montaigne. ‖ **emmitoufler** milieu XVIe s. (v. MISTOUFLE.)

mite 1398, *Ménagier*, insecte, du moy. néerl. *mite*. ‖ **mité** 1743, *Trévoux*. ‖ **se miter** 1931, Lar. ‖ **miteux** 1808, d'Hautel. ‖ **antimite** 1935, Sachs.

mithriacisme 1842, *Acad.*, var. *mithracisme*, du nom de *Mithra*, dieu de la mythol. perse.

mithridate 1425, O. de La Haye (*metridat*), pharm., du nom de *Mithridate*, roi du Pont (Ier s. av. J.-C.), qui se serait immunisé contre les poisons. ‖ **mithridatiser, mithridatisation** fin XIXe s.

mitiger 1355, Bersuire, du lat. *mitigare*, adoucir, de *mitis*, doux; XXe s., *mitigé*, au sens de « mélangé ». ‖ **mitigation** *id.*, du lat. *mitigatio*.

mitonner 1552, Rab., mot de l'Ouest, de *mitonnée*, « panade », d'après *miton*, mie de pain, probablem. dér. de *mie* 1.

mitose fin XIXe s., biol., du gr. *mitos*, « filament ».

mitoyen XIVe s. (*mittoyenne*), « qui est au centre »; altér., d'après *mi*, demi, de l'anc. fr. *moiteen*, 1257, G. (*blé moiteen*, *méteil*), dér. de *moitié*. ‖ **mitoyenneté** 1804, *Code civil*.

mitraille 1375, R. de Presles, menue monnaie, par ext. menue ferraille, puis ferraille servant à charger les canons; altér. de l'anc. *mitaille*, 1295, G., de l'anc. *mite*, « monnaie de cuivre », empl. métaph. de *mite*, insecte. ‖ **mitrailler** 1794, *Gazette hist. et polit.* ‖ **mitrailleur** 1795, chez Aulard, *Réaction thermidorienne*. ‖ **mitraillade** 1796, *Néol. fr.* ‖ **mitrailleuse** 26 mars 1867, brevet déposé. ‖ **fusil mitrailleur** V. FUSIL. ‖ **mitraillette** v. 1940.

mitre fin XIIe s., R. de Moiliens, du lat. *mitra*, mot gr. signif. « bandeau ». ‖ **mitré** *id.* ‖ **mitral** milieu XVIIe s., anat. ‖ **mitron** 1690, Furetière (comme nom propre), d'après la forme de l'anc. bonnet des garçons boulangers.

mixer ou **mixeur** 1953, Lar., culin., mot angl., « mélangeur ». ‖ **mixage**, 1935, Lar., mot angl., « mélange ».

mixte XIVe s., rare jusqu'au XVIIe s., du lat. *mixtus*, part. passé de *miscère*, mélanger. ‖ **mixture** 1190, saint Bernard (*misture*); 1560, Paré (*mixture*); du lat. *mixtura*. ‖ **mixtion** 1265, J. de Meung, du lat. *mixtio*. ‖ **mixtionner** XIVe s. ‖ **mixtiligne** 1834, Landais; formé de lignes droites et de lignes courbes.

mnémonique 1800, Naudin, du gr. *mnêmôn*, qui se souvient, de *mnêmê*, mémoire. ‖ **mnémotechnie** 1823, Boiste. ‖ **mnémotechnique** 1827, *Journ. de Genève*.

mobile s. m., 1301, *Ordonn. de Bretagne*, « bien meuble »; adj., XVIe s.; s. m., XVIIe s., mécan. et psychol.; s. m. milieu XIXe s., « soldat de l'anc. garde nationale mobile », abrégé en *moblot*, 1848, L.; s. m., 1962, journ. décoration; du lat. *mobilis*, de *movere*, mouvoir. ‖ **mobilité** XIIe s., Grégoire, du lat. *mobilitas*. ‖ **mobiliaire** début XVe s. ‖ **mobilier** début XVIe s., pour servir de dér. à *meuble*. ‖ **mobiliser** début XIXe s., jurid.; 1836, Landais, milit.; XXe s., méd. ‖ **mobilisable** 1842, *Acad.*, milit. ‖ **mobilisation** 1823, Boiste, banque; 1836, Landais, milit. ‖ **démobiliser**

1842, Mozin, jurid.; fin XIXe s., milit. ‖ **démobilisation** fin XIXe s., milit. ‖ **immobile** XIIe s., Guérin, du lat. *immobilis*. ‖ **immobilier** XVe s. (*immobiliaire*); XVIe s., (*immobilier*), pour servir de dér. à *immeuble*. ‖ **immobiliser** 1801, Mercier. ‖ **immobilisation** 1823, Boiste, banque. ‖ **immobilité** 1314, Mondeville, du lat. *immobilitas*. ‖ **immobilisme** 1863, Proudhon.

mocassin début XVIIe s. (*mekezen*); début XVIIIe s. (*mocassin*); de l'algonquin *makisin*, par l'angl. *mocassin*.

moche s. f., 1723, Savary, « écheveau, pelote, grappe », mot de l'Ouest; 1880, Larchey, adj., « laid », pop., de l'anc. franc. *mokka*, « masse informe (allem. *Mocke*). ‖ **amocher** 1867, Delvau, pop., « abîmer, défigurer », empl. dér. d'un sens anc. « arranger grossièrement », d'après *moche*. ‖ **-age** fin XIXe s. ‖ **mochard** XXe s., pop. ‖ **mocheté** XXe s., *id*.

1. mode s. f., XVe s., Delb, du lat. *modus*; s. m., manière; l'emploi au fém. est dû à la finale *-e*. ‖ **modiste** 1661, chez P. Labbé, « qui affecte de suivre la mode »; XVIIIe s., sens mod. ‖ **démodé** début XIXe s.

2. mode s. m. 1611, Cotgrave, même orig. que le préc.; masc. d'après le lat., pour des empl. techn. : philos., mus., gramm. (où il a éliminé l'anc. fr. *meuf*, 1361, Oresme). ‖ **modal** XVIe s., Champeynac. ‖ **modalité** 1546, Rab.

modèle 1549, R. Est. (parfois fém. au XVIe s.); de l'ital. *modello*, du lat. pop. *modellus*, en lat. class. *modulus*, mesure (V. MODULE, MOULE 1). ‖ **modeler** fin XVIe s.; 1738, Piron, fig. ‖ **modeleur** XVIe s. ‖ **modelage** 1834, Landais. ‖ **modéliste** v. 1800, d'après l'ital.

modénature 1752, *Trévoux*, de l'ital. *modanatura*, de *modano*, modèle, de même rac. que *modello*. (V. MODÈLE.)

modérer 1361, Oresme, du lat. *moderari*, de *modus*, mesure. ‖ **modéré** 1361, Oresme (adv. *modereement*); XVIIe s., relig.; 1er juillet 1793, *Journal de la Montagne*, polit. ‖ **modération** 1355, Bersuire, du lat. *moderatio*. ‖ **modérateur** 1416, Delb., du lat. *moderator*. ‖ **modérantisme** 1793, *Républicain*, polit. ‖ **modérantiste** v. 1793. ‖ **moderato** 1842, *Acad.*, mus., mot ital. ‖

immodéré 1495, J. de Vignay, du lat. *immoderatus*.

moderne 1361, Oresme, du bas lat. *modernus* (VIe s., *Cassiodore*), de *modo*, récemment, de même rac. que *modus*, mesure. ‖ **moderniste** 1769, J.-J. Rousseau. ‖ **modernisme** fin XIXe s. ‖ **moderniser** 1754, Mackenzie. ‖ **modernisation** 1876, L. ‖ **modernité** 1849, Chateaubriand. ‖ **ultramoderne** XXe s. ‖ **modern style** 1896, *le Figaro*, mots angl., signif. « style moderne ».

modeste 1355, Bersuire (adv. *modestement*), du lat. *modestus*, « modéré », d'où « réservé, pudique », de *modus*. ‖ **modestie** *id.*, du lat. *modestia*. ‖ **immodeste** XVIe s., du lat. *immodestus*. ‖ **immodestie** *id.*

modicité V. MODIQUE.

modifier 1355, Bersuire, du lat. *modificare*, de *modus*, mesure. ‖ **modification** 1385, chez Douet d'Arcq, du lat. *modificatio*. ‖ **-teur** 1797, *Rapport*. ‖ **modifiable** 1611, Cotgrave. ‖ **immodifiable** 1830, A. Comte.

modillon 1545, Van Aelst (*modiglions*), archit., de l'ital. *modiglione*, du lat. pop. *mutuliōnem*, acc. de *mutuliō*, de *mutulus*. (V. MULE 2, MUTULE.)

modique XVe s.; rare jusqu'à 1675, Huet; du lat. *modicus*, de *modus* (v. MODE 1). ‖ **modicité** fin XVIe s., du lat. *modicitas*.

module 1547, J. Martin, archit., du lat. *modulus*, archit., de *modus* (v. MODE 1.)

moduler 1488, *Mer des hist.*, mus., du lat. *modulari*, de *modulus*, au sens « cadence », de *modus*, mesure; depuis le XVIIe s., plus courant, d'après l'ital. *modulare*, lui-même issu du lat. *modulari*; XXe s., radio. ‖ **modulation** 1495, *Mir. historial*, du lat. *modulatio*; XVIIe s., mus., d'après l'ital. *modulazione*; XXe s., radio. ‖ **modulant** adj., 1875, *Rev. critique*. ‖ **modulateur** 1842, *Acad.*

modus vivendi 1869, Mazade, mots lat., « manière de vivre », de *modus*, manière, et du gérondif de *vivere*, vivre.

***moelle** XIIe s. (*meole*); 1265, Br. Latini (*moele*, par métathèse); du lat. *medŭlla*. ‖ **moelleux** fin XVe s. (V. MÉDULLAIRE.)

*moellon XIIe s., G. (*moulon*); XIVe s. (*moilon*); XVIe s. (*moellon*, déform. graphique de *moilon*); probabl. de *pierre de moilon*, avec *moilon* au sens de « milieu », altér. de *moillon*, du lat. pop. *modiolōnem, acc. de *modiolo, de *modiolus*, moyeu. (V. MOYEU.)

*mœurs XIIe s., *Th. le Martyr* (*mors*, var. *murs*); 1361, Oresme (*meurs*); du lat. *môres*, masc. pl. (V. MORAL, MOROSE.)

mofette ou **moufette** 1741, Col de Villars, de l'ital. *moffetta*, « exhalaison fétide », de *muffa*, « moisissure », du germ. **muff-*, forme expressive exprimant l'action de flairer.

mograbin, moghrabin V. MAGHRÉBIN.

mohair 1860, *le Figaro*, mot angl., désignant le poil de la chèvre angora. V. MOIRE.

moi V. ME.

moignon XIIe s., *Aliscans*; orig. obscure; mot de même famille que l'anc. fr. *moignier, esmoignier*, mutiler, l'anc. prov. *monhon*, moignon, et l'esp. *muñon*, muscle du bras; peut-être d'un lat. non attesté *mundiare, « couper (pour nettoyer) », de l'adj. *mundus*, pur.

*moindre XIIe s. (*meindre, mendre, menre*), du lat. *mĭnor*, nominatif du comparatif de *parvus*, petit (V. MINEUR 2, issu de l'acc.), avec spécialisation de sens). ‖ **moindrement** 1726, Desfontaines. ‖ **amoindrir** XIIe s., G. (*amanrir*); XIVe s. (*amoindrir*). ‖ **amoindrissement** XIIe s., G. (*amanrissement*); XVe s. (*amoindrissement*).

moine 1080, *Roland* (*munies*, var. *monies*); XIIe s. (*monie*, puis *moine* par métathèse); du lat. pop. *monīcus, altér. du lat. chrét. *monachus* (IVe s., saint Jérôme), du gr. *monakhos*, « solitaire », de *monos*, seul. ‖ **moinerie** XIIIe s., G. ‖ **moinaille** XVIe s. ‖ **moinillon** XVIIe s., La Fontaine. (V. MOINEAU.)

moineau fin XIIe s., Marie de France (*moinel*), de *moine*, d'après la couleur du plumage.

*moins XIIe s., *Roncevaux* (*meins*), du lat. *mĭnus*, neutre, pris adverbialement, de *minor*, comparatif de *parvus*, petit. (V. MINEUR 2, MOINDRE.)

moire 1650, Ménage (*mouaire*), « espèce de camelot » (étoffe de laine); fin XVIIe s.,

sens mod.; de l'angl. *mohair*, de l'ar. *mukhayyar*, « camelot grossier ». A éliminé *moncayar*, 1608, Malherbe, forme issue de l'ar. par l'ital. *mocajarro*. ‖ **moiré** 1740, *Acad.* ‖ **moirer** 1765, Savary (*mohérer*, d'après la forme angl.). ‖ **moirage** 1763, Macquer. (V. MOHAIR.)

*mois 1080, *Roland* (*meis*), du lat. *mensis*.

*moise XIVe s., techn., du lat. *mensa*, table. ‖ **moiser** 1755, abbé Prévost.

moïse XIXe s., « petite corbeille pour nouveau-nés », du nom de *Moïse*, par analogie avec la corbeille dans laquelle il fut exposé sur le Nil.

*moisir XIIe s., du lat. pop. *mŭcīre, en lat. class. *mūcēre* (avec *ŭ* p.-ê. issu de *mŭscidus, v. MOITE). ‖ **moisissure** v. 1400, G. (V. MUCUS.)

moissine XIIIe s., G., vitic., orig. inconnue.

*moisson fin XIIe s., *R. de Cambrai*; du lat. pop. **messio, -onis*, dér. du lat. *messis*. ‖ **moissonner** fin XIIIe s., Rutebeuf. ‖ **moissonneur** 1200, *Psautier*. ‖ **moissonnage** 1875, *Journ. off.* ‖ **moissonneuse** s. f., 1860, Lar., machine à moissonner. ‖ **moissonneuse-lieuse** début XXe s. ‖ **moissonneuse-batteuse** v. 1930.

*moite 1265, J. de Meung (*moiste*); peut-être du lat. pop. *mŭscĭdus*, « moisi », d'où « humide »; croisem. de *mŭcĭdus*, moisi (v. MOISIR, MUCUS) et de *mŭsteus*, juteux (de *mustum*, moût). ‖ **moiteur** 1265, Br. Latini. ‖ **moitir** 1567, Zecaire.

*moitié 1080, *Roland* (*meitiet*), du lat. *medietās, -ātis*, « milieu », puis en bas lat. « moitié », de *medius* (v. MI 1); XVIIe s., « épouse ». (V. MÉTAYER, MITOYEN.)

moka milieu XVIIIe s., du nom de *Moka*, port du Yémen où l'on embarquait le café d'Arabie.

1. molaire 1503, G. de Chauliac, du lat. (*dens*) *molaris*, proprem. « dent en forme de meule », de *mola*. (V. MEULE 1.)

2. molaire V. MOLÉCULE.

mole V. MOLÉCULE.

1. môle s. m., 1546, Rab., mar., de l'ital. *molo*, du bas gr. *môlos*, issu lui-même du lat. *moles*, « masse », et par ext. « môle ».

2. môle s. f., 1372, Corbichon, méd., du lat. méd. *mola*, proprem. « meule ».

molécule 1674, Gallois, dimin. du lat. *moles*, masse. ‖ **moléculaire** 1797, Bertrand. ‖ **mole** xxᵉ s., abrév. de *molécule-gramme*. ‖ **molaire** xxᵉ s., adj., dér. de *mole*. ‖ **macromolécule** xxᵉ s.

molène xiiiᵉ s., G. (*moleine*), bot., peut-être de *mol*, « mou ». (V. MOU.)

moleskine 1838, *Musée des modes* (*mole-skin*, forme angl.) ; 1857, *Petit Journal pour rire* (*moleskine*) ; de l'angl. *mole-skin*, de *mole*, taupe, et *skin*, peau.

molester fin xiiᵉ s., R. de Moiliens, du lat. impér. *molestare* (Pétrone), de *molestus*, importun. ‖ **molestation** xivᵉ s.

molette, moleter V. MEULE 1.

moliéresque 1867, P. Lacroix, du nom de *Molière*.

moliniste xviiᵉ s., du nom de Luis *Molina*, jésuite espagnol (1535-1601). ‖ **molinisme** 1656, Pascal.

mollasse, mollet, molletière, molleton, mollifier, mollir V. MOU.

mollusque 1795, créé par Johnson (1650), repris par Linné, du lat. (*nux*) *mollusca*, (noix) à écorce molle.

moloch 1874, Lar., du nom de *Moloch*, dieu des Ammonites, célèbre par sa cruauté.

molosse 1555, Ronsard, du lat. *molossus*, du gr. *molossos*, proprem. « chien du pays des Molosses (Épire) ».

molybdène 1562, Du Pinet, du lat. *molybdaena*, « veine d'argent mêlée de plomb » (gr. *molubdaina*, de *molubdos*, plomb) ; 1782, appliqué au corps découvert par Hjelm dans des roches contenant du plomb. ‖ **molybdique** fin xviiiᵉ s. ‖ **molybdénite** 1842, *Acad.*

môme 1821, Desgranges, pop., orig. inconnue, peut-être de même rad. que *mômerie*.

moment 1119, Ph. de Thaun, « petite division du temps », rare jusqu'au xviiᵉ s. ; 1799, Lagrange, mécan. ; *moment psychologique*, 1870, E. de Goncourt ; du lat. *momentum*, contraction de *movimentum*, proprem. « mouvement », d'où « pression d'un poids », puis « poids léger, parcelle », et spécial. « parcelle de temps ». ‖ **momentané** xivᵉ s., *Ordon-*

nance (*momentené*) ; milieu xviᵉ s. (*momentané*) ; du bas lat. *momentaneus*.

mômerie 1440, Ch. d'Orléans, « mascarade » ; xviiᵉ s., sens mod. ; de l'anc. et moy. fr. *momer*, « se déguiser » (d'où *momon*, xviᵉ-xixᵉ s., « mascarade »), sans doute d'origine expressive (p.-ê. enfantine). Cf. l'esp. *momo*, « grimace », l'all. *Mumme*, « masque ». (V. MÔME.)

momie xiiiᵉ s., *Simples Méd.*, « remède » ; du lat. médiév. *mumia*, de l'ar. *moûmîya*, de *moum*, cire (le bitume dont on enduisait les cadavres embaumés, en Égypte, servait aussi de remède) ; xviᵉ s., sens mod. ‖ **momifier, momification** 1789, Thouret.

momordique 1765, *Encycl.*, du lat. bot. *momordica*.

***mon** xᵉ s., *Eulalie* (*meon*), adj. possessif de 1ʳᵉ personne, masc. sing., de *meum*, acc. du poss. lat. *meus*, « mon », « mien », en empl. atone ; fém. *ma*, du fém. lat. *mea*, id.; pl. atone *mes*, masc. et fém., des acc. pl., masc. et fém., *meos* et *meas*, id. ‖ ***mien** xiiᵉ s., masc., de *měum* en empl. accentué. ‖ **mienne** fém., analog. du masc. ; a remplacé l'anc. fr. *meie, moie*, issu du fém. lat. *mea* en empl. accentué.

monacal 1534, Rab., du lat. *monachalis*, de *monachus*, moine (V. MOINE, MONIAL). ‖ **monachisme** milieu xviᵉ s., du lat. *monachus* (v. MOINE).

monade 1547, J. Martin, philos. ; fin xviiᵉ s., Leibniz, nouveau sens ; du bas lat. *monas, monadis*, « unité » (iiiᵉ s., Tertullien), mot gr., de *monos*, seul. ‖ **monadologie** fin xviiᵉ s., Leibniz. ‖ **monadiste** 1827, *Acad.* ‖ **monadisme** 1842, *Acad.*

monarque 1361, Oresme, du bas lat. *monarcha*, du gr. *monarkhês*, de *monos*, seul, et *arkheîn*, commander. ‖ **monarchie** 1265, Br. Latini. ‖ **monarchique** fin xvᵉ s. ‖ **monarchisme** 1550, Bonnivard, rare jusqu'au xviiiᵉ s. ‖ **monarchiste** 1738, d'Argenson. ‖ **antimonarchique** 1714, *Rép. au « Traité du pouvoir »*. ‖ **antimonarchisme** 1751, d'Argenson.

monastère xivᵉ s., *Girart de Roussillon*, du lat. eccl. *monasterium*, du gr. *monastêrion*, de *monastês*, moine. ‖ **monastique** 1495, *Mir. historial*, du lat. eccl. *monasticus*, du gr. *monastikos*. (V. MOUTIER.)

*monceau 1160, Benoît (*moncel*), du bas lat. *monticellus*, dimin. de *mons*, montagne (v. MONT). || **amonceler** XIIᵉ s. || **amoncellement** fin XIIᵉ s., saint Bernard. || **amonceleur** 1300, Boèce. ·

monde 1125, *Gormont* (*munde*), lat. *mundus*, « univers », et en lat. eccl. « siècle » (opposé à la vie religieuse) ; a remplacé la forme pop. *mont* ; dès l'anc. fr., « gens », d'où l'expression *tout le monde* ; XVIIᵉ s., « société ». || **mondain** fin XIIᵉ s., R. de Moiliens, « qui appartient au monde, profane » ; fin XVIIᵉ s., spécialisé à la vie des salons, évol. parallèle à celle de MONDE ; du lat. eccl. *mundanus*, « du monde », de *mundus*, monde. || **mondanité** 1398, E. Deschamps, même évol. de sens. || **mondaniser** XIVᵉ s. || **mondial** XVIᵉ s., « mondain », du bas lat. *mundialis* ; fin XIXᵉ s., sens mod. || **mondialiser** v. 1960. || **mondovision** 1963, sur *vision*, d'après *télévision*. || **demi-monde** début XIXᵉ s. ; 1804, B. Constant, sens actuel. || **demimondaine** 1889, A. Barrère.

monder fin XIIᵉ s., R. de Moiliens, techn., « nettoyer », du lat. *mundare*, de *mundus*, pur. (V. ÉMONDER.)

Monel XXᵉ s., métall., du nom d'un ancien président de la *Canadian Copper Company* ; nom déposé.

monétaire XVIᵉ s., du lat. *monetarius*, de *moneta*, monnaie. || **monétiser, monétisation** 1823, Boiste. || **démonétiser** 18 nivôse 1794, séance de la Convention. || **démonétisation** 1795, *Rapport*.

monial adj., XIIIᵉ s., anc. dér. de *moine*, sous sa forme anc. *monie* (v. MONACAL.) || **moniale** s. f., XVIᵉ s., du lat. eccl. (*sanctimonialis* [*virgo*]), « religieuse ».

monisme 1875, *Rev. des cours scientif.*, mot créé par Wolf au XVIIIᵉ s., du gr. *monos*, seul. || **moniste** 1877, L.

moniteur XVᵉ s., du lat. *monitor*, de *monere*, avertir. || **monition** 1283, Beaumanoir, eccl., du lat. *monitio*. || **prémonition** 1842, *Acad.* || **monitoire** XIVᵉ s., G., du lat. *monitorius*. || **prémonitoire** 1869, L., méd.

monitor 1842,·*Acad.*, sorte de lézard ; 1864, *Dict. de la conversation*, mar., croi-

seur ; mot anglo-amér., du lat. *monitor*. (V. MONITEUR.)

*monnaie XIIᵉ s.,*Macchabées* (*moneie*, *monoie*), du lat. *moneta*, proprem. « la conseillère », surnom de Junon, et par ext. « monnaie », parce que la monnaie se fabriquait dans le temple de Junon. || **monnayer** début XIIᵉ s., *Voy. de Charl.* || **monnayage** 1296, G. || **monnayeur** 1539, R. Est. || **faux-monnayeur** fin XVᵉ s. (V. MONÉTAIRE.)

mono- du gr. *monos*, seul. || **monochrome** 1771, *Trévoux*, du gr. *monokhrômos*, de *monos*, seul, et *khrôma*, couleur. || **monochromie** 1868, Bürger, *Salons*. || **monocyte** XXᵉ s., du gr. *kutos*, cellule. || **monoïdéisme** 1909, L. M.

monocle XIIIᵉ s., « borgne » (jusqu'au début du XVIIᵉ s.), du bas lat. *monoculus*, borgne, du gr. *monos*, seul, et du lat. *oculus*, œil ; 1671, P. Chérubin, « lunette pour un œil » ; 20 mai 1827, *Journ. des dames*, sens mod. || **monoculaire** 1800, Boiste.

monocorde XIVᵉ s., G. de Machaut, du lat. *monochordon*, mot gr., signif. « à une seule corde ».

monodie 1732, *Trévoux*, du lat. *monodia*, mot gr., de *monos*, seul, et *ôdê*, chant.

monœcie 1787, Gouan, du lat. bot. mod. *monœcia*, du gr. *monos*, seul, et *oîkos*, demeure. || **monoïque** 1799, Philibert, bot., de mêmes radicaux.

monogame 1495, *Mir. historial* ; rare jusqu'en 1808 ; du bas lat. *monogamus*, du gr. *monos*, seul, et *gamos*, mariage. || **monogamie** 1526, Lassere, du lat. *monogamia*, mot gr. || **monogamique** 1842, *Acad.*

monogénie 1842, *Acad.*, biol., du gr. *monos*, seul, et de l'élém. *-génie*. || **monogénisme** 1868, L. || **monogéniste** *id.*

monogramme milieu XVIᵉ s., du bas lat. *monogramma*, de *monos*, seul, et *gramma*, lettre.

monographie fin XVIIIᵉ s., du gr. *monos*, seul, et de l'élém. *-graphie*. || **monographique** 1842, *Acad.*

monolithe 1532, G. ; rare jusqu'au XVIIIᵉ s. ; du bas lat. *monolithus*, mot gr. ; de *monos*, seul, et *lithos*, pierre. || **monolithisme** 1880, Renan. || **monolithique** XXᵉ s., au propre et au fig.

monologue XVe s., du gr. *monos*, seul, et de l'élém. *-logue*, d'après *dialogue*. ‖ **monologuer** 1851, H. Murger. ‖ **monologueur** ou **monologuiste** 1876, *l'Opinion nationale*.

monomanie début XIXe s., du gr. *monos*, seul, et de l'élém. *-manie* (gr. *mania*, folie). ‖ **monomane** 1829, Boiste.

monôme 1691, Ozanam, math.; 1883, A. El-Wall, défilé d'étudiants; du gr. *monos*, seul, et *nomos*, division, part.

monopole 1358, *Ordonn.*, du lat. *monopolium*, du gr. *monopôlion*, (droit de) vendre seul, de *monos*, seul, et *pôlein*, vendre. ‖ **monopoliser** 1783, *Courrier de l'Europe*. ‖ **monopolisateur, monopolisation** 1846, Besch. ‖ **monopoleur** XVIe s. ‖ **monopolistique** XXe s. ‖ **monopololiste** 1829, Vidocq.

monothéisme 1834, Landais, du gr. *monos*, seul, et de l'élém. *-théisme*, du gr. *theos*, dieu. ‖ **monothéiste** 1834, Landais. ‖ **monothéique** 1844, A. Comte.

monotone 1732, *Trévoux*, du bas lat. *monotonus*, du gr. *monotonos*, du gr. *monos*, seul, et *tonos*, ton. ‖ **monotonie** 1671, Pomey.

monotype s. f., début XXe s., imprim., d'après *linotype*, par substitution de l'élém. *mono-*, du gr. *monos*, seul.

monseigneur V. SEIGNEUR.

monsieur 1314, Mondeville (*messiours*, pl.), titre donné à de grands personnages jusqu'au XVIIIe s.; comp. de *mon*, pl. *mes*, et de *sieur* au sens de *sire* (V. SIEUR, SIRE); dès le XVIe s., simple terme de politesse.

monstre 1120, *Ps. d'Oxford*, du lat. *monstrum*. ‖ **monstrueux** 1495, J. de Vignay, du dér. lat. *monstruosus*. ‖ **monstruosité** 1488, *Mer des hist.*, dér. du précédent.

*mont Xe s., du lat. *mons, montis*, montagne; arch., ne subsiste plus que devant un nom géogr., ou dans des loc., *monts et merveilles, par monts et par vaux*. ‖ **mont-de-piété** 1576, G. Bouchet, calque de l'ital. *monte di pietà*, proprem. « crédit de pitié », *monte* pouvant signifier en ital., au XVIe s., « établissement de prêt sur gage ». ‖ **amont** 1080, *Roland*, « en haut »; spécialisé ensuite pour indiquer la position par rapport au cours de la rivière. (V. MONTAGNE, MONTER.)

*montagne début XIIe s., *Voy. de Charl.*, du lat. pop. *montanea*, adj. substantivé au fém., dér. de *mons, montis* (V. MONT). ‖ **montagneux** 1265, J. de Meung. ‖ **montagnard** début XVIe s.

*monter début XIIe s., *Voy. de Charl.*, du lat. pop. **montare*, de *mons, montis*, montagne, qui a éliminé *ascendere* (V. ASCENSION). ‖ **montant** s. m., XIIe s. ‖ **montée** fin XIIe s., *Floire*. ‖ **monteur** début XIIe s., *Ps. de Cambridge*; XIXe s., divers sens techn. ‖ **monte** XIIe s., « montant d'une somme »; XVIe s., sens mod. ‖ **montoir** 1130, *Eneas*. ‖ **monture** 1360, Froissart. ‖ **montage** début XVIIe s., action de porter en haut, ou de s'élever; XIXe s., assemblage; 1914, Coustet, cinéma. ‖ **monte-charge** 1868, L. ‖ **monte-plats** 1894. ‖ **monte-en-l'air** fin XIXe s. ‖ **remonte-pente** XXe s. ‖ **démonter** fin XIIe s., R. de Moiliens. ‖ **démontage** 1838, *Acad.* ‖ **démontable** 1870, Lar. ‖ **remonter** début XIIe s., *Voy. de Charl.* ‖ **remontage** milieu XVIe s. ‖ **remonte** 1680, Richelet. ‖ **remontoir** 1729, La Condamine. ‖ **surmonter** 1119, Ph. de Thaun. ‖ **surmontable** 1420, A. Chartier. ‖ **insurmontable** milieu XVIe s.

montgolfière fin XVIIIe s., du nom des frères *Montgolfier*, qui ont inventé l'aérostat (1782).

monticule 1488, *Mer des hist.*, du lat. *monticulus*, dimin. de *mons*, mont.

montjoie 1080, *Roland* (*munjoie*), cri de guerre; au Moyen Age, égalem., monticule de pierres bordant les chemins; altér., par attraction de *mont* et *joie*, du francique *mund-gawi*, proprem. « protection du pays », ces monticules ayant dû servir de postes d'observation.

*montrer Xe s., *Valenciennes* (*mostrer*); début XIIIe s., Villehardouin (*monstrer*); du lat. *monstrare*. ‖ **montre** 1243, G. (*mostre*), divers sens, notamment, du XIVe s. au XVIIe s., « revue d'hommes de guerre » et « cadran d'horloge »; XVIe s., montre de poche. ‖ **montre-bracelet** ou **bracelet-montre** XXe s. ‖ **montreur** 1328, G. ‖ **montrable** XIIIe s. ‖ **remontrer** fin XIVe s., Froissart. ‖ **remontrance** 1453, G. (V. DÉMONTRER.)

montueux XIVe s.; rare avant 1488, *Mer des hist.*; du lat. *montuosus*, de *mons*, mont.

monument 1138, *Saint Gilles*, du lat. *monumentum*. || **monumental** 1823, Boiste. || **monumentaire** 1961, journ. || **monumentalisme** 1900, *L. M.*

1. moque 1678, Guillet, mar., du néerl. *mok*, bloc de bois.

2. moque fin XVIIIe s., mot de l'Ouest, du néerl. *mokke*, aiguière.

moquer fin XIIe s., *Ysopet de Lyon*, orig. obsc., peut-être d'une onomatop. expressive. || **moquerie** 1265, Br. Latini. || **moqueur** fin XIIe s. || **moquette** 1 XVIe s., « moquerie » et, par métaph., « oiseau servant d'appât ». || **moquoiseau** 1751, *Dict. d'agric.*; cerise blanche.

1. moquette V. MOQUER.

2. moquette 1611, Cotgrave (*moucade*); 1650, Scarron, étoffe pour tapis; orig. inconnue.

3. moquette 1763, Le Verrier de la Conterie, « fumée de chevreuil », de l'anc. francique **mokka*, masse informe (v. MOCHE), peut-être par l'anc. fr. *moque*, motte, et le dimin. *moquet*.

moraille XIIIe s!., « visière »; XVIIe s., tenaille, du prov. *mor(r)alha*, pièce de fer, de *mor(re)*, « museau », du lat. pop. **murrum*, peut-être d'orig. expressive. || **moraillon** 1360, *Comptes de Tours* (*morillon*); XVe s. (*moraillon*). [V. MORION.]

moraine 1779, Saussure, du savoyard *morēnă*, « bourrelet de terre en bas de la pente d'un champ », dér. du prov. *mor(re)*, « museau » (v. MORAILLE). || **morainique** 1875, *Rev. des Deux Mondes.*

moral début XIIIe s. (adv. *moralement*); du lat. *moralis*, de *mores* (v. MŒURS). || **moralité** fin XIIe s., *Ysopet de Lyon*, du bas lat. *moralitas*. || **morale** s. f., début XVIIe s. || **moraliser** 1375, *Modus.* || **moralisant** 1778, *le Babillard.* || **moraliseur** XIVe s.; rare avant 1611, Cotgrave. || **moralisateur** 1846, Besch. || **moralisation** 1823, Boiste. || **moralisme** 1771, *Trévoux*, « moralité »; 1842, *Acad.*, philos. || **amoral** 1885, Guyau. || **amoralité** *id.* || **amoralisme** 1907, Lar. || **démoraliser** 1798, *Acad.* || **démoralisation** fin XVIIIe s. || **démoralisateur**

1803, Boiste. || **immoral** milieu XVIIIe s. || **immoralité** 1777, *Courrier de l'Europe.* || **immoralisme** fin XIXe s. || **moraliste** 1690, Furetière. || **immoraliste** 1874, Barbey d'Aurevilly.

morasse milieu XIXe s., typogr., peut-être de l'ital. *moraccio*, « noiraud », augmentatif de *moro*, noir (comme un Maure), et substantivé au fém.; dernière épreuve d'une page de journal.

moratoire 1765, *Encycl.*, du lat. jurid. *moratorius*, de *morari*, s'attarder, s'arrêter. || **moratorium** 1914, var. du précédent, du neutre latin.

morbide XVe s., *Règle de saint Benoît*, méd., du lat. *morbidus*, malade, de *morbus*, maladie; 1690, Furetière, artist. d'après l'ital. *morbido* au sens de « délicat, souple ». || **morbidesse** 1580, Montaigne (*morbidezza*); 1676, Félibien (*morbidesse*), artist.; de l'ital. *morbidezza*, au fig. || **morbidité** av. 1850, Balzac. || **morbifique** 1560, Paré, du lat. *morbificus.*

morbleu V. DIEU.

morceau 1155, Wace (*morsel*), de l'anc. fr. *mors*, XIIe - XVe s., « morceau » (v. MORS). || **morceler** 1574, R. Garnier. || **morcellement** fin XVIIIe s.

m o r d a c h e 1560, G., techn., de *mordre.*

mordacité 1490, *Guidon en fr.*, du lat. *mordacitas*, de *mordere.* (V. MORDRE.)

mordication XIVe s., méd., vx, du lat. *mordicatio*, de *mordicare*, dimin. de *mordĕre* (v. MORDRE). || **mordicant** adj., 1546, Rab., de *mordicans*, part. présent de *mordicare.*

mordicus adv., 1690, Regnard, lat., signif. « en mordant », d'où « sans démordre ».

mordienne, mordieu V. DIEU.

mordoré V. DORER.

*mordre 1080, *Roland*, du lat. pop. **mordĕre*, en lat. class. *mordēre.* || **mordant** adj., XIIe s., *Th. le Martyr*, s. m., XIIIe s., « agrafe de la ceinture »; XVIe s., sens mod. || **mordeur** XXe s. || **mordancer, mordançage** 1846, Besch., techn. || **mordiller** XVIe s., Tahureau. || **morgeline** XVe s., *Grant Herbier*, bot., de *mords*, impér. de *mordre*, et *geline*,

475

« poule » (plante recherchée des poules).
‖ **démordre** XIVᵉ s., *Traité d'alchimie*.

*moreau XIIᵉ s., Fierabras (*morel*),
« brun de peau », spécialisé au sens de
« brun de poil », pour les chevaux; du
lat. pop. **maurellus*, « brun comme un
Maure » (lat. médiév. *Maurus*, Maure).
‖ **morelle** XIIIᵉ s., *Simples Méd.*, du lat.
pop. **morella*, fém. substantivé du préc.
‖ **morillon** XIIIᵉ s., « variété de raisin
noir »; XVIᵉ s., « sorte de canard au plumage noir ». (V. MORESQUE, MORICAUD.)

moresque 1360, Froissart, pour qualifier une monnaie d'Espagne; XVᵉ s.,
pour une danse; de l'esp. *morisco*, du
lat. médiév. *mauriscus*, de *Maurus* (v. le
préc.). Var. *morisque*, éliminée en raison
de la fréquence du suff. *-esque*.

1. **morfil, marfil** 1545, Delb., ivoire
brut, de l'esp. *marfil*, de l'ar. *azm-al-fil*,
défense de l'éléphant.

2. **morfil** 1611, Cotgrave, bord ténu du
tranchant, de l'adj. *mort* et du subst.
fil (v. ces mots).

morfondre (se) début XIVᵉ s.,
contracter un catarrhe, en parlant des
chevaux, du prov. *mourre*, museau,
et de *fondre* (v. ces mots); XVᵉ-XVIIᵉ s.,
prendre froid, s'enrhumer, sens conservé
dans divers dialectes; XVIᵉ s., fig., a éliminé le premier sens à la fin du XVIIᵉ s.

morganatique 1609, Victor; du lat.
morganaticus, d'après le francique
morgangeba (*Lois barbares*, Grégoire
de Tours), « don du matin », d'où
« douaire donné par le nouveau marié à
sa femme »; l'évolution ultérieure du
sens est obscure.

morgue XVᵉ s., du Clercq, « air hau-
tain »; XVIᵉ s., endroit où les prisonniers
étaient fouillés à leur entrée; XVIIᵉ s.,
endroit où l'on expose les cadavres
inconnus (depuis 1923, *Institut médico-
légal*); de l'anc. v. *morguer*, XVᵉ s.,
A. de La Vigne (jusqu'au XVIIIᵉ s.) « braver »; du lat. pop. **murricāre*, faire la
moue, de **mūrrum*, museau. (V. MO-
RAILLE, MORFONDRE.)

morguié, morguienne V. DIEU.

moribond fin XVᵉ s., du lat. *mori-
bundus*, de *mori*, mourir.

moricaud fin XVᵉ s., nom de chien;
XVIᵉ s., emploi actuel; adj. dér. de *More*,

Maure. (V. MOREAU, MORESQUE, MO-
RILLON.)

morigéner début XIVᵉ s. (*moriginé*);
1578, d'Aubigné (*morigéner*), « former
les mœurs »; XVIIIᵉ s., « réprimander »;
du lat. médiév. *morigenatus* (class.
morigeratus), « complaisant pour »,
d'où « rendu docile, éduqué ».

morille 1548, Rab., peut-être du lat.
*maurĭcŭla, de *maurus*, « brun foncé »
(v. MOREAU), à cause de la couleur sombre de ce champignon. ‖ **morillon** fin
XIXᵉ s., variété de morille.

morillon V. MOREAU, MORILLE.

morio 1827, *Acad.*, entom., du lat.
morio, « topaze enfumée », à cause de
la couleur de ce papillon.

morion 1546, Rab. (*mourion*), hist., de
l'esp. *morrion*, de *morra*, sommet de la
tête, du masc. *morro*, objet rond, et aussi
« lippe », du lat. pop. **mūrrum*, museau.
(V. MORAILLE, MORFONDRE (SE), MORGUE,
MORNE 2.)

1. **morne** 1138, *Saint Gilles*, adj., du
francique **mornan*, être triste (cf. angl.
to mourn).

2. **morne** s. m. 1640, P. Bouton, géogr.,
mot créole des Antilles, altér. de l'esp.
morro, « monticule »; du lat. pop. **mur-
rum*. (V. MORAILLE, MORFONDRE (SE),
MORGUE, MORION, MORNIFLE.)

3. **morne** V. MORNER.

morner XVIᵉ s., *Chron. de Fr. Iᵉʳ*, blas.,
peut-être dér. de *morne* 1. ‖ **morne**
1578, d'Aubigné, anneau de fer de
lance.

mornifle 1530, Cl. Marot, groupe de
quatre cartes semblables; 1549, R. Est.,
coup de la main sur le visage; probablem. de **mornifler*, « gifler le museau », comp. d'un rad. issu du lat. pop.
*mūrrum, museau, et de l'anc. fr.
nifler. (V. MORAILLE, MORFONDRE (SE),
MORGUE, RENIFLER.)

morose 1615, Delb., rare jusqu'au
XIXᵉ s., du lat. *morosus*, proprem. « sé-
vère », de *mores*, mœurs. ‖ **morosité** fin
XVᵉ s., du lat. *morositas*.

morphème 1923, J. Vendryes, du gr.
morphê, « forme », avec le suff. *-ème*.
(V. PHONÈME.)

morphine 1819, Orfila, du nom de *Morphée*, dieu du sommeil (lat. *Morpheus*, empr. au gr.), d'après les propriétés soporifiques de cette substance.

morpho- du gr. *morphê*, forme. ‖ **morphogénie** ou **morphogenèse** 1868, L., sur l'élém. *-génie, -genèse*. ‖ **morphologie** 1841, Aug. Saint-Hilaire, comp. déjà créé en all. par Goethe, en 1822, sur l'élém. *-logie*. ‖ **morphologique** 1842, *Acad*. ‖ **morphologue** XXᵉ s. ‖ **morphosyntaxe** XXᵉ s.

morpion 1532, Rab., comp. de *mords*, impér. de *mordre*, et de *pion*, au sens anc. « fantassin »; 1931, Lar.; jeu.

***mors** XIIᵉ s., « morsure »; XVIᵉ s., spécialisé dans ce sens techn.; du lat. *morsus*, « morsure », de *mordere*, mordre. (V. MORCEAU.)

1. morse milieu XVIᵉ s., (*mors*), zool., du russe *morju*, lui-même empr. au lapon *morssa*, onomatopée.

2. morse 1856, Becquerel, techn., mot anglo-amér., du nom de l'inventeur, *Morse* (1791 - 1872).

morsure début XIIIᵉ s., dér. de *mors* au sens ancien. (V. ce mot.)

1. *mort s. f., Xᵉ s., *Eulalie*, du lat. *mors, mortis*. ‖ **mortaille** XIIIᵉ s., *Livre de jostice*, hist. (v. TAILLE). ‖ **mortaillable** 1346, G. ‖ **male-mort** XIIIᵉ s., *Berte* (v. MAL, dans son empl. archaïque d'adj.). ‖ **mort-aux-rats** 1606, Nicot. ‖ **mortinatalité** XIXᵉ s. (V. MORTEL, MORTIFÈRE.)

2. *mort adj., Xᵉ s., *Eulalie* (*morte*, f.), du lat. pop. **mortus*, en lat. class. *mortuus*, part. passé de *mori*, mourir. ‖ **mort-bois** début XVIᵉ s. ‖ **morte-eau** 1484, Garcie. ‖ **mort-gage** 1283, Beaumanoir, jurid. ‖ **mort-né**. Voir NAÎTRE. ‖ **morte-paie** 1532, Rab., hist., invalide qui continue à recevoir la paie. ‖ **morte-saison** v. 1400, *Chron. de Boucicaut*. ‖ **morvolant** 1765, *Encycl.*, techn. ‖ **mainmorte** 1213, *Fet des Romains*. (V. AMORTIR, MORTUAIRE.)

3. mort 1080, *Roland*, adj. substantivé (v. le préc.). ‖ **morticole** 1894, L. Daudet, formation péjor. et humoristique, sur l'élém. *-cole* (lat. *colere*, cultiver), en parlant des médecins. ‖ **croquemort** fin XVIIIᵉ s.

mortadelle XVᵉ s., de l'ital. *mortadella*, proprem. « farce avec des baies de myrte », du lat. *murtātum*, de *murtus*. (V. MYRTE.)

mortaise XIIIᵉ s., *Fabliau* (*mortoise*), peut-être de l'ar. *murtazza*, part. passé de *razza*, « introduire une chose dans une autre ». ‖ **emmortaiser** 1289, G.

mortel 1080, *Roland*, du lat. *mortalis*, de *mors* (v. MORT 1). ‖ **mortalité** 1190, saint Bernard, du lat. *mortalitas*. ‖ **immortel** XIIIᵉ s., G., du lat. *immortalis*. ‖ **immortaliser** 1550, Ronsard. ‖ **immortalité** début XIIᵉ s., Grégoire, du lat. *immortalitas*.

***mortier** 1190, *Rois*, du lat. *mortārium*, « auge de maçon », et « mortier » (contenu de l'auge); XVᵉ s., artill.; XVIIᵉ s., toque de magistrat (d'après la forme).

mortifère XVᵉ s., *Orose*, du lat. *mortifer*, de *mors* (v. MORT 1) et *ferre*, apporter. ‖ **mortifier** 1120, *Ps. d'Oxford*, sens relig., du lat. eccl. *mortificare* (IIIᵉ s., Tertullien.); XIVᵉ s., alchim.; 1539, R. Est., méd.; v. 1580, Montaigne, culin.; XVIIᵉ s., sens mod. ‖ **mortification** XIIᵉ s., du lat. *mortificatio*, même évol. de sens.

mortuaire 1300, Geoffroy de Paris, du lat. *mortuarius*, de *mortuus*. (V. MORT 2.)

morue début XIᵉ s. (*moluel*); 1260, É. Boileau (*morue*); var. *molue* jusqu'au XVIIᵉ s.; orig. obscure, peut-être du celt. *mor*, « mer », et de l'anc. fr. *luz*, « brochet », du lat. *lūcius*. ‖ **moruyer** début XVIIᵉ s. ‖ **morutier** 1874, Lar.

morula fin XIXᵉ s., biol., mot lat. sav. mod., dimin. de *morum*, mûre. (V. BLASTULA, GASTRULA.)

morve fin XIVᵉ s., J. Le Fèvre, probablem. altér. méridionale du mot d'où est issu le fr. *gourme* (v. ce mot). En prov. mod., var. *gormo, vormo, morvo*. ‖ **morveux** XIIIᵉ s., *Poésies du roi de Navarre*.

1. mosaïque s. f., 1529, G. Tory, de l'ital. *mosaico*, du lat médiév. *musaicum*, altér., par changement de suff., du lat. *musivum* (*opus*), « ouvrage en mosaïque », de *museus*, du gr. *mouseios*, « qui concerne les Muses ». ‖ **mosaïste** 1823, Boiste. ‖ **mosaïque** 1923, Lar.

477

2. **mosaïque** adj., 1505, N. de la Chesnaye, du nom de *Moïse*. ‖ **mosaïsme** 1845, Besch.

mosquée milieu XIVe s. (*musquette*) ; fin XIVe s., J. Le Fèvre (*mesquite*) ; 1423, G. de Lannoy (*mousquaie*) ; 1553, Belon (*mosquée*) ; de l'ital. *moschea*, altér. de *moscheta* (d'où le moy. fr. *musquette*), de l'esp. *mezquita* (d'où le moy. fr. *mesquite*), lui-même issu de l'ar. *masdjid*, « endroit où l'on adore ».

***mot** début XIIe s., *Voy. de Charl.*, du lat. pop. *môttum, altér. du bas lat. *muttum*, « son émis » ; *mot à mot*, XIVe s., d'abord terme de procéd. ; *mots croisés* début XXe s. ‖ **motet** XIIIe s., Rutebeuf. ‖ **motus** 1662, Richer, latinisation facétieuse de *mot*, au sens de « pas un mot », parce que *mot* était souvent employé dans des phrases négatives, notamment avec *dire* : *ne dire mot*.

motard V. MOTO 2.

moteur fin XIVe s., s. et adj., phil. et scient. ; du lat. *motor*, « qui met en mouvement », de *môvere*, mouvoir ; début XVIIIe s., s. m., appliqué à une machine. ‖ **motricité** 1825, Flourens, physiol. ‖ **motoriser** 1922, Lar. (*motorisé*). ‖ **motorisation** XXe s. ‖ **motrice** XXe s., s. f., abrév. d'*automotrice* ou de *locomotrice*, fém. des précédents. ‖ **servomoteur** (V. SERVO-.) ‖ **vasomoteur** 1869, sur le lat. *vas*, vaisseau.

motif s. m., 1361, Oresme, de l'anc. adj. *motif*, « qui met en mouvement », du bas lat. *motivus*, mobile, de *môvere*, mouvoir. ‖ **motiver** 1721, *Trévoux*. ‖ **motivation** début XXe s. ‖ **immotivé** 1877, L.

motilité 1812, Mozin, du lat. *motus*, part. passé de *movere*, mouvoir.

motion XIIIe s., G., « mise en mouvement », du lat. *motio*, de *motus*, part. passé de *môvere*, mouvoir ; 1775, *Journ. de Bruxelles*, repris à l'angl. *motion*, polit., du même mot latin. ‖ **motionnaire** 1789, Beaumarchais.

1. **moto-** élém. de composé tiré de *moteur*, avec la finale -o. ‖ **moto-cross** XXe s. ‖ **motoculteur** 1920, journaux. ‖ **motoculture** 1922, Lar. ‖ **motocyclette** 1896, M. Werner, constructeur à Levallois-Perret (à l'époque, var. *motocycle*) ; d'après *bicyclette*. ‖ **moto-**cycliste 1897, *le Figaro*, d'après *cycliste*. ‖ **moto-godille** XXe s. ‖ **motonautisme, motonautique** XXe s. (1948, *L. M.*). ‖ **motopompe** XXe s.

2. **moto** s. f., début XXe s., abrév. de *motocyclette*. ‖ **motard** XXe s. (1951, *L. M.*), abrév. de *motocycliste*. ‖ **motoporté** 1962, journaux.

motrice, motricité V. MOTEUR.

motte 1155, Wace (*mote*), « levée de terre », et « château bâti sur la hauteur » (cf. nombreux toponymes avec *Motte-*), puis affaiblissement du sens ; probablem. d'une rac. prélatine **mütt(a)*. ‖ **motter** 1550, Ronsard. ‖ **motteux** adj., XVIe s. ; 1750, Buffon, ornith. ‖ **mottereau** 1842, *Acad.*, ornith. ‖ **émotter** 1564, Liébault.

motu proprio 1550, du Bellay, loc. lat. signif. « de son propre mouvement », empr. à la chancellerie papale.

motus V. MOT.

***mou** 1170, *Rois* (*mol, mous* aux cas en *s*), du lat. *mollis*. ‖ **mollasse** adj., 1551, Du Parc (*mollace*), peut-être d'apr. l'ital. *mollaccio*. ‖ **molard** 1864, pop., « crachat ». ‖ **mollesse** 1190, saint Bernard (*molece*). ‖ **mollet** XIIIe s., *Clef d'amour* ; d'où *œuf mollet* XVe s. ; s. m., 1560, Paré, « gras de la jambe ». ‖ **molleton** 1664, *Tarif*. ‖ **molletière** fin XIXe s. ‖ **mollifier** 1425, O. de La Haye, techn., du lat. méd. *mollificare*, rendre mou. ‖ **mollification** v. 1560, Paré. ‖ **mollir** XVe s. ‖ **amollir** 1190, *Rois* (*amolir*). ‖ **amollissement** 1539, R. Est. ‖ **amollisseur** 1788, Mercier. ‖ **ramollir** 1503, G. de Chauliac. ‖ **ramolli** XIXe s., d'apr. *ramollissement cérébral*. ‖ **ramollissement** 1552, Ch. Est.

***mouche** XIIIe s., *Livre des psaumes* (*mosche, musche*), du lat. *musca* ; XVIe s., fig., espion ; *mouche à miel*, 1487, Garbin. ‖ **moucheron** v. 1300, Macé de La Charité. ‖ **moucherolle** 1555, Belon, ornith., sorte de gobe-mouches. ‖ **moucheter** fin XVe s. ‖ **mouchetis** XXe s. ‖ **moucheture** 1539, R. Est. ‖ **démoucheter** 1838, *Acad.*, pour un fleuret. ‖ **mouchard** 1580, Bodin, de *mouche* au sens « espion ». ‖ **moucharder** fin XVIe s., A. Richart. ‖ **mouchardage** fin XVIIIe s., Babeuf. ‖ **émoucher**

1200, Renart. ‖ **émouchette** 1549, R. Est. ‖ **émouchet** 1752, *Trévoux*, queue d'animal tannée. ‖ **émouchet** 1560, Boaystuau, petit rapace, agglutination avec la finale de l'art. dans *les mouchets*, de l'anc. fr. *moschet* (1160, Benoît), dimin. de *mouche*.

*moucher XIII⁰ s., enlever les mucosités nasales; 1220, G. de Coincy, fig., moucher la chandelle; du lat. pop. *mŭccare, de mŭccus, morve, forme redoublée de *mucus* (v. MUCUS). ‖ **mouchoir** XIII⁰ s., G. (*moucheur*); XV⁰ s. Escallier (*moschoir*). ‖ **mouchure** 1690, Furetière. ‖ **moucheron** v. 1200, G., bout de mèche qui charbonne. ‖ **moucheronner** fin XIX⁰ s., Lar. ‖ **mouchette** 1399, texte bourguignon (*miochote*).

moucheron V. MOUCHE, MOUCHER.

*moudre XII⁰ s., *Roncevaux* (au part. passé), du lat. *mŏlere*. ‖ **remoudre** 1549, R. Est. (V. MEULE 1, MOUTURE, VER-MOULU, VERMOULURE.)

moue 1175, Chr. de Troyes, « lèvre », puis sens actuel; du francique *mauwa, orig. onom., restitué d'après le néerl. *mouwe*, moue.

mouette XIV⁰ s., Delb. (*moette*); dimin. de l'anc. fr. *maoue*, var. norm. *mave, mauve*, de l'anc. angl. *maew*, du francique *mauwe.

moufette V. MOFETTE.

moufle XII⁰ s., Guil. de Dole, gros gant (dès 817, forme latinisée *muffula*); orig. obscure; probablemem. du germ. *muffel*, « museau rebondi » d'où « enveloppe », et du germ. *vël*, peau d'animal; 1615, Binet, techn.; XVII⁰ s., Hauteroche, sens pop., visage rebondi. ‖ **mouflé** 1743, *Trévoux*, techn. ‖ **mouflette** 1475, Molinet. ‖ **mouflet** XX⁰ s., pop., enfant, du sens pop. de *moufle*. (V. CAMOUFLET, MUFLE.)

mouflon milieu XVI⁰ s. (*muffle*); 1611, Cotgrave (*muifle, muifleron*); 1660, Oudin (*mufleron*); XVIII⁰ s., Buffon (*mouflon*); de l'ital. dial. *muflone* (corse *muffolo*), du bas lat. dial. *mufrô*.

*mouiller fin XI⁰ s., *Alexis* (*moillier*), du lat. pop. *molliare, « amollir en trempant » (le pain), de *mollis*, mou (v. SOUPE); XVII⁰ s., mar.; fin XIX⁰ s., *mouillé*, adj., linguist. ‖ **mouillage**

1654, Du Tertre, mar. ‖ **mouillement** 1553, Alberti, *Archit.*, trad. J. Martin. ‖ **mouillette** 1690, Furetière. ‖ **mouilleur** 1842, *Acad.*, techn. ‖ **mouilloir** 1497, G. ‖ **mouillure** XIII⁰ s., *Blancandrin* (*moilleüre*); fin XIX⁰ s., linguist. ‖ **mouillère** 1868, L. ‖ **remouiller** 1549, R. Est. (V. PATTE-MOUILLE.)

mouise 1829, *Mém. d'un forban*, arg., « soupe »; 1837, Vidocq, « soupe du pauvre », d'où, pop., « dèche »; de l'all. dial. du S.-O. *mues*, « bouillie ». (Pour le sens pop., v. PURÉE.)

moujik 1727, Deschisaux, *Voy. de Moscou* (*mousique*); v. 1830, Balzac (*mougik*); paysan russe.

moujingue début XX⁰ s., pop., orig. obsc.

moukère ou **mouquère** 1863, Camus (*moukeiras*, pl.), pop., femme de mauvaise vie, vulgarisé après l'Exposition de 1889, auj. vieilli; de l'esp. *mujer*, femme, venu par la langue franque d'Algérie, et issu lui-même du lat. *mulier*.

1. *moule s. m., 1190, Rois (*modle*); du lat. *mŏdŭlus*, proprem. « mesure », de *modus* (v. MODE 1, MODÈLE, MODULE, etc.). ‖ **mouler** 1080, *Roland*. ‖ **moulage** 1415, G. (*mollage*). ‖ **moulée** XIV⁰ s., Du Cange, techn.; 1872, *Journ. off.*, bois. ‖ **moulerie** XVI⁰ s., B. Palissy. ‖ **mouleur** 1260, É. Boileau. ‖ **moulure** début XV⁰ s. (*molleüre*). ‖ **mouluré** 1872, *Journ. off.* ‖ **démouler** 1803, Boiste. ‖ **surmoulage, surmouler** XVIII⁰ s., Falconet.

2. *moule s. f., XIII⁰ s. (*muscle, mousle, mourle*), du lat. *mŭscŭlus*, « petite souris », et par ext. « coquillage », de *mus, muris*, souris (v. MUSCLE). ‖ **moulière** 1681, *Ordonnance*.

*moulin XII⁰ s., *Th. le Martyr* (*molin*), du bas lat. *molīnum* (VI⁰ s., Cassiodore), de *mola*, meule. ‖ **mouliner** fin XVII⁰ s., Liger (*se mouliner*), « ronger », en parlant des vers du bois; 1667, *Ordonnance*, techn. textile. ‖ **moulinure** 1283, Beaumanoir, « vermoulure ». ‖ **moulinage** XVII⁰ s., techn., textile. ‖ **moulineur** 1615, Montchrestien. ‖ **moulinet** 1389, Laborde, « petit moulin »; 1418, Du Cange, « sorte de bâton »; d'où *faire le moulinet*, 1594, *Sat. Ménippée*.

*moult x⁰ s., *Valenciennes (mult)* ; éliminé au xvi⁰ s. par *beaucoup* ; du lat. *mŭltum*.

*mourir x⁰ s., *Eulalie (morir)* ; du lat. pop. **morīre* (lat. class. *mori*). ‖ **mourant** début xvi⁰ s., part. adjectivé et substantivé, de *mourir*. ‖ **meurt-de-faim** s. m., début xvii⁰ s. *(mort-de-faim)* ; 1690, Furetière *(meurt-de-faim)*.

mouron xii⁰ s. *(moron)*, probablem. du germ. (holl. *muur*).

mourre milieu xv⁰ s. *(jouer à la mourre)*, de l'ital. dial. *morra*, « troupeau », par métaph., du lat. pop. **mŭrrum*, « museau », d'où « tas ». (V. MO-RAINE, etc.)

mousmé 1887, P. Loti, mot japonais, désignant une jeune femme.

mousquet 1550, Ronsard *(mousquette)* ; fin xvii⁰ s. *(mousquet)* ; de l'ital. *moschetto*, « flèche lancée par une arbalète », de *mosca*, mouche, du lat. *musca*. ‖ **mousquetade** 1574, de Léry. ‖ **mousquetaire** 1580, Montaigne. ‖ **mousqueterie** fin xvi⁰ s., d'Aubigné. ‖ **mousqueton** 1578, d'Aubigné, d'après l'ital. *moschettone*.

1. mousse fin xii⁰ s., R. de Moiliens, bot., du franc. **mossa* (dér. lat. *mussula*, vi⁰ s., Grégoire de Tours), peut-être avec une infl. du lat. *mulsa*, hydromel, vin mousseux, fém. substantivé de *mulsus*, « miellé », de *mel*, miel. ‖ **moussu** 1130, *Eneas (mossu)*. ‖ **mousseux** 1545, Guéroult, « moussu ». ‖ **moussier** milieu xviii⁰ s., J.-J. Rousseau. ‖ **émousser** 1552, Ch. Est., enlever la mousse.

2. mousse 1680, Richelet, « écume », sans doute empl. métaph. du précédent. ‖ **mousser** 1680, Richelet ; 1856, Goncourt, fig. ‖ **moussant** adj., xviii⁰ s. ‖ **mousseux** 1671, Quatroux, « écumeux ». ‖ **moussoir** 1743. Geffroy.

3. mousse xv⁰ s., *Chanson*, s. f., « jeune fille » ; 1515, Conflans, s. m., mar. ; ital. *mozzo*, de l'esp. *mozo*, garçon. ‖ **moussaillon** 1842, *Acad.*

4. *mousse 1361, Oresme, adj., « qui n'est pas tranchant » (attesté par le dér. *émousser*) ; xv⁰ s., René d'Anjou *(mousse)* ; du lat. pop. **muttius*, « tronqué », du rad. préroman **mŭtt-*. (V.

MOTTE.) ‖ **émousser** 1361, Oresme, enlever le tranchant.

mousseline 1298, Marco Polo *(mosulin)* ; 1656, La Mesnardière *(mousseline)* ; de l'ital. *mussolina (tela)*, de l'adj. ar. *mausilî*, « de Mossoul » (ville de Mésopotamie où l'on fabriquait ce tissu).

*mousseron fin xii⁰ s. *(meisseron)* ; fin xiv⁰ s. *(moisseron)* ; du bas lat. *mussiriōnem*, acc. de *mussiriō* (vi⁰ s., Anthimus), mot prélatin ; avec *ou* par attraction de *mousse*.

mousson 1598, Lodewijksz (var. *monson*, 1690, Furetière) ; du port. *monção*, issu de l'ar. *mausim*, « saison », par ext. « vent de saison ».

moustache fin xv⁰ s., J. Lemaire, de l'ital. *mostaccio, mostacchio*, venu de Venise avec la mode de la moustache, du bas gr. *mustaki*, en gr. class. *mustax*, « lèvre supérieure », mot dorien. ‖ **moustachu** 1845, Th. Gautier.

moustérien 1883, Mortillet, paléont., du nom de *Le Moustier*, village de la Dordogne.

moustique 1611, Pyrard *(mousquite)* ; 1654, du Tertre *(moustique*, par métathèse, sous l'infl. de *tique*, v. ce mot) ; orig. exotique, de l'esp. *mosquito*, dimin. de *mosca*, mouche, du lat. *musca*. ‖ **moustiquaire** 1773, Bernardin de Saint-Pierre *(moustiquière)*, d'après l'esp. *mosquitera*.

*moût xiii⁰ s., *Alebrant*, du lat. *mŭstum*. (V. MOUTARDE.)

moutard 1827, *Cartouche*, arg., « enfant » ; orig. obsc., peut-être à rapprocher du lyonnais *moté*, « petit garçon », et du prov. *mout*, « tronqué ». (V. MOUSSE 4.)

moutarde xiii⁰ s. *(mostarde)*, « grains de sénevé broyés avec du moût de vin », de MOÛT (v. ce mot). ‖ **moutardier** début xiv⁰ s., fabricant de moutarde ; *id.*, pot à moutarde. ‖ **moutardelle** 1545, Guéroult, raifort.

*moutier x⁰ s., *Saint Léger (monstier)*, du lat. pop. **monisterium* (class. *monasterium*). Conservé en toponymie. (V. MO-NASTÈRE.)

mouton v. 1120, *Ps. d'Oxford (multun*, forme anglo-norm.), du gaulois **multo* (à l'acc. -ōnem en lat. pop.), gallois *mollt*, breton *maout*, « mâle châtré ». ‖ **moutonnier** s. m., 1303, *Archives de Reims*, berger; adj., 1548, Rab., fig. ‖ **moutonner** XIVe s., *Alector*. ‖ **moutonnement** s. m., 1877, L. ‖ **moutonneux** 1783, *Corresp. litt.*

****moulture** XIIIe s., du lat. pop. **molitūra*, de *molere*, moudre. (V. MOUDRE.)

****mouvoir** 1080, *Roland*, « mouvrai, futur de l'indic.), du lat. *movēre*; rare auj., sauf à l'infin., au prés. de l'indic., et au part. passé. ‖ **mouvant** adj., XIIe s.; subst., XXe s., Bergson. ‖ **mouvance** 1495, *Mir. historial*, terme féodal. ‖ **mouvement** 1190, saint Bernard (*movement*). ‖ **mouvementé** 1846, Besch.

moviola XXe s., appareil de projection de films; angl. *movies*, film.

moxa 1694, Pomet, méd., du japonais *mogusa*, bourre végétale et procédé thérapeutique, par l'anglais.

moye 1694, Th. Corn., techn., portion tendre d'une pierre, de l'anc. v. *moyer*, du lat. *mediare*, de *medius*. (V. MI 1.)

****moyen** adj., 1120, *Ps. d'Oxford* (*meien*), du lat. impér. *medianus*; s. m., 1361, Oresme, « ce qui sert pour parvenir à quelque fin »; fin XVe s., Commynes, « richesse, bien », surtout au pl.; 1530, Palsgrave, gramm. (*verbes moyens*); début XIXe s., *classe moyenne*, soc. ‖ **moyennant** prépos., 1377, Oresme, de l'anc. *moyenner*, XIIe s. ‖ **moyenne** s. f., 1836, Landais; *en moyenne*, XIXe s. ‖ **Moyen Age** 1640, probablem. d'après l'angl. *Middle Ages*. ‖ **moyenâgeux** 1865, Goncourt. ‖ **moyen français** fin XIXe s., *D. G.*

moyette 1842, *Acad.*, agric., dimin. de l'anc. fr. *moie*, meule de blé, du lat. *meta*, borne, cône.

****moyeu** v. 1160, *Charroi de Nîmes*, lat. *mŏdiolus*, proprem. « petit vase », dimin. de *mŏdius* (v. MUID), d'où, par métaph., partie centrale d'une roue dans laquelle s'emboîte l'essieu.

mozarabe 1732, *Trévoux*, de l'anc. esp. *moz'arabe*, de l'ar. *musta'rib*, « arabisé ».

mozette, mosette 1653, Oudin, eccl., de l'ital. *mozzetta*, apocope d'*almozzetta*. (V. AUMUSSE.)

muche-pot (à), à musse-pot XVIIe s., Huet, de l'anc. normanno-picard *mucher*, var. *musser*, XIIe s., « cacher », du lat. pop. **mūciare*, d'orig. gauloise.

mucilage XIVe s., Lanfranc, bot., du bas lat. *mucilago*, de *mucus*. ‖ **mucilagineux** XIVe s., *id.*, du·bas lat. *mucilaginosus*.

mucor 1775, Bomare, bot., du lat. *mucor*, moisissure. ‖ **mucoracées** 1842, *Acad.* (*mucorées*); 1868, L. (*mucoracées*).

mucre V. REMUGLE.

mucron 1842, *Acad.* (*mucrone*); 1874, Lar. (*mucron*), bot.; du lat. *mucro, -onis*, pointe. ‖ **mucroné** 1778, Lamarck.

mucus 1743, Bonnet, mot lat., morve (v. MOISIR, MOUCHER, MUCILAGE). ‖ **muqueux** XIVe s., Paré, de l'adj. lat. *mucosus*. ‖ **mucosité** 1539, Canappe. ‖ **muqueuse** s. f., 1874, Lar. ‖ **mucine** 1842, *Acad.* ‖ **mucite** 1806, Lunier.

****muer** 1080, *Roland*, « changer », du lat. *mūtare*, changer; XVIIe s., sens spécialisé. ‖ **muance** v. 1175, Chr. de Troyes, arch. ‖ **mue** 1175, Chr. de Troyes, déjà au sens spécialisé. ‖ **immuable** 1495, J. de Vignay, d'après *muable*, 1080, *Roland*, et le lat. *immutabilis*. (V. MUTATION, REMUER.)

muet 1175, Chr. de Troyes, dimin. de l'anc. fr. *mu* (lat. *mutus*), qu'il a éliminé au XVIe s. ‖ **sourd-muet** milieu XVIe s. (*sourd-muet*); 1694, *Acad.* (*sourd-et-muet*).

muette V. MEUTE.

muezzin 1568, Nicolay (*maizin*); début XVIIe s. (*muessim*); 1654, Duloir (*muezim*); 1823, Boiste (*muezzin*); du turc *muezzin*, de l'ar. *mo'adhdhin*, « celui qui appelle à la prière ».

mufle 1542, H. des Essars, anat., var. de *moufle* (v. ce mot) par infl. de *museau*; XIXe s., lourdaud; 1836, Landais, personnage grossier. ‖ **muflier** fin XVIIIe s., bot., par anal. de forme. ‖ **muflerie** 1843, Nerval. ‖ **muflée** fin XIXe s., pop., « soûlerie ».

mufti ou **muphti** 1546, Geuffroy (*mofty*), du turco-arabe *mufti*, juge.

muge 1552, Ch. Est., zool., du prov. *muge*, du lat. *mugil*.

mugir XIIIe s., *Unicorne;* réfection, d'après le lat. *mugīre,* de l'anc. fr. *muir,* de *mugire.* ‖ **mugissement** 1495, J. de Vignay.

muguet XIIe s., G., de (*noix*) *muguette,* altér. de *muscade* (à cause du parfum); XVIe-XVIIe s., jeune élégant, parfumé d'essence de muguet (v. MUSCADIN); XVIIIe s., méd., maladie infantile (d'après l'aspect blanchâtre des petites plaques qui couvrent la muqueuse buccale). ‖ **mugueter** XVe s., *Aresta amorum,* de *muguet,* au sens de « jeune élégant ».

*****muid** XIIe s., *la Charrette* (*mui*), hist.; du lat. *mŏdius,* désignant une grande mesure de blé. Le *d* a été repris au latin.

*****muire** 1249, texte franc-comtois, du lat. *muria,* saumure. (V. MURIATE.)

mulâtre 1544, Fonteneau (*mullatre*; var. *mulat, mulate,* 1690, Furetière); altér., d'après le suff. *-âtre,* de l'esp. *mulato,* de *mulo,* mulet (le mulâtre étant métis comme le mulet). ‖ **mulâtresse** 1699, *Tableau du recensement.*

1. *****mule** 1080, *Roland,* femelle du mulet, de l'anc. fr. *mul* (éliminé par le diminutif *mulet* 1), du lat. *mūlus,* fém. *mūla.* ‖ **mulet** 1080, *Roland.* ‖ **mulassier** 1471, G., de l'anc. *mulasse,* XIIIe s., « jeune mulet, jeune mule ». ‖ **muletier** s. m., début XIVe s.; adj., XVIe s. ‖ **mulard** 1842, *Acad.,* variété de canard.

2. **mule** XIVe s., engelure au talon; milieu XVIe s., pantoufle; du lat. *mulleus* (*calceus*), « soulier rouge » (couleur du rouget, *mullus*). [V. MULET 2.]

1. **mulet** V. MULE 1.

2. **mulet** XIIe s., poisson, du lat. *mullus,* « rouget », avec attraction de *mūlus,* mulet 1, en lat. pop. ‖ **surmulet** XIIIe s. (*sormulès*).

muleta 1840, Gautier, tauromachie, mot espagnol.

1. **mulette** 1806, Wailly, coquillage; altér. de *moulette,* dimin. de MOULE 2 (v. ce mot).

2. **mulette** 1827, *Acad.,* « bateau »; du port. *muleta,* proprem. « voile ».

mulle 1505, Desdier, nom savant du « mulet », poisson; du lat. *mullus,* rouget, d'où est issu également MULE 2 (v. ce mot).

mulon V. MEULE 2.

mulot XIIe s., Du Cange (lat. *mulotes,* pl.); définition des taupes dans les gloses de Reichenau (VIIIe s.) : « *muli qui fodiunt* » ; d'un mot germ. signif. proprem. « taupe » (néerl. *mol*). Le *u* est probablem. analog. de *mul, mulet* (v. MULE 1). ‖ **surmulot** XVIIIe s., Buffon.

multi- préfixe, du lat. *multi,* « nombreux ». ‖ **multicaule** 1827, *Acad.,* lat. *multicaulis,* de *caulis,* tige. ‖ **multicolore** 1512, Lemaire; rare avant 1823, Boiste; lat. *multicolor.* ‖ **multiflore** 1798, Richard, lat. *multiflorus.* ‖ **multiforme** 1440, Chastellain, du adj. lat. *multiformis.* ‖ **multipare** 1827, *Acad.* ‖ **multiparité** 1842, *Acad.*

multiple XIVe s.; rare avant le début du XVIIe s.; du lat. *multiplex.* ‖ **multiplier** début XIIe s., *Ps. de Cambridge,* du lat. *multiplicare;* a éliminé les anc. formes *molteplier, moutepleier.* ‖ **multipliable** 1120, *Ps. d'Oxford.* ‖ **multiplication** XIIIe s., *Comput,* du bas lat. *multiplicatio.* ‖ **multiplicande** 1549, J. Peletier, du part. fut. passif lat. *multiplicandus.* ‖ **multiplicateur** 1515, Lortie, du bas lat. *multiplicator.* ‖ **multiplicatif** 1770, de Grace. ‖ **multiplicité** 1190, saint Bernard, du bas lat. *multiplicitas.* ‖ **sous-multiple** 1552, J. Peletier.

multiplex 1890, Lar., terme de télécommunication; mot lat. signif. « multiple ».

multitude 1120, *Ps. d'Oxford* (*multitudine*); du lat. *multitudo, multitudinis,* de *multum,* beaucoup. (V. MOULT.)

municipe 1765 *Encycl.,* du lat. *municipium,* de *munus,* charge, et *capere,* prendre. ‖ **municipal** milieu XVe s., hist. antique; XVIIIe s., appliqué aux institutions modernes; du lat. *municipalis,* « qui appartient à un municipe ». ‖ **municipalité** 1756, V. de Mirabeau. ‖ **municipaliser** fin XVIIIe s. ‖ **municipalisation** XXe s.

munificence 1355, Bersuire, du lat. *munificentia,* de *munificus,* « libéral », de *munus,* cadeau, et *facere,* faire.

munir 1350, G. Li Muisis, fortifier, défendre, du lat. *mūnīre;* début XVIe s., Marot, ext. de sens. ‖ **démunir** 1564, J. Thierry. ‖ **munition** XIVe s., moyens de défense d'une place (d'où *pain de munition*, XVIe s.) ; début XIXe s., restr. de sens ; du lat. *munitio, -onis*. ‖ **munitionnaire** 1587, Lanoue.

muqueux, muqueuse V. MUCUS.

*****mur** Xe s., du lat. *mūrus*. ‖ **murer** 1175, Chr. de Troyes. ‖ **murage** XIIIe s. ‖ **mureau** début XIIe s., *Ps. de Cambridge*. ‖ **muraille** 1346, texte de Reims. ‖ **murailler** milieu XVe s. ‖ **muraillement** 1773, Bonnet. ‖ **mural** 1355, Bersuire (*murail*) ; rare avant le milieu du XVIIIe s. ; Buffon (*mural*) ; de l'adj. lat. *muralis*. ‖ **muret, var. murette** XIIIe s. (*muret*), dimin. de *mur*. ‖ **muretin** XXe s., diminutif du préc. ‖ **avant-mur** 1495, J. de Vignay. ‖ **contre-mur** XVIe s. ‖ **contre-murer** *id*. ‖ **démurer** fin XIIe s. ‖ **emmurer** *id*. ‖ **passe-muraille** v. 1945, M. Aymé.

*****mûr** XIIe s. (*meür*), du lat. *matūrus*. ‖ **mûrir** 1355, Bersuire (*meürir*) ; a remplacé l'anc. fr. *meürer*, du lat. *maturare*, devenu homonyme de *murer*. ‖ **mûrissant** adj., XVIIIe s., Delille. ‖ **mûrissement** XXe s. ‖ **mûrisserie** XXe s.

*****mûre** XIIe s., Gautier d'Arras (*meure*), du lat. *mora*, pl. neut., devenu fémin., de *morum*, à la fois fruit du mûrier et baie de la ronce. L'*u* est dû à l'attraction du dér. *mûrier*. ‖ **mûrier** début XIIe s., *Ps. de Cambridge*. ‖ **mûron** XIVe s. (*moron*) ; 1549, R. Est. (*meuron*). ‖ **mûreraie** v. 1600, O. de Serres.

murène 1265, Br. Latini (*moreine*) ; 1538, Canappe, et v. 1560, Paré (*murène*) ; du lat. *muraena*, du gr. *muraina*.

murex 1505, Desdier, zool., mot lat. ; mollusque fournisseur de pourpre.

muriate 1782, Guyton de Morveau, chim., du lat. *muria*, saumure (v. MUIRE, SAUMURE). ‖ **muriatique** 1744, Astruc.

muridés 1842, *Acad.* (*murides*), du lat. *mus, muris*, souris.

murmel XXe s., de l'all. *Murmel*, marmotte. On trouve le verbe *murmeler*, marmotter, en 1842, *Acad.* (qui le donne pour vx).

murmure 1175, Chr. de Troyes, du lat. *murmur*, bruit sourd (mot expressif) ; le changement de sens en fr. paraît dû au changement de pron. de l'*u* (*ou* en latin). ‖ **murmurer** 1120, *Ps. d'Oxford*, du lat. *murmurare*. ‖ **murmurant** adj., 1550,

du Bellay. ‖ **murmurateur** XVIe s., Calvin, du lat. *murmurator*.

murrhe 1556, Du Choul, hist., du lat. *murrha*, mot gr. ‖ **murrhin** *id*., du lat. *murrhinus*.

musagète 1552, Pontus de Thyard, mythol., du lat. *musagetes*, du gr. *mousagetês*, conducteur des muses, de *ageîn*, conduire. (V. MUSE.)

*****musaraigne** XVe s., du lat. pop. *mūsarānea* (bas lat. *mūsarāneus*, VIIe s., Isidore de Séville), de *mūs*, souris, rat, et *arānea*, araignée.

musc XIIIe s., *Simples Méd.*, du bas lat. *muscus* (IVe s., saint Jérôme), orig. orientale (ar. *misk*). ‖ **musqué** début XVe s.

muscade XIIe s., Guill. d'Angl. (*nois muscade*), de l'anc. prov. (*notz*) *muscada*, noix musquée, dér. du préc. ‖ **muscadier** 1665, Le Carpentier. ‖ **muscadelle** XVe s., *Vaux de Vire*, poire.

muscadet V. MUSCAT.

muscadin 1578, d'Aubigné, « pastille parfumée au musc » ; var. *moscardin*, *muscardin*, XVIIe s. ; de l'ital. *moscardino*, pastille au musc, de *moscado*, musc ; 1747, La Mettrie, nom propre de petit-maître ; 1790, Desmoulins, nom commun, même empl. (Pour le développement du sens, v. MUGUET.)

muscardin 1753, Buffon, zool., var. spécialisée du précédent pour désigner un petit rongeur.

muscardine 1827, *Acad.*, maladie des vers à soie, de l'ital. *moscardino*.

muscari milieu XVIIIe s., bot., du lat. sav. *muscari*, du bas lat. *muscus*, musc.

muscarine 1877, L., bot., de *muscaria* (*amanita*), de *musca*, mouche.

muscat 1372, Corbichon, du prov. *muscat*, proprem. « musqué », dér. de *musc* (v. ce mot). ‖ **muscadet** 1415, Du Cange, « vin muscat », du prov. mod. *muscadet*, nom d'un cépage du Languedoc.

muscidés 1827, *Acad.*, entom., de *musca*, mouche.

muscinées 1868, L., bot., du bas lat. *muscus*, musc.

muscle 1314, Mondeville, du lat. *musculus*, proprem. « petite souris », de *mus, muris*, souris (cf. la *souris*, partie charnue du gigot). ‖ **musclé** 1553, Belon, rare jusqu'au début du XVIIIe s. ‖ **musculeux** 1314, Mondeville, du lat. *musculosus*, de *musculus* (v. le préc.). ‖ **musculaire** fin XVIIe s. ‖ **musculature** 1833, Th. Gautier.

muse XIIIe s., trad. de Boèce, mythol., du lat. *musa*, du gr. *moûsa*.

museau v. 1200, *Renart*, d'un anc. fr. **mus*, du lat. pop. *musum* (VIIIe s.), d'orig. inconnue. ‖ **museler** XIVe s., G. Phébus. ‖ **muselet** fin XIXe s., techn. ‖ **musellement** XXe s. ‖ **démuseler** 1832, Boiste. ‖ **muselière** XIIIe s. ‖ **musoir** 1757, Choquet, techn. (V. MUSER.)

musée XIIIe s., G., « temple des Muses », du lat. *museum* (gr. *mouseion*); 1732, *Trévoux*, pour désigner le centre d'études scientifiques des Ptolémées, à Alexandrie (d'un emploi partic. de *mouseion* à l'époque des Ptolémées); 1762, *Acad.*, « lieu destiné à l'étude des beaux-arts, des sciences et des lettres »; 1765, *Encycl.*, sens mod. Au XVIIIe s., var. *museum*, 1746, Saint-Yenne, « musée de peinture »; 1793, appliqué au *Muséum d'histoire naturelle* (auparavant *Jardin des plantes*, 1635, Guy de La Brosse). ‖ **muséographie** 1842, *Acad.* ‖ **muséologie** XXe s.

muser XIIe s., *Tristan*, de l'anc. fr. **mus* (v. MUSEAU), proprem. « rester le museau en l'air ». ‖ **musard** début XIIe s., *Thèbes*. ‖ **musarder** av. 1300 (*musarder*). ‖ **musarderie** 1546, Rab., vx. ‖ **musardise** XIIIe s. (*musardie*); 1834, Boiste (*musardise*). ‖ **musette** XIIIe s., instrum. de musique, d'un anc. *muse*, fin XIIe s., R. de Moiliens, de *muser*; début XIXe s., « petit sac qui se porte en bandoulière ». ‖ **amuser** 1175, Chr. de Troyes. ‖ **amusant** 1694, *Acad.* ‖ **amuse-gueule** XXe s. ‖ **amusement** XVe s., Martial d'Auvergne. ‖ **amusette** 1653, G. Patin. ‖ **amuseur** 1545, J. Bouchet. ‖ **amusoire** 1588, Montaigne.

muserole 1593, de La Broue, équit., de l'ital. *museruola*, de *muso*, de même rac. que *museau*.

musette V. MUSER.

music-hall 1862, Malot, mot angl., comp. de *music* (v. le suiv.) et *hall* (v. ce mot).

musique 1130, *Eneas*, du lat. *musica*, du gr. *mousikê* (*tekhnê*), proprem. « art

des Muses ». ‖ **musical** XIVe s. ‖ **musicalité** début XXe s. ‖ **musicien** 1361, Oresme; abrév. pop. *musico*, XVIIIe s., Voltaire. ‖ **musiquette** 1875, A. Daudet. ‖ **musiquer** XVIe s. ‖ **musicographe** 1846, Besch., « instrument pour écrire la musique », sur le suff. *-graphe*. ‖ **musicographie** 1910, *L. M.* ‖ **musicologie** v. 1900. ‖ **musicologue** 1889, Bénédictins.

mussif, var. **musif** début XIXe s., du lat. *musivus*, « de mosaïque ». (V. MOSAÏQUE 1.)

mussitation 1827, *Acad.*, méd., du lat. *mussitatio*, de *mussitare*, parler à voix basse.

mustang 1876, *Journ. off.*, de l'anc. esp. *mestengo*, « sans maître, vagabond »; cheval à demi sauvage de la pampa.

mustélidés 1827, *Acad.* (*mustélins*), zool., du lat. *mustella*, belette.

musulman XVIe s. (*mussulman*), de l'ar. *muslim*, « fidèle, croyant ».

mutation XIIe s., du lat. *mutatio*, de *mutare*, changer (v. MUER); 1901, de Vries, biol. ‖ **mutabilité** XIIe s., du lat. *mutabilitas*, de *mutare*. ‖ **mutable** 1842, *Acad.* ‖ **immutabilité** XIVe s., du lat. *immutabilitas*, pour servir de subst. à *immuable* (v. MUER). ‖ **muter** 1874, Lar., (*muté*, part. passé), admin., de *mutare*. ‖ **mutant** adj., XXe s., biol. ‖ **mutationnisme** XXe s., biol. (V. PERMUTATION, PERMUTER, TRANSMUTER.)

1. **muter** V. MUTATION.

2. **muter** (*le vin*) 1801, Chaptal; var. *muetter*, 1812, Mozin; probablem., dér. de *muet*. ‖ **mutage** 1842, *Acad.*

mutiler 1334, *Songe du Vergier*, du lat. *mutilare*. ‖ **mutilé** s. m., 1834, Boiste. ‖ **mutilant** adj. 1877, *le Progrès médical*. ‖ **mutilation** 1245, *Ordonn.*, du bas lat. *mutilatio*. ‖ **mutilateur** 1512, J. Lemaire.

mutin XIVe s. (attesté par le verbe), dér. de *meute* (v. ce mot), au sens anc. de « émeute ». ‖ **se mutiner** XIVe s. (*se meutiner*). ‖ **mutinerie** 1332, *Ordonn.*

mutisme 1741, *Observ. sur les écrits mod.*, du lat. *mutus*, muet (v. MUET). ‖ **mutité** 1803, Boiste, du bas lat. *mutitas*, de *mutus*; impossibilité pathologique de parler.

mutuel XIVᵉ s., Bouthillier, du lat. *mutuus*, réciproque, mutuel. ‖ **mutuelle** s. f., début XXᵉ s., de (*société*) *mutuelle*. ‖ **mutualité** XVIᵉ s., rare avant 1784. ‖ **mutualiste** 1834, Boiste. ‖ **mutuelliste** 1828, *Société des mutuellistes*, à Lyon. ‖ **mutualisme** 1840, L. Reybaud; a éliminé *mutuellisme*, 1828 (dans Lar., 1874).

mutule 1546, J. Martin, archit., lat. *mutulus*, tête de chevron.

myalgie XXᵉ s., méd., du gr. *mus*, muscle, et *algos*, douleur.

mycé-, myco- du gr. *mukês*, champignon. ‖ **mycélium** 1842, *Acad.* (*mucélion*). ‖ **mycélial, mycélien** 1877, L. ‖ **mycoderme** 1846, Besch. ‖ **mycologie, mycologue** 1842, *Acad.*

myél(o) du gr. *muelos*, moelle. ‖ **myéline** 1868, L., méd. ‖ **myélite** 1836, *Acad.*, méd. (V. POLIOMYÉLITE.)

mygale 1827, *Acad.*, zool., du gr. *mugalê*, musaraigne, de *mus*, rat, et *galê*, belette.

myo- du gr. *mus, muos*, muscle. ‖ **myocarde** 1877, L. ‖ **myocardite** 1858. ‖ **myographie** 1765, *Encycl.* ‖ **myographe** 1827, *Acad.* ‖ **myologie** 1628, Constant, du lat. méd. mod. *myologia*. ‖ **myotomie** 1724.

myope 1578, Papon, du bas lat. *myops* (gr. *muôps*), proprem. « qui cligne les yeux ». ‖ **myopie** XVIIᵉ s., Huet, du gr. *muôpia*.

myosotis 1545, Guéroult, du lat. *myosotis*, du gr. *muosôtis*, de *mus, muos*, souris, et *oûs, ôtos*, oreille (à cause de la forme des feuilles).

myria-, myrio- du gr. *murias*, « dix mille ». ‖ **myriagramme, myriamètre** 1793 (v. GRAMME, MÈTRE 2).‖ **myriapode** 1827, *Acad.*, zool. (V. MILLE-PATTES.) ‖ **myriophylle** 1827, *Acad.* (*myriophyllum*).

myriade début XVIᵉ s., du bas lat. *myrias*, mot gr., « dix mille ».

myrmidon 1665, Molière, du lat. *Myrmidon*, mot gr., peuple de Thessalie.

myrobolan, myrobalan XIIIᵉ s., *Simples Méd.* (*mirobolanz*, pl.), du lat. *myrobalanus*, du gr. *murobalanos*, de *muron*, parfum, et *balanos*, gland. (V. MIRABELLE, MIROBOLANT.)

myrosine 1868, L., du gr. *muron*, parfum; enzyme de la graine de moutarde.

myroxyle 1842, *Acad.*, bot., du gr. *muron*, parfum, et *xulon*, bois.

myrrhe 1080, *Roland* (*mirre*), du lat. *myrrha*, mot gr.

myrte XIIIᵉ s., *Simples Méd.* (*mirte*), du lat. *myrtus*, empr. au gr. *murtos*. ‖ **myrtiforme** 1732, *Trévoux*. ‖ **myrtacées** 1842, *Acad.*, bot. ‖ **myrtaie** XXᵉ s.

myrtille XIIIᵉ s., *Simples Méd.*; rare jusqu'au XVIIIᵉ s.; du lat. *myrtillus*, de *myrtus*. (V. MYRTE.)

mystagogue 1564, Rab., du lat. *mystagogus*, empr. au gr. *mustagôgos*, « qui conduit dans les lieux réservés aux initiés », de *mustês*, initié, et *agein*, conduire (v. MYSTÈRE). ‖ **mystagogie** XVIIᵉ s., Bossuet.

mystère XIIᵉ s., Gautier d'Arras (*mistere*), du lat. *mysterium*, du gr. *mustêrion*, de *mustês*, initié; dès le latin, idée de « secret »; XVᵉ - XVIᵉ s., « représentation théâtrale à sujet religieux », par confusion avec le lat. *ministerium*, office, cérémonie. ‖ **mystérieux** 1440, Chastellain.

mystifier 1764, Grimm, à propos d'un auteur crédule, Poinsinet; comp. avec le rad. du préc., sur le modèle des verbes en *-fier*. ‖ **mystificateur, mystification** 1768, Diderot. ‖ **démystifier** XXᵉ s.

mystique fin XIVᵉ s. (*misticque*), du lat. *mysticus*, « relatif aux mystères », au sens eccl., du gr. *mŭsticos*, de *mustês*, initié (v. MYSTAGOGUE, MYSTÈRE). ‖ **mysticité** 1718, *Acad.* ‖ **mysticisme** 1804, B. Constant.

mythe 1818, de Wailly, du bas lat. *mythus*, du gr. *muthos*, « récit, légende ». ‖ **mythique** XIVᵉ s., rare jusqu'en 1831, Michelet. ‖ **mythographe** 1842, *Acad.* ‖ **mythologie** XIVᵉ s. (*mithologia*); du bas lat. *mythologia* (gr. *muthologia*). ‖ **mythologique** 1481, Delb., du lat. *mythologicus* (gr. *muthologikos*). ‖ **mythologue** XVIᵉ s. ‖ **mythologiste** 1697, *l'Enterrement du dict. de l'Acad.* ‖ **mythomanie, mythomane** 1905, Dupré.

myx(o)- du gr. *muxa*, morve, mucosité. ‖ **myxœdème** fin XIXᵉ s., gr. *oidêma*, gonflement. ‖ **myxomatose** XXᵉ s.

N

nabab 1653, La Boullaye, mot hindoustani, de l'ar. *nawwâb*, pl. de *naïb*, lieutenant; XVIIIe s., personne qui s'est enrichie aux Indes, d'après l'angl. *nabob*; 1777, *Courrier de l'Europe*, personnage fastueux; popularisé au XIXe s. (1867, Delvau); cf. *le Nabab*, d'A. Daudet (1877).

nable XVIIe s., mar., bouchon pour le trou d'écoulement d'un canot; du néerl. *nagel*, cheville.

nabot 1549, R. Est., sans doute altér. de *nambot*, nain-bot, de *nain* et de *bot* (v. ces mots), peut-être sous l'infl. de *navet*, servant parfois pour désigner un homme de très petite taille.

nacaire XIVe s., timbale, inus. depuis le XVIe s.; de l'ital. *nacchera*, nacre, d'où castagnettes faites avec des coquilles; var. *gnacare* (1666, Molière) d'une var. ital. *gnaccara*.

nacarat 1578, d'Aubigné (*nacarade*); XVIIe s. (*nacarat*); de l'esp. *nacarado*, nacré.

*nacelle fin XIe s., *Alexis*, du bas lat. *navĭcella* (Digeste), de *navis*, bateau. (V. NAVIRE, NEF.)

nacre début XIVe s. (*nacrum*, dans un texte lat.); fin XIVe s. (*nacle*); 1560, Paré (*nacre*); de l'ital. *naccaro* (auj. *nacchera*), de l'ar. *naqqâra*; d'abord, *coquille qui produit la nacre*, puis, au XVIIe s., nacre. ‖ **nacré** milieu XVIIe s.

nadir 1361, Oresme (*nador*), de l'ar. *nadîr*, opposé, d'où « opposé au zénith ».

nævus 1611, Cotgrave (*neve*); début XIXe s. (*nœvus maternus*); 1836, *Acad.* (*nœvus*); mot lat. signif. « tache, verrue ».

naffe (**eau de**) 1564, Liébault, de l'ar. *nafha*, odeur.

*nager 1080, *Roland* (*nagier*); XIIe s., *Tristan* (*nager*), « naviguer »; 1280, Bibbesworth, « ramer », encore usité en mar.; milieu XIVe s., sens mod.; du lat. *navigare*, naviguer; il a éliminé, dans son sens usuel, l'anc. fr. *nouer*, du lat. pop. **notāre* (lat. class. *natare*), nager (à cause de l'homonymie avec *nouer*, faire un nœud); a été remplacé, dans son sens primitif, par *naviguer*, forme savante. ‖ **nage** 1160, *Éneas*, « navigation »; 1552, Ch. Est., action de nager; 1572, Peletier, *être à nage*, être inondé. ‖ **nageoire** 1555, Belon. ‖ **nageoter** 1868, L. ‖ **nageur** 1175, Chr. de Troyes, matelot; v. 1350, celui qui nage.

naguère V. GUÈRE.

naïade fin XVe s., du lat. *naias*, gén. *naiadis*, mot gr.

*naïf milieu XIIe s. (*naif*); milieu XVe s. (*naïf*), « natif »; du lat. *nativus*, naturel, de *natus*, né; 1607, Hulsius, « ingénu »; 1642, *Satires*, « sans finesse, un peu niais ». ‖ **naïveté** milieu XIIIe s.

*nain XIIe s., *Tristan*, du lat. *nanus* (v. NABOT); *nain jaune*, 1838, *Acad.* ‖ **nanisme** 1838, *Acad.*

*naître 1080, *Roland*, du lat. pop. **nascĕre*, class. *nasci*. ‖ **naissance** XIIe s. ‖ **naissain** 1868, L., jeune huître. ‖ **naissant** adj., fin XVIe s. ‖ **naisseur** fin XIXe s., éleveur. ‖ **inné** 1611, Cotgrave, du lat. philos. *innatus*. ‖ **innéité** 1810, Gall. ‖ **dernier-né** fin XIIe s. ‖ **nouveau-né** fin XIIe s., *Huon.* ‖ **mort-né** 1285, Beaumanoir (*mornés*); 1408, N. de Baye (*mort-né*). ‖ **premier-né** XIIIe s. ‖ **puîné** 1155, Wace (*puisné*), de *né* et de l'adv. *puis*; remplacé par *cadet*. ‖ **renaître** 1175, Chr. de Troyes (*renestre*). ‖ **renaissant** adj., milieu XVIIIe s. ‖ **renaissance** XIVe s., *Miracles de N.-D.* (V. AÎNÉ.)

naja 1693, Knox (*naïa*); 1734, Seba (*naja*); du lat. des naturalistes *naïa*,

486

naja, d'orig. algér. (*na'ja*, brebis, pris au sens de « femelle du naja »).

nanan milieu XVIIe s., *Mazarinades*, mot enfantin.

nandou 1614, Cl. d'Abbeville (*yandou*) ; 1827, *Acad.* (*nandu*), autruche d'Amérique ; esp. d'Amérique *nandu* (Argentine, etc.), empr. au guarani.

nankin milieu XVIIIe s., du nom de *Nankin*, ville de Chine où était fabriquée cette toile. ‖ **nankinette** 1812, Mozin.

nansouk 1829, *Courrier des dames*, orig. inconnue.

nantir 1285, Beaumanoir, de l'anc. fr. *nant*, gage, fait sur le pl. plus usuel *nans* (XIe s., *Lois de Guill.*) ; de l'anc. scand. *nām*, prise de possession. ‖ **nantissement** 1283, Beaumanoir. ‖ **dénantir** XVe s.

napalm XXe s., de *Na*, symbole du sodium, et de *palmitate*. (V. PALMITINE.)

napel 1560, Paré, variété d'aconit ; du bas lat. *napellus*, dimin. de *napus*, navet (d'après la forme de la racine).

naphte 1213, *Fet des Romains* (*napte*) ; 1557, *Trésor de Evonime* (*naphte*) ; du lat. *naphta*, d'un mot gr., d'orig. orientale. ‖ **naphtaline** 1821, *Ann. chim. phys.*, Wurtz. ‖ **naphtol** 1873, Wurtz.

napoléon 1812, Mozin, du nom de *Napoléon Ier*, dont l'effigie était représentée sur ces pièces.

napolitain 1585, La Noue ; ital. *napoletano*, de *Napoli*, nom italien de Naples.

*nappe début XIIe s., *Voy. de Charl.* (*nape*) ; du lat. *mappa* (dissimilation de *m* par *p* suivant (v. NÈFLE). ‖ **nappage** 1844, Balzac. ‖ **napper** début XXe s. ‖ **napperon** 1391, Du Cange.

narcisse 1363, Du Cange (*narciz*) ; 1538, R. Est. (*narcisse*) ; lat. *narcissus*, du gr. *narkissos*, du nom d'un personnage mythol. qui s'était épris de lui-même en se regardant dans une fontaine, et qui fut métamorphosé en narcisse ; XVIIe s., homme amoureux de sa propre figure. ‖ **narcissisme** 1894, Sachs-Villatte.

narco- du gr. *narkê*, engourdissement. ‖ **narco-analyse** XXe s. ‖ **narcolepsie** fin XIXe s., sur le gr. *lepsis*, prise. ‖ **nar-**

cose 1836, *Acad.*, du gr. *narkôsis*, torpeur ; 1907, Lar., sens actuel. ‖ **narcotine** début XIXe s. ‖ **narcotique** 1314, Mondeville, du lat. médiév. *narcoticus* (gr. *narkôtikos*). ‖ **narcotiser** 1874, Lar.

nard XIIIe s. (*narde*), s. f. ; XVe s. (*nard*), s. m. ; du lat. *nardus* (gr. *nardos*) ; orig. orientale (hébreu *nerd*). ‖ **nardet** fin XVIIIe s., chiendent.

narguer 1450, Gréban, « être désagréable à », orig. provenç., du lat. pop. **naricāre*, nasiller, de *naris*, narine (v. NARINE) ; milieu XVIIe s., « se moquer de ». ‖ **nargue** 1552, Rab., déverbal.

narguilé 1823, Boiste (*narguillet*) ; 1838, Lamartine (*narghilé*) ; du persan *narguileh*, de *narguil*, noix de coco (servant de flacon pour contenir l'eau que traverse la fumée).

*narine milieu XIIe s., du lat. pop. **nārīna*, de *nāris*, narine.

narquois 1582, Tabourot, « rusé » ; 1640, Oudin, en argot ; sens mod. par infl. de *narguer* ; mot d'argot désignant d'abord le « soldat maraudeur », peut-être var. de *narquin*, XVIe s., *Saint Christophe*, de *arquin* (avec le *n* de *un* agglutiné), XVIe s., *id.*, « archer », de *arc*.

narrer 1495, J. de Vignay, du lat. *narrare*. ‖ **narrateur** 1590, Molinet, du lat. *narrator*. ‖ **narratif** 1440, Ch. d'Orléans, du lat. *narrativus*. ‖ **narration** XIIe s., *Ysopet de Lyon*, du lat. *narratio*. ‖ **inénarrable** XVe s., du lat. *inenarrabilis* (*enarrare*, raconter en détail).

narthex 1721, *Trévoux*, du gr. eccl. *narthex*, portique en avant de la nef, dans la basilique latine ; au sens propre « férule », puis « cassette faite avec des tiges de férule », puis architectural.

narval 1646, La Peyrère (*narhual*), du danois *narhval*.

nasal adj., 1611, Cotgrave, dér. sav. du lat. *nasus*. ‖ **nasaliser** 1868, L. ‖ **nasalisation** *id.* ‖ **nasalité** milieu XVIIIe s. ‖ **dénasaliser** 1838, *Acad.* ‖ **dénasalisation** début XXe s.

nasarde, nase, naseau, nasiller V. NEZ.

nasitort V. NEZ.

*nasse XIIe s., du lat. *nassa*.

natal fin XVe s., J. Lemaire de Belges, du lat. *natalis*, de *natus*, né (v. NOËL). ‖ **natalité** 1868, L. ‖ **dénatalité** 1918, Roux. ‖ **mortinatalité**. V. MORT. ‖ **prénatal** 1907, Lar.

natation 1550, H. Fierabras, du lat. *natatio*, de *natare*, nager. ‖ **natatoire** fin XIIe s., « où l'on peut nager »; 1581, Du Choul, « qui concerne la natation »; du bas lat. *natatorius*.

natif 1327, J. de Vignay, du lat. *nativus* (v. NAÏF). ‖ **nativité** 1120, *Ps. d'Oxford* (*nativited*); fin XIIe s. (*nativité*); du lat. *nativitas*; aussi « naissance », jusqu'au XVIIIe s., puis spécialisé dans le lexique ecclésiastique. (V. NAÏF.)

nation 1120, *Ps. d'Oxford* (*naciuns*); 1160, Benoît (*nation*), « naissance, extraction », du lat. *natio*, de *natus*, né; XIIIe s., « nation ». ‖ **national** début XVIe s. (*nacional*); 1550, Meigret (*national*). ‖ **nationale** s. f., 1947, route nationale. ‖ **nationaliser** 1793, *Ami du peuple*; 1842, Pecqueur, écon. ‖ **nationalisation** fin XVIIIe s. ‖ **nationalisme** *id*, probablem. d'après l'angl. *nationalism*, XVIIIe s. ‖ **nationaliste** début XIXe s. ‖ **national-socialisme** v. 1921. ‖ **national-socialiste** v. 1921. ‖ **nationalité** début XIXe s., Napoléon Ier. ‖ **nazi** v. 1929, mot all., abrév. de *national-sozialist*, du nom du parti fondé en Allemagne par Adolf Hitler. ‖ **nazisme** v. 1930. ‖ **antinational** 1743, *Trévoux*. ‖ **dénationaliser** début XIXe s. ‖ **international** 1801, adj.; 1871, Frankel, s. m. ‖ **internationale** s. f., 1864, polit. ‖ **internationaliser** 1935, Sachs. ‖ **internationalisation** *id*. ‖ **internationalisme** 1876, L. ‖ **internationaliste** 1871, B. Malon. ‖ **internationalité** 1871, B. Malon.

natron 1665, Colbert, mot esp., de l'ar. *natroûn*. ‖ **natrium** 1842, *Acad.*, forme lat. de *natron*.

*natte fin XIe s., *Alexis* (*nate*), du bas lat. *natta* (VIe s.), Grég. de Tours), altér. de *matta*, mot présumé phénicien. ‖ **natter** début XIVe s. ‖ **nattier** XIVe s., Digulleville. ‖ **dénatter** 1680, Richelet.

naturaliser, naturalisme V. NATUREL.

nature 1119, Ph. de Thaun, du lat. *natura*. ‖ **nature morte** milieu XVIIIe s.

nature adj., début XIXe s. ‖ **naturant** 1253, Grossetête. ‖ **naturé** début XIIIe s. ‖ **naturisme** milieu XVIIIe s., philos.; 1845, Besch., hygién.; 1896, M. Le Blond, litt. ‖ **naturiste** 1840, Sainte-Beuve, philos; 1845, Besch., hygién.; 1860, Goncourt, « réaliste »; 1896, M. Le Blond, litt. ‖ **dénaturer** fin XIIe s. ‖ **dénaturé** adj., XIIIe s. ‖ **dénaturant** 1873, Lar. ‖ **dénaturation** 1859, Mozin.

naturel 1119, Ph. de Thaun (*natural*); 1160, Benoît (*naturel*); du lat. *naturalis*; XVe s., s. m., « complexion, tempérament ». ‖ **naturaliser** fin XVe s. ‖ **naturalisation** milieu XVIe s. ‖ **naturalisme** 1584, J. Bodin, philos.; 1847, Didron, beaux-arts; 1872, Zola, litt. ‖ **naturaliste** 1527, Dassy, hist. nat.; 1580, Montaigne, philos.; 1675, Testelin, beaux-arts, « réaliste »; 1868, Zola, litt. ‖ **antinaturel** 1866, Lar. ‖ **extra-naturel** XIXe s. Th. Gautier. ‖ **supernaturel** milieu XVe s. ‖ **supernaturalisme** 1845, Besch. ‖ **supernaturaliste** 1854, Nerval. ‖ **supranaturalisme** 1845, Besch. ‖ **supranaturaliste** 1872, L. ‖ **surnaturel** milieu XVIe s. ‖ **surnaturalisme** 1855, Baudelaire. ‖ **surnaturaliste** 1846, Baudelaire.

naufrage début XVe s. (*naffrage*); milieu XVe s. (*naufragé*); 1549, R. Est. (*naufrage*); du lat. *naufragium*, de *navis*, bateau, et *frangere*, briser. ‖ **naufrager** début XVIe s. ‖ **naufragé** début XIVe s. ‖ **naufrageur** 1874, Lar.

naumachie 1520, trad. de Suétone, du lat. *naumachia*, mot gr., de *naûs*, navire, et *makhê*, combat.

nausée 1539, Canappe, du lat. *nausea*, mal de mer, du gr. *nausia*, de *naûs*, bateau (v. NOISE). ‖ **nauséabond** milieu XVIIIe s., du lat. *nauseabundus*. ‖ **nauséeux** 1793, méd.

nautile 1562, Du Pinet, du lat. *nautilus* (gr. *nautilos*, matelot, de *naûs*, bateau).

nautique fin XVe s., J. Lemaire de Belges; lat. *nauticus*, du gr. *nautikos*, de *nautês*, matelot, sur *naûs*, bateau. ‖ **motonautique, motonautisme** Voir MOTO 1.

nautonier 1119, Ph. de Thaun (*notuner*); v. 1120 (*notonier*); XVe s. (*nautonier*, d'après l'orth. lat.); de l'anc.

prov. *nautonier*, matelot, de *noton* (attesté en anc. fr., empr. à l'anc. prov.), du lat. pop. **nauto, nautonis*, en lat. class. *nauta*, gr. *nautês*.

navaja 1840, Gautier, couteau à lame effilée; mot espagnol.

naval v. 1300, *Antidotaire*, du lat. *navalis*, de *navis* (v. NEF, NAVIRE).

navarin 1837, Balzac, culin., sans doute d'après le nom de la bataille de *Navarin* (1827).

navet XIIe s., de Audigier, de l'ancien français *nef*, s. m., navet, du lat. *napus*, éliminé à cause de l'homonymie avec *nef*, s. f., navire; fig., 1867, Delvau, mauvais tableau. ‖ **navette** début XIVe s.

1. navette V. NAVET.

2. navette (*de tisserand*) XIIIe s., empl. fig. de *navette*, dér. de *nef* (v. ce mot), et désignant un vase d'église ayant la forme d'un petit navire; *faire la navette*, v. 1750, Saint-Simon.

navicule fin XVe s., « petite barque »; 1800, bot.; du lat. *navicula*, dimin. de *navis*, navire (v. NEF). ‖ **naviculaire** 1503, G. de Chauliac.

naviguer 1308, Aimé (var. *naviger*, XVIIe-XVIIIe s.), du lat. *navigare*. ‖ **navigable** milieu XVe s. ‖ **navigabilité** 1823, Boiste. ‖ **navigant** s. m. fin XVe s., J. Lemaire de Belges, « navigateur »; 1935, *Acad.*, aéron. ‖ **navigateur** début XVIe s. ‖ **navigation** 1265, J. de Meung. (V. CIRCUMNAVIGATION, NAGER.)

navire 1080, *Roland* (*navilie*); XIVe s. (*navire*); genre hésitant du XVe s. au XVIIe s.; du bas lat. *navilium, altér. de *navigium*, embarcation (qui a donné en anc. fr. *navoi, navie*); le terme a dû être refait sur les mots en *-lium* plus nombreux en lat.; en anc. fr., « flotte » et « bateau »; a remplacé dans ce sens l'anc. fr. *nef*. (V. NAVAL, NEF.)

navrer 1080, *Roland* (*nafrer*); XIIe s. (*navrer*), « blesser physiquement »; XVIIe s., sens moral; de l'anc. norrois *nafarra* « percer » (*nafarr*, tarière). ‖ **navrant** adj., 1787, Féraud. ‖ **navrement** début XIXe s.

nazi V. NATION.

*ne Xe s., *Valenciennes* (var. *nen*, devant voyelle); forme proclitique du lat. *non*; encore *non*, 842, *Serments*, et IXe s., *Eulalie*. (V. NON). ‖ **nenni** 1130, *Chanson de Guillaume* (*nenil*); XVe s. (*nenny*); de *nen il*, avec le verbe *faire* sous-ent., phrase servant de réponse négative. (V. OUI.)

néanmoins V. NÉANT.

*néant fin XIe s., *Alexis* (*neient*); fin XIVe s. (*néant*); du lat. pop. *ne gentem, de *ne*, particule négative, et de *gens, gentis*, ensemble d'êtres vivants (plutôt que du lat. pop. *nec-entem, formé avec *nec*, mot négatif, et *ens, entis*, part. prés., usité dans la langue philos., de *esse*, être). ‖ **anéantir** 1120, *Ps. d'Oxford* (*aniantir*); v. 1580, Montaigne (*anéantir*). ‖ **anéantissement** 1309, G. ‖ **néantise** XVIe s. ‖ **néantiser** 1936, Berdiaeff. ‖ **néanmoins** 1160, Benoît (*naient moins*).

nébuleux milieu XIVe s. (*nébuleus*), du lat. *nebulosus*, de *nebula*, brouillard. ‖ **nébuleuse** s. f., milieu XVIIe s., astron. ‖ **nébulosité** 1488, *Mer des hist.*, du lat. *nebulositas*.

nécessaire 1119, Ph. de Thaun, du lat. *necessarius*; s. m., 1530, Palsgrave. ‖ **nécessité** 1120, *Ps. d'Oxford*, « détresse », du lat. *necessitas*; v. 1320, obligation. ‖ **nécessiter** XIVe s., contraindre, du lat. médiév. *necessitare*. ‖ **nécessitant** 1544, M. Scève. ‖ **nécessiteux** 1308, Aimé, « nécessaire »; 1549, R. Est., sens mod.

nec plus ultra 1652, Scarron (*non plus ultra*); milieu XVIIIe s. (*nec plus ultra*); loc. lat., signif. « (et) pas plus outre ».

nécro- du gr. *nekros*, mort. ‖ **nécrobie** 1785, Olivier, gr. *bios*, vie. ‖ **nécrologe** milieu XVIIe s., du lat. médiév. *necrologium*, sur le lat. *eulogium*, épitaphe (v. ÉLOGE). ‖ **nécrologie** 1704, *Trévoux*. ‖ **nécrologique** fin XVIIIe s. ‖ **nécrologue** 1828, Mozin. ‖ **nécromancie** 1119, Ph. de Thaun (*nigromancie*); XVIe s. (*nécromancie*); du lat. impér. *necromantia* (Ier s., Pline), (gr. *nekromanteia*, sur *manteia*, prédiction). ‖ **nécromancien** milieu XIIIe s. (*nigremanchien*); 1360, Froissart (*nigromancien*); 1512, Lemaire (*nécromancien*); v. 1550 (*nécromant*). ‖ **nécrophage** déb. XIXe s. ‖ **nécrophilie** 1908. ‖

nécrophore fin XVIIIe s. (*nicrophore*) ;
1802, Walckenaer (*nécrophore*) ; du gr.
nekrophoros, « qui porte les morts »
(*pherein*, porter). ‖ **nécropole** 1836,
Landais, du gr. *nekropolis*, « ville des
morts », qui désigna, selon Strabon, la
nécropole souterraine d'Alexandrie. ‖
nécropsie 1836, *Acad.*, sur le gr. *opsis*,
vue. ‖ **nécrose** 1695, Le Clerc, du gr.
nekrôsis, mortification, avec un sens différent. ‖ **nécroser** fin XVIIIe s.

nectar fin XVe s., J. Lemaire de Belges,
« breuvage des dieux », du lat. *nectar*
(gr. *nektar*) ; 1550, Ronsard, empl. fig.
‖ **nectaire** milieu XVIIIe s. (*nectarium*) ;
1769, Bomare (*nectaire*), du lat. bot.
nectareum. ‖ **nectarifère** 1842, *Acad.*

*****nef** fin XIe s., *Alexis*, « navire » (jus-
qu'au XVIe s.), du lat. *navis* ; XIIe s., nef
d'église. (V. NAVETTE 2, NAVIRE.) ‖
avant-nef 1752, *Trévoux*. ‖ **contre-
nef** 1831, V. Hugo. (V. NAVIRE.)

néfaste 1355, Bersuire (*nefauste*, par
confusion avec le lat. *faustus*, heureux) ;
1535, G. de Selves (*néfaste*), d'abord au
sens étym. ; 1762, *Acad.*, « funeste » ; du
lat. *nefastus*, interdit par la loi divine,
spécialisé pour les jours où il était défendu de rendre la justice ou de tenir
des assemblées. (V. FASTES.)

*****nèfle** XIIe s. (*nesple*) ; 1240, G. de Lor-
ris (*nèfle*) ; du lat. pop. *mespila*, pl.
neut., devenu fém. sing., de *mespilum*,
du gr. *mespilon* (avec *n* dû à une dissimilation, et passage de *p* à *f*, obscur).
‖ **néflier** XIIIe s., *Renart*.

négateur, négatif, etc. V. NIER.

négliger 1355, Bersuire, du lat. *negli-
gere*. ‖ **négligé** adj., 1640, Oudin ; s. m.,
XVIIe s. ‖ **négligeable** 1845, Besch.
(*négligible*, 1836, Landais). ‖ **négligence** 1120, *Ps. de Cambridge* (*negli-
gence*) ; 1665, La Fontaine (*négligence*) ;
du lat. *negligentia*. ‖ **négligent** fin
XIIe s. (*negligent*), du lat. *negligens*.

négoce 1190, Grégoire (*négoces*, s. m.
pl.), « affaires » ; début XVIe s. (*négoce*),
« affaire, chose à faire » ; 1617, *Coutumes*, trafic, commerce ; du lat. *nego-
tium*, occupation, négoce, de *otium*,
loisir, et du préf. négatif *neg-*. ‖ **négo-
cier** 1361, Oresme, du lat. *negotiare*,
faire du commerce. ‖ **négociable** 1675,
Savary. ‖ **négociabilité** 1771, *Trévoux*.

‖ **négociant** 1550, *Arch.*, du lat. *nego-
tians*, peut-être d'après l'ital. *nego-
ziante*. ‖ **négociateur** 1361, Oresme,
« régisseur », du lat. *negociator* ; 1578,
d'Aubigné, sens mod. ‖ **négociation**
début XIVe s., dans le Hainaut, « affaire »,
du lat. *negociatio* ; XVIe s., action de s'entremettre.

nègre début XVIe s., de l'esp. ou du
port. *negro*, noir (repris sous la forme
orig. au XIXe s., fam.) ; 1611, Cotgrave,
adj. de couleur ; XVIIIe s., « collaborateur », fam. ; *petit-nègre*, s. m., 1877,
le Charivari. ‖ **négresse** 1637, Saint-
Lô. ‖ **négrillon** 1714, M. de Saint-
Rémy. ‖ **négrerie** 1681, Glanius. ‖
négrier 1685, *Ordonn.* ‖ **négrille** 1879,
Hamy. ‖ **négroïde** 1874, Lar. ‖ **négri-
tique** 1949, Lar. ‖ **négritude** v. 1948,
L. Senghor. ‖ **negro-spiritual** XXe s.,
de l'angl. amér. *negro-spiritual* (1870),
de *negro*, nègre, et *spiritual*, (chant)
spirituel.

negundo ou **négondo** 1602, A. Colin, mot malais ; sorte d'érable.

négus 1556, Temporal, de l'éthiopien
negûs, roi.

*****neiger** XIIe s., *Macchabées* (*negier*) ;
1538, R. Est. (*neiger*) ; du lat. pop. *nivi-
care*, en lat. class. *nivere*. ‖ **neige** début
XIVe s. (*naige*) ; a remplacé l'anc. fr.
neif, noif, du lat. *nix, nivis* ; 1680, Richelet, fig., pâtisserie ; *neige éternelle*,
1787 ; *neige fondue*, XVIe s. ; *boule de
neige*, 1607, Hulsius. ‖ **neigeoter** 1861,
Goncourt. ‖ **neigeux** 1552, Ch. Est. ‖
enneigé XIIe s. ‖ **enneigement** 1911,
Lar.

nelumbo 1765, *Encycl.*, mot cingha-
lais ; plante aquatique.

némalion 1897, Lar., de *Nemal*, nom
d'un naturaliste américain.

némato-, némat- du gr. *nêma, nê-
matos*, fil. ‖ **némathelminthes** 1890,
Lar. ‖ **nématocyste** 1890, Lar., sur le
gr. *kustis*, vessie. ‖ **nématodes** 1842,
Acad., du gr. *nêmatôdes*.

némoral 1570, Ch. Est., du lat. *nemo-
ralis*, de *nemus, nemoris*, forêt.

nénies XVIe s. (*naenies*) ; 1639, Chapelain (*nénie*) ; du lat. *nenia*, lamentation.

nenni V. NE.

nénuphar XIIIe s., *Simples Méd.*, mot
du lat. médiév., de l'ar. *nînûfar*.

néo- du gr. *neos*, nouveau. ‖ **néoco-mien** 1835, Thurmann; de *Neocomium*, nom lat. de *Neuchâtel*, ville de Suisse. ‖ **néodyme** 1923, Lar., sur *didyme*. ‖ **néolithique** 1866, Lubbock, sur l'élément *-lithique*. ‖ **néologisme** 1735, *Pour et contre*, sur le gr. *logos*, discours, parole. ‖ **néologique** 1726, Desfontaines. ‖ **néologue** *id.* ‖ **néologiste** fin XVIIIe s. ‖ **néologie** 1759, Richelet. ‖ **néoménie** 1495, *Mir. hist.*, du lat. eccl. *neomenia*, du gr. *neomênia*, *noumênia*, de *mên*, mois. ‖ **néon** 1898, Ramsay, du gr. *neon*, neutre de *neos*. ‖ **néophyte** 1495, *Mir. hist.* (*neofite*); 1639, Chapelain (*néophyte*); du lat. eccl. *neophytus* (IIIe s., Tertullien), du gr. *neophutos*, proprem. « nouvellement engendré », de *phueîn*, faire naître. ‖ **néoplasie** 1874, Lar., sur le gr. *plasis*, formation. ‖ **néozoïque** 1868, L., sur le gr. *zôon*, être vivant. ‖ **néo-** dans les composés formés sur un mot français est séparé du second radical par un trait d'union. ‖ **néo-catholicisme, néo-catholique** 1833, Buchez. ‖ **néo-celtique** 1874, Lar. ‖ **néo-classicisme, néo-classique** fin XIXe s. ‖ **néo-colonialisme** 1962, journ. ‖ **néo-cor** 1874, Lar. ‖ **néo-criticisme** v. 1870. ‖ **néo-grec** 1846, Besch. ‖ **néo-latin** 1836, Landais. ‖ **néo-platonicien** *id.* ‖ **néo-platonisme** *id.* ‖ **néo-réalisme, néo-réaliste** 1935, litt.; 1945, cinéma. ‖ **néo-thomisme** 1897, Lar.

néolithique, néologisme, néon, néophyte V. NÉO-.

nèpe 1762, E. L. Geoffroy, du lat. *nepa*, scorpion, mot africain.

népenthès 1550, Ronsard (*népenthe*); 1555, Belon (*nepenthes*); 1721, *Trévoux*, (*népenthès*), mot gr., « drogue qui dissout les maux »; d'abord sens étym., puis XVIIIe s., bot.

népète XIIIe s. (*nepta*); 1694, Th. Corn. (*népéta*); 1827, *Acad.*, bot., du lat. *nĕpĕta*.

néphélion 1765, *Encycl.*, du gr. *nephelion*, petit nuage.

néphr-, néphro du gr. *nephros*, rein. ‖ **néphrectomie** XXe s., Lar., sur l'élément *-ectomie*. ‖ **néphrétique** 1398, *Somme Gautier* (*nefretique*); 1560, Paré (*néphrétique*); du lat. méd. *nephriticus*, du gr. *nephritikos*. ‖ **néphridie** 1924, Poiré, du gr. *nephridios*, « qui concerne le rein ». ‖ **néphrite** début XIXe s., du gr. *nephritis* (*nosos*), [maladie] des reins; a remplacé le moyen fr. *néphrésie* (1557) et le fr. *néphrétie* (1772, *Dict. méd.*). ‖ **néphropexie** XXe s., Lar. ‖ **néphrose** XXe s., Lar.

néphrétique, néphrite V. NÉPHR-.

népotisme 1653, Guez de Balzac, faveur dont jouissent les neveux des papes; 1823, d'Arcieu, sens élargi; de l'ital. *nepotismo*, var. de *nipotismo*, de *nipote*, neveu, du lat. *nepos*, *nepotis*.

*nerf 1080, *Roland*, « ligament des muscles », du lat. *nervus*, ligament, tendon, et au fig. « force »; 1314, Mondeville, filament nerveux, sens repris au lat. médiév.; 1559, Amyot, vigueur (du discours, etc.) ‖ **nervé** milieu XIVe s. **nervation** début XIXe s. ‖ **nervure** fin XIVe s. ‖ **nervuré** 1877, L. ‖ **dénerver** XVe s. ‖ **innervation** 1836, Landais, « effet nerveux »; 1907, Lar., répartition des nerfs. ‖ **innerver** 1873, Lar. ‖ **nervin** s. m., fin XIVe s., corde; adj., XVIIIe s., méd.; du lat. *nervinus*, « relatif aux nerfs ». ‖ **nerf de bœuf** XVe s. ‖ **nerveux** 1256, Ald. de Sienne, « fort »; du lat. *nervosus*, au pr. et au fig.; XVIIe s., « qui a rapport aux nerfs »; XVIIIe s., « qui a les nerfs irritables ». ‖ **nervosité** milieu XVIe s., force, du lat. *nervositas*; 1838, *Acad.*, sens mod. ‖ **nervosisme** 1864, E. Deschanel. (V. ÉNERVER).

nérinée 1842, *Acad.*, du gr. *Nereos*, dieu de la mer.

néroli 1672, Colbert, essence d'oranger, du nom d'Anne-Marie de La Trémoille, femme de Flavio Orsini, prince de *Nerola*, qui a souvent adopté ce parfum.

*nerprun 1501, Delb. (*nerpruin*); du lat. pop. *niger prunus*, prunier noir (en lat. class. *nigra prunus*, les noms d'arbres étant fém.).

nerveux, nervosité, nervure V. NERF.

nervi 1804, rapport du préfet des Bouches-du-Rhône, arg. marseillais; de l'ital. *nervi*, pl. de *nervo*, vigueur, d'où

« homme vigoureux » (v. le même processus dans *mercanti*) ; fin XIXᵉ s., ext. d'emploi.

nestor XVIᵉ s., Brantôme, du nom d'un vieillard de *l'Iliade*, réputé pour sa sagesse.

nestorien XIIIᵉ s., du nom de *Nestorius*, patriarche de Constantinople au Vᵉ s. ‖ **nestorianisme** 1827, *Acad.*

*****net** 1120, *Ps. de Cambridge*, du lat. *nĭtĭdus*. ‖ **netteté** début XIIIᵉ s. ‖ *****nettoyer** 1175, Chr. de Troyes (*netoiier, netteier*), du lat. pop. *nitidiare*. ‖ **nettoyage** 1344, en Normandie (*nestiage*) ; 1420, à Nevers (*nettoyage*). ‖ **nettoiement** fin XIIᵉ s. (*nattiement*) ; XVᵉ s. (*nettoiement*). ‖ **nettoyeur** fin XVᵉ s.

1. *****neuf** numéral, 1119, Ph. de Thaun (*nof*) ; 1190, Garn. (*nuef*) ; XIIIᵉ s. (*neuf*) ; du lat. *nŏvem*. ‖ *****neuvième** 1213, *Fet des Romains* (*noviesme*) ; 1550, Meigret (*neuvvieme*) ; a remplacé l'anc. fr. *noefme* (1080, *Roland*) ; du lat. pop. *nŏvĭmus*, qui, par analog. de *decimus* sur *decem*, dix, ou de *septimus* sur *septem*, sept, avait remplacé le lat. class. *nōnus*. ‖ **neuvaine** milieu XIVᵉ s. (*nouvenne*) ; 1611, Cotgrave (*neuvaine*). [V. NONAGÉNAIRE, NONANTE, NOVEMBRE.]

2. *****neuf** adj., 980, *Passion* (*nous*) ; XIIᵉ s. (*nuef*) ; XIVᵉ s. (*neuf*) ; du lat. *nŏvus*, nouveau, neuf. ‖ **novation** début XIVᵉ s. (*novation*), jurid., du lat. *novatio*, de *novare*, renouveler. ‖ **novateur** 1578, Despence, du lat. *novator*, de *novare*. ‖ **innover** 1322, G., du lat. *innovare*. ‖ **innovation** 1297, Delb., du lat. *innovatio*. ‖ **innovateur** début XVIᵉ s. ‖ **nova** fin XIXᵉ s., astron., fém. de *novus* (s.e. *stella*, étoile). ‖ **rénover** XIIIᵉ s., du lat. *renovare*. ‖ **rénovateur** milieu XVIᵉ s. (*rénovatrice*) ; 1787, Féraud (*rénovateur*) ; du bas lat. *renovator*. ‖ **rénovation** XIIIᵉ s., du lat. *renovatio*. (V. NOUVEAU.)

neume XIVᵉ s., mus., du lat. médiév. *neuma*, altér. de *pneuma*, du gr. *pneuma*, souffle.

neuro-, neur-, névro-, névr- du gr. *neuron*, nerf. ‖ **neural** XXᵉ s. ‖ **neurasthénie** 1880 (1859, Mozin, *névrasthénie*). ‖ **neurasthénique** 1880. ‖ **neurochirurgie** XXᵉ s. ‖ **neurographie** 1701, Furetière. ‖ **neurologie**

1691, Burnet (1690, Furetière, *névrologie*). ‖ **neurologique** XIXᵉ s. ‖ **neurologue** 1907, Lar. (1838, *Acad., névrologue*). ‖ **neurologiste** 1935, *Acad.* (1877, Lar., *névrologiste*). ‖ **neurone** 1896. ‖ **neurovégétatif** XXᵉ s. ‖ **neurula** XXᵉ s. ‖ **aneurine** 1953, Lar. ‖ **névralgie** 1801, Chaussier. ‖ **névralgique** *id.* ; fig., 1932, Lar. ‖ **antinévralgique** 1866, Lar. ‖ **névrilème** 1827, *Acad.*, sur le gr. *eilêma*, enveloppe. ‖ **névrite** 1824. ‖ **névritique** 1694, Th. Corn., remède contre les affections nerveuses ; 1902, Lar., « qui a rapport à la névrite ». ‖ **polynévrite** 1894, Charcot. ‖ **névroglie** XXᵉ s. ‖ **névropathie** 1845, Besch. ‖ **névropathique** 1859, Mozin. ‖ **névropathe** 1877, L. ‖ **névroptères** 1764, Bomare. ‖ **névrose** 1785, Pinel. ‖ **névrosé** v. 1880. ‖ **névrosique** 1842, *Acad.* ‖ **névrotique** 1793, Lavoisien. ‖ **névrotomie** milieu XVIIIᵉ s., dissection des nerfs ; 1803, Wailly, section d'un nerf.

neutre 1361, Oresme, « ni bon ni mauvais », du lat. *neuter*, ni l'un ni l'autre ; fin XIVᵉ s., Froissart, « qui ne prend pas parti » ; début XVᵉ s., gramm. ; XVIIIᵉ s., chim. ; 1821, électr. ‖ **neutraliser** 1564, J. Thierry, « rester neutre », du lat. *neutralis* ; 1606, Crespin, « déclarer neutre » ; fin XVIIIᵉ s., chim. ; début XIXᵉ s., électr. ‖ **neutralisation** 1778, Montmorin ; 1795, polit. ; début XIXᵉ s., électr. ‖ **neutralisant** 1812, Mozin, s. m., chim. ‖ **neutraliste** 1916, *L. M.* ‖ **neutralisme** 1951, polit. ‖ **neutralité** 1360, Froissart, de l'adj. lat. *neutralis* (qui a donné au XVIᵉ s. *neutral*, inus. après 1600) ; XVᵉ s., chim. ‖ **neutrino** v. 1940. ‖ **neutron** 1932, Joliot.

névé 1867, *Rev. des Deux Mondes*, du savoyard *névi*, s. m., amas de neige, du lat. *nix, nivis*, neige.

*****neveu** 1080, *Roland* (*niés*, cas sujet ; *nevout*, cas oblique) ; 1190, Garn. (*neveu*) ; du lat. *nepos, nepōtis*, petit-fils, puis en lat. impér. « neveu » (IIᵉ s. apr. J.-C., Suétone). ‖ **arrière-neveu** 1570, Montaigne. ‖ **petit-neveu** 1598, *Coutumes*. ‖ **arrière-petit-neveu** 1751, *Encycl.* (V. NÉPOTISME, NIÈCE.)

névr- V. NEURO-.

*****nez** 1080, *Roland* (*nes*) ; 1314, Mondeville (*nez*) ; du lat. *nasus*. ‖ **nase** 1837,

Vidocq, pop., sans doute de l'ital. *naso*.
|| **nasal** s. m. 1080, *Roland* (*nasel*) ;
1155, Wace (*nasal*), partie du casque
protégeant le nez. || **nasarde** 1532, Rab.
(*nazarde*). || **nasarder** début XVIᵉ s. ||
nasard *id*., mus. || **naseau** milieu XVIᵉ s.
|| **nasiller** 1575, Baïf (ne pas confondre
avec l'anc. fr. *narillier*, *nasillier*, se moucher, de *narille*, du lat. pop. *naricem*,
de *naris*, v. NARINE) ; dér. de *nez* ou du
lat. *nasus*. || **nasillard** milieu XVIIᵉ s. ||
nasillement 1790, Marmontel. || **nasil-
leur** 1690, Furetière. || **nasillonner**
début XVIIIᵉ s. || **nasonner** 1743, *Tré-
voux*. || **nasonnement** 1836, Landais. ||
énaser 1160, Benoît. || **nasique** 1791,
Bomare. || **nasitort** 1536, Rab. (*nasi-
tord*), du lat. *nasus*, nez, et *tortus*, tordu
(le goût fort de ce cresson fait froncer le
nez).

*****ni** 1080, *Roland* (*ne*) ; XIIIᵉ s. (*ni*) ; du
lat. *nec*, « et... ne... pas », empl. à
l'atone ; *ni* s'est développé d'abord
devant *icelui*, *icelle*, etc.

*****niais** 1175, Chr. de Troyes (*nies*),
sot ; 1265, Br. Latini (*niais*), « qui a été
pris au nid, qui ne sait pas encore voler
(faucon) » ; du lat. pop *nidax, nidacis*,
de *nidus*, nid. || **niaiserie** milieu XVIᵉ s.
|| **niaiser** 1549, R. Est. (*niezer*) ; XVIIᵉ s.
(*niaiser*), agir en niais. || **niaisot** 1877, L.
|| **déniaiser** 1549, R. Est., tromper ;
1596, Hulsius, « faire perdre sa niaiserie
à » ; 1558, Des Périers, « faire perdre
son innocence à ». || **déniaisement**
1636, Monet, même évol. de sens.

nicaise 1685, La Fontaine, du nom de
Nicaise, rapproché par jeu de mots de
nigaud.

niche V. NICHER.

*****nicher** 1155, Wace (*nichier*) ; 1498,
Commynes (*nicher*) ; du lat. pop. *nidi-
care*, de *nidus*, nid. || **niche** (*de statue*)
fin XIVᵉ s., déverbal de *nicher* (pour
d'autres, de l'ital *nicchia*) ; fin XVIIᵉ s.,
réduit du chien. || **nichée** 1330, Bau-
douin de Sebourc (*nicee*) ; 1552, Ch. Est.
(*nichée*). || **nichet** 1752, *Trévoux*. ||
nichoir 1680, Richelet. || **nichons**
1867, Delvau, pop., seins, nichés dans la
chemise. || **niche** 1295, Menestrel de
Reims, « malice faite à quelqu'un »,
(pour d'autres, forme francisée de *nique*,
dans *faire la nique*, v. ce mot). || **déni-
cher** milieu XIIᵉ s., *Couronn. Loïs* (*desni-

chier*) ; 1552, Ch. Est. (*dénicher*). ||
dénicheur 1628, Auvray.

nickel 1765, *Encycl*., de l'all. *Nickel*,
nom donné par le Suédois Cronstedt au
métal qu'il isola en 1751 ; d'après l'all.
Kupfernickel, sulfure de nickel, de
Kupfer, cuivre, et de l'all. dial. *Nickel*,
« petit génie hantant les mines ». || **nic-
kelage** milieu XIXᵉ s. || **nickelé** 1845,
Besch. ; avoir les *pieds nickelés*, 1899,
refuser de marcher. || **nickeler** 1853,
Laboulaye. || **nickelure** 1875, *Journ.
off*. || **nickélifère** début XIXᵉ s. || **Ni-
chrome** 1932, Lar. (nom déposé).

nicodème milieu XVIIᵉ s., du nom d'un
pharisien dans l'Évangile (Jean, III),
devenu dans les Mystères le type de
l'homme borné. (V. NIGAUD.)

nicol 1890, Lar., du nom de *Nicol*, physicien anglais (1768-1851) ; prisme spécial.

nicotine début XIXᵉ s., transformation,
par changement de suff., de *nicotiane*,
1564, Liébault, du lat. bot. mod. (*herba*)
nicotiana, herbe de Nicot, tabac ; du
nom de *Nicot*, ambassadeur à Lisbonne,
qui envoya cette plante à Catherine de
Médicis en 1560. || **nicotinisme** milieu
XIXᵉ s. || **dénicotiniser** fin XIXᵉ s. || **dé-
nicotinisation** 1907, Lar. || **dénicoti-
niseur** XXᵉ s.

nictation ou **nictitation** 1827,
Acad., du lat. *nictare*, clignoter. || **nic-
titant** adj., 1868, L.

*****nid** 1190, Garn. (*ni*) ; XVᵉ s., *Évangiles
des Quenouilles* (*nid*) ; du lat. *nidus*. ||
nitée v. 1670, La Fontaine. || **nidifier**
1190, Garn., du lat. *nidificare*, sur *facere*,
faire. || **nidification** 1778, Buffon.
|| **nidulaire** début XIXᵉ s. || **nidulé**
1817, Gérardin.

nidoreux 1611, Cotgrave, du lat. *nido-
rosus*, de *nidor*.

*****nièce** XIIᵉ s., *Roncevaux*, du lat. pop.
neptia, en lat. class. *neptis*, fém. de
nepos. Même développement que NEVEU.

1. *****nielle** s. f., fin XIIᵉ s., *Rois* (*neele*) ;
XIIᵉ s. (*nielle*, d'après le lat.) ; nom de
plante ; du lat. *nigella*, fém. substantivé
de *nigellus*, noirâtre, de *niger*, noir
(d'après la couleur des graines) ; 1538,
R. Est., maladie du blé (dont les épis
noircissent). || **niellé** v. 1160, *Charroi*
(*noielet*) ; 1538, R. Est (*niellé*). || **niel-

lure 1558, Ch. Morel. ‖ **énieller** 1907, Lar. ‖ **nigelle** 1538, R. Est., forme sav. de *nielle*.

2. nielle V. NIELLER.

***nieller** fin XIIᵉ s. (*neeler*); 1611, Cotgrave (*nieller*); de *neel*, XIᵉ s., émail noir; du lat. *nigellus*, noirâtre, de *niger*, noir. ‖ **nielle** s. m., 1823, Boiste, gravure, de l'ital. *niello*. ‖ **niellure** XIIᵉ s. (*neeleure*); 1611, Cotgrave (*nelleure*); 1812, Mozin (*niellure*). ‖ **nielleur** début XIXᵉ s.

***nier** Xᵉ s., *Passion* (*neier*); v. 1450, A. Gréban, (*nier*); d'abord « renier », puis 1160, *Eneas*, « déclarer qu'une chose n'est pas vraie », et « refuser » jusqu'au XVIIᵉ s.; du lat. *negare* : le *i* est une généralisation des formes toniques, évitant la confusion avec *noyer*. ‖ **niable** 1662, *Logique de Port-Royal*. ‖ **négation** 1190, Garn., du lat. *negatio*; 1361, Oresme, gramm. ‖ **négateur** 1752, *Trévoux*, du lat. *negator*. ‖ **négatif** XIIIᵉ s., « qui sert à nier », du bas lat. *negativus*; 1550, Meigret, « qui exprime la négation »; 1638, Beaugrand, mathém.; milieu XIXᵉ s., photo. ‖ **négative** s. f., 1283, Beaumanoir, du bas lat. *negativa* (IVᵉ s., Donat). ‖ **négativité** 1838, *Acad.* ‖ **négativisme** 1869, Blanqui. ‖ **négaton** 1939, chim., sur *négatif*, par anal. d'*électron*. ‖ **renier** XIIᵉ s., « apostasier »; XVIIᵉ s., ext. de sens. ‖ **reniement** XIIIᵉ s. (V. DÉNIER.)

nigaud 1500, La Curne, dim. fam. de *nicodème* (v. ce mot), avec la prononc. *nigodème*. ‖ **nigauderie** 1548, Sibilet. ‖ **niquedouille** milieu XVIIᵉ s., var. *niguedouille* (XVIIIᵉ s.), avec le suff. péjor. *-ouille*.

nigelle V. NIELLE.

nigritique V. NOIR.

nihiliste 1761, Crevier, hérétique qui ne croit pas à l'existence humaine de Jésus-Christ; XVIIIᵉ s., philos.; 1790, polit.; du lat. *nihil*, rien. ‖ **nihilisme** 1787, *Corresp. litt.*, philos.; 1871, Delpit, polit.

nilgaut milieu XVIIᵉ s., de l'hindoustani *nilgâû*, du persan *nilgâw*, « bœuf (*gao*) bleu (*nil*) ». (V. ANILINE.)

nille début XIVᵉ s. (*neille*), déglutination de *anille*, du lat. *anaticula*, petit canard.

nimbe fin XVIIᵉ s., du lat. *nimbus*, nuage, au sens fig. d'« auréole ». ‖ **nimbé** 1874, Lar. ‖ **nimber** 1876, L. ‖ **nimbus** 1868, L., météor. ‖ **cumulo-nimbus** 1891, Angot. ‖ **nimbo-stratus** 1932, Lar.

nimber V. NIMBE.

ninas fin XIXᵉ s., de l'esp. *niñas*, fém. pl. de *niño*, enfant.

niobium 1868, L., de l'all. *Niobium*, 1844, mot créé par le chimiste H. Rose; du nom de *Niobé*, fille de Tantale, dans la mythol. gr.; a remplacé le mot *colombium*.

nippe 1605, H. de Santiago, orig. obsc.; paraît tiré de *guenipe*, forme dial. de GUENILLE (v. ce mot). ‖ **nipper** 1718, *Acad.*

nique (*faire la*) fin XIVᵉ s., J. Le Fèvre, d'une rac. *nik-*, d'orig. onom., et qui, en moy. fr. et dans les parlers régionaux, apparaît souvent en alternance avec *naque, noque*. (V. FLIC-FLAC, RIC-RAC, TIC-TAC, etc.)

niquedouille V. NIGAUD.

nirvâna 1844, E. Burnouf, mot sanscrit signif. « extinction ».

nitescence 1835, Balzac, du lat. *nitescere*, briller.

nitouche (*sainte*) 1534, Rab., comp. plaisant de *sainte* et *n'y touche* (*pas*).

nitre 1256, Ald. de Sienne, du lat. *nitrum*, empr. au gr. *nitron*. ‖ **nitrate** 1787, Guyton de Morveau. ‖ **nitratation** 1838, *Acad.* ‖ **nitrater** 1907, Lar. ‖ **nitration** 1907, Lar. ‖ **nitraté** 1803, Boiste. ‖ **nitreux** 1265, Br. Latini, du lat. *nitrosus*. ‖ **nitrière** 1562, Du Pinet. ‖ **nitrile** 1874, Lar. ‖ **nitrifier, nitrification** 1797, Thouvenel. ‖ **nitrificateur** 1877, L. ‖ **nitrique** 1787, Guyton de Morveau. ‖ **nitrite** 1803, Boiste. ‖ **nitré** v. 1600, O. de Serres. ‖ **nitrosité** 1560, Paré. ‖ **nitrosation** 1907, Lar. ‖ **nitrogène** 1827, *Acad.* ‖ **nitromètre** 1838, *Acad.* ‖ **nitrophile** fin XIXᵉ s. ‖ **nitrobenzine** 1838, *Acad.* ‖ **nitrocellulose** XXᵉ s. ‖ **nitroglycérine** 1868, L. ‖ **nitrophosphate** 1797, *Ann. chim.* ‖ **nitrotoluène** fin XIXᵉ s.

nival 1956, Lar., du lat. *nivalis*, adj., de *nix, nivis*, neige. ‖ **nivéal** 1838, *Acad.*, du bas lat. *nivealis*. ǁ **nivéole** 1796, *Encycl. méth.*, du lat. *niveus*, « de neige ». ǁ **nivôse** 1793, Fabre d'Eglantine, du lat. *nivosus*, « neigeux », mois d'hiver. ǁ **nivo-glaciaire** XX⁰ s. ǁ **nivo-pluvial** XX⁰ s.

***niveau** début XIV⁰ s. (*nivel*) ; altér., par dissimil. de *l* initial, de *livel*, XIII⁰-XVI⁰ s., du lat. pop. *libellus, en lat. class. *libella*, niveau (instrument), de *libra*, balance (v. LIVRE 2). ǁ **niveler** début XIV⁰ s. (on trouve encore *liveler* au XVI⁰ s.). ǁ **niveleur** milieu XV⁰ s.: polit., XVIII⁰ s., d'apr. l'angl. *leveller*. ǁ **niveleuse** n. f., 1948, Lar. ǁ **nivellement** début XVI⁰ s. ǁ **déniveler, dénivellation** 1845, Besch. ǁ **dénivellement** *id.*

nixe 1836, Landais (*nix*) ; av. 1855, Nerval (*nixe*) ; de l'all. *Nixe*, nymphe des eaux.

nô fin XIX⁰ s., *Grande Encycl.*, mot japonais.

***noble** fin XI⁰ s., *Alexis*, « qui l'emporte par ses mérites » ; du lat. *nobilis*, « connu, célèbre », d'où « bien né » (de même rac. que *noscere*, connaître) ; début XIII⁰ s., classe sociale. ǁ **nobiliaire** 1690, Furetière. ǁ **nobilissime** milieu XVII⁰ s., hist. ǁ **noblesse** 1155, Wace (*noblesce*) ; XIV⁰ s. (*noblesse*). ǁ **nobliau** 1840, Balzac. ǁ **noblaillon** 1874, Lar. (1836, Landais, *noblaille*). ǁ **noblion** milieu XIX⁰ s. ǁ **ennoblir** fin XIII⁰ s., passé au fig., et remplacé au sens propre par **anoblir**, début XIV⁰ s. ǁ **ennoblissement** *id.* ǁ **anoblissement** *id.*

***noce** XI⁰ s. (*noces*, f. pl.) ; 1578, d'Aubigné (*noce*) ; du lat. pop. *nŏptiae, altér. du lat. class. *nuptiae*, par croisem. avec *novius, nouveau marié, de *novus*, nouveau (v. NUPTIAL) ; *faire la noce*, « se débaucher », 1834, Landais. ǁ **nocer** 1836, Landais. ǁ **noceur** *id.*

nocher XIII⁰ s., *Assises de Jérusalem* (*nochier*) ; 1530, Cl. Marot (*nocher*) ; de l'ital. *nocchiero*, du lat. *nauclerus* (gr. *nauklêros*), « patron de bateau », de *naûs*, navire.

nocif 1495, *Mir. hist.* (*noxif*) ; début XVI⁰ s. (*nocif*) ; rare jusqu'au XIX⁰ s., 1869, L. ; du lat. *nocivus*, de *nocere* (v. NUIRE). ǁ **nocivité** 1876, Lar.

noctambule, nocturne V. NUIT.

noctuelle fin XVIII⁰ s., entom., du lat. *noctua*, chouette, de *nox, noctis*, nuit.

noctule 1791, Bomare, du lat. *noctula*, de *noctua*, chouette (v. le précédent).

nocuité 1823, Boiste, « culpabilité » ; 1842, Mozin, « nocivité » ; du lat. *nocuus*, nuisible, de *nocere* (v. NUIRE). ǁ **innocuité** fin XVIII⁰ s., du lat *innocuus*.

nodal, nodosité, nodule, etc. (v. NŒUD).

***noël** 1120, *Voy. de saint Brendan* (*nael*) ; 1175, Chr. de Troyes (*Noël*) ; du lat. eccl. *natalis (dies)*, jour de naissance (de J.-C.), de *natus*, né ; avec *o* par dissimil. du premier *a* ; *bûche de Noël*, 1701, Furetière ; *arbre de Noël*, 1845, Besch. ; *Père Noël*, 1935, *Acad.*, (l'enregistrement est très postérieur à la date réelle) ; *Bonhomme Noël*, 1932, Lar.

***nœud** 1175, Chr. de Troyes (*neu*) ; XIII⁰ s., *Renart* (*nout*) ; 1530, Palsgrave (*neud*) ; 1606, Crespin (*nœud*) ; du lat. *nōdus* ; spécialem. 1721, *Trévoux*, mar., mesure de longueur. ǁ **nouet** 1298, J. Richard (*noet*) ; 1391, *Reg. du Châtelet* (*nouet*). ǁ **noueux** XIII⁰ s. (*noous*) ; 1530, Palsgrave (*noueux*) ; du lat. *nodosus*. ǁ **nodal** début XVI⁰ s., du bas lat. *nodalis*. ǁ **nodosité** XIV⁰ s., du bas lat. *nodositas*, de *nodosus*. ǁ **nodus** 1560, Paré, anat., mot lat. ǁ **nodulaire** 1842, *Acad.* ǁ **nodule** 1821. ǁ **noduleux** 1812, Mozin.

***noir** adj., 1080, *Roland* (*neir*) ; 1175, Chr. de Troyes (*noir*) ; du lat. *niger*. ǁ **noir** s. m., XII⁰ s., couleur noire ; 1669, La Fontaine, homme de race noire. ǁ **noir animal** 1839, *Dict. industr. et manufactures*. ǁ **noir de fumée** 1660, Oudin. ǁ **noire** s. f., note de musique, 1633, Mersenne. ǁ **noirâtre** fin XIV⁰ s. ǁ **noiraud** 1538, R. Est. ǁ **noirceur** 1160, Benoît (*nerçor*) ; 1314, Mondeville (*nerceur*) ; 1487, Garbin (*noirceur*) ; a remplacé l'anc. fr. *noireté*, alors plus usité. ǁ ***noircir** milieu XII⁰ s. (*nercir*) ; XIII⁰ s. (*noircir*) ; lat. pop. *nigricire, class. *nigrescere*. ǁ **noircissure** 1538, R. Est. ǁ **noircissement** 1580. ǁ **noircisseur** 1550. ǁ **nigritique** XX⁰ s.

***noise** fin XI⁰ s., *Alexis*, bruit, tapage ; XII⁰ s., querelle ; du lat. *nausea*, « mal de mer », pris dans un autre sens en lat. pop. (v. NAUSÉE) ; *chercher noise*, 1611, Cotgrave.

noisette 1280, Adenet, dér. de *noix*. ‖ **noisetier** 1530, Palsgrave (*noisettier*) ; 1546, R. Est. (*noisetier*). ‖ **noiseterie** 1874, Lar.

***noix** 1155, Wace (*noiz*) ; XIIIᵉ s. (*noix*) ; du lat. *nŭx, nucis*; 1690, Furetière, en boucherie. ‖ **terre-noix** 1694, Tournefort, d'après l'all. *Erdnuss*. ‖ **noiseraie** 1812, Mozin.

noli me tangere 1503, G. de Chauliac, méd. ; 1704, *Trévoux*, bot. ; loc. lat., signif. « ne veuille pas me toucher » (*nolle*, ne pas vouloir, et *tangere*, toucher).

noliser 1520, G., mar. (*nauliser*) ; de l'ital. *noleggiare*, de *nolo*, affrètement, du lat. *naulum*, frais de transport (gr. *naulon*). ‖ **nolis** 1634, Delb. ‖ **nolisement** 1337, Molinier (*nolesemens*) ; XVIIᵉ s. (*nolisement*) ; de l'ital. *noleggiamento*. ‖ **naulage** 1527, à Rouen (*noleage*) ; 1549, Du Bellay (*naulage*) ; du béarn. *naulage*, de *naul*, même étym. que *noliser*.

***nom** Xᵉ s., *Eulalie*, du lat. *nomen, nominis*; *nom propre* 1155 (*propre nun*) ; 1520, Fabri (*nom propre*) ; *nom commun*, 1550, Meigret; *nom de baptême*, XIIIᵉ s. ; *nom de famille*, 1538, R. Est. ; *petit nom*, 1868, L. ‖ **surnom** 1119, Ph. de Thaun (*sournom*), « dénomination », en gén. ; 1175, Chr. de Troyes, appellation ajoutée au nom d'une personne. ‖ **nominal** adj. 1503, G. de Chauliac, du lat. *nominalis*, « relatif au nom ». ‖ **nominaux** 1500, philos. ‖ **nominaliste** fin XVIᵉ s. ‖ **nominalisme** 1752, *Trévoux*. ‖ **adnominal** 1908, *L. M*.

nomade 1540, Ch. Richer, du pl. lat. *nomades*, mot grec, proprem. « pasteurs », de *nemein*, faire paître. ‖ **nomadisme** 1907, Lar.

no man's land v. 1915, d'une expression angl., proprem. « terre d'aucun homme », répandue pendant la guerre de 1914-1918.

***nombre** début XIIᵉ s., *Ps. de Cambridge*, du lat. *numerus*; 1549, Du Bellay, « harmonie ». ‖ **nombreux** milieu XIVᵉ s., sens actuel ; 1550, *Pléiade*, har-

monieux, bien cadencé. ‖ **nombrer** 1080, *Roland* (*numbrer*) ; 1160, Benoît (*nombrer*) ; du lat. *numerare*. ‖ **nombrable** 1390, E. de Conty. ‖ **innombrable** 1341, *Ordonn*., d'après le lat. *innumerabilis*. ‖ **dénombrer** 1530, Palsgrave. ‖ **dénombrement** 1329, G., jurid. ; 1538, R. Est., ext. de sens. ‖ **surnombre** 1872, L.

***nombril** fin XIIᵉ s., Marie de France, du lat. pop. **umbilīculus*, de *umbilicus* : *r* est dû à une dissimilation et *n* représente soit la dissimilation d'un *l* issu de l'agglutination de l'article *l*, soit l'agglutination de l'*n* de *un* (avec peut-être une influence de *nombre*).

nome 1732, *Trévoux*, hist., du gr. *nomos*, portion de territoire. ‖ **nomarque** id. ‖ **nomarchie** 1827, *Acad*.

nomenclature 1559, Mart. du Bellay, du lat. *nomenclatura*, « désignation par le nom », de *nomen*, nom, et *călare*, appeler. ‖ **nomenclateur** 1560, Pasquier, du lat. *nomenclator*, esclave chargé de dire le nom des visiteurs ; 1762, *Acad*., « celui qui s'occupe d'une nomenclature ».

***nommer** 980, *Passion* (*nommer, nomer*) ; XIIIᵉ s. (*nommer*) ; du lat. *nomĭnare*. ‖ **susnommé** début XVIᵉ s., jurid. ‖ **innommé** 1361, Oresme. ‖ **nommement** 1190, *Rois* (*numeement*) ; fin XVᵉ s., Commynes (*nommément*). ‖ **nomination** 1305, Delb., du lat. *nominatio*. ‖ **nominatif** XIIIᵉ s., d'Andeli, gramm., du lat. *nominativus*; fin XVIIIᵉ s., « qui dénomme », d'où 1868, L., financ. ‖ **innommable** 1584, G. Bouchet, au pr. ; 1838, *Acad*., fig. ‖ **dénommer** 1160, Benoît, « décrire » ; XIIIᵉ s., « donner un nom à ». ‖ **dénomination** XIIIᵉ s., « proposition » ; 1377, Oresme, désignation d'une personne. ‖ **dénominateur** 1484, Chuquet, math. ‖ **dénominatif** milieu XVᵉ s., gramm. ‖ **renommé** 1080, *Roland*, « célèbre ». ‖ **renommée** 1119, Ph. de Thaun (*renumée*) ; XIIIᵉ s. (*renommée*). ‖ **renom** 1175, Chr. de Troyes. ‖ **surnommer** 1155, Wace.

nomo- gr. *nomos*, loi : ‖ **nomographe** 1827, *Acad*., gr. *nomographos*, de *graphein*, écrire. ‖ **nomographie** 1819, Boiste. ‖ **nomothète** début XVIIᵉ s., du gr. *nomothetês*, « qui établit la loi ».

*non 1080, *Roland*; du lat. *non* en position accentuée. ‖ **non pas** 1570, Montaigne; **non que** *id.*; **non pas que** 1640, Corn.

nonagénaire 1380, J. Le Fèvre, « qui comprend quatre-vingt-dix unités »; 1660, Oudin, sens mod.; du lat. *nonagenarius.* (V. NONANTE.)

*nonante 1175, Chr. de Troyes, du lat. *nonaginta*, quatre-vingt-dix; remplacé en français par *quatre-vingt-dix* au XVIᵉ s.; subsiste en Suisse romande et en Belgique. ‖ **nonantième** début XVᵉ s.

nonce début XVIᵉ s. (*nuncius*, puis *nonce*); du lat. *nuntius*, messager, par l'interméd. de l'ital. *nunzio*, ambassadeur; *nonce apostolique* 1607, Hulsius. ‖ **nonciature** 1623, Du Perron, de l'ital. *nunziatura.* ‖ **internonce** milieu XVIIᵉ s. ‖ **internonciature** 1752, *Trévoux.*

nonchaloir s. m., 1130, *Eneas* (*nonchaleir*); repris, au milieu du XIXᵉ s., par Baudelaire, Mallarmé, etc.; anc. v. substantivé, de *non* et *chaloir* (v. CHALANT 2). ‖ **nonchalant** 1265, J. de Meung, sur le part. prés. de *chaloir*. ‖ **nonchalamment** XVᵉ s. ‖ **nonchalance** milieu XIIᵉ s.

none 980, *Passion*, « trois heures de l'après-midi », de *nona*, « neuvième heure », fém. de l'adj. lat. *nonus*, neuvième. ‖ **nones** 1119, Ph. de Thaun, « neuvième jour avant les ides », du pl. *nonae*. ‖ **nonidi** 1793, neuvième jour de la décade (calendrier républicain). ‖ **nonuple** 1550, Meigret (d'après *quadruple*, etc.). (V. NONAGÉNAIRE, NONANTE.)

*nonne 1175, Chr. de Troyes (*none*); XIIIᵉ s. (*nonne*), « religieuse »; du lat. eccl. *nonna*, en bas lat. « nourrice » (IVᵉ s.); auj. fam. ‖ **nonnain** 1080, *Roland*, anc. cas régime (v. PUTAIN). ‖ **nonnette** XIIIᵉ s., J. de Condé, « jeune religieuse »; début XIXᵉ s., petit pain d'épice anisé. ‖ **pet-de-nonne.** V. PET.

nonobstant XIIIᵉ s., jurid., de *non* et de l'anc. fr. jurid. *obstant*, faisant obstacle, du lat. *obstans*, part. prés. de *obstare*, de *stare*, se tenir, *ob*, devant.

noologique 1834, Ampère, du gr. *noos*, var. de *noûs*, esprit. ‖ **noologie**

1842, *Acad.* Remplacés par *psychologique* et *psychologie.* ‖ **noétique** 1950, Lar.

nopal 1587, Fumée, mot esp., de l'aztèque mexicain *nopalli*; nom de l'opuntia.

nope ou **noppe** v. 1350, à Saint-Omer, nœud du drap qui vient d'être fabriqué, du flam. *noppe*, nœud (cf. l'all. *Knopf*). ‖ **noper** v. 1300. ‖ **nopeur** milieu XVᵉ s. (f. *noperesse*). ‖ **nopage** 1723, Savary. ‖ **énoper** 1864, L.

nord début XIIᵉ s. (*north*); 1190, Garn. (*nort*); 1549, R. Est., (*nord*); de l'anc. angl. *north*. ‖ **nord-est** XIIIᵉ s. ‖ **nord-ouest** 1155, Wace. ‖ **noroît** 1823, Boiste (*norouê*); 1907, Lar. (*norois*); 1949, Lar. (*noroît*), de la pron. normande du préc. ‖ **nordique** fin XIXᵉ s. ‖ **nordiste** v. 1865, hist. (guerre de Sécession, aux Etats-Unis). ‖ **norrois** XIIᵉ s. (*noreiz*); repris au XIXᵉ s. en linguistique.

noria fin XVIIIᵉ s., de l'esp. *noria*, de l'ar. *nā'ūra*, machine élévatoire pour l'irrigation.

normand XIIᵉ s., du lat. médiév. *nortmannus* (IXᵉ s.), du francique *nortmann*, homme du Nord; 1640, Oudin, fig. ‖ **normande** s. f., 1907, Lar., typogr. ‖ **anglo-normand** 1874, Lar.

norme 1160, Benoît, du lat. *norma*, « équerre », règle. ‖ **anormal** début XIIIᵉ s. ‖ **normal** XVᵉ s., gramm.; XVIIIᵉ s., math.; 1793, *Ecole normale*; 1835, *Acad.*, conforme à la règle, au modèle. ‖ **normale** s. f., milieu XVIIIᵉ s., math.; XXᵉ s., ext. de sens. ‖ **normalien** milieu XIXᵉ s., s. m. ‖ **normaliser** 1922, *Revue critique.* ‖ **normalisation** 1923, Lar. ‖ **normalité** 1834, Siguier. ‖ **normatif** 1868, L. ‖ **anormalité** 1845, Besch.

norvégien 1771, *Trévoux*, de *Norvège*. ‖ **norvégienne** s. f., 1874, A. Daudet, sorte de petit bateau.

nos V. NOTRE.

noso- du gr. *nosos*, maladie. ‖ **nosographie** 1798, Pinel. ‖ **nosologie** 1747, James.

nostalgie 1759, Lieutaud, du gr. méd. *nostalgia* (créé en 1678 par le médecin suisse Harder), de *nostos*, retour, et *algos*, souffrance. Au sens propre, concurrencé par *mal du pays*, 1827, Scribe. ‖ **nostalgique** fin XVIIIᵉ s.

nostoc XVIIᵉ s., Liger (*nostoch*), bot., mot créé par Paracelse; orig. inconnue.

nota bene 1764, Voltaire; expression lat., proprem. « notez bien », plus usitée que le simple *nota*, XIᵉ s., 2ᵉ pers. de l'impér. de *notare*, noter, remarquer; abrév. *N. B.*

notable adj., 1265, J. de Meung, « bien connu », de l'adj. lat. *notabilis*, de *notare* (v. NOTER); XIVᵉ s., « qui mérite une mention particulière »; s. m., 1355, personnage important d'une ville. ‖ **notabilité** milieu XIVᵉ s., caractère de ce qui est notable; 1800, *Constitution de l'an VIII*, personne occupant un rang distingué.

notaire 1190, *Rois* (*notarie*); XIIIᵉ s. (*notaire*), « scribe, secrétaire », puis, fin XIIIᵉ s., sens mod.; du lat. *notarius*, de *notare* (v. NOTER). ‖ **notairesse** 1730, Caylus (*notaresse*); milieu XIXᵉ s. (*notairesse*). ‖ **notarié** milieu XVᵉ s. ‖ **notarial** 1669, Widerhold. ‖ **notariat** 1482, G., du lat. médiév. *notariatus*. ‖ **protonotaire** fin XIVᵉ s.

note XIIᵉ s., *Lai de Doon*, mus., du lat. *nota*, marque, note de mus., etc.; 1530, Palsgrave, marque inscrite sur un livre; 1636, Monet, observation et exposé succinct; milieu XVIIᵉ s., remarque en bas de page; 1845, Besch., en pédagogie. ‖ **notule** XVᵉ s., minute de notaire; 1495, *Mir. hist.*, annotation; du bas lat. *notŭla* (vᵉ s., Capella), dimin. de *nota*.

noter 1119, Ph. de Thaun, « remarquer », du lat. *notare*; 1538, R. Est., marquer d'un trait dans un livre. ‖ **notation** 1361, Oresme, désignation; du lat. *notatio*; 1765, *Encycl.*, manière de représenter par des signes. ‖ **notamment** fin XVᵉ s. ‖ **noteur** XIIIᵉ s., « celui qui épie », et mus. ‖ **annoter** début XVᵉ s., « inventorier »; XVIᵉ s., « remarquer »; XVIIIᵉ s., « accompagner de notes »; du lat. *annotare*. ‖ **annotateur** 1552, Ch. Est. ‖ **annotation** 1375, R. de Presles. ‖ **connoter** début XVIᵉ s.; repris au XXᵉ s., linguistique. ‖ **connotation** début XVᵉ s. ‖ **dénoter** 1160, Benoît, « noter, remarquer »; 1361, Oresme, indiquer, montrer.

notice milieu XIVᵉ s., « connaissance »; 1721, *Trévoux*, « préface »; fin XVIIIᵉ s.

« compte rendu succinct »; du lat. *notitia*, connaissance, et en bas lat. « liste » (cf. la *Notitia dignitatum*), de *notus*, part. passé de *noscere*, connaître.

notifier 1314, Mondeville, « faire connaître », du lat. *notificare*. ‖ **notification** *id.* ‖ **notificatif** 1868, L.

notion milieu XVIᵉ s., du lat. *notio*, connaissance, de *notus*, part. passé de *noscere*, connaître. ‖ **notionnel** 1701, *Mém. de Trévoux*.

notoire début XIIIᵉ s. (*notore*); 1283, Beaumanoir (*notoire*); du lat. *notorius*, « qui fait connaître », de *notus*, part. passé de *noscere*, connaître. ‖ **notoriété** début XVᵉ s.

*****notre** 842, *Serments* (*nostro*); 980, *Passion* (*nostre*); du lat. *noster*; l'adj. *notre* (*o* bref et ouvert) est issu de la forme proclitique, qui a donné au pl. **nos**, 1080, *Roland*; le pron. **(le) nôtre**, XIᵉ s., est issu de la forme tonique. ‖ **les nôtres**, « nos parents, amis, etc. », milieu XVIIᵉ s.

nouba fin XIXᵉ s., « musique des tirailleurs algériens », de l'ar. algérien *nūba*, proprem. « tour de rôle » (la musique se faisait devant les maisons des officiers, à tour de rôle); *faire la nouba*, fin XIXᵉ s., pop., faire bombance.

1. noue XIIIᵉ s. (*noe*); XIVᵉ s. (*noue*), terre marécageuse (conservé en toponymie et anthroponymie); du bas lat. *nauda* (IXᵉ s.), d'orig. gauloise.

2. *noue 1223, à Tournai (*nohe*); 1471, en Poitou (*noue*); angle rentrant formé par deux combles; du lat. pop. *nauca*, contraction de *navica*, de *navis*, bateau, par métaph. (v. NEF, NACELLE, NAVETTE 2). ‖ **nouette** fin XVIIIᵉ s., tuile à arête. ‖ **noulet** début XIVᵉ s., techn.

*****nouer** XIIᵉ s. (*noer*); XIIIᵉ s. (*nouer*); du lat. *nŏdare* (v. NŒUD). ‖ **noué** adj., 1718, *Acad.*, rachitique. ‖ **nouure** 1611, Cotgrave (*nouëure*); 1803, Boiste, rachitisme. ‖ **nouement** milieu XVᵉ s. (*neuement*); 1538, R. Est. (*nouement*). ‖ **nouage** 1874, Lar. techn. ‖ **nouaison** 1948, bot. ‖ **dénouer** XIIᵉ s. ‖ **dénouement** 1580, Montaigne, au pr.; 1636, Monet, résolution d'une intrigue. ‖ **renouer** milieu XIIᵉ s., sens propre; 1578, d'Aubigné, « se réconcilier ». ‖ **renouement** 1440, Chastellain. ‖ **renouée**

1545, Guéroult, bot. ‖ **s'ennouer** 1660, Oudin. ‖ **noueux** 1265, Br. Latini.

nougat 1694, Pomet, mot prov. mod., signif. « tourteau de noix »; du lat. pop. **nucatum*, de *nux* (v. NOIX). ‖ **nougatine** XXᵉ s.

nouille 1655, *les Délices de la campagne* (*nulle*); 1765, *Encycl.* (pl. *noudles*); XVIIIᵉ s. (*nouilles*); de l'all. *Nudel*.

noumène 1823, Boiste, mot créé par Kant, du gr. *noumenon*, « ce qui est pensé », part. passif neutre de *noeîn*, penser (par oppos. à *phénomène*). ‖ **nouménal** 1874, Lar.

nourrice V. NOURRIR.

****nourrir** Xᵉ s., *Saint Léger* (*norir*); 1080, *Roland* (*norrir*); XIIIᵉ s. (*nourrir*); du lat. *nūtrīre*. ‖ **nourrissant** adj., 1314, Mondeville. ‖ **nourrissage** 1482, G., agric. ‖ **nourriture** 1160, Benoît, (*norreture*), « éducation »; 1180, *Folie Tristan* (*norriture*); 1382, Oresme (*nourriture*); 1530, Palsgrave, alimentation; du bas lat. *nutritura* (VIᵉ s., Cassiodore). ‖ **nourrisseur** 1160, Benoît (*norisseor*); XIVᵉ s. (*nourrisseur*); 1803, Boiste, agric. ‖ **nourricerie** début XIVᵉ s., pièce pour les petits enfants; 1829, Boiste, agric. ‖ ****nourrice** 1138, Gaimar (*nurice*), du lat. *nutricia*; *nourrice sèche*, 1874, Lar. ‖ **nounou** 1867, Delvau, forme enfantine. ‖ ****nourricier** 1190, *Grégoire* (*norrecier*), celui qui élève un enfant; XVIᵉ s. (*nourricier*); *père nourricier*, 1680, Richelet; du lat. pop. **nutriciarius*. ‖ ****nourrisson** s. f., milieu XIIᵉ s. (*nurrezon*), fait d'être allaité, d'où; XIIᵉ s., nourriture, éducation; s. m., 1538, R. Est., sens mod.; du lat. *nutritio*, nourriture. ‖ ****nourrain** début XIVᵉ s. (*norrin*), alevin; fin XIVᵉ s., petit cochon; du lat. pop. **nutrimen*, « action de nourrir ». (V. NUTRITIF.)

****nous** 980, *Passion* (*nos*); XIIIᵉ s. (*nous*); du lat. *nos* (*o* non diphtongué, le mot étant employé surtout atone). ‖ **nous autres** milieu XVIᵉ s.

****nouveau** fin XIᵉ s., *Alexis* (*novel*); XIIIᵉ s. (*nouveau*); du lat. *nŏvellus*, de *nŏvus* (v. NEUF 2); *de nouveau* 1160, *Eneas*. ‖ **nouvelet** XIIIᵉ s. ‖ **nouvellement** 1160, *Eneas*. ‖ **nouvelle** s. f., XIᵉ s., *Alexis* (*novele*); XIIIᵉ s. (*nouvelle*); du pl. neut. *novella*, pris comme

s. f.; milieu XVᵉ s., litt., d'après l'ital. *novella* (v. *les Cent Nouvelles nouvelles* et les trad. des auteurs italiens). ‖ **nouvelliste** 1620, Binet, personne curieuse de nouvelles; 1640, Oudin, litt.; a remplacé l'anc. fr. *nouvellier*. ‖ **nouveauté** début XIVᵉ s.; a remplacé *noveleté*, XIIIᵉ s. (d'où est issu *nouvelleté*, 1283, Beaumanoir, jurid.); 1694, *Acad.*, mode, surtout au pluriel. ‖ **renouveau** s. m., fin XIᵉ s., Gace Brulé. ‖ **renouveler** 1080, *Roland*. ‖ **renouvellement** 1160, *Eneas*. ‖ **novelle** 1585, Cholières (*nouvelle*); 1680, Richelet (*novelles*), hist.

nova, novation, novateur V. NEUF 2.

novembre 1119, Ph. de Thaun, du lat. *novembris*, de *novem* (v. NEUF 1), à l'origine neuvième mois de l'année.

novice 1175, Chr. de Troyes, du lat. *novicius*, nouveau, de *novus* (v. NEUF 2); subst. m. et f., 1265, J. de Meung, eccl. ‖ **noviciat** début XVIᵉ s.

novocaïne XXᵉ s., pour *novococaïne*, du lat. *novus*, nouveau, et *cocaïne*.

****noyau** XIIIᵉ s., Rutebeuf (*noiel*); 1530, Palsgrave (*noyau*); du lat. pop. **nōdellus*, de *nōdus*, nœud. ‖ **noyauter** av. 1930, Joran. ‖ **noyautage** 1923, Lar., *id.* ‖ **dénoyauter** 1922, Lar. ‖ **dénoyautage, dénoyauteur** 1929, Lar. ‖ **énoyauter, énoyautage, énoyauteur** 1910, Lar.

1. ****noyer** s. m. fin XIIᵉ s. (*noier*); 1487, Garbin (*noyer*); du lat. pop. **nŭcarius*, de *nux*. (V. NOIX.)

2. ****noyer** Xᵉ s., *Valenciennes* (*neier*); fin XIIᵉ s. (*noier*); du lat. *nĕcare*, tuer, spécialisé en bas lat. dans le sens « tuer par noyade », de *nex, necis*, mort violente. ‖ **noyade** 1794, Babeuf. ‖ **noyure** 1772, *Encycl.*, techn. ‖ **noyon** 1655, *Satires*, techn.

****nu** 1080, *Roland*, du lat. *nūdus*. ‖ **nue-propriété** 1765, *Encycl.* ‖ **nûment** ou **nuement** début XIIIᵉ s. ‖ **nudité** 1350, G. li Muisis, du bas lat. *nuditas* (IIIᵉ s., Arnobe); a éliminé l'anc. fr. *nueté*. ‖ **nudiste, nudisme** v. 1925. ‖ **dénuer** XIIᵉ s., du lat. *denudare*. ‖ **dénuement** milieu XIVᵉ s., action de se découvrir; XVᵉ s., privation. ‖ **dénuder** 1120, *Ps. d'Oxford*, du lat. *denudare*. ‖ **dénudation** 1374, G.

nuage, nuaison, nuance V. NUE.

nubienne fin XIXᵉ s., de *Nubien*, nom de peuple, l'étoffe ainsi désignée étant présumée originaire de Nubie.

nubile début XVIᵉ s., du lat. *nubilis*, de *nubere*, se marier, en parlant de la femme. ‖ **nubilité** 1750, abbé Prévost.

nucelle 1838, *Acad.*, du lat. *nucella*, dimin. de *nux*. (V. NOIX.)

nucléaire 1838, *Acad.*, du lat. *nucleus*, noyau. ‖ **nucleus** 1846, Besch., bot., nucelle. ‖ **nucléé** milieu XIXᵉ s. ‖ **nucléine** 1907, Lar. ‖ **nucléique** XXᵉ s. ‖ **nucléole** 1855. ‖ **nucléolaire**, **nucléolé** 1877, Lar. ‖ **nucléon** 1948, Lar. ‖ **nucléonique** 1950, Lar. ‖ **nucléoprotéine** XXᵉ s. ‖ **énucléation** 1493, Coquillart, « éclaircissement »; 1793, Lavoisien, bot.; 1836, *Acad.*, chir.; lat. *enucleare*, ôter le noyau. ‖ **énucléer** 1836, *Acad.* ‖ **dénucléariser** 1960.

*****nue** début XIIᵉ s., du lat. pop. *nūba*, en lat. class. *nūbēs*; *porter aux nues*, début XVIIIᵉ s.; *mettre jusqu'aux nues*, R. Est., 1538; *tomber des nues*, 1640, Oudin. ‖ **nuage** 1564, J. Thierry, a éliminé *nue*. ‖ **nuageux** 1549, Meignan. ‖ **nuée** XIIᵉ s., *Alexandre*. ‖ **nuaison** début XVIᵉ s., mar., durée d'un vent. ‖ **nué** début XIIIᵉ s. ‖ **nuer** milieu XIVᵉ s.; 1765, *Encycl.*, techn. ‖ **nuance** fin XIVᵉ s. ‖ **nuancer** 1578, d'Aubigné. ‖ **nuancé** 1680, Richelet, a évincé *nué*. ‖ **ennuager** 1611, Cotgrave.

*****nuire** XIIᵉ s., du lat. pop. *nŏcēre*, lat. class. *nocere* (d'où la var. *nuisir*, en anc. fr.) ‖ **nuisance** début XIIᵉ s., *Ps. de Cambridge*. ‖ **nuisible** 1361, Oresme.

*****nuit** Xᵉ s., *Passion* (noit); fin XIᵉ s., *Alexis* (nuit); du lat. *nox*, *nŏctis*; *bonnet de nuit*, XVIᵉ s., Brantôme; *chemise de nuit*, 1632, Roy; *table de nuit*, début XVIIIᵉ s.; *vase de nuit*, début XIXᵉ s.; *oiseau de nuit*, 1636, Monet. ‖ **minuit** 1130, *Eneas* (mie nuit); XVᵉ s., (*minuit*). ‖ **nuitée** milieu XIIIᵉ s. (*nuitie*); XIVᵉ s. (*nuytée*). ‖ **nuitamment** 1495, J. de Vignay, altér., d'après les adv. en -ment, de l'anc. fr. *nuitantre*, XIIᵉ s., du bas lat. *noctanter*, en lat. class. *nocte* ou *noctu*. ‖ **anuiter** XII s. ‖ **noctambule** 1701, Furetière, « somnambule »; XVIIIᵉ s., sens mod.; du lat. médiév. *noctambulus*, sur *ambu-*

lare, marcher. ‖ **noctambulisme** 1765, *Encycl.*, « somnambulisme »; 1888, A. Daudet, sens mod. ‖ **noctiflore** 1812, Mozin, sur *flos*, *floris*, fleur. ‖ **noctiluque** début XVIIIᵉ s., du lat. *noctilucus*, « qui luit pendant la nuit », de *lux*, *lucis*, lumière. ‖ **nocturne** 1355, Bersuire, adj.; XIX s., mus., du lat. *nocturnus*.

*****nul** 842, *Serments*, du lat. *nŭllus*, aucun; XIIIᵉ s., « sans valeur ». ‖ **nullement** fin XIIᵉ s. ‖ **nullité** début XVᵉ s., du lat. médiév. *nullitas*. ‖ **annuler** fin XIIIᵉ s., Monier, du bas lat. *annullare* (fin IVᵉ s., *Vulgate*). ‖ **annulation** 1320, G.; 1780, *Courrier de l'Europe*, jurid.

numéraire, numéral V. NUMÉRATION.

numération XIVᵉ s., du lat. *numeratio*, de *numerare*, compter, de *numerus*, nombre (v. NOMBRE). ‖ **numérateur** 1487, Garbin, du bas lat. *numerator*. ‖ **numérable** 1606, Crespin. ‖ **numéral** 1474, Delb., du bas lat. *numeralis*. ‖ **numéraire** adj., milieu XVIᵉ s., concernant les nombres, du bas lat. *numerarius*; XVIIIᵉ s., s. m., espèces en or et en argent. ‖ **surnuméraire** adj., 1636, Monet; s. m., 1718, *Acad.* ‖ **surnumérariat** fin XVIIIᵉ s. ‖ **numérique** 1616, Coton. ‖ **alphanumérique** XXᵉ s. (V. ÉNUMÉRER.)

numéro 1560, Pasquier, de l'ital. *numero* (lat. *numerus*, nombre). ‖ **numéroter** 1680, *Anciennes Lois.* ‖ **numérotage** 1793, *Ami du peuple*. ‖ **numérotation** 1836, Landais. ‖ **numéroteur** 1871, *Almanach Didot-Bottin*, techn.

numismatique adj., 1579, A. Le Pois, s. f., 1803, Wailly, science des médailles, des monnaies; du lat. *numisma*, var. de *nomisma*, mot grec, « monnaie, médaille ». ‖ **numismate** 1823, Boiste.

nummulaire 1545, Guéroult, du lat. *nummulus*, petite monnaie (à cause de la forme de la graine, le lat. *nummularius* ne signifiant que « changeur »). ‖ **nummulite** 1809, Wailly, géol.

nuncupation 1355, Bersuire (*noncoupacion*); fin XIVᵉ s. (*noncupation*); du lat. jurid. *nuncupatio*, proprem. « appellation », de *nomen*, nom, et *capere*, prendre. ‖ **nuncupatif** début XIVᵉ s., du lat. *nuncupativus*.

nuptial XIIIᵉ s., du lat. *nuptialis*, de *nuptiae* (v. NOCE). ‖ **nuptialité** fin XIXᵉ s. ‖ **prénuptial** 1932, Lar.

nunus 1837, Balzac, bagatelles, du lat. *nugae*, balivernes.

nuque 1314, Mondeville, « moelle épinière »; du lat. médiév. *nucha* (XIᵉ s., Constantin l'Africain), de l'ar. *nuqa*, moelle épinière; milieu XVIᵉ s., sens mod., par infl. de l'ar. *nukra*, et par substitution de *medulla* à *nucha*, en lat. médiév., pour le sens primitif.

nurse 1872, Taine, nourrice; fin XIXᵉ s., bonne d'enfant; de l'angl. *nurse*, lui-même issu du fr. *nourrice*. ‖ **nursery** 1833, Pavie, dér. anglais.

nutation 1748, de Chabert, astron., du lat. *nutatio*, balancement.

nutritif 1314, Mondeville, du lat. médiév. *nutritivus*, de *nutrire* (v. NOURRIR). ‖ **nutrition** 1361, Oresme, du lat. médiév. *nutritio*. ‖ **nutricier** adj., 1838, *Acad.* ‖ **dénutrition** 1870, Lar. ‖ **malnutrition** XXᵉ s.

nyctalope 1562, du Pinet, lat. méd. *nyctalops* (gr. *nuktalôps*), qui voit la nuit. ‖ **nyctalopie** 1668, Martinière.

nycthémère s. m. fin XVIIIᵉ s., Delambre, astron., du gr. *nux, nuktos*, nuit, et *hêmera*, jour; espace de temps comprenant un jour et une nuit.

Nylon v. 1935, nom déposé, orig. amér.; mot arbitraire.

nymphe 1265, J. de Meung (*nimphe*); fin XVᵉ s., Molinet, (*nymphe*); du lat. *nympha*, proprem. « jeune mariée »; fin XVIᵉ s., d'Aubigné, « fille galante »; 1599, Hornk, anat.; 1671, La Fontaine, belle jeune fille; fin XVIIᵉ s., entom., du sens propre en gr. ‖ **nymphette** fin XVᵉ s., J. Lemaire de Belges; repris au XXᵉ s., jeune adolescente, ironiq. ‖ **nymphée** fin XVᵉ s., Molinet. ‖ **nymphal** début XVIᵉ s. ‖ **nymphose** 1874, Lar., entom. ‖ **nymphomanie** 1732, *Trévoux.* ‖ **nymphomane** début XIXᵉ s.

nymphéa milieu XVIᵉ s. (*nymphée*); 1546, Rab. (*nymphéa*), bot.; du lat. *nymphea* (gr. *numphaia*). ‖ **nymphéacées** 1817, Gérardin.

nystagmus 1836, Landais (*nystagme*); du gr. *nustagma*, de *nustazein*, baisser la tête.

O

ô v. 980, *Passion*, interj. d'appel, orig. onom. ‖ **oh** 1659, Molière. ‖ **oho** 1538, R. Est., interj. de surprise, d'admiration. ‖ **oé, ohé** XVIe s., interj. d'appel. ‖ **holà** 1440, Ch. d'Orléans; *mettre le holà*, XVIIe s.

oaristys fin XVIIIe s., A. Chénier, du gr. *oaristus*, commerce intime, de *oar*, épouse.

oasis 1561, J. Millet; rare jusqu'en 1766; du bas lat. *oasis* (*Digeste*), tiré de l'égyptien. ‖ **oasien** 1865, *Moniteur*.

obédience 1155, Wace, du lat. *oboedientia*, obéissance (v. OBÉIR). ‖ **obédiencier** 1240, *Mir. de la Vierge*, eccl. ‖ **obédientiel** 1636, Delb., eccl.

obéir 1120, *Ps. d'Oxford*, du lat. *oboedire*, de *audire*, écouter. ‖ **obéissant** adj., fin XIIe s. ‖ **obéissance** 1270, *Ordonn.* ‖ **désobéir** 1265, J. de Meung. ‖ **désobéissant** adj., 1283, Beaumanoir. ‖ **désobéissance** *id.*

obel 1689, Simon, *Hist. crit. du Nouv. Test.* (*obèle*); 1935, *Acad.* (*obel*); signe manuscrit en forme de broche; du bas lat. *obelus*, broche.

obélisque 1537, Gruget, du lat. *obeliscus*, du gr. *obeliskos*, sorte de pyramide allongée, proprem. « broche à rôtir ».

obéré fin XVIe s., du lat. *obaeratus*, endetté, de *aes, aeris*, monnaie. ‖ **obérer** 1680, Richelet.

obèse 1825, Brillat-Savarin, du lat. *obesus*, gras, bien nourri, de *edere*, manger. ‖ **obésité** milieu XVIe s., du lat. *obesitas*.

obit 1155, Wace, « trépas »; XIIIe s., « messe anniversaire pour un mort »; du lat. eccl. *obitus*, en lat. class. « mort », part. passé de *obire*, mourir, de *ire*, aller. ‖ **obituaire** XIVe s., dans La Morlière

(*obitaire*); 1671, Pomey (*obituaire*); du lat. eccl. *obituarius*.

objecter 1288, Delb. (*objeter*); 1561, Calvin (*objecter*); du lat. *objectare*, proprem. « jeter devant », sur la rac. de *jacere*, jeter. ‖ **objecteur** 1777, Beaumarchais; *objecteur de conscience*, 1943, Miéville, de l'angl. *conscientious objector*. ‖ **objection** fin XIIe s., du bas lat. *objectio*.

objectif adj., XIVe s., philos., du lat. *objectivus*, de *objectum* (v. OBJET); 1838, *Acad.* (*point objectif*), milit.; 1932, Lar., impartial. ‖ **objectif** subst., 1666, *Journ. des savants*, optique; 1857, Flaubert, but à atteindre; 1869, L., milit. ‖ **téléobjectif** 1949, Lar. ‖ **objectivation** 1845, Besch. ‖ **objectiver** 1836, Landais. ‖ **objectivisme** 1932, R. Dumesnil. ‖ **objectiviste** v. 1950. ‖ **objectivité** 1803, Boiste; 1932, Lar., impartialité.

objet 1361, Oresme (*object*); 1690, Furetière (*objet*); du lat. scolast. *objectum*, part. passé subst. de *objicere*, « jeter devant », de *jacere*, jeter. ‖ **objectal** 1962, journ., littér.

objurgation XIIIe s., du lat. *objurgatio*, réprimande, de *jurgare*, quereller, proprem. « plaider », de *jus, juris*, droit. ‖ **objurgateur** 1546, R. Est.

oblat 1549, R. Est., du lat. eccl. *oblatus*, offert, part. passé de *offerre* (v. OFFRIR), l'oblat donnant ses biens au couvent où il venait vivre. ‖ **oblature** 1903, Huysmans. ‖ **oblation** 1120, *Ps. d'Oxford* (*oblatiun*), du lat. eccl. *oblatio*, offrande.

obliger 1246, *Chartres*, donner en caution; fin XIIIe s., « assujettir à »; 1507, *Coutumes*, « mettre dans la nécessité de »; 1538, R. Est., rendre service; du lat. *obligare*, au sens jurid. « lier par contrat », de *ligare*, lier. ‖ **obligataire** 1867, L. (v. *donataire*, à DONNER). ‖ **obligation** début XIII° s., jurid., du lat. jurid. *obligatio*. ‖ **obligatoire** début XIV° s., d'abord jurid., du lat. jurid. *obligatorius*. ‖ **obligé** adj. 1559, Amyot, redevable. ‖ **obligeance** 1785, *Année litt.* ‖ **obligeant** adj., fin XVI° s. ‖ **désobliger** 1307, G., jurid.; 1636, Monet, extension de sens. ‖ **désobligeance** 1798, *Acad.* ‖ **désobligeant** 1658, Pascal.

oblique adj. et s. f., XIII° s., du lat. *obliquus*. ‖ **obliquer** fin XIII° s., placer obliquement; 1825, Couturier, se diriger à droite ou à gauche. ‖ **obliquité** 1361, Oresme, du lat. *obliquitas*.

oblitérer 1512, J. Lemaire de Belges; rare jusqu'au XVII° s.; du lat. *oblitterare*, proprem. « effacer la lettre », de *littera*, lettre; 1863, postes. ‖ **oblitérateur** 1877, L. ‖ **oblitération** 1777, Linguet; 1863, postes.

oblong 1503, G. de Chauliac, du lat. *oblongus*, de *longus*, long.

obnubiler fin XIII° s. (*obnubler*), couvrir de nuages; XIV° s. (*obnubiler*), sens mod.; du lat. *obnubilare*, de *nubes*, nuage. ‖ **obnubilation** fin XV° s., *Règle de saint Bernard*, du lat. *obnubilatio*.

obole milieu XIII° s., petite pièce de monnaie, du lat. *obolus* (gr. *obolos*); XVIII° s., sens fig.

obscène 1534, *Bataille Rodilardus*, du lat. *obscenus*, proprem. « de mauvais présage ». ‖ **obscénité** 1511, Delb., du lat. *obscenitas*.

obscur début XII° s. (*oscur*); fin XII° s. (*obscur*); du lat. *obscurus*. ‖ **obscurantisme** 1819, *Constitutionnel*, de *obscurant*, 1781, Turgot. ‖ **obscurantiste** 1839, Pillot. ‖ **obscurcir** 1160, Benoît (*oscurcir*); 1265, J. de Meung (*obscurcir*), d'après *éclaircir*, *noircir*. ‖ **obscurcissement** XIII° s. (*oscurcissement*); 1538, R. Est. (*obscurcissement*). ‖ **obscurité** 1119, Ph. de Thaun (*obscurtet*); XIII° s. (*obscurité*), du lat. *obscuritas*.

obsécration XIII° s., du lat. *obsecratio*, de *obsecrare*, adjurer, de *sacer*, sacré.

obséder fin XVI° s., Mathurin Régnier, du lat. *obsidere*, assiéger, de *sedere*, se tenir, et *ob*, devant. ‖ **obsédant** adj., milieu XIX° s. ‖ **obsédé** v. 1632, Sagard. ‖ **obsesseur** 1546, R. Est. ‖ **obsession** 1440, Chastellain, « siège », du lat. *obsessio*; 1590, P. Crespet, sens mod. ‖ **obsessionnel** 1952, Porot.

obsèques début XII° s., *Thèbes* (*osseque*); 1160, Benoît (*obseque*); 1398, E. Deschamps (*obseques*); du lat. *obsequium*, service funèbre, de *sequi*, suivre.

obséquieux XV° s., O. de Saint-Gelais, du lat. *obsequiosus*, de *obsequium*, complaisance, de *sequi*, suivre. ‖ **obséquiosité** fin XV° s., J. Lemaire de Belges, du lat. *obsequiositas*.

observer X° s., *Saint Léger*, eccl., du lat. *observare*; 1490, Commynes, ext. de sens; 1607, Hulsius, « regarder avec attention ». ‖ **observable** XV° s., Fossetier. ‖ **observance** 1265, Br. Latini, eccl. et jurid., du lat. *observantia*. ‖ **observation** 1200, « loi observée », du lat. *observatio*; 1361, Oresme, « examen attentif ». ‖ **observateur** 1495, J. de Vignay, « celui qui accomplit ce qui est prescrit », du lat. *observator*; 1555, Belon, « celui qui regarde attentivement ». ‖ **observatoire** 1667, Graindorge. ‖ **inobservable** 1838, *Acad.* ‖ **inobservation** 1550, *Négociation avec le Levant*.

obsidienne 1600, Gay (*obsidiane*); 1765, *Encycl.* (*obsidienne*); du lat. *obsidiana* (*petra*), var. de *obsiana*, du nom d'*Obsius*, qui aurait découvert ce minéral.

obsidional 1690, Furetière, du lat. *obsidionalis*, de *obsidio*, siège (*obsidere*, assiéger). [V. OBSÉDER.]

obsolète 1596, Hulsius (*obsolet*); 1755, abbé Prévost (*obsolète*); du lat. *obsoletus*.

obstacle 1220, G. de Coincy, du lat. *obstaculum*, de *obstare* (*stare*, se tenir, *ob*, devant).

obstétrique adj., 1803, Boiste; s. f., 1834, Boiste; du lat. *obstetrix*, sagefemme, proprem. « qui se tient devant », de *stare* et *ob* (v. OBSTACLE). ‖ **obstétrical** 1836, Landais.

obstiner (s') 1220, G. de Coincy, au part. passé; 1538, R. Est., *s'obstiner*;

du lat. *obstinare*. ‖ **obstination** 1190, saint Bernard, du lat. *obstinatio*.

obstruer milieu XVIᵉ s., méd., du lat. *obstruere*, de *struere*, construire, *ob*, devant; 1780, Buffon, ext. de sens. ‖ **obstructif** 1553, Colin, méd. ‖ **obstruction** milieu XVIᵉ s., méd., du lat. *obstructio*; 1721, *Trévoux*, ext. de sens. ‖ **obstructionnisme** 1892, Guérin, polit. ‖ **obstructionniste** 1890, Lar., *id.* ‖ **désobstructif** début XVIIIᵉ s., méd. ‖ **désobstruction** 1845, Besch. ‖ **désobstruer** 1798, *Acad.*

obtempérer fin XIVᵉ s., J. Le Fèvre, du lat. *obtemperare*, proprem. «se contenir devant». (V. TEMPÉRER.)

obtenir 1283, Beaumanoir (*optenir*); 1355, Bersuire (*obtenir*); du lat. *obtinere*, occuper, maintenir; francisé d'après *tenir*. ‖ **obtention** milieu XIVᵉ s. (*obtencion*); 1516, *Anciennes Lois* (*obtention*); du lat. *obtentus*, part. passé de *obtinere*.

obturer début XVIᵉ s. (*opturer*); milieu XVIᵉ s. (*obturer*) du lat. *obturare*, boucher. ‖ **obturateur** 1560, Paré, méd.; XVIIIᵉ s., techn.; 1868, L., phot. ‖ **obturation** v. 1500 (*obturacion*), du bas lat. *obturatio*.

obtus 1503, G. de Chauliac, «émoussé»; 1542, Bovelles, géom.; 1580, Montaigne, fig.; du lat. *obtusus*, part. passé de *obtundere*, de *tundere*, frapper. ‖ **obtusangle** 1671, Pomey, du bas lat. *obtusiangulus* (VIᵉ s., Boèce).

obus 1515, à Metz (*hocbus*); 1697, Surirey (*obus*), à propos de la bataille de Neerwinden, «obusier»; 1797, Gattel, «obus»; de l'all. *Haubitze*, obusier, du tchèque *haufnice*, machine à lancer (des pierres). ‖ **obusier** 1762, *Acad.*

obvenir milieu XIVᵉ s., jurid.; du lat. *obvenire*, de *venire*, venir.

obvie 1889, Bénédictins, du lat. *obvius*.

obvier fin XIIᵉ s., «résister»; 1361, Oresme, «prévenir, faire obstacle»; du lat. *obviare*, proprem. «aller au-devant», de *via*, chemin (v. VOIE).

ocarina fin XIXᵉ s.; diminutif dialectal de l'ital. *oca*, oie.

occasion 1190, Garn. (*occasiun*);

début XIIIᵉ s., *Ysopet de Lyon* (*occasion*), «cause, motif»; XIVᵉ s., sens mod.; du lat. *occasio*, «ce qui échoit», de *cadere*, tomber (v. CHOIR); a remplacé la forme pop. *ochaison*. ‖ **occase** s. f., pop., 1849. ‖ **occasionalisme** 1845, Besch., philos. ‖ **occasionnel** milieu XVIᵉ s. (*occasionnellement*); 1679, Malebranche (*occasionnel*). ‖ **occasionner** début XIVᵉ s., d'après le bas lat. *occasionare*.

occident 1119, Ph. de Thaun, du lat. *occidens*, proprem. «tombant», s.-ent. «le soleil», adj. verbal de *occidere*, tomber. ‖ **occidental** 1308, Aimé, a remplacé *occidentel* (1314, Mondeville), du lat. *occidentalis*. ‖ **occidentalisé** 1877, *Rev. britannique*.

occiput 1372, Corbichon, mot lat., de *caput*, tête. ‖ **occipital** 1503, G. de Chauliac, du lat. médiév. *occipitalis*. ‖ **occipito-**, élément de composés savants, dans le lex. méd., depuis 1752, *Trévoux*.

*****occire** 1080, *Roland* (*ocire*); 1361, Oresme (*occire* avec *-cc-*, d'après le latin), du lat. *occidere*, altéré en **auccidere* en lat. pop. de Gaule.

occlure milieu XVᵉ s., investir (une ville); XIXᵉ s., méd.; du lat. *occludere*, fermer, de *claudere* (v. CLORE). ‖ **occlusif** 1876, *le Progrès médical*. ‖ **occlusion** 1808, de Wenzel, méd., du lat. médiév. *occlusio*. ‖ **occlusive** s. f., 1920, Grammont, linguistique.

occlusion, occlusive V. OCCLURE.

occulte 1120, *Ps. d'Oxford*, du lat. *occultus*, caché, secret. ‖ **occulter** 1324, G., «cacher»; 1847, phys.; du lat. *occultare*. ‖ **occultation** 1488, *Mer des hist.*, du lat. *occultatio*. ‖ **occultisme** 1893, Bosc. ‖ **occultiste** 1905, Huysmans.

occuper XIIᵉ s., Grégoire, «employer à», du lat. *occupare*, «s'emparer de», de *capere*, prendre; 1314, Mondeville, remplir un espace; 1355, Bersuire, «se saisir de». ‖ **occupant** s. m., fin XVᵉ s. ‖ **occupation** 1160, Benoît, emploi; XIVᵉ s., action de s'emparer; 1690, Furetière, action de remplir un espace. ‖ **désoccupé** 1579, Delb. ‖ **inoccupé** 1544, Martin. ‖ **inoccupation** 1771, *Trévoux*. ‖ **réoccuper** 1808, Boiste. ‖ **réoccupation** début XIXᵉ s. (V. PRÉOCCUPER.)

occurrent fin XVᵉ s., « qui survient », du lat. *occurens*, part. prés. de *occurrere*, de *currere*, courir, et *ob*, au-devant. ‖ **occurrence** 1440, Chastellain.

océan 1120, *Voy. de saint Brendan* (*occean*) ; v. 1600 (*océan*) ; du lat. *oceanus* (gr. *ôkeanos*), d'abord divinité marine. ‖ **océanien** 1721, *Trévoux*. ‖ **transocéanien** 1845, Besch. ‖ **océanide** 1721, *Trévoux*. ‖ **océanique** 1548, Mizauld, du lat. *oceanicus*. ‖ **transocéanique** 1872, L. ‖ **interocéanique** 1867, L. ‖ **océanographie** fin XVIᵉ s. ; rare avant 1876, *Rev. crit.* ‖ **océanographe** 1907, Lar. ‖ **océanographique** 1894, Sachs-Villatte.

ocelle 1842, *Acad.*, du lat. *ocellus*, petit œil, de *oculus*, œil. ‖ **ocellé** début XIXᵉ s.

ocelot 1640, Laet (*ocelotl*) ; XVIIIᵉ s., Buffon (*ocelot*) ; de l'aztèque du Mexique (*ocelot*), tigre.

ocre 1307, Delb., du lat. *ochra* (Iᵉʳ s., Celse, Vitruve), du gr. *ôkhra*, de *ôkhros*, jaune. ‖ **ocré** fin XVIᵉ s. ‖ **ocrer** XXᵉ s. ‖ **ocreux** milieu XVIIIᵉ s. (*ochreux*) ; 1787, Chaptal (*ocreux*).

oct-, octa-, octo- du lat. *octo*, huit, ou du gr. *okto*, signifiant « huit » ou « huitième ». ‖ **octacorde** fin XVIIIᵉ s., mus. ‖ **octaèdre** 1572, Amyot, géom., du bas lat. *octaedros*, mot grec, de *edros*, face. ‖ **octaédrique** fin XVIIIᵉ s. ‖ **octandrie** 1749, Delibard, du lat. bot. *octandria*, créé par Linné, du gr. *anêr*, mâle : « à huit étamines ». ‖ **octane** XXᵉ s. ‖ **octidi** fin XVIIIᵉ s., du lat. *dies*, jour. ‖ **octil** 1690, Furetière, astron. ‖ **octogénaire** 1578, *Despence*, du lat. *octogenarius*, de *octoginta* (v. OCTANTE). ‖ **octogone** 1520, E. de La Roche, géom., du lat. *octogonos* (Iᵉʳ s., Vitruve), mot gr., de *oktô* et de *gônia*, angle. ‖ **octopode** début XIXᵉ s., zool., du gr. *pous*, *podos*, pied. ‖ **octostyle** fin XVIᵉ s. ‖ **octosyllabe** 1611, Cotgrave. ‖ **octosyllabique** 1907, Lar.

octant 1619, G. Macé, astron., du lat. *octans*, huitième partie. ‖ **octante** fin XIIIᵉ s., rég. (Suisse, Belgique), réfection, d'après le lat., de l'anc. fr. *oitante*, du lat. *octoginta*, quatre-vingts.

octave XIIᵉ s., Gautier d'Arras, eccl. ; 1534, *Bible*, mus. ; du lat. *octava*, fém. subst. de *octavus*, huitième, de *octo*, huit.

‖ **octavier** 1765, *Encycl.* ‖ **octavine** 1703, Brossard, mus. ‖ **octavin** 1803, Boiste, de l'ital. *ottavino*. ‖ **in-octavo** 1567, Granvelle ; s. m., 1752, *Trévoux*. ‖ **octavon** fin XVIIIᵉ s.

octobre 1213, *Fet des Romains*, du lat. *october*, de *octo*, huit (à l'origine le huitième mois de l'année) ; a éliminé la forme pop. de l'anc. fr. *uitovre*, *oitovre*. ‖ **octobriste** 1905, hist.

*octroyer 1080, *Roland* (*otreier*) ; XVᵉ s. (*octroyer*) ; du lat. pop. **auctoridiare*, accorder, en lat. impér. *auctorare* (Quintilien, etc.), de *auctor*, « garant » (v. AUTORISER). ‖ **octroi** 1160, *Eneas* (*otrei*) ; XVᵉ s. (*octroi*), d'abord action d'octroyer, puis taxe municipale (octroyée) en anc. fr. ; 1836, Landais, sens mod.

oculaire s. m., fin XVᵉ s., du lat. *ocularius*, de *oculus*, œil ; 1671, Chérubin. ‖ **oculariste** milieu XIXᵉ s. ‖ **binoculaire** 1671, Chérubin ; s. f., 1948, Lar. ‖ **interoculaire** 1838, *Acad.* ‖ **monoculaire** 1812, Mozin.

oculi début XVᵉ s., eccl., du lat. *oculus*.

oculiste adj., 1503, G. de Chauliac, du lat. *oculus* ; s. m., 1534. ‖ **oculistique** XVIIIᵉ s., remplacé auj. par *ophtalmologie*.

odalisque début XVIIᵉ s., du turc *odaliq*, chambrière, de *oda*, chambre.

ode 1488, *Mer des hist.*, du gr. *ôdê* (bas latin *oda*, ode), proprem. « chant » (contraction de *aoidê*, v. AÈDE). ‖ **odelette** v. 1550, Ronsard.

odéon 1755, Aviler, du lat. *odeum* (gr. *ôideion*), édifice destiné aux concours de musique.

odeur début XIIᵉ s. (*hodor*) ; id. (*odor*) ; fin XIVᵉ s. (*odeur*) ; du lat. *odor*. ‖ **odorant** début XIIIᵉ s., du lat. *odorans*, part. prés. de *odorare*. ‖ **odorat** 1551, Sauvage, du lat. *odoratus*. ‖ **odoriférant** 1495, J. de Vignay, du lat. médiév. *odoriferens* (lat. class. *odorifer*). ‖ **désodoriser** 1922, Lar. ‖ **désodorisant** s. m., 1929, Lar. ‖ **désodorisation** 1922, Lar. ‖ **déodorant** 1961, journ. ‖ **inodore** 1758, Diderot, du lat. *inodorus*. ‖ **subodorer** 1648, Poussin.

odieux 1376, G., du lat. *odiosus*, de *odium*, haine.

odomètre 1724, *Machines et inv.*, mauvaise graphie pour *hodomètre*, du gr. *hodometron*, de *hodos*, route, et *metron*, mesure.

odontalgie 1694, Th. Corn., du gr. *odontalgeia*, de *odous, odontos*, dent, et *algeîn*, souffrir. ‖ **odontalgique** 1701, Furetière. ‖ **odontologie** 1771, *Trévoux.* ‖ **odontoïde** 1690, Dionis, du gr. *odontoeides*, sur *eidos*, aspect.

odyssée 1814, Lamartine, *Lettres*, du nom du poème d'Homère, décrivant les aventures d'Ulysse (*Odusseus* en grec).

œcuménique fin xvie s., du lat. eccl. *oecumenicus*, du gr. *oikoumenikos*, de *oikoumênê*, l'univers, proprem. « (la Terre) habitée ». ‖ **œcuménicité** 1752, *Trévoux.* ‖ **œcuménisme** 1927, *Confér. œcum. de Lausanne.*

œdème 1545, Guéroult, du gr. *oidêma*, tumeur. ‖ **œdémateux** 1549, Meignan, d'après le mot grec.

œdipe 1721, *Trévoux*, du nom d'*Œdipe*, personnage des légendes grecques, qui devina l'énigme proposée par le sphinx de Thèbes.

*œil xe s., *Saint Léger* (*ol*); fin xie s., *Alexis* (*oil*); 1155, Wace (*ueil*); fin xiie s. (*œil*); du lat. *ŏcŭlum*, acc. sing. de *oculus*, œil; le pluriel *yeux* (xe s., *Saint Léger, ols*; xiie s., *ieus*) représente l'acc. plur. *ŏcŭlos*. ‖ **œil-de-bœuf** début xvie s., archit. ‖ **œil-de-chat** début xve s., pierre précieuse. ‖ **œil-de-perdrix** début xixe s., méd. ‖ **œil-de-serpent** 1718, *Acad.*, petite pierre. ‖ **œillade** 1493, Coquillart. ‖ **œillard** 1554, Gouberville. ‖ **œillère** fin xiie s., *Loherains* (*oillière*). ‖ **œillet** fin xiiie s. (pl. *oillez*), petit œil, puis ouverture. ‖ **œillet** fin xve s., hortic. ‖ **œilleton** 1554, Darces. ‖ **œilletonner** milieu xviie s. ‖ **œilletonnage** 1874, Lar.

œillet V. œil.

œillette xiiie s., J. de Condé (*oliette*); xviiie s. (*euillette*); 1765, *Encycl.* (*œillette*); de *olie* (v. 1120, *Ps. d'Oxford*), anc. forme de *huile*, du lat. *oleum* (v. huile).

œn(o)- du gr. *oînos*, vin. ‖ **œnilisme** fin xixe s. ‖ **œnolique** 1846, Besch. ‖ **œnologie** début xviie s. ‖ **œnologique** 1836, Landais. ‖ **œnologiste** début xixe s. ‖ **œnométrie** 1836, Landais. ‖ **œnométrique** 1836, Landais. ‖ **œnophile** 1836, Landais. ‖ **œnotechnie, œnotechnique** 1914, Lar. ‖ **œnothère** 1836, Landais, du gr. *oinothêra*, plante à la saveur vineuse. ‖ **œnothéracées** 1842, *Acad.* (*œnothérées*).

œnanthe 1562, Du Pinet, bot., du lat. *œnanthe*, du gr. *oînanthê*, fleur de vigne. ‖ **œnanthique** milieu xixe s.

œrsted 1923, Lar., phys., du nom du physicien danois *Œrsted* (1777-1851).

œsophage 1314, Mondeville (*ysophague*); 1562, Du Pinet (*oesophage*); du gr. *oisophagos*, de *oisein*, porter, et *phagein*, manger. ‖ **œsophagien** 1701, Furetière. ‖ **œsophagite** 1836, Landais. ‖ **œsophagoscope** xxe s.

œstre 1519, G. Michel, du lat. *oestrus* (gr. *oistros*), proprem. « taon », au fig. « aiguillon de la douleur, ou du désir ». ‖ **œstral** xxe s. ‖ **œstrogène** 1951, Lar. ‖ **œstrone** xxe s..

*œuf 1119, Ph. de Thaun (*of*); xiie s. (*uef*); v. 1160, *Charroi* (*oef*); xive s. (*oeuf*); du lat. *ŏvum* (o ouvert en lat. pop.); *œuf dur*, 1308, Lacurne; *œuf à la coque*, milieu xviie s.; *œuf au plat*, 1718, *Acad.*; *œuf sur le plat*, 1798, *Acad.* ‖ **œuvé** 1398, *Ménagier.* ‖ **œufrier** 1838, *Acad.*

*œuvre 1155, Wace (*uevre*); v. 1250 (*oeuvre*); du lat. *ŏpĕra*; *à l'œuvre*, fin xive s.; *mettre à l'œuvre*, 1655, La Rochefoucauld; *mise en œuvre*, 1867, L.; *maître d'œuvre*, 1678, La Fontaine; *maistre des œuvres*, architecte, xive s.; *maistre des basses, des hautes œuvres*, bourreau, xive s.; *chef-d'œuvre*, 1268, E. Boileau; *bois d'œuvre*, 1611, Cotgrave; *œuvres vives*, 1643, Fournier, mar.; *hors-d'œuvre*, fin xvie s., archit.; 1690, Furetière, culin.; *sous-œuvre*, 1694, Th. Corn.; *à pied d'œuvre*, 1798, *Acad.*, archit.; 1935, *Acad.*, fig. ‖ **œuvrer** 1530, Palsgrave, du lat. *operare*, a éliminé l'anc. fr. *ouvrer*, par influence de *œuvre*. ‖ **œuvrette** xiiie s. ‖ **désœuvré** 1692, Caillières. ‖ **désœuvrement** 1748, Crébillon.

offense 1230, G. de Coincy, du lat. *offensa*, part. passé substantivé au fém. de *offendere*, heurter. ‖ **offenser** milieu xve s.; au xvie s., également blesser (au physique). ‖ **offensant** adj., 1672, Molière. ‖ **offenseur** XVe s.

offensif début XVe s., d'abord « qui constitue une offense »; XVIe s., milit.; de l'anc. fr. *offendre*, attaquer (du lat. *offendere*, heurter), d'après *défensif*, sur *défendre*. ‖ **inoffensif** 1777, Vergennes. ‖ **offensive** s. f., fin XVIe s., milit.

office 1155, Wace, eccl.; 1190, Garn., « fonction »; s. f., XVIe s., culin.; XIXe s., organe admin.; du lat. *officium*, de *facere*, faire.

official fin XIIe s., eccl., du lat. *officialis*, « relatif à une fonction », et, subst., serviteur, de *officium* (v. OFFICE). ‖ **officialité** fin XIIIe s.

officiel 1778, *Courrier de l'Europe*, de l'angl. *official*, du lat. *officialis*, de *officium* (v. OFFICE). ‖ **officiellement** *id.* ‖ **officialiser, -sation** 1961, Lar.

1. **officier** v., fin XIIIe s., exercer sa fonction, du lat. médiév. *officiare*; milieu XVIe s., eccl. ‖ **officiant** s. m., 1671, Pomey. ‖ **officiante** 1762, *Acad.*

2. **officier** s. m., début XIVe s., « celui qui a une fonction », du lat. *officiarius*; *id.*, serviteur de grande maison; XVIe s., milit.; 1721, *Trévoux*, dignitaire de certains ordres; *officier ministériel*, 1836, Landais; *officier de santé*, 1680, Richelet. ‖ **officière** 1949, Lar. (Armée du Salut). ‖ **sous-officier** 1771, *Trévoux*. ‖ **sous-off** 1867, Delvau.

officieux adj., 1534, Rab., « qui rend service », du lat. *officiosus*, obligeant, de *officium*, au sens de « service rendu »; le sens premier a subsisté jusqu'au XIXe s.; 1789, s. m., serviteur à gages; adj., 1869, L., « qui, sans être officiel, exprime plus ou moins la pensée du gouvernement ». ‖ **inofficieux** 1495, Delb., du lat. *inofficiosus*. ‖ **inofficiosité** 1611, Cotgrave.

officine 1160, Benoît, boutique (*offecine*); début XIIIe s. (*officine*); 1812, Mozin, laboratoire; du lat. *officina*, fabrique (v. USINE). ‖ **officinal** début XVIe s.; 1732, Lémery, pharm.

offrande 1080, *Roland* (*offrende*); XIIe s. (*offrande*); du lat. médiév. *offerenda*, part. futur passif, substantivé au féminin, de *offerre*.

***offrir** fin XIe s., du lat. pop. *offerire*, en lat. class. *offerre*. ‖ **offre** début

XIIe s., action d'offrir; 1690, Furetière, prix offert. ‖ **offrant** s. m., dans *au plus offrant*, 1365, Runk. ‖ **offerte** début XIVe s., eccl., part. passé subst.

offertoire 1350, *Glossaire*, du lat. *offertorium*.

offset 1920, Lar., mot angl. pris au sens de « report », de *set*, placer, *off*, dehors.

offusquer milieu XIVe s., « porter préjudice à », et aussi « obscurcir »; milieu XVIIIe s., « choquer »; du lat. *offuscare*, obscurcir, de *fuscus*, sombre. ‖ **offuscation** 1559, Amyot, astron.

oflag 1940, journ.; abrév. de l'all. *Offizierlager*, camp pour officiers.

ogive 1250, Villard de Honnecourt (var. *oegive*, 1325; *augive*, jusqu'au XVIIIe s.). Peut-être de l'esp. *aljibe*, citerne (voûtée d'arêtes), de l'ar. dial. **al-jibb*, ar. class. *al-djubb*, même sens. (Les arcs à nervures des voûtes musulmanes ont été imités en Espagne, puis dans le sud-ouest et l'ouest de la France, dès le XIe s.) Ou de l'anglo-normand *ogé*, du lat. *obviatum*, « qui va à l'encontre » (pour obvier à la poussée des murs), avec le suffixe lat. *-ivus*. ‖ **ogival** 1823, Boiste. ‖ **ogivette** 1846, Besch.

ogre début XIVe s., probablem. altér. d'un anc. **orc*, du lat. *orcus*, « dieu de la mort », et « enfer » (cf. l'ital. *orco*, « croque-mitaine »). ‖ **ogresse** fin XVIIe s., a remplacé *ogrine*.

ohm 1881, *Congrès d'électricité*, du nom du physicien allemand *Ohm* (1789-1854). ‖ **ohmique** 1907, Lar. ‖ **ohmmètre** 1890, Lar.

oïdium début XIXe s., du lat. sc. *oidium*, du gr. *ôon*, œuf, et *-idium*, terminaison contenant le suff. sav. *-id(e)*.

***oie** XIIe s. (*oe*, *oue*, resté dans la *rue aux Oues*, à Paris, altérée en *rue aux Ours* au XVIIe s., et chez La Fontaine, *Lettres*); XIIIe s. (*oie*), forme de l'Est, refaite d'après *oiseau, oison*; du lat. pop. **auca*, contract. de **avica* (de *avis*, oiseau), qui a remplacé le lat. class. *anser*; *patte d'oie*, XVIe s.; *oie blanche*, fin XIXe s., M. Prévost.

***oignon** début XIIIe s. (*hunion*); 1273, à Tournai (*ognon*); XIVe s. (*oignon*); du lat. pop. *unio, unionis* (Ier s., Columelle),

qui a éliminé *caepa* en Gaule; 1538, R. Est. hortic.; 1611, Cotgrave, *oignon du pied*; début XIXᵉ s., pop., montre; XIXᵉ s., pop., coup, meurtrissure, d'où l'abrév. *gnon* (1651, *Mazarinades*). ‖ **oignonade** 1552, Rab. (*ognonnade*). ‖ **oignonière** 1546, Ch. Est.

oïl V. OUI.

oille V. OLLA-PODRIDA.

*****oindre** 1120, *Ps. d'Oxford*, du lat. *unguĕre*. ‖ **oint** XVᵉ s., Trénel, eccl. ‖ *****oing** 1260, Rutebeuf (*oint*); fin XVᵉ s. (*oing*); du lat. *unctum*, de *unguere*.

*****oiseau** 1080, *Roland* (*oisel*), du lat. pop. *aucellus*, contract. de *avicellus*, dimin. du lat. class. *avis*, oiseau. ‖ **oiselet** 1155, Wace. ‖ **oiseleur** 1155, Wace. ‖ **oiselier** 1558, G. Morel. ‖ **oiselle** 1562, Rab.; repris en 1873 par Th. de Banville. ‖ **oisellerie** XIVᵉ s. ‖ **oisillon** début XIIIᵉ s.

*****oiseux** milieu XIIᵉ s. (*oiseus*), fainéant, du lat. *otiosus*, de *otium*, loisir; début XIIIᵉ s., « inutile ». ‖ **oiseusement** 1784, Beaumarchais. ‖ **oisif** milieu XIIIᵉ s. (*beste wisive*); 1538, R. Est. (*oisif*); a remplacé l'anc. *oidif* (XIIᵉ s.), « qui n'est pas en fonction »; XIVᵉ s., « qui ne s'occupe à rien ». ‖ **oisiveté** 1330, *Girart de Roussillon*.

*****oison** XIIIᵉ s., *Renart*, du lat. pop. *aucio*, *aucionis*, de *avis*, oiseau, avec *oi* (pour *o*) dû à l'infl. de *oiseau*.

oléacée milieu XIXᵉ s., bot., du lat. *oleum*, huile. Sur le même rad. : **oléagineux** XIVᵉ s., *Gautier*, du lat. *oleaginus*. ‖ **oléiculture**, **oléiculteur** 1907, Lar. ‖ **oléifère** 1812, Mozin. ‖ **oléifiant**, **oléifiant** 1827, *Acad*. ‖ **oléiforme** 1907, Lar. ‖ **oléine** début XIXᵉ s. ‖ **oléique** id. ‖ **oléolat** 1838, *Acad*. ‖ **oléomètre** milieu XIXᵉ s. ‖ **oléonaphte** XXᵉ s. (V. OLÉODUC.)

oléandre XVᵉ s., *Grant Herbier*, bot., du lat. médiév. *oleander*, d'orig. obsc.

olécrane 1560, Paré, anat., du gr. *ôlekranon*, de *ôlenê*, bras, et *karênon*, tête. ‖ **olécranien** 1836, Landais.

oléoduc 1894, Sachs, du lat. *oleum*, huile, et du rad. de *ducere*, conduire, sur le modèle de *aqueduc*.

olfactif 1503, G. de Chauliac, du lat. méd. *olfactivus*, de *olfactus*, odeur, odo-

rat. ‖ **olfaction** début XVIᵉ s., du lat. *olfactio*.

oliban 1314, Mondeville (*olimban*), du bas lat. *olibanus* (gr. *libanos*, avec attraction de *oleum*, huile).

olibrius 1537, Des Périers, du nom d'un empereur d'Occident (472), incapable et vaniteux, devenu, dans la légende, le persécuteur de sainte Marguerite.

olifant 1080, *Roland*, forme altérée de ÉLÉPHANT (v. ce mot).

olig-, oligo- du gr. *oligos*, peu, *oligoi*, peu nombreux. ‖ **oligarchie** 1361, Oresme (*olygarchie*), de *oligoi*, et *arkhein*, commander. ‖ **oligarchique** 1361, Oresme. ‖ **oligarque** 1562, Bonivard (*olygarche*). ‖ **oligiste** 1801, Haüy, minér., du gr. *oligistos*, très peu (parce que ce minerai contient peu de métal). ‖ **oligocène** 1881, *Archives des sc. phys.*; géol., sur *kainos*, récent. ‖ **oligochètes** fin XIXᵉ s., du gr. *khaitê*, chevelure. ‖ **oligo-élément** XXᵉ s. ‖ **oligophrénie** id. ‖ **oligurie** 1877, *le Progrès médical*.

olive 1080, *Roland*, du prov. *oliva*, issu du lat. *oliva*, olive, olivier; aussi « olivier » en anc. fr. ‖ **olivacé** 1838, *Acad*. ‖ **olivaison** 1636, Monet. ‖ **olivâtre** 1525, *Voy. Pigafetta*, ital. *olivastro*. ‖ **oliveraie** 1606, Crespin. ‖ **olivette** 1611, Cotgrave. ‖ **olivier** 980, *Passion* (*oliver*); 1120, *Voy. de Charl.* (*olivier*). ‖ **olivine** 1827, *Acad*.

ollaire 1752, *Trévoux*, du lat. *ollarius*, de *olla*, marmite en terre; pierre facile à tailler dont on fait des pots.

olla-podrida fin XVIᵉ s., ragoût, mot esp., signif. « marmite pourrie ». ‖ **oille** 1673, Mᵐᵉ de Sévigné, francisation du mot.

olographe début XVIIᵉ s., jurid., pour *holographe*, du bas lat. *holographus* (IVᵉ s., saint Jérôme); mot grec, de *holos*, entier, et *graphein*, écrire : écrit en entier de la main du testateur.

olympe 1611, Cotgrave, du nom d'une montagne de la Grèce ancienne, résidence légendaire des dieux. ‖ **olympien** 1550, Ronsard, « qui réside sur l'Olympe »; du lat. *olympius*; 1838, *Acad*., majestueux.

olympiade 1361, Oresme, du lat. *olympias* (gr. *olumpias*), de *Olumpia* (v. le suivant).

olympique fin XVᵉ s., J. Lemaire de Belges, du lat. *olympicus* (gr. *olumpikos*), du nom de *Olumpia*, ville d'Elide où se célébraient tous les quatre ans les Jeux Olympiques ; 1894, Pierre de Coubertin, sens mod.

ombelle 1564, J. Thierry (*umbella* ; 1685, Furetière, *ombelle*) ; du lat. *umbella*, ombrelle, de *umbra*, ombre. ‖ **ombellifère** 1698, Tournefort.

ombilic XIVᵉ s., Foix (*ombelic*) ; 1503, G. de Chauliac (*ombilic*) ; du lat. *umbilicus* (v. NOMBRIL). ‖ **ombilical** 1490, *Guidon en fr.* ; *cordon ombilical*, 1762, *Acad.* ‖ **ombiliqué** 1765, *Encycl.* ‖ **ombilicaire** 1584, Du Fail.

omble V. OMBRE-CHEVALIER.

ombrageux V. OMBRE.

*****ombre** Xᵉ s., Valenciennes (*umbre*) ; XIIᵉ s. (*ombre*) ; du lat. *ŭmbra*. ‖ *****ombreux** (v. NOMBRIL), *Perceval*, du lat. *umbrosus*. ‖ **ombrage** 1160, Benoît ; fin XVIᵉ s., Malherbe, « jalousie ». ‖ **ombrager** milieu XIIIᵉ s. ‖ **ombrageux** 1265, J. de Meung, sens étymol. ; 1300, à propos d'un cheval ; XVIᵉ s., Baïf, soupçonneux. ‖ **ombrer** 1265, J. de Meung, « mettre à l'ombre » ; milieu XVIᵉ s., « marquer d'ombres » (un dessin) ; du lat. *umbrare*. ‖ **obombrer** XIVᵉ s., Digulleville, du lat. *obumbrare*. ‖ **pénombre** milieu XVIIᵉ s., sur le lat. *paene*, presque.

ombre-chevalier XVIIIᵉ s., Marmontel, mot suisse romand ; altér., par attract. de *ombre*, de *omble*, 1553, Belon (*humble*), déformation de *amble*, forme neuchâteloise ; du bas lat. *amulus* (Vᵉ s.), Polemius Silvius, à Lyon).

ombrelle 1588, Montaigne, s. m. ; 1611, Cotgrave, s. f. ; de l'ital. *ombrello*, s. m., du lat. *umbella* (v. OMBELLE), avec *r* analogique de *umbra*, ombre ; devenu fém. d'après les mots en *-elle*.

oméga XIIᵉ s., *alfa et omega*, « le commencement et la fin » ; début XVIᵉ s., nom de la dernière lettre de l'alphabet grec ; du nom grec de l'*o* long (avec *mega*, grand), opposé à *omikron*, *o* bref (avec *mikron*, petit).

omelette 1552, Rab. (*homelaicte*),

altér. sous l'influence des mots issus du lat. *ovum*, de *amelette*, XVᵉ s., de **alemette*, var. de *alumette*, XIVᵉ s., de l'anc. fr. *lemelle* (avec agglutination du *a* de l'article *la*), var. de *lamelle* (v. LAME). L'omelette a été comparée à une lame, à cause de sa minceur.

omettre 1337, dans le Poitou, du lat. *omittere*, de *mittere*, envoyer, d'après *mettre*. ‖ **omission** 1350, G. li Muisis, du bas lat. *omissio* (IVᵉ s., Symmaque).

omni- du lat. *omnis*, tout. ‖ **omnicolore** 1827, *Acad.* ‖ **omnidirectionnel** XXᵉ s. ‖ **omnipotent** 1080, *Roland*, du lat. *omnipotens* (de *potens*, puissant). ‖ **omnipotence** fin XIVᵉ s., du lat. *omnipotentia*. ‖ **omniprésence** 1823, Boiste. ‖ **omniprésent** 1838, *Acad.* ‖ **omniscience** début XVIIIᵉ s., du lat. *omniscientia*. ‖ **omniscient** 1737, Voltaire. ‖ **omnivore** 1749, Buffon, du lat. *omnivorus*, de *vorare*, dévorer.

omnibus 1828, ellipse de *voiture omnibus*, où *omnibus*, datif pl. du lat. *omnis*, tout, signifie « pour tous » ; v. 1920, train desservant toutes les stations, de *train omnibus*, 1876, Lar. — La finale *-bus* est devenue suffixe pour des véhicules de transport en commun, et même pour des mots indiquant l'idée de circulation. (V. AÉROBUS, AUTOBUS, BIBLIOBUS, TROLLEYBUS.)

omnium 1776, Franklin, empr. à l'angl. ; du lat. *omnium*, gén. pl. de *omnis*, tout ; formule d'un emprunt lancé en Angleterre en 1760, pour désigner la totalité des effets publics reçus par l'emprunteur ; 1872, L., compagnie commerciale faisant indistinctement toutes les opérations ; *id.*, sorte de course de chevaux ; 1935, épreuve sportive.

omoplate 1534, Rab., du gr. *ômoplatê*, de *ômos*, épaule, et *platê*, chose plate.

*****on** 842, *Serments* (*om*, cas sujet ; aussi 1080, *Roland*) ; XIIᵉ s., Couci (*on*, affaiblissement du préc.) ; du lat. *homo*, par évolution en position atone.

1. onagre 1119, Ph. de Thaun, zool. (*onager*) ; fin XIIᵉ s. (*onagre*) ; du lat. *onager*, *onagrus* (gr. *onagros*, âne sauvage).

2. onagre début XVIIᵉ s., bot. (*onagra*) ; 1778, Lamarck (*onagre*) ; du gr. *onagra*, onagre, œnothère. ‖ **onagrariées** 1838, *Acad.* ‖ **onagrariacées** 1891, Baillon.

onanisme 1760, Tissot, du nom de *Onan*, personnage biblique, fils de Juda, à qui est attribué ce vice (v. *Genèse*, 38). ‖ **onaniste** 1828, Mozin.

1. *****once** fin XII⁰ s., *Rois* (*unce*) ; milieu XIII⁰ s. (*once*), ancien poids ; du lat. *uncia*, mesure d'un douzième. ‖ **oncial** fin XVI⁰ s., du lat. *uncialis*, lettre capitale (d'un pouce), du sens de *pouce*, le douzième du pied. ‖ **onciaire** 1355, Bersuire, du lat. *unciarius*.

2. *****once** fin XIII⁰ s., Rutebeuf, zool. ; de *lonce*, par déglutination de l'article, du lat. pop. *lyncea*, de *lynx* (v. LYNX).

*****oncle** début XII⁰ s., *Voy. de Charl.* (*uncle*), du lat. *avunculus*, oncle maternel, de *avus*, aïeul.

onction 1190, saint Bernard, du lat. *unctio*, de *unctus*, part. passé de *ungere*, oindre. ‖ **extrême-onction** 1558, B. Des Périers. ‖ **onctueux** 1314, *Mondeville*, du lat. médiév. *unctuosus*. ‖ ‖ **onctuosité** *ibid.* ; du lat. médiév. *unctuositas*.

*****onde** 1120, *Voy. de saint Brendan*, du lat. *unda* ; 1821, phys. ; *longueur d'onde*, 1907, Lar. ‖ **ondé** 1360, Froissart. ‖ **ondée** fin XII⁰ s., *Grégoire*. ‖ **ondin** 1704, *Trévoux*. ‖ **ondine** 1550, Ronsard. ‖ **ondoiement** 1160, Benoît (*undeiement*). ‖ **ondoyer** 1160, Benoît ; milieu XIII⁰ s., tr., eccl. ‖ **ondoyant** début XV⁰ s., adj.

onduler 1746, Nollet, du bas lat. *undulare* (I⁰ʳ s., Pline, *undulatus*), de *unda* (v. ONDE). ‖ **ondulé** adj., 1767, Grouner. ‖ **ondulant** adj., 1761, Levret, méd. ‖ **ondulation** 1680, Perrault ; XVIII⁰ s., phys. ; fin XVIII⁰ s., ext. de sens ; fin XIX⁰ s., coiffure. ‖ **ondulatoire** 1765, *Encycl.* ‖ **onduleux** 1735, Heister.

onéreux 1361, Oresme (*honereus*) ; fin XVI⁰ s. (*onéreux*), lourd ; du lat. *onerosus*, lourd ; début XVI⁰ s., « qui est à charge » ; 1694, *Acad.*, « qui coûte beaucoup ».

one-step v. 1910, mot anglo-américain, signif. « un pas » ; danse américaine.

*****ongle** fin X⁰ s. (*ungle*), s. m. ; du lat. *ungula*, fém., griffe, qui a éliminé *unguis*, ongle, d'où l'anc. et moy. fr. *ongle*, 1130, *Eneas*, s. f., serre, ergot, griffe ; fém., jusqu'au XVI⁰ s., et encore chez La Fontaine. ‖ **onglé** adj., début XV⁰ s. ‖ **onglée** 1456, Villiers. ‖ **onglet** 1538, R. Est. ‖ **onglette** 1572, Baïf ; 1615, Binet, techn. ‖ **onglon** début XIV⁰ s. ‖ **onglier** 1874, Lar. ‖ **ongulé** adj., 1756, Brunot, s. m. ; 1827, *Acad.*, zool. ‖ **onguicule** 1845, Besch., du lat. *unguiculus*, dim. de *unguis*. ‖ **onguiculé** 1756, Brunot.

onguent début XIII⁰ s. (*onguen*) ; fin XV⁰ s. (*onguent*) ; du lat. *unguentum*, parfum, et sens spécialisé en pharm.

onguiculé, ongulé V. ONGLE.

onirique 1907, Lar., du gr. *oneiros*, rêve. ‖ **onirisme** 1923, Lar. ‖ **onirologie** XX⁰ s. ‖ **oniromancie** 1623, Ferrand (*oniromance*) ; 1827, *Acad.* (*oniromancie*). ‖ **oniromancien** 1827, *Acad.*

onomasiologie 1904, du gr. *onoma*, nom, d'après *sémasiologie*.

onomastique 1578, d'Aubigné (*onomastic*), s. m. ; 1868, L. (*onomastique*), s.f. ; du gr. *onomastikos*, « du nom propre ».

onomatopée fin XVI⁰ s., du bas lat. *onomatopoeia* (IV⁰ s., Charisius), mot gr., signif. « création de mot », de *onoma*, gén. *onomatos*, mot, nom, et *poiein*, faire. ‖ **-péique** XVIII⁰ s. (*-ique*) ; 1838 (*-éi-*).

*****onques, onc** X⁰ s., *Eulalie* (*omque*), du lat. *unquam*, quelquefois ; a signifié « jamais » (disparu depuis le XVI⁰ s.).

ontogenèse début XX⁰ s., Lar., du gr. *ôn, ontos*, être, part. prés. de *einai*, être, et *genesis*, genèse. ‖ **ontogénique, ontogénétique** XX⁰ s.

ontologie début XVIII⁰ s., du lat. philos. *ontologia*, empl. par Clauberg en 1646, d'après le gr. *ôn*, gén. *ontos* (v. le préc.). ‖ **ontologique** 1765, *Encycl.* ‖ **ontologisme** XX⁰ s.

onyx XII⁰ s., Marbode (*onix*), mot lat. ; du gr. *onux*, ongle (d'après la transparence de la pierre). ‖ **onychophagie** fin XIX⁰ s., Lar., du gr. *onuchos*, gén. de *onux*, et de l'élément rad. *phagie*.

*****onze** 1080, *Roland*, du lat. *undecim*, de *unus*, un, et *decem*, dix. ‖ **onzième** 1119, Ph. de Thaun (*unzime*) ; XVI⁰ s. (*onzième*).

oo- du gr. *ôon*, œuf. ‖ **oogone** 1890, Lar. ‖ **oolithe** 1752, *Trévoux*, du lat.

oolithus, calque de l'allem. *Rogenstein*, f.; 1762, *Acad.*, m. ‖ **oolithique** 1818, Breislak. ‖ **oosphère** 1890, Lar. ‖ **oothèque** 1842, *Acad.*, sur *thêkê*, coffre.

opale 1560, Belleau (*opalle*); XVIᵉ s. (*opale*), s. m.; XVIᵉ s. du lat. *opalus*. ‖ **opalin** fin XVIIIᵉ s., Buffon. ‖ **opaline** 1874, Lar., zool.; 1907, Lar., sorte de verre. ‖ **opalisé** 1838, *Acad.* ‖ **opaliser** 1877, Daudet. ‖ **opalisation** 1949, Lar. ‖ **opalescence** 1868, L. ‖ **opalescent** 1866, L.

opaque XIVᵉ s., *Nature à alchimiste*, sombre, du lat. *opacus*; v. 1570, Montaigne, sens mod. ‖ **opacité** fin XVᵉ s., J. Lemaire de Belges, ombre épaisse, du lat. *opacitas*; 1680, Richelet, sens mod. ‖ **opacifier** 1868, L. ‖ **opacification** 1810, Fourmy. ‖ **opacimétrie** XXᵉ s.

opéra v. 1646, introduit par Mazarin, de l'ital. *opera*, au sens musical, proprem. « œuvre » (v. ŒUVRE). ‖ **opéra bouffe** début XIXᵉ s. ‖ **opéra-comique** 1752, Lacombe, *Dict.* ‖ **opérette** 1838, *Acad.*, de l'ital. *operetta*, dimin. de *opera*.

opercule début XVIIIᵉ s., du lat. *operculum*, couvercle, de *operire*, couvrir; spécialisé en zool. ‖ **operculaire** 1803, *Nouv. Dict. d'hist. nat.* ‖ **operculé** 1767, Valmont de Bomare.

opérer fin XVᵉ s. (*operante*); fin XVᵉ s. (*opérer*), eccl., agir (Dieu, grâce); du lat. *operari*, travailler, de *opus, operis*, ouvrage; XVIᵉ s., produire (un effet); *id.*, agir, au sens étendu; début XVIIᵉ s., math.; fin XVIIᵉ s., chirurg.; 1694, *Acad.*, exécuter, au sens étendu; début XIXᵉ s., milit. ‖ **opéré** s. m., 1845, Besch., chir. ‖ **opérable** XVᵉ s., « qui pousse à agir »; 1845, Besch., sens mod. ‖ **inopérable** début XIXᵉ s. ‖ **inopérant** 1859, Mozin. ‖ **opérateur** 1361, Oresme, artisan, du lat. *operator*; 1606, Crespin, sens étendu; XIXᵉ s., manipulateur (chimie, phys., etc.); 1923, Lar., photog.; 1932, Lar., radio. ‖ **opération** 1130, *Job*, ouvrage, du lat. *operatio*; XVIIᵉ s., math.; 1680, Richelet, méd.; 1701, Furetière, milit. ‖ **opératoire** fin XVIIIᵉ s., chir. ‖ **postopératoire** 1952. ‖ **opérationnel** v. 1950, journaux. ‖ **coopérer** 1327, J. de Vignay, du bas lat. *cooperari*. ‖ **coopérateur** 1516, Delb.; 1762, Bachaumont, relig.; 1798, *Acad.*, ext. de sens. ‖ **coopératif** 1550, Fierabras, méd.; milieu XIXᵉ s., écon., repris à l'angl. ‖ **coopérative** milieu XIXᵉ s. ‖ **coopération** 1495, J. de Vignay, du lat. *cooperatio*; 1828, J. Rey. écon.

ophi-, ophio- du gr. *ophis*, serpent. ‖ **ophidien** 1800. ‖ **ophioglosse** 1694, Th. Corn. (*ophioglossum*); 1762, *Acad.* (*ophioglosse*); sur le gr. *glôssa*, langue. ‖ **ophiolâtrie** 1721, *Trévoux*, sur le gr. *latreuein*, adorer. ‖ **ophiologie** 1823, Boiste. ‖ **ophite** 1495, *Mir. hist.*, minér., du lat. *ophites* (gr. *ophitês*), « ressemblant à un serpent ». ‖ **ophite** 1765, *Encycl.*, hist. ‖ **ophiure** 1827, *Acad.*, sur le gr. *oura*, queue.

ophicléide 1811, *Moniteur*, du gr. *ophis*, serpent, et *kleis, kleidos*, clef (cet instrument de musique en a remplacé un autre, appelé *serpent*).

ophrys 1549, Fousch (*ophris*); 1701, Furetière (*ophrys*); mot lat.

ophtalmie 1361, Oresme (*obtalmie*); 1538, Canappe (*ophtalmie*); du lat. *ophthalmia*, mot gr. (*ophthalmos*). ‖ **ophtalmique** 1495, *Mir. hist.* (*obthalmique*); milieu XVIᵉ s. (*ophtalmique*); du lat. *ophthalmicus*. ‖ **ophtalmologie** 1753, *Dict. anat.* ‖ **ophtalmologique** 1808, Wenzel. ‖ **ophtalmologiste** 1838, *Acad.* ‖ **ophtalmologue** id. ‖ **ophtalmomètre** 1836, Landais. ‖ **ophtalmoscope** 1858. ‖ **ophtalmoscopie** XVIIᵉ s. ‖ **exophtalmie** 1752, *Trévoux*, du lat. médiév. *exophtalmia* (gr. *exophtalmos*), « qui a les yeux en dehors ». ‖ **exophtalmique** 1836, *Acad.*

opiat V. OPIUM.

opimes (dépouilles) 1571, Gohory, du lat. *opima spolia* (*opimus*, riche, copieux).

opiner fin XIVᵉ s., *Vie de saint Eustache*, du lat. *opinari*, émettre une opinion. ‖ **opinant** s. m., 1470, *Anciennes Lois*; adj. 1549, R. Est. ‖ **préopiner** 1718, *Acad.* ‖ **préopinant** s. m., 1690, Furetière.

opiniâtre 1431, *Anciennes Lois* (*opiniastre*); 1636, Monet (*opiniâtre*), sur *opinion*. ‖ **s'opiniâtrer** 1538, R. Est. ‖ **opiniâtreté** 1528, Du Bellay.

opinion fin XIIᵉ s., *Grégoire*, du lat. *opinio*, de même rac. que *opinari*. (V. OPINER.)

opistho- du gr. *opisthen*, derrière. ‖ **opisthobranche** 1890, Lar. ‖ **opisthodome** 1752, *Trévoux*. ‖ **opistographe** 1546, Rab.

opium XIIIe s., *Simples Méd.*, mot lat., du gr. *opion*, suc de pavot, de *opos*, suc; fin XVIIe s., Saint-Simon, fig. ‖ **opiacé** 1812, Mozin. ‖ **opiacer** 1845, Besch. ‖ **opiat** 1336, *Lac* (*opiate*, f.); milieu XVIe s. (*opiat*, m.). ‖ **opiomane** 1907, Lar.

oponce 1562, Du Pinet (*opuntia*); 1907, Lar. (*oponce*); du lat. *opuntius*, de la ville de *Oponte*, en Locride; genre de cactus.

opopanax XIIIe s., *Simples Méd.* (*opopanac*); milieu XVIIe s. (*opopanax*); du lat. *opopanax*, mot gr., de *opos*, suc, et *panax*, plante médicinale.

opossum 1640, Laet (*opassum*), mot anglo-amér., de l'algonquin *oposon*; mammifère et fourrure.

opothérapie 1906, *l'Illustration*, gr. *opos*, suc, et de *-thérapie*. ‖ **opothérapique** XXe s.

oppidum 1765, *Encycl.*, mot lat.

opportun 1355, Bersuire, du lat. *opportunus*. ‖ **opportunément** 1422, Al. Chartier. ‖ **opportunité** 1220, G. de Coincy. ‖ **opportunisme** 1869, Deschamps. ‖ **opportuniste** 1874, Verlaine. ‖ **inopportun** fin XIVe s., du bas lat. *inopportunus*. ‖ **inopportunisme** 1870, Ségur d'Aguesseau. ‖ **inopportunité** 1433, *Arch. de Bretagne*.

opposer 1175, Chr. de Troyes, du lat. *opponere*, francisé d'après *poser*. ‖ **opposant** s., début XIVe s., jurid. ‖ **opposable** 1846, Besch., anat. ‖ **opposabilité** 1865, C. Vogt. ‖ **opposite** adj., XIIIe s., *Sept Sages*, du lat. *oppositus*, part. passé de *opponere*; XIVe s., *à l'opposite*. ‖ **opposition** 1175, Chr. de Troyes, du lat. *oppositio*; XVe s., astron.; fin XVe s., jurid.; 1745, abbé Le Blanc, polit., repris à l'anglais.

oppression 1160, Benoît, «violence», du lat. *oppressio*, de *oppressus*, part. passé de *opprimere*; début XIIIe s., «contrainte»; 1659, Huygens, physiol. ‖ **oppresseur** milieu XIVe s., du lat. *oppressor*. ‖ **oppressé** fin XIIe s., Villehardouin. ‖ **oppresser** XIIIe s., Tailliar. ‖ **oppressif** XIVe s.

opprimer 1355, Bersuire (*opprimere*); 1361, Oresme (*opprimer*); du lat. *opprimere*, proprem. «comprimer, écraser», de *premere*, presser.

opprobre 1120, *Ps. d'Oxford*, du lat. *opprobrium*, de *probrum*, infamie.

optatif milieu XIVe s., du lat. *optativus*, de *optare*, souhaiter (v. le suivant); 1550, Meigret, mode exprimant le souhait.

opter 1411, N. de Baye, sens mod., du lat. *optare*; au XVIe s., «souhaiter», d'après le sens lat. ‖ **option** fin XIIe s., Grégoire. ‖ **coopter** XVIIe s., du lat. *cooptare*. ‖ **cooptation** 1639, Chapelain, du lat. *cooptatio*.

optimisme 1737, *Mém. Trévoux*, du lat. *optimus*, superlatif de *bonus*, bon. ‖ **optimiste** 1752, *Trévoux*.

optimum s. m., milieu XVIIIe s.; adj., 1949, Lar.; du neutre lat. *optimum*, le meilleur. ‖ **optimal** XXe s.

optique 1314, Mondeville (*obtique*); 1503, G. de Chauliac (*optique*), du gr. *optikos*; 1605, Loyer, s. f., du lat. *optice*, s. f. (Ier s. av. J.-C., Vitruve), du gr. *optikê* (s.-e. *tekhnê*), art de la vision. ‖ **opticien** début XVIIe s. ‖ **optomètre** 1868, L. sur la rac. du gr. *opsomai*, voir. ‖ **optométrie** 1874, Lar.

opulent 1355, Bersuire, du lat. *opulentus*, de *opes*, ressources, richesse. ‖ **opulence** milieu XVe s., du lat. *opulentia*. ‖ **opulemment** 1868, Goncourt.

opuntia 1562, du gr. *opuntios*, «d'Oponte».

opuscule 1488, *Mer des hist.*, du lat. *opusculum*, dimin. de *opus*, ouvrage.

*1. **or** s. m., Xe s., *Eulalie*, du lat. *aurum*.

*2. **or** conj., Xe s., *Valenciennes* (*ore*), «maintenant»; XVIe s. (*or*); du lat. *hāc horā*, «à cette heure»; XVIIe s., sens mod. (v. DÉSORMAIS, LORS). ‖ *encore** 1080, *Roland* (var. *uncor[e]*), lat. pop. *hinc-ad-horam*, à cette heure. ‖ **d'ores et déjà** 1877, L.

oracle 1160, Benoît, « lieu de culte »; du lat. *oracŭlum*, de *orare*, prononcer une parole rituelle; XIVe s., «vérités de l'Église»; 1530, Palsgrave, réponse des dieux; 1546, R. Est., fig. ‖ **oraculaire** 1596, Hulsius. ‖ **oraculeux** 1611, Cotgrave. (V. ORAISON.)

orage début XIIe s., *Voy. de Charl.*, surtout « souffle du vent », en anc. fr. *ore*, vent, du lat. *aura*, brise. ‖ **orageux** XIIe s.; rare jusqu'en 1564, J. Thierry.

*****oraison** fin XIe s., *Alexis*, prière (var. en anc. fr. *oroison, orison*, etc.) ; du lat. eccl. *oratio*, prière (IIIe s., Tertullien), de *orare*; XIVe s., discours; *oraison funèbre*, début XVIIe s., Guez de Balzac.

oral 1610, Coton (*manducation orale*), sens propre; du lat. *os, oris*, bouche; fin XVIIe s., sens mod.; s. m., 1868, L.

-orama du gr. *orama*, vue (v. PANORAMA), devenu *-rama* dans de nombreuses formations de la publicité dès le XIXe s.

orange XIIIe s. (*pume orenge*); XIVe s. (*pomme d'orenge*); 1515, Du Redouer (*orange*); *pume orenge*, calque de l'anc. ital. *melarancia*, de l'ar. *nārandj*, mot d'orig. persane; avec *o* par influence du nom de la ville d'Orange, par où ces fruits parvenaient dans le Nord. ‖ **orangeade** 1642, Oudin, de l'ital. *aranciata*. ‖ **orangeat** 1398, *Ménagier*. ‖ **oranger** fin XIVe s., arbre; XVIIe s., marchand d'oranges, arch. ‖ **orangeraie** XXe s. ‖ **orangerie** 1603, Henri IV. ‖ **orangette** 1846, Besch.

orang-outang 1680, trad. de Montanus (déjà en 1635 chez les Hollandais Bontius), du malais *orang-outan*, homme des bois; le 2e *g* est donc fautif.

orant 1874, Lar., part. prés. de l'anc. *orer*, du lat. *orare*, prier.

orateur fin XIIe s. (*oratour*); 1355, Bersuire (*orateur*); du lat. *orator*, de *orare*, au sens de « parler ». ‖ **oratrice** 1666, Chapelain. ‖ **oratoire** adj., v. 1500, J. Lemaire de Belges, du lat. *oratorius*. ‖ **oratoire** s. m., fin XIIe s., Grégoire (*oratore*); XIIIe s. (*oratoire*); du lat. eccl. *oratorium*, de *orare* au sens de « prier ». Voir les toponymes de même orig. et d'évol. pop. : *Ozouer, Ozoir* (dans le Nord), *Oradour, Loradoux* (dans le Sud), etc. ‖ **oratorien** 1721, *Trévoux*, du nom de la Congrégation de l'Oratoire (1680, Richelet). ‖ **oratorio** v. 1700, mot ital., d'après l'église de l'Oratoire de Rome, où saint Philippe Neri organisa, à la fin du XVIe s., des intermèdes musicaux.

1. **orbe** adj., fin XIe s., *Alexis* (*orbs*); XIIe s., *Th. le Mart.* (*orb*), « aveugle »; début XVIe s., G. Bouchet (*orbe*), techn., « sans ouverture »; du lat. *orbus*, « privé de », en lat. pop. « aveugle ».

2. **orbe** 1265, Br. Latini, s. f.; 1527, G. Crétin, s. m.; du lat. *orbis*, cercle. ‖ **orbicole** 1868, L. ‖ **orbiculaire** fin XIVe s., J. Le Fèvre, du lat. impér. *orbicularis* (IIe s., Apulée).

orbite 1314, Mondeville, anat.; 1676, *Journ. des savants*, astron.; du lat. *orbita*, « ligne circulaire », de *orbis* (v. le préc.). ‖ **orbitaire** 1560, Paré. ‖ **orbital** 1874, Lar. ‖ **exorbité** 1787, Féraud. (V. EXORBITANT.)

orcanette V. ARCANNE.

orchestre début XVIe s., s. f., hist., du gr. *orkhêstra*, partie du théâtre où évoluait le chœur, de *orkheisthai*, danser; XVIIe s., partie d'un théâtre réservée aux musiciens, d'abord fém.; 1753, Rousseau, s. m.; 1798, *Acad.*, ensemble des musiciens; 1835, *Acad.*, places les plus rapprochées des musiciens; *chef d'orchestre*, 1835, *Acad.* ‖ **orchestral** 1845, F. Wey. ‖ **orchestration** 1836, Landais. ‖ **orchestrer** 1838, *Acad.* ‖ **orchestrion** v. 1787, inventé par l'abbé Vogler. ‖ **réorchestrer** 1877, L. ‖ **orchestique** 1721, *Trévoux*, du gr. *orkhêstikê*, art de la danse.

orchis 1546, Rab., mot lat., du gr. *orkhis*, testicule (d'après les racines tuberculeuses de l'orchidée). ‖ **orchidée** milieu XVIIIe s. ‖ **orchite** 1562, Du Pinet, bot.; 1836, Landais, méd. ‖ **orchotomie** fin XVIIIe s. ‖ **orchiotomie** milieu XIXe s.

ordalie 1775, Duclos, du lat. médiév. *ordalium*, jugement, d'un mot francique passé en anglo-saxon, de même rac. que l'all. *Urteil*.

ordinaire XIIIe s., *Livre de jostice*, s. m., jurid.; XIVe s., adj., sens mod.; début XVe s., Villon, « ce qu'on sert ordinairement au repas »; du lat. *ordinarius*, « rangé par ordre », de *ordo* (v. ORDRE). ‖ **extraordinaire** XIIIe s., du lat. *extraordinarius*. ‖ **extra** s. m., XVIIIe s., jurid. « audience extraordinaire », abrév. du précéd.; XIXe s. « domestique engagé exceptionnellement »; XIXe s., adj., fam.

ordinal 1550, Meigret, du lat. gramm. *ordinalis* (Ve s., Priscien), de *ordo*. (V. ORDRE.)

ordination 1190, saint Bernard, eccl., du lat. eccl. *ordinatio* (v⁰ s., Sid. Apoll.), de *ordo, ordinis*, rang. ‖ **ordinant** s. m., 1690, Furetière. ‖ **ordinateur** s. m., fin XV⁰ s., « celui qui institue quelque chose »; 1954, J. Perret, machine à calculer.

ordonnance, ordonnancer, ordonnateur, ordonnée V. OR-DONNER.

ordonner 1119, Ph. de Thaun (*ordener*); v. 1190 (*ordiner*); fin XIV⁰ s., Froissart (*ordonner*), par attraction de *donner*, « investir d'une charge »; XII⁰ s., eccl., « régler, disposer »; 1267, texte poitevin, « enjoindre »; du lat. *ordinare*, mettre en ordre, de *ordo* (V. ORDRE). ‖ **ordonnance** XII⁰ s. (*ordenance*); v. 1200 (*ordonnance*); 1752, *Trévoux*, militaire à la disposition d'un officier. ‖ **ordonnancer** 1793, *Journ. de la Montagne*. ‖ **ordonnancement** fin XV⁰ s. ‖ **ordonnateur** 1504, J. Thierry. ‖ **ordonné** adj., milieu XIII⁰ s., « mis en ordre »; 1559, Amyot, « qui a de l'ordre ». ‖ **ordonnée** s. f., 1658, Pascal, math. ‖ **désordonné** début XII⁰ s., débauché; 1538, R. Est., « où il n'y a pas d'ordre »; fin XIX⁰ s., *D. G.*, « qui manque d'ordre ». ‖ **réordonner** milieu XVI⁰ s. ‖ **coordonner** milieu XVIII⁰ s. ‖ **coordonnées** s. f. pl., 1754, *Encycl.*, math., d'après l'emploi fait par Leibniz (1690). ‖ **coordonné** adj., milieu XIX⁰ s., gramm. ‖ **coordination** 1361, Oresme; 1762, Rousseau, gramm. ‖ **incoordination** 1866, L. ‖ **incoordonné** 1907, Lar. (V. SUBORDONNER.)

ordre 1080, *Roland* (*ordres*), eccl.; 1155, Wace, disposition régulière; début XVII⁰ s., « ce qui est commandé »; milieu XVII⁰ s., discipline; 1679, Savary, financ.; du lat. *ordo, ordinis*; *ordre du jour*, milieu XVIII⁰ s.; 1835, *Acad.*, milit.; *rappeler à l'ordre*, 1828, Mozin; *rappel à l'ordre*, 1835, *Acad.*; *ordre public*, 1835, *Acad.*; *jusqu'à nouvel ordre*, 1694, *Acad.* ‖ **désordre** 1377, Varin, querelles; 1530, Palsgrave, sens mod. ‖ **contrordre** 1680, Richelet (*contre-ordre*); 1932, *Acad.* (*contrordre*). ‖ **sous-ordre** 1690, Furetière, financ.; 1762, *Acad.*, s. m., « celui qui travaille sous un autre ».

ordure 1119, Ph. de Thaun, de l'anc. fr. *ord*, XII⁰ s., « d'une saleté repous-

sante », du lat. *horridus*, « qui fait horreur ». ‖ **ordurier** 1680, Richelet, s. m.; 1718, *Acad.*, adj.

orée début XIV⁰ s., rive, bord; fin XIV⁰ s., « lisière d'un bois »; vieilli au XVII⁰ s., repris par la langue littér. au XIX⁰ s.; de l'anc. fr. *ore*, du lat. *ora*, bord, lisière.

*oreille** 1080, *Roland*, du lat. *auricula*, dér. qui a remplacé *auris*. ‖ **oreillard** 1642, Oudin. ‖ **oreiller** fin XII⁰ s., *Voy. de Charl.* ‖ **oreillette** XII⁰ s., *Fierabras*, petite oreille; 1654, Gelée, anat. ‖ **oreillon** XIII⁰ s., « coup sur l'oreille »; XVII⁰ s., méd. ‖ **essoriller** 1303, Du Cange. (V. AURICULE, et les mots composés du rad. gr. *oto-, ot-*.)

orémus s. m., milieu XVI⁰ s., mot lat., subj., 1ʳᵉ p. du pl. de *orare* : « prions ».

ores V. OR.

*orfèvre** XII⁰ s., du lat. pop. *aurifaber*, « forgeron d'or », réfection du lat. *aurifex* (de *facere*, faire). ‖ **orfèvrerie** fin XII⁰ s., *Rois* (*orfaverie*). ‖ **orfévré** 1868, Goncourt.

orfraie fin XV⁰ s., altér. de *osfraie*, du lat. *ossifraga*, « qui brise les os », de *os, ossis*, et *frangere*, briser.

*orfroi** fin XII⁰ s., *Voy. de Charl.* (*orfreis*); XIII⁰ s. (*orfroi*); probablem. du lat. *aurum phrygium*, « or de Phrygie », à cause de la renommée des Phrygiens dans l'art de broder les étoffes avec de l'or.

organdi 1723, Savary, orig. inconnue.

organe 1120, *Ps. d'Oxford*, instrument de musique; XV⁰ s., organe du corps, et voix; fin XVIII⁰ s., journal; 1868, L., partie d'une machine; du lat. *organum* (gr. *organon*), instrument, surtout de musique (V. ORGUE). ‖ **organeau** 1382, à Rouen (*orgueneaul*); 1752, *Trévoux* (*organeau*). ‖ **organisé** adj., 1606, Crespin. ‖ **inorganisé** 1769, Diderot. ‖ **organisable** 1835, Lamartine. ‖ **organiser** XIV⁰ s., mus., et « disposer de manière à rendre apte à la vie »; XVIII⁰ s., sens mod. ‖ **organisateur** 1793, *Bull. des* « *Amis de la vérité* ». ‖ **organisation** fin XIV⁰ s. ‖ **inorganisation** fin XVIII⁰ s. ‖ **désorganisé** milieu XVI⁰ s. ‖ **désorganiser** fin XVI⁰ s. ‖ **désorganisateur** 1792, Robespierre. ‖ **désorganisation** 1764, Duhamel. ‖ **réorganiser** 1795.

‖ **réorganisateur** 1838, *Acad.* ‖ **réorganisation** 1791. ‖ **organique** 1314, Mondeville, anat., du lat. *organicus* (gr. *organikos*) ; 1537, sens mod. ‖ **inorganique** 1579, Joubert. ‖ **organicisme** milieu XIXᵉ s. ‖ **organiciste** *id.* ‖ **organigramme** 1953, Lar. ‖ **organisme** 1729, Bourguet. ‖ **organite** 1858, Nysten. ‖ **organothérapie** début XXᵉ s.

organeau V. ORGANE.

organiser V. ORGANE.

organiste V. ORGUE.

organsin XIVᵉ s. (*orgasin*) ; 1667, L. (*organsin*), de l'ital. *organzino*. ‖ **organsiner** 1762, *Acad.* ‖ **organsinage** 1835, *Acad.*

orgasme 1611, Cotgrave, du gr. *orgasmos*, de *organ*, « avoir le sang en mouvement ». ‖ **orgastique** 1873, L. ‖ **antiorgastique** 1803, Boiste.

*****orge** XIIᵉ s., *Roncevaux*, adapt. anc. du lat. *hordĕum*. ‖ **orgeat** XVᵉ s., *Gordon*, du prov. *orjat*, dér. de *orge*.

*****orgelet** 1570, Daléchamps (*orgeolet*) ; XVIIᵉ s. (*orgelet*) ; du moy. fr. *horgeol*, 1538, R. Est., var. *orgeul*, du bas lat. *hordĕolus* (IVᵉ s., Priscien), « grain d'orge », de *hordĕum*. (V. COMPÈRE-LORIOT, à LORIOT.)

orgie début XVIᵉ s., de Seyssel, au pl., hist. ; XVIIIᵉ s., sens mod. ; du lat. *orgia*, pl. neut., fête de Bacchus (mot gr. : fêtes de Dionysos). ‖ **orgiaque** 1859, Mozin. ‖ **orgiastique** 1838, *Acad.*

orgue 1155, Wace, s. f., instrument de mus. ; XIVᵉ s., spécialisé aux orgues d'église ; genre flottant, depuis l'anc. fr. ; du lat. *organum*, qui a désigné l'orgue hydraulique, puis l'orgue pneumatique (qui existait au VIIIᵉ s.), du gr. *organon*, instrument (v. ORGANE) ; *orgue de Barbarie*, XVIIIᵉ s. ‖ **organiste** début XIIIᵉ s. (*orguenistre*) ; 1488, *Mer des hist.* (*organiste*), du lat. médiév. *organista*.

orgueil 1080, *Roland*, du francique **urgôli*, fierté (anc. haut all. *urguol*, remarquable) ; par métaphore, XIVᵉ s., techn., « cale qui fait dresser la tête d'un levier ». ‖ **orgueilleux** 1080, *Roland* (*orgoillus*). ‖ **s'enorgueillir** 1160, Benoît.

orient 1080, *Roland*, du lat. *oriens*, *-entis* (*sol*), (soleil) levant, part. prés. de *oriri*, surgir, se lever. ‖ **orienté** fin XVᵉ s. ‖ **orienter** 1680, Richelet. ‖ **orientable** 1949, Lar. ‖ **orientation** 1836, Landais ; 1874, Lar., fig. ‖ **orientement** 1831, Balzac. ‖ **orienteur** 1836, Landais ; 1949, Lar., pour l'orientation professionnelle. ‖ **désorienter** 1617, Brunot. ‖ **désorienté** adj. 1636, Monet. ‖ **désorientation** 1877, L. ‖ **oriental** 1130, *Eneas*, du lat. *orientalis*. ‖ **orientaliste** 1799, *Magasin encycl.* ‖ **orientalisme** 1838, *Acad.* ‖ **orientaliser** 1801, Mercier.

orifice 1398, *Somme Gautier*, du lat. *orificium*, de *os*, *oris*, bouche, et *facere*, faire.

oriflamme 1080, *Roland* (*orie flambe*) ; XIVᵉ s. (*oriflamme*) ; de *flamme* 1, et de l'adj. d'anc. fr. *orie*, doré, « d'or », du lat. *aureus*. (V OR 1.)

origan XIIIᵉ s., *Simples Médecines*, du lat. *origanum*, empr. au gr. *origanon*.

origine début XIIᵉ s. (*orine*) ; 1440, Chastellain (*origine*) ; du lat. *origo*, *originis*. ‖ **original** milieu XIIIᵉ s. ; s. m., *id.* ; du lat. impér. *originalis* (IIᵉ s. Apulée). ‖ **originaire** 1365, du bas lat. *originarius*. ‖ **originalité** fin XIVᵉ s. ‖ **originel** XIVᵉ s., même orig. que *original*, et spécialisé dans un autre sens en fr. mod. (XVIIᵉ s.).

orignac, -al XVIᵉ s. - XVIIᵉ s., Palma Cayet, du basque *oregnac*, pl. de *oregna*, cerf, importé au Canada par des immigrants.

orin XVᵉ s., *Grant Routier*, mar. ; du néerl. *oorring*, « anneau qui tient le câble », de *ring*, anneau.

oripeau XIIᵉ s., *Chev. Ogier* (*oripel*, fém.), ornement de bouclier, de l'anc. fr. *orie*, doré (v. ORIFLAMME) et de *peau* ; devenu masc. par oubli de la composition et par infl. des mots en *-eau* ; XVIIᵉ s., péjor.

orle V. OURLER.

orléans 1860, du nom de la ville où se fabriquait cette étoffe.

orlet 1842, Mozin, archit., de l'ital. *orletto*, dimin. de *orlo*, ourlet ; petite moulure plate.

Orlon 1950, *L. M.*, techn., sur le suff. -*on*; nom déposé; fibre synthétique. (V. NYLON.)

*orme 1175, Chr. de Troyes (var. *olme, oume* en anc. fr.); du lat. *ŭlmus*, avec *r* dû à une dissimilation, soit dans un dérivé *olmel qu'on peut poser d'après *olmel, ormeau*, soit dans *l'olme* avec article. ‖ **ormeau** XIIᵉ s. (*ormel*); 1546, R. Est. (*ormeau*). ‖ **ormille** 1762, *Acad.* ‖ **ormaie, ormoie** XIIIᵉ s., du bas lat. *ulmētum*, de *ŭlmus*.

1. orne début XVIᵉ s., bot., du lat. *ornus*; frêne à fleurs.

2. *orne XIIIᵉ s., *Renart*, rangée de ceps; 1611, Cotgrave, sillon, fossé; du lat. *ordo, ordinis*, rang, ordre (cf. en sylviculture, *faire orne*, XIXᵉ s., abattre des arbres en droite ligne).

orner 1487, Garbin, du lat. *ornare*, a remplacé l'anc. fr. *aorner*, du lat. *adornare*. ‖ **ornement** fin XIᵉ s., *Alexis*, du lat. *ornamentum*. ‖ **ornemental** 1838, *Acad.* ‖ **ornementation** *id.* ‖ **ornementer** milieu XIXᵉ s. ‖ **ornemaniste** 1800, Boiste.

ornière XIIIᵉ s., *Renart*, de l'anc. fr. *ordière* (v. 1190); du lat. pop. *orbitaria, de *orbita*, au sens de « ornière » (v. ORBITE), par attraction de ORNE 2.

ornitho- du gr. *ornis, ornithos*, oiseau. ‖ **ornithogale** 1553, Belon, bot. (*ornitogalon*); 1680, Richelet (*ornitogale*); sur le gr. *gala*, lait. ‖ **ornithologie** 1690, Furetière, la lat. des naturalistes, *ornithologia*, empr. au gr. ‖ **ornithologiste** 1721, *Trévoux*. ‖ **ornithologue** 1765, *Encycl.* ‖ **ornithomancie** début XVIIIᵉ s.; sur le gr. *manteia*, divination. ‖ **ornithorynque** 1803, Faujas (*ornithorinque*); 1827, *Acad.* (*ornithorynque*); sur le gr. *runkhos*, bec.

oro- du gr. *oros*, montagne. ‖ **orogenèse** XXᵉ s. ‖ **orogénie** 1868, L. ‖ **orogénique** *ibid.* ‖ **orographie** 1823, Boiste. ‖ **orographique** 1836, Landais.

orobe 1256, Ald. de Sienne (*orbe*); 1545, Guéroult (*orobe*); du lat. *orobus* (gr. *orobos*). ‖ **orobanche** 1546, Rab., du lat. *orobanche* (gr. *orobagkhê*, sur *agkhein*, étouffer).

oronge 1775, Bomare, du prov. *ouronjo*, var. de *orange*, d'après la couleur de ce champignon.

orpailleur 1762, *Acad.*; altér., par attraction de *or* 1, du moy. fr. *harpailleur*, 1532, Rab., de l'anc. verbe *harpailler*, saisir, empoigner, de même rac. que *harpon*. (V. HARPER.)

orphelin fin XIᵉ s. (*orphanin*); 1190, Garn. (*orphenin*); milieu XIIᵉ s., *Cour. de Loïs* (*orphelin*), par dissimil. de *n*, de l'anc. fr. *orfene*; du lat. eccl. *orphanus* (VIᵉ s., Fortunat), issu du gr. *orphanos*, et qui a éliminé le lat. class. *orbus* (v. ORBE 1). ‖ **orphelinat** milieu XIXᵉ s.

orphéon 1767, *Encycl.*, instrument de mus., du nom d'Orphée (personnage de la mythologie gr., célèbre comme musicien), d'après *Odéon*; 1833, Bocquillon-Wilhem, pour désigner des chœurs scolaires; 1868, L., ext. de sens. ‖ **orphéoniste** 1852, E. Texier. ‖ **orphéonique** 1855, *Rev. anecdotique*.

orphie milieu XVIᵉ s. (*orfie*), zool., du gr. *orphos*.

orphique milieu XVIIIᵉ s., du nom de *Orphée*. ‖ **orphisme** 1863, Renan.

orpiment début XIIᵉ s., *Thèbes*, minér., sulfure naturel d'arsenic; du lat. *auripigmentum*, de *aurum*, or, et *pigmentum*, couleur. ‖ **orpin** XIIIᵉ s., même sens; 1372, Corbichon, bot., abrév. du précédent.

orque 1560, Du Bellay, zool., du lat. *orca*; cétacé appelé aussi épaulard.

orseille milieu XVᵉ s., du catalan *orxella*, du mozarabique *orchella*, issu peut-être de l'arabe; lichen.

*orteil 1160, Benoît; altér. de *arteil* (1160, *Eneas*, encore au XVIIᵉ s.); du lat. *articulus*, « jointure », par ext. « doigt », de *artus*, « articulation »; avec *o* peut-être dû au gaulois *ordiga*, gros orteil (*Gloses de Cassel*).

ortho- du gr. *orthos*, droit. ‖ **orthocentre** début XXᵉ s., Lar. ‖ **orthochromatique** début XXᵉ s., Lar. ‖ **orthodoxe** 1431, *Anciennes Lois*, du lat. eccl. *orthodoxus* (IVᵉ s., saint Jérôme), du gr. *orthodoxos*, sur *doxa*, opinion. ‖ **orthodoxie** fin XVIᵉ s. (v. HÉTÉRODOXE). ‖ **orthodromie** 1691, Ozanam, du gr. *orthodromos*, « qui court en ligne droite », sur *dromein*, courir. ‖ **orthodromique** 1765, *Encycl.* ‖ **orthoépie** XXᵉ s. ‖ **orthogenèse** début XXᵉ s., Lar. ‖ **orthogone** XVᵉ s., du lat. *orthogonus*,

« à angle droit » (gr. *orthogônos*, de *gônia*, angle). ‖ **orthogonal** début XVIᵉ s. ‖ **orthographe** XIIIᵉ s. (*ortografie*); 1529, Tory (*orthographe*); du lat. *orthographia*, mot gr., sur *graphein*, écrire. ‖ **orthographier** début XVᵉ s. ‖ **orthographie** début XVIIᵉ s., archit. ‖ **orthographique** 1691, Ozanam, archit.; 1762, *Acad.*, gramm. ‖ **orthopédie** 1741, Andry, sur le gr. *pais, paidos*, enfant (a été ensuite compris comme formé sur le lat. *pes, pedis*, pied). ‖ **orthopédique** 1771, *Trévoux.* ‖ **orthopédiste** *ibid.* ‖ **orthophonie** milieu XIXᵉ s. ‖ **orthoptère** 1789, Brunot, gr. *pteron*, aile. ‖ **orthorhombique** 1868, L., de *rhombe* (v. ce mot). ‖ **orthoscopique** 1878, Lar. ‖ **orthose** 1801, Haüy. ‖ **orthostatique** 1907, Lar. ‖ **orthosympathique** XXᵉ s. ‖ **orthotrope** 1838, *Acad.*

*****ortie** 1120, *Voy. de saint Brendan* (*ortrie*); fin XIIᵉ s. (*ortie*); du lat. *urtica.* ‖ **ortier** 1265, J. de Meung.

ortolan milieu XVIᵉ s.; du prov. *ortolan*, jardinier, du bas lat. *hortulanus*, de *hortus*, jardin (cet oiseau fréquente les jardins).

orvale 1256, Ald. de Sienne, bot., peut-être altér., d'après *or* et *valoir*, du lat. *auris galli*, oreille de coq.

orvet début XIVᵉ s. (*orveis*, au pl.); XVIᵉ s. (*orvet*); dimin. de l'anc. fr. *orb*, aveugle, du lat. *orbus* (v. ORBE 1), l'orvet passant pour être aveugle.

orviétan 1630, J. Germain, de l'ital. *orvietano*, de *Orvieto*, ville où s'était vendu d'abord cet électuaire.

*****os** 1080, *Roland*, du lat. *ossum*, var. pop. de *os, ossis.* ‖ **osselet** 1190, Garn. ‖ **ossement** milieu XIIᵉ s., du lat. eccl. *ossamentum.* ‖ **ossu** 1175, Chr. de Troyes. ‖ **osseux** début XIIIᵉ s. (*ossos*); 1537, Canappe (*osseux*). ‖ **ossature** 1801, Mercier. ‖ **ossifier** 1697, Verduc. ‖ **ossification** début XVIIIᵉ s. ‖ **ossuaire** 1775, *Dict. de la Suisse*, du bas lat. *ossuarium*, coffre renfermant l'urne funéraire. ‖ **osséine** milieu XIXᵉ s. ‖ **désosser** milieu XIVᵉ s., G. ‖ **désossement** 1798, *Acad.* ‖ **suros** 1160, Benoît (*soros*); XIVᵉ s. (*suros*), vétér.

osciller milieu XVIIIᵉ s. (*oscillant*), adj.; 1752, *Trévoux* (*osciller*) du lat. *oscillari*, de *oscillum*, balançoire. ‖ **oscillation** 1605, Le Loyer, du lat. *oscil-*

latio. ‖ **oscillateur** 1907, Lar. ‖ **oscillatoire** 1729, Vaux, du lat. scient. *oscillatorius* (Huygens). ‖ **oscillogramme** 1949, Lar. ‖ **oscillographe** 1876, *Journ. off.* ‖ **oscillomètre** 1877, L.

oscle XIIᵉ s., « présent de noces », du lat. *osculum*, « baiser », proprem. « petite bouche », de *os, oris*, bouche. ‖ **oscule** début XIXᵉ s., zool., du sens de « orifice ». ‖ **osculateur** 1752, Courtivron, géom. ‖ **osculation** fin XVᵉ s., J. Lemaire de Belges, baiser; 1765, *Encycl.*, géom.

oseille XIIIᵉ s. (*osile*), altér., par attraction du lat. *oxalis*, oseille (gr. *oxus*, aigre), du lat. pop. *acidúla*, fém. substantivé de l'adj. *acidŭlus*, aigrelet, dimin. de *acidus.*

*****oser** début XIIᵉ s., *Voy. de Charl.*, lat. pop. *ausare*, de *ausus*, part. passé du lat. class. *audere*, oser. ‖ **osé** adj., v. 1190, Garn. ‖ **oseur** 1611, Cotgrave.

*****osier** 1265, J. de Meung (var. *osiere* en anc. fr.), du lat. pop. *ausarium* (var. *auseria*, VIIIᵉ s.), d'un rad. francique (cf. l'all. *Halster*, variété de saule). ‖ **oseraie** fin XIIᵉ s. ‖ **osiériculture** XXᵉ s.

osmium 1804, tiré par le chimiste angl. Tennant du gr. *osmê*, odeur, à cause de la forte odeur de son oxyde. ‖ **osmique** 1842, *Acad.*

osmonde XIIᵉ s., bot., orig. inconnue.

osmose 1874, Lar., réduction de **endosmose, exosmose**, créés par le physicien Dutrochet en 1826, sur le gr. *ôsmos*, impulsion, et *endon*, dedans, *exô*, dehors. ‖ **osmotique** 1858, Lachâtre. ‖ **osmomètre** 1878, Lar. ‖ **endosmomètre** 1836, *Acad.* ‖ **endosmotique** milieu XIXᵉ s. ‖ **exosmotique** 1873, L.

*****ost** début XIIᵉ s., *Voy. de Charl.*, lat. *hostis*, ennemi, et par ext. « armée ennemie », puis « armée ».

osté-, ostéo-, ost- du gr. *osteon*, os. ‖ **ostéine** 1855, Nysten. ‖ **ostéite** début XIXᵉ s. ‖ **ostéalgie** 1836, Landais. ‖ **ostéalgique** 1836, Landais. ‖ **ostéoblaste** 1877, L. ‖ **ostéocolle** 1694, Th. Corn., du gr. *osteokolla*, colle d'os. ‖ **ostéogenèse** 1874, Lar. (*ostéogenésie*). ‖ **ostéogénie** 1754, Bertin. ‖ **ostéographie** 1753, Tarin. ‖ **ostéolithe**

1765, *Encycl.* ‖ **ostéologie** fin XVIᵉ s. ‖ **ostéologique** 1836, Landais. ‖ **ostéologue** 1838, *Acad.* ‖ **ostéomalacie** 1827, *Acad.*, sur le gr. *malakia*, mollesse. ‖ **ostéomyélite** 1858. ‖ **ostéophyte** début XIXᵉ s. ‖ **ostéoplastie** 1868, L. ‖ **ostéosarcome** 1827, *Acad.* ‖ **ostéosynthèse** XXᵉ s. ‖ **ostéotomie** 1753, *Dict. anat.* ‖ **exostose** 1560, Paré. ‖ **énostose** 1836, Landais.

ostensible 1740, *Acad.*, du lat. *ostensus*, part. passé de *ostendere*, montrer. ‖ **ostension** fin XIIIᵉ s., eccl., du lat. eccl. *ostensio*. ‖ **ostensoire** XVIIIᵉ s., style de cadran solaire; XVIᵉ s., eccl. ‖ **ostensoir** 1762, *Acad.*, eccl., a remplacé *ostensoire*.

ostentation 1366, *Ordonn.*, du lat. *ostentatio*, de *ostentare*, « montrer avec affectation », fréquentatif de *ostendere* (v. le préc.). ‖ **ostentateur** 1535, de Selve, du lat. *ostentator*. ‖ **ostentatoire** milieu XVIᵉ s.

ostiole 1817, Gérardin, bot., du lat. *ostiolum*, dimin. de *ostium*, porte, ouverture. (V. HUIS.)

ostracé début XVIIIᵉ s., du gr. *ostrakon*, coquille.

ostracisme 1535, de Selve, hist.; XVIIIᵉ s., extension de sens; du lat. *ostracismus*, du gr. *ostrakismos*, de *ostrakon*, coquille, par ext. « terre cuite », sur laquelle, à Athènes, on inscrivait le nom de celui qu'on voulait bannir.

ostréiculture 1868, L., du lat. *ostreum*, huître. ‖ **ostréiculteur** 1875, *Journ. off.* ‖ **ostréicole** 1875, *Journ. off.*

ostrogoth 1668, Th. Corn. (*ostrogote*), déjà au sens fig.; 1690, Furetière (*ostrogot*); du bas lat. *Ostrogothus*, nom d'une des tribus des *Goths* (proprem. « Goth de l'Est »).

ot-, oto- du gr. *oûs, ôtos*, oreille. ‖ **otalgie** 1701, *Trévoux*, méd., du gr. *otalgia*. ‖ **otalgique** 1495, *Mir. historial*, du lat. *otalgicus* (gr. *ôtalgikos*). ‖ **otique** 1812, Mozin, du gr. *ôtikos*. ‖ **otite** 1810, Capuron. ‖ **otocyon** 1874, Lar., sur le gr. *kuôn*, chien. ‖ **otolithe** 1827, *Acad.* ‖ **otologie** 1793, Lavoisien. ‖ **oto-rhino-laryngologie** 1923, Lar. ‖ **oto-rhino-laryngologiste** *id.*; abrév. *oto-rhino.* ‖ **otorragie** 1878, Lar. ‖ **otorrhée** 1803, Boiste. ‖ **otoscope**

1855, Nysten. ‖ **otoscopie** 1907, Lar.

otage 1080, *Roland* (*ostage*), dér. de *hôte*; l'anc. fr. signifie également « logement, demeure », peut-être sens primitif du mot. Les otages séjournaient généralement dans la demeure du souverain qui les tenait captifs; de là l'emploi du mot pour les désigner.

otarie 1810, *Ann. du Muséum*, tiré par Péron du gr. *ôtarion*, petite oreille (*oûs, ôtos*, oreille), ce phoque ayant l'oreille petite et apparente.

***ôter** 1119, Ph. de Thaun (*oster*); 1636, Monet (*ôter*); du lat. *obstare*, de *stare*, se tenir, et *ob*, devant, en bas lat. « empêcher », « retenir (une chose) », d'où est peut-être issu le sens de « enlever ».

***ou** Xᵉ s., *Valenciennes* (*u*), du lat. *aut*.
***où** Xᵉ s., *Valenciennes* (*u*), du lat. *ŭbi*.

ouabaïne 1900, Lar., pharm., du somali *ouabaïo*, pour désigner un végétal, l'*acokanthera*, et son extrait.

***ouaille** 1120, *Ps. d'Oxford*, « brebis » (*oeille*); 1361, Oresme (*ouaille*); du bas lat. *ovícula*, dimin. de *ovis*, brebis; dès l'anc. fr., sens fig., eccl., d'après les paraboles de Jésus (par ex. celle du mauvais berger, Jean, X), seul usité depuis le XVIIᵉ s. (au pluriel).

ouais 1553, B. Des Périers (*ouay*), onomatopée.

ouate fin XIVᵉ s. (*wadda*); fin XVᵉ s. (*ouate*); de l'ital. *ovatta*, de l'ar. *bata'in* (pl.), « fourrure de vêtements »: a d'abord désigné le coton d'Egypte. ‖ **ouater** 1680, Mᵐᵉ de Sévigné. ‖ **ouatine** 1906, Lar. ‖ **ouatiner** 1860, Duval.

oublie début XIIIᵉ s., *Floire* (*oublée*); 1360, Froissart (*oublie*), par attraction de *oubli*; du lat. eccl. *oblata*, offrande, hostie, part. passé subst. au fém. de *offerre*, offrir (v. OFFRIR). ‖ **oublieur** XIIᵉ s., Digulleville, rare avant 1350.

***oublier** fin Xᵉ s. (*oblider*); 1080, *Roland* (*ublier*); début XIIIᵉ s. (*oublier*); du lat. pop. *oblitare*, de *oblitus*, part. passé de *oblivisci*. ‖ **oubli** 1080, *Roland* (*ubli*); XIIIᵉ s. (*oubli*). ‖ **oubliable** 1398, E. Deschamps. ‖ **inoubliable** 1838, *Acad.* ‖ **oublieux** 1190, saint Bernard (*oblious*); milieu XIIIᵉ s. (*oublieux*). ‖ **oublieur** XVIᵉ s. ‖ **oubliette**

XIIIᵉ s. ‖ **ne-m'oubliez-pas** début
XVᵉ s., *ne m'oubliez mie*), myosotis.

oued XIXᵉ s., géogr., mot ar., « cours
d'eau ».

ouest fin XIIᵉ s., *Rois* (*west*), de l'angl.
west.

ouf 1642, Oudin (*ouff*), onomatopée.

o u g r i e n 1868, L., (*ougro-finnois*) ;
1874, Lar. (*ougrien*) ; de *Ougre*, nom de
peuple.

***oui** 1080, *Roland* (*oïl*) ; XVIᵉ s. (*oui*) ;
comp. de l'anc. fr. *o*, « cela », du lat.
hŏc (en prov. *oc*) et de *il*, pron. pers.
de 3ᵉ pers. ; probablem. condensation de
hoc ille fecit, phrase de réponse, « il a
fait cela », où *fecit* remplaçait le verbe
de la question et pouvait être supprimé ;
o il l'a emporté sur *o je, o tu*, et s'est
cristallisé en *oui*. ‖ **ouiche** XVᵉ s., *Farce
nouvelle du pasté...* ; altér. plaisante du
préc. ‖ **oui-da** XVIᵉ s. (*oui-dea*) ; XVIIᵉ s.
(*oui-da*) ; comp. sur *da* (var. *dia*,
XVᵉ-XVIᵉ s.), altér. de *diva* XIIᵉ s.,
des deux impér. *di* (de *dire*) et *va* (de
aller).

ouiller fin XIIIᵉ s., remplir un tonneau
(*aeuller*) ; 1650, Ménage (*ouiller*) ;
contraction de *aouiller*, « remplir jusqu'à l'œil », de *œil* au sens de « bonde ».
‖ **ouillage** 1322, Du Cange (*eullage*).

***ouïr** Xᵉ s., *Saint Léger* (*audir*) ; 1080,
Roland (*oïr*) ; du lat. *audire* ; éliminé
par *entendre* au XVIIᵉ s. ; par *ouï-dire*,
début XIIIᵉ s. (*par ouïr-dire*, encore le
plus fréquent aux XVIᵉ et XVIIᵉ s.) ; XVᵉ s.,
par ouï-dire, par amuïssement de *r*
final. ‖ **inouï** v. 1500, Fossetier. ‖
ouïe 1080, *Roland* (*oïe*), « action d'entendre » ; XVIᵉ s. (*ouïes* de poisson) ;
XVIIᵉ s., restriction du sens, à cause de
l'élimination du verbe.

ouistiti 1767, Buffon, onomatop.,
d'après le cri de l'animal.

oullière ou **ouillère** 1842, *Acad.*, de
l'anc. fr. *ouiller*, du lat. médiév. *ouliare*,
creuser.

ouragan 1533, Martyr (*furacan*) ;
XVIᵉ s. (*huracan, uracan, houragan*) ;
1640, Bouton (*ouragan*) ; de l'esp. *huracan*, tornade, empr. à une langue des
Antilles.

***ourdir** XIIᵉ s., *Lib. psalm.* (*ordir*) ;
XIIIᵉ s. (*ourdir*) ; d'abord « préparer le

tissage en tendant les fils » ; dès le XIIᵉ s.,
fig. ; du lat. *ordīri*. ‖ **ourdissoir** début
XVᵉ s. ‖ **ourdisseur** début XVᵉ s. ‖ **our-
dissage** 1765, *Encycl.*

***ourler** 1175, Chr. de Troyes (*orler*) ;
1530, Palsgrave (*ourler*) ; du lat. pop.
orŭlare, de *orŭlus*, dimin. de *ora*, bord
(v. ORÉE). ‖ **ourlet** début XIIIᵉ s. (*orlet*), bord ; 1487, Garbin (*ourlet*) ; XVᵉ s.,
spéc. en couture ; de l'anc. fr. *orle*, 1120,
Ps. d'Oxford (*urle*), 1160, Benoît (*orle,
ourle*), « bord », spéc. comme terme de
blason au XVᵉ s. ‖ **ourlien** v. 1900, méd.,
« relatif aux oreillons », du rég. *ourles*,
XVIIIᵉ s., Liger, *Maison rustique*, « oreillons », de l'anc. fr. *ourle*, bord.

***ours** 1080, *Roland* (*urs*) ; fin XIVᵉ s.
(*ours*) ; v. 1670, La Fontaine, adj., fig.,
farouche, d'où le subst. avec le même
sens ; 1762, *Acad.* ; du lat. *ŭrsus*. ‖ **ourse**
fin XIIᵉ s. (*orsse*) ; XIIIᵉ s. (*ourse*) ; 1544,
M. Scève, constellation *Grande Ourse*,
1562, Du Pinet (*urse*) ; du lat. *ursa*. ‖ **ourse-
rie** 1800, B. Constant. ‖ **ourser** 1880,
L. Larchey, pop. ‖ **ourson** 1540, Marot.
‖ **oursin** 1552, Rab., du prov. *orsin de
mar*, peut-être du lat. *ericius*, hérisson.

oust, ouste XIXᵉ s., onomatopée.

out 1891, G. Mourey, mot angl., « dehors ». (V. KNOCK-OUT, OUTLAW.)

***outarde** XIVᵉ s., du lat. pop. *aus-
tarda*, contraction de *avis tarda*, oiseau
lent (Iᵉʳ s., *Pline*). ‖ **outardeau** 1552,
Rab. (*otardeau*).

***outil** 1190, Garn. (*ustil*) ; 1538, R.
Est. (*outil*) ; du bas lat. *usitilium*
(VIIIᵉ s.), altér. d'après *usare*, de *utesi-
lium*, pl. *-ia*, du lat. class. *ŭtensilia*, de
uti, « se servir de » (v. USTENSILE) ; *ou*,
pour *u*, est obscur. ‖ **outillé** milieu
XIVᵉ s. (*hostillé*) ; 1760 (*outillé*). ‖ **outil-
ler** XVᵉ s., A. de La Salle, se munir ; 1798,
Acad., tr. ‖ **outillage** 1829, Clarke. ‖
outilleur 1845, Besch.

outlaw 1783, *Courrier de l'Europe*,
mot angl., proprem. « hors, *out*, la loi,
law » ; du saxon *utlagh*, « hors la loi ».

outrage 1080, *Roland*, dér. de *outre* 1.
‖ **outrageux** 1160, Benoît (*outrajos*) ;
1175, Chr. de Troyes (*outrageus*). ‖ **outrager** XIVᵉ s., *Lancelot*. ‖ **outrageant**
1660, Bossuet.

1. ***outre** prép., 1080, *Roland*, du lat.
ŭltra, adv. et prép. ; égalem. adv. en anc.

et moy. fr. ‖ **outrer** 1155, Wace, « dépasser (quelqu'un) en marchant ou à
cheval »; XIII⁰ s., *Renart*, « passer outre »; XV⁰ s., *Miracles de N.-D.*, « passer
la mesure de ». ‖ **outré** XIII⁰ s.,
« vaincu »; XVI⁰ s., « chargé à l'excès »;
v. 1570, Montaigne, « indigné ». ‖
outrance XIII⁰ s., *la Mort le Roi Artu*.
‖ **outrancier** 1870, d'apr. Guérin.

2. ***outre** début XV⁰ s., du lat. *ŭter*,
utris, sac de peau de bouc.

outrecuidance XII⁰ s., *Ysopet de
Lyon*, de l'anc. fr. *outrecuidier*, de
cuidier, penser, et de *outre* 1. ‖ **outrecuidant** XIII⁰ s.

outremer, outrepasser V. MER,
PASSER.

outsider 1859, *Sport*, mot angl., de
outside (*out*, dehors, et *side*, côté),
proprem. « celui qui se tient dehors ».

*****ouverture** XII⁰ s., du lat. pop. *oper-
tura*, altér. du lat. class. *apertura*, de
aperire, ouvrir. ‖ **réouverture** 1823,
Boiste.

ouvrage début XIII⁰ s., « besogne »,
dér. de *œuvre*; a remplacé l'anc. *ovrai-
gne* (1155, Wace); XV⁰ s., « ce qui résulte
du travail ». ‖ **ouvragé** 1360, Froissart. ‖ **ouvrager** 1564, J. Thierry, techn.

*****ouvrer** 980, *Passion* (*obrer*); 1119,
Ph. de Thaun (*uvrer*); XIII⁰ s. (*ouvrer*),
« agir, opérer », puis « travailler »; du
bas lat. *operare*, en lat. class. *operari*,
travailler de ses mains; XVI⁰ s., techn.,
éliminé de l'empl. courant par *travailler*,
à cause de l'homonymie de *ouvrir* dans
plusieurs de leurs formes respectives
(v. ŒUVRE, OPÉRER, etc.). ‖ **ouvré** début
XIV⁰ s. ‖ **ouvrable** fin XII⁰ s., *Rois* (*jour
uverable*), jour où l'on peut travailler.
‖ **ouvrée** début XIV⁰ s. (*ovrée*), mesure
agraire. ‖ **ouvroir** 1130, *Eneas* (*ovreor*);
XIII⁰ s. (*ouvroer*); XV⁰ s. (*ouvroir*), « atelier »; 1868, L. établissement de bienfaisance.

*****ouvrier** début XII⁰ s., *Ps. de Cam-
bridge* (*ovrer*); fin XII⁰ s. (*overier*); milieu
XIII⁰ s. (*ouvrier*); fin XIII⁰ s. (*ouvrière*);
1550, N. Du Fail, adj.; du lat. *operiarius*,
de *operari* (v. OUVRER); *classe ouvrière*,
1789. ‖ **ouvriérisme** 1960, Lar. ‖
ouvriériste 1935, J.-R. Bloch.

*****ouvrir** 1080, *Roland* (*uvrir*), du lat.
pop. *operīre*, altér. du lat. class. *ape-*

rīre, ouvrir, sous l'influence de *coope-
rīre*, couvrir. ‖ **ouvreur** 1611, Cotgrave.
‖ **ouvreuse** fin XVII⁰ s., Regnard, ouvreuse de loges. ‖ **ouvre-boîte** 1935,
Sachs. ‖ **entrouvrir** 1120, *Voy. de Charl.*
‖ **rouvrir** 1395, Chr. de Pisan.

ovaire 1672, Denis, du lat. méd. mod.
ovarium, de *ovum*, œuf. ‖ **ovarien** 1838,
Acad. ‖ **ovarite** 1832, Raymond. ‖ **ova-
riotomie** milieu XIX⁰ s. ‖ **ovarectomie**
XX⁰ s.

ovale 1361, Oresme, du lat. *ovum*,
œuf. ‖ **ovalaire** 1690, Dionis. ‖ **ova-
liser** 1845, Besch.

ovation début XVI⁰ s., hist., du lat.
ovatio, de *ovare*, « célébrer le petit
triomphe »; 1767, Diderot, ext. de sens.
‖ **ovationner** 1892, *l'Indép. belge*.

ove 1622, Bergier, archit., du lat. *ovum*,
œuf.

ové début XIII⁰ s., du lat. *ovum*, œuf.

oviducte milieu XVII⁰ s., zool. (*oviduc-
tus*); 1771, Buffon (*oviducte*); 1803,
Wailly (*oviduc*); de *ductus*, conduit, et
ovum, œuf.

ovipare XVI⁰ s., Thevet (*ovipere*); 1700,
Journ. des savants (*ovipare*); du lat.
oviparus, sur *parere*, engendrer. ‖ **ovi-
parité** 1838, *Acad.*

ovo (ab) 1610, Pasquier, loc. empr. à
l'Art poétique d'Horace, où Homère est
loué de ne pas commencer le récit de la
guerre de Troie par l'œuf de Léda (d'où
naquit Hélène).

ovoïde XVIII⁰ s., Buffon, sur le gr.
eidos, forme, du lat. *ovum*, œuf.

ovule 1798, Ventenat, dim., du lat.
ovum, œuf. ‖ **ovulaire** 1838, *Acad.* ‖
ovulation milieu XIX⁰ s.

oxalide 1559, trad. de Dioscoride, bot.,
du lat. *oxalis*, mot gr., oseille. ‖ **oxali-
que** 1787, Guyton de Morveau. ‖ **oxa-
late** *id.*

oxycrat milieu XVI⁰ s., du gr. *oxucra-
ton*, boisson d'eau et de vinaigre.

oxyde 1787, Guyton de Morveau, du gr.
oxus, au sens d'acide. ‖ **oxyder** *id.* ‖
oxydant adj., 1806. ‖ **oxydable** 1789,
Ann. chimie. ‖ **inoxydable** 1867, L. ‖
oxydation 1785, *Ann. chimie.* ‖ **oxydo-
réduction** XX⁰ s. ‖ **oxydase** 1908, Lar.
‖ **bioxyde** 1838, *Acad.* ‖ **désoxyder**

1797, *Bull. des sciences.* ‖ **désoxyda-tion** 1794, *Journal des Mines.* ‖ **désoxy-dant** 1864, L. ‖ **peroxyde** 1827, *Acad.* ‖ **protoxyde** début XIXᵉ s.

oxygène 1783 (corps découvert en 1774 par Priestley) ; du gr. *oxus*, au sens de « acide », et de *-gène*. On a hésité, à l'époque, entre *oxygène* et *oxygine* (du lat. *gignere*, engendrer). ‖ **oxygéner** 1787, Guyton de Morveau. ‖ **oxygénation** 1789, *Ann. chimie.* ‖ **oxygénable** 1836, *Acad.* ‖ *(eau)* **oxygé-née** 1836, *Acad.* ‖ **oxygénothérapie** 1917, *L. M.* ‖ **désoxygéner** 1789, *Ann. chimie.* ‖ **désoxygénation** 1797. ‖ **oxyhémoglobine** 1874, Lar. ‖ **oxhy-drique** 1867, L., avec le suff. *-hydrique.* ‖ **oxhydrile** 1900, Lar. ‖ **oxacide** 1836, Landais. ‖ **oxyacétylénique** 1923, Lar. ‖ **oxycarboné** 1890, Lar. ‖ **oxychlo-rure** 1842, *Acad.* ‖ **oxycoupage** 1949, Lar. ‖ **oxycoupeur** *id.* ‖ **oxylithe** début XXᵉ s. ‖ **oxymétrie** 1858, Nysten. ‖ **oxysulfure** 1836, Landais.

oxymoron 1765, *Encycl.*, rhétor., du gr. *oxus*, piquant, et *môros*, sot.

oxyton 1570, G. Hervet, linguistique, « ton aigu », du gr. *oxus*, aigu, et *tonos*, ton ; s. m., 1869, L. ‖ **paroxyton** adj., *id.* ; s. m. 1869, L. ‖ **proparoxyton** s. m., 1869, L.

oxyure 1803, *Dict. sc. nat.*, du gr. *oxus*, aigu, et *oura*, queue, « à la queue pointue ». ‖ **oxyurose** 1911, *L. M.*

oyat 1415, à Boulogne-sur-Mer *(oyak)* ; début XIXᵉ s. *(oyat)* ; bot., orig. inconnue.

ozène 1503, G. de Chauliac, méd., du lat. *ozaena*, du gr. *ozaina*, de *ozein*, exha-ler une odeur. ‖ **ozéneux** 1900, Lar.

ozocérite ou **ozokérite** 1858, Nys-ten, du gr. *ozein*, exhaler une odeur, et *keros*, cire.

ozone 1840, Schönbein, du gr. *ozein*, exhaler une odeur. ‖ **ozoné** milieu XIXᵉ s. ‖ **ozoniser** 1858, Nysten. ‖ **ozo-nisation** *id.* ‖ **ozoniseur, ozonisa-teur** *id.*

P

paca 1578, J. de Léry (*pague*) ; 1603, La Borie (*paca*) ; empr. au questchua ; désigne un rongeur d'Amérique.

*pacage 1330, Baudouin de Sebourc (*pascuage*) ; 1611, Cotgrave (*pacage*) ; du lat. pop. **pascuaticum*, pâturage, de *pascuum*, sur *pascere*, paître. ‖ **pacager** XVIᵉ s., Guenoys (*pascagier*). ‖ **pâquis** XIIIᵉ s. (*pasquis*), croisem. de l'anc. fr. *pasquier*, XIIIᵉ s., s. m, du lat. pop. **pascuarium*, avec *pâtis*.

pacfung 1836, Landais (*packfond*) ; 1923, Lar. (*pacfung*) ; attesté en angl., 1775, sous la forme *paaktong* ; d'un mot dial. chinois.

pacha 1457, La Broquière (*bacha*) ; 1670, La Fontaine (*bassa*) ; 1771, *Trévoux* (*pacha*) ; du turc *pasha*, en ar. *bâchâ*, issu du persan *padischâh*, souverain. ‖ **pachalik** 1811, Chateaubriand (*pachalic*).

pachyderme 1578, d'Aubigné (*pachiderme*), adj., au sens pr. ; 1795, Cuvier, s. m., zool. ; du gr. *pakhudermos*, de *pakhus*, épais, et *derma*, peau.

pacifier 1250, G. (*pacefier*) ; fin XIIIᵉ s. (*pacifier*), en anc. fr., intr., « faire la paix » ; du lat. *pacificare*, de *pax, pacis*, paix ; 1487, Garbin, trans. ‖ **pacification** 1450, Gréban, du lat. *pacificatio*. ‖ **pacificateur** 1500, Fossetier, du lat. *pacificator*.

pacifique 1308, Aimé (*pacifice*) ; 1539, *Coutumes* (*pacifique*), « qui ne peut pas être troublé dans sa possession » ; fin XVᵉ s., Commynes, « qui aime la paix » ; du lat. *pacificus* ; *mer Pacifique*, v. 1550 ; *océan Pacifique*, 1765, *Encycl*. (du sens premier de l'adj.). ‖ **-ment** 1308, Aimé. **pacifiste, isme** 1907, Lar.

pack 1866, J. Verne, géogr., mot angl., ellipse de *pack-ice*, glace en paquet. (V. PAQUET.)

pacotille 1711, Doublet, « quantité de marchandise dont les marins peuvent faire commerce pour leur compte », de l'esp. *pacotilla*, de même rac. que *paquet* ; 1835, *Acad*., péjor.

pacquer milieu XIVᵉ s., « mettre en paquet » ; 1596, Hulsius, « entasser en baril du poisson salé » ; du néerl. *pak*, ballot (v. PAQUET). ‖ **pacquage** fin XVIᵉ s.

pacte 1355, Bersuire (*pact*) ; 1578, d'Aubigné (*pacte*) ; du lat. *pactum*, part. passé substantivé de *pacisci*, faire un pacte, de *pax, pacis*, paix. ‖ **pactiser** fin XVᵉ s. ‖ **-sation** 1795, Babeuf.

pactole 1660, Boileau, fig., du nom de *Pactole*, rivière de Lydie qui roulait des paillettes d'or.

paddock 1828, *Journ. des haras*, mot angl., « enclos ».

padine 1823, Boiste, « varech », orig. inconnue.

padischah 1725, Weber, mot persan, de *pâd*, protecteur, et *schah*, roi.

padou 1642, Oudin, du nom de *Padoue*, où se fabriquait cette sorte de ruban.

paf exclam., onom. ; 1755, Vadé, « eau-de-vie » ; 1837, Vidocq, arg., « gros souliers » ; 1839, Balzac, adj. pop., « ivre » ; tous ces emplois sont métaphoriques.

pagaie 1686, Chaumont, *Ambass. de Siam* (*pagais*), du malais *pengajoeh*. ‖ **pagayer** id. ‖ **pagayeur** 1750, dans *Trévoux*.

pagaille ou **pagaye** 1836, Landais (*en pagale*), mar. ; 1896, Hermant, *Sceptre* (*pagaille*), sens mod. ; du prov. mod. (*en*) *pagaio*, « (en) désordre » ; orig. obsc., peut-être à rapprocher du préc., parce qu'au mouillage les marins jettent à la hâte et en désordre les rames dans la cale. ‖ **pagailleux** XXᵉ s.

paganiser, paganisme V. PAÏEN.

1. page s. m., 1225, G. de Coincy, « valet », sens gén.; XVᵉ s., sens spécialisé; orig. obsc.; pour certains, du gr. *paidion*, romanisé en *paidiu*; pour d'autres, du lat. pop. *pagicus*, de *pagus*, pays. (V. PAÏEN, PAYSAN.)

2. page s. f. 1155, Wace, du lat. *pagina*; *être à la page*, 1920, fam. ‖ **paginer** début XIXᵉ s. ‖ **pagination** 1801, Mercier.

pagel milieu XVIᵉ s. (*pageau, pagel*), zool.; du lat. *pagellus*, dimin. de *pager*, empr. au gr. *phagros* (*pagre*, milieu XVIᵉ s., zool.).

pageot fin XIXᵉ s., pop., « lit »; pour certains, dér. de *page* 1; pour d'autres, dér. de *page* 2 (v. la loc. pop. *se mettre dans le portefeuille*, se coucher); pour d'autres, même rad. que *se pagnoter* (v. ce mot).

pagne 1637, A. de Saint-Lô (*paigne*), s. f., puis masculin; de l'esp. *paño*, « pan d'étoffe ».

pagnon 1762, *Acad.*, du nom d'un fabricant de Sedan, qui obtint ses lettres patentes en 1646.

pagnoter (se) 1859, Mozin, d'abord arg. mil., « manquer de courage »; puis, 1881, Rigaud (*se paniotter*), pop., « se coucher »; de l'anc. *pagnote*, 1552, « mauvais soldat, poltron », usité du XVIᵉ s. au XVIIIᵉ s., ellipse de *soldat de la pagnotte*, surnom donné en Piémont par les Espagnols aux soldats nécessiteux qui se débandaient pour chercher une miche de pain, en ital. *pagnotta*, dimin. de *pane* (v. PAIN). Pour d'autres, dér. de *pagnot*, attesté en 1878, abrév. pop. de *panier*, avec suffixe *-ot*. Certains proposent également une origine *panniau*, forme dial. de *panneau*.

pagode 1553, Grouchy, du port. *pagoda*; d'un mot hindî, remontant problem. au sanscrit *bhagavat*, « saint, divin ».

pagure 1552, J. Massé, zool., du lat. *pagurus*, du gr. *pagouros*, de *pagos*, corne, et *oura*, queue.

*païen Xᵉ s., *Eulalie* (*pagien*); 1080, *Roland* (*païen*); du lat. *paganus*, proprem. « paysan » (de *pagus*, pays); dès le IIIᵉ - IVᵉ s. (Tertullien, saint Augustin) sens eccl., parce que les paysans conservèrent le paganisme plus longtemps que les citadins. ‖ **paganiser** milieu XVᵉ s., intr., « se conduire en païen »; v. 1660, Bossuet, tr., sens mod. ‖ **paganisation** 1902, Lar. ‖ **paganisme** milieu XVIᵉ s., du lat. eccl. *paganismus*, a remplacé *païennisme*, 1155, Wace.

paillard v. 1200 (*paillart*), qui couche sur la *paille*, « fripon, vaurien »; 1430, *Quinze Joyes du mariage*, « débauché, luxurieux ». ‖ **paillardise** 1530, Lefèvre d'Étaples. ‖ **paillarder** 1461, Villon.

*paille 1175, Chr. de Troyes, du lat. *palea*; XVIᵉ s., défaut dans un métal ou une pierre; 1867, Delvau, *une paille*, pop., « un rien »; *vin de paille*, 1835, *Acad.*; *paille de fer*, 1877, L.; *sur la paille*, fin XVIIᵉ s., « dans une extrême misère ». ‖ **paillasse** v. 1250, s. f.; XVIIᵉ s., fig., femme de mauvaise vie; XVIIIᵉ s., s. m., bateleur, de l'ital. *Pagliaccio*, personnage du théâtre italien. ‖ **paillasson** fin XIVᵉ s., petite paillasse; 1750, sens mod. ‖ **paillassonner, paillassonnage** 1874, Lar. ‖ **paille-en-queue** début XVIIIᵉ s., zool. ‖ **paillé** 1611, Cotgrave, adj., « de couleur paille ». ‖ **pailler** verbe, milieu XIVᵉ s. ‖ **pailler** subst., début XIIIᵉ s., meule de paille dans la cour de ferme, du lat. *palearium*. ‖ **paillet** début XIIᵉ s., « balle de blé » (var. dial. *paillot*); 1552, Ch. Est., vin clairet; XVIIIᵉ s., mar., natte, cordage. ‖ **paillette** 1304. ‖ **pailleté** fin XIVᵉ s. ‖ **pailleter** 1606, Nicot. ‖ **pailleteur** id. ‖ **pailleux** début XIIIᵉ s., au pr.; 1611, Cotgrave, « qui a des défauts dans la masse ». ‖ **paillis** 1260, Rutebeuf, lit de paille; 1842, Mozin, techn., agric. ‖ **paillon** début XVIᵉ s., sens techn. divers, en agric. et en orfèvrerie. ‖ **paillot** début XIVᵉ s., petite paillasse pour un lit d'enfant. ‖ **paillote** 1617, Mocquet (*paillotte*), hutte de paille. ‖ **empaillé** adj., 1543, Ant. Pierre, « mêlé de paille »; 1867, Delvau, pop., « maladroit ». ‖ **empailler** 1660, Oudin, remplir de paille (la peau d'un animal); 1680, Richelet, garnir de paille une chaise, etc. ‖ **empailleur** 1680, Richelet (de sièges); XIXᵉ s. (d'animaux). ‖ **empaillage** 1811, Mozin (d'animaux); 1829, Boiste (de sièges). ‖ **rempailler, rempailleur** 1723, Savary (une chaise). ‖ **rempaillage** milieu XVIIIᵉ s.

*pain 980, *Passion* (*pan*) ; fin XI° s., *Alexis* (*pain*) ; du lat. *panis*; *petit pain*, XVI° s. ; *pain d'épice*, 1372, Gay; *pain à cacheter*, 1718, *Acad.*; *pain bénit*, début XIII° s., hostie consacrée; 1549, R. Est., sens mod. ‖ **panade** milieu XVI° s. ; XIX° s., pop., fig., « misère ». ‖ **panaire** 1756, *Encycl.*, adj. ‖ **panetier** v. 1150. ‖ **panetière** début XIII° s., sac à pain; 1546, R. Est., armoire à pain. ‖ **panifier** 1600, O. de Serres. ‖ **panification** fin XVIII° s. ‖ **panifiable** début XIX° s. ‖ **paner** XVIII° s. ‖ **panure** 1874, Lar.

*pair x° s., *Valenciennes* (*peer*) ; 1080, *Roland* (*per*) ; XV° s. (*pair*), adj. et s.; du lat. *par*, égal. Titre de dignité, dès 1080, *Roland*; *au pair*, 1840, Balzac; *hors de pair*, 1690, Furetière (*hors du pair*). ‖ **pairie** milieu XIII° s., (*perie*) ; 1498, Commynes (*pairie*). ‖ **pairesse** 1698, *Voy. en Angleterre*, de l'angl. *peeress*, fém. de *peer*, lui-même empr. à l'anc. fr. *per*. ‖ **parage** fin XI° s., *Alexis*, « extraction, lignée ». ‖ **pariage** 1290, hist., jurid., du lat. *pariare*, faire aller de pair. ‖ **parisyllabique** 1812, Mozin. ‖ **parité** milieu XIV° s., du lat. *paritas*. ‖ **paritaire** 1923, Lar. ‖ **disparité** v. 1300. ‖ **impair** 1484, Chuquet (*-par*) ; 1580, Montaigne (*-per*) ; du lat. *impar*, refait d'apr. *pair*. ‖ **imparité** XIII° s., Gauchy, du lat. *imparitas*. (V. PAIRE, PARIER.)

*paire 1160, *Eneas*, du lat. pop. *paria*, pl. neut. de l'adj. *par*, devenu fém. (V. PAIR.)

*paisseau XI° s. (*paissel*), du lat. pop. *paxellus* (lat. class. *paxillus*); petit rondin soutenant les sarments de vigne. ‖ **paisseler** 1606, Nicot. ‖ **paisselure** 1751, *Dict. d'agric.*

*paître fin XI° s., *Alexis* (*paistre*), du lat. *pascere*. ‖ **paissance** début XIII° s. ‖ *paisson XIII° s., « pâture », du lat. *pastio, pastionis*, de *pascere*. ‖ **repaître** fin XII° s. ‖ **repu** adj., XIII° s., « garni de » ; XV° s., rassasié. ‖ **repue** XV° s., *Repues franches*, s. f. ‖ *pâtis 1119, Ph. de Thaun (*pastiz*), du lat. pop. *pasticium*, de *pastus*, pâture, de *pascere*. (V. APPÂT, PACAGE, PÂQUIS, REPAS.)

*paix 1080, *Roland* (*pais*) ; puis *x* d'après le lat. ; du lat. *pax, pacis*. ‖ **paisible** début XII° s. ‖ **apaiser** XII° s., (*apaisier*). ‖ **apaisement** XII° s.

pal fin XII° s., *Rois*, du lat. *palus* (v. PIEU 1). ‖ **empaler** 1515, Du Redouer. ‖ **empalement** fin XVI° s.

palabre s. f., début XII° s., de l'esp. *palabra*, parole; tend à devenir masc., d'après *discours, entretien*. ‖ **palabrer** 1890, Lar.

palace 1905, *Écho de Paris*, mot angl., signif. « palais », spécialisé pour désigner un hôtel de grand luxe.

paladin 1578, Le Fèvre de La Borderie (*palladin*), « seigneur de la suite de Charlemagne »; 1582, Belleforest (*paladin*), sens mod.; de l'ital. *paladino*, du lat. médiév. *palatinus*, « officier du palais », de *palatium*. (V. PALAIS 1.)

palafitte 1865, Delsor, de l'ital. *palafitta*, du pl. neut. lat. *palaficta* (lat. class. *pali ficti*, masc. pl.), de *palus*, pieu, et *fingere*, façonner.

1. *palais château, fin XI° s., *Alexis* (*paleis*) ; 1160, Benoît (*palais*); du lat. *palatium*, proprem. « le Palatin », colline de Rome où Auguste fit construire son palais; XV° s., Villon, siège du tribunal, d'après le *Palais* de Paris, ancien palais des Capétiens. ‖ **palatial** 1647, Vaugelas. ‖ **palatin** début XII° s., *Couronn. Loïs*, du lat. médiév. *palatinus*, de *palatium* (v. PALADIN). ‖ **palatinat** 1606, Cotgrave. ‖ **palatine** 1680, Richelet, pèlerine de fourrure mise à la mode en 1676 par la princesse *Palatine*, belle-sœur de Louis XIV.

2. *palais (de la bouche) 1213, *Fet des Romains*, du lat. pop. de Gaule *palatium* (par attraction du préc.), en lat. class. *palatum*. ‖ **palatal** 1694, Dangeau. ‖ **palatalisation** 1890, Lar. ‖ **palataliser** 1949, Lar. ‖ **palatin** adj., 1611, Cotgrave. ‖ **palatite** 1836, Landais. ‖ **palato-** premier élém. de composé méd., depuis 1805, Lunier, *Dict. des sciences*.

palan 1553, Grouchy (*palenc*), ital. *palanco*, masc. de *palanca*, « palis, etc. », du lat. pop. *palanca* (lat. class. *palanga*), rouleau de bois servant pour déplacer de lourds fardeaux, du gr. *phalanga*, acc. de *phalanx*, « gros bâton » (v. PHALANGE, PLANCHE). ‖ **palanquer** XVI° s., se servir d'un palan. ‖ **palanquée** XX° s., ensemble des marchandises soulevées par un palan. ‖

palanque 1624, Deshayes, milit., de l'ital. *palanca.* ‖ **palanquer** 1836, Landais, munir de palanques.

palangre 1827, *Acad.*, « sorte de corde », orig. obscure.

palanquin 1571, trad. du P. Organtino ; du port. *palanquim,* de l'hindî *pâlakî* (sanskrit *paryanka,* litière).

palastre, palâtre fin XIIe s., *Rois,* sens techn. divers ; notamment 1457, boîtier de serrure ; du lat. *pala,* pelle.

palatal, palataliser V. PALAIS 2.

palatial, palatin, palatine Voir PALAIS 1.

1. pale XIIIe s., partie plate de l'aviron ; du prov. *pala,* pelle (lat. *pala*) ; 1845, Besch., aube (-des roues à aubes) ; 1932, Lar., partie d'hélice (v. PELLE). ‖ **bipale** 1960, Lar. ‖ **empalement** 1775, Grignon, « vanne d'écluse ». ‖ **paleron** milieu XIIIe s. ‖ **palet** 1375, *Modus.* ‖ **palette** XIIIe s., a désigné divers ustensiles plats, en métal ou en bois ; 1615, Binet, peinture. ‖ **paluche** XXe s., arg., « main ».

2. pale ou **palle** 1693, Bossuet, eccl., du lat. *palla,* robe flottante, tenture. ‖ **palléal** 1838, *Acad.*, zool.

pâle 1080, *Roland* (*pale*) ; 1606, Crespin (*pasle*) ; 1677, Miege (*pâle*) ; du lat. *pallidus.* ‖ **pâleur** 1120, *Ps. d'Oxford* (*pallor*) ; XIVe s. (*paleur*). ‖ **pâlir** 1155, Wace (*palir*). ‖ **pâlot** XVIe s. (*pallaud*) ; 1775, Mercier (*pâlot*). ‖ **palotin** 1888, A. Jarry, création plaisante, infl. par *pâlot,* ou *falot.* ‖ **pâlichon** 1867, Delvau.

pale-ale 1856, *Rev. des Deux Mondes,* mot angl., de *pale,* pâle, et *ale,* bière.

palefrenier XIIIe s., *Chron. de Saint-Denis,* de l'anc. prov. *palafrenier,* de *palafren,* « palefroi », avec une finale infl. par *fren,* frein. ‖ *palefroi** 1080, *Roland* (*palefreid*) ; XIIe s. (*palefroi*), « cheval de marche », opposé à *destrier,* « cheval de combat » ; du bas lat. *paraveredus* (*Code Théodosien,* Cassiodore), « cheval de renfort », du gr. *para,* « auprès de », et de *veredus* (Ier s. apr. J.-C., Martial), « cheval de poste », d'orig. celt. (cf. gallois *gorwydd,* « coursier »). L'all. *Pferd* est empr. au lat. *veredus.*

palémon 1827, *Acad.*, zool., du nom de

Palaimon, personnage de la mythol. gr., changé en dieu marin.

paléo- du gr. *palaios,* ancien. ‖ **paléobotanique** XXe s. ‖ **paléoclimat** *id.* ‖ **paléogène** *id.* ‖ **paléogéographie** 1874, Lar. ‖ **paléographie** 1708, B. de Montfaucon. ‖ **paléographe** 1827, *Acad.* (1760, de Brosses, *palaiographe*). ‖ **paléographique** 1836, Landais. ‖ **paléolithique** milieu XIXe s., mot créé par l'angl. *Lubbock.* ‖ **paléontologie** début XIXe s. (*paléonthologie*) ; 1834, Boiste (*paléontologie*) ; sur le gr. *ôn, ontos,* être. ‖ **paléontologique** 1836, Landais. ‖ **paléontologiste, paléontologue** 1838, *Acad.* ‖ **paléothérium** 1830, Cuvier, sur le gr. *thêrion,* bête sauvage. ‖ **paléozoïque** 1868, L.

paleron, palet V. PALE 1.

palestre 1160, *Eneas,* du lat. *palaestra,* empr. au gr. *palaistra.*

paletot 1370, Skeat (*paltoke*), sorte de justaucorps ; XVe s. (*paletot*) ; 1550, Ronsard (*paletoc*) ; du moyen angl. *paltok,* jaquette ; 1694, Borel, manteau de guerre ; 1690, Furetière, casaque de paysan ; 1829, Boiste, pop., habit-veste. ‖ **paltoquet** 1546, Rab. (*palletoque*), « vêtu d'un justaucorps » ; 1705, *Trévoux,* forme et sens mod.

1. palette V. PALE 1.

2. palette XVe s., vase pour la saignée ; altér., d'après *palette* 1, de l'anc. *paelette,* XIIIe s., dimin. de *paele,* forme anc. de *poêle* 1. (V. PALIER, POÊLE 1.)

palétuvier 1614, C. d'Abbeville (*appariturier*) ; milieu XVIIe s. (*parétuvier*) ; XVIIIe s. (*palétuvier*) ; du tupi, langue du Brésil, *apareiba,* de *apara,* courbé, et *iba,* arbre.

pali 1826, Burnouf, du nom hindî de cette anc. langue religieuse de l'Inde.

palier fin XIIIe s. (*paelier*), pièce de métal facilitant le mouvement horizontal d'une pièce sur une autre, d'où divers sens techn. en fr. mod. ; XVIe s., plateforme où se termine un étage, d'où divers emplois fig. ; de l'anc. fr. *paele,* « poêle » (s. f.) et « en forme de poêle » (v. PALETTE 2, POÊLE 1). ‖ **palière** 1770, Roubo, adj. et s. f.

palifier 1611, Cotgrave (*palifié*), fortifier avec des pieux ; de l'ital. *palificare,* du lat. *palus,* pieu, et *facere,* faire

525

(v. PAL, PALIS). ‖ **palification** 1765, *Encycl.*, de l'ital. *palificazione*.

palikare 1828, Hugo (*palicare*); du gr. mod. *pallikari*, « gaillard, brave » (gr. anc. *pallêks, pallêkos*, jeune homme).

palimpseste 1542, Dolet; rare jusqu'en 1823, Boiste; du lat. *palimpsestus* (gr. *palimpsestos*, de *psân*, gratter, et *palin*, de nouveau).

palindrome 1765, *Encycl.*, du gr. *palindromos*, de *palin*, de nouveau, et *dromos*, course.

palingénésie 1546, Rab., du bas lat. *palingenesia*, mot gr., de *palin*, de nouveau, et *genesis*, naissance. ‖ **palingénésique** 1836, *Acad.*

palinodie 1512, J. Lemaire de Belges, pièce de vers où l'on rétracte des sentiments exprimés précédemment; 1566, *Tragédie du sac de Cabrière*, sens mod.; du bas lat. *palinodia*, gr. *palinôidia*, de *ôdé*, chant, et *palin*, de nouveau (« sur un autre ton »). Le sens mod. se rattache à une légende sur Stésichore rapportée par Isocrate. Les var. *palinode*, XVIe s., « refrain », et *palinod*, 1521, Fabri, « pièce de vers en l'honneur de la Vierge », sont archaïques.

palis 1155, Wace (*paliz*); XIIIe s. (*palis*), « pieu »; de *pal*. ‖ **palisser** 1417, G. ‖ **palissage** 1690, Furetière. ‖ **dépalisser** fin XVIe s. ‖ **palissade** XVe s. ‖ **palissader** 1585, Marnix. ‖ **palissadique** XXe s. bot. ‖ **palisson** XIIIe s., *Renart* (*paleszon*); XVe s. (*palisson*), pieu; 1723, Savary, techn., instrument de fer du chamoiseur. ‖ **palissonner** 1842, *Acad.* ‖ **palissonneur** 1907, Lar.

palissandre début XVIIIe s. (*palixandre*; encore en 1878, *Acad.*); du néerl. *palissander*, lui-même empr. à un dial. de Guyane.

paliure début XVIIe s., bot., du lat. *paliurus*, empr. au gr. *paliouros*.

1. **palladium** 1160, Benoît (*palladion*); 1562, Du Pinet (*palladium*), statue de Pallas; 1748, Montesquieu, fig.; du lat. *palladium*, du gr. *palladion*, statue de Pallas, considérée à Troie comme assurant la sauvegarde de la ville.

2. **palladium** 1804, H. Constant, métal, mot tiré par l'Anglais Wollaston (1803) du nom de la planète *Pallas*, qu'on venait de découvrir.

pallier début XIVe s. « donner une couleur favorable à », du lat. *palliare*, couvrir d'un manteau, de *pallium*; XVIe s., apaiser, guérir; XVIIe s., « remédier à ». ‖ **palliatif** 1314, Mondeville, du lat. médiév. *palliativus*. ‖ **palliation** *id.*

pallium 1190, Garn., eccl., mot lat. signif. « manteau ». (V. POÊLE 1.)

palma-christi, palmaire, palmi-, etc. V. PAUME.

palmarès 1868, L., du pl. du lat. *palmaris*, « digne de la palme », de *palma*, palme (d'abord « ensemble des élèves récompensés »).

1. **palme** s. f., XIIe s. (*paume*); XIIIe s. (*palme*), rameau de palmier; du lat. *palma*, paume; fin XIVe s., symbole de la victoire; 1538, R. Est., prix remporté; 1874, Lar., insigne, décoration. ‖ **palmier** 1119, Ph. de Thaun. ‖ **palmier-dattier** 1765, *Encycl.* ‖ **palmeraie** 1607, N. Trigaut. ‖ **palmette** XVIIe s., Liger. ‖ **palmé** début XVIe s., orné de palmes. ‖ **palmarium** 1907, Lar.

2. **palme** s. m., milieu XIIe s., mesure d'une largeur de main, hist., du lat. *palmus*, même racine que *palme* 1.

palmer 1877, L., s. m., instrument de mesure, du nom de l'inventeur.

palmiste 1601, Champlain, mot créole des Antilles, altér. probable de l'esp. *palmito*, petit palmier. ‖ **palmite** fin XVIe s., moelle de palmier, de l'esp. *palmito*, pris au XVIe s. dans ce sens. ‖ **palmitine** milieu XIXe s., produit tiré de l'huile de palme. ‖ **palmitique** *id.* ‖ **palmitate** 1874, Lar. (V. NAPALM.)

palombe 1265, Br. Latini; languedocien et gascon *palomba*, issu du lat. *palumba* (Ier s., Celse), var de *palumbus*. ‖ **palomière** 1794, *Encycl. méth.*, endroit aménagé pour la chasse aux palombes. ‖ **palombin** 1823, Boiste, espèce de marbre, de l'ital. *palombino*.

palonneau 1383, Du Cange (*palonnel*), pièce à laquelle on attache les traits des chevaux; altération de **paronnel*, de l'anc. fr. *paronne*, même sens, de même racine que *épar* (1175, Chr. de Troyes), du germ. *sparro*, poutre. ‖ **palonnier** 1694, *Acad*, même sens.

*palourde 1484, Garcie, mot de l'Ouest, du lat. pop. **pelorĭda* (lat. class. *peloris, -idis*), empr. au gr.

palper 1488, *Mer des hist.*, toucher; XVIIIᵉ s., toucher de l'argent; du lat. *palpare*. ‖ **palpable** 1400, Chr. de Pisan, du bas lat. *palpabilis* (IVᵉ s., Jérôme). ‖ **impalpable** XVᵉ s., du bas lat. *impalpabilis.* ‖ **palpation** 1845, Besch. ‖ **palpe** 1802, Latreille, entom. ‖ **palpiste** 1803, Boiste, entom. ‖ **palpeur** 1827, *Acad.*, entom.; 1923, Lar., techn.

palpiter 1488, *Mer des hist.*, du lat. *palpitare*, fréquentatif de *palpare* (v. PALPER). ‖ **palpitant** adj., début XVIᵉ s., au pr.; adj., 1838, *Acad.*, passionnant; s. m., début XVIIIᵉ s., arg., « cœur ». ‖ **palpitation** 1545, Guéroult, du lat. *palpitatio.*

palsambleu XVIIᵉ s., juron, euphém. pour « par le sang de Dieu »; var. *palsangué, palsanguienne.* (V. DIEU.)

paltoquet V. PALETOT.

palud, palus, palude XIIᵉ s. (*palu*); 1564, Liébault (*palud*); 1895, A. Gide (*paludes*), litt.; XXᵉ s. (*palus*); du lat. *palus, paludis*, marais. ‖ **paludier** 1731, Th. Corn., mot de l'Ouest. ‖ **paludéen** 1853, Laboulaye. ‖ **paludisme** 1890, Lar. ‖ **paludine** 1842, *Acad.* ‖ **palustre** XIVᵉ s., du lat. *palustris*, de *palus.*

*pâmer fin XIᵉ s., *Alexis* (*pasmer*), du lat. pop. **pasmare*, altér. de **spasmare*, de *spasmus*, déjà, en bas lat., *pasmus*, vᵉ s., M. Empiricus (v. SPASME). ‖ **pâmoison** 1080, *Roland* (*pasmeisun*).

pampa 1716, Frézier, mot hispano-amér., empr. à une langue indigène d'Amér. du Sud. ‖ **pampéro** fin XVIIIᵉ s.

pamphlet 1653, Boullaye, mot angl., altér. de *Pamphilet*, nom d'une comédie pop. en vers lat. du XIIᵉ s., puis d'un écrit satirique de la fin du XVIᵉ s. ‖ **pamphlétaire** XVIIIᵉ s., Voltaire (*pamfleter*), d'après l'angl.; 1791 (*pamphlétaire*).

pampille 1530, Rab. (*pampillete*); XIXᵉ s., Gautier (*pampille*), passementerie; formation expressive, ou dér. de l'anc. fr. *pampe.* (V. PAMPRE.)

pamplemousse 1665, Le Carpentier (*pompelmoes*); 1685 (*pamplemousse*); du néerl. *pompelmoes*, de *pompel*, épais, gros, et *limoes*, citron.

pampre milieu XVIᵉ s., branche de vigne avec ses feuilles; altér. de l'anc. fr. *pampe* (fin XIIIᵉ s.), pétale, du lat. *pampinus*, rameau de vigne. ‖ **pampré** 1564, J. Thierry; 1690, Furetière, blas.

1. pan 1080, *Roland*, du lat. *pannus*, morceau d'étoffe; XIIIᵉ s., pan de mur; *pan coupé*, 1561, Delorme. ‖ **panard** 1750, Bourgelat, adj., « aux pieds de devant tournés en dehors » (d'un cheval); 1918, s. m. pl., arg., pieds. ‖ **pantin** 1747, Barbier, dér. de *pantine* (XVIᵉ s.), écheveau de soie, du lat. *pannus*, morceau d'étoffe.

2. pan début XIXᵉ s., Béranger, interj., onomatopée.

pan- pant(o-) du gr. *pan, pantos*, tout : **panaméricain** 1907, *l'Illustration.* ‖ **panaméricanisme** 1910. ‖ **panarabisme** XXᵉ s. ‖ **panathénées** 1760, Monchablon, gr. *panathênaia*, du nom de la déesse *Athéna.* ‖ **panchromatique** début XXᵉ s. ‖ **panclastite** 1890, Lar., sur le gr. *klastos*, brisé. ‖ **pancosmisme** XXᵉ s., philos., de l'angl. *pancosmism*, sur le gr. *kosmos*, monde. ‖ **pangermanisme** 1846, Besch. ‖ **panhellénique, panhellénisme** 1868, L. ‖ **panislamisme** 1906, Lar. ‖ **panlexique** 1829, Boiste. ‖ **panlogisme** 1901, Couturat, philos., de l'all. *panlogismus.* ‖ **panoptique** 1836, Landais. ‖ **panpsychisme** début XIXᵉ s. ‖ **panslavisme** 1846, Besch. ‖ **panslaviste** 1874, Lar. ‖ **pantographe** 1743, *Hist. de l'Acad. des sciences*, géom.; XXᵉ s., appareil de traction ferroviaire électrique. ‖ **pantomètre** 1675, Bullet, géom.

panacée 1550, Ronsard, du lat. *panacea* (gr. *panakeia*, sur *pan*, tout, et *akos*, remède).

panache XVᵉ s., *Vaux de Vire* (*pennache*), de l'ital. *pennacchio*, du lat. *penna*, plume. ‖ **panacher** 1389 (*pannaché*). ‖ **panachage** fin XIXᵉ s., polit. ‖ **panachure** 1785. ‖ **empanacher** fin XVᵉ s.

panade V. PAIN.

*panage fin XIIᵉ s. (*paasnaige*); 1272, G. (*pasnage*), droit de pâture; du lat. pop. **pastionaticum*, de *pastio*, pâturage, de *pascere*. (V. PAÎTRE.)

*panais fin XIIᵉ s. (*pasnaie*); 1562, Du Pinet (*panais*); bot.; du lat. *pastinaca.*

panama 1865, J. Verne, du nom du pays où pousse l'arbuste qui sert à fabriquer ce chapeau.

panard V. PAN 1.

panaris 1488, *Mer des hist.* (*panarice*); 1560, Paré (*panaris*) ; du lat. *panaricium* (Pseudo-Apulée), altér. de *paronychium* (Ier s., Pline), du gr. *parônuchia*, de *para*, près, et *onux*, ongle.

panatella milieu XIXe s., de l'esp. *panatela*, proprem. « sorte de biscuit ».

panca, panka, punka début XIXe s. (*punka*), mot angl. empr. à l'hindî *pankha*; écran pour éventer les appartements.

pancalisme 1915, philos., du gr. *pan*, tout, et *kalos*, beau; doctrine qui admet le beau comme valeur suprême.

pancarte 1440, Ch. d'Orléans (*pencarte*), « charte »; début XVIIe s., affiche, écriteau; du lat. médiév. *pancharta*, du gr. *pan*, tout, et du lat. *charta*, charte.

pancrace 1583, Vigenère, hist., du lat. *pancratium* (gr. *pankration*, de *pan*, tout, et *kratos*, force).

pancréas 1560, Paré, du gr. *pankreas*, de *pan*, tout, et *kreas*, chair, « pour ce qu'il a partout similitude de chair » (Paré). ‖ **pancréatique** milieu XVIIe s. ‖ **pancréatite** 1810, Capuron.

panda 1824, Cuvier, zool., d'un mot du Népal.

pandanus 1827, *Acad.* (*pandan*), mot malais; arbre tropical.

pandectes 1549, R. Est., du lat. *pandectae*, du gr. *pandektai*, du gr. *pan*, tout, et *dekhesthai*, recevoir.

pandémonium 1714, *le Spectateur*, de l'angl. *pandemonium*, créé par Milton pour désigner l'enfer, sur le gr. *pan* tout, et *daimôn*, démon.

pandiculation 1560, Paré, du lat. *pandiculari*, s'étendre, de *pandere*, au sens « étendre »; action de s'étirer.

pandit 1614, Du Jarric (*pandités*); 1827, *Acad.* (*pandit*); du sanskrit *pandita*, savant.

1. **pandore** s. f., début XVIe s., mus., du lat. *pandura*, gr. *pandoura*. (V. MANDOLINE, MANDORE.)

2. **pandore** s. m., milieu XIXe s., gendarme, du nom d'un gendarme dans la chanson de G. Nadaud, *Pandore ou les Deux Gendarmes*, 1857.

pandour 1746, Voltaire (*pandoure*), géogr., puis fig.; du nom d'un village hongrois, *Pandur*, où furent levées des milices au XVIIe s.

panégyrique 1512, J. Lemaire de Belges, du lat. *panegyricus*, repris au gr. *panêgurikos*, de *panêguris*, assemblée de tout le peuple, de *ageirein*, rassembler. ‖ **panégyriste** fin XVIe s., du bas lat. *panegyrista*.

paner, panerée, panetier, paneton V. PAIN, PANIER.

pangolin 1761, Buffon, zool., du malais *pang-goling*, « celui qui s'enroule ».

panicaut début XVIe s. (*pain de caulde*); 1456, Villiers (*panicaut*), bot.; lat. *panis* (v. PAIN) et *cardus*, chardon, altér. en *calidus*, *caldus*.

panicule 1545, Guéroult, du lat. *panicula*, dimin. de *panus*, au sens de « épi ». ‖ **paniculé** 1778, Lamarck.

***panier** milieu XIIe s., du lat. *panarium*, corbeille à pain, de *panis* (v. PAIN); *anse de panier*, 1690, Furetière, archit.; *panier à salade*, 1822, Cuisin; *panier percé*, 1690, *Furetière*, fig. ‖ **panière** XIIIe s., Renart (*pennière*); XIVe s. (*panière*). ‖ **panerée** 1398, *Ménagier*. ‖ **paneton** 1812, Mozin.

panifier V. PAIN.

panique XVe s., adj. (*terreur panice*); 1786, Louvet, s. f.; du gr. *panikos*, du nom du dieu *Pan*, qui passait pour troubler violemment les esprits.

1. ***panne** 1080, *Roland* (*penne*), peau couvrant le bouclier; même évol. vocal. que *femme*; du lat. *penna*, plume, qui a désigné la panne, étoffe douce comme de la plume; XIIe s., « fourrure »; XIIIe s., « graisse » (du ventre), empl. fig. ‖ **panner** XIXe s., bourrer de graisse.

2. **panne** XVIe s. (*penne*), mar., pièce latérale d'une vergue latine, empl. fig. de *penne*, plume, du lat. *penna*; 1611, Cotgrave, *mettre en panne*, disposer les voiles pour que le navire reste immobile; XVIIIe s., *rester en panne*, d'où le sens mod.; 1842, La Bédollière, « misère » (arrêt de l'activité); 1867, Delvau, arg. des théâtres; XXe s., mécan. ‖ **panné** début XIXe s., arg., décavé. ‖ **empanner** 1703, *Hist. de l'Acad. des sciences*, mar. ‖ **dépanner** 1922, Lar. ‖ **dépannage** 1918, *l'Illustration*. ‖ **dépanneur** 1916, *L. M.* ‖ **dépanneuse** s. f., 1929, Lar., abrév. de *voiture-dépanneuse*.

3. ***panne** 1220, texte de Douai (*panes*), terme de charpente, du lat. pop. *patina, en bas lat. *patena*, dans des gloses; du gr. *pathnê*, « crèche », autre forme de *phatnê*.

4. ***panne** (d'un marteau) 1680, Richelet, du lat. *penna*, plume. ‖ **panner** 1836, Landais.

***panneau** 1155, Wace (*panel*), coussinet de selle, du lat. pop. *pannellus*, de *pannus*; XIIIᵉ s. (*penel*), filet à gibier; 1392, Deschamps (*panneau*), même sens, d'où *tomber dans le panneau*; fin XIIIᵉ s. (*penel*), pièce de menuiserie encadrée; 1546, R. Est. (*panneau*), avec divers sens techn. ‖ **panneauter** 1798, *Acad.* ‖ **panneauteur** milieu XIXᵉ s. ‖ **panneautage** id.

pannequet 1808, Gr. de La Reynière, de l'angl. *pancake*, de *cake*, gâteau, et *pan*, poêle.

panonceau XIIᵉ s. (*penoncel*), « écusson d'armoirie »; XVIᵉ s., sens mod.; dér. de *penne*.

panoplie début XVIIIᵉ s., armure, équipement, du gr. *panoplia*, armure de l'hoplite, de *pan*, tout, et *hoplon*, arme; 1848, Sainte-Beuve, ensemble d'armes servant d'ornement; XXᵉ s., jouet.

panorama 1799, Fulton, mot angl. créé par Barker en 1787, sur le gr. *pan*, tout, et *orama*, vue. ‖ **panoramique** 1823, Boiste, adj.; XXᵉ s., cinéma.

panoufle XIIIᵉ s. (*panufle*), haillon; XIXᵉ s., sens mod.; de l'anc. fr. *pane*, chiffon, du lat. *pannus*. (V. PAN, PANNEAU.)

***panse** 1155, Wace (*pance*); XVᵉ s. (*panse*), « ventre »; 1566, Du Pinet, spécialisé aux bêtes (cheval, ruminants); du lat. *panticem*, acc. de *pantex*. ‖ **pansu** 1360, Froissart. ‖ **pansière** fin XIIIᵉ s. (*panciere*), pièce d'armure.

panser XIIIᵉ s., intr. (*panser d'un cheval*); 1314, Mondeville (*penser de la plaie*); XVᵉ s., tr., soigner (un animal domestique); XVIᵉ s., soigner (une blessure); spécialisation d'une var. orthog. de *penser*, au sens de « s'occuper de » (1190). [V. PENSER.] ‖ **pansage** 1798, *Acad.*, agric. ‖ **pansement** début XVIᵉ s., méd.

pantagruélique 1552, Rab.; repris, en 1829, Boiste, du nom de *Pantagruel*,

personnage de Rabelais, doué d'un énorme appétit. ‖ **pantagruélisme** 1535, Rab.

pantalon milieu XVIᵉ s., personnage de la comédie italienne, vêtu d'un habit tout d'une pièce, du col aux pieds, à la manière vénitienne, de l'ital. *Pantaleone, Pantalone*; 1650, Ménage, « haut-de-chausses étroit qui tient avec les bas »; début XIXᵉ s., sens mod. ‖ **pantalonnade** fin XVIᵉ s., du premier sens.

pantelant V. PANTOIS.

pantenne milieu XVIᵉ s., mar., de l'anc. prov. *pantena*, du rad. de *pantière* (empl. métaph.).

panthéisme 1712, E. Benoist, de l'angl. *pantheism*, du gr. *pantheos*, sur *pan*, tout, et *theos*, dieu. ‖ **panthéiste** 1709, de l'angl. *pantheist*.

panthéon fin XVᵉ s., du lat. *Pantheon*, en gr. *Pantheion*, temple de tous les dieux, sur *pan*, *pantos*, tout, et *theos*, dieu. ‖ **panthéoniser** fin XVIIIᵉ s. ‖ **panthéonisation** 1801, Mercier.

panthère 1119, Ph. de Thaun (*pantere*), du lat. *panthera*, gr. *panthêr*, sur *pan*, tout, et *thêr*, animal.

pantière fin XIIIᵉ s., filet pour prendre les oiseaux, du lat. *panthera*, empr. au gr. *panthêr*, de *pan*, tout, et *thêr*, animal.

pantin V. PAN 1.

pantoire V. PENTE.

pantois XIVᵉ s. (*pantais*), adj., « asthmatique », et s. m., « oppression »; 1546, Rab., adj., « suffoqué »; XVIIᵉ s., « ahuri »; de l'anc. v. *pantaisier, pantoisier*, XIIᵉ - XVIᵉ s., « haleter », du lat. pop. *pantasiare, « avoir des visions », d'où « faire un cauchemar » et « être suffoqué d'émotion »; du gr. *phantasiein*, même sens (v. FANTAISIE). ‖ **pantelant** 1578, d'Aubigné, part. adj. de l'anc. v. *panteler* (XVIᵉ s.), réfection de *pantoiser*, par substit. du suff. *-eler*.

pantomime milieu XVIᵉ s., s. m., « acteur de mime »; 1752, Lacombe, s. f., art du pantomime; du lat. *pantomimus*, gr. *pantomimos*, sur *pan*, *pantos*, tout, et *mimos*, mime. ‖ **pantomimer** milieu XVIIIᵉ s.

pantoufle milieu XVᵉ s., d'orig. obsc.; peut-être issu des parlers du Midi, et se rattachant à la famille de *patte*. Pour

529

d'autres, empr. à l'ital. *pantofola*, napolitain et sicilien, représentant le comp. bas-grec *pantophellon*, « tout (*pan*), liège (*phellon*) ». ‖ **pantouflard** 1889, Barrère. ‖ **pantouflier** XVIII⁰ s. ‖ **pantoufler** XVII⁰ s., Mᵐᵉ de Sévigné, converser familièrement; XIX⁰ s., arg. des grandes écoles de l'État, entrer dans l'industrie privée.

pantoum 1829, Hugo, litt., mot malais.

panurge 1549, R. Est., du nom de Panurge, personnage de Rabelais, du gr. *panourgos*.

***paon** XII⁰ s. (*poun, poon*); milieu XV⁰ s. (*paonne*, fém.); du lat. *pavo, pavonis*. ‖ **paonneau** v. 1200 (*paonel*); XV⁰ s., *Myst. Vieil Test.* (*paonneau*). ‖ **paonner (se)** milieu XVI⁰ s. (Voir PAVANER.)

papa 1256, Ald. de Sienne, mot enfantin, comme le lat. *pappus*, aïeul, et *pappa, papa*, père, de *pappare*, manger, forme enfantine par redoublem. de labiale (gr. *pappa, pappos*); *à la papa*, 1808, d'Hautel. ‖ **grand-papa** 1680, Richelet. (V. BON-PAPA.)

papaïne V. PAPAYE.

papaver, papavéracée, papavérine V. PAVOT.

papaye 1579, Benzoni, bot., du caraïbe des Antilles *papaya*. ‖ **papayer** 1658, de Rochefort. ‖ **papaïne** 1890, Lar., pharm.

pape fin XI⁰ s., *Alexis*, du lat. eccl. *papa* (gr. eccl. *pap*[*p*]*as*), titre d'honneur des évêques (III⁰ s., Tertullien), puis spécialisé peu à peu pour l'évêque de Rome (VI⁰ s.), auquel il est finalement réservé (IX⁰ s.). ‖ **papesse** milieu XV⁰ s., du lat. médiév. *papissa*. ‖ **papal** 1308, Aimé, du lat. médiév. *papalis*. ‖ **papauté** XIV⁰ s., du Cange, sur le modèle de *royauté, principauté*; a éliminé *papalité*, XIV⁰ s. ‖ **papable** 1590, Delb., de l'ital. *papabile*. ‖ **papalin** XVII⁰ s., Bassompierre, de l'ital. *papalino*. ‖ **papiste** début XVI⁰ s. ‖ **papisme** 1553, Granvelle. ‖ **antipape** 1320, *Dit des patenôtres*, du lat. médiév. *antipapa*. ‖ **papegaut** 1564, Rab., formation plaisante. ‖ **papimane, papefigue** 1552, Rab., *id.*

papegai XII⁰ s., de l'anc. prov. *papagai*, de l'ar. *babaghâ*.

1. **papelard** 1220, G. de Coincy (*papelart*); XIII⁰ s. (*papelard*), « faux dévot »; 1611, Cotgrave, «flatteur»; 1668, La Fontaine, « hypocrite »; de l'anc. fr. *paper*, v. 1200, manger, du lat. *pappare* (onom., par redoublem. de labiale), et de *lard* : le faux dévot mange du lard en cachette. Pour d'autres, de l'anc. fr. *papeler*, marmonner des prières, sans doute égalem. d'orig. onom. ‖ **papelardise** XV⁰ s., *Mir. de Notre-Dame.* ‖ **papelarder** 1260, Rutebeuf. (V. PAPOTER, SOUPAPE.)

2. **papelard** V. PAPIER.

papier XIII⁰ s., Delb., adaptation, avec changement de finale, du lat. *papyrus* (« papyrus », jusqu'au VIII⁰ s., puis « papier de chiffon » à partir du X⁰ s., époque où les Arabes introduisent cette invention en Europe méditerranéenne), empr. au gr. *papuros*, roseau d'Égypte; papier fait avec ce roseau; *papiers*, 1835, *Acad.*, pièces d'identité; *papier timbré*, 1690, Furetière; *papier de verre*, 1845, Besch.; *papier-monnaie*, début XVIII⁰ s., empr. à l'angl. ‖ **papelard** s. m., pop. milieu XIX⁰ s., « papier ». ‖ **paperasse** 1553, Belon (*paperas*), s. m.; 1588, Montaigne (*paperasses*), f. pl. ‖ **paperassier** 1798, *Acad.* ‖ **paperasserie** 1845, Besch. ‖ **papetier** début XVI⁰ s. (*papeterius*); début XVI⁰ s. (*papetier*). ‖ **papeterie** début XV⁰ s., fabrication du papier; 1890, Lar., magasin de détail. ‖ **papyrus** 1562, Du Pinet, roseau d'Égypte; début XIX⁰ s., manuscrit sur papyrus. ‖ **papyrologie** 1907, Lar. ‖ **papyrologue** 1932, Lar.

papille 1372, Corbichon, du lat. *papilla*, « mamelon du sein ». ‖ **papillaire** milieu XVII⁰ s. ‖ **papilleux** milieu XVIII⁰ s. ‖ **papillifère** 1838, *Acad.* ‖ **papilliforme** 1817, Gérardin. ‖ **papillome** s. m., milieu XIX⁰ s. (*papilloma*); fin XIX⁰ s. (*papillome*).

papillon 1265, J. de Meung, du lat. *papilio*, de formation expressive; a remplacé l'anc. *paveillon, pavillon*, XII⁰ s., *Floire*, spécialisé dans d'autres sens (v. PARPAILLOT, PAVILLON). ‖ **papillonner** milieu XIV⁰ s., « palpiter »; 1608, *Requête*, sens mod. ‖ **papillonnant** adj., 1874, Lar. ‖ **papillonneur** 1924, P. Hamp. ‖ **papillonnement** 1843, Balzac. ‖ **papilionacées** 1700, Tournefort.

papillote début XVᵉ s., paillette (d'or) ; XVIIᵉ s., pour la coiffure ; du moyen fr. *papillot*, petit papillon, avec changement de suffixe. ‖ **papilloter** 1400, Chr. de Pisan, parsemer de paillettes ; XVIIᵉ s., étinceler ; 1680, Richelet, mettre (les cheveux) en papillotes ; 1762, *Acad.*, cligner (des yeux). ‖ **papillotant** 1767, Diderot. ‖ **papillotage** 1611, Cotgrave. ‖ **papillotement** 1611, Cotgrave ; 1874, Lar., éclat fatiguant la vue.

papion XVIIIᵉ s., Buffon, du lat. mod. *papio* ; sorte de singe.

papoter 1611, Cotgrave, de l'anc. fr. *papeter*, XIIIᵉ s., « babiller », dimin. de *paper* au sens de « ouvrir et rapprocher les lèvres à plusieurs reprises » (notamment en parlant des tout petits enfants) ; du lat. *pappare*, manger, formation onom. par redoublement de labiale (v. PAPA, PAPELARD, SOUPAPE). ‖ **papotage** 1837, *Engelgom.*

papouille 1923, Lar., fam. ; formation expressive ; ou peut-être déform. de *palpouille*, attesté à Mâcon au sens de « pelotage », de *palpouiller*, dér. de *palper*.

paprika 1836, Landais, « soupe au poivre », mot hongrois.

papule 1555, Delb., anat., du lat. *papula*, var. de *papilla* (v. PAPILLE). ‖ **papuleux** 1810, Alibert.

papyrus V. PAPIER.

*pâque, -es Xᵉ s., *Saint Léger* (*paschas*) ; v. 1120 (*pasches*) ; XIIIᵉ s. (*pasques*) ; 1680, Richelet (*pâques*) ; du lat. pop. **pascua*, altér. du lat. eccl. *Pascha* (avec infl. de *pascua*, nourriture, de *pascĕre*, v. PAÎTRE), gr. *Paskha*, remontant à un mot hébreu, signif. « passage », désignant la fête qui commémorait la sortie d'Egypte. A désigné la fête chrét., par coïncidence de dates. Du Xᵉ au XVIᵉ s., sing. et pl. s'emploient indifféremment, puis le sing. désigne la fête juive, et le pl. la fête chrét. ; *Pâques fleuries*, v. 1170, dimanche des Rameaux ; *faire ses pâques*, 1606, Nicot. ‖ **pâquerette** 1553, Belon (*pasquerette*) ; var. *pasquette* (au XVIᵉ s.), bot., à cause de l'époque de floraison. ‖ **pascal** v. 1120, *Voy. de saint Brendan*, du lat. eccl. *paschalis*.

paquebot 1634, Clérac (*paquebouc*) ; 1665 (*paquet-bot*) ; *id.* (*paquebôt*) ; de l'angl. *packet-boat*, bateau (*boat*) qui transporte les paquets (*packet*, lui-même empr. au fr. *paquet*).

pâquerette V. PÂQUE.

paquet milieu XIVᵉ s. (*pacquet*) ; 1538, R. Est (*paquet*) ; de l'anc. *pacque*, s. f., attesté en 1410 (*pakke*) du néerl. *pak* (v. PACOTILLE, PACQUER). ‖ **paqueter** fin XVᵉ s. ‖ **paquetage** 1836, Landais, milit. ‖ **paqueteur** 1562, Delb. ‖ **empaqueter** fin XVᵉ s. ‖ **empaquetage** 1813, B. Constant. ‖ **empaqueteur** 1611, Cotgrave. ‖ **dépaqueter** 1487, G.

pâquis V. PACAGE.

*par 842, *Serments* (*per*) ; Xᵉ s., *Eulalie* (*par*) ; du lat. *per* ; *de par* (*le roi*, etc.), XIIIᵉ s., est une altér. de *de part* (1080, *Roland*), de la part de. ‖ **parmi** fin XIᵉ s., *Alexis*, sur *mi*, milieu (v. MI 1). ‖ **parce que** fin XIIIᵉ s. ; a éliminé au XVIIᵉ s. *pour ce que*, loc. conj. de cause, usuelle au Moyen Age.

1. **para-** du gr. *para-*, « à côté de », dans des mots empruntés au gr., ou de formation française.

2. **para-** exprimant l'idée de « protection contre », tiré de mots empruntés (*parasol, paravent*), du lat. *parare*, parer, et servant à former *parachute, parados, parafoudre, paragrêle, parapluie, paratonnerre* : v. les mots simples correspondants. (V. égalem. PARAPET.)

parabase 1823, Boiste, hist., du gr. *parabasis*, « action de s'avancer », sur *bainein*, marcher.

parabellum XXᵉ s., mot allem., d'après le proverbe lat. *Si vis pacem para bellum*, « Si tu veux la paix, prépare la guerre » (*para*, impér. de *parare*, préparer, et *bellum*, guerre).

1. **parabole** 1265, J. de Meung, eccl., « allégorie », du lat. eccl. *parabola* (IIIᵉ s., Tertullien, et *Vulgate*), proprem. « comparaison », du gr. *parabolê* (v. PALABRE, PARLER, PAROLE). ‖ **parabolique** 1500, du lat. eccl. *parabolicus*. ‖ **paraboliser** milieu XVIIᵉ s.

2. **parabole** milieu XVIᵉ s., géom., spécialis. du mot précéd., repris au gr. mathém. ‖ **parabolique** début XVIᵉ s. ‖ **parabolicité** 1869, L. ‖ **paraboloïde** milieu XVIIᵉ s. ‖ **parabolisme** 1691, Ozanam.

paracenthèse 1560, Paré, du gr. *parakentêsis*, « ponction »; opération chirurgicale consistant à opérer une ponction.

parachute V. CHUTE.

paraclet milieu XIIIᵉ s. (*paraclit*); 1464, Molinet (*paraclet*); du lat. eccl. *paracletus*, gr. *paraklêtos*, « qu'on appelle à son secours »; nom donné au Saint-Esprit.

1. parade début XVIᵉ s. (*faire parade*), terme de manège, « action d'arrêter un cheval », de l'esp. *parada*, de *parar*, « arrêter un cheval court », du lat. *parare* (v. PARER 3); fin XVIᵉ s., « carrousel, défilé, exhibition », sens infl. par *parer* 1, au sens de « arranger »; 1680, Richelet, parade de foire. ‖ **parader** milieu XVIᵉ s. (*se parader*); fin XVIᵉ s. (*parader*). ‖ **paradeur** 1879, Goncourt, « écuyer de cirque »; 1911, fig. ‖ **paradiste** 1836, Landais, bateleur.

2. parade terme d'escrime. V. PARER 2.

paradigme milieu XVIᵉ s., gramm., du lat. gramm. *paradigma* (gr. *paradeigma*), exemple, de *deiknumi*, montrer. ‖ **paradigmatique** XXᵉ s.

paradis 980, *Passion*; var. pop. *pareis* (1080, *Roland*); du lat. eccl. *paradisus* (*Vulgate*), « parc (réservé aux bienheureux) », gr. *paradeisos*, de l'iranien *paridaiza*, enclos du seigneur; 1606, Nicot, théâtre. ‖ **paradisiaque** 1553, Postel; rare jusqu'au XIXᵉ s. (1838, *Acad.*); du lat. eccl. *paradisiacus*. ‖ **paradisier** début XIXᵉ s., zool. (V. PARVIS).

paradoxe 1485, Trepperel (*paradoce*); 1495, *Mir. hist.* (*paradoxe*); du gr. *paradoxos*, sur *doxa*, opinion. ‖ **paradoxal** 1584, Bouchet. ‖ **paradoxisme** 1797, Gattel.

paraffine milieu XVIᵉ s. (*parafine*), « poix résine »; 1611, Cotgrave (*parrafine*), « résine minérale »; repris en 1830 par Reichenbach, qui découvrit l'hydrocarbure ainsi désigné; du lat. *parum affinis*, « qui a peu d'affinité ». ‖ **paraffiné** 1868, L. ‖ **paraffiner, paraffinage** 1874, Lar.

1. parage « extraction » V. PAIR.

2. parage 1544, Cartier, « région », d'abord mar., « lieu où se trouve un vaisseau », de l'esp. *paraje*, « lieu de station », de *parar*, s'arrêter, du lat. *parare*; 1835, *Acad.*, ext. de sens (au pl.).

3. parage techn. V. PARER 1.

paragoge 1390, J. Le Fèvre, du lat. gramm. *paragoge*, du gr. *paragôgê*, « addition ». ‖ **paragogique** 1732, Trévoux.

paragraphe début XIIIᵉ s., du lat. médiév. *paragraphus*, signe de séparation, du gr. *paragraphos*, proprem. « écrit à côté », sur *graphein*, écrire. ‖ **paragrapher** 1660, Oudin.

***paraître** 980, *Passion* (*parestre*), du bas lat. *parescere*, dér. inchoatif du lat. class. *parēre*, paraître, apparaître (d'où est issu l'anc. fr. *pareir*, *paroir*, disparu à la fin du XVIᵉ s.). ‖ **parution** 1923, Lar., sur le part. passé *paru*, et sur le modèle de *comparution*. ‖ **disparaître** 1606, Crespin. ‖ **disparition** 1559, Amyot, sur le modèle de *apparition*. ‖ **reparaître** 1611, Cotgrave. ‖ **reparution** XXᵉ s. ‖ **transparent** 1361, Oresme, du lat. médiév. *transparens*, de *trans*, à travers, et *parens*, part. prés. de *parere*. ‖ **transparence** 1372, Corbichon. ‖ **transparaître** 1640, Oudin. (V. APPARAÎTRE, COMPARAÎTRE.)

paralipomènes 1690, Furetière, du gr. *paraleipomena* (*biblia*), « livres laissés de côté », sur *leipein*, laisser.

paralipse 1732, Richelet, rhét., du gr. *paraleipsis*, action de passer sous silence, de *leipein*, laisser.

parallaxe 1557, de Mesmes, astron., genre incertain jusqu'au XVIIᵉ s.; 1680, Richelet, fém.; du gr. *parallaxis*, « changement ». ‖ **parallactique** 1691, Ozanam.

parallèle 1544, Apian, adj., du lat. *parallelus*, gr. *parallêlos*, sur *allêlôn*, « l'un l'autre »; 1552, Rab., s. m., géogr.; 1559, Amyot, s. m., fig., « comparaison ». ‖ **parallélisme** 1659, Huygens, du bas grec *parallêlismos*. ‖ **parallélogramme** 1542, Bovelles, du lat. *parallelogrammum*, mot gr., sur *grammê*, ligne. ‖ **parallélépipède** 1570, Finé (*parallélipipède*); 1690, Furetière (*parallélépipède*); du lat. *parallelepipedum*, mot gr., sur *epipedon*, surface unie.

paralogisme fin XIVᵉ s., du gr. *paralogismos*, « contre la logique ».

paralysie 1190, Grégoire (*paralisin*) ; XIIIe s. (*paralisie*) ; fin XIVe s. (*paralysie*); du lat. *paralysis*, du gr. *paralusis*, sur *lusis*, « relâchement ». ‖ **paralytique** 1256, Ald. de Sienne (*paralitike*), du lat. *paralyticus*, gr. *paralutikos*. ‖ **antiparalytique** 1732, Richelet. ‖ **paralysé** adj., v. 1560, Paré. ‖ **paralyser** 1765, *Encycl.* ‖ **paralysant** adj., 1874, Lar. ‖ **déparalyser** 1870, Lar.

paramécie 1836, Landais, zool., du lat. *paramecium*, du gr. *paramêkês*, oblong.

parangon XVe s., de l'esp. *parangon*, altér. de l'ital. *paragone*, pierre de touche, par ext. « modèle, comparaison », du gr. *parakonê*, pierre à aiguiser. ‖ **parangonner** milieu XVIe s., comparer ; 1800, typogr. ‖ **parangonnage** 1836, Landais.

paranoïa 1838, *Acad.* (*paranoïe*) ; fin XIXe s. (*paranoïa*) ; d'un mot créé en allem. par Vogel en 1772, du gr. *paranoia*, folie, sur *noûs*, esprit. ‖ **paranoïaque** 1932, Lar. ‖ **paranoïde** XXe s.

paranymphe XVe s., du lat. *paranymphus*, du gr. *paranumphê*, sur *numphê*, jeune mariée. (V. NYMPHE.)

parapet 1546, Rab. (*parapete*) ; 1611, Cotgrave (*parapet*) ; de l'ital. *parapetto*, proprem. « qui protège (du lat. *parare*) la poitrine (*petto*) ».

paraphe milieu XIVe s., « chiffre ajouté au nom », du lat. médiév. *paraphus*, altér. de *paragraphus* (v. PARAGRAPHE) ; 1611, Cotgrave, « signature abrégée ». ‖ **parapher** milieu XVe s.

paraphernal milieu XIVe s. (*biens parafernals*); 1575, Papon (*paraphernal*), jur.; du lat. *paraphernalis*, gr. *parapherna*, sur *phernê*, dot.

paraplégie 1560, Paré, du gr. *para*, à côté de, *plêgê*, coup; paralysie des membres inférieurs. ‖ **paraplégique** 1836, Landais.

parascève début XIVe s. (*jour de parasceuve*) ; du gr. *paraskeuê*, préparation; veille du sabbat chez les juifs.

parasite s. m., début XVIe s. « celui qui fait métier de divertir un riche »; du lat. *parasitus*, gr. *parasitos*, commensal, sur *sitos*, nourriture; 1765, *Encycl.*, zool. et bot.; 1932, Lar., techn. ‖ **parasitaire** milieu XIXe s. ‖ **parasiter** fin XVIe s. ‖ **parasitisme** 1719, Gueudeville. ‖ **parasiticide** milieu XVIIe s. ‖ **parasitique** début XVIe s. ‖ **parasitologie** 1907, Lar. ‖ **antiparasite** 1928, Lar. ‖ **antiparasiter** XXe s.

parasol 1548, *les Galées de France*; rare jusqu'au XVIIIe s.; de l'ital. *parasole*, proprem. « contre [du lat. *parare*, parer] le soleil (*sole*) ».

*****parâtre** 1080, *Roland* (*parastre*), beau-père, jusqu'au XVIe s.; du bas lat. *patraster*, second mari de la mère, de *pater*, père. (V. MARÂTRE.)

parbleu V. DIEU.

*****parc** 1175, Chr. de Troyes, du bas lat. *parricus* (VIIIe s., *Loi des Ripuaires*), d'un prélatin *parra*, « perche ». ‖ **parquer** fin XIVe s. ‖ **parqueur** 1868, L., dans les parcs à huîtres. ‖ **parcage** fin XIVe s., J. Le Fèvre. ‖ **parking** XXe s., autom., mot angl., de *to park*, parquer. ‖ **parquet** 1339, « petit parc »; XIVe s., spécialem. « partie d'une salle de justice où se tiennent les juges », d'où divers empl. judic. et financ.; milieu XVIIe s., plancher. ‖ **parqueter** 1382, Delb. ‖ **parquetage** 1611, Cotgrave. ‖ **parqueteur** fin XVIIe s. ‖ **parqueterie** 1835, *Acad.*

*****parcelle** milieu XIIe s., du lat. pop. *particella*, lat. class. *particula*, dim. de *pars*, *partis* (v. PART 1, PARTICULE). ‖ **parcellaire** 1791, Ranft. ‖ **parceller** milieu XVe s. (*parsellé*). ‖ **parcellement** s. m., 1859, Mozin.

parce que V. PAR.

*****parchemin** fin XIe s., *Alexis* (*parchamin*) ; du bas lat. *pergamena* (*pellis*), gr. *pergamenê*, proprem. « peau de Pergame ». avec une altér. sous l'infl. de *Parthica* (*pellis*), « (peau) du pays des Parthes » (d'où est issu l'anc. fr. *parche*, *parge*). ‖ **parcheminier** XIIIe s., Fr. Laurent. ‖ **parcheminerie** fin XIVe s. ‖ **parcheminer** 1836, Balzac (*se parcheminer*).

parcimonie 1495, *Miroir hist.*; rare avant le XVIIIe s.; du lat. *parcimonia*, var. *parsimonia*, de *parsus*, part. passé de *parcere*, épargner. ‖ **parcimonieux** 1773, Beaumarchais.

parcourir XVe s., adaptation, d'après *courir*, du lat. *percurrere*. ‖ **parcours**

533

1268, Du Cange, du bas lat. *percursus*, sur *cours*. (V. COURIR.)

pardessus 1836, Landais, forme substantivée de *par-dessus*. (V. SUS.)

pardonner Xe s., *Saint Léger* (*perdoner*); fin XIe s., *Alexis* (*pardoner*); du préf. intensif *par*, « complètement », du lat. *per*, et de *donner*. ‖ **pardon** début XIIe s. ‖ **pardonnable** début XIIe s., *Ps. de Cambridge* (*perdunable*), « miséricordieux »; fin XIVe s., sens mod. ‖ **impardonnable** 1360, Froissart.

parégorique milieu XVIe s., adj., du bas lat. méd. *paregoricus*, du gr. *parêgorikos*, « qui calme »; *élixir parégorique*, 1870, Lar.

***pareil** fin XIIe s., R. de Moiliens, du lat. pop. **pariculus**, de *par*, égal (v. PAIR); *sans pareil*, début XIIIe s. ‖ **pareillement** 1594, Ménippée. ‖ **appareiller** 1175, Chr. de Troyes. ‖ **appareillement** 1827, *Acad.* ‖ **dépareiller** fin XIIe s., *Escoufle*. ‖ **dépareillé** adj., 1718, *Acad.* ‖ **nonpareil** milieu XIVe s. ‖ **rappareiller** 1690, Furetière.

parélie ou **parhélie** 1547, Mizauld (*parahele*); 1611, Cotgrave (*parélie*); 1671, Pomey (*parhélie*); du lat. *parelion*, gr. *parêlios*, de *para*, à côté, et *hêlios*, soleil.

parelle XIIe s., bot., du lat. médiév. *paratella*; nom de la patience, dans l'Ouest.

parémiologie 1842, *Acad.*, du gr. *paroimia*, proverbe. ‖ **parémiographe** *id.*

parenchyme 1546, Ch. Est., du gr. *paregkhuma*, de *para*, à côté, et *egkheîn*, répandre; d'après les théories gr., il était formé par le sang répandu dans les veines. ‖ **parenchymateux** milieu XVIIIe s.

parénèse 1585, Scaliger (*paraenesis*); 1587, Crespet (*parénèse*), rhét.; du lat. impér. *paraenesis*, du gr. *parainesis*, de *ainein*, recommander, exhorter. ‖ **parénétique** 1574, Tigeon, du gr. *parainetikos*.

***parent** Xe s., *Saint Léger* (*parents*, m. pl., le père et la mère, et *parent*, sing., membre de la famille); du lat. *parens, parentis*, père, mère, et par ext. aïeul, puis en bas lat. membre de la famille, part. prés. de *parère*, engendrer;

proche parent fin XIIe s. (*prochain parent*); 1594, *Coutum.* (*proche parent*); *grands-parents* 1798, *Acad.* ‖ **parentage** 1080, *Roland.* ‖ **parenté** fin XIe s., *Alexis* (*parentet*, s. m.); 1155, Wace (*parenté*); fém. depuis le XVe s.; du lat. pop. *parentatus*, de *parens*. ‖ **parentèle** fin XIVe s., du lat. impér. *parentela*. ‖ **parentales** 1721, *Trévoux*, f. pl., hist. ‖ **parental** adj., XXe s. ‖ **parentaille** v. 1820, P.-L. Courier, péjor. ‖ **apparenter** 1180, *Eracle*, « traiter comme parent »; XVe s., *être bien* (*ou mal*) *apparenté*, avoir des parents riches (ou pauvres); 1660, Oudin, *s'apparenter à*, sens mod. ‖ **apparentement** 1912, *L. M.*, politique.

parentèle V. PARENT.

parenthèse 1493, Coquillart (*parenteze*); 1546, Est. (*parenthèse*); du lat. *parenthesis*, mot gr., de *para*, à côté, et *enthesis*, action de mettre.

paréo 1907, Lar., mot tahitien; costume de plage.

1. parer 980, *Passion*, préparer, orner; 1552, Rab., mettre en ordre, mar.; du lat. *parāre*, préparer, apprêter, qui a pris divers sens dans les langues romanes (V. PARER 2 et 3). ‖ **parure** XIIe s. ‖ **parement** Xe s., Eulalie (*parament*); XIIIe s. (*parement*). ‖ **paramenté** 1557, Joüon des Longrais. ‖ **paré** adj., 1702, Aubin, prêt. ‖ **paroir** s. m., 1611, Cotgrave, techn. ‖ **parage** 1732, *Maison rustique*, vitic.; 1763, Fougeroux, tonnellerie; 1842, Mozin, charp. mar. ‖ **paraison, paraisonnier** 1700, *Mém. au contrôleur gén. des fin.*, vitic. ‖ **pareur** 1250, techn. ‖ **déparer** 1055, *Alexis* (*desparer*), ôter de ce qui pare; 1660, Retz, enlaidir.

2. parer (*un coup*) 1559, Rab., escrime; de l'ital. *parare*, « se garder d'un coup, s'opposer à », du lat. *parāre; parer à*, 1718, *Acad.* ‖ **imparable** 1615, Montchrestien. ‖ **parade** début XVIIe s. ‖ **pare-balles** 1873, L. (*paraballes*). ‖ **pare-boue** 1909, *Vie autom.* ‖ **pare-brise** 1905, *id.* ‖ **pare-chocs** 1885, Pers. ‖ **pare-clous** 1932, Lar. ‖ **pare-éclats** 1907, Lar. ‖ **pare-étincelles** 1880. ‖ **pare-feu** 1873, L. ‖ **pare-fumée** 1677. ‖ **pare-soleil** 1935, Sachs. (V. EMPARER, EMPARER (S'), REMPART.)

3. **parer** fin XVIᵉ s., Malherbe, « retenir un cheval » ; de l'esp. *parar*, du lat. *parāre*. (V. PARADE 1.)

parère s. m., milieu XVIIᵉ s., jur., de l'ital. *parere*, avis ; du lat. *parēre*, paraître, assister ; acte précisant un point de droit étranger.

parésie 1694, Th. Corn. (*parésis*) ; 1741, Col de Villars (*parésie*) ; du gr. *paresis*, relâchement ; diminution de la force musculaire.

paresse fin XIᵉ s. (*perece*) ; 1160, *Eneas* (*paresse*) ; altér., sous l'infl. de *par*, ou sous l'action ouvrante du *r*, du lat. *pigritia*, de *piger*, paresseux. ‖ **paresser** XIIᵉ s. (*parecer*). ‖ **paresseux** 1119, Ph. de Thaun (*pereçus*). ‖ **paresseusement** fin XIIᵉ s., *Dial. Grégoire*.

paresthésie 1878, Lar., du gr. *para*, à côté, et *aisthesis*, sensibilité.

parfait adj., fin XIIᵉ s., R. de Moiliens ; s. m., fin XVIᵉ s., gramm., du lat. gramm. *perfectum* ; part. passé de *parfaire*, d'après le lat. *perfectus*. ‖ **imparfait** adj., 1372, Corbichon, d'après le lat. *imperfectus* ; XVᵉ s., gramm. (*prétérit imparfait*) ; s. m., 1606, Nicot, d'après le lat. gramm. *imperfectum*. ‖ **plus-que-parfait** 1550, Meigret, d'après le lat. *plus quam perfectum*.

parfois V. FOIS.

parfumer début XVIᵉ s., de l'ital. *perfumare* (auj. *profumare*) de *fumare*, proprem. « exhaler une vapeur (odorante) ». ‖ **parfum** *id.*, d'après l'ital. *perfumo*. ‖ **parfumeur** *id.* ; var. *parfumier*, XVIᵉ s., éliminé à cause d'une homonymie gênante avec *fumier*. ‖ **parfumerie** début XIXᵉ s. ‖ **brûle-parfum** v. 1840, Gautier.

pari V. PARIER.

paria 1575, Belleforest (*-reaz*), mot port., du tamoul *pareyan* ; 1821, C. Delavigne, *le Paria*, fig.

parian 1869, *Tarif des douanes*, mot angl., proprem. « de Paros ».

paridés 1874, Lar. (*parinés*), zool., du bas lat. *parus*, lat. class. *parra*, mésange.

parier 1558, Des Périers, parier quelque chose contre quelqu'un, « mettre en balance » ; 1549, R. Est., mettre une somme dans un pari ; du lat. *pariare*, de *par* ; a éliminé l'anc. *pairier*, XIIIᵉ s.,

Adam de La Halle, « égaler », dér. de *pair*. ‖ **pari** 1642, Oudin ; *pari mutuel*, 1872, Pears. ‖ **parieur** 1640, Oudin. (V. PAIR.)

pariétaire XIIIᵉ s., *Simples Méd.* (*paritaire*) ; XVIᵉ s. (*pariétaire*) ; du lat. (*herba*) *parietaria*, de *paries, parietis*, paroi.

pariétal fin XVᵉ s. (*os pariétaux*) ; du lat. *paries, parietis*, paroi. (V. PARIÉTAIRE.)

parisien XIVᵉ s., de *Paris*. ‖ **parisianisme** 1840, Balzac (*parisiénisme*), XIXᵉ s., Gautier (*parisianisme*). ‖ **parisianiser** 1877, Daudet, fam. ‖ **parigot** 1900, fam. ‖ **parisette** 1778, Lamarck, bot., dimin. ; herbe rustique.

parisis XIIᵉ s., *Moniage Guillaume*, hist., du bas lat. *parisiensis*, de *Parisiis*, Paris, proprem. ablatif du nom de peuple *Parisii* ; XIIIᵉ s., *livre parisis*, nom de monnaie.

parisyllabique, parité V. PAIR.

parjurer (se) 1080, *Roland*, du lat. *perjurare*, de *jurare*. ‖ **parjure** début XIIᵉ s., « celui qui se parjure », du lat. *perjurus*. ‖ **parjure** id., faux serment, du lat. *perjurium*. (V. JURER.)

parking V. PARC.

parlement 1080, *Roland*, conversation (encore XVIIᵉ s., Racine) ; dér. de *parler* ; début XIIIᵉ s., assemblée des grands du royaume ou d'une région ; début XIIIᵉ s., assemblée souveraine de justice ; fin XIIIᵉ s., assemblée législative en Angleterre ; 1825, Lamennais, les deux assemblées législatives en France (l'emploi judiciaire du mot ayant alors disparu), mot repris de l'angl. *parliament*, lui-même empr. à l'anc. fr. *parlement*. ‖ **parlementer** début XIVᵉ s., conférer ; fin XIVᵉ s., milit. ‖ **parlementaire** adj., milieu XVIIIᵉ s., milit. ; s. m., 1798, *Acad.*, *id.* ; s. m, 1644, Delb., jurid., porte-parole du parlement ; XVIIᵉ s., polit., s'agissant de l'Angleterre ; adj., 1789, « relatif à l'Assemblée législative » ; 1845, Besch., s. m., membre des assemblées législatives. ‖ **parlementarisme** 1852, Louis-Napoléon Bonaparte. ‖ **antiparlementaire** début XXᵉ s. ‖ **antiparlementarisme** 1912, Alexinsky. ‖ **interparlementaire** 1894, Sachs-Villatte.)

*parler xe s., *Saint Léger* (*parlier*); 980, *Passion* (*parler*); du lat. eccl. *parabolare*, devenu *paraulare en lat. pop., du class. *parabola* (v. PARABOLE, PAROLE); XIIe s., s. m., fait de parler; milieu XVIIe s., façon de parler propre à un individu ou à une région. ‖ **parlant** adj., 1210, Herbert de Duc; fin XIXe s., techn.; XXe s., *cinéma parlant*. ‖ **parlé** adj., 1798, *Acad.*, par oppos. à *écrit* (*langue*). ‖ **parlage** 1770, *Corr. phil. et crit.* ‖ **parlote** 1829, *la Mode*, péjor. ‖ **parleur** 1170, Thomas; *beau parleur*, XVe s. ‖ **parloir** 1155, Wace (*parleür*); XIIIe s. (*parloir*). ‖ **déparler** 1160, Benoît (*soi desparler*, se dédire); début XIIIe s., « cesser de parler ». ‖ **pourparler** 1080, *Roland* (*purparler*), comploter; 1155, Wace, discuter; XIIIe s. (*pourparler*); XVe s., s. m., discussion en vue d'un arrangement (surtout au pl.). ‖ **reparler** milieu XIIe s.

parloir V. PARLER.

parmi V. PAR.

parmélie début XIXe s., bot., du lat. *parmelia*, de *parma*, petit bouclier rond.

parmesan adj., XVe s. (*permigean*), de l'ital. *parmigiano*, « de Parme »; s. m., fin XVIe s., fromage.

parnasse 1866, *le Parnasse contemporain*, du nom du *Parnasse*, montagne de Phocide consacrée à Apollon et aux Muses dans la mythol. gr., du lat. *Parnassus* (gr. *Parnasos*). ‖ **parnassien** XVIIIe s., « relatif à la poésie »; 1827, *Acad.*, entom.; 1866, journ., hist. litt.

parodie 1614, A. de Nesmond, du gr. *parôdia*, de *para*, à côté, et *ôdê*, chant. ‖ **parodier** 1580, Pasquier. ‖ **parodiste** 1723, Piron. ‖ **parodique** 1800, Boiste.

*paroi 1080, *Roland* (*pareit*); 1175, Chr. de Troyes (*paroi*); du lat. pop. *paretem, lat. class. *parietem*, acc. de *paries*, mur, paroi. (V. PARIÉTAIRE, PARIÉTAL.)

paroir V. PARER 1.

*paroisse fin XIe s. (*parosse*); 1155, Wace (*paroisse*); du bas lat. *parochia*, altér. du lat. eccl. *paroecia* (IVe s., saint Augustin), gr. eccl. *paroikia*, « groupement d'habitations voisines », de *para*, à côté, et *oikia*, maison. Pour certains, en raison du sens primitif de *parochia*, « diocèse d'un évêque », il faut rattacher *paroikia* à *paroikos*, étranger, « qui habite à côté », les chrétiens se tenant pour étrangers sur cette terre. ‖ **paroissien** 1200, Bedel; 1803, Boiste, livre de messe; v. 1840, Balzac, fam., « individu suspect »; du lat. eccl. *parochianus*. ‖ **paroissial** fin XIIe s., R. de Moiliens (*parochial*); XIIIe s. (*paroissial*); du lat. eccl. *parochialis*.

*parole 1080, *Roland*, du lat. eccl. *parabola*, devenu *parabla, *paraula en lat. pop.; en lat. impér. « comparaison » (Quintilien), puis « parabole du Christ », d'où « parole du Christ », et simplement « parole », suivant la même évolution que *verbum* (« parole de Dieu », puis « parole » en général) [v. PALABRE, PARABOLE 1, PARLER]. ‖ **parolier** adj. 1584, trad. d'Horace, « riche en paroles »; s. m., 1843, Gautier, sens mod.

paroli 1640, Oudin, de l'ital. *paroli*, probabl. du mot napolitain *paro*, égal, du lat. *par*; somme double de celle qu'on a jouée précédemment.

paronomase 1557, Fouquelin (*paronomasie*); 1701, Furetière (*paronomase*); du lat. *paronomasia*, mot gr., du gr. *para*, à côté, et *onoma*, nom.

paronyme 1805, Lunier, du gr. *paronumos*, même rad. que le précédent. ‖ **paronymique** 1836, Landais. ‖ **paronymie** 1846, Besch.

paronyque 1562, Du Pinet, bot. (*paronychia*); 1838, *Acad.* (*paronyque*); du gr. *parônuchis*, de *para*, à côté, et *onux*, ongle.

parotide fin XVe s. (*perotide*); 1537, Canappe (*parotide*), anat.; du lat. *parotis, -idis*, gr. *parôtis, -idos*, de *para*, à côté, et *oûs, ôtos*, oreille. ‖ **parotidien** 1818, Alibert. ‖ **parotidite** 1836, Landais.

parousie XXe s., théol., du gr. *parousia*, présence; retour glorieux du Christ.

paroxysme 1314, Mondeville (*peroxime*); fin XIVe s. (*parocisme*); XVIe s. (*paroxysme*); du gr. méd. *paroxusmos*, de *oxunein*, aiguiser, exciter, de *oxus*, pointu. ‖ **paroxystique** 1836, Landais.

paroxyton V. OXYTON.

parpaillot 1622, surnom donné aux calvinistes, d'abord dans le Sud-Ouest (siège de Clairac, 1621) ; issu, par changem. de suff., de l'occitan *parpailhol* (Languedoc, Gascogne), « papillon » : altér. de *papillon* par insertion de *r*, du lat. *papilio* (v. PAPILLON, PAVILLON). Le surnom s'explique soit par les vêtements blancs des calvinistes, soit par comparaison de leur infidélité au vol des papillons passant de fleur en fleur.

*parpaing fin XIIIe s., techn. (en anc. fr., var. *parpaigne*), du bas lat. . **perpetaneus*, en lat. *perpes, -ētis*, « ininterrompu ». On a proposé aussi un lat. pop. **perpendium*, « qui pend sur », de *pendere* [G. Paris], ou un lat. pop. **perpaginem*, acc. de **perpago*, de *pangere*, enfoncer [A. Thomas].

parque 1529, Rab. (*parce*) ; 1564, J. Thierry (*parque*) ; du lat. *Parca*, déesse des Enfers, dans la mythol. antique.

parquer, parquet et dér. V. PARC.

*parrain XIIe s. (*parrin, parin*) ; XVIe s. (*parrain*, d'après *marraine*), du bas lat. *patrinus*, de *pater*, père. ‖ **parrainage** 1829, Vidocq (en anc. fr., *parrinaiges*, 1220, « le parrain et la marraine ») ; 1935, fig. ‖ **parrainer** XXe s., fig.

parricide fin XIIe s., meurtrier d'un proche parent ; 1213, *Fet des Romains*, meurtrier de son père ou de sa mère ; XVe s., attentat contre la vie d'un proche parent ; du lat. *parricida* (meurtrier), et *parricidium* (meurtre), d'un premier élément obscur (compris par les Romains comme rattaché à *pater, parens*), et de *caedere*, tuer.

parsec XXe s., astron., des premières syllabes de *par[allaxe]* et de *sec[onde]* ; unité de distance.

parsemer V. SEMER.

parsi ou **parse** 1653, La Boulaye, du persan *parsi*. ‖ **parsisme** 1872, L.

1. *part 842, *Serments*, « côté » ; du lat. *pars, partis* ; 980, *Passion*, « participation » ; 1155, Wace, « portion ». Le sens « participation » subsiste dans des loc. figées : *nulle part*, 1190, Garn. ; *quelque part*, 1530, Palsgrave ; *d'une part...*, *d'autre part*, XIIe s. ; *de part et d'autre*, 1671, Pomey ; *de toutes parts*, XIIIe s. ; *à part*, 1283, Beaumanoir ; *à part* (suivi d'un pronom), fin XIVe s.,

E. Deschamps, « en soi-même », altér. de *à par* (suivi d'un pronom), XIIIe s. ; *à part* (suivi d'un nom), 1787, Féraud, « excepté » ; *prendre part à*, 1636, Corneille, sur *part* au sens de « participation » ; *la plupart*, milieu XVe s. ‖ **partiaire** début XIIIe s. (*parciaire*), « copropriétaire », ou « métayer » (colon *partiaire*), jur., du lat. *partiarius*, de *pars*. ‖ **faire-part** s. m., 1868, L. (auparavant, *part*, v. 1785) ; *billet de part*, 1798, *Acad.* ; *billet de faire part*, 1835, *Acad.* ‖ **in partibus** début XVIIIe s., loc. lat.

2. part milieu XIIe s., « accouchement », du lat. *partus*, de *parere*, enfanter. (V. PARTURITION.)

partage 1283, Beaumanoir, de *partir*, au sens de « partager ». ‖ **partager** 1398, *Ordonn.* ‖ **partageable** début XVIe s. ‖ **partageant** s. m., 1612, Le Proust, jur. ‖ **partagé** adj., milieu XVIIe s., « incertain ». ‖ **partageur** 1567, Amyot, jur. ; 1868, L., « partisan de la communauté des biens ». ‖ **partageux** 1848, journ., polit. ‖ **départager** 1690, Furetière. ‖ **repartager** 1559, Amyot.

partance, partant 1 V. PARTIR 2.

partant 2 adv. V. TANT.

partenaire 1767, Mme du Deffand (*partner*) ; 1784, Beaumarchais (*partenaire*) ; de l'angl. *partner*, altér., d'après *part*, de *parcener*, de l'anc. fr. *parçonier*, de *parçon*, partage, butin, du lat. *partītiō, -onis*.

parterre V. TERRE.

parthénogenèse 1868, L., biol., du gr. *parthenos*, vierge, et de l'élém. *-genèse*. ‖ **parthénogénétique** 1874, Lar. (*parthenogénésique*) ; 1900, Lar. (*parthénogénétique*).

parti adj. et s. V. PARTIR 1.

partial 1361, Oresme (*parcial*), « qui forme une partie d'un tout » ; 1395, Chr. de Pisan, « attaché à un parti » ; du lat. médiév. *partialis*, de *pars*, partie (v. PARTIEL). ‖ **partialité** 1360, Froissart, « parti » ; 1611, Cotgrave, sens mod. ‖ **impartial** milieu XVIe s. ‖ **impartialité** id.

participe 1220, d'Andeli (*participle*) ; XIVe s. (*participe*) ; du lat. gramm. *participium*, de *pars*, part, et *capere*, prendre ;

participe passé, 1721, *Trévoux; participe présent*, fin XVIᵉ s. (*participe du présent*) ; 1798, *Acad.* (*participe présent*). ‖ **participial** fin XIVᵉ s.

participer fin XIIIᵉ s., R. Lulle, lat. *participare*, de *particeps*, « qui prend part », de *pars*, part, et *capere*, prendre. ‖ **participant** adj., début XIVᵉ s. ; s., 1802, Flick. ‖ **participation** 1160, Benoît, du bas lat. *participatio*.

particulariser, particularisme V. PARTICULIER.

particule 1484, Chuquet, du lat. *particula*, dim. de *pars, partis*, partie; début XVIᵉ s., gramm.; 1838, *Acad.*, *particule nobiliaire*.

particulier 1265, Br. Latini (*particuler*) ; fin XIIIᵉ s. (*particulier*) ; du bas lat. *particularis*, de *pars*, partie; s. m., v. 1460, « personne privée » ; *en particulier*, XVᵉ s., *Mir. de Notre-Dame*. ‖ **particularité** 1265, J. de Meung. ‖ **particularisme** 1689, Bossuet, théol.; 1790, Duclos, ext. de sens. ‖ **particulariste** 1701, Furetière, théol.; 1796, ext. de sens. ‖ **particulariser** 1412, Juvénal des Ursins. ‖ **particularisation** milieu XVIᵉ s.

partie V. PARTIR 1.

partiel fin XVIIᵉ s., du lat. médiév. *partialis*, de *pars*, partie. (V. PARTIAL, PARTIR.)

1. ***partir** partager, 980, *Passion* (inus. à partir du XVIIᵉ s.) ; du lat. pop. *partire*, partager, en lat. class. *partiri*, de *pars*, *partis*, part. N'a subsisté que dans : *avoir maille à partir*. ‖ **parti** adj., début XIIIᵉ s., blas. ‖ **parti** s. m., 1360, Froissart, « conditions faites à quelqu'un », proprem. « ce qui est partagé », d'où *faire un mauvais parti à* (1549, R. Est.) et *tirer parti de* (1694, *Acad.*) ; 1360, Froissart, « résolution », d'où *prendre parti* (*id.*), « se décider », et *prendre son parti*, « se résigner » (1664, Molière), « se déterminer » (1670, Molière); début XVᵉ s., « union de plusieurs personnes contre d'autres », d'où *tenir le parti de* (milieu XVᵉ s.), puis *prendre le parti de* (1636, Corneille); 1538, R. Est., « personne à marier ». ‖ **partie** 1119, Ph. de Thaun, « fraction d'un tout »; XIIIᵉ s., jur.; 1611, Cotgrave, jeu; XVIIᵉ s., Bassompierre, partie de plaisir; 1648, Scar-

ron, mus.; début XIXᵉ s., profession; *en partie*, XIVᵉ s.; *faire partie de*, v. 1800, Mᵐᵉ de Staël; *partie civile*, 1549, R. Est.; *prendre à partie*, 1611, Cotgrave. ‖ **contrepartie** milieu XIIIᵉ s., partie s'opposant à une autre; 1948, Lar., « ce que l'on fournit en échange d'autre chose ». ‖ **partouse** XXᵉ s., fam. ‖ **partition** 1361, Oresme, du lat. *partitio*; 1690, Furetière, mus. (d'après l'ital. *partizione*). ‖ **partiteur** début XVIᵉ s., math.; 1874, Lar., techn. ‖ **partitif** fin XIVᵉ s. (*partitis*) ; 1530, Palsgrave (*partitif*); du lat. *partitus*, part. passé de *partire*. ‖ **départir** 1080, Roland, « partager, disperser »; *se départir de*, XIIᵉ s., « se séparer de »; 1646, « s'écarter de, manquer à ». ‖ **département** 1120, *Ps. d'Oxford*, « groupe de personnes détaché »; XIIIᵉ s., « assiette de la taille » : le mot a été remplacé au XVIIᵉ s. par *répartition*; XVIᵉ s., lieu assigné à un officier pour sa tâche; 1690, Furetière, ensemble des affaires confiées à un ministre; milieu XVIIIᵉ s., division administrative. ‖ **départemental** 1792. ‖ **interdépartemental** 1871, Lar. ‖ **répartir** 1190, saint Bernard (*repartir* quelque chose à quelqu'un), donner en partage; 1559, *répartir* (pour distinguer de *repartir*, de *partir* 2). ‖ **répartition** fin XIVᵉ s. (*repartition*); 1662, Colbert (*répartition*). ‖ **répartiteur** XVIIIᵉ s., Turgot. ‖ **miparti** adj., 1190, Garn., part. passé de l'anc. *mipartir*, diviser en deux. ‖ **triparti** milieu XVᵉ s. ‖ **tripartite** 1690, Furetière, adj. f.; 1935, *Acad.*, adj. m. f. ‖ **tripartisme** 1949, Lar. ‖ **tripartition** 1765, *Encycl.* (V. aussi BIPARTITE.)

2. ***partir** XIIᵉ s., quitter un lieu, développement de sens du précédent, du lat. pop. *partire*, class. *partīri*, « partager »; *à partir de*, 1787, Féraud, a remplacé *au partir de*, XVIᵉ s. ‖ **partance** 1395, *Chr. de Pisan*; repris à la fin du XIXᵉ s. ‖ **départ** 1213, *Fet des Romains* (*depart*); 1552, Ch. Est. (*départ*); de l'anc. v. *départir*, s'en aller. ‖ **repartir** 1669, Widerhold. ‖ **repartie** 1611, Cotgrave, « prompte réponse ».

partisan 1483, Commynes; 1560, Pasquier, financ.; de l'ital. *partigiano*, de *parte*, du lat. *pars*, *partis* (v. PART 1).

partitif, partition, partouse. V. PARTIR 1.

partout V. TOUT.

parturition 1787, Leroux (*parturation*); 1823, Boiste (*parturition*); du lat. *parturitio*, de *parturire*, accoucher (v. PART 2). ‖ **parturiente** fin XVI⁰ s.; repris au XX⁰ s., 1923, Lar.

parulie 1741, Villars, méd., du gr. *paroulis*, de *para*, à côté, et *oulon*, gencive; abcès à la gencive.

parure V. PARER 1.

parution V. PARAÎTRE.

*****parvenir** 980, *Passion*, du lat. *pervenire*, de *venire* (v. VENIR). ‖ **parvenu** s. m., début XVIII⁰ s.

*****parvis** fin XII⁰ s., Marie de France (*parewis*); XII⁰ s., *Couronnement de Loïs* (*parevis*); XIII⁰ s. (*parvis*), sens mod., du nom de la place qui se trouvait devant la grande entrée des églises de Rome (qui tenait ce nom du sens primitif du gr. *paradeisos*, enclos); var. de *pareis*, 1080, *Roland*, « paradis », du lat. *paradisus*. (V. PARADIS.)

1. *****pas** s. m., X⁰ s., du lat. *passus*; 1080, *Roland*, « passage, défilé » (v. PAS-SER); *contre-pas*, 1606, Crespin; *pas-d'âne*, fin XV⁰ s.; *pas-de-géant* XX⁰ s., techn.

2. *****pas** 1080, *Roland*, particule de négation combinée avec *ne*; a éliminé *mie* depuis le XVI⁰ s.

pascal V. PÂQUE.

paso doble v. 1919, mot esp., signif. « pas redoublé », du lat. *passus*, pas.

pasquin 1558, Du Bellay, « écrit satirique » (var. *pasquil*, 1541, G. Pellicier; *pasquille*, 1596, Hulsius), de l'ital. *Pasquino*, nom plaisant donné par les habitants de Rome à une statue antique sur laquelle on affichait des placards satiriques. ‖ **pasquinade** 1566, Granvelle.

passable, passager V. PASSER.

passacaille 1640, *Ancien Théâtre* (*pasecalle*); 1718, *Acad.* (*passacaille*); de l'esp. *pasacalle*, de *pasa*, impér. de *pasar*, passer, et *calle*, rue.

passade 1454, Sidrac, « partie de jeu »; XVI⁰ s., équit.; fin XVII⁰ s., Saint-Simon, liaison passagère; de l'ital. *passata*, de *passare*, passer, du lat. pop. *passare* (v. PASSER).

passement 1250, Auberi, action de passer; 1538, R. Est., bordure de dentelle; tissu fait en passant, dér. de *passer*. ‖ **passementier** 1552, Ch. Est. ‖ **passementerie** 1539, Belleforest. ‖ **passementer** 1542, Guiffrey.

*****passer** fin XI⁰ s., *Alexis*, du lat. pop. *passare*, de *passus*, pas; *se passer de*, 1265, J. de Meung, « se contenter de »; 1340, Guill. de Machaut, « se priver de ». ‖ **passant** adj. XII⁰ s.; s. m., v. 1250, personne qui passe (du XIV⁰ au XIX⁰ s., anneau, boucle). ‖ **passable** 1265, J. de Meung, « qui peut se glisser »; fin XIV⁰ s., admissible. ‖ **passage** 1080, *Roland*, lieu par où l'on passe; 1155, Wace, action de passer. ‖ **passager** milieu XIV⁰ s., passeur d'eau; XVI⁰ s., voyageur. ‖ **passager** adj., 1564, J. Thierry, « qui dure peu ». ‖ **passation** début XV⁰ s. ‖ **passavant** v. 1200, sorte de bannière; 1680, Richelet, laissez-passer; 1773, Bourdé, mar. ‖ **passe** 1383, Du Cange, « but au jeu de javelines », puis divers emplois dans le lexique des jeux, d'où *être en passe de*, 1648, Scarron, et *être dans une bonne passe*, 1704, *Trévoux*; 1691, Ozanam, mar., chenal; 1835, *Acad.*, mouvement des mains d'un magnétiseur; 1835, *Acad.*, imprim.; *mot de passe*, 1874, Lar. ‖ **passe-balle** 1701, Furetière. ‖ **passe-boules** v. 1900, Lar. ‖ **passe-carreau** 1765, *Encycl.* ‖ **passe-crassane** 1874, Lar. ‖ **passe-debout** 1723, Savary. ‖ **passe-droit** 1546, Ch. Est. ‖ **passe-fleur** XV⁰ s. ‖ **passe-lacet** 1842, Mozin. ‖ **passe-montagne** 1868, *le Charivari*. ‖ **passe-partout** 1564, J. Thierry, clé; 1765, *Encycl.*, scie. ‖ **passe-passe** XV⁰ s.; *tour de passe-passe*, 1530, Palsgrave. ‖ **passe-pied** 1532, Matignon. ‖ **passe-pierre** 1664, Tarif. ‖ **passe-poil** 1603, Gay. ‖ **passepoiler** 1907, Lar. ‖ **passeport** début XV⁰ s. ‖ **passe-rage** milieu XV⁰ s. ‖ **passe-rivière** 1907, Lar. ‖ **passerose** XIII⁰ s., de *passer* au sens de « surpasser ». ‖ **passe-temps** 1413, Ch. d'Orléans, « joie »; 1538, R. Est., sens mod. ‖ **passe-thé** v. 1900. ‖ **passe-tout-grain** 1816, Jullien. ‖ **passe-velours** début XVI⁰ s. ‖ **passe-volant** 1515, Conflans, artill.; XVI⁰ s., soldat supplémentaire. ‖ **passé** s. m., 1539, R. Est., temps passé; 1550, Meigret, gramm. ‖ **passée** XIII⁰ s., Priorat. ‖ **passéiste** 1914, Coquiot. ‖ **passerelle** 1835, *Acad.* ‖ **passette** 1803,

Gattel. ‖ **passeur** 1160, Benoît. ‖ **passoire** XIIIe s., *Gloses*, crible; 1660, Oudin, cuisine. ‖ **dépasser** 1155, Wace. ‖ **dépassement** 1856, Lachâtre. ‖ **impasse** 1761, Voltaire; 1730, *Ac. jeux*. ‖ **outrepasser** 1155, Wace. ‖ **repasser** v. 1200, intr., passer de nouveau; 1635, Corneille, tr., se remémorer; 1669, Widerhold (*du linge*); 1680, Richelet (*des couteaux*). ‖ **repassage** 1340, nouveau passage; 1810, Genlis (*du linge*); 1835, *Acad.* (*des couteaux*). ‖ **repasseuse** XVIIIe s. (*de linge*). ‖ **surpasser** début XIVe s.; *se surpasser*, v. 1650, Voiture. ‖ **insurpassable** milieu XVIe s. ‖ **trépasser** 1080, *Roland*, « dépasser »; XIIe s., « enfreindre »; 1155, Wace, mourir. ‖ **trépas** 1155, Wace, action de passer; XIIIe s., mort. ‖ **trépassé** s. m., XIIIe s.

passereau XIIIe s. (*passerel*); 1532, Rab. (*passereau*); altér., par changem. de suff., des anc. *passeron, passerat*; du lat. *passer, -eris*, « moineau » (*passere*, 1120, *Ps. d'Oxford*). ‖ **passerine** 1615, Daléchamp.

passible 1130, *Eneas*, théol., « qui peut souffrir »; 1552, *Ancien Théâtre*, jur., du lat. eccl. *passibilis* (IIIe s., Tertullien), de *passus*, part. passé de *pati*, souffrir. ‖ **impassible** début XIVe s., du bas lat. *impassibilis*. ‖ **impassibilité** XIIIe s., du bas lat. *impassibilitas*.

passif adj., 1220, Gautier de Coincy, « qui subit l'action », du lat. *passivus*, de *pati*, souffrir, subir; fin XVe s., « qui n'agit pas »; *obéissance passive*, 1751, Voltaire; *citoyen passif*, 1791, pol.; *résistance passive*, 1830, Lamennais; *défense passive*, XXe s. ‖ **passif** XVe s., s. m., gramm.; 1789, fin. ‖ **passivité** milieu XVIIIe s., a éliminé *passiveté* (1697, Bossuet).

passiflore 1808, *Journ. de bot.*, du lat. bot. mod. *passiflora*, de *passio*, passion, et *flos*, fleur (parce que ses organes rappellent les instruments de la passion du Christ).

passion Xe s., « passion du Christ », du lat. impér. *passio*, « souffrance », de *passus*, part. passé de *pati*, souffrir; 1155, Wace, « souffrance physique », usuel jusqu'au XVIe s.; 1265, Br. Latini, « affection vive ». ‖ **passionner** fin XIIe s., « causer des souffrances » (jusqu'au XVIe s.); 1220, G. de Coincy, « affliger »; 1570, Montaigne, « exciter l'intérêt, l'émotion ». ‖ **passionnant** 1867, L., adj. ‖ **passionné** adj., début XVe s., « affligé »; 1549, R. Est., « sujet aux passions ». ‖ **passionnément** 1578, Witart. ‖ **passionnette** 1892, Goncourt. ‖ **passionnel** 1285, H. de Gauchy, du lat. *passionalis*, peu usité en anc. fr.; refait en 1808, Fourier. ‖ **passionniste** 1838, *Acad.*, hist. eccl. ‖ **dépassionner** XVIe s.

1. **pastel** 1675, Félibien, « crayon », de l'ital. *pastello*, « pâte », du bas lat. *pastellus*, altér., par changem. de suff., du lat. class. *pastillum*, dimin. de *panis*, pain (v. PASTILLE). ‖ **pastelliste** début XIXe s. ‖ **pastellé** adj., Goncourt, 1871. ‖ **pasteller** v. 1900, Lar.

2. **pastel** XIVe s., bot., du prov. *pastel*, bas lat. *pastellus* (v. PÂTE). ‖ **bleu pastel** 1928, Lar. ‖ **orangé pastel** 1578, d'Aubigné.

pastenague 1562, Du Pinet, zool., sorte de raie, métaph. de *pastenague*, bot., du lat. *pastinaca* (v. PANAIS). Var. *pastenade*, 1372, Corbichon, forme du nord de la langue d'oc; carotte.

pastèque 1512, Thenaud (*patèque*); XVIIe s. (*pastèque*), forme altérée du port. *pateca*, d'un mot hindî qui est lui-même issu de l'ar. *al-bātikha*.

pasteur V. PÂTRE.

pasteuriser 1872, Ed. Perrier, du nom de *Pasteur*, inventeur du procédé. ‖ **pasteurisation** 1890, Lar. ‖ **pasteurisateur** XXe s. ‖ **pasteurien** ou **pastorien** 1906, Lar.

pastiche milieu XVIIe s., beaux-arts, de l'ital. *pasticcio*, proprem. « pâté », du lat. pop. *pastīcium* (v. PÂTISSIER). ‖ **pasticher** 1844, Besch. ‖ **pasticheur** 1760, Rousseau.

pastille 1538, Canappe, de l'esp. *pastilla*, issu du lat. *pastillum*, dimin. de *panis*, pain (en raison de la forme de ces petits pains de pâte odorante, brûlés pour parfumer l'air); 1690, Furetière, bonbon; 1812, Mozin, méd. ‖ **pastillage** 1803, Boiste. ‖ **pastilleur** 1868, L.

pastis XIVe s. (*pastitz*), anc. prov., « pâté »; repris au XXe s., « boisson alcoolisée à l'anis »; v. 1914-1918, fig., pop., « désagrément », peut-être d'après l'ital. *pasticcio*, imbroglio.

pastoral, pastourelle V. PÂTRE.

pat 1689, *Jeu des eschets*, terme d'échecs; peut-être de l'ital. *patta* (dans *essere pari e patta*, être à égalité), fém. de *patto*, « accord », du lat. *pactum* (v. PACTE).

patache 1566, Le Chaleux, « navire léger, pour la douane »; 1762, *Acad.*, sens mod.; xxᵉ s., pop., « train de marchandises »; de l'esp. *patache*, bateau, probablem. de l'ar. *batâs*, « bateau à deux mâts ». ‖ **patachon** 1836, Landais, « conducteur de patache », d'où *mener une vie de patachon*, 1842, Mozin, pop.

patafioler xviiᵉ s., pop., rég., formation plaisante, du rad. expressif *patt-*, et de l'anc. verbe dial. *fioler*, enivrer.

patapouf V. POUF.

pataquès 1784, *Théâtre de la reine*, formation plaisante, d'après la fausse liaison *pas-t-à-qu'est-ce*.

pataras 1551, *les Galères*, mar., mot prov. mod., sur le rad. *patt-* : proprem. « sorte de patte ».

patarasse 1687, Desroches, du prov. *patarasso*, du germ. *paita*, « morceau d'étoffe ». (V. PATTEMOUILLE.)

patard début xivᵉ s., menue monnaie, mot prov., altér. de *patac*, de l'esp. *pataca*, pièce d'argent, de l'ar. *bâ-tâqa*.

patate 1519, Pigaphetta (*batate*); fin xviᵉ s. (*patate*); de l'esp. *batata*, *patata*, empr. de l'arawak d'Haïti; d'abord « patate douce »; 1842, *Acad.*, pop., pomme de terre, d'après l'angl. *potato*.

patati-patata début xviᵉ s. (*patatin*, *patata*); autres var. : xviᵉ s., Collerye, *patic-patac*; xviiᵉ s., *patatin-patatac*; xixᵉs., Béranger, forme mod.; onomatop.

patatras 1650, d'Assoucy, onomatopée.

pataud xvᵉ s., nom de chien; adj., xviᵉ s. (*pataulx*); proprem. « chien à grosses pattes », de *patte*.

patauger xviiᵉ s., Cyrano, dér. de *patte*. ‖ **pataugeage, pataugement** 1906, Lar. ‖ **pataugeur** 1907, Lar.

patchouli début xixᵉ s.; de l'angl. *patch-leaf*, empr. au tamoul (langue dravidienne), peut-être de *patch*, vert, et *ilai*, feuille.

*pâte xiiᵉ s. (*paste*), du bas lat. *pasta* (vᵉ s., M. Empiricus), empr. au gr. *pasté*, « sauce mêlée de farine »; *pâtes*, 1805, Lunier (*pâtes d'Italie*), « macaroni »; 1874, Lar. (*pâtes alimentaires*). ‖ **pâté** 1175, Chr. de Troyes (*pasté*); 1606, Crespin, tache d'encre; *chair à pâté*, début xviᵉ s. ‖ **pâtée** 1332, G. (*pastee*). ‖ **pâton** 1483, G. ‖ **pâteux** xiiiᵉ s., Delb. (*pasteus*). ‖ **empâter** 1268, É. Boileau (*empaster*). ‖ **empâté** adj., 1838, *Acad.* ‖ **empâtement** 1355, Bersuire, action de mettre dans l'embarras; début xviiᵉ s., sens techn. divers. ‖ **empâtage** 1838, *Acad.*, chim. ‖ **empâteur** 1838, *Acad.*

1. patelin adj., fin xvᵉ s., du nom de *Maître Pathelin*, personnage de farce célèbre, lui-même tiré du verbe *pateliner* (xvᵉ s.), déformation de *patiner*. ‖ **patelinage** xvᵉ s. ‖ **patelineur** 1546, Rab. ‖ **-erie** 1835, Balzac.

2. patelin s. m., 1860, pop., « village »; altér. de l'anc. fr. *pastiz*, « pacage ». L'argot *pacquelin* (1628, *Jargon*) est une var. anc. du mot. (V. PÂTIS, à PAÎTRE.)

patelle 1555, Belon, du lat. *patella*, petit plat. ‖ **patelliforme** 1842, *Acad.*

patène 1380, chez de Laborde; du lat. *patena*, var. de *patina*, bassin, vase.

patenôtre fin xiiᵉ s., *Voy. de Charlemagne* (*paternostre*); xvᵉ s., magn. d'Arras (*patrenostre*); altér. du lat. *Pater Noster*, « Notre Père », début de l'Oraison dominicale. A pris très tôt, au pl., le sens de « prières »; xviiᵉ s., péjor.

patent début xivᵉ s. (*lettres patentes*), terme de chancellerie; xvᵉ s., « ouvert »; 1361, Oresme (*patent*), « évident »; du lat. *patens*, part. prés. de *patēre*, être ouvert, être manifeste..

patente s. f., 1595, Fr. de Sales, abrév. de *lettre patente*, « certificat, brevet »; 1787, *Courrier de l'Europe*, brevet acheté à l'Etat pour exercer un commerce ou une industrie; 1791, impôt spécial aux commerçants. ‖ **patente** fin 1750, Anon. ‖ **patentable** 1791.

Pater 1578, d'Aubigné, oraison dominicale, premier mot lat. de la prière. (V. PATENÔTRE.)

patère 1490, O. de Saint-Gelais; rare jusqu'en 1762, *Acad.*; du lat. *patera*, coupe.

paterne 1080, *Roland,* « paternel », du lat. *paternus;* s. f., XIIᵉ s., « Dieu, père des hommes », du lat. médiév. *paterna* (s.-ent. *imago*) ; repris v. 1770, Voltaire, sens mod. ‖ **paternité** 1160, Benoît, en parlant de Dieu, « état de créateur » ; 1380, sens mod. ‖ **paternel** 1190, saint Bernard, de *paternus.* ‖ **paternalisme** 1910, Delpy, de l'angl. *paternalism.* ‖ **paternaliste** *id.*

pathétique adj., fin XVIᵉ s., du bas lat. *patheticus* (Vᵉ s., Macrobe), gr. *pathêtikos,* « relatif à la passion », de *pathos,* affection ; s. m., 1666, Boileau. ‖ **pathétisme** début XVIIIᵉ s.

patho- du gr. *pathos,* maladie, affection. ‖ **pathogène** 1900, Lar. ‖ **pathogénie** 1836, Landais. ‖ **pathogénique** *id.* ‖ **pathognomonique** 1560, Paré, du gr. *pathognômonikos,* de *gnômonikos,* « qui connaît ». ‖ **pathologie** milieu XVIᵉ s., du gr. *pathologia.* ‖ **pathologique** 1552, Paradin, du gr. *pathologikos.* ‖ **pathologiste** milieu XVIIIᵉ s.

pathos 1671, Molière, rhét., mot grec (v. PATHO-) ; début XVIIIᵉ s., Saint-Simon, emphase.

patibulaire fin XIVᵉ s., du lat. *patibulum,* gibet sur lequel on étendait les esclaves pour les battre de verges, de *patere,* être ouvert, étendu ; digne de la potence.

1. patience V. PATIENT.

2. patience milieu XVIᵉ s., bot., altér., par attraction du précéd., et déglutination de *l,* de *lapacion,* XVIᵉ s., du lat. *lapathium,* var. de *lapathum,* du gr. *lapathon.*

patient 1120, *Ps. d'Oxford,* du lat. *patiens,* part. prés. de *pati,* souffrir, supporter. ‖ **patience** *id.,* du lat. *patientia.* ‖ **patienter** 1560, Brantôme. ‖ **impatient** début XIIᵉ s., *Grégoire,* du lat. *impatiens.* ‖ **impatienter** fin XVIᵉ s. ‖ **impatience** 1190, saint Bernard, du lat. *impatientia.*

patin XIIIᵉ s., La Curne, « chaussure » ; 1660, patin à glace, et divers sens techn.; dér. de *patte..* ‖ **patiner** 1732, *Trévoux.* ‖ **patineur** début XVIIIᵉ s. ‖ **patinage** 1829, *Journal des dames.* ‖ **patinoire** fin XIXᵉ s. ‖ **patinette** fin XIXᵉ s.

patine 1765, Buffon, de l'ital. *patina,* du lat. *patina,* « poêle », et « contenu d'une poêle ». ‖ **patiner** 1867, Ch. Garnier, techn. ‖ **patinage** XXᵉ s., techn.

1. patiner V. PATIN.

2. patiner début XVᵉ s., « manier sans ménagement », dér. de *patte;* 1651, Scarron, « caresser (une femme) ». ‖ **patineur** 1651, Scarron.

3. patiner V. PATINE.

patio 1840, Th. Gautier, mot esp.

pâtir 1546, Rab., « supporter », du lat. *pati,* subir; XVIIᵉ s., « éprouver de la souffrance ». ‖ **pâtiras** 1564, J. Thierry, s. fam., « souffre-douleur », de la 2ᵉ pers. sing. du futur.

pâtis V. PAÎTRE.

***pâtissier** 1278, G. (*pasticier*), de l'anc. fr. *pastitz,* du lat. pop. *pasticium,* « pâté », de *pasta,* pâte (v. PASTICHE, PASTIS, PÂTE). ‖ **pâtisserie** début XIVᵉ s. ‖ **pâtisser** 1305, G. (*pasticier*). ‖ **pâtissoire** 1798, *Acad.*

pâtisson milieu XVIIIᵉ s., bot., de l'anc. fr. *pastitz.* (V. le précédent.)

patois 1265, J. de Meung, de *patte,* avec le suff. *-ois.* Le rad. exprimait le caractère grossier de ce langage (v. PATAUD). ‖ **patoiser** 1834, Boiste. ‖ **patoisant** 1864, Barbey. ‖ **-erie** 1832, Nodier.

patouiller 1213, *Fet des Romains,* « patauger », de *patte* avec le suff. *-ouiller,* de *barbouiller.* ‖ **dépatouiller** (se) XVIIᵉ s., fam. ‖ **tripatouiller** 1870, E. Bergerat, croisem. de *patouiller* et *tripoter.* ‖ **tripatouillage** *id.*

patraque 1743, *Trévoux,* du prov. *patraco,* « monnaie usée », de l'esp. *pataca.* (V. PATARD.)

***pâtre** 1190, Garn., berger, du lat. *pastor, pastôris,* au nominatif; litt. depuis le XVIIIᵉ s. ‖ ***pasteur** fin XIᵉ s., *Alexis,* du lat. *pastôrem,* acc.; d'abord « berger », et aussi « pasteur spirituel » ; XVIᵉ s., ministre du culte protestant. ‖ **pastorat** 1611, Cotgrave. ‖ **pastoral** milieu XIIIᵉ s., du lat. *pastoralis.* ‖ **pastorale** s. f., fin XVIᵉ s., Brantôme. ‖ **pastoureau** v. 1190, *Rois* (*pastourel*); XVᵉ s. (*pastoureau*). ‖ **pastourelle** XIIᵉ s. (*pastorele*), chanson de bergère; milieu XIIIᵉ s., jeune bergère; 1700, Pomey, théâtre.

patriarche début XIIᵉ s., *Voy. de Charl.,* du lat. eccl. *patriarcha* (IIIᵉ s.,

Tertullien), en gr. eccl. *patriarkhês*, calque de l'hébreu *rôchê aboth*, chef de famille. ‖ **patriarcal** v. 1400, s. m.; 1680, Richelet, adj.; du lat. *patriarchalis*. ‖ **patriarcat** 1488, *Mer des hist.*, du lat. *patriarcatus*.

patrice fin XIIᵉ s., *Grégoire*; repris au XVIᵉ s.; du lat. *patricius*, de *pater* au sens de chef de famille noble, sénateur. ‖ **patricien** 1355, Bersuire, de *patricius*, avec le suff. *-ien*. ‖ **patriciat** milieu XVIᵉ s., du lat. *patriciatus*. ‖ **patricial** *id.*

patrie 1511, Gringore, du lat. *patria*, de *pater*. ‖ **apatride** v. 1920, a remplacé *heimatlos* (celui à qui on donnait le passeport Nansen). ‖ **expatrier** XIVᵉ s., Bouthillier; rare jusqu'au XVIIIᵉ s. ‖ **expatriation** XIVᵉ s. ‖ **rapatrier** milieu XVᵉ s.; souvent « réconcilier », aux XVIᵉ-XVIIᵉ s.; de l'anc. *repatrier*, du lat. médiév. *repatriare*, rentrer dans sa patrie. ‖ **rapatriement** milieu XVIIᵉ s. ‖ **sans-patrie** fin XIXᵉ s.

patrimoine 1160, Benoît, du lat. *patrimonium*, de *pater*. ‖ **patrimonial** fin XIVᵉ s., du lat. *patrimonialis*.

patriote 1460, J. Chartier, « compatriote », sens lat., du bas lat. *patriota*, du gr. *patriôtês*; XVIᵉ s., sens mod. ‖ **patriotique** 1532, Rab., « paternel »; 1750, d'Argenson, sens mod. ‖ **patriotisme** 1750, d'Argenson. ‖ **patriotard** 1904, Huysmans. ‖ **compatriote** 1495.

patristique 1813, Gattel, du gr. *patêr*, *patros*, « père », au sens de « Père de l'Eglise ». ‖ **patrologie** 1840, même étym.

patrociner 1367, *Ordonnance*, exhorter, vx, du lat. *patrocinari*, patronner. (V. le suivant.)

patron 1119, Ph. de Thaun, « protecteur », d'où « saint patron », du lat. *patronus*, protecteur, défenseur, de *pater*, père; début XIVᵉ s., « modèle », auj. spécialem. en couture; milieu XIVᵉ s., mar., d'après l'ital. *padrone*; 1611, Cotgrave, fam., maître d'une maison; 1836, Landais, chef d'entreprise. ‖ **patronage** fin XIIᵉ s.; 1874, Lar., « association de bienfaisance ». ‖ **patronner** fin XIVᵉ s., reproduire d'après un patron; XVIᵉ s., « protéger »; rare en ce sens jusqu'en 1838, *Acad.* ‖ **patronnesse** 1575, J. des Caurres, fém. de *patron*, rare; XIXᵉ s.,

dame patronesse, angl. *patroness*. ‖ **patronal** XVIᵉ s. ‖ **patronat** 1840, Landais, « droit du patron »; 1946, collectif. ‖ **patronnet** 1800, Boiste. ‖ **s'impatroniser** 1560, Pasquier.

patron-minet 1821, Desgranges (*patron-minette*); altér., par attraction de *patron*, de *potron-minet*, 1835, *Acad.*; de *minet* (v. ce mot) et *poitron*, du lat. pop. *posterio*, cul : « dès que le chat montre son derrière », « dès le petit matin »; *poitron-jaquet*, 1640, Oudin, sur *jaquet*, rég., « écureuil ».

patronymique 1220, d'Andeli (*patronomique*), s. m.; XVᵉ s. (*patronomique*), adj.; 1679, Huet (*patronymique*); du bas lat. *patronymicus*, en gr. *patrônumikos*, de *patêr*, père, et *onoma*, nom. ‖ **patronyme** s. m., début XIXᵉ s.

patrouiller milieu XVᵉ s., « piétiner dans la boue », var. de *patouiller*, avec *r* issu de mots rég. semblables (*gadrer*, *gadrouiller*, *vadrouiller*); XVIᵉ s., sens mod.; dér. de *patte*. ‖ **patrouille** 1539, R. Est. ‖ **patrouillage** 1694, Th. Corn. ‖ **patrouilleur** début XVIIᵉ s., « pétrisseur »; 1914, milit.

patte 1220, G. de Coincy (*pate*), d'orig. onom. (bruit de deux objets qui se heurtent sur toute leur largeur); a éliminé l'anc. fr. *poe* (cf. l'anc. prov. *pauta*), d'orig. préceltique. Nombreuses formes sur le radical onom. *pat-*. ‖ **pattu** 1492, Du Cange. ‖ **patte-d'oie** 1560, Paré, anat.; XVIIᵉ s., carrefour. ‖ **patte-pelue** 1548, Rab. ‖ **patte-fiche** 1868, L. ‖ **empatter** 1495, J. de Vignay, « fixer avec des pattes ». (V. ÉPATER, PATELIN, PATIN, PATOIS.)

pattemouille 1914, de *patte* (XVIIᵉ s.), « chiffon », du germ. *paita*, morceau d'étoffe (v. PATARASSE), et de *mouiller* (v. ce mot).

pattinsonage 1868, L., techn., du nom de *Pattinson*, chimiste anglais.

***pâture** 1190, *Rois* (*pasture*), du bas lat. *pastura*, de *pastus*, pâture, de *pascêre* (v. PAÎTRE). ‖ **pâturer** 1160, *Eneas*. ‖ **pâturable** XVIᵉ s. ‖ **pâturage** XIIᵉ s. ‖ **pâturer** 1740, *Acad.* ‖ **pâturin** milieu XVIIIᵉ s., bot.

paturon 1510, J. Lemaire de Belges, de l'anc. fr. *pasture* (XIIIᵉ s.), « corde attachant l'animal par la jambe », du lat. *pastoria*, « (corde) de pâtre », avec changement de suffixe (v. PÂTRE).

pauciflore 1795, Lamarck, bot., du lat. *pauci*, « un petit nombre de », et *flos, floris*, fleur.

paulette 1612, Sully, hist. fin., du nom de *Paulet*, premier fermier de cet impôt.

paulien XVIIIᵉ s., jur., du lat. *pauliana*, du nom d'un préteur appelé *Paulus*.

paulinien 1868, L., du nom de l'apôtre *Paul*. ‖ **paulinisme** 1874, Lar.

paulownia 1868, L., bot., du nom d'*Anna Pavlovna* (1754-1801), fille du tsar Paul Iᵉʳ, à qui cet arbre fut dédié.

*__paume__ fin XIᵉ s., *Alexis* (*palme*); milieu XIIᵉ s. (*paume*), dedans de la main, et mesure de longueur; du lat. *palma*; *jeu de paume*, début XVᵉ s. (*jouer à la paume*). ‖ **paumier** fin XIIIᵉ s., maître d'un jeu de paume. ‖ **paumelle** fin XIIIᵉ s.; XIVᵉ s., divers sens techn., agric., mar., etc. ‖ **paumure** fin XIVᵉ s. ‖ **paumer** XIIIᵉ s., toucher de la main; XVIᵉ s., arg., prendre; XIXᵉ s., arg., perdre. ‖ **paumoyer** 1080, *Roland* (*palmeier*); fin XIIᵉ s. (*paumoyer*), tenir à pleines mains; 1771, *Trévoux*, divers sens var. ‖ **empaumer** 1440, Chastellain, saisir avec la paume; 1659, Tallemant, enjôler. ‖ **empaumeur** 1808, d'Hautel, fam. ‖ **empaumure** 1550, Ronsard. ‖ **palmaire** 1560, Paré. ‖ **palmé** 1754, Klein, « qui a des cornes garnies d'une empaumure aplatie »; 1758, Duhamel, semblable à une main ouverte; du lat. *palmatus*. ‖ **palmure** 1845, Besch. ‖ **palmature** milieu XIXᵉ s. ‖ **palmer** 1611, Cotgrave, polir avec la paume; 1723, Savary, aplatir l'extrémité d'une aiguille. ‖ **palmeur** 1751, *Encycl.* ‖ **empalmer** 1907, Lar., prestidigit. ‖ **palmifide** 1874, Lar., sur le lat. *findere*, fendre. ‖ **palmiforme** 1827, *Acad.* ‖ **palmilobée** 1846, Besch. ‖ **palmiparti** *id.*, sur le lat. *partitus*, divisé. ‖ **palmipède** 1555, Belon; rare jusqu'en 1760; du lat. *palmipes, -pedis*, sur *pes, pedis*, pied. ‖ **palmiséqué** 1874, Lar., sur le lat. *sectus*, coupé. ‖ **palmachristi** 1549, « paume du Christ ».

paupérisme 1823, Boiste, de l'angl. *pauperism*, du lat. *pauper*. ‖ **paupérisation** XXᵉ s.

paupière 1120, *Ps. d'Oxford* (*palpere*); XIVᵉ s. (*paupiere*); du lat. *palpe-*

tra (Varron), var. de *palpebra*. ‖ **palpébral** milieu XVIIIᵉ s.

paupiettes début XVIIIᵉ s. (*poupiettes*); milieu XVIIIᵉ s. (*paupiettes*); de l'anc. fr. *poupe*, « partie charnue », du lat. *pulpa* (v. PULPE). *Paupiettes*, de *poupiettes*, peut-être sous l'infl. du rég. *paupier* (Est), pour *papier* (en raison de l'enveloppe de papier des paupiettes).

pause 1360, Froissart, du lat. *pausa*, du gr. *pausis*; XVIᵉ s., mus., repris à l'ital. *pausa*, de même étym. ‖ **pauser** fin XVIIᵉ s., mus. (*se pauser*, XVᵉ s.), A. de La Salle, vient de l'anc. fr. *pose*, repos, avec une graphie infl. par le lat. *pausa*).

*__pauvre__ fin XIᵉ s., *Alexis* (*povre*); XVIᵉ s. (*pauvre*, avec *au* repris au lat.); du lat. *pauper*. ‖ **pauvret** XIIIᵉ s. (*povret*). ‖ **pauvresse** fin XVIIIᵉ s. ‖ **pauvreté** 1190, saint Bernard (*poverteit*), du lat. *paupertas, -tatis*. ‖ **appauvrir** 1119, Ph. de Thaun (*apovrir*). ‖ **appauvrissement** début XIVᵉ s.

pavane début XVIᵉ s. (*pavenne*), danse; de l'ital. dial. *pavana*, pour *danza pavana*, « danse padouane » (*Pava*, Padoue, dans le dial. rég.). ‖ **se pavaner** 1611, Cotgrave, croisem. entre *pavane* et *se paonner* (XVIᵉ s.), de *paon*.

*__paver__ 1130, *Eneas*, du lat. pop. *__pavare__, en lat. class. *pavire*, niveler le sol. ‖ **pavement** début XIIᵉ s., *Thèbes*, de *paver*, d'après le lat. *pavimentum*. ‖ **pavimenteux** 1842, *Acad.* ‖ **pavage** 1331, Du Cange, « péage pour l'entretien de la chaussée »; 1389, Du Cange, sens mod. ‖ **pavé** 1312, Bouthillier. ‖ **paveur** 1292, *Rôle de la taille de Paris*. ‖ **dépaver** XIIIᵉ s. ‖ **repaver** début XIVᵉ s.

pavie 1560, R. Belleau (var. *pavi*, XVIIᵉ s.), du nom de *Pavie*, localité du Gers renommée pour ses pêches.

*__pavillon__ 1125, *Gormont*, tente, du lat. *pāpĭlio, -onis* (proprem. « papillon », d'où, par métaph., « tente », IIIᵉ - IVᵉ s., Lampridias, Végèce); XVIᵉ s., étendard, mar., d'où *baisser pavillon*, 1740, *Acad.*; XVIᵉ s., corps de bâtiment; 1680, Richelet, grande ouverture d'un instrument de mus.; 1810, Capuron, pavillon de l'oreille. ‖ **pavillonnerie** 1868, L. (V. PAPILLON.)

pavois début XIVᵉ s., de l'ital. *pavese*, « de Pavie », ville où ces sortes de boucliers auraient été d'abord fabriquées; d'où *élever sur le pavois*, XVIᵉ s.; XVIᵉ s., bouclier de protection d'un navire, d'où, par ext., XVIIᵉ s., tenture (remplaçant le bouclier et devenue ornement de parade); 1874, ensemble des pavillons. ‖ **pavoiser** 1360, Froissart (*paveschier*), « protéger avec des pavois »; XVIIᵉ s., garnir de tentures, puis de pavillons, d'oriflammes. ‖ **pavoisement** 1845, Besch., mar.

pavot 1175, Chr. de Troyes (*pavo*); XIIIᵉ s. (*pavot*, par attraction du suff. *-ot*); du lat. pop. *papavus*, altér. du lat. class. *papaver*. ‖ **papavéracée** 1798, Joly. ‖ **papavérine** 1842, *Acad.*

*****payer** fin XIᵉ s., *Alexis* (*paier*), « se réconcilier avec, apaiser »; 1175, Chr. de Troyes, « donner à quelqu'un l'argent qu'on lui doit »; XVIᵉ s. (*payer*); du lat. *pacare*, pacifier, puis « apaiser » (IVᵉ s.), de *pax, pacis*, paix. ‖ **payable** milieu XIIIᵉ s., « qui satisfait »; XVᵉ s., « qui doit être payé ». ‖ **payant** adj., milieu XIIIᵉ s., « qui doit être payé »; 1798, *Acad.*, « qui paye ». ‖ **payeur** 1244, Huon le Roi de Cambrai. ‖ **paie** 1175, Chr. de Troyes. ‖ **paiement** *id.* ‖ **impayable** 1376, G., « qu'on ne peut payer »; XVIIᵉ s., « de grande valeur »; début XVIIIᵉ s., « très plaisant ». ‖ **impayé** 1838, *Acad.* ‖ **surpayer** 1570, Montaigne. ‖ **surpaiement** XXᵉ s.

*****pays** Xᵉ s., *Saint Léger* (*païs*); 1360, Froissart (*pays*), « région, contrée »; du bas lat. *page(n)sis* (VIᵉ s.), Grég. de Tours), « habitant d'un *pagus* », puis « territoire d'un *pagus* », subdivision de la cité, canton; v. 1200, pays natal; XVIᵉ s., fam., au fém. *payse*; 1640, Oudin, *pays*, s. m. « personne du même pays »; 1844, Reybaud, « patrie ». ‖ **paysage** 1493, Molinet, « tableau représentant un pays »; XVIᵉ s., coin de pays. ‖ **paysagiste** 1651, Chambray, peint. ‖ **dépayser** 1210, Delb., faire sortir de son pays; XVIIᵉ s., déguiser; 1690, Fur., sens mod. ‖ **dépaysement** 1560, Pasquier; 1838, *Acad.*, sens mod.

paysage V. PAYS.

paysan début XIIᵉ s. (*païsant*); fém. *païsante, païsande*, jusqu'au XVIᵉ s.; dér. de *pays*; « homme d'un pays », en

anc. fr. ‖ **paysannerie** 1547, du Fail (*païsanterie*); 1668, Molière, *George Dandin* (*paysannerie*). ‖ **-nat** 1935.

*****péage** v. 1160, *Charroi* (*paaige*), du lat. pop. *pedāticum*, « droit de mettre le pied » (lexique de l'admin. carolingienne), de *pes, pedis*, pied. ‖ **péager** début XIIIᵉ s.

péan 1765, *Encycl.*, hist., du lat. *paean*, du gr. *paian*, chant de victoire.

*****peau** 1080, *Roland* (*pel*); sing. *peau*, refait sur le pl. *pels, peals, peaus*; du lat. *pellis*, proprem. « peau d'animal », qui a éliminé *cutis*, « peau humaine », en lat. pop. ‖ **pelletier** 1160, Benoît, de l'anc. fr. *pel*. ‖ **pelleterie** 1160, *Charroi*. ‖ **peaucier** adj., 1560, Paré, anat., de *peau*. ‖ **peaussier** s. m., fin XIIIᵉ s., *Rôle de la taille*, techn. ‖ **peausserie** 1723, Savary. ‖ **peaufiner** XXᵉ s. ‖ **peau-rouge** XVIIᵉ s. ‖ **dépiauter** 1866, Lar.; de la forme dial. *piau*, peau.

1. peautre XIIᵉ s., paillasse, orig. obsc.

2. *peautre XIIᵉ s., Evrat, étain, du lat. pop. *peltrum*, mot d'orig. ligure.

pébrine 1859, Quatrefages, du prov. mod. *pebrino*, de *pebre*, poivre, à cause des petites taches sombres caractérisant cette maladie des vers à soie.

pec adj. m., XVᵉ s., G., du néerl. *peckel* (*haring*), « (hareng) en saumure ».

pécaïre XIIIᵉ s. (*pechiere*), exclamation méridionale; forme cristallisée de l'anc. cas sujet prov. *pecaire*, « hélas! mon Dieu! », proprem. « pécheur! ». Francisé en *péchère, peuchère*. (V. PÉCHER.)

pécari 1640, Laet (*pacquire*); fin XVIIᵉ s. (*pécari*), zool.; mot caraïbe (Venezuela, Guyanes).

peccable fin XIᵉ s., *Alexis*, du lat. *peccare*, pécher; rare jusqu'en 1762, *Acad.* ‖ **peccabilité** 1874, Lar., théol. ‖ **impeccable** XVᵉ s., du lat. chrét. *impeccabilis*; XXᵉ s., ext. d'emploi. ‖ **impeccabilité** 1578, Despence.

peccadille 1550, esp. *pecadillo*, petit péché.

peccant 1314, Mondeville (*humeurs peccantes*); lat. méd. *peccans*, empl. spécial. du part. prés. de *peccare*, pécher.

pechblende 1790, de l'all. *Pech*, poix, et *Blende*, sulfure de zinc.

1. ***pêche** fin XII⁰ s., *Floire (pesche)*, bot.; du lat. pop. *persĭca*, pl. neut., passé au fém., de *persicum (pomum)*, « fruit du pêcher », de *persica arbor*, « pêcher », proprem. « arbre de Perse », en raison de sa provenance. ‖ **pêcher** s. m., XII⁰ s. ‖ **pêche Melba** XX⁰ s.

2. **pêche** V. PÊCHER.

*****péché** X⁰ s. *(pechiet)*, du lat. *peccatum*, « faute », sens spécial. en lat. eccl. ‖ *****pécher** début XII⁰ s. *(pechier)*, du lat. *peccāre*, commettre une faute; même évol. de sens que le précéd. ‖ **pécheur** X⁰ s., *Passion (pechedor)* ; XII⁰ s. *(pescheor*, fém. *pécheresse*, qui a éliminé *pecheriz*, de *peccatrix, -icis)*, du lat. eccl. *peccātōr, -oris*, dér. de *peccāre*. (V. PECCABLE.)

*****pêcher** début XII⁰ s. *(pescher)* ; du lat. pop. *piscāre*, en lat. class. *piscāri*. ‖ **pêche** milieu XIII⁰ s. *(pesche)*. ‖ **pêcheur** début XII⁰ s. ‖ **pêcherie** 1155, *Thèbes (pescherie)*. ‖ **pêchette** milieu XVIII⁰ s., « petit filet » ; 1868, L., sens mod. ‖ **repêchage** 1870, L.

pécoptéris 1874, Lar., bot., du gr. *pekos* (gr. class. *pokos*), « toison », et *pteris*, « fougère » ; fougère fossile.

pécore début XVI⁰ s., de l'ital. *pecora*, « brebis », d'où « bête sotte » (La Fontaine), et « femme sotte » (Molière) ; du lat. pop. *pecora*, pl. neut., passé au fém., de *pecus, pecoris*, bétail. (V. le suivant.)

pecque 1611, Cotgrave *(peque)* ; 1630, Chapelain *(pecque)*, fam. ; du prov. *peco*, « sotte », fém. de l'adj. *pec*, du lat. *pecus*. (V. le précéd.)

pecten début XVIII⁰ s., zool., mot lat. (V. PEIGNE.) ‖ **pectiné** fin XVII⁰ s., du lat. *pectinatus*, « en forme de peigne ».

pectine 1827, *Acad.*, du gr. *pêktos*, « coagulé ». ‖ **pectique** 1838, *Acad.*

pectoral s. m., 1355, Du Cange, liturg.; 1560, adj., Paré, méd.; du lat. *pectoralis*, de *pectus, pectoris*, poitrine. (V. PIS 1, POITRINE.)

pécule début XIV⁰ s., du lat. *peculium*, de *pecus*, « bétail ». ‖ **péculat** début XVI⁰ s., du lat. *peculatus*, de *peculari*, « être concussionnaire », de *peculium*.

pécune 1120, *Ps. de Cambridge (pecunie)*, du lat. *pecunia*, argent, fortune,

proprem. « avoir en bétail », de *pecus*, bétail. ‖ **pécuniaire** XIII⁰ s., du lat. *pecuniarius*, « relatif à l'argent ». ‖ **pécunieux** 1361, Oresme, du lat. *pecuniosus*, « qui a beaucoup d'argent ». ‖ **impécunieux** 1677.

pédagogue 1361, Oresme *(pédagoge)*, du lat. *paedagogus*, en gr. *paidagôgos*, de *pais, paidos*, enfant, et *agein*, conduire. ‖ **pédagogie** 1495, *Mir. hist.*, du gr. *paidagôgia*. ‖ **pédagogique** début XVII⁰ s., du gr. *paidagôgikos*.

pédale milieu XVI⁰ s., « pédale d'orgue » ; XIX⁰ s., techn., cyclisme; de l'ital. *pedale*, du lat. pop. *pedāle*, neutr. substantivé de l'adj. *pedalis*, « relatif au pied », de *pes, pedis*, pied. ‖ **pédaler** 1900, Lar., cyclisme. ‖ **pédaleur** 1907, Lar. ‖ **pédalier** 1877, *Journ. offic.*, « clavier d'orgue » ; 1900, Lar., cyclisme. ‖ **pédalo** s. m., XX⁰ s., sur *mécano*.

pédant 1566, H. Est., « celui qui enseigne », et aussi péjor.; de l'ital. *pedante*, du gr. *paideueîn*, enseigner aux enfants, de *pais, paidos*, enfant. ‖ **pédantesque** 1558, chez Montaiglon, de l'ital. *pedantesco*. ‖ **pédanterie** 1560, Pasquier, de l'ital. *pedanteria*. ‖ **pédantisme** 1580, Montaigne, « état de professeur » ; début XVII⁰ s., péjor.

pédéraste 1580, Tabourot, du gr. *paiderastês*, de *pais, paidos*, enfant, et *erân*, aimer. ‖ **pédé** 1867, Delvau. ‖ **pédérastie** 1581, Bodin, du gr. *paiderasteia*. ‖ **pédérastique** fin XIX⁰ s.

pédestre s. m., milieu XV⁰ s., « soldat à pied » ; adj., XVI⁰ s.; du lat. *pedestris*, de *pes, pedis*, pied.

pédiatrie 1872, L., méd., du gr. *pais, paidos*, enfant, et de l'élém. *-iatrie*, du gr. *iatros*, médecin. ‖ **pédiatre** 1907, Lar.

pédicelle fin XVIII⁰ s., du lat. *pedicellus*, dimin. de *pes, pedis*.

pédiculaire V. POU.

pédicule début XVI⁰ s., bot., du lat. *pediculus*, id. ‖ **pédiculé** milieu XVIII⁰ s.

pédicure 1781, Laforest, du lat. *pes, pedis*, pied, et *curare*, soigner.

pedigree 1828, *Journ. des haras*, mot angl., problem. altér. du fr. *pied de grue*, d'après une marque de trois petits traits rectilignes dans les registres anglais pour les degrés généalogiques.

pédiluve 1738, Lémery (*pédilave*), du lat. *pediluvium*, bain de pieds, sur *luere*, lavèr.

pédimane 1797, Cuvier, zool., du lat. *pes, pedis*, pied, et *manus*, main.

1. pédologie 1900, Lar., « science de l'enfant », du gr. *pais, paidos*, enfant, et de l'élém. *-logie*. (V. PÉDAGOGUE, PÉDANT, PÉDÉRASTE.)

2. pédologie début XXe s., géol., du gr. *pedon*, sol, et de l'élém. *-logie*. ‖ **pédologue** XXe s.

pédoncule 1748, *Mém. de l'Acad. des sciences*, anat., du lat. *pedunculus*, dimin. de *pes, pedis*. ‖ **pédonculé** fin XVIIIe s., bot. ‖ **pédonculaire** début XIXe s.

pedzouille, pédesouille ou **petzouille** 1876, Zola, pop., « paysan », altér., par attraction de *pet* (*pet-de-zouille*), de l'arg. *pezouille* 1800, *Chauffeurs d'Orgères*, « paysan », du prov. *pezouil*, « pou », d'où « gueux couvert de poux » (v. POU). Pour d'autres, croisem. de *pétard*, pop., « cul », et de *vezouille*, même sens.

pégase milieu XVIe s., nom propre, du lat. *Pegasus*, en gr. *Pegasos*, nom du cheval ailé qui fit jaillir d'un coup de pied la source d'Hippocrène, où l'on puisait l'inspiration poétique; 1611, Cotgrave, fig.; 1788, zool.

pegmatite 1836, Landais, du gr. *pêgma*, conglomération; granite à minéraux de grande taille.

pègre 1797, Mercier (*paigre*, s. m.), « voleur »; 1837, Vidocq, s. f., mot collectif; de l'arg. marseillais *pego*, « voleur des quais », proprem. « poix » (le voleur étant censé avoir de la poix aux doigts).

pehlvi 1827, *Acad.*, ling., de *pahlavik*, « des Parthes », mot pehlvi.

*****peigne** XIIe s., *la Charrette*, réfection, d'après *peigner*, de *pigne*, XIIe - XVIe s., du lat. *pĕcten, -inis* (v. PECTEN, PIGNON). ‖ **peigner** milieu XIIe s. (*peignier*); formes toniques *pigne, pignes* (cf. l'anc. *pigne*, s. m.). ‖ **peignoir** XVe s. (*peignouer*), sorte de peigne; 1534, Rab. (*peignoir*), linge protégeant les habits quand on se peigne; 1814, Jouy, peignoir de bain. ‖ **peignure** 1664, Quinault. ‖ **peigneur** 1243, G. (fém. *pine-rece*); XVe s. (*peigneur*); 1800, Boiste (fém. *peigneuse*), techn. ‖ **peignage** 1803, Boiste, techn. ‖ **peignier** milieu XIIIe s., techn., du lat. *pectinarius*. ‖ **peigné** s. m., 1842, *Acad.*, techn. ‖ **peignée** 1808, d'Hautel, pop., de l'anc. *pigner*, « donner des coups de griffe ». ‖ **peigne-cul** fin XVIIIe s., pop. ‖ **dépeigner** 1883, A. Daudet.

peille fin XIIe s., du prov. *pelha*, du lat. *pilleus, -a*, feutre; vieux chiffons.

*****peindre** 1080, *Roland*, lat. *pingere*. ‖ **dépeindre** 1212, Anger, « peindre »; XVIe s., sens mod.; du lat. *depingere*. ‖ **peintre** 1268, É. Boileau (*paintre*), du lat. pop. *pinctor*, réfection du lat. class. *pictor* d'après *pingere*. ‖ **peintraillon** XXe s. ‖ **peinture** début XIIe s., du lat. pop. **pinctura* (class. *pictura*). ‖ **peinturer** début XIIe s., *Voy. de Charl.* ‖ **peintureur** 1268, É. Boileau. ‖ **peinturage** XVIe s., Baïf. ‖ **peinturlurer** début XVIIIe s. (*peinturluré*); 1743, *Trévoux* (*peinturlurer*), déform. plais. d'après *turelure*. ‖ **peinturlurage** milieu XIXe s., Th. Gautier. ‖ **repeindre** fin XIIIe s.

*****peine** Xe s., *Saint Léger* (*poena*), « tourments du martyre »; 1080, *Roland* (*peine*), XIe s., fatigue, difficulté; du lat. *poena*, « châtiment » (gr. *poinê*, en lat. impér. « chagrin ». ‖ **peiner** Xe s., *Valenciennes*. ‖ **pénible** 1160, Benoît, « dur à la peine »; 1580, Montaigne, sens mod. ‖ **penaud** 1544, B. Des Périers, proprem. « qui est en peine ». ‖ **peinard** 1578, d'Aubigné (*penard*), « vieillard usé et grincheux »; 1881, Rigaud, fam., sens mod., par antiphrase.

peintre, peinture V. PEINDRE.

péjoratif 1784, Rivarol; bas lat. *pejorare*, rendre pire, de *pejus* (v. PIRE). ‖ **péjoration** XXe s.

pékan 1765, Buffon (*pekan*), zool., mot algonquin; marte du Canada.

1. pékin 1770, Raynal, du nom de la ville où cette étoffe se fabriquait. ‖ **pékiné** XXe s.

2. pékin 1797, arg. mil. (var. *péquin*), probablem. du prov. *pequin*, « maigre », d'un rad. *pekk-*, alternant avec *pikk-*, « petit » (cf. l'ital. *piccolo*).

pékinois fin XIXe s., sorte de chien, du nom de *Pékin*, la ville chinoise.

pelade, pelage, pelard V. POIL.

1. **pélagien** XVIIᵉ s., théol., du nom de *Pélage*, moine breton du Vᵉ s. ‖ **pélagianisme** XVIIᵉ s.
2. **pélagien** XVIIIᵉ s., Buffon, zool., du gr. *pelagos*, haute mer. ‖ **pélagique** 1834, Lacépède.

pélamide ou **pélamyde** 1611, Cotgrave (*palamide*), zool., du lat. *pelamys, -ydis* (gr. *pêlamus*), « bonite ».

pélargonium 1827, *Acad.* (*pélargon*), bot., du gr. *pelargos*, cigogne, à cause de la forme du fruit de cette plante.

pélasgien début XVIIIᵉ s., du gr. *Pelasgoi*, nom de peuple.

pêle-mêle 1175, Chr. de Troyes (*pesle-mesle*), altér. de l'anc. fr. *meslemesle*, forme redoublée de l'impér. de *mêler* (v. ce mot).

peler V. POIL.

pèlerin 1080, *Roland*, du lat. eccl. *pelegrinus*, dissimil. du lat. *peregrinus*, étranger, d'où « voyageur », spécialisé en lat. eccl. ‖ **pèlerinage** début XIIᵉ s., *Couronn. Loïs.* ‖ **pèlerine** début XIXᵉ s., « collet du manteau de pèlerin ». (Voir PÉRÉGRINATION.)

péliade 1868, L., zool., du gr. *pelios*, noirâtre; vipère.

pélican 1210, G. Le Clerc, du lat. *pelicanus*, var. de *pelecanus*, du gr. *pelekan*.

***pelisse** v. 1160, *Charroi* (*pelice*), du bas lat. *pellicia*, fém. substantivé de l'adj. *pellicius*, de *pellis*, peau.

pellagre 1810, Capuron, du lat. *pellis*, peau, et du gr. *agra*, action de saisir.

***pelle** XIᵉ s. (*pele*); XIIIᵉ s. (*pelle*); du lat. *pala* (v. PALE 1). ‖ **pelletée** 1680, Richelet; a éliminé les anc. *pellée* (XIᵉ s.), *palerée* (1534, Rab.), *pellerée* (1611, Cotgrave). ‖ **pelleter** 1845, Besch; a remplacé *peltrer* (1788, *Encycl.*) ‖ **pelleteur** 1868, L. ‖ **pelletage** 1868, L. ‖ **pelleteuse** s. f., 1936, pelle mécanique.

pelletier, pelleterie V. PEAU.

pellicule 1503, G. de Chauliac, du lat. *pellicula*, dimin. de *pellis*, peau; 1900, Lar., phot. ‖ **pelliculeux**, 1611, Cot-

grave. ‖ **pelliculaire** 1842, *Acad.* ‖ **pelliculage** 1906, Lar., phot.

pélobate 1874, Lar., du gr. *pêlos*, boue, et de l'élém. *-bate.* ‖ **pélodyte** 1874, Lar., zool., sur le gr. *dutês*, plongeur. ‖ **pélogène** 1876, L., sur l'élém. *-gène.*

***pelote** début XIIᵉ s., *Voy. de Charlemagne*; du lat. pop. *pilotta*, dimin. de *pila*, « balle à jouer ». ‖ **peloton** 1435, Eurialus, « petite pelote »; 1578, d'Aubigné, « groupe de soldats ». ‖ **pelotonner** 1617, Crespin. ‖ **pelotonnement** 1874, Lar. ‖ **peloter** fin XIIIᵉ s., « rouler en pelote »; 1489, Gogain, « manier la balle »; 1780, Rétif de La Bretonne, « caresser sensuellement ». ‖ **pelotage** fin XVIIᵉ s., Saint-Simon; XIXᵉ s., « mise en pelote »; 1866, Goncourt, « caresses sensuelles ». ‖ **peloteur** début XIXᵉ s., « joueur de pelote »; début XIXᵉ s. (*peloteuse*), « qui aime à caresser ». ‖ **pelotari** 1906, Lar., mot basque, du rad. *pelot-* et du suff. *ari*, du lat. *-arius.*

***pelouse** début XVIIᵉ s., « monticule »; 1660, Saint-Amant, sens mod.; forme dial. de l'Ouest ou du Sud, du fém. substantivé de l'adj. lat. *pilosus*, couvert de poils, par métaph. (V. POIL.) ‖ **pelousard** 1907, Lar., pop., courses.

peluche fin XVIᵉ s., de l'anc. fr. *pelucher*, « éplucher », du bas lat. **pilūccare*, syncope de **pilūcicare*, fréquentatif de **pilūcare*, dér., sur le modèle de *manducare*, de *pilare* (v. POIL) ou de l'ital. *peluzzo*, petit poil. ‖ **pelucher** 1798, *Acad.*, au sens mod. ‖ **pelucheux** 1823, Boiste.

pelvis 1666, *Journ. des savants*, mot lat., « bassin (à laver) », appliqué par métaph. au bassin humain. ‖ **pelvien** 1812, Boiste.

pemmican 1836, *Acad.*, mot angl., de l'algonquin *pimekan*, de *pime*, graisse; préparation de viande séchée.

penaille XIIIᵉ s., Montaiglon, de *pan*, morceau d'étoffe. ‖ **dépenaillé** 1546, Rab. ‖ **dépenaillement** 1798, *Acad.*

pénal 1190, *Grégoire* (*poinal liu*, « le purgatoire »), du lat. jur. *poenalis*, de *poena* au sens jurid. (v. PEINE). ‖ **pénalité** début XIVᵉ s., « souffrance », jusqu'au XVIᵉ s.; 1803, Boiste, sens mod. ‖ **pénaliser** fin XIXᵉ s., d'après l'angl. (*to*)

penalize, lexique du sport. ‖ **pénalisation** 1907, Lar. ‖ **penalty** XXᵉ s., mot angl., « pénalisation ».

pénates 1488, *Mer des hist.*, du lat. *penates,* de *penus,* « intérieur de la maison », en lat. archaïque.

penaud V. PEINE.

***pencher** 1256, Ald. de Sienne (*pengier*); 1283, Beaumanoir (*pencher*); du lat. pop. *pendicare,* du lat. class. *pendere,* pendre. ‖ **penchant** s. m., 1538, R. Est., « versant, partie inclinée »; 1642, Oudin, « inclination ». ‖ **penchement** 1538, R. Est.

pendant V. PENDRE.

pendeloque 1640, Oudin, altér., d'après *breloque,* de *pendeloche,* XIIIᵉ s., Montaiglon, de l'anc. fr. *pendeler,* pendiller, dimin. de *pendre.*

***pendre** fin Xᵉ s., *Passion,* du lat. pop. *pendĕre,* en lat. class. *pendēre*; d'abord intr.; XIIᵉ s., mettre à mort par pendaison. ‖ **pendant** début XIIᵉ s., *Thèbes,* adj. et subst., du part. prés. de *pendre*; XIVᵉ s., prép., d'après les locutions *le terme pendant, le temps pendant,* conformément à l'emploi de *pendens* en procédure. ‖ **cependant** 1272, Joinville (*tout ce pendant*); début XIVᵉ s. (*cependant*). ‖ **pendable** 1283, Beaumanoir. ‖ **pendaison** 1644, Saint-Amant. ‖ **pendeur** milieu XIIIᵉ s.; 1677, Dassié, mar. ‖ **pendage** milieu XVIIIᵉ s., techn. ‖ **penderie** 1539, R. Est. ‖ **pendard** fin XIVᵉ s., « bourreau »; 1549, R. Est., sens mod. ‖ **pendoir** XIIIᵉ s. (*pendouer*). ‖ **pendentif** 1561, Ph. Delorme, d'abord archit., du lat. *pendens, -entis,* part. prés. de *pendere.* ‖ **pendiller** 1265, J. de Meung. ‖ **pendouiller** pop., XXᵉ s. ‖ **pendillon** XVIIᵉ s., Mᵐᵉ de Sévigné. ‖ **rependre** début XIVᵉ s. (V. APPENDRE, PENDELOQUE, PENTE, SOUPENTE, SUSPENDRE.)

pendule milieu XVIIᵉ s. (*funependule*); XVIIᵉ s., s. m.; 1664, *Compte des bât. du roi,* s. f.; du lat. sav. *funependulus,* « suspendu à un fil », du lat. *funis,* corde, et de *pendulus,* « qui est suspendu », de *pendere* (v. PENDRE). ‖ **pendulette** 1906, Lar. ‖ **pendulier** 1808, Boiste. ‖ **penduliste** 1803, Gattel. ‖ **pendulaire** 1867, Faye.

***pêne** XIIᵉ s., *Guill. d'Angl.*; altér. de *pesle* (XIIᵉ-XVIIᵉ s.), du lat. *pessŭlus,* verrou (gr. *passalos,* cheville).

pénéplaine V. PLAIN.

pénétrer 1314, Mondeville, du lat. *penetrare.* ‖ **pénétrant** adj., *id.* ‖ **pénétrable** 1361, Oresme, du lat. *penetrabilis.* ‖ **pénétrabilité** début XVIᵉ s. ‖ **impénétrable** fin XIVᵉ s., du lat. *impenetrabilis.* ‖ **impénétrabilité** 1650, Pascal. ‖ **pénétration** 1361, Oresme, du lat. *penetratio.*

péniche 1804, Napoléon Iᵉʳ, de l'angl. *pinnace,* issu lui-même du fr. *pinasse,* milieu XVᵉ s. (*pinace*), de l'esp. *pinaza,* de *pino,* pin.

pénicille, penicillium 1817, Gérardin (*penicillion*), bot., du lat. *penicillum,* pinceau. ‖ **pénicillé** 1798, Richard. ‖ **pénicilline** v. 1945, de l'angl. *penicillin,* 1929, Fleming.

***pénil** XIIᵉ s., *Escoufle,* du lat. pop. *pectinĭculum,* de *pecten,* peigne, et par ext. « pénil » (Juvénal).

péninsule début XVIᵉ s., du lat. *paeninsula,* de *paene,* presque, et *insula,* île. ‖ **péninsulaire** 1556, Saliat, rare jusqu'en 1836, *Acad.*

pénis début XVIIᵉ s., du lat. *penis,* queue (des quadrupèdes).

pénitence fin XIᵉ s., *Alexis,* du lat. *poenitentia,* de *poenitens,* au sens chrét., part. prés. de *poenitere,* se repentir. ‖ **pénitent** 1361, Oresme, du lat. *poenitens.* ‖ **pénitential** 1374, Golein, eccl., du lat. eccl. *poenitentialis.* ‖ **pénitentiel** XVIᵉ s., Pithou, eccl., même étym. ‖ **pénitentiaire** 1806, Thouvenel, s. m., « pénitencier »; 1835, *Acad.,* adj. ‖ **pénitencier** XIIIᵉ s., s. m., eccl.; du lat. *poenitentiarius*; XVᵉ s., adj. (*maison pénitencière*); 1838, *Acad.,* s. m., sens mod., admin. judic. ‖ **pénitencerie** XVᵉ s., « maison de pénitence »; fin XVIIIᵉ s., sens mod., eccl. ‖ **impénitent** 1570, Hervet, du lat. eccl. *impoenitens.* ‖ **impénitence** 1488, *Mer des hist.,* du lat. eccl. *impoenitentia.*

pénitencier V. PÉNITENCE.

***penne** début XIIᵉ s., « plume, aile », et « plume pour écrire », réfection d'une forme pop. *panne*; du lat. *penna,* plume (v. PANNE 1 et 2). ‖ **pennage** 1537, trad. du *Courtisan.* ‖ **penné** milieu XVIIIᵉ s.

(*pinné*), du lat. *pennatus*. ‖ **pennon** début XIIe s. (*penun*), « drapeau triangulaire ». ‖ **penon** milieu XVIIIe s., mar. ‖ **penniforme** début XIXe s. ‖ **empenner** 1080, *Roland*, garnir de plumes (une flèche). ‖ **empennage** fin XIXe s. ‖ **empenne** 1701, Furetière. ‖ **paripenné** 1838, *Acad.*, du lat. *par*, pareil. **penny** 1765, *Encycl.*, mot angl.

pénombre V. OMBRE.

*penser xe s., *Saint Léger;* du bas lat. *pensāre*, « penser » (en lat. class. « peser, juger »), fréquentatif de *pendere*, peser (v. PANSER, PESER). ‖ **pensée** 1130, *Eneas*, « ce qu'on pense ». ‖ **arrière-pensée** 1587, La Noue, rare avant 1798, *Acad.* ‖ **pensée** début XVIe s., espèce de fleur (symbole du souvenir). ‖ **pensement** XIIe s., *Couci*, arch. ‖ **penser** s. m., XIIe s. ‖ **penseur** XIIIe s., devenu usuel seulem. au XVIIe s. ‖ **pensif** fin XIe s., *Alexis.* ‖ **pensant** XIIIe s., « pensif »; XVIIe s., sens mod. ‖ **pense-bête** XXe s. ‖ **impensable** fin XIXe s. ‖ **repenser** fin XIIe s. (V. BIEN-PENSANT.)

pension début XIIIe s., « paiement », d'où « gages »; du lat. *pensio*, « paiement », proprem. « pesée », de *pensus*, part. passé de *pendere*, peser, d'où « payer »; XVe s., annuité versée par l'Etat; XVIIe s., somme versée pour l'entretien d'un enfant; XVIIIe s., maison d'éducation. ‖ **pensionner** début XIVe s., rare avant le XVIIIe s. ‖ **pensionnaire** *id.*, même évol. de sens que *pension.* ‖ **pensionnat** fin XVIIIe s. ‖ **demi-pension, demi-pensionnaire** XIXe s.

pensum milieu XVIIIe s., mot lat. signif. « poids » (de la laine filée chaque jour), d'où « tâche, devoir »; puis sens actuel de « punition ».

pent-, pent(a)- du gr. *pente*, « cinq ». ‖ **pentacorde** début XVIIIe s. (*pentachorde*), du lat. *pentachordus* (gr. *pentachordon*). ‖ **pentacrine** milieu XVIIIe s. (*pentacrinos*); 1842, *Acad.* (*pentacrine*), sur le gr. *krinon*, « lis ». ‖ **pentadécagone** 1765, *Encycl.* ‖ **pentaèdre** 1803, Morin. ‖ **pentamère** 1817, Latreille, zool. ‖ **pentamètre** fin XVe s., du lat. *pentameter* (gr. *pentametros*). ‖ **pentane** 1874, Lar. ‖ **pentapétale** fin XVIIIe s. ‖ **pentapole** début XVIIIe s., hist., du gr. *pentapolis.* ‖ **pentatonique**

XXe s. ‖ **pentatron** milieu XXe s. ‖ **pentode** ou **penthode** 1949, Lar. (1919, en angl.).

pentagone XIIIe s., *Comput,* du lat. *pentagonum*, empr. au gr. *pentagônon*, de *pente*, cinq, et *gónia*, angle. ‖ **pentagonal** début XVIe s.

pentateuque XVe s. (*penthateucon*); du gr. *pentateukhos*, de *penta*, cinq, et *teukhos*, « instrument », d'où « livre ».

pentathlon fin XVIe s. (*pentathle*); XXe s., forme mod.; du lat. *pentathlum*, en gr. *pentathlon*, de *athlos*, combat.

*pente début XIVe s., du lat. pop. *pendita, part. passé, substantivé au fém., de *pendere (v. PENDRE). ‖ **penture** fin XIIIe s., techn., du lat. pop. **penditura.* ‖ **pentoire** 1382, mar. ‖ **contrepente** 1694, Th. Corneille. (V. SOUPENTE.)

pentecôte fin Xe s., *Passion* (*pentecostem*); du lat. eccl. *pentecoste* (*Vulgate*), en gr. *pentekostê*, cinquantième (jour après Pâques).

penthémimère 1842, *Acad.*, du lat. *penthemimeres*, en gr. *penthêmimerês*, de *penta*, cinq, *hemi*, « demi », et *meros*, « partie ».

pénultième 1268, É. Boileau (*penultime*); du lat. *paenultimus*, de *paene*, presque, et *ultimus*, dernier, et avec *-ième* d'après *deuxième, troisième*, etc. ‖ **antépénultième** v. 1760, Voltaire.

pénurie 1468, Lebègue, du lat. *penuria;* vulgarisé au XVIIIe s.

péon fin XIIe s., « fantassin », du lat. *pedo, pedonis;* au sens actuel, repris à l'esp. *peón*, « journalier ».

péotte fin XVIIe s., du vénitien *peotta*, en ital. commun *pedotta*, grande gondole légère.

pépée 1867, Delvau, pop., réalisation enfantine du mot *poupée.*

pépère V. PÈRE.

pépérin 1694, Th. Corn., géol., de l'ital. *peperino*, du bas lat. *piperinus* (*lapis*), de *piper.* (V. POIVRE.)

pépettes 1867, Delvau, pop., « pièces de monnaie », peut-être altér. de *pépites.*

*pépie 1398, *Ménagier*, du lat. *pituita*, proprem. « humeur, coryza » et « pépie » (v. PITUITE), devenu en lat. pop. *pĭttīta, puis *pĭppīta, par assimilation.

pépier XIV⁰ s., Du Cange (*pipier*); XVI⁰ s. (*pépier*); du lat. *pippare*, sur un rad. onom. **pipp- / pepp-*. ‖ **pépiement** 1611, Cotgrave.

1. **pépin** 1160, Benoît; var. dial. *pipin*, *papin*, *pinpin*; d'une rac. **pipp-*, exprimant l'exiguïté (v. PETIT, PÉPITE). ‖ **pépinière** 1538, R. Est. ‖ **pépiniériste** 1690, Furetière.

2. **pépin** XIX⁰ s., fam., « parapluie », du nom de *Pépin*, personnage qui entrait en scène avec un grand parapluie, dans *Romainville ou la Promenade du dimanche*, vaudeville joué aux Variétés en 1807.

pépite 1648, Vincent le Blanc (*pepitas*, pl.); début XVIII⁰ s. (*pépite*); de l'esp. *pepita*, proprem. « pépin ».

péplum 1581, Delb., hist., mot lat., du gr. *peplon*, tunique.

pépon fin XV⁰ s., « melon »; fin XVIII⁰ s., « courge »; du lat. *pepo, -onis*, courge.

pepsine 1855, Nysten, du gr. *pepsis*, cuisson, digestion, de *pessein*, « cuire » et « faire digérer ». ‖ **peptique** fin XVII⁰ s. ‖ **peptone** 1872, L. ‖ **peptonification** 1878, Lar. ‖ **peptoniser** 1923, Lar. (V. DYSPEPSIE.)

percale XVII⁰ s. (*percalen*); 1701, Furetière (*percale*); du turco-persan *pärgâlä*, par l'intermédiaire de l'Inde. ‖ **percaline** début XIX⁰ s.

percepteur, perceptible, perception V. PERCEVOIR.

*****percer** 1080, *Roland* (*percier*), du lat. pop. **pertūsiare*, de *pertūsus* (v. PERTUIS), part. passé de *pertundere*, trouer, percer. ‖ **perçant** adj., XVI⁰ s. ‖ **percée** milieu XVIII⁰ s., techn.; 1798, *Acad.*, action de passer malgré un obstacle; 1845, Besch., mil. ‖ **percement** début XVI⁰ s. ‖ **perçage** 1836, Landais, techn. ‖ **perceur** XVI⁰ s. ‖ **perceuse** XX⁰ s., techn. ‖ **perçoir** 1200, techn. ‖ **percerette** XVII⁰ s., techn. ‖ **perce** fin XV⁰ s. (*mettre à perce*); fr. mod. *mettre en perce*. ‖ **perce-bois** 1751, *Encycl.* ‖ **perce-carte** 1842, *Acad.* ‖ **percemuraille** milieu XVIII⁰ s. ‖ **perceneige** milieu XVII⁰ s. ‖ **perce-oreille** 1530, Palsgrave (*persoreille*). ‖ **percepierre** 1550, zool.; 1690, Furetière, bot. ‖ **transpercer** début XII⁰ s.

*****percevoir** début XII⁰ s. (*parceivre*); v. 1200 (*percevoir*); du lat. *percĭpere*, « saisir par les sens »; 1361, Oresme, « recueillir les impôts » (a remplacé dans ce sens *apercevoir*), empl. repris au lat. impér. ‖ **perceptible** 1372, Corbichon, du lat. *perceptibilis*, d'empl. philos. ‖ **imperceptible** XIV⁰ s., *Nature à alchimie*, du lat. médiév. *imperceptibilis*. ‖ **perceptibilité** 1760, Diderot. ‖ **perceptif** 1370, Oresme. ‖ **perception** 1361, Oresme, fin., du lat. *perceptio*, au sens « action de recueillir »; 1611, Cotgrave, philos., d'après un autre sens du lat. *perceptio*. ‖ **perceptionnisme** 1882, empr. à l'angl. ‖ **percepteur** début XV⁰ s., fin., du lat. *perceptus*, part. passé de *percipere*, recueillir; rare avant 1789. ‖ **aperception** fin XVII⁰ s., Leibniz. ‖ **apercevoir** 1080, *Roland*, « reprendre connaissance » (sans disparu au XV⁰ s.). ‖ **aperçu** 1760, Vict. Mirabeau, part. passé substantivé. ‖ **apercevable** 1349, *Ordonn.* ‖ **inaperçu** 1789, Necker.

1. *****perche** XII⁰ s., zool., du lat. *perca* (gr. *perkê*).

2. *****perche** (*de bois*), XII⁰ s., du lat. *pertica*. ‖ **percher** 1314, Mondeville, « se mettre debout »; 1360, *Modus*, sens mod. ‖ **percheur** 1827, *Acad.*, ornith. ‖ **perchoir** début XV⁰ s. (*percheur*), étagère; 1584, Du Monin (*perchoir*), sens mod. ‖ **perchis** 1701, Furetière, sylvic. ‖ **perchée** 1836, *Acad.*, vitic.

percheron 1836, Landais, « originaire du Perche ».

perclus 1440, Ch. d'Orléans, du lat. *perclusus*, part. passé de *percludere*, « obstruer », de *claudere* (v. CLORE).

percnoptère 1803, Boiste, zool., du gr. *perknopteros*, de *perknos*, noirâtre, et *pteron*, aile.

percolateur 1856, *Petit Journal pour rire*; du lat. *percolare*, filtrer, de *colare* (v. COULER). ‖ **perco** XX⁰ s., abrév.

percussion V. PERCUTER.

percuter v. 980, *Valenciennes*, « transpercer »; du lat. *percutere*, « frapper violemment »; XVII⁰ s., sens mod., rare avant 1825. ‖ **percutant** adj., 1872, L. ‖ **percussion** début XIV⁰ s., du lat. *percussio*; rare avant le XVII⁰ s. ‖ **percuteur** 1868, L.

*perdre xᵉ s., *Eulalie*, du lat. *perdĕre*. ‖ *perte fin xiᵉ s., *Alexis*, du lat. pop. *perdĭta*, part. passé, subst. au fém., de *perdĕre*. ‖ perdant fin xiiiᵉ s., subst. ‖ perdable xiiiᵉ s. ‖ imperdable 1721, *Trévoux*. ‖ perdeur xivᵉ s. ‖ perdition 1080, *Roland*, sens moral, du lat. eccl. *perditio* (vᵉ s., saint Avit) ; xiiiᵉ s., ext. d'empl., d'après le sens de *perdre*. ‖ déperdition 1314, Mondeville, du lat. *deperdere*, d'après *perdition*. ‖ reperdre 1160, Benoît. (V. ÉPERDU.)

perdreau xviᵉ s. ; forme francisée de *perdrial*, xiiᵉ s. ; xivᵉ s., *Hist. de Guill. le Maréchal* (*perdriau*) ; forme parallèle à l'anc. prov. *perdigal* ; du lat. *perdix*, perdrix, et *gallus*, coq.

perdrigon xviᵉ s., *Vauquelin de La Fresnaye* (var. *perdigoine*) ; xviᵉ s., R. Belleau ; altér., d'après *perdrix*, du prov. *perdigon*, perdreau.

*perdrix 1170, *Rois* (*perdriz*) ; du lat. *perdīx, -īcis*, avec un deuxième r, peut-être dû à l'attraction de *perdre*, et x graphique repris au latin.

*père fin xiᵉ s., *Alexis* (*pedre*) ; xiiᵉ s. (*pere*) ; du lat. *patrem*, acc. de *pater*. ‖ pépère xixᵉ s., redoublem. enfantin de *père* ; fam. ; gros homme », et, adj., « important, confortable », etc. ‖ pérot milieu xvᵉ s., sylvic., dimin. de *père*. (V. PATERNE, PATERNEL, etc.)

pérégrination début xiiᵉ s., « pèlerinage » ; du lat. *peregrinatio*, de *peregrinari*, « voyager à l'étranger ». ‖ pérégrin 1361, Oresme, du lat. *peregrinus*. ‖ pérégriner fin xvᵉ s., du lat. *peregrinari*. ‖ pérégrinité 1540, Rab., du lat. *peregrinitas*. (V. PÈLERIN.)

péremptoire 1283, Beaumanoir, jur. ; xivᵉ s., sens mod. ; du lat. jur. *peremptorius*, de *perimere* (v. PÉRIMER). ‖ péremption 1546, Rab., du lat. jur. *peremptio*.

pérennité 1160, Benoît, du lat. *perennitas*, de *perennis*, « qui dure toute l'année », de *per* et de *annus* (v. ANNÉE à AN). ‖ pérenne xviᵉ s., du lat. *perennis*.

péréquation milieu xvᵉ s., « répartition équitable de l'impôt », du lat. jur. *peraequatio*, de *peraequare*, « égaliser », de *aequus*, égal.

perfectible 1765, Voltaire, du lat. *perfectus* (v. PARFAIT, PERFECTION). ‖ perfectibilité 1755, J.-J. Rousseau. ‖ imperfectible 1803, Boiste. ‖ imperfectibilité 1823, Boiste.

perfection 1190, saint Bernard ; xivᵉ-xvᵉ s., égalem. « achèvement » ; du lat. *perfectio*, de *perfectus*, part. passé de *perficere*, « achever », de *facere*, « faire ». ‖ perfectionner xvᵉ s. ‖ perfectionnement 1725, abbé de Saint-Pierre. ‖ imperfection 1120, *Ps. d'Oxford*, du bas lat. *imperfectio*.

perfide xᵉ s., *Saint Léger* ; rare jusqu'en 1606, Nicot ; du lat. *perfidus*, proprem. « qui viole sa foi », de *fides* (v. FOI). ‖ perfidie 1308, Aimé, du lat. *perfidia*.

perfolié 1771, *Trévoux*, du lat. *per* et *folium*, feuille.

perforer xiiᵉ s., *Job*, du lat. méd. *perforare*. ‖ perforation 1398, *Somme Gautier*, du lat. *perforatio*. ‖ perforage milieu xixᵉ s., techn. ‖ perforant milieu xviiiᵉ s., anat. ‖ perforateur, perforatrice 1813, Gérard. ‖ perforeuse xxᵉ s., techn.

performance 1839, *Journal des haras*, de l'angl. *performance*, issu lui-même de l'anc. fr. *parformance*, xviᵉ s., de *parformer*, « accomplir », de *former*.

perfusion fin xivᵉ s., « action de répandre » ; xxᵉ s., méd., sur le modèle de *transfusion*. (V. FUSION à FUSER.)

pergola 1907, Lar. (*pergole*) ; de l'ital. *pergola*, du lat. *pergula*, treille, berceau ; sorte de tonnelle.

péri 1697, d'Herbelot, d'abord masc. et fém., puis seulement fém., mythol., du persan *perî*, proprem. « ailé ».

périanthe milieu xviiiᵉ s. (*perianthum*) ; 1797, Richard (*perianthe*) ; du lat. bot. mod. *perianthum*, du gr. *anthos*, fleur, et *peri*, autour ; ensemble des enveloppes de la fleur.

péribole 1690, Furetière, « parapet » ; 1752, *Trévoux*, sens mod. ; du lat. *peribolus*, en gr. *peribolos* (*peri*, autour).

péricarde 1560, Paré, anat., du gr. *perikardion*, « autour du cœur », de *peri*, autour, et *kardia*, cœur. ‖ péricardite 1806, Capuron. ‖ péricardique 1842, *Acad*.

péricarpe 1556, R. Le Blanc, du gr. *perikarpion*. (V. CARPE 2.)

périchondre 1765, *Encycl.*, anat., du gr. *perikhondrion* (*peri*, autour; *khondrion*, cartilage). ‖ **périchondrite** 1869, L.

péricliter début XIVᵉ s., « faire naufrage, périr »; XVIIᵉ s., « être en danger »; du lat. *periclitari*, de *periculum*. (V. PÉRIL.)

péridot 1220, Du Cange (*péritot*), minér., orig. inconnue.

périgée 1557, de Mesmes, du gr. *perigeios*, de *peri*, autour, et *gê*, terre; point de l'orbite d'un astre le plus voisin de la Terre.

périgueux fin XVIᵉ s. (*pierigot*, par attraction de *pierre*), du nom de *Périgueux*, ville près de laquelle on exploite cette pierre.

périhélie début XVIIIᵉ s., astron., du gr. *peri*, autour, et *helios*, soleil.

*****péril** Xᵉ s., *Valenciennes* (*l* mouillé jusqu'au XIXᵉ s.), du lat. *perīcŭlum*, « épreuve », d'où « danger ». ‖ **périlleux** XIIᵉ s., *Couci*, du lat. *periculōsus*.

périmer 1464, G. (*perimir*); 1493, G., (*périmer*), jur.; du lat. jur. *perimere*, proprem. « détruire » (v. PÉREMPTOIRE). ‖ **périmé** milieu XIXᵉ s., fig.

périmètre début XVIᵉ s., du gr. *perimetros*, de *peri*, autour, et *metron*, mesure.

périnée 1534, Rab., anat., du gr. *perineos* (*peri*, autour). ‖ **périnéal** début XIXᵉ s.

période 1369, Oresme (*peryode*), en parlant du temps, du bas lat. *periodus* (gr. *periodos*), « circuit », appliqué au mouvement des astres, de *peri*, autour, et *hodos*, chemin; XVIIᵉ s., Guez de Balzac, rhét. ‖ **périodique** 1398, *Somme Gautier*, prem. sens; XVIIᵉ s., rhét.; XIXᵉ s., revue; du bas lat. *periodicus*. ‖ **périodicité** 1665, Chapelain.

périœciens milieu XVIᵉ s. (*perieciens*), géogr., du gr. *perioikoi*, de *peri*, autour, et *oikein*, habiter.

périoste 1560, Paré, anat., du gr. *periosteon*, de *peri*, autour, et *osteon*, os. ‖ **périostose** début XIXᵉ s. ‖ **périostite** 1836, Landais.

péripatétique 1361, Oresme, du lat.

peripateticus, du gr. *peripatêtikos*, de *peri*, autour, et *peripatein*, se promener, en raison de l'habitude qu'avait Aristote d'enseigner en se promenant. ‖ **péripatéticien** 1361, Oresme; s. f., fin XIXᵉ s., fam., « prostituée », par ironie. ‖ **péripatétisme** 1660, G. Patin.

péripétie début XVIIᵉ s., litt., du gr. *peripeteia*, « événement imprévu », de *peri*, autour, et *piptein*, tomber; 1762, *Acad.*, ext. de sens.

périphérie milieu XIVᵉ s. (*peryfere*); 1544, Frison (*périphérie*); du bas lat. *peripheria* (Vᵉ s., *Capella*), en gr. *peripheria*, « circonférence », de *pherein*, porter. ‖ **périphérique** 1838, *Acad.*

périphrase début XVIᵉ s., du lat. *periphrasis*, mot gr., de *periphrazein*, « parler par circonlocutions », de *phrazein*, parler. ‖ **périphrastique** 1555, Ch. Fontaine (*periphrastic*). ‖ **périphraser** fin XVIᵉ s.

périple 1629, Bergeron; lat. *periplus*, gr. *periplous*, de *peri*, autour, et *plein*, naviguer.

périptère 1765, *Encycl.*, du lat. *peripteros*, issu du gr. *peri*, autour, et *pteron*, aile.

*****périr** fin XIᵉ s. (*perir*), du lat. *perīre*, « aller à travers », de *ire*, aller, d'où « disparaître, mourir »; prononc. de l'*é* refaite plus tard sur celle du latin. ‖ **périssable** XIVᵉ s., « ce qui fait périr »; XVᵉ s., sens mod. ‖ **impérissable** début XVIᵉ s. ‖ **périssoire** 1867, à l'Exposition universelle, formation incon. ‖ **dépérir** 1235, G., du lat. *deperire*. ‖ **dépérissement** début XVIᵉ s.

périsciens milieu XVIᵉ s., du gr. *periskioi*, de *peri*, autour, et *skia*, ombre; peuple légendaire des régions où le Soleil fait tourner l'ombre autour du corps en un jour.

périscope 1874, Lar., zool.; 1906, Lar., mar.; du gr. *periskopein*, « regarder autour ». ‖ **périscopique** 1814, Wollaston.

périsplénite 1877, L., du gr. *peri*, autour, et *splên, splênos*, « rate ».

péristaltique début XVIIᵉ s., du gr. *peristaltikos*, de *peristellein*, « envelopper, comprimer »; se dit des contractions qui font progresser les matières digestives.

péristyle milieu XVIe s., du lat. *peristylum*, gr. *peristulon*, de *peri*, autour, et *stulos*, colonne.

péritoine 1541, Canappe, du lat. méd. *peritonaeum*, gr. *peritonaion*, « ce qui est tendu autour », de *teineîn*, tendre. ‖ **péritonite** 1802, Laennec, du lat. méd. *peritonitis*. ‖ **péritonéal** début XIXe s.

perle début XIIe s., de l'ital. *perla*, du lat. *perna*, « pinne marine, coquillage perlier ». ‖ **perlé** 1360, Froissart. ‖ **perler** début XVIIe s., v. tr. ; XIXe s., v. intr. ‖ **perlette** fin XIVe s. ‖ **perlière** adj., 1686, Exmelin. ‖ **perlure** milieu XVIe s., vén. ‖ **perlot** 1877, *Journ. offic.*, petite huître.

perlimpinpin (poudre de) 1680, Richelet, formation plaisante.

Perlon 1948, *L. M.*, nom déposé, de *perle* et suffixe *-on* (v. NYLON).

1. **perlot** V. PERLE.

2. **perlot** 1866, Delvau, arg., « tabac », peut-être abrév. de *semperlot*, var. *semper* (*id.*), d'orig. obsc.

permanent 1361, Oresme, du lat. *permanens*, part. prés. de *permanere*, durer ; a remplacé l'anc. fr. *parmanant*, XIIe s., de *parmaindre*, rester, de *permanere*. ‖ **permanence** *id.*, du lat. médiév. *permanentia*.

perméable milieu XVIe s., du bas lat. *permeabilis* (IIIe s., Solinus), de *per*, à travers, et *meare*, passer. ‖ **perméabilité** 1625, Béguin, « qualité de ce qui coule facilement » ; 1743, *Trévoux*, sens mod. ‖ **imperméable** 1546, Rab. ; rare avant 1770. ‖ **imperméabilité** 1803, Wailly.

permettre Xe s., rare jusqu'au début du XVe s. ; du lat. *permittere*, adapté d'après *mettre*. ‖ **permis** s. m., début XVIIIe s., part. passé. ‖ **permission** fin XIIe s. (*par la Dieu permission*, « par la liberté qu'a Dieu de faire ce qu'il lui plaît », formule eccl. issue de saint Augustin) ; XVe s., sens mod. ; du lat. *permissio*, de *permissus*, part. passé de *permittere* (v. PERMETTRE). ‖ **permissionnaire** 1680, Richelet, « qui a la permission » ; 1842, *Acad.*, sens mod.

permien 1842, *Acad.*, du nom de *Perm*, ville russe.

permuter milieu XIVe s., « faire du troc » ; du lat. *permutare*, de *mutare*, changer. ‖ **permutable** 1503, G. de Chauliac. ‖ **permutabilité** 1836, Landais. ‖ **permutation** fin XIIe s. (*permutacion*), « changement de résidence », du lat. *permutatio*, changement. ‖ **impermutable** 1360, Oresme (*-muable*) ; 1827, *Acad.* (*-mutable*) ; du lat. *impermutabilis*.

perne 1806, Wailly, zool., du lat. *perna*, proprem. « cuisse, jambon ».

pernicieux 1314, Mondeville, du lat. *perniciosus*, de *pernicies*, « destruction », de *nex, necis*, mort violente (v. NOYER 2). ‖ **perniciosité** milieu XVIe s., méd.

péroné 1541, Canappe, du gr. *peronê*, proprem. « cheville ».

péronnelle XVe s. (*Peronnelle*), d'abord nom propre, héroïne de chanson populaire ; fém. de *Perron*, dér. de *Pierre*, ou forme fr. du bas lat. *Petronilla* ; XVIIe s., *chanter la peronnelle*, « dire des sottises » ; 1672, Molière, sens mod.

pérorer fin XIVe s., du lat. *perorare*, exposer jusqu'au bout, de *orare*, parler, de *os, oris*, bouche. ‖ **péroraison** milieu XVIe s. (*pération*) ; milieu XVIIe s. (*péroraison*) ; du lat. *peroratio*, au sens rhét., avec francisation d'après *oraison* ; de *perorare* au sens de « conclure un discours ». ‖ **péroreur** 1775, J.-J. Rousseau. (V. ORAISON.)

pérot V. PÈRE.

pérou fin XVIIe s., Saint-Simon, « trésor », du nom du *Pérou*, contrée jadis très riche en mines d'or et d'argent ; fin XVIIIe s., *ce n'est pas le Pérou*, loc. fam.

perpendiculaire 1380, E. de Conty (*perpendiculer*) ; XVIe s. (*perpendiculaire*), « vertical » ; XVIIe s., sens mod. ; du bas lat. *perpendicularis* (Ier s., Frontin), de *perpendiculum*, fil à plomb, de *perpendere*, « peser, apprécier exactement », de *pendere*. ‖ **perpendicularité** début XVIIIe s.

perpétrer début XIIIe s. (*perperter*) ; 1360, Froissart (*perpétrer*) ; du lat. *perpetrare*, accomplir, de *patrare, id.* ‖ **perpétration** XIVe s., du lat. eccl. *perpetratio* (IIIe s., Tertullien).

perpétuer 1374, J. Des Preis, du lat. *perpetuare*, de *perpetuus*, perpétuel, proprem. « qui s'avance de manière continue », de *petĕre*, « se diriger vers ». ‖ **perpétuel** 1160, Benoît. ‖ **perpétuation** début XVe s. ‖ **perpétuité** début XIIIe s., du lat. *perpetuitas*, de *perpetuus*. ‖ **à perpète** ou **à perpette** 1837, Vidocq, pop.

perplexe 1355, Bersuire (var. *perplex*, jusqu'au XVIIe s.), du lat. *perplexus*, embrouillé, de *plectere*, tresser. ‖ **perplexité** XIIIe s., « ambiguïté de la pensée »; XIVe s., sens mod., du bas lat. *perplexitas* (IVe s., Amm. Marcellin).

perquisition XVe s., « action de rechercher »; XVe s., « recherche judiciaire »; 1690, Furetière, sens mod.; du bas lat. *perquisitio*, recherche, de *perquirere*, rechercher, de *quaerere*, chercher (v. INQUISITION, RÉQUISITION). ‖ **perquisiteur** 1361, Oresme, vx. ‖ **perquisitionner** 1836, Landais.

perré, perrier, perron V. PIERRE.

perroquet fin XIVe s., Th. de Saluces (*paroquet*); a éliminé en fr. *papegai*; XVIe s., mar.; pour certains, de l'ital. *parrochetto*, dimin. facétieux de *parroco*, curé (v. PAROISSE); pour d'autres, d'abord nom propre, dimin. de *Pierre*, empl. comme terme de caresse à côté du terme générique *papegaut*. ‖ **perruche** 1698, trad. de Dampier, de *perroquet*, par subst. de suff.

perruque XVe s., « chevelure »; XVIe s., sens mod.; de l'ital. *parrucca*, *perruca*, chevelure. ‖ **perruquier** 1564, J. Thierry.

*pers 1080, *Roland*, du bas lat. *persus* (VIIIe s., *Reichenau*), proprem. « persan », sans doute parce qu'on importait de Perse des matières colorantes ou des objets colorés.

perse 1730, Savary, parce qu'on croyait cette toile peinte (en réalité venue de l'Inde) fabriquée en Perse.

persécuteur 1190, Garn., du lat. eccl. *persecutor*, « persécuteur des chrétiens », de *persequi*, poursuivre. ‖ **persécution** *id.*, du lat. eccl. *persecutio*. ‖ **persécuter** fin Xe s., *Saint Léger*.

persévérer 1120, *Ps. de Cambridge*, du lat. *perseverare*, de *severus*, sévère.

‖ **persévérant** adj., 1180. ‖ **persévérance** 1160, Benoît, du lat. *perseverantia*.

persicaire XIIIe s., *Simples Méd.*, bot., du lat. *persicaria*, de *persicus*, pêcher, arbre (v. PÊCHE 1). ‖ **persicot** 1692, Ménage (*persico*), « liqueur de pêche », de *persicus*.

persienne s. f., 1737, Duchêne, de l'adj. *persien*, XIVe s., dér. de *perse*, « persan », cette sorte de volet passant pour venir de la Perse.

persifler V. SIFFLER.

persil XIIe s. (*perresil*); XIIIe s. (*persil*, avec *l* mouillé en anc. fr.); du lat. pop. **petrosilium*, en lat. *petroselinum*, du gr. *petroselinon*. ‖ **persillade** 1690, Furetière. ‖ **persillé** 1694, *Acad.*

persique milieu XVIIe s., du lat. *persicus*, « de Perse ». (V. PÊCHE 1, PERS, PERSE, PERSICAIRE, PERSIENNE.)

persister début XIVe s., du lat. *persistere*, de *sistere*, placer. ‖ **persistant** *id.*, adj. ‖ **persistance** 1460, *Myst. de la Passion* (*persistence*).

personne début XIIe s., *Couronn. Loïs*, s. f., lat. *persona*, d'orig. étrusque, « masque de théâtre », puis « personnage », et, dès le lat. class., « personne »; XIVe s., pron. négatif. ‖ **persona grata** 1890, Lar., expression lat. ‖ **personnage** 1250, *Mir. de saint Eloi*, « charge eccl. » et « dignitaire eccl. »; XVe s., sens mod. ‖ **personnifier** 1674, Boileau. ‖ **personnification** XVIIIe s., Piron. ‖ **personnel** adj., 1190, Garn. (*personnal*), gramm.; XIIIe s., sens gén.; XVIIIe s., Saint-Simon, « égoïste »; du bas lat. *personalis*, gramm., jur. et eccl. ‖ **personnel** s. m., 1835, *Acad.*, peut-être d'après l'all. *Personal.* ‖ **personnalité** 1495, *Mir. historial*, du lat. *personalitas*, de *personalis*. ‖ **personnalisme** début XVIIIe s., « égoïsme »; 1903, Renouvier, philos.; de l'angl. *personalism*, 1865. ‖ **personnaliste** 1887, Paul Janet, philos. ‖ **personnaliser** début XVIIIe s., « personnifier »; 1768, J.-J. Rousseau, « se livrer à des attaques personnelles »; XXe s., « donner un caractère personnel à ». ‖ **personnalisation** milieu XIXe s. ‖ **dépersonnaliser, dépersonnalisation** 1898. ‖ **impersonnel** 1190, Garnier (*-nal*), gramm.;

XIXᵉ s., philos., du lat. gramm. *imperso-nalis*. ‖ **impersonnalité** 1784, *Encycl. méth.*

perspectif s. m., milieu XIVᵉ s., « réfraction »; XVᵉ s., adj., « qui se propose quelque chose »; XVIIᵉ s., sens mod.; du bas lat. *perspectivus*, de *perspectus*, part. passé de *perspicere*, « pénétrer par le regard ». ‖ **perspective** milieu XIVᵉ s., substantivé au fém., « réfraction »; XVIᵉ s., peinture, d'après l'ital. *prospettiva*; XVIIᵉ s., fig.

perspicace 1495, J. de Vignay (*perspicax*); rare jusqu'en 1788, Féraud; du lat. *perspicax*, de *perspicere* (v. le précéd.). ‖ **perspicacité** milieu XVᵉ s., du bas lat. *perspicacitas*.

perspicuité fin XIVᵉ s., « transparence »; 1538, R. Est., empl. mod.; du lat. *perspicuitas*, de *perspicere*. (V. le précéd.)

perspiration 1538, Canappe, méd., du lat. *perspiratio*. (V. RESPIRATION.)

persuader 1361, Oresme, du lat. *persuadere*, de *suadere*, conseiller. ‖ **persuasion** début XIVᵉ s., du lat. *persuasio*. ‖ **persuasif** milieu XIVᵉ s., du bas lat. *persuasivus*.

perte V. PERDRE.

pertinacité 1419, *Ordonn.*, du bas lat. *pertinacitas*, de *pertinax*, « tenace », de *tenēre*, tenir.

pertinent 1300, Langlois, jur., du lat. *pertinens*, part. prés. de *pertinere*, concerner, de *tenēre*, tenir; fin XVIIᵉ s., Saint-Simon, sens gén. ‖ **pertinence** début XIVᵉ s. ‖ **pertinemment** milieu XIVᵉ s. ‖ **impertinent** XIVᵉ s., Bouthillier, du bas lat. *impertinens*, « qui ne convient pas » (sens fr. jusqu'au XVIIIᵉ s.). ‖ **impertinence** XVᵉ s., Martial d'Auv.

pertuis début XIIᵉ s., *Voy. de Charl.*, déverbal de l'anc. v. *pertuisier* (encore au XVIᵉ s.), d'après *pertuise*, forme accentuée de l'indic. prés.; du lat. pop. *pertusium*, du verbe *pertusiāre*. (V. PERCER.)

pertuisane 1468, Du Cange (*pourtisaine*); 1564, J. Thierry (*pertuisane*); de l'ital. *partigiana*, de *parte*, part, du lat. *pars, partis* (v. PART 1). ‖ **pertuisanier** 1680, Richelet.

perturber 1130, *Job*; rare entre le XVIIᵉ et le XIXᵉ s.; du lat. *perturbare*, troubler fortement, de *turbare* (v. TROUBLER). ‖ **perturbation** fin XIIIᵉ s., du lat. *perturbatio*. ‖ **perturbateur** 1283, Beaumanoir (*perturbeor*); XVᵉ s. (*perturbateur*); du bas lat. *perturbator* (Vᵉ s.). ‖ **imperturbable** 1470, *Livre disc.*, du bas lat. *imperturbabilis*. ‖ **imperturbabilité** XVIIᵉ s., Bossuet.

pervenche XIIIᵉ s., du lat. *pervinca*.

pervers début XIIᵉ s. (*purvers*); 1190, Garn. (*pervers*); du lat. *perversus*, part. passé de *pervertere*, proprem. « renverser, retourner », de *vertere*, tourner. ‖ **pervertir** *id.*, du lat. *pervertere*. ‖ **perversité** 1190, saint Bernard, du lat. *perversitas*. ‖ **perversion** 1308, Aimé, du lat. *perversio*. ‖ **pervertissement** *id.* ‖ **pervertisseur** début XVIᵉ s.

pesade fin XVIᵉ s. (*posade*); 1611, Cotgrave (*pesade*), équit.; de l'ital. *posata*, proprem. « action de se poser ».

*****peser** fin XIᵉ s., *Alexis*, « être pénible à » (formes accentuées *peis-*, *pois-* jusqu'au XVIᵉ s.); du lat. pop. *pesare*, class. *pensare*, de *pendere*, peser, d'après le part. passé *pensus* (v. PENSER, POIDS). ‖ **pesant** 1080, *Roland*, adj.; *son pesant d'or*, 1155, Wace (*acheter son pesant d'or*); XVᵉ s. (*valoir son pesant d'argent*); 1538, R. Est. (*valoir son pesant d'or*). ‖ **pesanteur** 1160, Benoît. ‖ **apesanteur** 1957, *le Monde*, absence de pesanteur. ‖ **appesantir** 1119, Ph. de Thaun. ‖ **appesantissement** 1570, G. Hervet. ‖ **peseur** 1252, G. ‖ **pesage** début XIIIᵉ s., « droit payé par les marchandises pesées »; 1854, *Guide de Paris* (Hachette), courses. ‖ **pesée** début XIVᵉ s., part. passé substantivé au fém. ‖ **peson** milieu XIIIᵉ s., petit poids; XVIIᵉ s., sorte de balance. ‖ **pesette** milieu XVIᵉ s. ‖ **pèse-acide** 1838, *Acad.* ‖ **pèse-alcool** 1878, Lar. ‖ **pèse-bébé** 1890, Lar. ‖ **pèse-esprit** 1838, *Acad.* ‖ **pèse-grains** XXᵉ s. ‖ **pèse-lait** 1838, *Acad.* ‖ **pèse-lettre** 1874, Lar. ‖ **pèse-liqueur** milieu XVIIᵉ s. ‖ **pèse-moût** 1838, *Acad.* ‖ **pèse-sel** 1838, *Acad.* ‖ **pèse-sirop** 1868, L. ‖ **soupeser** XIIᵉ s., *Auberi* (*sous-peser*).

peseta XIXᵉ s., mot esp.

*****pessaire** XIIIᵉ s., *Simples Méd.*, du bas lat. *pessarium* (IVᵉ s., Th. Priscien), de *pessum*, gr. *pessos*, proprem. « jeton en forme de gland », d'où « tampon de charpie ».

*pesse XVIe s., Peletier (pece), bot., mot rég. (Franche-Comté, Savoie) ; du lat. picea, de pix-, picis, poix. (V. ÉPICÉA et POIX.)

pessimisme 1759, Année litt., dû à la querelle entre Fréron et Voltaire ; du lat. pessimus, très mauvais, par oppos. à optimisme. ‖ pessimiste 1789.

peste milieu XVe s., du lat. pestis, épidémie. ‖ pester 1617, Mlle de Gournay, tr., « traiter de peste » ; XVIIe s., sens mod., intr. ‖ pesteux XVIe s. ‖ antipesteux 1907, Lar. ‖ empester 1584, Du Monin (empesté). ‖ malepeste 1651, Scarron, arch. ‖ pestiféré 1503, G. de Chauliac, de l'anc. adj. pestifère, 1355, Bersuire, du lat. pestifer, « qui porte la peste », de ferre, porter. ‖ pestilence 1120, Ps. d'Oxford (chaere de pestilence), du lat. pestilentia, de pestis. ‖ pestilent XIVe s., arch. ‖ pestilentiel fin XIVe s.

*pet 1260, Rutebeuf, du lat. pēdĭtum. ‖ péter fin XIVe s. (peter) ; a éliminé l'anc. peire, poire (encore XVe s., Villon) ; du lat. pēdĕre. ‖ péteur id. ‖ péteux XIIIe s. ; 1867, Delvau, « honteux, timide ». ‖ pétoire 1743, Trévoux (canne-pétoire). ‖ pétoche fin XIXe s., pop. ‖ canepetière 1534, Rab. (cannes petières) ; pétière est une altér. de péteuse, par substit. euphémique de suff. ‖ pet-de-loup 1888, d'après un personnage créé par Nadar en 1849. ‖ pet-de-nonne 1795 (pet d'Espagne, 1398, Ménagier, même sens ; pet, 1718, Acad.). ‖ pète-sec 1878, Lar. ‖ pet-en-gueule 1534, Rab. ‖ pet-en-l'air début XVIIIe s., « robe de chambre ». ‖ pétard 1495, Mir. historial (pétart) ; 1859, arg., revolver. ‖ pétarade XVe s., d'après le prov. petarrada, d'abord « série de pets de certains animaux ruant » ; 1649, sens mod. ‖ pétarader milieu XVIe s. ‖ pétaradant adj., fin XIXe s. ‖ pétiller milieu XVe s. ‖ pétillement XVe s., « chatouillement » ; 1636, Monet, sens mod. ‖ pétaudière 1694, Acad., de Pétaud (la cour du roi Pétaud, 1546, Rab.), nom fantaisiste tiré de pet, péter.

pétale 1718, Jussieu, du lat. bot. mod. petalum (1649), du gr. petalon, feuille.

pétaloïde XVIIIe s., J.-J. Rousseau. ‖ pétalisme 1611, Cotgrave, hist.

pétanque v. 1930, du prov. ped tanco, « pied fixe » (au sol), d'où jouer à pétanque, puis jouer à la pétanque.

pétarade, pétard V. PET.

pétase XVIe s., hist., du lat. petasus, gr. petasos.

pétauriste début XVIIe s., du gr. petauristein, danser sur la corde ; 1827, Acad., zool.

pétéchie 1564, Liébault (pétèche), méd., de l'ital. petecchia, d'orig. obsc. ; ensemble de petites hémorragies cutanées. ‖ pétéchial 1732, Trévoux.

pétiole milieu XVIIIe s., du lat. petiolus, « queue d'un fruit », proprem. « petit pied ». ‖ pétiolé id.

*petit fin XIe s., Alexis, du lat. pop. *pittittus (775, pititus), sur un rad. expressif *pitt- du langage enfantin exprimant la petitesse (cf. le bas lat. pitinnus, « petit », et l'ital. piccolo). ‖ petitesse début XIIe s. (petitece). ‖ petiot 1379, Delb. ‖ petit-fils XIIIe s., Renart, d'après la forme de grand-père ; a éliminé petit-neveu, arrière-neveu en ce sens. ‖ arrière-petit-fils V. ARRIÈRE. ‖ petite-fille 1636, Monet. ‖ petits-enfants milieu XVIe s. ‖ petit-bois XIXe s. ‖ petit-bourgeois 1844, Balzac. ‖ petit-gris début XVIIe s. ‖ petit-maître V. MAÎTRE. ‖ gagne-petit V. GAGNER (où petit est adverbe au sens de « peu »). ‖ rapetisser milieu XIVe s. (rapetichier), de l'anc. verbe apetisser, XIIe s. ‖ rapetissement milieu XVIe s.

pétition 1120, Ps. d'Oxford, jur., « action de demander » ; du lat. jur. petitio, de petitus, part. passé de petere, « chercher à atteindre, demander » ; 1661, Logique de Port-Royal, pétition de principe, log. ; 1704, Clarendon, polit., de l'angl. petition, de même étym. ‖ pétitionnaire début XVIIe s. ‖ pétitionner 1697, Saint-Evremond, de l'angl. to petition ; repris v. 1784, Necker. ‖ pétitionnement 1697, Saint-Evremond.

peton V. PIED.

pétoncle 1552, Belon, zool., du lat. pectunculus, dimin. de pecten, peigne.

pétrarquiser 1550, Du Bellay, litt., du nom de Pétrarque, poète italien du

XIVe s. ‖ **pétrarquisme** XVIe s. ‖ **pétrar-
quiste**, id.

pétrel 1699, Dampier, zool., de l'angl.
pitteral (1676), pétrel, d'orig. obsc.

pétrifier V. PIERRE.

*****pétrin** 1190, Rois (pestrin), du lat.
pistrinum, « moulin à blé, boulangerie »,
puis « pétrin » en gallo-roman. (V. le
suiv.)

*****pétrir** XIIe s., Loherains (pestrir), du
bas lat. pistrire, de pistrix, « celle qui
pétrit », sur le modèle de nutrix, nutrire
(v. NOURRIR). ‖ **pétrisseur** 1268, É. Boileau (pestrisseur). ‖ **pétrissable** 1749,
Buffon. ‖ **pétrissage** 1767, Malouin; a
remplacé pétrissement, XVe s. ‖ **repé-
trir** 1549, R. Est.

pétrole XIIIe s., Simples Méd., du lat.
médiév. petroleum, de petra, pierre, et
oleum, huile. ‖ **pétrolerie** 1867, Moniteur universel. ‖ **pétroleur, -euse** 1871,
à propos des incendies de mai 1871 à
Paris. ‖ **pétroler** 1871, le National. ‖
pétrolage 1906. ‖ **pétrolier** 1906, Lar.
mar.; id., adj. et s. m., techn. ‖ **pétro-
lifère** 1867, Moniteur universel. ‖ **pé-
trolette** 1895, Locomotion autom. ‖
pétrochimie XXe s.

pétulant début XIVe s., du lat. petu-
lans, « querelleur », de petere, chercher
à atteindre (v. PÉTITION). ‖ **pétulance**
1529, L. Lassère, « insolence »; 1694,
Acad., sens mod.; du lat. petulantia.

petun 1555, Barré; port. petum, empr.
au tupi petyma (Brésil). ‖ **pétuner**
1612, Lescarbot, arch. ou plaisant. ‖
pétunia 1827, Acad. (pétunie); 1868,
L. (petunia), lat. bot. mod.

*****peu** fin XIe s., Alexis (pou, poi); XIVe s.
(peu); du lat. pop. paucum, neutre
adverbial, du class. pauci, « peu nombreux ».

peucédan milieu XVIe s. (peucédane),
bot., du lat. peucedanum, gr. peukeda-
non, proprem. « amer », de peukê,
résine; plante vivace cultivée pour ses
fleurs.

peuchaire V. PÉCAÏRE.

peuh 1831, Hugo, onom.

*****peuple** 842, Serments (poblo); XIe s.
(pueble, pueple, pople, avec p repris au
lat., assimilé à p initial : v. PEUPLIER);
du lat. pŏpŭlus. ‖ **peuplade** 1564,

J. Thierry, « colonie », d'après l'esp.
poblado; 1578, d'Aubigné, action de
peupler; 1755, Morelly, sens mod. ‖
peupler 1160, Benoît. ‖ **peuplement**
1260, Ordonn. ‖ **dépeupler** 1364,
Ordonn. ‖ **dépeuplement** milieu XVe s.
‖ **repeupler** 1210, Delb. ‖ **repeuple-
ment** 1559, Amyot. ‖ **surpeupler**
1876, L. ‖ **surpeuplement** 1906, Lar.
(V. POPULATION.)

peuplier milieu XIIe s. (pouplier); de
l'anc. fr. peuple, XVe s., du lat. pŏpŭlus.
‖ **peupleraie** fin XVe s.

*****peur** Xe s. (pavor); XIIe s. (paor, poür);
fin XIIIe s. (peur); du lat. pavor, -ōris.
‖ **peureux** 1130, Eneas (peoros). ‖
apeuré fin XIXe s. ‖ **épeuré** XIIIe s.
(épeurer); XVIe s. (épeuré); repris au
XIXe s. (1877, A. Theuriet).

peut-être V. POUVOIR.

pèze 1827, Vidocq, pop., peut-être de
peser, à cause du poids de la monnaie. ‖
pézu XXe s., pop.

pezize début XIXe s., bot., du gr. pezis;
sorte de champignon.

phacochère 1842, Acad., zool., du gr.
phakos, lentille, et khoiros, petit cochon.
‖ **phacomètre** XXe s., opt., avec suffixe
-mètre indiquant l'instrument de mesure.

phaéton 1723, Savary; du nom de
Phaéton (gr. Phaethôn), fils du Soleil,
qui périt en voulant conduire le char de
son père.

phagédénique 1545, Guéroult, méd.,
du lat. méd. phagedaenicus, gr. phagé-
dainikos, de phagédaina, faim dévo-
rante, et au fig. « ulcère rongeur », de
phageîn, manger. ‖ **phagédénisme**
1858, Nysten.

phagocyte 1890, Lar., du gr. phagein,
manger, et kutos, cellule. ‖ **phagocy-
tose** 1884, Metchnikoff. ‖ **phagocy-
taire** fin XIXe s.

phalange 1213, Fet des Romains, mil.,
du lat. phalanx, mot gr., signif. « bâton »
(v. PALAN) et, par ext., « os des doigts »,
et au fig. « ordre de bataille », « corps de
fantassins »; XVIIe s., anat.; 1822, Fourier, polit. ‖ **phalangette, phalangine**
1810, Capuron, anat. ‖ **phalangien**
1827, Acad. ‖ **phalangiste** milieu
XVIIIe s., mil., hist.; 1808, Boiste, entom.;
v. 1930, polit. esp. (V. PLANCHE.)

phalanstère 1816, mot créé par Ch. Fourier (1772-1837), de *phalange* (v. le précéd.) et de la finale de *monastère*. ‖ **phalanstérien** 1836, Landais.

phalène milieu XVIᵉ s., entom., du gr. *phalaina*, proprem. « baleine », et au fig. « papillon de nuit ».

phalère 1874, Lar. (*phalérie*), entom., du gr. *phaleros*, « tacheté de blanc ».

phallus milieu XVIᵉ s. (*fallot*) ; 1615, Daléchamp (*phallus*) ; mot lat. ‖ **phallique** 1721, du lat. *phallicus*. ‖ **phalloïde** 1823, Boiste. ‖ **phalline** XXᵉ s., bot. ‖ **ithyphalle** XVIᵉ s., sur le gr. *ithus*, droit. ‖ **ithyphallique** milieu XVIᵉ s.

phanère 1823, Boiste, du gr. *phaneros*, apparent.

phanérogame 1791, bot., du gr. *phaneros*, apparent (v. le précéd.), et de l'élém. *-game*.

phantasme ou **fantasme** fin XIIᵉ s. (*fantasme*), « illusion » ; XIVᵉ s., « fantôme » ; 1827, *Acad.*, sens mod. ; du lat. *phantasma*, mot lat., « vision », de *phainein*, apparaître. (V. FANTASMAGORIE, FANTÔME.)

pharamineux V. FARAMINEUX.

pharaon fin XIIᵉ s. (*pharao*) ; fin XVIᵉ s. (*pharaon*) ; XVIIᵉ s., jeu de cartes ; du lat. *pharao*, gr. *pharaô*, altér. d'un mot égyptien, titre des anciens rois d'Egypte. ‖ **pharaonien, pharaonique** 1842, *Acad.*

phare 1546, Rab., du lat. *pharus*, gr. *pharos*, du nom d'une île voisine d'Alexandrie, célèbre par son phare, élevé au IIIᵉ s. av. J.-C. par Ptolémée Philadelphe ; autom. 1899, *France autom.*

pharisien fin XIIᵉ s., du lat. *pharisaeus*, gr. *pharisaios*, de l'araméen *parschî*, nom d'une secte juive contemporaine de J.-C., à laquelle l'Evangile reproche un zèle religieux affecté. ‖ **pharisaïque** 1541, Calvin, du lat. eccl. *pharisaicus* (IVᵉ s.), saint Jérôme), de *pharisaeus*. ‖ **pharisaïsme** *id.*

pharmacie 1314, Mondeville (*farmacie*), « remède purgatif » ; 1680, Richelet, sens mod. ; du lat. méd. *pharmacia*, gr. *pharmakeia*, de *pharmakon*, remède. ‖ **pharmacien** 1620, Béguin, égalem. adj. au XVIIᵉ s. ‖ **pharmaceutique** 1547, Flesselles, du lat. *pharmaceuticus*, gr. *pharmakeutikos*. ‖ **pharmacodynamie** 1923, Lar., du gr. *dunamis*, force. ‖ **pharmacologie** début XVIIIᵉ s. ‖ **pharmacologique** 1812, Boiste. ‖ **pharmacopée** 1571, Besson, du gr. *pharmakopoiia*, « confection de remèdes », de *poiein*, faire. ‖ **pharmacothérapie** 1906, Lar., sur l'élém. *-thérapie*.

pharmacopée V. PHARMACIE.

pharynx 1538, Canappe, du gr. *pharunx, pharungos*, gorge. ‖ **pharyngien** milieu XVIIIᵉ s. ‖ **pharyngite** 1836, Landais. ‖ **pharyngé** 1765, *Encycl.* ‖ **pharyngo-laryngite** 1868, L.

phascolome 1827, *Acad.*, zool., du gr. *phaskolos*, poche, et *mus*, rat.

phase 1544, M. Scève, fig. ; milieu XVIIᵉ s., astron. ; du gr. *phasis*, « lever d'une étoile », de *phainein*, apparaître. ‖ ‖ **déphaser, -age** 1929, Lar. ‖ **monophasé** début XXᵉ s., électr. ‖ **polyphasé** *id.* ‖ **triphasé** 1906, Lar., électr.

phasme 1827, *Acad.*, entom., du gr. *phasma*, « fantôme », de *phainein*, apparaître. ‖ **phasmides** 1900, Lar.

phébus début XVIIᵉ s., litt., vx, du nom de *Phœbus*, du gr. *Phoibos*, « celui qui brille », autre nom d'Apollon, dieu du Soleil et de la Poésie.

phelloderme 1890, Lar., du gr. *phellos*, liège, et de *derme* (v. ce mot). ‖ **phellogène** 1890, Lar., sur l'élém. *-gène*.

phénakistiscope 1842, *Acad.*, du gr. *phenakizein*, tromper.

phénicoptère 1520, trad. de Suétone, zool., du gr. *phoinikopteros*, de *phoinix*, pourpre, et *pteron*, aile ; nom du flamant.

phénix 1119, Ph. de Thaun, du lat. *phoenix*, gr. *phoinix*, oiseau mythol. qui passait pour être seul de son espèce, et renaître de ses cendres ; 1544, M. Scève, fig.

phénomène milieu XVIᵉ s., astron., du gr. *phainomena*, plur. neutre de *phainomenon*, part. passé, signif. « ce qui apparaît », de *phainein*, apparaître ; XVIIIᵉ s., ext. de sens, en raison de l'empl. du mot pour les manifestations extraordinaires de l'atmosphère. ‖ **phénoménal** 1803, Boiste, didact. ; 1827, *Acad.* : « se dit de l'effet d'une chose merveilleuse. » ‖ **phénoménalisme** 1836, Landais. ‖ **phénoménisme** milieu XIXᵉ s., philos. ‖

phénoménalité 1850, Proudhon. ‖ **phénoménologie** 1836, Landais, rare jusqu'au xxᵉ s. ‖ **phénoménologique** 1836, Landais. ‖ **phénoménologue** milieu xixᵉ s. ‖ **épiphénomène** 1755, *Encycl.*; fin xixᵉ s., philos.

phénotype xxᵉ s., scient., de *phainein*, paraître, et de l'élém. *-type*. ‖ **phénotypique** xxᵉ s.

phényle 1837, A. Laurent, du gr. *phaineîn*, briller, et du suff. chim. *-yle*. ‖ **phénol** milieu xixᵉ s., du même rad. et du suff. chim. *-ol*, tiré d'*alcool*. ‖ **phénique** *id.*, *acide phénique*, anc. nom du phénol. ‖ **phéniqué** 1874, Lar. ‖ **phénate** 1869, L. ‖ **phénolate** xxᵉ s. ‖ **phénoplaste** xxᵉ s., de *phénol* et PLASTIQUE. ‖ **phénacétine** 1911, *L. M.*

phéophycées 1906, Lar., bot., du gr. *phaios*, brun, et *phukos*, algue. ‖ **phéosporées** *id.*

philanthrope 1361, Oresme; rare jusqu'au xviᵉ s., Fénelon; du gr. *philanthrôpos*, de *philos*, ami, et *anthrôpos*. homme. ‖ **philanthropie** 1551, G. Des Autels, du gr. *philanthrôpia*. ‖ **philanthropique** 1780, Mirabeau, du gr. *philanthrôpikos*.

philatélie 1864, Herpin, *le Collectionneur de t.-p.*, du gr. *ateleia*, « exemption d'impôts », d'où « franchise de port, affranchissement », de *philos*, ami, et *telos*, charge, impôt. ‖ **philatéliste** *id.* ‖ **philatélique** xxᵉ s.

philharmonique 1739, de Brosses, de l'ital. *filarmonico*, du gr. *harmonia*, harmonie. ‖ **philharmonie** 1845, Besch.

philhellène 1825, Chateaubriand, hist., du gr. *philhellen*, de *philos*, ami, et *hellên*, grec. ‖ **philhellénisme** 1838, *Acad.*

philippine 1869, L., altér., par attraction de *Philippe*, de l'all. *Vielliebchen*, « bien aimé » (empl. comme formule de salutation de ce jeu), lui-même altér. de l'angl. *Valentine*, « saint Valentin » (patron des amoureux). [V. VALENTIN.]

philippique xviᵉ s., « discours de Démosthène », puis « satire polit. »; début xviiᵉ s., sens mod.; du gr. *philippikai*, s. f. pl., harangues célèbres de Démosthène contre Philippe de Macédoine.

philistin début xixᵉ s., de l'arg. des étudiants all. *Philister*, bourgeois (hostile à l'esprit) ; du lat. eccl. *Philistinus*, de l'hébreu *phelichtî*, nom d'un peuple de Palestine hostile aux Juifs. ‖ **philistinisme** 1900, Lar.

philologie xivᵉ s., « amour des lettres, érudition », du lat. *philologia*, de *philos*, ami. ‖ **philologue** 1534, Rab. (*philologe*), « érudit en matière d'antiquité ». ‖ **philologique** milieu xviiᵉ s., « relatif aux belles-lettres »; 1836, Landais, sens mod.

philosophe 1160, Benoît, du lat. *philosophus*, gr. *philosophos*, de *philos*, ami, et *sophos*, sage; égalem. « alchimiste », en anc. fr., et « savant » jusqu'au xviiiᵉ s. ‖ **philosophie** 1160, Benoît, du lat. *philosophia*, mot grec; égalem. « science », jusqu'au xviiiᵉ s. ‖ **philosophique** fin xivᵉ s., du bas lat. *philosophicus* (vᵉ s., Macrobe), gr. *philosophikos*. ‖ **philosopher** *id.*, du lat. *philosophari*. ‖ **philosophisme** milieu xivᵉ s. ‖ **philosophal** xivᵉ s., de *philosophe*, au sens de « alchimiste ». ‖ **philotechnique** 1803, Mozin, du gr. *tekhnê*, art.

philtre fin xivᵉ s. (var. *filtre*, par confusion avec *filtre*), du lat. *philtrum*, empr. au gr. *philtron*, de *phileîn*, aimer.

phimosis 1560, Paré, du gr. *phimôsis*, « rétrécissement », de *phimoûn*, « serrer fortement ».

phlébite 1818, mot créé par Breschet, du gr. *phleps*, *phlebos*, veine. ‖ **phlébologie** 1793, Lavoisien, vx. ‖ **phléborragie** 1827, *Acad.* ‖ **phlébotome** xiiiᵉ s., méd., du lat. méd. *phlebotomus*, gr. *phlebotomos*, de *temneîn*, couper; xxᵉ s., entom. ‖ **phlébotomie** xiiiᵉ s., méd., du lat. *phlebotomia*, mot grec. ‖ **phlébotomiste** 1829, Boiste.

phlegmon 1314, Mondeville, du lat. médiév. *phlegmon*, class. *phlegmone*, du gr. méd. *phlegmonê*, proprem. « chaleur brûlante », de *phlegeîn*, brûler. ‖ **phlegmoneux** 1538, Canappe. ‖ **phlegmasie** xivᵉ s., du gr. *phlegmasia*, de *phlegmaineîn*, « être enflammé », de *phlegeîn*.

phlogistique 1747, Menon, du lat. scient. mod. *phlogisticum*, tiré par le chim. all. Becker (1628 - 1685) du gr. *phlogistos*, inflammable, de *phlox*, flamme, d'après *phlegeîn*, brûler. ‖ **antiphlogistique** 1829, Boiste.

phlox fin XVIIIᵉ s., bot., mot gr., proprem. « flamme », d'après la couleur rouge d'une variété répandue de cette plante.

phlyctène 1586, Suau (var. *phlystène*, 1732, *Trévoux*), du gr. méd. *phluktaina*, de *phluzeîn*, bouillonner.

p h o b i e fin XIXᵉ s., mot tiré du deuxième élém. de composés en -*phobie* (ex. *hydrophobie*), du gr. *phobos*, frayeur. ‖ **phobique** 1910, *L. M.*

pholade 1555, Belon, zool., du gr. *phôlas, phôlados*, « qui habite dans des trous ».

p h o n i q u e 1751, *Encycl.*, du gr. *phônê*, voix. ‖ **phonétique** 1822, Champollion, adj., gr. *phônêtikos*, relatif à la voix; 1869, L., s. f. ‖ **phonéticien** 1842, *Acad.* ‖ **phonéticien** 1907, Lar. ‖ **phonème** 1876, *Revue critique*, du gr. *phônêma*, son de voix. ‖ **phonation** 1834, Boiste. ‖ **phonateur** 1868, L. ‖ **phonatoire** XXᵉ s. ‖ **phone** 1949, Lar., phys. ‖ **phoniatre, -trie** 1953, Lar. ‖ **phonothèque** id.

phono- du gr. *phônê*, voix. ‖ **phonogénie** v. 1935, E. Vuillermoz, *Encycl. fr.* ‖ **phonogramme** XXᵉ s. ‖ **phonographe** 1878, Lar., mot proposé par l'abbé Lenoir pour l'appareil imaginé par Ch. Cros et réalisé par Edison; sur l'élém. -*graphe*. Ch. Nodier, dans le *Voc. de la langue fr.* (1836), avait créé le mot pour désigner celui qui orthographiait en mettant d'accord la lettre et le son. **phonographique** 1892, Guérin. ‖ **phonolithe** 1812, Mozin, géol. (cette roche résonne sous le marteau). ‖ **phonolithique** 1842, *Acad.* ‖ **phonologie** 1846, Besch., « traité des sons »; v. 1925, sens actuel. ‖ **phonologique** id. ‖ **phonologue** XXᵉ s. ‖ **phonomètre** début XIXᵉ s. ‖ **phonométrie** 1842, *Acad.* ‖ **phonométrique** 1836, Landais. ‖ **phonoscope** 1890, Lar. ‖ **phonothèque** 1938, sur l'élém. -*thèque*. (V. les composés à second élém. -*phone* : MICROPHONE, POLYPHONIE, etc.)

phoque 1532, *Rec. des isles* (*focque*), du lat. *phoca*, empr. au gr. *phôkê*.

phormion ou **phormium** 1804, *Encycl. méth.*, du gr. *phormion* (nom de plante), « petite natte ».

phosgène 1836, Landais, chim., du gr. *phôs*, lumière, et de l'élém. -*gène*.

phosphate V. PHOSPHORE.

phosphène 1838, chez Venzac, physiol., du gr. *phôs*, lumière, et *phainein*, paraître.

phosphore 1677, *Journ. des sav.*, du gr. *phôsphoros*, « lumineux », de *phôs*, lumière, et *pherein*, porter. ‖ **phosphorique** milieu XVIIIᵉ s. ‖ **phosphorisme** 1788, Buffon, « phosphorescence »; 1869, L., intoxication par le phosphore. ‖ **phosphorescence** 1784, chez F. Brunot. ‖ **phosphorescent** 1789, *Ann. de chimie.* ‖ **phosphoreux** 1787, Guyton de Morveau. ‖ **phosphorer** 1792, *Ann. de chim.*; XXᵉ s., fig., fam., réfléchir sur un problème. ‖ **phosphorite** 1808, Cabanis. ‖ **phosphorisation** id. ‖ **phosphate** 1782, Guyton de Morveau. ‖ **superphosphate** XXᵉ s. ‖ **phosphatage** 1900, Lar. ‖ **phosphaté** 1803, Boiste. ‖ **phosphater** v. 1936. ‖ **phosphatique** 1836, Landais. ‖ **phosphaturie** 1900, Lar. ‖ **phosphite** 1787, Guyton de Morveau. ‖ **phosphure** id.

photo s. f., 1878, Larchey, abrév. de *photographie* (v. le suiv.). ‖ **téléphoto** s. f., XXᵉ s. ‖ **roman-photo** milieu XXᵉ s. ‖ **photostop, photostoppeur** 1962, journ.

photo- du gr. *phôs, phôtos*, lumière. ‖ **photocalque** 1900, Lar. ‖ **photochimie** 1874, Lar. ‖ **photochimique** 1876, L. ‖ **photochromie** 1876, *Journ. offic.* ‖ **photochromique** 1877, *Journ. offic.* ‖ **photocollographie** fin XIXᵉ s., du gr. *kolla*, colle, avec l'élém. -*graphie*. ‖ **photoconducteur** XXᵉ s. ‖ **photoconductibilité** XXᵉ s. ‖ **photocopie** fin XIXᵉ s. ‖ **photocopier** 1970, Lar. ‖ **photocopieur et photocopieuse** 1960, s. m. et s. f. ‖ **photo-électrique** 1869, L. ‖ **photo-électricité** XXᵉ s. ‖ **photofinish** XXᵉ s., sur l'angl. (*to*) *finish*, finir. ‖ **photogénique** 1839, Arago, « qui produit de la lumière », sur l'élém. -*génique*; 1869, L., « qui donne une image nette, en photographie »; XXᵉ s., vulgarisé par le cinéma au sens « dont le visage produit sur la photo ou sur l'écran un effet égal ou supérieur à l'effet naturel ». ‖ **photogénie** 1851, *la Lumière.* ‖ **photoglyptie** 1872, L., de *glyptos*, gravé. ‖ **photographie** 1839, Arago; de l'angl. *photograph*, tiré en 1839 par Herschel du gr. *phôs, phôtos*, et *graphein*, écrire. ‖ **photographique** 1842, *Acad.* ‖ **photographe** s. m., 1842, *Acad.* ‖ **photographier** 1860, E. Blum et L. Huart. ‖ **photographisme** déc. 1962, journ. ‖ **chronophotographie, microphotographie, téléphotographie** XXe s. ‖ **photogravure** 1872, L. ‖ **photograveur** XXe s. ‖ **photolithographie** 1869, L. ‖ **photolyse** XXe s. ‖ **photomagnétique** 1842. ‖ **photomètre** fin XVIIIe s. ‖ **photométrie** 1812, Mozin. ‖ **photomontage** 1935. ‖ **photophobie** 1812, Mozin. ‖ **photophore** 1803, Morin, sur l'élém. *-phore* ‖ **photopile** XXe s. ‖ **photorobot** v. 1950. ‖ **photosphère** 1842, *Acad.* ‖ **photostat** XXe s., sur le lat. *stare*, se tenir. ‖ **photosynthèse** 1907, Lar. ‖ **phototactisme** fin XIXe s. ‖ **photothèque** 1950, *L. M.* (v. DISCOTHÈQUE, PHONOTHÈQUE). ‖ **photothérapie** fin XIXe s. ‖ **phototropisme** fin XIXe s. ‖ **phototypie** 1877, L., *brevet d'invention.* ‖ **phototype** 1900, Lar.

photon v. 1923, chez L. de Broglie, du gr. *phôs, phôtos*, lumière, et du suff. *-on*. ‖ **photonique** XXe s.

phragmite 1874, Lar., bot., du gr. *phragmitês*, « qui sert à faire une clôture ».

phrase 1546, Ch. Est., du lat. *phrasis*, mot gr., de *phrazein*, expliquer. ‖ **phraser** 1755, Fréron. ‖ **phraseur** 1736, Gressier (*phrasier*) ; 1788, Féraud (*phraseur*). ‖ **phraséologie** 1778, Beaumarchais. ‖ **phraséologique** 1869, L. ‖ **antiphrase** 1534, Rab. ‖ **paraphrase** début XVIe s., du lat. *paraphrasis*, mot gr. ‖ **paraphraser** 1534, Rab. ‖ **paraphrastique** 1542. ‖ **paraphraseur** XVIe s., rare avant fin XVIIIe s.

phratrie 1842, *Acad.*, hist., du gr. *phratria*, de *phratêr*, frère.

phréatique 1887, Daubrée, géol., du gr. *phreas, phreatos*, puits.

phrénique 1654, Gelée, anat., du gr. *phrên*, diaphragme. (V. le suiv.)

phrénologie 1810, Spurzheim, du gr. *phrên*, au pl. « intelligence » ; a éliminé *craniologie*, créé par Gall. ‖ **phrénologique** 1828, Boiste. ‖ **phrénologiste**

1829, Vidocq. ‖ **phrénologue** 1842, *Acad.*

phrygane milieu XVIIe s., entom., du lat. *phryganius*, du gr. *phruganion*, proprem. « petit bois sec » ; insecte ressemblant à un papillon de nuit.

phtalique 1864, L., chim., d'un rad. *phtal-*, tiré de *naphtalène* (v. NAPHTE). ‖ **phtaléine** 1874, Lar.

phtiriasis XVIe s., méd., du lat. *phtiriasis*, mot gr., de *phteir*, pou ; ensemble des troubles causés par les poux.

phtisie 1538, Canappe (attesté par l'adj. *phtisique*) ; 1545, Guéroult (*phtisie*) ; du lat. *phthisis*, mot gr., signif. « dépérissement, consomption », de *phthinein*, dépérir ; a remplacé l'anc. fr. *tesie, tisie*, de même étym. ‖ **phtisique** 1538, Canappe, du lat. *phthisicus*, gr. *phthisikos*. ‖ **phtisiologie** début XVIIIe s. ‖ **phtisiologique** 1836, Landais. ‖ **phtisiologue** XXe s.

phyco- du gr. *phukos*, algue. ‖ **phycoïdées** 1842, *Acad.* ‖ **phycologie** 1869, L. ‖ **phycomycètes** 1846, Besch. (*phycomyce*).

phylactère 1160, Benoît (*filatire*) ; XIIIe s. (*philaterie*) ; du lat. eccl. *phylacterium*, amulette, du gr. *phulaktêrion*, calque de l'hébreu *thephilin*, sur la rac. de *phulatteîn*, préserver.

phyll-, phyllo- du gr. *phullon*, feuille. ‖ **phyllade** 1827, *Acad.*, minér., du gr. *phullas, phullados*, feuillage. ‖ **phyllanthe** 1765, *Encycl.* (*phyllanthus*), bot., du lat. *phyllanthes*, sur le gr. *anthos*, fleur. ‖ **phyllie** 1827, *Acad.*, entom. ‖ **phyllopodes** 1827, *Acad.*, zool., sur l'élém. *-pode*. ‖ **phylloxéra** 1834, Boyer de Fonscolombe, entom., du gr. *phullon*, feuille, et *xeros*, sec, « qui dessèche la feuille » ; mot créé pour désigner un insecte vivant sur le chêne, et auquel Planchon, de Montpellier, en 1869, assimila à tort le petit aphidien des racines de la vigne. ‖ **phylloxéré** 1873, H. de Parville. ‖ **phylloxérien** 1871, *Journ. offic.* ‖ **phylloxérique** 1875, *Bull. Soc. agric.*

phylogenèse 1876, Ch. Martins, *Rev. des Deux Mondes* (var. *phylogénie*); mot créé par Haeckel, du gr. *phulon*, race, et de l'élém. *-genèse, -génie*.

physio- du gr. *phusis,* nature. ‖ **physiocratie** 1758, Dupont de Nemours. ‖ **physiocrate** *id.* ‖ **physiocratique** milieu XVIIIᵉ s. ‖ **physiognomonie** 1562, Ronsard, du lat. scient. *physiognomonia,* mot gr., de *gnômôn,* « qui sait », de *gnônai,* connaître. ‖ **physiognomonique** 1721, *Trévoux.* ‖ **physiognomoniste** 1803, Boiste. ‖ **physiographie** 1784, sur l'élém. *-graphie.* ‖ **physiographe** 1823, Boiste. ‖ **physiologie** 1547, J. Martin, « étude des choses naturelles »; 1611, Cotgrave, sens mod.; du lat. *physiologia,* mot gr. ‖ **physiologique** 1547, J. Martin, du lat. *physiologicus,* gr. *phusiologikos.* ‖ **physiologiste** 1669, Widerhold. ‖ **psychophysiologie, psychophysiologique, psychophysiologiste** 1907, Lar. ‖ **physionomie** 1256, Ald. de Sienne (*phisanomie*), « physiognomonie »; 1375, *Modus,* sens mod.; du lat. *physiognomia,* altér. de *physiognomonia.* ‖ **physionomique** 1549, R. Est. ‖ **physionomiste** 1537, trad. du *Courtisan.* ‖ **physiothérapie** 1907, Lar.

physique s. f., 1130, *Eneas (fusique),* médecine; XIIᵉ s. *(fisique),* connaissance des choses de la nature; 1487, Garbin, science des choses naturelles; 1708, Fontenelle, spécialisation au sens mod.; du lat. *physica,* connaissance de la nature, du gr. *phusikê,* fém. substantivé de l'adj. *phusikos,* de *phusis,* nature; *physique expérimentale,* début XVIIIᵉ s., Fontenelle; *physique mathématique,* fin XIXᵉ s., *D.G.; physique nucléaire,* v. 1945. ‖ **physique** adj., 1487, Garbin, rare avant le milieu du XVIIᵉ s., Pascal; s. m., 1721, Montesquieu, aspect physique d'un pays; XVIIIᵉ s., Voltaire, constitution naturelle d'un homme. ‖ **physicien** 1155, Wace *(fisicien),* médecin; 1538, R. Est., « qui s'occupe des choses naturelles »; 1680, Richelet, « qui s'occupe de physique scientifique ». ‖ **physico-chimie** 1845, Besch. ‖ **physico-chimique** 1878, Lar. ‖ **physico-mathématique** adj., début XVIIᵉ s.; s. f., 1749, Diderot. ‖ **physico-théologique** 1917, Lalande.

phyt(o)- du gr. *phuton,* plante. ‖ **phytéléphas** 1842, *Acad.,* du gr. *elephas,* ivoire. ‖ **phytobiologie** 1836, Landais. ‖ **phytopathologie** 1858, Peschier. ‖ **phytozoaire** 1842, *Acad.*

piaculaire 1752, *Trévoux,* hist., du lat. *piacularis,* de *piare,* expier.

piaf fin XIXᵉ s., pop., « moineau », onom., d'après le cri de l'oiseau; ou bien autre forme de *piaffe* (v. le suiv.); on trouve l'arg. *piaf* au sens d' « orgueil », 1837, Vidocq.

piaffe 1574, Boisseran, « bravade, fierté », d'un rad. expressif *piaff-.* ‖ **piaffer** 1586, Ronsard, « se pavaner »; 1677, Solleysel, équit., « lever les jambes de devant »; 1907, Lar., fig., « piétiner d'impatience ». ‖ **piaffeur** 1584, *Somme des pechez,* « fier, vaniteux »; 1678, Guillet, équit.

piailler 1606, Hulsius, d'un rad. onomatop. *pî-* (v. PIAULER). ‖ **piailleur** 1611, Cotgrave. ‖ **piaillement** 1782, chez Gohin. ‖ **piaillerie** 1642, Oudin. ‖ **piaillard** 1746, Voltaire.

1. piano adv., 1611, Cotgrave *(pian,* forme francisée), mus.; 1618, *D.G. (pian, piano);* 1752, Lacomte, *Dict. (piano);* mot ital., proprem. « uni, doux ». ‖ **pianissimo** 1775, Beaumarchais, superl. ital.

2. piano s. m., 1786, *Corresp. litt. secrète,* ellipse, de l'ital. *piano-forte,* 1774, Voltaire; parce que cet instrument permettait de jouer à volonté doux ou fort, à la différence du clavecin (v. le précéd.); *piano à queue,* 1835, *Acad.; piano mécanique,* début XXᵉ s. ‖ **pianiste** 1807, *Journ. des gourmands.* ‖ **pianistique** 1919, Proust. ‖ **pianola** 1896, mot anglo-américain, créé par l'inventeur, E.-S. Votey. ‖ **pianoter** 1841, Flaubert. ‖ **pianotage** 1866, *la Vie parisienne.* ‖ **pianotement** 1927, Valéry.

piastre 1595, Villamont, de l'ital. *piastra,* d'abord monnaie ital.; proprem. « lame de métal ». (V. EMPLÂTRE, PLASTRON.)

piat V. PIE 1.

piaule 1628, *Jargon (pióle),* « taverne » (encore en ce sens, 1837, Vidocq), de l'arg. *pier,* 1292, *Rôle de la taille de Paris,* « boire », dér. de *pie* (v. ce mot); 1862, Hugo *(piolle),* pop., « chambre, logement »; 1867, Delvau *(piaule), id.*

piauler 1540, Sainte Aldegonde *(pioler),* d'un rad. onomatop. *pî-* (v. PIAILLER). ‖ **piaulement** milieu XVIᵉ s. *(piolement).*

1. pic 1546, Ch. Est., oiseau, du prov. *pic*, lat. *picus* (v. PIE 1). ‖ **pivert** 1488, *Arch. Bretagne*, de *pic verd*, du lat. *viridis*, vert.

2. pic 1155, Wace, outil, empl. fig. du précéd. ‖ **picot** fin XIIᵉ s., *Fierabras*. ‖ **piquer** milieu XIIIᵉ s. (*pikier*), miner à coups de pic. ‖ **piqueur** 1360, Froissart; fin XVIIIᵉ s., spécialem. mineur détachant le charbon.

3. pic v. 1350, pointe de montagne, d'un préroman *pikk-*. (V. PIQUER 1.)

4. pic fin XIVᵉ s., coup porté avec un objet pointu, d'où « pointe, objet pointu »; déverbal de PIQUER 1. ‖ **à pic** loc. adv., 1611, Cotgrave.

picador 1788, Bourgoing, mot esp., proprem. « piqueur ».

picaillon 1750, Vadé (au pl.), pop., d'un mot des parlers savoyards désignant la « petite monnaie » du Piémont, de l'anc. prov. *piquar*, sonner, tinter, du lat. *pikkare*. (V. PIQUER 1.)

picaresque début XIXᵉ s., de l'esp. *picaresco*, de *Picaro*, « coquin », nom d'un type d'aventurier espagnol.

piccolo 1828, Mozin, petite flûte, mot ital., proprem. « petit »; 1874, Lar., terme de jeu; 1876, pop., vin léger. ‖ **piccoler** ou **picoler** fin XIXᵉ s.

pichenette v. 1820, Scribe, peut-être altér. du prov. mod. *pichouneto*, petite (s.-e. *chiquenaude*); un rapport avec *pique-nez* n'est pas exclu.

pichet XIIIᵉ s., mot dial. (Centre, Ouest), var. de *pichier*, altér., peut-être d'après *pot*, de *bichier*, XIIIᵉ s., du lat. pop. **biccarius*, en bas lat. *becarius* (IXᵉ s., *Gloses*), du gr. *bikos*, vase (cf. l'ital. *bicchiere*, verre, et l'all. *Becher*, coupe).

picholine début XVIIIᵉ s., du prov. mod. *pichoulino*, olive, de l'ital. *picciolino*, dimin. de *picciolo*, petit.

pickles 1823, d'Arcieu, *Diorama*, mot angl., peut-être du néerl. *pekel*, saumure.

pickpocket 1784, Brissot, comp. angl., proprem. « cueille-poche ».

pick-up s. m., début XXᵉ s. en fr., techn. (1867 en angl.); de l'angl. *(to) pick up*, ramasser, recueillir. ‖ **pick-up-baler** 1960, Lar.

picoler V. PICCOLO.

picorer XVIᵉ s., Haton, « marauder »; puis empl. spécialisé; probablem. formé sur *piquer*, avec un suff. issu de *pécore*, « pièce de bétail » (cf. l'anc. *pécorée*, XVIᵉ s., « fait d'aller à la maraude »). ‖ **picorée** 1587, La Noue, maraude. ‖ **picoreur** 1585, Montaigne, maraudeur.

picot 1 et 2 V. PIC 2 et PIQUER 1.

picoter V. PIQUER 1.

picotin XIIIᵉ s., orig. obscure (cf. l'anc. fr. *picot, picote*, XIVᵉ s., mesure de vin); peut-être dér. de *picoter*, « butiner, becqueter ». (V. PIQUER 1.)

picr-, picro- du gr. *pikros*, amer. ‖ **picrate** 1836, *Acad.*, chim.; fin XIXᵉ s., pop., mauvais vin. ‖ **picride** 1778, Lamarck, bot. ‖ **picrique** début XIXᵉ s., chim. ‖ **picris** 1779, Buisson, bot. ‖ **picrotoxine** 1836, Landais.

picter, picton V. PIQUER.

pictographique 1906, Lar., du lat. *pictus*, peint, et de l'élém. *-graphique*.

pictural début XIXᵉ s. (1845, F. Wey), du lat. *pictura*, peinture.

1. *pie 1175, Chr. de Troyes, du lat. *pīca*, fém. de *pīcus* (v. PIC 1); adj., 1549, R. Est., couleur d'un cheval. ‖ **pie-grièche** 1553, Belon, comp. avec *grièche*, fém. de l'anc. adj. *griois*, grec (v. GREC), *grégeois*. (Les Grecs passaient depuis le Moyen Age pour avares et querelleurs.) ‖ **piot** v. 1290, petit de la pie. ‖ **piette** 1553, Belon. ‖ **piat** 1611, Cotgrave.

2. *pie 1160, Benoît, adj., du lat. *pius*, pieux (v. PIEUX). Auj., seulem. dans *œuvre pie* (milieu XVIᵉ s.).

*pièce 1080, *Roland*, morceau, fragment, du lat. pop. **pettia* (postulé par le fr., le prov., l'esp. et l'ital.), d'orig. probablem. celtique (cf. le gallois *peth*, chose); 1534, Rab., artill.; début XVIᵉ s., monnaie; 1625, Stœr, ouvrage d'art (peinture, sculpture, littér.); 1694, Th. Corn., chambre d'un logement; *mettre en pièces*, 1534, Rab.; *travailler aux pièces*, 1845, Besch.; *de toutes pièces*, 1440, Chastellain (*armé de toute pièce*); *pièces détachées*, 1678, Guillet, fortif.; *pièce montée*, 1857, Flaubert. ‖ **piécette** XIIIᵉ s., G. ‖ **dépecer** 1080, *Roland*. ‖ **dépècement** 1160, Benoît. ‖

dépeceur XIII° s., G. ‖ dépiécer XIV° s., réfection de DÉPECER. ‖ rapiécer 1360, Froissart. ‖ empiècement 1870, L. ‖ piéça 1155, Wace (*pièce a*), proprem. « il y a une pièce de temps ».

*pied X° s., du lat. *pes, pĕdis*, pied; 1080, *Roland*, mesure; v. 1200, pied de verre, de meuble, etc.; 1580, Montaigne, versif.; *à pied*, 1080, *Roland*; *mettre à pied*, 1685, Furetière, « faire vendre à quelqu'un son équipage »; *aux pieds de*, 1080, *Roland*; *haut le pied*, 1611, Cotgrave (*s'en aller haut le pied*, « très vite »); *prendre pied*, XVI° s.; *perdre pied*, 1549, R. Est.; *sur pied*, 1636, Monet; *de plain-pied*, 1611, Cotgrave (*à plein-pied*, avec altér. orthogr.), de *plain*, du lat. *planus*, plan, égal. ‖ peton 1532, Rab., dimin. ‖ piéton 1300, *Hugues Capet*, fantassin; 1538, R. Est., sens mod. ‖ piétin 1770, Corbier, vétér. ‖ piétiner 1621, Oudin. ‖ piétinement milieu XVIII° s. ‖ piétement 1890, Lar. ‖ pied-droit 1408, Barbier. ‖ pied-fort 1671, Pomey. ‖ pied-de-biche milieu XVIII° s., techn. ‖ pied-à-terre s. m., 1636, Monet, milit., sonnerie pour la descente de cheval; 1752, *Trévoux*, sens mod. ‖ pied-de-poule XX° s. ‖ pied-noir XIX° s., pour les Européens d'Algérie (d'abord surnom donné aux Algérois, parce qu'ils marchaient pieds nus). ‖ bipied XX° s. ‖ cale-pieds XX° s. ‖ casse-pieds *id.* ‖ contre-pied 1561, Du Fouilloux, chasse. ‖ empiéter début XIV° s., chasse, « prendre dans ses serres »; XVI° s., « s'emparer de »; XVII° s., sens mod. ‖ empiétement 1611, Cotgrave. ‖ mille-pieds 1562, Du Pinet, zool. ‖ nu-pieds 1360, Froissart. ‖ sous-pied 1477, G. ‖ va-nu-pieds 1615, Binet.

piédestal XV° s. (*pied d'estrail*); 1542, Rab. (*pédestal*); de l'ital. *piedestallo*, de *piede*, pied, et *stallo*, support. (V. ÉTAL.)

piédouche 1676, Félibien, de l'ital. *pieduccio*, dimin. de *piede*, pied. (V. PIED, PIÉDESTAL.)

*piège s. m., 1155, Wace; 1160, Benoît, s. f.; du lat. *pĕdĭca*, « liens pour les pieds », de *pes, pedis*, pied (v. les précéd.). ‖ piéger 1220, G. de Coincy (*piégier*); rare avant 1875; L. ‖ piégeage 1907, Lar. ‖ piégeur 1949, Lar.

pie-mère XIII° s. (*pieue mere*), anat., du lat. médiév. *pia mater*, proprem. « pieuse mère » (c.-à-d. « qui enveloppe le cerveau comme la mère son fils »), calque de l'arabe. (V. *dure-mère*, à DUR.)

*pierre 1080, *Roland*, du lat. *petra*, empr. au gr., et qui a éliminé *lapis* en lat. pop.; *pierre à feu*, 1562, Du Pinet; *pierre à fusil*, 1606, Crespin; *pierre d'attente*, 1636, Monet, au pr.; 1690, Furetière, fig. ‖ pierrette XII° s., G., var. *perrette*. ‖ pierrier XII° s. (*perere*); XIII° s. (*peirier*); XVI° s. (*pierrier*), hist. milit. ‖ pierreries début XIV° s. (*perreries*); 1398, E. Deschamps (*pierreries*). ‖ pierraille XIV° s. ‖ pierrée 1431, « dalle »; 1694, Th. Corn., « conduit de pierres sèches ». ‖ pierrure 1561, Du Fouilloux (*pierreure*), vén. ‖ pierreux 1190, saint Bernard (*pierouse*, au fém.), réfection de l'anc. fr. *perros*, *-eus*, du lat. *petrosus*, de *petra*. ‖ pierreuse s. f., 1808, d'Hautel, pop., prostituée. ‖ perré fin XVII° s., « de pierre »; XVI° s., s. m., « gué pavé »; 1767, Perronet, sens mod. ‖ perreyé milieu XIX° s. ‖ perron 1080, *Roland* (*perrun*), « gros bloc de pierre »; v. 1200, sens mod. ‖ pétré 1545, Guéroult, du lat. *petraeus*, gr. *petraios*, de *petra*. ‖ pétrifier 1580, Palissy, du lat. *petra*, sur les v. en -*fier*. ‖ pétrification 1503, G. de Chauliac. ‖ pétrifiant fin XVI° s., adj. ‖ pétrogale 1874, Lar., zool., du gr. *petros*, pierre, et *galê*, belette. ‖ pétrographie 1842, *Acad.*, du gr. *petros*. ‖ pétrographe, pétrographique *id.* ‖ pétrosilex 1753, d'Holbach, minér. ‖ épierrer 1546, Ch. Est. ‖ épierrement 1836, *Acad.* ‖ épierrage 1907, Lar. ‖ empierrer 1323, texte du Cotentin. ‖ empierrement 1750, Gautier. (V. PÉTROLE.)

pierrot 1691, surnom des gardes-françaises, à cause de leur uniforme blanc, *Pierrot* étant un personnage de l'anc. comédie ital.; trad. de l'ital. *Pedrolino*; 1694, La Fontaine, nom propre d'oiseau, de *Pierrot*, dimin. de *Pierre* (v. MARTIN-CHASSEUR, SANSONNET, etc.). ‖ pierrette 1800, Boiste, femelle du moineau, peu us.; 1836, Landais, fillette habillée en pierrot.

*piétaille XII° s., d'un lat. pop. *peditalia*, de *pedes, peditis*, fantassin, de *pes, pedis*, pied.

piété 1160, *Eneas;* du lat. *pietas, pietatis;* aussi sens de « pitié », en anc. fr. ‖ **piétiste** 1699, Bayle, de l'all. *Pietist,* du lat. *pietas.* ‖ **piétisme** 1743, *Trévoux.* ‖ **impiété** 1120, *Ps. d'Oxford,* rare avant le XVII⁰ s.; du lat. *impietas.*

*piètre 1220, G. de Coincy (*peestre*), du lat. *pedestris,* « piéton » (de *pes, pedis,* pied), devenu péjor. (opposé à *chevalier*). ‖ **piètrerie** 1611, Cotgrave.

1. **pieu** fin XIII⁰ s., H. de Valenciennes, « piquet »; forme picarde, généralisée au sing., du pl. de l'anc. fr. *pel,* 1155, Wace, du lat. *palus.* (V. PAL, PALIS.)

2. **pieu** 1829, Vidocq, arg., puis pop., « lit »; peut-être de la forme picarde de *peau,* avec un changem. de genre dû à un empl. au pl. comme collectif, « lit fait avec des peaux », qui n'a plus été compris quand les lits se sont transformés. ‖ **se pieuter** fin XIX⁰ s., pop. (V. PIONCER.)

*pieuvre 1866, Hugo, forme dial. des îles Angl.-Norm.; du lat. *pŏlypus,* par les stades *pueuve, pieuve* (comme *yeux*), et avec *r* dû à une fausse régression.

pieux XIV⁰ s., réfection, d'après le suff. *-eux,* de l'anc. fr. *pui(s), pieu(s),* au fém., *pieue, pive,* du lat. *pius.* (V. PIE 2.) ‖ **impie** XV⁰ s., du lat. *impius.*

pièze 1920, Lar., du gr. *piezein,* presser. ‖ **centipièze, hectopièze, myriapièze** XX⁰ s. ‖ **piézomètre** 1842, *Acad.* ‖ **piézo-électricité** 1890, Lar. ‖ **piézoélectrique** *id.* ‖ **piézographe** XX⁰ s.

1. **pif** 1718, *Acad.* (*pif-paf*), onom.

2. **pif** 1833, Hennequin, arg., nez, d'un rad. onom. et expressif *piff-.* ‖ **piffre** XX⁰ s., *ne pas pouvoir piffer* (v. BLAIREAU). ‖ **pifomètre** début XX⁰ s., pop., formation plaisante imitée des noms d'instruments de mesure. ‖ **piffre** 1606, Sully, « gros individu ». ‖ **s'empiffrer** XVI⁰ s.

1. **pige** début XIX⁰ s., dial., mesure de longueur, du lat. *pi(n)sare,* fouler; 1837, Vidocq, arg. et pop., année; 1878, Boutmy, typogr. ‖ **piger** XIX⁰ s., dial., mesurer avec une pige. ‖ **pigiste** 1952, Lar., journaliste rémunéré à la pige.

2. **pige** 1808, d'Hautel, *faire la pige à quelqu'un,* le surpasser, de PIGER 2.

*pigeon XIII⁰ s., « pigeonneau », puis « pigeon »; du bas lat. *pīpiō, -ōnis,* « pigeonneau », de *pipire,* piauler, d'un rad. onomatop. *pi-* (v. PIAILLER, PIAULER); a éliminé au sens de « pigeon » l'anc. *coulon,* du lat. *columbus;* fin XV⁰ s., fig., « dupe ». ‖ **pigeonne** XVI⁰ s. ‖ **pigeonneau** 1558, B. Des Périers. ‖ **pigeonnier** fin XVI⁰ s. ‖ **pigeonner** 1553, Belon, plumer comme un pigeon; 1827, *Acad.,* techn. ‖ **pigeon vole** 1869, L.

1. **piger** V. PIGE 1.

2. **piger** 1808, d'Hautel, terme de jeu; 1845, Balzac, « attraper »; de l'adj. lat. **pedicus,* de *pes, pedis,* pied; XX⁰ s., pop., comprendre. (V. PIGE 2.)

pigment 1130, *Job,* « épice, baume »; 1813, *Ann. de chim.,* sens mod., du lat. *pigmentum,* matière colorante (v. PIMENT). ‖ **pigmentation** 1868, L. ‖ **pigmentaire** 1842, *Acad.* ‖ **pigmenté** 1878, Lar.

pignade, pigne V. PIN.

pignocher début XVII⁰ s. (var. *pinocher,* XVIII⁰ s., *Trévoux*), « manger du bout des dents »; fin XIX⁰ s., « peindre à petits coups »; altér. de l'anc. v. *épinocher,* XVI⁰ s., d'*épinoche,* petit poisson que les pêcheurs rejettent à cause de ses aiguillons. ‖ **pignochage, pignocheur** milieu XIX⁰ s., peinture.

1. ***pignon** XII⁰ s., *Blancandrin,* archit., du lat. pop. **pinniō, -ōnis,* de *pinna,* pinacle.

2. **pignon** 1560, Paré, amande de la pomme de pin; du prov. *pinhon,* de *pinha,* pomme de pin, du lat. *pinea,* de *pinus,* pin.

3. **pignon** début XIV⁰ s. (*peignon*); XVI⁰ s. (*pignon*), mécan.; dér. de *peigne.*

pignoratif, pignoration 1567, Papon, jurid., du lat. *pignorare,* mettre en gage, de *pignus, pignoris,* gage.

pignouf 1857, Vallès, pop., du verbe de l'Ouest *pigner,* « crier, grincer », du rad. onomatop. *pi-* (v. PIAULER) et du suff. péjor. *-ouf.* ‖ **pignoufflisme** 1961, journ.

pilaf 1654, Duloir (*pilau*); 1834, Boiste; var. *pilaw,* 1853, Th. Gautier; mot turc, du persan *pilaou.*

pilaire 1836, Landais, du lat. *pilus,* poil. (V. PILEUX.)

pilastre XIIIᵉ s., « pilier »; rare jusqu'en 1545, Van Aelst, sens mod.; de l'ital *pilastro*, de *pila*. (V. PILE 1.)

1. ***pile** XIIIᵉ s., « pilier », du lat. *pīla*, colonne; 1812, Mozin, électricité, repris à l'ital. || **pilot** 1360, Froissart, « poteau ». || **pilotis** 1365, texte de Cambrai (*pilotich*); fin XVᵉ s. (*pilotis*). || **piloter** 1321, texte de Fagniez, garnir de pilots. || **pilotage** 1491, G., construction de pilotis. || **empiler** fin XIIᵉ s., R. de Moiliens, mettre en pile; 1907, Lar., fam., tromper, voler. || **empilage** 1679, Savary. || **empilement** 1548, G. || **empileur** 1715, *Ordonn.* || **rempiler** début XIVᵉ s., *soi rempiler*, se joindre à un groupe; 1923, Lar., milit., rengager.

2. **pile** 1155, Wace (*pille*), revers d'une monnaie, empl. fig. du précéd., proprem. « coin servant à frapper le revers d'une monnaie »; *jouer à pile ou face*, 1842, Mozin (1836, Landais, *jouer à croix ou à pile*).

3. ***pile** XIIIᵉ s., mortier à piler, etc., du lat. *pīla*, mortier. || ***piler** fin XIIᵉ s., *Rois*, réduire en petits morceaux, écraser, du bas lat. *pīlare*, de *pīla*, mortier; 1821, Desgranges, pop., battre. || **pile** 1821, Desgranges, pop., rossée. || **pileur** début XIVᵉ s. || **piloir** 1600, O. de Serres. || **pilon** XIIᵉ s.; 1895, A. Daudet, jambe de bois; 1907, Lar., fam., cuisse de volaille cuite. || **pilonner** v. 1700. || **pilonnage** 1803, Boiste.

pileux XVᵉ s., garni de poils; 1836, Landais, anat., du lat. *pīlosus*, de *pīlum*, poil. || **piloselle** début XIVᵉ s., bot. || **pilosité** 1842, *Acad.* || **pilosisme** 1858, Nysten. || **pilifère** 1834, Boiste, du lat. *pilum* et de l'élém. *-fère*.

***pilier** XIᵉ s. (*piler*); 1155, Wace (*pilier*, avec chang. de suffixe); du lat. pop. ***pilare**, de *pila* (v. PILE 1); habitué d'un endroit; *pilier de cabaret*, 1656. Oudin.

piller XIIIᵉ s., « houspiller, malmener »; fin XIIIᵉ s., sens mod., répandu pendant la guerre de Cent Ans; du lat. *pīlleum*, chiffon (cf. l'anc. fr. *peille*), ou du bas lat. *pīlare*, voler, devenu *piliare*. || **pillage** début XIVᵉ s. || **pilleur** id. || **pillerie** id. || **pillard** milieu XIVᵉ s.

pilocarpe 1804, *Encycl. bot.*, du lat. *pilocarpus*. || **pilocarpine** 1875, Lar.

piloir, pilon, pilonner V. PILE 3.

pilori 1168, Delb. (*pellori*); peut-être du lat. médiév. *pilorium*, de *pīla*, pilier, ou du prov. *espelori*, d'orig. obscure; 1845, Besch., *mettre au pilori*, au sens fig.

pilote milieu XIVᵉ s. (*pilot*, jusqu'en 1641); XVᵉ s. (*pilote*); de l'ital. *piloto*, *pilota*, probablem. du gr. byzantin *pēdōtês*, du gr. *pedon*, gouvernail. || **piloter** 1484, Garcie. || **pilotage** XVᵉ s. || **pilotin** 1771, *Trévoux*, apprenti pilote; fin XVIIIᵉ s., B. de Saint-Pierre, petit poisson.

piloter, pilotage V. PILE 1, PILOTE.

pilotis V. PILE 1.

pilou 1906, Lar., tissu, du lat. *pīlosus*, poilu. (V. PILEUX.)

pilule 1314, Mondeville (*pillule*), du lat. méd. *pĭlŭla*, « boulette », dimin. de *pĭlă* au sens de « balle, boule ». || || **pilulaire** début XVIIIᵉ s., bot.; 1756, Geffroy. || **pilulier** 1763, *Encycl.*

pimbêche XVIᵉ s., A. Le Maçon, peut-être altér. d'un anc. *pince-bêche*, impér. de *pincer* et de *bêcher* au sens « donner des coups de bec ».

piment v. 980, *Passion*, « baume, épice », du lat. *pigmentum* au sens baslat. d' « aromate » (v. PIGMENT); 1664, Savary, bot., sens mod. || **pimenter** 1825, Brillat-Savarin.

pimpant début XVIᵉ s., part. prés. du moy. fr. *pimper*, d'un rad. *pimp-* (cf. l'anc. prov. *pimpar*, parer). || **pimpesouée** XVᵉ s., femme prétentieuse, sur l'anc. fr. *souef*, doux, du lat. *suavis*.

pimprenelle XIIᵉ s., *Gloses de Tours* (*piprenelle*); XVᵉ s. (*pimprenelle*); du lat. médiév. *pipinella* (v. 700), peut-être dér. de *piper*, poivre (à cause du goût aromatique de la pimprenelle).

***pin** 1080, *Roland*, du lat. *pīnus*. || **pinière** milieu XVIᵉ s. || **pineraie** 1873, Lar. || **pinède** 1842, *Acad.* || **pigne** 1868, L., pomme de pin. || **pignade** 1874, Lar. (*pignadas*, 1841, *les Français peints par eux-mêmes*, forêts de pins). || **pinifère** 1842, *Acad.* || **pinique** 1842, *Acad.* || **pinicole** 1827, *Acad.* || **pinastre** 1562, Du Pinet.

pinacle 1261, Delb., du lat. eccl. *pinnaculum*, faîte du temple de Jérusalem,

567

de *pinna* (v. PIGNON 1). Ne s'emploie auj. que dans les loc. fig. *mettre sur le pinacle, porter au pinacle.*

pinacothèque 1839, Boiste, du lat. *pinacotheca,* gr. *pinakothêkê,* de *pinax, pinakos,* tableau, et *thêkê,* boîte.

pinailler XXe s., pop., ergoter, peut-être var. de PIGNOCHER. ‖ **pinailleur** XXe s.

pinard V. PINEAU.

pinasse ou **pinace** milieu XVe s. (*pinace*), mar.; var. anc. *espinace,* v. 1450, Monstrelet; de l'esp. *pinaza,* du lat. pop. **pinācea,* (canot) en bois de pin, du lat. *pinus,* pin. (V. PÉNICHE.)

*pinceau XIIe s., *Rom. de Troie* (*pincel*); XVe s. (*pinceau*); du lat. pop. **pēnĭcellus,* en lat. class. *pēnĭculus,* de *penis,* queue (v. PÉNIS). Le *i* peut être dû à une assimil. de *e* à *i* suivant. ‖ **pincelier** 1615, Binet.

*pincer 1160, Benoît (*pincier*), du lat. pop. **pinctiare,* croisement entre **punctiare,* de *punctus,* point, et **pĭccare,* piquer, ou d'un rad. expressif **pints-.* ‖ **pincé** adj., 1544, M. Scève, « bien reproduit »; fin XVIIe s., « raide, dédaigneux ». ‖ **pincée** 1642, Oudin. ‖ **pinçon** v. 1500, « onglée »; 1640, Oudin, marque sur la peau où l'on a pincé. ‖ **pincement** 1560, Ronsard. ‖ **pinçure** 1530, Palsgrave. ‖ **pince** 1398, E. Deschamps, « endroit où se séparent les doigts »; 1382, texte de Rouen, outil de fer; 1660, Oudin, patte des crustacés, et aussi pli en pointe, terme de couture. ‖ **épincer** 1262, texte de Douai (*espinchier*), techn. ‖ **pincettes** 1321, *Notices.* ‖ **épinceter** 1509, chez Tilander, aiguiser les serres (d'un oiseau); 1829, Boiste, techn. ‖ **pince-maille** fin XVe s. ‖ **pince-monseigneur** 1834, Balzac. ‖ **pince-nez** 1856, Furpille. ‖ **pince-sans-rire** 1774, d'Audinot. ‖ **pince-fesse** 1949, Lar., pop.

pindarique XVIe s., de *Pindare,* nom du poète lyrique grec. ‖ **pindariser** XVe s., O. de Saint-Gelais. ‖ **pindarisme** fin XVIe s.

pinéal 1503, G. de Chauliac, anat., du lat. *pinea,* pomme de pin (d'après la forme de la glande pinéale).

pineau 1398, E. Deschamps (*pinot*); début XVe s. (*pineau*), petit raisin blanc;

XVe s., *Quinze Joyes,* vin fait avec le pineau; du rég. *pine,* XVe s., pomme de pin (d'après la forme de la grappe). ‖ **pinard** 1616, chez Sainéan, pop., vin ordinaire; vulgarisé pendant la guerre de 1914-1918.

pinède 1842, *Acad.,* plantation de pins, du prov. mod. *pinedo,* du lat. pop. *pineta,* en lat. class. *pīnētum,* de *pīnus,* pin.

pingouin 1598, Lodewijcksz (*penkuyn*), de l'angl. *pinguin,* d'orig. obsc.

ping-pong 1906, Lar., onom.

pingre 1750, Vadé (auparavant nom propre, *Le Pingre,* 1406, N. de Baye), d'orig. inconnue. Voir aussi *les pingres,* XVe-XVIe s., jeu d'osselets. ‖ **pingrerie** 1873, Verlaine.

pinne 1558, Rondelet, zool., du lat. *pinna,* mot gr.; mollusque à coquille triangulaire.

pinnipèdes 1827, *Acad.,* zool., du lat. *pinna,* nageoire, et *pes, pedis,* pied.

pinnule 1528, Finé, techn., du lat. *pinnula,* dimin. de *pinna* au sens « aile ».

pinque 1634, Delb (dimin. *pinquet*); 1688, Miege (*pinque*); du moy. néerl. *pink,* grand bateau de pêche.

*pinson fin XIIe s., Marie de Fr. (*pinçun*), du lat. pop. **pinciō, -onis,* d'orig. gauloise.

pintade milieu XVIIe s., du port. *pintada,* qui signifie au propre « tachetée », de *pintar,* peindre; ‖ **pintadeau** XVIIIe s., Buffon. ‖ **pintadine** 1842, *Acad.,* huître perlière, c.-à-d. « coquillage tacheté ».

*pinte 1265, J. de Meung, probablem. du lat. *pincta,* part. passé de *pingere* (v. PEINDRE), au sens de « pourvu d'une marque », pour désigner une mesure de capacité étalonnée. ‖ **pinter** id.

pin up XXe s., s. f., mot angl., de *to pin up,* épingler.

pioche milieu XIVe s. (*pioiche*), de *pic* 2, prononcé *pi,* avec le suff. pop. *-oche.* ‖ **piocher** 1360, Froissart; 1788, Féraud, fig., travailler avec ardeur. ‖ **piocheur** 1534, Rab. ‖ **piochage** 1752, *Trévoux.*

piolet 1868, L., du valdôtain *piolet,* petite hache, du piémontais *piola,* hache, dimin. de *apia,* avec déglutination de *a* initial, de l'anc. prov. *apia.* (V. HACHE.)

*pion fin XII° s. (*peon*), « fantassin »; début XIII° s. (*poon*), aux échecs; 1470, Molinet (*pion*); du lat. *pedo, -onis* (de *pes, pedis*, pied), « qui a de grands pieds », puis « qui va à pied »; XV° s., pauvre diable; 1833, Baudelaire, surveillant de collège; *damer le pion*. 1661, Chapelain. ‖ **pionne** 1881, Rigaud, surveillante. ‖ **pionnicat** XX° s. ‖ **pionner** 1798, *Acad.*, au jeu de dames. ‖ **pionnier** XII° s., *Ch. de Guill.*, fantassin; XIV° s., ouvrier d'artillerie; 1478, chez Guérin, défricheur; XIX° s., défricheur dans les pays coloniaux; 1874, Lar., fig.

pioncer 1827, Vidocq, pop., dormir, peut-être altér., d'après *ronfler*, de *piausser*, dér. de *piau*, var. dial. de *peau*, au sens de « couverture, lit ». (V. PIEU 2.)

pioupiou 1838, Varner, *le Pioupiou*, comédie (donnée au Palais-Royal, le 31 mars), d'une onom. enfantine désignant les poussins, empl. par ironie pour les jeunes soldats.

pipe V. PIPER.

pipelet 1870, pop., concierge, du nom de *Pipelet*, personnage des *Mystères de Paris*, d'Eug. Sue. ‖ **pipelette** *id.*, fém.; par ext., adj., « bavarde ».

pipe-line 1887, Lami, de l'angl. *pipeline*, de l'anc. fr. *pipe*, « tuyau », et *ligne*. Concurrencé auj. par *oléoduc*.

*piper fin XII° s., Marie de Fr., « pousser un petit cri », du lat. pop. **pīppāre*, en lat. class. *pīpāre*, « glousser », et à basse époque « pépier »; 1375, *Modus*, « prendre les oiseaux à la pipée »; 1450, Villon, tromper; 1868, L., escamoter; *ne pas piper*, 1616, *Anc. Théâtre*, « ne pas dire mot »; *piper les dés*, 1636, Monet. ‖ **pipe** fin XII° s., J. de Bruges, chalumeau, pipeau; XIII° s., chalumeau pour boire, d'où « tuyau, tige à divers usages »; 1626, *Traité du tabac*, pipe pour fumer; *casser sa pipe*, 1649, *Mazarinades*, fig., pop.; *tête de pipe*, 1888, Sachs-Villatte, pop., individu. ‖ **piper** 1862, Gavarni, fumer une pipe. ‖ **pipette** XIII° s., tuyau; XIV° s., mesure de liquides; 1836, Landais, tube de verre pour transvaser des liquides. ‖ **pipeau** 1550, Ronsard. ‖ **pipée** 1375, *Modus*, chasse où l'on imite le cri des oiseaux pour les attirer; XX° s., contenu d'une pipe. ‖ **piperie** XII° s., action de jouer du pipeau; 1450, Villon, tromperie. ‖ **pipeur** 1450, Villon, trompeur, arch.

pipéracées 1817, Gérardin, du lat. *piper*, poivre. ‖ **pipérin** s. m. et **pipérine** s. f., 1827, *Acad.* ‖ **pipéronal** 1874, Lar.

1. pipi 1692, Dufresny (*faire pipi*), redoublem. enfantin ou euphémique de la première syllabe de *pisser*.

2. pipi, pipit, pitpit 1689, trad. de Ludolf, zool., onom., d'après le cri de cet oiseau. (V. PÉPIER.)

pipistrelle 1812, Mozin, zool., de l'ital. *pipistrello*, chauve-souris, déform. de l'anc. ital. *vipistrello*, du lat. *vespertilio*.

1. pique s.f., 1372, Corbichon, arme, du néerl. *pike* ou forme féminine de *pic*.

2. pique s.m., 1552, Ch. Est., une des couleurs noires des cartes, empl. métaph. du précéd., à cause de sa forme en fer de pique; masc. d'après le genre des trois autres noms de couleurs.

3. pique V. PIQUER 1.

1. *piquer 1130, *Saint-Gilles*, « percer d'une pointe »; du lat. pop. **pīccāre*, d'une rac. onomat. exprimant un mouvement rapide suivi d'un bruit sec (v. PIC 1); 1546, Ch. Est., « démanger »; 1671, Pomey, méd., percer avec la lancette, d'où les sens mod.; 1866, s'élever verticalement; 1949, Lar., aéron., descendre presque à la verticale; *se piquer à*, 1580, Montaigne. ‖ **piquant** s. m., 1372, Corbichon, projectile; XV° s., épine; adj., 1546, Ch. Est. ‖ **piqué** adj., 1690, Furetière, rongé des vers; XIX° s., pop., fou; s. m., 1815, Jouy, tissu piqué; XIX° s., techn.; v. 1942, descente rapide en avion. ‖ **piqûre** XV° s.; fin XVI° s., couture; XVII° s., morsure d'insecte. ‖ **piqueur** XIV° s., « qui pique »; XVI° s., écuyer; XIX° s., mines. ‖ **piquage** 1803, Boiste. ‖ **dépiquer** XIII° s., « piquer »; 1648, Voiture, sens mod. ‖ **repiquer** 1508, Gaillon, agric. ‖ **repiquage** début XIX° s. ‖ **pique** 1498, Commynes, altercation. ‖ **piquet** 1380, G. (*pichet*); 1660, Oudin (*piquet*); 1718, *Acad.*, pieu tenant les chevaux à l'attache, d'où, milit., détachement, et *piquet de grève*, XIX° s.; XVIII° s., punition militaire (deux heures un pied sur le piquet), d'où, 1842, *Acad.*, punition scolaire. ‖ **piqueter** 1347, G.,

« faucher », avec une faux appelée « piquet »; XVIᵉ s., sens mod. ‖ **piquetage** 1869, *les Primes d'honneur*. ‖ **picoter** XIVᵉ s., de l'anc. fr. *picot*, pointe ferrée. ‖ **picotement** 1552, Ch. Est. ‖ **piquette** fin XVIᵉ s., boisson de prunelles; 1660, Oudin, mauvais vin. ‖ **picter** 1628, *Jargon*, boire. ‖ **picton** 1790, *Rat du Châtelet*, arg., « piquette ». ‖ **pique-assiette** début XIXᵉ s. ‖ **pique-bœuf** XVIᵉ s., zool., B. des Périers. ‖ **pique-bois** 1838, *Acad.* ‖ **pique-feu** 1877, L. ‖ **pique-nique** 1694, *Acad.*, de *piquer*, au sens « picorer », et de *nique*, chose sans valeur, du germ. *nik*. ‖ **pique-niquer** 1874, Lar.

2. **piquer** V. PIC 2.

pirate 1213, *Fet des Rom.*, du lat. *pirata*, empr. au gr. *peirates*, de *peiran*, « essayer », d'où « tenter la fortune sur mer ». ‖ **pirater** 1578, d'Aubigné. ‖ **piraterie** 1505, *Voy. de Gonneville*. *****pire** XIIᵉ s., *Saxons*, du lat. *peior*, comparatif de *malus*, mauvais : cas sujet cristallisé, dont le cas régime, *peior*, *pieur*, a disparu au XVᵉ s. (v. PIS 2). ‖ **empirer** XIIᵉ s., réfection, d'après *pire*, d'*empeirier*, fin XIᵉ s., *Alexis*, du lat. pop. *impejorāre* (bas lat. *pejorare*).

piriforme 1690, Dionis, du lat. *pirus*, poire, et de l'élém. *-forme*.

pirogue 1555, J. Poleur (*pirague*); 1638, *Gaz. de France* (*pirogue*); esp. *piragua*, mot caraïbe. ‖ **piroguier** 1874, Lar.

pirouette milieu XIVᵉ s. (*pirouelle*); 1450, Gréban (*pirouet*); 1510, *Test. de Ruby* (*pirouette*), « sabot, toupie »; XVIᵉ s., cabriolet; d'un rad. d'orig. gr. (*peirô*, je perce), d'où l'ital. *pirolo*, cheville, toupie, et le fr. rég. *piron*, gond; peut-être avec une attraction de *rouet*, petite roue. ‖ **pirouetter** début XVIᵉ s., faire tourner une toupie; milieu XVIᵉ s., sens mod. ‖ **pirouettement** fin XVIᵉ s.

1. *****pis** 980, *Passion* (*peiz*); 1080, *Roland* (*piz*), s.m., poitrine; 1564, J. Thierry, mamelle de bête laitière; du lat. *pĕctus*, poitrine. (V. PECTORAL, POITRINE.)

2. *****pis** fin Xᵉ s. (*peis*); XIIᵉ s. (*pis*), adv.; du lat. *peius*, neutre de *peior*, comparatif de *malus*, mauvais (v. PIRE). ‖ **pis-aller** milieu XVIIᵉ s.

pisci- du lat. *piscis*, poisson. ‖ **pisciculture** milieu XIXᵉ s. ‖ **pisciculteur**

1874, Lar. ‖ **piscicole** 1876, *Journ. offic.* ‖ **pisciforme** 1776, Bomare. ‖ **piscivore** 1772, chez F. Brunot.

piscine fin XIIᵉ s., du lat. *piscina*, « vivier » et par ext. « bassin pour le bain », Iᵉʳ s., Sénèque, de *piscis*, poisson (v. le précéd.).

pisé s.m., 1562, du Pinet, techn., part. passé substantivé de l'anc. verbe *piser* XVIᵉ s., Aneau, « broyer », et par ext. « battre la terre à bâtir », du lat. *pĭ(n)sare*, piler, broyer (v. PIGE 1). ‖ **piseur** 1803, Boiste. ‖ **pisoir** ou **pison** XVᵉ s., pilon; 1803, Boiste, sens mod., techn.

pisiforme 1765, *Encycl.*, du lat. *pisum*, pois. ‖ **pisolithe** 1765, *Encycl.* ‖ **pisolithique** 1812, Mozin.

pissenlit V. PISSER.

*****pisser** fin XIIᵉ s., Marie de Fr., du lat. *pissiāre*, de formation expressive; devenu vulgaire en fr. mod. ‖ **pissat** début XIIIᵉ s. (*pissace*); 1314, Mondeville (*pissat*). ‖ **pisse** s. f., début XVIIᵉ s., vulg. en fr. mod. ‖ **pissement** milieu XVIᵉ s. ‖ **pisseur** XIIIᵉ s. (*pisseres*); XVᵉ s. (*pisseur*). ‖ **pisseux** 1580, B. Palissy. ‖ **pissoir** 1489, G. ‖ **pissoter** 1560, Paré. ‖ **pissotière** 1534, Rab., vessie; 1611, Cotgrave, urinoir. ‖ **pissenlit** 1536, H. Est., bot., par allusion à ses vertus diurétiques. ‖ **pisse-froid** 1718, *Dict. comique*. ‖ **pisse-sang** s. m., v. 1600, O. de Serres, méd. et vétér. ‖ **pissevinaigre** début XVIIᵉ s., « esprit chagrin ». ‖ **compisser** 1924, Mac Orlan.

pistache XIIIᵉ s., *Simples Méd.* (*pistace*), du lat. *pistacium*, empr. au gr. *pistakion*, mot d'Orient; repris au XVIᵉ s.; 1546, J. Martin (*pistache*), de l'ital. *pistaccio*. ‖ **pistachier** 1557, de Lécluse (*pistacier*).

piste 1562, du Pinet, empreinte de pied d'animal; 1611, Cotgrave, suite d'empreintes; cinéma, 1923, Florey; de l'ital. *pista* (auj. *pesta*), de *pestare*, broyer, piler, du bas lat. *pistāre*, id. ‖ **pister** 1775, abbé Prévost, broyer; 1859, Mozin, sens mod. ‖ **pisteur** 1850, H. Murger. ‖ **dépister** 1737, *Mémoires de Trévoux*, retrouver la piste; 1828, Vidocq, détourner de la piste.

pistil 1685, Grew (*pistille*); 1690, Furetière (*pistil*), bot.; du lat. *pistillus*, « pilon », en raison de la forme du pistil.

pistole 1544, Gay, « petite arque-buse », de l'all. *Pistole*, pistolet, empr. au tchèque *pichtala*, sifflet; 1560, Pasquier, monnaie valant dix francs, par comparaison plaisante. ‖ **pistolet** 1546, *Anc. Lois fr.*, arme à feu courte et portative; également « poignard » au XVIᵉ s., du nom de *Pistoja*, ville où se fabriquait cette arme; XIXᵉ s., individu, péjor.; dimin.

piston 1534, Rab., « pilon », de l'ital. *pistone*, du lat. *pistare*, fouler, écraser (v. PISTE); 1648, Pascal, sens mod.; 1836, Landais, mus.; fin XIXᵉ s., fig., sens dér. de *pistonner*. ‖ **pistonner** 1867, Delvau, fig., recommander, appuyer.

pitance 1120, *Ps. d'Oxford*, « pitié, piété »; 1265, J. de Meung, « portion donnée à chaque moine pour son repas », les distributions de vivres étant assurées par des fondations pieuses; XVIIᵉ s., nourriture; auj., péjor. Même mot que *piété, pitié*, avec changem. de suff.

pitchpin 1875, Sachot, de l'angl. *pitch-pine*, de *pine*, pin, et *pitch*, résine.

1. pite 1462, G., hist., monnaie de cuivre, du lat. *picta*, d'un rad. *pitt-*, pointe, bout pointu. (V. PITON.)

2. pite 1599, Champlain (*pitte*), agave, de l'esp. *pita*, mot d'une langue américaine.

*****piteux** XIIᵉ s. (*pitous*), « qui éprouve de la pitié »; XVIᵉ s., digne de pitié; XVIIᵉ s., malheureux, gauche; du bas lat. *pietosus*, de *pietas*. (V. PITIÉ.)

pithécanthrope milieu XIXᵉ s., mot allem. créé par Haeckel, du gr. *pithêkos*, singe, et *anthrôpos*, homme.

pithiatisme 1901, Babinski, méd., du gr. *peithô*, persuasion, et *iatos*, guérissable. ‖ **pithiatique** 1911, L. M.

*****pitié** 1080, *Roland* (*pitiet*), du lat. *pietas, -atis*, piété; en anc. fr. « pitié » et « piété »; resté en fr. mod. au prem. sens. ‖ **pitoyable** 1240, G. de Lorris (*piteable*). ‖ **apitoyer** fin XIIIᵉ s., Marco Polo. ‖ **apitoiement** 1842, J.-B. Richard. ‖ **impitoyable** XVᵉ s.

piton 1382, Delb., clou à crochet; 1640, P. Bouton, pointe de montagne; orig. obscure.

pitre 1661, Saint-Amant (*bon pitre*, « brave homme »); 1828, Vidocq, sens mod.; du dial. *pitre* (Franche-Comté),

de même orig. que le fr. *piètre*. ‖ **pitrerie** 1876, A. Daudet.

pittoresque 1708, Piles, « qui fait de l'effet dans un tableau »; 1721, Coypel, « qui rend une œuvre d'art bien caractérisée, en peinture ou en littérature »; de l'ital. *pittoresco*, de *pittore*, peintre, du lat. *pictor*. (V. PICTURAL.)

pituite 1541, Beaufils, du lat. *pituita* (v. PÉPIE). ‖ **pituiteux** 1538, Canappe, du lat. *pituitosus*. ‖ **pituitaire** 1560, Paré.

pityriasis fin XVIIIᵉ s. (*pityriase*), méd., du gr. *pituriasis*, de *pituron*, son du blé, d'après l'aspect des taches de cette dermatose.

pivert ou **picvert** V. PIC 1.

pivoine fin XIIᵉ s., *Alexandre* (*peone*); 1360, Froissart (*pione*); 1546, J. Martin (*pivoine*); du lat. *paeonia*, empr. au gr. *paiônia*.

pivot XIIᵉ s., E. de Fougères, d'un mot simple non attesté, mais peut-être correspondant à l'angl. *pue*, « dent de peigne de tisserand, de herse, etc. », à l'anc. prov. *pua*, même sens, et à l'esp. *pua*, « pointe »; d'orig. inconnue. ‖ **pivoter** début XVIᵉ s., « se trémousser »; 1823, Boiste, sens mod. ‖ **pivotant** milieu XVIᵉ s., adj. ‖ **pivotement** XXᵉ s.

placard 1410, G. (*plackart*), « enduit pour revêtir les murs »; XVᵉ s., affiche sur les murs; fin XVIIIᵉ s., armoire dans un mur; dér. de *plaquer*. ‖ **placarder** 1586, Pasquier, « publier dans un libelle »; 1611, Cotgrave, afficher.

*****place** 1080, *Roland*, du lat. pop. *plattea*, forme redoublée, d'après *plattus* (v. PLAT), du lat. class. *platea*, « large rue », empr. au gr. *plateîa*, fém. substantivé de l'adj. *platus*, large; 1417, *Arch. de Bret.*, milit; 1538, R. Est., situation, rang; *place forte*, 1553, trad. de la Bible; *place d'armes*, 1740, *Acad.*; *sur place*, 1845, Besch.; *faire place nette*, 1694, *Acad.*; *à la place de*, XVIIᵉ s.; *place!*, 1652, Scarron; *demi-place*, fin XIXᵉ s., D. G. ‖ **placette** milieu XIVᵉ s. ‖ **placer** 1564, J. Thierry. ‖ **placement** 1578, d'Aubigné; *bureau de placement*, 1834, Landais. ‖ **placier** s.m., 1690, Furetière, fermier des places d'un marché; XIXᵉ s., représentant de commerce. ‖ **placeur** 1765, *Encycl.* ‖ **biplace** v. 1917.

‖ **déplacer** début XV⁰ s. ‖ **déplacé** adj., 1701, Furetière. ‖ **déplacement** XVI⁰ s. ‖ **replacer** 1669, Widerhold. ‖ **emplacement** début XV⁰ s., « donation »; 1611, Cotgrave, sens mod. ‖ **remplacer** 1606, Nicot. ‖ **remplaçant** s.m., 1792, milit. ‖ **remplacement** début XVI⁰ s. ‖ **remplaçable** 1845, Besch. ‖ **irremplaçable** 1876, L.

placebo s. m., XIII⁰ s., « flatterie »; XVI⁰ s., « intrigant »; milieu XX⁰ s., méd.; mot. lat. signif. « je plairai », 1ʳᵉ pers. du fut. de l'indic. de *placere*, plaire.

placenta milieu XVI⁰ s. (*placente*), « gâteau, galette »; 1654, Gelée (*placenta*), anat.; mot lat. signif. « gâteau », auquel les naturalistes ont donné une acception métaph. ‖ **placentaire** 1817, Gérardin. ‖ **placentation** *id.*

1. **placer** V. PLACE.

2. **placer** s. m., 1851, E. Texier, gisement d'or, mot esp., var. de *placel*.

placet 1365, texte de Valenciennes (*lettre de placet*), « assignation à comparaître »; XV⁰ s. (*placet*), requête; mot lat., 3ᵉ pers. de l'indic. prés. de *placere*, plaire : « il plaît, il est jugé bon ».

placide fin XV⁰ s., J. Lemaire de Belges, du lat. *placidus.* ‖ **placidité** début XIX⁰ s., Mᵐᵉ de Staël, du lat. *placiditas.*

plafond 1559, Gardet (*platfond*), comp. de *plat* et *fond*, « fond plat ». ‖ **plafonner** 1690, Furetière (*platfonner*), garnir d'un plafond; XX⁰ s., fig., atteindre sa plus grande altitude. ‖ **plafonneur** 1800, Boiste. ‖ **plafonnage** 1835, *Acad.* ‖ **plafonnement** 1874, Lar., bx-arts. ‖ **plafonnier** 1906, *Omnia.*

plagal 1578, d'Aubigné, mus., du lat. eccl. *plaga*, qui désigne ce mode.

plage XIII⁰ s., « pente douce vers la mer »; début XIX⁰ s., sens mod.; de l'ital. *piaggia*, « coteau », du gr. *plagios*, « oblique », substantivé au pl. neut. et interprété comme fém.

plagiaire 1584, Delb. (*plagiere*), du lat. *plagiarius*, proprem. « débaucheur et receleur des esclaves d'autrui », de *plagium*, « détournement », du gr. *plagios*, oblique, fourbe (v. le précéd.). ‖ **plagiat** 1697, Bayle. ‖ **plagier** 1801, Mercier.

1. **plaid** V. PLAIDER.

2. **plaid** 1708, Miege, manteau, mot angl., de l'écossais *plaide*; début XX⁰ s., Proust, couverture de voyage.

***plaider** 1080, *Roland* (*plaidier*), de l'anc. s.m. *plaid* (842, *Serments*), « convention », et par ext. « procès » et « assemblée de justice », du lat. *placitum*, « conforme à la volonté », part. passé substantivé de *placēre*, plaire. ‖ **plaideur** début XIII⁰ s., *Assises de Jérusalem.*

plaidoyer 1283, Beaumanoir (*pledoyé*); *plaidoyé* sera usité jusqu'au XVII⁰ s.; XVI⁰ s. (*plaidoyer*); anc. verbe devenu subst., de *plaid* (v. PLAIDER). ‖ **plaidoirie** début XIV⁰ s.

plaie XII⁰ s., *Gormont et Isembart*, du lat. *plaga*, coup.

1. ***plain** anc. adj., usité jusqu'au XVI⁰ s., « plan, uni », auj. seulem. dans la loc. *de plain-pied* (v. PIED) et dans le comp. *plain-chant*, XII⁰ s., *Saxons*; du lat. *planus*; éliminé par PLAN 1, à cause de l'homonymie de *plein*. ‖ **plaine** XII⁰ s., fém. substantivé, a éliminé le masc. substantivé *plain* et le s.f. *plaigne*, 1080, *Roland*, usités en anc. fr., du dér. lat. pop. *planea. ‖ **pénéplaine** 1906, Lar., de *plaine* et du lat. *paene*, presque, sur le modèle de l'angl. *peneplain*, 1889, Davis. ‖ **aplanir** XIV⁰ s., réfection, par changem. de conjug., de l'ancien *aplanier* (XII⁰ s.); du XIV⁰ au XVI⁰ s., aussi « flatter »; XVII⁰ s., fig. ‖ **aplanissement** 1361, Oresme, « flatterie »; 1539, R. Est., sens mod. ‖ **aplanisseur** XVIII⁰ s., Voltaire, polit.

2. **plain** s.m., 1585, *Édit*, techn., bain de chaux vive, contraction de *pelain*, XII⁰-XIII⁰ s., de *peler*, avec un suff. *-ain*; du lat. *-amen* (« qui fait peler la peau »). ‖ **plamer** ou **pelaner** XVI⁰ s. (*pellamer*); 1752, *Trévoux* (*plamer*), préparer les peaux avec le *plain.* ‖ **plamée** s.f., 1752, *Trévoux.* ‖ **plamerie** 1808, Boiste.

***plaindre** fin XI⁰ s., *Alexis*, du lat. *plangĕre.* ‖ **plaignant** s. m., XIII⁰ s., jurid. ‖ **plainte** début XII⁰ s., *Lois de Guill.* ‖ **plaintif** 1130, *Job.*

***plaire** 1080, *Roland*, réfection, d'après le prés. de l'indic. et sur le modèle de *faire*, *traire*, de l'anc. inf. *plaisir*; du lat. *placēre.* ‖ **plaisant** adj., XII⁰ s. ‖ **plaisance** 1265, J. de Meung, « plaisir », dér. du part. prés. *plaisant*; fin

XVIᵉ s., emploi restreint aux loc. : (lieu, maison, etc.) *de plaisance*. ‖ **plaisanter** 1539, R. Est. ‖ **plaisanterie** 1279, Fr. Laurent; rare jusqu'en 1538, R. Est. ‖ **plaisantin** début XVIᵉ s., rare jusque v. 1850. ‖ **complaire** début XIIᵉ s., du lat. *complacēre*, plaire beaucoup. ‖ **complaisant** milieu XVIᵉ s. ‖ **complaisance** 1361, Oresme. ‖ **déplaire** 1130, *Eneas* (*des-*), du lat. pop. **displacere*. ‖ **déplaisant** 1190, saint Bernard, souvent « mécontent » en anc. fr. (et jusqu'à la fin du XVIIᵉ s., Saint-Simon).

*plaisir s.m., 1080, *Roland*, anc. infin. utilisé comme tel jusqu'au XIIIᵉ s.; du lat. *placēre*, plaire; 1829, Boiste, « oublie », emploi spécialisé. ‖ **déplaisir** XIIIᵉ s., *les Sept Sages*.

1. **plan** adj. et s. m., 1553, J. Martin, au sens « surface plane »; du lat. *planus*. Forme savante de *plain* 1, qu'elle a éliminé. Empl. techn. dans les mathém., le dessin, le théâtre et le cinéma (*gros plan*, 1918, *le Film; premier plan*, 1923, *Mon Ciné*). ‖ **biplan, monoplan** début XXᵉ s. (v. PLANER 1 et 2). ‖ **arrière-plan** 1811, Chateaubriand, peint. ‖ **plan-convexe** adj., fin XVIIᵉ s., optique. ‖ **plan-concave** adj., 1765, *Encycl.*, optique. ‖ **planaire** s.m., 1803, Boiste, zool. ‖ **planeter** 1765, *Encycl.*, techn. ‖ **planéité** XXᵉ s. ‖ **planimétrie** début XVIᵉ s. ‖ **planimètre** 1812, Mozin. ‖ **planimétrique** 1836, Landais. ‖ **planimétrage** 1932, Lar. ‖ **planisphère** 1555, Delb. ‖ **planisphérique** milieu XVIᵉ s. ‖ **planirostre** 1812, Mozin, zool., sur l'élém. *rostre*, du lat. *rostrum*, bec. ‖ **planorbe** 1776, Bomare, zool., de *orbis*, boule.

2. **plan** 1569, Du Bellay, « dessin d'une contrée »; v. 1600, Malherbe, « projet élaboré »; XXᵉ s., écon.; fausse orthogr. du s. m. *plant*, 1495, *Mir. historial*, « action de planter », d'où « ce qui est planté », dér. de *planter*, confondu avec *plan* 1 pour la graphie, et développant des emplois particuliers sous l'infl. de l'ital. *pianta*, « espace occupé » et « dessin d'une contrée »; *laisser en plan*, 1821, Desgranges, d'après *planter là quelqu'un*, XVᵉ s.; ‖ **planifier, planification, planificateur** 1938, Hamon. ‖ **planisme** 1939, Vermeil. ‖ **planning** 1953, Lar., mot angl.

*planche XIIᵉ s., du bas lat. *planca* (Vᵉ s., Palladius), altér. de **palanca* (v. PALAN), sous l'infl. de *planus* (v. PLAN 1). ‖ **planchette** XIIIᵉ s., G. ‖ **planchéier** début XIVᵉ s. (*planchoier*); 1539, R. Est. (*plancheer*). ‖ **plancher** s.m., 1160, Benoît; aux XVIᵉ-XVIIᵉ s., aussi « plafond ». ‖ **plancher** verbe v. 1900, arg. des écoles, subir une interrogation, par allusion à la « planche » du tableau. ‖ **planchéiage** 1846, Besch., milieu XVIIᵉ s. ‖ **planchéieur** fin XVIIᵉ s. (*planchéeur*), « employé d'un port »; 1827, *Acad.*, sens mod.

*plançon XIIᵉ s., *Chev. Ogier*, du lat. pop. **plantio, -onis*, de *plantāre.*, planter.

plancton ou **plankton** 1906, Lar., mot créé en 1887, en all., par Hansen, du gr. *plagkton*, neutre de l'adj. *plagktos*, errant. ‖ **planctonique** 1911, *L. M.*

1. **plane** s.m., milieu XIVᵉ s., bot., forme rég. (Est) de *platane*.

2. **plane** s. f., XIIᵉ s. (*plaine*); XIVᵉ s. (*plane*, réfection d'après *planer* 1), « rabot »; du bas lat. *plāna* (IIIᵉ s., Arnobe), de *plānāre*.

1. ***planer** XIIᵉ s., techn., « aplanir », du bas lat. *plānāre* (VIᵉ s., Corippe), de *plānus*, plan (v. PLAIN 1). ‖ **planeur** 1680, Richelet, instrument techn. ‖ **planure** 1668, Sorel, « copeaux ». ‖ **planoir** 1869, L.

2. **planer** fin XIIᵉ s., « se soutenir en l'air », en parlant d'un oiseau; fin XIVᵉ s., en parlant du cavalier qui se baisse sur le cheval; fin XVIIIᵉ s., fig.; fin XIXᵉ s., aéron.; dér. de l'anc. adj. *plain*. ‖ **planeur** début XXᵉ s., s. m., aéron.

planète 1119, Ph. de Thaun, du bas lat. *planeta* (IVᵉ s., Ausone), du gr. *planêtês*, « (astre) errant ». ‖ **planétaire** adj., 1553, Belon, astron.; 1869, L., mécan.; s. m., fin XIXᵉ s., mécan. autom. ‖ **planétarium** milieu XVIIIᵉ s. (*planétaire*, s. m.); fin XIXᵉ s. (*planétarium*). ‖ **interplanétaire** 1912, Esnault-Pelterie.

planimétrie, planisphère V. PLAN 1.

planquer 1450, Villon (*planter*), « cacher »; fin XVIIIᵉ s. (*planquer*), arg. et pop.; var. de *planter*. ‖ **planque** 1837, Vidocq.

*plantain fin XIIIe s., du lat. *planta-gînem*, acc. de *plantago*, de même rac. que *planta*.

1. *plante milieu XIIe s., plante du pied, du lat. *planta*, même sens (v. PLANTER). ‖ **plantigrade** 1795, Cuvier, du lat. *gradi*, marcher.

2. plante 1500, J. Lemaire de Belges (dimin. *plantelette*); 1542, Gesner (*plante*), « végétal »; reprise tardive pour désigner d'un terme unique le règne végétal; du lat. *planta*, « rejeton, pousse », sans doute déverbal de *plantare*, planter. ‖ **plantule** début XVIIIe s., bot., du bas lat. *plantula*, petite plante.

*planter milieu XIIe s., du lat. *plantare*, probablem. dér. de *planta*, plante des pieds, au sens primitif de « enfoncer avec le pied ». ‖ **plant** XIVe s., « ce qui est à planter »; 1495, *Mir. historial*, action de planter. ‖ **plantation** 1190, saint Bernard; XIVe s. (*plantation*); rare jusqu'au XVIe s.; du lat. *plantatio*. ‖ **plantage** début XVe s. ‖ **planteur** fin XIIIe s. (*plantierres*), « celui qui établit une chose »; XVe s., agric.; 1667, Boulan, aux colonies; d'après l'angl. *planter*, de *(to) plant*, planter, du fr. ‖ **plantoir** 1640, Oudin. ‖ **planton** fin XVIe s., jeune plant; fin XVIIIe s., milit. ‖ **déplanter** début XVe s. ‖ **déplantoir** 1640, Oudin. ‖ **déplanteur** début XVIIIe s., La Motte. ‖ **s'implanter** 1538, Canappe, du lat. *implantare*; d'où *implanter*, 1611, Cotgrave. ‖ **implantation** 1538, Canappe. ‖ **replanter** fin XIIe s. ‖ **transplanter** milieu XIVe s. ‖ **transplantation** milieu XVIe s.

plantigrade V. PLANTE 1.

plantureux 1160, Benoît (*plenteüros*); fin XIIe s., Villehardouin (*planteureus*, avec *a* dû à l'attraction de *plante*); altér., sous l'infl. de *heureux*, de l'anc. fr. *plenteïveus*, de l'anc. adj. *plentif*, dér. de l'anc. fr. *plenté*, « abondance », du bas lat. *plēnitās, -atis*, de *plēnus*, plein.

plaqueminier 1720, La Harpe, bot., mot créole.

plaquer XIIIe s., J. Bretel (*plaquier*), « appliquer quelque chose sur », du moy. néerl. *placken*, « rapiécer, enduire »; XVIe s., Calvin, « abandonner », devenu d'empl. pop. ‖ **plaque** XVe s., sorte de monnaie flamande (du moy.

néerl. *placke*); 1549, R. Est. (*plaques*, au pl.), « crépi »; 1562, Du Pinet (*plaque*), feuille de métal rigide. ‖ **plaquette** début XVIe s., petite plaque; 1835, *Acad.*, petit livre. ‖ **plaqué** s. m., 1798, *Acad.*, part. passé substantivé. ‖ **placage** 1317, textes wallons. ‖ **plaqueur** 1239, G., ouvrier en placage. ‖ **contre-plaqué, contre-placage** fin XIXe s. (v. PLACARD).

plasma 1752, *Trévoux* (*plasme*), pharm., « émeraude brute broyée »; 1846, Besch. (*plasma*), même sens; XIXe s., partie liquide du sang; créé en all., dans ce sens, par Schultz, en 1836; du gr. *plasma*, « chose façonnée, modelée ». ‖ **plasmatique** 1868, L. ‖ **cytoplasme** 1890, Lar. ‖ **néoplasme** 1868, L. ‖ **plasmolyse** XXe s. ‖ **protoplasme** 1869, L. (*protoplasma*); 1890, Lar. (*protoplasme*). ‖ **protoplasmique** 1869, L. (V. CATAPLASME, ECTOPLASME.)

plaste XXe s., bot., du gr. *plassein*, façonner.

plastic v. 1943, explosif, mot angl. ‖ **plastiquer, -age** v. 1960, journ.

plastique milieu XVIe s., adj., bx-arts; 1765, *Encycl.*, s. f., *id.*, du bas lat. *plasticus*, adj. (Ier s., Vitruve), et *plastica*, s. f. (IIIe s., Tertullien), du gr. *plastikos*, relatif au modelage, *plastikê* (*tekhnê*), art de modeler; 1874, Lar., adj., et s. m., substance quelconque qui peut être moulée; milieu XXe s., substance de synthèse. ‖ **plasticité** fin XVIIIe s. ‖ **plastifiant** s. m., 1960, Lar. ‖ **plastifier** XXe s.

plastron fin XVe s., armure protégeant la poitrine; XVIIe s., sens mod.; de l'ital. *piastrone*, « haubert », de *piastra*, « armure du dos » (v. PIASTRE). ‖ **plastronner** 1611, Cotgrave.

*plat adj., 1080, *Roland*, du lat. pop. *plattus*, gr. *platus*, plat, étendu; *à-plat*, s. m., 1877, L., techn.; *pied-plat*, 1560, Paré, méd.; 1660, Oudin, rustre (chaussé sans talons, à la différence des gentils-hommes); *plat-bord*, 1573, Du Puys, mar. ‖ **plate-bande** XIIIe s., *Bibl. Ec. chartes.* ‖ **plate-forme** XVe s. ‖ **plate-longe** 1690, Furetière, techn. ‖ **platitude** 1694, *Acad.* ‖ **plat** s. m., 1328, chez Havard. ‖ **plate** s. f., 1694, Th. Corn., bateau plat. ‖ **chauffe-plats** XXe s. ‖ **couvre-plat** 1827, *Acad.* ‖ **dessous-de-plat**

XXe s. ‖ **monte-plats** XXe s. ‖ **plateau** fin XIIe s., *Prise d'Orange* (*platel*), « bassin, écuelle »; XIIIe s., grand plat; 1694, *Acad.*, géogr.; 1907, Lar., théâtre. ‖ **platelage** 1846, Besch., techn., dér. de *plateau*. ‖ **platerie** 1802, Fourmy. ‖ **platine** début XIIIe s., plaque de métal, d'où, à partir du XVIe s., divers empl. techn. ‖ **platée** 1798, *Acad.* ‖ **platière** 1765, *Acad.* ‖ **aplatir** milieu XIVe s.; fig., 1864, Goncourt. ‖ **aplatissement** 1600, O. de Serres. ‖ **aplatisseur** 1819, Beurard, mines. ‖ **aplatissoire** 1771, *Trévoux.* ‖ **replat** s. m., v. 1300. ‖ **méplat** adj., 1432, Baudet Herenc.; s. m., 1691, Ozanam; préf. négatif *me(s)*.

platane 1535, de Selves, du lat. *platanus*, gr. *platanos.* ‖ **platanaie** 1775, dans Boiste. ‖ **platanées** 1803, Boiste. (V. PLANE 1.)

1. **platée** V. PLAT.

2. **platée** 1694, Th. Corn., archit., du lat. *platea*, du gr. *plateîa.*

plateresque av. 1872, Th. Gautier (*plateresco*); 1877, Lar. (*plateresque*), adj.; de l'esp. *plateresco*, de *plata*, argent. (V. PLATINE 2.)

plathelminthes 1886, Claus, zool., du gr. *platus*, large, et *helmins*, ver.

1. **platine, platitude** V. PLAT.

2. **platine** 1752, Mauvillon, métal, de l'esp. *platina* (auj. *platino*), tiré par Ulloa de *plata*, argent, proprem. « petit argent » (le platine a l'éclat de l'argent et se trouve en petites quantités), de même rac. que *plat*; masc. en fr., fin XVIIIe s. d'après les autres noms de métaux. ‖ **platinique** 1828, Mozin. ‖ **platinifère** 1828, Mozin. ‖ **platinité** XXe s. ‖ **platiner** 1845, Besch. ‖ **platinage** 1838, *Acad.* ‖ **platineur** 1900, Lar. ‖ **platinotypie** 1890, Lar.

platonicien 1361, Oresme, du nom de *Platon*, philosophe grec de la fin du Ve s. av. J.-C. ‖ **platonique** XIVe s., du lat. *platonicus*, du gr. *platonikos; amour platonique*, 1750, Prévost. ‖ **platonisme** 1672, Molière. ‖ **platoniser** 1587, G.

plâtre 1268, É. Boileau (*plastre*), de *emplâtre*, par comparaison du plâtre gâché avec un emplâtre; *battre comme plâtre*, XVe s. ‖ **plâtrier** 1268, É. Boileau. ‖ **plâtrière** milieu XVe s. ‖ **plâtrer** 1160, Benoît. ‖ **plâtrerie** XIVe s.,

« ouvrage en plâtre ». ‖ **plâtrage** 1718, *Acad.* ‖ **plâtreux** 1564, Liébault. ‖ **plâtras** 1371, Delb. ‖ **déplâtrer** fin XVIe s. ‖ **replâtrer** 1549, R. Est. ‖ **replâtrage** 1762, *Acad.*

platy- du gr. *platus*, large. ‖ **platycerque** 1839, Boiste, zool., du gr. *platukerkos*, de *kerkos*, queue. ‖ **platyrhiniens** 1827, *Acad.*, zool., du gr. *platurrhin*, de *rhin*, *rhinos*, nez.

plausible 1552, Ch. Est., du lat. *plausibilis*, digne d'approbation, de *plaudere*, applaudir. ‖ **plausibilité** 1684, B. Gracián.

plèbe 1355, Bersuire, hist., du lat. *plebs*, *plebis*; 1802, Mercier, ext. de sens. ‖ **plébéien** 1355, Bersuire, hist., du lat. *plebeius*; fin XIVe s., ext. de sens (déjà en lat.). ‖ **pléban** ou **plébain** milieu XIVe s., eccl. ‖ **plébiscite** 1355, Bersuire, hist., du lat. *plebiscitum*, de *scitum*, décision; 1792, polit. mod. ‖ **plébisciter** 1907, Lar. ‖ **plébiscitaire** 1870. ‖ **plébéianisme** 1795, Babeuf.

plectognathes 1827, *Acad.*, zool., *plektos*, soudé, et *gnathos*, mâchoire. (V. PROGNATHE.)

plectre XIIIe s., *Roman Table ronde* (*plectrum*); XIVe s., *Légende dorée* (*plectre*); du lat. *plectrum*, empr. au gr. *plektron*, de *plêssein*, frapper.

pléiade début XIIIe s. (*Pliades*), astron., du gr. *pleias*, *pleiados*, constellation de sept étoiles; 1556, Ronsard, littér., d'après les sept poètes de la Pléiade d'Alexandrie (IIIe s. av. J.-C.); milieu XIXe s., littér., ext. de sens.

***plein** 1080, *Roland*, du lat. *plēnus*; XIIIe s., fém. *pleine*, en parlant d'une femelle; début XVe s., prép.; 1640, Oudin, pop., « ivre »; *battre son plein*, rester stationnaire à sa plus grande hauteur (marée), 1868, L.; 1888, Sachs-Villatte, sens usuel; *faire le plein (de)*, 1876, Daudet. ‖ **trop-plein** 1671, Mme de Sévigné. ‖ **plénitude** fin XIIIe s., du lat. *plenitudo.* ‖ ***plénier** 1080, *Roland*, du bas lat. *plenarius*; empl. surtout au fém. (*réunion plénière*). ‖ **plenum** s. m., 1878, Lar. [V. PLANTUREUX.]

pléistocène 1906, Lar. (1839 en angl.), géol., du gr. *pleistos*, beaucoup, et *kainos*, nouveau, c'est-à-dire « qui contient beaucoup de formes actuelles ». (V. ÉOCÈNE, etc.)

plénipotentiaire début XVIIe s.,
Guez de Balzac, du lat. *plenus*, plein, et
potentia, puissance.

pléonasme 1571, G., « mot allongé
d'une syllabe » ; 1610, Coton, sens usuel ;
du gr. *pleonasmos*, de *pleon*, davantage.
‖ **pléonastique** 1842, *Acad.*, du gr.
pleonastikos.

plésiosaure 1825, Cuvier (*plesiosau-*
rus), mot tiré par l'Anglais Conybeare
du gr. *plêsios*, voisin, et *sauros*, lézard.

plessimètre 1842, *Acad.*, méd., du
gr. *plessein*, frapper, et de l'élém. *-mètre.*

plessis XIIe s. (*plesseis*), de l'anc. fr.
plesce, plesse, du lat. *plexus*, plié ; il a
servi pour des noms de lieux.

pléthore 1538, Canappe, méd. ; 1791,
Mirabeau, fig. ; du gr. méd. *plêthôrê*,
plénitude. ‖ **pléthorique** 1314, Mondeville (*plectorique*), méd.

pleural V. PLÈVRE.

***pleurer** v. 980, *Passion* (*plorer*), du
lat. *plorare*, crier, d'où « pleurer en
criant ». ‖ **pleurant** adj. 1538, R. Est.
‖ **pleur** 1130, *Eneas* (*plors*, pl.) ; XVIe s.
(*pleurs*). ‖ **pleureur** adj., fin XIe s.,
Alexis (*plurus*) ; s. m., XVe s. (*ploureur*).
‖ **pleureuse** s. f., XIIIe s. (*ploreresse*),
femme qu'on payait pour pleurer aux
funérailles ; 1575, Gay (*pleureuse*). ‖
pleurard 1552, Rab. ‖ **pleure-misère**
1798, *Acad.* ‖ **pleurnicher** 1739, *le Porteur d'eau*, du norm. *pleurmicher*, comp.
de *pleurer* et *micher*, même sens, orig.
inconnue (v., pour le type de comp.,
TOURNEVIRER). ‖ **pleurnicheur** 1774,
Diderot. ‖ **pleurnicherie** 1845, Besch.
‖ **éploré** XIIe s., *Fierabras* (*esplouré*),
part. passé de l'anc. fr. *esplorer*,
mouiller de pleurs. (V. DÉPLORER.)

pleurésie, pleurite V. PLÈVRE.

pleuro- du gr. *pleuron*, côté, et par ext.
plèvre, d'après *pleura* (v. PLÈVRE).
‖ **pleurobranche** 1827, *Acad.*, zool. ‖
pleurodynie 1906, Lar. ‖ **pleuro-
pneumonie** XVIe s. ‖ **pleurote** 1874,
Lar., bot., du gr. *ous, ôtos*, oreille. ‖
pleurotomie fin XIXe s.

pleutre 1750, *Dict.* de Ménage, peut-
être du flam. *pleute*, mauvais drôle, proprem. « chiffon ». ‖ **pleutrerie** fin
XIXe s.

***pleuvoir** 1160, Benoît (*pluveir*), du
lat. pop. *plovĕre* (déjà chez Pétrone),

class. *pluĕre* ; avec changem. de conjug.
‖ **pleuviner** 1874, Lar., avec un suffixe
diminutif. ‖ **repleuvoir** 1549, R. Est.

plèvre 1552, Rab., anat., du gr. *pleura*,
côté (avec la prononc. du gr. byzantin).
‖ **pleural** 1845, Besch. ‖ **pleurésie**
XIIIe s. (*pleurisie*), du lat. méd. médiév.
pleuresis, en lat. class. *pleurisis*, mot gr.,
de *pleura*. ‖ **pleurétique** 1240, *Vie
d'Éd. le Confesseur* (*pleuretic*), du lat.
méd. médiév. *pleureticus.* ‖ **pleurite**
1836, Landais, du lat. méd. *pleuritis*,
mot gr.

plexus 1560, Paré, anat., du bas lat.
plexus, « entrelacement », part. passé
substantivé de *plectere*, tresser.

pleyon V. PLOYER.

***plie** XIIe s., G. (*plaïs*) ; 1530, Palsgrave
(*plie*) ; du bas lat. *platessa* (IVe s., Ausone), avec changem. de suffixe.

***plier** Xe s., *Eulalie* (*pleier*) [v. PLOYER] ;
1530, Palsgrave (*plier*) ; du lat. *plicare.*
Spécialisation de sens au XVIIe s. (avec
sens fig.), par oppos. à *ployer*, « courber », d'emploi littér. ; *plier bagage*,
XVIe s., serrer les tentes ; XVIIe s., ext. de
sens, s'en aller. ‖ **pli** 1190, J. Bodel
(*ploi*) ; 1265, J. de Meung (*pli*) ; 1640,
Oudin, paquet de lettres ; 1874, Lar.,
lettre avec son enveloppe ; *faux pli*, 1690,
Furetière. ‖ **pliable** 1559, Amyot. ‖
plié 1840, Rochefort, danse. ‖ **pliure**
1314, Mondeville. ‖ **plieur** XVIe s., Des-
perois. ‖ **plieuse** XXe s., machine à plier.
‖ **pliage** 1611, Cotgrave. ‖ **plioir** début
XVIIe s. (*pleyoir*) ; milieu XVIIe s. (*plioir*).
‖ **pliant** s. m., 1665, Molière, de *siège
pliant* (début XVIIe s.). ‖ **déplier** 1538,
R. Est. ‖ **déplié** s. m., 1882, Zola, comm.
‖ **replier** 1213, *Fet des Romains*. ‖
repli 1539, R. Est., anat. ; 1916, journ.,
milit. ‖ **repliement** 1611, Cotgrave.
(V. PLISSER.)

plinthe 1544, M. Scève, du lat. *plin-
thus* (Vitruve), empr. au gr. *plinthos*,
proprem. « brique ».

pliocène v. 1850, de l'angl. *pliocene*
(1833, Lyell), du gr. *pleion*, plus, et
kainos, récent. (V. ÉOCÈNE, PLÉISTO-
CÈNE, etc.)

plique 1682, *Journ. des sav.*, méd., du
lat. méd. mod. *plica*, de *plicăre*, plier :
dans cette maladie, les cheveux s'agglu-
tinent et se replient.

plisser 1538, R. Est., de *pli*, d'après les mots en *-is* (v. PLIER). ‖ **plissement** 1636, Monet, sens gén.; 1907, Lar., géol. ‖ **plissure** 1600, O. de Serres. ‖ **plissage** 1836, Landais. ‖ **plisseur** 1625, Stœr. ‖ **déplisser** 1611, Cotgrave. ‖ **replisser** 1550, Jodelle.

1. ploc onom.

2. ploc 1335, texte picard (*ploich*); 1621, Jal (*ploc*), matière textile; du moy. néerl. *plok*, de *ploken*, cueillir. ‖ **ploquer** 1736, Aubin, mar., mettre en bourre de la laine.

*plomb** 1119, Ph. de Thaun (*plum*); xvᵉ s. (*plomb*); du lat. *plŭmbum*; 1538, techn., morceau de plomb suspendu à une ficelle; 1690, Furetière, méd.; 1812, Mozin, typogr.; 1890, Lar., électr.; *fil à plomb*, 1751, *Encycl.* ‖ **aplomb** 1547, J. Martin, de *à plomb* (xiiᵉ s.), « perpendiculairement » (en maçonnerie); *d'aplomb*, 1762, *Acad.* ‖ **plombier** milieu xiiiᵉ s. (*plunmier*); 1508, Gaillon (*plombier*). ‖ **plomberie** 1304, texte de l'Artois (*plommerie*); v. 1400 (*plomberie*). ‖ **plomber** 1170, *Rois* (*plomer*); 1538, R. Est (*plomber*); 1752, *Trévoux*, *plomber une dent*. ‖ **plombage** 1427, texte de Tournai (*plommage*); 1845, Besch. (d'une dent). ‖ **plombeur** 1723, Savary. ‖ **plombée** 1155, Wace (*plomée*). ‖ **plombifère** 1842, *Acad.* ‖ **plombe** 1837, Vidocq, arg., « heure », de *plombs*, 1690, Furetière, « contrepoids d'une horloge ». ‖ **déplomber** 1838, *Acad.* ‖ **surplomber, surplomb** 1691, d'Aviler, dér. de *plomb* dans *à plomb*.

plombagine 1556, R. Leblanc (*plombage*); 1559, Amyot (*plombagine*); du lat. *plumbago, plumbaginis*, de *plumbum* (v. le précéd.). ‖ **plombaginées, plombaginacées** 1812, Mozin.

plombières 1818, *Journ. of a tour in France*, pâtisserie, de *Plombières*.

1. *plongeon xiiᵉ s., oiseau, du bas lat. *plumbio, -onis* (vᵉ s., Polemius Silvius), de *plumbum* (le plongeon disparaît sous l'eau comme du plomb).

2. plongeon 1466, P. Michault, « plongeur » d'après le précédent et le verbe *plonger*; xviᵉ s., sens mod.

*plonger** 1120, *Ps. d'Oxford* (*plongier*), du lat. pop. *plumbĭcare*, de *plumbum*, plomb (d'après le plomb des filets de pêche). ‖ **plongeant** adj., 1798, *Acad.* ‖ **plonge** fin xiiᵉ s., Gace Brulé, action de s'enfoncer dans l'eau; fin xixᵉ s., pop., action de laver la vaisselle, d'après un empl. rég. pop. de *plongeur*. ‖ **plongée** fin xvᵉ s. ‖ **plongeur** 1260, Joinville; 1867, Delvau, laveur de vaisselle, proprem. « qui plonge ses mains dans l'eau ». ‖ **plongeoir** 1869, L., terme de broderie; xxᵉ s., tremplin pour plonger. ‖ **replonger** fin xiiᵉ s., *Garin le Loherain*, « se retirer »; 1302, texte de Valenciennes, sens mod.

plot 1290, G., billot (Bourgogne, Franche-Comté); peut-être croisement du lat. *plautus*, plat, et du germ. *blok*, bloc; 1868, L., techn. (horlogerie; sciage des bois); 1890, Lar., électr.

ploutocrate av. 1865, Proudhon, du gr. *ploutos*, richesse, et *kratein*, commander (d'après *aristocrate*, *démocrate*). ‖ **ploutocratie** 1843, Leroux. ‖ **ploutocratique** 1906, Lar.

*ployer** xᵉ s., *Eulalie* (*pleier*), du lat. *plĭcāre*. Spécialisé au xviiᵉ s. dans un sens distinct de celui de *plier*, de même étym. Deux séries verbales complètes se sont constituées au xviᵉ s., sur les formes d'anc. fr. à radical accentué (3ᵉ pers. sing. prés. indic. *plie*), et à radical inaccentué (infin. *ployer*). ‖ **ployon** 1120, *Ps. d'Oxford* (*ploion*), arboric. ‖ **ployable** xivᵉ s. ‖ **ploiement** xvᵉ s. ‖ **ployage** 1772, *Encycl.* ‖ **déployer** 1155, Wace. ‖ **déploiement** 1538, R. Est. ‖ **éployé** adj., v. 1500, Le Baud. ‖ **reployer** 1130, *Job.* ‖ **reploiement** fin xiiᵉ s.

pluche, plucher, plucheux V. PELUCHE.

*pluie** 1080, *Roland*, du lat. pop. *plŏia*, réfection du lat. class. *pluvia* d'après *plŏvere*, pleuvoir. ‖ **parapluie** 1622, Tabarin, d'après *parasol*. (V. PLUVIAL, PLUVIEUX.)

plumage, plumard, plumassier V. PLUME.

plum-cake 1824, A. Blanqui, *Voy. en Angl.* (*plumb-cake*); 1854, About (*plum-cake*), comp. angl. de *cake*, gâteau, et *plum*, raisin sec. Abrégé en *plum*, fin xixᵉ s., puis en *cake*, xxᵉ s.

*plume** 1175, Chr. de Troyes, du lat.
plūma, « duvet », qui a éliminé *penna*
(v. PENNE) ; 1487, Garbin, plume (d'oie)
pour écrire ; début XVIIIe s., plume métallique, d'usage répandu seulement au début du XIXe s. (v. PLUMITIF). ‖ **plumage**
1265, Br. Latini. ‖ **plumeux** fin XIIe s.
‖ **plumas** milieu XVe s., « plumet ». ‖
plumassier fin XVe s., de l'anc. *plumas*.
‖ **plumasserie** 1505, *D. G.* ‖ **plumet**
1622, Sorel, chapeau orné d'une plume.
‖ **plumeté** 1364, G. ‖ **plumetis** 1498,
Gay. ‖ **plumeau** 1640, *Mém. Soc. hist.
Paris.* ‖ **plumer** 1150, G. ‖ **plumée**
1845, Besch. ‖ **plumaison** 1847, Balzac.
‖ **déplumer** 1265, Br. Latini. ‖ **rem-
plumer** XIIIe s. ‖ **plumard** fin XVe s.,
« panache » ; 1636, Monet, « petit balai
de plumes » ; 1888, Sainéan, pop., « lit ».
‖ **plumule** 1778, Lamarck. ‖ **porte-
plume** 1725, chez Havard. ‖ **plumier**
1872, L.

plumitif fin XVIe s. (*plumetis*, var. *plu-
metif*), « registre d'audience » ; 1680,
Verville (*plumitif*), même sens ; altér.,
dans le langage des clercs, de *plumetis*,
de l'anc. v. *plumeter*, XVIe s., « prendre
des notes », par croisement avec *primitif*
au sens de « original d'un écrit » ; 1765,
Voltaire, sens mod., par rapprochement
avec *plume*.

plum-pudding V. PUDDING.

plupart (la) V. PART 1.

pluralité 1328, *Ovide moralisé*, « pluriel », du bas lat. *pluralitas* (IVe s.), Charisius), de *pluralis*, multiple ; 1370,
Oresme, « multiplicité » ; 1559, Amyot,
« majorité », éliminé v. 1790 par *majorité* dans ce sens. ‖ **plural** 1874, Lar. ‖
pluralisme, pluraliste 1909, Lalande.

pluri- du lat. *plures*, plusieurs (v. MULTI-,
POLY-). ‖ **pluricellulaire** XXe s. ‖ **plu-
riflore** 1842, *Acad.* ‖ **plurivalent** début XXe s.

pluriel 1440, Chastellain, réfection,
d'après le lat., de *plurier*, fin XIIIe s.
(usuel jusqu'à la fin du XVIIIe s.), altér.,
d'après *singulier*, de l'anc. fr. *plurel*,
1190, Garn., du lat. *pluralis*, « multiple »
et « pluriel », de *plus, pluris*. (V. le suiv.)

*plus** v. 980, *Passion*, du lat. *plus*, plus,
davantage ; *ne... plus*, 1080, *Roland*, négation marquant la cessation ; *au plus*,
v. 1200 ; *de plus en plus*, v. 1250 ; *qui

plus est, début XVe s., Monstrelet. ‖
surplus fin XIe s.

*plusieurs** 1080, *Roland* (*plusurs*) ;
1325, Runk (*plusieurs*) ; du lat. pop.
plūsiorēs, altér., d'après *plūs*, de *plū-
riōres*, forme de comparatif ayant remplacé en bas lat. le class. *plūres*.

plus-que-parfait, plus-value V.
PARFAIT, VALOIR.

plutonien 1816, *Ann. de chim.*, du
nom de *Pluton*, dieu lat. des Enfers. ‖
plutonique 1550, Jodelle, « de l'enfer » ;
1836, Landais, géol. ‖ **plutonisme** 1842,
Acad., théorie géol. ‖ **plutoniste** 1827,
Acad. ‖ **plutonium** 1842, *Acad.*, « baryum » ; 1939, sens actuel.

plutôt V. TÔT.

pluvial v. 1170, E. de Fougères, s. m.,
vêtement eccl. ; 1488, *Mer des hist.*, adj. ;
du lat. *pluvia*, pluie.

*pluvier** début XIIe s., *Thèbes* (*plo-
vier*) ; XVIe s. (*pluvier*, d'après *pluvia*,
v. PLUIE), oiseau (qui arrive dans la saison des pluies) ; du lat. pop. *plovarius*,
de *plovere*, pleuvoir.

pluvieux 1155, Wace (*pluius*) ; 1213,
Fet des Romains (*pluvieus*), du lat. *plu-
viosus*, de *pluvia*, pluie. ‖ **pluviosité**
1923, Lar. ‖ **pluviôse** 1793, Fabre
d'Eglantine, 5e mois du calendrier républicain. ‖ **pluviomètre** 1788, Cotte. ‖
pluviométrie 1877, *Journ. officiel.* ‖
pluviométrique 1871, *id.*

pneumat(o)- du gr. *pneuma, pneu-
matos*, souffle. ‖ **pneumatologie** 1751,
Encycl. ‖ **pneumatothérapie** XXe s.

pneumatique 1520, Verney, « subt-
til », sens gr. ; du gr. *pneumatikos*, proprem. « relatif au souffle », de *pneuma*,
souffle ; 1547, J. Martin, phys. ; 1906,
Lar., *bandage pneumatique*, puis *pneumatique*, s. m., selon un procédé inventé
par l'Angl. Dunlop ; 1907, Lar., lettre
pneumatique. ‖ **pneu** 1900, Lar., abrév.
de *pneumatique*, s. m., pour les automobiles ; 1923, Lar., postes. (V. les suivants.)

pneumo- du gr. *pneumôn*, poumon. ‖
pneumocoque 1890, Lar. ‖ **pneumo-
gastrique** 1827, *Acad.* ‖ **pneumogra-
phie** 1827, *Acad.* ‖ **pneumologie** ou
pneumonologie 1827, *Acad.* ‖ **pneu-
mologue** XXe s. ‖ **pneumonectomie**

ou **pneumectomie** 1890, Lar. ‖ **pneumopéritoine** XXe s. ‖ **pneumothorax** 1803, Itard, pathol.; 1923, Lar., chirurg.; abrév. *pneumo*, XXe s.

pneumonie 1707, Helvétius, du gr. *pneumonia*, de *pneumôn*, poumon. ‖ **pneumonique** 1694, Th. Corn. ‖ **broncho-pneumonie** XIXe s. (V. BRONCHE.)

pochade V. POCHE.

pochard début XVIIIe s., pop., « ivrogne », de *poche*; proprem. « rempli comme une poche » (cf., pour le sens, *sac à vin*). ‖ **se pocharder** 1867, Delvau. ‖ **pochardise** 1874, Lar.

poche fin XIIe s., Marie de France (*puche*); XIVe s., G. (*poche*); « bourse, petit sac », du francique *pokka*; 1573, Du Puys, « petit sac cousu à un vêtement ». ‖ **pochette** id. (*puchette*). ‖ **pocher** début XIIIe s. (un œil), sans doute « le faire gonfler comme une poche »; (un œuf), id.; 1587, Cholières, représenter par un dessin; 1665, Stœr, tirer une figure sur les contours d'une autre. ‖ **pochade** 1828, Montabert, peint. ‖ **pochon** 1862, Hugo. ‖ **pochoir** 1874, Lar. ‖ **pocheuse** 1874, L. (*pocheux*; auj. *pocheuse*), culin. ‖ **pocheter** fin XVIe s., L. Guyon, laisser dans sa poche, vx. ‖ **pochetée** 1888, Sachs-Villatte, bêtise (*en avoir une pochetée*), proprem. « contenu d'une poche »; XXe s., pop., « imbécile ». ‖ **empocher** 1580, Montaigne.

podagre 1215, P. Gastineau, s. f., « goutte aux pieds »; du lat. *podagra*, mot gr. signif. « piège »; fin XIVe s., adj. et n., goutteux; du lat. *podager*, gr. *podagros*. (V. POUACRE.)

podaire 1906, Lar., math., du gr. *poûs, podos*, pied.

podestat milieu XIIIe s. (*potestat*), de l'ital. *podestà*, magistrat du nord et du centre de l'Italie; appellation supprimée au XIXe s., et reprise sous le fascisme pour les maires (nommés par le pouvoir central); du lat. *potestas, -tatis*, pouvoir.

podium 1765, Encycl., archit., mot lat., issu du gr.; début XXe s., ext. de sens.

podomètre 1690, Furetière, du gr. *poûs, podos*, pied.

pœcile 1765, Encycl., hist., du gr. *poikilê* (*stoa*), (portique) peint de couleurs variées; auj., sorte de mésange.

1. ***poêle** s. m., 980, *Passion* (*palis*); XIIIe s. (*paile, poile*); XVIe s. (*poêle*); étoffe, voile, drap noir recouvrant le cercueil, auj. seulem. dans la loc. *cordons du poêle*; du lat. *pallium*, manteau. (V. PALETTE 2, PALIER, PALLIER.)

2. ***poêle** s. m., 1351 (*poille*), chambre chauffée, encore en ce sens au XVIIe s., Descartes; XVIe s. (*poêle*), fourneau; du lat. *pē(n)silis*, « suspendu » (de *pendēre*, suspendre), substantivé par ellipse de *balnea pensilia* (Ier s., Pline), bains suspendus (et chauffés par-dessous). ‖ **poêlier** début XVe s. (*paelier*).

3. ***poêle** s. f., v. 1160, *Charroi* (*paielle*); fin XIIe s. (*paele*); 1636, Monet (*poêle*), poêle à frire; du lat. *patella* (v. PATELLE). ‖ **poêlée** 1268, É. Boileau (*pae-*). ‖ **poêlon** 1320 (*paa-*). ‖ **poêler** 1874, Lar.

poème 1213, *Fet des Romains*, du lat. *poema*, gr. *poiema*, de *poiein*, faire; *poème en prose*, milieu XVIIIe s.

poésie milieu XIVe s., « art de la fiction littéraire »; 1511, J. Lemaire de Belges, sens mod.; du lat. *poesis*, gr. *poièsis*, action de faire; *poésie pure*, v. 1860.

poète 1155, Wace, du lat. *poeta*, gr. *poiêtês* (v. les précéd.). ‖ **poétereau** 1639, Rondeaux. ‖ **poétesse** XVe s. (*poétisse*); début XVIe s. (*poétesse*). ‖ **poétastre** milieu XVIe s. ‖ **poétaillon** 1808, d'Hautel. ‖ **poétique** adj., fin XVIe s., du lat. *poeticus*, gr. *poiêtikos*; s. f., XVIIe s., d'apr. la *Poétique* d'Aristote. ‖ **poétiser** 1361, Oresme, « faire des vers »; XIXe s., « donner un caractère poétique à ». ‖ **poétisation** XXe s. ‖ **dépoétiser** 1810, Mme de Staël.

pognon 1844, *Dict. d'argot*, pop., argent, mot rég., sans doute du v. pop. *poigner*, empoigner. (V. *jeton*, à JETER.)

pogrom 1907, Lar., mot russe, de *po-*, entièrement, et *gromit-*, détruire.

***poids** XIIe s. (*peis, pois*); XVIe s. (*poids*, avec *d*, d'après le lat. *pondus*); du lat. *pēnsum*, « ce qui est pesé », part. passé de *pendere*, peser; *poids lourd* 1896, *France autom.* ‖ **contrepoids** fin XIIe s., *R. de Cambrai*. ‖ **surpoids** 1580, Montaigne.

poignant 1119, Ph. de Thaun, « piquant »; XIIIe s., fig.; anc. part. prés. de *poindre*, au sens de « piquer ».

poignard 1512, d'Estrées, réfection, par changem. de suff., de l'anc. fr. *poignel, poignal*, du lat. pop. **pugnalis*, de *pugnus*, poing : proprem. « arme de poing ». ‖ **poignarder** 1556, Allègre.

poigne, poignée, poignet
V. POING.

*poil 1080, *Roland* (*peil*), du lat. *pĭlus*. ‖ **poilu** XVe s., réfection, d'après *poil*, de l'anc. *pelu* (XIIe s.) ; 1834, Balzac, fam., « fort, brave » ; fin XIXe s., arg. milit., « homme robuste », puis « soldat » ; 1914-1918, « combattant », dans le langage des civils. ‖ **se poiler** 1901, A. Bruant, pop., rire aux éclats, altér. de *s'époiler*, fin XIXe s., pop., même sens, « s'arracher les poils ». ‖ **poilant** adj., XXe s., pop., « très drôle ». ‖ **peler** 1080, *Roland*, du lat. *pĭlare* ; pour le sens, infl. de *pel*, anc. forme de *peau*. ‖ **pelade** milieu XVIe s. ‖ **pelage** milieu XVe s., anc. dér. de *poil*. ‖ **pelure** XIIe s. ‖ **dépiler** 1560, Paré, du lat. *depilare*. ‖ **dépilage** 1842, Mozin. ‖ **dépilatif** 1732, *Trévoux*. ‖ **dépilation** XIIIe s., G. ‖ **dépilatoire** fin XIIIe s. ‖ **épeuler** fin XIIIe s., G. (*espeler*), techn., enlever les fils. ‖ **épiler** 1762, *Acad.*, dér. de *pilus*, poil. ‖ **épilation** 1864, L. ‖ **épilatoire** 1798, *Acad.* ‖ **épilure** 1788, Salmon, de *épiler* l'étain. (V. PILEUX.)

*poinçon 1220, texte picard (*poinchon*) ; fin XIVe s. (*poinsson*), du lat. *punctio, -onis*, de **punctiāre*, piquer, d'après *punctus*, part. passé de *pungere*. ‖ **poinçonner** 1324, Delb. (*penchonner*). ‖ **poinçonnage** 1402, texte de Tournai (*poinchenage*) ; 1868, L., orfèvrerie. ‖ **poinçonneur** 1919, P. Hamp, ouvrier. ‖ **poinçonneuse** 1878, Lar., machine.

*poindre XIe s., G., « piquer », « faire souffrir », du lat. *pungĕre*, piquer (jusqu'au XVIIe s., et dans le proverbe *Oignez vilain, il vous poindra*) ; XIIIe s., commencer à pousser (plantes) ; début XVIe s., commencer à paraître (en parlant du jour). Usité seulement à l'infin., et à la 3e pers. du prés. et du fut. de l'indic. (V. POIGNANT, POURPOINT.)

*poing fin XIe s., *Alexis* (*puing*), du lat. *pŭgnus*. ‖ **poigne** 1807, texte de Lorraine ; XIXe s., fr. pop., altér. du précéd. par changem. de genre sous l'infl. des autres mots en *-gne* ; *avoir de la*

poigne, 1867, Delvau, fig. ‖ **pogne** 1837, Vidocq, arg., « main », var. de *poigne*. ‖ **poignet** début XIIIe s. (*pugnet*), mesure de grain ; début XIVe s. (*poignet*), pièce d'étoffe ; 1488, texte de Tournai, anat. ‖ **poignée** 1160, *Charroi* (*-niée*) ; 1495, J. de Vignay (*-née*). ‖ **empoigner** 1175, Chr. de Troyes. ‖ **empoignade** 1861, Goncourt. ‖ **empoigne** (*foire d'*) 1773, *les Porcherons*. (V. POGNON.)

*point milieu XIe s., adv. de négation, avec *ne* ; 1175, Chr. de Troyes, endroit déterminé ; du lat. *punctus*, piqûre, et par ext. point géom., part. passé substantivé de *pungere* (v. POINDRE) ; XIIe s., *Moniage Guillaume*, état, situation d'une affaire ; XIIIe s., « piqûre », d'où « douleur piquante, lancinante » ; XIIIe s., A. de La Halle, « question débattue » ; XIIIe s., « marque sur un dé », unité de jeu ; 1529, Jal, mar. ; 1530, Palsgrave, couture ; 1550, Meigret, signe de ponctuation ; *à point*, XIIIe s., Rutebeuf ; *point d'appui*, 1691, Ozanam ; *point de vue*, 1651, Brunot ; *mettre au point*, 1907, Lar. ; *mal en point*, XVe s. ‖ **pointer** XIIIe s., *Assises de Jérus.*, marquer d'un point ; XVIe s., artill. ‖ **pointage** début XVIIe s. ‖ **pointeur** 1499, Delb., « qui marque d'un point » ; même évol. sémantique, que le verbe. ‖ **embonpoint** 1528, Cl. Marot. ‖ **appointer** 1268, É. Boileau, jurid., « régler une affaire » ; XVIe s., sens mod. ‖ **appoint** 1398, E. Deschamps. ‖ **appointement** début XIVe s., même évol. sémantique que le verbe. ‖ **contrepoint** 1398, E. Deschamps, mus. (c'est-à-dire « contrenote ») ; les notes étaient alors représentées par des points). ‖ **contrapuntique** 1929, Lar. ‖ **contrepointiste** fin XVIIIe s. ‖ **contrapuntiste** 1820, Laveaux ; var. *contrapontiste*, 1835, *Acad.* ‖ **rond-point** 1375, *Modus*, demi-cercle ; 1836, Landais, sens mod. (V. DÉSAPPOINTÉ, POINTILLÉ, PONCTUEL, PONCTUER.)

*pointe milieu XIIe s., du bas lat. *pŭncta* (IVe s.), Végèce), « coup de pointe », part. passé, substantivé au fém., de *pungere*, piquer (v. POINDRE) ; 1360, Froissart, géogr. ; 1530, Palsgrave. habill. ; 1842, *Acad.*, danse. ‖ **pointu** 1361, Oresme. ‖ **pointeau** 1765, *Encycl.*, pièce d'acier à pointe conique ; 1932, Lar., autom. ‖ **pointer** fin XVe s., frapper de la pointe ; fin XVIIe s., Saint-Simon, commencer à se manifester. ‖ **se pointer** XX⁰ s., fam., se présenter (en un lieu). ‖ **appointer** fin XII⁰ s., tailler en pointe. ‖ **épointer** fin XI⁰ s.

pointeau V. POINTE.

1. **pointer** V. POINT et POINTE.

2. **pointer** s. m., 1834, Magendie (*Spanish pointer*), chien d'arrêt; mot angl., signif. « indicateur », de (*to*) *point*, montrer, issu de l'anc. fr. *point*.

pointillé adj., 1414, Gay; s. m., 1765, *Encycl.*, dér. de *point*. ‖ **pointiller** 1611, Cotgrave, tr.; 1676, Félibien (*pointiller*), intr. ‖ **pointillage** 1694, *Acad.* ‖ **pointillisme, pointilliste** 1867, Lar. ‖ **entrepointiller** 1765, *Encycl.*

pointilleux fin XVI⁰ s., de l'ital. *puntiglioso*, de *puntiglio*, petit point; v. l'anc. *pointille*, 1560, Pasquier, « minutie », de l'ital. *puntiglio*, et l'anc. *pointiller* (fin XVI⁰ s.), « chicaner ».

*pointure** 1190, *Rois*, « piqûre », du lat. *pŭnctūra*, piqûre (v. POINT, POINTE); 1765, *Encycl.*, « forme » du soulier.

*poire** XII⁰ s., du lat. *pira*, pl. de *pĭrum*, devenu fém. en lat. pop. (v. POMME, PRUNE, CERISE, etc.); *poire d'angoisse*, fin XI⁰ s., sorte de poire, de *Angoisse*, nom d'un village de Dordogne; XV⁰ s., fig., par homonymie incomprise. ‖ **poiré** XIII⁰ s. (*peré*); 1529, Parmentier (*poiré*). ‖ **poirier** 1268, É. Boileau (*perier*); XVI⁰ s. (*poirier*).

poireau 1268, É. Boileau, altér. par attraction de *poire*, de *porreau* (encore rég. auj.), dér. anc. du lat. *porrum*. ‖ **poirée** XIII⁰ s. (*porrée*), blette, autre dér. anc. de *porrum*. ‖ **poireauter** fin XIX⁰ s., pop., attendre, de *faire le poireau*.

*pois** XII⁰ s., *Roncevaux* (*peis, pois*), du lat. *pisum*; *petits pois*, XVIII⁰ s.

*poison** 1155, Wace, s. f., « potion, breuvage », et aussi « breuvage empoisonné »; XVII⁰ s., s. m.; du lat. *potiō, -ōnis*, s. f., proprem. « breuvage », d'où « breuvage médical », et en bas lat. « breuvage empoisonné »; 1842, *Acad.*, s. f., pop., « méchante femme ». ‖ **empoisonner** fin XI⁰ s.; fin XIX⁰ s., fam., importuner. ‖ **empoisonnement** fin XII⁰ s. ‖ **empoisonneur** XIII⁰ s. ‖ **contrepoison** fin XV⁰ s.

p o i s s a r d , poisse, poisser, poisseux V. POIX.

poisson X⁰ s., *Valenciennes* (*pescion*), dér. anc. du lat. *pĭscis*, poisson; *poisson d'avril*, 1767, Voltaire. ‖ **poissonneux** 1550, Ronsard. ‖ **poissonnier** début XIII⁰ s. ‖ **poissonnerie** fin XIII⁰ s. ‖ **poissonnaille** XV⁰ s., G. ‖ **poissonnière** 1600, O. de Serres, ustensile de cuisine. ‖ **empoissonner** milieu XIII⁰ s. ‖ **empoissonnement** 1351, *Cout. de Lorris.* ‖ **rempoissonner** début XV⁰ s. ‖ **rempoissonnement** 1664, Colbert.

*poitrail** 1130, *Eneas* (*peitral*), partie du harnais touchant la poitrine début XIII⁰ s. (*peitrail*), par changem. de suff.; XVI⁰ s., sens mod.; du lat. *pĕctorāle*, cuirasse, de *pectus, pectoris*, poitrine. (V. le suivant.)

*poitrine** XI⁰ s. (*peitrine*), sens mod.; aussi, en anc. fr., « cuirasse, harnais »; a éliminé PIS 1 au XVI⁰ s., dans les sens actuel; du lat. pop. *pectorīna*, fém. substantivé de l'adj. *pectorīnus*, de *pectus, pectoris*, poitrine. ‖ **poitrinaire** 1743, *Trévoux.* ‖ **poitrinière** début XV⁰ s., pièce de harnais.

*poivre** début XII⁰ s., *Voy. de Charl.* (*peivre*), du lat. *pĭper*. ‖ **poivrer** XIII⁰ s., G. (*pevrer*). ‖ **poivrier** XIII⁰ s., marchand de poivre; 1562, Du Pinet, bot. ‖ **poivrière** 1718, *Acad.*; 1842, *Acad.* fortif. ‖ **poivron** 1785, Rozier. ‖ **poivrade** 1505, Desdier. ‖ **poivrot** 1867, Delvau, ivrogne (parce que le poivre entrait dans des boissons alcooliques).

*poix** 1050, *Roland* (*peiz*), du lat. *pĭx, picis.* ‖ **poisseux** XVI⁰ s., Jamyn. ‖ **poisser** fin XIV⁰ s., enduire de poix; début XIX⁰ s., voler, d'où « prendre ». ‖ **poissard** 1549, R. Est., « voleur », proprem. « qui a de la poix aux doigts pour voler »; *poissarde*, Oudin, 1640, s. f., « marchande de poisson »; 1743, Vadé, *Bouquets poissards*, d'où *poissard*, adj., « vulgaire ». ‖ **poisse** s. m., 1800, *Chauffeurs*, arg., « voleur »; fin XIX⁰ s., pop., souteneur; s. f., fin XIX⁰ s., malchance, misère. ‖ **empeser** 1268, É. Boileau, de l'anc. fr. *empoix*, poix. ‖ **empois** *id.* (-*poit*), d'apr. la forme tonique *j'empoise*. ‖ **empesage** milieu XVII⁰ s.

poker 1858, La Bédollière mot angl., orig. obsc.

polacre 1600, à Nice, mar., de l'ital. ou de l'esp. *polacra*.

polatouche s. m., 1761, Buffon, zool., du russe *polatouka*; sorte d'écureuil volant.

polder XIIIᵉ s., texte flam. (*polre*); 1805, *Décret* (*poldre*); 1829, Boiste (*polder*); du néerl. *polder*.

pôle début XIIIᵉ s., du lat. *polus*, gr. *polos*. ‖ **polaire** 1556, Finé, du lat. médiév. *polaris*; 1868, L., électr.; 1874, Lar., mathém.; *étoile polaire*, 1611, Cotgrave. ‖ **polarité** 1765, *Encycl.* ‖ **polariser** 1810, Malus, phys., de *polaire*, compris comme ayant pour rad. le v. gr. *polein*, tourner : pour les premières expériences de polarisation, on a fait tourner un cristal biréfringent. ‖ **polarisé** adj., 1868, L., phys.; 1949, Lar., fig., « orienté vers une activité déterminée », d'où *polar*, fou, arg. des étudiants. ‖ **polarisation** 1810, Malus. ‖ **polarisant** adj., début XIXᵉ s. ‖ **polarisateur** 1868, L. ‖ **polariseur** 1872, Bouillet. ‖ **polarisable** XXᵉ s. ‖ **polarimètre** av. 1862, Biot. ‖ **polariscope** av. 1853, Arago. ‖ **polarographie** 1952, *L. M.* ‖ **bipolaire** 1864, L. ‖ **dépolariser** 1842, *Acad.*

polémarque 1760, Monchablon, du gr. *polemarkhos*, de *polemos*, guerre, et *arkhein*, commander. (V. le suivant.)

polémique 1578, d'Aubigné, adj. et s. f., du gr. *polemikos*, « relatif à la guerre », de *polemos*, guerre. ‖ **polémiser** 1845, Besch. ‖ **polémiquer** fin XIXᵉ s. ‖ **polémiste** 1845, Besch.

polémologie XXᵉ s., du gr. *polemos*, guerre, et de l'élém. *-logie*.

polenta 1800, Stendhal, mot ital., du lat. *polenta*, farine d'orge.

poli V. POLIR.

1. police 1250, *Espinas* (*pollice*); 1361, Oresme (*policie*); encore *politie*, XVIIIᵉ s., J.-J. Rousseau; XVᵉ s. (*police*), administration publique, gouvernement; 1606, Nicot, sens spéc. mod.; du bas lat. *politia* (IVᵉ s.), saint Ambroise), du gr. *politeia*, « art de gouverner la cité », de *polis*, cité (v. POLITIQUE). ‖ **contre-police** fin XVIIIᵉ s. ‖ **police-secours** 1949, Lar. ‖ **policer** 1461, G., dér. de *police* au sens ancien. ‖ **policier** 1611, Cotgrave, de l'anc. sens de *police*; 1790, Brunot, sens mod. ‖ **policeman** 1840,

E. de La Bédollière, mot angl. ‖ **polar**, fam., « roman policier ».

2. police 1371, Du Cange, « certificat »; XVIᵉ s., « contrat »; de l'ital. *polizza*, du lat. médiév. *apodixa*, reçu, du gr. *apodeixis*, preuve, de *deiknunai*, montrer; *police d'assurance*, 1673, Colbert.

polichinelle 1649, *Mazarinades* (*Polichinel*); 1680, Richelet (*Polichinelle*); du napolitain *Pulecenella*, nom d'un personnage de farce, paysan lourdaud (d'où l'ital. *Pulcinella*).

policlinique 1875, L., du gr. *polis*, ville, et du mot fr. *clinique*.

poliomyélite 1907, Lar., du gr. *polios*, gris, et *muelos*, moelle. ‖ **poliomyélitique** adj. et s., XXᵉ s. ‖ **polio** s. m., XXᵉ s., abrév. des deux précédents.

poliorcétique 1842, *Acad.*, hist., du gr. *poliorkhêtikos*, de *polis*, ville, et *orkheisthai*, assiéger.

polir fin XIIᵉ s., « rendre uni et luisant »; du lat. *polire*; début XIIIᵉ s., soigner, embellir. ‖ **poli** 1130, *Eneas*, lisse; fin XIIᵉ s., élégant; 1580, Montaigne, cultivé; fin XVIIᵉ s., civilisé (d'un peuple); 1694, *Acad.*, qui a des égards pour autrui. ‖ **polisseur** fin XIVᵉ s. ‖ **polissage** 1749, Plumier. ‖ **polissoir** 1560, Du Bellay. ‖ **dépolir** début XVIIᵉ s. ‖ **impoli** fin XIVᵉ s., peu orné; 1580, Montaigne, inculte; 1679, Brunot, sens mod. ‖ **repolir** fin XIVᵉ s. (V. POLITESSE.)

polisson 1616, Monluc, s. m., arg., gueux, vagabond; 1680, Richelet, galopin; 1718, *Acad.*, personne folâtre; fin XVIIᵉ s., adj., licencieux, de l'arg. *polisse*, début XVIIᵉ s., action de voler; peut-être du gr. *pôlein*, vendre, puis voler. ‖ **polissonner** 1718, *Dict. commercial.* ‖ **polissonnerie** fin XVIIᵉ s.

politesse 1585, N. Du Fail, « qualité de ce qui est net »; 1655, La Rochefoucauld, culture, et bonnes manières; de l'anc. ital. *politezza* (auj. *pulitezza*, « propreté »), de *polito*, même mot que le fr. *poli* (v. POLIR). ‖ **impolitesse** 1646, Vaugelas.

politique s. f., 1265, Br. Latini, « science du gouvernement des États », du lat. *politice* (IIᵉ s.), gr. *politikê* (s.-e. *tekhnê*), de *polis*, cité (v. POLICE 1); adj., 1361, Oresme, « qui a rapport aux affaires publiques, au gouvernement de l'Etat »; du lat. *politicus*, gr. *politikos*; 1552, Ch. Est., « qui s'occupe des affaires de l'Etat », d'où fin XVI⁰ s., d'Aubigné, s. m., « homme politique »; 1636, Monet, adj., prudent, adroit. ‖ -ement 1837, Stendhal. ‖ impolitique 1738, Brunot. ‖ apolitique 1949, Lar. ‖ apolitisme v. 1950, journ. ‖ politiquer XVII⁰ s., Mᵐᵉ de Sévigné. ‖ politicard 1898, Daudet. ‖ politicaillerie 1907, H. France. ‖ politicien 1779, Beaumarchais, déjà péjor.; rare avant 1850; angl. *politician*. ‖ politiqueur 1779, Beaumarchais. ‖ politiser, politisation 1929, Koyré. ‖ dépolitiser 1950, de Gaulle. ‖ dépolitisation 1958, journ. ‖ politico- XIX⁰ s., élém. de comp.

poljé XX⁰ s., géogr., mot slave, « plaine ».

polka 1842, d'après Rozier, *les Bals publics*, 1855; mot tchèque.

pollakiurie 1890, Lar., méd., du gr. *pollakis*, souvent, et *oureîn*, uriner. (V. URINE.)

pollen milieu XVIII⁰ s., du lat. bot. *pollen*, en lat. class. « farine, poussière fine ». ‖ pollinie 1836, Landais. ‖ pollinique 1836, Landais. ‖ pollinisation 1812, Mozin (*pollination*); 1890, Lar. (*pollinisation*).

pollicitation fin XV⁰ s., promesse; 1731, *Ordonn.*, jurid.; du lat. jurid. *pollicitatio*, de *pollicitari*, fréquentatif de *polliceri*, offrir, promettre.

polluer 1440, Chastellain, du lat. *polluere*, souiller, de *luere*, laver. ‖ pollution XII⁰ s., du lat. eccl. *pollutio*.

polo 1882, L. Halévy, jeu (introduit en Angleterre vers 1871), de l'angl. *polo*, empr. à un dial. tibétain; 1895, A. Hermant, calotte (des joueurs de polo); milieu XX⁰ s., chandail léger. (V. WATER-POLO.)

polochon 1849, *Jargon*, arg. de caserne, orig. inconnue.

polonaise s. f., 1809, Wailly, vêtement; v. 1820, danse; de *Polonais*, nom de peuple.

polonium 1898, phys., du nom de la *Pologne*, pays d'origine de Mᵐᵉ P. Curie, qui découvrit cette première substance radio-active avec P. Curie.

poltron 1509, J. Marot, de l'ital. *poltrone*, « poulain », par ext. « peureux », de *poltro*, poulain, du lat. pop. *pulli-*

ter, de *pullus*, « petit d'un animal » (v. POUTRE). ‖ poltronnerie milieu XVI⁰ s.

poly- du gr. *polus*, nombreux. ‖ polyacide 1869, L. ‖ polyakène début XX⁰ s., bot. ‖ polyalcool XX⁰ s. ‖ polyandre 1842, *Acad.* ‖ polyandrie 1787, Gouan, bot.; 1842, *Acad.*, sociol. ‖ polyarthrite 1878, Lar. ‖ polybase 1869, L. (*polybasique*). ‖ polychètes 1842, *Acad.*, de *khaitê*, soie. ‖ polychroïsme 1842, *Acad.*, du gr. *khroa*, teinte. ‖ polychrome fin XVIII⁰ s., du gr. *polukhromos*, de *khrôma*, couleur. ‖ polychromie 1842, *Acad.* ‖ polyclinique 1878, Lar. ‖ polycopie 1890, Lar. (*polycopiste*). ‖ polycopier XX⁰ s. ‖ polyculture 1908, *L. M.* ‖ polycyclique 1906, Lar. ‖ polydactyle 1827, *Acad.* ‖ polydactylie 1842, *Acad.* ‖ polyèdre 1690, Furetière, du gr. *poluedros*, de *hedra*, face. ‖ polyèdrique 1869, Hugo. ‖ polyembryonie 1906, Lar. ‖ polyester XX⁰ s. ‖ polyéthylène XX⁰ s. ‖ polygala ou polygale 1562, Du Pinet, du gr. *gala*, lait. ‖ polygame fin XVI⁰ s., du gr. *polugamos*, de *gamos*, mariage. ‖ polygamie 1558, Alvarez. ‖ polygénisme 1869, L. ‖ polygéniste 1869, L. ‖ polyglotte 1639, *D. G.*, du gr. *poluglôttos*, de *glôtta*, langue. ‖ polygonacées 1869, L., bot., du gr. *polugonaton*, de *gonu*, genou. ‖ polygone milieu XVI⁰ s., du lat. *polygonus*, gr. *polugônos*, de *gônia*, angle. ‖ polygonal milieu XVI⁰ s. ‖ polygonation XX⁰ s. ‖ polygraphie 1536, Delb., du gr. *polugraphos*, de *graphein*, écrire. ‖ polymère 1842, *Acad.* ‖ polymérie 1827, *Acad.* ‖ polymérisation 1878, Lar. ‖ polymériser XX⁰ s. ‖ polymorphe 1827, *Acad.* ‖ polymorphisme 1842, *Acad.* ‖ polynévrite 1906, Lar. ‖ polynôme 1691, Ozanam (v. BINÔME). ‖ poynucléaire 1900, Lar. ‖ polypeptide XX⁰ s. ‖ polyphonie 1869, L., du lat. *polyphonia*, du gr. *phônê*, voix. ‖ polyphonique 1876, *Journ. officiel.* ‖ polypode XIII⁰ s. (*polipode*), du lat. *polypodium*, du gr. *polupodion*. ‖ polypore 1827, *Acad.* ‖ polyptère *id.* ‖ polyptyque 1721, *Trévoux*, du gr. *poluptukhon*, de *ptux*, *ptukhos*, pli, feuille d'un livre. ‖ polysaccharide XX⁰ s. ‖ polysarcie 1827, *Acqd.*, du gr. *polusarkhia*, de *sarx*, *sarkhos*, chair. ‖ polysoc 1846, Besch. ‖ polystyle 1823,

Boiste, du gr. *polustulos*, de *stulos*, colonne. ‖ **polysulfure** 1842, *Acad.* ‖ **polysyllabe, polysyllabique** 1530, Palsgrave, du gr. *polusullabos*, de *sullabê*, syllabe. ‖ **polysynthétique** 1846, Besch. ‖ **polytechnique** 1795, Décret (*Ecole polytechnique*), du gr. *polutekhnos*, « qui possède plusieurs arts », de *tekhnê*, art. ‖ **polytechnicien** 1842, *Acad.* ‖ **polythéisme** XVIᵉ s., Bodin, du gr. *polutheos*, de *theos*, dieu. ‖ **polythéiste** 1762, *Acad.* ‖ **polytric** XVᵉ s. (*politric*), bot., du lat. bot. *polytrichum*, du gr. *trix*, *trikhos*, cheveu. ‖ **polyurie** 1836, Landais, du gr. *oûron*, urine. ‖ **polyvalent** fin XIXᵉ s., du lat. *valens*, *valentis*, part. prés. de *valere*, valoir.

polype 1265, Br. Latini (*polipe*), poulpe; XVᵉ s., méd.; 1550, Ronsard, zool.; du lat. *polypus*, gr. *polupous*, de *polus*, nombreux, et *poûs*, *podos*, pied. ‖ **polypeux** 1552, Ch. Est., méd. ‖ **polypier** 1752, E. Bertrand.

pommade 1598, Wind, de l'ital. *pomata*, cosmétique parfumé à la pulpe de pomme d'api, de *pomo*, fruit. ‖ **pommader** XVIᵉ s., Sibilet.

***pomme** 1080, *Roland* (*pume*); 1155, Wace (*pome*); du lat. *pōma*, pl. neutre, passé au fém. en lat. pop., de *pōmum*, fruit, et en bas lat. de Gaule « pomme » (Vᵉ s., M. Empiricus, à la place du lat. class. *mălum*); *pomme de discorde*, 1578, d'Aubigné; *pomme de pin*, 1256, Ald. de Sienne; *pomme d'Adam*, 1640, Oudin, anat.; *pomme de terre*, milieu XVIIᵉ s., topinambour; milieu XVIIIᵉ s., sens mod., vulgarisé par Parmentier entre 1770 et 1780, du néerl. *aardappel*, ou de l'allem. dial. *Erdapfel* (la pomme de terre, introduite d'Amérique en Europe au XVIᵉ s., a été cultivée d'abord en Allemagne). [V. PATATE.] ‖ **pommette** début XIIᵉ s., petite pomme; XVᵉ s., anat. ‖ **pommé** 1398, *Ménagier*; fin XVIIᵉ s., Saint-Simon, fig., « achevé ». ‖ **pommeraie** XIIIᵉ s. ‖ **pommelle** 1560, Belleau, techn. ‖ **pommelé** 1160, Benoît. ‖ **pommer** 1545, Guéroult. ‖ **pommier** 1080, *Roland* (*pumier*). ‖ **se pommeler** 1611, Cotgrave. ‖ **pomiculteur** 1868, L., du lat. *pomum*, « fruit ». ‖ **pomoculture** 1949, Lar. ‖ **pomologie** 1828, Mozin. ‖ **pomologique** 1842, *Acad.* ‖ **pomologue** *id.* ‖ **pomologiste** 1907, Lar.

pommeau 1130, *Eneas* (*pomel*), de l'anc. fr. *pom*, « poignée d'épée », forme masc. de *pomme*, par métaph. du lat. *pomum*. (V. POMME.)

1. **pompe** XIIIᵉ s., magnificence, du lat. *pompa*, proprem. « cortège pompeux », du gr. *pompê*; *pompes funèbres*, 1530, Palsgrave (*pompe funeralle*); 1552, Ch. Est. (*pompe funèbre*). ‖ **pompeux** 1361, Oresme, du bas lat. *pomposus* (Vᵉ s., Sid. Apoll.). ‖ **pompier** adj., 1888, Sachs-Villatte, fam., péjor., en esthét. ‖ **pompiérisme** *id.*

2. **pompe** début XVIᵉ s., machine pour élever ou refouler un liquide; du néerl. *pompe*, d'orig. onom.; *pompe à incendie*, 1722, *Mém. Acad. sc.* ‖ **pompier** début XVIIᵉ s., fabricant de pompes; 1750, *Arrêt du parl. de Grenoble*, sens mod. ‖ **sapeur-pompier** V. SAPEUR. ‖ **pomper** milieu XVIᵉ s., se servir de la pompe; fin XVIIIᵉ s., fig. ‖ **pompé** adj., XXᵉ s., pop., « épuisé ». ‖ **pompiste** 1933, A. Thérive.

pompette 1808, d'Hautel, pop., « ivre », du moy. fr. *pompette*, XVᵉ s., « ivre », var. de *pompon* (v. le suiv.), et par métaph. « nez d'un ivrogne » : *nez à pompette*, 1534, Rab.

pompon milieu XVIᵉ s., d'un rad. onomatop. *pomp-*, var. de *pimp-* (v. PIMPANT); *avoir le pompon de*, 1830, Stendhal; *avoir son pompon*, 1888, Sachs-Villatte, être légèrement ivre (v. POMPETTE); *rose pompon*, milieu XIXᵉ s. ‖ **pomponné, pomponner** 1768, Carmontelle.

ponant milieu XIIIᵉ s. (*ponent*), couchant, de l'anc. prov. *ponen*, du lat. pop. (*sol*) *ponens*, « (soleil) couchant », de *ponere*, « se coucher », en lat. class. « poser ».

***ponce** milieu XIIIᵉ s., du bas lat. *pōmex*, *pōmĭcis*, forme osque du lat. class. *pūmex*; auj. seulem. *pierre ponce*, 1361, Oresme. ‖ **poncer** 1265, J. de Meung. ‖ **ponçage** 1812, Boiste. ‖ **ponceux** début XIIIᵉ s. ‖ **poncif** milieu XVIᵉ s., « dessin piqué sur lequel on passait la pierre ponce »; 1828, Montabert, « mauvais dessin fait de routine »; 1833, Gautier, péjor., idée toute faite.

1. **ponceau** XIIᵉ s. (*poncel*), coquelicot; XVIIᵉ s., couleur rouge; dér. de *paon*, par

comparaison avec l'éclat du plumage de cet oiseau.

2. ponceau V. PONT.

poncho fin XVIII⁰ s., mot esp. d'Amér. du Sud; manteau des gauchos.

ponction XIII⁰ s., du lat. *punctio*, piqûre, de *punctum*, point. ‖ **ponctionner** 1869, L.

ponctuel fin XIV⁰ s., E. de Conty; rare avant le XVII⁰ s.; du lat. médiév. *punctualis*, « qui fait ce qu'il doit à point nommé », du lat. *punctum*, point. ‖ **ponctualité** 1629, Peiresc.

ponctuer fin XV⁰ s., J. Lemaire de Belges, du lat. médiév. *punctuare*, proprem. « mettre les points », du lat. *punctum*. ‖ **ponctuation** début XVI⁰ s.

pondérer 1361, Oresme, « peser », du lat. *ponderare*, peser, de *pondus, ponderis*, poids. ‖ **pondéré** adj., v. 1770, J.-J. Rousseau. ‖ **pondérable** milieu XV⁰ s., « qui accable »; rare avant 1798, *Ann. chim.*, scient.; du bas lat. *ponderabilis*. ‖ **pondération** 1440, Chastellain, du bas lat. *ponderatio*. ‖ **pondérateur** s. m., 1522, Merval, jurid.; 1845, Besch., adj., polit. ‖ **pondéreux** milieu XIV⁰ s., pesant. ‖ **impondérable** 1795, *Journ. Min.*

*pondre début XII⁰ s., du lat. *ponĕre*, poser, avec spécialisation rurale du sens, ellipse de *ponere ova* (I⁰ʳ s., Ovide), déposer ses œufs (pour l'évolution sémantique, v. COUVER). ‖ **ponte** 1570, *Maison rustique*, anc. part. passé substantivé au fém. ‖ **pondeuse** fin XVI⁰ s. (*ponneuse*); 1798, *Acad.* (*pondeuse*). ‖ **pondeur** 1678, La Fontaine; fin XIX⁰ s., fig. ‖ **pondoir** 1806, Parmentier.

poney 15 mai 1824, *Journal des dames* (*ponet*); 1828, Lamartine (*poney*); de l'angl. *pony*. ‖ **ponette** 26 mars 1899, *Journal des haras*, par confusion avec le suff. *-et, -ette*.

pongé 1906, Lar., de l'angl. *pongee*, peut-être empr. au chinois *pun-gi*, métier à tisser.

*pont 1080, *Roland* (*punt*), du lat. *pons, pontis* XII⁰ s., mar.; *pont suspendu*, 1765, *Encycl.*; *pont roulant*, 1907, Lar.; *pont arrière*, 1898, *France autom.*; *ponts et chaussées*, début XVIII⁰ s.; *pont aux ânes*, fin XVI⁰ s. ‖ **entrepont** milieu XVII⁰ s. ‖ **pont-levis** fin XII⁰ s., de l'anc.

levis, « qui se lève » (v. LEVER). ‖ **pontet** XIII⁰ s. ‖ **ponter** début XVI⁰ s., « jeter un pont sur »; milieu XVI⁰ s., mar. ‖ **pontage** milieu XIII⁰ s. ‖ **pontée** 1836, Landais. ‖ **pontier** 1875, Lar. ‖ **ponceau** fin XII⁰ s., *Chev. Ogier* (*poncel*), du lat. pop. *pontĭcellus*. ‖ **ponteau** 1547, Jal. ‖ **pontelet** milieu XV⁰ s. ‖ **ponteler** milieu XII⁰ s., techn. ‖ **pontil** 1765, *Encycl.*, techn. ‖ **appontement** 1789, *Archives*. ‖ **apponter** 1948, Lar.

ponte V. PONDRE, PONTER.

ponter 1718, *Acad.*, terme de jeu, de *pont*, anc. part. passé de *pondre*, du lat. *ponĕre*, poser, mettre. ‖ **ponte** s. m., 1703, *Nouv. Jeu de l'hombre*, jeu; 1888, Sachs-Villatte, pop., personnage important.

pontife 1480, Fossetier (*pontif*), du lat. *pontifex*, repris par le lexique chrét. ‖ **pontifical** milieu XIII⁰ s., *Gr. Chron. de France*, du lat. *pontificalis*. ‖ **pontificat** 1368, Thierry, du lat. *pontificatus*. ‖ **pontifier** XIV⁰ s., eccl.; 1801, Mercier, fig. ‖ **pontifiant** 1876, A. Daudet, adj.

*ponton 1245, *Arch. du Nord*, du lat. *pontōnem*, acc. de *pontō*, « bac ». ‖ **pontonnier** fin XII⁰ s., *Floire*.

pontuseau 1776, Lalande, techn., d'orig. obscure.

pool 1907, Lar., mot angl., dérivé du fr. *poule*, terme de jeu (v. POULE); entente de producteurs.

pope 1606, La Rivière (*popi*); milieu XVII⁰ s. (*pope*), du russe *pop*, du gr. eccl. *pappos*, en gr. class. « grand-père ». (V. PAPE.)

popeline milieu XVII⁰ s., var., reprise à l'angl. *poplin*, du fr. *papeline* (XVII⁰ s.), d'où est issu le mot angl.; du nom de *Poperinghe*, ville de Flandre où se fabriquaient des draps célèbres au Moyen Âge.

poplité 1560, Paré, anat., du lat. *poples, poplitis*, jarret.

popote 1847, Balzac, arg. étudiant; 1874, Lar., arg. milit.; d'un mot enfantin désignant la soupe (pour d'autres, mot vosgien, « soupe »).

populace 1555, Pasquier, s. m.; de l'ital. *popolaccio*, s. m., dér. péjor. de *popolo*, peuple; fin XVI⁰ s., s. f., par influence de la terminaison. ‖ **populacier** 1571, J. Lebon.

populage 1755, abbé Prévost (*populague*), bot., du lat. bot. *populago* (XVIe s.), en lat. class. *pŏpulus*, peuplier.

populaire début XIIe s., *Grégoire* (*populeir*), « qui appartient au peuple »; 1559, Amyot, « qui a la faveur du peuple »; du lat. *popularis*, proprem. « relatif au peuple », de *pŏpulus*, peuple. ‖ **popularité** XVe s., populace; début XVIIIe s., sens mod.; du lat. *popularitas*. ‖ **populariser** 1622, Bergier (*se populariser*). ‖ **populo** 1867, Delvau, pop., sur le modèle des abrév. en *-o : aristo, proprio*, etc. ‖ **impopulaire** 1780, *Courrier de l'Europe*. ‖ **impopularité** *id*.

population XIVe s. (*populacion*), du bas lat. *populatio*, de *populus*, peuple; rare jusqu'au milieu du XVIIIe s., où il est repris de l'angl. *population*, de même étymol. ‖ **dépopulation** XIVe s., « dévastation »; 1721, Montesquieu, sens actuel, d'après *dépeupler*, du lat. *depopulatio*.

populéum XIVe s., *Antidotaire* (*populeon*), pharm., du lat. méd. *populeum* (*unguentum*), onguent de peuplier, de *pŏpulus*, peuplier.

populeux début XVIe s. (*populos*); milieu XVIe s. (*populeux*); du bas lat. *populosus*, de *pŏpulus*, peuple.

populisme, populiste 1929, L. Lemonnier, litt., du lat. *pŏpulus*, peuple.

poquer milieu XVIe s. (*poequer*), frapper, du flam. *pokken;* début XVIIIe s.; terme de jeu.

poquet 1868, L., hortic., dimin. de *poque*, forme pic. de *poche* (v. ce mot); pour d'autres, dér. de *poquer* (v. le précéd.).

*porc 1080, *Roland*, du lat. *porcus*. ‖ **porcelet** XIIIe s. ‖ **porcin** XIIIe s., G., surtout au fém.; disparu au XVIe s.; repris en 1792, *Encycl. méth.;* du lat. *porcinus*. ‖ **porchaison** 1398, *Ménagier*, vén. ‖ ***porcher** début XIIe s. (*porker*); 1265, J. de Meung (*porchier*); du bas lat. *porcarius* (IVe s., Maternus). ‖ **porcherie** fin XIIe s., troupeau de porcs; début XIVe s., toit à porcs. (V. PORC-ÉPIC, POURCEAU.)

porcelaine 1298, *Voy. de Marco Polo* (*pourcelaine*), sorte de coquillage, et aussi sens mod. (rare avant 1523, Gay); de l'ital. *porcellana*, coquillage, de *porcella*, truie, par comparaison avec la vulve de la truie. ‖ **porcelainier** 1836, Landais.

porc-épic fin XIIe s. (*porc espin*); XIIIe s., Villart de Honnecourt (*porceppi*); début XVIe s. (*porc espic*, altér. d'après *piquer*); de l'anc. prov. *porcespin*, de l'ital. *porcospino*, proprem. « porc-épine ».

porche fin XIIe s., *Rois*, du lat. *porticus*, s. f., devenu masc. en lat. pop. à cause de sa terminaison.

porcher, porcin V. PORC.

pore 1314, Mondeville (*porre*), du lat. *porus*, passage, conduit, du gr. *poros*. ‖ **poreux, porosité** *id*.

porion 1775, à Aniche (Saint-Léger, *les Mines*, 1936); 1838, *Acad.;* vulgarisé par *Germinal*, de Zola, 1885; mot du Borinage, probablem. de *caporion*, XVIe s., chef d'escouade, et spécialem. surveillant de houillère, de l'ital. *caporione*, chef de bande.

porisme 1701, Furetière, math., théorème incomplet; du gr. *porisma*, corollaire, de *porizein*, se frayer un passage, et par ext. fournir, se procurer.

pornographe 1769, Restif de La Bretonne, « auteur qui traite de la prostitution »; du gr. *pornographos*, de *pornê*, prostituée, et *graphein*, écrire; par ext., auteur d'écrits obscènes. ‖ **pornographie** 1803, Boiste, « traité de la prostitution »; 1842, *Acad.*, sens mod., d'abord en peinture.

porphyre XIIe s. (*porfire;* var. *porfie*, XIIIe s.); XVIe s. (*porphyre*, d'après le gr. *porphura*, pourpre); de l'ital. *porfido, porfiro*, du lat. *porphyrites*, du gr. *porphuritês* (*lithos*), proprem. « pierre pourprée ». ‖ **porphyriser** 1752, *Trévoux*. ‖ **porphyrisation** 1764, *id*. ‖ **porphyroïde** 1803, Morin.

porphyrogénète 1690, Furetière, du gr. *porphurogenetos*, « né dans la pourpre », de *porphura*, pourpre.

porque fin XIVe s., mar., proprem. « truie », d'où, aux XVIe - XVIIe s., d'Aubigné, Scarron, « femme malpropre »; de l'ital. *porca*, truie, du lat. *porca*, fém. de *porcus*, porc. ‖ **porquer** 1792, Romme.

porracé 1560, Paré, méd., dér. du lat. *porrum*, poireau; qui a la couleur verdâtre du poireau.

porreau V. POIREAU.

porrection 1836, Landais, eccl., du lat. *porrectio*, de *porrigere*, tendre.

porridge début XXᵉ s., mot angl., lui-même altér. de *potage*.

1. ***port** (*maritime*, etc.), fin XIᵉ s., *Alexis*, du lat. *portus*; *aller, venir, arriver à bon port*, 1268, Joinville, au pr.; 1654, La Fontaine, fig. ‖ **portuaire** milieu XXᵉ s. ‖ **portulan** 1578, *D. G.*, carte côtière, de l'ital. *portolano, portulano*, « pilote », de *porto*, port. ‖ **avant-port** 1782, Romme.

2. **port** 1080, *Roland*, col (dans les Pyrénées); de l'anc. prov. *port*, empl. en ce sens, du lat. *portus* (v. le précéd.).

3. **port** V. PORTER 1.

portage, portant, portatif V. PORTER.

portail V. PORTE.

1. ***porte** v. 980, *Passion* (*porta*); 1080, *Roland* (*porte*), « porte de ville », et « de maison »; du lat. *porta*, « porte de ville, de monument », qui a éliminé en lat. pop. *fores*, puis *ostium* (v. HUIS), au sens de « porte de maison ». ‖ **portail** XIIIᵉ s. (*portal*); XVᵉ s. (*portail*, d'après le plur. *portaus*). ‖ **portillon** 1578, d'Aubigné. ‖ **portière** 1539, R. Est., panneau, tenture. ‖ **contre-porte** fin XVIᵉ s. ‖ **porte-fenêtre** 1676, Félibien.

2. **porte** 1314, Mondeville (*veine porte*), anat.; même mot que le précéd.

3. **porte-** V. PORTER 1. ‖ **porte-à-faux** 1836, Landais. ‖ **porte-aiguille** milieu XVIIIᵉ s., chir. ‖ **porte-aiguilles** 1827 *Acad.*, couture. ‖ **porte-allumettes** 1845, Besch. ‖ **porte-amarre** 1867, *Moniteur*. ‖ **porte-avions** XXᵉ s. ‖ **porte-bagages** début XXᵉ s. ‖ **porte-baïonnette** 1842, *Acad.* ‖ **porte-billets** 1828, Mozin. ‖ **porte-bonheur** 1876, L. ‖ **porte-bouquet** 1680, Richelet. ‖ **porte-bouteilles** 1874, Lar. ‖ **porte-cartes** 1874, Lar. ‖ **porte-chapeaux** 1906, Lar. ‖ **porte-cigares** 1845, Bescherelle. ‖ **porte-cigarettes** 1887, *Rev. des Deux Mondes*. ‖ **porte-clefs** fin XVᵉ s. ‖ **porte-couteau** 1803, Boiste. ‖ **porte-crayon** 1676, Félibien. ‖ **porte-croix** 1578, d'Aubigné. ‖ **porte-crosse**

1680, Richelet. ‖ **porte-dais** 1767, Diderot. ‖ **porte-documents** milieu XXᵉ s. ‖ **porte-drapeau** 1578, H. Est. ‖ **porte-étendard** 1680, Richelet. ‖ **portefaix** fin XIIIᵉ s. (*portefays*). ‖ **portefeuille** 1544, Delb. ‖ **porte-greffe** 1877, L. ‖ **porte-haubans** 1690, Furetière, mar. ‖ **porte-jarretelles** 1935. ‖ **porte-malheur** 1604, Certon. ‖ **portemanteau** milieu XVIᵉ s., officier portant le manteau d'un grand personnage; 1660, Oudin, sens mod. ‖ **portemine** début XXᵉ s. ‖ **porte-monnaie** 1856, Furpille. ‖ **porte-parapluies** 1856, Furpille. ‖ **porte-parole** milieu XVIᵉ s. ‖ **porte-plume** 1725, Havard. ‖ **porte-queue** 1564, J. Thierry. ‖ **porte-savon** 1900, Lar. ‖ **porte-serviettes** 1890, Lar. ‖ **porte-vent** 1580. ‖ **porte-voix** 1680, Richelet.

1. ***porter** 980, *Passion*, « être enceinte »; fin XIᵉ s., *Alexis*, sens gén.; du lat. pop. *portāre* (lat. class. *ferre*); *se porter bien, mal*, 1360, Froissart; *être porté à*, début XVIIᵉ s. ‖ **port** 1265, G., action de porter, et aussi, jusqu'au XVIᵉ s., « aide, faveur »; début XIVᵉ s., allure, maintien. ‖ **portée** s. f., XIIᵉ s., *Prise d'Orange*, en anc. fr. « charge », et terme de mesure; milieu XVIᵉ s., balist.; XVIIIᵉ s., mus.; *à portée de, à la portée de*, milieu XVIIᵉ s., Mᵐᵉ de Sévigné, Bossuet, etc. ‖ **portant** s. m., XIIᵉ s.; a pris divers sens techn.; 1841, *les Français peints par eux-mêmes*, théâtre. ‖ **portance** fin XIVᵉ s., action de porter, ce qui sert à porter; devenu arch., puis repris vers 1940, en aéron. ‖ **portage** milieu XIIIᵉ s. ‖ **portatif** 1328, Varin. ‖ **portable** 1265, J. de Meung. ‖ **porteur** 1120, *Ps. d'Oxford*, cas régime de *portere*, du lat. *portator*. ‖ **portière** adj. fém., début XIVᵉ s. (*brebis portière*), en âge de porter des petits. ‖ **déporter**, v. ce mot. ‖ **emporter** 980, *Passion* (*en porter*); 1080, *Roland* (*emporter*), propr. « porter hors d'un lieu »; 1549, R. Est., « causer la mort rapide de »; *l'emporter*, début XIVᵉ s., vaincre; *s'emporter* début XVIIᵉ s. ‖ **emporté** adj., début XVIIᵉ s. ‖ **emportement** XIIIᵉ s., au pr.; 1636, Corneille, fig. ‖ **emporte-pièce** 1611, Cotgrave (*cautère emporte-pièce*); 1690, Furetière, techn.; *à l'emporte-pièce*, fin XVIIᵉ s., techn.; 1870, Lar., fig. ‖ **remporter** milieu XVᵉ s., au pr.; 1538, R. Est., gagner. ‖ **exporter**

début XVI⁰ s.; rare avant le milieu du XVIII⁰ s.; repris d'après l'angl. (*to*) *export*. ‖ **exportation** 1734, Melon. ‖ **exportateur** 1756, Mirabeau. ‖ **réexporter, réexportation** XVIII⁰ s. ‖ **importer**, v. ce mot. ‖ **reporter** fin XI⁰ s., *Alexis*. ‖ **report** fin XIII⁰ s., « récit »; v. 1830, journ. financ. ‖ **déport** v. 1830, financ. ‖ **reporteur** milieu XIX⁰ s., financ. ‖ **transporter** fin XII⁰ s., au pr.; fin XIII⁰ s., mettre quelqu'un hors de lui; 1748, Montesquieu, pénal. ‖ **transport** 1538, R. Est., au pr.; 1614, d'Urgé, mouvement de passion. ‖ **transportation** début XVI⁰ s.; 1836, *Acad.*, pénal. ‖ **transporteur** fin XIV⁰ s. ‖ **transportable** 1758, Quesnay. ‖ **intransportable** 1775, Condillac. ‖ **triporteur** début XX⁰ s. (V. SUPPORTER.)

2. **porter** s. m., 1726, C. de Saussure, bière, de l'angl. *porters' ale*, « bière de portefaix ».

porterie V. PORTIER.

porteur V. PORTER 1.

***portier** fin XI⁰ s. (*porter*); 1155, Wace; du bas lat. *portarius* (*Vulgate*), de *porta*, porte. ‖ **porterie** 1440, Chastellain, loge d'un portier.

portière V. PORTE 1, PORTER 1, PORTIER.

portillon V. PORTE 1.

portion 1160, Benoît, du lat. *portio*, part, portion. ‖ **portionnaire** milieu XV⁰ s., adj.; 1829, Boiste, jurid.

portique 1547, *l'Arcadie*, galerie ouverte; 1869, L., gymnast.; du lat. *porticus* (v. PORCHE). ‖ **cryptoportique** 1561, Delorme.

portland milieu XIX⁰ s. (*pierre de Portland*); 1922, Lar. (*portland*), sorte de ciment; du nom d'une île anglaise.

porto XVIII⁰ s. (*vin de Porto*); 1806, *Journ. des gourmands* (*porto*); du nom de *Porto*, ville du Portugal.

portor 1676, Félibien, veiné d'or, de l'ital. *portoro*, contraction de *porta oro*, « porte-or ».

portrait 1175, Chr. de Troyes (*portret*), part. passé substantivé de *portraire* (1160, *Eneas*), « dessiner, représenter »; de *traire*, au sens anc. de

« tirer ». ‖ **portraiture** 1190, *Rois*. ‖ **portraiturer** 1852, Gautier. ‖ **portraitiste** fin XVII⁰ s.

portuaire, portulan V. PORT 1.

portune 1827, *Acad.*, zool., du lat. *portunus*, de *Portunus*, dieu des ports.

posada 1826, Vigny, mot esp. désignant une auberge.

pose V. POSER.

***poser** X⁰ s., « ensevelir »; fin XI⁰ s., *Alexis*, sens mod.; du lat. pop. *pausāre* (Plaute), s'arrêter, cesser, de *pausa*, pause; d'où, en lat. des inscriptions chrét., « se reposer », et en bas lat. « poser », avec élimination de *ponere* en ce sens (v. PONDRE), et élimination du sens primitif de *pausare*, repris en fr. par REPOSER (v. ce mot). ‖ **posage** début XVI⁰ s. ‖ **poseur** milieu XVII⁰ s., au pr.; 1842, Mozin, fig., « fat ». ‖ **pose** 1694, *Acad.*, au pr.; fin XVIII⁰ s., beaux-arts; 1835, fig., attitude affectée; 1874, Lar., photogr. ‖ **posemètre** XX⁰ s. ‖ **antéposer** XIX⁰ s., du lat. *ante*, avant, devant. ‖ **déposer** XII⁰ s., destituer. ‖ **dépôt** XIV⁰ s., G. (*depost*), du lat. jurid. *depositum*. ‖ **dépositaire** XIV⁰ s., G., du lat. jurid. *depositarius*. ‖ **entreposer** début XII⁰ s., *Grégoire*, sur le modèle du lat. *interponere*; XVI⁰ s., commerce. ‖ **entrepôt** 1600, O. de Serres, d'après *dépôt*. ‖ **entrepositaire** 1814, Duvergier, d'après *dépositaire*. ‖ **exposer** début XII⁰ s., *Grégoire*; a remplacé la forme pop. *espondre*. ‖ **exposant** s. m., fin XIV⁰ s., jurid.; 1680, B. Lamy, math.; XIX⁰ s., qui expose des marchandises dans une exposition ‖ **exposé** s. m., 1638, Richelieu. ‖ **interposer** 1355, Bersuire, du lat. *interponere*, d'après *poser*. ‖ **juxtaposer** 1835, *Acad.*, du lat. *juxta*, près de. ‖ **postposer** milieu XV⁰ s. ‖ **superposer** 1762, J.-J. Rousseau, du lat. *superponere*, d'après *poser*, de *super*, au-dessus. ‖ **transposer** XII⁰ s., du lat. *transponere*, d'après *poser*. **postposer** 1547, Du Fail. (V. COMPOSER, DISPOSER, REPOSER, POSITION.)

poseur V. POSER.

positif 1265, J. de Meung, « certain, réel », sens répandu seulem. au XVII⁰ s.; 1361, Oresme, « établi par institution »; du bas lat. *positivus*, « qui repose sur quelque chose », de *positus*, part. passé de *ponere*, mettre; XVIIe s., par oppos. à *négatif*, en divers sens; 1810, Saint-Simon, philos. ‖ **positivisme** 1830, A. Comte. ‖ **positiviste** 1834, Boiste. ‖ **positivité** 1845, Besch. ‖ **positon** v. 1932, phys., sur *position*. ‖ **diapositive** fin XIXe s., photogr.

position 1265, J. de Meung, du lat. *positio*, de *ponere*, placer, mettre. ‖ **antéposition** 1841, Proudhon, sur le lat. *ante*, avant, devant ‖ **déposition** XIIe s., du lat. jurid. *depositio*. ‖ **exposition** 1119, Ph. de Thaun, « action d'exposer », puis; fig. du lat. *expositio*. ‖ **interposition** 1160, Benoît. ‖ **juxtaposition** 1664, *le Monde de M. Descartes*, sur le lat. *juxta*, près de. ‖ **postposition** XIXe s., gramm. ‖ **superposition** début XVIIe s., du lat. médiév. *superpositio*. ‖ **transposition** début XVe s.

posologie 1836, Landais, méd., du gr. *posos*, « combien », et de l'élém. *-logie*.

posséder 1120, *Ps. d'Oxford* (*pursedeir*); XIIIe s. (*possider*); milieu XIVe s. (*posséder*); du lat. *possidēre*, de *potis*, capable de, et *sedere*, être assis (v. SEOIR); forme *posséder* d'après *possesseur, possession*. ‖ **possession** *id.*, du lat. *possessio*. ‖ **possessionné** XVe s., rare avant 1776, Voltaire. ‖ **dépossession** 1690, Furetière. ‖ **possesseur** fin XIIIe s. (*possessor*); 1355, Bersuire (*possesseur*); du lat. *possessor*. ‖ **possessif** fin XIVe s., gramm.; 1501, Destrée, « dominant »; du lat. *possessivus*. ‖ **possessoire** 1398, E. Deschamps, jurid.; du lat. *possessorius*.

possible 1265, Br. Latini, du lat. impér. *possibilis* (IIe-IIIe s.), du v. *posse*, pouvoir. ‖ **possibilité** 1265, J. de Meung, du lat. impér. *possibilitas*. ‖ **possibiliste** 1881, journ., polit. socialiste partisan des réformes « possibles ». ‖ **impossible** fin XIIIe s., G., du lat. *impossibilis*. ‖ **impossibilité** XIVe s.

post- préfixe, du lat. *post*, après.

1. **poste** s. f., XIIe s., « position »; auj., mar., anc. part. passé substantivé de *pondre*, au sens anc. de « poser », du lat. *ponĕre*.

2. **poste** s. f., XVe s., relais de chevaux; par ext., transport public des correspondances, créé en 1475; de l'ital. *posta*, part. passé, substantivé au fém., de *porre*, poser, du lat. *ponere*, placer (v. PONDRE) ; *courir la poste*, 1573, Chesneau; *maître de poste*, 1636, Monet; *poste restante*, 1798, *Acad.* ‖ **postal** 1836, Landais; *carte postale*, 1872, journ. ‖ **postier** 1841, *les Français peints par eux-mêmes*, employé de la poste. ‖ **poster** fin XIXe s. ‖ **postage** 1874, Lar. (V. MALLE, TIMBRE.)

3. **poste** s. m., 1500, J. d'Authon, de l'ital. *posto*, forme masc. de *posta* (v. le précéd.); *poste de police*, fin XIXe s.; *poste de secours*, XXe s. ‖ **poster** début XVIe s., mettre à un poste. ‖ **avant-poste** v. 1800, Brunot. (V. APOSTER.)

postérieur adj., fin XVe s.; s. m., milieu XVIe s.; du lat. *posterior*, comparatif de *posterus*, « qui vient après », de *post*, après (v. PATRON-MINET). ‖ **postériorité** milieu XVe s., Ferget.

postérité début XIVe s., du lat. *posteritas*, de même rad. que le précéd.

postface 1736, Voltaire, sur le lat. *post*, d'après *préface*. (V. PRÉFACE.)

posthite 1836, Landais, méd., du gr. *posthê*, prépuce, et du suff. *-ite*.

posthume fin XVe s., « né après la mort du père »; 1680, Richelet, « publié après la mort de l'auteur »; puis ext. d'empl.; du bas lat. *posthumus*, altér. orthogr. du lat. class. *postumus*, dernier, de *post*, après, par attraction de *humus*, terre, *humare*, inhumer.

postiche 1585, L., de l'ital. *posticcio*, dér. de *posto*, part. passé de *porre*, mettre, du lat. *ponere*. (V. PONDRE, POSTE 1 et 2.)

postillon 1530, Marot, de l'ital. *postiglione*, dér. de *posta* (v. POSTE 2) ; 1867, Delvau, goutte de salive projetée. ‖ **postillonner** 1611, courir la poste, vx; 1867, Delvau, fam., sens mod.

post-scriptum 1600, L'Estoile, loc. lat., de *post*, après, et *scriptum*, ce qui est écrit, part. passé, substantivé au neutre, de *scribere*, écrire.

postulat 1752, *Trévoux*, math.; 1842, *Acad.*, ext. de sens; du lat. *postulatum*, part. passé neutre de *postulare*, demander.

postuler XIIIe s., du lat. *postulare*, demander. ‖ **postulation** 1260, *Livre* *de jostice*, du lat. *postulatio*. ‖ **postulant** s. m., 1495, *Mir. historial.*

posture 1588, Montaigne, de l'ital. *postura*, de *posto*. (V. POSTE 2.)

*****pot** 1155, Wace, du lat. pop. *pŏttus* (réduit à *potus*, Vᵉ s., Fortunat), probablem. d'un rad. préceltique *pott-*.; *pot de chambre*, milieu XVIᵉ s.; *pot aux roses*, XIIIᵉ s.; *tourner autour du pot*, 1538, R. Est., fig.; *avoir du pot*, 1928, Lacassagne, pop.; *pot d'échappement* 1892, *Portefeuille éco.* ‖ **pot-de-vin** début XVIᵉ s. ‖ **pot-au-feu** 1673, Mᵐᵉ de Sévigné. ‖ **pot-bouille** s. f., 1838, Balzac (v. BOUILLIR). ‖ **pot-pourri** 1564, Rab., culin., calque de l'esp. *olla podrida*; 1803, Boiste, mus. ‖ **potée** XIIᵉ s. ‖ **potier** 1120, *Ps. d'Oxford*, fabricant de pots. ‖ **poterie** 1268, É. Boileau. ‖ **potin** milieu XVIIᵉ s., *Muse normande*, commérage; 1888, Sachs-Villatte, pop., tapage; mot d'orig. norm., de *potiner*, dér. de *potine*, chaufferette (qu'apportaient avec elles les femmes se réunissant pour causer). ‖ **potiner** 1867, Delvau. ‖ **potinier** 1871, Goncourt. ‖ **potinage** 1861, Goncourt. ‖ **potinière** s. f., 1890, Maupassant. ‖ **potard** 1867, Delvau, pop., « pharmacien ». ‖ **popotin** fin XIXᵉ s., pop. ou enfantin, derrière rebondi. ‖ **dépoter** début XVIIᵉ s. ‖ **dépotage, dépotement** 1842, Mozin. ‖ **dépotoir** 1836, Raymond. ‖ **empoter** XVIIᵉ s., *Ragotin*, mettre en pot. ‖ **rempoter** 1835, *Acad.*

potable milieu XIVᵉ s., *Nature à alchimiste*; mot d'alchimie jusqu'au XVIIᵉ s.; 1756, *Léandre grosse*, fam.; du bas lat. *potabilis*, « qui peut être bu », de *potare*, boire.

potache milieu XIXᵉ s., arg. scolaire, peut-être de *pot-à-chien*, « chapeau de soie porté dans les collèges », et par ext. « cancre, élève ».

potage milieu XIIIᵉ s., « ce qui se met dans le pot »; XVIᵉ s., restreint à « bouillon, soupe »; dér. de *pot*; *pour tout potage*, XVᵉ s. ‖ **potager** s. m., fin XIVᵉ s., « cuisinier »; adj., milieu XVIᵉ s., et s. m., sens mod.

potamo- prem. élém. de comp., du gr. *potamos*, fleuve. ‖ **potamochère** 1906, Lar., zool., du gr. *khoiros*, petit cochon. ‖ **potamogéton** ou **potamot** 1740, *Trévoux*, bot., du gr. *geitôn*, voisin.

potasse 1577, texte de Liège (*pottas*), du néerl. *potasch*; 1690, Furetière (*potasse*), de l'all. *Potasche*, de *Pot*, pot, et *Asche*, cendre. ‖ **potassé** 1814, Brunot (*potassié*); 1836, Landais (*potassé*). ‖ **potassique** 1842, *Acad.* ‖ **potassium** 1808, Davy (en anglais), par latinisation de l'angl. *potass*, empr. au fr. *potasse* (v. SODIUM). ‖ **potasser** 1867, Delvau, arg. scol., par comparaison avec le bouillonnement de la potasse dans certaines réactions chimiques. ‖ **potasseur** 1867, Delvau.

1. pote XIIᵉ s., adj. fém. (*main pote*), « enflée, engourdie »; 1759, Voltaire, adj. m.; orig. obscure. ‖ **potelé** XIIIᵉ s. ‖ **poteler** 1841, Balzac, v. tr., rare. ‖ **empoté** 1870, Lar.

2. pote s. m. V. POTEAU.

poteau fin XIIᵉ s., J. Bodel (*postel*); 1538, R. Est. (*poteau*); de l'anc. fr. *post*, du lat. *postis*, jambage, poteau; 1400, *lettre de rémission*, pop., « ami », d'où l'abréviation *pote*, fin XIXᵉ s., même sens. ‖ **potelet** début XVᵉ s. (*postielet*).

potelé V. POTE 1.

potence 1120, *Ps. d'Oxford*, « puissance »; 1170, *Tristan*, « béquille », d'où divers sens techn. en anc. et moy. fr.; XVᵉ s., gibet; du lat. *potentia*, « puissance, appui », qui a pris un sens concret en lat. médiév. ‖ **potencé** milieu XVᵉ s., blas.

potentat 1361, Oresme, « souveraineté »; XVIᵉ s., prince souverain, d'où le sens fig.; du lat. médiév. *potentatus*, souveraineté, de *potens*, puissant (lat. pop. *potēre*, pouvoir).

potentiel adj., XIVᵉ s. (*cautère potentiel*), méd.; fin Xᵉ s., J. Lemaire, philos., puis gramm.; 1869, L., phys.; s. m., 1830, Gauss (en allem.), math.; 1869, L., phys.; 1935, *Acad.*, ext. de sens; du lat. médiév. *potentialis*, de *potens*, puissant. ‖ **potentialité** 1869, L. ‖ **potentiomètre** 1890, Lar., sur l'élém. *-mètre*. ‖ **équipotentiel** XXᵉ s., du lat. *aequus*, égal.

potentille début XVIIᵉ s., bot., du lat. bot. *potentilla*, proprem. « petite vertu (médicinale) », dimin. de *potentia*, puissance.

poterne début XIIᵉ s. (*posterne*), altér. de *posterle*, XIIᵉ-XIIIᵉ s., du bas lat. *pos-*

terula (IVᵉ s., Amm. Marcellin), « porte dérobée », « (porte) de derrière », de *posterus*. (V. POSTÉRIEUR.)

potestatif XVIᵉ s., Champeynac, « capable de » ; XIXᵉ s., sens mod., jurid. ; du bas lat. *potestativus*, de *potestas*, puissance.

potiche milieu XVIIIᵉ s., « pot à saindoux » ; v. 1830, Th. Gautier, sens mod. ; dér. de POT.

potin, potiner V. POT.

potion fin XIIᵉ s., « breuvage » ; 1549, R. Est., méd. ; du lat. *potio*. (V. POISON.)

potiron fin XVᵉ s., « gros champignon » ; milieu XVIIᵉ s., sens mod. ; mot de l'Ouest, peut-être du syriaque *pā-tūrtā*, morille, transmis par des médecins arabes.

potlatch XXᵉ s. (1883, en angl.), mot indien d'Amérique.

potorou 1827, *Acad.* (*potoroo*), zool., mot indigène de Nouvelle-Galles du Sud (Australie) ; kangourou-rat.

potron-minet V. PATRON-MINET.

*****pou** XIIIᵉ s. (*peoil*, puis *pouil*) ; XVIᵉ s., *pou*, d'après le plur. *pous* (v. GENOU) ; du lat. pop. **pĕdŭculus*, en lat. class. *pĕdĭculus*, de *pĕdis*, pou. ‖ **pouilleux** XIIᵉ s., de *pouil*, forme anc. ‖ **pouiller** XIIIᵉ s., *Renart*, « enlever les poux » ; 1636, Monet, injurier. ‖ **pouilles** 1580, Montaigne (*dire des pouilles*), s. f. pl., de *pouiller*, au sens de injurier. ‖ **pouillerie** fin XIVᵉ s. (*poueillerie*), « gens pleins de poux ». ‖ **épouiller** 1375, *Modus.* ‖ **pédiculaire** 1545, Guéroult.

pouacre 1160, Benoît (*poacre*), « goutteux », du lat. *podager* (v. PODAGRE) ; milieu XVᵉ s., « rogneux », sale, laid, peut-être par attraction de *pouah* ; milieu XVIIIᵉ s., avare.

pouah XVIᵉ s. (*pouac*), onom.

poubelle 1890, Lar., du nom de *Poubelle*, préfet de la Seine, qui imposa l'usage de cette boîte à ordures par ordonnance du 15 janvier 1884.

*****pouce** milieu XIᵉ s. (*polz*), mesure de longueur ; XIIIᵉ s., anat. ; du lat. *pollĭcem*, acc. de *pollex* ; *mettre les pouces*, 1829, Boiste ; *coup de pouce*, 1874, Lar.

‖ **pouce-pied** 1558, *D. G.*, zool. (fausse graphie : *pousse-pied*). ‖ **poucier** 1530, Palsgrave, techn. ‖ **poucettes** 1823, Boiste.

pou-de-soie ou **poult-de-soie** fin XIVᵉ s. (*pout-de-soie*), textile, d'orig. inconnue.

pouding V. PUDDING.

poudingue 1753, Brunot, géol., francisation et ellipse de l'angl. *pudding-stone*, 1765, *Encycl.*, proprem. « pierre-pudding ». (V. PUDDING.)

*****poudre** 1080, *Roland* (*puldre*), « poussière », du lat. *pulvĕrem*, acc. de *pŭlvis* ; fin XIIᵉ s., substance finement broyée et pilée ; 1328, Gay, poudre de toilette ; milieu XVIᵉ s., explosif ; *jeter la poudre aux yeux*, 1578, d'Aubigné ; *poudre de riz*, 1874, Lar. ‖ **coton-poudre** 1869, L. ‖ **poudrette** 1119, Ph. de Thaun (*puldrete*). ‖ **poudrer** 1213, *Fet des Romains*, « dégager de la poussière » ; 1398, *Ménagier*, « répandre sur » ; 1636, Monet, « couvrir de poudre de toilette ». ‖ **poudrage** 1932, Lar. ‖ **poudreux** 1080, *Roland* (*puldrus*) ; XIIIᵉ s. (*poudreux*). ‖ **poudreuse** 1923, Lar. ‖ **dépoudrer** 1398, *Ménagier*. ‖ **poudroyer** fin XIVᵉ s., « se réduire en poussière » ; 1550, Ronsard, « s'élever en poussière ». ‖ **poudroiement** 1606, Crespin. ‖ **poudrin** 1665, Breton, embrun. ‖ **poudrier** XIIIᵉ s., « tourbillon de poussière » ; milieu XVIᵉ s., « fabricant de poudre à canon » ; fin XVIᵉ s., « boîte à poudre » ; 1690, Furetière, « marchand de poudre de cheveux ». ‖ **poudrière** milieu XIIᵉ s., « nuage de poussière » ; milieu XVIᵉ s., « lieu où se fabrique la poudre à canon » ; 1788, Féraud, « magasin où se conserve la poudre à canon ». ‖ **poudrerie** 1732, Richelet, fabrique de poudre à canon. ‖ **poudrederizé** fin XIXᵉ s., J. Marni. ‖ **poudrerisé** 1902, G. Kahn ; recouvert de poudre-de-riz.

poudroyer V. POUDRE.

pouf 1458, G., onom. exprimant la chute ; XVIIIᵉ s., sorte de bonnet de femme, par métaph. ; 1829, Boiste, tabouret bas et rembourré ; 1842, Mozin, déconfiture. ‖ **pouffer** 1530, Palsgrave, souffler (du vent) ; 1733, Voltaire, *pouffer de rire*. ‖ **pouffiasse** 1874, Lar., pop., « prostituée ». ‖ **patapouf** 1821,

Desgranges, peut-être par croisem. avec *pataud*.

pouillard 1875, *Journ. offic.*, jeune perdreau, de l'anc. fr. *pouil*, coq, du bas lat. *pullius*. (V. POULE, POUILLOT.)

pouillé milieu XV° s. (*pueillé*) ; 1650, Ménage (*poulier*), hist. eccl. ; de l'anc. fr. *pouille, pueille*, rente, registre de comptes, du pl. lat. *polyptycha*, du gr. *poluptukha*, « (livres) formés de plusieurs feuilles », de *polus*, nombreux, et *ptux, ptukhos*, pli. (V. POLYPTYQUE.)

pouiller, pouilles, pouilleux V. POU.

pouillot fin XII° s. (*poillot*), petit d'un oiseau ; repris au milieu du XVIII° s., Buffon, variété d'oiseau ; de l'anc. fr. *pouil*, coq, du bas lat. *pullius*. (V. POUILLARD, POULE.)

*poulain début XII° s. (*pulain*), du lat. pop. **pullanus*, ou du bas lat. *pullamen* (*Mulomedicina*), d'abord collectif, dér. du lat. *pullus*, petit d'un animal (v. POULE). ‖ **pouliner** milieu XVI° s. ‖ **poulinière** 1671, Molière. (V. POULICHE, POUTRE.)

poulaine milieu XIV° s. (*souliers à la poulaine*), fém. de l'anc. fr. *poulain*, « polonais », parce que ce type de soulier, ou la peau qui recouvrait la pointe, venait de Pologne ; 1573, Du Puys, mar.

*poule XIII° s., Clopinel, du lat. *pulla*, fém. de *pullus*, petit d'un animal (v. POULAIN) a éliminé l'anc. fr. *géline*, du lat. *gallina* (v. GELINE) ; 1923, Lar., pop., maîtresse ; *poule d'eau*, 1530, Palsgrave ; *poule mouillée*, 1648, Scarron, fig. ‖ **poule** milieu XVII° s., jeu, développem. sémant. obscur ; 1907, Lar., compétition sportive. ‖ **poulet** 1283, Beaumanoir ; 1556, *Sotties*, « missive », puis spécialem. ; 1580, Montaigne, « billet doux » (peut-être, d'après Furetière, parce que les pointes du billet, rabattues, rappelaient les ailes d'un poulet). ‖ **poulette** XIII° s., Renart. ‖ **poulailler** milieu XIII° s., « éleveur de volailles », de l'anc. fr. *poulaille*, milieu XIII° s., « ensemble des poules, volailles » ; fin XIV° s., abri des poules ; 1841, *les Français peints par eux-mêmes*, pop., au théâtre. ‖ **poularde** 1562, G. (*pollarde*). ‖ **poulard** 1606, Crespin (*blé poulart*), le grain étant comparé à un poulet engraissé. ‖ **époularder, époulardage**

1762, *Encycl.* ‖ **poulot, poulotte** début XVIII° s., fam., terme d'affection.

pouliche milieu XVI° s., Baïf, forme norm. ou pic., altér. de *pouline*, XVIII° s., Buffon, fém. de *poulain* (v. ce mot), par croisement avec la forme dial. *geniche*, génisse, à suff. issu du lat. *-icia*.

poulie 1130, *Eneas*, du bas gr. **polidion*, de *polos*, pivot. ‖ **poulieur** 1671, *Mém.* de Seignelay. ‖ **pouliot** fin XIV° s., mar.

1. **pouliot** XI° s. (*poliol*) ; XIII° s. (*poeliol, pouillol*) ; XV° s. (*pouliot*), bot., dér. du lat. pop. **puleium*, en lat. class. *puleium*. (V. SERPOLET.)

2. **pouliot** V. POULIE.

poulpe 1538, R. Est. (*poupe*), polype du nez ; milieu XVI° s., zool., adaptation, d'après le prov. *poupre*, du lat. *polypus*. (V. PIEUVRE, POLYPE.)

*pouls 1155, Wace (*pulz*) ; 1175, Chr. de Troyes (*pous*) ; 1549, R. Est. (*pouls*, avec *l* d'après le lat.) ; du lat. *pulsus*, « battement » (des artères), de *pulsus*, part. passé de *pellere*, pousser.

*poumon 1080, *Roland* (*pulmun*) ; 1155, Wace (*pomon*) ; XIV° s. (*poumon*) ; du lat. *pulmonem*, acc. de *pulmo*. ‖ **s'époumoner** 1725, Grandval. (V. PULMONAIRE.)

poupard début XIII° s. (*poupart*) ; dér. du lat. pop. **puppa*, de *pupa*, petite fille, poupée, mot enfantin, avec redoublement expressif. ‖ **poupine** XIII° s. (*popine*) ; XV° s. (*poupine*) ; même rad., avec var. de suff. ‖ **poupin, -e** XV° s., « amie intime » ; 1530, C. Marot, s. m., et adj. ‖ **poupon** 1534, Rab., s. m. et adj. ‖ **pouponnière** 1878, Lar. ‖ **pouponner** 1906, Lar.

poupe milieu XIII° s. (*pope*), de l'anc. prov. ou de l'ital. *poppa*, du lat. *puppis* (avec changem. de finale).

poupée 1265, J. de Meung, du lat. pop. **puppa*, au sens de « poupée » (v. POUPARD) ; 1690, Furetière, fig., petit pansement du doigt. ‖ **poupette** fin XVI° s.

*pour 842, *Serments* (*pro*) ; X° s., *Eulalie* (*por*) ; 1080, *Roland* (*pur*) ; XIII° s. (*pour*) ; du lat. *pro*, « devant », d'où « à la place de, selon », etc., et par ext. « pour, en faveur de », devenu *por* en lat. pop., par métathèse, et, en

composition, par analogie avec *per*. ∥
pour que XVIIe s., d'abord provincialisme venu du Sud-Ouest; a éliminé *pour ce que*. ∥ **pourquoi** fin XIe s., *Alexis. Pour* sert de préfixe, avec valeur d'adv. ou de prép., à de nombreux mots construits, soit issus du lat., soit de formation française. (V. ci-après.)

pourboire V. BOIRE.

pourceau début XIIe s., *Couronn. Loïs (porcel)*, du lat. *porcellus*, dimin. de *porcus*. (V. PORC.)

pourcentage 1839, Boiste (*percentage*); 1874, Lar. (*pourcentage*); dér. de *pour cent*, 1845, Besch. (V. CENT.)

pourchasser 1080, *Roland (porchassier)*, de *por*, pour (v. ce mot), et de *chasser*, id. ∥ **pourchas** XIIe s. (*porchas*), vx.

pourfendre, pourfendeur, pourlécher, pourparler V. FENDRE, LÉCHER, PARLER.

pourpier XIIIe s. (*porpié*), altér. d'une forme non attestée *polpié*, du lat. pop. *pulli pes*, à l'acc. *pulli pedem*, proprem. « pied de poulet » (cf. *pied-poul*, XVIe s., en Anjou, auj. *piépou*).

pourpoint XIIIe s., hist., proprem. « piqué, brodé », part. passé de l'anc. *pourpoindre* (v. POINDRE), au sens de « piquer ». ∥ **à brûle-pourpoint** milieu XVIIe s., Scarron.

*pourpre XIe s. (*porpre*), s. f.; fin XIIe s. (*purpre*), adj.; du lat. *pŭrpŭra*, gr. *porphura*. ∥ **pourpré** 1550, Ronsard; a remplacé l'anc. *pourprin*, XIIe s. ∥ **pourprier** 1752, *Trévoux*. ∥ **empourprer** 1550, Ronsard.

pourpris XIIe s. (*porpris*), « enclos, jardin »; part. passé substantivé de l'anc. fr. *pourprendre*, « enclore », de *pour* et *prendre*.

pourquoi V. POUR.

*pourrir fin XIe s., *Alexis (purir)*, du lat. pop. *pŭtrīre*, en lat. class. *putrescere*. ∥ **pourrissant** adj., XIIe s. ∥ **pourriture** XIIe s. (*purreture*). ∥ **pourrissable** XVe s. ∥ **pourrissage** fin XVIIIe s., techn., de *pourrir* au sens de « faire macérer des chiffons », 1680, Richelet. ∥ **pourrissement** XXe s., fig. ∥ **pourrissoir** fin XVIIe s., Saint-Simon. ∥ **pourridié** 1874, L., bot.

poursuite, poursuivre, pourtant, pourtour V. SUIVRE, TANT, TOUR.

pourvoir 1120, *Ps. d'Oxford (purveoir)*, « examiner », par ext. « aviser aux mesures nécessaires », et « mettre en possession de »; de *voir*, d'après le lat. *providēre*. ∥ **pourvoi** 1611, Cotgrave. ∥ **pourvoyeur** milieu XIIIe s. ∥ **pourvu que** fin XIVe s., du part. passé *pourvu*.

poussah, poussa 1670, Hooge. (*pussa*); 1782, Sonnerat (*poussa*); rare jusqu'au XIXe s. (1841, *les Français peints par eux-mêmes*); du chinois *pou-sa*, idole bouddhique.

*pousser 1360, Froissart (*poulser*), v. tr. jusqu'au XVIe s.; moins usuel que *bouter*; XVIe s., croître; du lat. *pŭlsāre*, frapper, repousser, de *pulsus*, pouls. ∥ **pousse** XVe s., Vauquelin, action de pousser; 1611, Cotgrave (*pousse de blé*), ce qui pousse. ∥ **poussée** 1530, Palsgrave. ∥ **poussette** 1827, *Acad.*, terme de jeu; XXe s., voiture d'enfant. ∥ **poussoir** milieu XVIIe s. ∥ **poussif** XIIIe s., de *pousser*, au sens de « respirer péniblement », XVe s. ∥ **pousseur** 1650, Scarron. ∥ **repousser** XIVe s., Cuvelier. ∥ **pousse-café** 1859, Mozin. ∥ **pousse-cailloux** 1829, Balzac. ∥ **pousse-cul** milieu XVIIe s., pop. ∥ **pousse-pousse** 1906, Lar. ∥ **repoussoir** 1429, G., techn.; 1827, Balzac, fig. (V. PULSATION.)

poussière 1190, saint Bernard, dér. de *pous* (Centre et Est), du lat. pop. **pulvus*, en lat. class. *pulvis* (v. POUDRE). ∥ **poussier** XIVe s. (*pulsier*), forme masc., spécialisée auj. au sens de « charbon en poussière ». ∥ **poussiéreux** 1786, de Ligne. ∥ **épousseter** 1492, G. (*esp-*). ∥ **époussetage** XVIIIe s. ∥ **époussette** fin XIVe s.

*poussin XIIIe s., *Lib. psalm. (pulcin)*, du lat. pop. **pŭllicīnus*, en bas lat. *pullicēnus*, dér. de *pullus*. ∥ **poussinière** adj. fém., fin XIIe s., « qui a des poussins »; 1372, Corbichon, en parlant de la constellation des Pléiades (formant un groupe comme des poussins); s. f., 1741, F. Brunot, cage à poussins.

*poutre milieu XIVe s., jeune jument, pouliche; 1332, texte de l'Aisne, sens mod., par métaph. (v. BÉLIER, CHEVALET, CHEVRON, etc.); du lat. pop. **pullitra*, fém. de **pulliter* (cf. *pulletrus*, s. m.,

593

dans un capitulaire de Charlemagne), de *pullus*, petit d'un animal. (v. POULE, POLTRON). A éliminé l'anc. fr. *tref*. (v. ENTRAVER 1, TRAVÉE). ‖ **poutrelle** 1676, Félibien. ‖ **poutrage** milieu XIXᵉ s.

pouture XIIIᵉ s., « légume »; XVIIIᵉ s., agric.; du lat. *puls, pultis,* bouillie de céréales.

*pouvoir s. m., 842, *Serments (podir)*; fin XIᵉ s., *Alexis (poeir)*; 1440, Chastellain *(pouvoir)*, verbe; du lat. pop. *potēre, réfection du lat. class. *posse* d'après les formes à rad. *pot- (potui, poteram,* etc.). ‖ **peut-être** 1119, Ph. de Thaun *(puet cel estre)*; XIIIᵉ s. *(puet estre)*. [V. POSSIBLE, PUISSANT.]

pouzzolane 1670, Colbert, de l'ital. *pozzolana,* proprem. « (sable) de Pouzzoles », de *Pozzuoli,* nom d'une ville voisine de Naples.

pragmatique 1438 *(pragmatique sanction)*, du lat. jurid. *pragmatica sanctio,* rescrit impérial, du gr. *pragmatikos,* relatif aux faits, de *pragma,* fait; repris au milieu du XIXᵉ s. (Renan). ‖ **pragmatisme** 1878, Lar., philos., de l'angl. *pragmatism* (W. James), lui-même issu de l'all. *Pragmatismus* (fin XVIIIᵉ s.), de même rad.

praire 1873, *Journ. offic.,* coquillage, mot prov., proprem. « prêtre ».

prairie début XIIᵉ s., *Thèbes (praerie),* dér. anc. de *pré,* ou d'un lat. pop. *prataria, de *pratum,* pré. ‖ **prairial** 1793, Fabre d'Églantine, mois du calendrier révolutionnaire (20 mai - 19 juin).

prâkrit 1846, Besch., du sanscrit *prakr(i)ta,* dénué d'apprêt, vulgaire; terme de linguistique.

praline 1680, Richelet, du nom du maréchal du Plessis-*Praslin* (1598 - 1675), dont le cuisinier inventa ce bonbon. ‖ **praliner** 1748, Menon. ‖ **pralin** 1869, L., agric. ‖ **pralinage** 1869, L., agric.; 1875, Lar., fabric. de pralines.

prandial fin XIXᵉ s., méd., du lat. *prandium,* repas. ‖ **postprandial** XXᵉ s., méd.

prase 1827, *Acad.,* quartz vert, du gr. *prason,* poireau. ‖ **praséodyme** XXᵉ s., chim., du gr. *prasinos,* couleur vert de poireau, et *didumos,* double.

pratique s. f., 1256, Ald. de Sienne, application des règles, du lat. médiév.

practica, du bas lat. *practice,* gr. *praktikê,* adj. substantivé, « science pratique », par opposition à la science spéculative, dans la philos. de Platon, de *prattein,* agir; fin XIVᵉ s., exercice; 1530, Palsgrave, expérience; fin XVIᵉ s., clientèle commerciale; fin XVIIᵉ s., client; 1681, Bossuet, s. pl., actes extérieurs du culte. ‖ **pratique** adj., 1361, Oresme, « qui tend à l'action », du lat. médiév. *practicus*; XVᵉ s., « versé dans »; XIXᵉ s., « qui a le sens des réalités »; fin XIXᵉ s., « qui peut être mis en pratique », d'où « commode ». ‖ **pratiquer** 1361, Oresme, même évol. sémantique que *pratique,* s. f. ‖ **pratiquant** 1361, Oresme, subst. ‖ **praticien** 1314, Mondeville, méd. ‖ **praticable** adj., milieu XVIᵉ s.; s. m., 1835, *Acad.,* théâtre. ‖ **praticabilité** 1845, Besch. ‖ **impraticable** XVIᵉ s. ‖ **impraticabilité** 1794, Brunot.

praxinoscope 1877, brevet d'invention, du gr. *praxis,* mouvement, et de l'élém. *-scope.*

praxis XXᵉ s., philos., par l'interm. de l'allem., mot gr., de *prattein,* agir.

*pré 1080, *Roland (pred),* du lat. *pratum* (v. PRAIRIE). ‖ **pré-gazon** 1869, L. ‖ **pré-salé** 1732, *Trévoux.* ‖ **préau** XIᵉ s. *(prael),* « petit pré »; sens conservé jusqu'au XVIᵉ s.; XIIIᵉ s., sens mod., par l'intermédiaire « terrain entouré de bâtiments ».

pré- préfixe, du lat. *prae,* devant, en avant. Pour les mots construits avec *pré-,* voir ci-après ou à la place alphabétique du mot simple correspondant.

préalable XIVᵉ s., Bouthillier *(préallable),* de *pré-* et de l'anc. adj. *allable,* « où l'on peut aller », d'après le lat. *praeambulus,* « qui marche devant »; *au préalable,* XVIIᵉ s.

préambule 1314, Mondeville, du bas lat. *praeambulus,* proprem. « qui marche devant », de *praeambulare.*

préau V. PRÉ n. m.

prébende XIIIᵉ s. *(prevende)*; 1398, E. Deschamps *(prébende),* eccl.; XIXᵉ s., fig.; du lat. eccl. *praebenda,* fém. substantivé de l'adj. verbal *praebendus,* « qui doit être fourni », de *praebere* (v. PROVENDE). ‖ **prébendé** début XIVᵉ s. ‖ **prébendier** milieu XIVᵉ s.

précaire 1336, G. (*précoire*), jurid.; fin XVIe s., ext. de sens; du lat. jurid. *precarius*, proprem. « obtenu par prières », de *prex, precis,* prière (v. PRIER). ‖ **précarité** 1823, Boiste.

précaution fin XVe s., du lat. impér. *praecautio* (IIIe s.), Coelius Aurelius), de *prae,* devant, et *cavere,* prendre garde (v. CAUTION). ‖ **précautionner** 1640, Richelieu. ‖ **précautionneux** 1788, Féraud.

précéder 1353, *Chartes de Saint-Bertin,* du lat. *praecedere,* marcher devant, de *prae* et *cedere.* ‖ **précédent** adj., XIIIe s., *Sept Sages,* du part. prés. *praecedens;* s. m., XVIIIe s., de Lolme, repris de l'angl. ‖ **précession** 1690, Furetière, astron., du bas lat. *praecessio,* action de précéder.

préceinte 1638, Delb., mar., réfection de l'anc. fr. *pourceinte,* « enceinte ». (V. CEINDRE.)

précellence début XVe s., tiré du lat. *praecellere,* exceller, d'après *excellence.*

précepte 1119, Ph. de Thaun (*precept*), « commandement, ordre », puis « enseignement, règle », du lat. *praeceptum,* part. passé substantivé de *praecipere,* « enseigner », proprem. « prélever, prescrire », de *capere,* prendre. ‖ **précepteur** XVe s., du lat. *praeceptor.* ‖ **préceptoral** 1788, Féraud. ‖ **préceptorat** 1688, Miege.

***prêcher** Xe s., *Saint Léger* (*prediat,* 3e pers. du passé simple)); XIIe s. (*preechier*); du lat. eccl. *praedicare,* en lat. class. « annoncer, publier », de *dicere,* dire. ‖ **prêcheur** 1175, Chr. de Troyes; 1660, La Fontaine, péjor. ‖ **prêche** milieu XVIe s., d'abord spécialisé aux protestants. ‖ **prêchi-prêcha** 1808, d'Hautel. (V. PRÉDICAT, PRÉDICATION.)

précieux début XIIe s., *Voy. de Charl.* (*precios*), du lat. *pretiosus,* de *pretium,* prix; 1659, Molière, littér., d'après le fém. *précieuse,* empl. en 1656 pour désigner les dames qui composaient le cercle de l'hôtel de Rambouillet. ‖ **préciosité** début XIVe s.; rare avant 1664, Livet, littér.

précipice 1559, Amyot, du lat. *praecipitium.*

précipiter fin XIVe s., « presser »; du lat. *praecipitare,* de *praeceps,* « qui

tombe la tête en avant », de *caput, capitis,* tête (v. CAPITAL); *se précipiter,* milieu XVIe s. ‖ **précipitation** début XVe s., du lat. *praecipitatio,* « chute en avant », d'où, en bas lat., « hâte excessive ». ‖ **précipité** adj., 1549, R. Est., « trop hâtif »; s. m., 1553, Colin, chim. ‖ **précipitamment** début XVIe s., de *précipitant,* part. prés. autrefois adjectivé de *précipiter.*

préciput fin XVe s., jurid.; adapt. du lat. jurid. *praecipuum,* « ce qu'on prend en premier lieu » (de *capere,* prendre, et *prae,* en avant), par attraction orthogr. du lat. *caput* au sens de « capital ».

précis adj., 1361, Oresme; s. m., 1663, Loret, du lat. *praecisus,* « abrégé », part. passé de *praecidere,* proprem. « couper par-devant ». ‖ **précision** 1520, Fabri, du lat. *praecisio.* ‖ **préciser** milieu XIVe s., Gilles li Muisis, rare jusqu'à fin XVIIIe s. ‖ **précisément** 1314, Mondeville (*précisément*). ‖ **imprécis** 1907, Lar. ‖ **imprécision** milieu XIXe s.

précoce 1672, *Journ. des savants,* s. m., « fruit précoce »; 1680, Richelet, adj.; du lat. *praecox,* de *praecoquere,* mûrir hâtivement, proprem. « cuire en avant », de *prae,* et *coquere,* cuire. ‖ **précocité** 1697, La Quintinie.

préconiser début XIVe s., proclamer; fin XVIe s., eccl.; 1660, Brunot, sens mod.; du bas lat. *praeconizare,* « publier », de *praeco, praeconis,* crieur public.

précordial début XVIe s., anat., du lat. *praecordia,* diaphragme, de *prae,* devant, et *cor, cordis,* cœur.

précurseur début XVe s., mot eccl., appliqué d'abord à saint Jean-Baptiste, jusqu'au XVIe s.; XVIIe s., ext. d'empl.; du lat. chrét. *praecursor,* proprem. « avant-coureur », de *praecurrere,* courir en avant.

prédateur milieu XVIe s., « pillard », rare; 1923, Lar., zool.; du lat. *praedator,* de *praeda,* proie.

prédécesseur 1283, Beaumanoir, du bas lat. *praedecessor* (IVe s., Symmaque), de *prae,* en avant, et *decessor,* de *decedere,* s'en aller. (V. DÉCÉDER.)

prédelle milieu XIXe s., Gautier, peint., de l'ital. *predella,* proprem.

« banc », d'orig. germ. (cf. le longobard *pretil*, l'all. *Brett*, planche).

prédestiner 1190, saint Bernard, du lat. eccl. *praedestinare*, en lat. class. « (se) réserver d'avance » (v. DESTINER). ‖ **prédestination** *id.*, du lat. eccl. *praedestinatio*.

prédéterminer 1530, Bourgoing, théol., du lat. eccl. *praedeterminare*, sur *prae*, en avant (v. DÉTERMINER). ‖ **prédétermination** 1636, Deneyrolles, théol. ‖ **prédéterminisme** fin XVIIIᵉ s., de l'all. *Praedeterminism* (Kant).

prédicat V. PRÉDICATION.

prédication 1119, Ph. de Thaun, du lat. *praedicatio*, au sens eccl., de *praedicare*, d'où l'anc. fr. avait tiré *prédiquer*, usité jusqu'au XVIᵉ s. (v. PRÊCHER). ‖ ‖ **prédicat** 1361, Oresme, philos., attribut; puis gramm. ‖ **prédicateur** début XIIIᵉ s., du lat. *praedicator*; a éliminé *prêcheur* au sens eccl., au XVIIᵉ s. ‖ **prédicant** 1523, *Sotie* de Genève, péjor., anc. part. prés. de *prédiquer*; empl., au milieu du XVIᵉ s., pour les ministres protestants. ‖ **prédicament** XIIIᵉ s., d'Andeli, philos. ‖ **prédicable** 1503, G. de Chauliac, philos. ‖ **prédicatif** 1869, L.

prédilection V. DILECTION.

prédire milieu XIIIᵉ s., du lat. *praedicere*, de *prae*, avant, et *dicere*, dire. ‖ **prédiction** 1549, R. Est., du lat. *praedictio*.

prééminent début XVIᵉ s., du bas lat. *praeeminens*, de *prae*, en avant, et *eminere*, s'élever (v. ÉMINENT). ‖ **prééminence** fin XIVᵉ s., du bas lat. *praeeminentia*.

préemption 1765, *Encycl.*, jurid., du lat. *prae*, avant, et *emptio*, achat, de *emere*, acheter.

préexister fin XIVᵉ s., rare avant le XVIIIᵉ s., du lat. scolast. *praeexistere*, exister. ‖ **préexistence** milieu XVIᵉ s., d'après *existence*. ‖ **préexistentiel** milieu XIXᵉ s., Sainte-Beuve.

préface début XIVᵉ s., du lat. *praefatio*, préambule, de *praefari*, dire d'avance, de *fari*, parler. ‖ **préfacer** 1784, Beaumarchais, préluder à un discours; 1907, Lar., sens mod. ‖ **préfacier** av. 1783, Collé.

préfecture XIVᵉ s., hist., du lat. *praefectura* (v. PRÉFET); 1800, textes admin., sens mod. ‖ **sous-préfecture** 1800, *id.* ‖ **préfectoral** 1836, *Acad.* ‖ **sous-préfectoral** 1842, *Acad.*

préférer 1355, Bersuire, du lat. *praeferre*, de *prae*, en avant, et *ferre*, porter. ‖ **préférable** milieu XVIᵉ s. ‖ **préférence** 1361, Oresme. ‖ **préférentiel** 1915, Lar.

préfet fin XIIᵉ s., *Rois* (*prefect*), hist., du lat. *praefectus*, proprem. « préposé », de *prae*, en avant, et *facere*, faire; 1680, Richelet, enseign.; 1793, textes admin., sens mod.; *préfet de police*, 1800, textes admin. ‖ **sous-préfet** 1800, textes admin. (V. PRÉFECTURE.)

préfigurer 1220, G. de Coincy, du lat. eccl. *praefigurare*, de *prae* et *figurare* (v. FIGURE). ‖ **préfiguration** 1633, Boulène, du lat. *praefiguratio*.

préfixe 1751, Dumarsais, du lat. *praefixus*, « fixé devant », de *prae*, devant, et *figere*, fixer. (V. FIXE.) ‖ **préfixer** 1869, L. ‖ **préfixation** 1870, Hovelacque. ‖ **préfixal** XXᵉ s.

prégnante début XIVᵉ s., adj. fém., « enceinte », du lat. *praegnans*; 1845, Besch., rhét., « elliptique ». ‖ **prégnation** XVIIIᵉ s., Buffon, physiol. ‖ **prégnant** XXᵉ s., psychol., par confusion avec l'anc. adj. *preignant* (1585, Bouchet), pressant, violent, part. prés. de l'anc. fr. *preindre*, presser, du lat. *premere*, même sens. (V. EMPREINDRE, PRESSER.)

préhension XVᵉ s. (*prehencion*), « compréhension »; XVIᵉ s., action de saisir; du lat. *prehensio*, dans les deux sens de *prehendere*, prendre. ‖ **préhensible** fin XVIᵉ s. ‖ **préhensile** XVIIIᵉ s., Buffon. ‖ **préhenseur** 1842, *Acad.*

prehnite 1842, Mozin, minéral rapporté du Cap par le colonel *Prehn*.

préjudice 1265, J. de Meung, du lat. *praejudicium*, proprem. « jugement anticipé », et par ext. « dommage », de *prae*, avant, et *judicium*; *porter préjudice*, 1549, Est.; *au préjudice de*, fin XIVᵉ s.; *sans préjudice de*, 1538, R. Est. ‖ **préjudicier** 1361, Oresme. ‖ **préjudiciable** milieu XIIIᵉ s. ‖ **préjudiciel** fin XIIIᵉ s., nuisible; 1752, *Trévoux*, jurid., d'après le dér. lat. *praejudicialis*, au pr.

préjuger fin XVe s., « juger »; XVIIe s., sens mod.; de *praejudicare*, « juger préalablement », d'après *juger*. ‖ **préjugé** s. m., 1587, La Noue, « opinion faite d'avance » (encore au XVIIIe s.) ; fin XVIe s., sens mod.; anc. part. passé.

prélart milieu XVIIe s., sorte de bâche; var. *prélat*, artill., par attraction de *prélat*; orig. inconnue.

prélasser V. PRÉLAT.

prélat 1155, Wace, du lat. médiév. *praelatus*, part. passé de *praeferre*, porter en avant, préférer, de *prae*, en avant, et *ferre*, porter. ‖ **prélature** fin XIVe s. ‖ **prélation** XIIIe s., *Saint Eloi*, hist., du lat. *praelatio* au sens de « préférence ». ‖ **se prélasser** 1532, Rab., par croisement avec *lasser*. (V. LAS.)

prèle 1539, R. Est., bot., forme déglutinée de *asprele*, XIIIe s., du lat. pop. *asperella*, en lat. class. *asper*, rude (à cause de la tige ligneuse de la prèle). ‖ **prêler** 1680, Richelet, techn.

prélever début XVIIe s., du bas lat. *praelevare*, proprem. « lever avant », de *prae* et *levare* (v. LEVER). ‖ **prélèvement** 1767, Turgot.

préliber 1826, Brillat-Savarin, proprem. « goûter le premier », peu us., du lat. *praelibare* (v. LIBATION). ‖ **prélibation** 1756, Voltaire, jurid., du lat. *praelibatio*.

préliminaire milieu XVIIe s. (s. pl.), à propos des traités de Westphalie, dér. de *liminaire*; adj., fin XVIIe s.

prélude 1530, Attaingnant, du lat. *praeludere*, « se préparer à jouer », de *prae*, avant, et *ludere*, jouer. ‖ **préluder** 1660, Oudin, empr. au lat. *praeludere*.

prématuré 1570, Du Verdier (adv. *prématurément*), 1632, texte de Rouen (*prématuré*) ; du lat. *praematurus*, de *prae*, avant, et *maturus*, mûr. (V. MÛR.)

préméditer fin XIVe s. (*se préméditer*), du lat. *praemeditari*, de *prae*, d'avance, et *meditari*, méditer. ‖ **préméditation** 1361, Oresme, du lat. *praemeditatio*.

*prémices 1120, *Ps. d'Oxford*, du lat. eccl. *primitiae*, en lat. class. proprem. « premiers fruits de l'année », de *pri-*

mus, premier, avec changement de *i* en *é* par attraction de *praemissa*. (V. PRÉMISSE, PRIMICIER.)

*premier 980, *Passion* (*primer*); début XIIe s. (*premier*) ; du lat. *primarius*, « qui est au premier rang », de *primus* (v. PRIME 1, PRINTEMPS). ‖ **avant-première** 1892, *le Figaro*, s. f., théâtre.

prémisse fin XIIIe s., du lat. scolast. *praemissa* (*sententia*), proposition mise en avant, de *prae*, avant, et *mittere*, mettre.

prémonition XIIIe s. (*premonicion*); rare avant 1842, *Acad.*, qui le dit « hors d'usage »; repris au XXe s.; de *pré-* et du rad. lat. de *monere*, avertir. ‖ **prémonitoire** 1869, L.

prémontré 1611, Cotgrave (*prémonstré*), du nom de *Prémontré*, localité où fut fondé cet ordre religieux.

prémunir fin XIVe s., J. Le Fèvre, du lat. *praemunire*. (V. MUNIR.)

*prendre 842, *Serments* (*prindrai*, fut.) ; 980, *Passion* (*prendre*); du lat. *prehendere*, saisir, contracté en *prendere* dès le Ier s. av. J.-C. (Lucrèce), et qui a éliminé peu à peu *capere*, prendre. ‖ **prenant** adj., 1160, Benoît, « vénal »; 1360, Froissart, techn., « qui accroche bien »; 1788, Féraud, fig., captivant; *partie prenante*, 1690, Furetière. ‖ **preneur** fin XIIe s., *Job* (*prendeor*); 1265, J. de Meung (*preneeur*). ‖ **prenable** 1155, Wace. ‖ **imprenable** milieu XIVe s. ‖ **déprendre** XIIe s. (*despris*, part. passé, « dénué, misérable »); 1395, Chr. de Pisan (*se déprendre*). ‖ **éprendre** 1080, *Roland*, « enflammer »; XIIe s., fig. ‖ **se méprendre** début XIIe s., *Thèbes* (*se mesprendre*); 1190, Garn. (*méprise*). ‖ **entreprendre** début XIIe s., *Voy. de Charl.*, « prendre en main ». ‖ **entreprise** fin XIIe s. ‖ **entrepreneur** XIIIe s., « celui qui entreprend »; XVIIIe s., commerc. (V. COMPRENDRE, SURPRENDRE, POURPRIS, PRISE.)

prénom milieu XVIe s.; rare avant le début XVIIIe s.; du lat. *praenomen*, de *prae*, avant, et *nomen*, nom. ‖ **prénommer** 1845, Besch., donner un prénom. ‖ **prénommé** fin XVIe s., nommé avant, dér. de NOMMER.

prénotion 1585, Cholières, du lat. *praenotio*. (V. NOTION.)

préoccuper 1355, Bersuire, « occuper l'esprit d'une idée » ; XVIIe s., absorber par un souci ; du lat. *praeoccupare*, « prendre d'avance », sens repris en fr. aux XVIe - XVIIe s., de *prae*, d'avance, et *occupare* (v. OCCUPER). ‖ **préoccupant** adj., XXe s. ‖ **préoccupation** fin XVe s., du lat. *praeoccupatio*, même évol. sémantique que le verbe.

préparer 1314, Mondeville, méd., « panser » ; 1398, E. Deschamps, sens mod. ; du lat. *praeparare*, proprem. « disposer d'avance », de *prae* et *parare* (v. PARER 1). ‖ **préparation** 1314, Mondeville, du lat. *praeparatio*. ‖ **préparatif** 1361, Oresme, s. m. sing. ; 1559, Amyot, s. pl., plus usuel. ‖ **préparateur** adj., 1503, G. de Chauliac ; s. m., 1842, Mozin, spécial. ‖ **préparatoire** début XIVe s., du bas lat. *praeparatorius*.

prépondérant 1723, *Arrêt*, du lat. *praeponderans*, part. prés. de *praeponderare*, avoir le dessus, proprem. « peser plus », de *pondus, ponderis*, poids. ‖ **prépondérance** 1752, Turgot.

préposer XIVe s., adaptation, d'après *poser*, du lat. *praeponere*, de *prae*, devant, et *ponere*, placer. ‖ **préposé** début XVIIe s., part. passé substantivé. ‖ **préposition** fin XIVe s., gramm., du lat. gramm. *praepositio*. ‖ **prépositionnel** 1829, Boiste, gramm. ‖ **prépositif** début XVIe s., « qui se met en avant » ; 1765, *Encycl.*, gramm., du lat. gramm. *praepositivus*.

prépotence 1450, Gréban, du lat. *praepotentia*, excès de puissance.

prépuce XIIe s. ; rare avant le XVe s. ; du lat. *praeputium*. ‖ **préputial** 1845, Besch.

prérogative début XIIIe s. ; du lat. jurid. *praerogativa*, proprem. « qui vote la première », en parlant d'une centurie ; de *rogare*, demander, faire voter.

*****près** 1080, *Roland* ; soit de l'adv. lat. *pressĕ*, proprem. « en serrant », et par ext., en bas lat., « de près » ; soit de *pressus*, part. passé de *premere*, presser, serrer ; *près de*, fin XIe s., *Alexis*, prép. ; *de près*, milieu XIIIe s. ; *à beaucoup près*, fin XVe s., Commynes. ‖ **presque** 1190, Garn. (*pres*) ; 1265, J. de Meung (*presque*). ‖ **auprès** 1424, A. Chartier (*auprez de*). [V. APRÈS.]

présage fin XIVe s., du lat. *praesagium*, de *praesagire*, prévoir, de *prae*, avant, et *sagire*, avoir du flair (v. SAGACE). ‖ **présager** v. 1539, R. Est.

pré-salé V. PRÉ.

presbyte 1690, Furetière, du gr. *presbutês*, au même sens, proprem. « vieillard » (v. le suiv.). ‖ **presbytie** 1793, Lavoisien (*presbyopie*, d'après *myopie*) ; 1827, *Acad.* (*presbytie*).

presbytère fin XIIe s., *Rois* (*presbiterie*) ; rare jusqu'au milieu du XVe s. ; du lat. eccl. *presbyterium*, d'abord « ordre sacerdotal », du lat. eccl. *presbyter* (v. PRÊTRE). ‖ **presbytéral** milieu XIVe s., du lat. eccl. *presbyteralis*. ‖ **presbytérien** XIVe s., « chapelain » ; milieu XVIIe s., appliqué à une confession protestante. ‖ **presbytérianisme** 1669, Mackenzie.

prescience fin XIIe s. ; rare avant le XVIIe s. ; du lat. eccl. *praescientia* (IIIe s., Tertullien), de *prae*, avant, et *scientia* (v. SCIENCE). ‖ **prescient** milieu XIIIe s.

prescrire XIIe s., *Macchabées*, « condamner » ; 1355, Bersuire, jurid. ; 1544, M. Scève, ordonner ; 1788, Féraud, méd. ; du lat. *praescribere*, de *prae*, avant, et *scribere* (v. ÉCRIRE). ‖ **prescription** v. 1260, *Livre de jostice*, jurid., du lat. *praescriptio* ; 1586, Suau, méd. ‖ **prescriptible** fin XIVe s. ‖ **imprescriptible** fin XVe s. ‖ **imprescriptibilité** 1721, *Trévoux*.

préséance V. SÉANCE.

1. présent adj., fin XIe s. (dans l'espace) ; du lat. *praesens*, de *prae*, en avant, et d'un des rad. du v. *esse*, être ; adj., 1212, Villehardouin (dans le temps) ; s. m., début XIVe s., « temps présent ». ‖ **présence** fin XIe s., *Lois de Guill.*, du lat. *praesentia* ; *en présence de*, XIIIe s., *Bestiaire d'amour*.

2. présent s. m., début XIIe s., *Voy. de Charl.*, « cadeau », déverbal de *présenter*.

présenter Xe s., *Eulalie*, du lat. impér. *praesentare* (IIe s., Apulée), de *praesens* (v. PRÉSENT 1) ; *se présenter*, 1080, *Roland*. ‖ **présentation** 1268, Joinville. ‖ **présentable** fin XIIe s., « présent » ; 1537, trad. du *Courtisan*, « qu'on peut présenter ». ‖ **présentateur** fin XVe s. (V. PRÉSENT 2, REPRÉSENTER.)

préserver 1398, E. Deschamps, du bas lat. *praeservare, de servare,* conserver. ‖ **préservation** 1314, Mondeville. ‖ **préservatif** 1314, Mondeville. ‖ **préservateur** 1514, Fabri.

préside 1556, Granvelle, poste fortifié espagnol en Afrique; de l'esp. *presidio,* du lat. *praesidium,* garnison, de même rad. que les suivants.

présider fin XIVᵉ s., du lat. *praesidere,* être à la tête, proprem. « être assis en avant », de *prae,* et *sedēre* (v. SEOIR); *présider à,* 1559, Amyot. ‖ **président** fin XIIIᵉ s., du part. prés. *praesidens.* ‖ **vice-président** 1718, *Acad.* (fin XVᵉ s., *vi-président*). ‖ **présidence** 1372, Corbichon, rare jusqu'à la fin du XVIIᵉ s. ‖ **vice-présidence** 1771, *Trévoux.* ‖ **présidentiel** 1791, *Soc. des jacobins.* ‖ **présidentialisme** XXᵉ s.

présidial adj., 1435, G., hist.; s. m., 1551, texte royal; du lat. *praesidialis,* « relatif à un gouverneur de province », de *praeses,* « qui est à la tête ».

présomptif 1375, J. Gower (*presumptif*), « présomptueux »; 1406, *Arch. de Bretagne* (*héritier présomptif*); du bas lat. *praesumptivus,* « qui repose sur une conjecture », de *prae,* en avant, et *sumere,* prendre. ‖ **présomption** fin XIIᵉ s., *Ysopet de Lyon,* du lat. *praesumptio,* conjecture, et « excès de confiance ». ‖ **présomptueux** début XIIᵉ s., *Thèbes,* du bas lat. *praesumptuosus.* (V. PRÉSUMER.)

presque V. PRÈS.

pressentir milieu XVIᵉ s., du lat. *praesentire,* de *prae,* avant, et *sentire,* sentir. ‖ **pressentiment** 1559, Amyot.

*****presser** milieu XIIᵉ s., « tourmenter »; 1256, Ald. de Sienne, « soumettre à l'action du pressoir »; 1552, Ch. Est., « faire se hâter »; du lat. *pressāre,* fréquentatif de *premere,* sur son supin *pressum.* ‖ **presse** 1050, action de presser; XIIIᵉ s., machine à presser, avec divers empl. techniques, notamment, début XVIᵉ s., imprim.; fin XVIᵉ s., hâte; 1690, Furetière, nombre de feuilles tirées en un jour par les imprimeurs; 1823, Boiste, ensemble des journaux. ‖ **pressé** adj., milieu XVIᵉ s., « qui a hâte ». ‖ **presseur** fin XIVᵉ s. ‖ **pressée** s. f., fin XVIIIᵉ s. ‖ **pressage** 1803, Boiste. ‖ **pres-**sier 1836, Landais. ‖ **pressing** XXᵉ s., mot angl. ‖ **presse-citron** 1877, L. ‖ **presse-étoupe** 1875, Lar. ‖ **presse-fruits** 1935. ‖ **presse-papiers** 1851, Flaubert. ‖ **presse-purée** milieu XIXᵉ s. ‖ **pression** 1256, Ald. de Sienne, « épreinte »; rare jusqu'en 1660, Pascal, phys.; v. 1840, Balzac, sens moral; du lat. techn. *pressio,* de *pressus,* part. passé de *premere.* ‖ **pressoir** fin XIIᵉ s., du bas lat. *pressorium* (IVᵉ s.), de même rad. que le précéd. ‖ **pressurer** 1283, Beaumanoir (*pressoirer*); début XIVᵉ s. (*pressurer,* par changem. de suff.). ‖ **pressurage** fin XIIIᵉ s. (*pressoirage*). ‖ **pressureur** fin XIIIᵉ s. ‖ **pressuriser, pressurisation** 1953, *L. M.,* angl. *to pressurize.* ‖ **dépression** 1314, Mondeville. ‖ **empresser** fin XIIᵉ s., graver, imprimer; *s'empresser,* 1580, Montaigne. ‖ **empressé** adj., 1611, Cotgrave. ‖ **empressement** 1608, Fr. de Sales. (V. COMPRESSE, et *oppresser* à OPPRESSION.)

prestance XVᵉ s., « excellence »; 1540, G. Pellicier, sens mod.; du lat. *praestantia,* supériorité, de *prae,* en avant, et *stare,* se tenir.

prestant 1636, Mersenne, jeu d'orgues, de l'ital. *prestante,* excellent.

prestation fin XIIIᵉ s., action de reconnaître une obligation; milieu XVᵉ s., redevance en nature; du bas lat. *praestatio,* de *praestere,* fournir; *prestation de serment,* fin XVᵉ s. ‖ **prestataire** 1845, Besch.

preste 1460, *Cent Nouvelles nouvelles,* de l'ital. *presto* (v. PRÊT 1, adj.). ‖ **prestesse** fin XVIᵉ s., Brantôme (*pretezze*), de l'ital. *prestezza.*

prestidigitateur 1823, Boiste; de l'adj. *preste* et du lat. *digitus,* doigt. ‖ **prestidigitation** 1823, Boiste.

prestige début XVIᵉ s., « illusion attribuée à des sortilèges »; milieu XVIIᵉ s., « impression causée par les productions de l'art »; milieu XVIIIᵉ s., sens mod.; du lat. *praestigium,* « illusion, artifice ». ‖ **prestigieux** milieu XVIᵉ s., « qui est sous l'influence d'un charme »; XVIIIᵉ s., sens mod.; du lat. *praestigiosus,* éblouissant, trompeur.

presto 1651, Richer, « vite »; 1762, *Acad.,* mus.; mot ital., « vif » (v. PRESTE).

599

‖ **prestissimo** 1762, *Acad.*, mus., superl. de *presto*.

prestolet 1657, Loret, petit prêtre, péjor., arch., du prov. mod. *prestoulet*, dimin. de *preste*, var. de *prestre*, prêtre.

présumer début XIIe s., *Grégoire*, du lat. *praesumere*, « conjecturer », proprem. « prendre d'avance », de *prae* et *sumere* (v. PRÉSOMPTIF). ‖ **présumable** fin XVIe s., rare avant 1781, Linguet.

*****présure** 1190, saint Bernard (*prisure*), du lat. pop. *pre(n)sūra*, « ce qui est pris », de *prendere*, prendre. ‖ **présurer** 1600, O. de Serres. ‖ **présurier** début XIXe s.

1. *****prêt** adj., fin XIe s., *Alexis* (*prest*) ; du bas lat. *praestus*, de l'adv. class. *praesto*, « tout près, sous la main ». ‖ *****apprêter** 980, *Passion*, du lat. pop. *apprestare*. ‖ **apprêt** 1305, G. Guiart. ‖ **apprêteur** 1552, Ch. Est. ‖ **apprêtage** milieu XVIIIe s.

2. **prêt** V. PRÊTER.

prétantaine, pretentaine 1645, *Muse normande*, d'orig. obsc. ; peut-être du norm. *pertintaille*, var. fr. *pretintaille*, « ornement de robe », avec un rad. influencé par *retentir* et un suff. *-taine*, fréquent dans les refrains de chansons ; *courir la prétantaine*, XVIIe s.

prétendre début XIIe s., v. tr., réclamer comme un droit ; du lat. *praetendere*, de *prae*, en avant, et *tendere* (v. TENDRE) ; *prétendre à*, début XVe s. ‖ **prétendant** s. m., XVe s., O. de Saint-Gelais. ‖ **prétendu** milieu XVIIe s., fam., fiancé ; de *gendre prétendu*, Molière, *le Malade imaginaire*. ‖ **prétendument** 1769, L. ‖ **prétention** fin XVe s., de *praetentus*, part. passé de *praetendere*. ‖ **prétentieux** fin XVIIIe s. ‖ **prétentieusement** 1836, Landais.

prêter début XIIe s. (*prester*), du lat. *praestare*, fournir (v. PRESTATION), spécialisé en bas lat. au sens de « prêter » ; *prêter serment*, 1538, R. Est., repris au lat. jurid. ‖ **prêt** 1175, Chr. de Troyes (*prest*). ‖ **prêteur** 1265, Br. Latini. ‖ **prête-nom** 1718, Bretonnier,

prétérit début XIIIe s., d'Andeli, du lat. gramm. *praeteritum* (s.-e. *tempus*), « temps passé », de même rad. que le suivant.

prétérition début XIVe s., rhét., du lat.

praeteritio, « omission », de *praeterire*, passer, et au fig. « omettre », de *ire*, aller, et *praeter*, « le long de, au-delà ».

prétermission milieu XVe s., rhét., du lat. *praetermissio*, omission, de *praetermittere*, de *mittere*, envoyer.

préteur 1213, *Fet des Romains*, du lat. *praetor*, magistrat judiciaire. ‖ **préture** fin XVe s., du lat. *praetura*. ‖ **prétoire** XIIe s., du lat. *praetorium*, hist. ; début XVIe s., par anal., salle d'audience d'un tribunal. ‖ **prétorien** adj., 1213, *Fet des Romains*, hist. ; s. m., milieu XVIIe s., hist. ; v. 1840, Balzac, fig., militaire de coup d'Etat.

1. **prétexte** s. m., 1530, Palsgrave, du lat. *praetextus*, « tissé ou brodé pardevant », de *texere*, tisser ; par métaph., motif mis en avant. ‖ **prétexter** 1566, Granvelle.

2. **prétexte** s. f., 1355, Bersuire, hist., du lat. *praetexta* (*toga*), « toge brodée par-devant », de *prae*, devant, et *texere*, tisser.

pretintaille 1708, Lesage, arch., ornement de robe, du norm. *pertintaille*, « collier de cheval muni de grelots », de même rad. que *prétantaine*. (V. PRÉTANTAINE.)

*****prêtre** 1080, *Roland* (*proveire*), cas régime (cf. la rue des *Prouvaires*, à Paris) ; XIIe s. (*prestre*) ; du lat. eccl. *presbyter* (IIIe s., Tertullien, « vieillard ») ; *Vulgate*, « prêtre »), du gr. *presbuteros*, comparatif de *presbus*, vieillard (v. PRESBYTE, PRESBYTÈRE). ‖ **prêtresse** XIIe s., *Isaure*, réservé aux cultes païens. ‖ **prêtrise** 1495, J. de Vignay. ‖ **prêtraille** 1498, *Soties*. ‖ **archiprêtre** XIIe s. (*arceprêtre*, *archeprêtre*), d'après le lat. eccl. *archipresbyter*.

preuve V. PROUVER.

*****preux** 1080, *Roland* (*prod*) ; début XIIe s., *Voy. de Charl.* (*proz*) ; XIIe s. (*preu*) ; de l'adj. bas-lat. *prōdis*, du lat. pop. *prōde* (IVe s.), « profit, avantage », de *prōde est*, au lieu du lat. class. *prōdest*, 3e pers. sing. prés. indic. de *prodesse*, être utile. ‖ **prouesse** 1080, *Roland* (*proece*). [V. PROU, PRUDE, PRUD'HOMME.]

prévaloir 1420, Robinet, du lat. *praevalere*, « l'emporter sur », de *valere*, valoir.

prévariquer 1120, *Ps. d'Oxford* (*prevarier*) ; 1398, E. Deschamps (*prevaricant*, part. prés. substantivé) ; du lat. jurid. *praevaricari*, entrer en collusion avec la partie adverse (en parlant d'un avocat), proprem. « faire des crochets, s'écarter du droit chemin », de *varus*, cagneux. ‖ **prévarication** 1120, *Ps. d'Oxford*, du lat. *praevaricatio*. ‖ **prévaricateur** 1361, Oresme, du lat. *praevaricator*.

prévenir milieu XVᵉ s., « devancer » (sens conservé jusqu'au XVIIIᵉ s.), du lat. *praevenire*, de *prae*, avant, et *venire*, venir ; XVIᵉ s., « aller au-devant » (des désirs) ; début XVIIIᵉ s., avertir. ‖ **prévenu** adj. et subst., 1611, Cotgrave, « accusé ». ‖ **prévenant** adj., début XVIᵉ s., « qui devance » ; 1718, *Acad.*, sens mod. ‖ **prévenance** 1732, *Trévoux*. ‖ **préventif** 1819, Boiste, jurid. ; 1870, méd. ; du lat. *praeventus*, part. passé de *praevenire*. ‖ **prévention** fin XIIIᵉ s., *R. dou Lis*, « opposition » ; 1637, Descartes, « opinion préconçue » ; fin XVIIIᵉ s., jurid., « état d'un prévenu » ; du bas lat. *praeventio*, de *praeventus*. ‖ **préventorium** 1907, *L. M.*, du lat. *praeventus*, sur le modèle de *sanatorium*.

prévoir début XIIIᵉ s. (*previr*) ; 1265, Br. Latini (*prevoir*) ; du lat. *praevidere*, francisé sur *videre*, voir, et *prae*, d'avance. ‖ **prévoyant** fin XVIᵉ s. ‖ **prévoyance** début XVᵉ s. ‖ **imprévoyant** 1596, Basmaison. ‖ **imprévoyance** 1611, Cotgrave. ‖ **imprévu** début XVIᵉ s. ; *à l'imprévu*, 1671, Pomey. ‖ **prévisible** 1848, Balzac, de *visible*, d'après *prévoir*. ‖ **imprévisible** 1836, Landais. ‖ **prévision** 1265, J. de Meung, du bas lat. *praevisio*, de *praevidere*. ‖ **imprévision** 1866, L. ‖ **prévisionnel** 1876, *Journ. offic.*

*prévôt XIIᵉ s. (*prévost*), « magistrat, officier civil » ; milieu XIVᵉ s., *prévôt des marchands* ; depuis le XIXᵉ s., d'empl. restreint (*prévôt d'armes*, *père prévôt*, etc.) ; du lat. *praepositus*, proprem. « préposé (à) » (var. *propositus*, d'où la var. d'anc. fr. *provost*). ‖ **prévôtal** début XVIᵉ s. ‖ **prévôté** 1155, Wace (*prévosté*).

priape fin XVᵉ s., « phallus » ; 1680, Richelet (*Priape*), « dieu des Jardins, et de l'Amour physique » ; du lat. *Priapus*, dieu de la mythol. romaine. ‖ **priapée** fin XVᵉ s., litt. ; milieu XVIᵉ s., « œuvre licencieuse » ; du bas lat. *priapeium* (*metrum*), gr. *priapeion* (*metron*), « mètre priapéen », au plur. poème en vers priapéens, sur le dieu Priape. ‖ **priapisme** 1495, *Mir. historial*, méd. ‖ **priapique** début XIXᵉ s.

*prier Xᵉ s., *Eulalie* (*preier*) ; 1175, Chr. de Troyes (*prier*, d'après les formes toniques, *il prie*, etc.) ; du bas lat. *precare*, en lat. class. *precāri* ; empl. d'abord avec un compl. direct (*prier Dieu*) ; a éliminé au XVᵉ s. *orer* en empl. intr. ‖ **prie-Dieu** début XVIIᵉ s. ; Ménage et *Acad.*, 1762, recommandent encore *prié-Dieu*. ‖ ***prière** début XIIᵉ s. ; du lat. pop. *precāria* (VIᵉ s.), fém. substantivé de *precarius*, « qui s'obtient par des prières » ; a éliminé le lat. class. *preces*, prières. (V. PRÉCAIRE.)

prieur 1190, Garn. (*priur*), du lat. *prior*, « le premier de deux », spécialisé en lat. eccl. ; fin XIVᵉ s., au fém. ‖**prieuré** *id.* (*prioret*). ‖ **priorat** 1688, Boulan.

prima donna 1830, Balzac, mots italiens, proprem. « première dame ».

1. primage 1907, Lar., techn., de l'angl. *(to) prime*, projeter.

2. primage V. PRIME 2.

primaire 1789, texte admin. (*assemblée primaire*), du lat. *primarius* (v. PREMIER) ; 1791, Talleyrand, enseignement ; 1845, Besch., géol. ‖ **primariser, primarisation** fin XIXᵉ s., peu us. ‖ **primarité** XXᵉ s.

1. primat 1155, Wace, eccl., du lat. eccl. *primas*, *-atis*, en lat. class. « de premier rang », de *primus*, premier. ‖ **primatie** XIVᵉ s., G. (*primacie*). ‖ **primatial** milieu XVᵉ s.

2. primat XXᵉ s., Brunschvicg, « primauté », de l'all. *Primat*.

primate 1838, *Acad.*, zool., du lat. *primas*, *-atis*, de premier rang.

primauté XIIIᵉ s., rare avant le XVIᵉ s., du lat. *primus*, premier, d'après *royauté*, etc.

1. prime adj., 1119, Ph. de Thaun, réfection, d'après le lat. *primus*, de l'anc. fr. *prin*, lui-même issu de *primus* ; 1155, Wace, s. f., eccl., « première heure »

(6 h du matin); 1690, Furetière, escrime; auj., seulem. dans la loc. *de prime abord*, début XVIIe s., Fr. de Sales, d'après l'anc. *de prime face*, 1361, Oresme, « à première vue »; dans quelques composés (v. PRIMEROSE, PRIMESAUTIER à PRIMESAUT, PRIMEVÈRE), et sous la forme *prin-* (v. PRINTEMPS). ‖ **primer** XIIe s., « avoir les prémices de »; 1564, J. Thierry, « tenir le premier rang ». ‖ **primeur** s. f., XIIIe s., rare en anc. et moy. fr.; 1671, Pomey, première apparition; 1749, *Maison rustique*, légume nouveau. ‖ **primeuriste** 1872, *Journ. offic.*

2. **prime** s. f., début XVIIe s., *prime d'assurance*, de l'angl. *premium*, (francisé d'après sa prononciation), de l'esp. *premio*, prix, récompense, du lat. *praemium*. ‖ **primage** 1752, *Trévoux*, mar. ‖ **primer** 1869, L. ‖ **surprime** 1877, L.

primerose XIIe s., de l'anc. adj. *prime*, et de *rose*. (V. ces mots.)

primesaut 1375, *Modus* (*de prinsaut*); 1669, Widerhold (*de prime-saut*), « premier saut », de l'anc. adj. *prime*, et de *saut*. ‖ **primesautier** 1160, *Eneas* (*prinsaltier*); 1756, Voltaire (*primesautier*).

primeur V. PRIME 1.

*primevère** XIIe s. (*primevoire*); XVIe s. (*primevère*); empl. fig. de l'anc. *primevère*, *primevoire*, « printemps »; du lat. pop. *prīma vēra*, fém. de *primo vēr*, de l'ablatif lat. class. *prīmo vēre*, « au début du printemps », d'où « au printemps », de *vēr*, *vēris*, printemps.

primidi 1793, Fabre d'Églantine, premier jour de la décade dans le calendrier républicain; du lat. *primus*, premier, et *dies*, jour.

primipare 1823, Boiste, du lat. *primipara*, de *primus*, premier, et *parère*, enfanter; se dit d'une femme qui enfante pour la première fois.

primitif 1310, Fauvel, du lat. *primitivus*, « qui naît le premier », de *primus* (gramm. dès le lat.); 1550, Meigret, gramm; début XIXe s., « qui a le caractère des premiers âges »; 1869, L., « rudimentaire »; fin XIXe s., beaux-arts; 1907, Lar., *primitifs*, s. m. pl., ethnol. ‖ **primitivisme** 1907, Lar. ‖ **primitivité** 1845, Besch.

primo début XIVe s., ellipse de la loc. lat. *primo loco*, en premier lieu. (V. SECUNDO, TERTIO, QUARTO.)

primogéniture fin XVe s., du lat. *primogenitus*, né le premier, aîné; priorité de naissance entre frères et sœurs.

primordial fin XVe s.; rare avant le XVIIe s.; du bas lat. *primordialis* (IIIe s.), Tertullien), de *primordium*, commencement; d'abord « qui existe à l'origine », puis « le plus important » (XIXe s.).

primulacées 1809, Wailly, du lat. bot. mod. *primula*, primevère, lat. *primulus*, « qui commence », de *primus*.

prince début XIIe s., du lat. *princeps*, « premier », puis « souverain, chef ». ‖ **princesse** 1308, Aimé; *aux frais de la princesse*, 1877, L., fig., fam. ‖ **princier** adj., 1714, Héliot. ‖ **principauté** XIIIe s., « fête principale », du lat. *principalitas*, « excellence »; 1361, Oresme, souveraineté; fin XVe s., dignité de prince. ‖ **principicule** 1831, Barthélemy.

princeps (*édition princeps*) 1811, Mozin, mot lat., « premier »; se dit de la première édition d'un livre.

1. **princier** adj. V. PRINCE.

2. **princier** s. m., milieu XIIe s., « prince »; milieu XIIIe s., eccl.; du lat. impér. *primicerius*, « le premier inscrit sur les tablettes de cire », de *cera*, cire. ‖ **princerie** début XIVe s. (V. PRINCE.)

principal adj., 1080, *Roland* (var. *principel*, début XIIe s., *Voy. de Charl.*), « princier, de prince »; du lat. *principalis*, de *princeps*, premier; 1119, Ph. de Thaun, sens mod.; s. m., 1283, Beaumanoir, fond d'une affaire, sujet principal; 1549, R. Est., directeur d'un collège; fin XIXe s., premier clerc. ‖ **principalat** fin XVIe s., peu us.

principauté, principicule V. PRINCE.

principe 1265, Br. Latini, « origine, première cause », du lat. *principium*, « commencement »; milieu XIVe s., règle de conduite; 1631, Descartes, phys.; XVIIe s., notion fondamentale d'une science.

*printemps** fin XIIe s. (*prinstans*), du lat. *primum tempus*, « premier temps, première saison »; a éliminé *primevère* en ce sens, au XVIᵉ s. (v. PRIME, 1, PRIME-VÈRE). ‖ **printanier** 1503, G. de Chauliac. ‖ **printanisation** 1937, *L. M.*

priodonte 1868, L., zool., du gr. *priein*, scier, et *odous, odontos*, dent; grand tatou d'Amérique aux griffes énormes.

priorité 1361, Oresme, du lat. médiév. *prioritas*, de *prior*.

prise XIIᵉ s., É. de Fougères, part. passé de *prendre*, substantivé au fém.; 1740, *Acad.*, *prise de tabac*; 1845, Besch., sens techn. divers (eau, électr., autom., son, etc.); *prise de vues*, 1897, *le Progrès de Lyon; être aux prises avec*, 1580, Montaigne; *venir aux prises*, 1625, Stœr; *mettre aux prises*, milieu XVIIIᵉ s.; *prise de bec*, 1869, L., fam. ‖ **priser** (*du tabac*) 1808, d'Hautel. ‖ **priseur** 1807, Michel.

1. *****priser** 1080, *Roland* (*preiser*); XIIᵉ s. (*prisier*, puis *priser*, d'après les formes toniques : *je prise*, etc.), « évaluer » et « faire cas de »; du bas lat. *prētiare*, apprécier (VIᵉ s., Cassiodore), de *pretium*, prix. ‖ **prisée** XIIIᵉ s. ‖ **priseur** 1260, É. Boileau; remplacé par *huissier-priseur*, 1718, *Acad.*, puis par *commissaire-priseur*, début XIXᵉ s. ‖ **mépriser** fin XIIᵉ s., *Parthenopeus* (*mesproisier*), avec le préf. *mé(s)-*. ‖ **méprisable** 1355, Bersuire (*mesprisablement*, adv.). ‖ **méprisant** adj., début XIIIᵉ s. ‖ **mépris** 1420, A. Chartier (*mespris*). ‖ **mépriseur** 1549, R. Est.

2. **priser** V. PRISE.

prisme début XVIIᵉ s. (en all. depuis 1539; en angl. depuis 1570), du gr. *prisma, prismatos*, de *prizein*, scier. ‖ **prismatique** 1647, Pascal.

*****prison** 1080, *Roland* (*prisum*), « prise, capture », et « lieu d'emprisonnement »; début XIIᵉ s. (*prison*), « captivité »; du lat. pop. **pre(n)siōnem*, acc. de **pre(n)siō*, pour le class. *prehensio*, « action d'appréhender », de *prehendere* (v. PRENDRE); a éliminé *chartre* (v. CHARTRE 2 et GEÔLE). ‖ **prisonnier** déb. XIIᵉ s., *Couronn. Loïs*, en anc. fr. aussi *prison*, s. m., en ce sens. ‖ **emprisonner** déb. XIIᵉ s. ‖ **emprisonnement** XIIIᵉ s.

*****privé** adj., début XIIᵉ s., « où le public n'a pas accès », du lat. *privātus*, « particulier, privé »; *sous seing privé*,

1690, Furetière, jurid.; *privé* a pu signifier, du XIIᵉ au XIXᵉ s., « apprivoisé », d'où *appriver, priver*, « apprivoiser », encore chez La Fontaine. ‖ **privauté** début XIIIᵉ s. (*priveté*, puis *privauté*, d'après *royauté*, etc.), « familiarité, affaire privée », etc.; début XIVᵉ s., érot. ‖ **privatim** fin XVIIᵉ s., Saint-Simon. ‖ **privatim** 1923, Lar., adv. lat., « à titre privé ».

priver début XIVᵉ s., du lat. *privare*. ‖ **privation** fin XIIIᵉ s., du lat. *privatio*. ‖ **privatif** début XVIᵉ s., du lat. *privativus*.

privilège 1190, Garn., du lat. *privilegium*, « loi spéciale à un particulier », de *lex*, loi, et *privus*, privé. ‖ **privilégier** début XIIIᵉ s. ‖ **privilégié** adj., 1265, J. de Meung; subst., 1596, Hulsius.

*****prix** fin XIᵉ s. (*pris*), « somme à payer »; 1175, Chr. de Troyes, « récompense »; du lat. *prētium* (v. PRISER 1); *à tout prix*, 1683, Boileau; *mettre à prix*, milieu XIVᵉ s., au pr.; 1671, Pomey, fig. (*la tête d'un homme*); *prix fixe*, 1690, Furetière. ‖ **Uniprix, Monoprix, Prisunic** XXᵉ s. ‖ **déprécier** 1762, *Acad.*, du lat. *depretiare*. ‖ **dépréciation** 1779, Gérard. ‖ **dépréciateur** 1705, *Rapport du Bureau central*.

pro- préfixe, du lat. *pro*, « en avant, à la place de, en faveur de »; en fr., égalem. « partisan de », par ex. : *proanglais*.

probable fin XIIIᵉ s., de Gauchy (*proubable*), « qu'on peut prouver »; fin XIVᵉ s., « qui paraît vrai »; du lat. *probabilis*, de *probare*, prouver (v. PROUVER). ‖ **probablement** 1361, Oresme. ‖ **improbable** 1606, Crespin. ‖ **probabilité** 1361, Oresme. ‖ **improbabilité** 1610, Coton. ‖ **probabilisme** fin XVIᵉ s., théol.; 1875, Lar., philos. ‖ **probabiliste** 1704, *Trévoux*, même évolution du sens. ‖ **probant** XVIᵉ s., Carloix; peu us. avant la fin du XVIIIᵉ s.; du lat. *probans*, prouvant. ‖ **probation** milieu XIVᵉ s., « épreuve »; 1549, R. Est., eccl.; du lat. *probatio*, de *probare*, prouver. ‖ **probatoire** début XVIIᵉ s., du lat. *probatorius*.

probatique XIIIᵉ s., hist., du lat. *probaticus*, gr. *probatikos*, « relatif au bétail ».

probe milieu XVᵉ s. (*prob*), du lat. *probus*. ‖ **probité** 1420, A. Chartier, du lat. *probitas*. ‖ **improbe** XVᵉ s., G., du lat. *improbus*. ‖ **improbité** XIVᵉ s., du lat. *improbitas*.

problème fin XIVᵉ s., E. de Conty, « question difficile à résoudre »; 1632, Descartes, question scientifique; du lat. *problema*, gr. *problêma*. ‖ **problématique** adj., 1450, Guill. Alexis; s. f., XXᵉ s., philos.

proboscide 1532, Rab., trompe d'éléphant; du lat. *proboscis, -cidis*, mot gr. ‖ **proboscidien** 1822, Blainville.

procéder fin XIIIᵉ s. (*procéder de*), « émaner », théol. (*le Saint Esperit qui procede du Pere*); début XIVᵉ s., « agir judiciairement »; 1549, R. Est., *procéder à*, « passer à l'exécution de », jurid.; du lat. eccl. *procedere*, « sortir de », et, jurid., « procéder à une action judiciaire », en lat. class. « s'avancer », de *pro* et *cedere*. ‖ **procédé** s. m., 1540, *Cartulaire de Redon*. ‖ **procédure** milieu XIVᵉ s., jurid. ‖ **procédurier** adj., 1823, Boiste. ‖ **procédural** 1907, Lar.

procédure V. PROCÉDER.

procellaridés 1832, Boiste (*procellaire*), zool., du lat. zool. *procellaria*, de *procella*, orage.

procès 1178, É. de Fougères, « titre, contrat »; 1209, texte de Douai (*pruchès*), « marche (du temps) »; milieu XIIIᵉ s., développement, progrès; fin XIIIᵉ s., jurid.; XXᵉ s., linguist.; du lat. *processus*, « marche en avant », spécialisé jurid. en lat. médiév. (v. PROCÉDER). ‖ **processif** 1512, J. Lemaire de Belges. ‖ **processus** 1541, Vassée, « prolongement »; 1869, L., sens mod.; mot lat. ‖ **procès-verbal** milieu XIVᵉ s., constat judiciaire; milieu XIXᵉ s., empl. courant, « constat de contravention », « compte rendu de séance ».

procession début XIIᵉ s., *Voy. de Charl.*, eccl., « cortège religieux », du lat. *processio*, proprem. « action d'avancer », de *procedere* (v. PROCÉDER). ‖ **processionnaire** début XIVᵉ s., livre des prières récitées aux processions; 1734, Réaumur, entom. ‖ **processionnel** milieu XIVᵉ s. (*processionnal*); milieu XVIᵉ s. (*processionnel*). ‖ **processionner** 1779, Ch. Bonnet. ‖ **processionneur** 1743, *Trévoux*.

processus V. PROCÈS.

*prochain adj. et s. m., 1120, *Ps. de Cambridge* (*prucein*); v. 1160, *Charroi* (*prochain*); du lat. pop. **propeanus*, de *prope*, près (cf., pour le suff. lat. pop., *ancien, lointain*); a éliminé l'anc. fr. *proisme*, de *proximus*; le subst. n'est usuel que depuis 1377, Oresme, d'abord dans le lexique eccl. ‖ **prochainement** 1155, Wace, adv. de temps.

proche milieu XIIIᵉ s.; rare avant le XVIᵉ s.; dér. régressif de *prochain*; a éliminé l'anc. fr. *pruef, prof*, de *prope*; milieu XVIIᵉ s., La Rochefoucauld, s. pl., « proches parents ». ‖ **approcher** 1080, du bas lat. *appropiare*. ‖ **approche** XVᵉ s., déverbal; XXᵉ s., sens actuel. ‖ **approchant** 1555, Pasquier. ‖ **approchable** XVᵉ s. ‖ **rapprocher** XVIᵉ s. ‖ **rapprochement** début XVIIᵉ s.

proclamer fin XIVᵉ s., du lat. *proclamare*, de *clamare*, appeler. ‖ **proclamation** début XIVᵉ s., action de publier à haute voix, du lat. *proclamatio*; 1694, *Acad.*, écrit public contenant ce qu'on proclame. ‖ **proclamateur** milieu XVIᵉ s.

proclitique 1812, Mozin, gramm., mot formé par le grammairien allemand Hermann, sur *enclitique*, d'après le gr. *proklînein*, incliner en avant.

proconsul milieu XIIᵉ s., hist., du lat. *proconsul*. ‖ **proconsulaire** 1512, J. Lemaire de Belges, du lat. *proconsularis*. ‖ **proconsulat** 1552, Guéroult, du lat. *proconsulatus*.

procréer fin XIIIᵉ s., du lat. *procreare*. ‖ **procréation** 1213, *Fet des Romains*, du lat. *procreatio*. ‖ **procréateur** 1547, Budé, du lat. *procreator*. (V. CRÉER.)

proct-, procto- du gr. *prôktos*, anus. ‖ **proctalgie** 1827, *Acad.*, méd. ‖ **proctite** *id.* ‖ **proctologie** XXᵉ s. ‖ **proctorrhée** 1836, Landais.

procurer fin XIIᵉ s., « avoir soin de », du lat. *procurare*, même sens, de *cura*, soin; fin XVᵉ s., Commynes, « faire obtenir ». ‖ **procure** 1265, J. de Meung, hist., eccl. ‖ **procureur** milieu XIIIᵉ s., « qui agit par procuration, intercesseur »; fin XIIIᵉ s., officier de justice, avoué; *procureur du roi*, fin XIIIᵉ s., magistrat chargé du ministère public, d'où *procureur*, au sens mod. ‖ **procureuse** fin XVᵉ s., femme de procureur; 1836, Landais, entremetteuse. ‖ **procurateur** fin XIIᵉ s., sens gén., mandataire; 1765, *Encycl.*, hist. rom. ‖ **procuration** début XIIIᵉ s., pouvoir donné à un mandataire, du lat. *procuratio*, « action de veiller sur », spécialisé jurid.

prodige 1355, Bersuire, du lat. *prodigium*. ‖ **prodigieux** fin XIVᵉ s., du lat. *prodigiosus*.

prodigue 1265, Br. Latini, du lat. *prodigus*; *Enfant prodigue*, 1560, trad. de la Bible. ‖ **prodiguer** 1552, Ronsard, *Amours*. ‖ **prodigalité** 1265, Br. Latini, du bas lat. *prodigalitas*.

prodrome XVᵉ s., « précurseur »; 1765, *Encycl.*, méd.; du lat. *prodromus*, proprem. « avant-coureur », du gr. *prodromos*, de *dromos*, course.

produire milieu XIVᵉ s., « faire apparaître en justice »; 1361, Oresme, causer, amener; du lat. *producere*, « faire avancer », adapté d'après *conduire*, etc., de *ducere*, conduire. ‖ **produit** s. m., 1554, Peletier. ‖ **sous-produit** 1902. ‖ **reproduire** 1600, O. de Serres. ‖ **production** 1283, Beaumanoir (*producion*), jurid.; 1546, Rab., ext. d'empl.; du part. passé lat. *productus*. ‖ **coproduction** XXᵉ s. ‖ **sous-production** XXᵉ s. ‖ **producteur** milieu XVᵉ s.; 1908, *l'Illustration*, cinéma. ‖ **reproducteur** 1762, Bonnet. ‖ **productif** 1470, *Livre disc.* ‖ **productivité** 1766, Quesnay. ‖ **improductif** 1785, Beaumarchais. ‖ **reproductif** 1760, Gohin. ‖ **improductivité** 1873, Lar. ‖ **productible** 1771, *Trévoux*. ‖ **productibilité** *id.* ‖ **reproductible** 1798, *Acad.* ‖ **improductible** début XVIIIᵉ s. ‖ **improductibilité** 1836, Landais. ‖ **reproductibilité** *id.*

proéminent 1556, R. Le Blanc, du part. prés. bas-lat. *proeminens* (v. ÉMINENT). ‖ **proéminence** 1560, Paré.

profane début XIIIᵉ s., du lat. *profanus*, « hors du temple », de *fanum*, temple; déjà fig. en lat. ‖ **profaner** début XIVᵉ s., du lat. *profanare*. ‖ **profanation** 1460, J. des Ursins, du lat. eccl. *profanatio*. ‖ **profanateur** 1566, R. Est., du lat. eccl. *profanator*. ‖ **profanatoire** XIXᵉ s.

profectif milieu XVIᵉ s., jurid., du lat. *profectus*, qui vient de. (V. PROFIT.) ‖ **profection** début XVIᵉ s., astrol.

proférer 1265, Br. Latini, du lat. *proferre*, « porter en avant », de *pro*, en avant, et *ferre*, porter.

profès 1155, Wace (*professe*), eccl.; du lat. eccl. *professus*, « qui a déclaré », part. passé de *profiteri*, déclarer. (V. les suivants.)

professeur XIVᵉ s., *Chir. de Lanfranc*, « celui qui enseigne », du lat. *professor*, de *profiteri*, au sens « enseigner en public », proprem. « déclarer » (v. PROFÈS, PROFESSION). ‖ **professer** début XVIIIᵉ s., enseigner. ‖ **professoral** 1686, *Nouv. de la Rép. des lettres.* ‖ **professorat** 1685, Bayle.

profession 1155, Wace, déclaration publique de sa foi, du lat. *professio*, de *professus*, part. passé de *profiteri*, déclarer (v. les précéd.); début XVᵉ s., état, métier; *faire profession de* (d'une religion, d'un sentiment), milieu XVIᵉ s.; *profession de foi*, 1690, Furetière, relig.; 1762, Rousseau, ext. d'empl. ‖ **professer** fin XVIᵉ s., déclarer hautement. ‖ **professionnel** adj., 1842, Mozin; s., fin XIXᵉ s. ‖ **professionnalisme** 1934, *le Temps*, sport.

profil XIIᵉ s. (*porfil, pourfil*), « bordure »; 1636, R. François (*profil*), « contour », puis restr. de sens; sous la forme mod., empr. à l'ital. *profilo*, même mot que l'anc. fr., qui vient de *porfiler*, border, de *fil* (v. ce mot). ‖ **profiler** 1615, Binet, « dessiner les contours », de l'ital. *profilare*; *se profiler*, 1780, se montrer en silhouette. ‖ **profilé** adj., XXᵉ s., techn.

*****profit** 1120, *Ps. de Cambridge* (var. *proufit, porfit, pourfit* en anc. fr.); du lat. *profĕctus*, au fig., part. passé substantivé de *proficere*, proprem. « progresser », d'où « donner du profit »; *mettre à profit*, 1640, Oudin. ‖ **profiter** *id.* ‖ **profitable** 1155, Wace. ‖ **profiteur** milieu XVIIᵉ s., rare avant la fin du XIXᵉ s. ‖ **profiterolle** 1532, Rab., petite gratification; 1549, R. Est., sorte de gâteau.

profond 1080, *Roland* (*parfunt*); 1175, Chr. de Troyes (*profonde*, adj. fém., réfection d'après le lat.) ; du lat. *profundus*, de *fundus*, fond, d'abord avec changem. de préf. ‖ **profondeur** fin XIIe s., *Alexandre* (*parfundor*) ; 1361, Oresme (*profondeur*). ‖ **approfondir** fin XIIIe s., Guiart. ‖ **approfondissement** 1578, d'Aubigné.

profus 1478, Leseur, du lat. *profusus*, « répandu en dehors », de *fundere*, répandre. ‖ **profusion** 1495, *Mir. historial*, du lat. *profusio*.

progéniture fin XVe s., du lat. *genitura*, génération, créature (cf. le moy. fr. *géniture*), d'après le lat. *progenies*, race, lignée, de *gignere*, engendrer. ‖ **progéniteur** 1361, Oresme, vx.

progestérone XXe s., physiol., de *pro-* et *gestare* (v. GESTATION) ; hormone de l'ovaire.

prognathe 1842, *Acad.*, entom.; 1869, L., ext. d'empl.; du gr. *pro*, en avant, et *gnathos*, mâchoire. ‖ **prognathisme** *id.*

prognose 1669, Molière, du gr. *prognôsis*, prévision, de *pro*, d'avance, et *gnônai*, connaître. ‖ **prognostique** 1660, Fernel, du gr. *prognôstikos.* (V. PRONOSTIC.)

programme 1680, Richelet, du gr. *programma*, affiche, de *pro*, devant, et de la rac. de *graphein*, écrire ; 1830, F. Wey, polit.; milieu XXe s., électron. ‖ **programmer, programmation, programmeur** début XXe s., techn. ‖ **programmatique** 1963, journ. ‖ **programmateur** *id.*

progrès 1532, Rab., du lat. *progressus*, « action d'avancer », du part. passé de *progredi*, avancer. ‖ **progression** XIVe s., du lat. *progressio*, de *progressus.* ‖ **progressif** 1372, Corbichon ; 1830, Balzac, polit. ‖ **progressivité** oct. 1833, *Rev. encycl.* ‖ **progresser** 1834, Stendhal. ‖ **progressiste** 1841, Fourier. ‖ **progressisme** 1877, *Rev. des Deux Mondes.*

prohiber fin XIVe s., du lat. *prohibere*, « tenir à distance », de *pro*, en avant, et *habere*, avoir, tenir. ‖ **prohibition** début XIIIe s., du lat. *prohibitio.* ‖ **prohibitif** début XVIe s., d'après le part. passé lat. *prohibitus.* ‖ **prohibitionniste** 1833, *Rev. britannique.* ‖ **prohibitionnisme** 1907, Lar.

*proie 1155, Wace, « butin », du lat. pop. **prēda*, en lat. class. *praeda;* fin XIVe s., ext. de sens.; *en proie à*, 1560, Pasquier; *oiseau de proie*, fin XIIIe s., Rutebeuf.

projection 1314, Mondeville, du lat. *projectio*, de *projectus*, part. passé de *projicere*, jeter en avant, de *pro-* et *jacēre*, jeter, lancer; 1897, *l'Illustration.* ‖ **projectile** 1750, Buffon, de *projectus.* ‖ **projecteur** 1890, Lar., éclairage, cinéma. ‖ **projecture** 1596, Huls., archit. ‖ **projectif** 1752, *Trévoux*, géom. ‖ **projectionniste** XXe s., cinéma.

projeter XIIe s. (*porjeter*), « jeter au loin, en avant », de l'adv. anc. *por, puer*, en avant, du lat. *pro*, et du verbe *jeter;* fin XIVe s., Froissart, *pourjeter une embusque*, dresser une embuscade ; milieu XVe s. (*projeter*), ext. d'empl., avec adaptation du préf. d'après le lat. *pro.* ‖ **projet** fin XVe s. (*pourjet*) ; 1549, R. Est. (*projet*). ‖ **projeteur** v. 1760, J.-J. Rousseau; milieu XXe s., techn. ‖ **avant-projet** milieu XIXe s. ‖ **contre-projet** 1828, Verger.

prolactine 1933, Lar., physiol., de *pro-* et du lat. *lac, lactis*, lait; hormone qui favorise la lactation.

prolapsus 1827, *Acad.*, méd., de *pro-* et *lapsus*, part. passé de *labi*, tomber; chute d'un organe.

prolation 1539, R. Est., rhét., mus., du lat. *prolatio*, de *prolatus*, porté en avant, part. passé de *proferre.*

prolégomènes 1578, d'Aubigné, du gr. *prolegomena*, pl. neutre, « choses dites avant », part. prés. passif de *prolegein*, de *pro*, avant, et *legein*, dire.

prolepse 1530, Rab. (*prolepsie*) ; 1701, Furetière (*prolepse*), rhét.; du gr. *prolêpsis*, proprem. « anticipation ». ‖ **proleptique** 1755, abbé Prévost, du gr. *prolêptikos.*

prolétaire XIVe s., rare avant 1748, Montesquieu, hist. rom.; 1761, J.-J. Rousseau, ext. d'empl.; du lat. *proletarius*, de *proles*, descendance. ‖ **prolo** 1888, Sachs-Villatte, abrév. pop. ‖ **prolétariat** 1832, P. Leroux. ‖ **prolétarien** 1872, B. Malon. ‖ **prolétariser, prolétarisation** 1907, Lar.

prolifère 1766, *Dém. bot.*, du lat. *proles*, descendance, et *ferre*, porter. ‖

proliférer 1859, Mozin. ‖ **prolifération** 1842, *Acad.*, bot. ‖ **prolifique** 1503, G. de Chauliac, du lat. *proles*, descendance, avec la finale des comp. en *-fique*. ‖ **prolificité** XXᵉ s.

prolixe début XIIIᵉ s. (*prolipse*) ; 1440, Chastellain (*prolixe*) ; du lat. *prolixus*, proprem. « allongé, étendu », fig. en bas lat. ‖ **prolixité** 1265, J. de Meung, du lat. *prolixitas*.

prologue début XIIᵉ s. (*prologe*) ; début XIIIᵉ s. (*prologue*) ; du lat. *prologus*, gr. *prologos*, de *pro-*, en avant, et *logos*, discours.

prolonger 1213, *Fet des Romains* (*prolonguer*) ; XVIᵉ s. (*prolonger*, d'après *allonger*) ; du bas lat. *prolongare*, de *longus*, long ; a signifié aussi, du XIIIᵉ au XVIIIᵉ s., « remettre à plus tard ». ‖ **prolongement** fin XIIᵉ s., Gaut. d'Arras. ‖ **prolongation** 1265, Br. Latini. ‖ **prolongeable** 1788, Féraud. ‖ **prolonge** XIVᵉ s., G. de Machaut (*prolongue*) ; 1752, *Trévoux* (*prolonge*), artill.

promener XIIIᵉ s. (*pourmener*) ; XVIᵉ s. (*promener*, d'après le préf. lat. *pro-*) ; dér. de *mener*. ‖ **promenade** 1557, Julyot. ‖ **promenoir** 1559, Amyot. ‖ **promeneur** 1584, Du Monin.

promettre Xᵉ s., *Saint Léger* (*prometre*) ; XIᵉ - XIVᵉ s., var. *pramettre* ; du lat. *promittere*, adapté d'après *mettre*. ‖ **prometteur** XIIIᵉ s., *Macchabées*. ‖ **promis** adj., 1538, R. Est., « fiancé » ; 1842, Mozin, subst. ‖ **promesse** 1155, Wace, du lat. *promissa*, pl. neutre substantivé, et passé au fém. en bas lat., de *promissum*, part. passé de *promittere*. ‖ **promission** 1190, saint Bernard, eccl., du lat. *promissio*, promesse.

promiscuité 1752, J.-J. Rousseau, du lat. *promiscuus*, « mêlé », et au fig. « vulgaire », de *miscere*, mêler.

promontoire 1213, *Fet des Romains*, du lat. *promontorium* ; 1845, Besch., anat., petite saillie du tympan.

promotion V. PROMOUVOIR.

promouvoir 1130, *Job*, « élever à un rang supérieur » ; du lat. *promovere*, « faire avancer », et en lat. impér. « élever aux honneurs », adapté d'après *mouvoir* ; XVᵉ s., « encourager, soutenir », vieilli au XIXᵉ s., et repris auj. ‖ **promotion** 1350, Gilles li Muisis, « élévation » ; 1869, L., scol. ; du bas lat. *promotio*, de

promotus, part. passé de *promovere*. ‖ **promoteur** 1350, Gilles li Muisis.

prompt début XIIIᵉ s., « prêt, disposé à » ; 1530, Palsgrave, sens mod. ; du lat. *promptus*. ‖ **promptement** 1308, Aimé. ‖ **promptitude** fin XVᵉ s., Tardif, du bas lat. *promptitudo*.

promulguer 1355, Bersuire (*promulger*), du lat. *promulgare*. ‖ **promulgation** fin XIIIᵉ s. ; rare avant le XVIIIᵉ s. ; du lat. *promulgatio*.

pronaos 1765, *Encycl.*, hist. archit., mot gr., « vestibule du temple ».

pronateur 1560, Paré, anat., du bas lat. *pronator*, de *pronus*, « qui penche en avant ». ‖ **pronation** 1654, Gelée, du bas lat. *pronatio* ; mouvement de la main du dehors vers le dedans.

***prône** 1175, Chr. de Troyes, « grille séparant le chœur de la nef » ; 1678, La Fontaine, par ext. « sermon prononcé devant cette grille » ; du lat. pop. *protinum*, dissimilation du lat. *protirum*, de *prothyra*, pl. neutre, gr. *prothura*, « couloir de la porte d'entrée à la porte intérieure ». ‖ **prôner** 1578, d'Aubigné, fig., « louer ». ‖ **prôneur** XVIIᵉ s., Guez de Balzac.

pronom fin XVᵉ s., du lat. *pronomen*, de *pro*, à la place de, et *nomen*, nom. ‖ **pronominal** milieu XVIIIᵉ s., Buffon (début XVIIIᵉ s., var. *pronominel*) ; du bas lat. *pronominalis* (Vᵉ s., Priscien).

prononcer 1120, *Ps. de Cambridge*, « déclarer, proclamer », du lat. *pronuntiare*, annoncer, de *nuntius*, nouvelle ; 1283, Beaumanoir, « dire avec autorité, faire connaître » ; XIIIᵉ s., articuler, proférer. ‖ **prononçable** 1611, Cotgrave. ‖ **imprononçable** fin XVIᵉ s., Vigenère. ‖ **prononciation** fin XIIIᵉ s., du lat. *pronuntiatio*.

pronostic milieu XIIIᵉ s. (*pronostique*), « signe précurseur » ; 1314, Mondeville (*pronostic*), méd. ; du bas lat. *prognosticus*, mot gr., de *prognôstikein*, connaître d'avance (v. PROGNOSE). ‖ **pronostiquer** 1314, Mondeville. ‖ **pronostiqueur** début XIVᵉ s., *Enfances Vivien*. ‖ **pronostication** début XVIᵉ s.

pronunciamiento 1838, *Acad.* (*pronunciamento*) ; 1869, A. Royannez (*pronunciamiento*) ; mot esp., de même étym. que *prononcer*.

607

propagande fin XVIIe s., nom d'une congrégation, trad. de la loc. lat. *de propaganda fide*, « pour la propagation de la foi », de *propagare* (v. PROPAGER) ; 1792, Condorcet, sens mod. ‖ **contrepropagande** XXe s. ‖ **propagandiste** 1792, Rangt, polit.

propager fin XVe s., du lat. *propagare*, proprem. « reproduire par provignement », de *pangere*, enfoncer, planter. ‖ **propagation** XIIIe s., du lat. *propagatio*. ‖ **propagateur** 1495, *Mir. historial*, du lat. *propagator*.

propane 1875, Lar., fait avec le suff. *-ane*, sur *propionique* (acide), 1847, Besch., du gr. *prôtos*, premier, et *piôn*, gras.

propédeutique 1877, *Journ. offic.* du gr. *paideueîn*, enseigner, d'après l'all. *Propädeutik* ; vulgarisé seulement depuis 1950. ‖ **propédeute** v. 1950. ‖ **propé** v. 1950, abrév. fam.

propène XXe s. (déjà en angl. en 1866), du rad. *prop*-, avec le suff. chim. *-ène*.

propension 1528, Bouvailly, du lat. *propensio*, de *propendere*, pencher.

propergol milieu XXe s. ; mot all., a remplacé *Energol*, nom déposé ; de *prop*(ulsion) et de l'élém. *-ergol*.

prophète v. 980, *Passion*, du lat. eccl. *propheta*, empr. au gr. *prophêtês*, « qui dit d'avance », de *pro*, et de *phêmi*, je parle. ‖ **prophétesse** XIVe s. ‖ **prophétie** 1119, Ph. de Thaun, du lat. eccl. *prophetia*. ‖ **prophétiser** 1155, Wace, du lat. eccl. *prophetizare*. ‖ **prophétique** 1495, J. de Vignay, du lat. eccl. *propheticus*. ‖ **prophétisme** 1823, Boiste.

prophylactique 1546, Rab., méd., du gr. *prophulaktikos*, de *prophulakteîn*, « veiller sur », préserver. ‖ **prophylaxie** 1793, Lavoisien.

propice 1190, saint Bernard, eccl. ; fin XIVe s., ext. d'empl. ; du lat. *propitius*, terme surtout religieux. ‖ **propitiation** fin XIIe s., eccl., du lat. eccl. *propitiatio*. ‖ **propitiateur** 1519, G. Michel, eccl., du lat. eccl. *propitiator*. ‖ **propitiatoire** fin XIIe s., s. m., dais de l'autel ; 1541, Calvin, adj.

propidon 1948, *L. M.*, pharm. de *pro.* (fesseur) *Pi*(erre) *D*(elbet) et du suffixe *-on*.

propolis 1560, Paré, résine des ruches, mot lat., du gr. *propolis*, « entrée d'une ville », de *polis*, ville.

proportion début XIIIe s., du lat. *proportio*, de *portio*, portion. ‖ **proportionner** 1314, Mondeville. ‖ **proportionné** adj., *id.* ‖ **proportionnel** 1361, Oresme (*proporcionellement*, adv.), du bas lat. *proportionalis*. ‖ **proportionnalité** fin XIVe s., du bas lat. *proportionalitas*. ‖ **proportionnaliste** 1912, *L. M.*, polit. ‖ **disproportion** 1549, R. Est. ‖ **disproportionné** 1534, Rab.

propos fin XIIe s. (*purpos*) ; 1265, J. de Meung (*propos*) ; XVe s., paroles, proprem. « proposées comme sujet d'entretien » ; déverbal de *proposer*, d'après le lat. *propositum*. ‖ **avant-propos** 1584, *Somme des pechez.* ‖ **à-propos** s. m., 1700, Mme de Maintenon.

proposer 1120, *Ps. de Cambridge*, du lat. *proponere*, « poser devant », par ext. « offrir, présenter à l'esprit », francisé d'après *poser* (v. ce mot) ; a pu signifier jusqu'au XVIIe s. « exposer » et « projeter ». ‖ **proposition** 1120, *Ps. d'Oxford*, du lat. *propositio*, de *propositus*, part. passé de *proponere* ; 1690, Furetière, gramm. ‖ **contreproposition** 1771, *Trévoux.* ‖ **proposable** 1747, d'Argenson. ‖ **propositionnel** XXe s.

propre 1090, *Lois de Guill.*, « qui appartient en propre », du lat. *proprius*, 1265, Br. Latini, « exact » ; fin XIIIe s., « bien soigné » ; 1361, Oresme, « capable » ; *propre à rien*, 1690, Furetière ; milieu XVIe s., *propre à*, « qui caractérise ». ‖ **propret** 1530, Marot. ‖ **propreté** 1538, R. Est., « manière convenable de s'habiller, de se meubler » ; 1671, Pomey, sens mod. ‖ **approprier** 1226, lat. *appropriare*. ‖ **impropre** 1372, Corbichon, du lat. *improprius*. ‖ **impropriété** 1488, *Mer des hist.*, du lat. *improprietas*. ‖ **malpropre** 1550, Du Bellay. ‖ **malpropreté** 1663, F. Brunot.

propréteur 1542, trad. de Dion, du lat. *propraetor* (v. PRÉTEUR). ‖ **propréture** 1845, Besch.

propriété 1190, Garn., « droit de possession », du lat. *proprietas*, jurid., de *proprius* (v. PROPRE) ; 1265, Br. Latini, qualité propre d'un être ou d'une chose ; fin XVe s., immeuble, bien-fonds. ‖ **co-**

propriété 1767, Le Mercier. ‖ **proprié-taire** milieu XIIIe s., du lat. jurid. *proprietarius*. ‖ **proprio** 1888, Sachs-Villatte, abrév. pop. ‖ **probloc** fin XIXe s., altér. pop. ‖ **copropriétaire** 1680, Richelet. ‖ **exproprier** 1611, Cotgrave. ‖ **expropriation** décret du 9 messidor an III.

propulsion 1640, Oudin; rare avant 1836, Landais; du lat. *propulsus*, part. passé de *propellere*, pousser devant soi. ‖ **propulseur** 1845, Besch. ‖ **propulsif** 1845, Besch. ‖ **propulser** 1863, La Landelle.‖ **motopropulseur, turbopropulseur** XXe s. (V. MOTO-1, TURBO-, PULSION.)

propylée 1752, *Trévoux*, hist., du gr. *propulaion*, proprem. « ce qui est devant la porte », de *pulê*, porte.

propylène 1869, L., anc. nom du *propène*.

prorata milieu XIVe s. (*pro rata*) ; fin XVIe s., *au prorata de*, loc. prép.; fin XVIIe s., s. m. ; du lat. *pro rata (parte)*, « suivant une part déterminée », « une proportion calculée », de *pars, partis*, part, et *rata*. (V. RATIFIER.)

proroger début XIVe s., *Girart de Roussillon* (*proroguer*), du lat. *prorogare*, prolonger; 1690, Furetière, polit., repris à l'angl. *(to) prorogue*. ‖ **prorogation** début XIVe s., du lat. *prorogatio*. ‖ **prorogatif** 1800, Boiste, du lat. *prorogativus*.

proscenium 1719, Gueudeville, mot lat., du gr. *proskênion*, devant de la scène d'un théâtre.

proscrire 1190, Garn., francisation, d'après *écrire*, du lat. *proscribere*, proprem. « afficher », par ext. « porter sur une table de proscription », de *scribere*, écrire. ‖ **proscrit** s. m., 1552, Ch. Est. ‖ **proscripteur** milieu XVIe s., du lat. *proscriptor*. ‖ **proscription** fin XVe s., du lat. *proscriptio*.

prose 1265, Br. Latini, du lat. *prosa* (s.-e. *oratio*), « discours qui va en droite ligne », de *prorsus*, en avant. ‖ **prosateur** 1666, Ménage, de l'ital. *prosatore*, du lat. *prosa*. ‖ **prosaïque** début XVe s., au pr.; milieu XVIe s., fig., plat, peu orné; du bas lat. *prosaicus* (VIe s., Fortunat). ‖ **prosaïser** milieu XVIIIe s., J.-J. Rousseau. ‖ **prosaïsme** 1785, La Harpe.

prosecteur 1803, Wailly, du lat. *pro-sectus*, part. passé de *prosecare*, découper, de *secare*, couper (v. SCIER 1). ‖ **prosectorat** 1907, Lar.

prosélyte 1265, Br. Latini, hist. judaïque; 1611, Cotgrave, nouveau converti; 1746, Vauvenargues, ext. d'empl.; du lat. eccl. *proselytus*, converti, gr. *prosêlutos*, proprem. « nouveau venu ». ‖ **prosélytisme** 1721, Montesquieu.

prosobranches 1907, Lar., zool., du gr. *proso-*, en avant, et de l'élém. *-branches*, « branchies ».

prosodie 1562, Ramus, du gr. *prosôdia*, « quantité relative aux vers », de *ôdê*, chant. ‖ **prosodique** début XVIIIe s.

prosopopée fin XVe s., Molinet (*prosopopeÿe*), rhét.; milieu XVIIe s., ext. d'empl.; du lat. *prosopopeia*, mot gr., « qui fait parler les personnes » (non présentes), de *prosôpon*, personne, et *poieîn*, faire.

prospecter 1864, *Dict. de la conversation*, de l'angl. *(to) prospect*, regarder devant, du lat. *prospectus*. ‖ **prospection** 1861, Simonin, de l'angl. *prospection*. ‖ **prospecteur** 1866, journ., de l'angl. *prospector*.

prospectif adj., milieu XVe s. (*science prospective*, « optique ») ; du lat. *prospectivus*, de *prospectus* (v. le suiv.) ; *prospective*, s. f., 1537, trad. du *Courtisan*, « perspective »; adj., 1829, Gautier (*critique prospective*) « qui concerne l'avenir »; s. f., XXe s., G. Berger, ensemble de recherches sur l'avenir de la société.

prospectus 1723, *D.G.*, « programme de librairie »; fin XVIIIe s., ext. d'empl.; mot lat. signif. « vue, aspect », part. passé substantivé de *prospicere*, regarder devant soi.

prospère 1120, *Ps. de Cambridge* (*prospre*) ; 1308, Aimé (*prospere*) ; du lat. *prosperus*. ‖ **prospérité** 1120, *Ps. d'Oxford*, du lat. *prosperitas*. ‖ **prospérer** 1355, Bersuire, du lat. *prosperare*.

prostate 1555, Belon, anat., du gr. *prostatês*, « qui se tient en avant ». ‖ **prostatique** 1765, *Encycl.* ‖ **prostatite** 1836, Landais. ‖ **prostatectomie** 1890, Lar.

prosterner 1495, J. de Vignay, du lat. *prosternere*, « jeter en avant, abattre » (sens repris en fr. du XIVe au XVIIIe s.) ; *se prosterner*, fin XVe s., sens usuel. ‖

prosternement fin XVIe s. ‖ **prosternation** 1568, Granvelle. (V. PROSTRATION.)

prosthèse, prothèse 1695, Le Clerc (*prothèse*), chir.; 1704, *Trévoux*, gramm.; 1658, Thévenin (*prosthèse*), chir.; 1765, *Encycl.*, gramm.; 1869, L. (*prothèse dentaire*); du bas lat. *prosthesis*, mot gr., « action d'ajouter, de mettre devant », confondu avec *prothesis*, proposition. *Prosthèse* et *prothèse* se sont spécialisés au XIXe s., le prem. gramm., le second chir. ‖ **prosthétique** fin XIXe s., gramm. ‖ **prothétique** 1869, L., chir.

prostituer 1361, Oresme, « avilir »; début XVIIe s., sens mod.; 1690, Furetière, fig.; du lat. *prostituere*, proprem. « exposer en public », de *pro-*, devant, et *statuere*, placer. ‖ **prostituée** 1596, Hulsius, s. f. ‖ **prostitution** XIIIe s., « débauche », du lat. eccl. *prostitutio* (IIIe s., Tertullien).

prostration 1300, Richier, « prosternement »; 1743, *Mém. Acad. chir.*, « abattement »; du lat. *prostratio*, aux deux sens. ‖ **prostré** milieu XIIIe s., « prosterné »; 1850, Baudelaire, « abattu »; du lat. *prostratus*, part. passé de *prosternere*, « abattre ». (V. PROSTERNER.)

prostyle 1691, Ozanam, archit., du lat. *prostylos*, mot gr., de *pro*, devant, et *stulos*, colonne.

protagoniste 1827, *Acad.*, du gr. *prôtagônistês*, acteur chargé du premier rôle, de *prôtos*, premier, et *agônizesthai*, combattre, d'où concourir. (V. AGONIE.)

protamine XXe s., chim., de *prot-*, rad. de *protéine*, et *amine*. ‖ **protargol** fin XIXe s., du gr. *arguros*, argent.

protase 1660, Corneille, littér.; 1842, *Acad.*, rhét.; du lat. *protasis*, mot gr., signif. « proposition ».

prote début XVIIIe s., imprim., du gr. *prôtos*, premier.

protection fin XIIe s., *Grégoire*, sens gén.; du lat. *protectio*, de *protegere* (v. PROTÉGER); 1664, Colbert, écon. polit. ‖ **protectionnisme** 1845, Besch. ‖ **protectionniste** *id.* ‖ **protecteur** début XIIIe s., du lat. *protector*. ‖ **protectorat** 1751, Voltaire, dignité de protecteur; 1846, Besch., emploi colonial.

protée 1608, N. Rapin, personne inconstante, du nom de *Protée*, du lat. *Proteus*, dieu marin qui changeait de forme à volonté. ‖ **protéiforme** 1761, *Journ. chim. phys.* ‖ **protéacées** 1836, Landais, bot.

protéger fin XIVe s., du lat. *protegere*, couvrir, de *pro*, en avant, et *tegere*, couvrir; 1788, Féraud, écon. polit. ‖ **protégé** s. m., milieu XVIIIe s. ‖ **protège-cahier** début XXe s. ‖ **protège-parapluie** XXe s. ‖ **protège-dents**, **protège-tibia** XXe s., sport.

protéine 1838, Berzelius, du gr. *prôtos*, premier, et du suff. *-éine*; nombreux composés, type *hétéroprotéines*, *nucléoprotéines*, *phosphoprotéines*, etc., XIXe-XXe s. ‖ **protéide** 1922, Lar., chim. (en angl. *proteid*, fin XIXe s.); de *protéine*, par changem. de suff. ‖ **protéique** 1841, Mulder. (V. PROTIDE.)

protèle 1842, *Acad.*, zool., du gr. *pro-*, devant, et *telêeis*, parfait.

protéroglyphes fin XIXe s., zool., du gr. *proteros*, premier, et *gluphê*, cannelure; serpent dont les dents antérieures sont creusées d'un sillon pour l'écoulement du venin.

protester milieu XIVe s., déclarer formellement; 1611, Cotgrave, commerc.; 1540, Calvin, attester solennellement et publiquement; 1650, Retz, *protester contre*, sens mod.; du lat. *protestari*, déclarer publiquement, de *testari*, attester. ‖ **protêt** fin XVe s., déclaration; début XVIIe s., commerc. ‖ **protestable** 1876, Dansaert, commerc. ‖ **protestant** 1546, G., adj., de celui qui embrasse la religion réformée; 1585, *Satires*, s. m. et f. ‖ **protestantisme** 1623, Delb., relig. ‖ **protestation** 1265, J. de Meung, même évol. sémantique; du lat. *protestatio*. ‖ **protestataire** 1842, Mozin.

prothalle 1846, Besch., bot., de *pro* et *thalle*.

prothèse V. PROSTHÈSE.

protide 1875, Lar., de *protéine* (v. ce mot), avec changem. de suff. ‖ **protidique** XXe s.

protiste 1876, Ch. Martins, hist. nat., du gr. *prôtos*, premier; être vivant unicellulaire. ‖ **protistologie** XXe s.

protocole début XIVe s. (*prothecolle*); 1596, Hulsius (*protocole*), « minute d'un acte »; 1606, Nicot, formulaire de la correspondance officielle et privée; 1829, Boiste, ensemble des règles de préséance officielles; du lat. jurid. *protocollum*, feuille collée aux chartes (*Code Justinien*), du gr. *prôtokollon*, proprem. « ce qui est collé en premier », de *kollân*, coller. ‖ **protocolaire** 1907, Lar.

protogyne 1827, *Acad.*, sorte de granite; début XXᵉ s., bot.; du gr. *prôtos*, premier, et du suff. *-gyne*. ‖ **protogynie** XXᵉ s.

proton 1920, Rutherford (en angl.), phys., du gr. *prôton*, neutre de *prôtos*, premier. ‖ **protonique** XXᵉ s.

protonotaire 1495, J. de Vignay, du lat. eccl. *protonotarius*, du gr. *prôtos*, premier. (V. NOTAIRE.)

protophyte 1839, Boiste, bot., du gr. *prôtos*, premier, et de l'élém. *-phyte*.

prototype 1552, Rab., du lat. *prototypus*, mot gr. (V. TYPE.)

protozoaire 1842, *Acad.*, zool., du gr. *prôtos*, premier, et *zôarion*, animalcule.

protubérant 1560, Paré, du part. prés. bas-lat. *protuberans*, de *tuber*, excroissance. ‖ **protubérance** 1687, Barbier, anat.; 1868, L., astron.

protuteur 1667, dans *Trévoux*, du lat. *protutor*, qui remplace le tuteur.

*****prou** v. 980, *Passion* (*proud*); au XIIᵉ s., *preu*, s. m., « profit »; 1080, *Roland* (*prod*, puis *prou*), adv., « beaucoup », forme proclitique de *preu*; auj., seulem. dans la loc. *peu ou prou*, 1600, O. de Serres; du lat. pop. *prôde*. (V. PREUX, PRUDE, PRUD'HOMME.)

proue milieu XIIIᵉ s. (*proe*); fin XIVᵉ s. (*proue*); du prov. *proa*, lat. *prôra*.

prouesse V. PREUX.

*****prouver** XIᵉ s. (*prover*), « établir la vérité de »; du lat. *probare*, mettre à l'épreuve, d'où « approuver, prouver »; jusqu'au XVIᵉ s., aussi « mettre à l'épreuve ». ‖ **preuve** 1175, Chr. de Troyes (*prueve*), d'après les formes toniques de l'anc. fr. (*il prueve*, etc.). ‖ **prouvable** 1265, J. de Meung. ‖ **éprouver** 1080, *Roland*, « mettre à l'épreuve »; XVIIᵉ s., « apprécier », « ressentir ». ‖ **épreuve** 1160, Benoît. ‖ **éprouvette** 1503, G. de Chauliac. ‖ **contre-épreuve** 1676, Félibien.

provéditeur 1669, Widerhold, de l'ital. *provveditore*, du lat. *providere*, pourvoir; fonctionnaire de la république de Venise.

provende début XIIᵉ s., *Couronn. Loïs*, lat. eccl. *praebenda* (v. PRÉBENDE), avec adaptation d'après les mots en *pro-*.

provenir début XIIIᵉ s., prendre origine, du lat. *provenire*, se produire, proprem. « venir en avant »; a signifié « se produire », sens lat., du XIVᵉ s. au XVIᵉ s.; 1611, Cotgrave, « résulter de ». ‖ **provenance** 1801, Mercier, comm.; 1835, *Acad.*, ext.

proverbe fin XIIᵉ s., Marie de France, sens usuel; milieu XVIIᵉ s., petite comédie; du lat. *proverbium*, de *verbum*, mot. ‖ **proverbial** 1487, Garbin, du lat. *proverbialis*.

providence 1160, Benoît, « prévision »; début XIIIᵉ s., sagesse divine; du lat. *providentia*, « prévision », et, dès le Iᵉʳ s. (Sénèque), « sagesse divine prévoyant tout et pourvoyant à tout », de *providere*, pourvoir. ‖ **providentiel** fin XVIIIᵉ s., Cerruti, relig., d'après l'angl. *providential*; 1840, Stendhal, ext. de sens. ‖ **providentialisme** av. 1865, Proudhon, philos. ‖ **providentialiste** 1866, Vallès.

provigner V. PROVIN.

*****provin** XIIIᵉ s. (*provain*), vitic.; XVIᵉ s. (*provin*); du lat. *prôpăginem*, acc. de *prôpăgo*, de *propagare*, au sens de « provigner » (v. PROPAGER). ‖ **provigner** début XIIᵉ s. (*provainier*); 1155, Wace (*provignier*). ‖ **provignement** 1538, R. Est. ‖ **provignage** 1611, Cotgrave.

province 1155, Wace, eccl.; XIIIᵉ s., *Voy. de Marco Polo*, ext. de sens; du lat. *provincia* (dont la forme pop. est *Provence*, première *provincia* de la Gaule). ‖ **provincial** XIIIᵉ s., eccl.; 1671, Pomey, s. m., eccl.; 1671, Pomey, adj., sens usuel. ‖ **provincialat** 1694, *Acad.*, eccl. ‖ **provincialisme** 1779, *Journ. Par.* ‖ **provincialisé** 1868, Goncourt. ‖ **déprovincialiser** milieu XVIIIᵉ s., Voltaire.

proviseur milieu XIIIᵉ s., fournisseur 1688, Miege, administrateur d'un col lège; 1812, Mozin, directeur de lycée; du lat. *provisor*, de *providere*, pourvoir. (V. PROVISION.) ‖ **protal** XXᵉ s., abrév., arg. scol. ‖ **provisorat** 1835, *Acad.*

611

provision début XIVe s., « prévoyance, précaution »; 1440, Chastellain, « somme versée d'avance »; XVe s., pl., denrées amassées par prévoyance; du lat. *provisio*, action de pourvoir, de *providere* (v. POURVOIR); *par provision*, v. 1440, Chastellain, jurid. ‖ **provisionnel** fin XVe s. (*provisionnal*); 1578, d'Aubigné (*provisionnel*). ‖ **approvisionner** 1500, J. d'Authon. ‖ **approvisionnement** 1636, Monet. ‖ **approvisionneur** 1774, Brunot. ‖ **réapprovisionner, réapprovisionnement** 1877, Lar.

provisoire fin XVe s., du lat. médiév. *provisorius*, de *provisus*, part. passé de *providere*, pourvoir. (V. le précéd.)

provoquer 1120, *Ps. d'Oxford* (*purvoquer*), « exciter »; fin XIIe s. (*provochier*); 1355, Bersuire (*provoquer*); du lat. *provocare*, « appeler dehors », de *pro*, en avant, et *vocare*, appeler. ‖ **provocant** milieu XVe s., s. m., jurid., « demandeur »; 1775, Beaumarchais, adj., sens usuel. ‖ **provocation** fin XIIe s., « appel »; 1314, Mondeville, méd., « appel »; 1549, R. Est., ext. de sens; du lat. *provocatio*. ‖ **provocateur** début XVIe s., « auteur d'une querelle », du lat. *provocator*.

proxène 1765, *Encycl.*, hist. gr., du gr. *proxenos*, de *xenos*, étranger; hôte officiel d'une cité.

proxénète début XVIe s., « courtier »; 1527, *Bull. Soc. hist. Paris*, « entremetteur »; du lat. *proxeneta*, courtier, et par ext. entremetteur, du gr. *proxenetês*, de *xenos*, étranger, hôte. ‖ **proxénétisme** 1842, T. Delord.

proximité XIVe s., Bouthillier, proche parenté; v. 1550, Du Bellay, sens mod.; du lat. *proximitas*, de *proximus*, très près (d'où est issu l'anc. fr. *proisme*, proche).

***proyer** 1555, Belon (var. *pruyer, preyer*), ornith., réfection de l'anc. fr. *praiere*, fin XIIe s., « (oiseau) des prés », dér. anc. de *pré*, ou issu d'un lat. pop. ***pratarius*. (V. PRÉ.)

prude 1648, Scarron, s. f et adj., « femme sage », puis « d'une réserve affectée »; ellipse de *prude femme*, fin XIIe s., *Rois*, même sens, de *femme* et de *prude* (v. PRUD'HOMME). ‖ **pruderie** 1666, Molière.

prudent fin XIe s., *Fragment*

d'Alexandre, du lat. *prudens*, « prévoyant, sage », contraction de *providens* (v. POURVOIR). ‖ **prudence** début XIIIe s., du lat. *prudentia*. ‖ **imprudent** 1495, J. de Vignay, du lat. *imprudens*. ‖ **imprudence** 1360, Oresme, du lat. *imprudentia*.

prud'homme 1080, *Roland* (*prodom*), « homme de valeur »; milieu XIIIe s. (*preudome*), « homme expert dans un métier »; 1690, Furetière, artisan nommé pour assister les jurés; 1806, restreint au *conseil des prud'hommes*, jurid. comm.; de *homme* et de *prod* (var. *proz*, puis *preux*), au sens de « sage »; du bas lat. *prŏdis*, de *prŏde* (v. PREUX). ‖ **prud'homie** 1398, E. Deschamps. ‖ **prud'homal** 1907, Lar., jurid. comm. ‖ **prudhommesque** 1853, Goncourt, tiré du nom de Joseph *Prudhomme*, type de bourgeois sentencieux et sot, créé par H. Monnier (1830). ‖ **prudhommerie** 1877, L., même étym.

pruine 1120, *Ps. de Cambridge*, « gelée blanche »; 1842, *Acad.*, bot.; du lat. *pruīna*.

***prune** 1265, J. de Meung, du lat. pop. *prūna*, neutre plur., pris comme subst. fém. sing., de *prūnum* (v. POIRE, POMME). ‖ **pruneau** 1507, texte de Lille (*proniaulx*); 1867, Delvau, pop., projectile. ‖ **prunier** début XIIIe s., *Otinel* (*pruner*); XVe s. (*prunier*). ‖ **prunelle** 1175, Chr. de Troyes, fruit; XIIe s., pupille de l'œil. ‖ **prunellier** début XIIIe s. ‖ **prunelée** s. f., 1803, Boiste. ‖ **prunelaie** 1636, Monet (*pruneraie*); 1690, La Quintinie (*prunelaie*).

prurigo début XIXe s., méd., mot lat., « démangeaison ». ‖ **prurigineux** 1615, L. Guyon, du lat. *pruriginosus*. ‖ **prurit** 1271, *Dan. di Cremona*; du lat. *pruritus*, de *prurire*, démanger.

prurit V. PRURIGO.

prussiate 1787, Guyton de Morveau, de *Prussia*, Prusse, d'après *bleu de Prusse*, 1723, Savary (découvert en 1709 par le chimiste prussien Dippel). ‖ **prussique** id.

prytane 1732, *Trévoux*, hist. gr., du gr. *prutanis*, chef, maître. ‖ **prytanée** 1579, de Lostal, hist. gr.; fin XVIIIe s., école pour les fils de militaires; du gr. *prutaneion*, édifice où s'assemblaient les prytanes.

psallette 1643, chez F. Brunot, eccl., du gr. *psalleîn*, faire vibrer une corde, psalmodier ; maîtrise d'une église. (V. les suivants.)

psalmiste 1190, Garn., du lat. chrét. *psalmista* (IVᵉ s., saint Jérôme), du gr. *psalmistês* (v. PSAUME). ‖ **psalmitique, psalmistique** 1812, Boiste.

psalmodie début XIIᵉ s., *Voy. de saint Brendan*, du lat. chrét. *psalmodia* (IVᵉ s., saint Jérôme), mot gr., de *psalmos* (v. PSAUME) et *ôdê*, chant. ‖ **psalmodier** 1403, *Internele Consolacion.*

psaltérion 1155, Wace (*psalterium*), instrum. de mus. ; 1190, *Rois* (*psalterion*) ; du lat. *psalterium*, gr. *psaltêrion*. (V. le suivant.)

psaume 1120, *Ps. d'Oxford* (*psalme*) ; XIIIᵉ s. (*psaume*) ; francisé en *salme, saume*, 1155, Wace, qui se rencontre jusqu'au XVIᵉ s. ; du lat. eccl. *psalmus* (IIIᵉ s., Prudence), du gr. *psalmos*, de *psalleîn*, faire vibrer une corde, d'où « psalmodier » (v. les précéd.). ‖ **psautier** 1190, Garn. (*psaltier* ; var. francisée *saltier, sautier*, 1191, Ph. de Thaun) ; du lat. eccl. *psalterium* (déjà en lat. class.), gr. *psaltêrion*. (V. PSALTÉRION.)

pschent v. 1830, hist. égypt., de l'égyptien démotique *skhent*, précédé de l'article *p*.

pseud(o)- du gr. *pseudês*, menteur. ‖ **pseudarthrose** XXᵉ s. ‖ **pseudencéphale** 1842, *Acad.* ‖ **pseudo-classique** XXᵉ s. ‖ **pseudo-classicisme** XXᵉ s. ‖ **pseudonévroptères** 1923, Lar., entom. ‖ **pseudonyme** 1690, Furetière, du gr. *pseudônumos*, de *onoma*, nom. ‖ **pseudopode** 1827, *Acad.*, sur l'élém. *-pode*. Nombreux mots construits avec *pseudo-*, au sens de « prétendu, soi-disant ».

psitt, pst interjection ; imite le sifflement.

psittacidés 1827, *Acad.* (*psittacins*), du lat. *psittacus*, gr. *psittakos*, perroquet. ‖ **psittacisme** début XVIIIᵉ s., fig. ‖ **psittacose** fin XIXᵉ s.

psoas 1732, *Trévoux*, anat., du gr. *psoa*, lombes.

psoque 1827, *Acad.*, entom., du gr. *psôkheîn*, gratter.

psore ou **psora** 1538, Canappe (*psora*), méd. ; 1572, Des Moulins (*psore*) ; lat. *psora*, gr. *psôra*, gale. ‖ **psoriasis** 1836, Landais (*psoriase*) ; 1845, Besch. (*psoriasis*) ; du gr. *psôriasis*, éruption galeuse ; méd.

psych-, psycho- du gr. *psukhê*, âme. ‖ **psychanalyse** 1914, Régis et Hesnard, all. *Psychoanalyse*. ‖ **-analytique** 1920, Claparède. ‖ **psychanalyste** XXᵉ s. ‖ **psychanalyser** XXᵉ s. ‖ **psychasthénie** 1903, Janet, sur *asthénie*, manque de force. ‖ **psychasthénique** ibid. ‖ **psychiatre** 1802, *Acad.*, du gr. *iatros*, médecin. ‖ **psychiatrie, psychiatrique** 1842, *Acad.* ‖ **psychique** milieu XVIᵉ s., « matérialiste » ; 1721, *Trévoux*, « animal, vital » ; 1808, Boiste, sens mod. ‖ **psychisme** 1812, Quesné, théorie psychol. ; 1906, Grasset, sens mod. ‖ **psychochirurgie** XXᵉ s., sur *chirurgie*. ‖ **psychodrame** XXᵉ s., sur *drame*. ‖ **psychodramatique** milieu XXᵉ s. ‖ **psychographie** 1834, Ampère, vx, sur l'élém. *-graphie*. ‖ **psychologie** fin XVIᵉ s., science de l'apparition des esprits ; 1690, Dionis, science de l'âme, par oppos. à *anatomie* ; vulgarisé, début XIXᵉ s., par Maine de Biran et ses disciples ; du lat. mod. *psychologia*, fait par Mélanchthon (1497-1560) du gr. *psukhê* et de *logos*, science. ‖ **psychologique** 1780, *Encycl.* ‖ **psychologue** 1760, Bonnet. ‖ **psychologisme** 1891, Huret. ‖ **psychométrie** 1842, *Acad.* (*psychomètre*, 1764, Bonnet, vx). ‖ **psychomoteur** 1877, L. ‖ **psychonévrose** 1904, Dubois. ‖ **psychonévrotique** XXᵉ s. ‖ **psychopathie** 1878, Lar. ‖ **psychopathe** XIXᵉ s. ‖ **psychopathologie** fin XIXᵉ s. ‖ **psychophysiologie** fin XIXᵉ s. ‖ **psychophysiologique** 1881, Ribot. ‖ **psychophysique** 1754, Bonnet, sur *physique*. ‖ **psychopompe** 1842, *Acad.*, mythol. gr., du gr. *pompos*, « qui conduit ». ‖ **psychose** 1869, L., d'après *névrose*. ‖ **psychotique** 1907, Lar. ‖ **psychosomatique** XXᵉ s. ‖ **psychostasie** 1827, *Acad.*, mythol. égypt., du gr. *stasis*, action de peser. ‖ **psychotechnique** XXᵉ s. ‖ **psychotechnicien** XXᵉ s. ‖ **psychothérapie** 1905, Huysmans. ‖ **psychothérapeute** XXᵉ s.

1. **psyché** 1812, *Journ. des dames*, miroir, du nom de *Psyché*, en gr. *Psukhê*,

jeune fille de la mythol. gr., célèbre pour sa beauté; de même rac. que les suiv.

2. psyché 1842, *Acad.*, philos., du gr. *psukhê*, âme.

psychromètre 1732, *Trévoux*, du gr. *psukhros*, froid. ‖ **psychrométrie** 1842, *Acad.*

psylle 1765, *Encycl.*, du lat. *Psylli*, gr. *Psulloi*, nom d'un peuple de Cyrénaïque.

ptéridophytes v. 1920, *Lar.*, bot., du gr. *pteris*, *-idos*, fougère, et de l'élém. *-phyte*.

ptéro- du gr. *pteron*, plume, aile. ‖ **ptérodactyle** 1821, *Wailly*, zool. ‖ **ptéropodes** 1827, *Acad.*, zool. ‖ **ptérygion** 1538, Canappe (*ptérigien*), méd.; 1842, *Acad.*, bot. et zool.; du gr. *pterugion*, petite aile. ‖ **ptéryle** fin XIXe s., zool.

ptomaïne 1890, *Lar.*, de l'ital. *ptomaina*, tiré en 1878, par Selmi, du gr. *ptôma*, cadavre.

ptose 1906, *Lar.*, méd., du gr. *ptôsis*, chute.

ptyaline 1842, *Acad.*, chim., du gr. *ptualon*, crachat. ‖ **ptyalisme** 1723, J.-L. Petit, méd., du gr. *ptualismos*.

pubère fin XIVe s., du lat. *puber*, de même rad. que *pubis* (v. ce mot). ‖ **puberté** XIVe s., du lat. *pubertas*. ‖ **impubère** 1488, *Mer des hist.*, du lat. *impubes*, *-eris*.

pubescent 1516, G. Michel, entom., bot., du part. prés. lat. *pubescens*, « qui est couvert de poils » (v. PUBIS). ‖ **pubescence** 1495, *Mir. historial*, « puberté »; 1803, Boiste, bot.

pubis 1503, G. de Chauliac, « poil » (signe de puberté); 1534, d'après *Romanische Forschungen*, anat., « os pubis »; du lat. *pubis*, var. de *pubes*, proprem. « poil follet », d'où « os pubis ». ‖ **pubien** 1796, *Bull. Soc. philomath.*

public 1239, d'après Tailliar (*publique*); fin XVe s., Commynes (*public*), adj., « qui concerne tout le peuple »; fin XVe s., « qui est connu de tout le monde »; fin XIVe s., s. m., ensemble des gens; milieu XVIIIe s., public d'un spectacle; du lat. *publicus*; *ennemi public*, fin XVIe s.; *fille publique*, 1771, *Trévoux*; *ministère public*, milieu XVIIe s.; *services publics*, 1835, *Acad.*;

pouvoirs publics, 1875, *Lar.* ‖ **publicité** 1694, *Acad.*, notoriété publique; 10 nov. 1829, *Album Grandjean*, réclame. ‖ **publicitaire** adj., 1932, *Lar.*; s. m., agent de publicité, *id.* ‖ **publiciste** milieu XVIIIe s., « qui écrit sur le droit public »; 1789, Marat, « journaliste ».

publicain 1190, saint Bernard, hist.; 1549, R. Est., fig.; du lat. *publicanus*, fermier d'impôts publics, de *publicus*, public.

publier 1175, Chr. de Troyes, rendre public; début XIVe s., faire paraître (un ouvrage); du lat. *publicare*, de *publicus*, public. ‖ **publiable** 1639, Richelieu. ‖ **publication** fin XIVe s., d'après le lat. *publicare*.

*puce 1170, *Rois* (*pulce*), du lat. *pūlex*, *-ĭcis*; *mettre la puce à l'oreille*, début XIVe s., « provoquer chez quelqu'un le désir amoureux » et « inspirer des inquiétudes »; seul a subsisté ce second sens; *marché aux puces*, fin XIXe s. ‖ **puceron** XIIIe s. ‖ **épucer** 1564, J. Thierry. ‖ **pucier** adj., 1611, Cotgrave, vx; s. m., 1888, Sachs-Villatte, pop., « lit ».

*pucelle Xe s., *Eulalie* (*pulcella*); 1119, Ph. de Thaun (*pucelle*), « jeune fille »; auj. iron.; du lat. pop. **pullicella* (bas lat. *pulicella*, *Lois des Barbares*, VIe s.), de *puella*, jeune fille; pour d'autres, de *pūlla*, petit d'animal (v. POULE), avec altér. de *ŭ* en *ū* d'après *pūtus*, garçon. ‖ **puceau** XIIIe s. (*pucel*), adj.; 1530, Palsgrave (*puceau*), s. m. ‖ **pucelage** fin XIIe s. ‖ **dépuceler** 1160, Benoît. ‖ **dépuceleur** fin XVIe s. ‖ **dépucelage** 1580, Montaigne.

puche 1907, *Lar.*, techn., du rég. *pucher*, forme normanno-picarde de *puiser* (v. PUITS). ‖ **pucheux** 1765, *Encycl.* (*pucheur*); 1803, Boiste (*pucheux*).

pudding 1678, *Observ. par un voy.*; var. *pouding*; mot angl., de même orig. que *boudin* (v. ce mot). ‖ **plum-pudding** milieu XVIIIe s., Voltaire, de *plum*, raisin sec.

puddler 1834, *Ann. des mines*, techn., de l'angl. (*to*) *puddle*, proprem. « humecter ». ‖ **puddlage** 1842, *Acad.* ‖ **puddleur** 1859, Mozin.

pudeur milieu XVIe s., du lat. *pudor*, de même rad. que *pudēre*. ‖ **pudendum**

1765, *Encycl.*; *pudenda*, 1845, Besch.; mots lat., « ce dont on doit avoir honte », adj. verbal (au sing. et au pl.) de *pudēre*, avoir honte. ‖ **impudeur** 1659, *Echevins de Rouen*. ‖ **pudique** milieu xvᵉ s., du lat. *pudicus*. ‖ **impudique** xivᵉ s., J. Le Fèvre, du lat. *impudicus*. ‖ **pudicité** début xvᵉ s., du lat. *pudicitas*. ‖ **impudicité** 1398, E. Deschamps. ‖ **pudibond** 1488, *Mer des hist.*, du lat. *pudibundus*. ‖ **pudibonderie** 1842, *le Charivari*. ‖ **impudent** 1560, Ronsard, lat. *impudens*. ‖ **impudence** v. 1500, lat. *impudentia*. ‖ **impudemment** 1594, *Ménippée*.

pudibond V. PUDEUR.

*puer xiiᵉ s. (*puir*); 1660, Molière (*puer*, qui l'a emporté au xviiᵉ s.); du lat. pop. **pūtīre*, en lat. class. *pūtēre*. ‖ **puant** 980, *Passion* (*pudent*); fin xiiᵉ s. (*puant*), part. prés. devenu adj.; *bêtes puantes*, 1573, Du Puys. ‖ **puanteur** 1265, Br. Latini. ‖ **empuantir** 1495, *Mir. historial*. ‖ **empuantissement** 1636, Monet. ‖ **puine** xvᵉ s., bot., proprem. « arbrisseau puant ».

puéril milieu xvᵉ s., « qui appartient à l'enfant »; fin xvᵉ s., péjor., « frivole »; du lat. *puerilis*, de *puer*, enfant. ‖ **puérilité** fin xivᵉ s., du lat. *puerilitas*. ‖ **puérilisme** 1901, Dupré. ‖ **puériculture** 1865, Dʳ Caron, du lat. *puer*, enfant. ‖ **puéricultrice** xxᵉ s.

puerpéral 1783, Delaroche (*fièvre puerpérale*), du lat. *puerpera*, « accouchée », de *puer*, enfant, et *parĕre*, enfanter. ‖ **puerpéralité** 1845, Besch.

puffin 1765, *Encycl.*, zool., mot angl. d'orig. obsc.; oiseau voisin du pétrel.

pugilat 1570, G. Hervet, du lat. *pugilatus*, de *pugilari*, combattre à coups de poing et de ceste, de même rad. que *pugnus* (v. POING). ‖ **pugiliste** 1789, *Courrier de l'Europe*, d'après le lat. *pugil*, athlète de pugilat. ‖ **pugilistique** 1875, Lar.

p u g n a c e 1842, Sainte-Beuve, « combatif », du lat. *pugnax, -acis*, de *pugnare*, combattre. ‖ **pugnacité** 1820, Gall.

puîné V. NAÎTRE.

*puis 1080, *Roland*, du lat. pop. **pos-*

tius, réfection du lat. class. *post, postea*, d'après *melius* (cf. l'anc. fr. *ainz*, « avant », de **antius*, sur *ante, antea*). ‖ **depuis** xiiᵉ s., de *de* et *puis*. ‖ **puisque** 1130, *Eneas*, avec *s* prononcé, d'après *lorsque, jusque*.

puisard, puisatier, puiser V. PUITS.

*puissant 1080, *Roland*, part. prés. préroman de *pouvoir*, du lat. pop. **possiens, -entis*; pour d'autres, d'après les formes en *pois-, puis-* du verbe. ‖ **puissance** 1155, Wace; 1680, Lamy, mathém.; 1694, *Acad.*, Etat souverain. ‖ **impuissant** fin xvᵉ s., sens gén.; 1558, Des Périers, physiol. ‖ **impuissance** milieu xivᵉ s. ‖ **tout-puissant** fin xiiᵉ s., d'après le lat. *omnipotens*. ‖ **toute-puissance** 1361, Oresme, d'après *omnipotentia*.

*puits 1120, *Ps. de Cambridge* (*puz*); 1175, Chr. de Troyes (*puis*); du lat. *pŭteus*; *puits de science*, 1718, *Acad.* ‖ **puiser** 1175, *Voy. de saint Brendan* (*puchier*); v. 1175, Chr. de Troyes (*puisier*). ‖ **puiseur** début xiiiᵉ s. ‖ **puisage** 1731, *D. G.* ‖ **puisard** 1690, Furetière. ‖ **puisatier** 1845, Besch.; a remplacé *puissier*, début xivᵉ s. ‖ **épuiser** 1120, *Ps. d'Oxford* (*espucier*); 1155, Wace (*espuisier*), « puiser de l'eau », et « mettre à sec »; v. 1175, Chr. de Troyes, fig., « employer complètement des ressources »; xviᵉ s., « affaiblir, abattre ». ‖ **épuisant** adj.,1776, d'après Féraud, 1787. ‖ **épuisé** 1664, Molière; 1842, Mozin, spécialem., librairie. ‖ **épuisement** milieu xivᵉ s., au pr.; 1680, Richelet, perte des forces physiques. ‖ **épuisable** 1355, Bersuire. ‖ **inépuisable** 1440, Chastellain. ‖ **épuisette** 1709, Hervieux.

pulicaire début xiᵉ s. (*erbe policaire*); fin xviiiᵉ s. (*pulicaire*), bot.; du lat. *pulex, -icis*, puce; herbe des lieux humides.

pullman 1892, Rousiers, mot angl., abrév. de *pullman-car* (en fr., 1873, Hubner), du nom de l'ingénieur *Pullman*, de Chicago, qui inventa ce type de wagon vers 1870.

pull-over v. 1920, comp. angl., de (*to*) *pull over*, « tirer par-dessus (la tête) ».

615

pulluler début XIVe s., du lat. *pullulare*, proprem. « pousser, croître », de *pullulus*, dimin. de *pullus*, petit d'un animal (v. POULE). ‖ **pullulation** 1555, Pasquier. ‖ **pullulement** 1879, Huysmans.

pulmonaire XVe s., s. f., bot., rare jusqu'au milieu du XVIe s., du lat. *pulmonaria*, fém. de *pulmonarius;* 1572, Peletier, s. m. et adj., méd., du lat. *pulmonarius*, de *pulmo, -onis*, poumon. ‖ **pulmonique** 1537, Lespleigney, méd.; empl. au sens de « poitrinaire », du XVIIe au début du XIXe s. ‖ **pulmonés** 1827, *Acad.*, zool.

pulpe début XIIe s. (*polpe*); XIVe-XVIIe s. (*poulpe*); 1611, Cotgrave (*pulpe*); du lat. *pulpa*. ‖ **pulpeux** 1539, R. Est. (*poulpeux*). ‖ **pulper** 1835, *Acad.*, pharm., vx. ‖ **pulpation** id. ‖ **pulpaire** XXe s. ‖ **pulpite** 1910, Lar., méd. ‖ **dépulper** 1884, Gallet.

pulque 1827, *Acad.*, mot indien de l'Amér. centrale; sorte de boisson.

pulsation XIVe s., *Chir. de Lanfranc*, « battement douloureux »; XVIe s., physiol., sens mod.; 1765, *Encycl.*, phys.; du lat. *pulsatio*, de *pulsus* (v. POULS). ‖ **pulsatif** XIVe s. ‖ **pulsatile** milieu XVIe s.

pulsion 1625, Stœr, action de pousser; 1738, Voltaire, phys.; début XXe s., psychol.; du lat. *pulsio*, de *pulsus*, part. passé de *pellere*, pousser. ‖ **pulsé** adj., XXe s., techn. (v. PROPULSION, RÉPULSION). ‖ **pulsomètre** 1846, Besch. ‖ **pulsoréacteur** milieu XXe s., aéron.

pultacé fin XVIIIe s., méd., du lat. *puls, pultis*, bouillie; *angine pultacée*, 1829, Boiste. ‖ **pultation** 1907, Lar., pharm.

pulvérin 1540, Rab., de l'ital. *polverino*, de *polvere*, poussière. (V. PULVÉRISER.)

pulvériser fin XIVe s., G. Phébus, du bas lat. *pulverizare*, de *pulvis, pulveris*, poussière (v. POUDRE). ‖ **pulvérisation** fin XIVe s. ‖ **pulvérisable** fin XIVe s. ‖ **pulvériseur** 1845, Besch. ‖ **pulvérisateur** 1869, L. ‖ **pulvérulent** 1773, Parmentier, du lat. *pulverulentus*. ‖ **pulvérulence** 1823, Boiste.

puma 1633, Baudoin, mot de la langue quichua (Pérou), par l'intermédiaire de l'esp.

pumicite ou **pumite** 1842, *Acad.*, du lat. *pumex, -icis*, pierre ponce. (V. PONCE.)

***punais** adj., 1138, *Saint Gilles* (*pudneis*), « puant, fétide »; vx, ne subsiste que dans *œufs punais;* du lat. pop. **pūtinasius*, de **pūtire*, puer, et *nasus*, nez, proprem. « qui sent mauvais du nez ». ‖ **punaise** début XIIIe s. (*punoise*); 1256, Ald. de Sienne (*punaise*), entom., fém. substantivé; 1846, Besch., petit clou à tête plate et ronde, par anal.

punaise V. PUNAIS.

1. punch 1653, Boullaye Le Gouz (*bolleponge*, bol de punch); 1688, Blome (*punch*); mot angl., attesté en 1632, probablem. de l'hindî *pânch*, cinq (cinq ingrédients composant cette liqueur).

2. punch v. 1925, journ., mot angl., « coup, horion », de (*to*) *punch*, de même étym. que POINÇON. ‖ **punching-ball** av. 1911, Hémon.

punique 1398, E. Deschamps, du lat. *punicus*, carthaginois.

***punir** milieu XIIIe s., du lat. *pūnīre*. ‖ **punissable** milieu XIVe s. ‖ **punisseur** milieu XIVe s. ‖ **punitif** 1361, Oresme, disposé à punir; fin XVIIIe s., sens mod. ‖ **punition** milieu XIIIe s., du lat. *punitio*. ‖ **impuni** 1348, *Arch. de Reims*, du lat. *impunitus*. ‖ **impunément** XVIe s. ‖ **impunité** 1355, Bersuire, du lat. *impunitas*.

puntarelle milieu XIXe s., mot d'orig. gasconne, du lat. *puncta*, pointe; fragment de corail dont on fait des bracelets.

pupazzo (pl. **pupazzi**) milieu XIXe s., marionnette, mot ital. de même orig. que POUPÉE.

pupe 1842, *Acad.*, zool., du lat. *pupa*, poupée, petite fille. ‖ **pupipares** 1827, *Acad.*, zool., sur l'élém. -pare. ‖ **pupivore** 1827, *Acad.*, zool., sur l'élém. -vore.

1. pupille début XIVe s., jurid., du lat. jurid. *pupillus*, enfant qui n'a plus ses parents, de *pupus*, petit garçon (v. POUPARD); *pupille de la nation*, 1923, Lar. ‖ **pupillaire** début XVe s., du lat. jurid. *pupillaris*. ‖ **pupillarité** fin XIVe s.

2. pupille 1314, Mondeville, anat., du lat. *pupilla*, « petite fille », fém. de *pupillus* (v. le précéd.), à cause de la petite image reflétée dans la pupille. ‖

pupillaire 1727, *Mém. Ac. sciences.* ‖ **pupillé** 1842, *Acad.*, zool.

pupitre milieu XIVe s. (*pepistre*); fin XIVe s., Chr. de Pisan (*poulpitre*); milieu XVe s. (*pupitre*); du lat. *pulpitrum*, proprem. « estrade ».

pupuler 1611, Cotgrave (*puputer*); 1752, *Trévoux* (*pupuler*); de *puput*, nom pop. de la *huppe*, d'orig. onomatop.

***pur** adj., 980, *Passion*, du lat. *pūrus*, propre, sans mélange. ‖ **pur-sang** s. m., v. 1833 (v. SANG). ‖ **pureté** XIIe s. (*purté*); début XIVe s. (*pureté*, réfection de *purté*); du bas lat. *pūritas*. ‖ **impur** XIIIe s., du lat. *impurus*. ‖ **impureté** 1398, E. Deschamps, du lat. *impuritas*. ‖ **purifier** 1190, saint Bernard, du lat. *purificare*. ‖ **purification** *id.*, eccl.; 1361, Oresme, ext. de sens; du lat. *purificatio*. ‖ **purificateur** milieu XVIe s. ‖ **purificatoire** s. m., 1610, Coton, eccl. ‖ **puriste** 1586, Taillepied, relig.; 1625, Camus, gramm. ‖ **purisme** 1704, *Trévoux*, gramm. ‖ **pureau** 1676, Félibien, techn. ‖ **apurer** fin XIIe s., *Alexandre*, « purifier »; 1611, Cotgrave (*un compte*). ‖ **apurement** fin XIVe s., jurid. ‖ **dépurer** XIIIe s., méd., du lat. *depurare*. ‖ **dépuration** 1265, J. de Meung. ‖ **dépuratif** 1792, *Encycl. méth.* ‖ **épurer** 1220, G. de Coincy (*espurer*); 1793, F. Brunot, polit. ‖ **épuration** 1606, Nicot. ‖ **épurateur** 1792, Frey, polit.; 1870, Lar., techn. ‖ **épure** 1676, Félibien.

purée début XIIIe s., de l'anc. v. *purer*, « purifier, nettoyer », empl. avec le sens partic. de « presser des légumes pour en exprimer la pulpe »; du bas lat. *pūrāre*, de *pūrus* (v. le précéd.); 1888, Sachs-Villatte, « misère », d'après la loc. métaph. *être dans la purée* (v. MOUISE). ‖ **purotin** fin XIXe s., pop., de *purée* au sens de « misère », avec la même finale que *calotin*, etc.

***purger** début XIIe s., « nettoyer, purifier », et jurid.; XIVe s., méd.; milieu XVIIe s., techn.; d'empl. spécialisé en fr. mod.; du lat. *purgare*, « purifier », de *pūrus*, pur. ‖ **purge** XIVe s., jurid.; 1538, Est., méd.; 1793, Brunot, polit.; milieu XIXe s., techn. ‖ **purgeur** 1576, Sasbout, « celui qui purge »; 1869, L., techn. ‖ **purgerie** 1722, Labat, techn. ‖ **purgeoir** 1752, *Trévoux*, techn. ‖ **purgation** XIIe s., « purification »; XIIIe s., méd.,

rare av. fin XVIe s., Montaigne; du lat. *purgatio.* ‖ **purgatif** début XIVe s., du lat. *purgativus.* ‖ **purgatoire** fin XIIe s., Marie de France, eccl., du lat. eccl. *purgatorium,* « qui purifie ». ‖ **épurge** XIIIe s. (*espurge*), bot., de l'anc. fr. *espurgier,* purger. ‖ **expurger** début XVe s., du lat. *expurgare,* nettoyer.

purifier V. PUR.

puriforme V. PUS.

purin 1842, *Acad.*, mot rég., de l'anc. v. *purer,* au sens de « s'écouler, nettoyer » (v. PURÉE). De même rad., les anc. mots rég. *puriel,* 1360, texte de Lille, et *pureau,* 1457, texte de Tournai. ‖ **purot** 1842, *Acad.*, fosse à purin, mot de l'Ouest.

puritain 1562, Ronsard, eccl.; XVIIIe s., fig.; de l'angl. *puritan,* de *purity,* pureté (v. PUR), nom pris par les calvinistes de Grande-Bretagne, qui se disaient plus attachés à la pureté du dogme que les autres presbytériens. ‖ **puritanisme** fin XVIIe s., Bossuet.

puron 1768, *Encycl.*, du lat. *purare,* « s'égoutter ». (V. PURÉE, PURIN.)

purotin V. PURÉE.

purpura 1846, Besch., méd., mot lat., proprem. « pourpre ». (V POURPRE.)

purpurin adj., début XIVe s., réfection, d'après le lat. *purpura,* de l'anc. adj. *pourprin* (v. POURPRE). ‖ **purpurine** s. f., 1731, *Trévoux,* techn.

purulent V. PUS.

pus 1538, Canappe, physiol., du lat. *pūs, pūris.* ‖ **puriforme** 1806, Boiste. ‖ **purulent** XIIe s., *Chev. au Cygne,* du lat. *purulentus,* de *pūs, pūris.* ‖ **purulence** milieu XVIe s. (V. PUSTULE, SUP-PURER.)

pusillanime 1265, Br. Latini, du bas lat. *pusillanimis* (*Vulgate*), de *pusillus animus,* proprem. « esprit mesquin ». ‖ **pusillanimité** fin XIIIe s.

pustule 1314, Mondeville, du lat. *pustula,* de même rad. que *pūs,* pus. ‖ **pustuleux** milieu XVIe s., du lat. *pustulosus.* ‖ **pustulé** milieu XVIe s.

putain, putassier V. PUTE.

putatif 1398, E. Deschamps, du lat. jurid. médiév. *putativus,* du lat. *putare,* compter, estimer.

617

*pute av. 1240, G. de Lorris, fém. de l'anc. adj. *put*, proprem. « puant, sale », du lat. *pŭtĭdus*, de *pūtēre* (v. PUER) ; repris en fr. d'auj. d'après le prov. mod. *puto*, de même étym. ‖ **putain** 1119, Ph. de Thaun, anc. cas régime en *-ain* de *pute;* pour la morphol., v. NONNAIN. ‖ **putinerie** 1866, Goncourt. ‖ **putasse** milieu XVI⁰ s., *putain.* ‖ **putasser** fin XIV⁰ s. ‖ **putassier** milieu XVI⁰ s. ‖ **putasserie** 1606, Crespin.

putier ou **putiet** milieu XVII⁰ s., bot., de l'anc. adj. *put;* nom du merisier. (V. le précéd.)

putois 1175, Chr. de Troyes, de l'anc. adj. *put*, puant, du lat. *pŭtĭdus*, de *pūtēre.* (V. PUER.)

putréfier 1314, Mondeville, du lat. *putrefacere*, de *putris*, pourri (v. POURRIR), avec adapt. d'après les v. en *-fier.* ‖ **putréfaction** 1398, *Somme Gautier*, du bas lat. *putrefactio.* ‖ **putréfiable** 1875, Lar. ‖ **putrescent** 1549, R. Est., du lat. *putrescens*, part. prés. de *putrescere*, se putréfier, de *putris*, pourri. ‖ **putrescence** 1801, L. ‖ **putrescible** v. 1390, E. de Conty, du bas lat. *putrescibilis.* ‖ **imputrescible** 1488, *Mer des hist.*, du lat. *imputrescibilis.* ‖ **putrescibilité** 1765, *Encycl.* ‖ **imputrescibilité** 1859, Mozin.

putride 1256, Ald. de Sienne, du lat. *putridus*, de *putris*, pourri. ‖ **putridité** 1769, Le Bègue de Presle.

putsch v. 1925, journ., d'abord à propos de l'Allemagne; mot all., proprem. « échauffourée ». ‖ **putschiste** 1961, journ.

putto (pl. **putti**) fin XIX⁰ s., beaux-arts, mot ital., proprem. « petit enfant », du lat. pop. *puttus*, en lat. class. *putus.*

*puy 1080, *Roland* (*pui*), montagne, auj. rég.; du lat. *podium*, soubassement, empr. au gr. *podion*, de *poûs*, *podos*, pied. (V. APPUYER.)

puya 1875, Lar., bot., mot esp., d'un dial. du Chili.

puzzle début XX⁰ s., au pr.; 1913, Maeterlinck, fig.; mot angl., de (*to*) *puzzle*, embarrasser.

pycnomètre 1923, Lar., phys., du gr. *puknos*, épais, et de l'élém. *-mètre.*

pyélite 1869, L., du gr. *puelos*, « cavité, bassin »; infection du bassinet.

pygargue XV⁰ s. (*pigart*) ; milieu XVIII⁰ s. (*pygargue*), zool.; du lat. *pygargus*, gr. *pugargos*, de *pugê*, croupion, et *argos*, blanc.

pygmée XIII⁰ s. (*pigmain, pymeau*); 1488, *Mer des hist.* (*pygmée*), au sens lat.; 1588, Montaigne, fig.; XVIII⁰ s., ethnol.; du lat. *Pygmaeus*, gr. *Pugmaios*, nom d'un peuple légendaire de nains. ‖ **pygméen** 1842, *Acad.*

pyjama 1837, *Journal des jeunes personnes* (*pyjaamah*), sorte de vêtement de jour; fin XIX⁰ s. (*pyjama*), vêtement de nuit; de l'angl. *pyjamas*, de l'hindî *pāē-jāma*, pantalon ample et bouffant, de *jāma*, « vêtement », et *paē*, « de jambes ».

pylône 1823, Boiste, hist., appliqué aux temples égyptiens; 1875, Lar., empl. techn. mod.; du gr. *pulôn*, portail de temple, de *pulê*, porte.

pylore 1552, Rab., anat., du lat. méd. *pylorus* (C. Aurelius), gr. *pulôros*, proprem. « portier », de même rad. que le précéd. ‖ **pylorique** 1765, *Encycl.* ‖ **pylorisme** 1907, Lar.

pyo- du gr. *puon*, pus. ‖ **pyogène** 1827, *Acad.* (*pyogénie*). ‖ **pyorrhée** 1827, *Acad.* ‖ **pyoourie, pyourie, pyurie** 1803, Boiste.

pyrale 1550, Ronsard (*pyralide*); 1827, *Acad.* (*pyrale*), entom.; du lat. *pyralis*, mot gr., de *pûr*, feu.

pyramide début XII⁰ s., *Thèbes*, archit.; 1361, Oresme, géom.; du lat. *pyramis, -idis*, gr. *puramis, -idos*, monument égyptien, et géom. ‖ **pyramidal** XIII⁰ s., du bas lat. *pyramidalis.* ‖ **pyramider** fin XV⁰ s., vx. ‖ **pyramidion** 1842, *Acad.*

pyramidon 1907, Lar., chim., du rad. de *antipyrine* (gr. *pûr*, feu) et de *amide.*

pyrée milieu XVIII⁰ s., Voltaire, hist., du gr. *pureon*, de *pûr*, feu.

pyrène XX⁰ s., chim., du rad. chim. *pyr* (gr. *pûr*, feu) et du suff. *-ène.*

pyrénomycètes 1842, *Acad.*, bot., du gr. *purên*, noyau, et de l'élém. *-mycète.*

pyrét-, pyréto- du gr. *puretos*, fièvre, de *pûr*, feu. ‖ **pyrétique** 1765, *Encycl.* ‖ **pyrétogène** XX⁰ s. ‖ **pyrétothérapie** XX⁰ s.

pyrèthre 1256, Ald. de Sienne (*pi-retre*), bot., du lat. *pyrethrum*, du gr. *purethron*, de *pûr*, feu.

pyrexie 1809, Wailly, méd., de l'infin. gr. *puresseîn*, avoir la fièvre; nom générique des maladies qui donnent la fièvre.

pyridine 1839, Boiste, chim., du gr. *pûr*, feu.

pyrite XII⁰ s., chim., du gr. *puritês* (*lithos*), « (pierre) de feu », de *pûr*, feu. || **pyriteux** milieu XVIII⁰ s., Buffon.

pyro- du gr. *pûr*, *puros*, feu. || **pyroélectricité** 1842, *Acad.*(*pyroélectrique*). || **pyrogallique** 1842, *Acad.*, chim. || **pyrogallol** 1875, Lar., chim. || **pyrogénation** XX⁰ s., chim., de *pyrogène*, 1842, *Acad.* || **pyrogravure** 1903, *le Sourire*. || **pyrograver, -graveur** 1907, Lar. || **pyroligneux** 1827, *Acad.* || **pyrolignite** 1802, Flick. || **pyrolusite** 1846, Besch., chim., du gr. *lusis*. || **pyrolyse** XX⁰ s., chim. || **pyromanie** 1878, Lar., psych. || **pyromane** 1890, Lar. || **pyromètre** 1738, Voltaire, phys. || **pyrophore** 1752, *Trévoux*, chim., du gr. *purophoros*, « qui porte le feu ». || **pyrophosphate** 1842, *Acad.* || **pyrophosphorique** 1875, Lar., chim. || **pyroscaphe** 1776, Jouffroy d'Abbans, du gr. *skaphos*, bateau. || **pyroscope** 1836, Landais, phys. || **pyroscopie** 1827, *Acad.* || **pyrosis** 1802, Flick (*pyrosie*), méd., du gr. *purôsis*, inflammation. || **pyrosphère** 1859, Mozin, géol. || **pyrosulfurique** 1878, Lar., chim. || **pyrotechnie** 1556, Vincent, techn., du gr. *tekhnê*, art. || **pyrotechnique** 1630, Hanzelat. || **pyrotechnicien** XX⁰ s. || **pyroxène** 1801, Haüy, minér., du gr. *xenos*, étranger. || **pyroxyle** 1869, L.,

du gr. *xulon*, bois. || **pyroxylique** 1842, *Acad.*

pyrrhique fin XIV⁰ s., J. Le Fèvre (*perrique*), s. f., hist. gr., du lat. *pyrrhicha*, du gr. *purrhikhê*, de *Purrhikhos*, inventeur présumé de cette danse; 1732, *Trévoux*, s. m., métr. anc.

pyrrhocoris 1842, *Acad.* (*pyrrhocère*); 1875, Lar. (*pyrrhocoris*); XX⁰ s. (*pyrrhocore*), entom., du gr. *purrhos*, roux, et *koris*, punaise.

pyrrhonien 1546, Rab., de *Pyrrhon*, nom d'un philosophe gr. (IV⁰ s. av. J.-C.). || **pyrrhonisme** v. 1580, Montaigne.

pyrrol XX⁰ s., chim., du gr. *pûr*, feu.

pythagorique 1546, Saint-Gelais, de l'adj. lat. *pythagoricus*, de *Puthagoras*, nom d'un philosophe et mathématicien gr. (VI⁰ s. av. J.-C.). || **pythagoricien** 1711, Baltus. || **pythagorisme** XVIII⁰ s.

pythie 1546, Rab., hist., du lat. *pythia*, gr. *puthia*, « la Pythienne », de *Puthô*, anc. nom de la région de Delphes. || **pythien** 1550, Ronsard. || **pythique** 1690, Furetière.

python XVI⁰ s., mythol.; 1803, Boiste, zool.; du lat. *python*, gr. *puthôn*, nom d'un serpent fabuleux tué par Apollon, de *Puthô* (v. le précéd.) : à Delphes se trouvait l'oracle d'Apollon.

pythonisse fin XIV⁰ s. (*pithonisse*), bibl.; milieu XVII⁰ s., La Fontaine, fig.; du lat. de la Vulgate *pythonissa*, du gr. *puthôn*, « inspiré par Apollon Pythien ». (V. les précédents.)

pyxide XVI⁰ s., archéol. et liturg.; 1812, Mozin, bot.; du lat. *pyxis, -idis*, gr. *puxis, -idos*, boîte en buis. (V. BOÎTE.)

Q

quadragénaire 1569, J. Eckius, du lat. *quadragenarius*, de même rac. que *quarante* et *quatre*.

quadragésime 1495, J. de Vignay, « carême »; 1680, Richelet, sens mod.; du lat eccl. *quadragesima* (IVᵉ s., saint Jérôme), « carême », fém. subst. de *quadragesimus*, « quarantième ». ‖ **quadragésimal** fin XVᵉ s., E. de Médicis, du lat. eccl. *quadragesimalis*.

quadrangle XIIIᵉ s., G., du lat. *quadrangulus*, de *angulus*, angle. ‖ **quadrangulaire** 1488, *Mer des hist.*, du bas lat. *quadrangularis*.

quadrant fin XVᵉ s., « quart de jour », puis « quart de la circonférence »; du lat. *quadrans*. (V. CADRAN.)

quadrat 1532, Rab., astron., du lat. *quadratus*, carré. ‖ **quadratique** 1765, *Encycl.* ‖ **quadrature** début XVᵉ s., du lat. *quadratura*.

quadrette XXᵉ s., jeu, de même rac. que *quadrangle*, etc.

quadriennal 1690, Furetière, du bas lat. *quadriennalis*, de *quadri-*, quatre, et *annus*, année.

quadrige 1667, Chapelain, hist., du lat. *quadriga*, de *jugum*, joug.

quadrijumeaux 1654, Gelée, anat., de l'élém. lat. *quadri-*, quatre, et *jumeaux*.

quadrilatère 1554, Peletier, du bas lat. *quadrilaterus* (VIIᵉ s., Isid. de Séville), de l'élém. lat. *quadri-*, quatre, et *latus, -eris*, côté. ‖ **quadrilatéral** milieu XVIᵉ s.

1. quadrille fin XVIᵉ s., Brantôme, s. f., petite troupe de soldats à cheval (proprem. le *quart* d'une centaine), de l'esp. *cuadrilla*; fin XVIIᵉ s., groupe de cavaliers dans un carrousel; 1740, *Acad.*, s. m., un des quatre groupes d'une contredanse; fin XVIIIᵉ s., sorte de contredanse.

2. quadrille 1765, *Encycl.*, techn., carré de guipure, jour en losange, de l'esp. *cuadrillo*, forme masc. de *cuadrilla* (v. le précéd.). ‖ **quadriller** 1819, Boiste. ‖ **quadrillage** 1860, L.

3. quadrille 1725, *Trévoux*, jeu d'hombre à quatre, altér., d'après les précéd., de l'esp. *cuartillo*, de *cuarto*, quatrième.

quadrillion 1520, E. de La Roche, de l'élém. lat. *quadri-*, quatre, et de la finale de *million*.

quadrimoteur 1934, *Auto*, aéron., de l'élém. *quadri-*, quatre, et de *moteur*. ‖ **quadriréacteur** XXᵉ s.

quadrivium XIIIᵉ s. (*cadruve*, forme francisée), hist., division supérieure des sept arts libéraux au Moyen Age; mot lat., proprem. « carrefour », fig. en bas lat. (V. TRIVIUM.)

quadrumane milieu XVIIIᵉ s., Buffon, du lat. *manus*, main, sur le modèle de *quadrupède*.

quadrupède 1495, *Mir. historial*, du lat. *quadrupes*, à quatre pieds, de *pes, pedis*, pied.

quadruple XIIIᵉ s., G., du lat. *quadruplex* ou *quadruplus*. ‖ **quadrupler** 1503, G. de Chauliac, du lat. *quadruplare*.

quai 1167, *D. G.*, mot normanno-picard, du gaulois *caio*, gallois *cae*, haie.

quaker 1657, Fougère, mot angl., proprem. « trembleur ». (Quand ils se sentaient « possédés de l'esprit », les quakers étaient pris d'un tremblement.)

qualifier XVᵉ s., *D. G.*, du lat. scolast. *qualificare*, de *qualis*, quel; 1840, journ., turf, d'après l'angl. (*to*) *qualify*. ‖ **disqualifier** 1837, Stendhal, turf; 1865,

Lar., sens extensif; de l'angl. *(to) disqualify*, même orig. || **qualifiable** XIXᵉ s. || **inqualifiable** 1836, *Acad.* || **qualification** début XVᵉ s., du lat. scolast. *qualificatio*; 1840, journ., turf, d'après l'angl. || **disqualification** 1784, *Courrier de l'Europe*, d'abord turf. || **qualificateur** 1665, Retz, théol. || **qualificatif** v. 1740, Dumarsais, gramm.

qualité XIᵉ s., du lat. philos. *qualitas*, de *qualis*, quel, calqué par Cicéron sur le gr. *poiotês*, de *poios*, quel. || **qualitatif** XVᵉ s., du lat. scolast. *qualitativus*.

***quand** Xᵉ s., *Valenciennes* (*quant*), du lat. *quando*, d'où la réfection orthographique en moyen fr. || **quand même** fin XIXᵉ s., adv.

***quant à** 842, *Serments*, loc. adv., du lat. *quantum*, autant que, et *ad* (Ovide : *Quantum ad Pirithoum*, quant à Pirithoüs). || **quant-à-soi** fin XVIᵉ s. (*quant-à-moi*).

quantième XIVᵉ s., dér. d'un anc. *quant*, XIIᵉ s., adj. de quantité; du lat. *quantus*, combien grand, pl. *quanti*, combien nombreux.

quantifier 1906, Lar., du lat. *quantus*, combien, et du suff. d'action *-ifier*. || **quantification** *id.*

quantité 1190, saint Bernard (*quantiteit*), du lat. *quantitas*, de *quantus*, combien grand. || **quantitatif** fin XVIᵉ s.; vulgarisé au XIXᵉ s.

quantum 1764, Voltaire, s. m., du lat. *quantum*, neutre sing. de *quantus*, combien grand. || **quanta** 1900, Planck, phys., plur. de *quantum*. || **quantique** 1930, Lar.

***quarante** 1080, *Roland*, du lat. pop. *quaranta* (inscriptions de Gaule), du lat. class. *quadraginta*. || **quarantième** v. 1190, Garn. (*quarantisme*); XVᵉ s. (*quarantième*). || **quarantaine** v. 1190, Garn. (*quaranteine*); 1636, Monet, méd. || **quarantenaire** 1845, Besch. || **quarantenir** 1690, Furetière, mar.

***quart** 1080, *Roland*, adj., « quatrième », jusqu'au XVIᵉ s.; XIVᵉ s., s. m., « quatrième partie d'un tout »; début XVIᵉ s., mar.; 1869, L., gobelet; du lat. *quartus*, quatrième. || **quart d'heure** 1666, Molière. || **quartanier** début XVIIᵉ s., vén. || **quarte** adj., 1265, J. de Meung (*fièvre quarte*); s. f., XIIIᵉ s., terme de mesure; 1611, Cotgrave, mus.; milieu XVIIᵉ s., escr. || **quartefeuille** 1842, *Acad.*, blas. || **quartelette** XVIᵉ s. || **quartier** 1080, *Roland*. || **quarteron** milieu XIIIᵉ s., terme de mesure, dér. du précéd. || **quarteron, quarteronne** 1688, Exmelin, anthropol., de l'esp. *cuarterón*, dér. de *cuarto*, quart. || **quartette** 1869, Lar., de l'ital. *quartetto*, d'abord sous cette forme, 1838, *Acad.*, mus. (auj. terme de jazz). || **quarto** 1842, *Acad.*, adv. (v. PRIMO, SECUNDO, TERTIO). || **quartidi** 1793, Fabre d'Églantine, 4ᵉ jour de la décade dans le calendrier républicain. || **écarteler** 1160, Benoît, « mettre en quartiers ». || **écartèlement** 1565, Calepin. || **écartelure** 1352, G. || **écarquiller** 1530, Palsgrave. || **écarquillement** 1559, Amyot.

quartier-maître début XVIIᵉ s., maréchal des logis (dans la cavalerie étrangère); 1670, Pellisson, mar., de l'allem. *Quartier meister*, issu de deux mots d'orig. française. (V. MAÎTRE.)

quartz 1749, Buffon, de l'all. *Quartz*. || **quartzeux**, *id.* || **quartzite** 1830, Boiste. || **quartzifère** 1842, *Acad.* || **quartzique** 1842, *Acad.*

1. quasi fin Xᵉ s., rare avant 1495, J. de Vignay; du lat. *quasi*, comme si, presque (*quasi* est préfixe dans *quasi-contrat*, *quasi-délit*); 1762, *Acad.*, jurid. || **quasiment** début XVIIᵉ s.

2. quasi milieu XVIIIᵉ s., boucherie, peut-être empl. spécial du précédent.

quasimodo XIIIᵉ s., du lat. *quasi modo*, premiers mots de l'introït, à la messe du premier dimanche après Pâques.

quaternaire 1488, *Mer des hist.*, arithm.; v. 1750, Buffon, géol.; du lat. *quaternarius*, de *quaterni*, quatre par quatre.

***quatorze** XIIᵉ s., *Lois de Guill.*, du lat. pop. *quattordecim*, en lat. class. *quattuordecim*, de *quattuor*, quatre, et *decem*, dix. || **quatorzième** 1119, Ph. de Thaun (*quatorzime*). || **quatorzaine** XIIIᵉ s., vx.

***quatre** Xᵉ s., du lat. pop. *quattor*, en lat. class. *quattuor*. || **quatrième** XIVᵉ s., *Chron. de Flandre* (*quatriesme*). || **quatrain** v. 1530, C. Marot. Pour les composés formés avec un premier élément *quatre*, voir à la place alphab. du second élément.

quatuor 1722, du lat. *quattuor*, avec var. orth.; mus.

1. que pron. V. QUI.

2. *que conj., XIIIe s., du lat. *quĭd*, qui a remplacé *quod* (à partir du IVe s.), et s'est affaibli en *qui*, puis en *que*.

***quel** Xe s., du lat. *qualis*. || **lequel** 1080, *Roland*. || **quellement** milieu XIIIe s. || **quelque** 1175, Chr. de Troyes (d'abord *quel*, suivi du subst., plus *que*, relatif; || **quelque... que** XIVe s., par contamination des deux précéd. || **quelqu'un** XIVe s. || **quelque chose** XVIe s. || **quelconque** 1120, *Ps. d'Oxford*, relatif; XVIe s., adj. indéf.; du rel. lat. *qualiscumque*. || **quelquefois** fin XVe s.

quémander 1243, Ph. de Novare (*caimander*, encore 1740, *Acad.*); de l'anc. fr. *caïmand*, mendiant, 1398, *Ménagier*, usuel jusqu'au XVIe s., d'orig. inconnue. || **quémandeur** 1740, *Acad.*

qu'en-dira-t-on V. DIRE.

quenelle milieu XVIIIe s., de l'all. *Knödel*, boule de pâte (Alsace).

quenotte 1642, Oudin, mot dial. (Normandie), dimin. de *quenne*, dent, joue (anc. fr. *cane*, dent), du francique **kinni*, joue, mâchoire (all. *Kinn*, menton; angl. *chin*, id.).

***quenouille** v. 1265, J. de Meung, du bas lat. *conucula* (*Loi des Ripuaires*), autre forme de *colucula*, dér. pop. (VIe s.) du lat. class. *colus*, quenouille. || **quenouillée** 1552, Ch. Est.

querelle 1155, Wace, « contestation, plainte » (sens jurid. jusqu'au XVIIIe s.); XVIe s., sens mod.; du lat. *querela*, var. *querella*, plainte en justice, de *queri*, se plaindre. || **quereller** 1190, Garn., du bas lat. *querellare*. || **querelleur** fin XIIIe s., *Etabliss. de Saint Louis*, « plaignant »; 1549, R. Est., emploi mod. || **s'entre-quereller** milieu XVIe s.

***quérir** 1175, Chr. de Troyes, de l'anc. fr. *querre*, du lat. *quaerere*, chercher, par changement de conjugaison; éliminé par *chercher* au XVIIe s. || **requérir** 1080, *Roland* (*requerre*); fin XIIIe s. (*requérir*); du lat. pop. **requaererĕ*, réfection de *requirere*. || **requête** 1190, *Rois*. || **requérant** 1606, Nicot. || **réquisitoire** fin XIVe s., adj. (*lettres réquisi*-toires); 1539, R. Est., s. m.; du lat. *requisitus*, part. passé de *requirere*, rechercher, d'après les adj. en *-oire*.

questeur 1213, *Fet des Romains*, au sens latin; 1799, député chargé de surveiller l'emploi des fonds; du lat. *quaestor*, de *quaerere*, chercher. || **questure** 1680, Richelet.

question 1130, *Eneas*, « interrogation », d'où « enquête judiciaire », « torture » (jusqu'en 1789); du lat. *quaestio*, recherche, de *quaerere*, quérir. || **questionner** XIIIe s., *Renart*. || **questionnaire** début XVIe s. || **questionneur** 1554, de Maumont.

***quête** XIIe s., E. de Fougères (*queste*), « recherche »; XIVe s., sens mod.; part. passé, substantivé au fém., de l'anc. *querre*, de *quaerere*, chercher. || **quêter** XIIe s., *Aucassin et Nicolette*, même évol. sémantique. || **quêteur** id.

quetsche début XIXe s. (*coitche*); 1869, Lar., forme mod.; de l'allem. *Zwetsche* (Alsace).

***queue** 1080, *Roland* (*coe, cue*), du lat. pop. *cōda*, class. *cauda*. || **queuter** 1765, *Encycl.*, billard. || **queutage** 1875, Lar. || **équeuter** fin XIXe s. || **à la queue leu leu** XVe s., altér. de l'anc. fr. *à la queue le leu*, « à la queue du loup », l'un derrière l'autre (comme les loups). || **couard** 1080, *Roland*, de *cou*, anc. forme de *queue*. || **couardise** id. || Outils **queue-de-cochon** 1803, Boiste; **queue-de-rat** 1752, *Trévoux*; **queue-de-renard** 1803, Boiste. || **queue-d'aronde** 1538, R. Est, mode d'assemblage. || **queue-de-pie** 1900, Lar., habit. || **caudal** fin XVIIIe s. || **caudataire** milieu XVIe s. (V. aussi CODA, mus.)

***queux** 1080, *Roland* (*cous*), du lat. *cŏquus* (*cŏquere*, cuire); ne subsiste que dans *maître queux* (1538, Est.). [V. COQ 2.]

***qui, que, quoi** 842, *Serments* (*qui, que*); 1080, *Roland* (*quei*); du lat. *qui* (d'abord nominatif masc. sing. et plur.; au IVe s., forme commune masc., fém. et neutre) et *cui* (datif sing., employé comme cas régime après prép. jusqu'au XIIIe s., puis confondu avec le précédent); *quem* (acc. masc. sing., devenu forme commune du régime direct); *quid*. **quiconque** 1190, saint Bernard, d'un anc. *qui qu'onques*, « qui... jamais », influencé par le lat. *quicumque*, de même sens, d'où la graphie en un seul mot et sans *s* adverbial. ‖ **quoique** 1080, *Roland* (*que que*) ; XIIe s., Delb. (*quoi que*). [V. POURVOI à POUR.]

quia (*être, mettre, réduire à*) 1460, G. Alexis, du lat. scolast. *scire quia, demonstratio quia*, expressions signifiant « la connaisance par la cause », moins complète que celle « par l'essence », désignée par *scire, demonstratio propter quid*.

quiche 1846, Besch., de l'alsacien *küche*(*n*), gâteau (all. *Kuchen*).

quiconque V. QUI.

quidam XIVe s., jurid., puis empl. fam., mot lat. signif. « un certain ».

quiddité XIVe s., *Arts d'amour*, du lat. scolast. *quidditas*, de *quid*, quoi.

quiet XIIIe s., *Bible*, du lat. *quietus*, tranquille (v. COI). ‖ **quiétude** 1482, Delb., du bas lat. *quietudo*. ‖ **quiétisme** v. 1671, Nicole. ‖ **quiétiste** *id.* ‖ **inquiet** 1588, Montaigne ; XVIIe s., sens actuel ; du lat. *inquietus*, agité. ‖ **inquiéter** 1190, *Rois*, du lat. *inquietare*. ‖ **inquiétude** 1495, J. de Vignay, du lat. *inquietudo*.

quiétisme, quiétude V. QUIET.

quignon XIVe s., altér. de *coignon*, dér. de *coin* (c'est-à-dire « morceau de pain en forme de coin »).

1. **quille** XIIIe s., de l'anc. haut allem. *kegil*, terme de jeu ; 1455, Villon, jambe ; XXe s., pop., fin du service militaire. ‖ **quiller** 1330, Digulleville. ‖ **quillier** 1370, Le Fèvre. ‖ **quillon** 1570, Gay. ‖ **quillette** 1732, *Trévoux*. ‖ **quillard** XXe s., arg. mil.

2. **quille** 1382, texte de Rouen, mar., du vieux norrois *kilir*, plur. de *kjollr*, quille de bateau (cf. l'angl. *keel*, l'all. *Kiel*, le néerl. *kiel*). ‖ **quillage** 1472, Bartzsch. ‖ **quillé** 1845, Besch.

quinaire 1546, Rab., du lat. *quinarius*, de *quini*, cinq par cinq.

quinaud 1532, Rab., orig. obscure.

quincaillerie 1268, É. Boileau, altér. de *clinquaille*, dér. du radical onomatop. *clinq-* (v. CLINQUANT). ‖ **quincaillier** début XVe s.

quinconce 1534, Rab. (d'abord adj.), du lat. *quincunx, -uncis*, pièce de cinq onces, par comparaison avec la disposition des cinq points sur la pièce.

quine 1155, Wace, terme de jeu, du lat. *quinas*, acc. f. pl. du distributif *quini*, cinq par cinq.

quinine V. QUINQUINA.

quinquagénaire v. 1560, Paré, du lat. *quinquagenarius*. (V. *cinquante* à CINQ.)

quinquagésime fin XIIIe s., du lat. *quinquagesima*, fém. subst. de *quinquagesimus*, cinquantième.

quinquennal XVIe s., du lat. *quinquennalis*, de *quinque*, cinq, et *annus*, année.

quinquet fin XVIIIe s., « sorte de lampe » ; début XIXe s., pop., « œil » ; du nom de *Quinquet*, pharmacien qui perfectionna et fabriqua une lampe inventée en 1782 par le physicien Argand.

quinquina milieu XVIe s. (*kinakina*) ; 1661, G. Patin (*quinquina*) ; du quichua (langue indigène du Pérou) *quina-quina*, par l'intermédiaire de l'esp. ‖ **quinine** 1820, Caventou et Pelletier. ‖ **quinoléine** 1860, Gerhardt, de *quinine* et du lat. *oleum*, huile. ‖ **quinoléique** 1890, Lar.

quintaine fin XIIe s., *R. de Cambrai*, du lat. *quintana*, fém. subst. de *quintanus*, « du cinquième rang » ; d'après le sens romain (espace libre entre le 5e et le 6e manipule de la cohorte), a désigné, dans *courir la quintaine*, d'abord le parcours, puis le mannequin installé sur le poteau de but.

quintal fin XIIIe s., *Voy. de Marco Polo* ; par le lat. médiév. *quintale*, de l'ar. *qintār*, poids de cent livres issu du bas lat. *centenarium*, poids de cent livres, par le gr. byzantin *kentênarion*.

***quinte** 1398, E. Deschamps, mus. ; XVIe s., méd. et fig. ; XVIIe s., escrime ; fém. subst. de l'anc. *quint*, cinquième (XIIe - XVIe s., cf. Charles *Quint*), du lat. *quintus*. ‖ **quinteux** 1542, Du Pinet. ‖ **quintefeuille** bot., XIVe s., *Antidotaire*, du lat. *quinquefolium*. ‖ **quintessence** 1265, Mahieu le Vilain (*quinte essence*), scolast. ; 1534, Rab., fig. ; du lat. médiév. *quinta essentia*, trad. du gr. *pemptê ousia*, désignant chez Aristote l'éther, ou cinquième élément, le plus subtil des cinq éléments de l'univers. ‖ **quintessencier** 1584, auj. surtout au part. passé (1688, La Bruyère). ‖ **quintette** début XIXᵉ s., mus., de l'ital. *quintetto* (employé en France en 1778), dimin. de *quinto*, cinquième; a remplacé *quinque*, 1722 - 1858, du lat. *quinque*, cinq. ‖ **quinto** adv., XIXᵉ s., mot lat., cinquièmement. ‖ **quintuple** 1484, Chuquet, du lat. impér. *quintuplex* (IIIᵉ s.), Vopiscus). ‖ **quintupler** fin XVᵉ s. ‖ **quintuplés** s. m., pl., 1934, jumeaux au nombre de cinq.

quintessence, quintette, quintuple V. QUINTE.

*****quinze** 1080, *Roland*, du lat. *quindecim*, de *quinque*, cinq, et *decem*, dix. ‖ **quinzaine** 1175, Chr. de Troyes. ‖ **quinzième** 1119, Ph. de Thaun (*quinzisme*); XIVᵉ s. (*quinzième*). ‖ **quinzevingts** 1398, E. Deschamps, spécialisé pour l'hôpital de trois cents aveugles fondé à Paris par Saint Louis; ancienne façon de compter par multiples de *vingt*.

quiproquo fin XVᵉ s. (*qui pro quo*); du lat. scolast. *quid pro quod*, désignant une faute d'interprétation, une bévue.

quittance, quitter, quitus Voir QUITTE.

*****quitte** v. 1080, *Roland*, du lat. jurid. médiév. *quītus*, altér. de *quietus*, tranquille (v. COI, QUIET); *quitte ou double*, XVᵉ s., *le Jouvencel* (*jouer à quitte et à double*); *quitte à*, XVIIᵉ s. ‖ **quitter** début XIIᵉ s., *Thèbes*, « libérer d'une

obligation », puis « laisser, se séparer »; du lat. médiév. *quitare*, altér. de *quietare*. ‖ **quittance** fin XIIᵉ s., *Tristan*. ‖ **quittancer** 1396, G. ‖ **quitus** début XVᵉ s., du lat. *quitus*, employé au sens financier. ‖ **acquitter** 1080, *Roland* (*aquiter*), « rendre quitte ». ‖ **acquit** 1268, É. Boileau, déverbal. ‖ **acquittement** XIIIᵉ s., « action de s'acquitter »; 1725, Desfontaines, « absolution ».

qui-vive V. VIVRE.

quoi V. QUI.

quolibet 1300, Joinville; début XVIᵉ s., sens mod., du lat. scolast. *disputationes de quolibet*, « débats sur n'importe quoi », où *quolibet* est l'ablatif de *quod libet*, « ce qu'on veut ».

quorum milieu XVIIᵉ s., à propos de l'Angleterre; milieu XIXᵉ s., à propos d'assemblées françaises; de l'angl. *quorum*, empr. au lat. (gén. plur. du rel. *qui*; sens : « desquels »), figurant dans une formule de délibérations (*quorum maxima pars*, « desquels la plus grande partie... »).

quote-part, quotité V. COTE.

quotidien XIIᵉ s., adj.; 1935, *Acad.*, s. m., « journal »; du lat. *quotidianus*, de *quotidie*, chaque jour. ‖ **biquotidien** 1899, Lar.

quotient 1484, Chuquet, du lat. *quotiens*, var. de *quoties*, « autant de fois que ».

R

r V. RE. Les mots composés avec le préfixe *r* (*e*) sont à l'ordre alphabétique du mot simple.

rabâcher 1611, Cotgrave, « faire du tapage »; fin XVII⁽ᵉ⁾ s., Saint-Simon, sens mod.; d'une rac. préromane ou germ. *rabb-* (cf. l'anc. fr. *rabaster,* faire du tapage). ‖ **rabâchage** 1735, Voltaire. ‖ **rabâcheur** 1740, Mᵐᵉ Du Châtelet. ‖ **rabâcherie** 1761, Rousseau. ‖ **rabâchement** 1906, Lar.

rabais, rabaisser V. BAISSER.

raban 1573, Dupuis, du néerl. *raband,* de *band,* lien, et *raa,* vergue. ‖ **rabaner** 1687, Desroches (*rabanter*).

rabattre V. BATTRE.

rabbin 1351, J. Le Long (*rabain*), docteur de la loi juive; 1845, Besch., sens mod.; de l'araméen *rabbi* (plur. *rabbîn*), « mon maître », de *rabb,* maître. ‖ **rabbinique** XVIⁱᵉ s. ‖ **rabbinat** 1869, Lar. **rabbiniser** 1867, *Revue des Deux Mondes.*

rabelaisien 1832, Balzac, du nom de *Rabelais.*

rabibocher 1842, Sue, d'un rad. *bib-,* formant des mots qui désignent quelque chose de peu important (*bibelot*). ‖ **rabibochage** 1867, Delvau.

rabiot XVIⁱᵉ s., *Arch. de Caen* (*rebiot, rebiau*), eccl., « part de prébende des absents allouée en supplément aux présents »; 1831, arg. mar.; 1861, Larchey, milit., « supplément de distribution », puis « temps de service supplémentaire »; fin XIXⁱᵉ s., pop.; du gascon *rabiot,* rebut de la pêche, de *rabe,* œufs de poisson (d'après *rabe,* rave, par métaphore). ‖ **rabioter** milieu XIXⁱᵉ s. ‖ **rabioteur** *id.*

rabique 1829, Boiste, du lat. *rabies,* rage. ‖ **antirabique** 1860, Sanson.

1. ***râble** XIIIⁱᵉ s. (*roable*); début XVⁱᵉ s. (*raable*), outil; du lat. *rutabulum,* fourgon de boulanger.

2. **râble** (*d'un lièvre*) 1532, Rab., zool., ext. métaphorique du précéd. ‖ **râblé** XVIⁱᵉ s., *D. G.*

3. **râble** 1690, Furetière, mar., ext. de sens de RÂBLE 1.

rabot 1360, *Modus,* masc. métaph., formé sur le fém. *rabotte,* lapin (français rég. du Centre), dissim. de *robotte,* d'un moy. néerl. *robbe,* lapin. ‖ **raboter** début XVⁱᵉ s. ‖ **raboteux** 1539, *D. G.* ‖ **raboteur** 1802, *Acad.* ‖ **rabotage** 1845, Besch.

rabougri XVIⁱᵉ s., de l'anc. fr. *abougrir,* affaiblir, de *bougre,* faible. (V. BOUGRE.)

rabouilleuse début XIXⁱᵉ s., Balzac, mot rég. (Berry), de *rabouiller,* troubler l'eau, de *bouiller,* agiter l'eau (1751, *Encycl.*), dér. de *bouille,* marais (lat. pop. **bau-ŭcula*). [V. BOUE.]

rabouter V. BOUTER.

rabrouer 1398, E. Deschamps, du moy. fr. *brouer,* gronder, être furieux, issu du norm. *breu,* écume, et aussi « bouillon » (v. BROUET, S'ÉBROUER). ‖ **rabrouement** 1559, Amyot.

raca (*crier raca à quelqu'un*), XVIⁱᵉ s., Saci, d'un passage de l'Évangile de saint Matthieu (v, 22), où figure le mot araméen *raca,* connu par ce seul emploi; hébreu *roq,* crachat.

racahout 1833, *Journ. des connaissances utiles* (*racaou des Arabes*), de l'ar. parlé *rāqaout,* de forme mal assurée.

racaille 1138, G. Gaimar (*rascaille*), terme norm., issu d'un mot non attesté *rasquer, racler* (cf. l'anc. fr. *rasche,* teigne); du lat. pop. *rasicare,* gratter, de *radere,* raser. (V. RACLER.)

625

race 1498, Commynes, de l'ital. *razza*, du lat. *ratiǫ* (avec changement de terminaison), empl. au VIᵉ s. avec le sens de « espèce d'animaux ou de fruits ». ‖ **racé** fin XIXᵉ s. ‖ **racial** 1911, E. Seillière. ‖ **racisme, raciste** 1932, Lar. ‖ **antiracisme, antiraciste** v. 1950.

racer s. m., 1854, Chapus, de l'angl. *(to) race*, courir vite.

rachis v. 1560, Paré, du gr. *rhakhis*, épine dorsale. ‖ **rachidien** 1806, Capuron, par anal. avec les mots gr. à radical en *-id-*. ‖ **rachitis** milieu XVIIᵉ s. ‖ **rachitique** début XVIIIᵉ s., de l'adj. gr. *rhakhitês*. ‖ **rachitisme** début XVIIIᵉ s., en parlant du blé; fin XVIIIᵉ s., en parlant de l'homme (jusqu'alors *rachitis*).

***racine** v. 1175, Chr. de Troyes; XIIIᵉ s., mathématiques; 1757, Lancelot, linguistique; début XIXᵉ s., reliure; du bas lat. *radicīna*, de *radix, -icis*. ‖ **raciner** 1265. ‖ **racineux** v. 1550, Baïf. ‖ **racinal** 1570, Palissy, adj.; fin XVIIᵉ s., subst. ‖ **racinage** 1674, teinture; début XIXᵉ s., reliure. ‖ **déraciner** XIIIᵉ s. ‖ **déraciné** s. m., 1897, Barrès, fig. ‖ **déracinement** XVᵉ s. ‖ **déracineur** 1800, Chateaubriand. ‖ **indéracinable** 1797, Babeuf. ‖ **enraciner** 1175, Chr. de Troyes. ‖ **enracinement** XVIᵉ s.

racinien 1776, Voltaire, de *Racine*.

racisme V. RACE.

racket 1930, Lar., de l'amér. *racket*, chantage, escroquerie, empr. au fr. RAQUETTE (v. ce mot). ‖ **racketter** v. 1950.

racler XIVᵉ s., L., du prov. *rasclar*, issu du lat. pop. *rasclare*, de *rasiculare*, de *rasus*, rasé (v. RACAILLE). ‖ **racle** milieu XVIᵉ s. ‖ **racloir** 1538, R. Est. ‖ **racloire** début XIVᵉ s. ‖ **raclette** milieu XIXᵉ s. ‖ **raclure** fin XIVᵉ s. ‖ **racleur** fin XVIᵉ s. ‖ **raclage** 1845, Besch. ‖ **raclée** fin XVIIIᵉ s., Brunot.

racoler V. COU.

racontar V. CONTER.

racornir V. COR.

radar 1944, de l'angl. *radar*, sigle de *radio detection and ranging*, détection et télémétrie par radio. ‖ **radariste** 1953, Lar.

rade 1265, Br. Latini, de l'anc. angl. *rad* (auj. *road*, rade, et route). ‖ **dérader** début XVIᵉ s.

radeau v. 1355, Bersuire (*radelle*); 1485, *D. G.* (*radeau*); de l'anc. prov. *radel*, dér. de *rat*, du lat. *ratis*, radeau.

radi- radical tiré du lat. *radius*, rayon. ‖ **radiaire** fin XVIIIᵉ s. ‖ **radial** fin XVᵉ s., anat., « qui rayonne »; 1615, Binet, techn. ‖ **radiant** XIIIᵉ s.; rare jusqu'au XVIIIᵉ s. (1765, *Encycl.*); du lat. *radians*, de *radiare*, rayonner. ‖ **radiance** 1825, Brillat-Savarin, fig; 1875, Lar., phys. ‖ **radiation** milieu XVᵉ s., émission de rayons lumineux; 1869, L., émission de chaleur; 1890, Lar., ondes; lat. *radiatio*. ‖ **radiateur** adj., 1877, Lar., phys.; subst., 1895, Grouvelle. ‖ **radiatif** 1949, Lar. ‖ **radié** 1679, Dodart, « qui a des rayons », du lat. *radiatus*, de *radiari*. ‖ **radieux** 1460, Chastellain, du lat. *radiosus*. ‖ **radiesthésie** 1930, Lar., du lat. *radius* et du gr. *aisthêsis*, sensation. ‖ **radiesthésiste** *id.* ‖ **radius** début XVIᵉ s., anat., empr. métaph. au lat. ‖ **radium** 1898, P. et M. Curie, chim. ‖ **radiumthérapie** 1907, Lar. ‖ **radon** 1923, du rad. de *radium*, et du suff. *-on*. ‖ **irradier** XVᵉ s., du lat. *irradiare*, rayonner. ‖ **irradiation** fin XIVᵉ s., du bas lat. *irradiatio*.

radiation (action de rayer), **radier** V. RAIE 1.

radical 1314, Mondeville (*radicalement*), du bas lat. *radicalis*, de *radix, -icis*, racine; subst., 1722, Dumarsais, linguistique; 1820, journ., polit. ‖ **radicalisme** 1820. ‖ **-liser** 1938, Hamon.

radicule 1676, *Journ. des savants*, du lat. *radicula*, dimin. de *radix, -icis*, racine. ‖ **radicelle** 1815, Michel, avec changement de suff.

radieux, radium V. RADI-.

radin 1867, Delvau, subst., « gousset », de l'argot des voleurs; XXᵉ s., adj., sens actuel, pop. ‖ **radiner** XXᵉ s.

radio- élément de composition, dér. du lat. *radius*, rayon, et servant à former des mots savants (chimie, physique, médecine, etc.). Sur l'origine du deuxième élément, voir à la place alphabétique de ce dernier. ‖ **radio-actif** 1896, Becquerel. ‖ **radio-activité** *id.* ‖ **radio-astronomie** 1947, Lar. ‖ **radiobalisage, radiobaliser** 1948, *L. M.* ‖ **radiobiologie** v. 1950. ‖ **radiochimie** v. 1950. ‖ **radiochroïsme** 1906, Lar. ‖ **radiocommunication** 1922, Lar. ‖ **radioconduc-**

teur 1906, Lar. ‖ **radiodermite** 1906,
Lar. ‖ **radiodiagnostic** 1906, Lar. ‖
radiodiffusion 1925, journ., abrév.
radio, id. ‖ **radiodiffuser** 1930, Lar. ‖
radio-électricité 1922, Lar. ‖ **radio-**
électricien 1930, Lar. ‖ **radio-élec-**
trique 1922, Lar. ‖ **radio-élément**
1930, Lar. ‖ **radiogoniomètre** 1906,
Lar. ‖ **radiogoniométrie, radiogo-**
niométrique 1922, Lar. ‖ **radio-**
gramme 1907, Lar. ‖ **radiographie** v.
1900, abrév. *radio*, 1949, Lar. ‖ **radio-**
graphier, radiographique 1907, Lar.
‖ **radioguidage** 1930, Lar. ‖ **radio-**
isotope 1947, Lar. ‖ **radiologie** 1907,
Lar. ‖ **radiologiste, radiologue** 1922,
Lar. ‖ **radiomaritime** 1930, Lar. ‖
radiomètre 1690, Furetière. ‖ **radio-**
métrie 1877, Lar. ‖ **radionavigation**
1930, Lar. ‖ **radiophare** 1912, Lar. ‖
radiophonie 1888, Lar., abrév. *radio*,
v. 1930. ‖ **radiophonique** 1888, Lar. ‖
téléradiophonie 1888, Lar. ‖
radioreportage 1930, Lar. ‖ **radiore-**
porter 1953, Lar. ‖ **radioscopie** 1907,
Lar. ‖ **radiosondage** 1930, Lar. ‖
radiosonde 1949, Lar. ‖ **radiotechnie**
1927, Lar. ‖ **radiotechnique** *id.* ‖
radiotélégramme 1906, Lar.; 1927,
Lar. ‖ **radiotélégraphie** 1906, Lar.,
abrév. *radio*, 1930, Lar. ‖ **radiotélé-**
graphiste 1910, Lar., abrév. *radio*, 1930,
Lar. ‖ **radiotéléphonie** 1920, Lar.,
abrév. *radio*, 1930, Lar. ‖ **radiotélé-**
scope v. 1950. ‖ **radiotélévision**
v. 1950. ‖ **radiothérapie** 1907, Lar.

radis début XVIᵉ s. (*radice*); 1611, Cotgrave (*radis*); 1867, Delvau, pop., petite
pièce de monnaie; de l'ital. *radice*, du
lat. *radix, -icis*, racine.

radoire début XIVᵉ s., de l'anc. prov.
rasdoira, du lat. pop. *rasitoria*, de *rasi-*
tare, raser, racler, fréquentatif de
radere. On trouve en anc. fr. *ratoire*, du
lat. pop. **raditoria*, réfection de **rasi-*
toria d'après *radere*.

radoter 1080, *Roland* (*redoté*, tombé
en enfance, « qui radote »), du préf. *re-*,
renforcé en *ra-*, et d'un rad. issu d'une
rac. germ. (moy. néerl. *doten*, rêver,
tomber en enfance; angl [*to*] *dote*,
même sens). ‖ **radotage** 1740, *Acad.* ‖
radoteur milieu XVIᵉ s. ‖ **radoteux** *id.* .

radoub, radouber V. ADOUBER.

radoucir V. DOUX.

rafale 1640, P. Bouton, croisement de
l'ital. *raffica*, sur un rad. onomatop. expressif *raff-*, exprimant un coup de vent
violent, avec *affaler*, «porter sur la côte».

raffiner V. FIN 2.

raffoler V. FOU 1.

raffut, rafut 1867, Delvau, dér. de
raffuter, XVᵉ s., réparer (*refuster*);
XVIIIᵉ s., faire du bruit, gronder; de
affûter. (V. FÛT.)

rafiot 1792, Romme, de *rafiau*, petite
embarcation, dans la langue des marins
méditerranéens; orig. inconnue.

rafistoler 1649, *Mazarinades*, de l'anc.
afistoler, XVᵉ s., tromper, puis arranger,
orner; de l'ital. *fistola*, flûte. ‖ **rafisto-**
lage 1870, Lar.

1. rafle XIIIᵉ s., instrument pour racler
le feu (remplace *raffe*); puis, au jeu,
coup gagnant; 1362, Du Cange, action
d'enlever; 1549, R. Est., grappe privée
de ses grains; 1867, Delvau, arrestation
massive à l'improviste; de l'all. *Raffel*
(cf. all. *raffen*, rafler). ‖ **rafler** 1560,
Baïf. ‖ **érafler** milieu XVᵉ s. (*arrafler*,
1394, *Charte*). ‖ **éraflure** 1671, Pomey.
‖ **éraflement** 1811, *Encycl. méth.*

2. rafle XIIᵉ s., *Amis et Amiles*, sous la
forme *roiffe*, maladie éruptive des bœufs;
du moyen néerl. *roof*, éruption galeuse.

rafraîchir V. FRAIS 1.

ragaillardir V. GAILLARD.

*rage 1080, *Roland*, du lat. pop. *rabia*,
issu du lat. class. *rabies*. ‖ **rager** XIIᵉ s.,
D. G., faire rage, s'agiter; XVIIᵉ s., Saint-
Simon, être irrité. ‖ **rageur** 1832, Sue.
‖ **rageusement** 1832, Balzac. ‖ **ra-**
geant XXᵉ s. ‖ **enrager** 1130, *Eneas*,
sens propre; 1792, *Journ. des débats*,
mot polit. (*enragé*).

raglan milieu XIXᵉ s., pardessus à pèlerine; du nom de lord *Raglan*, qui com-
manda l'armée anglaise en Crimée.

ragondin 1867, orig. obscure (on
trouve parfois l'orth. *rat gondin*).

1. ragot fin XIVᵉ s., cochon de lait;
1411, *D. G.*, sanglier; XVIIᵉ s., personne
grosse et courte; du radical *rag-*, lat.
ragere, bas lat. *ragire*, pousser des cris,
grogner, etc. ‖ **ragoter** 1642, Oudin,
grogner comme un sanglier, d'où quereller. ‖ **Ragotin** 1651, personnage du

Roman comique, de Scarron, homme petit et contrefait.

2. **ragot** début XV° s., reproche; début XIX° s., commérage, de *ragoter.* (V. RAGOT 1.)

ragoût, ragoûter, ragoûtant V. GOÛT.

raguer 1682, Jal, mar., user par le frottement; du néerl. *ragen,* brosser.

***rai** 1138, *Saxons,* rayon de lumière, du lat. *radius,* rayon; XVI° s., « rayon de roue », écrit le plus souvent *rais;* vx, et remplacé par *rayon.* ‖ **rayon** (*de lumière*) début XVI° s. ‖ **rayonner** 1549, R. Est. ‖ **rayonnement** milieu XVI° s. ‖ **enrayer** 1552, R. Est. ‖ **enraiement** 1812, Boiste. ‖ **enrayage** 1826, Mozin.

raid 1883, d'Haussonville; de l'angl. *raid,* forme écossaise, de l'anc. angl. *râd,* auj. *road,* route.

***raide** XII° s. (fém. *roide,* masc. *roit*); refait au XIV° s. sur le fém.; du lat. *rĭgidus* (v. RIGIDE). La graphie archaïque *roide* a été conservée dans la langue littéraire avec une nuance de sens. ‖ **raidement** XIII° s. ‖ **raideur** 1190, Garnier. ‖ **raidir** XIII° s., L. ‖ **déraidir** milieu XVI° s. ‖ **raidissement** 1547, J. Martin. ‖ **raidisseur** 1875, Lar. ‖ **raidillon** 1762, *Acad.*

1. **raie** XII° s. (*roie*), ligne, sillon, du gaulois *rica,* en bas lat. *riga,* VII° s. (cf. le gallois *rhych,* l'irl. *rech,* sillon). ‖ **rayer** XII° s., *D. G.* (*roié,* part. passé), rattaché ensuite à *rai.* ‖ **rayure** 1611, Cotgrave. ‖ **radiation** fin XIV° s., action de rayer; dér. du lat. médiév. *radiare,* fausse étymologie de *rayer.* ‖ **radier** 1823, Boiste, rayer d'une liste.

2. ***raie** poisson, début XII° s., du lat. *raia.* ‖ **raiton** 1553, Belon, dimin.

raifort XV° s. (*raiz fors*), de l'anc. fr. *raïz* (XII° s.), mot fém., « racine », du lat. *radix, -icis,* et de *fort,* adj. masc. et fém. en anc. fr., au sens de « âpre »; devenu masculin lorsque *fort* est devenu seulement masculin.

rail 1825, *Journ. hebd. des arts et métiers;* cité en 1817 comme mot angl.; de l'angl. *rail,* barre, lui-même issu de l'anc. fr. *reille, raille,* même sens, du lat. *regula.* ‖ **railway** 1818, Gallois, mot

angl. ‖ **dérailler** début XIX° s.; au fig., 1858, Goncourt. ‖ **déraillement** début XIX° s. ‖ **monorail** XX° s.

railler XV° s., *D. G.,* de l'anc. prov. *ralhar,* bavarder, plaisanter, du lat. pop. **ragulare,* bramer, bas lat. *ragere,* d'où est issu l'anc. fr. *raire,* XIV° s., Delb., même sens. ‖ **raillerie** XV° s., *D. G.* ‖ **railleur** fin XIV° s. (*railleresse*); 1470, *Pathelin* (*railleur*). ‖ **railleusement** av. 1850, Balzac.

rainette XIV° s. (*ranette*); 1425, O. de La Haye (*rainette*); grenouille de buisson; de l'anc. fr. *raine,* grenouille, du lat. *rana.*

rainure 1410, Delb. (*royneūre*), de *rouanne* (anc. fr. *roisne*), par l'intermédiaire de *roisner,* faire une rainure avec la *roisne.* ‖ **rainer** début XIX° s. ‖ **rainoire** 1836, Landais.

raiponce milieu XV° s. (*responce*); 1636, Monet (*raiponce*); de l'ital. *raponzo,* issu du lat. *rapa* (v. RAVE), avec modification de la première syllabe d'après l'anc. fr. *raïz,* racine (v. RAIFORT).

rais V. RAI.

***raisin** 1200 (*resin*); fin XIII° s. (*raisin*); du lat. pop. **racīmus,* class. *racēmus,* grappe de raisin, qui a éliminé *uva;* début XVIII° s., grand format de papier (marqué, à l'origine, d'une grappe de raisin). ‖ **raisiné** début XVI° s. (*résiné*); 1606, Nicot (*raisiné*). ‖ **raisinier** 1647, *Rel. île de la Guadeloupe,* bot. ‖ **raisinière** 1869, L., méd.

***raison** 980, *Passion,* du lat. *ratio, rationis,* calcul, compte, d'où « faculté de raisonner, raisonnement, motif », etc. Le français a gardé les principaux sens du latin, notamment celui de « motif » (*avoir raison, la raison d'une attitude*), mais a perdu plusieurs emplois usités en anc. fr. (*raison* au sens de « parole, discours », et au sens de « compte » dans *livre de raison,* usuel jusqu'au XVI° s.). ‖ **déraison** XII° s. ‖ **raisonnable** 1265, J. de Meung. ‖ **déraisonnable** début XIV° s. ‖ **irraisonnable** 1372, Du Cange. ‖ **raisonner** XII° s., *D. G.* (var. *raisnier* en anc. fr.); signifie aussi « parler » en anc. fr. ‖ **déraisonner** XIII° s. ‖ **irraisonné** 1842, Mozin. ‖ **raisonnement**

fin XIV⁰ s. ‖ **raisonneur** XIV⁰ s.; rare jusqu'au XVII⁰ s. (1666, Molière). ‖ **arraisonner** 1080, *Roland*, s'adresser à quelqu'un (var. *araisnier* en anc. fr.); puis « chercher à persuader », jusqu'au XVI⁰ s.; 1598, Lodewijcksz, mar. ‖ **arraisonnement** XII⁰ s., var. *araisnement* en anc. fr., même évol. (V. les dérivés de formation savante à RATIOCINER et RATIONNEL.)

raja(h), radjah 1521, *Pigaphetta*, mot portug.; 1666, Tavernier; empr., par l'intermédiaire du portug., à l'hindî *raja*, du sanskrit *râjâ*, roi, de même famille que le lat. *rex*, roi. ‖ **maharajah** milieu XVIII⁰ s. (*marraja*), comp. avec *maha*, grand (cf. le lat. *magnus*, grand).

raki 1664, Thévenot, liqueur d'Orient; turc *râqi*, mot arabe. (V. ARACK.)

râle nom d'oiseau. (V. RÂLER.)

râler milieu XV⁰ s., doublet de *racler*; emploi d'abord expressif, par évocation métaphorique du bruit que l'on fait en raclant un objet dur. ‖ **râle** milieu XVI⁰ s. (*rascle*); XIV⁰ s. (*raalle*), nom d'oiseau. ‖ **râle** s. m., 1611, Cotgrave, action de râler. ‖ **râleur** 1845, Besch., personne qui marchande sans acheter; XX⁰ s., adj. ou subst., pour qualifier une personne qui proteste sans cesse.

ralingue 1155, Wace, de l'anc. norrois *rar-lik*, de *rar*, génitif de *ra*, vergue, et *lik*, lisière d'une voile. ‖ **ralinguer** fin 1687, Desroches.

rallier V. ALLIER.

rallonger V. LONG.

rallye XX⁰ s., abrév. de *rallye-paper* (XIX⁰ s.), parfois francisé en *rallie-papier* (1877, L.), et composé artificiellement de l'angl. (*to*) *rally*, rassembler, et *paper*, papier; a d'abord désigné une épreuve équestre.

-rama 1834, Balzac; élément de formation, impliquant l'idée de spectacle (ex. *cinérama*), tiré de mots comme *diorama*, *panorama*, construits sur *-orama*, du gr. *orama*, spectacle, de *orân*, voir.

ramadan 1546, Geoffroy; 1828, *Orientales* (*ramazan*); de l'ar. *ramadân*, neuvième mois de l'année islamique.

ramage XII⁰ s., adj., « branchu », de l'anc. fr. *raim*, rameau, issu du lat.

ramus (v. RAMEAU); XIII⁰ s., subst., branchage; 1530, Cl. Marot, adj., « qui chante dans la ramure »; XVI⁰ s., Loysel, « branche généalogique »; 1689, La Bruyère, « représentation de feuillages sur une étoffe »; auj., chant des oiseaux dans les feuillages.

ramasser V. MASSE 1.

rambarde 1546, Rab. (*rambade*), construction à la proue d'une galère; fin XVIII⁰ s., forme et sens mod.; de l'anc. ital. *rambata*, de *arrembar*, aborder un bateau.

ramberge 1550, Bonnaffé, type de bateau anglais; de l'angl. *rowbarge*, barge à rames (*row*).

ramdam début XX⁰ s., « tapage », arg. milit., puis pop., altér. de *ramadan*.

1. rame (aviron). V. RAMER 1.

2. rame 1600, O. de Serres, tuteur pour une plante grimpante; fém. de l'anc. fr. *raim*, branche, avec *a* analogique des dérivés *rameau*, *ramer*. ‖ **ramer** 1549, R. Est.

3. rame milieu XIV⁰ s., *rame de papier*, de l'esp. *resma*, empr. à l'ar. *rizma*, ballot; 1869, L., « convoi de bateaux »; 1915, Barbusse, « attelage de plusieurs wagons ». ‖ **ramette** 1869, L.

4. rame début XV⁰ s., châssis de bois sur lequel on étendait le drap; du francique *hrama*, solive, charpente (cf. le moyen néerl. *rame*, *raem*, châssis; all. *Rahmen*, châssis); spécialisé dans le vocab. du textile. ‖ **ramer** début XVIII⁰ s., étirer le tissu sur une rame. ‖ **ramette** 1690, Furetière, châssis de fer servant en imprimerie.

***rameau** v. 1160, Benoît (*ramel*), du lat. pop. *ramellus*, de *ramus*, branche; l'anc. fr. *raim*, *rain*, de *ramus*, a été éliminé au XVI⁰ s. ‖ **rameux** 1314, Mondeville, du lat. *ramosus*. ‖ **ramée** début XIII⁰ s., de l'anc. fr. *raim*, *rain*. ‖ **ramier** XII⁰ s., adj., «rameux», de l'anc. fr. *raim*, branche (v. RAME 2); 1398, *Ménagier* (*coulon ramier* ou *ramier*), adj., « vivant sur les branches »; puis subst. ‖ **ramifier** 1314, Mondeville, du lat. médiév. *ramificare*. ‖ **ramification** 1541, Canappe. ‖ **ramille** XIII⁰ s., *Renart*, de l'anc. fr. *raim*. ‖ **ramure** début XIV⁰ s., même origine.

ramentevoir XIIᵉ s., remettre en l'esprit, jusqu'au XVIᵉ s.; de l'anc. fr. *amentevoir*, de *mentevoir*, du lat. *mente habere*, avoir dans l'esprit.

ramequin 1654, P. Robert, du moyen néerl. *rammeken*, dimin. de *ram* (cf. l'all. *Rahm*, crème); gâteau au fromage.

1. ***ramer** 1213, *Fet des Romains*, se servir de rames; du lat. pop. *remare*, de *remus*, rame. ‖ **rame** XVᵉ s., d'abord grande rame de galère; à partir du XVIᵉ s., a concurrencé *aviron*, seul usité jusque-là. ‖ **rameur** 1213, *Fet des Romains*.

2. **ramer** (*des pois*) V. RAME 2.

3. **ramer** (*du tissu*). V. RAME 3.

ramette V. RAME 3 et 4.

rameux, ramier V. RAMEAU.

rami XXᵉ s., jeu de cartes, orig. obscure.

ramie 1868, L., plante textile d'Orient; du malais *rami*.

ramifier, ramille V. RAMEAU.

ramingue 1611, Cotgrave, cheval qui refuse d'avancer sous l'éperon; de l'ital. *ramingo*, de *ramo*, rameau; d'abord appliqué au faucon qui vole de branche en branche, puis au cheval agité.

ramollir V. MOU.

ramoner début XIIIᵉ s., nettoyer; XVᵉ s., nettoyer une cheminée; de l'anc. fr. *ramon* (XIIIᵉ-XIVᵉ s.), balai de branchages, dimin. de l'anc. fr. *raim* (v. RAMEAU). ‖ **ramonage** XIVᵉ s., balayage; 1439, G. (*ramonage de quemineez*). ‖ **ramoneur** début XVIᵉ s. (*ramoneux*).

rampe V. RAMPER.

rampeau v. 1560, Monluc, mot de jeu, altér. probable de *rappel*.

ramper 1190, *Rois*, « grimper », puis « être en pente »; 1487, Garbin, sens mod.; du francique *hrampon*, « grimper avec des griffes », sur un radical germanique *hramp-*, désignant quelque chose de crochu. ‖ **rampe** fin XVIᵉ s., de *ramper*, « être en pente »; au XVIIᵉ s., rangée de lumières sur la scène d'un théâtre; *rampe de lancement*, 1945, journ. ‖ **rampement** 1538, R. Est.

ramponneau début XIXᵉ s., « jouet », peut-être du nom de *Ramponneau*, cabaretier fameux à la Courtille au XVIIIᵉ s.; 1932, Lar., « bourrade, coup ».

rams 1875, Lar., jeu de cartes, de *ramas*, déverbal de *ramasser*.

ramure. V. RAMEAU.

rancart 1755, Vadé (*mettre au rancart*), altér. du norm. *mettre au récart*, de *récarter*, éparpiller, de *écarter*; 1890, Chautard, « renseignement », « rendez-vous », avec var. orthogr. *rancard*, *rencard* XIXᵉ s., pop., « renseigner ». ‖ **rancarder, rencarder** fin XIXᵉ s., pop., « renseigner ».

rance XIIᵉ s., subst., « goût d'une chose rance »; fin XIVᵉ s., adj.; du lat. *rancidus*. ‖ **rancir** 1538, R. Est. ‖ **rancissure** *id.* ‖ **rancidité** 1762, *Acad.* ‖ **rancissement** 1877, L.

ranch 1872, *Journ. offic.*, de l'anglo-amér., empr. à l'esp. *rancho*.

rancho 1906, Lar., de l'esp. *rancho*, cabane, de *rancharse*, se loger, empr. au fr. *se ranger*. ‖ **rancherie** XVIIIᵉ s., La Pérouse, village d'Indiens, du dér. esp. *ranchería*.

rancio fin XVIIᵉ s., Saint-Simon, vin de liqueur du Roussillon, de l'esp. *rancio*, rance.

rancœur 1190, saint Bernard, du bas lat. *rancor*, *rancoris*, rancidité, et en lat. eccl. « rancune » (IVᵉ s., saint Jérôme).

***rançon** XIIᵉ s., Roncevaux (*raençon*), du lat. *redemptio*, *-onis*, rachat; au XIIIᵉ s., remplacé au sens religieux par *rédemption*, et spécialisé dans son sens actuel. ‖ **rançonner** XIIIᵉ s., *D. G.* ‖ **rançonnement** XIVᵉ s., Delb. ‖ **rançonneur** début XVᵉ s.

rancune 1080, *Roland*, altér. de l'anc. fr. *rancure* (d'après l'anc. fr. *amertune*, à côté de *amertume*), du lat. pop. *rancūra*, croisement de *rancor* (v. RANCŒUR) et de *cura*, souci. ‖ **rancuneux** 1160, Benoît. ‖ **rancunier** 1718, *Acad.*

randonnée XIIᵉ s., *D. G.*, « course impétueuse »; 1690, Furetière, en vénerie; 1798, *Acad.*, sens mod.; dér. de l'anc. *randonner*, XIIᵉ s., « courir rapidement », de *randon* (début XIIᵉ s., *Thèbes*), « rapidité, impétuosité », issu, comme l'anc. verbe *randir* (XIIᵉ s.) « courir avec impétuosité », du francique *rant*, course (cf. l'all. *rennen*, courir).

rang 1080, *Roland* (*renc*), du francique *hring*, cercle, anneau (all. *Ring*), introduit au sens de « assemblée en cercle ». ‖ **ranger** v. 1190, J. Bodel. ‖ **rangée**

XIIe s., *Grégoire*. ‖ **rangement** début XVIIe s. ‖ **arranger** fin XIIe s., *Loherains*. ‖ **arrangement** 1318. ‖ **arrangeur** fin XVIe s., Tallemant des Réaux ; en littér., 1840, Gautier. ‖ **déranger** 1080, *Roland*. ‖ **dérangement** 1636, Monet.

ranz 1767, J.-J. Rousseau, air des bergers fribourgeois, mot allem.

raout 1804, Saint-Constant (*rout*) ; 1824, Stendhal (*raout*) ; de l'angl. *rout* (prononcé *raout*) ; issu du fr. *route* au sens ancien de « troupe », « compagnie ». (V. ROUTIER 2.)

rapace XIIIe s., du lat. *rapax, -acis*, sur le rad. de *rapere*, saisir, ravir. ‖ **rapacité** fin XIVe s., du lat. *rapacitas*.

râpe 1202, *D. G.*, attesté par la forme *raspa* dans un texte latin, « grappe de raisin dépouillée de ses grains » ; fin XIIIe s., ustensile servant à râper ; du germ. *raspôn*, rafler. ‖ **râpé** v. 1175, Chr. de Troyes (*vin raspé*). ‖ **râper** milieu XVIe s. ‖ **râpeux** v. 1560, R. Belleau. ‖ **râpure** 1646, E. de Claye. ‖ **râpage** 1842, *Acad.* ‖ **râperie** 1875, Lar.

rapetasser 1532, Rab., empr. aux parlers lyonnais, dér. de *petas*, morceau de cuir ou d'étoffe pour rapiécer, du lat. *pittacium*, empr. au gr. *pittakion*, emplâtre. ‖ **rapetasseur** 1564, Rab. ‖ **rapetassage** début XVIIe s.

rapetisser V. PETIT.

raphia début XIXe s., empr. au malgache.

rapiat début XIXe s., mot rég., de la loc. d'arg. scolaire *faire rapiamus*, chiper, du lat. *rapere*, saisir, ravir.

rapide début XVIe s., du lat. *rapidus*, sur le rad. de *rapere*, saisir, ravir. ‖ **rapidité** 1573, Dupuys.

rapière 1474, Du Cange (*espee rapiere*), de *râper*, par comparaison de la poignée trouée avec une râpe.

rapin 1832, arg. des peintres, orig. obscure. ‖ **rapinage** 1845, Baudelaire.

rapine 1190, saint Bernard, du lat. *rapina*, sur *rapere*, prendre, voler. ‖ **rapiner** milieu XIIIe s.

rapporter V. APPORTER.

rapprocher V. PROCHE.

rapt début XIIIe s. (*rat*) ; XVIe s. (*rapt*) ; du lat. *raptus*, de *rapere*, saisir, enlever.

raquer fin XIXe s., « payer », pop., du picard *raquer*, cracher.

raquette 1314, Mondeville (*rachette*), paume de la main, du lat. médiév. *rasceta*, de l'ar. parlé *râhet* (class. *râhat*), même sens ; passé au sens mod. dans le vocab. du jeu de paume ; 1557, Thevet, raquette pour la neige.

*****rare** v. 1190, saint Bernard (attesté par *rerement*), du lat. *rarus*. ‖ **rarissime** 1544, M. Scève. ‖ **rareté** 1314, Mondeville (*rarité*), du lat. *raritas*. ‖ **raréfier** 1361, Oresme, du lat. *rarefieri*. ‖ **raréfaction** *id.*, du lat. médiév. *rarefactio*.

1. ras XIIe s. (*res, ras*), du lat. *rasus*, part. passé de *radere*, raser. ‖ **rasade** 1670, proprem. « ce qui remplit le verre à ras ». ‖ **rasibus** 1398, E. Deschamps, à l'orig. mot de l'arg. scolaire formé sur *ras*, avec la terminaison de l'abl. pl. lat. de la 3e décl. ‖ **rasière** XIVe s., anc. mesure de capacité. ‖ **araser** XIIe s., *Aliscans*, « mettre à ras ». ‖ **arasement** 1367, *Comptes de Macé Darne*.

2. ras 1672, Thévenot, chef abyssin ; mot abyssin (amharique), proprem. « tête, chef ».

rascasse 1554, du prov. *rascasso*, de *rasco*, teigne ; poisson osseux d'aspect horrible. (V. RACAILLE.)

rascette V. RAQUETTE.

*****raser** 1130, *Job*, du lat. pop. **rasare*, sur *rasus*, part. passé de *radere*, raser, d'où est issu l'anc. fr. *raire, rere*, même sens ; 1382, abattre à ras de terre ; 1853, ennuyer, pop. ‖ **rasage** 1797. ‖ **rasant** XIIIe s., « au ras de » ; XVIIe s., milit. ; 1875, Lar., « qui ennuie ». ‖ **raseur** 1604, Certon, « qui rase une ville » ; 1853, importun. ‖ **rase-mottes** 1932, Lar. ‖ *****rasoir** fin XIIe s. (*rasor*), du lat. pop. *rasorium* ; 1867, Delvau, « homme ennuyeux ».

rassasier fin XIIe s., de l'anc. fr. *assasier*, du lat. médiév. *assatiare*, class. *satiare*, de *satis*, assez. ‖ **rassasiement** v. 1395, Chr. de Pisan.

rasséréner V. SEREIN.

rassortir V. SORTE.

rassurer V. SÛR.

rastaquouère 1882, *le Gaulois* (*rastaquère*), de l'esp. d'Amérique *rastracuero*, « traîne-cuir », désignant les parvenus; abrév. *rasta*, 1906, Lar. ∥ **rastaquouèrisme** 1882, *Gil Blas*.

rat XIIᵉ s. (*rate*, fém.), orig. obscure; peut-être d'un élément onomatop. *ratt-*, commun aux langues germ. et aux langues romanes; a désigné d'abord le rat noir, venu d'Asie centrale, puis, au XVIᵉ s., le surmulot, et par la suite la souris et ses congénères; 1867, Delvau, élève danseuse; 1651, Loret, *prendre un rat*, « ne pas partir », en parlant d'une arme; début du XVIIIᵉ s., *avoir des rats dans la tête*, « avoir des caprices ». ∥ **raton** fin XIIIᵉ s. ∥ **ratier** XIIᵉ s.; au XIXᵉ s., pour un chien. ∥ **ratière** fin XIVᵉ s. ∥ **dératisation** 1907, Lar. ∥ **ratichon** 1628, *Jargon* (*rastichon*), « aumônier des prisons », puis, dans le vocab. pop., « prêtre »; dér. de *rat*, par anal. de couleur. ∥ **rat-de-cave** 1867, Delvau. ∥ **rater** 1715, Lesage; 1718, *Acad.*, d'abord « ne pas partir », en parlant d'une arme à feu, d'après *prendre un rat*. ∥ **raté** s. m., début XIXᵉ s., fait de rater, en parlant d'une arme; 1906, vocab. automobile. ∥ **raté** s. m., fin XIXᵉ s., homme qui a raté sa carrière.

ratafia XVIIᵉ s., au sens de « à votre santé »; fin XVIIᵉ s., liqueur; du lat. *rata fiat*, « que le marché soit conclu »; ou formé sur *tafia*.

ratatiner 1611, Cotgrave, au part. passé; 1762, *Acad.*, à l'infinitif; mot expressif tiré d'un rad. *tat-*, exprimant l'amoindrissement (cf. l'anc. fr. *tatin*, petite quantité).

ratatouille XVIIIᵉ s., d'après Vigny, croisement de *tatouiller* et de *ratouiller*, formes express. de *touiller* (v. ce mot). ∥ **rata** 1837, Vidocq, arg., puis milit., abrév. du précédent.

rate milieu XIIᵉ s., viscère, peut-être du moyen néerl. *râte*, rayon de miel, par analogie de forme. ∥ **ratelle** XIIIᵉ s., rate; XVᵉ s., maladie des porcs; d'où *rateleux*, XVIᵉ s., Mizauld. ∥ **dérater** début XVIᵉ s., enlever la rate à un chien pour le rendre plus propre à la course. ∥ **dératé** 1743, *Trévoux*, fig.

râteau fin XIIᵉ s. (*rastel*), du lat. *rastellum*, dimin. de *rastrum*. ∥ **râteler** XIIIᵉ s. ∥ **râtelage** début XVᵉ s. ∥ **râteleur, -euse** 1694, *Acad.*; XXᵉ s., machine

agric. ∥ **râtelures** 1876, Lar. ∥ **râtelier** 1718, *Acad.*, « dentier ».

rater V. RAT.

ratiboiser v. 1875, arg. des joueurs, croisement de *ratisser* et d'*emboiser*, tromper, de l'anc. fr. *boiser*, même sens, du francique *bausjan*.

ratichon V. RAT.

ratifier 1297, Delb. (*rattefier*), du lat. médiév. *ratificare*, de *ratum*, « ce qui est confirmé », part. passé neutre de *reri*, affirmer, confirmer. ∥ **ratification** début XIVᵉ s., du lat. médiév. *ratificatio*, confirmation.

ratine milieu XIIIᵉ s. (*rastin*); fin XVIᵉ s. (*ratine*); de l'anc. verbe *raster*, racler, raturer. (V. RATISSER.)

ratiociner 1546, Rab., du lat. *ratiocinari*, de *ratio* au sens de « calcul, compte ». ∥ **ratiocination** 1495, J. de Vignay, du lat. *ratiocinatio*. ∥ **ratiocinateur** 1549, R. Est.

ration fin XIIIᵉ s., jurid.; XVIIᵉ s., ration des soldats; du lat. *ratio*, au sens de « compte, mesure », spécialisé en lat. médiév. ∥ **rationnaire** fin XVIIIᵉ s. ∥ **rationner** fin XVIIIᵉ s. ∥ **rationnement** 1870, Hugo.

rationnel 1120, *Ps. d'Oxford*, du lat. philos. *rationalis*, de *ratio* au sens de « raison ». ∥ **rationaliste** 1539, Cl. Cruget, en parlant des médecins qui se contentent de l'« art », par opposition aux empiriques; 1718, *Acad.*, philos. ∥ **rationalisme** 1803, Boiste. ∥ **rationalité** 1280, R. Lulle. ∥ **rationalisation** 1842, Mozin. ∥ **rationaliser** 1842, Mozin. ∥ **irrationnel** 1361, Oresme, du lat. *irrationalis*. ∥ **irrationalisme** XXᵉ s. ∥ **irrationalité** 1873, Lar.

ratisser fin XIVᵉ s., du moy. fr. *rater*, racler, raturer, de *rature* (v. ce mot); passé au sens de « rateler », d'après *râteau*. ∥ **ratissoire** s. f. ou **ratissoir** s. m., milieu XIVᵉ s. (*ratissouer*, masc.); début XVIᵉ s. (*ratissoire*), même évol. de sens. ∥ **ratissure** 1765, *Encycl.* ∥ **ratissage** milieu XVIᵉ s.; XXᵉ s., milit.

rature XIIIᵉ s., L., action de racler; au XIVᵉ s., action de gratter un mot; du lat. pop. *raditura*, de *radere*, racler (v. RACLER, RASER); ou bien réfection de l'anc. *rasure*, XIIIᵉ - XVIᵉ s., dér. de *raser*, d'après *ratoire*, autre forme de *radoire*

(v. ce mot). ‖ **raturer** 1550, Meigret; a remplacé *rasurer* (XIVᵉ s.) et *raser* (XVᵉ s.).

rauque fin XIIIᵉ s. (*rauc*) ; 1406, Delb. (*rauque*) ; du lat. *raucus*. ‖ **raucité** XIVᵉ s., du lat. *raucitas*. (V. ENROUER.)

ravage V. RAVIR.

ravaler V. VAL.

ravauder 1530, Palsgrave, de *ravault*, XVIᵉ s., « diminution de valeur », var. de *raval*, XVᵉ s., même sens, de *ravaler* (v. VAL). ‖ **ravaudeur** *id.* ‖ **ravaudage** 1553, Belon.

rave début XIVᵉ s., du franco-prov. *rava*, du lat. *rapa*, var. de *rapum*; a éliminé la forme régulière *reve* (XIIIᵉ s.). ‖ **ravière** 1539, R. Est., champ de raves. ‖ **ravier** 1827, *Acad.*, bot. ; 1836, Landais, récipient pour hors-d'œuvre.

ravigoter 1611, Cotgrave; altér., par substit. de suff., du moy. fr. *ravigorer*, XVᵉ-XVIIIᵉ s., de *vigueur*, avec *o* analogique du lat. *vigor*. ‖ **ravigote** 1720, *D. G.* ‖ **ravigotant** *id.*

ravin V. RAVINE.

ravine 1160, Benoît (*raveine*), d'abord « vol fait avec violence », puis « violence », et « chute violente » (*raveine de terre*) ; 1388, *Ordonn.* de Charles VI, « torrent d'eau » ; XVIIᵉ s., sens mod. ; du lat. *rapina*, de *rapere*, saisir. ‖ **raviner** fin XIIᵉ s., *Tristan*, « se précipiter avec force », d'où « creuser le sol ». ‖ **ravin** 1690, Furetière.

ravioli 1834, Boiste, plur. de l'ital. *ravioli* (XIVᵉ s.), pâté de raves et de viande.

*ravir fin XIIᵉ s., *Rois*, enlever de force; XIIIᵉ s., ravir l'esprit, exalter; du lat. pop. **rapire*, lat. class. *rapere*, saisir. ‖ ‖ **ravissant** 1470, *Livre disc.*, spécialisé au fig. ‖ **ravissement** XIIIᵉ s., *D. G.* ‖ **ravisseur** début XIVᵉ s., sens propre. ‖ **ravage** 1355, Bersuire, dér. au sens propre. ‖ **ravager** fin XIIIᵉ s., « arracher des plants de vigne »; XVIᵉ s., « piller » : ‖ **ravageur** XVIᵉ s., Gauchet.

ravitailler 1427, *D. G.*, de l'anc. verbe *avitailler*, XIIᵉ-XVIᵉ s., de l'anc. subst. *vitaille* (v. VICTUAILLE). ‖ **ravitaillement** début XVᵉ s. ‖ **ravitailleur** début XVIᵉ s.

rayer, rayure V. RAIE 1.

ray-grass 1758, Patullo, mot angl., de *ray*, ivraie, et *grass*, gazon.

1. **rayon** (*de lumière*), **rayonnant, rayonnement, rayonner** V. RAI.

2. **rayon** (*de miel*) 1538, R. Est., de l'anc. fr. *ree*, du francique **hrâta* (cf. le néerl. *râta*, miel vierge) ; 1690, Furetière, planche de rangement. ‖ **rayonnage** 1874, L., rayons de rangement.

3. **rayon** 1120, *Ps. de Cambridge*, terme de jardinage, « petit sillon sur planche labourée ou ratissée »; dér. de *raie*. ‖ **rayonnage** 1842, *Acad.* ‖ **rayonne** 1930, Lar., de l'anglo-américain *rayon*, prononcé à l'anglaise, luimême empr. au fr. *rayon*.

raz XIVᵉ s., détroit de mer; 1559, Fonteneau, courant violent dans un passage étroit; du breton *raz*, de l'anc. scandinave *râs*, courant d'eau. ‖ **raz-de-marée** 1678, Guillet.

razzia début XIXᵉ s., de l'ar. d'Algérie *rhāzya*, ar. class. *rhazāwa*, attaque. ‖ **razzier** 1843, *le Charivari*.

re-, ré- préf., du lat. *re-*, exprimant le retour en arrière ou la répétition. Les mots construits avec ce préfixe figurent pour la plupart aux mots simples.

ré XIIIᵉ s., note de mus. (V. UT.)

réacteur, réactif, réaction, réaliser, réalité V. ACTIF, ACTION, RÉEL.

réalgar 1495, J. de Vignay, de l'ar. *rehj-al-ghar*, « poudre de cave ».

rébarbatif 1360, Froissart, de l'anc. fr. *se rebarber*, se mettre barbe contre barbe, d'où « tenir tête à ».

rebec XVᵉ s., violon, altér., d'après *bec*, de l'anc. fr. *rebebe* (1265, J. de Meung), empr. à l'ar. *rabāb*, sorte de vielle.

rebeller (se) fin XIIᵉ s., souvent *rebeller* en anc. fr.; du lat. *rebellare*, de *bellum*, guerre. ‖ **rebelle** 1160, Benoît, du lat. *rebellis*. ‖ **rébellion** 1250, Le Grand, du lat. *rebellio, -onis*.

rebiffer XIIᵉ s., Delb. (*rebiffer*), froncer le nez; XIIIᵉ s., rabrouer; 1630, Saint-Amant (*se rebiffer*) ; orig. obscure, peut-être de même rad. que *biffer* (v. ce mot).

rebiquer XXᵉ s., de *bique*, au sens dial. de « corne ».

reblochon 1877, L., mot savoyard, de *reblocher*, traire de nouveau une vache.

rebours (**à** ou **au**) fin XIIe s., Marie de France (*à rebours*); de l'anc. adj. *rebours*, à contre-poil, d'où «hargneux», du bas lat. *reburrus*, « hérissé », altéré en **reburrus*, par croisement avec *reversus*, renversé. ‖ **rebrousser** 1155, Wace (*reborser*); XVIe s. (*rebrousser*, peut-être d'après *trousser*); a signifié d'abord « retrousser », « relever », puis « remonter le cours d'un fleuve »; XVe s., *le Jouvencel*, *rebourser le chemin*, devenu *rebrousser chemin*. ‖ **à rebrousse-poil** 1694, *Acad.* ‖ **rebroussement** fin XVIIe s.

rebouteux, reboutonner V. BOUTER, BOUTON.

rebrousser V. REBOURS.

rebuffade 1578, d'Aubigné, de l'anc. *rebuffe* (XVIe s.), même sens, de l'ital. *ribuffo*, var. *rebuffo*, *rabuffo*, de *rabbuffare*, houspiller, dér. de *buffare*. (V. BOUFFER.)

rébus fin XVe s., Molinet, du lat. *rebus*, abl. plur. de *res*, chose, jeu consistant à représenter les êtres et les objets par des dessins évoquant les *choses*, au lieu de mots les nommant.

rebut, rebuter V. BUT.

récalcitrant milieu XVIe s., de l'anc. fr. *récalcitrer*, « ruer », d'où « regimber »; du lat. *calx, calcis*, talon. ‖ **récalcitrance** 1865, Baudelaire.

recaler V. CALER 2.

récapituler 1361, Oresme, du bas lat. *recapitulare*, de *capitulum*, chapitre. ‖ **récapitulation** début XIIIe s., du lat. *recapitulatio*.

recel, receler, receleur V. CELER.

recenser 1230, G. de Lorris, « énumérer »; début XVIe s., « dénombrer »; du lat. *recensere*, recenser (v. CENS). ‖ **recensement** 1611, Cotgrave. ‖ **recenseur** 1789, « celui qui compte les suffrages »; 1869, L., sens mod. ‖ **recension** milieu XVIIIe s., « énumération et examen critique »; début XIXe s., en philologie.

récent milieu XVe s., du lat. *recens, -entis*, humide, frais. ‖ **récemment** 1549, R. Est. (*récentement*); début XVIIe s. (*récemment*).

récépissé fin XIVe s., de l'inf. passé lat. *recepisse*, avoir reçu (de *recipere*, recevoir), de la formule *cognosco me recepisse*, « je reconnais avoir reçu ».

réceptacle 1308, Aimé, du lat. *receptaculum*, de *receptare*, fréquentatif de *recipere*, recevoir.

récepteur 1283, Beaumanoir (*receteur*); XIVe s. (*récepteur*), « receveur, receleur »; 1845, Besch., sens mod.; du lat. *receptus*, part. passé de *recipere*, recevoir. ‖ **réceptif** milieu XVe s., « qui reçoit »; début XIXe s., sens mod. ‖ **réceptivité** début XIXe s.

réception v. 1200, du lat. *receptio*, de *recipere*, recevoir. ‖ **réceptionnaire** 1866, L. ‖ **réceptionner** fin XIXe s.

récession 1870, L. action de se retirer; du lat. *recessio*, de *cedere*, aller, et *re-*, en arrière; v. 1950, spécialisé en écon. polit. ‖ **récessif** 1907, Lar. ‖ **récessivité** XXe s.

recette V. RECEVOIR.

*recevoir 1080, *Roland* (*recevez*); 1190, Couci (*-voir*); réfection, par changem. de conjugaison, de *recivre*, Xe s., *Saint Léger* (var. *receivre*, *reçoivre*), du lat. *recipere*. ‖ ***recette** 1080, *Roland*, « lieu où l'on se retire »; XIIIe s., somme reçue; XIVe s., manière de préparer un remède, ou un plat; du lat. *recepta*, fém. de *receptus*, part. passé de *recipere*. ‖ **reçu** 1611, Cotgrave, s. m. ‖ **receveur** 1120, *Ps. d'Oxford*. ‖ **recevable** XIIIe s., *Livre de jostice*. ‖ **recevabilité** 1829, Boiste. ‖ **irrecevable** 1588, Montaigne. ‖ **irrecevabilité** 1874, L. ‖ **récipiendaire** 1680, Richelet, du lat. *recipiendus*, « qui doit être reçu », adj. verbal de *recipere*. ‖ **récipient** milieu XVIe s., B. Aneau, d'abord adj. (*vaisseau récipient*); lat. *recipiens*, part. prés. de *recipere*. ‖ **non-recevoir** (*fin de*) 1870, L.

réchampir V. CHAMP.

réchaud V. CHAUFFER.

rêche XIIIe s., *Regret Nostre Dame* (*resque*), forme picarde; du francique *rubisk*.

rechigner 1155, Wace (*denz rechignier*), montrer les dents; XIIIe s., sens mod.; du francique **kinan* (cf. l'anc. haut all. *kînan*, tordre la bouche). ‖ **chigner, chougner** 1794, Hébert, « pleurnicher », pop.

rechute V. CHUTE.

récidive début XVᵉ s., du lat. médiév. *recidiva*, subst. fém., de l'adj. *recidivus*, « retombé », d'où « qui revient », de *cadere*, tomber; fin XVIᵉ s., sens jurid.; XVIIᵉ s., emploi général. ‖ **récidiver** 1488, *Mer des hist.*, du lat. médiév. *recidivare*, de *recidiva*. ‖ **récidivité** 1864, L., médic. ‖ **récidiviste** 1845, Besch.

récif 1688, Exmelin, mot introd. en fr. par les colons d'Amérique; de l'esp. *arrecife*, « chaussée », de l'ar. *arrasîf*, chaussée, digue.

récipiendaire, récipient V. RECE-VOIR.

réciproque 1495, J. de Vignay, du lat. *reciprocus*. ‖ **réciprocité** 1729, *Merc. de France,* du bas lat. *reciprocitas.*

réciter fin XIIᵉ s., Marie de France, « lire à haute voix », puis « raconter »; 1530, dire de mémoire; du lat. *recitare*, lire à haute voix. ‖ **récit** XVᵉ s. ‖ **récitation** 1398, E. Deschamps, « récit »; début XVIᵉ s., sens mod.; 1728, Rollin, emploi scolaire; du lat. *recitatio*, lecture à haute voix. ‖ **récitant** 1768, *Trévoux.* ‖ **récitatif** adj., 1575, J. Des Caurres; s. m., 1690, Furetière; de l'ital. *recitativo*, du lat. *recitare*. ‖ **récital** 1884, *le Ménestrel*, de l'angl. *recital*, de (*to*) *recite*, empr. au fr. *réciter*.

réclamer 1080, *Roland*, invoquer, implorer; XIIIᵉ s., sens mod.; *reclamer* jusqu'au XVIᵉ s.; du lat. *reclamare; se réclamer de*, XIIIᵉ s., au sens de « interjeter appel auprès de ». ‖ **réclamation** début XIIIᵉ s., du lat. *reclamatio*. ‖ **réclame** 1560, masc., en fauconnerie, « cri de rappel »; a remplacé *reclaim* (XIIᵉ - XVIᵉ s.), masc. ‖ **réclame** début XVIIᵉ s., fém., terme de typogr., notation en bas de page annonçant le premier mot de la page suivante; puis petit article publicitaire; début XIXᵉ s., au sens mod., « publicité ».

reclus Xᵉ s., *Saint Léger*, part. passé de l'anc. fr. *reclure*, du bas lat. *recludere*, enfermer, de *claudere* (V. CLORE). ‖ **réclusion** XIIIᵉ s. ‖ **réclusionnaire** 1836, Landais.

récoler 1337, G. (*récolé*, subst., « minute d'un acte »); milieu XIVᵉ s. (*récoler*), se souvenir; XVIIᵉ s., réviser, vérifier; du lat. *recolere*, se rappeler, et rappeler. ‖ **récolement** fin XIVᵉ s.

récollection 1372, Corbichon, « résumé »; milieu XVIᵉ s., « esprit de recueillement »; du lat. *recollectio*, sur *recollectus*, part. passé de *recolligere* (v. CUEILLIR). ‖ **récollet** 1468, G., du lat. *recollectus*, « recueilli », au fig.; religieux de l'ordre de Saint-Augustin ou de Saint-François.

récolte milieu XVIᵉ s., de l'ital. *ricolta*, de *ricogliere*, du lat. *recolligere* (v. CUEILLIR). ‖ **récolter** 1751, *Encycl.*, blâmé par Voltaire, qui préférait *recueillir.* ‖ **récoltable** XVIIIᵉ s. ‖ **récoltant** 1836, Landais, subst.

récompenser début XIVᵉ s., « dédommager »; v. 1360, Froissart, gratifier; du bas lat. *recompensare*, aux deux sens; *se récompenser de*, jusqu'au XVIIIᵉ s. « se dédommager de ». ‖ **récompense** v. 1400, même évol. de sens.

réconcilier V. CONCILIER.

reconduction V. CONDUIRE.

réconforter V. CONFORTER.

record 1883, de l'angl. *record*, « enregistrement », et au fig. terme de sport, de (*to*) *record*, inscrire, enregistrer, de l'anc. fr. *recorder*, rappeler (v. RECORS). ‖ **recordman** 1889, Saint-Albin, composé de création française.

recors début XIIIᵉ s. (*record*); XVIIᵉ s. (*recors*), plur. lexicalisé; à l'origine « témoin », puis « personne servant de témoin à un huissier », « officier subalterne de justice »; de l'anc. fr. *recorder*, « rappeler, se rappeler », usuel jusqu'au XVIIIᵉ s., du bas lat. *recordari*, lat. *recordari*, se souvenir.

recouvrer 1080, *Roland*, du lat. *recupare* (v. RÉCUPÉRER); du XVᵉ au XVIIIᵉ s., souvent confondu avec *recouvrir*. ‖ **recouvrable** 1450, G., « réparable »; XVIᵉ s., sens mod. ‖ **irrécouvrable** 1418, G., du bas lat. *irrecuperabilis.* ‖ **recouvrement** 1080, *Roland*, action de recouvrer.

récréer fin XIIᵉ s., R. de Moiliens (*recrier*); v. 1361, Oresme (*recréer*); du lat. *recreare.* ‖ **récréation** début XIIIᵉ s., emploi scolast. du lat. *recreatio.* ‖ **récréatif** 1487, Tardif.

récriminer milieu XVIᵉ s., du lat. médiév. *recriminari*, de *crimen*, grief, accusation. ‖ **récrimination** milieu XVIᵉ s., jurid., du lat. *recriminatio.*

recroqueviller 1332, Digulleville (var. *recroquillier*, Saint-Simon; *recroquebiller*, *recrobiller*); altér. de l'anc. fr. *recoquiller* (XIVᵉ s.), de *coquille*, peut-être par croisement avec *croc* et avec *ville*, forme anc. de *vrille*.

recru 1080, *Roland* (*recreü*), « rendu à merci », puis « épuisé de fatigue »; part. passé de l'anc. fr. *recroire*, du bas lat. *se recredere*, se remettre à la merci, du lat. *credere*, croire.

recrudescence 1810, Alibert, méd.; 1832, Fr. Wey, sens général; du lat. *recrudescere*, saigner davantage, d'où « devenir plus violent », de *crudus*, saignant. ‖ **recrudescent** 1842, *Acad.*

recrue 1550, Nicot, « ce qui a recru », par ext. « ce qui vient compléter un régiment », part. passé, substantivé au fém., de *recroître*, de *croître*. ‖ **recruter** 1691, Racine. ‖ **recrutement** 1790, *Journ. militaire*. ‖ **recruteur** 1771, *Trévoux*.

recta 1718, *Acad.*; de l'adv. lat. *recta*, en droite ligne.

rectangle 1556, R. Leblanc, du lat. *rectangulus* (Iᵉʳ s., Frontin); de *rectus*, droit, et *angulus*, angle. ‖ **rectangulaire** 1571, Delb.

recteur milieu XIIIᵉ s., chef d'une université; XVIᵉ s., curé, en Bretagne; 1806, chef d'une circonscription académique; du lat. médiév. *rector*, de *regere*, diriger. ‖ **rectorat** 1560, Pasquier. ‖ **rectoral** 1594, *Ménippée*. ‖ **vice-recteur** 1872, L.

rectifier 1314, Mondeville, du bas lat. *rectificare*, rendre droit, de *rectus*, droit. ‖ **rectification** *id.*, du bas lat. *rectificatio*. ‖ **rectifiable** XVIIIᵉ s., Fontenelle. ‖ **rectificatif** 1829, Boiste. ‖ **rectifieuse** XXᵉ s., techn.

rectiligne 1361, Oresme, du bas lat. *rectilineus*, en ligne droite (VIᵉ s., Boèce), de *rectus*, droit, et *linea*, ligne. ‖ **rectilinéaire** XXᵉ s.

rectitude 1361, Oresme, du bas lat. *rectitudo*, caractère de ce qui est droit, de *rectus*, droit.

recto milieu XVIIᵉ s., ellipse de la loc. lat. *folio recto*, « sur le feuillet qui est à l'endroit », opposé à *folio verso*.

rectum v. 1514, Cœurot, mot du lat. médical, ellipse de *intestinum rectum*, intestin droit. ‖ **rectite** 1906, Lar.

recueillir V. CUEILLIR.

reculer V. CUL.

récupérer 1308, Aimé, du lat. *recuperare* (v. RECOUVRER). ‖ **récupération** milieu XIVᵉ s., du lat. *recuperatio*. ‖ **récupérable** XVᵉ s. ‖ **irrécupérable** fin XIVᵉ s. ‖ **récupérateur** XVIᵉ s., Brantôme, « qui recouvre quelque chose »; XXᵉ s., brocanteur.

récurer V. CURER.

récurrent 1541, Canappe, anat., à propos des nerfs; 1713, Mᵐᵉ Du Châtelet, math.; du lat. *recurrens*, part. prés. de *recurrere*, courir en arrière, de *currere*. ‖ **récurrence** 1842, *Acad.*

récuser XIIIᵉ s., jurid., du lat. *recusare*, « refuser ». ‖ **récusable** début XVIᵉ s. ‖ **irrécusable** 1558, S. Fontaine; rare avant le XVIIIᵉ s.; du bas lat. *irrecusabilis*. ‖ **récusation** début XIVᵉ s., du lat. *recusatio*.

rédacteur, rédaction V. RÉDIGER.

redan ou **redent** 1611, Cotgrave (*redent*); 1677, Colbert (*redan*), « retranchement formant dent »; de *dent*.

reddition V. RENDRE.

rédempteur XIIᵉ s., *Girart de Roussillon*; du lat. eccl. *redemptor*, « celui qui rachète », de *redimere*, racheter, de *emere*, acheter. ‖ **rédemption** 1120, *Ps. d'Oxford*, du lat. *redemptio*, « rachat » (v. RANÇON). ‖ **rédemptoriste** 1834, Boiste. ‖ **rédimer** 1398, E. Deschamps, relig.; du lat. *redimere*.

redevance V. DEVOIR.

rédhibitoire XIVᵉ s., Bouthillier, du lat. jurid. *redhibitorius*, de *redhibere*, rendre, restituer, de *habere*, avoir. ‖ **rédhibition** 1549, R. Est., du lat. jurid. *redhibitio*.

rédiger 1399, doc. jurid.; lat. *redigere*, proprem. « ramener » (de *agere*, conduire) et parfois « disposer, arranger », d'où le sens du fr. ‖ **rédaction** milieu XVIᵉ s., du lat. *redactus*, part. passé de *redigere*. ‖ **rédacteur** 1752, *Trévoux*. ‖ **rédactionnel** 1906, Lar.

rédimer V. RÉDEMPTEUR.

redingote 1725, Barbier, de l'angl. *riding-coat*, habit (*coat*) pour monter à cheval (*to ride*).

redonder fin XIIᵉ s., R. de Moiliens, de *redundare*, regorger, de *unda*, onde;

spécialem. au XVIe s. dans le vocab. litt. ‖ **redondant** 1495, J. de Meung, du lat. *redundans*, part. prés. de *redundare*. ‖ **redondance** XIVe s., J. de Venette, du lat. *redundantia*, de *redundare*; même évol. de sens.

redoute 1616, d'Aubigné (*ridotte*); XVIIe s. (*redoute*), d'après *redouter*; de l'anc. ital. *ridotta* (auj. *ridotto*), « lieu où l'on se retire », de *ridurre*, ramener, au réfléchi « se retirer »; au XVIIIe s., « endroit où l'on danse, bal masqué », emplois repris également à l'ital.

redouter fin XIe s., *Alexis*, de *douter*, au sens de « craindre ». ‖ **redoutable** fin XIIe s., *Grégoire*.

réduire 1361, Oresme, ramener, rétablir, jusqu'au XVIe s.; du lat. *reducere*, ramener de *ducere*, conduire. ‖ **réduction** XIIIe s., *D. G.*, du lat. *reductio*, de *reductus*, part. passé de *reducere*. ‖ **réductif** 1314, Mondeville. ‖ **réductible** XVIe s., Loysel. ‖ **irréductible** fin XVIIe s.

*réduit XIIe s. (*reduit*), refait en *réduit* d'après *réduire*, du lat. pop. *reductum*, part. passé subst., au sens de « qui est à l'écart », de *reducere*. (V. RÉDUIRE et REDOUTE.)

réduplication 1520, Fabri, rhét., du bas lat. *reduplicatio* (VIe s., Boèce), rhét., de *reduplicare*, redoubler. ‖ **réduplicatif** fin XVIIe s.

réel 1283, Beaumanoir, jurid.; XVIe s., terme philos.; XVIIIe s., ext. de sens; du lat. médiév. *realis*, de *res*, chose. ‖ **réellement** 1190, *Rois*, devenu pop. au sens de « véritablement ». ‖ **réalité** XIVe s. (*réellité*), « contrat rendu réel »; XVIe s., sens mod.; du bas lat. *realitas*. ‖ **irréel** 1794, Brunot. ‖ **irréalité** début XXe s. ‖ **réaliser** fin XVe s., jurid.; 1611, Cotgrave, rendre réel; début XVIIIe s., *réaliser sa fortune*, la transformer en argent; 1895, P. Bourget, « comprendre, se représenter », calque de l'angloamér. (*to*) *realize*; 1908, *le Temps*, cinéma. ‖ **réalisateur** 1918, *le Film*, cinéma. ‖ **réalisation** début XVIe s., jurid.; 1908, *l'Illustration*, cinéma. ‖ **réalisable** 1780, Mirabeau, financier. ‖ **irréalisable** 1819, Ballanche. ‖ **réalisme** 1803, Boiste, philos.; 1833, G. Planche, esthét. ‖ **réaliste** 1587, Marnix, philos.; 1796, esthét. ‖

irréalisme XXe s. ‖ **surréalisme, -iste** 1917, Apollinaire. ‖ **néo-réalisme, -iste** 1939, Vincent.

réfection 1120, *Ps. d'Oxford*, du lat. *refectio*, action de refaire, de *refectus*, part. passé de *reficere*, refaire; a signifié, aux XVIe - XVIIe s., « nourriture ».

réfectoire début XIIe s., *Grégoire* (*réfectoir*); du lat. eccl. *refectorium*, neutre substantivé de l'adj. bas-lat. *refectorius*, « qui refait », « qui restaure », de *reficere* (v. RÉFECTION); jusqu'au XVIIe s., surtout employé à propos des communautés religieuses.

refend V. FENDRE.

référendaire 1310, Fauvel (*référendares*), officier de chancellerie, du bas lat. *referendarius*, « chargé de ce qui doit être rapporté », de *referre*, rapporter; auj., magistrat de la Cour des comptes.

référer 1361, Oresme, « rapporter », terme jurid.; ext. de sens dans *se*, *s'en référer à*; du lat. *referre*, rapporter. ‖ **référé** 1806, *Code de procéd.*, terme jurid., au sens mod. ‖ **référence** 1845, Besch. ‖ **référencer** 1870, L. ‖ **référentiel** XXe s. ‖ **référendum** 1781, mot lat., neutre de *referendus*, « qui doit être rapporté », adj. verbal.

1. réfléchir 1372, Corbichon, au sens optique; adaptation, d'après *fléchir*, du lat. *reflectere*, « faire tourner, fléchir de nouveau ». ‖ **réfléchissement** fin XIVe s., J. Le Fèvre. ‖ **réfléchissant** adj., 1875, Lar. ‖ **réflexion** 1361, Oresme, du bas lat. *reflexio*, « action de tourner en arrière », de *reflectere*. ‖ **réflexible, réflexibilité** milieu XVIIIe s., Fontenelle, d'après Newton. ‖ **réflecteur** 1804, *Journ. des débats*, du lat. *reflectus*, part. passé de *reflectere*. ‖ **réflectance** 1953, Lar.

2. réfléchir XVIIe s., « penser mûrement à quelque chose »; adaptation, d'après *fléchir*, du lat. *reflectere* (*mentem, animum*), « tourner (son esprit) vers ». ‖ **réfléchi** XVIIIe s. ‖ **irréfléchi** 1786, Tournon. ‖ **réflexion** XVIIe s., du bas lat. *reflexio*, « action de tourner en arrière », adapté au sens intellectuel de « réfléchir ». ‖ **irréflexion** 1785, *Littér. phil. et critique*, d'après *irréfléchi*. ‖ **réflexif** fin XVIIIe s., Maine de Biran;

méthode réflexive, XIXᵉ s., Lachelier, Lagneau, analyse d'un fait psychologique.

réflecteur V. RÉFLÉCHIR 1.

reflet 1651, Brunot, peinture, de l'ital. *reflesso*, du subst. bas-lat. *reflexus*, retour en arrière, avec l'orth. *reflet*, d'après le lat. *reflectere*; XVIIIᵉ s., ext. de sens. ‖ **refléter** 1762, *Acad.*

réflexe 1372, Corbichon, phys., jusqu'au XIXᵉ s.; 1870, L., physiologie; du lat. *reflexus*, part. passé de *reflectere* (v. RÉFLÉCHIR 2). ‖ **réflexif** 1611, Cotgrave, optique. ‖ **réflexologie** XXᵉ s.

refluer fin XIVᵉ s., lat. *refluere*, couler en arrière. ‖ **reflux** 1553, Belon.

réformer 1190, saint Bernard, du lat. *reformare*, « réformer ». ‖ **réformation** 1213, *Fet des Romains*, du lat. *reformatio*. ‖ **réformateur** début XIVᵉ s., du lat. *reformator*. ‖ **réformé** 1546, Calvin, à propos de la religion protestante; d'où « celui qui suit la religion réformée ». ‖ **réforme** 1625; de même que *réformation*, n'a servi qu'à partir du XVIIᵉ s. pour désigner la révolution religieuse du XVIᵉ s. ‖ **réformable** début XVIᵉ s. ‖ **irréformable** 1725, *D. G.* ‖ **réformiste** 1836, Landais. ‖ **réformisme** fin XIXᵉ s.

réfractaire 1539, R. Est., du lat. *refractarius*, indocile, de *refractus*, part. passé de *refringere*, briser.

réfraction 1560, Paré; du lat. *refractio*, action de briser (lat. *refringere*, part. passé *refractus*). ‖ **réfracter** 1739, Brunot. ‖ **réfracteur** 1870, L. **réfrangible, réfrangibilité** début XVIIIᵉ s., de l'angl. *refrangible, refrangibility*, créés par Newton, avec le lat. *refringere*, avec le rad. de *frangere*, briser. ‖ **réfringent** 1722, Coste, du lat. *refringens*, participe prés. de *refringere*. ‖ **réfringence** 1808, Boiste. ‖ **biréfringent** 1866, Lar. ‖ **biréfringence** 1878, Lar.

refrain milieu XIIIᵉ s., altér., d'après *refraindre*, de l'anc. fr. *refrait*, part. passé substantivé de l'anc. verbe *refraindre*, « briser », d'où « modérer », et par ext. « moduler »; du lat. pop. *refrangere*, réfection du class. *refringere* d'après le simple *frangere*, briser. Le refrain est un retour régulier qui brise la chanson.

réfrangible, réfrangibilité V. RÉFRACTION.

refréner, réfrigérer V. FREIN, FROID.

réfringence, réfringente V. RÉFRACTION.

refuge 1155, Wace (*refui*), « appui »; 1120, *Ps. d'Oxford* (*refuge*); du lat. *refugium*, de *refugere*, se réfugier, de *fugere*, fuir. ‖ **réfugier** 1473, Barbier, d'apr. la forme du lat. *refugium*. ‖ **réfugié** 1584, Thevet, subst.

refuser fin XIᵉ s., *Lois de Guill.*, du lat. pop. *refusare*, croisement de *recusare*, « refuser », avec *refutare*, « réfuter », et en bas lat. « refuser »; a signifié aussi en anc. fr. « repousser » et « reculer » (v. RÉCUSER, RÉFUTER, RUSER). ‖ **refus** fin XIIᵉ s., *D. G.* ‖ **refusable** 1360, Froissart.

réfuter 1308, Aimé, du lat. *refutare*, repousser, réfuter. ‖ **réfutation** fin XIIIᵉ s., du lat. *refutatio*. ‖ **réfutable** milieu XVIᵉ s. ‖ **irréfutable** 1747, Vauvenargues. ‖ **irréfutabilité** v. 1846, Lamartine.

reg XXᵉ s., mot ar. signif. « désert de pierrailles », au Sahara.

regain V. GAGNER.

1. régal s. m., XIVᵉ s., Fauvel (*rigale*); *regalle, régale* jusqu'au XVIIᵉ s., « partie de plaisir offerte à quelqu'un »; XVIIᵉ s., sens mod.; de l'anc. fr. *gale*, réjouissance (v. GALANT), avec le préf. *ri-* (empr. à l'anc. fr. RIGOLER, « se divertir » : v. ce mot), remplacé par *ré-*, plus fréquent. ‖ **régaler** début XVIᵉ s. ‖ **régalade** début XVIIIᵉ s.

2. régal adj., fin XIIᵉ s., « royal », arch., du lat. *regalis*, royal, de *rex, regis*, roi; auj., seulem. dans *eau régale* (Richelet, 1680). ‖ **régalien** début XVᵉ s.

1. régale fin XIIᵉ s. (*regaile*); 1246, Du Cange, subst., jurid.; du lat. médiév. *regalia* (s.-e. *jura*), « droits du roi ».

2. régale 1540, Rab. (*regualle*), anc. instrum. de mus., peut-être du lat. *regalis*, royal.

régalien V. RÉGAL 2.

regarder V. GARDER.

régate fin XVIIᵉ s., « course de bateaux à Venise »; du vénitien *regata*, proprem. « défi », peut-être du même rad. que l'ital. *gatto*, chat; fin XIXᵉ s., cravate analogue à celle des marins.

régénérer fin XIᵉ s., *Alexis*, au sens moral; XIVᵉ s., sens méd.; du lat. eccl. *regenerare*, faire renaître, d'où « renouveler moralement ». ‖ **régénération** v. 1160, Benoît, du lat. eccl. *regeneratio*, de *regenerare*. ‖ **régénérateur** 1495, *Mir. hist.* ‖ **régénérescence** 1875, Lar.

régent milieu XIIIᵉ s., professeur d'université; XIVᵉ s., sens polit.; du lat. *regens*, part. prés. de *regere*, diriger; *régent de la Banque de France*, 1835, *Acad.* ‖ **régence** 1495, *Mir. historial.* ‖ **régenter** *id.*

régicide V. ROI.

regimber fin XIIᵉ s., *R. de Cambrai*, « ruer »; dès l'anc. fr., « résister »; forme nasalisée de l'anc. fr. *regiber*, de *giber*, secouer, d'orig. inconnue. ‖ **regimbeur** 1611, Cotgrave.

régime XIIIᵉ s. (*regimen*, encore au XIVᵉ s.), « action de diriger », sens qui subsiste jusqu'au XVIIᵉ s.; au XVIᵉ s., sens modernes; 1680, Richelet, en grammaire; 1640, Bouton, assemblage de fruits; autom. 1900, *France autom.*; lat. *regimen*, de *regere*, diriger.

régiment milieu XIIIᵉ s. (*regement*), « gouvernement »; du lat. *regimentum*, direction, de *regere*, diriger; au XIVᵉ s., « direction »; milieu XVIᵉ s., sens milit., d'après l'all. *Regiment*. ‖ **régimentaire** 1791. ‖ **enrégimenter** 1722, *Mém. de Trévoux.* ‖ **enrégimentement** 1876, L.

région 1119, Ph. de Thaun, du lat. *regio*, « direction, contrée »; a éliminé la forme pop. *reion, roion*. ‖ **régional** 1538, R. Est.; rare jusqu'en 1848, L. ‖ **régionalisme** 1875, J. de Reinach. ‖ **régionaliste** fin XIXᵉ s. ‖ **régionalité** 1875, L.

régir début XIIIᵉ s., « gouverner »; XIVᵉ s., en grammaire; du lat. *regere*, diriger. ‖ **régie** début XVIᵉ s., Bonivard, part. passé, substantivé au fém., de *régir*. ‖ **régisseur** 1724, *Edits.*

registre 1265, Br. Latini; du bas lat. *regesta*, « registre, catalogue », part. passé pl. neutre, substantivé, de *regerere*, « rapporter, inscrire », avec réfection sur *épistre* (mod. *épître*); du lat. médiév. *registrum campanae*, corde de cloche, est issu le sens de « règles de bois d'un orgue, servant pour les différents jeux », d'où *registre*, en parlant de la voix, XVIᵉ s.; la var. de l'anc. fr. *regeste* réapparaît dans le lexique des historiens vers 1870. ‖ **enregistrer** XIIᵉ s.; 1895, *le Progrès de Lyon*, cinéma. ‖ **enregistrement** début XIVᵉ s. ‖ **enregistreur** *id.*, personne qui enregistre; 1829, Boiste, appareil.

règle XIIᵉ s., « principe »; XIVᵉ s., « instrument »; du lat. *regŭla*; a éliminé la forme pop. *reille* (XIIᵉ s.), « barre », puis la forme pop. *ruile* (XIIIᵉ s.), *rieule*. ‖ **réglet** XIIIᵉ s. ‖ **réglette** 1680, Richelet. ‖ **régler** fin XIIIᵉ s. ‖ **dérégler** 1280, Vegèce. ‖ **réglage** début XVIᵉ s. ‖ **régleur** début XVIᵉ s. ‖ **règlement** 1538, R. Est. ‖ **dérèglement** 1280, R. Lulle. ‖ **réglementaire** v. 1750. ‖ **réglementer** 1768, Brunot. ‖ **réglementation** 1845, Besch. ‖ **régloir** 1723, Savary. ‖ **réglure** 1827, *Acad.* ‖ **régulateur** 1765, *Encycl.*, dér. sav. du bas lat. *regulare*, de *regula*. ‖ **régulation** 1836, Landais.

réglisse 1398, *Ménagier*, contraction, sous l'influence de *règle* (à cause de la forme des bâtons de réglisse), de *ricolice*, XIIᵉ-XIIIᵉ s., métathèse de *licorice*, XIIᵉ s., var. *licorece*, issu, avec une altération d'après *liqueur*, du bas lat. *liquiritia* (IVᵉ s., Végèce), du gr. *glukurrhiza*, « douce racine ».

règne Xᵉ s., *Saint Léger*, du lat. *regnum*, de *rex*, roi; a signifié aussi « royaume », en anc. fr. ‖ **régner** Xᵉ s., *Saint Léger*, du lat. *regnare*. ‖ **interrègne** 1355, Bersuire, du lat. *interregnum*.

régression 1372, Golein, formé sur le modèle de *progression*, du lat. *regressio*, marche en arrière, de *regressus*, part. passé de *regredi*, retourner en arrière. ‖ **régressif** 1842, *Acad.*, sur le modèle de *progressif*. ‖ **régresser** XXᵉ s. (1956, Lar.).

regretter fin XIᵉ s., *Alexis*, « se lamenter sur un mort »; XVIᵉ s., sens mod.; orig. obsc. : peut-être de l'anc. scand. *grāta*, « pleurer, gémir », avec *re*- analogique des anc. *repentir, recorder, remembrer*, etc. ‖ **regret** XIIᵉ s. ‖ **regrettable** fin XVᵉ s.

régulariser, régulateur V. RÉGULIER, RÈGLE.

régule 1611, Cotgrave (*régule d'anti-moine*, médicament) ; sens techn., 1932, Lar. ; du lat. *regulus*, petit roi, de *rex*, *regis*, roi.

régulier 1119, Ph. de Thaun (*régu-ler*) ; XIVᵉ s. (*régulier*, par changem. de suff.) ; du lat. *regularis*, en lat. impér. « qui a la forme d'une règle », en bas lat. « régulier », de *regula*, règle. ‖ **régularité** 1361, Oresme. ‖ **régula-riser** 1794. ‖ **régularisation** 1823, Boiste. ‖ **irrégulier** 1283, Beaumanoir, du bas lat. *irregularis*. ‖ **irrégularité** 1495, J. de Vignay, du bas lat. *irregula-ritas*.

régurgiter 1560, Paré, du lat. *regur-gitare*, de *gurges*, *-itis*, « gouffre » (v. GORGE). ‖ **régurgitation** *id.*

réhabiliter V. HABILE.

*****rein** fin XIIᵉ s., *Rois*, du lat. *ren* (v. RO-GNON). ‖ **éreinter** fin XIIIᵉ s. (*éreincier*) ; 1690, Furetière (*éreinter*), « rompre les reins » ; en anc. fr., *érener* (XIVᵉ-XVIIᵉ s.) ; 1842, *Acad.*, fig., critiquer sévèrement. ‖ **éreintement** 1842, *Acad.*, seulem. au fig. ‖ **éreintage** XIXᵉ s. ‖ **rénal** 1314, Mondeville, du lat. *renalis*, de *ren*. ‖ **surrénal** 1762, *Acad.*, placé au-des-sus des reins.

*****reine** 1080, *Roland* (*reïne*), du lat. *regina*. ‖ **vice-reine** 1718, *Acad.* ‖ **reine-claude** 1690, Furetière ; du nom de la *reine Claude*, épouse de Fran-çois Iᵉʳ ; on trouve, en 1628, *prune de la reine Claude*.

reinette 1560, Paré (*pomme de rei-nette*), empl. fig. de *rainette*, grenouille, à cause de la peau tachetée de cette variété de pomme ; croisement orth. avec *reine*, peut-être parce que la *reinette* est tenue pour la reine des pommes.

réintégrer V. INTÉGRAL.

réitérer 1314, Mondeville, du lat. *rei-terare*, commencer, sur *iterum*, de nou-veau. ‖ **réitération** début XVᵉ s. ‖ **réitératif** fin XVᵉ s.

reître 1550, Ronsard, de l'allem. *Rei-ter*, cavalier ; d'abord « cavalier alle-mand », puis empl. péjor.

rejeter V. JETER.

réjouir V. JOUIR.

relaps fin XIIIᵉ s., du lat. *relapsus*, « retombé », part. passé de *relabi*, de *labi*, tomber.

relater début XIVᵉ s., d'abord terme de procédure, de *relatus*, part. passé de *referre*, raconter, rapporter. ‖ **relation** 1265, Br. Latini, « récit » ; XIIIᵉ s., « rap-port » ; XVIᵉ s., « rapport d'amitié » ; du lat. *relatio*, de *relatus*. ‖ **relatif** milieu XIIIᵉ s. ; 1361, Oresme, en gramm. ; du bas lat. philos et gramm. *relativus*, de *relatus*. ‖ **relativement** XIVᵉ s. ‖ **rela-tivité** 1805, *Ann. chimie*. ‖ **relativisme** 1897, Lar. ‖ **relativiste** *id.*

relaxer fin XIIᵉ s., terme relig., du lat. *relaxare*, « relâcher » ; XIVᵉ s., terme jurid. ; 1360, Froissart, « renvoyer à plus tard » ; v. 1560, Paré, terme méd. ; fin XVIᵉ s., spécial. au sens jurid. ; 2ᵉ moi-tié du XXᵉ s., *se relaxer*, se reposer, se détendre, calque de l'angl. *(to) relax.* ‖ **relaxation** 1314, Mondeville, méd., du lat. *relaxatio* (Vᵉ s., Prosper d'Aqui-taine, élargissement d'un prisonnier) ; 1411, *Règles seconde rhét.*, jurid. ; XXᵉ s., repos. ‖ **relaxe** 1823, Boiste, jurid.

relayer XIIIᵉ s., B. de Condé, vén. ; XVIᵉ s., appliqué aux chevaux ; XVIIᵉ s., empl. fig. ; de l'anc. fr. *laier*, « laisser les chiens fatigués pour en prendre d'autres » (v. DÉLAI). ‖ **relais** XIIIᵉ s. (*relai*) ; XVIᵉ s. (*relais*) ; d'après le verbe *relaisser*, vén., « s'arrêter de fatigue », ou d'après le subst. post-verbal *relais*, « ce qui est laissé », d'empl. techn. depuis le XIIᵉ s.

reléguer 1361, Oresme, hist. rom. ; XVIᵉ s., ext. de sens ; XIXᵉ s., empl. jurid. spécialisé ; du lat. *relegare*, bannir. ‖ **relégation** 1361, Oresme, même évol. de sens, du lat. *relegatio*, de *relegare*.

relent XIIᵉ s., adj., « malodorant », notamment s'agissant de cadavres ; du lat. *lentus*, lent à couler, d'où « vis-queux », d'où « humide, moite », avec un préfixe *re-* intensif ; XVIIᵉ s., subst.

relever V. LEVER.

relief fin XIᵉ s., *Alexis*, déverbal de *relever*, d'après les anc. formes toniques : *je relief*, etc. ; 1537, trad. du *Courtisan*, bx-arts, d'après l'ital. *rilievo*. ‖ **bas-relief** début XVIIᵉ s., d'après l'ital. *basso rilievo*. ‖ **haut-relief** milieu XVIIᵉ s.

relier V. LIER.

religion fin XIᵉ s., *Lois de Guill.*, du lat. *religio* ; en anc. fr., a signifié aussi « communauté religieuse » ; XIIIᵉ s., *entrer en religion.* || **religieux** 1190, Garn., du lat. *religiosus,* au sens eccl., « qui appartient à un ordre monastique ». || **religiosité** XIIIᵉ s., du lat. *religiositas.* || **religionnaire** 1562, Delb., d'après l'emploi de *religion* pour désigner la religion réformée. || **coreligionnaire** 1828, Laveaux. || **irréligion** 1560, Millet, du lat. *irreligio.* || **irréligieux** 1455, Fossetier, du lat. *irreligiosus.* || **irréligiosité** XVIIᵉ s., Le Noblet, du lat. *irreligiositas.*

reliquat XIVᵉ s. (*reliqua,* usité jusqu'à la fin du XVIᵉ s.) ; du lat. *reliqua,* « reste », pl. neutre de *reliquus,* « qui reste » ; 1427 (*reliquat*), refait sur le bas lat. *reliquatum,* part. passé substantivé de *reliquare,* avoir un reliquat, sur la rac. de *linquere,* laisser.

relique 1080, *Roland,* du lat. *reliquiae,* restes, spécial. en lat. eccl. (IVᵉ s., saint Augustin), de *reliquus,* qui reste (v. RELIQUAT). || **reliquaire** 1328, Douet d'Arcq.

reluquer XVIIIᵉ s., *Théâtre des boulevards,* pop., du moy. néerl. *locken,* regarder (cf. l'angl. [*to*] *look*) ; avec *u,* au lieu de *ou,* sous l'influence de *lucarne,* et de *luquet,* « œil-de-bœuf » dans les parlers du Nord.

remake XXᵉ s., cinéma, de l'angl. (*to*) *remake,* refaire.

remanier V. MANIER.

rémanence XIIIᵉ s., « résidence » ; XXᵉ s., phys. ; du lat. *remanens,* part. prés. de *remanere,* rester. || **rémanent** XVIIᵉ s., *Ordonnance des eaux et forêts,* « forestier » ; XIXᵉ s., phys.

remarquer V. MARQUER.

remblayer 1241, G., de l'anc. fr. *emblayer,* XIIᵉ s., de *blé* (v. DÉBLAYER). || **remblai** 1694, Th. Corn.

remède 1181, Le Grand, du lat. *remedium.* || **remédier** 1282, Thierry, du lat. *remediare.* || **remédiable** 1398, E. Deschamps. || **irrémédiable** 1474, Delb., du lat. *irremediabilis.*

remembrement, remémorer, remercier V. MEMBRE, MÉMOIRE, MERCI.

réméré v. 1470, H. Baude, jurid. ; du lat. médiév. *reemere,* racheter (class. *redimere*), de *emere,* acheter.

rémige 1789, adj. et s. f., du lat. *remex, -igis,* rameur.

réminiscence 1330, *Ars d'amour,* du bas lat. philos. *reminiscentia,* de *reminisci,* se souvenir.

remisage, remise V. METTRE.

rémission 1120, *Ps. d'Oxford,* du lat. eccl. *remissio,* action de remettre, de *remissus,* part. passé de *remittere,* remettre ; 1560, Paré, terme méd. || **rémissible** XIVᵉ s. || **irrémissible** début XIIIᵉ s., chez A. Thierry ; rare en anc. fr. ; du lat. *irremissibilis.*

rémittent 1812, Mozin, du lat. *remittens,* part. prés. de *remittere,* remettre. || **rémittence** 1870, L.

rémora 1560, Paré, nom de poisson ; du lat. *remora,* « retard, obstacle », de *remorari,* retarder, arrêter, de *mora,* retard (les Anciens croyaient que ce poisson pouvait arrêter les bateaux).

remords fin XIIIᵉ s., Rutebeuf (*remors de conscience*), anc. part. passé de *remordre* (fin XIIᵉ s., *Rois*), du lat. *remordere.* (V. MORDRE.)

remorquer XVᵉ s., de l'ital. *rimorchiare,* du bas lat. *remulcare,* de *remulcum,* corde de halage ; var. *remolquer,* 1532, Rab. ; de l'esp. *remolcar,* même étym. || **remorque** 1694, Th. Corn. || **remorqueur** 1823, Boiste. || **remorquage** 1842, *Acad.*

rémoulade fin XVIIᵉ s., sauce, du rouchi *rémola,* gros radis noir, ou du picard *ramolas* (dér. altéré du lat. *armoracia,* raifort sauvage), avec un suff. -*ade* peut-être analogie de *salade* ; infl. possible de *rémoulade,* 1640, Oudin, onguent pour les chevaux, de l'ital. *remolata,* du bas lat. *remolum,* son.

rémouleur début XIVᵉ s., de *rémoudre* (1680, Richelet), de *émoudre.* (V. ÉMOULU, MOUDRE.)

remous fin XVIIᵉ s. (*remoux*) ; du prov. *remou,* réfection mod. de *revou,* tourbillon, du lat. *revolvere,* retourner, par anal. du prov. *remoulina,* tournoyer, du lat. pop. *remolinare,* « tourner comme un moulin ». (V. MOULIN.)

rempart fin XIVᵉ s., avec *t* analog. de l'anc. forme *boulevart* ; du moy. fr. *remparer* (fin XVᵉ s., Commynes), « munir d'un rempart », d'après *se remparer,*

« s'emparer de nouveau », d'où « se retrancher », de *emparer* (v. ce mot).

rempli V. PLIER.

remplir V. EMPLIR.

remuer 1080, *Roland*, « changer, rechanger », jusqu'au XVIᵉ s., où il prend le sens actuel; de *muer*, dans son ancien sens de « changer » (v. MUER). ‖ **remuement** fin XIIᵉ s., *Rois*. ‖ **remue-ménage** 1585, Cholières; a signifié jusqu'au XVIIᵉ s. « déménagement ». ‖ **remuable** 1265, Br. Latini; début XIXᵉ s., Mᵐᵉ de Staël, au sens de « qui peut s'émouvoir », vx. ‖ **remue** XXᵉ s. (1949, Lar.), subst. fém., migration d'animaux en montagne.

remugle début XVIᵉ s. (*remeugle*), « moisi »; de l'anc. norrois *mygla*, « moisissure », avec *re-* de renforcement.

rémunérer 1358, Du Cange, du lat. *remunerare*, de *munus*, *muneris*, cadeau, gratification. ‖ **rémunération** début XIVᵉ s., du lat. *remuneratio*. ‖ **rémunérateur** XIIIᵉ s., du bas lat. *remunerator*. ‖ **rémunératoire** début XVIᵉ s.

renâcler XVIIᵉ s., altér., par croisement avec *renifler* (v. ce mot), du moy. fr. *renaquer* (1355, Bersuire), de *naquer*, XIIIᵉ s., flairer, peut-être forme picarde issue du lat. pop. *nasicare*, de *nasus*, nez.

rénal V. REIN.

renard milieu XIIIᵉ s. (*renart*), de *Renart*, nom propre d'homme, qui a éliminé l'anc. *goupil* à cause du succès du *Roman de Renart*; du francique *Reginhart* (germ. *ragin*, conseil, et *hart*, dur). ‖ **renarde** fin XIIIᵉ s., Rutebeuf. ‖ **renardeau** 1288, Gelée. ‖ **renardien** XVᵉ s. ‖ **renardière** milieu XVᵉ s., nom de lieu angevin; 1512, Thénaud, nom commun. ‖ **renarder** 1398, E. Deschamps; 1836, Landais, empl. pop., pour « vomir ».

renauder 1867, Delvau, orig. obscure; grogner, se plaindre.

rencontrer V. CONTRE.

*rendre Xᵉ s., du lat. pop. **rendere*, croisement du lat. *reddere*, rendre, et *prendere*, saisir. ‖ **reddition** XIVᵉ s., lat. *redditio*. ‖ **rendement** 1190, saint Bernard; XIXᵉ s. (1836, Landais), écon. ‖ **rendu** XIX s., peinture ou photographie; 1882, Zola, marchandise ren-

due par le client. ‖ **rendez-vous** 1578, d'Aubigné. ‖ ***rente** 1190, Garn., du lat. pop. **rendita*, part. passé, subst. au fém., « ce que rend l'argent placé ». ‖ **rentier** 1190, Bodel. ‖ **arrenter** XIIIᵉ s. ‖ **renter** XIIIᵉ s., J. de Condé. ‖ **rentable** fin XIXᵉ s. ‖ **rentabilité** *id*.

*rêne 1080, *Roland* (*resne*), du lat. pop. **retina*, lat. class. *retinaculum*, lien, de *retinere*, retenir.

renégat XVᵉ s., de l'ital. *rinnegato*, « qui a renié sa religion », de *rinnegare*; a remplacé l'anc. fr. *reneié*, de *se reneier*; au XVIIᵉ s. encore, *moine renié*. (V. NIER.)

rénette XIIIᵉ s. (*rogenette*), outil tranchant; 1690, Furetière (*rénette*); de l'anc. fr. *roisne*. (V. ROUANNE.)

renflouer 1529, Parmentier, du norm. *flouée*, de l'anglo-norm. *flot*, « marée », de l'anc. norrois *flôd*, *id*. ‖ **renflouage** 1870, L. ‖ **renflouement** *id*.

renforcer, renfort V. FORCE.

renfrogner XVᵉ s., *Repues franches* (*refrogner*); XVIᵉ s. (*renfrogner*); de l'anc. fr. *froignier*, « retrousser le nez », du gaulois **frogna*, narine (gallois *ffroen*, nez). ‖ **renfrognement** 1539, R. Est. (*refrognement*); 1553, Le Plessis (*ren-*).

rengaine, rengainer V. GAINE.

renier V. NIER.

renifler début XVIᵉ s., de l'anc. fr. *nifler*, orig. onomat., imitation du bruit correspondant (cf. l'all. *niffeln*, « flairer ». ‖ **reniflement** fin XVIᵉ s. ‖ **renifleur** 1642, Oudin.

réniforme V. REIN.

rénitent 1560, Paré, du lat. *renitens*, part. prés. de *reniti*, résister. ‖ **rénitence** *id*.

renne 1552, trad. de Munster (*reen*), de l'all. *Reen*, empr. au scand. (suédois *ren*, islandais *hreinn*).

renom, renommée V. NOMMER.

renoncer milieu XIIIᵉ s., du lat. *renuntiare*, « annoncer en réponse ». ‖ **renonciation** *id*., du lat. *renuntiatio*. ‖ **renoncement** 1468, Chastellain. ‖ **renonce** 1690, Furetière.

renoncule 1549, Meignan (*ranoncule*), du lat. *ranunculus*, petite grenouille, surnom de la renoncule d'eau, et dimin. de *rana*, grenouille (v. RAINETTE). ‖ **renonculacée** 1798, *Acad.*

rénover, renouveler V. NEUF 2.

renseigner V. ENSEIGNER.

rentable, rente V. RENDRE.

rentraire début XVe s., en couture, puis en tissage; de l'anc. fr. *entraire*, tirer (XIIe s.), même spécialisation, avec un préf. *re-* indiquant le va-et-vient de l'aiguille; du lat. *intrahere*, tirer, de *trahere*, id. (v. TRAIRE); remplacé dans la couture par *rentrer* (1611, Cotgrave). ‖ **rentraiture** 1530, Palsgrave. ‖ **rentrayeur** 1564, J. Thierry. ‖ **rentrayage** début XIXe s.

rentrer, renverser V. ENTRER, ENVERS.

repaire 1080, *Roland*, « retour chez soi », par ext. « demeure »; XVIe s., « lieu où se retirent les bêtes sauvages »; XVIIe s., fig., pour les malfaiteurs; de l'anc. fr. *repairier*, rentrer chez soi, du bas lat. *repatriare*, du lat. class. *patria*, patrie. ‖ **repairer** 1827, *Acad.*, vén.

répandre V. ÉPANDRE.

réparer 1130, *Eneas*, du lat. *reparare*, de *parare* (v. PARER 1). ‖ **réparable** 1495, J. de Vignay. ‖ **irréparable** début XIIIe s., du lat. *irreparabilis*. ‖ **réparation** début XIVe s., du lat. *reparatio*. ‖ **réparateur** 1350, Gilles li Muisis, du lat. *reparator* (en bas lat., sens du fr.).

repartie, répartir, répartition etc. V. PARTIR 1 et 2.

repas milieu XIIe s. (*repast*), « nourriture »; XVIe s., sens mod.; de l'anc. fr. *past*, nourriture, d'après *repaître*. (V. APPÂT, PAÎTRE.)

repasser V. PASSER.

repentir (se) début XIIe s., *Voy. de Charl.*, renforcement de l'anc. fr. *se pentir*, du lat. pop. *penitire*, en lat. class. *poenitere* (v. PÉNITENT). ‖ **repentir** XIIe s., Delb., subst. ‖ **repentance** 1190, Garn.

répercuter XIVe s., *Chir. de Lanfranc*, du lat. *repercutere* (v. PERCUTER). . ‖ **répercussion** 1314, Mondeville, du lat. *repercussio*. ‖ **répercussivité** 1957, Piéron.

repère fin XVIe s., « retour à un point déterminé », d'où, au XVIIIe s., *point de repère*, et *repère*, seul, au sens de « marque, jalon »; altér. orth. de *repaire*, d'après le lat. *reperire*, retrouver. ‖ ‖ **repérer** fin XVIIe s. (*repéré*); 1823, Boiste (*repérer*). ‖ **repérage** 1845, Besch., techn. d'impression; 1914-1918, terme milit. ‖ **repérable** XXe s.

répertoire 1398, E. Deschamps; du bas lat. *repertorium*, en lat. jurid. « inventaire », de *reperire*, trouver. ‖ **répertorier** 1906, Lar.

répéter XIIe s., *D. G.*, du lat. *repetere*, redemander, de *petere*, demander. ‖ **répétition** fin XIIIe s., « copie »; fin XIVe s., jurid., du lat. *repetitio*. ‖ **répétiteur** fin XVIIe s., du bas lat. *repetitor*.

répit fin XIIe s., *Rois* (*respit*); du lat. *respectus*, « action de regarder derrière soi », et au fig. « égard, considération », par ext. « délai ».

replet fin XIIe s., du lat. *repletus*, rempli. ‖ **réplétion** XIIIe s., du bas lat. *repletio*, « action de remplir », spécialisé en lat. méd. médiév.

replier V. PLIER.

répliquer XIIIe s., *Cout. d'Artois*, du lat. jurid. *replicare*, « replier », au fig. « rappeler », d'où en lat. jurid. « répondre ». ‖ **réplique** début XIVe s.

*répondre 1080, *Roland* (*respundre*); XIIIe s., « se porter garant »; XIVe s., « être conforme »; du lat. pop. *respondĕre*, en lat. class. *respondēre*. ‖ **répondeur** 1878, Lar. ‖ ***répons** 1080, *Roland* (*respuns*), « réponse »; auj. seulem. en liturgie; de *responsum*, part. passé de *respondere*. ‖ **réponse** fin XIIIe s., Joinville (*response*); a éliminé le précédent.

reporter s. m., 1829, Stendhal, de l'angl. *reporter* (début XIXe s.), « qui fait un rapport, une enquête »; du verbe (*to*) *report*, « rapporter », empr. au fr.; 1882, *Gil Blas* (*reporteur*). ‖ **reportage** 1878, Lar.

reposer Xe s., *Valenciennes* (*repauser*), du bas lat. *repausare* (v. POSER). ‖ **repos** 1080, *Roland*. ‖ **reposée** 1170, G. de Saint-Pair. ‖ **reposoir** milieu XIVe s., « endroit où l'on se repose »; XVIIe s., spécial. au sens eccl. ‖ **repose** 1948, Lar., techn.

reprendre début XIIe s., *Voy. de Charl.*, du lat. *reprehendere*. (V. PRENDRE.)

‖ **répréhension** 1190, saint Bernard, du lat. *reprehensio.* ‖ **répréhensible** 1314, Mondeville, du lat. chrét. *reprehensibilis.*

représailles début xvᵉ s., du lat. médiév. *represalia,* de l'ital. médiév. *ripresaglia* (ital. mod. *rappresaglia*), de *riprendere,* « reprendre ce qui a été pris ».

représenter 1190, saint Bernard; xv1ᵉ s., terme de théâtre; xixᵉ s., en commerce; du lat. *repraesentare,* rendre présent, et par ext. « montrer ». ‖ **représentant** s. m., début xv1ᵉ s., jurid.; 1748, Montesquieu, polit.; xixᵉ s., commerce. ‖ **représentatif** xv1ᵉ s. ‖ **représentativement** 1330, D. G. ‖ **représentable** milieu xixᵉ s. ‖ **représentation** fin xiiiᵉ s., jurid.; même évol. de sens que le verbe. ‖ **représentativité** xxᵉ s.

répression V. RÉPRIMER.

réprimer 1314, Mondeville, du lat. *reprimere,* « refouler », de *premere,* presser; d'abord terme méd., puis empl. mod. ‖ **réprimande** 1549, R. Est. (*reprimende*), du lat. *reprimenda* (*culpa*), « (faute) devant être réprimée »; modifié en *réprimande,* fin xv1ᵉ s., d'après *mander.* ‖ **réprimander** début xv11ᵉ s. ‖ **répression** 1440, P. de Lanoy, du lat. médiév. *repressio,* de *repressus,* part. passé de *reprimere.* ‖ **répressif** xivᵉ s., Delb., méd.; 1798, *Acad.,* empl. mod.

reprise V. PRENDRE.

réprobation V. RÉPROUVER.

*****reprocher** xiiᵉ s., *Couci,* du lat. pop. **repropiare,* « rapprocher, mettre sous les yeux », par ext. « reprocher ». ‖ **reproche** 1080, *Roland.* ‖ **reprochable** xiiiᵉ s., G. ‖ **irréprochable** 1460, Chastellain.

réprouver 1080, *Roland,* « reprocher », du lat. *reprobare,* « rejeter, condamner », au sens spécialisé du lat. eccl., d'où la réfection en *ré-*; de *probare,* prouver. ‖ **réprouvable** 1361, Oresme. ‖ **réprobation** 1495, *Mir. historial,* du lat. eccl. *reprobatio* (iiiᵉ s., Tertullien). ‖ **réprobateur** fin xviiiᵉ s., du lat. eccl. *reprobator.*

reps 1812, *Journ. des dames,* de l'angl. *rep, reps;* peut-être déformation de *ribs,* côtes.

reptation 1836, Landais, du lat. *reptatio,* de *repere,* ramper. ‖ **reptatoire** 1842, *Acad.*

reptile 1314, Mondeville, fém.; rare jusqu'au xviiᵉ s., où il est également adj. (*animaux reptiles,* Fénelon); du lat. chrét. *reptile* (*Vulgate*), neutre subst. de l'adj. *reptilis,* rampant, de *repere,* ramper. ‖ **reptilien** 1906, Lar.

repu V. PAÎTRE.

république v. 1400, *Chron. de Boucicaut,* du lat. *respublica;* gouvernement républicain, et également, sous l'Ancien Régime, toute forme d'Etat; spécialisé après la Révolution. ‖ **républicain** 1578, d'Aubigné. ‖ **républicanisme** 1750, d'Argenson. ‖ **républicaniser** 1792.

répudier xivᵉ s., du lat. *repudiare.* ‖ **répudiation** 1495, *Mir. historial,* du lat. *repudiatio.*

répugner 1361, Oresme, « résister à »; xviiᵉ s., sens mod.; du lat. *repugnare,* « lutter contre », par ext. « être opposé à », de *pugnare,* combattre. ‖ **répugnant** 1213, *Fet des Romains,* « contradictoire »; xviiᵉ s., sens mod. ‖ **répugnance** xiiiᵉ s., « désaccord »; xviiᵉ s., sens mod.; du lat. *repugnantia,* désaccord.

répulsion 1450, techn.; 1495, *Mir. historial,* « action de repousser »; du lat. *repulsio,* de *repulsus,* part. passé de *repellere,* repousser; xixᵉ s., ext. de sens. ‖ **répulsif** 1495, *Mir. historial;* rare jusqu'en 1705; même évolution de sens.

réputer 1294, G., « compter »; 1355, Bersuire, sens mod.; du lat. *reputare,* « compter, évaluer ». ‖ **réputation** xvᵉ s., D. G., du lat. *reputatio,* évaluation; xv1ᵉ s., bonne opinion répandue sur quelqu'un ou quelque chose.

requérir, requête V. QUÉRIR.

requiem fin xiiiᵉ s., nom d'une prière catholique, mot lat. signifiant « repos ». premier mot de la prière *requiem aeternam dona eis, Domine,* « donnez-leur le repos éternel, Seigneur ».

requin 1539, Parmentier; fin xv1ᵉ s., var. *requien,* par rapprochement fantaisiste avec le précédent (on peut faire chanter le *requiem* pour un homme saisi par un requin); orig. obsc., peut-être altér. d'un mot exotique.

requinquer fin XVIᵉ s. (*requinqué*); 1611, Cotgrave (*se requinquer*); altér. de l'anc. *reclinquer* « se donner du clinquant », de *clinquer*. (V. CLINQUANT.)

réquisition 1160, Benoît, rare avant le XVIᵉ s., du lat. *requisitio*, de *requirere*, sur *quaerere* (v. QUÉRIR). ‖ **réquisitionner** 1796, sens actuel; 1845, F. Wey, « prononcer un réquisitoire ».

réquisitoire V. QUÉRIR.

rescapé 1906, journ., à propos de la catastrophe minière de Courrières; forme du Hainaut de *réchappé*, entendue par les journalistes parisiens de la bouche des sauveteurs venus de Mons.

rescousse 1160, *Eneas* (*rescosse*), anc. part. passé, subst. au fém., de *rescourre*, *recourre* « reprendre, délivrer », inus. depuis le XVIIᵉ s.; de *escourre* « secouer », du lat. *excutere*, au part. passé *excussus*; seulement dans *à la rescousse*, rendu par Hugo à l'usage moderne.

rescrit XIIIᵉ s., *Livre de jostice*, du lat. impér. *rescriptum*, réponse (de l'empereur), de *scribere*, écrire.

réseau fin XIIᵉ s., Marie de France (*resel*); var., avec un autre suff., de l'anc. fr. *reseuil*, du lat. *retiolus*, dimin. de *retis*. (V. RETS.)

résection V. RÉSÉQUER.

réséda 1562, Du Pinet, du lat. *reseda*, impératif de *resedare*, calmer, d'après les propriétés thérapeutiques de cette plante. (V. SÉDATIF.)

réséquer XIVᵉ s., retrancher, biffer; 1834, Boiste, chirurgie; du lat. *resecare*, couper de nouveau, de *secare*, couper (v. SCIER). ‖ **résection** milieu XVIᵉ s.; 1799, chirurgie; du lat. *resectio*.

réserver 1190, saint Bernard, du lat. *reservare*. ‖ **réserve** milieu XIVᵉ s., jurid.; XVIIᵉ s., journ., milit.; XVIIIᵉ s., sens moral. ‖ **réserviste** 1872, *Journ. offic.* ‖ **réservation** 1360, Froissart, jurid.; XXᵉ s., fait de réserver une place dans un avion, un train. ‖ **réservataire** milieu XIXᵉ s. ‖ **réservoir** milieu XVIᵉ s.

résider fin XIVᵉ s., du lat. *residere*, demeurer, de *sedere*, « être assis » (v. SEOIR). ‖ **résident** s. m., 1268, É. Boileau, du part. prés. *résidens*;

a remplacé l'anc. fr. *reseant*. ‖ **résidant** adj., 1836, Landais. ‖ **résidence** 1474, Molinet, du lat. médiév. *residentia*. ‖ **résidentiel** XXᵉ s.

résidu 1331, Delb., d'abord jurid., du lat. *residuum*, neutre subst. de l'adj. *residuus*, « qui reste », de *residere* (v. RÉSIDER). ‖ **résiduel** 1870, L. ‖ **résiduaire** 1896, Lar.

résigner XIIIᵉ s., *Livre de jostice* (*resiner*), jurid.; du lat. médiév. *resignare*, « rendre », en lat. class. « décacheter », et par ext. « annuler », de *signum*, cachet, sceau; au XVIᵉ s., *se résigner* prend un sens moral et relig., proprem. « s'abandonner à la volonté de Dieu ». ‖ **résignation** 1265, Le Grand, « abdication »; XVIIᵉ s., moral. ‖ **résignataire** 1568, Du Prat, jurid.

résilier début XVIᵉ s. (*resilir*); fin XVIIᵉ s. (*résilier*), par changem. de conjugaison; du lat. jurid. *resilire*, « sauter en arrière », d'où « se retirer », de *salire*, sauter. ‖ **résiliation** 1740, *Acad.*; a remplacé l'anc. *résiliement* (1611, Cotgrave). ‖ **résiliable** XXᵉ s.

résille 1775, Beaumarchais (*rescille*); XIXᵉ s. (*résille*); de l'esp. *redecilla*, adapté d'après *réseau*.

résine XIIIᵉ s., du lat. *resina*. ‖ **résineux** 1538, R. Est., du lat. *resinosus*. ‖ **résiner** 1870, L. ‖ **résinier** 1827, *Acad.* ‖ **résinifère** *id.*

résipiscence début XVᵉ s., « retour à la raison », en parlant d'un aliéné; 1542, R. Faure, empl. mod.; du lat. eccl. *resipiscentia* (IVᵉ s., Lactance), de *resipiscere*, revenir à la raison, par ext. « se repentir », de *sapere*. (V. SAVOIR.)

résister milieu XIIIᵉ s., du lat. *resistere*, s'arrêter, résister, de *sistere*, s'arrêter. ‖ **résistance** 1314, Mondeville. ‖ **résistant** s. m., v. 1940, hist. ‖ **irrésistible** fin XVIIᵉ s., du lat. médiév. *irresistibilis*. ‖ **résistivité** 1906, Lar.

résolu, résolution V. RÉSOUDRE.

résonner 1130, *Eneas*, du lat. *resonare*, de *sonus*, son. ‖ **résonnement** XIIᵉ s., *D. G.* ‖ **résonance** milieu XVᵉ s., du lat. *resonantia*. ‖ **résonateur** 1870, L.

résorber milieu XVIIIᵉ s., du lat. *resorbere*, absorber. ‖ **résorption** *id.*, de *resorptus*, part. passé de *resorbere*.

645

résorcine fin XIXe s., de l'angl. *resorcin* (1868), formation artificielle, de *resin*, empr. à *résine*, et *orcin*, du lat. scient. *orcina*, tiré de l'ital. *orcella*, oseille.

résoudre fin XIIe s., R. de Moiliens (*resous*, anc. part. passé, « désagrégé », techn.), du lat. *resolutus*, part. passé de *resolvere*; début XIVe s. (*résoudre*); adapt., d'après l'anc. fr. *soudre* (lat. *solvere*), du lat. *resolvere*, « délier », d'où « dissoudre, désagréger », puis « résoudre » (une difficulté); au XVIe s., « décider ». ‖ **résolu** XVe s., « instruit »; XVIe s., « décidé »; du lat. *resolutus*. ‖ **irrésolu** 1568, Montaigne. ‖ **résolument** 1549, R. Est. (*résoluement*). ‖ **résoluble** 1577, Du Verdier. ‖ **résolution** fin XIIIe s., action de dénouer, du lat. *resolutio*, de *resolutus*; 1314, Mondeville, méd.; XVIe s., empl. mod. ‖ **irrésolution** milieu XVIe s. ‖**résolutif** 1314, Mondeville, méd. ‖ **résolutoire** 1806, *Code Napoléon.*

respect fin XIIIe s., « action de prendre en considération »; XIVe s., « redevance »; 1537, sens mod.; du lat. *respectus*, « égard, considération », part. passé subst. de *respicere*, « regarder en arrière », d'où « considérer » (v. RÉPIT). ‖ **respecter** milieu XVIe s. ‖ **respectable** XVe s. ‖ **respectabilité** 1784, *Courrier de l'Europe*, de l'angl. *respectability*, de *respectable*, empr. au fr. ‖ **respectif** 1415, *D. G.*, du lat. scolast. *respectivus*, de *respectus*; XVIe s., Des Périers, empl. au sens de « attentif ». ‖ **respectivement** *id.* ‖ **respectueux** 1559, Amyot. ‖ **irrespectueux** 1611, Cotgrave. ‖ **irrespect** 1834, Balzac.

respirer 1190, saint Bernard, du lat. *respirare*, de *spirare*, souffler. ‖ **respirable** XIVe s., E. de Conty, « qui est propre à la respiration »; XVIe s., Ronsard, sens mod.; du lat. *respirabilis.* ‖ **irrespirable** 1779, Volta. ‖ **respiration** XVe s., du lat. *respiratio.* ‖ **respiratoire** 1566, Delb.

resplendir 1130, *Eneas*, du lat. *resplendere*, de *splendere*, briller (v. SPLENDIDE). ‖ **resplendissant** adj., XIIe s., Marbode. ‖ **resplendissement** 1120, *Ps. d'Oxford.*

responsable XIIIe s., G., du lat. *responsus*, part. passé de *respondere*, répondre, au sens de « qui doit répondre de ses actes ». ‖ **responsabilité** 1783. ‖ **irresponsable** 1786, Tournon. ‖ **irresponsabilité** 1790, *Ami du peuple.*

resquiller v. 1930, « entrer sans payer sa place », puis ext. de sens; du prov. mod. *resquilla*, « glisser ». ‖ **resquilleur** *id.*

ressac 1613, Champlain, du prov. mod. *ressaco*, de l'esp. *resaca*, de *resacar*, tirer en arrière (esp. *sacar*, tirer).

ressasser V. SAS.

ressaut 1676, Félibien, archit.; 1811, Chateaubriand, géogr.; de l'ital. *risalto*, empr. comme mot d'archit.

ressembler V. SEMBLER.

ressort, ressortir V. SORTIR.

ressource 1160, Benoît (*resource*), part. passé, subst. au fém., de l'anc. fr. *ressourdre*, « rejaillir », par ext. « se relever, se rétablir », du lat. *resurgere*, se relever, de *surgere*. (V. SOURDRE, RÉSURGENT.)

ressusciter 1130, *Eneas*, du lat. *resuscitare*, « réveiller, ranimer », spécial. en lat. eccl., de *suscitare*, éveiller. (V. SUSCITER.)

restaurer milieu XIIe s., du lat. impér. *restaurare*. ‖ **restaurateur** XVe s., « celui qui restaure »; 1706, Brasey, « celui qui tient un restaurant »; du lat. impér. *restaurator.* ‖ **restauration** 1314, Mondeville, du lat. impér. *restauratio*; empl. auj. au sens de « restaurant » en Suisse. ‖ **restaurant** s. m., XVIe s., « aliment qui restaure »; 1765, sens mod. (date d'ouverture du premier restaurant à Paris).

rester fin XIIe s., Marie de France, du lat. *restare*, « s'arrêter », par ext. « demeurer », de *stare*, être debout. ‖ **restant** début XIVe s. ‖ **reste** début XIIIe s., fém. jusqu'au XVIe s.

restituer milieu XIIIe s., du lat. *restituere*, de *statuere* (v. STATUER). ‖ **restituable** milieu XVe s. ‖ **restitution** 1281, *Charte de Troyes*, du lat. *restitutio.* ‖ **restitutoire** XVIe s.

restreindre 1160, *Eneas*, du lat. *restringere*, serrer, avec infl. morphol. des verbes en *-eindre*, comme *étreindre*. ‖ **restringent** 1642, Oudin, méd.; du part. prés. *restringens.* ‖ **restrictif** fin XIVe s., du part. passé *restrictus.* ‖ **restriction**

1314, Mondeville (*restrinction*), du lat. médiév. *restrinctio*; fin XIVᵉ s. (*restriction*), du bas lat. *restrictio*.

résulter 1495, *Mir. historial*, du lat. scolast. *resultare*, en lat. class. « rebondir », de *saltare*, sauter. ‖ **résultat** 1610, Verville, du lat. scolast. *resultatum*, part. passé neutre subst. de *resultare*. ‖ **résultante** milieu XVIIᵉ s., phys.

résumer 1361, Oresme, du lat. *resumere*, reprendre, recommencer, de *sumere*, prendre. ‖ **résumé** 1762, *Acad.*

résurgent fin XIXᵉ s., en parlant des eaux souterraines, du lat. *resurgens*, part. prés. de *resurgere*, rejaillir, de *surgere*, jaillir (v. RESSOURCE, SOURDRE). ‖ **résurgence** fin XIXᵉ s., Martel.

résurrection XIIᵉ s., *Bible*, du lat. eccl. *resurrectio* (saint Augustin et *Vulgate*), de *resurgere*, « rejaillir », par ext. « se relever, se rétablir », d'où « ressusciter »; de *surgere*, jaillir : l'anc. fr. *resourdre*, de *resurgere*, a eu parfois le sens de *ressusciter*.

retable 1671, Pomey, de l'esp. *retablo*, de *tabla*, planche, et *re-* en arrière.

rétablir, retarder V. ÉTABLIR, TARD.

retenir, rétention V. TENIR.

retentir XIIᵉ s., *Roncevaux*, de l'anc. fr. *tentir*, du lat. pop. **tinnitire*, fréquentatif expressif du lat. class. *tinnire*, résonner. ‖ **retentissement** 1160, Benoît.

rétiaire V. RETS.

réticence milieu XVIᵉ s., du lat. *reticentia*, obstination à se taire, de *reticere*, se taire, de *tacere*, même sens (v. TAIRE). ‖ **réticent** fin XIXᵉ s.

réticule 1682, *Journ. savants*, lat. *reticulum*, petit filet, empr. pour un empl. spécial en astron.; de *retis*, filet (v. RETS, et RIDICULE 2). ‖ **réticulaire** 1610, Hardy. ‖ **réticulé** 1798, *Acad.*

*rétif 1080, *Roland* (*restif*), du lat. pop. **restivus*, probabl. contract. de **restitivus*, de *restare*, s'arrêter, résister (v. RESTER). ‖ **rétivité** XIIIᵉ s. (*restiveté*); XIXᵉ s. (*rétivité*).

rétine 1314, Mondeville, du lat. médiév. *retina*, de *rete* ou *retis*, filet, réseau, à cause du réseau de vaisseaux sanguins qu'on y aperçoit (v. RETS). ‖ **rétinien** 1870, L. ‖ **rétinite** 1842, *Acad.*, inflammation de la rétine.

rétorquer 1361, Oresme « retourner »; 1549, R. Est., sens mod.; du lat. *retorquere*, retordre, au fig. rétorquer, de *torquere*, tordre.

retors, rétorsion V. TORDRE.

retorte 1560, Paré, cornue, terme d'alchimie; du bas lat. *retorta*, chose tordue, part. passé, subst. au fém., de *retorquere*, retordre.

retour, retourner V. TOURNER.

1. rétracter 1361, Oresme, du lat. *retractare*, « retirer », de *tractare*, tirer, fréquentatif de *trahere*, même sens. ‖ **rétractation** 1376, *Songe du Vergier*, du lat. *retractatio*, de *retractare*.

2. rétracter début XVIIᵉ s.; 1803, Boiste, spécial. terme médical; même étym. que le précéd. ‖ **rétractile** début XVIIIᵉ s., du lat. *retractus*, part. passé de *retrahere*, retirer, de *trahere*, tirer. ‖ **rétractilité** 1835, *Acad.* ‖ **rétraction** 1550, Paré, méd., du lat. *retractio*, de *retrahere*. ‖ **rétractif** XVIIᵉ s.

retrait XIIᵉ s., Raimbert de Paris, action de se retirer; part. passé subst. de l'anc. verbe *retraire*, retirer, du lat. *retrahere*, même sens (v. les précéd. et TRAIRE); a signifié aussi en anc. et moy. fr., « lieu où l'on se retire », et, du XIVᵉ au XVIIIᵉ s., « lieu d'aisances »; au XIXᵉ s., spécial. dans le lexique admin. ‖ **retraite** fin XIIᵉ s., même part. passé, subst. au fém.; XVIIᵉ s., « fait de se retirer du monde », d'où, 1752, le sens admin. moderne, d'abord à propos des militaires. ‖ **retraité** 1823, Boiste.

retrancher V. TRANCHER.

rétrécir XIVᵉ s., *Traité d'alchimie*; de l'anc. verbe *étrécir*; lat. pop. **strictiare*, de *strictus*, étroit. ‖ **rétrécissement** milieu XVIᵉ s. (V. ÉTROIT).

rétribuer 1361, Oresme, du lat. *retribuere*, de *tribuere*, attribuer (v. TRIBUT); d'abord « restituer », puis restriction de sens. ‖ **rétribution** début XIIᵉ s., du bas lat. *retributio*.

1. rétro- préfixe signifiant « en arrière » (ex. *rétrospectif*, *rétroversion*), ou « en remontant dans le passé » (ex. *rétroactif*); du préf. lat. *retro-*, en arrière.

2. rétro s. m. V. RÉTROGRADE.

rétroactif 1534, *Ordonn.*, jurid., du lat. *retroactus*, part. passé de *retroagere*, pousser (*agere*) en arrière (*retro*). ‖ **rétroactivité** 1812, Mozin. ‖ **non-XXᵉ s.** ‖ **rétroaction** 1762, *Acad.*, jurid.

rétrocéder 1550, Roussat; du lat. *retrocedere*, reculer, de *cedere*, céder. ‖ **rétrocession** *id.*

rétrograde 1488, *Mer des hist.*, du lat. *retrogradus*, de *retro-*, en arrière, et *gradi*, s'avancer. ‖ **rétrograder** *id.*, du bas lat. *retrogradare.* ‖ **rétrogradation** *id.*, du bas lat. *retrogradatio.* ‖ **rétro** s. m., fin XIXᵉ s., billard, abrév. de (*effet*) *rétrograde.*

rétrospectif 1779, *Courrier de l'Europe*, du préf. *retro-*, en arrière, et du radical *spect-*, du lat. *spectare*, regarder; *rétrospective*, s. f., 1855, *Paris chez soi.*

retrousser, rétroversion V. TROUSSER, VERSER.

rets XIIIᵉ s. (*rois, raiz*), du lat. *retis*, filet; surtout au plur. ‖ **rétiaire** 1578, d'Aubigné, du lat. *retiarus*, de *retis.* (V. RÉSEAU, RÉSILLE, RÉTICULE.)

réunion, réunir V. UNION, UNIR.

réussir 1578, Lanoue (*réuscir*), « résulter »; XVIIᵉ s., sens mod.; de l'ital. *riuscire*, « ressortir », de *uscire*, sortir. ‖ **réussite** 1622, Guez de Balzac, même évol. de sens, de l'ital. *riuscita.*

revanche début XVIᵉ s., de l'anc. fr. *revancher*, 1265, J. de Meung, de l'anc. *vencher*, var. de *venger* (v. ce mot). ‖ **revanchard** fin XIXᵉ s. ‖ **revanchiste** 1960, journ. ‖ **revanchisme** *id.*

rêve V. RÊVER.

revêche 1220, G. de Coincy (*revesche*), orig. obsc., peut-être du lat. pop. *reversīcus*, de *reverti*, revenir en arrière.

réveil, réveillon V. ÉVEILLER.

révéler début XIIᵉ s., *Couronn. Loïs*, surtout au sens relig., du lat. *revelare*, dévoiler, de *velum*, voile. ‖ **révélation** *id.*, du lat. eccl. *revelatio.* ‖ **révélateur** milieu XVᵉ s., du lat. eccl. *revelator*; 1875, Lar., techn.

revendication début XVᵉ s. (*reivendication*); début XVIᵉ s. (*revendication*); du lat. jurid. *rei vindicatio*, action de réclamer une chose; confusion ultérieure du premier élément *rei* et du préf. *re-.* ‖ **revendiquer** 1437, G., du lat. jurid. *vindicare*, revendiquer. ‖ **revendicateur** 1870, L. ‖ **revendicatif** XXᵉ s.

revenir V. VENIR.

rêver début XIIᵉ s., « vagabonder » (jusqu'au XVᵉ s.), d'un anc. **esver*, vagabonder (cf. l'anc. fr. *desver*, perdre le sens; v ENDÊVER), du lat. *aestuare*, bouillonner, être agité; ou d'un anc. gallo-roman **esvo*, vagabond, du bas lat. **exvagus*, sur l'adj. lat. class. *vagus*, même sens. A signifié aussi « délirer », jusqu'au XVIIᵉ s., sens encore conservé dans le fr. de l'Ouest; 1670, sens mod. ‖ **rêverie** début XIIIᵉ s., Chardry, « délire »; 1580, Montaigne, sens mod. ‖ **rêveur** v. 1265, É. Boileau, « vagabond »; même évol. de sens. ‖ **rêve** 1680, Richelet. ‖ **rêvasser** 1490, Gaguin. ‖ **rêvasserie** 1550, Rab. ‖ **rêvasseur** 1736, Voltaire. ‖ **rêvassier** 1888, A. Daudet.

réverbère V. RÉVERBÉRER.

réverbérer fin XIVᵉ s., frapper, regimber, du lat. *reverberare*, repousser, d'où « rejaillir » (rayons du soleil), de *verberare*, fouetter. ‖ **réverbération** 1314, Mondeville. ‖ **réverbère** fin XVᵉ s., « écho »; XVIᵉ s., « miroir réflecteur »; milieu XVIIᵉ s., lanterne à miroir réflecteur.

reverdir V. VERT.

révérer début XVᵉ s., du lat. *revereri.* ‖ **révérence** 1190, saint Bernard, du lat. *reverentia*; *faire la révérence*, v. 1360, Froissart. ‖ **révérend** XIIIᵉ s., du lat. eccl. *reverendus*, adj. verbal de *revereri*, spécialisé en terme de dignité. ‖ **révérendissime** milieu XVᵉ s. (*reverentissime*), superl. du précéd. ‖ **irrévérent** 1453, *Débat des hérauts*; lat. *irreverens.* ‖ **irrévérence** XIIIᵉ s., Delb.; lat. *irreverentia.* ‖ **révérenciel** XVᵉ s., de *révérence.* ‖ **révérencieux** 1642, Oudin, *id.* ‖ **irrévérencieux** 1791.

revers XIIIᵉ s., H. de Gauchy, s. m.; de l'anc. adj. *revers*, retourné, du lat. *reversus*, part. passé de *revertere*, retourner, de *vertere*, tourner. ‖ **réversion** début XIVᵉ s., jurid.; du lat. *reversio*, retour, de *revertere*; XIXᵉ s., autres empl. techn. ‖ **réversible** fin XVIIᵉ s. ‖ **réversibilité** milieu XVIIIᵉ s. ‖ **irréversible** fin XIXᵉ s. ‖ **reversal** 1762, *Acad.*, jurid.

reversi ou **reversis** XVIᵉ s. (*reversin*), jeu de cartes; 1611, Cotgrave (*reversi*); 1642, Oudin (*reversis*); altér. d'après *revers*, de l'ital. *rovescino*, de *rovescio*, à rebours (le gagnant est celui qui fait le moins de levées).

réversible V. REVERS.

réviser ou **reviser** XIIIe s., Mousket, du lat. *revisere*, « revenir voir ». ‖ **révision** ou **revision** 1298, G. (*revision*), du bas lat. *revisio*. ‖ **réviseur** milieu XVIe s. ‖ **révisionniste** 1851, Hugo. ‖ **anti**-1913, Martin du Gard.

reviviscence V. VIVRE.

révocation V. RÉVOQUER.

revolin 1612, Lescarbot, mar., tournoiement du vent, du prov. *revolim*, tourbillon, du lat. *volvere*, tourner.

révolter fin XVe s., J. d'Authon (*se révolter*), se retourner; XVIIe s., sens mod.; de l'ital. *rivoltare*, retourner, du part. *rivolto*, de *rivolgere*, du lat. *revolvere* (v. RÉVOLU). ‖ **révolte** fin XVe s., sens mod., de l'ital. *rivolta*. ‖ **révoltant** milieu XVIIIe s.

révolu fin XIVe s., du lat. *revolutus*, « qui a achevé son circuit », part. passé de *revolvere*, « rouler en arrière ».

révolution fin XIIe s., *Grégoire*, astron.; 1559, Amyot, polit.; du bas lat. *revolutio*, retour, révolution des astres (IVe s., saint Augustin), de *revolutus* (v. RÉVOLU). ‖ **révolutionnaire** 1789. ‖ **révolutionner** 1793. ‖ **contre-révolution** 1790, Mirabeau. ‖ **contre-révolutionnaire** 1791, Marat. ‖ **ultra-révolutionnaire** 1794.

revolver av. 1848, Aug. Barbier; de l'angl. *revolver*, créé pour désigner le pistolet à barillet, en 1835, par S. Colt, aux États-Unis; du verbe (*to*) *revolve*, tourner, de même rac. que les précéd. ‖ **revolvériser** fin XIXe s.

révoquer 1355, Bersuire, «rappeler»; 1360, Froissart, « annuler »; fin XIVe s., « retirer d'un emploi »; du lat. *revocare*, rappeler, et au fig. « revenir sur », « annuler », de *vox, vocis*, voix. ‖ **révocation** XIIIe s., *Cout. d'Artois*, jurid., du lat. *revocatio*. ‖ **révocable** début XIVe s. ‖ **révocabilité** 1834, Boiste. ‖ **révocatoire** 1463, G. ‖ **irrévocable** 1357, G., du lat. *irrevocabilis*. ‖ **irrévocabilité** 1534, Delb.

revue V. VOIR.

révulsion 1560, Paré, du lat. *revulsio*, action d'arracher, de *revulsus*, part.

passé de *revellere*, arracher. ‖ **révulsif** 1560, Paré.

rez-de-chaussée 1539, R. Est., de la loc. *à rez-de-chaussée*, de *chaussée* et de l'anc. fr. *rez*, adj., « rasé, à ras », XIIe s., du lat. *rasus*. (V. RAS 1.)

rhabdomancie 1579, Bodin, du lat. *rhabdomantia*, du gr. *rhabdos*, baguette, et *manteia*, divination. ‖ **rhabdomancien** 1836, Landais.

rhagade 1611, Cotgrave, méd., fissure; du lat. *rhagas, -gadis*, gerçure, empr. au gr.

rhamnus 1539, L., nom lat. du nerprun, du gr. *rhamnos*. ‖ **rhamnacée** 1827, *Acad.* (*rhamnées*).

rhapsode 1554, Aneau, du gr. *rhapsôdos*, de *rhaptein*, coudre, et *ôdê*, chant. ‖ **rhapsodie** 1582, Bretin, du gr. *rhapsôdia*. ‖ **rhapsodiste** 1687, R. Simon.

rhéomètre 1874, *Journ. offic.*, du gr. *rhein*, couler, et *metron*, mesure. ‖ **rhéologie** 1927, Bingham.

rhéostat 1875, Lar., du gr. *rhein*, couler, et du lat. *stare*, être immobile. ‖ **rhéostatique** 1877, *Journ. offic.*

rhéteur 1539, R. Est., «maître de rhétorique»; 1694, *Acad.*, empl. péjor.; du lat. *rhetor*, maître d'éloquence, du gr. *rhêtôr*. ‖ **rhétorique** 1160, *Eneas* (*rectorique*); XVIe s., classe de rhétorique; du lat. *rhetorica*, art oratoire, du gr. *rhêtorikê*. ‖ **rhétoriqueur** fin XVe s., en hist. littéraire. ‖ **rhétoricien** v. 1395, Chr. de Pisan, professeur d'éloquence; 1836, Landais, élève de rhétorique.

rhéto-roman 1870, L., de *Rhétie*.

rhingrave XVIe s., titre de seigneurs rhénans, de l'all. *Rheingraf*, « comte du Rhin »; 1640, Scarron, « haut-de-chausses », introduit en France par le rhingrave Salm, gouverneur de Maestricht. ‖ **rhingraviat** 1842, *Acad.*

rhino- du gr. *rhis, rhinos*, nez. ‖ **rhinite** 1836, Landais. ‖ **rhinocéros** 1288, Gelée (*rhinocerons*); fin XIVe s. (*rhinoceros*); du lat. *rhinoceros*, gr. *rhinokerôs*, de *keras*, corne. ‖ **rhinologie** 1896, Lar. ‖ **rhino-pharyngite** XXe s. ‖ **rhinoplastie** 1836, Landais. ‖ **rhinoscopie** 1896, Lar.

rhizo- du gr. *rhiza*, racine. ‖ **rhizome** 1817, Gérardin. ‖ **rhizophile** 1842, *Acad.* ‖ **rhizopode** 1842, *Acad.*

rhodium 1805, *Ann. de chimie*, mot angl., tiré en 1803, par Wollaston, du gr. *rhodon*, rose, à cause de la couleur de certains sels de ce métal.

rhododendron début XVIᵉ s., du lat. *rhododendron*, empr. au gr. *rhodon*, rose, et *dendron*, arbre.

rhombe début XVIᵉ s., géom., « losange », du lat. *rhombus*, gr. *rhombos*, « toupie » ; zool., même étym. ‖ **rhombique** 1870, L. ‖ **rhomboïde** 1542, Bovelles, géom., du lat. *rhomboides*, gr. *rhomboeidês*. ‖ **rhomboèdre** 1817, *Ann. de chimie*.

rhotacisme 1803, Boiste (*rotacisme*), du gr. *rhôtakismos*; évolution phonétique d'un *s* vers un *r*.

rhubarbe XIIIᵉ s., *Simples Méd.* (*reubarbe*) ; fin XVIᵉ s. (*rhubarbe*) ; du lat. *rheubarbarum* (VIIᵉ s., Isid. de Séville, d'après qui *rheu* est un mot barbare signifiant « racine ») ; on trouve aussi en lat. médiév. *rhabarbarum*, et chez Rab. *rhabarbe; rha* et *rheu* sont deux formes obscures.

rhum 1688, Blome (*rum*), de l'angl. *rum* (1654), abrév. de *rumbullion*, mot dial. angl., « grand tumulte », empl. dans l'île de Barbade pour désigner une liqueur forte de fabrication locale. ‖ **rhumerie** 1827, *Acad.* (*rhummerie*).

rhumatisme 1549, Meignan (*rheumatisme*) ; du lat. *rheumatismus*, fluxion, gr. *rheumatismos*, « écoulement d'humeurs », de *rheîn*, couler. ‖ **rhumatismal** 1758, *Journ. de médecine.* ‖ **rhumatisant** début XVIᵉ s., du lat. *rhumatizans*, part. prés. de *rheumatizare.* ‖ **rhumatologie, rhumatologue** XXᵉ s.

rhumb V. RUMB.

rhume XIIᵉ s. (*reume, rheume*) ; XVIIᵉ s. (*rhume*) ; du lat. *rheuma*, empr. au gr. *rheuma*, « écoulement », de *rheîn*, couler. ‖ **enrhumer** fin XIIᵉ s., Marie de France (*anrimé*). ‖ **désenrhumer** 1660, Oudin.

ribambelle 1798, *Acad.*, origine obsc., peut-être sur un rad. onom. *bamb-*, indiquant le balancement, l'oscillation, avec une influence du dial. *riban*, « ruban ».

ribaud 1175, Chr. de Troyes, « débauché » ; de l'anc. fr. *riber*, faire le ribaud, de l'anc. haut all. *rîban*, être en chaleur, s'accoupler, proprem. « frotter ». ‖ **riboter** 1745, Vadé (*riboteur*), de *ribauder*, avec changem. de suff. ‖ **ribote** début XIXᵉ s. (*faire ribote*).

ribler 1690, Furetière, courir la nuit ; 1870, L., terme techn. ; probabl. de l'anc. haut all. *rîban* (v. RIBAUD).

ribord 1690, Furetière, mar., du portug. *resbordo*.

ribote, riboter V. RIBAUD.

ribouis 1867, Delvau, « savetier » ; fin XIXᵉ s., « soulier », pop. ; altér. de *rebouis*, de l'anc. *rebouiser*, donner le bon air à quelque chose, du fr. rég. *bouis*, anc. forme de *buis*, brunissoir de buis servant aux cordonniers pour polir la semelle, lui *donner le bouis* ou, si l'opération est répétée, le *rebouis*.

ribouldingue fin XIXᵉ s., du dial. *riboulâ*, manger à satiété (Auvergne), et de *-dingue*, issu de *dinguer*, pop., « rebondir avec un bruit sonore » ; orig. onom.; *riboulâ* est peut-être un croisement de l'anc. *riber* (v. RIBAUD) et de *bouler*, « enfler sa gorge ». (V. BOULE.)

ricaner fin XIVᵉ s., « braire » ; 1538, R. Est., sens mod.; altér., par anal. de *rire*, de *recaner*, norm., « braire », en anc. fr. *rechaner*, de l'anc. pic. *kenne*, joue, issu du francique **kinni*, mâchoire. ‖ **ricaneur** milieu XVIᵉ s. ‖ **ricanement** 1702, abbé de Chaulieu.

riche fin XIᵉ s., *Alexis*, du francique *rîki*, puissant (cf. l'all. *reich*) ; *nouveau riche*, 1721, Montesquieu. ‖ **richesse** début XIIᵉ s., *Voy. de Charl.*, « puissance ». ‖ **richard** milieu XVᵉ s. ‖ **richissime** XIIIᵉ s., italianisme ; 1801, Mercier. ‖ **enrichir** XIIᵉ s. ‖ **enrichissement** XIIIᵉ s.

ricin 1557, L'Escluse, du lat. *ricinus*. ‖ **riciné** 1871, *Journ. offic.*

ricochet XIIIᵉ s., *Fable du ricochet*, ritournelle de questions et de réponses ; v. 1650, Scarron, sens mod.; orig. obsc., peut-être du rad. de *coq*, dimin. *cochet*. ‖ **ricocher** début XIXᵉ s.

ric-rac, ou **ric-à-rac,** ou **ric-et-rac** 1470, *Pathelin* (*ric-à-rac*), d'orig. onom.

rictus 1821, J. de Maistre, du lat. *rictus*, contour de la bouche ouverte, de *ringi*, ouvrir la bouche en montrant les dents.

ride, rideau V. RIDER.

ridelle v. 1300 (*reidele*), du moy. haut all. *reidel*, forte perche; balustrade légère faite d'abord de branches de chêne.

rider 1175, Chr. de Troyes (*chemise ridée*), « plisser »; XIII⁰ s., sens mod.; de l'anc. haut all. *riden*, tordre (*reid*, frisé). || **ride** 1488, *Mer des hist.* || **rideau** 1471, *Comptes du roi René*; également, au XV⁰ s., « repli de terrain ». || **ridage** 1842, *Acad.*, techn. || **ridement** 1611, Cotgrave. || **ridoir** 1870, L., techn. || **dérider** 1539, R. Est.

1. ridicule fin XV⁰ s., adj.; XVII⁰ s., s. m.; du lat. *ridiculus*, de *ridere*, rire. || **ridiculement** 1552, R. Est. || **ridiculiser** 1666, Mᵐᵉ de Sévigné.

2. ridicule 1801, Mercier, s. m., petit sac de dame, altér. de *réticule*, par attraction du précédent.

*****rien** XI⁰ s., du lat. *rem*, acc. de *res*, chose; subst. fém. jusqu'au XVI⁰ s., avec le sens de « chose »; on trouve le masc. depuis le XV⁰ s.; devenu mot négatif au XVI⁰ s., par suite de son emploi fréquent avec *ne* et *pas*.

rif 1598, Bouchet (*riffe*), feu, argot des Coquillards; 1628, *Jargon* (*rifle*); altér. de *ruffe* (1596, *Vie gén. des mercelots*; déjà au XV⁰ s., fig. « feu de saint Antoine, érysipèle ») ; du fourbesque (argot ital.) *rufo*, rouge. || **riffauder** 1598, Bouchet. || **riffaudeur** 1837, Vidocq.

1. riflard 1411, Baudet Herenc., sergent; début XVII⁰ s. (*riflard*), nom de divers outils : rabot, ciseau, lime, etc.; de l'anc. fr. *rifler*, XII⁰ s., érafler, rafler, de l'anc. haut all. *rifflôn*, déchirer en frottant. || **rifloir** 1827, *Acad.*

2. riflard 1828, *Fr. mod.*, « parapluie », pop.; du nom d'un personnage de *la Petite Ville* (comédie de Picard, 1801), qui portait toujours un énorme parapluie.

rifle 1833, Th. Pavie, alors fém., carabine rayée, de l'angl. *rifle*, du verbe (*to*) *rifle*, faire des rainures, lui-même issu de l'anc. fr. *rifler*. (V. RIFLARD 1.)

rigide milieu XV⁰ s., du lat. *rigidus* (v. RAIDE). || **rigidité** milieu XVII⁰ s., du lat. *rigiditas*.

rigodon ou **rigaudon** 1694, Th. Corn.; d'après J.-J. Rousseau (*Dictionnaire de musique*), du nom de *Rigaud*, inventeur de cette danse.

rigole début XIII⁰ s. (*regol*); début XIV⁰ s. (*rigole*); du moy. néerl. *regel*, rangée, ligne droite, et *richel*, fossé d'écoulement, du lat. *regula*, règle.

rigoler XIII⁰ s., « se divertir » ou « se moquer », fam.; a pris le sens de « rire aux éclats » par attraction de *rire*; d'orig. obsc., peut-être empl. métaphorique de l'anc. fr. *rigoler*, XIII⁰ s., faire des *rigoles* (v. RIGOLE). || **rigolade** début XIX⁰ s. || **rigolo** 1848, Hatin; fin XIX⁰ s., « revolver ». || **rigolard** 1867, Delvau. || **rigolboche** 1860, *Fr. mod.*

rigueur XII⁰ s., du lat. *rigor*, même rad. que *rigidus* (v. RIGIDE, RAIDE). || **rigoureux** XIII⁰ s., du lat. *rigorosus*. || **rigorisme** 1696, Saint-Simon, d'après la forme lat. || **rigoriste** fin XVII⁰ s.

rillette 1845, Besch., de l'anc. fr. *rille* (1480), morceau de porc, var. dial. de l'anc. fr. *reille*, latte, planchette (par anal. de forme), du lat. *regula*. (V. RÈGLE.)

rimer 1119, Ph. de Thaun, du francique *rimân*, de **rim*, série, nombre. || **rime** s. XII⁰ s., *D. G.* || **rimeur** 1180, *Alexandre* (*rimere*, cas sujet). || **rimailleur** 1518, Marot. || **rimailler** 1564, Rab.

*****rinceau** fin XII⁰ s., *R. de Cambrai* (*rainsel*), « rameau »; XVI⁰ s., spécial. comme terme de blason et d'archit.; du lat. pop. **ramuscellus*, du bas lat. *ramusculus*, dimin. de *ramus*, rameau.

*****rincer** fin XII⁰ s., *Bible* (*reincier, raincier*), dissimilation probable de l'anc. fr. *recincier*, du lat. pop. **recentiare*, « rafraîchir, laver », de *recens*, au sens de « frais ». || **rinçure** 1398, *Ménagier* (*rainssure*). || **rinceur** 1490, *Anc. Poés.* || **rinçage** début XVIII⁰ s. || **rincée** 1793, Villers. || **rincette** 1867, Delvau. || **rince-bouche** 1842, *Acad.* || **rince-bouteille** XX⁰ s. || **rince-doigts** XX⁰ s.

ring 1829, sport, de l'angl. *ring*, « anneau, cercle ».

ringard début XVIII° s., du wallon *rin-guèle*, « levier », avec changem. de suff. (de l'all. dial. *Rengel*, bûche).

riotte 1130, *Saint Gilles*, dispute, déverbal de l'anc. fr. *rioter, rihoter*, se quereller, d'orig. obscure.

ripaille 1579, N. Du Fail (*faire ripaille*), de l'anc. fr. *riper*, gratter (v. RIPER). ‖ **ripailleur** 1578, La Noue.

riper 1328, G., « gratter », d'où « glisser », techn.; du moy. néerl. *rippen*, palper. ‖ **ripe** 1680, Richelet. ‖ **ripement** 1870, L.

Ripolin fin XIX° s., créé en 1888 par l'inventeur *Riep*, avec son nom, l'élém. *-ol* du néerl. *olie*, huile, et le suff. sav. *-in*. ‖ **ripoliner** fin XIX° s.

ripopée XV° s., A. de La Sale, adj. (*vin ripopé*); XV° s., s. m., *ripopé*; XVIII° s., s. f. (*ripopée*); formation pop., peut-être sur le radical à alternance *pap- / pop-* du langage enfantin (v. PAPA, PAPOTER), avec infl. analog. de RIPAILLE.

riposte début XVI° s. (*risposte*); fin XVI° s. (*riposte*, par chute du premier *s*); de l'ital. *risposta*, de *rispondere*, répondre (v. RÉPONDRE). ‖ **riposter** v. 1650, Scarron.

riquiqui fin XVIII° s., « eau-de-vie »; 1867, Delvau, adj., petit, contrefait; forme expressive issue du langage enfantin.

***rire** v. 1080, *Roland*, du lat. pop. *ridĕre*, en lat class. *ridēre*. ‖ **rire** s. m., XIII° s. ‖ **riant** 1080, *Roland*. ‖ **rieur** 1460, G. Alexis. ‖ ***ris** 1155, Wace, « rire »; du lat. *risus*, part. passé subst. de *ridere*, rire. ‖ **risée** fin XII° s., Aiol. ‖ **risette** 1840, Dumanoir. ‖ **risible** 1495, J. de Vigny, bas lat. *risibilis*, sur *risus*, de *ridere*, rire; a pu signifier, du XVI° au XVIII° s., « qui a la faculté de rire ». ‖ **risibilité** XVI° s., Champeynac. ‖ **dérision** XIII° s., G., du bas lat. *derisio*. ‖ ‖ **dérisoire** XIV° s., Juv. des Ursins, du bas lat. *derisorius*.

1. **ris** 1155, Wace, mar., du plur. anc. scand. **rifs*, sing. *rif*. ‖ **arriser** 1643, D. G.

2. **ris** (*de veau*) 1640, orig. obsc.; on trouve *risée*, même sens, au XVI° s.

3. **ris** V. RIRE.

risberme 1827, *Acad.*, du néerl. *rijs*, branchage, et *berm*, talus.

risotto fin XIX° s., de l'ital. *risotto*, de *riso*, riz; riz cuit avec de la viande et des légumes.

risque 1557, H. Est., fém. (l'Acad. a conservé *à toute risque* jusqu'en 1798); XVII° s., masc.; de l'ital. *risco* (auj. *rischio*), peut-être d'un bas lat. **risicare*, « doubler un promontoire », du gr. *rhiza*, « racine », et par ext. « écueil ». ‖ **risquer** XVI° s. ‖ **risque-tout** 1870, L.

rissole XII° s., *Aliscans* (*rousole*); XIII° s. (*roissole*); 1398, *Ménagier* (*rissole*); du lat. pop. **russeola*, fém. subst. de *russeolus*, rougeâtre (IV° s., Prudence), de *russus*, roux. ‖ **rissoler** 1549, R. Est. ‖ **rissolette** 1836, Landais.

ristourne début XVIII° s. (*ristorne*); milieu XVIII° s. (*restourne*); fin XVIII° s. (*ristourne*); d'abord masc. et terme de droit mar., « résolution de la police d'assurance »; de l'ital. *ristorno*, de *storno* (v. TOURNER). ‖ **ristourner** 1834, Boiste.

rite XIV° s., Bouteillier (*rit*); 1694, *Acad.* (*rite*); du lat. *ritus*. ‖ **rituel** 1564, Rab. (*ritual*), du lat. *ritualis*. ‖ **ritualisme** 1829, Boiste. ‖ **ritualiste** début XVII° s.

ritournelle 1670, Molière, terme de mus.; 1671, Mme de Sévigné, fig.; de l'ital. *ritornello*, de *ritorno*, retour. (V. TOURNER.)

rival XV° s., du lat. *rivalis*, riverain autorisé à faire usage d'un cours d'eau, de *rivus*, cours d'eau; concurrence jusqu'au XVI° s. par *corrival*, du bas lat. *corrivalis*, avec le préf. *cor-* indiquant la communauté d'usage. ‖ **rivalité** 1656, Molière, du lat. *rivalitas*. ‖ **rivaliser** 1780, Brissot.

***rive** 1080, *Roland*, du lat. *rīpa*. ‖ **rivage** 1155, Wace. ‖ **dériver** XIV° s., s'écarter de la rive. (V. ARRIVER, RIVIÈRE.)

river 1160, Benoît, « attacher »; empl. spécial., dans *river le clou*, XIII° s.; de *rive* au sens de « bord ». ‖ **rivet** 1260, É. Boileau. ‖ **rivure** fin XV° s. ‖ **riveur** XIV° s. ‖ **riveuse** 1877, *Gaz. des trib.*, ouvrière qui rive; 1906, Lar., machine à river. ‖ **riveter** 1877, *Journ. offic.* ‖ **rivetage** id. ‖ **rivoir** 1827, *Acad.* ‖ **dériver** milieu XIII° s., enlever la rivure.

*rivière 1155, Wace, du lat. pop. *riparia, fém. subst. de l'adj. riparius, « qui est sur la rive », de ripa, rive, d'où, en anc. fr., l'emploi possible au sens de « région proche d'une rivière, ou de la mer » (en ital. mod. riviera) ; rivière de diamants, XVIIIᵉ s. ‖ riverain 1533, Rab. (riveran) ; 1690, Furetière (riverain). ‖ riveraineté XXᵉ s.

rivulaire 1827, Acad., du lat. rivulus, dimin. de rivus, cours d'eau.

rixe début XIVᵉ s., du lat. rixa, querelle.

riz fin XIIIᵉ s. (ris, puis riz, d'après la forme lat.) ; de l'ital. riso, du lat. oryza, issu du gr. oruza, mot d'orig. orientale. ‖ rizière 1718, Acad. ‖ rizerie 1868, journ. ‖ riziculture 1912, L. M. ‖ riz-pain-sel 1867, Delvau, arg. milit., « celui qui distribue les vivres ».

roadster v. 1932, type d'automobile, de l'angl. roadster, de road, route.

1. rob 1507, La Chesnaye, suc de fruit, mot ar., empr. au persan.

2. rob ou robre 1835, Acad., dans le vocab. du whist et du bridge, de l'angl. rubber.

robe 1160, Benoît, vêtement ; spécialisé de bonne heure pour les vêtements de femme, de prêtre, de juge ; du germ. *rauba, butin, sens conservé en anc. fr. (v. DÉROBER), et par ext. « vêtements pris à l'ennemi ». ‖ enrober XIIIᵉ s., fournir de vêtements ; 1858, terme techn., proprem. « envelopper comme dans une robe ». ‖ robin 1627, Sonnet de Courval, homme de robe, péjor. par attraction de ROBIN 2 (v. ci-après). ‖ rober 1827, Acad., techn. ‖ robage 1875, Journ. offic., techn. ‖ robeuse 1875, le Temps.

1. robin V. ROBE.

2. robin 1572, Ronsard, personnage sans considération, arch., du nom propre Robin, altér. fam. de Robert, et qui désignait dans l'anc. littér. un paysan prétentieux.

robinet début XVᵉ s., de ROBIN 2, employé comme surnom du mouton ; les robinets étaient souvent ornés d'une tête de mouton. ‖ robinetier 1870, L. ‖ robinetterie 1845, Besch.

robinier 1778, mot créé par Linné, du nom de J. Robin, anc. directeur du Jardin des Plantes, qui introduisit cet arbre en 1601.

robot v. 1935, automate, tiré du tchèque robota, « travail, corvée », par l'écrivain tchèque K. Tchapek, dans sa pièce R. U. R. (les Robots Universels de Rossum), 1921. ‖ robotisé 1960, journ.

robuste 1080, Roland (rubeste) ; XIVᵉ s. (robuste) ; du lat. robustus, de robur, force. ‖ robustesse 1863, Gautier. ‖ robusticité fin XVIIIᵉ s.

roc, rocade V. ROCHE, ROQUER.

rocambolesque fin XIXᵉ s., de Rocambole, nom d'un personnage aux aventures extraordinaires créé par Ponson du Terrail (1829-1871), d'après le mot vieilli rocambole, 1680, Richelet, s. f., « ail d'Espagne », d'où « chose piquante », de l'all. Rockenbolle, même sens propre (Rocken, seigle, et Bolle, oignon).

*roche début XIIᵉ s., Voy. de Charl., du lat. pop. *rŏcca, sans doute prélatin (cf. roc, ci-après). ‖ rocher v. 1160, Eneas (rochier). ‖ rocheux 1549, G. Du Bellay, rare jusqu'au XIXᵉ s. ‖ rochassier 1906, Lar. ‖ rochier 1827, Acad., poisson. ‖ roc début XVIᵉ s., masc. de roche. ‖ rocaille v. 1360, Froissart ; var. rochaille, 1611, Cotgrave. ‖ rocailleur 1672, Colbert. ‖ rocailleux 1692, Dufresny. ‖ rocaillage 1875, Lar. ‖ rococo 1829, Stendhal, arg. des ateliers d'artistes, formation plaisante d'après rocaille, à cause de l'emploi des rocailles dans le style rococo.

1. rochet XIIᵉ s., surplis de prêtre, du francique *hrok. (V. FROC.)

2. rochet (roue à) XIIᵉ s., D. G., extrémité des lances de joute ; 1560, Paré, roue à rocquet, à cause de la forme des dents ; milieu XVIIᵉ s., « bobine » ; du francique *rokka, quenouille (all. Rocken).

rocking-chair 1851, Marmier ; de l'angl. rocking-chair, de (to) rock, balancer, et chair, chaise.

rocou 1614, Claude d'Abbeville, de urucu, mot d'une langue indigène du Brésil. ‖ rocouer 1640, Bouton, verbe. ‖ rocouyer s. m. id.

roder 1723, Savary, du lat. rodere, ronger (v. CORRODER, ÉRODER). ‖ rodage 1836, Landais ; 1933, Lar., autom.

rôder début XVe s., v. tr. (*rôder le pays*);
1588, Montaigne, «tourner de tous côtés
dans»; fin XVIe s., intr.; de l'anc.
prov. *rodar*, «aller en rond, tourner»;
du lat. *rotare*, de *rota*, roue. ‖ **rôdeur**
1539, R. Est. ‖ **rôdailler** 1834, Hecart.
‖ **rôderie** 1876, Vallès.

rodomont début XVIe s. (*rodomone*);
1584, Amadis Jamyn (*rodomont*); de
l'ital. *Rodomonte*, nom d'un personnage, brave et insolent, de l'*Orlando
furioso* (le *Roland furieux*) de l'Arioste.
‖ **rodomontade** 1587, Le Poulchre.

rogations 1380, *Aalma*, sing., prière;
1530, Palsgrave, plur.; du lat. eccl.
rogationes, en lat. class. sing. *rogatio*,
demande; a remplacé la forme pop.
rovaison, dér. de *rover*, du lat. *rogare*,
demander, prier. ‖ **rogatoire** 1599,
Cout. de Normandie, jurid., du lat.
rogatus, part. passé de *rogare*.

rogatoire V. ROGATIONS.

rogatons milieu XIVe s., «humble
requête», avec valeur péjor., jusqu'au
XVIIe s.; 1662, sens mod.; du lat. médiév.
rogatum, demande, neutre subst. du
part. passé de *rogare*, demander, avec la
pron. anc. de la finale *-um*. (V. DICTON.)

1. **rogne** 1265, J. de Meung, «gale»;
du lat. *aranea*, araignée, altéré en **ro-
nea*, peut-être sous l'influence de *rodere*.
(V. RODER.)

2. **rogne** début XVIe s., «grognement»; en fr. du Centre-Est, *chercher
rogne*, chercher noise, d'où, XVIIe s., à
Saint-Etienne, «querelle»; fin XIXe s.,
mauvaise humeur; de *rogner*, grommel-
ler, forme rég. d'orig. onomat.

***rogner** 1160, Benoît (*rooignier*),
«rogner autour», d'où «tondre»; XIIIe s.,
couper (ex. les ongles); du lat. pop.
*rotundiare, couper en rond, de *rotun-
dus*, rond. ‖ **rognure** v. 1100, parfois
«tonsure» en anc. fr. ‖ **rogneur** 1495,
J. de Vignay (*rogneurs de monnaie*). ‖
rognage 1842, *Acad.* ‖ **rogne-pied**
1762, *Acad.*

***rognon** fin XIIe s., *R. de Cambrai*, du
lat. pop. **renio, renionis*, de *ren*, rein,
et spécialisé pour les animaux. ‖
rognonnade XIVe s., de l'anc. prov.

rogomme 1700, Mme de Maintenon
(*rogum*), liqueur forte; auj. seulem.

dans *voix de rogomme*; d'orig. obsc.

1. **rogue** adj., 1265, J. de Meung;
peut-être du scand. *hrôkr*, arrogant.

2. **rogue** s. f., 1723, Savary, œufs de
morue salés, du danois ou du norvégien
rogn, de l'anc. norrois *hrogn* (all. *Ro-
gen*, œufs de poisson; angl. *roe*, *id.*). ‖
rogue 1842, *Acad.*

rohart XIVe s., de l'anc. norrois *hros-
shval*, «cheval-baleine».

***roi** Xe s., *Eulalie* (*rex*); 1080, *Roland*
(*rei*); du lat. *rex*, *rēgis*. ‖ **royal** Xe s.,
Eulalie (*regiel*); 1155, Wace (*real*); lat.
regalis. ‖ **royauté** fin XIIe s., *Aliscans*.
‖ **royaliste** fin XVIe s. ‖ **royalisme**
1770, *Corr. littér., philos. et critique.* ‖
roitelet milieu XVe s., dimin. de l'anc. fr.
roietel, roitel, de *roi*. ‖ **vice-roi** milieu
XVe s. ‖ **vice-royauté** 1680, Richelet
(v. ROYAUME). ‖ **régicide** 1594, *Satire
Ménippée.*

roide, roideur V. RAIDE.

***rôle** 1190, Bodel (*role*); XVe s. (*roole*);
XVIe s. (*rôle*); du bas lat. *rotŭlus*, rouleau, de *rota*, roue; jusqu'au XVIIIe s.,
«rouleau», spécialem. manuscrit roulé,
liste, acte; d'où texte appris par un
acteur; puis sens fig. ‖ **rôlet** 1265, J. de
Meung, «petit rouleau»; XVIe s., «petit
rôle de théâtre». ‖ **rouleau** 1360,
Froissart (*roliel*); puis *roleau* et *rouleau.*
‖ **enrôler** 1174, *Vie de saint Thomas
Becket*, «inscrire sur un rôle»; XVIe s.,
milit. ‖ **enrôlement** fin XIIIe s., même
évol. de sens. ‖ **enrôleur** milieu XVIIe s.,
milit. (V. CONTRÔLE.)

romain fin XIIe s., R. de Moiliens, du
lat. *Romanus*; XVe s., impr., caractère
inventé par Jenson, en Italie; XVIIe s.,
sens moral. ‖ **romaine** s. f., XVIIe s.,
laitue; importée d'Avignon, où siégeait
la cour papale, à la fin du XIVe s. ‖
romaniser 1566, H. Est. ‖ **romanité**
1875, Lar.

1. **romaine** V. ROMAIN.

2. **romaine** XIVe s. (*romman*), balance;
XVe s. (*roumane*), salade; de l'anc. prov.
ou de l'esp. *romana*, de l'ar. *rommâna*,
balance, avec infl. anal. du précédent.

romaïque XVIIIe s., P. Lebrun, gr.
moderne, du gr. *rômaikos.*

1. ***roman** s. m., 1135 (*romanz*),
langue courante, par oppos. au latin, et

par ext. récit en langue courante; du lat. pop. *romanice*, adv., « à la façon des Romains », par oppos. aux Francs; XIIIᵉ s. (*romant*); XIVᵉ s., « roman d'aventure en vers »; XVᵉ s., « roman de chevalerie en prose »; 1560, Pasquier (*roman*); XVIᵉ s., aventure extraordinaire et sens mod. ‖ **romaniste** milieu XVIIᵉ s., faiseur de romans. ‖ **romancier** XVᵉ s., Vauquelin, de l'anc. forme *romanz*; a remplacé l'anc. fr. *romanceor*, *romanceur*. ‖ **romancer** 1586, La Curne. ‖ **romanesque** 1627, Sorel, « propre au roman »; a pris au XVIIIᵉ s. une nuance péjor. ‖ **romantique** 1675, abbé de Nicaise, « romanesque »; 1745, J. Leblanc, « pittoresque »; empl. pour caractériser des paysages, d'après l'angl. *romantic* (signalé comme néol. par Philipps en 1706); 1810, Mᵐᵉ de Staël, par oppos. à « classique », d'après l'allem. *romantisch* (Schlegel); 1820, terme d'esthét. littér. ‖ **romanticisme** 1823, Stendhal, remplacé par le suiv. ‖ **romantisme** 1823, Boiste. ‖ **roman-feuilleton** v. 1840, journ. ‖ **roman-fleuve** v. 1930, *id.* ‖ **roman-film** v. 1960, *id.*

2. **roman** adj., 1734, Du Cange, linguistique, de *roman*, subst., au sens de « nouveau langage », par oppos. au latin (XVIᵉ s., Pasquier, v. le précéd.); début XIXᵉ s., archit., par anal. de l'emploi linguistique. ‖ **romaniste** 1534, Rab. ‖ **romanisme** XVIIIᵉ s., relig. ‖ **romanistique** s. f., XXᵉ s., linguistique, d'apr. l'all. *Romanistik*.

romance 1599, Brantôme, masc.; 1648, Corneille, fém.; 1719, Gueudeville, « chanson sentimentale »; esp. *romance*, masc., « petit poème en stances », du prov. *romans*, même mot que ROMAN 1. ‖ **romancero** 1831, Hugo, collection de *romances*.

romanche 1875, Lar., langue romane des Grisons, du rhéto-roman *rumontsch*, du lat. *romanice*. (V. ROMAN 1.)

romand XVIᵉ s., Bonivard, adj. et subst., parler français de Suisse, même mot que ROMAN 1, avec changem. de suff.

romanichel 1844, Vidocq, de *romnitchel*, var. de *romani*, de *rom*, nom des tsiganes et de leur langue en tsigane; on trouve *romamichel*, « maison de voleurs »,

en 1841, *les Français peints par eux-mêmes*. ‖ **romano** 1859, F. Liszt.

romarin XIIIᵉ s., *Simples Méd.* (*rosmarin*); du lat. *rosmarinus*, rosée de mer. (V. ROSÉE.)

rombier, rombière 1890, Lar.; orig. obsc., peut-être de *rhombe*, « toupie de sorcière », d'où « sorcière ». (V. SORCIER.)

*****rompre** 1080, *Roland* (*rumpre*), du lat. *rumpĕre*. ‖ **rompement** 1360, Oresme; auj. seulem. dans *rompement de tête*. ‖ **rupture** XIVᵉ s., Delb.; du lat. *ruptura*, de *ruptus*, part. passé (v. ROTURE). ‖ **rupteur** 1906, Lar.

romsteck 1843, Th. Gautier (*rumpsteack*); 1890, Lar. (*romsteck*); de l'angl. *rumpsteak*, tranche de croupe.

*****ronce** 1175, Chr. de Troyes, du lat. *rŭmex*, *rŭmĭcis*, en lat. class. « dard », et en bas lat. (vᵉ s.) « ronce ». ‖ **roncier** XVIᵉ s. ‖ **ronceraie** 1823, Boiste. ‖ **ronceux** 1842, *Acad.*

ronchonner 1867, Delvau, du fr. rég. *roncher*, « ronfler », du bas lat. *roncare*, sur une rac. peut-être onomat. ‖ **ronchonneur** fin XIXᵉ s. ‖ **ronchonnot** *id.* ‖ **ronchon** *id.*

*****rond** 1155, Wace (*roont*); du lat. pop. *retundus*, en lat. class. *rotundus*. ‖ **rond** s. m., XIIIᵉ s.; XVᵉ s., « sou ». ‖ **rondeur** milieu XVᵉ s. ‖ **ronde** fin XIIᵉ s. (*à la ronde*); XIIIᵉ s., danse en rond; 1559, Amyot, milit.; du moy. fr. *ronder*, « faire le cercle ». ‖ **rondeau** v. 1360, G. de Machaut (*rondel*). ‖ **rondelet** 1360, *Modus*. ‖ **rondelle** fin XIIIᵉ s., Grégoire. ‖ **rondin** fin XIVᵉ s., tonneau; début XVIᵉ s., bûche. ‖ **rondouillard** fin XIXᵉ s. ‖ **rond-point** milieu XVIIIᵉ s. ‖ **rond-de-cuir** 1890, Lar. ‖ **arrondir** 1270, J. de Meung (*areondir*). ‖ **arrondissement** 1529, G. Tory, action d'arrondir; début XVIIIᵉ s., division territoriale; 1800, circonscription administrative remplaçant le district. ‖ **arrondissementier** fin XIXᵉ s., polit.

rondache fin XVIᵉ s., Ronsard, hist., bouclier rond; de l'ital. *rondaccio*, du fr. *rond*, avec suff. augmentatif.

*****ronfler** 1130, *Eneas*, croisem. de l'anc. fr. *ronchier*, du lat. *runcare* (v. RONCHONNER), avec *souffler* (v. ce mot); ou élargissem. d'un radical onom.

ron- (v. RONCHONNER, RONRON). ‖ **ron-flement** 1553, *Bible*. ‖ **ronfleur** 1552, Rab. ‖ **ronflant** 1529, G. Tory, bruyant; XVIII⁵ s., fig., ampoulé.

*****ronger** fin XII⁵ s., Delb. (*rungier*), ruminer, puis entamer; du lat. *rŭmigare*, ruminer; *rungier* est devenu *ronger* sous l'infl. de *roder* et aussi de **rogier*, conservés dans certains patois, du lat. pop. *rodicare*, class. *rodere* (v. RODER). ‖ **rongeur** XV⁵ s. ‖ **rongement** v. 1560, Paré.

ronron 1761, Rousseau, onom. ‖ **ronronner** v. 1860, Baudelaire. ‖ **ronronnement** 1879.

roquefort 1642, Saint-Amant, du nom du village de l'Aveyron où l'on fabrique ce fromage.

roquentin 1631, *D. G.*, vieux militaire; fin XVII⁵ s. (*rocantin*), vieillard libertin; tiré, sur le modèle de *libertin*, *galantin*, *plaisantin*, de *roquart* (Villon, XV⁵ s.), vieillard catarrheux, d'un rad. onom. *rok-*. (V. ROQUET.)

roquer 1694, *Acad.*, échecs, de *roc* (fin XII⁵ s., *R. de Cambrai*), anc. nom de la tour, jusqu'au XVI⁵ s.; empr. à l'esp. *roque*, de l'arabo-persan *rokh*, « éléphant monté ». ‖ **rocade** fin XIX⁵ s., terme d'échecs, par ext. terme milit.

roquet 1544, *l'Arcadie*, petit chien, du dial. *roquer*, craquer, croquer, d'un rad. onom. *rok-*, rendant un bruit sec, un craquement.

1. **roquette** 1538, R. Est., plante crucifère, de l'anc. ital. *rochetta*, var. de *rucchetta*, de *ruca*, chenille, du lat. *eruca*, même sens.

2. **roquette** XX⁵ s., fusée, de l'angl. *rocket*, fusée. Au XVI⁵ s., *roquet*, s. m., désignait un petit canon : origine onom.

rosace 1547, J. Martin, du lat. *rosaceus*, de *rosa*, rose. ‖ **rosacée** 1694, Tournefort, bot.

rosage 1545, Guéroult, anc. nom du rhododendron, du lat. médiév. *rosago*, de *rosa*, rose.

rosaire 1495, J. de Vignay, du lat. eccl. *rosarium*, « couronne de roses de la Vierge »; même évol. que *chapelet*.

rosat XIII⁵ s., *Simples Méd.* (*huile rosat*); du bas lat. *rosatum oleum*, huile rosée.

rosbif 1691, *Cuisinier royal* (*ros de bif*); 1756, Voltaire (*rostbeef*); 1798, *Acad.* (*rosbif*); de l'angl. *roastbeef*, de *roast* (de l'anc. fr. *rost*, rôti), et *beef*, viande de bœuf.

rose 1155, Wace, s. f., du lat. *rosa*. ‖ **rose** XII⁵ s., adj. ‖ **rosé** v. 1200. ‖ **rosâtre** 1823, Boiste. ‖ **rosir** 1823, Boiste. ‖ **rosette** fin XII⁵ s., R. de Moliens, « petite rose ». ‖ **rosier** 1175, Chr. de Troyes. ‖ **rosière** 1530, Palsgrave, lieu planté de rosiers; 1766, *Année litt.*, jeune fille vertueuse qui recevait une couronne de roses. ‖ **roseraie** 1690, Furetière. ‖ **rosiériste** 1868, *Revue horticole*. ‖ **roséole** 1836, Landais, sur le modèle de *rougeole*. ‖ **roselet** XVIII⁵ s., Buffon, hermine. ‖ **rosaniline** 1858, Hoffmann, de *aniline*.

roseau 1175, *Tristan*, de l'anc. fr. *ros*, roseau, du germ. **raus* (all. *Rohr*). ‖ **roselier** adj., 1872, L.

*****rosée** 1080, *Roland* (*rusée*), du lat. pop. *rosata*, du lat. *ros, roris*, rosée.

rosse XII⁵ s. (*ros*), s. m.; milieu XV⁵ s. (*rosse*), s. f.; 1896, *le Figaro*, adj., « dur, mordant »; de l'allem. *Ross*, coursier (auj. poétique), en fr. avec valeur péjor. ‖ **rossard** 1867, Delvau. ‖ **rosserie** 1890, Lar.

*****rosser** XII⁵-XIII⁵ s. (*roissier*); 1650, Scarron (*rosser*); du lat. pop. **rustiare*, de **rustia*, gaule, du lat. class. *rustum*, ronce; ou bien dér. de *rosse*, c'est-à-dire « battre comme on bat une rosse ». ‖ **rossée** 1836, Landais, pop.

rossignol 1175, Chr. de Troyes (*losseignol*); de l'anc. prov. *rossinhol*, du lat. pop. **lusciniolus*, masc. tiré de *lusciniola* (Plaute), dimin. de *luscinia*, rossignol. ‖ **rossignolet** fin XII⁵ s., Marie de France. ‖ **rossignoler** XIII⁵ s.

rossinante 1750, Anon, de *Rocinante*, nom du cheval de Don Quichotte, de *rocin*, roussin; refait sur *rosse*. (V. ROUSSIN.)

1. **rossolis** 1690, Furetière, fleur; du lat. médiév. *ros solis*, rosée du soleil (à cause des vésicules transparentes que portent les feuilles).

2. **rossolis** 1645, Loret, liqueur, de l'ital. *rosoli*, d'orig. obsc., auj. *rosolio*, interprété secondairement comme formé de *rosa*, rose, et *olio*, huile.

rostre 1355, Bersuire; rare jusqu'au XIXᵉ s., 1823, Boiste; terme d'antiquités romaines; du lat. *rostra*, tribune aux harangues, plur. de *rostrum*, éperon (la tribune étant jadis ornée d'éperons de navires); empr. au XIXᵉ s. par la zoologie, au sens de « bec ». ‖ **rostral** XVIᵉ s., « en forme de bec »; 1690, Furetière (*couronne rostrale*); 1762, *Acad.*, archit. ‖ **rostré** 1842, *Acad.*, zool. ‖ **rostriforme** 1812, Mozin, zool.

1. **rot** 1878, *Journ. d'agric.*, maladie de la vigne, de l'angl. *rot*, « pourriture ».

2. **rot** V. ROTER.

rotacé 1827, *Acad.*, bot., du lat. *rota*, roue.

rotang V. ROTIN 1.

rotation 1375, R. de Presles, du lat. *rotatio*, de *rotare*, tourner comme une roue, de *rota*, roue. ‖ **rotateur** 1611, Cotgrave, du lat. *rotator*. ‖ **rotatoire** XVIIIᵉ s., Bonnet. ‖ **rotatif** début XIXᵉ s. ‖ **rotative** s. f., 1865, imprimerie. ‖ **rotativiste** XXᵉ s.

1. **rote** XIIᵉ s., instrument de musique des jongleurs bretons; du germ. *hrôta* (*chrotta*, VIᵉ s., Fortunat), probablem. empr. aux parlers celtiques.

2. **rote** 1560, Viret, tribunal ecclésiastique; du lat. *rota*, roue, spécial. en lat. eccl., parce que les sections de ce tribunal examinaient à tour de rôle les affaires.

*rôter** 1160, *Eneas* (*router*); du bas lat. *ruptare*, altér. du lat. class. *rŭctare*. ‖ *rot** XIIIᵉ s. (*rouz*, pl.); du bas lat. *ruptus*, altér. du lat. class. *rŭctus*, d'après *ruptus*, part. passé de *rumpere*, rompre. (V. ÉRUCTATION.)

rotifère 1762, Bonnet, du lat. *rota*, roue, et du suff. *-fère*, qui porte.

1. **rotin** 1663, Herbert (*rottang*), genre de palmier, puis objet fabriqué avec cette plante; fin XVIIᵉ s. (*rotin*); du malais *rotan*.

2. **rotin** 1837, Vidocq, « sou », pop.; orig. obsc.

rôtir fin XIIᵉ s., Marie de France (*rostir*), du francique *raustjan*, all. *rösten*. ‖ **rôt** fin XIIᵉ s., *Alexandre* (*rost*). ‖ **rôti** 1398, *Ménagier*. ‖ **rôtie** XIIIᵉ s. (*rostie*). ‖ **rôtisseur** fin XIVᵉ s. ‖ **rôtisserie** XVᵉ s., *Repues franches*. ‖ **rôtissoire** milieu XVᵉ s. ‖ **rôtissage** 1870, L.

rotonde 1488, *Mer des hist.*, à propos de Sainte-Marie-la-Rotonde, le Panthéon de Rome; de l'ital. *rotonda*, fém. subst. de *rotondo*, rond; 1780, sens étendu.

rotondité 1314, Mondeville, du lat. *rotunditas*, rondeur.

rotor 1921, contraction du lat. *rotator*.

rotule fin XVᵉ s., du lat. *rotula*, dimin. de *rota*, roue. ‖ **rotulien** 1836, Landais.

*roture** XVᵉ s. (*routure*), du lat. *rŭptura*, « rupture », de *ruptus*, part. passé de *rumpere*, rompre; en lat. pop. « terre rompue, récemment défrichée », et par ext. « redevance due à un seigneur pour une terre à défricher », puis « terre soumise à redevance », et enfin « propriété non noble ». ‖ **roturier** début XIVᵉ s.

rouable s. m., 1827, *Acad.*, outil, du lat. *rutabulum*, spatule.

rouan adj., milieu XIVᵉ s., couleur; de l'esp. *roano*, du lat. *ravus*, gris foncé.

*rouanne** XIIIᵉ s., *Fabliau* (*roisne*), tarière; du lat. vulg. *rucina* (class. *runcina*, d'après *runcare*, sarcler), du gr. *rhukanê*, rabot. ‖ **rouanner** v. 1543, *Édit.* ‖ **rouannette** 1690, Furetière. (V. RAINURE.)

roubignole 1837, Vidocq (*robignolle*), boule de liège, puis testicule, pop.; orig. obscure.

roublard début XIXᵉ s., d'abord « richard; homme à roubles », puis « chevalier d'industrie extorquant des directeurs des jeux une somme qui lui permette de regagner son pays ». ‖ **roublarderie** milieu XIXᵉ s. ‖ **roublardise** 1881, Rigaud.

rouble 1606, du russe *ruble*.

roucouler 1495, *Mir. hist.* (*rouconner*); 1549, R. Est. (*roucouler*); orig. onom. ‖ **roucoulement** 1611, Cotgrave.

*roue** Xᵉ s. (*rode*, puis *ruode*, *ruee*); XIIIᵉ s., refait en *roe*, roue, d'après les dér. *rouet*, *rouer*, etc.; du lat. *rŏta*. ‖ **rouet** XIIIᵉ s., *Chev. au Cygne* (*roet*), petite roue. ‖ **rouage** v. 1268, É. Boileau, d'abord « ensemble de roues ». ‖ **rouelle** 1119, Ph. de Thaun (*ruele*), « petite roue », puis « tranche coupée en rond », du bas lat. *rotella*, dimin. de *rota*, roue. ‖ **rouer** v. 1450, infliger le

657

supplice de la roue; par ext. battre violemment. ‖ **roué** fin XVIIᵉ s., « très fatigué »; début XVIIIᵉ s., désigne les compagnons de débauche du Régent. ‖ **rouerie** fin XVIIIᵉ s.

rouf milieu XVIIIᵉ s., du néerl. *roef.*

rouflaquette 1881, Rigaud, mèche de cheveux; orig. obscure.

*rouge XIIᵉ s., *Macchabées* (*roge*), du lat. *rŭbeus*, « rougeâtre »; 1848, polit. ‖ **rougeâtre** milieu XIVᵉ s. ‖ **rougeaud** 1640, Gui Patin. ‖ **rougeur** 1130, *Eneas.* ‖ **rougir** 1160, Benoît. ‖ **rouget** XIIᵉ s., G., adj. dimin., de *rouge*; XIIIᵉ s., s. m., poisson. ‖ **rougeoyer** 1845, V. Hugo. ‖ **rouge-gorge** début XVIᵉ s., concurrencé jusqu'au XVIIᵉ s. par *gorge-rouge.* ‖ **rouge-queue** 1640, Delb. ‖ **rougeoiement** XXᵉ s. ‖ ***rougeole** XIVᵉ s. (*rougeule*); 1539, R. Est. (*rougeole*, refait sur *vérole*); du lat. pop. **rubeola*, fém. subst. de *rubeolus*, dimin. de *rubeus* (v. RUBÉOLE). ‖ **rougeoleux** XXᵉ s. ‖ **rouvieux** 1762, *Acad.*, gale du cheval, du norm. *rouvieu*, issu du masc. *rubeolus.* ‖ **infra-rouge** 1877, L.

*rouille 1265, J. de Meung (*ruile*), du lat. pop. **robīcŭla*, en lat. class. *robigo, -inis.* ‖ **rouiller** v. 1185. ‖ **rouillure** 1470, *Livre disc.* ‖ **dérouiller** fin XIIᵉ s.; XXᵉ s., pop. ‖ **dérouillement** XVIᵉ s. ‖ **dérouillage** 1932, *Acad.* ‖ **rubigineux** 1827, *Acad.*

rouir milieu XIVᵉ s. (*royr*), du francique **rotjan.* ‖ **rouissage** début XVIIIᵉ s.

rouleau V. RÔLE et ROULER.

rouler fin XIIᵉ s. (*roueller*), de *rouelle*, au sens de « roue ». ‖ **rouleau** 1328, agric. ‖ **roulette** 1119, Ph. de Thaun (*ruelette*). ‖ **roulant** fin XVᵉ s., O. de La Marche; 1883, « amusant », fam. ‖ **roulement** 1538, R. Est. ‖ **roulage** milieu XVIᵉ s. ‖ **roulade** 1622, Garasse. ‖ **roulée** 1836, Landais, correction. ‖ **rouleur** 1715, Tardif; 1796, appliqué aux bandits de la Beauce. ‖ **rouleuse** fin XVIIIᵉ s., femme de mauvaise vie. ‖ **roulier** 1549, R. Est. ‖ **roulis** 1160, Benoît (*roleïs*), action de rouler; 1671, Jal, marit. ‖ **roulotte** fin XVIIIᵉ s. ‖ **roulure** fin XVIIIᵉ s., femme de mauvaise vie. ‖ **dérouler** 1538, R. Est. ‖ **déroulement** 1752, *Trévoux.* ‖ **enrouler**

début XIVᵉ s. ‖ **enroulement** 1694, Th. Corn.

round 1816, Simond, boxe, de l'angl. *round*, « rond », par ext. « tour ».

1. **roupie** 1265, J. de Meung, « humeur du nez », orig. obsc.

2. **roupie** 1614, Du Jarric (*rupias*); port. *rupia*, empr. à l'hindî *rûpîya*, du sanskrit *rûpya*, argent.

roupiller fin XVIᵉ s., orig. obscure, probablem. onom. ‖ **roupilleur** 1740, *Acad.* ‖ **roupillon** fin XIXᵉ s.

rouquin fin XIXᵉ s., dér. arg. de *roux*.

rouscailler 1628, *Jargon*, « parler »; milieu XIXᵉ s., « protester »; de *rousser*, 1611, « gronder », et *cailler*, « bavarder » (*caillette*, femme bavarde).

rouspéter 1896, Delesalle, altér. du précéd., par *péter*. ‖ **rouspéteur** fin XIXᵉ s. ‖ **rouspétance** id.

rousse 1841, *les Français peints par eux-mêmes*, police, pop., fém. subst. de *roux*.

roussin 1080, *Roland* (*roncin*); XVIᵉ s. (*roussin*, par croisement avec *roux*); orig. obsc.; on met en doute une filiation du bas lat. *ruccinus*, de l'anc. haut all. *rukki*, « dos ».

rousti fin XVIIIᵉ s. (*roustir*), trompé, arg.; a pris le sens de « volé », puis, pop., de « perdu »; du prov. mod. *rousti*, rôti, grillé, du francique **raustjan* (v. RÔTIR). ‖ **roustissure** 1867, Delvau.

*route XIIIᵉ s., *Psautier*, « chemin percé dans une forêt »; du lat. pop. (*via*) *rupta*, voie rompue, frayée. ‖ **routier** 1474, Molinet, adj.; 1540, subst., livre de routes terrestres ou marines; XXᵉ s., conducteur de camion. ‖ **routine** 1559, Amyot, de *route* au fig., « chemin battu ». ‖ **routinier** 1761, J.-J. Rousseau. ‖ **router, routage** 1908, *L. M.* ‖ **dérouter** 1175, Chr. de Troyes, vén., « mettre les chiens hors de la route », d'où le sens mod.

1. **routier** V. ROUTE.

2. **routier** 1247, Mousket, « soldat faisant partie d'une bande », d'où, XVIᵉ s., « qui a de l'expérience »; de l'anc. fr. *route*, bande, troupe, fém. subst. de *rout*, rompu, du lat. *ruptus*,

part. passé de *rumpere*, rompre. ‖ **déroute** 1611, Cotgrave, de l'anc. fr. *dérouter*, disperser, de *route*, bande.

routine V. ROUTE.

rouverin 1676, Félibien; probablem. de l'anc. fr. *rovelent*, rougeâtre, du lat. *rubellus*, avec le suff. germ. *-ing*.

rouvieux V. ROUGE.

rouvre début xvᵉ s., chêne, du lat. pop. *robur*, *roboris*, neutre en lat. class.; nombreux dérivés dans les noms de lieux (*Rouvray*). ‖ **rouvraie** 1870, L.

roux xiiᵉ s., L. (*ros*, *rus*), du lat. *russus*. ‖ **roussâtre** 1401, Delb. ‖ **rousseau** fin xiiᵉ s. ‖ **rousselet** 1538, R. Est. ‖ **roussette** début xviᵉ s. (*roussette*); 1538, R. Est. (*roussette*); sorte de chien de mer; fém. de l'anc. fr. *rousset* ou de l'anc. fr. *roce*, allem. *roche*, raie (poisson). ‖ **rousseur** 1155, Wace (*russur*). ‖ **roussir** 1265, J. de Meung. ‖ **roussissement** 1866, *Journ. offic.*

rowing 1860, *Sport*, mot angl., déverbal de (*to*) *row*, ramer.

royal, royaliste V. ROI.

royalties xxᵉ s., mot angl.

royaume 1080, *Roland* (*reialme*); altér., par infl. de *royal* (v. ROI), de l'anc. fr. *reame*, *reiame*, *reemme*, du lat. *regimen*, *regĭminis*, « direction, gouvernement ».

ru 1272, Joinville, du lat. *rivus*.

ruban 1268, É. Boileau (en anc. fr. pop., *riban*); du moyen néerl. *ringhband*, « collier ». ‖ **rubanier** 1387. ‖ **rubanerie** fin xvᵉ s. ‖ **rubaner** 1611, Cotgrave. ‖ **enrubanné** début xviᵉ s. ‖ **enrubanner** 1779, Beaumarchais.

rubéfier 1413, de La Fontaine (*rubifier*), du lat. *rubefacere*, rendre rouge, sur de nombreux verbes en *-fier*. ‖ **rubéfaction** début xixᵉ s.

rubéole 1855, Nysten, du lat. *rubeus*, rouge, sur le modèle de *roséole*.

rubescent début xixᵉ s., du lat. *rubescens*, part. prés. de *rubescere*, devenir rouge.

rubiacée début xviiiᵉ s., du lat. *rubia*, garance, de *ruber*, rouge.

rubican adj., milieu xviᵉ s., équit.; altér., sous l'infl. de *rubicond*, de l'esp. *rabicano*, « à queue grise ».

rubicond 1398, *Somme Gautier*, du lat. *rubicondus*, de *ruber*, rouge.

rubigineux V. ROUILLE.

rubine 1812, Mozin, chim., du lat. *ruber*, rouge.

rubis xiiᵉ s., *Parthenopeus* (*rubi*); xviᵉ s. (*rubis*); forme du plur., étendue au sing.; du lat. médiév. *rubinus*, issu du lat. class. *rubeus*.

rubrique xiiiᵉ s., *Assises de Jérusalem* (*rubriche*), « titre en lettres rouges des missels », d'où, plus tard, « titre », et aussi « règles de la liturgie »; xviiᵉ - xviiiᵉ s., « pratique, ruse »; début xixᵉ s., dans la presse, « lieu d'origine d'une nouvelle »; puis sens mod.; du lat. *rubrica*, terre rouge, d'où « titre en rouge », de *ruber*, rouge.

ruche xiiiᵉ s. (*rusche*), du bas lat. *rusca* (ixᵉ s., *Gloses*), d'orig. gauloise, « écorce », par ext. abri d'abeilles (fait d'abord avec des écorces); 1818, étoffe gaufrée. ‖ **ruchée** 1559, Amyot. ‖ **rucher** s. m., 1600, O. de Serres. ‖ **rucher** verbe, 1836, Landais.

rude 1213, *Fet des Romains*, du lat. *rudis*, brut, grossier; a ce sens jusqu'au xviᵉ s.; v. 1360, Froissart, « dur ». ‖ **rudesse** fin xiiiᵉ s., Rutebeuf. ‖ **rudoyer** 1372, Corbichon. ‖ **rudoiement** 1580, Montaigne.

rudenté 1546, J. Martin, archit., du lat. *rudens*, *-entis*, câble. ‖ **rudenture** 1611, Cotgrave.

rudéral 1812, Mozin, bot., du lat. *rudus*, *ruderis*, décombres.

rudération 1640, Oudin, du bas lat. *ruderatio*, de *rudis*, gravats.

rudiment 1495, *Mir. historial*, du lat. *rudimentum*, commencement, apprentissage, de *rudis*, brut (v. RUDE). ‖ **rudimentaire** 1812, Mozin.

1. ***rue*** 1080, *Roland*, du lat. *ruga*, « ride », d'où, en lat. pop., « chemin », puis « voie bordée de maisons ». ‖ **ruelle** 1138; xvᵉ s., espace entre le lit et la muraille; xviiᵉ s., chambre à coucher où les dames de qualité recevaient.

2. ***rue*** xiiiᵉ s., plante, du lat. *rŭta*.

ruer 1130, *Eneas*, « lancer violemment », d'où, xiiiᵉ s., empl. de *se ruer*; 1398, E. Deschamps, intr., en parlant du cheval; du bas lat. *rutare* (VIIe s.), intensif du lat. class. *ruere*, pousser violemment. ‖ **ruade** XVe s., d'Authon. ‖ **ruée** XIIe s., Fierabras.

rufian, ruffian, rufien 1398, E. Deschamps (*rufien*); de l'ital. *ruffiano*, de *roffia*, moisissure, saleté, du germ. *hruf*, « escarre ».

rugby milieu XIXe s., de l'angl. *rugby*, du nom de *Rugby*, école d'Angleterre (comté de Warwick), où l'on modifia les règles du football. ‖ **rugbyman** XXe s.

rugine 1560, Paré, chirurgie, du bas lat. *rugina*, en lat. class. *runcina*. (V. ROUANNE.)

rugir 1120, *Ps. d'Oxford*, du lat. *rugire*; a éliminé la formation pop. *ruir*. ‖ **rugissement** 1539, R. Est.

rugosité V. RUGUEUX.

rugueux milieu XVe s., en parlant d'un pays dévasté; XVIe s., sens mod.; du lat. *rugosus*, « ridé », de *ruga*, ride (v. RUE 1). ‖ **rugosité** 1503, G. de Chauliac, d'après la forme lat. de l'adj.

ruine 1355, Bersuire, du lat. *ruina*, « écroulement », de *ruere*, pousser violemment (v. RUER). ‖ **ruiner** milieu XIIIe s. ‖ **ruineux** XIIe s., « qui cause la ruine »; 1495, J. de Vignay, « qui menace ruine », usuel jusqu'au XVIIe s.; du lat. *ruinosus*, même sens. ‖ **ruinure** 1691, Davelier. ‖ **ruiniforme** début XIXe s., Boiste.

*ruisseau 1130, *Eneas* (*ruisel*), du lat. pop. **rivuscellus*, dimin. de *rivus* (v. RU). ‖ **ruisselet** XIIe s., *Florimont*. ‖ **ruisseler** fin XIIe s. ‖ **ruissellement** début XVIIe s.; rare jusqu'au XIXe s. (av. 1872, Gautier).

ruisseler V. RUISSEAU.

rumb, rhumb 1483, *D. G.* (*ryn*), de l'angl. *rin*, « cercle extérieur d'une roue »; 1611, Cotgrave (*rumb*); var. du XVIIe s., *rum*, d'après l'angl. *rhumb*; du lat. *rhombus*, empr. au gr. *rhombos*. (V. ARRIMER.)

rumba 1932, Lar., de l'esp. des Antilles *rumba*.

rumeur 1080, *Roland* (*rimur*); XIIIe s. (*rumor*), « grand bruit », d'où « querelle, révolte »; XVIe s., sens mod., d'après le sens latin; du lat. *rumor, -oris*, « bruit, rumeur publique ».

ruminer 1350, Gilles li Muisis, au fig., du lat. *ruminare*; a éliminé, au propre, un empl. du verbe ronger (v. ce mot). ‖ **rumination** 1398, E. Deschamps. ‖ **ruminant** 1555, Belon, adj.; 1680, Richelet, subst.

rune fin XVIIe s., du norvégien *rune*, ou du suédois *runa*, issus de l'anc. scand. *rûnar*, caractères d'écriture secrets. ‖ **runique** 1762, *Acad.*

ruolz v. 1841, du nom du chimiste français *Ruolz* (1808 - 1887).

rupestre 1842, *Acad.*, du lat. *rupes*, rocher; a remplacé *rupestral* (1827, *Acad.*).

rupin 1628, *Jargon*, « gentilhomme », puis « riche », pop.; de l'arg. anc. *rupe*, « dame », 1596, var. *ripe*, du moy. fr. *ripe*, « gale », d'où « méchante femme », de *riper*, gratter (v. RIPER). ‖ **rupiner** XXe s., arg. scol.

rupture V. ROMPRE.

rural 1495, J. de Vignay, du bas lat. *ruralis*, de *rus, ruris*, campagne.

*ruser XIIe s., *Thèbes* (*reuser*), « faire reculer », « reculer », du lat. *recusare*, « refuser », et en lat. pop. « repousser »; XIIIe s., « tromper »; XIVe s., sens mod.; XVIe s., vén., « faire des détours pour mettre les chiens en défaut ». ‖ **ruse** 1360, *Modus*. ‖ **rusé** 1398, *Ménagier*.

rush 1878, *le Figaro*, sport, de l'angl. (*to*) *rush*, se précipiter; XXe s., ext. de sens.

rustaud V. RUSTRE.

rustine 1753, *Encycl.*, « face du creuset », de l'all. *Ruckstein*; 1922, Lar., sens actuel.

rustique 1495, J. de Vignay, du lat. *rusticus*, de *rus*, campagne. ‖ **rusticité** fin XIVe s., du lat. *rusticitas*.

rustre XIIe s. (*ruste, ruistre*), « brutal », d'où « vigoureux », du lat. *rusticus*; 1375, R. de Presles, sens mod., par calque du mot lat. ‖ **rustaud** début XVIe s., de la var. *ruste*, attestée jusqu'au XVIIe s. ‖ **rustauderie** 1611, Cotgrave.

*rut XIIe s. (*ruit*), « rugissement », d'où, en anc. fr., « tumulte »; XIIIe s., « bramement du cerf en rut »; et, par ext., sens mod.; du lat. *rugītus*, rugissement, de *rugire*, rugir.

rutabaga 1803, *D. G.*, du suédois *rotabaggar*, chou-navet.

rutacée 1615, L. Guyon, du lat. *ruta*. (V. RUE 2.)

ruthénium 1870, L., du lat. médiév. *Ruthenia*, nom de la Russie : c'est le chimiste russe Claus qui découvrit ce métal en 1844, dans l'Oural.

rutilant 1495, *Mir. hist.*, du lat. *ruti-*

lans, part. prés. de *rutilare*, être (ou rendre) rouge. ‖ **rutilance** 1870, L. ‖ **rutilation** 1875, Lar. ‖ **rutiler** 1516, G. Michel. ‖ **rutilement** xxᵉ s. (1960, Lar.).

rythme 1520, Fabri (*rithme*); *rhythme* jusqu'en 1878, *Acad.*; du lat. *rhythmus*, gr. *rhuthmos*. ‖ **rythmique** 1520, Fabri, du lat. *rhythmicus*, gr. *rhuthmikos*. ‖ **rythmé** av. 1854, Lamennais. ‖ **rythmer** 1877, Daudet. ‖ **arythmie** 1890, Lar.

S

sabayon 1803, Boiste (*sabaillon*); de l'ital. *zabaione*.

sabbat fin XIIᵉ s., *Rois*, jour de repos des juifs; au fig., réunion nocturne de sorciers; 1360, Froissart, « tapage »; du lat. eccl. *sabbatum*, empr. au gr. *sabbaton*, issu de l'hébreu *schabbat*, repos. ‖ **sabbatique** milieu XVIᵉ s. (V. SAMEDI.)

sabine bot., 1130 (*savine*), du lat. *savina* (*herba*), « herbe des Sabins ».

sabir 1852, *l'Algérien*, jargon de l'Afrique du Nord; 1919, Esnault, linguist.; altér. de l'esp. *saber*.

1. sable XVᵉ s., dér. de *sablon*, qu'il a éliminé au sens général; *sable mouvant*, 1578, d'Aubigné. ‖ **sabler** fin XVIᵉ s., « recouvrir d'une matière en poudre »; 1660, Oudin, « couler dans un moule de sable fin »; 1695, Le Roux, *Dict. comm.*, « boire d'un trait ». ‖ **sablé** 1870, L., gâteau. ‖ **sableur** 1757, *Encycl.* ‖ **sablage** 1876, Lar. ‖ **sableuse** 1907, Lar. ‖ **sableux** 1559, Alfonce. ‖ **sablier** 1640, Oudin. ‖ **sablière** fin XVIᵉ s., carrière de sable; milieu XVIᵉ s., pièce de charpente. ‖ **ensabler** 1537, de La Grise. ‖ **ensablement** 1673, Colbert. ‖ **désensabler** 1694, *Acad.* ‖ **désensablement** 1860, d'apr. Lar.

2. sable 1175, Chr. de Troyes, martre zibeline, et terme de blason, du polonais *sabol* (russe *sobol*), par l'intermédiaire du lat. méd. *sabellum*. (V. ZIBELINE.)

sablon début XIIᵉ s., *Thèbes*, au sens de « sable », en anc. fr.; du lat. *sabulo*, -*onis*; éliminé par *sable*, ne subsiste que dans les parlers régionaux, et notamment au sens de « terrain sablonneux », également dans les toponymes. ‖ **sablonneux** 1160, Benoît (*sablonos*). ‖ **sablonnière** XIIᵉ s., carrière de sable. ‖ **sablonner** 1387, Douet Arcq.

sabord début XVᵉ s.; de *bord*, et d'un premier élément obscur. ‖ **saborder** 1831, Willaumez. ‖ **sabordement** 1870, L. ‖ **sabordage** 1906, Lar.

sabot XIIᵉ s. (*çabot*), « chaussure » et « toupie », croisement de l'anc. fr. *bot*, masc. de *botte*, et de *savate*; 1835, *Acad.*, emploi péjor. ‖ **sabotier** début XVIᵉ s. ‖ **saboterie** 1878, Lar. ‖ **saboter** XIIIᵉ s., G., « heurter »; XVIᵉ-XVIIIᵉ s., « secouer »; 1838, *Acad.*, sens mod. ‖ **saboteur** 1836, Landais. ‖ **sabotage** 1842, *Acad.*, au sens propre; fin XIXᵉ s., Lar., fig.

sabouler début XIIᵉ s.; croisement de *saboter*, au sens de « secouer », et de *boule*. (V. CHAMBOULER.)

sabre début XVIIᵉ s. (*sable*); milieu XVIIᵉ s. (*sabre*); de l'allem. *Sabel*, var. de *Säbel*, empr. au magyar *szablya*. ‖ **sabrer** 1680, Richelet. ‖ **sabreur** 1790, Linguet. ‖ **sabrage** 1883, Huysmans.

sabretache 1752, Restaut, de l'allem. *Sabeltasche*, poche (*Tasche*) près du sabre (*Sabel*).

saburre 1538, R. Est., méd., du lat. *saburra*, lest. ‖ **saburral** 1770, Lepecq, méd.

1. *sac (*pour contenir des objets*) fin XIᵉ s., *Alexis* (au plur. *sas*); du lat. *saccus*, issu du gr. *sakhos*, lui-même empr. à un dial. préhellénique de Cilicie; 1941, arg., billet de mille francs. ‖ **sachée** 1360, Froissart. ‖ **sacherie** 1955, journ. ‖ **sachet** 1190, saint Bernard. ‖ **saccule** 1842, *Acad.*, bot. ‖ **sacculine** 1827, *Acad.*, bot. ‖ **ensacher** début XIIIᵉ s. ‖ **ensacheur** 1803, Boiste. ‖ **ensacheuse** 1930, Lar. ‖ **ensachement** fin XIXᵉ s., Lar. ‖ **ensachage** 1848, Larchevêque. ‖ **saquer** XIIᵉ s. (*sachier*); XIIIᵉ s. (*saquier*), au sens de « tirer violemment », jusqu'au XVIIIᵉ s., et aujourd'hui dans les parlers régionaux; XVIIIᵉ s., fam., « congédier » (terme de compagnonnage, d'après Cornaert); la forme normanno-picarde *saquier*, devenue *saquer* l'a emporté. (V. BESACE, BISSAC, RESSAC, SAC 2, SACCADE, SACOCHE.)

2. sac (*pillage d'une ville*), v. 1400, Boucicaut; de l'ital. *sacco*, abrév. de *saccomanno*, empr. à l'all. *Sakman*, comp. de *Sak*, sac (cf. le précéd.), et de *Man*, homme : on emportait les objets pillés dans des sacs. (V. SACCAGER.)

saccade 1534, Rab., équit.; 1764, Beaumarchais, fig.; dér. de l'anc. *saquer*, secouer, tirer (v. SAC 1). ‖ **saccader** 1532, Rab., équit., inus. en fr. mod., sauf au part. passé *saccadé*; sens moderne, 1774, *Lettre sur le drame* (en parlant d'un style).

saccager milieu XVᵉ s.; de l'ital. *saccheggiare*, dér. de *sacco*, pillage. (V. SAC 2.) ‖ **saccage** 1596, Hulsius. ‖ **saccageur** 1550, P. Doré.

saccharine 1564, Liébault, adj.; 1875, Lar., subst.; du lat. *saccharum*, sucre, du gr. *sakkharon*. ‖ De l'élément *sacchar* sont issus : **saccharate,** 1799, Loysel, *Essai sur l'art de la verrerie;* **saccharifère, saccharoïde,** 1827, *Acad.*

sacerdoce XVᵉ s., de Seyssel, d'abord ministère de ceux qui, dans l'Ancien Testament, offraient des victimes à Dieu; 1611, Cotgrave, prêtrise; du lat. *sacerdotium*, dér. de *sacerdos*, proprem. « qui remplit une fonction sacrée ». ‖ **sacerdotal** début XIVᵉ s.; du lat. *sacerdotalis.*

sachée, sachet V. SAC 1.

sachem fin XVIIIᵉ s., Chateaubriand; d'origine amérindienne.

sacoche 1606, *D. G.* (*sacosse*); 1611, Cotgrave (*sacoche*); de l'ital. *saccoccia*, dér. de *sacco*. (V. SAC 1.)

sacramentaire, -el V. SACREMENT.

1. sacre 1298, *Marco Polo*, oiseau de proie, de l'ar. *çaqr*. ‖ **sacret** 1564, J. Thierry, mâle de faucon.

2. sacre, sacré V. SACRER.

sacrement 1160, Benoît; du lat. eccl. *sacramentum*, rite chrétien donnant ou augmentant la grâce, en lat. class. « obligation, serment » (v. SERMENT). ‖

sacramentaire 1535, *Anc. Coutumes*, du lat. *sacramentarius.* ‖ **sacramentel** 1327, J. de Vignay; var. *-tal*, fin XIVᵉ s., adj.; 1907, Lar., subst.; du lat. *sacramentalis.*

sacrer 1138, Gaimar, « rendre sacré »; 1725, Grandval, Cartouche, « dire des jurons »; du lat. *sacrare*, de *sacer*, sacré. ‖ **sacre** 1175, Chr. de Troyes. ‖ **sacral** 1937, Maritain. ‖ **sacralisation** 1922, Lar. ‖ **sacré** XIIᵉ s., R. de Moiliens, eccl.; 1790, Brunot, « maudit »; 1788, Vadé, « fameux, extraordinaire ». Abrév. : *acré*, 1837, Vidocq; *cré*, 1866, Gavarni; *sapré*, XIXᵉ s.; *sacristi*, 1808, d'Hautel; *sapristi*, 1841, *les Français peints par eux-mêmes; sacrelotte*, 1808, d'Hautel; *saprelotte*, 1878, Larchey; *scrongneugnieu*, juron burlesque (de *sacré nom de Dieu*), XIXᵉ s. ‖ **sacrément** (prononc. *sacrement*), adv., XIXᵉ s. ‖ **sacripant** 1600, La Curne, fanfaron; XVIIᵉ s., Hamilton, vaurien; de l'ital. *Sacripante*, personnage de l'*Orlando innamorato* de Boiardo (v. RODOMONT). ‖ **sacrum** 1560, Paré, dernière vertèbre inférieure. ‖ **sacro-saint** 1546, Rab., sur le radical transformé de *sacré.* ‖ **sacristie** milieu XIIIᵉ s., s. m., pour *sacristain* (encore en 1898, Huysmans), du lat. *sacrista* (de *sacer*). ‖ **sacristie** milieu XIVᵉ s., du lat. médiév. *sacristia* (de *sacrista*). ‖ **sacristain** 1530, Amyot; a remplacé l'anc. *segretain*, 1190, Garn. ‖ **sacristine** 1671, Pomey, du lat. *sacristanus;* var. *sacristaine*, 1636, Monet.

sacrifier 1119, Ph. de Thaun; du lat. *sacrificare* (*sacer*, sacré, *facere*, faire); 1636, Monet, « renoncer à, abandonner ». ‖ **sacrifice** 1120, *Ps. d'Oxford*, du lat. *sacrificium.* ‖ **sacrificateur** fin XVᵉ s. ‖ **sacrificiel** milieu XXᵉ s.

sacrilège 1190, saint Bernard, « violation d'une chose sacrée »; 1283, Beaumanoir, « celui qui commet cet acte »; 1529, Granville, adj.; du lat. *sacrilegium*, vol d'objets sacrés; *sacrilegus*, voleur d'objets sacrés (de *sacer*).

sacripant, sacristie, sacrum V. SACRER.

sadique, sadisme 1836, Landais; du nom du marquis de *Sade* (1740-1814), à cause de l'érotisme cruel de ses romans (*Justine*, 1791; *Juliette*,

1798; etc.). ‖ **sadomasochisme** 1953, Lar.

1. **safran** bot., XIIᵉ s., *D. G.*, du lat. méd. *safranum*, empr. à l'ar. *za'farān*. ‖ **safrané** 1546, R. Est. ‖ **safraner** *id.* ‖ **safranier** 1578, d'Aubigné.

2. **safran** mar., pièce du gouvernail, 1382, *Fr. mod.* (*saffryn*) ; de l'esp. *azafrán*, d'orig. arabe.

safre XIIᵉ s., *Aiol*, minér., var. de *saphir* ; oxyde bleu de cobalt.

saga 1752, *Trévoux*, d'origine scandinave (cf. anglo-saxon *saëgen*, ce qu'on raconte) ; ancien récit scandinave.

sagace 1788, Féraud, du lat. *sagax*, proprem. « qui a l'odorat subtil ». ‖ **sagacité** milieu XVᵉ s., Molinet, du lat. *sagacitas*.

sagaie début XIVᵉ s. (*archegaie*) ; 1538, Véga (*zagaye*) ; 1546, Rab. (*azagaie*) ; 1827, *Acad.* (*sagaie*) ; de l'esp. *azagaia*, de l'ar. *az-zghāya* (d'orig. berbère), sorte de javelot.

***sage** 1080, *Roland* ; fin XIᵉ s., *Alexis* (*savie*) ; du lat. pop. *sapius (*nesapius*, imbécile, chez Pétrone), influencé dans son évolution sémantique par le lat. *sapiens*. ‖ **sagesse** v. 1265, J. de Meung. ‖ **sage-femme** XIVᵉ s., S. de Hesdin. ‖ **assagir** XIIIᵉ s. ‖ **assagissement** XXᵉ s.

sagette 1138, Gaimar (*saiete*) ; 1155, Wace (*saete*) ; XVᵉ s. (*sagette*) ; du lat. *sagitta*, flèche. ‖ **sagittal** XIVᵉ s., Lanfranc, anat. ; du lat. *sagittalis*. ‖ **sagitté** 1795, Lamarck, bot., du lat. *sagittatus*. ‖ **sagittaire** 1119, Ph. de Thaun, s. m., signe du zodiaque, du lat. *sagittarius*, archer (sens parfois repris en fr., milieu XVᵉ s., Molinet) ; 1776, Valmont de Bomare, s. f., nom de plante.

***sagne** milieu XIVᵉ s. (*seigne, saigne*) ; XVIIᵉ s. (*sagne*), terrain marécageux ; du lat. pop. *sania*, en lat. class. *sanies*, « sanie, fluide épais » ; pour d'autres, du gaulois *sagna, corresp. au lat. *stagnum*.

sagou 1521, *Pigaphetta* (*saghu*), fécule de diverses espèces de palmiers ; du port. *sagu*, empr. au malais *sâgû*. ‖ **sagoutier** fin XVIIIᵉ s.

sagouin 1537, J. Marot ; du port. *sagui*, empr. au tupi, langue indigène du Brésil.

sagum 1755, abbé Prévost, hist., mot lat. d'orig. gauloise ; manteau court fait d'une laine grossière.

saharien, -enne XIXᵉ s., dér. de *Sahara*. ‖ **saharienne** s. f., v. 1950, sorte de veste légère.

1. ***saie** 1275, *Berte*, fém., « étoffe», hist. ; du lat. pop. *sagia, pl. neutre dér. de *sagum*, d'orig. celtique (v. ci-dessus SAGUM), passé au fém. ; au masc., 1510, Brantôme, « manteau », hist., de l'esp. *sayo*, de *sagum*. ‖ **sayon** 1480, G. Alexis, hist. ou rég., même orig.

2. **saie** 1680, Richelet, petite brosse en soie de porc ; var. de *soie* (pron. pop. des XVIᵉ - XVIIᵉ s.).

***saigner** XIIᵉ s. (var. *seiner, seigner*) ; du lat. *sanguinare*, de *sanguis*, sang. ‖ **saignée** 1130, *Eneas*. ‖ **saigneur** XIIIᵉ s., *D. G.* ‖ **saigneux** 1539, R. Est. ‖ **saignement** 1680, Richelet.

***saillir** XIIᵉ s. (*salir*, puis *saillir*, par analogie avec *saillant, saillais*, où le *l* mouillé est régulier), sauter, s'élancer ; du lat. *salire*, « couvrir une femelle » (sens conservé dans le vocab. de l'élevage) ; début XVIIᵉ s., « faire saillie ». ‖ **saillant** adj., 1119, Ph. de Thaun ; subst., fin XVIIᵉ s. ‖ **saillie** 1202, Villehardouin, « attaque » ; XVIᵉ s., « mouvement de l'âme » ; 1289, arch., « saillie d'un mur » ; XVIIᵉ s., « trait d'esprit ».

***sain** XIIᵉ s., du lat. *sanus*. ‖ **sainbois** 1776, Bomare, bot. ‖ **assainir** 1774, Buffon, rendre sain. ‖ **assainissement** XVIIIᵉ s. ‖ **assainisseur** 1960, Lar. ‖ **malsain** XIVᵉ s. Delb.

saindoux XIIIᵉ s. (*saim dous*) ; de l'anc. fr. *saïm*, graisse (plus tard *sain*, conservé dans le vocab. de la vénerie), du lat. pop. *sagīmen, en lat. class. *sagina*, engraissement, embonpoint) et de l'adj. *doux*.

sainfoin V. FOIN.

***saint** Xᵉ s., du lat. *sanctus*, « vénéré », spécialement en lat. eccl. ‖ **sainteté** 1265, Br. Latini, réfection de *saintée*, 1120, *Ps. d'Oxford*, du lat. *sanctitas*. ‖ **toussaint** milieu XIIᵉ s., *Couronnement de Loïs* (*toz saints*, ellipse de « fête de tous les saints »). ‖ **saint-bernard** 1907, Lar. ‖ **saint-glinglin** XIXᵉ s., d'orig. obsc. ‖ **saint-honoré** gâteau inventé vers 1879 par un pâtissier nommé Chiboust, installé dans la rue *Saint-Honoré*, à Paris. ‖ **sainte-barbe** XVIIIᵉ s., mar.

saint-cyrien 1870, L., de *Saint-Cyr*.

saint-simonien 1830, Balzac, du nom de *Saint-Simon*, réformateur social mort en 1825. ‖ **saint-simonisme** 1838, Considérant.

***saisir** 1080, *Roland*, d'abord, droit féodal, « mettre en possession » et « prendre possession »; du lat. *sacire* (*Lois barbares*), où semblent s'être confondus les deux mots franciques, *sakjan, revendiquer, et *satjan, mettre, poser (all. *setzen*). ‖ **saisie** XIIᵉ s., « possession »; XVIᵉ s., sens mod. ‖ **saisie-arrêt** XIXᵉ s. ‖ **saisie-brandon** XIXᵉ s. ‖ **saisine** 1138, *Saint Gilles*. ‖ **saisissant** 1690, Furetière. ‖ **saisissable** 1764, Chambon. ‖ **saisissement** XIIIᵉ s., action de saisir; XVIIᵉ s., sens mod. ‖ **dessaisir** 1155, Wace. ‖ **dessaisissement** 1636, Monet. ‖ **insaisissable** 1750. ‖ **ressaisir** début XIIIᵉ s.

***saison** XIIᵉ s., du lat. *satio, -onis*, semailles, par ext. « saison des semailles », puis toute saison. ‖ **saisonnier** 1870, L. ‖ **arrière-saison** fin XVᵉ s., O. de La Marche. ‖ **morte-saison** v. 1400, *Chron. de Boucicaut*. ‖ **assaisonner** XIIIᵉ s., « cultiver dans une saison favorable » (encore usité au XIVᵉ s.); XVIᵉ s., « faire mûrir », et « préparer les aliments avec des condiments ». ‖ **assaisonnement** 1539, R. Est.

sajou 1776, Bomare, zool., terme indigène d'Amérique du Sud; petit singe.

saké, saki 1827, *Acad.* (*sakki*), boisson japonaise, mot japonais.

saki 1776, Bomare, mot d'une langue indigène du Brésil; singe.

salace 1555, Belon, du lat. *salax, -acis*, lubrique, de *salire* (v. SAILLIR). ‖ **salacité** 1546, Rab., du lat. *salacitas*.

1. salade 1335, Digulleville, mets; de l'ital. *insalata* (cf. le prov. *salada*), mets salé (v. SEL). ‖ **saladier** XVIᵉ s., fournisseur de légumes; 1611, Cotgrave, sens mod.

2. salade début XVᵉ s., hist., casque; de l'ital. *celata*, proprem. « pourvu d'une grande voûte » (cf. l'anc. fr. *ciel*, voûte); altér. de *cel-* en *sal-*, soit par l'attrac-

tion du précédent, soit par le passage du mot en provençal.

salage, salaison V. SALER.

salaire 1260, Girard d'Amiens, sens mod., du lat. *salarium*, de *sal*, sel, proprem. « argent pour acheter du sel », d'où « solde militaire », puis ext. de sens. ‖ **salarié, salarier** XVᵉ s., A. de La Sale; rare avant le XVIIIᵉ s. (1791, Mirabeau). ‖ **salariat** 1845, Besch. ‖ **salarial** 1953, Lar.

salamalec 1559, Postel; de l'ar. *salām 'alaïkh*, « paix sur toi » (formule de salut).

salamandre 1119, Ph. de Thaun; du lat. *salamandra*, empr. au grec; au XVIᵉ s., animal vivant dans le feu (Paracelse); d'où, au XIXᵉ s., nom d'une marque de poêles, puis nom d'un type de poêle (à combustion lente).

salami 1852, Gautier, de l'ital. *salami*, plur. de *salame*, proprem. « chose salée ».

salangane 1719, Gemelli (*salangan*); 1779, Buffon (*salangane*), zool.; empr. à la langue des Philippines; hirondelle des mers de Chine.

salaud V. SALE.

sale XIIIᵉ s., Adenet; de l'anc. haut allem. *salo*, trouble, terne. ‖ **salir** fin XIIᵉ s., R. de Moiliens. ‖ **salissant** 1694, *Acad.*, adj. ‖ **salissure** 1540, *Soties*. ‖ **saleté** début XVIᵉ s. ‖ **salaud** XIIIᵉ s., texte de Provins. ‖ **salauderie** *id.* ‖ **salope** 1611, Cotgrave, de *sale* et de *hoppe*, forme dial. de *huppe* (cf. le lorrain *sale comme une hoppe*); d'où le masc. *salop*, 1829, confondu avec *salaud*. ‖ **marie-salope** 1777, Lescalier, d'abord terme de marine. ‖ **saloperie** 1694, *Acad.* ‖ **salopette** 1834, Boiste, vêtement de travail. ‖ **salopiau** 1866, Delvau. ‖ **salopard** 1925, journ. ‖ **saloper** 1808, d'Hautel.

salep 1740, *Mém. Acad. des sciences*, de l'ar. *sahlap*; fécule.

saler 1155, Wace, dér. de *sel*; fin XVIᵉ s., « vendre trop cher ». ‖ **salaison** XVᵉ s. ‖ **salé** adj., XIIᵉ s.; 1578, d'Aubigné, fig. ‖ **salant** dans *marais salant*, début XVIᵉ s. ‖ **salage** 1281, G. ‖ **saleur** 1560, Paré. ‖ **saloir** milieu XIVᵉ s. ‖ **salure** milieu XIIIᵉ s. (*saleure*). ‖ **dessalé, dessaler** XIIIᵉ s., *Chron.*

665

d'Antioche; 1570, A. de Monluc, fig. ‖ **dessalement** 1764, d'après *Trévoux*, 1771. ‖ **dessalaison** 1845, Besch. ‖ **dessalage** 1865, Lar. ‖ **indessalable** 1870, Goncourt. ‖ **resaler** 1314, Mondeville.

salicacée 1930, Lar., du lat. *salix, -icis*, saule. (V. SAULE.) ‖ **salicaire** 1694, Tournefort, du lat. scient. *salicaria*. ‖ **salicarié, -ées** 1845, Besch. ‖ **salicine, salicinée** 1827, *Acad.* ‖ **salicyle** 1838, *Acad. des sciences.* ‖ **salicylique** 1838, *ibid.* ‖ **salicylate** 1855, Piria.

salicional 1823, Boiste (*-nat*), jeu de l'orgue; dér. du lat. *salix, salicis*, saule, flûtes faites avec l'écorce de saule.

salicoque 1554, Rondelet (*salecoque*); 1560, Gesner (*salicoque*); var. *saillicoque, saillecoque, sauticot*; « crevette »; mot de l'Ouest, peut-être comp. de l'anc. *salir*, sauter (v. SAILLIR), et de *coque*. (V. COQUE.)

salicorne 1564, J. Thierry (*salicor*); 1611, Cotgrave (*salicorne*); de l'anc. ar. *salcoran*, selon O. de Serres, avec attraction de *corne*.

salière, salifier V. SEL.

saligaud 1269, attesté à Liège comme surnom (injure à Liège en 1380); 1611, Cotgrave (*saligot*), adj.; milieu XVIIᵉ s. (*saligaud*); du francique *salik*, sale (de *salo*, V. SALE), avec le suff. péjor. *ot*, dans les parlers wallon et picard (nom de deux rois sarrasins dans deux chansons de geste picardes, en 1170 et 1220); senti à tort, en fr. mod., comme dér. de *sale*. ‖ **saligoter** fin XIXᵉ s.

salignon, salin, etc., **salir, salissure** V. SEL, SALE.

salique XVIᵉ s., du lat. méd. *salicus*, de *sala*, nom anc. de l'Yssel, dont les Francs Saliens étaient riverains.

salive fin XIIᵉ s., *Rois*; du lat. *saliva*. ‖ **saliver** 1611, Cotgrave, du bas lat. *salivare*. ‖ **salivation** v. 1560, Paré, du bas lat. *salivatio*. ‖ **salivaire** 1690, Furetière, du bas lat. *salivarius*.

salle 1080, *Roland* (*sale*); du francique **sal* (all. *Saal*), masc. devenu fém.; l'attraction de *halle* a conservé *a* et entraîné la graphie *ll*; *salle d'armes*, 1677, Miège; *salle d'attente*, milieu XIXᵉ s.; *salle à manger*, 1636, Monet; *salle de bains*, fin XVIIᵉ s.; *salle obscure*, 1917, *le Film*.

salmigondis 1552, Rab. (*salmigondin*); de *salemine* (1398, *Ménagier*), de *sel* et du suff. *-ain, -ine*, avec l'élargissement *-gondin, -gondis*; peut-être tiré du moy. fr. *condir*, assaisonner (v. CONDIMENT). ‖ **salmis** 1718, *Acad.*, par abrév.

salmonellose, salmoniculture, salmonidés V. SAUMON.

saloir V. SALER.

salon 1664, Loret, de l'ital. *salone*, augmentatif de *sala*, salle, du franc. **sal* (V. SALLE); v. 1725, galerie d'exposition artistique (date à partir de laquelle ont lieu, au *Salon carré* du Louvre, des expositions régulières); 1768, Diderot, compte rendu d'une exposition artistique; 1883, Havard, ameublement; *salon de thé*, 1923, Lar. ‖ **salonnier** subst., 1870, L. ‖ **salonnard** fin XIXᵉ s.

salopard, salope, saloper, saloperie, salopette V. SALE.

salpêtre milieu XIVᵉ s.; du lat. médiév. *salpetrae*, sel de pierre. ‖ **salpêtré** 1583, G. de Saluste. ‖ **salpêtrer** 1762, *Acad.* ‖ **salpêtreux** milieu XVIᵉ s. ‖ **salpêtrier** 1482, Bartzsch. ‖ **salpêtrière** s. f., 1660, Oudin. ‖ **salpêtrage** 1838, *Acad.* ‖ **salpêtrisation** 1845, Besch.

salpicon 1712, Massialot; mot esp., de *sal*, sel; mets formé d'un mélange de viandes, de champignons, etc.

salpingite 1890, Lar., méd., du lat. *salpinx, -ingis*, « trompette », empr. au gr. ‖ **salpingique** v. 1900, Lar. ‖ **salpingotomie** 1890, Lar.

salsepareille fin XVIᵉ s. (*salseparille*); 1670, Ménage (*sarzepareille*); de l'esp. *zarzaparilla*, de *zarza*, ronce, issu de l'ar. *scharaç*, et *parilla*, dimin. de *parra*, treille, d'orig. prélatine, avec attraction de l'adj. *pareille*.

salsifis 1600, O. de Serres (*sercifi*); var. *salsefie, sassifique, sassify*, etc.; de l'ital. *salsifica* (s.-e. *erba*, herbe), auj. *sassefrica*; orig. obscure.

saltarelle 1752, Lacombe, danse romaine; de l'ital. *saltarella*, de *saltare*, sauter.

saltation 1360, Oresme, hist.; XXᵉ s., géogr.; du lat. *saltatio*, action de sauter (lat. *saltare*).

saltimbanque 1560, Pasquier; de l'ital. *saltimbanco* (proprem. « saute en banc » : le banc étant l'estrade).

salubre 1495, J. de Vignay, du lat. *salubris*, de *salus*, santé. ‖ **salubrité** 1488, *Mer des hist.*, du lat. *salubritas*. ‖ **insalubre** 1528, Desdier, du lat. *insalubris*. ‖ **insalubrité** XVIᵉ s., Guy Coquille.

saluer V. SALUT.

*salut** Xᵉ s., *Valenciennes* (*salu*); XIIIᵉ s. (*salut*); du lat. *salus, -utis*, s. f., « santé », et par ext. « sauvegarde », puis « salutation »; déjà masc. en 1080 dans *Roland*, au sens de *salutation* (senti comme déverbal de *saluer*); fém. jusqu'au XIIIᵉ s., au sens de « sauvegarde » et de « salut éternel ». ‖ **salutaire** 1495, J. de Vignay, du lat. *salutaris*. ‖ *saluer** 1080, *Roland*, du lat. *salutare*, proprement « souhaiter la santé » (*salus*). ‖ **salutation** 1327, J. de Vignay, du lat. *salutatio*, sur *salutare*.

salvatelle, salvatrice V. SAUVER.

1. salve 1578, H. Est., artill.; du lat. *salve*, formule de salutation. Les salves étaient tirées en l'honneur de quelqu'un, ou pour saluer un grand événement. Le mot est masc. chez d'Aubigné.

2. salve 1694, *Acad.*; mot lat., pron. -é, premier mot d'une antienne devenu apostrophe de salutation.

salvia V. SAUGE.

samare 1798, Ventenat; du lat. *samarum*, semence d'orme.

samba 1948, Lar., empr. au brésilien.

samedi 1119, Ph. de Thaun (*samadi*); var. *sambedi, sambadi, semedi*, en anc. fr.; du lat. pop. *sambati dies*, jour du sabbat, de *sambatum*, var. d'orig. gr. de *sabbatum* (v. SABBAT), venue de la région balkanique par le Danube et le Rhin au cours d'une première christianisation.

samovar milieu XIXᵉ s., mot russe désignant une bouilloire.

sampan ou **sampang** 1540, Balarin (*ciampane*); 1842, Mozin (*siampan*); 1876, L. (*sampan*); mot chinois et malais désignant un navire de transport.

sanatorium 1890, Lar.; du bas lat. *sanatorius*, « propre à guérir », de *sanare*, guérir, de *sanus*, sain. ‖ **sana** XXᵉ s., abrév.

san-benito ou **sambenito** 1578, d'Aubigné (*santbéni*, forme francisée); XVIIᵉ s. (*sac béni*, par attraction paronymique); 1675 (*san-benito*), « scapulaire »; de l'esp. *sambenito*, du nom de *san Benito*, saint Benoît.

sanctifier XIIᵉ s. (*saintefier*); 1398, E. Deschamps (*sainctifier*); fin XVᵉ s. (*sanctifier*); du lat. *sanctificare*, de *sanctus* et *facere* (v. SAINT). ‖ **sanctification** 1120, *Ps. d'Oxford* (*saintification*); début XIVᵉ s. (*sanctificassion*); du lat. *sanctificatio*. ‖ **sanctificateur** 1561, Calvin; a remplacé l'anc. fr. *saintefierres, saintefieur*, fin XIIIᵉ s., Joinville; du lat. *sanctificator*.

sanction XIVᵉ s., précepte relig.; 1762, *Acad.*, approbation, au sens gén.; 1765, *Encycl.*, récompense ou peine prévue; du lat. *sanctio*, de *sancire*, prescrire. ‖ **sanctionner** 1777, *Courrier de l'Europe*, confirmer; fin XIXᵉ s., punir.

sanctuaire 1120, *Ps. d'Oxford* (*saintuaire*); 1560, trad. de la Bible (*sanctuaire*); du lat. eccl. *sanctuarium*, de *sanctus*, saint.

sanctus milieu XIIIᵉ s., eccl., mot lat., premier mot de ce cantique.

sandal V. SANTAL.

sandale fin XIIᵉ s., d'abord « chaussure de religieux », puis empl. général; du lat. *sandalium*, empr. au gr. *sandalion*. ‖ **sandalette** début XXᵉ s.

sandaraque milieu XVIᵉ s., du lat. *sandaraca*, « réalgar », du gr. *sandarakhê*, mot oriental; résine utilisée pour la fabrication du vernis.

sandix ou **sandyx** 1516, G. Michel, mot lat.

sandjak 1540, J. Boemus (*saniaque*); 1762, *Acad.* (*sangiac*); mot turc, « administration de province ».

sandow XXᵉ s., techn.; nom déposé angl. désignant un extenseur.

sandwich 13 pluviôse an X, *Moniteur*, mot angl., du nom de John Montagu, comte de *Sandwich* (1718-1792), pour qui son cuisinier inventa ce mets, qu'il lui apportait à la table de jeu. ‖ **homme-sandwich** XXᵉ s. (auparavant *sandwich* en ce sens [1876, J. Vallès], mot angl.).

*sang 980, *Passion*; 1080, *Roland* (var. orth. anc. *sanc*), du lat. *sanguis*; 1440, Chastellain, parenté, extraction; *se faire du bon sang*, début XVIIIe s.; *du mauvais sang*, 1752, *Trévoux*; *se ronger les sangs*, 1875, Lar., pop. ‖ **sang-de-dragon** XIIIe s., *Simples Méd.*; 1694, Th. Corn. (*sang-dragon*). ‖ **sang-mêlé** fin XVIIIe s., ethnol. ‖ **sang-froid** 1478, *le Jouvencel* (*froit sang*); milieu XVIe s. (*sang-froid*). (V. PALSAMBLEU, SAIGNER, SANGLANT, SANGSUE, SANGUIN, etc.)

*sanglant 1080, *Roland* (var. *sanglent*), du bas lat. *sanguilentus*, altér. du lat. class. *sanguinolentus*. ‖ **ensanglanter** 1080, *Roland* (*ensanglentet*, part. passé); milieu XIIe s., *Couronn. de Loïs* (*ensanglenter*).

*sangle 1080, *Roland* (*cengle*), du lat. *cǐngula*, de *cǐngěre*, ceindre. ‖ **sangler** 1160, Benoît (*cengler*). ‖ **sanglon** XVe s., É. de Médicis, peu us. ‖ **sanglade** v. 1535, Rab. (V. CINGLER 2.)

*sanglier v. 1160; *Charroi* (*sengler*); fin XIIIe s. (*sanglier*, par changem. de suff.); du lat. pop. *singularis* (*porcus*), proprem. « (porc) solitaire ».

*sanglot 1175, Chr. de Troyes (*senglout*, *sanglout*); v. 1560, Paré (*sanglot*), d'après *sangloter* (v. ci-après); du lat. pop. **singluttus*, altér., par croisement avec **gluttus*, « gosier », et *glut-tūre*, « avaler », du lat. class. *singultus*. ‖ ***sangloter** *id.* (*senglouter*, *sanglouter*); 1550, Ronsard (*sanglotter*, d'après les nombreux v. en -*otter*); du lat. pop. **singluttāre*, altér., d'après **gluttus*, *gluttūre*, du lat. class. *singultare*.

*sangsue fin XIIe s., *Vie d'Edouard le Confesseur* (var. *sansue*, en anc. fr.); milieu XVIe s., fig.; du lat. *sanguisuga* (Ier s.), Pline), « suce-sang », de *sanguis* (V. SANG) et de *sūgere*, sucer.

sanguin 1138, Gaimar, « sanglant »; début XIIe s., « couleur de sang »; 1265, Br. Latini, « de tempérament sanguin »; fin XIVe s., « qui a rapport au sang »; du lat. *sanguineus*, de *sanguis*, sang. ‖ **sanguine** 1562, Du Pinet, s. f., minér., de *pierre sanguine*, XIIIe s.; 1564, J. Thierry, pierre précieuse; 1767, Diderot, beaux-arts; 1836, Landais, variété de fruit (poire, orange). ‖ **consanguin** XIIIe s., de Gauchi, du lat. *consanguineus*. ‖ **consanguinité** 1277, G., du lat.

consanguinitas. ‖ **sanguinaire** 1503, G. de Chauliac, « composé de sang »; début XVIe s., sens mod.; du lat. *sanguinarius.* ‖ **sanguinolent** XIVe s., du lat. *sanguinolentus.* ‖ **sanguinole** fin XVIIe s., bot. ‖ **exsangue** XVe s., du lat. *exsanguis*, privé de sang.

sanguisorba 1549, Fousch, bot., du lat. *sanguis*, sang; pimprenelle.

sanhédrin 1573, Paradrin (*senedrin*), appliqué à un livre; milieu XVIIe s., Bossuet; mot biblique (Matthieu, v. 22), de l'araméen *sanhedrîn*, issu lui-même du gr. *sunedrion*, « assemblée ».

sanicle ou **sanicula** XIIe s. (*sanicle*); 1875, Lar. (*sanicule*), bot.; du bas lat. bot. **sanīcula*, de *sanus*, sain.

sanie 1503, G. de Chauliac, du lat. *sanies.* ‖ **sanieux** 1314, Mondeville, du lat. *saniosus.* (V. ESSANGER, SAGNE.)

sanitaire 1801, Mercier, du lat. *sanitas*, santé.

*sans 1080, *Roland* (*seinz*); XIIe s. (*senz*, *sens*); du lat. *sǐne*, avec *s* adverbial, et probablem. croisement avec *absentiā*, ablatif lat. empl. comme adv., « en l'absence de, sans ». Le *z* de l'anc. fr. est dû à *enz*, du lat. *intus* (v. DANS). ‖ **sans-cœur** 1823, Boiste. ‖ **sans-culotte** 11 décembre 1792, *Journ. des débats* (v. CUL). ‖ **sans-culottide** 1793, calendrier républicain. ‖ **sans-façon** 1817, Stendhal. ‖ **sans-fil** v. 1925, journ., de *téléphonie sans fil.* ‖ **sans-filiste** 1929, *Congrès de radiodiffusion.* ‖ **sans-gêne** 1778, *Arrêt du parl.* ‖ **sans-logis, sans-le-sou** XXe s.

sansonnet 1480, *Mistère de saint Quentin*, du nom propre *Sansonnet*, dimin. de *Sanson*, autre forme de *Samson.* (V. des dénom. semblables à MARTIN-CHASSEUR, PIERROT, etc.)

santal 1256, Ald. de Sienne (*sandal*); 1314, Mondeville (*sandalle*); var. anc. fr. *sandle*, *sandre*; milieu XVIe s. (*santal*); les formes anc. viennent du lat. médiév. *sandalum*, de l'ar. *sandal*, mot d'orig. indienne; la forme mod. vient du gr. *santalon*, même étym. ‖ **santalier** 1854, Bérard.

*santé fin XIe s., *Alexis* (*santet*); 1175, Chr. de Troyes (*santé*); du lat. *sānitas*, *-tātis*, de *sānus*, sain.

santon 1624, Deshayes, petit saint; fin XIXe s., figurine de crèche, du prov. mod. *santoun*, proprem. « petit saint », du lat. *sanctus*.

santonine XIVe s., *Antidotaire Nicolas* (*centonique*) ; 1546, Rab. (*santonique*) ; 1562, Du Pinet (*santoline*) ; 1732, Richelet (*santonine*). Les formes anc. sont issues du lat. *santonica* (*herba*), « herbe de Saintonge », du nom des *Santones*, peuple gaulois qui habitait cette région. *Santoline* et *santonine* attestent un changem. de suff., peut-être dû à l'influence de *barbotine*, nom d'une autre herbe vermifuge.

*****sanve** XIIe s. (*seneve*), « sénevé sauvage » ; du lat. *sĭnāpi*, moutarde, mot gr., avec accent conservé sur la prem. syll., malgré la quantité longue de la seconde. (V. BEURRE, ENCRE.) ‖ **sénevé** XIIIe s., de l'anc. forme *seneve*.

sapajou av. 1601, L'Estoile, empr. au tupi, langue indigène du Brésil; petit singe.

*****sape** fin XVe s., sorte de hoyau, mot méridional, du bas lat. *sappa* (VIIe s., Isid. de Séville). ‖ **saper** 1547, d'après *Romanische Forschungen*, « travailler avec le pic à détruire les fondements d'un édifice », de l'ital. *zappare*, de *zappa*, hoyau, de même étym. que *sape* ci-dessus. ‖ **sape** milieu XVIe s., milit., déverbal de *saper*. ‖ **sapement** 1550, G. Du Bellay. ‖ **sapeur** 1547, trad. de Vitruve. ‖ **sapeur-pompier** 1825, Couturier.

sapèque 1876, *Rev. des Deux Mondes*, mot d'Extrême-Orient; pièce de monnaie de faible valeur.

saphène 1314, Mondeville, anat., de l'ar. *safin*, probablem. issu du gr. *saphénês*, transparent.

saphique 1373, J. Le Fèvre, métr. anc.; 1842, *Acad.*, relatif à Sapho, œuvres et mœurs; du lat. *sapphicus*, du gr. *sapphikos*, du nom de la poétesse de Lesbos *Sapho* (VIe s. av. J.-C.). ‖ **saphisme** 1838, *Acad.*, pathol.

saphir 1119, Ph. de Thaun (*saphire*), du bas lat. *saphirus*, gr. *sappheiros*, d'orig. sémitique.

sapide XVIe s., du lat. *sapidus*, savoureux, de *sapere* (v. SAVOIR, INSIPIDE). ‖ **sapidité** 1762, Valmont.

sapience 1120, *Ps. de Cambridge*, « sagesse de Dieu » ; auj. arch. ou plaisant; du lat. *sapientia*, sagesse (v. SAGE). ‖ **sapientiaux** fin XIVe s. (*livres sapiencialz*), eccl.

*****sapin** début XIIe s., du lat. *sappīnus*, probablem. croisement d'un gaulois *sappus* et du lat. *pīnus*, pin (v. l'anc. fr. *sap*, encore auj. dans les patois). Du XVIIIe s. (1781, Mercier, *Tableau*) au début du XXe s., empl. pop., « fiacre ». ‖ **sapine** fin XIIIe s., bateau de rivière; XVe s., baquet en bois. ‖ **sapinette** 1505, Gonneville, épicéa. ‖ **sapinière** 1632, Sagard, bois de sapins.

saponaire 1562, Du Pinet, du lat. bot. mod. *saponaria*, du lat. *sapo*, *saponis*, savon. ‖ **saponacé** 1793, Lavoisien. ‖ **saponine** 1836, Landais.

saponifier 1799, *Ann. de chim.*, du lat. *sapo*, *saponis*, savon, d'après les v. en *-fier*. ‖ **saponification** fin XVIIIe s. ‖ **saponifiable** 1845, Besch.

sapote 1598, Acosta (*çapote*) ; 1666, Thévenot, bot.; de l'esp. *zapote*, de l'aztèque *tzapotl*. ‖ **sapotille** 1719, König, de l'esp. *zapotillo*, dimin. de *zapote*. ‖ **sapotier, sapotillier** 1771, *Trévoux*. ‖ **sapotacées** 1836, Landais (*sapotées*) ; 1870, L. (*sapotacées*), bot.

sapristi V. SACRER.

saprophage 1827, *Acad.*, du gr. *sapros*, pourri, et *phageîn*, manger. ‖ **saprophyte** 1875, J.-E. Planchon, du gr. *phuton*, plante.

saquebute XIIIe s. (var. *saqueboute*), de *saquer* (v. SAC 1) et *buter* ou *bouter*; lance armée d'un fer pour désarçonner des cavaliers.

saquer V. SAC 1.

sarabande 1605, Gontaut-Biron (*sarabante*), danse lente à trois temps; fin XIXe s., fam., « ribambelle », par anal. de forme et à cause de la syllabation expressive du mot; de l'esp. *zarabanda*, danse lascive accompagnée de castagnettes, d'où « vacarme »; empr. à l'arabo-persan *serbend*, sorte de danse.

sarbacane 1530, Palsgrave, altér., d'après *canne*, de *sarbatane*, début XVIe s. (*sarbatenne*; encore *sarbatane*, 1798, *Acad.*) ; de l'esp. *zerbatana*, empr. à l'ar. *zarbatāna*, d'un mot malais, *sĕmpitan* (par l'intermédiaire du persan).

sarcasme 1552, Rab., du bas lat. *sarcasmus*, gr. *sarkasmos*, de *sarkazeîn*, arracher la chair, et au fig. déchirer par des railleries, de *sarx, sarkos*, chair (v. SARCOME). ‖ **sarcastique** fin XVIIIᵉ s., Mᵐᵉ de Staël, du gr. *sarkastikos*, ou de *sarcasme*, avec le suff. *-ique*, et *-t-* d'après *enthousiaste* (sur *enthousiasme*).

*****sarcelle** XIIIᵉ s., *Gui de Bourgogne* (*cercelle*); XVIᵉ s. (*sarcelle*); du lat. pop. *cercĕdŭla*, lat. class. *querquedula*, empr. au gr. *kerkithalis*.

*****sarcler** fin XIIIᵉ s., du lat. *sarcŭlāre*, de *sarcŭlum*, houe légère. ‖ **sarclage** XIVᵉ s. ‖ **sarcleur** XIIIᵉ s. ‖ **sarcloir** 1495, J. de Vignay. ‖ **sarclet** fin XIVᵉ s. ‖ **sarclette** milieu XIXᵉ s. ‖ **sarclure** 1562, Du Pinet.

sarco- du gr. *sarx, sarkos*, chair. ‖ **sarcoderme** 1817, Gérardin. ‖ **sarcoïde** 1842, *Acad.* ‖ **sarcoplasme** XXᵉ s. ‖ **sarcopte** 1836, Landais, du gr. *kopteîn*, couper.

sarcome 1560, Paré (*sarcoma*); 1660, Fernel (*sarcome*); du bas lat. *sarcoma*, gr. *sarkôma*, de *sarx, sarkos* (v. les précéd.). ‖ **sarcomateux** 1803, Boiste.

sarcophage 1495, *Mir. historial.*; rare avant 1752, *Trévoux*; du lat. *sarcophagus*, gr. *sarkophagos*, de *sarx, sarkos* (v. les précéd.) et de *phageîn*, manger. (V. CERCUEIL.)

*****sardine** XIIIᵉ s., du lat. *sardīna*, de *Sarda*, proprem. « (poisson) de Sardaigne ». ‖ **sardinier** 1765, *Encycl.*, s. m., « filet à sardines », et, adj., « relatif à la sardine »; 1907, Lar., s. m., bateau pour la pêche de la sardine. ‖ **sardinerie** 1870, L.

sardoine début XIIᵉ s., Marbode, du lat. *sardonyx*, mot gr., proprem. « onyx de Sardaigne ».

sardonique 1558, J. Du Bellay (*ris sardonien*); 1560, Paré (*ris sardonic*), méd.; 1762, *Acad.* (*rire sardonique*); du lat. *sardonicus risus*, calque du gr. *sardonios gelôs*, désignant un rire involontaire provoqué par la *sardonia*, renoncule de Sardaigne.

sargasse 1598, Lodewijcksz, du port. *sargaço*, variété de ciste, et, par ressemblance, algue marine; du lat. *salix, salicis*, saule.

sarigue 1578, de Léry (*sarigoy*), mot de la langue tupi (Brésil), venu par le port. *sariguê*.

sarment début XIIᵉ s., du lat. *sarmentum*. ‖ **sarmenteux** 1559, trad. de Dioscoride, d'après le lat. *sarmentosus*.

sarrasin XIIIᵉ s., *Medicinaire* (*-sien*); 1585, N. Du Fail (*sarrazin*); ellipse de *blé sarrasin*, empl. fig. (à cause de sa couleur noire) de *Sarrasin*, qui désigne en anc. fr. les Arabes, les Turcs, etc.; du bas lat. *sarracenus*, nom d'une peuplade d'Arabie, lui-même issu de l'ar. *charqīyīn*, pl. de *charkī*, « oriental » (v. BLÉ). ‖ **sarrasine** s. f., XVIᵉ s., fortif. ‖ **sarracénie** 1842, *Acad.* ‖ **sarracénique** 1836, Landais, pharm.; 1842, *Acad.*, beaux-arts.

sarrau début XIIᵉ s. (*sarroc*); fin XIIIᵉ s. (*sarrot*); 1732, *Trévoux* (*sarrau*); du moy. haut all. *sarrok*, vêtement militaire.

sarrette 1669, d'après L., var. *serrette*, bot., du lat. *serra*, scie.

sarriette 1398, *Ménagier*, bot., de l'anc. fr. *sarriee*, XIIIᵉ s., du lat. *satureïa*.

1. *****sas** XIIIᵉ s. (*saas*, var. *seas*), tissu de crin ou de soie, du bas lat. *sētācium*, de *sēta*, « soie de porc, crin » (v. SOIE). ‖ **sasser** fin XIIᵉ s. ‖ **sassement** 1611, Cotgrave. ‖ **sasset** 1398, E. Deschamps. ‖ **ressasser** 1549, R. Est. ‖ **ressasseur** 1764, Voltaire.

2. **sas** XVIᵉ s., chambre en maçonnerie d'une écluse, probablem. empl. fig. du précédent.

sassafras fin XVIᵉ s., bot., de l'esp. *sasafras*, mot d'Amérique du Sud.

satané 1823, Boiste, de *Satan*, nom de l'Esprit du Mal dans la Bible, en hébreu *Satan*, d'où le gr. et le lat. ‖ **satanique** fin XVᵉ s., J. Lemaire de Belges, rare avant le XVIIIᵉ s. ‖ **satanisme** fin XIXᵉ s., Lar.

satellite milieu XIIIᵉ s.; XVᵉ s., « homme aux gages d'un despote »; 1665, Graindorge, astron.; *satellite artificiel*, 1930; du lat. *satelles, satellitis*, proprem. « garde du corps », par ext. « acolyte », et déjà empl. comme terme d'astron. ‖ **satelliser** v. 1957.

satiété 1120, *Ps. d'Oxford* (*sazieted*); 1530, Lefèvre d'Étaples (*satiété*); du lat. *satietas*, de même rac. que *satis*, assez;

jusqu'à satiété, milieu XVIII° s. || **insatiable** XIII° s., Aimé, du lat. *insatiabilis*, de *satiare*, rassasier. || **insatiabilité** 1546, Rab.

satin XIV° s., Caffiaux (var. *zatanin*, *satanin* au XIV° s.) ; de l'ar. *zaytoŭni* (par l'intermèd. de l'esp. *aceituni*, avec infl. de l'ital. *setino*, lui aussi de l'ar., avec une altér. d'après *seta*, soie), de *Zaytūn*, nom ar. de *Tsia-Toung*, ville chinoise où se fabriquait cette étoffe. || **satiné** début XVII° s. || **satinade** 1718, *Acad.* || **satinage** 1817, Crapelet. || **satineur** 1842, *Acad.* || **satinette** 1842, *Acad.* (*satinet*) ; fin XIX° s., Lar. (*satinette*).

satire 1355, Bersuire, littér. romaine ; 1549, R. Est., ouvrage satirique en vers ; fin XVI° s., Régnier, ext. d'empl. ; du lat. *satira*, « mélange de vers et de prose », var. *satyra* (d'où parfois, du XVI° au XVIII° s., l'orth. *satyre*). || **satirique** fin XIV° s. || **satiriser** 1544, M. Scève. || **satiriste** 1683, Spanheim.

satisfaire début XIII° s., « payer, rémunérer », et « réparer (un dommage) » ; XIV° s., « s'acquitter de ce qui est attendu » ; 1644, Corneille, « plaire » ; du lat. *satisfacere*, surtout jurid. || **satisfait** XV° s., *Miracles de N.-D.*, « absous » ; 1580, Montaigne, « content ». || **insatisfait** début XVI° s., rare avant 1838, *Acad.* || **satisfaisant** milieu XVII° s., Colbert. || **satisfaction** 1155, Wace, même évol. de sens que le verbe ; du lat. *satisfactio*, surtout jurid. || **insatisfaction** 1600, Fr. de Sales. || **satisfecit** 1845, Besch., terme scolaire, mot lat. (3° pers. sing. du parfait de *satisfacere*), proprem. « il a satisfait ». (V. ACCESSIT.)

satrape 1265, Br. Latini, hist. perse ; fin XIV° s., fig. ; du lat. *satrapes*, gr. *satrapês*, d'orig. perse. || **satrapie** fin XV° s., de Seyssel, du lat. *satrapia*, mot gr. || **satrapique** 1842, *Acad.*

saturer début XIV° s., « rassasier » ; 1762, *Acad.*, chim. ; lat. *saturare*, rassasier, de *satur*, rassasié. || **saturation** 1513, *l'Estoille du monde*, « satiété » ; 1748, *Acad. des sc.*, chim. ; bas lat. *saturatio*. || **saturable** 1836, Landais. || **insaturable** 1803, Boiste. || **saturabilité** début XIX° s. || **saturant** 1765, *Encycl.* || **saturateur** 1857, *Bull. Soc.*

Encouragement. || **sursaturé** 1787, Guyton de Morveau. || **sursaturation** 1872, L.

saturnales 1355, Bersuire (*saturneles*) ; 1564, J. Thierry (*saturnales*), myth. rom. ; 1666, Patin, fig. ; du lat. *saturnalia*, « fêtes (licencieuses) en l'honneur de Saturne ».

saturnie 1842, *Acad.*, entom., du lat. *Saturnus*, Saturne ; paon de nuit.

saturnien fin XIV° s., « qui a rapport à Saturne » ; 1560, Ronsard, « enclin à la mélancolie » ; du lat. *Saturnius*, de *Saturnus*, Saturne (selon les astrologues, les êtres nés sous le signe de la planète Saturne étaient disposés à la tristesse) ; *période saturnienne*, 1842, *Acad.*, géol.

saturnin fin XIV° s., E. de Conty, « mélancolique » ; 1812, Mozin, méd. ; de *Saturne*, nom de la planète (v. le précéd.). Le sens méd. s'explique par le fait que les alchimistes ont donné le nom de Saturne au plomb, métal tenu pour très froid, comme la planète. || **saturnisme** 1878, Lar., méd.

satyre 1372, Corbichon, mythol. ; 1650, Scarron, « homme lubrique » ; du lat. *satyrus*, gr. *Saturos*, demi-dieu lascif, compagnon de Bacchus dans la mythol. gr. et lat. || **satyrique** 1488, *Mer des hist.*, du lat. *satyricus*, gr. *saturikos*. || **satyriasis** 1538, Canappe, méd., du lat. *satyriasis*, mot gr. || **satyrion** XIII° s., bot., du lat. *satyrion*, mot gr.

***sauce** 1080, *Roland* (*salse*), adj., « salée » (eau) ; 1190, Garn. (*salse*), s. f., sens mod. ; fin XIV° s. (*saulse*, *sauce*) ; milieu XV° s. (*sauce*) ; du lat. pop. *salsa*, fém. substantivé de *salsus*, salé ; *sauce blanche*, 1398, *Ménagier*. || **saucière** fin XII° s. (*saucer*, s. m.) ; début XIV° s. (*saucère*, s. f.). || **saucier** fin XIII° s. || **saucer** XIV° s. ; *être saucé*, 1732, Richelet, être trempé par une averse. || **saucée** 1888, Sachs-Villatte, pop., « averse ».

***saucisse** XIII° s., du lat. pop. *salsīcia*, fém., tiré du pl. neutre de *salsīcius*, « assaisonné de sel », de *salsus*, salé. || **saucisson** 1546, Rab., de l'ital. *salsiccione*, augmentatif de *salsiccia*, saucisse. || **saucissonné** XX° s., pop., fig. || **saucissonner** XX° s., pop., fig.

***sauf** 980, *Passion* (*salf*); 1155, Wace (*sauf*), « sauvé » au sens eccl.; du lat. *salvus*, « entier, intact », sens moral en lat. eccl.; inus. en fr. mod., sauf dans *sain et sauf*. ‖ **sauf** 1155, Wace, adj. suivi d'un subst., « sans porter atteinte à »; *sauf votre respect*, 1671, Pomey; milieu XIII⁰ s., même construction, « excepté »; XVI⁰ s., invar., devenu prép. ‖ **sauf-conduit** XII⁰ s. ‖ **sauvegarde** début XIII⁰ s. (*salvegarde*). ‖ **sauvegarder** 1788, Féraud. (V. SAUVER.)

***sauge** début XII⁰ s. (*salje*); XIII⁰ s. (*saulje*); du lat. *salvia*, de *salvus*, sauf, d'après les propriétés médicinales de cette plante.

saugrenu 1578, H. Est. (*sogrenu*), réfection, d'après l'adj. *grenu* (v. GRAIN), de *saugreneux*, XVI⁰ s., issu de *saugrenée* (début XVI⁰ s.), « fricassée de pois », comp. de *sau*, autre forme de *sel* (v. SAUPOUDRER), de *grain* et du suff. *-ée*.

saule 1215, Péan Gatineau, du francique *sahla*, avec *au* issu de *-all-* après assimilation de *-alh-* (v. GAULOIS); souv. fém. dans les parlers rég., d'après le genre du mot germ.; masc. en fr., d'après les autres noms d'arbres; concurrencé en anc. fr., et auj. dans les parlers rég., par *saus, sausse*, XI⁰ s., du lat. *salicem*, acc. de *salix*, saule. ‖ **saulaie** 1328, texte de Paris (*soloie*); 1406, Du Cange (*saulaie*); concurrencé par le rég. *saussaie*, XIII⁰ s., de *sausse*.

***saumâtre** fin XIII⁰ s., *Voy. de Marco Polo* (*saumastre*), du lat. pop. *salmaster*, altér., par changem. de suff., du lat. class. *salmacidus*.

***saumon** 1138, Gaimar (*salmun*); 1175, Chr. de Troyes (*saumon*); du lat. *salmō, -ōnis*. ‖ **saumoneau** 1552, Rab. ‖ **saumoné** 1564, J. Thierry. ‖ **salmonidés** 1842, *Acad.* (*salmonides*). ‖ **salmoniculteur, salmoniculture** 1910, Lar.

***saumure** XI⁰ s., *Gloses de Raschi* (*salmuire*), du lat. pop. *salmuria*, de *sāl*, sel, et de *muria*, saumure (v. MUIRE). ‖ **saumuré** 1611, Cotgrave. ‖ **saumurer** XIX⁰ s. ‖ **saumurage** 1827, *Acad.*

***sauner** milieu XVII⁰ s., « faire ou recueillir le sel »; du lat. pop. *salinare*, de *salina* (v. SEL). ‖ **saunage** 1499, *Ordonnance*. ‖ **saunaison** 1870, L. ‖ *****saunier** 1138, Gaimar (*salnier*); 1268,

É. Boileau (*saunier*), du bas lat. *salīnarius*. ‖ **faux saunier** fin XV⁰ s.

saupe 1808, Boiste, zool., mot mérid., du lat. *salpa*; poisson méditerranéen.

saupiquet 1398, *Ménagier*, d'un verbe non attesté *saupiquer*, « piquer avec du sel », de *sel* et de *piquer* (v. ces mots).

saupoudrer 1398, E. Deschamps, de *sel* et de *poudrer* (v. ces mots). ‖ **saupoudrage** 1876, *Journ. offic.* (1842, *Acad.*, saupoudration). ‖ **saupoudroir** début XIX⁰ s., Brillat-Savarin.

saur XIII⁰ s., dans *hareng sor*, « desséché », du moy. néerl. *soor*. L'anc. fr. *saur* (*sor*, 1080, *Roland*), « jaune brun » (dimin. *sorel*, conservé en anthroponymie), est issu d'un francique *saur*, « jaune brun », de même rac. que *soor*. ‖ **sauret** milieu XIV⁰ s. ‖ **saurin** 1827, *Acad.* ‖ **saurer** 1611, Cotgrave; a remplacé l'anc. *sorir*, début XIV⁰ s. ‖ **saurage** XV⁰ s. ‖ **saurissage** 1741, Savary. ‖ **saurisseur** 1614, Hulsius.

saurien 1800, Boiste, zool., du gr. *saura*, lézard.

saussaie V. SAULE.

***saut** 1080, *Roland* (*salt*); 1155, Wace (*saut*); du lat. *saltus*. ‖ **saut-de-loup** 1740, *Acad.* ‖ **saut-du-lit** 1877, Daudet. ‖ **saut-de-mouton** 1611, Cotgrave, équit.; XIX⁰ s., ferrov.; 1870, L., jeu; plutôt *saute-mouton*, auj. (v. SAUTER.) ‖ **sautellet** 1537, trad. du *Courtisan*. ‖ **sursaut** 1160, Benoît (*en sorsaut*, par surprise); s. m., 1573, Du Puys, « surprise »; 1578, d'Aubigné, sens mod. (V. PRIMESAUT.)

***sauter** 1175, Chr. de Troyes, du lat. *saltare*, fréquentatif de *salire*, éliminé en lat. pop. (v. SAILLIR); 1587, Lanoue, exploser. ‖ **saute-mouton** 1867, Delvau, jeu. ‖ **saute-en-bas** 1870, L. ‖ **saute-ruisseau** fin XVIII⁰ s. ‖ **sauté** s. m., 1812, Mozin, culin.; 1842, *Acad.*, danse. ‖ **saute** (*de vent*), 1771, *Trévoux*; (*d'humeur*), 1935, *Acad.* ‖ **sauteur** adj., début XVI⁰ s., équit. ‖ **sauteur** subst., 1530, Palsgrave; 1835, *Acad.*, fig., péjor. ‖ **sauterie** 1578, d'Aubigné, « saut »; 10 mars 1824, *Journ. des dames*, petite danse. ‖ **sautoir** début XIII⁰ s. ‖ **sautereau** 1398, *Ménagier*, sauterelle; 1611, Cotgrave, pièce de clavecin. ‖ **sauterelle** 1120, *Ps. d'Oxford* (*salterele*), entom; depuis 1690, Furetière, divers empl. techn. ‖ **sautelle** milieu XVIᵉ s., vitic. ‖ **sautiller** 1564, Rab.; a remplacé *sauteler*, XIIIᵉ s. ‖ **sautillant** adj., début XVIIIᵉ s. ‖ **sautillement** 1718, *Acad.* ‖ **ressauter** 1387, Jean d'Arras. ‖ **ressaut** début XIIIᵉ s. ‖ **sursauter** 1542, Rab., « sauter brusquement vers le haut »; rare avant 1842, *Acad.*, « tressaillir ». ‖ **tressauter** 1340, G. de Machaut. ‖ **tressautement** 1569, Boutière; repris en 1857, Goncourt.

***sauvage** début XIIᵉ s., *Voy. de Charlemagne*, bas lat. *salvaticus (Mulomedicina)*, du lat. *silvaticus*, de *silva*, forêt. ‖ **sauvagesse** 1632, Sagard. ‖ **sauvagerie** XVIIIᵉ s., prince de Ligne. ‖ **sauvageon** XIIᵉ s. ‖ **sauvagine** 1130, *Eneas*. ‖ **sauvagin** XVᵉ s., de Courcy.

sauvegarder V. SAUF.

***sauver** 842, *Serments (salvarai*, 1ʳᵉ pers. fut.); fin XIᵉ s., *Alexis (salver)*; v. 1160, *Charroi (sauver)*; du bas lat. *salvāre*, surtout eccl., de *salvus* (v. SAUF); *se sauver*, 1538, R. Est., prendre la fuite. ‖ **sauveté** fin XIᵉ s., *Alexis*, arch. depuis le XVIIᵉ s. ‖ **sauvetage** 1773, Bourdé, mar.; 1801, Mercier, sens gén. ‖ **sauveteur** 1816, Salvandy. ‖ **sauvette** 1867, Delvau, petite hotte; *vendre à la sauvette*, 1949, Lar. ‖ **sauve-qui-peut** début XVIIᵉ s. ‖ ***sauveur** milieu XIᵉ s. *(salvaire*, cas sujet); v. 1120, *Ps. d'Oxford (salvedur*, cas régime); 1175, Chr. de Troyes *(sauveor)*, eccl. et empl. gén.; du lat. eccl. *salvātŏr, -ōris*. ‖ **salvatrice** fin XIXᵉ s. ‖ **salvatelle** 1314, Mondeville.

savane 1529, Parmentier, de l'esp. *sábana*, tiré de la langue arawak (Haïti).

savant XIIᵉ s., part. prés. de *savoir*, jusqu'au XVᵉ s. (remplacé dans cet empl. par *sachant*, d'après le subj. *sache*); début XVIᵉ s., adj., sens mod.; 1634, Marenne, s. m., sens mod. ‖ **savamment** 1539, R. Est. ‖ **savantissime** 1664, Molière. ‖ **savantasse** fin XVIᵉ s. *(sabantas)*; milieu XVIIᵉ s. *(savantasse)*; d'un mot gascon, *sabentas*. ‖ **savanterie** av. 1869, Sainte-Beuve.

savarin 1856, Furpille *(brillat- savarin)*; 1864, *Vie parisienne*, II, 705 *(savarin)*; de *Brillat-Savarin* (1755-1826).

savate XIIᵉ s., *Aiol (chavate*, forme picarde), d'une forme non attestée *ça-

vate, de l'ar. *sabbat*, par l'interméd. de l'ital. *ciabatta*, ou de l'anc. prov. *sabata*; 1828, Vidocq, désignant une forme de lutte. ‖ **savetier** 1213, *Fet des Romains*.

* **saveur** 1190, Couci *(savor)*; XIIIᵉ s. *(saveur)*; du lat. *sapŏr, -ōris*. ‖ **savoureux** 1188, Conon de Béthune. ‖ **savourer** fin XIIᵉ s., *Floire (savorer)*; 1549, R. Est. *(savourer)*; bas lat. *sapŏrare*.

***savoir** 842, *Serments (savir)*, s. m.; 980, *Passion (saveir)*, v.; 1175, Chr. de Troyes *(savoir)*; du lat. pop. **sapēre*, class. *sapēre*, « avoir de la saveur », d'où « avoir de la pénétration », puis « comprendre », et en bas lat. « savoir », avec une infl. sémant. de *sapiens*, et élimination du lat. class. *scire*. ‖ **su 1155, Wace *(senz le seü du)*, part. passé substantivé; v. 1440, Chastellain *(au sçu de)*. ‖ **à l'insu de** 1538, d'après la *Rev. hist.* ‖ **savoir-vivre** 1466, Michault, verbe; 1580, Montaigne, s. m. ‖ **savoir-faire** v. 1670, La Fontaine (v. SAVANT). ‖ **assavoir** 1160, Benoît.

***savon** 1256, Ald. de Sienne, du lat. *sāpō, -ōnis*, désignant, selon Pline, un mélange de suif et de cendre avec lequel les Gaulois se rougissaient les cheveux, issu lui-même du germ. **saipon-*; *savon noir*, 1530, Palsgrave; *savon de Marseille*, 1723, Savary. ‖ **savonner** début XVIᵉ s. ‖ **savonnage** 1680, Richelet. ‖ **savonnette** fin XVIᵉ s. ‖ **savonneux** fin XVIIᵉ s., Saint-Simon. ‖ **savonnier** 1292, *Livre de la taille de Paris*. ‖ **savonnerie** début XIVᵉ s.

saxatile 1555, Belon, zool.; 1690, Furetière, bot.; du lat. *saxatilis*, de *saxum*, rocher.

saxifrage XIIIᵉ s., du bas lat. *saxifraga (herba)*, proprem. « herbe qui brise les rochers », de *frangere*, briser, et *saxum*, pierre; noms populaires : *perce-pierre*, 1546, R. Est.; *rompierre*, *rompepierre*, 1538, R. Est.; *casse-pierre*, 1769, Valmont. ‖ **saxifragacées** 1812, Mozin *(saxifragées)*; 1842, *Acad.* *(saxifragacées)*.

saxophone 1844, Huart, du nom de l'inventeur, *A. Sax* (1814-1894), et du gr. *phônê*, voix. ‖ **saxo** XXᵉ s., abrév. ‖ **saxophoniste** fin XIXᵉ s.

sayette, sayon V. SAIE 1.

saynète 1764, *Arch. Aff. étr., Corr. d'Esp.* (*saïnette*); 1823, Boiste (*saynette*); de l'esp. *sainete*, masc., proprem. « morceau de graisse ou de moelle qu'on donne aux faucons quand ils reviennent », au fig. « petite pièce bouffonne »; de *sain*, graisse (v. SAINDOUX); passé au fém. en fr., à cause de la finale -*ette*; auj. interprété comme dér. de *scène*, par étym. populaire.

sbire 1546, Rab., de l'ital. *sbirro*, « agent de la police », altér. de *birro*, du bas lat. *birrus, byrrhus*, « brun-rouge », du gr. *purrhos*, « couleur de feu », de *pûr*, feu; à cause de la casaque rouge des sbires, ou de la valeur du rouge, symbole de la ruse pour la couleur rouge du diable (cf. arg. *rousse*, « police secrète »).

scabellon 1668, chez Havard, socle, de l'ital. *scabellone*, proprem. « grand escabeau », du lat. *scabellum*, repris en fr. comme terme d'archéol. (V. ESCABEAU.)

scabieuse 1314, Mondeville, bot., du lat. médiév. *scabiosa*, fém. substantivé du lat. class. *scabiosus*, « raboteux, galeux », de *scabies*, gale (la scabieuse était réputée guérir la gale). ‖ **scabieux** fin XIVe s., adj., méd., arch., de *scabiosus*.

scabreux 1501, A. de La Vigne, « difficile, périlleux », notamment d'un chemin; 1549, Du Bellay, « dur, désagréable » (d'un style); milieu XVIIIe s., Voltaire, « difficile à raconter décemment »; du bas lat. *scabrosus*, « rude, rugueux », du lat. class. *scaber*.

scaferlati 1707, Helvétius, orig. obscure; on a avancé, sans preuves décisives, que *Scaferlati* était le nom d'un ouvrier italien qui aurait inventé un nouveau procédé pour hacher le tabac.

scalène 1542, Bovelles, géom., du lat. *scalenus*, gr. *skalenos*, proprem. « oblique ».

scalp 1827, Chateaubriand (*scalpe*), de l'angl. *scalp*, cuir chevelu. ‖ **scalper** 1769, H. Bouchet, de l'angl. *(to) scalp*, arracher le cuir chevelu.

scalpel 1538, Canappe, du lat. méd. *scalpellum*, de *scalpere*, tailler, gratter.

scammonée 1175, Chr. de Troyes (*escamonée*), bot., du lat. *scammonea*, empr. au gr. *skammônia*.

scandale fin XIe s., *Alexis*, « occasion de péché »; 1657, Pascal, « éclat fâcheux du mauvais exemple »; du lat. eccl. *scandalum*, « piège, obstacle », d'où, au fig., « occasion de péché, pour soi-même ou pour les autres », du gr. eccl. *skandalon*, calque de l'hébreu *mikchôl*, « obstacle, ce qui fait trébucher ». ‖ **scandaleux** 1361, Oresme, du lat. médiév. *scandalosus*. ‖ **scandaliser** 1190, saint Bernard (*escandaliser*); fin XIIIe s. (*scandalizer*); même évol. sémant. que le subst.; du lat. eccl. *scandalizare*. (V. ESCLANDRE.)

scander 1519, G. Michel, du lat. gramm. *scandere*, « monter », d'où « lever et baisser le pied pour battre la mesure ». ‖ **scansion** 1741, Pelloutier, du lat. gramm. *scansio*.

scaphandre 1765, *Année litt.*, « ceinture de sauvetage »; 1800, Boiste, sens mod.; proprem. « homme-bateau »; du gr. *skaphê*, « barque », et *anêr, andros*, « homme ». ‖ **scaphandrier** 1805, Lunier.

scaphoïde 1538, Canappe, anat., du gr. *skaphoeidês*, en forme de barque. (V. SCAPHANDRE.)

scapin fin XVIIe s., Saint-Simon, valet intrigant; du nom de *Scapin*, valet de la comédie ital. popularisé par *les Fourberies de Scapin*, de Molière (1671).

scapulaire fin XIIe s. (*capulaire*); XIVe s. (*scapulaire*), s. m.; 1721, Trévoux, adj., anat.; du lat. médiév. *scapulare*, « qui se passe sur les épaules », de *scapula*, épaule. ‖ **scapulo-** élém. de comp. méd., depuis 1810, Capuron.

scarabée 1539, R. Est., entom., du lat. *scarabaeus*. ‖ **scarabéidés** 1842, *Acad.* (*scarabéides*). [V. CARABIN, ESCARBOT.]

scaramouche 1666, Molière, de *Scaramouche*, de l'ital. *scaramuccio*, proprem. « escarmouche », surnom de l'acteur napolitain Fiorelli, qui vint jouer à Paris sous Louis XIII, resté au personnage de la comédie ital. qu'interprétait cet acteur.

scare 1560, Paré, ichtyol., du lat. *scarus*, empr. au gr. *skaros*; poisson osseux de la Méditerranée.

scarifier fin XIII⁰ s., du bas lat. méd. *scarificare*, gr. *skariphasthai*, inciser, de *skariphos*, stylet. || **scarification** 1314, Mondeville, du bas lat. méd. *scarificatio*. || **scarificateur** milieu XVI⁰ s.

scarlatine 1741, Col. de Villars; var. *écarlatine*, 1771, *Trévoux*; du lat. médiév. *scarlatum*, écarlate (v. ÉCARLATE). || **scarlatiniforme** 1878, Lar.

scarole XIV⁰ s. (*scariole*); var. *escarole*; de l'ital. *scariola*, du bas lat. *escariola*, endive.

scatologie 1880, Lar., gr. *skôr, skatos*, excrément, et *-logie* (*scatophage* 1546, Kab.). || **scatologique** 1870, L. || **scatophile** 1842, *Acad.*, zool.

scazon 1690, Furetière, métr. anc., mot lat., du gr. *skazôn*, « boiteux ».

***sceau** 1080, *Roland* (*seel*); milieu XIII⁰ s. (*scel, sceau*, avec *c* introduit pour distinguer ce mot de *seau*); du lat. pop. *sĭgellum*, lat. class. *sigillum*, « figurine », d'où « figurine du cachet », dimin. de *signum*. || **sceau de la Vierge** 1564, Liébault. || **sceau de Notre-Dame** 1538, R. Est., bot.; la racine de cette plante a la forme d'un sceau. || **sceau de Salomon** 1564, J. Thierry, bot., même explic. (V. SCELLER.)

scélérat début XV⁰ s. (var. francisée *scelere*, jusqu'à la fin du XVI⁰ s.), adj.; début XVI⁰ s. (*scélérat*), s. m.; du lat. *sceleratus*, de *scelus, -eris*, crime. || **scélératesse** milieu XVI⁰ s., Pasquier.

***sceller** XII⁰ s. (*seeler*); XIII⁰ s. (*sceller*); du lat. pop. *sĭgellare*, en lat. class. *sigillare* (v. SCEAU). || **scellés** XV⁰ s., jurid., part. passé substantivé. || **scellement** milieu XV⁰ s. || **scellage** 1803, Boiste. || **scelleur** 1283, Beaumanoir. || **desceller** fin XII⁰ s., *Alexandre*. || **resceller** début XIV⁰ s.

scénario 1764, Collé, au théâtre; 1907, Méliès, au cinéma; de l'ital. *scenario*, « décor », de *scena*, « scène ». || **scénariste** 1915, *Ciné-Journal*.

scène 1375, R. de Presles, « représentation théâtrale »; rare avant la fin du XVI⁰ s.; 1596, Hulsius, « partie du théâtre où se déroule la représentation »; 1637, Crespin, « partie d'un acte »; fin XVII⁰ s., « violente apostrophe »; du lat. *scena*, gr. *skênê; mettre en scène*, milieu XVIII⁰ s.; *mise en scène*, 1835, *Acad.*,

théâtre; 1906, *le Progrès de Lyon*, cinéma; *metteur en scène*, XIX⁰ s.; cinéma, 1908, Babin; *faire une scène à*, fin XVIII⁰ s.; *scène de ménage*, 1875, Lar. || **avant-scène** milieu XVI⁰ s., proscenium; 1835, *Acad.*, loge. || **scénique** 1375, R. de Presles; rare avant le XVIII⁰ s.; du lat. *scenicus*, gr. *skenikos*. || **scénographie** 1547, J. Martin, archit., du lat. *scenographia*. || **scénographique** 1762, *Acad.* || **scénologie** XX⁰ s., théâtre.

sceptique 1546, M. de Saint-Gelais, philos.; XVII⁰ s., ext. de sens; du gr. *skeptikos*, proprem. « observateur », de *skepsesthai*, observer (les sceptiques grecs se piquaient d'observer sans rien affirmer). || **scepticisme** 1715, Bayle.

sceptre 1080, *Roland*, du lat. *sceptrum*, empr. au gr. *skeptron*, « bâton ».

schabraque 1800, Boiste, milit., couverture de la selle; de l'all. *Schabracke*, empr. au turc *tchaprak* par l'intermédiaire du hongrois.

schah ou **chah** 1546, Geuffroy (*siach*); 1653, de La Boullaye (*schah*); mot persan signif. « roi ». (V. ÉCHEC.)

schako ou **shako** 1761, de Montandre, du hongrois *csákó*, qui désignait la coiffure des hussards hongrois.

schéma 1586, Ronsard (*scheme*), rhét.; rare avant 1765, *Encycl.* (*schème*), géom.; 1829, Boiste (*schéma*), rhét.; XIX⁰ s., ext. de sens; du lat. *schema*, manière d'être, et figure de géom. ou de rhét., du gr. *skhêma*. || **schème** 1800, Boiste, philos. kantienne. || **schématiser** 1800, Boiste, philos. kantienne, d'après le bas lat. *schematizare* ou le gr. *skhematizeîn*. || **schématisme** milieu XVII⁰ s., géom.; 1800, Boiste, philos.; XIX⁰ s., ext. de sens; d'après le bas lat. *schematismus*, ou le gr. *skhêmatismos*. || **schématique** 1838, *Acad.*, philos.; puis ext. de sens. || **schématisation** milieu XX⁰ s.

schibboleth 1838, *Acad.*, épreuve décisive, mot hébreu, « épi » (d'après un récit de la Bible [Juges, XII, 6] : les gens de Galaad, en guerre avec ceux d'Ephraïm, les reconnaissaient à ce qu'ils prononçaient mal ce mot).

schiedam 1842, *Acad.*, du néerl. *Schiedam*, nom de la ville des Pays-Bas où se fabrique cette eau-de-vie.

schisme 1190, Garn. (*cisme*); 1549, R. Est. (*schisme*), eccl.; du lat. eccl. *schisma*, gr. eccl. *skhisma*, proprem. « séparation », de *skhizeîn*, fendre. ‖ **schismatique** fin XIIᵉ s. (*cimatique*); XIIIᵉ s. (*scismatique*); 1562, Richard (*schismatique*); du lat. eccl. *schismaticus*, gr. eccl. *skhismatikos*.

schiste 1554, Aneau (*sciste*); 1742, d'Argenville (*schiste*); du lat. *schistus* (*lapis*), gr. *skhistos*, « qu'on peut fendre », de *skhizeîn*, fendre. ‖ **schisteux** 1758, Catalogue de Valmont (*schiteux*). ‖ **schistosité** 1870, L. ‖ **schistoïde** 1836, Landais.

schizophrène v. 1920, Lar., du gr. *skhizeîn*, fendre, et *phrên*, *phrênos*, pensée. ‖ **schizophrénie** id.

schlague 1820, P.-L. Courier, de l'all. *Schlag*, « coup » (châtiment corporel infligé aux soldats allemands); a pris aussi le sens de « bâton ».

schlich 1750, König, minér., mot all., de *schleichen*, se glisser.

schlinguer 1845, Besch., pop., « puer »; de l'all. *schlingen*, « avaler »; sens fr. d'apr. « puer de la bouche ».

schlitte 1864, Erckmann-Chatrian, *l'Ami Fritz*, traîneau; mot vosgien, de l'all. *Schlitten*, « traîneau », introduit par les bûcherons alsaciens. ‖ **schlittage** 1870, L. ‖ **schlitteur** 1853, *Magasin pittoresque*. ‖ **schlitter** 1875, Lar.

schnaps XVIIIᵉ s., Boufflers, pop., eau-de-vie; mot all. introduit par les mercenaires, de l'all. *schnappen*, aspirer.

schnick fin XVIIIᵉ s., *Mém. du sergent Bourgogne*, pop., eau-de-vie, mot alsacien.

schnorchel v. 1943, mar., mot all.; tube de sous-marin.

schooner 1870, L., mar., mot angl.; petit bâtiment à deux mâts.

schorl 1765, *Acad.*, minér., de l'all. *Schorl*.

schupo milieu XXᵉ s., mot all., abrév. de *Schutzpolizei*, police de protection.

schuss XXᵉ s., terme de ski, mot all. signif. « élan ».

Scialytique XXᵉ s., techn., du gr. *skia*, ombre; nom déposé désignant un type d'éclairage intense.

sciatique XIIIᵉ s. (*ciatique*); du bas lat. *sciaticus*, altér. de *ischiadicus*, gr. *iskhiadikos*, de *iskhias*, *-ados*, sciatique, de *iskhion*, hanche.

scie V. SCIER.

sciemment 1330, *Renart le Contrefait* (*sciamment*); 1375, R. de Presles (*sciemment*); d'après l'adv. lat. *scienter*, du lat. *sciens*, *scientis*, part. prés. de *scire*, savoir. (V. SCIENCE.)

science 1080, *Roland*, du lat. *scientia*, de *sciens*, *-entis*, part. prés. de *scire*, savoir (v. le précéd.); *sciences naturelles*, fin XVIIᵉ s.; *morales*, *économiques*, *politiques*, 1777, Castillon-Sommereul; *expérimentales*, *physiques*, milieu XIXᵉ s.; *humaines*, XXᵉ s., Lalande. ‖ **scientifique** 1361, Oresme, du bas lat. *scientificus* (VIᵉ s.), Boèce, créé pour traduire Aristote). ‖ **scientiste** 1907, Lar., relig.; début XXᵉ s., philos. ‖ **scientisme** 1911, Lalande. ‖ **prescience** fin XIIᵉ s., théol.; 1700, ext. de sens.

*****scier** fin XIIᵉ s., *Rois* (*seer*, var. *seier*); XIIIᵉ s. (*sier*), d'après *scie*; XVIᵉ s. (*scier*), d'après *scieur*, où le *c* a été introduit pour éviter l'homonymie avec *sieur*; du lat. *sĕcare*, couper, qui a éliminé *serrāre*. ‖ **scie** XIIIᵉ s. (*sie*). ‖ **sciage** milieu XIVᵉ s. (*seage*). ‖ **scieur** milieu XIIIᵉ s. ‖ **scieuse** XXᵉ s., machine à scier. ‖ **scierie** XVᵉ s., dans les parlers rég.; 1801, Mercier, fr.; au XVIIIᵉ s., *moulin à scier*. ‖ **sciure** 1495, *Mir. hist.*

scille XIIIᵉ s., *Simples Méd.* (*esquille*); 1611, Cotgrave (*scille*), bot.; du lat. *scilla*, gr. *skilla*.

scinder 1539, *Anc. Lois*, « retrancher »; rare avant 1791, Mirabeau, « couper, diviser »; du lat. *scindere*, fendre. ‖ **scindement** 1869, L. (V. SCISSION.)

scinque 1611, Cotgrave, zool., du lat. *scincus*, empr. au gr. *skigkos*; saurien du Levant.

scintiller 1361, Oresme (*sintiller*); XVIᵉ s. (*scintiller*); du lat. *scintillare*, de *scintilla* (v. ÉTINCELLE). ‖ **scintillant** adj., milieu XVIᵉ s. ‖ **scintillation** 1490, Molinet. ‖ **scintillement** 1764, Bonnet.

scion XIIᵉ s., *Merangis* (*cion*); du francique **kīth*, « rejeton », avec le suff. dimin. *-on*.

scirpe 1800, Bomare, bot., du lat. *scirpus*, jonc.

scission 1495, J. de Vignay, « action de scinder »; début XVIᵉ s., « séparation dans une assemblée, dans un parti »; du bas lat. *scissio*, de même rad. que *scissus*, part. passé de *scindere* (v. SCINDER). ‖ **scissile** 1561, Du Pinet, du bas lat. *scissilis*. ‖ **scissure** 1314, Mondeville, anat., du bas lat. *scissura*. ‖ **scissionnaire** 1792, Ranft, arch. ‖ **scissionniste** XXᵉ s.; a remplacé *scissionnaire*. ‖ **scissipare** 1855, Nysten, de *parēre*, enfānter. ‖ **scissiparité** *id.*

sciure V. SCIER.

sciuridés 1907, Lar. (*sciuroïdes*); XXᵉ s. (*sciuridés*), zool.; du lat. *sciūrus*. (V. ÉCUREUIL.)

sclér(o)- du gr. *skleros*, dur. ‖ **scléranthe** 1827, *Acad.*, du gr. *anthos*, fleur. ‖ **sclérenchyme** 1870, L., du gr. *egkhuma*, effusion, de *kheîn*, verser. ‖ **scléreux** 1836, Landais. ‖ **sclérotique** 1314, Mondeville, du lat. médiév. *sclerotica*, du gr. *sklêrotês*, dureté. ‖ **sclérose** 1842. Mozin, méd. ‖ **artériosclérose** 1833, J. F. Lobstein. ‖ **se scléroser, sclérosé** fin XIXᵉ s.

scolaire 1807, Michel (*scholaire*); 1829, Boiste (*scolaire*); du bas lat. *scholaris*, de *scola*, école, mot gr.; *année scolaire*, 1829, Boiste. ‖ **postscolaire** 1907, Lar. ‖ **scolarité** 1383, *Lettres de Charles VI*, « privilège des étudiants »; 1867, *Moniteur univ.*, « durée des études »; du lat. médiév. *scholaritas*, « état d'écolier ». ‖ **scolariser, scolarisation** XXᵉ s. (V. ÉCOLE.)

scolastique XIIIᵉ s., adj., au sens de « d'école »; milieu XVᵉ s., « propre à un professeur »; 1625, Stœr, « propre à l'enseignement des écoles », théol.; fin XVIIᵉ s., s. f., philos. médiév.; XXᵉ s., adj. et s. f., « formaliste, traditionaliste »; du lat. *scholasticus*, gr. *skholastikos*, « relatif à l'école ». (V. SCOLAIRE et ÉCOLE.)

1. scolie 1546, G. Le Rouillé (*scholie*); 1680, Richelet (*scolie*), note de commentateur; du gr. *skholion*, explication, de *skholê*, école. ‖ **scoliaste** 1552, Rab. (*scholiaste*); 1674, Bayle (*scoliaste*); du gr. *skholiastês*.

2. scolie fin XVIIIᵉ s., chanson à boire, chez les Grecs; du gr. *skolion*, neutre de

l'adj. *skolios*, tortueux, c'est-à-dire « qui va en zigzag, d'un convive à l'autre ». (V. SCOLIOSE.)

scoliose 1836, Landais, méd., du gr. *skolios*, oblique, tortueux; déviation latérale de la colonne vertébrale.

scolopendre 1314, Mondeville (*scolopendrie*), bot.; XVᵉ s., serpent fabuleux; milieu XVIᵉ s., sorte de mille-pattes; du lat. *scolopendrion*, *scolopendra*, mot gr.

sombre 1646, S. Gaudon, zool., du lat. *scomber*, gr. *skombros*. ‖ **scombridés** 1812, Mozin (*scombéroïdes*); 1933, Lar. (*scombridés*).

sconse fin XIXᵉ s. (var. *skons, scons, skuns, skunks*), fourrure; de *skunks*, mot angl. pris au pl., empr. à l'algonquin du Canada.

scooter milieu XXᵉ s., mot angl. signif. « trottinette », puis « motocyclette ». ‖ **scootériste** milieu XXᵉ s.

scorbut 1557, L'Escluse (*sacerbuyte*); lat. médiév. *scorbutus*, du russe *skrobot*, par une langue germ. (cf. l'all. *Scharbock*, le néerl. *scheurbuik*), cette maladie étant alors propre aux peuples du Nord. ‖ **scorbutique** 1642, Falconet. ‖ **antiscorbutique** *id.*

score XXᵉ s., sport, mot angl. signif. « compte »; nombre de points obtenu par chaque adversaire.

scorie fin XIIIᵉ s., « alluvion »; rare avant le milieu du XVIᵉ s., métall.; du lat. *scoria*, gr. *skôria*. ‖ **scoriacé** fin XVIIIᵉ s. ‖ **scoriforme** milieu XVIIIᵉ s., Buffon. ‖ **scorifier** 1750, Kœnig, d'après les v. en *-fier*. ‖ **scorification** *id.* ‖ **scorificatoire** 1747, Saur.

scorpène 1552, Rab., ichtyol., du lat. *scorpaena* (Iᵉʳ s., Pline), du gr. *skorpaina*.

scorpion 1119, Ph. de Thaun (*escorpium*); début XIIᵉ s. (*scorpion*); du lat. *scorpio* (Iᵉʳ s., Pline), empr. au gr. *skorpiôn*. ‖ **scorpionidés** 1819, *Nouv. Dict. d'hist. nat.* (*scorpionides*); 1875, Lar. (*scorpionidés*).

scorsonère 1572, Des Moulins (*scorzonera*); 1608, J. Du Chêne (*scorsonère*), bot.; catalan *escurçonera*, de *escurço*, serpent venimeux dont la scorsonère aurait été l'antidote; de *scorto*,

« court », du bas lat. *curtiō*, de *curtus*, court, par le lat. scientifique.

Scotch milieu xxᵉ s., papier gommé; nom déposé.

scotie 1642, Oudin, archit., moulure, du lat. *scotia*, mot gr.

scottish 1850, *le Charivari* (*schotich*); 1870, L. (*scottish*); mot angl. signif. « (danse) d'Ecosse », avec d'abord une orthogr. *sch-*, parce que cette danse écossaise était venue en France par l'interméd. de l'Allemagne.

scout, scoutisme V. BOY.

scraper xxᵉ s., techn., mot angl. signif. « râcleur »; engin de terrassement.

scratch 1907, Lar., terme de sport, mot angl. signif. « raie »; ligne de départ, en cyclisme. || **scratcher** xxᵉ s.

scribe 1375, R. de Presles, « docteur de la Loi chez les anc. Juifs »; milieu xvᵉ s., copiste; du lat. *scriba*, greffier, etc., de *scribere*, écrire. || **scribouilleur** fin xixᵉ s. || **scribouillard** 1923, Lar. || **scribouillage** 1866, Delvau.

script xxᵉ s., s. m., financ.; adj., *écriture script*; du lat. *scriptum*, part. passé substantivé de *scribere*, écrire.

script-girl 1929, Guetta, cinéma, mot angl., proprem. « jeune fille (chargée du) scénario ». || **script** s. f., abrév.

scripteur 1355, Bersuire, eccl., du lat. *scriptor*, « celui qui écrit », de *scribere*, écrire.

scripturaire 1721, *Trévoux*, du lat. *scriptura*, écriture, de *scribere*, écrire. || **scriptural** adj., 1350, Foix « qui sert à écrire »; 1842, *Acad.*, « relatif aux Saintes Ecritures »; xxᵉ s., financ., en parlant de la monnaie.

scrofules 1503, G. de Chauliac (*scrophules*), du bas lat. *scrōfŭlae* (ivᵉ s., Végèce) [v. ÉCROUELLES]. || **scrofuleux** id. (*scrophuleux*). || **scrofulaire** xvᵉ s., bot., du lat. médiév. *scrofularia* (cette plante passant pour guérir les écrouelles.). || **scrofulariacées** 1842, *Acad.* (*scrofulariées*); 1870, L. (*scrofulariacées.*)

scrotum 1541, Canappe, anat., mot lat. || **scrotocèle** 1793, Lavoisien; du gr. *kêlê*, tumeur.

scrupule 1495, J. de Vignay, du lat. *scrŭpulus*, « petit caillou », d'où, au fig.,

« inquiétude de la conscience » (xivᵉ s.). || **scrupule** hist., « petit poids », chez les Romains; du lat. *scrupulum*, de même rad. que *scrupulus*. || **scrupuleux** fin xiiiᵉ s., du lat. *scrupulosus*.

scruter 1501, Le Roy; rare jusqu'au xviiiᵉ s.; du lat. *scrutari*, « fouiller ». || **scrutateur** 1495, *Miroir hist.*, sens gén.; 1789, « qui dépouille un scrutin », d'après *scrutin*; 1907, Lar., techn. || **inscrutable** xvᵉ s., Delb., du lat. *inscrutabilis*.

scrutin milieu xiiiᵉ s. (*scrutine*); milieu xvᵉ s. (*scrutin*), « action de scruter »; xviiiᵉ s., abbé de Saint-Pierre, polit.; du bas lat. *scrutinium*, « action de fouiller, d'examiner », de *scrutari*, scruter. || **scrutiner** 1398, Chastellain, « examiner »; 1794, Frey, polit.

sculpteur début xvᵉ s., du lat. *sculptor*, de *sculpere*, sculpter. || **sculpture** 1380, *Aalma* (*sculpure*); début xviᵉ s., J. Lemaire de Belges (*sculpture*); du lat. *sculptura*. || **sculpter** début xvᵉ s., réfection, d'après *sculpteur*, *sculpture*, de *sculper*, 1694, *Acad.*, de *sculpere*. || **sculptural** 1788, Féraud.

scurrile 1495, *Miroir hist.*, adj., « bouffon »; du lat. *scurrilis*, de *scurra*, s. m., bouffon. || **scurrilité** 1501, Le Roy, du lat. *scurrilitas*.

scutellaire 1842, *Acad.*, bot., du lat. *scutellum*, dimin. de *scutum*, écu, bouclier. || **scutiforme** 1538, Canappe, anat.

scytale 1372, Corbichon (*scitale*), serpent; 1587, Vigenère, archéol.; du lat. *scytala*, gr. *skutalê*.

*****se** xᵉ s., *Valenciennes*; forme atone du pr. pers. réfléchi de 3ᵉ pers., à l'acc. lat. *sē*, en position non accentuée. || **soi** xiiᵉ s., *Lois de Guill.* (*sei*), de *sē*, en position accentuée. (V. ME, TU.)

séance fin xviᵉ s., et 1611, Cotgrave, proprem. « fait d'être assis », puis « endroit où l'on s'assied »; de *seoir*, jusqu'à la fin du xviᵉ s., « être assis ». || **préséance** 1580, Montaigne.

*****séant** xiiᵉ s. (*saanz*, pl.), adj., « convenable »; xiiᵉ s., s. m., *Th. le Martyr* (*en son séant*); anc. part. prés. de *seoir* (v. le précéd.); *sur son séant*, xviiᵉ s. || **malséant** xiiᵉ s. || **bienséant** xiiiᵉ s. || **bienséance** 1539, R. Est. || **messéant** 1860, Proudhon. (V. SEYANT.)

*seau début XIIIe s., *Renart* (*seel*), du lat. pop. *sītellus, en lat. class. *sitella*; *il pleut à seaux*, 1765, Voltaire.

sébacé 1735, Heister, du lat. impér. *sebaceus* (IIe s., Apulée), de *sebum*. (V. SUIF.)

sébeste 1256, Ald. de Sienne, bot., de l'ar. *sebestan*. ‖ sébestier 1611, Cotgrave.

sébile début XVe s., orig. obscure; l'ar. *sabit*, aumône (cf. aussi l'ar. *zibbil*, panier d'osier), est une étym. douteuse, car on ne trouve pas le mot dans le Midi.

sebum 1878, Lar., physiol., mot lat., signif. « suif » (v. SUIF). ‖ séborrhée 1870, L.

*sec Xe s., *Valenciennes*, du lat. sīccus; fém. *sèche, de sīcca; à sec*, 1530, Marot; *en cinq sec*, 1870, L., d'abord loc. de jeu (*sec* se disant d'une partie unique et sans revanche). ‖ sèche s. f., 1515, Du Redouer, bas-fond, puis divers sens. ‖ assec XIXe s., temps d'asséchage (d'un étang). [V. SÉCHER.]

sécable 1691, Ozanam; du lat. *secabilis*, « qui peut être coupé », de *secāre*, couper (v. SCIER). ‖ sécant 1542, Bovelles, du lat. *secans, -antis*, part. prés. de *secare*. ‖ sécante s. f., 1694, *Acad.*, géom., fém. substantive de *sécant*. ‖ sécateur début XIXe s., de *secare*, d'après les noms en -*teur, -ateur*. ‖ insécable 1570, G. Hervet, du lat. *insecabilis*.

sécante V. SÉCABLE.

sécession 1355, Bersuire, « sédition »; XVIe s., sens mod.; du lat. *secessio*, de *secedere*, « se retirer »; XVIIe s., Peiresc, hist. rom. (retraite de la plèbe sur le mont Sacré en 493 av. J.-C.); 1861, hist. des U.S.A. (*guerre de Sécession*, calque de l'anglo-amér. *war of secession*, où *secession* est issu du lat. *secessio*), et ext. de sens. ‖ sécessionniste 1870, L.

*sécher fin XIIe s., *Rois*, tr. et intr.; du lat. sīccāre, de sīccus (v. SEC). ‖ sécheresse 1175, Chr. de Troyes. ‖ séchage fin XVIIIe s. ‖ sécherie XVIe s., d'après Jal. ‖ sécheur ou sécheuse 1874, *Journ. offic.* ‖ séchoir 1669, *D. G.* ‖ sèche-cheveux XXe s. ‖ assécher 1120, *Ps. d'Oxford*, du lat. assī-

cāre, de siccāre. ‖ assèchement 1549, Tagault. ‖ dessécher 1170, *Rois*. ‖ dessèchement 1503, G. de Chauliac.

second 1138, Gaimar (*segonz*, au cas sujet); XIIIe s. (*second*, avec *c* d'après le lat.); *en second*, 1694, *Acad.*; du lat. *secundus*, suivant, second, de *sequi*, suivre. ‖ seconde s. f., XIIIe s., division du temps, du lat. *minuta secunda*, par oppos. à *minuta prima*, « minute » ‖ secondaire 1287, texte de Dinant, du lat. *secundarius*, de second rang; fin XVIIIe s., empl. pour l'organisation de l'enseignement. ‖ seconder début XVe s., du lat. *secundare*, « favoriser », « aider »; a signifié aussi, aux XVIe-XVIIe s., « suivre », d'après *second*. ‖ secondine 1372, Corbichon, anat., du bas lat. méd. *secundinae*.

secouer 1532, Rab., réfection, par changement de conjugaison et d'après les formes *secouons*, etc., de l'anc. fr. *secourre*, du lat. *succŭtĕre*. ‖ secousse XVe s., A. de La Sale, fém. substantive de l'anc. part. passé *secous*, du lat. *succussus*, de *succŭtĕre*. ‖ secouement 1538, R. Est. ‖ secoueur 1611, Cotgrave.

secourir V. COURIR.

secousse V. SECOUER.

secret fin XIIe s., adj.; du lat. *secretus*, « séparé », part. passé de *secernere*, écarter; s. m., XIIe s., Marbode, du singulier *secretum*, neutre substantivé de l'adj.; prison, début XVIIIe s.; *le secret du cœur*, 1560, *Bible*; *en secret*, 1538, R. Est.; *sous le sceau du secret*, fin XVIIe s. (V. SÉGRAIS.)

secrétaire 1180, *Vie de saint Évroult* « tabernacle »; fin XIIe s., « dépositaire de secrets, confident », encore au XVIIe s. (Corneille); 1360, Froissart, « celui qui rédige pour un autre »; 1765, Sedaine, meuble; du lat. médiév. *secretarius*, de *secretus* (v. le précéd.); *secrétaire d'État*, XVIe s., d'après l'esp. *secretario de estado*; a remplacé *secrétaire des commandements*. ‖ secrétairerie 1568, Leroy. ‖ secrétariat début XVIe s. ‖ sous-secrétaire 1640, Oudin. ‖ sous-secrétariat 1834, Boiste.

sécréter V. SÉCRÉTION.

sécrétion 1495, *Miroir hist.*, « séparation »; 1711, Winslow, sens actuel; du lat. *secretio*, « séparation », par ext.

« dissolution », de *secretus*, part. passé de *secernere*, écarter (v. les précéd.). ‖ **sécréteur** 1560, Paré. ‖ **sécrétoire** 1710, Hecquet. ‖ **sécréter** 1798, *Acad.* ‖ **sécrétine** 1923, Lar.

secte fin XIII⁰ s., « doctrine »; XIV⁰ s., secte religieuse; du lat. *secta*, de *sequi*, suivre. ‖ **sectateur** début XV⁰ s., du lat. *sectator*, de *sectari*, accompagner, suivre, de *secta*. ‖ **sectaire** milieu XVI⁰ s., « partisan fougueux »; fin XIX⁰ s., « intolérant ». ‖ **sectarisme** 1907, Lar.

secteur 1542, Bovelles, géom.; XIX⁰ s., milit., puis admin.; du lat. *sector*, « celui qui coupe », et géom., en bas lat., de *secare*, couper (v. SÉCABLE). ‖ **section** milieu XIV⁰ s., géom. et méd., action de couper; 1660, Pascal, division d'un traité; fin XVIII⁰ s., admin.; fin XVIII⁰ s., milit.; du lat. *sectio*, « action de couper ». ‖ **sectionner** 1796, *Néologie fr.* **sectionnement** 1871, L. ‖ **sectionnaire** 1789, admin. polit. ‖ **sectionneur** XX⁰ s., électr. ‖ **bissecteur** 1864, L. ‖ **-section** 1829, Boiste. ‖ **intersection** 1495, *Miroir hist.*, lat. *intersectio*.

section V. SECTEUR.

séculaire 1550, Rab., du lat. *saecularis*, de *saeculum*. (V. SIÈCLE.)

séculier 1190, Garn. (*seculer*); 1265, J. de Meung (*séculier*, par changem. de suff.); du lat. eccl. *saecularis*, de *saeculum*, siècle, au sens de « monde, vie mondaine ». ‖ **sécularité** 1332, Digulleville, du lat. eccl. *saecularitas*. ‖ **séculariser** 1586, Crespet. ‖ **sécularisation** XVI⁰ s.

secundo 1534, Rab., abrév. de la loc. lat. *secundo loco*, en second lieu. (V. PRIMO, TERTIO.)

sécurité début XIII⁰ s., usuel seulement au début du XVII⁰ s.; du lat. *securitas*, de *securus*, sûr, pour exprimer une nuance différente de *sûreté*; *sécurité militaire, sécurité sociale*, 1945. ‖ **insécurité** 1794.

sedan 1808, Boiste, du nom de *Sedan*, ville où se fabrique ce drap.

sédatif 1314, Mondeville, du lat. médiév. *sedativus*, de *sedare*, calmer. ‖ **sédation** *id.*

sédentaire fin XV⁰ s., « qui demeure habituellement assis »; 1555, Vidius, sens actuel; du lat. *sedentarius*, de *sedere*, être assis (v. SEOIR). ‖ **sédentarité** 1829, Boiste. ‖ **sédentariser** 1910, *L. M.*

sédiment 1560, Paré, méd., « dépôt d'urine »; 1715, autres empl. techn., notamment géol.; du lat. *sedimentum*, « affaissement », à la place du lat. méd. *sedimen*, « dépôt d'urine », de *sedere* au sens de « se poser, s'affaisser ». ‖ **sédimenteux** 1718, Goblot. ‖ **sédimentaire** 1838, *Acad.* ‖ **sédimentation** 1870, L., géol.; XX⁰ s., méd.

sédition 1213, *Fet des Romains*, du lat. *seditio*, de *ire*, aller, et de l'anc. préf. *se(d)-* exprimant la séparation. ‖ **séditieux** 1355, Bersuire, du lat. *seditiosus*.

séduire 1190, Garn., rare avant le XV⁰ s., réfection, d'après le lat. eccl. *seducere*, de l'anc. fr. *souduire*, XII⁰ s., *Th. le Martyr*, du lat. *subducere*, proprem. « retirer », puis « séduire ». ‖ **séduisant** adj., 1542, Dolet; a éliminé l'anc. fr. *souduiant*. ‖ **séducteur** 1361, Oresme, du lat. eccl. *seductor*. ‖ **séduction** 1160, Benoît, rare avant le XVII⁰ s., du lat. eccl. *seductio* (en lat. class., sens propre, « action de tirer de côté »).

segment 1596, Hulsius, techn.; du lat. *segmentum*, « morceau coupé », de *secare*, couper (v. SÉCABLE, SECTEUR). ‖ **segmentaire** 1838, *Acad.* ‖ **segmenter** 1877, *Journ. offic.* ‖ **segmentation** 1877, Lar. ‖ **segmental** XX⁰ s.

ségrais 1751, *Dict. d'agric.*; de l'anc. fr. *segrei*, *segrai*, forme francisée de SECRET (v. ce mot). ‖ **ségrairie** 1286, Du Cange. ‖ **ségrayer** début XIV⁰ s.

ségrégation 1374, G. (*-cion*); 1550, Meigret (*-tion*); du lat. *segregatio*, de *grex*, *gregis*, troupeau, et du préf. anc. *se-*, à part; repris, au XX⁰ s., dans *ségrégation raciale*. ‖ **ségréger** fin XIV⁰ s., du lat. *segregare*. ‖ **ségrégatif** milieu XVI⁰ s. ‖ **ségrégabilité** XX⁰ s., techn. ‖ **ségrégationniste** XX⁰ s., polit.

séguedille 1630, Chapelain (*séguidille*); 1687, *Nouv. Méth. pour la langue esp.* (*séguedille*); de l'esp. *seguidilla*, dimin. de *seguida*, suite, de *seguir*, suivre, du lat. *sequi*, de même sens.

*seiche fin XII⁰ s., Helinand, du lat. *sēpia*. (V. SÉPIA.)

séide 1816, Rigonner, du nom de *Séide*, affranchi de Mahomet, à qui il était aveuglément soumis, l'un des personnages du *Mahomet* de Voltaire (1741) ; de l'ar. *Zayd.*

seigle 1268, É. Boileau, du lat. *sēcăle,* « ce qu'on coupe », de *secāre,* couper, ou empr. au prov. *segle ;* les parlers du Nord et du Centre ont les formes pop. *soile,* 1283, Beaumanoir, et *seille.*

*__seigneur__ 842, *Serments (sendra,* cas sujet ; v. SIRE, SIEUR) ; 1080, *Roland (seignur,* cas régime) ; ce dernier du lat. *seniŏrem,* acc. de *senior,* « plus âgé », comparatif de *senex,* vieillard ; a pris un sens partic. pour remplacer les formes issues du lat. *dominus* (v. DAM, DOM). ‖ **seigneurie** 1160, *Eneas (seignorie).* ‖ **seigneurial** début XVe s.

*__seille__ XIIe s., « seau », rég. (Centre, Est, Ouest), du lat. *sĭtŭla* (v. SEAU). ‖ **seillerie** loi du 5 août 1821.

*__seime__ début XVIIe s., vétér., malformation du cheval ; probablem. fém. substantivé de l'anc. fr. *seim,* puis *sein,* « mutilé », du bas lat. *sēmus,* incomplet, de *semis,* moitié.

*__sein__ XIIe s., mamelle ; 1578, d'Aubigné, fig. ; du lat. *sĭnus,* « pli, courbure », et par ext. « poitrine ». (V. SINUEUX.)

*__seine__ ou **senne** 1268, É. Boileau *(saime,* par altér.) ; 1693, *Termes (seine)* ; 1765, *Encycl. (senne)* ; sorte de filet ; du lat. *sagēna* (Ier s., Manilius), mot gr.

*__seing__ XIIe s., du lat. *sĭgnum,* signe ; conservé seulem. dans quelques loc., du type *sous seing privé,* fin XVIIe s. ‖ **contre-seing** 1350, La Curne. (V. SIGNE, TOCSIN.)

séisme fin XIXe s., Lar., du gr. *seismos,* tremblement de terre, avec transcription littérale de *-ei-,* d'où la prononc. d'après les mots en *-isme ;* de *seieîn,* secouer. ‖ **sismique** 1871, L. ‖ **sismographe** *id.* ‖ **séismicité** 1914, *L. M.*

*__seize__ XIIe s. *(seze)* ; XIIIe s., *Berte (seize)* ; du lat. *sēdecim,* de *sex,* six, et *decem,* dix. ‖ **seizième** XIIe s. *(sezisme)* ; pour le suff., v. CENTIÈME. ‖ **seizain** XVIe s., et 1611, Cotgrave, techn.

*__séjourner__ début XIIe s., *Voy. de Charl. (sojorner)* ; début XIIIe s., *Renart (séjourner,* par dissimilation) ; du lat. pop. *subdiurnāre,* durer un certain temps, d'où « séjourner », du bas lat.

diurnare, durer longtemps, de *diurnus* (v. JOUR). ‖ **séjour** 1080, *Roland (sujurn)* ; 1190, Couci *(sejor)* ; fin XIIIe s., Rutebeuf *(séjour).*

*__sel__ XIIe s., du lat. *sal.* ‖ **salière** XIIIe s., *Renart.* ‖ **salin** adj., milieu XVe s. ‖ **salinité** 1867, O. Reclus. ‖ **saline** XVe s., Du Cange, marais salant, du lat. *salina.* ‖ **salinier** XIVe s., Du Cange. ‖ **salineur** 1873, *Journ. offic.* ‖ *__salignon__ début XIVe s., sel en pain, du lat. pop. *saliniō, -ōnis,* de *salinum,* salière. (V. SALER, SAUGRENU, SAUPIQUET, SAUPOUDRER, SAUNER, etc.)

sélacien 1827, *Acad.,* zool., du gr. *selakhos,* poisson cartilagineux.

sélage 1615, Daléchamp *(selago),* bot. ; 1827, *Acad. (sélage)* ; du lat. *selago,* sabine. ‖ **sélaginelle** 1827, *Acad.*

select 1869, Mérimée, mot angl., du lat. *selectus.* (V. SÉLECTION.)

sélection 1801, Mercier ; élevage, 1866, *sélection naturelle,* trad. de Darwin ; mot angl., du lat. *selectio, -onis,* choix. ‖ **sélectif** 1871, L., d'après les couples *-ion, -if.* ‖ **sélectionner** fin XIXe s. ‖ **sélectionneur** 1923, Lar. ‖ **sélectivité** 1929, *Congrès de radiodiffusion,* radio-électr. ‖ **présélection** 1948, *L. M.*

sélénium 1817, chim., tiré par Berzelius, qui découvrit ce corps, du gr. *selênê,* lune, à cause de ses analogies avec le *tellure,* mot tiré de *tellus,* nom lat. de la Terre, dont la Lune est le satellite. ‖ **sélénieux** 1842, *Acad.* ‖ **séléniate** 1836, Landais. ‖ **séléniure** 1871, L. ‖ **sélénite** 1611, Cotgrave, sulfate de chaux, du lat. *selenites,* mot gr., nom d'un minéral que l'on croyait soumis à l'influence de la Lune. ‖ **séléniteux** 1836, Landais. ‖ **sélénique** 1721, *Trévoux,* astron. ; 1836, Landais, chim.

sélénographie 1690, Furetière ; du lat. astron. mod. *selenographia* (1647, Hévélius), du gr. *selênê,* lune, et de *graphein,* écrire. ‖ **sélénographique** 1836, Landais.

self- élém. de composé, de l'angl. *self,* soi-même (même valeur que l'élém. gr. *auto-).* ‖ **self-control** 1883, d'Haussonville. ‖ **self-government** 27 décembre 1835, *Journal des débats.* ‖ **self-induction** 1890, Lar., phys.

sélin 1812, Mozin, bot., du lat. *selinum*, persil, mot gr. (V. PERSIL.)

*****selle** 1080, *Roland*, du lat. *sella*, siège, spécialisé en bas lat.; le sens de « siège » s'est conservé dans quelques loc. : *aller à la selle*, 1398, E. Deschamps (où *selle* signifiait « chaise percée »), d'où le sens physiol. de *selle; le cul entre deux selles*, 1580, Montaigne. ‖ **sellette** XIIIᵉ s. (*selete*), « petit siège de bois », pour les accusés, d'où *mettre, tenir sur la sellette*, XVIIᵉ s. ‖ **seller** fin XIᵉ s., *Lois de Guill.* (*selé*, part. passé), équit. ‖ **sellage** 1870, L. ‖ **sellier** 1268, É. Boileau. ‖ **sellerie** début XIVᵉ s. ‖ **desseller** 1160. ‖ **resseller** fin XVIIIᵉ s.

*****selon** 1119, Ph. de Thaun (*sulunc*); XIIᵉ s., *Saxons* (*selonc*); début XIIIᵉ s., *Renart* (*selon*), « le long de », et « d'après »; du lat. pop. *sublongum*, « le long de », de *sub*, « près de », et *longus*, long.

seltz (*eau de*) 1771, Bougainville (*Selse*), du nom de *Selters*, village de Prusse, sur l'Ems, qui exportait une eau minérale acidulée; 1871, L., eau de seltz artificielle.

semailles V. SEMER.

*****semaine** fin XIᵉ s., *Alexis* (*sameine*); 1175, Chr. de Troyes (*semaine*); lat. eccl. *septimana* (*Code Théodosien*), fém. substantivé de *septimanus*, « relatif à sept » (Iᵉʳ s., Varron), calque du gr. *hebdomas*; *la semaine des quatre jeudis*, 1640, Oudin (*la semaine des trois jeudis*); *prêter à la petite semaine*, 1740, *Acad.* ‖ **semainier** fin XIIᵉ s.

sémantique milieu XVIᵉ s. (*symentique*); inus. avant 1883, s. f., en linguistique, mot créé par M. Bréal : science des sens, par opposition à *phonétique*, science des sons; du gr. *sêmantikê*, fém. de *sêmantikos*, « qui indique, qui signifie », de *sêmaineîn*, signifier, de *sêma*, signe; fin XIXᵉ s., adj. ‖ **sémantiste** 1898, A. Thomas. ‖ **sémanticien** XXᵉ s. ‖ **sémantisme** XXᵉ s. ‖ **sémantème** 1923, J. Vendryes. ‖ **sémème** milieu XXᵉ s. ‖ **sémasiologie** 1890, Lar., gr. *sêmatia*, signe, de *sêma*, signe, et *-logie*. ‖ **polysémie** 1913, Nyrop.

sémaphore 1812, Mozin, du gr. *sêma*, signe, et *phoros*, « qui porte ». ‖ **sémaphorique** loi du 28 mai 1829.

*****sembler** 1080, *Roland*, « ressembler » (jusqu'au XVIᵉ s.), et « paraître »; du bas lat. *similâre*, ressembler, de *similis*, semblable. ‖ **semblable** fin XIᵉ s., R. de Moiliens. ‖ **semblant** s. m., 1080, *Roland*, « manière d'être », puis « apparence »; *faire semblant*, XIIᵉ s. ‖ **semblance** XIIᵉ s., *Th. le Martyr*. ‖ **dissemblable** XIIᵉ s. (*dessemblable*); 1355, Bersuire (*dissemblable*); d'après le lat. *dissimilis*. ‖ **dissemblance** XIIᵉ-XIVᵉ s. (*dessemblance*, de *dessembler*); début XVIᵉ s. (*dissemblance*, d'après *ressemblance*). ‖ **ressembler** 1080, *Roland*, sur le sens pr. de *sembler; tr.* jusqu'au XVIIᵉ s.; XVIᵉ s., *ressembler à*. ‖ **ressemblance** 1265, Br. Latini. ‖ **ressemblant** 1503, G. de Chauliac.

séméiologie, sémiologie; séméiotique, sémiotique 1741, Villars (*séméio-*); 1875, Lar. (*séméio-* et *sémio-*), s. f., méd., philos., linguist., du gr. *sêmeion*, signe. ‖ **séméiologique, sémiologique** *id.*, adj.

semelle 1268, É. Boileau (*semele*); orig. obscure; on a proposé une altér. du picard *lemelle*, XIIIᵉ s., « lame », avec substitution à *le-*, senti comme article, d'un *se-* issu du lat. *ipsa*, qui a concurrencé *illa* (de même que *ipse* pour *ille*) dans le nord de la Gaule (v. LE, LA). ‖ **ressemeler** 1622, *Francion*. ‖ **ressemelage** 1782, Mercier.

*****semence** 1265, Br. Latini; 1803, Boiste, petits clous; du bas lat. *sêmentia*, pl. neutre pris comme fém. substantivé, de *sêmentium*, réfection, en bas lat., du lat. class. *sêmentis*, « semailles ». ‖ **semenceau** 1838, *Acad.* ‖ **semencine** 1582, G. Hermite. ‖ **semen-contra** 1615, J. Des Moulins, pharm., ellipse d'une loc. lat. signif. « semence contre (les vers) ». ‖ **ensemencer** 1355, Bersuire. ‖ **ensemencement** 1552, Ch. Est.

*****semer** 1155, Wace; fin XVIIᵉ s., fig.; du lat. *sêminâre*, issu de *sêmen, -inis*, semence, et qui a éliminé le lat. class. *serêre*, de même rac. ‖ **semeur** fin XIIᵉ s., Gui de Cambrai, peut-être du lat. *sêminâtor*. ‖ **semaille** v. 1260, É. Boileau, peut-être du lat. pop. *sêminâlia*, pl. neutre substantivé de l'adj. *sêminâlis*. ‖ **semaison** fin XIIIᵉ s., Rutebeuf ‖ **semoir** 1375, Du Cange (*semeür*, avec une graphie *eu* pour *oi*). ‖ **semis** 1760,

Duhamel. ‖ **parsemer** 1503, G. de Chauliac.

semestre 1550, Ronsard, adj., « qui dure six mois »; 1576, *Arrêt Chambre des comptes*, s. m.; de l'adj. lat. *semestris*, de *sex*, six, et *mensis*, mois. ‖ **semestriel** 1821, Volney (*semestral*); 1823, Boiste (*semestriel*). ‖ **bimestriel** 1899, Lar.

semi- préf., du lat. *semi*, à moitié, demi.

sémillant 1546, R. Est., part. prés., pris comme adj., de l'anc. verbe *sémiller*, XIIIᵉ-XIVᵉ s., dér. de *semer*, proprem. « lancer la semence », d'où « s'agiter ». Cf. égalem. les anc. *semille*, « mouvement, ruse », *semillos*, « changeant », *asemiller*, « germer, se développer ».

séminaire 1551, Le Roy, sens mod. eccl. (les séminaires ont été institués par le concile de Trente, 1545); 1570, Hervet, « principe »; XXᵉ s., sens mod. scientif.; du lat. *seminarium*, « pépinière » (sens repris v. 1600, O. de Serres, et pendant le XVIIᵉ s.), du lat. *seminare*, semer. ‖ **séminariste** début XVIIᵉ s.

séminal 1372, Corbichon, du lat. *seminalis*, de *semen*, *-inis*, semence. ‖ **sémination** XVIIIᵉ s., *Maison rustique*, vx; du lat. *seminatio*. ‖ **insémination** XXᵉ s. ‖ **inséminateur** XXᵉ s.

sémiologie, sémiotique V. SÉMÉIOLOGIE.

semis V. SEMER.

sémite 1845, Besch., de *Sem*, nom d'un des fils de Noé, supposé l'ancêtre des peuples sémitiques (Genèse, x). ‖ **sémitique** fin XVIIIᵉ s. ‖ **sémitisant** 1907, Lar., « spécialiste de langues sémitiques ». ‖ **sémitisme** 1872, L. ‖ **antisémite** 1891, Drumont; *sémite* a ici le sens de « juif ». ‖ **antisémitisme** 1886, Drumont.

*semonce 1190, Garn. (*somunse*), « convocation »; XVIIᵉ s., sens mod., fém. substantivé de *semons*, part. passé de l'anc. v. *semondre*, 1080, *Roland* (*sumondre, somondre*), du lat. pop. **submonēre*, en lat. class. *submonēre*, « avertir en secret » (cf. *répondre*, pour le changem. de conjugaison, et *séjourner*, pour l'évol. du préf.). ‖ **semoncer** 1542, *Amadis*.

semoule 1564, Liébault (*semole*); XVIIᵉ s. (*semoule*); de l'ital. *semola*, du lat. *simila*, fleur de farine.

sempiternel XIIIᵉ s., rare avant le XVIIᵉ s., auj. iron.; issu, d'après *éternel*, du lat. *sempiternus*, de *semper*, toujours, et *aeternus*, éternel.

sénaire 1827, *Acad.*, sens gén.; 1842, *Acad.*, métr. anc.; du lat. *senarius*, adj., de *seni*, six par six, de *sex*. (V. SIX.)

sénat 1213, *Fet des Romains*, hist. rom.; XVIᵉ s., appliqué au sénat de Venise; 1800, institution française fondée par Bonaparte; du lat. *senatus*, proprem. « conseil des vieillards », de *senex*, vieillard. ‖ **sénateur** fin XIIᵉ s., du lat. *senator*; même évol. de sens. ‖ **sénatorial** début XVIᵉ s., d'après le lat. *senatorius*. ‖ **sénatus-consulte** 1355, Bersuire (*senat-consult*, forme francisée); fin XVᵉ s. (*senatus-consulte*), hist. rom.; v. 1799, polit. fr., repris par Bonaparte; du lat. *senatus consultum*, « décision du sénat ». (V. CONSUL, CONSULTER.)

senau 1687, Desroches, mar., grand bâtiment à deux mâts, du néerl. *snauw*.

sendouk ou **sandouk** 1875, Lar., coffre oriental; du turc *sandouk*.

séné XIIIᵉ s., *Simples Méd.*, du lat. médiév. *sene*, de l'ar. *senā*.

sénéchal XIᵉ s. (*seneschal*), du franc. **sĭnĭskalk*, latinisé en *siniscalcus* (*Loi des Alamans*), proprem. « serviteur (*skalk*) le plus âgé » (gotique *sinista*, aîné) [v. MARÉCHAL]. ‖ **sénéchaussée** 1155, Wace (*seneschaucie*), dignité de sénéchal; XIIIᵉ s., circonscription.

séneçon XIIIᵉ s., *Simples Méd.* (*senecion*), du lat. *senecio*, proprem. « petit vieillard », de *senex*, vieillard (d'après les poils blancs de la plante au printemps).

sénégali 1811, Wailly, ornith. (*senagali*); 1827, *Acad.* (*senegali*); de *Sénégal*, d'après *bengali*.

sénégalien 1875, Lar., appliqué aux chaleurs excessives; dér. de *Sénégal*.

sénescent fin XIXᵉ s., Lar., du lat. *senescens*, part. prés. de *senescere*, vieillir, de *senex*, vieillard (v. SÉNILE). ‖ **sénescence** fin XIXᵉ s., Lar.

*senestre 1080, *Roland*, « gauche »; XVIe s., spécialisé comme terme de blason ou de zool.; du lat. *sinister*, proprem. « qui est à gauche » (v. GAUCHE, SINISTRE).

sénevé V. SANVE.

sénile fin XVe s.; rare jusqu'en 1812, Mozin; du lat. *senilis*, de *senex*, vieillard. ‖ **sénilité** 1836, Landais.

senior fin XIXe s., sport, du lat. *senior*, comparatif de *senex*, âgé. (V. JUNIOR.)

senne V. SEINE.

sens 1080, *Roland*, du lat. *sensus*, « action de sentir, organe des sens, sensation, manière de penser », etc.; de *sentire*, sentir; a absorbé l'anc. fr. *sen*, du francique *sin (v. ASSENER, FORCENÉ); le *s* final ne s'est établi dans la prononc. qu'au XVIIe s.; au sens de « direction », XIIe s., *sens* est dû à l'anc. *sen*, proprem. « chemin, direction »; au XVIe s., « signification »; *bon sens*, 1160, G. d'Arras; *sens commun*, 1534, Rab. ‖ **sensé** 1629, Corneille, peut-être d'après le lat. eccl. *sensatus*. ‖ **insensé** 1488, *Mer des hist.*, d'après le lat. eccl. *insensatus*. ‖ **sensément** 1640, Oudin. ‖ **nonsens** fin XIIe s., Guill. le Clerc, « manque de bon sens » en anc. fr. ‖ **contresens** 1560, Pasquier. ‖ **sens devant derrière, sens dessus dessous** 1559, Amyot (avec l'orth. *sans*); 1607, Maupas (*sens*); altér., par attraction de *sens*, de *cen devant derrière* (1493, Coquillart), où *cen* est une var. de *ce* (*ce devant derrière*, 1283, Beaumanoir), d'après le couple de nég. *nen, ne*. (V. les dérivés suivants.)

sensation 1361, Oresme, du bas lat. *sensatio*, « fait de comprendre » (v. SENS); *faire sensation*, 1762, Voltaire. ‖ **sensationnel** fin XIXe s., Lar., d'après *faire sensation*.

sensé V. SENS.

sensible 1265, Br. Latini, philos. (*âme sensible*, par oppos. à *âme raisonnable*); parfois « sensé » aux XIVe-XVe s.; XVIIe s., « qui ressent une impression », puis « facilement ému »; XVIIIe s., « qui a des sentiments humains »; du lat. philos. *sensibilis*, de *sentire*, sentir. ‖ **sensibilité** 1314, Mondeville, même évol. de sens; du bas lat. philos. *sensibilitas*. ‖ **sensibiliser** 1875, Lar. ‖ **insensible** 1230, G. de Coincy, du bas lat. *insensibilis*. ‖ **insensibilité** 1314, Mondeville, du bas lat. *insensibilitas*. ‖ **insensibiliser** 1784, Brissot. ‖ **sensiblerie** 1782, Mercier. ‖ **supra-sensible** 1872, L.

sensitif 1265, Br. Latini, philos., du lat. médiév. *sensitivus*, de *sensus* (v. les précéd.). ‖ **sensitive** s. f., 1680, Richelet, bot. (parce que ses feuilles se replient dès qu'on les touche). ‖ **sensitivité** 1856, Goncourt.

sensoriel 1842, Mozin (*sensorial*); 1872, L. (*sensoriel*), de *sensorium*, 1726, *le Spectateur*, philos., arch., du bas lat. philos. *sensorium* (VIe s., Boèce), de *sentire* (v. les précéd.)

sensuel XVe s. (*sensuellement*, adv.), « qui concerne les sens »; XVIe s., « qui recherche les plaisirs des sens »; du lat. eccl. *sensualis*, de *sensus* (v. SENS). **sensualité** 1190, saint Bernard, « faculté de percevoir les sensations »; même évol. de sens que l'adj.; du lat. eccl. *sensualitas*. ‖ **sensualisme** 1803, Boiste, philos. ‖ **sensualiste** 1812, Mozin.

*sente fin XIIe s., *Rois*, auj. rég. ou littér.; du lat. *semita*. ‖ **sentier** 1080, *Roland*, peut-être du subst. lat. pop. *sēmitarius (le lat. class. *sēmitarius*, adj., signifie « qui se tient dans les ruelles »).

sentence 1190, saint Bernard, jurid.; 1580, Montaigne, « maxime, avis moral »; du lat. *sententia*, aux deux sens, de *sentire*, au sens de « juger ». ‖ **sentencieux** XIIIe s., *Bataille des sept arts*, du lat. *sententiosus*.

senteur V. SENTIR.

sentier V. SENTE.

sentiment 1190, saint Bernard (*sentement*, conservé jusqu'au XVIe s., encore 1544, M. Scève); 1314, Mondeville (*sentiment*, forme refaite); dér. de *sentir* (v. ce mot). ‖ **sentimental** 1769, trad. du *Voyage sentimental* de Sterne, mot angl. issu lui-même du fr. *sentiment*. ‖ **sentimentalisme** 1801, Mercier. ‖ **sentimentalité** début XIXe s. ‖ **dissension** 1160, Benoît, du lat. *dissensio*. ‖ **dissentiment** 1580, Montaigne, dér. de l'anc. fr. *dissentir* (XVe s., Gréban), du lat. *dissentire*, être en désaccord, de *sentire*, sentir. ‖ **ressentiment** XIVᵉ s. (*ressentement*) ; fin XVIᵉ s. (*ressentiment*) ; de *ressentir* (v. SENTIR).

sentine (*d'un navire*) 1190, saint Bernard, fig. ; XIVᵉ s., mar. ; du lat. *sentina*, « fond de la cale », d'où « rebut, lie ».

sentinelle 1546, Rab., de l'ital. *sentinella*, de *sentire* au sens de « entendre », du lat. *sentire*.

*****sentir** 1080, *Roland*, « percevoir une odeur » ; 1398, E. Deschamps, « exhaler une odeur » ; du lat. *sentire*. ‖ **senteur** fin XIVᵉ s., E. de Conty. ‖ **ressentir** XIIIᵉ s. (V. SENTIMENT.)

*****seoir** XIIᵉ s., *Saxons*, « être assis », et au fig. « convenir », seul empl. conservé, mais peu usité, depuis le XVIIᵉ s. ; du lat. *sedēre*, être assis. ‖ **messeoir** fin XIIᵉ s., Couci. (V. ASSEOIR, SÉANCE, SÉANT, SEYANT, SURSEOIR.)

sep (*de charrue*) V. CEP.

sépale 1827, *Acad.*, bot., création arbitraire ; du rad. de *séparer* et de la finale de *pétale*. ‖ **sépaloïde** 1872, L.

séparer 1314, Mondeville, du lat. *separare*. ‖ **séparément** 1361, Oresme. ‖ **séparable** 1372, Corbichon, du lat. *separabilis*. ‖ **séparation** 1314, Mondeville, du lat. *separatio*. ‖ **séparatif** fin XVIᵉ s., Vigenère, gramm., du lat. *separativus*. ‖ **séparateur** 1560, Paré, du lat. *separator*. ‖ **séparatiste** milieu XVIIᵉ s., eccl. (secte anglaise) ; 1796, *Néologie fr.*, ext. de sens ; 1872, L., polit. ; de l'angl. *separatist*, du verbe (*to*) *separate*, du lat. *separare*. ‖ **séparatisme** 1842, *Acad.* ; 1872, L., ext. de sens. ‖ **inséparable** XIIᵉ s., de Gauchy, du lat. *inseparabilis*.

sépia 1827, *Acad.* (*sepia*), de l'ital. *seppia*, proprem. « seiche », d'où « couleur tirée de la seiche » (v. SEICHE). ‖ **sépiole** 1799, Lamarck, zool., du lat. sc. *sepiola*, de *sepia*, seiche. ‖ **sépion** id. ; prov. *sepioun*.

seps 1562, Du Pinet, zool., mot lat., du gr. *sếps*.

*****sept** 1080, *Roland* (*set* puis *sept*, d'après le lat.) ; du lat. *septem*. ‖ **septième** début XIIᵉ s. (*settisme*) ; cf. *centième*, pour le suff. ; a éliminé l'anc. *sedme*, *semme* (encore usité au XIVᵉ s.), de *septimus* ; *septime* est conservé

comme terme d'escrime. ‖ **septimo** 1842, *Acad.*, de la loc. lat. *septimo loco*, en septième lieu. ‖ **septain** milieu XVIIᵉ s., jurid. ; 1872, L., métr. ‖ **septante** XIIIᵉ s. (*setante*, puis avec *p* d'après le lat.), auj. rég. (Belgique, Suisse) ; du lat. *septuaginta*.

septembre fin XIIᵉ s., Villehardouin (*setembre*, puis *p* d'après le lat.), du lat. *septembris*, à l'origine « le septième mois de l'année » (v. SEPT). ‖ **septembral** 1532, Rab. ‖ **septembriseur**, **septembrisade** 11 nov. 1793, *Journal de la Montagne*, d'après les exécutions de septembre 1792.

septénaire 1495, *Mir. historial*, du lat. *septenarius*, de *septem*.

septennal début XIVᵉ s. ; rare avant 1755, abbé Prévost ; du bas lat. *septennalis*, de *septem* (v. SEPT) et *annus* (v. AN). Cf. *biennal, triennal, quinquennal.* ‖ **septennalité** 1835, *Acad.* ‖ **septennat** début XIXᵉ s., d'après *décanat*, etc. ‖ **septentrion** 1155, Wace, du lat. *septemtrio*, au pl. *septemtriones*, proprem. « les sept bœufs » (désignait les sept étoiles de la Grande Ourse), de *septem* (v. SEPT). ‖ **septentrional** 1495, J. de Vignay, du lat. *septemtrionalis*.

septidi 1793, Fabre d'Églantine, septième jour de la décade, dans le calendrier républicain ; du lat. *septem* (v. SEPT) et *dies*, jour.

septique 1538, Canappe ; du lat. *septicus*, gr. *sêptikos*, de *sêpeîn*, pourrir. ‖ **septicité** 1872, L. ‖ **septicémie** 1872, L., du gr. *haima*, sang. ‖ **septicémique** 1872, L. ‖ **antisepsie** XIXᵉ s., d'après le gr. *sêpsis*, putréfaction. ‖ **antiseptique** 1763, Adanson.

septuagénaire fin XIVᵉ s., du bas lat. *septuagenarius*, de *septuageni*, distributif de *septuaginta*. (V. SEPT.)

septuagésime XIIIᵉ s., du lat. eccl. *septuagesima* (s.-e. *dies*), « le soixante-dixième jour », de *septuaginta*. (V. SEPT.)

septuor milieu XIXᵉ s., Fétis, dér. de *sept* sur le modèle de *quatuor*.

septuple 1484, Chuquet ; du bas lat. *septuplus*, de *septem* (v. SEPT). ‖ **septupler** fin XVᵉ s., rare avant 1771, *Trévoux*.

sépulcre début XIIᵉ s., *Voy. de Charl.*, « Saint-Sépulcre » ; 1537, ext. de sens ;

du lat. *sepulcrum*, de *sepelire*, ensevelir.
‖ **sépulcral** fin XVᵉ s., au pr.; XVIIᵉ s., « lugubre ». ‖ **sépulture** début XIIᵉ s. (*sepouture*) ; du lat. *sepultura*.

séquelle milieu XIVᵉ s., du lat. *sequela*, suite, de *sequi*, suivre. (V. SÉQUENCE.)

séquence début XIIIᵉ s., *Assises de Jérus.*, eccl.; 1534, Rab., jeu; 1925, Mandelstamm, cinéma; XXᵉ s., linguist., etc.; du bas lat. *sequentia*, « suite », de *sequi*, suivre (v. SÉQUELLE). ‖ **séquentiel** XXᵉ s.

séquestre 1361, Oresme, état de ce qui est séquestré; 1611, Cotgrave, gardien du séquestre; du lat. jurid. *sequestrum*, pour le premier sens, et du lat. jurid. *sequester*, « médiateur », d'où « gardien de séquestre », pour le deuxième sens. ‖ **séquestrer** 1361, Oresme, jurid., confier à une tierce personne; XVIᵉ s., ext. d'empl., enfermer illégalement; du lat. jurid. *sequestrare*. ‖ **séquestration** milieu XVᵉ s., du lat. jurid. *sequestratio*.

sequin fin XIVᵉ s. (*essequin*); 1540, Pélissier (*chequin*); 1595, Villamont (*sequin*); monnaie vénitienne; de l'ital. *zecchino*, mot vénitien, lui-même issu de l'ar. *sikkī*, « pièce de monnaie », de *sekka*, « coin à frapper la monnaie ».

sérac 1779, Saussure; 1781, *Lettre de W. Coxe* (var. *sérat*); mot savoyard et suisse-romand (avec un *c* mal expliqué), de *sérat*, XVIᵉ s., proprem. « fromage caillé », du lat. *serum*, petit lait. (V. SÉRUM.)

sérail fin XIVᵉ s., Chr. de Pisan; var. *serrail* jusqu'en 1740; de l'ital. *serraglio* (avec *r* double, par attraction de *serrare*, fermer, *serraglio*, clôture), du turco-persan *seräï*, palais. (V. CARAVANSÉRAIL.)

séran XIᵉ s., *Raschi* (*cerens*), « peigne »; v. 1265, J. de Meung (*serans*), « carde pour le chanvre »; peut-être d'un rad. gaulois *ker-*, cerf (par anal. avec les cornes du cerf), et du suff. celt. *-entios* (cf. l'irl. *cîr*, peigne). ‖ **sérancer XIIIᵉ s. (*cerencier*), du lat. pop. **cerentiare*, d'orig. gauloise.

séraphin 1160, Benoît, du lat. eccl. *seraphim*, *seraphin*, mot hébreu au plur., de *saraph*, brûler (v. Isaïe, VI, 2).

‖ **séraphique** 1470, *Livre disc.*, du lat. eccl. *seraphicus*.

serdeau 1440, Chastellain, officier de bouche, altér. de *sert d'eau*, « celui qui sert de l'eau ».

1. **serein début XIIIᵉ s., *Renart* (*seri*); 1265, J. de Meung (*serin*); var. *serain*, *serrin*, en anc. fr.; adj., au pr. « sans nuage », et au fig. « exempt de trouble »; du lat. *serēnus* (avec var. de suff. dans l'anc. *seri*). ‖ **rasséréner** 1544, M. Scève. ‖ **rassérénement** 1868, Goncourt.

2. **serein** XIIᵉ s., *Loherains* (*sierain*); XIIIᵉ s. (*serain*), s. m., « soir », auj. rég.; dér. de *seir*, forme anc. fr. de *soir*.

sérénade 1556, L. Labé, de l'ital. *serenata*, « ciel serein », d'où, sous l'infl. de *sera*, soir, « concert donné le soir ».

sérénissime XIIIᵉ s., rare avant le milieu du XVᵉ s.; de l'ital. *serenissimo*, superlatif de *sereno*.

sérénité 1190, saint Bernard (*sereniteit*); surtout empl. au sens moral, en fr. anc. et mod.; du lat. *serenitas*. (V. SEREIN 1.)

séreux V. SÉRUM.

serf Xᵉ s., *Passion*, jurid. féod.; du lat. *servus*, esclave. ‖ **servage fin XIIᵉ s., *Rois*. ‖ **asservir** XIIᵉ s.; XIXᵉ s., fig.; d'après *servir*. ‖ **asservissement** 1443, Delb. (V. SERVIR, SERVITEUR.)

serfouir 1265, J. de Meung (*cerfoïr*), du lat. pop. **circumfodīre*, en lat. class. *circumfodere*, « creuser autour » (v. FOUIR). ‖ **serfouette 1542, Rab. (*cerfouette*); 1578, Vigenère (*sarfouette*). ‖ **serfouage** fin XVIᵉ s., arch. ‖ **serfouissage** 1812, Mozin.

serge 1175, Chr. de Troyes (*sarge*, encore au XVIIᵉ s.); 1360 (*serge*, par fausse régression); du lat. pop. **sarica*, altér. du lat. class. *sērica*, fém. substantivé de *sēricus*, « de soie », de l'adj. gr. *sērikos*, de *sêr*, « ver à soie », de *Sêres*, désignant les Sères, peuple d'Asie. ‖ **serger XIVᵉ s., Du Cange (*sargillier*); 1669, *Règlem. sur les manuf.* (*serger*); s. m. ‖ **sergerie** XVᵉ s. (*sargerie*). ‖ **sergé** 1771, Garsault.

**sergent fin XIᵉ s., *Alexis*, « serviteur »; en anc. et moy. fr., « homme d'armes » et officier de justice;

1588, d'Aubigné, *sergent de bataille*;
d'où, milieu XVIIᵉ s., Ménage, *sergent*,
au sens de « celui qui met les soldats en
rang »; XVIIIᵉ s., « sous-officier »; 1829,
Ordonnance du préfet de police Debel-
leyme, *sergent de ville* au sens mod.;
du lat. *servientem*, acc. de *serviens*, part.
prés. de *servire*, « être au service »;
empl. métaph., en menuiserie, 1611,
Cotgrave. ‖ **sergent-major** 1587,
La Noue. ‖ **sergent-chef** XIXᵉ s.

séricicole 1837, *Ann. de la Soc.
séricicole*, du lat. *sericus*, de soie
(v. SERGE), et de l'élém. -*cole*. ‖ **séri-
ciculture** 1846, Besch. ‖ **sériciculteur**
1872, L. ‖ **sérigraphie** XXᵉ s.

série 1715, Varignon, du lat. *series*. ‖
sérier 1838, *Acad.* ‖ **sériel** 1843, Proudhon; XXᵉ s., mus.

sérieux 1361, Oresme, du bas lat.
seriosus, en lat. class. *serius*.

serin fin XVᵉ s.; 1821, Desgranges, fig.;
peut-être de l'anc. prov. *serena, sirena*,
« guêpier » (oiseau à plumage vert), du
bas lat. *sirena*, en lat. class. *siren*, gr.
seirên, « sirène » (espèce d'oiseau, et
abeille sauvage). ‖ **seriner** 1555, Belon,
« chanter comme un serin »; 1808,
Boiste, fig. ‖ **serinette** 1762, *Acad.*

seringa 1615, Daléchamp (*syringue*);
1718, *Acad.* (*seringat*); 1798, *Acad.*
(*syringa*); XIXᵉ s. (*seringa*); du lat. bot.
syringa, « seringue », parce que le bois,
vidé de sa moelle, a servi à faire des
seringues. (V. le suiv.)

seringue XIIIᵉ s., *Simples Méd.*
(*ceringue*); var. *siringue* en moy. fr.;
du lat. méd. *syringa*, « seringue à injection », de l'acc. gr. *surigga*, de *surigx*,
roseau, flûte (v. le précéd.). ‖ **serin-
guer** 1547, J. Martin.

sériole 1827, *Acad.*, ichtyol., du lat.
seriola, petite cruche.

sérique V. SÉRUM.

*****serment** 842, *Serments* (*sagrament*);
XIIᵉ s., *Saxons* (*sairement*); fin XIIIᵉ s.,
Joinville (*serement*); 1415, Ch. d'Orléans (*serment*); du lat. *sacramentum*,
proprem. « dépôt soumis aux dieux en
gage de bonne foi », puis emploi mod.,
qui a éliminé en ce sens *jusjurandum*;
de *sacrare*, rendre sacré, de *sacer*, sacré
(v. SACREMENT). ‖ **assermenter** XIIᵉ s.,

Aspremont, passé dans le vocab. polit.
pendant la Révolution.

sermon Xᵉ s., *Saint Léger*, eccl.; début
XVIIᵉ s., Régnier, fig., fam.; du lat.
sermo, « conversation », et en lat. eccl.
« discours en chaire ». ‖ **sermonner**
début XIIᵉ s., *Couronn. Loïs*, « prêcher »;
début XIIIᵉ s., *Renart*, « exhorter ». ‖
sermonneur 1265, J. de Meung. ‖ **ser-
monnaire** fin XVIᵉ s., Taillepied.

séro-, sérosité V. SÉRUM.

*****serpe** début XIIIᵉ s., *Renart* (*sarpe*);
1530, C. Marot (*serpe*, par fausse régression); du lat. pop. *****sarpa*, de *sarpere*,
tailler, émonder. ‖ **serpette** XIVᵉ s.

*****serpent** 1080, *Roland*; parfois fém.
en anc. fr., et auj. dans les parlers rég.;
du lat. *serpens, -tis*, part. prés. de *serpere*, proprem. « le rampant »,
euphémisme qui a éliminé le lat. class.
anguis (v. ANGUILLE). ‖ **serpenteau**
1160, Benoît (*serpential*), vx. ‖ **serpen-
ter** XIVᵉ s. ‖ **serpentin** 1130, *Eneas*;
d'abord adj.; XVᵉ - XVIᵉ s., artill., arch.;
XIXᵉ s., empl. techn. divers; du lat.
serpentinus. ‖ **serpente** XVIIᵉ s.,
La Fontaine, *Psyché*, fém. de *serpent*;
1767, *Dict. des arts et mét.*, techn.,
sorte de papier. ‖ **serpentaire** XIIIᵉ s.,
Simples Méd., s. f., bot.; 1836, Landais,
s. m., zool.; du lat. *serpentaria*, et du
lat. scient. *serpentarius* (Linné). ‖ **ser-
pigineux** v. 1560, Paré, du bas lat.
serpigo, -inis, de *serpere*.

serpillière fin XIIᵉ s., *Alexandre* (*sar-
pillière*); XIIIᵉ s. (*serpillière*; pour la
var. de la voyelle initiale, cf. *serge, serpe*),
étoffe de laine; v. 1650, Scarron, toile
d'emballage, puis toile grossière de
nettoyage; d'orig. obscure, peut-être
d'un lat. pop. *****sirpicularia*, « étoffe de
jonc », du lat. class. *scirpiculus*, de
scirpus, sirpus, jonc.

serpolet début XVIᵉ s., J. Lemaire de
Belges, mot prov., dimin. de *serpol*, du
lat. *serpullum*, thym.

serpule 1800, Boiste, zool., du lat.
serpullum, de *serpere*, ramper.

serratule 1615, Daléchamp, bot., du
lat. *serratula*, de *serra*, scie, à cause des
feuilles en dents de scie. (V. SERRETTE.)

*****serrer** 1160, Benoît, « tenir fermé »;
1265, J. de Meung, « étreindre, presser », seul sens conservé en fr. mod.; du

lat. pop. *serrāre, altér., peut-être par croisement avec *ferrum*, fer, du bas lat. *serāre* (IVᵉ s.), Prudence), « fermer avec une barre », de *sera*, barre, clôture. ‖ **serrage** 1875, Lar. ‖ **serre** fin XIIᵉ s., *Alexandre*, « action de serrer », aux deux anc. sens, et désignation d'objets qui ferment ou serrent (serrure, mors, etc.) ; 1564, J. Thierry, serre d'oiseau de proie ; XVIᵉ s., endroit où l'on tient enfermé (prison) ; XVIIᵉ s., hortic. ‖ **serrement** début XVIᵉ s. ‖ **serrure** v. 1120, *Ps. d'Oxford* (*seredure*), de *serrer* au sens anc. de « fermer ». ‖ **serrurier** 1268, É. Boileau. ‖ **serrurerie** début XIVᵉ s. ‖ **desserrer** XIIᵉ s. ; en anc. fr., égalem. « laisser partir, lancer ». ‖ **desserre** fin XVᵉ s., J. Marot, « détente » (d'une arbalète), d'où *dur à la desserre*, XVᵉ s., fig. ‖ **enserrer** XIIᵉ s. ‖ **resserrer** début XIIIᵉ s., *Ogier*. ‖ **resserrement** 1550, Meigret. ‖ **serre-feu** 1808, Boiste. ‖ **serre-file** 1680, Richelet. ‖ **serre-freins** 1872, L. ‖ **serre-joint** 1875, Lar. ‖ **serre-livres** XXᵉ s. ‖ **serre-nez** 1872, L. ‖ **serre-papiers** 1740, *Acad.* ‖ **serre-tête** 1573, Du Puys.

serrette 1669, *Règlem. sur les manuf.*, bot., du lat. *serra*, scie. (V. SERRATULE, nom savant de la même plante.)

serrure V. SERRER.

***sertir** XIIᵉ s. (*sartir*), « ajuster, joindre avec des coutures » ; XIVᵉ s. (*sertir*, par fausse régression, v. SERGE), spécialisé ; du lat. pop. *sartīre, de *sartus*, part. passé de *sarcire*, raccommoder. ‖ **sertissage** début XIVᵉ s. ‖ **sertissage** 1872, L. ‖ **sertisseur** milieu XIXᵉ s. ‖ **serte** 1827, *Acad.* ‖ **dessertir** XIIᵉ-XIVᵉ s. (*dessartir*), « défaire » ; 1798, *Acad.* (*dessertir*), sens mod.

sérum 1560, Paré, liquide qui constitue le sang ; fin 1888, Chantemesse et Widal, empl. thérapeutique ; du lat. *serum*, proprem. « petit-lait ». ‖ **séreux** 1560, Paré. ‖ **sérosité** *id.* ‖ **sérique** XXᵉ s. ‖ **sérologie** XXᵉ s. ‖ **sérothérapie** 1888, Ch. Richet. ‖ **sérodiagnostic** fin XIXᵉ s., Widal. ‖ **sérovaccination** XXᵉ s.

servage V. SERF.

serval milieu XVIIIᵉ s., Buffon, zool., chat-tigre ; du port. *cerval*, cervier. (V. CERF, LOUP-CERVIER.)

servant, servante V. SERVIR.

service fin XIᵉ s., *Alexis* (*servise*) ; XIIIᵉ s. (*service*), état de servage, puis devoirs envers le suzerain ; XIVᵉ s., ext. de sens d'après *servir*, notamment « ce qu'on sert sur la table » ; du lat. *servitium*, esclavage, servitude, et, en lat. médiév., « devoirs du vassal ».

serviette 1398, *Ménagier*, proprem. « linge dont on se sert » ; a éliminé l'anc. fr. *touaille*, serviette, nappe (du germ. *thwhlja), et *essuette* (v. ESSUYER) ; 1840, Larchey, porte-documents ; de *servir* (v. ce mot).

servile 1355, Bersuire ; du lat. *servilis*, « d'esclave », égalem. fig., de *servus* (v. SERF). ‖ **servilité** 1542, Derozier, rare avant la fin du XVIIIᵉ s.

***servir** Xᵉ s., *Eulalie*, du lat. *servīre*, « être esclave », et par ext. « servir » (v. SERF). ‖ **servant** début XIIᵉ s., *Voy. de Charl.*, part. passé substantivé. ‖ **servante** début XVIᵉ s. ‖ **serveur** 1800, Boiste. ‖ **serviable** 1160, *Eneas*, réfection de *serviçable*, d'après *amiable*. ‖ **desservir** 1050, *Alexis*, « desservir la messe » ; 1398, *Ménagier*, « enlever ce qui est servi » ; XVIIᵉ s., « rendre un mauvais service » ; du lat. *deservire*, servir avec zèle. ‖ **desserte** 1155, Wace, action de servir la messe ; 1838, *Acad.*, « action d'assurer les communications », 1907 « meuble pour desservir ». ‖ **dessert** 1540, Rab., « action de desservir » ; 1539, R. Est., « dernier service », part. passé de *desservir*. ‖ **desservant** début XIVᵉ s., rare jusqu'au XVIIIᵉ s. ‖ **resservir** fin XIIIᵉ s., Rutebeuf. (V. SERVIETTE, SERVITEUR.)

serviteur fin XIᵉ s., *Alexis*, du bas lat. *servitor*, de *servīre*. (V. SERVIR.)

servitude 1265, J. de Meung, du lat. *servitudo*, de *servīre*, être esclave.

servo- du rad. lat. *servire*, servir. ‖ **servo-frein** XXᵉ s. ‖ **servo-mécanisme** XXᵉ s. ‖ **servo-moteur** 1869, J. Farcot.

sésame 1298, *Voy. de Marco Polo*, du lat. *sesamum*, gr. *sêsamon*. ‖ **sésamoïde** 1552, Ch. Est., du lat. *sesamoides*, mot gr.

séséli 1545, Guéroult, bot., du lat. *seseli*, mot gr.

sesquialtère 1377, Oresme, du lat. *sesquialter*, de *sesqui*, une fois et demie, et *alter*, autre. ‖ **sesquioxyde** 1836, *Acad.*

sessile 1611, Cotgrave, bot., du lat. *sessilis*, de *sessus*, part. passé de *sedēre*, être assis.

session 1130, *Job*, fait ou manière d'être assis (jusqu'au XVIᵉ s.) ; XVIIᵉ s., séance de concile ; 1657, du Gard, polit., à propos de l'Angleterre ; XVIIIᵉ s., à propos des assemblées françaises ; XIXᵉ s., pour les tribunaux ; en anc. fr., du lat. *sessio*, de *sessus*, part. passé de *sedēre*, être assis ; au sens eccl., du lat. *sessio* en empl. eccl. ; au sens polit., de l'angl. *session*, lui-même issu du lat. *sessio* au sens de « séance ».

sesterce 1690, Furetière, du lat. *sestertium*.

set XXᵉ s., mot angl. désignant une manche au jeu de tennis.

sétacé 1803, Boiste, du lat. *seta*, soie.

setier fin XIIᵉ s., *Rois*, anc. mesure de capacité ; du lat. *sextarius*, proprem. « sixième partie ». ‖ **demi-setier** 1560, Paré. ‖ **sétérée** 1276, G., hist. ou dial.

séton 1503, G. de Chauliac, méd., « mèche de coton qu'on passe dans la peau » ; du lat. méd. médiév. *seto*, de l'anc. prov. *sedon*, de *seda*, fil de soie de porc ; *blessure en séton*, XIXᵉ s. (V. SOIE.)

setter fin XIXᵉ s., Lar., sorte de chien, mot angl.

***seuil** XIIᵉ s. (*suel*) ; début XIIIᵉ s., *Renart* (var. *soil*) ; XVIᵉ s. (*seuil*, refait d'après les autres mots en -*euil*) ; du lat. *sŏlum*, sol, par oppos. au linteau, et avec infl. possible de *solea*, plante du pied. (V. SOLE 1, 2, 3.)

***seul** 1080, *Roland* (*sul, sol*) ; XIIIᵉ s., *Berte* (*seul*) ; du lat. *sōlus* ; *à seule fin*, 1649, *Conf. de Piarot et Janin*, pop., altér. de *à celle fin que*, XVᵉ s., où *celle* était adj. ‖ **seulement** XIIᵉ s., *Parthenopeus* ; ext. de sens dès l'anc. fr. ‖ **seulet** fin XIIᵉ s., arch. ‖ **souleur** XIIIᵉ s., d'abord « solitude », puis « frayeur subite », arch. ‖ **esseulé** fin XIIᵉ s., J. Erart.

***sève** 1265, J. de Meung ; du lat. *sapa*, vin cuit, qui devait signifier proprem. « suc » (cf. *sapor*, « jus », chez Pline).

sévère début XIIᵉ s., *Grégoire*, rare avant le XVIᵉ s. ; du lat. *severus* ; a pris, pendant la guerre de 1914 - 1918, le sens de « grave » (*défaite, perte sévère*), d'après l'angl. *severe*. ‖ **sévérité** *id.*, du lat. *severitas*.

sévir fin XVIᵉ s. ; du lat. *saevire*, être furieux, d'où « commettre des violences, des cruautés », de *saevus*, furieux, violent. ‖ **sévices** 1399, Delb., rare avant le XVIIᵉ s., du lat. *saevitia*, violence, cruauté.

***sevrer** XIIᵉ s., séparer ; XIIIᵉ s., spécialement « séparer du sein », d'où « cesser de faire téter » ; du lat. pop. *seperare*, en lat. class. *separāre* (v. SÉPARER). ‖ **sevrage** 1741, Andry. ‖ **sevreuse** *id.*

sexagénaire début XVᵉ s., du lat. *sexagenarius*, de *sexageni*, distributif de *sexaginta*. (V. SOIXANTE.)

sexagésime fin XIVᵉ s., du lat. *sexagesima* (s.-e. *dies*), proprem. « le soixantième jour » (avant Pâques). ‖ **sexagésimal** 1680, Richelet, du lat. *sexagesimus*, soixantième.

sex-appeal 1932, d'après une pièce de théâtre américaine ; comp. angl., « appel du sexe, attrait sexuel ».

sexe début XIIᵉ s., *Grégoire* (*sex*), rare avant le XVIᵉ s. ; du lat. *sexus*. ‖ **sexué** 1907, Lar. ‖ **asexué** XXᵉ s. ‖ **sexuel** milieu XVIIIᵉ s., du bas lat. *sexualis*. ‖ **sexualité** 1872, L., de *sexuel*. ‖ **sexualisme** v. 1820, Pougens. ‖ **sexologie** XXᵉ s., de *sexus*. ‖ **sexologue** XXᵉ s. ‖ **sexonomie** XXᵉ s. ‖ **sexy** XXᵉ s., adj., mot anglo-américain.

sextant 1553, J. Martin, mar., du lat. scient. *sextans*, mot tiré par l'astronome Tycho Brahé du lat. *sextans*, proprem. « sixième partie », parce que le *sextant* porte une partie graduée d'un sixième de circonférence. (V. SIX.)

sexte 1611, Cotgrave, eccl., du lat. *sexta* (*hora*), la sixième heure. (V. SIX.)

sextidi 1793, Fabre d'Églantine, sixième jour de la décade dans le calendrier républicain. (V. SIX.)

sextil 1690, Furetière, astron., du lat. *sextilis*, « sixième ». (V. BISSEXTIL.)

sextine 1872, L., métr., du lat. *sextus*. (V. SIX.)

sexto 1842, *Acad.*, ellipse de la loc. lat. *sexto loco*, en sixième lieu.

sextolet fin XIXᵉ s., Lar., mus., du lat. *sextus*, d'après *triolet*. (V. ce mot et SIX.)

sextule 1611, Cotgrave, anc. poids, du lat. *sextula*, de *sextus*, sixième.

sextuor 1775, *Journ.*, fait avec le lat. *sex* (v. SIX), sur le modèle de *septuor*.

sextuple milieu XVᵉ s., du bas lat. *sextuplus*, de *sextus* (v. SIX). || **sextupler** fin XVᵉ s., rare avant le milieu du XVIIIᵉ s. (1798, *Acad.*).

seyant 1872, L., adj., var. pop. de *séant*, part. prés. adjectivé de *seoir* (v. ces mots).

sforzando 1842, *Acad.*, mus., mot italien.

sgraffite 1680, Richelet (*sgrafit*), anc. fresque, de l'ital. *sgraffito*, «égratigné».

shah V. SCHAH.

shake-hand fin XVIIIᵉ s., Casanova, *Mém.*; rare avant 1842, E. Sue; de l'angl. (*to*) *shake*, secouer, et *hand*, main (le mot angl. est *handshake*).

shaker 21 mai 1895, *Gourmet*, récipient à cocktails, à glaces, mot angl., de (*to*) *shake*, secouer. (V. le précéd.)

shampooing 1890, Lar., de l'angl. *shampooing*, massage, empr. à l'hindî *tshāmpō*, presser.

shérif 1601, L'Estoile (*chérif*); 1680, *Conspiration* (*sheriff*), géogr.; mot angl. signif. «officier de comté», de *shire*, comté.

sherry fin XVIIIᵉ s.; 1819, *Une année à Londres* (*cherry*); mot angl., nom anc. de la ville de *Xérès*, puis vin de Xérès. || **sherry-cobbler** 1859, Assollant, avec un second élém. d'orig. inconnue. || **sherry-brandy** fin XIXᵉ s., avec l'élém. *brandy*, du néerl. *brandewijn*.

shilling 1558, Perlin (*chelin*); 1656, Laurens (*shilling*); mot angl. désignant une unité monétaire.

shimmy v. 1920, journ., danse amér.; XXᵉ s., autom.; mot anglo-amér.

shintoïsme 1877, *Journ. offic.*; de *shinto*, mot japonais désignant une des religions du Japon.

shirting 1855, *Catal. de l'Exposition univ.*, textile, mot angl., de *shirt*, chemise.

shocking 1842, Balzac, mot angl., «choquant», d'orig. fr.

shoot 12 novembre 1904, *Monde illustré*, football, mot angl., de (*to*) *shoot*, lancer. || **shooter** 1905, Pontié, verbe. || **shooteur** XXᵉ s.

short 1933, Lar., vêtement, mot angl., de *shorts*, de l'adj. *short*, court.

shrapnell ou **shrapnel** 1827, Foy, comme terme angl.; vulgarisé vers 1860; mot angl., du nom de l'inventeur, le général *Shrapnel* (1761 - 1842).

shunt 1890, Lar., électr., mot angl. || **shunter** *id.*

1. ***si** 842, *Serments*, conj.; du lat. *sī*; var. *se*, *sed*, fin XIᵉ s., *Alexis*, jusqu'au XVIᵉ s.; d'un lat. pop. *se* (VIᵉ s.), altér. de *sī* d'après *quid* (empl. en bas lat. comme conj.). || **sinon** 1495, Commynes, de l'anc. fr. *si* (*se*)... *non*.

2. **si** 842, *Serments*, adv., «ainsi»; auj., affirmation adversative, et «tellement» devant adj. ou adv.; du lat. *sīc*, ainsi. || **aussi** XIIᵉ s., de *si* et de l'anc. pron. *al* (var. *el*), «autre chose», du lat. pop. *āle*, réfection de *alid*, var. du lat. *aliud*, neutre de *alius*, autre. (V. AINSI.)

3. **si** 1690, Furetière, note de mus., des initiales du lat. *sanctus Johannes*, saint Jean. (V. UT.)

sial XXᵉ s., géol., des premières syllabes de SIlicium et ALuminium.

sialagogue 1741, Villars, méd., gr. *sialon*, salive, et *agôgos*, qui amène, de *ageîn*, conduire, proprem. «qui fait saliver». || **sialisme** 1812, Mozin, méd., du dér. gr. *sialismos*, salivation.

siamois 1868, Lar., méd., de la désignation de deux jumeaux nés au *Siam*, qui vécurent de 1811 à 1874, et qui étaient réunis par une membrane à la hauteur de la poitrine. || **siamoise** fin XVIIᵉ s., s. f., étoffe apportée à Louis XIV par les ambassadeurs de Siam en 1688.

sibilant 1842, Mozin, du lat. *sibilans*, part. prés. de *sibilare*, siffler. || **sibilation** XVIIᵉ s., La Mothe Le Vayer, du bas lat. *sibilatio*.

sibylle 1213, *Fet des Romains* (*sebile*), antiq.; XVᵉ s., fig., souvent péjor.; du lat. *sibylla*, mot gr. || **sibyllin** 1220, Coinci, antiq.; XIXᵉ s., fig.; du lat. *sibyllinus*.

s i c 1872, L., adv., mot lat. signif. « ainsi ».

sicaire fin XIIIᵉ s.; du lat. *sicarius*, de *sica*, poignard à lame recourbée, mot thrace.

siccatif début XVIᵉ s., rare avant 1642, Oudin; du lat. méd. *siccativus* (IIIᵉ s., C. Aurelius), d'après *siccare*, sécher, de *siccus*, sec. ‖ **siccité** 1538, Canappe, du lat. *siccitas*, sécheresse.

sicle fin XIIᵉ s., *Rois*, monnaie juive; du lat. eccl. *siclus*, gr. eccl. *siklos*, de l'hébreu *cheqel*, « monnaie d'argent ou d'or », proprem. « poids ».

side-car 1890, Lar., « voiture irlandaise à deux places et à sièges parallèles dos à dos »; 13 août 1912, *le Temps*, sens mod.; mot angl., de *side*, côté, et *car*, voiture.

sidéral 1520, trad. de Suétone; du lat. *sideralis*, de *sidus, -eris*, astre. ‖ **sidéré** 1752, *Trévoux*, poét., « céleste »; 1842, Mozin, méd.; XIXᵉ s., fig., fam., « stupéfait »; du bas lat. *sideratus*, frappé de paralysie, de *siderari*, « être placé sous l'influence maligne des astres ». ‖ **sidérer** XXᵉ s., fig. ‖ **sidération** 1562, Du Pinet, méd. et astrol., du lat. *sideratio*, influence maligne des astres. ‖ **sidérant** XXᵉ s., adj., fig. ‖ **sidérostat** 1872, L., instrument inventé par Foucault; formé avec l'élém. *-stat*.

sidéré V. SIDÉRAL.

sidérité 1615, Binet (*sideritis*); 1755, abbé Prévost, minér., du lat. *sideritis*, mot gr., proprem. « pierre de fer », du gr. *sidéros*, fer. ‖ **sidérose** 1872, L. ‖ **sidérurgie** 1823, Boiste, du gr. *sidérourgia*, travail du fer, de *ourgon*, travail. ‖ **sidérurgique** 1872, L. ‖ **sidérographie** 1836, Landais, sur l'élém. *-graphie*. ‖ **sidérolithique** 1872, L., sur l'élém. *-lithique*. ‖ **sidéroxylon** 1827, *Acad.*

sidérurgie V. SIDÉRITÉ.

sidi 1875, Lar., pop.; mot ar., appellatif signif. « mon seigneur », compris par les Européens au sens de « monsieur », et servant par dérision pour désigner les originaires d'Afrique du Nord.

siècle Xᵉ s., *Eulalie* (*seule*), « vie mondaine », d'après le lat. eccl.; 1080, *Roland* (*secle*), sens gén.; 1175, Chr. de Troyes (*siegle*); XIIIᵉ s., *Berte* (*siecle*); du lat. *saeculum*.

siège 1080, *Roland*, « lieu où l'on s'établit » et « place où l'on s'assied »; XIIIᵉ s., milit.; du lat. pop. *sĕdĭcum*, du verbe *sĕdĭcare*, dér. de *sedēre*, être assis. ‖ **siéger** 1611, Cotgrave. ‖ **assiéger** 1080, *Roland* (*asseger*), milit.

sien, sienne V. SON 1.

sierra 1845, Gautier, géogr., de l'esp. *sierra*, proprem. « scie ».

sieste 1660, Mᵐᵉ de Sévigné (*siesta*); 1715, Lesage (*sieste*); de l'esp. *siesta*, du lat. *sexta* (*hora*), « la sixième heure » (midi, d'après la division romaine du jour).

sieur XIIIᵉ s., anc. cas régime de *sire*, du lat. pop. *seiorem* (v. SIRE); encore honorifique au XVIIᵉ s., puis cristallisé comme terme jurid., ou péjor. (V. MONSIEUR.)

siffler XIIᵉ s., du lat. pop. *sīfilāre*, var. du lat. class. *sibilare* (demeuré dans certains parlers rég., d'où les formes *sibler, subler*). ‖ **sifflant** 1872, L., adj. ‖ **sifflet** milieu XIIIᵉ s.; var. *siblet*, 1280, Joinville. ‖ **sifflement** XIIᵉ s. (*ciflement*); 1398, E. Deschamps (*sifflement*). ‖ **siffleur** début XVIᵉ s. ‖ **sifflage** 1842, *Acad.*, vétér. ‖ **siffloter** 1841, *les Français peints par eux-mêmes*. ‖ **sifflotement** fin XIXᵉ s. ‖ **persifler** 1752, Fréron. ‖ **persiflage** 1735, d'Alembert. ‖ **persifleur** 1762, *Acad.*

sigillé 1564, Liébault; du lat. *sigillatus*, orné de figurines, de *sigillum* (v. SCEAU). ‖ **sigillaire** 1806, Lunier. ‖ **sigillographie** 1872, L., sur l'élém. *-graphie*. ‖ **sigillographique** 1874, *Rev. des Deux Mondes*.

sigisbée 1736, d'Argens, de l'ital. *cicisbeo*, galant, d'orig. obscure, peut-être mot expressif (cf. le vénitien *cici*, au XVIIIᵉ s., « babil des femmes »).

sigle 1765, *Encycl.*, du bas lat. jurid. *sigla*, pl. neutre, « signes abréviatifs ». ‖ **siglaison** XXᵉ s.

sigma 1673, Blondel, mot gr., lettre de l'alphabet grec corresp. à *s*. ‖ **sigmoïde** 1654, Gelée.

signal fin XIIᵉ s., réfection, d'après *signe*, de l'anc. fr. *seignal*, du lat. pop. *signāle*, neutre substantivé de *signālis*,

« de signe », de *signum*, signe. ‖ **signaler** 1578, d'Aubigné (*se signaler*), « rendre remarquable »; fin XVIII⁰ s., « appeler l'attention sur ». ‖ **signalé** 1578, H. Est. (*segnalé*), « remarquable », de l'ital. *segnalato*, part. passé de *segnalare*, « rendre illustre », de *segnale*, du lat. *signalis*. ‖ **signalement** 1718, *Acad.* ‖ **signalétique** 1836, Landais. ‖ **signaleur** 1890, Lar. ‖ **signalisation** 1909, *L. M.* ‖ **signaliser** XX⁰ s., surtout au part. passé.

signataire, signature V. SIGNER.

s i g n e X⁰ s., *Saint Léger*, du lat. *signum*; a éliminé du lexique usuel la forme pop. *seing* (v. ce mot). ‖ **signet** fin XIII⁰ s. (*sinet*), « petit seing »; 1660, Mᵐᵉ de Sévigné, sens mod.

*****signer** 1080, *Roland* (*seignier*); XIV⁰ s. (*signer*, d'après *signe*), « marquer d'un signe »; et aussi « faire le signe de la croix » (d'où *se signer*, v. 1535, Rab.); XV⁰ s., « apposer sa signature »; du lat. *signāre*, mettre un signe, de *signum* (v. le précéd.). ‖ **signataire** 1791, Danton. ‖ **signature** milieu XV⁰ s. ‖ **contresigner** 1415, *Ordonnance.* ‖ **soussigné** début XVI⁰ s., d'après le lat. *subsignāre*.

signet V. SIGNE.

signifier 1119, Ph. de Thaun (*signefier*), du lat. *significare*, de *signum* (v. SIGNE). ‖ **signifiant** 1565, Ronsard, adj., hors d'usage depuis la fin du XVIII⁰ s. (encore chez Mᵐᵉ de Staël); v. 1910, F. de Saussure, s. m., linguist. ‖ **signifiance** XIII⁰ s., *Queste du Saint Graal* (*senefiance*); 1422, A. Chartier (*signifiance*). ‖ **signifié** v. 1910, F. de Saussure, s. m., linguist. ‖ **signification** 1119, Ph. de Thaun (*signefication*), du lat. *significatio.* ‖ **significatif** 1495, *Miroir hist.*, du bas lat. *significativus.* ‖ **insignifiant** 1778, Vergennes. ‖ **insignifiance** 1785, Domergue.

sil 1562, Du Pinet, argile, mot lat.

silence 1190, saint Bernard; du lat. *silentium*, de *silere*, rester silencieux. ‖ **silencieux** 1611, Cotgrave; du lat. *silentiosus.* ‖ **silenciaire** 1611, Cotgrave, hist., du lat. *silentiarius.*

silène 1765, *Encycl.*, bot., du lat. bot. *silene* (*inflata*), par métaph., du nom du dieu romain *Silenus*, qu'on représentait gonflé comme une outre.

silésienne 1686, trad. de Draper (*toile de Silésie*); fin XIX⁰ s. (*silésienne*); du nom de la *Silésie*, pays où cette étoffe fut d'abord fabriquée.

silex 1556, R. Le Blanc, mot lat., « pierre dure, caillou ». (V. SILICE.)

silhouette 1759, *à la silhouette*, loc. ironique, d'abord pour caractériser un passage rapide, du nom du contrôleur général E. de Silhouette, qui, parvenu aux affaires en mars 1759, devint vite impopulaire et tomba en novembre de la même année; puis pour les objets seulement ébauchés, mal faits : *portrait à la silhouette*, 1782, Mercier; d'où *silhouette*, 1801, Ballanche, s. f. ‖ **silhouetter** v. 1865, Thoré-Bürger.

silice 1787, Guyton de Morveau, du lat. *silex, -icis* (v. *silex*). ‖ **siliceux** 1780, Thouvenel. ‖ **silicium** 1810, Berzelius. ‖ **silicique** début XIX⁰ s. ‖ **silicate** début XIX⁰ s. ‖ **silicicole** 1872, L., bot. ‖ **silicone** XX⁰ s. ‖ **silicose** XX⁰ s., méd. ‖ **siliciure** 1836, Landais.

silique 1372, Corbichon, bot., « cosse », du lat. *siliqua.* ‖ **siliqueux** 1549, Meignan. ‖ **silicule** 1557, Dodoens, du dér. lat. *silicula.* ‖ **siliculeux** 1812, Mozin.

sillage 1574, de Bessard, de *siller* (XV⁰ s., *seiller*), mar., dér. de *sillon* (v. ce mot); XX⁰ s., fig.

sillet (*d'un violon*) 1642, Oudin (*cillet*); de l'ital. *ciglietto*, de *ciglio*, cil, et au fig. « bord ».

sillon 1160, Benoît (*seillonet*, dimin.; début XIII⁰ s., *Renart* (*seillon*, jusqu'au XVII⁰ s.), « bande de terrain laissée à un paysan », puis « sillon »; de même orig. que l'anc. v. *silier*, labourer, d'un rad. gaulois **selj-*, « amasser la terre ». ‖ **sillonner** 1539, R. Est (*seilonner*); au pr. et au fig.

silo 1775, Béguillet (*syro*, avec *r* d'après le lat.); de l'esp. *silo*, du lat. *sīrus*, gr. *seiros*, fosse à blé. ‖ **silotage** XX⁰ s. ‖ **ensiler** 1842, *Acad.* (*ensilage*). ‖ **ensileur** 1877, L.

silure milieu XVI⁰ s., Thevet, poisson; du lat. *silurus*, gr. *silouros*.

silurien 1839, de Beaumont, géol., de l'angl. *silurian*, tiré en 1839 par Murchison du lat. *silures*, désignant les anciens habitants de la région d'Angleterre (Shropshire) où ce terrain fut étudié.

silvain, silvestre V. SYLVAIN.

simagrée XIIIᵉ s., de Fournival, orig. obscure, peut-être de l'anc. fr. *si m'agrée*, « ainsi cela m'agrée ».

simarre 1606, L'Estoile, début XVIIᵉ s. (var. *chimarre*); de l'ital. *zimarra*, de l'esp. *zamarra*. (V. CHAMARRER.)

simaruba 1665, Breton (*chimalouba*); début XVIIIᵉ s. (*simarouba*); d'une langue indigène d'Amérique. ‖ **simarubacées** 1827, *Acad.* (*simaroubées*); 1872, L. (*simaroubacées*).

simbleau 1690, Fur., techn., var. de *singleau, cingleau.* (V. CINGLER 2.)

simiesque milieu XIXᵉ s., Gautier; du lat. *simius*, singe. ‖ **simien** 1842, *Acad.*

similaire 1538, Canappe, du lat. *similis*, semblable. ‖ **similitude** 1265, J. de Meung, du lat. *similitudo*, ressemblance. ‖ **similarité** 1875, Lar. ‖ **similibronze** 1878, Lar. ‖ **similigravure** fin XIXᵉ s.; 1907, Lar. ‖ **simili** 1875, Lar., adj., en musique; s. m., 1892, Lavedan, abrév. du précédent. ‖ **similiste** XXᵉ s. ‖ **similor** 1742, Malouin.

similitude V. SIMILAIRE.

simonie 1190, Garn., eccl.; du lat. eccl. médiév. *simonia*, du nom de *Simon* (*le Magicien*), qui avait tenté de corrompre Pierre et Paul pour obtenir le don de conférer le Saint-Esprit. ‖ **simoniaque** 1372, J. de Salisbury, lat. eccl. médiév. *simoniacus*.

simoun 1791, d'après Mackenzie; de l'angl. *simoon*, empr. à l'ar. *samūm*.

***simple** début XIIᵉ s., adj.; du lat. *simplus*, var. de *simplex*, proprem. « formé d'un seul élément », d'où « simple, sans artifice ». ‖ **simple** 1560, Paré, s. m., méd.; ellipse de *simple médecine*, XIIIᵉ s. (par oppos. à *médecine composée*); le masc. est dû à l'infl. de *médicament*, ou du lat. médiév. *medicamentum simplex*. ‖ **simplesse** fin XIIᵉ s., R. de Moiliens. ‖ **simplet** XIIᵉ s. ‖ **simplicité** début XIIᵉ s., *Ps. de Cambridge*, du lat. *simplicitas*. ‖ **simpliste** 1578, Chauvelot, marchand de simples; 1611, Cotgrave, adj. ‖ **simplisme** début XIXᵉ s. ‖ **simplifier** 1470, *Livre disc.*, du lat. médiév. *simplificare*. ‖ **simplification** *id.* ‖ **simplificateur** fin XVIIIᵉ s., Mercier.

simulacre fin XIIᵉ s., *Rois*, « statue, image »; XVIᵉ s., apparence; du lat. *simulacrum*, image, représentation, de *simulare*, reproduire, imiter.

simuler fin XVᵉ s., surtout jurid. jusqu'au XIXᵉ s.; du lat. *simulare*, au sens de « feindre ». ‖ **simulation** 1265, J. de Meung, du lat. *simulatio*. ‖ **simulateur** début XVIᵉ s., sens propre; début XIXᵉ s., méd. ‖ **dissimuler** 1360, Oresme, du lat. *dissimulare*, cacher. ‖ **dissimulation** 1190, saint Bernard, du lat. *dissimulatio*. ‖ **dissimulateur** 1493, Coquillart, du lat. *dissimulator*.

simultané 1738, Desfontaines; lat. médiév. *simultaneus*, dér. du lat. class. *simultas*, compétition, pris au sens de « simultané », d'après le lat. *simul*, « ensemble, en même temps ». ‖ **simultanéité** 1754, Bonnet. ‖ **simultanéisme** 1948, *L. M.*, littér.

sinanthrope XXᵉ s., du lat. *Sina*, Chine, et du gr. *anthrôpos*, homme:

sinapiser 1503, G. de Chauliac, du lat. méd. *sinapizare*, du gr. *sinapizein*, de *sinapi* (v. SANVE). ‖ **sinapisme** 1562, Du Pinet, du lat. méd. *sinapismus*, gr. *sinapismos*.

sincère 1308, Aimé, du lat. *sincerus*. ‖ **sincérité** début XIIIᵉ s., du lat. *sinceritas*. ‖ **insincérité** 1845, Fr. Wey.

sinciput 1538, Canappe, anat.; du lat. *sinciput, -itis*, proprem. « moitié de la tête » (de *semi* et *caput*), d'où « devant de la tête » (v. OCCIPUT). ‖ **sincipital** 1803, Boiste.

sindon 1755, abbé Prévost, eccl.; 1707, Dionis, chir.; mot lat., du gr. *sindôn*, étoffe de lin.

sinécure 1715, Lesage, *Rem. sur l'Angleterre* (*sine cura*); 1804, Saint-Constant (*sinécure*), pour des usages fr.; de l'angl. *sinecure*, d'abord *sine cura* (milieu XVIIᵉ s.), de la loc. lat. *sine cura*, « sans souci », d'abord appliquée à des charges eccl. ‖ **sinécuriste** 1829, Vidocq.

sine qua non (*condition*) milieu XVIIIᵉ s., loc. du lat. scolaire, proprem. « (condition) sans laquelle non ».

***singe** XIIᵉ s. (*singesse*, fém., arch.); 1268, É. Boileau (*singe*); du lat. *sīmius*, var. de *sīmia*; XVIIIᵉ s., « patron », terme de compagnonnage; *payer en* monnaie de singe, 1552, Rab., par allusion à l'usage des montreurs de singes, qui payaient le péage en faisant jouer leurs singes. ‖ **singerie** 1350, Gilles li Muisis. ‖ **singer** fin XVIIIᵉ s., La Harpe. ‖ **singeur** 1611, Cotgrave. ‖ **singeresse** 1580, Montaigne. (V. SI-MIESQUE.)

single début XXᵉ s., « un simple » au tennis, et « compartiment de wagon-lit pour un voyageur »; mot angl. signif. « seul ».

singleton milieu XVIIIᵉ s., terme de whist et de bridge, de l'angl. *singleton*, de *single*, seul, de l'anc. fr. *sengle*, du lat. *singulus* (v. le précéd.).

singularité V. SINGULIER.

singulier 1190, Garn. (*singuler*); fin XIIIᵉ s. (*singulier*, par changem. de suff.), « qui concerne un seul », et terme de gramm.; XIVᵉ s., « qui se distingue des autres », rare avant le XVIIᵉ s.; XVᵉ s., péjor.; du lat. *singularis*, proprem. « seul ». ‖ **singularité** 1190, saint Bernard (*singulariteit*), du bas lat. *singularitas*. ‖ **singulariser** 1555, F. de Billon, de *singulier*, d'après le lat. *singularis*. (V. SANGLIER.)

singultueux fin XVIIIᵉ s., méd., du lat. *singultus*. (V. SANGLOT.)

sinistre début XVᵉ s., adj.; du lat. *sinister*, « qui est à gauche », d'où « défavorable ». ‖ **sinistre** fin XVᵉ s., s. m., de l'ital. *sinistro*, adj. substantivé, de même orig. que le précéd. ‖ **sinistré** 1870, *Gazette des tribunaux*, adj., dér. de *sinistre*, subst.

sinologie 1842, *Acad.*, du lat. *Sina*, Chine. ‖ **sinologique** 1842, *Acad.* ‖ **sinologue** 1819, Boiste.

sinon V. SI 1.

sinople v. 1170, *Tristan* (*sinopre*), blas., couleur rouge; XIVᵉ s., couleur verte; du lat. *sinopis*, mot gr., « terre de Sinope » (de couleur rouge).

sinueux 1538, Canappe, du lat. *sinuosus*, de *sinus*, pli (v. SEIN). ‖ **sinuosité** 1549, R. Est., d'après le lat. *sinuosus*.

1. sinus 1538, Canappe, anat., mot lat. signif. « pli, repli ». ‖ **sinusite** fin XIXᵉ s.; 1906, Lar.

2. sinus 1544, Apian, géom., demi-corde de l'arc double; du lat. médiév.

sinus, trad. (par confusion avec le précéd.) de l'ar. *djayb*, « ouverture d'un vêtement ». ‖ **cosinus** 1717, Grischow. ‖ **sinusoïde** 1872, L. ‖ **sinusoïdal** 1872, L.

sionisme fin XIXᵉ s., du nom de *Sion*, montagne de Jérusalem. ‖ **sioniste** *id.*

siphon XIIIᵉ s., « trombe »; 1546, Rab., techn.; du lat. *sipho*, gr. *siphôn*. ‖ **siphonner** 1872, L. ‖ **siphonage** 1875, *Gazette des tribunaux*. ‖ **siphoïde** 1875, Lar. ‖ **siphomycètes** XX s. ‖ **siphonophores** 1842, *Acad.*

*****sire** 1080, *Roland* (cas sujet), « seigneur »; XIVᵉ s., désigne le souverain; XVIIIᵉ s., péjor.; du lat. pop. *seior*, forme fam. de *senior* (v. SEIGNEUR, SIEUR). ‖ **messire** XIIᵉ s., de *sire* et *mes*, anc. cas sujet sing. de *mon*.

sirène XIIᵉ s. (*syrène*); 1265, Br. Latini (*sereine*); XVIᵉ s. (*sirène*); du bas lat. *sirena* (IIIᵉ s., Tertullien), en lat. class. *siren*, mot gr. (V. SERIN.)

sirli 1800, Bomare, ornith., onom.

sirocco 1265, Br. Latini (*siloc*); 1441, Em. Piloti (*siroc*); 1575, J. Des Caurres (*siroco*); 1598, Villamont (*sirocco*); de l'ital. *scirocco*, empr. à l'ar. pop. *choroûq*, en ar. *charqî*, vent d'est.

sirop fin XIIᵉ s., du lat. médiév. *sirupus*, de l'ar. méd. *charâb*, proprem. « boisson » (v. SORBET). ‖ **sirupeux** 1742, Geoffroy, d'après le lat. *sirupus*. ‖ **siroter** 1620, Binet (*siroper*), « traiter par des sirops »; 1680, Richelet (*siroter*), sens mod. ‖ **siroteur** 1680, Richelet.

sirupeux V. SIROP.

sisal 1910, Etesse, de *Sisal*, port du Yucatán (Mexique); nom usuel de l'agave d'Amérique.

sismique, sismographe, sismologie V. SÉISME.

sison 1545, Guéroult, bot., mot lat., empr. au gr. *sisôn*.

sissonne 1691, Monchesnay, hist., danse (altéré parfois en *si-sol*); peut-être du nom du comte de *Sissonne*, qui l'aurait inventée.

sistre 1527, Marot, hist., du lat. *sistrum*, du gr. *seîstron*.

sisymbre 1545, Guéroult (*sisymbrion*), bot., du lat. *sisymbrium*, gr. *sisumbrion*.

site 1576, A. Du Cerceau, de l'ital. *sito*, du lat. *situs*, situation. ‖ **sitogonio-mètre** XXe s.

sitôt V. TÔT.

situer début XIVe s., du lat. médiév. *situare*, de *situs* (v. SITE). ‖ **situation** 1375, R. de Presles.

*__six__ XIIe s. (*sis*; puis *six*, d'après le lat.); du lat. *sex*. ‖ **sixième** 1190, saint Bernard (*seixime*; puis *sixième*, v. CENTIÈME pour le suff.). ‖ **sizain** fin XIIIe s. (*sisain*), « sorte de petite monnaie »; 1650, Molière, métrique. ‖ **sizette** 1740, *Acad. univ. des jeux*, jeu de cartes.

sixte 1611, Cotgrave, mus., spécialisation au fém. de l'anc. fr. *sixte*, var. orthogr. de *siste*, « sixième », adapt. du lat. *sextus*, d'après *six*.

sizain, sizette V. SIX.

skating 24 avril 1876, *Figaro*; 1878, Lar.; mot angl., de (*to*) *skate*, patiner.

skeleton 1899, *Vie au grand air*; 1907, Lar., luge; mot angl. signif. « squelette », par ext. « charpente ».

sketch 1er octobre 1908, *Gaulois*, mot angl. signif. « esquisse ».

ski 1841, *Magasin pitt.* (*skie*, encore 1875, Lar.); vulgarisé par le Club alpin à partir de 1890; empr. au norvégien *ski*, peut-être par l'angl. *ski*, *skie*; prononcé d'après la lecture, car *ski* se prononce *chi* en norvégien, en angl., en all. ‖ **skier** début XXe s. ‖ **skieur** 1906, Lar. ‖ **téléski** XXe s. ‖ **après-ski** XXe s.

skiascopie 1906, Lar., méd., du gr. *skia*, ombre, et de l'élém. *-scopie*.

skiff 1851, Ph. Chasles, de l'angl. *skiff*, lui-même issu du fr. *esquif*.

skunks V. SCONSE.

slalom v. 1910, journ., du norvégien *slalom*, de *sla*, incliné, et *låm*, trace de ski. ‖ **slalomeur** 1961, journ.

slang 1856, Fr. Michel, mot angl. signif. « jargon ».

slave XVIIe s., Ménage, anc. slave *slava*, gloire. ‖ **slavon** début XIXe s. ‖ **slavisme** milieu XIXe s., Ph. Chasles. ‖ **slaviste** 1876, *Rev. critique*. ‖ **slavisant** 1906, Lar. ‖ **slavophile** 1876, *Journ. des débats*.

sleeping-car 1872, J. Verne; par abrév., *sleeping*; mot angl., proprem. « voiture (*car*) à dormir (*to sleep*) ».

slip 1885, Pairault, « laisse »; 1914, *catalogue Williams*, « cache-sexe »; de l'angl. *slip*, proprem. « petit morceau d'étoffe ».

slogan 1842, *Acad.*, « cri de guerre écossais »; 1930, G. Duhamel, formule de publicité; mot angl., d'orig. écossaise, proprem. « cri de guerre », du gaélique *sluagh*, troupe, et *gairm*, cri.

sloop 1725, Mackenzie, mot angl.; du néerl. *sloep*, du moy. fr. *chaloppe*. (V. CHALOUPE.)

sloughi 1845, Daumas, lévrier d'Afrique, de l'ar. africain *slūgi*, lévrier.

smala ou **smalah** 1843, journ. (au moment de la prise de la smala d'Abd el-Kader), au pr.; 1867, Delvau, fig., péjor.; de l'ar. d'Algérie *zmāla*, proprem. « réunion de tentes ».

smalt fin XVIe s., verre bleu, de l'ital. *smalto*, « émail » (v. ÉMAIL). ‖ **smaltine** 1872, L.

smaragdite fin XVIIIe s., Saussure, minér.; du lat. *smaragdus* (v. ÉMERAUDE). ‖ **smaragdin** 1752, *Trévoux*, même étym.

smart 1850, en canadien fr.; 7 décembre 1898, *Journ. des débats*, « élégant, chic »; mot angl., proprem. « cuisant, piquant ».

smash XXe s., sport, mot angl. signif. « écraser ». ‖ **smasher** XXe s.; 1963, journ.

smectique 1778, Villeneuve, minér., du gr. *smêktikos*, de *smêgma*, savon.

smilax 1583, E. Le Lièvre, mot lat., nom scientif. de la *salsepareille*.

smille 1676, Félibien, « marteau de maçon »; orig. obscure. ‖ **smiller** 1676, Félibien. ‖ **smillage** 1906, Lar.

smoking 1890, Rostand, *Musardises*; 1906, Lar.; ellipse de *smoking-jacket* (1889, P. Bourget, *Études et portraits*), mot angl., proprem. « jaquette pour fumer », de (*to*) *smoke*, fumer.

snack-bar milieu XXe s., mot angl.; de *snack*, portion, et *bar* (v. ce mot). ‖ **snack** milieu XXe s., abrév.

snob 1857, Guiffrey, trad. du *Livre des snobs*, de Thackeray; vulgarisé dans la seconde moitié du XIXe s.; mot angl., de l'argot des étudiants de Cambridge, désignant les étrangers à l'Université, en angl. proprem. « homme de basse condition », et partic. « garçon cordonnier ». ‖ **snobisme** id. ‖ **snobinette** 1898, J. Lemaitre, *Discours à la séance des cinq Acad.*; 1906, Lar. ‖ **snobinard** XXᵉ s.

snow-boot v. 1885, journ.; 1907, Lar.; mot angl., de *boot*, bottine, et *snow*, neige, « bottine pour la neige ».

sobre fin XIIᵉ s., Marie de France; du lat. *sobrius*. ‖ **sobriété** fin XIIᵉ s., du lat. *sobrietas*.

sobriquet XIVᵉ s., « coup sous le menton »; XVᵉ s., Martin le Franc (*soubriquet*), sens mod., par métaph.; peut-être comp. de *sous*, avec un élém. obscur.

***soc** fin XIIᵉ s., *Rois*, du lat. pop. *sŏccus, présumé d'orig. gauloise (cf. l'irl. *socc*, « museau »). ‖ **sochet** 1842, *Acad.*, charrue sans roue. ‖ **bissoc** 1866, Lar. ‖ **ensochure** fin XIXᵉ s., *D. G.*

sociable 1552, Ch. Est., du lat. *sociabilis*, de *sociare*, unir, associer (v. les suiv.). ‖ **sociabilité** 1665, Chapelain. ‖ **insociable** 1552, Ch. Est. ‖ **insociabilité** 1721, Montesquieu.

social 1375, R. de Presles (*vie socielle*); fin XVIᵉ s., P. Charron (*vie sociale*); peu usité avant le milieu du XVIIIᵉ s. (surtout après le *Contrat social* de J.-J. Rousseau, 1761); se charge d'une valeur polit. à partir de 1831, Lamennais; du lat. *socialis*, « fait pour la société », de *socius*, compagnon; *question sociale*, *parti social*, 1834, V. Considérant; *la sociale*, 1848, chans., ellipse de *la république sociale*; *social démocrate*, fin XIXᵉ s. ‖ **socialité** 1636, Monet. ‖ **socialiser** 1786, Grivel, rendre social; 1842, C. Pecqueur, sens écon. mod. ‖ **socialisation** 1840, C. Pecqueur. ‖ **socialisme** XVIIIᵉ s., appliqué à l'école du juriste Grotius; 23 novembre 1831, *le Semeur*, écon. polit. ‖ **socialiste** id. (en angl. en 1822); *démocrate-socialiste*, 1869, tract; *parti socialiste*, 1871, rapport du préfet du Nord. ‖ **socialisant** adj., 1840, C. Pecqueur. ‖ **antisocial** 1776, d'Holbach.

société fin XIIᵉ s., Gaut. d'Arras, « association »; XVIIᵉ s., « compagnie religieuse ou commerciale »; du lat. *societas*, de *socius*, compagnon, associé.

‖ **sociétaire** 29 mai 1794, *Journ. de la Montagne*, membre d'une société, sens qui survit seul auj.; 1808, Ch. Fourier, pour désigner son école. ‖ **sociétariat** 1872, L. ‖ **sociologie** 1839, Aug. Comte, du rad. de *société* et de l'élém. -*logie*, d'après *géologie*, etc. ‖ **sociologique** 1872, L. ‖ **sociologue** fin XIXᵉ s. (1906, Lar.). ‖ **sociologisme** 1933, Serrus. ‖ **sociométrie** XXᵉ s., de l'élém. *socio-* (de *sociologie*) et de l'élém. -*métrie* (v. ASSOCIER). ‖ **socio-** prem. élém. de comp., du type *socio-éducatif*, *socio-économique*, *socio-politique*, etc., milieu XXᵉ s.

socinien XVIIᵉ s., Bossuet, du nom de l'ital. *Socin*, créateur de cette secte relig. ‖ **socinianisme** 1726, G. Brandt.

socle 1674, Colbert; de l'ital. *zoccolo*, « sabot », du lat. *socculus*, brodequin. (V. SOCQUE.)

socotrin 1564, Liébault (*succocitrin*); 1672, Charras (*succotrin*); 1743, Geffroy (*socotrin*), aloès originaire de *Socotora*, île de la mer Rouge. (V. CHICOTIN.)

socque 1611, Cotgrave, chaussure de bois (sabot de religieux); fin XVIIᵉ s., Fénelon, antiq.; du lat. *soccus*.

socquette v. 1930, journ., de l'angl. *sock*, « bas », d'après *chaussette*.

soda 1842, *Acad.*, abrév. de l'angl. *soda-water* (empr. v. 1820, Jouy), proprem. « eau de soude ».

sodé V. SOUDE.

sodium 1807, Davy; de l'angl. *soda*, lui-même issu du lat. médiév. *soda* (v. SOUDE). ‖ **sodique** 1842, *Acad.*

sodomie 1398, *Ménagier*, du nom de *Sodome*, ville de Palestine réputée pour ses débauches, d'après la Bible (Genèse, XIII, XVIII et XIX). ‖ **sodomite** 1160, *Eneas*, du lat. eccl. *sodomita*, « habitant de Sodome ». ‖ **sodomiser** fin XVIᵉ s.; rare avant 1872, L.

***sœur** 1080, *Roland* (*sorur*, cas objet, var. *seror*; *suer* au cas sujet); du lat. *sorōrem*, acc., pour le cas objet, disparu très tôt, et *soror*, nominatif, pour le cas sujet, qui a seul survécu. ‖ **sœurette** milieu XVᵉ s., d'abord « religieuse ». ‖ **consœur** 1342, G., « femme d'une même confrérie »; XXᵉ s., fém. de *confrère* pour certaines activités littéraires et artistiques.

sofa 1560, Postel, « estrade couverte de coussins », 1657, La Boullaye, « divan »; de l'ar. *suffa*, « coussin », par l'interméd. du turc *sofa*.

soffite s. m., 1676, Félibien; de l'ital. *soffitto*, plafond, du lat. pop. **suffictus*, en lat. class. *suffixus*, part. passé de *suffigere*, suspendre.

*soi V. SE.

soi-disant V. DIRE.

*soie XIIe s., *Saxons* (*soie*, var. *seie*); du lat. pop. *sēta*, en lat. class. *saeta*, « poil rude, poil de porc », et en bas lat. « matière filée par le ver à soie »; a éliminé en ce sens *bombyx* et *sericum* (v. SERGE); *papier de soie*, 1871, *Journ. offic.* ‖ **soierie** début XIVe s. ‖ **soyeux** 1488, *Mer des hist.*, adj.; XIXe s., s. m., fabricant de soieries. ‖ **ensoyer** XIIIe s.

*soif XIIe s. (*sei*, *soi*); fin XIIe s. (*soif*, avec *f* dû à la fausse analogie des mots du type *buef*, *bœuf*, pl. *bues*, ou du type *nois*, cas sujet (de *nix*), et *noif*, cas objet (de *nivem*, v. NEIGE); la forme en *-f* l'a emporté parce qu'elle évitait les homonymies; du lat. *sitis*. ‖ **soiffer** 1808, d'Hautel. ‖ **soiffeur** milieu XIXe s., Lhéritier, suppl. aux *Mémoires* de Vidocq. ‖ **soiffard** 1844, Balzac. ‖ **assoiffer** 1607, Montlyard. ‖ **assoiffé** adj., fin XIXe s.

soigner v. 1160, *Charroi*, « s'occuper de, veiller à » (tr. et intr.); égalem., du XIIe au XVIe s., « avoir des soucis », « être préoccupé »; du francique **sunnjôn*, « s'occuper de ». ‖ **soin** 1080, *Roland*. ‖ **soigneux** adj., 1120, *Job*. ‖ **soigneur** s. m., XXe s. ‖ **soignante**, **aide-soignante** s. f., XXe s., part. prés. substantivé.

soin V. SOIGNER.

*soir 1080, *Roland* (*seir*); de l'adv. lat. *sērō*, « tard », de l'adj. *sērus*, tardif. ‖ **soirée** 1564, J. Thierry, réfection de l'anc. fr. *serée*, XIVe s. (v. SEREIN 2). ‖ **soiriste** 1890, Lar. ‖ **bonsoir** XVe s.

soit fin XIIIe s., Joinville, conj. alternative ou interj., forme figée de la 3e pers. sing. du subj. prés. du v. *être*.

*soixante 1080, *Roland* (*seisante*, var. *soissante*, puis *soixante* avec *x* d'après le lat.); du lat. pop. *sexantā* (IVe s.), en lat. class. *sexaginta*. ‖ **soixantième** XIIe s.; var. *soixantisme* (v. CENTIÈME). ‖ **soixantaine** fin XIVe s. ‖ **soixanter** 1752, *Trévoux*, techn. ‖ **soixante-dix** fin XIIIe s.; a éliminé l'anc. SEPTANTE (v. ce mot). ‖ **soixante-dixième** fin XIIIe s.

1. **sol** XVe s., *Coustumier général*, terrain; du lat. *solum* (v. SEUIL et SOLE 2). ‖ **solage** fin XIIIe s., terroir. ‖ **sous-sol** 1845, Besch. ‖ **solifluxion** XXe s., géogr., du lat. *solum*, sol, et *fluere*, couler.

2. **sol** forme archaïque de SOU.

3. **sol** mus., 1532, Rab.; du lat. *solve*, qui commence le 3e vers de l'hymne de saint Jean-Baptiste. (V. UT.)

solacier XIIe s., « consoler »; de l'anc. fr. *solas*; il a été remplacé par *soulager*.

solade V. SOLE 2.

solage V. SOL 1.

solaire XIIIe s., *Comput*, du lat. *solaris*, de *sol*, soleil. ‖ **solarium** 1878, Lar. ‖ **solarigraphe** XXe s.

solanacées 1787, *Journ. de phys.* (*solanées*); fin XIXe s. (*solanacées*); du lat. *solanum*, morelle (mot lat. empr. v. 1560, Paré).

solandre 1664, Solleysel, crevasse au pli du jarret du cheval; orig. obscure (pour la finale, v. MALANDRE).

solbatu V. SOLE 1.

soldanelle XVe s., origine languedocienne; dér. d'un mot prov. issu du rad. lat. *sal*, *salis*, sel; le mot est un diminutif (la soldanelle du Midi contient du sel en assez grande quantité).

soldat 1547, N. Du Fail (*à la soldate*); vulgarisé au XVIIe s.; a remplacé *soudard* (v. ce mot); de l'ital. *soldato*, de *soldare*, payer une solde. (V. SOLDE 1.)

soldatesque 1580, Montaigne, adj., « relatif au soldat »; XVIIe s., s. m., péjor.; de l'ital. *soldatesco*, « de soldat ». (V. le précéd.)

1. **solde** 1308, Aimé, s. f., paie des gens de guerre; de l'ital. *soldo*, s. m., proprem. « pièce de monnaie » (v. SOU); fém. en fr. à cause de la terminaison;

se mettre, être à la solde de, XIXᵉ s. ‖ **demi-solde** vulgarisé v. 1815, après la chute de Napoléon Iᵉʳ. ‖ **solder** fin XVIIIᵉ s., payer une solde.

2. **solde** (d'un compte) s. m. V. SOLDER 2.

1. **solder** V. SOLDE 1.

2. **solder** 1675, Savary, « arrêter un compte »; 1772, Raynal, « acquitter ce qui reste d'un compte »; milieu XIXᵉ s., « vendre des marchandises au rabais »; de l'ital. *saldare*, proprem. « souder » (v. SOUDER), adapté en *solder* d'après SOLDE 1, SOLDER 1. ‖ **solde** s. m., 1675, Savary, « règlement d'un compte »; 1748, Montesquieu, « ce qui reste à payer d'un compte »; milieu XIXᵉ s., « vente au rabais », le plus souvent au pl.; de l'ital. *saldo*, francisé de même manière que le verbe. ‖ **soldeur** fin XIXᵉ s.; 1906, Lar., marchand de soldes.

1. **sole** fin XIIᵉ s., dessous du sabot d'un cheval; et, au fig., divers sens techn.; du lat. *solea*, sandale. ‖ **solade** 1875, Lar., gerbes foulées par les chevaux. ‖ **solbatu** 1664, Solleysel, vétér. ‖ **solbature** *id.* ‖ **soléaire** 1560, Paré (*solaire*); 1806, Capuron (*soléaire*).

2. ***sole** XIVᵉ s., pièce de charpente; réfection, d'après les dér. *solin, solive*, etc., de l'anc. fr. *suele, seule*, du lat. pop. **sōla*, altér. de *solea* (v. le précéd.). ‖ **solive** fin XIIᵉ s. ‖ **soliveau** fin XIIIᵉ s. (*souliviau*). ‖ **solin** milieu XIVᵉ s., « intervalle entre les solives, les tuiles ». ‖ **entresol** début XVIIᵉ s. (*entresolle*), parfois fém.; s. m., 1718, *Acad.* (*entresol*); pour *entresoles*, « ce qui est entre les soles » (proprem. « logement pris sur la hauteur d'un étage »); XVIIIᵉ s., sens mod.

3. **sole** fin XIVᵉ s., agric. (attesté par le v. *assoler*); empl. fig. de *sole* 2. ‖ **assoler** fin XIIᵉ s., ‖ **assolement** fin XVIIIᵉ s. ‖ **dessoler** 1690, Furetière, faire un nouvel assolement. ‖ **dessolement** 1700, Liger.

4. **sole** XIIIᵉ s., *Fabliaux*, poisson; de l'anc. prov. *sola*, du lat. pop. **sola*, réfection de *solea* (v. SOLE 1), qui a pris ce sens à cause de la forme plate de ce poisson.

solécisme 1265, Br. Latini (*soloecisme*); 1488, *Mer des hist.* (*solécisme*);

du lat. *soloecismus*, gr. *soloikismos*, de *Soloi*, Soles, ville de Cilicie : proprem. « manière de parler (défectueuse) des habitants de Soles ».

*soleil début XIIᵉ s., *Voy. de Charl.*, du lat. pop. **soliculus*, en lat. class. *sol*. ‖ **ensoleillé** 1875, L. ‖ **ensoleillement** XXᵉ s.

solen 1733, Lémery, zool., mot lat., du gr. *sólên*, signif. « canal » et « étui ».

solennel 1190, saint Bernard (*solempnel*); du lat. *sollemnis*, orth. en bas lat. *solennis*. ‖ **solennité** 1120, *Ps. de Cambridge*, du lat. *sollemnitas, id.* ‖ **solenniser** début XIVᵉ s., du lat. eccl. *sollemnizare, id.* ‖ **solennisation** fin XIVᵉ s., Gerson.

solénoïde 1838, *Acad.*, du gr. *sólên*, canal, et de l'élém. *-oïde*. ‖ **solénoïdal** 1890, Lar.

soleret 1842, *Acad.*, de l'anc. fr. *soler*. (V. SOULIER.)

solfatare 1621, N. Bénard (*solfatara*); 1757, Cochin et Bellicard (*solfatare*); du mot ital. *solfatare*, désignant proprem. un volcan éteint près de Naples, de *solfo*, soufre.

solfège fin XVIIIᵉ s.; de l'ital. *solfeggio*, de *solfa*, gamme, de *sol, fa*. (Voir SOLFIER.)

solfier XIVᵉ s. (*solefiant*, part. prés.), du lat. médiév. *solfa*, « gamme », de *sol* et *fa*, et par anal. des v. en *-fier*.

s o l i d a i r e milieu XVᵉ s., jurid., « commun à plusieurs, chacun répondant du tout »; XVIIIᵉ s., ext. de sens; de la loc. lat. jurid. *in solidum*, « solidairement », proprem. « pour le tout », du neutre de l'adj. *solidus* (v. SOLIDE). ‖ **solidarité** début XVIIIᵉ s., jurid.; milieu XVIIIᵉ s., ext. ‖ **solidariser** 1842, Radonvilliers. ‖ **se désolidariser** XXᵉ s. ‖ **solidarisme** 1907, L. Bourgeois, morale de la solidarité. ‖ **insolidaire** av. 1865, Proudhon. ‖ **insolidarité** *id.*

solide 1314, Mondeville, adj.; début XVIIᵉ s., s. m., géom.; du lat. *solidus*, « massif », et au sens moral « ferme ». ‖ **solidité** XIVᵉ s., rare avant le XVIIᵉ s.; du lat. *soliditas*. ‖ **solidifier** milieu XVIIIᵉ s., Buffon. ‖ **solidification** fin XVIᵉ s., rare avant le XIXᵉ s., 1836, Landais.

solifluxion V. SOL 1.

soliloque 1600, Fr. de Sales; du bas lat. *soliloquium* (IVᵉ s., saint Augustin), de *solus*, seul, et *loqui*, parler. ‖ **soliloquer** XXᵉ s.

solin V. SOLE 2.

solipède 1556, R. Le Blanc, zool., adapt., d'après *solus* (v. SEUL), du lat. *solidipes*, *-pedis*, proprem. « au sabot entier, non fendu », de *solidus* (v. SOLIDE), et *pes*, *pedis* (v. PIED).

solipsisme 1878, Lar., philos., du lat. *solus*, seul, et *ipse*, soi-même.

soliste V. SOLO.

solitaire début XIIᵉ s., *Grégoire*, du lat. *solitarius*, de *solus*. (V. SEUL.)

solitude 1213, *Fet des Romains*; rare avant le XVIIᵉ s.; du lat. *solitudo*, de *solus*. (V. SEUL.)

solive, soliveau V. SOLE 2.

solliciter début XIVᵉ s.; du lat. *sollicitare*, proprem. « agiter avec force », d'où l'empl. fig., et en lat. eccl. « se préoccuper de »; jusqu'au XVIIIᵉ s., a pu signifier « troubler », « s'occuper d'une affaire », et « soigner (une maladie) ». ‖ **sollicitude** 1265, Br. Latini, « souci »; ext. de sens en fr. mod.; du lat. *sollicitudo*, proprem. « trouble moral ». ‖ **sollicitation** début XVᵉ s., du lat. *sollicitatio*, « inquiétude, instigation ». ‖ **solliciteur** milieu XIVᵉ s., jurid., « celui qui prend soin des affaires »; en fr. mod., ext. de sens (cf. le sens de l'angl. *sollicitor*).

sollicitude V. SOLLICITER.

solo 1703, de Brossard, mus., mot ital., proprem. « seul », du lat. *solus* (v. SEUL). ‖ **soliste** 1836, *Acad.*

solstice 1265, J. de Meung; rare jusqu'au XVIIᵉ s.; du lat. *solsticium*, de *sol*, soleil, et de *stare*, s'arrêter. ‖ **solsticial** XIVᵉ s., J. de Brie, du lat. *solstitialis*.

soluble 1265, J. de Meung, « qui peut être détruit »; 1690, Furetière, sens mod.; du bas lat. *solubilis*, de *solvere*, dissoudre, disjoindre. ‖ **solubilité** milieu XVIIIᵉ s. ‖ **solubiliser** 1878, Lar. ‖ **insoluble** XIIIᵉ s., d'Andeli, du lat. *insolubilis*. ‖ **insolubilité** 1765, *Encycl.*

solution 1119, Ph. de Thaun (*soluciun*), action de dissoudre, et empl. mathém.; XVIIIᵉ s., chim.; du lat. *solutio*, « action de délier, de dissoudre », de *solvere* (v. le précéd.); *solution de continuité*, 1314, Mondeville, d'abord en chir. ‖ **solutionner** fin XIXᵉ s.; 1906, Lar. ‖ **soluté** 1872, L.

solvable début XIVᵉ s., sens mod.; 1356, *Ordonnance*, « payable »; du lat. *solvere*, au sens fig., de « payer » (v. les précéd.). ‖ **solvabilité** milieu XVIIᵉ s. ‖ **insolvable** début XVᵉ s. ‖ **insolvabilité** 1539, R. Est.

solvant s. m., 1906, Lar.; du lat. *solvere*, dissoudre.

somatique 1620, Lamperière, biol.; rare avant 1872, L.; du gr. *sômatikos*, de *sôma*, *sômatos*, corps. ‖ **somatologie** 1762, *Acad.*, vx. ‖ **somatotrope** XXᵉ s. ‖ **soma** XXᵉ s., biol., empr. du mot gr. ‖ **somation** XXᵉ s.

sombre milieu XIIIᵉ s. (*essombre*), « lieu obscur »; 1374, G. (*sombre*); dér. d'un anc. v. **sombrer*, « faire de l'ombre », du bas lat. *subumbrare*, de *umbra* (v. OMBRE). ‖ **sombrer** 1611, Cotgrave, « assombrir »; 1654, Du Tertre (*sombrer sous voiles*), mar., parce que le bateau disparaît comme une ombre dans les eaux. ‖ **assombrir** 1597, Ph. Bosquier; rare jusqu'à la fin du XVIIIᵉ s., Mirabeau. ‖ **assombrissement** 1836, Barbey d'Aurevilly.

sombrero 1611, Pyrard (*-braine*), mot esp., de l'esp. *sombrar*, faire de l'ombre, du bas lat. *subumbrare*. (V. SOMBRE.)

sommaire XIIIᵉ s., *Arch. de Reims* (*sommerement*, adv), adj.; XIVᵉ s., s. m.; du lat. *summarium*, abrégé, résumé, de *summa* (v. SOMME 1); l'adj. est tiré du subst.

sommation V. SOMME 1 et SOMMER 2.

1. *somme s. f., fin XIIᵉ s., Villehardouin, « quantité »; 1265, J. de Meung, « somme d'argent »; aussi « abrégé, recueil, ouvrage théologique » en anc. fr.; du lat. *summa*, partie la plus haute, et par ext. « partie essentielle, totalité, somme d'argent », fém. substantivé de l'adj. *summus* (v. SOMMET); *en somme*, 1361, Oresme, calque du lat. *in summa*; *somme toute*, début XIVᵉ s., anc. loc. jurid., proprem. « total général ». ‖ **sommer** fin XIIᵉ s., R. de Moiliens, math., « faire une somme ». ‖ **somma-tion** v. 1450, Gréban, math.

2. ***somme** s. f., 1265, Br. Latini, « bât, charge », jusqu'au XVIᵉ s.; auj. seulem. dans *bête de somme;* du bas lat. *sagma,* « bât », mot gr. (IVᵉ s., Végèce; puis *sauma,* VIIᵉ s., Isidore de Séville). [V. SOMMELIER, SOMMIER.]

3. ***somme** XIIᵉ s., s. m., « sommeil »; XVIIᵉ s., sens mod., par restriction de sens devant la concurrence de *sommeil;* du lat. *somnus,* avec infl. de *sommeil;* la forme régulière est *som,* qu'on trouve dans les parlers rég. (V. SOMMEIL.)

***sommeil** 1155, Wace; du bas lat. *somniculus,* « léger sommeil », dimin. de *somnus* (v. SOMME 3). ‖ **sommeiller** 1120, *Ps. d'Oxford,* « dormir »; XVIIᵉ s., sens mod. ‖ **sommeillement** 1868, Goncourt. ‖ **ensommeillé** XVIᵉ s.; rare avant le milieu du XIXᵉ s.

sommelier milieu XIIIᵉ s.; altér. de *sommerier,* « conducteur de bêtes de somme », dér. de *sommier* (v. ce mot); début XIVᵉ s., « officier chargé des vivres »; XIVᵉ s., « domestique chargé de la table »; 1812, Mozin, sens mod. ‖ **sommellerie** début XVIᵉ s., pour la fonction et le lieu.

1. **sommer** V. SOMME 1.

2. **sommer** 1283, Beaumanoir, jurid., « mettre en demeure »; du lat. médiév. *summare,* proprem. « dire en résumé », de *summa,* « résumé » (v. SOMME 1). ‖ **sommation** XIVᵉ s., jurid.

sommet fin XIIᵉ s., *Rois (sumet);* de l'anc. fr. *som,* sommet, du lat. *summum,* neutre substantivé de l'adj. *summus,* « le plus haut » (v. SOMME 1, SOMMITÉ); *conférence au sommet,* milieu XXᵉ s., polit.

***sommier** 1080, *Roland,* « bête de somme » (jusqu'au XVIIᵉ s.); XIVᵉ s., « poutre »; XVIIᵉ s., sommier de lit; 1694, *Acad.,* « registre », par plaisanterie; du bas lat. *sagmārium,* bête de somme, de *sagma,* bât. (V. SOMME 2.)

sommité XIIIᵉ s., techn.; 31 mars 1825, *Journ. des dames,* personnage éminent; du bas lat. *summitas,* « sommet, cime », de *summa.* (V. SOMMET.)

somnambule 1690, Furetière, du lat. *somnus,* sommeil, et *ambulare,* marcher, d'après le lat. médiév. *noctambulus*

(v. NOCTAMBULE, SOMME 3, SOMMEIL). ‖ **somnambulisme** 1786, *Faublas.* ‖ **somnambulique** fin XVIIIᵉ s. ‖ **somnambulesque** 1847, Balzac.

somnifère fin XVᵉ s., O. de Saint-Gelais, du lat. *somnifer,* de *somnus,* sommeil, et *ferre,* apporter. (V. SOMNAMBULE, SOMME, SOMMEIL).

somnolent 1470, *Livre des disc.,* rare jusqu'au XIXᵉ s.; du bas lat. *somnolentus,* de *somnus* (v. SOMME, SOMMEIL). ‖ **somnolence** 1375, R. de Presles; rare jusqu'à la fin du XVIIIᵉ s.; du bas lat. *somnolentia.* ‖ **somnoler** 1874, Goncourt. ‖ **somnolescence** 1841, *les Français peints par eux-mêmes.*

somptuaire 1542, Dolet (*loy somptuaire*); du lat. (*lex*) *sumptuaria,* « (loi) relative aux dépenses », de *sumptus,* dépense, de *sumere,* prendre, employer, dépenser; v. 1760, J.-J. Rousseau, ext. d'empl.

somptueux XIVᵉ s.; du lat. *sumptuosus,* de *sumptus,* dépense (v. le précéd.). ‖ **somptuosité** 1488, *Mer des hist.;* du bas lat. *sumptuositas.*

1. ***son** 842, *Serments,* adj. possessif. de la forme atone de l'acc. lat. *suum.* ‖ **sa** de l'atone du fém. *sua.* ‖ ***ses** de l'atone des acc. pl. masc. et fém. *suos* et *suas.* ‖ *|**sien** Xᵉ s., *Eulalie* (*suon*); XIᵉ-XIIᵉ s. (*suen*); fin XIIᵉ s., Couci (*sien*); de la forme tonique de l'acc. lat. *suum.* ‖ **sienne** fém. de *sien;* a remplacé l'anc. *soue,* issu de la forme tonique de *sua.* (V. MON 1, TON 1.)

2. ***son** XIIᵉ s., *Roncevaux,* bruit; du lat. *sonus,* avec infl. de *sonner,* ou du mot lat. (la forme régulière serait *suon,* *suen*). ‖ **ultra-son** XXᵉ s. ‖ **infra-son** XXᵉ s. ‖ **sonique** XXᵉ s., techn. ‖ **super-sonique** XXᵉ s., techn. ‖ **sonomètre** 1699, Loulié (inventeur de l'appareil). ‖ **sonothèque** XXᵉ s. ‖ **sonar** milieu XXᵉ s.; 1963, journ., techn. (V. SONORE.)

3. **son** fin XIIᵉ s. (*saon, seon*), « rebut »; milieu XIIIᵉ s., « résidu de la mouture »; peut-être de l'anglo-saxon *sēon,* « rebut », part. passé du verbe *sēon,* « passer, filtrer ».

sonate 1718, *Acad.,* de l'ital. *sonata,* de *sonare,* « jouer d'un instrument », du lat. *sonare* (v. SONNER). ‖ **sonatine** 1842, *Acad.*

sonde 1180, *Perceval*; fin XVIᵉ s., chir.; de l'anglo-saxon *sund-*, élém. de *sundgyrd*, « perche pour sonder », *sundrap*, « corde pour sonder ». ‖ **sonder** fin XIVᵉ s.; XVIᵉ s.; fig. ‖ **sondeur** 1752, *Trévoux.* ‖ **sondeuse** xxᵉ s. ‖ **sondage** 1769, Morand. ‖ **insondable** 1578, Léry.

***songe** XIIᵉ s., *Roncevaux*; auj. surtout littér., refoulé par *rêve*; du lat. *somnium*, de *somnus* (v. SOMME, SOMMEIL). ‖ ***songer** 1080, *Roland*, « rêver, faire un songe », jusqu'au XVIIᵉ s.; XVIᵉ s., sens mod.; du lat. *somniāre.* ‖ **songeur** XIIᵉ s. ‖ **songerie** xvᵉ s., d'après *rêverie*. ‖ **songe-creux** 1527, *Pronostication de Songe creux*, nom propre; v. 1580, Montaigne, adj.

sonique V. SON 2.

***sonner** 1080, *Roland* (soner, suner); du lat. *sonāre*, de *sonus* (v. SON 2). ‖ **sonneur** XIIIᵉ s. (*soneor*). ‖ **sonnerie** début XIIIᵉ s., G. de Coincy. ‖ **sonnette** fin XIIIᵉ s., Rutebeuf. ‖ **sonnaille** XIIIᵉ s., auj. rég.; probablem. des parlers franco-prov. ‖ **sonnailler** fin XIVᵉ s., J. de Brie, s. m., « animal portant une clochette au cou »; auj. rég. ‖ **dissoner** 1355, Bersuire; rare jusqu'au XVIIIᵉ s.; du lat. *dissonare.* ‖ **dissonance** 1390, E. de Conty, du bas lat. *dissonantia.* ‖ **malsonnant** xvᵉ s.

sonnet 1537, trad. du *Courtisan*, de l'ital. *sonetto*, de l'anc. prov. *sonet*, sorte de chanson ou de poème, de *son*, « mélodie », puis « poème ».

sonnette V. SONNER.

sonomètre, sonothèque V. SON 2.

sonore milieu xvıᵉ s.; *film sonore*, 1930, Moris; du bas lat. *sonorus*, de *sonus* (v. SON 2). ‖ **sonorité** xvᵉ s., rare jusqu'à la fin du XVIIIᵉ s.; du bas lat. *sonoritas.* ‖ **sonoriser** 1872, L. ‖ **sonorisation** 1872, L. ‖ **sonorisateur** oct. 1962, à la radio. ‖ **insonorisé, insonorisation** xxᵉ s. (1953, Lar.).

sophiste XIIIᵉ s., d'Andeli (*soffistre*), « qui use d'arguments captieux »; du lat. *sophistes*, gr. *sophistès*, sage, savant, et en partic. désignant des maîtres athéniens de rhétorique et de philosophie, dont Socrate critiqua les doctrines (vᵉ s. av. J.-C.). ‖ **sophisme** 1160, Benoît (*soffime*), « ruse »; 1549, R. Est., sens mod., d'après le lat.; du lat. *sophisma*, mot gr. ‖ **sophistique** 1265, Br. Latini, adj.; du lat. *sophisticus*, du gr. *sophistikos*; XIXᵉ s., s. f., pensée des sophistes. ‖ **sophistiquer** 1361, Oresme, « tromper »; xvᵉ s., fig.; du bas lat. *sophisticari*, « déployer une fausse habileté ». ‖ **sophistiqué** v. 1660, Molière. ‖ **sophistication** 1361, Oresme; rare jusqu'au XIXᵉ s. ‖ **sophistiqueur** 1493, Coquillart. ‖ **sophistiquerie** milieu xvıᵉ s.

soporifique 1680, Richelet; du lat. *sopor*, sommeil, ou *soporare*, endormir, d'après les adj. en *-fique*. ‖ **soporeux** 1560, Paré, méd., vx. ‖ **soporatif** 1580, Bodin, méd. ‖ **soporifère** début xvıᵉ s., J. Lemaire de Belges, vx; du lat. *soporifer*, de *sopor*, et *ferre*, apporter.

soprano milieu XVIIIᵉ s., mus.; mot ital. signif. « qui est au-dessus », du lat. *supra*, au-dessus (v. SOUVERAIN). ‖ **sopraniste** 1872, L.

sorbe 1256, Ald. de Sienne (*çourbe*); du lat. *sorbum*; fém., en fr., comme nom de fruit; a remplacé l'anc. *corme.* ‖ **sorbier** 1256, Ald. de Sienne.

sorbet 1553, Belon; de l'ital. *sorbetto*, du turc *chorbet*, de l'ar. pop. *chourba*, en ar. class. *charbât*, proprem. « boissons » (v. SIROP). ‖ **sorbetière** 1803, Boiste (*sorbétière*).

sorbonique xvıᵉ s., M. de Saint-Gelais, dér. de *Sorbonne* (d'abord collège de théologie, fondé au XIIIᵉ s. par Robert de Sorbon). ‖ **sorbonnard** fin XIXᵉ s.

***sorcier** VIIIᵉ s., *Gloses de Reichenau* (*sorcerius*), de l'anc. plur. *sorts* (v. SORT); proprem. « diseur de sorts »; on peut également supposer un lat. pop. *sortiarius.* ‖ **sorcellerie** XIIIᵉ s., *Chanson d'Antioche*, dissimilation de *sorcererie*; on trouve aussi en anc. fr. *sorcerie*. ‖ **ensorceler** XIIᵉ s. (*ensorcerer*). ‖ **ensorcellement** 1398, *Ménagier*. ‖ **ensorceleur** 1539, R. Est.

sordide 1495, *Mir. historial*, du lat. *sordidus*, de *sordes*, « saleté ». ‖ **sordidité** fin xvıᵉ s., Charron.

sore 1827, *Acad.*, bot., du gr. *sôros*, tas.

sorgho 1553, Belon; de l'ital. *sorgo*, d'orig. obscure.

sorite milieu xvıᵉ s., logique; du lat. *sorites*, gr. *sôreitês*, de *sôros*, tas (v. SORE),

701

parce que le *sorite* est constitué d'un entassement de prémisses.

sornette début XVe s.; dimin. de l'anc. fr. *sorne*, raillerie; probablem. de l'anc. prov. *sorne*, obscur (v. SOURNOIS). Cf. aussi le rég. *sorne*, « scorie », et au fig. « sobriquet ».

*sort 1080, *Roland*; du lat. *sors, sortis,* s. f., proprem. « tirage au sort », et par ext. « consultation des dieux »; d'où « destin »; on trouve parfois le fém. en fr. jusqu'au XVIe s., d'après le lat. (V. SOR-CIER, SORTE, SORTILÈGE, SORTIR.)

*sorte XIIIe s.; probablem. empr. tardif du lat. *sors, sortis,* en bas lat. « manière, façon » (v. le précéd.). ‖ **assortir** fin XIVe s., J. Le Fèvre, « disposer, munir »; XVIe s., sens mod.; infin. en *-ir* d'après *sortir.* ‖ **assortiment** 1534, Rab. ‖ **désassortir** 1629, Peiresc. ‖ **rassortir** 1834, Boiste. ‖ **rassortiment** 1838, *Acad.* ‖ **réassortir, -timent** 1899, Sachs-Villatte.

sortie V. SORTIR.

sortilège 1408, J. Petit, du lat. *sortilegus,* « qui dit le sort ». (V. SORT.)

*sortir fin XIIe s., *Floire*, « échapper »; en anc. fr., égalem. « obtenir par le sort », « jeter les sorts », « prédire », « pourvoir »; XVIe s., empl. mod., par une évolution sémantique obscure; remplace en ce sens l'anc. *issir* (v. ISSUE); du lat. *sortiri,* tirer au sort, de *sors, sortis* (v. SORT). ‖ **sortable** fin XIVe s., « convenable », de *sortir* au sens de « pourvoir ». ‖ **sortie** XVIe s., Tagault. ‖ **ressortir** 1080, *Roland*, « rebondir »; XIIe s., « se retirer, reculer »; début XIVe s., jurid., de *ressort* au sens jurid. ‖ **ressort** 1283, Beaumanoir, jurid., « recours »; XVe s., action de rebondir; 1560, Paré, ressort de métal; XVIe s., fig., sens moral. ‖ **ressortissant** 1694, *Acad.*

sosie 1738, Voltaire; du nom de *Sosie,* esclave d'Amphitryon, que la comédie de Molière (1668) a rendu célèbre.

sot fin XIIe s., Bodel, mot pop.; orig. obscure. ‖ **sottie** ou **sotie** XIIe s., « sottise », jusqu'au XVIe s.; XVe s., satire dialoguée où figurent des *sots.* ‖ **sottise** XIIIe s., *Fabliaux*; a éliminé le précéd. au propre. ‖ **sottisier** XVIIe s., Legrand. ‖ **sot-l'y-laisse** 1798, *Acad.* ‖ **assoter** XIIe s., arch. ‖ **rassoter** XIIe s.

*sou XIe s., *Lois de Guillaume* (pl. *solz*); XIIe s. (*solt*); XIIIe s., *Berte* (*sol*); du lat. *solĭdus,* adj. substantivé (v. SO-LIDE), pour désigner sous le Bas-Empire (IVe s., Amm. Marcellin) une monnaie de valeur fixe, d'abord d'or, puis, au Moyen Age, d'argent, et enfin de cuivre. (V. SOL-DAT, SOUDARD, SOUDOYER.)

soubassement V. BAS.

soubresaut 1369, G. de Machaut, d'abord équit.; XVe-XVIe s., « gambade »; XVIIe s., sens mod.; du prov. *sobresaut,* ou de l'esp. *sobresalto,* équit., identiques, pour la formation, au fr. *sursaut.* (V. SAUT.)

soubrette 1640, Faret; du prov. *soubreto,* fém. de *soubret,* proprem. « affecté », « qui fait le difficile », de *soubra,* « être de reste », d'où « laisser de côté », du lat. *superare,* être au-dessus. (V. SUR 1.)

soubreveste XVe s., *D. G.*; de l'ital. *sopravesta,* proprem. « veste de dessus ». (V. VESTE.)

soubuse 1800, Boiste, zool., comp. de *sous* et de *buse.*

souche 1175, Chr. de Troyes (*çoche*); d'un gaulois **tsŭkka,* corresp. à l'all. *Stock*; on trouve dans les parlers rég. *chuque, suche, coche.* ‖ **chouque** XIVe s., « pièce de bois de la mâture », forme normanno-picarde. ‖ **chouquet** 1381, G., « billot ». ‖ **souchet** début XVe s., bot. (d'après les rhizomes de cette plante). ‖ **souchetage** 1669, *Ordonn.* ‖ **soucheteur** *id.* ‖ **soucheter** fin XIXe s. ‖ **souchon** 1611, Cotgrave. ‖ **soucherie** 1872, L. ‖ **souchère** 1842, *Acad.,* généal.

1. souchet V. SOUCHE.

2. souchet 1624, Savot, minér., altér. de *souchef,* déverbal du suiv.

souchever 1676, Félibien, déliter une pierre; du lat. pop. *subcavare,* creuser en dessous. ‖ **soucheveur** 1680, Richelet.

1. *souci XIVe s. (*soucie, soucicle*), bot.; 1538, R. Est. (*souci,* d'après SOUCI 2); du bas lat. *solsequia,* « tournesol », proprem. « qui suit le soleil », de *sol,* soleil, et *sequi,* suivre. (V. TOURNESOL.)

2. souci V. SOUCIER.

*soucier 1265, J. de Meung; du lat. pop. **sollicĭtare*, inquiéter (v. SOLLICITER), en lat. class. *sollĭcitare*; allongem. de *i* d'après *excītus*, part. passé de *excīre*, exciter. ‖ **souci** 1398, *Ménagier*, « chagrin »; xvᵉ s., préoccupation. ‖ **sanssouci** xvᵉ s. ‖ **soucieux** fin xiiiᵉ s. ‖ **insoucieux** 1787, Féraud. ‖ **insouciant** 1773, Beaumarchais. ‖ **insouciance** 1764, Beaumarchais.

soucoupe 1640, Oudin (*sous-couppe*), calque de l'ital. *sotto-coppa*.

*soudain xiiᵉ s.; du lat. pop. **sŭbitanus*, en lat. class. *subitāneus*, de *subitus* (v. SUBIT). ‖ **soudaineté** xiiiᵉ s.

soudan 1298, *Voy. de Marco Polo*; var. de SULTAN (v. ce mot); adapt. de la forme ar.

soudard 1387, J. Le Bel, « soldat »; xviᵉ s., péjor.; remplacé au pr. par *soldat* (v. ce mot); réfection de l'anc. *soudoier*, xiiᵉ s. (var. *soldier, soldoier*), de *sold, soud*, forme anc. de *sou*. (V. SOLDE 1, SOU, SOUDOYER.)

*soude 1527, *Déclaration* (*soulde*); du lat. médiév. *soda*, de l'ar. *suwwād*, désignant la plante dont la cendre servait à fabriquer la soude. ‖ **soudier** 1872, L.

*souder fin xiᵉ s., Raschi (*soder*); du lat. *solĭdare*, proprem. « affermir », de *solidus* (v. SOLIDE, SOU). ‖ **soudure** fin xiᵉ s., Raschi. ‖ **soudeur** début xivᵉ s. ‖ **soudage** milieu xvᵉ s. ‖ **soudant** adj., 1872, L. ‖ **dessouder** xiiᵉ s., *Loherains*. ‖ **ressouder** xiiᵉ s.

soudoyer 1170, *Tristan*; dér. de *sold, soud*, forme anc. de *sou*. (V. SOLDAT, SOU, SOUDARD.)

soudre V. SOULTE.

soudrille 1570, Carloix, « soudard », arch.; croisement de *soudard* et de *drille*.

*soue 1823, Boiste, rég., étable à porcs (var. *sout, soute*); du bas lat. *sŭtis* (*Loi salique*), d'orig. obscure.

*souffler 1160, Benoît (*soffler*); du lat. *sufflare*, « souffler sur », de *flāre*, souffler. ‖ **soufflé** 1767, Diderot, adj., « bouffi »; 1825, Brillat, s. m., culin. ‖ **souffle** 1130, *Eneas*. ‖ **soufflement** fin xiiᵉ s., Grégoire. ‖ **soufflet** xiiᵉ s., *Aspremont*, instrument à souffler; xvᵉ s., gifle. ‖ **souffleter** 1546, Rab. ‖ **souf**

fleur xiiiᵉ s. ‖ **soufflerie** xiiiᵉ s. ‖ **soufflure** xviᵉ s., Haton, souffle; 1701, Furetière, techn. ‖ **soufflage** 1675, Colbert. ‖ **soufflard** 1875, Lar., techn. ‖ **essouffler** xiiᵉ s., *Aliscans*. ‖ **essoufflement** fin xvᵉ s.

souffreteux 1120, *Ps. d'Oxford* (*sufraitus*); xiiiᵉ s. (*souffreteux*), « qui est dans le dénuement », jusqu'au xviiiᵉ s.; début xixᵉ s., sens actuel, d'après *souffrir*; dér. de l'anc. fr. *sofraite, soufraite*, « privation, disette », du lat. pop. **suffracta*, part. passé, substantivé au fém.; du lat. pop. **suffrangere*, en lat. class. *suffringere*, « rompre ». (V. ENFREINDRE.)

*souffrir 1080, *Roland* (*sufrir*); du lat. pop. **sufferīre*, en lat. class. *sufferre*, de *ferre*, supporter; changem. de conjugaison d'après *férir, offrir*. ‖ **souffrant** v. 1120, *Ps. de Cambridge*, adj. ‖ **souffrance** 1190, Garn. (*sufferentia* au xiiiᵉ s., *Gloses de Reichenau*); au Moyen Age, égalem., « permission, délai ». ‖ **souffre-douleur** milieu xviiᵉ s.

*soufre v. 1160, *Charroi* (*soffre*); du lat. *sŭlphur, sŭlfur*, var. de *sulpur*, mot dial. ‖ **soufrer** 1256, Ald. de Sienne. ‖ **soufrage** 1798, Pajot. ‖ **soufrière** 1529, Parmentier. ‖ **soufreur** 1872, L. ‖ **soufreuse** fin xixᵉ s. ‖ **soufroir** 1827, *Acad.*

souhaiter 1175, Chr. de Troyes (*sohaidier*); milieu xivᵉ s., G. de Machaut (*souhaiter*); d'un gallo-roman **subtus-haitare*, « promettre de façon à ne pas trop s'engager », de *subtus*, et d'un francique *hait*, vœu. ‖ **souhait** 1175, Chr. de Troyes (*sohet*). ‖ **souhaitable** début xviᵉ s., J. Lemaire de Belges.

*souiller xiiᵉ s., *Aliscans* (*soillier*); probablem. du lat. pop. **suculāre*, de *sŭcŭlus*, dimin. de *sus*, porc. ‖ **souillard** v. 1350 (*soillard*), « souillon »; 1676, Félibien, techn. ‖ **souillarde** 1827, *Acad.* ‖ **souillure** 1495, J. de Vignay. ‖ **souillon** fin xvᵉ s., J. d'Authon. ‖ **souillonner** 1662, Racine. ‖ **souille** 1360, *Modus*, vén.; xviᵉ s., mar.

souk 1848, Daumas; mot ar., « marché ». ‖ **soukier** 1934, V. Margueritte, *Babel.*

*soûl 1265, J. de Meung (*saoul*), « repu », jusqu'au xviiᵉ s.; xviᵉ s.,

« ivre », sens qui a prévalu; auj. d'empl. pop.; du lat. pop. *satŭllus*, rassasié, en lat. class. *satur*, de *satis*, assez; *tout son soûl*, XVᵉ s. ‖ **soûler** XIIIᵉ s., *Berte* (*saouler*); même évolution de sens. ‖ **soûlard** début XVIᵉ s. ‖ **soûlaud** 1752, Restaud. ‖ **soûlographie** 1835, Balzac, *Un grand homme...*, d'après *typographie*. ‖ **soûlerie** 1872, L. ‖ **dessoûler** 1557, de Rochemore.

*****soulager** 1160, Benoît (*suzlegier*); XIIIᵉ s. (*soulager*, d'après *soulas*); du lat. pop. **subleviare*, adapt, d'après *alleviare* (v. ALLÉGER), du lat. class. *sublevare*, proprem. « soulever », par ext. « alléger, soulager ». ‖ **soulagement** fin XIVᵉ s. (*soubzlegement*); 1495, *Mir. historial* (*soulagement*).

*****soulas** 1175, Chr. de Troyes, « consolation », a disparu; du lat. *solācium*. (V. CONSOLER.)

souleur V. SEUL.

soulever V. LEVER.

*****soulier** début XIIᵉ s., *Couronn. Loïs* (*-ler*); 1360, Froissard (*soulier*, changem. de suff.; v. SANGLIER); bas lat. *subtēlāris* (s.-e. *calceus*; VIIᵉ s.), Isid. de Séville), « chaussure pour la plante du pied »; du bas lat. *subtel*, « creux sous la plante du pied »; à l'origine, sans doute, chaussure ne couvrant pas le dessus du pied.

souligner V. LIGNE.

*****souloir** Xᵉ s., *Valenciennes* (*solt*, 3ᵉ pers. sing. ind. prés.); XIIᵉ s. (*soleir*); « avoir l'habitude »; sorti de l'usage au XVIIᵉ s.; du lat. *solēre*.

*****soulte** XIIᵉ s., É. de Fougères (*solte*; puis *soute*), s. f., jurid., d'où le maintien de l'orth. arch., avec prononc. de *l* à partir du XIXᵉ s.; part. passé, substantivé au fém., de l'anc. verbe *soudre*, « payer », du lat. *solvĕre*, proprem. « délier ».

*****soumettre** 1120, *Ps. de Cambridge* (*suzmetre*); du lat. *sŭbmittere* (v. METTRE). ‖ **soumis** adj., milieu XVIIᵉ s., Corneille. ‖ **insoumis** 1564, J. Thierry; rare jusqu'à la fin du XVIIIᵉ s. **soumission** début XIVᵉ s. (*submission*, encore en 1636 dans *le Cid*); début XVIᵉ s. (*soumission*, d'après *soumettre*); du lat. *submissio*, « action d'abaisser », de *submittere*. ‖ **insoumission** 1834, Boiste. ‖ **soumissionner** 1629, Peiresc,

« soumettre »); 1796, *Néol. fr.*, admin. ‖ **soumissionnaire** 1784, Dufresne.

soupape XIIᵉ s. (*souspape*), « coup sous le menton »; 1547, J. Martin, fig., techn., par anal. « mouvement de fermeture brusque »; de *sous* et d'un élém. **pape*, « mâchoire », de l'anc. verbe *paper*, manger. (V. PAPELARD.)

*****soupçon** XIIᵉ s., *Saxons* (*sopeçon, sospeçon*), fém. jusqu'au XVIᵉ s.; du lat. impér. *suspectiōnem*, acc. de *suspectio*, en lat. class. *suspicio* (v. SUSPICION), de *suspicere*, regarder. ‖ **soupçonneux** 1160, Benoît (*suspecenos*); égalem. « suspect », en anc. fr. ‖ **soupçonner** 1265, Br. Latini (*souspeçonner*). ‖ **insoupçonné** 1838, *Acad.* ‖ **insoupçonnable** 1838, *Acad.*

soupe fin XIIᵉ s., « tranche de pain sur laquelle on verse le bouillon »; milieu XIVᵉ s., G. de Machaut, « bouillon avec du pain »; du francique **sŭppa* (en bas lat. *suppa*, VIᵉ s., Oribase), de même famille que le gotique *supôn*, assaisonner, le néerl. *sopen*, tremper, l'angl. *sop*, tranche de pain, et (*to*) *sop*, tremper; *tremper la soupe, trempé comme une soupe*, du sens anc. de *soupe*. ‖ **souper** 1138, Gaimar, verbe, « prendre le repas du soir »; remplacé en ce sens à Paris, au XIXᵉ s., par *dîner* : v. ce mot (v. aussi JEÛNE); *souper* maintenu, au XIXᵉ s., pour le repas pris après la soirée de théâtre. ‖ **souper** v. 980, *Passion*, s. m., même évolution de sens. ‖ **soupière** s. f., début XVIIIᵉ s. ‖ **soupeur** v. 1580, Montaigne. ‖ **soupier** 1836, Landais, adj., pop. ‖ **après-souper** XVIᵉ s. (*après-soupée*); milieu XVIIᵉ s. (*après-souper*).

soupente milieu XIVᵉ s. (*souspente*); XVᵉ-XVIᵉ s. (*soupendue*); 1549, R. Est. (*soupente*); de l'anc. v. *souspendre*, du lat. *suspendere*. (V. SUSPENDRE.)

souper, soupière V. SOUPE.

soupeser V. PESER.

soupirail XIIᵉ s. (*suspiral*); début XIVᵉ s. (*souspirail*); dér. de *soupirer* au sens de « exhaler », d'après le lat. *spiraculum*, « soupirail », de *spirāre*, respirer.

*****soupirer** 1080, *Roland* (*suspirer*), du lat. *suspirāre*, de *sub*, sous, et *spirare*, respirer, souffler. ‖ **soupir** 1160, *Eneas* (*sospir*). ‖ **soupirant** adj. et s., XIIIᵉ s. (*souspirant*).

*souple 1160, *Eneas* (*sople*), « humble, abattu »; XIIIᵉ s., « qui se plie facilement »; du lat. *supplex, supplicis*, suppliant, proprem. « qui plie les genoux pour implorer » (v. SUPPLIER). ‖ **souplesse** 1265, Br. Latini, sens mod. ‖ **assouplir** fin XIIᵉ s., *Huon de Bordeaux*, même évol. de sens. ‖ **assouplissement** fin XIXᵉ s. ‖ **assouplissage** 1829, *Rec. industriel*.

souquenille XIIᵉ s., *Parthenopeus* (*soschanie*); XIIIᵉ s. (*sousquenie*); 1534, Rab. (*sequenie*); XVIIᵉ s. (*souquenille*, var. *siquenille, souguenille*); du moy. haut all. *sukenie*, issu lui-même d'une langue slave (cf. le polonais *suknia*).

souquer 1687, Desroches, mar.; du prov. mod. *souca*, de même rad. que *souco*, souche.

source 1190, Garn. (*surse*); XIVᵉ s. (*source*); fém. substantivé de l'anc. part. passé *sors, sours*, de *sourdre*. ‖ **sourcier** 1782, Bachaumont. (V. RESSOURCE.)

*sourcil 1160, Benoît; du lat. *supercilium* (v. CIL). ‖ **sourciller** XIIIᵉ s., Gaydon, froncer les sourcils. ‖ **sourcilleux** 1552, Jodelle, d'après le lat. *superciliosus*. ‖ **sourcilier** adj., 1586, Guillemeau.

*sourd XIIᵉ s., *Saxons*, du lat. *sŭrdus*. ‖ **sourdaud** 1534, Rab. ‖ **assourdir** 1120, *Ps. de Cambridge*. ‖ **assourdissant** adj., 1840, Musset. ‖ **assourdissement** 1611, Cotgrave. (V. SOURDINE, SURDITÉ.)

sourdine fin XVIᵉ s., « trompette peu sonore »; XVIIᵉ s., ext. d'empl.; de l'ital. *sordina*, de *sordo*, sourd.

*sourdre 1080, *Roland* (*surdre*), jaillir; du lat. *sŭrgĕre*. (V. SOURCE, SURGIR, SURGEON.)

souriceau, souricière, souriquois V. SOURIS 1.

*sourire verbe, 1160, *Charroi* (*sorrist*); lat. pop. **subrīdēre*, lat. class. *subrīdēre*, de *sub*, sous, et *rīdēre* (v. RIRE). ‖ **souriant** 1857, Baudelaire, adj. ‖ **sourire** s. m., milieu XVᵉ s. (*sourir*). ‖ **souris** 1539, R. Est. (*soubriz*), s. m.; d'après *ris* 1 (v. ce mot); éliminé après le XVIIᵉ s. par l'homonymie de SOURIS 1 et la concurrence de *sourire*.

1. ***souris** fin XIIᵉ s., *Rois*, s. f., rongeur; XIVᵉ s., terme de boucherie; du lat. pop. **sōrīcem*, acc. de **sōrīx*, en lat. class. *sōrex, -icis*, s. m. ‖ **souricière** fin XVᵉ s. ‖ **souriceau** fin XVᵉ s. ‖ **souriquois** 1660, La Fontaine; formation plaisante.

2. **souris** V. SOURIRE.

sournois 1640, Oudin; probablem. dér. de l'anc. prov. *sorn*, sombre, obscur. ‖ **sournoiserie** 1814, Stendhal.

*sous Xᵉ s., *Valenciennes*; de l'adv. lat. *subtus*, « dessous », empl. en bas lat. comme prép. (la prép. du lat. class., *sub*, a disparu). ‖ **dessous** 980, *Passion* (*desuz*), prép. jusqu'au XVIIᵉ s.; 1398, subst. ‖ **sous-jacent** 1532, Rab., techn., sur le modèle d'*adjacent*, du lat. *jacens, -entis*, part. prés. de *jacere*, être étendu. (V. GÉSIR, SOUPAPE, SOUTERRAIN, SOUTIRER.)

souscrire milieu XIVᵉ s. (*subscrire*); XIVᵉ-XVᵉ s., var. *sousécrire*; début XVIᵉ s. (*souscrire*); encore *soubscrire* au XVIᵉ s.); du lat. *subscribere*, adapté d'après *écrire*; de *sub*, sous, et *scribere* (v. ÉCRIRE). ‖ **souscription** XIIIᵉ s. (*subscription*); 1541, Calvin; du lat. *subscriptio*. ‖ **souscripteur** 1679, Savary; var. *souscriveur*, 1675, *id.*; du lat. *subscriptor*.

soustraire début XIIᵉ s., retirer; XVIᵉ s., mathém.; du lat. *subtrahere*, avec réfection du préfixe d'après *sous*. ‖ **soustraction** 1155, Wace (*subtraction*); 1484, Chuquet (*soustraction*); même évolution du sens; du bas lat. *subtractio*. ‖ **soustractif** 1872, L.

soutache 1838, *Acad.*, d'abord tresse de galon du schako; du hongrois *sujtás* (cf. SCHAKO). ‖ **soutacher** 1867, Gautier.

soutane 1550, Rab. (*sottane*); *soutane* d'après *sous*; de l'ital. *sottana*, proprem. « vêtement de dessous », de *sotto*, « sous ». ‖ **soutanelle** 1680, Richelet; du dimin. ital. *sottanella*.

soute fin XIIIᵉ s., Joinville, mar.; de l'anc. prov. *sota*, du lat. pop. **sobta*, prép. et adv., altér., d'après *supra* (v. SUR 1), du lat. class. *sŭbtus* (v. SOUS). ‖ **soutier** fin XIXᵉ s., mar.

soutènement V. SOUTENIR.

*soutenir Xᵉ s., *Eulalie* (*sostenir*) ; du lat. pop. *sustenīre, altér. du lat. class. sustinēre, d'après *tenīre (v. TENIR). ‖ soutenu adj., XVIIIᵉ s., rhét. ‖ soutenable XIIIᵉ s. ‖ insoutenable milieu XVᵉ s. ‖ soutènement 1119, Ph. de Thaun (*sustenement*),« soutien » ; XVIᵉ s., techn. ‖ soutenance 1155, Wace (*soustenance*), « soutien » ; milieu XIXᵉ s., spécialem. soutenance de thèse, d'après le sens pris par *soutenant* vers 1660. ‖ soutien XIIIᵉ s. ‖ soutien-gorge 1904, *le Sourire*. ‖ souteneur XIIᵉ s., « qui protège », d'empl. gén. ; 1698, *Arch. Puy-de-Dôme* (au fém.), et 1718, Leroux (au masc.), « qui se fait entretenir par une prostituée ».

souterrain XIIᵉ s., Gaut. d'Arras (*souzterin*), d'abord adj. ; XVIIᵉ s., s. m. ; de *sous* et de *terre*, d'après le lat. *subterraneus*.

soutien V. SOUTENIR.

soutirer V. TIRER.

*souvenir v., 1080, *Roland* (*suvenir*) ; d'abord impersonnel (*il me souvient*, etc.) ; XIVᵉ s., personnel et pronominal (*je me souviens*, etc.), d'après *se rappeler*, du lat. *subvenīre*, au sens de « venir à l'esprit ». ‖ souvenir s. m., XIIIᵉ s. ‖ souvenance XIIᵉ s., littéraire depuis le XVIIᵉ s. ‖ ressouvenir 1175, Chr. de Troyes.

*souvent 1080, *Roland* (*suvent*) ; du lat. *subinde*, « immédiatement après », d'où « plusieurs fois de suite », et en lat. impér. « souvent ». ‖ souventefois fin XIIᵉ s., Marie de France (*souventes feiz*), arch. ou rég. (V. FOIS.)

souverain fin XIIᵉ s., *Rois* ; du lat. médiév. *superānus*, de *super*, « dessus » (v. SUZERAIN) ; 1834, Boiste, monnaie angl. ; calque de l'angl. *sovereign*, lui-même issu du fr. ‖ souveraineté v. 1120, *Ps. d'Oxford* (*suvrainetet*).

soviet 1843, C. Robert, conseil des ouvriers, à Petrograd ; mot russe, « conseil ». ‖ soviétique v. 1918, journ. ‖ soviétiser 1921, J. Maxe. ‖ soviétisation 1930, Barbusse.

sovkhoze XXᵉ s., mot russe, abrév. de *sov*[*ietskoïe*] *khoz*[*iaistvo*], exploitation agricole d'Etat. (V. KOLKHOZE.) ‖ sovkhozien id.

soyeux V. SOIE.

spacieux 1120, *Ps. d'Oxford* (*spacios*) ; du lat. *spatiosus*, de *spatium*. (V. ESPACE.)

spadassin 1532, Rab. ; de l'ital. *spadaccino*, proprem. « tireur d'épée », péjor., de *spada*, épée.

spadelle 1795, Miché, techn., problem. du néerl. *spade*, bêche.

spadice 1743, Geffroy (*spadix*) ; 1808, Richard (*spadice*), bot. ; du lat. *spadix, -icis*, « branche de palmier avec dattes », mot gr.

spadille av. 1685, chevalier de Méré, as de pique au jeu de l'hombre ; de l'esp. *espadilla*, dimin. de *spada*, épée (l'épée figurait le pique sur les cartes esp.).

spaghetti XXᵉ s., mot italien.

spahi 1538, G. de Véga, « cavalier turc au service du sultan » ; 1831, journ., cavalier indigène d'Algérie au service de la France ; du turc *sipāhi*, d'orig. persane. (V. CIPAYE.)

spalax 1827, *Acad.*, zool., du gr. *spalax*, taupe.

spallation XXᵉ s., phys., mot angl.

spalmer 1520, La Fosse, mar., enduire de spalme ; de l'ital. *spalmare*, de *palma*, palme, avec le préf. *s-*, du lat. *ex*. ‖ spalme 1771, *Trévoux*, suif mêlé de goudron.

1. spalt 1698, Lémery, pierre écailleuse, mot all., de *spalten*, fendre.

2. spalt 1812, Mozin, sorte d'asphalte ; de l'ital. *spalto*.

sparadrap 1314, Mondeville (*speradrapu*) ; du lat. médiév. *sparadrapum*, d'orig. obscure.

spardeck 1813, Romme, mar. ; mot angl., de *spar*, barre, et *deck*, pont.

spare 1606, Gesner, ichtyol., du lat. *sparus*, proprem. « javelot ».

spartakisme 1916, journ., polit. all., du nom de *Spartacus*, chef d'une révolte d'esclaves sous la République romaine. ‖ spartakiste id.

sparte début XVIᵉ s., graminée servant à faire des nattes ; du lat. *spartum*, gr. *sparton*. ‖ sparterie fin XVIIIᵉ s. ‖ spartéine 1875, Lar. (découverte en 1851).

spasme 1256, Ald. de Sienne (*espame*) ; 1314, Mondeville (*spasme*) ; du lat. *spasmus*, gr. *spasmos*, de *spân*, tirer (v. PÂMER). ‖ spasmodique début

XVIII⁰ s., de l'angl. *spasmodic*, du gr. méd. *spasmôdês*, « qui a le caractère du spasme ». ‖ **anti-spasmodique** 1743, Geffroy. ‖ **spasmophilie** 1907, Lar., méd.

spath 1753, d'Holbach; mot all. (v. FELDSPATH). ‖ **spathique** 1757, *Encycl.*

spathe 1743, Geffroy, bot.; du lat. *spatha*, proprem. « tige des feuilles de palmier ». (V. ÉPÉE.)

spatial 1890, Lar., sens général; milieu XX⁰ s., astronaut.; du lat. *spatium* (v. ESPACE). ‖ **spatialité** XX⁰ s. ‖ **spatio-temporel** XX⁰ s. (v. TEMPOREL). ‖ **spationef** 1963, journ., sur le modèle de *aéronef.* ‖ **spatialiser** 1907, *L. M.*

spatule XIV⁰ s., Lanfranc (var. *espatule*, jusqu'au XVII⁰ s.), pharm.; du lat. *spathula, spatula*, dimin. de *spatha* au sens fig. de « cuiller allongée » (v. SPATHE). ‖ **spatulé** fin XVIII⁰ s.

speaker 1649, *Lettre à Mazarin*, « président des Communes »; 1866, *Acad., Compl.*, « orateur »; 27 sept. 1904, *le Matin*, « annonceur de résultats sportifs »; v. 1930, journ., radio; mot angl., proprem. « parleur », de (*to*) *speak*, parler (pour notre empl. mod. de *speaker*, l'angl. se sert de *announcer*, « annonceur »). ‖ **speakerine** début XX⁰ s., radio.

spécial 1190, saint Bernard; en anc. fr., var. *especial*; du lat. *specialis*, « relatif à l'espèce, particulier », de *species*. ‖ **spécialité** milieu XIII⁰ s.; var. *especiauté*, 1283, Beaumanoir; 1843, Custine (commerce, pharm., etc.); du bas lat. *specialitas* (III⁰ s., Tertullien). ‖ **spécialiser** 1555, de Selve; rare avant 1823, Boiste. ‖ **spécialisé** XX⁰ s., adj. (*ouvrier spécialisé*, etc.). ‖ **spécialisation** 1872, L. ‖ **spécialiste** 1838, *Acad.*

spécieux XV⁰ s., « de belle apparence », encore au XVII⁰ s.; XVII⁰ s., fig., péjor., « d'apparence trompeuse »; du lat. *speciosus*, aux deux sens, de *species*, au sens de « aspect brillant ». ‖ **spéciosité** XV⁰ s., Molinet.

spécifier 1283, Beaumanoir (*especefier*); du bas lat. *specificare*, de *species* au sens de « espèce ». ‖ **spécification** XIV⁰ s.; du lat. médiév. *specificatio*. ‖ **spécifique** 1503, G. de Chauliac; du bas lat. *specificus.* ‖ **spécificité** 1836, Landais.

spécimen fin XVII⁰ s., Saint-Évremond; mot lat., « modèle, échantillon », de *species*, espèce.

spectacle 1130, *Job*; du lat. *spectaculum*, de *spectare*, regarder. ‖ **spectaculaire** v. 1925, journ., de *spectacle*, d'après le mot lat. ‖ **spectateur** 1495, *Mir. historial*, du lat. *spectator*. (V. INSPECTER, PROSPECTER.)

spectre fin XVI⁰ s., « apparition d'un fantôme »; 1611, Cotgrave, fantôme; du lat. *spectrum*, de *spectare*, regarder; début XVIII⁰ s., opt., d'après l'angl. *spectrum*, empr. au lat., pour cet empl., par Newton. ‖ **spectral** 1857, Baudelaire, « qui a le caractère d'un fantôme »; 1872, L., opt.; *analyse spectrale*, XX⁰ s., physique des ondes. ‖ **spectrogramme** XX⁰ s. ‖ **spectrographe** 1907, Lar. ‖ **spectroscope** 1872, L. ‖ **spectroscopie** 1872, L. ‖ **spectroscopique** 1872, L.

spéculaire 1556, Le Blanc, adj., techn.; 1872, L., s. f., bot.; du lat. *specularis*, « relatif au miroir ». (V. SPÉCULUM.)

spéculer 1350, *Ars d'amour*, « observer, considérer », encore au XVI⁰ s.; égalem. et par ext., du XIV⁰ au XVIII⁰ s., « faire des recherches théoriques; 1801, Mercier, Bourse; du lat. *speculari*, observer. ‖ **spéculatif** 1265, Br. Latini; XVIII⁰ s., Bourse; du bas lat. *speculativus*. ‖ **spéculation** 1350, *Ars d'amour*, « art d'observer »; 1361, Oresme, « recherche théorique »; milieu XVIII⁰ s., Bourse; du bas lat. *speculatio*. ‖ **spéculateur** 1532, traduction, « observateur »; milieu XVIII⁰ s., en Bourse.

spéculum 1503, G. de Chauliac, méd.; mot lat., « miroir »; le plus souvent suivi d'un autre mot lat. : *speculum oris, ani, uteri, oculi*, « miroir de la bouche, de l'anus, de l'utérus, de l'œil », etc.; spécialisé en gynécologie au XIX⁰ s.

speech 1798, *Acad.*; mot angl., de la même famille que (*to*) *speak*, parler.

spéléologie fin XIX⁰ s., Martel; 1906, Lar.; du gr. *spêlaion*, caverne, et de l'élém. *-logie*. ‖ **spéléologue** ou **spéléologiste** 1906, Lar.

spélonque 1265, Br. Latini, arch., du lat. *spelunca*, caverne, empr. au gr. *spêlugx*, de même rad. que le précédent.

spencer fin XVIIIᵉ s.; mot angl., du nom de lord *Spencer* (1758 - 1834), qui mit ce vêtement à la mode.

spergule 1615, Daléchamp (*spergula*); 1752, *Trévoux* (*spergule*), bot.; du lat. médiév. *spergula*, d'orig. obscure; forme dial. *espargoule*.

spermaceti 1557, G. Ruscelli, blanc de baleine; du gr. *sperma*, semence, et du lat. *cetus*, baleine.

sperme XIIIᵉ s., *Simples Méd.* (*esperme de baleine*, trad. du précéd.); XIVᵉ s., Lanfranc (*sparme*), sens mod.; du bas lat. *sperma*, gr. *sperma*, *-atos*, semence, de *speireîn*, semer. ‖ **spermatique** 1314, Mondeville, du bas lat. *spermaticus*, gr. *spermatikos*. ‖ **spermatologie** 1741, Col de Villars, d'après le gr. ‖ **spermatozoaire** milieu XIXᵉ s.; 1875, Lar.; du gr. *zôarion*, animalcule. ‖ **spermatozoïde** 1855, Nysten, fait d'après le précéd. ‖ **spermatogenèse** 1906, Lar. ‖ **spermatophytes** ou **spermaphytes** XXᵉ s., bot. ‖ **spermophile** 1842, *Acad.*, zool., de *spermo-* au sens de « grain ».

sphacèle 1554, B. Aneau, méd., gangrène; du gr. *sphakelos*. ‖ **sphacéler** v. 1535, Rab.

sphaigne 1827, *Acad.*, bot., du gr. *sphagnos*, mousse.

sphénoïde 1611, Cotgrave, anat.; du gr. *sphênoeidês*, « en forme de coin »; de *sphên*, coin, et *eidos*, aspect. ‖ **sphénoïdal** XVIIᵉ s., Dionis, anat.

sphère 1265, J. de Meung (*espere*); 1532, Rab. (*sphère*), géom., astron.; 1689, La Bruyère, ext. de sens, « étendue de connaissances, d'activité »; du lat. *sphaera*, gr. *sphaira*, proprém. « balle à jouer ». ‖ **sphérique** 1361, Oresme, du bas lat. *sphaericus*, gr. *sphairikos*. ‖ **sphéricité** 1761, P. Chérubin. ‖ **sphéroïde** milieu XVIIIᵉ s., Buffon. ‖ **sphéroïdal** 1842, *Acad.* ‖ **sphéroïdique** fin XVIIIᵉ s., Laplace. ‖ **sphéromètre** 1872, L. (V. PLANISPHÈRE, STRATOSPHÈRE.)

sphincter 1548, Rab., mot lat., du gr. *sphigktêr*, proprem. « qui serre », de *sphiggein*, serrer. ‖ **sphinctérien** 1878, Lar.

sphinx 1546, M. de Saint-Gelais (*sphinge*); 1552, Rab. (*sphinx*), mot gr., parfois fém. comme en lat. ou en gr.

sphygmographe 1872, L.; du gr. *sphugmos*, pulsation, et de l'élém. *-graphe*. ‖ **sphygmogramme** XXᵉ s. ‖ **sphygmomanomètre** ou **sphygmotensiomètre** XXᵉ s.

spic XIIᵉ s., R. de Beaujeu, lavande; du lat. *spicum*, épi. ‖ **spica** 1707, Dionis, méd., bandage, mot lat., var. de *spicum*. ‖ **spicule** 1872, L., zool., bot., du dimin. lat. *spiculum*, petite pointe. ‖ **spicilège** 1697, Bayle, recueil d'actes; du lat. *spicilegium*, action de glaner (v. FLORILÈGE). ‖ **spiciforme** 1842, *Acad.*, avec le suffixe *-forme*.

spicilège V. SPIC.

spider 1907, Lar., autom.; mot angl. signif. « araignée ».

spin 1925, Goudsmit et Uhlenbeck, mot angl., phys.

spinal 1541, Canappe, anat., du lat. *spinalis*, de *spina*, épine. ‖ **spinacidé** 1906, Lar., zool. ‖ **spina-bifida** 1804, Bodin, mot du lat. méd., proprem. « épine-bifide ». ‖ **spina-ventosa** 1741, Col de Villars, mot du lat. méd., proprem. « épine venteuse ».

spinelle 1500, *Inv. Fontainebleau*, rubis, de l'ital. (*rubino*) *spinello*, « petite épine ».

spinosisme ou **spinozisme** milieu XVIIIᵉ s., Voltaire, du nom de *Spinoza*, philosophe hollandais (1632-1677).

spinule 1611, Cotgrave (*spinul*, masc.); 1842, *Acad.* (*spinule*, s. f.), zool., bot.; du lat. *spinula*, dimin. de *spina*, épine.

spiracle 1842, *Acad.* (*spiracule*), zool.; du lat. *spiraculum*. (V. SOUPIRAIL.)

spirale V. SPIRE.

spirant 1872, L., linguist., du lat. *spirans*, part. prés. de *spirare*, souffler. ‖ **spiration** 1285, G., théol., du bas lat. *spiratio*, respiration. ‖ **spiromètre** 1875, Lar. ‖ **spirométrie** 1890, Lar.

spire milieu XVIᵉ s., du lat. *spira*, gr. *speîra*. ‖ **spiral** 1534, Rab., du lat. médiév. *spiralis*. ‖ **spirale** XVIᵉ s., B. Palissy, dér. de *spiral*. ‖ **spiroïdal** fin XIXᵉ s. (1907, Lar.). ‖ **spirochète** 1875, Lar., zool., du gr. *khaitê*, « chevelure longue ». ‖ **spirochétose** XXᵉ s., méd. ‖ **spirographe** 1827, *Acad.*, zool. ‖ **spirorbe** 1803, Boiste, zool. ‖ **spirée** 1751,

SPIRITE — SPORTULE

Dict. d'agric. (*spiraea*) ; 1752, *Trévoux* (*spirée*), bot., du lat. *spiraea*, gr. *speiraia*, de même rad. que le précéd. ‖ **spirifer** 1827, *Acad.*, zool. ‖ **spirille** 1827, *Acad.*, bot. ; 1875, Lar. zool.

spirite 1857, Allan Kardic ; de l'angl. *spirit-rapper*, « esprit frappeur » (d'où « spirite ») de *spirit*, du lat. *spiritus*, et de *rapper*, frappeur, de (*to*) *rap*, frapper sur les doigts. ‖ **spiritisme** 1859, Allan Kardic.

spirituel x⁰ s., *Saint Léger* (*spiritiel*) ; fin xii⁰ s. (*spirituel* ; var. *espirituel* en anc. fr.), théol. et philos. ; 1636, Monet, « fin d'esprit », d'après *esprit* ; du lat. eccl. *spiritualis* (iii⁰ s., Tertullien), « relatif à l'esprit, immatériel », du lat. *spiritus*, esprit. ‖ **spiritualité** 1283, Beaumanoir (*espiritualité*, forme courante en anc. fr.) ; du lat. eccl. *spiritualitas*. ‖ **spiritualiser** 1521, Delb., de *spirituel*, d'après le lat. ‖ **spiritualisme** 1694, *Acad.*, théol. ‖ **spiritualiste** 1771, *Trévoux.*

spiritueux 1503, G. de Chauliac, en parlant du sang ; 1687, Lémery, sens mod. ; du lat. *spiritus*, dans son sens méd. et alchim. au Moyen Age. (V. *esprit-de-vin* à ESPRIT.)

spirographe V. SPIRE.

splanchnique 1729, Vaux, anat. ; du gr. *splagkhnikos*, de *splagkhnon*, viscère. ‖ **splanchnologie** 1654, Gelée.

spleen 1745, Leblanc (*splene ; splin,* chez Diderot et Voltaire) ; angl. *spleen,* rate, humeur noire ; bas lat. *splen,* gr. *splên,* « rate, hypocondrie ». En anc. fr., forme *splen,* 1265, Br. Latini.

splendeur début xii⁰ s., *Ps. de Cambridge,* du lat. *splendor,* de *splendere,* resplendir. ‖ **splendide** 1495, *Mir. historial* ; du lat. *splendidus.*

splénique 1560, Paré, anat. ; du lat. *splenicus,* de *splen,* rate. ‖ **splénite** 1752, *Trévoux.* ‖ **splénectomie** 1842, *Acad.* ‖ **splénétique** xiv⁰ s., Lanfranc, anat. ; 1755, abbé Prévost, « qui a le spleen », repris de l'angl. *splenetic,* du bas lat. *spleneticus.*

spode 1256, Ald. de Sienne, chim. ; du lat. *spodos,* mot gr., proprem. « cendre ».

spolier milieu xv⁰ s., G. Alexis ; du lat. *spoliare,* de *spolia,* dépouilles (v. DÉ-

POUILLER). ‖ **spoliation** 1425, *D. G.,* du lat. *spoliatio.* ‖ **spoliateur** 1488, *Mer des hist.,* du lat. *spoliator.*

spondée fin xiv⁰ s., J. Le Fèvre ; du lat. *spondeus,* gr. *spondeîos,* proprem. « mètre en usage dans les chants de libations », de *spondê,* libation. ‖ **spondaïque** 1580, Montaigne, du lat. *spondaicus,* gr. *spondeiakos.*

spondyle 1314, Mondeville (*spondille*), anat. ; 1611, Cotgrave, zool. ; du lat. *spondylus,* vertèbre, du gr. *spondulos.* ‖ **spondylite** 1827, *Acad.* ‖ **spondylose** fin xix⁰ s. (1906, Lar.), méd. ‖ **spondylarthrite** xx⁰ s.

spongieux 1314, Mondeville, du lat. *spongiosus,* de *spongia* (v. ÉPONGE 1). ‖ **spongiosité** *id.* ‖ **spongiaire** 1827, *Acad.,* zool. ‖ **spongite** 1644, Bachou, minér., du lat. *spongitis.* ‖ **spongille** 1827, *Acad.* ‖ **spongiculture** 1907, Lar.

spontané xiv⁰ s., du lat. *spontaneus* (i⁰ s., Sénèque), de *spons,* « volonté libre », empl. surtout à l'abl. *sponte ; génération spontanée,* 1775, Buffon. ‖ **spontanéité** 1695, Leibniz.

sporadique 1620, Lamperière, d'abord méd. ; ext. d'empl. au xix⁰ s. ; du gr. *sporadikos,* dispersé (v. SPORE). ‖ **sporadicité** 1872, L.

spore 1817, Gérardin, du gr. *spora,* semence, de *speirein,* semer. ‖ **sporange** 1827, Gérardin. ‖ **sporule** *id.* ‖ **sporulation** 1875, *Acad. des sciences.* ‖ **sporuler** 1878, Lar. (*sporulé*). ‖ **sporose** 1872, L. ‖ **sporophore** 1845, Besch., sur l'élém. *-phore.* ‖ **sporogone** 1906, Lar. ‖ **sporotriche** 1842, *Acad.* (*sporotrique*) ; de *trix, trikhos,* chevéu. ‖ **sporotrichose** xx⁰ s. ‖ **sporozoaires** 1906, Lar.

sport 1828, *Journal des haras,* mot angl., proprem. « jeu, amusement » ; forme apocopée de *disport,* empr. à l'anc. fr. *desport,* même sens, de l'anc. verbe *se déporter,* s'amuser. ‖ **sportsman** 1823, *Diorama anglais,* mot angl., de *sport,* et *man,* homme. ‖ **sportif** 31 déc. 1862, *Sport.* ‖ **sportivité** 1920, *L. M.* ‖ **antisportif** 1911, *L. M.*

sportule 1564, J. Thierry, « présent offert aux juges » ; de l'empl. jurid. du lat. *sportula,* panier de provisions, de *sporta,* panier ; xvii⁰ s., antiq. rom.

spot 1890, Lar., mot angl., proprem. « tache ».

spoutnik oct. 1957, journ., mot russe.

sprat 1779, *Descr. des arts et mét.*, ichtyol., mot angl.

sprint 5 juin 1895, *Gil Blas*, en sport; mot angl. désignant une course de vitesse. ‖ **sprinter** s. m., 1889, Saint-Clair, mot angl. ‖ **sprinter** v., fin XIXᵉ s.

spumeux fin XIVᵉ s., du lat. *spumosus*, de *spuma*, écume, repris par le lexique pathol.; de même rad. que le lat. *spuere*, cracher (v. CONSPUER). ‖ **spume** 1875, Lar., méd. ‖ **spumescent** 1817, Gérardin. ‖ **spumosité** 1752, *Trévoux*.

sputation milieu XVIIᵉ s., Molière, *Pourceaugnac*, du lat. *sputare*, cracher, fréquentatif de *spuere*.

squale 1754, La Chesnaye; lat. *squalus*.

squame 1265, Br. Latini (*esquame*); 1538, Canappe (*squame*); du lat. *squama*, écaille. ‖ **squameux** fin XIIIᵉ s., B. de Gordon, du lat. *squamosus*, écailleux. ‖ **squamule** 1827, *Acad.* ‖ **squamiforme** 1812, Mozin. ‖ **squamifère** 1827, *Acad.* (V. DESQUAMER, ESCAMOTER.)

square 1725, C. de Saussure, à propos de Londres; 1836, à propos de la France; 1842, *Acad.*; de l'angl. *square*, proprem. « carré », d'où « jardin sur une place carrée », issu lui-même de l'anc. fr. *esquarre*, var. de *esquerre*. (V. ÉQUERRE.)

squatter 1872, L., « pionnier », aux États-Unis; 1948, *L. M.*, fig., personne s'installant de sa propre autorité dans un logement inoccupé; mot anglo-amér.

squelette 1560, Ronsard, anat.; 1560, Paré (var. *scelete*); XVIIIᵉ s., ext. de sens; du gr. *skeletos*, « desséché ». ‖ **squelettique** 1834, Boiste.

squine 1580, Montaigne (*esquine*), salsepareille de Chine; peut-être altér. de *Chine* (anc. prononc. *Quine*).

squire XXᵉ s., mot angl., « propriétaire rural ».

squirre 1545, Guéroult (*scirrhe*), méd.; 1560, Paré (*scirre*); du gr. méd. *skirrhos*. ‖ **squirreux** 1545, Guéroult (fém. *scyrrheuse*).

stabat ou **stabat mater** 1762, Diderot; mots latins commençant une prose liturgique : *Stabat mater dolorosa*...

****stable** fin XIIᵉ s.; var. *estable* en anc. fr.; du lat. *stabilis*, de *stare*, se tenir debout (v. ÉTABLIR). ‖ **stabilité** 1119, Ph. de Thaun; du lat. *stabilitas*. ‖ **stabiliser** 1795, Babeuf, vocab. d'écon. polit.; XIXᵉ s., ext. de sens; de *stable*, d'après la forme lat. ‖ **stabilisation** *id.* ‖ **stabilisateur** 1877, Quatrefages. ‖ **instable** 1372, Golein; rare jusqu'au XVIIIᵉ s.; du lat. *instabilis*. ‖ **instabilité** 1468, Chastellain, du lat. *instabilitas*.

stabulation 1845, Besch., agric.; du lat. *stabulatio, -onis*, séjour dans l'étable, *stabulum*. (V. ÉTABLE.)

staccato 1842, *Acad.*, mus., mot ital. signif. « d'une manière détachée ».

stade 1265, Br. Latini (*estade*), s. m., mesure grecque; 1361, Oresme, s. f., même sens, encore chez Molière, *Mélicerte*; 1549, R. Est., « enceinte »; XIXᵉ s., méd.; 1878, Lar., ext. de sens; du lat. *stadium*, gr. *stadion*.

stadia 1875, Lar., s. f., instrument de mesure des distances; probablem. du gr. *stadia*, fém. de *stadios*, « planté debout ».

staff 1850, Lar., « stuc »; de l'angl. *staff*; XXᵉ s., groupe dirigeant d'une entreprise. ‖ **staffeur** XXᵉ s.

stage début XVIIᵉ s., eccl. et jurid.; 1850, H. Murger, ext. de sens; du lat. médiév. *stagium*, calque de l'anc. fr. *estage* (v. ÉTAGE), au sens primitif de « séjour », de *ester*, du lat. *stare*. ‖ **stagiaire** 1823, Boiste.

stagner 1788, Féraud; du lat. *stagnare*, être stagnant, de *stagnum*, étang; on trouve en moy. fr. *restagner*, 1544, M. Scève. ‖ **stagnant** 1611, Cotgrave; du part. prés. *stagnans*. ‖ **stagnation** 1741, Col de Villars, dér. de *stagner*.

stakhanovisme v. 1935, du nom de *Stakhanov*, ouvrier soviétique, créateur de cette méthode dans les mines du Donetz. ‖ **stakhanoviste** *id.*

stalactite 1644, Bachou; du lat. des géologues *stillatitius* (XVIᵉ s.), par calque de l'allem. *Tropfstein*; du gr. *stalaktos*, « qui coule goutte à goutte », de *stalazeîn*, filtrer, couler goutte à goutte. ‖ **stalagmite** *id.*; du gr. *stalagmos*, écoulement goutte à goutte. ‖ **stalagmomètre** 1875, Lar. ‖ **stalagmométrie** XXᵉ s.

stalag 1940, abrév. allem. de *Stammlager*, « camp de base ».

stalinien, stalinisme milieu xxᵉ s., du nom de *Staline*.

stalle milieu xviᵉ s. (*stal*); de l'ital. *stallo*, stalle d'église; parfois masc. d'après l'ital.; 5 mai 1826, *Journ. des dames, stalle de théâtre*; 1875, Lar., *stalle d'écurie*; même orig. que *étal*. (V. ÉTAL, INSTALLER.)

staminal 1803, Wailly, bot., du lat. *stamen, -inis* (v. ÉTAMINE 2). ‖ **staminée** 1764, Restaut. ‖ **stamineux** 1803, Wailly. ‖ **staminifère** 1827, *Acad.*

stance 1550, Héroët; de l'ital. *stanza*, proprem. « demeure », d'où « chambre », de *stare*, se tenir; d'où le sens de « strophe », d'après le repos qui en marque la fin.

s t a n d 1854, Chapus, tribune de courses; 1875, *Journ. offic.*, emplacement de tir; fin xixᵉ s. (1906, Lar.), emplacement d'exposition; de l'angl. *stand*, de (*to*) *stand*, se dresser, pour le premier et le troisième sens; du suisse all. *Stand*, pour le deuxième sens.

standard 1702, *État prés. d'Angleterre*, s. m., « étalon, type »; xixᵉ s., adj.; fin xixᵉ s., téléphone; de l'angl. *standard*, lui-même issu de l'anc. fr. *estandard* (v. ÉTENDARD). ‖ **standardiser** 1915, Le Chatelier. ‖ **standardisation** 1904, M. Plessis. ‖ **standardiste** xxᵉ s., téléphoniste.

standing s. m., xxᵉ s.; mot angl. signif. « importance, niveau »; de (*to*) *stand*, se tenir. (V. STAND.)

stangue 1546, J. Martin, blas., de l'ital. *stanga*, barre, perche.

stannique 1836, Landais; du lat. *stannum*, étain. ‖ **stanneux** 1842, *Acad.* ‖ **stannifère** 1842, *Acad.*

staphisaigre xiiiᵉ s., *Simples Méd.* (*taffisagre*); xivᵉ s. (*staphisagre*); fin xviiᵉ s. (*staphisaigre*), bot.; du bas lat. *staphis agria*, mot gr. signif. « raisin sauvage ».

staphylier 1827, *Acad.*, bot., du gr. *staphulê*, grain de raisin.

1. **staphylin** s. m., 1775, *D. G.*, entom., du gr. *staphulinos*, de *staphulê*, grain de raisin.

2. **staphylin** adj., 1752, *Trévoux*, anat., de même étym. que le précédent.

staphylo- du gr. *staphulê*, grain de raisin. ‖ **staphylome** 1560, Paré, méd., maladie de l'œil dite *raisinière*; du lat. méd. *staphyloma*, mot gr. ‖ **staphylocoque** 1884, Rosenbach, méd., sur l'élém. -*coque*, du gr. *kokkos*, graine. ‖ **staphylococcie** 1906, Lar. ‖ **staphyloplastie** 1872, L., de *staphulê*, au sens de « luette ».

star 1919, *le Film*, cinéma, mot angl., « étoile ». ‖ **starlette** 1922, *Ciné-magazine*, dimin. de *star*.

staroste milieu xviiiᵉ s., mot polonais. ‖ **starostie** milieu xviiiᵉ s., Condillac.

starter 1862, Mackenzie, en sport, « celui qui donne le départ »; xxᵉ s., techn. autom.; mot angl., de (*to*) *start*, faire tressaillir, d'où « donner le départ d'une course ». ‖ **starting-block, starting-gate** 1906, Lar.; termes de sport, mots angl.

stase 1741, Col de Villars, méd., du gr. *stasis*, arrêt. ‖ **diastase** xxᵉ s., physiol. ‖ **métastase** xxᵉ s., méd.

statère fin xivᵉ s., monnaie grecque; du bas lat. *stater*, mot gr.

stathouder xviiᵉ s., hist.; mot néerl., « gouverneur », proprem. « qui tient la place (du souverain) ». Cf. l'all. *Statthalter*.

statice 1615, Des Moulins; lat. *statice*, gr. *statikê*, de *istanai*, arrêter.

station fin xiiᵉ s., *Rois*, du lat. *statio*, « état de ce qui est arrêté, debout », de *stare*, se tenir debout; peu usité en anc. fr.; milieu xviᵉ s., relig., « autel marqué pour y faire des prières », d'où, au xixᵉ s., *station du chemin de croix*; aux xviiᵉ - xviiiᵉ s., surtout lieu où l'on s'arrête, au sens gén.; fin xviiiᵉ s., Delambre, astron.; fin xviiiᵉ s., *station navale*, d'après l'angl. *naval station*; v. 1830, journ., ch. de fer, peut-être égalem. anglicisme; 1878, Lar., *station agronomique*; 1890, électr. ‖ **stationnaire** 1372, Corbichon, rare avant le xviiᵉ s.; du bas lat. *stationarius*, « relatif au poste », etc. ‖ **stationner** 1606, Nicot. ‖ **stationnement** fin xviiiᵉ s., Turgot. ‖ **stationnale** 1752, *Trévoux*, eccl. ‖ **sous-station** v. 1925, journ., techn. ‖ **station-service** milieu xxᵉ s.

statique début XVIIe s.; du gr. scient. *statikos*, « relatif à l'équilibre », de *istanai*, placer, faire tenir.

statistique 1771, *Trévoux*; de l'all. *Statistik*, 1749, Schmeitzel, issu du lat. mod. *collegium statisticum*, du lat. *status*, état. ‖ **statisticien** 1834, Boiste.

stator XXe s., techn., fait sur le rad. du lat. *stare*, « se tenir immobile », par oppos. à *rotor* (lat. *rotare*, tourner).

statoréacteur XXe s., aéron., de *réacteur* et du rad. de *stare*. (V. STATOR.)

statue 1120, *Ps. d'Oxford*; du lat. *statua*, de *stare*, se tenir debout. ‖ **statuette** 1829, Boiste. ‖ **statuaire** 1495, *Mir. hist.*, du lat. *statuarius*. ‖ **statufier** 1906, Lar., d'après les verbes en *-fier*.

statuer début XVe s. (*estatuer*); début XVIe s. (*statuer*), jurid.; du lat. *statuere*, proprem. « placer, établir », égalem. jurid.

statu quo 1764, Bouchard, trad. de Brooke; loc. du lat. diplom.; ellipse de *in statu quo ante*, « dans l'état où auparavant (étaient les choses) ».

stature fin XIIe s., *Floire* (*estature*); XVe s. (*stature*); du lat. *statura*, de *stare*, se tenir debout.

statut v. 1250, Le Grand; du bas lat. *statutum*, part. passé substantivé de *statuere* (v. STATUER). ‖ **statutaire** XVIe s., *Coutumier gén.*; 1596, de Basmaison; rare jusqu'au XIXe s. ‖ **antistatutaire** fin XIXe s.

stayer 11 sept. 1895, *le Temps*, en sport; mot angl., de (*to*) *stay*, soutenir, d'où « montrer de l'endurance », issu lui-même de l'anc. fr. *estayer*. (V. ÉTAI 2.)

steamer 1829, Jacquemont; mot angl., de *steam*, vapeur. ‖ **steam-yacht** nov. 1892, *le Figaro*.

stéarine 1814, Chevreul; du gr. *stear*, graisse. ‖ **stéarique** 1819, Chevreul. ‖ **stéarinerie** 1872, L. ‖ **stéarate** 1836, Landais.

stéatite 1752, *Trévoux*, minér.; du gr. *steatitês*, de *stear, steatos*, graisse. ‖ **stéatome** 1560, Paré, méd.; du gr. *steatôma*, graisse. ‖ **stéatose** 1872, L. ‖ **stéatopyge** 1842, *Acad.*, du gr. *pugê*, fesse.

steeple-chase 1828, *Journ. des haras*, mot angl. signif. « course au clo-cher », de *steeple*, clocher, et *chase*, course (lui-même issu du fr. *chasse*). ‖ **steeple** 1885, Gyp, abrév.

stégomyie 1907, Lar., entom., du gr. *stegeîn*, couvrir, et *muia*, mouche.

stégosaure XXe s., zool., du gr. *stegeîn*, couvrir, et *sauros*, reptile.

stèle 1694, Th. Corn.; du lat. *stela*, empr. au gr. *stêlê*.

stellaire 1615, Daléchamp (*stellaria*), s. f., bot.; 30 févr. 1823, *Journ. des dames* (*stellaire*); fin XVIIIe s., adj.; du bas lat. *stellaris* (Ve s., Macrobe), de *stella*, étoile. ‖ **stellérides** 1827, *Acad.*, zool.

stellionat 1577, Forget, jurid.; du lat. *stellionatus*, de *stellio, -onis*, lézard (animal pris pour symbole de la fraude). Cf. le moy. fr. *stellion* (1314, Mondeville). ‖ **stellionataire** milieu XVIIe s., Furetière (*stellionnaire*); début XIXe s., *Code civil* (*stellionataire*).

stencil 1923, Lar.; mot angl., de (*to*) *stencil*, « orner de couleurs étincelantes », issu lui-même de l'anc. fr. *estinceler* (v. ÉTINCELLE). ‖ **stenciliste** XXe s. ‖ **stencileur** 1961, journ. ‖ **stencileuse** 1964, journ.

sténographie 1572, Gohory, « reproduction résumée »; 1771, *Trévoux*, sens mod.; du gr. *stenos*, étroit, resserré, et de l'élém. *-graphie*. ‖ **sténographe, sténographier** 1792, Bertin. ‖ **sténographique** 1812, Mozin. ‖ **sténogramme** 1875, Lar. ‖ **sténodactylographie** 1907, *L. M.* ‖ **sténodactylo** XXe s. ‖ **sténotypie** 1909, *L. M.*, du gr. *stenos*, et *tupos*, caractère. ‖ **sténotype, sténotypiste** *id.*

sténose 1836, Landais, méd., du gr. *stenosis*, rétrécissement, de *stenos*, étroit. ‖ **sténosage** XXe s., techn.

stentor fin XVIe s. (*cris de Stentor*); début XVIIe s. (*à voix de Stentor*); du nom de *Stentor*, nom d'un guerrier de l'*Iliade* (V, 785), à la voix aussi puissante que celle de cent hommes ensemble.

steppe 1679, Collins (*step*, encore au XVIIIe s.); fin XVIIIe s., Chateaubriand (*steppe*, masc.; encore masc. dans Littré) fin XIXe s., s. f.; du russe *step*, s. f. ‖ **steppique** XXe s. (d'abord *steppeux*, 1907, Lar.).

stepper s. m., 26 janv. 1862, *le Figaro*, cheval de trot; mot angl., de (*to*) *step*, trotter. ‖ **stepper** v., 1873, Chaulnes.

stercoraire 1752, *Trévoux*, zool., du lat. *stercorarius*, de *stercus*, *-oris*, excrément, fumier.‖ **stercoral** 1836, Landais.

stère 1795, textes admin., unité de mesure; du gr. *stereos*, solide. ‖ **stérer** 1872, L.

stéréo- du gr. *stereos*, solide. ‖ **stéréobate** 1827, *Acad.*, archit., sur le gr. *batês*, qui va. ‖ **stéréochimie** 1906, Lar. ‖ **stéréochromie** 1875, Lar., sur le gr. *khrôma*, couleur. ‖ **stéréodonte** 1842, *Acad.*, sur le gr. *odous*, *odontos*, dent. ‖ **stéréogramme** XXᵉ s. ‖ **stéréographie** XVIIᵉ s. ‖ **stéréographique** 1613, d'après L. ‖ **stéréométrie** 1611, Cotgrave. ‖ **stéréométrique** XVIIᵉ s. ‖ **stéréophonie** XXᵉ s. ‖ **stéréophonique** XXᵉ s. ‖ **stéréophotographie** 1906, Lar. ‖ **stéréoscope** 1850, *Acad. des sc.*; 1856, Goncourt; d'après un mot angl. créé par Wheatstone, sur le modèle de TÉLESCOPE. ‖ **stéréoscopique** 1872, L. ‖ **stéréotomie** 1695, d'Aviler. ‖ **stéréotomique** 1836, Landais. ‖ **stéréotype** 1797, F. Didot, sur le gr. *tupos*, caractère. ‖ **stéréotyper** id. ‖ **stéréotypé** adj., 1845, F. Wey, fig. ‖ **stéréotypie** début XIXᵉ s.; 1827, *Acad.*

stérile 1361, Oresme; du lat. *sterilis*. ‖ **stérilité** v. 1355, Bersuire; du lat. *sterilitas*. ‖ **stériliser** XIVᵉ s., rare jusqu'au XVIIIᵉ s., de Boufflers; fin XIXᵉ s., bactériol. ‖ **stérilisation** 1869, *l'Universel*. ‖ **stérilisateur** fin XIXᵉ s.

sterlet 1575, Thevet, esturgeon de Russie; 1762, Le Clerc de Montlinot; du russe *sterljad'* (cf. l'angl. *sterledey*, fin XVIᵉ s., et *sterlet*, fin XVIIᵉ s.).

sterling 1690, Furetière (*livre sterling*), mot angl., empr. à l'anc. fr. (*esterlin*, *estrelin*).

sternum 1555, Belon (*sternon*); mot du lat. méd. mod., du gr. *sternon*. ‖ **sternal** 1827, *Acad.* ‖ **sterno-** 1827, *Acad.*, premier élém. de divers comp. méd.

sternutatoire XIIIᵉ s., *Simples Méd.* (*esternuatoire*); 1560, Paré (*sternutatoire*); du lat. *sternutare* (v. ÉTERNUER). ‖ **sternutation** 1842, *Acad.*

stertoreux 1827, *Acad.*, méd.; du lat. *stertere*, ronfler.

stéthoscope 1819, Laennec; du gr. *stêthos*, poitrine, et de l'élém. *-scope*.

steward milieu XIXᵉ s., J. Verne; mot angl. désignant un maître d'hôtel.

sthène XXᵉ s., unité de mesure, du gr. *sthenos*, force.

stibié 1707, Helvétius; du lat. *stibium*, antimoine. ‖ **stibine** 1872, L.

stichomythie 1866, rhét., du gr. *stikhos*, vers, et *muthos*, récit.

stick 1795, Miché (*stic*); mot angl. signif. « bâton, canne ».

stigmate fin XVᵉ s. (*stigmates de la Passion*), relig.; XVIᵉ s., « marque au fer chaud », d'où ext. de sens; du lat. *stigmata*, pl. de *stigma*, « marque de flétrissure, faite au fer chaud », mot gr., proprem. « piqûre », de *stizeîn*, piquer. ‖ **stigmatiser** 1532, Rab. (*stigmatisé*), au propre; 1835, *Acad.*, fig. ‖ **stigmatisation** 1875, Lar. ‖ **stigmatisme** XXᵉ s., opt. ‖ **astigmate, astigmatisme** 1890, Lar., opt., avec le préf. privatif *a-*.

stil-de-grain 1673, R. de Piles, *Rem.*, 208; 1690, Furetière (*stil de grun*), matière colorante; du néerl. *schijtgroen*, signif. « vert (*groen*), d'excrément (*schijt*) ».

stillation XVᵉ s., N. de La Chesnaye, techn.; du lat. *stillatio*, de *stillare*, couler goutte à goutte (v. DISTILLER, INSTILLER). ‖ **stillatoire** 1611, Cotgrave. ‖ **stilligoutte** 1907, Lar., sur *goutte*.

stimuler 1355, Bersuire, sens gén.; 1560, Paré, méd.; du lat. *stimulare*, de *stimulus*, aiguillon. ‖ **stimulant** milieu XVIIIᵉ s., adj.; XVIIIᵉ s., s. m., méd. ‖ **stimulation** 1395, Chr. de Pisan, du lat. *stimulatio*. ‖ **stimuline** XXᵉ s., méd. ‖ **stimulus** 1872, L., physiol., mot lat.

stipe fin XVIIIᵉ s., bot.; du lat. *stipes*, « tige ». ‖ **stipité** 1827, *Acad.*, bot. ‖ **stipule** milieu XVIIIᵉ s., bot.; du lat. *stipula*, petite tige. ‖ **stipulaire** 1827, *Acad.*, bot.

stipendié milieu XVᵉ s. (*paiement des stipendiés*), s. m. et adj.; du lat. *stipendiatus*, « à la solde », part. de *stipendiari*, de *stipendium*, solde militaire; dès le lat., valeur péjor. ‖ **stipendier** XVIᵉ s., Froumenteau. ‖ **stipendiaire** 1534, Rab., du lat. *stipendiarius*.

stipulaire V. STIPE.

stipuler début XIVᵉ s., jurid.; rare jusqu'au XVIIᵉ s.; du lat. jurid. *stipulari*. ‖ **stipulation** début XIIIᵉ s.; du lat. *stipulatio*.

stochastique XXᵉ s.; du gr. *stokhastês*, devin; lié au hasard.

stock 1656, Laurens; rare jusqu'au XIXᵉ s.; 1867, de Waru; mot angl., proprem. « souche, tronc », d'où « provision », etc.; même orig. que *étau* (v. ESTOC). ‖ **stocker, stockage** fin XIXᵉ s. ‖ **stockiste** 1908, *L. M.* ‖ **stockcar** XXᵉ s., sur l'angl. *car*, voiture.

stockfisch 1398, *Ménagier* (*stofix*); 1560, Paré (*stockvis, stockfisse*, etc.); du moy. néerl. *stocvisch*, proprem. « poisson séché sur (ou raide comme) un bâton », de *stoc*, bâton, et *visch*, poisson; cf. l'angl. *stockfish*, l'all. *Stockfisch*.

stoff 1829, *la Mode*, étoffe légère; de l'angl. *stuff*, ou de l'all. *Stoff*, étoffe.

stoïque 1265, Br. Latini, « stoïcien », philos.; XVIIIᵉ s., fig., sens mod.; du lat. *stoicus*, gr. *stoïkos*, de *stoa*, portique (Zénon, fondateur de l'école, au IVᵉ s., enseignait à Athènes sous un portique). ‖ **stoïcien** 1361, Oresme. ‖ **stoïcisme** 1688, La Bruyère; a éliminé *stoïcité*, XVIᵉ-XVIIIᵉ s.

stolon 1808, Boiste, bot.; du lat. *stolo, -onis*, rejeton. ‖ **stolonifère** 1803, Boiste.

stomacal 1425, O. de La Haye; du lat. *stomachus*, estomac, gr. *stomakhos*, proprem. « œsophage », de *stoma*, bouche, orifice. ‖ **stomachique** 1560, Paré, du bas lat. *stomachicus*, gr. *stomakhikos*.

stomate 1808, Boiste, zool., gr. *stoma, -atos*, bouche. ‖ **stomatique** 1538, Canappe, méd. ‖ **stomatite** 1836, Landais. ‖ **stomatologie** 1859, Mozin. ‖ **stomatologiste** XXᵉ s. ‖ **stomatoscope** 1872, L.

stomoxe 1827, *Acad.*, entom.; du gr. *stoma*, bouche (v. les précéd.), et *oxus*, aigu.

1. **stopper** 1847, *Annales maritimes*, faire arrêter; de l'angl. (*to*) *stop*, s'arrêter, arrêter. ‖ **stop !** 1792, *Français mod.*; de l'angl. *stop*, impér. de (*to*) *stop*. ‖ **stoppage** 1888, Lami, action d'arrêter, peu usité.

2. **stopper** début XVIIIᵉ s., en Flandre (*restauper*); fin XVIIIᵉ s., parlers de l'Ouest (*estoper*); fin XIXᵉ s. (1906, Lar.) [*stopper*], « refaire une partie d'étoffe maille à maille »; du néerl. *stoppen*, de même orig. que l'all. *stopfen*. ‖ **stoppage** fin XIXᵉ s. (1906, Lar.). ‖ **stoppeur, stoppeuse** fin XIXᵉ s. (1906, Lar.).

storax ou **styrax** XIIIᵉ s., *Simples Méd.* (*storiaus*), pharm., du lat. *styrax*, gr. *sturax*.

store 1544, Ouin, s. f.; XVIIIᵉ s., s. m.; de l'ital. dial. *stora*, s. f., en ital. *stuoja*, natte, store, du lat. *storea*, natte.

stout XIXᵉ s. (1875, Lar.); mot angl.

stovaïne 1903, Fourneau; 1907, Lar.; de l'angl. *stove*, fourneau.

strabisme 1560, Paré (*strabismus*); 1660, Fernel (*strabisme*); du gr. *strabismos*, de *strabos*, « qui louche ».

stramoine 1572, Des Moulins (*stramonia*), bot.; 1776, Bomare (*stramoine*); du lat. bot. médiév. *stramonium*.

strangulation 1549, Meignan; du lat. *strangulatio*, pour servir de dér. à *étrangler*.

strangurie 1314, Mondeville, méd., du lat. *stranguria*, gr. *straggouria*, de *stragx*, goutte, et *oureïn*, uriner.

strapasser 1611, Cotgrave (*estrapasser*), « harceler »; fin XVIIᵉ s., « peindre à la hâte »; de l'ital. *strapazzare*, proprem. « malmener », d'où « gâcher le travail » », de *strappare*, arracher (v. ESTRAPADE). ‖ **strapasson** 1752, *Trévoux*, arch. ‖ **strapassonner** XVIIᵉ s., arch.

strapontin 1428, G. (*strampontin*); XVIᵉ s. (*strapontin*; var. *estrapontin* jusqu'au XVIIIᵉ s.), « lit suspendu, hamac »; XVIIIᵉ s., « siège mobile dans une voiture »; 1875, Lar., théâtre; de l'ital. *strapuntino*, « matelas (piqué à l'aiguille) », de l'anc. ital. *trapungere*, « piquer à l'aiguille », du lat. *transpungere*, piquer à travers. (V. POINTE.)

strass 1746, La Morlière; du nom de *Stras*, joaillier, inventeur de ce faux diamant.

strasse 1690, Furetière, bourre de soie (var. *étrasse*); de l'ital. *straccio*, proprem. « chiffon ».

stratagème 1372, Foulechat (*strategmmate*); milieu XVIᵉ s., H. Est. (*stratagème*); du lat. *strategema*, ruse de guerre, du gr. *stratêgêma*. (V. STRATÈGE.)

strate s. f., début XIXe s., géol.; du lat. *stratum*, chose étendue, part. passé substantivé de *sternere*, étendre (v. STRATIFIER, STRATUS). ‖ **stratigraphie** 1872, L. ‖ **stratigraphique** *id.*

stratège 1721, *Trévoux*, hist. gr.; fin XIXe s., sens mod., d'après le sens de *stratégie*; du gr. *stratêgos*, chef d'armée, de *stratos*, armée, et *ageîn*, conduire. ‖ **stratégie** 1823, Boiste; du gr. *stratêgia*. ‖ **stratégique** 1823, Boiste, du gr. *stratêgikos*. ‖ **stratégiste** 1831, Noël et Carpentier.

stratifier 1675, Lémery, d'abord en chimie, puis géol., etc.; du lat. des alchimistes *stratificare*, de *stratum* (v. STRATE). ‖ **stratification** 1578, Chauvelot, du lat. des alchimistes *stratificatio*.

stratosphère v. 1930, Teisserenc de Bort, de *sphère* et du lat. *stratum*, au sens de « couverture » (cf. STRATE, STRATUS). ‖ **stratosphérique** 1933. ‖ **stratostat** 1934, journ., à propos de l'ascension de Cosyns, sur le modèle de *aérostat*; n'a pas survécu. ‖ **stratopause** XXe s., de *strato-*, et *pause* (v. ce mot). ‖ ‖ **stratovision** 1953, Lar.

stratus 1869, *Journ. offic.*, météor., mot lat. signif. « étendu » (v. STRATE). ‖ **strato-cumulus** XXe s.

streptocoque fin XIXe s. (1906, Lar.), méd., du gr. *streptos*, arrondi, courbé, et de l'élém. *-coque*, gr. *kokkos*, graine. ‖ **streptococcie** 1906, Lar. ‖ **streptomycine** milieu XXe s., sur le gr. *mukês*, champignon.

strette 1580, Montaigne, « étreinte »; puis terme de mus.; de l'ital. *stretto*, proprem. « étroit, serré », du lat. *strictus* (v. le suiv.).

strict 1503, G. de Chauliac (*strictement*, adv.); rare jusqu'au XVIIIe s.; du lat. *strictus*, au fig., de *stringere*, serrer. (V. ÉTROIT.)

striction 1872, L., méd., du lat. *strictio, -onis*, de *stringere*, étreindre.

strident fin XVe s., O. de Saint-Gelais; rare avant 1829, Boiste; du lat. *stridens*, part. prés. de *stridere*, produire un bruit strident. ‖ **stridence** 1907, Lar. ‖ **strideur** XIIe s. (*strendor*, altér.); XVIe s. (*strideur*); du lat. *stridor*; peu us. ‖ **striduleux** fin XVIIIe s., du lat. *stridulus*, sifflant. ‖ **stridulation** 1838, *Acad.* ‖

striduler XXe s. ‖ **stridulant** adj., 1842, *Acad.*

strie 1553, L.-B. Albert; rare jusqu'en 1680, Richelet; du lat. *stria*, rainure. ‖ **strié** 1534, Rab.; du lat. *striatus*, cannelé. ‖ **striure** av. 1577, Delorme; 1611, Cotgrave (*strieure*); adapt. du lat. *striatura*. ‖ **strioscopie** 1952, *L. M.*

strige 1534, Rab. (*stryge*), s. f., vampire, litt.; du lat. *striga*, var. de *strix*, proprem. « grand duc », du gr. *strigx*. ‖ **strigidés** 1842, *Acad.* (*strigides*).

strigile 1544, M. Scève, s. m.; rare jusqu'en 1727, Furetière (*strigil*); 1762, *Acad.* (*strigile*); du lat. *strigilis*. (V. ÉTRILLE.)

strip-tease milieu XXe s., de l'angl. (*to*) *strip*, déshabiller, et (*to*) *tease*, agacer. ‖ **strip-teaseuse** milieu XXe s.

strobile 1798, Richard, bot.; du lat. *strobilus*, gr. *strobilos*, toupie, pomme de pin.

stroboscope 1890, Lar.; du gr. *strobos*, tourniquet, et de l'élém. *-scope*. ‖ **stroboscopie, stroboscopique** 1890, Lar.

strombe 1800, Boiste, zool., du gr. *strombos*, toupie, coquillage conique.

strongle ou **strongyle** 1741, Villars, zool., du gr. *stroggulos*, rond. ‖ **strongylose** fin XIXe s.

strontium 1790, Crawford, chim.; de *Strontian*, localité d'Ecosse où ce corps fut découvert. ‖ **strontiane** 1803, *Dict.*

strophe 1550, Ronsard, au sens gr.; XIXe s., sens mod., syn. de *stance*; du lat. *stropha*, gr. *strophê*, de *strophein*, tourner. ‖ **strophique** fin XIXe s.

stropiat 1546, Rab. (*estr-*), pop.; de l'ital. *stroppiato*, estropié; le mot a disparu.

structure XIVe s., « construction »; fin XVe s., sens mod.; du lat. *structura*, de *struere*, construire. ‖ **structural** 1878, Lar. ‖ **structuralisme** XXe s., linguist., ethnol., etc. ‖ **structuraliste** XXe s. ‖ **structurer** v. 1865, Bürger. ‖ **infra-structure** fin XIXe s., techn. et économie politique. ‖ **superstructure** 1764, Voltaire, d'après le verbe lat. *superstruere*; XIXe s., tech. et économie politique.

strume 1560, Paré, méd., du lat. *struma*, scrofule. ‖ **strumeux** XIIIe s.,

B. de Condé (*estrumeus*) ; du lat. *strumosus*.

strychnine 1818, Pelletier et Caventou (qui découvrirent ce corps) ; du lat. bot. *strychnos*, « vomiquier », mot gr. : la graine du vomiquier (noix vomique) contient de la strychnine.

stuc 1533, *D. G.* ; de l'ital. *stucco*, du longobard **stukki* (cf. l'allem. *Stück*). || **stuccateur** 1670, Colbert ; de l'ital. *stuccatore*. || **stuquer** fin XIXᵉ s. (1906, Lar.).

stud-book 24 oct. 1840, *Ordonn. royale*, mot angl., de *stud*, haras, et *book*, livre.

studieux début XIIᵉ s., *Ps. de Cambridge* (*estudius*), du lat. *studiosus*, de *studium* (v. ÉTUDE). || **studiosité** XVIᵉ s., *Triomphes de la noble dame*, peu usité.

studio 1829, lady Morgan ; d'abord au sens de « atelier d'artiste », puis de « atelier de photographe » ; 1908, Babin, cinéma ; mot anglo-amér., lui-même issu de l'ital. *studio*, atelier de peinture, du lat. *studium* (v. ÉTUDE).

stupéfier 1560, Paré ; du lat. *stupefacere*, adapté d'après les verbes en *-fier*. || **stupéfiant** v. 1600, Charron, adj., méd. ; XIXᵉ s., subst. || **stupéfait** 1718, *Acad.*, du lat. *stupefactus*. || **stupéfaction** fin XVᵉ s., *Myst. du Vieil Test.*, du bas lat. *stupefactio*. (V. STUPEUR.)

stupeur 1327, J. de Vignay, souvent méd. en moy. fr. ; du lat. *stupor*, de *stupère*, « être engourdi, frappé de stupeur ». || **stupide** 1503, G. de Chauliac (*stupit*), « frappé de stupeur » ; XVIᵉ s., sens mod. ; du lat. *stupidus*. || **stupidité** 1541, Calvin, « stupeur » ; XVIᵉ s., sens mod. ; du lat. *stupiditas*.

stupre 1765, Voltaire ; du lat. *stuprum*, débauche.

stuquer V. STUC.

style 1346, G. (*stile*, var. *estile*), jurid., « manière de procéder » ; XVᵉ s., « manière de combatre, d'agir » ; 1537, trad. du *Courtisan*, « manière d'exprimer sa pensée » ; XVIIᵉ s., appliqué aux beaux-arts ; du lat. *stilus*, *stylus*, proprem. « poinçon servant à écrire sur les tablettes », sens repris au XVIᵉ s. (v. STYLET), et par ext. « exercice écrit, manière d'écrire » ; *clause de style*, XVIIᵉ s., terme de notaire. || **stylé** adj., XIVᵉ s., Ph. de Maizières, du sens de « manière d'agir ».

|| **styler** XVIIᵉ s. || **styliste** 1846, Hugo, du sens littér. ; v. 1960, journ., mode. || **stylisme** 1872, L. || **stylistique** 1872, L. || **stylisticien** XXᵉ s. || **stylème** XXᵉ s. (d'après *morphème*, *phonème*, etc.). || **styliser** fin XIXᵉ s. (1907, Lar.) ; d'après le sens esthétique de *style*. || **stylisation** fin XIXᵉ s. ; 1907, Lar.

stylet fin XVIᵉ s. (*stilet*) ; de l'ital. *stiletto*, de *stilo*, poignard, du lat. *stilus*, poinçon. (V. STYLE.)

stylite XVIIIᵉ s., Gresset ; du gr. *stulitês*, de *stulos*, colonne. (V. STYLOBATE.)

stylobate 1545, Van Aelst ; du lat. *stylobates*, mot gr., de *stulos*, colonne, et *baineîn*, « reposer sur ses pieds ». || **styloïde** 1560, Paré ; du gr. *stuloeidês*, de *stulos*.

stylographe fin XIXᵉ s. (1906, Lar.) ; de l'anglo-amér. *stylograph*, du gr. *stulos*, poinçon à écrire, et de l'élém. *-graph*. || **stylo** 1923, Lar., abrév. || **stylographique** 1906, Lar. || **stylomine** v. 1930, ext. d'emploi d'une marque de fabrique.

styptique 1265, Br. Latini (*stitique*), méd., astringent ; du lat. méd. *stypticus*, gr. *stuptikos*, de *stupheîn*, resserrer.

styrax, su V. STORAX, SAVOIR.

suage 1332, G. (*souage*), moulure ; de l'anc. fr. *soue*, *seuwe*, corde, du bas lat. *sōca* (VIᵉ s.), peut-être mot gaulois.

suaire début XIIᵉ s., *Voy. de Charl.* ; du lat. eccl. *sudarium*, linge où fut enseveli Jésus ; en lat. class., « mouchoir pour essuyer la sueur », de *sudor*. (V. SUEUR.)

suave 1503, G. de Chauliac (*suavement*, adv.) ; du lat. *suavis* ; a remplacé la forme pop. de l'anc. fr., *souef*, usitée jusqu'à la fin du XVIᵉ s. || **suavité** v. 1190, saint Bernard ; du lat. *suavitas*.

sub- préf., du lat. *sub*, sous ; il indique en français une subordination, une position inférieure à une autre, ou un degré légèrement inférieur à la normale.

subalterne XVᵉ s., Forget, du bas lat. *subalternus*, de *sub*, sous, et *alternus* (v. ALTERNER). || **subalternité** 1675, Mᵐᵉ de Sévigné. || **subalterniser** 1842, *Acad.* || **désubalterniser, -sation** v. 1848.

subdiviser 1377, Oresme ; du lat. *subdividere*, adapté d'après *diviser* ; var. francisée *sous-diviser*, 1314, Mondeville, arch. ‖ **subdivision** 1314, Mondeville, du lat. *subdivisio*. ‖ **subdivisionnaire** 1872, L.

subéreux 1798, Richard; du lat. *suber*, liège. ‖ **subérique** 1803, Boiste. ‖ **subérine** 1827, *Acad.*

subintrant 1741, Villars, méd., du lat. *sub*, et *intrans*, de *intrare*, entrer.

subir milieu XVIᵉ s.; du lat. *subīre*, proprem. « aller sous », de *sub*, et *ire*, d'où « supporter ».

subit XIIᵉ s. (*subitement*, adv.); du lat. *subitus*, « qui vient à l'improviste », proprem. « par-dessous », de *subire* (v. SUBIR). ‖ **subito** 1654, Cyrano, fam., d'abord terme scolaire; adv. lat.

subjectif 1495, *Mir. hist.*; rare jusqu'au début du XIXᵉ s., où il est repris à l'all. philos. (Kant) *subjektiv* (1818, de Custine); du lat. scolast. *subjectivus*, du lat. *subjicere*, proprem. « mettre sous » (v. SUJET 1). ‖ **subjectivité** 1803, Boiste; de l'all. *Subjektivität*. ‖ **subjectiver** 1842, *Acad.* ‖ **subjectivisme** 1852, Proudhon, politique.

subjection 1249, *Lettre* de Jean Sarrasin, rhét.; du lat. *subjectio*, proprem. « action de mettre sous », de *subjicere*. (V. SUBJECTIF, SUJET 1.)

subjonctif 1530, G. Tory, adj.; milieu XVIIᵉ s., *Gramm. de Port-Royal*, s. m.; du lat. gramm. *subjonctivus*, proprem. « attaché sous », d'où « subordonné », de *subjungere*. (V. CONJOINDRE.)

subjuguer XIIᵉ s., du bas lat. *subjugare* (IVᵉ s., Lactance), proprem. « mettre sous le joug », de *jugum*. (V. JOUG.)

sublime fin XIVᵉ s., terme d'alchimie, « sublimé »; 1495, *Mir. hist.*, sens mod.; du lat. *sublimis*, élevé, suspendu dans les airs. ‖ **sublimité** XIVᵉ s., *Girart de Roussillon*, caractère de ce qui est placé très haut; XVIᵉ s., fig., du lat. *sublimitas*, hauteur.

sublimer 1314, Mondeville, terme d'alchimie, proprem. « distiller les éléments volatils, qui se condensent à la partie supérieure du vase »; XVIIIᵉ s., fig.; du lat. des alchimistes *sublimare*, en bas lat. « élever en l'air », de *sublimis*. ‖ **sublimation** XIVᵉ s., *D. G.*, au sens bas-lat.; XVᵉ s., alchim.; du lat. *sublimatio*, de même empl. que le verbe. ‖ **sublimé** s. m., milieu XVᵉ s., Villon.

sublunaire 1548, Rab.; du bas lat. *sublunaris*, de *luna*, lune.

submerger 1398, *Ménagier*; du lat. *submergere*, de *sub*, sous, et *mergere*, plonger. ‖ **submersion** XIIᵉ s.; du bas lat. *submersio*. ‖ **submersible** 1798, Richard, de *submersus*, part. passé du verbe lat. ‖ **insubmersible** 1775, de La Chapelle.

subodorer 1648, N. Poussin; du bas lat. *subodorari*, flairer, de *odorari*, même sens. (V. ODEUR.)

subordonner 1495, *Mir. hist.*; rare avant le XVIIᵉ s.; on trouve *subordiner*, au XVIᵉ s.; du lat. médiév. *subordinare* (de *ordinare*), adapté d'après *ordonner*. ‖ **subordonné** subst., début XIXᵉ s. ‖ **insubordonné** adj., 1789, Malouet. ‖ **subordination** 1610, Coton, du lat. médiév. *subordinatio*. ‖ **insubordination** 1770, Bachaumont.

suborner 1283, Beaumanoir; du lat. *subornare*, proprem. « équiper » (par ext., pour une mauvaise action), de *sub*, et *ornare*, au sens de « pourvoir » (v. ORNER). ‖ **subornation** 1349, *D. G.*, du lat. médiév. *subornatio*. ‖ **suborneur** fin XVᵉ s., Desrey.

subrécargue 1667, *Fr. mod.*, mar.; de l'esp. *sobrecargo*, proprem. « qui est en surcharge », du v. *sobrecargar*, « surcharger ».

subreptice XIIIᵉ s. (*surreptice*), d'abord jurid., puis ext. de sens; du lat. *subrepticius*, clandestin, de *subrepere*, proprem. « ramper sous » (v. REPTILE). ‖ **subreption** XIVᵉ s., jurid., arch., du lat. jurid. *subreptio*.

subroger début XIVᵉ s. (*subroguer*); 1355, Bersuire (*subroger*), jurid.; du lat. *subrogare*, « proposer à la place d'un autre »; *subrogé tuteur*, 1690, Fur. ‖ **subrogation** début XVᵉ s., jurid., du bas lat. *subrogatio*. ‖ **subrogatoire** 1838, *Acad.*

subséquent 1361, Oresme; du lat. *subsequens*, part. prés. de *subsequi*, suivre de près. ‖ **subséquemment** 1268, É. Boileau, d'après le bas lat. *subsequenter*.

subside début XIVᵉ s.; du lat. *subsidium*, secours, réserve, de *subsidere*, « être placé en réserve ».

subsidiaire 1355, Bersuire; du lat. *subsidiarius*, « qui est en réserve ». (V. SUBSIDE.)

subsister 1375, R. de Presles; du lat. *subsistere*, proprem. « s'arrêter »; par ext. « rester, subsister », de *sistere*, « être placé, s'arrêter ». ‖ **subsistance** début XVIᵉ s., « fait de subsister »; fin XVIIᵉ s., au pl., « vivres ».

substance 1120, *Ps. d'Oxford*, philos.; XVᵉ s., ext. de sens; du lat. philos. *substantia*, proprem. « ce qui se tient en dessous », de *sub*, sous, et *stare*, se tenir (calque du gr. *hupostasis*); *en substance*, XIVᵉ s., terme de procéd.; 1660, Pascal, ext. d'empl. ‖ **substantiel** 1265, Br. Latini; du lat. eccl. *substantialis* (IIIᵉ s., Tertullien). ‖ **substantialité** début XIXᵉ s., Bourdigné. ‖ **substantialisme** 1872, L. ‖ **substantialiste** 1874, Cazelle. ‖ **consubstantiel** 1390, E. de Conty, du lat. ecclés. *consubstantialis* (IIIᵉ s., Tertullien). ‖ **consubstantialité** XIIIᵉ s., *Chronique de Saint-Denis*, théol., du lat. *consubstantialitas* (IVᵉ s., saint Augustin). ‖ **consubstantiation** 1567, J. de Serres, théol., du lat. *consubstantiatio*.

substantif XIVᵉ s., *Ps. de Metz*; du lat. gramm. *substantivum*, de même orig. que le précéd., appliqué seulement au v. *être* (*verbe substantif*); le sens de « nom » est dû aux grammairiens français. ‖ **substantiver** 1487, Garbin. ‖ **substantivé** adj., milieu XVIᵉ s., J. Du Bellay. ‖ **substantival** 1909, *L. M.*

substituer 1495, J. de Vignay; du lat. *substituere*, « placer sous », d'où « mettre à la place », de *sub* et *statuere*. ‖ **substitut** début XIVᵉ s., jurid.; du lat. *substitutus*, part. passé de *substituere*. ‖ **substitution** XIIIᵉ s., jurid., puis ext. d'empl.; du lat. *substitutio*.

substrat ou **substratum** milieu XVIIIᵉ s. (*substratum*), philos.; 1876, *Rev. des Deux Mondes* (*substrat*), philos.; 1882 (*substratum*), linguist.; v. 1920 (*substrat*), *id.*; du lat. *substratum*, de *sub*, sous, et *stratum*, étendu (v. STRATE). ‖ **adstrat** XXᵉ s., en linguistique (préfixe *ad*). ‖ **superstrat** *id.* (préfixe *super*).

substruction 1544, Mathée; rare jusqu'en 1823, Boiste; du lat. *substructio*, de *substruere*, « construire en dessous ».

subterfuge début XIVᵉ s.; 1398, E. Deschamps (*suterfuge*); du bas lat. *subterfugium*, de *subterfugere*, proprem. « fuir en dessous, secrètement ».

subtil XIIᵉ s. (*soutil*, *sotil*, *soutif*, formes pop., jusqu'au XVᵉ s.); XIVᵉ s. (*subtil*), seulem. au sens intellectuel en fr.; du lat. *subtilis*, fin, délié, d'où « ingénieux » ‖ **subtilité** 1119, Ph. de Thaun (*subtiltet*); du lat. *subtilitas*. ‖ **subtiliser** XVᵉ s., Martial d'Auvergne, « agir subtilement »; XVIIIᵉ s., par ext., « dérober » (et aussi, au XVIIIᵉ s., « tromper »). ‖ **subtilisation** milieu XVIᵉ s., chim.; XIXᵉ s., sens mod.

subulé milieu XVIIIᵉ s., bot.; du lat. *subula*, arène.

suburbain v. 1380, *Aalma*; 1487, Garbin; rare jusqu'en 1801, Mercier; du lat. *suburbanus*, de *urbs*, ville. ‖ **suburbicaire** 1704, *Trévoux*, hist., du bas lat. *suburbicaria*, de même étym., avec un autre suffixe.

subvenir 1308, Aimé; du lat. *subvenire*, « venir au secours de ». ‖ **subvention** début XIIIᵉ s., secours en argent; XIXᵉ s., sens mod.; du bas lat. *subventio*, aide, secours. ‖ **subventionner** 1834, Hugo, *Litt. et philos.* ‖ **subventionnel** 1842, *Acad.*

subvertir fin XIIIᵉ s., auj. peu us.; du lat. *subvertere*, retourner, renverser. ‖ **subversion** 1190, saint Bernard; du bas lat. *subversio*. ‖ **subversif** 1780; 12 févr. 1793, *Ami du peuple*; dér. du part. passé *subversus*. ‖ **subvertisseur** début XIXᵉ s., Stendhal, peu us.

suc 1488, *Mer des hist.*; du lat. *sūcus*, sève.

succédané 1690, Furetière (*succédanée*); du lat. *succedaneus*, de *succedere*, au sens de « remplacer ».

succéder 1308, Aimé, sens mod.; aux XVIᵉ - XVIIᵉ s., « arriver, d'une manière favorable ou défavorable » (v. SUCCÈS); du lat. *succedere*, proprem. « s'avancer sous », par ext. « succéder, et avoir un heureux succès ». ‖ **successeur** 1190, Garn.; du lat. *successor*. ‖ **succession** fin XIIᵉ s.; du lat. *successio*. ‖ **successif** 1372, Corbichon; du lat. impér. *successivus*. ‖ **successoral** 1827, *Acad.*, jurid.; de *successeur*, d'après la forme lat. ‖ **successible** début XIXᵉ s.,

Code civil, dér. de *successum*, part. passé de *succedere*. ‖ **successibilité** début XIXᵉ s., *Code civil*.

succès milieu XVIᵉ s., Rab., « succession »; 1588, Montaigne, « manière dont une chose arrive »; milieu XVIᵉ s., « réussite », sens qui a éliminé les deux autres empl.; du lat. *successus*, « succession » et « réussite », de *succedere* (v. PRÉCÉDER). ‖ **insuccès** fin XVIIIᵉ s., Barère.

succession V. SUCCÉDER.

succin 1676, Charras, ambre jaune; du lat. *succinum*, var. de *sucinum*. ‖ **succinique** 1800, Boiste.

succinct XIVᵉ s. (*succinctement*, adv.); fin XVᵉ s. (*succinct*, adj.); du lat. *succinctus*, court-vêtu, par ext. « serré, bref », part. passé de *succingere*, « ceindre en dessous, retrousser », de *cingere*. (V. CEINDRE.)

succion 1314, Mondeville (au lieu de *suction*); du lat. *suctus*, succion, de *sugere*, sucer.

succomber 1375, R. de Presles, du lat. *succumbere*, « tomber sous ».

succube 1375, R. de Presles, théol.; du lat. *succuba*, « concubine », empr. pour un empl. spécial; de *cubare*, coucher; masc. d'après INCUBE (v. ce mot).

succulent fin XVᵉ s.; du lat. *succulentus*, var. de *suculentus*, de *succus*, suc. ‖ **succulemment** 1735, Marivaux, peu us. ‖ **succulence** milieu XVIIIᵉ s.

succursale 1675, Huet (*église succursale*), eccl.; milieu XVIIIᵉ s., Buffon, s. f., « qui supplée »; 1818, *Chron. de Paris*, s. f., comm.; du lat. *succursus*, part. passé de *succurrere*, aider, secourir. ‖ **succursaliste** 1835, *Acad.*, eccl.; XXᵉ s., comm. (1962, journ.). ‖ **succursalisme** 1963, *le Monde*.

*****sucer** 1175, Chr. de Troyes; du lat. pop. **sŭctiare*, de *suctus*, part. passé de *sugere* (v. SUCCION). ‖ **sucement** 1314, Mondeville. ‖ **suçon** 1690, Furetière. ‖ **suceur** 1707, Dionis. ‖ **suçoir** 1765, *Encycl.* ‖ **sucette** fin XIXᵉ s. ‖ **suçoter** 1550, Ronsard. ‖ **resucer** 1611, Cotgrave. ‖ **resucée** fin XIXᵉ s. (1906, Lar.).

sucre 1175, Chr. de Troyes (*çucre*) ; de l'ital. *zucchero*, issu lui-même de l'ar. *sukkar*, mot de l'Inde (cf. le sanscrit *çarkarâ*, proprem. « grain »; en gr. *sak-*

kharon, en lat. *saccharum*, v. SACCHARINE). ‖ **sucrer** XIIIᵉ s. (*socré*, part. passé franc-comtois); 1493, Coquillart (*sucrer*). ‖ **sucrage** 1876, *Journ. offic.* ‖ **sucrin** 1558, Thevet. ‖ **sucrier** 1555, Belon, adj.; 1596, Hulsius, confiseur, arch.; 1611, Cotgrave, s. m., ustensile contenant le sucre. ‖ **sucrerie** 1654, Du Tertre. ‖ **sucrase** 1906, Lar., physiol. ‖ **sucrate** 1872, L., chim.

sud fin XIIᵉ s., *Rois*; de l'anc. angl. *suth* (angl. mod. *south*). ‖ **sud-est, sud-ouest** XVᵉ s. (v. EST, OUEST). ‖ **sudiste** 1861, hist., Américain des États du Sud, pendant la guerre de Sécession. ‖ **sud-américain** 1878, Lar. (v. AMÉRICAIN). ‖ **sud-africain** fin XIXᵉ s. (1906, Lar.).

sudation milieu XVIᵉ s., rare jusqu'en 1838, *Acad.*; du lat. *sudatio*, de *sudare* (v. SUER). ‖ **sudorifère** 1735, Heister; du lat. méd. *sudorifer*, de *sudor* (v. SUEUR). ‖ **sudorifique** 1560, Paré. ‖ **sudoripare** 1872, L. ‖ **exsuder** 1560, Paré, du lat. *exsudare*. ‖ **exsudation** 1762, *Acad.*, du lat. *exsudatio*.

suède s. m., XXᵉ s., peau de gant, du nom de la *Suède*. ‖ **suédé** XXᵉ s. ‖ **suédine** XXᵉ s.

*****suer** XIIᵉ s., *Th. le Martyr*; du lat. *sudare* (v. SUDATION). ‖ **suée** fin XVᵉ s. ‖ **suerie** milieu XVᵉ s., Villon, vx. ‖ **suette** 1560, Paré, méd. ‖ **ressuer** XIIᵉ s. ‖ **ressuage** 1692, Boizard. ‖ **suint** 1410, G. (*suing*); 1538, R. Est. (*suint*, mauvaise orth. pour *suin*); sur le suff. collectif *-in*, v. CROTTIN. ‖ **suinter** 1553, Martin, dér. de *suint*. ‖ **suintement** 1722, *D. G.*

*****sueur** 1155, Wace (*suor*); du lat. *sūdor, sudoris*, masc. en lat. (V. SUER.)

suffète XVIIᵉ s., A. de Courtin, hist.; du lat. *suffes, -etis*, mot punique.

suffire XIIᵉ s. (*soufire*); 1495, *Mir. hist.* (*suffire*, forme refaite); du lat. *sufficere*, proprem. « mettre sous », par ext. « pourvoir », et, intr., suffire. ‖ **suffisant** 1190, saint Bernard (*soffeisant*); XVᵉ s. (*suffisant*), adj.; XVIIᵉ s., vaniteux. ‖ **insuffisant** début XIVᵉ s. ‖ **suffisance** fin XIIᵉ s., R. de Moiliens (*souffisanche*, forme picarde); XVᵉ s. (*suffisance*), même évol. de sens. ‖ **insuffisance** 1337, G.

suffixe 1838, *Acad.*, linguist.; du lat. *suffixus*, part. passé de *suffigere*, « fixer sous » (V. AFFIXE, PRÉFIXE). ‖ **suffixer**

1876, A. Hovelacque. ‖ **suffixation** *id.* ‖ **suffixal** fin XIXᵉ s.

suffoquer 1398, *Somme Gautier*, au propre ; 1552, Rab., fig. ; lat. *suffocare*, étouffer, de *fauces*, gorge. ‖ **suffocant** 1690, Furetière, adj. ‖ **suffoqué** XVIIᵉ s., adj. ‖ **suffocation** fin XIVᵉ s., E. de Conty ; du lat. *suffocatio*.

suffragant fin XIIᵉ s., eccl., du lat. eccl. *suffraganeus*, d'après le part. prés. *suffragans*, du lat. *suffragari*, recommander, favoriser, de *suffragium*. (V. SUFFRAGE.)

suffrage 1289, Delb. ; du lat. *suffragium*, proprem. « tesson avec lequel on vote », de *frangere*, briser ; *suffrage universel*, XIXᵉ s. ; *suffrage restreint*, XIXᵉ s. ‖ **suffragette** 1907, Lar., femme qui réclame le droit de vote ; calque de l'angl.

suffumigation 1490, *Guidon en fr.*, du lat. *suffumigatio*. (V. *fumigation* à FUMER 1.)

suffusion 1490, *Guidon en fr.*, méd., du lat. *suffusio*, de *fundere*, répandre.

suggérer 1495, J. de Vignay ; du lat. *suggerere*, « porter sous », d'où « inspirer ». ‖ **suggestion** XIIᵉ s., du lat. *suggestio*. ‖ **suggestif** 1857, *Rev. des Deux Mondes*, de l'angl. *suggestive*, du lat. *suggestus*, part. passé de *suggerere*. ‖ **suggestivité** XXᵉ s. ‖ **suggestibilité** 1890, Lar. ‖ **suggestionner** 30 nov. 1838, *Cabinet de lecture*. ‖ **auto-suggestion** 1890, Lar.

sugillation 1545, Guéroult, méd., du lat. *sugillatio*, « meurtrissure ».

suicide début XVIIIᵉ s., abbé Desfontaines ; du lat. *sui*, gén. de *se*, soi, d'après *homicide*. ‖ **se suicider** fin XVIIIᵉ s. ‖ **suicidé** 1872, L., subst. ‖ **suicidaire** XXᵉ s. (1961, journ.).

suie 1130, *Eneas* ; d'orig. obscure ; probablem. d'un gaulois *sudia* (cf. le vieil irl. *súide*).

suif XIIᵉ s., *Gloss. Tours* (*seu* ; puis *siu*, *sui* par métathèse) ; v. 1268, É. Boileau (*suif*, avec *f* par fausse analogie, v. SOIF) ; du lat. *sēbum*, graisse. ‖ **suiffer** 1537, *Actes des Apôtres* (*sieuver*) ; milieu XVIIᵉ s. (*suiffer*) ; 1694, *Acad.* (*suiver*) ; 1731, Gallon (*suiffer*, forme qui l'emporte, d'après *suif*). ‖ **suiffeux** 1872, L.

‖ **suage** 1827, *Acad.*, mar., action d'enduire de graisse. ‖ **suager** 1827, *Acad.*

sui generis fin XVIIIᵉ s. ; 1831, Hugo, *N.-Dame*, II ; loc. lat., « de son espèce ».

suint, suinter V. SUER.

suisse 1668, Racine, « portier » (vieilli depuis le XVIIIᵉ s.) ; *suisse d'église*, XVIIIᵉ s., d'après le costume, qui rappelait celui des mercenaires suisses.

suite V. SUIVRE.

*****suivre** v. 980, *Passion* (*siuvre*) ; 1080, *Roland* (*sivrat*, fut.) ; XIIᵉ s. (*sivre*) ; XIIIᵉ s. (*suivre*, d'après [*il*] *suit*, métathèse de *siut*, du lat. pop. *sequit*) ; du lat. pop. *sĕquĕre*, en lat. class. *sequi*. ‖ *****suite** XIIᵉ s. (*siute*) ; XIIIᵉ s. (*suite*, par métathèse) ; fém. substantivé de l'anc. part. passé *sieut*, du lat. pop. *sĕquitus*. ‖ **suitée** 1875, Lar. ‖ **ensuite** début XVIIᵉ s. (*ensuite de*). ‖ **suivant** début XIIᵉ s., *Ps. de Cambridge*, adj. ; XIIIᵉ s., s. m., petit d'un animal, encore auj. en vén. ; XVIᵉ s., *suivante*, s. f., sens mod. ‖ **suivant** milieu XVᵉ s., prép. ; *suivant que*, 1534, Rab. ‖ **suiveur** (*de femmes*) 1853, Roqueplan ; XXᵉ s., cyclisme. ‖ **suivez-moi-jeune-homme** 1866, Lespès. ‖ **suivisme** 1927, P. Pascal. ‖ **s'ensuivre** 1265, J. de Meung. ‖ **poursuivre** début XIIᵉ s., *Lois de Guill.* (*persuir*). ‖ **poursuite** milieu XIIIᵉ s. ; en anc. fr., souvent « suite ».

1. sujet 1120, *Ps. d'Oxford* (*suget*), adj. ; var. de l'anc. fr. *subject* ; du lat. *subjectus*, « soumis à », part. passé de *subjicere*, proprem. « mettre sous ». ‖ **sujétion** XIIᵉ s., Gaut. d'Arras (*subjection*), du lat. *subjectio*, de *subjectus*. ‖ **assujettir** 1327, J. de Vignay. ‖ **assujettissant** 1688, La Bruyère. ‖ **assujettissement** 1572, Belleforest.

2. sujet 1361, Oresme, s. m., didact. ; XVIᵉ s., « matière, cause », puis « personne » ; du lat. scolast. *subjectum*, « ce qui est subordonné », neutre substantivé de *subjectus* (v. SUBJECTIF, SUJET 1, OBJET) ; au sens gramm., XVIᵉ s., *sujet* est issu du lat. gramm.

sujétion V. SUJET 1.

sulcature 1872, L., géol. ; du lat. *sulcare*, sillonner, de *sulcus*, sillon. ‖ **sulciforme** 1842, *Acad.*

sulfate 1787, Guyton de Morveau ; du lat. *sulfur* (v. SOUFRE). ‖ **sulfite** *id.* ‖

sulfure id. ‖ **sulfurique** 1585, Le Rocquez; rare avant 1787, Guyton de Morveau. ‖ **sulfuration** 1842, *Acad.* ‖ **sulfurage** xxᵉ s. ‖ **sulfureux** 1265, J. de Meung, rare avant le xvᵉ s. (*sulfurieux*) ; 1549, R. Est. (*sulfureux*) ; du bas lat. *sulfurosus.* ‖ **sulfuré** xvᵉ s., d'après le lat. *sulfuratus, sulfureus; rare avant 1827, *Acad.* ‖ **sulfurisé** 1909, *L. M.* ‖ **sulfaté** début xixᵉ s.; 1827, *Acad.* ‖ **sulfater** 1872, L. ‖ **sulfatage** 1872, L. ‖ **sulfateuse** xxᵉ s.; en arg., mitraillette. ‖ **sulfamide** xxᵉ s. ‖ **sulfitage** 1907, Lar. ‖ **sulfhydrique** 1842, *Acad.*, sur l'élém. -*hydrique* [v. CHLOR(O)-]. ‖ **sulfo-** prem. élém. de comp. du lexique chim., 1842, *Acad.* ‖ **sulfone** 1890, Lar. ‖ **sulfoné** 1875, Lar. ‖ **sulfamidé** 1948, *L. M.*

sulky 11 janv. 1860, *le Sport;* mot angl., proprem. « boudeur »; petite voiture légère pour les courses de trot.

sulla 1775, Bomare, bot., mot ar.; variété de sainfoin.

sultan 1298, *Marco Polo* (*soltan*); 1549, R. Est. (*sultan*) ; de l'arabo-turc *soltān* (v. SOUDAN). ‖ **sultane** 1541, Pélissier. ‖ **sultanat** 1842, *Acad.*

sumac xiiiᵉ s., *Simples Méd.*, bot.; de l'ar. *soummāq.*

summum début xixᵉ s., mot lat., « ce qui est au plus haut point », neutre substantivé de l'adj. superlatif *summus,* « le plus haut ». (V. SOMMET.)

sunlight 1923, *Mon Ciné,* cinéma; mot anglo-amér., de *light,* lumière, et *sun,* soleil; projecteur.

supé 1836, Landais, pop.; part. passé de *super,* mar., du norm. *super,* aspirer, de l'anglo-saxon *sipan* [cf. l'angl. (*to*) *sip,* boire à petits coups].

super- du lat. *super,* « au-dessus ». Le préfixe intensif connaît au xxᵉ s. un développement important.

superbe 1120, *Ps. d'Oxford,* adj., orgueilleux; xviiᵉ s., d'une beauté imposante; fin xviiiᵉ s., très beau, du lat. *superbus,* orgueilleux. ‖ **superbe** s. f., 1120, *Ps. d'Oxford;* du lat. *superbia,* orgueil.

supercherie 1566, H. Est., « injure »; fin xviᵉ s., Pasquier, sens mod.; de l'ital. *soperchieria,* excès, affront, de *soper-*

chiare, surabonder, de *soperchio,* surabondant, du lat. pop. **superculus,* de *super,* au-dessus.

supercoquentieux 1535, Rab. (*supercoquelicantieux*); début xviiᵉ s. (*superlicoquentieux*) ; 1833, Th. Gautier, *Lettres* (*supercoquentieux*) ; mot plaisant, tiré du latin macaronique.

supère 1827, *Acad.*, bot., du lat. *superus,* qui est en haut, de *super,* au-dessus.

superfétation 1560, Paré, physiol.; fin xviiiᵉ s., ext. d'empl.; du lat. médiév. *superfetatio,* de *superfetare,* concevoir de nouveau (v. FŒTUS). ‖ **superfétatoire** 1903, *le Sourire.*

superficie 1130, *Job;* du lat. *superficies,* surface, de *super,* au-dessus, et *facies,* face. ‖ **superficiel** 1314, Mondeville, au propre; 1361, Oresme, fig. (pour l'adv. *superficiellement*) ; du lat. impér. *superficialis.* ‖ **superficialité** 1512, J. Lemaire.

superflu xiiiᵉ s.; du bas lat. *superfluus,* de *superfluere,* déborder, de *super,* au-dessus, et *fluere,* couler. ‖ **superfluité** 1180, *Assises de Jérusalem;* du bas lat. *superfluitas.*

supérieur 1160, Benoît; du lat. *superior,* comparatif de *superus,* « qui est en haut » (v. SUPÈRE). ‖ **supériorité** xvᵉ s., Monstrelet, du lat. médiév. *superioritas.*

superlatif 1265, J. de Meung, « au plus haut degré »; xviᵉ s., gramm.; du bas lat. *superlativus,* aux deux sens, de *superlatus,* part. passé de *superferre,* porter au-dessus.

superposer 1762, J.-J. Rousseau, adaptation, d'après *poser,* du lat. *superponere,* « poser au-dessus ». ‖ **superposition** début xviiᵉ s., du lat. médiév. *superpositio.* ‖ **superposable** 1872, L.

superstition 1375, R. de Presles; du lat. *superstitio,* de *superstare,* « se tenir au-dessus ». ‖ **superstitieux** xivᵉ s., *Songe du vergier;* du lat. *superstitiosus.*

superstrat V. SUBSTRAT.

superviser 1921, Florey, cinéma; milieu xxᵉ s., fig., du préf. *super-,* au-dessus, et de *viser.* ‖ **supervision** 1921, P. Henry.

supin xiiiᵉ s., d'Andeli, gramm., du lat. *supinum,* de même rac. que le suiv.

supinateur 1560, Paré, anat.; du lat. *supinare*, coucher sur le dos. ‖ **supination** 1654, Gelée, anat.; du lat. *supinatio*.

supplanter v. 1120, *Ps. d'Oxford*, « renverser » (jusqu'au XVIᵉ s.); fin XVIᵉ s., sens mod., d'après le lat. eccl.; du lat. *supplantare*, proprem. « faire un croc-en-jambe », et, en lat. eccl., « attraper, tromper »; de *planta*, plante du pied. ‖ **supplantateur** XIIᵉ s., Herman de Valenciennes (*sousplantere*); 1488, *Mer des hist.* (*supplantateur*), surtout eccl.; du lat. eccl. *supplantator*.

suppléer 1314, Mondeville (*souploier*, par confusion avec une var. de *supplier*); 1377, Oresme (*suppléer*); du lat. *supplere*, proprem. « remplir de nouveau », de même rac. que *plein*. ‖ **suppléant** 1791, *Dict. de la Constit.*, polit.; XIXᵉ s., ext. de sens. ‖ **suppléance** id.

supplément 1313, G. (*supploiement*); 1361, Oresme (*supplément*); du lat. *supplementum*, de même rac. que le précéd. ‖ **supplémentaire** 13 juillet 1792, *Club des Jacobins*. ‖ **supplémenter** 1845, Richard de R.; fin XIXᵉ s., terme de ch. de fer.

supplétif 1539, R. Est., techn.; XXᵉ s., milit.; du bas lat. *suppletivus*, de *supplere* (v. SUPPLÉER, SUPPLÉMENT). ‖ **supplétoire** 22 avril 1790, *Décret*; du lat. médiév. *suppletorius*.

supplication 1160, Benoît, du lat. *supplicatio*, de *supplicare*. (V. SUPPLIER.)

supplice fin XVᵉ s.; du lat. *supplicium*, proprem. « supplication » (de même rac. que *supplier*), et par ext. « sacrifice » ou « exécution », puis « châtiment, supplice ». ‖ **supplicier** v. 1580, Montaigne, d'après la forme lat.

*supplier** XIIᵉ s. (*souploier*); XIIIᵉ s. (*souplier*); 1360, Froissart (*supplier*, réfection d'après le lat.); du lat. *supplicare*, proprem. « se plier (sur les genoux) ». ‖ **suppliant** 1495, J. de Vignay, s. m., part. prés. substantivé. (V. les précéd. et le suivant.)

supplique 1578, H. Est., de l'ital. *supplica*, déverbal du lat. *supplicare*. On trouve v. 1340, *Archives de Reims*, *supplic*, masc., issu du lat. *supplicare*.

1. **supporter** v., 1190, saint Bernard (*soporter*); 1398, E. Deschamps (*supporter*); du lat. eccl. *supportare*, en lat.

class. « porter sous, transporter ». ‖ **support** 1466, Delb., action de supporter; XVIᵉ s., sens mod. ‖ **supportable** début XVᵉ s. ‖ **insupportable** début XIVᵉ s.

2. **supporter** s. m., v. 1920, journ., terme de sport; mot angl., proprem. « celui qui supporte, qui soutient ».

supposer 1265, J. de Meung, sens usuel mod.; 1539, R. Est., jurid., « substituer frauduleusement »; adaptation, d'après *poser*, du lat. *supponere*, « mettre sous, à la place de ». ‖ **supposition** fin XIIIᵉ s., sens mod.; début XVIIᵉ s., jurid.; du lat. *suppositio*, en bas lat. « supposition ». ‖ **présupposer** 1361, Oresme. ‖ **présupposition** XVᵉ s.

suppositoire XIIIᵉ s., *Simples Méd.*, pharm.; du lat. *suppositorius*, « placé en dessous », de *supponere*. (V. SUPPOSER.)

suppôt fin XIIIᵉ s., « subordonné, employé subalterne »; fin XIVᵉ s., Chr. de Pisan, philos.; n'est resté que dans les loc. fig. *suppôt de Satan*, etc., XVIIᵉ s.; adaptation, d'après *dépôt*, du lat. *suppositus*, placé au-dessous. (V. les précédents.)

supprimer fin XIVᵉ s.; du lat. *supprimere*, proprem. « enfoncer », de *premere*, presser. ‖ **suppression** fin XIVᵉ s., du lat. *suppressio*, de *suppressus*, part. passé de *supprimere*.

suppurer XIIIᵉ s. (*soupurer*); 1560, Paré (*suppurer*); du lat. *suppurare*, de *pus*, *puris* (v. PUS). ‖ **suppuration** 1490, *Guidon en fr.*, du lat. *suppuratio*. ‖ **suppuratif** 1560, Paré. ‖ **suppurant** 1872, L., adj.

supputer 1552, Rab.; du lat. *supputare*, calculer. ‖ **supputation** 1539, R. Est.; du bas lat. *supputatio*.

1. **supra** XIXᵉ s., « ci-dessus, plus haut »; adv. lat.

2. **supra-** préf., du lat. *supra*, au-dessus.

suprématie 1651, d'après Mackenzie; 1688, Bossuet (*suprématie anglicane*); 1803, Boiste, sens étendu; 1827, de Wailly, « prééminence, supériorité », de l'angl. *supremacy*, de *supreme*, issu lui-même du fr. *suprême*. (V. le suivant.)

suprême fin XVᵉ s., d'Authon; du lat. *supremus*, superlatif de *superus*. (V. SUPÈRE, SUPÉRIEUR.)

1. ***sur** xᵉ s., *Eulalie* (*sovre*, *soure*);
980, *Valenciennes* (*sore*); 1080, *Roland*
(*sur*, d'après *sus*, v. ce mot); du lat.
super.

2. **sur-** préf. intensif, de *sur* prép.

3. **sur** 1130, *Eneas*, adj., acide; du francique **sūr*; cf. l'all. *sauer*, aigre
(v. CHOUCROUTE). ‖ **surelle** xiiᵉ s., rég.,
oseille. ‖ **suret** xiiiᵉ s. ‖ **surir** début
xixᵉ s. ‖ **surin** 1842, Mozin, jeune pommier non greffé, rég.

*^**sûr** 1080, *Roland* (*seür*); lat. *sēcūrus*.
‖ **sûreté** début xiiᵉ s., *Couronn. Loïs*. ‖
sûrement 1080, *Roland*. ‖ **assurer**
xiiᵉ s., du lat. pop. *assecurāre*, rendre
sûr, puis « garantir, affirmer ». ‖ **assurance** xiiᵉ s., Gautier d'Arras, sens
général; 1563, Barbier, « contrat ».
‖ **assurément** 1130, *Eneas* (*aseüree-
ment*). ‖ **assureur** 1550, Barbier; xxᵉ s.,
sens actuel. ‖ **rassurer** 1175, Chr. de
Troyes. ‖ **réassurer** 1681, *Ordonn.* ‖
réassurance *id.* ‖ **rassurant** 1777,
Vergennes. (V. SÉCURITÉ.)

suranné xiiiᵉ s., *Renart*, « qui a plus
d'un an »; par ext., « vieilli », d'abord
jurid.; de *sur* et de *an*.

surard V. SUREAU.

surcot début xiiiᵉ s., R. de Clari, de
sur et de *cotte* (v. ce mot).

surcroît xiiiᵉ s., *Comput*, déverbal de
l'archaïque *surcroître* (xiiiᵉ s., Priorat),
de *sur* et de *croître* (v. ce mot).

surdité 1456 (*sourdité*); 1520, G. de
Chauliac (*surdité*); du lat. *surditas*, de
surdus (v. SOURD); a éliminé le moy. fr.
sourdesse, *surdesse*. ‖ **sourdité** 1933,
Lar., linguist., à propos des consonnes
sourdes; mot créé pour éviter la confusion avec le fait de ne rien entendre. ‖
surdi-mutité 1872, L. (V. MUET.)

sureau 1359, *Ordonn.* (*suraut*); 1545,
Guéroult (*sureau*); de l'anc. fr. *seür*,
altér., par croisement avec *sur* 3, de l'anc.
fr. *seü*, sureau, du lat. *sabūcus*, var. de
sambūcus. ‖ **surard** 1611, Cotgrave
(*surat*); 1762, *Acad.* (*surard*), vinaigre
aromatisé au sureau.

surérogation début xviiᵉ s.; du lat.
supererogatio, action de payer en plus,
de *supererogare*. ‖ **surérogatoire** fin
xviᵉ s., d'Aubigné; du lat. médiév. *supe-
rerogatorius*.

surestarie 1869, *Journ. offic.*, mar.;
de l'esp. *sobrestaria*, de *sobrestar*, rester,
de *sobre*, sur, et *estar*, se tenir.

sûreté V. SÛR.

surface début xviᵉ s. (*superface*);
1611, Cotgrave (*surface*); de *face*,
d'après le lat. *superficies* (v. SUPERFICIE).
‖ **surfacer** xxᵉ s., techn. ‖ **surfaçage**
xxᵉ s., techn.

surge (*laine*) milieu xviᵉ s. (*laine
sourge*); 1688, texte de Marseille, chez
Savary; 1723 (*laine surge*); de l'anc.
prov. (*lana*) *surga*, du lat. (*lana*) *sūcida*.

surgeon xiiiᵉ s. (*sorjon*); xvᵉ s. (*surgeon*, d'après *surgir*), « source »; xviᵉ s.,
branche qui pousse sur la souche; dér.
de *sourdre* (v. ce mot), d'après l'anc.
part. prés. *sourjant*, du lat. *surgens*.

surgir 1497, G. de Villeneuve, lat. *surgere*, s'élever; a remplacé en partie
sourdre. On trouve depuis le début du
xvᵉ s. jusqu'au xixᵉ s., dans le lexique
mar., un mot *surgir*, « jeter l'ancre,
aborder », qui est issu de l'esp. *surgir*,
de même sens, proprem. « s'élever sur
la mer, apparaître en venant de la haute
mer », du lat. *surgere*.

1. **surin** bot. V. SUR 2.

2. **surin** 1827, Granval, arg., puis pop.,
couteau d'apache (var. *sourin*, *chourin*,
1837, Vidocq); du romanichel *tchouri*. ‖
suriner *id.*; var. *souriner*, *chouriner*. ‖
surineur 1867, Delvau. ‖ **chourineur**
1842, nom d'un des personnages des
Mystères de Paris, d'Eug. Sue.

surir V. SUR 3.

surjet V. JETER.

surnuméraire 1564, Rab. (*supernu-
méraire*); 1636, Monet (*surnuméraire*);
du bas lat. *supernumerarius* (ivᵉ s., Végèce), de *numerus*, nombre, et *super*, au-
dessus. ‖ **surnumérariat** fin xviiiᵉ s.

suroît fin xvᵉ s. (*syroest*); 1823, Jal
(*suroît*); du norm. *surouet*, altér. de *sud-
ouest* d'après *norouè*, nord-ouest, forme
de l'Ouest. (V. *noroît* à NORD.)

surplis 1190, Garn. (*surpliz*); var.
sorpeliz, *surpeliz*, xiiiᵉ-xviᵉ s.; adaptation
du lat. médiév. *superpellicium*, du lat.
pellicia (v. PELISSE), avec le préf. *super*,
francisé en *sur*.

surprendre 1130, *Eneas* (*sorprendre*),
dér. de *prendre* (v. ce mot). ‖ **surprise**

1294, G., « impôt extraordinaire », pro-prem. « ce qui est pris en sus »; XVIᵉ s., sens mod; part. passé fém. substantivé. ‖ **surprise-partie** 1882, *Gil Blas* (pl. *surprise-parties*), mot angl. (*party*, du fr. *partie*); XXᵉ s., abrév. fam. : *surboum*, *surpat.*

surseoir fin XIᵉ s., *Lois de Guill.*, jurid., d'après le lat. *supersedere* (v. SEOIR.) ‖ **surséance** 1407, *doc. jur.* ‖ **sursis** début XIVᵉ s., part. passé sub-stantivé de *surseoir*. ‖ **sursitaire** XXᵉ s.

*****sus** Xᵉ s., *Eulalie*, adv., en haut; éga-lem. prép. en anc. fr., jusqu'au XVIᵉ s.; auj. seulement dans quelques loc., *en sus*, *courir sus*; du lat. pop. *sūsum* (Caton, Plaute), en lat. class. *sūrsum*, « en haut, dessus ». ‖ **dessus** 1080, *Roland*; s. m. 1398, *Ménagier*. ‖ **pardessus** 1810, vête-ment; forme substantivée de la loc. adv. *par-dessus.*

susceptible 1372, Corbichon; rare avant le XVIIᵉ s.; fin XVIIIᵉ s., « facile à offenser »; du bas lat. *susceptibilis* (VIᵉ s., Boèce), de *suscipere*, recevoir, de *capere*, prendre. ‖ **susceptibilité** 1752, *Trévoux.*

susception 1495, J. de Vignay, théol., physiol., du lat. *susceptio*, de *suscipere*. (V. SUSCEPTIBLE.)

susciter 1120, *Ps. d'Oxford*; du lat. *suscitare*. ‖ **suscitation** XIIIᵉ s., Char-dry; du lat. eccl. *suscitatio* (IIIᵉ s., Tertul-lien). [V. RESSUSCITER.]

suscription début XIIIᵉ s.; rare jus-qu'au milieu du XVIᵉ s., Amyot (var. *su-perscription*, XIVᵉ-XVIᵉ s.); adaptation du bas lat. *superscriptio*, proprem. « inscrip-tion sur », avec francisation de *super* en *sur.*

suspect 1308, Aimé; du lat. *sus-pectus*, de *suspicere*, proprem. « regar-der en haut ». ‖ **suspecter** début XVᵉ s., Desrey, rare jusqu'en 1726, abbé Desfon-taines, *Dict. néol.*; du lat. *suspectare*. ‖ **suspicion** XIIᵉ s., du lat. *suspicio*, de *sus-picere*. (V. SOUPÇON.)

suspendre 1190, Garnier (var. franci-sée *souspendre*); milieu XVᵉ s. (*sus-pendre*); du lat. *suspendere*, de *pendere* (v. PENDRE). ‖ **suspens** 1377, Oresme, adj., « qui est suspendu », du part. passé lat. *suspensus*; ne s'emploie plus que dans la loc. adv. *en suspens*, XVᵉ s. ‖ **sus-pense** s. f., 1440, Chastellain, théol. ‖

suspension 1170, *Tristan*; 1867, *Expos. univ.*, lampe suspendue; lat. *suspensio*. ‖ **suspente** 1803, Boiste, mar.; XXᵉ s., aéron. ‖ **suspensoir** 1314, Mondeville, anat.; début XVIIIᵉ s., bandage; du bas lat. *suspensorium*, neutre substantivé de l'adj. *suspensorius*. ‖ **suspensif** 1355, Bersuire, gramm., puis jurid.; du lat. médiév. *suspensivus.* ‖ **suspenseur** v. 1560, Paré, du lat. médiév. *suspensor.* ‖ **suspense** s. m., 1886, Mallarmé, mot angl., d'abord employé au cinéma.

suspicion V. SUSPECT.

sustenter XIIIᵉ s., *Saint Brandan*; du lat. *sustentare*, soutenir, par ext. « nour-rir », fréquentatif de *sustinere* (v. SOUTE-NIR). ‖ **sustentation** XIIIᵉ s., rare jus-qu'en 1798, *Acad.*; du lat. *sustentatio*. ‖ **sustentateur** 1911, *L. M.*

susurrer 1801, Mercier; du bas lat. *susurrare*, verbe onom. ‖ **susurrement** début XIXᵉ s., Chateaubriand. ‖ **susur-ration** XVIᵉ s., médisance; du bas lat. *susurratio*, même sens; XIXᵉ s., Chateau-briand, comme synonyme de *susurre-ment.*

suture 1555, Belon; du lat. méd. *sutura*, « couture », de *suere* (v. COUDRE 2). ‖ **sutural** 1803, Boiste. ‖ **suturer** 1842, *Acad.*

suzerain début XIVᵉ s., de l'adv. *sus* (v. ce mot), d'après *souverain.* ‖ **suze-raineté** 1306, Delb. (*suserenete*).

svastika ou **swastika** 1838, *Acad.*, symbole religieux hindou; du sanscrit *svastika*, proprem. « de bon augure », de *svasti*, « salut! ».

svelte 1642, Poussin, terme de peint.; 1767, Voltaire, *l'Ingénu*, extension de sens; de l'ital. *svelto*, part. passé de *svellere*, arracher, dégager. ‖ **sveltesse** 1765, Dandré-Bardon, peint.; 1843, Th. Gautier, extension de sens; de l'ital. *sveltezza.*

sweater 14 févr. 1910, *le Gaulois*, mot angl., de (*to*) *sweat*, suer.

sweepstake 1828, *Journ. des haras*, sorte de loterie; vulgarisé vers 1934; mot angl., de (*to*) *sweep*, enlever, et *stake*, enjeu.

swing 1895, *Sports athlét.*, terme de boxe; mot angl., de (*to*) *swing*, balan-cer; v. 1940, terme de danse, mot. angl., du même verbe.

sybarite 1530, *D. G.*; du lat. *Sybarita*, « habitant de Sybaris », ville réputée pour sa vie de bien-être et de mollesse. ‖ **sybaritique** 1842, *Acad.* ‖ **sybaritisme** 15 sept. 1829, *Courrier des dames.*

sycomore 1130, *Eneas* (*sicamor*) ; du lat. *sycomorus*, empr. au gr. *sûkomoros.*

sycophante xvᵉ s., trad. de Térence ; du lat. *sycophanta*, gr. *sukophantês*, proprem. « dénonciateur des voleurs de figues », de *sûkon*, figue, et *phainein*, faire voir, dénoncer.

sycosis 1752, *Trévoux* (*sycose*), méd.; du lat. *sycosis*, gr. *sukôsis*, excroissance en forme de figue, de *sûkon*, figue.

syénite 1827, *Acad.*, minér., du nom de *Syène*, auj. *Assouan*, en Egypte, où se trouvaient des carrières de cette roche.

syllabe 1160, Benoît (*sillabe*) ; du lat. *syllaba*, du gr. *sullabê*, proprem. « assemblage », de *sullambanein*, « prendre ensemble, réunir ». ‖ **syllabique** 1529, G. Tory ; du bas lat. *syllabicus*, gr. *sullabikos.* ‖ **syllaber** xiiᵉ s., rare jusqu'en 1752, *Trévoux.* ‖ **syllabaire** 1752, *Trévoux.* ‖ **syllabation** 1872, L. ‖ **syllabisme** 1872, L. ‖ **dissyllabe** 1529, *Traité de l'art d'orthogr.*, du lat. *disyllabus*, empr. au gr., avec le préf. *dis-*, deux. ‖ **monosyllabe** 1521, Fabri, du lat. *monosyllabus*, de *monos*, un. ‖ **monosyllabisme** xxᵉ s. ‖ **polysyllabe** V. poly-.

syllabus 1865, Forcade, liste des erreurs condamnées, publiée par Pie IX en 1864; du lat. eccl. *syllabus*, « liste », gr. *sullabos*, altér. de *silluba*, *sittuba*, bande de parchemin, titre, etc.

syllepse 1660, *Gramm. gén.*, rhét.; du lat. rhétor. *syllepsis*, gr. *sullepsis*, proprem. « compréhension », de *sullambanein*, « prendre ensemble ». ‖ **sylleptique** 1872, L.

syllogisme 1265, J. de Meung (*silogisme*) ; du lat. *syllogismus*, gr. *sullogismos*, de *sun*, avec, et *logos*, discours. ‖ **syllogistique** 1557, de Mesmes, du lat. *syllogisticus*, gr. *sullogistikos.*

sylphe 1604, Palma Cayet (*sylfe*) ; du lat. *sylphus*, « génie », mot rare, repris par Paracelse (1493-1541) au sens de « génie de l'air et des bois ». ‖ **sylphide** 1671, Mᵐᵉ de Sévigné.

sylvain 1488, *Mer des hist.* (*silvain*), adj.; 1800, Bomare, entom.; lat. *sylvanus*, dieu des forêts, de *silva*, *sylva*, forêt. ‖ **sylvestre** 1495, J. de Vignay (*silvestre*) ; rare du xviᵉ s. au début du xixᵉ s.; du lat. *sylvestris*, var. de *silvestris*; le nom pr. *Souvestre* est une var. de formation pop. ‖ **sylve** fin xixᵉ s., littér., forêt, lat. *sylva.* ‖ **sylviculture** 1835, Teulières. ‖ **sylvicole** 1616, Biard. ‖ **sylviculteur** 1872, L. ‖ **sylvinite** xxᵉ s., chim.

symbiose 1890, Lar., biol., puis ext. de sens; du gr. *sumbiôsis*, vie en commun, de *sun*, avec, et *bios*, vie. ‖ **symbiote** 1906, Lar. ‖ **symbiotique** xxᵉ s. ‖ **asymbiotique** 1952, *L. M.*

symbole 1488, *Mer des hist.*, « morceau, portion »; 1495, *Mir. historial*, « signe »; du lat. eccl. *symbolum*, symbole des Apôtres et lat. class. « signe, marque », du gr. *sumbolos*, même sens, de *sumballein*, « jeter ensemble ». ‖ **symbolique** milieu xviᵉ s., du bas lat. *symbolicus*, « allégorique », du gr. *sumbolikos.* ‖ **symboliser** xivᵉ s., « s'accorder avec, avoir rapport avec »; fin xviiiᵉ s., sens mod.; du lat. médiév. *symbolizare.* ‖ **symbolisation** 1611, Cotgrave. ‖ **symbolisme** 1831, Hugo, *N.-Dame*, philos.; 18 sept. 1886, J. Moréas, dans *le Figaro*, terme poét. ‖ **symboliste** 2 août 1885, J. Moréas, dans le journal *le XIXᵉ Siècle.*

symétrie 1530, G. Tory (*symmétrie*, jusqu'à la fin du xviiiᵉ s.) ; du gr. *summetria*, « juste proportion », de *sun*, avec, et *metron*, mesure. ‖ **symétrique** 1530, G. Tory (*symmétrique*). ‖ **symétriser** 1613, *D. G.*, vx. ‖ **asymétrie** début xviiᵉ s., arithm., du gr. *asummetria*; évol. du sens d'après *symétrie.* ‖ **asymétrique** 1825. ‖ **dissymétrie** xixᵉ s. ‖ **dissymétrique** *id.*

sympathie début xvᵉ s.; du lat. *sympathia*, gr. *sumpatheia*, conformité de sentiments, de *sun*, avec, et *pathos*, sentiment, affection. ‖ **sympathique** fin xviᵉ s. ‖ **sympathiser** milieu xviᵉ s., Ronsard. ‖ **sympathisant** 1872, L., adj. et subst.

symphonie 1155, Wace, instrum. de mus.; 1361, Oresme, « accord de sons »; xviiᵉ s., morceau d'orchestre ouvrant un opéra; milieu xviiiᵉ s., sens mod. (la symphonie moderne a été créée en 1754 par Gossec et par Haydn) ; du lat. *symphonia*. ǁ **symphoniste** 1690, Furetière. ǁ **symphonique** XIXᵉ s. ; 1906, Lar.

symphorine 1872, L., bot., du gr. *sumphoros*, réuni.

symphyse v. 1560, Paré ; du gr. *sumphusis*, proprem. « union naturelle », de *sun*, avec, et *phusis*, nature.

symplectique 1842, *Acad.*, hist. nat., du gr. *sumplektikos*, de *sun*, avec, et *plekeîn*, plier ; qui est enlacé avec un autre corps.

symposium 1845, J. de Maistre, antiq. ; XXᵉ s., ext. ; gr. *sumposion*, banquet.

symptôme 1503, G. de Chauliac (*sinthome*), méd. ; Rab. écrit *symptomate* ; 1538, Canappe (*symptôme*) ; XVIᵉ s., ext. de sens ; du lat. méd. *symptoma*, gr. *sumptôma*, proprem. « accident, coïncidence », de *sun*, avec, et *pipteîn*, tomber. ǁ **symptomatique** 1503, G. de Chauliac (*sinthomatique*) ; 1538, Canappe (*symptomatique*) ; du gr. *sumptômatikos*. ǁ **symptomatologie** 1803, Boiste.

synagogue 1080, *Roland* (*sinagoge*) ; du lat. eccl. *synagoga* (IIIᵉ s., Tertullien), empr. au gr. eccl. *sunagôgê*, proprem. « réunion ».

synalèphe XVᵉ s., gramm., « synérèse », vx ; du lat. gramm. *synaloepha*, gr. *sunaloiphê*, « mélange », de *sun*, avec, et *aleipheîn*, enduire.

synallagmatique début XVIIᵉ s., jurid., du gr. *sunallagmatikos*, de *sunallattein*, unir.

synanthérées 1827, *Acad.*, bot. ; du gr. *sun*, avec, et *anthos*, fleur.

synapse XXᵉ s., physiol., du gr. *sun*, avec, et *aptein*, joindre ; point de contact entre deux cellules nerveuses.

synarchie 1872, L., hist., polit. ; XXᵉs., ext. de sens, polit. ; du gr. *sun*, avec, et *arkhein*, commander.

synarthrose v. 1560, Paré, du gr. *sunarthrôsis*, de *sun*, avec, et *arthron*, articulation ; articulation fixe entre deux os.

synchrone 1752, *Trévoux* ; du bas lat. *synchronus*, du gr. *sugkhronos*, de *sun*, avec, et *khronos*, temps. ǁ **synchronique** 1755, abbé Prévost. ǁ **synchronisme** 1752, *Trévoux*, du gr. *sugkhronismos*. ǁ **synchroniser** 1865, *Presse scientif.* ǁ **synchronisation** 1890, Lar. ǁ **postsynchroniser** 1950, *L. M.* ǁ **synchroniseuse** XXᵉ s., cinéma. ǁ **synchronie** 1827, *Acad.*, « art de rapprocher les dates » ; v. 1910, F. de Saussure, linguist. ǁ **synchrocyclotron** XXᵉ s., phys. ǁ **synchrotron** XXᵉ s., phys.

synclinal 1872, L., géol., du gr. *sun*, et *klineîn*, incliner. ǁ **anticlinal** 1872, L.

syncope 1314, Mondeville (*sincope*), méd. ; fin XVᵉ s., gramm. ; milieu XVIIᵉ s., Descartes, mus. ; du lat. méd. *syncopa*, du gr. *sugkopê*, de *kopteîn*, tailler, briser. ǁ **syncoper** fin XIIIᵉ s., *R. dou lis.* ǁ **syncopal** 1827, *Acad.*

syncrétisme 1611, Cotgrave ; du gr. *sugkrêtismos*, proprem. « union des Crétois ». ǁ **syncrétique** av. 1872, Th. Gautier.

syndactyle 1827, *Acad.*, zool., du gr. *sun*, avec, et *daktulos*, doigt ; qui a les doigts soudés entre eux.

syndic 1385, Delb. (*sindiz*) ; du lat. eccl. *syndicus*, représentant, délégué, du gr. *sundikos*, « celui qui assiste quelqu'un en justice ». ǁ **syndicat** XVᵉ s., fonction de syndic, jusqu'au début du XIXᵉ s. ; XIXᵉ s., terme de Bourse ; puis, 1839, Boiste, groupement d'ouvriers ; 1875, Lar., ext. d'empl. ǁ **syndicataire** 1868, *l'Épargne*. ǁ **syndical** XIVᵉ-XVᵉ s., s. m., procès-verbal ; 1708, Huet, adj., même évol. d'empl. que *syndicat*. ǁ **syndicalisme** fin XIXᵉ s. ǁ **syndicaliste** fin XIXᵉ s. (1906, Lar.). ǁ **syndiquer** 1546, Rab., « critiquer, censurer » ; milieu XVIIIᵉ s., « former en corps les membres d'une corporation », d'où, fin XVIIIᵉ s., *se syndiquer* ; même évol. sémant. que *syndicat*. ǁ **syndiqué** adj. et subst., fin XIXᵉ s. (1907, Lar.).

syndrome 1836, Landais, méd., du gr. *sundromê*, concours, de *sun*, avec, et *dromos*, course ; ensemble de symptômes caractérisant une maladie.

synecdoque 1521, Fabri (*sinodoche*), gramm. ; du lat. *synecdoche*, du gr. *sunekdokhê*, proprem. « compréhension de plusieurs choses à la fois ».

synérèse 1540, Dolet, gramm. ; du lat. *synaeresis*, gr. *sunairesis*, proprem. « rapprochement ».

synergie 1836, Landais, physiol., du gr. *sun*, avec, et *ergon*, travail; association de plusieurs organes pour remplir une fonction.

synesthésie 1872, L. (*synesthétique*); 1890, Lar. (*synesthésie*), psychol.; du gr. *sun*, avec, et *aisthêsis*, sensation.

syngnathe 1827, *Acad.*, ichtyol., du gr. *sun*, avec, et *gnathos*, mâchoire; poisson à corps et à museau très allongés.

synode 1308, Aimé (fém.); du lat. *synodus*, du gr. eccl. *sunodos*, « réunion », et aussi « conjonction d'astres ». ‖ **synodal** 1315, Delb., du lat. *synodalis*. ‖ **synodique** 1556, Pontus de Thyard, astron.; début XVIIIᵉ s., eccl.; du lat. *synodicus*, gr. *sunodikos*.

synonyme XIIᵉ s.; rare jusqu'à la fin du XIVᵉ s., Chr. de Pisan; du lat. gramm. *synonymus*, gr. *sunônumos*, de *sun*, avec, et *onoma*, nom. ‖ **synonymie** 1582, Belleforest; du lat. *synonymia*, gr. *sunônumia*. ‖ **synonymique** 1791, Talleyrand-Périgord.

synopsis 1842, *Acad.*, coup d'œil sur l'ensemble d'une science; 1919, *le Film*, scénario; du gr. *sunopsis*, de *sun*, avec, et *opsis*, vue. ‖ **synoptique** début XVIIᵉ s.; du gr. *sunoptikos*, de *sunopsis*.

synoque 1265, Br. Latini (*sinoche*), méd., « continu » (se dit de la fièvre); empr., dans les trad. lat. d'Aristote, au gr. *sunokhos*, continu, de *ekhein*, avoir, tenir.

synovie 1694, Th. Corn.; du lat. médiév. *synovia* (fin XVᵉ s., Paracelse), humeur des articulations, d'orig. ininconnue. ‖ **synovial** 1735, Heister. ‖ **synovite** 1872, L.

syntaxe milieu XVIᵉ s., Ramus; du lat. gramm. *syntaxis*, mot gr., « mise en ordre ». ‖ **syntaxique** 1823, Boiste. ‖ **syntactique** 1872, L.; du gr. *syntaktikos*. ‖ **syntagme** 1699, Vigneul, ordre,

disposition; 1842, *Acad.*, hist. milit.; XXᵉ s., gramm.; du gr. *suntagma*. ‖ **syntagmatique** XXᵉ s., linguist.

synthèse 1607, Habicot, log.; puis ext. d'empl.; du gr. philos. *sunthesis*, proprem. « action de mettre ensemble ». ‖ **synthétique** début XVIIᵉ s., log.; évol. identique à celle de *synthèse*; du gr. *sunthetikos*. ‖ **synthétiser** 1835, Balzac.

syphilis 1741, Col de Villars; lat. mod. *syphilis* (1530, Fracastor de Vérone); du nom du berger légendaire *Syphilus*, pris dans les *Métamorphoses* d'Ovide, et que Fracastor fait frapper de cette maladie par Apollon. ‖ **syphilitique** 1664, G. Patin (*siphilidique*). ‖ **anti-syphilitique** fin XVIIIᵉ s.

syringa V. SERINGA.

syringomyélie 1890, Lar., méd.; du gr. *surigx*, tuyau, et *muelos*, moelle; destruction de la substance grise de la moelle épinière.

syrinx 1752, *Trévoux*; du gr. *surigx*, tuyau; organe du chant chez les oiseaux.

syrphe 1803, Boiste, entom.; du gr. *surphos*, mouche.

système 1552, Pontus de Thyard, techn., puis ext. de sens; du gr. philos. *sustêma*, proprem. « ensemble », d'où *système philosophique*. ‖ **systématique** milieu XVIᵉ s.; du bas lat. *systematicus*, gr. *sustêmatikos*. ‖ **systématiser** 1756, *D. G.* ‖ **systématisation** 1824, Saint-Simon.

systole 1541, Canappe, méd., du gr. *sustolê*, proprem. « contraction » (voir DIASTOLE).

systyle 1691, d'Aviler, archit., du lat. *systylos*, gr. *sustulos*, « aux colonnes rapprochées », de *sun*, avec, et *stulos*, colonne.

syzygie 1584, Goulart, astron.; empr., pour un sens spécial, au bas lat. *syzygia* (IIIᵉ s., Tertullien), du gr. *suzugia*, conjonction, union.

T

tabac 1555, Oviedo (*tabaco*); 1600, O. de Serres (*tabac*); XVIIe s. (var. *tobac*); de l'esp. *tabaco*, empr. à la langue des Arawaks d'Haïti (*tzibatl*), où ce mot désignait le tuyau servant à inhaler la fumée de tabac, ainsi que le cigare de tabac (v. PETUN). ‖ **tabatière** 1650, Berthod (*tabaquière*); XVIIe s. (*tabatière*), fig., techn. (v. TABAGIE). ‖ **tabasser** XXe s., pop., de l'expr. pop. *passer à tabac*, rosser (1867, Delvau, *foutre du tabac à quelqu'un*, même sens).

tabagie 1608, Chapelain; mot algonquin signif. d'abord « festin »; a développé un sens nouveau, fin XVIIe s., sous l'infl. de *tabac*. ‖ **tabagisme** 1906, Lar., méd.

tabarin milieu XVIe s., Monluc, « bouffon »; nom d'un personnage de farce, popularisé par l'acteur Girard (1584-1626), qui reprit ce nom. ‖ **tabarinage** 1717, *D. G.* ‖ **tabarinade** XIXe s.

tabaschir 1598, Lodewijcksz (*tabaxir*); 1842, Mozin (*tabachir, tabashir*), concrétion des tiges de bambou, sucre exsudé par la canne; de l'ar. *tabachīr*.

tabelle 1688, Boislisle, mémoire, rôle; du lat. *tabella*, tablette. ‖ **tabellaire** début XIXe s., Daunou.

tabellion 1265, Br. Latini, notaire de juridiction subalterne; XIXe s., notaire, iron.; du lat. *tabellio*, proprem. « qui écrit sur les tablettes (*tabellae*, v. le précéd.) ». ‖ **tabellionage** 1337, G.

tabernacle 1160, *Eneas*, antiq. juive; milieu XIVe s., chrét., « réceptacle où l'on enferme le ciboire »; du lat. eccl. *tabernaculum* (*Vulgate*), proprem. « tente ».

tabès 1538, Canappe, maladie de langueur; fin XIXe s., sens mod., d'après le lat. des médecins all. *tabes dorsalis;* mot lat., proprem. « écoulement, liquéfaction », et au fig. « consomption ». ‖ **tabétique** 1878, Lar., méd. ‖ **tabescent** *id.*, méd., du lat. *tabescere*, « se liquéfier », et au fig. « se consumer ». ‖ **tabescence** fin XIXe s.

tabis 1398, E. Deschamps, étoffe, hist.; var. *atabis*, 1395, Chr. de Pisan; du lat. médiév. *attabi*, de l'ar. *attābī*, du nom d'un quartier de Bagdad où cette étoffe était fabriquée. ‖ **tabiser** 1680, Richelet, façonner comme l'ancien tabis.

tablature début XVIe s., tableau de notation mus., hist.; du lat. médiév. *tabalatura*, de *tabula*, table, refait d'après TABLE (v. ce mot); *donner de la tablature*, fin XVIIe s., proprem. « donner quelque chose à déchiffrer », d'où « causer des difficultés ».

***table** 1080, *Roland*, du lat. *tabŭla*, proprem. « planche », et par ext. « table, tablette »; *table de nuit*, 1717, d'après Voltaire, *Dict. philos.; tables tournantes*, 1853, L.; *table rase*, 1314, Mondeville, expr. issue du lat. scolast. *tabula rasa :* la formule remonte à Aristote, IVe s. av. J.-C. (*De l'âme*). ‖ **tableau** XIIIe s., Adenet, panneau de bois, d'où « peinture qui orne le panneau ». ‖ **tableautin** 1867, Delvau. ‖ **tablette** 1220, G. de Coincy. ‖ **tablée** XIIIe s., Adenet. ‖ **tabler** 1544, Alfonce, planchéier, etc.; auj., seulement dans *tabler sur*, XVIIe s., anc. terme du trictrac, où *tabler* signifiait « poser deux dames sur la même ligne ». ‖ **tabletier** 1268, É. Boileau, de *table* au sens de « tablier, de table à jouer ». ‖ **tabletterie** début XVe s. ‖ **tableur** XIXe s. ‖ **tablier** 1175, Chr. de Troyes, « planchette de table à jouer » et « tablier d'étoffe »; a remplacé, à partir du XIVe s., *devanteau, devantier*, conservés encore dans quelques parlers rég.; du prem. sens, par ext., « tablier d'un pont ». ‖ **attabler** 1443, G. ‖ **entablement** 1160, *Eneas*, « plancher »; XVIe s., sens mod. (V. RETABLE.)

728

tablouin 1628, Delb. (*tablon*); 1691, Ozanam (*tablouin*), hist. milit.; de l'esp. *tablón*, grosse planche.

tabor xxᵉ s., milit., mot marocain; corps de troupes équivalant à un bataillon.

tabou 1785, trad. de Cook (*taboo*); 1831, Dumont d'Urville (*tabou*); empr. à l'angl., d'un mot polynésien, *tapu*, proprem. « interdit, sacré », par ext. « personne ou chose déclarée tabou ». ‖ **tabouer** 1842, *Acad.*

tabouret 1442, Du Cange, pelote à aiguilles (sens conservé jusqu'au xviiᵉ s.); début xviᵉ s., sens mod.; de *tabour*, forme anc. de *tambour* (v. ce mot), d'après la forme de l'objet.

1. **tac** 1587, Crespet, onom.; *tac-tac*, fin xviᵉ s., Pasquier; *du tac au tac*, xxᵉ s. (V. TACOT, TIC-TAC.)

2. **tac** xviᵉ s., vétér., probablem. adaptation du lat. *tactus*, toucher, subst. (v. TACT); phlegmasie du cheval, maladie contagieuse par le toucher.

tacca 1827, *Acad.*, plante alimentaire d'Asie, mot lat. bot.

tacet 1613, Monluc, mus.; mot lat., proprem. « il se tait ».

tache 1120, *Ps. d'Oxford*; var. *teche* (1080, *Roland*), plus usitée que *tache* jusqu'au xvᵉ s.; en anc. fr., « marque, bonne ou mauvaise », sens conservé jusqu'au xviiᵉ s.; dès le xiiᵉ s., sens mod.; *teche* vient probablem. du francique *tēkan*, de même orig. que le gotique *taikns* (cf. l'all. *Zeichen*, signe); *tache*, de même étym., a subi l'infl. de *estache*, « attache », de *estachier* (v. ATTACHER). ‖ **tacher** xiiiᵉ s., *les Vers du monde*. ‖ **tacheter** 1539, R. Est., de l'anc. *tachete*, dimin. de *tache*. ‖ **tacheture** 1611, Cotgrave. ‖ **détacher** 1501, Destrees, « ôter les taches ». ‖ **détachant** xxᵉ s., adj. et s. m. ‖ **entacher** 1190, saint Bernard, le plus souvent, dès l'anc. fr., au fig.

tâche 1175, Chr. de Troyes, « prestation rurale », puis sens mod.; adaptation du lat. médiév. *taxa*, de *taxare* (v. TAXER); *prendre à tâche*, v. 1650, Pascal; *à la tâche* (rémunération), xivᵉ s. (d'abord *en tâche*). ‖ **tâcher** fin xvᵉ s., Commynes. ‖ **tâcheron** début xviᵉ s.

tachéographie 1681, *Journ. savants*, cartographie; du gr. *takhus*, *takheos*, rapide, et de l'élém. *-graphie*. ‖ **tachéographe** xviiiᵉ s. ‖ **tachéomètre** 1872, L. ‖ **tachéométrie** 1872, L.

tachy- du gr. *takhus*, rapide. ‖ **tachycardie** xxᵉ s. ‖ **tachygraphe** 1798, *Acad.* ‖ **tachymètre** 1842, *Acad.*

tacite 1495, *Mir. hist.*; lat. *tacitus*, de *tacere*, se taire. ‖ **-ment** 1512, Lemaire.

taciturne fin xvᵉ s., *Myst. du Vieil Test.*; du lat. *taciturnus*, de même rac. que le précéd. ‖ **taciturnité** xivᵉ s.; du lat. *taciturnitas*.

tacot 1803, Boiste, « outil de tisserand »; fin xixᵉ s., « locomotive de train local », puis ce train lui-même, fam.; 1905, « automobile démodée, défectueuse », fam.; de *tac*, onomat. (d'après le bruit de l'outil ou du véhicule).

tact 1360, *Modus*, au pr.; 1769, Voltaire, fig.; du lat. *tactus*, s. m., « le toucher », part. passé substantivé de *tangere*, toucher. ‖ **tactile** 1541, Canappe; du lat. *tactilis*. ‖ **tactisme** xxᵉ s.

tactique 1690, Furetière, s. f.; xviiiᵉ s., adj.; du gr. *taktikê* (*tekhnê*), proprem. « art de ranger », de *tatteîn*, ranger. ‖ **tacticien** 1758, Guischardt.

tadorne 1555, Belon, espèce de canard; du lat. *anas tadorna*.

tænia V. TÉNIA.

taffetas 1317, *D. G.* (*taphetas*), dans J.-M. Richard, *Mahaut*, 1887; de l'ital. *taffeta*, empr. du turco-persan *tâfta*, « tissé, tressé ».

tafia 1659, *Arrêt* (*taffir*); 1722, P. Labat (*tafia*); mot créole. (V. RATAFIA.)

taïaut fin xiiiᵉ s. (*taho*); 1661, Molière (*taïaut*); onomatop., cri pour exciter les chiens de chasse.

*taie début xiiᵉ s., *Voy. de Charl.* (*teie*); xiiiᵉ s. (*toie*); *taie* par réduction pop. de *wè* à *è* (v. MONNAIE); d'abord enveloppe de l'oreiller, puis, au xivᵉ s., taie sur l'œil; du lat. *thêca*, étui, fourreau, du gr. *thêkê*, boîte.

taïga fin xixᵉ s., géogr., mot russe désignant une forêt de conifères.

taillade 1532, Rab.; de l'ital. *tagliata*, coup qui entaille. ‖ **taillader** 1540, G. Michel.

*tailler 1080, *Roland;* du lat. pop. **taliāre*, probablem. de *talea*, bouture; *tailler des croupières*, 1695, Gherardi. ‖ **taillant** fin XIIIe s., s. m. ‖ **taille** 1130, *Eneas*, « action de tailler »; d'où, début XIIIe s., hauteur du corps humain (sens développé par les tailleurs d'images); XIIIe s., impôt sur les serfs, hist.; fin XIVe s., E. Deschamps, mus. vocale; *haute-taille, basse-taille,* 1762, *Acad.,* mus. (v. TENEUR 3, TÉNOR). ‖ **taillable** 1283, Beaumanoir, hist. ‖ **taillon** 1552, Rab., hist. ‖ **tailleur** v. 1175, Chr. de Troyes, « tailleur d'habits »; *tailleur de pierres,* fin XIIe s., *Rois.* ‖ **tailleuse** 1872, L. ‖ **taillerie** 1304, G. ‖ **tailloir** 1175, Chr. de Troyes, plat où l'on découpait la viande; 1544, M. Scève, archit. ‖ **taillage** 1842, *Acad.* ‖ **taille-crayon** 1838, *Acad.* ‖ **taille-douce** 1666, Graindorge. ‖ **taille-mèche** 1752, *Trévoux.* ‖ **taille-mer** 1622, Hobier, mar. ‖ **taille-plume** 1834, Boiste. ‖ **taille-racines** XXe s. ‖ **taillis** début XIIIe s. ‖ **taillandier** milieu XVe s., avec le suff. *-andier.* (v. LAVANDIÈRE, VIVANDIÈRE.) ‖ **taillanderie** 1485, *Ordonn.* ‖ **détailler** XIIe s., couper en morceaux, puis « vendre par portions »,et « vendre par petites quantités ». ‖ **détail** XIIe s., *Floire et Blancheflor (vendre a détail).* ‖ **détaillant** 1649, Delb., s. m. (d'abord *détailleur,* 1283, Beaumanoir). ‖ **entailler** début XIIe s., *Voy. de Charl.* ‖ **entaille** XIIe s. ‖ **retailler** 1160, Benoît. ‖ **retaille** XIIe s., *Mort d'Aimery.*

tain fin XIIe s.; altér. d'ÉTAIN 1, d'après *teint* (v. TEINDRE).

*taire XIIe s., *Saxons;* réfection, par changem. de conjugaison, de *taisir,* XIIe - XVe s., du lat. *tacēre.* (V. PLAIRE, PLAISIR.)

*taisson 1247, Du Cange, blaireau, dial. (Est et Nord-Est); du bas lat. *taxo, -onis* (ve s.), mot germ., all. *Dachs.* (V. TANIÈRE.)

talc 1560, B. Palissy; de l'ar. *talq.* ‖ **talquer** XXe s. ‖ **talqueux** v. 1750, Buffon, minér.

talent fin XIIe s., *Rois,* « poids d'or ou d'argent », hist.; du lat. *talentum,* gr. *talanton,* proprem. « plateau de balance »; fin XIe s., *Alexis,* « désir, volonté », peut-être du sens propre du mot gr., par l'interméd. des parlers mérid.; début XVIIe s., disposition naturelle ou acquise, du sens du lat. scolastique *talentum,* don, aptitude, issu du sens anc. de « monnaie », pris au fig. d'après la parabole des talents (Évangile de saint Matthieu, XXV, 14), où, de trois serviteurs à qui leur maître a confié des talents, deux savent faire fructifier les leurs, tandis que le troisième enfouit le sien en terre. ‖ **talentueux** fin XIXe s.

taler XVIe s., fouler, meurtrir (des fruits), rég.; du germ. **tālon;* cf. l'anc. haut all. *zalon,* piller. (V. TALOCHE 1.)

talevas 1155, Wace, bouclier, hist., étym. obscure; peut-être d'orig. gauloise, par l'interméd. d'un lat. pop. **talapaceum.* ‖ **taloche** XIVe s., Cuvelier, « bouclier », hist.; XIXe s., « planche emmanchée servant à étendre le plâtre frais ». ‖ **talocher** XXe s.

talinguer 1643, Fournier, mar., amarrer un câble; var. *étalinguer;* d'orig. obscure, peut-être d'un comp. néerl. *stag-lijn,* ligne d'étai.

talion 1495, *Mir. hist.;* rare jusqu'au XVIIIe s.; du lat. *talio.*

talisman 1637, Gaffarel; de l'ar. pop. *tilsamān,* plur. de *tilsam,* en ar. class. *tilasm,* lui-même issu du bas gr. *telesma,* « rite religieux »; *talisman,* prêtre musulman, 1556, Geuffroy, est un autre mot, du persan *dānichmand,* proprem. « savant ». ‖ **talismanique** 1707, Lesage.

talle 1488, *Mer des hist.,* agric.; du lat. *thallus,* gr. *thallos,* jeune pousse. ‖ **taller** 1573, Dupuis *(thaller).* ‖ **tallage** 1872, L.

tallipot 1683, *Journal des savants,* palmier de Malabar; mot angl., altér. du malais *kelapa,* cocotier.

talmouse 1398, *Ménagier (talemouse),* pâtisserie soufflée; d'orig. obscure, peut-être altér. du moy. néerl. *tarwe-mele,* farine de froment.

talmud XVIe s., mot hébreu, du verbe *lamad,* apprendre. ‖ **talmudique** 1546, Rab. ‖ **talmudiste** 1534, Rab.

1. **taloche** 1606, Folengo, gifle; de *taler* (v. ce mot), avec un suff. arg. ‖ **talocher** 1867, Delvau.

2. **taloche** V. TALEVAS.

***talon** XIIe s., *Saxons*, du lat. pop.
tālō, -onis, dér. du lat. class. *talus; talon
rouge*, 1867, Delvau, aristocrate. ||
talonner XIIe s. || **talonnement** 1559,
Amyot. || **talonnière** 1510, J. Lemaire
de Belges. || **talonnette** 1836, *Acad.* ||
talonnage XXe s., sport (rugby). ||
talonneur *id.* || **talaire** 1842, *Acad.*, du
lat. *talaris*, class. *talus.*

***talus** XIIe s., É. de Fougères (*talu*); du
lat. *talutium* (Ier s., Pline), « forte inclinaison de terrain », terme de mineur,
mot d'orig. gauloise, du gaulois *talo*,
front (cf. le breton *tâl*). || **taluter** 1534,
Rab. (*taluer*); XVIe s., J. Tarde (*talus-
ser*); 1690, Furetière (*taluter*).

talweg V. THALWEG.

tamandua 1603, La Borie, fourmilier
exotique; de la langue des Caraïbes. ||
tamanoir milieu XVIIIe s., Buffon, de
tamanda, variante du précédent et
emprunté par une autre voie.

1. **tamarin** fin XIIIe s., *Marco Polo* (*ta-
marandi*; var. *tamarinde*); XVe s. (*tamarin*), bot.; du lat. méd. médiév. *tamarin-
dus*, de l'ar. *tamīr hindā*, « datte de
l'Inde ». || **tamarinier** 1604, F. Martin
(*tamarinier*); 1771, *Trévoux* (*tamarinier*).

2. **tamarin** 1614, Cl. d'Abbeville
(*tamary*), zool., ouistiti; d'une langue
indigène de la région de l'Amazone.

tamaris XIIIe s., *Simples Méd.*; du bas
lat. *tamariscus*, var. *tamarix, tamarice*,
peut-être de l'ar. *tamār*, ou d'une autre
langue orientale.

tambouille 1867, Delvau, pop.,
ragoût, soupe, cuisine; probablem.
abrév. de *pot-en-bouille*, var. rég.
(Ouest) de *pot-bouille*.

tambour 1080, *Roland* (*tabour*, encore
au XVIe s.); début XIIe s., *Voy. de Charl.*
(*tabor*); fin XIIe s. (*tambour*); mot d'orig.
orientale, peut-être du persan *tabīr*, ou
existant déjà en ar., peut-être sous l'infl.
de l'ar. *al-tambour*, sorte de lyre ou de
guitare (v. TABOURET). || **tambourin**
XVe s. (*tabourin, tambourin*). || **tambou-
riner** XVe s. (*tabouriner*); 1680, Richelet
(*tambouriner*). || **tambourinage** milieu
XVIe s. (*tabourinage*); 1680, Richelet
(*tambourinage*). || **tambourineur**
XVI[e] s. (*tabourineur*); milieu XVIe s.
(*tambourineur*). || **tambourinaire** av

1880, A. Daudet, mot prov. || **tambour-
major** XXe s.

tamier 1812, Mozin (*taminier*); 1872,
L. (*tamier*), bot.; du lat. *taminia* (*uva*),
raisin sauvage, confondu avec *thamnum*,
taminier, mot gr.

***tamis** fin XIIe s., Hélinand, lat. pop.
tamīsium, d'orig. gauloise. || **tamiser**
v. 1160, Benoît. || **tamisage** milieu
XVIe s. || **tamisier** 1842, *Acad.* || **tami-
seur** 1752, *Trévoux.*

tampon XVe s., sens propre; milieu
XIXe s., techn., ch. de fer; forme nasa-
lisée de *tapon* (v. ce mot). || **tamponner**
XVe s.; 1875, Lar., heurter, ch. de fer. ||
tamponnement 1771, *Trévoux*; même
évol. d'emploi que le verbe. || **tampon-
neur** fin XIXe s. || **tamponnoir** XXe s.,
techn.

tam-tam 1773, Bernardin de Saint-
Pierre, onom. créole.

tan fin XIIIe s., Rutebeuf; probablem.
d'un gaulois *tann-*, « chêne », dont on
utilisait l'écorce pour préparer le cuir
(cf. le breton *tann*, même sens). || **tan-
ner** fin XIIIe s., Rutebeuf; 1867, Delvau,
fig., pop., ennuyer. || **tannage** 1370,
Ordonn. || **tannerie** 1216, Delb. || **tan-
neur** 1268, É. Boileau. || **tanne** début
XVe s., Ch. d'Orléans. || **tannée** 1680,
Richelet. || **tanin** fin XVIIIe s.; 1803,
Wailly. || **tannique** 1854, Bouillet. ||
tanniser ou **taniser** 1877, Robinet.

***tanaisie** début XIIIe s., bot.; du lat.
pop. *tanacēta*, pl. neutre, devenu fém.,
du bas lat. *tanacētum*, d'orig. inconnue;
plante des talus.

***tancer** 1080, *Roland* (*tencier*); XIIe s.
(*tancer*); var. picarde *tencher*, La Fontaine, *Fables*, IV, 16; du lat. pop. *tenti-
are*, « quereller », d'où « réprimander », de *tentare*, « faire effort », d'où
attaquer; *tentiāre* peut venir également de *tentus*, part. passé de *tendere*,
faire effort, d'où « lutter, combattre ».
(V. TENSON.)

***tanche** XIIIe s., *Fabliaux*; var. *tenche*,
forme primitive; du bas lat. *tinca* (IVe s.,
Ausone), mot d'orig. gauloise.

tandem 1816, Simond, « voiture atte-
lée de deux chevaux en flèche »; 1887,
Lami, « cylindres disposés en tandem »; 1891, « bicyclette pour deux

personnes »; de l'angl. *tandem*, lui-même mot lat., *tandem*, « enfin », pris comme synonyme, dans l'arg. scol. angl., de la loc. angl. *at length*, « à la longue », proprem. « en longueur ».

*tandis que XIIe s. (*tans dis que*); du lat. *tamdiu*, aussi longtemps..., *quamdiu*, *quam*, que..., avec adjonction de l'*s* final adverbial (v. VOLONTIERS); du XIIe s. au XVIIe s., a vécu un adv. *tandis*, « pendant ce temps ».

tangara 1614, Laet; d'une langue indigène de Guyane; passereau.

tangent 1683, *Journ. savants*, lat. *tangens, -entis*, part. prés. de *tangere*, toucher. ‖ **tangente** début XVIIe s., s. f., géom.; fin XIXe s., en arg. scol., appariteur. ‖ **tangence** début XIXe s. ‖ **tangentiel** début XIXe s. (V. TANGIBLE.)

tangible XIVe s.; du bas lat. *tangibilis*, de *tangere*, toucher (v. TANGENT). ‖ **tangibilité** 1803, Boiste. ‖ **intangible** XVe s.

tango 1864, Delvau, *les Cythères*; mot de l'esp. d'Amérique, nom d'une danse pop.; 1914, *l'Illustration*, nom de couleur.

tangon 1778, Romme, mar.; de l'esp. *tangón*, ou du prov. mod. *tangoun*.

tanguer 1611, Cotgrave (dér. *tangueur*); milieu XVIIe s. (*tanguer*); probablem. du frison *tängeln, tangeln*, vaciller. ‖ **tangage** milieu XVIIe s. ‖ **tangueur** 1584, Pardessus.

*tanière fin XIIe s. (*taisniere, tesniere*, encore au XVIe s.); XVe s. (*taniere*, forme rég.); proprem. « terrier du blaireau »; du lat. pop. *taxōnāria*, du gaulois *taxō*, blaireau. (V. BLAIREAU, TAISSON.)

tanin, tannin V. TAN.

tank 22 sept. 1916, *le Figaro*, « char d'assaut », de l'angl. *tank*, proprem. « réservoir, citerne » (mot d'orig. indienne), empr. par analogie d'aspect et pour dépister les indiscrétions; au sens propre, *tank* avait été empr. dès le XVIIe s. ‖ **tankiste** v. 1939, Seconde Guerre mondiale.

tanker v. 1945, Seconde Guerre mondiale, navire pétrolier; mot angl., du rad. *tank*, réservoir. (V. TANK.)

tanner, tanniser V. TAN.

tan-sad XXe s.; de l'angl. *tan*, abrév. de *tandem*, et *sad*, abrév. de *saddle*, selle.

*tant 1080, *Roland*; du lat. *tantum*; *tant mieux, tant pis*, XVIe s., avec *tant* signif. « d'autant »; *en tant que*, début XVIIe s., du lat. *in tantum quantum*; *tant et plus*, 1534, Rab.; *tant soit peu de*, 1580, Montaigne; *si tant est que*, XVIIe s. ‖ **un tantet** 1213, *Fet des Romains*, arch. ‖ **un tantinet** milieu XVe s., Villon, de *tantin*, arch., lui-même dimin. de *tant*. ‖ **tantième** milieu XVIe s., Amyot. ‖ **autant** 1190, *Rois* (*altant*); pour *al-/au-*, v. AUSSI. ‖ **partant** 1160, *Eneas*. ‖ **pourtant** 1160, *Eneas* (*portant*), « à cause de cela »; fin XVIe s., sens mod., d'après l'empl. du mot dans les phrases négatives.

1. tantale 1801, métal découvert par Hatchett, nommé aussi *columbium*. ‖ **tantaleux** 1842, *Acad.*

2. tantale 1754, Klein, ornith.; orig. inconnue.

tante XIIIe s., *Saint Grégoire*; altér., d'après une forme enfantine, de l'anc. fr. *ante*, du lat. *amĭta*, « tante du côté du père »; 1867, Delvau, pop., « individu du troisième sexe »; *Ma Tante*, 1867, Delvau, le mont-de-piété. ‖ **tata** 1804 (*tatan*), *Lettre* à Stendhal, forme enfantine; *faire sa tata*, 1867, Delvau, pop., se donner de l'importance. ‖ **tantine** dimin. fam.

tantôt V. TÔT.

*taon 1175, Chr. de Troyes; du bas lat. *tabō, -ōnis*, altér., par changement de suff., du lat. class. *tabānus* (cf. le prov. *tavan*).

tapage 1695, Gherardi; de *taper* (v. le suiv.). ‖ **tapageur** 1743, *Trévoux*.

taper 1175, Chr. de Troyes, frapper avec le plat de la main; 1867, Delvau, fig., pop., demander de l'argent, sans doute d'après l'usage de taper dans la main en concluant le marché. Plusieurs hypothèses : orig. onomatopéique; ou bien du moy. néerl. *tappe*, « patte »; ou bien ext. de sens de l'anc. fr. *taper*, « boucher », d'où « frapper (pour enfoncer le bouchon) », du germ. *tappôn* (v. TAMPON, TAPON). ‖ **tapant**, dans *midi tapant*, XXe s. ‖ **tapé** 1758, Voltaire, adj., d'un fruit; 1742, *Journal de Bar-*

bier, fig., pop. (*bien tapé,* etc.). ‖ **tape**
1360, Froissart. ‖ **tapecul** 1474, Du
Cange. ‖ **tape-à-l'œil** XXᵉ s. ‖ **tapure**
1690, Furetière. ‖ **tapin** XVIIIᵉ s., celui
qui bat du tambour; XIXᵉ s., *faire le
tapin,* se prostituer, pop. ‖ **tapée** fin
XVIIIᵉ s., pop. ‖ **tapette** 1566, Du Pinet,
sorte de palette; XIXᵉ s., petite tape;
1867, Delvau, bavardage, langue, pop.;
1867, Delvau, sens spécial. ‖ **tapeur**
1867, Delvau, emprunteur, fam., du sens
fig. de *taper.* ‖ **tapoter** XIIIᵉ s., *Renart.*
‖ **tapoteur** 1867, Delvau, terme d'atelier. ‖ **retaper** XVIᵉ s. ‖ **retape** fin
XVIIIᵉ s., fig., pop.

tapin V. TAPER.

tapinois (en) 1470, *Pathelin;* de la
loc. *en tapin,* XIIᵉ s., var. anc. *à tapin,* de
l'adj. *tapin,* « qui se dissimule », de
tapi, part. passé de SE TAPIR 1 (v. ce
mot).

tapioca 1651, Roulox (*tapiocha*);
1798, trad. de Macartney (*tapioca*); mot
portugais, empr. au tupi ou au guarani
(langues du Brésil) *typyoca.*

1. **tapir (se)** 1130, *Eneas;* du francique **tappjan,* fermer, enfermer.
(V. TAPINOIS [EN].)

2. **tapir** 1558, Thevet (*tapihire*), s. m.,
zool.; mot tupi (Brésil); 1896, fig., arg.
de Normale sup., élève particulier, d'où
le dér. *tapirat,* leçon particulière.

tapis 1130, *Eneas* (*tapiz*); du gr. byzantin *tapêtion* (pron. *tapitsion*), empr.
pendant les Croisades; du gr. anc. *tapêtion,* dimin. de *tapês, tapêtos,* en lat.
tapete. ‖ **tapissier** début XIIIᵉ s., var.
tapicier, d'abord marchand ou fabricant
de tapis. ‖ **tapisserie** milieu XIVᵉ s. ‖
tapisser XVᵉ s., O. de La Marche. ‖
tapissage fin XIXᵉ s.

tapon 1382, Delb., rég. ou techn.,
« bouchon »; du francique **tappo,*
d'après le rég. *taper,* « boucher », du
francique **tappôn.* ‖ **taponner** XVIIᵉ s.,
Mᵐᵉ de Sévigné. ‖ **taponnage** *id.*

tapoter V. TAPER.

taque début XVIᵉ s., rég., plaque de fer,
spécialem. plaque de cheminée; du bas
all. **tacke,* all. *zacke.*

taquet fin XIVᵉ s.; rare jusqu'au XIXᵉ s.;
petite pièce de bois servant à retenir un
objet, empl. dans diverses techniques;
d'orig. onomatopéique (v. TAC 1). ‖

taquer 1762, *Acad.,* typogr. ‖ **taquoir**
id. (V. TOQUÉ.)

taquin début XVᵉ s. (*tacain*); 1442, Le
Franc (*taquin*), « avaricieux », jusqu'au
XVIIᵉ s. (encore 1695, Gherardi); XVIIᵉ s.,
sens mod., peut-être par le sens intermédiaire « qui chicane sur la dépense »; de l'ital. *taccagno,* avare, du
got. **tāh(u)s,* all. *zähe,* chiche, et angl.
tough, coriace. ‖ **taquinerie** milieu
XVIᵉ s., Amyot; même évol. de sens. ‖
taquiner 1798, *Acad.*

tarabiscoter 1866, Th. Gautier, sens
mod.; proprem., terme de menuiserie, de
tarabiscot, 1812, Mozin, « rabot pour
moulures », d'orig. obscure. ‖ **tarabis-
cotage** XXᵉ s.

tarabuster 1387, J. Le Bel (*tarrabus-
tis,* dér.); 1695, Gherardi (*avoir l'esprit
tarabusté*); du prov. *tarabustar,* croisement de l'anc. prov. *tabustar,* faire du
bruit, var. de *tabussar* (cf. l'anc. fr.
tambuschier, même sens), formes de la
même famille que l'anc. *tabour,* mod.
tambour (v. ces mots), avec *rabasta,*
querelle, bruit. (V. RABÂCHER.)

*taranche 1694, Th. Corn., grosse
cheville de fer, du bas lat. *tarinca,* mot
d'orig. gauloise.

tarantass 1872, L., voiture rustique à
quatre roues; mot russe.

tarare 1785, Rozier, agric., probablem.
onomatop. Certains le rapprochent de
l'anc. interj. de dédain *tarare,* 1616,
Monluc, également onomatop., probablem. refrain d'une chanson.

tarasque 1655, *Voy. d'Espagne,* prov.
mod. *tarasco,* dér. régressif de *Tarascon,*
nom de ville.

taratata 1876, Vallès, interj., onomatopée.

taraud 1538, R. Est (*tarault*); altér.,
par changement de suff., de **tareau,*
var. de *tarel,* XIIIᵉ s., forme masc. de
tarele, XIIIᵉ s., var. dissimilée de *tarere*
(v. TARIÈRE). ‖ **tarauder** 1690, Furetière. ‖ **taraudage** 1842, *Acad.* ‖ **tarau-
deuse** XXᵉ s., mécan.

tarbouch, tarbouche 1872, L.; mot
turc.

*tard fin XIᵉ s., *Alexis;* du lat. *tardē,*
lentement, d'où « à la fin ». ‖ ***tarder**
1080, *Roland* (*targier,* conservé jusqu'au
XVIᵉ s.); 1265, J. de Meung (*tarder*); du

lat. pop. *tardicare pour la forme primitive, et du lat. *tardāre* pour la seconde forme. ‖ **tardif** 1130, *Eneas*; du bas lat. *tardīvus*, de *tardē*. ‖ **tardiveté** milieu XVe s. ‖ **tardillon** 1842, Mozin. ‖ **tardigrade** XVIe s.; du lat. *tardigradus*, de *tardus*, lent, et *gradi*, marcher. ‖ **s'attarder** XIIe s., *Mort d'Aymeri*. ‖ **retarder** 1175, Chr. de Troyes, du lat. *retardare*. ‖ **retard** v. 1748, Thomas; remplace *retardement* (1384, L.). ‖ **retardateur** milieu XVIIIe s., d'Alembert. ‖ **retardataire** 1808, Boiste.

tare début XIVe s., proprem. « emballage dont on en déduit le poids », puis « déchet dans le poids ou la qualité d'une marchandise », d'où les empl. commerciaux, et d'autre part, XVe s., le sens de « défaut, vice »; de l'ital. *tara*, au pr. et au fig., lui-même issu de l'ar. *tarha*, déduction, décompte, du v. *taraha*, jeter, soustraire. ‖ **taré** fin XVe s., J. Bouchet; même évol. de sens. ‖ **tarer** XVIe s., *id*.

tarentelle 1807, Mme de Staël; de l'ital. *tarantella*, danse napolitaine, ainsi nommée en ital. par comparaison avec le *tarantisme* (v. le suiv.); pour d'autres, *tarantella* est dér. directement du nom de *Taranto*, Tarente, ville de l'Italie du Sud.

tarentule 1552, Rab. (*tarentole*); 1560, Paré (*-tule*); de l'ital. *tarantola*, de *Taranto*, Tarente, ville de l'Italie du Sud, région où abondent les tarentules. ‖ **tarentisme** 1741, Col de Villars, méd., agitation nerveuse due à la piqûre de la tarentule.

tarer V. TARE.

taret milieu XVIIIe s., zool., probablem. de TARIÈRE, avec changement de suff. (v. ce mot).

targe 1080, *Roland*, hist., anc. bouclier; du francique *targa, anc. angl. *targe*, et anc. scand. *targa*. ‖ **targette** début XIVe s., ornement, puis petite targe; XVIIe s., pièce de serrurerie.

targuer (se) XVIe s., Mart. Du Bellay; de l'anc. ital. *si targar*, proprem. « se couvrir d'une targe » (v. le précéd.), sens attesté en fr. au XVIe s., d'où, au fig., « se faire fort ».

taricheute 1877, *Journ. offic.*, hist. égypt., « embaumeur »; du gr. *tari-*

kheutês, de *tarikheueîn*, embaumer, de *tarikhos*, proprem. « salaison ».

tarière XIIIe s., *Berte* (*tarere*, puis *-iere*, par changement de suff., peut-être sous l'infl. de l'anc. v. *tarier*, « forer » et « agacer »; du lat. *taratrum* (VIIe s., Isid. de Séville), mot d'orig. gauloise. (V. TARAUD, TARET.)

tarif XVIe s. (*tariffe*, s. f.); XVIIe s., 1695, Gherardi (*tarif*, s. m.); de l'ital. *tariffa*, s. f., de l'ar. *ta'rīf*, notification. ‖ **tarifer** 1762, *Acad*. ‖ **tarification** 1842, Mozin. ‖ **tarifaire** 1919, *L. M*.

tarin XIVe s., *Baud. de Sebourc*; selon Belon (1555), onomatop., d'après le chant de cet oiseau; en fr. pop., *tarin* signifie « nez », peut-être d'après le bec pointu du tarin.

tarir 1240, G. de Lorris; du francique *tharrjan, sécher. ‖ **tarissable** XVIe s., Mart. Du Bellay. ‖ **tarissement** 1614. Y. d'Évreux. ‖ **intarissable** XVIe s., au pr.

tarlatane début XVIIIe s. (*tarnadane*); 1723, Savary (*tarnatane*); 1752, *Trévoux* (*tarlatane*); d'orig. obscure; peut-être d'une altér. du port. *tiritana*, lui-même issu du fr. *tiretaine* (v. ce mot).

tarot 1534, Rab. (*tarau*); XVIe s. (*tarot*); de l'ital. *tarocco*, d'orig. obscure; le plus souvent au pl. ‖ **taroté** 1642, Oudin.

tarse 1560, Paré; du gr. *tarsos*, proprem. « claie », d'où « plat du pied », empr. pour désigner les os antérieurs du pied. ‖ **tarsien** fin XVIIIe s. ‖ **tarsier** 1812, Mozin, zool. ‖ **tarsectomie** XXe s. ‖ **métatarse** 1586, Guillemeau, d'après *métacarpe*. ‖ **métatarsien** 1747, James.

tartan 1792, Chantreau; mot angl., d'orig. inconnue, peut-être à rapprocher du fr. *tiretaine*, ou de l'anc. fr. *tartarin*, « (drap) de Tartarie ».

tartane 1632, Peiresc, mar.; de l'ital. *tartana*, ou du prov. *tartano*, eux-mêmes issus de l'anc. prov. *tartana*, « buse, oiseau de proie », par métaphore.

tartareux 1620, Béguin, chim.; du bas lat. *tartarum* (v. TARTRE). ‖ **tartarique** 1821, Wailly. ‖ **tartariser** 1755, abbé Prévost.

tartarinade fin XIXe s.; du nom de *Tartarin*, personnage d'Alphonse Daudet.

tarte XIIIᵉ s., *Fabliaux;* var. *tartre* en anc. fr.; orig. obscure, peut-être var. de *tourte* (v. ce mot). ǁ **tartelette** milieu XIVᵉ s. ǁ **tartine** fin XVᵉ s.; 1837, Balzac, fam., long article, long discours. ǁ **tartiner** av. 1850, Balzac; 1867, Delvau, fig.

tartre XIIIᵉ s. (*tartharum*); XIVᵉ s. (*tartraire*); 1560, Paré (*tartre, tartare*); du lat. médiév. *tartarum*, d'orig. obscure (pour Migliorini, croisement du lat. *Tartarus*, le Tartare, les Enfers, et d'un mot ar.). ǁ **tartreux** 1755, abbé Prévost. ǁ **tartrique** 1787, Guyton de Morveau (*tartarique*); début XIXᵉ s. ǁ **tartrate** début XIXᵉ s. ǁ **détartrant** 1929, Lar., s. m.

tartufe, tartuffe 1609, dans un pamphlet, nom commun, « hypocrite », du nom d'un personnage de la comédie ital., *Tartufo*, proprem. « truffe » (v. TRUFFE); rendu célèbre par le personnage de Molière (*le Tartuffe*, 1664), de même orig.; vulgarisé presque aussitôt comme nom commun, 1669, G. Patin. ǁ **tartuferie** 1669, Graindorge. ǁ **tartufier** 1664, Molière.

tas 1155, Wace; du francique **tass,* néerl. *tas,* tas de blé. ǁ **tasser** fin XIIᵉ s., *Loherains.* ǁ **tassement** début XIXᵉ s. ǁ **entasser** XIIᵉ s. ǁ **entassement** XIIIᵉ s.

tasse 1150, G., rare jusqu'au XIVᵉ s.; de l'ar. *tāssa.* ǁ **tassée** XIVᵉ s., rég.

*tasseau 1130, *Eneas* (*tassel*); du lat. pop. **tassellus,* croisement de *taxillus,* dé à jouer, puis « morceau de bois », et de *tessella,* dé à jouer, cube (dimin. de *tessera,* dé à jouer).

tassette 1400, G., plaque d'acier, etc., hist.; dimin. de l'anc. fr. *tasse,* poche, issu de l'all. *Tasche.*

*tâter 1120, *Ps. d'Oxford* (*taster*); du lat. pop. **tastāre,* contraction de **taxitare,* fréquentatif pop. de *taxare,* toucher (peut-être avec infl. de *gustare,* goûter). ǁ **tâteur** XIVᵉ s. ǁ **tâte-vin** 1872, L. ǁ **retâter** XIIIᵉ s., *Renart* (*retaster*). ǁ **tatillon** 1695, Gherardi. ǁ **tatillonner** 1695, Gherardi. ǁ **tatillonnage** 1740, *Acad.* ǁ **tâtonner** XIIᵉ s., *Aliscans.* ǁ **tâtonnement** 1549, R. Est. ǁ **tâtonneur** 1762, *Acad.* ǁ **à tâtons** 1175, Chr. de Troyes (*à tastons*).

tatou 1555, Belon; de *tatu,* mot tupi (langue du Brésil).

tatouer 1769, trad. de Hawkesworth; de l'angl. *(to) tattoo,* du tahitien *tatau.* ǁ **tatouage** 1778, trad. de Cook. ǁ **tatoueur** 1872, L.

taud, taude 1848, Jal, mar., tente de toile; de l'esp. *toldo.* ǁ **tauder** *id.*

taudis XVᵉ s., G. Gruel (*taudeïs*), milit., « abri pour les ouvriers occupés aux travaux d'un siège »; XVᵉ s., « petite pièce »; XVIIᵉ s., sens mod.; de l'anc. verbe *se tauder,* XIVᵉ s., « se mettre à l'abri », du francique **tëldan,* couvrir (cf. l'all. *Zelt,* « tente »). ǁ **taudion** 1718, Leroux, arch.

taule V. TÔLE 2.

*taupe 1265, Br. Latini; du lat. *talpa.* ǁ **taupe-grillon** fin XVIIᵉ s., Liger, d'après le lat. des naturalistes *grillotalpa.* ǁ **taupier** 1690, Furetière. ǁ **taupière** 1600, G. ǁ **tauper** 1695, Gherardi. ǁ **taupé** XXᵉ s. ǁ **taupinière** XIIIᵉ s.; var. *taupinée* (La Fontaine, *Fables,* VIII, 9). ǁ **taupin** 1534, Rab., proprem. « mineur, pionnier »; d'où, juill. 1848, *Journ. pour rire,* arg. scol., élève préparant Polytechnique (école formant les officiers du génie), d'où les suiv. ǁ **taupe** XIXᵉ s., arg. scol., classe de préparation à Polytechnique. ǁ **hypotaupe** XXᵉ s., première année de cette classe.

*taure 1694, *Acad.,* rég., génisse; du lat. *taura,* fém. de *taurus* (v. le suiv.).

taureau XIIᵉ s. (*torel*); dér. de l'anc. fr. *tor,* taureau, du lat. *taurus,* gr. *taûros.* ǁ **taurin** 1842, Mozin, zool. ǁ **taurine** 1842, Mozin, chim. ǁ **taurillon** XIVᵉ s., J. Macé, *Bible,* rég. ǁ **taurelière** 1611, Cotgrave. ǁ **taurides** 1782, L., astron. ǁ **taurobole** 1721, *Trévoux,* hist., du lat. *taurobolium,* gr. *taurobolion.* ǁ **tauromachie** 1842, *Acad.,* du gr. *makhê,* combat. ǁ **tauromachique** 1875, Lar.

tautologie XVIᵉ s., Ramus; du bas lat. *tautologia,* mot gr., de *logos,* discours, et *tauto,* le même. ǁ **tautologique** 1842, *Acad.* ǁ **tautogramme** 1690, Baillet, du gr. *gramma,* lettre. ǁ **tautochrone** 1771, *Trévoux,* du gr. *khronos,* temps.

taux début XIVᵉ s.; 1366, *Ordonn.* (var. *tax*); déverbal de l'anc. fr. *tauxer, tausser,* var. mal expliquée de *taxer* (v. ce mot).

tavaïolle fin XVIᵉ s., liturg.; de l'ital. *tovagliola,* serviette, dimin. de *tovaglia,* même mot que *touaille*. (V. SERVIETTE, TOUAILLE.)

tavelé fin XIIIᵉ s., Joinville; de l'anc. fr. *tavel*, carreau (d'étoffe, d'échiquier), masc. de *tavelle*, ruban, lat. *tabella*, planchette. ‖ **tavelure** 1546, R. Est.

*****taverne** 1256, *Ordonn.;* du lat. *taberna*. ‖ **tavernier** fin XIIᵉ s., *Aymeri;* du lat. *tabernarius*.

taxer fin XIIIᵉ s.; var. *tausser, tauxer,* jusqu'au XVIᵉ s. (v. TAUX); du lat. *taxare,* taxer, évaluer, mot d'orig. gr. (v. TÂCHER, TÂTER). ‖ **taxation** fin XIIIᵉ s.; var. *taussacion,* 1283, Beaumanoir; du lat. *taxatio.* ‖ **taxe** fin XIVᵉ s., du lat. médiév. *taxa.* ‖ **taxateur** 1704, Delb., ‖ **taxatif** XVIIIᵉ s. ‖ **détaxer** 1845, Besch. ‖ **surtaxe** 1611, Cotgrave. ‖ **surtaxer** 1560, Amyot.

1. **taxi** début XXᵉ s.; abrév. de *taximètre,* v. 1906 (d'abord *taxamètre,* corrigé en *taximètre* par Th. Reinach), désignant le compteur de la voiture, puis la voiture elle-même; du gr. *taxis,* au sens de « taxe », et de l'élém. *-mètre*.

2. **taxi-** du gr. *taxis,* arrangement, ordre. ‖ **taxidermie** 1806, Lunier gr. *derma,* peau. ‖ **taxilogie** 1872, L. (d'abord *taxologie,* 1838, *Acad.*). ‖ **taxinomie** ou **taxonomie** 1842, *Acad.*

taxiphone XXᵉ s., cabine téléphonique à jetons, du gr. *taxis,* au sens de « taxe » (v. TAXER, TAXI 1), et de l'élém. *-phone.*

taylorisme v. 1918; de l'angl. *taylorism,* du nom de l'ingénieur américain Fr. *Taylor* (1856-1915), qui inventa cette rationalisation du travail. ‖ **tayloriser** v. 1920. ‖ **taylorisation** *id.*

tchernoziom XXᵉ s., géogr., mot russe désignant une terre noire très fertile.

*****te** V. TU.

té début XVIIIᵉ s.; 1762, *Acad.,* objet affectant la forme de la lettre T.

t e a m 1892, Rouziers, sport; mot angl.; proprem. « attelage ».

tea-room 1899, *l'Art et la mode;* mot angl., de *tea,* thé, et *room,* pièce, salon. (V. THÉ.)

technique 1721, *Trévoux,* adj.; 1744, Bassuel, s. f.; du gr. *tekhnikos,* au fém. *tekhnikê,* de *tekhnê,* art; sert de second élément à divers composés. ‖ **technicité** 1859, Mozin. ‖ **technicien** 1836, Landais, sur le modèle de *physicien.* ‖

technicolor 1917, *le Film.* ‖ **technologie** 1656, Moscherosch, « terminologie »; 1755, abbé Prévost, sens mod.; du gr. *tekhnologia.* ‖ **technologique** fin XVIIIᵉ s., du gr. *tekhnologikos.* ‖ **technocratie** 1934, *L. M.* ‖ **technocrate** XXᵉ s.

teck ou **tek** 1614, Du Jarric *(teka)* ; 1772 *(teck)* ; 1782 *(tek)* ; du port. *teca,* lui-même issu de *tēkku,* mot de la côte de Malabar.

tectonique XXᵉ s., géol.; du gr. *tektôn,* constructeur. (V. ARCHITECTE.)

tectrice 1827, *Acad.,* zool.; du lat. *tectus,* couvert; plume de taille moyenne des oiseaux.

te deum début XVᵉ s.; premiers mots du cantique lat. *Te Deum laudamus...,* « Nous te louons, Dieu... ».

tégument 1538, Canappe; empr., pour un sens spécial, au lat. *tegumentum,* couverture, de *tegere,* couvrir. ‖ **tégumentaire** 1842, *Acad.*

*****teigne** 1265, J. de Meung *(taigne)* ; du lat. *tĭnea,* désignant l'insecte, et par ext., en lat. pop., la maladie du cuir chevelu; 1867, Delvau, fig., pop., femme hargneuse. ‖ *****teigneux** fin XIIIᵉ s., Rutebeuf *(tigneus)* du lat. *tineosus,* proprem. « plein de teigne ». ‖ **tignasse** 1680, Richelet, « mauvaise perruque », puis « chevelure mal peignée », par comparaison avec une chevelure de teigneux. ‖ **tignon** v. 1530, Marot, « chignon », arch., même processus sémantique. ‖ **tignonner** 1695, Gherardi, « se prendre aux cheveux », arch.

*****teille,** var. **tille** XIIIᵉ s., *Renart,* écorce du tilleul, et aussi écorce du chanvre et du lin; du lat. *tilia,* tilleul. ‖ **teiller,** var. *tiller,* fin XIVᵉ s., Chr. de Pisan. ‖ **teillage** 1872, L. ‖ **teilleur** 1872, L.

*****teindre** 1080, *Roland;* du lat. *tingere.* ‖ **teint** 1080, *Roland.* ‖ **teinte** 1265. Br. Latini. ‖ **demi-teinte** milieu XVIIᵉ s., d'après l'ital. *mezza-tinta.* ‖ **teinté** 1752, *Trévoux,* d'où *teinter.* ‖ *****déteindre** 1265, J. de Meung, du lat. pop. **distingĕre.* ‖ **reteindre** 1268, É. Boileau. ‖ **teinture** XIIIᵉ s., *Renart,* du lat. *tinctura,* de *tingere.* ‖ **teinturier** 1244, *D. G.* ‖ **teinturerie** 1268, É. Boileau.

*****tel** Xᵉ s., *Saint Léger (tiel)* ; XIᵉ s. *(tel)* ; du lat. *tālis.* ‖ **tellement** XIIIᵉ s., Adenet.

télamon 1611, Cotgrave, archit.; du lat. *telamonos*, mot gr., proprem. nom d'un personnage symbolisant la figure humaine représentée en console.

télé- du gr. *têle*, loin. La série des composés s'est développée à partir de *télescope* (v. ci-après). ‖ **téléautographe** XXᵉ s. ‖ **télécabine** XXᵉ s. ‖ **télécommande** v. 1945. ‖ **télécommander** *id.* ‖ **télécommunication** 1904, Estaunié. ‖ **télédynamique** 1875, *Journ. des débats.* ‖ **télédynamie** XXᵉ s. ‖ **télégramme** 22 mai 1867, *Moniteur universel*, du gr. *gramma*, lettre. ‖ **télégraphe** fin XVIIIᵉ s., créé par Miot pour l'appareil des frères Chappe, qui avaient d'abord adopté (1792) le terme *tachygraphe*, du gr. *takhus*, rapide. ‖ **télégraphique** 10 ventôse an IX, *Décade philotechnique.* ‖ **télégraphie** 1827, *Acad.* ‖ **télégraphiste** 1801, Mercier. ‖ **télégraphier** 1842, *Acad.* ‖ **téléguider** XXᵉ s. ‖ **téléguidage** 1948, *L. M.*, fig. ‖ **téléimprimeur** XXᵉ s. ‖ **télékinésie** XXᵉ s., du gr. *kinesis*, mouvement. ‖ **télémécanique** XXᵉ s. ‖ **télémécanicien** XXᵉ s. ‖ **télémesure** 1953, Lar. ‖ **télémètre** 1842, *Acad.* ‖ **télémétrie** 1842, *Acad.* ‖ **télémétrique** 1842, *Acad.* ‖ **télémétreur** XXᵉ s. ‖ **téléobjectif** 1906, Lar. ‖ **télépathie** fin XIXᵉ s., repris à l'angl. *telepathy*, créé par Myers en 1882, du gr. *pathos*, émotion. ‖ **télépathique** fin XIXᵉ s. ‖ **télépathe** fin XIXᵉ s. ‖ **téléphérage** 1887, Jacquez (*telphérage*); 1923 (*téléphérage*); de l'angl. *telpherage* (1883, Fleeming Jenkin). ‖ **téléphérique** fin XIXᵉ s.; 1923, Lar.; écrit souvent *téléférique*, sous une influence italienne. ‖ **téléphone** 1834, Sudré, pour un appareil acoustique; 1876, repris par G. Bell; du gr. *phônê*, voix. ‖ **téléphoner** 1907, Lar. ‖ **téléphonique** 1838, *Acad.*; *cabine téléphonique*, 1885. ‖ **téléphonie** 1842, *Acad.* ‖ **téléphoniste** fin XIXᵉ s. ‖ **téléphotographie** 1890, Lar. ‖ **télépointage** XXᵉ s. ‖ **téléradiographie** XXᵉ s. ‖ **téléradiographique** XXᵉ s. ‖ **télescope** 1611, J. Tarde; du lat. mod. *telescopium* (1611), du gr. *têle*, et *skopein*, examiner. ‖ **télescopique** fin XVIIIᵉ s., Laplace. ‖ **télescoper** 1873, Hubner, en parlant d'un accident de ch. de fer, d'après l'anglo-amér. (*to*)

telescope. ‖ **télescopage** fin XIXᵉ s. ‖ **téléscripteur** XXᵉ s. ‖ **télésiège** XXᵉ s. ‖ **téléski** XXᵉ s. (v. SKI). ‖ **télesthésie** XXᵉ s., du gr. *aisthêsis*, sensation. ‖ **télesthésique** XXᵉ s. ‖ **télétype** XXᵉ s. ‖ **télévision** 1900, Perskyi, « système de transmission de l'image à distance ». ‖ **télé** s. f., v. 1952, abrév. ‖ **téléviser**, **télévisé** XXᵉ s. ‖ **téléviseur** 1935, Sachs. récepteur de télévision. ‖ **télévisuel** XXᵉ s. ‖ **téléspectateur** 1949, *L. M.*, de *télé*, au sens de « télévision », et de *spectateur*. ‖ **télécinéma** XXᵉ s. ‖ **téléaste** XXᵉ s., de *télé*, au sens de « télévision », sur le modèle de *cinéaste*. ‖ **téléfilmer** 1961, journ. ‖ **télégénique** *id.*, sur le modèle de *photogénique*. ‖ **téléroman** 1963, journ. ‖ **télévisionner** 1953, Lar.

téléologie 1812, Mozin, du gr. *telos*, *teleos*, fin, et de l'élém. *-logie*. ‖ **téléologique** 1842, *Acad.*

téléosaure 1842, *Acad.*, du gr. *telos*, *teleos*, fin, et *sauros*, lézard.

téléostéen 1873, *Journ. offic.*, zool., du gr. *teleios*, achevé, et *osteon*, os; poisson osseux.

tellière 1723, Savary (*papier à la Tellière*), du nom du chancelier *Le Tellier* (1603-1685), qui fit fabriquer ce papier.

tellure 1801, Haüy, chim.; du lat. mod. *tellurium*, de *tellus*, *-uris*, terre, créé en 1798, par oppos. à *uranium*, par le chimiste all. Klaproth. Le tellure avait été découvert en 1782 dans les mines d'or de Transylvanie. ‖ **tellureux** 1872, L. ‖ **tellurhydrique** 1842, *Acad.* ‖ **tellurure** 1842, *Acad.*

tellurique 1836, Landais, géol., du lat. *tellus*, *-uris*, terre. ‖ **tellurisme** 1872, L.

téméraire 1361, Oresme; du lat. *temerarius*, proprem. « accidentel », de *temere*, « par hasard », d'où « inconsidéré » : premiers sens en fr., d'où, au XVᵉ s., « hardi ». ‖ **témérité** 1495, J. de Vignay; du lat. *temeritas*, de même évol. sémantique.

*témoin XIIᵉ s., *Saxons* (*tesmoing*); aussi « témoignage » en anc. fr.; du lat. *testimonium*, témoignage (en bas lat. « témoin »), de *testis*, témoin. ‖ **témoigner** fin XIIᵉ s., *Lois de Guill.* (*testmoi-*

gner); 1190, saint Bernard (témoigner).
|| **témoignage** id.

***tempe** 1080, *Roland* (*temple*, conservé jusqu'au XVIIIe s.); XVIe s. (*tempe*); du lat. pop. **tempŭla*, altér., par changem. de finale, du lat. class. *tempora*, forme, cristallisée au pl., de *tempus, -oris*.

tempérament 1538, Canappe, méd.; d'où « constitution physique », et, au XVIIIe s., « propension à l'amour physique »; du lat. *temperamentum*, juste proportion, sens repris aux XVIIe-XVIIIe s., d'où « adoucissement », et l'expression *payer à tempérament*; de *temperare*, adoucir. (V. TEMPÉRER.)

température 1538, Canappe; également « tempérament » jusqu'au XVIIe s.; du lat. *temperatura*, aux deux sens fr., de *temperare*. (V. TEMPÉRER.)

tempérer 1119, Ph. de Thaun; du lat. *temperare*, mélanger, d'où « adoucir, modérer »; de *tempus* au sens de « température » (v. TREMPER). || **tempérant** 1553, Le Plessis; du lat. *temperans*, part. prés. adjectivé. || **tempérance** XIIIe s. || **intempéré** début XVIe s., du lat. *intemperatus*. || **intempérant** 1560, Amyot, du lat. *intemperans*, « qui ne se modère pas ». || **intempérance** 1361, Oresme, du lat. *intemperantia*.

***tempête** 1080, *Roland* (*tempeste*); du lat. pop. **tempesta*, « temps, bon ou mauvais », fém. substantivé de l'adj. lat. class. *tempestus*, « qui vient à temps », de *tempus*, temps. || **tempêter** début XIIe s., *Thèbes*, « faire de la tempête »; XVIe s., sens mod. || **tempétueux** 1308, Aimé; du lat. *tempestuosus*.

***temple** 1080, *Roland*; du lat. *templum*. || **templier** 1268, É. Boileau; moine de l'ordre du Temple, fondé à Jérusalem au XIIe s., près de l'emplacement du temple des juifs.

tempo 1842, *Acad.*, mus.; mot ital., proprem. « temps ».

temporaire milieu XVIe s., Saint-Julien; rare jusqu'au XVIIIe s.; du lat. *temporarius*, de *tempus*, temps.

temporal 1560, Paré; du bas lat. *temporalis* (IVe s., Végèce), de *tempus, -oris*, tempe.

temporel 1160, Benoît (*temporal*); 1265, Br. Latini (*temporel*); du lat. eccl.

temporalis, « du monde », opposé à « éternel » et à « spirituel », en lat. class. « temporaire »; du lat. *tempus, -oris*, temps. || **temporalité** 1190, saint Bernard, du lat. eccl. *temporalitas*.

temporiser 1395, Chr. de Pisan, « durer, vivre »; fin XVe s., Commynes, sens mod.; du lat. médiév. *temporizare*, passer le temps, de *tempus*, temps. || **temporisateur** milieu XVIe s. (*temporiseur*); 1788, Féraud (*temporisateur*). || **temporisation** milieu XVIe s. (*temporisement*); 1788, Féraud (*temporisation*).

***temps** Xe s., *Saint Léger* (*tens, tans*); XIVe s. (*temps*, orth. refaite d'après le lat.); XVIe s., Ramus, gramm.; du lat. *tempus*; *il est temps (de)*, XIIIe s.; *prendre du bon temps*, 1360, Froissart; *à temps*, début XVIIe s., M. Régnier. || **contemporain** 1468, Chastellain, du lat. *contemporaneus*, « qui vit en même temps ». || **contemporanéité** 1798, *Acad.* || **contretemps** milieu XVIe s., Gaillard; peut-être de l'ital. *a contrattempo*. || **quatre-temps** XVIe s. (V. PRINTEMPS.)

tenace 1501, Le Roy, du lat. *tenax*, de *tenere*, tenir. || **ténacité** 1488, *Mer des hist.*; du lat. *tenacitas*.

***tenaille** 1130, *Eneas*; du lat. pop. *tenacula*, pl. neutre pris comme fém., du bas lat. *tenăculum*, « lien, tenon », de *tenēre*, tenir. || **tenailler** 1549, R. Est. || **tenaillement** 1611, Cotgrave.

tenancier 1490, G. de Chauliac, de l'anc. fr. *tenance*, d'abord terme de féod., « tenure, propriété », d'où « tenancier d'un domaine rural », puis « d'une maison de jeu », etc.; de *tenir* (v. ce mot).

tender 1837, journ., terme de chemin de fer; mot angl., proprem. « serviteur », de *(to) tend*, servir.

tendon 1398, E. Deschamps, « bugrane » : peut-être, ici, dér. du verbe *tendre*; début XVIe s., anat., du lat. médiév. *tendo, tendinis*, peut-être du gr. *tenôn, -ontos*, « tendon », avec infl. du v. *tendre*. || **tendineux** 1560, Paré.

1. *tendre adj., 1080, *Roland*; du lat. *tener, -eri*. || **tendreté** XIIe s. (*tanreté*), jusqu'au XVIe s.; repris au XXe s., en parlant de la viande tendre. || **tendresse** 1319, *D. G.*; rare jusqu'au XVIIe s.; a remplacé *tendreur* (usité jusqu'au XVIe s.) et *tendreté*. ‖ **attendrir** fin XIIIe s., Rutebeuf; fig., XVIe s., Baïf. ‖ **attendrissement** 1561, Belleforest. (V. TENDRON.)

2. ***tendre** v. tr., 1080, *Roland*; intr., XIIe s., Couci (*tendre vers, à*); du lat. *tendĕre*. ‖ **tendu** XVIIe s., adj. ‖ **tendance** XIIIe s. ‖ **tendancieux** fin XIXe s. ‖ **tendanciel** 1874, H. Denis.‖ **tendeur** 1262, G. ‖ **tenderie** 1872, L. ‖ **tendelle** 5 août 1875, *Arrêté préfect.*, vén. ‖ **tendoir** 1765, *Encycl.* ‖ ***tente** début XIIe s., *Couronn. Loïs*, pavillon, etc.; de *tenta*, fém. du part. *tentus*, ou de *tendīta*, fém. du pop. *tenditus (v. PERTE, VENTE, etc.). ‖ **tenture** 1538, R. Est., réfection, d'après *tente*, de l'anc. fr. *tendeüre*. ‖ **détendre** 1150, *Thèbes*. ‖ **détente** 1386, Froissart. ‖ **détendoir** 1785, *Encycl. méth.* ‖ **détendage** XIXe s. ‖ **distendre** 1560, Paré; rare avant le XVIIIe s., du lat. *distendere*. ‖ **distension** XIVe s., G., du bas lat. *distensio*. ‖ **retendre** fin XIIe s., *Aïol*.

tendron 1175, Chr. de Troyes (*tandron*), «cartilage», d'où l'empl. actuel du mot en boucherie; XIIIe s., bourgeon, rejeton, d'où «jeune fille»; de l'adj. *tendre*.

ténèbres 1080, *Roland*; du lat. *tenebrae*. ‖ **ténébreux** 1080, *Roland*; du lat. *tenebrosus*. ‖ **ténébrion** v. 1540, Rab., lutin des ténèbres; puis empl. entom.; du bas lat. *tenebrio*, «qui recherche les ténèbres».

ténesme 1554, Aneau, méd.; du lat. *tenesmus*, empr. au gr. *teinesmos*, de *teineîn*, tendre.

1. **teneur** s. m. V. TENIR.

2. **teneur** XIIe s., s. f., «contenu (d'un acte)»; du lat. jurid. *tenor*, «teneur, sens», en lat. class. «tenue, continuité», de *tenēre*. (V. TENIR.)

3. **teneur** s. f., 1318, Gace de la Bigne, mus. vocale, partie de la psalmodie qui en est la dominante; milieu XVe s., s. m., celui qui chante la teneur; du lat. *tenor*. (V. TAILLER, TÉNOR.)

ténia, tænia XVe s. (*tynia*); 1560, Paré (*tænia*); du lat. *taenia*, proprem. «bandelette», du gr. *tainia*. ‖ **ténifuge** 1872, L.

***tenir** Xe s., du lat. pop. *tenīre, en lat. class. *tenēre*; *se tenir*, XIIe s., *Ronce-*

vaux; *être tenu à*, 1283, Beaumanoir; *tenir à*, 1360, Froissart. ‖ **tenant** 1160, *Eneas*, adj., «tenace, ferme»; auj., seulement dans *séance tenante*; 1160, *Eneas*, subst., «celui qui tient des terres en roture» (v. TENANCIER), puis «celui qui tient contre tout adversaire, en tournoi», d'où, auj., *le tenant d'une opinion*, etc.; *d'un seul tenant*, XIIIe s. (*en un tenant*); *les tenants et aboutissants*, XIVe s. ‖ **teneur** XIIIe s., *Assises de Jérusalem*, «celui qui possède»; *teneur de livres*, milieu XVIIe s. ‖ **tenure** début XIIe s., *Thèbes* (*teneüre*). ‖ **tenue** début XIIe s., *Thèbes*. ‖ **tènement** 1190, Garn., féod. ‖ **tenon** fin XIVe s. ‖ **tenette** 1680, Richelet, techn. ‖ **tenable** 1160, Benoît. ‖ **intenable** 1627, Rohan. ‖ **entretenir** 1160, Benoît, «tenir ensemble», d'où «maintenir, conserver», et les empl. mod. ‖ **entretènement** XVe s. ‖ **entreteneur** 1493, Coquillart. ‖ **entretien** 1560, Amyot. ‖ **retenir** fin XIe s., *Alexis*, du lat. *retinēre*, refait en *retenere, puis *retenīre. ‖ **retenue** 1160, Benoît. ‖ **rétention** fin XIIIe s., méd. et jurid., du lat. *retentio*. (V. MAINTENIR, SOUTENIR.)

tennis 1836, Landais; de l'angl. *tennis*, proprem. «jeu de paume», abrév. de *lawn-tennis*, de *lawn*, pelouse, et *tennis*, lui-même issu du fr. *tenez* (*tenetz* en angl.), en 1400), exclamation employée par le serveur lançant la balle. ‖ **tennisman** fin XIXe s.

tenon V. TENIR.

ténor milieu XVe s., rare avant le XVIIe s. (1606, Nicot; 1627, *Muse normande*); de l'ital. *tenore*, manière, mode, d'où «concert, harmonie», et partic. «voix de ténor»; du lat. *tenor* (V. TAILLER, TENEUR 3). ‖ **ténoriser** 1872, L.

ténotomie 1872, L., méd., du gr. *tenôn*, tendon (v. TENDON), et de l'élém. *-tomie*.

tension 1490, G. de Chauliac; du bas lat. *tensio*, de *tensus*, part. passé de *tendere* (v. TENDRE 2). ‖ **tenseur** 1872, L.; du bas lat. *tensor*. ‖ **tensoriel** 1953, Lar. ‖ **tensiomètre** *id.* ‖ **hypertension** XXe s., méd. ‖ **hypotension** XXe s., *id.* ‖ **hypertenseur** XXe s., *id.* ‖ **hypotenseur** XXe s., *id.* ‖ **surtension** 1907, *L. M.*

tenson XIIe s., hist., poésie dialoguée où s'échangeaient arguments ou invectives; proprem. « querelle », de même étym. que *tancer* (v. ce mot).

tentacule 1775, Senebier; du lat. *tentare*, au sens de « tâter ». ‖ **tentaculaire** fin XVIIIe s., sens propre; 1808, Boiste, sens fig.

tentation 1120, *Ps. d'Oxford* (*temptation*); du lat. eccl. *temptatio, tentatio*, en lat. class. « tentative »; de *temptare* (v. TENTER). ‖ **tentateur** 1495, *Mir. hist.* (*temptateur*), du lat. eccl. *temptator, tentator*, se disant du démon, en lat. class. « séducteur ».

tentative 1546, Rab., épreuve scolaire; XVIIe s., sens mod.; d'après *tenter*; du lat. scolast. *tentativa*, épreuve universitaire, de *tentare*. (V. TENTER.)

tente V. TENDRE 2.

tenter 1120, *Ps. d'Oxford*; du lat. *temptare*, chercher à atteindre, tâter, d'où « essayer, circonvenir », confondu dans le sens et l'orth. avec *tentare*, agiter, fréquentatif de *tendere*, tendre; en anc. fr., sens méd. de « sonder (une plaie) ».

tenthrède 1827, *Acad.*, entom.; du gr. *tenthrêdôn*; insecte appelé « mouche à scie ».

tenture V. TENDRE 2.

ténu 1265, Br. Latini; du lat. *tenuis*; a éliminé la forme pop. anc. *tenve* (et le dér. *tenveté, tenvreté*). ‖ **ténuité** fin XIVe s.; du lat. *tenuitas*. ‖ **ténuirostre** 1827, *Acad.*, du lat. *rostrum*, bec. ‖ **atténuer** XIIe s., Delb., « affaiblir », du lat. *attenuare*, amincir; XVIIIe s., jurid., « excuser ses torts »; il a remplacé l'anc. fr. *atenvrir* (1642, Oudin), de *tenve*, mince (lat. *tenuis*). ‖ **atténuation** 1503, G. de Chauliac. ‖ **atténuatif** 1549, A. Du Moulin.

tenue, tenure V. TENIR.

tenuto XXe s., mus.; mot ital., proprem. « tenu ».

téorbe, théorbe 1578, d'Aubigné (*tuorbe*, encore au XVIIe s.); XVIIe s. (*téorbe*, var. *théorbe, tiorbe, torbe*); de l'ital. *tiorba*, instrument inventé au début du XVIe s. à Florence; mot d'orig. inconnue.

téphrosie 1827, *Acad.*, du lat. bot. *tephrosia*; plante utilisée comme poison de pêche.

tépidité 1360, *Modus*; du lat. *tepiditas*, de *tepidus* (v. TIÈDE). ‖ **tepidarium** 1842, *Acad.*, hist. rom.; mot lat.

ter 1842, *Acad.*; mot lat., « trois fois ». (V. BIS 2.)

tératologie 1752, *Trévoux*; du gr. *teras, teratos*, monstre, et de l'élém. *-logie*. ‖ **tératologique** 1842, *Acad.* ‖ **tératogénie** 1842, Mozin. ‖ **tératoscopie** 1806, Lunier.

terbium 1872, L.; du nom latinisé de la localité d'*Ytterby*, en Suède; métal du groupe des terres rares.

tercer V. TIERS.

tercet v. 1500, J. Lemaire de Belges (*tiercet*, d'après *tiers*, encore au XVIIe s. dans *les Femmes savantes*, III, II); de l'ital. *terzetto*, de *terzo*, troisième, tiers; stance de trois vers.

tercine 1842, *Acad.*, anat.; du lat. *tertius*, troisième.

térébinthe XIIIe s., *Simples Méd.*; du lat. *terebinthus*, gr. *terebinthos*, mot égéen. ‖ **térébinthacée** 1812, Mozin, bot. ‖ **térébenthine** 1160, *Eneas* (*terbentine*); du lat. *terebenthina* (s.-e. *resina*), gr. *terebinthinê* (s.-e. *rhêtinê*, résine). ‖ **térébenthène** 1872, L. ‖ **térébique** XXe s.

térébrant 1827, *Acad.*; du lat. *terebrans*, part. prés. de *terebrare*, percer avec une tarière, de *terebrum*, tarière. ‖ **térébration** début XVIIIe s.; du lat. *terebratio*. ‖ **térébratule** 1827, *Acad.*, zool.; dimin. du lat. *terebratus*, percé.

1. tergal 1842, *Acad.*, zool.; du lat. *tergum*, dos.

2. Tergal XXe s., tissu; nom déposé.

tergiverser 1541, Calvin; du lat. *tergiversari*, proprem. « tourner (*versare*) le dos (*tergum*) ». ‖ **tergiversation** XIIIe s., *Cout. d'Artois*; du lat. *tergiversatio*.

terme 1283, Beaumanoir (*à terme*), terme de paiement; puis « fin, dans l'espace ou dans le temps »; du lat. *terminus*, borne; 1361, Oresme, « mot, expression »; du lat. *terminus*, au sens fig. de « définition », d'où « expression »; *avant terme*, XVe s., J. de Troyes (pour un accouchement). (V. TERMINER, TERMINOLOGIE, TERMINUS, TERTRE.)

terminer 1155, Wace; du lat. *terminare*, de *terminus* (v. TERME, au sens de

« fin »). ‖ **terminal** milieu XVIIIᵉ s.; du lat. *terminalis*. ‖ **terminaison** 1160, Benoît; adapt. du lat. *terminatio*. ‖ **interminable** 1361, Oresme, du bas lat. *interminabilis*.

terminologie XVIIIᵉ s., P. André; du lat. *terminus*, au sens de « mot » (v. TERME) et de l'élém. *-logie*. ‖ **terminologique** 1842, *Acad*.

terminus févr. 1842, *Journ. des chemins de fer*, gare terminale; mot angl., empr. au lat. pour ce sens spécial. (V. les précéd.)

termite fin XVIIIᵉ s. (var. *termès*, *Acad*.); du bas lat. *termes*, *termitis*. ‖ **termitière** début XIXᵉ s., d'après *fourmilière*.

ternaire fin XIVᵉ s.; du lat. *ternarius*, de *terni*, trois par trois. (V. TERNE 2.)

1. **terne** adj. V. TERNIR.

2. **terne** XVᵉ s., terme du jeu de dés; du lat. *ternas*, acc. fém. pl. de *terni*, trois par trois (v. TERNAIRE); XXᵉ s., électr. ‖ **terné** 1783, Bulliard, bot.

ternir fin XIVᵉ s.; probablem. d'orig. germ. (cf. l'anc. haut all. *tarnjan*, obscurcir); XVᵉ s., Lancelot, adj. ‖ **ternissure** 1546, R. Est. ‖ **ternissement** v. 1600, O. de Serres.

terpine 1872, L., chim. ‖ **terpène** XXᵉ s., chim. ‖ **terpinol** ou **terpinéol** XXᵉ s.

*terrain 1155, Wace; du lat. *terrēnum*, neutre substantivé de l'adj. *terrēnus*, « formé de terre », de *terra* (v. TERRE), avec changement de suff.

t e r r a l 1716, Frézier, « (vent) de terre »; mot prov. mod., de *terra*, terre.

terramare 1867, *Rev. des Deux Mondes*, mot ital. désignant une terre employée comme engrais.

terraqué 1750, Voltaire, « de terre et d'eau »; du lat. médiév. *terraqueus*, de *terra*, terre, et *aqua*, eau.

terrasse XVᵉ s., sens mod., de l'anc. prov. *terrassa*, de *terra*. On trouve un autre mot *terrasse*, du XIIᵉ au XVIᵉ s., « torchis »; il est dér. de *terre*. ‖ **terrasser** milieu XVIᵉ s., Beaugué, « faire une terrasse »; 1578, Ronsard, « réduire, vaincre », empl. issu du lexique de la guerre de siège; fin XVIᵉ s., « jeter à terre », sens issu du préc. ‖ **terrasse-**

ment 1547, Martin, au pr.; également, au XVIᵉ s., fait de vaincre. ‖ **terrassier** XVIᵉ s. ‖ **terrasson** 1842, *Acad*.

*terre Xᵉ s., du lat. *terra*; *par terre*, XIIᵉ s.; *terre ferme*, fin XIIᵉ s., Villehardouin; *pied à terre*, 1360, Froissart; *ventre à terre*, début XIXᵉ s., P.-L. Courier. ‖ **terre à terre** XVIᵉ s., proprem. terme de manège, à propos d'un cheval qui s'enlève par petits bonds, ses pieds restant près de la terre. ‖ **terreau** XIIᵉ s., *Roncevaux*. ‖ **terreauder, terreauter** 1808, Boiste. ‖ **terreautage** XXᵉ s. ‖ **terrer** XIIᵉ s. ‖ **terrage** XIIIᵉ s., féod. ‖ **terrier** début XIIᵉ s., *Couronn. Loïs*, « territoire ». ‖ **terrier** 1160, Benoît, tanière. ‖ **terrier** 1530, Palsgrave, race de chien. ‖ ***terreux** 1265, J. de Meung, du bas lat. *terrosus*. ‖ **terrien** 1190, Garn. ‖ **terril** ou **terri** 1834, Hecart, terme des mines. ‖ **terrir** fin XVIᵉ s., d'Aubigné, mar., vx. ‖ **terret** 1872, L., bot. ‖ **terrette** 1733, Lémery, bot. ‖ **terricole** 1842, *Acad*., zool. sur l'élém. *-cole*. ‖ **terrigène** XXᵉ s., géol., sur l'élém. *-gène*. ‖ **terreneuve** 1872, L., race de chien, du nom de l'île de *Terre-Neuve*. ‖ **terrenoix** 1694, Tournefort, bot. ‖ **atterrer** XIIᵉ s., renverser à terre, abattre; XVIIᵉ s., consterner. ‖ **atterrer** v. 1155, Wace, mar., « gagner la terre, aborder ». ‖ **atterrage** 1483, *Grant Routier*. ‖ **atterrir** 1686, Tachard, mar.; fin XVIIIᵉ s., aérostation; début XXᵉ s., aviation. ‖ **atterrissage** 1835, *Acad*., mar., début XXᵉ s., aviation. ‖ **atterrissement** début XVIᵉ s., amas de terre, alluvion, de l'anc. fr. *aterrir* au sens de « remplir de terre »; 1696, Jal, mar. ‖ **déterrer** 1160, Benoist. ‖ **enterrer** 1080, *Roland*. ‖ **enterrement** XIIᵉ s. ‖ **enterreur** milieu XVIᵉ s. ‖ **parterre** 1546, *Palmerin d'Olive*. (V. SOUTERRAIN, TERRESTRE, TERRINE, etc.)

terre-plein 1561, Paradin; de l'ital. *terrapieno*, de *terrapienare*, remplir de terre.

terrestre 1119, Ph. de Thaun; du lat. *terrestris*, de *terra*, terre.

terreur 1355, Bersuire; du lat. *terror*, de *terrēre*, effrayer. ‖ **terroriste** 1794, Babeuf, de l'empl. hist. du mot *Terreur* (1793 - 1794); puis ext. d'empl. au XIXᵉ s. ‖ **terrorisme** 1794. ‖ **terroriser** 1796, *Néol. fr*. ‖ **terrible** 1130, *Eneas*,

741

du lat. *terribilis*. ‖ **terrifier** 1558, S. Fontaine (*-fiant*) ; XVIIIe s. (*-fier*) ; du lat. *terrificare*.

terreux V. TERRE.

terrible, terrifier V. TERREUR.

terril V. TERRE.

terrine 1412, G. (*therine*), proprem. « (écuelle) de terre », de l'anc. adj. *terrin*, de terre, du lat. pop. **terrīnus*, de *terra* (v. TERRE). ‖ **terrinée** 1582, d'Aigneaux.

territoire fin XIIIe s. ; du lat. *territorium*, de *terra*, terre. ‖ **territorial** 1748, Montesquieu, d'après la forme lat. ; début XXe s., milit., vx. ‖ **territorialité** 1852, *Jugement du trib. de la Seine*. ‖ **exterritorialité** 1856, Lachâtre.

territorial V. TERRITOIRE.

*terroir 1281, *Charte de Seclin* ; aussi « territoire », jusqu'au début du XVIIe s. ; du lat. pop. **terrātōrium*, adapt. du lat. *territōrium* d'après *terra*, ou d'après le suff. *-ātōrium*.

terrorisme V. TERREUR.

1. tertiaire 1786, de Saussure, géol. ; fin XVIIIe s., méd. ; XXe s., écon. pol. ; du lat. *tertiarius*, de *tertius*, troisième. (V. TIERS.)

2. tertiaire 1690, Furetière (*tierçaire*) ; 1812, Mozin (*tertiaire*), eccl. ; du lat. mod. eccl. *tertiarius*, « membre d'un tiers ordre ».

tertio 1839, Stendhal, mot lat., « troisièmement ». (V. TIERS.)

*tertre 1080, *Roland* ; du lat. pop. **termitem*, acc. de **termes*, croisement de **terminem*, acc. tiré du neutre *termen, terminis*, var. de *terminus* au sens de « borne », avec *limes, limitis*, limite, borne.

tésillon V. ÉTRÉSILLON.

tesselle 1827, *Acad.*, morceau de carrelage ; du lat. *tessella*, dimin. de *tessera*. ‖ **tessère** 1827, *Acad.*, archéol., du lat. *tessera*.

tessiture fin XIXe s., mus., de l'ital. *tessitura*, de *tessere*, tisser.

tesson 1283, Beaumanoir ; de l'anc. fr. *tez, tes*, pl. de *têt* (1130, *Job*), autrefois « tesson », sens vieilli ; et auj., zool., du lat. *testum*, vase de terre, d'où tesson, coquille, crâne. (V. TEST 1, TÊTE.)

1. test 1611, Cotgrave, coquille de mollusque, etc., du lat. *testum* (v. TESSON). ‖ **testacé** milieu XVIIIe s., Voltaire, *l'Homme aux quarante écus*. ‖ **testacelle** 1827, *Acad.*

2. test 1895, Binet-Henri, psychol. ; mot angl., proprem. « examen, épreuve », lui-même issu de l'anc. fr. *test*, pot de terre (servant à l'essai de l'or en alchimie), du lat. *testum* (v. les précéd.). ‖ **tester** XXe s. ‖ **testabilité** XXe s.

1. testament jurid. V. TESTER 1.

2. Testament 1120, *Ps. d'Oxford*, Bible ; du lat. *testamentum* (v. le suiv.) au sens eccl. (IIIe s., Tertullien), qui servit pour traduire le gr. *diathêkê*, proprem. « convention, pacte », désignant en gr. eccl. l'alliance de Dieu avec les Hébreux (en hébreu *berîth*).

1. tester début XVe s. ; du lat. jurid. *testari*, proprem. « témoigner », de *testis*, témoin. ‖ **testament** 1213, *Fet des Romains*, du lat. jurid. *testamentum*, ainsi appelé parce que le testament se faisait d'abord devant témoins. ‖ **testamentaire** 1399, doc. jurid. ; lat. jurid. *testamentarius*. ‖ **testateur** XIIIe s. ; du lat. jurid. *testator*.

2. tester V. TEST 2.

testicule 1495, *Mir. hist.* ; du lat. *testiculus*, dimin. de *testis*. ‖ **testostérone** XXe s., physiol.

testimonial 1274, G., rare en anc. fr. ; du lat. impér. *testimonialis* (IIIe s., Tertullien), de *testimonium*, témoignage. (V. TÉMOIN.)

teston milieu XVIe s., Rab., anc. monnaie d'argent, utilisée du début du XVIe au XVIIe s. ; de l'ital. *testone*, de *testa*, tête, d'après l'effigie du souverain.

testonner 1515, J. Marot, peigner, ajuster les cheveux, arch. ; dér. de *tête*, avec *s* maintenu dans l'orth., puis prononcé.

têt V. TESSON.

tétanos 1541, Canappe ; du gr. *tetanos*, rigidité des membres, de l'adj. *tetanos*, rigide. ‖ **tétanique** 1554, Aneau ; du gr. *tetanikos*. ‖ **anti-tétanique** 1834, Boiste. ‖ **tétanie** 1872, L. ‖ **tétanisme** XXe s. ‖ **tétanigène** 1915, *L. M.*

têtard V. TÊTE.

tétasse V. TÉTER.

***tête** 1080, *Roland* (*teste*); du lat. *testa*, proprem. « vase de terre cuite », d'où « coquille », puis en bas lat. « crâne », et en lat. pop., par métaph. plaisante, « tête »; a éliminé peu à peu *chef*, du lat. *caput*, au sens propre en anc. fr.; *n'en faire qu'à sa tête*, XVᵉ s.; *homme de tête*, 1440, Chastellain; *tenir tête*, 1560, Amyot (*faire tête*); *tête à tête*, 1560, Amyot (*combattre tête à tête*), ext. de sens au XVIIᵉ s.; *coup de tête*, fig., milieu XVIIᵉ s.; *à tue-tête*, 1650, Scarron; *ne savoir où donner de la tête*, XVIIᵉ s.; *perdre la tête*, XVIIIᵉ s. ‖ **têtu** 1265, J. de Meung (*testu*). ‖ **têtière** XIIIᵉ s., *Assises de Jérusalem* (*testière*). ‖ **têtard** XIVᵉ s. (*testard*), « qui a une grosse tête »; 1762, *Acad.*, sens mod., zool. ‖ **têtier** 1842, *Acad.*, techn. ‖ **têteau** 1872, L., agric. ‖ **en-tête** 1836, Landais. ‖ **tête-bêche** 1820, *Obs. des modes*; altér. de *à tête béchevet*, renforcement de *béchevet*, XIIᵉ s., de *chevet* et du préf. *bes-*, deux fois, du lat. *bis*. ‖ **têtebleu** V. DIEU. ‖ **tête-à-queue** XIXᵉ s. ‖ **tête-de-clou** 1827, *Acad.* ‖ **tête-de-loup** XXᵉ s. ‖ **tête-de-nègre** 1836, Landais. ‖ **entêter** XIIIᵉ s. ‖ **entêtement** milieu XVIᵉ s., mal de tête; 1649, *D. G.*, obstination. ‖ **étêter** 1288, *D. G.*

téter 1190, saint Bernard; dér. de *tette*, XIIᵉ s., bout de la mamelle, du germ. *titta (cf. l'all. *Zitze*, l'angl. *teat*). ‖ **tétée** 1611, Cotgrave (*tettée*). ‖ **tétine** début XIIᵉ s., *Thèbes*. ‖ **tétin** 1398, E. Deschamps, vx. ‖ **téton** 1493, Coquillart. ‖ **tétonnière** 1704, *Trévoux*. ‖ **tétasse** 1493, Coquillart, vx. ‖ **téterelle** 1871, *Almanach Didot-Bottin* (*tetrelle*); 1872, L. (*téterelle*).

tétra- du préf. gr. *tetra*, forme de *tettares*, « quatre », en composition. ‖ **tétracorde** 1361, Oresme, du lat. *tetrachordon*, mot gr., de *khordê*, corde. ‖ **tétradactyle** 1827, *Acad.*, du gr. *daktulos*, doigt. ‖ **tétradyname** 1827, *Acad.*, bot., du gr. *dunamis*, puissance. ‖ **tétraèdre** 1542, Bovelles, du gr. *tetraedron*, de *hedra*, face. ‖ **tétragone** 1361, Oresme, lat. *tetragonus*, mot gr.; du gr. *gônia*, angle. ‖ **tétragramme** 1842, *Acad.* ‖ **tétralogie** 1827, *Acad.*, antiq., du gr. *tetralogia*. ‖

tétramère 1842, *Acad.*, du gr. *meros*, partie. ‖ **tétramètre** 1827, *Acad.*, versif., du gr. *metron*, mesure. ‖ **tétrapode** 1803, Morin, zool., sur l'élém. *-pode*. ‖ **tétraptère** 1827, *Acad.*, entom., du gr. *pteron*, aile. ‖ **tétrarque** 1265, Br. Latini, du gr. *tetrarkhês*, de *arkhein*, commander. ‖ **tétrarchat** 1827, *Acad.* ‖ **tétrarchie** milieu XVIIIᵉ s., Voltaire. ‖ **tétrastyle** 1827, *Acad.*, du gr. *tetrastulos*, de *stulos*, colonne. ‖ **tétrodon** 1803, Boiste, du gr. *odous, odontos*, dent.

tétras 1752, *Trévoux* (*tétrax*), coq de bruyère, du lat. *tetrax*, mot gr.

tette V. TÉTER.

teuf-teuf 1899, *Locomotion autom.* onomat. désignant une voiture.

texte 1175, Chr. de Troyes, « livre d'évangile »; 1265, J. de Meung, sens mod.; du lat. *textus*, proprem. « tissé, tissu », d'où en bas lat. « texte » (IVᵉ s., Amm. Marcellin). ‖ **textuel** XVᵉ s., Monstrelet. ‖ **textuaire** 1680, Richelet, vx. ‖ **contexte** 1539, R. Est., du lat. *contextus*, « ensemble, enchaînement », de *contexere*, tisser ensemble; infl. par *texte*. ‖ **contexture** XIVᵉ s.

textile 1752, *Trévoux*; du lat. *textilis*, tissé, de *texere*, tisser.

texture 1488, *Mer des hist.*, « action de tisser »; XVᵉ s., sens didactique; du lat. *textura*, proprem. « tissu », de *texere*, tisser. (V. TEXTE, TEXTILE.)

thalamus XXᵉ s., anat., mot lat., proprem. « lit nuptial, union »; noyau de substance grise du cerveau situé à l'union du diencéphale et du télencéphale.

thalassocratie 1829, Boiste; du gr. *thalassa*, mer, et de l'élém. *-cratie*. ‖ **thalassothérapie** 1890, Lar., méd., sur l'élém. *-thérapie*.

thalle 1827, *Acad.*, bot.; du gr. *thallos*, branche, rejeton. ‖ **thallophytes** fin XIXᵉ s., sur l'élém. *-phyte*. ‖ **thallium** 1872, L., chim., découvert par Crookes en 1861, du gr. *thallos*, à cause de la couleur verte de la raie de ce métal dans le spectre.

thalweg ou **talweg** XVIIᵉ s., fond de la vallée; 16 frimaire an XIII, *Bull.*, de Fouché, géogr.; mot all., proprem. « chemin (*Weg*) de la vallée (*Tal*) ».

thapsia XIIIe s., *Livre des simples médecines*, mot gr.; herbe des terrains arides.

thaumaturge 1610, Coton; XVIIe s., Guez de Balzac (*thaumaturgue*); du gr. *thaumatourgos*, faiseur de miracles, de *thauma*, *-atos*, miracle. ‖ **thaumaturgie** 1836, *Acad.*, du gr. *thaumatourgia*.

thé 1589, trad. du Froes malais *têh* (cf. l'angl. *tea*, et v. TEA-ROOM). ‖ **théier** fin XIXe s., arbre à thé. ‖ **théière** 1723, *D. G.*; var. *thétière* au XVIIIe s. ‖ **théine** 1842, *Acad.* ‖ **théisme** XXe s., méd. ‖ **théiforme** 1827, *Acad.* ‖ **théophylline** XXe s., chim.

théatins XVIe s., nom d'un ordre religieux fondé par Gian Pietro Carafa, évêque de Chieti (lat. *Theatinus*).

théâtre fin XIIe s., hist.; 1398, E. Deschamps, sens abstrait (*les fêtes et le théâtre*); XVIe s., fig.; du lat. *theatrum*, gr. *theatron*; l'accent circonflexe est dû à une confusion avec le suff. *-âtre*. ‖ **théâtral** début XVIe s., du lat. *theatralis*. ‖ **théâtraliser** XXe s. ‖ **théâtreuse** fin XIXe s., péjor. ‖ **théâtricule** 5 oct. 1868, *Indépendance belge*, péjor.

thébaïde 1674, Mme de Sévigné; empl. fig. du nom d'une contrée de l'Egypte antique, voisine de *Thèbes*, où se retirèrent des ascètes chrétiens.

thébaïque 1872, L., pharm., à cause de l'opium d'Egypte, alors le plus répandu dans le commerce, et d'après le nom de la ville égyptienne de *Thèbes*. ‖ **thébaïsme** XXe s., méd.

1. **théisme** V. THÉ.

2. **théisme** 1756, Voltaire; du gr. *theos*, dieu, d'après l'angl. *theism* (1698). ‖ **théiste** 1705, Mackenzie.

thème v. 1265, J. de Meung (*tesme*); v. 1580, Montaigne, sujet de composition scolaire; XVIIIe s., Rollin, sens mod.; du lat. rhét. *thema*, mot gr., proprem. « ce qu'on pose », d'où « sujet posé », de *theînai*, placer, poser. ‖ **thématique** 1842, *Acad.*, adj., du gr. *thematikos*.

thénar v. 1560, Paré (*tenar*), anat.; mot gr., « paume ».

théo- du gr. *theos*, dieu. ‖ **théobromine** 1872, L., chim.; de *theobroma*, nom scient. du cacaoyer, du gr. *theos*, et de *brôma*, mets. ‖ **théocratie** 1679, E. Morin, du gr. *theokratia*, de *krateîn*, commander. ‖ **théocratique** 1704, *Trévoux*. ‖ **théodicée** 1710, Leibniz, du gr. *dikê*, justice. ‖ **théogonie** XVIIIe s., Rollin; du gr. *theogonia*, de *gonos*, génération. ‖ **théogonique** 1842, *Acad.* ‖ **théologie** 1265, Br. Latini; du lat. eccl. *theologia*, mot gr., de *logos*, traité. ‖ **théologique** 1375, R. de Presles, du lat. eccl. *theologicus*, du gr. *theologikos*. ‖ **théologal** XIVe s. ‖ **théologien** XIVe s. ‖ **théologiser** XIVe s., Du Cange. ‖ **théophilanthrope** 1796. ‖ **théophilanthropie** *id.* ‖ **théosophe** début XVIIIe s.; du gr. *theosophos*, de *sophos*, sage. ‖ **théosophie** milieu XVIIIe s., Diderot, du gr. *theosophia*.

théorème 1538, Canappe, du lat. impér. *theorema* (IIe s., Aulu-Gelle), du gr. *theôrêma*, proprem. « objet d'étude », d'où « principe », de même racine que le suivant.

théorie 1495, *Mir. hist.*; rare jusqu'au XVIIIe s.; du bas lat. *theoria* (IVe s., saint Jérôme), mot gr., proprem. « action d'observer », de *theôreîn*, observer, contempler; repris au XVIIIe s., au sens de « procession » (déjà en gr.). ‖ **théorique** 1265, J. de Meung, s. f.; début XVIIe s., adj.; du lat. *theoricus*, gr. *theôrikos*. ‖ **théoricien** 1550, Roussat, sur le modèle de *mathématicien*, etc. ‖ **théorétique** 1721, *Trévoux*, du bas lat. *theoreticus*, gr. *theoretikos*.

thérapeutique 1546, Rab. (*thérapeutice*), du gr. *therapeutikos*, de *therapeueîn*, soigner. ‖ **thérapeute** milieu XVIIIe s., Voltaire, « moine judaïque »; fin XIXe s., « celui qui soigne », du gr. *therapeutês*, médecin. ‖ **thérapie** 1872, L.

thériaque 1256, Ald. de Sienne (*triacle*); 1559, trad. de Dioscoride (*thériaque*), méd., vx; du lat. méd. *theriaca*, mot gr., de *thêr*, bête.

thermes 1213, *Fet des Romains*, Thermes de Julien, à Paris; 1398, *Somme Gautier*, ext. d'empl., nom commun; du lat. *thermae*, « bains chauds », du gr. *thermos*, chaud. ‖ **thermal** 1625, Duchesne. ‖ **thermalisme** XXe s. ‖ **thermalité** 1842, *Acad.* (V. THERMIDOR, THERMIQUE, THERMO-.)

thermidor 1793, Fabre d'Églantine, onzième mois du calendrier révolutionnaire; du gr. *thermos*, chaud, et *dôron*, présent, avec *i* d'après *fructidor, messidor*. ‖ **thermidorien** fin XVIII⁰ s., en rapport avec les événements du 9 thermidor an II (27 juillet 1794), jour où Robespierre fut renversé par la Convention.

thermique milieu XIX⁰ s., du gr. *thermos*, chaud. ‖ **thermicité** 1960, Lar. ‖ **thermie** XX⁰ s. ‖ **thermistance** 1960, Lar. ‖ **thermite** 1907, Lar. (V. THERMES, THERMIDOR, THERMO-.)

thermo- du gr. *thermos*, chaud. ‖ **thermocautère** 1872, L. ‖ **thermochimie** 1872, L. ‖ **thermocouple** XX⁰ s. ‖ **thermodurcissable** XX⁰ s. ‖ **thermodynamique** 1872, L. ‖ **thermo-électrique** 1842, *Acad.* ‖ **thermo-électricité** 1842, *Acad.* ‖ **thermogène** 1842, *Acad.* ‖ **thermographe** 1872, L. ‖ **thermomètre** 1624, Van Etten; var. *thermoscope*, 1793, Lavoisien. ‖ **thermométrie** 1842, *Acad.* ‖ **thermométrique** 1842, *Acad.* ‖ **thermonucléaire** 1954, *L. M.* ‖ **thermoplastique** XX⁰ s. ‖ **thermopompe** 1876, Lar. ‖ **thermopropulsé** XX⁰ s. ‖ **thermopropulsif** XX⁰ s. ‖ **thermopropulsion** XX⁰ s. ‖ **thermorégulateur** 1876, Lar. ‖ **thermorégulation** 1906, Lar. ‖ **Thermos** XX⁰ s., récipient isolant; nom déposé, reprenant le mot gr. ‖ **thermosiphon** 1872, L. ‖ **thermostat** 1842, *Acad.* ‖ **thermostatique** 1963, journ. ‖ **thermothérapie** 1876, *Journ. des débats.* (V. THERMES, THERMIDOR, THERMIQUE.)

thésauriser 1350, Gilles li Muisis; du bas lat. *thesaurizare*, de *thesaurus* (v. TRÉSOR). ‖ **thésauriseur** 1772, E. de Nemours. ‖ **thésaurisation** 1719, Gueudeville.

thèse 1579, de Lostal; du lat. *thesis*, mot gr., proprem. « action de poser », de *theînai*, poser. (V. ANTITHÈSE, SYNTHÈSE.)

théurgie 1375, R. de Presles, rare jusqu'au XVIII⁰ s.; du bas lat. *theurgia* (IV⁰ s., saint Augustin), gr. *theourgia*, proprem. « ouvrage de Dieu ». ‖ **théurgique** 1375, R. de Presles, du bas lat. *theurgicus*, du gr. *theourgikos*. ‖ **théurgiste** XVIII⁰ s., Diderot; var. *théurgite*, XVIII⁰ s., Voltaire.

thibaude 1835, *Acad.*, tissu en poil de vache; dér. de *Thibaud*, surnom rural donné aux bergers.

thionique 1872, L., chim.; du gr. *theion*, soufre. ‖ **thionine** XX⁰ s.

thlaspi 1533, Champier; 1680, Richelet (var. *talaspis*); mot lat., empr. au gr.

thomas 1837, Vidocq, « vase de nuit », n. pr. péjor.

thon 1398, *Ménagier*; de l'anc. prov. *ton*, du lat. *thunnus*, gr. *thunnos*. ‖ **thonier** fin XIX⁰ s. ‖ **thonaire** 1681, *Ordonn.*, filet pour prendre les thons. ‖ **thonine** v. 1600, O. de Serres (*tonine*).

thorax 1314, Mondeville (*thorace*, s. f.); 1532, Rab. (*thorax*, s. m.); mot lat., du gr. *thôrax*, proprem. « cuirasse ». ‖ **pneumothorax** V. PNEUMO-. ‖ **thoracique** v. 1560, Paré (*thorachique*), du gr. *thôrakikos*). ‖ **thoracentèse** 1842, *Acad.*, du gr. *kenteîn*, percer. ‖ **thoracoplastie** XX⁰ s., sur l'élém. *-plastie*.

thorium 1827, *Acad.* (*thorinium*); 1842, *Acad.* (*thorium*); du nom du dieu *Thor*, qu'adoraient les Scandinaves. ‖ **thorite** 1872, L.

thrène 1526, G. Michel, litt.; du bas lat. *threnus* (IV⁰ s., Ausone), du gr. *thrênos*, chant funèbre.

thridace 1842, *Acad.*, pharm.; du gr. *thridax*, laitue.

thrips 1827, *Acad.*, entom.; du gr. *thrips*, ver du bois.

thrombus 1538, Canappe, méd.; mot lat., du gr. *thrombos*, caillot. ‖ **thrombose** 1842, *Acad.* ‖ **thrombine** 1906, Lar. ‖ **antithrombine** 1911, *L. M.*

thulite 1842, *Acad.*; dér. de *Thulé*, nom légendaire de l'Islande, où l'on trouva ce silicate. ‖ **thulium** 1880, Clève.

thune V. TUNE.

thuriféraire 1690, Furetière, eccl., clerc qui porte l'encensoir; 1842, *Acad.*, fig., encenseur, flatteur; du lat. médiév. *thuriferarius*, de *thurifer*, de *thus, thuris*, encens (gr. *thusos*), et du lat. *ferre*, porter.

thuya 1553, Belon, bot.; du gr. *thuia*.

thyade 1842, *Acad.*, bacchante; du gr. *thueîn*, être saisi de transport.

thylacine 1848, *Dict. univ. hist. nat.*, zool.; du gr. *thulakos*, sac; mammifère marsupial de Tasmanie.

thym XIII⁰ s., *Simples Méd.*; du lat. *thymum*, gr. *thumos*, var. *thumon* (v. THYMUS). ‖ **thymol** XX⁰ s.

thymus 1560, Paré, anat.; mot lat., du gr. *thumos*, au sens de « grosseur, loupe », même mot que le précéd. ‖ **thymique** 1827, *Acad.*

thyroïde 1560, Paré; du gr. *thuroeidês*, « en forme de porte (*thura*) », confondu, par une faute de copiste dans Oribase, avec *thureoeidês*, « en forme de bouclier ». ‖ **thyroïdien** 1827, *Acad.* ‖ **thyroïdectomie** 1906, Lar. ‖ **thyroxine** XXᵉ s.

thyrse fin XVᵉ s., O. de Saint-Gelais, mythol.; milieu XVIIIᵉ s., bot.; du lat. *thyrsus*, gr. *thursos*, bâton de Bacchus.

thysanoures 1827, *Acad.*, entom.; du gr. *thusanouros*, de *thusanos*, frange, et *oura*, queue; insecte à trois appendices filiformes.

tiare XIVᵉ s., Ph. de Maizières (*thiaire*); du lat. *tiara*, d'un mot gr. d'orig. persane.

tibia 1555, Belon; mot lat., proprem. « flûte » (v. TIGE). ‖ **tibial** 1842, *Acad.*

tic 1611, Cotgrave (*ticq*), vétér.; fin XVIIᵉ s., Dancourt, ext. d'empl., tic du visage; XVIIIᵉ s., fig.; d'orig. onomatop. ‖ **tiquer** 1664, *le Parfait Mareschal*, appliqué aux chevaux; fin XIXᵉ s., ext. d'empl., « manifester sa surprise ».

ticket 1727, C. de Saussure (*tiket*); de l'angl. *ticket*, lui-même issu de l'anc. fr. *estiquet, estiquete* (v. ÉTIQUETTE).

tic-tac 1552, Ch. Est.; onomat. ‖ **tic-taquer** XXᵉ s.

*tiède XIIᵉ s.; var. *tieve* dans l'Est; du lat. *tĕpĭdus*. ‖ **tiédeur** v. 1190, saint Bernard. ‖ **tiédir** 1495, *Mir. historial.* ‖ **tiédissement** 1956, Lar. ‖ **attiédir** XIIIᵉ s.

tien V. TON 1.

tierce, tiercé V. TIERS.

tiercelet 1284, Br. Latini; anc. fr. *terçuel*, du lat. pop. **tertiolus*, de *tertius* (v. TIERS) : ce mâle (du faucon, ou de l'épervier) est d'un tiers plus petit que la femelle.

*tiers 1080, *Roland*, adj., « troisième », sens conservé jusqu'au XVIIIᵉ s. et encore auj. seulement dans les loc. telles que *tiers état, une tierce personne*; XIIᵉ s., s. m.; du lat. *tertius*, troisième. ‖ **tierce** 1119, Ph. de Thaun; fém. substantivé de *tiers*. ‖ **tiercé** milieu XXᵉ s., terme de courses; part. passé adjectivé

et substantivé de *tiercer*. ‖ **tiercer** 1283, Beaumanoir, jurid. ‖ **tiercement** 1382, *Lettres patentes*, s. m., jurid. ‖ **tierceron** 1518, Delb., archit. ‖ **tiercefeuille** 1690, Furetière, blas. ‖ **tiers-point** 1611, Cotgrave, archit.; XVIIIᵉ s., lime triangulaire.

tif, tiffe XIXᵉ s., pop., cheveu; d'orig. obscure, peut-être du dauphinois *tifo*, paille, ou de l'anc. v. *tifer*, d'où est issu le mod. *attifer* (v. ce mot).

*tige 1080, *Roland*; du lat. *tibia*, flûte, os de la jambe (v. TIBIA), d'empl. fig. en lat. pop. ‖ **tigelle** début XIXᵉ s., bot. ‖ **tigette** 1872, L., archit.

tignasse, tignon V. TEIGNE.

tigre début XIIᵉ s., *Thèbes*; du lat. *tigris*, mot gr.; souvent fém. jusqu'au XVIᵉ s. (le mot a les deux genres en lat. et en gr.). ‖ **tigresse** milieu XVIᵉ s. ‖ **tigré** 1718, *Acad.* ‖ **tigron, tiglon** XXᵉ s.

tilbury 1820, de Jouy; mot angl., du nom du carrossier qui créa ces voitures.

tilde 1842, *Acad.* (*tilda*); 1872, L. (*tilde*); forme esp., du lat. *titulus*, titre, inscription.

tillac 1382, *D. G.*; de l'anc. scand. *thilja*, « planche au fond d'un bateau ».

1. **tille** 1382, *D. G.*, hachette de couvreur; de l'anc. scand. *telgia*, couper; proprem. « ce qui coupe ».

2. **tille** V. TEILLE.

3. **tille** 1702, Aubin, mar., armoire de l'équipage; de l'angl. *till*, tiroir, ou même rac. que *tillac*.

*tilleul XIIIᵉ s., *Renart* (*tilluel*); du lat. pop. **tiliolus*, en lat. class. *tilia*; a éliminé l'anc. fr. *til, teil*, du lat. pop. **tilius*, de *tilia* (conservé dans divers noms de lieux). ‖ **tiliacées** fin XVIIIᵉ s., du bas lat. *tiliaceus*, de *tilia*.

timbale fin XVᵉ s., au pr., mus.; XVIIIᵉ s., divers sens fig.; altér., d'après *cymbale*, de *tambale*, milieu XVᵉ s., lui-même altér., d'après *tambour*, de l'esp. *atabal* (cf. en fr. la forme *atabale*, XVIᵉ s.), issu de l'arabo-persan *attabal*, tambour. ‖ **timbalier** 1671, Pomey.

timbre début XIIᵉ s., *Thèbes*, sorte de tambour, du bas gr. *tumbanon*, en gr. class. *tumpanon* (v. TYMPAN); XIVᵉ s., cloche sans battant (qu'on frappe avec un marteau) et « timbre d'appartement »; égalem. « son du timbre », d'où, au XVIIe s., l'empl. mus. Au XIVe s., d'autre part, « marque d'armoirie », d'où, au XVIIIe s., « timbre du papier indispensable à la validité de certains actes »; 1802, marque de la poste. ‖ **timbre-poste** 24 août 1848, *Décret.* ‖ **timbre-quittance** 1872, L. ‖ **timbrer** XIIe s., *Huon de Bordeaux*, battre du timbre; même évol. de sens que *timbre.* ‖ **timbré** XVIIe s., fig., « un peu fou » (v. PIQUER). ‖ **timbrage** fin XVIe s., blas.; fin XVIIe s., sens mod. ‖ **timbreur** fin XVIIIe s.

timide début XVIe s.; du lat. *timidus,* de *timēre,* craindre. ‖ **timidité** fin XIVe s.; du lat. *timiditas.* ‖ **intimider** début XVIe s. ‖ **intimidation** 1552, Rab.

*****timon** XIIe s.; du lat. pop. **tīmō, -onis,* en lat. class. *tēmō.* ‖ **timonier** XIIe s., *Aliscans* (*tomonier*); début XIIIe s. (*timonier*). ‖ **timonerie** 1792, Romme.

timoré 1578, *Despence,* eccl.; XVIIIe s., sens mod.; du lat. eccl. *timoratus* (*Vulgate*), « qui craint Dieu », de *timor,* crainte.

1. **tin** dans *laurier-tin* 1615, Daléchamp; du lat. *tinus.*

2. **tin** 1465, G., billot, chantier; du prov. *tin,* d'orig. obscure. ‖ **tinter** 1835, *Acad.,* mar., faire porter sur des *tins.*

tinctorial 1796, *Néol. fr.*; du lat. *tinctorius,* « qui sert à teindre », de *tingere,* teindre.

*****tine** XIIe s., *Chev. au Cygne,* « tonne, baquet », auj. techn.; du lat. *tīna,* vase pour le vin. ‖ **tinette** XIIIe s.

tintamarre 1495, *Mir. hist.*; formation expressive, avec *tinter* et un deuxième élément d'orig. obscure. ‖ **tintamarresque** 1856, Goncourt.

1. *****tinter** 1190, Garn., « résonner »; du bas lat. *tinnītāre,* fréquentatif de *tinnīre,* sonner, tinter. ‖ **tintement** 1490, G. de Chauliac. ‖ **tintouin** 1507, Marot, proprem. « bourdonnement d'oreille »; XVIIe s., fig.; altér. expressive de *tintin* (XIIIe s.), tintement, de *tinter* avec valeur onomatopéique.

2. **tinter** V. TIN 2.

tintinnabuler 1840, Balzac; du lat. *tintinnābulum,* clochette. (V. TINTER 1.)

tipule milieu XVIIIe s., entom.; du lat. *tippula,* araignée d'eau.

tique milieu XVe s.; de l'angl. *tick* (pendant la guerre de Cent Ans). ‖ **tiquet** XVe s., petit insecte.

tiquer V. TIC.

t i q u e t é 1680, Richelet (*ticté*), « tacheté »; mot picard, var., d'après *enticher* au sens de « tacher », de *taqueté,* sur *taque,* forme picarde de *tache.* ‖ **tiqueture** 1872, L.

tir V. TIRER.

tirade XVe s., « action de tirer », puis « développement continu »; XVIIe s., théâtre; dér. de *tirer,* avec le suff. *-ade*; d'abord dans la loc. *tout d'une tirade,* « d'un trait ».

tirage, tirailler V. TIRER.

1. **tire** (action de tirer). V. TIRER.

2. **tire** XIIe s., blas., « rangée », arch.; du francique **teri.* (V. ARTILLERIE.)

tirelire 1265, J. de Meung; probablem. même forme que *tire-lire,* sorte de refrain du Moyen Age, empl. par métaphore au sens de « tirelire » (à cause du bruit des pièces quand on la secoue).

tirer 1080, *Roland,* au pr.; 1534, Rab., faire usage d'une arme à feu; a remplacé *traire* dans ses empl. gén.; probablem. altér. de l'anc. fr. *martirier,* martyriser (v. MARTYR) : le part. prés. *martyrant* a été interprété comme comp. de l'anc. adv. *mar,* « pour le malheur » (du lat. *mala hora,* « à la male heure », v. MAL), et d'un part. *tirant,* sous l'infl. de *tiranz,* nom du bourreau au Moyen Age, lui-même issu du lat. *tyrannus* (v. TYRAN); une torture fréquente était, en effet, la dislocation des membres, par étirement ou écartèlement; *tirer l'échelle,* 1695, Gherardi; *tirer son épingle du jeu,* id.; *tirer les vers du nez, id.* ‖ **tir** XIIIe s. ‖ **tireur** 1471, G.; milieu XVIe s., sens comm. ‖ **tirant** s. m., début XIVe s. ‖ **tirage** 1479, G. ‖ **tire** 1532, Rab. (*à tire d'aile*); *vol à la tire,* 1837, Vidocq. ‖ **tireau** XIVe s. (*tirot*), mar. ‖ **tiret** 1544, M. Scève. ‖ **tirette** 1811, Wailly, techn. ‖ **tiré** milieu XVIIIe s., Buffon, vén. ‖ **tirée** XIXe s., fam., long parcours; a remplacé *traite.* ‖ **tiroir** fin XIVe s., fermoir d'un livre; 1530, Palsgrave, sens mod. ‖

tirasse 1379, Du Cange. ‖ **tirasser** milieu XVI⁰ s., Ronsard. ‖ **tirailler** milieu XVI⁰ s. ‖ **tiraillement** XVI⁰ s. ‖ **tirailleur** 1578, *Despence*; 1740, *Acad.*, milit. ‖ **tiraillerie** 1757, Voltaire. ‖ **tire-au-flanc** fin XIX⁰ s. ‖ **tire-balle** 1560, Paré. ‖ **tire-bonde** 1872, L. ‖ **tire-botte** 1690, Furetière. ‖ **tire-bouchon** 1718, *Acad.* ‖ **tire-bouchonner** 1872, L. ‖ **tire-bouton** 1680, Richelet. ‖ **tire-braise** 1872, L. ‖ **tire-clou** 1680, Richelet. ‖ **tire-feu** 1872, L. ‖ **tire-fond** 1549, R. Est. ‖ **tire-laine** 1611, Cotgrave. ‖ **tire-lait** XX⁰ s. ‖ **à tire-larigot** XV⁰ s., *Chanson normande*; 1534, Rab. (V. LARIGOT.) ‖ **tire-ligne** 1680, Richelet. ‖ **tire-pied** 1611, Cotgrave, techn. ‖ **tire-point** 1803, Boiste, altér. en TIERS-POINT. ‖ **tire-sou** 1800, Boiste, « receveur de rentes »; XIX⁰ s., ext. de sens. ‖ **tire-tête** juill. 1734, *Mercure.* ‖ **tire-veille** 1678, Guillet, mar. ‖ **attirer** fin XV⁰ s. ‖ **attirail** XV⁰ s., *Franc Archer de Bagnolet.* ‖ **attirance** 1857, Baudelaire. ‖ **détirer** XII⁰ s., G. de Saint-Pair. ‖ **étirer** XIII⁰ s., *Doon de Mayence.* ‖ **étire** 1437, Gay, techn. ‖ **étirage** 1812, Hassenfratz. ‖ **étireur** *id.* ‖ **retirer** XIII⁰ s. ‖ **retirade** XVI⁰ s., techn. ‖ **retiration** *id.* ‖ **retirement** *id.* ‖ **soutirer** XII⁰ s. ‖ **soutirage** 1732, *Trévoux.*

tiretaine 1247, *D. G.*, « étoffe de prix »; XIII⁰ s., le plus souvent « sorte de drap grossier »; probablem. de l'anc. fr. *tiret*, début XII⁰ s., sorte d'étoffe, dér. de l'anc. fr. *tiré*, « étoffe de soie », lui-même issu du bas lat. *tyrius*, « (étoffe) de Tyr »; le deuxième élém. est peut-être issu de *futaine* (v. ce mot).

tireur, tiroir V. TIRER.

tisane XIII⁰ s.; var. *ptisane*, du XVI⁰ au XVIII⁰ s., d'après le lat.; du bas lat. *tisana*, altér. de *ptisana*, du gr. *ptisanê*, « orge mondé », puis « tisane d'orge ». ‖ **tisanerie** 1823, Boiste.

tiser 1648, texte de Liège, techn.; dér. régressif de *attiser*. ‖ **tisard** milieu XVIII⁰ s., Buffon. ‖ **tiseur** 1650, texte de Liège. ‖ **tisoir** 1842, *Acad.*

***tison** 1190, saint Bernard; du lat. *tītiō, -ōnis.* ‖ **tisonner** XIII⁰ s. ‖ **tisonné** milieu XVI⁰ s., R. Belleau, à propos du poil d'un cheval parsemé de taches noires. ‖ **tisonnier** XIV⁰ s. ‖ **tisonneur** 1690, Furetière.

tisser 1538, d'Oppède (*tissa*, passé simple); réfection, par changement de conjugaison, de l'anc. fr. *tistre*, XII⁰ s. (encore 1694, *Acad.*), du lat. *tĕxĕre.* ‖ **tisserand** 1224, *D. G.* (*toisserran*), de *tistre*, avec le suff. germ. *-enc*; a éliminé l'anc. fr. *tissier*, conservé comme nom de personne (de même que la forme prov. *teissendier*). ‖ **tissu** 1283, Beaumanoir; anc. part. substantivé, d'où *tissutier* 1483, G., arch. ‖ **tissu-éponge** 1872, L. ‖ **tissulaire** 1842, *Acad.* ‖ **tissage** milieu XIII⁰ s., de *tistre.* ‖ **tissure** 1501, G.; a éliminé *tisture* (v. TEXTURE). ‖ **tisserin** 1827, *Acad.*, ornith. ‖ **détisser** XVI⁰ s.; a éliminé *detistre* (encore 1642, Oudin).

titan XIV⁰ s., myth. antiq.; milieu XIX⁰ s., Th. Gautier, fig.; du lat. *Titan*, mot gr., nom du père des Géants dans la mythologie gréco-latine. ‖ **titanique** 1552, Rab. ‖ **titanesque** 1878, Lar. ‖ **titanisme** fin XVII⁰ s., Saint-Simon.

titane 1791, corps chimique découvert par Gregor dans des terres argileuses; du gr. *titanos*, marne. ‖ **titanique** 1842, *Acad.* ‖ **titanite** 1808, Boiste. ‖ **titané** 1842, *Acad.*

titanique V. TITAN, TITANE.

tithymale XIII⁰ s., *Simples Méd.* (*titimal*), bot.; du lat. *tithymalus*, empr. au gr. *tithumalos.*

titi 1834, A. Jal, *les Comiques*, nom propre; 10 nov. 1837, *les Voleurs*, « gavroche », fam.; mot de formation enfantine, ou forme abrégée de *ouistiti.*

titiller 1190, Garn. (*tetiller*), rare avant la fin du XVIII⁰ s.; du lat. *titillare*, chatouiller. ‖ **titillation** 1495, J. de Vignay; rare avant 1721, *Trévoux*; du lat. *titillatio.*

titre milieu XII⁰ s. (*title*); 1283, Beaumanoir, « acte juridique »; *titre de monnaie*; milieu XVI⁰ s.; *titre de rente*, XIX⁰ s.; du lat. *titŭlus*, « inscription » et « titre de noblesse, marque ». ‖ **titrer** XIII⁰ s.; même évol. de sens que *titre.* ‖ **titrier** XVIII⁰ s., eccl. ‖ **titrage** milieu XIX⁰ s. ‖ **attitrer** fin XII⁰ s., *Rois* (*atitelé*). ‖ **sous-titre** 1872, L.; 1912, *le Cinéma.* ‖ **sous-titrer** 1923, *Mon ciné.* ‖ **sous-titrage** début XX⁰ s.

tituber 1495, *Mir. hist.*; rare jusqu'au XIX⁰ s.; du lat. *titubare.* ‖ **titubation** fin XIV⁰ s.; du lat. *titubatio.*

titulaire début XVIᵉ s.; du lat. *titulus* (v. TITRE). ‖ **titulariat** 1846, Besch., d'après *notariat*. ‖ **titulariser** v. 1875. ‖ **titularisation** *id*.

titus (à la) 1829, Vidocq, d'après la coiffure de l'empereur *Titus*, telle qu'on la voit sur les statues antiques.

tmèse v. 1540, Rab. (*tmesis*), linguist.; du lat. gramm. *tmesis* (vᵉ s., Servius), mot gr., proprem. « coupure », de *temneîn*, couper.

toast 1755, abbé Prévost (*toste*), action de boire à la santé; début XIXᵉ s. (*toast*); mot angl., proprem. « tranche de pain rôtie » (introduit également dans ce sens en fr. au milieu du XVIIIᵉ s., mais vulgarisé seulement à la fin du XIXᵉ s.), et sens fig., parce que les Anglais trempaient une rôtie dans le verre avant de boire à la santé; *toast* est issu lui-même de l'anc. fr. *tosté*, part. passé de *toster*, griller, du lat. pop. *tostāre*, de *tostus*, part. passé de *torrere*, griller (v. *torréfaction* à TORRÉFIER, et TORRIDE). ‖ **toaster** 1750, Montesquieu (*toster*); peu us. ‖ **toasteur** XXᵉ s.

toboggan 1890, Coubertin, mot angl. du Canada, empr. à l'algonquin.

toc fin XVIIᵉ s., Ch. Perrault, onomatop.; 1856, Furpille, adj., « laid »; 29 déc. 1860, *Diogène*, s. m., fam., « camelote, imitation ». ‖ **toquer** XVᵉ s., heurter, frapper. ‖ **se toquer** (*de*) 1853, Goncourt. ‖ **toquante** ou **tocante** 1725, Granval, pop., montre, de *toc* au sens de « sonnerie sourde d'une montre à répétition sans timbre ». ‖ **toqué** début XIXᵉ s.; 1842, *Acad.*; fam., « un peu fou »; part. passé de *toquer*. ‖ **toquade** 1856, Goncourt. ‖ **toquard** ou **tocard** 1867, Delvau, « vieux galant »; fin XIXᵉ s., terme de courses, « mauvais cheval »; du norm. *toquart*, « têtu », de *toquer* ci-dessus.

tocsin 1379, Du Cange (*touque-sain*); de l'anc. prov. *tocasenh*, proprem. « touche-cloche », de *toca*, du v. *tocar* (v. TOUCHER), et de *senh*, « cloche », du lat. *signum*, « cloche » en lat. eccl. (VIᵉ s., Grég. de Tours).

toge 1213, *Fet des Romains* (*togue*, encore 1611, Cotgrave); XVIᵉ s. (*toge*); du lat. *toga*. (V. ÉPITOGE.)

tohu-bohu XIIIᵉ s. (*toroul boroul*, empr. biblique); 1552, Rab. (*les isles de Tohu et Bohu*); 1764, Voltaire (*la Terre était tohu-bohu*, c'est-à-dire « chaos, chaotique »); 1823, Boiste, sens mod., fig.; de la loc. hébraïque *tohou oubohou* (Genèse, I, 2), désignant le chaos antérieur à la création du monde.

toi V. TU.

***toile** XIIᵉ s. (*teile*); du lat. *tēla*. ‖ **toilette** 1352, G. (*tellette*), dimin., « petite toile » (d'où la loc. *marchande à la toilette*, jusqu'à la fin du XIXᵉ s.); fin XVIᵉ s., morceau de linge placé sur une table, pour la toilette, la coiffure, etc.; début XVIIᵉ s., Régnier, « table de toilette »; XVIIᵉ s., action de s'ajuster, puis ensemble des ajustements, de l'habillement (spécialem. des femmes). ‖ **toiletter** 1852, Gautier. ‖ **toilier** XIIᵉ s. ‖ **toilerie** 1409, Du Cange. ‖ **entoiler** fin XIIᵉ s. ‖ **entoilage** 1755, *Encycl.* ‖ **rentoiler** 1690, Furetière. ‖ **rentoilage** 1752, *Trévoux*.

toilette V. TOILE.

***toise** XIIᵉ s. (*teise*), auj. hist., ou dans la loc. *passer sous la toise*; du lat. pop. *tē(n)sa*, « étendue (de chemin) », spécialisé comme terme de mesure, part. passé substantivé de *tendere*, tendre. ‖ **toiser** début XVIᵉ s., au pr.; XVIIIᵉ s., Gresset, fig. ‖ **toisement** XXᵉ s. ‖ **toiseur** 1549, R. Est. ‖ **entretoise** fin XIIᵉ s., G., pièce de bois, de l'anc. fr. *toise*, au sens premier « qui est tendu ».

***toison** fin XIIᵉ s., *Rois* (*tuisun*); du bas lat. *to(n)siō*, *-ōnis* (*Vulgate*), « tonte », d'où « toison », de *tondēre*, tondre.

***toit** XIIᵉ s. (*teit*); du lat. *tēctum*, de *tegere*, couvrir. ‖ **toiture** XVIᵉ s., *Coustumier gén.* ‖ **avant-toit** 1386, texte de Lausanne (*avant-they*).

1. tôle 1642, Oudin, proprem. « fer en lame »; forme dial. de *table* (bordelais *taulo*, ou parlers du Nord-Est et de l'Est, *tôle*). ‖ **tôlerie** 1771, texte de Bordeaux. ‖ **tôlier** 1836. ‖ **tôlage** fin XIXᵉ s. ‖ **tôlée** (*neige*) XXᵉ s., adj., empl. fig.

2. tôle, var. **taule** 1800, *Chauffeurs*, arg., « petite maison »; 1837, Vidocq, arg. milit. et pop., « chambre » et « prison »; « chambre de passe » dans l'argot des prostituées; d'orig. obscure, peut-être empl. partic. du précéd. ‖ **tôlier** fin XIXᵉ s., pop. ‖ **entôler** 1829, Vidocq. ‖ **entôleuse** 1903, Esnault.

tolérer 1398, *Ménagier*; du lat. *tole-rare*. ‖ **tolérable** 1361, Oresme; du lat. *tolerabilis*. ‖ **intolérable** 1265, J. de Meung; du lat. *intolerabilis*. ‖ **tolérance** 1361, Oresme; du lat. *tolerantia*. ‖ **intolérance** 1611, Cotgrave. ‖ **tolérant** 1544, M. Scève. ‖ **intolérant** début XVIIe s. ‖ **tolérantisme** 1732, *Trévoux*.

tolet 1611, Cotgrave (*thollet*), mar.; mot normand, de l'anc. scand. *tholler*.

tollé 1560, Paré; altér. orthogr., sous l'infl. du lat. *tolle*, « prends, enlève! » (impér. de *tollere*, enlever, par lequel, selon la *Vulgate*, les Juifs ont ordonné à Ponce Pilate de faire mourir Jésus); de l'anc. fr. *tolez*, impér. 2e pers. plur. de *toldre*, ôter, devenu cri de protestation.

tolu 1598, Regnault (*baume de tolu*), pharm.; de *Tolu*, nom d'une ville de Colombie. On dit aussi *baume d'Amérique*, *baume du Pérou*.

toluène 1872, *Journ. offic.*, chim.; de *tolu*. ‖ **tolite** XXe s. ‖ **trinitrotoluène** ou **T. N. T.** 1878, Lar. (V. TRI- 1 et NITRE). ‖ **toluidine** *id.* ‖ **toluol** XXe s.

tomahawk 1707, *Hist. de la Virginie* (*tomahauk*), mot algonquin, venu du Canada.

tomate 1598, Acosta, seul emploi jusqu'au milieu du XVIIIe s.; de l'esp. *tomata*, lui-même issu de l'aztèque *tomatl*; aux XVIIe-XVIIIe s., on disait *pomme d'amour* ou *pomme dorée*.

tombac 1737, Voltaire, métall.; de l'esp. *tumbage*, du malais *tambaga*, cuivre; alliage de cuivre et de zinc.

*tombe XIIe s.; du lat. eccl. *tŭmba* (IVe s., Prudence), du gr. *tumbos*, proprem. « tumulus tombal ». ‖ **outre-tombe** début XIXe s., Chateaubriand. ‖ **tombeau** 1130, *Eneas* (*tombel*). ‖ **tombal** 1836, B. ‖ **tombelle** 1842, *Acad*.

*tomber XIIe s., var. *tumber*, *tumer*, « culbuter, faire culbuter » (jusqu'au XVIe s.); XIIIe s., *tomber à la renverse*; XVe s., *tomber du haut en bas* (a éliminé en ce sens *choir*, au XVIIe s.), d'où l'expression *tomber malade*; XIXe s., tr., terme de lutte; du lat. pop. **tŭmbare*, d'orig. onomatop. (bruit de chute). La var. anc. *tumer* est issue d'un francique **tûmon* (cf. l'anc. haut all. *tûmôn*, « tournoyer »). ‖ **tombée** XIIIe s.

(*tumee*); fin XVe s. (*tombée*). ‖ **tombeur** 1845, Besch., terme de lutte. ‖ **tombereau** XIIIe s. (*tumeriaus*); XIVe s. (*tomberel*, d'après *tomber*); ainsi désigné parce qu'on fait basculer la caisse du véhicule. ‖ **retomber** début XVIe s. ‖ **retombée** *id.*

tombereau V. TOMBER.

tombola 1835, L. Gozlan; de l'ital. *tombola*, proprem. « culbute », d'où « sorte de jeu de loto », de *tombolare*, tomber; d'abord au sens ital., puis, fin XIXe s., sorte de loterie.

1. tome s. m., 1530, Marot; du lat. impér. *tomus* (IIe s., Marc Aurèle), proprem. « coupure, portion », du gr. *tomos*, de *temneîn*, couper. ‖ **tomer** 1801, Mercier. ‖ **tomaison** 1829, Boiste.

2. tome s. f. V. TOMME.

tomenteux 1801, Richard, bot.; du lat. *tomentum*, bourre; couvert de duvet.

tomme ou **tome** s. f., fin XVIe s., sorte de fromage; d'orig. obscure, sans doute mot prélatin.

tommy 1920, Proust; mot angl. désignant fam. le simple soldat.

tomographie XXe s., méd., du gr. *tomos*, coupure, de *temneîn*, couper, et de l'élém. *-graphie*.

tom-pouce 1872, L., homme de petite taille; XXe s., sorte de parapluie, et aussi de dictionnaire; de l'angl. *tom*, abrév. de *Thomas* et de *pouce*; a désigné des nains célèbres.

1. *ton fin XIe s., *Alexis*, adj. poss. masc., du lat. *t(u)um*, acc. de *t(u)us*, en position atone.‖ **ta** *id.*, forme fém., du lat. *t(u)a(m)*, en position atone. **tien** XIIe s. (*tuen*); XIIIe s. (*tien*), par analogie de *mien* (v. ce mot); adj. et pron. poss. masc., du lat. *tuum*, en position accentuée. ‖ **tienne** XIIIe s., forme fém., analog. de *tien*; a éliminé l'anc. fr. *toue*, de *tua(m)* en position accentuée. (V. MON 1, SON 1.)

2. ton s. m., XIIe s., *Roncevaux*, mus., d'où *ton de la voix*; XVIIe s., « manière de parler, d'écrire »; XVIIIe s., peinture; du lat. *tonus*, ton musical, et son d'un instrument, du gr. *tonos*. ‖ **tonal** 1845, Besch. ‖ **tonalité** 1836, *Acad*. ‖ **tonique** 1842, *Acad*., empl. gramm. d'après *ton*, de TONIQUE 1 (v. ce mot). ‖ **atonal** début XXe s. ‖ **atona-**

lité *id.* ‖ **atonalisme** 1955, Pincherle. ‖ **détonner** 1611, Cotgrave. ‖ **entonner** (*un chant*), début XIIIe s. (V. TONIQUE 1.)

tondin 1747, Restaut, archit., astragale; de l'ital. *tondino*, dimin. de *tondo*, rond.

1. ***tondre** v., 1190, Garn.; du lat. pop. **tondĕre*, en lat. class. *tondēre*. ‖ **tondeur** 1247, *D. G.* ‖ **tondeuse** 1836, *Acad.*, techn., machine à tondre le drap; fin XIXe s., instrum. de coiffure. ‖ **tonte** fin XIVe s., part. passé, substantivé au fém., de *tondre*, sur le modèle de *ponte*, *perte* (de *pondre*, *perdre*). ‖ **retondre** fin XIIe s.

2. **tondre** s. m., XIIIe s., mar., bois pourri, sec, amadou; mot normand, de l'anc. scand. *tundar*.

1. **tonique** 1538, Canappe, « qui a une tension élastique »; du gr. *tonikos*, « qui se tend »; XVIIIe s., fortifiant. ‖ **tonifier** av. 1867, Lamartine. ‖ **tonicité** 1827, *Acad.*

2. **tonique** V. TON 2.

tonitruant 1876, Lar.; du lat. *tonitruans*, part. prés. de *tonitruare*, tonner, de *tonitrus*, tonnerre. ‖ **tonitruer** 1884.

tonka 1823, Boiste, bot.; mot indigène de Guyane.

tonlieu XIIIe s., *Berte*, var. *tolneu*, hist., anc. impôt; du lat. *teloneum*, gr. *telóneion.*

tonnage milieu XVIIe s., droit payé par un navire selon sa capacité; fin XVIIIe s., sens mod.; de l'angl. *tonnage*, lui-même issu de l'anc. fr. *tonnage*, fin XIIIe s., droit payé pour le vin en tonneau, dér. de *tonne* (v. ce mot).

*tonne 1160, *Charroi*, « tonne à vin »; 1681, Colbert, mesure de capacité; XIXe s., mesure de poids; du bas lat. *tunna*, *tonna*, mot gaulois (cf. le moy. irl. *tonn*), proprem. « peau », d'où « outre, vase », puis « tonneau ». ‖ **tonneau** 1160, *Charroi* (*tonel*). ‖ **tonnelet** 1355, Bersuire. ‖ **tonnelier** 1268, É. Boileau. ‖ **tonnellerie** fin XIIIe s. ‖ **tonnelage** 1827, *Acad.* ‖ **tonnelle** 1340, *Charte de Ph. de Valois*; à cause de la forme. ‖ **tonneleur** 1564, J. Thierry, vén. ‖ **entonner** (*un liquide*) fin XIIe s. ‖ **entonnoir** fin XIe s., *Gloses du Raschi.*

tonneau V. TONNE.

*tonner XIIe s.; du lat. *tonāre.* ‖ ***tonnerre** 1080, *Roland* (*tuneire*); du lat. *tonitrus.*

tonsure milieu XIIIe s.; du lat. *tonsura*, proprem. « tonte », d'où « action de couper les cheveux », spécialisé au sens eccl. en fr. mod. ‖ **tonsurer** 1398, E. Deschamps.

tonte V. TONDRE 1.

tontine 1663, *Edit*; du nom de *Tonti*, Napolitain qui inventa ce genre d'opération. ‖ **tontinier** XVIIe s., adj.

tontisse 1690, Furetière, techn., « relatif à la tonture du drap »; altér. de l'anc. fr. *tondice*, XIIIe s., dér. de *tondre.*

tonton 1857, Vallès, formation enfantine à redoublement. (V. TANTE.)

1. **tonture** XIIIe s., action de tondre les draps; dér. anc. de *tonte*, ou d'un lat. pop. **tonditura.*

2. **tonture** 1643, Fournier, mar., courbure d'un navire; d'orig. obscure.

tonus 1906, Lar.; physiol., mot lat. signif. « tension ».

top 1872, L., signal sonore; altér. de l'angl. *stop*, arrêt. (V. STOP.)

1. **topaze** s. f., 1080, *Roland*, pierre précieuse, du lat. *topazus*, empr. au gr. *topazos.*

2. **topaze** s. m., XXe s., prévaricateur, du nom du principal personnage de *Topaze*, comédie de Marcel Pagnol (1928).

toper 1642, Oudin, accepter l'enjeu de l'adversaire; conservé seulement dans la loc. *tope là*, *topez là*; de l'esp. *topar*, onomatopée.

topette 1821, Cuisin; mot picard désignant une petite bouteille, même rac. que *toupin*. (V. TOUPIE.)

tophus 1560, Paré (*tophe*); du lat. *tophus*, tuf, gr. *tophos.*

topinambour XVIe s., Lescarbot (*toupinambaux*), bot.; XVIIe s. (*topinambou*); 1680, Richelet (*topinambour*); des *Topinambours*, 1578, J. de Léry (*Tououpinambaoults*), nom d'une peuplade du Brésil; au XVIIe s., empl. fig. de *topinambou*, au sens de « personne grossière ».

topique 1361, Oresme, philos.; 1538, Canappe, méd.; XVIIIe s., « relatif à un lieu déterminé »; XIXe s., « qui se rapporte à la question »; du bas lat. *topicus*,

« relatif aux lieux communs », du gr. *topikos*, de *topos*, lieu (empr. direct au gr. méd. *topikos*, pour le sens méd.).

topographie 1544, Apian; du lat. *topographia*, mot gr., sur *topos*, lieu. ‖ **topo** 1861, Larchey, s. m., abrév. ‖ **topographique** 1567, Nicolay. ‖ **topographe** 1580, Montaigne, du gr. *topographos*. ‖ **topologie** 1876, Lar. ‖ **toponymie** 1887, G. Kurth. ‖ **toponyme** 1876, Lar.

toquante, toquard V. toc.

toque 1462, *D. G.*; de l'esp. *toca*, d'orig. obscure, ou de l'ital. *tocca*, proprem. « étoffe de soie », du longobard **toh*, même mot que l'all. *Tuch*, linge. ‖ **toquet** fin XVIe s., Régnier.

toqué, toquer V. toc.

*torche XIIIe s., « chose roulée, faisceau de choses tordues », d'où « flambeau fait d'une corde tordue, enduite de cire », puis « flambeau de bois résineux »; du lat. pop. **torca*, en lat. class. *torqua*, var. de *torques*, de *torquere*, tordre. ‖ **torchère** milieu XVIIe s., de *torche* au sens de « flambeau ». ‖ **torcher** XIIe s., *Loherains*, de *torche* au sens primitif. ‖ **torchon** XIIe s., *Aliscans*. ‖ **torchonner** 1562, Rab.; rare avant 1872, L. ‖ **torchette** 1680, Richelet. ‖ **torchis** fin XIIIe s., Rutebeuf. ‖ **torche-cul** XVe s., *D. G.*, pop.

*tordre XIIe s.; du lat. pop. **torcěre*, en lat. class. *torquěre*. ‖ ***tors** XIIIe s., anc. part. passé; ne subsiste que dans les loc. *du fil tors, jambes torses*. ‖ **tordeur** XVe s., *D. G.* ‖ **tordeuse** 1872, L., entom. ‖ **tordoir** 1259, *Arch. de Reims.* ‖ **tordage** 1573, Savary. ‖ **tordant** fin XIXe s., pop., amusant. ‖ **tord-boyaux** 1833, Vidal, pop. ‖ **tord-nez** 1875, *Journ. offic.*, vétér. ‖ **torcol** 1555, Belon, var. *torcou*, de *tord-col.* ‖ **tortu** début XIIIe s., de l'anc. part. passé *tort*. ‖ **tortelle** 1545, Guéroult, bot. ‖ **tortil** 1582, *D. G.*, altér. de l'anc. fr. *tortis*, XIIe s., adj., « tordu », d'où, s. m., divers objets tordus, torche, etc. ‖ **torsade** 1615, Binet, de l'anc. part. *tors;* 1818, *Observ. des modes.* ‖ **torsader** 1913, *L. M.* ‖ **détordre** 1130, *Eneas.* ‖ **entorse** 1560, Amyot, part. passé, substantivé fém., de l'anc. fr. *entordre.* ‖ **retordre** XIIIe s., Macé de la Charité, lat.

retorquěre. ‖ ***retors** fin XIIe s., R. de Moiliens, « retordu »; 1740, Voltaire, « rusé »; anc. part. passé de *retordre.* ‖ **retordeur** XIVe s. ‖ **retordage** 1798, Pajot de Charmes. ‖ **retordement** 1611, Cotgrave. ‖ **rétorsif** milieu XVIIIe s., Rousseau, du bas lat. *retorsus*, part. passé de *retorquěre.* ‖ **rétorsion** XIIIe s., au propre; rare jusqu'au XVIIe s.; du bas lat. *retorsio*, spécialisé au fig. en lat. médiéval.

tore 1545, Van Aelst, archit.; du lat. *torus*, proprem. « brin d'une corde », par ext. « moulure ». ‖ **toron** 1677, Dassié, mar.

toréador 1659, *Voy. d'Esp.*; de l'esp. *toreador*, de *torear*, combattre le taureau, de *toro*, taureau (v. torero). ‖ **toréer** XXe s.

torero 1907, Lar.; de l'esp. *torero*, de *toro*, taureau. Remplace souvent *toréador*. (V. toréador.)

toreutique 1812, Mozin, art de sculpter l'ivoire, etc.; du gr. *toreutikê* (*tekhnê*), art de ciseler, de *toreuein*, ciseler.

torgnole 1773, *les Porcherons* (*torniole*), volée de coups, pop.; altér. de *tourniole*, 1812, Mozin; également « panaris » (qui fait le tour du doigt); mot dial., dér. du moy. fr. *tournier*, var. de *tournoyer*, parce que la forte gifle fait tourner.

toril milieu XIXe s., Th. Gautier, de l'esp. *toro*. (V. torero.)

tormentille 1314, Mondeville, bot.; du lat. médiév. *tormentilla*, de *tormentum*, tourment, parce que cette plante était réputée apaiser les maux de dents.

tornade 1659, Wicquefort (*tornado*); 1656, Wicquefort (*tornade*); de l'esp. *tornado*, de *tornar*, tourner.

1. toron archit. V. tore.

2. toron milieu XVIIe s., assemblage de fils; du lat. *torus*, brin de corde.

torpédo début XIXe s., engin de guerre; XXe s., autom.; mot esp., proprem. « torpille », du lat. *torpedo* (v. torpille); la première marque de ce type d'auto était espagnole.

torpeur 1470, *Livre disc.*; du lat. *torpor*, de *torpere*, être engourdi. ‖ **torpide** 1823, Boiste; du lat. *torpidus*.

torpille 1538, R. Est. (*torpile*), ichtyol.; 1812, trad. de Fulton, engin de marine, d'après l'angl. *torpedo*; probablem. du prov. *torpio*, de *torpin*, avec changement de suff., du lat. *torpedo*, *torpedinis*. ‖ **torpilleur** 1872, L., marin qui dirige une torpille; 1876, *Rev. des Deux Mondes* (*bateau-torpilleur*); 1890, Lar. (*torpilleur*). ‖ **torpiller** 1906, Lar. ‖ **torpillage** 1915, *L. M.*; xxᵉ s., fig. ‖ **torpillerie** 1906, Lar. ‖ **contre-torpilleur** fin xixᵉ s.

1. torque s. m., 1869, *Journ. offic.*, hist., collier antique; du lat. *torques*, collier.

2. torque s. f., fin xiiᵉ s., *Perceval*, techn., bourrelet, fil de fer roulé, etc.; forme dial. de *torche* au sens primitif (v. TORCHE).

torréfier début xviᵉ s.; du lat. *torrefacere*, de *torrere*, dessécher, brûler. ‖ **torréfaction** 1576, A. Thierry, du lat. scient. mod. *torrefactio*. ‖ **torréfacteur** 1872, L.

torrent xiiᵉ s.; rare jusqu'au xvᵉ s.; du lat. *torrens*, « dévorant », part. prés. de *torrere* pris au fig. (v. TORRÉFIER). ‖ **torrentueux** 1823, Boiste. ‖ **torrentiel** 1836, Landais.

torride 1495, *Mir. historial*; du lat. *torridus*, de *torrere*. (V. TORRÉFIER.)

tors, torsade V. TORDRE.

torse s. m., 1676, Félibien, anat.; de l'ital. *torso*, proprem. « tige, tronc », du lat. *thyrsus*. (V. THYRSE.)

torsion 1314, Mondeville (*torsion de ventre*, « colique »); 1680, Richelet, divers empl. techn.; du bas lat. *torsio*, proprem. « t o r t u r e », de *torquere* (v. TORDRE). ‖ **distorsion** xxᵉ s.

*tort début xiiᵉ s., *Voy. de Charl.*; du lat. pop. *tortum*, part. passé, substantivé au neutre, de *torquere*, tordre; proprem. « ce qui est tordu », d'où « acte contraire au droit, à la justice ».

tortelle, tortil V. TORDRE.

torticolis 1534, Rab. (*torty colly*), « qui a le cou de travers », d'où « hypocrite »; 1566, Du Pinet, sens mod.; peut-être création plaisante de Rabelais, soit comme pluriel ital. de fantaisie (*torti colli*), soit d'après un lat. fictif *tortum collum*.

tortiller début xiiiᵉ s. (*tortoillier*); de *tordre*, par le part. *tort*. ‖ **tortillement** 1547, J. Martin. ‖ **tortillage** 1677, Mᵐᵉ de Sévigné. ‖ **tortillon** 1402, G. ‖ **tortillonner** xvᵉ s. ‖ **tortillère** 1437, G.; var. *tortille*. ‖ **tortillis** 1647, *D. G.*, techn. ‖ **tortillard** 1700, Liger, adj., « tordu »; xixᵉ s., s. m., espèce d'orme; fin xixᵉ s., petit chemin de fer. ‖ **détortiller** xiiᵉ s., *Aliscans*. ‖ **entortiller** fin xiiiᵉ s., *Renart* (*-teillier*); xviᵉ s. (*-iller*); de *entort*, part. passé de *entordre* (v. TORDRE). ‖ **entortillement** 1361, Oresme. ‖ **entortillage** 1754, Ritter. ‖ **retortiller** 1512, J. Lemaire.

tortionnaire début xvᵉ s.; du lat. médiév. *tortionarius*, lui-même issu de l'anc. fr. *torçonier*, du lat. *tortio*. (V. TORSION.)

tortis, tortu V. TORDRE.

tortue fin xiiᵉ s.; du prov. *tortuga*, altér., sous l'infl. de *tort* (anc. part. de *tordre*), de *tartuga*, forme dissimilée de *tartarūca*, fém. de l'adj. *tartarūcus*, proprem. « qui appartient au Tartare, à l'enfer, aux ténèbres » : la tortue avait été prise comme symbole de l'esprit des ténèbres, du mal, en lutte avec le coq, symbole de l'esprit du bien.

tortueux fin xiiᵉ s., *Rois*; du lat. *tortuosus*, de *tortus*, part. passé de *torquere* (v. TORDRE). ‖ **tortuosité** 1314, Mondeville; du lat. *tortuositas*.

torture 1190, saint Bernard; du bas lat. *tortūra*, proprem. « action de tordre », de *tortus*, part. passé de *torquere* (v. TORDRE). ‖ **torturer** 1480, Delb. ‖ **torturant** 1872, L., adj., fig.

torve 1842, *Acad.*; du lat. *torvus*.

tory 1687, Miege, parti polit. anglais; mot angl., de l'irl. *toraidhe*, proprem. « criminel », appliqué d'abord aux partisans de Charles II, vers 1680.

toste, toster V. TOAST.

*tôt xᵉ s., *Eulalie* (*tost*); du lat. pop. *tostum*, neutre, empl. comme adv., de *tostus*, « grillé, brûlé », part. passé de *torrere* (v. TORRÉFIER); d'abord « chaudement », puis « promptement ». (Cf., en fr. mod., les empl. fig. de *brûler une station*, *se laisser griller*.) ‖ **aussitôt** xiiiᵉ s. ‖ **bientôt** xivᵉ s. ‖ **plutôt** xiiiᵉ s. (*plus tost*); xviiᵉ s. (*plutôt*). ‖ **sitôt** xiiiᵉ s. (*si tost que*). ‖ **tantôt** 1160,

Eneas, « aussitôt » ; XVIᵉ s. (*tantôt... tantôt*) ; XVIIᵉ s., sens mod.

total 1361, Oresme ; du lat. scolast. *totalis*, de *totus*, tout. ‖ **totalité** 1375, R. de Presles. ‖ **totaliser** 1802, Catineau. ‖ **totalisation** 1836, Landais. ‖ **totalisateur** 1869, *Journ. offic.* ‖ **totalitaire** v. 1930, polit. ; calqué de l'ital. ‖ **totalitarisme** 1940, Bernanos.

totem 1794, J. Long ; mot indigène d'Amérique du Nord, empr. par l'intermédiaire de l'angl. ‖ **totémisme** *id.*, d'après l'angl. *totemism.*

toto 1653, R. Hémard, « pou » ; mot champenois, formation enfantine par redoublement.

toton 1611, Cotgrave (*totum*), du lat. *totum*, tout ; chacune des quatre faces de ce dé à jouer porte l'initiale d'un mot latin ou fr. : *A* (*ccipe*), reçois ; *D* (*a*), donne ; *R* (*ien*), rien à donner ni à recevoir ; *T* (*otum*), tout (à prendre). (Pour la prononc. et l'orth. mod., v. DICTON.)

touaille 1155, Wace, « linge, serviette » ; auj. d'empl. spécialisé ; du francique *thwahlja*, serviette (cf. l'angl. *towel*).

toubib 1898, France, arg. milit. ; de l'ar. d'Algérie *tbib*, « sorcier ».

toucan 1557, Thevet, ornith. ; de l'esp. *tucán*, mot tupi-guarani (langue du Brésil).

*toucher début XIIᵉ s., *Voy. de Charl.* (*tochier*), v. ; début XIIIᵉ s., s. m. ; du lat. pop. *toccāre*, mot onomatop., proprem. « faire toc, heurter », d'où « atteindre » et « toucher » (v. TOC, TOCSIN). ‖ **touchant** d'abord adj., puis, fin XIVᵉ s., Froissart, prép. ‖ **touchable** 1314, Mondeville. ‖ **intouchable** 1560, Ronsard. ‖ **touche** 1268, É. Boileau, « action de toucher », d'où divers autres sens ; 1867, Delvau, pop., « physionomie ». ‖ **touchette** 1872, L., mus. ‖ **toucheur** 1611, Cotgrave. ‖ **touche-à-tout** 1836, Delaporte. ‖ **attouchement** XIIᵉ s., d'un anc. v. *attoucher*. ‖ **retoucher** v. 1220, G. de Coincy. ‖ **retouche** 1507, *D. G.*

touer XIIIᵉ s., texte d'Oléron, mar. ; de l'anc. scand. *toga*, tirer. ‖ **touage** XIIIᵉ s. ‖ **touée** 1415, Du Cange. ‖ **toue** 1611, Cotgrave.

touffe fin XIIᵉ s. ; d'orig. germ., peut-être de l'alémanique par l'intermédiaire

des parlers de l'Est (cf. l'all. *Zopf*, tresse de cheveux). ‖ **touffu** 1438, G.

touffeur 1642, Oudin ; forme apocopée d'*étouffeur*. (V. ÉTOUFFER.)

*touiller XIIᵉ s. (*tooillier, toeillier*), « remuer, salir », usité jusqu'au XVIᵉ s. ; 1838, *Acad.*, repris pour des empl. techn. ; du lat. *tūdīculare* (Varron), broyer, remuer, de *tūdīcula*, moulin à olives, de *tundere*, frapper. ‖ **touillage** 1872, L., techn. ‖ **touilloir** 1836, Landais, techn.

toujours 1080, *Roland* (*tuz jurs*) ; comp. de *tous* et *jours* (pl.) ; a éliminé l'anc. fr. *sempre*, du lat. *semper*.

toundra 1876, Lar., géogr. ; mot russe.

toupet XIIᵉ s., *Prise d'Orange*, au pr. ; 1808, d'Hautel, fig., « effronterie » ; dimin. de l'anc. fr. *top*, du francique *top*, all. *Zopf*, tresse de cheveux (v. TOUFFE). ‖ **toupillon** début XVᵉ s., petite touffe de poils.

toupie début XIIIᵉ s. (*topoie*) ; fin XIVᵉ s., Froissart (*tourpie*) ; XIVᵉ s., *Baudouin de Sebourc* (*toupie*) ; de l'anglo-normand *topet*, avec changement de suffixe, de l'angl. *top*, « sommet, pointe ». ‖ **toupiller** début XIIᵉ s., *Thèbes* (*toupier*) ; 1548, Mizauld (*toupiller*).

toupillon V. TOUPET.

1. ***tour** s. f., 1080, *Roland* (*tur*), du lat. *tŭrris*. ‖ **tourelle** XIIᵉ s. ; XIIᵉ s., *Aliscans*, var. *tournelle*, altér. d'après le v. *tourner*. ‖ **tourier** XIIIᵉ s., eccl., « portier » ; XIVᵉ s., var. *tornier*. ‖ **tourière** 1549, R. Est., eccl., fém. de *tourier*.

2. ***tour** s. m., XIIᵉ s. (*torn*, puis *tor*) ; proprem. « instrument de tourneur », et par ext., dès les premiers textes, « mouvement circulaire » et « action habile », etc. ; du lat. *tornus*, tour de potier, du gr. *tornos* ; *à tour de rôle*, XVᵉ s. ; *à tour de bras*, 1534, Rab. ; *tour à tour*, XVIᵉ s. ‖ **demi-tour** début XVIᵉ s. ‖ **autour** XVᵉ s., qui a remplacé *entour*. ‖ **entour** 1080, *Roland* ; ne subsiste que dans *à l'entour* (1396), qui est devenu *alentour* ; d'où **alentours** 1766, Voltaire, s. plur. ‖ **entourer** 1538, R. Est. ‖ **entourage** milieu XVᵉ s. ; rare avant la fin du XVIIIᵉ s. (1776, Beaumarchais). ‖ **pourtour** 1676, Félibien. ‖ **touret** 1268, É. Boileau, au lieu de *tournet*, forme

atténuée par infl. de *tour* 1. ‖ **tourillon** XIIᵉ s., même formation que *touret*. ‖ **tourillonneuse** XXᵉ s. ‖ **tourer** (*la pâte*) 1808, Boiste. ‖ **entourner** 1395, G., « entourer », mar., de l'anc. *torn*; auj. spécialisé comme terme de mar. ‖ **entournure** 1538, R. Est.

1. ***tourbe** fin XIᵉ s., *Alexis* (*torbe*), foule; XVIᵉ s., péjor.; du lat. *turba*.

2. **tourbe** v. 1200, *D. G.*, combustible; du francique *tŭrba, all. *Torf* (v. TURF). ‖ **tourbière** XIIIᵉ s. ‖ **tourbier** XIIIᵉ s. ‖ **tourbeux** XVIIIᵉ s., *Trévoux*.

***tourbillon** v. 1175, Chr. de Troyes (*torbeillon*); d'un lat. pop. de forme incertaine *turbiniō, ou *turbelliō, ou *turbiculo, dér. du lat. class. *turbo*, *turbinis*, tourbillon, de *turbare* (v. TROUBLE). ‖ **tourbillonner** début XVIᵉ s. ‖ **tourbillonnement** 1771, *Trévoux*. ‖ **tourbillonnaire** 1842, *Acad.*

***tourd** 1606, Nicot, ichtyol., ornith. (grive musicienne); var. *tourde*, 1728, *les Délices de la France*; mot d'orig. prov., du lat. *tŭrdus*. ‖ **tourdelle** 1803, Wailly.

tourdille 1664, Solleysel, gris pommelé; de l'esp. *tordillo*, proprem. « couleur de grive ». (V. TOURD.)

tourelle, tourier V. TOUR 1.

tourer, touret, tourillon V. TOUR 2.

tourie 1773, Demachy, sorte de grosse bouteille; d'orig. inconnue.

tourisme 1816, Simond, appliqué d'abord aux Anglais; de l'angl. *tourist*, de (*to*) *tour*, excursionner, empr. lui-même (début XVIIIᵉ s.) au fr. *tour* 2, au sens de « promenade, voyage ». ‖ **touristique** v. 1830, Tœpffer; dér. de *touriste*. ‖ **tourisme** 1841, Guichardet; de l'angl. *tourism*. ‖ **touring** 1889, Saint-Albin, de l'angl. *touring*.

tourlourou 1640, *Comédie des chansons*, terme d'amitié; 1667, nom d'un crabe terrestre des Antilles; 1834, Boiste, nom pop. du soldat d'infanterie; formation expressive d'orig. prov., avec le sens primitif de « tapageur ».

tourmaline 1758, *Hist. de l'Acad. des sc. de Berlin* (*tourmalin*); 1771, *Trévoux* (*tourmaline*), minér.; du cingalais *toramalli*.

***tourment** Xᵉ s., *Saint Léger* (*torment*); du lat. *tormentum*, proprem. « instrument de torture », de *torquere* (v. TORDRE). ‖ **tourmenter** v. 1120, *Ps. de Cambridge*; 1762, *Lettre de Mariette*, beaux-arts, fig. ‖ **tourmenteur** XVIᵉ s., Louise Labé. ‖ **tourmente** XIIᵉ s., *Th. le Martyr*; du lat. pop. *tormenta*, pl. pris comme fém. sing., du neutre *tormentum*.

tournebouler 1580, Montaigne; dér., avec altér. d'après *boule*, de l'anc. fr. *torneboele* (1175, Chr. de Troyes), « culbute », proprem. « tourne-boyau », de *tourner*, et de *boele*, fém. anc. fr. de *boyau* (v. ce mot).

tournelle V. TOUR 1.

***tourner** 1080, *Roland*; du lat. *tornare*, proprem. « façonner au tour » (v. TOUR 2); 1398, *Ménagier*, « s'aigrir », en parlant du lait; 1907, Méliès, cinéma; *tourner le dos*, fin XIIᵉ s., Villehardouin; *avoir le dos tourné*, milieu XVIᵉ s., Amyot; *tourner les talons*, XIVᵉ s., *Renart*; *tourner autour du pot*, 1695, Gherardi; *tourner de l'œil*, 1867, Delvau, pop. ‖ **tournant** s. m., XIIIᵉ s. ‖ **tourne** XIIIᵉ s. ‖ **tourné** fin XIVᵉ s., Froissart, fait d'une certaine façon, en parlant d'un homme. ‖ **tournure** XIIIᵉ s. (*tornatura*, VIIIᵉ s., *Gloses de Reichenau*). ‖ **tourneur** 1268, É. Boileau; du bas lat. *tornator*. ‖ **tournée** XIIIᵉ s.; *offrir une tournée*, 1867, Delvau, payer à boire. ‖ **tournage** 1558, Delb.; cinéma, 1918, Diamant-Berger. ‖ **tournis** 1812, Mozin. ‖ **tournebroche** fin XVᵉ s. ‖ **tourne-disque** XXᵉ s. ‖ **tournedos** XVIᵉ s., fuyard; 1864, Labiche, *la Cagnotte*, mets. ‖ **tournemain** milieu XVIᵉ s. (*en un tournemain*; var. *en un tour de main*, XVᵉ s.). ‖ **tournevirer** 1571, Gohory, formation à renforcement expressif, comp. des deux mots synonymes *tourner* et *virer*. ‖ **tournevis** 1723, Savary. ‖ **tournoyer** début XIIᵉ s., *Voy. de Charl.*; aussi « faire un tournoi », en anc. fr. ‖ **tournoi** XIIᵉ s., « action de tourner »; 1130, sens spécialisé. ‖ **tournoiement** XIIᵉ s., tournoi, circuit, tour; XVIᵉ s., sens mod. ‖ **tournailler** 1792, Fabre d'Églantine. ‖ **tourniller** 1778, Beaumarchais. ‖ **détourner** 1080, *Roland*. ‖ **détour** 1175, Chr. de Troyes. ‖ **détournement** 1493, *D. G.* ‖ **retourner** 842, *Serments* (*returnar*). ‖ **retour** XIIᵉ s. ‖ **retourne** 1690, Furetière.

tournesol fin XIIIᵉ s., matière colorante; 1398, *Ménagier*, bot.; de l'ital. *tornasole*, les fleurs de tournesol se tournant vers le soleil. (V. HÉLIOTROPE.)

tourniquet XVᵉ s., « cotte d'armes »; XVIᵉ s., « poutre garnie de pointes de fer », par métaph.; puis ext. d'empl., pour désigner divers appareils tournants (sous l'infl. de *tourner*); altér., d'après *tourner*, de *turniquet*, vêtement de dessus, var. de *turniquel*, dér. de *turnicle*, *tunicle*; du lat. *tunicula*, dimin. de *tunica*, tunique, ou dér. dial. (wallon) de *tourner*. ‖ **tourniquer** 1880.

tournis, tournoi, tournoyer, tournure V. TOURNER.

*tournois 1283, Beaumanoir, hist., d'abord épithète de *livre* ou de *denier*; du lat. *Tŭronensis*, proprem. « (monnaie) frappée à Tours ».

touron 1802, *Acad.*, sorte de confiserie; de l'esp. *turrón*.

*tourte XIIIᵉ s.; du bas lat. *torta*, ellipse de *torta panis*, pain rond (*Vulgate*), d'orig. obscure (mot avec *o* fermé, différent du fém. de *tŏrtus*, part. passé de *torquere*, qui a un *o* ouvert). ‖ **tourteau** XIIᵉ s. ‖ **tourtière** XVIᵉ s.

*tourterelle fin XIᵉ s., *Alexis* (*turtrelle*); XIIIᵉ s. (*tourterelle*); du lat. pop. *tŭrtŭrella*, dimin. de *tŭrtŭr*. ‖ **tourtereau** XIIIᵉ s.

tourtouse 1527, *Saint Christophe*, arg., corde; mot mérid., proprem. « tordue ».

*tourtre XIIᵉ s., Couci, arch., tourterelle; du lat. *tŭrtŭr*. (V. TOURTERELLE.)

touselle 1552, Rab. (*touzelle*), froment sans barbes; du prov. *tosela*, dér. de *tos*, tendu, du lat. *tonsus*.

toussaint V. SAINT.

tousser V. TOUX.

*tout Xᵉ s., *Valenciennes*; du lat. pop. *tottus*, avec redoublement expressif, en lat. class. *tōtus*, proprem. « tout entier »; *tottus* a remplacé *omnis* en lat. pop. ‖ **atout** XVᵉ s., *Journal de Paris* (*a tout*). ‖ **partout** 1130, *Eneas*. ‖ **surtout** 1539, R. Est., adv.; 1684, Furetière, s. m., sorte de vêtement; 1694, *Acad.*, grande pièce de vaisselle. ‖ **toutime** 1867, Delvau, pop., « tout ».

toutou milieu XVIIᵉ s., Cyrano de Bergerac; mot enfantin, onom.

*toux XIIᵉ s. (*tous, tos*); du lat. *tŭssis*. ‖ **tousser** fin XIIIᵉ s., Rutebeuf (*toussir*, du lat. *tŭssire*); v. 1560, Paré (*tousser*). ‖ **tousseur** 1398, E. Deschamps. ‖ **tousserie** 1404, N. de Baye. ‖ **toussailler** 1861, Larchey. ‖ **toussoter** fin XIXᵉ s. ‖ **toussotement** *id.*

toxique 1130, *Eneas* (*tosique*); rare jusqu'au XVIᵉ s.; 1584, Du Monin (*toxique*); du lat. *toxicum*, du gr. *toxikon*, proprem. « poison pour empoisonner la flèche », de *toxon*, flèche. ‖ **toxicité** 1872, L. ‖ **toxicologie** 1803, Boiste. ‖ **toxicologique** 1842, *Acad.* ‖ **toxicologue** 1842, *Acad.* ‖ **toxicomanie, toxicomane** fin XIXᵉ s. ‖ **toxicose** XXᵉ s. ‖ **toxine** fin XIXᵉ s. ‖ **toxicohémie** 1842, *Acad.* ‖ **toxémie** 1872, L., gr. *haima*, sang. ‖ **intoxiquer** fin XVᵉ s.; rare avant 1823, Boiste; lat. médiév. *intoxicare*; XXᵉ s., fig. ‖ **intoxication** 1408, J. Petit; rare avant 1845, Besch.; 1960, fig., polit. ‖ **désintoxiquer** 1922, Lar.

trabac fin XVIIIᵉ s., Forfait, mar.; de l'ital. *trabaccolo*.

traban début XVIIᵉ s., Bassompierre, hist., hallebardier; de l'all. *Trabant*.

trabe 1455, Fossetier, blas., hampe d'une bannière; du lat. *trabs, trabis*, poutre. ‖ **trabée** 1611, Cotgrave, toge ornée de bandes; du dér. lat. *trabea*.

trabuco 14 mai 1849, *Arrêté présidentiel*, sorte de cigare; mot esp., proprem. « gros mousquet » (d'après sa forme courte et grosse).

1. trac (piste). V. TRAQUER.

2. trac (peur) 1835, *Chanson*, fam.; formation expressive, d'orig. obscure. ‖ **traqueur** 1836, Lacenaire, « peureux ».

tracaner 1771, Saint-Aubin, *Art brodeur*, « dévider »; de l'ital. *tracannare*, de *tra*, au-delà, et *canna*, tuyau.

tracasser XVᵉ s., de Collerye, proprem. « s'agiter »; dér. de *traquer* (v. ce mot). ‖ **tracasserie** 1580, Montaigne. ‖ **tracas** 1611, Cotgrave. ‖ **tracassier** début XVIIIᵉ s., Destouches. ‖ **tracassin** XXᵉ s., fam.

*tracer XIIᵉ s. (*tracier*); en anc. fr., souvent « aller sur une trace, chercher », et aussi « parcourir », « faire un trait pour rayer »; XVIᵉ s., empl. mod.; du lat. pop. *tractiare, de tractus, trait, subst. formé sur le part. passé de trahere, tirer. ‖ **trace** v. 1120, Ps. d'Oxford. ‖ **tracement** 1476, G. ‖ **traceur** 1558, G. Morel. ‖ **traçage** 1876, Lar. ‖ **tracé** s. m., fin XVIIIe s.; 1798, Acad. ‖ **traçant** 1827, Acad. (racine traçante); XXe s., balle traçante. ‖ **traçoir** 1690, Furetière. ‖ **traceret** 1690, Furetière. ‖ **retracer** fin XIVe s.

trachée XIVe s., anat.; XVIIIe s., zool.; du bas lat. trachia, mot gr. ‖ **trachée-artère** XIVe s. (artere traciee); 1503, G. de Chauliac (trachée-artère); du gr. méd. trakheîa artêria, proprem. « artère raboteuse » (à cause de ses anneaux). ‖ **trachéen** 1838, Acad. ‖ **trachéal** 1827, Acad. ‖ **trachéite** 1836, Landais. ‖ **trachéotomie** milieu XVIIIe s., d'après laryngotomie, etc., avec l'élém. -tomie.

trachélien 1806, Capuron, anat.; du gr. trakhêlos, cou, de trakhus, raboteux (v. TRACHÉE).

trachome 1827, Acad. (trachoma), méd.; du gr. trakhôma, rudesse, de trakhus, rude, raboteux. (V. TRACHÉE, TRACHÉLIEN.)

trachyte 1842, Acad., géol.; du gr. trakhus, rude. (V. TRACHÉE.)

tract 1842, L. Reybaud; mot angl., abrév. de tractate, « traité, opuscule », du lat. tractatus. (V. TRAITÉ.)

tractation milieu XVe s.; du lat. tractatio, de tractare. (V. TRAITER.)

traction 1503, G. de Chauliac; du lat. tractio, action de tirer, subst. de même rad. que tractus, part. passé de trahere, tirer (v. TRAIRE). ‖ **tracteur** 1836, Landais, chirurgie; 19 oct. 1876, la République française, empl. mod.; d'après acteur, sur action. ‖ **tractoire** 1547, J. Martin, du lat. tractorius. ‖ **tracté** adj., XXe s. ‖ **tractus** 1906, Lar., anat., mot lat., proprem. « traînée », tiré du part. passé tractus; tissu conjonctif.

tradition 1291, G., « transmission jurid. », sens pr. du lat.; 1488, Mer des hist., sens mod.; du lat. traditio, proprem. « action de transmettre, de livrer », de tradere (v. TRAHIR). ‖ **traditionnel** 1722, Houtteville. ‖ **traditionaliste** milieu XIXe s. ‖ **traditionalisme** milieu XIXe s.

traduire 1520, Baudrier, trad. François Dassy; adapt. du lat. traducere,

proprem. « faire passer »; a éliminé l'anc. fr. translater, conservé en angl. (to) translate; machine à traduire, XXe s. ‖ **traducteur** 1540, É. Dolet; du lat. traductor, avec adapt. sémant. ‖ **traduction** id., du lat. traductio. ‖ **traduisible** XVIIe s., en justice; v. 1726, Desfontaines, à propos d'un texte, sens mod. ‖ **intraduisible** début XVIIIe s.

trafic début XIVe s.; var. trafique, XVe s., G. Alexis; de l'ital. traffico, d'orig. obscure. ‖ **trafiquer** XVe s., le Jouvencel, déjà avec un sens fig.; de l'ital. trafficare. ‖ **trafiqueur** XVe - XVIIIe s. ‖ **trafiquant** fin XVIe s.; a éliminé le précéd. ‖ **traficoter** XXe s.

tragédie 1361, Oresme; du lat. tragoedia, gr. tragôidia. ‖ **tragique** 1546, Rab.; du lat. tragicus, gr. tragikos. ‖ **tragédien** 1372, Corbichon; XVIe s., var. tragédiste; alors synonyme de tragique; la différence de sens date du XIXe s. ‖ **tragi-comédie** 1545, J. Martin, du lat. tragicomoedia, pour *tragico-comoedia. ‖ **tragi-comique** 1624, Delb.

tragus 1827, Acad., anat.; du gr. tragos, bouc, à cause du poil qui couvre cette partie de l'oreille.

***trahir** 1080, Roland (traïr); XVe s. (trahir); adapt., d'après les v. en -ir, du lat. tradĕre, livrer, transmettre, d'où « trahir ». ‖ **trahison** 1080, Roland (traïsun); haute trahison milieu XVIIe s., d'abord appliqué à des événements angl.; fin XVIIIe s., à propos de faits français, en remplacement de lèse-majesté; calque de l'angl. high treason.

traille 1755, abbé Prévost, bac; du lat. tragula, de trahere, tirer.

train 1190, Garn. (traïn), déverbal de traîner, « action de traîner », et par ext. « ce qu'on traîne », et « manière de traîner, allure », etc.; train des équipages, fin XVIIIe s.; service militarisé en 1807; dans les ch. de fer, 1827, à Saint-Étienne, train, probablem. empr. à l'angl. train, issu lui-même du fr. ‖ **tringlot** 1863, Camus, arg. milit., puis pop., « soldat du train des équipages », avec attraction de tringle (au fig., « fusil » en arg. milit.). ‖ **arrière-train** 1827, Chateaubriand. ‖ **avant-train** 1628, Traité de l'artillerie. ‖ **entrain**

s. m., 1838, Stendhal, de *en train*. ‖ **train-train** 1872, L., altération de *tran-tran*, XVIᵉ s., d'orig. onomatop., sous l'infl. de *train*.

*****traîner** début XIIᵉ s., *Voy. de Charl.* (*traïner*); XIVᵉ s. (*traïner*); du lat. pop. **tragīnāre*, traîner, de **tragere* (v. TRAIRE). ‖ **traîne** 1190, Garn. (*robe à traïne*); milieu XIXᵉ s., G. Sand, chemin non empierré, dans le Berry. ‖ **traînage** 1531, G. ‖ **traîneau** XIIᵉ s. (*traïneau*). ‖ **traînoir** 1552, Ch. Est., techn. agric. ‖ **traînée** 1360, *Modus*, vén., trace laissée sur une certaine longueur; fin XVᵉ s., fig., « fille des rues ». ‖ **traîneur** XVᵉ s., Galloppe; *traîneur de sabre*, 1867, Delvau. ‖ **traînard** 1611, Cotgrave. ‖ **traînasser** XVᵉ s. ‖ **traînailler** XXᵉ s. ‖ **traîne-bûches** XXᵉ s. ‖ **traîne-malheur** XVIIᵉ s., La Fontaine. ‖ **traîne-misère** 1874, J.-B. Clément. ‖ **entraîner** XIIᵉ s., *Aliscans*; 1828, *Journ. des haras*, sport hippique, empl. infl. par l'angl. (*to*) *train*, lui-même d'orig. fr. ‖ **entraînement** 1724, P. Castel; 1828, *Journ. des haras*, terme de sport hippique. ‖ **entraîneur** 1828, *Journ. des haras*, terme de sport, d'après l'angl. *trainer*; passé du voc. du turf dans celui de la boxe et des sports en général.

*****traire** 1080, *Roland*, « tirer », jusqu'au XVIᵉ s.; fin XIIIᵉ s., « tirer le lait »; s'est substitué à l'anc. fr. *moudre*, du lat. *mŭlgĕre*, traire, homonyme de *moudre* issu du lat. *molĕre*, broyer; a éliminé les autres empl. de *traire* au XVIᵉ s.; demeure concurrencé par *tirer*, au sens de « traire (une vache) », dans les parlers du Centre; du lat. pop. **tragĕre*, altér. du lat. class. *trahĕre*, tirer, sous l'infl. de *agere* (à cause de l'analogie des participes *tractus* et *actus*). ‖ **traite** 1119, Ph. de Thaun, « action de tirer »; puis « chemin parcouru »; de *traire*, au sens anc. de « tirer vers »; XVIᵉ s., circulation des marchandises; *traite des nègres*, 1690, Furetière, *traite des blanches*, 1846, Balzac; XVIIᵉ-XVIIIᵉ s., droit sur les marchandises; XVIIIᵉ s., terme de banque. ‖ **trait** milieu XIIᵉ s., arme de jet. ‖ **trayon** XIIᵉ s. (*traiant*), « bout du sein »; XIIIᵉ s. (*treon*), « bout du pis »; XVIᵉ s. (*trayon*). ‖ **entrait** 1416, texte normand (*antrais* plur.), poutre qui maintient l'écartement de deux poutres

latérales; part. passé de l'anc. fr. *entraire*, tirer. ‖ **fortrait** fin XVIIᵉ s., Liger, équit., de l'anc. fr. *fortraire* (XIIIᵉ s.), tirer en dehors (v. FORS). ‖ **fortraiture** 1762, *Acad.*, id. (V. PORTRAIT, RENTRAIRE, RETRAIT, etc.)

1. trait V. TRAIRE.

2. trait XIIᵉ s., *Aliscans*, action de tirer, d'où « trait de flamme, de stylet »; XIIIᵉ s., en parlant des chevaux, puis diverses ext. de sens; du lat. *tractus*, « action de tirer », part. passé substantivé de *trahere*, tirer. (V. TRACTION, TRAIRE, TRAITER.)

traitable fin XIIᵉ s., malléable; XIVᵉ s., fig.; adapt., d'après *traiter*, du lat. *tractabilis*, maniable, malléable. ‖ **intraitable** XVᵉ s. (*intractable*), d'après le lat. *intractabilis*.

traite V. TRAIRE.

traité 1361, Oresme, ouvrage; adapt., d'après *traiter*, du lat. *tractatus*, proprem. « maniement »; au XIVᵉ s., « convention, pacte », d'après *traiter*.

*****traiter** XIIᵉ s., *Saxons*; du lat. *tractāre*, fréquentatif de *trahere* (v. TRAIRE), proprem. « tirer, traîner », d'où « manier, pratiquer, agir contre quelqu'un ». ‖ **traitement** 1255, Delb., « convention »; XVIIIᵉ s., « appointements d'un fonctionnaire ». ‖ **traiteur** XIIIᵉ s., négociateur; v. 1650, Scarron, sens mod., restaurateur. ‖ **traitant** 1628, Sorel, « fermier d'impôts ». ‖ **maltraiter** début XVIᵉ s.; 1538, R. Est. (V. TRAITÉ.)

traître 1080, *Roland* (*traïtre*); adapt., d'après *trahir*, du lat. *traditor*; on a conservé *traïtre*, cas sujet en anc. fr., et non *traïtor*, cas objet, à cause de l'empl. fréquent du mot comme apostrophe. ‖ **traîtreux** XIIIᵉ s.; arch. depuis le XVIIᵉ s. ‖ **traîtreusement** XIIIᵉ s., Guiart. ‖ **traîtrise** 1810, Molard.

trajectoire 1611, Cotgrave; du lat. scolast. *trajectorius*, de *trajectus*. (V. TRAJET.)

trajet milieu XVIᵉ s. (*traject*); XVIIᵉ s. (*trajet*, d'après *jet*); de l'ital. *tragetto*, traversée, de *tragettare*, faire traverser, traverser, du bas lat. *trajectare*, de *trajectus*, part. passé du lat. class. *trajicere*, proprem. « jeter au travers », de *trans* et *jacere*.

tralala 17 juin 1860, *le Gaulois*, s. m., fam.; empr. à un refrain; *se mettre sur son tralala*, 1867, Delvau.

trâle 1553, Belon (*trasle*), grive; du francique **thrastla*.

tramail V. TRÉMAIL.

*trame 1265, J. de Meung (*traime*); XVI⁰ s. (*trame*, d'après *tramer*); XVI⁰ s., fig.; du lat. *trāma*, chaîne du tissu. ‖ **tramer** XIII⁰ s., du lat. **trāmāre*.

tramontane XII⁰-XIII⁰ s., Guiot de Provins (*tresmontaigne*), étoile polaire; 1549, J. Du Bellay (*tramontane*), *id.*; XIV⁰ s., Nicolas de Vérone, *Pharsale* (*tramontan*), vent du Nord; 1549, R. Est. (*transmontane*), *id.*; de l'ital. *tramontana* (*stella*), « étoile d'au-delà des monts », d'où « vent d'au-delà de la montagne (les Alpes) »; *perdre la tramontane*, XVII⁰ s., Voiture, « perdre l'orientation » loc. reprise à l'italien.

tramp XX⁰ s., mar., mot angl. désignant un cargo sans itinéraire fixe. ‖ **tramping** 1953, Lar., techn.

tramway 1818, Gallois; vulgarisé en 1871, date du projet d'installation des premiers tramways (à chevaux) à Paris; mot angl., d'orig. écossaise, proprem. « voie (*way*) à rails plats (*tram*) », puis à wagonnet; la voiture elle-même. ‖ **tram** 1829, d'après Mackensie, abrév. ‖ **traminot** 15 mars 1930, *Nouvelles littéraires*, employé de tramway, d'après *cheminot* (v. CHEMIN).

*trancher début XII⁰ s., *Voy. de Charl.* (*trenchier*); XIII⁰ s. (*trancher*); du lat. pop. **trīnicare*, proprem. « couper en trois », du lat. *trīni*, trois par trois (v. ÉCARTER 1, ESQUINTER, pour ce type de formation). ‖ **tranchant** s. m., 1160, *Eneas*. ‖ **tranche** 1213, *Fet des Romains*. ‖ **trancheur** fin XII⁰ s., Villehardouin. ‖ **tranchoir** 1206, G. ‖ **tranchet** 1288, *Chartes du Forez*. ‖ **tranchée** 1130, *Eneas*; 1538, R. Est., « colique ». ‖ **tranche-fil** 1802, *Acad.* ‖ **tranche-file** 1411, G. ‖ **tranche-montagne** 1389, Delb., comme sobriquet; début XVII⁰ s., nom commun. ‖ **retrancher** début XII⁰ s. ‖ **retranchement** fin XII⁰ s., sens gén.; fin XVI⁰ s., milit.

trangle 1611, Cotgrave, blas.; var. dial. de *tringle*.

tranquille milieu XV⁰ s.; du lat. *tranquillus*; *tranquille comme Baptiste*, 1867, Delvau, pop. ‖ **tranquillité** 1190, saint Bernard; du lat. *tranquillitas*. ‖ **tranquilliser** XV⁰ s., O. de Saint-Gelais; rare jusqu'à la fin du XVII⁰ s., 1695, Gherardi. ‖ **tranquillisant** s. m., XX⁰ s., méd.

trans- préf., de la prép. *trans* et du préf. lat. *trans-*, « au-delà de, à travers ». ‖ **transalpin** 1546, Rab., *Tiers Livre*; du lat. *transalpinus*, « au-delà des Alpes ». ‖ **transatlantique** 1823, Boiste. ‖ **transcontinental** 1872, L. ‖ **transocéanique** *id.* ‖ **transpacifique** *id.*

transaction début XIV⁰ s., Bouthillier; du lat. jurid. *transactio*, de *transigere* (v. TRANSIGER). ‖ **transactionnel** 1823, Boiste.

transbahuter XX⁰ s., « transporter », de *bahut*, malle.

transborder 1812, Mozin, de *trans* et *bord*. ‖ **transbordement** 1835, *Acad.* ‖ **transbordeur** fin XIX⁰ s. : le premier fut construit à Rouen, en 1898.

transcendant 1395, Chr. de Pisan (*transcendent*); du lat. *transcendens*, part. prés. de *transcendere*, « passer au-delà », d'où « surpasser ». ‖ **transcendance** fin XVII⁰ s., Saint-Simon; mai 1735, *Mercure*. ‖ **transcendantal** 1503, G. de Chauliac; XVI⁰ s., var. *transcendantel*; du lat. scolast. *transcendantalis*. ‖ **transcendantalisme** 1827, *Acad.*, philos. ‖ **transcender** XIV⁰ s.; abandonné, puis repris au XX⁰ s. (1908, *L. M.*)

transcrire 1283, Beaumanoir; adapt., d'après *écrire*, du lat. *transcribere*. ‖ **transcription** 1558, S. Fontaine; du lat. jurid. *transcriptio*. ‖ **transcripteur** milieu XVI⁰ s., du lat. *transcriptus*, part. passé de *transcribere*, d'après *scriptus*. ‖ **retranscrire** 1741, Voltaire.

transe fin XI⁰ s., *Alexis*, « trépas », déverbal de *transir* (v. ce mot); *entrer en transes*, XIV⁰ s., avoir des visions; début XV⁰ s., Charles d'Orléans, « grande crainte »; 1884, *la Lumière* (*trance*), et 1898, Huysmans (*transe*), « état de sommeil magnétique », empr. à l'angl. *trance*, lui-même issu de l'anc. fr. *transe*.

transenne 1876, Lar., grille de chapelle funéraire dans les Catacombes de Rome; du lat. *transenna*, corde tendue.

transept 1823, Ducarel; mot angl., attesté au XVIᵉ s., comp. du lat. *trans*, au-delà (de la nef), et *saeptum*, enclos, enceinte.

transférer 1355, Bersuire; du lat. *transferre*, proprem. « porter au-delà », de *trans*, et *ferre*, porter. ‖ **transfert** 1724, d'après le lat. *transfert*, 3ᵉ pers. sing. de l'indic. prés. de *transferre*, mot empl. sur les registres. ‖ **transfèrement** 1808, Boiste. ‖ **transférable** 1829, Boiste. (V. TRANSLATION.)

transfigurer 1160, Benoît, du lat. *transfigurare*, spécialisé en lat. eccl. pour la transfiguration du Christ. ‖ **transfiguration** 1265, Br. Latini, du lat. *transfiguratio*.

transformer fin XIIIᵉ s.; var. *tresformer* en anc. fr.; du lat. *transformare*, proprem. « former au-delà ». ‖ **transformation** 1375, R. de Presles; rare jusqu'au XVIIIᵉ s.; du lat. eccl. *transformatio* (IVᵉ s., saint Augustin). ‖ **transformable** av. 1870, Villemain. ‖ **transformatif** début XVIIᵉ s.; rare jusqu'au milieu du XIXᵉ s., et demeuré peu usité. ‖ **transformateur** 1842, Mozin. ‖ **transformisme** 1867, Broca. ‖ **transformiste** 1872, L. ‖ **transformationnel** XXᵉ s., linguistique.

transfuge 1355, Bersuire; rare jusqu'en 1647, Vaugelas; du lat. *transfuga*, de *transfugere*, fuir, passer à l'ennemi, de *trans* et *fugere*, fuir.

transfusion 1539, R. Est.; du lat. *transfundere*, transvaser, proprem. « verser au-delà ». ‖ **transfuser** 1684, Danet; d'après le lat. *transfusus*, part. passé de *transfundere*. ‖ **transfuseur** 1771, *Trévoux*.

transgression v. 1160, Benoît; du lat. *transgressio*, de *transgredi*, franchir, proprem. « aller au-delà », de *trans* et de *gradi*. ‖ **transgresseur** 1361, Oresme; du lat. eccl. *transgressor* (*Vulgate*). ‖ **transgresser** 1398, *Ménagier*, d'après le lat. *transgressus*, part. passé de *transgredi*. ‖ **transgressif** 1842, *Acad.*

transhumer 1823, Boiste, appliqué d'abord aux Pyrénées; de l'esp. *trashumar*, du lat. *trans*, au-delà, et *humus*, terre. ‖ **transhumant** 1842, *Acad.* ‖ **transhumance** 1872, L.

transiger 1342, Du Cange; du lat. jurid. *transigere*, proprem. « pousser (*agere*) à travers (*trans*) », « mener à bonne fin ». (V. INTRANSIGEANT, TRANSACTION.)

transir 1190, Garn., « trépasser », jusqu'au XVIᵉ s., et aussi « passer, partir »; XVᵉ s., être glacé de froid; *amoureux transi*, XVᵉ s., expr. fig.; du lat. *transire*, proprem. « aller au-delà », de *trans* et *ire*. (V. TRANSE.)

transistor milieu XXᵉ s., techn.; mot angl., abrév. de *transfer resistor*, résistance de transfert. ‖ **transistorisé** milieu XXᵉ s.

transit 1663, Colbert, comm.; de l'ital. *transito*, du lat. *transitus*, passage, de *transire* (v. TRANSIR). ‖ **transitaire** 1838, *Acad.* ‖ **transiter** 1839, Boiste.

transitif XIIIᵉ s., « passager, changeant »; 1550, Meigret, gramm.; du lat. gramm. *transitivum* (*verbum*), proprem. « (verbe) qui passe au-delà », de *transire*. ‖ **transitivité** XXᵉ s. ‖ **intransitif** 1679, P. de La Rue; du lat. gramm. *intransitivum* (*verbum*). ‖ **intransitivité** XXᵉ s.

transition XIIIᵉ s., « transe de la mort », d'après *transir*; 1380, *Aalma*, rhét.; puis autres empl.; du lat. *transitio*, proprem. « passage », d'empl. spécialisé en lat. de rhét., de *transire*. (V. TRANSIR, TRANSITIF.)

transitoire 1220, G. de Coincy; du lat. eccl. *transitorius*, en lat. class. « qui sert de passage », de *transire*. (V. TRANSIR, TRANSITION.)

translation XIIᵉ s., « traduction », jusqu'au XVIᵉ s. (cf. l'anc. fr. *translater*, début XIIᵉ s., *Ps. de Cambridge*; *translateur*, début XIIIᵉ s.; et v. TRADUIRE); début XIVᵉ s., jurid.; début XVᵉ s., « action de faire passer dans une autre situation »; XVIIᵉ s., « transport d'un corps »; 1959, Tesnière, linguist.; du lat. *translatio*, transport, de *translatus*, part. passé de *transferre* (v. TRANSFÉRER). ‖ **translatif** 1596, Basmaison, jurid.; s. m., 1959, Tesnière, linguist.

translucide 1556, Le Blanc; du lat. *translucidus*, brillant, proprem. « brillant à travers » (v. LUCIDE). ‖ **translucidité** 1567, *D. G.*

transmettre 1130, *Eneas*; adapt., d'après *mettre*, du lat. *transmittere*, proprem. «envoyer au-delà», de *trans* et *mittere*. ‖ **transmission** 1398, *Somme Gautier*, du lat. *transmissio;* XXᵉ s., milit. (au pl.). ‖ **transmissible** 1596, Basmaison, d'après le lat. *transmissus*, part. passé de *transmittere.* ‖ **transmissibilité** 1789. ‖ **intransmissible** 1878, Lar. ‖ **transmetteur** 1872, techn.; XXᵉ s., soldat des transmissions.

transmigration 1265, Br. Latini; XVIᵉ s., *transmigration des âmes;* du bas lat. *transmigratio (Vulgate)*, de *transmigrare*, changer de séjour. ‖ **transmigrer** 1872, L.

transmission, transmissible V. TRANSMETTRE.

transmuer 1265, J. de Meung; adapt., d'après *muer*, du lat. *transmutare*, déplacer, proprem. «changer au-delà», de *trans* et *mutare.* ‖ **transmutation** 1160, Benoît, du lat. *transmutatio.* ‖ **transmuable** 1361, Oresme. ‖ **transmutable** 1842, *Acad.* ‖ **transmutabilité** 1721, Menken.

transparaître, transparent V. PARAÎTRE.

transpercer V. PERCER.

transpirer 1503, G. de Chauliac; XVIIᵉ s., fig.; du lat. méd. médiév. *transpirare*, proprem. «respirer, exhaler au travers», de *trans* et *spirare.* ‖ **transpiration** 1503, G. de Chauliac. ‖ **transpirable** 1560, Paré.

transplanter V. PLANTER.

transporter V. PORTER.

transposer V. POSER.

transsubstantiation 1495, *Mir. hist.;* du lat. médiév. *transsubstantiatio*, de *substantia* (v. SUBSTANCE).

transsuder v. 1700, Liger; du lat. *trans*, à travers, et *sudare*, suer; l'anc. fr. avait le comp. *tressuer.* ‖ **transsudation** 1714, Astruc.

transvaser V. VASE.

transversal 1495, *Mir. hist.;* du lat. *transversus*, transversal, de *transvertere*, proprem. «tourner à travers», de *trans* et *vertere.* ‖ **transverse** 1560, Paré, adj., anat., du lat. *transversus.* (V. TRAVERS.)

trapan V. TRAPPE.

trapèze 1542, Bovelles, géom.; XIXᵉ s., gymn.; du lat. géom. *trapezium* (VIᵉ s., Boèce), gr. *trapezion*, dimin. de *trapeza*, table à quatre pieds. ‖ **trapézoïde** 1652, Maynier; du gr. *trapezoeidês*, de *eidos*, forme. ‖ **trapéziste** XXᵉ s., gymn.

trappe 1175, Chr. de Troyes; du francique *trappa (Loi Salique)*, moy. néerl. *trappe*, lacet. (V. ATTRAPER, CHAUSSE-TRAPE.) ‖ **trapan** XIVᵉ s., «planche à trous»; auj., haut de l'escalier où finit la rampe. ‖ **trappiste** 1809, Wailly, nom des moines de *La Trappe* (nom de lieu désignant à l'origine un endroit où l'on chassait à la *trappe*), abbaye de l'ordre de Cîteaux, fondée en 1140 près de Mortagne (Orne). ‖ **trappistine** 1872, L., eccl.

trappeur 1833, Pavie; de l'anglo-amér. *trapper*, proprem. «qui chasse à la trappe». (V. TRAPPE.)

trapu 1584, Du Monin; de l'anc. adj. *trape*, de même sens (encore au XVIᵉ s.), d'orig. inconnue.

traque V. TRAQUER.

traquenard XVᵉ s., «cheval au trot décousu»; 1532, Rab., «trot décousu»; fin XVIIᵉ s., sorte de trébuchet; du gascon *tracanart*, trot d'un cheval qui paraît trébucher, et au fig. «trébuchet», de *tracan*, allure, marche, de *traca.* (V. TRAQUER, TRAQUET 1.)

traquer XVᵉ s., fouiller un bois pour en faire sortir le gibier; du moy. fr. *trac*, XIVᵉ s., piste des bêtes, d'orig. obscure, peut-être onom. ‖ **traque** 1842, *Acad.* ‖ **traqueur** 1798, *Acad.* ‖ **détraquer** 1464, G., «détourner de la voie»; 1580, Montaigne, fig., «déranger». ‖ **détraquement** XVIᵉ s., Fr. de Sales. ‖ **étraquer** 1553, Gouberville, vén. (V. TRACASSER.)

1. **traquet** 1694, *Acad.*, piège, dér. régressif de *traquenard.* (V. TRAQUENARD.)

2. **traquet** XVᵉ s., *Myst. du Vieil Test.*, «pièce de moulin»; par ext., espèce d'oiseau, à cause du mouvement continuel de sa queue; onom.

1. **traqueur** V. TRAQUER.

2. **traqueur** V. TRAC 2.

traumatique 1549, R. Est.; du lat. méd. *traumaticus*, du gr. *traumatikos*, de *trauma*, blessure. ‖ **traumatisme** 1872, L. ‖ **traumatiser** XXᵉ s. ‖ **traumato-**

logie 1842, *Acad.* (dans un autre sens que méd.) ; 1876, Lar., méd.

travade 1604, Martin de Vitré, mar., vent tournant ; du port. *travado*, de *travar*, tourner.

1. ***travail*** XVIe s., machine pour ferrer les chevaux ; adapt., sous l'infl. de *travée, travetel*, etc., du bas lat. *tripalium* (578, concile d'Auxerre, *trepalium*, instrument de torture), proprem. « machine à trois pieux », de *tri*, trois, et *pālus*. (V. PIEU 1.)

2. **travail** V. TRAVAILLER.

travailler XIIe s., *Lois de Guill.*, « tourmenter » et « souffrir », jusqu'au XVIe s. ; début XVIe s., exécuter un ouvrage » ; se substitue en ce sens à *ouvrer* (v. ce mot) ; du lat. pop. *tripaliāre*, proprem. « torturer avec le *tripalium* » (v. TRAVAIL 1). ‖ **travail** XIIe s., *Lois de Guill.*, tourment ; fin XVe s., sens mod. ‖ **travailleur** XIIe s., « celui qui tourmente » ; milieu XVIIe s., sens mod. ‖ **retravailler** v. 1175, Chr. de Troyes. ‖ **travailliste** fin XIXe s., polit., création fr. pour désigner les membres du *Labour Party* (parti du *travail*) en Angleterre ; s'est appliqué aux socialistes de la Douma russe (1905 - 1917). ‖ **travaillisme** fin XIXe s.

travée 1356, G., dér. de l'anc. fr. *tref*, poutre, du lat. *trabs, trabis* (v. TRABE). ‖ **travelage** XXe s., ch. de fer.

travelling 1927, R. Clair, cinéma, mot angl.

travers 1080, *Roland* ; en anc. fr., loc. adv. ou prép., *à travers, de travers, en travers* et, s. m., « chemin de traverse, poutre » ; XVIe s., s. m., « défaut de l'esprit » ; du bas lat. *traversus*, lat. *transversus*, adj., « qui est au travers ». ‖ ***traverse*** 1130, *Eneas*, sens divers, y compris « traversin » ; XVe - XVIIe s., « obstacle » ; de *traversa*, fém. du bas lat. *traversus*. ‖ **traversin** XIIe s., chemin de traverse ; XIVe s., sens mod., coussin mis *en travers* du lit. ‖ ***traversier*** XIIIe s., adj. et subst., sens divers, et aussi « traversin » ; auj., seulement techn., *rue, flûte traversière* ; du lat. pop. *traversārius*, en lat. class. *transversārius*, transversal. ‖ **traversine** 1752, Trévoux, techn. (V. TRANSVERSAL.)

traverser début XIIe s., *Voy. de Charl.* ; du lat. pop. *traversāre*, en lat.

class. *transversāre*, de *transversus* (v. TRAVERS). ‖ **traversée** XIIIe s. ; rare avant la fin du XVIIe s. ; on disait en anc. fr. *travers* en ce sens. ‖ **traversable** 1827, *Acad.* ‖ **retraverser** 1866, L.

travertin 1611, Cotgrave ; de l'ital. *travertino*, altér. de *tivertino*, pierre de Tivoli, du lat. *Tiburtinus*, de *Tibur*, Tivoli.

travestir 1580, Montaigne ; de l'ital. *travestire*, de *tra*, préf. exprimant la transformation, et *vestire*, vêtir. ‖ **travestissement** 1694, *Acad.* ‖ **travesti** s. m., 1867, Delvau.

traveteau 1155, Wace (*travetel*), rég., soliveau, dér. de l'anc. fr. *tref*, poutre. (V. TRAVÉE.)

traviole (de) 1867, Delvau ; altér. pop. de la loc. adv. *de travers*.

travouil 1611, Cotgrave, dévidoir ; du lat. pop. *trahuculus* ou *traguculus*, de *trahere*, tirer (v. TRAIRE).

trayeur, trayon V. TRAIRE.

tré-, tres- préf., forme pop. issue du lat. *trans*, au-delà, à travers. (V. TRÈS, adv.)

trébucher XIIe s. ; du préf. *tré(s)*, au-delà (lat. *trans*), et de l'anc. fr. *buc*, tronc du corps, du francique *būk*, all. *Bauch*, ventre. ‖ **trébuchet** v. 1175, Chr. de Troyes, « sorte de piège », d'où « petite balance pour peser la monnaie » ; de là, début XIVe s., l'empl. de *trébucher* au sens de « peser avec le trébuchet », et l'expression *monnaie sonnante et trébuchante*.

trédame XVIIe s., Molière, juron, arch. ; forme apocopée de *Notre-Dame*.

tréfiler début XIXe s. ; de *tré(s)*, à travers (lat. *trans*), et de *fil*. ‖ **tréfilerie** XIIIe s., dér. de l'anc. fr. *tréfilier*, « celui qui tréfile ». ‖ **tréfileur** 1827, *Acad.* ‖ **tréfilage** XXe s.

trèfle XIIIe s. ; du lat. pop. *trīfŏlum*, en lat. class. *trifolium*, « à trois feuilles », calque du gr. *triphullon*. ‖ **tréflé** 1629, Dorival. ‖ **tréflière** 1836, Landais (*tréflier*), agric.

tréfonds V. FOND.

treille XIIe s., *Maccabées* ; du lat. *trīchīla*, berceau de verdure. ‖ **treillage** 1600, O. de Serres. ‖ **treillager** 1827, *Acad.* ‖ **treillageur** id.

*treillis 1130, *Eneas* (*tresliz*), adj., « tissé à mailles », et adj. substantivé; XIII⁰ s. (*treillis*, avec infl. de la forme et du sens de *treillage*); XVII⁰ s., « toile grossière »; du lat. pop. **trilicius*, en lat. class. *trilix*, « à trois fils » (v. LICE 2). ‖ **treillisser** fin XIV⁰ s.

*treize fin XII⁰ s., *Rois* (*treze*); du lat. *trĕdecim*, de *tres*, trois, et *decem*, dix. ‖ **treizième** début XII⁰ s., *Voy. de Charl.* (*trezime*); suff. mod. d'après *centième*.

trélingage 1677, Dassié, mar., filin; de l'ital. *stralingaggio*.

tréma 1600, Palliot (*points trematz*); du gr. *trêma, -atos*, point sur un dé, proprem. « trou ». ‖ **trématode** 1827, *Acad.* (*trématodée*); 1842, *Acad.* (*trématode*), zool.; du gr. *trêmatôdês*. ‖ **trématophore** 1842, *Acad.*, zool., de *phoros*, « qui porte », de *pherein*, porter.

*trémail, var. **tramail** XII⁰ s., filet de pêche; du bas lat. *tremaculum* (*Loi Salique*), de *tri*, trois, et *macula*, maille. ‖ **trémaillé** 1611, Cotgrave.

trémat 1872, L., « banc de sable », probablem. dér. du bas lat. *trema*, sentier. ‖ **trémater** XV⁰ s., mar., dépasser un bateau. ‖ **trématage** 1872, L.

*tremble XII⁰ s.; du lat. *tremulus*, proprem. « tremblant », de *tremere*, trembler (v. TREMBLER). ‖ **tremblaie** 1294, G.

*trembler XII⁰ s., *Roncevaux* (*trenbler*); du lat. pop. **tremulāre*, de l'adj. *tremulus*, tremblant, du lat. class. *tremere*, trembler (v. TREMBLE, TRÉMULER et CRAINDRE). ‖ **tremblant** adj., XVI⁰ s., N. du Fail. ‖ **tremblement** XII⁰ s., *Maccabées; et tout le tremblement*, 1867, Delvau, pop., « au complet ». ‖ **trembleur** 1657, Loret, trad. de l'angl. *quaker*. ‖ **trembloter** 1549, R. Est. ‖ **tremblotant** adj., milieu XVII⁰ s., Boileau. ‖ **tremblotement** 1553, Muret. ‖ **tremblote** s. f., 1906, Lar., pop.

*trémie XIII⁰ s. (*tremuie*, encore en 1680, *Ordonn.*); XVII⁰ s. (*trémie*); du lat. impér. *trimodia* (I⁰ʳ s., Pline), plur. neutre, pris comme fém. sing., du lat. class. *trimodium*, vase contenant trois muids (v. MUID). ‖ **trémillon** 1680, Richelet (*trémion*).

trémière (*rose*) fin XVI⁰ s. (*rose trémière*); 1665, Vallot (*rose de Trémier*);

1690, Furetière (*rose de trémière*); altér. de *rose d'outremer* (1611, Cotgrave).

*trémois XII⁰ s., agric., blé de printemps (qui pousse en trois mois); du lat. pop. *trimense* (*triticum*), (blé) de trois mois.

trémolo 1830, *la Mode*, mus.; de l'ital. *tremolo*, tremblement de la voix, de l'adj. *tremolo*, tremblant, du lat. *tremulus*. (V. TREMBLE.)

trémousser (se) 1532, Rab.; de *mousse*, au sens de « écume, bouillonnement », et du préf. *tré*, du lat. *trans*. ‖ **trémoussement** 1573, Larivey.

*tremper XII⁰ s., *Roncevaux* (*temprer*, *tenprer*); XIII⁰ s. (*tremper*, par métathèse de *r*), « mélanger les liquides », et par ext. « imbiber, mouiller »; XVI⁰ s., sens figurés; du lat. *temperare*, au sens de « mélanger » (v. TEMPÉRER). ‖ **trempe** milieu XVI⁰ s., Amyot, au pr.; 1580, Montaigne, fig.; 1867, Delvau, pop., volée de coups. ‖ **trempette** 1611, Cotgrave. ‖ **trempeur** 1842, *Acad.* ‖ **trempée** s. f., 1842, *Acad.*, au pr.; 1867, Delvau, volée de coups. ‖ **trempure** 1680, Richelet. ‖ **trempoire** 1680, Richelet. ‖ **tremperie** 1667, Du Tertre. ‖ **trempis** XV⁰ s., *Ordonn.* ‖ ***détremper** 1155, Wace (*des-*), « délayer »; *... l'acier*, 1692, *Acad. des Sciences*; bas lat. *distemperare*. ‖ **détrempe** 1308, Gay, peint.; 1722, Réaumur, techn. ‖ **retremper** 1175, Chr. de Troyes.

tremplin 1680, Richelet; de l'ital. *trampolino*, de *trampolo*, échasse, d'orig. germ. (cf. l'all. *trampeln*, trépigner).

trémue 1611, Cotgrave, mar.; var. de *trémie*.

trémulation 1873, *Journ. offic.*, méd.; dér. du lat. *tremulus*, tremblant (voir TREMBLE, TREMBLER). ‖ **trémuler** fin XIX⁰ s., méd.

trenail fin XIX⁰ s., cheville de chemin de fer; de l'angl. *treenail*, cheville de bois, de *tree*, arbre, et *nail*, clou.

trench-coat XX⁰ s.; mot angl. signif. « vêtement de tranchée ».

trénitz ou **trénis** fin XVIII⁰ s., hist., anc. danse, du nom du danseur *Trenitz*, qui la mit à la mode sous le Directoire.

*trente 1080, *Roland*; du lat. pop. **trinta*, en lat. class. *triginta*. ‖ **trentième** 1119, Ph. de Thaun (*trentisme*);

suff. mod. d'après *centième*. || **trentaine** 1155, Wace. || **trentenaire** 1495, *Mir. hist.*, sur le modèle de *centenaire*. || **trente - et - quarante** 1668, Molière, *l'Avare*, terme de jeu. || **trente-et-un** (*se mettre sur son*) 1833, Vidal, fam.

trépan 1490, *Guidon en fr.* (*trépane*); v. 1560, Paré (*trépan*); du lat. médiév. *trepanum*, gr. *trupanon*, proprem. « tarière ». || **trépaner** fin XVᵉ s.; 1546, Rab. || **trépanation** XIVᵉ s.

trépasser V. PASSER.

trépidation fin XIIIᵉ s.; du lat. *trepidatio*, tremblement, agitation, de *trepidus*, agité. || **trépider** 1821, Mercier, du lat. *trepidare*. || **trépidant** fin XIXᵉ s., du part. prés. lat. *trepidans*.

trépied XIIᵉ s.; du lat. *tripes, tripedis*, proprem. « à trois pieds » ; le *p* a été maintenu parce que la composition a toujours été sentie.

trépigner v. 1355, Bersuire; de l'anc. fr. *treper*, frapper du pied, avec le suff. *-igner*, var. de *-iner*; du germ. **trippôn*, sauter (cf. l'angl. *[to] trip*, faire un croc-en-jambe, et le suédois *trippa*, trépigner). || **trépignement** 1552, Ch. Est. || **trépigneuse** XXᵉ s., techn. || **trépignée** 1867, Delvau, pop., volée de coups.

trépointe 1408, G., techn., de l'anc. fr. *trépoindre*, « piquer au travers », de *tré-* (lat. *trans*) et de *poindre* (v. ce mot).

tréponème fin XIXᵉ s., méd., du gr. *trepein*, tourner.

*très 1080, *Roland*, adv., et également prép., en anc. fr. (« jusqu'à, auprès »); seulement adv. intensif depuis le XVIᵉ s.; de la prép. lat. *trans*, au-delà de. (V. le préf. TRÉ-, TRES-.)

trésaille 1802, *Acad.*; de l'anc. *trésailler*, altér. de l'anc. *trésaller*, techn., de *tres-*, au-delà, et *aller* (VIIIᵉ s., *Gloses de Reichenau, transalavit*, 3ᵉ pers. sing. du prétérit lat.).

tré-sept 1798, *Acad.*, anc. jeu, de l'ital. *tresette*, proprem. « trois-sept ».

*trésor 1080, *Roland*, du lat. *thesaurus*, gr. *thêsauros*; le prem. *r* est peut-être dû à une anticipation phonétique. || **trésorier** 1080, *Roland*, du bas lat. *thesaurarius*. || **trésorerie** XIIIᵉ s.

tressaillir début XIIᵉ s., *Voy. de Charl.*; de *saillir*, au sens anc. de « sauter », et *tres-*, au-delà, du lat. *trans* (v. SAILLIR). || **tressaillement** milieu XVIᵉ s., Amyot.

tressauter V. SAUTER.

tresse fin XIIᵉ s., *Rois* (*tresce*) ; d'orig. obscure. || **tresser** 1160, *Eneas* (*tricier*). || **tresseur** 1680, Richelet. || **tressage** 1876, Lar.

*tréteau fin XIIᵉ s., *Loherains* (*trestel*), au pr.; XVIIᵉ s., pl., au théâtre; issu, avec substitution de préf. d'après les mots commençant par *tré-*, du lat. pop. **trastellum*, en bas lat. *trã(n)stillum*, poutre, traverse, dimin. de *trã(n)strum*, poutre.

*treuil XIIIᵉ s., pressoir; XIVᵉ s., sens mod.; du lat. *tŏrculum*, pressoir.

trêve 1160, *Eneas* (*trive*; var. de l'anc. fr. *trieve*, d'où *trêve*); du francique **triuwa*, proprem. « sécurité » (cf. l'all. *treu*, fidèle, l'angl. *true*, vrai).

1. tri- préf., du lat. *tri-*, « trois » en composition.

2. tri s. m. V. TRIER.

3. tri V. TRICK.

triade 1564, Ronsard; du bas lat. *trias, -adis*, « au nombre de trois », mot gr.

1. triage V. TRIER.

2. triage XVIIᵉ s., canton de forêt; altér., par croisement avec TRIAGE 1, de l'anc. fr. *triege*, 1175, Chr. de Troyes, « carrefour », du lat. pop. **trebui*, d'un gaulois *trebo*, quartier de village.

triangle v. 1265, J. de Meung; du lat. *triangulum*, de *tri-*, trois, et *angulus*, angle. || **triangulaire** fin XIVᵉ s.; du bas lat. *triangularis*. || **triangulation** 1823, Boiste; du bas lat. *triangulatio*. || **triangulé** 1803, Wailly. || **trianguler** 1872, L.

trias 1845, Besch., géol., du bas lat. *trias*, « au nombre de trois », mot gr.; ce terrain a trois couches : grès, calcaire, marne (v. TRIADE). || **triasique** 1872, L.

tribade 1568, H. Est., du lat. *tribas, -adis*, mot gr., proprem. « frotteuse », de *tribeîn*, frotter.

triballer 1827, *Acad.*, techn.; var. de *trimbaler*, dans un sens spécialisé (v. ce mot). || **triballe** 1827, *Acad.*, techn.

tribométrie fin XIXᵉ s.; de *tribomètre*, 1802, *Acad.*; du gr. *tribeîn*, frotter, et de l'élém. *-métrie*.

tribord 1484, Garcie (*treboit*); 1528 (*estribord*, encore 1611, Cotgrave); milieu XVIᵉ s. (*tribord*, apocope de *estribord*); du néerl. *stierboord*, de *stier*, gouvernail, et *boord*, bord (v. BÂBORD). ‖ **tribordais** 1827, *Acad.*

tribraque 1842, *Acad.*, terme de prosodie gr. et lat.; du gr. *tribrakhus*, de *tri-*, trois, et *brakhus*, bref.

tribu 1355, Bersuire, terme d'antiq. rom.; XVIIᵉ s., ext. de sens; du lat. *tribus*. ‖ **tribal** 1872, L. ‖ **tribalisme** milieu XXᵉ s., ethnographie.

tribulation 1120, *Ps. d'Oxford*; du lat. eccl. *tribulatio* (IIIᵉ s., Tertullien), de *tribulare*, persécuter, proprem. « écraser avec la herse », de *tribulum*, herse.

tribun 1213, *Fet des Romains*, antiq. rom.; XVIIᵉ s., ext. d'empl.; du lat. *tribunus*. ‖ **tribunat** 1520, G. Michel; du lat. *tribunatus*. ‖ **tribunitien** v. 1355, Bersuire, hist., du lat. *tribunicius*, en bas lat. *tribunitius*.

tribunal XIIIᵉ s., *Saint Laurent*; du lat. *tribunal*, proprem. « plate-forme sur laquelle se tient le tribun ». (V. TRIBUN.)

tribune début XIIIᵉ s.; rare jusqu'au XVᵉ s.; galerie d'église; XVIIᵉ s., ext. de sens; de l'ital. *tribuna*, du lat. *tribunal*. (V. TRIBUNAL.)

tribut XIIIᵉ s.; du lat. *tributum*, de *tribuere*, proprem. « répartir entre les tribus » (v. TRIBU); a éliminé l'anc. forme pop. *treü*. ‖ **tributaire** 1130, *Eneas*; du lat. *tributarius*.

tricennal 1842, *Acad.*; du lat. *tricennalis*, de *triceni*, trente, et *annus*, an.

tricéphale 1827, *Acad.*; du gr. *treis*, trois, et *kephalê*, tête.

triceps v. 1560, Paré, anat.; mot lat., de *tri-*, trois, et *caput*, tête. (V. BICEPS.)

***tricher** 1175, Chr. de Troyes; var. anc. *trechier*; du bas lat. **triccare*, de *trīcāre*, soulever des difficultés. ‖ **triche** s. f., 1838, *Acad.*, fam. ‖ **tricherie** v. 1120, *Ps. de Cambridge*. ‖ **tricheur** *id.*

trichine 1845, Besch.; du lat. scient. mod. *trichina*, gr. *thrix*, *thrikhos*, cheveu (c'est-à-dire : nouée comme un cheveu). ‖ **trichinose** 1872, L., méd.

tricho- du gr. *thrix*, *thrikhos*, cheveu. ‖ **trichocéphale** 1827, *Acad.*, zool. ‖ **trichome** 1827, *Acad.* (*trichoma*), méd. ‖ **trichophyton** 1872, L., bot., du gr. *phuton*, végétal.

trichromie 1876, Lar., entom.; XXᵉ s., ext. de sens; du préf. *tri-*, trois, et du gr. *khrôma*, couleur. ‖ **trichrome** 1907, Lar.

trick janv. 1772, *Mercure*, terme du jeu de whist; altér. *tri*, 1841, *le Whist*; mot angl., proprem. « ruse », du normand *trikier*, tricher.

triclinium 1835, *Acad.*; mot lat., du préf. gr. *tri-*, trois, et *klinê*, lit.

tricoises 1314, Mondeville, tenailles; altér. de *turquoises*, XIIᵉ s., fém. de *turc*, dans **tenailles turquoises*, « tenailles turques », dénomination de cause inconnue.

tricolore V. COULEUR.

tricorne 1836, Landais, de l'adj. lat. *tricornis*, à trois cornes. (V. CORNE.)

tricot V. TRICOTER, TRIQUE.

tricoter 1549, R. Est.; se disait *brocher* en anc. fr.; empl. fig. de *tricoter*, XVᵉ s., « s'agiter, danser »; de *tricot*, XVᵉ s., bâton court, dimin. de *trique* (v. ce mot). ‖ **tricot** 1701, Furetière. ‖ **tricotage** 1689, Vauban. ‖ **tricoteur** 1585, Cholières, au fém.

tricouse 1451, *Comptes roi René* (*tricquehouse*), guêtre; du moyen néerlandais *strickhosen*. (V. HOUSEAU.)

trictrac XVᵉ s., onomatop.

tricuspide 1827, *Acad.*; du lat. *tricuspis*, « à trois pointes», de *tri-*, trois, et *cuspis*, pointe.

tricycle V. CYCLO-.

tridacne 1827, *Acad.*, zool.; du gr. *tridaknos*, mordu en trois fois, de *tri*, trois, et *daknein*, mordre.

t r i d e 1611, Cotgrave, équit., « prompt »; de l'esp. *trido*.

trident XIIIᵉ s., rare jusqu'au XVIIᵉ s.; du lat. *tridens* (harpon) à trois dents. ‖ **tridenté** 1802, *Acad.*

tridi 1793, Fabre d'Églantine, troisième jour de la décade républicaine; du lat. *tri*, trois, et *dies*, jour.

triduum 1872, L. (*triduo*); 1876, Lar. (*triduum*); mot lat., « espace de trois jours », spécialisé au sens eccl.

765

trie XIVᵉ s., rég. (Nord-Est), jachère; du francique *thresk*, moy. néerl. *driesch*.

trièdre 1793, du préf. *tri-*, trois, et du gr. *hedra*, « siège », d'où « base ».

triennal début XVIᵉ s.; du bas lat. *triennalis*, de *tri*, trois, et *annus*, an. ‖ **triennalité** XVIIᵉ s., Patru. ‖ **triennat** 1752, *Trévoux*; a remplacé, d'après les mots du type *épiscopat*, l'adj. substantivé *triennal*, 1671, Pomey.

*trier 1160, Benoît; probablem. du bas lat. *tritare* (VIᵉ s.), « broyer », du lat. class. *terere*. ‖ **tri** fin XIVᵉ s.; rare avant le XVIIIᵉ s. (v. 1760, Rousseau). ‖ **triage** XIVᵉ s. ‖ **trieur** milieu XVIᵉ s.; 1616, d'Aubigné.

trière 1361, Oresme (*trierie*), hist.; rare jusqu'au XIXᵉ s., 1872, L.; du gr. *triêrês*.

trifide 1783, Bulliard, bot., zool.; du lat. *trifidus*, fendu en trois, de *findere*, fendre. (V. BIFIDE.)

trifolié 1812, Rolland; de *tri*, et de *folié*. (V. FEUILLE.)

trifouiller 1808, d'Hautel, pop., croisement de *fouiller* et de *tripoter*.

trigaud 1361, Oresme, fam., arch., probablem. du moy. haut all. *triegolf*, trompeur.

trigémellaire 1875, *Progrès médical*, méd.; du lat. *tri-*, trois, et *gemellus*, jumeau.

trigéminé 1842, *Acad.*; du lat. *trigeminus*, de *tri-*, trois, et *geminus*, jumeau.

trigle 1827, *Acad.*, ichtyol.; du gr. *triglê*.

triglyphe 1545, Van Aelst; du lat. *triglyphus*, mot gr. [V. GLYPT(O)-.]

trigone 1532, Rab., du gr. *trigônos*, « à trois angles ». ‖ **trigonelle** 1827, *Acad.*, bot. ‖ **trigonocéphale** 1827, *Acad.*, zool. ‖ **trigonométrie** début XVIIᵉ s.

trijumeau V. JUMEAU.

trilingue v. 1530, C. Marot; du lat. *trilinguis*, de *tri-*, trois, et *lingua*, langue.

trilitère ou **trilittère** 1842, *Acad.*, du préf. *tri-*, trois, et du lat. *littera*, lettre.

trille 1753, J.-J. Rousseau; de l'ital. *trillo*, du v. *trillare*, onomatop. ‖ **triller** 1842, *Acad.*

trillion 1520, E. de La Roche, alors « mille milliers de billions »; de *million* (v. MILLE), avec remplacement de l'initiale par le préf. *tri-*, trois.

trilogie 1765, *Encycl.*; du gr. *trilogia*. ‖ **trilogique** 1842, *Acad.*

trimard V. TRIMER.

trimbaler 1790, *Rat du Châtelet*, arg., puis pop.; forme nasalisée, d'après *brimbaler*, de *tribaler* (1266, *Miroir de vie*, et encore 1532, Rab.), lui-même altér., d'après l'anc. *baller*, danser, d'un anc. v. *tribouler*, « s'agiter, carillonner », empl. fig. de *tribouler*, *tribuler*, « tourmenter », du lat. eccl. *tribulare* (v. TRIBULATION). ‖ **trimbalage** 1859, Mozin. ‖ **trimbalement** 1865, Goncourt. ‖ **brinquebaler** 1853, Goncourt, de *trinqueballer*, 1534, Rab., autre altér. de *tribaler*, d'après *triqueballe*, XVᵉ s., M. Le Franc, « chariot d'artillerie », d'orig. obscure.

trimer 1628, *Jargon*, arg., cheminer, d'où auj. « se donner de la peine »; peut-être altér. d'un anc. *trumer* (fin XIVᵉ s., E. Deschamps), d'orig. obscure, peut-être à rapprocher de l'anc. *trumel*, jambe (v. TRUMEAU) : c'est-à-dire « jouer des jambes ». ‖ **trimard** fin XVIᵉ s., grande route. ‖ **trimarder** 1628, *Jargon*, arg. ‖ **trimardeur** XIXᵉ s.

trimestre milieu XVIᵉ s.; du lat. *trimestris*, « qui dure trois mois ». ‖ **trimestriel** 1833, Balzac.

tringa 1812, Mozin, ornith.; mot italien.

tringle 1328, G. (*tingle*); début XVIᵉ s. (*tringle*, forme altérée); du néerl. *tingel*, *tengel*, proprem. « cale de bois ». ‖ **tringlette** 1690, Furetière.

tringlot V. TRAIN.

trinité fin XIᵉ s., *Alexis*; du lat. eccl. *trinitas* (IIIᵉ s., Tertullien), de *trinus*, qui se répète trois fois. ‖ **trinitaire** 1541, Calvin. ‖ **trinitarien** *id.*

trinôme 1554, Peletier. (V. BINÔME.)

trinquer 1546, Rab.; de l'all. *trinken*, boire, par ext. « choquer les verres avant de boire ». ‖ **trinqueur** 1640, Oudin.

trinquet fin XVᵉ s., d'Authon, mar.; de l'ital. *trinchetto*, proprem. « voile triangulaire », du lat. *trini*, par trois. ‖ **trinquette** fin XVᵉ s., Cl. de Seyssel.

trio 1578, d'Aubigné, mus.; 1668, La Fontaine, groupe de trois personnes; mot ital., terme de mus., fait d'après *duo*, sur le rad. issu du rad. lat. *tri-*, trois.

triode fin XIXe s., électr., du lat. *tri-*, trois. (V. ÉLECTRODE.)

triolet fin XVe s., strophe, et sens mus.; empl. métaph. de *triolet*, 1545, Guéroult, trèfle rampant (à feuille tripartie), du prov. *treulet*, dimin. de *treule*, trèfle, du gr. *triphyllon* (v. TRÈFLE); pour d'autres, de l'ital. *trio* (v. ce mot), avec infl. de l'anc. fr. *triolaine*, jeûne de trois jours.

triomphe 1190, Garn.; du lat. *triumphus*. ‖ **triomphal** début XIIe s., *Thèbes*, du lat. *triumphalis*. ‖ **triompher** 1265, J. de Meung; du lat. *triumphare*. ‖ **triomphant** adj., XVe s. ‖ **triomphateur** fin XIVe s., J. Le Fèvre, du lat. *triumphator*. ‖ **-alisme** XXe s.

trionyx 1827, *Acad.*, zool.; du gr. *tri*, trois, et *onux*, ongle.

triparti, tripartition V. PARTIR 1.

1. **tripe** 1243, Ph. de Novare, boyau; peut-être de l'ar. *therb*, « pli de la panne ». ‖ **tripier** XIIIe s. ‖ **triperie** 1398, *Ménagier*. ‖ **tripaille** milieu XVe s., Gréban. ‖ **tripette** milieu XIVe s., comme nom propre; XVe s., A. de La Salle, nom commun; 1743, *Trévoux*, fig. ‖ **étriper** 1534, Rab.

2. **tripe** (*de velours*) début XIVe s., sorte d'étoffe; d'orig. obscure. ‖ **triperie** 1275, texte de Tournai.

triphtongue 1550, Meigret; du gr. *tri-*, trois, et *phtoggos*, son. (V. DIPHTONGUE.)

triple fin XIIe s. (*treble*); v. 1265, J. de Meung (*trible*); fin XIVe s. (*triple*); lat. *triplus*. ‖ **tripler** 1304, Lespinasse. ‖ **triplement** 1490, *Guidon en fr.*, adv.; 1558, Morel, s. m. ‖ **détripler** XVIIIe s. ‖ **triplet** 1872, L. ‖ **triplette** 1892.

triplicata fin XVIIIe s., fém. du lat. *triplicatus*, de *triplicare*, de *tri-*, trois, et *plicare*, plier. (V. DUPLIQUER.)

triplicité 1398, E. Deschamps; du lat. *triplicitas*, de *triplex*, triple.

tripoli début XVIe s.; du nom de *Tripoli*, ville de Syrie d'où venait jadis cette terre.

triporteur 1906, Lar., de *tri-*, trois (à trois roues), et de *porteur*. (V. PORTER 1.)

tripot v. 1170, *Tristan*, manège, intrigue, acte amoureux; milieu XVe s., Villon, jeu de paume; fin XVIIe s., sens mod.; sans doute dér. de *triper*, *treper*, sauter (v. TRÉPIGNER). ‖ **tripoter** 1482, G. Flamang, dér. du sens primitif. ‖ **tripotage** *id.* ‖ **tripoteur** 1582, N. de Montang. ‖ **tripotier** 1611, Cotgrave; a eu aussi le sens de « tenancier de tripot » (v. 1650, Scarron). ‖ **tripotée** milieu XIXe s., pop. (V. TRIFOUILLER, TRIPATOUILLER.)

triptyque 1838, *Acad.*; du gr. *triptukhos*, « plié en trois ». (V. DIPTYQUE.)

trique fin XIVe s. (*jouer aux triques*); mot rég. (Nord-Est), var. de *estrique*, 1429, texte de Douai, « bâton qu'on passait sur une mesure pour en faire tomber les grains en excédent », de *estriquer*, 1275, texte de Saint-Omer, du moy. néerl. *striken*, « passer un objet sur un autre ». ‖ **tricot** petite trique, 1413, G. ‖ **triquet** 1680, Richelet, arch. ‖ **triquer** 1827, *Acad.*, techn., séparer les bois; 1842, *Acad.*, pop., battre. (V. ÉTRIQUER.)

triqueballe V. TRIMBALER.

trirème 1355, Bersuire; rare avant 1721, *Trévoux*; du lat. *triremis*, de *tri-*, trois, et *remus*, rame.

trismégiste milieu XVIIe s., Pascal; du gr. *tris*, trois fois, et *megistos*, très grand, superlatif de *megas*.

trisme ou **trismus** 1827, *Acad.*, méd.; du gr. *trismos*, de *trizein*, grincer.

trisoc 1872, L., agric., de *tri-* et *soc*. (V. SOC.)

1. **trisser** 1872, L.; du lat. *tri-*, trois fois, d'après *bisser*.

2. **trisser** 1842, *Acad.*, se dit du cri de l'hirondelle; du lat. *trissare*, onomatopée.

triste Xe s., *Saint Léger*; du lat. *tristis*. ‖ **tristesse** fin XIIe s., Marie de France; du lat. *tristitia*. ‖ **attrister** 1468, Chastellain. ‖ **contrister** 1170, *Rois*, du lat. *contristare*.

trisyllabe 1529, d'après les *Mélanges Picot*; du lat. *trisyllabus*, du gr. *trisullabos*, « à trois syllabes » (v. SYLLABE). ‖ **trisyllabique** 1872, L.

1. **triton** 1512, J. Lemaire de Belges, mythol.; milieu XVIIIᵉ s., zool.; du lat. *Triton*, mot gr., nom d'une divinité aquatique.

2. **triton** début XVIIᵉ s., mus., « intervalle de trois tons dans le plain-chant »; du lat. médiév. *tritonum*, gr. *tritonon*. « à trois *tons* ». (V. TON 2.)

triturer début XVIᵉ s.; rare jusqu'au XVIIIᵉ s.; du bas lat. *triturare*, de *tritus*, part. passé de *terere*, broyer. ‖ **trituration** fin XIVᵉ s.; du bas lat. *trituratio*. ‖ **triturateur** 1876, L.

triumvir début XVIᵉ s., hist. rom.; du lat. *triumvir*, de *trium*, génitif pl. de *tres*, trois, et *vir*, homme. ‖ **triumvirat** 1560, Bonivard; du lat. *triumviratus*. ‖ **triumviral** 1872, L.

trivalent V. VALOIR.

trivelin 1654, Loret, bouffon; de l'ital. *Trivellino*, surnom d'un bouffon aux jambes tordues, de *trivellino*, foret, du lat. *terebellus*. ‖ **trivelin** 1872, L., instrument pour arracher les dents; semble être le même mot.

triviaire 1669, *D. G.*, « qui présente trois chemins »; du lat. *trivium*, carrefour de trois voies. (V. TRIVIAL.)

trivial 1550, Rab.; du lat. *trivialis*, « commun, vulgaire, proprem. « de carrefour », de *trivium*. ‖ **trivialité** 1611, Cotgrave.

trivium XIIIᵉ s., division inférieure des sept arts au Moyen Age; mot lat., proprem. « carrefour de trois voies ».

troc V. TROQUER.

trochanter 1560, Paré, anat., du gr. *trokhantêr*, proprem. « coureur », de *trokhazein*, courir.

1. **troche** 1220, G. de Coincy, sarment; du lat. pop. *traduca*, en lat. class. *tradux*, sarment, de *traducere*, « conduire au-delà », de *trans* et *ducere*. ‖ **trochée** 1606, Nicot, faisceau de pousses. ‖ **trochet** XIVᵉ s. bouquet de fleurs sur un arbre. ‖ **trochure** 1375, *Modus*, andouiller du cerf.

2. **troche** 1808, Boiste, coquillage; du lat. *trochus*, gr. *trokhos*, cerceau.

1. **trochée** 1551, Gruget, prosodie ant.; du lat. *trochaeus*, gr. *trokhaios*. ‖ **trochaïque** 1778, Villeneuve.

2. **trochée, trochet** V. TROCHE 1.

trochile 1827, *Acad.*, ornith.; du gr. *trokhilos*, roitelet, de *trekhein*, courir. ‖ **trochilidés** 1842, *Acad.* (*trochilides*).

trochisque 1256, Ald. de Sienne (*torcis*); 1425, O. de La Haye (*trochisque*), pharm.; du lat. méd. *trochiscus*, du gr. *trokhiskos*.

trochlée 1721, *Trévoux*, anat.; du lat. *trochlea*.

trochoïde 1658, Pascal, techn., du gr. *trokhoeidês*, proprem. « en forme de roue tournante », de *trekhein*, courir, tourner.

trochure V. TROCHE 1.

troène 1265, J. de Meung (*troine*); milieu XVIᵉ s. (*troesne*); du francique *trugil*, avec passage inexpliqué de *l* à *n*.

troglodyte 1372, Corbichon; rare jusqu'en 1552, Rab.; du lat. *troglodyta*, gr. *trôglodutês*, de *trôglê*, trou, et *dunein*, pénétrer. ‖ **troglodytique** 1842, *Acad.* ‖ **troglodytisme** 1876, Lar.

trogne 1395, Chr. de Pisan; du gaulois *trugna* (cf. le gallois *trwyn*, nez).

trognon 1398, *Ménagier*; du verbe *estrongner*, fin XIVᵉ s., tronçonner, élaguer, altér., d'après *trogne* (v. le précéd.), de *estronner*, début XIVᵉ s., réfection, d'après *tronc* (*c* non prononcé), de *estronchier*, fin XIIIᵉ s., retrancher, de l'anc. fr. *tronchier*, du lat. *trŭncare*, de *trŭncus*. (V. TRONC.)

troïka 1873, *Journ. offic.*; mot russe.

trois Xᵉ s. (*treis*); du lat. *trēs*. ‖ **troisième** XIIᵉ s., *Guill. d'Angleterre* (*troisime*); 1539, R. Est. (*troisième*); suff. sur *centième*. ‖ **trois-quarts** 1694, Th. Corneille, lime à trois pans. ‖ **trois-six** fin XVIIIᵉ s.; loc. due à une ancienne manière d'évaluer les spiritueux.

trôler XIIᵉ s., *Alexandre* (*troller*); XVIᵉ s., Du Fouilloux (*troller*), vén.; 1867, Delvau, pop., aller çà et là, trimer; du lat. pop. *tragŭllare*, var. de *tragŭlare*, suivre à la trace, de *trahere*; au XIVᵉ s., la var. *trailler* vient de *tragŭlāre*. ‖ **trolle** 1655, Salnove, vén.; XVIIIᵉ s., var. *trole*; XIXᵉ s., var. *trôle*, pop., « endroit où l'on vend du bric-à-brac ». ‖ **trolleur** 1867, Delvau, pop., marchand de peaux de lapin.

1. **trolle** V. TRÔLER.

2. **trolle** 1806, Wailly, bot., renoncule alpestre; de l'all. *Trollblume*, de *Blume*, fleur, et *Troll*, lutin.

trolley 1893, Cattori, mot angl., désignant un dispositif inventé en 1882, aux États-Unis, par le Belge Ch. Van de Poele; du v. (*to*) *troll*, rouler, lui-même empr. au fr. *trôler*. ‖ **trolleybus** 1940, *Français moderne.*

trombe 1611, Cotgrave; de l'ital. *tromba*, proprem. « trompe », empl. métaph. à cause de la forme de la trombe d'eau. (V. TROMPE.)

trombine milieu XIXᵉ s. (1867, Delvau), pop., visage; de l'ital. *trombina*, petite trompe. (V. TROMBE.)

tromblon 1803, Boiste; altér. de l'ital. *trombone*, augmentatif de *tromba*. (V. TROMBE et TROMBONE.)

trombone milieu XVIᵉ s., Baïf (*trombon*); 1721, *Trévoux* (*trombone*); de l'ital. *trombone*, augmentatif de *tromba*, proprem. « grosse trompe »; a remplacé l'anc. fr. *saquebute*. ‖ **tromboniste** 1842, *Acad.*

trompe fin XIIᵉ s., *Aymeri*; du francique **trŭmpa*, anc. haut all. *trumpa*, formation onomatop. ‖ **trompette** 1339, G. de Machaut; XVᵉ s., sonneur de trompette. ‖ **trompeter** *id.* ‖ **trompeteur** XVIᵉ s. ‖ **trompettiste** 1842, *Acad.* ‖ **trompillon** 1690, Furetière, archit. ‖ **trompille** 1842, *Acad.*, techn.

tromper 1387, J. Le Bel; semble issu de *se tromper de*, XIVᵉ s., « se jouer de », empl. fig. de *tromper* au sens de « jouer de la trompe ». ‖ **trompeur** XIIIᵉ s., *Sept Sages.* ‖ **tromperie** 1361, Oresme. ‖ **trompe-la-mort** 1872, L., fam. ‖ **trompe-l'œil** 1803, Boiste. ‖ **détromper** 1611, Cotgrave.

*tronc 1175, Chr. de Troyes; XIIIᵉ s., *tronc des pauvres*, proprem. « coffret en forme de tronc »; du lat. **trŭncus*, proprem. « tronqué », de *truncare*. ‖ **tronche** XVᵉ s., L., techn.; 1867, Delvau, pop., tête; du lat. pop. **trunca*, forme fém. de *truncus*; var. *tronce*, d'après *tronçon*. ‖ **tronchet** XIIIᵉ s. ‖ **tronquer** 1495, *Mir. hist.*; du lat. *trŭncare*, amputer, mutiler. ‖ **troncature** 1813, Ramond. ‖ **troncation** XXᵉ s. ‖ **détroncation** 1829, Boiste, du lat. *detruncatio.*

*tronçon 1080, *Roland* (*trunçun*); dér. de l'anc. fr. *trons*, du lat. pop. **trun-*

ceus, tronqué, de *truncus* (v. TRONC). ‖ **tronçonner** v. 1175, Chr. de Troyes. ‖ **tronçonnage** XXᵉ s. ‖ **tronçonneuse** XXᵉ s. ‖ **étronçonner** milieu XVIᵉ s.

trône v. 1120, *Ps. de Cambridge*; du lat. *thronus*, du gr. *thronos.* ‖ **trôner** 1801, Mercier. ‖ **détrôner** fin XVIᵉ s.; 1611, Cotgrave. ‖ **détrônement** 1731, Voltaire.

trop début XIIᵉ s., *Voy. de Charl.*; en anc. fr., également « beaucoup, assez »; empl. adv. tiré du francique **throp*, entassement, d'où est issu le lat. médiév. *troppus* (*Loi des Alamans*), « troupeau ». (V. TROUPE.)

trope 1554, de Maumont; du lat. de rhét. *tropus*, gr. *tropos*, proprem. « tour, manière ». ‖ **tropologie** XIIIᵉ s., Guiart; du lat. *tropologia*, mot gr.

trophée 1488, *Mer des hist.*; du bas lat. *trophaeum*, altér. du lat. class. *tropaeum*, gr. *tropaion.*

trophique 1842, *Acad.*; du gr. *trophê*, nourriture.

tropique 1377, Oresme; 1532, Rab.; du bas lat. *tropicus*, gr. *tropikos*, sur *tropos*, tour, de *trepein*, tourner (d'après la révolution du soleil). ‖ **tropical** début XIXᵉ s. (1842, *Acad.*). ‖ **tropicalisé** XXᵉ s. ‖ **tropicalisation** XXᵉ s. ‖ **subtropical** 1876, Lar.

tropisme 1906, Lar., du gr. *tropos*, tour. (V. TROPIQUE.)

troposphère 1916, *L. M.*, astron.; du gr. *tropos*, tour (v. les précéd.), et de *sphère.* ‖ **tropopause** XXᵉ s.

troque var. de TROCHE 2.

troquer milieu XIIIᵉ s. (*trocare*, dans un texte lat.); var. *trocher*, XVᵉ s.; d'orig. inconnue. ‖ **troc** 1550, Ronsard (*troque*). ‖ **troqueur** fin XVIᵉ s.

trotter 1130, *Eneas*; de l'anc. haut all. *trottôn* (cf. l'all. *trotten*, forme intensive de la famille de *treten*, marcher). ‖ **trot** 1190, J. Bodel. ‖ **trotteur** 1539, R. Est. ‖ **trotte** 1680, Richelet. ‖ **trottoir** 1580, Montaigne. ‖ **trottade** milieu XVIIᵉ s., Retz. ‖ **trotte-menu** 1488, *Mer des hist.* ‖ **trotting** XXᵉ s., hippisme. ‖ **trottiner** début XVᵉ s.; var. *trotigner*, 1552, Rab. ‖ **trottinement** XXᵉ s. ‖ **trottin** 1488, *Mer des hist.*, d'après *galopin*; ne se dit auj. que des jeunes femmes. ‖ **trottinette** fin XIXᵉ s. (1917, *L. M.*), d'après *patinette*.

1. ***trou** VIIIᵉ s., *Loi des Ripuaires* (*traugum*); d'un lat. pop. **traucu-*, (cf. l'anc. prov. *trauc*), d'origine prégauloise. ‖ **trouer** 1160, *Eneas*. ‖ **trouée** début XVIᵉ s. ‖ **trou-madame** milieu XVIᵉ s., jeu.

2. ***trou** XIIᵉ s. (*tros*), trognon, rég.; du lat. *thyrsus*, tige, gr. *thursos*, avec métathèse de *r*. (V. THYRSE.)

troubadour 1575, J. de Nostredame; du prov. *trobador*, proprem. « trouveur ». (V. TROUVER, TROUVÈRE.)

***trouble** 1160, Benoît, adj.; du lat. pop. **turbulus*, croisement de *turbidus*, agité, et de *turbulentus*; avec métathèse de *r*. ‖ **troubler** 1080, *Roland*; du lat. pop. *tŭrbulāre*, de **turbulus*. ‖ **troublant** adj., 1872, L. ‖ **trouble** s. m., 1283, Beaumanoir. ‖ **trouble-ment** s. m., 1265, Br. Latini. ‖ **trouble-fête** début XIVᵉ s. ‖ **trouble-ménage** XVIIᵉ s., La Fontaine.

trouée, trouer V. TROU 1.

troufignon 1867, Delvau, pop., anus, de *trou* et *figne*, anus.

troufion fin XIXᵉ s., pop., soldat; probablem. altér. plaisante de *troupier*. (V. TROUPE.)

trouille XVᵉ s., Séb. Brant, pop., colique; var. rég. *drouille*; 1808, Boiste, par ext., pop., « peur »; mot du Nord-Est, du néerl. *drollen*, aller à la selle. ‖ **trouillard** av. 1756, *Caracatara et Caracataqué*. ‖ **trouilloter** 1832, P. Borel, *Rhapsodies*, « sentir mauvais ».

troupe fin XIIᵉ s., « troupeau », jusqu'au XVIᵉ s.; XVIᵉ s., sens mod.; du bas lat. *troppus* (*Loi des Alamans*); du francique *throp* (v. TROP). ‖ **troupeau** XIIᵉ s. (*tropel*), syn. de *troupe*; XIVᵉ s., empl. mod. ‖ **troupier** 1821, Desgranges (v. TROUFION). ‖ **attrouper** XIIIᵉ s., *Doon de Mayence*. ‖ **attroupement** fin XVIᵉ s., de L'Estoile.

trousse V. TROUSSER.

troussequin milieu XVIIIᵉ s., Buffon, outil de menuisier; altér., d'après *trousser*, de *trusquin*, 1676, Félibien, mot wallon, forme dissimilée de *crusquin*, du flam. *kruisken*, « petite croix » (à cause de la forme); du moy. néerl. *cruiskijn*. ‖ **trusquiner** 1872, L.

***trousser** début XIIᵉ s., *Voy. de Charl.*, var. *torser*; en anc. fr., « charger » (une bête de somme), proprem. « mettre en paquet »; XIVᵉ s., « relever en pliant », d'où les empl. mod.; du bas lat. **torsare*, de **torsus*, var. de *tortus*, part. passé de *torquēre* (v. TORDRE). ‖ **trousse** fin XIIᵉ s., *Dolopathos* (*torse*), « botte de paille », etc.; XIIIᵉ s., « poche de selle »; d'où les empl. mod. *être aux trousses, courir aux trousses de,* fin XVIᵉ s., d'Aubigné, de *trousses* au sens de « haut-de-chausses relevé, porté par les pages ». ‖ **trousseau** XIIᵉ s., synonyme de *trousse*; début XIIIᵉ s., vêtements et ameublement donné à une jeune fille qui va se marier. ‖ **troussis** 1611, Cotgrave. ‖ **trousse-pète** 1798, *Acad.*, s. f., se dit d'une petite fille. ‖ **trousse-pet** 1872, L., tiré du précéd. ‖ **détrousser** 1119, Ph. de Thaon, proprem. « défaire ce qui est empaqueté », d'où « dépouiller de ses bagages ». ‖ **détrousseur** 1489, J. Aubrion. ‖ **retrousser** début XIIIᵉ s.; 1530, Palsgrave, sens mod. ‖ **retroussement** 1546, J. Martin. ‖ **retroussis** 1680, Richelet.

***trouver** XIIᵉ s., *Lois de Guill.*; du lat. pop. **trōpare*, de *trŏpus*, figure de rhét., proprem. « inventer, composer », puis sens gén. ‖ **trouvaille** 1160, Benoît. ‖ **trouvable** 1395, Chr. de Pisan. ‖ **introuvable** début XVIIᵉ s., Balzac. ‖ **trouveur** 1265, Br. Latini. ‖ **retrouver** XIIᵉ s. ‖ **retrouvailles** 1798, Mercier. (V. TROUVÈRE, TROUBADOUR.)

trouvère XIIᵉ s., hist., anc. cas sujet d'un mot dont *troveor* était le cas régime, spécialisation de sens d'après le sens primitif de *trouver*. (V. TROUBADOUR, TROUVER.)

truand 1169, Chr. de Troyes, surtout hist., xxᵉ s., ext. de sens; d'un gaulois **trugant-* (cf. l'irl. *trôgan*, dimin. de *truag*, malheureux, et le gallois *tru*). ‖ **truander** XIIᵉ s., *Aliscans*. ‖ **truandaille** XIIIᵉ s., hist. ‖ **truanderie** XIIᵉ s., arch.; conservé dans le nom d'une rue de Paris.

truble ou **trouble** fin XIIIᵉ s., *Livre des métiers*, filet de pêche; probablem. du gr. de Marseille *trublion*, écuelle. ‖ **trubleau** 1752, Restaut (var. *troubleau, troubleau*, par attraction de *troubler*).

trublion v. 1899, mot créé par Anatole France, à la fois d'après *troubler* et le moi lat. *trublium*, écuelle, gamelle (v. TRUBLE), pour évoquer les partisans du prétendant au trône de France, surnommé *Gamelle*.

1. **truc** 1220, G. de Coincy, ruse, procédé habile, tour d'adresse; vulgarisé au début du XIXᵉ s.; du prov. *truc*, déverbal de *trucá*, en anc. prov. *trucar*, « cogner, battre », d'un lat. pop. *trūdicāre*, du lat. *trūdere*, pousser. ‖ **trucher** 1628, *Jargon*, mendier, arch. ‖ **truquer** milieu XIXᵉ s. ‖ **truqueur** *ibid.* ‖ **trucage** ou **truquage** 1872, L.

2. **truc** ou **truck** 1843, *Journ. des chem. de fer*, chariot; mot angl.

trucheman, truchement XIIᵉ s., *Prise d'Orange* (*drugement*); XIVᵉ s., (*truchement*), interprète; 1544, M. Scève (*trucheman*), fig.; même mot que *drogman*, de l'ar. *tourdjoumân*.

trucider XXᵉ s., fam.; du lat. *trucidāre*, tuer.

truculent 1555, Peletier; du lat. *truculentus*, farouche, de *trux*, même sens. ‖ **truculence** début XVIIᵉ s.; rare jusqu'en 1853, Goncourt.

truelle XIIIᵉ s.; réfection, d'après le lat., de *trouelle*, forme rég. (Nord) du bas lat. *truella*, en lat. class. *trulla*, de *trua*, cuiller à pot.

truffe 1344, Prost, *Inv. des ducs de Bourgogne*; du périgourdin *trufa*, en lat. pop. *tūfera* (*gloses*), de **tūfer*, forme dial. (osco-ombrien) du lat. *tuber*, proprem. « excroissance » (v. TUBERCULE); la var. *treuffe* désigne la pomme de terre dans les parlers du Centre et du Centre-Est (cf. l'ital. *tartufo*, du lat. pop. **terrae tūfer*). ‖ **truffier**, fém. **truffière** 1771, *Trévoux*, du périgourdin *trufié, trufiero*. ‖ **truffer** 1798, *Acad.* ‖ **truffette** fin XIXᵉ s., bonbon fabriqué à Grenoble.

*truie XIIᵉ s.; du bas lat. *trōia* (VIIIᵉ s., *Gloses de Cassel*), fém. tiré de *porcus troianus*, « porc farci » (Macrobe), ainsi désigné par allusion plaisante au cheval de Troie.

truisme 1828, Jacquemont; de l'angl. *truism*, de *true*, vrai.

*truite XIIIᵉ s., *Berte*; var. *troite* en anc. fr.; du bas lat. *tructa* (VIIᵉ s., Isid. de Séville), du gr. *trôktês*, « vorace ». ‖ **truité** 1680, Richelet.

trullisation 1691, Daviler, crépissage à la truelle; du lat. *trullisatio*, de *trulla*. (V. TRUELLE.)

trumeau XIIᵉ s. (*trumel*), proprem. « gras de la jambe »; conservé comme terme de boucherie, « jarret de bœuf »; XVIIᵉ s., sens mod., archit. (v. aussi JAMBE, même empl. fig.); du francique **thrŭm*, morceau (cf. l'all. *Trumm*).

truquer, truqueur V. TRUC 1.

trust mai 1888, *Économiste fr.*; mot angl., de (*to*) *trust*, avoir confiance : on confie les pleins pouvoirs aux dirigeants du trust. ‖ **truster** fin XIXᵉ s. ‖ **trusteur** XXᵉ s.

trypanosome fin XIXᵉ s., bactériol.; du gr. *trupanê*, tarière, et *sôma*, corps.

tsar ou **tzar** 1561, texte d'Anvers (*czar*, forme polonaise); début XVIIᵉ s. (*zar*); début XVIIᵉ s. (*tsar*, forme russe); mot slave, empr. anc. au lat. *caesar* (cf. l'all. *Kaiser*). ‖ **tsarine** 1679, S. Collins. ‖ **tsarévitch** 1679, S. Collins (*czaroidg*); XVIIIᵉ s. (*csarowitz*). ‖ **tsarisme** fin XIXᵉ s.

tsé-tsé juillet 1874, X. Marmier, *Rev. brit.*; mot du dialecte des Sechuana, en Afrique australe.

tsigane XVᵉ s. (*cigain*); 1872, L. (*tzigane*); nom d'un peuple nomade d'Asie qui se dispersa en Europe au XVᵉ s.; cf. l'all. *Zigeuner*, l'ital. *zingaro*, le port. *cigano*. (V. aussi BOHÈME, GITAN, ROMANICHEL.)

*tu Xᵉ s., *Valenciennes*; du lat. *tū*, nominatif du pron. pers. de 2ᵉ pers. ‖ **te** XIIᵉ s., de l'acc. *tē* en position atone. ‖ **toi** XIIᵉ s. (*tei*, puis *toi*), de l'acc. *tē* en position tonique (v. ME). ‖ **tutoyer** 1394, Du Cange; var. *tutayer*, au XVIIᵉ s. ‖ **tutoiement** 1636, Monet.

tub 1878 (*tob*); 1889, P. Bourget (*tub*); de l'angl. *tub*, « baquet ». ‖ **tuber** XXᵉ s.

tube milieu XVᵉ s.; du lat. *tubus*. ‖ **tuber** 1489, *Ordonn.* ‖ **tubage** 1818, Gallois. ‖ **tubaire** 1842, *Acad.* ‖ **tubicole** 1827, *Acad.* ‖ **tubiforme** 1842, *Acad.* ‖ **tubipore** 1827, *Acad.* ‖ **tubiste** fin XIXᵉ s., postier préposé aux tubes pneumatiques; XXᵉ s., ouvrier travaillant dans un caisson à air comprimé. (V. TUBULÉ.)

tubéracé 1842, *Acad.*, bot.; du lat. *tuber*, au sens de « truffe ».

tubercule 1560, Paré, « proéminence anatomique »; 1741, Col de Villars, « tumeur du poumon »; du lat. méd. *tuberculum*, petite tumeur, de *tuber*, « tumeur » (v. TRUFFE). ‖ **tuberculeux** milieu XVIᵉ s., dans un autre sens que le sens méd. mod.; fin XVIIIᵉ s., méd. ‖ **tuberculose** 1872, L. ‖ **tuberculisation** 1842, *Acad.* ‖ **tuberculiser** 1872, L. ‖ **tuberculine** 1906, Lar. ‖ **tuberculiner, tuberculiniser** id. ‖ **tuberculination, tuberculinisation** id. ‖ **antituberculeux** 1891, *Année scient.*

tubéreux 1490, *Guidon en fr.* (*tubéroux*); v. 1560, Paré (*tubéreux*); du lat. *tuberosus*, garni de protubérances, de *tuber* (v. TRUFFE), tubercule. ‖ **tubéreuse** s. f., v. 1630, Peiresc, bot. ‖ **tubérosité** 1503, G. de Chauliac; du bas lat. *tuberositas*. ‖ **tubériforme** 1842, *Acad.* ‖ **tubérisé** XXᵉ s. ‖ **tubérisation** 1915, *L. M.*

tubulé 1743, Geffroy; du lat. *tubulatus*, de *tubus* (v. TUBE). ‖ **tubulaire** 1755, abbé Prévost, du lat. *tubulus*, dimin. de *tubus*. ‖ **tubuleux** 1771, *Trévoux*, id. ‖ **tubulure** 1762, *Acad.*, id. **tubuliflore** 1842, *Acad.*

tudesque 1770, Marmontel; de l'ital. *tedesco*, de l'anc. haut all. *diutisc* (cf. l'all. *deutsch*).

tudieu V. DIEU.

*****tuer** 1130, *Eneas*, « éteindre » (jusqu'au début du XVIIᵉ s., et encore auj. dans les parlers rég.), d'où « abattre, tuer »; du lat. pop. **tūtāre*, en lat. class. *tūtāri*, protéger, d'où en bas lat. « éteindre » dans des expressions comme *tutari sitim*, éteindre la soif, substituées à *exstinguere sitim*. ‖ **tuant** XVIIᵉ s., adj., fig. ‖ **tueur** début XIIIᵉ s. ‖ **tuerie** 1350, *Ordonn.* ‖ **tue-mouche** 1827, *Acad.*, bot.; 1872, L., *papier tue-mouches*. ‖ **à tue-tête** v. 1650, Scarron. ‖ **s'entre-tuer** XIIᵉ s.

tuf fin XVᵉ s.; de l'ital. *tufo*, forme napolitaine, du lat. *tōfus*. ‖ **tufeau** milieu XVᵉ s. ‖ **tufière** 1562, Du Pinet, s. f. ‖ **tufier** 1694, Th. Corneille, adj. ‖ **tufacé** 1842, *Acad.*, d'après le lat. *tofaceus*. (V. TOPHUS.)

*****tuile** XIIᵉ s. (*teule, tieule*); fin XIIᵉ s., *Rois* (*tuile*, par métathèse); du lat. *tēgula*, de *tegere*, couvrir; 1784, Mᵐᵉ de Genlis, fig. ‖ **tuilerie** milieu XIIIᵉ s. ‖ **tuileau** 1495, J. de Vignay. ‖ **tuilette** 1827, *Acad.* ‖ **tuiler** 1756, Féraud, fig., eccl.; 1827, *Acad.*, techn. ‖ **tuilé** 1842, *Acad.* ‖ **tuilage** 1827, *Acad.*, techn.

tularémie XXᵉ s., vétér., du lat. scient. *tularensis*, d'après le comté de *Tulare* (Californie), et du gr. *haima*, sang.

tulipe 1600, O. de Serres (*tulipan*); 1611, Cotgrave (*tulipe*); du turc *tülbend* (*lâle*), proprem. « plante-turban », appliqué à la tulipe blanche, par comparaison avec la forme d'un turban. ‖ **tulipier** 1751, *Dict. d'agric.*

tulle XVIIᵉ s. (*point de Tulle*); 1765, *Encycl.* (*tulle*); du nom de *Tulle*, ville de la Corrèze où se fabriquait ce tissu. ‖ **tullerie** 1872, L. ‖ **tullier, tullière** 1868, *Moniteur universel.* ‖ **tulliste** 1842, *Acad.*

tumeur 1398, *Somme Gautier*; du lat. *tumor*, de *tumēre*, être gonflé. ‖ **tuméfier** v. 1560, Paré; adapt. du lat. *tumefacere*, faire gonfler. ‖ **tuméfaction** XVIᵉ s., d'après les subst. en *-faction*. ‖ **tumescent** 1842, *Acad.* ‖ **tumescence** 1842, *Acad.* ‖ **intumescence** 1611, Cotgrave, du lat. *intumescere*, gonfler.

tumulte XIIᵉ s. (*temulte*; var. francisée *temolte, temoute*); début XIIIᵉ s. (*tumulte*); du lat. *tumultus*, de *tumēre* au fig. (v. TUMEUR). ‖ **tumultueux** 1495, J. de Vignay, du lat. *tumultuosus.* ‖ **tumultuaire** 1355, Bersuire, du lat. *tumultuarius.*

tumulus 1811, Chateaubriand, archéol.; mot lat. (au sens primitif, « tertre »; par ext. « tombeau »). ‖ **tumulaire** 1823, Boiste.

tune ou **thune** 1628, *Jargon*, arg., « aumône »; d'où, début XIXᵉ s., pop., « pièce de cinq francs »; de *Tunes*, forme anc. de *Tunis* : le chef des gueux s'appelait par dérision roi de *Tunes*.

tungstène 1784, Guyton de Morveau, chim.; du suédois *tungsten*, proprem. « pierre lourde » (mot créé par le chimiste suédois *Scheele*, qui découvrit ce corps en 1780).

tunique 1160, Benoît; du lat. *tunica*. ‖ **tuniqué** 1872, L., adj.; hist. nat. ‖

tunicelle 1778, Villeneuve. ‖ **tunicier** 1827, *Acad.*, zool. (d'après l'enveloppe de ces animaux marins).

tunnel 1829, Baader; mot angl., proprem. « galerie, tuyau », lui-même issu du fr. *tonnelle*. (V. TONNE.)

turban 1498, Commynes (*tolliban*); 1538, Saint-Blancard (*turban*); du turc *tülbend*, mot persan, par l'interméd. de l'ital. *turbante*, fin XV⁰ s. (v. TULIPE). ‖ **enturbanné** XVI⁰ s.

turbe 1361, Oresme, hist., jurid.; du lat. *turba*, foule. (V. TOURBE 1.)

turbine 11 mars 1827, *Corresp.*, Ph. de Girard, roue hydraulique (mot créé par Burdin, d'après cet article); du lat. *turbo, turbinis*, proprem. « tourbillon, toupie », par ext. « cône, roue de fuseau, etc. ». ‖ **turbinage** 1872, L. ‖ **turbiné** milieu XVI⁰ s., Rab. ‖ **turbinelle** 1808, Boiste, zool. ‖ **turbinite** 1771, *Trévoux*, zool. ‖ **turbopropulseur** 1948, *L. M.* ‖ **turboréacteur** *id.* ‖ **turbomoteur** 1956, Lar.

turbiner début XIX⁰ s., arg., puis, pop., travailler, probablem. forgé sur le rad. lat. de *turbo, turbinis*, tourbillon. ‖ ‖ **turbin** milieu XIX⁰ s. (1867, Delvau), pop., travail.

turbith XIII⁰ s., *Simples Méd.*, liseron de l'Inde, par ext., poudre purgative; de l'ar. *turbid*.

turbot XII⁰ s., E. de Fougères (*tourbout*); 1398, *Ménagier* (*turbot*); de l'anc. scand. **thornbutr*, de *thorn*, épine, et *butr* (cf. le néerl. *butte*, l'all. *Butt*, « barbue »). ‖ **turbotin** 1694, *Acad.* ‖ **turbotière** 1803, Boiste.

turbulent XII⁰ s.; rare jusqu'au XVI⁰ s.; du lat. *turbulentus* (III⁰ s., Tertullien), de *turbare*, troubler. ‖ **turbulence** 1495, *Mir. histor.*; du lat. *turbulentia*.

turc fin XII⁰ s., Villehardouin, nom de peuple; XVI⁰ s., fig.; du turco-persan *tourk*, nom de peuple; *tête de Turc*, fig., loc. empr. au jeu de massacre. ‖ **turquet** fin XVI⁰ s., d'Aubigné, rég.; appelé aussi *blé de Turquie*. ‖ **turquette** 1698, Lémery; appelé aussi *herbe au Turc*. ‖ **turquerie** 1579, J. de Léry. ‖ **turcophile** 1877, *le Temps*. (V. TURQUIN, TURQUOISE.)

turco milieu XIX⁰ s. (1867, Delvau); mot du sabir algérien; proprem. « turc »,

puis « algérien », puis « soldat indigène »; l'Algérie a dépendu de la Turquie jusqu'en 1830.

turdidés 1872, L., ornith.; du lat. *turdus*, grive. (V. TOURD.)

turelure, turlure XIII⁰ s., refrain de chanson; onomatop. (v. TURLUT). ‖ **turlurette** XIV⁰ s., *Chron. de Du Guesclin*, sorte de guitare.

turf 1828, *Journ. des haras*, mot angl., proprem. « gazon, pelouse » (v. TOURBE 2). ‖ **turfiste** 1854, Chapas.

turgescent 1823, Boiste; du lat. *turgescens*, part. prés. de *turgescere*, se gonfler. ‖ **turgescence** 1752, *Trévoux*; du lat. mod. *turgescentia*. ‖ **-gide** XVI⁰ s.

turion 1554, Delb., bot.; du lat. *turio*, jeune pousse.

turlupiner 1615, Delb., de *Turlupin*, surnom choisi par Legrand, auteur de farces du début du XVII⁰ s., d'après un terme d'origine inconnue désignant, au XIV⁰ s., une secte d'hérétiques, et usité au XVI⁰ s. au sens de « mauvais plaisant ». ‖ **turlupinade** 1653, Molière.

turlure, turlurette V. TURELURE.

turlut, turlu 1680, Richelet, nom d'oiseau; onomatopée. ‖ **turlutaine** 1778, Beaumarchais, « serinette »; puis empl. fig. ‖ **turlututu** 1654, Loret, onom.

turne 1800, *Chauffeurs*, arg., « maison »; 1854, Gautier, arg. des grandes écoles; alsacien *türn*, prison, forme dial. de l'all. *Turn*, proprem. « tour ». ‖ **coturne** 1895, Florent, arg. de Normale sup., compagnon de « turne » : préf. *co-*, avec, et calembour sur *cothurne*.

turnep ou **turneps** 1771, Gomicourt, chou-rave; mot angl., de (*to*) *turn*, tourner, et de l'anc. angl. *naep*, navet, du lat. *napus*.

turpitude 1495, J. de Vignay; du lat. *turpitudo*, de *turpis*, honteux.

turqueterie, turquet V. TURC.

turquin 1471, *D. G.*; de l'ital. *turchino*, proprem. « de Turquie » (le bleu était la couleur favorite des Turcs).

turquoise XIII⁰ s.; fém. subst. de l'anc. adj. *turquois*, dér. de *turc* (cette pierre a été trouvée en Turquie d'Asie).

turricule 1842, Mozin, coquillage en forme de tour; du lat. *turricula*, petite tour, dimin. de *turris*. ‖ **turrilite** 1808,

Boiste, zool. ‖ **turritelle** 1806, Wailly, zool.; du lat. *turritus*, garni de tours.

tussilage 1671, Quatroux, bot.; du lat. *tussilago*, de *tussis*, toux : cette plante était utilisée contre la toux.

tussor 1844, *Tarif des douanes* (*tussore*); de l'angl. *tussore*, de l'hindoustani *tasar*.

tuteur XIIIe s., *Livre de jostice*; du lat. *tutor*, de *tueri*, protéger. ‖ **cotuteur** XVIIIe s. ‖ **protuteur** XVIIIe s. ‖ **tutelle** début XVe s.; du lat. *tutela*. ‖ **tutélaire** 1552, Rab.; du bas lat. *tutelaris*.

tutie 1256, Ald. de Sienne (*tuschie*), oxyde de zinc sublimé; de l'ar. *tutijâ*.

tutoyer V. TU.

tutti XIXe s. (1842, *Acad.*), mus.; mot ital., plur. de *tutto*, tout; *tutti quanti*, v. 1670, Mme de Sévigné; expr. ital., pour « tous tant qu'ils sont ».

tutu fin XIXe s., « caleçon collant de danseuse », puis « jupe légère de danseuse »; mot enfantin; altér. euphémique de *cucu*, redoublement de *cul.*

tuyau 1190, J. Bodel; du francique *thûta*, « trompette, tuyau » (cf. le comp. gotique *thut-haurn*, proprem. « cornetrompette »); 1877, *le Charivari*, fig., fam., lexique des courses, renseignement (donné dans le tuyau de l'oreille). ‖ **tuyauter** 31 janv. 1822, *Obs. des modes*, plier du linge à *tuyaux*; fin XIXe s., fam., renseigner. ‖ **tuyauterie** milieu XIXe s. ‖ **tuyautage** 1872, L. ‖ **tuyère** 1680, Richelet.

tweed 1845, Th. Gautier, laine d'Ecosse; mot angl., altér., d'après *Tweed*, nom d'une rivière d'Ecosse, de *tweel*, étoffe croisée (cf. l'angl. [*to*] *twill*, croiser).

tympan fin XIIe s., *Rois*, tambour; début XVIe s. (*tympan*) et XVIe s., B. Palissy (*tympane*), archit.; XVIIe s., *Huetiana*, méd.; du lat. *tympanum*, tambourin, et par ext., archit., du gr. *tumpanon* (v. TIMBRE). ‖ **tympanique** 1827, *Acad.* ‖ **tympaniser** début XVIe s., signaler bruyamment, jusqu'à la fin du XVIIe s.; XVIIe s., sens mod.; du lat. impér. *tympanizare*, jouer du tambourin. ‖ **tympanite** 1372, Corbichon (*tympanide*), méd.; du lat. méd. *tympanites*. ‖ **tympanisme** 1872, L., méd. ‖ **tympanon** 1680, Richelet, anc. instr. de mus.; du gr. *tumpanon*.

type 1495, *Mir. hist.*, empl. eccl., « modèle, symbole »; XIXe s., ext. d'empl.; fin XIXe s., pop., « individu »; du lat. eccl. *typus*, « modèle, exemple », du gr. *tupos*, proprem. « marque d'un coup », d'où « caractère d'écriture », et « image », puis « modèle, type ». ‖ **typesse** fin XIXe s., pop. ‖ **typé** 1843, Toeppfer. ‖ **typer** 1873, *J. O.* ‖ **typique** 1495, *Mir. histor.*, « allégorique »; XIXe s. (1842, *Acad.*), ext. d'emploi; du lat. eccl. *tupicus*, « exemplaire », gr. *tupikos.* ‖ **typifié** 1859, Mozin. ‖ **typiser** 1834, Balzac. ‖ **typisation** *id.*

typhlite 1872, L., méd.; du gr. *tuphlos*, caecum, proprem. « (intestin) aveugle ».

typhon 1521, Crignon; de l'angl. *typhoon*, de l'ar. *tufân*, lui-même peut-être issu du gr. *tuphôn*, tourbillon de vent.

typhus 1667, Justel; mot du lat. méd. (IIIe s., Sammonicus), du gr. méd. *tuphos*, torpeur, proprem. « fumée, vapeur ». ‖ **typhique** 1836, Landais. ‖ **typhoïde** 1660, Fernel (*typhodes*); 1818, Dr Louis (*typhoïde*). ‖ **paratyphoïde** 1907, Lar. ‖ **typhoïdique** 1877, *le Progrès médical.* ‖ **typhomycine** XXe s.

typographe 1554, Belleforest; du gr. *tupos*, au sens de « caractère d'écriture » (v. TYPE), et de *graphein*, écrire. ‖ **typo** 1867, Delvau, abrév. ‖ **typographie** 1577, Gamien. ‖ **typographique** 1560, J. Millet. (V. LINOTYPE, MONOTYPE.)

typologie 1916, *L. M.*; du gr. *tupos*, « modèle, type », et de l'élém. *-logie.*

typtologie 1906, Lar.; du gr. *tuptein* frapper, et de l'élém. *-logie.*

tyran Xe s., *Saint Léger* (*tiran*); du lat. *tyrannus*, gr. *turannos*, proprem. « maître », par ext. usurpateur, despote. ‖ **tyranneau** 1578, Despense. ‖ **tyrannie** 1155, Wace. ‖ **tyrannique** 1361, Oresme, du lat. *tyrannicus*, gr. *turannikos.* ‖ **tyranniser** 1361, Oresme. ‖ **tyrannicide** 1487, Garbin; du lat. *tyrannicida* (v. HOMICIDE, PARRICIDE). ‖ **tyrannosaure** fin XIXe s., zool., du gr. *saura*, reptile.

tyrolienne 1816, Jouy, chant (s.-e. *chanson*); fém. de l'adj. dér. de *Tyrol.*

tyrosine 1872, L., chim.; du gr. *turos*, fromage.

tzigane V. TSIGANE.

U

ubac XIIᵉ s., mot méridional, versant exposé au nord; du lat. *opacus*, sombre, par l'intermédiaire du bas lat. *ubacum*. (V. ADRET, OPAQUE.)

ubéral fin XIXᵉ s., du lat. *uber*, sein, mamelle. ‖ **ubérosité** *id.*, du bas lat. *uberosus*, de *uber*, fécond, fertile.

ubiquité 1548, N. Du Fail, du lat. *ubique*, partout (comp. de *ubi*, où). ‖ **ubiquiste** 1585, Feuardent, théol. ‖ **ubiquitaire** 1600, Fr. de Sales, théol.

uchronie 1892, Guérin, « histoire fictive », du gr. *ou*, préfixe négatif, et *khronos*, temps, sur le modèle de *utopie*.

uhlan 1748, d'Argenson (*houlan*); mot allem., empr. au polonais, du tartare *oglan*, jeune homme.

ukase 1774, *Mém. d'Eon* (*oukase*), mot russe, de *ukasat'*, publier.

ulcère 1314, Mondeville, lat. *ulcus, ulceris.* ‖ **ulcérer** *id.*, lat. *ulcerare*; fig., 1611, Cotgrave. ‖ **ulcération** 1456, G. de Villiers, lat. *ulceratio.* ‖ **ulcéreux** 1490, G. de Chauliac, lat. *ulcerosus.* ‖ **exulcérer** 1534, Rab., lat. méd. *exulcerare.* ‖ **exulcération** XVIᵉ s., lat. *exulceratio.*

uléma 1829, Boiste, de l'ar. *oulamâ*, plur. de *alim*, savant.

uligineux 1265, Br. Latini, du lat. *uliginosus*, de *uligo*, humidité.

ulmaire XIVᵉ s., Gauchet, du lat. bot. mod. *ulmaria*, de *ulmus*, orme, d'après une ressemblance des feuilles. ‖ **ulmique** 1834, Boiste, chim.

ulster v. 1872, mot angl., type de manteau; de *Ulster*, province irlandaise où l'on en fabriquait l'étoffe.

ultérieur début XVIᵉ s., du lat. *ulterior*, forme de comparatif, même rad. que *ultra*, au-delà.

ultimatum 1740, Brunot, mot du lat. diplomatique mod., de *ultimus*, dernier.

ultime fin XVᵉ s., J. Lemaire de Belges, du lat. *ultimus*, dernier.

1. ultra- du lat. *ultra*, au-delà (de); sert à la construction de nombreux mots savants : *ultra-son, ultraviolet*, etc.

2. ultra 1792, C. Desmoulins, extrémiste, en politique; 1820, Courier, ellipse de *ultra-royaliste*; empl. subst. du préf. *ultra.*

ultramontain début XIVᵉ s., eccl., du lat. eccl. *ultramontanus*, proprem. « d'au-delà des monts (les Alpes) ». ‖ **ultramontanisme** XVIIIᵉ s., d'Argenson, eccl.

*un Xᵉ s., du lat. *ūnus.* ‖ **l'un** 1080, *Roland.* ‖ **unième** 1240, Mousket (*vint et unime*); 1552, R. Est. (*unième*).

unanime Xᵉ s., *Valenciennes*; rare avant le XVᵉ s.; du lat. *unanimus*, « qui a une même âme ». ‖ **unanimement** 1361, Oresme, du lat. *unanimitas.* ‖ **unanimisme, unanimiste** 1910, J. Romains, littér.

unau 1614, Cl. d'Abbeville, zool.; mot d'une langue indigène du Brésil.

*uni Xᵉ s., adj., du lat. *unitus*, part. passé de *unīre.* ‖ **uniment** 1120, *Ps. d'Oxford* (*uniement*).

uni- premier élément d'adjectifs savants, comme *unicellulaire*, indiquant que la substance qualifiée comporte un unique objet de la catégorie désignée par le radical. ‖ **unicellulaire** 1838, *Acad.* ‖ **unicorne** 1265, Br. Latini. ‖ **uniflore** 1778, Lamarck. ‖ **unifolié** 1842, *Acad.* ‖ **unijambiste** 1914, *le Sourire.* ‖ **uninominal** 1874, *Journ. offic.* ‖ **unipersonnel** 1823, Boiste. ‖ **unisexué** 1763, Adanson (*unisexé*).

unifier fin XIVᵉ s., du bas lat. *unificare*, de *unus*, un, et de *facere*, faire. ‖ **unification** 1842, *Acad.* ‖ **unificateur** 1907, Lar.

uniforme 1361, Oresme, adj., du lat. *uniformis*, « qui a une seule forme »; début XVIIIᵉ s., subst., abrév. *d'habit uniforme*. ‖ **uniformément** fin XIVᵉ s. (*uniforméement*); 1500 (*uniformement*); 1607 (*uniformément*). ‖ **uniformité** 1361, Oresme, du bas lat. *uniformitas*. ‖ **uniformiser** 1725, *Dict. néologique*. ‖ **uniformisation** v. 1850, Thiers.

union fin XIIᵉ s., du bas lat. *unio* (IIIᵉ s., Tertullien, aussi « unité »), de *unus*, un. ‖ **désunion** 1479, Bartzsch, d'après *désunir*. ‖ **réunion** 1468, Bartzsch, d'après *réunir*. ‖ **unionisme, unioniste** 1834, Boiste, de l'angl. *unionism*, *unionist*.

unique 1495, J. de Vignay, du lat. *unicus*, de *unus*, un. ‖ **unicité** 1730, Saint-Simon.

unir XIIᵉ s., *Grégoire*, du lat. *unire*, de *unus*, un. ‖ **désunir** 1417, G. ‖ **réunir** 1400 (*réaunir*); 1539, R. Est. (*réunir*).

unisson 1361, Oresme, mus., du lat. *unisonus*, qui a un seul son; fig., 1696, Regnard.

unité 1120, *Ps. d'Oxford*, du lat. *unitas*, de *unus*, un. ‖ **unitaire** 1688, Bossuet, théol.; 1822, Fourier, polit. ‖ **unitarien** milieu XIXᵉ s. ‖ **unitarisme** 1872, L. ‖ **unitariste** 1949, Lar.

unitif 1420, A. Chartier, du lat. scolast. *unitivus*, de *unus*, un.

univers milieu XIIᵉ s., d'abord adj. jusqu'au XVIᵉ s., du lat. *universus*, tout entier, proprem. « tourné de manière à former un tout »; v. 1530, C. Marot, subst., du lat. philos. *universum*.

universel fin XIIᵉ s. (*-sel*); 1355, Bersuire (*universal*). Le pl. *universaux*, av. 1650 (Descartes), a servi de terme scolast., du lat. *universalis*. ‖ **universalité** 1375, R. de Presles, du bas lat. *universalitas*. ‖ **universaliser** milieu XVIIIᵉ s. ‖ **universalisation** 1795, Brunot. ‖ **universaliste** 1704, *Trévoux*, philos. ‖ **universalisme** 1823, Boiste.

université 1218, G., en parlant de l'univ. de Metz, du lat. *universitas*, « ensemble », employé au sens bas-lat. et médiév. de « collège, corporation », dès 1150 à Paris. ‖ **universitaire** 1823, Boiste; n. m. 1814, Béranger.

univoque fin XIVᵉ s., du bas lat. *univocus*, de *unus*, un, et *vocare*, appeler. ‖ **univocation** 1503, G. de Chauliac, du bas lat. *univocatio*. ‖ **univocité** XXᵉ s. (1960, Lar.). ‖ **biunivoque** 1960, Lar.

uppercut 1908, *Vie au grand air*, de l'angl. *uppercut*, de *upper*, supérieur, et *cut*, coup.

urane 1790, nom d'un corps découvert en 1789 par l'Allemand Klaproth, et appelé par ce dernier *Uran*, du nom de la planète *Uranus*, découverte en 1781 par Herschel, qui lui donna ce nom d'après celui du dieu latin *Uranus*, père de *Saturne* (du gr. *Ouranos*, proprem. « ciel »). ‖ **uranium** 1845, Besch.; corps découvert en 1841 par Péligot.

uranie 1827, *Acad.*, entom.; du gr. *ourania*, céleste, de *ouranos*, ciel.

urano- du gr. *ouranos*, ciel. ‖ **uranographie** 1762, *Acad.*; a remplacé *ouranographie* (1694, Th. Corn.). ‖ **uranologie** fin XVIᵉ s. ‖ **uranométrie** 1847, Besch. ‖ **uranoplastie** 1872, L., chir., du gr. *ouranos*, palais, et *plassein*, former. ‖ **uranoscope** 1546, Saint-Gelais.

urbain 1355, Bersuire, du lat. *urbanus*, de *urbs*, ville. ‖ **interurbain** 1894, Sachs. ‖ **urbanité** 1361, Oresme; au fig., fin XVᵉ s., J. Lemaire de Belges. ‖ **urbanisme** 1842, Radonvilliers, « urbanité »; 1910, archit., d'après G. Bardet. ‖ **urbaniste** 1923, Lar. ‖ **urbaniser** 1873, E. About. ‖ **urbanisation** 1938.

urcéole 1819, *Nouv. Dict. d'hist. nat.*, bot., du lat. *urceolus*, dim. de *urceus*, vase. ‖ **urcéolaire** *id.* ‖ **urcéolé** 1802. Richard.

urédinée 1842, *Acad.*, bot., du lat. *uredo*, nielle (maladie des plantes), de *urere*, brûler. ‖ **urédinales** XXᵉ s.

urée 1797, tiré par Fourcroy du rad. de *urine*. ‖ **urate** 1798. ‖ **urique** 1803, Wailly. ‖ **polyurique** 1810, Capuron. ‖ **polyurie** 1836, Landais. ‖ **urémie** 1847, Piorry, sur le gr. *haima*, sang. ‖ **urémique** 1872, L. ‖ **uricémie** 1907, Lar.

uretère 1541, Canappe, du lat. *urêtêr*, empr. au gr. *ourêtêr*, de *ourein*, uriner. ‖ **urétérite** 1836, Landais.

urètre 1667, *Journal des savants*, du lat. *urethra*, empr. au gr. *ourêthra*, de *ourein*, uriner. ‖ **urétral** fin XVIIIᵉ s.

urgent milieu XIVᵉ s., du lat. *urgens*, part. prés. de *urgere*, presser. ‖ **urgence** 1572, Belleforest. ‖ **urger** 1903, *le Sourire*.

urine fin XIIᵉ s., *Rois*, du lat. *ūrīna* (du XIIᵉ au XVIᵉ s., var. *orine*, du lat. pop. *aurīna*, altér. de *ūrīna* d'après *aurum*, or). ‖ **uriner** XIIIᵉ s. ‖ **urinaire** 1560, Paré. ‖ **urinifère** 1872, L. ‖ **urinal** 1175, Chr. de Troyes (*orinal*) ; fin XIVᵉ s. (*urinal*). ‖ **urineux** 1611, Cotgrave. ‖ **urinoir** 1754, vase ; 1872, L., local.

urne 1487, Garbin, « vase », du lat. *urna*, vase ; 1845, Besch., « récipient pour recueillir les bulletins de vote ».

uro- du gr. *oûron*, urine. ‖ **urobiline** 1906, Lar. ‖ **urochrome** 1872, L. ‖ **urographie** XXᵉ s. ‖ **urologie** 1876, Lar. ‖ **urologue** 1910. ‖ **uromètre** 1872, L. ‖ **uroscopie** 1765, *Encycl.*

urticaire milieu XVIIIᵉ s., adj., *fièvre urticaire* ; 1806, Capuron, subst. ; du lat. *urtīca*, ortie. ‖ **urticacée** 1923, Lar. ‖ **urticée** 1803, Boiste. ‖ **urtication** fin XVIIIᵉ s.

***us** 1175, Chr. de Troyes, du lat. *ūsus*, usage, part. passé subst. de *uti*, « se servir de » ; auj. arch., usité seulement dans la loc. *les us et coutumes*, fin XIIᵉ s., Villehardouin.

usage fin XIIᵉ s., dér. de l'anc. fr. *us*. ‖ **usager** début XIVᵉ s., s. m. ‖ **usagé** 1360, Froissart, « accoutumé », part. passé de l'anc. verbe *usager*, XVᵉ s., « s'habituer » ; 1877, journ., « qui a beaucoup servi », dér. de *usage*. ‖ **non-usage** 1689, Brunot.

***user** 1080, *Roland*, « se servir de », consommer, du lat. pop. *ūsare*, de *ūsus*, part. passé de *ūtī*, « se servir de » ; 1530, Palsgrave, « détériorer par l'usage ». ‖ **usance** 1271, G. ‖ **inusable** 1867, L. ‖ **usure** 1530, Palsgrave. ‖ **mésuser** 1283, Beaumanoir.

usine 1732, *Arrêt du Conseil* (sur Charleville), mot des parlers du Nord et du Nord-Est, de *uisine* (1274, *wisine*, à Valenciennes), altér., d'après *cuisine*, d'un anc. picard *ouchine*, *œuchine*, du lat. *officīna*, « atelier » ; d'abord « établissement où l'on travaille le métal avec des machines » ; puis ext. de sens au XIXᵉ s. ‖ **usinier** 1773, à Liège, adj. ; 1847, Besch., subst. ‖ **usiner** 1876, L. ‖

usinage 1876, *Journ. offic.* ‖ **usineur** 1916, *L. M.*

usité 1360, Froissart, du lat. *usitatus*, de *usus* (v. US). ‖ **inusité** 1495, *Mir. hist.*, « extraordinaire » ; 1549, R. Est., « qui n'est pas en usage » ; du lat. *inusitatus.*

usnée 1698, Lémery, bot., du lat. médiév. *usnea*, de l'ar. *ashnah*, mousse.

ustensile 1375, R. de Presles (*utensile*) ; début XVᵉ s. (*ustensile*), par attraction de *user* ; du lat. *utensilia*, « objets usuels », pl. neut. de *utensilis*, de *uti*, « se servir de ». (V. OUTIL.)

usucapion XIIIᵉ s., G., jurid., du lat. jurid. *usucapio*, manière d'acquérir par l'usage, de *usus*, usage (v. US), et *capere*, prendre.

usuel 1298, G. (*usuau*) ; début XVIᵉ s. (*usuellement*) ; début XVIIᵉ s. (*usuel*) ; du bas lat. *usualis*, de *usus*, usage.

usufruit milieu XIIIᵉ s. (var. *usefruis*, *usfruit*) ; du lat. jurid. *ususfructus*, de *usus*, usage (v. US), et *fructus*, fruit, revenu. ‖ **usufructuaire** XIIIᵉ s. ‖ **usufruitier** début XVᵉ s.

1. usure V. USER.

2. usure début XIIᵉ s., du lat. *usura*, intérêt de l'argent, de *usus*, usage (v. US), d'abord au sens latin ; 1690, Furetière, sens péjor. ‖ **usurier** milieu XIIᵉ s., s. m., prêteur à intérêt ; 1625, Peiresc, prêteur à un taux trop élevé. ‖ **usuraire** début XIVᵉ s., du lat. jurid. *usurarius*, « relatif aux intérêts » ; début XVIᵉ s., « qui dépasse le taux légal des intérêts ».

usurper début XIVᵉ s., du lat. jurid. *usurpare*, de *usus*, usage (v. US), et *rapere*, ravir. ‖ **usurpateur** 1495, J. de Vignay, du bas lat. jurid. *usurpator*. ‖ **usurpation** 1372, Golein, du lat. jurid. *usurpatio*. ‖ **usurpatoire** milieu XVIIIᵉ s..

ut av. 1648, Voiture ; première note de la gamme, formée en Italie, ainsi que les cinq suivantes (*ré, mi, fa, sol, la*, XIIIᵉ s., G. de Coincy), par Gui d'Arezzo (XIᵉ s.), d'une des syllabes initiales de la première strophe de l'hymne latin à saint Jean-Baptiste : UT *queant laxis* RESONARE *fibris* MIRA *gestorum* FAMULI *tuorum* SOLVE *polluti* LABII *reatum, sancte Johannes.* (V. DO et SI 3.)

utérus v. 1560, Paré, du lat. *uterus*, matrice. ‖ **utérin** milieu XVᵉ s., jurid., du lat. jurid. *uterinus*, de *uterus*; 1560, Paré, méd.

utile 1120, *Ps. d'Oxford* (*utele*); 1260 (*utile*); du lat. *utilis*, de *uti*, « se servir de ». ‖ **inutile** 1120, *Ps. d'Oxford* (*-tele*); 1355, Bersuire (*-tile*); du lat. *inutilis*. ‖ **utiliser** 1792, Necker. ‖ **utilisation** 1798, Schwan. ‖ **utilisable** 1842, Radonvilliers. ‖ **inutilisable** 1845, Besch. ‖ **inutilisé** 1834, Boiste. ‖ **utilité** 1120, *Ps. d'Oxford*, du lat. *utilitas*. ‖ **inutilité** 1416, N. de Baye, du lat. *inutilitas*. ‖ **utilitaire** 1831, *le Semeur*, d'apr. l'angl. *utilitarian*. ‖ **utilitarisme** *id.*, d'apr. l'angl. *utilitarism*.

utopie 1532, Rabelais, du lat. mod. *Utopia*, nom d'un pays imaginaire, créé par Thomas Morus en 1516, sur le gr. *ou*, ne pas, et *topos*, lieu : « lieu qui n'existe pas ». ‖ **utopiste** fin XVIIIe s., a remplacé *utopien*, employé au XVIIIe s.

par Rivarol. ‖ **utopique** 1529, relatif à l'*Utopie* de Th. Morus; v. 1840, Proudhon, sens mod.

utricule 1758, Duhamel-Monceau, bot., du lat. *utriculus*, « petite outre », et par ext. « calice de fleur », etc. ‖ **utriculaire** 1819, Boiste. ‖ **utriculeux** 1842, *Acad.*

uval 1874, L., « relatif aux raisins », du lat. *uva*, grappe de raisin.

uve 1762, Bonnet, zool., ovaire en grappe, du lat. *uva*, grappe de raisin. ‖ **uvelle** 1842, *Acad.* ‖ **uvette** début XVIe s. ‖ **uvique** 1842, Mozin, chimie.

uvée fin XVe s., anat., du lat. *uva*, grappe de raisin. ‖ **uvéite** 1872, L.

uvule 1314, Mondeville, du lat. *uvula*, luette, proprem. « petit grain de raisin », de *uva*, grappe de raisin. ‖ **uvulaire** 1735, Heister.

V

*va 3ᵉ pers. sing. de l'ind. prés. d'ALLER
(v. ce mot), élément de composition,
dans les mots suivants. ‖ va-et-vient
fin XVIIᵉ s., Saint-Simon. ‖ va-de-la-
gueule 1829, Boiste. ‖ va-nu-pieds
1615, Binet. ‖ va-t-en-guerre XXᵉ s.,
journ. ‖ va-te-laver 1867, Delvau. ‖
va-tout fin XVIIᵉ s., Saint-Simon. ‖ à la
va-vite XIXᵉ s.

vacant 1207, Delb., du lat. vacans,
-antis, part. prés. de vacare, « être
vide », d'où « être vacant ». ‖ vacance
fin XVIᵉ s., au sens de « manque », dans
un texte jurid.; 1611, Cotgrave, « état
d'une charge sans titulaire »; 1623,
Sorel, au plur., « temps où l'on ne va
plus en classe ». ‖ vacancier 1956, Fr.
mod. ‖ vacancer 1963, journ.

vacarme 1288, Renart le novel, texte
lillois (wascarme); de l'interj. moy.-
néerl. wach-arme, « hélas! pauvre que
je suis! ».

vacation 1355, Bersuire, « dispense,
manque, cessation »; du lat. vacatio, de
vacare (v. VACANT); fin XIVᵉ s., « occupation, emploi », puis « temps quotidien
consacré à une affaire » : le mot est
alors senti comme un dérivé de vaquer.

vaccin début XIXᵉ s., ellipse de virus
vaccin, avec l'adj. anc. vaccin, XIVᵉ s.,
« de vache », du lat. vaccinus, de vacca,
vache. ‖ vaccine 1749, Bibliothèque
britannique, fém. subst. de l'adj. vaccin;
désigne une maladie éruptive de la
vache, puis, momentanément (1800),
l'action de vacciner. ‖ vacciner 1801,
Mercier. ‖ vaccination id.; a remplacé vaccine. ‖ revacciner milieu
XIXᵉ s.

vaccinier 1867, Sauvion, Dict. des
termes techn., syn. de AIRELLE, du lat.
vaccinium.

*vache fin XIᵉ s., du lat. vacca; depuis
le XIIᵉ s., peut désigner le cuir fait avec
de la peau de vache, d'où, fin XVIIIᵉ s.,
différents types de sacs faits en cuir;
1640, Oudin, « femme dévergondée »,
d'où de multiples emplois injurieux;
1907, Lar., « personne méchante »,
subst. et adj.; XXᵉ s., adj. pop., « difficile ». ‖ vachette fin XIIᵉ s.; 1836,
Landais, cuir de jeune vache. ‖ *vacher
1190, Bodel, du lat. pop. vaccarius. ‖
vachère milieu XIVᵉ s. ‖ vacherie
début XIIᵉ s., Thèbes, étable à vaches;
1549, Gouberville (vaquerie); 1690,
Furetière (vacherie), « lieu où l'on
nourrit des vaches et où l'on vend du
lait »; fin XIXᵉ s., méchanceté. ‖ va-
chement XXᵉ s., pop., bougrement. ‖
vachard subst. pop., 1873, Gazette des
tribunaux.

vaciller fin XIIᵉ s., du lat. vacillare;
milieu XIVᵉ s., empl. fig. ‖ vacillant
adj., milieu XIVᵉ s. ‖ vacillation 1512,
J. Lemaire de Belges. ‖ vacillement
1606, Crespin.

vacuité 1314, Mondeville, du lat.
vacuitas, de l'adj. vacuus, vide. ‖
vacuum 1872, L. (V. VACANT, VAQUER.)

vacuole 1734, P. Harscouet, Lettre au
P. André, du lat. vacuus, vide. ‖ vacuo-
laire 1877, Comptes rendus de l'Acad.
des sciences.

vade-in-pace 1743, Trévoux, loc.
lat. signif. « va en paix », désignant la
prison de couvent.

vade-mecum milieu XVᵉ s., loc. lat.
signif. « va avec moi ».

vadrouille s. f., 1678, Guillet, tampon de laine, mar., du mot lyonnais
drouilles, vieilles hardes, et du préf.
lyonnais va-, à valeur intensive, du lat.
valde; 1867, Delvau, « drôlesse ». ‖ vadrouiller 1881, Larchey, pop. ‖ vadrouille id. ‖ vadrouilleur 1881,
Rigaud.

779

vagabond début XIVe s., du bas lat. *vagabundus*, de *vagari*, « aller çà et là » (v. VAGUE 3, VAGUER), au sens de « imprécis ». ‖ **vagabonder** 1355, Bersuire. ‖ **vagabondage** 1767, Linguet.

vagin milieu XVIIe s. (*vagina*); 1680, Richelet; du lat. *vagina*, gaine. ‖ **vaginal** 1727, Furetière. ‖ **invaginer** 1832, Raymond. ‖ **invagination** 1765, Brunot. (V. GAINE, VANILLE.)

vagir 1555, Peletier, du lat. *vagire*. ‖ **vagissant** 1829, Boiste. ‖ **vagissement** 1536, J. Bouchet.

1. vague s. f., XIIe s., *Tristan* (*wage*), de l'anc. scand. *vâgr* (moy. bas all. *wâge*, all. *Woge*). ‖ **vaguelette** début XXe s., Proust.

2. vague adj., milieu XIIIe s., « dépourvu de titulaire (pour une charge) »; 1272, Joinville (*terrains vagues*), vide, non occupé; du lat. *vacuus*, vide (v. VACANT, VACUITÉ, VAQUER). On trouve en anc. fr. une var. *vaque*, XIIIe s., *terre vaque*. *Vague* l'a emporté par confusion avec le suivant.

3. vague adj. fin XIVe s., « errant »; XVIe s., « imprécis »; du lat. *vagus*, proprem. « errant, vagabond »; s. m., 1765, *Encycl.*; *vague des passions*, fin XVIIIe s.; *vague à l'âme*, 1933, Lar.

vaguemestre milieu XVIIe s., de l'all. *Wagenmeister*, « maître des équipages » (sens fr. au XVIIe s.); 1834, Boiste, sens mod.

vaguer 1130, *Job*, du lat. *vagari*, « aller çà et là », errer; *laisser vaguer son imagination*, XVIIe s., Bossuet.

vaigre 1690, Furetière, mar., mot scand. (dan. *væger*).

vaillant 1080, *Roland*, anc. part. prés. de *valoir*, proprem. « valant » (*n'avoir pas un sou vaillant*, 1690, Furetière); le sens de « courageux » apparaît dès la première attestation. ‖ **vaillance** 1160, *Eneas*; aussi « valeur », jusqu'au XVIIe s. ‖ **vaillamment** début XIIe s., *Ps. de Cambridge* (*vaillantment*); 1300 (*vaillamment*).

*vain début XIIe s., du lat. *vanus*, « vide »; « léger, illusoire », depuis la première attestation; XIIIe s., *vaine pâture*, « terre où il n'y a ni semences ni fruits », puis loc. jurid., 1611, Cotgrave, « terre où les habitants d'une commune peuvent faire paître leurs bestiaux »; en anc. fr., il a eu aussi le sens de « faible, épuisé ». ‖ **en vain** début XIIe s., du lat. pop. *in vanum*, d'après le lat. class. *in cassum*, syn. de *frustra*.

*vaincre Xe s., *Eulalie* (*veintre*); XIIe s. (*vaincre*), d'après *vaincons*, etc.; du lat. *vincere*. ‖ **vaincu** s. m., 1145, G. ‖ **invaincu** ad., 1495, J. de Vignay, d'après le lat. *invictus*. ‖ **vainqueur** début XIIe s. ‖ **invincible** 1360, Oresme, du bas lat. *invincibilis*.

*vair 1080, *Roland*, adj., « gris-bleu clair », en parlant des yeux; du lat. *varius* (v. VARIER); au XIIe s., égalem. « bigarré, varié » (empl. inus. depuis le XVe s.); 1138, subst., « fourrure de petit-gris ». ‖ **vairon** fin XIIe s., adj., « tacheté »; milieu XIIe s., subst., poisson (var. *veiron*, *verron*, *véron*). ‖ **vairé** début XIIe s., var. *vairié*, blason.

*vaisseau 1155, Wace (*vaissel*), vase, récipient, du bas lat. *vascellum*, dimin. de *vas*, vase; au XIIe s., « navire »; a fini par éliminer *nef* dans ce sens; 1314, Mondeville, anat. (V. VASCULAIRE.)

vaisselle 1155, Wace, du lat. *vascella*, pl. neut. de *vascellum*, devenu fém. en lat. pop. (v. VAISSEAU). ‖ **vaisselier** 1568, Havard. ‖ **vaissellerie** 1907, Lar.

*val 1080, *Roland*, s. masc., du lat. *vallis*, s. fém. (genre conservé dans des noms de lieux : *Laval*, *Lavaufranche*, *Froidevaux*, etc.); éliminé par le dér. *vallée*, ne s'emploie plus que dans le lexique géogr., et dans la loc. *par monts et par vaux*, XVe s. ‖ **vallée** 1080, *Roland*. ‖ **valleuse** 1907, Lar., mot norm., de *valleure*, contraction de *valleüre*, dér. de *vallée*, *val*. ‖ **aval** 1080, *Roland*, var. *avau*, conservée dans la loc. *à vau-l'eau*, 1552, Rab. ‖ **avaler** 1080, *Roland*, «descendre rapidement»; XIIe s., « faire descendre dans le gosier », et sens mod. ‖ **avaloire** milieu XIIIe s., harnais. ‖ **avaleur** début XVe s. ‖ **dévaler** 1155, Wace. ‖ **ravaler** 1175, Chr. de Troyes, « descendre, faire descendre »; XIIIe s., sens moral; XVe s., sens techn. ‖ **ravalement** milieu XVe s., sens parallèles à ceux du verbe.

1. valence s. f., début XIXe s., orange, du nom de *Valence*, ville d'Espagne.

2. valence V. VALOIR.

valenciennes milieu XVIIIᵉ s., dentelle fabriquée à *Valenciennes*.

valentin XVIIᵉ s., Ménage, prétendant choisi par une jeune fille le jour de la *Saint-Valentin* (14 février). [V. PHILIPPINE.]

valériane XIVᵉ s., *Antidotaire Nicolas*, du lat. médiév. méd. *valeriana*, du nom de *Valeria*, partie de l'ancienne Pannonie, d'où venait la plante. ‖ **valérianelle** 1765, *Encycl.* ‖ **valérianique** 1842, *Acad.* ‖ **valérianacée** 1872, L. ‖ **valérianate** 1842, *Acad.*

*****valet** début XIIᵉ s. (*vaslet, valet, varlet*), du lat. pop. *vassellittus*, dimin. du bas lat. *vassus*, serviteur, du celtique *vasso-* (v. VASSAL); a signifié d'abord « jeune gentilhomme non encore armé chevalier », et par ext. « jeune garçon »; le sens de « domestique » est apparu dès le XIIᵉ s., et a prévalu au début du XVIIᵉ s.; *valet de chambre*, 1372, Corbichon; *valet de pied*, v. 1440, Chastellain; depuis le XVᵉ s., divers sens techn.; 1611, Cotgrave, carte à jouer; la var. *varlet* a été conservée dans le lexique hist., au premier sens du mot. ‖ **valetaille** fin XVIᵉ s.

valétudinaire 1495, J. de Vignay, du lat. *valetudinarius*, maladif, de *valetudo*, état de santé, de *valere*, « être bien portant ». (V. VALOIR.)

valeur 1080, *Roland*, du lat. *valor, valoris*, de *valere* (v. VALOIR). ‖ **non-valeur** milieu XVᵉ s. ‖ **contre-valeur** 1842, Mozin. ‖ **valeureux** XIIIᵉ s., (*valoros*), « qui a du prix »; 1400 (*valeureux*), « qui témoigne de la vaillance, brave ». ‖ **valorisation** 1907, Lar. ‖ **valoriser** 1929, Lar. ‖ **dévaloriser** *id.* ‖ **dévalorisation** *id.* ‖ **revaloriser** 1925, *Echo de Paris*. ‖ **revalorisation** 1923, Lar. ‖ **ad valorem** 1840, La Bédollière.

valide début XVIᵉ s., du lat. *validus*, « bien portant », de *valere* (v. VALOIR). ‖ **validité** début XVIᵉ s., en procéd., du bas lat. *validitas*. ‖ **valider** début XVᵉ s., du bas lat. *validare*. ‖ **validation** 1578, d'Aubigné. ‖ **invalide** début XVIᵉ s., du lat. *invalidus*. ‖ **invalider** milieu XVIᵉ s. ‖ **invalidation** 1640, Oudin.

valise 1564, J. Thierry, de l'ital. *valigia*, peut-être à rapprocher de l'ar. *walîha*, sac de blé. ‖ **dévaliser** 1546, Rab. ‖ **dévaliseur** 1636, Monet.

vallisnérie 1827, *Acad.* (*vallisnère*), du lat. bot. *vallisneria*, du nom du botaniste ital. *Vallisneri* (fin XVIIᵉ s.).

vallon 1529, Parmentier, *le Discours de la navigation*, de l'ital. *vallone*, augmentatif de *valle*, vallée; d'abord « grande vallée », puis diminutif, « petite vallée », 1564, J. Thierry (d'après la valeur du suff. *-on* en fr.). ‖ **vallonné** 1867, *Moniteur universel*. ‖ **vallonnée** s. f., 1823, Boiste. ‖ **vallonner (se)** 1873, *Journ. des débats*. ‖ **vallonnement** 1869, *Revue horticole*.

*****valoir** 1080, *Roland*, du lat. *valere*, proprem. « être bien portant », d'où « valoir »; loc. *se faire valoir*, XVᵉ s.; *vaille que vaille*, XIIIᵉ s. ‖ **revaloir** 1175, Chr. de Troyes. ‖ **valable** XIIIᵉ s., *Assises de Jérusalem*, « qui est dans les formes requises pour être accepté légitimement »; apr. 1950, « qui a une certaine valeur ». ‖ **vaurien** 1558, Des Périers. ‖ **value** fin XIIᵉ s., part. passé de *valoir*, subst. au fém.; inus. depuis le XVIᵉ s. ‖ **plus-value** 1457, *Lettres de Louis XI*. ‖ **moins-value** 1765, *Encycl.* ‖ **évaluer** milieu XIVᵉ s.; a éliminé *avaluer*, 1283, empl. jusqu'au XVIᵉ s. ‖ **évaluation** 1361, Oresme. ‖ **évaluable** fin XVIIIᵉ s. ‖ **inévaluable** 1907, Lar. ‖ **dévaluation** 1929, Lar. ‖ **dévaluer** 1935, Sachs. ‖ **valence** 1890, Lar., chimie, du bas lat. *valentia*, valeur. ‖ **bivalent** 1951, Lar.

valse début XVIIᵉ s., Racan; rare avant 1800, Boiste; de l'all. *Walzer*. ‖ **valser** 1798, *Acad.* ‖ **valseur** 1801, Mercier.

valve milieu XVIᵉ s., battant d'une porte, du lat. *valva*, battant de porte; 1752, *Trévoux*, zool.; 1907, Lar., soupape de chambre à air. ‖ **valvé** 1812, Mozin. ‖ **valvaire** 1812, Mozin. ‖ **bivalve** 1718, *Mém. Acad. sciences*. ‖ **valvule** 1560, Paré, du lat. *valvula*, gousse, dimin. de *valva*. ‖ **valvulaire** début XVIIIᵉ s.

vamp 1921, *Cinémagazine*, d'abord en cinéma, de l'anglo-amér., abrév. de VAMPIRE. ‖ **vamper** 1957, *Arts*, « séduire ».

vampire 1746, Buffon, de l'all. *Vampir*, empr. au serbe (cf. *upyr'* en russe, tchèque, polonais, d'où *oupire, upire*, en fr. du XVIIIᵉ s., dans *Trévoux*); sens fig. chez Voltaire, en 1770. ‖ **vampirisme** 1746, A. Calmet.

1. *van (à vanner)* 1175, Chr. de Troyes, du lat. *vannus*. ‖ **vanner** 1100, nettoyer les graines à l'aide d'un van, du lat. pop. *vannare* (lat. class. *vannere*) ; fin XVᵉ s., J. Molinet, tourmenter, fatiguer. ‖ **vanné** 1848, G. Sand, exténué. ‖ **vannette** 1680, Richelet. ‖ **vannage** 1293, G. ‖ **vanneur** 1268, É. Boileau (*vanere*) ; 1538, R. Est. (*vanneux*). ‖ **vannier** 1226, G. ‖ **vannerie** milieu XIVᵉ s., confrérie des vanneurs ; 1642, Oudin, atelier du vannier ; 1690, Furetière, métier du vannier. ‖ **vannure** 1372, Corbichon. ‖ **vannée** même sens que le précéd., 1876, Lar. ‖ **vanneau** milieu XIIIᵉ s., plume d'essor des oiseaux, d'après la forme ; XIIIᵉ s., sorte d'oiseau, d'après le bruit de ses ailes comparé à celui d'un van (selon Buffon).

2. **van** 1894, Auscher, véhicule pour le transport des chevaux de course ; de l'ang. *van*, fourgon, abrév. de *caravan*, empr. au fr. *caravane*.

vanadium 1842, *Acad.*, corps découvert en 1830, en Suède, par Sefstroem : mot lat. mod., du nom de *Vanadis*, divinité scandinave. ‖ **vanadique** 1842, *Acad.* ‖ **vanadinite** 1884, d'apr. Wurtz, *Dict. de chimie*, 1908.

vandale 1732, Voltaire, empl. fig. du nom des *Vandales*, peuple germ. qui ravagea l'Empire romain, au début du Vᵉ s. ‖ **vandalisme** 1793, mot créé par l'abbé Grégoire.

vandoise fin XIIᵉ s., du gaulois *vindēsia* ou *vĭndĭsia*, du celt. *vindos*, blanc.

vanesse 1827, *Acad.*, espèce de papillon diurne, baptisé par J.-C. Fabricius, peut-être en souvenir de *Vanessa*, héroïne de Swift.

vanille milieu XVIIᵉ s., de l'esp. *vainilla*, « petite gaine », dimin. de *vaina*, « gaine », du lat. *vagina*, même sens ; a d'abord désigné la gousse du vanillier. ‖ **vanillier** 1764, Valmont de Bolmare, *Dict. d'hist. nat.* ‖ **vanillière** 1877, Lar. ‖ **vanillerie** 1874, *Journ. offic.* ‖ **vanillé** 1872, L. ‖ **vanilline** 1872, L. ‖ **vanillique** 1923, Lar. ‖ **vanillisme** 1907, Lar. ‖ **vanillon** 1836, Landais, morceau de vanille ; 1845, Besch., variété de vanille. (V. GAINE, VAGIN.)

vanité 1120, *Ps. d'Oxford*, du lat. *vanitas*, de *vanus* (v. VAIN). ‖ **vaniteux** 1743, *Trévoux*.

vanne milieu XIIIᵉ s., var. *venne* en anc. fr., du lat. mérov. *venna*, peut-être d'orig. celt., désignant un barrage pratiqué dans un cours d'eau pour prendre les poissons. ‖ **vannelle** 1907, Lar. ‖ **vannage** fin XIIIᵉ s., ensemble de vannes. ‖ **vanner** 1694, Th. Corneille, « garnir de vannes ».

vantail milieu XIIIᵉ s. (*ventaile*) ; 1690, Furetière (*vantail*), battant d'une porte ; dér. de *vent*.

vanter 1080, *Roland*, intr., « s'attribuer des qualités qu'on n'a pas », du bas lat. *vanitare*, « être vain », de *vanus* ; fin XIIᵉ s., empl. tr., « louer, exalter ». ‖ **vantard** 1550, Monluc. ‖ **vanterie** 1265, J. de Meung. ‖ **vantardise** av. 1850, Balzac.

vapeur 1265, J. de Meung, « léger brouillard humide », du lat. *vapor* ; 1625, Racan, médecine ; 1794, *Journal des Mines*, vapeur d'eau empl. comme force motrice, d'où *machine, bateau à vapeur, id.*, calques de l'angl. *steamboat*, *id.* ‖ **cheval-vapeur** 1838, *Acad.* ‖ **vapeur** s. m., 1842, *Acad.*, abrév. de *bateau à vapeur*. ‖ **bain de vapeur** 1701, Furetière. ‖ **vaporeux** XIVᵉ s., L., « plein de vapeur », ou « qui a l'apparence de la vapeur » ; 1765, *Encycl.*, flou, incertain ; 1872, L., très léger (tissu). ‖ **vaporiser** 1789, Lavoisien. ‖ **vaporisation** *id.* ‖ **vaporisage** 1907, Lar. ‖ **vaporisateur** 1825, Brillat-Savarin. ‖ **évaporer** 1314, Mondeville ; fig. XVIIᵉ s., du lat. *evaporare*. ‖ **évaporation** 1398, *Somme Gautier*, du lat. *evaporatio*.

vaquer 1265, Br. Latini, être vacant, du lat. *vacare*, être vide ; v. 1300, *Apollonius*, vaquer à, « s'occuper à » ; 1549, R. Est., « suspendre ses fonctions », d'où, 1636, Monet, « cesser les cours ». (V. VACANT.)

varaigne 1580, Palissy (*varengne*), orifice d'un marais salant, du prélatin **vara*, eau courante. (V. GARENNE.)

varangue fin XIVᵉ s. (*varengue*), mar., du germ. *wrang-*, anc. angl. *wrang(a)*, néerl. *vrang*.

varapper 1898, du nom de la *Varappe*, couloir rocheux du Salève (Haute-Savoie), toponyme d'orig. prélatine. ‖ **varappe** 1925.

varech début XIIᵉ s. (*warec*), « épave », sens conservé en fr. jusque vers 1670 ;

de l'anc. angl. *wraec*; le sens mod. est attesté en normand au XIVᵉ s., et l'a emporté au XVIIIᵉ s. (V. VRAC.)

vareuse fin XVIIIᵉ s., d'abord « chemise en grosse toile que portent les matelots pendant leur travail, pour protéger leurs vêtements »; peut-être abrév. de *blouse vareuse*; peut-être de *varer*, forme normande de *garer*, « protéger ». (V. GARER.)

varice 1314, Mondeville, du lat. *varix, varicis*. ‖ **variqueux** 1541, Canappe, du lat. *varicosus*. ‖ **varicocèle** début XVIIIᵉ s., sur le gr. *kêlê*, tumeur; fait d'après *cirsocèle*, 1694 (gr. *kirsos*, varice).

varicelle milieu XVIIIᵉ s., dér. de *variole*, avec infl. de *varicocèle*.

varier fin XIIᵉ s., Marie de France, du lat. *variare*, de *varius*, varié (v. VAIR). ‖ **varié** adj., v. 1560, Paré. ‖ **variation** 1314, Mondeville, du lat. *variatio*. ‖ **variété** v. 1160, Benoît, du lat. *varietas*. ‖ **variable** fin XIIᵉ s., du lat. *variabilis*. ‖ **invariable** 1361, Oresme. ‖ **variabilité** début XVᵉ s. ‖ **invariabilité** 1616. ‖ (édition) **ne varietur** 1907, Lar. ‖ **varia** 1872, L., collection de morceaux variés, mot latin, plur. neutre de *varius*. ‖ **variant** adj., 1382. ‖ **variante** s. f., 1718, *Acad.* ‖ **invariant** s. m., 1877, Lar. ‖ **invariance** XXᵉ s.

variole XIVᵉ s., *D. G.*, d'abord au plur.; du bas lat. *variola* (VIᵉ s.), proprem. « (maladie) tachetée », de *varius*, varié (v. VAIR, VARIER). ‖ **variolette** 1812, Mozin. ‖ **variolé** 1829, Boiste. ‖ **varioleux** 1771, *Trévoux*. ‖ **variolique** 1764. ‖ **antivariolique** 1838, *Acad.*

varlope fin XVᵉ s. (*vrelope*); 1564, J. Thierry (var. *vuarloppe*); mot du Nord-Est, du néerl. *voorlooper*, proprem. « qui court, *loop*, devant, *voor* ». ‖ **varloper** 1546, Rab. (*vrelopper*).

vasculaire 1686, Chauvelot, du lat. *vasculum*, dimin. de *vas*, vase (v. VAISSEAU). ‖ **vasculeux** 1734, Kulm. ‖ **vascularisé** 1876, Lar. ‖ **vascularisation** 1872, L. ‖ **cardio-vasculaire** XXᵉ s.

1. **vase** s. m., 1539, R. Est., du lat. *vas*. ‖ **évaser** 1360, *Modus*, dér. de l'anc. *vaser*, creuser. ‖ **évasement** 1160, *Eneas*. ‖ **évasure** 1611, Cotgrave. ‖ **transvaser** 1570, R. Est. ‖ **transvasement** 1611, Cotgrave. ‖ **extrava-**

ser (s') 1673, *Journal des savants*. ‖ **extravasation** 1743, Geffroy. ‖ **vaso-** premier élément de composés savants, avec le sens latin de *vas*, « canal, vaisseau ». ‖ **vaso-constricteur** 1888, Lar. ‖ **vaso-dilatateur** 1888, Lar. ‖ **vaso-moteur** 1869.

2. **vase** s. f., 1396, texte de Dieppe (*voyse*); fin XVᵉ s. (*vase*); du moyen néerl. *wase* (v. GAZON). ‖ **vaseux** 1484, Garcie. ‖ **vasard** 1687, Desroches. ‖ **vasière** XIIIᵉ s., texte de Caudebec. ‖ **envaser** fin XVIᵉ s., Brantôme. ‖ **envasement** 1792.

vaseline 1877, mot créé aux Etats-Unis par R. Chesebrough; du rad. *vas*, tiré de l'all. *Wasser*, eau, de l'élément *-el-*, tiré du grec *elaion*, huile d'olive, et du suff. *-ine*.

vasistas 1776, Morand (*wass ist das*); fin XVIIIᵉ s. (*vasistas*); de la loc. all. *Was ist das?* « qu'est-ce? », nom plaisant donné à cette sorte d'ouverture, par où l'on peut s'adresser à quelqu'un.

vasque 1826, Boutard, *Dict. des arts du dessin*, de l'ital. *vasca*, du lat. *vascula*, plur. collectif de *vasculum*, dimin. de *vas*. (V. VASE, VASCULAIRE.)

*****vassal** 1080, *Roland*, du bas lat. *vassallus*, dér. du bas lat. *vassus*, serviteur (*Loi des Alamans*, etc.), mot d'orig. celtique (cf. le gallois *gwas*, jeune homme). ‖ **vasselage** 1080, *Roland*. ‖ **vassalité** fin XVIIᵉ s., Saint-Simon. ‖ **vassaliser** 1949, Lar. (V. VALET.)

vaste 1080, *Roland* (*guast*); fin XIIᵉ s., Marie de France (*wast*); 1495, *Mir. histor.* (*vaste*); du lat. *vastus*; « désert », « inculte », jusqu'au XVIᵉ s. ‖ **vastitude** 1546, J. de Gaigny.

vaticiner fin XVᵉ s., rare jusqu'au XIXᵉ s., où il s'emploie surtout de manière fig.; du lat. *vaticinari*, prophétiser, de *vates*, devin, et *canere*, chanter. ‖ **vaticination** 1512, Lemaire, du lat. *vaticinatio*. ‖ **vaticinateur** 1512, Lemaire, du lat. *vaticinator*.

vaudeville XVᵉ s. (*vaudevire*), chanson de circonstance; 1507, N. de La Chesnaie, *vaul de ville*, id., par attraction de *ville*; on a donné longtemps l'étymol. *vau* (*val*) *de Vire*, nom d'une région voisine de Vire (Calvados), dont les chansons étaient réputées au XVᵉ s.; en réalité, il s'agit d'un composé des deux radicaux verbaux *vauder* (aller) et *virer* (tourner) ; au XVIIIe s., 1762, *Acad.*, « pièce de théâtre de circonstance » ; au XIXe s., 1834, Landais, « pièce de théâtre entremêlée de couplets » ; 1907, Lar., « comédie d'intrigues et de quiproquos ». ‖ **vaudevilliste** début XVIIIe s. ‖ **vaudevillesque** 1907, Lar.

vau-l'eau (à) V. VAL.

vaurien V. VALOIR.

*****vautour** début XIIIe s. (*voltor*) ; 1265, Br. Latini (*voltour*) ; 1564, *Maison rustique* (*vautour*) ; du lat. *vŭltŭr.*

*****vautrer** fin XIIe s., Marie de France, intr. ; 1534, Rab., *se vautrer* ; du lat. pop. **vŏlŭtŭlare*, de **volūtus*, part. passé pop. de *volvere*, tourner, retourner. ‖ **vautrement** 1868, Goncourt.

vauvert V. VERT.

vavasseur début XIIe s., *Thèbes* (*vavassor*) ; début XIIIe s. (*vavasseur*) ; du bas lat. *vassus vassorum*, « vassal d'un vassal ». (V. VASSAL.)

*****veau** début XIIe s., *Ps. de Cambr.* (*veel*) ; XIIIe s., Conon (*veau*) ; du lat. *vitellus.* ‖ **vêler** 1328, G., de l'anc. forme *veel.* ‖ **vêlage** 1834, *Dict. des industries et manufactures.* ‖ **vêlement** 1841, *Dict. des industries et manufactures.* ‖ **vélin** XIIIe s., *D. G.* (*veeslin*) ; de l'anc. forme *veel* ; 1680, Richelet (*vélin*).

vecteur 1596, Hulsius, conducteur d'un bateau ou d'une voiture ; 1752, *Trévoux*, adj., « qui transporte avec soi » ; 1907, Lar., s. m., math. ; v. 1960, balistique ; du lat. *vector*, « qui transporte », de *vehere*, « transporter en char » (v. VÉHICULE). ‖ **vectoriel** 1906, Lar., mathématiques.

vedette fin XVIe s., cavalier posté en sentinelle ; de l'ital. *vedetta*, endroit élevé où l'on place une sentinelle ; altér., d'après *vedere*, voir, de *veletta*, dimin. de *vela*, voile : petite voile en haut du grand mât ; 1826, *mettre en vedette*, dans le lexique du théâtre, imprimer sur l'affiche le nom d'un acteur en plus gros caractères que celui des autres, d'où l'empl. fig., 1855, F. Mornand ; fin XIXe s., artiste ; 1911, *Ciné-Journal*, au cinéma ; 1828, Laveaux, petit bâtiment de guerre placé en observation ; 1933, Lar., petit bateau de promenade à mo-

teur. ‖ **vedettariat** apr. 1950. ‖ **vedettisation** 1962, journ.

végéter 1375, R. de Presles, « se développer », du lat. *vegetare*, au sens bas-lat. « croître » (lat. class. « vivifier »), de *vegetus*, vigoureux) ; 1718, *Acad.*, « mener une vie inerte ». ‖ **végétal** 1560, Paré, du lat. médiév. *vegetalis.* ‖ **végétaline** 1907, Lar. ‖ **végétation** 1525, d'Adonville, action de se développer ; 1790, ensemble des végétaux ; début XIXe s., méd. ‖ **végétatif** 1265, Br. Latini, « qui croît » ; XVIIIe s., J.-J. Rousseau, « inerte, sans émotions », développement de sens infl. par celui de *végéter.* ‖ **végétarien** 1875, *Bibl. univ. et Rev. suisse*, de l'angl. *vegetarian* (1847, *Vegetarian Society*) ; ‖ **végétarianisme** 1877, *Journ. des débats.* ‖ **végétarisme** 1885, Saffray. ‖ **végétalisme** 1890, Lar.

véhément 1119, Ph. de Thaun (*veement*) ; fin XIIe s. (*vehement*) ; 1680, Richelet (*véhément*) ; du lat. *vehemens.* ‖ **véhémence** 1488, *Mer des hist.* (*vehemence*).

véhicule 1538, Canappe, méd. ; du lat. *vehiculum*, moyen de transport, de *vehere*, transporter ; 1551, Du Parc, toute sorte de voiture, et divers empl. fig. ‖ **véhiculer** 1856, Furpille. ‖ **véhiculaire** 1842, *Acad.*

*****veille** 1155, Wace, « action de rester éveillé » ; 1190, Garn., « jour qui précède une fête religieuse » ; début XVIe s., B. Des Périers, « jour précédent » ; du lat. eccl. *vigilia.* ‖ **avant-veille** XIIIe s. ‖ *****veiller** 1120, *Ps. d'Oxford* (*veillier*), « ne pas dormir », du lat. *vigilare* ; 1180, Chr. de Troyes, « être de garde » ; 1690, Furetière, « faire la veillée ». ‖ **veillée** début XIVe s. (*veilliee*), soirée passée en commun ; 1616, Crespin (*veillée*). ‖ **veilleur** 1190, J. Bodel (*veilliere*) ; 1355, *D. G.* (*veilleur*) ; 1845, Besch., employé qui passe la nuit en surveillance. ‖ **veilleuse** XVIIe s., Saint-Simon, fém. de *veilleur* ; 1762, *Acad.*, petite lampe ; *mettre en veilleuse*, 1935, *Acad.* ‖ **surveiller** fin XVIe s. ‖ **surveillant** début XVIe s. ‖ **surveillance** début XVIIe s.

*****veine** milieu XIIe s., du lat. *vēna*, vaisseau sanguin ; au fig., inspiration ; XIIIe s., minéralogie ; milieu XIVe s., « chance » ; 1607, Hulsius, « raie dans le bois ». ‖ **veineux** milieu XVIe s. ‖

intraveineux 1877, *Journ. offic.* ‖ **veiné** 1611, Cotgrave. ‖ **veiner** fin XVIe s., « saigner à la veine », arch.; fin XVIIIe s., Bernardin de Saint-Pierre, « imiter les veines du bois ou du marbre ». ‖ **veinette** 1905, Lar. ‖ **veinule** 1690, Furetière (*venule*); 1835, *Acad.* (*veinule*). ‖ **veinure** 1949, Lar. ‖ **veinard** 1860, Larchey. ‖ **déveine** 1854, Alype. ‖ **venelle** 1138, *Saint Gilles*, anc. dimin. de *veine*.

vélaire, vélivole V. VOILE 1 et 2.

velche, welche XVIIIe s., Voltaire, de l'all. *Welsch*, surnom péjor. des peuples romans.

vêler, vélin V. VEAU.

vélite 1355, Bersuire, du lat. *veles, velitis*, fantassin armé à la légère.

velléité v. 1600, Fr. de Sales, du lat. scolast. *velleitas*, du lat. *velle*, vouloir (imparfait du subj. *vellem*, « je voudrais »). ‖ **velléitaire** fin XIXe s.

vélo 1889, Lar., abrév. de *vélocipède*, 1804, attesté au sens mod. en 1829, Boiste, et auj. vieilli : du lat. *velox*, rapide, et *pes, pedis*, pied (sur le modèle de *bipède*). ‖ **vélocipédiste** 1868, *le Monde illustré*. ‖ **vélodrome** 1884, Baroncelli. ‖ **vélomoteur** 1893, Faure.

véloce 1634, Girard, du lat. *velox*, rapide. ‖ **vélocité** 1361, Oresme, du lat. *velocitas*. ‖ **vélocifère** 1803, sur le lat. *ferre*, porter. ‖ **vélocimane** 1868, Doirier, sur le lat. *manus*, main.

velours 1155, Wace (*velos, velous*); 1420, A. Chartier (*velours*), par fausse régression; de l'anc. prov. *velos*, du lat. *villōsus*, velu, de *villus*, touffe de poils : les velours ont d'abord été importés d'Orient, par la Provence ou l'Italie; début XIXe s., sens fig. de « faute de langage ». ‖ **velouté** milieu XVe s. ‖ **velouter** v. 1546, Rab., « fabriquer du velours »; 1680, Richelet, « donner l'apparence du velours ». (V. VILLEUX.)

velte 1690, Furetière, récipient, de l'all. dial. *Vertel*, quart (all. *Viertel*). ‖ **velter, veltage, velteur** 1723, Savary.

***velu** 1130, *Eneas*, du bas lat. *villūtus* (*Gloses*), class. *villōsus*, de *villus*, touffe de poils (v. VELOURS, VILLEUX). ‖ **velvet** 1847, A. Alcan, velours de coton lisse, de l'angl. *velveteen*, « velours ». ‖ **velvantine** 1819, *Obs. des modes*. ‖

velveret 1792, Brunot. ‖ **velvote** 1514, Cœurot (*veluete*); fin XVIe s., O. de Serres (*velvote*), bot.

***venaison** 1130, *Voy. de Charlemagne*, chair de grand gibier; du lat. *venatio, -tionis*, « chasse ». (V. VÉNERIE.)

vénal fin XIIe s., R. de Moiliens, du lat. *venālis*. ‖ **vénalité** 1573, Du Puys, du bas lat. *venalitas*.

***vendange** XIIIe s. (*venenge*); 1265 Br. Latini (*vendenge*); XVIe s. (*vendanges*); du lat. *vindēmia*, de *vinum*, vin, et *demere*, enlever. ‖ **vendanger** 1210, Herbert de Dammartin (*vendengier*); XIVe s. (*vendanger*); du lat. *vindemiāre*. ‖ **vendangeur** XIIIe s., du lat. *vindemiator*. ‖ **vendangeuse** 1508, Gaillon, `a remplacé *vendangeresse*, XIIIe s. ‖ **vendangerot** 1907, Lar. ‖ **vendangette** 1791, Valmont de Bomare. ‖ **vendémiaire** 1793, Fabre d'Églantine.

vendetta 1788, Salnove, mot ital., *vendetta*, vengeance, du lat. *vindicta* (v. VINDICTE); repris au corse pour désigner la vengeance corse (vulgarisé, après 1840, par *Colomba*, de P. Mérimée, qui emploie la forme francisée *vendette*).

***vendre** 1080, *Roland*, du lat. *vendĕre*, contraction de *venum dare*, donner à vente (v. VÉNAL). ‖ **vendable** milieu XIIIe s. ‖ **vendeur** fin XIIe s., R. de Moiliens. ‖ **vendeuse** 1552, R. Est. ‖ **vendu** XIe s., sens propre; 1670, Racine, « livré à quelqu'un par intérêt »; 1835, Flaubert, s. m. ‖ ***vente** 1200, du fém. substantivé du part. passé *venditus*. ‖ **invendable** 1764, Voltaire. ‖ **invendu** 1706, Richelet. ‖ **mévente** fin XVIIe s. ‖ **revendre** fin XIIe s. ‖ **revendeur** *id.* ‖ **revendeuse** 1606, Crespin. ‖ **revente** 1283, Beaumanoir.

vendredi 1119, Ph. de Thaun (*vendresdi*); 1175, Chr. de Troyes (*vendredi*); du lat. *Veneris dies*, jour de Vénus.

venelle V. VEINE.

vénéneux 1490, G. de Chauliac; du bas lat. *venenosus*, de *venenum*, poison.

vénérer début XVe s., du lat. *venerari*. ‖ **vénérable** 1200, G., du lat. *venerabilis*. ‖ **vénération** 1160, Benoît, du lat. *veneratio*.

vénerie 1155, Wace, de l'anc. verbe *vener*, chasser, inus. depuis le XVe s., du

lat. *venāri.* ‖ **veneur** début XIIe s.
(*venere*); 1155, Wace (*veneür*); XIVe s.
(*veneur*); du lat. *venator, venatōris;*
empl. spécialisé depuis le XVIIe s. ‖
grand veneur fin XVe s. (V. VENAISON.)
vénérien 1464, Michault, « qui est
adonné à l'amour »; v. 1560, d'Aubigné,
méd.; de l'adj. lat. *venerius,* de *Vénus,*
déesse de l'Amour.

venette 1662, Richer (*avoir la ve-
nette*); de l'anc. verbe *vesner,* 1532,
Rab., « vesser », du lat. pop. **vissinare.*
(V. VESSER.)

*venger, se venger 1080, *Roland,*
du lat. *vĭndicāre,* « réclamer en justice », d'où « chercher à punir, venger ».
‖ **vengeance** 1080, *Roland.* ‖ **vengeur**
1120, *Ps. d'Oxford.* ‖ **vengeresse**
XIIIe s.

véniel fin XIVe s. (*veniel*); a remplacé
un anc. *venial,* XIIe s.; du lat. chrét.
venialis, pardonnable, de *venia,* pardon.

*venin 1119, Ph. de Thaun (*venim*), du
lat. pop. **venīmen,* en lat. class. *venenum,* poison (v. VÉNÉNEUX); XIIIe s.
(*venin*), par substit. de suff. ‖ **venimeux** 1160, Benoît (*venimos*); XIIIe s.
(*venimeux*); a signifié égalem. « vénéneux », jusqu'au XVIIIe s. ‖ **venimosité**
1314, Mondeville. ‖ **envenimer** 1119,
Ph. de Thaun.

*venir Xe s., *Eulalie,* du lat. *venīre;
venir de,* suivi de l'infin., au sens propre,
XIIIe s., grammaticalisé comme semi-
auxiliaire du passé récent depuis le
XVIe s. ‖ **premier venu** 1559, Amyot,
« qui arrive le premier »; 1640, Oudin,
« quelconque ». ‖ **dernier venu** 1570,
Montaigne, sens propre; 1876, Lar.,
personne dont on fait peu de cas. ‖ **nouveau venu** 1633, Corn. ‖ **venue** s. f.,
1155, Wace. ‖ **à tout venant** 1559,
Amyot. ‖ **tout-venant** s. m., 1837, *Dict.
des indust. et manuf.* ‖ **avenir** s. m.,
v. 1400. ‖ **revenir** fin XIe s., *Alexis.* ‖
revenu 1300. ‖ **survenir** 1155, Wace.

*vent 1080, *Roland,* du lat. *ventus.* ‖
les quatre vents début XVIe s. ‖
contrevent XVe s. ‖ **venter** milieu
XIIe s. ‖ **venteux** XIIe s., du lat. *ventosus,*
venteux. ‖ **ventosité** milieu XIIIe s.,
méd., du lat. méd. *ventositas,* flatuosité.
‖ **ventouse** 1314, Mondeville, du bas
lat. méd. *ventosa (cucurbita),* proprem.
« courge pleine de vent »; 1676, Féli-

bien, sens techn. ‖ **ventôse** 1793, Fabre
d'Églantine, du lat. *ventosus.* ‖ **ventai-
son** 1842, *Acad.* ‖ **ventis** s. m. pl., 1872,
L., arbres abattus par le vent. ‖ **ven-
teau** 1640, Oudin. ‖ **ventaille** ou
ventail 1080, *Roland,* partie du haubert. ‖ **éventer** fin XIIe s., *R. de Cambrai.* ‖ **évent** début XVIe s. ‖ **éventail**
début XVe s. ‖ **éventaire** XIVe s. (*-toire*);
1690, Furetière (*-taire*). ‖ **éventailliste**
1690, Furetière. ‖ **venvole** 1190, Garn.;
à la venvole, XVIe s., Pasquier. ‖ **paravent** 1599, de l'ital. *paravento,* « qui
écarte le vent ».

ventiler milieu XIIIe s., jurid., « examiner une question », du lat. jurid.
ventilare, même sens, proprem. « agiter
à l'air », de *ventus,* vent; 1820, Lamartine, aérer; fin XIXe s., *D. G.,* répartir
(une somme) entre différents comptes. ‖
ventilation fin XIVe s., jurid.; 1835,
Acad., aération (une première fois dans
Paré, 1560, action d'aérer); 1907, Lar.,
répartition entre différents comptes. ‖
ventilateur milieu XVIIIe s., de l'angl.
ventilator, repris par le physicien Hales
au lat. *ventilator,* vanneur. ‖ **venti-
leuse** 1906, Lar.

*ventre 1080, *Roland,* du lat. *venter,*
estomac, qui a éliminé *alvus,* ventre,
tandis que le sens d' « estomac » était
pris par *stomachus* (v. ESTOMAC). ‖ **bas-
ventre** 1636, Monet. ‖ **ventral** 1560,
Paré. ‖ **ventru** 1490, G. de Chauliac. ‖
ventrée fin XIIe s., *R. de Moiliens;* en
fr. mod.,pop., 1867, Delvau. ‖ **ventrière**
1130, *Eneas.* ‖ **sous-ventrière** fin
XIVe s. ‖ **ventricule** 1314, Mondeville,
du lat. méd. *ventriculus (cordis),* petit
ventre du cœur. ‖ **ventriculaire** 1842,
Acad. ‖ **éventré** début XIIIe s., fig.,
« vaincu ». ‖ **éventrer** 1538, R. Est. ‖
éventration 1743, *Mém. Acad. chir.* ‖
éventreur fin XIXe s. ‖ **ventriloque**
1552, Rab., sur le lat. *loqui,* parler. ‖
ventriloquie 1817, *Chron. de Paris.* ‖
ventripotent 1552, Rab., sur le lat.
potens, puissant (d'après *omnipotent*).
‖ **ventrebleu** 1552, Rab., altér. de *ven-
tredieu,* 1398, E. Deschamps. ‖ **ventre-
saint-gris** v. 1530, C. Marot.

vénus 1674, La Fontaine, femme d'une
grande beauté, du nom de *Vénus,* déesse
de la Beauté et de l'Amour. ‖ **vénusté**
v. 1500, du lat. *venustas,* grâce, de *venus-
tus,* charmant, gracieux.

vêpres 1160, *Charroi* (*ves-*), du lat. eccl. *vesperae*, plur. de *vespera*, soir, spécialisé au sens liturgique, et francisé d'après l'anc. fr. *vespre*, *vêpre*, soir, 1080, *Roland*, issu du lat. class. *vesper*, soir, et usité jusqu'au XVIIᵉ s. ‖ **vêprée** 1080, *Roland*, soirée, soir, usuel jusqu'au XVIᵉ s., poét., Ronsard. ‖ **vespéral** 1812, Mozin, s. m., livre des offices du soir; 1836, Landais, adj., du bas lat. *vesperalis*.

*ver Xᵉ s., *Valenciennes* (*verme*); 1155, Wace (*verm*); XIVᵉ s. (*ver*); du lat. *vermis*. ‖ **ver de terre** 1530, Palsgrave. ‖ **ver luisant** v. 1560, R. Belleau. ‖ **ver à soie** 1538, R. Est. ‖ **ver-coquin** 1538, R. Est. ‖ **véreux** 1372, Corbichon; 1559, Amyot, fig. ‖ **vermine** 1119, Ph. de Thaun, dér. de l'anc. forme *verm*; 1398, E. Deschamps, fig. ‖ **vermineux** XIIᵉ s., G. ‖ **vermis** 1872, L., anat. ‖ **vermifuge** 1738, Lémery. ‖ **vermivore** v. 1750, Buffon. (V. VERMEIL, VERMICELLE, VERMICULÉ, VERMOULU, etc.)

véracité V. VRAI.

véraison 1872, L., du languedocien *vairason*, de *vaira*, proprem. « varier », puis « changer de couleur ».

véranda 1758, Grose, de l'anglo-indien *veranda*, lui-même issu du portugais *varanda*, de *vara*, perche.

vératre 1606, Junius, du lat. *veratrum*, ellébore. ‖ **vératrin, vératrine** 1836, Landais.

verbe fin XIᵉ s., *Alexis*, mot ou suite de mots prononcés, parole; du lat. *verbum*, mot, traduction du gr. *logos*; n'est plus usité en ce sens que dans *avoir le verbe haut*, fin XVIIᵉ s., Saint-Simon; XIIᵉ s., Garnier, gramm., pour traduire le gr. *rhêma* (opposé à *onoma*, nom). ‖ **verbeux** v. 1200 (*verbos*); XVIᵉ s. (*verbeux*); du lat. *verbosus*. ‖ **verbosité** 1510, *Livre de la femme forte*, du bas lat. *verbositas*. ‖ **verbal** début XIVᵉ s. (*verbalement*); milieu XIVᵉ s., *verbal*, du lat. *verbalis*, de *verbum*. ‖ **procès-verbal** v. PROCÈS. ‖ **verbalisme** 1876, Lar. **verbaliser** XVIᵉ s., Vauquelin de La Fresnaye, « discuter oralement en justice »; 1587, « faire des discours inutiles »; 1668, « dresser un procès-verbal ». ‖ **verbalisation** 1842, *Acad.* **déverbal, postverbal** XXᵉ s., linguist.

verbiage 1674, Mᵐᵉ de Sévigné, du moy. fr. *verbier*, gazouiller, de l'anc. picard *verboier*, chanter en modulant, issu de l'anc. francique **werbilan*, tourbillonner.

verdict 1669, dans un ouvrage sur l'Angleterre; empr. à l'angl., lui-même issu de l'anc. anglo-norm. *verdit*, *verdict*, du lat. médiév. *vere dictum*, « véritablement dit ».

verduniser 1928, *Acad. des sc.*, procédé de purification de l'eau; du nom de *Verdun*, où il fut inventé en 1916 par P. Bunau-Varilla. ‖ **verdunisation** 1933, Lar.

*verge 1080, *Roland*, du lat. *virga*; XIIIᵉ s., *Renart*, anat. ‖ **vergé** XIIᵉ s., « rayé », du lat. *virgatus*. ‖ **vergée** XIIᵉ s., anc. mesure. ‖ **verger** 1240, couper des verges; 1320, *D. G.*, jauger avec une verge. ‖ **vergette** milieu XIIᵉ s. ‖ **vergeté** 1678, La Fontaine, rayé. **vergetier** milieu XVIIᵉ s. ‖ **vergeure** 1680, Richelet, ensemble de fils de laiton. ‖ **vergeoise** 1765, *Encycl.*, sorte de sucre. ‖ **vergeture** milieu XVIIIᵉ s. ‖ **enverger** début XVIIIᵉ s., en vannerie. **sous-verge** fin XVIIIᵉ s., cheval non monté, placé à la droite d'un cheval monté (*verge*, timon); XIXᵉ s., fig.

*verger 1080, *Roland*, du lat. *viridiarium*, jardin planté d'arbres.

verglas fin XIIᵉ s., Hélinand (*verreglas*); XVᵉ s. (*verglas*); comp. de *verre* et de *glas*, autre forme de *glace*, avec le sens de « glace semblable à du verre ». ‖ **verglacer** XIVᵉ s., L. (*verglacier*). ‖ **verglacé** id.

*vergogne 1080, *Roland*, « honte », du lat. *verecundia*, respect, réserve, honte; ne s'emploie plus depuis le XVIIᵉ s., sauf dans la loc. *sans vergogne*. ‖ **dévergondé** 1160, Benoît, de l'anc. fr. *vergonde*, de même orig.; pron. 1530, Palsgrave. ‖ **-age** 1792, Linguet.

vergue fin XIIᵉ s., Marie de France (*verge*); XIIIᵉ s. (*vergue*), mar., forme norm. ou pic. de *verge*. ‖ **enverger** début XVIIᵉ s. (*enverger*); 1678, Guillet (*enverguer*). ‖ **envergure** 1678, Guillet, mar.; fin XIXᵉ s., sens fig.

véridique 1456, Isambert, du lat. *veridicus*, de *verum*, vérité, et *dicere*, dire. ‖ **véridicité** 1951, Lalande.

vérifier 1296, Langlois, « enregistrer, homologuer »; 1690, Furetière, examiner si une chose est telle qu'on l'a déclarée; du bas lat. *verificare* (VIᵉ s., Boèce), de *verum*, le vrai, et *facere*, faire. ‖ **vérifiable** XIVᵉ s. (*verefiable*); 1877, Lar. (*vérifiable*). ‖ **invérifiable** 1874, *Rev. crit.* ‖ **vérification** 1388, *D. G.* ‖ **vérificateur** milieu XVIIᵉ s. ‖ **vérificatif** 1608, Du Sin.

vérin 1389, texte de Douai, techn., orig. picarde; du masc. du lat. *vĕruĭna*, broche. ‖ **vérine** 1654, Boyer, mar.

vérité Xᵉ s., *Saint Léger* (*veritiet*); du lat. *veritas*, de *verus*, vrai. ‖ **véritable** 1190, saint Bernard. ‖ **contre-vérité** début XVᵉ s.

verjus, verjuté V. JUS.

*****vermeil** 1080, *Roland*, adj., du lat. *vermĭculus*, vermisseau, en bas lat. « cochenille », puis « couleur écarlate produite par la cochenille », et, au VIᵉ s., pris adjectiv. (dimin. de *vermis*, ver); début XVᵉ s., s. m., drap de soie pourpre; XVIIᵉ s., s. m., argent doré. ‖ **vermillon** 1130, *Eneas* (*vermeillon*); 1530, Palsgrave (*vermillon*). ‖ **vermillonné** fin XIVᵉ s. (*vermeillonné*); XVIᵉ s. (*vermillonné*). ‖ **vermiller** fin XIVᵉ s., fouiller la terre pour chercher des vers.

vermicelle 1553, Pastel (*vermicelles*); fin XVIIᵉ s., sing.; de l'ital. *vermicelli*, s. pl., vermisseaux, du lat. pop. *vermicellus*, lat. class. *vermiculus*, de *vermis*, ver (v. ce mot). ‖ **vermicelier** 1802, *Acad.* (*vermicellier*); 1878, *Acad.* (*vermicelier*). ‖ **vermicellerie** 1876, Lar.

vermiculé fin XIVᵉ s., adj., du moyen fr. *vermicule*, vermisseau. ‖ **vermiculaire** XVᵉ s., s. f.; 1560, Paré, adj.

vermoulu 1244, Robert Le Clerc d'Arras (*vermelu*); 1283, Beaumanoir, de *ver* et *moulu*, part. passé de *moudre*, « mangé par les vers ». ‖ **vermoulure** 1283, Beaumanoir. ‖ **se vermouler** 1607, Hulsius.

vermouth 1798, *Acad.*, de l'all. *Wermut*, absinthe (cf. l'angl. *wormwood*).

vernaculaire 1765, *Encycl.*, du lat. *vernaculus*, « petit esclave né dans la maison ».

vernal 1119, Ph. de Thaun, du lat. *vernalis*, de *ver*, printemps (v. PRIMEVÈRE). ‖ **vernalisation** XXᵉ s.

verne 1119, Ph. de Thaun; var. *vergne*, début XVIᵉ s., B. Palissy; du gaulois *vernos*, aulne.

vernier 1797, *Ann. chimie*, du nom de l'inventeur, Pierre Vernier (1580 - 1637).

vernis XIIᵉ s., *D. G.* (*verniz*), issu, par l'ital. *vernice*, du lat. médiév. *veronice*, résine odoriférante, du bas grec *veronikê*, de *Berenikê*, ville de Cyrénaïque d'où venaient les premiers vernis. ‖ **vernir** fin XIIIᵉ s. ‖ **vernisser** fin XIIᵉ s., *R. de Cambrai*. ‖ **vernissure** fin XIᵉ s., *Perceval*. ‖ **vernisseur** 1739, Le Roy. ‖ **vernissage** début XIXᵉ s.

vérole fin XIIᵉ s. (*vérolle*); XVᵉ s. (*vérole*); du bas lat. méd. (VIᵉ s.) *variola*, de *varius*, varié; d'abord au sens de *variole*, et conservé ainsi dans *petite vérole*, fin XVᵉ s., Commynes; passé au sens de « syphilis » (XVIᵉ s.); auj. d'emploi pop. ‖ **vérolé** début XVIᵉ s., « atteint de la syphilis ».

véronal 1903, pharm., du nom de *Vérone*, où se trouvait l'inventeur, E. Fischer, et du suff. *-al* servant dans le lexique de la chimie.

véronique 1545, Guéroult, bot., du lat. bot. médiév. *veronica*, du nom de sainte *Véronique*.

verrat IXᵉ s., *Gloses de Cassel* (*ferrat*); début XIVᵉ s. (*verrat*); dér. de l'anc. fr. *ver*, du lat. *verres*, verrat.

*****verre** 1155, Wace, du lat. *vitrum* (v. VITRE); var. *voirre*, jusqu'au XVIᵉ s.; 1272, Joinville, verre à boire; 1636, Monet, quantité contenue dans un verre. ‖ **verré** fin XIIᵉ s. ‖ **verrée** s. f., v. 1550, Ronsard. ‖ **verrier** début XIIIᵉ s. ‖ **verrière** 1130, *Eneas*. ‖ **verrine** 1130, *Eneas*. ‖ **verrerie** 1265, J. de Meung (*voirrerie*); début XVIᵉ s. (*verrerie*). ‖ **verroterie** 1657, Flacourt.

*****verrou** début XIIᵉ s., *Ps. de Cambrai* (*veruil*, var. *veroil*, *verrouil*); 1636, Monet (*verrou*), d'après le pluriel *-ous*, *-oux* (v. de même GENOU, POU); du lat. *verruculum*, altér., d'après *ferrum*, fer, de *veruculum*, var. *vericulum*, dimin. de *veru*, broche. ‖ **verrouiller** fin XIIᵉ s. (*verroillier*); XVᵉ s. (*verrouiller*). ‖ **verrouillage** 1924, *L. M.*; fig. v. 1960. ‖ **déverrouiller** 1160, *Moniage Guillaume*; 1870, Lar., mettre en liberté. ‖ **déverrouillage** 1929, Lar.

*verrue XIII⁰ s., du lat. *verrūca*. || ver-ruqueux** fin XVᵉ s., du dér. lat. *verru-cosus*. || **verrucosité** 1908, *L. M.*

1. *vers** s. m., 1138, *Saint Gilles*, du lat. *versus*, part. passé substantivé de *vertere*, tourner, retourner; « laisse, strophe » en anc. fr. || **vers libres** fin XVIIᵉ s. || **vers-libriste** 1891, Verlaine. || **vers-librisme** 1923, Lar. || **verset** XIIIᵉ s., *Renard*. || **versiculet** 1770, Voltaire. || **versifier** début XIIIᵉ s. (*verse-fier*); 1250 (*versifier*); du lat. *versi-ficare*, sur *facere*, faire. || **versification** 1548, Sébillet, du lat. *versificatio*. || **versificateur** 1488, *Mer des hist.*, du lat. *versificator*.

2. *vers** prép., 1080, *Roland*, de l'adv. lat. *versus*, anc. part. passé de *vertere*, tourner. || **envers** XIᵉ s. || **devers** 1080, *Roland*. || **par-devers** XIIᵉ s.

versatile** milieu XVᵉ s. (*espée versa-tille*, « à deux tranchants »); v. 1570, Montaigne, « qui change facilement d'idée »; du lat. *versatilis*, de *versare* (v. VERSER). || **versatilité** 1738, d'Argenson.

*verser** 1080, *Roland*, « renverser », « être renversé »; du lat. *versari*, fré-quentatif de *vertere*, tourner; v. 1175, répandre (un liquide); 1788, payer une somme d'argent. || **versé à, en, dans** 1559, Amyot, « rompu à la pratique de », du lat. *versatus*, part. passé de *versari*, « s'occuper de ». || **versant** s. m., 1800. || **verse (à)** 1680, Richelet, d'abord *à la verse*, 1640, Oudin. || **averse** 1690, Furetière. || **verse** s. f. 1872, L. || **ver-sement** XIIᵉ s., *Anséis*, action de répandre; 1695, Kuhn, versement d'argent. || **verseur** s. m., 1547, trad. de Vitruve; adj., XXᵉ s. || **verseuse** 1877, L. || **verseau** 1555, Jacquinot, « verse-eau », calque du grec *hydrokhoeus* (parce que la période correspondante, 20 janv. - 20 févr., est généralement pluvieuse). || *versoir** XIIIᵉ s., sorte de charrue; 1751, *Dict. d'agr.*, pièce de la charrue; peut-être d'un lat. pop. *versōrium*. || **déverser** 1755, abbé Prévost. || **déversoir** 1754, *Encycl.* || **déverse-ment** 1801. || **reverser** 1155, Wace, retourner; 1549, Est., verser de nouveau. || **reversement** 1877, L. (V. BOULE, ENVERS, MALVERSATION.)

version** milieu XVIᵉ s., traduction; du lat. médiév. *versio*, du lat. *vertere*,

retourner; 1833, P. Dubois, obstétrique. || **rétroversion** fin XVIIIᵉ s. || **rétro-versé** 1922, Lar.

verso** milieu XVIIᵉ s., de la loc. lat. *folio verso*, « sur le feuillet à l'envers ». (V. RECTO.)

verste** 1607, Maigret, empr. au russe *versta*, unité de distance (1 067 m).

*vert** 1080, *Roland*, avec fém. *verte* (au fém., var. *vert* jusqu'au XVᵉ s., *verde* jus-qu'au XVIᵉ s., encore 1546, Rab.), du lat. *viridis*; XIIIᵉ s., « qui a encore de la sève », d'où *bois vert* (1636, Monet); XIIIᵉ s., Ad. de La Halle, « jeune »; XVIᵉ s., « vif, rude »; *tapis vert*, fin XVIᵉ s., Pasquier, table de jeu; *langue verte*, 1852, Sai-néan, « argot des tricheurs » (parce qu'on joue sur un tapis vert); 1867, Delvau, « argot »; *prendre sans vert*, 1546, Rab., de *jouer au « je vous prends sans vert »*, 1534, Rab., jeu du mois de mai, où l'on devait porter quelques feuilles cueillies le jour même, sous peine de payer une amende; *au diable vauvert*, de *au diable de Vauvert*, 1535, Rab. || **vert-de-gris** XIIIᵉ s. (*vert-de-Grèce*); 1314, Mondeville (*vert de gris*); 1337 (*vert-de-gris*), avec altér. de *Grèce*, d'orig. obsc., d'après *gris*. || **vert-de-grisé** 1845, Besch. || **verdâtre** v. 1350. || **verdelet** début XIVᵉ s. || **verdet** début XIIIᵉ s., adj.; XIVᵉ s., s. m., « vert-de-gris »; XIXᵉ s., « acétate de cuivre ». || **verdeur** XIIᵉ s. (*verdur*), « verdure »; fin XIVᵉ s. (*verdeur*); fin XIVᵉ s., acidité; 1440, Charles d'Orléans, vigueur de la jeunesse. || **verdure** v. 1200. || **verdir** fin XIIᵉ s. || **verdissage** 1877, *Journ. offic.* || **verdissement** v. 1860, Hugo. || **verdier** début XIIIᵉ s., garde forestier; fin XIIIᵉ s., oiseau. || **verdage** fin XIVᵉ s., légume; 1842, *Acad.*, récolte enterrée en fleur. || **verdagon** début XVIIIᵉ s. || **ver-doyer** 1175, Chr. de Troyes (*verdeiier*); XIIIᵉ s. (*verdoyer*). || **verdoyant** milieu XIIᵉ s. || **verdoiement** 1879, Huys-mans. || **reverdir** début XIIᵉ s.

vertèbre** 1503, G. de Chauliac, du lat. *vertebra*, proprem. « articulation », de *vertere*, tourner. || **vertébral** 1674, *Journ. des savants.* || **vertébré** 1800. || **invertébré** 1800, Cuvier.

vertical** milieu XVIᵉ s., du lat. techn. *verticalis* (Iᵉʳ s., Frontin), de *vertex*, sommet. || **verticale** s. f., 1845, Besch. || **verticalité** 1752, *Trévoux*.

verticille 1615, Binet, archit.; début XVIIe s., peson de fuseau; 1694, Tournefort, bot.; du lat. *verticillus*, peson de fuseau, de *vertex*, proprem. « sommet ». ‖ **verticillé** 1694, Tournefort.

vertige 1611, Cotgrave, du lat. *vertigo*,' mouvement tournant, de *vertere*, tourner. ‖ **vertigo** 1560, Paré, méd., mot lat. ‖ **vertigineux** fin XVe s., homme sujet au vertige; av. 1850, Balzac, « qui donne le vertige »; du lat. *vertiginosus*.

*****vertu** 1080, *Roland*, du lat. *virtūs*, *virtutis*, « force virile », de *vir*, homme; en anc. fr., « vaillance, force physique, puissance »; 1155, Wace, « pratique habituelle du bien »; XIIIe s., « propriété d'une substance »; v. 1660, Racine, « chasteté (d'une femme) ». ‖ **vertueux** 1080, *Roland*, vigoureux, vaillant; XVe s., « qui pratique le bien ». ‖ **vertudieu**, abrév. *tudieu*, 1558, B. Des Périers. ‖ **vertubleu** milieu XVIIe s., atténuation du précéd. ‖ **vertuchou** début XVIIe s. ‖ **s'évertuer** 1080, *Roland* (*soi évertuer*), de *vertu*, au sens de « courage ».

vertugadin 1611, Cotgrave, mode; fin XVIIe s., hortic.; de *vertugade*, XVIe s., altér., d'après *vertu*, de l'esp. *verdugado*, proprem. « baguette » (cf. *verdugale*, 1532, Rab.), de *verdugo*, baguette, dér. de *verde*, vert.

*****verve** 1175, Chr. de Troyes, « proverbe »; début XIIIe s., « exposé d'un messager »; fin XVIe s., sens mod.; du lat. pop. *verva*, lat. class. *verba*, plur. neutre, pris comme fém., de *verbum*, parole. ‖ **verveux** 1583, Bretonnayau, « capricieux »; 1801, Mercier, sens moderne.

*****verveine** XIIe s., du lat. pop. *vervēna*, class. *verbēna*.

1. verveux V. VERVE.

2. verveux s. m., 1313, Du Cange (*vrevieus*); début XVe s. (*verveux*), « filet de pêche »; du lat. pop. *vertibellum*, de *vertere*, tourner (cf. *vertebolum*, filet, *Loi Salique*, avec changem. de suffixe). ‖ *****vervelle** 1175, Chr. de Troyes, du fém. *vertibella*. ‖ **vertevelle** XIIIe s., J. Le Marchand, anneau, de la forme altérée *vertabella*.

vésanie 1490, G. de Chauliac, du lat. *vesania*, folie, de *vesanus*, fou, sur *sanus*, sain, et *ve-*, préf. péjor.

vesce fin XIIe s. (*vecce*); 1283, Beaumanoir (*vesce*); du lat. *vicia*.

vésical 1560, Paré, « en forme d'ampoule »; 1827, *Acad.*, « qui a rapport à la vessie »; du bas lat. *vesicalis*, de *vesica*, vessie.

vésication 1490, G. de Chauliac, du bas lat. *vesicare*, gonfler, et au sens médic. « former des ampoules » (de *vesica*, vessie, par ext. « ampoule »). ‖ **vésicatoire** v. 1560, Paré. ‖ **vésicant** 1812, Mozin.

vésicule 1541, Canappe, du lat. *vesicula*, dimin. de *vesica*, vessie. ‖ **vésicule biliaire** 1812, Mozin. ‖ **vésiculeux** 1752, *Trévoux*. ‖ **vésiculaire** 1686, Chauvelot.

vesou 1667, Du Tertre (*vezou*), jus de canne à sucre, mot créole.

vespasienne 1834, *Journ. des femmes*, du nom de l'empereur romain Vespasien, d'après les urinoirs qu'il fit installer à Rome.

vespéral V. VÊPRES.

*****vesser** XIIIe s., *Fatrasies*; rare avant 1606; a remplacé *vessir*, XIIIe-XVe s., du lat. pop. *vissīre*. ‖ **vesse** XVe s., L. ‖ **vesse-de-loup** bot., 1530, Palsgrave.

*****vessie** 1265, Br. Latini; lat. pop. *****vessīca*, lat. class. *vēsīca*. (V. VÉSICAL, VÉSICATION, etc.)

vessigon fin XVIe s., vétér., de l'ital. *vessigone*, augmentatif de *vessiga*, vessie.

vestale 1355, Bersuire, adj. (*vierge vestale*); 1562, Du Pinet, s. f.; du lat. *vestalis*, prêtresse de Vesta. ‖ **vestalies** 1803, Boiste.

veste fin XVIe s., de l'ital. *vesta*, du lat. *vestis*, vêtement; d'abord « vêtement à quatre pans se portant sous l'habit »; 1680, Richelet, « vêtement sans basques »; loc. *remporter, ramasser une veste*, 1867, Delvau, par analogie avec le double sens de *capote* (vêtement, et coup par lequel un joueur fait son adversaire *capot*, v. CAPOT 2); *retourner sa veste*, fig., 1882, Larchey. ‖ **veston** 1769, Garsault, *Art du tailleur*.

vestiaire v. 1200 (*vestuaire*); fin XIVe s. (*vestiaire*); du lat. *vestiarium*, armoire à vêtements.

vestibule XIVe s. (*vestible*); 1553, Molinet (*vestibule*); du lat. *vestibulum*, ou de l'ital. *vestibulo,* lui-même issu du lat. ‖ **vestibulaire** 1834, *Dict. de méd. et de chir. prat.*

vestige 1361, Oresme; du lat. *vestigium,* empreinte du pied.

vétéran début XVI⁰ s. *(veterane),* adj.; milieu XVI⁰ s. *(vétéran),* s. m., sens mod. ‖ **vétérance** début XVIII⁰ s.

vétérinaire milieu XVI⁰ s., adj.; fin XVI⁰ s., s. m..; du lat. *veterinarius,* de *veterina,* pl., bêtes de somme.

vétiller début XVI⁰ s., « s'amuser à des riens », du moy. fr. *vette,* ruban, de l'anc. prov. *vetta,* du lat. *vitta,* bandelette. ‖ **vétille** 1528. ‖ **vétilleur** 1642, Oudin. ‖ **vétilleux** 1658, Scarron. ‖ **vétillard** 1640, Oudin.

*****vêtir** X⁰ s., *Valenciennes* (*vestir*), du lat. *vestīre,* moins usuel, en fr. mod. qu'*habiller.* ‖ *****vêtement** 1080, *Roland* (*vestement*), du lat. *vestimentum.* ‖ **vestimentaire** 1905, Lar. ‖ *****vêture** 1155, Wace (*vesteure*), du bas lat. pop. *vestitūra;* au sens de « vêtement » en anc. fr.; emploi restreint auj. ‖ **dévêtir** 1130, *Eneas* (*desvestir*). ‖ **revêtir** fin XI⁰ s., *Alexis* (*revestir*), féod., d'où les empl. fig. mod. ‖ **revêtement** XIV⁰ s., vêtement; XVI⁰ s., archit. ‖ **survêtement** 1829, Boiste. (V. INVESTIR.)

vétiver 1827, *Journ. des dames,* bot., du tamoul (langue de l'Inde) *vettiver.*

veto 1718, Ferrières, droit des tribuns romains; du lat. *veto* (infin. *vetare*), « j'interdis »; 1790, droit de refus accordé au roi par la Constitution; 1876, Lar., ext. de sens.

vétusté début XV⁰ s., du lat. *vetustas,* de *vetus,* vieux. ‖ **vétuste** 1842, *Acad.,* de *vétusté,* d'après le lat. *vetustus.*

*****veuf, veuve** fin XI⁰ s., *Alexis* (*vedve*), s. f.; 1150, *Couronn. de Loïs* (*veve*); fin XIV⁰ s. (*veuve*); du lat. *vidua,* « privée de »; le masc. *veuf,* refait sur le fém., n'apparaît qu'au XVI⁰ s., 1596, Hulsius (au Moyen Age, le veuvage était pour la femme un état civil à part; ce n'était pas le cas pour le mari). ‖ **veuvage** 1374, Du Cange.

*****veule** 1190, J. Bodel, « volage, frivole »; du lat. pop. *****vōlus,* « qui vole au vent », de *volare,* voler; 1611, Cotgrave, « mou, sans forces »; 1660, Oudin, « qui manque d'énergie ». ‖ **veulerie** 1862,

Flaubert. ‖ **aveulir** 1876, A. Daudet. ‖ **aveulissement** 1884, A. Daudet.

vexer 1495, J. de Vignay, « tourmenter »; du lat. *vexare,* même sens; 1876, Lar., « froisser la susceptibilité de ». ‖ **vexant** 1842, *Acad.* ‖ **vexation** milieu XIII⁰ s., même développement de sens que le verbe. ‖ **vexatoire** fin XVIII⁰ s. ‖ **vexateur** 1549, R. Est.

vexille début XVI⁰ s. *(vexil);* milieu XVI⁰ s. *(vexille);* du lat. *vexillum.* ‖ **vexillaire** 1530, C. Marot.

via 1876, Lar., prép., du lat. *viā,* abl. de *via,* voie.

1. viabilité 1845, Besch., bon état d'une route, du bas lat. *viabilis,* « où l'on peut passer », de *via,* voie, chemin.

2. viabilité V. VIE.

v i a d u c 1829, Wexler, adaptation, d'après *aqueduc,* de l'angl. *viaduct,* du lat. *via,* voie, et *ductus,* action de conduire. (V. AQUEDUC.)

viager V. VIE.

*****viande** fin XI⁰ s., *Alexis,* ensemble des aliments; du lat. pop. *****vivanda,* class. *vivenda* (de *vivere,* vivre), « ce qui est nécessaire à la vie »; XIV⁰ s., « chair animale dont on se nourrit ». ‖ **viander** 1360, *Modus,* pâturer. ‖ **vivandier** 1155, Wace. ‖ **vivandière** milieu XVI⁰ s.

viatique 1398, E. Deschamps, « route à parcourir »; 1636, Monet, « provisions et argent de route »; 1664, sens religieux; du lat. *viaticum,* de *via,* route. (V. VOYAGE.)

vibord 1642, Anthiaume, mar., du scand. *****wigi-bord.*

vibrer début XVI⁰ s., du lat. *vibrare,* agiter, brandir, d'où vibrer. ‖ **vibrant** 1754, *Encycl.;* 1907, Lar., plein d'ardeur. ‖ **vibrante** fin XIX⁰ s., s. f., phonét. ‖ **vibration** début XVI⁰ s., action de brandir; 1632, Mersenne, phys. ‖ **vibrage** 1954, Lar. ‖ **vibratoire** 1840, Lamennais. ‖ **vibratile** 1776, Lepecq. ‖ **vibreur** 1907, Lar. ‖ **vibrato** 1876, Lar. ‖ **vibrion** fin XVIII⁰ s. ‖ **vibrisse** 1845, Besch.

vicaire fin XII⁰ s. *(viqueire),* « gouverneur à la tête d'une subdivision de diocèse ou de province »; XIV⁰ s. *(vicaire),* « remplaçant, suppléant »; 1414, Thierry, eccl.; du lat. *vicarius,* remplaçant (v. VIGUIER, VOYER). ‖ **vicarial** fin XVIe s. ‖ **vicariat** 1430, A. Chartier. ‖ **vicariant** 1877, Lar.

1. **vice** 1138, Gaimar, du lat. *vitium*, défaut, vice. ‖ **vicié** 1265, Br. Latini. ‖ **vicier** fin XIVe s., du lat. *vitiare*, corrompre. ‖ **vicieux** fin XIIe s., du lat. *vitiosus*.

2. **vice-** préf., du lat. *vice*, « à la place de », ancien ablatif.

vicennal 1682, *Journal des savants*, bas lat. *vicennalis*, de la rac. de *viginti*, vingt, et de *annus*, année.

vicésimal 1872, L., du lat. *vicesimus*, vingtième, de *viginti*, vingt.

vice versa 1536, Rab., loc. lat., « réciproquement », de *vice*, place, et de *versa*, abl. fém. (de *vertere*, tourner), proprem. « la place étant retournée ».

vicinal XIIIe s., texte des Basses-Alpes, « proche »; 1775, Turgot, sens mod.; du lat. *vicinalis*, de *vicus*, bourg. ‖ **vicinalité** 1838, *Dict. universel du commerce*.

vicissitude 1355, Bersuire, du lat. *vicissitudo*, sur le rad. de *vice*, « à la place de ».

vicomte 1080, *Roland* (*vezcuntes*), du lat. médiév. *vicecomes*, sur le modèle de *vicedominus* (v. VICE- 2, VIDAME). ‖ **vicomtesse** XIIe s., *Aucassin*. ‖ **vicomté** début XIIIe s.; resté fém. ‖ **vicomtal** 1872, L.

victime 1495, *Mir. hist.*, rare avant la fin du XVe s.; du lat. *victima*, sur la rac. de *vincere*, vaincre. ‖ **victimaire** milieu XVIe s., du lat. *victimarius*.

victoire 1080, *Roland* (*victorie*); 1155, Wace (*victoire*); du lat. *victoria*. ‖ **victorieux** 1265, Br. Latini.

victoria av. 1844, Mackenzie, type de voiture, du nom de *Victoria*, reine d'Angleterre (1819 - 1901).

victuailles 1308, Aymé (*victualle*); début XVIe s. (*victuaille*); milieu XVIe s., empl. usuel au plur.; issu, comme l'anc. *vitaille* (début XIIe s.), qu'il a remplacé, du lat. *victualia*, pl. neut., devenu fém. en lat. pop., de *victualis*, adj., « relatif aux vivres » (*victŭs*), sur la rac. de *vivere*, vivre. (V. RAVITAILLER.)

vidame fin XIIe s., Villehardouin (*visdame*); du lat. eccl. *vicedominus*, proprem. « lieutenant d'un prince ». ‖ **vidamé** ou **vidamie** XIVe s., L.

***vide** 1155, Wace (*vuit*); le fém. *vuide* s'est étendu au masc. à partir du début du XVe s.; 1762, *Acad.* (*vide*); du lat. pop. *vŏcitus*, de *vŏcuus*, lat. class. *vacuus*, vide (cf. *vŏcivus*, vide, Ier s., Térence). ‖ **vide** s. m. XIIIe s. (*voit*); v. 1650, Pascal, *le vide*. ‖ ***vider** 1155, Wace (*vuidier*); XIVe s. (*vider*), orthographe définitive depuis 1762, *Acad.*; du lat. pop. *vocitāre*. ‖ **vidage** XIIIe s. (*vuidage*). ‖ **videur** XIIIe s. (*vuideur*). ‖ **vidure** fin XVe s., J. Lemaire de Belges (*vuydure*), « espace vide »; 1611, Cotgrave, « action de vider »; 1752, *Trévoux*, « ce qu'on ôte en vidant ». ‖ **vidoir** 1911, Lar.

vidange 1286, texte du Hainaut (*widenghe*), égout; XIVe s., action de vider, de nettoyer. ‖ **vidanger** milieu XIXe s. ‖ **vidangeur** fin XVIIe s. ‖ **videlle** 1659, Duez. ‖ **vide-bouteille** milieu XVIe s. « ivrogne »; XIXe s., « ustensile ». ‖ **vide-poches** 1749, meuble. ‖ **vide-gousset** 1876, Lar. ‖ **vide-pomme** 1828, Laveaux. ‖ **vide-vite** 1933, Lar. ‖ **vide-ordures** XXe s. ‖ **évider** début XIIe s., *Ps. de Cambridge* (*esvuidier*); 1680, Richelet (*évider*). ‖ **évidoir** 1756, *Encycl.* ‖ **évidage** 1838, *Acad.* ‖ **évidement** milieu XIXe s. ‖ **dévider** XIe s., *Raschi* (*desvuidier*), vider; d'où « vider le fuseau de sa laine », par ext. « développer (la laine, le fil) ». ‖ **dévidoir** XIIIe s., de Garlande (*desvuidoir*).

vidimus 1315, Fagniez, copie certifiée, mot lat. *vidimus*, proprem. « nous avons vu ». ‖ **vidimer** milieu XVe s., certifier une copie.

vidrecome 1752, *Trévoux*, verre à boire, de l'all. *Wiederkomm*, retour.

viduité 1265, Br. Latini, du lat. *viduitas*, de *vidua*, veuve. (V. VEUF.)

***vie** 1080, *Roland*; du lat. *vīta*. ‖ **viager** début XIVe s., adj., de l'anc. fr. *viage*, XIIIe s., durée de la vie; s. m., 1762, *Acad.*, revenu viager. ‖ **viaire** fin XIVe s. ‖ **viable** 1537, trad. du *Courtisan*. ‖ **viabilité** 1808, Boiste. ‖ **survie** début XVIIe s. (*sourvie*), fait de survivre à un autre; fin XVIIe s. (*survie*); 1907, Lar., prolongement de l'existence après la mort.

vielle, vielleur, vielleux Voir VIOLE 1.

vierge fin XIe s., *Alexis* (*virgine*); 1160, *Charroi* (*virge*); XIIIe s. (*vierge*) :

du lat. *virgo, virginis;* d'abord surtout terme eccl., puis extens.; XVIIIᵉ s., statue de la Vierge. ‖ **forêt vierge** 1845, Besch. ‖ **vigne vierge** 1690, Furetière. ‖ **demi-vierge** 1894, M. Prévost. ‖ **virginal** fin XIᵉ s., *Alexis* (*virginel*); XIIIᵉ s. (*virginal*); du lat. *virginalis.* ‖ **virginité** xᵉ s., *Eulalie,* du lat. *virginitas.* ‖ **dévirginiser** 1829, Boiste.

*vieux (anc. forme du pl.), **vieil,** fém. **vieille** 1080, *Roland* (*vieil*); du lat. *vĕtŭlus,* dim. fam. de *vetus,* vieux, contracté en *veclus* (vᵉ s., *App. Probi*). ‖ **vieillesse** début XIIᵉ s. (*veillece*); 1155, Wace (*viellece*). ‖ **vieillir** 1155, Wace. ‖ **vieillissement** 1596, Hulsius. ‖ **vieillard** 1155, Wace (*vieillart*). ‖ **vieillerie** 1680, Richelet. ‖ **vieillot** XIIIᵉ s., fém. *vieillotte;* 1538, R. Est., masc. ‖ **vioque** arg., 1837, Vidocq.

*vif, vive adj., 1080, *Roland,* du lat. *vīvus,* f. *viva.* ‖ **vif** s. m., 1155, Wace, personne vivante; 1270, Joinville, chair vive; 1680, Richelet, proie en vie. ‖ **haie vive** 1552, R. Est. ‖ **vivement** 1160, Benoît. ‖ **vif-argent** 1160, *Charroi.* ‖ **revif** milieu XVIᵉ s., mar.; 1869, Flaubert, nouvelle vigueur. ‖ **aviver** 1119, Ph. de Thaun, du lat. pop. **advivare.* ‖ **avivement** v. 1175, Chr. de Troyes. ‖ **avivage** début XVIIIᵉ s. ‖ **raviver** 1160, Benoît. ‖ **ravivage** 1904, Lar. (V. VIVIFIER, VIVISECTION.)

vigie 1686, Frontignières, rocher caché sous l'eau; début XVIIIᵉ s., sentinelle; du port. *vigia,* de *vigiar,* veiller.

vigilant 1495, *Mir. hist.,* du lat. *vigilans,* part. prés. de *vigilare,* veiller. ‖ **vigilance** fin XIVᵉ s., du lat. *vigilantia.*

vigile 1119, Ph. de Thaun (*vigilie*); v. 1175, Chr. de Troyes (*vigile*), eccl.; du lat. eccl. *vigilia.* (V. VEILLE.)

*vigne 1120, *Ps. d'Oxford,* du lat. *vīnea,* de *vinum,* vin. ‖ **vigneron** fin XIIᵉ s., R. de Moiliens. ‖ **vignette** v. 1280, Joinville, « ornement représentant des branches ou des feuilles de vigne »; milieu XVᵉ s., « ornement décorant une page de livre »; 1907, Lar., « petite gravure en forme d'étiquette collée ». ‖ **vignettiste** 1853, Goncourt. ‖ **vignoble** 1180, Chr. de Troyes, de l'anc. prov. *vinhobre,* avec substit. de suff.; du lat. rég. **vineoporus,* adaptation du gr. *ampelophoros,* « qui porte

des vignes », de *ampelos,* cep, et *-phoros,* qui porte; ou diminutif du lat. pop. *viniculus,* devenu *vinubulus,* de *vinea.*

vigogne 1598, Acosta (*vicugne*); 1672, Thévenot (*vigogne*); de l'esp. *vicuña,* d'un mot quichua (Pérou).

vigueur 1080, *Roland* (*vigur*); 1361, Oresme (*vigueur*); du lat. *vigor.* ‖ **vigoureux** début XIIᵉ s., *Ps. de Cambridge* (*vigorous*); 1361, Oresme (*vigoureux*). ‖ **revigoré** v. 1200, *Aliscans.* ‖ **revigorer** v. 1360, Froissart. ‖ **ravigoter** 1611, Cotgrave, par changem. de suff.; a remplacé *resvigoter* (v. 1220.) ‖ **ravigote** début XVIIIᵉ s., s. f.

viguier 1265, Br. Latini, de l'anc. prov. *viguier,* du lat. *vicārius* (v. VICAIRE, VOYER). ‖ **viguerie** début XIVᵉ s. (*vigerie*); milieu XIVᵉ s. (*viguerie*).

*vil 1080, *Roland,* du lat. *vilis,* « à bas prix », d'où « bas, méprisable ». ‖ **avilir** XIIᵉ s., rare avant 1350, *Ars d'amour.* ‖ **avilissement** fin XVIᵉ s. ‖ **avilissant** 1771, Linguet.

*vilain fin XIᵉ s., paysan, homme de basse condition; 1155, Wace, laid (moralement); 1228, *Guill. de Dole,* laid (physiquement); du lat. *villanus,* habitant de la *villa,* domaine rural. ‖ **vilenie** 1119, Ph. de Thaun (*vilanie*); v. 1200 (*vilenie*).

vilayet 1869, *Journ. offic.,* du turc *vilâyet,* province; forme mod. *wilaya,* 1955, journ.; de l'ar. *wilāya,* province.

vilebrequin XIVᵉ s., *Dialogue fr. flamand* (*wimbelkin*); 1450 (*vilebrequin*); du moy. néerl. *wimmelkijn,* dim. de *wimmel,* tarière, avec une influence du flam. *boorkin,* tarière, et, en passant en fr., des mots *virer, vibrer.*

vilipender 1495, J. de Vignay, du bas lat. *vilipendere,* de *vilis* et *pendere.*

villa milieu XVIIIᵉ s., maison de plaisance en Italie; 1827, *Journ. des dames,* sens gén.; de l'ital. *villa.* (V. VILLE.)

village 1081, *Cartul. d'Angers* (*villagium*), groupe d'habitations rurales; v. 1360, Froissart (*village*); dér. de *ville,* pour remplacer ce mot au sens de « village ». ‖ **villageois** v. 1500.

villanelle 1557, J. Du Bellay, de l'ital. *villanella,* chanson ou danse villageoise, de *villano,* villageois. (V. VILAIN.)

793

*ville v. 980, *Passion* (*vile*), sens mod.;
v. 1200 (*ville*); du lat. *vīlla*, « maison de
campagne », et, à partir de l'Empire,
« domaine rural »; dès le gallo-roman, a
désigné l'agglomération urbaine.

villégiature 1755, abbé Prévost, de
l'ital. *villeggiatura*, de *villeggiare*, aller
à la campagne, de *villa* (v. VILLA). ‖
villégiateur fin XVIII⁰ s. ‖ **villégia-
turer** 1877, Lar.

villeux XIV⁰ s., L., rare jusqu'en 1742;
du lat. *villōsus*, de *villus*, poil (v. VE-
LOURS, VELU). ‖ **villosité** fin XVIII⁰ s.

*vin 980, *Passion*, du lat. *vīnum*. ‖ **vin
cuit** 1538, R. Est. ‖ **vin doux** 1564,
Maison rustique. ‖ **vinée** XIII⁰ s. (*vin-
gnée*); milieu XIV⁰ s. (*vinée*). ‖ **vineux**
v. 1200, du bas lat. *vinosus* (III⁰ s., Tertullien). ‖ **vinosité** fin XIV⁰ s. ‖ **viner** début XIV⁰ s., « débiter du vin »; 1867,
« ajouter de l'alcool à un vin ». ‖ **vi-
nage** début XIII⁰ s., même sens. ‖
vinaire 1756, *Encycl.*, adj. ‖ **vinique**
1836, *Acad.* ‖ **vinasse** 1765, *Encycl.*,
chimie; 1836, *Acad.*, vin fade. ‖ **vini-
cole** 1831, Barthélémy. ‖ **viniculture**
1834, Taril. ‖ **vinifère** 1812, Mozin. ‖
vinification 1799, *Ann. de chimie.* ‖
aviné fin XIII⁰ s., Rutebeuf.

vinaigre 1200, J. Bedel, de *vin* et
aigre. ‖ **vinaigrette** 1398, *Ménagier.* ‖
vinaigré 1680, Richelet. ‖ **vinaigrer**
1690, Furetière. ‖ **vinaigrier** début
XVI⁰ s. ‖ **vinaigrerie** 1723, Savary des
Bruslons.

vindicatif 1395, Chr. de Pisan, du lat.
vindicare, venger. (V. VENGER.)

vindicte 1308, Aimé, du lat. *vindicta*,
vengeance; surtout *vindicte populaire*.
(V. VENDETTA, VENGER.)

*vingt 1080, *Roland* (*vint*); milieu
XIII⁰ s. (*vingt*); du lat. *viginti*, en bas
lat. *vinti*. ‖ **vingtième** 1155, Wace,
(*vintisme*); fin XIV⁰ s. (*vintiesme*). ‖
vingtaine XIII⁰ s. ‖ **quatre-vingts**
1120, *Ps. d'Oxford.* ‖ **quatre-ving-
tième** 1530, Palsgrave. ‖ **quatre-vingt-
dix** fin XII⁰ s., Villehardouin (*quatre-
vins et dis*). ‖ **quatre-vingt-dixième**
1530, Palsgrave (*quatre-vingtz et
dixiesme*).

violace, violat V. VIOLETTE.

viole v. 1200, *Aucassin*, de l'anc. prov.
viola, de *violar*, jouer de la vielle,
d'orig. onomatop.; de même, l'anc. fr.

vieller, début XII⁰ s., *Voy. de Charl.* ‖
vielle 1160, *Eneas* (*viele*). ‖ **vielleur**
milieu XII⁰ s. ‖ **vielleux** XVI⁰ s. ‖
viole de gambe 1702, de l'ital. *viola
di gamba.* ‖ **violiste** 1812, Boiste.

violon v. 1500; 1803, Boiste, pop.,
« poste de police », par comparaison
des barreaux aux cordes d'un violon. ‖
violoniste 1823, Boiste. ‖ **violoneux**
1855. ‖ **violoncelle** début XVIII⁰ s.
(*violoncello*); 1743, *Trévoux* (*violoncelle*); de l'ital. *violoncello*, dimin. de
violone, contrebasse, « grosse viole ». ‖
violoncelliste 1825, Brillat-Savarin.

violent 1213, *Fet des Romains*; du lat.
violentus, de *violare*, faire violence. ‖
violence début XIII⁰ s., du lat. *violen-
tia.* ‖ **violenter** 1375, R. de Presles.

violer 1080, *Roland*, du lat. *violare*,
« faire violence »; v. 1190, *les Quatre
Livres des Rois*, « prendre de force une
femme ». ‖ **violation** XIII⁰ s. ‖ **viola-
teur** 1360. ‖ **viol** 1647, Vaugelas, « acte
de violer une femme ». ‖ **inviolable**
début XIV⁰ s., du lat. *inviolabilis.* ‖
inviolabilité 1611, Cotgrave.

violette début XII⁰ s., de l'anc. fr.
viole, même sens, du lat. *viola.* ‖ **violet** v. 1200, *Guillaume de Dole.* ‖ **ultraviolet** 1840, Becquerel. ‖ **violeter**
v. 1850. ‖ **violâtre** v. 1450 (*viaultre*);
rare avant Diderot. ‖ **violier** v. 1360,
Froissart, dér. de l'anc. *viole.* ‖ **violine**
1842, *Acad.* ‖ **violacé** 1777, Guyton de
Morveau, du lat. *violaceus*, couleur de
violette. ‖ **violacer** 1845, Besch. ‖ **vio-
lacées** 1810, Capuron, bot. ‖ **violat**
début XIII⁰ s.

*viorne 1538, R. Est., du lat. *viburna*,
pl. de *viburnum*, passé au fém. sing. en
lat. pop.

vipère 1265, Br. Latini (*vipre*); lat.
vipera; a éliminé l'anc. *guivre* (1080,
Roland), dont on trouve encore la var.
vouivre dans le fr. rég. ‖ **vipereau**
1526, C. Marot. ‖ **vipérin** milieu XVI⁰ s.,
adj. ‖ **vipérine** XV⁰ s., bot. ‖ **vipérides**
1842, *Acad.* (V. VOUIVRE.)

virago 1452, Gréban, mot lat., de *vir*,
homme. (V. VIRIL.)

virelai v. 1280; d'abord refrain de
danse, de *vire.* (V. VIRER et LAI 2.)

*virer v. 1155, Wace, tourner; du bas
lat. **vīrāre*, de *vibrare*, faire tournoyer,
ou du gaulois *viriā*, anneau. ‖ **vire-**

ment 1546, R. Est.; xxᵉ s., financ. ‖
vire XIVᵉ s., « action de tourner »;
1877, *Rev. des Deux Mondes*, « chemin
de montagne en lacet ». ‖ **virage** 1773,
Bourdé, mar.; 1877, « action d'une couleur qui change »; fin XIXᵉ s., autom. ‖
vireur milieu XIVᵉ s., tourne-broche;
1539, R. Est., « celui qui tourne »; 1907,
Lar., « plateau circulaire sur une machine ». ‖ **survireuse, sous-vireuse**
v. 1960, adj. du lexique autom. ‖
virée 1594, *Sat. Ménippée* (*tournées et
virées*), « allées et venues »; 1868, techn.,
« division d'un bois à couper »; 1933,
Lar., pop., promenade. ‖ **revirer** début
XIIᵉ s., *Thèbes*, « craindre, éviter »;
1530, Palsgrave, « se retourner ». ‖
revirement 1587, Cholières. ‖ **vire-
volte** 1549, R. Est., altér., sous l'infl. de
l'ital. *giravolta*, « tour en rond », de
l'anc. *virevouste*, 1510, de *virer* et
vouter, tourner, de *volvitare* (v. VOÛTE).
‖ **virevolter** milieu XVIᵉ s. ‖ **virevaut**
1615, Binet, « cabestan ». ‖ **virevaude**
1845, Besch., mar. ‖ **vire-vire** *id.*,
même emploi. ‖ **environ** 1080, *Roland*,
de l'anc. fr. *viron*, ronde, pays d'alentour, et adv. « environ »; d'abord prép.
« autour de » (jusqu'au XVIIᵉ s.), puis
adv. (XVIᵉ s.); subst. *à l'environ* (1360,
Froissart). ‖ **environnant** 1775, Mercier. ‖ **environner** 1130, *Saint Gilles*.

vireux V. VIRUS.

virgule début XVIᵉ s., du lat. *virgula*,
« petite verge », en bas lat. « trait sur
une lettre ». ‖ **virguler** début XVIIIᵉ s.
‖ **virgulaire** 1809, Wailly.

viril 1495, J. de Vignay, du lat. *virilis*,
de *vir*, homme. ‖ **virilité** 1488, *Mer
des hist.*, du lat. *virilitas*. ‖ **viriliser**
1801, Mercier. ‖ **virilisme** xxᵉ s.

virole 1160, Benoît (*virol*); v. 1200,
Bueve (*virole*); du lat. *viriola*, bracelet,
du gaulois *viria*, même sens. ‖ **virolet**
1534, Rab. ‖ **viroler** v. 1200. ‖ **viro-
lage** 1872, L.

virtuel 1503, G. de Chauliac, du lat.
scolast. *virtualis*, de *virtus*, force. ‖ **vir-
tualité** 1674, Le Gallois.

virtuose 1640, Mersenne, de l'ital.
virtuoso, de *virtù*, « qualité, art », du
lat. *virtus*. ‖ **virtuosité** 1859, Mozin.

virus 1560, Paré, du lat. *virus*, poison,
proprem. « suc des plantes ». ‖ **vireux**
1611, Cotgrave. ‖ **viral** 1951, *L. M.* ‖

virulent fin XVᵉ s., « qui contient du
pus »; 1767, Voltaire, fig. ‖ **virulence**
1503, G. de Chauliac. ‖ **virologiste**
1961, journ.

***vis** milieu XIᵉ s. (*viz*), escalier tour-
nant; fin XIIᵉ s. (*vis*), sens mod.; de
l'anc. plur. *viiz*, du lat. *vitis*, vrille de la
vigne, et en lat. pop. « vis ». ‖ **visser**
1762, *Acad.* ‖ **vissage** 1842, *Acad.* ‖
visserie 1871. ‖ **dévisser** milieu
XVIIIᵉ s.; xxᵉ s., « glisser », alpinisme. ‖
dévissage 1870, Lar.

visa début XVIᵉ s., mot lat. qui se mettait sur les actes vérifiés, plur. neutre du
part. passé de *videre*, proprem. « choses
vues ». ‖ **viser** 1668, Colbert, mettre son
visa.

visage 1080, *Roland*, de l'anc. *vis*, fin
XIᵉ s., *Alexis*, « visage », usité jusqu'au
XVIᵉ s., du lat. *visus*, part. passé subst. de
videre, voir. ‖ **visagiste** 1949, *L. M.* ‖
visagisme 1961, journ. ‖ **dévisager**
1538, R. Est., défigurer; 1803, Boiste,
regarder avec impertinence. ‖ **envisager** 1560, Pasquier, regarder au visage;
1680, Richelet, examiner en esprit.

vis-à-vis v. 1210, Herbert de Dammartin, de l'anc. *vis*, visage. (V. VISAGE,
VISIÈRE.)

viscère 1478, Leseur, du lat. *viscera*,
plur. de *viscus*, *visceris*, chair. ‖ **viscé-
ral** v. 1440, Chastellain, « profond,
intime », du lat. eccl. *visceralis*; 1765,
Encycl., méd.

1. **viser** (un acte). V. VISA.

2. **viser** 1155, Wace, viser (un but), du
lat. pop. **visare*, lat. class. *visere*, fréquentatif de *videre*, voir. ‖ **viser à** 1398,
É. Deschamps. ‖ **visée** 1219, « regard »;
XVIᵉ s., sens mod. ‖ **viseur** 1222 (*viseor*),
éclaireur; 1555, celui qui tire en visant;
1842, instr.; 1907, Lar., photogr. ‖
aviser fin XIᵉ s., Alexis, « apercevoir »;
XVIIᵉ s., fig. ‖ **rétroviseur** 1929, *Catal.
Manuf. de Saint-Etienne*. ‖ **superviser**
xxᵉ s.

visible v. 1190, saint Bernard, du bas
lat. *visibilis*, de *visus*, part. passé de
videre, voir. ‖ **visibilité** 1487, Garbin,
du bas lat. *visibilitas*. ‖ **invisible** XIIIᵉ s.,
Ald. de Sienne, du lat. *invisibilis*. ‖
invisibilité milieu XVIᵉ s., du lat.
invisibilitas.

visière 1243, Ph. de Novare, de l'anc.
vis, visage. (V. VISAGE.)

vision 1120, *Ps. d'Oxford*, du lat. *visio*, action de voir, sur la rac. de *videre* (V. VOIR). ‖ **visionnaire** début XVII⁰ s. ‖ **visionner** 1921, *Ciné-Magazine*. ‖ **visionneuse** 1956, Lar.

visiter Xᵉ s., *Saint Léger*, du lat. *visitare*, fréquentatif de *visere*, aller voir, même rac. que *videre*, voir. ‖ **visiteur** XIIIᵉ s. ‖ **visite** milieu XVIᵉ s. ; sens méd., 1690, Furetière. ‖ **contre-visite** 1680, Richelet. ‖ **visitation** fin XIIᵉ s. ; XIIIᵉ s., spéc. au sens relig. ; du lat. *visitatio*. ‖ **visitandine** 1721, *Trévoux*.

vison 1797, Gattel, de l'all. *Wiesel*, belette.

visqueux milieu XIIIᵉ s., du bas lat. *viscosus*, de *viscum*, gui, au sens fig. de « glu ». ‖ **viscosité** 1256, Ald. de Sienne ; milieu XXᵉ s., fig. ; du lat. *viscositas*. ‖ **viscosimètre** 1836, *Acad.* ‖ **viscose** 1903, Lar.

visu (de) 1721, *Trévoux*, loc. lat., « d'après la vue », d'abord d'empl. judiciaire.

visuel milieu XVIᵉ s., du bas lat. *visualis* (VIᵉ s., Cassiodore), de *visus*, part. passé de *videre*, voir. ‖ **visualiser** 1887, Binet ; cinéma, 1919, *Cinématographie française*. ‖ **visualisation** 1909, Binet.

*****vit** XIIIᵉ s., pop., métaph. du lat. *vectis*, barre, levier ; membre viril.

vital fin XIIIᵉ s., R. Lulle, lat. *vitalis*, de *vita*, vie. ‖ **vitalisme** 1775, Lalande. ‖ **vitaliste** 1831, Balzac. ‖ **vitalité** 1857, Cholières, du lat. *vitalitas* (Iᵉʳ s., Pline). ‖ **dévitaliser, dévitalisation** 1922, Lar. ‖ **revitaliser** 1960, journ.

vitamine 1912, mot formé en anglais par C. Funk, du lat. *vita* et du terme de chim. *amine*. ‖ **vitaminé** v. 1940, journ. ‖ **vitaminisation** 1949, Lar. ‖ **vitaminique** 1961, journ. ‖ **dévitaminer** 1948, Lar. ‖ **avitaminose** 1922, Lar.

vite v. 1160, Benoît (*viste*) ; v. 1250, *Bestiaire d'amour* (*vite*) ; adj. jusqu'au XVIIᵉ s. ; adv. ensuite ; fin XIXᵉ s., repris comme adj. dans les sports ; orig. obscure. ‖ **vitesse** milieu XIIᵉ s. (*vistesse*) ; début XVIᵉ s. (*vitesse*).

vitellin XIVᵉ s. (*vitelin*), du bas lat. *vitellum*, jaune d'œuf. ‖ **vitelline** s. f., 1845, Besch.

vitelot 1680, Richelet, ruban de pâte cuite, de *vit*, du lat. *vectis*, barre, levier.

vitelotte 1812, Boiste, pomme de terre allongée.

viticole 1836, Landais, du lat. *vitis*, vigne, d'après *agricole*. ‖ **viticulture** 1845, Besch. ‖ **viticulteur** 1872, L.

vitre 1265, J. de Meung, « verre » (matière) ; XVᵉ s., « fenêtre garnie de vitres » ; XVIᵉ s., sens mod. ; du lat. *vitrum* (v. VERRE). ‖ **vitrail** 1493, Fierville (*vitral*) ; début XVIIᵉ s. (*vitrail*). ‖ **vitrage** 1611, Cotgrave. ‖ **vitrer** 1495, J. de Vignay. ‖ **vitré** 1490, G. de Chauliac. ‖ **vitrerie** 1338, Delisle, *Actes normands.* ‖ **vitrier** 1370, *D. G.* ‖ **vitrine** 1836, *Acad.* ‖ **vitrifier** 1540, B. Des Périers. ‖ **vitrifiable** 1734, Geoffroy. ‖ **vitrification** XVIᵉ s., B. Palissy. ‖ **vitrescible** 1762, *Acad.* ‖ **vitreux** 1256, Ald. de Sienne, « qui ressemble au verre fondu » ; 1835, *Acad.*, « dont l'éclat est terni » ; du lat. médiév. *vitrosus*.

vitriol XIIIᵉ s., *Simples Méd.*, du lat. médiév. *vitriolum*, de *vitrum* (à cause de l'apparence vitreuse du sulfate ainsi appelé à l'époque) ; 1560, Paré, *huile de vitriol*, acide sulfurique ; 1876, Lar., *vitriol*, sens mod. ‖ **vitriolique** XVIᵉ s., B. Palissy. ‖ **vitriolé** 1608, Variot. ‖ **vitrioler** 1876, Lar., techn. ; 1886, Barrère, arroser de vitriol. ‖ **vitriolage** 1876, Lar. ‖ **vitrioleur** 1888, Villatte.

vitupérer Xᵉ s., *Saint Léger*, « mutiler » ; début XIVᵉ s., « outrager » ; XIVᵉ s., « blâmer fortement » ; du lat. *vituperare*, blâmer. ‖ **vitupération** 1120, *Ps. d'Oxford.* ‖ **vitupérateur** 1636, Monet.

vivace 1495, *Mir. hist.*, du lat. *vivax*, de *vivere*, vivre. ‖ **vivacité** 1488, *Mer des hist.*, du lat. *vivacitas*, au sens fig. du bas lat.

vivandier V. VIANDE.

vivarium 1923, Lar., mot lat. (Voir VIVIER.)

vivat 1546, Rab., interj., mot lat., « qu'il vive », subj. présent de *vivere*, vivre ; subst., 1649, Scarron.

vive 1398, *Ménagier*, sorte de poisson, altér., par attraction de *vif, vive*, du rég. *wivre*, du lat. *vipera* (v. VIPÈRE, VOUIVRE), la *vive*, dite « dragon de la mer », étant venimeuse.

*****vivier** 1130, *Eneas*, du lat. *vivarium*, « endroit où l'on garde des animaux vivants », de *vivere*, vivre.

vivifier 1120, *Ps. d'Oxford*, du lat. *vivificare*, de *vivus*, vivant, et *facere*, faire. ‖ **vivifiant** fin XII⁰ s. ‖ **vivification** fin XIII⁰ s., du lat. *vivificatio*. ‖ **vivificateur** début XVI⁰ s. ‖ **revivifier** fin XIII⁰ s., « reprendre vie »; fin XVI⁰ s., « redonner de la vie ». ‖ **revivification** fin XVII⁰ s.

vivipare 1679, *Journ. des savants*, du lat. *viviparus*, de *vivus*, vivant, et *parere*, engendrer. ‖ **viviparité** 1842, *Acad.*

vivisection 1830, Brachet, du lat. *vivus*, vivant, et de *section* (d'après *dissection*). ‖ **vivisecteur** 1872, L.

*vivre X⁰ s., *Saint Léger*, du lat. *vīvĕre*. ‖ **vivant** adj., 1150, *Voy. de Charl.*; s. m., fin XI⁰ s., *Alexis*. ‖ **bon vivant** 1680, Richelet. ‖ **vive** interj., 1532, Rabelais, forme figée du subj. de *vivre*. ‖ **qui-vive** s. m., 1662, La Rochefoucauld, de la loc. *qui vive?* 1419, cri d'une sentinelle. ‖ **vivres** s. m. pl., 1155, Wace. ‖ **viveur** 1831, Balzac. ‖ **vivable** fin XII⁰ s. ‖ **invivable** 1937, journ. ‖ **vivoter** 1430, A. Chartier. ‖ **revivre** XII⁰ s. ‖ **reviviscence** fin XVII⁰ s., Leibniz, du lat. *reviviscere*, revenir à la vie. ‖ **survivre** 1080, *Roland*; *se survivre*, 1718, *Acad.* ‖ **survivant** 1119, Ph. de Thaun. ‖ **survivance** 1549, R. Est.

vizir 1432, La Broquière, mot turc, empr. au persan *vizir* (cf. d'autre part l'ar. *wāzir*, d'où sont issus *alguazil* (de *al-wāzir*) et *argousin*. ‖ **vizirat** 1664, Thévenot.

vocable fin XIV⁰ s., du lat. *vocabulum*, appellation, mot, de *vocare*, appeler. ‖ **vocabulaire** fin XV⁰ s., du lat. médiév. *vocabularium*.

vocal 1265, Br. Latini, « contenant une voyelle »; milieu XV⁰ s., « qui s'exprime au moyen de la voix » (opposé à *par écrit*); du lat. *vocalis*, doué de voix, de *vox*, *vocis*, voix. ‖ **vocaliser** début XIX⁰ s., terme de chant. ‖ **vocalise** début XIX⁰ s. ‖ **vocalisateur** 1836, *Acad.* ‖ **vocalique, vocalisme, vocalisé**, etc. linguist. (V. VOYELLE.)

vocatif XIV⁰ s., L.; du lat. *vocativus*, de *vocare*, appeler.

vocation fin XII⁰ s., eccl.; XIV⁰ s., jurid.; v. 1440, G. Chastellain, sens mod.; du lat. *vocatio*, action d'appeler, de *vocare*, appeler, sur le rad. de *vox*, voix.

vociférer fin XIV⁰ s., du lat. *vociferari*, de *vox*, voix, et *ferre*, porter. ‖ **vocifération** début XII⁰ s., du lat. *vociferatio*. ‖ **vociférateur** 1836, Landais.

vodka 1829, Dupré de Sainte-Maure, mot russe, de *voda*, eau; même rac. que l'all. *Wasser*, l'angl. *water*.

*vœu 1175, Chr. de Troyes (*veu*); XV⁰ s. (*vœu*); du lat. *vōtum* (v. VOTE).

votif fin XIV⁰ s., du lat. *votivus*, de *votum*. ‖ ***vouer** v. 1120, *Ps. d'Oxford*. ‖ **dévouer** XIII⁰ s., *Renart*, « révoquer (un vœu) »; 1559, Amyot, sens mod.; d'apr. le lat. *devovere*. ‖ **dévoué** adj., 1803, Boiste. ‖ **dévouement** début XIV⁰ s., « vœu »; XVI⁰ s., « fait d'être voué comme victime expiatoire »; 1690, Furetière, sens mod.

vogue milieu XV⁰ s., de l'ital. *voga*, au sens fig. de « réputation, crédit », de *vogare*. (V. VOGUER.)

voguer début XIII⁰ s.; de l'anc. bas all. **wogon*, var. de *wagon*, proprem. « se balancer »; l'ital. *vogare* est un empr. à l'anc. fr.

voici 1175, Chr. de Troyes (*vez ci*); fin XII⁰ s., Villehardouin (*vois ci*); 1485, *Mistère du Vieil Testament* (*voici*). ‖ **voilà** fin XIII⁰ s. (*ves la*); fin XV⁰ s., Commynes (*voilà*, qui élimine auj. *voici* dans la langue pop.); de *vois*, impér. de *voir*, et *ci*, *là*, particules démonstratives; *v'là*, forme vulg., est issu de *vela* (1360, Froissart). ‖ **revoici** début XVI⁰ s. ‖ **revoilà** début XIV⁰ s. (*revelà*); 1633, Corn. (*revoilà*).

*voie 1080, *Roland* (*veie*); 1175, Chr. de Troyes (*voie*); du lat. *vīa*, chemin. ‖ **contre-voie** 1928, Lar. ‖ **dévoyer** 1155, Wace, sortir de la route, du droit chemin. ‖ **dévoyé** s. m., 1273, *Adenet*. ‖ **dévoiement** 1120, *Ps. de Cambridge*, « chemin impraticable »; XIII⁰ s., sens moral. ‖ **avoyer** XII⁰ s., « mettre sur la voie ». ‖ **avoi** *id.* ‖ **avoiement** 1190, Garn. ‖ **avoyeur** 1213, *Fet des Romains*. ‖ **fourvoyer** 1155, Wace (*forvoyer*), sur le suff. *for-* (v. FORS); XV⁰ s. (*fourvoyer*). ‖ **fourvoiement** XIV⁰ s. (V. ENVOYER.)

1. ***voile** s. f., 1155, Wace (*veile*); fin XIX⁰ s. (*voile*); du lat. pop. *vela*, plur. neutre, passé au fém., de *vēlum*. ‖ **voilier** début XVI⁰ s., adj.; milieu XVI⁰ s., subst. ‖ **voilure** 1678, Guillet, « ma-

nière de placer les voiles»; 1691, Ozanam, « ensemble des voiles »; 1845, Besch., « g a u c h i s s e m e n t d'une planche », etc. ‖ **voilé** 1611, Cotgrave, « garni de voiles »; 1765, *Encycl.*, « qui a pris la forme convexe » (bois). ‖ **dévoiler** 1907, Lar., redresser une roue faussée. ‖ **vélivole** v. 1800, Chateaubriand.

2. *voile s. m., fin XIIᵉ s., tenture; au XIIᵉ s., voile de nonne, puis, 1265, J. de Meung, voile de femme; du lat. *vēlum*. ‖ **voilette** 1593, Duchesne de la Violette, mar.; 1842, Mozin, sens mod. ‖ **voilage** 1933, Lar. ‖ **voiler** 1155, Wace, relig.; 1380, ext. d'emploi; 1606, Nicot, dérober à la vue, cacher. ‖ **voilé** adj. « terni », 1789; 1798, *Acad.*, en parlant de la voix. ‖ **vélaire** 1874, Joret, linguist., de *voile* (*du palais*). ‖ **vélum** 1872, L. ‖ **dévoiler** v. 1440, Chastellain. ‖ **dévoilement** 1606, Nicot.

*voir Xᵉ s., *Saint Léger* (*veder*); fin XIᵉ s., *Alexis* (*voir*); du lat. *vidēre*. ‖ **voyant** subst., XVᵉ s., « prophète »; 1845, Bescherelle, techn. ‖ **voyance** 1829, Boiste. ‖ **vu** prép., 1398, E. Deschamps. ‖ **vue** 1080, *Roland* (*vëue*); XIIIᵉ s. (*vue*). ‖ **bévue** milieu XVIIᵉ s. ‖ **voyeur** XIIᵉ s. (*veor*), guetteur; XVIᵉ s. (*voyeur*), témoin oculaire; 1898, A. Daudet, sens spécial. ‖ **voyeurisme** 1955, Piéron. ‖ **revoir** 980, *Passion* (*revedeir*); XIIᵉ s. (*revoir*). ‖ **au revoir** début XVIIᵉ s. (*adieu jusqu'au revoir*); 1798, *Acad.*, loc. mod. ‖ **à la revoyure** 1821, Nisard, loc. pop. ‖ **revue** début XIVᵉ s., « révision d'un partage »; XVᵉ s., milit.; 1792, publication périodique; 1875, Lar., pièce satirique; 1949, Lar., spectacle de variétés; *passer en revue*, 1788, Féraud, « examiner ». ‖ **revuiste** 1907, Lar. ‖ **entrevoir** 1080, *Roland* (*entreveeir*), « se voir les uns les autres »; 1270, « voir imparfaitement ». ‖ **entrevue** fin XVᵉ s., rencontre. (V. POURVOIR, PRÉVOIR, VOICI, VOILÀ.)

*voire 1155, Wace (*veire*); 1175, Chr. de Troyes (*voire*); du lat. *vēra*, plur. neutre de *vērus*, vrai, pris adverbialement; devenu rég. au XVIIᵉ s.; donné comme vieux en 1798, *Acad.*; repris, au XIXᵉ s., par la langue littéraire; *voire même*, 1615, Brunot. (V. VRAI, VÉRITÉ.)

voirie V. VOYER.

*voisin 1155, Wace (*veisin*); fin XIIᵉ s. (*voisin*); du lat. *vīcīnus*, de *vicus*, village, quartier. ‖ **voisinage** 1240, de Tuin. ‖ **voisiner** v. 1190, Bodel. ‖ **avoisiner** 1555, Pasquier. ‖ **circonvoisin** 1387, à Rethel.

*voiture v. 1200 (*veiture*); 1283, Beaumanoir (*voiture*); du lat. *vĕctura*, transport, de *vehere*, transporter; a signifié aussi « mode de transport » (XIIIᵉ-XIXᵉ s.) ou « charge transportée ». ‖ **voiturette** 1897, *Nature*. ‖ **voiturée** 1876, Lar. ‖ **voiturer** fin XIIIᵉ s., « aller en Terre sainte »; 1611, Cotgrave, sens mod. ‖ **voiturier** 1283, Beaumanoir (vieilli). ‖ **voiturage** milieu XIVᵉ s.

*voix 980, *Passion* (*voiz*); XIIIᵉ s., avec *x* repris au nominatif de l'étymon lat. *vox, vocis*; au sens de « suffrage », 1538, R. Est.; 1765, *Encycl.* gramm. (V. VOCAL.)

vol V. VOLER 1 et 2.

volage 1080, *Roland*, du lat. *volaticus*, « qui vole, ailé ».

*volaille XIIIᵉ s., « ensemble des oiseaux »; 1552, R. Est., « ensemble des oiseaux de basse-cour »; du bas lat. *volatilia*, pl. neutre à valeur collective, de *volatilis*, « qui vole », par ext. « oiseau ». ‖ **volailler** 1690, Furetière. ‖ **volailleur** 1821, Desgranges. (V. VOLATILE.)

volapük 1879, Schleyer, mot créé, par déformation de l'angl. *world*, monde, et *speak*, parler, pour désigner une langue artificielle.

volatil XIVᵉ s., du lat. *volatilis*, « qui vole », par ext. « léger ». ‖ **volatiliser** 1611, Cotgrave. ‖ **volatilisable** 1836, *Acad.* ‖ **volatilisation** 1641, De Clave. ‖ **volatilité** *id.*

volatile 1155, Wace (*volatille*), s. f., « ensemble des oiseaux »; XIIIᵉ s., *id.*, « oiseau destiné à la table »; fin XIVᵉ s. (*volatile*), adj.; 1701, Furetière (*volatile*), s. m., sens mod.

vol-au-vent V. VOLER 1.

volcan v. 1300 (var. *vulcan, boucan*); de l'ital. *volcano*, du lat. *Vulcanus*, Vulcain, dieu du Feu, nom d'abord donné aux îles Lipari, à cause de leurs volcans. ‖ **volcanique** v. 1750, Buffon. ‖ **volcaniser** 1777, Brunot. ‖ **volcanisme** 1842, Mozin. ‖ **volcanologie** ou **vulcanologie** 1910, *L. M.*

*1. **voler** (*dans l'air*) xᵉ s., *Eulalie*, du lat. *volare*. ‖ **vol** 1175, *Chr. de Troyes;* 1907, Lar., aviation; **vol à voile** 1923, Lar. ‖ **vol-au-vent** début xIXᵉ s., pour *vole-au-vent*, en raison de la légèreté de la pâte. ‖ **vole** 1534, Rab., jeu. ‖ **dévole** 1690, Furetière, *id.* ‖ **volant** adj., xIIᵉ s.; début xvIᵉ s., « qui peut se déplacer rapidement »; 1611, Cotgrave, subst., « morceau de liège qu'on lance avec une raquette »; 1660, Molière « couture »; 1835, *Acad.*, mécanique; 1860, *le Monde illustré*, autom. ‖ ‖ **volerie** v. 1180, Gace Brulé, chasse; de *voler* au sens de « pratiquer la chasse au vol (faucon) », en anc. et moy. fr. ‖ **volée** 1191, Gui de Cambrai. ‖ **volière** 1398, E. Deschamps. ‖ **volet** xIIIᵉ s., « partie flottante d'une coiffe » (d'où *bavolet* 1556); xvᵉ s., « sorte d'assiette creuse » (d'où *trier sur le volet*, 1542, Rab.); 1611, Cotgrave, « panneau de bois se fermant sur une fenêtre ». ‖ **volis** fin xvIIᵉ s.; v. vo-lige. ‖ **volige** 1694, Ménage, charpente, en moy. fr. *volisse, volice*, 1435. ‖ **voliger** 1845, Besch. ‖ **voleter** début xIIᵉ s., *Ps. de Cambridge*. ‖ **volettement** 1596, Hulsius. ‖ **s'envoler** 1130, *Eneas*, de *en voler*. ‖ **envol** 1904, Huysmans; 1930, Lar., aviation. ‖ **envolée** 1875, A. Daudet. ‖ **envolement** 1873, Daudet. ‖ **survoler** 1440, Chastellain. ‖ **survol** 1911, *L. M.*

2. **voler** dérober 1549, R. Est., métaphore formée sur le précédent, d'apr. son emploi dans le langage de la chasse (v. volerie, ci-dessus, à voler 1). ‖ **vol** début xvIIᵉ s. ‖ **voleur** début xvIᵉ s. ‖ **volerie** 1541, dans Giry. ‖ **antivol** 1949, *L. M.*

volley-ball xxᵉ s., mot angl. ‖ **volleyeur** 1951, *L. M.*

volonté v. 980, *Passion* (*voluntez*); 1538, R. Est (*voulunté*); 1606, Nicot (*volonté*); du lat. *voluntas, -atis.* ‖ **volontaire** 1265, *Le Grand* (*voluntaire*); 1538, R. Est. (*volontaire*); du lat. *voluntarius.* ‖ **volontariat** 1866, *le Temps.* ‖ **involontaire** 1361, Oresme. ‖ **volontarisme** fin xIXᵉ s.

*volontiers** xᵉ s., *Saint Léger* (*voluntiers*); xIᵉ s., *Alexis* (*volentiers*); xIIIᵉ s. (*volontiers*); du lat. *voluntarie* (Iᵉʳ s., Hygin), adv. de *voluntarius*. (V. volontaire.)

volt 1881, *Congrès d'électricité*, du nom du physicien italien *Volta* (1745 - 1827). ‖ **voltaïque** 1823, L. ‖ **voltamètre** milieu xIXᵉ s. ‖ **voltage, voltaïsation, voltampère, voltmètre** 1890, Lar. ‖ **survolté** 1938, *le Temps.*

voltairien, voltairianisme 1845, F. Wey, du nom de *Voltaire.*

volte 1550; Ronsard, équitation; de l'ital. *volta*, « tour », de *voltare*, tourner, du lat. pop. **volvita*, part. passé fém. de *volvere*, tourner. ‖ **volter** 1440, Ch. d'Orléans.

volte-face 1654, de Laon, de l'ital. *volta faccia*, « tourne face », de *volta* (impér. de *voltare*, tourner) et de *faccia*, face.

voltiger début xvIᵉ s., de l'ital. *volteggiare*, faire de la voltige, de *voltare* (v. volte). ‖ **voltige** 1544, Mathée. ‖ **voltigement** 1546, R. Est. ‖ **voltigeur** 1534, Rab.; sous Napoléon Iᵉʳ, spécialisé comme terme militaire.

volubile début xvIᵉ s., « changeant », du lat. *volubilis*, « qui tourne aisément », d'où « rapide », de *volvere*, tourner; 1777, Sablier, « d'une grande facilité de parole ». ‖ **volubilité** fin xIVᵉ s., « facilité à se mouvoir », du lat. *volubilitas*; xvIᵉ s., « inconstance »; 1680, Richelet, « facilité de parole ». ‖ **volubilis** début xvIᵉ s., bot.

volume xIIIᵉ s., livre, du lat. *volumen*, « r o u l e a u »; par ext. « manuscrit (roulé) », de *volvere*, tourner, rouler; fin xIIIᵉ s., « espace occupé par les corps ». ‖ **volumineux** av. 1676, d'Aubignac, (ouvrage) qui a beaucoup de volumes; 1762, *Acad.*, sens mod.; d'après le bas lat. *voluminosus* (de sens différent : « sinueux »). ‖ **volumétrique** 1872, L.

volupté 1495, J. de Vignay, du lat. *voluptas.* ‖ **voluptueux** 1361, Oresme, du lat. *voluptuosus.* ‖ **voluptuaire** milieu xIVᵉ s.

volute 1545, Van Aelst, de l'ital. *voluta*, du lat. *voluta* (lexique des architectes), part. passé fém. subst. de *volvere*, tourner, rouler.

volve 1803, Wailly, du lat. *volva*, var. de *vulva* (v. vulve). ‖ **volvé** 1806, Lunier. ‖ **volvaire** 1803, Boiste, genre de mollusque; 1827, *Acad.*, genre de

champignon. ‖ **volvacé** 1842, *Acad.* ‖
volvoce 1806, Wailly, du lat. *volvox*
(Pline), chenille.

vomer 1753, Brunot, du lat. *vŏmer*,
propr. « soc de charrue ».

vomique adj., XIII⁵ s., *Simples Méd.*
(*noix vomice*) ; XVI⁵ s. (*vomique*) ; du lat.
médiév. *vomica* (*nux*), [noix] qui fait
vomir ; s. f. 1611, Cotgrave. ‖ **vomiquier** 1808, bot.

*****vomir** 1190, Garn. ; du lat. *vŏměre*,
avec changem. de conj. ‖ **vomissement**
1265, J. de Meung. ‖ **vomissure** XIII⁵ s..
‖ **vomitif** 1398, *Somme Gautier.* ‖
vomitoire 1549, R. Est., « qui provoque
le vomissement » ; 1636, Monet, archéol. ;
du lat. *vomitorium*, de *vomere.* ‖ **vomito
negro** 1808, Boiste, empr. à l'esp., proprem. « vomissement noir ». ‖ **revomir**
1213, *Fet des Romains.*

vorace début XVII⁵ s., du lat. *vorax*, de
vorare, dévorer. ‖ **voracité** XIV⁵ s., L.,
du lat. *voracitas.*

vote début XVIII⁵ s., de l'angl. *vote (to)
vote* (subst. et verbe), du lat. *votum*,
vœu. ‖ **voter** 1680, Richelet, « donner
sa voix au chapitre » (dans les couvents) ;
1704, empl. dér. de *vote*, au sens polit. ‖
votant 1762, *Acad.* ‖ **votation** 1752,
Trévoux. ‖ **voteur** 1784, *Courrier de
l'Europe.*

*****votre, vôtre** 980, *Passion* (*vostre*),
du lat. pop. **voster*, altér. d'après *noster*,
du lat. class. *vester* (v. NOTRE, NÔTRE) ;
pl. **vos**, XII⁵ s. (*voz*), égalem. pronom en
anc. fr., repose sur une forme abrégée.

vouer V. VŒU.

*****vouge** XII⁵ s. (*vooge*), serpe ; XIV⁵ s.
(*vouge*) ; du bas lat. *vidŭbium*, d'orig.
gauloise (cf. l'irlandais *fidba*, faucille),
sur les rac. celtiques **vidu-*, bois, et **bi*,
couper.

*****vouivre** XIII⁵ s., à Liège, « vipère » ;
du lat. *vīpěra* ; 1870, rég., « personne
méchante » ; 1876, Lar., blas. ; dans certains parlers rég., « animal fabuleux »
(cf. Marcel Aymé, *la Vouivre*).

*****vouloir** X⁵ s., *Eulalie* (*voleir*) ; v. 1180,
Gace Brulé (*vouloir*) ; du lat. pop. **vo-
lēre*, réfection du lat. class. *velle* d'après
les autres temps. ‖ **en vouloir à** 1549,
R. Est. ‖ **vouloir** s. m., 1190, Garn. ‖
voulu adj., 1835, *Acad.* ‖ **volition**

début XVI⁵ s. ‖ **volitif** 1907, Lar. ‖
revouloir fin XI⁵ s., *Alexis.*

*****vous** v. 980, *Passion* (*vos*), du lat. *vos*
en position atone. ‖ **vousoyer** XIV⁵ s.
(*vosoier*) ; XV⁵ s. (*vousoier*) ; de *vous*, employé par politesse à la place de *tu*
(depuis l'anc. fr., d'après le *nous* de majesté, datant du Bas-Empire). ‖ **vous-
oiement** 1907, Lar. ‖ **vouvoyer** 1907,
Lar., altér. fam. de *vousoyer.* ‖ **vou-
voiement** 1907, Lar.

*****voussure** milieu XII⁵ s., courbure
d'une voûte ; du lat. pop. **volsura*, de
*volsus, au lieu du lat. class. *volutus*,
part. passé de *volvere*, tourner ; 1845,
Besch., partie cintrée surmontant une
baie de fenêtre. ‖ **voussoir** 1213, *Fet
des Romains* (*vosoir*) ; XV⁵ s. (*voussoir*) ;
du lat. pop. **volsorium*, de **volsus.*

*****voûte** milieu XII⁵ s. (*volte*) ; XIII⁵ s.,
Berte (*voûte*) ; du lat. pop. **volvĭta*, part.
passé pop. de *volvere*, substantivé au
fém. ‖ **voûter** 1213, *Fet des Romains.*

*****voyage** 1080, *Roland* (*veiage*) ;
XIII⁵ s. (*voiage*) ; surtout, en anc. fr.,
« pèlerinage », ou « croisade » ; au sens
mod. apparaît à la fin du XV⁵ s. ; du lat.
viāticum, « provisions de route », par
ext. en bas lat. « voyage » ; de *via*,
chemin. ‖ **voyager** début XV⁵ s. ‖
voyageur 1440, Chastellain. ‖ **commis
voyageur** 1792, Brunot. ‖ **pigeon
voyageur** 1845, Besch.

voyelle 1265, Br. Latini (*voieul*), s. f. ;
XV⁵ s. (*voiel*), s. m. ; 1530, Palsgrave
(*voyelle*), s. f. ; du lat. *vocalis*, adapté
d'après *voix*, au sens gramm. médiév. ‖
semi-voyelle 1845, Besch. ‖ **vocalique** 1872, L. ‖ **intervocalique** 1906,
Lar. ‖ **vocalisme** 1864, Egger. ‖ **vocalisé**
fin XIX⁵ s. ‖ **vocalisation** 1829, Nodier.

*****voyer** 1080, *Roland* (*veier*), « offi-
cier de justice » ; v. 1175, Chr. de Troyes
(*voier*), du lat. *vicārius*, du préf. *vice*,
« à la place de » ; au XIII⁵ s., « officier
chargé de la police des chemins », ce
qui a fait rapprocher le mot de *voie* ;
1611, Cotgrave, fonctionnaire chargé de
l'entretien des chemins ; *agent voyer*,
XIX⁵ s. ‖ **voirie** fin XII⁵ s. (*voierie*),
« fonction de voyer » ; XIII⁵ s., « voie
publique » ; XIV⁵ s., « lieu où l'on porte
les ordures » ; XVI⁵ s., « service chargé
de l'entretien des chemins ». (V. VICAIRE,
VIGUIER.)

voyou 1830, Barbier, de *voie*, proprem. « celui qui court les rues », avec un suff. rég. (Ouest ou Midi), ou pop. (v. FILOU), correspondant à -*eur* ou à -*eux*. ‖ **voyouterie** 1884, Goncourt. ‖ **voyoucratie** 1865, Flaubert.

vrac (en) 1606, Nicot, en parlant des harengs non rangés dans la caque; XVIIIe s., ext. de sens; du néerl. *wrac*, mal salé, mauvais; début XVe s., *hareng waracq*, hareng de mauvaise qualité. (V. VARECH.)

*****vrai** 1080, *Roland* (*verai*); 1160, Benoît (*vrai*); du lat. pop. *vērācus*, en lat. class. *verax, -acis;* a remplacé en fr. l'anc. fr. *voir*, du lat. class. *verus*. ‖ **vraiment** 1119, Ph. de Thaun (*veraiement*); 1636, Monet (*vraiment*). ‖ **véracité** 1644, Descartes. ‖ **vraisemblable** 1265, Br. Latini, d'apr. le lat. *verisimilis*. ‖ **vraisemblance** milieu XIVe s. ‖ **invraisemblable** 1763, *Année littéraire*. ‖ **invraisemblance** *id.* ‖ **vériste, vérisme** 7 juin 1889, *le Figaro*, littér. (V. VOIRE.)

*****vrille** début XIVe s. (*veïlle*); fin XIVe s. (*vrille*), outil servant à percer le bois; 1538, R. Est. (*ville*), pour les vrilles de la vigne; XVIe s., *vrille* (de la vigne); du lat. *vitīcula*, vrille de vigne, de *vitīs*, vigne, avec insertion de *r* d'après *virer*. ‖ **vrillée** 1750, Ménage, liseron. ‖ **vrillette** milieu XVIIIe s., insecte. ‖ **vriller** 1752, *Trévoux*, « s'élever en décrivant une hélice »; 1845, Besch., « percer avec une vrille ». ‖ **vrillage** 1876, Lar. ‖ **dévriller** 1863. ‖ **dévrillage** 1907, Lar. ‖ **évrillage** 1910, Lar.

vrombir fin XIXe s., orig. onomatop. ‖ **vrombissement** *id.*

vulcaniser milieu XIXe s., de l'angl. *(to) vulcanize*, tiré du nom du dieu *Vulcain* par Brockedon, ami de Hancock, inventeur du procédé en 1843. ‖ **vulcanisation** *id.*, de l'angl. *vulcanization*, même formation. ‖ **vulcaniseur** 1896, Seeligmann. (V. VOLCAN.)

vulgaire XIIIe s. (*vulgarement*); milieu XVe s., (*vulgaire*); du lat. *vulgaris*, de *vulgus*, « le commun des hommes ». ‖ **vulgarité** 1488, *Mer des hist.*, « masse du peuple »; du bas lat. *vulgaritas* (IIIe s., Arnobe); 1800, Staël, « manque de distinction ». ‖ **vulgarisme** 1801, Mercier. ‖ **vulgariser** 1512, J. Lemaire de Belges; repris au XIXe s. ‖ **vulgarisation** 1864, Zola. ‖ **vulgarisateur** 1836, *Acad.*

vulgate 1578, d'Aubigné; adj.; 1666, *Journ. des savants*, s. f.; du lat. eccl. *(versio) vulgata*, version (de l'Evangile) répandue dans le public, de *vulgus*. (V. VULGAIRE.)

vulnérable 1676, Pomey, du bas lat. *vulnerabilis*, de *vulnus, -neris*, blessure. ‖ **vulnérabilité** XVIIIe s. ‖ **invulnérable** XVe s. ‖ **invulnérabilité** 1732, *Trévoux.*

vulnéraire 1538, J. Canappe, *médecin vulnéraire;* du lat. *vulnerarius*, de *vulnus, -neris*, blessure.

vulpin 1778, Lamarck, bot., de l'adj. lat. *vulpinus*, de *vulpes*, renard.

vultueux 1827, *Acad.*, du lat. *vultus*, visage. ‖ **vultuosité** 1907, Lar.

vulve 1488, *Mer des hist.*, du lat. *vulva*. ‖ **vulvaire** 1842, *Acad.* ‖ **vulvite** 1872, L.

W

wagon 1826, Seguin et Biot (*vagon*);
1832, Lamé-Clapeyron (*vagon*); une
première fois, comme mot angl., 1698,
Voyage en Angleterre, « charrette couverte »; de l'angl. *waggon*, chariot. ‖
wagonnet 1872, L. ‖ **wagonnier**
1872, L. ‖ **wagon-poste** 1856, Furpille.
‖ **wagon-salon** 1864, *la Vie parisienne*,
d'apr. l'angl. *saloon-car*. ‖ **wagon-res-
taurant** 1873, d'apr. l'angl. *dining-car*.
‖ **wagon-lit** 1861, *le Charivari*, d'apr.
l'angl. *sleeping-car*.

warrant 1671, Seignelay; vulgarisé au
XIXᵉ s.; de l'angl. *warrant*, lui-même
empr. à l'anc. fr. *warrant*, forme dial. de
garant (v. ce mot). ‖ **warranter** 1874,
Journ. offic. ‖ **warrantage** 1894, Sachs.

water-ballast XXᵉ s., mot angl., de
water, eau, et *ballast*, réservoir.

water-closet 1816, Simond, dans un
texte sur l'Angleterre; usuel dans le courant du XIXᵉ s.; mot angl., de *water*,
eau, et *closet*, cabinet (lui-même empr.
à l'anc. fr. *closet*, dimin. de *clos*);
abrégé en *water*, XXᵉ s., génénéralem. au
plur., ou *W.-C.* (pron. *vé cé*), *id*.

wateringue 1842, *Acad.*, du flam.
watering, de *water*, eau.

water-polo 1906, Lar., mot angl., de
water, eau, et *polo*, jeu où l'on pousse
une balle.

waterproof 1775, *Descr. des arts et
métiers*, mot angl., proprem. « qui est à
l'épreuve, *proof*, de l'eau, *water* ».

watt 1881, *Congrès d'électricité*, du
nom du physicien écossais J. Watt
(1736 - 1819). ‖ **hectowatt, kilowatt**
etc., *id*. (V. HECTO-, KILO-, etc.)

wattman 1895, *Locomotion autom.*,
faux anglicisme, de *Watt* (v. le précéd.)
et de l'angl. *man*, homme.

week-end 1906, Coulevain, *l'Ile
inconnue*, mot angl., de *week*, semaine,
et *end*, fin.

wharf 1833, Pavie, plur. *wharves*; mot
angl. désignant un appontement.

whig 1687, Miege; mot angl. abrégé
de *whiggam-* (*or*), terme écossais appliqué en 1680 aux adversaires des Stuarts.

whisky milieu XVIIIᵉ s., mot angl., de
l'irl. *uisce*, proprem. « eau » (abrév. de
uisce-batha, eau-de-vie).

whist 1687, Miege; 1782, Laclos
(*wisk*); mot angl. (anc. interj. :
« chut! »). ‖ **whister** fin XIXᵉ s. ‖
whisteur 1773, *Mercure*.

wigwam 1688, Blome; mot angl.,
empr. à l'algonquin *wikiwam*.

X

xanthe 1819, *Nouv. Dict. d'histoire
nat.*, du gr. *xanthos*, jaune. ‖ **xanthie**
1842, *Acad.* ‖ **xanthine** *id*. ‖ **xanthome**
1878, Lar.

xénisme v. 1960, linguist., du gr.
xenos, étranger.

xénophobe 1906, Lar.; du gr. *xenos*,
étranger, et *phobos*, effroi. ‖ **xénopho-**
bie *id*. ‖ **xénophile** *id*., sur *philos*,
ami. ‖ **xénophilie** *id*.

xéranthème 1765, *Encycl.*; du gr.
xêros, sec, et *anthemon*, fleur.

xérasie 1755, abbé Prévost, du gr.
xêrasia, de *xêros*, sec, au fig. « absti-
nent ».

xérès 1842, *Acad.*, de *Xérès*, ville
d'Andalousie.

xéro- de *xêros*, sec. ‖ **xérodermie** 1890, Lar. ‖ **xérophtalmie** 1694, Th. Corn., sur *ophtalmos*, œil. ‖ **xérophyte** 1819, *Nouv. Dict. d'hist. nat.*

ximénie 1819, *Nouv. Dict. d'hist. nat.*, bot.; de *Ximénès*, nom d'un botaniste espagnol.

xiphoïde 1560, Paré, du gr. *xiphoeidês*, de *xiphos*, épée, et *eidês*, « en forme de ». ‖ **xiphoïdien** 1836, Landais.

xylène 1872, L., du gr. *xulon*, bois. ‖ **xylol** 1890, Lar.

xylo- du gr. *xulon*, bois : **xylocope** 1872, L., du gr. *koptein*, couper. ‖ **xylographie** 1771, Trévoux, du gr. *graphein*, écrire, graver. ‖ **xylographique** 1802. ‖ **xylographe** 1836, Landais. ‖ **xylophage** 1803, Wailly. ‖ **xylophone** 1869, Comettant, du gr. *phônê*, voix. ‖ **xyloïdine** av. 1855, Braconnot.

Y

*y IXᵉ - Xᵉ s., du lat. *hic*, ici; a absorbé un anc. *iv* (842, *Serments*), du lat. pop. *ībī* (lat. class. *ĭbī*, là); emploi pronominal dès le lat. pop.

yacht fin XVIᵉ s. (*iachte*), du néerl. *jacht*; 1672, Colbert (forme et sens mod.); empr. à l'angl. *yacht*. ‖ **yachting, yachtman** 1859, *le Sport*, dér. et comp. angl. (suff. *-ing*; élément *man*, homme).

yak fin XVIIIᵉ s., mot angl., empr. au tibétain *gyak*.

yankee 1776, *Courrier de l'Europe*, mot anglo-américain (attesté en 1765); peut-être du holl. *janke* (*yanké*), dimin. de *Jean*, surnom des Hollandais et des Anglais de la Nouvelle-Angleterre.

yaourt 1907, Lar. (*yahourt*); du bulgare *jaurt*, lait caillé; var. *yogourt*, 1432, La Broquière, du bulg. *jugurt*, var. de *jaurt*; l'un et l'autre, peu usités avant la fin du XIXᵉ s., ont été vulgarisés par Metchnikoff.

yatagan fin XVIIIᵉ s., du turc *yâtâghân*.

yearling fin XIXᵉ s., de l'angl. *yearling*, d'un an (*year*, année).

yeuse 1552, R. Est., altér. du prov. *euse*, masc.; du lat. dial. *elex* (lat. class. *ilex, -icis*, fém.).

yiddish 1864, Erckmann-Chatrian, *Ami Fritz* (*yudisch*); de l'all. *Jude*.

yod 1842, *Acad.*, lettre de l'alphabet sémitique; 1904, Lar., gramm., « semi-consonne »; de l'all. *jod* (*i* consonne).

yoga 1842, *Acad.*, du sanscrit *yoga*. ‖ **yogi** 1298, M. Polo (*cuigi*). ‖ **yogisme** 1933, Lar. ‖ **yogique** 1961, journ.

yogourt V. YAOURT.

yole 1702, Aubin (*iole*); du néerl. *jol*, empr. au danois-norvégien *jolle*.

youdi XIXᵉ s., de l'arabe algérien (ar. class. *yahudi*), issu du lat. *Judaicus*, de Judée. ‖ **youtre** 1828, Vidocq, de l'all. dial. *Juder* (all. *Jude*), même rac. ‖ **youtrerie** 1886, Goncourt. ‖ **youpin** 1894, Virmaître; altér. argotique.

youyou début XIXᵉ s., peut-être d'un dialecte chinois; embarcation.

Yo-Yo 1931, *le Journal*, onomatop.; jouet.

ypérite 1917, de *Ypres* (flam. *Yper*), ville où ce gaz asphyxiant fut employé pour la première fois.

ypréau début XVᵉ s. (*ypereau*); 1611, Cotgrave (*ypréau*); de *Ypres*, où abonde cette espèce d'orme.

yttrium 1794, Gadolin, de *Ytterby* (Suède), lieu où ce métal a été découvert. ‖ **yttrique** 1842, *Acad.* ‖ **yttrifère** *id.* ‖ **ytterbite** 1827, *Acad.* ‖ **ytterbium** 1878, Martignac. ‖ **ytterbine** 1904, Lar.

yucca 1555, Oviedo, de l'esp. *yuca*, empr. à la langue des Arauaks d'Haïti.

Z

zabre 1842, *Acad.*, du bas grec *zabros*, glouton; insecte.

zain XVIᵉ s., de l'esp. *zaino*, cheval sans poils blancs.

zakouski 1933, Lar., mot russe; hors-d'œuvre.

zani ou **zanni** 1550, Du Bellay, du vénitien *Zani*, Jean (ital. *Giovanni*); rôle de la comédie italienne.

zanzibar 1896, Delesalle; forme abrégée *zanzi*; de *Zanzibar*, région d'Afrique orientale; jeu de dés.

zapatéado 1842, *Acad.*, empr. à l'esp. *zapata*, soulier; danse.

zazou 1941, journ., orig. obscure; peut-être onomatop.

zèbre 1610, Du Jarric, du port. *zebro, -a*, âne sauvage, puis zèbre; peut-être du lat. *equiferus*, cheval sauvage. ‖ **zébré** 1821, Cuisin. ‖ **zébrure** 1845, Besch. ‖ **zébrer** 1870 L.

z é b u 1752, d'apr. Buffon; orig. obscure; apporté à Paris par des montreurs.

zèle XIIIᵉ s., Delb. (*zel*); 1512, Lemaire (*zèle*); du lat. eccl. *zelus*, « ferveur, zèle », empr. au gr. *zêlos*, ardeur, zèle. ‖ **zélateur** 1398, G., du lat. eccl. *zelator*. ‖ **zélé** début XVIᵉ s. ‖ **zélote** 1606, Nicot. ‖ **zélotisme** 1870, journ. ‖ **zélotypie** 1801, Mercier.

zénith 1361, Oresme (*cenith*); fausse lecture de l'ar. *samt, semt*, chemin, au fig. « chemin au-dessus de la tête ». ‖ **zénithal** début XVIIᵉ s. (*-tal*). ‖ **azimut** 1544, Apian (*azimuth*); de l'ar. *al-samt*, « le droit chemin ». ‖ **azimutal** 1599, H. Est.

zéolithe 1771, *Trévoux*, du gr. *zeîn*, bouillir, et *lithos*, pierre. ‖ **zéolithique** 1842, *Acad.*

zéphyr 1509, C. Marot (*zéphyre*), du lat. *zephyrus*, empr. au gr. *zephyros*, vent d'ouest. ‖ **zéphyrien** 1842, *Acad.*

zeppelin 1909, *L. M.*, du nom de l'inventeur, le comte allemand Zeppelin.

zéro fin XVᵉ s., de l'ital. *zero*, contraction de *zefiro*, empr. à l'ar. *sifr* (v. CHIFFRE). ‖ **zérotage** 1904, Lar.

zest 1611, Cotgrave, orig. onomatop.; *entre le zist et le zest*, 1718, *Dict. commercial*.

zeste s. m. 1611, Cotgrave (*zest*); altér. (d'après le précédent, ou d'après *baste*), de *zec* (1530, Collerye), d'orig. inconnue. ‖ **zester** 1836, Landais.

zététique 1694, Th. Corn., du gr. *zêtêtikos*, de *zêteîn*, rechercher.

zeugme 1754, *Encycl.* (var. *zeugma*), du gr. *zeugma*, jonction.

zézayer 1832, Raymond; onomatopée imitant la répétition de *z*. ‖ **zézaiement** *id.* ‖ **zozoter** 1907, Lar.

zibeline fin XIVᵉ s. (*gibeline*); XVᵉ s. (*zebeline*); 1534, Rabelais (forme mod.); de l'ital. *zibellino*, d'orig. slave. (V. SABLE 2.)

zieuter XIXᵉ s., dér. de *yeux*, avec préfixation du phonème de liaison.

zig 1837, Vidocq (var. *zigue*), peut-être déformation de *gigue*, au sens de « fille enjouée » (XVIIIᵉ s.). ‖ **zigoteau** fin XIXᵉ s.

zigouiller fin XIXᵉ s., var. du régional *zigailler*, déchiqueter (Anjou, Poitou); du mérid. *segalha*, couper avec une scie (de *sego*, scie).

zigzag 1662, Brunot (*zigzac*), « manchon de fourrure »; 1673, Galland (*zigue-zague*), sens mod.; 1680, Richelet (*zig-zag*); de l'all. *Zickzack*, onomatop. ‖ **zigzaguer** 1842, *Acad.*

zinc 1666, Thévenot (*zinch*); 1680, Richelet (*zin, zain*); de l'all. *Zink*, sur

804

Zinken, fourchon, en raison des formes du métal au sortir des hauts fourneaux; 1876, Huysmans, au sens de «comptoir». ‖ **zinguer** début XIXᵉ s. ‖ **zingueur** *id.* ‖ **zingage** *id.* ‖ **zinguerie** 1870, L. ‖ **zincifère** 1842, *Acad.* ‖ **zincographie** 1852, Dumont.

z i n z i n XXᵉ s., pop.; onomatop. (V. ZON.)

zinzolin fin XVIᵉ s. (*zizolin*); début XVIIᵉ s. (*zinzolin*); de l'esp. *cinzolino*, empr. à l'ar. *djoljolân*, semence de sésame; la forme en *zi-* a été influencée par un ital. *zuzzulino*, de même étymol.

zircon, zirconium 1789, Klaproth, altér. de *jargon 2.* ‖ **zircone** *id.* ‖ **zirconite** 1870, L.

zizanie fin XIIIᵉ s., «ivraie, mauvaise graine»; sens mod. début XVᵉ s., J. Chartier; du lat. eccl. *zizania*, ivraie, d'orig. sémitique; *semer les zizanies* (1530, Lefèvre d'Étaples); puis *la zizanie* a pris un sens fig. d'après la parabole de l'ivraie (Matthieu, XIII, 25).

zizi 1750, Buffon, onomatop.; XIXᵉ s., «petite chose».

zodiaque 1265, J. de Meung, du lat. *zodiacus*, empr. au gr. *zôdiakos*, de *zôdion*, figure du zodiaque, dimin. de *zôon*, être vivant. ‖ **zodiacal** fin XVᵉ s.

zoïle 1537, C. Marot (*zoilh*), du lat. *zoilus*, déjà empl. au fig.; empr. au gr. *Zôilos*, critique alexandrin détracteur d'Homère.

zon v. 1530, C. Marot, onomatop. ‖ **zonzon** 1829, Boiste. ‖ **zonzonner** av. 1950, Audiberti.

zona 1778, Geoffroy, méd., du lat. *zona*, ceinture.

zone 1119, Ph. de Thaun, du lat. *zona*, ceinture, empr. au gr. *zônê*, de même sens, pris au fig. (astron., géogr.). ‖ **zoné** 1817, Gérardin. ‖ **zonal** 1842, *Acad.* ‖ **zonier** fin XIXᵉ s. («qui habitait la *zone*

des fortifications, à Paris»). ‖ **zonure** 1842, *Acad.;* reptile saurien.

zoo- du gr. *zôon*, animal : **zoophyte** 1546, Rab., du gr. *zôophuton*, «animal-plante». ‖ **zoophore** 1546, Rab. ‖ **zoologie** 1750, Diderot. ‖ **zoologique** 1754. ‖ **zoologiste** 1760, Brunot. ‖ **zoologue** 1771, *Trévoux.* ‖ **zoo** 1931, Exposition coloniale de Paris, abrév. de *jardin zoologique.* ‖ **zoographie** 1721, *Trévoux*, du gr. *zôographia.* ‖ **zootechnie** 1842, *Acad.* ‖ **zootomie** 1743, *Trévoux.* ‖ **zoolâtrie** 1721, *Trévoux.* ‖ **zoolâtre** 1836, Landais. ‖ **zoospore** 1872, L. ‖ **épizoaire** 1812, Lamarck.

zorille 1640, trad. de Laet (*-rinus*); esp. *zorrilla*, petit renard, dimin. de *zorra.*

zostère 1615, Daléchamp, bot.; du lat. *zoster*, empr. au gr. *zôstêr.*

zouave 1830, pour désigner un corps de troupes formé d'hommes levés en Algérie; de l'arabo-berbère *zwawa*, nom d'une tribu kabyle.

zozoter V. ZÉZAYER.

zut 1833, Petrus Borel; onomatop., var. de *zest* (peut-être par croisement avec *flûte* employé comme interj.).‖ **zutique, zutistes** fin XIXᵉ s., qualif. et dénomination d'un groupe de littérateurs.

zygome 1560, Paré (*zygoma*); 1611, Cotgrave (*zigome*); 1690, Furetière (*zygome*); du lat. scient. médiév. *zygoma*, du gr. *zugôma*, «jonction» (de *zugon*, joug). ‖ **zygomatique** 1654, Gelée.

zygote 1899, Lar., du gr. *zugôtos*, «attelé».

zymique, var. **zumique** 1842, *Acad.;* du gr. *zumê*, levain. ‖ **zymase** 1872, L. ‖ **zymologie** 1806, Lunier. ‖ **zymose** 1738, Lémery (*-osis*). ‖ **enzyme** 1878, Lar. (V. AZYME.)

zythogala ou **zythogale** 1806, Wailly, du gr. *zuthos*, boisson d'orge et de houblon. ‖ **zythum** 1827, *Acad.*

— édition 1979 —

IMPRIMERIE HÉRISSEY. — 27000 - ÉVREUX.
Octobre 1964. — Dépôt légal 1964-4ᵉ. — Nᵒ 23988. — Nᵒ de série Éditeur 9495.
IMPRIMÉ EN FRANCE *(Printed in France).* — 20 210 N-8-79.

— **Si j'étais de vous.** V. vous.

— **C'est à moi à ou de.** Voir à.

— **Être après à.** V. APRÈS.

— **Participe passé conjugué avec « être ».** V. PARTICIPE PASSÉ.

êtres, « différentes parties d'une habitation », est l'orthographe de l'Académie : *Il sait tous les êtres de cette maison* (Acad.).

Cette orthographe est plus conforme à l'étymologie (lat. *extera*) que *aîtres,* parfois employé.

étude. — On écrit : *un maître d'étude, une salle d'étude* (sans *s*).

eu. — L'accord de *eu* dans **eu à** plus l'infinitif est le plus souvent facultatif (v. p. 301, 2ᵉ col.) : *Les affronts qu'il a eu à subir* (ou *qu'il a eus...*).*Quelque course que précisément il avait eu à faire* (A. Gide, *les Faux-Monnayeurs,* 100).

— **Eu égard à** (et non *en égard à*) signifie « en considération de » : *Eu égard à la nature de l'affaire* (Acad.).

eut - eût. V. AVOIR.

eux. — **Eux autres,** expression archaïque, est aujourd'hui du langage populaire.

— **Eux deux , eux trois,** etc. V. DEUX.

éveiller - réveiller. — Eveiller, c'est tirer normalement du sommeil : *Je l'éveille chaque matin à 7 heures.* Et pronominalement : *Elle s'éveille lentement, s'étirant avec paresse.*

Réveiller, c'est aussi *éveiller,* mais en faisant quelque effort inhabituel pour faire cesser le sommeil : *Il le réveilla en frappant dans ses mains.*

Réveiller suppose toujours quelque chose d'inattendu, d'anormal : *Alors ils se réveillaient au plus profond du silence avec une angoisse étrange* (G. Duhamel, *Civilisation,* 23).

événement s'écrit avec deux accents aigus, à l'encontre d'*avènement,* dont l'accent est grave. (Ce dernier mot fut corrigé par l'Académie à la suite d'une remarque de Littré, remarque qui était tout aussi valable pour *événement.*)

éventaire - inventaire. — Un **éventaire** est un plateau que portent, suspendu à leur cou, les marchands de fleurs, les colporteurs, etc. C'est aussi l'étalage extérieur d'une boutique : *Il y*

---

dictionnaire des difficultés de la langue française

ouvrage couronné par l'Académie française.

par Adolphe V. Thomas, Chef correcteur des Dictionnaires Larousse.

Ce dictionnaire a été conçu suivant un plan essentiellement pratique.

Il s'agit avant tout d'un manuel de consultation, au style direct et concis ; c'est aussi un ouvrage d'étude, qui se lira avec fruit et permettra de se familiariser avec les difficultés d'une langue qui apparaît, à côté d'irrégularités et d'exceptions dont elle n'a pas l'apanage, pleine de finesses insoupçonnées.

Le Dictionnaire des difficultés de la langue française répond aux questions les plus variées que se posent quotidiennement tous ceux qui, à un titre quelconque, sont en contact avec notre langue : écoliers, étudiants, secrétaires, journalistes, écrivains, etc., et toutes personnes qui tiennent à honneur de bien parler et de bien écrire.

On trouvera traitées dans ce dictionnaire les difficultés portant sur les matières les plus diverses : orthographe, prononciation, genre et nombre, grammaire, ponctuation, barbarismes, synonymes, paronymes, pléonasmes, difficultés d'ordre général.

En couronnant cet ouvrage, l'Académie française a été la première à en reconnaître les mérites. 448 pages.

éloigné se dit de ce qui a été placé ou se trouve loin. **Lointain** enchérit sur *éloigné*, tout en impliquant une vague distance : *On dira d'un village qu'il est éloigné de vingt kilomètres, et de la Chine qu'elle est un pays lointain.* **Reculé** emporte non seulement l'idée d'éloignement, mais encore celle d'isolement ; il s'applique à ce qui est difficilement accessible ou pénétrable : *On loge dans un quartier reculé.*

éloignement. V. ABSENCE et DISTANCE.

éloigner. V. ÉCARTER.

éloquence désigne l'art, le talent ou l'action de bien dire, de persuader et de convaincre par la parole ; il suppose un don, ou du moins une émotion réelle douée de la force nécessaire pour se communiquer : *L'homme le plus inculte peut faire preuve d'éloquence, lorsqu'il est agité par la passion.* **Verve** dit moins et n'implique pas l'intention de convaincre ; c'est simplement la chaleur d'âme, d'imagination, d'esprit qui anime l'orateur ou le causeur quand il parle. (A noter que ce terme s'emploie aussi en parlant de l'artiste ou de l'écrivain qui composent avec le même enthousiasme.) **Véhémence,** dans ce sens, suppose une éloquence mâle, vigoureuse, accompagnée d'une action vive, d'ardeur. **Loquacité** ne s'applique, comme *éloquence*, qu'à la parole ; il est plutôt péj. et suppose l'habitude de trop parler, laquelle entraîne l'emploi de beaucoup de mots, lorsqu'un petit nombre pourrait suffire : *La loquacité est un défaut fréquent chez les avocats et les parlementaires.* **Verbiage,** comme **verbosité** (moins us.), implique non seulement abondance de paroles superflues, mais encore éloignement continuel du sujet. **Faconde** suppose facilité de parole ; il ajoute à l'idée de bavardage abondant celle de hardiesse et même d'effronterie. **Bagout** est un syn. fam. de *faconde*. **Volubilité** emporte non seulement l'idée de loquacité, mais encore celle de rapidité dans l'élocution. **Prolixité** est plus général ; il se dit aussi bien du discours que du style, lorsque ceux-ci sont longs et diffus. **Loquèle** est vieux ; il impliquait la facilité de parler en termes communs de choses communes.

dictionnaire des synonymes
de la langue française

ouvrage couronné par l'Académie française.

par René Bailly, du Syndicat des Écrivains, Sociétaire de la Société des gens de lettres.

« Entre toutes les différentes expressions qui peuvent rendre une seule de nos pensées, il n'y en a qu'une qui soit la bonne ; on ne la rencontre pas toujours en parlant ou en écrivant. Il est vrai néanmoins qu'elle existe, que tout ce qui ne l'est point est faible, et ne satisfait point un homme d'esprit qui veut se faire entendre. » (La Bruyère)

Quel que soit le mot cherché, le Dictionnaire des synonymes en donnera une définition sûre, en y ajoutant la notion si importante de la valeur relative de ce mot dans le groupe auquel il appartient. L'ouvrage renferme un vocabulaire qui est celui de la langue française actuelle - langue écrite et langue parlée - avec non seulement les termes classiques mais aussi les mots jeunes, nouveaux, techniques ou étrangers, familiers ou populaires, voire argotiques d'usage courant.

Le Dictionnaire des synonymes de René Bailly est un instrument de référence indispensable aux écrivains, aux journalistes, aux rédacteurs, aux secrétaires, aux étudiants et, d'une façon générale, à tous ceux qui veulent trouver le mot juste pouvant le mieux exprimer leur pensée. 640 pages.

su- (i.-e.), porc.
Skr. *sū-karah.*
Gr. *hus* et *sus.*
Lat. *sūs,* porc; *suinus,* de porc.
D'où it. *suino,* porc; de porc.
Du germanique :
Got. *swein.*
Fr. *marsouin* (du scandin. *marsvin,*
porc de mer).
Angl. *sow,* truie; *swine,* porc.
All. *Sau,* truie; *Schwein,* porc; *Meer-schwein,* marsouin.

sulpur, -phur (latin), soufre.
Fr. *soufre; sulfureux.*
Esp. *azufre,* it. *solfo,* soufre. Esp. *sul-fureo,* it. *solforoso,* sulfureux.
Angl. *sulphur,* soufre.
All. *Schwefel,* id.

swad- (i.-e.), idée de douceur.
Skr. *svādúh,* doux.
Gr. *handanô* (pour *swand-*), plaire,
hadus (pour *swand-*) [att. *hêdus*],
agréable; *hêdonê,* plaisir.
Lat. 1. *suavis* (pour *suadvis*), doux;
suavitas,-tudo, douceur. — 2. *suadēre,*
-asum, conseiller (présenter comme
agréable) ; *suasio,* persuasion; *dissua-dere,* dissuader; *persuadere,* persuader.
Du latin :
A. fr. *soëf,* doux; *soeveté, soatume,*
douceur; *soagier* (de **suaviare*),
assoagier, soulager; *soage,* soulage-ment.
D'où angl. *assuage,* adoucir.
Fr. 1. *suave, -ité.* — 2. *dissuader; per-suader, -sion.*
Esp. 1. *suave,* it. *soave,* suave. Esp.
suavizar, it. *soavizzare,* adoucir. —
2. It. *suasorio, -ivo,* persuasif ; *sua-sione,* persuasion. Esp. *disuadir,* it.
dissuadere, dissuader. Esp. *persuadir,*
it. *-dere,* persuader.
Angl. 1. *suavity.* — 2. *dissuade,* dis-suader; *persuade,* persuader; *persua-sion.*
Du germanique :
Got. *suts,* doux.
Angl. *sweet,* id.; *sweeten,* sucrer.
All. *süss,* doux; *Süsse,* douceur.

swe, se (i.-e.), propre à une personne
(s'appliquait à toutes les personnes).
I. Idée du réfléchi.
Skr. *svāh.*
Gr. *he* (pour *swe*), soi; *hos,* son. —
he-kas, à l'écart; *hekastos,* chacun.
Lat. *se,* se, soi. — *suus,* son.

dictionnaire des racines des langues européennes

par Robert Grandsaignes d'Haute-rive, agrégé de l'Université.

Le Dictionnaire des racines des lan-gues européennes étudie compara-tivement huit langues vivantes et mortes : grec, latin, ancien français, français, espagnol, italien, anglais, allemand.

Il se présente comme le dictionnaire étymologique de la langue euro-péenne, envisagée dans les aspects divers de ce qu'on pourrait appeler ses **dialectes,** ou encore comme un ensemble de dictionnaires étymolo-giques de différentes langues grou-pées par racines et mis en parallèle. On peut le lire page par page, ou bien le consulter comme un dictionnaire, en recourant au répertoire des mots, classés par langue et par ordre alpha-bétique, qui se trouve à la fin du volume.

L'ouvrage s'adresse d'abord aux étudiants. Qu'ils fassent du grec et du latin en même temps qu'une langue étrangère, ou qu'ils appren-nent plusieurs langues vivantes, leur travail sera plus facile et plus agréable puisqu'il exercera leur esprit plutôt que leur mémoire.

Mais tout lecteur cultivé, surpris des rapprochements qui lui sont offerts, sera, lui aussi, ravi d'aller de décou-verte en découverte dans une sorte d'attrayant voyage linguistique.
378 pages.

Boullare, Oise (*Boularia,* 1150) : du bas lat. *betullus,* bouleau, et suff. *-aria;* altération moderne du suff., mal expliquée; — avec double suff. *-ar -etum* : **Boulleret,** Cher (*Bouleretum,* 1294).

Boullay, v. BELLAY; **Boulleret,** v. BOULARE.

Boulleville, Eure (*Bollivilla,* 1040; *Beolleville,* 1180) : du nom d'homme scand. *Bolli* et du lat. *villa,* domaine [Longnon].

Bouloc. V. BONLIEU.

Boulogne-sur-mer, ch.-l. arr P.-de-C. : s'est appelée d'abord sans doute *Portus Itius* (César), ensuite *Gesoriacum* (Pomp. Mela), puis *Bononia* (*Gesoriaco, quod nunc Bononia,* Tabl. Peut. IVe s.) et *Bolonia* par dissimilation; représente, comme son homonyme italien, auj. *Bologne,* un dér. du gaul. *bona,* fondation. **Boulogne-sur-Seine,** cant. Seine, jadis *Les Mesnuls,* ham. d'Auteuil (*Bolonia parva,* vers 1525), a pris ce nom parce que son église fut fondée par des pèlerins venant de Boulogne-sur-mer. — D'après la ville italienne, **Boulogne-sur-Gesse,** cant. H.-Gar.; **Boulogne,** Nord (*Bolania,* IXe s.); Vendée; représentent sans doute des domaines gallo-rom., du nom d'homme gallo-rom. *Büllonius,* de gaul. *Büllius.*

Bouloire, v. BEUIL; **Le Boulois,** v. BELLAY.

Boulon, Calv. (*Bolun,* 1070; *Bolon,* 1219) : nom d'homme germ. *Bolo* ou comp. du vx norrois *lundr,* petit bois, le premier élément étant *boul-,* bouleau.

Boulot, H.-Saône : dimin. du franccomtois *boule,* bouleau.

Boulou (Le), Pyr.-Or. (*Volo, Volonem,* s. d.) : prob. anc. nom du Tech.

Boulouneix, Dord. (*Bolones,* XIIIe s.) : nom d'homme **Bolonensis,* le Bolognais (?).

Boulouze (La). V. BOULEUSE.

Boult, H.-Saône; **B.-aux-Bois,** Ardennes; **B.-sur-Suippes,** Marne (*Bou* 1213). Formes dial. de *betullus,* bouleau.

Boulzicourt, Ardennes : comp. de *Boulzi-,* du nom d'homme gallo-rom.

dictionnaire des noms de lieux de France

par Albert Dauzat, professeur à l'Ecole pratique des Hautes Etudes, et Charles Rostaing, professeur à la Faculté des Lettres d'Aix-en-Provence.

Il aura fallu près de vingt ans au regretté Albert Dauzat et au continuateur de son œuvre, Charles Rostaing, pour établir ce passionnant Dictionnaire des noms de lieux de France.

Chaque article comprend d'abord la forme moderne, officielle, du toponyme considéré, puis sa localisation départementale, ensuite les formes anciennes datées, du moins la plus ancienne connue et, éventuellement celles qui peuvent expliquer l'évolution ultérieure du terme, enfin l'interprétation philologique de ces formes.

Avant tout dictionnaire d'usage, cet ouvrage, qui relève les noms des communes et les noms des hameaux les plus caractéristiques ou le plus fréquemment attestés sur l'ensemble du territoire, ne manquera pas d'intéresser le grand public. Il permettra aux chercheurs et aux curieux de faire d'amusantes ou de pittoresques découvertes historiques, géographiques ou humaines.

On ne se lassera pas d'y chercher l'origine de ces noms de villages ou de grandes villes qui portent la marque indélébile de l'histoire de notre pays. 750 pages.

Bélier, sobriquet; sans doute emblème de la force (cf. le *bélier*, machine de guerre). — Dér. **Béliard,** péjoratif; var. **Beillard; Béliot.** V. Belin.

Bélière, au moyen âge « anneau portant le battant d'une cloche », puis « bague » : sans doute n. de marchand ou fabricant. Peut être aussi un n. de domaine (d'un anc. propriétaire *Bélier*).

Béligand (Sud-Ouest), « vaurien », sobriquet.

Béligne. V. Bénigne.

Belime (Champagne, Bourgogne), désigne des familles originaires de *Blismes* (Nièvre), dont la forme anc. était *Belisme* (du gaulois *Belisama*, « la très claire », divinité correspondant à la Minerve latine).

Belin+, hypocoristique de *bélier :* n. donné au mouton dans le *Roman de Renart,* d'où son succès comme surnom (une dissimilation du n. de saint *Benignus* doit être écartée : le cas de *Saint-Blin* [Haute-Marne] est unique); forme contractée **Blin** (dont **Blain** représente généralement une altération); matronyme **Béline** (n. de femme chez Molière).

Belisson (Auvergne...), hypocoristique de Belin.

Beljame (Sud-Ouest), le *beau Jame* (Jacques). V. Beau et Jame.

Bellay, var. **Belloy,** plus souvent n. de fief, **du Bellay** (Anjou, etc.) : représente un bois de bouleaux (*betulletum* en bas latin), caractéristique du domaine.

Bellec, n. breton, « prêtre » : surnom. V. Prêtre.

Beller, n. breton, « joueur de ballon ».

Bellette, matronyme, dimin. de *belle,* plutôt que sobriquet d'après l'animal *belette* (**Belette,** n. de fam., est très rare).

Bellicaud, pourrait être une altération de *belliqueux* (qui n'apparaît qu'au xvᵉ s.); dans le Midi, var. possible de *belicot, balicot,* basilic (plante).

Bellissime (région de Nice), superlatif de « beau », tiré du latin (*bellissimus*) et conservé par l'italien.

Belloin. V. Bellou.

Bellois (Normandie), paraît représenter l'anc. français *besloi,* perfidie, injustice.

dictionnaire des noms de famille et prénoms de France

par Albert Dauzat, professeur à l'Ecole pratique des Hautes Études.

Chacun s'intéresse à son nom, au nom de ses amis et voudrait en connaître les origines, et surtout le sens.

Si quelques noms de famille ont une signification transparente - comme Boucher, Boulanger, Leblond, Legrand, - la plupart sont énigmatiques pour le grand public.

Les noms de personnes font partie de notre patrimoine linguistique au même titre que les mots du vocabulaire. Si l'analyse du prénom, librement choisi par les parents dans le cadre très large fixé par la loi, est surtout une question de curiosité, les noms de famille, transmis généralement depuis des siècles, offrent un puissant intérêt psychologique et social : ne portent-ils pas sur leur visage le reflet, l'empreinte des civilisations passées ?

Le présent dictionnaire est l'un des premiers monuments de cette science neuve : l'anthroponymie. Tous les noms de famille et prénoms offrant une certaine fréquence - c'est-à-dire plusieurs dizaines de milliers - y figurent, avec leur étymologie, leur lieu d'origine, leur aire géographique, leurs variations. 652 pages.

dictionnaire des locutions françaises

par Maurice Rat, agrégé de l'Université.

Ce dictionnaire constitue un inventaire complet des gallicismes et des mots d'auteur entrés dans la langue littéraire et dans la langue d'usage.

On y trouve le sens exact et l'origine des locutions françaises, des exemples de leur emploi courant tirés des meilleurs auteurs, et, sans développements inutiles, toutes les explications nécessaires. Les locutions sont l'un des éléments les plus vivants des langues, et singulièrement de la langue française. La plupart sont étayées sur des mots dialectaux, sur des termes de paysannerie, d'artisanat ou tirées de la langue des soldats, des marins, des chasseurs, des ouvriers, parfois des « clercs », ou même des savoureuses richesses de l'argot.

Ce livre rendra de précieux services à tous ceux qui, dans le monde entier, parlent ou lisent le français. Répertoire de base pour le professeur et l'étudiant, instrument de culture apprécié par tout esprit curieux, ce Dictionnaire des locutions françaises offre également à son lecteur l'agrément de découvertes linguistiques pittoresques et amusantes ; table des auteurs, index. 464 pages.

---

un aspect fantastique, avec sa tête de lion, son corps de chèvre et sa queue de dragon : *Fénelon,* repu de chimères... (Jules Lemaitre).

CHIQUE — Mou comme une chique.

Très mou. On a confondu, dans cette locution, *chique* (morceau de tabac que l'on mâche) avec *chiffe* (méchante étoffe). La confusion s'est faite seulement il y a une centaine d'années. Le mot *chique,* au sens de « chique de tabac », n'est apparu qu'à la fin du XVIIIᵉ siècle. Ce terme avait d'abord désigné une *boule* (à jouer) ; puis, par extension, une puce pénétrante (à cause de la *boule* que forme sous la peau une piqûre de puce) ; enfin, un morceau de tabac qu'on mâche (à cause de la *boule* que forme la joue gonflée).

Il vaut donc mieux rectifier l'expression et dire : *mou comme une chiffe*. Le mot *chiffe* continue d'ailleurs d'être usité au figuré dans l'expression : *c'est une chiffe,* pour dire : « C'est un homme mou, un homme faible de caractère et dont on fait ce qu'on veut. »

CHOCOLAT — Etre, rester. demeurer chocolat.

Etre ébaubi, rester comme stupéfait d'avoir été joué ou dupé par quelqu'un ou par l'événement.

L'origine de cette locution, qui date des débuts du siècle, remonte sans nul doute aux beaux jours du Cirque de Paris, quand deux clowns qui faisaient courir la capitale, Footit et Chocolat, interprétaient des scènes pleines d'humour et de drôlerie, où Footit bernait constamment Chocolat. A la fin de chaque scène, Footit ne manquait jamais de montrer du doigt Chocolat en disant : « Il est Chocolat », et Chocolat, d'un air ahuri, répétait : « Je suis Chocolat. »

Les titis s'emparèrent de l'expression, où un nom commun (à minuscule) fut substitué très vite au nom propre, avec le sens d'« être idiot, éberlué » et « refait ».

piquante n. f. 1° Aiguille à coudre (A., 1821). — 2° Epingle (M.-Chr., 1833); épingle de cravate : *Piquante en jonc* (C., 1850). — 3° Barbe : *La couleur de ma piquante* (coméd., 1833). — 4° Fourchette (*Dict. compl.*, 1844) : *Piquante en dur* (C., 1850).

● VAR. : **piqueloque**, n. f., aiguille à coudre (Bruant, 1899) [cf. PINCE-LOQUE] ; **piquette**, n. f., fourchette (bello) ; **piquotte**, n. f., épingle de cravate (Lyon, 1928) ; **piquotteur**, n. m., vendeur d'épingles et de médailles bénites (près du Sacré-Cœur, Paris, 1955) ; **piquouse**, n. f., 1° épingle de cravate (Lyon, 1928) ; 2° voleur sachant « faire votre épingle à votre cravate » (pop., 1902) [définition de Chautard, 1930 ; comprendre, plus simplement, « fourchette », tireur ?].

pique n. f. *Aller à la pique,* mendier en usant d'artifices (mendiants, Puy-de-Dôme, 1798-1834). ETYM. Terme de maraude : *aller à la picorée* (Morlaix, 1890), *à la pique aux pommes* (Brest, 1885).

● DÉR. : **piquer**, v. intr., id., et **piqueur**, n. m., mendiant éhonté (Puy-de-Dôme, 1798-1834). — V. PICO-RAGE.

pique-boyaux n. m. 1° Escrime (Saint-Cyr et Polytechn., 1893 ; Nav., avec abrév. *pé-bé*, 1905). — 2° Sergent prévôt d'armes (Saint-Cyr, 1903).

● DÉR. : **pique**, n. m., 1° sergent prévôt d'armes, d'où *grand pique*, adjudant de l'escrime (*ibid.*) ; 2° *par extens.*, sergent quelconque du cadre : *Le pique‾ du baraguey* (*ibid.*) ; **se pique-boyauter**, v. pr., se battre (Saint-Cyr, 1898) ; **pique-boyal**, n. m., escrime (Polytechn., 1913).

pique-chien n. m. Sergent-major de garde à une porte (Polytechn., 1840 ?, 1875). ETYM. Ses occupations peu absorbantes lui laissent tout loisir de somnoler, *piquer des chiens* (v. PIQUER III).

pique-en-terre n. m. Dindon (Org., 1800 ; bello) [cf. *picot,* dindonneau (Rouen, 1860)] ; poulet (A., 1821 ; sold., 1912). ‖ — N. f. Poule (bello) [en esp., *pica-en-terra*]. ◆ ETYM. Cf. *pique-en-bois,* pivert (Loudun, 1915).

dictionnaire des argots

par Gaston Esnault, agrégé de l'Université, docteur ès lettres.

Qu'est-ce qu'un argot ? C'est un ensemble de termes oraux qui apparaissent dans un groupe social - professionnel, scolaire et même mondain - en marge de son langage technique et de la langue commune. Formé selon les procédés connus de la morphologie (dérivation, composition, chevauchement...) et de la sémantique (métaphore, métonymie...), sans phonétique ni syntaxe autres que celles du milieu où il apparaît, le mot d'argot est un produit du savoir populaire. Ces vues ont inspiré l'élaboration du Dictionnaire historique des argots français, qui présente, en un volume, l'essentiel des vocabulaires argotiques recensés depuis les premières sources jusqu'aux toutes dernières acquisitions : jargon, jobelin, poissard, argots des bagnes et des prisons, de l'armée et de la marine, des métiers et des écoles, du jeu et du turf, du sport, de la rue, etc.

L'ouvrage de Gaston Esnault, établi selon une méthode rigoureuse, est enrichi d'exemples datés et référencés pris dans les textes authentiques, et complété par des développements étymologiques qui proposent nombre d'explications nouvelles. 662 pages.

dictionnaire des proverbes sentences et maximes

par Maurice Maloux.

Le Dictionnaire des proverbes, sentences et maximes est une véritable somme répertoriée de la littérature proverbiale de tous les temps et de tous les pays. Pittoresques ou instructifs, ces proverbes, sentences et maximes, avec les adages, apophtegmes, devises, dictons, préceptes « passés en proverbes » forment une étonnante et distrayante anthologie de la « Sagesse des Nations ». Toujours précédés d'une mention d'origine *(Arabe, Égyptien, Espagnol, Français, Malgache, etc.),* les textes sont souvent assortis d'une référence à l'œuvre, à l'auteur, à l'époque.

L'auteur a adopté un système de classement qui réunit dans une rubrique unique tous les proverbes centrés sur un même thème (fiançailles, fidélité, fierté, fruit défendu, etc.), rendant plus agréable la lecture.

Le lecteur trouvera ainsi rassemblés les proverbes, sentences, maximes du domaine de son intérêt ; une **table analogique** et un **index des mots caractéristiques** facilitent encore les recherches. 648 pages.

SAVOIR

Antiquité chinoise. — **Savoir que l'on sait ce que l'on sait et que l'on ne sait pas ce que l'on ne sait pas, voilà le vrai savoir.**
(Confucius, *Livre des sentences*, II, 17; VIᵉ s. av. J.-C.)

Grec. — **Tout ce que je sais, c'est que je ne sais pas.**
(Socrate, Vᵉ s. av. J.-C. — Cité par Cicéron, *Academica*, I, IV.)

— **Savoir, c'est se souvenir.**
(Aristote, *Topiques*. II, IV, 6; IVᵉ s. av. J.-C.)

Latin. — **Savoir n'est pas savoir, si personne d'autre ne sait ce que l'on sait.**
(Caius Lucilius, *Satires*, I, 31; IIᵉ s. av. J.-C.)

Latin médiéval. — **Savoir, c'est pouvoir.**
(*Nam et ipsa scientia potestas est.* — Cité par Fr. Bacon, *De sapientia veterum*, « *De haeresibus* ». — Repris par Ernest Renan, *Dialogues philosophiques*, III : « *Savoir, c'est pouvoir* est le plus beau mot que l'on ait dit. »)

Anglais. — **Un homme n'est que ce qu'il sait.**
(Fr. Bacon, *Cogitationes de scientia humana* [1605].)

Chinois. — **Le savoir que l'on ne complète pas chaque jour diminue tous les jours.**

Espagnol. — **Savoir un peu plus et vivre un peu moins.**
(Baltasar Gracian, *Oraculo manual*, 247 [1647].)

Français. — **Laissez dire les sots : le savoir a son prix.**
(La Fontaine, *Fables*, VIII, XIX, « les Avantages de la science » [1678].)

— **Savoir pour prévoir, afin de pouvoir.**
(Auguste Comte [1798-1857].)

V. INSTRUCTION, SCIENCE.

dictionnaire des rimes françaises

précédé d'un traité de versification

par Philippe Martinon ; édition revue et complétée par Robert Lacroix de l'Isle, vice-président honoraire de la Société des Poètes français.

Le Dictionnaire des rimes françaises met à la portée des poètes un nombre considérable de mots, y compris, mais sans surcharge inutile, ceux que les derniers progrès de la science ont fait naître.

Tout en faisant un choix judicieux parmi les néologismes, R. Lacroix de l'Isle a admis même le langage populaire, les termes techniques, etc., dans toute la mesure où il l'a cru utile.

Le **traité de versification,** théorie et pratique, en tête de l'ouvrage, est divisé en 6 parties : les syllabes - le rythme - la rime - la langue et l'harmonie - les strophes - les poèmes à forme fixe ; vient ensuite le **dictionnaire** proprement dit, conçu selon une méthode très originale : chaque page est divisée en deux, la partie principale donnant les mots couramment usités en poésie, alors que les mots rares, les termes techniques, les noms propres, les temps des verbes, etc., sont rejetés en note. 288 pages.

---

trouve, re-, con-, *v.*	**ov** (1, **ove** (2	pauvre
	ôve	
ouvre		
	alcôve, *nf*	**ox** (3
ouvre, *d'ouvrer*	chauve, *a.*	**oxe**
ouvre, r-, entre-, *v.*		
couvre, dé-, re-, *v.*	fauve, *a.*	
recouvre (1ʳᵉ *conj.*)		boxe, *nf., v.*
Douvres, *géogr.*	mauve, *n., a.*	paradoxe, *nm.*
Louvre, *palais*	guimauve, *n.*	orthodoxe, *a., n.*
rouvre, *arbre*		hétérodoxe, *a.*
	sauve, *v., af.*	Eudoxe, *npr.*
		équinoxe, *nm.*
oux (*v.* **ou**)	**ovre**	
ouze (*v.* **ouse**)	Hanovre, *géogr.*	**oz** (4

---

1) Glasgow, Virchow, Gérard Dov, Flotow.

2) ove (*arch.*), e pur si muove (*it.*), se love (*le serpent*), quinquenove (*jeu de dés*), innove (*v.*). — Laure de Noves.

3) box (*d'écurie, garage*), phlox (*bot.*), cow-pox (*vét.*), aurochs (*bœuf sauvage*). — Fox, Palafox. Coysevox.

4) Booz. Berlioz. Badajoz, Buloz, Droz.